CAMBRIDGE LIBRARY COLLECTION

Books of enduring scholarly value

History

The books reissued in this series include accounts of historical events and movements by eye-witnesses and contemporaries, as well as landmark studies that assembled significant source materials or developed new historiographical methods. The series includes work in social, political and military history on a wide range of periods and regions, giving modern scholars ready access to influential publications of the past.

Formulae Merowingici et Karolini Aevi

This critical edition of Merovingian and Carolingian charters was edited by the German philologist Karl Zeumer, and published in 1886. Zeumer built on the work of previous editors, most notably the French archivist, Eugène de Rozière, who published an edition in 1854. The charters are grouped by editor, beginning with the Formulae Andecavenses, a collection of sixth- and seventh-century charters first edited in the seventeenth century by the French Benedictine monk, Mabillon. A former student of classical philology at the universities of Göttingen and Leipzig, Zeumer joined the *Monumenta Germaniae Historica* project in 1875. This series of published primary sources, which continues to this day, used historical scholarship to buttress the growing Romantic nationalism of the nineteenth century. Zeumer received his Ph.D. from Göttingen in 1877, and in 1886 he received an honorary degree from the University of Heidelberg, where he began teaching as a lecturer the following year.

Formulae Merowingici et Karolini Aevi

Accedunt Ordines Iudiciorum Dei

Edited by Karl Zeumer

CAMBRIDGE UNIVERSITY PRESS

Cambridge, New York, Melbourne, Madrid, Cape Town, Singapore,
São Paolo, Delhi, Dubai, Tokyo, Mexico City

Published in the United States of America by Cambridge University Press, New York

www.cambridge.org
Information on this title: www.cambridge.org/9781108021364

This edition first published 1886
This digitally printed version 2010

ISBN 978-1-108-02136-4 Paperback

MONVMENTA
GERMANIAE
HISTORICA

INDE AB ANNO CHRISTI QVINGENTESIMO
VSQVE AD ANNVM MILLESIMVM
ET QVINGENTESIMUM

EDIDIT

SOCIETAS APERIENDIS FONTIBVS
RERVM GERMANICARVM MEDII AEVI.

LEGVM SECTIO V. FORMVLAE.

HANNOVERAE
IMPENSIS BIBLIOPOLII HAHNIANI.
MDCCCLXXXVI.

ADDENDA ET CORRIGENDA.

p. 11, *l.* 34. *inter verba* facias *et* aut *poenae stipulationis clausulam excidisse coniecit Brunner in 'Zeitschrift f. Handelsrecht' XXII, p.* 100, *n.* 2; *p.* 67, *n.* 3. *Cf. Form. Andec.* 38. 60.

p. 21. *notae* 4. *adde: Loening, 'Gesch. d. Deutschen Kirchenrechts' II, p.* 243 *sqq.*

p. 56. *notae* 1. *adde: praecipue Loening, 'Gesch. d. Deutschen Kirchenrechts' II, p.* 160 *sqq.*

p. 107, *l.* 15. *et n.* 1: *Suggione est: Soyon. Cf. Deloye apud de Rozière, 'Recueil' III, p.* 316 *sqq.*

p. 172, *l.* 20: sive — sive *corrupta ex* sibi — sibi. *Cf. de Rozière, 'Recueil' I, p.* 86, *n.* 3. 4.

p. 199. *notae* 1. *adde: Miracula S. Germani episcopi Autiss. I,* 15: In pago quoque Vastinensi in vicinia Gaiaci monasterii.

p. 293, *l.* 44. *dele: Nov.*

Tab. I. lege: bibl. publ. 114. *pro* Voss. 86.

Hannoverae. Typis Culemannorum.

FORMVLAE

MEROWINGICI ET KAROLINI AEVI.

ACCEDVNT

ORDINES IVDICIORVM DEI.

EDIDIT

KAROLVS ZEVMER.

INSVNT III TABVLAE.

HANNOVERAE

IMPENSIS BIBLIOPOLII HAHNIANI

MDCCCLXXXVI.

HOC VOLUMINE CONTINENTUR:

SOCIETAS APERIENDIS FONTIBVS RERVM GERMANICARVM MEDII AEVI.
SANCTVS
AMOR PATRIAE
DAT
ANIMVM.
FRANCOFVRTI A. M.
XIII. KAL. FEBR. MDCCCXIX.

Priore formularum parte (pagg. 1—328) iam anno 1882. edita, nunc etiam altera eaque maiore absoluta, opus perfectum offerimus.

Cum ipsis instrumentorum epistolarumque formulis etiam iudiciorum Dei ordines adderentur, hoc volumine eadem fere omnia, quae Eugenii de Rozière corpus formularum, antehac longe plenissimum praestantissimumque, continet, collegimus, quibusdam tamen capitibus, quippe quae minus in hanc syllogen convenirent, omissis. Nova quae addita sint, ex tabulis praemissis facile cognoscentur. Integras quidem collectiones ineditas vix reliquit E. de Rozière; nam omnes, quas aut ipse aut alii viri docti saeculo nostro bibliothecarum thesauros perscrutati, ut puta G. H. Pertz, J. M. Pardessus, L. Bethmann, E. Dümmler, H. Knust, J. Merkel, L. Rockinger aliique repererant, corpori formularum inseruit. Attamen non solum singula capita nonnulla, sed etiam praestantissimarum duarum collectionum reliquias, fragmenta scilicet Formularum Pithoei et codicis S. Emmerami addere potui. Etiam formulas Visigothicas, quas ille seclusit, omittere nolui. Neque vero paucae collectiones nunc primum ea forma et ratione, qua sive primitus scriptae, sive in codicibus nobis traditae sunt, publici iuris fiunt. Id enim potissimum inter editionem istam et nostram interest, ut ibi, collectionibus dissolutis, singula capita secundum rerum, ad quas spectant, ordinem digesta sint, nostra vero collectiones quam maxime integras et originarias praebeat. Formulas autem singillatim traditas sub titulo Extravagantium comprehendi.

Singulis corporibus capitibusve praefatiunculae praecedunt, quae et originem indolemque formularum et fontes editionis nostrae demonstrent. Quae vero de Formularum Andecavensium et Arvernensium tempore, ex incertissimis quidem indiciis colligendo, disserui, ita corrigenda videntur, ut ad calcem voluminis inter Addenda monui.

Reliquum est officium gratissimum, gratiam scilicet agendi omnibus viris doctis, qui de hac editione adornanda meriti sunt. Gratias debeo summas bibliothecarum publicarum, externarum internarumque, praefectis, qui, ut codices pretiosissimi seu huc mitterentur seu a sociis nostris aliisque viris doctis in rem praesentem accedentibus exscriberentur, summa liberalitate concesserunt. Haud minorem gratiam debeo praesidi societatis, V. I. G. Waitz, cuius auspiciis hoc opus adire et perficere me licuisse usque gratulor. Alii etiam viri doctissimi, praesertim: H. Brunner, E. Dümmler, H. Grauert, A. de Jaksch, W. Meyer (Monacensis), E. Mühlbacher, L. Rockinger, W. Scherer, W. Schmitz, Edw. Schroeder, alii alio modo, seu consilio, seu opera me adiuvantes, de hac editione optime meriti sunt. Quibus omnibus grates nunc ago semperque habebo quam maximas.

Dabam Berolini
mense Aprili 1886.

K. ZEUMER.

ORDO EDITIONUM.

His compendiis usi sumus in allegandis collectionibus editionis nostrae: And. = Formulae Andecavenses. Arg. = Formulae Argentinenses. Arv. = Formulae Arvernenses. Aug. = Formulae Augienses. Big. = Formulae Salicae Bignonianae. Bit. = Formulae Bituricenses. S. Dion. = Collectio S. Dionysii. S. Emm. = Fragmenta codicis S. Emmerami. Extr. = Formulae Extravagantes. Flav. = Collectio Flaviniacensis. Form. epp. = Formularum epistolarium collectiones minores. Imp. = Formulae Imperiales. Laud. = Formulae codicis Laudunensis. Lind. = Formulae Salicae Lindenbrogianae. Marc. = Marculfi formulae. Marc. Kar. = Formulae Marculfinae aevi Karolini. Merk. = Formulae Salicae Merkelianae. Morb. = Formulae Morbacenses. Par. = Formulae Parisienses. Pat. = Collectio Pataviensis. Pith. = Fragmenta formularum Pithoei. Salzb. = Formulae Salzburgenses. Sang. = Formulae Sangallenses miscellaneae. C. Sang. = Collectio Sangallensis. Sen. = Cartae Senonicae. Sen. rec. = Formulae Senonenses recentiores. Tur. = Formulae Turonenses. Vis. = Formulae Visigothicae. — A 1 etc. B I, 1 etc. ad Ordines iudiciorum Dei spectant. I. D. App. = Ordinum iudiciorum Dei Appendix.

ORDO EDITIONIS EUGENII DE ROZIÈRE.

Praefatio = Marculfi praefatio.

Formulae ad ius publicum spectantes.

Sacramenta fidelitatis.

1 = Marc. I, 40.

2--6 desunt.

Carta de ducatu.

7 = Marc. I, 8. Marc. Kar. 15.

Carta de antrustione.

8 = Marc. I, 18.

Cartae de mundeburde.

9 = Marc. I, 24.

10 = Marc. Add. 2. Flav. 69.

11 = Sen. 28.

12 = Imp. 32.

13 = Imp. 41.

14 = Imp. 48.

15 = Imp. 55.

Immunitates.

16 = Marc. I, 3. Marc. Kar. 30.

17 = Imp. 11.

18 = Imp. 12.

19 = Imp. 4.

Confirmationes immunitatum.

20 = Marc I, 4. Marc. Kar. 31.

21 = Imp. 28.

22 = Imp. 13.

23 = Sen. 35.

24 = Imp. 29 a. b.

25 = Imp. 15.

26 = Imp. 43.

Praecepta pro Iudaeis et negotiatoribus.

27 = Imp. 30.

28 = Imp. 31.

29 = Imp. 52.

30 = Imp. 37.

31 = Sen. 36.

Praecepta de navibus et teloneis.

32 = Marc. Add. 3. Flav. 48.

32bis = Marc. Suppl. 1.

33 = Imp. 22.

34 = Imp. 24.

35 = Imp. 20.

36 = Imp. 19.

Cartae de hoste.

37 = Merk. 41.

38 = Sen. 19.

39 = Pat. 3.

Praecepta de rebus redditis.

40 = Imp. 8.

41 = Imp. 49.

Securitas.

42 = Marc. I, 32.

Formulae ad ius privatum spectantes.

Commendatio.

43 = Tur. 43.

Obnoxiationes.

44 = Tur. 10.

45 = And. 19.

46 = And. 25.

47 = Sen. 4.

48 = And. 2.

49 = And. 3.

50 = Sen. App. 6.

51 = Arv. 5.

52 = Marc. II, 28. Merk. 26.

Accedunt: Pith. 77. Vis. 32.

Epistolae collectionis.

53 = And. 49.

54 = Tur. 11.

Manumissiones per denarium.

55 = Sen. 12.

56 = Big. 1.
57 = Marc. I, 22. Marc. Kar. 27.
58 = Merk. 40.
59 = Pat. 7.
60 = Imp. 1.
61 = C. Sang. Add. 2.

Manumissiones in ecclesiis.

62 = Bit. 9.
63 = Sen. App. 2. 3.
64 = Arv. 3.
65 = Tur. 12.
66 = Extr. I, 18.
67 = Aug. B 34.
68 = Aug. B 21.
69 = Extr. I, 19.

Manumissiones ad gradus ecclesiasticos.

70 = Extr. I, 2.
71 = Sen. rec. 9.
72 = Imp. 33. Merk. 44.
72bis = Extr. I, 17.
73 cf. Imp. 33.
74 = Extr. I, 16.
75 = Laud. 14.
76 = Imp. 35.
77 = C. Sang. 17.

Accedit: Imp. Add. 2.

Manumissio in albis.

78 = Merk. 43.

Manumissiones per epistolam.

79 = Marc. I, 39.
80 = Marc. II, 52.
81 = Merk. 13 a.
82 = Lind. 10.
83 = Marc. II, 32. Aug. B 18.
84 = Sen. 1.
85 = Merk. 13 b.
86 = Arv. 4.
87 = Aug. B 42.
88 = Sang. 6.
89 = Lind. 9. S. Emm. II, 9.
90 = And. 20.
91 = Big. 2.
92 = Bit. 8.
93 = Marc. II, 34. Aug. B 20.
94 = C. Sang. 16.
95 = Lind. 11.
96 = Merk. 14.
97 = Extr. I, 20.

Accedunt: Arg. 1. Vis. 1—6; rubr. Tur. 35. 36.— Arg. 2. Extr. I, 26.

Manumissiones post decessum.

98 = And. 23.
99 = Marc. II, 33. Sen. App. 4.

Redemptionale.

100 = Sen. 43.

Epistolae conculcaturiae.

101 = Merk. 31.
102 = Morb. 18.
103 = Aug. B 41.
104 = And. 59.
105 = Sen. 6.
106 = Morb. 19.
107 = Marc. II, 29.
108 = Lind. 20. S. Emm. II, 23.
109 = Big. 11.

Libelli repudii.

110 = Tur. 19.
111 = Marc. II, 30.
112 = Sen. 47.
113 = Merk. 18.
114 = And. 57.

Adoptiones.

115 = Tur. 23.
116 cf. Marc. II, 13. et Tur. 23.
117 = Marc. II, 13. Merk. 45.
118 = Lind. 18. S. Emm. II, 21.

Qualiter pupilli recipiantur.

119 = Tur. 24.

Accedit:
Cartula mancipationis.
Vis. 34.

Praeceptum de aquae ductu.

120 = Imp. 47.

Praeceptum de hereditate libertorum.

121 = Imp. 38.

Pacta inter parentes.

122 = Tur. 25.
123 = Sen. 29.
124 = Marc. II, 14.
124bis = Merk. 21.
125 = And. 55.
126 = Big. 19.
127 = Marc. I, 20.

Accedit: Vis. 33.

Testamenta seu hereditoriae.

128 = Flav. 8.
129 = Marc. II, 17.
130 = Sen. App. 1 a.
131 = Tur. 22.
132 = Marc. II, 10.
133 = Lind. 12.
134 = Merk. 24.
135 = Sen. 45.
136 = Marc. II, 12.
136bis = Merk. 23.
137 = Sen. 42. S. Emm. I, 7.

Accedunt: Pith. 46. S. Emm. I, 5 (?). Vis. 21. 22. 26.

Donationes regum.

138 = Marc. I, 14 a.
139 = Marc. I, 14 b.
140 = Imp. 10.
141 = Imp. 44.
142 = Imp. 2.
143 = Imp. 27.
144 = Pat. 4.
145 = Marc. I, 14 c.
146 = Imp. 26.

Accedunt: Vis. 9. 10.

Donationes cum immunitate.

147 = Marc. I, 14 d. Marc. Kar. 23.
148 = Marc. I, 15. Marc. Kar. 24.
149 = C. Sang. 2.
150 = C. Sang. Add. 3.

Confirmationes.

151 = Marc. I, 31.
152 = Marc. I, 17. Marc. Kar. 26.
153 = Morb. 26.
154 = Marc. I, 16. Marc. Kar. 25.
155 = Imp. 18.
156 = Imp. 39.
157 = Imp. 16.
158 = Marc. I, 35.

Accedit: Imp. 45.

Donationes privatorum.

159 = Lind. 6.
160 = Tur. 4.
161 = Mar. II, 36.
162 = Big. 17.
163 = Arv. 6.
164 = And. 56.
165 = Aug. B 35.

Accedunt: Vis. 30. 31.

Donationes parentum in filios.

166 = Tur. 21.
167 = Marc. II, 11.
168 = Merk. 25.
169 = Sen. 23.
170 = Big. 10.
171 = And. 37.
172 = Lind. 14.
173 = And. 36.
174 = Big. 12.

Accedit: Vis. 29.

Prologi donationum ad loca sanctorum.

175 = Marc. II, 2. Aug. A. 12.
176 = Marc. Add. 1 a.
177 = Marc. Add. 1 c.
178 = Marc. Add. 1 d.
179 = Marc. Add. 1 e.
180 = Tur. 1 a.
181 = Merk. 4 b.
182 = Aug. A 1. B 28.
183 = Aug. A 2. B 29.
184 = Aug. A 3. B 30.
185 = Aug. A 4. B 31.
186 = Aug. A 5. B 32.
187 = Aug. A 6.
188 = Aug. A 7.
189 = Aug. A 8.
190 = Aug. A 9.
191 = Aug. A 10.
192 = Aug. A 11. B 33.
193 = Marc. Add. 1 b.

Donationes ad loca sanctorum.

194 = Merk. 1.
195 = Tur. Add. 1.
196 = Flav. Add. 1.
197 = And. 46.
198 = Sen. 41. S. Emm. I, 6.
199 = Aug. B 1.
200 = Lind. 1.
201 = Lind. Add. 2. S. Emm. II, 15.
202 = Lind. Add. 3. S. Emm. II, 16.
203 = Flav. 7.
204 = Big. 18.
205 = Merk. 3.
206 = Merk. 2.
207 = Aug. B 36.
208 = Aug. A 14.
209 = Aug. A 15.
210 = Aug. A 16.
211 = Aug. A 17.

Accedunt: S. Emm. II, 17. Extr. I, 21. 22. Vis. 7. 8. Pith. 108 (?).

Donationes post obitum.

212 = Tur. 1 b. Merk. 4 a.
213 = Marc. II, 6.
214 = Tur. 37.
215 = Marc. II, 3. Aug. A 13.
216 = Marc. I, 13.
217 = Salzb. 4.
218 = Salzb. 5.

Libelli dotis.

219 = Tur. App. 2.
220 = Tur. 14.
221 = Bit. 15 a.
222 = And. 1 c.
223 = Marc. II, 15.
223bis = Merk. 17.
224 = Sen. 25.
225 = Extr. I, 11.
226 = And. 54.
227 = And. 40.
228 = Lind. 7.
229 = Merk. 15.
230 = Big. 6.
231 deest.
232 = And. 34.
233 = Sang. 19.
234 = C. Sang. 18.
235 = Aug. B 24.
236 = Aug. B 25.
237 = Sang. 13.
238 = C. Sang. 12.
Add. p. 329 = Sang. 18.
239 = Sang. 16.
240 = Sang. 12.

Accedunt: Pith. 55. 57. 60. Aug. B 46. Extr. I, 9. 10. 12—15. Vis. 14—20.

Cartae compositionales.

241 = Tur. 16.
242 = Lind. 16.
243 = Marc. II, 16.
244 = Merk. 19.

Donationes inter virum et uxorem.

245 = Tur. 17.
246 = Tur. 18.
247 = And. 41.
248 = Marc. II, 7. Aug. B 26.
249 = Marc. II, 8. Aug. B 27.
250 = Lind. Add. 1.
251 = Lind. 13.
252 = Merk. 16.
253 = Marc. I, 12.
254 = And. 35.

Accedunt: Pith. 38. Vis. 23.

Traditiones.

255 = Sen. 34.
256 = Flav. Add. 2.
256bis = Flav. Add. 6.
257 = Tur. 15.
258 = Tur. App. 3.

Accedit: S. Emm. I, 4.

Gesta.

259, §. 1 = Marc. II, 37.
259, §. 2. 3 = Marc. II, 38.
260 = And. 1 a. b.
261, §. 1 = Sen. App. 1 c.
261, §. 2 = Sen. App. 1 b.
261, §. 3 = Sen. App. 1 d.
262, §. 1 = Bit. 15 c.
262, §. 2 = Bit. 15 b.
262, §. 3 = Bit. 15 d.
263, §. 1 = Tur. 3.
263, §. 2 = Tur. 2.
263bis, §. 1 = Tur. Add. 5. Flav. 10.
263bis, §. 2 = Tur. Add. 4. Flav. 9.
264, §. 1 = Sen. 39.
264, §. 2 = Sen. 40.
265 = Bit. 6.
266 = Bit. 3.

Accedit: Vis. 25.

Venditiones.

267 = Tur. 5.
Add. p. 331 = And. 4.
268 = Marc. II, 19.
269 = Sen. 2.
270 = Tur. Add. 2.
271 = Merk. 9.
272 = Merk. 10.
273 = Lind. 8. S. Emm. II, 8.
274 = Big. 4.
275 = Marc. II, 20.
276 = Tur. 42.
277 = And. 27.

278 = Merk. 11.
279 = Tur. 8.
280 = And. 21.
281 = Marc. II, 21.
282 = Aug. B 13.
283 = Aug. B 39.

Accedunt: Pith. 96. 101. Vis. 12. 13.

Confirmationes venditionum.

284 = Marc. Suppl. 2. Marc. Kar. 28.
285 = Imp. 34.

Traditiones.

286 = Sen. 7.
287 = Sen. 8.
288 = Sen. App. 5.
289 = Extr. I, 23.

Venditiones servorum.

290 = Marc. II, 22.
291 = Tur. 9.
292 = Lind. 15.
293 = And. 9.
294 = Merk. 12.
295 = Big. 3.
296 = Big. 5.
297 = Sen. 9.

Accedit: Vis. 11.

Commutationes.

298 = Marc. I, 30.
299 = Imp. 36.
300 = Imp. 42.
301 = C. Sang. 5.
302 = Tur. 26.
303 = Merk. 20.
304 = Marc. II, 23.
305 = Marc. II, 24.
306 = Lind. 5.
307 = Sen. 5.
308 = And. 8.
309 = Big. 15.
310 = Bit. 1.
311 = Aug. B 38.
312 = Sang. 20. C. Sang. 19.
313 = Sang. 11.
314 = Sang. 4.
315 = C. Sang. 11.
316 = Imp. 54; cf. p. 287.

Accedunt: Arg. 3. Vis. 27. 28.

Confirmationes commutationum.

317 = Imp. 3.
318 = Pat. 5.

Accedit: Imp. Add. 1.

Precariae.

319 = Tur. 7.
320 = Flav. Add. 4.
321, §. 1 = Merk. 5.
321, §. 2 = Merk. 6.
322 = And. 7.
323 = Par. 1.
324 = Bit. 2.
325 = Marc. II, 41.
326 = Merk. 33.
327 = Tur. Add. 3.
328, §. 1 = Marc. II, 39.
328, §. 2 = Marc. II, 40.
329, §. 1 = Merk. 34.
329, §. 2 = Merk. 35.
330, §. 1 = Sang. 14.
330, §. 2 = Sang. 15.
331, §. 1 = Lind. 2.
331, §. 2 = Lind. 3.
332 = Tur. 6.
333 = Aug. A 18.
334 = Aug. A 19.
335 = Aug. A 20
336 = Merk. 22.
337 = Marc. II, 9.
338, §. 1 = C. Sang. 13.
338, §. 2 = C. Sang. 14.
339, §. 1 = Sen. 31.
339, §. 2 = Sen. 32.
339, §. 3 = Sen. 33.
340, §. 1 = Sen. 14.
340, §. 2 = Sen. 15.
340, §. 3 = Sen. 16.
341 = Flav. Add. 3.
342, §. 1 = Big. 20.
342, §. 2 = Big. 21.
342, §. 3 = Big. 22.
343, §. 1 = Merk. 7.
343, §. 2 = Merk. 8.
344 = Tur. 34.
345, §. 1 = Marc. II, 4.
345, §. 2 = Marc. II, 5.
346 = Lind. 4.
347, §. 1 = Aug. B 2.
347, §. 2 = Aug. B 3.
348, §. 1 = Aug. B 4.
348, §. 2 = Aug. B 5.
349, §. 1 = Merk. 36.
349, §. 2 = Merk. 37.
350, §. 1 = Aug. B 6.
350, §. 2 = Aug. B 7.
351 = Aug. B 37.
352, §. 1 = Aug. B 14.
352, §. 2 = Aug. B 15.
352, §. 3 = Aug. B 16.
353 = Aug. B 17.
354 = Aug. B 8.
355 = Imp. 21.
356 = C. Sang. 15.
357 = Aug. B 11.
358 = And. 58.
359, §. 1. 2 = C. Sang. 6 a. b.
359, §. 3 = C. Sang. 7.
360 = Aug. B 12.
361, §. 1 = Sang. 22.
361, §. 2 = Sang. 23
362 = Aug. B 9.
363 = Aug. B 10.
364 = C. Sang. 21.
365, §. 1 = Sang. 2.
365, §. 2 = Sang. 3.
366, §. 1 = C. Sang. Add. 4.
366, §. 2 = C. Sang. Add. 5.
367, §. 1 = C. Sang. 8.
367, §. 2 = C. Sang. 9.

Accedunt: Form. Sen. rec. 19. 20. Pith. 23. 25. 28. 30. 36. Aug. B 44. 45. Vis. 36. 37. Extr. I, 25. 27. — S. Emm. I, 8. Extr. I, 24.

Cautiones.

368 = Marc. II, 25.
369 = And. 60.
370 = Marc. II, 26.
371 = And. 38.
372 = Sen. 3.
373 = Marc. II, 27.
374 = Sen. 48.
375 = And. 22.
376 = Tur. 13.
377 = Tur. App. 1.

Accedunt: Vis. 38. 44.

Evacuatoriae.

378 = Tur. 44.
379 = Marc. II, 35.
380 = Sen. 24.
381 = And. 18.

382 = And. 17.
383 = Bit. 4.

Mandata.

384 = Arv. 2.
385 = Tur. 20.
386 = Tur. App. 4.
387 = Sen. 13.
388 = And. 52.
389 = Tur. 45.
390 = Sen. rec. 10.
391 = Sen. 50.
392 = Marc. I, 21.
393 = Marc. I, 36.
394 = Marc. II, 31.
395 = And. 48.
396 = And. 51.

Accedunt: Vis. 41. 42. 43.

Pactiones.

397 = Sang. 21. C. Sang. 20.
398 = Sang. 5.
399 = And. 45.
400 = Aug. B 23.
401 = Sang. 9.
402 = C. Sang. 10.

Apennes.

403 = Arv. 1.
404 = Bit. 7.
405 = And. 33.
406 = And. 31.
407 = And. 32.
408 = Tur. 28.
409 = Sen. 38.
410 = Tur. Add. 7.
411 = Sen. 46.
412 = Marc. I, 34.
412bis = Marc. Kar. 19.
413 = Marc. I, 33.
413bis = Marc. Kar. 22.
414 = Tur. 27.
415 = Imp. 23.
416 = Imp. 17.

Formulae ad iudiciorum ordinem spectantes.

Suggestiones.

417 = Morb. 5.
418 = Morb. 4.
419 = Bit. 14.
420 = Sen. 44.
421 = Aug. C 6.
422 = Aug. C 5.
423 = Marc. Kar. 21.
424 = Marc. Kar. 1.
425 = Flav. 117 c.
426 = Morb. 17.
427 = Sen. 27.
428 = Sen. 30.
429 = Pat. 2.
430 = Salzb. 57.

Accedunt: Sang. 1. Form. epp. I, 2. 3.

Indiculi commonitorii.

431 = Marc. I, 26.
432 = Marc. Kar. 18.
433 = Marc. I, 29.
434 = Marc. I, 27.
435 = Marc. I, 28.
436 = Sen. 18.
437 = Extr. I, 7.
438 = Extr. I, 3.

Inscriptiones.

439 = Extr. I, 5.
440 = Tur. 29.
440bis = Extr. I, 4.
441 = Extr. I, 6.

Accedit: Vis. 35.

Iudicia regum.

442 = Marc. I, 25.
443 = Sen. 26.
444 = Marc. I, 37.
445 = Tur. 33.
446 = Imp. 53.
447 = Imp. 5.
448 = Imp. 51.
449 = Imp. 14.
450 = Imp. 9.
451 = Imp. 46.
452 = Imp. 50.
453 = Marc. I, 38.
454 = Tur. Add. 6. Flav. 40.
455 = Marc. I, 23.

Iudicia missorum, comitum etc.

456 = Sen. 10.
457 = And. 12.
458 = Sen. rec. 4.
459 = Sen. 20.
460 = Big. 7.
460bis = Merk. 32.
461 = Sen. rec. 7.
462 = Merk. 29.
463 = Big. 14.
464 = Big. 27. Pith. 75.
465 = Tur. 32.
466 = Sen. 51.
467 = Lind. 19. S. Emm. II, 22.
468 = Big. 8; cf. Merk. 39.
469 = Big. 9.
470 = Sen. 11.
471 = Merk. 38.
472 = Sen. rec. 3.
473, §. 1 = And. 47.
473, §. 2 = And. 53.
474 = Aug. B 40.
475 = Sang. 10.
476 = Aug. B 22.
477 = Sen. rec. 6.
478 = Tur. 41.
479 = Sen. rec. 2.
480 = Sen. rec. 5.
481 = Merk. 28.
482 = And. 10.
483 = Lind. 21. S. Emm. II, 24.
484, §. 1 = Tur. 39.
484, §. 2 = Tur. 40.
485 = Sen. 21.
486 = Merk. 27.
487 = And. 28.
488 = And. 30.
489 = And. 29.
490 = And. 16.
491, §. 1 = Tur. 30.
491, §. 2 = Tur. 31.
492 = Sen. 17.
493 = And. 50.
494 = Sen. 22.
495 = And. 5.
496 = And. 15.
497 = And. 24.
498 = Sen. rec. 1.
499 = Merk. 30.
500 = And. 14.
501 = And. 13.
502 = Big. 13.
502bis = Merk. 42.

Accedunt: S. Emm. I, 1. 2. 3. 9. Vis. 40. — Vis. 39.

Securitates.

503 = And. 5.
504 = And. 43.
505 = And. 42.
506 = And. 39.
507 = And. 6.

617 = I. D. App. I, 3.
618 = A 30.
618bis = A 31.
619 = A 29.
620 = B X, 6.
Add. p. 355 = B III, 3.
621 = B III, 4.
622 = B I, 3.
623 = B XVIII, 2.

Accedunt: A 26 a—d. 27. 32. 33. B II, 3. IV, 5. VII, 3. VIII, 6. XI, 3. XIII, 3. XV, 4. XVII, 1. 5. I. D. App. IV.

(Iudicia panis pendentis).
A 26 e. 27 c. 28. B XVII, 6.

(Iudicia libri, psalterii).
624 = B XII, 4.

Accedit: A 33.

625 = B 1, 4.

Exorcismi.
626—632 desunt.

Indicta.
633 = Merk. 63.
634 = C. Sang. 31.
635 = C. Sang. 32.
636 = Merk. 55.

Eulogia seu litterae visitationis.
637 = Marc. II, 44.
638 = Marc. II, 45.
639 = Marc. II, 42.
640 = Marc. II, 43.
641 = Marc. Suppl. 3.
641bis = Marc. Kar. 9.
642 = Marc. Suppl. 4.
642bis = Marc. Kar. 11.

Litterae formatae seu dimissoriae.
643 = Extr. II, 11.
644 = Extr. II, 12.
645 = Extr. II, 20b.
646 = Extr. II, 22.
647 = Sen. rec. 14.
648 = Sen. rec. 15.
649 = Extr. II, 25.
650 = Sang. 17.
Add. p. 356 = Extr. II, 27.
651 = Extr. II, 26.
Add. p. 357 = Extr. II, 18.
652 = Tur. Add. 8.
653 = Extr. II, 20.
654 = Extr. II, 23.
655 = Extr. II, 24.
Add. p. 359 = Extr. II, 14.
Add. p. 359 sq. = Extr. II, 15.
Add. p. 360 = Extr. II, 16.

Accedunt: Laud. 15. 16. Extr. II, 13. 17. 19. 21.

656 = Sen. rec. 16.
657 = Merk. 56.
658 = Laud. 17.
659 = Bit. 19.
660 = C. Sang. 24.
661 = C. Sang. 25.
662 = S. Dion. 16.
663 = Marc. II, 48.

Litterae communicatoriae.
664 = Marc. II, 46.
665 = Marc. II, 47.
665bis = Marc. Kar. 8.
666 = Marc. II, 50.

Litterae poenitentiales.
667 = Sen. rec. 11. Lind. 17. S. Emm. II, 20.
668 = Bit. 13.
669. 670 desunt.
671 = Bit. App. 9. S. Dion. 21.
672 = Bit. App. 12.
673 = Big. 16.
674 = Salzb. 2.
675 = Marc. II, 49.
676 = S. Dion. 22.
Add. p. 361 = Form. epp. IV, 4.

Accedit: Salzb. 1.

Brevia mortuorum.
677 = Morb. 12.
678 = Morb. 11.
679 = Morb. 23.
680 = Morb. 7.
681 = Merk. 60.
682 = Laud. 4.
683 deest.
684 = Aug. A 21.
685 = Lind. Add. 4.
686 = Laud. 10.
687 = Laud. 6.
688 = Laud. 7.
689 = Laud. 8.
690 = Laud. 9.
691 = Aug. C 2.
692 = Laud. 11.
693 = Laud. 12.
694 = Laud. 13.

Accedunt: Extr. II, 34. 35.

Epistolae.

Epistolae ad res publicas spectantes.
695 = C. Sang. 27.
696 = Marc. I, 9. Marc. Kar. 16.
697 = Marc. I, 10.
697bis = Marc. Kar. 17.
698 = S. Dion. 18.
699 = Aug. C 7.
700 = S. Dion. 24.
701 = C. Sang. 39.
702 = C. Sang. 40.

Accedunt: S. Dion. 25. Laud. 2.

Tractoriae.
703 = Marc. I, 11. Marc. Kar. 20.
704 = Imp. 7.
705 = Morb. 3.
706 = C. Sang. 33.
707 = C. Sang. 34.
708 = C. Sang. 35.

Epistolae ad negotia privata spectantes.
709 = C. Sang. 36.
710 = Salzb. 39.
711 = Salzb. 37.
712 = Big. 25.
713 = Salzb. 13.
714 = Marc. Kar. 5.
715 = Merk. 58.
716 = Salzb. 8.
717 = Big. 24.
718 = Merk. 66.
719 = Merk. 53.
720 = Sen. 37.

Epistolae commendaticiae.
721 = Aug. B 43.
722 = Marc. II, 51.
723 = Flav. 117a.
724 = Form. epp. II, 5.
725 = Form. epp. II, 6.
726 = Merk. 59.
727 = Merk. 48.
728 = Form. epp. II, 10.

729 = Morb. 6.
730 = Salzb. 58.

Epistolae deprecatoriae.

731 = Bit. 11.
732 = Marc. Kar. 4.
733 = Salzb. 64.
734 = Big. 23.
735 = Merk. 49. 50.
736 = Flav. 117 f.
737 = Marc. Kar. 3.
738 = Marc. Kar. 6.
739 = Marc. Kar. 7.
740 = Morb. 1.
741 = Morb. 15.
742 = Morb. 10.
743 = Sen. 49.
Add. p. 362 = Form. epp. V, 5.
744 = Salzb. 66.
745 = Bit. 18.
746 = Bit. 16.
747 = Flav. 117b.
748 = Morb. 9.
749 = Morb. 13.
750 = Morb. 14.
751 = Salzb. 63.

Epistolae variae.

752 = Aug. C 26.
753 = Form. epp. II, 4.
754 = Form. epp. II, 1.
755 = Form. epp. II, 2.
756 = Form. epp. III, 1.
757 = Form. epp. III, 2.
758 = C. Sang. 29.
759 = Bit. 10.
760 = Form. epp. III, 3.
761 = Form. epp. III, 2.
762 = Morb. 22.
763 = Form. epp. III, 4.
764 = Form. epp. III, 5.
765 = S. Dion. 17.
766 = Aug. C 21.
767 = Salzb. 62.
768 = Salzb. 56.
769 = Aug. C 14.
770 = Bit. 17.
771 = Aug. C 19.
772 = Aug. C 12.
773 = Aug. C 11.
774 = Aug. C 3.
775 = Aug. C 23.
776 = Salzb. 19.
777 = Aug. C 15.
778 = Aug. C 9.
779 = Aug. C 17.
780 = Laud. 3.
781 = Salzb. 38.
782 = Salzb. 59.
783 = Aug. C 22.
784 = Aug. C 10.
785 = Aug. C 24.
786 = Aug. C 13.
787 = Aug. C 18.
788 = Morb. 2.
789 = Morb. 8.
790 = Aug. C 8.
791 = Aug. C 20.
792 = Aug. C 4.
793 = Flav. 117i.
794 = Salzb. 65.
795 = Aug. C 25.
796 = C. Sang. 46.
797 = C. Sang. 44.
Add. p. 363 = Form. epp. IV, 3.
Add. p. 364 = Form. epp. V, 1.
798 = C. Sang. 41.
799 = C. Sang. 43.
800 = C. Sang. 28.
801 = Aug. C 1.
802 = C. Sang. 45.
803 = Marc. Kar. 2.
804 = C. Sang. 47.
805 = Salzb. 54.
806 = Sen. rec. 18.
807 = Salzb. 17.
808 = Salzb. 16.
809 = Salzb. 9.
Add. p. 365 = Form. epp. V, 3.
Add. p. 366 = Form. epp. V, 4.
810 = Aug. A 23.
811 = Pat. 1.
812 = Merk. 65.
813 = Salzb. 20.
814 = Flav. 117 d.
815 = 799.
816 = Salzb. 32.
817 = Salzb. 18.
818 = Salzb. 28.
819 = Marc. Kar. 10.
820 = Salzb. 11.
821 = Form. epp. II, 9.
822 = Salzb. 3.
823 = Flav. 117 g.
824 = Salzb. 15.
825 = Bit. 16.
826 = Flav. 117 k.
827 = Salzb. 51.
828 = Salzb. 30.
Add. p. 367 = Form. epp. IV, 2.
Add. p. 368 = Form. epp. V, 2.
829 = Salzb. 12.
830 = Form. epp. II, 7.
831 = Morb. 27.
832 = S. Dion. 19.
833 = Form. epp. III, 6.
834 = Salzb. 61.
835 = Salzb. 50.
836 = Salzb. 55.
837 = S. Dion. 23.
838 = Morb. 20.
839 = C. Sang. Add. 6.
840 = Salzb. 24.
841 = Form. epp. II, 8.
842 = Merk. 47.

Accedunt: Form. Bit. praef. p. 167. 168. Sen. rec. 8. Sang. 50. Salzb. 33—36. 40. 42. 52. 60. Laud. 5. Form. epp. I, 7. Add. p. 532. — Rubricae variarum epp.: S. Emm. III, 24—39.

Epistolarum particulae.

843 = Bit. App. 8.
844 = Bit. App. 10.
845 = Bit. App. 11.
846 = Bit. 12.
847 = Flav. 117 e.
848 = Flav. 117 h.
849 = Bit. App. 5.
850 = Bit. App. 6.
851 = Bit. App. 3.
852 = Bit. App. 7.
853 = Aug. A 22.
854 = Salzb. 7.
855 = Salzb. 10.
856 = Salzb. 23.
857 = Big. 26.
858 = Bit. App. 2.
859 = Morb. 24.
860 = Morb. 21.
861 = S. Dion. 20.
862 = Salzb. 14.
863 = Salzb. 21.
864 = Salzb. 22.

865 = Salzb. 25.
866 = Salzb. 26.
867 = Salzb. 27.
868 = Salzb. 29.
869 = Salzb. 31.
870 = Salzb. 43.
871 = Bit. App. 1.
872 = Bit. App. 4.
873 = Merk. 46.
874 = Marc. Suppl. 5.
875 = Salzb. 41.
876 = Salzb. 44.
877 = Salzb. 45.
878 = Salzb. 46.
879 = Salzb. 47.
880 = Salzb. 48.
881 = Salzb. 49.

Accedunt: Laud. 1. Form. epp. I, 1. 4. 5. 6.

Epistolarum themata.

882 = Salzb. 53.
883 = Salzb. 6.
884 = Salzb. 20.
885 = Salzb. 50.

Omissa.

886 = Merk. 51.
887—891 desunt.

Appendix.

892 = Sen. Add. 1.
893 = Sen. Add. 2.
894 = Sen. Add. 3.
895 = Sen. Add. 4.
896 = Sen. Add. 5.
897 = Form. Aug. p. 340.

Accedunt: Form. Bit. p. 167. 168. C. Sang. 48. 49. 50a.

ORDO EDITIONIS BALUZIANAE.

Marculfi monachi formularum libri duo.

Praefatio = Marc. Praef.
I, 1 = Marc. I, 1.
I, 2 = Marc. I, 2.
etc.
II, 1 = Marc. II, 1.
II, 2, 1 = Marc. II, 2.
II, 2, 2 = Marc. Add. 1 a.
II, 2, 3 = Marc. Add. 1 b.
II, 2, 4 = Marc. Add. 1 c.
II, 2, 5 = Marc. Add. 1 d.
II, 2, 6 = Marc. Add. 1, e.
II, 3 = Marc. II, 3.
II, 4 = Marc. II, 4.
etc.

Appendix Marculfi.

1—7 = Sen. rec. 1—7.
8—12 = Sen. rec. 9—13.
13—38 = Sen. 1—26.
39 = Sen. 29.
40—45 = Sen. 31—36.
46 = Sen. 38.
47 = Sen. 42.
48 = Sen. 43.
49 = Sen. 45.
50 = Sen. 48.
51 = Sen. 51.
52—55 = Sen. App. 1.
56 = Sen. App. 3.
57. 58 = Sen. App. 5. 6.

Formulae Sirmondicae.

1—34 = Tur. 1—34.
35 = Tur. 37.
36 = Tur. Add. 1.
37 = Tur. Add. 2.
38 = Tur. Add. 3.
39 = Tur. 38.
40 = Tur. 39.
41 = Tur. 40.
42 = Tur. 41.
43 = Tur. 42.
44 = Tur. 43.
45 = Tur. 44.
46 = Tur. 45.

Formulae Bignonianae.

1 = Big. 2. 2 = Big. 3. etc.

Formulae Lindenbrogii.

Praefatio = Marc. praef.
1 = Marc. I, 5.
2 = Marc. I, 6.
3 = Marc. I, 7.
4 = Marc. Suppl. 6.
5 = Marc. II, 1.
6 = Marc. I, 3.
7 = Sen. 35.
8 = Marc. I, 35.
9 = Marc. I, 36.
10 = Sen. 19.
11 = Sen. 36.
12 = Marc. Add. 3.
13 = Marc. II, 3.
14 = Tur. 1 b.
15 = Marc. II, 6.
16 = Marc. II, 4.
17 = Flav. 7.
18 = Lind. 1.
19 = Lind. 3.
20 = Lind. 4.
21 = Sen. 31.
22 = Sen. 32.
23 = Sen. 33.
24 = Sen. 34.
25 = Flav. Add. 3.
26 = Flav. Add. 4.
27 = Marc. II, 5.
28 = Big. 20.
29 = Big. 21.
30 = Big. 22.
31 = Marc. I, 19.
32 = Marc. I, 8.

33 = Sen. rec. 11.
34 = Big. 16.
35 = Marc. I, 11.
36 = Marc. I, 23.
37 = Marc. I, 24.
38 = Marc. Add. 2.
39 = Marc. I, 40.
40 deest.
41 = Marc. I, 30.
42 = Marc. I, 31.
43 = Marc. I, 13.
44 = Marc. I, 14 a. b.
45 a = Marc. I, 14 c.
45 b = Marc. I, 14 d.
46 = Marc. I, 17.
47 = Marc. I, 18.
48 = Marc. I, 12.
49 = Marc. II, 7.
50 = Lind. 13.
51 = Marc. II, 9.
52 = Big. 10.
53 = Big. 12.
54 = Tur. 22.
55 = Lind. 12.
56 = Marc. II, 11.
57 = Lind. 14.
58 = Lind. 18.
59 = Marc. II, 13. et Tur. 23.
60 = Sen. App. 1 a.
61 = Marc. II, 36.
62 = Sen. 42.
63 = Sen. App. 1 b.
64 = Sen. App. 1 c.
65 = Sen. App. 1 d.
66 = Marc. II, 12.
67 = Marc. II, 14.
68 = Tur. 25.
69 = Sen. 29.
70 = Big. 19.
71 = Marc. II, 17.
72 = Flav. 8.
73 = Tur. Add. 4. 5.
74 = Tur. 24.
75 = Lind. 7.
76 = Marc. II, 15.
77 = Sen. 25.
78 = Tur. 14.
79 deest.
80 = Tur. 15.
81 = Tur. 32.
82 = Lind. 16.
83 = Tur. 16.
84 = Marc. II, 30.
85 = Marc. II, 29.
86 = Sen. 6.
87 = Big. 11.
88 = Lind. 20.
89 = Marc. I, 39.
90 = Marc. II, 52.
91 = Tur. 12.
92 = Marc. II, 32.
93 = Marc. II, 33.
94 = Marc. II, 34.
95 = Sen. 1.
96 = Lind. 10.
97 = Sen. rec. 9.
98 = Sen. App. 3.
99 = Sen. 43.
100 = Extr. I, 2.
101 = Imp. 33.
102 = Sen. 12; cf. Marc. I, 22.
103 = Lind. 9.
104 = Marc. I, 34.
105 = Marc. I, 33.
106 = Sen. 38.
107 = Tur. 28.
108 = Sen. 46.
109 = Marc. I, 25.
110 = Marc. I, 26.
111 = Marc. I, 29.
112 = Marc. I, 27.
113 = Marc. I, 28.
114 = Marc. I, 20.
115 = Marc. I, 21.
116 = Extr. I, 7.
117. 118 = Tur. 29.
119 = Tur. 30.
120 = Tur. 31.
121 = Marc. II, 18.
122 = Sen. 11.
123 = Sen. 51.
124 = Lind. 19.
125 = Big. 9.
126 = Marc. I, 32.
127 = Lind. 8.
128 = Marc. II, 19.
129 = Marc. II, 20.
130 = Big. 4.
131 = Tur. 8.
132 = Big. 3.
133 = Marc. II, 22.
134 = Tur. 10.
135 = Marc. II, 28.
136 = Sen. 4.
137 = Sen. App. 6.
138 = Tur. 11.
139 = Marc. II, 23.
140 = Sen. 5.
141 = Big. 15.
142 = Marc. II, 25.
143 = Marc. II, 26.
144 = Marc. II, 27.
145 = Sen. 3.
146 = Tur. 13.
147 = Sen. 48.
148 = Marc. II, 35.
149 = Sen. 24.
150 = Marc. II, 41.
151 = Tur. 4.
152 = Lind. 6.
153 = Sen. 7.
154 = Sen. 8.
155 = Flav. Add. 6.
156 = Sen. App. 5.
157 = Marc. I, 38.
158 = Marc. I, 37.
159 = Sen. 26.
160 = Sen. 17.
161 = Sen. 9.
162 = Sen. rec. 6.
163 = Sen. 20.
164 = Sen. rec. 5.
165 = Sen. rec. 1.
166 = Sen. rec. 2.
167 = Sen. rec. 4.
168 = Tur. Add. 6.
169 = Lind. 21.
170 = Sen. rec. 7.
171 = Marc. Suppl. 2.
172 = Big. 13.
173 = Sen. 21.
174 = Sen. 22.
175 = Big. 14.
176 = Sen. 18.
177 = Sen. 28.
178 = Marc. II, 31.
179 = Tur. 2.
180 = Tur. 20.
181 = Sen. 13.
182 = Sen. rec. 10.
183 = Sen. 50.
184 = Extr. II, 11.
185 = Sen. rec. 14.

Nova collectio (vulgo Formulae Baluzianae maiores).

1 = Sen. rec. 17.
2 = Sen. rec. 18.
3 = Sen. 27.
4 = Sen. 30.
5 = Sen. 28.
6 = Sen. 37.
7 = Sen. 41.
8 = Sen. 44.
9 = Sen. 46.
10 = Sen. 49.
11 = Sen. Add. 1.
12 = Sen. Add. 2.
13 = Sen. Add. 3.
14 = Sen. Add. 4.
15 = Sen. Add. 5.
16 = Extr. I, 5.
17 = Flav. 117 a.
18 = Flav. 117 b.
19 = Flav. 117 c.
20 = Flav. 117 d.
21 = Flav. 117 e.
22 = Flav. 117 f.
23 = Flav. 117 g.
24 = Flav. 117 h.
25 = Flav. 117 i.
26 = Flav. 117 k.
27 = Flav. 7.
28 = Flav. 8.
29 = Flav. Add. 1.
30 = Flav. Add. 2.
31 = Extr. II, 32.
32 = Extr. II, 30. 31.
33 = Flav. 42.
34 = Extr. II, 29.
35 = Extr. II, 33.
36 = Flav. Add. 5.
37 = Flav. 43.
38 = Flav. 44.
39 = Extr. II, 25.
40 = Extr. II, 26.
41 = Tur. Add. 8.
42 = Extr. II, 20.
43 = Extr. I, 17.
44 deest.
45 = Sang. 22.
46 = Sang. 23.
47 = Sang. 21.
48 = Sang. 20.
49 = Sang. 19.

ORDO VARIARUM EDITIONUM.

Formulae Andegavenses. Ed. Mabillon.

1—33 = And. 1—33. 34, 1 = And. 34. 34, 2 = And. 35. 35 = And. 36. 36 = And. 37. etc.

Formulae Baluzianae, quae dicuntur minores.

(Numeri in ipsis antiquis editionibus non additi, tamen in usu sunt).

1 = Arv. 1 a.
2 = Arv. 1 b.
3 = Arv. 2 a.
4 = Arv. 2 b.
5 = Arv. 3.
6 = Arv. 4.
7 = Arv. 5.
8 = Arv. 6.
9 = S. Dion. 16.
10 = S. Dion. 19.
11 = S. Dion. 20.
12 = S. Dion. 21.
13 = S. Dion. 22.
14 = S. Dion. 23.
15 = S. Dion. 24.

Formulae editae a Carpentario in Alphabeto Tironiano.

1 = Imp. 40.
2 = Imp. 26.
3 = Imp. 19.
4 = Imp. 28.
5 = Imp. 22.
6 = Imp. 21.
7 = Imp. 25.
8 = Imp. 11.
9 = Imp. 12.
10 = Imp. 13.
11 = Imp. 23.
12 = Imp. 17.
13 = Imp. 29.
14 = Imp. 6.
15 = Imp. 24.
16 = Imp. 47.
17 = Imp. 39.
18 = Imp. 4.
19 = Imp. 15.
20 = Imp. 20.
21 = Imp. 16.
22 = Imp. 18.
23 = Imp. 36.
24 = Imp. 3.
25 = Imp. 10.
26 = Imp. 2.
27 = Imp. 27.
28 = Imp. 42.
29 = Imp. 44.
30 = Imp. 43.
31 = Imp. 37.
32 = Imp. 30.
33 = Imp. 31.
34 = Imp. 52.
35 = Imp. 32.
36 = Imp. 41.
37 = Imp. 48.
38 = Imp. 7.
39 = Imp. 8.
40 = Imp. 46.
41 = Imp. 49.
42 = Imp. 50.
43 = Imp. 14.
44 = Imp. 53.
45 = Imp. 1.
46 = Imp. 33.
47 = Imp. 35.
48 = Imp. 5.
49 = Imp. 9.
50 = Imp. 51.
51 = Imp. 55.
52 = Imp. 38.
53 = Imp. 34.
54 = Imp. 54.

Formulae editae ab I. M. Pardessus in 'Bibl. de l'école des chartes'.

I, p. 218 = Bit. 7.	4 = Sen. 47.	7 = Marc. Suppl. 3.
IV, p. 20 sqq.	5 = Tur. Add. 7.	8 = Marc. Suppl. 4.
1—3 = Sen. 39—41.	6 = Marc. Suppl. 1.	9—14 = Bit. 1—6.

Formulae codicis Vaticani. Ed. I. Merkel.

1—3 = Merk. 1—3.	15 = Merk. 13 b.	51 = Merk. 51.
4 = Merk. 4 a.	16—26 = Merk. 14—24.	52 = Merk. 52.
5 = Merk. 4 b.	27 = Merk. 25. 26.	etc.
6—13 = Merk. 5—12.	28—49 = Merk. 27—48.	
14 = Merk. 13 a.	50 = Merk. 49. 50.	

Formulae Salomonis. Ed. E. Dümmler.

1—5 = C. Sang. 1—5.	B 1 = C. Sang. 48.	C 2 = C. Sang. Add. 5.
6 = C. Sang. 6 a.	B 2 = C. Sang. 49.	C 4 = C. Sang. Add. 2.
7 = C. Sang. 6 b.	B 3 = C. Sang. 50.	C 5 = C. Sang. Add. 3.
8—48 = C. Sang. 7—47.	C 1 = C. Sang. Add. 4.	p. 162 = C. Sang. Add. 6.

Formularum collectiones editae ab L. Rockinger.

I. Formulae Arnonis.

1—14 = Lind. 1—14.	25—38 = Marc. Kar. 1—14.	74. 75 = Salzb. 20.
15 = Lind. Add. 1.	39—43 = Marc. Kar. 17—21.	76—98 = Salzb. 21—43.
16 = Lind. Add. 2.	44 = Lind. Add. 4.	100 = Salzb. 44—49.
17 = Lind. Add. 3.	45—54 = Lind. 22—31.	101—117 = Salzb. 50—66.
18—24 = Lind. 15—21.	55—73 = Salzb. 1—19.	

II. Epistolae Alati.

1—7 = Pat. 1—7.

III. Formulae Salomonis.

1—47 = C. Sang. 1—47. p. 34 = C. Sang. Add. 6. p. 35 = Extr. I, 19.

De reliquis formularum editionibus monuisse sufficiat, requirendas esse:

Formulas Alsaticas	in Collectione Sangall.
Formulas, quas edidit Fr. de Wyss 1—17	inter Sangallenses misc.
19—39	in Coll. Sang.
40—45	in Form. epp. coll. III.
Formulas, quas edidit F. I. Mone	inter Augienses A.
Formulas, quas separatim edidit E. de Rozière:	
in appendice Andegavensium	inter Bituricenses.
'Formules publiées d'après un manuscrit de Strasbourg'	inter Augienses B.
'Formules p. d'après un m. de S. Gall' . . .	inter Morbacenses, Augienses B. C.
'Formules p. d'après un m. de Munich' . . .	in Collectione Pataviensi.
'Formules p. d'après deux manuscrits de Munich et de Copenhague'	inter Salicas Lindenbrog., Marculf. Karol., Salzburg.
Epistolas eiusdem editionis	in Form. epp. coll. II.

Corrigendis, quae leguntur p. 726, *adde haec: p.* 98, *l.* 23. *lege:* epistolae. — *p.* 270, *l.* 6. *et* 417, *l.* 1. *dele signum notae* [1].

Formulae Andegavenses.

Codex Fuldensis

f. 152.

si fuerit unus de heredib; meis
uel qualib& obpositu persona
qui contra hunc ingenuitate
quem ego bona uolumptate
fieri rogaui agere conuenerit
inprimitus dī incurrat iudicio
& a liminib; ecclesiarum basi
lecarum uel omnium sacerdociu
& conmunione illa maledictione accipiat
quem iuda scariothis accipiat
& mea uolumtate cū xpo accipiat
misericordia quod rep…

f. 166.

[illegible]

Mon. Germ. LL. Formul. Tab. II

FORMULAE ANDECAVENSES.

Formulae a Mabillonio Andegavenses nominatae atque primo in lucem editae in uno tantummodo exstant codice, sed hoc quidem antiquissimo, saeculo, ut videtur, octavo ineunte scripto, qui olim erat Weingartensis, nunc vero in F u l d e n s i *bibliotheca publica asservatur*[1]. *Folia sunt* 184 *in* 4°, *in quorum primo manu saec. XII. exarata sunt:* De iure et legibus. *Quaterniones, duobis ultimis exceptis, literis* A—X *signantur. Literis plerisque minuscularum formas exhibentibus, aliae iis, quae dicuntur semiunciales, similes sunt, aliae vero ad scripturam, qua diplomata eius aevi exarata sunt, accedunt, ita ut plures eiusdem aevi manus alternis vicibus codicem scripsisse videantur. Exhibet foliis* 1—135. *epitomen legis Romanae Visigothorum, nonnullis Isidori sententiis subiectis, reliquis foliis* 136—184. *formulas nostras.*

Hanc formularum, quarum a Mabillonio 59, *a nobis* 60 *dinumeratae sunt, collectionem Andecavis ortam esse, e frequentissima civitatis illius commemoratione satis constat; quae res, licet et index capitum et singularum formularum numeri desint, neque etiam certa quaedam ordinis ratio cognoscatur, non minus tamen quam scribendi genus inter plerasque aequale et rerum de quibus agitur congruentia demonstrat, formulas non fortuitu hinc inde conscriptas, sed consilio in unum collectas esse.*

Omnes fere ad negotia laicorum privatorumque spectant, exempla praebentes cartis atque notitiis, quae in venditionibus, donationibus, pactis cuiuslibet modi, praecipue autem in iudiciis publicis adhiberi solebant, paucis tantum, quae ad ecclesiae bona seu negotia spectant, insertis. Bonorum quidem, quae dicuntur in territorio sancti sita esse, crebra in formulis fit mentio, qua tamen ecclesiae proprietatem non indicari constat[2]. *Minime vero de eadem utique agitur ecclesia, sed nunc abbatis, nunc abbatissae, interdum episcopi ecclesia significatur*[3]. *Quibus de causis suspicandum videtur, hunc librum non in usum ecclesiae cuiusdam, sicuti aliae nonnullae formularum collectiones, institutum esse, sed a quodam notario seu amanuense compositum, quo uteretur in instrumentis aliorum mandatu scribendis. Sed quod nuper in annalibus nostris*[4] *suspicatus sum, amanuensem iudicis, quem nos dicimus* '*Gerichts-*

1) *Codicem descripsit Haenel in Legis Romanae Visigoth. praefatione p. LXXIII sqq. no.* 45. *Neque vero literas* $\frac{\text{Nro. 31}}{\text{4. E. 24}}$, *quibus codicem tunc insignitum esse dicit, neque* D 33 *equidem vidi. Recentissimam inter notas bibliothecarias inveni* D 1. *in interiore tegumento creta caerulea exaratam; in tergo est* H 76. *Antiquus Weingartensis numerus in interiore tegumento legitur* 34. 9, *infra quem manu saec. XV. exarata sunt:* De Iure et legibus; *exteriori vero tegumento, non ut dicit H. tergo, scedulae agglutinatae sunt in quibus vetustiore etiam manu scripta* D. Tituli legales *inveniuntur. Cf. 'Archiv' VIII, p.* 801 *sq.* 2) *Cf. Waitz, 'VG' II*², *p.* 337 *sq.; D'Espinay, 'les formules Angevines' p.* 27. 3) *Cf. ex. gr. f.* 25. 27. 46. 4) *'N. Arch.' VI, p.* 92.

schreiber', auctorem fuisse, iam mihi non satis aptum esse apparet, quia noster non solum in iudiciis — iisque non semper eiusdem, ut videtur, fori, nunc comite, nunc episcopo cum comite, plerumque abbate vel agente eius praesidentibus, — sed etiam in curia publica Andecavensi amanuensis partes egisse videtur. Coniici fortasse licet, nisi eundem, quem prima formula, allegationem apud acta publica factam in conspectu ponens, nominat 'illi diaconus et amanuensis Andecavis civitate', *eiusmodi tamen officialem primum collectionem nostram instituisse. Non enim crediderim, formulas omnes ab eodem collectas esse.*

Plerisque nominibus personarum notationibusque temporum, ut in formulis e veris instrumentis commutandis fieri solet, eiectis, solae formulae 1. *et* 34. *annum retinuerunt, qui est in utraque* a n n u s 4. r e g n i C h i l d e b e r t i r e g i s. *Neque vero prorsus alii tempori, quantum coniectare licet, ceterae formulae his duabus interpositae itemque* 35. *et* 36. *quae praecedenti sunt simillimae, adscribendae esse videntur.*

Id autem quaeritur, quis sit accipiendus e tribus Childebertis regibus; de qua re Mabillonium tres deinceps diversas opiniones habuisse, in annalibus enarravi, ipse sententiam secutus, quam exposuit V. Cl. de Rozière in editionis suae praefatione apud Giraud, 'Essai sur l'histoire du droit Français au moyen age' II, p. 429 *sq. Quonam tempore quattuor capita ad rem chronologicam pertinentia post formulam* 57. *fol.* 180 —182. *addita sint, facile cognoscitur e postremo eorum praebente computum annorum, quem hic inserendum duxi.*

f. 181'. Incipit compotum annorum ab inicio mundi usquae[a] annum 3. Theudorigo regis.

A mundi principio usquae a diluvio duo milia 242 anni sunt, et a diluvio usque[b] ad Abraam nativetate 940 anni sunt, et a mundi principio usque quo filiis Israhel mistirio caelesti iniciaverunt anni sunt 3 milia 689. A principio mundi usque ad passionem Christi 5 milia 229 anni fuerunt; abunde peractis regnum Chlodoveo, Chlothoario, Theo-
**f.* 182. dorigo et Childorico, a m u n d i i n i c i o *a n n i s u n t 5 m i l i a 880 i n a n n o t e r c i o T h e u d o r i c o r e g i s.

Hic annum regni tertium Theuderici III. currentem inde ab anno 675. *exeunte usque* 676. *indicatum esse, quibus de causis dubium esse non possit, in annalibus l. c. p.* 93 *sq. demonstravi*[1]. *Satis ergo probabile videtur, eodem hoc anno capita ista quattuor, formulis* 1—57. *iam in unum collectis, codicis nostri exemplari addita, reliquas vero tres formulas postea adiectas esse. Quae si ita sunt, quin Childebertus rex, in antiquiore illa collectionis parte ante a.* 676. *composita bis commemoratus, nonnisi primus intelligendus sit, nullo fere modo dubitari potest, cum secundus eius nominis rex, Austrasiam regens, Andecavensium regionem numquam in potestate habuerit, tertium autem multo post annum illum regnasse constet*[2]. *Quarto igitur anno Childeberti I, qui currebat inde ab anno* 514. *exeunte usque* 515.[3] *formulae* 1—36. *tribuendae esse videntur, nisi fortasse una et alia earum postea sit inserta.*

Quae f. 37. *de expeditionibus contra Britannos atque Wascones motis commemorantur V. Cl. de Rozière iure ad res annis* 574. *et* 578. *gestas revocasse, satis mihi*

a) uquae *c.* b) a diluvio *add., sed erasum c.*

1) *Annum tertium Theuderici in Austrasia regni, qui fuerit a.* 681, *intelligendum esse, ut duxit V. Cl. de Rozière l. c., haud facile concesserim.* 2) *Quod opinatus est Mabillon, Ann. Bened. I, p.* 420, *Childeberti I. temporibus monasteria Andecavis in civitate non exstitisse, non probaverim, cum iam a.* 549. *Sapaudus quidam abbas Andecavensis concilio Aurelianensi interesset; cf. Gall. Christ. XIV, p.* 604. 3) *Cur non assentiar V. Cl. de Rozière, 'Recueil' p.* 282 *sq., opinanti annum* 530. *aut* 537. *hic significari, vide 'N. Arch'. VI, p.* 94.

probabile videtur, ita ut hanc formulam et sequentes multo praecedentibus recentiores existimaverim. Absque ulla vero dubitatione constare videtur, universam nostram collectionem, ultimis tribus formulis exceptis, anno 676. *iam exstitisse.*

Sermonem non solum valde a vera Latinitate abhorrere, sed prorsus vulgarem esse, nemo non videt. Casuum distinctione fera nulla, numerorum etiam et personarum non utique adhibita, praeterea Francorum seu Gallicorum verbis nonnullis inmixtis, saepius parum perspicuum est, quid sibi velit auctor. Accedit, quod scriba haud uno loco textum minime intellexisse videtur; immo, auctorem nonnumquam, praecipue in antiquis, iam diu usitatis formulis adhibendis, verba sua quid valeant, parum vidisse patet. Qua de re libere confiteor, me quoque non omnia perspexisse atque nonnulla obscura reliquisse.

Rubra, quia interdum cum formulis ipsis minime concordant, postea exemplari codicis nostri addita, neque vero ab ipsis auctoribus facta esse, crediderim[1].

Repertae sunt formulae nostrae abhinc ducentos annos in conventu Weingartensi a Mabillonio, qui eas aut ipse descripsit aut, quod verisimilius est, describi curavit[2] *atque in lucem edidit. Quae quantopere mendis atque omissionibus corrupta sit editio, satis notum est. Ipse eam bis prelo subiici fecit, primo Veteribus analectis IV,* 1685. *p.* 232 *sqq. (ed. altera in fol.* 1723. *p.* 388 *sqq.), postea Librorum de re diplomatica supplemento,* 1704. *p.* 77 *sqq. eam inserens.*

Repetiverunt hanc editionem Canciani, Leges barbarorum III, p. 468 *sqq., itemque paucas dummodo annotationes adiiciens Bouquet, 'Recueil' IV, p.* 562 *sqq., et inter nostros Walter, Corpus iuris Germ. III, p.* 497 *sqq. Bouqueti vero editionem nuper repetivit Migne, Patrologia latina LXXXVII,* 837 *sqq.*

Denuo cum codice collatione facta, genuinum textum primus in lucem edidit E. de Rozière, Formulae Andegavenses 'publiées d'après le manuscrit de Weingarten' Paris 1844.[3] *et sequenti anno apud Giraud l. c. II, p.* 423 *sqq. Singulas praeterea formulas, codicis ordine soluto, maiori suae collectioni, quae inscribitur 'Recueil général des formules' singulis locis inseruit; quarum numeros in editione nostra adnotavimus.*

Conferenda sunt, quae de formulis nostris breviter disseruit Stobbe, 'Gesch. d. d. Rechtsq.' I, p. 246 *sq. Quae d'Espinay, 'les formules Angevines, (Extrait des Mémoires de la Société imp. d'Angers)'* 1858, *exposuit, haud multum ad eas interpretandas adiuvant, multo magis quae in aliorum virorum doctorum libris de legibus et institutis Germanorum scriptis dispersim inveniuntur.*

Recensionem, quam nunc luci damus, iam b. m. Pertz praeparare coeperat, codicem sibi transmissum cum editione conferens. Cuius notae cum nonnullis locis a novissima editione abhorrerent, denuo codicem nobis etiam nunc liberaliter commodatum non sine fructu contuli. Formulas ad literam descripsi, paucis tantum librarii mendis sublatis, de quibus, quomodo sint corrigenda, dubitari non potuit.

In numeris capitum apponendis quam maxime priores editiones secutus, tamen non potui, quin alteri capitis 34. *formulae numerum* 35 *tribuerem, ita ut illarum capitibus* 35—59. *nostra* 36—60. *respondeant.*

1) *Cf. ff.* 4. 5. 9. 31. 2) *Cf. de Rozière apud Giraud l. c. II, p.* 428. 3) *Hanc editionem non vidi.*

IN CHRISTI NOMEN INCIPIUNT DICTATI[1].

1. (a) Hic est iesta[a].

Annum quarto regnum domni nostri Childeberto reges[2], quod fecit minsus ille, dies tantus, cum iuxta consuetudinem Andicavis civetate curia puplica resedere in foro, ibiquae vir magnificus illi prosecutor dixit: 'Rogo te, vir laudabilis illi defensor, illi curator, *f. 136'. illi magister militum[3], vel reliquàm curia puplica, *utique coticis[b] puplici patere iobeatis, qua[c] habeo, quid apud acta prosequere[d] debiam'. Deffensor, principalis simul et omnis curia puplica dixerunt: 'Patent tibi cotecis puplici; prosequere que optas'. 'Oboedire illa per mandato suo pagina mihi iniuncxit, ut prosecutor exsistere deberit[4], qualiter mandatum, quam in dulcissimo iocali[e] meo illo fici pro omnis causacionis suas, tam in paco quam et in palacio seu in qualibet loca, accidere faciat, illas porciones meas, quem ex alote parentum meorum aei legibus obvenit vel obvenire debit, aut iustissime aei est reddebetum, aecontra parentis suis vel[f] contra cuiuslibet hominem accidere vel admal- *f. 137. lare seu et[g] liticare facias, inspecto illo mandato, quem in dulcissemo *iocali meo illo fici, gestis municipalibus adlegare debeam'. Curia viro dixerunt: 'Mandato, quem tibi habere dicis, accipiat vir venerabilis illi diaconus et amanuensis'. Illi prosecutor dixit: 'Rogo[h] domno meis omnibus puplicis, ut sicut mandatum istum legebus cognovistis esse factum, ut dotem, quem per manebus tenio, vobis presentibus in foro puplico iobeatis recitare'. Curia vero dixerunt: 'Dotem, quem te dicis per manibus retenire, illi diaconus et amanuensis Andecavis civetate[5] nobis presentibus accipiat relegendum'. Quo accepto dixit:

(b) Incipit mandatus.

'Domno mihi iocali meo illo. Rogo adque supplico dulcissima gracia vestra, ut ad vicem meam omnis causacionis nostras, tam in pago quam et in palacio seo in qua- *f. 137'. libet loqua, accidere faciatis, *et illas porciones nostras, quaem ex alote parentum meorum[i] mihi legibus obvenisse vel obvenire debit, aut iustissime nobis est redebitum, haec contra parentis meus vel contra cuiuslibit hominum accidere vel admallare seu adliticare faciatis; et quicquid exinde ad vicem nostram egeris, feceris gesserisve, etenim me abiturum esse cognuscas ratum.

Iuratum[6] mandatum Andecavis civetate[k], curia puplica'.

1 a. b = *Roz.* 260. a) *Miror, quod Haenel in praef. ad l. Rom. Vis. p. LXXV. n.* 84. *contenderit contra Pertz et de Rozière legendum esse* testamentum, *quod iam Mabillon legit, pro* iesta annum. b) obticis *c.* c) *lege:* quia. d) proseuere *c.* e) *i. e.* iugali. f) l *e corr. c.* g) *vice* et l. *legendum esse videtur* eliticare *vel ut infra* adliticare. h) Rego *c.* i) eorum *c.* k) civet. *c.*

1) *Cf. Sickel, 'Urkundenlehre' p.* 47. 2) *a.* 514—515; *cf. supra p.* 2. 3) *Cf. de Savigny, 'Geschichte des Röm. Rechts i. MA.' I, p.* 319, *qui existimavit, plures has dignitates exempli causa a formulae dictatore allatas esse, ut qui ea uteretur eligeret quam vellet; quam optionem parum probabilem esse puto, cum nostra, sicut pleraeque eiusdem collectionis formulae, de vero quodam instrumento in formulam conversa esse videatur.* 4) *Hic seu mandatarius seu amanuensis, qui acta composuit, referens de mandato verba ipsius nimis secutus est, itaque personarum significationem confudit; quod vitium in mandato ipso infra inserto minime invenitur.* 5) *Non crediderim, hoc loco amanuensem comitis, ut opinatur Sohm, 'Reichs- und Gerichtsverf.' I, p.* 529, *significari. Cf. supra p.* 1. 6) *Cf. f.* 52. *Aliter ac* iuratio *in form. Visig.* 5. *et passim (cf. Bluhme l. infra ad f.* 8. *cit. p.* 219) *de vero iuramento hoc accipiendum videtur.*

(c) Incipit cessio.

'Dulcissima et cum integra amore diligenda sponsa mea, filia illius, nomen illa, ego illi. Et qua[a], propicio Domeno, iuxta consuetudinem una cum volumtate parentum tuorum spunsavi, proinde cido tibi de rem paupertatis meae, tam pro sponsaliciae quam pro largitate tuae, hoc est casa cum curte circumcincte, mobile *et inmobile, vineas, (*f. 138.) silvas, pratas, pascuas, aquas aquarumvae[b] decursibus, iunctis et subiunctis, et in omnia superius nominata[c], dulcissima sponsa mea, ad diae filicissimo nupciarum tibi per hanc cessione dileco adque transfundo, ut in tuae iure hoc recepere debias. Cido tibi bracile[1] valente soledis tantus, tonecas tantas, lectario[2] ad lecto vestito valento soledis tantus, inaures aureas valente soledus tantis, annolus valentus soledus tantus. Cido tibi caballus cum sambuca[3] et omnia stratura sua, boves tantus, vaccas cum sequentes tantas, ovis tantus, sodis[d.4] tantis. Haec omnia subscripta rem in tuae iure et dominacione hoc recipere debias, vel posteris suis[e], *[si[f]] inter nus procreati fuerunt, derelinquentis, (*f. 138'.) salvi[g] iure sancti illius, cuius terre[5] esse videtur. Et [si[h]] fuerit ullumquam tempore, qui contra hanc cessione ista, quem ego in te bona volumtate conscribere rogavi, aut ego ipsi, aut ullus de heredibus meis vel propinquis meis, aut qualibet homo vel extranea aut emissa persona, venire voluerit, aut agere vel repetire presumpserit, ante lite ingressus duplet tibi tantum et alio tantum, quantum cessio ista contenit, aut eo tempore meliorata voluerit[i], et repeticione[k] sua non opteniat effectum, et haec cessio ista adque volomtas nostra omni tempore firma permaneat'.

Post haec curia ait: 'Se adhuc aliquid abis ex hac causa aut agere debias, dicitu *in presente'. Illi prosecutor dixit: 'Gracias agere[l] magnitudine vestrae, quod dotem (*f. 139.) sua scripta quem prosequio gestis municipalibus, ut abuit karetas vestra, alegassetis[m]. It fecisse vobis ex more conscripse'.

2. Hic est vindicio, qui se ipsum vindit.

Domno mihi illo necnon et coniux sua illa ego illi. Quia coniuncxerunt mihi necligencias, quod res vestras furavi, et in aliter transagere non possum, nisi ut integrum statum[a] meum in vestrum debiam inplecare servicium, ergo constat, me nullo cogente imperium, set plenissimam voluntate mea, etsi de hac causa reprobus aparuerit, pro ipsa necligencia integrum statum meum *in vestrum servicium oblegare. Debiam accipere[b] (*f. 139'.) a vobis precium, in quod mihi conplacuit, soledus tantus, ut quicquid ab odierno diae de memetipso facere volueritis, sicut et de reliqua mancipia vestra obnoxia, in omnibus, Deo presole, abeatis potestatem faciendi, quod volueritis. Si fuerit ego ipsi aut aliquis de propinquis meis vel qualibet extranea persona, qui contra hanc vindicione, quem ego bona volumtate fieri rogavi, agere conaverit, inferit inter tibi et fisco soledus tantus, vobis conponat, et quod repetit vindecare non valeat, et hec vindicio atque volomtas mea firma permaneat.

c = *Roz.* 222. a) *lege:* quia. b) aquarumvae vel d *c.* c) tu *al. man. add. c.* d) soledis *c.* e) *lege:* tuis. f) *h. v. supplevit Mab.* g) alui *c.* h) *h. v. suppl. Mab.* i) *lege:* valuerit. k) ne *erasum esse videtur.* l) *ita Pertz;* agem m. *Roz.;* agēm agnitudine *c.* m) alegassetie *c.*

2 = *Roz.* 48. a) stratum *c.* b) accidere *c.*

1) *i. e. brachiale, armilla.* 2) *i. e. fortasse 'Bettstelle'; Waitz, 'Das alte Recht der salischen Franken' p.* 147*: 'Bettdecke'.* 3) *Du Cange-Henschel, Glossarium s. v. sabuta, sambuta, sambuca = currus, quo nobiles feminae vehebantur, species.* 4) *Haud dubie ita corrigendum. Cf. infra* 39. 53. *Cart. Sen.* 25*:* sodes capita. *Form. Bitur. (Roz.* 221*). Significat haec vox suile cum porcis; cf. Lex Sal.* 16, 4. 5) *Infra* 4. 8. 21 *et saepius eadem notione* terraturium. *Cf. Waitz, 'VG'. II*², *p.* 338.

3. Hic est vindicio de homine in esceno[1] posito.

*f. 140. Domno mihi proprio illo ego illi. Et quia coniuncxerunt *mihi culpas et meas magis necligencias pro furta quid feci, unde ego in turmentas fui[2] et cologias[3] feci, et morte[a] pericolum ex hoc incurrere debui; set abuit pietas vestra datis de ris vestras soledus tantus: ideo hanc epistolo vindicione de integrum statum omni peculiare meo vobis emittendam[b] curavi, ut[c], quicqu'id ab odiernum die de memetipso facere volueritis, sicut et de reliqua mancipia vestra originaria, in omnibus, Deo presole, habias potestatem faciendi. Et si fuerit ego ipsi aut aliquis de propinquis meis vel qualibit extranea persona, qui contra hanc vindicione, quem ego ipsi bona volumtate fieri rogavi, agere conaverit, inferat inter tibi et fisco soledus tantus, vobis conponit, et quod repetit nihil valeat vindecare, et hec vindicio perenni tempore firma permaneat.

f. 140'.

4. Hic est vindicio de terra conducta[4].

Ego enim illi. Constat me vindedisse, et ita vindedi ad venerabile fratri illa viniola, plus menus iuctus tantus, et residit in terraturium sancti illius, in fundo illa villa, et accipi a vobis precium, in quod mihi conplacuit, hoc est soledus tantus, ut de ab odiernum diae memoratus emtor, quicquid de ipsa vinia facere volueris, liberam in omnibus habeas potestatem faciendi. Si quis vero, que[a] esse non credo, se fuerit aut ego ipsi aut ullus de heretibus meis vel quislibet obposita persona, qui contra hanc vindicione, quem ego bona volumtate fieri rogavi, venire aut resultare presumpserit, *f. 141. dupplit tantum et alio tantum, quantum hec vindicio ista contenit, *et quod repetit vindicare non valeat, et hec vindicio omni tempore firma permaneat.

Actum Andecavis.

5. Incipit securitas[a].

Dum non est incognetum, qualiter aliquos homo nomen illi aliquo homine nomen illo mallavit de res suas, et ipse illi male ei exinde numquam fecissit, proinde ipsi illi ante bonis hominibus convenit, ut hanc epistola facere deberit, ut nullumquam tempore contra ipso agere non presumat. Quod si illi aut aliqua persona ad vicem suam ipsa causa resultare presumpserit, soledus tantus inter tibi et fisco conponere debiat, et quod repetit vindicare non valeat, et hec securitas firma permaneat.

6. Incipit item securitas; de[a] supersallicione[5] hic est.

f. 141'. Dum non est incognitum, quia ante hos dies aliquos homo nomen illi litem in via puplica aput illo ei habuit et colebus[b] super eum ipsi illi ei posuit, sic taliter con-

3 = *Roz.* 49. a) merte *corr.* morte *c.* b) emit|dam *c.* c) aut *c.*

4 = *Roz. Addit. inter* 267. *et* 268. *(Tom. III, p.* 331*).* a) q; *c.*

5 = *Roz.* 503. a) *cod. add.* de supersallicione hic est, *quae sequentis formulae rubricae adicienda erant.*

6 = *Roz.* 507. a) *verba* d. s. h. e. *superiori formulae errore inscripta hic desunt c.* b) *i. e.* colaphos.

1) *De Rozière, 'Recueil' III, p.* 320 *'Additions et Corr.' ad pag.* 73, *contendit,* esceno *idem esse ac* nata, *Carta Sen.* 4, *quod accipit pro* nassa, *figurate significans angustias seu difficultates. Quam interpretationem non satis idoneam existimo. Nam suspicandum est, rubro indicari, quid hanc formulam a praecedente seiungat, quod verbis* 'unde ego in turmentis fui' *contineri crediderim, ita ut verisimile esse videatur, verba:* in esceno posito *tormentorum genus significare. Similiter etiam lex Visig. memorat homines 'in tormentis positos', VI,* 1, 4. 6. *Depravatum est fortasse* esceno *e scamno (Hispanis 'escaño'). Cf. Lex. Sal. (ed. Behrend-Boretius)* 40, 1. 6. 2) *Secundum hanc formulam haud dubium esse videtur, quin tormenta non solum servis admoveri potuerint.* 3) *Fortasse confessiones significat.* 4) *Minus accurate is qui rubrum fecit terram in territorio ecclesiae sitam appellasse videtur* conductam. *Cf. Waitz, l. c.* 5) *i. e. impetus, 'Ueberfall'; cf. adsallire, 'assaillir'.*

venit ipsus homo ad meduantis bonis hominibus, ut hanc securitate ipsius homo de ipsus collebus seu et de ipsa lite, quem aput mihi abuit, facere deberit; quod ita et fecit. Et, quod futurum esse non credo, si fuerit aut ego ipsi aut aliquis de heretibus meis vel qualibet obposita persona, qui contra hanc securitate resultare presumpserit, soledus tantus ei conponat, et quod repetit nihil valeat vindecare, et hec securitas ista perenni tempore firma permaneat.

7. Incipit securitas.

Domino venerabile et in Christo patri illo abbate[a] vel omnis congregacio nostra et domni illius ego illi. Et quia *ad peticionem meam habuit pietas vestra, fecistis mihi *f. 142.* beneficium de rem vestra et domni illius, hoc est locello cognomenante [illo[b]] in pago illo, tam casis, campis, terris, mancipiis, acolabus, pratis, pascuis, aquis aquarumve decursibus, [absque[c]] vestrum preiudicium et domni illius tenire et possedire debiat[d]; et spondio vobis annis singulis cinso soledus tantus, et post quoque meum discessum iure vestro et domni illius cum rem meliorata, quantumcumquae in ipso loco inventum fuerit, revertatur et accipiatur absque ullius contrarietate aut repeticione propinquorum meorum, annuante Domino. Ut mus[e] est, virorum atque magnorum[1] pidi[f] confirmandam.

8. Incipit concamius.

In Dei nomen. Placuit atque convenit inter illus et illus, ut inter se *campellus *f. 142'.* conmutare deberunt; quod ita et fecerunt. Hoc dedit illi ad racione illo campo ferente modius tantus, et est super terreturio sancti illius, et subiungat de unus latus campus illius. Similiter in alio loco dedit illi super ipso terreturio ad racione illo campello ferente modius tantus, et subiungat de uno latere campus illius, ut, quicquid exinde facere voluerit, absque preiudicium sancti illius, cuius terra esse videtur, liberam in omnibus habeas[a] potestatem. Si fuerit unusquis, qui contra pare suo agere aut resultare presumpserit, partem quod accepit ad pare suo admittit, et insuper multa legis[2] damnum incurrit, et haec epistola uni tenorum conscriptas, quem inter nus fieri rogavimus, *firmas permaneant. *f. 143.*

9. Incipit vindicio, quem facit nam qui se ipso vindit[3].

Domino fratri illo necnon et coniux sua illa ego illi, qui conmaneo in pago illo. Constat me vindedisse, et ita vindedi vobis vernacula iuris mei nomen illo, et accipi exinde precium in argento uncias tantas, ut, quicquid ab odierna diae ipso vernaculo facere volueritis, abendi, tenende, donande, vindende seu conmutandi, quomodo et de reliqua mancipia vestra obnoxia exinde facere volueritis, liberam abeam[a] potestatem. Et si quis, ego ipsi aut aliquis de heretibus meis vel qualibet extranea persona, qui contra hanc[b] vindicione, quem ego bona volumptate *fieri rogavi, agere conaverit, inter *f. 143'.* tibi et fisco soledus tantus vobis conponat, et quod repetit nihil valeat vindecare, et hec vindicio adque volomtas mea perenni tempore firma permaneat.

7 = *Roz.* 322. a) abbat. *c.* b) *supplevi.* c) *supplevit Roz.* d) *lege:* debeam. e) *coniec. Mab.;* nus *c.; sequentia scribae incuria non modice depravata esse videntur; post* magnorum *supplendum fortasse:* manu. f) opidi *coni. Mab. Intelligendum duco:* petivi.
8 = *Roz.* 308. a) *lege:* habeat.
9 = *Roz.* 293. a) *lege:* habeatis, *sicut correxit Mab.* b) hant *c.*

1) *i. e. procerum, eadem notione infra f.* 52, *cf. Waitz, 'VG'. II*², *p.* 287. 2) *Cf. Bluhme, 'Die Bekräftigungsformeln der Rechtsgeschäfte apud Bekker et Muther, 'Jahrb. d. gem. d. Rechts' III, p.* 197—226, *praecipue p.* 209 *sqq.* 3) *Res, de qua re vera formula agit, valde abhorret ab ea, quae hic indicatur, quod errore eius, qui rubrum fecit, factum esse credo.*

10. (a) Incipit iudicius.

Veniens homo nomen illi ante venerabile vir illo abbate[a. 1] vel reliquis viris venerabilibus adque magnificis, quorum nomina subter tenuntur inserti, interpellabat aliquo homine nomen illo, quasi servicium ei redeberit; et illi taliter de presente aderat, et hoc fortiter denegabat, quod servicium numquam reddebebit. Interrogatum fuit ipsius *f. 144. illo, de sua agnacione alius homines in suum *servicium habebat, anon[b]; et ipsi illi taliter locutus fuit, ut hoc non redebebat; nam ipsi illi servicium ei non redebebat, at[c] de agnacione aut de conparato. Ut hoc inter se intenderent, ut dum ipsi illi alius homines de sua agnacione non redebebat, sic visum fuit ipsius abbati vel quibus meus[d] aderant, ut ipsi homo aput homines 12, mano sua 13. in basileca domne illius in noctis tantis coniurare deberet, quod de annus 30 seu amplius servicium ei nonquam redebibet. Se hoc facere potebat, ipsi illi de hac causa contra ipso illo conpascere deberit; sin autem nun potuerit, hoc inmendare studiat.

(b) Incipit noticia ad supradicto iudicio.

f. 144'. Noticia sacramenti, qualiter vel quibus presentibus ingressus est illi aput homines tantus ingenuos super altare sancti illius Andecavis civetate, pro eo quod homine nomen illo ipso pro servicium interpellabat ad vicem genetore suo seu et genetrice sua. Iuratus dixit, iuxta quod iudicius ex hoc loquitur: 'Per hanc loco sancto et divina omnia, quod hic aguntur, de annis 30 seu amplius sub ingenuetate nomen resedi; nam et ipsi superius nomenatur[e] servicium non rededi nec redebio; per reverencia loci'.

Id sunt, quorum praesencia —.

11. (a) Incipit iudicius.

*f. 145. Veniens homo nomen illi Andecavis civetate, ante illo agente[2] vel reliquis, *qui cum eo aderant, interpellabat aliquo homine nomen illo, quasi iumento suo ad furtis condicionis abuissit; et ipsi illi una cum genetore suo ibidem aderat, et hoc fortiter denegabat, quod ipso iumento post se numquam habuisset. Sic visum fuit ipsi agente [vel[a]] qui cum eo adherunt, ut genitor suos illi pro filio suo illo, quia et ipsi genitor[3], aput homines tantus ipsi illi in basileca domni illius in noctis tantus pro filio suo illo excusare deberit. Se hoc facere potebat, ipsi illi contra ipso illo conpascere deberit; sin autem non potuerit, hoc contra ipso emendare stodiat.

(b) Incipit noticia ad supradi[cto iudicio[b]].

*f. 145'. Noticia sacramenti, qualiter vel quibus praesentibus *ingressus est illi in basileca domne illius per iudicio illo agente. Iuratus dixit: 'Per hunc loco sancto et divina omnia, quod[c] hic aguntur, quae hic Deo plenius offeruntur, unde me illi repotabat[d], quasi iumento suo ad furtis condicionis post me habuissit[e], et per meum ingenium ipso iumento digere[f. 4] abuisset, nec ipso iumento numquam habui, nec per meum nullum ingenium ipso iumento numquam perdedit; nec aliut tibi de hac causa non redebio nisi isto edonio sacramento'[5].

10 = *Roz.* 482. a) abbat. *c.* b) *i. e.* annon. c) *lege:* aut, *ut emendavit Roz.* d) *lege:* cum eo. e) *lege:* nominato.

11 = *Roz.* 495. a) *supplevi;* vel reliquis *suppl. Roz.* b) supra di *c.*, *reliqua evanuerunt.* c) quid *corr* quod *c.* d) *lege:* repetebat. e) *lege:* habuissem. f) digere a. n. i. iumento *post add.*

1) *Abbas in territorio ecclesiae suae loco comitis iudicio praesidet. Cf. Waitz, 'VG'. II*[2], 486 *sq.* 2) *sc. ecclesiae, ut videtur. Cf. Waitz 'VG'. II*[2], *p.* 487, 1. 3) *Cf. Siegel, 'Gesch. d. deutschen Gerichtsverfahrens' I, p.* 180 *sq.* 4) digere *seu* diger = *'Mangel, Entbehrung, Verlust', d. habere = perdere. Cf. infra* 24; *Lex Sal.* 58, 1; *Placitum Theuderici III. a.* 679, *Dipl. I, M.* 49 *p.* 45; *Pardessus, 'Loi salique' p.* 399 *sq. n.* 641; *Waitz, 'D. alte Recht' p.* 296. 5) *Cf. Lex Sal. C.* 2, 4 *(Cod. Voss.); Siegel l. c. p.* 227 *sq.*

12. [Incipit solsadia[a]].

Noticia solsadii[1], qualiter vel quibus presentibus illi homo placetum suum adtendit Andecavis civetate, kalendas illas, per iudicio inluster[b] illo comite vel auditores[2] suis, haccontra[c] hominis his[d] nominibus illus et illus vel genetrici eorum nomen illa una cum abunculo eorum illo[3], dum dicerit, quasi aliqua femena *nomen illa genetore eorum *f. 146. nomen illo per maleficio eum interfecisset. Qui ipsi[e] iam superius nomenati placitum eorum legebus a mane usque ad vesperum visi fuerunt custodisse[f]. Nam ipsa femena nec ad placetum advenit, nec misso in persona[g] sua direxit, qui sonia [noncia]re[h] debuissit. Propterea necesse fuerit predictis hominibus, ut hanc noticia bonorum hominum manibus roboratas prosequere deberent; qualiter et visi sunt fecisse.

13. Incipit item solsadia.

Noticia solsadii, qualiter vel quibus presentibus veniens homo nomen illi placitum suum adtendit Andecavis civetate in basileca domni illius, unde eum heccontra[a] homine nomen illo, quem ante illo agente[b] fuit in racione pro iumento suo. Et ipsi illi ad placetum suum adfuit et triduum legebus custodivit et solsadivit. *Nam illi nec ad pla- *f. 146'. titum adfuit, nec nulla persona ad[c] specie sua direxit, qui ipso placito custodisset aut[d] sonia nonciare[e] debuissit[f].

Caus[g] presentis placitus ipsius fuit custoditus aut saulsaditus[h], aut hanc noticia manibus eorum subter firmaverunt.

14. Item solsadii.

Noticia solsadi[a], qualiter vel quibus presentibus veniens illi in basilica sancti illius Andecavis[b] civetate placetum suum adtendedit econtra homine nomen illo, quem ante illo agente fuit in raciones pro argente, quod hoc die illo, quod fecit mensis[c] illi, dies tantus, coniurare deberit una cum hominis suis. Qui illi ad placitum adfuit una cum *f. 147. antestis[d] suis, per legibus triduum custodivit et solsadivit[e]. Nam illi nec ad *placitum adfuit, nec ulla persona ad vicem sua direxit, qui ipso placito custodisset aut sonia nonciare deberit.

Quos presens placitus ipsius fuit custoditus aut solsaditus, aut hanc noticia manibus eorum subter firmaverunt.

15. Incipit sacramentalis.

Breve sacramenti, qualiter et quos presentibus ingressus est homo nomen illi Andecavis civetate, die illo, quod fecit minsus illi, dies tantus, in basileca domne illius. Iuratus

12 = *Roz.* 457. a) *supplevit Mab.; in codice spatium rubro destinatum vacat.* b) inlust. illo *post add. c.* c) *corruptum e* hecontra = econtra, contra. d) s *post add. c.* e) ipse *corr.* ipsi *c.* f) custodisse se *e corr. c.* g) —na *post add. c.* h) soniare d. *c.*

13 = *Roz.* 501. a) *lege:* hecontra *seu* econtra. b) angente *c.* c) a. s. s. *post add. c.* d) ut *c.* e) a *e corr. c.* f) buissit *c.* g) *i. e.* quos. h) saulsadivit *corr.* saulsaditus *c.*

14 = *Roz.* 500. a) qualiter solsadi *c.* b) andc. cit. *c.* c) *add.* dies, *sed del. c.* e) XII testis *coniecit Pertz.* f) 1 *e corr. c.*

15 = *Roz.* 496.

1) *i. q.* solsadia, sulsadina, *quae vox repetita a 'solsadire, solsatire' denunciat cum ipsam actionem solsadiendi tum notitiam, qua testatur hoc rite factum esse. Cf. infra* 13. 14. 16; *DD. I, M.* 66. *De notione origineque verbi cf. Grimm, 'RA' p.* 817. 847 *et apud Merkel, Lex Sal. 'Vorrede' p.* 7; *Waitz, 'D. a. Recht' p.* 159 *sq.* 2) *Cf. Waitz, 'VG'. II², p.* 484. 3) *Hic de petitore uno pluribusque reis mentione facta, infra unam tantum mulierem ream, petitores autem plures fuisse apparebit, cuius rei causam de Rozière recte ex eo repetere videtur, quod notarius, qui notitiam composuit, minus successisset in formula quadam usitata isti causae accommodanda. Cf. 'Recueil' II, p.* 558, *a.*

dixit: 'Per hunc loco sancto et divina omnia, que hic aguntur, que hic Deo plenius offeruntur, unde mihi homo nomen illi interpellabat, eo quod caballo suo furassit[a] aut *f. 147'. in taxato[1] post me abuissit[b], hoc coniurare, *quod caballo suo, quem mihi reputabat, numquam furavi, nec consciens ad ipso furandum numquam fuisset[c], nec post me in taxata ipso caballo numquam habui, nec alio tibi exinde non redebio nisi isto edonio sacramento, quem iudicatum habui et legibus transibi'.

Id sunt, qui hunc sacramento[d] audierunt, manibus eorum subter firmaverunt.

16. Incipit noticia.

Noticia, qualiter vel quibus presentibus illi et illi placitum eorum adtenderunt Andecavis civetate in basileca domne illius per iudicio illo preposito[2], unde aliqua *f. 148. femena nomen illa abuit interpellatus pro illa rem. Qui illi et germanus *suos illi ad ipso placito advenerunt et homines suos hic presentaverunt, ut ipso sacramento excusare deberunt. Nam ipsa illa femena ad ipso placito adfuit et ipso sacramento menime recipere voluit. Qui illi et[a] germano suo illi placitum eorum legibus custodierunt et solsadierunt. Propterea necessarium fuit, ut ex hoc noticia accipere deberunt; quod ita et fecimus.

17. Incipit vacuaturia[3].

Dum cognitum est, quod homo nomen illi vindicione de integrum statum suum ad homine nomen illo et cogive[a] sua illa [dedit[b]], et ipsa vindicione meneme invenisse non *f. 148'. potuerunt; proinde manus[4] nostras firmatus vobis emittenda curavi: *ubi et ubi ipsa vindicio inventa fuerit, vacua, inanis permaniad, et hec vacuaturia firma permaniad.

18. Incipit item vacuaturia.

Dum cognetum est, qualiter aliquos homo nomen illi aliquo homine nomen illo caucione inmissa habuit pro statum suum, quo ei beneficium fecit argento untias tantas, ut inter annis tantus, qualecumque ei servitium iniunxerit[a], ei facere debiret, et ipsi[b] homo caucione menime invenire non potuerit; proinde mano mea et bonorum hominum vacuaturia tibi proinde dedi, dum tu ris meas rededisti: ubi et ubi caucio ipsa inventa fuerit, vacua et inanis permaniad, et hec vacuaturia firma permaniad.

f. 149.

19. Incipit vindicio.

Domno mihi semper illo illi. Et pro necessitatis temporum et vidi[a] conpendium me eciam sterilitas et inopie precinxit, ut in aliter transagere non possum, nisi ut integrum statum meum in vestrum debiam implecare servicium. Ergo constat me, nullo cogente imperio, sed plenissima volumtate mea — [b], et accipi a vobis pro suprascriptum statum meum, hoc est, in quod mihi conplacuit, in auro valente soledus tantus, ut, quicquid ab odiernum diae de memetipso facere volueris, sicut et de reliqua mancipia vestra

15 a) *lege:* furassem. b) *lege:* habuissem. c) *lege:* fuissem. d) sacracramento *c.*
16 = *Roz.* 490. a) ex *c.*
17 = *Roz.* 382. a) *ita saepius pro* coniuge *c.* b) *supplevi.*
18 = *Roz.* 381. a) iniuxerit *corr. videtur e* iniunerit *c.* b) *add.* illi, *sed del. c.*
19 = *Roz.* 45. a) *lege:* vitae. b) *nonnulla omissa esse videntur.*

1) t. *et infra* taxata = *'taxaca', furtum; cf. Grimm, 'Vorrede' p.* 8; *Kern, 'Die Glossen in der L. S.' p.* 59; *Diez, 'WB. der roman. Spr.' I, s. v. 'tasca'.* 2) *Cf. Waitz, 'VG'. II*², *p.* 487. 3) *Sic a nostro appellantur cartae alias evacuaturiae seu epistolae evacuaturiae vocatae, quibus deperdita instrumenta vacua et inania declarantur. Cf. infra f.* 18. 31. 32. 33; *Marc. II,* 35. *Form. Tur.* 44; *Cart. Sen.* 24. 4) *i. e. carta, 'Handfeste', eadem notione infra f.* 26. 39. 42. 44. 55; *cf. Brunner, 'RG. der Urkunde' I, p.* 221. *Eisdem verbis ac noster iam Modestinus cautionem dixit:* manum emissam, *Dig. XXII,* 3, 15; *cf. Brissonius, De verborum significatione, s. h. v.*

obnoxia in omnibus, Deo presole, abeatis potestatem faciendi. Et si quis vero, aut ego ipsi aut aliquis de propinquis meis vel qualibet *extranea persona, qui contra hanc *f. 149'. vindicionem, quem ego bona volumtate fieri rogavi, agere conaverit, inferit inter tibi et fisco, soledus tantus coactus exsolvat, et quod repetit vindecare non valeat, et haec vindicio atque volomtas mea perenni tempore firma permaniat.

20. Incipit ingenuitas a diae presente.

In Dei nomen illo delectissimo nostro illo. Noveris, te pro devinitatis[a] intuitu et anime mei remedium vel aeternae retribucione tua eatenus a diaei presente ingenuum[b] esse precipimus, tamquam ab ingenuus parentibus fuissis procreatus, et nullius tibi heredum hac proheredum meorum nec servicium nec nullum obsequium tradebere[c] cognuscas, sed pocius aso[d] defensione *sanctum illius in integra valeas residire ingenuitas. *f. 150. Et si fuerit unus de heredibus meis vel qualibet extranea persona, qui contra hanc ingenuetate, quem ego bona volumtate fieri rogavi, venire aut resultare presumpserit, inprimitus Dei incurrit iudicium et de sanctum[e] loca efficiuntur extraneus, et insuper multa legis damnum incurrat, auri libera una, argento pondo tantum, et quod repetit vindecare non valeat, et haec ingenuitas perenni tempore firma permaniat.

21. Incipit vindicio.

Ego enim illi. Constat me vindedisse, et ita vindedi ad illo campello ferente modius tantus, et est super terraturio sancti illius, in villa illa, et subiungit de uno latere *campus illius, taxato precio, hoc est, in quod mihi conplacuit, valente soledus *f. 150'. tantus, ut, quicquid ab odierna diae de ipso campo agere volueris, absque preiudicium sancti illius, cuius terre esse videtur, liberam in omnibus abeas potestatem. Et si fuerit ego ipsi aut aliquis de heredibus meis vel qualibet extranea persona, qui contra hanc vindicione, quem ego bona volumtate fieri rogavi, agere conaverit, inferit inter tibi et agente sancti illius, duplet, quod repetit vindecare non valeat, et hec vindicio adque volomtas mea perenni tempore firma permaneat.

22. Incipit caucio de vinea.

Ego enim illi. Constat me accepisse, et ita accepi per anc caucione ad prestetum f. 151. beneficium de homine nomen illo, hoc est, in quod mihi conplacuit, in argento soledus tantus. Et in pignore tibi condicionis demitto tibi pro ipso beneficium inter annus tantus vinia medio iucto tantum[a], qui est super terraturium sancti illius, in villa illa, et subiungit de uno latere vinia illius, ut, interim res vestras micum abuero, illa blada[1], quem ibidem Deos dederit, in tua revocis potestatem. Et quod, si adsolet, ipsi annis tantus conpliti fuerunt, rem vestra redere debiam, et caucionem meam recipere facias, aut tibi, aut cui caucione ista dederis ad exagendum.

23. Incipit ingenuitas. f. 151'.

Delectissimo nostro illo ego illi. Noveres, te pro divinitatis intuitu et anime mei remedium vel eterna retribucione eatenus ad[a] iucum[b] servitudinis tibi absolvemus, ut, quamdiu advixeris, de meum non discidas servicium, et post meum quoquae discessum cum omni peculiare, quod habis aut laborare potueris, ingenuos ducas vitam, tamquam

20 = *Roz.* 90. a) pro divinitatis *iterata c.* b) ingenium *c.* c) ultra debere *coni. Mab.*; *legendum fortasse, ut infra f.* 23: redebere. d) *pro hoc verbo penitus corrupto scribi debuit* sub; *cf. infra f.* 23. e) scm̄ *c.*

21 = *Roz.* 280.

22 = *Roz.* 375. a) *lege:* dimidiam vineam iuctis tantis.

23 = *Roz.* 98. a) *i. e.* ab iugo. b) i— *e corr. c.*

1) *Insolite hic* blada *de vinearum fructibus dicitur.*

se ab ingenuos parentibus fuissis procreatus, et nullius tibi nec servicium nec nullum obsequium heredum hac proheredum meorum te quicquam redebere cognuscas, nisi sub defensione sancti basileci domni illius praehebeas[c] obsequium, non requaeratur. Si quis[d],
*f. 152. quod futurum esse non credo, *si fuerit unus de heredibus meis vel qualibet obposita persona, qui contra hanc ingenuetate, quem ego bona volumptate fieri rogavi, agere[e] conaverit, inprimitus[f] Dei incurrat iudicio et in[g] a liminibus ecclesiarum, basilecarum vel omnium sacerdocium exconmunus, accipiat[h] illa malediccione, quem Iuda Scariothis accipiat, et mea volumtate cum Christo accipiat misericordia, quod repetit numquam valeat sua volomtas obteniat, et haec ingenuitas ista atque volomtas mea perenni tempore firma permaneat.

24. Incipit iudicius.

*f. 152'. Eveniens illi Andecavis civetate ante illo preposito vel reliquis hominibus, *qui cum eo adherunt, interpellabat aliquo homine nomen illo, quasi animalia per sua menata[1] heos dicere[a] habuissit, et ipsa animalia per sua menata aliquas mortas fuerant, et ipsa pecora illi excorticassit[2], posteaque[b] mortas fuerunt. Interrogatum fuit ipsi illi, qui de hac causa respunso darit. Et ipsi illi taliter locutus fuit, quod nec sua animalia numquam menassit, nec per sua menata ipsa animalia digere numquam habuissit, nec de manus suas excorticatas numquam fuissent. Propterea visum fuit ad ipso proposito vel qui cum eo aderant, ut in noctes tantas aput homines tantus ipsi illi in basileca domni
*f. 153. illius excusare deberit. Se hoc facere potebat, de hac causa ipsi illi *conpascere debirit; sin autem non poterit, quicquid lex de tale causa etdocet, emendare stodiat.

25. Incipit vindicio, qui se ipsum vindit.

Domino magnifico fratri illo necnon et coniux sua illa nus enim illi et cogive sua illa. Constat nus vindedisse, et ita vindedimus a vobis estatus[a] nostros cum omni peculiare, quod habemus aut locare poteieremus, manso et terra vel viniolas, quantumcumquae ad die praesente possedire vidimur in fundo illa villa in se[b], super terra ecclesiae Andicavis, vel ubique abire visi summus. Unde accipimus de vobis precium, quod nobis
*f. 153'. conplacuit, *hoc est in auro valente soledus tantus, ut post hunc diae memorati emptores, quicquid de nus ipsis vel de heredis nostris facere voluerit, licenciam abeant potestatem faciendi. Si quis vero, si fuerit aut[c] nus ipsus aut qualibet persona, qui contra hanc vindicione ista, quem ego bona volumtate fieri rogavimus, venire voluirit, dupplet tantum, quantum stati nostri[d] cum res nostras eo tempore meliorata valuerit, et quod repetit vindicare non valeat, et haec vindicio ista firma permaneat.

26. Incipit securitas.

Dum non abitur[a] incognitum, qualiter aliqua femena nomen illa aput homine
*f. 154. sancti illius nomen *illo litis intencione abuit de illo rapto, quod ipsa fuit pras[3], ut ipsa ad pacem cumcordia volumtate ad ipsa femena facere deberunt; quod ita et fecerunt. Unde convenit, ut si homo manu[4] sua firmata exinde accipere deberunt, quod ita et

23 c) *incertum, utrum* praebeas, *an* perhibeas *intelligendum sit.* d) ciuis *c.* e) agene *c.* f) in primitas *c.* g) *aut* exin *aut* et insuper *emendandum videtur.* h) *post add. c.*
24 = *Roz.* 497. a) *i. e.* digere; *cf. supra p.* 8 *et infra l.* 17. b) *lege:* postquam.
25 = *Roz.* 46. a) estus *c.* b) *ita c; nescio, quomodo sit emendandum.* c) ut *c.* d) n̄ı *c.*
26 = *Roz.* 509. a) est *ead. man. corr.* abitur *c.*

1) *i. e. ductio a 'minare', It. 'menare', Frg. 'mener' = ducere, Ducange-Henschel s. v. menata 2; Diez, 'WB.' I, s. v. 'menare'; nostris: 'das Treiben, Forttreiben (des Viehes)'; cf. Lex Sal.* 9, 8. 2) *i. q. excoriare; cf. Lex Sal.* 38, 8; 65, 1; *Behrend in ed. p.* 145. 3) *Fortasse idem ac presa, Frg. 'prise', quod crediderim, praesertim cum raptus plerumque de feminarum raptu accipiatur.* 4) *Cf. supra p.* 10 *n.* 4.

fecit, ut, se ipsa femena post hunc diae resultare voluerit contra homine, soledus tantus conponat.

Facta securitas.

27. Incipit vindicio[a] proprietate.

Domino venerabile et in Christo patri illo abbate[b] ego illi et coniux mea illa. Constat nus vindedissemus, et ita vindedimus vobis terra proprietatis nostre in loco noncupante[c] illo, et accipi proinde precio de vobis, *in quod nobis conplacuit, hoc est in argento soledus tantus, ut, quicquid de ipsa terra proprietatis nostrum, que nus bona volumtate vobis venondammus[d], facere volueris, liberam in omnibus habeas potestatem. Et si quis de nus ipsis aut de propinquis nostris vel qualibet extranea persona, qui contra hanc vindicione agere conaverit, inferit inter vobis et fisco, conponere debiat soledus tantus, et quod repetit vindicare non valeat, et haec vindicio perenni tempore firma permaneat, stibulacione subnixa[1]. *f. 154'.

Actum est.

28. Incipit iudicius.

Veniens illi Andecavis civetate[a] ante illo agente necnon *et illo vel reliquis, qui cum eum aderunt, interpellabat aliquo homine nomen illo, quasi fossado per terra sua in loco noncupante, qui vocatur illa vila, qui aspecit ad illa, ei fossadassit. Et taliter ipsi homo dedit respunso, quod terra sua fossado fecisset; nam terra ad illo homine numquam fossadasset. Visus fuit[b] ab ipsis magnificis, ut illi in noctis tantas aput homines tantus, vicinis[c] circa manentis de ipsa condita, mano sua quarta in basileca domni illius senioris excusare deberit, quod terra sua male ordine numquam fossadasset. Si hoc facere potebat, quietus et securus resediat; sin autem *non potuerit, contra ipso hominum satisfacere debiat. *f. 155. *f. 155'.

29. Incipit iudicius.

Veniens homo nomen illi aput femina nomen illa, qui fuit coniux illa condam germanus illius, ante venerabile vir illi abbate interpellaverunt hominem nomen illo, quasi servicium[2], qui fuerunt ipsius illi, condam post se abuissit conmandatas, hoc est illa rem. Qui illi ad presens adherat et hoc totum fortiter denegabat. Interrogaverunt ipsius illi, se abebat homines, qui de praesente fuissent, ut vidissent, quando ipsa rauba[3] ipsi illi et illi conmandasset. Taliter visum fuit *ab ipso abbate vel qui cum eo aderant, in noctis tantis daret homines tantus bene fidem habentes, vicinis circa manentis, qui de presente fuissent et vidissent, superscripto illo condam ipsa rauba ipsi illi conmandassit, ut hoc in basileca domni illius coniurare deberit, ipsius illi per lege emendare studiat; sin autem non potuerit, de hac causa ipsi illi omni tempore ductus, quietus atque securus valeat resedire. *f. 156.

27 = *Roz.* 277. a) *post add. c.* b) abbt. *c.* c) ncupante *c.* d) venondāmus *c.; Roz.* venondavimus.

28 = *Roz.* 487. a) civet. *c.* b) fuis *corr.* fuit *c.* c) n *e corr. c.*

29 = *Roz.* 489.

1) *Hisce verbis seu similibus, veluti* stipulatione *seu* adstipulatione interposita, *nihil nisi manufirmationem cartae factam esse significari, nuper V. Cl. Brunner argumentis, ut opinor, nihil dubii relinquentibus exposuit; 'RG. d. Urk.' I,* 221 *sqq.* 2) *Expectaveris vocabulum idem exprimens, quod mox* rauba *dicitur. Significatur fortasse ministerium, 'Tafelgeräthe', quod Francogalli 'service' dicunt; cf. Diez, 'WB.' II c, s. v. 'serviette'.* 3) *i. e. proprie: vestis, vestis bellica, spolia (cf. Grimm, 'RA'. p.* 635*), hoc loco sicut saepius omnino de supellectili quavis dici videtur. Ducange V, p.* 601*; Diez, 'WB'. I, s. v. 'roba'.*

30. Incipit item iudicius.

Veniens illi ante illo abbate vel reliquis, qui cum[a] eum aderant, interpellabat *f. 156'. alico homine nomen illo, *quasi vineas suas, quae erunt illius, condam illi ad parciaricias[1] ei dedissit, ut, quamdiu ipsi illi se aptificavit, ipsas vinias ad parciaricias habere debiat. Interrogatum fuit ipsius illi, sic ipsas vinias aput ipsas fuerant, anon. Taliter ipsi locutus fuit, quod illas convenencias, quod ipsi illi dicebat, aput ipso numquam habuit. Visum fuit ipsius abbate, ut dum hoc denegabit, quod ipsas convenencias numquam habuit, ut aput homines tantus ipsi illi in basileca domni illius excusare deberet, quod ipsas convenencias inter se numquam habuissent. Se hoc facere potebat, precium, *f. 157. quod de ipso illo *acciperet, aei reddere debiat; sin autem non potuerunt, contra ipso emendare stodiat.

31. Incipit apennis[2].

Dum non est incognitum, qualiter aliquis homo nomen illo et cogive sua illa inter[a] eorum in loco illo per nocte fuit a pessimis naufragium passus, et exinde perdedit et pecunia sua et mobele suo seu et strumenta sua quam pluremas, vindicionis, dotis, conposcionalis[3], contullicionis, pactis, conmutacionis, convenencias, securitatis, vacuaturias, iudicius et noticias; unde necesse ei fuit advocare iudecis seu et vicinis circa manentis seu et universa parocia illa; et ibidem invenirent et ostia sua fracta et portis suas *f. 157'. conquasatis et ipso loco graviter devastada. Proinde petiit ad ipsos bonis *hominibus, in eundem prospecto accesserunt, invenirunt, sicut[b] tum esset, cuius nomina subter sunt inserta, ut hanc noticia relacione prosto[c] ei adfirmare deberunt; quod ita et fecerunt, qualiter melius possit Andecavis civetate[d] adfirmare.

32. Incipit item appennis[4].

Quicumquae ad[a] latruncolus, sceleratorebus, sediciosis seu incendiariis in qua provincia vi aut damnum pertullerit, oportit hoc eidem rectores civium seu curialis provinciae, in qua perpetratum fuerit perhibitur, palam[b] ostendere et puplica denonciacionem manifestare[c]. Igitur cum pro udilitate ecclesiae vel principale negucio apostolecus vir *f. 158. domnus illi episcopus necnon et inlustro *vir illi comus in civetate Andecave cum reliquis venerabilibus atquae magnificis rei puplici viris resedissit, ibique veniens homo nomen illi palam[b] suggerent[d], eo quod male homines per cecata nocte ad casa sua in loco noncupante illo advenissent et ostia sua frigissent vel res suas, aurum, argentum, species, vestimentum, fabricaturas suas, vasa herea[e] vel reliquis res quam pluris cum strumenta cartarum, vindicionis, caucionis, cessionis, donacionis, dotis, conposcionalis, contulacionis, pactis, conmutacionis, convenenciis, securitatis, vacuaturiis, iudicius et noticias, oble-

30 = *Roz.* 488. a) cū meum a. c.
31 = *Roz.* 406. a) in terra *emend. Mab.* b) sicuc *c.* c) praesto *emend. Mab.* d) civet. *c.*
32 = *Roz.* 407. a) *i. e.* ab latrunculis. b) pallam, l *erasum c.; ita et infra.* c) re *bis scriptum c.* d) seu casa sua in loco noncobante illo *add. c., quae, iisdem fere verbis statim sequentibus, ut errore iam hic scriberentur, facile fieri potuit.* e) *i. e.* aerea.

1) Parciaricia *nihil nisi contractum de colonia partiaria significare videtur. Cf. Ducange-Henschel V, p.* 94 *s. v. parceria; d'Espinay, p.* 26. 2) *Hac voce is qui rubra fecit hic perperam usus esse videtur. Accuratius inscripsit aequalem formulam infra* 33. *Cf. quae de formulis* 31—33. *disserui 'Ueber den Ersatz verlorener Urkunden' ('Zeitschrift der Savignystiftung I, Germ. Abth.' p.* 89 *sqq.) p.* 101 *sqq.* 3) C. *seu* compositionalis *vocabatur carta seu epistola, qua maritus uxori suae sine consensu parentum per raptum ductae, compositione facta, dotem constituebat. Cf. exempli causa Marc. II,* 16*; Form. Tur.* 16. 4) *i. e. quod publice appenditur, nostris 'öffentlicher Anschlag', non 'Eröffniss', ut opinatus est Bluhme, 'Jahrb. d. gem. d. R.' III, p.* 199*; cf. commentationem nostram supra nominatam.*

cacionis[1] vel reliquas res quam plures, quod locum[f] est per singula minustre[g], ad furtis causis deportassent, unde per ipsas cartas *pluras terras post se dicere vinditum; et *f. 158'. in crastenum locale accessione una cum bonas et straneas personas, vicinis circa manentis, in ipso loco manibus eorum roboratus accessisse. Et ob hoc cognita relacionem ante suprascriptus senioris presentabant ad relegendam, per quem ipsum seniores cognoverunt, quod ipsa causa taliter acta vel perpetrata fuisset. Dum taliter diligencia inquirere viditur, sublectum[3] fuit[h] ad ipsas bonas stranias personas, vicinis circa manentis, qui bene optime ex hoc conperti aderant, quid exinde cognuscibant veraciter enerrare[i] deberent. Sed[k] ipsi homo taliter prebuerunt testimonium, ut, inspecta illa epistola, quem illi presentabat, sua denonciacionem veraciter *concordabant. Dum sic in omnibus devol- *f. 159. gata claruit[l], si[m] suprascriptus pontifex et ipsi comus vel qui cum eo aderant denonciaverunt ipsius illi, ut, quicquid per annorum spacia de eo tempore usque nunc recti et legaliter possederat, in antea obsolve[n] principale negocio, recto tramite[o] testata[p] lege, servit res suas ipsi, aut heredi sui tenire et possedire faciant. Et pro presente et futura tempora convenit, ut hanc carthola, qui vocatur appennis, prefatorum seniorum vel reliquorum civium[q] eorum manebus roboratas accipere[r] et adfirmare deberet; quod ita et fecit, ita ut duo appennis quoequalis ex hoc adfirmatus[s] accipiat, unum, quem ipsi aput se reteniat, et alium[t], quem in foro puplico suspenditur.

Facto apendi.

33. Incipit noticia ad appenno firmare.

Cum per ceca cupiditate per loca orbana semper austes[a] anticus bella consurget f. 159'. et solens homine perfedi et pessimi per malus intullerabilias mala subire, tam ab ostibus quam latruncolus, per talas[4] et furtis, per captores et rabacis conmovere et conmutare gravis damnos aetatis. Higitur non est incognitum, qualiter alico homine nomen illo contegit gravis nafragiis, quod in villa illa casa sua per nocte fuit efracta et omnes presiduos suos, aurum, argentum, aerementum, vestimentum, utinsilia, pecunia seu strumenta cartarum quam plurimas, vindicionis, caucionis, cessionis, donacionis, dotis, conposcionalis, pactis, conmutacionis, convenientis, securitatis, *vacuaturias, iudicius et noticias *f. 160. seu et omne solemnitas, per quem a longo tempore usque modo ris suas domenavit, per ipso furte exinde fuit deportata. Proinde necesse fuit sepedicto illo in crastenum maturius mane iudici puplico, vicinis circa manentis ad ipso loco convocare. Et ibidem invenientis invenirunt, sic essit factum, seuis[b] incisis, ostias concapolatas, paritis[c] preforatas, conscenssa, seu et universa, que supra memoravimus, per ipso furto exinde essit abstracta. Dum sic cessit veraciis, ut melius possit exinde appenne in civetate regione ipsius prosequaere et adfirmare, petiat ad ipsius vicinus et iudice, qui in ipsa caucione[d] fuerunt, manibus eorum *propriis in hunc prospectum noticia relacionis adfirmare debe- *f. 160'. runt; quod ita et fecerunt.

32 f) *lege:* longum, *ut emendavit Mab.* g) *i. e. fortasse* minute enarrare; memorare *corr. Roz.* h) et *add., sed del. c.* i) etnerrare *c.* k) *coni. Roz.;* se *c.* l) *ita coni. Mab.;* caruit *c.* m) *lege:* sic, *ut coni. Roz.* n) *certe corruptum.* o) tramine *corr.* tramite *c.* p) testatata *c.* q) uicium *c.* r) acciperet a. *c.* s) adfirmatur *c.* t) ali *c.*

33 = *Roz.* 405. a) *i. e.* hostis. b) *i. e.* sepes. c) *i. e.* parietes. d) *corrigendum videtur* causacione.

1) *Ita saepius tunc temporis scribebatur pro* allegationes, *neque dubito, quin haec vox acta, quae de gestorum allegatione prosecutori tradi solebant, in formularum collectionibus plerumque* gesta *nominata, significaverit.* 2) *In dubio est, quid sibi velit hoc verbum; cf. 'Zeitschr. d. Sav.-St. I, Germ. Abth.' p.* 102 *n.* 14. 3) *i. e. 'Raub', talare = 'rauben, berauben'. L. Sal. C. II,* 5; *L. Rib.* 64; *cf. Diez, 'WB'. II b, s. v. 'tala'.*

34. Incipit dotis.

Annu 4. renum[a] domni nostri[b] Childeberto reges. Ego in Dei nomen illi fatuor, me hanc libellum dote scribere deberent, quod ita et fecerunt, ad dulcissema sponsa mea nomen illa. Pro amore dulcitudinem suam aemitto tibi in cartole libelli dotes casa; iam dicta puella, sponsa[c] mea illa, abiat, teniat, possediat, faciat quod voluerit. Et si quis vero, aut ego ipsi vel quislibet opposita persona, qui contra hanc volumtate mea *f. 161. facta aut libellum dote ista *conscripta aut agere presumpserit, soledus tantus coactus exsolvas[d]; et si quis, non obteniat effectum.

35. Incipit epistola.

Ego enim illi fatuor, me hanc epistola facere deberit, quod ita et feci, ad cogive mea illa. Propter amore dulcitudinem suam et servicium, circa me inpendetis, cedo tibi adque transcribo capsade[a] casa cum ipso vilare, ubi ipsa casa resedit, ut ab odierne die ipsa res denominatas abias, tenias, possedias et ab hac diae facias quod volueris. Et si quis vero, aut ego ipsi vel qualibet opposita persona, qui contra hanc epistola *f. 161'. ista venire aut resultare praesumpserit, *soledus tantus conponat, et quod repetit nulatenus vindicare non valeat, et haec epistola vindicare[b] non valeat.

36. Incipit item cessio.

Ego enim illi fatuor, me in hanc cessione facere debere, quod ita et feci[a], ad dulcissima nepote meo nomen illo. Cedo ei propter amorem dulcitudinem suam casa, ut ab odierno die ipsa rem conscripta abias, tenias, possedias et ab hac diae faceris quod volueris. Si quis vero, aut ego ipsi vel quislibet opposita persona, qui contra facta volomtate mea venire aut resultare praesumpserit, soledus tantus conponat, et quod repetit vindicare non valeat, et hec vindicio[b] perenni tempore firma permaneat.

f. 162. 37. Incipit epistola, quem pater et mater facit in filio.

Licet unicuiquae de rebus suis, quas in presente seculo [habere[a]] viditur, tam ad sanctum[b] loca seu parentum meliorare, et lex manet, et consuetudo longinquam percurrit, facere quod voluerit. Idcirco ego in Dei nomen illi et cogive mea illa dulcissema[c] et a nobis cum integra amore diligendo filio nostro illo. Dum in omnibus et per omnia et super totum nobis fidiliter servire videras, multas penurias et iniurias[d] per deversa loca pro nostra necessitate successisti, et in utilitate domnorum[e] partibus Brittanici seu *f. 162'. Wasconici austiliter ordine ad specie mea fuisti[1], proinde convenit nobis, *ut aliquid de facultatis nostra te emeliorare deberent; quod ita et fecerunt. Ergo transcrivimus tibi mansello nostro illo super terraturio vir inluster illo, et hoc cum domebus, hedificiis, mancipiis, viniis, silvis, pratis, pascuis, aquis aquarumquae [decursibus[f]], iunctis et abiecenciis, quantumcumquae ibidem nos tenire visi summus, hoc ad die presente perpetualiter ordine tradimus ad possedendum, et hoc est abendi, tenendi seu conmutandi, posteris tui, vel ubi tua decrederit[g] volomtas[h], derelinquendi; et ubi aliubi ex nostra sine epistolis oble-

34 = *Roz.* 232. a) *i. e.* regnum. b) nī *c.* c) spnsa *c.* d) *lege:* exsolvat.

35 = *Edd.* 34, 2; *Roz.* 254. a) *corruptum fortasse e* cartole; *cf.* 34. b) v. n. v. *scriba errore scripsisse videtur pro* firma permaneat.

36 = *Edd.* 35; *Roz.* 173. a) ei *add. c.* b) *h. v. pro* cessio *errore auctoris seu scribae irrepsisse videtur.*

37 = *Edd.* 36; *Roz.* 171. a) *suppl. Mab.* b) scm̄ *c.* c) *lege:* dulcissimo. d) de *add., sed punctis appositis del. c.* e) donorum *c.* f) *suppl. Mab.* g) decreverit *emendavit Mabillon.* h) volōtas *c.*

1) *Non sine specie veritatis hoc loco de expeditionibus agi, quas Franci a.* 574. *et* 578. *in Aquitaniam et Britanniam minorem movissent, suspicatus est de Rozière, 'Recueil' I, p.* 219; *cf. Greg. Tur. Hist. Fr. IV,* 48; *V,* 27. *Quid de re militari Francorum formula ista doceat, exposuit Waitz, 'VG.' II², p.* 527.

gatum et infantis nostris remutarent, tu cum ipsis equalis lanciae[1] devidere facias. Et in hanc *paginola intimare convenit, si nos ipsi aut eredis seu propinquis nostris *f. 163. aut militans[2] extraneas personas, qui contra hanc epistola aliqua querilla, molestia aut refrecacione contra voluerimus, soledus tantus tibi sociante fisco conponat, et nihhil vindecit quod repetent, et hec volontas nostra cum manus nostras roboratas omni tempore cum lege Aquiliani[3] nec debiat esse inconvulso.

38. Incipit caucio de homine.

Domino magnifico fratri illi ego illi. Constat me accipisse, et ita acepi de vobis per hanc caucione ad pristetum beneficium *hoc est in argento uncias tantas. In loco *f. 163'. pignoris emitto vobis statum meum medietatem, ut in unaquisque septem[a] ad dies tantis, qualecumque operem legitema mihi iuncxris[b], facere debiammus[c]. Que annus tantus conpliti fuerint, res vestras redere debias[d], et caucionem meam recipere faciam. Et si exinde de ipsa opera aut de ipsas res ad ipso placito[4] necligens aut tardus fuero, aut volumtate vestra exinde non abuero, tunc me constat res vestras in dupplum debiam esse rediturus, aut vobis, aut cui caucione ista dederis ad exagenda.

39. Incipit securitas.

Ego enim illi. Quia dum non est incognitum, qualiter aliquos homo nomen illi f. 164. et quia ante os dies abuit interpellado, dum dicerit, quasi casa[a] sua infregisset et res suas exinde deportassit; unde et ipsi illi abuit[b], ut hoc in basilica sancti illius aput homines tantus coniurare deberet. Set metuantes[c] bonis hominibus eas concordiare duxerunt. Et si[d] recognovi, et in nullo modo culpabile exinde ipso non invenit[d], convenit, ut manus sua[d] exinde facere deberet[d]; quod ita et feci, ut nullumquam tempore contra ipsis nulla calomnia neque repeticione facere non debias[d], set, sicut dixi, quietus et securus resedias. *Et si fuerit, aut ego ipsi[e] aut quislibit, qui contra hoc resultare *f. 164'. voluerit, soledus tantus conponere debiat, et hec epistola mano mea firmata firma permaneat.

40. Incipit cessio.

Dulcissema et cum integra amore diligenda sponsa mea nomen illa ego illius, filius illius. Dum non habetur incognetum, sed pluris habitur cognitum[a], qualiter te secundum lege Romana sponsata visi sum habire, in animis meis plenius tractavit, ut tibi in aliquid de rem paupertaticola mea concidere debire; quod ita et feci. Hoc est, cedo tibi membro de casa cum mobile, inmobile, *in fundo illa villa, super terraturium sancti *f. 165. illius, cum vilare vel omne circumcincto suo iuxta kaso illius, lecto vestito, vestimentum tantum, fabricaturas in soledus tantus, mancipia tanta, his nominibus illus et illus, boves tantus, vaccas tantas cum sequentis tantis, ovis tantus, sodis tantus, campo cum silva ferentes modius tantus — de unus latus est campus illius —, vinia iuctus tantus — de unus latus est vinia illius —, prato iuctus tantus. Hec omnia superius nominata ad die filicissimo nupciarum, hoc[b] ad die presente, habias concessum, dum advixeris, perpetualiter

38 = *Edd.* 37; *Roz.* 371. a) septemana *emend. Roz.; haud dubie ita intelligendum est.* b) *i. e.* iniunxeris. c) debias *corr.* d. *c.* d) *lege:* debeam . . . facias.
39 = *Edd.* 38; *Roz.* 506. a) causa, u *del. c.* b) *supplendum videtur* iudicatum. c) *i. e.* mediantes. d) *lege:* sic . . . inveni . . . meam . . . deberem . . . debeam. e) ipi *c.*
40 = *Edd.* 39; *Roz.* 227. a) incognitum *c.* b) *supplendum fortasse* est.

1) *Haec vocabula, pro* aequa lance *scripta, inepte interpretatus est d'Espinay, p.* 46, *suspicans barbaros lancea in divisionibus symbolice usos esse.* 2) *i. e. serviens (sc. nostrae parti); eadem notione infra* 45. *Cf. Brunner, 'RG. d. U.' I, p.* 257. 3) *De Aquiliana lege in cartis commemorata egit Bluhme l. c. p.* 209 *sqq.* 4) *Hoc loco proprie: tempus praestitutum.*

*f. 165'. ad *husumfructuario ad possediendum absque praeiudicio, cuius terre esse videtur. Et quod fieri esse non credo, si fuerit aliquis de propinquis meis seu extrania persona, qui ut umquam tempore qui contra hanc cessione agere aut infrangere vel respondere presumserit, dupplum[c] quod repetit, et non valiat; et hec cessio adque volomtas nostra firma[d] permaniat.

41. Incipit ius liberorum[1].

Dulcissema et cum integra amore diligendo iocale meo illo illa. Sane in Dei nomene mente sanoque consilio, meduantis[a] casus umani fragilitatis corpore, nec nus *f. 166. *contingit ultimus dies inordinatus, quod Deus avertis, de huius seculi[b] lucis discesseremus debitumve[c] nature conpleveremus, dum inter nus subolus non habemus, nostrumque elegemus, consperante Deo, conmune consilio per cartole textum nostrum volomtate conscribire. Iddeo ego memoratus illi, si tu mihi dulcissema coniux mea illa superestitis fueris, cum ego de ac luce discessero dibitumve nature[c*] conpleveremus[d], tunc tu tris porcionis de omne corpore facultatis mei, quem in pago illo et illi ex aloto parentum meorum[e] vel de qualibet[f] contractum mihi legibus obvenit, si prulis inter nus non fuerent procriati, tibi transcribo, ut, quidquid in postmodum exinde *volueris faciendum, *f. 166'. id est tam in domibus, edificiis, mancipies, vinies, silvis, pratis, acris, acolabus, aquis aquarumque decursibus, iunctis et subiunctus, mobilebus cum omne iure soliditate[g] eorum integrum, sicut a me fuit possedendum, tue iure recipias et perpetualiter possedias, quod si exinde[h] elegere, faciendi liberam pociares arbitrium, quia rem ipsa malit[i] te quam quod heredibus meis. Illa quarta viro porcione[k] reservaverunt[l] heccontra vos propinquorum heredibus legitimus meis reservo, ut tu coniux mea illa illas tris porcionis et ipsi heredis mei illa quarta similiter debetis percipere et possedere. Similiter ego illa intra[m], iuxta ut superios contenitur depectum, relegionis[n], quos tenet orum cartole textum ad vos[o] volomtate mea conscriptas, et ego ad similitudinem[p] conscribere rogavi. *Ergo si tu mihi, dulcissemus iocalus meus illi, superestitus fueres, cum ego de *f. 167. hac[q] luce discessero debitumve naturis conplivero, tunc tu tris partis de omne corpore facultatis meae, que in pago[r] illo et illo ex allote parentum meorum habire vidior, heredis meos in ipsis tris partis succident, ut, quicquid de ipsis tris partis de alote meae, se prulis[s] inter nus non fuerunt procriati, facere volueris, tam in domibus, edificies, mancipiis, viniis, sillvis, agris cultis et incultis, pratis, acolabus, sicut a me fuit possedendum, possidies, et rebus, tam quod ad presens possedire vidior, aut[t] mihi inante[t*] iuxtum redebitum est, tu hoc in tue iure percipias recipere, tam quod mea proprietas

40. c) duppum *corr.* dupplum *c.*; *supple* reddat *vel simile verbum, itemque* vindicare *post* et. d) firna *c.*

41 = *Edd.* 40; *Roz.* 247. a) *lege:* metuentes. b) seuli *c.* c) vebitumve *c.* c*) neture *c.* d) -omus *corr.* -emus *c.* e) eorum *c.* f) *incertum est, utrum ita, an* quidibet *scriptum sit.* g) sodilitate *c.* h) ex *post add. c.* i) *lege:* malo; *post* meis *supple* habere. *Cf. infra.* k) porcioñ *c.* l) *emendandum videtur, seu* reservatam, *seu* [quam] reservavimus. m) *lege:* infra. n) *emendandum videtur:* relegationis, quos (quas) tenet vestrum (vestrae) cartole t. o) *i. e.* ab vobis. p) similitudimem *c.* q) haa *c.* r) paco *corr.* pago *c.* s) pluris *c.* t) ut *c.* t*) inhan inante i. *c.*; *lege:* inantea iustum.

1) *Eandem fere rubricam praebet Form. Visig.* 24*:* Aliud ius libero[rum]. *Quae verba utroque loco testamentum seu mortis causa donationem inter coniuges invicem iure liberorum factam significant. Eadem notione L. Rom. Vis. Nov. Val. III.* 4, *Interpr.:* Haec lex de aliis titulis testamentorum id amplius habet, ut in coniugio positi, si filios non habeant, seu maritus uxorem, seu uxor maritum voluerit, relinquant heredem, quod ius dicitur liberorum, quia, etiamsi una charta suam condere maluerint voluntatem, ut invicem se heredes scribant, qui alteri superstes exstiterit, dimissam rem iuxta legis huius ordinem vindicabit, *etc.; Isidori Origg. V,* 24*:* Ius liberorum est coniugum sine liberis invicem pro loco pignorum hereditatis alterna conscriptio. *De iure liberorum cf. Cod. Theod. VIII,* 17, 2. 3*; Ulpiani fragm.* 16, 1.

esse videtur, ut ad excolendum, id est habendi, tenendi, donandi vel cui[u] volueras derelinquendi. Illa vero semena[v] quarta portione ad heredis meos *propinquis reservavi, *f. 167'. quia rem superius nominata, quod a vobis delegabi, malit te quam me, te[w] quam relicus heredibus meis[x. 1]. Licit dum in tale epistola, ut legem fuit decreata, inter nus[y] conscripsimus et quarta reservavimus, non est necessi[z] adnecte inserrere[2], nam pro rei[a] tucius firmetate, ut robuscius inter nus conlata, et de nobis ut[b] cui contra hanc cartole textum aliquas molestias aut refrecacione, obieccione[c] conaverit inserere, inferit inter vobis et sociente fisco, auri liberas quinque, argento ponda 10 coactus exsolvat, et hec cartole textum firmior obteniat effectum; gestis municipalis sit oblegatum, ut in perpetuum plenius obteniat effectum.

Data epistole.

42. Incipit securetas.

Ego enim illi, qui conmaneo villa illa sancti illius. Convenit mihi bona volumtate f. 168. ad securitate ad homine nomen illo facere debere; quod ita et fici, pro eo quod illa rem ad furtis condicionis post se abuissit, et accipit[a] exinde argento tantum; proinde mano mea et bonorum firmata tibi exinde dedisse, ut post hunc diae de hac causa quietus et securus resediat. Et si fuerit aut ego ipsi aut aliqua persona, qui contra hanc securitate, quem ego mano mea firmata tibi deti, resultare voluerit, soledus tantus inter tibi et fisco conponere debiat, et quod repetit[b] vindecare non valeat[c], et haec securitas adque volomtas mea firma permaneat[d].

43. Incipit epistola, quem hominem repotavit[a] de res suas. f. 168'.

Dum cognitum est, quod homo nomen illi alico homene nomen illo mallavit pro res suas, et ipsi illi male ei exinde numquam fecisset: proinde ipsi illi ante bonis hominebus convenit, ut hanc epistola facere deberit, ut nullumquam tempore contra ipso agere non presumat. Quod si illi aut aliqua persona ad vicem suam ipsa causa resultare presumserit, soledus[b] tantus inter tibi et fisco conponere[c] debiat, et quod repetit vindecare[d] non valeat, et hec epistola firma permaniat.

44. Incipit securetas de rapto.

Ego enim illi. Constat me accipi de illo integro conposcione, pro eo quod aput f. 169. homine nomen illo puella sua tradendi fuit, dedi ei ad ipso illo soledus tantus[3]. Pro-

41. u) cuis *c.* v) *fortasse corruptum e* remanens. w) aequam *pro* te q. *c.* x) *supple* habere. y) intenius *corr.* interiius *c.* z) *supple* poenam. *Cf. Marc. II,* 4: Licet in cessionibus poenam adnecti non sit necesse; *Form. Bitur.* (*Roz.* 221): Licet in cess. poena adnecti minime sit necessitas inserendi; *Form. Tur. Add.* 1. a) retitucius f. *c.* b) aut qui *pro* u. c. *emendaverim.* c) ub- *corr.* ob- *c.*

42 = *Edd.* 41; *Roz.* 505. a) *lege:* accepi. b) repett *c.* c) ualea *c.* d) permeneat *corr.* permaneat *c.*

43 = *Edd.* 42; *Roz.* 504. a) *lege:* repetivit. b) soled. *c.* c) conpononere *c.* d) vindeccare, *alterum* c *del. c.*

44 = *Edd.* 43; *Roz.* 508.

1) Me quam te *sensui magis convenirent itemque Romanae formulae, quae agnoscitur e Marciani verbis, quae exstant Dig. XXXIX,* 6, 1: Mortis causa donatio est, cum quis habere se vult (magis) quam eum cui donat, magisque eum cui donat quam heredem suum; *cf. Inst. II,* 7, 1. *Quae tamen verba permutata illo aevo semper in eiusmodi donationibus condendis perperam adhibita deprompta esse videntur de interpretatione legis Rom. Vis., cuius auctor genuinam formulam eodem modo adulteravit; Pauli Sent. II,* 24, 6, *Interpretatio:* nam in donationibus, quae mortis causa fiunt, haec verborum solennitas custoditur: 'Illum agrum aut illam domum te malo habere quam me, te quam heredes meos'. 2) *Cf. Bluhme l. c. p.* 212. 3) *Formula spectat ad rem, quae quomodo acta sit, non satis perspicimus.*

inde manu sua firmata et bonorum hominum accipi, ut post hunc diae neque illi nequae nullus de heredibus suis nulla calomnia nec repeticione habere non debias, set, sicut dixi, de hac causa quietus residias. Et si fuerit aut ego ipsi aut ullus de propinquis meis vel qualibet persona, qui contra hoc securetate [resulta]re[a] presumpserit, soledus tantus inter tibi et fisco conponere debiat, et quod repetit vindicare non valeat, *f. 169'. *et hec securitas ista firma permaneat.

45. Incipit noticia.

Noticia, qualiter illi et illi. Non abitur incognitum, qualiter servus nomen[a] illi ancilla ad illo nomen illa extra volumtate ad coiugium se coniuncxerunt. Sed modo nos una pacis cumcordia convenit, ut de agnacione, qui de ipsis procreati fuerunt, illi ad ancilla sua duas partes recipiat, ergo et illi ad servo suo illo tercia; et quod ipsi aliquid stante coiugio convenerunt[b], illi servo suo de ipso peculiare duas partes recipiat, similiter et illa ad ancilla sua illa tercia; proinde, ut in postmodum nulla altercacio inter nos non debiat esse, *f. 170. *ut manus nostra exinde per duas[c] epistola uni tenorum conscriptas facere deberimus; quod ita et fecimus. Et pro rei tucius firmitate modo adfirmavimus, ut nec nos ipsi nec ullus de heredibus vel de propinquis nostris aut militans stranea persona, qui contra istas[d] epistolas venire voluerit[e], a dupla pecunia teniat obnoxius, et illa repeticio[f] non obteniat effectum, et has convenencias inconcusso et inconvulso teniat firmitate.

46. Incipit epistola, qui de rebus[a] aliquid at ecclesia delegat.

Lex Romana et antiqua consuetudo exposcit, *f. 170'. *ut unusquis homo, dum in suum contenit arbitrium, de rebus suis propriis aliquid pro anime suae conpendium dare decreverit, licenciam habiat, et illud, quod ad loca sanctorum, ad congregacione monachorum confertur, numquam perit, sed ad memoriam eternam et iusticia repotitur. Igitur ego enim in Dei nomen inlustro vir illi necnon et cogive mea inlustra matrona illa, convenit nobis unianimiter pertractantis, ut aliquid de rebus nostris in monastirio nostro, quem conmuniter edificavimus, qui est in honore sancti illius *f. 171. *infra muro Andecavis constructus, ubi illa abbadissa[1] custor[b] preesse videntur, concidere deberemus; quod ad die presente visi summus fecisse. Hoc est locello noncupante illa in pago illo, id est in pago illo, rem proprietatis nostris, quem de parente nostro, venerabile vir illo abbati, propria pecunia conparavimus, vel die presente nostra est possessio, hoc est cum terris, domibus, aedificiis, mancipiis, acolabus, viniis, silvis, pratis, pascuis, aquis aquarumque decursibus, movilebus et inmovilebus, iunctis et appendiensi[c] *f. 171'. *abiecenciis in se habentis, ad se pertenentis, cum superposito pro[d] omni merito suo, ut diximus, ad predicta basileca vel congregacio ipsius eius vel rectore[e] rem ipsa volemus esse translatum adque indultum, ita ut, quicquid exinde ab hac die iure proprio adque firmissimo congregacio ipsius utilitatibus monasterio ipsius elegeret, faciunde liberam habiat in omnibus potestatem, quia malimus te, sacrosancti ecclesiae in honore sancti illius in id ipsum monastyrio hedificate, quam reliquis heredibus nostris[f]. Quod si fuerit aliquid de heredibus

44. a) *ita emendavi; Roz.* ire; re *c.*

45 = *Edd.* 44; *Roz.* 399. a) *ultimum* n *post add. c.* b) conquererunt (conquisiver.) *fortasse emendandum.* c) ducas *c.* d) contrasistas *c.* e) et *add., sed del. c.* f) recepio *corr.* repeticio *c.*

46 = *Edd.* 45; *Roz.* 197. a) *Roz. emend.;* heredibus *c.* b) *ita saepissime codices; edd.* custos. c) appendiciis et adiec. *emend. Mab.* d) *intellige:* et. e) sectore *c.* f) *valde a scriba corrupta videntur, sed ne auctorem quidem verborum sensum intellexisse putarim. Cf. supra* 41, *ubi bis aeque ac hic verbum* habere *omittitur.*

1) *Quanquam in arenga* congregacio monachorum *commemorata est, hic abbatissae mentione facta monasterium puellarum tunc infra civitate aedificatum demonstratur, de quo aliunde compertum non habemus.*

nostris, qui contra hanc epistola cessione, quem bona volumtate pro nostris expiandis peccatis devovimus, venire aut contrarius[g] *vel pulsator secterit[h], prius a communiter[i] *f. 172. ecclesiae chatholice sit pulsatus et eterne damnacione subiectus, et insuper auri[k] liberas tantas, argento pondus 10 sociante fisco, cuius pulsaverit, conponat, nihilhomoin[l] epistola atque definicio nostra omni tempore firma et stabilis perduret.

47. Incipit noticia, quem homenem in causa sua repellavit[1].

Noticia, qualiter veniens illi Andecavis civetate ante venerabile vir illo abbati vel reliquis quam[a] plures bonis hominibus, qui cum ipsi aderunt, cuius nomina vel scripcionibus adque signaculum subter teniuntur inserta, interpellavit alicus hominis his nominibus illus et illus, dum dicerit, quasi vinia sua in loco noncupante illo male ordine pervasissit. Quia ipse illi et illi taliter in respunso [dederunt[b]], quod f. 172'. autore habebant legitimo nomen illo maiore, quia ipsa vinia ad eos dedissi, sic ab ipsis viris illi fuit denonciatum, ut die illo Andecavis civetate ipso illo in autericio[2] presentare deberit; se hoc non facebat, cum legis beneficio ipso illo de ipsa vinia revestire deberet.

Actum.

48. Incipit mandatus[a].

Domino magnifico illo illi. Rogo, preco[b], supplico atque iniungo per hunc mandatum ad vicem meam hominem nomen illo, quem ego beneficium ei feci argento uncias tantas, ipsum meum ubi et ubi eas vel meas prosequere et admallare et adcausare facias, *quomodo ipso debite recipere facias; et quiquid ad vicem meam exinde *f. 173. facere voluerit[c], eieris, feceris gesserisve, ethenim me habiturum esse cognusci ratum.

Mandatum Andicavis civetate[d], curia puplica.

49. Incipit carta de sanguinolento[3], quem de matricola[4] suscipi[a].

Cum in Dei nomen nos vero fratris, qui ad matricola sancti illius resedire videmur, quos nobis ibidem omnipotens Deus de conlata christiannorum pascere videtur, invenimus ibidem infantolo sanguinolento, qui adhuc vocabulum *non habetur, et de cumpto[b] *f. 173'. populo parentes eius invenire non potuemus: ideo convenit nobis unianimiter consencientes et per voluntate marterario[5] nomen illo presbitero, ut ipso infantolo ad homine nomen illo venumdare deberemus; quod ita et fecimus. Et accipimus pro ipso, sicut aput nos consuetudo est, treanto[c] uno cum nostro pasto. Et intimare[d] rogavimus, si nus

46. g) a conmuniter *hic errore add. c.* h) exstiterit *coni. Mab.* i) communione *coni. Mab.* k) ari *c.;* aeri *Roz.* l) *i. e.* nihilominus.

47 = *Edd.* 46; *Roz.* 473, §. 1. a) quem *c.* b) *suppl. Mab.*

48 = *Edd.* 47; *Roz.* 395. a) mandatis *c.* b) *ead. man. post add. c.* c) *lege:* volueris. d) civet. *c.*

49 = *Edd.* 48; *Roz.* 53. a) *intelligendum est fortasse:* suscipit aliquis. b) *i. e.* cuncto. c) *i. e.* triente. d) et i. *bis scr. c.*

1) *Cf. infra* 53, *quam formulam de Rozière optime cum hac coniunxit.* 2) *Ducange s. v. auctoricium: obligatio auctoris circa praestandam evictionem. Equidem intelligere malim ipsam auctoris intercessionem vel professionem auctoritatis. Non secus ac in formula nostra in diplomatibus Merowingorum haec vox adhibita est DD. I, M.* 64. 68. 76. 79. 94. 3) *i. e. recens natum. Bignon ad Form. Tur.* 11. 4) *Index pauperum, qui ab ecclesia pascebantur, matricula nominabatur, unde et ipsi pauperes matricularii. Cf. Form. Tur.* 11 *et quae Bignon ad eam illustrandam affert, praecipue Wandalberti vitae S. Goari c.* 20, *Mabillon Acta SS. II, p.* 285; *praeterea Regino, de synodalibus causis II,* 68; *Grimm 'RA'. p.* 455 *sqq.* 460. 5) *Martyrarius vocabatur, qui sacras in ecclesia reliquias custodiebat. Cf. Ducange s. h. v.*

ipsi aut domenus vel parentis eius, qui contra carta ista venire voluerit, inprimitus[e] Christus filius Dei vivi terribilem et meduendam, ut non sit ad gaudium, sed ad eius detrimentum, quod ei incuciat sempiternam pena, et quod repetit vindicare non valeat, et hec facta nostra omni tempore firma permaneat.

50. (a) Incipit iudicius de homicidio.

f. 174. Eveniens illi et germanos suos illi Andecavis civetate ante vero inluster illo comite vel reliquis raciniburdis, qui cum eo aderant, quorum nomina per suscripcionibus atque senacula subter tenuntur inserti, interpellabat alico homino nomen illo, dicebat, quasi ante os annis[a] parentis quorum[b] illo quomodo interfecissit. Interrogatum est sepedicto illo, quid ad hec causa darit in respunsis; sed hoc ad integra fortiter denecabat. Sic iuxta aptificantes sepedictis germanus visum est ad ipsis personas decrevisse iudicio, ut quatrum[c] in suum, quod evenit ipso Kalendas illas, aput homines 12, mano sua 13, vicinus circamanentis, sibi simmelus, in ecclesia seniore loci, in ipsa civetate hoc debiat
*f. 174'. coniurare, *quod ad morte sepedicto numquam consentissit, nec eum occessisset, nec consciens nec consentanius ad hoc faciendum numquam fuissit. Se[d] hoc facere potest, diebus vite suae de ipsa causa securus permaneat; sin autem non potuerit, in quantum lex pristat, hoc emendare stodeat.

(b) Incipit noticia ad superdicto iudicio.

Noticia sacramenti, qualiter vel quibus presentibus adherant in ipso dia Kalendas Marcias ingressus est homo nomen illi in ecclesia seniores[e] loci, Andecavis civetate. Secundum quod iudicios suos loquitur, aput homenis 12, mano sua 13. iuratus dixit:
*f. 175. 'Per hunc loco sancto et divina *omnia sanctorum patrocinia, qui hic requiescunt, unde mihi aliquid[f] homenis illi et germanus suos illi repotaverunt, quod parente eorum illo quondam[g] interficisse aut interficere rogasse, ipsum non occisi, nec occidere rogavi, nec consciens nec consentanius ad morte sua numquam fui, nec illud[h] de hac causa non redebio nisi isto edonio sacramento, quem iudicatum habui, legibus transivi'.

Id sunt, quod de presente fuerunt et hunc sacramentum audierunt et hunc noticia manus eorum subter adfirmaverunt. Facto noticia.

f. 175'.

51. Incipit mandatus.

Domino fratri illo ego illi negociens. Rogo, preco adquae suppleco per hunc mandatum ad vicem meam servo meo nomen illo, nacione gentile, quem mihi confugio fecit, ubi et ubi cum ipso invenire potuerit[a], tam in pago quam et in palacio, seu in qualibet paedera[b] invenire potueris, quicquid exinde ad vicem meam prosequere et excausare, admallare eas faceas[c]. Et quisquid per hunc mandatum egeris, feceris gesserisve, ethenim me habiturum esse cognusci ratum.

Mandatum Andecavis civetate[d].

52. Incipit item mandatus.

*f. 176. Domeno magnifico illo ego illi. Rogo adque suppleco vestra caretate *per hunc mandatum, ut omnes causas meas in pago illo ad vicem meam prosequere vel admallare facias, tam in pago tam et in, si necessitas fuerit, ad palacio, vel ubi locus congruos

49. e) in primitas *c.*

50 = *Edd.* 49; *Roz.* 493. a) sannis *c.* b) *lege:* parentem eorum. c) q. i. s. *corrupta videntur; agitur fortasse de legali* 40 *noctium intervallo.* d) set *c.* e) d *add., sed del. c.* f) alilquid *c.* g) quodam *corr.* quondam *c.* h) *lege:* aliud.

51 = *Edd.* 50; *Roz.* 396. a) *lege:* potueris. b) patria *coni. Mab. Cf. supra* 1 b: in qualibet loqua, *infra* 52*:* ubi locus congruos fuerit. c) facere *corr.* faceas *c.* d) civet. *c.*

52 = *Edd.* 51; *Roz.* 388.

fuerit. Et quicquid exinde egeris, feceris gesserisve, etenim mei in omnibus habitaturis tibi essit cognuscat ratum.

Iuratum[a] mandatum, tamquam gestibus oblecatus[1]; et ut cercius credatur, mano mea supter[b] firmavi[c], et magnorum eorum supterius decrevit adfirmare. Datum mandatum Andecavis[d] civetate.

53. Incipit noticia[2].

Noticia, qualiter veniens illi Andecavis[a] civetate, die illo, in regionis[b], quod ficit minsus illi, dies tantus, placitum suum adtendedit aeccontra alicus homines *his nomi- *f. 176'. nibus illus et illus, unde ante os dies in racionis fuerunt pro vinia sua in loco, qui dicitur illo, unde et autore[c] nomen illo spoponderunt presentare, [qui[d]] ipsa vinia eis consignasit. Sed veniens in eo placito illi de manum usque ad vesperum[e] placitum suum legibus costodivit et solsadivit. Nam illi et illi ibidem fuerunt et hoc quod esponderunt menime potuerunt adimplire. Propteria necessarium ipsius illo, ut hanc noticia manibus bonorum hominum exinde accipere deberit; quod[f] ita et fecit, ut in postmodum, quicquid lex inter eos declarat, attendere debiat.

54. Incipit cessio.

Quod bonum, faustum sit[a]! Lex filicitatis adsatis[b] adsentit, et lex Romana edocit, *f. 177. et consuetudo pagi consentit, et principalis potestas non prohibet, ut tam pro se intercitentem, quam ad die filicissimo nupciarum obtabile evenientem —[c]. Idcirco ego in Dei nomen illi nomenande proscribo ad esponsa maea nomen illa, filia illius quondam[d], transcribo[e] ad ipsa per hanc epistole adque cessione, hoc est casa cum curte vel omni circumcincto suo, hoc [est[f]] mobile et inmobile, lecto vestito, campo ferente modius tantus — de uno latere est campus illius —, vinia iuctus tantus — de uno latere vinia illius —, silva iuctus tantus — *de uno latere[g] silva illius —, prado iuctus — de uno latere[g] prato[h] *f. 177'. illius —, et est super terraturium sancti illius, in fundo illa villa, bovis tantus, vaccas cum sequentis tantus, ovis tantus, sodis[i] tantus, vestimento tanto, inauris de soledus tantus, anolus[k] de soledus tantus, bracilo de soledus tantus. Hec omnia rem superius nomenata, quamdiu adviximus, ambo pariter hoc tenire et possedire debiamus; [post[l] transitum vero meum] superius nomenata hoc tenire et possedire debias. Et se prolem nobis Deus dederit, cum omne integretatem ut rem meliorata acciperit; et adfirmare debirimus; quod ita et fecimus; post transitum virum[m] tuum in ipsis revertantur. Et se acnacio de nobis procreata non fuerit, hec omnia rem superius *nominata[n] hoc tenire et pos- *f. 178. sedire debiant[o] et cui voluerit derelinquas. Et si fuirit, qui contra hanc[p] epistolas adque cessione, quem ego bona volomtate[q], nulla[r] imperium, fieri et adfirmare rogavi, venire aut litigare vel infrangere[s] fortasse conaverit, inferit inter tibi et fisco, soledus tantus coactus conponere debiat, et quod repetit vindecare non valiat.

52. a) uiratum *c.* b) supter *c.* c) fir *post add. c.* d) andec. civet. *c.*

53 = *Edd.* 52; *Roz.* 473, §. 2. a) andeca. *c.* b) *Verborum ordine mutato legendum est fortasse:* civetate in regionis, die illo. c) habebat *add., sed del. c.* d) *suppl. Roz.* e) m e *corr. c.* f) quđ *c.*

54 = *Edd.* 53; *Roz.* 226. a) si *c.* b) adfatis *c.* c) *quaedam omissa.* d) n *post add. c.* e) trancribo *c.* f) *suppl. Mab.* g) latře *c.* h) prat̃ *c.* i) sodis|dis *c.* k) anobis *c.*, *quod emendavi e f.* 1 c *supra.* l) *quaedam omissa, quae e sequentibus supplevi.* m) *i. e.* vero. n) ta *post add. c., sed errore inferius post* epistolas *positum.* o) *lege:* debeas . . . volueris. p) hant *c.* q) fi *add., sed del. c.* r) *i. e.* nullius imperio. s) infrange *c.*

1) *Cf. Brunner, 'RG. d. U.' I p.* 144. 2) *Respondet formulae* 47.

55.

In Dei nomen. Placuit adque convenit inter illus et illus germanus, ut inter se de res eorum devidere debuerunt; quod ita et fecerunt. Accipit illi, hoc est casa cum omni circumcincto illa seu et mancipia vel mobile et inmobile, quem in ipsa casa esse
*f. 178'. viditur, vel vinias, silvas et prata, quantumcumque in[a] ipsa casa *aspicere[b] viditur, totum et ad integrum; et in contra accipit germanus suos illi alio locello illo cum omne rem ad se pertenentis. Unde convenit, ut manus eorum firmatas inter se accipere deberunt; quod ita et fecerunt, ut unusquis quod[c] accipit habeat, teneat et possedeat, vel[d] cui voluerit derelinquat. Et si fuerit unus ex nus-ipsis, qui contra pare suo agere aut resultare presumserit, partem suum ad pare suo admittat, et insuper soledus tantus conponat, et quod repetit nichil valeat vindecare[e], et hec paccio divisionis omni tempore firma[f] permaneat.

56.

Ego enim illi. Convenit nobis ad peticionem nutrido nostro, ut aliquo locello nomen
*f. 179. illo *in loco, qui vocatur illo, pro asidua servicio[a] suo vel benevolencia[b], qui circa nus habire visus est, ei concidere deberemus; quod ita et fecemus, ut post hunc[c] die ipso locello integrum habiat concessum, ut, quicquid de ipso facere[d] volueris, liberam in omnibus habias potestatem faciendi. Et pro infestantis malis hominibus convenit, multa ibidem inserre debiamus; quod ita et fecemus. Et si fuerit, qui contra epistola ista, ullus de heredibus meis aut qualibet homo aut extrania persona, qui contra ipsa resultare voluerit, soledus tantus aei conponat, et repeticio sua non obteniat effectum, et hec epistola omni tempore firma permaniat cum stipulacione[e] subnexa.

57.

f. 179'. Domeno non dulcissemo, sed amarissimo et exsufflantissimo iocali meo illo illa. Dum non est [incognitum[a]], qualiter, faciente inimico et interticente[b] Deo, ut insimul esse non potemmus, proinde convenit nobis ante bonis hominibus, ut ad vicem nos relaxare deberemus; quod ita et fecimus. Ubicumque iocalis meus muliere volueret, licenciam habiat potestatem faciendi; similiter et illa convenit, ut, ubicumque ipsa femena superius nominata sibi marito accipere voluerit, licenciam habiat potestatem faciendi.
*f. 180. Et se fueret post tunc diae unus ex nus ipsis, qui contra hanc episthola ista agere *aut repetire presumpserit, soledus tantus ad pare suo conponat una cum iudice intercidentem, et quod repetit nihil valeat vindecare, et hec epistola omni tempore firma permaneat[c].

---

f. 182. 58. Incipit cessio.

Lex Romana etdocet, consuetudo pacem[a] consentit, et regalis potestis[b] non proibit, ut unusquis de rem suam, quem in presente diae possedit, faciat quod voluerit. Icirco ego quidem in Dei nomen illi, qui conmaneo illa villa, quia pertractavi circa animus meus, ut omnis res meas, quem in presente seculo habire videor, ad filio meo

55 = *Edd.* 54; *Roz.* 125. a) i *e corr. c.* b) aspicere — integr *in loco raso c.* c) quđ *c.* d) qu *add., sed del. c.* e) vin|vindecare *c.* f) firna *c.*

56 = *Edd.* 55; *Roz.* 164. a) servio *corr.* servia *c.* b) bevolencia *c.* c) hunt *c.* d) face *c.* e) stipulaciō *c.*

57 = *Edd.* 56; *Roz.* 114. a) *suppl. Mab.* b) intertitente *c.* c) *Hoc loco sequuntur eadem manu exarata fol.* 180—182*:* Sex etatis sunt mundi. Prima ab Adam *etc.* — Qualiter intelle[ge]re posso bissexto. In sex dies fecit Deus *etc.* — Incipit compotum annorum *etc.*, *vide supra p.* 2. *Sequuntur formulae* 58—60. *eadem manu exaratae.*

58 = *Edd.* 57; *Roz.* 358. a) *corruptum fortasse e* pagi nostri (paci nī). b) *lege:* potestas.

duas partes per hanc epistola cessione ad die presente trado ad possedendo, tam casas, domibus, edificiis, mancipiis, campis, viniis, silvis, pratis, pascuis, aquis aquarumvae decursibus, iunctis et subiunctis, movelibus et inmovelibus, *omni rem meam, pro ad- *f. 182'. sidua servicia sua vel benevolencia ei, sicut dixi, partis duas diligo adquae transfundo ad diae presente, tercia vere parte ad heredis propinquis reservans[a], ea[b] tamen condicione, ut, dum advixero, mihi in omnibus, tam de victo quam et de vestito, soniare[1] mihi debiat, et ipsa terra prosolvere faciat, et quicquid de ipsis duas partes facere voluerit, abendi, tenendi, donandi, vindendi seu conmutandi, absquae preiudicio sancti illius, cuius terre esse videtur, liberam in omnibus abeas potestatem faciendi. Si quis vero, quod fieri esse non credo, si fuerit ullumquam tempore aut ego ipsi *aut ullus de heredibus *f. 183. meis vel qualibet homo aut extranea persona, qui contra hanc epistola cessione ista venire aut agere fortasse presumpserit, inprimetus[c] Dei incurat iudicium et sanctorum loca efficiatur extraneus, et insuper inter tibi et agente sancti illius tantus conponat, et quod repetat nullo congenio evindecare non valeat, et haec cartola[d] omni tempore firma permaneat.

59.

Nos enim illi et coniux[a] mea illa. Dum non est incognitum, qualiter aliqua femena nomine illa servo nostro nomen illo ad coiugium copulavit, et modo nos bona volumtate convenit, ut, quamdiu quidam in coiugio sunt copolati[b], ipsa femena per nos non debiat esse declinatam *in servicio, et agnacio, se ex ipsis procreata fuerit, ad ingenue- *f. 183'. tatem capitis eorum debiant permanere ingenui; si quoque, ut se eis necessitas fuerit, ad servicio caput eorum inclinatur, non ei detur licencia nisi ad nos, ad heredis nostris propinquioris; et peculiare, quod stante[c] coniugio laborare potuerit, ipsa femena tercia parte exinde habeat absque nostra repeticione vel eredum nostrorum. Deinde in hanc epistola nobis intimare convenit, se nos ipsi aut heredis vel propinqui nostri seu quislibet opposita persona, quis ad traditis convenencias ipsa femena conmodolare voluerit aut contra epistola hec agere, cui timptator fuerit, soledus *tantus conponat, et nihil vin- *f. 184. dicit et quod repetit, et hec epistola omni tempore firma permaneat.

60.

Ego enim illi, qui conmaneo illa villa. Constat me accepisse, et ita accipi de homine nomen illo ad pristetum beneficium argento uncias tantas. Sic modo convenit, ut cum vestra caretate ipso argento die Kalendas illas mox ventures tenire[a] et circa me habere debiam et ipso die argento vestro reddere faciam et caucionem meam recipere faciam. Et si exinde necliens aut tardus fuerit[b], volomtate vestra non habueris, hic modo mihi in hunc caucione placuit inserrere, ipsas res vestras in dupplum vobis sum redeturus, aut vobis, aut cui caucionem istas dederis ad exagenda[c].

58. a) reservas *c.* b) a *c.* c) in primetas *c.* d) cartala *corr.* c. *c.*
59 = *Edd.* 58; *Roz.* 104. a) conux *c.* b) copolavi *c.* c) sitante *c.*
60 = *Edd.* 59; *Roz.* 369. a) tenires *c.* b) *lege:* fuero . . . habuero. c) exag::d: *c; supplevi e form.* 38. *supra.*

1) *i. e. curare, 'soigner'; cf. Ducange s. v.; Diez, 'WB.' I, s. v. 'sogna'.*

FORMULAE ARVERNENSES.

Si amissa ex eis quae supersunt aestimari licet, vehementer dolendum videtur, collectionem, cuius nunc edimus reliquias, non integram sed prorsus truncam atque corruptam ad nos pervenisse.

Exstat in codice uno saec. IX, nunc Parisiensi Lat. 4697, 8⁰ (Roz. Par. F.) olim Reg. 5942, 5 B. e bibliotheca Colbertina 1833, qui nostris temporibus foliis tantum 54 constat. Quaternionis, qui nunc primus, deficiente folio primo, ceteri signantur litteris F—L, numeris VI—XI, ita ut priores voluminis quaterniones 4 atque folium unum avulsa esse facile intelligantur. Praeterea deest quaternionis G, X. folium ultimum, in quo incipiebant formulae, quarum reliquias eadem manu ac praecedentia exaratas quaternio L, IX, nunc ultimus, praebet. Sicut autem primae formulae priores versus desunt, ita postrema media abrupta docet, hic quaternionum numerum primitus non iam desiisse.

Praecedit formulis foliis 1—46. epitome quaedam legis Romanae Visigothorum[1] *inde a media tituli 10. C. Theod. lib. V. interpretatione usque ad finem, paucis primi libri tit. 3. epitomes verbis subiectis.*

Ex eodem codice formulas primus in lucem prodidit Stephanus Baluze in Miscellaneorum lib. VI, p. 546 sqq., Par. 1713, alias nonnullas ex alio Colbertinae bibliothecae codice, nullo tamen modo cum nostris cohaerentes, adiiciens. Verbis vero nudis neque interpretationem neque ullam de origine indoleque formularum annotationem addidit. De quibus postea disseruerunt praecipue Canciani, Leges Barbarorum III, p. 433; Seidensticker, Commentatio de Marculfinis similibusque formulis I, p. 10; de Savigny, 'Gesch. d. R. R.' II, p. 126 sqq.; Eichhorn, 'D. Staats- u. RG.' I, §. 156; Stobbe, 'RQ.' I, p. 251 sq., quibuscum conferas velim, quae nuper ipse in annalibus ('N. Arch.' VI, p. 95 sqq.) exposui.

In prima quae nunc exstat formula et fingitur quidam conmanens orbe Arvernis *contestationem fecisse et acta quaedam in* castro Claremunte, *quod etiam nunc Arvernorum caput (Clermont-Ferrand), nunciantur, secunda allegationem* Arvernis *in curia publica factam commemorat, tertia de manumissione in* domum matris aecclesie, Arvernis civetatis, *sexta de cessione mansi* in pago Arvernico *siti agit, ita ut evidenter appareat, formulas Arvernis dictatas atque usitatas fuisse. Quam rem cum iam Canciani recte agnovisset, in aetate tamen earum definienda ad errorem postea nimis inveteratum lapsus est, dicens l. c.: 'Ex his quaedam (sc. formulae) antiquitatem sapiunt valde remotam, cum prima referatur ad unum ex consulatibus Honorii et Theodosii, quo tempore provincia hostiliter divexata fuerat a Francis'. Non autem ad tempus notandum, sed potius ad constitutionem aliquam imperatorum illorum hic allegatam verba de quibus agitur spectare, sine dubio recte suspicatus est Pardessus, 'Bibliothèque de l'école des chartes' I, p. 220. Itaque ut assentiamur Canciani sen-*

1) *In editione, quam curavit Haenel, Cod. nr.* 41. 2) *Cf. quae exposui 'Zeitschrift der Sav.-St. I, Germ. Abth.' p.* 90 *sq.* 99.

tentiae, certe necessarium non est; sed ne licere quidem videtur, cum nonnulla instituta aut Francis aut omnino Germanis propria commemorata indicare videantur, formulas non antequam Arvernorum terra in Francorum ditionem fuisset redacta, dictatas atque collectas esse. Cui repugnare videri hostilitatem Francorum in form. 1. *memoratam, quamquam non nego, tamen ceteris obstantibus sententiam V. Cl. de Rozière secutus verba illa ad expeditionem referre malui, qua Theudericus rex a.* 532. *Arvernorum rebellionem vastando populandoque compressit*[1]. *Nec mirum certe est, tunc etiam Francos, tamquam hostes agentes, hostes ab Arvernis appellatos esse, quod paucis decenniis post, Arvernis ipsis sub signis Francorum militantibus*[2], *fieri nequaquam potuisse patet. Quibus de causis formulam istam certe quidem haud multo post compositam esse probaverim, minime tamen dubitans, quin in nostra ex aliqua parte antiquior quaedam formula, cuius vestigia etiam in quodam saeculi X. instrumento Nemetensi recognovisse videmur, repetita sit. Ceteras vero formulas eiusdem collectionis inferioris esse aetatis, non est cur suspicemur.*

Sermonis rusticitas eadem fere ac Andecavensium formularum, tantum quod nostrae frequentioribus etiam librariorum mendis haud uno loco in summam obscuritatem corruptae esse videntur.

Primam, quam supra memoravimus, Baluzii editionem repetiverunt Canciani, Leges Barbarorum III, p. 464 *sqq., et Walter, Corpus iuris Germ. III, p.* 488 *sqq. Codice ipso denuo usus V. Cl. de Rozière corpori suo formularum singulas inseruit.*

Iam antea b. m. Knust eas e codice Parisiis descripserat in usum operis huius; quod exemplar nunc de integro cum codice, qui sicut etiam ceteri formularum codices bibliothecae publicae Parisiensis summa liberalitate huc transmissus est, quam accuratissime contuli.

Numeris capitum neque in codice neque in antiquioribus editionibus appositis, plerique tamen qui his formulis utuntur singulas numeris 1—8 *designare solent. Nos vero, iis quae vulgo sunt* 1 *cum* 2 *et* 3 *cum* 4 *coniunctis,* 6 *tantum capita enumeranda existimavimus.*

1) *Cf. Greg. Tur. Hist. Fr. III,* 12; *Mir. mart. II,* 13. 23; *Vitae patrum* 4, 2. 5, 2; *Glor. mart. I,* 52. 2) *Quod factum esse iubente rege Sigeberto anno* 567. *seu* 568. *compertum habemus e Greg. Tur. Hist. Fr. IV,* 30.

1. (a) [Contestaciuncula seu plancturia[a]][1].

f. 47. . . . nascuntur[b], per hanc occassionem non perdant. Ob oc igitur ego ille et coiuves[c] mea illa conmanens orbe Arvernis, in pago illo, in villa illa, dum non est incognitum, qualiter cartolas nostras per hostilitatem Francorum[2] in ipsa villa illa, manso nostro, ubi visi sumus manere, ibidem perdimus; et petimus vel cognitum faciemus, ut, quit per ipsas stromentas eo tempore habere noscuntur[d], possessio nostra per hanc occasionem non rumpatur[e], inter epistolas illas de mansos in ipsa villa illa, de qua ipso atraximus in integrum, item[f] et vindedit[g], ista omnia superius consscripta, *f. 47' vel quod memorare minime *possimus, iudicibus[h], brevis, nostris[i], spondiis[3], incolcacionibus[4] vel alias stromentas, tam nostras, quam et qui nobis commendatas fuerunt, hoc inter ipsas villas suprascriptas vel de ipsas turbas ibidem perdimus; et petimus, ut hanc contestaciuncula seu plancturia per hanc cartolas in nostro nomine collegere vel adfirmare deberemus; quo ita et fecimus; ista[k] principium Honorio et Theodisio[l] consilibus[m] eorum ad hostio sancto illo, castro Claremunte[5] per triduum habendi[n] vel custodivimus, seu in mercato puplico, in quo ordo curie duxerunt aut regalis[6] vel manu- *f. 48. ensis vestri aut personarum ipsius *castri[o], ut, cum hanc contestatiuncula seu plancturia iuxta legum consuetudinem in presentia vestra relata fuerit, vestris[p] subscriptionibus signaculis subroborare faciatis, ut quocumque perdictionis nostras de suprascripta per vestra adfirmatione iusta[q] auctoritas remedia consequatur, ut nostra[r] firmitas legum auctoritas revocent in propinquietas[s].

(b) Gesta.

'Unde ergo te vir laudabilis illum[t] defensore necnon et vos honerati, que curas puplicas agitis adsidue, oportet me curiae in hoc contestatiuncula seu plancturia per *f. 48'. triduum partibus foris puplicis apensa *vestris subscriptionibus vel signaculis[u] subter faciatis adfirmare, ut, quomodo mihi necessarium fuerit, causella meas aut in presentia dominorum vel iudicibus adversariorum meorum revocent in propinquietas[v]. Pro hoc que contra hanc contestaciuncula seu plancturia deponere percuravimus, ut, quando volueritis et malueritis, vel mihi necessarium fuerit, ut mos est, gestis municipalibus eam faciatis ablegare cum petitiones nostras. Maximas vobis ex hoc gratias agere valeamus'.

1 = *Roz.* 403. a) *rubrica cum formulae initio deest c.* b) noscuntur, *fortasse corrigendum; cf. dissertationem infra* 1) *allegatam p.* 93 *n.* 4. c) coiuues *c.; similiter infra:* coniuuves *pro* coniux; *corruptum videtur e* cōiuncs. d) *lege:* noscimur. e) o. nostrorum pater *c., quae emendavi e carta, quae exstat simillima apud Ménard, 'Histoire de Nismes' I, 'Preuves'* 6. f) m *suppl. Roz.* g) *corruptum videtur.* h) *lege:* iudicia *vel* iudicios. i) notitiis *acute coni. Roz.* k) iuxta principum Honorii et Theodosii consulum decretum ad *pro* ista — eorum *ad sensum recte coni. Roz.* l) &heodisio *pro* et Th. *c.* m) consulibus *e corr. rec. c.* n) *lege:* appendimus. o) *sic edd.; in cod. plane, quamvis huic verbo simillime,* carta *scriptum est.* p) nostris *c.; cf. infra* 1 b. q) *seu* iusta auctoritatis r. *seu* iuxta [legum] auctoritatem r. *emendari potest.* r) *lege:* nostram firmitatem l. auctoritate. s) *Ducange, s. v. propinquietas, coniecit:* proprietas. t) ilłu *c.* u) signatulis *c.* v) proquietas *c.*

1) *De hac formula uberius disserui 'Zeitschrift der Sav.-St. I, Germ. Abth.' p.* 93 *sqq.* 2) *Cf. supra p.* 27. 3) *fortasse i. q. libelli dotis.* 4) *fortasse i. q. conculcaciones seu epistolae conculcaturiae; cf.* de *Rozière, 'Recueil' I, p.* 129 *a.* 5) *Clermont-Ferrand.* 6) *Hic formula regalis amanuensis, i. e. notarii publici Visigothorum a rege nominati, dignitatem retinuisse videtur, nisi forte Francici aevi scriba* regalis *pro* principalis *interposuit.*

2. (a) Mandato.

Mox[a] iniunxit[b] antiqua, principium[c] iura decreta sancxerunt, ut, quicquid[d] *causas per inpigritiae[e] census aut femina sexus vel corpora mentisque fragilitatis res suas suorumque suarum gubernare minime possit, cura electorum permittantur. Ego illa femina dilectissimus filius meus[f] illius et illius. Rogo et iniungo vel suplico gratias vestras, ut de omnis causas meas vel negotiis meis vel quicquid de alode parentorum meorum aut de atracto[g], aut unde mee consotium suppetit, aut adversus me altercatio orta fuerit, quicquit de heredibus[h] meis dici[i] aut numerare potest, vos dominus[k] et procuratoribus[l] de omnes causas meas vel facultates meas, tam terras seu et mancipia vel alias res *meas, quicquit dinumerare longum est, tam in presentia dominorum aut in quibuscumque provintiis, sive eante commitibus[m] vel iudiciaria potestate, adsupta mea vice, elegi et proponat[n], aut[o] quicquid in hac parte ex causa veritatis aut definieritis, egeris, gesserisve[p], ratum, firmatum adque finita incontra[q] esse pubplicar. Sane si quis, ego ipse aut ullus. *f. 49. *f. 49'.

(b) Hic habet gesta.

Arvernis aput vir laudabile illo defensore vel cura[r] pubplica ipsius civitatis illa femina[s, 1] ait: 'Queso vobis, obtime[t] defensor, vel cura pubplica[u] ipsius civitatis, ut tu mihi quoddicis[v] pubplicis prosequere percipiatis; *abeo, que gestarum alegatio cupio roborare'. Memoratus[w] defensore dixit[x]: 'Pateant tibi quoddicis pubplicas[y]; [prosequere[z]] quae obtas'. 'Quia illa femina per hanc mandatum mihi iniunxit[a], ut propter sollemnitatem lex scripturas adfirmatum ut[b] ad vobis asserire[c, 2] deberim et haec mandatum, que in filius suus illus et illu, atsubta[d] sua vice, consscribere[e] vel adfirmare rogaverit[f] de omnes causas, — *satis*[g] *sunt, quod textus*[h] *superior abeatur scriptum* — gestis municipalibus adligare adque firmare deberet'[i]. Iam dictus defensor et ordo curie dixerunt: 'Et hec mandatum, [quod[k]] adseres[l], deberet nobis ostendit[m] ad relegendum'. *Tunc unus ex natarius[n] ipso mandato in puplico recitavit. Prefatus defensor dixit: 'Haec gesta, quomodo[o] est scripta, nostros manibus roborata, quicquit exinde[p] dicere vel numerare, res illa aut nihil aliut ago'. 'Haec gesta, quomodo est scripta, vestris [manibus[k]] roborata mihi sine mora tradatur'. Ille defensor cum suis curialibus vel subscriptionibus manibus ipsa gesta tradiderunt[q] vel consignaverunt. *f. 50. *f. 50'.

2 = *Roz.* 384. a) *lege:* mos. b) inuixit *corr.* ininxit *c.* c) printipium *c.* d) *lege:* quisquis. e) *lege:* pigritiam sensus. f) ms̄ *c.* g) oracto *c.* h) *lege:* rebus. i) dicit *c.* k) damus *c.*, *quod correxi e Form. Tur.* 20; *cf. Marini, 'I papiri dipl.' nr.* 86. l) *hic fortasse supplendum est* instituo, ut, *quo facto cum V. Cl. Gengler, 'D. Rechtsg.' p.* 262. *infra* cligatis et proponatis *corrigendum esset.* m) cōmitibus *c.* n) praepono, ut q. *corr. Roz.* o) *saepius* aut *pro* et *scriptum.* p) gesseris veracitum, ci *ead. manu supra lin. post add. c.* q) incōntra *c. sed punctis adpositis corr.* incōtra; *lege:* inantea. r) *lege:* curia. s) *rubr. c.* t) obtinent *c.* u) publica *corr. ead. man.* pubplica *c.* v) *lege:* codices. w) memorias *c.* x) dix̄ *c.* y) per p. *c.* z) *supplevi.* a) inuix̄ *c.* b) *delendum videtur.* c) *emendavi;* arserī *c.*; *Roz. coni.* accedi. d) utsubta s. v. *c.*, *quae verba errore fortasse hic inserta sunt.* e) cōsscribere *c.* f) rogaver̄ *c.;* rogaverim *Roz.* g) c. suis, sicut q. *coni. Roz., quod non opus est.* h) tectus *c.* i) *lege:* deberem. k) *supplevit Roz.* l) adferes *minus recte legit Roz.* m) *lege:* ostendi. n) *lege:* notariis. o) quomdo *c.* p) *sequentia verba valde a ceteris huiusmodi formulis abhorrentia corrupta esse videntur. Cf. Form. And.* 1 c; *Form. Bitur. (Roz.* 265. 262, § 1.*)* q) tradider̄ *c.*

1) *E sequentibus apparet non feminam ipsam, sed procuratorem eius adesse.* 2) A. *et infra* adserere = *procurare, 'vertreten'. Instrumentum adserere is dicitur. qui alius mandatu id apud acta allegandum procurat; 'MR. UB.' I,* 42 *p.* 49*:* epistola, quam frater A. adserit, L. amanuensis pro ad recitandum accipiat.

3. Libertatem.

In Dei nomen ego ille. Metuens casum fragilitatis, et dum fragilitas humanum *f. 51. genus pertimescit, ultimum vite temporibus ventura, *oportet, ut non inveniat unumquemque inparatum, ne sine aliquis operis bonum respectum, nisi homo, dum suum iure et potestatem [consistit[a]], prepararet sibi viam salutis, per quem ad eternam beatitudinem valeat pervenire[1]. Propterea vindictam[2] habuit liberare ancilla mea nomen illa una cum infantes[b] suos illus et illus, quem de alode visi sumus habere, de omni iugo servitutis meis pro peccatis meis minuandis. Ipsus precipimus esse bene ingenuus et absolutus in puplico, nam non in secreto, Arvernis civitatis, domum matris aecclesie sancto illo, *f. 51'. ubi Christi nomen ille episcopus pontifex tunc tempore preesse *dignoscatur, ante cornum altaris, in presentia presbiteris, diaconibus, clericis, vel in presentia plurimarum[c] personarum, qui ipsa mano propria[d] subter firmaverunt[e], de iugum servitutis meis, pro peccatis meis manuandis[f], sicut iam diximus. Quicquid persona aut religiosi de eorum[g] mancipia, data libertate, conferre voluerit, secundum legem Romanam[3] hoc facere potest, id est Latina, dolitia[h] et cives Romana. Meliore statum habet, testamentum condere, testimonium perhibere, emere, vindere, donare, commutare habeat potestatem, sicut et alii *f. 52. cives Romani; ut nullum nullevel heredum *ac proheredum nihil debeant servicio, nec letimonium[i. 4] nec honus patronati nec nulla obedientia ipsius non requiratur, nisi hiant[k] et maneant ubicumque voluerint, porte aperte[5], cives Romanae se esse cognuscant. Defensionem vero tam aecclesia vel omnem[l] Deum[m] timentium ubicumque expetire voluerint, licentiae tribuimus ad fatiendum in omnibus quiquid voluerint. Et si de ipsus aliquit generatum fuerit, inieiunii[n] permaneant. Sane si quis.

4. Item obsolutionem.

Liberum esse credimus, quod Christus per Spiritum sanctum et baptismum lava- *f. 52'. crum generavit; bene convenit, ut dimitentibus debita dimitantur peccata. *Ego enim in Dei nomen ille et coiuues mea illa pre remedio anime nostrae vel pro aeternam retributionem obsolvimus a die presente servo nostro illo una cum infantes suos illus et illus, que de alode parentorum meorum vel pre[a] cessionem extra consorcium heredum eorum mihi obvenit, a die presente pro animas nostras remedium [ingenuos[b]] relaxamus, ut ab ac die sibi vivant, sibi agant, sibi laboret, sibi nutramenta proficiat, suumque iure commissos eum[c] et intromissus in ordinem[d] civium Romanorum ingenuis se esse cognoscant, ut post ac die[e] neque ad ullus heredibus meis servitius nec letimonius nec[f] onus *f. 53. patronati *nec nulla obedientia eis non requiratur, nisi iant et maneant ubicumque voluerint, porte aperte, cives Romana se esse agnoscant. Defensionem vero tam aecclesia vel ominem[g] Deum timentium ubicumque expetire volueritis, libera et firmissima in omnibus habeatis potestatem ad hoc faciendum quicquit volueritis. Sane si quis.

3 = *Roz.* 64. a) *supplevi.* b) fantes *c.* c) plurimatum *c.* d) manopa *pro* m. p. *c.* *Cf. Ducange-Henschel s. h. v.* e) fimaverunt *c.* f) *i. e.* minuendis. g) *sic coni. Roz.*; r. deorum m. *c.* h) *sic c. pro* deditia, *quod saepius in codicibus scribitur pro* dedititia. i) h. *add. c.* k) *lege:* eant. l) *lege:* hominum. m) dn̄i *c. pro* dm̄. n) *lege:* ingenui.
4 = *Roz.* 86. a) p̄ *c., lege: per.* b) *ita fortasse emendandum;* inveniat vos r. *c;* in bene natos *coni. Knust.* c) eū *c; corruptum fortasse ex* esse. d) ordiñ *c.* e) neque a me *suppl. Roz.* f) ne *c.* g) *lege:* hominum.

1) *Cf. Marc. II,* 4. 2) *Verba* vindicta liberare *cum aliis e antiquiore formula Romana, qua nostra itemque Cart. Sen. App.* 3 *et Form. Bitur. (Roz.* 62*) nituntur, sumpta esse videntur.* 3) *Lex Rom. Vis. Lib. Gai* 1. 4) *Cf. Waitz, 'VG.' II*², *p.* 180. 183. 5) *Pleraeque cartae formulaeque de manumissione in civem Romanum agentes sicut nostra 'portas apertas' commemorant; cf. Lex Rib.* 61.

5. Redemturia.

Domino illi. A pluris est cognitum, qualiter ante hos dies, investigante parte adversus, neglegentia, pro culpa mea in custodia traditus sum [1]; et nullam habeo substantia, unde me redimere debeam, nisi[a] tantum formam et statum meum, quem libero et inienuo[b] videor habere *et in servitio vestro[c] pro hac causa debeam inclinare; et vos *f. 53'. pietas Domini imperavit, ut pro ac causa me redemisti: ego vobis carta patrociniale de statum meum, quem ingenuo habeo, in vos conscribere vel adfirmare rogavi, ut post ac diebus vite meae ex[d] iure in servitio vestro debeam et consistere. Unde me spondo vel subter firmavi, ut contra presente cartola patrociniale neque ego neque de heredibus[e] meis nec[f] quislibet ulla oposita persona prae ac die ambulare non debeamus; quod quid[g] fecerit, conponat vobis sociante fisco auri untia una, et quod *petit, nihil valead *f. 54. vindicare; et ubicumque deinvenire potueritis, sicut et reliquos servos vestros, ita et me in vestro servitio faciatis revocare absque ullo contradicente. Stibulant[h] stibulatur in omnibus sum.

6. Cessionem.

Quociens inter quascumque inienuis personis[a] lex beneficium edocet, ut, quantumcumque persona de rebus propriis suis in alterius transferre voluerit, libera abeat potestatem ad hoc faciendum quicquit voluerit. Ob oc igitur in Dei nomen [ego ille[b]] et coniuues mea illa dilectissimo amico nostro illo. *Pro benevolentia vel servitia tua, *f. 54'. que circa nos inpendis[c] et[d] inantea facere non desinis, propterea cedimus tibi, cessumque in perpetuum[e] esse volo, hoc est de nostro iure in tua tradimus dominatione, tradimus, transferimus adque transfundimus, hoc est manso nostro in pago Arvernico, in vico illo, in villa illa, que[f] de alode vel de atracto ibidem vissi sumus habere, cum casis, tictis, edificiis, adiacentiis, campis, pratis, vineis, silvis, aquis, aquarumvie decursibus, omnia et ex omnibus, quantumcumque ad ipsus mansus aspicit aut aspicere videtur, tam inquisitum . . . . .[g]

5 = *Roz.* 51. a) nis|si *c.* b) ienuo *c.* c) nostro *c.* d) et *c.*, ex *e corr. rec.* e) herebus *c.* f) nequislibet *pro* n. q. *c.* g) *lege:* qui. h) stibulant. *c; intelligendum fortasse:* Stipulans stipulatus i. o. s.

6 = *Roz.* 163. a) *Roz. emendavit:* p. beneficium [conceditur], lex edocet; *nonnulla omissa videntur.* b) *suppl. Knust.* c) inpedis *ead. man. corr.* inpendis *c.* d) set incomea *pro* et inantea *c.* e) pertuum *c.* f) *litera ultima, ut videtur* e, *paene evanuit c.* g) *cetera desunt.*

1) *Cf. Waitz, 'VG.' II*[2], *p.* 624. 660 *sq.; Capit. Comp. a.* 757. *c.* 22, *LL. I, p.* 29.

MARCULFI FORMULAE.

Inter omnes Francicarum formularum collectiones ea, quam Marculfus monachus composuit, ex temporibus Cuiacii et Brissonii summo iure maxima viget auctoritate. Nam cum plerisque excellat antiquitate, omnibus praestat copia, varietate, ratione. Accedit, quod huic soli fere collectioni auctoris nomen inscriptum est.

Collegit noster universas formulas 92, *quas in duos digessit libros, priori* 40, *quas vocat 'cartas regales', alteri 'cartas pagenses'* 52 *tribuens, praefatione et utrique capitum indicibus praemissis. Maximi certe momenti est liber prior, cum quia regalium cartarum formulae in antiquioribus nullae, in posterioribus usque ad tempora Ludovici Pii imperatoris collectionibus paucissimae inveniuntur, tum vero quia multa in eo continentur capita, quae talibus praebent exempla diplomatibus, qualia aut omnino non habemus asservata, aut, si exstant, non eadem forma dictata, aut recentiora esse videntur. Qua re fit, ut formulae nostrae et inter gravissimos de re publica atque legibus Francorum testes numerentur et rei diplomaticae haud parvo fructui esse noscantur. Neque vero solas regalium diplomatum epistolarumque formulas, sed etiam nonnullas alias (I,* 1. 7. 34*), quae ad quaedam diplomata scribenda notariis regis necessaria essent, huic libro inseruisse videtur Marculfus*[1].

Alterius libri quamvis magnum, tamen non idem pondus, cum plerisque cartarum ad negotia privatorum spectantium formulis hic exhibitis similes etiam alibi inveniantur, non paucis vero negotiis exempla hic desint, quae in aliis exstant collectionibus. Notitias, quae de iudiciis aliisque negotiis fieri solebant, omnino omissas excusare noster videtur dicens in praefatione: Sunt preterea nonnulla negotia hominum, tam in palatio quam in pago, quod scribere non queunt, antequam invicem conferantur, et iuxta propositiones vel responsiones eloquia eorum tunc scribantur et gesta.

Laborem suscepit Marculfus iam senio confectus, iussus a quodam Landerico episcopo, ad quem opus perfectum misit, praefatione eidem inscripta. E qua cognoscimus, opus non eo maxime consilio institutum esse, ut notarii in conscribendis cartis seu epistolis eo uterentur, sed potissimum, ut ipse profitetur, ad exercenda initia puerorum; *quod factum esse evidentissime probatur nota cuiusdam magistri de inertia inscitiaque discipulorum conquerentis, quae in tribus optimis codicibus formulis subiecta e communi exemplari descripta esse videtur. Quam iam in annalibus*[2] *editam hic repetendam censuimus.*

Item[a] alio dictatu[b] ad iovenis[c] nescientes scripturas.

Miror[d] prorsus tam[e] prolixa tempora aut nullum me sermonem[f] pagene[g] consecutum, cuius aeloquia[h] vestri velud[i] ad verba[k] dictantium polluti[l], mutuati caeras[m] afferunt,

a) Inter *A* 2. b) dicto *A* 3. c) iuvenes *A* 2; iuvenis *A* 3. d) Miro *A* 3. e) *ita A* 2; prosortam *A* 1. 3. f) sermone *A* 2. 3. g) pagine *A* 2. h) eloquia *A* 2. 3. i) velut *A* 2. 3. k) verbo dictancium *A* 3. l) poluti *corr.* p. *A* 2. m) ceras *A* 2. 3.

1) *Cf. Sickel, 'Urkundenlehre' p.* 113. 2) *'N. Arch.' VI, p.* 21 *sq.*

currunt articolis[a] falsitatis; sed ubi venitur[b] ad revolvendum[c], delisse magis quam scripsisse[d] pro solicissimum[e] solicissimo referet; quando sperabam capitola[f] epistolae finisse, nec inciperat in primo.

Sed etiam ut notarii libro uterentur, noster voluisse videtur, addens in praefatione: Cui libet exinde aliqua exemplando faciat; enim si vero displicet, nemo cogit invitum, *vel in rubrica libro priori praefixa dicens se praebere* exemplaria —, qualiter cartas regales vel paginsis, cui hinc furmola habere placuerit et melius non valet, scribantur. *Profecto autem scholarum fines transgressae Marculfi formulae in usum receptae sunt cum a scriptoribus privatorum negotiorum tum a notariis principum. Merowingorum enim regum unum alterumque*[1], *Arnulfingorum vero non pauca*[2] *habemus diplomata, quae vel ex aliqua parte vel integra secundum Marculfum dictata esse videntur. Inter privatorum cartas, quarum exempla haud dubie Marculfus praebuit, vetustissimam a.* 728. *datam invenimus (Pard. II,* 544; *cf. Marc. II,* 3*).*

Quaeritur, e quibus fontibus hauserit noster, quia non omnia eum sine exemplis sibi finxisse patet. Cartae pagenses, quamquam ne unam quidem integram seu ab alia formula seu a vero quodam instrumento antiquiore repetitam esse probare possumus, cum tamen et prioribus et posterioribus non ex Marculfo ipso haustis haud dissimiles sint, pleraeque a formis antiquitus usitatis vix abhorrere videntur. Qua re comprobantur quae ipse in praefatione memorat: hanc (*lege:* hoc), quod apud maiores meos iuxta consuetudinem loci, quo degimus, didici, vel ex sensu proprio cogitavi, ut potui, coacervare in unum curavi. *Evidentior etiam haec Marculfi ratio apparet in cartis regalibus. Nonnulla enim habemus diplomata formulis nostris ex aliqua parte similia, unum vero, quo quin usus sit noster dubitari vix potest, magna parte privilegii Resbacensi monasterio a.* 635. *a Dagoberto rege concessi (DD. I, M.* 15*) in formula I,* 2. *repetita. Cuius consensus causam non a communi fonte repetendam esse, ex eo apparet, quod in utroque monumento formula quaedam corroborationis invenitur, quae et a ceteris diplomatum eius aevi et a Marculfi aliis locis usitatis valde discrepans, verbo 'perarare' pro 'roborare' interposito, huic uni privilegio casu aliquo subiecta inde a nostro in dictatum recepta esse videtur. Reliquam partem privilegii istius non prorsus immutatam Marculfus descripsit, iis, quae singularia in eo erant, solito mori accommodatis*[3]. *Coniectari licet, eum episcopali quoque privilegio Resbacensi (Pard. II,* 275*) usum esse in capitibus I,* 1. *et* 2*; de ceteris vero, quae aliqua ex parte cum septimi saeculi consentiunt diplomatibus, non satis constat, utrum eisdem ipsis, quae habemus, an similibus, quae perdita sunt, usus sit*[4]. *Quae cum ita sint, pro certo habere possumus, omnes Marculfi formulas aut ex veris quibusdam illius aevi instrumentis sumptas aut non parva auctoris negotiorum formarumque scientia ita esse fictas, ut usui aptae essent.*

Haud satis constat de tempore Marculfi; quem Merowingis regnantibus, maiore domus iam summam fere potentiam nacto, scripsisse, quin recte exposuerit Bignonius in praefatione editionis, dubitari non potest. Eiusdem vero opinionem, Landericum, ad quem auctor librum misit, Parisiensem illum fuisse episcopum, qui in diplomate Chlodovei II. a. 653. *praesens nominatur et c. a.* 650—656. *sedem tenuisse*

a) articula *A* 2; articuli *A* 3. b) ventur *corr.* v. *A* 2. c) reuduendum *A* 3. d) scribisse *A* 2. e) solicismum solicismo refert *A* 2; solicissimum referit *A* 3. f) capitula *A* 3.

1) *Conferas velim DD. I, M.* 92 *(a.* 721*) et* 96 *(a.* 743*) cum Marc. I,* 16, *praecipue vero* 97 *(a.* 744*) Childerici III. privilegium monasterio Malmundariensi et Stabulensi concessum, quod ad verba fere, sed mendose, descriptum est ex formula I,* 2. 2) *Cf. Sickel, 'UL.' p.* 116. 3) *Cf. 'N. Arch.' VI, p.* 39 *sq.* 4) *Vide Sickel, 'UL. p.* 115. *Conferendae sunt Marc. I,* 4. 14. 21. 37 *cum DD. I, M.* 55. 25. 43. 60.

videtur, licet nostris temporibus omnes fere eam secuti sint, non potuimus, quin ad incertum revocemus[1], cum ei nihil aliud argumento esse videatur, nisi quod de hoc solo Landerico eius aevi episcopo certius quid compertum habemus. Neque enim dioecesim Parisiensem, neque saeculum medium septimum ulla ratione formulae indicant. Nonnulla etiam repugnare videntur; inprimis maior domus in prologo regalis iudicii I, 25. inter assessores nominatus, quod praeterea nisi in Childeberti III. placito a. 697. (DD. I, M. 70) non factum esse, nuper in annalibus demonstravimus. Una etiam ex arengis formulae I, 14. praemissis indicare videtur, nostrum post Landericum illum demum scripsisse, cum eandem inveniamus in diplomate a. 661. Childerici II. (DD. I, M. 25), quam, cum iuvenilem regis significet aetatem, eidem propriam fuisse suspicari liceat. Accedit, quod vix ante a. 741. certiora frequentioraque formularum nostrarum in diplomatibus vestigia inveniuntur, mirum autem profecto esset, principum notarios per nonaginta fere annos utilissimum opus aut sprevisse aut omnino non novisse. Porro in Parisiensis dioeceseos monasterio monachum fuisse Marculfum, haud facile concesserim, quia, ut diximus, in formula privilegii componenda procul dubio diploma secutus est Resbacensi monasterio in Meldensi dioecesi posito concessum. Immo ex hac re coniecerim, eum in eodem Resbacensi militasse monasterio. Si vero Landricus quidam S. Vincentii et S. Waldetrudis filius Meldensis fuisse episcopus recte fertur[2], isque, ut videtur, saeculo septimo exeunte episcopali honore functus accipiendus est, hunc potius quam Parisiensem illum a Marculfo nominatum ducere maluerim.

Marculfi opus alius quidam complevit hiatus nonnullos bene perspiciens, de quo Supplemento in annalibus[3] fusius disserui. Hic memorare sufficiat, ultimis Merowingis regnantibus id compositum atque subiectum esse; addendum vero, quod ibi omisimus, genus dicendi idem fere ac Marculfi, cuius verba haud uno loco repetita inveniuntur, in formulis Supplementi comprehendi.

Codices, de quibus eodem loco[4] egimus, praecipui sunt tres, quos litera A signavimus:

A 1. Cod. Lugduno-Batavus, bibliothecae publicae nr. 114, 8° saec. IX., foll. 166 (Roz. Lugd.-Bat. B.[5]), olim Petavianus, quod verba inferiori margini folii 3. inscripta docent: Alexander Pauli filius Petavius, Senator Parisiensis, anno 1643. In superiore autem margine fol. 3. et 57. manu saec. XIII. exarata sunt: Liber Sancti Remigii Rem. Vol. LXVIII. Exstant fol. 1—8. Isidori Orig. quaedam capita, fol. 8—88. Legis Rom. Vis. epitome Aegidii, fol. 89—166. Marculfi formulae, aliis, plerisque Bituricensibus, inmixtis. Integer in hoc codice continuo ordine asservatur lib. I, cui et inscriptio et capitum numeri adiecta sunt. Libri II. capita 21. 25—38, capitis 36. fine excepto, 44. 45. deficiunt; 42. vero et sequentia, quaternionum, ut videtur, in exemplari codicis ordine turbato, libro priori antecedunt. Numeri capitibus 1—19. tantum adpositi. Omissa sunt et Marculfi praefatio et indices capitum, neque vero Supplementum atque capita tria a genuino Marculfi opere aliena desunt[6].

A 2. Cod. Parisiensis Lat. nr. 4627, 8°, saec. IX. (Roz. Par. A[7]). Notae bibliothecariae vetustiores inveniuntur fol. 1: MXXVII. 1121. 5189. Praebet codex fol. 1. fragmenta quaedam: Incipit de maris, quomodo crescit etc. et: Incipit interrogatio cuiusdam vel responsio. Dic mihi unde est factus corpus Adam etc., fol. 2—31. Cartas Senonicas cum nonnullis aliis formulis subiectis, fol. 32—59'. Legem Salicam in titulos 99 digestam (Merkel 8). Subiecti sunt anni regni posteriorum Merowingorum regum,

1) Cf. 'N. Arch.' VI, p. 39 sq. 2) Gesta episcoporum Cameracens., SS. VII, p. 465. Dubitant de illo Landrico auctores Galliae christ.; cf. VIII, p. 1601 sq. 3) 'N. Arch.' VI, p. 19 sqq. 4) ibidem p. 13 sqq. 5) Descripsit codicem Haenel, Lex Rom. Visigoth., in praefatione sub nr. 59. 6) De quibus v. 'N. Arch'. VI, p. 21 sq.; cf. supra p. 32 sq. 7) Accuratissime nuper descripsit codicem Holder, 'Lex Salica mit der mallob. Glosse nach der Handschr. v. Sens-Fontainebleau-Paris 4627'. p. 38 sqq.

Fol. 60.

Cod. Paris. 4627.

Fol. 60'.

Cod. Lugdun. Voss. 86.

Bethmann scr.

Cod. Paris. 10756.

Fol. 5.

quos in eadem pagina eademque manu exaratae sequuntur Marculfi formulae fol. 59′—125, quibus fol. 125—127. subiecta sunt tria illa capita, quae in A 1. invenimus. Supplementum deest. Fol. 128—147. exstant Formulae Senonenses, aliis quibusdam additis. Folia 1—96. eadem manu, excepto quodam folio postea suppleto, alia coaeva fol. 96′—132, reliqua pluribus IX. et X. saec. manibus scripta sunt.

A 3. Cod. Parisiensis Lat. nr. 10756. 8° saec. IX. e bliblictheca Rosniaca Cat. de Rosny nr. 240. Vetustiorem notam 149 exhibet. (Roz. Par. C). Complures sunt codices codicumque particulae hoc uno volumine comprehensa, quorum primus Marculfum praebet. In alterius, formulas Turonenses exhibentis, ultima pagina invenitur: Emi Metis 1567. Marculfi opus integrum exstat, praefatione tamen omissa. Indices capitum utriusque libri primis foliis leguntur; tunc Supplementi formulae, in hoc solo codice numeris digestae, deinceps libri I. et II. sequuntur, tribus illis capitibus subiectis. Quod notas Tironianas inmixtas nobis explicuit, gratias agimus V. Cl. Schmitz.

Minoris quidem, haud vero contemnendae auctoritatis existimandus est

B. Cod. Parisiensis Lat. nr. 2123. fol., saec. IX. (Roz. Par. B), olim Jac. Aug. Thuani et P. Pithoei, e bibliotheca Colbert. 1655. Reg. 4240, 7. Continet inter alia varia fol. 105′—153′. formulas, quarum pleraeque e Marculfo et Turonensi collectione sumptae cum aliis in novum quoddam corpus, Marculfi praefatione atque capitum indice praemissis, redactae esse videntur. Cum index haud pauca indicet capita, quae ipsa in textu frustra quaesieris, apparet, codicem alius esse exemplar, qui idem formularum corpus multo tamen copiosius et Marculfi priorem librum et Supplementum continuit integrum. Neque vero omnes quae exstant formulae genuinae sunt, sed nonnullae mutatae, quaedam etiam, aliis substitutis, sunt sublatae[1]. Pro Landerici nomine in praefatione Aeglidulfi interpositum est; quod ab eodem, qui, Pippino, ut videtur, regnante rege, Marculfi formulas cum Turonensibus coniunxit, factum esse, suspicati sumus[2].

Hic commemorandus est codex a Lindenbrogio praeter Parisiensem (A 2) adhibitus, quem iam deperditum dolemus; cur vero codici B simillimus sit existimandus, in annalibus exposui[3].

Tertio loco tribuendi sunt codices duo, qui collectionem praebent formularum, quae pleraeque e Marculfo et Supplemento sumptae, tamen novae atque rescriptae et Caroli Magni temporibus accommodatae esse videntur[4]:

C 1. Cod. Lugduno-Batavus Voss. Lat. in 8° nr. 86 saec. X. (Roz. Lugd.-Bat. A).

C 2. Cod. Monacensis nr. 4650, olim Benedictoburanus, saec. IX. (Roz. Mon. A).

Quos omnes liberaliter huc transmissos aut exscripsi, aut contuli.

In aliis etiam codicibus nonnullae formulae formularumque particulae haud dubie e Marculfi opere haustae inveniuntur, quae cum plus minusve mutatae aliis collectionibus insertae atque cum iis seorsum edendae sint, non singularum codices hic enumerabimus, iis tantummodo in recensione nostra adnotatis, qui ad veram lectionem restituendam aliquid iuvare possint.

Licet et copia et antiquitas librorum manuscriptorum tanta esse videatur, ut ad genuina Marculfi verba eruenda satis superque sufficere possint, diligentius inquirenti hoc aliter apparebit. Optimos enim tres ab eodem sine dubio codice, immo ab eodem illius exemplare haud ita accurate descripto ducendos esse, neque etiam B ceterosque codices, et qui nobis asservati sunt, et qui saeculo VIII. in usu fuerunt, aliunde repetendos esse, in commentatione saepius memorata demonstravi[5]. Iam vero dubius, an recte ibi suspicatus sim, codicis A 2 exemplar iam ante Supplementum additum e

1) Cf. 'N. Arch.' VI, p. 15, ubi de hoc corpore egi indicemque edidi. Quoto numero quaeque formula signata sit in hoc corpore, singulis infra annotabimus. 2) ibid. p. 25. 3) ibid. p. 102 sqq. 4) ibid. p. 41 sqq. 5) ibid. p. 22 sqq. et 36.

communi fonte fluxisse, credere maluerim, Supplementum errore seu quolibet vitio in illo esse omissum.

Editiones priores in annalibus accuratius recensitae hae sunt: Bignonius, Marculfi monachi formularum libri duo, aliis subiectis Paris. 1613. 8°. *Haec Bignonii recensio nescio an recte repetita esse feratur Argentorati aut* 1655. *in* 8°, *aut* 1656. *in* 4°. *(Cf. 'N. Arch.' VI, p.* 111.*) Prodiit vero Hieronymi Bignonii editio denuo recensita a Henrico fratre Paris.* 1665 *in* 4°, *nonnullis eiusdem editionis exemplaribus annum* 1666. *in titulo praebentibus. — Lindenbrogius, Codex legum antiquarum, Francof.* 1613, *fol. p.* 1205 *sqq. plerasque corpori suo formularum inseruit. — Baluzius, Capitularia regum Franc. II, Paris.* 1687. *col.* 369 *sqq. (iterata Venetiis a.* 1773.*) ed.* 2ª *Paris.* 1780 = *Walter, Corpus iuris Germanici III, Berolini* 1824. *p.* 283 *sqq. — Canciani, Leges Barbarorum II, Venet.* 1783. *p.* 176 *sqq. — Bouquet, 'Recueil' IV, Paris.* 1741. *p.* 465 *sqq.* = *Migne, Patrologia latina, LXXXVII, Paris.* 1863. *col.* 693 *sqq.*

Supplementi formulas nonnullas Lindenbrogius, ut videtur, e codice, quem diximus deperditum, operi suo inseruit, alias Pardessus e cod. A 3., *'Bibliothèque de l'école des chartes' IV, p.* 18 *sqq. edidit, unde repetitae sunt a Warnkönig, 'Französ. Staats- u. Rechtsg. I, UB.' p.* 4 *sqq. et Migne, Patrol. lat. LXXXVII, col.* 895 *sqq. De Rozière et Marculfi et Supplementi formulas omnes singulas singulis locis corpori suo dicto 'Recueil général' inseruit, Paris* 1859. *Singulas Marculfi formulas formularumque particulas, et quae a Cuiacio, Brissonio, Petro et Francisco Pithoeis editae seu allegatae sunt*[1] *et quae postea aliis insertae sunt libris, hic omisimus.*

In hac recensione partium capitumque ordinem, quem codex A 2 *exhibet, a Marculfo ipso procul dubio institutum, secuti, in singulis tamen formulis constituendis plerumque codicem A* 1, *qui exemplaris verba accuratius repetere videtur, ducem habuimus. Quae vero huic desunt, secundum A* 2 *pleraque, II,* 37. *et Suppl.* 5. *secundum A* 3, *quia solus haec capita integra exhibet, edidimus. Varias codicum A* 1. 2. 3. *B lectiones omnes annotavimus, ceteris tantummodo iis adhibitis, quae usui esse videntur.*

Formulas 4, *quae in A* 2 *capiti II,* 2. *subiunctae inveniuntur, praeterea e codice B et formulam pro I,* 24. *substitutam et recensionem primi capitis Supplementi quodammodo abhorrentem in Additamentis edimus.*

IN DEI NOMEN INCIPIT[a] PREFATIO LIBRI HUIUS.

Domino sancto, meritis beatissimo et apostolico semper honore suscipiendo omnique preconio laude cęlebrando[b] domino[c] ac reverentissimo pape[2] Landerico Marculfus, ultimus ac[d] vilissimus omnium monachorum.

Utinam, sanctę[e] pater, iussionem vestram tam efficaciter[f] quam spontaneę obtemperare valuissem, quia iam supra[g] vires meae possibilitatis conatus sum iniunctum[3] a vobis subire negotium, cum fere septuaginta[h] aut amplius annos expleam vivendi[i], et nec iam[k] tremula ad scribendum manus est apta, nec ad videndum mihi oculi[l] sufficiunt cali-

Praefatio. Codd. A 2. *B.* a) Incipit prefacio l. h. *inscribitur B.* b) celebrando *B.* c) domno hac r. papa Aeglidulfo M. *B.* d) hac *B.* e) sanctae *B*; ae *pro* ę *non semper annotavi.* f) efficatiter q. spontanię *B.* g) super v. maeae possibilitatem *B.* h) LXX *B.* i) *corr.* vivendo. *B.* k) *deest B.* l) sufficiunt oculi *B.*

1) *Enumeravit eas de Rozière, 'Recueil' III,* p. 74 *sqq.* 2) *Episcopos illius aevi saepe 'papas' appellatos esse, memorat Bign. in nota ad h. l. De Landerico cf. praefationem nostram supra p.* 33. 3) *Haec verba cum initio epistolae Victorii ad Hilarum convenire demonstravit V. Cl. Krusch, 'N. Arch.' IV, p.* 172.

gantes[m], nec ad cogitandum[n] sensus[o] sufficit ebitudo, quia iuxta dictum[p] vobis cuiusdam prudentissimi viri in pueris crescit sensus, in iuvenibus viget, in senibus minuetur. Propterea eliganter[q] facere non potui, ut volui, feci tamen ordinatus, ut potui, non solum ea que iussistis[r], verum etiam[s] multa alia. In hanc scedola tam praeceptiones[t] regales quam cartas pagenses iuxta simplicitate[u] et rusticitatis meae natura[v] intimare curavi. Scio enim, multos[w] fore, et vos et alios prudentissimos viros[x] et eloquentissimus ac rethores et ad dictandum peritos, qui ista, si legerint[y], pro minima et[z] velud deliramenta[a], eorum conparata sapientiae[b], reputabunt, vel certe[c] legere dedignabunt. Sed ego non pro talibus viris, sed ad exercenda[d] initia puerorum, ut potui, aperte et simpliciter scripsi. Cui libet exinde aliqua exemplando faciat; enim[e] si vero displicet[f], nemo cogit[g] invitum; nec preiudicat mea rusticitas[h] eruditorum et rethorum flores verborum[i] et eloquentiae facundiae. Sunt preterea[k] nonnulla negotia hominum, tam in palatio quam in pago, quod scribere non queunt, antequam invicem conferantur, et iuxta proposiciones[l] vel responsiones eloquia[m] eorum tunc scribantur et gesta. Ego vero hanc, quod apud maiores meos iuxta consuetudinem loci, quo[n] degimus, didici, vel ex sensu[o] proprio cogitavi, ut potui, coacervare[p] in unum curavi, et capitula[q] prenotavi, ut[r] facilius quod voluerit a querenti[s] in antea scripto[t] reperiantur.

INCIPIUNT[a] CAPITULA SCEDOLAE[b] OPERIS HUIUS.

1. Qualiter[c] privilegium condatur.
2. Cessio[d] regis de hoc[e] privilegium.
3. Emunitatem[f] regis.
4. Confirmatio de regis emunitatem[g].
5. Preceptum regis[h] de episcopatum[i].
6. Indiculum regis ad metropolitanum[k] episcopum, ut[l] alio episcopo benedicat.
7. Consensu[m] civium pro episcopatum.
8. Carta de[n] ducatu, patriciatu aut comitatu.
9. Indiculum[o] ad alium regem[p], cum legatio dirigitur[q] et verbis suggerit, conmendatium[r].
10. Rescriptum[s] ad regem[t] per suo legatario.
11. Tracturia[u] legatariorum[v] vel minima[w] facienda ad istius[x] instar.

m) *B*; coligantes *A*. n) ad excogitandum *B*. o) *B*; *deest A* 2. p) datum *B*. q) eligant² *A* 2; eleganter *B*. r) iusisti *B*. s) et quam *B*. t) cartas pagensis quam preceptiones regales *B*. u) simplicitatem *B*. v) nature *B*. w) multas fovere prudentissimos, et v. et a. *om.*, *B*. x) *post add. al. m. A* 2; v. et loquentissimus hac rectores ad d. *B*. y) legerent *B*. z) *deest B*. a) deleramenta *B*. b) sapiencie *B*. c) certa *B*. d) *B*; exercendam *A* 2. e) *deest B*. f) displicit *B*. g) agit *B*. h) rusticitat *corr*. r. *A* 2. i) verberum *B*. k) *B*; propterea *A* 2. l) *B*; prepositiones *A*. m) *corr*. aeloquia *A* 2. n) qđ egimus d. *A* 2; quo degimur dedici *B*. o) *B*; censo *A* 2. p) quoacervare *B*. q) capitul. *A* 2; capitulis *B*. r) et *B*. s) querente *B*. t) scripta *B*.

Index. Codd. A 2. 3; *similem praebet B*, *quem*, *discrepantia numerorum neglecta*, *conferemus*. a) Incip. cap. *A* 2. b) scaedolee opere h. *A* 3. c) episcopus *add. B*. d) *A* 3. *B*; Concessio *A* 2. e) *B*; hoc privilegio *A* 2; horivilegium *A* 3. f) Emunitate regia *B*. g) *A* 3; emmunitatem *A* 2; regis *deest*, emunitate *B*. h) *deest B*. i) *A* 3; ępiscopatum *A* 2; episcopato *B*. k) metropolamitano episcopo *A* 3; m. *deest B*. l) utalio e. *A* 2; ut alius episcopus *A* 3; ut alium b. *B*. m) Concessum c. propter e. *A* 3; pro episcopatum *des. B*. n) dedocat(to patriciatu) *uncis inclusa notis Tiron. exarata post add. A* 3; de d. vel p. comitato *B*. o) Indicolum *A* 3. p) *reliqua des. B*. q) dirigit et (verbis *not. Tir.*) sugerit *A* 3. r) conmendatiis *A* 2; commendaticium *A* 3. s) Rescripto ad rege *A* 3. t) *reliqua des. B*. u) Tractaturia legatoriorum *A* 3. v) *reliqua des. B*. w) minina *corr*. m. *A* 2. x) *A* 3; instius *A* 2.

y) *A* 3. *B*; *post* 3—4 *literas abrasas* donationes *A* 2. z) lesaeũuuerpo *A* 2; leseũuirpo *A* 3; lesioverbo *B*. a) *A* 3. *B*; manum *A* 2. b) III *A* 3. c) *A* 3. *B*; Concessio *A* 2; regis *add. B*. d) *reliqua des. B*. e) at *A* 3. f) *B*; Iter *A* 2; It. *A* 3. g) secularibus v. *A* 3; vires sec. *B*. h) *emendavi;* antruscione *B*; anstrutionem *A* 2; andrusticionem *A* 3. i) clericatu *B*. k) divisionibus, ubi *deest B*. l) regis arcesserit m. *A* 2; regi access:rit missũ *A* 3; misus est regis *B*. m) c. alterũ *A* 3; causis a. *B*. n) D. p. *B*. o) causa suspensa *B*. p) mundeburdo *A* 3. q) principis *A* 3. *B*. r) iudīc *A* 2. s) con *A* 3; ubi *pro* cum — rem *B*. t) causas sunt s. *A* 3. u) Indicolum communaturium *A* 3; I. communitarium *B*. v) indicul. *A* 2; indicolum, *sic semper A* 3. w) episcopum *A* 3. *B*. x) alium *B*. y) um *abscissum A* 3. z) audienc::le *A* 3. a) -co *paene evan. A* 3; laicum *B*. b) Commutatio *B*. c) Conf(irmatione) reg(is d. o. cor)poris facultat(i)s *uncis inclusa evan. A* 3; Confirmatio r. d. o. facultate *B*. d) Si al:quis *c. A* 3; Securitas in eum qui per iussum regis aliquem persequerit. *B*. e) *h. v. evanuit, sequentium verborum nihil nisi pauca vestigia supersunt A* 3. f) (ab h)osti(bus v)el ab alio mod(o) *uncis incl., paucis vestigiis relictis, evan. A* 3; ab ostibus *etc. B*. g) fuerit *A* 3; fuerunt *B*. h) strumenta *B*. i) *A* 3; Relationes *A* 2; Relatio *B*. k) regem, directa *deest B*. l) *deest B*. m) omne *A* 3. n) ad monasterium *A* 3; monasterii *B*. o) autorum adsumenda sciorum (*corr.* suorum) *A* 3; a. adsumendis suorum aliquem liciat *B*. p) *A* 3; aliqui l. habeant *A* 2. q) evindicatum *A* 3. *B*. r) parigla *A* 3. s) filii *add. B*. t) relaxantur *A* 3. u) leodes amicicia *A* 3; leodisamio *B*.

INCIPIUNT[a] EXEMPLARIA DE DIVERSIS CONDICCIONIBUS[b], QUALITER REGALES VEL CARTAS[c] PAGINSIS, CUI HINC[d] FURMOLA HABERE[e] PLACUERIT ET[f] MELIUS NON VALET[g], SCRIBANTUR.

1. De privilegio[h. 1].

Domino sancto et in Christo venerabile fratri[i] illo[k] abbate vel cunctae[l] congregatione monastirii[m] illi, in honore[n] beatorum illorum ab[o] ill. in pago illo constructo, ille episcopus. Conpellet[p] nos affeccio[q] caritatis vestrae[r], radio inflammante[s] devino, illa pro vestro[t] quieti providere[u], quae nobis maneant ad mercedem, et ea recto tramitae[v], inconvulso[w] limite, terminari[x], que[y] perennem[z] deinceps, propiciante Domino, obteneant[a] firmitatem; quia non minor[b] a Domino retributio speratur[c] futura pro succiduis contemplante[d] temporibus quam ad[e] presens munera pauperibus offerentem[f]. Et ne nobis aliquis detrahendo[g] aestimet[h], in id nova decernere carmina, dum ab antiquitus iuxta constitutionem pontificum per[i] regale sanctionem monasteria sanctorum Lyrinensis[k], Agaunensis, Lossoviensis[2] vel modo innumerabilia[l] per omne[m] regnum[n] Francorum sub libertatis privilegium[o] videntur consistere. Sed pro reverentia sanctorum, meorumque[p] omnium fratrum inplendo[q] iussa, custodiendo precepta, oboedientiam propalabo[r]. Quid vero vos vel successores vestri, sancto suadenti[s] Spiritu, deinceps custodiatis, immo sanctae illae[t] ecclesiae episcopus[u] debeat[v] adimplere, huic pagine crededimus[w] inserendo; hoc est, ut de vestra congregatione[x], qui in vestro monastirio[y] sancta debeat[z] baiolare[a] officia, quem[b] abba cum omne[c] congregatione poposcerit, a nobis vel a successoribus nostris sacros[d] percipiat grados, nullum pro ipsorum honorem[e] premium perceptorum[f]. Altare in ipso monastirio[g] predictus episcopus benedicat et sanctam[h] crismam annis singulis[i], si voluerint[k] postolare[l], pro reverentia loci sine[m] pretium concedat, et iuxta dispensatione[n] divina cum abba[o] de ipso monastirio[p] a Domino[q] migraverit,

a) I. e. *des.* *A* 1; ria *evan.* *A* 3; Incipiunt — scribantur *des.* *B.* b) conditionibus *A* 2; condicionis *A* 3. c) c. pagenses *A* 2; tas *evan.* *A* 3. d) haec formola *A* 2; hic formola *A* 3. e) haberae *A* 1. f) et meliu *evan.* *A* 3. g) valit *A* 3.

I, 1 = *Roz.* 574. *Codd.* *A* 1. 2. 3. *B* (41). h) p̄vilegio *A* 1; anno sexto regnante Carolo rege *add.* *A* 3; Qualiter privilegium condatur ępiscopus, *formula inscribitur* *B.* i) fratre *A* 3. k) ill. abbate *A* 2; ill. abb. *A* 1. 3; illo abbati *B.* l) cuncta *A* 3; *B.* m) monasterii ill. *A* 2; monasterio ill. *A* 3; monasterii illius *B.* n) onore *A* 3. o) ab̄ ill. *A* 1; *des.* *A* 2; abb. ill. *A* 3; ab illo *B.* p) conpellit *cett. codd.* q) affectio *A* 2; effeccio *B.* r) vestre *A* 3; *B.* s) i. divino *A* 2. 3; inflamante divino *B.* t) vestra ad qu. *A* 3. u) provideri qualiter n. *B.* v) tramite *cett. codd.* w) *ult.* o *e corr. rec.* *A* 2. x) terminare quomodo p. *B.* y) quę *A* 2. z) ꝑerē *A* 3. a) obteniant *A* 3. b) m. a Domini r. *A* 2; minora a D. retributione *B.* c) speritura p. *A* 3. d) contemplet *A* 3. e) a *B.* f) auferentem *B.* g) detraendo *A* 3. h) estimet *A* 3. *B.* i) pro regalem s. *A* 2; pro regalis antiores m. *A* 3; pro regula sanccionem *B.* k) lirinensis, auganensis, luxoviensis *A* 2; lirininsis, agauensis, losoviensis *A* 3; lirinensis, agonensis, luxoviensis *B.* l) innumerabia *A* 3. m) omnem *B.* n) regno *A* 3. o) p̄vilegius *A* 3. p) in eorumque *A* 2; que omnium *des.* *B.* q) implendo *A* 2. *B.* r) propalabo Q *minio exaratum* *A* 1. s) suadente *A* 2. 3. *B.* t) ille ęcclesię *A* 2; ill. ecclesie *A* 3; illae haecclesiae *B.* u) episcopi *A* 3. v) toto *add.* *A* 3; debeant *B.* w) credidimus *A* 2. 3; credimus *B.* x) prior est *add.* *A* 3, *quae verba, ut sequentia explicarent, quisquam in exemplari codicis huius addiderat.* y) manastirio *corr.* mon. *A* 1; monasterio *A* 2. 3. *B.* z) debeant *B.* a) baiolarae *A* 1; baiulare *A* 2. b) quam abbati *B.* c) omni *A* 3. *B.* d) sagros p. gradus *A* 3; s. percipiant g. *B.* e) onorem *A* 3. f) percepturum *A* 2. *B*; p̄ceptorum *A* 3. g) *A* 1. *B*; monasterio *post h. v. aliquid erasum* *A* 2; manasterio *ead. man. corr.* monasterio *A* 3. h) sancta chrisma *A* 2; scm̄ crismam *A* 3; sancta crisma *B.* i) singl. *A* 2. 3. k) voluerit *A* 3. l) postulare *A* 3. *B.* m) sin *A* 1. n) dispensationem *A* 2. o) *A* 3. *B*; abb. *A* 1. 2. p) monasterio *cett. codd.* q) ad n; (nus) *pro* a D. *A* 3.

1) *De hac formula et sequenti cf. Sickel, 'Beiträge zur Diplomatik' IV, p. 9 sqq.*
2) *Lérins; St. Maurice in Wallisia (olim Agaunum); Luxeuil. De tribus his monasteriis in plurimis privilegiis ad exempla positis cf. Sickel l. l. p. 5.*

quem[r] unianimiter omnis[s] congregatio illa monachorum[t] ex semetipsis optime[u] regola[v] conpertum et vitae[w] meretis[x] congruentem elegerint[y], sine premium[z] memorate[a] urbis[b] episcopus ipse promoveat[c] abbatem[d]. Nullam paenetus[e] aliam[f] potestatem in[g] ipso monastirio[h], neque in rebus, neque[i] in ordinandis personis, neque in villabus[k] ibidem iam conlatis aut[l] deinceps regio munere aut privatorum conlaturas, vel in reliqua substantia monasterii, nos[m] successoresque[n] nostri episcopi[o] aut[p] archidiaconi[q] seu citeri[r] ordinatores aut qualibet[s] alia persona predictae[t] civitatis habere non presumat[u], aut quodcumque de eodem monasterio[v] sicut de parociis[w] aut citeris monasteriis muneris[x] causa[y] audeat[z] sperare aut[a] aufferre[b] nec de hoc, quod ad[c] Deum timentibus hominebus[d] transmissum aut in altario offertum fuerit, aut sacris voluminebus[e] vel quibuscumque speciebus, quod[f] ad ornatum[g] divini cultus[h] pertinet[i], ad[k] presens conlata[l] vel deinceps conlatura fuerint[m], auferre[n] non presumat[o]; et[p] nisi rogitus a congregationem[q] illa vel abbati[r] pro oratione lucranda nulli nostrum[s] liceat[t] monasterii[u] adire secreta[v] aut finium ingredi[w] septa; et si ab eis illuc pontifex postolatus[x] pro lucranda orationem vel eorum[y] utilitatem accesserit, celebratu[z] ac peractu divino misterio[a], simplicem ac subriam[b] benediccionem[c. 1] perceptam[d], absque ullo[e] requaesitu dono studeat habere regressum, ut[f] quatinus[g] monachi, qui[h] solitarii[i] noncupantur, de perfecta quieti valeant, duci Domino, per[k] tempora exultare et sub sancta regula viventes[l] et beatorum patrum vita sectantes pro statu[m] ecclesiae[n] et salutae[o] regis[o*] vel patriae valeant plenius[p] Dominum[q] exorare, et si aliquid ipsi monachi de eorum relegione[r] tepidi[s] aut an secus egerint, secundum[t] eorum regulam ab eorum[u] abbate[v], si prevalet[w], corregantur[x]; sin[y] autem, pontifex de ipsa civitate choercire[z] debeat, quia nihil de canonica auctoritate convelletur[a], quicquid domesticis fidei pro quietem[b] tranquillitatis[c] tribuetur[d]. Si quis autem ex nobis, quod Deus avertat, calliditate commotus aut cupiditate preventus ea[e], quae[f] sunt superius[g] conprehensa, temerario spiritu violari[h] presumpserit, a[i] divina ultione prostratus reatu anathemate[k] subiaceat et tribus annis a communione[l] omnium[m] fratrum[n]

I, 1. r) *deest* *A* 3. s) om̄ *A* 2; omnes *B*. t) monacorum *B*. u) obtimae *A* 2; obtime *A* 3. v) regula *A* 2; regulam *B*. w) vite *A* 3. *B*. x) meritis *A* 2. 3. y) eler̄ *A* 2. z) premio *A* 3. a) *A* 2. 3. *B*; memorare *A* 1. b) urb. *A* 2; urbs *A* 3. c) promtio ueat *A* 3; provideat *B*. d) abb. *A* 2; abbt. *B*. e) poenitus *A* 2; penitus *A* 3. *B*. f) alia *A* 3. g) in ipso *des*. *A* 2; ad i. *B*. h) monastrio *corr*. m. *A* 1; monasterio *cett. codd.* i) nequae *A* 1. k) vilabus *B*. l) ut *A* 3; aud *B*. m) n̄ *A* 2. n) successorique *A* 3. o) ēps *A* 3. p) aud *B*. q) archediaconi *A* 2; arcidiaconus *A* 3. r) ceteri *A* 2. 3; ceteri alii *B*. s) quelibet *B*. t) predicte *A* 3. *B*. u) presumant *B*. v) *deest* *B*. w) parochiis aut ceteris *cett. codd.* x) *deest* *A* 3. y) causam *A* 2. z) audeant *B*. a) *deest* *A* 3. b) auferrae *A* 1; ferre *A* 2. c) a *A* 3. d) hominibus *A* 2; *deest* *A* 3. *B*. e) voluminibus *cett.* f) *deest* *cett.* g) hòrnatum *A* 2. h) cultis *B*. i) pertenit *A* 3. k) aut *A* 2. l) colatis *A* 3. m) fuerit *A* 3. n) auferrae *A* 1; aufferre *B*. o) presumant *B*. p) *deest* *A* 3. q) congregatione *cett.* r) *A* 2; abb. *A* 1; abba *A* 3; ab abbati *B*. s) nm̄ *A* 1. t) licet *A* 2. u) monasterium *A* 3. v) sed recta ut (*corr*. aut) f. *B*. w) ingrediens epta *A* 3. x) postulatus *A* 3. *B*. y) forum utilitate *A* 3. z) caelebrata *A* 2; caelebratus ēps actu d. *A* 3. a) mysterio *A* 2. b) sobriam *A* 2. c) benedictionem *A* 2. *B*. d) percepta *A* 3. e) u. requesitu domo st. *A* 2; u. requisito dono studiat *A* 3; ulo repetito domum st. *B*. f) aut *A* 3. g) quatenus *A* 2. *B*. h) *deest* *A* 3. *B*. i) soletarii *A* 3. k) pro *A* 3. l) viventem *A* 2; viventis *A* 3. m) stratu *A* 3. n) ęcclesię *A* 2. o) salute *cett.* o*) reges *A* 2; vel patrie *add*. *B*. p) *deest* *A* 3. q) Deum *B*. r) religione *A* 2. s) tepedi *A* 3. t) secumdum *A* 1. u) ipsorum *B*. v) abbati *A* 2. *B*; abba *A* 3. w) prevalit *A* 3. *B*. x) corrigiantur *A* 2; corrigantur *A* 3. y) si *A* 1. z) cohercere *A* 2; coercere *A* 3. *B*. a) conpellitur *A* 2; convellitur *A* 3; convelitur *B*. b) quietim *A* 2. *B*. c) tranquilitatis *B*. d) tribuatur *A* 2. e) et *B*. f) que *cett.* g) supra *A* 3. h) violare presumserit *A* 3. i) ad d. *B*. k) enathematę *B*. l) commonione *B*. m) *deest* *A* 3. n) fratrorum *A* 2.

1) *i. e. coena; cf. Ducange s. v. benedictio* 2. 3.

se noverit alienum, nihilomenus[o] hoc privilegium perpetim[p] maneat[q] incorruptum. Quam constitucionem nostram, ut firmis subsistat vigoribus, et nos et fratres nostri[r] domni episcopi subscribtionem[s] manibus nostris decrevimus roborari[t].

Actum[u] ibi sub die illo[v], anno illo.

2. Cessio[a] regis de hoc privilegium[1].

Ille rex viris apostolicis, patribus nostris, necnon et inlustribus viris, illi[b] comite[c] vel omnibus[d] agentibus, presentibus et futuris. Oportit[e] enim clementiae principali, ut inter ceterorum[f] peticionibus sacerdotibus debeat benignum accomodare[g] auditum, et que[h] pro timore divini nominis[i] postolator[k], ponatur[l] procul dubio[m] ad effectum[n], ut fiat in mercedem coniunctio[o], dum pro quietem[p] servorum Dei congrua inpertitur petitio; quia fides perfecta non dubitat, ad Altissimi gratiam pertinere, quod secundum sacri[q] aeloquio precipue[r] a[s] domesticis fidei[t] devota mente inpenditur; quia[u] scribtum[v] est: 'Beati pauperes spiritu, quoniam ipsorum est regnum[w] caelorum'[x. 2]. Ergo dum et ille[y] episcopus, *aut* abba[z], *aut* inluster vir, monasterium in honore[a] illius in pago illo, *aut* super [sua[b]] proprietatem[c], *aut* super fisco, noscitur aedificasse[d], ubi ad[e] presens illi[e*] abba vel turba plurima monachorum[f] adunata esse nuscuntur[g], ad petitionem[h] illius clementia nostra pro quietem[i] ipsorum[k] servorum Dei preceptionem vigoris nostri[l] placuit propalare[m]; sub quo tranquillitatis[n] ordine[o], Domino protegente, ipsi[p] monachi iuxta relegionis[q] norma perpetim[r] valeant resedere, elegemus[s], ut[t] huic series debeat[u] plenius declarare[v]; quia nihil de canonica institutione convellitur[w], quicquid a[x] domesticis fidei pro tranquillitatis pacem[y] concedetur[z]; nec nobis aliquis detrahendo[a] aestimet in id nova decernere carmina, dum ab[b] antiquitus iuxta[c] constitutionem pontificum per[d] regale sanctionem monasteria sanctorum illorum[e] vel cetera in regno nostro sub libertatis privilegium[f] videntur consistere[g], ita et presens valeat, Deo adiutori, constare[h]. Ergo si qua inibi[i] in villabus[k], mancipiis vel reliquis quibuscumque rebus atque[l] corporibus

I, 1. o) nihilhominus *A* 2; nihilominus *A* 3; et nihilominus *B*. p) perpeti *A* 2; perpetualiter *A* 3. q) maneant *A* 2. r) nostris domini *A* 2. s) subscriptione *A* 2; subscriptionem *A* 3; subscriptionibus *B*. t) roborare *A* 3. *B*. u) Actum — anno illo *des. A* 1; *supplevi ex A* 2. v) ill. anno ill. *A* 3; ill. an̄t ill. *B*.

I, 2 = *Roz.* 575. *Codd. A* 1. 2. 3. *B* (45). *C* 2. *Cf. DD. I, M.* 15 *(Priv. Resb.)* 97 *(Priv. Stabul.)* a) *ita A* 1. *B*; Concessio regis ad hoc privilegio. *A* 2; *deest rubrica A* 3. b) *B*; ill. *A* 1. 2. 3. c) com̄ *A* 1. d) om̄ *B*. e) oportet *A* 2. 3. f) ceterarum *B*. g) acommodari *A* 2. *B*. h) qui *A* 3. i) omnis *A* 3. k) postolatur *A* 2; postulatur *A* 3. *B*. l) *deest A* 3; ponat *B*. m) *corr.* dubium *B*. n) affectum *B*. o) coniunccio *B*. p) quietim *A* 2; quietum *A* 3. q) sacro eloquio *A* 2. 3. *B*. r) precipuę *A* 2; precipio *B*. s) ad *B*. t) ei *abscissum A* 3. u) q; *B*. v) scriptum *cett.* w) *absc. A* 3. x) celorum *B*. y) illi *A* 3; ill. *B*. z) ill. a. *A* 3. a) on(ore illius) *uncis incl. absc. A* 3; sancti *add. B. C* 2. b) *add. A* 3. *B. C* 2. c) proprietate *cett.* d) edificasse *A* 3. e) et *B*. e*) ill. abb. *A* 2. 3; ille abb *B*. f) monacorum *B*. g) noscuntur *A* 2. 3. h) petitione *B*. i) quietim *A* 2. 3; quietę *B*. k) isorum *A* 3. l) nr: *A* 3; nostris *B*. m) properare *A* 3. n) tranquilitatis *saepius B*. o) hordine *A* 2. p) ipse *B*. q) religionis normam *A* 2; relegionis normam *A* 3. *B*. r) perpetualiter *A* 3. s) elegimus *cett.* t) et *A* 2. u) debeant *A* 2. v) declrarare qui n. *A* 3. w) conpellitur quicquic *B*. x) *A* 1. 3. *Priv. Stab.*; ad d. *A* 2; ad d—cos *B. C* 2. y) capem *A* 3; pace *B*. z) conceditur *A* 2. 3. *B*. a) d. exestimet *A* 3; detraendi estimet *B*. b) *A* 3. *B. C* 2; ab *deest A* 1; ab antiquis *A* 2. *Priv. Resb. et Stab.* c) iux constitucione *A* 3; i. costitutionem *A* 2. d) pro regalem sanctionem *A* 2; pro regalis accionem *A* 3; per regalem sanccionem *B*. e) ill. *A* 1. f) *A* 2. *B*; p̄vilegium *A* 1. 3. g) et *add. A* 3; *sequentia verba ita et — constare omissa B*. h) constari *A* 2. 3. i) mihi *A* 2. *B*. k) vilabus *saepius B*. l) autque *A* 2; a. c. *des. B*.

1) *E privilegio Dagoberti regis Resbacensi monasterio a.* 635. *concesso*, *DD. I, M.* 15, *magna huius formulae pars sumpta esse videtur. Sickel*, *'UL.' p.* 115; *'N. Arch.' VI*, 39 *sq.* 2) *Evang. Matth.* 5, 3.

aut regio[m] munere[n] aut suprascribti[o] illius vel cuiuslibet[p] est delegatum[q], aut deinceps fuerit addetum[r], iuxta quod ab[s] illo pontefice[t] vel ceteris domnis[u] episcopis ad prefato monasterio, iuxta quod eorum continet[v] privilegium[w], quem nobis prefatus[x] ille protulit[y] recensendum, sanctitum[z] esse cognovimus[a]; nullus[b] episcoporum, ut diximus, nec presens nec[c] que fuerint successores, seu archidiaconos[d] vel eorum ordinatores vel qualibet[e] persona possit quoque ordine[f] de loco ipso auferre, aut aliquam potestatem sibi in ipso monasterio, preter quod scribtum[g] est, adaptare, vel aliquid quasi per[h] commutationes titulum minuari[i], aut de ministerii[k] ornamenta vel de offertione[l] in altario inlata abstollere; nec ad ipso monastirio[m] vel cellolas[n] eius nisi tantum pro lucranda oratione[o], ipsud si fuerit cum volontate[p] abbatis[q] vel eius congregatione, absque dispendio eorum[r], aliter accedere[s] penitus[t] non presumat; quo[u] facilius secundum[v] delegationibus[w] votum vel huius[x] seriae[y] auctoritatem ad ipso monastirio[z] absque ullius[a] inquietudine ibidem cuncta proficiant[b] in augmentis; adicientes[c], ut nulli paenitus[d] iudicum[e] vel cuiuslibet[f] hominum licentiam sit[g], de rebus prefati[h] monasterii absque volontate[i] ipsorum[k] servorum Dei in aliquo[l] iniquiter defraudare aut temerario[m] spiritu suis usibus usurpari[n], nec[o], quod primitus est, et[p] Dei iram[q] incurrat et nostram offensam vel[r] a fisco gravi[s] damno susteneat[t]. Illud[u] nobis pro integra mercede nostra placuit addendo[v], ut tam quod[w] ex nostra[x] largitate quam[y] delegatione[z] ipsius vel[a] ceterorum aut[b] cuiuslibet ibidem est aut fuerit devoluta possessio[c], quoque tempore nulla iudiciaria potestas, nec presens nec succidia[d], ad[e] causas audiendo aut[f] aliquid exactandum[g] ibidem non presumat ingredere; sed sub omni emunitate[h] hoc ipse[i] monasterius vel congregatio sua sibimet[k] omnes fretos concessus debeant possidere; et quicquid exinde fiscus noster forsitan de eorum hominebus[l] aut de[m] ingenuis[n] aut servientes[o] in eorum agros conmanentes[p] vel undique[q] poterat sperare, ex indulgentia nostra in luminaribus ipsius sancti[r] loci[s] vel[t] stipendia[u] servorum[v] Dei, tam[w] nobis in Dei nomen[x] viventibus

I, 2. m) regno *B.* n) aut privatorum *add. B.* o) suprascripta *A* 2; suprascripti *A* 3. *B.* p) quibuslibet *A* 2; est *deest B.* q) diligatum *A* 2. *B.* r) additum *A* 2. *B.* s) abba ill. *A* 3. t) pontifici *A* 2; pontifice *A* 3. *B.* u) dominis e. pro prefato *B*; episcopis *deest A* 3. v) conteuit *A* 3. *B.* w) p̄vilegium *A* 3. x) prefectus *B.* y) protullit *A* 2. *B.* z) sancitum *A* 2; sancitur *A* 3; sanccitum *B.* a) agnovimus *B.* b) nullum *B.* c) neque f. *A* 2; nec qui f. *A* 3. *B. C* 2. *Priv. Resb.*; neque qui *Priv. Stab.* d) archediāc *corr.* archidiāc *A* 2; arcidiaconus *A* 3; archidiaconus *B.* e) quelibet *B.* f) hordine *A* 2. g) scriptum *cett.* h) pro commutationis *A* 3. *B*; (*litt.* tation *absc. A* 3.) i) minuare *B.* k) ministerio *A* 3. *B.* l) officione (in alt)ario *uncis incl. absc. A* 3. m) monasterio *cett.* n) cellulas *A* 2; celolas *B.* o) *sequentia verba* ipsud — congregatione *des. A* 3; et *add. B.* p) voluntate *A* 2. *B.* q) abbate vel sueae *B.* r) abb. vel suae congregacione *hic add. A* 3. s) prius *add. A* 3. t) pęnitus *A* 2. u) quod *A* 3. v) secumdum *A* 1. w) deligationibus *A* 2; delegacionis votis *A* 3; deligationis *B.* x) uius B. y) serie *A* 2; sacre *A* 3. z) monasterio *cett.* a) illius *B.* b) proficiat *A* 3. *B.* c) adicientis *A* 3; addicientes aut n. *B.* d) penitus *cett.* e) iudicium *A* 3. *B.* f) cuiusvislibet *B.* g) si quis *pro* sit *B.* h) prof. *ead. manu corr.* pref. *A* 2. i) voluntate *cett.* k) eorum *A* 2. l) a. iniquitū d. *A* 3; aliqua iniquitate d. *B.* m) tenerario *A* 2. n) usurpare *B.* o) *ita A* 1. 2. 3. *C* 2; *ita et privilegii Resb. exemplar, quod exstat in chartulario S. Germ., et priv. Stab. Intelligendum tamen est:* ne; *deest B.* p) *deest B.* q) armam *B.* r) *deest A* 3. *B.* s) gravidē̄n; (= gravidemnus) s. *A* 3; gravidam s. *B.* t) sustineat *corr.* susteneat *A* 2. u) illut *A* 3. v) adendo *A* 3. w) quam pro n. *B.* x) nostram largitatem *A* 3. y) *bis scriptum A* 1. z) deligatione *A* 2; deligationem *A* 3; diligacionem *B.* a) aut *B.* b) vel *B.* c) posessio quaque t. *B.* d) succidua *A* 3. *B.* e) *A* 1. 3. *C* 2. *Priv. Resb. et Stab.*; aut *A* 2. *B.* f) et aliquod e. *A* 3. g) exhactandum *A* 2; exactando *B.* h) aemunitate *A* 3. i) ipsi *A* 2. 3. k) s. om̄s fredus c. d. *A* 2; s. om̄ fredus c. debeat *A* 3; sibi et omnes fredos concessos d. *B.* l) hominibus *A* 2; omnibus *A* 3; homines *B.* m) *deest A* 3. *B.* n) ingenuus *B.* o) servientis *A* 3. p) conmanentis *A* 3. q) undeque *A* 2. r) *deest A* 1. s) locis *B.* t) in *add. B. C* 2. u) estipendia *A* 3. *Priv. Resb.*; :stipendia *A* 2. v) sanctorum *A* 1. 2. w) quam *B.* x) nomine *A* 2. *B.*

quam per[y] tempora succedentibus[z] regibus, pro mercedes[a] conpendium debeant cuncta[b] proficere, ut pro aeterna[c] salutae[d] vel felicitate patriae seu regis constantiam dilectit[e] ipsis monachis inmensam Domini pietatem[f] iugiter inplorare[g]. Quem[h] preceptum decretus[i] nostri, Christo[k] in omnibus suffraganti, ut[l] firmior[m] habeatur et[n] perenniter[o] conservetur, subscriptionem manus nostre[p] infra studiemus[q] peragrari[r].

3. Emunitate[a] regia[1].

Maximum regni[b] nostri augere credimus monimentum[c], si beneficia[d] oportuna[e] loca ecclesiarum[f], *aut cui volueris dicere*, benivola[g] deliberatione[h] concedimus ac[i], Domino protegente, stabiliter perdurare conscribimus[k]. Igitur[l] noverit solertia[m] vestra, nos ad[n] peticionem apostolico[o] vero[p] domno[q] illo, illius urbis[r] episcopo[s], talem pro aeterna[t] retributionem beneficium visi fuemus[u] indulsisse, ut in villas[v] ecclesie[w] domni[x] illius, quas moderno temporae[y] aut nostro[z] aut cuiuslibet munere habere vidaetur[a], vel quas deinceps in[b] iure ipsius sancti loci voluerit divina pietas ampliare[c], nullus iudex publicus[d] ad causas audiendo[e] aut freta[f] undique exigendum[g] quoque[h] tempore non presumat ingredire[i]; sed hoc ipse[k] pontifex vel successores eius propter nomen Domini sub integra[l] emunitatis[m] nomine valeant dominare. Statuentes[n] ergo, ut[o] neque[p] vos neque iuniores[q] neque successores vestri nec nulla publica iudiciaria potestas[r] quoque tempore in villas ubicumque in regno nostro ipsius ecclesiae aut regi[s] aut privatorum largitate conlatas, aut qui inantea[t] fuerint conlaturas, ad[u] audiendas altercationes[v] ingredire[w], aut freta[x] de quaslibet[y] causas exigere, nec mansiones aut paratas[z] vel fideiussoraes[a] tollere non presumatis; sed quicquid exinde aut[b] de ingenuis aut de servientibus ceterisque nationibus, qui[c] sunt infra agros vel fines[d] seo[e] super[f] terras predictae[g] ecclesiae conmanentes, fiscus aut de freta[h] aut undecumque potuerat[i] sperare, ex[k] nostra indulgentia pro futura salutae[l] in luminaribus ipsius ecclesiae[m] per manu agentium[n]

I, 2. y) pro *A* 3. z) succidentibus *A* 2. a) mercedis *corr.* mercidis *A* 2; merces *A* 3; mercedis *B*. b) cuncti *B*. c) eterna *A* 3. d) salute *cett.* e) dilectet *e corr. A* 2; *post h. v. nonnullae literae erasae A* 3. f) pietate *A* 3. *B*. g) implorare *A* 2. *B*. h) que *A* 2; quam *A* 3. i) decretis *A* 3. k) Christi in omnes *B*. l) aut *B*. m) in omnibus *add. A* 1. n) vel *A* 3. o) perheniter *B*. p) nostrae *A* 2. q) *A* 1. 3; studuemus *corr.* studuimus *A* 2; studuimus *B*. *Priv. Resb.*; estuduimus *Priv. Stab.* r) *A* 2. B; peregrare *A* 1; roborari *A* 3; perarari *C* 2. *Priv. Resb.*; peragere *Priv. Stab.*

I, 3 = *Lind.* 6; *Roz.* 16. *Codd. A* 1. 2. 3. *B* (46). *C* 2. a) ęmunitate r. *A* 2; emunitatem regis *A* 3. b) regi *A* 2. c) munimentum *A* 3; monumentum *B*. d) benefacia *A* 1. e) oport(una loca) *uncis inclusa absc. A* 3. f) aeccl. *plerumque B*. g) benevola *A* 3. h) dil. *corr.* del. *A* 2. i) hac *A* 3; et *B*. k) conscripsimus *B*. l) agitur *B*. m) sollertia *A* 2. n) a petitioñ *corr.* ad petitionem *A* 2. o) apostolica *B*. p) viro *A* 2. *B*; *deest A* 3. q) *B*; doñ ill. *cett.* r) urƀ *A* 2; urbs *A* 3. s) episcopus *B*. t) aeternam r. *A* 2; eterna r. *A* 3; aeterna retributione *B*. u) fuimus *cett.* v) villabus *A* 2. w) ęcclesię *saepius A* 2; ecclesiae *A* 3. x) doñ ill. *A* 1; doñ illius *A* 2. 3; domus i. *B*. y) tempore *cett.* z) nos *A* 2; nostrum *B*. a) videtur *cett.* b) inre ipsius *A* 3. c) amplicare *B*. d) publicos *B*. e) audiendum *A* 3. f) freda *cett.* (reda *in loco raso A* 2). g) exegendum *B*. h) nullumquam t. n. presumant *B*. i) ingredere *cett.* k) ipsi *A* 2. l) integre *A* 2. m) emunitate n. videant d. *B*. n) studientes *A* 3. o) *deest A* 3. *B*. p) nec *A* 3. q) *ita A* 2. 3; successores neque iuniores v. *A* 1; iuniores vestri aut s. *B*. r) potestes *A* 1. s) regia *A* 3. *B*; *cf. dipl. Pippini a.* 743, *DD. I, A.* 17. t) in ante *A* 3. u) aut *A* 2; aut ad audiendum *B*. v) altercationis *A* 3. w) ingredere *cett.* x) freda *A* 2. *B*; freta — aut *om. A* 3. y) qualibet *A* 2. z) ra *post add. A* 3. a) fideiussores *A* 2. 3; fideiusores *B*. b) agis *pro* a. d. i. *B*. c) que *corr.* qui *A* 2; que *B*. d) finis *A* 3. e) seu *cett.* f) supra *A* 2. g) predicte *A* 2. 3. h) freda *cett.* i) potuerit *A* 3. k) et nostram indulgenciam *A* 3; ex n. hic ind. *B*. l) salute *cett.* m) *ut supra n.* w. n) agendum *A* 3; agentum *B*.

1) *De hac formula disseruit Sickel, 'Beiträge' III, p.* 22 *sqq., ubi diplomata secundum eam composita enumerantur; cf. ibid. p.* 44.

eorum proficiat in perpetuum. Et quod nos[o] propter nomen Domini[p] et animae[q] nostrae remedium seu nostra[r] subsequenti[s] progeniae plena devotione indulsimus, nec regales[t] sublimitas nec cuiuslibet iudicum[u] seva[v] cupiditas refragare temptetur[w]. Et ut presens auctoritas tam presentis quam futuris temporibus inviolata, Deo adiutori[x], permaneat, manus nostrae[y] subscribtionibus[z] infra roborare decrevimus.

4. Confirmatio de emunitatem[a. 1].

Principale[b] quidem clementia cunctorum decet[c] accomodare[d] aure[e] benigna, precipuae[f] quae[g] pro[h] conpendio[i] animarum a precidentibus[k] regibus, parentibus nostris, ad loca ecclesiarum[l] probamus esse[m] indultum, devota debemus mente perpendere et congrua beneficia, ut[n] mereamur in[o] mercedem esse participes, non negare, sed robostissimo[p] iure per[q] nostris oracolis[r] confirmare[s]. Igitur apostolicus vir[t] illi[u], illius civitatis episcopus, clementiae regni nostri suggessit, eo quod ille[v] rex per sua[w] auctoritatem sua manu subscripta[x] de villas ecclesiae[y] suae illius, quod ad presens possedebat[z], vel quod a Deo timentis[a] hominebus[b] ibidem inantea deligabantur[c], integra emunitate concessisset[d], ut nullus[e] iudex publicus ad causas audiendum vel freta[f] exigendum[g] nec mansiones[h] aut paratas faciendum[i] nec fideiussores[k] tollendum nec[l] homines ipsius ecclesiae de quaslibet[m] causas distringendum[n] nec[o] nulla redibutione[p] requirendum ibidem ingredire[q] non debeat[r]; unde et ipsa preceptione iam dictu[s] principe[t] seo[u] et confirmationis[v] illorum regum eorum manibus roboratas[w] antedictus pontifex nobis ostendedit[x] relegendas[y], et ipse beneficius circa eodem vel memorata ecclesia sua[z], sicut a supradictis principibus[a] fuit indultum, moderno tempore asserit[b] esse conservatum[c]. Sed pro firmitatis studium petiit[d] celsitudinem[e] nostram, ut hoc dinuo[f] circa eodem vel memorata ecclesia sancti[g] illius nostra deberit[h] auctoritas[i] generaliter confirmare; cuius peticionem pro reverentia[k] ipsius sancti loci, ut mereamur in mercedem sociare[l], plenissima voluntate[m] praestetisse[n] vel[o] confirmasse cognuscite[p]. Precipientes ergo iubemus, ut, sicut constat[q] ab antedictis principibus de villas[r] prefatae[s] ecclesiae domni[t] illius integra emunitas[u] absque introitus iudicum[v] fuit concessa, ita et inantea,

I, 3. o) nus *A* 2. 3. p) Dei *corr.* Domini *A* 2. q) ani nostre *A* 3; anime nostre *B*. r) nostram *A* 3. s) *A* 3; subsequentia *A* 1; prosequenti *A* 2; subsequentem *B*. t) regalis *cett.* u) iudicium *A* 2. *B*. v) seu *B*. w) temtetur ut p. *A* 3. x) adiutoria *A* 3. y) nostre *A* 3 *(post add.)*. *B*. z) subscriptionibus *cett.*

I, 4 = *Roz.* 20. *Codd. A* 1. 2. 3. *B* (47). *C* 2. a) emutatem *A* 1; emunitate *A* 2. *B*; emunt *A* 3. b) Principali *A* 3. *B*. c) decit *A* 3; decreti *B*. d) accommodare *A* 2. 3; commodare *B*. e) aura *A* 2. f) precipue *A* 3. g) que *cett.* h) pre *B*. i) copendio *A* 1. k) precedentibus *cett.* l) sanctorum *B*. m) *deest B*. n) *deest B*. o) *abrasum A* 3; ad *B*. p) robustissimo *cett.* q) pro *A* 3, *ubi* nostris *deest.* r) oraculis *cett.* s) conferre *A* 2. t) *deest B*. u) ill. *A* 2. 3; ille *B*. v) ill. pro s., (rex *om.*) *A* 3. w) suam *cett.* x) subscriptam *B*. y) ęcclesię suę *A* 2; suae *deest A* 3. *B*. z) possidebat *A* 2. *B*; possedebit *A* 3. a) timentes *A* 3; timentibus *B*. b) hominibus *cett.* c) diligebatur *B*. d) *A* 3. *C* 2; conassisset *A* 1; concesisset *A* 2; concessit *B*. e) neque *B*. f) freda *A* 2. *B*. g) exegendum *B*. h) mansionis *A* 3. i) faciend̄ *A* 2. k) fideiusores tolendum *B*. l) nec — distringendum *om. A* 3. m) quibuslibet causis *B*. n) *literae* ngendum *in loco raso A* 1; destringendum *A* 2. o) *deest B*. p) reddibutione *A* 2; redibucionem *A* 3. q) ingredere *A* 2. 3. *B*. r) *corr.* debeant *A* 2. s) dicto *A* 2. 3. *B*. t) principe *ultima litera, ut videtur* s, *erasa A* 1. u) seu *cett.* v) confirmationes *B*. w) roboratus *A* 3. x) ostendit *A* 2. *B*. y) relegendus et ipsi *A* 3. z) *deest B*. a) principis *A* 3. b) adserit *B*. c) *A* 2; confirmatum *A* 1; confirmatum *corr.* conservatum *B*; secutum *A* 3. d) petit *A* 2; petiit *corr.* petit *B*. e) desetudinem nostre *A* 3. f) denuo *e corr. A* 2; denuo *A* 3. g) sancta *A* 1. h) deberet *A* 2. *B*. i) actoritas *A* 1. k) reverentiam *B*. l) *A* 3; sotiarae *A* 1; sociari *A* 2. *B*. m) volurtate *A* 2. n) *corr.* prestitisse *A* 2; prestitisse *B*. o) v. c. *des. A* 3. p) cognoscite *A* 2. q) *corr.* constant *A* 2. r) villis *B*. s) prefate *A* 2. 3; preficte *B*. t) dom̄ illius *A* 1. 2; dom̄ m̄ i. *A* 3; domni illi *B*. u) emunitate absque introitis *B*. v) iudicum — Domino *om. A* 3.

1) *De hac formula cf. Sickel l. c. p.* 44 *sqq.*

auxiliante Domino, inspectas priorum principum[w] auctoritatis[x], omnimodis conservetur; et[y] neque vos neque iuniores neque successores vestri vel quislibet de iudiciaria[z] potestate in villas antedictae[a] ecclesiae, quas moderno temporae[b] ubicumque[c] in regno nostro possedere[d] noscuntur, vel[e] qui[f] inantea a[g] Deum timentibus hominebus[h] fuerint[i] conlatas, tam de ingenuis[k] quam de servientibus vel quaslibet[l] nationes hominum in predictas[m] ipsius ecclesiae villas conmanentes, nec ad agendum nec freta[n] exigendum[o] nec[p] fideiussores tollendum nec mansiones aut paratas faciendum[q] nec eos[r] de quaslibet[s] causas distringendum nec nulla redibutione[t] requirendum[u], ibidem ingredire[v] non presumatis; sed sicut ipse[w] beneficius a[x] iam dictis principibus a[y] iam dicta ecclesia fuit indultus[z] et usque modo conservatus, ita et deinceps[a] per hanc nostram[b] auctoritatem generaliter confirmatum in Dei nomine[c] perenniter[d] maneat inconvulsum; et quicquid[e] exinde fiscus noster poterat[f] sperare, in luminaribus ecclesiae[g] ipsius in perpetuo[h] proficiat[i]. Et ut haec[k] auctoritas tam presentis quam futuris temporibus inviolata, Deo adiutori[l], possit constare[m], subter eam[n] propria manu decrevimus[o] roborari[p].

5. Preceptum de episcopatum[a].

Ille rex vero[b] apostolico illo[c] episcopo[d]. Quamlibet[e] nos ad ministrandum gubernandumque[f] rerum statue[g] precelsis occupationibus regiae[h] sollicitudinis cura constringat, nihil tamen tam principale[i] quam principe[k] dignum est, ut, cum a[l] pastoralis paulolum[m] oberrat plebs distituta[n] presidio, pro[o] salutae[p] animarum huiusmodi personis[q] locis celsoribus[r] pontificalem prespiciat[s] committere dignitatem, in quibus maneat dupliciter[t]: sermo, ut populi magistrum, actus, ut[u] Christi imitetur[v] discipulus; qui plebem non minus pietate[w] quam severitate constringat, qui sciat commissa[x] sibi talenta assiduae[y] predicationis[z] sermonibus expolire[a] et adquesita[b] multiplicataque gregis[c] suae salutem ad ovile[d] dominico[e] nullis maculis sordidato[f] valeat presentari[g]. Et quia[h] cognovimus sanctae recordationis domno[i] illi, urbis[k] illius antestite[l], evocatione divina ab[m]

I, 4. w) princip:um, i, *ut videtur, eras.* *A* 2; principium *A* 3. x) auctoritas, tis *post add.* *A* 2. y) ut neque nos *B*; et n(eque) vos *uncis incl. absc.* *A* 3. z) iudic(iaria — in) *u. i. absc.* *A* 3; iudicaria *B*. a) antedicte *A* 3. *B*. b) tempore *cett.* c) (ubicumque — pos)sedere *u. i. absc.* *A* 3. d) possidere *B*. e) ubi *A* 2. f) q; *B*. g) a D. *restant solae inferiores literarum partes* *A* 3; a Deo *B*. h) hominibus *A* 2. *B*; ho(m. f. conlatas) *u. i. absc.* *A* 3. i) fuer̄ *corr.* fuerint *A* 2; fuerit conlata *B*. k) *litera prima post add. videtur* *A* 1; ingen̄ *A* 2. l) quibuslibet *B*. m) predictis *A* 2; predicte, ipsius *deest* *B*. n) freda *A* 2. *B*. o) *vestigia restant* *A* 3. p) n. f. t. *om.* *B*. q) faciend̄ *A* 2; faciend(ū n)ec, ū *fere evan.*, n *absc.* *A* 3. r) eos de *des.* *B*. s) cuiuslibet causis *B*. t) redibutionem *A* 2. u) r(equirendum ibidei)n *uncis incl. absc.* *A* 3. v) ingredere *A* 2. 3. *B*. w) ipsi *A* 3. x) ad *A* 3. y) ad *A* 3; ad superius memorata aecclesiam *B*. z) indultis *corr.* indultus *A* 2; indulto sed *pro* i. et *A* 3. a) per hac ceptum *add.* *A* 1. b) nostra auctoritate *A* 2. c) *ita* *A* 1. 2; nom̄ *A* 3; nomen *B*. d) pereniter *B*. e) quidquid *A* 2. f) poterit *A* 3. g) i. e. *A* 3. *B*. h) perpetuum *B*. i) profiat *A* 1. k) hec *A* 3. l) auctori *B*. m) constari *A* 2. *B*. n) ea *A* 2. o) discribimus *A* 2. p) roborare *A* 3. *B*.

I, 5 = *Lind.* 1; *Roz.* 517. *Codd.* *A* 1. 2. 3. *B* (49). a) episcopato *B*. b) viro *cett.* c) *B*; ill. *cett.* d) epōs *A* 1. e) quamvis *B*. f) gubernandumquē *A* 2; g—quae *A* 3. g) statuę *A* 2; statute *A* 3; statu *B*. h) regię s. causa *A* 2; regio solicitudinis cura *B*. i) principali *A* 2; *B*. k) principi *A* 2. 3. l) *deest* *A* 3; *B*. m) p. oberat *A* 2; paululum aberrat *B*. n) destituta *B*. o) *deest* *B*. p) salutem *A* 2; salute *A* 3. *B*. q) persones *A* 2; *deest* *A* 3. r) *ita* *A* 1. 3; celsioribus *A* 2. *B*. s) prospiciat conmittere digni tamen, i. q. *A* 2. t) duppliciter *A* 2. u) *A* 3. *B*; *deest* *A* 1. 2. v) emitetur, *deest* discipulus *A* 2. w) pietatem *A* 1. x) com *absc.* *A* 3. y) assidue *B*. z) predicatione *A* 3. *B*. a) expollire *A* 2; expleri *B*. b) adque(sita multiplicata)que *unc. incl. absc.* *A* 3. c) gregi sui *A* 2. d) ovili *A* 2; ovilem *B*. e) dominica sisorditato maculis valeat *A* 1; *ceteri codd. ut supra.* f) sor(didato — presentari) *u. i. absc.* *A* 3. g) presentare *A* 2. h) qui *A* 3. i) dom̄ ill. *A* 1. 3; dom̄ illi *A* 2; de domno illo *B*. k) urb̄ *A* 2; urbs *A* 3. l) a. e. *absc.* *A* 3. m) ab ac *A* 3; a hac *B*.

hac luce migrasse, de cuius successorem[n] sollicitudinem[o] congruam[p] una cum pontificibus vel proceribus nostris plenius[q] pertractantes[r] decrevimus[s], inlustris[t] vero, *aut* venerabile, illo in ipso[u] urbae[v] pontificalem[w] in Dei nomine[x] committere[y] dignitatem, quem plerumque aput[z] animos[a] nostros et accio[b] probata commendat et nobilitatis[c] ordo sublimat[d] ac morum probitas vel mansuetudinis et prudentiae honestitas[e] exornat[f]. Qua de re statuta presentibus ordinamus, ut[g] cum adunatorum[h] caterva ponteficum[i], ad quos tamen nostrae[k] serenitatis devotio scribta[l] pervenit, ipsum, ut ordo postolat[m], benedici[n] vestra industria[o] studiat[p], volontatis[q] nostrae[r] deliberationis[s] reseratis[t] oraculis publicare atque[u] aeffectum[v], Domino annuente[w], sortire, quatenus[x], dum ecclesia sibi a[y] dispensatione divina commissa strinuae[z] regere atque[a] gubernare videtur, nobis apud[b] aeternum[c] retributorem[d] mercidum[e] suffragia largiantur[f], et ille[g] pro[h] peccatorum nostrorum mole indesinenter inmensum[i] Dominum debeat deprecare[k].

6. Indecolum[a] regis ad episcopum, ut alium benedicat.

Domino sancto, sedis[b] apostolice dignitatis colendo, in Christo patri[c] illo[d] episcopo ille[e] rex. Credimus[f], iam ad vestram reverentiam pervenisse, sanctae recordationis illo[g], illius[h] urbis[i] antestite, evocatione divina de presente[k] seculi luce[l] migrasse. De cuius successorem sollicitudinem[m] integram cum pontificibus vel primatus populi nostri pertractantes[n] decrevimus inlustris[o] vero[p] illo, *aut*[q] venerabile viro[r] illo, ad[s] prefata[t] urbe regolariter[u], Christo auspici[v], committere dignitatem, et ideo salutationum[w] iura[x] dignum debito[y] honore solventes, petimus, ut, cum ad vos pervenerit, ipsum, ut ordo postolat[z], benedici[a] vestra sanctitas non moretur, et iunctis vobiscum[b] vestris cumprovintialibus[c], ipsum in suprascribta[d] urbe ponteficem[e] consecrare, Christo auspice, debeatis. Agat ergo almitas vestra, ut et[f] nostre[g] volontate[h] devocionis[i] incunctanter debeatis inplere[k], et tam vos quam ipse pro stabilitate regni nostri iugi invigilatione[l] plenius exoretis.

I, 5. n) successore *A* 2. o) solicitudinem *B*. p) congrua *A* 3. *B*. q) per lenius *B*. r) detractantes *A* 2. s) *bis scriptum B*; decrevim *A* 3. t) inlustris viro a. v. ill. *A* 2; inl. viro a. v. ill. *A* 3; inlustri virum a. venerabilem illum *B*. u) ipsa *A* 3; *deest B*. v) urbe *cett.*; illa *add. B*. w) pontificale *A* 2. x) nom̄ *A* 3. y) cummittere *corr.* comm. *A* 1. z) apud *A* 2. *B*. a) anim; (animus) *A* 3; animas nostras *corr.* animos nostros *B*. b) actio *A* 2; acio *A* 3; acci *B*. c) nonobilitatis *A* 1; nobilitas *A* 2; n. o. *absc. A* 3. d) sublima, ac *deest B* e) honestas *A* 3; honestat *B*. f) exornet *A* 2. g) *A* 3; et *cett.* h) *A* 2. *B*; adnatorum *A* 1; ad una eorum *A* 3. i) pontificum *cett.* k) nostre *A* 3; de nostra *B*. l) scripta *cett.* m) postulat *A* 3. *B*. n) benediccio *A* 3. o) industra *B*. p) studeat *A* 2. *B*; instruat *A* 3. q) voluntatis *cett.* r) nostre *A* 3. *B*. s) deliberacione *A* 3. t) reserati *A* 3; refractis *B*. u) t *post add. A* 2; adque *A* 3. v) effectum *cett.* w) anuente *A* 3. x) quatinus *A* 3. y) ad dispensacionem *B*. z) strinua *A* 3. *B*. a) adque *A* 2. b) aput *A* 3. c) eteram *A* 3. d) retributorum *B*. e) mercedem *A* 2. 3; mercidum *B*. f) largiatur *A* 3. g) illi *A* 2. 3. h) *deest B*. i) in mensa *B*. k) de *in loco raso A* 1.

I, 6 = *Lind.* 2; *Roz.* 518. *Codd. A* 1. 2. 3. *B* (50). *C* 2. a) Indicṫ reḡ ad episcopo, ut alium benedic̄ *A* 2; Indicolum ad episcopo regis, cum alium benđ *A* 3; Indicuṫ regis *etc. ut supra B*. b) sedes apostolicae *A* 2; s. apostolicę *B*. c) patre *A* 3. d) ill. *A* 2. 3. *B*. e) illi *B*. f) Creditis *B*. g) *deest A* 1. 2; ill. *A* 3. *B*. *C* 2. h) us *bis scriptum B*. i) urbs antistite *A* 3. k) presenti *A* 2; presentis *B*. l) *deest A* 3. m) solicitudinem congruam c. *B*. n) *A* 2. *B*. *C* 2; pertractantas, tas *in loco raso A* 1; pertractantis *A* 3. o) inl *A* 3; inlustro *B*. p) viro ill. *A* 2; vir ill. *A* 3; viro illo *B*. q) ad *B*. r) *A* 2; viro ill. *A* 1; vir *deest*, ill. *A* 3; v. illum *B*. s) in *A* 3. t) prefatem urbem *B*. u) regulariter *cett.*; pro *add. A* 3. v) a. comittere *A* 2; auspice conmittere *A* 3; a. *deest B*. w) salutationem *B*. x) iure digno ac debito onore *A* 3. y) debitum *B*. z) postulat *A* 3. *B*. a) benediccio vestra *bis scr. B*. b) vobis *B*. c) comprovincialibus *A* 2. *B*. d) suprascriptam urbem *A* 2; suprascripta orbe *A* 3; suprascripta urbem *B*. e) pontificem *cett.* f) *deest B*. g) nostra *A* 2. h) voluntate *A* 2. 3; voluntatis *B*. i) devocione *B*. k) implere *cett.* l) inviolatione *A* 3.

7. Consensu[a] civium[b] pro episcopatum.

Suggerendo[c] piissimo ac precellentissimo[d] domno[e] illo rege[f] vel seniore commune[1] illo[f*] a servis vestris, quorum[g] subscribtionis[h] vel signacula subter tenentur[i] inserte. Principalitatis[k] vestrae circumspecta clementia novit iuxta[l] petentibus [dignanter[m]] adnuere[n], suo moderamines iuditio ponderante[o], presertim cum illa[p] deposcuntur generali[q] preci[r], cunctorum voci[s] communiter, que proficiat constanter ecclesiae regimini[t] populari, qui[u] et ipse regale[v] clementiae prosit[w] salutis pariter ac mercedes[x]. Quoniam sanctae memoriae vir apostolicos[y] ille, illius urbis[z] episcopus, finem[a] adpropinquantem, ab hac luce migravit, tempore naturae[b] conplenti[c], ne[c*] distututae sint, quod absit[d], oves decidentae[e] pastore, in loco eiusdem, suppliciter[f] postolamus[g], ut[h] instituere[i] dignetis inlustrem[k] virum illum[l], *aut* venerabilem[m] illum, cathedrae[n] illius successorem, in quo est praespicuetas[o] sublimis, ingenuetas[p] nationis[q], elegantia[r] refulgens[s], diligentia castitatis[t], caritatis[u] locuplex[v]. Volontatis[w] inrefragabiliter[x] manos[y] nostrae[z] hunc consensu[a] decrevimus roborare.

8. Carta de ducato[a] et patriciatu[b] et[c] comitatu[2].

Praespicuae[d] regalis[e] in hoc perfectae[f] conlaudatur clementia[g], ut inter cuncto[h] populo bonitas et vigilantia requeratur[i] personarum, nec facile[k] cuilibet iudiciaria convenit committere[l] dignitatem[3], nisi prius fides seo[m] strinuetas videatur[n] esse probata. Ergo dum et fidem et utilitatem tuam videmur[o] habere conpertam, ideo tibi accionem[p] comitiae, ducatus aut[q] patriciatus in pago illo, quem antecessor[r] tuos[s] illi usquae nunc

I, 7 = *Lind.* 3; *Roz.* 515. *Codd.* *A* 1. 2. 3. *B* (51). *C* 2. a) *ita B et, ut videtur, A* 3; *(cf. indicem cap. et calcem ipsius formulae)*; Consensio *A* 1; Concessio *A* 2. b) civ(ium — episcopatum) *uncis inclusa abscissa sunt, priore rubricae parte paene extincta, A* 3; *duo sequentia verba om. B.* c) Sugerendo *B.* d) precelentissimo *B.* e) *B*; domn. ill. *A* 1; dom. ill. *A* 2. 3. f) regi vel seniorem *A* 2; regi, v. s. c. i. *des. B.* f*) ill. *A* 1. 2; ł *A* 3. g) corum *A* 3. h) subscriptiones *A* 2; subscriptionis *A* 3. *B.* i) inserta *A* 3; inserti *B.* k) principalitates *corr.* p—tis *A* 2; p. vestre *A* 3. *B.* l) iusta *A* 2. 3. m) *add. A* 3. *B. C* 2. n) annuere suo moderaminis *A* 3. *B.* o) ponderate *A* 2. p) illi *B.* q) generaliter *B.* r) precinctorum *pro* preci cunctorum *A* 1. s) voce *A* 3. t) regimine polulare *A* 2; regimine populari *B.* u) quieti ipse *A* 3. v) regali *B.* w) possit *A* 3. x) mercedis *A* 3. *B.* y) apostolicus *A* 2. 3. *B.* z) urbe *A* 2; urbs *A* 3. a) fine adpropinquante *A* 2. b) nature *A* 2. 3. *B.* c) conpleti *A* 3; complente *B.* c*) ne distitute *A* 2. *B*; nec distituti *A* 3. d) abssit *A* 3. e) decidente *cett.* f) subpliciter *B.* g) *corr.* postulamus *A* 2; postulamus *A* 3. *B.* h) *deest B.* i) instruere digneris *A* 2; i. dignanter *B.* k) virum inlustrem *A* 3. *B.* l) *deest B.* m) venerabile *A* 3. *B.* n) cathedre *A* 2. *B*; cathedra *A* 3. o) prę-spicuetas (*corr.* -itas) *A* 2; p̄spicuitas *A* 3. *B.* p) *corr.* ingenuitas *A* 2; ingenuitas *A* 3. *B.* q) nationes *A* 2. r) elagantia *A* 2; eligacia *A* 3. s) refungens *A* 3. t) castitas *A* 3. u) caritati *B.* v) lucuplex *A* 3. *B.* w) voluntatis *A* 2. 3. *B.* x) inreflagrabiliter *A* 1. y) manus *A* 2. 3. *B.* z) nostre *A* 3. *B.* a) consensum *B.*

I, 8 = *Lind.* 32; *Roz.* 7. *Codd.* *A* 1. 2. 3. *B* (53). *C* 1. a) ducatu vel p. *B.* b) patriciato *A* 2. 3. c) aut *B.* d) Prespicuę *A* 2. *B*; Prespicuit *A* 3; Perspicuę *C* 1. e) regales *A* 2. f) perfecte *A* 2. 3; perfecta *B.* g) clemenciae *A* 3. h) cunto *B.* i) requiratur *A* 2. 3. *B.* k) facile *cett.* l) commitere *A* 2. 3. m) seos trinuetas *A* 1; seu strenuetas (*corr.* -itas) *A* 2; et strinuitas *A* 3; seu strenuitas *B.* n) vindentur *A* 2. o) videmus *B.* p) actionem comiti ęducatus *A* 2; accionem comite ducatur *A* 3; a. cōmitatus d. *B*; a. comitati d. *C* 1. q) hac *B.* r) antecesor *B.* s) tuos illius quae *A* 1; tuus ill. usque *A* 2; tuus illius qui *A* 3; tuus ille usque *B. C* 1.

1) *Bignonius exposuit: commune illius, civitatis nempe*, τὸ κοῖνον; *cf. Waitz*, '*VG.*' *II*², *p.* 332 *n.* 1. *Verba tamen, quae codices praebent, potius significare videntur 'seniorem communem'; neque vero satis constat, regemne ipsum, quod minus probabile videtur, an aliam personam Marculfus his verbis notaverit; cf. Waitz l. c. et p.* 142 *n.* 5; *Roth*, '*Beneficialwesen*' *p.* 371. 2) *De hac formula vide Waitz*, '*VG.*' *II*², *p.* 367 *sqq.* 3) *iudiciaria dignitas* = *magistratus; iudicare* = '*verwalten, regieren*'; *cf. Sohm*, '*Reichs- u. Gerichtsverf.*' *I*, *p.* 149 *sq.*; *Waitz*, '*VG.*' *II*², *p.* 366.

visus est egisse, tibi ad[t] agendum regendumque[u] commissemus[v], ita ut semper erga regimine[w] nostro fidem inlibata custodias, et omnis populus ibidem commanentes, tam Franci, Romani, Burgundionis[x] vel[y] reliquas nationis[z], sub tuo regimine[a] et gubernatione degant[b] et moderentur, et eos recto tramite secundum[c] lege et consuetudine eorum regas, viduis et pupillis[d] maximus defensor appareas, latronum[e] et malefactorum scelera a[f] te severissimae[g] repremantur[h], ut populi bene viventes sub tuo regimine[i] gaudentes debeant consistere quieti; et quicquid de ipsa accione[k] in fisci dicionibus[l] speratur, per[m] vosmet ipsos annis singulis nostris aerariis[n] inferatur[o].

9. Indecolum[a] ad alium regem, cum legatio[b] diregitur[c] et verbis suggerit[d], commendatium[e].

Domino glorioso atque precellentissimo[f] fratri[g] illo[h] regi in Dei nomen ille[i] rex. Desideratus eventus fidelissima[k] nobis obtulit[l] facultatem, qua[m] vestrae serenitatem salutationis honorificenciam[n] prebeamus, eo videlicet dileccionis[o] affectu prosperitatem[p] vestrae[q] celsitudinis cognuscire[r] cupientes, quo vestram[s] gloriam erga nos fraternitatis[t] individuam arbitramur. Proinde presentes[u] viros inlustris illos[v] et illos ad presenciam fraternitatis vestre[w] dereximus, quibus, ut[x] vestram[y] gloriam condecit[z], benignissima[a] tranquillitatae[b] susceptis, petimus, ut dum officium legacionis iniunctae[c] peraegerint[d], responsis[e] vestrae[f] clemenciae[g] premuniti[h] ad referendum salutis indicium sacris vestris litteris[i] honorentur.

10. Rescriptio[a] ad rege.

Domino gloriosissimo[b] atque precellentissimo et a nobis cum summo[c] caritatis vinculo[d] in[e] amore Christi amplectendo[f] illo regi ille rex. Apices[g] vestrae[h] celsitudinis per[i] magnificus[k] et inlustris[l] viros[m] illos summa cum aviditate nos accepisse[n] conperite; per quos vestrae[o] celsitudine[p] salutationum[q] munea[r], ut condecet, premittentis[s], ea[t] quae circa vos[u] sunt pruspera[v] cognoscentes[w] gavisi[x], ipsos in vestro

I, 8. t) in *B.* u) que *deest A* 3. v) commissimus *A* 2. *B*; commisimus *A* 3. w) regimini *A* 2. x) burgundiones *A* 2. *B.* y) quam *B.* z) nationes *A* 2. 3. a) regimini *A* 2. 3. b) decant et moderatione *A* 2; regant *corr.* degant *B.* c) sic đ legem et consuetudinis *B.* d) popillis *A* 3. *B.* e) latronem et malefactorem *A* 2. f) a *deest A* 3. g) severissime *A* 2. 3. h) rep̄mantur *A* 1. 2. 3; p̄matur *B*; reprimantur *C* 1. i) *corr.* regimini *A* 2. k) actione *A* 2. l) ditionibus *A* 2; dicationibus *B*; dictione *C* 1. m) pro vosmet ipsis *A* 2; per vosmet ipsis *A* 3; per temet ipsum *B.* n) erariis *A* 3. *B.* o) inferantur *A* 3.

I, **9** = *Roz.* 696. *Codd. A* 1. 2. 3. *B* (54). *C* 1. a) Indiculum *A* 2. *B*; Indicolum *A* 3. b) ligatio *B.* c) dirigitur *A* 2. 3. *B.* d) sugerit *A* 3. e) commendaticiis *A* 2; commendaticium *A* 3; c̄md̄ *B.* f) precelentissimo *B.* g) fratre *A* 3. h) ill. r. *A* 2; ill. rege *A* 3. i) ill. *A* 2; illi *A* 3. k) fidissimam *A* 3; fidelissimam *B.* l) obtullit *B.* m) quia v. serenitate *A* 2; qua v. serenitate *A* 3; quanta nobis serenitas *B*; qua v. s—tatis *C* 1. n) honorificentium *corr. man. rec.* h—tiam *A* 2. o) dilectiones *A* 2. p) *C* 1; proprietatem *A* 1; proprietate *A* 2; prosperitati *A* 3; prosperitate *B.* q) vestre *A* 3. *B.* r) cognoscere *A* 2; cognuscere *A* 3. *B.* s) nostre glorię *B.* t) fraternitas *B.* u) p. viris inl. *A* 3; presentis viris i. *B.* v) ill. et ill. *A* 2; illo et illo *B.* w) vestrę *A* 2. x) *deest A* 2. y) vestra gloria *A* 3. z) condecet *A* 2. 3; decet *B.* a) benignissimam *corr.* b—ma *A* 2. b) tranquillitatem *A* 2; tranquillitate *A* 3; tranquilitate *B.* c) iniuncte *A* 2. 3; *deest B.* d) peregerent *A* 2; peregerint *A* 3. *B.* e) responsionis *B.* f) vestre *A* 3. *B.* g) *A* 3; clemencia *A* 1; clementię *A* 2. *B.* h) premoniti *A* 2. *C* 1. i) literis *B.*

I, **10** = *Roz.* 697. *Codd. A* 1. 2. 3. *B* (55). *C* 1. 2. a) Rescripto ad regem *A* 3; Rescriptum ad regem *B.* b) gloriosisimo a. precelentissimo *B.* c) summa *B.* d) vinculum *A* 2. e) im *A* 1. f) a. i. rege, *in marg. post add. A* 2; a. i. rege *B.* g) apicis *A* 2. 3. h) vestrę *A* 2. *B*; vestre *A* 3. i) pro *A* 2. k) magnificos *B.* l) inl. *A* 3. m) viris illo et illo *B.* n) accipisse *A* 2. o) vestre *A* 3. *B.* p) celsitudinem *A* 1. q) salutacionem *B.* r) munia *A* 3. s) pręmitentes *A* 2; premittentes *A* 3. *B.* t) ea que *A* 2; et que *B.* u) nos *B.* v) prospera *cett.* w) cognuscentes *A* 3. *B.* x) gavisus *A* 3.

amore, tales[y] ut condecet viros, devotione[z] benignissima[a] suscepimus. Officium legationes[b] sibi a[c] vos iniunctum[d] nostris auribus pandiderunt[e]; sed omnia a nobis in responsis accepta, quid[f], cum feliciter in Dei nomen remeaverint, celsitudinis vestrae[g] auribus debeant enarrari[h].

11. Tracturia[a. 1] ligatariorum[b] vel minima facienda istius[c] instar.

Ille[d] rex omnibus agentibus. Dum et nos in Dei nomen[e] apostolico vero[f] illo[g] necnon et inluster[h] vero illo[g] partibus illis legationis causa direximus, adeo iubemus, ut locis[i] convenientibus[k] eisdem a vobis eveccio[l] semul[m] et humanitas[n] ministretur; hoc[o] est viridos[p] sive paraveridos tantos, pane nidido[q] modios[r] tantos[s], sequente[t] modios tantos, vino[u] modios tantos, cervisa[v] modios tantos[w], lardo liberas[x] tantas[y], carne[z] liberas[a] tantas[b], porcos[c] tantos[d], porcellos[e] tantos[d], vervices[f] tantos[d], agnellus[g] tantos[h], augas[i] tantas, fasianos[k] tantos[l], pullos[m] tantos[n], ova tanta[o], oleo liberas[p] tantas[q], garo liberas[r] tantas[s], mel tantum[t], aceto[u] tanto, cimino[v] liberas[w] tantas, piper tantum[x], costo tanto[y], cariofilo[z] tanto[y], spico tanto[y], cinamo tanto[y], granomastice[a] tanta[b], dactalus[c] tantos, pestacias[d] tantas, amandolas tantas, cereos[e] liberales[f] tantos[g], caseo[h] liberas[i] tantas, sal[k] tantum[l], olera[m], [ligumina[n]], ligna[o] carra tanta[p], facolas[q] tantas[p]; itemque victu[r] ad caballos[s] eorum faeno[t] carra tanta, suffuso[u] modios[v] tantos. Haec[w] omnia diebus singulis[x], tam ad ambulandum quam ad nos in Dei nomen[y] revertendum[z], unusquisque vestrum[a] loca[b] consuetudinaria eisdem[c] ministrare et adimplere[d] procuretis, qualiter nec moram habeant nec iniuriam perferant, si[e] gratia nostra obtatis habere.

I, **10**. y) talis *A* 2. 3. z) devocatione *A* 1. a) benignisima *A* 2. b) legationis *cett.* c) *deest A* 3; a vobis *B.* d) iniunctam *A* 3. e) pandederunt *A* 3; panderunt *B.* f) quibus *B.* g) vestre *A* 3. *B.* h) e:narrare *A* 2; eunarrare *A* 3. *B.*

I, **11** = *Lind.* 35; *Roz.* 703. *Codd. A* 1. 2. 3. *B* (56). *C* 1. 2. a) Tractaturia *A* 3. b) legatariorum *A* 2. 3. *B.* c) ad i. *A* 3; inscius *B.* d) Illi *A* 3. e) nomine *A* 2. f) viro *A* 2. 3. *B.* g) ill. *A* 2. 3. h) inlustris vir: *A* 2; inl viro *A* 3; inlustro viro *B.* i) :o::s *A* 3. k) conpetentibus *B.* l) evectio *A* 2. m) simul *cett.* n) umanitas *B.* o) hoc vero dantur paraverid. tan. *A* 3. p) veridus *A* 2; viredos sive virelos *corr.* v. s. perviredos *B.* q) nitido *cett.* r) mo. *A* 1; mod. *A* 2; modia *A* 3. *B.* s) tant. *A* 1; tanto: *A* 2; tanta *A* 3. *B.* t) sequent. mod. tant. *A* 2; sequente modia tanta *B*; sequenti pane m. t. *C* 2; *desunt A* 1. 3. *C* 1. u) vino mod. tant. *A* 2. 3; v. modia tanta *B*; *desunt A* 1. v) cervisa mod. *A* 2. 3; cervisa mo. *supra lin. add. B.* w) *deest B. Compendia* tant., tan , t. *in codicibus saepenumero adhibita non separatim singula adnotabimus.* x) libera *A* 1; lib. *A* 2; libras *A* 3. *B.* y) *B*; tant. *A.* z) karne *A* 3. a) liber. *A* 1; libras *A* 2. 3. *B.* b) *B*; tant. *A*; garo libras tantas *add. B.* c) porcus *A* 3. *B.* d) tant. *A*; tantus *B.* e) porcel. *A* 3; porcellus *B.* f) vervicis *A* 3. g) *A* 2. 3. *B*; agnell. *C* 2; agnos *A* 1. h) tantus *B.* i) aucas *A* 2. k) fasianus *A* 2. 3. *B.* l) tan. *A* 1. 3; tantus *A* 2. *B.* m) pul. *A* 3; pullus *B.* n) *A* 2; tan. *A* 1. 3; tantus *B.* o) *B*; tant. *A.* p) lib. *A* 2; libras *A* 3. *B.* q) *B*; tan. *A.* r) liber. *A* 1; libras *cett.* s) *B*; tan. *A.* t) *B*; tant. *A.* u) aceto tan. *A*; *des. B.* v) cymino *A* 2. *B*; cumino *C.* w) lib. tan. *A*; libras tantas *B.* x) tan. *A* 1. 2; *deest A* 3. *B.* y) tan. *A*; *deest B.* z) carioflo *A* 2; gariofl *A* 3; cariofile *B*; gariofilo *C* 1; cariofolo *C* 2. a) granomastici *A* 3; g. libras tantas *B.* b) tant. *A.* c) d. tan. *A* 1; dactolas tantas *A* 2; dactol t. *A* 3; dactiles tantos *B.* d) pestacias tantas amandolas tan. *A* 2; *des. A* 1; pestacia t. amandol t. *A* 3; p. t. *des.*, amigdalas tantus *B*; pestitio amandolas *C* 1; p. *deest*, amnadolas *C* 2. e) cerius *A* 3. f) lib. *A* 2; libralis *A* 3; librales *B.* g) *B*; tan. *A.* h) c. l. t. *des. A* 2; casio *A* 3 *B*; caseo *C.* i) lib. tan. *A* 1. 3; libras tantas *B.* k) sat *A* 3. l) *B*; tan. *A.* m) tan. *add. A* 1. n) *sic B*; ligum̄ *A* 2; *deest cett. codd.* o) *deest A* 2. p) *A* 2. *B*; tan. *A* 1. 3. q) faculas *A* 2. *C*; faglas *A* 3; faclas *corr.* facolas *B.* r) victum *B.* s) caballus *A* 2. *B*; caball. *A* 3. t) faenum *A* 2; feno *A* 3. *B.* u) suffusum *A* 2. v) mod. tan. *A*; modia tanta *B.* w) hec *A* 3. x) *deest A* 2; singl. *A* 3. y) nomine *B.* z) revertendo *A* 2. *B.* a) vestre *A* 3. b) loci *A* 3. c) easdem *B.* d) adimplerae *A* 1. e) se *A* 2.

1) *Waitz, 'VG.' II*², *p.* 598 *sqq.*

12. Preceptum[a] interdonationis.

Dum Dominus omnipotens, creator[b] caeli[c] et terrae[d], permisit[e], iuxta quod legitur, in principio masculum[f] et faeminam[g] copulae[h] sociari[i] consorcium, dicens: 'Relinquet[k] homo patrem et matrem suam[l] et adherebit uxori suae, et erunt duo in carne una'[1], si aliquid pro amorem[m] dilectionis[n] inter se invicem condonari[o] decreverint, hoc nostra serenitas in id ipsis non rennuit[p] confirmari[q]. Igitur venientis[r] illi[s] et illa ibi[t] in palatio nostro, pro eo quod filiorum procreationem inter se minime habere videntur[u], omnes res[v] eorum[w] inter se per manu nostra visi sunt condonasse, et, *se*[x] *ita convenit,* villas[y] aliquas inter se visi sunt condonasse[2]. Dedit igitur predictus vir ille[z] per manu nostra iam dictae[a] coniuge sua[b] illa[c] villas[d] noncupantes illas[e], sitas[e] in pago illo[f], quas aut munere[g] regio aut de alodo[h] parentum vel undecunque[i] ad presens tenere videtur, cum terris, domibus *et citera*[k] Similiter in conpensatione rerum dedit predicta faemina[l] antedicto[m] iogale[n] suo illo[o] villas nuncupantes[p] illas, sitas in pago illo[q], cum terris *et cetera*[r], *seu* presidiae[s] domus eorum, aurum et[t] argentum, fabricaturas, drappus[u], vestimenta vel omne[v] subpellectile[w] eorum, pars parte[x] per manu nostra visi sunt condonasse; ita ut, dum pariter advixerint[y] in hunc seculum[z], omnes[a] res eorum[b] suprascribtas[c] ab[d] utrasquae[e] partes[f] pariter debeant possidere, vel, si eis pro animabus eorum aliquid exinde ad loca sanctorum dare decreverit[g] volontas[h], eorum liberum[i] maneat[k] arbitrium[l]; et qui pare[m] suo ex ipsis in hunc[n] seculum supraestis[o] extiterit[p], ambobus rebus quamdiu advixerit[q] usufructuario[r] ordine debeat[s] possidere[t]; et post amborum quoque[u] de hac[v] luce discessum, sicut eorum delegationis[w] contenentur[w*], tam ad loca sanctorum quam benemeretis[x] vel eorum[y] propinquis debeant revertere heredis[z] tam suprascribtas[a] villas quam et de presidio eorum quicquid morientes reliquerint[b]. Propterea per presentem preceptum decernemus[c] ac iobemus[d], ut, dum taliter suprascribtis[e] illis decrevit[f]

I, 12 = *Lind.* 48; *Roz.* 253. *Codd.* *A* 1. 2. 3. *B* (57). a) Preceptu *A* 1; Prȩceptum interdonationibus *A* 2; Preceptū interdonatiō *A* 3; Preceptum interdonationes *B*. b) creatur *A* 3. c) celi *A* 3. *B*. d) terre *A* 3. e) promisit *A* 3. f) masculo *corr.* masculum *A* 2. g) femina *A* 2. *B*; feminam *A* 3. h) copule *cett.* i) sotiare, sociare *A* 2. 3. k) relinquid *A* 2. *B*; relinquat *A* 3. l) *deest* *A* 2. *B*. m) amore *cett.*; dī (Dei) *add.* *A* 3. n) dileccionis *A* 3. *B*. o) donare *A* 2; condonare *A* 3. *B*. p) renuit *A* 2. *B*. q) confirmare *cett.* r) venientes *A* 2. 3; veniens *B*. s) *B*; ill. et ill. *A* 1; ill. et illa *A* 2. 3. t) *deest* *A* 2. u) videtur *A* 1. v) *deest* *A* 1. w) eor *A* 3. x) si *A* 3. *B*. y) vilas *B*. z) *B*; ill. *cett.* a) dicte *cett.* b) sua *corr.* suae *A* 2; suae *A* 3. *B*. c) *A* 3; ill. *cett.* d) vilas *saepius* *B*. e) *B*; ill. *cett.* f) *A* 2. *B*; ill. *A* 1. 3. g) monere *A* 3. h) alodo *corr.* alode *A* 2; alode *A* 3. *B*. i) undecumque *cett.* k) cetera *A* 2. *B*; altera *A* 3. l) femina *cett.* m) antedictum *B*. n) iugale *cett.* o) *B*; ill. *cett.* p) noncupantes *B*. q) *B*; ill. *cett.* r) ceteras *corr.* cetera *A* 2. s) presidie *B*. t) *deest* *A* 3. u) drappis *A* 2; drapus *B*. v) om̄ *A* 2. w) supplectile *A* 2; supellectile *A* 3; suppelectile *B*. x) parti *A* 3. y) advixer̄ *A* 2. z) in seculo (hunc *om.*) *A* 3. a) om̄ *B*. b) *deest cett.* c) sup̄scribtas *A* 2; suprascriptas *A* 3. *B*. d) *deest* *A* 3. e) utrasque *A* 2. *B*; utraque *A* 3. f) pariter *corr.* partes *A* 1. g) *A* 3; decreverint *cett.* h) voluntas *cett.* i) liber *post h. v. quaedam erasa* *A* 3; lib̄ *B*. k) maneant *A* 1. l) arbitrio *A* 3; harbitrium *B*. m) pari *A* 3. *B*. n) hoc seculo *B*. o) suprȩstis *A* 2; suprestis *A* 3; super istis *B*. p) fuerit ambabus *B*. q) *A* 3. *B*; advixerint *A* 1. 2. r) usufructario *A* 2. s) debeant *A* 2. t) possedere *A* 3. u) *deest cett.* v) ac *cett.* w) diligaciones *B*. w*) continentur *A* 2; continetur *B*. x) benemeritis *cett.* y) *deest* *A* 3. z) heredes *cett.* a) suprascriptas *cett.* b) relinquerint *A* 2. *B*. c) decernimus *cett.* d) iubemus *A* 3. *B*. e) sup̄scribtas *A* 2; suprascriptis *A* 3. *B*. f) decernit *B*.

1) *Gen.* 2, 24. 2) *Lex Rib.* 48. *huiusmodi mortis causa donationem inter virum et uxorem in praesentia regis faciendam commemorat; cf. Schröder, 'Gesch. d. ehel. Güterrechts' I, p.* 158 *sq.; Beseler, 'Erbverträge' I, p.* 103 *sq.*

volontas[g], et per manu nostra invicem condonatum esse[h] denuscitur[i], per hunc preceptum robustissimo[k] iure suffultum[l] atque[m] firmatum[h], quicquid superius[n] contenetur[o], auxiliante Domino, cum[p] Dei et nostra gratia debeat[q] perdurare, ita ut nulla refragatione nec de parte[r] fisci nostri[s] nec a parentibus eorum propinquis nec a quemcumque possit convelli, sed omni tempore maneat inconvulsum. Quam[t] vero auctoritate, ut firmior habeatur vel per tempora[u] conservetur, manu[v] propria subter[w] eam decrevimus roborare.

13. Precepcio[a] de leseuuerpo[b] per manu regis[c].

Quicquid enim in[d] presentiam[e] nostram agetur vel per manu[f] nostra videtur esse transvulsum[g], volumus[h] et iobemus, ut maneat in posterum robustissimo[i] iure firmissimo[k]. Ideoque[l] veniens ille[m] fidelis[n] noster ibi in palatio nostro in nostrae[o] vel procerum[p] nostrorum presenciam[q] villas nuncupantes[r] illas[s], sitas in pago illo[t], sua spontanea[u] volontate[v] nobis per fistuca visus est leseuuerpisse[w. 1] vel condonasse in ea ratione, *si ita convenit*, ut dum vixerit[x] eas[y] sub usu[z] beneficio debeat possidere[a]; et post suum discessum, sicut[b] eius adfuit petitio, nos[c] ipsas[d] villas fidele[e] nostro illo[f] plena gratia visi fuimus concessisse[g]. Quapropter[h] per[i] presentem decernimus[k] preceptum, quod perpetualiter mansurum[l] esse iobemus[m], ut, dummodo taliter ipsius illius[n] decrevit volontas[o], quod[p] ipsas villas in suprascribta[q] loca nobis volontario[q*] ordine visus est lesiuuerpisse[r] vel condonasse, et nos predicto[s] illo[t] ex nostro munere largitatis[2], sicut ipsius illius[u] decrevit volontas[v], concessimus, hoc est tam terris, domibus, aedificiis[w], accolabus[x], mancipiis[y], vineis[z], silvis, campis, pratis, pascuis, aquis aquarumve decursibus, ad inte-

I, **12**. g) voluntas *cett.* h) esse — firmatum *des. A* 3. i) dinoscitur *A* 2; dinuscitur *B.* k) robustissimum *A* 2. *B.* l) *corr. e* suffulsitum *A* 1. m) adque *A* 2. n) supra *A* 3. o) continetur *cett.* p) c. D. *des. A* 2. q) debeant *A* 2. r) parti *A* 3. s) sanctiti *add. B.* t) *A* 2; ut quam vero actoritate firmior *A* 1; auctoritatem *A* 3. *B.* u) tp̄r *A* 2. v) monu *B.* w) supter *A* 3.

I, **13** = *Lind.* 43; *Roz.* 216. *Codd. A* 1. 2. 3. *B* (58). a) Precepto *A* 2; Preceptum *A* 3. *B.* b) lesiuuerpo *A* 2; leseumuurpo *A* 3; lesio uerbo *B*; lesovverpo *Lind.* c) reḡ *A* 2. d) *deest A* 2. e) presentia nostra agitur *cett.* f) manum nostram *A* 2. g) translatum *A* 1, *sed rectius cett. codd. et omnes edd.* transuulsum, *quod e* transsulsum, transsolsum *corruptum esse videtur; cf. II,* 18. h) v. et iubemus *A* 2. *B*; volemus et iubimus *A* 3. i) robustissimum *B* k) firmissimum *A* 3. *B.* l) ideque *A* 3. m) *B*; ill. *cett.* n) fideles *B.* o) nostro *A* 2; nostra *A* 3. *B.* p) pro eorum *B.* q) presentia *cett.* r) noncupantes *A* 2. *B.* s) *B*; ill. *cett.* t) *B*; ill. *cett.* u) spontaneae *B.* v) voluntate *cett.* w) leseu-uerpisse *A* 1; uuerpisse *A* 2; leseuurpisse *A* 3; leu seu uerpisse *B*; lesowerpisse *Lind.* x) advixerit *A* 3. y) etas *B*, *ubi add. praeterea* et (*lege:* ex) nostro permisso. z) uso *A* 2. a) possedere *A* 3. b) fiscus *A* 3. c) *deest B.* d) ipsa villa *A* 3. e) *corr.* fideli *A* 2; fideli *A* 3. *B.* f) ill. *A* 2. 3. g) concessisșe *B.* h) quāpropter *A* 2. i) *deest A* 3. k) decrevimus *B.* l) mansura *A* 2. m) iubemus *cett.* n) ill. *A*; ille *B.* o) voluntas *cett.* p) quod ipsas — decrevit volontas *ad verba bis scripsit A* 1. q) suprascripta *cett.* q*) voluntario *cett.* r) laesouuerpisse *A* 2; lesio uurpisse *A* 3; leuseouerpisse *corr.* leuseuuerpisse *B.* s) viro *add. cett.* t) ill. *A* 2. 3. u) ill. *A* 2; ille *B.* v) voluntas *cett.* w) edificiis *A* 3. *B.* x) acolabus *B.* y) *pro verbis* mancipiis — decursibus, *quae e A* 2. 3 *supplevi, A* 1 *nihil nisi* et reliqua *praebet;* mancipiis et cetera, *reliqua formulae parte deficiente B.* z) viniis *A* 3.

1) *i. e.* 'festucam in laisum *(sinum)* iactare', *L. Sal.* 46, *quod Francos ei facere solitos esse, cui res suas donare voluerunt, notum est. De verbi origine atque notione conferenda sunt praecipue, quae disseruerunt Müllenhoff apud Waitz, 'D. alte Recht', p.* 287 *sq.; Grimm, 'Vorrede z. Lex Sal.' p.* 7; *Kern, 'Glossen' p.* 134 *sq. De ipsa re quae hic agitur cf. Grimm, 'RA.' p.* 121 *sqq.; Beseler, 'Erbverträge' I,* 96 *sqq.; Eichhorn, 'St. u. RG.'* §. 59 *a; Waitz l. c. p.* 147 *sqq.* 2) *His verbis reges Francorum alias in donationibus usos esse, monuit Waitz, 'VG.' II*[2], *p.* 242.

grum, quicquid ibidem ipsius lui[a] portio fuit, dum advixerit, absque aliqua diminutione[b] de qualibet rem usufructuario ordine debeat[c] possidere[d]; et post eius discessum memoratus ille[e] hoc habeat[f], teneat et[g] possedeat et suis posteris aut cui voluerit[h] ad possedendum relinquat[i]. Et ut haec[k] auctoritas firmior habeatur[l], manu propria[m] subter eam decrevimus roborare.

14. (a) Prolocus[a] de cessionibus regalibus[b].

Merito[1] largitatis nostrae[c] munere sublevantur, qui parentibus nostris vel nobis ab[d] aduliscentia[e] aetatis eorum instanti[f] famulantur officio[g].

(b) *Item alio*[a]*:* Praespicuae[b] conpendiis[c] regalibus[d] illut[e] adscribetur[f], quod[g] pro contemplatione[h] servitii fidelibus suis, concedente[i] Domino, consultissime munerator[k].

(c) *Item alio ad loco sancto:* 'Nihil, ut ait apostolos[a], in hoc mundo intulimus[b], nec quicquam ex eo auferre[c] nobiscum poteremus'[d. 2], nisi quod ob[e] animae[f] salutem locis sanctorum devote Domino[g] offerentes inpertire videmur.

(d) Ergo[3] cognuscat[a] magnitudo seo[b] strenuetas[c] vestra, nos inlustri[d] viro[e] lui[f] prumptissima[g] volontate[h] villa nuncupante illa, sitam[i] in pago illo[k], cum omni[l] merito et[m] termino suo in integritate, sicut ab illo[n], *aut* a fisco nostro, fuit possessa[o] vel moderno tempore possedetur[p], visi fuimus concessisse. Quapropter[q] per presentem auctoritatem nostram decernemus[r], quod perpetualiter mansurum[s] esse iobemus[t], ut ipsa villa illa[u] antedictus vir ille[v], ut dixemus[w], in omni integritate cum terris, domibus, aedificiis[x], accolabus[y], mancipiis, vineis[z], silvis, campis, pratis, pascuis, aquis aquerumvae[a] decursibus, farinariis, adiecentiis[b], adpendiciis[c] vel qualibet genus ominum[d] dicione[e] fisci nostri subditum[f], qui ibidem[g] commanent, in integra emunitate, absque ullius introitus iudicum[h] de quaslibet causas freta[i] exigendum[k], perpetualiter habeat[l] concessa, ita ut eam iure proprietario absque ullius expectata iudicum[m] tradicione habeat,

I, 13. a) ill. *A* 2. b) deminuatione *A* 2; deminucione *A* 3. c) *A* 2; debaat *corr. ead. m.* debeat *A* 3; debeant *A* 1. d) possedere *A* 3. e) ill. *A* 2. 3. f) abiat *A* 3. g) atque *A* 3. h) *deest*, at p. *A* 3. i) relinquant *A* 3. k) hęc auctoritas *reliqua desunt A* 2; hec actoritas *A* 3. l) sit *A* 3. m) *litt.* pria *om. A* 3.

I, 14 a = *Lind.* 44 *a; Roz.* 138. *Codd. A* 1. 2. 3. *B* (58). *C* 2. a) Prolog̅ *A* 2; Prologus *A* 3; Prologi *B.* b) regalis *A* 2; regal. *A* 3; regis *B.* c) nostre *A* 3. *B.* d) *deest A* 1, *add. cett. codd. et Lind.* e) adolescentia ętates *A* 2; adulescencia etatis *A* 3. f) instanter *B.* g) offitio *B.*

b = *Lind.* 44 *b; Roz.* 139. *Codd. A* 1. 2. 3. *B* (59). *C* 2. a) alia *A* 2. b) prespicue *A* 3. c) conpediis *A* 2. d) regalis *B.* e) illud *cett.* f) adscribitur *A* 2. *B.* g) pro quo c. *B.* h) templatione servitui *A* 2. i) condente *A* 3. k) muneratur *cett.*

c = *Lind.* 45 *a; Roz.* 145. *Codd. A* 1. 2. 3. a) apostolus *A* 2; apostl. *A* 3. b) intulimur *A* 2. c) *A* 3; auferrae *A* 1; offerre *A* 2. d) poterimus *A* 2. 3. e) *A* 2. 3; ab *A* 1. f) anime *A* 3. g) Domine *A* 3.

d = *Lind.* 45 *b; Roz.* 147. *Codd. A* 1. 2. 3. *C* 2. a) agnuscat *A* 3. b) seu *A* 2. 3. c) *corr.* strenuitas *A* 2; strinuitas *A* 3. d) inlustre *A* 2; inl *A* 3. e) *post add. al. m. A* 3. f) ill. *A* 2. g) promtissima *A* 3. h) voluntate *A* 2; volunte *A* 3. i) sita *A* 2. 3. k) ill. *A* 2. 3. l) oni *A* 2. m) ex termine *A* 2; et termine *A* 3. n) *A* 2; ill. *A* 1. 3. o) possessio *A* 3. p) possidetur *A* 2; posseditur *A* 3. q) quapropter presentem *A* 2; quap̄p̄|sente *A* 3. r) decernimus *A* 2. 3. s) mansuram *A* 2. t) iubemus *A* 2. 3. u) *A* 2; ill. *A* 1; *deest A* 3. v) ill. *A* 2. 3. w) diximus *A* 2. 3. x) edificiis *A* 3. y) acolabus *A* 2. z) viniis *A* 2. a) aquarumve *A* 2. 3. b) adiacentiis *A* 2. c) *deest A* 1; *corr.* appendiciis *A* 2; appendiciis *A* 3. d) hominum *A* 2. 3. e) ditioni *A* 2. f) subdetum *A* 3. g) hibidem conmanent *A* 2; i. cōmanet *A* 3. h) iudicium *corr.* i. *A* 2; iudicium *A* 3. i) freda *A* 2. 3. k) exiendum *A* 3. l) haebeat *A* 3. m) iudicium *corr.* i. *A* 2.

1) *Marculfus in hac arenga componenda imitatus esse videtur prooemium, quo usus erat Childericus II. puer regnum adeptus; cf. DD. I, M.* 25. 2) *Pauli ep. ad Thim. I,* 6, 7. 3) *Ex parte quadam haud ita magna formula haec cum diplomate Childerici II. supra allato convenit.*

teneat atque possedeat[n] et suis posteris, Domino adiuvante, ex nostra largitate aut cui voluerit[o] ad possedendum relinquat, vel quicquid exinde[p] facire[q] voluerit, ex nostro permisso[r] liberam[s] in omnibus habeat potestatem. Et ut haec[t] auctoritas[u].

15. Cessio[a] ad loco sancto.

Cognuscat[b] magnitudo seo[c] utilitas vestra, nos propter nomen Domini ad baselica[d] illa, *vel*[e] ecclesia illa, ubi apostolicus pater noster ille[f], *aut* venerabilis[g] vir[h] ille abba[i], preesse videtur, villa nuncupante[k] illam[l], sitam in pago illo[m], quam usque nunc fiscus noster, *aut*[n] ille, tenuit, prumptissima[o] devotione cum omni integritate visi fuimus[p] concessisse. Quapropter per[q] presentem auctoritatem[r] nostram decernemus[s], quod perpetualiter mansurum esse iubemus, ut ipsa villa[t] memorata ecclesia[u] illa[v] vel[w] antedictus pontifex[x], *aut* illi[y] abba, ut diximus, in omni integritate cum terris *et cetera*[z], *quae*[a] *superius est*[b], ita ut eam et ipsi et successores sui habeant, teneant et[c] possedeant[d], vel quicquid[e] exinde ad profectum ecclesiae illius, *aut* baselicae[f], facire[g] voluerint[h], ex permisso nostro liberam[i] in omnibus habeant[k] potestatem. Et[l] ut haec[m] auctoritas[n] firmior habeatur vel per tempora[o] conservetur, manus nostrae[p] subscriptionibus subter eam[q] decrevimus roborare.

16. Confirmacio.

Quem divina pietas sublimatur[a] ad regnum, condecet[b] facta conservare parentum; precipue[c], que[d] pro conpendiis ecclesiarum aut locis sanctorum a regale[e] clementia[f] pro aeterna[g] retributione probatur esse indultum, oportit[h] conservare in evum[i]. Igitur apostolicus vir, pater in[k] Christo noster illi[l], illius urbis[m] episcopus, clementiae[n] regni nostri detulit[o] in notitia, quasi[p] ille[q] rex per sua perceptione[r], sua manu subscribta[s], ad ecclesia[t] illius, quam preesse[u] dinuscitur[v], villa[w] nuncupante[x] illa, sitam in pago illo, cum integritate sua sub[y] omni emunitate, absque ullus[z] introitus iudicum[a] de quaslibet[b] causas freta[c] exigendum, propter nomen Domini concessisset; et ipsa preceptione[d] se[e] pre manibus habere[f] adfirmat[g], et memorata villa ipse pontifex sub eodem[h] modo ad partem[i] ecclesiae possidere[k] videatur[l]. Petiit[m] celsitudine nostrae[n], ut hoc

I, 14. n) possideat *A* 2. o) voluerint *A* 3. p) *deest A* 1. q) facere *A* 2. 3. r) permisso *corr.* premisso *A* 2; promisso *A* 3. s) liberum *corr.* liberam *A* 3. t) hec *A* 3. u) *deest A* 1.

I, 15 = *Roz.* 148. *Codd. A* 1. 2. 3. *B* (60). *C* 2. a) regis *add. B* b) cognoscat *A* 2. c) seu *cett.* d) basilica *A* 2. 3. *B.* e) v. e. i. *des. A* 1, *supplevi ex A* 2, *ubi* ęcclesia; v. e. ill. *A* 3; vel illa *B.* f) *B*; ill. *A.* g) venerabiles *A* 3. h) *deest A* 1. i) abbas *A* 2; abb. *B.* k) noncupante *A* 3. *B.* l) illa *A* 2; ill. *A* 3. m) ill. *A* 2. 3. n) *deest A* 2; ill. *A* 2. 3. o) promta *A* 3. p) sumus *A* 3. q) *deest A* 3. r) c *post add. A* 3. s) decernimus *cett.* t) illa *B.* u) *A* 3; ecclesiae *A* 1; ęcclesia, aecclesia *A* 2. *B.* v) ill. *A* 2. 3. w) ad *B.* x) ille *add. B.* y) ill. abb. *A* 2; ill. a. *A* 3; ille a. *B.* z) ceteris *A* 3. a) que *A* 2. 3. *B.* b) sunt. Et ut haec auctoritas firmior sit *B, ubi reliqua des.* c) *deest A* 3. d) possideant *A* 2. e) *A* 2. 3; quidquic *A* 1. f) basilicę *A* 2; basilice *A* 3. g) facirae *A* 1; facere *A* 2. 3. h) voluerit *A* 3. i) *deest A* 2. k) habeat *A* 2. l) aut *pro* et ut *A* 1. m) hec *A* 3. n) ut *add. A* 3. o) tempore *A* 3. p) nostre *A* 3. q) eum *A* 2.

I, 16 = *Roz.* 154. *Codd. A* 1. 2. 3. *B* (61). *C* 2. a) sublimare *A* 1. b) cūdecet *A* 3. c) precipuę *A* 2. d) quem *A* 2; qui *B.* e) regali *B.* f) clementiae *A* 3. g) eterna *A* 3. h) oportet *A* 2. 3. i) eum *A* 2. 3. k) noster in Chr. *B.* l) *deest A* 2; ill. *A* 3; ille *B.* m) urbs *A* 3. n) clementia *B.* o) detullit *B.* p) quod *B.* q) ill. *A* 2. 3. r) preceptione *A* 3. s) subscripta *cett.*; sitam in pago illo *add., sed punctis appositis del. B.* t) ęcclesia *A* 2; aecclesia *B.* u) presedimus *A* 3. v) denoscitur *A* 2; denuscitur *A* 3. *B.* w) villam *A* 3. x) noncupant *A* 3; noncupante *B.* y) cum *B.* z) *sic A* 1. 2; ullius *A* 3; ulius introitu *B.* a) iudicium *corr.* i. *A* 2. b) cuiuslibet *B.* c) freda *A* 2. 3; fraeda *B.* d) perceptione *corr.* prec. *A* 2. e) se pre *A* 3; pre *A* 1; semper *A* 2. *B.* f) abere *B.* g) adfirmans *B.* h) eiusdem *A* 3. i) parte aecclesie *A* 2. k) possedere *A* 3. l) videtur *A* 3. *B.* m) petit ad celsitudinem *A* 2; et ut hec celsitudine *A* 3. n) nostre *A* 3. *B.*

circa eodem vel memorata ecclesia domni[o] illius per[p] nostris deberemus[q] confirmare oracolis[r]; quod nos propter nomen Domini et reverentia ipsius[s] sancti loci vel merita[t] prefato pontifice gratante[u] animo prestetisse[v] et[w] confirmasse cognuscite[x]. Precipientes enim, ut, sicut constat prefata villa a[y] iam dicto principe memorate[z] ecclesiae illius[a] cum integritate sub omni emunitate fuisse concessa, et eam[b] ad presens possidere videtur, inspecta ipsa cessione, per unc[c] preceptum plenius in Dei nomen[d] confirmatus[e], sub eo ordine et ipse et successores eorum[f] vel memorata[g] ecclesia domni[h] illius[i] eam teneant et possedeant[k] et[l] eorum successoribus ad possedendum relinquant, vel[m] quicquid exinde pro oportunitate[n] ipsius sancti loci faciendum decreverint, ex nostro[o] permisso liberam abeant[p] potestatem. Et[q] ut haec auctoritas.

17. Item confirmacio[a] ad secularibus viris.

Regiam consuetudinem exercimus[b] et fidelium nostrorum animos[c] adortamus, si peticionibus nostrorum fidelium libenter annuemus[d] et eas in Dei nomen[e] effectu mancipamus. Igitur inlustris[f] vir[g] illi clementiae regni nostri suggessit, eo quod ante hos[h] annos illi quondam rex, parens noster, villa aliqua nuncupante[i] sic[k], in pago illo[l], quam antea[m] ad fisco suo aspexerat et illi[n] tenuerat[1], pro fidaei[o] suae respectu, eius meretis[p] conpellentibus, cum omni integritate ad[q] ipsa villa aspicientem, per sua preceptione[r], sua manu roborata, in[s] integra emunitate[t], absque ullius introitus iudicum[u] de quaslibet causas freta[v] exigendum, eidem concessisset[w]; unde et ipsa preceptione antedicto principe[x] nobis ostendedit[y] relegendam, et memorata villa ad presens sub eodem modo possidere videtur[z]. Petiit, ut hoc circa eodem nostra[a] plenius deberet auctoritas generaliter confirmare; cuius peticionem pro respectu fidaei[b] suae, sicut unicuique de fidelibus nostris iusta petentibus, nequivemus[c] denegare, sed gratante[d] animo prestetisse et confirmasse cognuscite[e]. Precipientes ergo, ut, sicut constat antedicta villa illa[f] cum omni sua[g] integritate ab ipso principe illo[h] memorato lui fuisse concessa, et eam ad presens iure[i] proprietario[k] possidere[l] videtur, per hunc preceptum plenius in Dei nomine confirmatus[m], inspecta ipsa precepcione[n], et ipse[o] et posteritas eius[p] eam teneant et possedeant et cui voluerint[q] ad possedendum[r] relinquant[s], vel quicquid exinde facere

I, **16.** o) dom̄ ill. *A* 2. p) per nostras *A* 2; pro nostris *A* 3. q) deberimus *A* 3. r) oraculis *cett.* s) *deest B.* t) merito *A* 2. u) *A* 2. *B*; gratanti *A* 3; gratantes *A* 1. v) prestitisse *A* 2. w) et c. *des. A* 3. x) cognoscite *A* 2; agnuscite *A* 3. *B.* y) et *B.* z) *ita cett.;* memorata *A* 1. a) ipsius *B.* b) *ita cett.;* am *A* 1. c) hunc *A* 2. 3; hoc *B.* d) nomine *A* 2. e) confirmamus sub cohordine et *B.* f) eius *B.* g) memoratę ęcclesiae *A* 2. h) dom̄ *A* 2. 3. i) ill. illam t. *A* 2. k) possideant *A* 2. l) et — relinquant *des. B.* m) et *B.* n) oportunitatibus *A* 3. o) nostro promisso *A* 3; nostra promissione *B.* p) habeant *A* 2. 3; habeat *B.* q) et — auctoritas *A* 2; *des. A* 1; et ut hec *A* 3; et cetera *B.*

I, **17** = *Lind.* 46; *Roz.* 152. *Codd. A* 1. 2. 3. *C* 2. a) . . . firmacio a. s. v. *priora evanuerunt A* 3. b) excernimus *A* 2. c) animus *A* 2. 3. d) annuimus *A* 3. e) nomine effectui *A* 2. 3. f) inl *A* 3. g) viris illis *A* 2; vir ill. *A* 3. h) os̄ annos ill. *A* 2; os annus ill. *A* 3. i) noncupante *A* 3. k) sitam *A* 2. l) ill. *A* 2. 3. m) ante ad f. *A* 3. n) ille *A* 2; ill. *A* 3. o) fidei sui rectu *A* 2; fidei sui respectui *A* 3. p) meritis *A* 2. 3. q) et *A* 2. r) perceptionem *A* 2. s) *deest A* 3. t) imunitate *corr.* em. *A* 2. u) iudicium *corr.* i. *A* 2. v) freda *A* 2. 3. w) concessit *A* 3. x) principi nob̄ *A* 3. y) ostendit *A* 2. 3. z) videatur *A* 3. a) nostram *A* 3. b) fidei sui *A* 2. 3. c) nequevimus *corr.* nequivimus *A* 2; neuimus *A* 3. d) gratanti *A* 3. e) cognoscite *A* 2. f) *deest A* 1; *suppl. ex A* 2; ill. *A* 3. g) integritate sua *A* 2. h) o *e corr. A* 2; ill. *A* 3. i) iuro *corr.* iure *A* 2. k) propietario *A* 2. l) possedere *A* 2. 3. m) *A* 2. 3; confirmatum *A* 1. n) perceptione *A* 2. o) ipsi *A* 3. p) iius *corr.* eius *A* 2. q) voluerit *A* 3. r) possidendum *A* 2. s) relinquent *A* 3.

1) *Cum ceteris, quae de formula nostra et praesertim de hoc loco disseruit Waitz, 'VG.' II*[2], *p.* 243 *n.* 3, *prorsus assentiar, tamen haud facile concesserim, verba* illi tenuerat *ad eundem spectare, cui rex donationem confirmat.*

decreverint, ex nostro permisso liberum perfruantur[t] arbitrio. Quam vero auctoritatem, ut[u] firmior habeatur et per tempora conservetur, manu[v] propria subter eam[w] decrevimus roborare.

18. De regis[a] antrustione[b.1].

Rectum est, ut qui nobis fidem pollicentur inlesam, nostro[c] tueantur auxilio. Et quia illi[d] fidelis, Deo propitio, noster veniens ibi in palatio nostro una cum arma sua[e] in manu nostra trustem[2] et fidelitatem nobis visus est coniurasse[3]: propterea per presentem preceptum decernemus[f] ac iobemus, ut deinceps memoratus ille inter numero antruscionorum[g] conputetur[h]. Et si quis fortasse eum interficere presumpserit[i], noverit se wiregildo[k] suo soledos[l] sexcentos[m] esse culpabilem[n.4]

19. Preceptum[a] de clericatum[b].

Si eis[c], qui se ad onus[d] clericati[e] transferre[f] deliberant[g], licenciam non negamus, retributorem[h] Dominum exinde habere confidemus[i], quia scribtum[k] est: 'Noli proibere[l] benefacire[m] ei qui potest; si vales[n], et ipse[o] benefac'[5]. Igitur[p] illi[q] ad nostram veniens presentiam petiit serenitati[r] nostrae[s], ut[t] ei licenciam tribuere deberemus, qualiter comam[u] capiti[v] sui ad onus[w] clericati[x] deponere deberit[y], et[z] ad baselica[a] illa, *aut* monasterio, deservire deberit[b]; quod[c] nos propter nomen[d] Domini hoc eidem gratanti[e] animo prestetisse[f] cognuscite[g]. Precipientes[h] ergo iobemus[i], ut, se[k] memoratus ille de caput[l]

I, 17. t) perfruentur arbitrium *A* 3. u) ut — conservetur *des. A* 1, *supplevi ex A* 2. 3. v) p. m. *A* 2. 3. w) *deest A* 1, *suppl. ex A* 2. 3.

I, 18 = *Lind.* 47; *Roz.* 8. *Codd. A* 1. 2. 3. a) regibus *A* 2. b) anstrustione *A* 1; antrustionem *A* 2; andrusticione *A* 3. c) nostram *A* 2. d) ille f. *A* 2; ill. fidelibus *A* 3. e) *De Rozière primus inter editores genuina haec verba in textum posuit, tamen in codd. A* 1 *et* 3 *exstare* 'arimannia' *annotavit, quod vero erratum postea ipse agnovit* (*'Recueil' III, p.* 315). *Bignon F. Pithoei, qui primus hanc formulam* (*Gloss. ad l. Sal.* 43) *ediderat, exemplum secutus*, '*etsi*, *ut ipse dicit, regium exemplar non* arimania *sed* arma *habeat*', *tamen* arimania *edidit, quod omnes postea editores repetiverunt. Lindenbrógium vero ita scripsisse non nisi eadem Pithoei auctoritate adductum, haud minus probabile esse videtur, quam illum ipsum sola coniectura nisum ita edidisse. Cf. Waitz*, '*VG.*' *I* [3], 291 *sq.* f) decernimus ac iubemus *A* 2. 3. g) antrustionorum *A* 2; andrustianorum *A* 3. h) *ita A* 2. 3; conpetetur *A* 1. i) presumserit *A* 3. k) uuirgildo *A* 2; uuidregilde *A* 3. l) sol. *A* 2. 3. m) DC *A* 2; sex cccccc *A* 3. n) iudicetur *add. A* 2.

I, 19 = *Lind.* 31; *Roz.* 550. *Codd. A* 1. 2. 3. *B* (64). a) pręcepto *A* 2. b) clericato *A* 2; clericatu *B*. c) quis *A* 3. d) honus *cett.* e) clericatu *B*. f) *A* 2. *B*; transferrae *A* 1; transferi *A* 3. g) diliberant *corr.* del. *B*. h) retributorum *B*. i) confidimus *cett.* k) scriptum *cett.* l) prohibere *A* 2. m) benefacirae *A* 1; benefacere *cett.* n) valis *A* 2. *B*. o) ipsi *A* 3. p) *deest A* 2; et igitur *A* 3. q) ille *A* 2; ill. *A* 3; veniens ille a. n. p. *B*. r) serenitate *A* 3. s) nostre *A* 3. *B*. t) ut ei *des. B*. u) cōmam *B*. v) capitis sui *A* 3. *B*. w) honus *A* 2. x) crericati *corr.* cler. *A* 3. y) deberet *A* 3. *B*; debet *corr.* deberet *A* 2. z) *deest A* 3. a) basilica *cett.* b) deberet *A* 2. *B*. c) d *e corr. A* 2; quod nobis p. *A* 3. d) Deum h. *B*. e) gratante *A* 2. 3. f) prestitisse *A* 2. *B*. g) cognoscite *A* 2. h) precipientis *A* 3. i) iubemus *cett.* k) si *A* 3. *B*. l) capud *A* 2. *B*.

1) *i. e. qui est in truste regis. Cf. Deloche*, '*La trustis et l'antrustionat royal*' 1873, *praeterea Roth*, '*Beneficialwesen*' *p.* 115 *sqq. et Waitz*, '*VG.*' *II* [2], *p.* 263 *sqq.*; *I* [3], *p.* 291 *sqq.* 2) *Significat h. v. secundum Waitz*, '*VG.*' *I* [3], *p.* 389 *n.* 2. 490 *n.* 1; *II* [2], *p.* 264 '*Schaar, Gefolge*', *secundum Deloche, p.* 32 *sqq.*, '*assistance*', *germ.* '*Trost, Hülfe*'. *Cf. Grimm*, '*RA.*' *p.* 943. *et Müllenhoff apud Waitz*, '*D. a. R.*' *p.* 294. *Ex aliis interpretationibus, quas singulas Deloche et Waitz enumeraverunt, ea praecipue memoranda est, quae trustem pro fidelitate accipit (Roth, Thévénin).* 3) *De re, quae hic narratur, fusius disseruit Deloche p.* 83 *sqq.*, *qui tamen minus apte e solo verbo* coniurasse *sensum elicere videtur, eum, qui in trustem recipi voluisset, armatis suis hominibus stipatum ante regem venisse.* 4) *Cf. Deloche p.* 145 *sqq.* 5) *Prov.* 3, 27.

suum bene ingenuus[m] esse videtur et in poleptico[n] publico[o] censitus non est[1], licenciam habeat comam[p] capitis[q] sui tunsorari[r] et ad suprascribta[s] baselica, *vel* monasterio, deservire vel pro nobis Domini misericordia[t] adtentius[u] exorare[2].

20. De divisione[a], ubi rege[b] accederit[c] missus.

Dum et divisio vel[d] exequatio[e] inter illos[f] et illos seu consortes eorum de alode lui[g], *aut* de agro illo[h], caelebrare[i] debetur, et quatenus[k] petitio illorum adfuit, ut missus[l] de palatio nostro ad hoc inter eos dividendum vel exequandum accedere deberet[m], ideo[n] cognuscite, nos misso nostro inlustris[o] viro illo[p] ad hoc inter eos exequando visi fuimus direxisse[q]. Propterea per[r] presentem decernemus[s] ac iobemus preceptum, ut ipsum in hoc vos recipere faciatis, et unicuique ex ipsis iustae[t] debita portionem[u] terminetur, et[v] decimo[3] illo[w] suntelites[x, 4]; quod exinde[y] in fisci[z] dicionibus tam de terra, vineas[a], mancipia vel undecumquae[b] reddebetur[c], ipse[d] vir ille habeat ex nostra indulgentia concessum, vel quicquid exinde facire[e] voluerit, liberam habeat potestatem.

21. De causas alterius[a] receptas[b].

Fidelis, Deo propicio, noster[c] ille[d] ad nostram veniens presentiam, suggessit[e] nobis, eo quod propter simplicitatem suam causas suas minime possit prosequire[f] vel obmallare[g]. Clemenciae regni nostri petiit, ut inlustris[h] vir illi[i] omnes causas suas in vicem[k] ipsius, tam in pago quam in palatio nostro, ad mallandum vel[l] prosequendum recipere deberit[m]; quod [et[n]] in presente per fistuca eas eidem visus est commendasse. Propterea iobemus[o], ut, dum taliter utrisque decrevit volontas[p], memoratus vir[q] ille omnes causas lui ubicumque prosequire[r] vel obmallare[s] debeat[t], et unicuique pro ipsum[u] vel omini-

I, 19. m) ingenuis *A* 3. n) pu:l:ptico *corr.* puletico *A* 2. o) publico *et* non *des. A* 3. p) cōmam *B.* q) capiti *A* 2. r) tonsorare *A* 2; tonsorari *A* 3; tunsurare *B.* s) supracripta basilica *cett.* t) missericordia *B.* u) *A* 2; adtenticius *A* 1; adtencius *A* 3; atentius *B.*

I, 20 = *Lind.* 114; *Roz.* 127. *Codd. A* 1. 2. 3. *B* (65). *Hoc caput scribae errore numerum habet* x *A* 1. a) divissione *A* 2; divisioñ *B.* b) regi *A* 3; misus est regis *pro* r. a. m., *deinde unius versus spatium abrasum B.* c) accedeṝ *A* 3. d) et *B.* e) exsequatio *A* 2; exęquatio *A* 3. f) illum et illum *A* 2; ill. et ill. *A* 3. *B.* g) ill. *B.* h) ill. *A* 3. *B.* i) celebrare *A* 3. *B.* k) quatinus petcio *A* 3. l) misus *A* 3. m) deberit *B.* n) ideo cognoscite *A* 2; ide agnuscite *A* 3. o) inl *A* 3; inlustrem virum *B.* p) ill. *A* 2. 3; illum *B.* q) dixisse *A* 2. r) *post add. A* 2. s) d. a. i. *des. A* 2; decernimus hac iub. *A* 3; decrevimus ac iubemus *post* preceptum *ponit B.* t) iusti *A* 2. 3; iuste *B.* u) purcionem *corr.* porcionem *B.* v) et — suntelites *des., vacante ca.* 12—14 *litterarum spatio, B; omisit etiam Lind.* w) ill. *A* 2. x) suntellitis *A* 2; sunt ellitis *A* 3; *Bign. coniecit:* sumptus litis; *cf. infra n.* 3. y) et (*lege:* ex) illa *B.* z) i *posterius in loco raso A* 1. a) vineis *B. e corr. A*; vinias *A* 3. b) undecumque *A* 3. *B.* c) redebetur *A* 2. *B*; redebitur *A* 3. d) ipsi v. ill. *A* 2. 3; i. v. inluster *B.* e) facirae *A* 1; facere *cett.*

I, 21 = *Lind.* 115; *Roz.* 392. *Codd. A* 1. 2. 3. (*Capitibus I,* 21—33. *numeri* XX—XXXII *appositi sunt in A* 1). a) alterum *A* 3. b) recip̄ *A* 2. c) *A* 2. 3; nostro *A* 1. d) illo *A* 1; ill. *A* 2. 3. e) sugessit *A* 3. f) prosequere *A* 2. 3. g) obmalare *A* 1 *rectius, ut videtur,* omallare *I,* 36; admallare *A* 2; homallare *A* 3. h) inluster *A* 3. i) ill. oms̄ *A* 2; ill. omnis *A* 3. k) vice *A* 2. 3. l) *deest A* 2. m) debet *corr.* deberet *A* 2. n) *add. A* 3. o) iubemus *A* 2. 3. p) voluntas *A* 2. 3. q) ill. vir oms̄ *A* 2; vir ill. omnis *A* 3. r) prosequere *A* 3. s) admallare *A* 2; homallare *A* 3. *Cf. supra n.* g. t) debent ut *pro* d. et *A* 2. u) ipso *A* 2.

1) *Cf. Waitz, 'VG.' II*[2], *p.* 574. 579. 2) *Cum concilium a.* 623. *vel* 624. *Remis celebratum prohiberet, censui publico subiectos sine permissu principis seu iudicis clericos fieri, formula nostra docere videtur, hoc ne ingenuum quidem quemque in polyptico publico non censitum nisi rege concedente potuisse.* 3) *Decimarum illarum consuetudinem denuo sanxit Carolus imperator a.* 813, *LL. I, p.* 188 *c.* 7. *Cf. Waitz, 'VG.' II*[2], *p.* 588; *IV, p.* 106. 4) *Idem, ni fallor, ac* sincellites *in formula quadam saec. IX, exstans in codice Sangall.* (*Roz.* 766), *ubi domesticus seu satelles imperatoris significari videtur.*

bus[v] suis de[w] reputatis condicionibus et directum[x] faciat, et ab[y] aliis simili[z] modo veritatem[a] recipiat, sic tamen, quamdiu amborum decreverit[b] volontas[1].

22. Preceptum[a] denariale.

Et quia apostolicus, *aut*[b] inlustris, vir ille[c] servo suo nomen illo[d] per manu[e] sua, *aut* illius, in nostri presentia, iactante denario[f], secundum lege[g] Salica demisit[h] ingenuum[2], eius quoque absolutionem per presentem auctoritatem nostram[i] firmamus; precipientes enim[k], ut, sicut et reliqui mansuarii[l], qui per talem titulum[m] a iugo[n] servitutis in[o] presentia principum nuscuntur[p] esse relaxati[q] ingenui[r], ita et[s] amodo[t] memoratus ille[d] per nostro precepto plenius in Dei nomen confirmatus, nullum[u] inquietantem, perennis[v] temporibus cum Dei et nostra gracia valeat permanere ingenuos[w] atque securus[x].

23. Carta de causas[a] suspensas.

Cognuscat[b] magnitudo seo[c] utilitas vestra, dum et nos ad presens apostolico viro illo[d], *aut* inlustris[e] viro, pro nostris[f] utilitatibus ibi[g] ambulare precipimus[h], ideo[i] iubemus, ut, dum illis partibus fuerit demoratus, omnes[k] causas suas[l] suisque amicis[3] aut gasindis, seu undecumque ipse[m] legitimo redebit mitio[n. 4], in suspenso debeant[o] resedere. Propterea per presentem decernemus[p] ac iobemus preceptum, ut, interim quod de illis partibus revertetur[q], omnes[r] causas eius aut amicorum suorum, tam[s] illorum qui cum ipso pergent, quam qui ad proprias[t] eorum resederint[u], vel undecumque ipse legitimo redebit[v] mithio[w], in suspenso resedeant, et postea unicuique[x] pro ipsis de reputatis[y] condiccionibus[z] et iusticiam[a] reddat, et ab aliis simile[b] modo veritate[c] percipiat[d].

I, 21. v) *A* 3; omnibus *A* 1; hominibus *A* 2. w) *deest A* 2. x) derectum *A* 2. 3. y) *deest A* 2. z) similitudo *pro* s. m. *A* 2. a) veritate *A* 2. 3. b) decrevit voluntas *A* 2. 3.

I, 22 = *Lind.* 102; *(Roz.* 57 *secundum C* 2*). Codd. A* 1. 2. 3. *B* (67). *C* 2. a) De dinarial. preceptum. *B.* b) a. i. *des. A* 1, *suppl. ex A* 2; aut inl *A* 3; vel inluster *B.* c) *deest A* 1, *suppl. e B*; ill. *A* 2. 3. d) ill. *A* 2. 3. e) manus (*corr.* manu) illius aut (*corr.* ad) nostra p. *A* 2; manum illius aut sua in nostri p. *A* 3; manu illius (au sua *del.*) in nostra p. *B.* f) dinario *A* 2. g) legem salicam *A* 3; legem salica *B.* h) dimisit *A* 2. i) *deest A* 2. k) ergo *B.* l) mansoarii *A* 2; manūarii *B.* m) sunt *add., sed del. B.* n) iugum *A* 2. 3. o) non *B.* p) noscuntur *A* 2. 3. q) re *post add. A* 2. r) inienui *A* 3. s) ut *A* 3. t) ammodo memoratus (-us *e corr.*) *A* 2. u) nullus *corr.* nullum *B.* v) Deo auxiliante perhenisque temporibus *B.* w) bene ingenuus *A* 2. *B*; ingenuus *A* 3. x) Et ut hęc auctoritas firmior habeatur et per tempora melius conservetur et cetera *add. B.*

I, 23 = *Lind.* 36; *Roz.* 455. *Codd. A* 1. 2. 3. *B* (68). a) *ita A* 2. 3; causa suspensa *A* 1. *B.* b) cognoscat *A* 2. c) seu *cett.* d) *deest A* 2; ill. *A* 3. e) inl viro ill. pro *A* 3; inlustrem pro *B.* f) nostras *A* 3. g) *deest A* 1, *suppl. e cett.* h) precepimus *A* 3. *B.* i) ide *A* 3. k) *A* 2. *B*; omnes causaus *A* 1; omnis caussas *A* 3. l) *deest B.* m) ipsi *A* 2; *deest B.* n) mittio *A* 2. 3. o) debeat residere *B.* p) decernimus ac iubemus *cett.* q) revertitur *cett.* r) omnis *A* 3. s) *deest A* 3. t) propria, *om.* eorum *B.* u) resedent *A* 2. *B*; resedeant *A* 3. v) reddebit *A* 2. w) mittio *A* 2. 3; mitio *B.* x) unicoique *A* 1. y) repotatis *A* 2. 3; *corr.* reputatis *A* 2. z) conditionibus *cett.* a) iusticia *B.* b) simili modo *A* 2; simili m. v. *A* 3; similem modum *B.* c) *deest A* 2; veritatem *B.* d) recipiat *A* 2.

1) *Cf. praeceptum a Chlotachario III. rege Waldaleno Besuensi abbati a.* 666. *concessum, DD. I, M.* 43; *Brunner, 'Zeugen- u. Inqu.-Beweis' p.* 45 *et in 'Z. f. vergl. Rechtsw.' I, p.* 379 *sqq.* 2) *Lex Sal.* 26. *Cf. Eichhorn, 'St. u. RG.'* §. 51; *Waitz, 'VG.' II*[2], *p.* 180 *sq.* 3) *Vox* amici *hic et saepius liberiores clientes significat, itemque germ.* gasindi. *Waitz l. l. p.* 198 *sqq.* 200; *cf. Roth, 'Beneficialwesen' p.* 157 *sqq.* 368 *sqq.* 4) *i. e. 'Bereich, Herrschaft'. Waitz, l. l. p.* 335 *sqq. praes. p.* 335 *n.* 3; *p.* 337 *n.* 2; *cf. Sohm, 'Eheschliessung' p.* 41 *n.* 37.

24. Carta de mundeburde[a] regis[b] et principes[c. 1].

Rectum est, ut regalis[d] potestas illis tucionem[e] inperciat, quorum necessitas conprobatur. Igitur cognuscat magnitudo seu utilitas vestra, quod nos apostolico, *aut*[f] venerabile, vero[g] illo de[h] monasterio illo, in honore[i] illius sancti constructum[k], cum omnibus rebus[l] vel hominebus[m] suis aut gasindis vel amicis, seu undecumque ipse legitimo reddebit[n] mittio[o], iusta[p] eius petitionem propter malorum hominum inlicetas[q] infestaciones sub sermonem tuicionis[r] nostre visi fuimus recipisse[s], ut sub mundeburde vel defensione[t] inlustris[u] vero illius, maiores[v] domi nostri, cum omnibus rebus prefatae[w] ecclesiae, *aut* monasterii, quietus[x] dibeat[y] resedere, et sub ipso viro illo[z] inlustris[a] vir ille[z] causas ipsius pontifece[b], *aut* abbatis[c], vel ecclesiae[d], *aut* monasterii, vel qui per eum sperare[2] videntur, vel undecumquae[e] legitimo reddebit[f] mitthio[g], tam in[h] pago quam in palatio nostro prosequaere[i] deberit. Propterea per presentem decernimus ac[k] iobemus[l] praeceptum, ut memoratus pontifex, *aut* abba, sub nostro sermone et mundeburde antedicti[m] viri quietus[n] resedeat. Et nec vos nec iuniores aut successores[o] vestri vel quislibet eum de inquesitis[p] occansionibus iniuriare[q] nec inquietare non presumatis; et si[r] aliquas causas adversus eum[s] vel suo mitthio[g] surrexerint, quas in pago absque eius grave dispendio[t] defenitas non fuerint, in nostri[u] praesentia reserventur. Quam preceptionem, ut firmior habeatur, propria manu subter[v] decrevimus roborare.

25. Proloco[a] de regis[b] iuditio, cum de magna[c] rem duo causantur simul[d].

Cui Dominus regendi curam committit, cunctorum iurgia[e] diligenti[f] examinatione rimari oportit[g], ut iuxta propositionis[h] vel responsionis[i] alloquia inter alterutrum salubris[k] donetur sententia, quo[l] fiat, ut et nodus[m] causarum vivacis[n] mentes accumen coherciat, et[o] ubi prelucet[p] iusticia, illuc gressus[q] deliberationis inponat. Ergo cum[r]

I, **24** = *Lind.* 37; *Roz.* 9. *Codd. A* 1. 2. 3. *Pro hac formula cod. B* (69) *sub eadem rubrica substituit aliam, quam in Additamentis edimus.* a) mundeburdo *A* 3. b) reḡ *A* 2. c) princip̄ *A* 2. 3. d) *A* 3; regilis *A* 1; regales *A* 2. e) tuitutionem *A* 2. f) ac *corr.* aut *A* 2. g) viro ill. *A* 2; v. *om.*, ill. *A* 3. h) d. m. i. *des.* *A* 2. i) onore sancti illius *A* 3. k) constructo *A* 2. l) *A* 3; regibus *A* 1; *deest* *A* 2. m) hominibus, suis *om.* *A* 2; omnibus *A* 3. n) redebit *A* 3. o) *A* 2. 3; mittia *A* 1. p) iuxta *A* 2. 3. q) inlicitas i. *A* 2; inlicitas infestacionis *A* 3. r) tuitionis nostrae *A* 2; tucionem n. *A* 3. s) recepisse *A* 2. 3; *corr.* recipisse *A* 2. t) defensionem *A* 3. u) inlustris viro ill. *A* 2; inl vir illius *A* 3. v) maioris domus *A* 2; maiorem domus *A* 3. w) prefate aecclesiae *A* 2; precepte e. *A* 3. x) quietos *corr.* q. *A* 2. y) debeat *A* 2. 3. z) ill. *codd.* a) inl viri *A* 3. b) pontifici *A* 2; pontifice *A* 3. c) *A* 2; abba *A* 1; abbati *A* 3. d) ecclesia *A* 3. e) undecumque *A* 2. 3. f) redebit *A* 3. g) mittio *A* 2. 3. h) i. p. q. *des.* *A* 2. i) sequere deberet *A* 2; prosequere d. *A* 3. k) ad *A* 1. l) iubemus *A* 2. 3. m) antedicte *A* 3. n) *A* 2. 3; quieti resedeant *A* 1. o) successoresque *A* 3. p) inquisitis *A* 2. 3. q) iniuriae *A* 2. r) *deest* *A* 3. s) eos vel eorum m. *A* 1. t) despendio definitis *A* 2; d. diffinitas *A* 3. u) nostra *A* 3. v) subscripsimus *pro* s. d. r. *A* 2. 3.

I, **25** = *Lind.* 109; *Roz.* 442. *Codd. A* 1. 2. 3. *B* (70). a) Prologo *A* 2. 3; *B praebet rubricam:* Prologo de iudicio regis, ubi duo causantur. Require in hr̄ (hera) 83, *quod caput, respondens Marc. I,* 38, *omissum in ipso codice, exstabat tamen, indice testante, in exemplari eius.* b) reḡ *A* 2. c) matrem *pro* m. r. *A* 3, *super quod vocabulum emendatio* magna rem *Tironianis notis posita est.* d) *nota Tir.* *A* 3. e) cura *B*. f) diligendi *A* 3. g) oportet *A* 2. 3. h) prepositiones *A* 2. i) responsiones aloquia *B*. k) salubrius *B*. l) quod *B*. m) nodos *A* 2. n) v. m. acumen coherceat *A* 2; vivaci mentis acumen coerceat *A* 3; v. mentis cacumen coerceat *B*. o) ut *A* 2; *verborum* et — iusticia *loco* ius *B*. p) prelucit *A* 2. q) gressum *cett.* r) *deest* *A* 2.

1) *Cf. Sickel, 'Beiträge' III, p.* 8; *Waitz, 'VG.' II*², *p.* 259 *sq.*; *Brunner, 'Zeugen- u. Inqu.-Bew.' p.* 51 *sqq.* 2) *Saepius per dominum* sperare *dicuntur clientes, qui non ipsi in publicis negotiis atque iudiciis agunt. Cum exemplis, quae affert Waitz, l. l. p.* 335 *n.* 2 *et p.* 198 *n.* 2, *fortasse conferenda est Form. Tur.* 3: ille per hoc mandatum ad me speravit, ut — deberem.

nos in Dei nomen[s] ibi in palatio nostro ad universorum causas recto iuditio terminandas una cum domnis[t] et patribus nostris episcopis[u] vel cum plures[v] obtimatibus[w] nostris, illis[x] episcopis[y], illi[z] maiorem domus[1], illis[a] ducibus, illis[a] patriciis[b], illis[c] referendariis[d], illis[a] domesticis, illis[a] siniscalcis[e], illis[a] cobiculariis[f] et illi[a] comes[g] palati vel reliquis quam plures[h] nostris fidelibus resederemus[i], ibique veniens ille[k] illo interpellavit, dum[l] diceret[m] —.

26. Indecolum[a] communiturium[2] ad episcopum.

Domino sancto et apostolica[b] sede colendo, domno[c] et in Christo patri illo[c*] episcopo ille[d] rex. Fidelis[e], Deo propitio[f], noster ille[g] ad presentiam nostram veniens suggessit nobis, eo quod villa aliqua nuncupante[h] illa, quod ad eodem[i] de parte illius pervenire debuerat, post vos reteneatis indebitae[k], et nulla[l] iustitia vobiscum[m] ob hoc possit consequere. Propterea presentem indecolum[n] ad coronam beatitudinis[o] vestrae[p] direximus, ut et pro nos[q] orare debeatis et, si taliter[r] agetur[s], antedicto[t] illo de suprascribta[u] villa[v] legibus revestire[w] faciatis. Certe si nolueretis[x] et aliquid contra hoc habueretis[y] quod[z] opponere, vosmet ipsi per hunc[a] indecolum[b] commoniti[c] aut missus[d] in persona vestra instructus nunc[e] ad nostram[f] veniatis[g] presentiam ipsius lui[h] ob[i] hoc dando[k] responsum.

27. Item[a] indecolum ad episcopo pro alio distringendum[3].

Domino sancto et apostolico domno[b] et patri[c] illi[d] episcopo ille[e] rex. Illi veniens[f] ad presentiam nostram suggessit, quasi[g] abba vester, *aut* clericus, *vel* homo vester, ille[d] eidem servo suo per forcia tulissit[h] vel[i] post se reteneat iniusti[k], et nulla iustitia cum

I, 25. s) nomine *A* 2. t) domnis — cum *des. B.* u) ēps *ita et mox A* 3. v) pluris *cett.* w) optimatibus *A* 2. x) *A* 3. *B*; *post add. A* 2; ill. *A* 1. y) episcopis — ducibus illis *des. A* 2; et episcopis illis, maiorem domus illo, ducibus ill. et reliquis per nomina et dignitates eorum, resederimus *etc. B.* z) *A* 3; ill. *A* 1. a) ill. *codd.* b) patribus, *sed correctum videtur e* patriciis *A* 2. c) *A* 2; ill. *A* 1. 3. d) refrendariis *A* 2. 3. e) vel s. *A* 2. f) cubiculariis *A* 3. g) comis palatii *A* 2; com; (comus) palati *A* 3. h) pluris *A* 2. i) resederimus *A* 3. *B*. k) *A* 2. *B*; ill. *A* 1. 3. l) cum *A* 2. m) dicerit *B*.

I, 26 = *Lind.* 110; *Roz.* 431. *Codd. A* 1. 2. 3. *B* (71). a) Indicul communitorio *A* 2; Indicolum communitorium *A* 3; Indiculum communitarium *B*. b) apostolico *B*. c) dom̄o *A* 3; domino *B*. c*) ill. *codd.* d) *A* 2. *B*; ill. *A* 1. 3. e) Deo p. fideles (*corr.* fidelis) *B*. f) noster *corr.* nostro *A* 2. g) *B*; ill. *A*. h) noncupante *A* 3. *B*. i) ēd̄ parte *B*. k) indebite *A* 2. *B*; indebiti *A* 3. l) nulatenus vobiscum, ob hoc *des. B*. m) a vobis cum *A* 3. n) indiculum *cett.* o) beatitudinem *B*. p) vestre *A* 3. *B*. q) nobis *B*. r) aliter *A* 3. s) agitur *A* 3. *B*. t) antedicto ill. *A* 2; antedictum illum *A* 3. u) suprascripta *A* 2. 3. v) illa *add. A* 3. w) revertere *A* 3. x) nolueritis *cett.* y) habueritis *cett.* z) quod *deest*, obponere *B*. a) hoc *B*. b) indiculum *cett.* c) commonite *A* 2; communite *A* 3; communiti *B*. d) missis *A* 3. e) nunc *A* 3; hoc *B*. f) nostra has v. *A* 3. g) venientes *A* 1. h) illi *B*. i) ad *A* 2; ab *A* 3. k) dandum *B*.

I, 27 = *Lind.* 112; *Roz.* 434. *Codd. A* 1. 2. 3. *B* (72). a) It. indicl ad episcopis pro aliis distringd *A* 2; Indicolum ad episcopum p. a. distringd *A* 3; Indiculum ad episcopum pro alium distringendum *B*. b) domn̄ *A* 1. c) patre *A* 3. d) *B*; ill. *A*. e) *A* 2; ill. *A* 1. 3; illi *B*. f) vens *B*. g) nobis quasi abbas *A* 3. h) tulisset *A* 3; tullisset *B*. i) et *B*. k) iniuste *cett.*

1) *Codicis A 2, qui hoc loco textum praebet haud dubie mutilatum, auctoritas, viros doctos adduxit, ut crederent maiorem domus temporibus nostri regio iudicio non interfuisse. Quam rem prorsus aliter evenisse cum placitum Childeberti III. a.* 697, *DD. I, M.* 70. *tum genuina quae nunc exstant Marculfi verba probant. Cf. quae disserui 'N. Arch.' VI, p.* 29 *sqq.* 2) *De 'indiculis regalibus' disseruit Brunner, 'Entstehung der Schwurgerichte' p.* 76 *sqq., praecipue de 'indiculis communitoriis' atque de hac formula p.* 78 *sqq.* 3) *Cf. Brunner, l. l. p.* 80 *sqq.; Sohm apud Dove, 'Zeitschr. f. Kirch.-R.' IX, p.* 215.

eodem ex hoc consequere[l] possit. Propterea presentem[m] indecolum[n] ad sanctitatem vestram direximus, per quem petimus, ut et pro nos[o] orare[p] dignetis et, si[q] taliter agitur[r], ipso abbate[s] vestro illo[t], *aut* clerico, presentialiter[u] constringatis, qualiter, si ita agetur[v], ac[w] causa contra[x] iam dicto[y] illo legibus studeat emendare. Certe si noluerit[z] et aliquid contra hoc habuerit quod opponere[a], ipso illo[b] per fideiussores[c] posito[d] tunc ad nostram diregire[e] studeatis presentiam.

28. Carta audientiale[a. 1].

Ille rex, vero[b. 2] inlustris, illo[c] comite. Fidelis, Deo[d] propitio, noster illi[e] ad presentiam[f] nostram veniens clementiam[g] regni nostri[h] suggessit, eo quod paginsis[i] vester illi[k] eidem terra sua in loco nuncupante[l] illo per fortia tullisset et post se reteneat[m] iniusti[n], et nulla iustitia[o] ex hoc aput[p] ipsum consequere possit. Propterea ordinatione[q] praesenti ad vos direximus, per qua omnino iobemus[r], ut ipso illo[s] taliter constringatis, qualiter[t], si ita agitur[u], ac[v] causa contra iam dicto[w] illo[x] legibus studeat[y] emendare. Certe si noluerit, et ante vos rectae[z] non finitur, memorato[a] illo, tultis[b] fideiussoribus, Kalendas illas ad nostram[c] eum[d] cum omnibus[e] modis diregire[f] studeatis[g] presentiam.

29. Indecolum[a] ad laicum[b. 3].

Ille[c] rex, vir[d] inlustris, illo[e]. Fidelis[f] noster ille[g] ad presentiam nostram veniens nobis suggessit[h], quasi vos eum, nulla[i] manenti[k] causa, in via adsallisetis[l] et graviter livorassetis[m] et rauba[n] sua in solidos[o] tantos[p] eidem tullesetis[q] vel post vos reteneatis[r] indebitae[s], et nulla iusticia[t] ex hoc aput[u] vos consequere possit. Propterea presentem indecolum[v] ad vos direximus, per quem omnino iobemus[w], ut, si taliter agitur, de pre-

I, **27**. l) consequare *A* 1. m) per presentem *A* 2; presente *B*. n) indiculum *A* 2. 3; iudiculum *B*. o) nobis *B*. p) debemus *add.* *A* 1. q) *deest* *A* 3. r) agetur *A* 2; ipso abbate — agetur *des.* *A* 1, *supplevi ex* *A* 2. s) abb. *A* 3. *B*. t) ill. *A* 3. *B*; *deest* *A* 2; *verba* aut cl. pres. *des.* *B*. u) presentaliter *A* 3. v) agitur *A* 3. *B*. w) hac *B*. x) contrariam *corr.* c. i. *B*. y) dicto ill. *A* 2; dictum ill. *A* 3. z) nolierit *A* 1. a) obponat *B*. b) ill. *A* 2. 3. c) fideiusoris *A* 3. d) *A* 1. 3, *corr.* positos *A* 2; positos *B*. e) dirigere *cett.*; d. studiatis *A* 3; st. d. *B*.

I, **28** = *Lind.* 113; *Roz.* 435. *Codd.* *A* 1. 2. 3. *B* (73). a) audientale *B*. b) viro ill. inlustris *A* 2; vel inl *A* 3; viro inlustrem *B*. c) illo com̄ *A* 1; ill. comite *A* 2. 3; illum comitem *B*. d) Domino *A* 2; dū *B*. e) ill. *A* 2; ille *B*. f) presencia nostra *A* 3. g) clemenciae *A* 3. h) *deest* *B*. i) pagensis *A* 2. k) *B*; ill. *A*. l) n. ill. *A* 2. 3; noncupante ill. *B*. m) retenet *B*. n) iniuste *cett.* o) nulatenus *pro* n. i. *B*. p) apud *cett.*; a. i. *al. man. in marg. suppl.* *A* 2. q) ordinationem *B*. r) iubemur *A* 2; iubemus *A* 3. *B*. s) ill. *A* 2. 3. t) quale se i. *A* 3. u) agetur *A* 2. v) hac *B*. w) dicti *A* 3. x) ill. *cett.* y) studeatis *A* 3. z) recte *cett.* a) m. ill. *A* 2; memoratus ill. *A* 3. b) tollitis f. *A* 3; per fideiussores positos *B*. c) nostra *A* 2. d) eum *deest* *B*; cum *deest* *A* 3. e) *emendavi;* onnibus m. *A* 1; omnimodis *cett.* f) dirigere *cett.*; st. d. *A* 3. g) faciatis *B*.

I, **29** = *Lind.* 111; *Roz.* 433. *Codd.* *A* 1. 2. 3. *B* (74). *C* 1. 2. a) Indicl *A* 2; Indicolum *A* 3; Indiculum *B*. b) laico *A* 2. *B*. c) Illi *A* 3. d) vir inluster *A* 2; vel inl *A* 3; viro inlustre *B*. e) *B*; ill. *A*. f) fidele *(e corr.)* nostro *A* 2. g) ill. *A*; illo *B*. h) sugge::rit *A* 2. i) nula *B*. k) manente ca in v. *A* 3. l) ad *bis scr.* *A* 1; adsallisitis *A* 2; adsallissetis *A* 3; adsalisitis *B*. m) (liu)-oras(i)tis *litterae uncis inclusae omnino fere erasae sunt* *A* 2; livorasitis *B*. n) b *in loco raso* *A* 1; raupa *A* 2. o) sol. *A*; solidus *B*. p) tantus et dum t. *A* 3. q) tullisetis *A* 2; tollissetis *A* 3; tullesitis *B*. r) reteneritis *A* 3. s) indebite *A* 2. *B*; indebiti *A* 3. t) nulatenus *pro* n. i. *B*. u) apud *A* 2. *B*. v) indiculum *A* 2. 3. *B*. w) iubemur *A* 2; iubemus *A* 3. *B*.

1) *Cf. Brunner l. c. p.* 80 *sqq.* 2) *De casu dativo in hoc titulo insigni scribendo saepius a Francicis diplomatum scriptoribus perperam usitato cf. Sickel, 'UL.'* §. 59, *n.* 5. 3) *Cf. Brunner l. c. p.* 78 *sqq.*

sente hoc contra iam dicto illo[x] legibus studeatis[y] emendare. Certe si nolueretis[z] et aliquid contra hoc habueretis[a] quod opponere[b], non aliter fiat, nisi vosmet ipsi per hunc[c] indecolum[d] commoneti[e] Kalendas illas[f] proximas ad nostram veniatis presentiam eidem ob[g] hoc[h] integrum et legalem dare responso[i].

30. Commutatio[a] cum rege.

Ille[b] rex illo[c. 1]. Nihil sibi quisque[d] cernitur minuendo[e], quicquid econtra[f] recepitur[g] in augmentum[h]. Dum inter nos et inlustri[i] viro[k] illo unianimiter convenit[l], ut loca aliqua inter nos commutare[m] deberemus, nos dedimus ei[n] locello nuncupante[o] illo[p], in pago illo, cum colonicas illas[q] vel omnis[r] adiecentias[s] earum et mereto[t] suo, tam domibus, mancipiis, viniis[u], silvis, campis, pratis, pascuis vel reliquis quibuscumque beneficiis, quodcumquae[v] ille[w], *aut* fiscus noster, in ipsa loca tenuisse nuscitur[x]; et ipse[y] econtra dedit nobis omne[z] porcione sua, quod in villa illa[a], in pago illo, habuisse[b] visus est, cum itemquae[c] domibus, mancipiis[d] vel reliquis quibuscumque beneficiis, quodcumque ibidem habuit, et nos pro animae[e] nostrae remedio[f] ibi dedimus. Quapropter hunc[g] preceptum a modum[h] commutationis ipsius viro[i] fieri decrevimus, ut a presente diae[k] ipsa locella[l] cum omnia superius scribta[m] vel omni[n] integritate sua, quicquid, ut[o] diximus, ille[p], *vel* fiscus noster, ibidem tenuit, ipsi[q] illi hoc habeat[r], teneat atque possedeat et suis posteris ad possidendum[s] relinquat[t], vel quicquid exinde facire[u] voluerit[v] ex nostra commutatione liberam habeat[w] potestatem; et unaquis[x] pars, quod in concamio[y] bone pacis placuit[z] accepisse, exinde per tempora[a] dibeat[b], Deo permittente[c], gratulare. Et ut haec[d] preceptio[*e].

*) firmior habeatur vel per tempora conservetur, manu propria firmavi *add.* *A* 1[f].

I, 29. x) ill. *cett.* y) studiatis *A* 3. z) nolueritis *A* 2. *B*; noluerit *A* 3. a) habueritis *cett.* b) obponere *B.* c) hoc *B.* d) indiculum *cett.* e) commoniti *A* 2; commonite *A* 3; communiti *B.* f) *A* 2. *B*; ill. *A* 1. 3. g) ab *cett.* h) ho *A* 3. i) responsum *cett.*

I, 30 = *Lind.* 41; *Roz.* 298. *Codd.* *A* 1. 2. 3. *B* (75). a) Commutacione *A* 3. b) Nihil sibi ill. rex quisque ill. cernitur *A* 3; Ill. rex *etc.* *B.* c) rege *add.* *A* 1. 2. *B, quod scribae errore appositum videtur; rectius, verborum autem ordinem perturbans, omisit* *A* 3. d) *deest* *B.* e) *A* 2; munuendo *A* 1; minuendum *A* 3. *B.* f) decontra *A* 3. g) recipitur *cett.* h) augmento *A* 2. i) inlustre *A* 2. *B*; inl *A* 3. k) vir ill. *A* 2. 3. l) convinit *A* 3. m) commutarae *A* 1. n) *deest* *A* 3. o) *pro* nuncup. illo — pascuis vel reliquis *nihil nisi* illo et reliqua *praebet* *B.* p) ill. *A* 2. 3. q) *A* 2; ill. *A* 1. 3. r) om̄s *A* 2. s) adiacentias eorum *A* 2; adiecenciis eorum *A* 3. t) merito *A* 2; memorato *A* 3. u) vineis *al. man.* *A* 2. v) quodcumque *cett.* w) ill. vel f. *A* 2; ill. aut f. *A* 3. x) noscitur *A* 2. *B*; dinuscitur *A* 3. y) ipsa haec contra *A* 2; ipse ad contra *A* 3. z) omni *cett.* a) ill. i. p. ill. *A* 2; illius i. p. ill. *A* 3. b) abuisse *B.* c) itemque *A* 2. 3; edificiis, *verbis* itemquae — beneficiis *omissis, add.* *B.* d) vineis, silvis *add.* *A* 2. e) anime *A* 3. *B.* f) nostrae remedium *A* 2; nostre remedium *A* 3. *B.* g) hanc *A* 3; hoc *B.* h) commodum *pro* a m. *A* 2; a modo *A* 3; ad modum *B.* i) vero *A* 2. k) die *A* 2. l) loca *B.* m) scripta *cett.* n) omnia *A* 2; cum omni *B.* o) *deest* *B.* p) *A* 2. *B*; ill. *A* 1; illi *A* 3. q) ipsi ill. *A* 2. 3; ipse ille *B.* r) *deest* *B.* s) possedendum *A* 2. 3. t) relinquant *A* 1. u) facere *cett.* v) voluerint *A* 1. w) habeant *A* 1. x) unaquisque *A* 3; unaq:que (unaqueque) *B.* y) comcambio *A* 2; concambio *A* 3. *B.* z) placuit accipisse *A* 2; placuis *A* 3. a) longa tempora *B.* b) debeat *cett.* c) promittente *A* 2; permittere te *A* 3; permitente *B.* d) hec *A* 3. e) et cetera *add.* *B.* f) *quem corroborationis finem, nonnisi tribus Marculfi diplomatum formulis I,* 30. 31. 32. *iisque in uno tantum codice additum, cum haec res tum ultimum verbum* firmavi *revocavit in suspicionem. Offendit enim et singularis ut in diplomatis formula, rege quasi ipso loquente, numerus, et vocabulum ipsum, quod Carolingicam magis aetatem enunciare videtur.*

1) *Formulam non commutationi inter duos reges celebrandae exemplum praebere, ut quisquam ex inscriptionis verbis:* Ille rex illo rege, *quae in tribus inveniuntur codicibus, suspicari possit, iam Bignon monuit, cuius vero sententiae, formulam eo animo scriptam videri, ut variis commutationis negotiis inserviret, repugnant universa ipsius contextus verba, quae nonnisi ad commutationem inter regem atque unum ex proceribus eius faciendam proprie spectant. Cf. de Rozière, 'Recueil' I, p.* 352 *n. a.*

31. Confirmatio regis de omni[a] corpore facultatis.

Merito regalis[b] clementia[c] in illis conlata munera vel proprietate[d] parentum[e] confirmare deliberat, quos cognoscit[f] anteriorum regum, parentum nostrorum[g], vel nobis fidem integram conservasse inlesam[h]. Idcirco inlustris[i] vir illi[k] cartas precidentium[l] regum nobis protulit[m] recensendas, qualiter parentibus suis loca aliqua fuisse[n] concessa. Petiit, ut eum[o] de omni corpore facultatis suae[p], tam quod regio[q] munere ipse vel parentes sui[r] promeruerunt, quam quod per vindicionis[s], cessionis, donationis commutationesque[t] titulum ad praesens iustae[u] et rationabiliter est conquesitum[v] et ad presens possidere[w] videtur, per nostrum in ipso[x] deberemus[y] generaliter confirmare preceptum; quod nos pro divino intuitu, vel eius meretis[z] conpellentibus[a], integra devotione magnitudo vestra praestetisse cognuscat[b]. Precipientes enim, ut, quicquid ex successione parentum vel eius utilitate[c], tam munere regio vel per[d] quodlibet instrumenta[e] cartarum, ad eodem iustae[f] pervenit[g], tam in villabus, mancipiis, aedificiis[h], accolabus[i], aurum, argentum, speciebus, ornamentis[k], mobile et inmobile[l], aut quodcumque[m] in[n] quibuslibet rebus per instrumenta[o] cartarum temporae[p] presenti cum rationis ordine dominare videtur[q], per hanc auctoritatem[r] firmatus[s], cum Dei et nostra gratia in integritate hoc valeat possidere[t] et suis posteris, auctore Domino[u], deraelinquere[v]. Et ut haec[w] auctoritas*.

*) firmior habeatur vel per tempora conservetur manu propria firmavi *add.* *A* 1.

32. Si[a] aliquis contra regis[b] volontate egerit, securitatae[c], cui eum persequi[d] iusserit.

Qui regiam obtemporant[e] iussionem, experire[f] malum in posterum a quemlibet non debent. Igitur dum[g] et ille cum reliquos pares suos, qui eum secuti fuerunt[h], faciente revello[i, 1], illo[k] interfecit[l], *aut quaslibet*[m] *alias causas contra regi*[n] *amisit*, vel de regno nostro se transtulit[o], quod nobis satis fuit molestum; et[p] una cum consilio[q] fidelium nostrorum omnes[r] res eius sub fisci titulum inlustribus viris illis precipimus revocare, quia, si se non distulisset[s], non solum res perdere[t], sed pro tale revello[u] in[v]

I, 31 = *Lind.* 42; *Roz.* 151. *Codd.* *A* 1. 2. 3. *B* (76). a) omne *A* 3; omni facultatae, corpore *om.* *B.* b) regales *A* 2. c) clementiae in illas *A* 1. d) propriaetate *A* 3. e) nrm̄ (nostrum) *add.* *A* 2. f) cognuscit *A* 3; agnoscit *B.* g) nostrum *A* 2. h) inlaesam *A* 2. i) inluster *A* 2. *B*; inl *A* 3. k) ill. *A* 2. 3; ille *B.* l) precedencium *A* 3. m) protullit *B.* n) fuissent *B.* o) ei *B.* p) *deest* *A* 3. q) regno *B.* r) parentis ue *corr.* p. ui *A* 2; parentis suae *A* 3. s) vindictionis *A* 2; vind̄ *A* 3; vindiciones cessiones, *verba* donationis — presens *des.* *B.* t) commutationisquę *A* 2; commutacionisque *A* 3. u) iusti *A* 2. 3; iuste *B.* v) conquisitum *A* 2. w) *A* 2. *B*; possiderae *A* 1; possedere *A* 3. x) ipsum *B.* y) deberimus *A* 3. z) meritis *cett.* a) conpelentibus *B.* b) cognoscat *A* 2; cognuscatis *A* 3. c) voluntatem *A* 2; utilitatem *B.* d) *deest* *A* 1. 2; *suppl. e B*; pro *A* 3. e) strumenta *B.* f) iusti *A* 2. 3; iuste *B.* g) pervinit *A* 3. h) edificiis *A* 3. *B.* i) acolabus *A* 2. *B.* k) ornamenta aes *A* 3. l) movile et inmovile *B.* m) *A* 2. 3; quocumque *A* 1; quecumque *B.* n) *deest* *B.* o) strumenta *B.* p) tempore presente *cett.* q) videntur *A* 3. r) auctoritate. *A* 2. 3. s) firmatur *B.* t) possedere *A* 2. 3. u) dō (Deo) *B.* v) derelinquere *cett.* w) hec *A* 3; *deest* *B.*

I, 32 = *Lind.* 126; *Roz.* 42. *Codd.* *A* 1. 2. 3. *B* (77). a) Securitas in eum, qui per iussum regis aliquem persequerit *rubricae sunt verba B, eademque fere* (persequitur) *apud Lind.* b) r. voluntatem *A* 2; voluntatem r. *A* 3. c) securitate *A* 2; securitatem *A* 3. d) persequere iussit *A* 3. e) obtemperat *A* 2; obtemperat *corr.* obtemperant *A* 3; obtemperant *B.* f) experirae *A* 1. g) cum *A* 2. h) fuerint *A* 2. i) rebello *B.* k) ill. *A* 2; illi *A* 3. l) interfec̄ *A* 1. *B*; interficet *corr.* interfecit *A* 2; interficit *A* 3. m) quislibet *A* 1. n) rege ammisit *A* 2; regem amisit *B.* o) transtullit *A* 2. *B.* p) nos *add.* *A* 3. q) consilium *corr.* consilio *A* 2. r) om̄ *B.* s) distullisset *cett.* t) *A* 2. 3; perderae *A* 1; perderat *B.* u) rebello *B.* v) in vita o. *A* 2; ita eos o. *A* 3.

1) *i. q. rebellio, rebellium.*

vita [ipsius[w]] eos ordinaveramus insequere[1]: propterea presentem preceptionem dedimus, ut, dum predicti[x] viri illi vel reliqui pares aut gasindi[y] eorum non ex sua presumptione[z], nisi per[a] nostra ordinatione[b] una cum consilio seniorum fidelium nostrorum, ipsas res sub fisco nostro positas habuerunt, et nostris dicionibus[c], ubi iussimus, vel reliquorum[d], qui[e] cum eodem mixti fuerunt, ex[f] hoc [conprehensum[w]] adduxerunt. Ideo iubemus, ut, dum per nostra ordinatione factum est, nullo[g] umquam temporae nec a iam dicto illo[h], nec qui cum illo mixti fuerunt, nec[i] ab[k] heredes eorum exinde qualibet calomnia[l] aut repetitione[m] ulla habere[n] poenitus[o] non debeant, sed tam ipse[p] ille quam pares[q], gasindi vel amici[r] eorum, de quicquid res predicto[s] illo fuerunt et ablatum fuit, dum per eius culpas et nostra ordinatione factum est, omni tempore exinde ducti[t] et absoluti permaneant et, ut diximus, calomnia[u] aut repeticione vel damnietate quandoquidem exinde superscribti[v] viri illi[w], fidelis nostri, non pertimiscant[x] habere. Et ut haec[y] preceptio firmior*[z].

*) habeatur manu propria firmavi *add.* *A* 1.

33. Preceptum, quorum ab hostibus[a] vel alio modo fuerint[b] instrumenta incensa[c. 2].

A[d] regale necesse est releventur[e] clementia[f], qui damnietate ab hostibus[g] vel passi sunt violentia. Igitur[h] fidelis, Deo propicio, noster illi[i] clementiae regni nostri suggessit[k], eo quod ante os[l] annos, *aut* anno[m] superiori, exercitus[n] noster, *aut* illius regis, domos[o] suas incendium cremassent[p], vel res suas quam plures una cum[q] instrumenta[r] cartarum, tam[s] quod per regio munere perciperat[t], quam et quod per vindictiones[u], donationes, cessiones, commutationes titulum vel de alodo[v] parentum in quocumquae[w] loco[x] in regno nostro aliquid possedebat[y], ibidem concrematas fuissent[z]; unde relatione[a] bonorum hominum manibus roborata[b], qualiter ipsis ita cognitum sit, ut[c] suggessit, nobis protulit[d] recensendam, et omnes[e] res suas, unde [et[f]] ipsa[g] instrumenta perierunt, absque ullius[h] inquietudinem[i], sicut et antea fecit, quietus possedere[k] videa-

I, 32. w) *add.* *B.* x) viri i. v. predicti reliqui *B.* y) gasindiorum *pro* g. e. *A* 2; gasinni *B.* z) presumptionem *A* 2; presumtione *A* 3. a) ex *B.* b) ordine *A* 3. c) diccionibus *B.* d) relicorum *A* 3. e) quicumque eodem *B.* f) ex hoc — mixti fuerunt *des.* *A* 2; nec ab heredes *ante h. v. add.*, *sed punctis app. del.*, *B.* g) nullum umquam tempore *A* 3. *B.* h) *B*; ill. *A.* i) ne *A* 1. k) ad heredes *A* 2; ab heredibus *A* 3; ab eredes *B.* l) calumnia *A* 2. *B.* m) repiticionem *A* 3. n) *A* 2. 3; haberae *A* 1; abere *B.* o) penitus *A* 3. *B.* p) ipsi illi *A* 2; i. ill. *A* 3. q) pares et amici vel gasindi eorum *B.* r) amicorum *pro* a. e. *A* 2. s) predicto ill. *A* 2. 3; predicti illi *B.* t) ductus et absolutus permaneat *A* 3. u) calumnia *A* 2. *B.* v) superscripti viri *A* 2; suprascripti vir *A* 3; superscripto viri *B.* w) *B*; ill. *A* 1. 3; vel *A* 2. x) pertimescant *A* 2. *B.* y) hec *A* 3; *deest* *B.* z) *deest* *A* 2. 3; sit *add.* *B.*

I, 33 = *Lind.* 105; *Roz.* 413. *Codd.* *A* 1. 2. 3. *B* (78). *C* 2. a) ostibus *B.* b) fuer̄ strumenta *B.* c) incenduta *A* 2. d) Ad *B.* e) revelentur *A* 2. *B.* f) clementiam *B.* g) ostibus *A* 3. *B.* h) agitur *A* 3. i) ill. *A* 2. 3; ille *B.* k) suggessisse *A* 3. l) hos *A* 2. *B.* m) annus superiore *A* 3; anno superiore *B.* n) exertitus *A* 1. o) domus *cett.* p) concremassent *B.* q) quam *A* 3. r) strumenta *A* 2. *B.* s) *B*; quam per quod *A* 1. 3; quam pro quod *A* 2; tam quod r. m. *C* 2. *Lind.*, *eadem verba praebet Form. Tur.* 28. t) perceperat *B.* u) vindicionis, donationis, cessionis, commutacionis *cett.* v) alodo *corr.* alode *A* 2; alode *A* 3. *B.* w) quocumque *cett.* x) locum *A* 2. y) possidebat *A* 2. z) *A* 3. *B*; concremassent *A* 1; concrematus fuissent *A* 2; crematę fuissent *C* 2. a) ralatione *A* 1. b) roboratas *A* 3. c) *deest* *A* 2. d) protullit *A* 2. *B.* e) omnis *A* 3. f) *add.* *A* 1. g) ipsas strumenta *B.* h) *A* 2. *B*; illius *A* 1. 3. i) inquietudine *A* 2. 3. k) possidere videtur *A* 2. *B.*

1) *Cf. Waitz, 'VG.' II*², *p.* 149 *sq.* 593 *sqq.* 2) *Cf. de hac atque sequenti formula, et quae disseruit Sickel, 'Neuausfertigung oder Appennis' ('Mittheil. d. Inst. f. österr. Geschichtsf.' I, p.* 246 *sqq.), et quae ipse egi 'Zeitschr. d. Sav.-St. I, Germ. Abth.' p.* 110 *sqq., praes.* 113 *sq.*

tur. Sed pro firmitatis studium petiit memoratus ille, ut[l] per[m] nostra auctoritate omnes res suas, tam quod regio[n] munere, quam[o] quod per vindictiones[p], cessiones, donationes commutationesque[q] titulum[r] vel reliqua[s] alode, quod ad presens cum aequitatis[t] ordine quietus possedit, deinceps in iurae[u] et dominatione eius confirmare deberemus; cuius petitione gratante[v] animo praestetisse vel confirmasse cognuscite[w]. Precipientes ergo iobemus[x], ut, quicquid memoratus ille tam in[y] terris, domibus, aedificiis[z], accolabus[a], mancipiis, viniis[b], silvis, campis, pratis[c], aquis aquaerumvae[d] decursibus vel reliquis quibuscumquae[e] beneficiis, quod per relatione[f] suprascribtorum[g] virorum cognovimus, iustae[h] et rationabiliter usque nunc ubicumque in[i] regno nostro possidere[k] videtur, dum eius instrumenta crematas esse cognovimus[l], per hunc[m] preceptum plenius in Dei nomen[n] circa eum[o] suffultum atque confirmatum[p], absque ullius inquiaetudine[q] vel refragatione teneat et possedeat et suis posteris[r], aut cui voluerit, in Dei nomen ad[s] possedendum relinquat. Quam vero auctoritatem[t] perpetuis temporibus valituram[u] propria manu subter roborare[v] decrevimus.

34. Relatione paginsium[a] ad rege directa.

Suggerendo piissimo atquae[b] precellentissimo[c] domno illo[d] rege et maiorem domus illo[e] a servis vestris paginsibus[f] illis[g], quorum subscribtionis[h] vel signacula subter tenentur[i] insertae[k]. Principalitatis[l] vestrae circumspecta clementia novit iusta[m] petentibus dignanter annuere et necessitatem[n] patientibus[o] subvenire clementer. Paenae[p] omnibus patet, regionem nostram ab hostibus[q] depopulatam esse et domus multorum igne crematas vel rebus ablatis[r]; inter quos servus[s] vester ille[t] non modicum ibidem[u] perpessus[v] est damnum et de[w] rebus suis dispendium, vel omnia instrumenta cartarum, quod ipsi[x] vel parentes sui habuerunt, tam quod ex[y] munificentia regum possedit, quam quod per vindicionis, cessiones[z], donationes, commutationesque titulum habuit, una cum domo[a] sua incendium[b] concrematas esse nuscuntur[c]. Unde nostre[d] parvitate petiit, quod veraciter exinde cognovimus, per hanc nostram[e] suggestionem vestrae innotiscere[f] clementiae; quod et facire[g] servi vestri curavimus. Vestra pietas iubeat, quod usquae[h] modo in regno vestro quietus possedeat[i], circa eodem per vestro munere preceptum, ut inantea valeat, dum sua perdedit[k] instrumenta, possedere[l] quietus et securus. Nos servi

I, 33. l) *deest A* 3. m) pro *B*. n) regno *B*. o) *deest A* 1. 2. p) vindicionis, c—is, d—is, c—is *cett.;* cessionis *deest A* 3. q) que *deest B*. r) titulo *A* 3. s) reliqua colendo quod *A* 3; reliquo alođ vel a presens *B*. t) equitatis *B*. u) iure *cett.* v) gratanti *A* 2. *B*. w) cognoscite *A* 2. x) iubemus *cett.* y) *deest A* 3. z) edificiis *A* 3. *B*. a) acolabus *A* 2. *B*. b) vineis *A* 2. *B*. c) pascuis *add. A* 3. d) aquarumve *cett.* e) quibuscumque *cett.* f) relationem *A* 2. g) suprascriptorum *cett.* h) iuste *A* 3. *B*; iustitia r. *A* 2. i) *deest A* 1. k) possedere *A* 3. l) iuste et racionabiliter *add. B*. m) hoc *B*. n) nomine *A* 2. o) cum *B*. p) firmatum *A* 2. q) inquietudine *cett.* r) postheris *A* 3. s) đ possidendum *B*. t) actoritatem *A* 3. u) valiatur cum p. m. *A* 3; v. propriā manu *B*. v) robōr, *sequens verb. deest A* 1; r. decevimus *A* 3.

I, 34 = *Lind.* 104; *Roz.* 412. *Codd. A* 1. 2. 3. *B* (79). *C* 1. 2. (*Numerus in A* 1 *abrasus, ut videtur*, xxx). a) pagensium *A* 3. *B*. b) atque *cett.* c) precelentissimo domino *B*. d) ill. *A* 2. 3. e) *B*; ill. *A*. f) pagensibus *cett.* g) *A* 3. *B*; ill. *A* 1. 2. h) subscriptionibus *A* 2. *B*; subscripcionis *A* 3. i) tenuntur *A* 3. k) inserta *A* 2. l) Principalis vestri *A* 2; P. vestri *A* 3; P. vestre *B*. m) iustae *A* 1. n) necessitatem *A* 3; necessitate *B*. o) pacientibus *A* 2. 3. p) Paene o. *A* 2; pene hominibus *A* 3; pene om̄ *B*. q) ostibus *B*. r) ablatas *A* 3. *B*. s) servos *A* 2. t) *B*; ill. *A*. u) ibi *A* 1. v) perpessus, s. *post add. A* 2; perpessum *A* 3. w) *deest A* 3. x) ipse *A* 3. *B*. y) *deest B*. z) cessionis, d—is, c—isque *cett.* a) domu *B*. b) incendio concrematus *A* 2; incendio concrematas *A* 3; incendiconcramatas *B*. c) noscuntur *A* 2. d) nostra parvitates *A* 2; nostram parvitatem *B*. e) nostram suggessionem vestre *A* 3; noticiam sugescionis vestre *B*. f) innotescere *cett.* g) facere *cett.* h) usque *cett.* i) possedit *cett.* k) perdidit *A* 2. 3. l) *A* 2. 3; possededere *A* 1; possidere *B*.

vestri quod exinde veratius[m] scimus innotiscere[n] praesumpsimus; vestrum est necessitatem[o] patientibus[p] subvenire.

35. Confirmatio de omni[a] corpore facultatis monasterii[1].

Ille rex illo[b] patritio atque[c] omnibus agentibus. Rectum esse censimus[d], ut petitionibus[e] sacerdotum, quae[f] ad profectum pertinet[g] loca sanctorum, ad effectum[h], Christo presole[i], perducamus. Igitur venerabilis vir[k] ille, illius sancti monasterii abba[l], gloriosi[m] regni nostri[n] petiit, ut, dum ipse sanctus[o] monasterius de conlatione parentum nostrorum, Deo adiutore[p], videtur esse constructus, nos omni[p*] corporae[q] facultatis eius, tam quod antecessores abbatis[r] ibidem laboraverunt, vel ille[s] domnus[t] abba, qui ibidem[u] fuisse dinuscitur[v], de rem monasterii ibidem[w] visus est augmentasse aut conparasse, quod et[x] ab ipso sancto loco moderno tempore possedetur[y], per nostrum[z] deberemus generaliter confirmare preceptum; quod nos[a] pro divino respectu vel mercedis[b] nostrae[c] augmentum praestetisse, vestra non dubitet magnitudo. Etiam et privilegium ipsius monasterii[d], quod ex[e] institutionem sedis[f] apostolicae seu reliquorum episcoporum[g] visi sunt meruisse et per auctoritatem domni[h] illius seu reliquis[i] de successoribus regibus, parentibus nostris, adumbratum fuisse denoscitur[k], iuxta[l] quod etiam per[l*] priorem preceptionem[m] nostram erga[n] se perhibent[o] esse munitum[p], pro[q] perhenni stabilitate decrevimus roborare. Precipientes ergo, ut omnes facultates[r] ipsius monasterii, quicquid aut[s] regia[t] conlationem aut privatorum munere[u] vel antecessores abbatis[v] seu[s] et domni lui[w] ibidem est legaliter atquesitum[x] aut conparatum immoque[y] de quibuscumque rebus rectae[z] adtractum, quodcumquae[a] dominatio ipsius sancti loci[s] undiquae[b] moderno temporae in villabus[c], domibus, mancipiis, vineis, silvis[d], pratis, pascuis aut quibuslibet beneficiis cernitur cum aequitatis[e] ordine possidere[f], per hanc auctoritate[g] suffultum, absque cuiuslibet inlicitas[h] controversias[i], inibi[k] tam presente quam futuro[l] tempore, Christo presole,

I, 34. m) veracius *cett.* n) innotescere p. *A* 2; innotescere presumsimus *A* 3. *B*. o) necessitate *A* 3. p) pacientibus *cett.*

I, 35 = *Lind.* 8; *Roz.* 158. *Codd. A* 1. 2. 3. *B* (80). *Cf. Dipl. Pippini reg. Sickel P* 15 = *Reg. Imp. I (ed. Mühlbacher)* 86. *(Numerum* XXXIII *praebet A* 1, *ubi reliquis libri capitibus numeri des.)* a) omne *A* 3. b) *deest B*. c) ad *A* 3. d) cessimus, *deest* ut *A* 3. e) poticionibus *B*. f) que *A* 2. *B*; qui *A* 3. g) pertenit *A* 3. *B*; pertinent pro locis *DP*. h) affectum *B*. i) presule *A* 2. k) *ita B*; viri illius s. *A* 1; vir ill. s. *A* 2; v. illius s. *A* 3. l) abbt. *A* 2; abbi *A* 3. m) glorię, gloriae, glorie *A* 2. 3. *B*; gloriosi *DP. sicut A* 1. n) *vox quaedam supplenda videtur. DP. emendavit:* gloriosi regni nostri maiestatem petiit, *sed Marculfum potius* gloriosi regni nostri clementiam *scripsisse crediderim.* o) sanctę *A* 2. p) adiutori *A* 3. p*) omne *corr.* omni *A* 2. q) corpore *cett.* r) *B*; abb., abbt., abbs *A*. s) ill. *A* 2. 3. t) *B*; dom̄ abb̄ *A* 1. 3; domus abbas *A* 2. u) ibi defuisse d. *A* 3. v) denoscitur *A* 2. w) *deest A* 1. x) *A* 3; et quod *pro* q. et *DP.*; et *deest cett.* y) possidetur *B*. z) vestrum *A* 1. a) no *B*. b) mercedes *A* 2. *B*. c) nostre *A* 3. *B*. d) monasterio *A* 2. e) in extitutionem *A* 1; institutionem, ex *om.*, *A* 2; exinde stitucionem *A* 3; ex institucionem *B*; iuxta inst. *DP*. f) sedes apostolicę *A* 2; s. apostolice *B*. g) episcuporum *A* 3. h) dom̄ *A* 1. 2; dn̄i *A* 3. *B*. i) *ita A* 3 *et, voce* regibus *omissa, A* 2; reliquis antecessoribus *etc. A* 1; reliquis successoribus parentibus nostris regibus *B*; reliquorum de successoribus regibus antecessoribus nostris *DP.*; *cf. 'N. Arch.' VI, p.* 35. k) dinoscitur *A* 2; dinuscitur *A* 3. *B*. l) iusta quod aute atiam per *B*. l*) pro *A* 2. m) perceptionem *A* 1. n) ergas se *A* 3. o) perhibentes se *A* 1. 2 *et edd. praeter Lind., qui edidit ut supra*; peribent esse *A* 3. *B*; prohibendi esse *DP*. p) monitum *A* 2 *et DP*. q) pro peremni stabilitatem (m *del.*) *A* 2; propterea enim stabilitatem *A* 3; pro perenem enim st. *B*. r) facultatis *A* 3. s) *absc. A* 3. t) r. conlatione *A* 2. 3; regiam conlacione *B*. u) munera *A* 2. v) *B*; abb., abbt., abbs *A*. w) illi *B*. x) adquesitum *A* 2. y) que *absc. A* 3. z) recte *cett.* a) quodcumque *cett.* b) undique m. tempore *A* 2. *B*; undeque moderno tem. *sic! A* 3. c) ulabus *B*. d) pra(tis) silvis *uncis incl. absc. A* 3. e) equitatis *A* 3. *B*. f) possedere *A* 2. 3. g) auctoritati *A* 2; auctoritatem *B*. h) inlicitus *A* 3. i) contraversias *B*. k) mihi *A* 2. l) furo *B*.

1) *De hac formula disseruit Sickel, 'Beiträge' IV, p.* 19. 21 *sq.*

proficiat[m] in augmentum; adicientes[n], ut et privilegium tam de abbatis[o] ingressu[p], ipsa congregatio[q], post[r] quod alius migraverit, ex se instituendo[s], quam et de reliqua omnia, quod per institutione[t] pontificum de tempora[u] illius[v] usque nunc ipse[w] monasterius habuit concessum et usque actenus[x] conservatum vel per[y] decessorum regum circa se firmatum, ita et inantea, resecatas[z] quarumcumque superfluvias[a] inquietudines[b], sub eo ordine valeant in nostro sermone, auxiliante Domino, per tempora permanere. Et vos et successores vestri, ubi necessitas fuerit, in condicionibus ipsius monasterii iustum[c] faciatis auxilium inpertire, ut eis dilectit[d] pro salutae[e] nostra crebrius exorare, et vobis ob hoc ad gratiam nostram debeat pertinere. Et ut haec[f] preceptio firma stabilitate[g] subsistat, propria manu infra decrevimus roborare.

36. Ut causas auctorum[a] adsumendi suorum aliquis licentiam habeat[1].

Malorum[b] necesse est tergiversationem[c] regale cohercere[d] censura. Igitur[e] apostolicus[f] vir illi, illius urbis episcopus, *aut* venerabilis[g] illi abba, *aut* Deo sacrata illa[h] abbatissa, de monasterio illo[h*], *vel quolibet[i] fidelium domnorum[k]*, missa petitione, *aut* ipse, nobis innotuit, eo quod a diversis[l] hominibus[m], eorum spontanea[n] volontate, tam ipse[o] quam antecessores eorum, data pecunia, infra regno nostro plurima in terris vel[p] mancipia[q] conparassent, vel reliqui homines[r] ad ipsa ecclesia, *vel* monasterio, pro animae[s] eorum remedium nonnulla per[t] eorum instrumenta delegassent, et hoc ad presens cum aequitatis[u] ordine possidere videantur. Petiit, ut pro[v] tempore futuro vel malorum[w] hominum ingenia[x] cohercendo[y], dum plures ex[z] eorum benefactores vel vinditores per[a] clade, qui crassatur[b] in populo, vel conplentae[c] fine naturae, absque heredibus de hac luce discesserunt, si[d] aliquis per[e] quodlibet ingenium de ipsas res eum inquietare voluerit, licentiam haberit[f] in vice auctorum suorum ipse vel advocatus suus[g] eorum causas adsumere; quod nos propter nomen Domini et reverentia ipsius loci[h] sancti praestetisse cognuscite[i]. Precipientes ergo iobemus[k], ut memoratus pontifex, *aut* abba, *vel* abbatissa, seo[l] advocatus eius in vice auctorum suorum[m] causas ipsius licentiam habeat adsumendi vel omallandi[n], et per eorum instrumenta aut de annis ipsa[o] rem, unde tunc a quemlibet[p] inquietare videntur, partibus ecclesiae, *vel* monasterii sui, cum aequietatis[q] ordine respondendi vel omallandi[r] seu per annis contra quemcumquae[s] saciendi[t. 2].

I, **35**. m) proficiant *B*. n) adicientis *A* 3. o) abbt., abbs *A* 2. 3. p) ingressa *A* 2. *Sickel l. c. p.* 19. *supplet* ab. q) congregacione *A* 3. r) postquam a. *B*. s) instituendum *A* 3. t) institutionem *A* 2. *B*; institucionum *A* 3. u) tempore *A* 3. v) *B*; ill. *A*. w) in se *pro* ipse *A* 1. x) actinus *A* 3. *B*. y) *ita B*; predecessorum *A* 1; per discessorum *A* 2; per desuccessorum *A* 3; per antecessores *DP*. z) reseccatas *A* 2; resectas quarecumque *B*. a) superfluas *cett*. b) inquietudinis *A* 3. c) iustum — dilectit *des. A* 2. d) dilectet *B*. e) salute *cett*. f) hec *A* 3. g) stabilitatem *B*.

I, 36 = *Lind.* 9; *Roz.* 393. *Codd. A* 1. 2. 3. a) autorum adsumendas siorum aliquis *etc. A* 3. b) (Mal)orum neccesse *u. i. absc. A* 3. c) tergiversacione *A* 3. d) coercere *A* 3. e) I *absc. A* 3. f) apostolicos viril illius *A* 2; a. vir ił illius *A* 3. g) venerabił ill. ab̄b̄ *A* 2; venerabł ab̄b̄ *A* 3. h) ill. ab̄b̄t *A* 2. h*) ill. *codd.* i) qualibet *A* 2; quilibet *A* 3. k) domn *absc. A* 3. l) adversis *A* 2. m) hom *absc. A* 3. n) sp. voluntate *A* 2; spontania voluntate *A* 3. o) ipsi *A* 3. p) auł *A* 2. q) mancipiis *A* 3. r) ominis *A* 3. s) anime *A* 3. t) pro *A* 3. u) aequitates hordine p. v. *A* 2; equitatis o. possedere videatur *A* 3. v) per *A* 3. w) maiorum *A* 2. x) ingenua *A* 2. y) coherendo *A* 3. z) ex eorum *des. A* 2. a) pro clade que *A* 3. b) grassatur *A* 2. c) conplente fene naturę *A* 2; conplente f. nature *A* 3. d) n̄ (non) *A* 3. e) per quoslibet *A* 2; pro colibet *A* 3. f) haberet *A* 2; n̄ *add. A* 3. g) suos *A* 3. h) s. l. *A* 2. 3. i) cognoscite *A* 2. 3. k) iubemus *A* 2. 3. l) seu *A* 2. 3. m) suorum *om*, caussas *A* 3. n) homallandi *A* 2. o) ipsam *A* 2. p) quelibet *A* 2. q) aequitates *A* 2; equitatis *A* 3. r) homallandis super annis *A* 2. s) quemcumque *A* 2. 3. t) sancciendi *A* 2.

1) *Cf. Roth, 'Beneficialwesen' p.* 238. 2) *Sacire* = *'saisir', Diez, 'WB.' I, s. v. sagire; Brunner, 'RG. d. U.' I, p.* 284 *sqq.; cf. infra p.* 70 *l.* 9 *et* 33.

37. Iudicio[a] evidentale[1].

Veniens illi[b] in nostri[c] vel procerum nostrorum presentia suggessit, quasi homo nomine[d] ille[e], paginsis[f] vester, eum in via[g], nulla[h] manente causa, adsallisset et eum graviter[i] livorasset vel rauba[k] sua in soledos[l] tantos eidem tulisset, et ob hoc vobis per[m] nostra ordinatione[n] talis[o] datus habuisset fideiussores, ut Kalendas[p] illas[q] ex hoc in nostri presentia debuissent adstare causantes. A[r] quo placito veniens memoratus illi[s] ibi in palatio nostro, et per triduo[t] seu amplius, ut lex habuit, placitum[u] suum custodisset[v] vel[w] memorato illo abiectisset vel solsatisset, et[x] ipse nec venisset[y] ad placitum[u] nec nulla sonia[z] nunciasset[a], adfirmat. Proinde nos taliter una[b] cum nostris proceribus constetit decrevisse, ut, si evidenter memoratus[c] ille[d] pro hac causa talis vobis datus[e] habuit fideiussores[f] et placitum suum minimae[g] custodivit, dum et inluster[h] vir[i] ille[d], comes[k] palati nostri, testimoniavit[2], quod antedictus[l] ille placitum[m] suum legibus custodivit et eum abiectivit[n] vel solsativit, et ipse ille[d] placitum suum custodire necglexit[o], iobemus[p], ut, quicquid lex loci vestri de tale causa edocet, vobis[q] distringentibus, antedictus ille[r] partibus illius[s] conponere[t] et satisfacire[u] non recusit.

38. Carta paricla[a. 3].

Cum in nostra vel procerum nostrorum presencia homo nomen ille[b] itemquae[b*] homine[c] nomen illo[b] interpellasset[d], dum diceret[e], quasi servo suo nomen illo[b] una cum rauba[f] sua in soledos[g] tantos post se fugitivos[h] pedes recepisset[i] vel post[k] se retenerit[l] indebitae: ad[m] haec prefatus ille[n] omnia haec[o] fortiter visus est denegasse, quod nec ipso[p] servo[q] fugitivus[r] pedes nec rauba[f] sua post se[s] numquam[t] recepisset[u]. Sed dum

I, 37 = *Lind.* 158; *Roz.* 444. *Codd.* *A* 1. 2. 3. a) I. evinditale *A* 2; Iudicium evindicatum *A* 3. *Cf. p.* 38 *l.* 26. b) ill. *A* 2. 3. c) nostra *A* 3. d) nom̄ *A* 2. 3. e) ill. *codd.* f) pagensis ve(ster — tulisset) *uncis incl. absc.* *A* 3. g) villa *A* 2. h) n. m. c. *des.* *A* 1. i) ter livo *abras.* *A* 2. k) raupa *A* 2. l) soled tantos *A* 1; sol tantus *A* 2. m) pro *A* 3. n) (ord. — fi)deiuss. *u. i. absc.* *A* 3. o) tales *A* 2. p) in (Kal. — debuissent) *u. i. absc.* *A* 3. q) ill. *A* 2. r) A quo — m. illi *absc.* *A* 3. s) ill. *A* 2. t) riduo — pla *absc.* *A* 3. u) placidum *A* 2. v) custodiss(et — sol)satisset *u. i. absc.* *A* 3. w) et memoratus ill. abiectus sit vel solsatissit *A* 2. x) *deest* *A* 3. y) venis(set) a(d pl. — nuncias)set *u. i. absc.* *A* 3. z) sunnia *A* 2. a) nunciasse *A* 1. b) una — constetit *absc.* *A* 3. c) men(ıoratus — talis) *u. i. absc.* *A* 3. d) ill. *codd.* e) datur *A* 3. f) res — minimae *absc.* *A* 3. g) minime *A* 2. h) inlustris *A* 2. i) *post* vir *aliquid, ut videtur* p, *eras.* *A* 1; vir — nostri *absc.* *A* 3. k) com̄ p. *A* 1; comis palacii *A* 2. l) antedictus — legibus) *u. i. absc.* *A* 3. m) palacitum *A* 1. n) adiectivit *A* 3, *ubi* vel — placi *absc.* o) neglexit *A* 2; n(. . .)lexit *u. i. absc.* *A* 3. p) iubemus *A* 2; iubem(us — vestri) *u. i. absc.* *A* 3. q) (vo)bis distr(ing. an)tedictus *u. i. absc.* *A* 3. r) ill. *A* 1. 2; i. p. *des.* *A* 3. s) ill. *A* 2. t) conponerae *A* 1. u) satisfacere n. r. *A* 2; satisfa *reliq. absc.* *A* 3.

I, 38 = *Lind.* 157; *Roz.* 453. *Codd.* *A* 1. 2. 3. a) *A* 2; paricha *A* 1; paricl: *A* 3. b) ill. *codd.* b*) itemque *A* 2. 3. c) hominem *A* 3. d) interpella:set *A* 3. e) dicerae *A* 1. f) raupa *A* 2. g) sol *A* 1. 2; solidus tantus *A* 3. h) fugitivus *A* 3. i) recipisset *A* 2. k) (post — prefat)us *u. i. absc.* *A* 3. l) reteneret indebite *A* 2. m) aut *A* 2. n) illi *A* 3. o) haec — denegasse q *absc.* *A* 3. p) *A* 3; ipse *A* 1; ipse ipso *A* 2. q) (servo — rauba sua *u. i. absc.* *A* 3. r) fugitivos *A* 2. s) posse *pro* post se *A* 3. t) quam — inter se *absc.* *A* 3. u) recipisset *A* 2.

1) *De huiusmodi indiculis disseruit Brunner, 'Entsteh. d. Schwurger.'* p. 83. *Conferendum est cum hac formula iudicium Chlodovei III. a.* 692, *DD. I, M.* 60. 2) *De comitis palatii in iudiciis regalibus testimonio cf. Pernice, De comitibus palatii p.* 11; *Waitz, 'VG.' II*[2], *p.* 508 *sq. Recte mihi testimonium, de quo agitur, explicasse videtur Brunner, 'Gerichtszeugniss' in 'Festgaben f. Heffter'* p. 166 *sqq.* 170: *'ein der Kanzlei erstattetes Referat über den Hergang des Verfahrens zum Zweck der Beurkundung'.* 3) *Pariclae seu pariculae (i. e. pares) dicebantur epistolae seu noticiae aequales, quas de iudicio, lite nondum finita, partes accipere solebant. Cf. Sohm, 'R. u. GV.' I, p.* 526.

inter se intenderent[v], sic[w] eidem a proceribus nostris, in quantum inlustris[x] vir ille[y], comes[y*] palati nostri, testimoniavit, fuit iudicatum, ut[z] de quinque denominatus idem[a] ille[y] apud tres et alios[b] tres, sua manu septima[c], tunc in palatio nostro, super capella[d] domni[e] Martini, ubi reliqua sacramenta percurrunt[f. 1], debeat[g] coniurare, quod suprascribto[h] servo illo[y] memoratus ille[y] pedes fugitivos[i] una cum rauba[k] sua in soledos[k*] tantos post se numquam recepisset[l]. Si hoc coniurare potuerit, de hac[m] causa ductus[n] resedeat[o]; sin autem non potuerit, ipso servo una[p] cum rauba[q] sua in soledus[r] tantus cum legis beneficium[s] partibus antedicto illo[t] reddere[u] studeat. Interim[v] vero usque[w] ipso placito[x] neutra[y] pars ex ipsis iectita non appareat, unde aequales[z] preceptionis[a] eis fieri et accipere[b] iussimus.

39. Ut pro nativitate regis[a] ingenui relaxentur.

Ille rex Francorum, vero[b] inlustris, illo[c] comitae. Dum et nobis divina pietas iuxta votum fidelium et procerum nostrorum de nativitate filii nostri ill. magnum gaudium[d] habere concessit, ut misericordia[e] Dei vitam eidem[f] concedere dignetur, iobemus[g], ut per omnes villas nostras, qui in vestras[h] vel[i] in cuncto regno nostro aliorum[k] domesticorum sunt accionibus[l. 2], tres homines servientes inter[m] utroque sexu in unaquaque villa ex nostra indulgentia per vestras epistolas[n. 3] ingenuos[o] relaxare faciatis.

40. Ut leudesamio[a] promittantur rege[b].

Ille rex ille[c] comis[d]. Dum et nos una cum consensu procerum nostrorum in regno nostro illo[c] glorioso filio nostro illo[c] regnare precipemus[e], adeo[f] iubemus, ut omnes[g] paginsis vestros[h], tam Francos[i], Romanos vel reliqua natione degentibus, bannire et locis congruis per civitates, vicos et castella congregare[k] faciatis, quatenus[l] presente misso nostro, inlustris[m] vero illo, quem ex nostro latere illuc pro hoc direximus, fidelitatem precelso filio nostro vel nobis et leudesamio[n. 4] per[o] loca sanctorum vel pignora[5], quas illuc per[o] eodem direximus[p], dibeant[q] promittere et coniurare.

I, **38**. v) intenderint *A* 2. w) (sic — q)uantum *u. i. absc. A* 3. x) inl *A* 3. y) ill. *codd.* y*) comis palacii *A* 2; comis (pal. — fui)t *u. i. absc. A* 3. z) unde (quinque —)t ill. apud *u. i. absc. A* 3. a) *A* 2; id̄ *A* 1. b) alius (tres — septi)ma *u. i. absc. A* 3. c) *corr. videtur e* septuma *A* 1. d) capella d. Martini *absc. A* 3. e) domno *A* 2. f) currunt — coniu *absc. A* 3. g) debeant *A* 2. h) sup̄scripto *A* 2; suprascrip(to — mem. ill.) *u. i. absc. A* 3. i) fugitivus *A* 3. k) raupa *A* 2; (rauba — ta)ntus *u. i. absc. A* 3. k*) sol̄ *codd.* l) recipisset *A* 2; rece(pisset — coniura)re *u. i. absc. A* 3. m) ac *A* 3. n) (d. r. si)n a. (n)on *u. i. absc. A* 3. o) sedeat *A* 2. p) a cum rauba *absc. A* 3. q) raupa *A* 2. r) soled̄ t. *A* 1; sol̄ tantos *A* 2; (sole)dus t. *u. i. absc. A* 3. s) um par *absc. A* 3. t) ill. *A* 2. 3. u) redderae *A* 1. v) *absc. A* 3. w) in *add. A* 2. x) palacito *corr.* pl. *A* 3. y) nec utra pras *A* 2. z) equalis *A* 3. a) preceptiones *A* 2. b) acc:pere *A* 3.

I, **39** = *Lind.* 89; *Roz.* 79. *Codd. A* 1. 2. 3. a) reḡ i. *A* 2; reḡ ingen̄ *A* 3. b) viro inlustre *A* 2; vir inl *A* 3. c) ill. comite *A* 2; ill. m a i o r e m d o m u s *pro* i. c. *A* 3. d) udium *absc. A* 3. e) misericordiam *A* 3. f) eiusdem (con)cedere *u. i. absc. A* 3. g) iubemus *A* 2. 3. h) vestra *A* 2. 3. i) *absc. A* 3. k) alicorum *A* 3. l) actionibus *A* 2. 3. m) in *A* 2. n) aepistolas *A* 2. o) inienuus *A* 3.

I, **40** = *Lind.* 39; *Roz.* 1. *Codd. A* 1. 2. 3. a) leude samio *A* 2; leudes amicicia *A* 3. b) regi *A* 2; *deest A* 3. c) *A* 2; ill. *A* 1. 3. d) com̄ *A* 1. e) precepimus *A* 2. 3. f) *ita A* 1. 3; ideo *A* 2. g) omnis pagensis *A* 2. 3. h) vestri *A* 3. i) fracos romanus *A* 3. k) *A* 2; congregarae *A* 1; congrare *A* 3. l) quatinus presenti *A* 3. m) i. viro ill. *A* 2; inl vir ill. *A* 3. n) l e o d e e t s a m i o *A* 2. o) pro *A* 3. p) diresimus *A* 3. q) debeant p. *A* 2; debeat promitere *A* 3.

1) *Sacramenta regalibus iudiciis ordinata iuranda esse super capellam (i. e. vestis cucullata) S. Martini, iisdem fere verbis diplomata commemorant; DD. I, M.* 49. 78. 2) *Comites tunc temporis domesticorum officiis fungi solitos esse, hac praecipue formula nisus recte probasse videtur Sohm, 'R. u. GV.' I, p.* 14 *sqq.; cf. Waitz, 'VG.' II*², *p.* 414. 3) *Qualium epistolarum formam praebet Marc. II,* 52. 4) *i. e. fortasse 'Mannschaft'. Cf. praecipue Waitz l. l. p.* 159*; Sohm l. l. p.* 19. 5) *i. e. reliquiae sanctorum. Bign.*

INCIPIUNT[a] CAPITULA DE CARTIS PAGENSIS. PARS SECUNDA.

1. Si quis monasterio[b] aut exsinodocio[c] de magna rem vult construere.
2. Prologus[d], qui de magna rem facit aecclesiis[e] donacionem[f].
3. Item[g] alio prologo cum ipsa donatione ad hoc opus.
4[h]. Cessio a[i] die presente ad ecclesiam[k] de villa.
5. Precaria de ipsa villa, dum advivit.
6. Donacione[l] de parva rem ad[m] ecclesia.
7. Carta[n] interdonationes inter virum et femina de eorum res.
8. Item alia sine aliqua minuatione.
9. Carta obnoxiacionis[o] a patre in filiis facta[p].
10. Epistula[q], cum in loco filiorum nepotes[r] instituentur ab avo.
11. Carta, qui suo nepote aliquid meliorare[s] voluerit.
12. Carta, ut filia cum fratres[t] in paterna succedat alode.
13. Si[u] quis extranio[v] homine in loco filiorum adoptaverit.
14. Pactum inter parentes de hereditate eorum.
15. Libellum dotis.
16. Si aliquis puella invita[w] traxerit.
17. Qualiter in uno volumine testamentum[x] persona condatur.
18. Securitas pro homicidio[y] facto, si se pacificaverint[z].
19. Vinditio de villa.
20. Vinditio de area infra civitate.
21. Vinditio de campo.
22. Vinditio[a] de servo aut ancilla.
23. Concambio de villas.
24. Concambio de terra aut vinea[b] vel prato.
25. Cautiones diverso[c] modo factas[d].
26. Item alia.
27. Item alia[e].
28. Qui se in servitio alterius obnoxiat[f].
29. Carta de agnatione[g], si servus ingenua femina[h] traxerit.
30. Libellum repudii.
31. Mandatum.
32. Ingenuitatis[i] diverso[k] modo factas[l].
33. Item[m] ingenuitatis alio modo post discessum.
34. Item alia[n] adhuc alio modo.

Index. Codd. A 2. 3; pleraque vero capita in codicis B quoque indice enumerantur, cuius tamen lectiones saepe discrepantes non semper notavi. a) Incp̄ de cartas pagensium pars secunda. Capitula I. Si q. *A* 3. b) in monasterio *A* 2; monasterium *A* 3. c) senodocio *A* 3. Carta de magna rem, qui vult exsinodotio construere *caput indicitur B.* d) II Pro *absc. A* 3. e) ad ecclesias *A* 3. f) *A* 3; donatioñ *A* 2. g) III I *absc. A* 3. h) *numerorum* 4—13 *notae aliae abscissae sunt, aliae aliis obstantibus impedimentis videri non possunt A* 3. i) *A* 3; ad *A* 2. k) *A* 3; ęcclesia *A* 2. l) *A* 3; Donatio *A* 2. m) at *A* 3. n) (Cart)a de i. *u. i. absc. A* 3. o) *A* 3; obnoxiationes *A* 2; abnoxiationis *B.* p) *deest B.* q) *A* 3; Epistł *A* 2. r) nepotis *A* 3. s) meliorem voluerit facere *A* 3. t) fratribus *B.* u) *hanc rubricam cum ea capitis* 16. *commutat A* 3. v) extraneo h. *A* 2; extranio hominem *A* 3. w) in via *A* 3. x) *A* 3; testm̄t persona condt *A* 2. y) omicidio *B.* z) pacificaverit *A* 3. a) vind *A* 2; vindicio *A* 3. b) vinia vel prado *A* 3. c) deverso *A* 3. d) *hoc v. deest A* 3. e) It. al. *A* 2; alio modo *add. A* 3. f) abnoxiat *B.* g) agnicione *A* 3. h) f(emina t.) *nihil nisi* f *cerni potest A* 3. i) Inienuitatis *A* 3; Ingenuitates *B.* k) *A* 3. *B*; diversorum *A* 2. l) conscript *reliq. absc. A* 3. m) Italia (*lege:* Item alia) alio m. p. d. *A* 3. n) al. *A* 2; adhuc *deest A* 3.

35. Evacuaturia[o] de cautione, si non invenitur.
36. Si[p] aliquis servo[q] suo aut gasindo aliquid concedere voluerit.
37. Gesta iuxta[r] consuetudine Romanorum, qualiter donationes[s] vel testamenta legantur.
38[t]. Mandatum ad gesta.
39. Epistula[u], si aliquis[v] rem ecclesiae[w] ad husum habet[x] et sua proprietate aliquid donat.
40. Prestaria de rem[y] ecclesiae[z] ab episcopis[a] facta[b].
41. Precaria[c], qui rem alterius[d] sacire[e] vult et non potest[f] et[g] postea precaverit.
42. Indiculum[h], cum episcopus[i] ad alium in resurrectione[k] Domini eologias diriget[l].
43[m]. Rescripto[n] ad episcopo de[o] visitatione.
44[p]. Quomodo[q] ad rege[r], regina vel episcopo[s] post nativitate[t] Domini visitatione[u] directa scribatur.
45[v]. Item alia[w] de nativitate[x] Domini.
46. Commendaticias[y] litteras ad episcopo iam[z] cognito.
47. Item commendaticias litteras ad abbate[a] noto.
48. Supplicaturio[b] pro eo, qui[c] de monasterio egreditur[d], aut illo[e], qui ingredi voluerit[f].
49. Indiculum generale ad omnes homines[g].
50. Indiculum[h] commendaturio[i] ad viros[k] inlustris laicos.
51. Indiculum[l] ad omines[m] potentes[n] palatinos, maxime ad cognitos[o] sibi.
52. Qualiter[p] pro nativitate filii regis ex ordinatione dominica domesticus[q] de villas regis[r] ingenuitatis facere debeat[s] ad servientes.

INCIPIUNT[a] SCEDOLAE, QUALITER CARTAS PAGINSIS[b] FIANTUR.

1. Ista[c] de magna rem[d], qui vult exsinodocio[e] aut monasterio construere.

Domine[f] verae sanctae atque sedola[g] ostensione[h] patentibus virtutum miraculis Christi[i] remuneratione fulgenti, oraturio[k] ac cellola[l] in honore[m] sanctae[n] ac semper

o) Evacuaria *A* 2. p) *A* 3; Siq̄ aliq̄ *A* 2; Cessio in servo vel gasindo. *B.* q) suo servo a. *A* 3. r) iusta consuitudinem *A* 3. s) dnat. *A* 2; donaciones *A* 3. t) *In A* 2 *numero* XXXVIII *rubrica non subiecta est,* XXXVIIII Mandatum *etc., quo fit, ut indicis numeri* 39—52. *respondeant capitibus* 38—51. u) *A* 3; Ept *A* 2. v) aliq̄ *A* 2; aliquid *A* 3. w) eccls *A* 2; ad husum — ecclesiae *des. A* 3. x) hab̄ *A* 2. y) rebus *B.* z) *B*; eccls *A* 2. a) episcopo *A* 3. *B.* b) *deest B.* c) XL Prestaria *A* 3; Si aliquis *pro* Pr. q. *B.* d) *sequitur:* quam excolit, ad proprietatem vult retinere et non potuerit et eam postea precaverit. *B.* e) *ita A* 3; satire *A* 2. f) posset *A* 3. g) e. p. precat *A* 3; post et precaria *A* 2. h) XLI Indicolum *A* 3; I. ad alium c. e. *B.* i) episcopo aut alium *A* 3. k) resurreccione *A* 3. l) dirigit *A* 3; dirigat *B.* m) XLII *A* 3. n) Rescriptio ab episcopo in die. *B.* o) divitacione *pro* de v. *A* 3. p) XLIII *A* 3. q) Quomodo post natale Domini episcopus ad regem sive alio episcopo visitatio dirigatur. *B.* r) regem *A* 3. s) episcopus *A* 3. t) *A* 3; nativitat. *A* 2. u) visitaciones directas *A* 3. v) XLIIII, *in sequentibus numeri absc. A* 3. w) alio *corr.* alia *A* 3. x) *A* 3; nativitat. *A* 2. y) Literas commendadicias ad episcopo noto. *B.* z) ia *A* 3. a) abaate (*corr.* abbate) vel noto *A* 3. b) Supplicacio *A* 3. c) qui in monasterio conversare desiderat. *B.* d) regreditur *A* 2. e) ill. *codd.* f) voluer̄ *A* 3. g) pro eo qui ad Romam pergit. *B.* h) In *absc. A* 3. i) commendadicio ad laicos. *B.* k) v. inlust̄ l. *A* 3; viris i. laycis *A* 2. l) Indic̄ *A* 3; Indiculo ad palatinos cognitos. *B.* m) *A* 3; om̄s *A* 2. n) potentis *A* 3. o) ad *deest,* cognitum *A* 3. p) *sine num. A* 2; *num. cum primo verbo absc. A* 3. q) do *absc. A* 3. r) quod *add. A* 3. s) debeant, ad *deest, fort. absc. A* 3.

a) Incipit scedola *A* 2; I. scedole *A* 3. b) pagensis *A* 3.

II, 1 = *Lind.* 5; *Roz.* 571. *Codd. A* 1. 2. 3. *B* (86). *(Numerus deest A* 1; XL *A* 3*).* c) *deest A* 2; Carta *B.* d) re *B.* e) *ita infra A* 1, *hic* exicio; exsinodotio *A* 2; senodocio *A* 3; exedochio, a. m. *des. B.* f) Domino vero sancto *A* 2; D. viri sancti *A* 3; Domino vere sancti *B.* g) sedula *cett.* h) offensione *B.* i) Christe, e *e corr. B.* k) oratorio *A* 2. 3. l) c. *corr.* cellula *B.* m) onore *A* 3. n) sancti illius *pro* sanctae ac — constructa ille *B.*

virginis[o] Mariae, genetricis Domini nostri Iesu Christi, *aut in alterius*[o*] *sancti*, constructa ille[p] reus quidem meretis[q], flagiciis[r] quoque, sceleribus, prelascivis[s] actibus ac nimia faeditate[t] pollutus[u], vel[v] ordine vel opere omnium bonorum christianorum longe satis extremus[w]. Hoc[x] tota paene[y] sanctarum scribturarum[z] series[a] christianis fidelibus pia exortatione[b] pronunciat, hoc etiam tonitrualis ille[c] euangelistarum vox, sancto suggerendo[d] Spiritu, sua potestate[e] concelebrat, ut faciat in pauperes[f] aelimosynam[g], qui vult tartari[h] evadere supplicia[i]. Unde et Dominus in euangelio dicit[k]: 'Vinde[l] omnia quae[m] habes, da pauperibus, et habebis[n] thesaurum[o] in caelo'[p. 1]. Pensemus[q] hergo[r], homines[s] christiani, quanta sit pietas et largitio[t] Redemptoris[u], ut pro[v] aelimosinas[w] pauperum promittantur nobis thesauri[x] regni caelorum. Procuremus igitur, sicut dominus et Salvator noster precepit, et, hacsi[y] non quantum habemus, saltim in quantum possumus aelimosinam[z] faciamus. Nemo[a] itaque dubitet, nemo tardet, quia, si nos facimus, quae[b] dominus et Salvator noster precepit, ille sine dubio facturus est, que[c] promisit. Ait[d] enim scribtura[e]: 'Absconde[f] aelimosynam[g] in corde[h] pauperis, et[i] ipsa pro te deprecabitur Domino'[k. 2]. Abscondamus[l] ergo elimosynam[m] in corde[n] pauperis, ut proveniat nobis deprecatio pauperum ad remissione[o] peccatorum. Multa quidem et alia, quae[p] laciniosia sunt prosequi[q], pro elimosinis[r] faciendis[s] testimonia[t] in scribturis[u] sanctis reperimus[v], inter quibus vel ex quibus illam[w] ego[x] exaestimo potiorem sententiam[y], qui[z] ait: 'Sicut aqua extingit[a] ignem, sic elimosina extinguit peccatum'[3]. Quid[b] ergo verius[c] potest credi, quid confitentius[d] quidve[e] expressius, quam[f]: 'Sicut aqua extingit[g] ignem, sic[h] aelimosina extingit[i] peccato'? Iuste ergo extinguitur[k], qui[l] peccatorum incendia aelimosinis[m] iuxta pollicitatione devina[n] extinguere non festinat[o]. Faciant[p] quippe citeri[q] quod voluerint[r], agant quod ipse[s] maluerint, idcirco quia[t] omnis homo suo sensu ducitur[u]; ego tamen huius rei exemplum secutus elegi, ad prefato oraturio[v] vel cellola[w] iuxta apostulorum[x] numero[y] duodecim[z] ad presens pauperum pro remissione[a] peccatorum meorum[b] vel pro diluenda meorum

II, **1.** o) virgine Mariae ienetricis *A* 3. o*) altarius *A* 2. p) ill. *A* 1. 3; illa seu *pro* i. r. *A* 2. q) meritis *cett.* r) flagicius *A* 3. s) prelaxcivis *B.* t) foeditate *A* 2; feditate *A* 3. *B.* u) pulutus *B.* v) v. o. *des A* 2; vel *deest B.* w) extremos *A* 2; extetimus *A* 3. x) :octat, h *fort. abras., pro* h. t. *A* 2. y) pene *A* 2; poena *A* 3; poene *B.* z) scripturarum *cett.* a) seriis *A* 3. *B.* b) exoracione *A* 3. *B.* c) illa *cett.* d) suggerente *A* 2. *B*; sugerendo *A* 3. e) potentate *B.* f) pauperis *A* 3. g) aelemosinam *A* 2; elimosinam *A* 3; elimosina *B.* h) tardari *B.* i) subplicia *B.* k) ait *A* 3. l) vende *A* 2. m) q; (que) hab̄ *A* 2; quae abes *A* 3; que abes *B.* n) abebis *B.* o) tesaurum *A* 3. *B.* p) caelum *A* 2; celo *B.* q) Pensemus — facturus est que promisit *des. B.* r) ergo *A* 2. 3. s) omnes *A* 2; hominis *A* 3. t) largidio *A* 2. u) redemtoris *A* 3. v) *deest A* 2; per *A* 3. w) alemosinas *A* 2; elimosinas *A* 3. x) tesauri *A* 3. y) acsi *A* 3. z) aelemosynam *A* 2; elimosinam *A* 3. a) Nemo tardit atque dubitet, quia *A* 3. b) que *A* 2. c) quae *A* 3. d) Et in libro sapientie dicit *pro* A. e. scr. *B.* e) scriptura *A* 2. 3. f) abscondite *A* 2. *B.* g) aelemosyna *A* 2; elimosinam *A* 3; elimosina *B.* h) sinu *A* 3. i) ut *A* 2. k) a D. *B.* l) Abscondamus — peccatorum *des. B.* m) aelemosynam *A* 2; elimosinam *A* 3. n) inde *pro* in corde *A* 1. o) remissionem *A* 2. p) quae latini usi sunt *A* 2; que latiniosa s. *A* 3. *B.* q) persequi *A* 3. r) aelemosinis *A* 2; elimosina *A* 3. s) *A* 2. *B*; faciend̄ *A* 1; facientis *A* 3. t) testimoniis *A* 2. u) scripturis *cett.* v) repperimus *A* 3. w) illa *B.* x) ergo existimo s. portionem s. *A* 2; ego exestimo p. *A* 3. *B.* y) sentencia *A* 3. z) quae *A* 2. 3. a) e. peccatum, *verbis* ignem s. e. extinguit *omissis*, *A* 1, *supplevi ex A* 3 *et B*; extinguit ignem, *verbis* sic e. e. peccatum *omissis*, *A* 2; extinguit, *reliqua ut supra A* 3. *B.* b) Quid — ipse maluerint *des. B.* c) virius *A* 3. d) confidentius *A* 2. 3. e) quid vel *A* 3. f) quia *A* 2. g) extinguit *A* 2. 3. h) s. aelemosina *A* 2; ita elimosina *A* 3. i) extinguit peccatum *A* 2. 3. k) extinguetur *A* 3. l) quia *A* 2. 3. m) ęlemosynis *A* 2; elimosinis *A* 3. n) divina *A* 2. 3. o) *A* 3; festinant *A* 1; festinet *A* 2. p) facient *A* 2. q) ceteri *A* 2. 3. r) voluerunt *A* 3. s) ipsi *A* 3. t) quid *A* 3. u) ducetur *A* 2. v) oratorio *B.* w) cellula *A* 2. x) apostolorum *cett.* y) numerum *A* 2. *B.* z) XII *A* 3. a) remissionem *A* 2. b) *deest A* 3.

1) *Ev. Matth.* 19, 21. 2) *Liber Ecclesiastici* 29, 15. 3) *Ibid.* 3, 33.

mole peccaminum[c], Christo presole[d], conlocari[e]; ubi etiam per[f] presentem epistolam[g] donationis meae dono ad[h] presente[i] die — quod in luminaribus[k] ipsius oratorii vel alimonia ac[l] substantiale[m] victu, vestitu quoque, substantacione[n] ipsorum pauperum[o] vel clericorum ibidem servientium, Deo gubernante et opitulante[p], proficiat — donatumque in perpetuo[q] esse volo atque[r] de meo iure in eorum dominatione et potestate lego[s], trado[t], transmitto atque[u] transfundo, hoc est agros, quorum vocabula sunt illos[v] et illos, que[w] ponuntur[x] in terreturio[y] illo, pari modo et quicquid[z] in illo[a] terreturio ponitur in omne[b] soliditate[c], porcionem[d] meam, una cum mancipiis, aedificiis[e], viniis[f], terris, pratis, silvis omneque[g] iure earum una cum colonicis, adiunctis adiecenciis[h] earum, in omni[i] soliditate[k] earum, sicut a me noscitur[l] fuisse possessum, aut mihi ex legitima successione aut undecumque aliquid mihi ibidem obvenit[m], cum[n] omni soliditate[o] vel oportunitate earum[p] ad integrum; ea scilicet ratione atque[q] pretexto, ut, remota pontificum[r] simulque ecclesiasticorum omnium officialium seu publicorum omnium potestate, nullas[s] functiones[t] vel exactionis[u], neque exquesita et lauda convivia, neque gratiosa vel[v] insidiosa munuscola[w], neque etiam caballorum[x] pastus aut paraverida[y] vel carrarum angaria, aut[z] quodcumque[a] functiones[b] titulum dici potest, de ipsa facultate paenitus[c] non requiratur; sed[d] sub integra emunitate facultaticola[e] ipsa, sicut a me hucusque[f] possessa[g] est, in iure oraturio[h] sanctae[i] Mariae et predictorum pauperum debeat[k], Deo[l] protegente et opitulante, persistere[m]; nisi tantum sancti et apostolici[n] illius[o] urbis episcopus, in cuius oppedum[p] exsinodocius ipse[q] ponetur, pro tradendis[r] benediccionibus[s] vel substituendis[t] abbatibus, praesbiteris[u] quoque et diaconibus, absque ulla paecuniarum[v] adempcionem[w], amplius donandi, exigendi, minuendi[x] vel[y] causam nullam habeat potestatem, sed nec[z] per commutationis[a] locum quicquam ex hoc auferendi[b] nullo tempore occansio[c] vel addetus[d] tribuatur, sed perpetualiter in potestate prefati oraturii[e] vel[f] ipsorum pauperum, Christo faventi[g], permaneat[h]. Hoc etiam ipse[i] ponteficibus[k] obsecro vel committo, ut illos[l] per succedentes[m] temporibus, cum casus mortis extiterit[n] abbatibus ac[o] reliquos clericorum gradus, in eodem loco

II, 1. c) pecaminum *B*. d) presule *A* 2. e) conlocare *cett.* f) *deest* *A* 1; pro *corr.* p *A* 2. g) epistulam d. mei *A* 3. h) a *A* 3. i) presentem diem *A* 2. k) luminarius *A* 3. l) et *A* 2. m) substancia s. *A* 3. n) substentatione *A* 2; ad substancia *A* 3; substaentatione *B*. o) *deest* *A* 3. p) opilante *A* 2. q) perpetuum *A* 3. *B*. r) adque de medio iure *A* 2; atque ibidem d. m. i. *A* 3. s) diligo *A* 3; elego *B*. t) *deest* *A* 1. u) adque *A* 2. v) ill. et ill. *A* 2. w) qui *B*. x) ponitur *A* 3. y) territorio ill. *A* 2; terratorio ill. *A* 3. z) et *add.* *A* 1. a) ill. territorio ponuntur *A* 2; loco terraturio p. *A* 3. b) omni *cett.* c) solliditate *A* 2. d) porcione mea *B*. e) edificiis *A* 3. *B*. f) vineis *cett.* g) omnique *A* 2. 3; omniaque *B*. h) adiacentiis eorum *A* 2; adgecenciis earum *B*. i) in omnibus *A* 3; i. o. s. e. *des.* *B*. k) solliditate *A* 2. l) nuscitur *B*. m) obvinit *A* 2. 3. n) cum — earum *des.* *B*. o) solliditate *A* 2. p) ad se pertenente *add.* *A* 3. q) adque *B*. r) pontificium *A* 3. *B*. s) nulla *A* 2. t) funcciones *A* 3. *B*. u) v. e. *des.* *A* 1, *supplevi ex* *A* 2; vel exactacionis, ta *ead. manu post add.* *A* 3; vel exacciones *B*. v) v. i. *des.* *A* 3. w) munuscula *cett.* x) cabalorum *B*. y) paravereda *cett.* z) in *add.* *cett.* a) quidcumque *A* 3. b) f. *corr.* functiones *A* 2; funcciones *A* 3; funccionis *B*. c) penitus *A* 3. *B*. d) seb *A* 2. e) facultaticula *cett.* f) huncusque *A* 2; hicusque *B*. g) possesse *A* 1. h) oratorio *A* 3; oratorii *B*. i) sancti illi *pro* s. M. *B*. k) debeant *A* 2. l) *deest* *A* 3. m) presistere *A* 2; prosistere *A* 3. n) apostolice *A* 3. o) ipsius *B*. p) oppidum *A* 2. 3; opidum *B*; et *add.* *A* 3. q) ipsi ponitur *A* 2; ipse ponitur *A* 3. *B*. r) tradentis *A* 3. s) benedictionibus *A* 2. t) subsistuendis *A* 2. u) presbiteris *A* 2; prsb̄ *A* 3; prsb̄ris *B*. v) pecuniarum *A* 2. 3; peculiarum *B*. w) adeptione *A* 2; ademptione *A* 3; ademcionem *B*. x) innuendi *A* 1. y) ve *B*. z) *deest* *A* 1; nec pro c. *A* 3. a) commutationes *A* 2. 3. b) auferandi *A* 2; offerendi *A* 3; aufferendi *B*. c) hoccasio *B*. d) aditos *A* 2; adetus *A* 3; aditus *B*. e) oratorii *A* 2. *B*; oraturio *A* 3; sancti illi *add.* *B*. f) ɫ *A* 2. g) favente *cett.* h) promaniat *A* 3. i) ipsi *A* 2; ipsis *B*. k) pontificibus *A* 2. 3. *B*. l) illis *B*. m) succidentes *A* 2; suadentes *A* 3; succedentibus *B*. n) exteterit *A* 3; steterit *B*. o) a clericus *pro* ac r. *A* 2; ac relicus *A* 3; vel reliquis *B*.

dignetur vel debeant substituere[p], quos sapiencia et eruditio scribturarum[q] clarificat, vel quos[r] vita sancta et accio[s] bona aut conversatio honesta[t] commendat. Unde obsecro clementissemis[u] regibus, tam presentibus quam futuris, et omnibus in Deo episcopis[v] omnibusque potestatibus[w] ac primatis, omnes[x] etiam seniores[y], quoscumque iudices[z] esse constiterit[a], per ineffabilem Dei omnipotentia[b], per inseparabilem[c] Patri et Filio[d] et Spiritu[e] sancto Trinitatis, ut hac[f] volontate[g] mea per[h] nullis occansionibus[i], sicut existente[k] sine Deo cupiditate res[l] exigi solet, nulla racione[m] nulloque[n] tempore convellere[o] permittatis[p], sed pro[q] sollicitudinem[r] et curam episcopo[s] constare[t] potius pro reverentiae[u] Trinitatis inmense[v] vestro tempore et studio vel opere iobeatis[w], quatenus[x] ut et[y] ille vobis mercedem restituat in perpetuo[z], qui[a] scit me aelimosinis[b] in[c] ipsis sanctis[d] Dei pauperibus pro[e] amorem domini nostri Iesu Christi ardenti[f] desiderio tribuisse. Si quis huic volontate[g] mea pro[h] quibuslibet adinventionibus seu propositionibus, sicut mundus cotidiae[i] artibus[k] et ingeniis expolio[l], obvios[m] vel repetitor[n], convulsor etiam aut tergiversator[o] extiterit[p], anathema[q] sit, et tam qui fecerit quam qui faciendo[r] consenserit, anathema sit et, sicut Dathan[s] et Abiron hiatu terrae[t] absorti[u] sunt, vivens in infernum[v] discendat et cum Zeziae[w], fraudes[x] mercatorem, et in presenti[y] et in futuro seculo partem damnationis[z] excipiat, et tunc venia[a] consequatur, quando consecuturus est diabulus[b], qui se[c] fefelendo etherea[d] sede deiectus[e] cruenta[f] adinventione bonis operibus semper obviare[g] pervigilat; insuper etiam inferat, sociatu[h] quoque tam[i] in prosecutione[k] quam in exaccione[l] sacratissimo fisco, *vel* sancto[m] episcopo ecclesiae[n] illius, auri[o] libras tantas[p], nihilomenus[q] presens[r] epistola, que[s] a me pro timore Dei et amore[t] pauperum conscribta[u] est, firma et[v] incorrupta, intemerata inviolataque permaneat. Ego namque de conlatis ac superius prenotatis[w] rebus omnia ad curam[x] et sollicitudinem[y] aut defensionem[z] rerum vel gubernationem ipsorum pauperum sancto ac prenotato[a] domno[b] illius episcopo vel successoribus suis, Deo sibi teste[c], committo et strumenta[d], per quod res ipsas[e], auxiliante Deo[f], per eorum sollicitudinem[g] defensentur[h], super-

II, 1. p) vel stituere *pro* subst. *A* 2. q) scripturarum *cett.* r) quoslibet *pro* q. v. s. *A* 1. s) actio *A* 2. t) *deest B.* u) clementissimis *cett.* v) eps *A* 3. w) potestatis *A* 3. x) omnis *A* 3. y) senioribus *A* 3. z) iudicis *cett.* a) constituerit *A* 3. *B.* b) omnipotentiam *A* 2. *B.* c) inseperabilem *A* 3. d) filii *B.* e) s. sp. *A* 3; spiritui s. trinitate *B.* f) ac *A* 2; hanc *A* 3. g) voluntate *cett.* h) pro *A* 3. i) occasionibus *A* 3. *B.* k) exsistente *A* 3; exsistentem *B.* l) res exige *A* 1; rex exigi *A* 2; res exegi *A* 3; res exii *B.* m) racionem *B.* n) nullaque *A* 2. o) *e corr. B.* p) permitatis *A* 2. *B*; promitatis *A* 3. q) per *A* 2. *B.* r) sollicitudine et cura *A* 2. 3; solicitudinem et c. *B.* s) eps *A* 2. 3; episcopi *B.* t) constarae *A* 3. u) reverencia et t. *A* 3; reverenciam t. *B.* v) inmensa *B.* w) iubeatis *cett.* x) quatinus *A* 3. y) et *deest A* 2; et illi *A* 3. z) futuro *A* 2. *B*; futurum *A* 3. a) quis sit me *B.* b) aelemosinis *A* 2; ac elimosinis *A* 3; elimosinis *B.* c) in *deest cett.* d) sancti *A* 2. e) per a. *A* 2; pro amore, d. n. I. *om. B.* f) ardente *A* 3. *B.* g) voluntate *cett.*; v. meae *B.* h) per *A* 2; *in sequenti voce litt.* li *absc. A* 3. i) cottidie *A* 2. *B.* k) cartibus et ingenuis *A* 2. l) *ita codd. omnes, corruptum tamen videtur;* expolitur, *ut videtur e coni., Lind.* m) obvius *A* 2. 3; ob huius *B.* n) repetitur *A* 3. o) tergiversatur *cett.* p) exteterit *B.* q) anatema *A* 3. r) facienda *B.* s) Datan *B.* t) terre *A* 3. *B.* u) absorte *A* 3, *ubi* sunt *deest.* v) inferno *B.* w) Gieziae *A* 3; Ziezi *B*; cum *deest A* 2. x) fraudis *cett.* y) presente *A* 2. 3. z) dampnationis *A* 2. a) veniam *B.* b) et diabolus *A* 2; diabolus *A* 3. c) sese fellendo *A* 2; se Domino fefellendo *A* 3. d) etheria *cett.* e) deiectis *A* 1. f) cruentat *A* 3. g) vigilari *A* 2; obviari *A* 3. h) saciatu *A* 1; societatu *A* 2; sociato *A* 3; sotiante *B.* i) tam — sacratissimo *des. A* 2. k) persecucione *A* 3. *B.* l) in *deest,* exactacione *A* 3. m) *B*; s. episc *A* 1; sanctis episcopis *A* 2; s. episcopus *A* 3. n) eclesiae illius *A* 3; aecclesiae ipsius *B.* o) aur lib *A* 1; auri lib *A* 2. p) tant. *A* 1; c *cett.*; argentum pondo ccc et *add. A* 3. q) nihilhominus *A* 2; nihilominus *A* 3. *B.* r) haec p. *B.* s) quę *A* 2. t) amorem proximi *pro* a. paup. *A* 3. u) conscripta *cett.* v) *deest cett.* w) pernotatis *A* 3. x) curem *A* 2. y) solicitudinem *B.* z) defensione *A* 3. a) ac pernotato *A* 1; a prenotato *B.* b) d. i. episc *A* 1; dom i. episcopis *A* 2; d. ill. episcopo *A* 3; d. illo episcopo *B.* c) testeste *A* 2. d) instrumenta *B.* e) ipsa *A* 3. f) Domino *A* 3. *B.* g) sollicitudine, solicitudine *A* 2. *B.* h) defensetur *A* 3; deserentur *B.*

scribto[i] domno[k] lui episcopo per[l] manibus tradedi, et qualiter[m] ibidem providi[n], piae, rectaene[o] an secus egerit[p], Christo domino in se iudicio[q] recognuscat. Mihi autem nihil exinde[r] propriaetatis[s] titulum[t] paenitus[u] non reservavi, quia facilae[v] contempnet[w] omnia, qui[x] cupit ab inferni[y] faucibus erui[z], *vel* illi[a], qui remissione[b] peccatorum Deo remunerante desiderat, *aut* ille[c], qui se[d] semper cogitat, cum[e] vellit nolit[f], esse moriturum[g]. Stibulatione[h] subnexa.

2. Prolocus[a], qui de grande causa[b] facit[c] ecclesiae donationem[d].

Quantum intellectus sensusque humani potest[e] mente[f] sagaci[g] pensare atque solerte[h] indagatione perpendere, nihil amplius valet in huius[i] seculi lucem de gaudia fugitiva[k] lucrare, quam quod de[l] rebus suis lucis[m] venerabilibus[n] in alimoniis[o] pauperum curetur inpendere[p], quatenus fragilitatem naturae[q], quod omnes generaliter[r] paciuntur, priusquam subitania[s] transpositio eveniat, oportit[t] pro salutem[t*] animae vigilare, ut non inveniat quemquam inparatum, et sine aliquo respectu[u] discedat a seculo; quin potius, dum proprio libertatis iurae[v] subsistit, ex caducis substantiis in aeterna[w] tabernacula vitam quaerat[x] mercare aeternam[y], ut inter iustorum consorcio desiderabile valeat adipisci locum et retributorem sibi preparet Dominum[z], ut de fructu indeficienti[a] paradisi mereatur[b] foveri, de cuius vivo fonte perfecta[c] fide poscenti[d] nec subtrahetur[e] poculum nec minuetur alveus, sed potius quisque hauserit[f] inrigatur[g] dulcidine[h] caelitus[i], atque suavis ei[k] flagratur odor balsami[l] paradisi.

3. Item alio prologo ad hoc opus et[a] donatio[b].

Mundi[c] terminum, ruinis crebriscentibus, adpropinquantem indicia certa manifestantur et[d] experimenta[e] liquida declarare nuscuntur[f], et ad[g] discutiendas[h] torpentes[i] infidelium mentes[k] illa dudum in euangeliis a[l] Domino dicta oracula incumbere nuscuntur[m]. Opere pretium arbitror futurorum[n] temporum vicissitudinem prehoccupans[o] antecipare[p] et incertum humane[q] condicionis eventum sagaci[r] mentis intuito[s] providere,

II, 1. i) superscripto *A* 2. *B*; suprascripto *A* 3. k) dom̄ l. e. *A* 1; dom̄ lui episcopus *A* 2; domno illo e. *A* 3; domino ill. e. *B*. l) pre manibus tradidi *A* 2. m) qualidem *A* 2. n) provide *A* 2. 3; providere secus egerit *B*. o) rectae teneant secus *A* 1; rectę ne an secus *A* 2; r. ne anxius *A* 3. p) egeret *A* 2. q) iudice *B*. r) exinde de *A* 3. s) proprietatis *A* 3. *B*. t) titulo *A* 3. u) penitus *A* 3. *B*; non *deest* *A* 3. v) facile *cett.* w) contempnit *A* 2. *B*; contemnit *A* 3. x) quae *A* 3; quo *B*. y) inferno *A* 2. z) erue *A* 2. a) ille *cett.* b) p. r. *A* 2; pro r. p. *B*. c) *deest* *A* 3; ill. *B*. d) *deest* *A* 2. e) quod *A* 3. f) et nolet *A* 3; nollit *B*. g) moritūr *A* 2. h) stibulacio subnixa *A* 3; stibulāc *B*; subnexa *deest* *A* 2. *B*.

II, 2 = *Roz.* 175. *Codd.* *A* 1. 2. 3. *Augiensis* (*Caroliruh.* 112). a) Prologus *A* 2. 3. b) rem *A* 3. c) facit eccł *A* 1; fac̄ *A* 2, *ubi* e. *deest*; f. e. *des.* *A* 3. d) donation̄ *A* 2; donac̄s *A* 3. e) post *A* 2. f) mentis *A* 3. g) saci *A* 1. h) sollerte *A* 2; solert. *A* 3. i) uius *A* 3. k) figitiva *A* 3. l) *deest* *A* 2. m) locis *A* 2. 3. n) *post h. v.* 1—2 *litt. erasae* *A* 1. o) alemoniis *A* 3. p) intendere *A* 2. q) nature *A* 3. r) tenet aliter *A* 3. s) subitanea *A* 3. t) oportet *A* 2. 3. t*) salute animę *A* 2; salute anime *A* 3. u) respecto *A* 3. v) iure *A* 2. 3. w) eterna *A* 3. x) querat *A* 2. 3. y) aeterna *A* 2; eterna *A* 3. z) Deo *A* 2. a) nimis *in marg. al. man. add.* *A* 1. b) merear fovere *A* 2. c) profecta *A* 3. d) poscente *A* 2. 3. e) subtrahitur *A* 2; subtraetur *A* 3. f) auserit *A* 2; auxerit *A* 3. g) inrigatus *A* 2. h) dulcedine *A* 2. 3. i) cęlatus *corr.* cęlitus *A* 2; a celitus adque s. *A* 3; gelidus *Aug.* k) eflagratur *pro* ei fl. *A* 3. l) balsimi paradis *A* 2.

II, 3 = *Lind.* 13; *Roz.* 215. *Codd.* *A* 1. 2. 3. *B* (87). *Augiensis* (*Caroliruh.* 112). *Cf. Pard.* 544; *Zeuss, Trad. Wizenb.* 9; '*MR.UB.*' *I*, 41; *Doublet*, '*Hist. de S. Denis*' *p.* 738. a) *deest* *A* 2. b) Prologo de donatione aecclesie *rubrica in B.* c) Adpropinquantem mundi finem ruinis crebriscentibus indicia *B*. d) et — nuscuntur *des.* *B*. e) *A* 2; e. aliquid a *A* 1; experimentali quidem d. *A* 3; e. aliqua *Aug.* f) noscuntur *A* 2. 3. g) *deest* *A* 3. h) discendas *B*. i) *deest* *A* 2; turpentis *A* 3; turpentes *B*. k) mentis *A* 2. 3. l) ad Dominum *B*. m) noscuntur *A* 2. 3. n) futurum tempr̄ vicissitudine *A* 2; futororum (*corr.* futurorum) t. vicissitudine *B*. o) preoccupans *cett.* p) anticipare *A* 2; mancipare *A* 3. q) humani *A* 2. r) sagati *A* 1. s) intuitu *cett.*

quatenus[t] ex hoc inflictis[u] facinorum vulneribus indulta pietatis[v] remedia merear adipisci[w]. Ergo[x] ego in Dei nomen[y] illi[z] et coniux mea illa considerantes[a], quia[b] gravamur sarcina peccatorum, et reminiscentes[c] bonitatem Dei dicentes: 'Date aelimosynam[d], et omnia munda sunt[e] vobis'[1], de[f] tanta igitur miseratione et pietate Domini[g] confisi, idcirco per hanc epistolam[h] donacionis donamus donatumque in perpetuo[i] esse[k] volumus atque[l] de iure nostro in potestate et dominatione monasterii[m] illi, in honore[n] illi ab[o] ill. in pago illo[p] constructum[q], ubi preest venerabilis illi[r] abba vel turba plurima monachorum adunata, transfundimus[s] atque transcribimus villas[t] nuncupantes[u] illas[v], sitas in pago illo[w], cum terris, domibus, aedificiis[x], accolabus[y], mancipiis, vineis[z], silvis, campis[a], pratis, pascuis, aquis[b] aquerumve[c] decursibus, adiunctis adiecentiis[d], appendiciis[e], peculium[f] utriusque[g] sexus, movilibus[h] et inmovilibus, sicut a nobis moderno tempore possedetur[i], vel si inantea inibi[k] undecumque aliquid augmentare aut[l] meliorare potueremus, ad prefato monasterio[m] in alimoniis vel substantia[n] monachorum ibidem habitantium, Christo protegente[o], proficiat; ea scilicet ratione, ut, dum pariter advivimus, antedictas villas sub uso benefitio[p] tantummodo[q], absque ullo[r] preiuditio vel demunitione[s] aliqua ipse[t] monasterii, possediamus[u], nisi tantum si aliquis[v] ex servientibus nostris a iugum servitutis pro commune mercede[w] relaxare voluerimus[x]; post obitum vero, quandoquidem Deus voluerit, ambobus nostrum, absque ullius iudicis vel heredum[y] nostrorum expectata[z] traditione, cum omni[a] rem meliorata[b], quicquid in suprascribtas[c] villas in quibuslibet[d] rebus vel[e] corporibus augmentum[f] vel inventum[g] fuerit de presenti[h], hoc pars antedicti monasterii vel memoratus abba[i] suique successores[k] in Dei nomen[l] perpetualiter recipiant possidendum[m], tamquam si ad presens absque uso[n] nostro eorum fuisset subsecuta possessio, ita ut, quicquid de predictas villas pro[o] oportunitate ipsius monasterii facire[p] decreverint, liberum in omnibus potiantur[q] arbitrium. Presentem vero donationem nequaquam[r] a curialium vilitate[2] gestis municipalibus

II, 3. t) quatinus *A* 3. u) influctis f. *A* 2; inflatis fatinorum *B*. v) pietate *A* 2. w) adipiscis *A* 1. x) Igitur itaque ego *A* 3. y) nomine *A* 2; *reliqua formulae pars deest B*. z) ill. *A* 2. 3. a) considerantis *A* 2. b) qua *A* 2. 3. c) reminiscentis *A* 2. 3. d) aelemosynam *A* 2; elimosinam *A* 3. e) fiunt *A* 2. 3. f) d. t. *des. A* 3. g) *deest A* 3. h) ẹpistolam *A* 2. i) perpetuum *A* 2. 3. k) es *A* 3. l) adque *A* 3. m) m. illius *A* 2; monasterio ill. *A* 3. n) h. ill. *A* 2; onore ill. *A* 3. o) *ita emendavi;* ab̄b̄ *A* 1. 2; ab̄a *A* 3; *cf. supra p.* 39 *l.* 31. p) ill. *A* 2. 3. q) constructo *A* 2. r) ill. *A* 2. 3. s) transfundimus atque transfundimus *A* 1; trans::::::: (*ult. litt. eras.*, trasmittimus *Roz.*, transtulimus *Lind.*) etque transfundimus *A* 2; transfundimus adque transcribimus *A* 3; trāscribimus atque trasfundimus *Doublet;* tradimus atque transfundimus *Aug.* t) villa *A* 2. 3. u) s *post add. A* 3. v) ill. *A* 2. w) ill. *A* 2. 3. x) edificiis *A* 3. y) acolabus *A* 2. z) viniis *A* 3. a) *deest A* 1. b) quis, a *post add. A* 1. c) aquarumve *A* 2. 3. d) adiacentiis *A* 2. e) apendiciis *A* 3. f) peculius *A* 3. g) utriūque *A* 2. h) -libus *e corr. A* 1. i) possi͘detur *A* 2; possidere videtur *A* 3. k) ibi *A* 2. l) a. vel m. poterimus *A* 2; aumentare aut inmeliorare potuerimus *A* 3. m) manasterio *A* 1. n) substanciis *A* 2. o) gente *bis scr. A* 3. p) bene *A* 2. q) tanto modo *A* 3. r) ullius *A* 3. s) dimunitione *A* 2; diminucione *A* 3. t) ipsius *A* 2. 3. u) possideamus *A* 2. 3. v) alicus *A* 3. w) mercedem *A* 3. x) *lit.* i *absc. A* 3. y) heredem *A* 3. z) spectata *A* 3. a) omne *A* 2. 3. b) emeliorata *A* 2; melioratam *A* 3. c) suprascriptas *A* 2. 3. d) quibus rebus libet *A* 2. e) atque *A* 3. f) augmentatum *A* 3. g) (emo)-lentum *valde abrasum A* 2, *uncis inclusum* emo *aut* emu *legendum esse videtur*, emolumentum *fortasse intelligendum est*, emeliorate *legit de Rozière;* inolentum *Zeuss.* h) presente *A* 3. i) abb. *A* 2. k) successoribus *A* 2. 3. l) nomine *A* 2. m) possedendum *A* 2; ad possedendum *A* 3. n) usu *A* 2. 3. o) propter *A* 2. p) facere *A* 2. 3. q) potiuntur *A* 3. r) nequicquam aurialium (ali *in loco raso post add.*) v. *A* 2; nequiquam auguriale vel v. *A* 3; nec a quoquam curialium vilitatem *Aug.;* nequaquam vilitate *Pard.;* nequaquam augurialium vilitati '*MR.UB.*'; nequaquam a curialium vilitate *Doublet.* *Cf. 'N. Arch.' VI, p.* 32.

1) *Ev. Luc.* 11, 41. 2) vilitate *e* laudabilitate, *quod saepissime scribebatur* laudavilitate, *corruptum esse, acriter coniecit Brunner, 'RG. d. U.' I, p.* 142; *quod cum fieri potuisse non nega-*

alligare[s] curavimus et omnino decernimus, ne aliquando in eam ob[t] hoc casu[u] quisquam valeat repperire[v]. Quod si aliquos[w] instrumentus[x] de ipsas villas de nomen nostrum in adversitate predicti monasterii quolibet ordine conprehensus, aut anterius vel[y] posterius prenotatus[z], quod nos nec fecimus nec facire[a] rogavimus, a quemcumque preter istum, quem firmissimum volumus esse quoque tempore[b], fuerit ostensus[c], nullum sorciatur effectum, nisi vacuus et inanis appareat[d]; auctorem vero crimenis[e] vel falsarium nec inultum tunc tempore paciatur iudiciaria habere potestas. Si quis vero, quod futurum esse non credimus, huic volontati[f] nostrae pro[g] quibuslibet adinventionibus aliquis de heredibus nostris aut iudicum seva cupiditas vel qualibet persona obvius vel[h] repetitor[i] extiterit, a conventu[k] omnium christianorum vel limitibus ecclesiarum extraneus habeatur[l] et Iudae, traditoris[m] domini nostri Iesu Christi, perfruatur consorcium; insuper etiam inferat partibus ipsius monasterii vel fratrum ibidem consistentium, sociatu[n] quoque tam in accione[o] quam in prosecutione[p] sacratissimo fisco, auri[q] libras[r] tantas[s], argenti[t] pondo[u] tanti, et nec[v] sic quoque quod repetit valeat[w] vindicare, nihilominus presens donatio, que a nos[x] pro timore Dei et amore pauperum Christi conscribta[y] est, firma et inlibata omni tempore debeat permanere, stipulatione[z] subnexa.

Actum ibi[a], sub die illo.

4. Cessio a diae[a] presentae ad ecclesiam.

Dum fragilitas[b] humani generis pertimiscit[c] ultimum vitae[d] temporis subitania[e] transpositione ventura, oportet[f], ut non inveniat[g] unumquemque inparatum, ne sine aliquo boni operis respectu[h] migret[i] de seculo, nisi, dum suo[k] iurae[l] et potestatem consistit, preparet[m] sibi[n] viam salutis, per quam ad aeternam[o] valeat beatitudinem pervenire[1]. Ideoque ego in Dei nomen illi[p] et coniux mea illa[p] pro remedium anime[q] nostrae et remisione[r] peccatorum nostrorum, ut veniam in futuro[s] consequi mereamur, cedimus a presente diae[t], cessumque in perpetuo[u] esse volumus, atque[v] de[w] iurae

II, **3.** s) alligari *A* 2. t) ab *A* 1. u) causam *A* 2; caso *A* 3; occasu *pro* h. c. *Aug.* v) reperire *A* 2. 3; repetere *Pard.* w) alicus *A* 3. x) instrumentis *A* 2. y) aut *A* 2. z) prenotatos *A* 2. a) facere *A* 2. 3. b) tempus *A* 2, *ubi* fuerit *deest.* c) ostensum *A* 3. d) apareat *A* 2. e) criminis *A* 2. 3. f) voluntati *A* 2; voluntate *A* 3. g) per *A* 2. h) *deest A* 2. i) repetitur e. *A* 2; repeditor exteterit *A* 3. k) conventum *A* 3. l) habeatis *A* 1. m) traditores *A* 2. n) sociato *A* 3. o) actibus *A* 2; exactacione *A* 3. p) prosequicione *A* 3. q) auro *A* 3. r) lib̄ *A* 1. 2. s) tañ *A* 2. t) argento *A* 2; argentum *A* 3. u) pond̄ tañ *A* 2; p. tanta *A* 3. v) nescit *pro* n. s. *A* 2. w) non valeat *A* 3. x) nobis *A* 3. y) conscripta *A* 2. 3. z) stipul̄ subnixa *A* 2. 3. a) i. s. d. ill. *A* 2; *des. A* 1; s. d. i. *des. A* 3.

II, **4** = *Lind.* 16; *Roz.* 345 §. 1. *Codd. A* 1. 2. 3. a) die pręsente ad ęcclesia *A* 2; die presente ad ecclesia *A* 3. b) fragilitatis *A* 2. 3. c) pertimescit *A* 2. d) vite *A* 3. e) subitanea *A* 2; subidanea *A* 3. f) oportit *A* 3. g) inveniā *A* 2. h) respectum *A* 2. i) migrit *A* 3. k) in suo *A* 3. l) iure et potestate *A* 2. 3. m) preparet et *A* 1; preparit *A* 3. n) *deest A* 2. o) eternam *A* 3. p) ill. *A* 2. 3. q) animę nostrę *A* 2; a. nostre *A* 3. r) remissionem *A* 2; remissione *A* 3. s) futurum *A* 2. 3. t) die *A* 2. u) perpetuum *A* 3. v) adque *A* 3. w) de *deest A* 1; de iure *A* 2. 3.

verim, tamen iam Marculfum ipsum, aliam fortasse formulam seu cartam quandam secutum scripsisse vilitate, *pari codicum atque cartarum, quarum antiquissima est a.* 728, *omnium consensu probari videtur. Neque enim, ut opinatur Brunner l. c. n.* 7, vel *illud, quod exstat in cod. A* 3 *de prima vocis* laudabilitate (lūilitate) *litera ductum, sed potius ex ultima antecedentis vocis syllaba* um (ū) *corruptum esse crediderim, praesertim cum syllabam illam hic deficientem ceteri omnes loci,* vel *omittentes, praebeant. Satis autem probabile videtur, Marculfum verba* curialium vilitate *in eandem re vera accepisse sententiam, quam iis subiicere duxerunt de Savigny, 'G. d. R. R.' I, p.* 317 *n. a, et Quicherat, 'De l'enregistrement des contrats à la curie', in 'Bibl. de l'école des chartes' seriei* 5. *tomo I, p.* 440 *sqq.* 445. 1) *Cf. cum hoc prologo Form. Arv.* 3; *Marc. II,* 2.

nostro in iure et dominatione sanctae ecclesiae illius, in honore[x] illius constructae[y], [tradimus[z] atque transfundimus] villa nuncupante illa[a], sitam in pago illo[b], quam ex alode parentum aut undecumque ad nostra pervenit[c] dominatione et ad presens possidere videmur, cum omni merito et termine[d] suo, cum adiecenciis adiunctis, appendiciis[e], cum terris, domibus, aedificiis[f], accolabus[g], mancipiis, vineis, silvis, campis, pratis, pascuis, aquis aquaerumvae[h] decursibus, farinariis, cum pastoribus gregis, peculium[i] utriusque sexus, maiore vel minore, movilibus[k] vel inmovilibus, vel quicquid[l] dici aut nominare[m] potest et tempore presente nostro[n] videtur esse possessio, ad presente[o] ecclesia[p] volumus esse concessum[q], ita ut ab hac diae[r] memorata villa illa[s] pars antedictae[t] ecclesiae, vel pontifex civitatis[u] illius aut actores[v] ecclesiae eam habendi, tenendi, possedendi[w] vel quicquid exinde pro oportunitatem[x] ipsius elegerint faciendi liberum in omnibus potiantur[y] arbitrium, ita ut nomen nostrum in libro[z] vitae conscribantur, vel pro nos uterquae[a] sacrifitium[b] post obitum nostrum pio Domino offeratur[c]. Licet in cessionibus poenam[d] adnecti non sit necesse, sed nobis pro homni[e] firmitate placuit inserendum. Si quis vero, quod futurum esse non credimus, nos ipse[f], quod absit, aut aliquis de heredibus vel proheredibus nostris seu qualibet persona, calliditatae[g] commotus aut cupiditate preventus[h], ullo[i] umquam temporae contra praesentem epistolam[k] cessionis nostrae[l], quam propter nomen Domini et venerationem[m] ipsius sancti loci spontanea volontate[n] fieri decrevimus, venire aut aliquid agire[o] voluerit aut tergiversatur[p] exti-terit, anathema sit, et[q] tam qui fecerit quam qui faciendo[r] consenserit anathema sit et cum suprascribto[s] domno[t] illo ante tribunal Christi deducat rationis; insuper inferat iuxta[u] poena seculi cum cogenti[v] fisco partibus ecclesiae[w] ipsius[x] auri[y] libras[z] tantas, argenti[a] pondo tanta[b], et quod repetit nullatinus[c] valeat[d] vindicare, sed presens cessio omni[e] tempore inlibata permaneat[f] cum stipolatione[g] subnexa.

Actum ibi[h].

5. Precaria[a] de ipsa villa, dum vivit.

Domino sancto et[b] apostolica[c] sede colendo domno[d] et in Christo patri[e] illo[f] episcopo illi[g] et coniux mea illa[h]. Pluribus[i] non est incognitum, qualiter propter nomen Domini ad ecclesia[k] illa[l] in honore[m] sancti illi[n] villa nostra nuncupante[o] illa[n], sitam in pago illo[p], quicquid ibidem undecumque nostra fuit[q] possessio, in integritatem[r] per

II, 4. x) onore *A* 3. y) constructa *A* 2. 3. z) *uncis inclusa supplevi secundum Form. Tur. Add.* 1 *(Sirm.* 36*)*; confirmamus *male supplere videtur* *A* 3. a) ill. *A* 3. b) ill. *A* 2. 3. c) pervinit *A* 3. d) termino *A* 2. e) apendiciis *A* 3. f) edificiis *A* 3. g) acolabus *A* 2. h) aquarumve *A* 2. 3. i) peculiis ū utriusque *A* 3. k) mobilibus et inmobilibus *A* 2; m. et i. *A* 3. l) quiquid *A* 3. m) numerare *A* 1. n) nostra *A* 2. 3. o) prefata *A* 3. p) illa *add.* *A* 3. q) concessam *A* 3. r) die *A* 2. 3. s) ill. *A* 2. t) antedicte *A* 3. u) civitate *A* 2. 3. v) auctoris *A* 2; actoris *A* 3. w) possidendi *A* 2. x) opornitate *A* 2; oportunitate *A* 3. y) perfruantur *A* 2. 3. z) bro vite *A* 3. a) uterque *A* 2. 3. b) sacrificium *A* 2. 3. c) offerantur *A* 2. 3. d) penam *A* 3. e) omni *A* 2. 3. f) ipsi *A* 3. g) calliditate *A* 2. 3. h) perventus *A* 1. i) ullumquam tempus *A* 2; ullo umquam tempore *A* 3. k) ępistolam *A* 2; epistulam *A* 3. l) nostre *A* 3. m) veneratione *A* 2; venerabile *A* 3. n) voluntate *A* 2. 3. o) agere *A* 2. 3. p) tergaversatur *A* 1. q) et tam— a. sit *des.* *A* 2. r) faciente *A* 3. s) suprascripto *A* 2. 3. t) dom̄ *codd.* u) iuxta quod pena *A* 3. v) agente firco p. *A* 3. w) i. e. *A* 2. 3. x) aut *add.* *A* 2; aut agentes suorum *add.* *A* 3. y) auro *A* 3. z) *A* 3; lib̄ tan̄ *A* 1. 2. a) aut argent̄ pond̄ *A* 2; argento p. *A* 3. b) tan̄ *A* 1. 2; tanta multa conponat *A* 3. c) nullatenus *A* 2. d) valiat *A* 3. e) omniumque t. *A* 3. f) permaniat *A* 3. g) stiplt subnixa *A* 2; stipł subn̄ *A* 3. h) a. i. *des.* *A* 2. 3.

II, 5 = *Lind.* 27; *Roz.* 345 §. 2. *Codd.* *A* 1. 2. 3. *B* (88). a) Pręcaria *A* 2; de — vivit *des.* *B*. b) *verba* in Christo *huc transposuit* *A* 3. c) apostolico *B*. d) dom̄ *A* 2. 3. e) patre nostro *A* 3. f) ill. *codd.* g) *A* 3; ill. *A* 1. 2; ego ill. *B*. h) ill. *A* 1. 2. i) Pluribus — ęcclesia ill. *A* 2; *des.* *A* 1; dum et pluribus *etc.* *A* 3. k) aecclesiam *B*. l) ill. *A*; illam *B*. m) onore, sancti *deest* *A* 3. n) *B*; ill. *A*. o) noncupante *B*. p) ill. *A* 2. 3. q) *deest* *A* 2; f. n. *B*. r) integritate *cett.*

epistolam[s] cessionis nostrae visi fuimus concessisse; et eam vos[t] ad parte suprascribtae[u] ecclesiae recepistis; sed dum postea nostra fuit petitio, et vestra[v] benevolentia et pietas habuit, ut ipsa villa, dum advivimus, aut qui pare[w] suo ex nobis suprestis[x] fuerit, dum advivit[y], nobis ad beneficium usufructuario ordine excolendum[z] tenere permisistis[a]; ea scilicet[b] ratione, ut[c] nihil exinde paenetus[d] de qualibet rem alienandi aut[e] minuandi ponteficium[f] non habeamus[g], sed absque ullo preiuditio suprascribtae[h] ecclesiae vel vestro eam tantummodo excolere debeamus. Ideo hanc precaria[i] vobis emittemus[k], ut nullumquam[l] tempore nostra possessio[m], etiamsi spatium vitae[n] nobis Dominus prolongare[o] dignaverit, nullo preiuditio aut deminucione[p] aliqua de ipsa villa vobis generare non debeat[q], nisi usu tantum, dum advivimus, habere debeamus, et post nostrum ambobus discessum cum omni[r] rem meliorata, quicquid ibidem undique adtrahere[s] aut meliorare poteremus[t], per hanc precaturia[u], acsi semper per quinquenium[v] renovata fuisset[w], absque ullius iudicis aut heredum nostrorum expectata traditione[x] vos vel successores vestri aut agentes ecclesiae in vestram[y] eam faciatis dominationem[z] revocare, perpetualiter possidendum[a], vel quicquid exinde facire[b] elegeretis, sicut nostra contenit epistola[c], ad profectum prefate ecclesiae domni[d] illius liberum habeatis arbitrium.

Facta precaria ibi.

6. Donatione[a] de parva rem ad ecclesia[b].

Si aliquid de rebus nostris locis sanctorum vel in substantia pauperum conferimus, hoc nobis procul dubium in aeternam[c] beatitudinem retribuere confidemus[d]. Ergo[e] ego in Dei nomen[f] illi[g] in amorem domini nostri Iesu Christi[h] et remissione[i] peccatorum meorum, ut veniam delictis[k] meis consequi merear in futurum[l], dono donatumque in perpetuo[m] esse volo ad baselica[n] illa[o], in honore[p] sancti illius[q] constructa[r], porcionem meam in villa nuncupante illa[q], in pago illo[q], quicquid ibidem[s] ad presens, tam de alode parentum vel de qualibet adtractu[t], possidere[u] videor, totum et ad integrum ad prefata baselica[v] volo esse donatum; ea videlicet ratione, ut, dum advixero, sub usu benefitio[w] tantum eam[x] absque ullo preiuditio vel deminutione[y] aliqua de qualibet rem[z] antedictae baselicae excolere debeam; post meum quoque, quando quidem Deus de hac[a] luce voluerit, discessum de presentae[b], absque cuiuslibet iudicum[c] aut heredum meorum expectata traditione aut contrarietate, cum terris, domibus, accolabus[d], mancipiis, vineis[e],

II, **5.** s) ępistolam c. nostrę *A* 2; epistulam c. nostri *A* 3; epistola (*corr.* epistula) n. c. *B.* t) vobis a p. *A* 3. u) subscripte aecclesię recipistis *A* 2; suprascriptae e. r. *A* 3; suprascripta aecclesiae r. *B.* v) vestri *A* 3. w) pari *A* 3. *B.* x) sub restis *A* 3. y) advivet *B.* z) excolendo *B.* a) promisistis *A* 3. b) vero *B.* c) et reliqua sicut in hir̄ (hira *i. e.* era), *reliqua des. B*, *ubi supplendum fortasse* 87 (= *II*, 3). d) paenitus *A* 2; penitus *A* 3. e) a. m. *des.* *A* 3. f) pontificium *A* 2. 3. g) habemus *A* 2. h) suprascripta (pr *al. m. post add.*) ęcclesię *A* 2; suprascriptae e. *A* 3. i) pręcaria *A* 2. k) emittimus *A* 2. l) nullo umquam *A* 2. 3. m) possio *A* 3. n) vite *A* 3. o) prolongaverit *pro* p. d. *A* 2. p) diminucione *A* 3. q) debeant *A* 3. r) omne *A* 2. 3. s) adtraere *A* 3. t) poterimus *A* 2; potuerimus *A* 3. u) precaria *A* 3. v) quinquennium *A* 2. 3. w) fuissit *A* 3. x) tradicionem vobis vel *A* 3. y) vestra *A* 3. z) dominatione *A* 2. a) possedendum *A* 2; ad possedendum *A* 3. b) facere elegeritis *A* 2. 3. c) ępistola *A* 2; epistula *A* 3; *sic semper, nisi aliud annotatur.* d) dom̄ ill. *A* 2.

II, 6 = *Lind.* 15; *Roz.* 213. *Codd.* *A* 1. 2. 3. a) Donatio *A* 2. b) ecclesiam *A* 3. c) aeterna *A* 2; eterna *A* 3; beatitudine *A* 2. 3. d) confidimus *A* 2. 3. e) Itaque *A* 3. f) nom̄ nomine *A* 2. g) ill. *A* 1. 2; illi ob a. *A* 3. h) Christi *deest* *A* 3. i) remissionem *A* 2. k) de delectis *A* 3. l) futuro *A* 3. m) perpetuum *A* 2. 3. n) basilica *A* 2. 3. o) *A* 3; ill. *A* 1. 2. p) onore *A* 3. q) ill. *A* 2. r) ructa *absc.* *A* 3. s) bi *del.* *A* 3. t) adtracti *A* 2. u) possedere *A* 3. v) basilica *A* 2; ecclesia *A* 3. w) beneficium *A* 3. x) eum *A* 2. y) diminucione *A* 3. z) re antedicte b. *A* 3. a) ac *A* 2. 3. b) presente *A* 2. 3. c) iudicium *A* 2. 3. d) aedificiis acolabus *A* 2. e) c. s. v. *A* 2; viniis s. c. *A* 3.

silvis, campis, pratis, pascuis, aquis aquaerumve[f] decursibus vel reliquis quibuscumque beneficiis, abba de ipsa baselica[g] vel agentes[h] eius in eorum debeant dominatione revocare perpetualiter possidendum[i], habendi[k], tenendi vel quicquid exinde pro oportunitate antedictae[l] baselicae[m] elegerint faciendi liberam in omnibus habeant potestatem. Si quis vero, quod futurum esse non credimus, nos ipsi[n], quod absit, aut aliquis de heredibus[o] nostris seu qualibet opposita[p] persona, calliditate commotus aut cupiditate preventus, contra hanc epistolam donationis nostrae[q], quam[r] spontanea volontate[s] propter nomen Domini fieri decrevimus, venire aut eam infrangire[t] conatus fuerit, [inprimitus[u]] iram trine[v] Maiestatis incurrat et cum suprascripto sancto illo[w] ante tribunal Christi deducat rationes[x]; insuper inferat partibus ipsius baselicae[y] cum cogenti[z] fisco auri tantum[a], argenti[b] tantum[a], et quod repetit vindicare non valeat, sed presens epistola[c] omni tempore firma et inviolata permaneat, stibulatione[d] subnexa.

7. Carta interdonationes[a] inter viro[b] et faemina de[c] eorum res.

Quicquid enim inter coniugatos[d] de propria facultate, manentae[e] caritate, pro amorem dileccionis[f] invicem condonare placuerit, scribturarum[g] necesse est titulis[h] alligari[i], ne in posterum ab heredibus eorum vel a quemcumque posset[k] convelle. Igitur ego in Dei nomen ille[k*] te dulcissima coniux mea illa, dum et inter nos procreatio[l] filiorum minime esse videtur, ideo[m] convenit nobis, ut omne[n] corpore facultatis nostrae[o] invicem usufructuario ordine condonare deberemus[p]; quod ita et fecimus. Proinde dono tibi dulcissima coniux mea, si mihi in hunc seculum suprestis[q] fueris, omni[r] corpore facultatis meae, tam de alode aut de conparatum vel de qualibet adtractu, ubicumquae[s] habere videor, et quod pariter in coniugium[t] positi laboravimus, tam terris, villabus[u], domibus cum omni[v] presidio, accolabus[w], mancipiis, vineis[x], silvis[y], campis, pratis, aquis aquerumve[z] decursibus, aurum, argentum, vestimenta[a], peculium utriusque[b] sexus, maiore vel minore; ita ut, dum advixeris[c], usufructuario ordine valeas[d] possidere vel dominare, excepto quod pro animae[e] remedium ad loca sanctorum condonavimus, ut, inspecta nostra deligatione[f], in omnibus conservetur; et quantumcumque de alode nostra post meum discessum pro commune mercide[g] ad loca sanctorum legaliter condonare et deligare[h] volueris, hoc licęntiam habeas faciendi, et, inspecta ipsa[i] deligatione[k], inconvulsum permaneat. In relico[l] vero omnes res ipsas, quantum post tuum[m] discessum intestatum[n] remanserit, ad nostros legitimos[o] revertatur[p] heredes[q]. Similiter et ego illa

II, 6. f) aquarumve *A* 2; aquarumvae *A* 3. g) basilica *A* 2. 3. h) agentis ipsius in *A* 3. i) possedendum *A* 2. k) *deest* *A* 3. l) antedicte *A* 3. m) ecclesię *A* 2; basilice *A* 3. n) ipse *A* 2. o) eredibus *A* 3. p) *deest* *A* 3. q) nostrę *A* 2; nostre *A* 3. r) nos *add.* *A* 3. s) voluntate *A* 2. 3. t) infrangere *A* 2. 3. u) *add.* *A* 3. v) trini magestatis *A* 2; trinitatis *pro* tr. M. *A* 3. w) ill. *A* 2. 3. x) rationis *A* 2. 3. y) basilice *A* 2; ecclesiae *A* 3. z) cogente *A* 2. 3. a) tañ *A* 2. 3. b) arḡt *A* 3. c) aepistola *A* 2. d) stipulatione subnixa *A* 2; cum stipł subnixa *A* 3.

II, 7 = *Lind.* 49; *Roz.* 248. *Codd.* *A* 1. 2. 3. *Sangall.* 550. a) interdonationis *A* 2. 3. b) v. et femina *A* 2; virum et feminam *A* 3. c) *des.* *A* 1. d) coniugatus *A* 2. 3. e) manente *A* 2. 3. f) dilectionis in invicem *A* 2; dilecci(onis invi)cem *u. i. in lacuna* *A* 3. g) scripturarum *A* 2. 3. h) titulus *A* 2. i) alligare *A* 2. 3. k) possit *A* 2. 3. k*) ill. *codd.* l) procreacione *A* 3. m) ideoque n) omni *A* 3. o) nostre *A* 3. p) debemus *A* 2. q) subreptis *corr.* subrestis *A* 2; subrestis *A* 3. convinit *A* 3. r) omne *A* 3. s) ubicumque *A* 2. 3. t) congugium *A* 1. u) d. v. *A* 1. v) c. o. *al. m. post add.* *A* 2; cum omne *A* 3. w) acolabus *A* 2. x) viniis *A* 3. y) *deest* *A* 2. z) aquarumve *A* 2. 3. a) vestimentum *A* 3. b) utriūque *A* 2. c) *A* 3; advixero *A* 1; vixeris *A* 2. d) valias possedere *A* 3. e) anime nostre *ead. m. post add.* *A* 3. f) delegatione *A* 2. g) mercede *A* 2; mercedem *A* 3. h) delegare *A* 2; ligare *A* 3. i) *deest* *A* 2. k) delegatione *A* 2; diligacione *A* 3. l) reliquo *A* 2. m) postuum *pro* p. t. *A* 3. n) intestamentum *A* 2. o) legitimus *A* 2. 3. p) revertantur *A* 3. q) heredis *A* 2.

dulcissime[r] iogalis[s] meus illi[t]. Commonit[u] me dulcido[v] tua in conpensatione rerum tuarum[w], quod in me visus es[x] contulisse. Si mihi in hunc seculum suprestis fueris[y], dono tibi omni[z] corpore facultatis meae, ubicumque aut[y] undecumque, tam de hereditate parentum quam de conparatum, vel[a] quod pariter laboravimus, totum et ad integrum, tam villabus, domibus *et citera*[b], excepto quod pro animae[c] remedium ad loca sanctorum delegavimus, ut, inspecta ipsa instrumenta, in omnibus conservetur; et quicquid[d] de ipsa alode mea post meum discessum[e] pro commune mercide[f] ad loca sanctorum deligare[g] vel ingenuos[h] relaxare volueris, licentiam habeas, et, inspecta ipsa instrumenta, in omnibus conservetur; post tuum quoque discessum, quicquid intestatum[i] remanserit, ad nostros heredes, qui tunc propinquiores fuerint, revertatur. Si quis vero, quod futurum esse non credimus, aliquid[k] de heredibus nostris, vel quicumque contra hanc interdonatione, unde inter nos duas[l] epistolas[m] uno tinore[n] conscribtas firmavimus, venire aut eam[o] infrangire[p] voluerit, nullatenus[q] valeat vindicare, sed inferat partibus vestris cum cogente[r] fisco auri libras[s] tantas, argenti[t] tantum[u], presentem[v] vero epistolam[w] in nullo possit convelli[x], sed firma et inlibata permaneat[y], stipulatione[z] subnexa.

8. Item alia sine aliqua minuatione.

Ista alia a capite instar priorae[a] *usque:* dum advixeris, usufructuario ordine debeas possedere[b]; post tuum quoque discessum ad legitimos[c] nostros revertatur heredes[d], et nullum pontefitium[e] quicquam exinde alienandi aut minuendi[f] habere non debeas[g]. Similiter et ego illa[h] dulcissime[i] iugalis meus ille[k]. Commonet[l] me dulcido[m] tua in conpensatione rerum[n] tuarum, quod in me visus es contulisse[o]. Si mihi in hunc seculum suprestis fueris, omnis[p] res meas, quascumque aut[q] undecumque[r] possedio[s], tam terris *et reliqua*[t], sub usu[u] beneficio debeas possidere[v], et nullo ponteficium[w] quicquam exinde alienandi aut minuendi[x] praeter uso[y] tantum non habeas; et post tuum discessum ad[z] legitimos nostros revertator[a] heredes. Si[b] quis vero.

9. Carta obnoxiationis[a] a patre in filiis facta.

Dulcissimis filiis meis illis[b] ille[c]. Omnibus[d] non habetur incognitum, qualiter ante hos[e] annos villas aliquas nuncupantes[f] illas, sitas ibi, genetrice vestrae[g] illa[c], antequam

II, 7. r) dulcissimae *A* 3. s) iugales *A* 2; iugalis *A* 3. t) ill. *A* 2. 3. u) commonet *A* 3. v) dulcitudo *A* 2; dulcedo *A* 3. *Sang.* w) *deest A* 3. x) ē *A* 1; es *A* 2; est *A* 3. y) *deest A* 2. z) omne *A* 3. a) de *add. A* 3. b) cetr̄ *A* 2; cetera *A* 3. c) anime nostre r. *A* 3. d) quid *A* 2. e) discesum *A* 3. f) mercede *A* 2. 3. g) *ita emendavi secundum superiorem locum p.* 79 *l.* 29*;* deligavimus (*non, ut annotavit de Rozière,* deligare) *A* 1; *spatium* 10—12 *litterarum loco* d. vel *abrasum A* 2; d. *deest A* 3. *Sang.*; deligaveris *Lind.* h) ingenuus *A* 2. 3. i) intestamentum *A* 2. k) aliqui *A* 2; *lege:* aliquis. l) *deest A* 2. m) *deest A* 2. 3. n) tenore conscriptas *A* 2. 3. o) *deest A* 2. p) infrangere *A* 2. q) nullatinus valiat *A* 3. r) agente *A* 3. s) libras tan̄ *A* 3; lib̄ tan̄ *A* 1. 2. t) argen̄t *A* 3. u) tan̄ *A* 2. 3. v) presente *A* 2. 3. w) ȩpistola *A* 2. x) convelle *A* 2. y) permaniat *A* 3. z) st. s. *des. A* 2; stipt subnixa *A* 3.

II, 8 = *Roz.* 249. *Codd. A* 1. 2. 3. *Sangall.* 550. a) priore *A* 2; priori *A* 3. b) possidere *A* 2. c) legitimus *A* 2. d) heredis *A* 2. e) pontificium *A* 2. 3. f) minuandi *A* 2. g) debeat *A* 1. h) *A* 2; illi *A* 1; ill. *A* 3. i) dulcissimae *A* 2; dulcissimi *A* 3. k) ill. *A* 2; illi *A* 3. l) commonit *A* 3. m) dulcitudo *A* 2; dulcedo *A* 3 *Sang.* n) remuneracionum *A* 3. o) contulisses mihi *A* 3. p) om̄s *A* 2; omnes *A* 3. q) ut *A* 2. r) ubicumque *A* 2. 3. s) *deest A* 2; possideam *Sang.* t) reliq̄ (reliquis) *A* 2. u) uso *A* 3. v) possedere et nullum *A* 3. w) pontificium *A* 2. 3. x) minuandi *A* 2. y) usu *A* 2. z) at *A* 3. a) revertatur *A* 2. 3. b) *A* 3. *Sang.; verba* S. q. v. *errore in sequentem rubricam posuit A* 1*; des. A* 2.

II, 9 = *Lind.* 51; *Roz.* 337. *Codd. A* 1. 2. 3. *B* (91). a) obnoxiationes *A* 2; obnoxiacion̄ *A* 3. b) *A* 3; ego *add. B*; *deest A* 1. 2. c) *B*; ill. *A*. d) Dum omnibus *A* 3. e) os *A* 2. 3. f) nuncupantis *A* 3; noncupantes *B*. g) vestra *A* 2; vestre *A* 3. *B*.

eam[h] meum[i] sociassem coniugium[k], per epistolam cessionis aut libellum dotis visus sum condonasse[l]. Sed dum et ipsa, peccatis meis[m] fatientibus[n], ab[o] hac luce discessit[p], et vos[q] omni[r] alode ipsius genetrice vestrae[s] illa[t], iuxta quod et ratio prestetit[u], mecum exinde in presentia bonorum hominum, *aut* reges[v], altercantes[w], per ipsam epistolam[x], quam in eam feceramus[y], contra nos evindicastis[z], et[a] in vestra potestate omne[b] alode ipsius recipistis[c]; sed dum[d] mea adfuit petitio, et vos, ut condecet[e] bonis filiis, voluntatem meam[f] obtemporantes[g], ipsas villas vel res, qui[h] fuerunt genetrice[i] vestrae[k], quas ego[l] eidem[m] condonaveram[n], mihi ad usum beneficii[o] tenere[p] et excolere[q] absque ullo vestro preiuditio permisistis[r]: ideo nobis conplacuit, alias villas nostras illas[s] pro vestra[t] benevolentia et suprascribto[u] uso[v] de villas[w] vestras per hanc epistolam obnoxiacionis vobis obnoxiasse[x]; ita ut[y] deinceps tam suprascribtas[z] villas quam etiam et illas, quod suprascribtae[a] genetrice vestrae per meam epistolam contuleram[b], per vestro benefitio excolere[c] debeam[d], et nullum pontifitium de omnia suprascribta[e] nec vindere[f] nec alienare nec concamiare[g] nec per[h] qualibet ingenio minuare[i] habere non debeam[k], nisi tantum usum. Sed per[l] hanc epistolam obnoxiationis[m] meae in vestro sint arbitrio[n] et potestate[o], et quandocumque[p] volueretis[q] et vobis placuerit, absque ulla mea contrarietate aut repetitione[r] omnia superius[s] prenotata, tam[t] quod vestrum[u] antea de parte genetrice[v] vestrae[w] fuit alodae[x], quam et villas[y] alias nuncupantes[z] sic, quod vobis pro ipso uso[a] visus sum obnoxiasse[b], in vestra debeatis revocare dominatione[c] perpetualiter possedendum[d], vel quicquid exinde[e] facire[f] volueretis, liberam[g] habeatis potestatem absque alia[h] aliqua[i] intercedente precaria, sed per hanc obnoxiatione[k], acsi semper per[l] quinquenium[m] renovata fuisset, perpetim[n] valeat obtinere[o] vigorem[p], stipulatione[q] subnexa[r].

Actum[s] ibi.

10. Epistola, cum in loco filiorum nepotes[a] instituentur[b] ab avo.

Dulcissimis nepotibus meis illis[c] illi. Dum et[d], peccatis meis facientibus, genetrix vestra, filia mea illa, quod[e] non obtaveram[f], temporae[g] nature[h] suae complentae[i], ab

II, 9. h) *deest* *A* 2. i) meo *B.* k) coniugio *A* 2. l) condonare *A* 2; condonassem *B.* m) *deest* *A* 3. n) facientibus *cett.* o) ad luce *A* 3; ab ac luce *B.* p) discessum *A* 1. q) *deest* *B.* r) omne alodem *B.* s) vestra *A* 2; vestre *A* 3. *B.* t) ill. *A* 2. 3. u) *A* 3. *B*; prestetisset meum e. *A* 1; pręstitit mecum *A* 2. v) regis *cett.* w) altercatis *A* 2; altercantis *A* 3. *B.* x) epistulam *B.* y) fecerimus *A* 2. z) tu et indicastis *A* 1. a) ut *B.* b) omni *A* 2. 3. c) recepistis *A* 2. d) d(um — a)dfuit *u. i. abras.* *A* 2. e) condecit *A* 3. f) eam *abras.* *A* 2. g) obteperantes *A* 2; obtemperantis *A* 3; obtemperantes *B.* h) quae *A* 2; que *B.* i) genetricę *A* 2. k) vestre *A* 3; *B.* l) *deest* *B.* m) *A* 3; ei dedi c. *A* 1; ei dedi vel c. *A* 2; ei c. *B.* n) condonaverim ea *A* 3. o) beneficium *A* 3. p) tenerae *A* 1. q) excollere absque ulo *B.* r) promisistis *A* 3. *B.* s) ill. *A* 2. 3. t) b. v. *A* 2. u) suprascribt̄ *A* 1; suprascripto *A* 2. *B*; suprascriptas *A* 3. v) usu *cett.* w) vilis vestris *B.* x) abnoxiasse *B.* y) aut *A* 3. z) suprascriptas *cett.* a) supracripta genetricę v. *A* 2; suprascripte g. vestre *A* 3. *B.* b) contulleram *B.* c) excollere *B.* d) debeamus *A* 2. e) suprascripta *cett.* f) vendere *A* 2. g) concambiare *A* 3. *B.* h) pro *A* 2. 3. i) pontificium *add.* *A* 3. k) debeamus *A* 3; habeam potestatem *B.* l) pro *A* 2. m) abnoxiationis *B.* n) abitrio *B.* o) te *absc.* *A* 3. p) quandoquidem *A* 3. q) volueritis *cett.* r) repetione *A* 2. s) superii *corr., ut videtur, m. rec.* superius *A* 2; supra *A* 3. t) prenotatam *pro* p. tam *A* 1. u) vestram *A* 2. v) genetricę *A* 2. w) vestre *A* 3. *B.* x) alode *cett.* y) *ita emendavi;* illas *codd.* z) noncupantes *B.* a) usu *A* 2. *B.* b) abnoxiasse *B.* c) dominationem *A* 3. d) ad possidendum *B.* e) inde *A* 3. f) facere volueritis *cett.* g) inde *add.* *A* 2. h) allia *A* 1. i) qua *A* 3. k) obnoxiationē, *linea supra* e *abrasa,* *A* 2; abnoxiacione *B.* l) *deest* *A* 1. m) quinquennium *A* 2. 3. n) et perpetualiter valiat *A* 3. o) obtinerae *A* 1. p) *deest* *A* 3. q) stibulatione *A* 2. *B*; stipt *A* 3. r) sunixa *A* 3; subnixa *B.* s) *A* 3; A. i. *des.* *A* 1; ibi *deest* *A* 2.

II, 10 = *Roz.* 132. *Codd.* *A* 1. 2. 3. a) *deest* *A* 1. b) stituentur *A* 1. c) ill. ill. *A* 2; its ill. *A* 3. d) *deest* *A* 3. e) quo *A* 3. f) operaveram *A* 2. g) tempore *A* 2. 3. h) naturę *A* 2. i) conplente *A* 2. 3.

hac[k] lucae discessit, ego[l] vero pensans consanguinitatis causa, dum et per[m] lege cum ceteris[n] filiis meis, abuncolis[o] vestris, in alode mea[p] accedere[q] minime[r] potueratis: ideo per hanc epistolam vos, dulcissime[s] nepotis mei, volo, ut in omni alode mea post meum discessum, si mihi suprestetis[t] fueretis[u], hoc est tam in[v] terris, domibus, accolabus[w], mancipiis, viniis[x], silvis, campis, pratis, pascuis, aquis aquaerumvae[y] decursibus, movilibus[z] et inmovilibus, peculium utriusquae[a] sexus, maiorae[b] vel minore, omnique[c] suppellectile[c*] domus, in quocumque[d] dici potest, quicquid suprascribta[e] genetrix vestra, si mihi suprestis fuisset[f], de alode[g] mea recipere[h] potuerat, vos contra abunculos[i] vestros, filius meus, prefato[k] portione recipere[h] faciatis. Et dum ipsius filiae[l] meae, genetricae[m] vestrae, quando eam nuptum[n] tradedi, in aliquid de rebus meis movilibus drappos[o] et fabricaturas vel aliqua mancipia in soledos[p] tantos tradedi, vos hoc in partae[q] vestra supputare contra filiis meis faciatis[r]; et si amplius vobis insuper de presidio nostro obvenerit[s], tunc cum filiis meis, abunculis[t] vestris, porcionem vobis ex hoc debita recipeatis[u]; et quicquid exinde de[v] omnia superius conscribta[w] facire volueretis, liberam habeatis in omnibus potestatem. Si quis vero, quod futurum[x] esse non credimus, aliquis de heredibus vel proheredibus[y] meis vel qualibet persona[z] contra hanc epistolam[a] venire temtaverit aut eam infrangere voluerit, inferat vobis tantum[b], et quod repetit nullatenus[c] valeat[d] vindicare, sed presens epistola omni tempore firma permaneat[e], stipulatione subnexa[f].

Actum[g] illo.

11. Carta, qui[a] suo nepote aliquid[b] meliorare voluerit.

Dulcissimo[c] nepote[d] meo illo[e] ille. Dum et mihi iam senectus adgravat[f], et necessitates[g] meas, ut oportit[h], procurare non valeo[i], et tu mihi in necessitatibus meis solatium prebere non desistis[k], et diae[l] noctuquae deservire non cessas, adeo pro bonitate et respectu servicii tui, qua circa me desudas, cedo[m] tibi cessumque in perpetuum[n] esse volo et de meo iurae[o] in tua transfundo dominatione et potestate, absque consorcio[p] fratrorum[q] tuorum vel filiis meis, loco[r] nuncupante[s] illo[t], quicquid ibidem usque nunc tam de alode parentum quam de reliquo[u] adtractu visus sum tenuisse, una[v] cum terris[w], domibus, aedificiis[x], accolabus[y], mancipiis, viniis[z], silvis, campis, pratis,

II, **10.** k) hac luce *A* 2; ac luce *A* 3. l) ergo *A* 2. m) pro *A* 3. n) terris *A* 3. o) avunculis *A* 2; abunculis *A* 3. p) meo *A* 2. q) *A* 3; accederae *A* 1; accidere *A* 2. r) minuae *A* 1. s) dulcissimi *A* 2. 3. t) suprestis *A* 2; suprestitis *A* 3. u) fueritis *A* 2. 3. v) *deest* *A* 3. w) acolabus *A* 2. x) vineis *A* 2. y) aquarumve *A* 2. 3. z) mobilibus et inmobilibus *A* 2. a) utriusque *A* 2. 3. b) maiore *A* 2. 3. c) omneque *A* 3. c*) supellectile *A* 2. 3. d) quodcumque *A* 2. 3. e) supradicta *A* 2. 3. f) fuissit *A* 3. g) alade *A* 2. h) reciperae *A* 1. i) avunculos vestros filios meos *A* 2; avunculis vestris filiis meis *A* 3. k) prefata *A* 2. 3. l) *A* 2; filii meae *A* 1; filii mei *A* 3. m) genetrice vestre *A* 3. n) nuptam *A* 2. 3. o) drappis *A* 3. p) sold̄ tan̄ *A* 2; soł tan̄ *A* 3. q) parte *A* 2; patre *A* 3. r) factis *A* 3. s) obvinerit *A* 3. t) avunculis *A* 3. u) recipiatis *A* 2; reciperatis *A* 3. v) *deest* *A* 2. w) conscripta facere volueritis *A* 2. 3. x) fieri *pro* f. e. *A* 3. y) propinquis *A* 1. z) qui *add.* *A* 3. a) epł *sic plerumque* *A* 2. b) tan̄ *A* 2. c) nullatinus *A* 3. d) vindicare valeat *A* 2. e) permaniat *A* 3; cum *add.* *A* 2. 3. f) subnixa *A* 3. g) *A* 2; A. i. *des.* *A* 1; illo *deest* *A* 3.

II, **11** = *Lind.* 56; *Roz.* 167. *Codd.* *A* 1. 2. 3. *B* (92). a) qui filio aut n. *B*. b) de aliquid *A* 3. *B*. c) *initium libelli dotis, infra II*, 15: Quod bonum — liberorum causis *B errore praemittit.* d) filio vel nepote *B*. e) ill. ill. *A* 2. 3; ill. ego ill. *B*. f) adgrav(et) *u. i. in loco raso* *A* 1. g) necessitatis *A* 3. h) oportet *A* 2. *B*. i) valeat *A* 2. k) desisti *A* 2. l) d. notuquae *A* 1; die noctuque *cett.* m) cędo *A* 2. n) perpetuo *A* 3. o) iurę *A* 2; iure *A* 3; iuro *B*. p) consortium *A* 2. q) fratrum *cett.* r) loca *A* 1. s) ante *evan.* *A* 3; noncupante *B*. t) *A* 2. *B*; ill. *A* 1. 3; et reliqua *add.* *B*, *ubi quae sequuntur des.* u) relico adtracto *A* 3. v) *deest* *A* 3. w) d. t. *A* 3. x) edificii(s m)anci(piis) *u. i. evan.* *A* 3. y) acolabus *A* 2; *deest* *A* 3. z) vineis *A* 2.

pascuis, aquis aquerumvae[a] decursibus[b] vel reliquis quibuscumque beneficiis, tibi, ut diximus, a[c] die presente volo esse concessum, ita ut ab hac[d] die, sicut superius diximus, eum cum omni integritate sua habeas, teneas[e], possedias[f], vel quicquid exinde facire[g] volueris, absque consortio[h] fratrum tuorum vel filiorum meorum liberam in omnibus habeas potestatem. Si quis vero[i], quod futurum esse non credo, aliquis de heredibus vel proheredibus meis seu qualibet persona contra hanc cessionem meam quoque tempore venire aut eam infrangere voluerit, inferat tibi cum[k] cogenti[l] fisco auri tantum, et quod repetit vindicare non valeat, sed presens epistola firma permaneat[m], [stipulatione subnexa.

Actum.]

12. Carta[a], ut filia cum fratres[b] in paterna succedat alode.

Dulcissima filia mea illa[c] illi. Diuturna, sed impia inter nos consuetudo tenetur, ut de terra[d] paterna sorores[e] cum fratribus porcionem[f] non habeant[g.1]; sed ego perpendens hanc impietate[h], sicut mihi a Deo aequales[i] donati[k] estis filii, ita et a me setis[l] aequaliter diligendi et de res[m] meas post meum discessum aequaliter[n] gratuletis. Ideoque per hanc epistolam te, dulcissima filia mea, contra germanos[o] tuos, filios meos illos, in omni hereditate[p] mea aequalem[q] et legitimam esse constituo heredem, ut tam de alode paterna quam de conparatum[r] vel mancipia aut presidium nostrum, vel quodcumque morientes[s] relinquaeremus, equo lante[t] cum filiis meis, germanis tuis, dividere[u] vel exequare[v] debias[w] et in nullo[x] paenitus[y] porcionem[z] minorem quam[a] ipse[b] non accipias[c], sed omnia vel ex omnibus[d] inter vos[e] dividere vel exaequare aequaliter[f] debeatis. Si quis vero *et*[g] *quod sequitur.*

13. Si quis extranio[a] homine in loco filiorum adoptaverit.

Domino fratri[b] illo illi. Dum, peccatis meis fatientibus[c], diu orbatus[d] a filiis, et mihi paupertas et infirmitas afficere videtur, et te[e], iuxta quod inter nos bonae[f] pacis placuit atque[g] convenit[h], in loco filiorum meorum visus sum adobtasse[i], ita ut, dum advixero[k], victum et[l] vestimentum[m], tam in dorso quam in lecto, seu calciamentum mihi in omnibus sufficienter inpercias et procures, et omnes res meas, quascumque habere videor, tam manso, vinea[n], prata[o], peculio seu reliqua suppellectile[p] domus mei, salvo iure illo[q], me vivente, in tua potestate recipere debias[r]: propterea tibi hanc epistolam

II, **11.** a) aquarumve *A* 2. 3. b) ::::rs:bus *A* 3. c) a p̄(sen)te temp(o)re volo esse convulsum, ita *u. i. haud perspicua A* 3. d) ac die *A* 2; ac diae *A* 3. e) tenias *A* 3. f) possedeas *A* 2. 3. g) facere *A* 2. 3. h) consortium *A* 2. i) *quae sequuntur des. A* 3. k) *deest A* 1. l) cogente *A* 2. m) *A* 2; perneat *A* 1, *ubi quae sequuntur desunt.*

II, **12** = *Lind.* 66; *Roz.* 136. *Codd. A* 1. 2. 3. *B* (93). a) *deest A* 2. b) fratribus *B*, *ubi* in paterna *des.* c) ill. ill. *A* 2; ill. ille *A* 3; illa ego ille *B*. d) terna *corr.* terra paterna *B*. e) sororis *A* 2. 3. f) porcione *B*. g) heant *A* 3. h) impietatem *A* 2. *B*; inpietate *A* 3. i) aequali *A* 2; equalis *A* 3; *deest B*. k) estis dati *pro* d. e. *B*. l) sitis *cett.;* sitis equaliter *A* 3; ęqualiter sitis *B*. m) rebus meis *B*. n) equaliter *A* 3. *B*. o) germanus tuus filius meus ill. *A* 3. p) ereditate *B*. q) equalem *A* 3; equaliter *B*. r) conparandum tum *A* 3; conparatu *B*. s) m. relinqueremus *A* 2; morientis reliquerimus *A* 3; moriens reliquero *B*. t) *i. e.* aequa lance; ęcolan. *sic! A* 2; ęqualem *B*. u) dividerae *A* 1. v) exęquare *A* 2; exsequare *B*. w) debeas *cett.* x) in *deest,* nulla *A* 3. y) penitus *A* 3. *B, corr.* poenitus *A* 2. z) porcione *A* 3. a) quod *A* 2. b) ipsi *A* 3. *B*. c) accipies *A* 2. d) omnia *A* 2. e) inter quos dividere vel exequare *A* 3. f) equaliter *A* 3. *B*. g) e. q. s. *des. A* 3. *B*.

II, **13** = *Roz.* 117. *Codd. A* 1. 2. 3. *Vat. Christ.* 612. a) extraneo *A* 2; extraneum hominem *A* 3. b) fratre *A* 3. c) facientibus *A* 2. 3. d) orbatis *A* 2. e) ut *A* 3. f) bone *A* 2. 3. g) adque *A* 3. h) convinit *A* 2. 3. i) adoptasse *A* 2. 3. k) advixo *A* 3. l) *deest A* 1. m) *A* 1. *Vat.;* vestitum *A* 2. 3. n) prata vinia *A* 3. o) prato *A* 2. p) supellectile *A* 2. q) ille *A* 2; ill. *A* 3. r) debeas *A* 2. 3.

1) *Lex Sal.* 59, 5. *Cf. Waitz, 'VG.' I*³, *p.* 64.

fieri decrevi, ut neque ego nec ullus[s] de heredibus meis aut[t] quicumque hanc convenentia inter nos facta emutare non possit; sed, sicut superius contenetur[u], mea necessitate[v], dum advixero, debias[w] procurare, et omnes res meas et ad presens et post meum discessum in tua potestate permaneant, et quod tibi exinde placuerit faciendi liberam habeas potestatem. Quod si aliquis hoc quoque tempore emutare voluerit, inferat tibi tantum[x], et quod repetit vindicare non valeat, sed presens epistola omni tempore firma permaneat[y].

14. Pactum inter parentes de[a] hereditate eorum.

Quicquid enim[b] inter propinquos de alode parentum, non a[c] iudiciaria potestate coacti[d], sed sponte[e], manente caritate, iusti debita[f] unicuique portio terminatur, non de rebus detrimentum, sed augmentum potius potest esse censendum; et ideo necesse est, inter se eorum facta scribturarum[g] series[h] alligare, ne ab[i] aliquibus in posterum valeat refragare[k]. Ideoque[l] dum inter illo et germano suo illo de alode genetoribus[m] eorum illis[n] bonae[o] pacis placuit adque[p] convenit[q], ut eam inter se, manente[r] caritate, dividere vel exequari[s] deberint[t]; quod ita et fecerunt. Accepit itaque illi[u] villas[v] nuncupantes illas[w], sitas[x] ibi, cum mancipia tanta[y] illas. Similiter[z] et illi[a] accepit econtra in conpensatione alias villas nuncupantes[b] illas, sitas ibi, cum mancipia tanta illas. De presidio[c] vero, drappus[d] seu fabricaturas[e] vel omne[f] subpellectile domus, quicquid[g] dici[h] aut nominare potest[i], aequa lentia[k] inter se visi[l] sunt divisisse vel exequasse[m], et hoc[n] invicem pars parte[o] tradedisse[p] et per festuca[q] omnia partitum[r] esse dixisse. Propterea presentis[s] epistolas duas uno tenore conscribtas[t] locum paccionis[u] inter se visi sunt conscribsisse, ut nullus deinceps contra pare[v] suo, nisi quod ad presens accepit[w], de ipsa alode genetore[x] eorum amplius requirendi pontefitium[y] habere non dibiat[z]. Quod si aliquando aliquis[a] ex ipsis aut heredis[b] eorum hoc emutare voluerint, aut amplius requirere quam accepit voluerit aut adsumere, inferat pare[c] suo, ista tota[d] servante, auri liberas[e] tantas, argenti[f] pondo tantum, et quod repetit, vindicare non valeat, sed presens pactio[g] omni tempore[h] firmus[i] permaneat, [stipulatione[k] subnexa.

Actum.]

II, **13.** s) nullus *A* 2. t) *deest A* 3. u) continetur *A* 2. 3. v) necesitate *A* 2. w) debeas *A* 2. 3. x) tañ *A* 2. y) perneat *corr.* permaneat *A* 2.

II, **14** = *Lind.* 67; *Roz.* 124. *Codd. A* 1. 2. 3. *B* (94). a) d. e. h. *A* 2; d. h. e. *des. B.* b) enim nī *A* 3. c) ad *A* 2. d) quo acti *B.* e) sponti m. *A* 2; spontanea mente *pro* sp. man. *A* 3. f) iusti debitum *A* 2; iusta debita *B.* g) scripturarum *A* 3. *B.* h) series alligari *A* 2; seriis adligari *A* 3; seriem aligare *B.* i) nec *pro* ne ab *A* 3. k) refragari *A* 2. *B*; repagare *A* 3. l) que *deest A* 2. m) genitoribus *cett.* n) ill. et ill. *A* 2. o) bone *A* 2. 3; bono *B.* p) atque *A* 2. *B.* q) convinit *A* 2. 3. r) manentem caritatem *A* 2. s) exaequare *A* 2; exequare *A* 3. *B.* t) deberent *A* 2. 3. u) ill. *A* 2. 3; ille itemque cetera, *quae sequuntur des. B.* v) vil̄ noncupante *A* 3. w) ill. *A* 2. 3. x) s. i. *des. A* 3. y) tañ ill. *A* 2. z) Similiter et — tanta illas, *excepto verbo* similiter *al. man. post addito, desunt A* 2. a) ill. *A* 3. b) noncupantes illa *A* 3. c) presidium *A* 3. d) drappos *A* 2. e) in sol. tan. *add. A* 3. f) o. supellectile *A* 2; omni suppelletile *A* 3. g) quidquid *A* 3. h) dicit *A* 1. i) potes *A* 2. k) *i. e.* aequa lance; excolente *A* 3. l) v. s. d. *des. A* 1, *supplevi ex A* 3; visi sum dividisse *A* 2. m) exaequasse *A* 2. n) *deest A* 3. o) partem *A* 3. p) tradidisse *A* 2. 3. q) fistuca *A* 2. 3. r) partitum partisse d. *A* 3. s) presentes *A* 2. t) conscriptas *A* 3. u) *A* 3; peccionis *A* 1; pactionis *A* 2. v) pari *A* 3. w) accep̄ *A* 2; accipitur *A* 3. x) genitore *A* 2. 3. y) pontificium *A* 2. 3. z) debeat *A* 2; presumat *A* 3. a) aliquid *A* 2. b) heredes *A* 2. c) pari suo statuta *pro* p. s. i. t. *A* 3. d) tuta *A* 2. e) l. tañs *A* 2; libras t. *A* 3. f) argento pondua tanta *A* 2; argentum ponda t. *A* 3. g) paccio *A* 3. h) omp̄r *pro* o. t. *A* 2. i) firma *cett.* k) *A* 2; st. s. A. *des. A* 1. 3.

15. Libellum dotis.

Quod bonum, faustum, filex[a] prosperumve[b] eveniat[c]! De disponsandis[d] maritandisque ordinibus hac[e] procreatione liberorum causis[1] quae[f] fiunt, necesse est[g], ut omnes[h] etiam donatio per scributurarum[i] seriem pleniorem[k] obteniant[l] firmitatem[m]. Donat igitur illi[n] honeste puelle[o], norae[p] suae lei[q], sponsa[r] filio suo illo[n], ante dies[s] nuptiarum donantisque[t] animo transferet[u] atquae transcribit, hoc est in tanodono[v. 2] villa[w] nuncupante illa[n], sitam ibi, cum domo condignam ad habitandum vel omni integritate ibidem aspicientem[x], similiter et in dotis titulum alias villas nuncupantes illas, sitas ibi, mancipia tanta illos[y] et illas, inter aurum et argentum[z] et[g] fabricaturas in soledos[a] tantos, caballos[b] tantos, boves[c] tantos, gregem equorum[d], gregem armentorum, gregem porcorum, gregem ovium, ita ut haec[e] omnia per manu sua ad suprascribta[f] puella, noro[g] sua illa[h], ante die[i] nuptiarum dibeat[k] pervenire; et in sua dominatione revocare, vel quicquid exindae[l] facire elegerit[m], liberam habeat potestatem. Quod si quis contra hanc libellum dotis[n] venire[o] et eam infrangire[p] conaverit[q], inferat partibus prefatae[r] lei[s] tantum *et reliqua.*

16. Si aliquis puella invita traxerit[a].

Dulcissima[b] coniuge[c] mea illa ille[d]. Dum et te per[e] volontatem[f] parentum tuorum habui disponsatam[g], et absque tua vel parentum tuorum volontate[f] rapto scelere[h] meo coniugio sociavi, *item*[i]*:* Dum et te, fatiente[k] coturno[3], contra voluntate parentum tuorum rapto scelere coniugium[l] sociavi, unde vitae[m] periculum incurrere debui[n], sed, intervenientes sacerdotes[o] vel bonis[p] hominibus, vitam obtenui[q], sic tamen, ut quod tibi in tanodo[r] vel in dotis titulum ante die nupciarum[s], si te disponsatam habuissem, conferre[t] debueram, per hanc epistolam conposcionalem[u], *aut, si convenit,* cessionem,

II, **15** = *Lind.* 76; *Roz.* 223. *Codd.* *A* 1. 2. 3. *Vat. Christ.* 612. a) felix *A* 2. 3. b) prosperumvae *A* 3. c) eveniant *A* 1. d) disponsanđ *A* 1. e) ac *A* 2. 3. f) que *A* 2; qui *A* 3. g) *deest* *A* 2. h) omnia *A* 2; omnis *A* 3. i) scripturarum *A* 3. k) pleniore *A* 3. l) obteneat *A* 2; obtenetur *A* 3. m) firmitate *A* 3. n) ill. *A* 2. 3. o) puellę *A* 2. p) orae suae *A* 1; ad nure suae *A* 2; nore suo *A* 3. q) ille *A* 2. r) sponsam *A* 3. s) dies *A* 3. t) donatisque *A* 2. u) transferat atque *A* 2; transfert adque *A* 3. v) tanto dono *A* 2; tan̄ dono *A* 3; tandono *Vat.* w) vił *A* 3. x) aspicientes *A* 2. y) ill. et illas *A* 1. 3; illas et ill. *A* 2. z) argentem *A* 3. a) soł tan̄t *codd.* b) c. t. *des.* *A* 3. c) bovis tantis *A* 3. d) aequarum *A* 2. e) hec *A* 3. f) suprascripta *A* 3. g) nuro *A* 2. 3. h) ill. *A* 2. 3. i) diem *A* 3. k) debeat *A* 2. 3. l) exinde facere *A* 2. 3. m) voluerit *A* 2. n) dote *A* 3. o) temtaverit *add.* *A* 3. p) infrangere *A* 2. 3. q) voluerit *A* 3. r) *deest* *A* 2. s) ill. tan̄ et reliq̄ *A* 2; letan̄ et r. *A* 3.

II, **16** = *Roz.* 243. *Codd.* *A* 1. 2. 3. a) traxer̄ *A* 3. b) ct *add.* *A* 1. c) coniux *A* 3. d) ill. *codd.* e) *ita codd.;* praeter *ed. Pithoeus (Gloss. ad leg. Sal.* 14*);* sine *Bign. Pro* et *fortasse* nec *legendum est.* f) voluntate *A* 2. 3. g) desponsatam *A* 3. h) scelore *A* 3; *lege:* raptus scelere; *cf. L. Rom. Vis. Cod. Th. IX,* 19, 2: coniugium raptus scelere contractum; raptam scelere *perperam ed. Pith.* i) id est *pro* item *A* 2; item — sociavi *des.* *A* 3. k) faciente conturno *A* 2. l) in coniugio *A* 2. m) vite *A* 2. 3. n) debuisset *pro* debui sed *A* 3. o) *corr.* sacerdotis *A* 2. p) boni *A* 3. q) obtinuissi *pro* o. sic *A* 3. r) tanto domo *A* 2; tano dono *A* 3. s) nuptiarum *A* 2. 3. t) conferrae *A* 1; conforte *corr.* conferte *A* 2; conferam *A* 3. u) conpositionalem *A* 2.

1) *His verbis, quae primitus ad legem Iuliam de maritandis ordinibus spectant, nostrum inepte usum esse patet. Cf. quae Biedenweg, Commentatio ad form. Visigoth. p.* 37, *monuit de iuris peritorum illius aevi errore, omnia fere de coniugiis et dote constituta ad legem Iuliam et Papiam Poppaeam referentium.* 2) *i. q.* tanodo *in sequenti formula, in aliis vero* tinado *seu* tandono(-donis, -donem) *scribitur, quam vocem quamquam satis constat et dotem et libellum dotis significare, tamen unde orta sit parum perspicuum videtur. Waitz, 'Forsch.' I, p.* 538; *Schroeder, 'Ehel. Güterrecht' I, p.* 66. 3) *i. q.* facto contubernio *Lex Sal.* 13. *De contubernio cf. Waitz, 'VG.' I*[3]*, p.* 488 *sqq. II*[2]*, p.* 38.

firmare deberim[v]; quod ita et feci. Ideoque dono tibi locello nuncupante illo[w], situm[x] in pago illo[y], cum domibus ad manendum condignis[z], vel omnia intrinsecus utensilia necessaria, cum terris, accolabus[a], mancipia tanta[b], viniis[c], silvis, pratis, pascuis vel reliquis quibuscumque beneficiis, caballos[d] tantos, boves[e] tantus, grege[f] equorum[g], grege[f] armentorum, grege[f] porcorum, grege[f] ovium, inter aurum[h], argentum, fabricaturas, drappus[i] in soledos tantos. Haec[k] omnia superius conprehensa a die presente in tua tradedi potestate et dominatione possedendum; habendi[l], tenendi vel quicquid[m] exinde elegeris fatiendi[n] liberam habeas potestatem. Si quis vero *et*[o] *cetera.*

17. Qualiter in unum[a] volumine testamento[b] persone condatur.

Regnante in perpetuo domino nostro Iesu Christo, qualibet[c] anno illo[d] regnante rege illo[e], sub diae[f] illo[d], ego illi[g] et coniux mea illa, sana mentae[h] integroque consilio, metuentis[i] casus humanae[k] fragilitatis, testamentum nostrum condedimus, quem illius notario[l] scribendum comisemus[m], ut, quomodo dies[n] legitimos post transitum nostrum advenerit, recognitis segillis[o], inciso lino, ut Romane[p] legis decrevit auctoritas[q, 1], per inlustris viros[r] illos, quos in hanc pagina testamenti nostri legatarios[s] instituimus[t], gestis rei[u] publicae municipalibus titulis eorum prosecutione ab ipsis muniatur. Igitur cum, iubente Domino, de istius vitae[v] cursum migraveremus[w], tunc quicquid in omnibus pridie quam moriamur tenere videmur, quicquid ex proprietatae[x] paraentum vel proprio laborae[y] seu ex munificentia piis principibus percipere meruimus[z] vel de quibuslibet titulis atquae[a] contractis, vinditionibus[b], cessiones, donationes vel undique[c], Domino adiuvante, ad nostram pervenit[d] dominationem, tu tunc, dulcissima coniux mea illa, vosque[e], dulcissimi filii mei illi[e*], heredes quoque meos[f] vos esse volo: hereditatem meam habituti[g]; reliqui[h] vero heredis[i] exheredis sint[k] ergo[l], excepto quod unicuique[m] per hunc testamentum dedero darequae[n] iussero. Id ut fiat, detur, prestitur[o], impleatur, te, omnipotens Deus, testem committo. Villas vero illas et illas, sitas in pagus[p] illos, filius noster ille[q] recipiat. Similiter[r] villas illas[s] filius noster[t] illi, *vel* filia illa[u], sitas in pago illo, recipiat. Villas[v] illas baselica[w] illa, *vel* monasteria, sitas ibi, recipiant. Id ut fiat, detur, prestetur[x], te, omnipotens Deus, ad defensandum committo. Licet de omnibus, dum advivimus, nostrum reservavimus usum, sed dum in villas aliquas, quas superius

II, **16.** v) deberem *A* 2. 3. w) ill. *A* 2. 3. x) sitam *A* 3. y) *A* 2; ill. *A* 1. 3. z) condignia *A* 3. a) acolabus *A* 2. b) tañ ill. *A* 2. c) vineis *A* 2. d) caballis *corr.* caballos *A* 2; caballus tantus *A* 3. e) *A* 3; boves tañ *A* 2; *des.* *A* 1. f) gregem *A* 2. 3. g) aequorum *A* 2. h) et *add.* *A* 2. 3. i) in soł tañ drappus *A* 2; d. in soł tañ *A* 3. k) hec *A* 3. l) abendi *A* 3, *ubi* tenendi *deest.* m) quidquic *A* 1. n) facihendi *A* 2; faciendi *A* 3. o) et c. *des.* *A* 3.

II, **17** = *Lind.* 71; *Roz.* 129. *Codd.* *A* 1. 2. 3. a) uno *A* 3. b) testamentum persona *A* 2. 3; *Bign.* t. duarum personarum. c) *Brissonius, Form. VII,* 163 loco illo *pro* q. d) *A* 2; ill. *A* 1. 3. e) r. ill. *A* 1; ill. r. *A* 2; illo *deest* *A* 3. f) die *A* 2. 3. g) ille *A* 2; ill. *A* 3. h) mente *A* 2. 3. i) metuentes *A* 2. 3. k) humane *A* 2. 3. l) notarum *A* 3. m) commisimus *A* 2. 3. n) die legitimus *A* 3. o) singulis incisi lino *A* 3. p) romani *A* 1. q) *deest* *A* 2. r) *deest* *A* 3. s) ligaturum *A* 3. t) instituemus *A* 2. u) rei publice m. *A* 2; r. *deest,* publice municepalibus *A* 3. v) vite *A* 3. w) migraverimus *A* 2. 3. x) proprietate parentum *A* 2. 3. y) labore *A* 2. 3. z) meruemus *corr.* meruimus *A* 2. a) atque *A* 2. 3. b) vinditionis, cessionis, donationis *A* 2; vindicionis, donacionis *A* 3, *ubi* cess. *deest.* c) undeque *A* 3. d) pervinit *A* 3. e) vosque — illi *des.* *A* 2. e*) ill. *codd.* f) m̅s̅ *A* 2; meus *A* 3. g) habitote *A* 2; habetuti *A* 3. h) relequi *A* 3. i) heredes *A* 2. k) exeredissent *pro* e. s. *A* 3. l) *deest* *A* 3. m) uniquoique *A* 1. n) daraequae *A* 1; dareque *A* 2. 3. o) prẹstitur *A* 2; prestetur *A* 3. p) pago ill. *A* 2. 3. q) *A* 2; *deest* *A* 1; ill. *A* 3. r) Si similiter *A* 3. s) ill. *A* 2. t) meus, *deest* illi *A* 2; n. ill. recipiat vel *A* 3. u) ill. *A* 2. 3. v) uł (vel) *pro* v. illas *A* 3. w) basilica ill. *A* 2. 3. x) prestitur *A* 2. 3; impleatur *add.* *A* 2.

1) *Pauli Sent. IV,* 6*:* agnitis signis, rupto lino, aperiatur et recitetur. *Cf. gesta de aperiundis testamentis apud Marini, 'I papiri dipl.' nr.* 74, *cum ad istum locum tum omnino ad hanc formulam.*

nominavimus[y], quas ad[z] loca sanctorum vel[a] heredes[b] nostris depotavimus, quod pariter, stante coniugio, adquaesivimus[c], predicta coniux nostra tertia[d] habere potuerat, propter ipsa vero[e] tertia[d] villas nuncupantes[f] illas, sitas in pagos[g] illos, in integritatae[h], si nobis suprestis[i] fuerit, in conpensatione recipiat, et quicquid exinde pro commune mercede vel in pauperibus aut bene meretis[k] nostris facire[l] decreverit, licenciam[m] habeat, vel post eius discessu[n], si aliquid intestatum remanserit, heredes nostri recipiant. Liberos[o], liberas, quos quasque[p] pro animae[q] remedium fecimus aut in antea facire[r] volueremus[s], et eis[t] epistolas manu[u] nostra firmatas dederemus[v], obsequium filiorum nostrorum habere[w] cognuscant et oblata vel luminaria, iuxta quod ipsas epistolas[x] continent[y], ad sepulchra nostra tam ipsi quam prolis[z] eorum implere studiant[a, 1]. Et cuius aliquid de facultate nostra contulimus, singulariter in hoc testamentum nostrum inserere[b] curavimus. In reliquo vero, qualiscumquae[c] a quemcumquae epistolas de nomine nostro, manos[d] nostras firmatas, ostensas fuerint et ante hunc testamentum prenotatas[e], quas hic non commemoravimus, excepto de ingenuitatis[f], quas pro animae[g] nostrae remedium fecimus aut adhuc facire[h] volueremus, vacuas[i] permaneant. Et qui ex nobis pare[k] suo suprestis[l] fuerit, et per[m] qualemcumque[n] instrumentum de suprascribta[o] facultate in cuiuslibet persona vel bene meritis[p] nostros munerae[q] aliquid contuleremus[r], in quantum lex permittit, firma stabilitate dibeat[s] perdurare[s*]; reliquas vero epistolas vacuas et inanis[t] permaneant. Et sicut[u] nobis pariter convenit[v], si tu mihi[w], dulcissima coniux, suprestis fueris et ad[x] alio marito, quod tibi Deus non permittat[y], transire volueris, omnem facultatem meam, quod ad usufructu[z] possidere[a] tibi concessimus, vel quod a die presentae[b] depotavimus, habere[c] potueras, hoc presentaliter heredes nostri recipiant inter se dividendum. Itemque[d] ego illa, ancilla tua, domine[e] et iogalis[f] meus ille[g] in hoc testamentum prumptissima[h] volontatae scribere[i] perpetua conservatione rogavi, ut, si tu, domne[k] et iogalis[f] meus, mihi suprestis fueris, omni[l] corpore facultatis[m] meae, quantumcumque ex successione parentum habere videor, vel in tuo servitio pariter laboravimus, et quod in tercia[n] mea accepi, in intaegrum[o], quicquid exinde facire[p] elegeris[q] aut pro animae[r] remedium in pauperaes[s] dispensare aut ad vassos[t] vestros vel[u] bene meretis[v] nostris, absque repetitionem[w] heredum meorum, quod tua decreverit[x] volontas faciendi liberam habeas potestatem, et post discessum vestrum[y] quod non fuerit dispensatum ad legi-

II, **17**. y) memoravimus *A* 2. 3. z) a *A* 3. a) *deest A* 3. b) heredis *A* 2. 3. c) adquesivimus *A* 2. 3. d) tercia *A* 3. e) vera *ead. m. corr.* veraci *A* 2. f) noncupantes *A* 3. g) pagos ill. *A* 2; pago ill. *A* 3. h) integritate *A* 2. 3. i) subprestis f. *A* 2; superstis fuerat *A* 3. k) meritis *A* 2. 3. l) facere *A* 2. 3. m) licentiam *A* 2. n) discessum si aliquit intestamentum r. *A* 2. o) *deest A* 3. p) quasquę *A* 2. q) animo *A* 2; anime *A* 3. r) facirae *A* 1; facere *A* 2. 3. s) voluerimus *A* 2. 3. t) eius epł *A* 2; eis epistulas, s *ead. manu post add. A* 3. u) manum *A* 3. v) dederimus *A* 2. 3. w) h. cognoscant *A* 2; abere cognuscantur *A* 3. x) epłs *A* 2. y) constant ad sepulcra *A* 3, *ubi* nostra *deest.* z) proles *A* 2. a) studeant *A* 2. 3. b) insere *A* 3. c) qualecumque *A* 2; qualiscumque *A* 3, *ubi* a quemc. *des.* d) manus *A* 2. 3. e) prenotas *A* 2; prenodatas *A* 3. f) ingenuetatis *A* 2. g) anime *A* 3. h) facere voluerimus *A* 2. 3. i) vacuus *A* 3. k) pari *A* 3. l) suprestitis *A* 2. m) pro *A* 3. n) *A* 2; qualem *A* 1; qualecumque *A* 3. o) suprascripta *A* 3. p) meritos *A* 2. q) munere *A* 2. 3. r) contulerimus *A* 3. s) debeat *A* 2. 3. s*) perdurarae *A* 1. t) inannis, in *e corr. A* 2. u) sic *A* 2. v) convinit *A* 3. w) me *A* 3. x) ad *deest A* 2; et *deest A* 3. y) permittit *A* 2. z) usufructuario *A* 3. a) possedere *A* 2. 3. b) presente deputavimus *A* 2. 3. c) haberae *A* 1. d) XVIII Itemque e. i. a. tua *in rubricae modum exarata sunt A* 1, *quod tamen errore factum esse facile intelligitur.* e) dom̄ *A* 2; domne *A* 3. f) iugalis *A* 2. 3. g) ill. *codd.* h) prumtissima voluntate *A* 2. 3. i) atque *add. A* 2. 3. k) dom̄ *A* 3. l) omne *A* 3. m) facultate mea *A* 2. n) tertia *A* 2. o) integrum *A* 2. 3. p) facere *A* 2. 3. q) elegeritis *A* 3. r) anime *A* 2. 3. s) pauperes *A* 2. 3. t) *A* 2; usos *A* 1; actos *A* 3. u) *deest A* 3. v) meritis *A* 2. 3. w) repetitione *A* 2. 3. x) decrevit voluntas *A* 2. 3. y) nostrum *A* 3.

1) *Talium epistolarum formulam praebet noster infra II,* 34.

timos[z] nostros revertatur heredes[a]. Hanc quoque[b] paginam testamenti et manus nostrae[c] propriae[d] subscriptionibus[e], quod ex consuetudine habuemus[f], subscripsimus[g] et per personas reliquas studuemus[h] subscriptionibus[i] roborari[k]; et ut[l] haec pagina huius testamenti in disceptatione[m] venire non possit, si quid[n] liturae[o], caraxaturae, adiecciones[p] superdiccionesvae facte sunt, nos[q] eas fecimus vel facire[r] iussimus[1], dum testamentum nostrum sepius recurrimus vel emendavimus. Si quis nostram[s] volontatem resistere aut testamentum nostrum cuiuslibet calliditas conatus fuerit casu aliquo refragare[t], id inplorantis Domine[u], divini nominis maiestatem[v] obtestamur, ut pro nostrorum omnium[w] criminum peccatorum obnoxius in die iudicii teneatur[x], expers[y] aecclesiae[z] catolicae[a] communionem et pacis, ante tribunal Christi pro violata[b] defuncti volontate[c] conpellatur subire negutio[d], atque in eum Dominus suam ultionem[e], quam promisit iniustis, cum venerit seculum iudicare, per ignem fereatur[f], et accipiat in conspectu eius damnacionem[g] perpetua[h], quam suscepit Iudas, traditur[i] Domini. Illud namque intimare voluimus[k], ut, si aliquis de heredis[l] vel[m] proheredes nostros[n] seu qualibet persona contra hunc[o] testamenti pagina, quem plena et integra volontate[p] fieri rogavimus, venire aut aliquid[q] pulsare voluerit, inferat ei[r], contra quem repetit, tantum et alium tantum, quantum in hunc testamentum contenetur[s] scribtum, et insuper sociato[t] fisco auri[u] liberas tantas, argenti[v] tantum, et quod repetit vindicare non valeat[w].

18. Securitas[a] pro homicidio facto[b], si se pacificaverint[c].

Domino fratri[d] illo illi[e]. Dum, instigante adversario, quod non debueras, germano nostro illo[f] visus es interfecisse[g] et ob hoc vitae[h] periculum incurrere potueras, sed intervenientes[i] sacerdotes et magnificis[k] viris, quorum[l] nomina subter tenuntur[m] adnexa, nos ad pacis concordia ob hoc visi fuerunt[n] revocasse[o], ita ut pro ipsa causa solidus[p] tantus in pagalia[q] mihi dare debueras[r], quos[s] et in presenti[t] per wadio[u] tuo visus es transsolsisse[v, 2], et nos ipsa causa per fistuco[w] contra te visus sum werpisse[x, 3]: propterea

II, 17. z) legitimus *corr.* -mos *A* 2; legitimus *A* 3. a) heredis *A* 2. 3. b) *deest A* 2. c) nostre *A* 3. d) *deest A* 1. e) subscribtionibus *A* 2; subscriptionis *A* 3. f) habuimus *A* 2. 3. g) subscribsimus *A* 2. h) *A* 2; stituemus *A* 1; studuimus *A* 3. i) subscribtionibus *A* 2. k) *A* 2; roboravi *A* 1; roborare *A* 3. l) *deest A* 3. m) *A* 2. 3; disceptione *A* 1. n) quis *A* 2; quit *A* 3. o) littere caractere adieccionesvae f. s. *A* 3. p) adiectionis superdictionesvae *A* 2; s. *accipe pro* superductiones. q) non *A* 3. r) facere *A* 2. 3. s) nostra voluntate *A* 2; n. voluntatem *A* 3. t) refragari *A* 2. u) Domini d. *A* 2; D. divine *A* 3. v) nominis *deest*, magestatem *A* 3. w) *deest A* 3. x) teneantur *punctis adpositis corr.* teneatur *A* 2. y) et pars *A* 3. z) *A* 2; aeccł *A* 1; ecclesiae *A* 3. a) catholice *A* 2; catholicae *A* 3. b) v. d. *des. A* 3. c) voluntate *A* 2. 3. d) negotio (negocio) adque *A* 2. 3. e) ulcionem *A* 3. f) feriatur *A* 2. 3. g) damnacione *A* 3. h) perpetuam *A* 2. i) traditor *A* 2. 3. k) volemus *A* 2. l) heređ *A* 1. m) vel proheredis *A* 2; v. p. *des. A* 3. n) nostris *A* 3. o) hanc t. paginam *A* 3. p) voluntate *A* 2. 3. q) aliquit *A* 2. r) *deest A* 2. s) continetur s. *A* 2; c. scriptum *A* 3. t) saciatus *A* 2; una cum s. *A* 3. u) auri lib̄ tan̄ *A* 2; auro lib̄r t. *A* 3. v) a. tan̄ *A* 2; argentum tan̄ *A* 3. w) sed presens testamentis omni tempore stabilis valeat perdurare *add. A* 3.

II, 18 = *Lind.* 121; *Roz.* 511. *Codd. A* 1. 2. 3. *B* (96). a) Securitatem *A* 3. b) si se p. *des. A* 2; facto s. s. p. *des. B.* c) pacificaver̄ *A* 3. d) fratre ill. *A* 2. 3. e) ill. *A* 2; ego ille *B.* f) ill. *A* 2. 3. g) interficisse *A* 3. h) vite *cett.* i) intervenientis *A* 2. k) magnificos *B.* l) corum *A* 3. m) tenentur adnixa *cett.* n) fuerint *A* 2. o) revocare *A* 3. p) *ita A* 3; solum tantum *A* 1; sol̄ tan̄ *A* 2; solidus tantos *B.* q) pa::lia *A* 2; pacalia *A* 3. r) deberes *corr.* deberis *A* 2; deberes *A* 3; deberitis *B.* s) quod *A* 3. *B*; et *deest A* 3. t) presente *cett.* u) uadio *A* 1. v) *A* 1. 3; transolsisse *A* 2; transsolvisse *B et edd.* w) *A* 1. *B*; fistuca *A* 2. 3. x) uerpasse *A* 2; uurpasse *A* 3; uirpisse *B.*

1) *Cf. Dig. XXVIII,* 4, 1, 1. 2) *i. q. transolvisse. Cf. L. Sal.* 58, *ubi praestantissimi codices praebent:* solserunt, solsit (solserint, persolsit); *instr. Ravenn. d. a.* 564, *Marini, 'I papiri dipl.' nr.* 80 *p.* 124*:* persolsisse; *pari prorsus modo ac formula nostra placitum Chilperici II. a.* 716, *DD. I, M.* 83, *praebet:* Martinus — contra ipso Friulfo tam illa fructa de illa medie-

iuxta quod convenit[y] hanc epistolam securitatis in te nobis conscribere conplacuit, ut de ipsa morte germano nostro nec a me nec ab[z] heredibus[a] meis aut suis nec de iudiciaria potestate nec a quemlibet nullo casu nec refragatione aliqua aut[b] damnietate[c] amplius habere non pertimiscas[d], sed in omnibus exinde ductus[e] et absolutus appareas[f]. Et[g] fortasse ego ipse[h] aut aliquis de heredibus[i] meis vel quecumque[k] te ob[l] hoc inquietare voluerit, et a me[m] defensatum non fuerit, inferamus tibi cum cogenti[n] fisco duplum, quod nobis dedisti; et quod repetit quis vindicare non valeat, sed presens epistola[o] securitatis a me facta firma permaneat[p].

19. Vindiccio[a] de villa.

Domino[b] fratre illo[c] ille. Licet empti[d] vindetique contractus[e] sola precii[f] adnumeratione et[g] rei ipsius traditione consistat[3], ac[h] tabolarum[i] aliorumque documentorum[k] ad hoc tantum interponatur[l] instructio[m], ut fides rei facti[n] et iuris[o] ratio[p] conprobetur: idcirco vindedisse me tibi constat, et ita vindedi villa iuris mei nuncupante illa, sita[q] in pago illo, quam ex legitima successione parentum, *vel de qualibet modo ad eum pervenit*[r], habere videor, in integritatae[s] cum terris, domibus, aedificiis[t], acolabus, mancipiis, vineis[u], silvis, campis, pratis, pascuis, aquis aquerumve[v] decursibus, adiecentiis, appendiciis[w], vel omni merito et termino ibidem aspicientem; et accepi[x] a vobis in precio[y], iuxta quod mihi conplacuit, tantum, et memorata villa vobis presentaliter tradedi[z] possedenda, ita ut ab hac[a] die habendi, tenendi vel quicquid exinde elegeris faciendi liberam in omnibus habeas potestatem. Si quis vero, quod futurum esse non credo[b], ego ipse[c] aut aliquis de heredibus[d] vel proheredibus meis[e] seo[f] qualibet [opposita[g]] persona contra hanc[h] vindicionem venire timptaverit[i], aut[k] me male vindedisse[l] convincerit, et a me vel heredibus[m] meis defensatum non fuerit, tunc inferamus vobis heredibusque vestris dupla pecuniam[n], quantum a vobis[o] accipi[p.4], et ipsa villa meliorata valuerit; et quod repetit vindicare non valeat, sed presens vinditio omni tempore firma permaneat, stipulatione[q] subnexa.

[Actum[r].]

II, 18. y) convinit *A* 3. z) ad *A* 2. a) eredibus meis nec a suis *B.* b) nec *B.* c) damnetate *A* 1. d) pertimescas *A* 2. *B.* e) eductus *B.* f) aparias *A* 3. g) Quod si f. *B.* h) *A* 2. *B*; ipsi *A* 3; illis *A* 1. i) eredibus *A* 3. k) quicumque *cett.* l) ab *A* 1. m) vel ad eredibus meis *add. B.* n) cogente *A* 3. *B.* o) ept securitas *A* 2; epistulam s. *A* 3. p) et relq̄ *add. B.*

II, 19 = *Lind.* 128; *Roz.* 268. *Codd.* *A* 1. 2. 3. a) Vinditio *A* 2. 3. b) Domno *A* 2. c) ill. ille *A* 1; ill. ill. *A* 2. 3. d) empti vinditique *A* 2; emendi vindendi *A* 3. e) contractis *A* 1. f) pretii adnumerationem *A* 2. g) *A* 3; et *deest* *A* 1; et regi i. *A* 2. h) hoc *A* 2. i) tabularum *A* 2. 3. k) docimentorum *A* 2. 3. l) interponitur *A* 3. m) instructu *A* 1. n) facta *A* 3. o) uiris *A* 2. 3. p) racio *A* 3. q) sitam *A* 2. 3. r) pervinit *A* 3. s) integritate *A* 2. 3. t) edificiis accolabus *A* 3. u) *deest* *A* 1; viniis *A* 3. v) aquarumve *A* 2. 3. w) apenditiis *A* 2. x) accepit *A* 3. y) pretio *A* 2. z) tradedi ad possedendum *A* 2; tradidi possedendam *A* 3. a) ac *A* 2. 3. b) credo si e. *A* 2; credimus *A* 3. c) ipsi *A* 3. d) eredibus *A* 3. e) *deest* *A* 2. f) seu *A* 2. 3. g) *add.* *A* 2. h) *deest* *A* 2. i) temtaverit *A* 2. 3. k) aut — convincerit *des.* *A* 3. l) vindidisse convicerit *A* 2. m) ab h. *A* 3. n) pecunia *A* 2. 3. o) nos *A* 1. p) accepi *A* 2. 3. q) stibulacione subnixa *A* 3. r) *add.* *A* 2.

tate, quam et illa, fide facta, per wadio suo in presente visus fuit transsolsissae. *Supra I,* 13. transuulsum *e* transsolsum *corruptum esse, suspicati sumus. Nonnullos locos e cartis inferioris aetatis affert Ducange s. v. solvo I et solsi. Cf. Diez, 'Gramm. d. Rom. Spr.' II*[4], *p.* 140. 2) *i. e. iactasse. Cum hoc universo loco cf. L. Rom. Cur. XXIV,* 2. 3) *Cf. L. Rom. Vis. Pauli Sent. II,* 18, 10 *Interpr.* 4) *Cf. l. c. II,* 17, 1 *Interpr.:* Si quis rem alienam (male *add. Ep. Aeg.*) vendiderit et pretium acceperit, ad redhibitionem duplae pecuniae obnoxius manebit.

20. Vinditio de area infra civitate.

Domino sancto et apostolico, domno et patri[a] illo[b] episcopo ille[c]. Constat me nulli cogenti[d] imperio neque imaginario[e] iure sed proprii[f] volontatis arbitrio vobis vindedisse[g], et ita vindedi[g] area iuris mei infra muros[h] civitatis illius, habenti[i] per longo[k] pedes tantos[l] et in lato pedes tantos[m], quae subiungit ab[n] uno latus [terra[o]] ill., ab alio latus [terra[o]] ill., a[p] fronte uno [terra[o]] ill. et ab alio fronte [terra[o]] ill.[q]; et accepi[r] a vobis in pretio[s], iuxta quod mihi conplacuit, auri[t] soledos[u] tantos, et prefata area vobis presentaliter tradedi[v] possedendam[w]; habendi, tenendi vel quicquid exinde elegeris[x] faciendi liberam[y] habeas potestatem. Si quis vero[z], quod futurum esse non credo, ego[a] ipse[b] aut aliquis de heredibus[c] meis seu qualibet persona contra hanc vinditionem[d] venire temtaverit aut eam infrangere conatus fuerit, inferat vobis aut heredibus[e] vestris dupla pecunia, vel quantum area ipsa eo tempore meliorata valuerit, *et[f] cetera.*

21. Vinditione[a] de campo.

Domino fratri[b] illo[b*] ille. Constat me tibi vindedisse, et ita vendidi[c] campo iuris mei, situm in territorio[d] ill., habentem plus minus tantum[e], qui subiungit a latere uno lui, ab alio latere[f] lui, a fronte uno ill., ad alio vero fronte illius; et accepi a vobis in pretium[g], iuxta quod mihi conplacuit[h], auri[i] solidos tantos, et ipso campo vobis presentaliter tradidi[k] possidendum; habendi, tenendi[l] vel quicquid exinde volueris[m] faciendi liberam habeas potestatem. Si quis vero *et[n] cetera.*

22. Vindicio de servo aut ancilla.

Domino fratri[a] illo illi[b]. Constat me vobis[c] vindedisse, et ita vindedi servo iuris mei, *aut* ancilla[d], nomen illa[e], non furo, non fugitivo[f] neque cadivo, sed mente et omni[g] corpore sano[1], pro quem[h] accepi a vobis in[i] precio[k], iuxta quod mihi conplacuit, auri[l] solidos probus atque[m] pensantes numero tantum; et ipso servo vobis presentaliter tradedi[n] possedendum, ita ut ab hac die habendi, tenendi vel quicquid[o] exinde decreveris[p] faciendi liberum pociaris[q] arbitrium. Si quis vero, quod futurum esse non credimus, ego[r] ipse[s] aut aliquis de heredibus[t] meis seu qualibet persona contra hanc vindicionem

II, 20 = *Lind.* 129; *Roz.* 275. *Codd. A* 1. 2. 3. a) patre *A* 3. b) *A* 2; ill. epīs *A* 1; ill. e. *A* 3. c) ill. *codd.* d) coacitatis i. *A* 2; cogentis imperium *A* 3. e) emagenario *A* 2; inmaginario *A* 3. f) propria voluntatis *A* 2. 3. g) vin- *corr.* ven- *A* 2. h) murus *A* 3. i) habentem *A* 2. 3. k) longum *A* 3. l) tañ *A* 2; tantus *A* 3. m) t. que s. *A* 2; tantus qui s. *A* 3. n) ad *A* 2. o) *add. A* 2. p) ab *A* 3. q) illo *A* 2. r) accipi *A* 3. s) precio *A* 3. t) auro *A* 3. u) sol. tant. *A* 2. 3. v) tradidi *A* 3. w) possedendum *A* 2. x) elegeretis *A* 2. y) liberum perfruatis arbitrium. *A* 2; liberum perfruatur arbitrium. *A* 3. z) vero et cetera, *reliqua des. A* 1, *supplevi ex A* 2. 3. a) *A* 3; si ego *A* 2. b) ipsi *A* 3. c) eredibus *A* 3. d) vindicione *A* 3. e) *A* 3; auctoribus *A* 2. f) *verba* et c. *errore cum sequenti rubrica coniunxit A* 3.

II, 21 = *Roz.* 281. *Codd. A* 2. 3. a) Vindicio *A* 3. b) fratre *A* 3. b*) ill. ill. *codd.* c) vindedi *A* 3. d) terraturio *A* 3. e) tant. *codd.* f) latere — ad alio *des. A* 3. g) precio *A* 3. h) *A* 3; complacuit A 2. i) auri sol tanī *A* 2; auro tañ *A* 3. k) tradedi possedendum *A* 3. l) *A* 3; *deest A* 2. m) elegeris *A* 3. n) et c. *des. A* 3.

II, 22 = *Lind.* 133; *Roz.* 290. *Codd. A* 1. 2. 3. (*Capitibus* 22—28. *numeri* XXIII—XXIX *adpositi sunt A* 3). a) fratre ill. *A* 3. b) *A* 3; *deest A* 1; ill. *A* 2. c) tibi *A* 3. d) ancillam *A* 2. e) itta *A* 2; ill. *A* 3. f) fugitiva *A* 1. g) omne *A* 2. h) quo *A* 2. i) de *A* 3. k) pretio *A* 2. l) auri solum *A* 1; auri sol *A* 2; auro sol *A* 3. m) adque presentes n. *A* 2. n) tradidi *A* 2. o) quiquid *A* 3. p) creveris *A* 2; decreverit *A* 3. q) potiaris *A* 2. r) si ego, si *post add. A* 2. s) ipsi *A* 3. t) eredibus *A* 3.

1) *Talium cautionum usum Francos accepisse constat a Romanis, qui iam saec.* 2., *testantibus Dacicis tabulis ceratis, simillimam formulam instrumentis de servorum emptionibus scriptis inserere solebant. C. I. L. III, p.* 937. 941 (*Bruns, Fontes Iuris Rom. p.* 205 *sqq.*); *cf. Edict. Aedil., Dig. XXI,* 1; *Brissonius, De formulis VI,* 6.

venire temptaverit[u] aut eam infrangere voluerit, inferat tibi[v] cum cogenti[w] fisco auri[x] tantum, vel quantum servus ipse eo tempore melioratus valuerit, et haec[y] vinditio omni tempore firma permaneat, stipulatione[z] subnexa.

[Actum[a] illo, sub die illo, anno illo.]

23. Concamio[a] de villas.

Inter quos caritas inlibata permanserit, pars parte[b] beneficia oportuna prestantur, quia[c] nihil sibi de rebus propriis censit minuendo, quod econtra recepit[d] in augmentum. Ideoque[e] placuit atque[f] convenit[g] inter venerabile[h] illo, ex permisso apostolico lui[i], et inlustris vero[k] illo, ut locella aliqua inter se concammiare[l] deberint; quod ita[m] fecerunt. Dedit igitur ille venerabile[n] lui locello nuncopante[o] illo, situm ibi, de parte baselicae[p] sancti[q] illius memorato lui, quicquid ibidem ad presens de qualibet adtractu[r] tenere videbatur, cum terris, domibus, aedificiis[s], accolabus[t], mancipiis, vineis[u], silvis, campis, pratis, pascuis, aquis aquaerumve[v] decursibus, vel omnia ibidem aspicientem. Similiter in conpensatione huius meriti dedit suprascribtos[w] illos ad partem[x] memorato[y] abbati[z] vel predictae[a] baselicae[b] alio locello nuncupante illo[c], situm[d] ibi, quicquid ibidem ad presens de[d*] quodcumque adtractum[e] ibidem habere[f] videbatur, cum[g] terris, domibus, aedificiis[h], accolabus[i], mancipiis, vineis[k], silvis, campis, pratis, pascuis, aquis aquerumve[l] decursibus vel omnia ibidem aspicientem; ita ut ab hac[m] die unusquis[n] ex ipsis[o] memorata loca, quod acciperunt[p], habendi, tenendi vel quicquid exinde pro eorum oportunitate et conpendio[q] facire[r] elegerint liberum perfruantur[s] arbitrium. Illud[t] vero addi convenit, ut, si aliqua pars ex ipsis aut heredes[u] vel successores[v] eorum hoc[w] emutare vel refragare voluerit, rem quam[x] accepit amittat[y] et insuper inferat pare[z] suo, qui hoc facire[a] presumpserit, auri[b] liberas tantas[c], argenti[d] pondo tantum, et quod repetit vindicare non valeat, sed presens conmutacio[e], unde duas inter se uno tinore[f] conscribserunt[g], firmas et inviolatas omni tempore[h] permaneant[i], stipulatione subnexa[k].

Actum[l] illo.

24. Concamio[a] de terra aut vinea[b].

Ideoque[c] placuit atque[d] convenit inter illo[e] et illo, ut terra aliqua, *aut* prata[f], *aut* vinea[g], *seo*[h] *qualibet,* inter se commutare deberint[i]; quod ita[k] et fecerunt. Dedit

II, 22. u) temtaverit *A* 2. 3. v) :ibi *A* 2. w) cogentis *A* 2; cogente *A* 3. x) auro *A* 3. y) hec *A* 3. z) stipł *A* 2; stibł, *cetera desunt A* 3. a) Actum — anno illo *add. A* 2.

II, 23 = *Lind.* 139; *Roz.* 304. *Codd. A* 1. 2. 3. a) Concambio *A* 2. 3. b) partem *A* 3. c) *A* 2. 3; que *A* 1. d) recipit *A* 2. e) Ideo *A* 2. f) adque *A* 2. g) convinit *A* 3, *corr.* convenit *A* 2. h) v. viro i. *A* 2; viro v. ill. *A* 3. i) viro illo et *A* 2. k) viro ill. *A* 2. 3. l) concambiare deberent *A* 2. 3. m) et ita, et *post add. A* 2; ita et *A* 3. n) venerunt *A* 1; venēr *A* 3; venerabile vir *A* 2. o) nuncupante *A* 2. 3. p) basilicę *A* 2; basilice *A* 3. q) s. i. *A* 3; ille illius *A* 1; sanctae illo *A* 2. r) adtracto *A* 3. s) edificiis *A* 3. t) acolabus *A* 2. u) viniis *A* 3. v) aquarumve *A* 2. 3. w) suprascribtus ill. *A* 2; suprascriptus ill. *A* 3. x) *A* 2; *deest A* 1; parte *A* 3. y) membrato *A* 3. z) abb̄ illo v. *A* 2. a) predicta *A* 2; predicte *A* 3. b) basilice *A* 2. 3. c) *A* 2; ill. *A* 1. 3. d) sitam *A* 3. d*) *deest A* 3. e) adtractu *A* 2. 3. f) abere *A* 3. g) eum *A* 1. h) *A* 2; *deest A* 1; edificiis *A* 3. i) acolabus *A* 2. k) viniis *A* 3. l) aquarumve *A* 2. 3. m) ac *A* 3. n) que *add. A* 2. 3. o) ex i. *des. A* 2. p) acceperunt *A* 2. 3. q) conpensatio *A* 1. r) facere *A* 2. 3. s) perfruatur *A* 2. t) Illut vero adque convinit *A* 3. u) heredis *A* 2. v) vel *deest,* successoribusque *A* 3. w) *deest A* 3. x) quem *A* 2. 3. y) amittatur *A* 3. z) pari *A* 2. 3. a) facere presumserit *A* 2. 3. b) aur lib̄ *A* 2; auro libras *A* 3. c) tant. *codd.* d) argento pondua tañ *A* 2; argento pondo tanta *A* 3. e) *deest A* 2; commutacionis *A* 3, *ubi* unde *deest.* f) tenore *A* 2. 3. g) conscriptas *A* 3. h) o. t. *des. A* 2. i) permaneat *A* 1. k) subnixa *A* 3. l) *A* 2; A. i. *des. A* 1; actūū, illo *deest A* 3.

II, 24 = *Roz.* 305. *Codd. A* 1. 2. 3. a) Concambio *A* 2. 3. b) vinia *A* 3. c) Deoque *A* 1. d) adque convinit *A* 3. e) ill. et illo *A* 2; ill. et ill. *A* 1. 3. f) prato *A* 2. 3. g) vinia *A* 3. h) seu *A* 2. 3. i) deberent *A* 2. 3. k) it *A* 3.

igitur ille[l] illius campo in[l*] loco nuncupante illo[m], habente[n] tantum, qui subiungit a latere uno ill., ab alio latere[o], *aut* fronte, illius[p]. Similiter[q] econtra in conpenso[r] dedit[s] ille[l] illius alio campo ibi, *aut* in alio[t] loco, habente[u] tantum, qui subiungit de lateribus, *aut*[v] frontibus, illius[w]; ita ut ab hac[x] die unusquis[y] ex ipsis quod accepit habendi, tenendi vel quicquid exinde elegerint faciendi liberam habeant potestatem. Si quis vero aliquis[z] ex ipsis aut heredes eorum vel quicumque hoc emutare[a] voluerit[b], rem[c] quam accepit pare suo amittat et insuper inferat pare[d] suo cum cogenti[e] fisco auri[f] uncia[g] una, et quod repetit vindicare non valeat, sed presens conmutatio, unde[h] inter se pro firmitatis[i] studium duas uno tenore[k] conscribserunt[l], omni tempore firmas[m] permaneant, stipulatione subnexa[n].

Actum illo[o].

25. Cautiones[a] diverso[b] modo factas[c, 1].

Domino mihi propitio[d] illo[e] ille. Dum et[f] ad[g] mea petitione[h] et necessitate supplendo[i] vestra bonitas habuit, ut libera[k] de argento de rebus vestris nobis[l] ad beneficium[m] praestetistis, ideo[n] per hunc vinculum[o] cautionis spondio[p], me Kalendas illas proximas ipso[q] argento[r] vestris partibus esse redditurum[s]. Quod[t] si non fecero, et dies placitus[u] mei prefinitus[v] transierit, pro duplum in[w] crastinum me aut heredis[x] meos[y] vos aut heredis[x] vestri[z], aut[a] cui hanc cautionem dedéritis exigendam[b], teneatis obnoxium[c].

Facta cautione[d] ibi, sub[e] die illo[f], anno illo[f] [regis[g]].

26. Item alia.

Domino[a] suo illo[b] ille. Constat me a vobis accepisse[c], et ita accipe, debere, et debeo, hoc est solidos[d] tantos[d], pro quos solidos[e] spondio[f] me, quamdiu ipsus[g] post me retenuero, annis singulis per[h] singulos solidos singulos[i] treantis vestris partibus esse reddituram[k]. Et se[l] hoc facere contempsero[m] aut exinde neglegens[n] apparuero, ad duplum ipso locario[2] vobis reddere[o] spondeo[p]. Et quomodo de mea proprietate ipsos solidos[q] vestros reddere potuero, hanc cautionem a vos[r] recipiam.

II, 24. l) ill. *codd.* l*) in l. *des.* *A* 3. m) *A* 2; ill. *A* 1. 3. n) habendi *A* 2. o) ill. *add.* *A* 3. p) illo *A* 2. q) *A* 3, *ubi* econtra *deest;* similus et contra *A* 1; simili modo econtra *A* 2. r) conpensacione *A* 3. s) dedi *A* 2. t) ali *A* 3. u) habere *A* 1. v) a *A* 2. w) eius *nota Tir. corr.* illius *A* 3. x) ac *A* 3. y) unusquisque *A* 3. z) aliquid *A* 2. a) inmutare *A* 3. b) voluerint *A* 1. c) rem *deest*, q. accep::|ri *pro* q. a. p. *A* 2; rem quem accipit pari *A* 3. d) p. s. *des.* *A* 2; pari s. *A* 3. e) cogente *A* 3. f) auro *A* 3. g) tañ *pro* u. u. *A* 2. 3. h) et *add.* *A* 3. i) firmitate *A* 3. k) *reliqua des. A* 1, *ubi sequitur postrema pars formulae II,* 36. l) conscripserunt *A* 3. m) *A* 3; firma permaneat *A* 2. n) subnixa *A* 3. o) ibi *A* 3.

II, 25 = *Lind.* 142; *Roz.* 368. *Codd.* *A* 2. 3. *B* (98). a) Cauciones *A* 3. *B; ita et infra.* b) deverso *A* 3. c) *deest* *A* 3. d) proprio *A* 3; m. p. *des.* *B.* e) *B*; ill. *A* 2. 3. f) *deest* *B.* g) a *A* 3. h) meam peticionem *B.* i) subplendo *A* 3. k) libra *A* 3; solidus tantos *pro* l. d. a. *B.* l) mihi *B*, *ubi des.* ad b. m) benifium prestitisse *A* 3. n) ita ut per hanc vinculum *B.* o) titulum *A* 3. p) spondeo *B.* q) ipsum *B.* r) argentum *A* 3. *B.* s) redditurus *A* 3; rediturum *B.* t) et quod *A* 3. u) *corr. e* placitis *A* 2. v) profinitus *A* 2. w) *deest* *A* 3. x) heredes *A* 3. *B.* y) m̄s *A* 3. z) vestros *B.* a) vel *A* 3. *B.* b) exigendum teniatis *A* 3. c) *reliqua des. B.* d) cautionem, m *del.* *A* 2. e) sud *A* 2. f) ill. *A* 2. 3. g) *add.* *A* 3.

II, 26 = *Lind.* 143; *Roz.* 370. *Codd.* *A* 2. 3. *B* (98). a) Dom̄o, suo *deest* *A* 3; Dom. — pro quos solidos *des.* *B.* b) ill. ill. *A* 2. 3. c) accipisse et accipi debeo hoc est *etc.* *A* 3. d) sot tañ *A* 2; solidus tañ *A* 3. e) unde *pro* p. q. s. *A* 3. f) spondio — ipsus *des.* *A* 2, *suppl. ex* *A* 3; Spondeo *B.* g) post me ipsos *B.* h) per s. *des.* *A* 3; per singulus solidus singulus triantes *B.* i) sigut tañ *pro* s. tr. *A* 3. k) rediturum *B.* l) si *A* 3. *B.* m) contensero *A* 3. n) negliens *A* 3; negligens *B.* o) reddereo, o *del.* *A* 2. p) spondio *A* 3. q) sot *A* 2. 3; solidus vos reddere *B.* r) vobis *A* 3. *B.*

1) *De huiusmodi cautionibus et praesertim de his Marculfi exemplis cf. Brunner in 'Z. f. Handelsrecht' XXII, p.* 64 *sqq.* 99 *sq.* 2) *i. e. mutua pecunia.*

27. Item alia.

Domino[a] fratri[b] illo ille[b*]. Quatenus[c] a necessitate mea supplendo[d] solidos[e] vestros numero[f] tantum mihi ad beneficio[g] prestetisti, ideo[h], iusta quod mihi aptificavit[i], taliter inter nos convenit[k], ut, dum ipsos[l] solidos[m] de meo proprio reddere[n] potuero, dies tantus[o] in unaquaque[p] epdomada[q] servicio vestro, quale[r] mihi vos aut agentes[s] vestri iniunxeritis[t], facere debeam. Quod si exinde negligens[u] aut tardus[v] apparuero, licentiam[w] habeatis sicut[x] ceteros[y] servientes vestros disciplinam[z] corporalem inponere. Et quomodo solidos[a] vestros reddere[b] potuero, meam cautionem, absque ulla evacuario[c] intercedente[1], recipiam[d].

28. Qui se in servitio alterius obnoxiat.

Domino mihi proprio illo[a] ille. Dum[b], instigante adversario, fragilitatem[c] meam prevalente, in casus[d] gravis cecidi, unde mortis periculum incurrere[e] potueram[f], sed, dum vestra pietas me iam morte adiudicatum de pecunia vestra redemistis[g], vel pro mea[h] scelera res vestras quam plures dedistis, et ego de rebus meis, unde vestra beneficia rependere[i] debuissem, non habeo: ideo pro hoc statum ingenuitatis[k] mei[l] vobis visus sum obnoxiasse, ita ut ab hac[m] die de vestro servitio paenitus[n] non discedam, sed, quicquid reliqui servi[o] vestri faciunt, pro[p] vestro aut agentum vestrorum imperio facere spondeo[q]. Quod si non fecero, aut me[r] de[s] qualibet ingenio de servitio vestro abstrahere[t] voluero, vel dominio[u] alterius expetire[v] aut[w] rebus suscipere voluero, licentia[x] habeatis, me qualemcumque[y] volueritis disciplinam inponere[z] vel venundare aut quod vobis placuerit de me facere.

Facta obnoxiatione tunc sub die illo[a].

29. Carta de agnatione, si[a] servus ingenua[b] trahit.

Igitur[c] ego in Dei nomen ille[d] ille femina. Illut non habetur incognitum, qualiter servus meus nomen[e] ille te absque parentum vel tua voluntate rapto scelere[f] in coniugium sociavit, et ob hoc vitae[g] periculum incurrere potuerat, sed intervenientes[h] et mediantes[i] amicis vel bonis hominibus, convenit inter nos, ut, si aliqua procreatio filiorum horta[k] fuerit inter vos, in integra ingenuetate[1] permaneant. *Et si voluntaria*

II, 27 = *Lind.* 144; *Roz.* 373. *Codd.* *A* 2. 3. *B* (98). a) Domino — prestetisti *des.* *B.* b) fratre ill. *A* 3. b*) ill. *codd.* c) quatinus ad n. *A* 3. d) subplendo *A* 3. e) sol *codd.* f) nomero *corr.* numero *A* 2; n. tañ *A* 3. g) beneficium *A* 3. h) ideo iuxta quod, mihi *deest*, *A* 3; ideoque iuste mihi, quod *deest*, *B.* i) aptificav̄ *A* 3; et *add.* *B.* k) convinit *A* 3. l) ipsus *A* 3. m) sol *A* 2. 3; solidus *B.* n) vobis r. *A* 3. o) tañ *A* 2. p) unaqueque *B.* q) ebdomada *A* 3. *B.* r) qualem *B.* s) cogentis *A* 3. t) iniunxerit his f. *A* 3; iniungeritis f. *B.* u) negliens *A* 3. v) *A* 3; tard̄ *A* 2; tardis *B.* w) licenciam *A* 3. *B.* x) sic̄ et *pro* sicut *A* 2. y) ceteris *B.* z) disciplina *A* 3. a) sol *A* 2; solidus *A* 3. *B.* b) reddero et relq, *cetera des.* *B.* c) evacuaria intercedent̄ *A* 3. d) *A* 3; recipiamus *A* 2.

II, 28 = *Lind.* 135; *Roz.* 52. *Codd.* *A* 2. 3. *B* (100). *Vat. Christ.* 612, *ubi pars prior deest.* a) *B*; ill. illo *A* 2; ill. ill. *A* 3. b) et *add.* *A* 2. c) fragilitate mea *A* 3; fr. mea *B.* d) vasus (*corr.* c.) graves *B.* e) incurre *B.* f) potueramus *A* 2. g) redimistis *A* 3. h) meas culpas *pro* m. sc. *A* 3. i) rendere *B.* k) in hoc noxietatis *pro* ing. *A* 3. l) meae obnoxiavi vobis *pro* m. v. v. s. o. *B.* m) ac *A* 3. n) penitus *A* 3. *B.* o) s. v. *des.* *A* 2. p) per *A* 3; pro — imperio *des.* *B.* q) spondio *A* 3. r) *deest* *B.* s) pro q. ingenuo *A* 3; per quod ingenio libet *B.* t) *corr. ex* abstragere *A* 2; abstraere *A* 3. *B.* u) dom̄ altero *A* 3; dominum alium *B*; dominium alterius *Vat.* v) expedire *B.* w) auo *A* 3. x) licencia *A* 3; licenciam abeatis *B.* y) qualecumque *B.* z) ponere *A* 2. a) ill. *A* 3. *B.*

II, 29 = *Lind.* 85; *Roz.* 107. *Codd.* *A* 2. 3. *B* (102). a) s. s. i. tr. *des.* *B.* b) ingenuam trait *A* 3. c) Illa femina. Dum hominibus non habetur i. *etc.* *A* 3; Ille ille femine. Omnibus non habetur i. *etc.* *B.* d) ill. ill. *corr.* illa *A* 2. e) *deest* *A* 3. f) scelore *A* 3. g) vite *A* 3. *B.* h) *A* 3; venientes *A* 2. *B.* i) metuentis *A* 3. k) orta *A* 3. l) ingenuitate *A* 3. *B.* *e corr.* *A* 2.

1) *Cf.* *Brunner l. c. p.* 82 *sq.*

servo accipit[m], *dicis:* Omnibus[n] non habetur[o] incognitum, qualiter servo meo nomen illo[p] voluntaria secuta[q] es et accipisti maritum. Sed dum te ipsa[r] et agnationem[s] tuam[t] in meo inclinare[u] potueram[v] servitio, sed propter nomen Domini et remissionem peccatorum meorum, propterea[w] presente epistolam[x] in te mihi conplacuit[y] conscribendam[z], ut, si aliqua procreatio filiorum aut filiarum inter vos horta[a] fuerit, penitus nec nos nec heredis[b] nostri nec[c] quislibet persona[d] ullo[e] umquam tempore in servitio inclinare non debeamus, sed integra ingenuitatis[f], tamquam si ab utrisque[g] parentibus[h] ingenuis fuissent procreati[i], omni tempore[k] vite sue[l] permaneant, peculiare concesso[m], quodcumque laborare[n] potuerint[o]; et sub integra ingenuitate[p] super[q] terra nostra aut filiorum nostrorum, absque ullo[r] preiudicio de statu ingenuitatis eorum, conmanere debeant et redditus[s] terre, ut mos est, pro[t] ingenuis annis[u] singulis desolvant[v] et semper in[w] integra ingenuitate permaneant, tam ipse[x] quam et posteritas[y] illorum. Si quis vero, quod[z] futurum esse non credimus[a], nos ipsi aut aliquis de heredibus[b] nostris vel quicumque contra hanc cartolam[c] venire temtaverit, aut eam infrangere voluerit, inferat tibi aut eredibus[d] tuis auri[e] libras tantas, argento pondo tanta, et quod repetit vindicare non valeat, sed presens cartola[f] ingenuitatis omni tempore firma permaneat[g], stipulatione subnexa[h].

Actum illo[i].

30. Libellum repudii.

Dum et inter illo[a] et coniuge[b] sua illa[c] non caritas secundum Deum, sed discordia regnat, et ob[d] hoc pariter conversare minime possunt, placuit utrisque voluntas, ut se a consortio[e] [coniugali] separare[f] deberent; quod ita et fecerunt. Propterea has epistolas inter se [duas[g]] uno tenore conscribtas[h] fieri et adfirmare[i] decreverunt, ut unusquisque ex ipsis, sive ad servitium Dei in monasterio aut copolam[k] matrimonii[l] sociare voluerit, licentiam[m] habeat, et nulla requisitione ex hoc de parte proximi sui habere non debeat. Si quis vero aliqua[n] pars ex ipsis hoc emutare aut contra pare suo repetere[o] voluerit, inferat pari[p] suo auri[q] libra[r] una, et, ut decreverunt, a proprio consortio sequestrati[s] in eam quam elegerint parte permaneant.

Facta epistola ibi[t], sub die illo[u], anno illo[v] regnante [gloriosissimo domno[w]] illo[x] rege.

II, **29**. m) accepit *B*. n) hominibus *A* 3. o) *deest A* 3. p) *A* 3; ill. *A* 2. *B*. q) *pro* s. es et *nihil nisi* te *A* 3. r) ipsam *B*. s) agnitionem *A* 2; agnacione *A* 3. *B*. t) tua *A* 3. u) p. i. *B*. v) potuero *A* 3. w) † (vel) propterea per *A* 3. x) pr. epł *A* 2; presentem epistulam *A* 3; presentem e. *B*. y) placuit *A* 3. z) conscribere *B*. a) orta *A* 3. *B*. b) heredes *A* 3. c) ne *B*. d) *deest A* 2. e) nullo u. *A* 3; ullumquam *B*. f) in integra ingenuitate *A* 3. *B*. g) *deest A* 3. h) ingenuus p. *A* 3; partibus ingenui *B*. i) vel nati *add. B*. k) *deest A* 2. l) suae *A* 3. *B*. m) concessum *A* 3. n) labore *A* 2. o) potuerunt *B*. p) ingenuitatem *A* 3. q) sub terram nostram *B*. r) ulo preiuditio *B*. s) reditos *B*. t) pro — desolvant *des. A* 3; per *B*. u) *B*; animis *A* 2. v) dissolvant et *B*. w) in int. *des. A* 3. x) ipsi *A* 3. *B*. y) postere litas *B*. z) quod si *B*. a) et reliqua *add. B, ubi reliqua desunt.* b) eredibus *A* 3; nostris *deest A* 2. c) cartulam *A* 3. d) heredibus *A* 3; *idem e corr. A* 2. e) a. lib̄ tañ a. p. tañ *A* 2; auro libras II argento pondo tres et q. *A* 3. f) cartula *A* 3; ingenuitatis *deest A* 2. g) permaneant *A* 2. h) subnixa *A* 3, *ubi reliqua desunt.* i) ill. *A* 2.

II, **30** = *Lind.* 84; *Roz.* 111. *Codd. A* 2. 3. a) ill. *A* 3. b) coniuua *A* 3. c) *A* 3; ill. *A* 2. d) *A* 3; ab *A* 2. e) consorcio, *ita et infra*, coniugali *add. A* 3. f) seperare *A* 3. g) *add. A* 3. h) *ita emendavi;* consconscribtas *A* 2; consconscriptas *A* 3. i) firmare decrevimus ut *A* 3. k) copola *A* 3. l) matrimoniis *A* 2. m) licenciam *A* 3. n) ab aliqua *A* 2. o) repetire *A* 3. p) pare *A* 3. q) auro *A* 3. r) lib̄ I *A* 2. s) sequestracto *A* 2, *quod emendavi ex* sequistrati *A* 3. t) *A* 3; *deest A* 2. u) ill. *A* 3. v) *deest A* 3. w) g. d. *add. A* 3. x) ill. regi *A* 3.

31. Mandatum.

Domino fratre illo ille[a]. Preco[b] et subplico dominationi vestrae[c], dum et causa pro[d] alode, *aut qualemcumque*[e], cum homine nomen illo in palatio[f], *aut ubilibet*, habere[g] videor, ut ipsa causa suscipere ad mallandum[h] vel[i] prosequendum in vice[k] mea debeas et cum suprascribto[l] illo ex hoc[m] rationare; vel quicquid exinde cum eo de ipsa causa[n] egeris gesserisve, ratum et definitum[o] apud me esse cognoscas[p].

Factum mandatum ibi[q], sub[r] die illo.

32. Incipiunt[a] ingenuitatis diverso modo factas.

Ingenuetate[b] a die praesente.

Qui[c] debitum sibi nexum relaxat servitium, mercedem in futurum apud Dominum sibi retribuere confidat. Igitur ego in Dei nomen ille[d] et coniux mea illa[e] pro remedium anime nostrae[f] vel retributione aeterna[g] te illo[h], *aut* illa, ex familia[i] nostra[k] a praesentae[l] die ab omni vinculum[m] servitutis absolvimus[n], ita ut[o] deinceps, tamquam si ab ingenuos[p] parentibus fuisses[q] procreatus[r], vitam[s] ducas ingenuam, et nulli heredum[t] ac[u] proheredum nostrorum[v] vel cuicumque servitium[w] inpendas[x], nec libertinitatis[y] obsequium debeas[z], nisi soli Deo, cui omnia subiecta sunt, peculiare[a] concesso, quod habes[b] aut deinceps elaborare[c] potueris[d]; et[e] si tibi necessitas ad[f] tua ingenuitate tuenda contingerit[g], absque ullo[h] preiuditio[i] ingenuitatis tue[k] defensionem[l] ecclesiae aut cuicumque te elegere placuerit licentiam[m] habeas, et vitam semper bene et integra[n] ducas ingenua. Si quis vero[o], quod futurum esse non credimus, nos ipsi, quod absit, aut aliquis[p] de heredibus nostris vel qualibet opposita persona contra hanc ingenuitatem tuam venire aut eam infrangere conaverit, aut te in servitio inclinare voluerit, divina illum ultio[q] subsequatur, et a limitibus aecclesiarum[r] vel a communione extraneus efficiatur, et insuper inferat tibi cum cogente fisco auri[s] libra[t] una, et quod repetit vindicare non valeat, sed presens ingenuitas[u] omni tempore firma permaneat, stipulatione subnexa[v].

33. Item ingenuitas[a] alio modo post discessum.

Dilecto suo illo, *aut*[b] illa, ille[c]. Pro respectu[d] fidei ac servitii tui, quam[e] mihi famularis, pro[f] remissionem peccatorum meorum te[g] ab omni vinculum[h] servitutis ab-

II, **31** = *Lind.* 178; *Roz.* 394. *Codd. A* 2. 3. *B* (101). a) ill. *A* 3. *B*. b) precor et supplico dominacione *A* 3. c) vestra *A* 3; vestre *B*. d) prado *pro* pro alode aut *A* 3. e) qualicumque, cum *deest B*. f) palacio *A* 3. *B*. g) abere videtur *B*. h) malandum *B*. i) v. pr. *des. A* 3. k) vicem meam *A* 3. *B*. l) suprascripto *A* 3. *B*. m) h. racionare *A* 3; hac racione *B*. n) ipso *pro* i. c. *B*. o) difinitum aput me *A* 3. p) cognuscas *A* 3. *B*. q) *A* 3; *deest A* 2. *B*. r) s. d., illo *deest A* 3; sub *deest B*.

II, **32** = *Lind.* 92; *Roz.* 83. *Codd. A* 2. 3. *B* (103). *Argent.* a) Incp̄ ingnī *A* 3; *rubricam* Ingenuitates diverso modo *praebet B*. b) *rubr. deest A* 3. *B*. c) Qui — Igitur *des. B*. d) *B*, *ubi* et — illa *des.*; ill. *A* 2. 3. e) *A* 3; ill. *A* 2. f) nostre *A* 3; meae *B*. g) eterna *A* 3. h) ill. aut ill. *A* 2; ill. aut illa *A* 3; illo a. i. *des. B*. i) familiaria *A* 2. k) nostra ill. *A* 3; mea *B*. l) a presente *A* 3; ad presente *B*. m) vinculo *A* 3. *B*. n) absolvo *B*. o) *deest A* 3. p) ingenuis *A* 3. *B*. q) fuissit *A* 3. r) vel natus *add. B*. s) v. ducat *A* 3; vita d. *B*. t) eredum *B*. u) hac *A* 3. v) meorum *B*. w) servicio *A* 3. x) *A* 3; *deest A* 2; impendas *B*. y) *huius vocis loco spatium abrasum praebet A* 2. z) *deest A* 3. *B*. a) p. concessum *A* 3; peculiarem c. *B*. b) abes *B*. c) laborare *A* 3. *B*. d) potueras *A* 2. e) *ita B. Arg.*; :: si t. *A* 2; et non t. *A* 3. f) at *A* 3. g) contigerit *A* 3. *B*. h) ulo *B*. i) preiudicio *A* 3. k) tuae *A* 3. *B*. l) deffensionem aecclesiae *B*. m) licenciam *A* 3. *B*. n) integram ducas ingenuam *B*. o) *reliqua des. B*. p) aliquid de eredibus *A* 3. q) ulcio *A* 3. r) ecclesiarum *A* 3. s) auro *A* 3. t) *A* 3; lib̄ I *A* 2. u) in ingenuitas *A* 2. v) stipl̄ *codd.*; subnexa *deest A* 3.

II, **33** = *Lind.* 93; *Roz.* 99. *Codd. A* 2. 3. *B* (103). *Argent.* a) *ita A* 2. *Arg.*; alio modo ingenuitate p. d. *A* 3; alia post discessum *B*, *ubi* ing. *deest*. b) a. i. *des. B*. c) *B*; ill. *A* 2. 3. d) *corr.* respectum *A* 2. e) qua *A* 3. f) et remissione *loco* pro r. *A* 3. g) *deest A* 3. h) vinculo *A* 3. *B*.

solvo, ea[i] tamen conditione, ut, dum advixero[k], mihi deservies[l], post obitum vero meum, si mihi suprestes[m] fueris[n], sis ingenuus, tamquam si ab ingenuis parentibus fuisses[o] procreatus, et[p] nulli heredum ac[q] proheredum meorum vel cuicumque servitium inpendas[r], peculiare concessum[s], quod habes aut elaborare[t] potueris[u]; *et cetera.*

34. Item alia adhuc[a] alio modo.

Si aliquos[b] ex servientibus nostris a iugum[c] servitutis absolvimus, mercedem in futurum nobis ab[d] hoc retribuere confidimus. Igitur ego ille[e] propter nomen Domini et retributione aeterna[f] te illi[e] ab omni vinculum[g] servitutis absolvimus, ita ut ab ac[h] die vitam ducas[i] ingenuam, tamquam si ab ingenuis parentibus fuisses[k] procreatus, et nulli[l] heredum ac[m] proheredum meorum[n] vel cuicumque[o] servitium inpendas, nisi sub integra ingenuitate defensione, cui te ex meis heredibus elegeris, habere debeas et oblata mea, ubi[p] meum requiescit corpuscolum[q], vel luminaria[r] annis[s] singulis debeas procurare[1], peculiare[t] concesso, quod habes aut[u] elaborare[v] potueris[w], *aut si convenit:* defensionem ecclesiae illius[x] et vitam semper ducas ingenuam[y]. Si quis vero.

35. Evacuaturia[a. 2].

Domino fratri[b] illo ille. Omnibus[c] non abetur incognitum, qualiter ante os annos[d], *aut* ante[e] anno, solidos[f] nostros numero[g] tantos[h] ad beneficium accipisti et cautionem nobis pro hoc emisisti, ut ipsos solidos tunc nobis reddere deberis; quod et[i] ita fecisti. Sed dum illa cautione, quod nobis emiseras, ad[k] presens non invenimus, ideo tibi hanc epistolam evacuaturia[l] fecimus, ut de ipsos solidos tantum[m] omni tempore ductus et absolutus resedeas; et si[n] ipsa cautio[o] apparuerit vel a nobis aut heredibus[p] nostris quoque tempore ostensa fuerit, nullum sorciatur[q] effectum, sed[r] vacua et inanis[s] permaneat.

36. Si[a] aliquis servo aut[b] gasindo suo aliquid concedere[c] voluerit.

Iustissimis[d] nostris sublevantur[e] muneribus, qui[f] nobis fideliter et instanti[g] famulantur officio[h]. Ego[i] in Dei nomen ille[k] fideli nostro illo. Pro respectu fidei et ser-

II, 33. i) eta *A* 2. k) aduxero *A* 3. l) *corr.* deservias *A* 2; deservias *A* 3. m) *corr.* suprestis *A* 2; suprestis *A* 3. *B.* n) *in loco raso*, *qui tamen latior hoc verbo est, A* 2; extiteris *A* 3. o) fuissis *A* 3. p) e. n. *in loco raso A* 2; et nulum *B.* q) ac pr. *des. A* 3. r) *corr., ut videtur, ex* inpendamus *A* 2. s) *deest A* 3; concesso *B.* t) laborare *A* 3. *B.* u) p. cessum habeas et c. *A* 3; potueras et cetaera *B.*

II, 34 = *Lind.* 94; *Roz.* 93. *Codd. A* 2. 3. *B* (103). *Argent.* a) adh. al. m. *des. B.* b) *ita A* 3. *Arg.*; Si quis aliquos *A* 2; Si aliquis *B.* c) iugo *B.* d) ex *B.* e) *B*; ill. *cett.* f) aeternam, te *deest A* 3. g) vinculo *A* 3. *B.* h) hac *A* 3. i) ducat *A* 3. k) fuisset *A* 3. l) nullum eredum *B.* m) hac *A* 3. n) *deest B.* o) cuicuicumque servitio *B.* p) hubi mea irequiscit *B.* q) corpusculum *A* 3. *B*; *idem e corr. A* 2. r) luminarea *A* 3. s) ad ecclesia illius *pro* a. s. *A* 3. t) p. concessum *A* 3; peculiarem c. *B.* u) et quod *A* 3. v) laborare *A* 3. *B.* w) potueras *A* 3. x) ill. *A* 2. y) ingenua *B.*

II, 35 = *Roz.* 379. *Codd. A* 2. 3. a) Evacuatoria *A* 3. b) fratre ill. ill. *A* 3. c) Dum hominibus non habetur i. *A* 3. d) annus *A* 3. e) *deest A* 3. f) sol *A* 2; sold *A* 3; *ita et infra.* g) *deest A* 3. h) tañ *A* 2; tantus *A* 3. i) ita et *A* 3. k) a *A* 3. l) evacuatoria *A* 3. m) *ita A* 2; tant. *A* 3. n) *deest A* 3. o) caucione *A* 3. p) ab h. *A* 3. q) *A* 3; sor effetu *pro* s. e. *A* 2. r) *A* 3; et *al. m. ant. corr.* set *A* 2. s) *A* 3; inannis *A* 2.

II, 36 = *Lind.* 61; *Roz.* 161. *Codd. A* 1 *(nihil nisi finem formulae praebet).* 2. 3. *B* (104). a) *A* 3; Quia si *A* 2; Cessio servo vel gasindo *rubricam praebet B.* b) *A* 3; suo *A* 2. c) concedr volũr *A* 3. d) *B*; Iustissimus *A* 2; Iustissimi nostros *A* 3. e) *A* 3; sublevatur *A* 2. *B.* f) *A* 3; quid *A* 2; quibus *B.* g) *A* 3; instantia *A* 2; instanter *B.* h) offitio *B.* i) et *pro* ego *A* 3. k) *B*; ill. *A* 2. 3.

1) *Cf. supra II,* 17. 2) *Cf. Brunner, 'Z. f. Handelsrecht' XXII, p.* 80 *sqq.*

vitii tui[l], quia[m] circa nos inpendere non desistis, prumtissima[n] voluntate cedimus tibi[o] a die presente locello nuncupante[p] illo[q], *aut*[r] manso illo[q], infra termino villa[s] nostra illa[t], cum omni adiacentia[u] ad ipso locello[v], *aut* mansello, aspicientem[w], terris, domibus, mancipiis, vineis[x], pratella[y], silvola vel reliquis beneficiis ibidem aspicientibus; ita ut ab hoc[z] die ipso[a] iure proprietario — *si ita convenit, aut:* sub reditus[b] terre — in tua revoces[c] potestate, et nulla[d] functione aut reditus terrae vel pascuario[e] aut agrario carropera[f], aut quodcumque[g] dici potest, exinde solvere[h] nec tu nec tua posteritas[i] nobis nec heredibus nostris, nec quicumque[k] post[l] nos ipsa villa possederit[m], non debeatis[n], nisi tantum, *si ita vult*[o], riga[1], sed ipsum omnibus[p] diebus vite[q] tuae aut haeredis[r] tui emuniter[s] debeatis possedere[t], vel quicquid exinde facire[u] decreveris[v] liberam habeas potestatem. Si quis vero, quod futurum esse non credimus, aliquis de heredibus nostris vel quicumque contra hanc cessionem nostram agire[w] aut ipsa[x] rem tibi auferre[y] conaverit, inferat tibi cum cogente[z] fisco auri[a] tantum[b], et hanc[c] epistola firma permaneat[d], stipulatione[e] subnexa.

37. Gesta iuxta consuetudine[a] Romanorum, qualiter donationes[b] vel testamenta[c] legentur.

Anno illo regnante[d] rege illo[e], sub die illo[e], in civitate illa[e], adstante viro illo[e] laudabile defensore et omne curiam[f] illius civitatis, vir magnificus ille[g] prosecutor dixit: 'Peto, obtime defensor, vosque, laudabiles[h] curialis atque[i] municepis[k], ut mihi codices publicus[l] patere[m] iubeatis, quia habeo aliquid, que gestis prosequere debeam'. Vir honestus ille defensor et curiales dixerunt: 'Patent tibi codices publici; prosequere que obtas[n], edicere non moreris'. Vir magnificus prosecutor ille dixit: 'Venerabilis vir, *aut* inluster vir, ille per cartam mandati[o] sui mihi iniunxit, ut illa[p] donacione, testamentum[q] *aut* cessione[r], quod ad basilica, *aut*[s] loco sancto, ill., *aut* inlustris[t] viro illius[u], ad presens, *aut* post discessum, deligavit[v], in vice sua, ut mos est[w], gestis municipalibus[x] ipsa donacione debeam[y] alligare[z]'. Vir honestus defensor illi[a] dixit: 'Mandatum, quod in te conscriptum[b] habere dicis, nobis debis[c] ostendere vel in presente recitare'.

II, **36.** l) *A* 3. *B*; in servitutui *A* 2. m) qua *A* 3. n) promtissima *A* 3. *B*. o) *A* 3. *B*; te *A* 2. p) noncupante *B*. q) *B*; ill. *A* 2. 3. r) et *B*. s) illo *pro* v. n. i. *B*. t) ill. *A* 3. u) adiecencia *A* 3; adgecencia *B*. v) l. a. *des. B*. w) aspiciente *B*. x) viniis *A* 3. y) prata *B*. z) hac die *A* 3; ac dię *B*. a) ipsum iure *A* 3; iure *deest B*. b) redditus *A* 3. c) revocis potestatem *A* 3. d) nullo funacionem aut redditus terre *A* 3; n. funccione aut reditos t. *B*. e) parcuario *A* 2. f) *A* 3; c::::pera *A* 2; caropera *B*. g) quocumque, dici *deest B*. h) exsolvere *A* 3. i) potestas *B*, *ubi* nobis — post nos *des.* k) quaecumque *A* 3. l) *A* 3; potest *A* 2. m) *A* 3. *B*; possidere *A* 2. n) debiatis *A* 3. o) voluerit *A* 3. p) omnis *B*. q) vitae *A* 3. r) heredes *A* 3; eredes *B*. s) equaliter *A* 3. t) *A* 3. *B*; posedere *A* 2; *reliqua des. B*, *exstant in A* 1. u) facere *A* 2. 3. v) volueritis l. habeatis *A* 2. w) agere *A* 2. 3. x) ipsam *A* 3. y) aufferrae *A* 1. z) cogenti, f. *deest A* 3. a) auro *A* 3. b) tañ *A* 2. 3. c) hec epistl. *A* 3. d) *deest A* 3. e) cum stipl. s. *A* 2; stipul. subnixa *A* 3.

II, 37 = *Roz.* 259 §. 1. *Codd. A* 3. 2. *Edimus e cod. A* 3, *qui solus formulam habet integram. Partes huius sequentisque inter Turonenses, formulis Tur.* 2. *et* 3. *intermixtas, praebet B* (10. 9.) = *Roz.* 263 *bis*. a) consuetudinem *A* 2. b) donationis *A* 2. c) testamentum *A* 2. d) regnañ *A* 2. e) *A* 2; ill. *A* 3. f) curam *A* 2. g) ill. *in hoc capite semper pro* ille *codd.* h) laudabilis *A* 2. i) adque *A* 2. k) *A* 2; municeps *A* 3. l) publice *A* 2. m) patere *A* 3; patere — codices publici *des. A* 2. n) obtasse dicere non memores *A* 2. o) mandata sui, mihi *deest A* 2. p) ill. *A* 3. q) testamenti *A* 2. r) cessionem *punctis adpositis corr.* cessione *A* 2. s) ad *A* 2. t) *A* 2; inlust *A* 3. u) ill. *A* 2. v) delegavit *A* 2. w) *A* 2; ut morē *pro* ut mos ē *A* 3. x) municipalis *corr. al. m.* municipalibus *A* 2. y) debeā:, *una lit. erasa*, *A* 2. z) allegare *A* 2. a) ill. dix *A* 3; dix illi *A* 2. b) conscribtum *A* 2. c) *deest A* 2.

1) *Servitiorum species, ut videtur, rigam (i. e. fossam incilem) facere. Cf. Guérard, 'Polypt. de l'abbé Irminon' I, p.* 637 *sqq. et II. in glossario s. v. riga; Schade, 'Altdeut. WB.' s. v. riga.*

38. Textum[a] mandatum.

Domino magnifico fratri[b] illo ille. Peto et subplico[c] caritati tuae, ut in vicem[d] meam epistolam donacionis, *aut* testamenti *seu* cessionis[e], quod de rebus meis illis[f] ad basilica illa[g] pro anime mee[h] remedium, *aut* inlustris[i] viri illius, post discessum meum, *vel si* ad presens, delegavi, in civitate illa[k] publice prosequere et gestis municipalibus, ut mos est, eam[h] debeas allegare[l]. Propterea tibi hunc[m] mandatum conscribsimus, ut, sicut superius[n] continetur, taliter[o] prosequere et firmare debeas; et quicquid[p] exinde egeris gesserisve[q], ratum et definitum apud nos esse cognoscas[r].

Factum[s] mandatum tunc ibi, anno illo[t].

Post[u] recitationem mandatum vir honestus[v] ille[w] defensor dixit: 'Mandatum quidem recitatum est, sed suprascribta[x] donatione, testamentum *aut* cessione, quam prae[y] manibus habere[z] dicis, nobis presentibus recitetur et, ut postolas[a], gestis publicis firmetur'. Quam vero donatione[b] ille[g] professor[c.1] recitavit. Post recitationem vero vir laudabilis illi[d] defensor et curialis dixerunt: 'Epistola, quae[e] recitata est, gestis[f] publicis inseratur, et quod ille[d] prosecutor[g] vellit et petit, gesta ei publice datur'. Ille prosecutor[g], dixit: 'Sufficit mihi, bone[h] defensor, ut donatio, que[i] recitata est, si mihi gesta tradere iubeatis'. Ille[d] defensor dixit: 'Et quia[k] epistola donationis, *aut* cessionis *seu* testamenti, et mandatum in te conscribtum[l] per ordinem conditas et bonorum hominum manibus roboratas atque signatas manifesta[m] esse cognovimus, dignum est, ut gesta ex hoc conscribta[n] adque subscribta tibi tradatur, et ut in arcipibus[o] publicis memoranda servetur. Edatur[p]'.

Sic[q] *per ordine et mandatus in suo*[r] *loco et totum textum et manumissoris*[s] *epistola scribantur, et postea defensor et curialis civium et reliqui*[t] *eam subscribantur adque*[u] *signentur.*

39. Epistola[a], si aliqui[b] rem ecclesiae ad usum habeant et eorum proprietate pro hoc donent.

Domino[c] sancto et apostolico, domno et in Christo patre[d] illo[e] episcopo[f] ille[e] et coniux mea illa. Quatenus[g] ad nostram[h] petitione[i] vestra[k] habuit pietas et benevolentia[l], ut

II, 38 = *Roz.* 259 §. 2. 3. *Codd. A* 2. 3. *Cf. quae annotavi ad II,* 37. a) Mandatum ad gesta *rubrica A* 3. b) f. illo ill. *A* 2; fratre ill., *alterum* ill. *deest A* 3. c) supplico *A* 3. d) vice mea *A* 3. e) cessiones *A* 3. f) *A* 3; ill. *A* 2. g) ill. *codd.* h) *deest A* 3. i) inluster viro ill. post meum d. *A* 3. k) ill. publici prosere et g. m. *A* 3. l) alligare *A* 3. m) hanc m. conscripsimus *A* 3. n) sup, *super quod add.* rū, *A* 3. o) talis hoc pr. *A* 3. p) quic *al. m. post add. A* 2. q) ve ratum et d. *des. A* 3. r) cognuscas *A* 3. s) factam *corr.* factum *A* 3. t) ill. *A* 3. u) *Haec, quamquam continuo caput* 38. *in utroque codice sequuntur, tamen potius* 37. *continuare apparent.* v) onestus *A* 3. w) *A* 3; ill. *A* 2. x) suprumscripta *A* 3. y) pro *A* 3. z) *A* 3; heredicis *pro* h. d. *A* 2. a) postulas *A* 3. b) d. illa *A* 2; donacionem ill. *A* 3. c) ss *in loco raso A* 2. d) ill. *A* 3. e) *A* 3; qui *A* 2. f) *deest A* 3. g) persecutor *A* 2; prosecutor, vellit — prosecutor *des. A* 3. h) et *add. A* 2. i) quae recitatum *A* 3. k) q; (que) epistulam *A* 3. l) conscriptum per ordine *A* 3. m) manifeste *A* 3. n) scripta adque subscripta *A* 3. o) harcipibus *A* 3; *i. e.* archivis. p) redatur *A* 3. q) *A* 3; super *pro* s. p. *A* 2. r) *A* 3; suos (*corr.* suus) in loco *A* 2. s) manummissoris ept *A* 2; manumissoris epistole *A* 3. t) reliq; (relique) *A* 3. u) atque *A* 3.

II, 39 = *Roz.* 328 §. 1. *Codd. A* 1. 2. 3. *B* (88). a) *in cod. B, ubi haec formula precariam (II, 5) sequitur, rubrica est:* Item alia. b) *A* 2; aliqua *A* 1; aliqd (aliquid) de rem ecclesiae accp et sua propr pro hoc donat. *A* 3. c) Domno *A* 1. d) patri *A* 2. *B.* e) ill. *codd.* f) epis *A* 1. g) quatinus *A* 3. h) nostra *A* 2. 3. i) petitionem *A* 2. *B.* k) vestrae *A* 1. l) benevolencia *A* 3. *B.*

1) *Qui hoc loco* professor *dicitur, amanuensis seu notarii, quibus in curiis recitanda erant instrumenta (cf. Form. And.* 1 *a; Beyer, 'MR. UB.' I,* 42*; Form. Arv.* 2 *b; Tur.* 3*; Bitur. (Roz.* 262 §. 1*) hic munere functus esse videtur eodem modo ac Cart. Sen.* 39. *Nonnullis locis professor nominatur inter defensorem et curiam, Cart. Sen. App.* 1 *c; Form. Bitur. (Roz.* 262 §. 1

locello aliquo[m] ecclesiae[n] vestre nuncupante[o] sic[p], situm ibi[q], quam ill. pro anime suae remedium ad ecclesia[r] vestra[s] illa[t] in honore sancti illius[u] delegavit[v], nobis ad beneficium, dum pariter advivimus[w], aut que[x] ex nobis pare[y] suo suprestis[z] fuerit, dum advixerit, excolere[a] permisistis, et nos pariter, iuxta quod convenit[b], tam pro ipso uso[c], quam pro anime[d] nostrae remedium, alio locello nuncupante[e] sic, situm ibi[f], post nostrum ambobus[g] discessum vobis vel successoribus vestris ad memorata ecclesia visi fuimus condonasse; ea[h] tamen condicionem[i], ut, dum advivimus, suprascribta[k] loca, tam illa quod[l] nobis prestetistis, quam et[m] ea quod nos[n] pro animae[o] nostrae[p] remedium ad ipsa[q] ecclesia delegavimus, absque ullo preiuditio[r] ecclesiae[s] vestre, sene[t] ulla deminucione[u] de qualibet rem[v], usufructuario ordine possidere[w] debeamus, et post nostrum, ut diximus, ambobus[x] discessum prefata loca, absque ulla[y] alia renovata, ut mos est inter[z] ceteros, precaria, per hanc epistolam, absque[a] ullius heredum nostrorum aut cuicumque contrarietate vel expectata traditione, vos vel successores[b] aut agentes vestri[c] in vestra faciatis revocare dominacione perpetualiter dominandum, et nostra possessio nullumquam[d] tempore nullo[e] preiuditio vobis ex hoc generare non debeat[f]. Si quis vero[g], quod futurum esse non credimus, nos ipsi aut aliquis de heredibus nostris vel qualibet persona contra hanc epistolam venire aut aliquid de ipsa locella vobis minuari[h] aut aufferre[i] voluerit, cum suprascribto[k] domno illo ante tribunal Christi deducat[l] rationes[m], et insuper inferat partibus ecclesiae vestrae[n] tantum, et quod repetit vindicare non valeat, sed presens ėpistola firma permaneat[o], stipulatione subnexa[p].

Actum illo[q].

40. Prestaria[a] de rem[b] ecclesiae ab[c] episcopis facta[d].

In Christo sanctae[e] ecclesiae filiis[f], *aut, si talis fuerint*[g], inlustris[h] viris, illis[i] ille gratia Dei episcopus. Dum ad[k] peticionem vestram[l] aliquo[m] locello nuncupante[n] sic,

II, 39. m) alico *A* 2. n) e. vestrę *A* 2; ecclesie, v. *deest* *A* 3. o) noncupante *B*. p) *deest* *A* 2. *B*. q) in pago illo *B*. r) aecclesiam *B*. s) vestra — honore *des.* *B*. t) ill. *A* 2; *deest* *A* 3. u) ill. *A* 2; illi *B*. v) diligavit *B*. w) advivemus *B*. x) qui *A* 2. *B*. y) pari *B*. z) supprestis *A* 2. a) excollere *B*. b) convinit *A* 3. c) usu *B*. d) animę nostrę *A* 2; a. nostre *A* 3. *B*. e) noncupante *B*. f) in pago *A* 3. g) amborum *A* 3; ambubus *B*. h) et atamen *pro* ea t. *A* 2. i) conditione *cett.* k) suprascripta *A* 3. *B*. l) quam in n. *A* 2; quae n. *A* 3; quam n. *B*. m) et *deest* *A* 2; et illa q. *A* 3. n) no *B*. o) anime *A* 2. 3. p) nostre *A* 3. *B*. q) ipsam ecclesiam d. *A* 2; i. aecclesiam deligavimus *B*. r) preiudicio *A* 2; preiudicio hoc e. *A* 3. s) e. vestrę *A* 2; aecclesie vestre *B*. t) sine *cett.* u) diminutione *cett.* v) rebus in fructuario o. *B*. w) possedere *cett.* x) ambubus *B*. y) ula *B*. z) in cetteros (*corr.* ceteras) *A* 2; inter ceterus *A* 3. a) ab hulius *pro* absque u. *B*. b) vestri *add.* *B*. c) aecclesiae *pro* v. *B*. d) nullo umquam *A* 2; nullum umquam *A* 3. e) nullum preiuditium *B*. f) debeam *A* 1. g) v. et reliq, *cetera des.* *B*. h) minuare *A* 3. i) aufferrae *A* 1; auferre *A* 3; *idem, ut videtur corr. ex* afferre, *A* 2. k) *A* 2; suprascribta domo ill. *A* 1; suprascripto dom ill. *A* 3. l) deduca *A* 3. m) *corr.* rationis *A* 2. n) vestre *A* 3. o) perneat *A* 1. p) subnixa *A* 3; *reliqua duo verba des.* *A* 1. q) ill. *A* 2; ibi *A* 3.

II, 40 = *Roz.* 328 §. 2. *Codd.* *A* 1. 2. 3. *B* (89). a) Precaria *ead. m. corr.* Prestaria *A* 3. b) re *B*. c) ad epis *A* 1; ad episcopum *A* 2; ab episcopo *A* 3. *B*. d) factam *A* 2. e) sancte *A* 2; s. e. *des.* *B*. f) filius *A* 2; filio *B*. g) fuerit *ead. m. corr.* fuerint *A* 3; fuerit *B*. h) inlustribus *A* 2. 3; viris *deest* *A* 3; inlustrem virum *B*. i) illis ill. *A* 3; ill. ill. *A* 1. 2; ille episcopus illius aecclesiae gr. D. ep. *B*. k) et peticione, *super* et *nota Tiron.* ad *A* 3. l) vestra *A* 3. *B*. m) al. — pro hoc *des.* *A* 2. n) noncupante *A* 3.

et 404*), et sicut Andecavis amanuensem fuisse diaconum comperimus, ita et in Form. Bitur. (Roz.* 262 §. 1.*) quidam nominatur:* illo diacono adque professorae. *Dubium videtur, utrum eloquentiae professores, quos Francico aevo in Gallia etiam iuris doctores fuisse constat (cf. Savigny, 'G. d. R. R.' I, §§.* 134. 135*; Sohm, 'Zeitschr. f. Kirchenrecht' IX, p.* 196 *n.* 9*), his locis sint intelligendi, an 'profiteri' tunc temporis de publice in foro recitando acciperetur ideoque notarii curiae professores interdum nominati sint.*

situm ibi, vobis pariter ad beneficium, dum advixeretis[o], excolere promisimus, et vos[p] pro hoc alio[q] locello nuncupante sic, situm ibi, de proprietatem[r] vestram, tam[s] pro[t] ipso uso[u], quam pro[v] anime[w] vestrae[x] remedium[y], post amborum discessu[z] ad ipsa ecclesia sancti illius[a] per vestra epistola diligastis[b]: ideo nobis cum consensu fratrorum[c] nostrorum convenit[d], hanc epistolam[e] prestaturia[f] in[g] vobis pariter conscribere, ut, dum pariter advixeretis[h], aut[i] que ex[k] vobis pare[l] suo suprestis[m] fuerit et advixerit, nec nos nec successores nostri nec[n] quislibet de parte ecclesiae[o] nostrae ipsa locella de vestra potestate ponteficium[p] auferendi[q] non habeamus, sed per[r] nostro[s] benefitio aut successorum[t] nostrorum, dum advixeretis[u], absque ullo preiuditio ecclesiae nostrae[v] vel minuationem[w] aliqua de qualibet rem, in integritatem[x] amba locella excolere[y] debeatis, et post vestrum ambobus[z] discessum, sicut et vestra contenit[a] epistola locum[b] precariae facta, absque ullius expectata traditione, eas nos aut[c] successores nostri ad parte[d] ecclesiae[e] nostrae revocare debeamus.

Facta[f] epistola.

41. Si[a] aliquis rem alterius, quam excolit[b], ad proprietate sacire[c] vult et non potest et postea eam precaverit[d].

Domino[e] inlustris illo et mihi proprio domno ille[f]. Dum pro[g] malorum hominum consilium, quod non debueram, de terra vestra in loco nuncupante illo[g*], quem excolere videor[h], revellare[i] conavi[k] et ipsa terra ad proprietate sacire [volui[l]] et non potui, quod nec ratio prestetit, et vos vel agentes vestri eam ad parte[m] vestra revocastis[n] vel nobis exinde eiecistis[o], sed postea ad petitionem[p] bonorum hominum nobis eam ad excolendum reddedistis: propterea hanc precaria dominatione[q] vestrae emittimus, ut, quamdiu vobis placuerit, ut eam teneamus[r] absquae[s] ullo vestro praeiudicio. Quicquid[t] relique[u] accolani[v] vestri faciunt, nos reddere spondimus; quod si non feceremus[w] et ob hoc necglegentes[x], tardi aut contumacis[y] fueremus[z], publicae[a] pro[b] hanc precaria, acsi[c] semper pro[d] quinquenium[e] renovata fuisset, condempnati[f], ut lex prestat[g] tardis aut necglegentibus[h], et de ipsa terra nos ponteficium[i] habeatis eiciendum[k].

Facta[l] precaria ibi, sub die illo[m], anno [illo[n] rege].

II, **40**. o) advixeritis e. *A* 3; adviveritis excollere *B*. p) vos *deest*, per hoc *B*. q) ali *A* 3. r) proprietate vestra *cett*. s) eam *A* 3. t) *al. m. add. A* 2. u) usu *cett*. v) *deest A* 1. w) animę *A* 2; ani *A* 3. x) nostrę *A* 2; vestre *A* 3. *B*. y) remedio *B*. z) discessum *A* 3. a) ill. *A* 2. b) delegastis *A* 2. 3. c) fratrum *cett*. d) convinit *A* 3. e) epła *A* 2. f) *ita A* 1. 3; prestaria *A* 2; prestariam *B*. g) ut nobis *pro* in v. *B*. h) advixeritis *cett*. i) *ita A* 3; atque *pro* a. q. *A* 1; aut qui *A* 2. *B*. k) pare suo ex vobis *A* 3. l) pari *B*. m) subprestis *A* 2. 3. n) ne *B*. o) e. nostre *A* 3; aecclesie vestre *B*. p) pontificium *cett*. q) afferendi *corr*. auferendi *A* 2; aufere *A* 3. r) pro *A* 3; *deest B*. s) nostra b. *A* 1; nostro beneficio *A* 2; nostro beneficium *A* 3. *B*. t) successores *B*. u) advixeritis *cett*. v) nostre *A* 3. *B*. w) minuatione *cett*. x) integritate *cett*. y) excollere *B*. z) amborum *A* 3. a) convenit *A* 1. b) cum pr. *ead. m. corr*. locum pr. *A* 2; l. prestaria, st *e corr*. *A* 3. c) *deest A* 1. d) partem *A* 2. e) ecclesie n. *A* 2; e. nostre *A* 3; aecclesie, nostrae *deest B* f) F. e. *des*. *B*.

II, **41** = *Lind*. 150; *Roz*. 325. *Codd*. *A* 1. 2. 3. a) *verborum* Si — proprietate *loco*: Prestaria qui rem alterius *A* 3. b) *A* 2; exalit *A* 1. c) scire *A* 2. d) eam *deest*, precat *A* 3. e) Domno *A* 2; D. inl ill. *A* 3. f) illo *A* 1; ill. *A* 2. 3. g) per *A* 3. g*) ill. *codd*. h) video *A* 2. i) revelare *A* 1. k) amavi *A* 2. l) *add*. *A* 3. m) partem vestram *A* 2. n) revoca *A* 1. o) eiecis *A* 1. p) petione *A* 2; peticione *A* 3. q) dominationi *A* 2; a d. vestra *A* 3. r) teneam *A* 1. s) absque *A* 2. 3. t) *A* 2; pro quid *A* 1; quidquid *A* 3. u) reliqui *A* 2. 3. v) acolani *A* 2. w) fecerimus *A* 2. 3. x) neclegentes *A* 2; neglegentis *A* 3. y) contumaci *A* 3. z) fuerimus *A* 2. 3. a) publice *A* 2; publici *A* 3. b) per *A* 2. 3. c) quasi *A* 3. d) per *A* 2. 3. e) quinquennium *A* 2. 3. f) condemnati *A* 2. 3. g) prestit *A* 2. h) negligentibus *A* 2; neglegentibus *A* 3. i) pontificium *A* 2. 3. k) eiciendi *A* 2. l) factam, m *del*., *A* 2. m) ill. *A* 2. 3. n) ill. rege *add*. *A* 2.

42. Indecolum[a], [cum] episcopus[b] ad alium in[c] resurreccione Domini eologias[d. 1] diregit[e].

Domino[f] sancto et apostolica veneratione[g] colendo, domno et in Christo fratre[h] illo episcopo illi[i] gratia Dei, acsi peccator, episcopus. Dominicae[k] festivitatis resurreccionisque[l] misteria, in qua[m] idem Deus Christus[n] tartarius per semet ipsum decrevit absolvere nodus[o] victorque de[p] exsuperatu hoste triumphans 'captivam[q] duxit captivitatem, dedit dona hominibus'[2], propterea[r] remeavit ad caelos, anni circulum revolventi[s], qua[t] felicitatis prosperitatem vestram[u] constetit industriam, *aut*[v] sanctitatem, excepisse[w], ipsoque Deo presolae[x], peregisse[y], cum eologias[z] peculiaris patroni[a] vestri, sancti illius[b], et salutationis officia venerationis[c] precipua quesomus[d], ut nostram extremitatem affatu dignabili iubeatis specialius[e] informare.

43. Rescripcio[a] ad episcopo[3].

Domino[b] sancto, meretis[c] apostolico, in Christo venerabile[d] domno[e] et fratri illo[f] papa[f*] ille[f] peccator episcopus. Vestras sacras communus[g], almetatui[h] vestri deferenti[i] venerabile filio communi[k] illo[l], ut celitus[m] dono habile[n] nos accepisse[o] prenusce[p] apicum peritate[q]. Aedulium[r] in quid[s] depasti[t], recreati[u] sancto hoc de munere[v] vestro, trepudiantis[w] multum de quid[x] pagina faerrit[y], quod valitantis[z] vobis prescimus esse cum vestris, et qui[a] tanti habuit vestra[b] dignatio instigi[c], ut in visendo tirio[d] fuistis dignati infimo[e], gratias agimus, in his e plura[f] solventes[g] plusculum, quod valeat internum[h] congignere compus[i], vel verborum carmina pandant oracula dictua. Dicimus et illud, quod nos flagitare oportit[k], ut in[l] vestris[m] sepius nobis reminiscat oratio.

II, 42 = *Roz.* 639. *Codd.* *A* 1. 2. 3. a) Indicul *A* 2; Indicolum *A* 3; cum *supplevi ex indice capitum supra p.* 70. b) epis *A* 1. 2; ad episcopo *A* 3. c) *deest* *A* 1. d) *A* 2; eglogias *A* 1; ecclesia *sed notis Tiron. corr.* eulogias *A* 3. e) dirigend *A* 2; *deest* *A* 3. f) *A* 2. 3; Dom *A* 1. g) venerabile sede c. *A* 3. h) fratri ill. *A* 2. 3. i) *A* 3; ill. *A* 1. 2. k) dominice *A* 2. 3. l) -qui *A* 1. m) quam *A* 3. n) christianorum *pro* Chr. tartarius *A* 3. o) *A* 2. 3; notius *A* 1. p) de exsuperato *A* 2; ex desuperatu *A* 3. q) c. d. *des.* *A* 2. r) *ita* *A* 2; ppere (pre propere) *A* 1; qua propter *A* 3. s) pre violenti *pro* r. *A* 1. t) quę felicitas *A* 2; que f. *A* 3. u) vestra consentit i. *A* 3. v) ut *A* 1. w) excipisse *A* 3. x) presule *A* 2; presole *A* 3. y) percogisse *A* 2. z) eglogias *A* 1. a) patro *A* 2. b) ill. *A* 2. c) veneratione *A* 2. 3. d) *corr.* quesumus *A* 2; qs *A* 3. e) specialibus *A* 2.

II, 43 = *Roz.* 640. *Codd.* *A* 1. 2. 3. a) Rescriptio *A* 2; Item rescripta *A* 3. b) *A* 2. 3; Dom *A* 1. c) meritis *A* 2. 3. d) desiderabile *A* 2. 3; *corr.* desiderabili *A* 2. e) dom *A* 1. 3; domini *A* 2. f) ill. *codd.* f*) papę *A* 2. g) cōmon; *A* 2; tumunis *A* 3; *fortasse commonitiones.* h) almitatui *A* 3; *idem e corr.* *A* 2. i) deferente *A* 3. k) commune *A* 2. 3. l) *A* 2; ill. *A* 1; illi *A* 3. m) celitiis *corr.* celiis (*pro* celus) *A* 2. n) donabile *pro* d. h. *A* 2; dono habere *A* 3. o) accipisse *A* 2. 3. p) prenosce *A* 3. q) *fortasse:* paritate; cumperitę *pro* a. p. *A* 2. r) *indicat eulogias.* s) in quid = *in aliqua parte;* inquid *A* 1. 3; inquit *A* 2. t) dedepasti *A* 2; edepasti *A* 3. u) reati *A* 1. v) mune *A* 3. w) trepudiantes *A* 2. 3. x) qua(s pagina) *u. i. al. man. post add.* *A* 2. y) *A* 2; farrit *A* 1; parit *A* 3. z) valitantes *A* 2. 3. a) *A* 3; quintati *A* 2; quantanti *A* 1; *fort.:* quod t. b) vestri *A* 3. c) instigio *A* 2. d) visendotirio *A* 1; virendotirio *A* 2; visendo tyrocinio *A* 3; v. t., *quae supra scripsimus, fortasse intelligenda sunt, ac si scripta essent:* visitando tirone. *Cf. ind. cap., supra p.* 70, *ubi haec formula appellatur:* Rescripto ad episcopo de visitatione. e) infirmo *A* 1. f) heseplura *pro* h. e pl. *A* 3. g) solventur pro osculum *pro* s. pl. *A* 2. 3. h) internm congignerae *A* 1. i) cumpus it *pro* c. vel *A* 3. k) *corr.* oportet *A* 2. l) *deest* *A* 3. m) ventris *A* 1.

1) *'Eulogia — benedictio est atque etiam res quaecumque, sive panis seu sal seu vinum aut aliud eiusmodi, cui benedictio illa accessit, eulogia dicitur', Bignon ad h. l. Cf. Ducange, s. h. v.* 2) *Ep. Pauli ad Ephes.* 4, 8. 3) *Sub finem formulae non modice corruptae quaedam versuum reliquiae apparere videntur.*

44. Quomodo post[a] nativitatem Domini ad regi[b], regina vel ad episcopo[c] visitacionis[d] directas scribatur.

Glorioso adque[e] precelso et universale catolicae[f] sanctae aecclesiae filio illo[g] regi ille[g] episcopus[h]. — Gloriosa[i] atque precelsa et universale catholicae[k] sanctae aecclesiae filia illa regina illae[l] misericordia[m] Dei episcopus. — Domino inclito Deique[n] cultore adque apostolico domino[o] et in Christo fratri illo[g] episcopo[p] ille peccator episcopus. Dum generaliter dominicae[q] nativitatis exultamus adventum[r], censum debita[s] subiectionis desolvere perorguemus ex voto, adque[t] ideo salutationum[u] munia cum eologias peculiaris patroni vestri sancti illius[v], *si ad regi*[w]*:* clementiae vestrae, *si ad episcopo:* sanctitate[x] vestrae, dereximus; cum[y] omni humilitatis[z] genere clementissimę[a] dependentes[b] suggerimus, ut iugi[c] nos premunientes orato[d] de vestre[e] suspitates[f] integritatem[g] trepudiare faciatis dignabili[h] protenus rescribtu.

45. Item alia[a] de nativitate[b] Domini.

Iocunditatis mutuae gratiam cognoscere[c] cupientes divinitus universitate conlata[d], non distituemus[e], epistolis[f] preferendam vestram[g] praevenire clementiam[h], *aut* sanctitatem, cum eulogias[i] peculiaris[k] patroni vestri ill., honorabile[l] ac devoto cultu poscentes[m], ut, qua[n] alacritate festiva[o] nativitatis dominice peręgistis[p], insignia[q] nos doceant vestrae[r] sanctitatis exempla[s]. Erunt enim nobis provectuum[t] vestrae[u] incrementa salutis locuplex thesauri[v] facultatis.

46. Commendatias[a] litteras ad episcopo[b] noto[c].

Domino reverentissimo ac[d] ponteficale[e] culmine sublimato illo[f] papa ille. Reminiscentes[g] vestram adfectuosam[h] beatitudinis caritatem, qua tunc ob obtentu[i] retributionis[k] aeternae nostrae[l] extremitatis personolam[m] in intimis visceribus acsi unice[n] dileccionis vinculum[o] amplectibamini[p] sidolae[q]; qua fiducia provocatus[r] hos[s] apices[t]

II, 44 = *Roz.* 637. *Codd.* *A* 2. 3. a) p. nativitate D. *infra inter* episcopo *et* visit. *praebet* *A* 3. b) regem *A* 3. c) ēp̄:, *ultima litera legi non potest,* *A* 3. d) *A* 3; visitatiō dirig. scrip. *A* 2. e) atque *A* 3. f) catholicae s. ecclesiae *A* 3. g) ill. *codd.* h) epīs *A* 2. i) *A* 3; Glorioso *A* 2. k) catholice (sanctae *deest*) ecclesiae *A* 3. l) illa *corr.* illae *A* 2; ill. *A* 3. m) per miserico(rdi)a *u. i. abstersa* *A* 3. n) *A* 3; Dei *deest* *A* 2. o) do(nin)o *u. i. extincta* *A* 3. p) (e)p̄o ill. *u. i. ext.* *A* 3. q) dominice *A* 3. r) adventu *A* 3. s) debite subieccionis dissolvere perurguimus *A* 3. t) atque *A* 3. u) salutatio salutationum *A* 2. v) *A* 3; ill. *A* 2. w) rege clemenciae vestre *A* 3. x) sanctitati vestre *A* 3. y) o. c. *A* 3. z) humilitates *A* 3. a) cle(m)entissime *u. i. del.* *A* 3. b) dependentis *A* 3. c) :ug: nus *A* 3. d) oratu *A* 3. e) *A* 3; untem *A* 2. f) *corr.* sospitates *A* 2; sospitatis *A* 3. g) integritatis tepud(i)are *u. i. ext.* *A* 3. h) dignabi(l)i protinus resc(r)iptu *u. i. ext.* *A* 3.

II, 45 = *Roz.* 638. *Codd.* *A* 2. 3. a) alio *A* 3. b) nativit(a)te *A* 3. c) agnuscere cu(pi)entes divinitu(s) *u. i. destructa* *A* 3. d) conlatam *A* 3. e) distituimus *A* 3. f) *A* 3; ep̄ls *A* 2. g) vestra *A* 3. h) clementia *A* 3. i) eologias *A* 3. k) *h. v. legitur in loco raso, circiter tribus tantum literis spatium praebente, minutis literis exaratum* *A* 2. l) honorabili *A* 3. m) poscentis *A* 3. n) quae *A* 3. o) *A* 3; festina *A* 2. p) peregistis *A* 3. q) insigni nus d. *A* 3. r) vestre *A* 3. s) exemplūa *A* 3. t) profectuum *A* 3. u) vestre incrementae s. *A* 3. v) (the)sauri *u. i. in loco raso* *A* 2; tesauri *A* 3.

II, 46 = *Roz.* 664. *Codd.* *A* 1. 2. 3. *B* (111). a) Commendatitias *A* 2. 3; Commendaciis literis *B*. b) episcopum *A* 2. c) nata *A* 1. d) ac — sublimato *des.* *A* 2. *B*. e) pontificale *A* 3. f) *B*; ill. papa ill. *A* 1. 3; ill. pape ill. *A* 2. g) reminiscentis *A* 2. 3. h) afectuosam *A* 2; affectuosam *A* 3. *B*. i) ob obtenui *A* 2; ab o. *B*. k) retributiones aeterne *A* 2; r. eterne *A* 3. l) nostre *A* 3. *B*. m) personalam *A* 1. n) unicae dilectionis *A* 2. 3; u. dileccioni(bus) *u. i. del.* *B*. o) unculum *corr.* uinculum *A* 2. p) amplectabamini *cett.* q) sedulc *A* 2. *B*; sedole *A* 3. r) *A* 3. *B*; provocatur *A* 1. 2. s) has *B*. t) apicis *A* 2. 3.

vilitatis nostrae[u] fiducialiter[v] ad[w] dignacionem vestram[x] per fratres nostros, filios vestros, gerolus[y] presentes, distinare[z] presumpsi, per[a] quos vestram almitatem, si presumptio[b] non offendit, salutacionum[c] munia[d], ut decet, non arroganter[e], sed humiliter distinare[f] presumo[g]; quos ut commendatos[h] in omnibus[i] recipere dignetis[k], quesomus[l] oportunae[m]. Etenim in tam longinquis[n] regionibus propter necessitatem[o] fratrum conparandum euntis[p] vestris, Christo presolae[q], indigent[r] admenicolis[s], pro quibus beneficiis centumplicatu[t] fenore[u] a Domino retributorae[v] bonorum omnium[w] refertum mercedis[x] commolum[y] in evum[z] recipiatis dignissimum[a]. Dominus Deus[b] noster[c] piam coronam vestram memorim[d] mei et presentibus repleat bonis et[e] dignam[f] reddat aeternis, domne[g] semper meus[h].

47. Item[a] conmendacias[b] litteras ad abbate[c] noto.

Domino beatissimo et meretis[d] venerabilis[e] sancto patri[f] illo[g] abbati ille[h] in Domino[i] perpetuam mittit salutem. Multimodo[k] nobis benevolo[l] vestro generare conperitae[m] gaudia, quotiens adetus[n] dederit oportunus[o], ut ad indegandam[p] sospitatem[q] vestram nostras diregire[r] dibeamus[s] litterolas[t]. Idcirco cum salutationum officiis[u] humeli[v] preci[w] almitate[x] vestrae quesumus[y], ut pro nobis misericordiarum Dominum, ubi[z] dignas sedolasque[a] fundetis[b] preces[c], exorare non dedignimini[d], quatenus[e] vestris fultis[f] precibus[g] olim obtatam[h] adire[i] mereamur[k] patriam; pariterque latores presentes, famulos vestros, fratres[l] in Christo nostros[m], quos ob[n] necessariam[o] monasterii nostri illuc[p] usque distinavimus[q], vestrae[r] beatitudine plurimum commendare presumimus[s], ut eis, in[t] quo necessarium duxerint, solacium[u] prebere pro divino intuetu[v] non dedignetis. Vale[w] pro nobis orans, dominae[x] et[y] sanctae ac[z] beatissime pater.

II, **46.** u) nostre *A* 3. *B.* v) fidenter *cett.* w) a *A* 2. x) nostram *B.* y) gerelos presentis *A* 3; gerolos p. *B.* z) destinare presumsi *A* 2; d. (pres)umpsi *u. i. destr. A* 3. a) pro quo v. *A* 3. b) presumtio *A* 2. 3. c) salutationem *A* 2; sal(ut)ationum *u. i. destr. A* 3. d) minua *A* 3. e) aroganter *A* 3. f) destinare *A* 2. g) presumsi *B.* h) *B*; cum indoctis *A* 1; commendetur *A* 2. 3. i) omnes *B.* k) dignitatis *A* 1. l) quęsomus *corr.* quęsumus *A* 2; q̅s *A* 3. *B.* m) oportune *cett.* n) *A* 2. 3; longisquis *A* 1; longinquas *B.* o) necessitate *A* 2. 3; necessitatum *B.* p) euntes *cett.* q) presolę *corr.* presulę *A* 2; presol. *A* 3; presole *B.* r) *deest A* 2. s) adminicolis *A* 2; admeniculis *A* 3; adminiculis *B.* t) centuplicatu *A* 2; centu(plic)atu *u. i. destr. A* 3; centuplicatum *B.* u) *A* 2. *B*; venorae *A* 1; *destr., verba sequentia* a. D. r. *absc. A* 3. v) retributore *A* 2; retributione *B.* w) hominum *A* 3. x) merc(edis — recipiatis) *u. i. absc. A* 3. y) *i. e.* cumulum; commulam *A* 2; comulum *B.* z) *B*; eum *A* 1. 2. a) indignissimum *A* 3. b) *deest B.* c) noster — mei *absc. A* 3. d) memorem *A* 2; memoret, mei *deest B.* e) et — meus *absc. A* 3. f) digna *B.* g) *A* 2; done *A* 1; dn̅e (domine) *B.* h) sempiternis *pro* s. m. *B.*

II, **47** = *Roz.* 665. *Codd. A* 1. 2. 3. *B* (112). *C* 1. 2. a) *A* 2; Ita *A* 1; *rubrica deest A* 3; Ad abatem noto commendadiciis literis *B.* b) commendatitias *A* 2. c) *A* 2; ab̅b̅o innoto *A* 1. d) meritis *cett.* e) venerandum *A* 2; venerabile *A* 3; venerando *B.* f) patre *B.* g) *B*; ill. ab̅b̅ *A* 1. 3; ill. ab̅b̅t *A* 2. h) illo *corr.* ille *A* 2; ill. *cett.* i) domno *A* 2. k) Inultimodonob̅ *pro* M. n. *A* 1; Multimoda n. *A* 2. *B*; Multimodis n. *A* 3. l) *corr.* benivolo *A* 2; benivolo *A* 3; benivola *B.* m) conperita *A* 3; conpedite *corr.* conperite *B.* n) addetos *A* 2; addetus *A* 3; aditus *B.* o) oportimus *A* 2; oportunis *B.* p) indegendam *A* 2; indagandam *A* 3. *B.* q) suspitatem *A* 2. *B.* r) dirigere *cett.* s) dibeat *A* 1; debeamus *cett.* t) literolas *A* 3. *B.* u) offitiis *A* 2. v) humili *A* 2. *B*; humilie *A* 3. w) prece *B.* x) *corr.* almitati *A* 2; almitati vestre *A* 3. *B.* y) *A* 2; q̅s *A* 1. 3; ꝙ *B.* z) hubi *B.* a) sedulasque *A* 2. *B.* b) funditis *A* 3. c) praecis exsorare *A* 2. d) dedignemini *A* 2. 3. e) quatinus *A* 3. f) *A* 2. 3; flultis *A* 1; fulti *B.* g) precubus *corr.* pr. *A* 2. h) optatam *A* 2. i) *A* 2. *B. C*; audire *A* 1. 3. k) mereamus *B.* l) *deest B.* m) nostris *B.* n) ub *A* 1. o) necessaria *B.* p) illud *A* 3. q) destinavimus *A* 3. r) vestre *A* 3; vestris *B.* s) presumsimus *A* 3. t) in *deest,* co *pro* quo *A* 2. u) solatium *A* 2. *B.* v) intuitu *cett.* w) valde pro nobis ora d. *B.* x) domne *A* 2. 3; domine *B.* y) et — pater *des. A* 3; et *deest B.* z) *A* 2; *deest A* 1; hac *B.*

48. Supplecaturio[a] pro eo qui[b] in monasterio conversare desiderat[c].

Domino sancto Deique cultore et mihi in Christo honorabile fratri illo[d] abbati[e] ille[e*] salutem obtans mitti[f] in Christo. Primum illum[g] tamquam presens sanctis vestris suggero[h] provolutus[i] pedibus, ut, meae[k] extremitatis[l] litterole[m] cum vestris fuerint sacris[n] manibus traditae[o], pro me meusque[p], quos mihi Christo[q] quoherere fecit amor, fratribus precibus Domino[r] conmenditis[s]. Dein[t] subiectus[u] vester[v], frater in Christo noster ille[w], superno[x] inspiratus[y] munere[z], vestrae[a] se sanctitate vult subdire[b] oboaedientiae[c]. Nostras[d] se petit[e] litterolas[f] almitate[g] vestrae conmendare[h], per quas subpliciter[i] postulamus, ut ovem[k], fauci[l] lupi boni pastores[m] Christi[n] manu erepta, ad caulas[o] Christi gregis[p] tua sit diligencia[q] reducta[r], ac vici[s] patris ac medeci[t] pia, oro[u], circa hunc sit vigilantia[v] aegrum[w]; quem si prestinae[x] redditum sanitate Pastori omnium cum ceteris presentaveris[y] inlesum, que[z] sequatur tuo mercis labori[a.1], optimi divinis nusti[b] instructus oraculis. Vale memorem[c] mei, venerabilis in Christo frater[d].

49. Indeculum[a] generali ad omnes homines[b].

Domno nostro ortodoxo, Romanae[c] sedis apostolicae a Deo instituto illo[d] pape[e], vel omnibus apostolicis domnis et patribus seu abbatibus vel Deo[f] decatas caenobiis[g] degentibus, necnon et[h] inlustribus[i] viris[k], patriciis, ducibus, comitibus vel omnibus christianae[l] cultu[m] divine relegione sectantes, ille[d] peccator[n] vilissimus omnium[o] in Domino presumo[p] mitte[q] salutem. Quatenus[r] presens portitur[s] ille[d], radio inflammantem[t] divino, non, ut plerisque mos[u] est, vacandi causa, sed propter nomen Domini itinera ardua et laboriosa parvi pendens, ob lucranda[v] orationi limina[w] sanctorum apostolorum domni[x] Petri et Pauli adire cupiens, meae parvitatem[y] se petit[z] vestre conmendare almitate ac[a] industriae[b] litterolas[c], per quas vilissimus[d] omnium tamquam

II, 48 = *Roz.* 663. *Codd.* *A* 1. 2. 3. *B* (113). a) Supplicaturio *cett.* b) quod *A* 3. c) voluerit *A* 3. d) ill. *cett.* e) abbt *A* 2. *B*; abb *A* 1; abba *A* 3. e*) ill. *codd.* f) inmitti *A* 3. g) illud *cett.* h) sugero *A* 3. *B*. i) *A* 3. *B*; provolutos *corr.* -tus *A* 2; pervolutus *A* 1. k) mei *A* 2; mee *A* 3. l) extrenitatis *A* 1. m) literole *B*. n) sacres *corr.* sacris *B*. o) tradedi *A* 2; traditi *A* 3; tradite *B*. p) meosque *A* 2. 3; pro meisque, me *om.*, *B*. q) Christo coerere *A* 2; in Christo coherire *A* 3; Christi quoerere *B*. r) in D. *A* 1. s) commendetis *cett.* t) Deinde *A* 2. *B*. u) *corr. e* subiectis *A* 3; subiecit *B*. v) *A* 3; frater *deest* *A* 1; vestri fr. *A* 2; vestra fraternitas *B*. w) *B*; ill. *cett.* x) subprono *A* 3. y) *A* 2. *B*; inspirator *A* 1; insperatus *A* 3. z) mune *A* 2; monere *B*. a) vestre *A* 3. *B*; se *deest* *A* 2. b) *deest* *A* 2; (subdire — littero)las *uncis inclusa pleraque abscissa, quaedam scidula agglutinata cooperta sunt* *A* 3. c) obedientie *A* 2; obedientiae *B*. d) nostra *corr.* nostras *A* 1. e) petiit *A* 2. *B*. f) literolas *B*. g) *corr.* almitati *A* 2; almitate vestra *A* 3; almitati vestre *B*. h) conmendarae *A* 1; conm(end. — ut ov)em *u. i. absc.* *A* 3. i) suppliciter postolamus (*corr.* p.) *A* 2. k) opem *A* 1. l) *A* 3; fauce *A* 2. *B*; faci *A* 1. m) pastoris *cett.* n) Christi — Christi *absc.* *A* 3. o) aulas *A* 1. p) greges *B*. q) dilegentia *corr.* diligentia *A* 2. r) re(ducta — medec)i *u. i. absc.* *A* 3. s) vice *A* 2. *B*. t) medici *A* 2. *B*. u) horo *A* 2; ora *A* 3. v) vigilan(tia — sani)tate *u. i. absc. seu evan.* *A* 3. w) egrum *A* 2. x) pristine *A* 2. *B*. y) veris *in loco raso*, inlessum *A* 2. z) quae *A* 3. a) laboris obtime *A* 2. *B*; labore optime *A* 3. b) nosti *cett.* c) memores *A* 3; memor esto *B*. d) f. *deest* *A* 1.

II, 49 = *Roz.* 675. *Codd.* *A* 1. 2. 3. *B* (114). a) Indiculum generale *A* 2. 3; Indič generał *B*. b) hominis *A* 3. c) romane sedes *A* 2; romane sedis *A* 3. *B*. d) ill. *codd.* e) *A* 2; pap̄ *A* 1; papa *A* 3. *B*. f) *A* 2. *B*; Dei *deest* *A* 1; dedatas *pro* D. d. *A* 3. g) cenubiis *A* 2. 3; coenubiis *B*. h) *deest* *B*. i) inlustrios *A* 1. k) ac *add.* *A* 3. l) christiane *cett.* m) culto *B*. n) episcopus *add.* *B*. o) omnibus *A* 2. p) presumi *B*. q) mitti *A* 2. *B*; mitere *A* 3. r) quatinus *A* 3. s) portatur *B*. t) inflamante *A* 2. *B*; inflāmmante *A* 3. u) mors *pro* m. e. *A* 3; mos *deest* *B*. v) lucrandam orationem *A* 2; l. oracione *A* 3. *B*. w) *A* 3. *B*; lumina *A* 1; limena *corr.* limina *A* 2. x) sancti *B*. y) pravitate *A* 2; parvitate *A* 3. *B*. z) petiit *cett.* a) hac *A* 3. b) industrie *A* 2. *B*. c) literolas *B*. d) villis-simus *A* 1.

1) *In verbis precedentibus versuum pedes exstare videntur.*

vestris provolutus[e] vestigiis singulorum supplecare[f] presumo, ut pro me[g] minimo exorare iubeatis[h] et eidem[i] euntem vel[k] redeuntem, si[l] Dominus[m] permiserit[n], propter nomen Domini solita pietate et commendatum[o] recipiatis et quod necesse habuerit inpertire tanti habeatis, quatenus[p] ab ipso[q] mereamini mercedem recepere[r] comolam[s], que sibi dixit implere[t], quantum quis[u] in suis pauperibus[v] visus fuerit erogare.

50. Indecolum[a] conmendatium ad viros[b] inlustris laicos.

Domino inluster[c] et per[d] cuncta magnificentissimo ac nobilitatis[e] prosapiae[f] decoratu[g] atque sublimato illo[h] ille peccator in Domino[i] presumit mitti[k] salutem. Quamquam[l] vestram[m] excelentia[n] meae parvitate[o] minime[p] sit cognita, tamen[q] multorum relationi[r] dedici vestram in Domino maxima[s] devotioni et in servis[t] Dei vel pauperes eius ob[u] aeterna[v] retribucione sollicitudine[w] non pigra. Qua fiducia provocatus, hos[x] apices vilitatis meae pro[y] latores presentes, famulos vestros, fratres[z] in Christo nostros, ad[a] dominacionem vestram direximus, per[b] quos vestram[c] industriam, si presumptio non offendit, plurimum salutare presumo, et peto, ut eis euntibus vel redeuntibus, in quo necessarium[d] duxerint, propter nomen Domini solita pietate consolare[e] iubeatis.

51. Indecolum[a] ad homines[b] potentes palatinus[c], maxime ad[d] cognitos sibi.

Domino[e] inluster[f] et per[g] cuncta magnificentissimo viro illo[h] ille peccator perennem[i] in Domino mittit[k] salutem. Uberim[l] strinuetatis[m] vestrae agapem[n] erga nos potissimo iure flagrantem litterarum[o] seriem[p] non omittimus[q] excitare, quo vividi[r] facidetatis[s] vestrae[t] questu[u] prestulantes uberis in Domino a vobis fructus semper[v] suscipiamus[w],

II, **49**. e) provolutis *A* 2. f) subplicare *A* 2. *B*; supplicare *A* 3. g) *deest A* 2. h) i. et e. *des. B.* i) euntem autem *pro* eid. euntem *A* 3. k) et *A* 3. *B.* l) se *A* 3. m) domnus *A* 2. n) *A* 3; permisserit *A* 2. *B*; permiserat *A* 1. o) commendetum *A* 2. p) quatinus *A* 3. q) ip(so mere)amini *u. i. absc. A* 3. r) recipere *cett.* s) cummolam qui, l *punctis appositis del. A* 2; commulam qui *A* 3; cumulum qui *B.* t) impleri *A* 2. u) *A* 2. *B*; que sensuis *pro* q. i. s. *A* 1; (quantum q)uis suis, *u. i. absc.*, in *deest A* 3. v) parentibus *A* 3.

II, **50** = *Roz.* 666. *Codd. A* 1. 2. 3. *B* (115). a) Indiculum commendatitium *A* 2; Indicolu(m comm)endaticium *u. i. absc. A* 3; Indic̄ commendadicium *B.* b) *A* 2; i. l. *des. A* 3; v. inlustros l. *B*; viro in latcos *pro* v. i. l. *A* 1. c) *A* 2. 3; inl. *A* 1; inlustrem *B.* d) *A* 3. *B*; per cunctum *A* 1; pre cuncto *A* 2. e) nobilitateis *A* 1. f) prosapie *A* 2. *B.* g) d. a. sublimitto *A* 1; d. adque sublimatu *A* 2; decorato at sublimato *A* 3; degorato (*corr. al. man.* decorato) atque sublimato *B.* h) ill. *codd.* i) domno presumi:, *ultima lit. erasa A* 2. k) mittere *A* 3; mittit *B.* l) quaquam *A* 3; quequam *B.* m) vestra *cett.* n) excellentiae m. *A* 2; excellenciam ecce *pro* e. meae *A* 3. o) parvitatem *A* 2. 3. p) minimę *A* 2; minimo *B.* q) tamem *A* 2. r) relatione didici *A* 2. 3; relatione dedici *B.* s) m. devotione *A* 2. 3; maximam devocionem *B.* t) sertis *corr. videtur* servis *A* 2. u) ab *A* 1. v) eterna *A* 3. w) solicitudine *A* 2; solicitudinem *B.* x) as *B.* y) per *A* 2; pro *corr.* per *B.* z) fraī *A* 1. a) a *A* 2. 3. b) pro *A* 1. c) vestre industrię *B.* d) necessari *B.* e) consolari *A* 2.

II, **51** = *Roz.* 722. *Codd. A* 1. 2. 3. *B* (116). a) Indiculum *A* 2; Indicolum *A* 3; Indic̄ *B.* b) omnis *A* 3. c) *A* 3; palatims *corr.* palatinis *A* 1; palatinos *A* 2; *hoc et sequentia rubricae verba des. B.* d) ad *deest*, cognitū, sibi *nota Tir. post add. A* 3; sibi *deest A* 2. e) *A* 2. *B*; Domno *A* 1. 3. et *add. A* 3. f) inlustro *B.* g) pre cuncte:, *ult. lit. erasa A* 2. h) ill. ille *B*; ill. ill. *cett.* i) *deest A* 3; perhenem *B.* k) mitti *A* 2. l) uberem *A* 2. *B*; ub:r:: *A* 3. m) strenuetatis *corr.* strenuitatis *A* 2; strinuitatis vestre *A* 3. *B.* n) apem ergo *A* 3. o) literarum *B.* p) seruuem *A* 1. q) omittimus *corr.* o. *A* 2; obmittamus *B.* r) :vidi, *in principio* 1 *vel* 2 *litt. eras. (Bign. et Roz. ed.* avidi) *A* 2; *in cod. A* 3 *nihil nisi litera* d *de hoc verbo superest, etiam* quo *praecedens exstare desiit*; vidi *B.* s) faciditatis *corr.* facilitatis *A* 2, *ita etiam B alio atramento*; fac:ditatis *A* 3. t) *evanuit A* 3; vestre *B.* u) *ita A* 2. *B*; questu postulantes (*corr.* prestul.) *A* 3; quostu prestalentis *A* 1. v) super *B.* w) (suscipi)a(m)us (et dum) *u. i. evan. A* 3.

et dum[x] presente[y] in vita tibi[z] rerum arbiter locum dedit, quo[a] et ecclesiarum et amicorum[b] feras suffragia, non pigiat[c] subire laborem, quo[d] in posterum mercedum[e] conferant[f] lucra et nunc multiplicia ex numero[g] amicorum[h] ferant suffragia; et unde tibi presentium[i] portitores[k], sodalis[l] mei, famuli vestri, suggesserint[m], piae[n] obaudientis[o] effectui[p] mancipitis[q]. Vale[r], vir vigoris atque[s] tuorum decus amicorum; omnipotentis Domini[t] pietas[u] ad ecclesiarum profectu per multa spacia temporum vos conservare et custodire dignetur[v].

52. Qualiter[a] ex ordinatione regis pro nativitatem filii sui domesticos[b] de villa regis per sua epistola relaxat[c] ingenuos.

Ego in Dei nomen[d] ille[d*] domesticus, acsi indignus, glorioso domno[e] illius regis super villas ipsius illas[f] illo ex familia dominica de villa illa. Dum generaliter ad omnes[g] domesticos[h] regis ordinatio[1] processit, ut[i] pro nativitate domnicilli[k] nostri illius[l], ut a Domino melius conservetur, de unaquaque[m] villa fiscale tres homines ex servientibus inter utroque sexu a servitio relaxarentur[n], et nos ita faciendum ob hoc ordinatione recipimus[o]: propterea tibi per hanc epistolam nostram, sicut mihi iussum est, ab omni vinculum[p] servitutis absolvo, ita ut deinceps, tamquam si ab ingenuis parentibus fuissis[q] procreatus[r], vitam ducas ingenuam et in[s] nullo servitio nec[t] a nobis nec a successoribus domesticis nec a[u] quemcumque de parte fisci paenitus[v] in servicio inclinare non possis[w], sed per hanc epistolam ingenuitatis[x], sicut nobis iussum est fieri, bene et integri[y] ingenuus[z] cunctis diebus vite[a] tuae dibeas[b] permanere. Si quis vero aliquis[c] te de statu ingenuitatis tuae inpulsare voluerit, inferat[d] tibi [cum[e]] cogenti fisco auri[f] libra[g] una, et quod repetit vindicare non valeat, sed presens epistola firma permaneat[h], stipulatione subnexa[i].

Actum[k] ibi[l], sub die illo[m], anno illo regnante[n] suprascribto[o] domno illo[p] gloriosissimo[q] rege.

II, **51.** x) *A* 2. *B*; de *A* 1. y) presenti *cett.* z) ibi *A* 3. a) *A* 2; que *A* 1; c::: *pro* quo et *A* 3; quod *B.* b) *evanuit A* 3. c) *A* 3; pigeat *A* 2. *B*; rigiat *A* 1. d) qui *A* 2. *B*; (q)u(o in p)osterum *u. i. evan. A* 3. e) mercedem *A* 2. *B*; (me)rced(um) *u. i. evan. A* 3. f) conferat *A* 2. g) *A* 2. *B*; ex munero *A* 1; (ex numer)o *u. i. evan. A* 3. h) ami(corum f.) *u. i. evan. A* 3. i) presencium *A* 3. k) portitoris *A* 2. l) sodolis *A* 2; (sodal)is *u. i. evan. A* 3; sidales *B.* m) fa(muli v. su)ggesserunt *u. i. evan. A* 3; f. v. sugerint *B.* n) pie *A* 2; pio *B.* o) obaudientes *cett.* p) effectu *A* 2. *B.* q) (man)cip(itis) *u. i. evan. A* 3; mantipetis *B.* r) (Vale — v)igores *u. i. evan. A* 3; ris *in loco raso A* 1; vir *deest A* 2. s) adque *A* 2. t) Domini — per *evan. A* 3. u) pietatis *A* 2. v) dignetis *A* 3.

II, **52** = *Lind.* 90*; Roz.* 80. *A* 1. 2. 3. a) Qualiter pro nativitate filii regis ex ordinacione dominica ad domesticos de villas regis ingenuitates facere debeant ad servientes *rubrica inscribitur A* 3. b) domesticus *A* 2. c) *A* 2; relaxare *A* 1. d) nomine *A* 2. d*) ill. *codd.* e) d. ill. rege *A* 1; dom̄: ill. regis *A* 2; dom̄ illius regis *A* 3. f) ill. ill. *A* 2. g) omnis *A* 2. h) domesticus *A* 3. i) *deest A* 2. k) *ita A* 3 *et Lind.;* d. *corr. al. m. ant.* dominici illi *A* 2; dominici ill. *A* 1. l) illo *A* 2. m) unaquaqua *corr.* unaquaquae *A* 2. n) laxarentur *A* 2. o) recipiamus, a *eras. A* 2; recepimus *A* 3. p) vinculo *A* 3. q) *corr.* fuisses *A* 2; fuisses, ses *post add. ead. man. A* 3. r) creatus *A* 1. s) *deest A* 3. t) n. a. n. *des. A* 3. u) *A* 3; a *deest A* 1; ea quecumque *A* 2. v) penitus *A* 2. 3. w) posses *A* 2. x) ingenuetatis *corr.* ingenuitatis *A* 2. y) integre *A* 2. z) inienuus *A* 3. a) vitę *A* 2. b) debeas *A* 2. 3. c) *deest A* 2. d) inferā *A* 1. e) *add. A* 2. f) i *haud plane cernitur A* 3. g) *A* 3; lib̄ una *A* 1; lib̄ I *A* 2. h) perm(a)niat *videtur legendum A* 3. i) subnixa *A* 3. k) Act̄ *A* 1. l) *deest, sed* 2—3 *litt. erasae A* 2. m) ill. anno ill. *A* 1. 3; illo ann̄ illo *A* 2. n) rege illo *pro* regnante *A* 2. o) s. illo domno *A* 2; s(uprascrib)to dom̄ ill. *u. i. absc. A* 3. p) ill. *codd.* q) *A* 1. 3. *Lind.; deest A* 2.

1) *Eiusmodi ordinationis formulam Marculfus praebuit supra I,* 39.

SUPPLEMENTUM FORMULARUM MARCULFI.

1. Inmunitas[a].

Ille rex Francorum viris[b] inlustribus, patriciis, comitibus, tollonariis[c] vel omnibus curam publicam agentibus. Si[d] oportuna beneficia ad loca sanctorum[e], ecclesiarum vel sacerdotibus prestare non desinemus[f], hoc nobis procul dubium[g] in aeterna[h] beatitudine retribuere confidemus[i]. Igitur cognuscat magnitudo seu utilitas vestra, quod nos ad peticionem apostolico viro illo, illius urbis[k] antestitae, talem propter nomen Domini, eius meretis[l] conpellentibus, beneficium prestetisse, cognuscite, ut annis singulis de carra tanta, quod a[m] luminaria conparandum ad Massilia vel per reliquos[n] portos infra regno nostro, ubicumque missi sui marcare[o] videntur, vel pro reliqua necessitate discurrentes, nullo[p] telloneo nec qualibet reddibucione exinde ad parte fisci nostri missi sui discurrentes dissolvere[q] non dibeant. Propterea per presentem preceptum decernimus, quod perpetualiter mansurum[r] esse iobemus, ut nullo telloneo[s] de ipsa tanta carra ipsius pontefice[t] neque ipsa[u] Massilia, Telloneo, Fossis, Arlatu, Avennione[v], Suggione, Valentia, Viennia, Lugdone[w], Cabillonno[1] vel[x] reliquas civitates aut pagos[y], ubicumque in regno[z] nostro telloneus exigitur, nec de navale nec de carrale evectione[a], nec rotatico[b. 2] nec pontatico nec pulvoratico[c] nec salutatico nec cispatico[d] nec nulla reddibucione[e], quod fiscus noster exinde poterat[f] sperare, nec vos nec[g] iuniores aut successores vestri de ipsa tanta carra eisdem non requiratis[h] nec exigatis; sed omnia et ex[i] omnibus hoc propter nomen Domini ipse[k] pontifex vel successores[l] sui aut memorata ecclesia domni illius habeant indultum, vel in luminaribus ipsius sancti loci proficiat. Quam vero auctoritate perpetuis temporibus valituram propria manu infra decrevimus roborare.

2. Si[a] quis in presencia regis de ea que vindedit auctores[b] esse voluerit emptori[c], precepto dominico ex hoc[3].

Ille rex illo comite[d]. Veniens illae[e], *aut* missus ipsius[e*] in persona sua, ibi in palatio nostro clemenciae regni nostri suggessit, quasi homo[f] nomen ille porcionem[g], *aut* villa sua nuncupante illa, in pago illo, quicquid ibidem visus fuit tenuisse, per vinditionis titulum, accepta pecunia sua, eidem visus est distraxisse, et eam ad presens possidere

1 = *Pard.* 6; *Roz.* 32 *bis*. *Codd. A* 1. 3. *Cf. Add.* 2. *(Num. deest codd.)* a) *deest rubrica A* 3. b) vir inluster *corr. not. Tir.* viris inlustribus *A* 3. c) tolenaris *A* 3. d) seu *A* 3. e) *A* 3; sanctarum *A* 1. f) desinimus *A* 3. g) dubio *A* 3. h) eterna *A* 3. i) confidimus *A* 3. k) orbis antestite *A* 3. l) meriti *A* 3. m) ad *A* 3. n) relicos portus *A* 3. o) mercare *A* 3. p) ћ *pro* nullo — discurrentes *A* 3. q) desolvere non debeant *A* 3. r) mansuram esse iubemus *A* 3. s) tolloneo *A* 3. t) pontificium *A* 3. u) in ipsa Mas(si)lia, Teloneo, Fussis *A* 3. v) Avinione, Sugione, Valentia, Vienna *A* 3. w) L(ugdone) *u. i. absc. A* 3. x) per *add. A* 3. y) paucos *A* 3. z) regn(o nostro) teloneos *u. i. absc. A* 3. a) eveccione *A* 3. b) ro(tatico) *u. i. absc. A* 3. c) pulveratico *A* 3. d) cispitatico *A* 3. e) nec nulla *absc.*, redibucione *A* 3. f) poterit *A* 3. g) (nec iu)niores *u. i. absc. A* 3. h) (requi)ratis *u. i. absc. A* 3. i) in *A* 3. k) ipsi p(onti)fex *u. i. absc. A* 3. l) *A* 3; suscessores *A* 1.

2 = *Lind.* 171; *Roz.* 284. *Codd. A* 1. 3. *C* 2. *(Numerum praebet solus A* 3.*) Enumeratur in indice cod. B* (105). a) Si quis in presentia regis auctor fuerit *B*; *eadem, voce* Indiculum *premissa*, *Lind.* b) auctoris se voluerit esse *A* 3. c) *deest*, cum pr. *A* 3. d) *inscriptio deest A* 3; I. r. illi comiti *Lind.* e) ill. vir *A* 3 e*) suus *A* 3. f) omo *A* 3. g) porcione *A* 3.

1) *De Rozière, 'Recueil' I, p.* 50 *n. a, intelligit Marseille, Toulon, Fos, Arles, Avignon, Sorgues, Valence, Vienne, Lyon, Châlon-sur-Saône. De* Suggione *vero dubitandum est, etsi neque Sisteron, ut opinatus est Pardessus, neque Sigonce, ut opinatus est Guérard, hic indicatus esse existimaverim.* 2) *De singulis exactionibus in sequenti nominatis cf. quae disseruit Waitz, 'VG.' II*², *p.* 604 *sqq.* 3) *Cf. Brunner, 'Gerichtszeugniss' p.* 157 *sqq.*; *'N. Arch.' VI, p.* 19 *sqq.*

videretur[h]. Sed dum et ipse[i] ille ad presens adstabat, interrogatum est ei a nobis vel a proceribus nostris, si ipsa vinditione[k], quam ipse ille de suprascribta[l] rem in[m] presente proferebat, de nomine eius fecisset aut memorata rem vindedisset, vel[n], si ei necessitas evenerit, auctor[o] eidem esse voluisset, in presente[p] edicere[q] deberet. Sed[r] taliter in nostri[s] presentia memoratus ille professus est, quod et ipsa vindicione fecerat et pretio de suprascribta[t] rem, quod[u] illa vindictio[v] contenit, acceperat, et auctor[w] eidem ex hoc ad presens, et si inantea[x] si ei necessitas contigisset, et erat et esse volebat. Ideo, dum taliter[y] quoram nobis professus est, per presentem decernemus[z] ac iobemus preceptum, ut memoratus[a] ille ipsa villa, *aut* portione illa, in iam dicto loco, in integritate, quicquid[b] per ipsa vinditione[c] legitur, absque contrarietate vel repetitione[d] illius aut heredibus[e] suis, quieto hordine debeat possidere, vel quicquid exinde facire[f] ipse aut heredes sui[g] decreverint, liberum[h] potiantur arbitrium.

3. Indecolum[a] ad maiorem domus[b].

Domino[c] inclyto procerumque palatii[d] regalis ornatum atquae[e] catholicae universalis ecclesiae in Christo filio illo[e*] maiorem domus illi[f], acsi peccator, tamen, Deo miserante, episcopus. Ut culminis[g] vestrae agapem nostra extremitas[h] paginale commoda[i] salutis inquirat, interna[k] dileccio[l] verum demonstrat[m] caritatis affectum[n]. Idcirco salutacionum munia[o], quae decet, cum eulogias[p] peculiaris patroni vestri[q], domni illius, per presente servo vestro, filio in Christo nostro[r] illo, celsitudine vestre distinare[s] presumpsimus, per quem[t] humiliter petimus, ut eo[u] affectu a vos recipiantur, quo[v] sunt a nobis amore distinatae[w], remeante vero eodem, de vestra prosperitate[x] per reciprocum paginale aloquium[y] cognuscire et laetificare mereamur.

4. Indecolum[a] ad propinquos.

Domina[b] Deo sacrata et mihi carnaliter genetricae[c] et per accepto, superna largiente gratia, officium pastorale in Christo sanctae ecclesiae filia illa[d] ille peccator episcopus. Commonet nos et affeccio carnalis amoris[e] et sollicitudo pastoralis curae[f], ut de vobis sim semper sollicitus. Idcirco hos[g] appices parvitatis meae ad almitatem vestram[h] direximus cum eologias[i] peculiares[k] patronis vestri, domni[l] illius, per quem[m] petimus, ut et pro nos orare dignetis et, qualiter[n], Deo miserante, circa vos agitur, nobis[o] per vestro rescribto[p] et presente misso innotiscere iubeatis.

2. h) videtur *A* 3. *Lind.* i) ipsi ill. *A* 3. k) vindicionem quem ipsi *A* 3. l) superscripta *A* 3. m) in pres. — memorata rem *des.* *A* 3; *exstant, paucis literis mutatis, apud Lind.* n) aut *pro* vel — evenerit *Lind.* o) si autor *A* 3. p) in — deberet *des. Lind.*; in presentem *A* 3. q) dicere d. *A* 1; edicere deberit *A* 3; edicere debet *C* 2. r) si *A* 3. s) nostra *post add.* *A* 3. t) superscripta *A* 3. u) d *tantum superest* *A* 3. v) vinđ contenet *A* 3. w) autor *A* 3. x) (in an)tea *u. i. absc.* *A* 3. y) tali(ter quoram) *u. i. absc.* *A* 3. z) preceptum decernimus ac iubemus, ut *A* 3; iubemus ac decernimus praeceptum, ut *Lind.* a) (memor)atu(s i. ip)sa v(i)lla *u. i. evan.* *A* 3. b) (quicqui)d per i(psa) *u. i. evan.* *A* 3. c) vinđ *A* 3. d) receptione *A* 3. e) aut *evan.*, heredib.;uir quieto ordine *A* 3. f) (f. i)ps(e a. he)redes *u. i. evan.* *A* 3. g) suis *A* 3. h) libero pociantur arbitrio *A* 3.

3 = *Pard.* 7; *Roz.* 641. *Codd.* *A* 1. 3. *C* 1. 2. *(Num. deest codd.) Enumeratur in indice cod. B* (106). a) (Ind)icolum *A* 3; Indiculum episcopi ad *B.* b) domum *A* 3. c) Dn̄ incl:t: procerique *A* 3. d) *C* 1. 2; palam *A* 1; palacio *A* 3. e) adque catolicae universal̄ et Christi f. *A* 3. e*) ill. *codd.* f) *A* 3; ill. *A* 1. g) ::lminis vestre *A* 3. h) extramitas *A* 3. i) *A* 1. *C* 1. 2; comodo *A* 3. k) *A* 1. *C* 1; in eterna *A* 3. *C* 2. l) dileccione *A* 3; dilectione *C* 1. 2. m) demonstret *A* 3. n) afectum *A* 3. o) muna qua d. *A* 3. p) eoglogias *A* 1. q) vestro *A* 3. r) n. *deest*, ill. *A* 3. s) destinare presumsimus *A* 3. t) quam *A* 3.. u) eum afectum *A* 3. v) quođ *A* 3. w) distinate *A* 3. x) proprietate p̄cipio cum *pro* p. p. r. *A* 3. y) adloquium cognuscere et letificare *A* 3.

4 = *Pard.* 8; *Roz.* 642. *Codd.* *A* 1. 3. *C* 2. *(Numerum praebet solus A 3.) Enumeratur in indice cod. B* (107). a) Indicolum ad propincos *A* 3. b) Domna *A* 3. c) genetrice et pro acepto *A* 3. d) illa ill. *A* 1; ill. ill. *A* 3. e) amor *A* 3. f) cure *A* 3. g) has apices *A* 3. h) vestr: *A* 3. i) eoglogias *A* 1. k) peculiari patroni *A* 3. l) dom:n̄i i. *A* 3. m) quam *A* 3. n) qual(iter) *u. i. absc.* *A* 3. o) *deest* *A* 1. p) rescr(ibto) *u. i. absc.* *A* 3.

5. Ad germana[a].

Domna Deo sacrata et mihi carnaliter germana et in Christo[b] sorore et filia illa[c] illi peccator episcopus.

6. [Carta de episcopatu[a]][1].

Ille[b] rex Francorum. Dum iuxta apostoli[c] dictum[2] omnes potestas sublimatur a Domino, et quatenus post Deum[d] in regia manet potestate, qualiter cuncta terrena dibeantur[e] gubernare, unde oportit[f] nobis salubrae[g] consilium pertractare[h], ut illi[i] erga locis sanctorum instituantur custodes[k], qui digni[l] ad[m] ipso officio[n] gubernandum apparere[o] noscuntur. Igitur dum et vestra et clerum vel paginsium[p] civitatis illius adfuit petitio, ut, relicta urbe illa, qua prius regere et[q] gubernare videbamini, in[r] superscribta urbe illa cathedra pontificalem[s] suscepere deberetis[t], et dum vos apud animos[u] nostros[v] et accio probata[w] commendat et nobilitatis ordo sublimat ac morum probitas vel mansuetudo et[x] prudentiae honestitas[y] exornat[z], cum consilio et[a] volontate[b] pontificum procerumque nostrorum, iuxta volontate[c] et consensu clerum et plebium ipsius civitatis in supradicta[d] urbe illa pontificalem in Dei nomen vobis commissimus[e] dignitatem. Propterea per presentem preceptum decernemus[f] ac iobemus, ut supradicta urbs[g] vel res[h] ecclesiae ipsius et clerus sub vestro arbitrio[i] et gubernacione consistant, et erga regimini[k] nostro semper fidem inlibata[l] custodire debeatis, et iuxta[m] canonicam institutionem[n] plebem vobis commissam assiduae predicationum[o] sermonibus expolire[p] et non minus pietate[q] quam severitate constringere[r] studiatis[s], et cura pauperum vel necessitate pacientum[t] cum ingenti[u] cura et[v] dileccione procuretis, et, adquaesita[w] multiplicataque gregis vestri[x] salutem[y], nullis maculis sordidatu[z] ad ovile dominico[a] valeatis presentare, quatenus[b], dum ecclesiae[c] vobis a[d] dispensacione divina commissa strinue[e] regere atque gubernare videamini[f], vobis aput[g] aeternum[h] retributorem mercidum[i] suffragia largiantur et vos[k] inmensum Dominum pro nostrorum mole[l] peccaminum assiduae exorare[m] dibeatis[n].

5 = *Roz.* 874. *Cod. A* 3. *Rubrum praebet etiam A* 1, *sed cum sequenti formula coniunctum. (Num. deest cod.)* a) germ(ana) *u. i. absc. A* 3. b) X:: *c.* c) ill. *c.*

6 = *Lind.* 4; *Roz.* 516. *Codd. A* 1. 3. *B* (52). *C* 1. 2. *(Num. deest codd.)* a) *rubrum supplevi e B.* b) I. r. F. *des. A* 3. *B.* c) apostł di(ctum) omnis *u. i. absc. A* 3. d) dnī *A* 3. e) debeantur *A* 3. *B* f) oportet *A* 3; *B.* g) salubre *A* 3; salubri *B.* h) retractare *B.* i) ille *A* 1. k) custodis *A* 3. l) digne *A* 3. *B.* m) *A* 3; ab *A* 1. *B.* n) officium *A* 3. o) apparere — paginsium *des. A* 3; aparere *B.* p) pagensium *B.* q) aut *B.* r) usuperscripta *pro* i. s. *A* 3; in superscripta *B.* s) pontificale suscipere *A* 3. *B.* t) deberitis *B.* u) *B*; annimos *A* 1; animus *A* 3. v) noster *A* 3. w) c. pr. *B.* x) et pr. *des. A* 3. y) honestas *A* 3; onestatis *B.* z) et ornat *A* 3. a) honestate *add., sed del. B.* b) volontate — clerum et *des. A* 3; voluntate *B.* c) e *evan. A* 1; voluntate *B.* d) superdicta *B.* e) commisimus *A* 3. *B.* f) discernimus ac iubemus *A* 3; decernimus hac iubemus *B.* g) urbis *B.* h) rebus aeclesiae *B.* i) arbitrio — nostro *des. A* 3. k) regimine *B.* l) inbibatam *A* 3. m) iusta canonica *A* 3. *B.* n) institucione *A* 3. o) predicatione *A* 3; predicationem *B.* p) expolirae *A* 1. q) pietatem *A* 1. r) constrigere *A* 1. s) studeatis *B.* t) patientium *B.* u) ingente *A* 3. v) et *absc. A* 3. w) quesita *A* 3; adquesita *B.* x) vestris *A* 1. y) salu(tem nu)llis *u. i. absc. A* 3; salute nulis *B.* z) sordidatus *A* 3; sordidato *B.* a) dominica *A* 3. b) (quate)nus *u. i. absc. A* 3. c) ecclesia *A* 3; aecclesia *B.* d) ad *A* 1. e) stringere (at)que *pro* str. r. a., *u. i. absc. A* 3; strinuae r. a. *B.* f) videmini *B.* g) apud *B.* h) eternum *A* 3. i) mercedem suf(fra)gialantur *pro* m. s. l., *u. i. absc. A* 3. k) *deest A* 3. l) noli *A* 3. m) exorarae *A* 1. n) debeatis *A* 3. *B. In cod. A* 3 *sequuntur notae Tironianae, quas V. Cl. Schmitz legit:* Derogat sibi sacerdotem sancte legis lectorem.

1) *Cf. praecipue Marc. I,* 5, *praeterea* 6 *et* 7. 2) *Cf. Ep. Pauli ad Rom.* 13, 1.

ADDITAMENTA
E CODICIBUS MARCULFI.

1. (a) Item[a] alio prologo.

In nomine sanctae Trinitatis. Prosperum ac salubriter consilium immoque satis iocundum esse dinoscitur, ut homo de mundanis rebus conparet paradisum et de terrena transferat in caelestia. Sic Dominus in sancto euangelio preclara intonat vocem, dicens[1]: 'Thesaurizate vobis thesaurus in caelo, ubi nec fur fudit, nec tinea sulcat'.

(b) Prologo de clerico, qui in monasterio tonsoratur, qui sua rem ad ipso sancto loco donat.

Debet unusquisque, largiente Domino, dum versatur in corpore, futura tractare et de caducis rebus marcare aeterna, ut, quandoquidem, iubente Deo, de corpore egredi contingerit, de mamona iniquitatis mansionem sibi reperiat comparatam in caelis. Idcirco ego ill. cedo ad monasterio ill., ubi abba ill. custor[a] preesse videtur, et comam capitis mei ibidem deposui, et in ipso monasterio sub norma sanctorum vivere cupio, cessumque in perpetuum.

(c) Item prologo.

Oportunum est, unumquemque, dum terrena munera possedit, pro anime sue frequentius cogitet, ut terrenam beatitudinem possidere merear. Ego inluster vir ill. sentio, me infra corpus meum infirmum esse et infra anima mea nimis esse peccatorem; admonet me divina potentia, *vel* conpunctio cordis mei mihi obvenit, ut pro peccatis meis remedium aliquid de res meas loca sanctorum delegare debeo. Ideo cedo.

(d) Item prologo.

In nomine sanctae Trinitatis. Prosperum, salubrę et satis iocundum esse censivimus, ut homo de caducam quispiam seculi peccata sua redemendum valeat auferre, *aut* quid prumptiore[a] consilio, ut homo de mundanis rebus seculi conparet paradisum et de terrena substantia se transferat in caelestia. Itaque ego ill. pro divino intuitu et meis mercedes conpendii, ut me Dominus in futurum veniam concedere dignetur, *vel* ut nomen meum in libro vitae adscribatur, dono ad iam dicto monasterio in luminaribus ecclesiae, *vel* in stipendiis pauperum aut monachorum, et donatumque iure legitimo esse volo.

(e) Item prologo.

Dum huius exempli in quodam noscitur cecidisse, patemur erumna et die mortis cotidie ante oculos suspicamur esse propinqua, oportet unicuique ob amore caelestis patriae devotionis lucra conplecti et res sibi datas in sanctorum vel etiam[a] indigentium

1 a = *Marc. II*, 2, 2; *Roz.* 176. 1 a—e *Marc. II*, 2. *in cod. A* 1 *subiecta et inde in edd. recepta sunt.*

b = *Marc. II*, 2, 3; *Roz.* 193. a) *sic c.*

c = *Marc. II*, 2, 4; *Roz.* 177.

d = *Marc. II*, 2, 5; *Roz.* 178. a) prumptione *c.*

e = *Marc. II*, 2, 6; *Roz.* 179. a) etia *c.*

1) *Ev. Matth.* 6, 20.

usibus alegatam relinquere, ut peccatorum pondera, quae pontificium paenitendo non valent laxare, ab eorum intercessione plenius ad veniam debeant pervenire. Idcirco ego ill.

2. Carta de mundeburde regis et principis.

Ille rex, vir inluster, dominis sanctis hac venerabilibus in Christo patribus, omnes episcopis vel omnibus abbatibus, seu et inlustribus viris, ducibus, comitibus, vigariis, centenariis, vel omnes agentibus, seu omnes misus nostros discurrentibus, vel omnes pares et amicos nostros, tam presentis quam futuris, bene cupiens vester. Conperiat magnitudo seu industria vestra: veniens venerabilis vir ille[a], abba de monasterio sancti illi, tam se quam et ipso monasterio cum omnes rebus suis ad nos sibi plenius comendavit; et nos postea gradante animo ipso venerabilem virum illo abbatem[b] cum ipso monasterio vel ominis suis et omnes[c] causas suas amabiliter sub nostro recepimus mundeburde vel defensione. Ideoque salutantes magnitudinem seu industriam vestram[d], vobis omnino per has literas rogamus atque precepimus, ut nullus ex vobis iam dicto venerabile abbate vel ipsius monasterii nec homines nec rebus suis, quae ad presens habere videntur, vel inantea, Christo propitio, per bonis ominibus ibidem conlatum fuerit, nullus inquietare nec condemnare vel aliquid de rebus suis minuare omnino non presumatis, sed cum Dei gracia et nostro[e] mundeburdo vel defensione tam eum quam suos homines residere cum quiete sinatis. Et si aliquas causas adversus ipso illo abbate vel monasterio ipsius seu homines eius fuerint, quas[f] in pago absque suo iniquo dispendio recte definitas non fuerint, eas usque ante nos omnimodis fiant suspensas vel reservatas, et postea ante nos per legem aut iusticiam finitivam accipiant sententiam. Et ut cercius credatis, manu propria subter firmavimus et de anulo[g] nostro sigilavimus.

Signum domno illo rege.

Ille[a] recognovi et subscripsi.

Datum die illo[a], anno illo[a], loco illo[1].

3. Privilegium de omni negotium[2].

Ille rex Francorum viris inlustribus, patriciis, comitibus, telonariis vel omnibus curam publicam agentibus. Si oportuna beneficia ad loca sanctorum, aecclesiarum vel sacerdotibus prestare non desinemus, hoc nobis procul dubium in aeterna beatitudine retribuere confidimus. Igitur cognuscat magnitudo seu utilitas vestra, quod nos ad petitionem apostolico viro illo, illi urbis antestite, talem propter nomen Domini eius meritis conpelentibus beneficium prestetisse, cognuscite, ut, ubicumque infra regnum nostrum misi[a] sui mercare videntur, vel pro reliqua necessitate discurrentes, nullo telloneo nec[b] qualibet redibucione exinde ad parte fisci nostri nec ipsi nec missi sui solvere non

2 = *Lind.* 38; *Roz.* 10. *Cod. B* (69), *ubi loco Marc. I,* 24. *legitur.* a) ill. *c.* b) abb *c.* c) om̄ *c.* d) *ita edd.;* nostram *c.* e) nostra *corr.* nostro *c.* f) quas — dispendio *bis script. c.* g) analo *c.*

3 = *Lind.* 12; *Roz.* 32. *Cod. B* (48), *ubi loco Suppl.* 1. *legitur.* a) nisi *c.* b) ne *c.*

1) *Formulae huius contextum iam in diplomate Pippini maioris domus, Reg. Imp. I,* 60, *inveniri monuit Sickel, 'Beiträge' III, p.* 10 *sqq., cui prorsus assentior probanti, protocolli partes, quas nostrum praebet exemplar, haud multo post Pippinum regem factum adiectas esse.* 2) *Hanc formulam e Suppl.* 1. *commutatam esse, nemo non videt. Paucis tantum, quae ibi exstant, omissis, tamen prorsus alia facta est, nam cum illa emunitatem teloneorum carrarum numero cuidam definito praebeat, hac de omnibus rebus teloneorum libertas conceditur, quod etiam rubro indicatur. Cf. Sickel, 'Beiträge' V, p.* 41 *sq. et 'UL.' p.* 124; *'N. Arch.' VI, p.* 19. 21.

debeant. Propterea per presentem preceptum decernimus, quod perpetualiter mansurum esse volumus, ut nullo tolloneo in nullis civitatibus aut pagos, vel ubicumque in regno nostro toloneus exigitur, nec de navalle nec de carralle evectione, nec rotatico nec de pontenatico nec pulveratico nec salutatico nec cispitatico, nec de saumariis nec de quod homines eorum ad dorsum portant, nec nulla redibucione, quod fiscus noster exinde poterat sperare, nec vos nec iuniores aut successores vestri non requiratis nec exigatis; sed omnia et in omnes hoc propter nomen Domini ipse pontifex vel successores sui aut memorata aecclesia sancti illi habeant indultum vel in luminaribus ipsius loci proficiat. Quam vero auctoritatem perpetuis temporibus valetura propria manu infra decrevimus roborare.

FORMULAE MARCULFINAE AEVI KAROLINI.

Ita formularum collectionem nominare liceat, quarum maior pars ex Marculfo eiusque supplemento sumpta est[1]. *Codices qui eas praebent hi sunt:*

1. *Cod. Lugduno-Batavus, Voss. in* 8° *nr.* 86, *saec. X. (Roz. Lugd.-Bat. A*[2]*). Continentur hoc codice Gesta Francorum, Inventio sanctae crucis, Lex Salica emendata, Orationes, Liber Tobias, Missae. Legem Salicam antecedunt non vero eadem manu exaratae foliis* 6, 36—41, *quae olim cum duobus aliis, nunc inter* 36. *et* 37. *excisis, quaternionis formam fecerunt,* 11 *formulae, ex quibus decem collectioni nostrae adscribendae sunt, alia quadam undecima subiecta. Exstant cap.* 8. *et* 9. *fol.* 36, *cap.* 14—21. *fol.* 37—41, *praeterea vero etiam* 10—13. *cum ultimis capitis* 9, *quae desunt, verbis in foliis duobus deperditis exstitisse, pro certo habere possumus, praesertim cum quattuor circiter paginas explevisse videantur. Melior autem hic existimandus codex, quippe cuius lectiones saepius cum genuinis Marculfi et Supplementi verbis conveniant.*

2. *Cod. Monacensis nr.* 4650, *olim Benedictoburanus saec. IX. (Roz. Mon. A*[3]*). Praebet hanc collectionem insertam maiori corpori formularum, quod Arnonis archiepiscopi temporibus Salzburgi conscriptum esse videtur*[4]. *Praecedunt formulae quaedam Salicae privatorum negotiorum, quarum plerasque Lindenbrogius aliunde edidit, sequuntur Salzburgenses. Exstant fol.* 33ʳ—39ᵛ. 24ʳ—31ᵛ. 56ʳ—63ʳ·ᵛ[5]. *capita* 1—14. *et* 17—31, *solis* 15. *et* 16. *errore, ut opinor, omissis. Inter* 21. *vero et* 22. *epistolae cuiusdam formula,* Pro defunctis *inscripta, quae ab hac collectione aliena esse videtur, legitur.*

Tabula ista planius demonstrabit, quae in quoque codice et quo ordine exstent capita.

Capita	1—7.	8. 9.	10—13.	14.
Cod. 1.	*desunt.*	*fol.* 36 r. v.	*duo folia excisa.*	*fol.* 37r.v.
Cod. 2.	*fol.* 33 r—37 r.	*fol.* 37 r—38 v.	*fol.* 38 v—39 v. 24 r.v.	*fol.* 24 v—25 v.

Capita	15. 16.	17—21.	22—31.
Cod. 1.	*fol.* 37 v—38 v.	*fol.* 38 v—41 r.	*desunt.*
Cod. 2.	*desunt.*	*fol.* 25 v—28v.	*fol.* 29 r—31 v. 56 r—63 r.

Cum ordo capitum, quae et in Vossiano et in Monacensi inveniuntur, in utroque codice sit idem, cum praeterea ea, quae e Marculfo et Supplemento sumpta sunt, non minus inter se conveniant quam a genuinis illis formulis abhorreant, dubium esse non potest, quin capita 8—21. *iam in communi utriusque codicis exemplari ita exstiterint. De iis vero quae in Monacensi et praecedunt et sequuntur dubitari possit, num ex*

1) *Huius collectionis et codicum iam supra p.* 35, *l.* 30 *sqq. mentionem feci. Cf. 'N. Arch'. VI, p.* 41 *sqq.* 2) *Descripsit Holder, 'Lex Salica emendata nach dem Codex von Trier-Leyden, Leipzig* 1880', *p.* 38 *sqq.* 3) *Descripsit Rockinger in 'Quellen zur Bayerischen u. Deutschen Geschichte' VII, p.* 5 *sqq.* 4) *Cf. Rockinger l. c. p.* 10 *sqq.* 5) *Quae folia olim in codice continuo inter se secuta sunt, postea vero ordine a bibliopega turbato, falsi singulis inscripti sunt qui nunc exstant numeri.*

eodem fonte hausta sint. Capita enim 22. et seqq. in codice 1 non fortuito, quasi quibusdam foliis deperditis, deficere, ex eo intelligitur, quod cap. 21. formula illa aliena in eadem pagina eademque manu exarata continuo subsequitur. Accedit, quod etiam in cod. 2 ipso hoc loco alia quaedam formula inserta est. Cum tamen etiam sequentes omnes, sicut pleraeque praecedentes ex Marculfo et Supplemento sint sumptae, et in capitibus 27. 28. 29. eodem modo ac in 13. 14. 16. 17. 18. 20. regali titulo verba Dei gratia adiecta sint, haud facile crediderim, in cod. 2 aliunde capita 22—31. descripta esse, aliunde priora. Quae ut sola, reliquis omissis, in Vossiano codice describerentur, ideo facile fieri potuit, quia epistolarum seu indiculorum, reliqua vero praeceptorum regalium exempla praebuerunt. Eadem fortasse de causa is, qui ordinem codicis 2 instituit, post ipsum caput 21. epistolae cuiusdam exemplum inseruit, quod ab eodem codice ac formulas nostris praemissas mutuatus esse videtur.

Haud ita certe etiam capita 1—7, quae desunt codici 1, communi fonti adscribenda duxerim, praesertim cum aliter ac sequentia neque Marculfo neque Supplemento excepta sint, atque in genere scribendi cum ceteris minus congruant. Quas vero continent res adeo cum sequentibus convenire videntur, ut haec capita etiam in recensione nostra ceteris praemittere non dubitarem.

Collectionis hoc modo, ut fieri potuit, restitutae tres partes discerni possunt, quarum prima amplectitur cap. 1—12. exempla praebens epistolis a clericis, officialibus, privatis dandis et accipiendis, altera cap. 13—20. amplectens continet exempla epistolarum seu ad regem seu ab rege mittendarum, quibus apte subiecta est epistola ad comitem palatii de causis in iudicio regis definiendis, tertia vero in capitibus 22—31. diplomatum regalium formulas exhibet. Formulas Marculfi et Supplementi hic recensitas atque plerasque non modice immutatas in hanc formam Karolingo aevo redactas esse, ex eo apparet, quod 'maioris domus' loco cap. 9. 'senior' et cap. 19. 'princeps' nominatur. Verba autem Dei gratia, haud uno loco regali dignitati addita, cum formulas non ante Karolum Magnum recensitas esse demonstrent[1], ex rege, nondum imperatore ubique memorato, hoc ante annum 800. factum esse, cognovimus. Neque vero verba vir inluster, cap. 18. et 28. regali titulo addita, ad tempus constituendum magni momenti esse crediderim, quippe quae facile ex genuinis formulis sine certa ratione recipi potuissent.

In qua vero Francorum regni parte formulae istae rescriptae atque aliis nonnullis adiectis in hanc collectionem sint redactae, non habemus compertum.

Edidit e codice 2 Rockinger, 'Salzburger Formelbuch' nr. 25 sqq. in 'Quellen zur Bayerischen u. Deutschen Gesch.' VII, 1858, p. 90 sqq. et ex eodem codice de Rozière, iis tamen, quae iam in Marculfo et Supplemento exstant, omissis, 'Formules inédites publiées d'après deux manuscrits de Munich et de Copenhague' in 'Revue hist. de droit français et étranger' V, 1859, p. 17 sqq. Postea etiam Vossiano codice usus maiori corpori suo singulas omnes inseruit.

Nunc utroque codice benigne huc transmisso usus formulas recensui, ita ut Vossianum, quantum sufficit, praecipue secutus, quae ibi desunt ex Monacensi exscriberem. Capita e Marculfo et Supplemento sumpta literis minoribus repetivi, iis tantummodo verbis quae cum genuinis non conveniunt aut latius positis aut maioribus literis exprimi curavi. Capitum numeros, qui in codicibus non inveniuntur, ipse praenotavi[2].

Epistolae formula quae in Cod. 1 subiecta est, quamquam ab ceteris aliena videtur, tamen numerorum ordine continuato, ut facilius allegari possit, 32. subieci. Si verum est, quod non sine dubitatione nuper suspicatus sum, archiepiscopum illum Treverensem, ad quem epistola mittitur, archicappellanum fuisse regis, formula non ante saeculum IX. exiens scribi potuit.

1) Cf. Sickel, 'Beiträge' III, p. 8 sqq. et 'UL.' p. 254 sq. 2) Infra praeter numeros maioris corporis a V. Cl. de Rozière editi (Roz.) alios adnotavi (Rock.), quibus pari modo V. Cl. Rockinger collectionem Salzburgensem et de Rozière priorem editionem digesserunt.

1. Indicolum ad quemlibet episcopum sive abbatem vel comitem.

Venerabili in Christo patri N. episcopo ego N., acsi indignus alumnus vester, aeternam vobis in Domino per has exiguitatis litteras opto fore salutem[a]. Deinde suggerimus almitatem vestram, ut illas iustitias nostras, quae in ipso vestro ministerio adiacent, pleniter inquirere faciatis et per ipsum missum nostrum, quem ad vos direximus[b], quicquid exinde agere potueritis, nobis innotescere studeatis. Insuper etiam petimus benivolentiam vestram, ut nobis aliquid de silva ad opus ecclesiae nostrae vel monasterium[c] nostrum restaurandum dare iubeatis, quantum vobis possibile fuerit. Sic exinde agite, quomodo per vestram benivolentiam confidimus. Et si nobis aliquid tale iniunxeritis, scitote omnimodis, nos cum omni benivolentia vestram obsecundare iussionem. Valete[d].

2. Indiculus ad quoddam monasterium.

Dominis ac venerabilibus fratribus nostris in monasterio illo degentibus ille omnium servorum Dei servus rosifluam in Christo atque inmarciscibilem opto salutem. Siquidem vestris sacratissimis precibus nos commendamus, obsecrantes clementiam vestram, ut sine intermissione die noctuque nostri memoriam habeatis, quatenus ubique vestris adiutus suffragiis liberius valeam coenosum hunc ac lubricum callem inleso pede transire, ut quandoque nexibus corporeis hinc absolutus aethereis[a] merear thalamis mancipari. Commonere etiam maluimus dilectionem vestram, ut religionis[b] propositum et caritatis vinculum in invicem conservetis, ut, sicut docet apostolus, 'alter alterius onera portetis, ut sic adimplere valeatis legem Christi'[1]. Et sicut aspicitis periculum nostrum, si vobis non administraverimus ea quae vobis sunt necessaria, id est animarum vestrarum remedia, ita aspicite et vestrum discrimen[c], si non exequentes[d] fueritis ea quae vobis sunt oportune a nobis inpensa; et sicut premonuit nos isdem princeps pastor ecclesiae, 'adtendite vobis et universo gregi, in quo vos Spiritus sanctus posuit episcopos, regere ecclesiam Dei, quam[e] adquisivit sanguine suo'[2]. Et ne forte aliquando nobis contingat illud audire, quod per prophetam Ezechielem olim predixit dicens: 'Ve pastoribus Israel, qui pascebant semet ipsos et gregem[f] meum non pascebant. Quod crassum erat adsumebatis, et quod debile et infirmum proiciebatis. Nonne greges pascuntur a pastoribus?'[3] Ideoque vobis sit onerosum, quod isdem propheta in consequentibus ait: 'Si autem non adnuntiaveris impio, ut avertat[g] se ab iniquitate sua, ipse[h] impius in iniquitate sua morietur, sanguinem vero eius de manu tua requiram. Quod si[i] adnuntiaveris impio, ut avertat se ab iniquitate sua, et ille[k] non fuerit reversus, ipse impius in iniquitate sua morietur, tu autem animam tuam liberasti'[4]. Nobis enim convenit, vos commonere de omnibus, quae ad veram pertinent salutem; et vos cooperatores oportet fieri, sicut[l] diximus, in his quae vobis salubriter sunt a nobis inpensa. Valete.

3. Epistola deprecatoria.

Domino venerabili et in Christo magnifico N. episcopo, *vel* abbati[a]. Ego in Dei nomine N., acsi infimus servorum Dei servus, cum omni congregatione sancti illius

1 = *Rock.* 25; *Roz.* 424. *Cod.* 2. a) sal *sic saepius c.* b) *corr.* direxerimus *c.* c) monisterium *c.* d) val, *post h. v.* 2—3 *litt. erasae.*

2 = *Rock.* 26; *Roz.* 803. *Cod.* 2. a) aetherereis *c.* b) relionis *c.* c) dis *al. man. post add. c.* d) exquentes *c.* e) q *c.* f) *lit.* r *e corr. c.* g) se *add., sed eras. c.* h) ipse — sua *al. man. in margine suppl. c.* i) non *add., sed eras. c.* k) ill. *c.* l) iam *add., sed eras. c.*

3 = *Rock.* 27; *Roz.* 737. *Cod.* 2. a) abba *c.*

1) *Paul. ad Gal.* 6, 2. 2) *Act. Apost.* 20, 28. 3) *Ezech.* 34, 2—4. 4) *Ezech.* 3, 18. 19.

vobis intemeratam inviolabilemque in domino Salvatore optamus salutem[b]. Culmine sanctitatis vestrae nostri desiderii vota suggerere decrevimus; unde primitus obsecramus almitatem vestram, ut nostri memores esse dignemini in vestris sacris precibus, sicut et de omnibus agere soliti estis, qui vestrae se dilectioni commendare studuerunt. Rursumque deposcimus clementiam vestram, ut istum vestrum hominem, qui ad nos hac de causa confugit, eo quod se culpabilem contra vos sensit, ut ei nihil mali pro hac causa fatiatis, sed pro amore Dei et nostrae devotionis optentu hanc ei causam ad integrum concedere iubeatis[1]. Taliter ex hoc agite, qualiter in omnibus per vos bene confidimus. Enimvero Creatori[c] altissimo pro vobis incessanter fundimus preces, ut coronam[d] beatitudinis vestrae pro integritate fidei et statu ecclesiae suae longo tempore precipiat conservari, nosque inter oblatrantia huius mundi varia et innumera discrimina munitos reddat vestrae intercessionis suffragio. Valete.

4. Inter duos comites[a].

Magnifico in Christo seu inlustri viro N. comiti[a] ille gratia Dei itemque comes[a]. Salutem vobis perennem in Domino semperque[b] felicem optamus. De reliquo vero deprecor benivolentiam vestram, ut istius hominis causam[c] N. ad integrum inquirere fatiatis eiusque iustitiam pleniter ac diligenter investigare iubeatis de omnibus, undecumque vestrae suggesserit[d] pietati. Insuper etiam deposcimus clementiam vestram, ut illam exactionem, quam vobis exsolvere debet, ei ad integrum relaxare fatiatis, sicut in vestram confidimus clementiam. Scitote enim, quod, si nobis aliquid tale a vobis fuerit iniunctum, cum omni benivolentia[e] in omnibus vestram adimplere cupimus voluntatem; non solum exinde, sed et aliunde, undecumque possumus, vestram libenter cupimus explere iussionem.

5. Ad comitem.

Venerabili atque omni preconio honorando N. dono Dei comiti[a] ille[b]. Igitur fidelis et bene cupiens vester in omnibus per has exiguitatis nostrae litterulas aethereAM vobis in Christo semperque[c] felicem optamus fore salutem. Deinde vero cognoscat industria vestra, quod de illa re, unde nobis per vestras litteras et missus vester percunctari nobis ex vestra dignatione procuravit, quantum inde potuimus, vel quantum possibilitas nostra exegit, ita in omnibus vestram petitionem adimplere studuimus. Similiter etiam de illa re quae nobis expostolastis, quantum exinde potuimus, vestram peregimus iussionem. Denique etiam notum sit dilectioni vestrae, quod, undecumque nobis iniungatis[d], vestrum per omnia cupimus adimplere decretum. Valete.

6. Inter pontifices destinanda.

Domino almifico atque omni honore dignissimo N. nutu Dei antestiti[a] N., acsi infimus omnium servorum Dei famulus vestraeque dignationi super modum fidelis, aethe-

3. b) salūt *c.* c) *sic c.; minus recte in hoc loco valde abraso* patri *legendum duxit Rock.; omittit h. v. Roz.* d) aromā *legit Rock.*

4 = *Rock.* 28; *Roz.* 732. *Cod.* 2. a) com̄ *c.* b) semq; *c.* c) cau:sam, *una lit. abrasa c.* d) sse *al. m. suppl. c.* e) benilentia *c.*

5 = *Rock.* 29; *Roz.* 714. *Cod.* 2. a) com̄ *c.* b) ill. *c.* c) semqq; *c.* d) iniungtatis *c.*

6 = *Rock.* 30; *Roz.* 738. *Cod.* 2. a) *litt.* stiti *e corr. c.*

1) *Cf. infra* 6. *Non solum ex crebris epistolarum huiusmodi formulis, quae nobis asservatae sunt (Roz.* 732 *sqq.), sed etiam ex capitulis regum Francorum intelligi potest, tunc temporis huiusmodi intercessiones pro hominibus vel servis fugitivis saepius evenisse. Cap. Karoli Magni a.* 806 *c.* 7, *LL. I, p.* 142; *cf. Div. Imp.* 830. *c.* 3, *l. c. p.* 357.

ream vobis atque rosifluam in Christi sanguine tam per has exiguitatis nostrae litterulas quamque[b] et per portitorem earum optamus, vobis in Christo semper felicem fore salutem. In reliquum vero deposcimus almitatem vestram, ut me[c] humillimum servulum vestrum in vestris sacris precibus participem habere dignemini vestrisque consortibus dilectionis obtentu copulare nitemini; et quia terrarum longitudo non separet, quos Christi nectit amor, idcirco expeto almitatem vestram, ut deinceps fraternam caritatem invicem ad nos conservetis, atque individue amore Christi nos alterutrum diligamus. Illud vero super omnia commendamus, ut caritas Christi, 'quod est vinculum perfectionis' [1], inlibata perseveret apud nos. Denique etiam omnimodis scitote, quia quantum suffitientes sumus libenter in omnibus vestram exsequi cupimus voluntatem. Insuper etiam quaesumus[d] benivolentiam vestram, ut illum hominem vestrum N., qui ad nostram confugit parvitatem, hac de causa nihil mali fatiatis, sed ei per omnia hanc noxam nostro obtentu concedere dignemini. Gratia superna vos conservari fatiat per tempora multa, auxilioque Christi munitus valeas superare Leviathan.

7. Rescriptum ad eundem pontificem.

Reverentissimo atque omni dignitate ac laude preferendo N. gratia Dei antestiti N. igitur, acsi infimus universali ecclesiae Dei sanctae vernaculus, purpoream vobis in Christi sanguine distinctamque[a] semper opto salutem. Susceptis quidem a vestra dignatione sanctissimis litteris atque summatim per omnia recitatis, satis habundeque gavisus [sum[b]], eo quod me, vilissimum atque inparem in omnibus, vestrae dilectioni atque benignitati communem fieri censuistis, necnon etiam et illud, quod omnibus est maximum ac singulare pre ceteris bonum, orationum vestrarum preconiis participem esse maluistis. Insuper etiam maiorem exinde auximus laetitiam[c], eo quod caritatis atque unanimitatis iura indissolubili amore erga nostram parvitatem vos conservare conperimus, nostrisque exiguis precibus familiaritatis obtentu vos uniri ac coniungi desiderasse perspeximus. Hac igitur ratione ratus sum ad vestram scribere fraternitatem, ut, quod semel invicem professi sumus, fixum in perpetuum ac stabile permaneat, ut deinceps in Dei omnipotentis amore confirmati alterna nos dilectione fovere studeamus, quatenus alternatim onera nostra portantes adimplere valeamus legem Christi. Unde vero nobis mandare voluistis, de illo scilicet N., sicut iussistis, ita per omnia exinde egimus, prout nobis intimare dignati fuistis. Hoc enim firmiter[d] scitote, quod non solum de tali ratione, sed et alia undecumque nobis iniungitis, vestrae in omnibus obtemperare cupimus iussioni, sicut decet[e] dilecto et karissimo fratri. Valeas in Christo, frater, semper feliciter, auxilioque superno ubique fretus, cuncta quae sunt nociva vel noxia postponas et ea quae sunt salubria et apta valeas adipisci.

8. Indiculum ad quodlibet[a] episcopum[b] sive abbatem post[c] comendatione alterna[d]. Marc. II, 47.

Domino beatissimo et meritis venerando sancto patri illo[e] abbate, *sive* episcopo, ego[f] ille, acsi indignus, vocatus abba[g] perpetuam vobis in Domino per has commendatias[h] litteras exopto salutem. Multimoda nobis benivolo vestro generare conperite gaudia[i], quotiens[k] tempus se[l]

6. b) *post h. v.* 12—15 *litt. eras. c.* c) *al. m. suppl. c.* d) q̅s *c.*

7 = *Rock.* 31; *Roz.* 739. *Cod.* 2. a) bistinctamque *c.* b) *deest c., add. edd.* c) letiatiam *c.* d) fimiter *c.* e) *al. m. in marg. suppl. c.*

8 = *Rock.* 32; *Roz.* 665 *bis*. *Codd.* 1. 2. a) *deest* 2. b) ep̄:: sive ab̄b̄ 1; s. a. *des.* 2. c) pro alterna commendatione 2. d) al::rn: 1. e) N. ab̄b̄ vel e. 2. f) N. 2. g) ab̄b̄ 2; il̄l̄ 1. h) commendaticias 2. i) 2; gaudium 1. k) quoties 2. l) *deest* 1; se' 2.

1) *Paul. ad Col.* 3, 14.

dederit oportunum, ut ad[m] indagandam sospitatem vestram nostris flagitare debeamus litterulis[n]. Idcirco cum salutationum officiis humili[o] prece almitatem vestram deposcimus, ut pro nobis misericordiarum Domino[p], ubi[q] dignas Deo sedulasque[r] funditis praeces, exorare non dedignemini, quatenus ubique[s] vestris suffultus preconiis diu expectatam[t], immo Christi sanguine mercatam, adire merear patriam; pariterque petimus, ut latores[u] presentes, famulos[v] scilicet vestros, fratres in[w] Christo nostros, quos pro necessitate monasterii nostri illuc usque destinavimus, ut vestrae beatitudini plurimum commendati fiant, et eis, ubicumque necessarium duxerint, solatium prebere faciatis. Vale pro nobis semper orans, domine et beatissime[x] pater.

Suppl. 3.

9. Indiculum[a] ad quemlibet[b] seniorem.

Domino inclito procerumque palatii regalis ornatu[c] atque a cunctis merito venerando universalique[d] ecclesiae in Christo filio illo[e] ille siquidem[f], acsi peccator[g], tamen miserante Deo[h] episcopali privilegio subrogatus, multimodam vobis per[i] has exhiguitatis nostrae litterulas in Christo optamus fore salutem. Ut culminis vestrae agapem nostra[k] extremitas per presentem paginam commoda salutis inquirat, interna[l] dilectione verum demonstrat caritatis affectum. Idcirco salutationum munia, prout decet, cum eulogiis peculiaris[m] patronis vestri, sancti illius[n], per persentem servulum vestrum scilicet[o] celsitudini vestrae destinare praesumpsimus, per quem humiliter petimus[p], ut eo affectu a vobis recipiantur, quo sunt a nobis amore destinate. Remeante vero eodem[q] fideli vestro, a vestra dignatione humiliter petimus, ut cum paginale[r] alloquio cognosceri ac laetificari[s] ex vestra serenissima[t] pietate mereamur[u].

10. Ad abbatissam.

Dilectae in Christo matri sororique amandae N. ille, acsi indignus serviens vester, perpetuam vobis per has commendatitias litterolas semper opto fore salutem. Alias vero deprecor almitatem vestram, ut me humillimum servulum vestrum in vestris sacris ac Deo dignis precibus suscipere non dedignemini, quatenus ubique vestris adiutus suffragiis caelestem quandoque merear adire patriam[1] angelorumque coetibus admixtus eorum beatitudini dignus fieri, vestris pro me apud Deum intercedentibus meritis. Illud vero super omnia vestrae exposco clementiae, ut deinceps me commendatum habere dignemini tamquam fidelem et benivolum fratrem, quia, in quantum parvitati nostrae vires suppetunt, partibus vestris inantea satis fidelis ac benivolus semper esse cupio, et undecumque parvitati nostrae iniunxeritis libento animo peragere exopto. Vale semper in Christo felix, beatissima mater vel soror.

Suppl. 4.

11. Indiculum[a] pontificis ad genetricem.

Dominae in Christo venerabili mihique satis habundeque honorande genitrici necnon et per acceptum supernae largitatis munere offitium pastorale in Christo sanctae Dei ecclesiae filiae N. ille, siquidem ac infimus omnium servorum Dei servus. Commonet enim nos et affectio carnalis et cura pastoralis, ut de vobis semper sollicitus sim. Idcirco has apices parvitatis nostrae ad

8. m) *deest* 1. n) litterolis 2. o) 2; humiliter precis 1. p) Dominum 2. q) que *add.* 1. r) 2; scedulasque 1. s) vestris ubi *pro* u. v. 2. t) m *deest* 1. u) 2; altiores 1. v) 2; f. sc. *des., sed paucis literis spatium relictum* 1. w) n. i. Chr. 2. x) piissime 1; beatissimae 2.

9 = *Rock.* 33; *Roz.* 641 *bis*. *Codd.* 1. 2. a) *deest* 2. b) quem *paene evan.* 1. c) ornato 2. d) eclesiaeque sanctę catholicę in Chr. 2. e) N ill. 2. f) *corr. e* siquedem 1. g) pecator 2. h) domino *edd.* i) per — litterulas *des.* 2. k) 2; nostrae extremitus 1. l) in aeterna 2. m) peculiaribus 2. n) N 2. o) *deest*, N *add.* 2. p) *deest* 2. q) 2; eadem 1. r) paginali 2. s) letificari 2. t) s. p. m. *des.* 1. u) *corr. e* mereantur 2.

10 = *Rock.* 34; *Roz.* 819. *Cod.* 2.

11 = *Rock.* 35; *Roz.* 642 *bis*. *Cod.* 2. a) Inbiculum pontifici *c.*

1) *Cf. supra* 8.

almitatem vestram direximus cum eulogiis peculiaris[b] patronis vestri, sancti illius[c], per quaspetimus, ut et pro nobis orare dignemini, et qualiter, Deo miserante, circa vos agatur, nobis per vestrum rescriptum et per presentem missum innotescere iubeatis. Vale, mater in Christo semper felix.

12. Epistola ad regem pro elegendo episcopo. Marc. I, 7.

Piissimo ac precellentissimo domno N. suggerendo. Principalitatis vestrae circumspecta clementia novit iusta petentibus dignanter annuere et sui moderaminis iuditio ponderante, presertim cum illa deposcuntur generali prece cunctorum, quae omnibus prosit communiterque profitiat tam pro statu ecclesiae seu regimine populari, quam et ipsi regali claementiae prosit salutis ac mercedis. Quoniam sanctae memoriae vir apostolicus ille, illius urbis antestis, die obitus sui adpropinquante, ex hac visus est [luce[a]] discessisse, cursum[b] vitae suae[c] feliciter peragens, ergo, ne destitutae sint[d], quod absit, oves decidente pastore, in loco eiusdem subrogari fatiatis virum inlustrem N. cathedrae illius successorem, in quo paret esse circumspecta moderatio, sublimis scientia, nobilitas generis, eligantia morum, continentia laudabilis, amor civium, sollicitudo pastoralis seu bonae voluntatis adsensus. Nos, siquidem fideles servientes vestri de civitate illa, una cum consensu totius cleri vestrae serenitatis largitati suffragantes hanc ad vos deprecatoriam direximus scedolam.

13. Epistola regalis[a] ad archiepiscopum pro alterius successore. Marc. I, 6.

Domino magnifico, sedis apostolicae dignitatis colendo[b] N. in Christo patri N. gratia Dei rex. Credimus iam ad vestram reverentiam pervenisse, sanctae recordationis illum[c], illius urbis antestitis, vocatione divina de presenti seculo locum[d] migrasset. De successore sollicitudine integra cum pontificibus vel primatibus populi nostri pertractantes, decrevimus, inlustrem virum N., *seu* venerabilem virum illum, sacerdotali honore dignissimum in iam prefata urbe regaliter[e], Christo auspice, committere dignitatem; et ideo salutationum iura digno ac debito honore solventes, petimus, ut, cum ad vos pervenerit, ipsum, ut ordo exposcit, benedici vestra sanctitas non moretur, et iunctis vobiscum vestris conprovincialibus, ipsum in suprascripta urbe pontificem consecrare, Christo auspice, agite[f]. Agat ergo almitas vestra, ut nostrae devotionis voluntatem incunctanter de hac re debeat implere, et tam vos quam ipse pro stabilitate regni nostri iugi sollicitudine plenius exoretis.

14. Epistola[a] regis pro episcopo ordinando. Suppl. 6.

Domino almifico, apostolicae dignitatis honorificando illo[b] presuli ille gratia Dei rex. Igitur dum iuxta apostoli dictum omnis potestas sublimatur a Domino, et quatenus post Deum[c] in regia manet potestate, qualiter cuncta terrena debeantur[d] gubernari, unde oportet nobis salubre consilium pertractare, ut illi erga locis[e] sanctorum instituantur custodes, qui[f] digni ad ipsum gubernandum[g] apparere noscuntur, igitur dum et vestra et clerus[h] vel pagensium civitatis illius[i] adfuit petitio, ut, relicta urbe illa, qua[k] prius regere[l] et gubernare videbamini, in supracripta urbe illius[m] cathedram[n] pontificalem suscipere deberitis[o], et dum vos apud animos[p] nostros et actio probata commendat et nobilitatis ordo sublimat ac morum probitas[q] vel mansuetudo et prudentiae honestas exornat, cum consilio et voluntate pontificum[r] procerumque nostrorum, iuxta voluntatem et consensu[s] clerum et plebis ipsius civitatis in supradicta[t] urbe illa[u] pontificalem vobis in Dei nomine commisimus dignitatem. Propterea per presentem preceptum[v] decernimus ac iubemus, ut supradicta[t] urbs vel res[w] ecclesiae

11. b) peculiaribus *c.; cf. supra* 9. c) ill. *c.*

12 = *Rock.* 36; *Roz.* 515*bis*. *Cod.* 2. a) *deest c.* b) sum *evan. c.; Rock. minus recte:* certamen. c) *al. m. in loco, ut videtur, raso post add. c.* d) *litt.* int *evan. c.*

13 = *Rock.* 37. *Cod.* 2. a) regał *c.* b) ālendo, *linea supra* a *rubra est, c.* c) ill. ill. urƀ *c.* d) *corruptum e* luce. e) regulariter *Marc.* f) *ante h. v. aliquid erasum c.*

14 = *Rock.* 38. *Codd.* 1. 2. a) *rubrica deest* 1. b) N 2. c) Domini 2. d) debeant 2. e) loci 1; loca 2. f) 2; quia 1. g) 2; gubernantur 1. h) cleri 2. i) ill. 2. k) quam 2. l) g. et r. 2. m) ill. 2. n) calthedram *corr.* catthedram 2. o) deberetis 2. p) amicos 2. q) 2; probatas 1. r) 2; pontificium 1. s) consensum 2. t) 2; suprascripta 1. u) ill. 2. v) 2; preceptam 1. w) *deest* 1.

ipsius et clerus sub vestro arbitrio et gubernatione consistant, et erga regimen nostrum semper fidem inlibatam custodire debeatis[x], et iuxta canonicam institutionem plebem[y] vobis commissam assidua predicatione sermonibus adhortare[z] et erudire faciatis et non minus pietate quam severitate constringere studeatis, et curam[a] pauperum vel necessitate[b] indigentium cum ingenti cura[c] et sollicitudine procuretis, et, adquisita vobis multipliciter gregis vestri salute, nullis maculis sordidatos ad ovile dominicum valeatis presentare, quatenus, dum aecclesia[d] vobis a[e] divina dispensatione commissa strenue regere atque[f] gubernare videamini[g], vobis apud eternum retributorem Dominum mercis[h] suffragatur, et ut vos universorum Dominum pro nostrorum[i] sceleribus[k] assiduae exorare debeatis.

Marc. I, 8.

15. Epistola cuiuslibet optimati.

Perspicuę[a] regalis in hoc profectio[b] conlaudatur clementia, ut in cuncto populo bonitas et vigilantia requiratur personarum, nec facile cuilibet iudiciaria convenit committere dignitatem, nisi prius fides et strenuitas videatur esse probata. Ergo dum et fidem et humilitatem[c] tuam videmur habere conpertam, ideo tibi actionem comitati, ducatus, in pago illo, quem antecessor tuus ille usque nunc visus est exegisse, tibi ad agendum regendumque committimus, ita ut semper erga regimini nostro fidem inlibatam custodias, et omnis populus ibidem commanentes, tam Franci, Romani, Burgundiones vel reliquas[d] nationes, sub tuo regimine et gubernatione degant et moderentur, et eos recto tramite secundum legem et consuetudinem eorum regas, viduis et pupillis maximus defensor[e], latronum et malefactorum scelera a[f] te severissime reprimantur, ut populi bene viventes sub tuo regimine gaudentes debeant consistere quieti; et quicquid de ipsa actione in fisci dictione subrogantur[g], per vosmet ipsos annis singulis nostris erariis inferatur.

Marc. I, 9.

16. Epistola regalis ad alium regem destinenda.

Domino glorioso atque praecellentissimo fratri illo regi ego in Dei nomine ille gratia Dei rex. Desideratus eventus fidelissimam nobis obtulit facultatem, qua vestrae serenitatis salutationis honorificentiam prebeamus, eo videlicet dilectionis affectu prosperitatem vestrae celsitudinis cognoscere cupientes, quo vestrae fraternitatis gloriam erga nos individuam arbitramur. Proinde presentes viros illustres illos vel illos ad presentiae fraternitatis vestrae direximus, quibus[a], ut vestrae dignitati condecet, benignissima tranquillitate susceptis, petimus, ut, dum officium legationis iniuncte peregerint, responsis vestrae clementiae premoniti ad referendum salutis indicium sacris litteris exaretur. Valete.

Marc. I, 10.

17. Item resscriptum ad eundem regem*.

Domino gloriosissimo atque precellentissimo et a nobis cum summo caritatis vinculo sumatim[a] Christi amore amplectendo illi[b] rege ille gratia Dei rex. Apices celsitudinis vestrae per magnificos et illustres[c] viros illos[d] summa cum aviditate nos[e] accepisse cognoscite; per quos vestrae celsitudini[f] salutationum munia, ut condecet, premittentes[g], ea quae circa vos sunt prospera[h] cognoscentes, multum in omnibus gavisi sumus. Denique vestro amore, tales ut condecet viros, devotione benignissima susceptos, officium legationis sibi a[i] vobis iniunctum nostris auribus sagaci relatione detulerunt. Illi vero vestris partibus feliciter remeantes, de omnibus a nobis conpetenter responsis acceptis, Christo auspice, tandem aliquando vestris serenissimis obtutibus presentiam reddituri de omnibus, que[k] nostrae exiguitati visi estis percunctari, celsitudinis vestrae auribus debeant promulgare. Valete[l].

*) *Cod.* 2: Item regis ad alium regem.

14. x) *deest* 1. y) plebe 2. z) adortare 2. a) pauperum cura 2. b) necessitates 2. c) *deest* 1. d) ecclesia 2. e) com. a div. disp. 2. f) *deest* 1. g) 2; videmini 1. h) merces suffragetur 2. i) nostris 2. k) 2; scedulas *corr.* scedulus 1.

15. *Cod.* 1. a) Praespicuae *Marc.* b) perfectae *Marc.* c) utilitatem *Marc.* d) reliq̄ *c.* e) appareas *add. Marc.* f) ante *pro* a te *c.* g) speratur *Marc.*

16. *Cod.* 1. a) *litt.* us *des. c.*

17 = *Rock.* 39; *Roz.* 697 *bis*. *Codd.* 1. 2. a) summatim 2. b) N regi ill. gr. 2. c) inlustres 2. d) N 2. e) *deest* 1. f) 2; celsitudinis 1. g) 2; premitantes 1. h) *deest* 1. i) 2; an 1. k) quae 2. l) Vale 2.

18. Indiculum regis ad quemlibet hominem laico pro iustitia aliqua facienda*. Marc. I, 29.

Ille gratia Dei rex, vir inluster, magnifico viro illo[a]. Quidam fidelis noster nomine[b] illius ad presentiam nostram veniens nobis suggessit, qualiter vos ei, nulla manente causa, hereditatem suam[c] indebite[d] abstulissetis et post vos iniuste retinuissetis, et nullam iustitiam exinde apud vos actenus consequi potuisset. Propterea presentes litteras ad vos direximus, per quas omnino iubemus, ut, si taliter ei factum est, qualiter nobis ipse suggessit, faciatis[e] ei reddere omnem rem proprietatis suae, quicquid ei[f] iniuste abstulistis, et secundum legem de omnibus ad integrum revestire faciatis, qualiter gratiam[g] Dei vel nostram vultis habere. Sin vero aliter feceritis, et aliquid habueritis quod contra illum opponere debeatis, non aliter fiat, nisi vos ipsi per hunc[h] indiculum nominatim commoniti[i] die[k] mensis illius illo[l] simul cum eo ad nostram veniatis presentiam[m], eidem[n] homini hac[o] de causa ad[p] integrum et legale dare responsum.

*) *Cod.* 2: Epistola regis ad comitem.

19. Relatio pagensium ad regem directa*. Marc. I, 34.

Suggerendo piissimo atque precellentissimo domno illo[a] regi, *vel* principi illo[b], a servientibus vestris[c] pagensibus illis, quorum subscriptiones[d] vel signacula subter tenentur[e] inserta. Principalitatis vestrae circumspecta clementia novit iusta petentibus[f] dignanter[g] annuere et necessitatem[h] pacientibus clementer subvenire. Pene[i] omnibus patet, regionem nostram ab hostibus depopulatam esse et domus[k] multorum igne concrematas[l] vel res quam plures per direptionem sublatas[m]. Inter quos etiam serviens vester ille[n] non modicum ibidem perpessus est damnum[o] et in[p] rebus suis dispendium, vel omnia instrumenta cartarum, quod[q] ipse [vel[r]] parentes sui habuerunt, tam quod[s] ex munificentia regum possedit, quam quod per venditionis, cessionis, donationis commutationisque titulum habuit, una cum domo sua in[t] incendio concremata[u] esse noscuntur. Unde nostrae[v] parvitati petiit, ut, quod veraciter exinde cognovimus, per hanc nostram suggessionem[w] vestrae innotescere[x] clementiae; quod et facere servientes vestri curavimus. Unde sagax industria vestra precipiat, ut[y], quicquid usque[z] modo in regno vestro[a] quietus possedit, ut per vestrum regalem preceptum plenius confirmatus inantea valeat possidere quietus et securus. Nos vero servientes vestri quicquid exinde veracius scire potuimus vobis innotescere presumpsimus. Vestrum est enim, et necessitatem[b] pacientibus subvenire.

*) *Cod.* 2: Epistola ad regem directa.

20. Epistola tractoria, quam rex missis suis facere iubet, quando eos [in[a] legationem premittit]*. Marc. I, 11.

Ille[b] gratia Dei rex omnibus agentibus vel cunctis fidelibus nostris. Dum et nos in Dei nomen[c] apostolicum virum illum[d] necnon et inlustrem[e] virum [illum[f]] partibus illis legationis[g] causa direximus, ideo iubemus, ut locis oportunis eisdem a vobis evectio simul et[h] humanitas ministretur;

*) *Cod.* 2: Regis tractatoria missis domni.

18 = *Rock.* 40; *Roz.* 432. *Codd.* 1. 2. a) N 2. b) N *pro* n. i. 2. c) 2; *deest* 1. d) 2; indebita 1. e) fatiatiatis 2. f) 2; *deest* 1. g) g. D. *in marg. suppl., sed litt.* ei *abscisae sunt* 2. h) *deest* 2. i) commoti 2. k) 2; diem 1. l) *deest* 2. m) 2; p̄ 1. n) 2; idem 1. o) 2; ac 1. p) *deest* 2.

19 = *Rock.* 41; *Roz.* 412 *bis*. *Codd.* 1. 2. a) N 2. b) ill. 2. c) 2; nostris 1. d) 2; subscriptione 1. e) 2; tenentes 1. f) 2; petentes 1. g) dignantur 2. h) 2; necessitate 1. i) 2; penae 1. k) domos 2. l) 2; concrematos 1. m) *corr. e* sublatis 1. n) N 2. o) 2; dampnum 1. p) *add.* 2. q) quae ipsi 2. r) *supplevi e Marc.* s) quae 2. t) i. i· *des.* 1. u) 2; concrematā 1. v) nostram parvitatem 2. w) 2; iussionem 1. x) 2; notescere 1. y) et 2. z) u. m. *des.* 2. a) modo *add.* 2. b) 2; necessitate 1.

20 = *Rock.* 42. *Codd.* 1. 2. a) ıh *c.; duo verba sequentia notis Tir. exarata sunt, quarum priorem V. Cl. Schmitz existimat aut, ut supra scripsimus, aut:* legem *legendam esse.* b) ill. 2. c) nom̄ 2; nomine 1. d) N 2. e) 2; illustrem 1. f) *deest* 1; N 2. g) lagationis 2. h) *deest* 2.

hoc est veridos[i] sive parafridos[k] tantos[l], pane[m] nitido mod.[n] tant.[o], sequenti[p] pane mod. tant., vino[q] mod. tant., cervisa mod. tant., lardo libras[r] tant., carnis[s] lib. tant., porcos[t] tant., porcellos[u] tant., verbices tant., agnellos[v] tant., aucas tant.[w], fasianus[x] tant.[w], pullos tant.[w], ova tant.[w], oleo lib. tant., garo lib. tant., mel lib. tant, acoeto[y], cumino vel piper, costo, gariofilo[z], spico, cinamo, granomastico, dactilas, pestitio[a], amandolas[b], cereos[c] lib. tant., caseo lib. tant., sal, olera, ligna carra tanta, faculas tant., ita victum ad caballos eorum: foeno[d] carra tant., suffusa[e] mod. tantos. Haec[f] omnia diebus singulis, tam ad ambulandum quam ad nos in Dei nomine revertendum, ut unusquisque vestrum loco oportuno eisdem viris ministrare et adimplere procuretis, qualiter nec moram habeant nec aliquam iniuriam perferant[g], si gratiam nostram optatis habere.

21. Indiculum[a] ad quemlibet comitem palatii[1].

Magnifico et ab omnibus venerando inlustri viro illo[b] comiti[c] palatii ille[b] dono Dei episcopus omnisque congregatio sancti illius perpetuam in domino Salvatore salutem[d]. Primum quidem notum sit magnificentiae vestrae, quod tam ego quam omnis adunatio sancti illius[e], vestris bonis meritis exigentibus, pro incolomitate vestra die noctuque Dominum deprecamur, ut vos sanos[f] salvosque conservare dignetur. Deinde vero petimus clementiam vestram, ut illas iustitias ecclesiae, *vel* monasterii, sancti illius[e], que[g] ad nos pertinere videntur, vestro examine presententur, et eas ad liquidum sagax industria vestra perscrutari dignetur, quatenus ad rectum tramitem revocare satagat, obnixe deposcimus. Insuper vero, ut[h] illas alias iustitias, quae infra pagum definire per nos non valemus, industriae[i] vestrae reservandas esse censuimus; quas etiam ex[k] regali auctoritate rectius per vos definiendas esse, per omnia credimus. Agite itaque erga iustitias sancti illius, qualiter nos in vestra[l] benivola confidimus caritate. Nos igitur pro laboribus vestris dignum servitium vobis omni tempore exsolvere cupimus.

Marc. I, 33.

22. Preceptum regis pro monasterio igne cremato[2].

A regali necesse est releventur clementia, quicunque aliquid damni ab hostibus vel ab igne seu per aliquam violentiam perpessi sunt. Igitur fidelis noster N. clementiae regni nostri suggessit, qualiter ante hos annos monasterium illius ignis exustio concremasset, *vel* quod exercitus illius[a] tota huius monasterii[b] aedifitia ad integrum pervasissent vel depredassent sive per incendium concremassent, et quod omnem suppellectilem ipsius monasterii una cum instrumentis cartarum, tam quod regio munere perceperat, quam quod et per venditionis, donationis, cessionis commutationisque titulum vel quae de alode parentum in quocumque loco regni nostri aliquid possideat, ibidem concrematae fuissent; unde et relatio pagensium nobis id ipsum innotuit, quod ita se hac de causa veritas haberetur. Ergo [per[c]] hoc preceptum omnino iubemus, ut omnes res suas, undecumque ipsa instrumenta perierunt, absque ullius inquietudine, sicut prius visus est possidere, ita et deinceps per hoc preceptum plenius confirmatus sub integremunitate[d] possideat. Igitur et pro firmitatis studio petiit iam dictus vir ille, ut per nostram auctoritatem hoc

20. i) veridìdos 2; veredarios 1. k) parafredos 2. l) tant. 2. m) pañ 1. n) *sic semper etiam pro* m̄ *scripsi.* o) *sic semper etiam pro* tañ *et* t̄ *scripsi.* p) s. p. m. t. *des.* 1. q) vim (*pro* vini) 2. r) 2; lib̄ 1. s) carnis — agnellos tant. *des.* 1. t) porc̄ 2. u) porcll̄ 2. v) agnell̄ 2. w) *deest* 2. x) fasianos 2. y) acetum 2. z) cariofolo 2. a) *deest* 2. b) amnadolas 2. c) 2; cereo 1. d) feno 2. e) s. m. t. *des.* 1. f) hec 2. g) 2; preferant 1.

21 = *Rock.* 43; *Roz.* 423. *Codd.* 1. 2. a) Epistola ad c. 2, *ubi* queml. *deest.* b) N 2. c) *corr.* comite 1; palatii com̄ *pro* c. p. 2. d) *corr. videtur e* salutare 1. e) ill. 2. f) sanos salvasque 1; salvos sanosque 2. g) quae 2. h) *ita* 1, *non, ut praebet Roz.*, et; ad 2; *omnino delendum videtur.* i) industrae 2. k) et 2. l) vestram benivolam c. caritatem 2.

22 = *Rock.* 45; *Roz.* 413 *bis*. *Cod.* 2. a) ill. *c.* b) *corr. e.* monesterii *c.* c) *deest c.* d) *sic et infra pro* integra emunitate *c.*

1) *De hac formula cf. Waitz, 'VG.' IV, p.* 413. 2) *Marculfi formulam hic non modice perturbatam et prorsus inutilem factam reperimus.*

ipsum circa eius monasterium per scripturarum seriem plenissime confirmare deberemus; sicut et fecimus. Precipientes ergo iubemus, ut, quicquid memoratus ille tam in terris, domibus, aedifitiis, accolabus, mancipiis, vineis, silvis, campis, pratis, pascuis, aquis aquarumve decursibus vel reliquis quibuscumque benefitiis, quod per relationem suprascriptorum virorum cognovimus iuste et rationabiliter usque nunc tenuisse, ubicumque in regno nostro aliquid possidere videtur, dum eius instrumenta certissime cremata esse cognovimus, per hoc preceptum plenius in Dei nomine circa eundem suffultum atque confirmatum absque ullius inquietudine vel refragatione teneat et possideat et suis posteris, ubicumque voluerit, in Dei nomine ad possidendum relinquat. Quam vero auctoritatem perpetuis temporibus permansuram propria manu subter roborare decrevimus.

23. Preceptum regis ad loca sanctorum aliquid tradere[1]. Marc. I, 14.

Merito largitatis nostrae munere sublevantur, qui parentibus nostris vel nobis ab aduliscentia aetatis eorum instanti famulantur offitio. *Item alia*[a]: Perspicue[b] conpendiis regalibus illud adscribitur, quod pro contemplationis servitio fidelibus suis, concedente Domino, consulte muneratur[2]. Ergo cognoscat magnitudo seu industria vestra, nos inlustri viro N. promtissima voluntate villam nuncupatam N., sitam in pago N., cum omni integritate vel soliditate sua ad integrum, sicut ab homine illo, *aut* fisco nostro, fuit possesa, velut moderno tempore possidetur, visi fuimus concessisse. Quapropter per presentem auctoritatem nostram decernimus, et perpetualiter mansurum esse volumus ac iubemus, ut ipsam villam iam dictus vir N., ut diximus, cum omni integritate vel soliditate, cum terris, accolabus vel quodlibet genus hominum ditione fisci nostri subditum, qui ibidem commanere videntur, sub integremunitate, absque ullius introitu[c] iuditium de cuiuslibet causas freda exigenda, perpetualiter habeat concessa, ita ut iure proprietario, absque ullius inspectata iudicum traditione, habeat, teneat atque possideat, et suis posteris, Domino adiuvante, ex nostra largitate vel cui voluerit ad possidendum relinquat, seu quicquid exinde facere voluerit, ex nostra permissione liberam in omnibus habeat potestatem. Et ut haec auctoritas firmior habeatur, manu nostra subter eam decrevimus roborare.

24. Cessio regis ad sanctuaria. Marc. I, 15.

Cognoscat magnitudo seu utilitas vestra, nos propter nomen Domini ad basilicam illam, *vel* monasterium illud, ubi apostolicus pater noster ille abbas[a] preesse videtur, id est villam nuncupatam N., sitam in pago N., quam usque nunc fiscus noster, *seu* venerabilis vir N., tenuit, promtissima devotione cum omni integritate visi fuimus concessisse. Quapropter per presentem auctoritatem nostram decernimus, quod perpetualiter mansurum[b] esse iubemus, ut istam villam memoratam ecclesia[c] illa, *seu* monasterium illud[d], iam dictus pontifex, *vel* ille abbas, ut diximus, cum omni integritate, cum terris, domibus, aedifitiis, accolabus, mancipiis *vel cetera, sicut superius continetur*, ita ut tam ipse prefatus vir quam et successores sui habeant, teneant atque possideant, vel quicquid ad profectum aecclesiae illius, *aut* monasterii illius, facere voluerint[e], ex permissione nostra liberam in omnibus habeant potestatem. Et ut haec auctoritas firmior habeatur vel tempora multa conservetur, manus[f] nostrae subscriptionibus subter eam decrevimus roborare[g].

25. Confirmatio regalis. Marc. I, 16.

Quem divina pietas sublimatur ad regnum, condecet facta conservare parentum; precipue, que[a] pro conpendiis aecclesiarum sanctorum[b] a regali clementia pro aeterna retributione probatur esse indultum, oportet conservare in evum. Igitur apostolicus vir, pater in Christo noster N., illius urbis episcopus,

23 = *Rock.* 46. *Cod.* 2. a) al. *c.* b) Prespicuae *Marc.* c) *litera ultima, ut videtur* m, *erasa c.*

24 = *Rock.* 47. *Cod.* 2. a) abb *saepius c.* b) mansuram *c.* c) ecclesiae *corr.* ecclesiaa *c.* d) ildud *c.* e) n *e corr. al. m. c.* f) us *evan. c.* g) e *evan. c.;* roborari *Rock.*

25 = *Rock.* 48. *Cod.* 2. a) *Rock. minus recte add.* quod. b) *corr. al. m.* sanctarum *c.*

1) *Rubricam cum formula nullo modo convenire, recte monuit Rock.* 2) *Tertia, quam Marculfus adiecit, arenga hic omissa esse videtur, quippe quae spectans ad donationes locis sanctorum constituendas formulae subsequenti parum apta esset.*

clementiam regni [nostri [c]] detulit in notitia, qualiter ille rex per preceptum suum, manu [d] sua subscripta, ad aecclesiam illius [e], quam presidere dinoscitur, villa nuncupante illa, sitam in pago N., cum omni integritate sua sub omni emunitate, absque ullius introitus iudicum de quibuslibet causis freda exigenda, propter nomen Domini concessisse, et ipsum preceptum se per manus habere firmat, ut ipsam memoratam villam ipse pontifex sub eodem modo a parte aecclesie suae possidere videatur. Petiit celsitudini nostrae, ut hoc circa eodem vel memoratam aecclesiam illius [f] nostris deberemus conservare [g] oraculis; quod nos propter nomen Domini et reverentiam sancti ipsius loci vel merita prefati pontificis [h] gratanti animo prestitisse et confirmasse cognoscite. Precipientes enim, ut, sicut constat prefata villa a iam dicto principe memorate aecclesiae illius cum integritate sua sub omni emunitate fuisse concessa, et eam [i] ad presens possidere videtur, inspecta [k] ipsa cessione, per hunc preceptum plenius in Dei nomine confirmamus, ut sub eo ordine tam ipse quam et successores ipsius memorate aecclesiae sancti illius eam teneant atque possideant et eorum successoribus ad possidendum relinquant, vel quicquid exinde pro oportunitate ipsius loci faciendum decreverint, ex nostra permissione liberam habeant potestatem. Et ut haec cessio firmior habeatur, manu nostra subter decrevimus roborare, quatenus in evum inconvulsa valeat permanere.

Marc. I, 17.

26. Item confirmatio regalis.

Regiam consuetudinem exercemus et fidelium nostrorum animos adortamur, si petitionibus eorum libenter annuimus et eas in Dei nomine effectui [a] mancipamus. Igitur inluster vir nomine [b] ille clementiae regni nostri suggessit, eo quod ante hos annos ille rex, parens noster, villam aliquam nuncupantem illam, in pago illo, quae ante ad publicum fiscum aspexerat et ille in nostrum benefitium [1] tenuerat, pro fidei suae respectu, eius meritis conpellentibus, cum omni integritate ipsam villam per suum preceptum, sua manu roborata, in integręmunitate, absque ullius introitus [iudicum [c]] de quibuslibet causis freda exigenda, eidem concessisse; unde et ipsam preceptionem antedicti principis nobis ostendit religendam. Et ut memoratam villam ad presens sub eodem modo ei possidere contingat, petiit, ut hoc circa eodem nostra plenius deberet auctoritas generaliter confirmare; cuius petitionem pro respectu fidei suae, sicut unicuique de fidelibus nostris iusta petentibus annuere consuevimus, similiter etiam iam dicto illo [d] nos prestitisse et confirmasse cognoscite. Precipientes ergo, ut, sicut constat antedicta villa illa cum omni sua integritate ab ipso principe illo [d] memorato [e] fuisse concessa, et eam ad presens iure proprietario [f] possidere videtur, per hunc preceptum plenius in Dei nomine confirmamus, inspecta ipsa preceptione, ipse et posteritas eius eam teneant et possideant et cui voluerint ad possidendum relinquant, vel quicquid exinde facere decreverint, ex nostra permissione plenius liberam perfruantur potestatem. Quam vero auctoritatem, [ut [c]] firmior habeatur et per tempora conservetur, propria manu subter decrevimus roborare.

Marc. I, 22.

27. Preceptum regis de servo per denarium ingenuum relaxato.

Ille gratia Dei rex dilecto fideli nostro illo [a]. Et quia apostolicus, *seu* inluster, vir N. servo suo N. in presentia nostra, iactante denario, secundum legem Salicam dimisit ingenuum, eius quoque absolutionem per presentem auctoritatem nostram firmamus; praecipientes enim, ut, sicut reliqui mansuarii, qui per talem titulum a iugo servitutis in presentia principum noscuntur esse relaxati ingenui, ita et amodo memoratus ille per nostrum preceptum plenius in Dei nomine confirmatus, nullo inquietante, perennis temporibus cum Dei et nostra gratia valeat permanere bene [b] ingenuus atque securus. Et ut haec auctoritas firmior habeatur, manu nostra subter decrevimus roborare.

25. c) *supplevi e Marc.; in codice quaedam evan.* d) u *evan. c.* e) ill. *c.;* illam *Rock.* f) ill. *c.;* illam *Rock.* g) confirmare *Marc.* h) *corr. e* pontificius *c.* i) *e corr. c.* k) in *c.*

26 = *Rock.* 49. *Cod.* 2. a) *corr. e.* affectui *c.* b) N *c.* c) *deest c.* d) ill. *c.* e) memorate *c.* f) proprio, *al. m. add.* etario *c.*

27 = *Rock.* 50; *Roz.* 57. *Cod.* 2. a) ill. *c.* b) ne *post add. c.*

1) *Cf. Sickel, 'Beiträge' V, p.* 16 *n.* 2; *Waitz, 'VG.' II* [2], *p.* 244 *sq. n.*

28. Praeceptum regale de venditione cuiusdam rei. Suppl. 2.

Ille gratia Dei rex, vir inluster. Ille comis[a] veniens, *aut* missus suus, in palatio nostro clementiae regni nostri suggessit, quasi homo aliquis nomen ille portionem, *aut* villam suam nuncupante illam, in pago illo, quicquid ibidem visus fuit tenuisse, per venditionis titulum, accepta pecunia sua, eidem visus est distraxisse; et eam ad presens possidere videretur. Sed dum et ipse ille presens adstabat, interrogatum est ei a nobis vel a proceribus nostris, si ipsam venditionem, quam ipse ille de suprascripta re in presente proferebat, de nomine eius fecisset aut memoratam rem vendidisset, vel, si ei necessitas evenerit, auctor eidem esse voluerit, in presente edicere debet. Sed taliter in nostra presentia memoratus N. professus est, quod et ipsam venditionem fecerat et pretio de suprascripta re, quod illa venditio continebat, acceperat, et auctor eidem ex hoc et ad presens et inantea, si ei necessitas contigisset, erat et esse volebat. Ideo, dum taliter[b] coram nobis[c] professus est, per presentem preceptum nostrum decernimus ac iubemus, ut memoratus ille ipsam villam, *aut* portionem illam, ad iam dictum locum in integritate, quicquid in ipsa venditione cartula continetur, absque contrarietate vel repetitione illius[d] aut heredibus suis, quieto ordine debeat possidere, vel quicquid exinde facere ipse aut heredes sui decreverint, liberum potiantur arbitrium.

29. De privilegio monasterii. Marc. I, 2.

Ille gratia Dei rex viris apostolicis, patribus nostris, necnon et inlustris viris, illi[a] vel omnibus agentibus, presentibus et futuris. Oportet enim clementiae principali, ut inter ceterorum petitionibus sacerdotum debeat benignum accommodare auditum, et quae pro timore divini nominis postulantur, ponatur procul dubio ad effectum, ut fiat in mercede coniunctio, dum pro quiete servorum Dei congrua inpertitur petitio; quia fides perfecta non dubitet, ad Altissimi gratiam pertinere, quod secundum sacrum eloquium precipue ad domesticos fidei devota mente impenditur; quia scriptum est: 'Beati pauperes spiritu, quoniam ipsorum est regnum celorum'. Ergo dum et ille episcopus, *aut* abbas[b], *seu* inluster vir, monasterium in honore sancti illius in pago illo, *aut* super sua proprietate, *aut* super fisco, noscitur aedificasse[c] —, ipsi monachi iuxta religionis normam[d] perpetim valeant resedere, elegimus, ut huic series debeat plenius declarare; quia nihil de canonica institutione[e] convellitur, quicquid ad domesticos fidei pro tranquillitatis pace conceditur; nec nobis[f] aliquis detrahendo[g] estimet in id nova decernere[h] carmina, dum ab antiquitus iuxta constitutionem pontificum[i] per regalem sanctionem monasterium sanctorum illorum vel cetera in regno nostro sub libertatis privilegio videntur consistere, ita et presens valeat, Deo adiutore, constare. Ergo si quid ibidem in villabus, mancipiis vel reliquis quibuscumque rebus atque corporibus aut regio munere aut superscripti illius vel cuiuslibet est delegatum, aut deinceps fuerit additum, iuxta quod ad illum pontificem vel ceteris episcopis ad prefatum monasterium, iuxta quod eorum continet privilegium, quem nobis prefatus ille protulit recensendum, sanctum esse cognovimus, episcopus, ut diximus, nec presens, nec qui fuerint successores sui, seu archidiaconus[k] vel eorum ordinatores vel quelibet alia persona possit quoquo ordine de loco ipso aliquid auferre, aut aliquam potestatem sibi in ipso monasterio, preter quod scriptum est, adaptare, vel aliquid quasi[l] pro commutationis titulum minuare, aut de ministerii ornamenta vel de oblationibus in altari inlata abstulere; nec ad ipsum monasterium vel cellulas eius, nisi tantum pro lucranda oratione, quod si fuerit cum voluntate abbatis vel suis congregationis, absque dispendio eorum, aliter accedere penitus non presumat; quo fatilius secundum delegationis votum vel huius seriae auctoritatem ad ipsum monasterium absque ullius inquietudine ibidem cuncta perfitiant in augmentis; adicientes, ut nulli penitus iuditium vel cuiuslibet hominum licentia sit, de rebus prefati monasterii absque voluntate ipsorum servorum Dei in aliquo inique defraudare aut temerario spiritu suis usibus usurpari, nec, quod primitus est, Dei iram incurrat et nostram offensam, a fisco grave damnum sustineat. Illud nobis pro integra mercede nostra placuit addendum, ut tam quod ex nostra largitate quam delegatione ipsius vel ceterorum aut cuiuslibet ibidem est aut fuerit devoluta possessio, quoquo tempore nulla iudiciaria potestas, nec presens nec succidua, ad causas audiendum vel aliquid exactandum ibidem non presumat ingredere; sed sub omni emunitate hoc ipsum monasterium vel congregatio eius sibimet omnes fredos concessos debeant possidere; et quicquid exinde fiscus noster forsitan de eorum hominibus, aut de ingenuis aut servientes, in eorum agros commanentes, vel undique

28 = *Rock.* 51. *Cod.* 2. a) illi comiti. Veniens ille *Suppl.* b) naturaliter *pro* dum taliter *c.* c) *in marg. post add. c.* d) ill. *c.*

29 = *Rock.* 52. *Cod.* 2. a) ill. *c.* b) abb̄ *c.* c) fi *al. m. in marg. suppl. Recte monuit Rock. verba non pauca hic omissa esse.* d) nornam *c.* e) instutitione *c.* f) nobilis *c.* g) detrahende *c.* h) re *post add. c.* i) pontificem *c.* k) archidac̄ *c.* l) quas *c.*

[poterat[m]] sperare, ex indulgentia nostra in luminaribus ipsius sancti loci vel in stipendia servorum Dei, tam nobis in Dei nomen viventibus quam per tempora succedentibus regibus, pro mercedis conpendio debeant cuncta proficere, ut pro aeterna salute vel felicitate[n] perpetuae seu regis constantia delectet ipsis monachis inmensam[o] Domini pietatem iugiter implorare. Quem preceptum decretus nostri Christo in omnibus suffragante, ut firmior habeatur et perenniter conservetur, subscriptionem manus nostrae infra studuimus perarari.

Marc. I, 3.

30. Emunitas ad loca sanctorum.

Maximum regni nostri augere credimus munimentum, si benefitio oportuna loca aecclesiarum benivola deliberatione concedimus ac, Domino protegente, stabiliter perdurare conscribimus. Igitur noverit solertia vestra, nos[a] ad petitionem apostolico viro domno illo, illius urbis episcopo, tale pro aeterna retributione benefitium visi fuimus indulsisse, ut villas aecclesiae sancti illius, quas moderno tempore aut nostro aut cuiuslibet munere habere videtur, vel quas deinceps iure ipsius sancti loci voluerit divina pietas ampliare, nullus iudex publicus ad causas audiendum aut freda undecumque exigendum quoquo tempore non presumat ingredere; sed hoc ipse pontifex vel successores eius propter nomen Domini sub integremunitatis nomine valeant dominare. Precipientes ergo, ut nequae vos neque iuniores neque successores vestri nec ulla publica iuditiaria potestas quoquo tempore in villas iam dictae ecclesiae, ubicumque in regno nostro aut regum aut privatorum largitate conlatas, aut quae inantea fuerint conlatae, nequae audiendas altercationis ingredere, neque freda de quibuslibet causis exigere, nec mansiones aut paratas vel fideiussores tollere non presumantur; sed quicquid exinde aut de ingenuis aut de servientibus ceterisque nationibus, qui sunt infra agros vel finis seu super terras prefatae ecclesiae commanentes, fiscus aut freda aut undecumque poterat sperare, ex nostra indulgentia pro futura salute in luminaribus ipsius aecclesiae per manus agentium eorum proficiat in perpetuum. Et quod nos propter nomen Domini et animae nostrae remedium seu nostra subsequente progenię plena devotione indulsimus, nec regalis sublimitas nec cuiuslibet iudicum[b] seva cupiditas refragare temptaverit. Et ut haec presens actoritas[c] tam presentis quam futuris temporibus inviolata, Deo auspice, permaneat, manus nostrae subscriptionibus infra roborare decrevimus.

Marc. I, 4.

31. Confirmatio regalis.

Principali quidem clementiae cunctorum decet accommodare aure benigna; precipue, que[a] pro conpendio animarum ab precedentibus regibus, parentibus nostris, ad loca aecclesiarum probamus esse indultum, devota debemus mente perpendere et congrua benefitia exhibere et, ut mereamur illius operis esse participes, robustino[b] per nostris oraculis confirmare. Igitur apostolicus vir ille, illius civitatis episcopus, clementiae regni nostri suggessit, eo quod ille rex per suam auctoritatem sua manu subscripta de villis aecclesiae suae, quod ad presens possideat, vel quod a Deum timentibus hominibus ibidem inantea delegandum erat, sub integra emunitate eidem concessisset, ut nullus iudex publicus ad causas audiendas vel freda exigenda ac mansiones aut paratas fatiendas nec fideiussores tolendum nec homines ipsius aecclesiae de quibuslibet distringendum nec ulla redibitione requirenda ibidem ingredi non debeat; unde et ipsa preceptione iam dictus princeps seu et confirmationes illorum regum, eorum manibus roboratas, antedictus pontifex nobis ostendit relegendas, et ipsum benefitium circa eodem vel memorata ecclesia sua, sicut a supradictis principibus fuit indultum, moderno tempore asserit[c] esse conservatum. Sed pro firmitatis studio petiit celsitudini nostrae, ut hoc denuo circa eodem vel memorata ecclesia sancti illius nostra deberet auctoritas generaliter confirmare; cuius petitioni[d] pro reverentia ipsius loci, ut mereamur mercede sociari, plenissima voluntate prestitisse vel confirmasse cognoscite. Precipientes ergo iubemus, ut, sicut constat ab antedictis principibus de villis prefatae ecclesiae sancti illius integra emunitas absque introitus iudicum fuisset concessa, ita et inantea, auxiliante Domino, inspectas priorum principum auctoritates, omnimodis conservetur; et neque vos neque iuniores neque successores vestri vel quislibet de iudiciaria potestate in villas antedicte ecclesiae, quas moderno tempore ubicumque in regno nostro possidere noscuntur, vel quae inantea a Deum timentibus hominibus fuerint conlatae, tam de ingenuis[e] quam de

29. m) *deest c.* n) felitate *c.* o) in m̄sā *c., quod Rock. minus recte legit:* in misericordia.

30 = *Rock.* 53. *Cod.* 2. a) *in marg. post add. c.* b) iuditium seu accupiditas *pro* s. c. *c.* c) *ita c.*

31 = *Rock.* 54. *Cod.* 2. a) *Rock. minus recte add.* quod. b) robustissimo iure *Marc.* c) cesserit *c.* d) petioni *c.* e) ingenuus *radendo corr.* ingenuis *c.*

servientibus vel quibuslibet nationibus hominum in predictas ipsius aecclesiae villas conmanentes, nec agendum nec freda exigendum nec fideiussores tollendum nec mansiones aut paratas fatiendum nec eos de quibuslibet causis distringendum nec ulla redibitione requirendum, ibidem ingredi non presumatis; sed sicut ipsum benefitium a iam dictis principibus ad iam dictam ecclesiam fuit indultum et actenus inconvulsum permansit, ita et deinceps per hanc nostram auctoritatem generaliter confirmatum in Dei nomine perenniter maneat inconvulsum; et quicquid exinde fiscus noster potuerat sperare, in luminaribus ipsius ecclesiae in perpetuo profitiat. Et ut haec auctoritas tam presentibus quam futuris temporibus inviolata, Deo adiutore, possit constare, subter etiam propria manu decrevimus roborari[e].

32. Indiculum ad episcopum.

Eximio, orthodoxo, sapientiae spiritu predito, intellectus gratia claro, consilii ratione pleno, fortitudinis spiritu confido, scientia dono perfecto, pietatis munere celso, timoris Domini gratia repleto illo dono Dei metropolitano, ecclesiae Treveris pontifex, ille episcopus, vilis atque ultimus omnium servorum Dei servus, sine merito vel opera itemque episcopus vocor, cum omni congregatione[a] semper virginis Mariae inmarcescibilem vobis in domino Iesu Christo optamus salutem. De ceterum cognoscat caritas vestra de illo presbytero nomine illo, quod vos minime fallet, domnus rex de ipsum nobis precepit requirere, si domnus ille eum ad presbyterum ordinasset. Et nos ac causa viriliter per testes veraces inquisivimus, quod ipsa femina abbatissa pro suo clerico a domno illo transmisit, et eum in canonicas presbyteri ordinavit. Propterea has apices salutantes atque supplicantes ad vos dreximus, ut vos ac causa apud vosmetipsos vel fidelibus vestris considerare faciatis. Sicut vos me nescitis, quia Deus scit, cui nulla latet, in quantum nobis Deus intellectum dedit, vobis fidelis sum et cupio esse, dum adhuc vivo; et nostri canonici, propter illud, quod superius prenotavimus, cotidie per illorum partiones psalterium specialem pro vobis Domini misericordiam imploramus, ut ipse vobis sit arma iustitiae, lurica capitis vestri, galea salutis, virtus et fortitudo, pax et gaudium, victoria perennis. Amen. Opifex[b] alme, mirificus, que caeli arce est conspicuus, ipse vos custodiat diebus et noctibus, horis atque momentis, sicut David et Iosuae, quem elegit super Israel et beatissimus Michahel archangelus, praeliator fortissimus, committet vobiscum. Valete feliciter. Amen.

31. e) *hoc loco in eodem versu, eadem manu exaratum, verbum* finit *addit c., quod non tam formularum nostrarum, quam codicis, ex quo cum aliis quae praecedunt descriptae sunt, finem significare videtur.*

32. = *Roz.* 531. *Cod.* 1. a) cogr. *corr.* congr. *c.* b) O pontifex *Roz.*

FORMULAE TURONENSES
VULGO
SIRMONDICAE DICTAE.

Praeter Marculfi formulas Turonenses in regno Francorum celeberrimas fuisse, librorum manuscriptorum copia testatur. Quas, postquam iam Cuiacius expositioni suae ad novellam 118. formulam 22. fere integram, Marculfi nomine per errorem addito, inseruerat, et Franciscus Pithoeus pauca verba capitis 30. in glossario ad legem Salicam, tit. 59, allegaverat, Iacobus Sirmondus integras e codice antiquissimo exscripsit atque cum Bignonio communicavit, qui eas publici iuris fecit.

Turonis eas ortas esse, e Turonum civitate et S. Martino saepius commemoratis satis constat; quod primus intellexisse vel quidem monuisse videtur Canciani in monito editioni suae praemisso[1]. De tempore maxima est dissensio; de qua re cum nuper in annalibus nostris dissererem[2], praecipue opinioni quam exposuit Ehrenberg, 'Commendation und Huldigung' p. 136 sqq., repugnans, non iam in notitiam mihi venerat commentatio quaedam, Polonico idiomate scripta, quam nuper auctor, V. Cl. Romuald de Hubé, benigne mihi suppeditavit[3]. Itaque denuo de eadem re breviter est monendum. Plerisque qui huic collectioni curas impenderunt de tempore tacentibus, P. Roth in libro, qui inscribitur 'Geschichte des Beneficialwesens', p. 379 n. 51, occasione data monuit, has formulas inferioris esse aetatis quam Marculfi, ex quo nonnullae essent receptae. Quod factum esse negat Ehrenberg[4], qui cum iuris Romani in formulis vestigiis percrebris, tum capitibus 27. et 28, quae ad amissionem instrumentorum spectant, nisus, universam collectionem saeculo VI. exeunti adscribendam esse contendit. Sed Romani iuris usus et scientia ne inferioribus quidem temporibus repugnare videtur, praesertim cum auctor talis fuisse appareat, qui Romani iuris non solum pro tempore suo admodum peritus, sed etiam nimium eius esset amator. Nullo autem modo duobus illis capitibus tantam inesse antiquitatem concesserim, cum verba cap. 28: qui Turonus civitatem anno presente hostiliter venit et multa mala ibidem perpetravit ad aliquam ex crebris Chilperici I. incursionibus in Sigiberti fratris regiones factis revocari[5] vix possint. Periculosius certe fuisset, tantis verborum contumeliis

1) Leges Barbarorum III, p. 433. R. de Hubé monuit, in bibliotheca publica Parisiensi diplomata inveniri ad monasterium S. Martini Turonense spectantia, quae ad formulas nostras essent scripta ('collection Dupuy', ex. gr. vol. 828, p. 85). 2) 'N. Arch.' VI, p. 60 sqq. 3) 'O formułach Sirmondskich. przez R. H. (Oddruk z Bibl. Warz. za m. Wrzesień 1863 r.)'. Gratias ago viro Cl. C. Sattler, Hannoverano, quod mihi idiomatis illius ignaro commentationem benignissime interpretatus est. 4) Iam antea G. Kaufmann, 'Jahrbücher f. Nationalökonomie u. Statistik', XXIII, p. 120, reliquarum formularum tempus in incerto relinquens, contenderat, caput 45 (Sirm. 44) aevi Merowingici esse; quod vix probasse videtur. 5) Ita de Rozière, 'Recueil' I, p. 498, n. a, quem secutus est Ehrenberg.

regem propinquum imminentem eumque fratrem regis, in cuius ditione ipsa Turonica civitas erat, insultare. Potius ad Sarracenorum[1] *seu fortasse Aquitanorum infestationes*[2] *haec spectare crediderim. Neque quod exponit Ehrenberg, caput 28, quod regali praecepto de cartis perditis praebet exemplum, ideo haud multo post saeculum VI. scribi potuisse, quia postea nullius regis exercitus Turonicam regionem populatus sit, probarim, cum exercitus regis nonnisi una ex pluribus incendii causis memoretur*[3].

Propius ad ipsam rem accessit R. de Hubé, antiquiorem partem capitibus 1-33. constantem discernens. Errasse autem videtur in statuenda parte quadam antiquissima, quae complecteretur capita inde a 1. usque ad ultimam capitis 29. partem, ubi unus ex codicibus verbum finit *additum exhibet. Quod verbum non tam principalis collectionis quam huius unius formulae finem notasse videtur, ne forte scriba ignarus formula usus etiam sequentia verba cartae suae subiungeret. Quod vero vir doctus censet, in capitibus 1—29. sermonem esse et rectiorem et planiorem quam in sequentibus quattuor, praeterea in illis leges et instituta Gallo-Romana vivere quasi ac florere videri, in his autem rem iudiciariam iam Francico more videri institutam, minime probare possum, sed quin universa capita 33 priora uno tempore ab eodem auctore conscripta sint, non dubito.*

Certe quidem hoc praecipue in usum eorum, qui iure Romano vivebant, factum esse et praesertim in prioribus illis capitibus ius Romanum plus apparere quam in plerisque aliis Francici aevi formulis, quis est qui neget? Multum autem abest, ut vel hic ius Romanum integrum ac purum sit servatum. Francorum instituta spectare videtur, et quod res 'de alode' discernuntur a rebus 'de comparato', cap. 14. 22, et quod terram in pagos et conditas[4] *divisam commemorant non pauca capita, cap. 1. 4 sqq. Iuri Romano repugnare videtur epistola compositionalis, cap. 16, ubi quis de coniuge sine parentum voluntate ducta componit, quamquam secundum legem Romanam morte fuisset puniendus. Cap. 29, 'appennis' dictum, testationem amissorum instrumentorum non Romano, sed, quamquam defensor et curia in prologo memorantur, potius Francico more celebratam enarrare videtur. Ne epistolae quidem illi, qua tutor instituitur, cap. 24, desunt Francici aevi indicia, quae cum emitti dicatur a 'iudice provinciae', in praesentia 'bonorum virorum', manibus eorum firmata, vix potest dubitari, quin de Francici comitis iudicio sermo sit. Interest praeterea aliquid inter Romanorum inventarium, quod etiam Visigothorum interpretatio a tutore publice confici iubet, et huiusmodi epistolam, quae duplex scripta a iudice et tutori et pupillo tradita inventarii loco Francico aevo in usum venisse videtur. Quod pupillus cum rebus suis tutori a iudice 'commendatur', a Romano iure alienum videtur. Denique vero verba in clausula epistolae inserta:* ut (pupillus) futuris temporibus — sub testificatione bonorum virorum, qui subter tenentur inserti, per ipsam (sc. epistolam) — omnia sua exigere debeat, *evidenter Francorum ritum instrumentorum fidei iure iurando a testibus probandae spectant. Caput 28. etiam regali diplomati praebet exemplum.*

Cur vero ius et instituta Francorum in reliquis quattuor formulis 30—33. paulo etiam plus quam in prioribus appareant, facile est intellectu, cum non ut illa pleraque ad negotia privatorum, sed ad causas publicas in publico iudicio peractas pertineant, in re iudiciaria autem Francos Romanorum iuri nihil concessisse satis constet.

Universa capita 1—33. non solum uno consilio conscripta, sed etiam ab eodem,

1) *Cf. 'N. Arch.' VI, p.* 61. 2) *Cf. infra p.* 131. 3) ille — suggessit, eo quod ante annos exercitus noster aut illius regius vel per negligentiam alicuius hominis domos suas vel res — incendium fuisset concrematum. 4) *Gregorium Turonensem non iam crebro vocabulo 'pagus' sicut formulae nostrae pro 'Gau' usum esse, monuit Waitz, 'VG.' II², p.* 324 *n.* 1. *De conditis cf. l. l. p.* 319 *sqq. et Sohm, 'R. u. GV.' I, p.* 191 *sqq. Exempla ex tabulario S. Martini Turonensis affert Bignon ad cap.* 1.

si non primitus dictata, at recensita tamen et in formam, quae nunc exstat, esse redacta, pro certo habemus. Est enim et capitum ordo non sine certissima ratione instructus[1] *et scribendi genus in universis idem, neque aliud ante, aliud post capitis 29. finem, idque satis singulare, ut vix dubitare possimus, quin omnia eidem auctori sint adscribenda; qui optime iuris, praesertim Romani, quale Francico aevo in Gallia erat usitatum, peritus et in forensibus negotiis bene exercitatus fuisse videtur. Notarii munere ipsum functum esse, suspicari licet, cum omnia fere exempla ad laicorum negotia spectent; certe non in usum cuiusdam ecclesiae sed forensium notariorum eum scripsisse apparet. Neque vero solum usu peritum sed etiam ipsorum iuris Romani fontium scientia eruditum se praebere voluit; in qua re tamen parum successit. Solam enim interpretationem Legis Romanae Visigothorum vel potius, ut videtur, unam ex epitomis illius operis adiisse*[2] *et ne hanc quidem recte intellexisse videtur. Nam cum scientiam suam legis Romanae ostentans saepius interpretationis locos praecipue in prologis formularum allegaret, alios aptos, alios vero a re de qua agitur longe alienos elegit. Prorsus inepte praemissa sunt capiti 19. interpretationis ad Cod. Th. III, 16, 1.*[3] *verba priora:* Certis rebus et probatis causis inter maritum et uxorem repudiandi locus patet, *ubi exponitur, quibus de causis liceat repudiare, scilicet maritum, si aut homicida aut maleficus aut sepulchri violator, uxorem, si aut adultera aut malefica aut conciliatrix sit. Formula autem spectat divortium utriusque consensu factum. Haud magis convenienter capiti 24. initium interpretationis legis unicae Cod. Th. III, 18, verbis ipsis mutatis et totius loci sensu corrupto, praemisit itemque capiti 29. interpretationem ad Paulum V, 39. Quem vero alium subiunxit locum cum ipsa formula minime convenire, evidenter apparet, praeterea legem exhibet, quam sub Francorum ditione derogatam esse crediderim (Cod. Th. IX, 1, 8 Interpr.). Quae capiti 25. inseruit verba interpretationis Cod. Th. II, 9, 1. parum commoda et inutilia sunt. Etiam quae capiti 11. subiunxit ex interpretatione Cod. Th. V, 8, 1. neque cum ipso negotio satis accurate convenire, neque idoneo loco, post clausulam corroborationis finitam, addita esse videntur. Optime autem prologus de interpretatione Cod. Th. IX, 11, 2. sumptus, quem praemisit capiti 30, conveniret, nisi fortuito haec formula a iure Romano prorsus aliena esset.*

Talem Romani iuris fontium levem et inconditam scientiam in inferiore tempore quam in saeculo sexto quaerere malim. Sed certiora temporis indicia habemus. Constat non paucas formularum nostras Marculfinis esse simillimas; quaeritur autem, quomodo orta sit similitudo. De plerisque in incerto haberi potest, utrum Turonenses e Marculfinis, an Marculfinae e Turonensibus, an vero utraeque ex communi fonte sint haustae. Equidem cartas pagenses, quae similes in utraque collectione inveniuntur, ad eadem antiquiora exempla revocandas esse crediderim; regales vero duae, quae exstant inter Turonenses, cap. 27. et 33, sine dubio secundum Marculfinas dictatae sunt. Nam cum formula Turonensis 33. eadem ac Marculfi I, 36, sed in artiorem formam haud ita convenienter contracta esse videatur, in Tur. 28. cum aliis plerisque etiam clausula corroborationis Marculfo propria e Marc. I, 33. recepta est. Nonnulla fortasse etiam cartis pagensibus e Marculfo addita sunt, sicut prologus cap. 1 a. et rubricae quaedam mirum in modum cum Marculfinis consentientes[4].

1) *De qua re latius 'N. Arch.' VI, p. 53. egi.* 2) *Hoc suspicatus sum, cum quia nullum ipsius codicis Theodosiani seu reliquorum librorum in Legem Romanam Visigothorum receptorum locum sed interpretationes tantum allegat, vel ubi dicit, se* sententiam ex corpore Theodosiani libri quinti *afferre, cap. 11, tum quia quaedam ab eo allata magis cum epitome, quae dicitur Aegidii, quam cum ipsa interpretatione convenire videantur; vide cap. 16. et 29.* 3) *Numeri hic et infra sunt Legis Romanae Visigothorum, non genuinorum fontium.* 4) *Commemoranda est rubrica Marc. II, 10:* Epistola, cum in loco filiorum nepotes instituentur ab avo,

Capita ergo 1—33. certe post Marculfi opus editum conscripta esse patet; quod tamen haud multo post medium saeculum VIII. factum esse, e 'principe' memorato in cap. 28. rubrica, praeter regem parem auctoritatem habente, quod Arnulfingos principes ultimi Merowingici temporis spectare videtur, suspicari licet. Alia iam aetatem post Pippinum regem factum indicare videntur, cum quod cap. 33. testimonium comitis palatii in iudicio regis factum omittitur, tum quod in duobus maximae auctoritatis codicibus formulae nostrae et cum Lege Romana Visigothorum et cum Lege Salica sine glossa, quae dicitur Mallobergica, in 99 titulos digesta, quasi in iurisprudentiae enchiridion coniunctae sunt, ista vero Legis Salicae recensio Pippino regnante facta esse videtur[1]. Accedit, quod ea quae in formula 'appennis' dicta, cap. 28, narrantur, optime cum iis, quae Fredegarii continuator cap. 128. de impetu Amanugi comitis Pictaviensis in Turonicam civitatem circiter annum 763. facto refert, convenire videntur[2]. Cum vero et princeps supra memoratus et compilatio illa formularum e Marculfinis et Turonensibus iam Pippino regnante confecta aliquam dubitationem afferre videantur[3], in incerto relinquere debemus, utrum formulae nostrae vel ante vel paulo post medium saeculum VIII. sint conscriptae.

Antequam vero de reliquis formulis agamus, codices describamus oportet.

Quattuor codices, qui collectionem nostram integram atque immutatam seu eius fragmenta exhibent, litera A signandos duxi.

A 1. Cod. Varsoviensis bibliothecae maioris ('bibliothèque centrale')[4], saec. IX., folia membr. 269 in 4°, olim Lingonensis, tunc Claromontanus nr. 617, tunc Iohannis Meermann, postea Friderici L. Keller[5] (Roz. Cod. Keller). Continet Legem Romanam Visigothorum fol. 1 sqq., Legem Salicam sine glossa in 99 titulos digestam[6] fol. 206' sqq., Formulas Turonenses fol. 226—250, Capitula de legibus Isidori iunioris fol. 251 sqq., Regulas ecclesiasticas sanctorum apostolorum prolatas per Clementem ecclesiae Romanae pontificem fol. 254' sqq., Canones Nicaeni concilii viginti et quaedam alia, inter quae duas epistolas formatas, Roz. 643. 652, alteram a Landramno Turonensis ecclesiae archiepiscopo, 815—836, emissam, fol. 260 sqq. In folio nunc ultimo verba synonyma collecta sunt. Formulis una manu exaratis atque in capita 45, numeris adpositis, digestis praemissus est capitum index, qui quamquam parem capitum numerum exhibet, duo tamen capita sub nr. 35 et 36 recenset, quae in ipsarum formularum serie non inveniuntur, in codicis exemplare autem exstitisse videntur. Quibus hic, ordine turbato et duobus capitibus in unum contractis, alia tria sunt substituta, quae index praetermittit[7]. Formulas e codice liberalissime huc transmisso exscripsi.

A 2. Cod. Parisiensis Lat. 4409 saec. IX. fol. 183 (Roz. Par. D[8]). Eadem fere ac A 1 continet opera, scilicet Legem Romanam Visigothorum fol. 1—120, Legis Salicae recensionem 99 titulorum fol. 124—134, Formulas Turonenses fol. 135—144'. Inter Legem Romanam et Legem Salicam inserta sunt glossarium et series regum Francorum, et praeter ipsum Alarici corpus quaedam eiusdem operis epitome fol. 144—183. subiecta est. Formulae nonnisi 1—33. exstant indice praemisso, sed, capitibus 2. et 3. in unum coniunctis, 32 tantum capita numerantur. Exscripsit b. m. Knust.

quae est Tur. 22: Epistola, qualiter nepotes in loco filiorum instituuntur, ubi exspectaveris in loco filiae seu filiarum. Praeterea conferendae sunt Marc. II, 13. 14. 16. cum Tur. 23. 25. 16.

1) Pardessus, 'Loi salique', praef. p. XIII. L, et Hubé, 'Loi salique' p. XII sq. 2) Vide Oelsner, 'König Pippin' p. 384. Cf. supra p. 128 sq. 3) Cf. supra p. 35. et 'N. Arch.' VI, p. 26 sq. 4) Recentissima nota bibliothecaria esse videtur 480 folio primo chartaceo recto, alia eodem folio verso 227. In tergo invenitur Meermannianae bibliothecae numerus 600. 5) Hubé, 'Loi salique' p. I, et Haenel, Lex Rom. Vis. praef. p. LXIX sq. nr. 36, ubi codex accuratissime descriptus est. 6) Edidit ex hoc codice Hubé l. l. 7) 'N. Arch.' VI, p. 52. 8) Haenel l. c. p. LXXI sq. nr. 38; Pardessus l. c. p. XIII nr. IV.

A 2*. *Cod.* Vaticanus *Christ. reg.* 852, *folia* 99, *saec.* *X*[1]. *Folia* 7—99. *exhibent Legem Romanam Visigothorum, cui praemissa sunt fol.* 1—6. *formularum nostrarum fragmenta, alia manu et ex magna parte notis Tironianis exarata. Exstant foliis* 1. *et* 2. *inde a fine cap.* 11. *usque ad initium cap.* 15, *foliis* 3—5. *capita* 18—23, *folio* 6. *caput* 33, *cui cum eodem folio alia quaedam subiecta sint, etiam codicem integrum nonnisi priora* 33 *capita continuisse constat. Capitum numeri iidem ac in A* 2, *quocum etiam in quibusdam aliis saepius convenit. Quae non Tironice exarata sunt verba V. Cl. Mau in usum huius editionis contulit, quin etiam non paucas notas quam accuratissime descripsit.*

A 3. *Cod.* Parisiensis *Lat.* 10756 *in* 4° *(Roz. Par. C), olim in bibliotheca Rosniana ('Cat. de Rosny'* 240*). Cf. supra p.* 35. *Altera codicis particula saec. IX. scripta*[2] *exhibet formulas Turonenses* 1—33, *capite* 31. *omisso. Index vero qui antecedit reliqua quoque capita, quae pariter index et textus codicis A* 1 *exhibent, aliis intermixtis enumerat. Sed haec iam codicis exemplari defuisse, ex eo perspicitur, quod post formulam* 33. *tota pagina vacua remansit; in qua nunc legitur:* Emi Metis 1567. *Notas nonnullas Tironianas, quae in indice capitum exstant, benignissime explicavit V. Cl. Schmitz; reliqua, codice huc transmisso, ipse contuli.*

Non integras exhibet formulas nostras, quem signandum duxi litera

B. Cod. Parisiensis *Lat.* 2123 *fol., olim Thuani et F. Pithoei (Roz. Par. B). Cf. supra p.* 35. *Exstant capita* 1—32, *aliis formulis interpositis, Marculfinis plerisque additis. Pro* 33. *sub eodem rubro alia substituta est; aliae quaedam cum Marculfinis coniunctae vel alio modo mutatae sunt. Capitum numeri prorsus alii quam in ceteris codicibus, sed ordo praeter aliena quae interposita sunt idem. Exemplar autem, e quo formulae in hanc novam collectionem sunt receptae, eundem numerorum ordinem ac A* 1 *et* 3 *servasse, ex capitibus* 2. *et* 3. *seorsim numeratis liquet. Etiam hunc codicem contuli.*

C. Cod. Parisiensis 4405 *saec. IX. (Roz. Cod. Par. M) ultimis duobus foliis eas tantummodo formulas, quae instrumentorum amissionem spectant praebet, alia quadam eiusdem argumenti (Roz.* 410*) addita. Excripsit b. m. Knust.*

Quae ex formulis his in collectionem codicis Vaticani *Christ.* 612 *receptae sunt, raro ad vera auctoris verba restituenda faciunt.*

Plerisque itaque codicibus capita 1—33. *tantum praebentibus, codex A* 1 *et index codicis A* 3 *alia quaedam addita exhibent, quae quin postea subiecta sint, non est dubitandum. Nam ex ipsis capitibus satis apparet, quo consilio sint conscripta; priora non sine certa ratione in ordinem digesta, haec extra ordinem, ut omissa supplerent, subiecta. Quae vero qualique ordine primitus sint addita, optime ex indice codicis A* 1 *intelligitur*[3]. *Caput* 34, *praestaria, supplemento est precariae, cap.* 7; *cap.* 35. *et* 36, *quae deperdita dolemus, alia ingenuitatum exempla capiti* 12. *addunt; cap.* 38—41. *ad rem iudiciariam pertinent sicut* 29—33; *'vinditio de area infra civitate' cap.* 42, *aliis venditionibus cap.* 8—10. *est addenda; 'evacuaturia', cap.* 44, *ad cautionem, cap.* 13, *spectat; cap.* 45. *ad* 20, 43. *vero ad* 10. *ponenda videntur.*

De tempore supplementi certi quid explorari vix potest, nam licet optime cum prioribus capitibus conveniat, quod omnia fere exempla ad laicorum negotia spectent vel etiam pleraque prioribus ex parte similia sint dictata, non eidem tamen tribuenda sunt auctori. Desunt enim omnino verba interpretationis Visigothicae, quibus priora capita abundant. Praeterea haud facile crediderim, eundem, qui Marculfinas formulas nonnisi valde commutatas operi suo inseruit, caput 44. *ad verbum fere e Marculfo recepisse.*

In nova hac recensione maxime secutus sum codicem A 1, *quippe qui solus integrum fere formularum numerum exhibeat et alia quoque contineat quae originem Turonensem*

1) *Cf. 'Archiv' XII, p.* 309 *sq. et 'N. Arch.' p.* 652. *Bethmann saeculo IX. tribuit; Arch. l. l.*
2) *Folia* 53. 60. 61 *non eadem manu ac reliqua exarata esse videntur.* 3) *'N. Arch.' VI, p.* 52 *sqq.*

probant. Prima quidem specie illis codicibus, qui supplemento carent, maior auctoritas tribuenda esse videri possit. Qui vero codicem A 3 respicit, facilius potest adduci, ut existimet vel codices A 2. 2 et B ad idem exemplar decurtatum ac A 3 revocandos esse. Quod tamen in incerto relinquamus oportet, cum re vera codices illi saepius, praesertim in rebus levioribus, ut singulorum vocabulorum formis, ubi inter se consentiunt, ab A 1 et 3 autem differunt, ad archetypon propius accedere videantur. Capitum numeros secundum indicem codicis A 1 emendavi.*

In Additamentis edimus primum 1—3, tres formulas haud dubie Turonenses, quae in codice A 1 pro capitibus illis duobus deperditis sunt substitutae, deinde 4—6. e codice B formulas, quae ibi pro 2. 3. 33. inveniuntur, deinde 7. illam, quam praeter duas Turonenses exhibet cod. C, tum 8. formatam e cod. A 1. Quae omnia quamquam e compluribus codicibus collecta continuis numeris signavi.

Editiones eaedem sunt ac Marculfi, cuius operi formulae nostrae semper sunt subiunctae[2]*. Edidit Bignonius ex apographo codicis A 1 notisque eruditissimis instruxit*[3]*, collectioni inscribens: 'Formulae secundum legem Romanam', Baluzius, qui non solum ipsum codicem accessit, sed etiam A 2 et B adhibuit, titulum: 'Formulae Sirmondicae', postea a plerisque usitatum, praeposuit. Lindenbrogius praeter codicem deperditum, similem B, alio, fortasse A 3, usus est. De Rozière corpori formularum singulas inserens, codicis A 1 apographo parum accurate confecto niti videtur, quo factum est, ut saepius verba deesse moneat, quae re vera in codice exstant; reliquorum codicum, excepto A 2*, quem non cognovisse videtur, lectiones annotavit. Additamenta 1—3. in omnibus editionibus exstant, 4. et 5. publici iuris fecit de Rozière et haud integra Lindenbrogius, 7. Pardessus in 'Bibliothèque de l'école des chartes' seriei 1. vol. IV, nr. 5. p. 17, unde repetiverunt Warnkönig, 'Französ. Staats- u. Rechtsg.' I, 'UB.' nr. 5. p. 3, et Migne, Patrologia latina LXXXVII, nr. 5. col. 895, 8. Lindenbrogius.*

INCIPIUNT CAPITULA[a].

1. Donatio ecclesiae[b].
2. Mandatum[c].
3. Gesta.
4. Cessio.
5. Vinditio[d].
6. Oblegatio.
7. Praecaria[e].
8. Item vinditio[f].
9. Vinditio de servo.
10. Vinditio[g] de semet ipso, qualiter[h] homo liber venundetur.

Index. Codd. A 1. 2. 3. *Conferemus etiam codicis B indicem pleraque formularum nostrarum capita praebentem.* a) CARTARUM *add. A* 2; *rubrica deest A* 3. b) ad ecclesia post discessum *B*. c) II Mandatum cum gesta *A* 2, *ubi, capitibus* 2. *et* 3. *in unum contractis, numeri* 3—32 *capitibus* 4—33. *praefixi sunt;* Incipit mandatum *A* 3. d) Venditio *A* 2, *ita et infra.* e) Precaturia *A* 2; Pregaria *corr.* precaria *B*. f) Vinditio infra emunitate *pro* I. v. *B*. g) V. qualiter homo liber semet ipsum venundetur *B*. h) qualiter — venundetur *des. A* 2.

1) *Formatae duae epistolae, quarum alteram in Additamentis edimus. Cf. 'N. Arch.' VI, p.* 58. 2) *Cf. supra p.* 36. *et 'N. Arch.' VI, p.* 98 *sqq. Omitto, quae pleraque falsa cum omnino de formulis nostris tum de editionibus disseruit Le Gallais, 'Etudes—sur les formules de Sirmond', in 'Mém. de la soc. de la Touraine' VI, p.* 23 *sqq.* 3) *Quarum auctorem fuisse Sirmondum opinatus est Seidensticker, Commentatio I, p.* 30, *unde fortasse eundem errorem Eichhorn I,* § 15, *n. o. recepit.*

11. Epistola collectionis[i].
12. Ingenuitas.
13. Cautio[k].
14. Donatio in sponsa facta.
15. Traditio.
16. Cartam[l] in puellam factam ab eo, qui ipsam[m] invitam traxerit.
17. Donatio inter virum et uxorem, tamen[n] gestis sit alligata.
18. Item alio modo.
19. Libellum repudii.
20. Mandatum, qualiter maritus negotium[o] uxoris prosequatur.
21. Carta, qualiter pater filium vel[p] nepotem de rebus suis[q] meliorare potest[r].
22. Epistola[s], qualiter nepotes[t] in loco filiorum[u] instituuntur[v] ab avo[w].
23. Epistola[s], qualiter extraneo[x] homine[y] quis in locum[z] filii adoptetur.
24. Epistola[s], qualiter pupilli recipiantur[a].
25. Pactum inter parentes.
26. Commutatio.
27. Confirmatio regis[b] vel[c], inspecta ista, cuicunque principis in eo, qui ab hostibus[d] est depraedatus vel ab igne concrematus[e].
28. Item appennem[f].
29. Editio legibus conprehensa[g].
30. Relatio cum[h] iuditio.
31. Breve[i] sacramenti[k].
32. Si, quando[l] masculus[m] et femina pariter raptum consenserint, infra[n] quinquennium litigetur.
33. Iudicium evindicatum[o].

---

34. Epistola abbatis[p].
35. Ingenuitas Latina.*
36. Ingenuitas sub patronum.
37. Donatio ad ecclesiam post obitum.
38. Securitas de homicidio[q].
39. Iudicium iuxta quod causa continet.
40. Breve sacramentum[r] secundum ipsum iudicium.
41. Notitia de alode evindicato.

*) *Pro* 35—37 *codicis A* 3 *index exhibet:*
35. Commutatio inter duas ecclesias.
36. Covenentia inter duas personas de terris et rebus eorum.
37. Mandatum de causis commendatis ad aliam personam[s].

i) E *pro* Ep. coll. *A* 3; Epistula colleccionis *B*. k) pro debito *add. B*. l) Carta in puellam factam *A* 2; Carta in puella facta *A* 3. *B*. m) ipsa invita *A* 3. n) gestibus allegata *pro* t. g. s. a. *A* 2; tamen — alligata *des. A* 3. *B*. o) negotio *A* 3. p) avus *add. B*. q) cuntis *pro* s. *A* 2. r) potest *deest A* 1. s) Epistula *plerumque B*. t) *eras. A* 3. u) *deest A* 1. v) instruuntur *A* 2; instituantur *B*. w) *add.* instituuntur *A* 3. x) extranei *A* 3; extraneis *B*. y) homine *vel* hominis *not. Tir. A* 3; *deest B*. z) loco filiis adobtetur *B*. a) recipiuntur *A* 3. b) legis *A* 1. c) vel — concrematus *A* 2; *des. A* 1. 3; vel — principis *des. B*. d) ostibus *B*. e) crematus *B*. f) appannem *A* 3. g) conpreensa *A* 3. h) c. i. *des. A* 2. i) Brevem *B*. k) sacramentum *A* 2. l) quado *A* 3. m) masculos *B*. n) et intra quinquenium *B*. o) *reliqua desunt A* 2. *B; cod. A* 3 *pleraque praebet, neque vero eodem ordine ac A* 1. p) vel rectoris ecclesie *add. A* 3. q) omicidio vel de qualibet causa *A* 3. r) *deest A* 3. s) *cf.* 45. *A* 1.

42. Vinditio de casa vel area infra civitate.
43. Qui[t] se in alterius potestate[u] commendat.*
44. Evacuaturia.
45. De[v] causis commendatis.

*) *Abhinc codicis A 3 index enumerat:*

44. Si monasterium vel sinodochium de magna re construere vult[w].
45. Carta, cum filia cum fratribus in hereditate successerat[x].
46. Evacuaturia[y].
47. Si aliquis servo vel gasindo suo aliquid concedere voluerit[z].
48. Cessio, qui mulierem [de secundis] nubtiis [sponsalia[a]].
49. Donatio ecclesie post obitum[b].

EXPLICIUNT[c] CAPITULA. DEO GRATIAS, AMEN.

1. (a) Donatio ecclesiae[a. 1].

Mundi terminum adpropinquantem, ruinis crebriscentibus[b], iam certa signa manifestantur. Idcirco ego in Dei nomine[c] ille[d] considerans gravitudinem peccatorum meorum et reminiscens bonitatem Dei dicentem: 'Date[e] elymosinam[f], et omnia munda fiunt[g] vobis'[2].

(b) Item alio modo[h. 3].

Si aliquid de rebus nostris locis sanctorum vel in[h*] substantia pauperum conferimus, hoc nobis procul dubio in eternam[i] beatitudinem retribuere confidimus[k]. Ego quidem de tanta misericordia et pietate Domini[l] confisus per hanc epistolam[m] donationis dono[n] donatumque in perpetuo[o] esse volo ad basilicam sancti Martini[p], ubi ipse precioso[q] corpore requiescit, vel omni congregatione[r] ibidem consistenti[s], et venerabilis vir ille[t] abbas preesse videtur, villa[u] iuris mei nuncupante[v] illa[w], sitam[x] in pago illo, in[y] condita illa, cum terris[z], aedificiis, accolabus, mancipiis, libertis, vineis, silvis, pratis, pascuis[a], aquis aquarumve decursibus[b], mobilibus[c] et inmobilibus, cum omnibus[d] appendiciis[e] suisque[f] adiecentiis[g], sicut a me presenti[h] tempore videtur esse[i] possessum, totum et ad integrum de iure meo in vestra vel sancti Martini[k] iure proprietario[l] trado atque[m] transfundo; ea vero ratione, ut, quamdiu advixero[n], sub usu beneficii[o] vestri

t) Epistola qui *A* 3. u) c. p. *A* 3. v) Mandatum de c. c. ad aliam personam. *A* 3. w) *cf. Marc. II,* 1. x) *cf. Marc. II,* 12. y) *cf.* 44. *A* 1. z) *cf. Marc. II,* 36. a) *formulam cui esset similis rubrica non habemus. Uncis inclusa notis Tironianis, quarum imaginem feci, conscripta V. Cl. Schmitz ita legenda ducit.* b) *cf.* 37. *A* 1. c) Expl. — amen *des. A* 3.

1 a = *Roz.* 180. *Codd. A* 1. 2. 3. *B* (6). a) ad ecclaesiae *A* 3; ad aeclesiae *B.* b) crebrescentibus *A* 2. c) nomen *plerumque B,* d) ill. *A* 2. *B.* e) datae *A* 1. f) elemosinam *A* 2. g) fiant *A* 3.

b = *Lind.* 14; *Roz.* 212. *Codd. A* 1. 2. 3. *B* (6). *Vat.* h) prologo *A* 2. *B.* h*) *deest A* 1. i) *A* 2. *B*; *corr.* eterna beatitudine *A* 3; aeterna beatitudine *A* 1. k) Post discessum *rubr. add. B.* l) dī (Dei) *B.* m) epistul. *plerumque pro* epistol. *B.* n) *h. v. supplevi ex A* 2, *deest A* 1. 3. *B*; donoque i. p. *Vat.* o) perpetuum *B.* p) ill. *B.* q) preciosum corpus *A* 2. *B*; pretiosus corpore *A* 3. r) congregationi *A* 1. s) *e corr. A* 3; consistentium *A* 2. *B.* t) ill. *A* 3. *B.* u) villam *A* 1. v) *A* 2; nucupante *A* 3; noncupante *B, ubi saepius* nonc. *pro* nunc.; nuncupantem *A* 1. w) *A* 2, *corr.* ill. *A* 3; illam *A* 1; ill. *B.* x) situm *A* 2. y) i. c. i. *des. A* 3. z) ter *A* 2. a) campis *add. B.* b) cum exis et ingressis *add. B.* c) movilibus et inmovilibus *B.* d) *deest A* 3; omnis *B.* e) apendiciis *A* 2. f) suis vel *B.* g) adiacentiis *A* 2; adgecentiis *B.* h) presente *A* 2. i) *deest B.* k) illi *B.* l) proprieario *A* 3. m) adque *B.* n) advixore *corr.* advixero *B.* o) beneficio *corr.* beneficii *A* 3; beneficium vestrum *B.*

1) *Cf. Marc. II,* 3. 2) *Ev. Lucae* 11, 41. 3) *Cf. Marc. II,* 3 *et* 6.

absque ullo[p] preiuditio vel diminutione[q] aliqua[r], predictas res tenere et usurpare debeam, et post meum quoque discessum, quicquid[s] in iam dicta villa vel in[t] finibus suis additum, adtractum, emelioratum[u] repertumque fuerit, et transitus meus ibidem dereliquerit, cum omni supraposito[v] rectores ipsius ecclesiae[w] agentesque illius[x], absque ullius[y] expectata traditione vel[z] iudicum consignatione, in nostra aelymosina[a] vel substantia monachorum[b] ibidem[c] vita[d] degentium[e], Christo protegente, tamquam[f] si ad presens absque usu nostro eorum fuisset obsecuta possessio, in eorum faciant revocare potestatem[g] vel dominationem, ita ut, quicquid exinde pro oportunitate[h] monasterii facere decreverint[i], liberam et firmissimam in omnibus habeant potestatem. Et si fuerit ulla[k] quislibet persona preter[l] istum, qui alterum strumentum exinde presentaverit, aut anteriorem aut posteriorem[m], quod nos nec fecimus nec facere rogavimus, nullum sortiatur[n] effectum, nisi vacuus[o] et inanis permaneat; auctorem vero criminis vel falsarium iudiciaria potestas[p] condempnetur[q]. Et si fuerit aut ego ipse aut ullus[r] de heredibus meis vel quislibet persona, qui contra hanc donationem aliquid refragare[s] vel calumniam[t] generare presumpserit[u], illud quod[v] repetit non vindicet[w], et insuper[x] contra[y] cui litem intulerit solidos[z] quingentos conponat, et[a] haec[b] donatio cum[c] stipulatione[d] subnixa inlibata[e] permaneat.

2. Incipit Mandatum.

Magnifico fratri illo ego[a] ille, filius illius. Rogo, supplico[b] atque tuae[c] caritatis[d] iniungo, ut ad vicem meam civitatem illam adeas et donationem illam, quam[e] ego partibus illius de loca[f] nostra nuncupantes illis[g], sitas in pago illo, per mea legittima[h] strumenta confirmavi, gestis municipalibus cum curia[i] publica et defensore[k] facias alligare[l] vel prosequere, et de ipsa prosecutione mihi[m] reddas certiorem. Et quicquid exinde egeris gesserisve, ratum me in omnibus esse cognoscas. Quod mandatum, ut pleniorem obtineat vigorem, manu propria subter firmavi[n] et bonorum virorum roborandum decrevi.

3. Gesta.

Cum conventum[a] Turonus civitate[b] adfuisset, adstante venerabile[c] viro illo defensore una cum honoratis principalibus[d] suis, venerabilis vir ille dixit[e]: 'Rogo te, venerabilis vir ille defensor, ut mihi[f] codices publicos patere iubeatis, quia inluster vir ille per hunc[g] mandatum ad me speravit, ut donationem illam, quem[h] de rebus suis pro-

1. p) ulo *B.* q) diminicione *B.* r) aliquas *A* 1. s) quidquid *A* 3. t) *deest A* 3. u) et melioratum *A* 2; melioratum *B.* v) suprapositum *B.* w) aecclesiae *saepius B.* x) ipsius aecclesiae *B.* y) ulla *A* 2; ulius *B.* z) *A* 1; v. i. c. *des. cett.* a) elemosina *A* 2; aelimosina *A* 3; elimosina *B.* b) *deest A* 3. c) -dem *bis scripsit A* 3. d) vitam *A* 1. e) degentibus *A* 3. f) tam *B.* g) potestate vel dominatione *A* 2. 3. h) oportunitatem *B.* i) decreverunt *A* 3. k) una quislibet p. *A* 2; ulluquislibet personam *A* 3; ulaquislibet p. *B.* l) *verba* preter istum *post* rogavimus *fortasse ponenda. Cf. Marc. II,* 3. m) post|teriorem *A* 3. n) sortitur *A* 2. o) vacuum et inane *A* 1; et *corr.* aut *A* 3. p) hac veluti *pro* p. *B.* q) -ur *del. A* 1; condemnetur *A* 2. 3; condemnet *B.* r) ulus *B.* s) refrangere *A* 2. *B.* t) calomnia *B.* u) presumserit *A* 3. v) quor *B.* w) vindicit *B.* x) instar conponat *pro* i. c. *B.* y) *deest A* 2. z) sol̄ *A* 1. 2; solid̄ *A* 3; solidus tantas c. *B.* a) et h. d. *des. B.* b) hec *A* 3. c) *A* 1; *deest cett.* d) stibulatione, s. *corr.* subnexa *B.* e) i. p. *des. B, ubi addita sunt:* Actum in illo loco.

2 = *Lind.* 179; *Roz.* 263 §. 2. *Codd. A* 1. 2. 3. *(E codice B seorsim edimus infra Add. 4).* a) enim *al. manu post add. A* 1. b) subplico *A* 3. c) tue *A* 3. d) caritati *A* 1. e) quem *A* 2. f) locis nostris nuncupantibus *A* 1. g) illas *A* 3. h) legitima *A* 2. i) caria *A* 2. k) defensione *A* 3. l) allegare *A* 2. 3. m) michi *A* 3. n) firmavimus *A* 2.

3 = *Roz.* 263 §. 1. *Codd. A* 1. 2. 3. *(E codice B seorsim edimus infra Add. 5).* a) conventu *A* 3. b) civitatem *A* 2. c) venerabili *A* 1. d) principibus *A* 3. e) dixit — vir ille *des. A* 3. f) michi *A* 3. g) hoc *A* 1. h) quam *A* 3.

prietariis[i] de loca[k] nuncupantia illa, sitas in pago illo, partibus illius per sua legittima[l] strumenta confirmavit, gestis municipalibus cum curia publica et defensore prosequere et alligare[m] deberem. Ecce ipsa[n] donatione; iubete eam recitare'. Venerabilis vir ille defensor et ordo curiae[o] dixerunt: 'Codices publici[p] te[q] patefaciant, et ille[r] amanuensis hanc donationem accipiat vel recitetur'. Qui statim accipiens per ordinem eam recitavit. Iam dictus prosecutor dixit: 'Et quia petitionibus meis laudabilitas vestra per ordinem implere dignata est, rogo, ut publica momenta[s] suscipiat, et, patefactis codicibus, gesta, cum a vobis[t] fuerit subscripta[u], mihi[v] nobilitas vestra, ut mos est, tradi precipiat'. Venerabilis vir ille defensor et ordo curiae[w] dixerunt: 'Gesta, cum a nobis fuerit subscripta et a venerabile[x] viro illo amanuense[y] edita, tibi tradatur ex more, ut facilius, quod superius[z] insertum est, diuturno[a] tempore maneat inconvulsa'.

4. Cessio.

Latores legum sanxerunt, ut, quicquid unusquis[a] alteri cesserit, profiteatur se tantum rem cessisse vel concedi, et[b] sola voluntas illius aut scriptura aut testibus conprobata[c] pro omni firmitate sufficiat*[1]. Igitur ego in Dei nomine ille[d] te fidele nostro illo. Cedo tibi a die[e] praesente[f] cessumque[g] in perpetuo[h] esse volo, hoc est villa iuris nostri[i] nuncupante[k] illa, sitam in pago illo, in condita illa, cum terris, aedificiis[l], accolabus[m], mancipiis, libertis, vineis, silvis, pratis, pascuis, aquis aquarumve decursibus, mobilibus[n] et inmobilibus, cum omnibus appenditiis[o] suisque[p] adiecentiis[q], cum omni supraposito, vel quicquid in iam dicto loco a[r] die presente[s] tenere et[t] possedere[u] videor; ita ut, quicquid exinde[v] facere volueris, iure[w] proprietario liberam et firmissimam in omnibus habeas potestatem, quia malo[x], hoc[y] te[z] habere quam me, plus te[a] quam ceteris heredibus meis[2]. Et si fuerit aut ego ipse aut ullus de heredibus meis vel quislibet persona, qui contra[b] hanc cessionem[c] aliquid refragare vel calumniam generare[d] presumpserit, illud quod repetit non vindicet, et insuper contra[e] cui[f] litem intulerit[g]

*) *Exordium admodum commutatum praebet cod. B:* Latorum legum auctoritas et principum decreta sanxerunt, ut unusquisque, dum manet in corpore, de propria quam possedit facultatem, quicquid alteri concesserit, voluntatem suam gestibus aut testibus[h] aut scriptura profiteatur, ut perhennis temporibus inviolata permaneant. *Ita etiam Lind., paucis tantum verbis mutatis:* — possidet facultate si quid a. — perennibus — permaneat.

3. i) propriis *A* 2; proprietatis *A* 3. k) *ita A* 2. *B*; locis nuncupantibus illis *A* 1; loca nuncupante i. *A* 3. l) legitima *A* 2. m) allegare *A* 2. n) ipsam donationem *A* 1. o) curie *A* 3. p) publice *A* 2. q) te *deest A* 2; tę patefaciunt *A* 3. r) illi *A* 2. s) momenta *corr.* monumenta *A* 1. *Licet utilis videatur emendatio, tamen ipsum auctorem iam* momenta *scripsisse ac intellexisse crediderim. In antiquo exemplo fortasse* p. monumenta suscipiant (*sc.* donationem) *exstabat.* t) nobis *A* 3. u) suscripta *A* 3. v) michi *A* 3. w) curie *A* 3. x) venerabili *A* 1. y) *corr.* ammanuense *A* 1. z) facilius *A* 2. a) diuturnum *A* 2; dioturnum *corr.* diuturnum *A* 3.

4 = *Lind.* 151; *Roz.* 160. *Codd. A* 1. 2. 3. *B* (11). a) que *add. A* 2. b) ut *A* 3. c) conprobare *A* 3. d) ill. tę *A* 3; illi te fideli *B*. e) diae *A* 1. f) presenti *A* 3. g) censumque *A* 2. h) perpetuum *A* 2. *B*. i) mei *A* 3. k) nunccupante *A* 2. l) edif. *pro* aedif. *plerumque A* 2. *B*. m) acolabus *A* 2. n) movilibus et inmovilibus *B*. o) abpendiciis *A* 3; adpendiciis *B*. p) vel *B*. q) adiacenciis et omni supraposita *A* 2; abiecenciis vel supraposito *A* 3; a. suis et omni s. *B*. r) in *B*. s) presenti *A* 3. *B*. t) vel *B*. u) possidere *A* 2. 3; posidere *B*. v) *deest A* 2. w) iure propriaetario *A* 2; i. p. *des. A* 3. x) *corr.* mallo *A* 1; mallo *A* 2. *B*. y) hac *A* 3. z) habere te *A* 2. *B*. a) tibi *B*. b) cotra *A* 3. c) cessione *B*. d) generarae temtaverit illut q. *B*. e) *deest A* 2. f) quem *B*. g) una cum socio fisco conferat *add. B*. h) *corr. e* gestibus *B*.

1) *Similem sententiam exhibet Iust. Inst. II,* 7, 2. 2) *De hac formula alias in donationibus mortis causa usitata cf. quae annotavi ad Form. And.* 41, *supra p.* 19.

soledos[i] tantos[k] conponat, et haec[l] cessio[m] meis vel bonorum hominum manibus roborata cum stipulatione subnixa diuturno[n] tempore[o] maneat inconvulsa.

5. Vinditio[a].

Magnifico fratri[b] illo ego ille. Constat[c] me tibi[d] vindedisse[e], et ita vindedi[f] rem proprietatis meae sitam in pago illo, in condita illa, in loco[g] nuncupante illo[h], cum terris, aedificiis[i], accolabus[k], mancipiis[l], libertis, vineis, silvis[m], pratis[n], pascuis, aquis aquarumve decursibus, mobilibus[o] et inmobilibus[p], totum et ad integrum, cum[q] omnibus appenditiis[r] suis vel omni supraposito[s], sicut a me presenti tempore videtur esse possessum[t], de iure meo in tua trado potestate vel dominatione[u]; unde accepi a[v] te pretium[w], in quod[x] mihi bene conplacuit, illis presentibus, qui[y] subter tenentur inserti, valentem[z] solidos[a] tantos[b]; ita ut ab hodierna[c] die, quicquid exinde facere volueris, liberam[d] habeas potestatem. Et si fuerit aut[e] ego ipse[f] aut ullus de heredibus meis[g] vel quislibet persona, qui contra hanc vinditionem[h] aliquam[i] calumniam vel repetitionem generare presumpserit, illud quod repetit non vindicet, et insuper contra[k] cui litem intulerit solidos[l] tantos[m] conponat, et haec vinditio firma permaneat.

6. Oblegatio[a].

Domino venerabile[b] illo ego in Dei nomine ille. Dum et omnibus habetur percognitum, qualiter, vestro accepto pretio, rem proprietatis meae sitam in pago illo, in condita illa, in loco nuncupante illo, cum omni integritate[c], vel quicquid a me presenti tempore inibi fuit possessum[d], vobis per vinditionis[e] titulum distraxi; sed postea mea fuit petitio, et vestra decrevit voluntas, ut mihi[f] ipsam rem usufructuario ordine conservare iuberitis[g]; quod ita[h] et fecistis: et ego pro huius[i] meriti[k] beneficii oblego vobis rem proprętatis[l] meae sitam[m] in pago illo, in condita illa, in loco nuncupante illo, cum omni integritate[n], vel quicquid ibidem presenti tempore a me videtur esse possessum[o]; ea vero ratione[p], ut, quamdiu in caput[q] advixero, utrisque partibus sub vestro pretexto[r] tenere et usurpare debeam, et mihi[s] exinde non liceat[t] aliubi nec vindere[u] nec donare nec in nullo modo distrahere[v] nec ipsos usus in alterius manus[w] transferre[x], sed post[y] meum quoque discessum, absque[z] ullius expectata traditione vel iudicum[a] consignatione[b], absque diminutione[c] rerum vel mancipiarum, cum omni supraposito, vel quicquid in

4. i) *A* 2; sol *A* 1. *B*; sold *A* 3. k) tantus *B*, *ubi* conponat *deest*. l) ec *B*. m) caessio *A* 3. n) diuturnum *A* 2. *B*; dioturno *A* 3. o) tempus *A* 2.

5 = *Roz.* 267. *Codd.* *A* 1. 2. 3. *B* (12). a) Venditio quomodo fit *al. manu in loco raso* *A* 3. b) fratre *A* 2. c) constat et ibi v. *A* 3. d) *deest* *B*. e) vendidisse *A* 2. 3. f) vendidi *A* 2. 3; vindidi *B*. g) fine *B*. h) illa *B*. i) aedeficiis *A* 3. k) acolabus *plerumque* *B*. l) servis *add.* *B*. m) *deest* *B*. n) campis cultis et incultis *add.* *B*. o) molibus *A* 3; movilibus *B*. p) inmovilibus *A* 3. *B*. q) et cum x apendiciis *A* 3. r) vel adiecenciis *add.* *B*. s) suprapro-sito *A* 3; supraposita *B*. t) uipossessum *A* 1. u) dominationem *A* 3. v) ad *A* 2. w) precium *A* 3. *B*. x) quo *B*. y) *in loco raso* *A* 3. z) valente *A* 2. a) sol *A* 1. 2; sold *A* 3; solidus *B*. b) centum *A* 2; tantus *B*. c) hodiernum diem *B*. d) et firmissimam in omnibus *add.* *A* 3. e) *deest* *B*. f) ipsi *B*. g) *reliqua des.* *B*. h) venditionem *A* 2. 3. i) aliqua calumnia vel repetitione *A* 2. k) *deest* *A* 2. l) sold *A* 3; sol *cett.* m) cc *A* 2.

6 = *Roz.* 332. *Codd.* *A* 1. 2. 3. *B* (13). a) quomodo describitur *add. al. man.* *A* 3. b) verabili *A* 1. c) intregritate *A* 1. d) possessio *A* 3. e) venditionis *A* 2. f) michi rem ipsam *A* 3. g) deberitis *A* 3; iubeatis *B*. h) et ita *B*. i) uius *A* 3. k) m. *deest*, beneficic obligo *A* 3; meritis beneficio o. *B*. l) proprietatis *A* 2. *B*; propriaetatis *A* 3. m) satam *A* 2. n) sua *add.* *A* 2. o) um *in loco raso* *A* 1. p) racionem *B*. q) capud *A* 2. 3. r) pretextum beneficio t. *B*. s) michi *A* 3. t) licet *A* 3. u) vendere *A* 2. v) distraere *A* 3. w) munus *A* 2. x) tranferre *B*. y) pos *B*. z) abque *A* 3. a) iudicium *A* 2; iudicis *B*. b) consignitione *A* 3; cum omne rem inmelioratam *add.* *B*. c) diminutionum *A* 3.

ipsa loca aspicere[d] vel pertinere videtur, vos heredesque vestri, vel cui a vobis permissum[e] fuerit, in eorum faciant[f] revocare potestatem[g] vel dominationem. Et[h] si fuerit aut ego ipse aut ullus ex[i] heredibus meis vel quislibet persona, qui contra[k] has oblegationes[l] aliquam[m] calumniam vel repetitionem aut contemptum[n] generare[o] presumpserit[p], illud quod[q] repetit non vindicet, et insuper contra[r] cui litem intulerit[s] solidos[t] 200[u] conponat, et has[v] oblegationes uno tenore conscriptas[w] firmas[x] permaneant.

7. Praecaria[a].

Domino venerabile[b] illo rectorem[c] ecclesiae[d] illius vel omni congregatione[e] ibidem consistentium[f] ego enim ille. Ad meam petitionem vestra decrevit voluntas, ut mihi villam[g] vestram sitam[h] in pago[i] illo, in condita illa[k], in loco nuncupante[l] illo[m], cum omni merito ad[n] se pertinentem[o] vel aspicientem usufructuario[p] ordine mihi[q] conservare iuberitis[r]; quod ita[s] et fecistis; ea vero ratione, ut mihi exinde non liceat aliubi nec vindere[t] nec donare nec in[u] nullo modo distrahere, sed sub vestro pretexto[v], quatenus[w] vestrum[x] manserit decretum[y], hoc tenere et usurpare faciam[z]; unde censivi[a], me annis singulis ad festivitatem[b] ipsius[c] sancti[d] partibus vestris[e] reddere argentum[f] tantum; et post[g] meum quoque[h] discessum suprascriptam[i] rem cum omni integritate[k] et soliditate sua, quicquid[l] ibidem aspicere vel pertinere videtur, cum omni supraposito, vel[m] quicquid ibidem transitus meus dereliquerit, absque ullius expectata traditione vel iudicum[n] consignatione aut heredum meorum[o] repetitione, vos agentesque ipsius[p] ecclesiae in eorum faciant[q] revocare potestatem[r] vel dominationem. Et si fuerit aut ego ipse aut ullus[s] de heredibus[t] meis vel quislibet persona[u], qui contra hanc praecariam[v] aliquam[w] calumniam vel repetitionem aut contemptum generare presumpserit[x], illud quod repetit non vindicet, et insuper contra cui litem intulerit solidos[y] 100 conponat, et haec praecaria[z], quamvis per disversorum annorum curricula[a] a me fuisset[b] [res[c]] possessa, nullum preiudicium[d] vobis[e] non preparetur, sed ita firma permaneat, quasi per quinquennium[f] fuisset renovata[g], stipulatione[h] subnixa, omnique tempore inviolata[i] permaneat[k].

6. d) appendere *B.* e) promissum *A* 3. f) faciunt *A* 2; faciunt *corr.* f. *B.* g) potestate vel dominatione *A* 2. 3. h) aut *A* 3. i) de hedibus nostris vel *A* 3. k) cotra *A* 3. l) oblegacione *B.* m) aliqua calumnia vel repetitione *A* 2. *B.* n) contemptu *A* 2. *B*; contemtu *A* 3. o) ge|generare *A* 3. p) presumserit *A* 2. q) ꝗ *B.* r) *deest B.* s) intullit B. t) *A* 3; sol *cett.* u) cc *A*; tantos *B.* v) *A* 2. *B*; hae *A* 1; haec *A* 3. w) *A* 2; conscriptae *A* 1; conscripta et *A* 3; conscrib̄ *B.* x) *A* 2. *B*; firmae *A* 1; firme *A* 3.

7 = *Roz.* 319. *Codd.* *A* 1. 2. 3. *B* (14). a) Precaturia *A* 2; qualiter componitur ponitur *al. man. add.* *A* 3. b) venerabili *A* 1. c) rectore *A* 2. d) in ecclesia i. *A* 2; ec illi *B*, *ubi sequentia* vel — consistentium *des.* e) congregationi *A* 1. f) *A* 2. 3; consistenti *A* 1. g) villa vestra *A* 2. 3; villam vestra *B.* h) sita *A* 2. i) paco *A* 3. k) illo *A* 3; in loco *des.* *A* 2. *B.* l) lucupante *A* 3. m) illa *A* 2. *B.* n) at *A* 3. o) pertenentem *B.* p) husufructuario *A* 3. q) *deest* *A* 3. r) iubere iuberetis *A* 2; iubetis *A* 3; iubeatis *B.* s) ita et *bis scr.* *A* 3. t) vendere *A* 2; vindere *corr.* vendere *A* 3. u) lulo *pro* in nullo *A* 3. v) beneficio *add. B.* w) quotenus *A* 2. x) vester *A* 2. *B*; autem *A* 3. y) decretus *A* 2. *B.* z) *deest* *A* 3. a) *corr.* censui *A* 3. b) vestivitatem *A* 3. c) sancti illi p. *B.* d) sc̄itis *A* 3. e) ūrs *A* 3. f) āuro tanto *B.* g) pos *B.* h) *deest B.* i) suprascripta *B.* k) intregritate *A* 3. l) quidquid *B.* m) *deest* *A* 2. *B.* n) iudicium *A* 2. 3. o) eorum *B.* p) *deest B.* q) facient *A* 3. r) potestate vel dominatione *A* 2. 3. s) unus *A* 3; et reliqua ut supra *add.*, *verbis* de heredibus — conponat *omissis*, *B.* t) hedbus *A* 3. u) personam *A* 3. v) precatoriam *A* 2; precaturiam *A* 3. w) aliqua calumnia vel repetitione aut contemptu *A* 3. x) praesumserit *A* 3. y) sol *codd.*; sol centum *A* 3. z) precatoria *A* 2; precaturia *A* 3. a) curicula *A* 3. b) fuisse *B.* c) *add.* *A* 3; *deest cett.* d) prę- *in loco raso* *A* 1. e) ubis *A* 3; nobis *B.* f) quinquenium *B.* g) cum *post add. al. m.* *A* 1. h) stipulacionem subnexa *B.* i) firma *B.* k) Facta loco *add. al. m. B.*

8. Item venditio[a].

Magnifico fratri[b] illo ego ille. Constat me tibi vindedisse[c], et ita vindedi[d] infra terminum sancti illius in loco nuncupante illo campo[e], *vel* vinea, iuris mei, habentem aripennos[f] tantos; est quidem de uno latere[g] et fronte terra illius[h], de alio[i] latere[k] et fronte terra illius; unde accepi a te pretium[l], in[m] quod mihi[n] bene conplacuit, valentem[o] solidos[p] tantos; ita[q] ut ab hodierna die, quicquid de supradicta[r] rem[s] facere volueris, liberam[t] habeas potestatem[u], salvo iure ipsius sancti. Et si fuerit aut ego ipse[v] aut ullus de heredibus meis vel quislibet persona[w], qui contra hanc vinditionem[x] aliquam calumniam vel repetitionem generare presumpserit, contra cui litem intulerit solidos[y] 15 conponat, et haec vinditio[z] firma permaneat.

9. Vinditio[a] de servo.

Magnifico fratri illo ego ille. Constat[b] me tibi vindedisse[c], et ita vindedi servo[d] iuris mei nomine[e] illo[f], non furo[g], non fugitivo[h], sed[i] sano[k] corpore moribusque bonis constructo[l. 1]; unde[m] accepi a te pretium, in quod[n] mihi bene conplacuit, valentem[o] solidos[p] tantos; ita[q] ut ab hodierna die, quicquid[r] de supradicto servo facere volueris[s], liberam habeas potestatem. Et si fuerit aut ego ipse[t] aut ullus de heredibus meis[u] vel quislibet persona, qui contra hanc vinditionem aliquam[v] calumniam vel repetitionem generare presumpserit[w], contra cui litem intulerit solidos[x] 60 conponat, et haec vinditio[y] firma permaneat.

10. Vinditio[a] de[b] semet ipso, qualiter[c] homo liber venundetur.

Domino semper meo illo ego ille. Placuit mihi[d], ut statum[e] ingenuitatis meae in vestrum[f] deberem[g] obnoxiare servicium[h]; quod ita et feci. Unde accepi a te pretium, in[i] quod mihi bene conplacuit[k], [valentem[l]] solidos[m] tantos; ita ut ab hodierna[n] die, quicquid de me, servo tuo, sicut[o] et de reliqua mancipia tua facere volueris, a[p] die presente liberam et[q] firmissimam in omnibus habeas potestatem. Et quod[r] fieri non credo, si fuerit ulla quislibet[s] persona, qui contra hanc vinditionem[t], quam ego mea[u]

8 = *Lind.* 131; *Roz.* 279. *Codd.* *A* 1. 2. 3. *B* (15). a) venditio *A* 2; inter personas exorta *add. al. m.* *A* 3. b) fratre *B*. c) vendidisse *A* 2. d) vendidi *A* 2. 3. e) campum vel vineam *A* 1. f) aripennis *B*. g) latus *A* 3. h) iꝉꝉ9 *A* 3. i) vero *add.* *B*. k) f. et l. *B*. l) pretio *A* 3. m) *deest* *B*. n) michi *A* 3. o) valente *A* 2. p) soꝉ, solđ *codd.* q) et ita ab hodiernum diem *B*. r) suprādictā *A* 3. s) re *A* 1. t) et firmissimam in omnibus *add.* *A* 3. u) Si quis *add.*, *reliqua om.* *A* 3. v) et reliqua *add.*, *reliqua om.* *B*. w) opposita p. *A* 2. x) venditionem *A* 2. y) *A* 2; soꝉ *A* 1. z) venditio *A* 2.

9 = *Roz.* 291. *Codd.* *A* 1. 2. 3. *B* (16). a) venditio *A* 2. b) in *add.* *A* 2. c) vendidisse et i. vendidi *A* 2. 3. d) *A* 3. *B*; servum *corr.* servo *A* 1; servum *A* 2. e) nom̄ *B*. f) illum *corr.* illo *A* 1. 2. g) furem *corr.* furo *A* 1; furem *B*. h) fugitivum *corr.* fugitivo *A* 1. i) *deest* *A* 2. *B*. k) sanum *corr.* sano *A* 1. l) constructum *A* 1. m) unde — conplacuit *des.* *A* 3. n) quo *A* 2. o) valente *A* 2. p) soꝉ tantos *A*; solidus tantus *B*. q) et ita ab *B*. r) quidquid *A* 3. s) vel (ꝉ) et *add.* *A* 3. t) *deest* *A* 2. *B*. u) et reliqua *add.*, *cetera desunt* *B*. v) aliqua calumnia vel repetitione *A* 2. w) illud quod repetit non vindicet et insuper *add.* *A* 3. x) soꝉ LX *A* 1. 3; soꝉ sesaginta *A* 2. y) venditio *A* 2.

10 = *Lind.* 134; *Roz.* 44. *Codd.* *A* 1. 2. 3. *B* (17). a) Venditio *A* 2; V̄ *A* 3. b) qualiter homo liber semet ipso venundetur. *B*. c) q. h. v. *des.* *A* 3. d) michi *A* 3. e) statim *A* 2. f) vestra *B*. g) debeunt *A* 3. h) *post add.* *A* 1. i) i co *pro* in quod *A* 3. k) concuit *A* 3. l) *add.* *A* 3. m) *A* 2; soꝉ *cett.* n) odierna *A* 3. o) sicud *A* 2. p) a d. p. *des.* *B*. q) ac *B*. r) *deest, post* fieri *aliquae litt. erasae* *A* 3. s) *deest* *B*. t) venditione quem *A* 2; vindicione qualiter e. *B*. u) *post add.* *A* 1.

1) *Cf. Marc. II*, 22.

spontanea voluntate fieri [et adfirmare[v]] rogavi[w], qui contra eam aliquid agere vel calumniam generare conaverit, illud quod repetit non vindicet, et insuper[x] contra cui litem intulerit auri libra[y] una, argenti pondo quinque coactus exsolvat[z], et haec vinditio[a] firma permaneat.

11. Epistola collectionis[1].

Nos quoque in Dei nomine matricularii Sancti Martini[a], dum matutinis horis[b] ad hostia[c] ipsius ecclesiae[d] observanda convenissemus[e], ibique infantulo[f] sanguinolento, periculo[g] mortis inminentem[h], pannis involutum invenimus, et ipsum per triduum seu amplius[i] apud[k] plures homines inquisivimus[l], quis[m] suum[n] esse diceret[o], et non invenimus[p], cui nomen ipsum inposuimus; sed postea, pietate[q] interveniente et Domini misericordia opitulante, ipso[r] infantulo homini[s] aliquo[t] nomine illo ad nutriendum dedimus, ut, si, Deo presule[u], convaluerit, ipsum in suis servitiis ac solatiis iuxta legis ordinem retineat[v, 2]; pro quo pretium accepimus, in quod nobis bene conplacuit[w], valentem[x] soledos[y] tantos. Et ut presens epistola firmior sit, manus[z] proprias subter firmavimus et bonis hominibus roborandam[a] decrevimus[b] secundum sententiam illam, quae[c] data est ex corpore Theodosiani[d] libri quinti, dicens[3]: 'Si quis infantem a sanguine emerit [aut nutrierit[e]], si nutritum[f] dominus vel pater eum[g] recipere voluerit, aut eiusdem meriti mancipium aut pretium nutritor quantum valuerit[h] consequatur'.

12. Ingenuitas[a].

Qui debitum sibi nexum relaxat[b] servitium, premium in futuro[c] apud Dominum[d] sibi retribuere confidat. Igitur ego in[e] Dei nomine ille pro[f] remedio[g] animae[h] meae[i] vel aeterna[k] retributione[l] servo[m] iuris mei nomine illo[n] ingenuo[o] esse precipio[p] et in sacrosancta ecclesia[q] beatissimi[r] sancti illius, sub presentia sacerdotum ibidem consistentium[s], ante cornu altaris ab omni vinculo servitutis eum absolvo, ita ut deinceps[t], tamquam si ab ingenuis parentibus fuisset natus[u] vel procreatus, eat, pergat[v] partem quam maluerit[w] et sicut alii cives[x] Romani vitam ducat[y] ingenuam; et si aliqua pro-

10. v) *add.* *A* 2; et firmare *B*; *des.* *A* 1. 3. w) rogavit *A* 3; venire aut agere et reliqua sicut superius *add.*, *B*, *ubi cetera desunt.* x) *deest* *A* 1. y) liberam unam *A* 2; libra, una *deest* *A* 3. z) exolvat *A* 3. a) venditio *A* 2.

11 = *Lind.* 138; *Roz.* 54. *Codd.* *A* 1. 2. 2* *(qui finem formulae tantum praebet).* 3. *B* (18). a) *A* 2; illius *cett.* b) oris *B.* c) *A* 2. *B*; hostiam *A* 3; ostia *A* 1. d) ecclesie *A* 3. *B*. e) convenissem *A* 3. f) *A* 3. *B*; infantulum sanguinolentum *A* 1. 2. g) periculum *A* 2. h) inminente *B*. i) *deest* *A* 3. k) aput *A* 2. l) *A* 2. *B*; inquisimus *corr.* inquisivimus *A* 1; inquisimus *A* 3. m) qui *A* 3. n) eum s. *B*. o) dicerit *B*. p) invemus *A* 3; cui — inposuimus *des.* *B*. q) *iteratum, sed erasum* *A* 3. r) *B*; ipsum infantulo *A* 3; ipsum infantulum *A* 1. 2. s) homine *A* 3. t) a. n. *des.* *B*. u) presole *B*. v) reteneat *A* 3. *B*. w) conpla|it *A* 3. x) valente *A* 2. y) *A* 2; solidus *B*; sol *A* 1. 3. z) *B*; manus nostras proprias *A* 3; manibus propriis *A* 1; manu propria *A* 2. a) roboranda *B*. b) *reliqua des.* *B*. c) que *A* 2; quam datae *pro* quae d. est *A* 3. d) Theudosiani *A* 2. 2*. e) a. n. *add.* *A* 3, *des.* *A* 1. 2. 2*; *Interpr.*: et nutrierit. f) nutritus *A* 2. g) r. e. *A* 2. h) voluerit *A* 2; valuerit *cum cett.* *A* 2*.

12 = *Lind.* 91; *Roz.* 65. *Codd.* *A* 1. 2. 2*. 3. *B* (19). a) de servo *al. m. add.* *A* 3. b) relaxet *A* 3. c) futurum *A* 2. d) Domino *pro* a. D. *B*. e) ille *add.* *B*. f) ad *A* 3. g) remedium *A* 2*. 3. h) *A* 1; anime *cett.* i) mae *A* 3. k) pro eterna bona r. *B*. l) m *add., sed del.* *A* 2. m) *A* 3. *B*; servum *A* 1. 2. n) *A* 2. 3; illum *A* 1; ill. *B*. o) *A* 3. *B*; ingenuum *A* 1. 2. p) precedo *A* 3. q) ecclesie *A* 3. r) *deest* *B*. s) consistentum *A* 3. t) sit ingenuus *add.* *B*. u) n. v. *des.* *A* 2. 2*. v) pargat *A* 1. w) malluerit *A* 2; voluerit *B*. x) civi *B*. y) ducant *A* 3.

1) *'Infantem colligere' dicebatur pro infantem expositum ad nutriendum accipere. Vide Bign. ad hunc locum. Conferas velim cum hac formula And.* 49. *et quae ibi annotavi.* 2) *Cf. legem infra allegatam.* 3) *Lex Rom. Vis. C. Th. V,* 8, 1 *Interpr. (cf. Epit. Aeg.).*

creatio filiorum vel filiarum ex ipso orta[z] fuerit, similiter vivat[a] ingenua[b], et nulli heredum[c] meorum nec cuicumque alia[d] persona quicquam[e] debeat servitutis[f] nec libertinitatis obsequium nisi soli Deo, cui omnia subiecta sunt, vel pro cuius amore ipsum devotus obtuli[g]. Patrocinium et defensionem cuicumque[h] se elegerit[i] in omnibus illi[k] perfruatur arbitrium[l]. Si quis vero, quod[m] futurum esse non credo, si fuerit aliquis ex heredibus[n] meis vel quislibet persona, qui contra hanc ingenuitatem[o] venire aut eam refragare[p] presumpserit, illud quod repetit non vindicet, et insuper contra[q] cui litem intulerit solidos[r] 60 conponat, et presens ingenuitas meis vel bonorum hominum[s] manibus roborata cum stipulatione subnixa omnique[t] tempore maneat inconvulsa.

13. Cautio[a. 1].

Magnifico fratri illo ego ille. Ad meam petitionem vestra[b] decrevit voluntas, ut mihi[c] beneficium de rebus vestris illis inter annos tantos facere deberitis[d]; quod[e] ita et fecistis. Et ego pro huius[f] meriti[g] beneficii obpignoro[h] vobis[i] locello[k], re[l] proprietatis meae[m], nuncupante[n] illo[o], situm[p] in pago illo, cum omni[q] sua integritate vel soliditate; ea vero ratione, ut, quomodo iam dicti anni adimpleti fuerint, et tu fructus ipsius[r] terrae[s] tantos[t] exinde colligeris[u], ego supradictum[v] debitum tuum tibi[w] desolvam, et rebus[x] meis una cum cautione mea manibus[y] tuis recipiam[z]. Et si neglegens[a] aut tardus[b] exinde apparuero[c], suprascriptum[d] debitum tuum in duplum partibus tuis sum[e] redditurus[f].

14. Donatio in[a] sponsa facta.

Lex et consuetudo exposcit, ut, 'quicquid[b] inter sponsum et sponsam de futuris nuptiis fuerit[c] definitum[d] vel largitum, aut[e] ex consensu parentum aut[f] ipsi, si sui iuris sunt, scripturarum[g] sollemnitate[h] firmetur'[2]. Idcirco[i] ego in[k] Dei nomine ille[l]. Dum multorum habetur[m] percognitum, quod[n] ego te illa, una cum consensu parentum[o] vel amicorum nostrorum[p], tua spontanea voluntate[q] sponsavi, mihi[r] placuit, ut aliquid[s] de rebus meis per hunc[t] titulum libelli dotis ante dies[u] nuptiarum tibi confirmare deberem; quod ita et feci. Ergo[v] dono tibi donatumque esse volo locello[w], re[x] pro-

12. z) horta *A* 3. a) vivant *B*. b) ingenuat, t *eras.* *A* 1; ingenui *B*. c) eredum ac proeredum m. *B*. d) *A* 2. 2*. 3. *B*; aliae personae *A* 1. e) quidquam *A* 3. f) servicium *B*. g) obtulli *B*. h) ubicumque elegere voluerit ei perdonamus arbitrium elegendi *pro* cuicumque — arbitrium *B*. i) eliget *A* 2. 2*. k) *A* 2. 3; illius *A* 1. l) *A* 2. 2*. 3; arbitrio *A* 1. m) quođ *A* 3. n) eredibus et reliqua, *cetera des.* *B*. o) istam *post add.* *A* 3. p) infrangere *A* 3. q) *deest* *A* 2. r) soł LX *A* 1. 3; solidos sexaginta *A* 2. s) ominum *A* 2*. t) que *deest* *A* 2.

13 = *Lind.* 146; *Roz.* 376. *Codd.* *A* 1. 2. 2*. 3. *B* (20). a) inter personas facta *al. man. add.* *A* 3; pro debito *add.* *B*. b) vestram *B*. c) michi *A* 3. d) *A* 1. 3; iuberetis *A* 2. 2*; iuberitis *B*. e) que *B*. f) uius *B*. g) merito *corr.* m. *A* 1. h) adpignoro *A* 3. i) tibi *A* 2. *B*. k) *A* 2*. 3. *B*; locellum *A* 1. 2. l) *B*; *deest* *A* 2; rem *A* 1. 3. m) maeae *B*. n) nuncupantem *A* 1. o) illam *corr.* illum *A* 1. p) sitam *A* 3. q) omnia sua ingritate *B*. r) *deest* *A* 3. s) terrę, per quinque annos *add.* *A* 1; terre *cett.* t) tantus *B*. u) collegeris *A* 2. 2*; colegeris exinde *B*. v) debitum tuum suprascriptum *B*. w) *deest*, solvam *A* 3. x) *post h. v. c.* 8 *litt. erasae* *A* 3. y) de m. *B*. z) recipiamus, us *eras.* *A* 1. a) necglegens *A* 3; negligens *B*. b) tardens *A* 2. c) aparuero *A* 3. d) supradictum *A* 2; suprascribtum *A* 2*. e) sum *corr.* sim *A* 1. f) rediturus *A* 3. *B*.

14 = *Lind.* 78; *Roz.* 220. *Codd.* *A* 1. 2. 2*. 3. *B* (21). a) ad *B*. b) quiquit *A* 3. c) furit *B*. d) ut *A* 2. *B*. e) *corr.* diffinitum *A* 1. f) aud *A* 3. g) scribturarum *A* 2*. h) sollempnitate *A* 2. 3; solemnitate *A* 2*. *B*. i) Igitur *A* 3. k) i. D. n. *des.* *B*. l) *deest* *A* 3. m) abetur *A* 3. n) quo *B*, *ubi* ego *deest.* o) parentorum *A* 3. p) vestrorum *B*. q) volontate *A* 2*. r) michi *A* 3; et mihi *B*. s) aliquit *A* 3. t) unc *A* 3. u) diem *B*. v) ego *B*. w) *A* 2*. *B*; locellum *A* 1. 2; *deest* *A* 3. x) *B*; de rem, m *del.* *A* 2; rem *A* 1. 3.

1) *Cf. Brunner in 'Z. f. Handelsrecht' XXII, p.* 66 *sqq.* 81. 2) *L. Rom. Vis. C. Th. III,* 5, 2 *Interpr.*

prietatis[y] meae[z], nuncupante[a] illo, situm in pago illo, cum terris, aedificiis[b], accolabus, mancipiis, libertis, vineis, silvis, pratis, pascuis, aquis aquarumve decursibus, mobilibus[c] et inmobilibus[d], cum omni supraposito[e] suisque adiecentiis[f], tam de alode quam et[g] de conparato seu[h] de qualibet[i] adtracto, totum[k] et ad integrum, sicut a me praesenti[l] tempore videtur esse possessum[m], et in fabricaturas aurum tantum, argentum tantum, vestimenta; haec[n] omnia superius[o] iam dicta per hunc titulum libelli dotis diebus nuptiarum tibi sum impleturus[p] vel traditurus, ita ut, dum advixeris, secundum legis ordinem teneas atque possedeas nostrisque[q], qui ex nobis procreati fuerint, filiis [vel filiabus[r]] derelinquas. Si quis vero, si ego ipse[r*] aut ulla[s] quislibet persona fuerit, qui contra hanc[t] donationem aliquid[u] agere vel[v] calumniam generare presumpserit[w], illud[x] quod repetit[y] non vindicet, et insuper contra[z] cui litem intulerit soledos[a] centum[b] conponat, et haec donatio meis vel bonorum hominum manibus roborata cum stipulatione subnixa[c] firma permaneat.

15. Traditio[a].

Dum multorum habetur percognitum, qualiter ego ille puella[b] aliqua nomine illa[c] una cum consensu parentum[d] vel amicorum nostrorum[e] legibus sponsavi et aliquid[f] de rebus meis ei donare ante dies nuptiarum[g] disposui, ideo placuit mihi[h], ut de ipsas[i] res misso[k] ipsius puellae[l] nomine[m] illo traditionem vel introductionem[n] locorum secundum legem Romanam facere deberem; quod ita et feci. Ergo trado ei[o], et tradidisse[p] me[q] constat locello[r], re[s] proprietatis[t] meae, nuncupante[u] illo, situm in pago[v] illo, cum terris, aedificiis[w], accolabus, mancipiis, *vel cetera quae*[x] *secuntur*, aurum, argentum[y], vestimenta[z]; haec omnia superius iam dicta te ille ad[a] vicem sponsae[b] meae tibi[c] trado, ita ut tempore nuptiarum ad[d] iam dictae[e] sponsae[b] meae eveniant[f] potestate[g], ita ut secundum legis ordinem teneat atque possideat[h]. Et si contra[i] hanc traditionem aliquid refragavero, partibus ipsius puellae[k] solidos[l] tantos conponam[m], et haec traditio firma permaneat.

16. Carta[a] in puellam factam[b] ab eo, qui ipsam invitam traxerit[1].

'Viventibus[c] patribus[d] inter filios familias sine voluntate eorum matrimonia non legitime copulantur[e], sed[f] contracta non solvuntur'[2]. Idcirco ego[g] in[h] Dei nomine

14. y) proprietati *corr. al. m.* p. *A* 1. z) mee *A* 3; maeae *B*. a) nuncupantem illum *A* 1. b) edificiis *A* 3. *B*. c) movilibus *B*. d) immobilibus *A* 3; inmovilibus *B*. e) superposito *B*. f) adiacentiis *A* 2. (2* *ut cett.*) g) ex *pro* et de *A* 3. h) seo *B*. i) calib̄ *A* 3. k) tantum *pro* t. et *A* 2. l) presente *A* 2*. m) possesum *A* 2. n) hec *A* 3. o) sicut iam superius dictum est p. *B*. p) impletur vel traditur *B*. q) quem *pro* que *A* 2. r) *add.* *A* 1. r*) ipsi, aut — fuerit *des.* *B*. s) ullus *A* 3. t) *add.* et reliqua, *cetera des.* *B*. u) aliquit *A* 3. v) aut *A* 2. w) presumserit *A* 3. x) illut *A* 2. y) recipit *A* 3. z) cui contra l. *A* 3. a) *A* 2. 2*; soƚ *A* 1; solidos *A* 3. b) c *A* 3. c) sunixa *A* 3.

15 = *Lind.* 80; *Roz.* 257. *Codd.* *A* 1. 2. 2* *(qui principium tantum praebet)*. 3. *B* (22). a) de sponsa quomodo sid recitanda *add.* *A* 3. b) quellam aliquam *A* 1. c) *A* 2. 2*; illam *A* 1; illius *A* 3; ille *B*. d) parentorum *A* 3. *B*. e) nostorum *B*. f) aliquit *A* 3. g) *reliqua deperdita* *A* 2*. h) michi *A* 3. i) ipsis rebus *A* 1. k) missos *B*. l) *A* 1; puelle *cett.* m) ill. *A* 2; illę *B*. n) introduccionem *A* 3. *B*. o) *A* 2; ei *deest* *A* 3; et *deest* *A* 1. 3. *B*. p) tradedisse *B*. q) *deest* *A* 2. r) *A* 3. *B*; locellum *A* 1. 2. s) rem *A* 1. t) iuris mei n. *B*. u) nuncupantem illum *A* 1. v) page *A* 3. w) *A* 1; edificiis *cett.* x) que *A* 3. *B*. y) et *add.* *A* 2. z) vestimentum *B*. a) *deest* *B*. b) *A* 1; sponse *cett.* c) tibi — meae *des.* *A* 3. d) in *A* 2. *B*. e) dicte *B*. f) veniant *B*. g) potestate *A* 2. 3. h) possedeat *B*. i) hanc contra diccionem aliquit r. *A* 3. k) puelle *A* 3; puhelle *corr.* puelle *B*. l) soƚ *A* 1. 2; solid̄ *A* 3; solidus *B*. m) *A* 1; conponat *cett.*

16 = *Lind.* 83; *Roz.* 241. *Codd.* *A* 1. 2. 3. *B* (23). a) Karta *A* 2. b) *A* 3. *B*; faciam *A* 1; facta *A* 2. c) Venientibus *A* 3. d) parentibus *A* 2. e) copolantur *A* 3. f) sed coniuncta *A* 2; sed con(— solvuntur) *u. i. des.* *A* 3; sed — solvuntur *des.* *B*. g) *deest* *A* 3. h) in D. nomine *des.* *B*.

1) *Cf. Marc. II*, 16. 2) *L. Rom. Vis. Paul. II*, 20, 2 *Interpr. (Epit. Aeg.)*.

ille[i] dulcissima coniux mea illa. Dum et te[k] sine voluntate parentum tuorum rapto[l] scelere in meo sociavi coniugio, unde vitae[m] periculum incurrere debui, sed intervenientes sacerdotes vel bonis hominibus vitam obtinui[n]: ideo placuit mihi, ut per hanc epistolam conposcionalem[o], *aut si convenit* cessionem, aliquid[p] de rebus meis tibi confirmare deberem; quod ita et feci. Hoc est locello[q] nuncupante illo, situm in pago illo, cum terris, aedificiis[r], accolabus, mancipiis, libertis, vineis, silvis, pratis, pascuis, aquis aquarumve[s] decursibus, mobilibus et inmobilibus, cum omni supraposito suisque adiecentiis vel omni[t] integritate, quicquid[u] inibi[v] presenti tempore mea videtur esse possessio, de iure[w] meo in tua trado potestate[x] vel dominatione, ita ut, quicquid exinde a die presente facere volueris, liberam et firmissimam in omnibus habeas[y] potestatem. Et si fuerit[z] aut ego[a] ipse aut ulla quislibet persona, qui contra hanc epistolam[b] refragationem aliquam aut[c] calumniam[d] generare presumpserit, illud quod repetit non vindicet, et insuper [partibus tuis vel[e]] contra cui litem intulerit solidos[f] tantos conponat, et haec epistola firma permaneat.

17. Donatio inter virum et uxorem, tamen gestis[a] sit[b] alligata[c].

Quicquid[d] enim inter coniugatos de propria facultate ob[e] amorem[f] dilectionis invicem[g] condonare placuerit, scripturarum necesse est titulis alligari[h], ne in posterum[i] ab heredibus[k] eorum posse convelli[1], quia secundum legem, 'si manente[l] coniugio vir[m] uxori[n] vel uxor marito aliquid[o] donaverit, si is cui donatum est prior mortuus fuerit, apud donatorem ea quae[p] donata fuerant[q] remanebunt'[2]. Igitur ego in Dei nomine ille[q*] dulcissima coniux mea illa. Si prius mortuus fuero[r] quam tu, dono tibi per hanc epistolam donationis[s] donatumque in perpetuum[t] esse volo tres partes de omni re[u] facultatis meae, quantumcumque in pago illo, in villas nuncupantes[v] illas habere[w] visus sum, hoc est tam[x] terris, aedificiis, accolabus, mancipiis, libertis[y], vineis, silvis, pratis, pascuis, aquis aquarumve decursibus, mobilibus[z] et inmobilibus, aurum tantum, argentum tantum, aeramentum[a] in solidos[b] tantos, haec[c] omnia cum omnibus[d] appendiciis[e] suisque adiecentiis[f] vel cum[g] omni supraposito tibi dono atque[h] transfundo[i]; quartam[k] vero legitimis[l] heredibus[m] meis reservo; quia mallo[n] hoc habere[o] te quam me, plus te[p] quam ceteris[q] heredibus meis. Similiter ego in[r] Dei nomine illa[s] dulcissimo[t] iugali[u] meo illo. Si prius[v] mortua[w] fuero quam tu, dono tibi per hanc epistolam dona-

16. i) illae *A* 3. k) etate *pro* et te *A* 2. l) raptuo *A* 2; repto *A* 3; *lege:* raptus. m) vite *cett.* n) obtenui *B.* o) *A* 2; conposionalem *A* 3; conpositionalem *A* 1. *B.* p) aliquit *A* 3. q) *A* 3. *B*; locellum nuncupantem illum *A* 1; locello illo nuncupante *A* 2. r) edificiis *A* 3; et cetera *pro* aedificiis — adiec. vel *B.* s) aquarumvae *A* 3. t) cum o. *A* 3. *B.* u) quidquid *A* 3. v) ibidem presente *B.* w) iurae *A* 3. x) potestatem *B.* y) abeas *B.* z) *cetera des.* *A* 3. a) et reliqua *add.*, *cetera des.* *B.* b) epistola *A* 2. c) *erasum* *A* 1. d) caluniam *A* 1. e) *add.* *A* 2. f) *A* 2; soł *cett.*

17 = *Roz.* 245. *Codd.* *A* 1. 2. 3. *B* (24). a) gestibus *A* 2. *B.* b) *deest* *A* 3. c) allegata *A* 2; alegata *B.* d) quidquid *A* 3. e) ab *A* 3. f) amore dileccionis *A* 3. *B.* g) in i. *B.* h) alligare *A* 2. 3; alegare *B.* i) poterum *A* 2. k) eredibus *B.* l) moriente *B.* m) *deest* *A* 3. n) uxor *A* 2. o) aliquit *A* 3. p) que *A* 2. *B.* q) fuerint *A* 3. q*) illae *A* 3; illi *B*; te *add.* *A* 2. *B.* r) fuerit *A* 3. s) et *add.* *A* 1. t) perpetuo *A* 1; perp:::: *A* 3. u) facultati *pro* re f. *A* 3. v) nuncupante *A* 2; nupcupantes *A* 3. w) et reliqua *pro* habere visus sum — cum omni supraposito *B.* x) *deest* *A* 2; tam de *A* 3. y) lipertis *A* 3. z) molibus *A* 3. a) eramentum *A* 2. b) *A* 2; soł *A* 1. 3. c) hae *A* 3. d) omniabus *A* 3. e) apendiciis *A* 3. f) adiaecentiis *A* 2; aiecenciis *A* 3. g) cumni *ead. m. corr.* cum omni *A* 1; cum *deest* *A* 3. h) adque *A* 2. i) transcribo *A* 2. k) *corr. e* quartum *A* 1; quartum *A* 2. l) legittimus *A* 3. m) eredibus *B.* n) *A* 2. 3, *e corr.* *A* 1; malo hoc me abere, te magis quam eredibus meis *B*; *cf.* '*N. Arch.*' *VI*, *p.* 57. o) te habere *A* 3. p) *deest* *A* 3. q) *deest* *A* 2. r) i. D. n. *des.* *B.* s) *deest* *A* 3. t) dulcissime *A* 2. u) coniugali *A* 2; iugale *B.* v) prior *A* 1. w) mortuus *A* 3.

1) *Cf. prologum Marc. II*, 7. 2) *L. Rom. Vis. Paul. II*, 24, 5 *Interpr.*

tionis — *sequitur supradictum*[x] *textum*[y]. Si quis[z] vero, quod fieri non credimus[a], si fuerit ullus de heredibus nostris vel quislibet persona, qui contra has [donationes duas[b]] epistolas uno tenore conscriptas, quas inter nos fieri rogavimus, aliquid agere vel refragare conaverit, illud quod repetit non vindicet, et insuper contra cui litem intulerit solidos[c] tantos coactos[d] exsolvat, et has[e] epistolas contulitionis cum stipulatione Aquiliana[f] nostris vel bonorum hominum manibus roboratas[g] firmas permaneant.

18. Item alio modo.

Igitur ego in[a] Dei nomine ille[b] dulcissima coniux mea illa. Dono tibi per hanc epistolam[c] contulitionis[d] donatumque esse volo locello[e], re[f] proprietatis[g] meae, nuncupante[h] illo, situm in pago[i] illo, cum terris, aedificiis, accolabus, mancipiis, libertis, vineis[k], silvis, pratis, pascuis, aquis aquarumve decursibus, mobilibus et inmobilibus, cum omnibus appenditiis[l] suis vel omni supraposito, quicquid[m] inibi presenti tempore mea videtur esse possessio[n]; ea vero ratione, ut, si tu mihi suprestis[o] fueris, usufructuario ordine[p] haec[q] omnia absque repetitione heredum[r] meorum hoc tenere et possedere[s] debeas, et post tuum[t] quoque discessum cum omni re emeliorata[u] vel suppraposito[v] ad legitimos filios nostros[w], qui ex nobis procreati[x] fuerint, revertantur. Similiter ego in[y] Dei nomine illa[z] dulcissimo[a] iugali[b] meo illo[c] — *sequitur supradictum textum.* Et illud inter nos inserere[d] placuit, ut[e], si fuerit ullus[f] de heredibus[g] nostris[h] vel quislibet persona, qui contra has duas[i] contulitiones uno tenore conscriptas aliquid[k] agere vel refragare presumpserit, illud quod repetit non vindicet, et insuper contra cui litem intulerit solidos[l] tantos conponat, et has[m] contulitiones[n] nostris vel bonorum hominum manibus roboratas[o] cum stipulatione subnixa firmas[p] permaneant.

19. Libellum repudii.

'Certis rebus et probatis causis inter maritum et uxorem[a] repudiandi locus patet'[b. 1]. Idcirco[2], dum inter[c] illo[d] et coniuge[e] sua illa non caritas secundum Deum sed discordia regnat, et illorum nulla[f] est[g] voluntas pariter conversandi, placuit utrisque[h] voluntatibus, ut se a[i] consortio coniugali[k] separare deberent[l]; quod ita et fecerunt. Propterea[m]

17. x) textus supradictus *B.* y) *reliqua des. A* 3. z) *reliqua des. B.* a) *corr. e* credo *A* 1. b) *A* 2; *des. A* 1. c) sol̄ *codd.* d) coactus exsolvit *A* 2. e) *A* 2; haec (c *eras.*) epistolae *A* 1. f) subnixa *pro* A. *A* 2. g) *A* 2; roboratae firmȩ *A* 1.

18 = *Roz.* 246. *Codd. A* 1. 2. 2*. 3. *B* (25). a) i. D. n. *des. B.* b) *deest A* 2; illa *A* 3. c) epistul. *semper pro* epistol. *A* 2*. d) donacionis *A* 3. e) *A* 2*. 3. *B*; locellum *A* 1. 2. f) *A* 3. *B*; rem *A* 1; *deest A* 2. g) *A* 3. *B*; propriaetatis *A* 1; prietatis *A* 2. h) et reliqua *pro* nuncupante — videtur esse possessio *B.* i) paco *A* 3. k) viniis *A* 2*. l) apendiciis *A* 3; adiacentiis, adiecentiis *A* 2. 2*. m) quidquid *A* 3. n) possessum *A* 3. o) *A* 1. 2*; suprestitis *A* 3; superstis *A* 2; superestis *B.* p) ordini *A* 2. q) autem *add. A* 3; h̄ om̄ a. *B.* r) heredū eorum h. *A* 3. s) possidere *A* 2. 2*. t) postuum q. *B.* u) hemeliorata *B.* v) *A* 1. 2*. 3; supraposita *A* 2; superposito *B.* w) meos *B.* x) precreati *ead. m. corr.* procreati *A* 1. y) i. D. n. *des. B.* z) ille *A* 3. a) o *al. m. corr. ex* a *A* 2*. b) iugale *A* 2. *B.* c) *deest A* 1. d) inserrere *B.* e) aut *A* 3. f) ulus *B.* g) hedibus *A* 3. h) meis *A* 2; et reliqua *add. B, ubi reliqua desunt.* i) *deest A* 3. k) aliquit *A* 3. l) *A* 2; soledos *A* 3; sol̄ *A* 1. m) *A* 2. 2*. 3; haec (c *eras.*) *A* 1. n) uno tenore conscriptas *add. A* 3. o) *A* 2. 2*. 3; roboratae *A* 1. p) *A* 2. 2*; firmae *A* 1; firma *A* 3.

19 = *Roz.* 110. *Codd. A* 1. 2. 2*. 3. *B* (26). (*Num.* XVIII *corr.* XVIIII *A* 1). a) uxo|repudianti l. *A* 3. b) patit *B.* c) *bis scr. A* 2. d) *A* 2. 3; illum *A* 1; ill. *B.* e) *A* 2. *B*; coguge s. i. *A* 3; coniugem suam illam *A* 1. f) nula *B.* g) *deest A* 3. h) que vestris *pro* u. *B.* i) ad *A* 2. k) coniugale separari *B.* l) deberentur *A* 2*; debentur *A* 3. m) propter e *B.*

1) *L. Rom. Vis. Cod. Th. III,* 16, 1 *Interpr.* (*cf. Epit. Suppl. Lat.* 215), *quem tamen locum ad huiusmodi negotium nullo modo pertinere, nemo non videt.* 2) *Cum sequentibus cf. Marc. II,* 30.

has epistolas uno tenore conscriptas inter se fieri et adfirmare decreverunt, ut[n], quicquid unusquis[o] ex[p] ipsis de semet ipso facere voluerit, absque repetitione socii sui liberam habeat[q] potestatem, et nullam[r] requisitionem neque[s] ipsi[t] in[u] caput[v] neque ulla[w] quislibet persona exinde habere non[x] pertimescat. Quod qui contra pari[y] suo vel[z] contra alium quemcumque hominem[a] ullam[b] repetitionem[c] exinde facere conaverit, partibus illius, contra cui litem intulerit[d], solidos[e] tantos conponat, et sua repetitio nullum obtineat[f] effectum, sed[g] unusquis[h] ex ipsis per[i] hunc[k] libellum repudii eorum manibus roboratum[l] omnique[m] tempore quieti valeant residere[n].

20. Mandatum, qualiter maritus negotium uxoris prosequatur.

Dum et humana[a] prodidit[b] utilitas[c], et lex Romana exposcit, ut, 'quicumque[d] uxoris suae[e] negotium fuerit prosecutus[f], quamvis maritus sit, nihil[g] aliud agat, nisi quod ei agendum per mandatum[h] illa[i] conmiserit'[k. 1]. Igitur ego in Dei nomine[l] illa, filia illius, te[m] dulcissime[n] iugali[o] meo[p] illo. Dum me simplicitas[q] dominatur[r], quod minime rebus vel causas[s] meas valeo exercere[t], te in omnibus rebus vel[u] causis meis instituo dominum procuratoremve et auctorem[v], ita ut, quicquid exinde egeris[w] gesserisve[x], ratam[y] vel diffinitam[z] me[a] in omnibus esse cognoscas[b], quia malo[c] hoc habere te[d] quam me[e], plus te quam ceteris heredibus meis. Et adhuc[f] mihi[g] inserere placuit[h], ut hoc[i] mandatum civitate illa[k] cum[l] curia publica, ut mos est, gestis municipalibus facias alligari[m]; et ut nostra voluntas aevis[n] temporibus firmius[o] perduretur[p], manu propria subter firmavi et bonorum virorum roborandum[q] decrevi.

21. Carta[a], qualiter pater[b] filium vel[c] nepotem[d] de rebus suis meliorare potest[2].

'Quicquid pater unumquemque[e] de filiis vel nepotibus[f] habere voluerit, hoc sibi secundum legis[g] ordinem sine consortis repetitione[h] defendat[i]; nec presumat aliquis contra voluntatem[k] patris agere'[3]. Igitur ego in Dei nomine ille dulcissimo filio, *vel*

19. n) ut q. u. *bis scripta, sed iterata punctis appositis del. B.* o) quis *deest A* 3. p) ex i. *des. B.* q) habeant *B.* r) nulli *A* 2; nullum *A* 3. s) nen *A* 3. t) ipse *A* 3; ipsum *B.* u) *deest A* 2. v) capud *B.* w) ullas *A* 2; ula quislibit p. *B.* x) no *A* 2. y) *A* 2. 3. (suo *etiam A* 2*); pare suo *B*; parem suum *A* 1. z) aud *B.* a) *deest B.* b) ulla *A* 3; ula *B.* c) repeticione *A* 2*. 3. *B.* d) intullerit *B.* e) *A* 2; sol, sold *A* 1. 3; solidus tantus *B.* f) obteneat *A* 2*. *B.* g) set *B.* h) unusquisque *A* 2. *B.* i) pe *A* 3. k) hanc *B.* l) roboratas *A* 2. 2*. m) omni *A* 2. n) resedere *A* 2*.

20 = *Lind.* 180; *Roz.* 385. *Codd. A* 1. 2. 2*. 3. *B* (27). a) umana *B.* b) pro::dit, 2 *litt., ut videtur* di, *erasae A* 1. c) humanitas *B.* d) quiqumque uxori *B.* e) sue *A* 3. f) prosequutus *A* 2*. 3. g) nichil *A* 3. h) mundatum *A* 2. i) illius *A* 2. k) permiserit *A* 3; commissum fuerit *B.* l) nomina ille *A* 3. m) tae *A* 3. n) dulcissimae *A* 2*; dulcissimo *B.* o) *A* 2. 2*. 3; iogale *B*; iugalis *A* 1. p) meus ille *A* 1. q) simpliciter *B.* r) dominat *A* 2. 2*. *B.* s) causas meas — rebus vel *des. A* 2; causis meis *B.* t) excercere *B.* u) v. c. *des. B.* v) actorem *A* 2 (2* *ut cett.*). w) ageris *B.* x) geserisve *A* 3. y) ratum *A* 2. 2*. *B.* z) difinitam *A* 3; definitum *A* 2. *B*; difinitum *A* 2*. a) *deest A* 2. 2*. *B*; apud me *minus recte emendavit Roz.; cf. Form. Visig.* 41. b) cognuscas *B.* c) mallo *A* 2. 2*; hoc habere te malo quam *B.* d) tę *A* 3. e) ve *A* 2. f) aduc *A* 3. g) michi *A* 3. h) conplacuit *A* 2. *B.* i) hunc *A* 2. *B.* k) civitatem illa (*corr. al. atram.* illa) *A* 1; adeas et *add. B.* l) cum curia *des. A* 2; cū|cum cura pullica *A* 3. m) allegari *A* 2; allegare *A* 2*. 3. *B.* n) evis *A* 2. *B.* o) *corr.* firmior *A* 2*. p) *A* 2. 2*. *B*; perduceretur *A* 3; perduret *A* 1. q) roborandam *A* 3.

21 = *Roz.* 166. *Codd. A* 1. 2. 2*. 3. *B* (28). a) Karta *A* 2. 2*. b) *deest A* 3. c) avus *add. B.* d) nepotum *A* 3. e) unmquemque *A* 3. f) meliore *add. B.* g) legi: *A* 3. h) repetitionem *A* 3. i) deffendat *B.* k) volontatem *A* 2*.

1) *L. Rom. Vis. Cod. Th. II,* 12, 4 *Interpr.* 2) *Cf. Marc. II,* 11. 3) *Cf. L. Rom. Vis. Cod. Th. II,* 24, 1 *Interpr.*

nepote, meo illo. Cedo tibi cessumque in perpetuum[l] esse volo et[m] de meo iure in tua trado[n] dominatione, absque[o] consortio fratrum tuorum vel filiis[p] meis, loco[q] nuncupante illo, cum[r] terris, domibus, accolabus, mancipiis, libertinis[s], vineis[t], silvis[u], pratis, pascuis, aquis aquarumve decursibus, mobilibus et inmobilibus, cum omni supraposito suisque adiecentiis[v], vel quicquid[w] inibi presenti tempore mea videtur esse possessio, totum et ad integrum, a[x] die presente[y] tibi volo esse concessum atque[z] indultum, ita ut, quicquid[a] exinde facere volueris, liberam et firmissimam in omnibus habeas potestatem. Si quis vero[b].

22. Epistola, qualiter[a] nepotes in loco filiorum instituuntur[b] ab avo[1].

Quicquid[c] filiis vel nepotibus de facultate patris[d] cognoscitur[e] ordinasse, voluntatem eius in omnibus[f] lex Romana constringit adimplere[2]. Ideoque ego in[g] Dei nomine[h] ille dulcissimis[i] nepotibus meis illis. Dum, peccatis[k] meis[l] facientibus[m], genetrix[n] vestra, filia mea illa[o], temporis[p] naturae[q] suae[r] complevit, et ego pensans consanguinitatis causa, dum et per legem cum filiis meis, avunculis vestris, in alode[s] meo ad integrum minime succedere poteratis[t, 3], ideo per hanc epistolam[u] firmitatis volo, ut in omni alode[s] meo post[v] meum discessum, si mihi[w] suprestites[x] fueritis, quicquid[y] moriens dereliquero[z], sicut supradicta genetrix vestra, si mihi[w] suprestitis[a] fuisset[b], ita et vos cum avunculis vestris succedere faciatis; ea vero ratione[c], ut, quicquid[d] tempore nuptiarum ei tradidi vel dedi, hoc in parte vestra recipiatis, et[e] si amplius insuper de rebus nostris obvenerit, tunc cum[f] filiis meis matris vestrae[g] portionem recipiatis, ita ut, quicquid[d] exinde facere volueritis[h], liberam habeatis[i] potestatem. Si quis vero[k], [si fuerit *et reliqua*[l]].

23. Epistola, qualiter extraneo[a] homine[b] quis in locum[c] filii[d] adoptetur.

Ego enim in[e] Dei nomine ille. Dum[f], peccatis meis facientibus, orbatus sum a filiis[4], mihi placuit, ut ille[g] una cum consensu patris sui in civitate illius[h] cum curia

21. l) perpetuo A 2*. 3. m) *deest* A 3. n) potestate vel *add.* A 3. o) asque A 3. p) filius (*corr.* filiiis) meu meis B. q) in l. A 1. 3. r) et cetera *pro* cum terris — videtur esse possessio B. s) *ita praeter* A 1 *etiam* A 2. 2*; libertis A 3. t) viniis A 2*. u) campis *add.* A 1. v) abiecenciis A 3. w) quidquid ibi p. A 3. x) ad B. y) presenti A 3. z) adque A 3. a) quicquid — potestatem *des.* A 3; *sequentia des.* B, *ubi al. m. add.* finit. b) quod nec fieri non credimus *add.* A 2; vero *deest* A 3.

22 = *Lind.* 54; *Roz.* 131. *Codd.* A 1. 2. 2*. 3. B (29). a) quliter nepotis A 3. b) instituunt A 3; instituā B. c) Quidquis A 3; Quicqui filius v. B. d) *deest* A 3. e) cognuscitur B. f) om̄ B. g) i. D. n. *des.* B. h) momine A 3. i) dulcissimes A 3. k) peccatibus B. l) illis *add.* A 3. m) meis illis *add.* A 3. n) filia mea genetrix vestra A 1; genetris A 3. o) A 2. 2*. B; illis A 3; *deest* A 1. p) A 3. B; tempo A 2; tempori: A 2*; tempus A 1. q) nature A 2. r) sue A 3. s) alodo A 2 (2* *ut cett.*). t) pateratis A 2. u) aepistolam A 3. v) p. m. d. *bis scr.* B. w) michi A 3. x) suprestitis A 2*. 3; superstites A 2; superstitis B. y) quicquid — suprestitis fuisset *des.* A 2; *exstant vero* A 2*; quidquid A 3. z) derelinquo A 3; dereliquo B. a) A 2*. 3; superstitis B; suprestis A 1. b) fuistis A 3. c) rationem A 2. d) quidquid A 3. e) et si — recipiatis *des.* B. f) in A 3. g) vestre A 2. 3. h) volueris A 3. i) habeas A 3. k) *deest* B. l) *add.* A 1.

23 = *Roz.* 115. *Codd.* A 1. 2. 2*. 3. B (30). *Cf. Roz.* 116; *Lind.* 59, *quam formulam a Lindenbrogio e nostra et Marc. II,* 13. *compositam esse demonstravi, 'N. Arch.' VI, p.* 107. a) A 1. 2*. 3; extraneum A 2; extraneus B. b) hominem A 2; h. q. *des.* B. c) loco B. d) filium (*corr.* filii) adoptatur A 3. e) i. D. n. *des.* B. f) de *add.* A 2, *non* A 2*. g) illum A 2. B. h) illa A 2. B.

1) *Cf. Marc. II,* 10. 2) *Cf. L. Rom. Vis. Cod. Th. II,* 24, 1 *Interpr.* 3) *Cf. L. Rom. Vis. Cod. Th. V,* 1, 4. 4) *Cf. prologum Marc. II,* 13.

publica[i. 1] de potestate patris naturali[k] discedente[l] et in mea potestate veniente[2] in loco[m] filiorum adoptassem[n]; quod[o] ita et feci; ea vero ratione, ut, quamdiu advixero[p], fideliter mihi prestet solatium vel adiutorium et omnes res meas diligenter excolat[q], et post obitum quoque[r] meum, sicut a me genitus[s] fuisset, ita[t] in omni hereditate[u] mea per hanc epistolam[v] adoptionis[w] sit successurus, vel quicquid de supradictis rebus meis, quantumcumque moriens dereliquero, facere voluerit[x], iure proprietario, absque repetitione heredum[y] meorum liberam et firmissimam in omnibus habeat[z] potestatem[a]. Et illud mihi[b] inserere placuit, ut, si fuerit[c] ullus ex heredibus meis vel quislibet persona, qui contra hanc epistolam adoptionis aliquid contra te aut contra eum, cui tu ipsas res dereliqueris, calumniator aut repetitor accesserit, illud quod repetit non vindicet, et insuper contra cui litem intulerit solidos[d] tantos conponat, et haec adoptio gestis alligata[e] firma permaneat.

24. Epistola, qualiter pupilli recipiantur.

Lex Romana constringit, ut, qui tutores noluerint esse parvulorum, si forte cesserit[a] luctuosa hereditas, ex[b] ipsius[c] habeantur extranei[3]. Propterea[d] ego in Dei nomine ille iudex provintiae[e] illius[4]. Dum et omnibus habetur percognitum, qualiter parentes istius[f] presentis[g] orfanuli[h] nomine illo ab hac[i] luce discesserunt et testamentarium tutorem ei[k] non dimiserunt, et minime suas procurare potest necessitates, ideo una cum consensu primatibus civitatis convenit nobis, ut istius[l] patrui[m] suo[n] una cum omnia bona sua[o], facto conscripto rerum inventarum[p. 5], ei[q] sub officio[r] tutoris commendare[s] deberimus[t]; quod ita et fecimus; ea vero ratione, ut per nullam[u] occasionem[v] supradicti pupilli hereditas, quicquid in pago illo, in villas nuncupantes[w] illas, videtur habere, non minuetur[x], sed ipsas res vel mancipia atque[y] omni[z] sua substantia diligenter excolat[a] et[b] ipsum pupillum exinde nutrire vel ministrare faciat; et si, Deo propitio, in perfectam[c] venerit aetatem[d], omnia ei secundum legis ordinem, cum[e] integritate servata, reddantur. Unde convenit nobis, ut duas[f] epistolas uno tenore conscriptas exinde[g]

23. i) et defensore *add. A* 3 *et Lind.* k) naturale *A* 3. *B.* l) descendentae *A* 3; descendente *B et Lind.* m) locum *A* 2. n) adobtassem *A* 2. o) que *B.* p) advixe|vixero *A* 3. q) escolat *B*; *reliqua deperdita sunt A* 2*. r) m. q. *A* 3. s) generatus *A* 2. *B.* t) ut *add. B.* u) ereditate *B.* v) epistola *A* 3. w) donationis *A* 3; adoptationis statim sit *B*; statim *add. etiam Lind.* x) volueris *B.* y) eredum *B.* z) *A* 2. 3; habeas *A* 1. *B.* a) faciendi. Si quis vero et reliqua *add. B, ubi cetera des.* b) michi *A* 3. c) *reliqua des. A* 3. d) *A* 2; soł *A* 1. e) allegata *A* 2.

24 = *Lind.* 74; *Roz.* 119. *Codd. A* 1. 2. 3. *B* (31). a) asserit *B.* b) mea, *super quod verbum emendatio* ex *not. Tir. posita est A* 3. c) ipsa *A* 2. *B.* d) proterea *A* 3. e) provincie *A* 3. f) illius *A* 3. g) presentes *A* 2. h) orfanu *A* 3. i) ac *B.* k) enim *pro* ei non *A* 3. l) *lege:* istum. m) patri *A* 3. n) sui *B.* o) suo *A* 2. p) inventarium *A* 2. q) eius *B.* r) officium *A* 1. s) conmendare *A* 3; comendare *B.* t) deberemus *A* 2. *B.* u) nullius *B.* v) occansionem *A* 3. *B.* w) nucupantes *A* 3; noncupantes *B.* x) minuet *B.* y) adque *A* 3. z) omnia *A* 3; omne *B*. a) excolet *A* 3. b) si *add. A* 3. c) perfectum *A* 2. d) eatamen *A* 3; etatem *B.* e) omni *add. A* 2. f) as *B.* g) ei *B.*

1) fratrem — adoptivum, id est gestis ante curiam affiliatum. *L. Rom. Vis. Cod. Th. V,* 1, 2 *Interpr.* 2) *Cf. L. Rom. Vis. Lib. Gai* 5, 1. 3) *Cf. L. Rom. Vis. Cod. Th. III,* 18, 1 *Interpr., qui vero locus a formulae nostrae dictatore non solum mutilatus sed etiam in sententiam prorsus aliam redactus est.* 4) *Sub iudicis provinciae nomine comes videtur accipiendus, qui plerumque in his formulis iudex nominatur. Sohm, 'R. u. GV.' I, p.* 156 *n.* 45. *Cf. L. Rom. Vis. Cod. Th. III,* 17, 3 *Interpr.* 5) *Cf. L. Rom. Vis. Cod. Th. III,* 19, 4 *Interpr. Pro inventario, quod cum ex genuinis iuris Romani fontibus tum ex interpretatione Visigothorum a tutoribus munus suscipientibus publice factum esse constat, sub Francorum dicione huiusmodi epistolas iudicis in usum venisse, ex formula nostra apparere videtur. Cf. L. Rom. Cur. III,* 19, 4.

conscribere[h] vel adfirmare deberimus[i]; quod ita et fecimus; una quidem iam dictus patruus suus secum retineat[k], altera[l] vero aliquis[m] homo nomine[n] ille[o] de manu nostra[p] vel iam dicti[q] pupilli suscipiat, ut futuris temporibus, Deo auxiliante, sub testificatione[r] bonorum virorum, qui subter tenentur inserti, per ipsam cum omni integritate omnia sua exigere debeat[s].

25. Pactum inter parentes[1].

Caritatis[a] studio[b] et dilectionis affectu[c] inter propinquos decet, ut, quicquid de rebus eorum inter se diviserint[d], scripturarum serie[e] alligentur[f], Romanamque[g] legem ordinantem[h], ut, quicumque in aetate[i] perfecta[k] pactionem[l] vel diffinitionem[m] per scripturam fecerit et hoc[n] quod fecit implere[o] neglexerit aut contra eam ire[p] presumpserit, infames vocetur[q] et ipsam causam agere non permittatur[r] atque poenam[s] statutam[t] cogatur exsolvere[2]. Igitur placuit[u] atque convenit inter illo[v] et germano suo illo, ut hereditatem[w] paternam[x] atque maternam[y] inter se dividere vel exequare[z] deberent; quod ita et fecerunt. Accepit itaque ille[a] in portione[b] sua villas nuncupantes[c] illas, sitas[d] in pago illo, cum terris, aedificiis, accolabus, mancipiis, *vel cetera quae*[e] *secuntur*. Similiter econtra[f] accepit ille in[g] conpensatione[h] portionis[i] suae villas nuncupantes[k] illas, sitas in pago illo, cum terris, aedificiis, accolabus, mancipiis, *vel cetera quae*[e] *secuntur*. Haec[l] quidem omnia unanimiter[m] consentientes pars[n] partem tradidisse vel consignasse cognoscite[o], ita ut, quicquid post hunc diem unusquis[p] de hoc[q] quod accepit facere voluerit, absque nostris[r] repetitionibus liberam et firmissimam[s] in omnibus habeat potestatem[t]. Et si aliquando aliquis ex nobis aut heredibus[u] nostris contra has epistolas aliquid agere vel[v] refragare presumpserit[w], eius repetitio nullum obtineat[x] effectum, et insuper contra cui litem intulerit solidos[y] tantos conponat, et presens pactio[z] vel diffinitio[a] cum stipulatione[b] subnixa firma permaneat.

26. Commutatio[3].

Inter quos caritas inlibata[a] permanserit, pars parti[b] beneficia oportuna prestantur[c]. Ideoque placuit atque[d] convenit inter inlustrem[e] virum[f] illum et illum, ut loca aliqua inter se commutare deberent; quod ita et fecerunt. Dedit igitur vir inluster[g] ille par-

24. h) conscriptas *A* 3. i) deheremus *A* 2. k) reteneat *B*. l) *A* 2. 3; alteram *A* 1. m) alterius *B*. n) n. i. *des. B*. o) illo *A* 3. p) ūrā (vestra) *A* 3. q) dictis *A* 3. r) testificationem *B*. s) debet *A* 3.

25 = *Lind.* 68; *Roz.* 122. *Codd. A* 1. 2. 3. *B* (32). a) Karitatis *A* 2. b) studium *B*. c) *deest A* 2; effectu *B*. d) diviserunt *A* 3. e) seriae *A* 2; seriem *A* 3. *B*. f) aligentur *B*. g) Romanaque lege *A* 2; Romanam namque l. *B*. h) ordinante *A* 2; ordinentem *A* 3. i) etate *B*. k) perfectam *A* 1. l) paccionem *B*. m) definitionem *A* 2; difinicionem *A* 3. n) q. h. *A* 3. o) impleri *A* 2. p) irae presumserit *A* 3. q) vocatur *B*. r) permitatur *B*. s) penam *B*. t) statuam cogitatur e. *A* 3; in statutam c. e. *B*. u) palcuit *A* 3. v) *A* 3. *B*; illum et germanum suum illum *A* 1; ill. et germanum suum illo *A* 2. w) hereditate *A* 3. x) paterna *A* 3. *B*. y) materna *A* 3; atque m. *des. B*. z) exsequare *A* 3. a) illae *A* 3. b) parcione *A* 3. c) nupcupantes *A* 3. d) *deest A* 2. e) que *A* 3. *B*. f) contra *A* 3; hecontra *B*. g) a *A* 1; h) conpensationem *A* 2. i) portiones *A* 3. k) noncupantes *A* 2; nupcupantes *A* 3. l) Hec *B*. m) unianimiter *B*. n) pras *A* 3. o) cognuscitur *B*. p) unusquisque *B*. q) oc *B*. r) ulis *B*. s) firmissismam *A* 3. t) potaestatem *A* 3. u) heredes nostri *A* 2. 3; eredes nostri *B*. v) v. r. *des. B*. w) presumpserint *A* 2; presumserit *A* 3. x) obteneat *A* 3. *B*. y) *A* 2; sol̄ tantos *A* 1; soled̄ tantos *A* 3; solidus tantus *B*. z) paccio *B*. a) definitio *A* 2. *B*; difinitio *A* 3. b) stibulatione *B*.

26 = *Roz.* 302. *Codd. A* 1. 2. 3. *B* (33). a) inlabata *A* 1. b) partem *A* 2. *B*. c) prestentur *A* 2. *B*. d) adque *A* 3. e) inlustri *A* 2; inlustre *A* 3; inlustrum *B*. f) viro illo et illo *A* 2. g) *deest A* 3.

1) *Cf. Marc. II*, 14. 2) *Cf. L. Rom. Vis. Cod. Th. II*, 9, 1. 3) *Cf. Marc. II*, 23.

tibus illius[h] locello[i] nuncupante[k] illo, situm[l] in pago illo, cum terris, domibus[m], aedificiis, accolabus[n], mancipiis, libertinis[o], vineis, silvis, pratis, pascuis, aquis aquarumve decursibus, mobilibus[p] et inmobilibus, cum omnibus[q] appenditiis suisque[r] adiecentiis[s] vel omni[t] supraposito, totum et ad integrum, de iure meo[u], sicut presenti[u*] tempore a[v] me videtur esse possessum[w], in tua[x] trado potestate vel dominatione. Similiter in conpensatione huius meriti dedit iam dictus ille partibus illius alio[y] locello nuncupante[z] illo, situm[a] in pago illo, *vel cetera quae secuntur;* ita ut ab hac die unusquis[b] de hoc quod accepit facere voluerit, iure proprietario[c] liberam et firmissimam in omnibus habeat potestatem. Et illud inter nos inserere placuit, ut, si ullus[d] ex nobis[e], heredibus successoribusque nostris fuerit, qui hoc inmutare[f] vel refragare temptaverit[g], rem quam[h] accepit amittat, et insuper quis[i] contra cui litem intulerit solidos[k] tantos conponat, et sua repetitio nullum obtineat[l] effectum, et[m] has[n] commutationes uno tenore conscriptas[o] omnique[p] tempore maneant inconvulsas[q].

27. Confirmatio[a] regis vel[b], inspecta ista[c], cuiuscumque[d] principis in eo, qui ab hostibus est depredatus vel ab igne concrematus[e, 1].

Merito[f] largitatem regis[g] munere sublevantur qui ab hostibus[h] vel incendio[i] passi sunt damna[k] vel violentia. Igitur fidelis[l] noster[m] ille clementiae[n] regni[o] nostri suggessit[p], eo quod ante hos[q] annos exercitus[r] noster, *aut* illius[s] regis, *vel* per neglegentiam alicuius[t] hominis[u], in loco nuncupante illo domos[v] suas vel res quam[w] plures, una cum strumenta[x] cartarum, tam quod[y] regio[z] munere perceperat[a], quam et de diversis[b] partibus vinditiones[c], donationes, cessiones, commutationes adtraxerat, vel quicquid[d] in pago illo, vel loca[e] nuncupantia illa possederat[f], incendium fuisset[g] concrematum[h]; unde relatione[i] sub testificatione[k] bonorum hominum[l] cognovimus recensendam[m], omnes res suas vel strumenta[n] cartarum perisse vel sibi, sicut nobis suggessit[o], damna[p] sustinuisse[q]. Precipientes[r] ergo iubemus, ut quicquid[d] memoratus[s] ille sicut usque nunc

26. h) iŧŧi *B.* i) locellum *A* 1. 3. k) nuncupantem illum *A* 1. 3. l) sitam *A* 3. m) *deest A* 2. *B.* n) acolabus *A* 2. *B.* o) *A* 1; libertis *cett.* p) movilibus et inmovilibus *B.* q) a. o. *A* 3; om̄ apendiciis *B.* r) suis atque *B.* s) adiacentiis *A* 2; abiecenciis *A* 3. t) o. *deest A* 3; omne suprapositum *B.* u) suo *B.* u*) p. t. *des. A* 3. v) ab ipso *pro* a me *B.* w) possessūrus *pro* p. in *A* 3. x) illius tradedit potestatem vel dominationem *B.* y) alium locellum *A* 1. 3. z) noncupante illo *B*; nuncupantem illum *A* 1. 3; *des. A* 2. a) sitam *A* 3. b) que *add. A* 2. *B.* c) propriaetario *A* 3. d) ulus *B.* e) vel de *add. A* 2. f) infragare vel inmutare *A* 2; inmutare vel refrangere *B.* g) temtaverit *A* 3. h) quem *B.* i) q:us, i *videtur eras. A* 3. k) *A* 2; soleđ *A* 3; solidus *B*; soł *A* 1. l) obteneat *B.* m) sed *A* 2. *B.* n) *A* 2; as *B*; haec (c *eras.*) *A* 1; hace *A* 3. o) *A* 2. *B*; conscriptae *A* 1. 3. p) que *deest B.* q) *A* 2. *B*; inconvulsae *A* 1. 3.

27 = *Roz.* 414. *Codd. A* 1. 2. 3. *B* (34). *C.* a) *Inscribitur:* Alium relatum *in C, ubi praecedit cap.* 28. b) vel — concrematus *des. A* 3; vel — principis *des. B.* c) sta *A* 2. d) cuicumque *A* 2. e) Alibi require sub hera 78. (= *Marc. I,* 33) *eadem m. add. in marg. B.* f) Meritum *C.* g) legis *C.* h) ostibus *A* 3. *B.* i) ab incendio *B*; ab incendiis *C.* k) dampna *C.* l) filius *C.* m) nostri *B.* n) clemencie *A* 3; clementia *B.* o) regis *C.* p) sucgessit *A* 3; subcessit *C.* q) eos *A* 2. r) excercitus *A* 3. s) alius *A* 3. t) alicui *A* 2. *B. C.* u) homines *B.* v) domus *B.* w) *deest B.* x) instrumenta *A* 2. y) de *B.* z) regi muneris *C.* a) quod p. *A* 2; perciperat *B*; perceptus *A* 1. 3; preceptus *C. Cf. Marc. I,* 33. b) causis *add. C.* c) venditionis, d—nis, c—nis, com—nis *A* 2; vendiciones *etc. C.* d) quidquid *A* 3. e) in loca n. *A* 2. *B*; loco nuncupante illo *C.* f) possiderat *A* 2; possiderem *C.* g) fuisse *A* 2; *deest C.* h) *A* 2; concrematus *B*; crematum *A* 1. 3; sacramentum *C.* i) relationem *A* 1. k) testatione *C.* l) virorum *A* 2. *B.* m) recensendum *B*; recusandam *C.* n) *corr. e* stramenta *A* 1. o) suggesserit *A* 2. p) dampna *C.* q) sustenuisse *B.* r) Praecipientes *A* 1. s) memorie *B*; praenominatus homo *C.*

1) *Cf. Marc. I,* 33, *unde haec sumpta esse videtur. Vide supra p.* 130. *et 'N. Arch.' VI, p.* 60 *sqq.*

tam in[t] terris, domibus[u], accolabus[v], mancipiis, libertinis[w], vineis, pratis[x], pascuis[y], silvis, aquis aquarumve decursibus[z] vel reliquis quibuscumque beneficiis, usque[a] ad presens cum aequitatis[b] ordine[c] quietus[d] possedit, ita[e] et deinceps in[f] iure et dominatione eius permaneat[g], et per[h] hunc[i] preceptum plenius in Dei nomine circa eum suffultum[k] atque[l] confirmatum absque[m] ullius[n] inquietudine[o] teneat et possideat[p] suisque posteris aut cuicumque voluerit ad possidendum[q] derelinquat. Quam[r] vero auctoritatem propria manu subter roborare decrevimus.

28. Item appennem[a. 1].

Consuetudo huius[b] loci vel[c] etiam legis terrenae[d] iustitiae[e] constat esse prospectum, ut, quicumque ab incendiis[f] vel hostibus[g] seu a latronibus fuerit[h] perpessus[i] dispendium[k], oportet[l] sibi occasu[m] in foro publico vel civitate[n] cum curia publica[o] et defensore vel reliquis civibus publicare. Idcirco[p] non habetur percognitum[q], qualiter homo nomine[r] ille per timorem illius, qui Turonus[s] civitatem[t] anno presente hostiliter[u] venit et multa mala[v] ibidem perpetravit[w. 2], strumenta sua de loca denominata vel de[x] diversis facultatibus suis[h] subtus terra[y] in villa illa misit, et ibidem[z] conputruerunt[a] et perierunt[b]. Propterea[c] ei necesse[d] fuit, ut una cum notitia pagensium[e], qui hoc cognitum[f] bene habebant[g], Turonus[h] civitatem appennem[i] exinde deberent[k] adfirmare, ut quantumcumque per ipsa strumenta tam[l] in terris[m] quam in mancipiis[n] seu et[o] reliquis rebus, sicut usque[p] nunc quieto ordine tenuit et possedit, ita et admodum liceat inantea ipsas res quiete[q] tenere et possidere et cui[r] voluerit, Christo auxiliante[s], derelinquere. Unde[t] convenit, ut duas epistolas[u] uno tenore conscriptas exinde fieri[v] vel[w] adfirmare deberent[x], ut una in foro publico[y] in ipsa civitate sit adficta[z], alia vero ipse secum[a] pro cautela[b] et tempora futura apud se retineat[c], ut, si[d] ei inantea necesse[e] fuerit, in presentia[f] regis aut[g] principis loci[h] sit proferenda.*

*) Actum ibidem *add.* *A* 2. *B.* Factum relatum in anno illo, sub mense illo vel die illo, anno regnante rege illo *add.* *C.*

27. t) *A* 2. *B et Marc.*; de *A* 1. 3. *C.* u) donacionibus *C.* v) et cera que secuntur *pro* accol. — decursibus *A* 3; a. m. *des.* *B.* w) libertis *A* 2. *B. C.* x) silvis campis pratis pascuis a. *C.* y) *deest* *A* 1. *B.* z) vel cetera que secuntur *add.* *C.* a) *A* 1. 3; quod *A* 2. *C*; cum in *pro* u. ad *B.* b) equitatis *A* 3. *B. C.* c) ordinem *A* 3. d) qui|p. *A* 3; quietis p. *C.* e) an *pro* ita et *C.* f) *deest* *C.* g) permaneant *A* 2. h) post *C.* i) hoc *A* 3. k) subfultum *C.* l) adque *A* 3. m) ab *C.* n) ulius *B.* o) inquietune *A* 3. p) possedeat *A* 3. *B.* q) possedendum *A* 3; posedendum *B.* r) Qua *A* 3.

28 = *Lind.* 107; *Roz.* 408. *Codd.* *A* 1. 2. 3. *B* (35). *C.* a) adpennem *A* 2; appenem *A* 3; apennem *B*; Item alium relatum *inscribitur formula in cod. C, ubi alia praecedit, quam in Additamentis 7. edimus.* b) uius *B.* c) *deest* *C.* d) terrene *A* 3. *B. C.* e) iustitie *B*; iuste *C.* f) abcendiis *pro* ab i. *A* 3. g) ostibus *A* 3. *B.* h) *deest* *B.* i) perpensus *B*; persequens *C.* k) *deest* *A* 2. l) oportit *B.* m) hoc casum *A* 2; hoc casu *A* 3; occasum *B. C.* n) *deest* *B*; in civitate *C, ubi* cum *deest.* o) puplica a d. *B.* p) dum *add.* *B.* q) *ita* *A* 1. 3. *C*; incognitum *A* 2. *B.* r) *deest* *C.* s) tirannus civitatis *C, ubi verba* a. p. *post* venit *posita sunt.* t) civitate *A* 2. 3. *B.* u) ostiliter *B.* v) malicia *C.* w) perpetrā *A* 2; perperavit *B.* x) *deest* *A* 3. y) terram *A* 2. z) ideo *C.* a) conputro erunt *A* 2; putruerunt *C.* b) ab igne cremaverunt *pro* p. *C.* c) Proterea e n. *A* 3. d) necessitas *pro* ei n. *C.* e) paginsium *B.* f) b. c. *A* 2. *B.* g) habeant *C.* h) T. civitate *A* 2; T. cit̄ *A* 3; Toronus civitatem *B*; tirannus civitatis *C.* i) apennem *B. C.* k) deberem *C.* l) *deest* *C.* m) et vineis *add.* *C.* n) beneficiis *A* 3. o) in *A* 2. *B.* p) *deest* *B.* q) quietae *C.* r) cuicumque *C.* s) ausiliante *A* 3. t) et *add.* *A* 2; abinde *B.* u) aepistolas *A* 3. v) *deest* *A* 2. w) et adfirmarem *pro* v. a. d. *C.* x) *A* 3. *B*; deberet *A* 1. 2. y) vel *add.* *C.* z) adfixa *C.* a) habeat et *add.* *C.* b) cautella aut t. *B.* c) reteneat *B*; firmiter r. *C.* d) cum *B.* e) necessitas *C.* f) presente *B.* g) seu comitibus illius terrę vel loci illius s. p. *C.* h) locorum *B.*

1) *De hac formula cf.* 'Zeitschr. d. Sav.-Stift.' *I,* 'Germ. Abth.' *p.* 101 *sq.*; 'N. Arch.' *VI, p.* 60 *sq.* 2) *Vide supra p.* 128 *sq.* 131. *et* 'N. Arch.' *l. c.*

29. Editio legibus[a] conprehensa[b].

Lex Romana pro utilitate[c] humani generis exposcit, ut, 'si quando cuiuscumque iniusta appellatio[d] conprobatur, sumptus, quos post appellationem[e] adversarium suum accusator[f] conpulit sustinere, non in simplum[g] ei, sed in quadruplum[h] ab accusatore[i] cogatur[k] restitui'[1]. Igitur ego in Dei nomine ille[l]. Dum non est incognitum, qualiter apud te nomine illum[m] in rationes publicas ante inlustri[n] viro illo vel reliquis viris, qui subter[o] tenentur inserti, Turonus[p] civitatem[q] adsteti[r] de aliqua[s] locella nuncupantes[t] illas[u], sitas in pago illo, quae[v] mihi[w] per legitima[x] successione sunt debita[y], et tu presenti tempore malo[z] ordine possidere videris; unde apud me in responsum[a] introire noluisti, nisi, sicut[b] lex edocet, tibi inscriptionem[c] de sumptis[d] et expensis confirmassem. Ideo placuit mihi, ut hanc editionem in te adfirmare deberem; quod ita et feci: ut, si apud me de ipsis[e] rebus in rationes[f] vel in iudicium introieris[g], et ipsa causa inter nos[h] legibus definita[i] fuerit, et mea iniusta[k] fuerit accusatio conprobata, de eadem causatione omnique[l] tempore quietus resideas[m], et sumptus vel[n] expensas superius nominatas[o], quibus pro necessitatibus tuis, me[p] conpellente, visus es expendisse[q], secundum legis ordinem[r], transacto litis tempore, partibus tuis cogar restitui[s]. Et pro rei totius firmitate[t] hanc editionem manu propria subter firmavi et bonorum[u] virorum roborandam[v] decrevi. *[Finit[w]].*

Et si de homicidio accusatio processerit[x], secundum hanc sententiam inscriptio celebretur: 'Quicumque alium de homicidii[y] crimine periculosa vel capitali obiectione pulsaverit, non prius a iudicibus audiatur, quam se similem[z] poenam[a], quam reo[b] intendit[c], conscripserit subiturum[d]. Et si servus[e] alienus accusandus esse crediderit[f], se simili[g] inscriptione constringat[h], futurum, ut aut supplicia[i] innocentum servorum aut poenam capitis[k] sui aut facultatum amissione conpenset'[2].

30. Relatio cum iudicio[3].

Auctoritate[a] legis preceptum est, ut in toto litis terminum requiratur, per quem orta est contentio; et[b] si quis[c] ad rapinam faciendam adgreditur[d] aut iter agentem[e] insidiaverit aut domum alterius nocturnus[f] spoliaverit, mors[g] anime[h] ipsius ne[i] requi-

29 = *Lind.* 117. 118; *Roz.* 440. *Codd. A* 1. 2. 3. *B* (36). a) legis *B.* b) conpreensa *A* 3. *B.* c) umilitate *B.* d) apellatio *A* 3; apelatione conprobatus *B.* e) apellationem *A* 3. *B.* f) accusat' *B.* g) simblum *B.* h) quadrumplum *A* 3. i) acusatore *B.* k) cogat̄ *A* 3. l) illi *B.* m) *A* 3; illu: *A* 1; illius *A* 2; illo *B.* n) *A* 2. *B*; inlustrem virum illum *A* 1. 3. o) supter *A* 2. *B.* p) Turonis *A* 2. *B.* q) *A* 1; civitate *cett.* r) adstiti *A* 3. s) *A* 2. *B*; aliquibus locellis *A* 1. 3. t) *A* 2; noncupantes *B*; nuncupantibus *A* 1. 3. u) *A* 2. *B*; illis sitis *A* 1. 3. v) quibus *A* 2. *B.* w) michi *A* 3. x) legittima *A* 3. y) debitas *A* 2. *B.* z) male *A* 2. a) responso *B*, *ubi* introire *deest.* b) con *pro* s. *B.* c) inscriptione *A* 3. d) *B*; suptis *A* 2; sumptibus *A* 1. 3. e) ipsas res *A* 2. f) ratione vel in iudicio *B.* g) introiens *A* 2. h) vos *A* 3. i) difinita *A* 3. k) iustitia *B.* l) que *deest A* 3. m) resedeas *A* 2. *B.* n) et *A* 3. o) memoratas *A* 2. p) a me conpellentur *B.* q) expedisse *A* 3. *B.* r) or|transacto *A* 3. s) restitas *A* 3. t) firmitatis *A* 2. *B.* u) bonarum *A* 2. v) roborandum *A* 2. *B.* w) *add. A* 2. x) facta fuerit *B.* y) homicidio *A* 2; umicidii crimini *B.* z) simili *A* 1. 3. a) poena *A* 3; penam *et infra B.* b) in reo *A* 2. c) intullit *B.* d) subitorum *B.* e) servos alienos accusandos *A* 2. f) credidit *B.* g) sibili *A* 3. h) *corr. e* confringat *A* 1; constringit *A* 2. i) subplicia *A* 3. *B.* k) capiti *A* 2. *B.*

30 = *Lind.* 119; *Roz.* 491 §. 1. *Codd. A* 1. 2. 3. *B* (37). a) A autoritate *A* 3. b) ut *A* 3. c) statim *pro* q. *B.* d) ingreditur *B.* e) agente *A* 3. f) nocturnis spoliatur ingreditur *pro* n. sp. *B.* g) mortem *A* 2. h) animae *A* 1. i) *A* 1. *B*; non *A* 2; *deest A* 3.

1) *L. Rom. Vis. Paul. V,* 39 *Interpr. (Epit. Aeg.), qui locus haud satis cum ipsa formula convenire videtur.* 2) *L. Rom. Vis. Cod. Th. IX,* 1, 8 *Interpr. Cf. supra p.* 130. 3) *Conferenda sunt de iis, quae in hac et sequenti formula narrantur, Siegel, 'Gerichtsverfahren' p.* 79 *sqq. et Sohm, 'Procesz d. Lex Salica' p.* 134 *sqq.*

ratur[1]. Igitur ego in Dei nomine ille iudex veniens in loco nuncupante[k] illo sub die illo una cum bonis hominibus[l] ad locum accessionis, ubi[m] aliquis homo nomine ille[n] quondam interfectus iacebat, requirens, pro qua re ibidem interfectus fuisset. Sed venientes[o] homines ibidem conmanentes, qui in[p] initio litis ibidem fuerunt vel qui ad ipsos huccos[q. 2] cucurrerunt, quando iam dictus homo ibidem[r] interfectus fuit, taliter testimonium prebuerunt, ut, dum aliquis homo nomine ille[s] sollemniter[t] sibi[u] ambulabat, sic[v] iam dictus ille quondam[w] ipsum adsallivit[x] vel insidiavit et res suas ei contradixit[y] atque[z] violenter super ipsum evaginato[a] gladio venit[b], unde livores[c] vel capulaturas[d] atque colaphis[e] manifeste[f] apparent. Ideo etenim[g], dum sic[h] veritas conprobaretur[i], veniens iam dictus ille adprehensam[k] manum[l] vel arma[m] predicti[n] iudicis, sicut mos est, apud homines[o] 12[p], manu sua tertia[q] decima, dextratus[r. 3] vel coniuratus dixit, quod[s], dum ipse[t] sollemniter[u] sibi[v] ambulabat, iam dictus ille quondam[w] eum malo[x] ordine adsallivit[y] et evaginato gladio super eum venit et super ipsum livores vel capulationes[z] misit et res suas illas ei diripere[a] voluit; et postquam[b] istas[c] presentes livores recepit, necessitate conpulsus ipsum placavit[d], per[e] quem mortuus iacet[e*]; et in sua orta contentione vel[f] in sua movita[4] atque per suas culpas ibidem interfectus fuit; et sic est veritas absque ulla fraude vel conludio, et in sua culpa secundum legem ipsum[g] ferrobattudo[h. 5] fecit. Proinde oportunum[i] fuit ipsius illi[k], ut hanc notitiam ad instar relationis exinde accipere deberet[l]; quod ita et fecit. Sed postea vero[v] taliter in iam dicto[m] loco ipsius illi iudicatum fuit, ut in noctes[n] 40[o] apud homines 36[p], manu[q] sua trigesima[r] septima, iam dicto[s] illo quondam[t] in ecclesia[u] illa, in loco nuncupante illo, coniurare debeat[v] apud[w] homines visores et cognitores[6], eo quod[x] ille[y] quondam[z] male[a] ordine[b] super eum venisset et res suas ei contendisset[c] vel primitus ipsum[d] placasset[e] vel livorasset[f] et ipsum in via adsallisset[g] vel insidiasset, et in sua movita vel in sua culpa ibidem interfectus fuisset. Et si hoc[h] facere potuerit[i], de ipsa[k] morte quietus valeat residere[l].

30. k) nuncupan|pante *A* 3. l) hominebus *A* 3. m) hubi aliquus *B*. n) illo quodam i. *A* 3; illo condam i. *B*. o) venientibus omines *B*. p) initium l. *A* 2; initio l. *A* 3; ibidem initium l. f. *B*. q) *A* 2. 3; uccos *A* 1; *deest B*. r) *deest A* 2. *B*. s) illo *A* 3; illi *B*. t) solempniter *A* 2; solemniter *A* 3. *B*. u) *A* 2. *B*; *deest A* 1; michi *A* 3. v) suam *pro* s. i. *A* 2. w) condam *B*. x) adsaliū *A* 3; adsalivit *B*. y) contradicxit *A* 3. z) at quem v. *A* 2. a) evainato *A* 3. b) vinit *A* 3. c) vores *A* 2. d) turas *e corr. eiusdem manus A* 3. e) *A* 2. 3; colaphi *A* 1; colapi *B*. f) manifesti *A* 1. g) *deest A* 3. h) intenderent *add. A* 3. i) conprobatur *A* 1. k) adprehensa *A* 2; preahe:nsa *A* 3; ap̄hensa *B*. l) *A* 1; manu *cett.* m) armā *B*. n) predictis *A* 3. o) de *add. A* 2. p) duodecim *A* 2. *B*. q) tredecima *pro* t. d. *A* 3. r) dexteratur vel coniuratur *B*. s) quoddam *pro* q. d. *A* 2. t) ipsi *A* 2. *B*. u) sollempniter *A* 2; solemniter *B*. v) *deest A* 1. w) quandam *B*. x) male *A* 2. *B*. y) adsilivit *A* 3; adsalivit *B*. z) capulaturas *A* 3. a) dissipare voluerit *A* 3; disripere voluit *B*. b) quam *deest B*. c) istos *A* 1. d) plagavit *A* 1. e) pro quid m. *B*. e*) iacebat *A* 2. f) et *A* 2. g) ipsam *A* 2. h) ferro battudo *A* 1. 2; ferro batudo *A* 3. *B*. i) opurtunum *A* 3. k) *A* 1; *deest cett.* l) deberit *B*. m) dictao *A* 3. n) octis *A* 3; noctis *B*. o) *A* 1. 3. *B*; quadraginta *A* 2. p) *A* 1. 3. *B*; triginta sex *A* 2. q) s. m. *A* 3. r) tricesima *A* 2; trigessima *A* 3; xxx ma *B*. s) *A* 2. *B*; dictum illum *A* 1; dicta illo *A* 3. t) condam *A* 3. *B*. u) aecclesia illi in sancti illo in l. *B*. v) debeant *B*. w) aput *A* 3. x) quot *A* 3. y) illi *A* 3. *B*. z) condam *B*. a) mali *A* 2. b) hordine *A* 3. c) contendesset *corr.* contendisset *B*; contradixit *A* 3. d) eum *B*. e) plagasset *A* 1. f) rasset — insidiasset *in loco raso A* 3. g) adsalisset *B*. h) hec *B*. i) poterit *A* 1. k) ipsius *B*. l) resedere *B*.

1) *L. Rom. Vis. Cod. Th. IX,* 11, 2 *Interpr. Cf. supra p.* 130. 2) *i. e. clamor, Germ. 'das Gerüft'. Diez, 'WB.' II c, s. v. 'hucher'; cf. Bign. ad h. l. in editione* 2. 3) *Cf. Siegel, 'Gerichtsverfahren' p.* 230. 4) *i. e. tumultus, a verbo movere. Cf. Bign. ad h. l.; Diez, 'WB.' II c, s. v. 'meute'.* 5) *Cf. Cart. Sen.* 17. 6) *Cf. Pardessus, 'Loi salique' p.* 629 *sq.*

31. Breve[a] sacramenti.

Breve[a] sacramenti, qualiter ingressus est ille in[b] loco nuncupante illo, in ecclesia illa, sub presentia illius iudicis vel bonorum virorum, qui subter tenentur inserti, ad placitum suum custodiendum, unde retroactis diebus quadraginta relationem de morte illius per iudicium bonorum virorum accepit. Iuratus dixit: 'Per hunc locum sanctum et Dei reverentiam. Dum ego sollemniter[c] mihi ambulabam, iam dictus ille quondam[d] in loco nuncupante illo mihi malo[e] ordine adsallivit[f] vel livoravit et colaphis[g] super me posuit et ad rapinam vel ad insidiam super me faciendam[h] adstetit et res meas mihi malo[i] ordine diripere vel tollere[k] temptavit; et ego in[l] sua orta contentione vel in sua movita atque per[m] sua culpa in ipso loco ipsum interfici[n]. Per[o] reverentiam[p] istius[q] sancti et Deo altissimo'. Similiter testes sibi similes, visores[r] et cognitores, secundum quod ei iudicatum[l] fuit, post ipsum iuraverunt, ut, quicquid[s] iam dictus ille de hac[t] causa iuravit, verum[u] et idoneum sacramentum dedit.

Id sunt, qui hunc[v] sacramentum exciperunt[w] manibusque[x] eorum subter[y] firmaverunt.

32. Si, quando masculus et femina pariter[a] raptum[b] consenserint[c], infra quinquennium[d] litigetur.

Notitia, sub[e] quorum[f] presentia[g], ubi[h] veniens[i] ille ante illum vel eos[k], qui subter tenentur[l] inserti, ibique[m] accusabat aliquo[n] homine nomine illo, eo quod aliqua[o] femina nomine[p] illa[q] iam anno expleto[r] sine diffinitione[s] parentum[t] vel sine eius clamore[u] aut vociferatione eam volentem[v] rapuisset atque in coniugio[w] sibi malo[x] ordine contra legem et iustitiam sociasset[y]. Qui iam dictus ille et prefata illa hoc denegare non potuerunt[z], sed in omnibus taliter fuerunt professi, quod ambo pariter consencientes sic ab[a] eosdem actum vel perpetratum fuerat. Tunc[b] ipsi viri, qui ibidem aderant, talem[b*] dederunt iudicium, ut secundum legem Romanam pro hac culpa ambo pariter vitae[c] periculum incurrissent vel sententiam[d] mortis ob[e] hoc scelus excepissent[1]. Sed intervenientibus[f] bonis hominibus[g] taliter eis convenit, ut[h] iam dicti homines pro redemptione vitae[i] eorum wadios[k] suos iam dicto illo unusquis[l] pro soledos[m] tantos dare

31 = *Lind.* 120; *Roz.* 491 §. 2. *Codd. A* 1. 2. *B* (38). a) Brevem *B.* b) ecclesia sancti illi in loco noncupante sub p. *B.* c) solempniter *A* 2; solemniter *B.* d) condam *B.* e) mali *B.* f) adsalivit *B.* g) colapis *B.* h) super me *add. B.* i) male *A* 2. k) tolere mihi malo ordine t. *B.* l) *deest A* 2. m) *al. m. post add. A* 1; per suam culpam *A* 2; pro sua culpa *B.* n) interfeci *A* 1. o) Et per *A* 2. p) reverentia *A* 2. *B.* q) ipsius *B.* r) vissores *B.* s) quidquid *B.* t) ac *B.* u) vero et idoneo sacramento *B.* v) hoc *A* 1. w) exceperunt *A* 1. x) que *deest B.* y) supter *A* 2; subt' *B.*

32 = *Lind.* 81; *Roz.* 465. *Codd. A* 1. 2. 3. *B* (39). *(Num.* XXXIII *A* 3.*)* a) *deest B.* b) raptu *A* 3. c) conserint *A* 2; consenserunt et i. *B.* d) (infra q)uinquennio *uncis incl. e corr. A* 3, *ubi* litigetur *deest;* quinquenium *B*, *et ita infra.* e) sup *A* 3. f) corum *B.* g) presentiam *A* 2; presemcia *A* 3. h) ubique *A* 2; hubi *B.* i) venies *A* 3. k) ante illum qui supter *pro* eos q. s. *A* 3. l) firmaverunt *pro* t. i. *A* 2. m) ibi acusabat *A* 3. n) aliquem hominem n. illum *A* 1. o) *A* 2. 3; aliquam feminam *A* 1. *B.* p) nom̄ *A* 3; *B.* q) illam *A* 1. r) et pleto *A* 3. s) difinitione *A* 2. 3. t) *deest B, ubi verba* vel — vociferatione *ead. m. in marg. suppl.* u) cl. a. *des. A* 3. v) voolentem rapuisse *A* 3; violenter r. *B.* w) c̄giugio *A* 3. x) male *A* 2. 3. y) sobim. *sic! A* 3. z) potuerit set in o. *A* 3. a) *A* 2; ab eisdem *B*, *ubi* actum vel *des.;* apud *A* 1; aput *A* 3. b) Tuni *B.* b*) tale *A* 1. c) *A* 1; vite *cett.* d) sentiam *A* 2; sentencia *A* 3. e) ab *A* 1. *B.* f) intervenientebus *A* 3; intervenientes *B.* g) homines *B.* h) ud *A* 3. i) vite *A* 3. *B.* k) uuadeos *A* 2; gladios *A* 3. l) que *add. A* 2. m) *A* 3; solidos t. *A* 2; solidus t. *B*; soledis tantis *A* 1.

1) *Cf. L. Rom. Vis. Cod. Th. IX*, 19, 1 *Interpr.*

deberent; quod ita et fecerunt. Et hoc placitum institutum, quod evenit tunc[n] tempore, hoc[o] debeant desolvere[p]; unde et fideiussorem[q] pro ipsos[r] soledos aliquem hominem illum oblegaverunt[s]. Propterea necesse fuit ipsius[t], ut hanc notitiam exinde accipere deberet[u]; quod ita et fecit[v]; ut, si necessitas evenerit[w], omnibus sit manifestum, qualiter supradicti homines[x] infra quinquennium ab hoc[y] scelere[z] convicti[a] vel conprobati apparuerunt[b. 1].

33. Iudicium[a] evindicatum[2].

Ille rex, vir inluster, illo comite. Veniens ille in nostra vel procerum nostrorum presentia suggessit, eo quod aliquis homo nomine ille, pagensis[b] vester, eum in via male[c] ordine adsallisset et res suas ei tulisset vel graviter ipsum[d] livorasset; et ob[e] hoc vobis per nostram[f] ordinationem iussimus, ut, datis fideiussoribus, Kalendas illas ex hoc[g] in nostra presentia debuissent[h] adstare rationantes[i]. Sed memoratus quidem ille per triduum suum custodivit placitum et[k] iam dicto illo secundum legem˙ obiectivit[l] vel solsativit[m], qui nec sonia nuntiavit nec suum placitum adimplevit[n]. Propterea omnino tibi iubemus, dum tales[o] vobis datos habuit[p] fideiussores et placitum suum nullatenus custodivit[q], ut, quicquid lex loci vestri de tale[r] causa edocet[s], vobis distringentibus, memoratus ille partibus istius conponere et satisfacere non recuset[t].

---

34. Epistola abbatis vel rectoris ecclesiae.

In Dei nomine, quamquam peccator, abba dilecto amico nostro illo. Dum et omnibus habetur percognitum, qualiter tu rem proprietatis tuae illam, accepta pecunia de thesauro ipsius sancti, per vinditionis titulum distraxisti, unde et precariam nobis ex hoc emisisti et censisti, te dare in luminaribus ad festivitatem ipsius sancti, hoc est tantum: ideo una cum consensu fratrum nostrorum hanc epistolam tibi emittendam decrevimus, ut ipsum locum cum omni integritate una cum Dei gratia et nostra voluntate absque preiudicio sancti illius diebus vitae tuae usualiter tibi liceat tenere; et post tuum quoque discessum ipse locus cum omni integritate vel re emeliorata vel supraposito partibus nostris vel ipsius basilicae revertatur. Quam epistolam manu propria subter firmavimus[a].

[35. Ingenuitas Latina.]

32. n) *A* 2; tunc tepore *A* 3; tunc temporis *A* 1; tempore illo *B*. o) hc, h *in loco raso* *A* 3. p) dissolvere *A* 2; solvere *B*. q) fidiosorem *A* 3; fideiusores *B*. r) *A* 3; ipsos solidos *A* 2; ipsos solidus *B*; ipsis sol̄ *A* 1. s) *A* 3. *B*; obligaverunt *A* 1. 2. t) ipsos *A* 3. u) deberent *A* 3. v) fecerunt *A* 3. w) evenerid *A* 3. x) omines *B*. y) oc *A* 3. z) solvere *B*. a) convincti *A* 3. *B*. b) aparuer̄ *B*.

33 = *Roz.* 445. *Codd.* *A* 1. 2. 2*. 3. *Aliam B sub hoc rubro praebet formulam, quam in Additamentis* 6. *edimus.* (*Num.* XXXIIII *A* 3.) a) Edicio legibus conpreensa *formula sicut supra cap.* 29. *inscribitur* *A* 3; *rubrica deest* *A* 2*. b) paginsis A 2*. c) malo *A* 1. d) ipsas livoresset *A* 3. e) *deest* *A* 2. f) nostra ordinacione *A* 3. g) oc *A* 2. h) n *eras.* *A* 2*. i) *A* 1. 2*; ratiotinantes *A* 2; racionare *A* 3. k) ut *A* 3. l) *A* 1. 2*. 3; abiectivit *A* 2. m) sulsativit *A* 2. 2*. n) adimplivit *A* 2*. o) talis *A* 2*. 3. p) *deest* *A* 3. q) adimplevit *A* 3. r) *A* 2. 2*. 3; tali *A* 1. s) ędocet *A* 3. t) recusat *A* 3.

34 = *Roz.* 344. *Cod.* *A* 1. a) *continuo sequitur in codice cap.* 37.

35 *et* 36. *Quae pro his duobus capitibus deperditis cod.* *A* 1 *post cap.* 37. *substituit in Additamentis* 1—3. *edimus.*

1) *Cf. L. Rom. Vis. Cod. Th. IX*, 19, 2 *Interpr.* 2) *Cf. Marc. I*, 36. *Vide supra p.* 130; *'N. Arch.' VI, p.* 62.

[36. Ingenuitas sub patronum.]

37. Donatio ad ecclesiam post obitum.

Lucrum maximum credimus animarum, si, dum unusquisque corporibus motibus terram inhabitat, pro amore cogitet domus aeternae, vel amore temporalium rerum sperandarum sibi cumulet munimina divitiarum, aut certe, si id, quod remanendo perire poterat in seculo, in alimoniis pauperum vel loca distribuatur sanctorum Dei. Quam ob rem ego in Dei nomine ille pertractavi tam de Dei parte quam et reverentia sancti illius civitatis, ubi ipse pretiosus domnus in corpore requiescit, seu animae meae remedium: ad sacrosancta basilica sancti domni illius eiusque congregatione, ubi ille abba vel rector praeesse videtur, dono donatumque in perpetuo esse volo, hoc est villam, rem[a] proprietatis meae, nuncupantem illam, sitam in pago illo, super fluvium illum, in condita illa, cum omnibus adiecentiis vel appendiciis suis, quantumcumque ad ipsam villam aspicere vel pertinere videtur, vel quantumcumque inibi presenti tempore mea videtur esse possessio, totum et ad integrum per hanc donationem tibi trado atque transfundo; eo videlicet modo, ut, dum ego in capud advivo, ipsa villa cum omni integritate usualiter sub pretexto ipsius basilicae tenere et usurpare faciam; post meum quoque discessum ipsa villa cum omni integritate vel supraposito, hoc est cum terris, domibus, aedificiis, accolabus, mancipiis, vineis, silvis, pratis, pascuis, aquis aquarumve decursibus, mobilibus et inmobilibus, pecuniis, peculiis utriusque sexus, presidiis vel omni supellectile, vel quod ibidem in antea addere, adtrahere, conparare aut emeliorare potuero, et transitus meus ibidem[b] dereliquerit, pars ipsius basilicae, eius rectores, absque ullius expectata traditione vel iudicum consignatione, in eorum vel ipsius basilicae faciant revocare potestate vel dominatione, et ad ipsam sanctam basilicam proficiat in augmentum; qui[c] mallo hoc post meum discessum ipsius basilicae habere quam ceteris heredibus meis. Si quis vero.

38. Securitas de homicidio.

Fratri illo ego enim ille. Dum et omnibus habetur percognitum, qualiter tu ante hos dies, instigante adversario, germano meo[a], *vel quolibet parente*, interfecisti, unde et postea ex hoc conprobatus apparuisti, et ante me apud illum iudicem exinde in rationes fuisti et pro integra conpositione pro iam dicto parente meo pro ipsa morte, sicut mihi bene conplacuit, argentum soledos[b] tantos dedisti: ideo hanc epistolam securitatis tibi ex hoc emittendam decrevi, ut neque a me neque ab heredibus meis neque a quolibet opposita vel emissa persona nullam calumniam neque repetitionem de iam dicto homicidio habere non pertimescas, neque tu neque ullus de parte tua, qui tecum commorantur, sed ducti atque securi in omnibus exinde valeatis residere. Si quis vero, si fuerit aut ego ipse aut ullus de heredibus meis seu quislibet persona, qui contra hanc securitatem venire aut agere vel refragare temptaverit, et a me vel ab heredibus meis defensatum non fuerit, sociante fisco, qui litem intulerit soledos tantos conponat, et sua repetitio nullum obteneat effectum, sed sit inter nos vel heredibus nostris ex hac re omnique tempore calcanda causatio. Et haec securitas meis vel bonorum hominum manibus roborata cum stipulatione inserta diuturno tempore maneat inconvulsa.

39. Iudicium, iuxta quod causa continet.

Veniens ille die illo, quod fecit mensis ille dies tantos, in loco nuncupante illo ante venerabilem virum illum suisque auditoribus vel reliquis viris, qui ibidem aderant

37 = *Sirm.* 35; *Roz.* 214. *Cod. A* 1. (*Num.* XXXV *c.*) a) *post add. c.* b) *post h. v.* 2 *litt. erasae c.* c) *lege:* quia malo.

38 = *Sirm.* 39; *Roz.* 510. *Cod. A* 1. (*Num.* XXXVIIII *c.*) a) *lit.* o *ead. m. post add. c.* b) solidos *corr.* soledos *c.*

39 = *Sirm.* 40; *Roz.* 484 §. 1. *Cod. A* 1. (*Num.* XL *c.*)

vel subter firmaverunt. Ibique interpellabat aliquem hominem nomine illum, dum diceret, eo quod hereditatem suam in loco nuncupante illo, quae ei erat debita, post se retineret vel ei malo ordine contradiceret iniuste. Interrogatus ille ante ipsos viros taliter dedit in responsis, quod ipsam hereditatem, quam ipse contra eum repetebat, genitor suus[a], *vel quilibet parens,* ipsam ei moriens dereliquerat, et de annis 30 inter ipsum et parentes suos, qui ipsam ei dereliquerant, ipsam tenuissent, et secundum legem ei sit debita[1]. Dum sic intenderent, sic ipsi viri memorato homine decreverunt iudicium, ut in noctes tantas, quod evenit die ille, apud homines tantos, sua manu tanta, in basilica sancti illius, in loco nuncupante illo, taliter debeat coniurare, quod ipsam hereditatem, quam ipse homo contra[b] ipsum repetebat, per annos 30 inter ipsum et memoratos parentes suos, qui ipsam hereditatem morientes[c] ei dereliquerant, semper ipsam tenuissent, et per ipsos annos 30 secundum legem plus sit ipsa hereditas ei habendi debita quam ipso homini reddendi. Si hoc ad eum placitum coniurare potuerit, ipsam hereditatem absque repetitione ipsius hominis omni tempore habeat elitigatam atque evindicatam; sin autem non potuerit, hoc legibus emendare studeat.

His presentibus actum fuit.

40. Breve[a] sacramentum secundum ipsum iudicium.

Breve sacramentorum, qualiter ingressus est ille die illo in loco nuncupante illo, in basilica sancti illius, iuxta quod iudicium suum loquitur, apud homines tantos, sua manu tanta. Positis manibus super sancto altare, iuratus dixit: 'Per hunc locum sanctum et reverentiam istius sancti. Quia, unde mihi ille interpellavit, quasi hereditatem suam, quae ei esset debita, in loco nuncupante illo post me retinerem[b] vel ei malo ordine contradicerem iniustae, ipsam hereditatem parentes mei mihi morientes dereliquerunt, et inter me vel ipsos parentes meos de annis 30 semper exinde vestiti fuimus, et secundum legem plus est mihi debita habendi quam ipsius[c] homini[d] reddendi. Per Deum et reverentiam istius sancti iuro'. Similiter venientes testes sui per singula iurati dixerunt: 'Quicquid iste de hac causa iuravit, verum et idoneum sacramentum exinde iuravit'.

Hii sunt, qui subter firmaverunt.

41. Notitia de alode evindicato[2].

Notitia, qualiter vel in quorum presentia veniens ille die illo in loco nuncupante illo ante illum iudicem vel[a] reliquis viris, qui ibidem aderant vel subter firmaverunt. Ibique interpellabat aliquem hominem nomine illum, eo quod alode, qui fuerat genitori suo nomine illo, in loco nuncupante illo post se malo ordine retineret vel ei contradiceret iniuste. Interrogatus ipse homo ab ipsis viris, si sic erat veritas, annon. Sed ipse iudicium vel breve sacramentorum ibidem ante ipsis viris protulit ad relegendum, qualiter cum ipso homine ante hos dies exinde ante illum iudicem in rationes fuerat, et qualiter ipso alode contra ipsum hominem vel contra germanos suos elitigatum atque evindicatum legibus habebat. Relecto ipso iudicio vel ipso breve sacramentorum, sic ipsi viri ipsum homini interrogaverunt, si aliquid contra ipsum iudicium vel contra ipsum brevem opponere volebat. Sed ipse taliter dixit, quod nihil habebat, quod contra

39. a) suos *ead. m. corr.* suus *c.* b) contra i. repetebat *in loco raso c.* c) *in loco raso c.*

40 = *Sirm.* 41; *Roz.* 484 §. 2. *Cod. A* 1. a) B̄ *c.* b) ti *in loco raso c.* c) us *eras. c.* d) ni *al. m. post add. c.*

41 = *Sirm.* 42; *Roz.* 478. *Cod. A* 1. a) vec *corr.* vel *c.*

1) *Cf. L. Rom. Vis. Cod. Th. IV,* 12, 1; *LL. Capitularia I,* 7, *c.* 3, *p.* 16; 8, *c.* 13, p. 19. 2) *Cf. Brunner, 'Gerichtszeugniss' in 'Festg. f. Heffter' p.* 146 *sq. et 'Entsteh. d. Schwurgerichte' p.* 64.

ipsum opponere deberet. Et se in omnibus recognovit, quod contra legem ipsum hominem calumniabat, et se exinde omni tempore taciturum esse spopondit. Propterea oportunum fuit ipsius, ut hanc notitiam ex hoc accipere deberet; quod ita et fecit.

His presentibus actum fuit.

42. Vinditio de area vel de casa infra civitate[a].

Magnifico fratri illo ego enim ille. Constat me tibi vindedisse, et ita vindedi, hoc est casa mea cum ipsa area, ubi posita est infra civitatem, *vel* burgum illum, in ratione[b] illius, in loco illo, quem ego, data mea pecunia, de aliquo homine nomine illo conparavi. Habet ipsa casa matriamen[c. 1] tantum, in giro[d. 2] tanta; est de lateribus vel frontibus casa vel terra illorum et illorum. Unde accepi a te precium, in quod mihi bene conplacuit, hoc est tantum; quod precium in manu mea accepi, et ipsam casam vel aream per hanc vinditionem tibi tradidi a die presente perpetualiter ad possidendum; ita ut ab hodierna die, quicquid exinde facere volueris, liberam et firmissimam in omnibus habeas potestatem faciendi, salvo iure ipsius terrae.

43. Qui se in alterius potestate commendat[3].

Domino magnifico illo ego enim ille. Dum et omnibus habetur percognitum, qualiter ego minime habeo, unde me pascere vel vestire debeam, ideo petii pietati vestrae, et mihi decrevit voluntas, ut me in vestrum mundoburdum[a] tradere vel commendare deberem; quod ita et feci; eo videlicet modo, ut me tam de victu quam et de vestimento, iuxta quod vobis servire et promereri potuero, adiuvare vel consolare debeas, et dum ego in capud advixero, ingenuili ordine tibi servicium vel obsequium inpendere debeam et de vestra potestate vel mundoburdo tempore vitae meae potestatem non habeam subtrahendi[b], nisi sub vestra potestate vel defensione diebus vitae meae debeam permanere. Unde convenit, ut, si unus ex nobis de has convenentiis[c] se emutare voluerit, solidos[d] tantos pari suo conponat, et ipsa convenentia firma permaneat; unde convenit, ut duas epistolas uno tenore conscriptas ex hoc inter se facere vel adfirmare deberent; quod ita et fecerunt.

Marc. II, 35.

44. Evacuaturia[4].

Domino magnifico fratri illo ego enim ille. Dum et omnibus [non habetur incognitum[a]], qualiter ante hos annos solidos[b] nostros numero tantum[c] ad beneficium accepisti[d] et cautionem nobis pro[e] hoc emisisti, ut ipsos solidos tantos tu[f] nobis reddere deberes; quod ita et fecisti. Sed dum illam cautionem, quod nobis emiseras, ad presens non habeo, ideo hanc epistolam evacuaturiam fecimus, ut

42 = *Sirm.* 43; *Roz.* 276. *Cod. A* 1. a) civiī *c.* b) *fortasse:* regione. c) matriam̄ *c.; minus recte* in atriamento *Roz.* d) *super hoc v. post add. al. m.:* mēbra (membra).

43 = *Sirm.* 44; *Roz.* 43. *Cod. A* 1. a) *corr. e* munburdum *c.* b) hen *post add. c.* c) *ita cod., non* conventiis, *quod legit Roz.* d) soł *c.*

44 = *Sirm.* 45; *Roz.* 378. *Cod. A* 1. a) *uncis incl. des. c., quae iam Bignonius secundum Marculfinam evacuatoriam supplevit.* b) soł *c.* c) *ita c.;* tantis *Roz.* d) ac *in loco raso c.* e) p. h. *om. Roz.* f) tunc *Marc.*

1) *i. q. materiamen, materia. Cf. Ducange s. h. v. et praeterea in registro Prumiensi, 'MR. UB.' I, p.* 156, *ad quem locum Caesarius notat:* materiamen sunt ligna, que nos vulgariter appellamus 'cinber'. *Hic fortasse vox Latina eodem modo ac saepius Germanicum illud 'zimbar' non materiam sed aedificia ex ea facta significat.* 2) *i. e. in circuitu. Nescio, quid sibi velit emendatio* membra. 3) *Cf. praecipue Waitz, 'VG.' II², p.* 192 *sqq.; Ehrenberg, 'Commendation und Huldigung' p.* 139 *sqq.* 4) *Haec evacuaturia, quamquam aliunde desumpta, bene cum huius collectionis cautione, supra* 13, *convenit; cf. Brunner in 'Z. f. Handelsrecht' XXII, p.* 81.

de ipsis[g] soledis tantis omni tempore ductus et securus resedeas; et si ipsa cautio[h] apparuerit, a nobis vel ab heredibus nostris ullo quoque tempore ostensa fuerit, nullum sortiatur effectum, sed vacua et inanis permaneat.

45. De causis commendatis.

Magnifico fratri illo ego enim ille. Rogo, supplico atque publiciter tuae caritati iniungo, ut omnes causas meas tam in pago quam et in palatio aut ante iudices, vel ubicumque mihi necessitas evenerit, ipsas causas meas ad meam vicem prosequere et admallare facias et de ipsa prosecutione mihi reddas certiorem. Et quicquid exinde egeris gesserisve, ratum et bene acceptum a me in omnibus esse cognoscas. Quod mandatum, ut pleniorem obtineat firmitatem, manu propria subter firmavi et bonis viris adfirmare rogavi.

ADDITAMENTA
E CODICIBUS FORMULARUM TURONENSIUM.

1. Cessio a die presente[1].

Dum fragilitas seu casus humani generis pertimescit, ultimum vitae terminum subitanea transpositione venturum, oportet, ut non inveniat unumquemque inparatum nec sine aliquo boni operis fructu migranti de seculo; sed dum in suo iure et potestate quisque consistit, praeparet sibi viam salutis, per quam ad aeternam beatitudinem valeat pervenire. Idcirco ego in Dei nomine ille, pertractans tam de Dei parte quam et reverentia sancti illius seu animae meae remedium, caedo ad sacrosanctam ecclesiam sancti illius, quae est constructa infra urbem illam in honore sancti illius, ubi ille abba et rector praeesse[a] videtur, non occultae sed publicae, non privatim sed palam[2], cessumque in perpetuo iure legitimo esse volo et de iure meo in iure et dominatione ipsius ecclesiae trado atque transfundo, hoc est locum[b], rem proprietatis meae illum, situm in pago illo, in condita illa, cum omni integritate vel adiecentiis suis, hoc est cum terris, mansis, casis, vineis, silvis, campis, pratis, pascuis, aquis aquarumve decursibus, farinariis, mobilibus et inmobilibus, pecuniis, peculiis[c] utriusque sexus, praesidiis vel omni supellectile, quantumcumque ibidem praesenti tempore mea videtur esse possessio, totum et ad integrum, rem quisitam et inquisitam, per hanc cessionem a die praesente ad ipsam sanctam casam delego et confirmo[d]; ita ut ab hodierna die, quicquid exinde pars ipsius ecclesiae eiusque rectores de ipsa re facere voluerint, liberam et firmissimam in omnibus habeant potestatem faciendi; et[e] ad ipsam[f] sanctam ecclesiam plus habere volo quam me vel ceteris heredibus meis. In cessionibus vero licet poena non inseratur, mihi tamen pro rei totius firmitatis placuit inserendum, ut, si ego ipse aut ullus de heredibus meis *et reliqua.*

44. g) ipsisoledis t. *c.* h) causatio *c.*

45 = *Sirm.* 46; *Roz.* 389. *Cod. A* 1.

1 = *Sirm.* 36; *Roz.* 195. *Cod. A* 1. (*Num.* XXXVI *c.*) a) *in loco raso c.* b) *in loco raso super lineam post add. c.* c) peculis *corr.* peculiis *c.* d) *eadem m. corr. e* confirma *c.* e) *ita c.*; quia *pro* et ad *Roz.* f) *post h. v.* 4—5 *litt. erasae c.*

1) *Haec formula e Marculfina II,* 4. *vel alia simillima commutata esse videtur.* 2) *L. Rom. Vis. Cod. Th. VIII,* 5, 1 *Interpr.*

2. Vinditio ad ecclesiam.

Domino venerabili et in Christo patri illo abbati de basilica sancti illius civitate illa, ubi ipse preciosus dominus[a] in corpore requiescit, vel omni congregationi ibidem consistenti ego enim in Dei nomine ille. Constat me vobis vel partibus ipsius basilicae vindedisse, et ita vindedi, hoc est locum, rem proprietatis meae, situm in pago illo, super fluvium illum, in condita illa, in villa illa, cum omni integritate vel adiecentiis, quicquid ad ipsum locum aspicere vel pertinere videtur, vel quantumcumque presenti tempore mea videtur esse possessio, hoc est tam terris, mansis, casis, domibus, aedificiis, accolabus, mancipiis, vineis, silvis, pratis, pascuis, aquis aquarumve decursibus, libertinis, ministerialis, mobilibus et immobilibus, pecuniis, peculiis utriusque sexus vel omni supellectili, totum et ad integrum, rem quaesitam et inquisitam, quicquid dici aut[b] nominari potest, vel quicquid ibidem presenti tempore mea videtur esse possessio, per hanc vinditione a die presente trado atque transfundo; unde accepi a vobis pretium pro iam dicto loco de thesauro ipsius sancti, in quod mihi conplacuit vel aptificatum fuit, hoc est tantum; quod pretium in manu[c] mea accepi et ipsum locum cum omni integritate, sicut dixi, per hanc vinditionem vobis vel ad ipsam[d] sanctam casam tradidi perpetualiter ad possidendum; ita ut ab hodierna die, quicquid exinde vos aut successores vestri vel pars ipsius basilicae facere volueritis, liberam et firmissimam in omnibus habeatis potestatem faciendi. Si quis vero.

3. Epistola abbatis vel rectoris ipsius ecclesiae.

In Dei nomine ille abba in Christo nobis dilecto illo. Ad tuam petitionem nostra decrevit voluntas, ut tibi res nostras vel sancti illius in pago illo beneficiare usufructuario ordine deberimus; quod ita et fecimus. Et tu pro huius merito beneficii oblegasti nobis res tuas, tam de alode quam et de conparatu seu de qualibet adtracto, denominatas, in pago illo, in condita illa, in loca nuncupantia illa et illa, quas presenti tempore tenere et possidere videris, hoc est cum terris vel omnia et in omnibus; ea vero ratione, ut tibi ex ipsis rebus, quas nobis oblegasti, et illis, quas tibi usufructuario ordine beneficiavimus, non liceat aliubi nec vindere nec donare nec alienare nec in nullo modo distrahere nec in naufragium ponere, sed sub nostro vel sancti illius pretexto tibi liceat tenere et possidere. Et post tuum quoque discessum, absque diminutione rerum vel mancipiorum, cum omni re emeliorata vel supraposito, quicquid in iam dictas res inventum repertumque fuerit, in nostra vel ipsius sancti, absque illius expectata traditione vel iudicum consignatione, faciamus revocare[a] potestate vel dominatione. Unde censisti te a nobis annis singulis ad festivitatem sancti illius in luminaribus ipsius sancti vel pro mercedis tuae augmentum argentum soledos[b] tantos; et si de ipso censo neglegens apparueris, fidem exinde facias, et ipsas res perdere non debeas. Quam epistolam manu propria subter firmavimus.

Tur.

4. Incipit mandatum.

Magnifico fratri illo ego ille[a], filius illius[a]. Rogo, supplego atque tue caritatis iniungo, ut ad vicem meam civitatem illam[a] adeas et donacionem illam, quam ego partibus illius de loca nostra nuncupantes illa[a], sitas in pago illo, per meam legitimam instrumenta confirmavi, prosequere et gestis

2 = *Sirm.* 37; *Roz.* 270. *Cod.* *A* 1. (*Num.* XXXVII *c.*) a) i *ex parte abrasum c.* b) *in loco raso c.* c) *corr.* manus meas *c.* d) *post add. c.*

3 = *Sirm.* 38; *Roz.* 327. *Cod.* *A* 1. (*Num.* XXXVIII *c.*) a) revore *c.* b) solidos *corr.* soledos *c.*

4 = *Roz.* 263 *bis* §. 2. *Cod.* *B* (9) *hanc formulam e Marc. II,* 38. *et Tur.* 2. *compositam pro Tur.* 2. *praebet. Hanc et sequentem, etsi non immutatas, ed. Lind.* 73. a) ill. *c.*

municipalibus cum curia publica et defensore facias allegare. *Propterea tibi hunc mandatum conscrip- *Marc. simus, ut, sicut superius contenetur, taliter prosequere hoc et firmare debeas, et quicquid exinde egeris gesserisve, ratum et definitum aput nos *in omnibus[b] esse cognoscas. Quod mandatum, ut pleniorem *Tur. obteneat vigorem, manu propria subter firmavi et bonorum virorum roborandum[c] decrevi.

5. Gesta.

Anno illo[a] regnante rege illo, sub die illo[a], cum conventus fuisset in civitate illa, adstante Marc. virum laudabilem illo[a] defensore et omnem curiam publicam, vir magnificus ille[b] prosecutur dixit: 'Peto, obtime defensor, vosque, laudabiles curiales atque municipes, ut mihi codices publicos patere iubeatis, *quia inluster vir ille per hunc mandatum ad me speravit, ut donacionem illam, quam de rebus suis *Tur. propriis, de loca nuncupancia illa, sitas in pago illo, partibus illius per sua strumenta confirmavit, gestis municipalibus cum curia publica et defensore prosequere et allegare deberem[c]. Ecce ipsius donacionem, iubete recitare'. *Vir honestus defensor ille dixit: 'Mandatum, quod in te conscriptum habere dicis, nobis *Marc. ostende, et in presente recitetur'. Post recitacione mandatum vir honestus ille defensor dixit: 'Mandatum quidem recitatum est, sed scripto testamento, quem tu pre manibus habere dicis, ille amanuensis ipsum accipiat, et nobis presentibus recitetur et, ut postulas, gestis publicis infirmetur'. *Qui statim *Tur. accipiens, per ordinem eum recitavit. Post recitacionem vero illi vero persecutur dixit: 'Et quia peticionibus meis laudabilitas vestra per ordinem implere dignata est, rogo, ut publica momenta suscipiat'. *Vir laudabilis illi defensor et curialis dixerunt: 'Epistola, que recitata est, gestis publicis inseratur, et *Marc. quod ille prosecutur vellit et petit, gesta ei publici datur'. Iam dictus prosequutur dixit: 'Sufficit mihi, bone defensor, ut testamentum, quod recitatum est, si mihi gesta tradere iubeatis, ut mos est'. Vir ille defensor et ordo curie dixerunt: 'Testamentum et mandatum in [te[d]] conscriptum per ordinem conditus et bonorum hominum manibus roboratus atque signatas manifesta esse cognovimus; dignum est, ut gesta ex hoc conscripta, atque a nobis subscripta[e] fuerit, tibi tradatur ex more, et ut in arcis publicis memoranda servetur, *ut facilius quod superius insertum est diuturnum tempore maneat inconvulsa'. *Tur.

6. Iudicium evindicatum[1].

Ille rex, vir inluster. Veniens ante nos[a] homo ille nomen ill. ibi in palatio nostro placitum suum legibus custodivit, quod habebat apud hominem alico nomen ill., quod ipse ille per sua fistucam ante nos visus fuit adframire[2]. Sed noncupatus ille nec ad placitum suum venit nec ipsum sacramentum iuravit, neque iuratores sui; nec nulus fuit testes, qui sonia nonciasset. Proinde nos taliter una cum fidelibus nostris, id sunt illi et reliquis quam pluris, visi fuimus iudicasse, ut, dum ipse ille tale sacramento habuit aframitum, et ipsum nulatenus iuravit, nec ipse neque iuratores sui, sed exinde se iectivum in omnibus dimisit. Propterea iubemus, ut, dum hac causa sic acta vel perpetrata esse cognovimus, ut ipse ille ipsas res in loco illo incontra illo superius nomine[b] omnique tempore habeat evindicatas atque elidicatas. Et sit inter ipsos in postmodum ex hac re omnique tempore subita[c] causacio.

Hactum, quod fecit menses ille dies tantus.

---

4. b) om̄ *c.* c) dum *deest c.*

5 = *Roz.* 263 *bis* §. 1. *Cod. B (10) hanc formulam e Marc. II,* 37. 38. *et Tur.* 3. *compositam pro Tur.* 3. *praebet.* a) ill. *c.* b) ill. *semper pro* ille *c.* c) debere *c.* d) *add. Marc.* e) conscripta *c.*

6 = *Lind.* 168; *Roz.* 454. *Cod. B (40) pro Tur.* 33. *praebet.* a) annos *alio atramento corr.* nos *c.* b) *lege:* nominato. c) *i. e.* sopita.

1) *Haec formula ab eodem, qui Pippino regnante Marculfum cum Turonensibus coniunxit, superiores duas composuit et Marc. Add.* 2. *pro Marc. I,* 24. *substituit, inserta esse videtur. Ex quodam ipsius regis iudicio fortasse sumpta est. Cf. Reg. Imp. I,* 63 = *Sickel, P.* 1.
2) *Cf. infra ad Cart. Sen.* 10.

7. Incipiunt relati[1].

Quociens quippe, causa ministrantes naufragium, evenit destitucio cartarum, quod hoc publicis auribus[2] est intuendum[a], ut qualitorum[b] corumpiam qui in disposicionibus eveniens occasionibus non debui modolari. Ob hoc igitur occasum aut eveniente contigit, ut domus illius infra urbe, in villa nuncupante illa, a malis hominibus ad incendium fuisset concremata, de qua re inter reliquas res meas dispendium et instrumenta, unde praesenti tempore mea possessio esse videtur, tam vendiciones, adfiliaciones[3] cuius[c] commutationes vel qualibet instrumenta cartarum a me noscitur pervenisse, ibidem infra ipsum domum fuerunt conbursas. Ideo supplico te, vir apostolicę, civitatis illius pontifex, domne episcope, cum tuis venerabilibus abbatibus vel vos, qui de parte publica curam vel sollicitudinem habendi positi estis, ut, si se dederit usus causandi adversariorum inimicorum meorum intra[d] Dei et vestris intercedentibus verbis, dominicis auribus intueantur, ut per suum regimine nostra in omnibus declaretur iusticia.

---

8. [Epistola formata[a]][4].

Clarissimo in Christo atque sanctissimo fratri illo episcopo itemque ille indignus archiepiscopus in Deo salutem optat. Praesens denique presbyter ille nomine illo[b] ad nostram confugit exiguitatem, nobis rememorans, qualiter antecessor[c] noster domnus Ioseph[5] eum ordinavit per deprecationem Fredegisi abbatis[6] in titulo sancti Martini, in villa qui dicitur illa, et recordans, quod nos in ipso die suae ordinationis eum inquisivimus. Ideo ad vestram misimus ipsum prudentiam[d], ut in vestra illi licitum sit suum peragere parrochia officium. Et ut certius credatis a nobis ipsum ordinatum, hanc epistolam, quam formatam dicimus, concludimus eo tenore, ut credimus a sanctis patribus constitutum esse, id est primam litteram Patris et Filii et Spiritus sancti, ut in nomine ipsius condita conservetur; item primam litteram Petri ponimus, quae primus apostolorum fuit, quae, ut transtulimus, LXXX significat; ponimus ad nostrorum nominum litteras loci, quamvis diversorum, ordine tamen ut constitutum est, id est me indignum primam litteram, vestri gloriosi secundam, tertiam civitatis nostrae de qua mittitur, quartam vestrae urbis ad quam mittimus; addidimus indictione, quae est......[e]; AMHN, quod nonagenarium nonum numerum exprimit. Valete in Domino.

APPENDIX.

Quas hic subiicimus capita 4 leguntur in codicis saec. IX. fragmento, quod foliis duobus inter se cohaerentibus, nunc numeris 164. 165. signatis, constans subnexum est

7 = *Pard.* 5; *Roz.* 410. *Cod. C, ubi sequuntur Tur.* 27. 28. a) *fortasse:* innotuendum *pro* innotescendum. b) qualitoꝝ corūpiā *c., quae verba nimis corrupta videntur.* c) cur' *c.;* iudicius *coni. Roz.; fort.* quam *vel* sive. d) *hic quaedam omissa esse videntur;* intra die *pro* i. D. *edd.*

8 = *Bal.* 41; *Roz.* 652. *Cod. A* 1 *fol.* 268'. a) *rubricam addidi.* b) *vel* ille, *abrasum c.* c) ancessor nr̄t *c.* d) i. p. *in loco raso c.* e) *quaedam erasa c.*

1) *Cf. de hac formula 'Zeitschr. d. Sav.-St. I, Germ. Abth.'* p. 103. 2) *Ibidem* p. 98 *sqq.* n. 10. 11. 3) *Fortasse adoptionum epistolas significat. Cf. supra* p. 148, *n.* 1. 4) *Cf. Loening, 'Gesch. d. Deutschen Kirchenrechts' II, p.* 327 *sq.* 5) *Iosephus archiepiscopus Turonensis, a.* 792—815, *cui successit Landramnus, a.* 815—836, *qui hanc formatam emisit. Gall. christ. XIV, col.* 33 *sq.* 6) *Fredegisus seu Fridugisus abbas S. Martini, a.* 804—834. *Sickel, 'UL.' p.* 89 *sq.*

codici Vaticano Christ. reg. 1050 *(Roz. Vat. C)*[1]. *Exstant formulae fol.* 164, *altero folio vacuo relicto, maioris cuiusdam collectionis sine dubio reliquiae; quae cum haud dissimiles sint Turonensibus* 13. 14. 15. 20. *atque eodem ordine inter se sequantur, aut ex ipsis illis formulis aut secundum eadem exempla ac illae compositae esse videntur.*

Ex iudiciis comitum palatii et 'missorum discurrentium' cap. 4. *commemoratis docemur, eas certe non ante Karolum Magnum in hanc formam redactas esse; fortasse saec. IX. sunt adscribendae.*

Formulas a viro Cl. de Rozière primum in lucem editas (in 'Recueil général') nuper in usum nostrum V. Cl. Mau cum codice haud sine fructu contulit[2].

---

1. [Cautio][3].

...[de]beritis[a]; quod ita et fecistis. Et ego pro huius merito beneficii obpignoro vobis locello illo in re proprietatis meae, situm[b] in pago illo, cum omni integritate vel soliditate, quicquid ibidem a me speratur, totum et ab[c] integrum, usque ad annos tantos; ea vero ratione, ut, quando iam dicti anni impleti fuerint, et fructo ipsius terre colligeritis tanto[d], et inde ego supradictum debitum vestrum vobis exsolvam, et rebus meis huna[e] cum cautione[f] mea de manibus vestris recipiam[g]. Et si supradictum debitum ad ipso placito vobis non reddidi aut necglegens inde aparuero, praedictas res usque ad alios iam dictos annos tenere et usurpare faciatis, et ego ad decem expletos annos praedictum debitum in duplum reddam. Quod si hoc facere noluero, tunc ipsas res, quod in cautione dedi, iure proprietario in vestra faciatis revocare potestate vel dominatione perpetuali ad possidendi vel ad faciendi exinde in omnibus quicquid volueritis, neminem contradicentem. Et ut firmior sit, manu mea propria hanc cautionem[h] subterfirmavi[i] vel bonis viris adfirmare[k] rogavi.

2. Donatio in sponsa facta[4].

Latores legis aedicerunt[a], et antiqua consuetudo aedocet, ut prius arrarum coniugiae, postmodum osculum intercedentis[b. 5] personarum qualitate concedatur, sicut in Theodosiano codice 'de sponsalibus et ante nuptias donationibus' narrat auctoritas, ut, quicumque vir in sponsam suam ante die nuptiarum de rebus suis propriis donare vel conferre voluerit, per serie scripturae hoc alligare percuret[6]. Igitur ergo[c] ego in Dei nomine ille, filius illius. Dum multorum habetur percognitum, qualiter ego aliqua femina aut puella nomine illa, filia illius[d], per consensu vel voluntate parentum vel amicorum[e]

1 = *Roz.* 377. a) *quae antecedebant suppleri possunt e Tur.* 13. b) situ *c.* c) *ita c.* d) tantos *e corr. c.* e) hu::: *c.* f) congregatione *c., quod recte emendavit Roz.* g) am *evan. c.* h) tio *evan. c.* i) ub *evan. c.* k) adfirma(re ro)gavi *u. i. supplevi, ubi in codice quattuor vel quinque literae evanuerunt;* adfirmatione roboravi *Roz.*

2 = *Roz.* 219. a) aedič *c.* b) intercede(ntis) *u. i., quae evanuerunt, supplevi e sequentibus locis similibus. V. Cl. Mau suspicatus est hic* intercedentium *scriptum fuisse.* c) ego *corr.* ergo *c.* d) *post h. v.* 3 *litt. erasae, fortasse:* sua *c.* e) *haec vox, excepta ultima syllaba, evanuit c.*

1) *Cf. de hoc codice 'Archiv' XII, p.* 313. *et Haenel, Lex Rom. Vis., cod. nr.* 76. *De ipsis formulis breviter quaedem annotavi 'N. Arch.' VI, p.* 66. 2) *Formulam Roz.* 440 *bis*, *quae aevo Karolino e Tur.* 29. *commutata videtur, non cum istis coniungendam existimavi.* 3) *Cf. Form. Tur.* 13. 4) *Cf. Form. Tur.* 14. 5) *Verba* o. i. *primitus Constantini constitutionem Cod. Th. III,* 5, 5, *ubi de donationibus ante nuptias* osculo interveniente *factis agitur (cf. Arndts, 'Pandekten'* §. 413*), spectare videntur. Hic vero iam ipsam donationem, quod saepius fit, osculum vocari apparet. Cf. Ducange s. h. v. et Diez, 'WB.' II c, s. v. 'oscle'.* 6) *Cf. L. Rom. Vis. Cod. Th. III,* 5, 1. 2 *Interpr.*

nostrorum eam legibus sponsare volo et, Christo propitio, sicut mos est et antiqua fuit consuetudo, ad legittimum matrimonium vel coniugium sociare cupio, propterea placuit mihi, atque bona decrevit voluntas pro amore vel dilectione ipsius feminae, ut ante die nuptiarum per hanc titulum osculum intercedentis ha diae praesente aliquid de rebus meis ei condonare vel conferre deberem; quod ita et mihi placuit fecisse. Dono tibi, dilecta sponsa mea illa, donatumque in perpetuum esse volo, hoc est locello, res proprietatis meae, nuncupante illo, huna cum domibus, aedificiis, terris, vineis, pratis, silvis, exenis[f], aiacenciis, acolabus, mancipiis, libertis, aquis aquarumve decursibus, mobile et immobili, cum omni supraposito usque ad abiacentiis, tam de alode meo quam de comparatu vel de quolibet adtractu, undique ad me noscitur pervenisse, totum et ad integrum, sicut a me praesenti tempore videtur esse[g] possessum, haec omni re superius nominatas atque conscriptas, dilecta sponsa mea iam dicta, per hanc osculum intercedentis a die praesente in integrum tibi dono ad habendi et possidendi, et de mancipiis meis similiter; ita ut, dum advixeris, secundum legis ordinem[h] teneas atque possideas nostrisque qui ex nobis procreati fuerint filii vel filie relinquas, si ipsi defuerint, cui lex est. Si quis vero, si ego ipse aut ullus de heredibus meis vel quislibet extranea aut obposita persona, qui contra hanc donatione, quod est osculus intercedentis a me factus, venire aut aliqua calumnia generare praesumpserit, cui litem intulerit solidos[i] tantos conponat[k], et i[niqua[l]] repetitio in nullisque modis obtineat firmitatem, sed praesens donatio ista a me facta, meis vel bonorum virorum manibus roborata cum stipulatione subnixa omnique tempore maneat inconvulsa.

3. Hic est traditio[1].

Rerum omnium scripturarum traditio subsequatur[2]. Quam ob rem ego in Dei nomine ille, filius illius condam. Dum non est incognitum, sed apud plures notum esse cernitur, qualiter ego aliqua femina aut puella, filia illius, legibus eam sponsavi, et de rebus meis, qui sunt sitas in pagos illos, ei aliquid per carta donationis ante die nuptiarum confirmavi et habendi[a] et per hanc titulum traditionis vel per servo meo nomine illo et per hostium de ipsos domus et cispitae de illa terra seu vitis de ipsas vineas et ramos de illas[b] arbores, et quantumcumque in ipsa donatione continet, id sunt tam terris, vineis, pratis, silvis, exenis[c], aiacentiis, omnia et ex omnibus, sicut[d] illa donatione loquitur, vel in ista traditionae[e] insertum est, dilecta sponsa mea nomine illa a diae praesente per hanc titulum traditionis[f] ad missum tuum nomine illum de iure meo [in[g]] tua trado dominatione et potestate perpetualiter ad possidendum vel ad faciendi exinde in omnibus iure perpetuo atque firmissimo ha diae praesente vel tempore quicquid volueris, neminem contradicentem. Si quis vero, quod fieri minimae credo, si ego ipsae aut ullus de heredibus meis vel quislibet extranea aut obposita persona, qui contra hanc titulum traditionis, quem ego conscribere vel adfirmare rogavi, venire aut aliqua calumnia generare praesumpserit, cui litem intulerit solidos[h] tantos conponat, et sua repetitio in nullisque modis obtineat effectum, et hanc traditio ista ha me[i] facta, meis vel bonorum hominum manibus roborata cum stipulatione subnixa omnique tempore maneat inconvulsa.

2. f) *fortasse:* exiis. g) *evan. c.* h) rdinem *evan. c.* i) sot *c.* k) ēpoñ *c.* l) *ita Roz.; de lectione vero dubitandum est, cum uncis inclusa fere universa in membrana lacera perierint.*

3 = *Roz.* 258. a) *Roz., qui et sequens omittit, existimat,* tradidi *esse emendandum.* b) ill. *c.* c) *fortasse:* exiis. d) in *add. Roz.* e) *in loco raso in fine versus eadem manu; in principio versus sequentis* ne *c.* f) donationis *Roz.* g) *lacuna c.* h) sot *c.* i) e *in lacuna c.*

1) *Cf. Form. Tur.* 15. 2) *Cf. L. Rom. Vis. Cod. Th. III,* 5, 2 *Interpr.*

4. Mandatum, qualiter maritus uxoris negotium prosequitur[1].

Mos antiqua et lex Romana declarat auctoritas, ut 'quicumque uxoris suae negotium fuerit prosecutus, quamvis maritus sit, nihil aliut agat, nisi quod illa ei agendi per mandatum commiserat'[2]. Igitur ego in Dei nomine illa, filia illius, te, dulcisssime iogale meo illo[a]. Dum me simplicitas dominat, quod minime rebus vel causas meas valeo exercere, te dilecto viro meo nomine illo subplico atque tue caritatis iniungo, ut omnes res meas vel causis meis, ubicumque eas potueris invenire, id est tam in pagos illos et illos quam et[b] in civitates illas[a] et illas[a] vel in vicos illos[a] seu ante comitibus palatiis aut missis discurrentibus vel cunctos officialis omnium iuditium, hubicumque eas potueris invenire, ad prosequendi, rationandi, interpellandi cuicumque volueris in omnibus habeas potestatem; et quicquid a te fuerit definitum, a me sit ratum vel defensatum. Et ut hanc robustior[c] sit, illut mihi placuit, ut manu mea...

4 = *Roz.* 386. a) ill. *c.* b) *om. Roz.* c) roburtior *c.*

1) *Cf. Form. Tur.* 20. 2) *L. Rom. Vis. Cod. Th. II,* 12, 4 *Interpr.*

FORMULAE BITURICENSES.

Ex tribus codicibus formulas collegi Biturico oriundas[1], quas, quamquam non eiusdem collectionis sunt omnes, tamen continuis numeris signavi.

1. Cod. Parisiensis Lat. 10756. Cf. supra p. 35. 132 (Roz. Par. C). Cuius tertia particula, fol. 62—69, codicis antiquissimi est fragmentum, octo constans foliis quaternionem formantibus, quorum priora, 62—64, quinque praebent formulas numeris XI—XV. digestas collectionis, cuius capita I—X. cum quaternione olim praecedenti perdita dolemus. Has, quas ipse exscripsi, numeris 1—5 signavi. Exaratae sunt manu vetustissima saeculi VIII, literis quae dicuntur Merowingicis. Alia quaedam, cap. 6, sine numero addita est, manu, ut videtur, paulo recentiore scripta. Sequuntur fol. 64'—66'. Cyclus lunaris, fol. 67. Parte quaedam de cyclo Victurii, fol. 67'. 68. versus saec. IX. exarati notis Tironianis intermixtis: Cantemus Domino, Christo cantemus honorem etc., fol. 68'. Incipit de egris. Quis quali luna inciderit[a], utrum vitalis an tarde convalescat, fol. 68'. Incipit ratio bissexti; fol. 69. et in marginibus vacuisque intervallis ceterorum foliorum hymni notis Tironianis exarati leguntur.

Formularum librum Biturico oriundum esse, intelligitur e capite 3, quod formulam mandati de donatione quadam in Bituricae civitatis curia alleganda exhibet. De tempore formularum vix aliud habemus indicium, quam ipsius codicis aetatem, qua Merowingico aevo assignantur. Si vero etiam formula 6. Biturici ceteris subiecta est, quod coniici liceat, non ante civitatem illam in Francorum ditionem redactam scribi potuit, quippe quae acta quaedam anno 14. regni cuiusdam regis referat. Pippini fortasse annus 14, qui est 764—765. p. Chr., intelligi potest. Vulgavit has formulas Pardessus in 'Bibliothèque de l'école des chartes' seriei 1. vol. IV, p. 20 sqq., unde repetivit Warnkönig, 'Französ. Staats- u. Rechtsgesch. I, UB.' p. 4 sq. et Migne, Patrologia latina LXXXVII, col. 895 sqq. Praeterea de Rozière eas collectioni suae inseruit.

2. Cod. Parisiensis Lat. 4629, saec. IX. (Roz. Par. P). Unam tantummodo praebet formulam, quam numero 7. signavi. Agit de contestatione instrumentorum amissorum in curia civitatis Bituricensis facienda, quae cum Romano more fieri videatur, formulam antiquissimam esse suspicari possumus. Edidit Pardessus l. l. I, p. 218 sq., quem, cum verba codicis, testante b. m. Knust, accuratissime exhibeat, in recensione nostra constituenda secutus sum. Repetivit Warnkönig l. l. p. 8, nr. 15. Ipso codice denuo usi, ut videtur, ediderunt formulam de Rozière in 'Recueil général', nr. 404, et Migne l. l. col. 899 sq., nr. 15.

Cod. 3. Lugduno-Batavus bibliothecae publicae 114. Cf. supra p. 34. et 'N. Arch.' VI, p. 14 sq. 80 sqq. Formulis Marculfinis variae Bituricenses aliae interpositae aliae subiectae sunt, quas omnes secundum ordinem codicis sub numeris 8—19. recepi. Capitum numeri in codice nulli, neque certo quodam consilio et ratione collectae

a) inuderit c.

1) De his formulis cf. 'N. Arch.' VI, p. 79 sq.

videntur formulae, nedum ab eodem omnes dictatae sint. Potius in quodam Marculfi exemplari additas putarim, quae undecumque scriptori obiciebantur. Hoc autem Biturici factum esse, facile est intellectu. Refert enim cap. 9. *de manumissione in ecclesia sancti Stephani Bituricensis celebrata,* 15 *a. de donatione bonorum, quae in pago Bituricensi sita esse dicuntur,* 15 *b—d. de alleganda donatione ista in curia publica Bituricensi;* 19. *vero exemplar epistolae ad episcopum et clerum Bituricenses missae exhibet. Praeterea inter capita quaedam formulae* 14. *in codice praecedentia duo exemplaria esse videntur epistolarum missarum ad abbatem quendam Andream Bituricensem, quem alias non inveni. Quae epistolae ex aliqua parte metrice, rhythmicis quibusdam versibus interpositis, sermone satis incompto scriptae sunt*[1]. *Praeterea verba nonnulla valde corrupta esse videntur, ut saepius quid sibi velit auctor intelligi non possit. Capita ista, numeris adpositis, infra exhibenda duxi**.

*) 1. Item alii indiculi.

Incipe loqui Musa. Cum cautella plana egredietur verbum et loquitur ad dominum. Scio, quia vobiscum sunt pylosophus et prudentissimi viri et ad dictandi docti, qui ista, si legerint, pro nihilo reputabunt vel certa legere dedignabunt, sed ego pro talibus vires aperte et simpliciter scripsi, se voluissem conscribere alciora potuissem. **Marc.Praef.**

2. Item alia verba.

Laus tibi sit, summe factor praecelsus Olimphus,
— qui conservet Andreas iurae perenni,
Et genitor summus conservet eum annis multis.
— tu quoque, os praepollens alti[a] tonantis,
Suscipe votivus hos [carmine[b]] versus carmina parva
— haec, summe sanctae,
Sis filex meritis aeterne lucis amator,
Amplificet Dominus umquam tibi culmen onoris.
Electus es Deo, at quem, Adalbertane abbas,
Culmina celsa nunc, si vis, conscendere[c] vales.
Ill.[2] meritis prestet amore Deus
Participata mihi vobis gaudia Christus.
Mitis in aures tuas[d] sonus suavi dulcedine tinnit.
Aetera transcendis auctorem sensum cacumine.
Bonis moribus aes ornatus, probatus consilio;
Causas et leges disponis; sedis in consilio;
Blandus, pius, mansuetus adque largus munerae,
In scripturis es perfectus, doctus ministerio.
Cognitus es in omni arte, perfecta scientia.
Cunctorum causas in tuo pectore pensas.
Sicut sol refulget inter cuncta sidera caeli,
Sic refulgit vultus autem[d] apud clerus[e] Biturivensis.

Muros conscendunt et oculis te intuent. Os rident, et cor aliud cogitat. E[st] statura tua similis[f] palma[3]. Sapiencia tua exsaminat cuncta. Prudencia tua pro nihilo habet linguas detrahencium. Claruit Biturivensis, quod strictim carmina pando. Hilaritas tua sublevat pauperes. Modestia

a) salti *c.* b) *delendum videtur.* c) vales conscendere *c.* d) *fortasse:* tuus. e) cl̄s *c.* f) est *post add. c.*

1) *Partim sententiae sunt, quibus utantur qui litteras vel sermones componere velint, inter se nullo nexu coniunctae.* 2) *Hoc pro nomine sancti cuiusdam substitutum videtur.* 3) *Cant. cant.* 7, 7.

Temporis indicia nonnulla exstant. Capitis 11. *exemplar haud multo post Ludowicum Aquitaniae regem factum (a.* 781*) scriptum, caput* 14. *autem, ubi Karolus Magnus*

tua consolat mentes humilium. Quomodo resplendent in aqua vultus prospicientis, sic corda Biturivensis manifesta sunt tibi[1].

Carpe libenter iter, que ducit ad aulam regis,
Alcius, ut scias, carpe libenter [iter[a].]
Qui sua rura colet, solet horrea plena[b] tenere.
Per mare nauta volat, quo multa pecunia crescat.
Ego per terra ambulo et consolantem non invenio.
Vobis vera loquor, quia super me nunc disco.
Parce mihi, domne; digna hoc legere; adpone sensum et intellegere.
Altum caelum qui creavit, terra atque aequora,
Ipse te conservet per infinita secula.
Diximus pauca haec in nostris versiculis.
Longa fiat vita vestra annorum curiculis.

Obsecro vos, acsi obtutibus vestris prostratus terris, humiliter preco et reminisco, bonitati vestrae uti mihi, quia valde mihi est necessitas. Sapiens enim paucis intelligit verbis. Virtus te divina protegat atque defendat, miles Christi, vir piae, vir sanctae, vir venerabilis, vir Deo dilectae atque care! Merear vos, dominum meum, felix felicem feliciter intuere et de prosperitate vestra perhenniter gratulare.

3. Item alio indiculo ad amico nostro.

Auctoritas nostra caritas dicitur, quem nos uterque certum est querere tibi. In omnibus non tarde agnosco, sermonesque tuos dulces invenimus. Breviter dico, que longe exquiro, meque per omnia tu dicis honorabile, quia credo, hoc corde desideras, quod semper mea crescat laudatio. Caelum et terram ipse qui fecit meam agnuscit voluntatem, reddere tibi que opto caritatis; impleam, velut est mirum amicis tenere. Denuo quoque suscipe epistolam meam. Facinus ille monitus tibi, Andreas, laudatis sermonibus, lascivum fuit remittere apices. Exinde queso te, que indulgentia agnusce, peto, quemadmodum cupio tibi iam factis utile implere. Sermo non indiget, quantum animus contenet. Firmiter mando, instituo placito, quod primum venit Kal. Ian., ipsaque diae modulus[c] impletur. Tunc ibi sis. Hoc mando certissime. Grave non sit vobis iter peragire. Volo, ut venias pridii Kalendas illas.

Fistula nostra brevi narret tibi faminat[d] verbo
Vincia[d], quibus pastor plurima nosse queas.
Munera nula tibi mitto, venerabilis alme;
Quod habeo proprium, hoc tibi porgo libens.
Carmina cui sunt, hic semper vult carmina ferrae;
Cui desunt, porgit carmina nulla tibi.
Floreat aeternis, Andreas, tua vita coronis,
Sacer[dos][e] nimium amate Domini[f].
— valeas per prospera seculi huius
Et regas hos famulos, quos modo iure reges.
Coetus angelicis te iungat munere, cuius
Terrae progenies scandit ad aetra Dei.

a) *fortasse supplendum.* b) plana *c.* c) modtt *c.* d) *dubium est, quid sibi velint haec verba.* e) Sacer *c.* f) dm̄ *c.*

1) *Prov.* 27, 19.

'augustus' appellatur, illo iam imperium adepto, dictatum esse videtur; cap. 15. *annum exhibet* 805; 16. *vero et* 17. *ex epistolis anno* 778. *ineunte fortasse scriptis facta sunt.*

In Appendice subieci, quae in codice formulis Marculfinis praecedunt, epistolarum exempla pleraque minoris momenti. Conscripta esse videntur in quodam monasterio sancti Petri, fortasse Doverensi[1]*. Etiam his numeros adposui.*

Edidit ex Formulis Bituricensibus de Rozière cap. 15. *iam anno* 1844. *in appendice Formularum Andecavensium*[2]*, postea omnes in 'Recueil général'.*

In usum editionis huius iam b. m. Pertz formulas istius codicis omnes praeter Marculfinas exscripserat, cuius apographum cum ipso codice denuo contuli.

---

1. Carta conmutationis. *f.* 62.

Quod convenientibus partibus placida definitione convenerit, cum bonorum hominum fuerit roboratione firmatum, tunc nec inmutandi tribuitur occasio, nec ulla consurgitur virtus litigii. Et idcirco partibus congruentibus pro conmune conpendio placuit, convenit inter illo[a] et illo, ut aream sibi ab invicem oportunas intro murus conmutare deberent. Donat ergo ille[b] —. Quas areas cum ingressus egressusque earum sibi in invicem tradiderunt, ita ut unusquis rem quam accepit habeat, teniat et perpetuo iure, Deo propicio, possedeat, vel quicquid exinde facire voluerit, habeat liberam potestatem.

2. † Praecaria[a]. *f.* 62'.

Domnis[b] suis illo[c] et illae. Et quia inscium non habetur, quod genitor noster in re vestra manere dinoscitur et praecariam vobis fecit, quam nos semiliter renovamus et signantes firmamus et, ut nos ibidem pietas vestra manere permittat, humeliter postulamus; sed ne possessio nostra vobis heredibusque vestris praeiudicium inferat, hanc praecariam vobis deposuimus, spondentes, quod, si ullo umquam tempore huius cartulae condicionem obliti, in quibuslibet ambastiis[3], aut ubi aut ubi a vestris actoribus ex vestro praecepto fuerimus imperati, non procuraverimus cum omni oboedientia adimplere, aut hoc quod possedemus non vestrum esse dixerimus[4], tamquam praevasores inprobos iuxta legum severitate vestris partibus conponamus, et nos ipsos exinde proieciendos absque ullius iudicis interpellatione integrum potiamini arbitrium. Haec stipulans *stipulati sumus atque spondimus, Aquiliani legis mentione firmamus[5]. † Et si *f.* 63.
haec praecaria dinuo renovata non fuerit, absque alia per trigenta annorum spacia seu amplius integram obteniat firmitatem, stipulatione[d] subnexa.

3. Mandatum.

Domino magnifico fratri illo[a] ille. Rogo iniungoque caritati tuae, ut ad vicem meam[b] Beturegas civitate accedas et apud defensorem vel curia publica epistulam dona-

1 = *Pard.* 9; *Roz.* 310. *Cod.* 1. *(Num.* XI *c.)* a) ill. *c.* b) ill., *post h. v. quaedam omissa videntur c.*

2 = *Pard.* 10; *Roz.* 324. *Cod.* 1. *(Num.* XII *c.)* a) *sic c.* b) Domīs *c.* c) ill. *c.* d) stipul. *c.*

3 = *Pard.* 11; *Roz.* 266. *Cod.* 1. *(Num.* XIII *c.)* a) ill. ill. *c.* b) meā, *post h. v. quaedam litera erasa c.*

1) *Cf. 'N. Arch.' VI, p.* 80 *sq.* 2) *Cf. supra p.* 3. 3) *Idem est ac* ambascia, *L. Sal.* 1, 14. *et saepius, significans munus, officium iniunctum. Cf. Roth, 'Beneficialwesen' p.* 374, *n.* 30; *Müllenhoff apud Waitz, 'Das alte Recht' p.* 279; *Diez, 'WB.' I, s. v. 'ambasciata'.* 4) *Cf. Marc. II,* 41. 5) *De cartis tunc temporis legis Aquilianae commemoratione firmatis egit Bluhme in 'Jahrb. d. gem. D. Rechts' III, p.* 207 *sqq.; praes. p.* 210.

tionis, quam de omne corpore facultatis meae ad monastiria, aut ubicumque mea decrevit volontas, conscripsi, gestis municipalibus facias allegare; et quicquid exinde egeris gesserisve, apud me ratum et beneplacitum in omnibus esse cognuscas. Et de prosecutione celebrata mihi rescribire non graveris. Stipulatione[c].

4. Securitas.

In Christo filio illo ille episcopus. Non est incognitum, quod res nostras, quas ex largitate Dei percipimus, aurum, argentum, vestimenta vel reliquas species, quas in reci-
*f. 63'. sturio[1] nostro *in tua dominatione habuisti, in omnibus apud nos racionem deduxisti, et in nullo te invenimus neclegentem. Propterea hanc securitatem tibi emisimus, ut omni tempore exinde ductus et securus resedeas, tam tu quam et iuniores tui, et nullam de heredibus nostris vel eclesiae nostrae[a] successoribus pertimiscatis repeticione; quod, qui hoc adtemptaverit et conaverit facire, inferat vobis una cum sacratissimo fisco auri libras[b], argenti pondera[c], et praesens securitas firma permaneat, stipulatione[d] subnexa.

5. Ad archepresbeterum[a] instituendum[2].

In Christo venerabile[b] fratre illo[c] ille archediaconus[d]. Conperta fide et conversatione tua seu et sollertiam mentis, ideo committimus tibi vico illo, res eius ac menisteria tibi in Dei nomen credimus praeponendum, ut ibi archepresbeteriae curam inde-
*f. 64. sinenter agas, ut serves *conposita, diruta restaures, populum tibi conmendatum assidua foveas praedicatione. Ita age, ut ordinationem nostram ornes et inantea te reprobum inveniri non patiaris, sed meliora tibi committantur.

6.

† Anno 14. regni[a] domni ill. gloriosissimi[b] regis, sub 8.[c] Kal. ill. gesta habeta apud viro laudabilem defensorem[d] necnon et ordo curiae, adstantebus honoratis vel curialebus necnon [ac rector[e]], qui vicem magistatus[f] agere videritur[g]. Ill. dixit: 'Queso a te, opteme defensor[h], vel vos, ordo curiae[i], uti mihi codecis publecus patere precipiatis, quia abeo, [quae] gestorum adlegacionem cupio roborare'. Defensor et ordo curiae dixerunt: 'Patent tibi codecis publeci in hanc civitatem; ut mos est, prosequere que optas'. Vir magnificus ill. dixit: 'Frater[k] meus ill. per mandatum suum ad me superavit[3] donacionem illa, quem in basilica domni[l] ill., *vel* nepote suo ill., fiere rogavit, ut ipsam donationem apud laudabilitatem [vestram] gestis monecepalibus debiam adlegari'. Defensor et ordo curiae dixerunt: 'Mandatum vel donacionem, quem te habere dicis, in publico proferatur et ibidem recensiatur'. Quem recensendum rogavit. Quo

3. c) stipl. *c.*

4 = *Pard.* 12; *Roz.* 383. *(Num.* XIIII *c.)* a) nost. *c.* b) lib̄ *c.* c) pond. *c.* d) stipul., *sequitur nota Tir. pro* s. *c.*

5 = *Pard.* 13; *Roz.* 551. *Cod.* 1. *(Num.* XV *c.)* a) archeprb̄ *c.* b) ven. *c.* c) ill. *c.* d) archediacs̄ *c.*

6 = *Pard.* 14; *Roz.* 265. *Cod.* 1. a) regn' *c.* b) glorim. *c.* c) ϛII *c.* d) defens. *c.* e) *ita fortasse emendandum;* agrest' *c.; Pard. legit* garestis, *Roz.* agrestis. f) *i. e.* magistratus. g) viderentur *edd.* h) defn. *c., et ita infra.* i) cur. *c., et ita infra.* k) *sic c.; falso et Pard.* rogator *et Roz.* rocator *legerunt.* l) dom̄ *c.*

1) *Vocabulum hoc Ducange non novit. Dubium mihi videtur, utrum ad vocem 'cista' sit referendum, an e* receptorium *corruptum.* 2) *Cf. Loening, 'Kirchenrecht' II, p.* 333 *sqq.* 347 *sqq.* 3) *Hic* superavit *pro 'tradidit' dictum esse videtur; sed eodem modo Form. Tur.* 3*:* speravit *et Form. Visig.* 42*:* spero *exstant, quae e* superavit *et* supero *corrupta esse vix crediderim.*

recensito, defensor et ordo curiae dixerunt: 'Quia donacionem vel mandatum legeteme conscripto est et recitatum, quid adhuc amplius vis, sine tue iniuriae[m] aedicere non moreris'. Ill. dixit: 'Quia donacionem vel mandatum solemniter conscriptum nobis[n] est recitatum, specialiter peto, ut possit esse in integrum firmatum, gesta hunc manus vestre subscriptionibus roboretur'. Defensor et ordo curiae dixerunt: 'Gesta, sicut mos est, a nobis specialiter constat esse subscripta. Quid adhuc amplius vis?' Vir magnificus ill. dixit: 'Queso, gesta, cum fuerit conscripta adque a vobis subscripta, mihi ex more tradatur'. Defensor et ordo[o] curiae dixirunt: 'Gesta, cum fuerit conscripta atque a nobis subscripta, tibi ex more tradatur'[p].

7.

Consuetudinis[1] lecum indulgentia prestans, ut, quocienscumque unicuique, insticante[a] parte adversa, vel per neclientia, aliquis casu fragilitatis[b] contigerit, oportit eum auribus publices innotisci. Igitur, optime defensor vel curia puplica seo et cuncto[c] clerorum sancti Stephani ac viris magnificis Betorice civitatis, ego illi conmanens in pago Bitorico, in villa illa. Cognuscatis[d], obtime defensor[e] illi Bitorice civitatis, seo et illo profensore[f. 2] vel alie quampluris, me obidiente[3] — vestro[g] ill. Propterea sugirendo vobis deposco, ut pietatis vestri triduum apensionis[4] secundum lege consuetudinis, quod ego ibidem custodivi, pietatis vestrae mihi adfirmare deberitis; quod ita et fecistis; ut de id, quod in ipsa strumenta habebat insertum tunc tempore, vestre misericordiam nostra defensionem vel adiutorium, ut lex non periat, erigat potius quam inledat, stibulationem subnexa.

8.

In Dei nomen ille, etsi peccator, gracia Dei episcopus, obtans consequi Domini *f. 98. misericordiam, qui ait: 'Beati misericordes, quoniam ipsi misericordiam consequentur'[5], et illud: 'Dimittite, et dimittitur vobis'[6], iusta quod sermo divinus admonet nos, ipsa iam prophetam dicentem: 'Dimite eos, qui confracti sunt, liberos et omni onus disrumpe'[7]. Ideoque unia cum consensu fratrum civiumque nostrorum, pertractans pro divino intuetu vel statu ecclesiae et stabilitate seniorum et pro nostrae mercedis augmentum, convenit, ut omnes servientes ecclesiae nostrae decimare deberemus; quod ita et fecimus. Ideo *f. 98'. servo ecclesiae nostrae, quem, ut ait, 'confracto' esse[a] cognuscimus, nomen[b] illo, a diae

6. m) iniur. *c.; scripsi* iniuriae *et propter* tue *praecedens, et propter compendium hic usurpatum, quod idem est ac in* cur. *pro* curiae. n) vobis *corr.* nobis *c.* o) or *absc. c.* p) ur *absc. c.*

7 = *Roz.* 404; *Warnkönig et Migne* 15. *Cod.* 2. a) insticate *c.* b) fragllitatis ctiger' *c.* c) cuto *c.* d) cogn̄|catis *c.* e) defor̄ *c.* f) *i. e.* professore. g) ũro *in principio versus c.;* viro *edd.*

8 = *Roz.* 92. *Cod.* 3. a) essē *c.* b) *post h. v. quaedam erasa c.*

1) *Cf. 'Zeitschr. d. Sav.-Stift. I, Germ. Abth.' p.* 93 *sqq. p.* 96. *Formula haud modice corrupta videtur. De* auribus publicis *cf. ibidem p.* 98 *sq.* 2) *Cf. Marc. II,* 38. *et quae ibi annotavi.* 3) *Cum Form. And.* 1 *a. procurator mandatori suo* oboedire *dicatur, etiam hic rem a procuratore agi, e verbo* obiediente *coniici licet. Tamen compendium* ũro *legendum esse* viro *atque cum verbo praecedenti iungendum esse, viro Cl. de Rozière vix concesserim, sed nonnulla inter utrumque verbum omissa esse in codice crediderim.* 4) *Cf. Form. Arvern.* 1 *a.* 5) *Ev. Matth.* 5, 7. 6) *Ev. Luc.* 6, 37. 7) *Esaias* 58, 6.

presente ingenuo relaxamus; in ea ratione, ut ab hac diae sibi vivat, sibi agat sibique laboret, fiat bene ingenuus, tamquam si ab ingenuos parentibus fuisset natus vel procreatus; peculiare, quod habet aut deinceps laborare potuerit, habeat concessum. Si quoque uti defensionem vel mundebordo ecclesiae nostrae ille habere sibi cognuscat, non ad servitio adfligendo, sed ad defensandam. In reliquo vero, ut diximus, temporae vite suae, absque ulla contradiccionem vel repeticionem, cum Dei et nostra gratia, nulla inquietante, valeat permanere ingenuus atque securus. Ut firmius habeatur et in omnibus conservetur, manus propria subter firmavimus.

9. Ingenuitas[1].

In nomine Domini. Quod fecit mensis ille dies tantos, in anno illo, sub illo principe. Ego in Dei nomen ille, pertractans casu humani hominum futuri fragilitatis seculi, ut, quando de hac luce migravero, anima mea ante tribunal Christi veniam merear acci-
*f. 99. pere, introiens in ecclesia sancti Sthefani Bitoricas in civitate, ante cornum *altaris, in presencia sacerdotum ac venerabilibus adque magnificis vires, quorum numero subter tenentur adnexa, —[a] vindictaque liberare[b] servos meos his nominibus, illos et illos, de die presente de iugum servitutis mei sub constitucione bone memoriae Constantine legum imperatoris[2], qua sanxum[c] est, ut omnes, qui sub oculis episcoporum, presbiterorum seo et diaconibus manumittuntur, se in ecclesia sancta catholica —[d]. Ita ego illi predictus servus meus, animae[e] eorum pro animae meae de meis peccatis liberandum, ipsos eos precipio ab hac die esse bene ingenuos et absolutos, ut, sive vivant, sive agant, in eorum iure et mente consistant, maneant ubi elegerint, ambulent ubi voluerint, et nulle[f] nulleve heredum hac proheredum meorum post hanc die nullum quicquam debeant servitium nec litimunium, nec libertinitatis aut patrocinatus obsequium eorum nec ad posteritate ipsorum non requiratur. Dum lex Romana declarat, ut, quicumque de servis suis in eis libertatem conferrae voluerit, hoc per tribus modis facire potest[3], ego ille in
*f. 99'. ipsos servos meos superius nominatos meliorem libertatem in ipsos *pro anime peccatis meis minuandis adfirmare vellio, quia civis Romanus ipsos eos esse precipio, et secundum legum auctoritatis testamentum condere, ex testamentum sub quibuscumque personis succidere valeant, et ut civis Romani porte[g] aperte vivant ingenui. Et quicquid de ipsos procreatum aut natum fuerit, sicut et ipsi ita et illi vivant ingenui et bene obsoluti[h]. Si quis vero, si ullus de heredis aut quoheredibus meis vel quislibet ulla opposita persona ullumquam tempore, qui contra hanc ingenuitate, quem ego plenissima volontate mea sana mente pro peccatis meis minuandis scribere vel manu mea adfirmavi et adfirmare rogavi, ulla causacione vel calumnia aut per qualibet modo lite aut tergiversacione generare presumpserit, inprimitus ira Dei, caelestis Trinitatis, incurrat et a liminibus ecclesiarum, a consorcio christiannorum extranius et excommunus appareat et cum Dathan et Abiron in profundum inferni dimergatur, et quod petit non vindecit, sed insuper inferat parti cui adtemptat una cum fisco auri soledos[i] tantos conponat, et presens ingenuitas omni tempore firma permaneat cum stipulatione firmitatis connexa.

9 = *Roz.* 62. *Cod.* 3. a) *quaedam omissa videntur in c.;* habui manumittere *e formulis n.* 1. *allegatis supplevit Roz.; sed supplendum est fortasse e verbis interpretationis ad legem mox allegatam:* manumittere voluntatem habui. b) libera.re *c.* c) anxum est *in loco raso c.* d) *quaedam omissa videntur; pro* defendant, *quod addidit Roz., equidem, vocabulo* se *in* seu *mutato, supplere malim secundum Cart. Sen. App.* 3*:* ad civitatem Romanam pertineant et ab ecclesia defendantur. e) nomine *emend. Roz., sed vix crediderim, hic nomina servorum fuisse repetenda; fortasse intelligendum est, ac si scriptum esset:* animas eorum liberans pro anima mea — liberanda. f) *lege:* nulli nullaeve. g) *ita emendavi;* postea perte *c.; cf. quae ad Form. Arvern.* 3. *notavi.* h) *i. e.* absoluti. i) *post corr.* solidos *c.*

1) *Cf. cum hac formula Form. Arvern.* 3. *et Cart. Sen. App.* 3. 2) *Cf. L. Rom. Vis., Cod. Th. IV,* 7. 3) *Cf. L. Rom. Vis. Lib. Gai* 1.

10.

Domino precellentissimo atque agustissimo[a] christianoque nominis apicem, rege *f.* 100. piissimo illo, necnon et ornatui domue[b] suae, reginae illae, servorum Dei servus illi. Dum spaciis alternantibus temporum premissis ad vestram excelente terraenae culmenis gloriam presentaliter minimae, itineris longetudine officiente, adesse non potui, saltem nunc necessarium, ut opinor, per fratres illos et illos spiritu vos visitans ac subiecto ordine, ut decet, culmine vestro salutatione iura persolvens. Ut salus et gratia domini nostri Iesu Christi vobis semper abundet, precamus, altitudinem culmenis vestri.

11.

Dominum prepolentem atque glorioso in infolis[a] regalibus excelenti[b] universale ecclesiae filium, nimirum fidaei catholicae ortodoxo illo rege ille in Domino mittit salutem. Inmensas omnipotenti Deo caeli agire gratias, quod secundum vultum[c] piissime devocionis multorum Deum timencium ac generatoris vestri egregii volontate in his temporibus vobis regni gubernacula tradedit[1], quo pleraquae gentium animae seviencium[d] colla diccione vestrae submitteret casusque aliorum *utrobique sublevaret. Igitur ut *f.* 100'. bonum mercedis vestri in exordium regni ad caelum usque perveniret, sicut quod reverentissimus pater vester ille episcopus presentialiter piis auribus vestris suggesserit, reversionem captivorum, quos Alamanni aut Franci impia congressione prede tradiderunt, ut ad solum genetale iubeatis remeare, ut mercidem in perpetuum, in quantum vestram pollet imperium vel principatum, apud Dominum mercedem mereatis recipere.

12.

Rectissimo[2] rege, regibus regale regimine, rectae reginae, regenti, Deo Deorum, domino dominorum, Patri et Filio Spirituque sancto, uni Deo trinitate, honor et laus, maiestas, gloria aeternalis, gratia accio et omnes confessio omnium, que vita nostra semper servetur, adscribi inprimis cumvenit. Ad salutem in Domino vestrae culmenis diregiremus, ut salus et gratia domini nostri Iesu Christi semper habundet.

13.

Sanctis ac venerabilibus digna claraque culmina sacerdotum, regum et ponteficum, episcopis, presbiteris, diaconibus, abbatibus atque magnificis viris vel omnium *Deum *f.* 101. timencium ego in Dei nomen illi peccator. Cognuscat magnificentia vel sanctitas vestra: iste pauperculus nomen illi, insidiante hoste antiquo, serpente diabulo, germanum suum interfexit, et nos secundum canonica auctoritate in exilio diximus ambulare. Et nos toti peregrini in hoc saeculo summus. Propterea precamus pietatem vestram, ut ipso recipere et benefacire in domibus vestris dignetis secundum illut quod scriptum est[3]: quia unusquisque homo in veritate habet, quod plangat et penetiat die ac noctu, ut lugiat, secundum illum euangelium per sex[a] opere misericordiae[4]. Taliter almetas

10 = *Roz.* 759. *Cod.* 3. a) *i. e.* augustissimo; *cf. infra* 14. b) damue *c.*

11 = *Roz.* 731. *Cod.* 3. a) *i. e.* infulis; insolis *c.* b) scelenti *c.*; in insolis regalibus sedenti *Roz.* c) *fortasse:* votum. d) serviencium *Roz.*

12 = *Roz.* 846. *Cod.* 3.

13 = *Roz.* 668. *Cod.* 3. a) se et *pro* sex *Roz.*

1) *Quae verba V. Cl. de Rozière optime retulit ad Ludovicum a patre Karolo Magno regem Aquitaniae factum a.* 781; *cf. 'Recueil' II, p.* 1005, *n. a. Qua de re haec formula sumpta videtur ex libello supplici a nobili quodam Aquitano c. a.* 781. *per episcopum ad regem transmisso, quo petivit, ut eos qui bello Aquitanico a.* 769. *finito a Francorum exercitibus captivi abducti erant, reverti permitteret.* 2) *Formula aut a scriba corrupta aut ab quodam artis dictandi imperito composita esse videtur.* 3) *Haec in Sacra Scriptura non leguntur.* 4) *Cf. Ev. Matth.* 25, 35. 36.

vestra exinde faciat, ut mercedaem perpetualem exinde habere possetis. Gracia domini nostri Iesu Christi vobis semper abundet. Amen.[b]

f. 103. 14. Si cum rege licientiam loqui non abueris, quales sermones in manu eius mittas secundum tuam racionem[1].

Piissimo ac serenissimo domino meo Carolo, excellentissimo agusto. Auribus vestris servos vester ille perducere conpellit necessitas, quantum passus[a] sum malicia incontra
*f. 103'. drictum[b] *vel sine iudicio. Venerunt itaque —[c] dicentes, quod ex iussione vestra missi vestri fuissent, et per mala ingenia atque forcia mihi res proprietatis meae tulerunt quae legitime[d] atque iurae hereditario mihi obvenerunt, et Ioseph[2] episcopo mihi tradere conpulerunt, et aec omnia per mala ingenia atque contrarietate[e]. Ego alium defensorem presentaliter manifestare non potui, nisi vestrae regalis clementiae cartam mundburalem ostendi, et mihi nihil profuit, sed, ut dixi, per ingenia mala adque volontate pessima eicientes me de ipsa hereditate. Et ego ancilla vestra caeleravi ad vestigia[f] pietatis vestrae properare, ut misericordia vestra me exinde dignasset adiuvare, quia antea nec in ratione exinde fui nec interpellata responsum dedi. Vestra pietas hoc emendare conpellat, qualiter elimosina atque mercis[g] seu mundeburdum[h] vester semper adcrescat[i]. Domine mi rex, cognitum sit regali clemenciae vestrae, quia ipsa hereditate vobis tra-
*f. 104. dere volebam, quando mihi haec malignitas adcrevit incontra rationis *ordine; sicut pietas vestra potest cognoscere, si fuerit missus, qui veraciter hoc faciat investigare. Peto namquae pietati vestrae, ut exinde revestita fuissem, per misericordia vestra talem missum habuissem, qui mihi exinde in locum protectionis vestrae defensare et munburire fecisset, qualiter pietati vestrae interveniente exinde recuperata fuissem. Post Deum et sanctis spei meae continet plenitudo regalis; et si de ipsa causa revestire me facit misericordia vestra, si quis postea per legem et iusticiam hoc superet, haec mihi maxima pars dolori advenit, quando nec ad vestrum opus fuerunt revocatas nec mihi ancillae vestrae legitime dimissas.[k]

15.

f. 161. (a) Dum Dominus omnipotens, creatur caeli et terrae, iuxta quod legitur, in principio masculum et femina cupolae consorcium sociavit[3], dum dicitur: 'Non est bonum homine esse solum, faciamus ei adiutorem similem sibi'[4], infundetque benedictione: 'Crescitae', inquid tamquam, 'et multiplicatae et dominamini cuncta reptilia, que sub caelo sunt'[5]; et Salvator intonuit: 'Quam ob rem relinquid homo patrem et matrem et adherebit uxore suae, et erunt dui in carne una'[6]; et Spiritus sanctus per sagrorum imperatorem sensit auctoritas, et non inceste vel inlicitae ad procreandum humani generis coniunctio fiat[7]. Hoc consultum est, ut, quicumque liberta persona de rebus propriis

13. b) *sequuntur in codice capita rhythmica, quae praefationi inserui.*

14 = *Roz.* 419. *Cod.* 3. a) *sic c. pro* passa. b) *sic c.;* in contradictum *Roz.* c) *totius versus literae circiter* 32 *erasae c.; in loco raso, ubi nomina missorum scripta fuisse videntur, nihil nisi fortasse:* Thadulfus *legi potest.* d) legitim̄ *c.* e) contramietate *c.* f) vestia *c.* g) merois *c.* h) mundeburđ *c.* i) *post h. v. spatium maius c.* k) *Sequuntur in codice Suppl. Marc.* 1. 2. *Marculfi liber I, et maior pars libri II. usque caput* 41. *exiens. Inter quod et sequens caput nostrum formula quaedam alia manu exarata legitur, incipiens:* Opinione religionis dulciter nominando et caritatis vinculo abluendo ille peccator salutem in Domino perennem. Litteris tuis parvitatem meam postulastis etc., *quam tamen perlongam nihil nisi canonicae cuiusdam quaestionis commentationem continentem omisi.*

15 a = *Roz.* 221. *Cod.* 3.

1) *De hac formula cf. Waitz, 'VG.' IV, p.* 201, *n.* 3. *et Brunner, 'Zeugen- u. Inqu. Beweis' p.* 56, *n.* 2. 2) *Episcopus Turonensis a.* 792—815, *Gallia christ. XIV, col.* 33 *sq.* 3) *Cf. Marc. I,* 12. 4) *Gen.* 2, 18. 5) *ibid.* 1, 28. 6) *Ev. Matth.* 19, 5*; Ev. Marc.* 10, 7. 8. 7) *Haec verba spectare videntur ad constitutiones imperatorum, quae Cod. Th. III,* 12. *exstant.*

facultatis suae aliquid conferrae voluerit, hoc per seriem scripturarum laudabiliter debeat esse adlegatum adque subter firmatum, qui hac conditione et iurae postulat praeturium et gestis requirit municipalibus. Idcirco ego in Dei nomen ille. Dum non abetur incognitum, quod ego te, dulcissima sponsa mea illa, per voluntate parentum tuorum sponsata habeo et, se Christo placuerit, ad coniugium te sociarae dispono, propterea pro amorae dulcidinis vel osculum[1] pacis cedo tibi a diae presentae cessumque in perpetuum *esse volo et de[a] meo iurae in iurae et dominationis tuae trado adque transfundo, hoc est *f. 161'. res proprietatis meas sitas in pago Biturigo, in vigarias illas et illas, in villa cuius vocabulum est illa, quantumcumque ibidem visus sum aberae tres partis, similiter et in villa cuius vocabulum est illa, similiter et in villa illa, pari modo et in vigaria illa, in villa noncupante illa, simili modo in vigaria illa, in villa illa. Haec omnia in ista loca superius conprehensa tantas partis, tam de alodae genetorem meorum quam et de adtracto, vel de quacumque modo ad me noscitur pervenisse, te, dulcissima sponsa mea, hanc cessionem una cum ipsas auctoritatis ante diae nupciarum, *vel* in diae, integras ipsas partis, de quacumque mea est possessio, publicae trado adque transfundo, cum casis, aedificies, curtiferis, et caedo tibi de mancipia illum et illam, de peculiaribus vero quadrupedia greges armentorum duus cum ipso armesario[2], caballus tantus, stratura condigna, paria tantas de boves ad laborandum cum eorum escasso[3], waccas grege uno cum eorum sequentes, vervices greges quattuor, sodes greges quattuor, dratpalia[b], lectus vestitus tantus, vestus muliebrum condignum cum palius[c] stauracius[4] tantus, eramenaria[d], auri et argenti in solidos[e] 100 utensilia, ferrementum, *vel quicquid in domibus nubiliora[f] *f. 162. necessaria sunt, usum totum cum integritatis, quem dinumerarae per singulum longum[g] est. Haec superius omnia conprehensa te, iam dicta sponsa mea, ante dies nuptiarum, *vel* in diae, tibi publicae trado adque transfundo solemniter, liberum exinde fruaris arbitrium et dominatione faciendo quod elegeris. Licet namque in cessionibus poena adnecti minime sit necessitas inserendi, et pro studium firmitatis mihi placuit inadserere. Si quis vero, quod absit, ullus de heredibus vel coheredibus meis vel quislibet ulla interposita persona contra hanc cessione dicerae aut agerae vel resultarae aut infrangere voluerit, vel quislibet causatione suscitarae presumpserit, quis fecerit, parte cui adtemptat una cum sacratissimo fisco auri libras[h] 10 ut[i] ponderae argenti [conponat[k]], et haec cessione a me facta omni temporae inviolabilis obteneat firmitatem. Et ut mos et lex est, gestis municipalibus volo esse adlegati adque adfirmata, stipulatione adnixa.

(b) Mandatum.

Dilecto amico meo illo[a] ego ille[a]. Rogo adque iniungo caritati tuae per hanc mandatum meum solemniter roboratum, ut adeas ad vice mea Bitoricas in civitate et epistola cessionis, quem in dilecta sponsa mea illa[b] *de rebus proprietatis meis conscri- *f. 162'. berae vel adfirmarae rogavi, sic[ut[c]] mos et lex est, apud honoratis ipsius civitate alegarae adque adfirmarae facias; et quicquid exinde aegeris vel gesseris, apud me in omnibus ratum, aptum adque defenitum esse cognuscas; et de caelebrata prosecutione mihi rescriberae non tardaris. Stipulatione subnixa.

15 a. a) doneo *pro* de meo *c.* b) *i. e.* drapalia. c) *i. e.* palliis stauraciis. d) *lege:* aeramenta. e) sol c *c.* f) *i. e., ut videtur:* nobiliora; mobiliora *Roz.* g) logum *c.* h) lib x *c.* i) *fortasse* aut, *ut emendavit Roz.* k) *supplevit Roz.*

b = *Roz.* 262 §. 2. *Cod.* 3. a) ill. *c.* b) *in loco raso c.* c) ut *supplevit Roz.*

1) *Cf. Form. Tur. App.* 2. 2) *i. q.* admissario. *Eodem fere modo cod. Guelferbytanus, L. Sal.* 38, 2—4, armessarium *pro* admissarium *praebet.* 3) *Vocabulum, quod explicare nequeo, Ducange non novit.* 4) Stauracium genus palliorum depictorum ex storace, quae gutta similis est mali cydonii, *Glossa Papiae. Cf. Ducange s. v. storax.*

(c) Gesta cum rescripto.

In nomine Domini. Quod fecit mensus ille dies tantus, in anno tricesimo[a] quarto regnante domno nostro Caralo[b] rege, et ex co, Christo propitio, sumpsit imperium, 5. anno incoante[1], gesta habita apud laudabilae viro illo defensore et illo diacono adque professorae[2] vel curia publica honoratis ipsius civitatis trium curialium[3]. Magnificus vir ille dixit: 'Queso vos, obtimae defensor, vel vos, ordo curii, uti mihi codicis publicae paterae praecipiatis, que[c] abeo, que gestorum alegatione cupio roborarae'. Defensor et ordo curii dixerunt: 'Patent tibi codices publici; prosequerae que obtas'. Magnificus vir ille dixit: 'Dilectus amicus meus ille per suum mandatum solemniter roboratum mihi iniunxit, ut ad laudabilitate vestra Bitoricas in civitate accederae deberim, et epistola cessionis, quem de rebus proprietatis suae in dilecta sponsa sua illa adfirmavit, prose-
*f. 163. querae vel alligarae deberim'. *Defensor et ordo curii dixerunt: 'Epistola vel mandatum, quem te haberae dicis, nobis ad relegendum ostendae'. Tum unus ex notarius ille[d] epistola cessionis vel mandatum in publico recitavit. Quo recensitus, defensor et ordo curii dixerunt: 'Epistola vel mandatum, sicut est conscriptus, nostris subscriptionibus, qualiter lex et mos est, tibi alegarae adque adfirmarae non tardaris. Quid adhuc amplius vis?' Magnificus vir ille dixit: 'Nihil aliud peto magnitudine vestra, nisi ut ipsa epistola vel mandatum una cum gesta, quomodo vestris subscriptionibus roboratum fuerit, mihi ex morae tradatur, qualiter diuturno temporae maneat inconvulsum'.

(d) Rescripto.

Dilecto amico meo, magnifico viro illo, ego ille amicus tuus. Cognuscas, iuxta iniunctionem tuam Bitoricas in civitate adii[a] et epistolam illam, quem in dilecta sponsam tuam de rebus propriis tui conscriberae vel adfirmarae rogasti, sicut mos et lex est, gestis municipalibus apud laudabilitatem honorati ipsius civitatis alegarae adque adfirmarae decrevi; et de caelebrata prosecutionem tibi rescriberae non tardaris[b]. Stipulatione adnixa.

16. Incipiunt alii indiculi de diversis modis.

*f. 163'. Almivolo ac benivolo illo ego ille exiguus, tam[en[a]] fidelis ubique vester, in Domino salutem. Sciat denique pollens excelentia vestra, quia pro vobis Domini clementiam exoro, qui vobis felicia mundi tribuat et post excursum vitae ad meliora et ineffabilia perducat. Notesco denique vestrae, mi dilecte mique venerande caritati, quia cum domino meo in partes Galleciae hoc iter quod modo instat[4] arriperae debeo. Direxi vero ad domnum Adonem episcopum[5] litteras meae parvitatis stilo exaractans, postulans ea que nuperrime petiturus ad eum perveni, quam vos plene nostis, quia sapiens, sicuti vos estis, paucis plura intellegit verbis. Dilacta[b] est enim tunc temporis, quando illic fui, res quae a me petebatur usque ad adventum presulis illo archeepiscopo, ita videlicet, ut illo veniente mox domnus ille voluntatem illius quereret et per licentiam illius hoc quod petebam benivola mente preberet. Ecce nunc tempus est, quia domnus ille illuc venit et illo iam egressus est; ideoque ego ad illum dirigo, ut per vestram intercessionem, si

15 c = *Roz.* 262 §. 1. *Cod.* 3. a) xxx^{mo} IIII^{to} *c.* b) *sic! c.* c) *lege:* quia. d) ill. *c.*
d = *Roz.* 262 §. 3. *Cod.* 3. a) adie *c.* b) *lege:* tardor.
16 = *Roz.* 746. 825. *Cod.* 3. a) tam fidelis *c.;* confidelis *Roz.* b) *i. e.* dilata.

1) *A.* 805. 2) *Cf. quae annotavi ad Marc. II,* 38. 3) *Cf. L. Rom. Vis. Cod. Th. XII,* 1, 8; *Savigny, 'G. d. R. R.' I, p.* 110. 4) *Fortasse, quod suspicatus est de Rozière, 'Recueil' II, p.* 1016, *n. a, expeditio Karoli Magni a.* 778. *in Hispaniam facta hic innuitur.* 5) *Lugdunensis fortasse episcopus sedens inde ab a.* 769. *usque ad a.* 798, *Gallia christ. IV, col.* 52. *Litterarum quae hic memorantur formula sequens caput exhibere videtur.*

illi placet, quod posco utique bene; sin autem minime placet, quid[c] in illud faciat certifiet me, ut suspicio mea tollatur ab hac rae. Vos tamen in hac rae constituo protectorem et adiutorem, quia, si factum fuerit, per vos utique factum erit. Vos nostis, quid ille per vestram intercessionem *vobis de ac me direxit et mihi, quando ego cum illo *f. 164. ab urbe parumper digressus sum, id ipsum notuit, quod vobis notuerat. Sumite namque illum vobiscum et sic laboratae in hac re, qualiter a me temporalae servitium[d] et a Deo plenam, opinamus[e], accipiatis retributionem. Merear vultum sanctitatis vestrae incolomem cernerae et de vestra salute ac prosperitate perenniter gratulari. Domnus Dei fidelis et amicus incolomis et bene valens est et militat in Dei servitio sicut bonus miles Christi. Ille amicus vester necnon et ille sani et incolomes sunt et obtime valent, et omnes amici vestri et familiares istis in partibus conmorantes corporae menteque vigent. Vale in Domino, vir piae, vir sanctae virque venerande satis.

17. Item alio indiculo.

Carissimo ac dilectissimo mihique cum summa veneratione nominando illo ego ille, fidelis vester, perpetuam in domino Iesu Christo salutem. De cetero quante graciae mihi pro inpensis beneficiis vestris vobis referende sint quanteque laudes, quantumque vos intueri exoptem, verbis neque dictis explicarae possum, quippe qui erga me caritatis vinculo ministrante tot bona exercuistis, quae a me, quamvis gratanti animo fiant, plene tamen, ut dignum est, rependi nequeant. Dirigo denique vobis clypeum cum lancea, non a vobis petitum, sed a me pollicitum, *in hospitale vestro in loco qui vocatur *f. 164'. Gericiago[1], quo pauperes, de quibus me unum forae non ambigo, honorifice colliguntur et honorantur, et non paratum, sicuti inbelles querunt, sed ita paratum vili metallo, sicuti dimicatores optimi, de quibus vos unum esse dubium non est, haberae procurant. Ab his nempe, qui viribus invalidi et inbelles sunt, scuta auro micancia querentur, que exterius auro resplendeant, interius tamen incassum vigeant, ita videlicet, ut eo in pugnam progrediente clippei sui hostis adversans auro perterritus secedat, ipse vero inmunis aurum suum clippeo gestans inmunis ad propria redeat. Sicuti solet fieri in his, qui pulcheros haberae codices exoptant, a foris auro gemisque ornatos, intus tamen non lima artisque rigorae politos, sed vitiorum copia fultos, nec adtendentes divinas paginas, quibus illis nobisque vivendum est et cum hosti nefando pugnandum, vitiis exuerae, sed sola tantomodo vane laudis appetitione sibi blandiuntur, eo quod codices metallorum generibus ornatos habeant, habentes quidem zelum Dei, sed non secundum scientiam. Ego vero pertractans fortitudinem vestram, quia scio, vos virum prudentem in verbis, virum fortem in factis virumque amabilem in omnibus, et ea quererae et amarae, que ad cultum Dei pertinent, clyppeum hunc ex ferro, *quod vilissimum metallorum est, pararae iussi. *f. 165. Poteram enim illum, Deo iuvante, pre metallo foris ornarae, sed a me hoc ex industria isto modo peregisse et vobis destinasse cognoscitae, postulans, ut non adtendatis, qualem interius, sed qualem exterius vim contineat. Certe, si mihi presens iter tam properae non instaret, cum eodem clipeo sonipedem mitterem, quod quidem, quia modo non facio, facturum tamen, si vita comes fuerit, me vestris partibus non dissido[a], et ea vobis mitterae, sive que a vobis ordinata acceperae, sive ea que istis in partibus ad utilitatem vestram pertinent a me inveniri potuerint. Deus enim, omnium bonorum [auctor[b]] atque largitor, daturus est velle et perficerae[2], ut eum peragam, que vobis placita sint. Ego sane non inmemor petitionis meae ac promissioni vestrae de rae, quam vos plene nostis, pro qua vobis vel domno illo dilecto Deo petiturus iam dudum accesseram, sed vobis pro me ad illum: eadem res dilata est usque ad adventum presulis aegregii illo archi-

16. c) qui *c.* d) servitum *c.* e) opimamus *c.*

17 = *Roz.* 770. *Cod.* 3. a) *i. e.* dissideo. b) *ita fortasse supplendum.*

1) *Qui locus hic sit intelligendus, suspicari nequeo.* 2) *Cf. Ep. Pauli ad Philip.* 2, 13.

episcopo[1], ita dumtaxat, ut, illo illuc properante vel adgrediente, illius in hac rae perscrutaremini voluntatem et illius licentia id ipsum quod petierem, meae petitioni adsensum prebentes, benivola mente[c] mihi preberetis. Ideoque ego hos meae exiguitatis apices ad vestrum procuravi mitterae venerabilem conspectum recitandos, ut, quicquid *f. 165'. modo de hac re mihi *agendum est, litteris me vestris, quas oppido intueri desidero, certificetis, et quicquid vobis visum fuerit vel beneplacitum[d], ad singula mihi notescerae non gravemini. Iam suggessi in auribus vestris, pro qua causa eandem rem tam infestae postulo; certe, si hoc mihi non foret, quod vobis notui, non illam utique peterem, quia nulla indigencia mihi est eam peterae. Modo vero, si vobis petitio mea inanis vel infectuosa in hac rae videtur, et hoc notescite mihi, ut spes mea ab eadem re petenda penitus auferatur. Quid aliud, quid dicam amplius? Pauca pro temporae dixi, quia scio, te sapientem in paucis plura colligerae. Honor vester, si in hac rae certaveritis, non deerit; qualemcumque videlicet imperaveritis obaedientia sive caeterae exhibitiones a me vobis non differentur, sed pectoro toto, prout ordinatum a vobis fuerit, dabuntur. Versus etiam, quos mihi paterna sanctio[e] vestra iniunxit super tumulum bone memoriae genetricis vestrae illa describendos, composui; vos vero diligenter iubete illos describere, ut lucidae ac clarae describantur, qualiter facilae legi possint a cernentibus et orantibus pro ea. Merear te, sanctissime vir, incolomem cernerae et tuis cito mellifluis alloquiis frui et de tua tuorumque perpetim salutae letari.

18.

f. 166. Inclita magnarum adque summa nobilitas inmaculatam migans, nesciens contagia mundi, sub cuius pectorae Christus amorae manet, dignissima sponsa Dei illa ego illa alumna vestra, si[a] presumptio non offendit, perennem in Domino salutem, florae puellarum, rossa stirpante, corona inter virgineas acias adsistente, palmam triumphy. Etiam, domna, mementote iubeatis, qualiter domnus et precelentissimus germanus vester vobis innotuit, ut, quandoquidem locus adveniebat, ei in memoria retullesetis de mea parvitate, ut consolationem de substantia huius[b] seculi in sua pietate, in vestra elimosina eribuissit[c]. Et nunc, si vestra erit mercis, locus est, unde poteratis meminerae piis auribus eius, quia illa abbatissa ex Pectava[2] urbae de monastirio Sanctae Crucis a Domino migravit; unde, si vestra abuissit pietas, ut per ligatarius vestros apud domno rege ipsa causa ad meam parvitatem placitasetis, et ego exinde semper perpetuam servitutem vobis fecissem et presentaliter munera in auro et argento, quantum vestra erat volumtas, adimplebam ad vestrum opus, necnon et dona domno rege, quantumcumque per numero mihi iniungebatis, in placito instituto ibidem transmitterae non tardabam. Quid plura? Agat nobilitas vestra contra ancillam suam certamen, et sis pro me unda loquens velluti fons aque salientes, ut et ego merear consolationem perciperae per vestram peticione et vos et vestra beatitudine participarae. Tantum vobis subplecor, ut, quicquid exinde *f. 166'. egeris, omnia et ex omnibus mihi *per vestras silabas mandarae non dedignetis. Et de id, quod vos mihi in illa vestra capella dixeratis, per diversis modis inquisivi et nihil aliud inveni, nisi honorem regalem post longo tempus adsenerae[d] significat, vel hoc, quod ego vobis in ipsa ora de ipsa causa dixi. Et haec signa in extremo digito portarae non dedignetis, subplecor altitudine vestrae, ut exiguitatem meam[e] et gratiam vestram non iubeatis fieri alienam.

17. c) mimus *c., quod emendavi e formula praecedenti, supra p.* 176, *l.* 38. d) beneplicatum *c.* e) scantio *c.;* scientia *Roz.*

18 = *Roz.* 745. *Cod.* 3. a) *ante h. v.* n *alio atramento c.* b) ihuius *c.* c) *aut* exibuissit *pro* exhibuisset *aut* tribuissit *intelligendum videtur.* d) *i. e. fortasse* adsenescere; adsonarae *Roz.* e) *ita Roz.;* mecum *c.*

1) *Agitur iisdem fere verbis de eadem re, quae in epistola praecedenti memoratur; cf. supra p.* 176, *l.* 35 *sqq.* 2) *Poitiers.*

19. Litteras commendaticiis.

Sanctis ac venerabilibus claraque culmina sacerdotum[a], illo vocato episcopo vel cuncto clero ecclesiae Biturivense urbem, salutem in Domino. Nos enim alumni matris ecclesiae Stephani, quorum subscriptionibus subter firmentur inserti, has apices nostrae ad instar conmendaticiis litteris iuxta chanonicam institucionem vobis direximus. Isto presbitero nomen illo ad nos venit et ipsi veritate dixit, quod huic cum obiurgatione ad vestro consensu decrevistis, quod in vestro ministerio non debuisset ministrarae, nisi prius vobis fuisset cognitum de sua ordinatione, aut qualis pontifex eum sagraverat, aut quam ob causam dimiserat. Sed nos vobis per silabas innotiscimus, quia aput nos in nostra urbem uriundus fuit, et per testimonium fidelium hominum[b] Deum timentium illi pontifex eum sacravit, et per oppressionem seniore suo suam ecclesiam dimisit, nam non pro nullo suo crimine, et quomodo vel qualiter hactum fuit presentibus nobis[c]...

APPENDIX.

1. Incipit indiculum. *f. 89.*

Aeterno mihi amore dulcitur annexae illae[a] abbatissae ille[a] peccator. *Dicat reliqua quae optat.*

2.

Mihi devicto dilectionis refectu fratri illo abbatae, *aut* archidiacono. *Cuncta finita dicat:* Valetae, quaesumus, omni beatissimi fratres et mei memorem pre[a] vobis adtolles sanctis.

3.

Venerabiliter desiderando et desiderabiliter venerando illo pape cum omni cetu urbis vestrae utriusque sexus iunctus[a] aetatibus in Christo credentibus ille peccator, humilis et vilissimus omnia famularum[b] Dei, salutem in Domino perennem experientiae almitatis[c] diregerae presumsimus. Quicquid vero ex ac re vestra fulgens decernit prudentia, *aut* qualiter vobis placeat, per vestrum mereamur noscere agnasticum.

4.

Aeterno[a] nobis amorae connexe[b] illius abbatissae, una cum omni contubernio ancillarum Dei vobiscum degentae, ille peccator. Effectus sollicitudinis et pietatis has vobis apices distinarae curavimus, ut nostri memoriam facientis in orationibus publicis vel privatis, quas ad[c] Dominum dirigatis.

5.

Domino beatissimo ac Gallearum urbium *praecellentissimo sedae, in fida quoquae **f. 89'.*
sacerdotis nobis omnibus preferendo, sancto[a] metropolitano illo pontifici illa famula Christi, famulus, in Domino salutem, salutationem, prelatum. Sacris precibus vestris exiguitatem

19 = *Roz.* 659. *Cod.* 3. a) -tem *corr.* -tum *c.* b) hominem *c.* c) *folia quattuor excisa c.*

1 = *Roz.* 871. *Cod.* 3. a) ill. *c.*

2 = *Roz.* 858. *Cod.* 3. a) *e corr. c.*

3 = *Roz.* 851. *Cod.* 3. a) *fortasse:* cunctis. b) *lege:* omnium famulorum. c) mit *evan. c.*

4 = *Roz.* 872. *Cod.* 3. a) Aaeterno *c.* b) comme exe *c.* c) adnm̄ *pro* ad D. *c.*

5 = *Roz.* 849. *Cod.* 3. a) *ita Roz.;* sumto *c.*

nostram commendamus confidentes, quod in caritate vestra, que in Christo, ut numquam excedit, aput vos abeamus; sub nos, quantum ex nobis est, erga vos ad in aevum custodire decrevimus. *Cuncta finita dicat:* Annis multis de vobis bona audire mereamur.

6.

Domino vero sancto illo pape ille peccator. Exiit at nos primita dileccionis tuae vigilantia iussionibus tuis dulciter parere. *Cuncta finita:* Christum aspici. Desiderabilem nobis vestrum cupimus cito conspicerae vultum. Pro me ut digneris orare, vos vos multum videar deprecari.

7.

Domino vero sancto, proprio semper et obtabili patrono, illo pape peccator. Ita fulgorae sancti Spiritus te[a] raepletum et omnibus inditum bonis cognovimus, ut multimodis literibus nostris referamus gratias, que, nullis precedentibus utilitatis meae meritis, ita me tam muneribus quam operibus visitare non desinis.

8.

f. 90. Splendidissimo atque inlustrissimo illo[a] rege et regalis fastigii culmine decorato ille[b] humilissimus servus servorum Dei de basilica sancti Petri, ubi ipse preciosus in corporae requiescit, una cum cenubio nostro vobis mittimus salutem.

9.

Dominis hac beatissimis sacerdotibus, episcopis metropolis, presbiteris, diaconibus, subdiaconibus, omnis[a] iurae vel omni gratu ecclesiae constitutus, virgines, viduis, nuptiis, ducibus, comitibus, omnes iurae fiscis regentes, ille[b] vilis ac ultimus[c] vocatus abba de basilica patronis nostri beatissimi sancti Petri salutem in Domino dirigo perenissimam. A presens beatitudinem seu serenitatem vestram has litteras conmendaticia parvitatis nostrae diregere presumpsimus, in[d] quo supplicamus excellentiae piaetatis vestrae, ut hunc presbiterum illum ex prefato cenubio, qui per nostrum permissum[e], una cum benediccione fratrum, ob amorae caelestis patriae ad sedem apostolicam pro asolvendis peccatorum suorum vinculis est distinatus, quamvis dirum[f] et asperum, idem fidem in Domino habens, incursum vel inpedimento diabolicae non pertimescens, sicut diximus,
*f. 90'. ad liminae *beatissimorum apostolorum seu sanctorum reliquorum, quorum cineribus in Italia esse prenoscuntur, cum summa reverantia et devotione properare [videtur[g]]. Ideo supplicantes rogamus, ut, ubi et ubi, tam civitatibus, castris, vici[h] vel monasteriis, vestra devenerit presentia, pro nomine domini nostri Iesu Christi largire iubeatis alimonia vestra, quod ei necessarium vel oportunum fuerit, pro ipso qui[i] dixit: 'Qui vos recipit[k], me recipit; [qui recipit[g]] prophetam in nomine prophetae, mercedam prophetae accipiet, et quicumquae prorexerit calicem aquae frigide in nomine meo: amen dico vobis, non[l] perdet mercedem suam'[1], et: 'Quamdiu fecistis uni ex minimis mei, isti mihi fecistis'[2]. Valere vos optamus Patri et filio salvatore Christo una cum sancto Spiritu multis annorum curiculis.

6 = *Roz.* 850. *Cod.* 3.

7 = *Roz.* 852. *Cod.* 3. a) *ita emendavit Roz.;* terrae pletum *c.*

8 = *Roz.* 843. *Cod.* 3. a) ill. *c.* b) illo *c.*

9 = *Roz.* 671. *Cod.* 3. *Eadem fere formula initio mutila exstat cod. Par. Lat.* 2777. a) oms *c., ubi* o. i. *ante* subd. *scripta sunt.* b) vel *c.* c) ubtinius *c.* d) *incipit Par.* e) penissum 3; permisso *Par.* f) durum *Par.* g) *add. Par.* h) *Par.;* viti 3. i) *Par.;* quid 3. k) *Par.;* recipere 3. l) *Par.;* no 3.

1) *Ev. Matth.* 10, 40—42. 2) *ibid.* 25, 40.

10.

Domino meo atque divinorum domorum dogmatibus dictato illo excellentissimo, iurae ac merito de omnibus venerandorum[a] ac relegione gratia Dei repleto et splendidissimo, qua condecet regalis fastidiis, culmine decorato, ille, quamvis peccator et humilissimus servus servorum Dei et vester, una cum cenubio patronis vestri *sancti Petri, quasi pedibus vestris prevoluti, presumpsimus vobis salutem copiosum mittere in Domino. *f. 91.

11.

Cristianissima et Deo devotissima domina mea illa regina excelentissima, iure et merito veneranda ac relegionis Spiritu sancto fervente gratia Dei[a], vestram[b], quasi pedibus vestris provolutis, presumpsi vobis salutem copiosam mittere in Domino.

12.

Dominis ac beatissimis viris inlustris et a Deo in sublimi honore positis necnon et omnibus sacerdotibus et omni gradu ecclaesiae costructi[a] vel omni iure fisci regentibus nos, etenim omnis congregatio sancti Petri, patroni vestro, una cum consensu civium nostrorum salutem in Domino perenissimam vobis mittere presumpsimus. Deinde supplicamus[b] excellentiae piaetatis[c] vel bonitatis vestrae, ut hunc fidelem atque oboedientem beatissimi sancti Petri, illum in nomine dictum, pergentem ad sedem apostolicam pro absolvendis peccatis suis ob[d] amorae caelestis patriae benigniter et gratuitu animum tam ad eundum[e] quam et ad reduendum recipere iubeatis, et precamur, ut, ubi et ubi, civitatibus, castellis, *vicis vel monasteriis, vestra devenerit presentia, pro nomine Domini nostri Iesu Christi, secundum quod vobis beneplacitum fuerit, alimonia vestra pro amoris caelestis patriae et reverentia patronis vestri, sancti Petri, ei largire vel consolare iubeatis, qualiter salvus atque inlesus iterum[f] quod coepit explicare mereatur, pro ipso qui dixit: 'Qui vos recepit, me recepit', et pro ipso qui dixit: 'Quamdiu fecisti uni ex minimis meis, mihi fecistis'[1]. Ideoque, quasi genibus vestris provoluti, supplicantur[h] effectum bonitatis vestrae, ut taliter nostra apud vos valeat deprecatio, qualiter ipsum ferentem[f] nobis delectet pro vestra stabilitate vel remissione peccatorum vestrorum ad sepulchrum sancti Petri misericordiam deprecari. Valere vos optamus Patri et filio salvatore Christo una cum sancto Spiritu multis annorum curiculis. *f. 91'.

10 = *Roz.* 844. *Cod.* 3. a) *lege:* venerando.

11 = *Roz.* 845. *Cod.* 3. a) *quaedam omissa; supplendum fortasse:* ille servus servorum Dei et, *quo facto* vester *pro* vestram *legendum est. Cf.* 8. 10. *Similiter emendavit Roz.* b) uram *c.*

12 = *Roz.* 672. *Cod.* 3. a) *lege:* constitutis; *cf. cap.* 9. b) supplicam. *c.* c) piaetis *c.* d) ab omorae *pro* ob a. *c.* e) eumdum *c.* f) *i. e.* iter. g) *sc.* epistolam; ferente *c.* h) *lege:* supplicamur.

1) *Cf. locos ad cap.* 9. *allegatos, cui capiti hoc simillimum.*

FORMULAE SENONENSES.

Duae formularum collectiones[1], *quae Senonibus conscriptae sunt, in eodem inveniuntur codice praeterea Legem Salicam et Marculfum exhibente, P a r i s i e n s i scilicet Lat.* 4627, 8°, *saec. IX, (Roz. Par. A), de quo iam in praefatione ad Marculfum exposui*[2].

Antiquiorem collectionem, quae in principio fere codicis fol. 2 *sqq. exstat, ex ipso codice Cartas Senonicas inscribendam duxi. Cum enim Stobbe, 'RQ.' I, p.* 252, *verba* Cartas Senicas *nihil nisi cartas Senonibus scriptas seu usitatas significare sine ullo dubio recte coniecerit, equidem* Senonicas, *quae adiectivi forma tunc in usu erat, emendavi. Capita sunt* 51, *numeris appositis digesta, quae pleraque pagenses cartas praebent,* 7 *tantum regalibus,* 12. 18. 19. 26. 28. 35. 36, *insertis, ad quas accedunt epistolae duae ad regem directae,* 44. 46.

Reliquae fere universae formulae ad rem iudiciariam et ius privatum Francorum, quae optime inde illustrari noscuntur, pertinent. De indiciis Senonensis originis in annalibus nostris fusius disserui; hic praeter inscriptionem breviter commemoro, etiam alias formulas in fine codicis additas indidem oriundas esse; praeterea tria quattuorve capita e cartis Gaici monasterii in dioecesi Senonensi siti composita esse, cap. 31 *sqq., et stipulationem de evictione in plerisque, quibus inserta est, eandem esse ac in cartis Sancti Petri Vivi Senonensis, saec. VIII, quae, verbis* esse multando (multandum) *subiectis, ab aliis huiusmodi clausulis differt*[3].

De tempore ex formulis regalium praeceptorum indiculorumve insertis constat, quae, cum in omnibus rex appelletur rex Francorum, vir inluster, *ante annum* 775. *in hanc formam redactae esse videntur*[4], *e quibus tres certe non ante Pippinum regem factum dictatae sunt;* 19, *quia clausulam corroborationis a Karolinis usitatam exhibet et 'missos discurrentes' commemorat;* 26, *quia in regis iudicio comitis palatii testimonium omittit;* 28, *quia nomen regis post inscriptionem refert, quod praeterea nonnisi in quodam Pippini regis diplomate anni* 752. *factum cognovimus*[5]. *Capitibus vero* 35. *et* 36. *iam diplomata quaedam Karoli Magni exemplis fuisse videntur, nam alterum regis illius nomen retinuit, in altero legitur:* gloriosus domnus et genitor noster ille quondam rex, *quibus verbis Karolus patrem memorare solitus est*[6]. *Formulas itaque, cum posterioris aetatis indicia nulla exstent, inter annos* 768. *et* 775. *conscriptas esse, pro certo haberi potest.*

Praeter cartas istas regales reliqua pleraque capita, si excipias a cartis Gaici monasterii repetita, caput 47. *et capitis* 41. *prooemium, quae e Marculfo descripta*

1) *De quibus cf. Stobbe, 'RQ.' I, p.* 252 *sq.; 'N. Arch.' VI, p.* 69 *sqq.* 2) *Cf. supra p.* 34 *sq.* 3) *Conferendae sunt cartae apud Quantin, 'Cartulaire de l'Yonne' I, nr.* 9. 10. *cum Cart. Sen.* 1. 4 *sqq. Carta etiam in aliis suspiciosa, Pardessus, Dipl. II, nr.* 432. *conferri potest.* 4) *Cf. 'N. Arch.' VI, p.* 73 *sq.* 5) *Reg Imp. I,* 64 (= *Sickel, P.* 3). *Cf. Sickel, 'UL.' p.* 240 *sq.* 6) *Sickel, 'UL.' p.* 181. *Cf. de his formulis eiusdem 'Beiträge' IV, p.* 19 *sq.; III, p.* 12.

videntur, et alia fortasse quaedam, quae unde sumpta sint nescimus, ipse collectionis auctor sine certis exemplis composuisse videtur. Neque enim oratione et stylo dissimiles sunt; eadem verba eaque insolita, eadem commata saepius repetuntur; eadem est sermonis rusticitas[1]*; at iuris etiam Francici peritia in non paucis eadem. Certam rationem, qua singula capita inter se sint ordinata, frustra quaesieris; ex qua re coniici potest, auctorem non universam collectionem continuo, ut ita dicam, calamo composuisse, sed quascunque formulas ipse occasione data dictaverat aut aliunde acceperat conscripsisse. Quem notarium comitis cuiusdam Senonensis fuisse, idcirco suspicatus sum, quia non pauca exempla de rebus in iudicio comitis gestis referant (cf.* 10. 11. 17. 20. 21. 38. 46*), alia nonnulla ab indiculis regalibus ad comitem directis repetita sint (cf.* 18. 19. 26. 28*), reliqua vero aut ad iuris negotia spectent aut certe quidem eiusmodi sint, ut facile in comitis eiusve amanuensis notitiam venire potuerint. Accedit, quod in quibusdam formulis ad rem iudiciariam pertinentibus tales causae narrantur, quae quomodo exempli tantum gratia inveniri potuissent, vix intelligitur (cf.* 22. 51*); cum tamen ipse collectionis auctor capita ista dictasse videatur, hoc ab eo, dum munere suo fungebatur, factum esse crediderim.*

Appendicis loco subieci formulas, quae in codice post alia quinque capita rhythmica, de quibus infra dicemus, interposita sequuntur. Quae, cum regalis diplomatis aevi Merowingorum inter eas exstent reliquiae, antiquiores fortasse quam ipsae cartae Senonicae habendae sunt. Nam de eo, quod opinatus est de Savigny, 'Gesch. d. Röm. R.' II, p. 130 *sq., in prima appendicis formula novellam quandam Iustinianam allegatam esse, qua re ad inferiorem aetatem posset revocari, valde dubitandum est*[2]*. Cap.* 4. *e Marculfo receptum est. — Singulis his capitibus numeros ipse praeposui.*

In postremo codice formulae Marculfo subiectae inveniuntur, quas, quamquam neque ab uno auctore dictatae neque uno quidem consilio conscriptae esse videntur, uno tamen nomine comprehensas Formulas Senonenses recentiores inscripsi. Priores septem et re et oratione optime inter se conveniunt, exhibentes exempla notitiarum de iudiciis non solum comitum sed etiam missorum dominicorum. Qua re iam effici videtur, eas, licet sermo non minus incomptus atque barbarus sit, inferiori aetati quam Cartas Senonicas esse tribuendas. Eas quoque Senonibus oriundas esse, quamquam ex ipsis non apparet, tamen, nulla re obstante, ex aliis, quae subiectae sunt, Senonensibus coniici liceat. Caput enim 9*, quod puro et Latino fere sermone cetera et praecedentia et sequentia longe superat, cartam ingenuitatis exhibet tempore Ludovici Pii imperatoris emissam ab archiepiscopo Senonensis ecclesiae, eodem, ut recte suspicatus esse videtur de Rozière, 'Recueil' II, p.* 97*, n. e, Magnone, ad quem formatae epistolae, quarum exempla praebent cap.* 14. *et* 15*, directae sunt, altera ab Ebroino Bituricensi archiepiscopo, altera a Francone Cenomanensi episcopo scriptae. Cum vero prior formata, qua de Dodoberto quodam presbytero agitur, ex vera epistola descripta esse videatur, alteram ad illius effigiem exercitationis tantum causa compositam esse, ideo existimo, quia non solum eadem res iisdem plerisque verbis, nominibus tantum mutatis, exponitur, sed etiam vitia et errores, quibus illa abundat, repetuntur. Aliae nonnullae formulae,* 10. 12. 16. 17*, quippe quae pro archiepiscopo episcopum commemorantes vix indidem oriundae videantur, aut ex instrumentis aliunde allatis ibi componi, aut sicut cap.* 11*, quod formulam etiam in aliis codicibus exstantem praebet, ex alio formularum libro recipi potuerunt.*

Temporis indicia exhibent cap. 12. *annum* 808*, cap.* 14. *et* 15. *annum* 810*; cap. vero* 9*, in quo capitulare Ludovici Pii a.* 817. *laudatur, haud ita multo post com-*

1) *'N. Arch.' IV, p.* 71 *sq.* 2) *Cf. infra ad ipsam formulam, App.* 1 *a, annotata.*

positum esse videtur. Nam quominus hoc quoque ad quandam Magnonis, qui iam sequenti anno mortuus est, cartam revocemus, nulla res obstare videtur, ne illud quidem, quod errore adductus monuit Sickel, 'UR.' p. 322, in formula clausulam inveniri, quam Ludovicus imperator auctoritate quadam a. 823. eiusmodi cartis inseri iussit, ante hunc annum clausulae mentione non habita[1]. *Fortasse ipso Magnone iubente, non solum haec collectio, sed etiam totus ille liber in usum fori Senonensis utilissimus conscriptus est. — Capitum numeros ipse institui.*

Paucis absolvamus capita quinque, quae, quamquam formulae non sunt, in Additamento subieci, quia in codice nostro inter formulas exstant atque in priores etiam editiones recepta sunt. Re vera carmina sunt probrosa rhythmica, in speciem epistolarum redacta, de quibus conferas velim Boucherie, 'Cinq formules rhythmées et assonancées' et quae de isto libello disseruit Paul Meyer[2] *in 'Revue critique d'histoire et de litterature' a.* 1867, *p.* 344 *sqq.; praeterea 'N. Arch.' VI, p.* 75 *sq. Epistolae a Frodeberto et Importuno episcopis inter se altercantibus scriptae esse finguntur, quasi prima a Frodeberto ad Importunum, altera et tertia ab Importuno ad illum, quarta autem et quinta a Frodeberto ad alias quasdam personas, ecclesiasticas ut videtur, missae sint.*

Frodebertum eundem esse ac Chrodebertum II, qui post a. 658. *Turonensis ecclesiae sedem episcopalem occupavit, recte suspicati esse videntur auctores Galliae christianae*[3], *Importunum autem Parisiensem episcopum (c. a.* 666*)*[4]. *Nullo vero modo adduci possim, ut credam, tales epistolas re vera ab illis scribi potuisse, quas potius ab alio quodam in utriusque contumeliam fictas atque divulgatas esse existimo, praesertim cum utriusque partis literae in eodem codice mixtae inveniantur. De rhythmi ratione disseruerunt cum Schuchard, 'Vokalismus des Vulgärlatein' I, p.* 32; *cf.* 64, *tum Boucherie, l. l. p.* 1—8, *quocum non in omnibus me consentire, ex versuum distinctionibus a me nonnumquam aliter ac ille voluit institutis apparebit. — His etiam numeros ipse tribui.*

Plerasque codicis formulas, duarum particulis, Cart. Sen. 11. 34, *iam antea a Fr. Pithoeo in Glossario ad L. Sal., cap.* 43. 61, *divulgatis, Bignonius edidit post Marculfum, Formulas veteres incerti auctoris eas inscribens. Neque vero Cartas Senonicas ab recentioribus formulis distinxit, sed has illis praemisit, fortasse foliorum ordinem in codice a bibliopega turbatum existimans. Non paucas autem sine certa ratione omisit. Collectionem ita a Bignonio licentius constitutam Baluzius, Appendicem formularum Marculfi eam inscribens, repetivit*[5], *praeterea eodem codice usus formulas ab illo omissas non singulis locis inseruit, sed plerasque cum aliis aliunde receptis in Novam formularum collectionem redegit*[6]. *Eodem anno, quo Bignonius, etiam Lindenbrogius plerasque in formularum corpore edidit, quas vero neque*

1) *Imperator a.* 823, *Reg. Imp. I,* 749 (= *Sickel, L.* 197), *de servo ecclesiae, qui ordinationis causa manumittitur, constituit:* noverit — se in pristinam servitutis conditionem relapsurum, si sacri ordinis, quem susceperit, praevaricator fuerit comprobatus. *Prorsus aliter archiepiscopus in formula verba canonis concilii Carthaginiensis, quem infra suo loco allegavi, repetit, quae servum manumissum atque presbyterum ordinatum, qui res suas postea acceptas ipsi ecclesiae relinquere noluerit, gradum esse ammissurum denunciant.* 2) *Cum Boucherie nonnisi editione, quam curavit de Rozière, uti potuisset, P. Meyer ipso codice diligentissime inspecto haud uno loco veras restituit lectiones.* 3) *Gall. christ. VII, col.* 26; *cf. XIV, col.* 30. *Cf.* Frotgandus *pro* Chrotgangus, *SS. I, p.* 11, *et Francica verba in Lege Salica:* franne = chranne, friomosido = chreomosdo, *Grimm, 'Vorrede' p.* 43; *Hessels in glossario editionis s. v. Saepius* fl *pro* chl *legitur.* 4) *Gall. christ. VII, col.* 26. 5) *Capitularia regum Francorum II, col.* 433 *sqq.* 6) *ibid. col.* 557 *sqq. Bignonii collectionem literis 'App.' signavi, Baluzii novam collectionem 'Bal.'*

is neque Bignonius neque Baluzius receperant, Pardessus in 'Bibliothèque de l'école des chartes', IV, p. 14 *sqq. cum aliis edidit, una tantum levissima epistolae formula omissa, quam Holder post apographum legis Salicae, quod fecit ex hoc codice, primus*[1] *nuper edidit, p.* 40. *Priores editiones more suo Canciani, Bouquet, Walter, Migne repetivisse, ut moneam vix oportet*[2]*; quas autem primus Pardessus edidit, Warnkönig, 'Französ. St.- u. RG. I, UB.' p.* 1 *sqq. et Migne, Patrologia Latina LXXXVII, col.* 891 *sqq. exhibuerunt. De Rozière ipso codice usus omnes corpori formularum inseruit.*

Collectiones integrae atque inter se distinctae nunc primo prodeunt. Codice ipso huc transmisso denuo collato atque quam accuratissime perspecto, haud uno loco veras lectiones restituere potui. Maxima enim iis, qui antea formulas istas ediderant, exinde orta est difficultas, quod non pauca verba, praesertim iuris Germanici, penitus fere erasa sunt, quae, cum legere non possent, aut omiserunt aut corrupta scripserunt aut coniectura minus recte suppleverunt. Quae pleraque ex ipso codice corrigere potui, alia vero pauca, quae nunc nullo modo legi possunt, ex Lindenbrogiana editione restituere ausus sum. Lindenbrogii enim auctoritas ideo non parvi aestimanda videtur, quia non pauca, quae ceteri editores falsa scripserunt, aut genuina aut certe quidem multo rectiora apud eum inveniuntur, unde fortasse suspicari licet, eum verba illa in codice adhuc intacta reperisse[3].

CARTAE SENONICAE.

INCIPIUNT CARTAS SENICAS[a], QUALESCUMQUE[b] QUESIERIS, IBI INVENIES. *f. 2.*

1. Ingenuitas.

Dum omnipotens Deus nobis precepit[c] in hunc saeculum sano corpore habere, oportet nobis pro salute animae nostrae frequentius cogitare debemus[d], ut aliquantulum de peccatis nostris minuare mereamus. Itaque ego ille in Dei nomen pro animae meae remedium vel pro meis peccatis minuendis, ut in futurum[e] Dominus veniam mihi praestare dignetur, servo[f] iuris mei nomen illo[g] relaxavi ingenuum; ea vero ratione, ut a die presente sis bene ingenuus, tamquam si ab ingenuus parentibus fuisses procreatus[h] vel natus, peculiare vero, si aliquid habes aut inantea, Christo propitio, laborare potueris, cessum habeas; et nulli heredum hac proheredum meorum nullum impendat servitio nec litimonio[i] nisi soli Deo, cui omnia subiecta sunt. *Testamentum etiam faciendi, *f. 2'.* defensione[k] vel mundeburdo aecclesiarum aut bonorum hominum, ubicumque se eligere voluerit, licentiam habeat ad conquirendum. Si quis vero, quod nec fiere[l] [credo[m]], si ego ipse aut ullus de heredibus meis vel quislibet ulla opposita persona, qui contra hanc ingenuitatem ista, quem ego plenissima voluntate mea pro amore domno nostro Iesu Christo et meis peccatis fieri et adfirmare rogavi, venire conaverit, inferat tibi una

a) *ita c.; ubi lineola super* n *fortasse evanuit.* b) *corr.* qualiscumque *c.*

1 = *App.* 13; *Lind.* 95; *Roz.* 84. *(Num. fortasse evan. c.)* c) *corr.* precipit *c.* d) *corr.* deberemus *c.* e) futuru *c.* f) *corr.* servum *c.* g) ill. *c.* h) a *oblitum c.* i) *sic c.;* litimonium *Lind.; falso* libertinitatis *cett. edd.* k) *corr.* defensionē *c.* l) *corr.* fieri *c.* m) *supplevit Roz.; spatium vacat c.*

1) *De Rozière eam in 'Additions' editam esse notat, 'Recueil' III, p.* 201; *sed ibi non inveni.* 2) *Editiones eaedem sunt ac Marculfi; cf. supra p.* 36. *et praesertim 'N. Arch.' VI, p.* 111 *sqq.* 3) *Cf. 'N. Arch.' VI, p.* 101.

cum sotio fisco auri untias tantas esse multando, et presens ingenuitas omni tempore firma permaneat, stipulatione subnixa.

Actum ill.

2. Vindictione[a] de res.

Domno inluster illo ille. Ratio et consuetudo exposcit, ut inter emitore et vinditore scriptura confirmat, ita ut nec distrahendi sed ulla repeditio nec conparandi qualibet videtur esse formido. Idcirco, nulli coagentis imperium, nec a iudiciaria potestate coactus, sed mea propria et spontanea voluntate arbitrium, accepto vero pretium, con-
*f. 3. stat me vindidisse vel tradidisse, quod ita vendedi vel de presente *tradidi, hoc sunt res proprietatis meae in pago illo[b], [in loco[c]] que dicitur[d] ille[b], id est tam mansis, domibus, ædificiis, totum et ad integrum, rem inexquisita; et accepi a te pretium pro hoc, quod mihi bene conplacuit, hoc est tam in argentum quam in amactum[1] valente[e] solidos tantos tantum. Et superscriptas res per hanc vinditione publice tibi ad die presente tradidi ad possidendum, ut, quicquid exinde a die presente facere volueris, liberam et firmissimam in omnibus habeas potestatem faciendi. Si quis vero, quod futurum esse non credo, si ego ipse aut ullus de meis heredibus vel quislibet ulla opposita persona, qui contra hanc vindictione ista venire conaverit, et a me vel heredibus meis non fuerit defensatum, tunc inferat tibi una cum sotio fisco duplum tantum, quantum [a[f] die accepi, *vel* quantum] ipsas res inmelioratas valuerint, in duplum esse reddendum, et presens vindictio[g] omni tempore firma permaneat.

3. Caucione.

Domno fratri illo[a] ille. Ad petitione mea[b] mihi non denegasti, nisi ut in summa
*f. 3'. necessitate mea argento vel amacto *tuo valente solidos[c] tantus in manu mea ad pristitum[d] beneficium mihi prestitisti. Et ego pro hoc tale caucione in te fiere[e] et adfirmare rogavi, ut usque ad annos[f] tantos in quisque [heb]domata[g] dies tantos opera tua, quale mihi iniuncxeris et ratio prestat, facere debeam. Quod si minimo fecero, aut neglegens aut tardus exinde apparuero, aut ante ipso placito me inmutare presumpsero, tunc spondeo, me per huius vinculum cautionem, ubi et ubi me invenire potueris, sine ullo iudice interpellationis pro duplum satisfactione me reteneor[h] debitore. Et quomodo ipse anni transacti fuerint, debito tuo tibi reddeo, cautionem meam per manibus[i] recipiam[2]. Stipulatione[k].

2 = *App.* 14; *Roz.* 269. *(Num. fort. evan. c.)* a) Vindiction(e) d(e re)s, *uncis inclusa haud perspicua c.* b) ill. *c.* c) *supplevi secundum cap.* 5. 7 *sqq.* d) dr̄ *c., quod minus recte priores editores legerunt:* dicuntur; que *in hoc codice saepissime pro* qui. e) valentes solid̄ *c.* f) a die — quantum *al. manu in margine post add. c.* g) *corr.* vinditio *c.*

3 = *App.* 15; *Lind.* 145; *Roz.* 372. a) ill. ill. *c.* b) a *al. m. post add. c.* c) sold̄ *c.* d) t *alterum in loco raso al. m. c.* e) *corr.* fieri *c.* f) nnnos *corr.* annos *c.* g) domata *c.* h) retenear *e corr. rec. c.;* retineas, reteneas *edd.* i) *sc.* tuis; *cf. Brunner, loco infra laudato.* k) stipul̄ N̄ *c.*

1) *Eodem modo* amactum *cum* argento *commemoratur infra* 3. 4. 43. 48, *quod vocabulum alibi non inveni. Hoc loco Bignonius prorsus falso* fabricato *instituit, in ceteris aut scripsit aut corrigendum duxit* amictum, amicto *(i. e. vestis), quod etiam Lindenbrogius ibi scripsit. Quam vero emendationem cum nullo modo probare possem, suspicatus sum hac voce argentum vel aes signatum (nummos, monetam), 'geprägtes' significari (cf. 'N. Arch.' VI, p.* 72, *n.* 1*); de vocis origine conferri fortasse potest 'maccare' apud Diez, 'WB.' I, s. v. 'macco'.* 2) *Cf. Brunner in 'Z. f. Handelsrecht' XXII, p.* 67.

4. Obnoxatione.

Domno fratri illo[a] ille. Omnibus non habetur incognitum, qualiter mihi gravis necessitas et natas[b, 1] pessimas mihi obpresserunt, et[c] minime habeo, unde vivere vel vestire debeam. Propterea ad pedicione mea mihi non denegasti, nisi ut in summa necessitate mea argento vel amacto[d] tuo valente solidos[e] in manu mea mihi dedisti, et ego minime habeo, unde ipsos *solidos[f] tuos tibi reddere debeam. Propterea obnoxiatione de capud ingenuitatis meae in te fieri et adfirmare rogavi, ut, quicquid de mancipia tua originalia vestra facitis, tam vendendi, commutandi, disciplina inponendi, ita et de me ab hodierno die liberam et firmissimam in omnibus potestatem faciendi habeas. Si quis vero, quod nec fieri credo, si ego ipse aut ullus de heredibus meis vel quislibet opposita persona, qui contra hanc obnoxatione ista venire conaverit, inferat tibi una cum sotio fisco auri untias tantas esse multando, et presens obnoxatio firma permaneat cum stipulatione[g] subnixa. *f. 4.

Actum ill.

5. Commutationis de terris.

Inter quos caritas aelevata[a] permanserit, pars pare suo oportuna et congrua beneficia non denegavit. Ideoque, auxiliante Domino nostro, placuit atque convenit inter illo[b] et illo[b] de commutandis terris eorum, ut pro commune oportunitate inter se commutare deberent; quod ita et fecerunt. Dedit ille[b] de parte sua ad parte ipsius illius[b] terra proprietatis suae in pago illo[b], in loco que dicitur ille[b], *habet in longo dextros[2] tantos et in latu dextros tantos, subiungit de uno latus terra lui, de uno fronte terra illius, ex alio vero fronte terra illius, infra ipsa terminatione et mensura ad integrum. Aecontra ad vicem dedit ille[b] de parte sua ad parte ipsius lui terram proprietatis suae in pago illo[b], in loco que dicitur ille[b], habet in longo dextros tantos et in latu dextros tantos, subiungit de uno latus terra lui, de alio latus terra illius, infra ipsa terminatione et mensura ad integrum; ita ut ab hodierno die unusquisque[c] contra pare suo quod accepit abeat, teneat atque possedeat, vel quicquid exinde a die presente facere voluerit[d], liberam et firmissimam in omnibus habeat potestatem faciendi. Si quis vero, quod nec fieri credo, si ego ipse aut aliquis de heredibus meis vel quislibet ulla opposita persona, qui contra hanc commutationi[e] pars contra pare suo venire conaverit, inferat pars pare suo ista tota servante una cum socio fisco auri untias tantas esse multandum, *et presens commutationis duo uno tenore omni tempore firmas et inviolatas permaneant. *f. 4'. *f. 5.

6. Carta agnationem.

Femina illa ille. Omnibus non habetur incognitum, qualiter tibi per voluntate tua servo iuris meo nomen ille[a] ad coniugium sociavit uxorem, unde te vel procreatione tua in servitio inclinare potueram. Sed mihi prepatuit voluntas plenissima, ut tale aepistola agnatione in te fieri et adfirmare rogavi, ut, se aliqua procreatione filiorum

4 = *App.* 16; *Lind.* 136; *Roz.* 47. a) ill. ill. *c.* b) anatas *Lind.*; infirmitas *coni. Bign.* c) ex *c.* d) : : acto *c.* e) sold *c.* f) solid *c.* g) stipul *seu* stipl *plerumque c.*

5 = *App.* 17; *Lind.* 140; *Roz.* 307. a) inlibata *corrigendum; cf. Marc. II,* 13; *Form. Tur.* 26. b) ill. *c.* c) *post h. v.* 4—5 *litt. eras. c.* d) volueris *c.* e) commutationi:, s, *ut videtur, erasum c.*

6 = *App.* 18; *Lind.* 86; *Roz.* 105. a) ill. *c.*

1) *De Rozière, 'Recueil' I, p.* 72, *n. a,* nata *ex* nassa, *qua voce difficultates significari possent, corruptum esse, suspicatus est; quod mihi minus probabile videtur. Si cum Lind.* anatas *est scribendum, glossa quam s. h. v. affert Ducange:* anathe, sollicitudine, cura *respici potest.*
2) *i. s. passus mensurandi. Cf. Ducange s. v. dextri; Guérard, 'Irminon' II, p.* 451.

aut filiarum ex te nate vel procreate fuerint, sub integra ingenuitate cum omni peculiare eorum valeant [permanere[b], et quod], Christo propitio, laborare potuerint, cessum habeant et nulli heredum hac proheredum meorum nullum impendeat servitium nec litemonium[c] vel patronatus[d] obsequium nisi soli Deo, cui omnia subiecta sunt. Testamentum etiam faciendi, defensione vero[e] vel mundeburde aecclesiarum aut bonorum hominum, ubicumque se eligere voluerit, licentiam habeat ad conquirendum. Si quis *f. 5'. vero, quod nec fieri credo, si ego ipse aut ullus de heredibus vel quislibet *ulla opposita persona, qui contra hanc aepistola agnatione venire conaverit, inferat ei, cui litem intulerit, ista tota servante, una cum socio fisco auri untias tantas esse multando, et presens agnatio[1] omni tempore firma permaneat.

7. Tradetoria de terra.

Veniens homo alicus nomen ille[a] in pago illo[a], in loco que dicitur ille[a], ante bonis hominibus, qui subter firmaverunt, terra illa, id est tam mansis—[b], totum et ad integrum, quem ante os dies hominem alico nomen illo[a] per vindictionis titulum, accepto vero[c] pretio, visus fuit vendidisset, ante ipsius bonis hominibus ad integrum, ut, quicquid predicta vindictione ei vendidit[d], per manibus[e] partibus ipsius lue vel herba vel terra visus fuit tradidisset[2] et per suum fistucum contra ipso illo exinde exitum fecit[3], ut, [quidquid[f]] ipse ille de ipsa terra ad die presente facere voluerit, liberam et firmissimam in omnibus habeat potestatem faciendi.

Id sunt[g].

8. Tradituria de venditione[4].

*f. 6. Notitia, qualiter et quibus presentibus veniens homo alicus *nomen ille[a], missus inluster[b] vir ille, super fluvio illo, in loco que dicitur illo, ad illo manso vel illa terra, quem ille homo hominibus[c] illo ante os dies ad casa sancto illo[d] paginse per cartam cessionis [adfirmavit[e]], partibus ipso illo per illo ostio vel anaticula[f, 5] de ipsa casa, per herba vel terra ipso manso, vel quicquid ad ipso manso aspicet[g], sicut in ipsa cessione est insertum, ad parte illa ecclesia visus fuit tradidisset atque consignasset.

Id sunt, quis presentibus.

6. b) *uncis inclusa supplevi. Minus recte Lind., quem secutus est Roz., inter* propitio *et* laborare *supplevit:* permanere. Et quidquid. *Cf. supra cap.* 1. c) *ita c.; similiter Lind.:* litimonium; *falso cett. edd.:* hominium. d) patnatus *c.* e) *corr. videtur e* viro *c.*

7 = *App.* 19; *Lind.* 153; *Roz.* 286. a) ill. *c.* b) *quaedam omissa videntur; cf. supra* 2. c) *corr. videtur e* viro *c.* d) *ex emendatione Bign. et Lind.;* vendidi *c.* e) *al. m. in margine add. c.; supple:* suis. f) *suppl. Bign. et Lind.* g) *cf. infra* 10. 17.

8 = *App.* 20; *Lind.* 154; *Roz.* 287. a) ill. *c.* b) *lege:* inlustris viri illius. c) *corruptum videtur; fort.:* nomine. *Aliter Roz., qui post* dies *supplet:* vel. d) *post h. v.* 1 *lit. erasa c.* e) *deest c.; supplevi ex Append.* 5. f) *ita edd.; nunc nihil nisi* cula *legitur, literis* 4 *vel* 5 *praecedentibus abrasis; deest omnino apud Bign.* g) *corr.* aspicit *c.*

1) *Hic ipsa carta de agnatione insolite* agnatio *dicitur.* 2) *De hac traditionis forma cf. infra* 8. 34. *Append.* 5; *Form. Tur. App.* 3; *Form. Pith. (Roz.* 289*); Grimm, 'RA.' p.* 112 *sqq.; Brunner 'RG. d. Urk.' I, p.* 274. 3) *De 'exfestucatione' cf. Brunner l. l.* 4) *Cf. cum hac formula et praecedentem et infra* 34. *Append.* 5. 5) *i. s., ut videtur, cardines. Cf. Append.* 5, *ubi legitur* per hostium et anatalia. *'Anaticla ab* ἀνατέλλω, *orior, converto, inde* ἀνατολαὶ *cardines coeli appellantur'. Gloss. S. Bened. cap. de habitatione; cf. Ducange s. v. anaticla. Cardines etiam in Form. Pith. (Roz.* 289*) dici videntur, ubi legitur:* per hostium et anatoria. *De traditione domorum per hostium cf. praeterea infra* 34; *Form. Tur. App.* 3; *Lind.* 155 *(Roz.* 256 *bis); Form. Burg. (Roz.* 256*); Grimm, 'RA.' p.* 174 *sqq.*

9. Notitia de servo.

Notitia, qualiter et quibus presentibus veniens homo alicus nomine ille in pago illo[a], in loco que dicitur ille[a], *seo* in mercado[b] *vel in quacumque loco*, ante bonis hominibus, qui subter firmaverunt, datum suum pretium ad homine negotiante solidus[c] tantus, servo suo nomen illo visus est comparasset. Et ipse negotiens ipso servo superius nominato per manibus partibus ipsius lue visus est tradidisset, non fraudo sed in publico, ut, quicquid exinde ad die presente facere volueris, liberam et firmissimam in omnibus habeas potestatem faciendi.

Id sunt.

10. Notitia de iactivis.

Notitia, qualiter et quibus presentibus veniens homo alicus nomen ille[a] in pago f. 6'.
illo[a], in loco que dicitur ille[a], in mallo publico ante vir illo comite vel reliquis quam plures bonis hominibus, qui subter firmaverunt, repetebat, dum diceret, eo quod homine alico nomen illo[a] ante ipso comite aframitum[1] habuisset. A co placitum venit ipse ille, placito suo custodebat. Et nec ipse ille ad eum placitum venit nec misso in vicem suam direxit, qui[b] ulla sonia nuntiasset; et placito suo neglexit et iactivos exinde remansit.

Id sunt, quibus presentibus fuerunt.

11. Securitas.

Non minima, sed maxima vertetur discordia inter illos et illos. Venientes ante illo et illo, repedivit[a] ipse ille adversus ipsius lui, eo quod genitore suo, *aut* germano suo, illo mala ordine interfecisset. Interrogatum fuit ad ipsos viros ipsius[b] lui, se hac causa hacta vel perpetrata fuisset, anon, sed ipse in presente[c] edicere deberet. Sed ipse ille hanc causam minime potuit denegare. Sic ab ipsis viris fuit iudicatum, ut illa leodem[d, 2], [cum[e]] lex erat, desolvere deberet; *quod ita in presente et fecit. Et *f. 7.
ego hanc securitate in ipso illo fieri et adfirmare rogavi, ut nullunquam tempore de iam dicta morte nec de ipsa leude[f] nec ego ipse nec ullus de heredibus meis nec quislibet ullas calumnias nec repeditionis agere nec repedire non debeamus. Quod quia adtemptaverimus, nullum obteneat effectum, et insuper inferamus tibi una cum sotio fisco auri untias tantas esse multando, et presens securitas omni tempore firma permaneat.

9 = *App.* 21; *Lind.* 161; *Roz.* 297. a) ill. *c.* b) *ita Lind.;* in m. *omnino erasa c., desunt apud Bign.;* in mercato *cett. edd.* c) solid̄ *c.*

10 = *App.* 22; *Roz.* 456. a) ill. *c.* b) quia *c.*

11 = *App.* 23; *Lind.* 122; *Roz.* 470. a) *i. e.* repetivit. b) ipsi *corr. al. m.* ipsius *c.* c) *post h. v.* 1 *lit. erasa c.* d) leodam *corr.* leodem *c.* e) *supplevi ex cap.* 51. f) *corr. videtur e* leudi *c.*

1) Aframire *i. q.* achramire, adhramire = *'feststellen', Grimm, 'RA.' p.* 123. 844, *cf. 'Vorrede' ap. Merkel, L. Salica, p.* 7; *Müllenhoff ap. Waitz, 'Das alte Recht' p.* 277: *arripere, raptare, cogere ad rem aliquam; Sohm, 'Procesz d. L. Salica' p.* 78: *fidem facere, 'geloben', hoc loco: 'geloben (jemand vor Gericht zu bringen)', p.* 79. *Thévenin, 'Contributions à l'histoire du droit Germanique, extrait de la Nouvelle Revue de droit français et étranger' p.* 13 *sqq. 'an sich ziehen', p.* 28: aframitum habuisset, *'qu'il a attiré (angezogen), assigné au tel à comparaître devant le comte'. In formula nostra* aframitum *vix aliter potest intelligi ac interpretatus est Waitz l. l. p.* 158, *n.* 3: *'vor dem Grafen verpflichtet (gebunden) zu erscheinen'.* 2) *i. e. compositio homicidii, infra* leude; *cf. cap.* 51. *et Form. Sal. Bign.* 8. 9; *Merkel.* 39; *Lind.* 19. *Grimm, 'RA.' p.* 652; *Waitz, 'Das alte Recht' p.* 188 *sq. et 'VG.' II*[2], *p.* 273.

12. Carta dinariale ante rege[1].

Ille rex Francorum, vir[a] inluster. Et quia ille veniens ante nos vel procerum nostrorum presentia, iactante denario[b], secundum lege Salica servo suo nomen ill.[c] dimisit ingenuo, eius quoque obsolutione[d] per presente auctoritate firmamus; percipientes enim, ut, sicut enim et reliqua[e] mansuaria, qui per tale titulum in presentia principum noscuntur esse relaxati ingenuum, ita et admodum memoratus ille per nostro precepto *f. 7'. plenius in Dei nomen confirmatum perennis temporibus cum Dei *et nostra gratia valeat[f], Christo propitio, permanere bene inienuus atque securus.

13. Mandatum.

Domno magnifico fratri illo[a] ille. Omnibus[b] non habetur incognitum, qualiter mihi senectus adgravat et infirmitas domat, et causas meas minime valeo prosequere vel admallare. Propterea preco et supplico caritati tuae, ut in vicem meam omnes causas meas tam in pago quam et in palacio vel in quacumque pagis vel terreturuis, ubicumque mihi oportet, apud quemlibet hominem tam ad malandum quam ad responsum dandum persequere facias, et quicquid exinde aegeris gesserisve, apud me in omnibus et ex omnibus ratum[c] et aptum atque transactum, in omnibus definitum esse cognuscas, quia amo te quam me, plus te quam heredibus meis[2]. Et ut hoc mandatum post te firmiorem[d] reteneas, et taliter obtineat firmitate, quasi gestibus fuisset oblegatum, manu propria subter decrevi adfirmare et qui subscripserint[e] in presente rogavi.

14. Cessio ad aecclesia.

Domne sanctae[a] hac reverentissimae ecclesiae sancti illius, qui est constructa in pago *f. 8. illo, in loco que dicitur ille, ego *in Dei nomen ille. Pro meis peccatis minuendis, ut in futurum Dominus veniam mihi prestare dignetur, cedo ad lumen, *vel* sacrificio, ad ipsa casa Dei, *vel* ipso domo Dei, condirgendo[3] cessumque in perpetuum esse volo, et de iuro meo in iure et dedominatione ipsius ecclesiae transcribo atque transfundo, hoc est res propriaetatis meae in pago illo, in loco que dicitur illo, in iam dicta[b] loca, id est tam mansis, domibus, aedificiis, totum et ad integrum, rem inexquisita; ita ut ab hodiernum diem ipsa casa Dei ad altare Domno proferendo, *vel* ad ipso domo Dei condirgendo, ipsas res habere debeat. Et si[c] mihi placuit inserendum, ut nullus pontifex aut quislibet rector, si de ipsa casa Dei, de ipso lumen, *vel* sacrificium, ipsas res abstrahere conaverit, aut in beneficium dare presumpserit, tunc ipsas res ad me vel heredibus meis perveniant. Si quis vero, quod nec fieri credo, si ego ipse, aut ullus de heredibus

12 = *App.* 24; *Lind.* 102; *Roz.* 55. a) *al. m. post add. c.* b) o *al. m. post add. c.* c) itt *corr. videtur ex* ille *c.* d) *i. q.* absolutione. e) *i. e.* reliqui mansuarii. f) *corr. e* valeant *c.*

13 = *App.* 25; *Lind.* 181; *Roz.* 387. a) ill. *c.* b) *corr. videtur ex* hominibus *c.* c) *corr. e* raptum *c.* d) firmiore *corr. al. m.* firmiorē *c.* e) subscripseri̅ *c.*

14 = *App.* 26; *Roz.* 340 §. 1. a) sac̅ę *c.* b) dictā *c.* c) *lege:* sic.

1) *Cf. Marc. I,* 22. 2) *Ex hac clausula, quae imitatur illam, quae saepius in donationibus invenitur:* quia malo hoc te habere quam me *etc., suspicari possumus, hoc mandatum aeque ac Form. Tur.* 20. *loco donationis factum esse; de qualibus mandatis dicitur in Interpretatione ad Cod. Th. II,* 12, 1*:* Solum est, ut mandatum ad vicem donationis factum actis habeatur insertum. 3) Condirgere *pro* condirigere *saepius scribitur, infra cap.* 15. 16. 48. *et Cap. Pipp. reg. a.* 768. *c.* 5, *LL. Capitularia I, p.* 43. Quicumque nostrum beneficium habet bene ibi labored et condirgat. *Cf. Diez, 'Gramm.' II*[4], *p.* 218. *Ex propria verbi significatione aliae, et colendi et fruendi, derivatae videntur; cf. Ducange s. v. condirigere* 2. *Plerumque vero aliter ac in formula ista de bonis non iure proprietario possessis dicitur, de qua re conferas praeter locos supra allegatos LL. Capit. I, p.* 64, *c.* 35; *p.* 136, *c.* 4; *p.* 150, *c.* 9.

meis vel quislibet opposita persona, qui contra hanc cessione ista, quem ego plenissima voluntate mea pro amore domini nostri Iesu Christi fieri et adfirmare *rogavi, venire conaverit, inferat tibi ista tota servante una cum socio fisco auri untias tantas esse multando, et presens cessio omni tempore firma permaneat. *f. 8.

15. Praecaria.

Domne sanctae hac reverentissimae[a] ecclesia paginsis *his nominibus*, qui est constructa in pago illo, in loco que dicitur illo, ego in Dei nomen[a] ille. Ominibus[b] non habetur incognitum, qualiter res proprietatis meae in pago illo, in loco cui[c] vocabulum sunt illas et illas, in iam dicta loca, id est tam mansis —[d], omnia et ex omnia, per mea cessione ad lumen, *vel* sacrificium, ad ipsa casa Dei ad die presente delegavi. Postea ad petitione mea mihi non denegasti, nisi ut ipsas res, quamdiu advivo, mihi ad usandum vel condirgendum prestare deberetis; quod ita et fecistis; sic taliter, ut tempore vitae meae ipsas res habere et usare vel condirgere debeam, et post meum quoque discessum cum omne rem inmeliorata agentes ipsius ecclesiae, absque exspectata traditione, in eorum revocent dominatione vel potestate. Propterea tale precaria ad ipsa casa Dei fieri et adfirmare *rogavi, ut ipsas res nec vendere nec donare nec commutare nec per nullis modis nullisque ingenies de ipsa casa Dei abstrahere nec minuare pontificium non habeam, nec mea possessio nullo preiudicio vobis nec ad ipsa casa Dei agere nec generare non debeam, nec ego ipse nec ullus de heredibus meis nec quislibet opposita persona; quod si adtemptaverimus, nullum obteneat effectum, et insuper inferamus partibus ipsius aecclesiae vel suis rectores una cum sotio fisco auri untias tantas esse multando; et alias precarias per quinquenium fuerint renovatas, ista per se obtineat firmitate. *f. 9.

16. Prestaria ad ecclesia.

In Christo filio illo in Dei nomen ille donum Dei rector, qui est custor[a] ęcclesiae illius, qui est constructa in pago illo, in loco que dicitur illo. Omnibus[b] non habetur incognitum, qualiter tu res proprietates[c] tuas, tam infra civitatem quam et a foris in ipso pago, in loco cuius vocabulum sunt illas et illas, in iam dicta loca omnem rem tuam per tua cessione ad ipsa casa Dei, *vel* ipso domo Dei, *ad die presente delegasti. Postea ad petitione tua non denegavimus, nisi ut ipsas res ad prestitum beneficium tibi prestare deberemus; quod ita et fecimus; sic taliter, ut tempore vitae tuae ipsas res per nostro beneficio habere vel condirgere sive usare debeas, et annis singulis festivitate sancto illo[d] censo ad lumen, *vel* sacrificium, solidos[e] tantos per temetipso solvere facias, et[f] nec nos ipse nec nullus de successoribus nostris nec quislibet de parte nostra ipsas res tempore vitae tuae tibi abstrahere nec minuare non debeamus. Et ut has litteras post te[g] firmiores reteneas, manum propria subter decrevimus adfirmare. *f. 9'.

17. Notitia de homine forbatudo[a. 1].

Noticia, qualiter et quibus presentibus veniens homo alicus nomen ille[b] in pago illo[b], in loco que dicitur ille[b], in mallo publico ante ipso comite illo[b] vel aliis bonis

15 = *App.* 27; *Roz.* 340 §. 2. *(Num. deest c.)* a) -ma *al. m. corr.* -mae *c.* b) ominibus *e corr. pro* omnibus *c.*; *olim extitisse videtur* hominibus. c) *post add. c.* d) *quaedam omissa videntur.*

16 = *App.* 28; *Roz.* 340 §. 3. *(Num.* XV *c.)* a) *sic mihi legendum videtur, non* custos *ut edd.* b) *ante h. v. fortasse* h *erasum c.* c) e *ante* s *in fine vocis e corr.*, tuis *corr.* tuas *c.* d) ill. *c.* e) solid *c.* f) *al. man. post add. c.* g) poste *pro* post te *c.*

17 = *App.* 29; *Lind.* 160; *Roz.* 492. *(Num.* XVI *c.)* a) fortitudo *c.* b) ill. *c.*

1) *De causa, quam haec formula spectat cf. Form. Tur.* 30. 31. *et quae ibi annotavi; praeterea Sohm, in 'Z. f. Rechtsg.' V, p.* 450.

hominibus, qui subter firmaverunt, positam manum suam super sacrosancto altario[c] sancto illo[b], sic iuratus dixit: 'Hic iuro per hunc loco sancto et Deo altissimo et virtutis sancto illo[b]: homo alicus nomen ille[b], ira[d] factus, apud arma sua super me venit et colappus[e]
*f. 10. super me misit; et sic mihi Deus directum[1] dedit, ego ipso de arma *mea percussi[f], talis colappus[e] ei dedi, per quid ipse mortuus est; et quod feci super me feci. Et ego hodie ipso facio [in] frodanno[g] et ferbatudo[h. 2] infra noctis[i] 42, sicut lex et nostra consuetudo est, apud tris[k] aloarius[3] et 12 conlaudantes'. Iuraverunt et de linguas eorum legibus direxerant[4].

Id sunt, qui presentibus fuerunt.

17. c) o *e corr. c.* d) ita *falso edd.* e) col:pus *c., ubi litt.* ap *erasae videntur.* f) *plane cerni nequit.* g) *valde abrasum; incertum, utrum ita an* frodamio *sit legendum; 2 literae praecedentes omnino erasae sunt; Lind.:* fordanno; *Big.:* infra damnum; *Bal.:* infra damno; *Roz.:* infra diaem. h) ferbatudo *corr. videtur e* firbatudo *c.; Roz.:* forbatudo. i) noctis *corr.* noctes *c.* k) tris *corr.* tres *c.*

1) *i. e. 'droit'.* 2) *Ecce certa atque sollemnia verba in huiusmodi causis usurpata, quibuscum convenit Form. Tur.* 30: et ipsum ferrobattudo fecit. *Cf. L. Rib.* 77: De homine furbattudo *et Decr. Childeberti II. a.* 596, *c.* 4, *LL. Capit. I, p.* 16: iudex — ipsum raptorem occidat, et iaceat forbatutus *(variae lectt.:* ferbatutus, forbaptutus, forbatudos, forbotuos, forbatuos*), ubi* i. f. *nihil aliud valere videntur nisi:* absque compositione iaceat, *Cap. Lud. legg. add. a.* 817, *c.* 1, *LL. I, p.* 210. *Vox* frodanno *alibi non occurrit; si vero* ferbatudo *in formula pro* absque compositione *accipi potest, conici liceat vocabula* [in] frodanno *valere:* absque fredo. *Cui opinioni optime convenire videtur annotatio, quam V. Cl. Ed. Schroeder de hac re scripsit et ut hic inseram permisit: 'Das erste Wort ist verderbt; war es, wie wahrscheinlich, ein germanisches, so dürfen wir eine alte allitterierende Formel vermuten. Die Verderbnis begann wol mit Anlehnung des zweiten Wortes an das in Formeln ähnlichen Inhalts gebräuchliche romanische* ferbatudo, forbatudo, furbatudo. *Dann möchte man ein germ.* in fridju endi in furbidu *annehmen = 'in pace et in expiatione' d. i. 'sine fredo et sine compositione';* furbjan *(im franz. als* fourbir *erhalten) wird in ahd. Glossen mit 'mundare, purgare, expiare' wiedergegeben (s. Graff, Ahd. Sprachschatz III,* 680 *f. bes. die Glosse zu* 1. *Reg.* 3, 14*);* furbida *als 'purgamentum', mithin auch = 'expiatio'. — Weniger wahrscheinlich wäre eine Verderbnis des* ferbatudo *aus* farbôtid *= verbüsst; die Allitteration fiele dann fort, und damit der Hauptgrund zur Annahme einer Entstellung'. Certe quidem vocabulum* ferbatudo, forbattudo, *sicut in codd. exstat, linguae Romanae est tribuendum (part. pass. verbi 'battere' cum praefixo 'fer-, for-' = percussus, occisus); cf. Diez, 'WB.' I, s. v. 'battere'. Offendit autem vox talis in sollemnibus verbis usurpata, praesertim cum vim habuisse videatur, quae cum communi notione haud satis congruit. Nam licet saepius Germanica verba 'in mallobergo' sollemniter enunciata propriam et singularem quasi vim haberent (cf. Sohm, 'R. u. GV.' I, p.* 567 *sqq.), vix credi potest, Francos Romana voce nihil nisi 'percussum' significanti in iudicio usos esse, ut hominem 'absque compositione occisum' notarent, nisi antea vox vernacula in usu fuisset, cui illa propter similitudinem facile substitui posset.* 3) *Cf.* 21: tris aloariae. *Eodem modo interdum vocabula Germanica masculini generis in Latino sermone casu nom. plur.* ae, *casu acc. plur.* us *terminantur; cf.* hamediae, hamedius, rachineburgiae, rachineburgius. *Ducange s. v. alodis repetit a voce alodiarius = homines qui alodos possidebant, cui assentiunt Pardessus, 'Loi Salique' p.* 625, *n.* 1; *p.* 629. *et Gfrörer, 'Gesch. d. D. Volksrechte' I, p.* 231. *Waitz, 'VG.' II*², *p.* 222 *sq. merito dubitat de hac interpretatione. Ioh. Savaro apud Bignon. ad h. l. vocem revocavit ad adlaudare, Francogallis 'allouer, aloer' = approbare. Fortasse conferendum est 's'aleier' = se purgare per sacramentum (Dupin et Laboulaye, 'Glossaire de l'ancien droit Français' p.* 16; *cf. Diez, 'WB.' I, s. v. 'lieve'). Qua re differant aloariae a conlaudantibus, nondum exploratum est.* 4) *Cf. infra* 21. 22. *et Placitum Theuderici III. a.* 679, *DD. I, M.* 49: Amalgarius — una cum hamedius suos ipso sacramento, iusta quod eidem fuit iudicatum — ligibus visus fuit adimplissit, et tam ipse quam hamediae

18. Indiculum regalem[1].

Ille rex Francorum, vir inluster, magnifico fratri illo[a] comite. Cognoscas, iste presens ille ab[b] hac missa petitione nobis subgessit, eo quod homo alicus nomen ille res suas in vestro ministerio ad sancto illo delegasset, et dicit, quod ille vel alie[c] hominis ipsas res contendunt mala[d] ordine. Propterea omnino[e] tibi rogamus, ut, si veritas est, integra iustitia sine ulla maratione[f. 2] ei[g] facias exinde. Et [si[h]] ante[i] [vos[h]] minime difinitum[k] fuerit, tunc ipsos homines, qui hoc contendunt malo[l] ordine, per fideiussoris[m] positus super noctes tantas, postquam has litteras recipis, ante nos facias advenire. Taliter agis, si gratia nostra vellis habere.

19. Item alium indiculum[a].

Ille rex Francorum, vir inluster, illo comite seu iuniores atque successoresque vestros seu missos *nostros discorrentis[b]. Cognuscatis, quia in nostra aelemosina taliter *f. 10'. isto presente illo[c], dum et ipse senos[d] esse videtur, taliter ei concessimus, ut de omnis[e] hostis[3] vel[f] omnibus bannis seu et arribannus[g] sit[h] conservatus, ut neque vos neque iuniores atque successores vestros ipso[i] pro hoc inquietare nec dismanuare[4] non presumatis nec facere demittatis; sed licet ei, cum Dei et nostra gratia quieto ordine ad propria vivere vel sedere. Et ut circius[k] credatis, manu nostro[l] subter adfirmavimus et de anulo[m] nostro segelavimus[n].

18 = *App.* 30; *Lind.* 176; *Roz.* 436. *(Num.* XVI *c.)* a) ill. *c.* b) *lege:* ob hoc. c) *corr.* alii homines *c.* d) *corr.* malo *c.* e) *e* homine *fortasse corr. c.* f) *ita c.;* moratione *edd., pro quo Brunner, l. l. n.* 2, marritione *coniecit.* g) *ead. m. post add. c.* h) *supplevit Roz.; cf. Marc. I,* 18. i) *corr.* antea *c.* k) n̄ (non) *post add. c.* l) o *in loco raso c.* m) *corr.* fideiussores *c.*

19 = *App.* 31; *Lind.* 10; *Roz.* 38. *(Num.* XVIII *c.)* a) Itē aliū indicł *paene evan. c.* b) *corr.* discurrentes *c.* c) ill. *c.* d) *corr.* senus *c.; i. e.* senex. e) *corr.* omnes hostes *c.* f) *post h. v.* 2—3 *litt. erasae c.* g) *i. e.* haribannus. h) *corr., ut videtur,* sint *c.;* fiat *Roz.* i) o *post add. c.* k) *corr.* cercius *c.* l) *corr.* nostra *c.* m) nulo *in loco raso al. m. c.* n) *corr.* sigillavimus *c.*

suae diliguas eorum derexsissint. *Facile est intellectu, non, ut voluit Gfrörer, placiti verba e formulis, sed contra formulas corrigendas esse e placito, quippe cuius auctoritatem, utpote autographi, multo pluris debeamus aestimare quam codicis saec. IX. ex antiquiore exemplari non sine mendis descripti, praesertim cum verborum* de linguas eorum direxerunt *interpretatio satis idonea inveniri vix possit. Quod cum intelligeret Bignonius,* de *omittens frustra conatus est emendare. Qua vero ratione Gengler, 'German. Rechtsdenkmäler', p.* 719, *n.* 31, *falsa lectione* dixerunt *pro* direxerunt *usus, verba ista in cap.* 22. *possit interpretari: 'd. h. nach ihrer im Hülfseide niedergelegten Erklärung richtete sich der Ausspruch der Urthelsfinder', non video. Vox* diliguas *adhuc non explicata est; liceat tamen suspicari, verba illa de sollemnibus iuramenti verbis rite enunciatis esse intelligenda. Cf. L. Rib.* 68, 3*:* si non dixerit *(melius fortasse complures codd.:* direxerit*)* verbum tam ipse quam coniuratores, qui iurare coeperunt, cum 15 sol. restituant. *Siegel, 'Gerichtsverfahren' p.* 227. 1) *Cf. Brunner, 'Schwurgerichte' p.* 81. 2) *i. q.* marritione *a 'marrire' = impedire, quod a Germanico 'marzjan, marran' repetendum ducit Diez, 'WB.' I s. v. 'marrir'. Cf. Ducange s. v. marritio.* 3) *i. e. exercitus, expeditio. Hoc loco omnino de militia dici existimo, cum vox* bannis *iussiones seu evocationes ad expeditiones,* arribannus *autem multam pro banno neglecto solvendam significare videantur. De exemtionibus huiusmodi cf. Waitz, 'VG.' II*[2], *p.* 527; *IV, p.* 493. 4) *Cf.* 28*:* nec de rebus suis in nullo abstrahere nec dismanuare non presumatis; *Dipl. Pipp. (Reg. Imp. I,* 58*):* — rebus ipsius Sancti Diunisii, quae a pravis seu malis hominibus per iniqua cupiditate seu malo ingenio vel tepiditate abbatorum vel neglecto iudicum de ipsa sancta casa abstractas vel dismanatas fuerunt, *DD. I, A.* 23. *Quibus e locis satis apparet, vocem* dismanuare *seu* dismanare *non, ut voluit Bignonius, cui assensus est Ducange, significare 'de domo extrahere', neque vero Zöpfl, 'Alterthümer', I, p.* 137, *n.* 15, *recte inter-*

20. Notitia de colonitio.

Notitia, qualiter et quibus presentibus veniens homo alicus nomen ille[a] in pago illo[a], in mallo publico ante vir illo[a] comite vel reliquis quam pluris bonis hominibus, qui subter firmaverunt, homine alico nomen illo ibidem interpellabat. Repetebat ei, eo quod genitor suos[b] aut genetrix sua illa coloni sui fuissent, et ipse ille suos[b] colonus esse debebat et mala ordine de ipso colonatico sibi abstrahebat et neglegens erat. Interrogatum fuit ab ipsis viris ipsius, si ipse ille colonis ipsius lue esse debebat, anon; in
*f. 11. presenti[c] ei dicere[d] deberet. *Et ipse ille nullatenus potuit dicere nec adponere[1] nec nulla ratione tradere, per quid ipse de ipso colonatico se abstrahere potuisset, et in presente pro colone[e] ipsius lue sibi recredidit vel recognovit. Sic ab ipsis[f] viris fuit iudicatum, ut ipse ille ipso illo[g] pro colone[e] habere debeat; et si[h] iam dictus[i] comis ipso illo per manibus partibus lue visus est reddidisset[k].

His[l] presentibus.

21. Notitia sacramentale[2].

Noticia, qualiter et quibus presentibus veniens homo alicus nomen ille[a] in pago illo, in basilica sancto illo[a], ubi plurima sacramenta precurrere[b] videtur, ante vir magnifico illo[a] vel reliquis quam pluris bonis hominibus, qui subter firmaverunt, posita manum suam super sacrosancto altaro[c] sancto illo, sic iuratus dixit: 'Hic iuro per hunc loco sancto et Deo altissimo et virtutis sancto illo: unde me ille homo in mallo publico malabat, quod ego[d] terra sua, *aut*[e] coniuge[f] sua illa, in pago illo, in loco que dicitur ille, de eorum potestate per fortiam[g] nunquam proprisi aut pervasi[h], sed de ista parte
*f. 11'. triginta et uno anno fer[i] amplius[k] semper exinde fui vestitus[3] *et post me divisi, et per lege et iustitia plubs[l] obteneat me ad habere quem[m] ipsius lue, *aut* coniuge sua illa, ad reddere; et alio[n] de ista causa, quod mihi iudicatum fuit, in nullo non redibio[o] nisi isto etunio[p] sacramento[4]. Per hunc loco sancto et Deo altissimo et virtutis sancto illo'. Insequenter vero[q] post ipse[r] tris aloariae[s, 5] et 12 conlaudantes iuraverunt et de linguas eorum legibus dixerunt[t, 6].

Id sunt.

22. Notitia[a] de erbas maleficas[7].

Notitia, qualiter et quibus presentibus veniens femina aliqua nomen illa in pago illo, in mallo publico, in basilica sancto illo, ante illos et illos et alius quam pluris[b] bonis

20 = *App.* 32; *Lind.* 163; *Roz.* 459. *(Num.* XVIIII *c.)* a) ill. *c.* b) *corr.* suus *c.* c) *corr.* presente *c.* d) *pro* ei d. *legendum videtur:* edicere. e) *corr.* colono *c.* f) *corr. videtur ex* ipsius *c.* g) ille *corr.* illo *c.* h) *lege:* sic. i) dictis *corr.* dictus *c.* k) sset *al. m. post add. c. ante h. v.* 2 *litt. erasae c.*

21 = *App.* 33; *Lind.* 173; *Roz.* 485. *(Num.* XX *c.)* a) ill. *c.* b) *lege:* percurrere videntur. c) 1 *litera erasa c.* d) ego — pervasi *bis scr. c.* e) ad *hic et in repetitione post add. c.* f) *i. e.* coniugis suae. g) *primo* fortia *c.* h) *primo* provasi *c.* i) *fortasse* seu *emendandum est; Roz.:* fere. k) *c.* 12 *litt. eras. c.* l) *i. e.* plus. m) *lege:* quam. n) *corr.* alia *c.* o) *corr.* redebeo *c.* p) *i. e.* idoneo. q) *corr. e* vir *c.* r) *corr.* ipso tres *c.* s) *ita c. et Bign.; cett. edd: falso:* aloarii. t) *lege:* direxerunt; *cf. supra* 17.

22 = *App.* 34; *Lind.* 174; *Roz.* 494. a) Notia *corr.* Notitia *c.* b) *corr.* plures *c.*

pretatum esse, qui existimavit, vocem e dismanire, dismannire *corruptam valere: 'ausbieten, ausgebieten (= verbieten?)'. A 'manu' potius repetita significare videtur seu 'de manu eripere' seu 'manuando auferre'.* 1) *i. q. afferre.* 2) *Cum hac formula, praecipue cum verbis sollemnibus sacramenti cf. Form. Tur.* 40. 3) *Cf. Brunner, 'RG. d. Urk.' I, p.* 280. 4) *Cf. supra p.* 8, *n.* 5. 5) *Cf. supra p.* 192, *n.* 3. 6) *Cf. supra p.* 192, *n.* 4. 7) *Cf. ad hanc formulam, quae disseruit Gengler, 'Das Verbrechen der Vergiftung' I, p.* 154–171; *praes. p.* 165 *sq. et ex locis ibi allegatis praecipue L. Rib.* 83; *L. Sal.* 13.

hominibus, qui subter firmaverunt, posita manu sua super sacrosancto altare sancto illo, sic iurata dixit: 'Hic iuro per hunc loco sancto et Deo altissimo et virtutis sancto illo[c]: unde me ille ante vir[d] magnifico illo[c] vel aliis[e] bonis hominibus malavit[f], quae ego[g] herbas maleficias temporasse vel bibere ei dedisse, per quid ipse infirmasset aut vita sua perdere debuisset: ego herbas maleficias nec potiones malas numquam temporavi nec bibere dedi, per quid ipse infirmus vel insanus fuisset aut vita sua perdere debuisset; et alio de ista causa in nullum non redibio[h] nisi isto et idonio[i] sacramento. Per hunc loco sancto *et Deo altissimo et virtutis sancto illo'. Insequenter vero[k] post ipse[l] *f. 12. tante iuraverunt et de linguas eorum legibus direxerunt[1].

Id sunt.

23. Cessione[a].

Dulcissimo atque in omnibus amantissimo filio meo illo[b] ille. Ammonuit mihi amor[c] et dulcitudo tua, et ex alia parte tu cotidie mihi non cessas deservire et in bono inpendas ęffectum; propterea mihi prepatuit plenissima voluntas, ut[d] aliquid de rebus[e] propriis meis extra[f] consortium germanus tuos tibi concedere deberem; quod ita et feci. Propterea cido tibi post meum quoque discessum de hac luce, ad die presente, cessumque in perpetuum esse volo et de iuro meo in iure et dedominatione tua transcribo atque transfundo, hoc est servo iuris meo nomen illo[g], *vel alia rem,* terris, *vel quacumque donum,* ita ut ab hodiernum diem, ad die presente, habeas, teneas atque possideas, vel quicquid exinde ad die presente facere volueris, liberam et firmissimam in omnibus habeas potestatem faciendi. Si ego ipse aut ullus de heredibus meis vel quislibet ulla opposita persona, qui contra hanc cessione ista venire conaverit, inferat tibi una cum sotio fisco auri untias tantas esse multando, et presens *cessio omni tempore firma per- *f. 12'. maneat, stipulatione subnixa.

Actum ill.

24. Evacuatoria[2].

Fratri illo ille. Omnibus non habetur incognitum, que ego ad[a] petitione tua solidos[b] tantos ad praestitum beneficium in manu tua tibi praestiti[c], et tu pro hoc tale epistula cautione in me adfirmasti, ut usque annos tantos in quisque ebdomada dies tantos opera mea facere deberis; quod ita et fecisti; ad[d] placito ipso debito meo mihi reddere deberis; quod ita et fecisti. Et ego ipsa cautione minime invenire posso. Propterea tale epistola evacuaturia in te fieri et adfirmare rogavi, ut, se[e] ipsa cautio ullumquam tempore inventa aut reperta fuerit, nullum obteneat effectum et evacuaturia[f] inanis permaneat; et nec ego ipse nec ullus de heredibus meis vel quislibet de parte mea ipso debito superius nominato neque in ipsa cautione nec per ipsa cautione nec per nullis modis nullumquam tempere tibi ex hoc nullas calumnias nec repediciones[g] agere nec repetere[h] non debeamus; quod si adtemptaverimus[i], ista tota servante una cum sotio fisco auri untias tantas esse multando, et presens evacuaturia omni tempore firma *per- *f. 13. maneat, stipulatione.

22. c) ill. *c.* d) *corr.* viro *c.* e) ab his *corr.* alihis *c.* f) *corr.* mallavit *c.* g) ergo *corr.* ego *c.* h) *corr.* redebeo *c.* i) *corr.* idoneo *c.* k) vir *corr.* vero *c.* l) *corr.* ipsum *c.*

23 = *App.* 35; *Roz.* 169. a) *in loco raso c.* b) *corr. videtur ex* ille *c.* c) āmor *c.* d) *aut c.* e) heredibus *c.* f) extri *c.* g) ill. *c.*

24 = *App.* 36; *Lind.* 149; *Roz.* 380. a) *al. m. post add. c.* b) sold̄ *c.* c) *ca.* 2 *litt. erasae c.* d) ad placito — fecisti *in marg. al. m. post add. c.* e) *corr.* si *c.* f) *lege:* vacua et. g) repedicion̄, n̄ *post add. c.* h) *corr. e* repetire *c.* i) inferamus tibi *suppl. Roz.*

1) *Cf. supra p.* 192, *n.* 4. 2) *Cf. Brunner in 'Z. f. Handelsrecht' XXII, p.* 82, *n.* 3.

25. Libellum dotis.

Dum omnipotens Deus concessit iugale consortium et[a] tale premissum dedit ei hominibus[b], ut unusquisque cum vira sua nubat[c] iuxta consuetudine[d] anteriorum cristianorum et item legimus, quod ipse Dominus noster cum discipulis suis ad nuptias invitatus fuisset, et 'cui Deus coniungit homo non seperet'[1]. Quod bonum, felix, faustum[que sit[e]]! Donat[f] itaque ille honeste puellae[g], sponse suae nomen illa, quem, se Christo placuerit, in coniugium sotiare[h] uxorem [dispono[i]], donatumque in perpetuum esse volo et de iuro meo in iure et dedominatione ipsius puelle transcribo atque transfundo, hoc est res propriętatis meae in pago illo, in loco que dicitur illo, tam mansis, domibus, aedificiis, totum et ad integrum, rem inexquisita, seo mancipias tantas his nominibus ill. et ill., seu caballus tantos, boves tantus, vaccas cum vitulos tantas, ovis capita tanta, sodes[k] capita tantas, lectarias[l] condignas ad lectos tantos, de[m] fabricaturia[n] vero auro, argento in solidos[o] tantos, de[m] ostensolia[p] vero tam aereis quam ferreis seu et lineis,
*f. 13'. quicquid in domo[q] rationabiliter contenit[r], omnia *superius nominata, cum dies felicissimus nuptiales[s] advenerit, dulcissima sponsa mea illa, ad die presente habeas, teneas atque possideas, vel quicquid exinde a die presente facere volueris, liberam et firmissimam in omnibus habeas potestatem faciendi. Si quis vero, quod nec fieri credo, si ego ipse aut ullus de heredibus meis vel quislibet ulla opposita persona, qui contra hanc libellum dotes[t] venire conaverit, inferat tibi una cum socio fisco auri untias tantas esse multando, et presens libellum dotis firma permaneat.

26. Indiculum regale[2].

Ille rex Francorum, vir inluster. Cum[a] nos in Dei nomen palatio nostro ad universorum causas audiendum[b] vel recta iudicia terminanda una cum proceribus[c] nostris resederimus, ibique veniens homo alicus nomen ille[d] subgerit[e], intulit, eo quod apud nostro signaculo[3] homine alico nomen illo mannitum[f] habuisset, ut super noctis[g] tantas ante nos debuisset venire in rationis, pro eo quod dixit, quod res suas post se mali ordine tenebat iniuste. A quo placitum veniens ipse ille per triduo seo amplius placitum suum custodivit, et nec ipse ille ad eum placitum venit nec missum in vice sua[h]
*f. 14. direxerit, qui[i] ulla sonia nuntiasset. Proinde nos taliter una cum fidelibus *nostris vel comite palate nostro illo visi fuimus iudicasse, ut, dum ipse ille per triduo seo amplius placito suo legitime[k] custodivit, et nec ipse ille[l] ad eum placitum venit nec misso in vice sua direxit, qui ulla sonia nuntiasset, et placito suo neglexit et iactivus exinde remansit: propterea iubemus, ut, quicquid lex loci vestri de tale causa debuerit, vobis distrahentibus[m], ipse ille partibus ipsius lue hominis conponit atque emendare studeat.

25 = *App.* 37; *Lind.* 77; *Roz.* 224. a) *corr.* set *c.* b) omnibus *corr.* hominibus *c.* c) a *e corr. c.* d) *alio atramento corr.* consuetudinē *c.* e) *pro* que sit *codex exhibet* quas adeptes̄, *ubi* epte *alia manus in loco raso post addidit.* f) denat *corr.* donat *c.* g) puella *corr.* puellae *c.* h) *c.* 2 *litt. erasae c.* i) *deest c., supplevi secundum Form. Bitur.* 15, *a. et Roz.* 225; desidero *suppl. Lind.*; cupio *cett. edd.* k) *ita seu fortasse, ut ediderunt Lind. et Bal.*, sodis capita *c.*; *utramque vocem, punctis positis, omittunt Bign. et Roz.* l) *corr.* lectarios condignos *c.* m) *ita c.*; *omittunt edd. praeter Lind.* n) *corr.* fabricaturias *c.* o) sold̄ *c.* p) *i. e.* utensilia. q) dono *corr.* domo *c.* r) *lege:* continetur. s) *corr.* nuptialis *c.* t) *corr.* dotis *c.*

26 = *App.* 38; *Lind.* 159; *Roz.* 443. a) C. n. *al. m. post add. c.* b) -am *corr.* -um *c.* c) *errore corr.* procerigus *c.* d) ill. *c.* e) *corr.* suggerit *c.* f) mannitū *exstare videtur,* ū *fere evanuit c.*; *cett. edd.* -to. g) *corr.* noctes *c.* h) non *post add. c.* i) *post h. v.* 1 *lit. erasa c.* k) legitione *c.* l) ipseeū *corr.* ipseeil *pro* ipse ille *c.* m) *lege:* distringentibus.

1) *Ev. Matth.* 19, 6; *Ev. Marc.* 9, 10. 2) *Cf. Brunner*, '*Schwurgerichte*' *p.* 83. 3) *i. e. sigillum. Cf. Cap. Aquisgr.* 809 *c.* 14, *LL. Capit. I, p.* 149: — cum indiculo aut sigillo ad palatium venire cogantur, *et 'Memorie di Lucca' V,* 3, *nr.* 1768 *(a.* 901*). De qua re vide Waitz, 'VG.' II*², *p.* 511, *n.* 3; *Sohm, 'R. u. GV.' I, p.* 115, *n.* 47; *Brunner, l. l. p.* 79, *n.* 1, *qui aliquid interesse existimat inter mannitionem (bannitionem) 'cum indiculo' et eam 'cum sigillo'.*

27. Item alium indiculum.

Domno inluster atque pre cuncto magnificentissimo, ut confido, viro amico meo illo ille, Deus scit, qui[a] omnia non latet occulta antequam fiant, in omnibus amicus et bene cupiens vester. Illud inprimitas[b], quod plurima sunt et nobis oportunum, salutem in Domino optamus vobis, in quantum archana cordis mei[c] continet plenitudo. De cetero cognuscas industria vestra, iste presens homo noster, serviens vester nomen ille ad nos venit et nobis dixit, eo quod vassus vester[d] nomen ille res suas post se mala hordine reteneat iniuste, et dixit, quod nulla iustitia apud ipso exinde consequere possit. Propterea salutamus[e] vobis, precamus, ut hoc causa diligenter inquirere iubeatis, ut ipse homo noster, serviens vester, sine ulla *delectatione[f] ad suum exinde debeat per[veni]re[g] *f. 14'. iustitiam. Et si hoc facietis, vestra bona consuetudine adimpletis, et unde nos iniungetis, et nos potemus, [vos[h]] vel servientes vestros in bonis partibus rememorare non non tardamus. Agite taliter, que nos per vos bona habemus fidutia, ut si[i] homo noster, serviens vester, sibi cumgaudiat, quod nostra ad vos deportasset suggestione. Ad sapientissimum sufficit.

28. Item alium indiculum[1].

Domini sancti et in Christo patribus, omnibus episcopis, seo et venerabilibus omnibus abbatibus, atque inlustribus viris seo et viris magnificis, domesticis, vicariis, centenariis, etiam[a] quod omnis pares[b] et amicos nostros seo et missus nostros discorrentis[c] ille rex[d] Francorum, vir inluster. Cognuscas[e], iste presens ille ad nos venit et nostram commendatione expetivit[f] abire[g. 2], et nos ipso gradante[h] animo recipimus[i] vel retenemus. Propterea omnino vobis rogamus adque iubimus, ut ne[que[k]] vos neque iuniores neque successoresque vestris ipso vel hominis[l] suis, qui per ipso legitimi sperare videntur, inquietare nec condempnare nec de rebus suis in nullo abstrahere nec dismanuare[m] non presumatis nec facere permittatis[n]. Et si talis causa adversus eo surrexerit, aut[o] orta fuerit, et ibidem absque eorum iniquo[p] dispendio minime definitas fuerint, [adimpletis f. 15. vos[q]], quod[r] ante nos separare[s] vel reservatas, et talis causa ante nos fenetivam[t] accipiant sententiam. Et ut circius[u] credatis, manu nostra subter adfirmavimus et de anolo nostro segelavimus[v].

29. Equalentia[3] vel pactum.

Auxiliante domino nostro Iesu Christo, placuit atque convenit inter illo[a] et germano suo illo[a] de allote, qui fuit genitore[b] illo[a], ut inter se aequalentia dividere vel

27 = *Bal.* 3; *Roz.* 427. (*Cf. infra cap.* 30.) a) *lege:* cui. b) *corr.* inprimitus *c.* c) me *corr.* mei *c.* d) uir *corr.* ūr *c.* e) *sic c.*, *quod cum edd.* solicitamus *fortasse est emendandum.* f) *corruptum videtur hic et infra cap.* 30. *e* dilactatione, delatatione (= dilatione); dilatatione *Bal.* g) perquirere *c.*, *ubi vero* quire *in loco raso e corr. est; emendavi Roz. secutus e cap.* 30. h) *cum edd. supplevi e cap.* 30. i) *lege:* sic.

28 = *Lind.* 177; *Bal.* 5; *Roz.* 11. a) *pro* e. q. *alias* vel; *cf. cap.* 36; *Reg. Imp. I,* 60; *fortasse:* etiamque. b) *emend. Roz.;* pars *c.* c) *corr.* discurrentes *c.* d) *post add. c.* e) cognuscā, *ut videtur, corr.* cognoscas *c.* f) expetiunt, *litera* i *erasa, corr.* expetunt *pro* expetiuit *c.* g) *corr.* abere *c.* h) *corr. e* granante *c.* i) *corr.* recepimus *c.* k) que *suppl. edd.* l) *corr.* homines suos *c.* m) *ita c.;* dismannire *Lind.;* diu nec nocte *Bal. et Roz.* n) per *macula obscuratum c.* o) *emend. edd.;* ut *c.* p) *emend. Roz.;* inquo *c.* q) a. v., *in codice inter* ibidem *et* absque *posita, hoc loco inserenda duxi.* r) *supple:* usque. s) *emendandum fortasse:* suspensae vel reservatae sint. t) fene *corr.* fini, tivā *in loco raso c.* u) *corr.* cercius *c.* v) *corr.* sigilavimus *c.*

29 = *App.* 39; *Lind.* 69; *Roz.* 123. a) ill. *c.* b) *corr.* genetore *c.*

1) *Cf. de hac formula Sickel, 'Beiträge', III, p.* 11—14; *supra p.* 182. 2) *Cf. Sickel, l. l. p.* 100. 3) *Voces* aequa lance, *quae saepius hoc modo corruptae in divisionibus illius aevi inveniuntur, hic in unam contractae pro ipso divisionis appellatione usurpatae sunt.*

exaequare deberent; quod ita et fecerunt. Accepit ille de parte sua manso[c] in pago illo, in loco que dicitur illo, cum omne[d] desuper posito, seo vineis, olicis, campis, totum et ad integrum, rem inexquisita. Aecontra[e] ad vicem accepit ille de parte sua manso in pago illo, in loco que dicitur illo, manso illo, ubi accolla commanet, id est tam mansis seo et vineis[f], olicis, totum et ad integrum, rem inexquisita. Etiam aurum, argentum, drapalia, aeramen, peculium, presidium utriusque sexus, mobile et inmobilibus, inter se aequalentia visi fuerunt dividissent, et pars contra pare suo invicem tradiderunt, et *f. 15'. per eorum fistuca [pars[g] contra pare suo] se exinde exitum *fecerunt; ita ut ab hodiernum die unusquisque quod accepit [habeat[h]], teneat atque possedeat[i], vel quicquid exinde facere voluerit, liberam et firmissimam in omnibus habeat potestatem faciendi. Si quis vero, quod nec fieri credo, si ego ipse aut aliquis[k] de heredibus meis[l] vel quislibet opposita persona, qui contra hanc aepistola locum paci[onis[m]] venire conaverit, inferat pars pare suo, cui litem intulerat[n], ista tota servante, una cum socio fisco auri untias tantas esse multando, et presens [aepistola[o]] locum pacionis omni tempore firma permaneat.

30. Indiculum.

Domino sancto, [apostolica[a]] sede colendo domno et in Christo patri illo pape ille, Deus scit, cui nulla latet[b] occulta, in quantum video et nostra est possibilitas, in omnibus amicus et bene cupiens vester. Illud inprimitis, que plurima sunt et nobis oportunum, salutis[c] in Domino obtamus vobis, in quantum totus mundus fulgit in gloria, vel quantum distat ortus ab orientem et defecit ab occidente, seo et, si fieri potuisset, quod tota membra vertissent in lingua. De ceterum supplicamus gratia vestra, ut pro me peccatore in vestras[d] sanctas orationibus intercedere digneris. Et iterum[e], domne, supplicamus: *f16. cognoscat *almitas vestra, iste presens homo noster, serviens vester, nomen ille, [ad[f] nos venit, et nobis dixit, eo quod vassus vester, nomen illo], res suas male[g] ordine post se retenebat iniuste, et nulla iustitia apud ipso exinde consequere possit. Propterea precamur vobis, ut hanc causam diligenter inquirere iubeatis, ut, sicut vestra bona est consuetudo, ipse homo noster, serviens vester, sine ulla delectatione[h] ad suam exinde debeat pervenire iustitiam et sibi congaudeat, quod nostra ad vos deportasset suggestione. Et nos vobis gratias agimus et, si locus advenerit[i], vos vel servientes vestros in bonis partibus remerire[k] non tardamus. Ad sapientissimum[l] sufficit. Salutamus vobis satis et super omnia satis usque ad gaudium magnum.

31. Donatio ad casa Dei[1].

Domno vero sancto hac reverentissimo monasterio illo, qui est constructus in honore sanctae Mariae semper virginis, genetricis Dei, et domini nostri Iesu Christi vel ceterorum domnorum suorum[a], quorum reliquie[b] ibi conditae sunt, et inluster Deo sacrata

29. c) *post h. v.* 4—5 *litt. erasae c.* d) *corr.* omnē *c.* e) aetontra *corr.* aecontra *c.* f) *corr.* viniis *c.* g) pars c. p. suo *al. m. post add. c.; omittit Roz.* h) *al. m. in marg. suppl. c.* i) *corr.* possideat *c.* k) s *in loco raso c.* l) *ead. m. corr.* nostris *c.* m) *litt.* onis *des. c.* n) *corr.* intulerit *c.* o) *ex loco praecedenti supplendum est.*

30 = *Bal.* 4; *Roz.* 428. a) *suppl. Bal.* b) te *in loco raso c.* c) *corr.* salutes *c.* d) a *in loco raso, corr.* vestris sanctis *c.* e) itr̄, *linea erasa c.* f) *uncis inclusa Roz. e cap.* 27. *supplevit.* g) *corr.* malo *c.* h) *corr.* deledatione; *cf. cap.* 27. i) er *in loco raso c.* k) reme::ri:re *e corr. c.; antea fortasse sicut cap.* 27. rememorare *exstiterat.* l) sapientis simul *(corr.* semel*)* sufficit *c.*

31 = *App.* 40; *Lind.* 21; *Roz.* 339 §. 1. a) *fortasse:* sanctorum. b) s *add. videtur, sed erasum c.*

1) *Formulae* 31—34. *ad eandem rem spectare atque ex instrumentis monasterii Gaici (cf. p.* 199, *n.* 1*) sumptae videntur.*

illa abbatissa[c], una cum norma plurimarum[d] ancillarum Dei ad laudem Christi canendum, custrix preesse videtur, ego in Dei nomen femina aliqua nomen illa. Dono ad praefato monasterio ad die presente donatumque in perpetuum esse volo et de iuro meo *in iure et dedominatione ipsius monasterii vel suisque rectoribus trado atque trans- *f. 16'. fundo ad possedendum, pro eo quod in ipso monasterio sub religione sancta conversatione habitare debeam, hoc est res meas in pago illo, in loca nominante[e], cui[f] vocabulum est illo et illo, in pago illo[g], in grafia illa, super fluvium illum[g], quantumcumque ad die presente in iam dicta loca visa sum tenere vel possidere, quod manente coniugium apud iugale meo illo[g] visa sum conquesisse vel in mea portione recepi, vel quantumcumque de filio meo nomen illo[g] de luctuosa hereditate mihi obvinit, sicut dixi, quantumcumque in has locas[h] ad die presente mea est possesssio vel dominatio, totum et ad integrum ad ipso monasterio[i] ad die presente de iuro meo in iure ipsius monasterio[i] et suisque rectoribus trado atque transfundo ad possedendum, hoc est tam terris, mansis, una cum superpositis domibus, aedificiis, vineis, silvis, campis, pratis, pascuis, cultis et incultis adiacentiisque[k], hominibus, aquis aquarumve decursibus, una cum mancipia tanta, his nominibus ill., sicut dixi, inexquisita portione mea *ad integrum publici trado atque *f. 17. transfundo ad possedendum, ut, quicquid ab hac die ipsa abbatissa[c] vel rectores ipsius monasteriae ad profectum ipsius exinde facere voluerint, liberam et firmissimam in omnibus habeant potestatem faciendi. Si quis vero, quod —.

32. Precariam ad casa Dei.

Domni viri sancti atque ostensione crucis patibulum mirabilis remuneratione fulgente basilici, quem in honore sancta Maria et sancti Petri et sancti Pauli, princeps apostolorum, Gaico monasterio[1] constructo in pago Wastinense[2] et inluster[a] abbatissa illa inhibi constris[b] preesse videtur, una cum norma plurima ancillarum Dei ibidem consistentium, ego illa femina. Dum non habetur incognitum, sed a pluris est manifestum, quod ego[c] res proprię̨tatis meis in loco qui dicitur illo per aepistolam donationis ad ipso monasterio vestro delegavi, propterea expedivi a vobis, a peticione mea non denegasti, ut ipsas res, quamdiu advivo, sub uso beneficio vestro tenere et usare debeam et aliubi ipsas res alienare pontificium non habeam, et post meum quoque discessum cum rem inmeliorata ad ipso monasterio, absque ulla exspectata tradicione, vos vel rectores ipsius monasterii[d] in eorum faciant revocare potestatem *et dominatione, et vos *f. 17'. reverentia discorditis, ut in postmodum mea possessio aliqua preiudicio ex hoc generare non debeam. Propterea hanc precaria in vos vel in ipso monasterio vestro emitendo decrevi, ut neque ego neque ullus de heredibus meis, quamvis per longinqua spacia ipsas res ad usandum habeo, agere nec[e] repedire non debeamus; quod qui faceret[f], inferat vobis vel[g] partibus ipsius monasteriae[h] suisque rectoribus auri libera una, argento ponde duo, et presens precaria firma permaneat; et ut alias precarias de quinquennium

31. c) abbat̄ *c.* d) ar *corr.* e *c.* e) nomante, in *al. m. post add. c.* f) *corr.* cuius *c.* g) ill. *c.* h) s *post add. c.* i) *corr.* monasterii *c.* k) iac *in loco raso al. m. c.*

32 = *App.* 41; *Lind.* 22; *Roz.* 339 §. 2. (*Num.* XLI *c.*) a) inlust̄ ab̄b̄a *c.* b) *lege:* custrix. c) 1—2 *litt. erasae c.* d) i *alterum in loco raso c.* e) *al. m. in loco raso c.* f) *corr.* fecerit *c.* g) *post add. c.* h) *corr.* monasterii, *post quam vocem* 1—2 *litt. erasae sunt c.*

1) *Cf. diploma Lotharii imperatoris a.* 840: monasteriolum, quod Giacus nominatur et consistit in comitatu Wastinensi, *Mabillon, Annales Bened. II, p.* 745; *quod monasterium non in Meldensi sed in Senonensi dioecesi situm esse exposuit de Rozière, 'Recueil' I, p.* 409, *n. a. Nomen nunc etiam retinet villa 'Gy-les-Nonnains (arrondissement de Montargis)'. Gaiacum fortasse monasterium re vera nominabatur; cf. Tardif, 'Monuments historiques' nr.* 86, *p.* 123. 2) *'Le Gâtinois'.*

in quinquennium renovantur, ista vero non sit necesse renovandi, sed per semetipsa omneque tempore obteneat[i] firmitate cum stipulatione subnixa.

Actum ill.

33. Prestaria.

Dulcissima femina illa ego illa abbatissa[a]. Dum non est incognitum, qualiter tu ante os dies rem propriaetatis tuae in pago illo[b], in loco que dicitur ille[b], ad monasterio sanctae Mariae adfirmasti, unde precaria nobis vel·ab ipso monasterio adpetisti: propterea has litteras in te adfirmavimus, ut, dum advivis, usualiter ipsam rem tenere et dominare debeas et aliubi ipsas alienare pontificium non habeas, et si hoc conaveris
*f. 18. facere, ipsam rem *ad die presente perdas. Et ut has litteras[c] firmiores obteneas, manu nostra subter adfirmavimus cum stipulatione subnixa.

Actum ill.

34. Tradituria de terra.

Noticia, qualiter et quibus presentibus veniens homo alicus, advocatus sancto illo[a] de monasterio illo[a], ad res illas in pago illo[a], in loco cuius vocabulum est ill. et ill., quem ante hos dies femina aliqua nomen illa per suo strumento ad ipso monasterio visa fuit delegasse, cum omni integritate, sicut in ipsa donatione constat, quod portio sua est, ad integrum ad die presente misso[b] ipsius femina illo[c] ipsius misso monasterii[d] nomen illo[a. 1] per ipso hostio de ipsa casa et per ipsa[e] herba et cespite, sicut lex est, ipsius misso ad parte sancto illo[a] vel ipsa abbatissa[f] visus est tradidisset et per sua fistuca ipso[g] missi vel ipsa femina de ipsas res[h] se exita ex omnibus esse dixit[2].

Id sunt.

35. Emunitate sanctorum[3].

Ille rex Francorum, vir inluster. Quotienscumque petitione sacerdotum aut ancillarum Dei ad effectum perducimus, regia consuetudine exercimus et nobis ad mercedem vel ad stabilitatem regni[a] nostri in Dei nomine pertinere confidimus. Ideoque[b] dominis, viris sanctis ac venerabilibus apostolicis in Christo patribus, omnibus episcopis
f. 18'. vel omnibus abbatibus, seo inluster[c] atque magnificus[d] viris, ducibus, comitibus, vigariis, centenariis seo homines vassos nostros vel omnis missos nostros discorrentis. Cognuscatis, inluster[c] abbatissa[e] illa de monasterio illo[f] in pago illo[f], in loco que dicitur ille[f], in honore sancti illi constructo, una cum monichas vel Dei ancillas, [quae[g]] ad laudem Christi canendum sub religionis norma conversari videntur, clementia regni[a] nostri suggestione intulit, eo quod gloriosus domnus et genitor noster, ille quondam rex, per sua perceptione sua manu roborata tale inmunitate ad ipsa casa Dei sancto illo[f] vel

32. i) ob *ead. m. post add. c.*

33 = *App.* 42; *Lind.* 23; *Roz.* 339 §. 3. *(Num.* XXXII *c.)* a) abba *c.* b) ill. *e.* c) *post h. v. c.* 5 *litt. erasae c.*

34 = *App.* 43; *Lind.* 24; *Roz.* 255. *(Num.* XXXIII *c.)* a) ill. *c.* b) *i. e.:* missus ipsius feminae ille ipsi misso monasterii nomine illi. c) ill. *c.;* illa *Roz. Nomen missi potius hic indicari crediderim.* d) mon:st:::: *c.;* monasterio *Roz.* e) ipsa herba *et* cespite *om. Roz.;* terram vel herbam *ed. Bign.* f) abba *c.; om. edd. praeter Lind.* g) *i. e.:* ipse missus. h) rex *c.*

35 = *App.* 44; *Lind.* 7; *Roz.* 23. a) n *post add. c.* b) o *post add. c.* c) inlust *c.* d) *corr.* magnificis *c.* e) abba *c.* f) ill. *c.* g) *suppl. Bign.*

1) *Missus monasterii, qui hic nominatur, idem est advocatus initio formulae sine nomine memoratus.* 2) *Conferas velim quae annotavi supra ad cap.* 7. 3) *Cf. de hac formula Sickel, 'Beiträge' IV, p.* 19 *sq.; 'N. Arch.' VI, p.* 73; *supra p.* 182. *Formula fortasse secundum immunitatem Gaico monasterio a Karolo Magno concessam scripta est.*

monasterio illo[f] vel ipsa abbatissa[h] habuisset concessum atque indultum, ut nullus [episcopus[i]] aut archediaconus loci illius, nisi orationem aut predicationem lucranda, ut nullus iudex publicus[k], quislibet iudicaria potestate accinctus, in cortis[l] vel villis ipsius monasterii[m] nullum debuisset habere introitum, nec causas audiendas nec frida exegendas nec fideiussores tollendos[n] nec mansiones aut paradas requirendas nec nullas retributiones exhactandas, quod fiscus noster exinde exhibere poterit, nullatenus exhactetur nec requiratur; unde et confirmationis anteriorum regum parentumque[o] *nostrorum *f. 19. nobis in presentem protullit relegendos. Petiit celsitudine nostra, ut circa ipso monasterio nostra hoc deberet auctoritas generaliter confirmare; cuius nos hunc beneficium gradante animo pro mercedes nostrae augmentum non solum confirmasse, sed etiam in novo sub inmunitatis nomine concessisse [cognoscite[p]]. Denuo per hunc precepto specialius decernimus ordinando atque omnino iubemus, quod in perpetuum absque ullis obstaculis et refragationibus volumus esse mansurum, precipientis, ut, sicut constat in supra his dictis titulis admiratis[q], absque ullum introitum episcopi aut archediaconi, nisi orationem aut predicationem lucrando, ut nullus iudex publicus in curtis vel ipsius monasteriae nullum debeat habere introitum, nec causas audiendas nec freda exegendas nec fideiussures tollendas nec mansiones aut paradas requirendas nec nullas retributiones exhactandas, quod fiscus noster exinde exhibere poterit, nullatenus exhactetur nec requiratur, nisi, ut diximus, pro mercedes nostrae augmentum, sicut ab antecessores regis, parentes nostros, seo et domno et glorioso genitore nostro, illo condam regis, moderno tempore fuit concessum atque indultum, ita pro nostris oraculis plenius confirmamus, quod in perpetuum volumus esse *mansurum. Et ut haec perceptio firmior habeatur *f. 19'. et per tempora melius conservetur, manu nostra signaculis subter ea decrevimus roborare et de anolo nostro subter segelavimus.

36. Indiculum regale.

Karolus gratia Dei rex Francorum tam presentibus quam et futuris, domini sancti et apostolicis hac venerabilibus in Christo patribus, ducibus, comitibus, domesticis, vicariis, centenariis vel omnis agentes nostros et iuniores ac successoresque nostros[a] vel omnes amicos nostros seo et homines[b] missos nostros discurrentes. Cognuscat magnitudo seo almitas vestra, quod[c] nos partibus nostris bene habemus conpertam, quod nos[d] taliter istius fidele nostro illo[e] illa, mereto[f] suo conpellente, concessimus, ubicumque infra regno, Deo propitio, nostro hominis sui negotium exigendum advenerint, nullus quislibet de iudicaria potestate vestrae nec missus noster nullo teleneo nec nullas vinditas[1] nec rodoticus[g] nec foraticus nec pulveraticus[h], sicut dixi, nullus quislibet teleneo nec vinditas eius in nullo exhactare non presumatis; nisi, ut diximus, in quascumque portus, civitatis seo mercada, nullo contradicente, suos vinus vel suus commertius quislibet negotium, absque ullo contradicente, potestate habeant vindendi, quia nos *taliter *f. 20. ei habemus concessum. In reliquo[i] viro de parte nostra vel vestra ex nostra indulgentia visi fuimus concessisse atque indulgisse seo et in omnibus confirmasse[k]. Et ut

35. f) ill. *c.* h) abbat̄ *c.* i) *suppl. Bign.* k) vel *suppl. edd.* l) c. v. *om. Bal. et Roz.* m) rii *evan. c.* n) tolleнđ *c.* o) quod *pro* que *c.* p) *verbum in cod. infra post* mansurum *scriptum optime huc transposuit Roz.* q) *fortasse:* adnumeratis.

36 = *App.* 45; *Lind.* 11; *Roz.* 31. a) *lege:* vestros. b) *lege:* omnes. c) *fortasse:* quam, *sed etiam sic verba sequentia* — conpertam *satis insolite hic inserta videntur.* d) *emend. Bign. et Lind.;* dn̄s (dominus) *c.* e) ill. *c.* f) *corr.* merito *c.* g) *i. e.* rotaticus. h) pul::raticus *c.;* pulveraticas *Lind.; falso* pontaticus *cett. edd.* i) reliqui *corr.* reliquo *c.* k) *hic quaedam omissa esse videntur. In exemplari fortasse aliarum quoque exactionum remissiones subiectae erant.*

1) *'Vectigal est rerum in foro et publicis nundinis venditarum', Bignonius ad h. l.; cf. Ducange s. v. venda* 1. *De reliquis vectigalibus cf. Waitz, 'VG.' II*[2], *p.* 605.

haec perceptio nostra firmior appareatur et per tempora conservetur, manu nostra propria subter eam decrevimus adfirmare.

37. Indiculum.

Dilecta Dei, sponsa Christi, socia sanctorum virginum merito coaequando, inlustris Deo sacrata illa ille, Deus scit, in quantum valeo, in omnibus in Christo amore amicus et bene cupiens vester. Illud inprimitis, quod plurima sunt, salutem in Domno optamus vobis, in quantum totus mundus fulgit in gloria, aut, si fieri potuisset, quod tota membra vertissent in lingua. De ceterum cognuscat dilecta caritas vestra, sicut nobis dictum fuit, eo quod homines vestri nobis confugium fecerunt, et nos auditum habemus, ubi esse debeant. Propterea abicis[a] nostros[b] vobis direximus; si vestri homines sunt, misso vestro ad nos dirigere faciatis, et quantum nos potemus[c], hac causa diligenter procuramus, ut ipse[d] homines recipere faciatis.

38. Relatum, que[a] dicitur apennis[1].

Mox[b] nobilium Romanorum adsuevit et ratio iure deposcit, ut, se cuiuscumque domus igne cremetur, pro seriam scripturarum cartolam relatione, que dicitur apennis, *f. 20'. recipiat. *Quamobrem, cum quadam die inluster ille comis ad multorum causas audiendum vel recta iudicia terminandum una cum plures personis resedentes, ibique veniens homo alicus nomen illo[c] suggerit, intulit, eo quod ante hos dies, casum faciente, casa sua cum omnem mobilem vel intro domo conpendia seo et strumenta cartarum ibidem igne cremassent. Et quia ille iudex vel vicini paginsi ipsius ad presens veniente ita dixerunt vel testimoniaverunt, quod ad hoc videndum accesserant, sic vero et hactum aderat, sic superdictus ille comis vel reliquis Francis personis iuxta presorium[d] retroque precedentium cartola relatione, que dicitur apennis, ei dare decreverunt, ut, quicquid ex haccessione parentum aut ex[e] contractu habebat, tam per venditionis, donationes, cessiones, iudiciis, obnoxiationes, cautiones, commutationes seu pre ceteris scripturis ad[f] eum pervenit dominum vel potestate, inceps[g] perveniatur in suo iure, absque refragationis vel modolationis in suo permaneant. Vicinorum manu propria subter roboravimus et post nostro roborare decrevimus.

39. [Gesta[a]][2].

Anno illo regnum domno nostro illo rege, in mense illo dies tantos, [adstante[a]] f. 21. vir laudabile defensore et omnem curiam illius civitate, vir magnificus ille prosecutorum[b] dixit: 'Peto te, optime defensor, et vosque[c], laudabilis curialis, ut mihi codices publicus pedire[d] iubeatis, quia abio[e] alico, que gestis prosequere debeam'. Vir honestus ille defensor et curialus dixerunt: 'Patens[f] tibi quoddicis[g] publicus; prosequere que obtas, dicere non moraris'. Ille prosecutor dixit: 'Vir inluster ille per mandatum suum mihi rogavit atque iniunxit, ut igam[h] ad civitate illa et cartolam cessionis, *aut* dotis, quem de res suas ad illa ecclesia, *aut* ad illa femina, adfirmavit, ipsa apud defensore vel

37 = *Bal.* 6; *Roz.* 720. a) *i. e.* apices. b) nr̄ *c.* c) *corr.* poterimus *c.* d) *corr.* ipsos *c.*

38 = *App.* 46; *Lind.* 106; *Roz.* 409. a) Q; *c.* b) *i. e.* Mos. c) ill. *c.* d) *verba* pres. v. preced. *quid sibi velint, intelligi nequit;* presorium *corruptum, quaedam omissa videntur.* e) *post h. v.* 2–3 *litt. erasae c.* f) *sequentia legenda videntur:* eius pervenit dominationem vel potestatem. g) *fortasse legenda:* et deinceps p.

39 = *Pard.* 1; *Roz.* 264 §. 1. a) *deest c.* b) *corr.* prosecuturum *c.* c) usque *c.* d) *lege:* patere. e) alio *c.* f) *lege:* patent. g) *i. e.* codices. h) *i. e.* eam.

1) *Ad eandem rem ac haec formula infra cap.* 46. *spectare videtur. Cf.* '*Zeitschr. d. Sav.-Stift. I, Germ. Abth.*' *p.* 101 *sqq.* 111. 2) *Cf. cum hac formula Marc. II*, 37. 38.

omne curia illius civitate debere adfirmare et gestibus alegare'. Ille defensor et curialis dixerunt: 'Mandatum[i], quem in te conscriptum habere dicis[k], nobis presentibus recidetur'. Ille professor et hoc modo recidavit:

40. Mandatum.

'Vir magnifico illo ille. Rogo et supplico caritate tua, ut hias[a] ad illa civitate apud cartolam cessionis, *aut* dote, quam de res meas in pago illo, in loca que dicitur illas, ad illa casa Dei, *aut* ad illa femina, adfirmavi, *ipsa cessione, *aut* dote, apud *f. 21'. defensorem[b] vel omnem curiam illius civitate debeas adfirmare et gestibus allegare, ut, quicquid exinde hieris[c] gesserisve, me in omnibus et ex omnibus raptum[d] et aptum, adfirmatum et in omnibus definitum apud me esse cognuscas. Et ut haec mandatum post[e] te firmiore reteneas, manu propria subter adfirmavi et qui subscripserunt vel signaverunt in presente rogavi'.

41. Prologus de cessione.

Christianis fidelibus pia exortatio pronuntiat, hoc etiam illa tonutrualis euuangelistarum vox, sancto Marc. II, 1. suggerendo Spiritu, sua potestate concelebrat, ut[a] faciat unusquisque in pauperes aelemosina, qui vult tarthare evadere supplicia. Unde et Dominus in euangelio dicit: 'Vende omnia que habes, da pauperibus, et habebis thesaurum in coelis'. Pensemus ergo omnes[b] christiani, quanta sit pietas et largitio[c] Redemptores, ut per haelemosina pauperum promitantur nobis thesaurum et regna caelorum. Procuremus igitur, sicut dominus et Salvator noster precepit, in quantum possumus aelemosina faciamus. Nemo itaque dubitet et nemo tardet, quia, si nos facimus, que[d] dominus et Salvator noster ipse precepit, ille sine dubium facturus *est nobis que promisit[e]. Ait enim scriptura: 'Absconde helemosina in corde *f. 22. pauperis, et ipsa pro te deprecabitur Domino'. Abscondamus ergo[f] haelemosina in corda pauperis, ut preveniat[g] nobis deprecatio pauperum ad[h] remissione peccatorum. Igitur ego in Dei nomen ille venerabilibus fratribus illo et illo. Admonit mihi amor domini nostri Iesu Christi et desiderium de illo paradyso, ubi iusti habitant, ut me Dominus ibidem participare dignetur, seu et timor gehenne, ut me exinde Dominus eripere iubeat. Propterea cedo vobis ad die presente ad mea aelemosina faciendo ad pauperis vel a sacerdotibus, ad missas canendo dispensando cessumque in perpetuo esse volo et de iuro meo in iure et dominatione vestra transcribo atque transfundo, hoc est res proprietates meas tam in civitate illa quam et foras in ipso pago seu et in alios — habent ipsas terras cum omni superpositus de longo tanto, similiter in latus et in frontis, subiungit de ambobus frontus et de ambobus latus terra illius — ipsas res et casas superpositis ad integrum seu et vineis in opidum civitate illius cum terra proprietatis mei — habet ipsa *vinea arpennes *f. 22'. tantos, subiungit de ambobus latus et ambobus frontes terra illius —, etiam et in ipso pago, in agro illo[i], portione mea, tam terris, mansis, domibus, edificiis, vineis, olicis, silvis, campis, pratis, pascuis, aquis aquarumve decursibus, quicquid in ipsa loca portio mea est, totum et ad integrum, rem inexquisita, et alia rem quantumcumque visus sum habere aut inantea laborare potuero, tam peculium, presidium utriusque generis sexus, aurum, argentum, drapalia, aeramen[k], usentilia[l], mobile et inmobilibus, quicquid dici aut nominare potest, ubicumque vissus[m] sum habere, medietate ad integrum, ita ut ab hodiernum diem habeatis, teneatis et in mea aelemosina dispensando liberam et firmissimam ad die presente in omnibus habeatis potestate faciendi. Si quis vero, quod nec

39. i) *emend. Pard.;* Mihi datum *c.* k) dix̄ (dixit) *c.*

40 = *Pard.* 2; *Roz.* 264 §. 2. a) *i. e.* eas. b) *corr.* defensore vel omne curia, *lineolis, quae* m *significant, cf. cap.* 13. 15. *erasis, c.* c) *i. e.* egeris. d) *lege:* ratum. e) p; *c.; falso edd.:* per.

41 = *Bal.* 7; *Pard.* 3; *Roz.* 198. a) aut *c.* b) homines *Marc.* c) *Marc.;* largiores *c.* d) q; *c.* e) *Marc.;* misit *c.* f) *Marc.;* ego *c.* g) proveniat *Marc.* h) AD REMISSIOÑ PECCATORUM, *per errorem in rubricae forma exarata c.* i) ill. *c.* k) aeram̄ *c.* l) *sic c.* m) *sic c.; non* ius sursum h., *ut scripserunt Pard. et Roz.*

fieri credo, si ego ipse aut aliquid de heredibus meis vel ullus quislibet, ulla opposita persona, qui contra hanc cessione ista venire conaverit, et a me vel heredibus meis defensatum non fuerit, inferamus vobis una cum sotio fisco auri untias tantas, argentum
*f. 23. pondo tando esse multando, *et presens cessio ista omni tempore firma permaneat.

42. Heredetoria.

Dulcissima filia mea illa ille. Dum non est incognitum, sed per populum devulgatum et patefactum, quod ego in ancilla mea nomen illa tibi generavi et postea ante domno illo rege, iactante denario, secundum lege Salica tibi ingenua demissi, et tu minime in hereditate mea sociare potebas, propterea ego hanc cartolam hereditoria in te fieri et adfirmare rogavi, ut, si tibi Dominus iusserit, quod mihi in hunc seculo suprestitis apparueris, de omnes res meas, tam[a] ex alode parentum meorum quam et ex meum contractum mihi obvenit, in hereditate succedas, tam in terris, mansis, domibus, aedificiis, mancipiis, litis[b], libertis, acolabus[c], merita acolonarum, vineis, olicis, silvis, campis, pratis, pascuis, aquis aquarumve decursibus, in quascumque pagis aut terreturiis seu agros vel omnis locus, ubi habere videor, etiam peculium, presidium utriusque genere
*f. 23'. sexus, aurum, argentum, drapalia, mobile et inmobilibus, quicquid dici aut nominare *potest, quantumcumque de meum moriens dereliquero, in omnes res meas in hereditate apud germanus tuus, filios meos, succedas, et aequalantia inter vos exinde dividere vel exaequare faciatis, et quod ad parte tua exinde recipis, quicquid exinde facere volueris, liberam et firmissimam in omnibus habeas potestatem faciendi. Si quis vero, quod nec fieri credo, si ego ipse aut aliquis de heredibus meis, vel quislibet opposita persona, qui contra hanc cartolam heredetoria ista, quem ego plenissima voluntate mea fieri et adfirmare rogavi, venire[d] conaverit, inferat tibi una cum sotio fisco auri untias tantas esse multando, et presens heredetoria omni tempore firma permaneat, stipulatione subnixa.

Actum illo.

43. Redemptionali.

Dilectissimo mihi bene merito illo ille. Omnibus non habetur incognitum, sed patefactum, que[a] tu cotidie in bonis partibus fideliter mihi deservire non cessas, et pro respecto vel servitio tuo et pro fidelitate tua, qua circa partibus meis inpendere non desisti, mihi prepatuit plenissima et integra voluntas propter nomen Domini, ut de servitio meo temetipsum vel omne peculiare tuo redemere deberis[b]; quod ita et fecisti.
*f. 24. Dedisti mihi pro hoc, quod mihi bene *conplacuit, tam in argentum quam in amactum valentes solidos tantos. Propterea hanc cartolam redemptionale in te fieri et adfirmare rogavi, ut taliter fias[c] ingenuus, tamquam se ab ingenuus parentibus fuisses procreatus vel natus, cum omni peculiare tuo, et nec mihi nec ulli heredum meorum nullum impendas servitium nec litimonium[d] nec libertatico, nec nullum obsequium, nec patronatus gratiae[e]; sed eas, pergas partem quam volueris, liberam et firmissimam in omnibus habeas potestate; et neque servitio nec litimonio[f] nec libertatico nec patrocinium nec nullum obsequium nec ego ipse[g] nec ullus de heredibus meis nec quislibet opposita persona tibi exinde nullas calumnias nec fatigationis nec repeditionis agere nec generare nec repedire non debeamus. Quod que temptaverit, et ad me vel heredis meis defensatum

42 = *App.* 47; *Lind.* 62; *Roz.* 137. a) *supple:* quod, *eodem modo etiam infra, cap.* 45, *omissum.* b) l. l. *om. Bign. et Roz.* c) acolabas *c.* d) venir̄ *c.*

43 = *App.* 48; *Lind.* 99; *Roz.* 100. a) q; *c.;* que *pro* quod *etiam infra p.* 205, *l.* 18. b) *corr.* diberis *c.* c) sias *c.* d) *falso* hominium *Bign. et Bal.; om. Roz.* e) gratias *Lind.; om. Roz.;* patronaticum *pro* p. gr. *Bign. et Bal.* f) *om. Bign. et Roz.;* ...onio *Bal.* g) *al. m. post add. c.*

non fuerit, inferamus tibi una cum sotio fisco auri untias tantas esse multando, et presens redemptionale omni tempore firma permaneat, stipulatione subnixa.

Actum ill.

44. Indiculum.

Inclito atque precellentissimo domno illo gloriose rege ego ancilla vestra ultissima, servicissima[a] omnium ancillarum *vestrarum. Cognoscat, domni, gratia vestra, omnis[b] *f. 24'. vassi vestri nomen illi[c] multas inquietudinis et contra rationis ordines servientes sanctae illius, qui[d] in vestra mercede in regimini ordinastis habere, hos faciant, et nulla iustitia apud ipso illo consequere posso. Propterea, domni, supplico, et si ante vestra presentia fuisse, genua flexa ad terra prostrata ad pedes vestros suggerere mihi ancilla vestra oportebat, ut in vestra mercede et amore Deo vel illos sanctos, cuius famulas sunt[e], nobis exinde defensare iuberitis, ut contra[f] malicia contra servientes ipsius sanctorum vel me ancilla vestra facere non debuissent. Domini, nostrum est ad suggerendum, vestrum est ad ordinandum, que exinde iustitiam recipere debeamus. Pietas vestra est nobis —[g].

45. Eredetoria.

Dulcissima atque in omnibus amantissima filia mea illa, ego enim vir magnificus ille. Omnibus non habetur incognitum, que, sicut lex Salica contenit[a. 1], de res meas, quod mihi ex alode parentum meorum obvenit, apud germanos tuos, filios meos, minime in hereditate succidere potebas. Propterea mihi praepatuit *plenissima et integra *f. 25. voluntas, ut hanc ępistolam heredetoria in te fieri et adfirmare rogavi, ut, si mihi subprestitis in hunc seculo apparueris, in omnes res meas, tam[b] ex alode parentum meorum quam ex meum contractum mihi obvenit, in pago illo[c], in loco que dicitur ille[c], in quascumque pagis aut terretoriis, ubicumque habere videor, tam mansis, domibus, edificiis, vineis, olicis[d], silvis, campis, pratis, pascuis, aquis aquarumve decursibus, quicquid dici aut nominare potest, quantumcumque de meum proprium moriens derelinquero[e], in omnes res meas in hereditate apud germanos tuos, filios meos, succedas, et equalentia inter vos exinde dividere vel exequare faciatis. Quod ad parte tua exinde recepis, quicquid exinde facere volueris, liberam et firmissimam in omnibus habeas potestatem faciendi. Si quis vero, quod nec fieri credo, si ego ipse aut aliquis de heredibus meis vel quislibet opposita persona, qui contra hanc aepistolam heredetoria, quem ego plenissima voluntate mea fieri et adfirmare rogavi, venire conaverit, inferat tibi una cum socio fisco auri untias tantas esse multando, et presens heredetoria omni tempore firma permaneat, stipulatione subnixa.

Actum illo.

46. Indiculum[2].

Subgerendo[a] domno piissimo atque precellentissimo illo glorioso rege nobis[b], domni, f. 25'. servientes vestri, paginsis illius, quod veraciter cognovimus vobis innotescere presumpsimus. Homo alicus nomen ille nobis dixit, eo quod casa sua vel strumenta sua cartarum

44 = *Bal.* 8: *Roz.* 420. a) *emend. Roz.;* servissima *Bal.;* sevicissima *c.* b) *lege:* homines. c) ill. *corr.* ille *c.* d) *lege:* quas. e) s̄ *c.* f) *fortasse:* inantea. g) *supplendum fortasse:* solatium *vel simile.*

45 = *App.* 49; *Roz.* 135. a) contenir *c.* b) *supple:* quod. c) ill. *c.* d) olcis *c.* e) derelinquere *c.*

46 = *Lind.* 108; *Bal.* 9: *Roz.* 411. a) *corr.* suggerendo. b) *lege:* nos.

1) *L. Sal.* 59, 5. *Cf. Marc. II,* 12. 2) *De hac formula disserui 'Zeitschr. d. Sav.-Stift. I, Germ. Abth.' p.* 111 *sq.; cf. supra cap.* 38.

tam vendictionis, cautionis, obnoxationis, iudicius, cessionis vel donationis seu et reliquo strumenta cartarum ab igne ibidem cremassent. Quia et ille iudex vel vicini paginsi ipsius taliter nobis dixerunt vel testimoniaverunt, quod ad huc videndum accesserant, et sic vero et actum aderat: proinde, domni, suggerere presumimus[b] et quod exinde cognovimus vobis innotuimus. Domni, nostrum est ad sugerendum; vestrum est ad ordinandum, que[c] ipsa exinde agere debeat.

47. Securitas.

Marc. II, 30. Dum inter illo et coniugia sua illa non caritas secundum Deo, sed discordia regnat inter ill., et ab hoc pariter conversare minime possunt, placuit utriusque voluntas, ut de hac consortio seperare[a] deberent; quod ita et fecerunt. Propterea has ępistolas inter se uno tenore conscriptas fieri et adfirmare decreverunt, ut[b] unusquisque ex ipsis, sive ad servitium Dei [in[c]] monasterio aut copolare[d] matrimunium[e] sociare voluerit, licentiam habeat, et nulla requisitione ex[f] hoc de parte promissa[g] nihil habere f. 26. non debeat. Si quis vero, si aliqua pars ex ipsis hoc inmutare voluerit, inferat pari suo auri tantum et, [ut[h]] decreverunt, a proprio consortio siquistrate in eam quam elegerint parte permaneant. Stipulatione subnixa.

Actum ill.

48. Cautione de vinea[1].

Domino fratri illo ille. Ad petitione mea mihi non denegasti, nisi ut in summa necessitate mea argento vel amacto valentes solidos tantos in manu mea ad prestitum beneficium mihi prestitisti. Propterea obpingero tibi vinea proprietatis mei in pago illo[a], in loco que dicitur illo, aripennis tantos, subiungit de ambobus latus et ambobus frontibus terra lui; infra ipsa terminatione et mensura ad integrum usque annos tantos fructum, quem ibidem Deus dederit, ad parte tua elidiatum[b] habere debeas et per temetipsum ipsa vinea condirgere facias. Et quomodo ipsus fructus tantos annos transhactus habueris, et debito tuo tibi reddidero, cautione mea per manibus[c] recipiam. Stipulatione subnixa.

Hactum illo.

49. Indiculum.

Domna et dulcissima genetrice mea illa prolis vester ille, serviens vester. Illud inprimitis, quod plurima sunt[a] et sic necessarium, si presumtio [non] offendit[b], salutem plenissimam in domino Iesu Christo vobis destinare presumo; et supplico pro eo, quod *f. 26'. iste presens ille, *serviens vester, ad mea parvitate[c] expetivit, ut nulla malicia de istas culpas, quod ipse confugium fecit, exinde non habeat, sed ad mea precatione excusatus exinde esse debeat. Agite[d] taliter, quem[e] ego per vos bona fidutia, et quem[e] domno et genitore meo, iugale vestro illo, sano et laete proprios oculos caelerius mereamur videre. Iterum salutamus vobis[f].

50. Mandatum.

Magnifico fratri illo ego ille. Omnibus non habetur incognitum[a], quem[b] mihi gravis aegritudo domat, et aelemosina mea minime valeo procurare. Propterea rogo caritate

46. b) *corr.* presumsimus *c.* c) q; *c.*

47 = *Pard.* 4; *Roz.* 112. a) *corr.* severare *c.* b) aut *c.* c) *add. Marc.* d) copolam *Marc.* e) matinuniū *c.* f) *Marc.*; et *c.* g) proximi sui *Marc.* h) *add. Marc.*

48 = *App.* 50; *Lind.* 147; *Roz.* 374. a) ill. *c.* b) *h. v. erasum nunc legi nequit; Lindenbrogii et Baluzii auctoritate nisus posui.* c) *sc.* tuis; *cf. cap.* 3.

49 = *Bal.* 10; *Roz.* 743. a) s̄ *c.* b) non *deest,* ostendit *pro* off. *c., quod emendavit Roz.* c) *emend. Bal.*; pravitate *c.* d) agit *c.* e) *fortasse:* quomodo. f) 3—4 *litt. erasae c.*

50 = *Lind.* 183; *Roz.* 391. (*Num. deest c.*) a) incognitur *c.* b) *fortasse:* que *pro* quod.

1) *Cf. de hac formula Brunner, 'Z. f. Handelsrecht' XXII, p.* 67; *p.* 68, *n.* 2.

tua, ut propter Deo de res meas in vice mea aelemosina facere vel despensare debeas. Pro hoc trado tibi ad die presente omnes res meas in pago illo, in loca cuius vocabulum est illo, id est terris, mansis, domibus, aedificiis, quantumcumque visus sum tenere, totum et ad integrum, quicquid dici aut nominare potest, tam de alodo aut de conparado vel de qualibet adtractum, in quascumque pagis aut terretoriis vissus sum habere, totum et ad integrum, rem inexquisita, per meos wadios et andelangos[1] et[c] per hunc mandatum ad mea aelemosina faciendo in pauperes vel sacerdotes dispensando tibi trado, ut, quicquid exinde egeris gesserisve, me in omnibus *et ex omnibus raptum[d] et *f. 27. aptum atque transactum, in omnibus definito esse cognoscas. Et quod nec fieri credo, si ego ipse aut aliquis de heredibus meis vel quislibet opposita persona, qui contra hanc mandatum transactum quicquid venire conaverit, inferat tibi una cum sotio fisco auri untias tantas esse multando, et presens mandatum post te[e] firmiore retineas. Stipulatione subnixa.

Actum ill.

51. Securitas.

Non minima, sed maxima verteretur discordia inter illo et[a] ill. Venientes in loco illo ante bonis hominibus, repedebat ipse in causa sua vel[b] in coniugia sua illa adversus ipsius lue, dum diceret, eo quod ipsa[2] genua sua inpinxit[3] et super filia eorum nomen illa cessisset et ipsa ibidem occisit. Sed ipsa illa hac causa minime potuit denegare. Exinde taliter ad[c] ipsos bonis hominibus fuit iudicatum, ut illa leodo, cum lex erat, ipsius lue solvere deberet; quod ita in presente fecit et servo suo nomen illo vel alia rauba[4] sua ipsa illa pro illa leodi ipsius lue vel coniuge sua illa, in quod eis bene conplacuit[d], dedit. Propterea iam dictus ille et coniux sua illo hanc securitate in ipsa illa vel mitigo[e. 5] suo fieri et adfirmare rogaverunt, ut nullumquam tempore de iam dicta causa nec de illa morte nec de ipsa leodi nullas calumnias nec repeditionis nec fatigationis *nec nos nec nullus de heredibus nostris nec quislibet opposita persona agere *f. 27'. nec generare nec repedire non debeamus. Quod qui adtemptaverit, et ad nos vel heredes nostros defensatum non fuerit, inferamus tibi una cum sotio fisco auri untias tantas, argento[f] pondo tanto esse multando, et presens securitas[g] omni tempore firma permaneat, stipulatione subnixa.

Actum illo.

---

50. c) e *c.* d) *lege:* ratum; *cf. supra cap.* 13. 40. e) poste *pro* p. te *c.*

51 = *App.* 51; *Lind.* 123; *Roz.* 466. *(Num. deest c.).* a) et ill. *addidit corrector.* b) *intelligendum videtur:* vel coniugis suae illius adversus ipsam illam. c) *i. e.* ab ipsis. d) conplacui it *c.* e) *ita c.;* mitio *Lind.;* .....go *Bal.; om. Bign. et Roz.* f) arg. p. t. *al. man. post add. c.* g) *bis scr. c.*

1) *Cum de significatione huius vocis in traditionibus crebro memoratae valde dubitaret J. Grimm, tamen non ad Germ. 'Hand' eam revocandam neque porrectionem manus, 'Handlangung, Handreichung', ut alii voluerunt viri docti (cf. Schilter, Glossar. p.* 46[a]*; Reyscher, 'Symbolik d. germ. Rechts', p.* 60*), intelligendam esse existimavit, 'RA.' p.* 196—199*; 'D. WB.' I, col.* 304. *Chirothecam intelligunt Michelsen, Festuca notata p.* 27 *sq. ('gantelet'), et Zöpfl, 'D. RG.' III, p.* 154, *n. m.* 2) *Quamquam ex ipso scelere virum accusatum interpretari maluerim, tamen, codice semper in hac parte genus femininum exhibente, non possumus, quin feminam facinoris ream accipiamus.* 3) *Hic fortasse vulnerare valet vox, quam aliter in legibus usurpatam esse satis constat. Cf. Grimm, 'RA.' p.* 631. 4) *i. e. suppellex. Cf. supra p.* 23, *n.* 3. 5) *i. q.* mittio *seu* mitthio. *Cf. Marc. I,* 23. *et quae ibi annotata sunt.*

APPENDIX.

f. 29. 1. (a) Donatio ad filios. Gesta[a].

Lex et consuetudo exposcit, ut, quicumque[b] personas naturales[c] filios habuerit et alios plures non habuerit, si[d] eos in sua voluerit instituere hereditate, qualiter in suum *f. 29'. potius arbitrium ad faciendi de id pater hoc, quod in eos voluerit, *liberam habeat potestatem[1]. Ideoque ego ille, dum non est incognitum, ut femina aliqua nomen illa bene ingenua ad coniugium sociavi uxore, sed qualis causas vel tempora mihi oppresserunt, ut cartolam libellis dotis ad ea, sicut lex declarat, minime excessit facere, unde ipsi filii mei secundum lege naturalis appellant[e. 2], et filios in ea generavi, cuius[f] baptismum nomina[g] posuimus illos et illos: propterea volo[h], ut[i] predicti filii mei omni corpore facultatis meis in pago illo, in loca denominantes illos et illos[k], in legitimam successionem debeatis addere[l] adpatuere; hoc est tam terris, mansis, una cum superpositis domibus, aedeficiis, utriusque generis sexus peculiis, mancipiis ibidem commanentis, tam ibidem[m] quam et aliunde tranlatus[n], sicut dixi, quod nostra est possessio et haec[o] successionum parentum nobis obvenit, tam de alodo quam de conparado, vel de qualibet adtractum adnoscitur pervenisset, ad die presente nostra est possessio vel dominatio, cum omne iure et merito et omnem rem inexquisita, quandoquidem moriens dereliquero, in vestra debeatis revocare potestate, dominatione et faciatis exinde iuro proprietario quod volueritis, et nullus vobis de omne hereditate mea repudiare non debeat nec facere possit. Stipulatione subnixa.

1. a = *App.* 52; *Lind.* 60; *Roz.* 130. a) *hanc vocem, in codice non in rubrica, sed in initio formulae scriptam, Roz. praeposuit* 1 *c.* b) *lege:* quaecumque persona. c) t *post add. c.* d) *post h. v.* 1 *litt. erasa, fortasse* q̄ (quis) *c.* e) *lege:* appellantur. f) *lege:* quibus baptismo n. g) n̄ *c.* h) nolo *c.* i) *supple:* vos. k) ill. *c.* l) *Bign., quem secutus est Roz., emendavit:* adire et adprehendere. *Fortasse legendum est:* accedere et potiri. m) oriundis *suppl. Roz.* n) *sic c.* o) *lege:* ex successione p.

1) *De Savigny, 'G. d. Röm. R.' II,* §. 46, *n. a. b, p.* 130 *sq., monuit haec verba ad constitutionem Iustiniani spectare, quae exstat in epitome Iuliani* 82, 12 (= *Authent.* 89, 12), §. 8, *ubi conceditur:* —si *(pater)* nullos filios legitimos habeat, liceat ei in toto asse filios suos naturales instituere, *cum secundum Cod. Th. IV,* 6, 1, *quae constitutio etiam in Legem Rom. Vis. recepta est, trium tantum unciarum paternae hereditatis capacitas liberis naturalibus, legitimis non existentibus, concessa sit. Cum tamen alia Iustiniani iuris certiora vestigia vix ante saeculum IX. in Francorum regno inveniantur, de hac re dubitari potest. Facile fieri potuisse existimarim, ut, lege illa codicis Theodosiani abolita, in Gallia* consuetudo *ista liberior in formula laudata nasceretur. Cui opinioni non obstat* lex *praeter consuetudinem nominata, cum saepius in formulis et cartis illius aevi Romanae leges aut depravatae aut omnino falsae fictaeque allegentur. Cf. praeterea Bignonium ad h. l.* 2) *Schroeder, 'Gesch. d. ehel. Güterrechts' I, p.* 64 *sq., n.* 4, *haec verba aliter ac Bignonius ad h. l., quem secutus est Pardessus, 'Loi salique' p.* 669, *non ad Romanorum sed ad Francorum ius revocanda esse, recte censere videtur, praesertim cum neque antiquiores fontes iuris Romani neque L. Rom. Vis. matrimonium non nisi dote constituta legitimum fieri doceant. Cf. L. Rom. Vis. Cod. Th. III,* 7, 3. *Sandhaas, 'Fränk. ehel. Güterrecht' p.* 49, *n.* 9, *formulas nostras vocat: 'Muster für eine legitimatio secundum legem Romanam, deren sich ein Deutscher bedient, um die Zweifel zu beseitigen, welche aus dem angegebenen Grunde gegen die Ehelichkeit seiner Kinder erhoben worden waren'.*

(b) Mandatum.

Dulcissimo amico meo illo[a] ego ille. Rogo atque iniungo caritate tua, ut hias[b] *f.* 30.
ad vicem meam ad civitate illa ad illo defensore et illo professore[1] vel curia publica ipsius civitatis et haec ępistola, quam ego in filios meos illos[c] in totius hereditatis meae in legitima successione eos adhesere[d] et legitimus filius meus, sicut in ipsa aepistola textus contenebatur, conscribere[e], ea gestis monicipalibus[f], ut mos et lex est, iuxta more[g] et consuetudinem alegare atque firmare facias; ad[h] prosecutionem caelebrata, quod tibi rogo, mihi rescribere pigrum non greveris. Stipulatione.

(c) Eredituria de ereditate.

In nomine Domini. Anno[a] illo domni nostri illius regis, menso illo, gesta habita apud laudabile vir illo defensore et illo professore vel curia publica ipsius civitate, ille ait: 'Queso vobis, optime defensor, ut mihi codices publicis [patere iubeatis[b]], que[c] habeo, que[c] gestorum elegationis[d] cupio roborari'. Memorati defensor et ordo curia dixerunt: 'Patent tibi codices publicis; prosequere que[c] optas'. Ille dixit: 'Amicus meus ille mihi ineunxit[e] per suum mandatum sollempne roboratum, ad[f] laudabilitatem vestra adcrescere[g] deberem[h] et haec epistola, quem ipse, *sicut lex declarat, in pre- *f. 30'.
dictos[i] filios suos illos[k] pro eo, quod in bene ingenua femina illa ipsius generavit et tunc[l] cartola libellum dotis ei secundum lege non adfirmavit, propterea iam dicti filii mei naturalis appellant; ita antedictus[m] pater eorum ei conplacuit, ut ipsos secundum lege Romana in ipsa civitate ante curia publica debeat in legitima totius hereditatis sue instituere hereditate; ita[n] et feci[o]; dum in prolis nec legitimis infantes non habuerit, ipsa[p] in legitima hereditate pro legitimis filios in omnes causas recepit: ut[2] predicta ępistola iuxta morem[q] et consuetudinem gestis monicipalibus[r] alegare atque firmare debeant'[s]. Superscriptus[t] defensor una cum suis curialibus[u] vel subscriptionibus instituerunt vel inobodierunt[v] sub signaculis. Et haec gesta, quomodo est conscripta, manus eorum roborata ei visi fuimus tradidisse, stipulatione subnixa.

Actum.

(d).

Magnifico amico meo illo[a] ego ille. Cognoscas[b], iusta iniunctione tua, ut per tuum mandatum mihi rogasti, ad illa civitate, ad illo defensore vel curia publica ipsius civitatis accessisse, et haec cartola, quem infantes tuos, quod naturalis sunt, in legitima hereditate secundem lege instituisse, sicut in ipsam [carto]la[c] tam de rebus quam et de ipsa numera[d] ad ipsius infantes conscriberetur, gestis monicipalibus iusta more et consuetudinem allegasse atque firmasse cognoscas; *et de persecutio caelebrata, quod mihi *f. 31.
rogasti, rescribere vel prosequere mihi pigrum non fuit. Stipulatione subnixa.

b = *App.* 53; *Lind.* 63; *Roz.* 261 §. 2. a) ill. *c.* b) *i. e.* eas c) *sequentia admodum mutilata esse videntur.* d) *cf. supra p.* 208, *l.* 12, *ubi non melius exstat:* addere. e) feci *vel* rogavi *supplendum videtur; Roz. suppl.* volui. f) monicipedibus *c.* g) amore *c.* h) *i. e.* at; *in aliis mandatis:* et de.

c = *App.* 54; *Lind.* 64; *Roz.* 261 §. 1. a) *post h. v.* 1—2 *litt. erasae c.* b) prosequere *c.* c) q; *c.* d) *lege:* allegatione. e) *lege:* iniunxit f) *intellige:* ut ad. g) *fortasse:* adcessere *pro* accedere. h) deberent *c.* i) *corr. e* predietos *c.* k) ill. *c.* l) tu *c.* m) antedictiis *c.* n) quod *ante h. v. suppl. Roz.* o) *fortasse:* fecit. p) *lege:* ipsos. q) amorem *c.* r) manicipalibus *c.* s) *fortasse:* debeam. t) superscriptiis *c.* u) *sequentia valde corrupta esse videntur.* v) *corr. videtur ex* oboduerunt *c.*

d = *App.* 55; *Lind.* 65; *Roz.* 261 §. 3. a) ill. *c.* b) cognuscas *corr.* cognoscas *c.* c) *emend. Bal.;* latam de r. *c.* d) munera *Bal.*

1) *Cf. infra l.* 11. *et Marc. II,* 38. 2) *Hoc ad verbum* ineunxit *supra l.* 15. *referendum est.*

2.

Datum, quod fecit mensis ille dies tantos, anno illo regnum nostrum, ad illum palatio nostro[a] feliciter[1].

3.

... secundum[a. 2] lege Romana nullatenus revocetur. Sub die illo, anno illo regnum domni nostri illius regis, inditionum ille, vir venerabilis ille diaconus testatur[b] eis, qui[c] as[d] tabolas subscripturi sunt[e. 3], manomittere[f] in ecclesia illa vendictaque liberare famulo illo suum nomen illo, bene sibi merito, secundum constitutionem bene[g] memore Constantine[h] legis, que sanxum[i] est, ut omnis, qui sub oculis episcoporum, presbiterorum seu diaconorum in ecclesia manumittantur, a civitate pertinere et ab ecclesia defensatur, et vult cum iusta consuetudinem, cuius commemoratio subpra vida[k] est, ad civitate pertinere Romana; ea tamen conditionum: eas ubique volueris, partem quam [elegeris[l]] pergas, tamquam si ab ingenuus parentibus fuisses natus vel procreatus, et nulli heredum hac[m] proheredum meorum[n] minime quicquam debeat servitutis nec libertinitatis gratia nec patronatus obsequium, sicut dixi, sub integra et legitima ingenuitate debeat permanere ingenuus atque securus et semper ad civitate[o] debeat pertinere Romana, testamentum
*f. 31'. etiam *faciendi liberam in omnibus habeat potestatem. Si quis vero.

4. Prologus.

Marc. II, 33. Dilecto suo illo, *aut* illa[a], ille. Pro respecto fidei hac servitui[b], qua mihi famulares, pro remissionem peccatorum meorum te ab [om]ne vinculum servitutis absolvo, ea tamen conditione, ut, dum avixero, mihi deservias, post obitum quoque, discessum vero meum, si[c] mihi suprestis extuleris[d], ingenuus, tamquam ingenuus parentibus fuisses procreatus, et nullum heredum hac proheredum meorum vel cuique servitium impendas, peculiare concesso, quod habes aut laborare potueris; *et cetera.*

5. Tradituria[4].

Notitia traditionale, [qualiter[a]] vel quibus presentibus venit homo alicus nomen ille ad illo manso, quem ante hos dies per cartolam venditionis ad filium suum adfirmavit, per hostium et anatalia, per herba et vite ei visus fuit tradisset vel consignasset et exitum inde se fecit.

His presentibus.

2 = *Roz.* 63, *versus* 1. 2. *Contextus formulae iam defuisse videtur in exemplari codicis nostri, qui hoc fragmentum cum sequenti formula coniunctum exhibet.* a) ñ c.

3 = *App.* 56; *Lind.* 98; *Roz.* 63. a) *haec vox continuo versu sequitur ultimam capitis praecedentis, initio prooemii, ut videtur, iam in codicis exemplari deficiente.* b) cum *fortasse supplendum.* c) quia [ille per] stabolas *Roz.* d) *i. e.* has. e) *sic emendavi;* subscripturis *c.* f) a *e corr. c.* g) *lege:* bone memorie. h) Costantine *c.* i) saxum *c.* k) *exspectaveris:* scripta; *fortasse:* videnda. l) *suppl. Roz.* m) hanc *c.* n) eorum *c.* o) cive *c.*

4. a) illo *c.* b) servitii tui *Marc.* c) sibi *c.* d) extiteris *Marc. cod. A* 3.

5 = *App.* 57; *Lind.* 156; *Roz.* 288. a) *suppl. Bign.*

1) *Clausulam esse formulae regalis diplomatis, recte monuit de Rozière, 'Recueil' I, p.* 87, *n. a., quae formula deperdita ad aevum Merowingorum revocanda esse videtur. Cf. Sickel, 'UL.' p.* 219. 2) *Cf. cum hac formula Form. Arv.* 3. *et Form. Bitur.* 9. 3) *Quas partes hic agit diaconus, secundum Legem Rib.* 58, 1. *agere debuit archidiaconus:* iubemus, ut qualiscumque — servum suum — secundum legem Romanam liberare voluerit, ut in ecclesia coram presbyteris, diaconibus seu cuncto clero et plebe in manu episcopi servum cum tabulis tradat, et episcopus archidiaconum iubeat, ut ei tabulas secundum legem Romanam, qua ecclesia vivit, scribere faciat; *cf. ibidem* 5: *si tabula impugnatur, archidiaconus* coniuret cum ipsis testibus, qui tabulas conscripserunt (roboraverunt), quod ipse tabularius secundum legem Romanam legitime fuisset ingenuus relaxatus. *Cf. Loening, 'Kirchenrecht' II, p.* 339; *cf. p.* 239, *n.* 2. 4) *Cf. Cart. Sen.* 8. *et quae ibi annotavi.*

6. Obnoxatio.

Domino meo semper, ego enim ille. Dum non est incognitum, qualiter instigante parte adversa mihi contigit, quod ego caballo ad[a] homine alico nomen illo[b] in tascega[c. 1] subduxi, unde et de ipso furtu victus abparueri et vite periculum exinde incurrere potueram, et ego non habeo, unde ipsos facinus vel ipso furte emendare vel satisfacere debeam: propterea expetivi a vobis, habuit pietas et dignatio vestra.

FORMULAE SENONENSES RECENTIORES.

1. Notitia[a] de colono evindicato. *f.* 127.

Notitia, qualiter vel quibus presentibus[b] veniens homo aliquis nomen ille[c], advocatus sancti illius de monasterio illo et[d] illo[c] abbate, in civitate illa [in mallo publico ante inlustre[e]] viro illo comite vel aliis quam pluribus personis[f] ibidem resedentes, interpellabat homine alico nomen illo[c]. Repetebat ei, dum diceret, eo quod ante os dies ipse homo sacramentum contra ipsa casa Dei vel ipsius abbatis[g] habuisset[h] adramitum[i] ad sua ingenuitate tensandum[k], in ipso mallo in basilica sancto illo ob hoc iurare debuisset; et ipse *homo de ipso sacramento iectivus remansit, et ipse homo nullatenus rationis[l] *f. 127'. potuit tradere, per quid ingenuus esse deberit[m], vel ipso sacramento iurare potuisset. Et dum hac causa apud ipso comite vel ipsis racimburgiis[n] diligenter fuit inventum vel inquisitum et legibus fuit definitum, et[o] ipse homo in presente pro colono ad casa sancti illius vel ipsius abbatis sibi recognovit vel recredidit, et ipse[p] vicarius per iussionem ipsius comitis ipsum hominem per manibus pro colono ipsius advocato illius abbatis[q] visus est reddidisse[2]: propterea taliter ei fuit iudicatum, ut de ac causa notitia bonorum hominum manibus roboratam accipere deberet, quod ita et fecit, ut ipsum hominem ipsa casa Dei vel ipse abba seu rectores eorum pro colono habeant evindicatum, et sit inter ipsos postmodum ex ac[r] re subita causatio.

His presentibus, qui subter firmaverunt.

2. Carta sacramentale.

Veniens avocatus sancti illius de monasterio illo[a] seu et illo[a] abbate[b] de predicto monasterio illo[a], castro illo, *in mallo publico ante inlustre viro illo comite vel *f. 128.

6 = *App.* 58; *Lind.* 137; *Roz.* 50. a) *lege:* ab. b) ill. *c.* c) *ita c.; om. Bign.;* texaga *cett. edd.*

1 = *App.* 1; *Lind.* 165; *Roz.* 498. a) Notia *c.* b) *corr.* prȩsentibus *c.* c) ill. *c.* d) et — civ. illa *al. m. suppl. c., ubi praeterea alia quaedam verba addita erant, quae erasa sunt, sed e sequenti formula restitui possunt.* e) *eadem fere Lind., Bal., Roz. suppleverunt.* f) *corr.* personas *c.* g) abbt *c.* h) u e *corr. c.* i) ad:ramitum *c.* k) *corruptum videtur; Lind.:* defensandum. l) *corr.* rationes *c.* m) *corr.* deberet *c.* n) racim *in loco raso c.* o) *del. c.* p) *corr.* ipsi *c.* q) abb *c.* r) *corr.* hac *c.*

2 = *App.* 2; *Lind.* 166; *Roz.* 479. a) ill. *c.* b) abbt *c.*

1) *i. q.* taxaga; *cf. Form. And.* 15. *et praeter locos ibi laudatos Kern, 'Notes', apud Hessels, Lex Salica,* §. 21. 2) *Cf. infra* 3. 6, *e quibus locis optime cognovimus, quo munere vicarius in iudiciis comitis functus sit. Cf. Sohm, 'R. u. GV.' I, p.* 257 *sq., praes. n.* 151; *Waitz, 'VG.' II*[2], *p.* 382, *n.* 3. *Aliter Cart. Sen.* 20, *supra p.* 194: comis ipso illo per manibus partibus lue visus est reddidisset.

aliis quam pluris, qui ibidem aderant, interpellabat homine alico nomen illo. Repetebat ei, dum diceret, eo quod genitor suus nomen ille[a] colonus sancti illius de villa illa[a] fuisset, et ipse colonitio de capud suum ad ipsa casa Dei redebeat et exinde neglegens aderat; et ipse in presente hoc fortiter denegabat et taliter dedit in suo responso, quod de patre Franco fuisset[c] generatus et de matre Franca fuisset[c] natus. Unde tale sacramento per suam fistucam visus fuit adchramire[d], et taliter ei fuit iudicatum, ut ac causa apud proximiores parentes suos, octo de parte genitore suo et quattuor de parte genitricae suae[1], si fermortui non sunt, et si fermortui sunt, apud duodecim Francos tales, qualem se esse dixit, in illo[a] castro, in basilica sancto illo[a], ubi reliqua sacramenta percurrunt, in 40[f] noctes in proximo mallo post banno[g.2] resiso hoc debeat coniurare[h].

3. Notitia de servo[3].

f. 128'. Notitia, qualiter vel quibus presentibus veniens ille[a] in causa monasterio sancti illius[a] civitatis[b] illius pontifici ad vicem venerabile viro illo abbate[c] de predicto monasterio die illo illius[d] civitatis in mallo publico ante inluster viro illo[a] comite et ante illo[a] episcopo vel aliis plures magnificis viris, qui ibidem resedebant, homine alico nomen illo ibidem interpellabat. Dixit, eo quod servus monasterii sancti illius[a] de capud suum aderat, et colonus ipsius sancti illius[a] nomen ille[a] de Franco homine conparasset, et malo ordine ipso servitio partibus monasterii sancti illius effugibat vel intendebat. Interrogatum fuit ipsius servo, se ipsa causa vera erat, anon; sed ipsi servus in omnibus hoc fortiter denegavit[f]. Et ipse[g] abba vel suus avocatus contra predicto servo intendebant et taliter dixerunt, quod testimonia homines Francos presentare potebant, qui hic adstabant, quod[h] ipse colonus ipso[i] conparaverat, et in suum servitium eum viderant
*f. 129. deservire, et per lege *servus sancti illo esse debet; et ipsa ora[k] ipse abba vel ipse avocatus sua[l] testimonia, hominis septem his nominibus ill. et ill., adcharmerunt[m], ut in crastinum die illo[a] ibidem presentare deberent; quod ita et fecerunt. Et ipsi homines sic testimoniaverunt, quod per lege servus sancti illius[a] aderat debitus, et quomodo hoc testimoniaverunt[n], super altario sancti illius[a] in illa capella, que est[o] in

2. c) t *in loco raso c.* d) *ita scriptum fuisse videtur, quod literis* ch *erasis correctum est:* addramire *c.* e) c *in loco raso c.* f) *pro* XL *exstitisse videtur* ZL, *litera prior erasa est c.* g) *radendo corr.* anno *c.* h) c̄iurare, c̄ *al. atram. c.*

3 = *App.* 3; *Roz.* 472. a) ill. *c.* b) *intelligendum videtur:* in civitate illius pontificis. c) ab̄b̄t *c.* d) *i. e.* illa civitate. e) *al. m. post add. c.* f) vi *in loco raso c.* g) e *post add. c.* h) quum *intelligit Brunner.* i) o conp *e corr. c.* k) *i. e.* hora. l) a *e corr. c.* m) adcharmr̄ *c.* n) *post h. v.* 8—9 *litt. erasae c.* o) *ita recte coni. Roz.;* quē *pro* que ē *c.*

1) *Cum hoc et alio simillimo infra* 5. *conferas velim L. Sal. Extrav. B,* 2, *ubi vero maior pars testium* ex materna genealogia *postulatur, si quis de libertate* ex paterna genealogia mallatur. *Cf. Siegel, 'Gerichtsverfahren' p.* 186 *sqq.; de Amira, 'Zur Salfränk. Eideshilfe', in Pfeiffer-Bartsch, Germania XX (alterius seriei VIII), p.* 53 *sqq.* 2) *Zöpfl, 'D. RG.' II, p.* 199: *sollemni iudicio finito ('nach Einstellung der gerichtlichen Verhandlung'); cf. Waitz, 'VG.' IV, p.* 465, *n.* 1 *(p.* 466*). Optime Sohm, 'R. u. GV.' I, p.* 396, *verba intellexisse videtur de legitimo* 40 *noctium inter singula comitia intervallo, per quod tempus* bannus resisus *erat ('der Bann ruhte'), finito. Cf. Cap. II. Ludov. P. a.* 829, *c.* 14, *LL. I, p.* 352: Postquam comes et pagenses de qualibet expeditione hostili reversi fuerint, e x e o d i e s u p e r q u a d r a g i n t a n o c t e s s i t b a n n u s r e s i s u s *(ita plerique codd. et Edict. Pist. c.* 33, *LL. I, p.* 496; *Pertz:* rescisus*). Neque vero ad locum nostrum explicandum adhiberi possunt, quae in illo capitulo sequuntur:* quod in lingua thiudisca 'scaftlegi', id est armorum depositio, vocatur, *cum haec ad illud tantum 'banni resisi' tempus spectent, quod ex expeditione reversis concedebatur.* 3) *De hac formula cf. Brunner, 'Zeug. u. Inquis. Beweis', p.* 37 *sq.*

curte fisci, ubi reliqua sacramenta soluta sunt, iurati dixerunt. Dinuo[p] ipsius servo fuit interrogatum[q], si ipsa causa recognoscebat, si sic erat veritas; sed ipse servus in omnibus ac causa recognovit et ad servitium sibi reversus fuit. Et ipsi[r] abba per iuditium ad[s] ipsas personas per iussionem illius comite de manu illo[a] vicario exceptum ibidem pro servo sancti illius[a] evindicabat.

His presentibus.

4. Iuditium evindicato[a] de colono.

Cum resedissent venerabilis ille[b] abba et inlustris vir[c] ille in villa illa[b], in pago illo[b], ubi ille[b] comis esse videtur, per iussionem domno et glorioso illo[b] *rege ad uni- *f. 129'. versorum causas audiendum vel recta iuditia in Dei nomine terminandum[1], ibique veniens ille[b] avocatus monasterii illius[b] vel illius[b] abbatis[d] homine alico nomen illo interpellabat. Repetebat ei,. dum diceret, eo quod legitimo colonitio partibus monasterii sancti illius vel illius[b] abbatis[d] ad villa illa[b] de parte genetrice sua redeberit[e] et negligens et iectivus exinde adesset. Sed ipse homo de presente adstabat et ipsa causa nullatenus potuit denegare et ad ipsum colonitium se recognovit, et[f] per manibus ipsum hominem ipsius abbati[g] reddidit. Proinde taliter ab ipsis missis dominicis vel illo[b] comite seu et ab ipsis rachimburgis ipsius avocato in causa sancti illius[b] vel ipsius abbatis[d] pro firmitatis studium fuit iudicatum, ut, dum ipsa causa taliter fuit inventa et legibus definita, ut tale iuditio evindicato exinde accipere deberet, quod ita et fecit, ut omni tempore ad ipsum colonitium sancti illius[b] ad villa illa[b] illo habeat evindicatum[h], et sit in postmodum *inter eos ex ac re subita causatio. *f. 130.

Datum in minse[i] illo, in anno[k] illo.

5. Notitia[a] de colona evindicata.

Veniens homo aliquis nomen ille[b], avocatus sancti illius[b] de monasterio sancti illius[b] vel illius abbatis[c] de ipso monasterio, die illo[b] in mallo publico ante inlustre[d] viro[e] illo comite vel ante quam pluris personis, qui ibidem aderant ad universorum[d*] causas audiendum vel recta iudicia in Dei nomine terminandum, qui subter firmaverunt, femina aliqua nomen illa[f] ibidem interpellabat. Repetebat ei, dum[g] diceret, eo quod avus suus nomen ille quondam vel genitor suus ille quondam coloni[h] sancti illius de villa illa fuissent, et ipsa femina colona esse debebat et ipso colonitio malo ordine de ipsa casa Dei effugeret. Sic ipsa femina in presente adstetit, et ab ipsis personis ei interrogatum fuit, se ipsa causa esset veritas, anon; sed ipsa[i] in omnibus fortiter denegavit et taliter dixit, quod avus suus ille quondam nec genitor[k] suus ille quondam coloni sancti illius de villa illa numquam fuissent, nec ipsa colonitio *de capud suum *f. 130'. ad ipsa casa Dei sancti illius numquam redebebat, sed de patre et de matre bene ingenua[l] nata vel procreata fuisset. Sic ab ipsis personis taliter ei fuit iudicatum, ut apud 12 homines parentes suos, octo de patre et quattuor de matre[2], si fermortui non sunt,

3. p) *corr.* denuo *c.* q) intrógātū *c.* r) *corr.* ipsi *c.* s) *i. e.* ab ipsis personis.

4 = *App.* 4; *Lind.* 167; *Roz.* 458. a) *corr.* evindicatum *c.* b) ill. *c.* c) viri ill. *c.* d) abb̄ *c.* e) *corr.* redeberet *c.* f) *quaedam omissa videntur; fortasse secundum cap.* 1. *et* 6, *mutatis mutandis, supplenda sunt:* ipse vicarius per iussionem ipsorum missorum. g) abb̄t *c.* h) *post h. v. c.* 10 *litt. erasae c.* i) min̄ ill. *c.* k) an̄ ill. *c.*

5 = *App.* 5; *Lind.* 164; *Roz.* 480. a) Notia *c.* b) ill. *c.* c) abb̄t *c.* d) *al. m. suppl. c.* d*) unoversorum *c.* e) illo viro ill. c. *c.* f) ill. *c., et sic semper in reliqua formulae parte pro quocunque casu.* g) du *corr. manu recent.* dum *c.* h) colona *corr.* coloni *c.* i) *post h. v.* 4—6 *litt. erasae c.* k) r *post add. c.* l) ingenuus *corr.* ingenua *c.*

1) *Huic iudicio, cui praeerant missi dominici, etiam ipsum illius pagi comitem assedisse, infra docemur. Cf. Sohm, 'R. u. GV.' I, p.* 494 *sqq.; praes. n.* 53. 2) *Cf. supra* 2.

et si fermortui sunt, apud 12 homines bene Francos Salicos in ipso mallo super altario sancti illius, in proximo mallo, quem ipsi comis ibidem tenit[m], hoc coniurare debeat, quod avus suus ille quondam nec genitor suus ille quondam coloni sancti illius de monasterio illo de villa illa numquam fuissent[n], nec ipsa[o] colonitio de capud suum ad ipsa casa Dei non redebeat. Et si hoc in eo placito, sicut superius insertum[p] est, coniurare potuerit, de ac causa ducta et secura resedeat; sin autem non potuerit, ad ipsa casa Dei se recognoscere faciat.

Datum ibi.

6. Notitia[a] de servo, quem colonus[b] comparat.

Notitia, qualiter vel quibus presentibus veniens magnificus vir ille[c] die[d] illo[c] in
*f. 131. illa civitate, in mallo publico ante inluster viro illo comite et ante apostolico *viro illo, vel presente quam plures viris venerabilibus racimburgis, qui ibidem ad universorum causas audiendum vel recta in Dei nomine iudicia terminandum[e] resedebant vel adstabant, quorum nomina subter tenentur adnixa[f], homine alico nomen illo interpellabat. Dixit, eo quod servus ad colono suo nomen illo de capud suum aderat, et vinditionem habebat, quomodo ipse colonus ipsum comparaverat, et ipsa vinditione ibidem ostendebat ad relegendum. Relecta epistola, sic ipsi viri ipsius interrogaverunt, si aliquid contra ipsa carta dicere vellebat, vel si[g] eam agnoscebat, anon; sed ipse servus ipsa carta vera et legitima recognovit. Sic ipsi viri tale decreverunt iuditio, ut ipse ille ipsum ad servitium recipere deberet; quod ita et fecit, et per manu vicarii[h] per iussionem inlustri[i] viro illo comite et per iuditium ad ipsas personas presentaliter recipit[k].

His presentibus.

Datum ibi sub die illo[l].

f. 132.

7. Notitia[a] de terra evindicata.

Notitia, qualiter vel quibus presentibus veniens venerabils vir ille[b] abbas de monasterio illo[c] die illo[c] in illo[c] loco ante inlustribus viris magnificis illis[c] et illis[c], missis domno et gloriosissimo illo[c] rege, vel aliis quam plures, qui subter firmaverunt, quorum nomina subter tenentur inserta, homine alico nomen illo[c] interpellabat. Repetebat ei, eo quod illa terra, quem[d] apud homine illo concambiavit, qui[d] est in pago illo, in grafia illa, in loco qui vocatur ille[c], post se malo ordine retineret iniuste[1]. Et ipse homo in presente adstabat et ac causa nullatenus potuit denegare nec tradere rationes[e], per quem ipsa terra habere debeat. Sic[f] ipsius homine fuit iudicatum, ut ipsa terra ante ipsos missos dominicos secundum suam legem ipsius venerabile viro illo abbate[g] reddere vel revestire deberet; quod ita in presente et fecit. Propterea iubemus, ut, dum ac causa sic acta vel perpetrata esse cognovimus, ut ipsa terra ipse abbas[g] habeat evindicata atque
f. 133'. elidiata, et sit postmodum ex ac[h] re omnique tempore subita causatio.

Datum ibi sub die illo, anno illo regnante domno nostro illo[c] glorioso rege.

5. m) *corr* tenet *c.* n) n *post add. c.* o) ipso *corr.* ipsa *c.* p) inser:tum *c.*

6 = *App.* 6; *Lind.* 162; *Roz.* 477. a) Notia *c.* b) colo *c.* c) ill., *et sic semper in reliqua formulae parte, nisi aliter annotatur.* d) de *corr.* die *c.* e) dum *bis scr. c.* f) *corr.* adnexa *c.* g) sic *c.* h) *corr.* vicario *c.* i) intt *c.* k) *corr.* recepit *c.* l) *sic c.*

7 = *App.* 7; *Lind.* 170; *Roz.* 461. a) Notia *corr.* Notitia *c.* b) ill. abb *c.* c) ill. *c.* d) *i. e.* quam — quae. e) *corr.* rationis *c.* f) c *post add. c.* g) abb *c.* h) *corr.* hac *c.*

1) *Obstant haec verba, quominus assentiamur viro Cl. Laband opinanti, hanc formulam Germanorum cessioni in iure, quam dicimus 'Scheinvindication', adeo convenisse, ut eisdem verbis notitia scribi potuisset de iudicio, quo non vera quaedam contentio definiretur, sed pactum sponte inter partes conventum roboraretur; 'Krit. Vierteljahrsschrift f. Gesetzgeb. u. Rechtsw'. XV, p.* 384. *Cf. Brunner, 'Gerichtszeugniss' in 'Festgaben f. Heffter' p.* 158.

8. Gratiarum actionis.

Quo sensu adgrediar aut quibus modis vobis gratiarum actiones iura persolvam, non solum lingue plectro sed etiam nec ullis stilorum conpendiis explere sufficio, quia magnitudo bonitas vestrae supereminet eloquii mei facultatem. Presumo vos tantum salutare, quantum est ad ima terrarum usque ad superna caelorum, omnesque sanctos fratres vestro magisterio sanctiores meos obsequio saluto, petens, ut suffragia precum vestrarum mihi indesinenter tribuatis[a].

9. Ingenuitas.

Quoniam sanctissimi Hludowici imperatoris pietas, quam habet in Deum, ea quaerere et indagare non cessat, quae Domni potissimum congruant voluntati, quibus quoque religionis honor et devotio magis ac magis de die in dies crescat atque proficiat, et ea, quae ad divinum cultum et officium sanctum pertinent, decoris et honestatis amplius in diebus eius quam prius habuerint accipiant, et cunctis in futurum temporibus, quae secundum Deum ab eodem inventa procurataque sunt, proficiant et perenni stabilitate a successoribus eius et fidelibus sanctae Dei ecclesie inviolabiliter in perpetuum conserventur, memor semper quod dicitur: 'Misericordia et veritas custodiunt regem, et iustitia firmatur thronus eius'[1], adeo, ut verissime et propemodum specialiter de eo dictum videatur: 'Beata terra, cuius rex sapiens est'[2], cui etiam illud non inconvenienter potest aptari, *quod Dominus de David perhibuit dicens: 'Inveni David secundum cor meum, *f. 134'. qui faciat omnes voluntates meas'[3]: huiusmodi itaque studiis rex iste sapiens et beatus indesinenter intentus et Domini semper adherens voluntati, cupiens, ut premissum est, divinum officium modis omnibus honestare et eos, qui domino Deo sacrificium super altare sanctum offerre debent et corpus et sanguinem dominicum precum mediatione consecrari, honori habere et ampliore gratia circumdare, statuit, ut episcopi et abbates et quicumque ecclesiasticis[a] possessionibus iure prelati sunt, si aliquos ex familia ad presbiteratus[b] ordinem promoveri velint, prius[c] eos permissu ipsius libertate donent et sic tandem ad sacerdocii gradum dignissime subvehant[4]. Igitur ego ille minimus servorum Dei famulus, ecclesiae Senonice archiepiscopus, tanta serenissimi Hludowici augusti auctoritate, quae Senonis in arcibo[d] ecclesiae episcopii *servatur[5], fultus, per *f. 135.

8 = *Holder p.* 40. a) *Eodem folio sequuntur praecepta ad medicamenta facienda, quae incipiunt:* Galbano, terventina, myrra *etc., deinde fol.* 133, *quod postea codici insertum videtur, manu recentiore, saec. X. ut videtur, exaratae formulae iudicii Dei (Roz.* 612*), deinde fol.* 134. *reliquae, quas, quamquam non eadem manu ac priores exaratas, cum tamen rubricae eodem modo ac illarum variis coloribus sint exornatae, haud ita multo post subiectas esse crediderim.*

9 = *App.* 8; *Lind.* 97; *Roz.* 71. a) eccleasticis *c.* b) os *corr.* us *c.* c) pr *in loco raso c.* d) *i. e.* archivo.

1) *Cf. Prov.* 20, 28. 2) *Cf. Ecclesiastes* 10, 17. 3) *Acta Apost.* 13, 22. 4) *Recte iam Bignonius haec ad capitulare Aquisgr. gener. Ludovici Pii a.* 817, *c.* 6, *LL. I, p.* 207, *revocavit.* 5) *Ipsam auctoritatem non habemus conservatam, sed alias quasdam eiusmodi. Reg. Imp. I,* 712. 713. 749. *Cap. Lud. l. l.:* De ecclesiarum vero servis communi sententia decretum est, ut archiepiscopi per singulas provincias constituti nostram auctoritatem, suffraganei vero illorum exemplar illius penes se habeant. Et quandocumque de familia ecclesiae utilis inventus aliquis ordinandus est, in ambone ipsa auctoritas coram populo legatur. *Cf. Sickel, 'UR.' n. ad L.* 166, *p.* 322, *cui vero suspicanti, formulam ingenuitatis unicuique auctoritati ab imperiali curia iam additam fuisse, non assentior, sed, sicut ex ipsis diplomatis Treverensi archiepiscopo concessi verbis: —* scribatur ei libellus perfectae et absolutae ingenuitatis more, quo hactenus huiusmodi libelli scribi solebant, civem Romanum liberae potestatis continens, *Reg. Imp. I,* 713; *'N. Arch'. II, p.* 437, *compertum habemus, formulam cum eo non transmissam esse, ita etiam nostram non in imperiali, sed in Senonensis ecclesiae curia dictatam esse crediderim.*

hunc libellum manumissionis te, fratrem nostrum, quem servilis conditio hactenus addictum tenuit inter huius ecclesiae familiam, quia fratrum testimonio, inter quos enutritus es, dignus ad sacerdotalem honorem sucipiendum praedicaris, censeo te atque statuo ante sacri altaris cornu in conspectu sacerdotum et cleri et populi adstantis a presenti die et deinceps ab omni iugo servitutis humane absolutum fore civemque Romanam appellari; ita ut nulli hominum pro servili conditione quicquam debeas servicii nec obsequii neque etiam libertinitatis munus inpendere, non mihi, non successoribus aut actoribus, quicumque prefuerint huic ecclesiae, non iudiciaria preditis potestate, sed soli Deo licentiam et facultatem habeas libere famulandi diesque tuos vitamque ipsi dicandi, *f. 135'. ut in ipsius ecclesiae proficias ad honorem et profectum plebis pretioso *sanguine Christi redempte, quatenus hanc pro modulo tuo monitis instruas, orationibus iuves, exemplis informes, corporis et sanguinis dominici consecratione, propter cuius honorem hanc consecutus es dignitatem, reficias; ut, sicut ab humana servitute liberatus per hanc manumissionem esse cognosceris, ita per divinam doceas diabolice dominationis iugum evadere plebem, que tibi a proprio pontifice fuerit commissa. His quoque subnectere placuit, canonicis admoniti constitutionibus, ut, si qua deinceps predia vel mancipia tui nominis titulo comparaveris, hoc observare studeas, quod in eisdem decretum esse cognoscitur, ne, si forte, quod absit, a tuo proposito exorbitaveris, presbiteratus gradum canonico iudicio amittere cogaris[1]. Hanc ingenuitatem manu propria subscripsi et qui subscriberent rogavi.

f. 136.

10. Mandatum.

Legibus[a] institutum[b] est et consuetudine per tempora conservatum, ut, quicumque advocatum instruere vellit, mandato legaliter dato atque solemniter confirmato eum instruere debeat, ut omnes causas, quas[c] adgredi vel repellere debet, prosequi et defendere inoffense[d] valeat. Igitur ego ille sanctae ille aecclesiae vocatus episcopus iniungo, mando et per has[e] litteras delego tibi illo fideli meo, de rebus sancti illius sitis in pago illo, in locis nuncupatis[f], cum adiacentiis vel aspicientibus ad eas locis aliis, per omni iure investigare, inquirere, prosequi et admallare debeas per mallos, vicos, castella, oppida et civitates necnon etiam, si necessitas incubuerit, in palatio, ante vicarios, comites, missos dominicos, comites palatii sive ante omnes iudices, quibus hoc officium delegatum est, ut causationes et lites definire et terminare iuste et rationabiliter debeant; et quicquid legibus cum iusticia inde prosecutus fueris et definieris, scito, apud me ratum et acceptum atque inconvulsum mansurum. Quod mandatum in te conlatum, ut *f. 136'. firmum fixumque permaneat, manu *propria subterfirmavi et qui adfirmare deberent rogavi.

10 = *App.* 9; *Lind.* 182; *Roz.* 390. a) Legibus — consue *in rubr. c.* b) institum *c.* c) *post add. c.* d) in offonse *corr.* in offense *c.* e) has li *in loco raso c.* f) *supplendum:* illis.

1) *Quibuscum verbis, ut melius intelligantur, conferamus canonem* 49. *concilii Carthaginiensis III, e quo sunt composita:* Placuit, ut episcopi, presbyteri, diaconi vel quicumque clerici, qui nihil habentes ordinantur et tempore episcopatus vel clericatus sui agros vel quaecumque praedia nomine suo comparant, tanquam rerum dominicarum invasionis crimine teneantur obnoxii, nisi admoniti ecclesiae eadem ipsa contulerint. Si autem ipsis proprie aliquid liberalitate alicuius vel successione cognationis obvenerit, faciant inde, quod eorum proposito congruit. Quod si a suo proposito retrorsum exorbitaverint, honore ecclesiastico indigni tamquam reprobi iudicentur. *Mansi, Concil. ampliss. collect. III, col.* 892, *et Decr. Grat. II,* 12, 3, 1. *Praeterea autem formulae dictator ante oculos habuisse videtur ipsum Ludovici capitulum, quippe quod aeque ac formula ea, quae de rebus post ordinationem comparatis constituta sint, omittat:* —si post ordinationem aliquid adquisiverint, illud observetur, quod in canonibus de consecratis nihil habentibus constitutum est. *Cf. etiam praefationem supra p.* 184.

11. Tradituriam[a] pro itinere pergendo.

Dominis sanctis et apostolicis sedibus allocatis, episcopis, abbatibus vel abbatissis et omnibus in Christo patribus, ducibus, comitibus, vigariis, centenariis et decanis vel omnibus in Christo credentibus et Deum timentibus ego in Dei nomine ille[b], acsi indignus peccator, ultimus omnium servorum Dei servus, episcopus videlicet, *sive* abbas, de civitate illa[b], *vel* de monasterio illo[b], ubi preciosus ille [martyr[c]], *sive* confessor, Christi umanus[d] in corpore requiescit, salutem vobis perennem in Domino destinare curavimus. Cognoscatis siquidem, domni et sancti patres seu et sorores in Christo, quia innotescimus vobis, eo quod peregrinus iste nomen ille[b], ex genere illo[b], ad nos venit, et nobis innotuit atque consilium quaesivit de hoc videlicet facto, quod instigante adversario, peccatis facientibus, proprio filio suo, *vel* fratri suo *sive* nepote, nomine illo interfecit; et nos pro hac causa secundum consuetudinem[e] vel canonicam institutionem diiudicabimus, ut in lege peregrinorum ipse prefatus vir annis [septem[c]] *in peregrina- *f. 137. tione [ambulare[c]] deberet. Propterea cognoscatis, sanctissimi patres, has litteras, ut, quando ad sanctitatem vestram venerit, melius ei credatis, et quod nullatenus pro alia[f] causa ambulare dinoscitur, nisi, sicut superius diximus, pro peccatis suis redimendis, ut vos ei[g] nullo modo teneatis, nisi tantum, quando ad vos venerit, mansionem ei et focum, panem et aquam largire dignemini, et postea sine[h] detentione[i] liceat ei ad loca sanctorum festinare. Sic exinde agite pro amore Dei et reverentia sancti Petri, sanctissime patri, ut vobis pius Dominus in illa beata seu inmortali vita remunerare dignetur, quia in ipso peregrino Christum pavistis seu suscepistis, considerantes videlicet quod ipse Dominus dixit: 'Hospes fui, et suscepistis me; quod uni ex minimis istis fecistis, mihi fecistis'[1]. Quid[k] plura? Ad sapientes sufficit semel loqui. Commendamus nos obnixę in vestris sacris pręcibus, ut nobis commendare dignemini in Christo feliciter, sanctissimę[l] patres, ut ad aeternam angelorum digni habeamini mansionem perpetuam.

12. Cessio ad ecclesiam *a novo aedificatam. *f. 137'.

Regnante domino Iesu Christo in perpetuum, ego ille episcopus. Omnibus non habetur incognitum, qualiter ego, ausiliante Domino, in pago, in villa cuius vocabolum est, ibi in basilica sanct.....[a] atque sancti Stephani vel in onore ceterorum sanctorum, quorum ibidem reliquie quiescunt, construcxi atque[b] Kalendis Iunii dedicare certavi. Consensavi etiam confratribus, tam canonicis quam et monachis vel ceteris hominibus, qui ad presens fuerunt, ut ville quarum vocabula sunt Cadiliaco, Tanculfovilla, Fagido et Barbitione villare[2], ut ibidem aspicere deberent ad missas veniendi et ad baptismum vel predicationem et ut decimas suas ad memoratam basilicam dare deberent. Propterea pro firmitatis studium anc consensionem scribere rogavimus, ut temporibus nostris atque successoribus nostris anc nostra consensio firma et stabilis valeat permanere, et sciant omnes, tam presentes quam et absentes seu subcessoresque nostri, quia dedimus in memoratum illum Cadiliaco duos mansos ad ipsam luminariam previdendam, vel unde presbyter, qui ibidem officium fungere videtur, vivere debeat; *et addimus ad hoc insuper *f. 138. de terra arabile[c] et de vinea aripenne uno et dimidio, ut evo tempore in elimosinam nostram seu subcessorum nostrorum ita valeat perdurare.

11 = *App.* 10; *Lind.* 33; *Roz.* 667. *Cf. Rockinger, 'Salzb. Formelb.'* 20. *Eandem fere formulam e codd. Havniensi et Monacensi seorsum inter Form. Salicas Lindenbr.* 17. *edimus, hic manifestis tantum scribae erroribus ex iis emendatis.* a) Tracturia *rectius Havn.* b) ill. *c.* c) *add. Havn. et Mon.* d) humanitus *Havn.*; humatus *Mon.* e) consuetidinem *c.* f) *Havn. et Mon.*; hac *c.* g) eum *Havn. et Mon.* h) siue *c.* i) tetentione *corr.* detentione *c.* k) quod *corr.* quid *c.* l) ę *corr.* i *c.*

12 = *App.* 11; *Roz.* 564. a) s̄c:::::, 4—5 *litt. erasae c.* b) aque kt *c.* c) *post h. v.* 8—10 *litt. erasae c.*

1) *Ev. Matth.* 25, 35. 40. 2) *Cf. 'N. Arch.'* VI, *p.* 78.

Actum fuit hoc sub die memorato, Kalendis[d] Iunii in anno 8, Christo propitio, imperii domni Karoli serenissimi augusti et anno 40.[e] regni eius in Francia atque 35. in Italia, indictione prima[1], in Dei nomine filiciter, amen.

His presentibus, qui adfuerunt illuc[f].

13.

f. 140'. Greca[2] elementa litterarum numerus expremere nullusque, qui vel tenuiter Greci sermonis notitiam habet, ignorat; ne igitur in faciendis epistolis canonicis, quas mos Latinus formatas vocat, aliqua fraus falsitudinis temere presumeretur[a], hoc a patribus 318 Nicea constitutis saluberrime inventum est et constitutum, ut formate epistole hanc calculationis[b] seu supputationis[c] habeant rationem, id est, ut adsumantur[d] in subputationem prima Greca elementa Patris et Filii et Spiritus sancti, hoc est Π Υ Α, *que elementa octogenarium, quadragentesimum[e] et primum significant numerus, Petri quoque apostoli prima littera, id est Π, qui numerus octoginta significat, eius qui scribit epistolam prima littera, cuius scribatur[f] secunda littera, accipientis tertia littera, civitatis quoque[g] de qua scribatur[f] quarta et indictionis, quecumque est idem temporis, idem qui fuerit numerus adsumantur, atque ita his omnibus litteris Grecis, que, ut diximus, numeros exprimunt, in unum ductis, unam, quecumque collecta fuerit, summam epistola teneat. Hanc qui suscipit omni cautela requirat expresse, addat preterea separatim in epistola etiam nonagenarium et nonum numerus, qui secundum Greca elementa significant [AMHN[h]].

**f. 141.*

f. 141'.

14. Litteris commendatitiis.

Sancto et Deo amabile Magnone donum Dei archiepiscopo ex Senonica urbe[3], ego enim in Dei nomine Ebroinus donum Dei archiepiscopus ex Bitorige urbe[4] in Domino Iesu salutes optamus vobis in perpetuum. De cetero notum facimus sanctitati vestre, quia iste presens presbyter nomen Dodobertus, parrochianus noster, in nostra diocese natus et sacris litteris edocatus, ad ordinem sacrum eum promovere iussimus. Postea vero petivit nobis licentiam, ut in vestram parrochiam apud homine alico nomen Hercambaldo manere voluissed; nos vero petitione illius non denegavimus, nisi licentiam illi dedissemus, quia scimus, quod de bene liberis hominibus ortus sit. Unde has litteras commendaticias more ecclesiastico factas ad sanctitatem vestram misimus, ut scire valeat Deo digna caritas vestra, eum nec fuga *lapsum nec sua malicia a nobis eiectum, sed nostra voluntate destinatum. Et ut certius credatis, Greca elementa, que octogenarium[a], quadringentesimum[b] et primum numerus exprimunt, inprimitus adneximus, Π Petri quoque nomine prima littera sumpta[c] in medium adscribere rogavimus, nihilominus etiam parvitatis nostre nomine prima littera H E[5], magnitudinis vestre secunda littera A, istius

**f. 142.*

12. d) kł *c.* e) x(L) reg., *inter* x *et* r. *spatium vacat, ubi nihil erasum est c.; fortasse detersum est* L. f) his presentibus *hic repetit c.*

13 = *Lind.* 184; *Roz.* 643. a) presumetur *corr.* presumeretur *c.* b) la *post add. c.* c) sepp. *corr.* supp. *c.* d) adsūmantur *c.* e) *lege:* quadringentesimum. f) *corr.* scribitur *c.* g) *post add. c.* h) *deest c. Cod. Par. Lat.* 13090 *pro* qui sec. — AMHN *exhibet:* ΠΥΑΠϚΘ.

14 = *App.* 12, 1; *Lind.* 185; *Roz.* 647. a) ortogenarium *c.* b) quadringentesmum *c.* c) p *post add. c.*

1) *Die* 1. *Iunii a.* 808. *Si huic formulae credendum est, Karoli anni regni in Italia iam ante diem* 1. *Iunii mutabantur.* 2) *Haec 'regula formatarum' etiam in alias formularum collectiones recepta (cf. Dümmler, 'Formelbuch d. B. Salomo' p.* 102*), in canonum collectione Hispanica Attico Constantinopolitano episcopo adscribitur, cuius versioni canonum Nicaenorum in codicibus nonnullis subiecta est. Cf. Maassen, 'Gesch. d. Quellen u. Litteratur d. canon. Rechts' I, p.* 399 *sqq.; praes.* 402. *Recepit etiam Gratianus, Decret. I,* 73. 3) *Magno (Magnus) archiepiscopus Senonensis a.* 801—818*; Gallia christ. XII, col.* 15 *sq.* 4) *Formula testatur, Ebroinum a.* 810. *sedem Bituricensem habuisse, quam certe ante a.* 820. *reliquit; Gallia christ. II, col.* 20. 5) *De Rozière ad h. l. recte monuisse videtur, utramque literam hic scriptam esse, quia scriba de litera Latina E Graece scribenda dubitasset.*

fratri nomine tercia littera Δ, civitatis nostrae quarta Ω et indictione quarta adiunximus; addimus nonagenarium et nonum numerus, id est Φ[d] et Θ[1], et insequenter inpressione sigilli nostri supter confirmavimus et manu propria eum roboravimus et clericis nostris roborari iussimus.

Actum in anno 10. imperii domni nostri illius[e] et anno 43. regni eius[2], in Dei nomine feliciter, amen.

15. *f. 142'.*

In nomine Π et Υ et A. Reverentissimo, sancto et Deo amabile illi[a] archiepiscopo Senonice urbis[3], ego enim in Dei nomine ille[a] Cinomanice civitatis episcopus[4] in Domino Iesu Christo opto vobis salutem in perpetuum. De cetero notum facimus sanctitati vestre, quia iste presens presbyter[b] nomine ille[a], parrochianus noster, in nostra diocise natus et sacris litteris edocatus, ad ordinem sacrum eum promovimus. Postea vero petivit nobis licentiam, ut in vestra parrochiam aput hominem nomine...[c] manere voluissed; nos vero petitione illius non denegavimus, nisi licentiam illi dedissemus, quia scimus et agnoscimus, unde ortus sit. Inde has litteras commendatitias more ecclesiastico factas ad sanctitatem vestram missimus, ut scire valead Deo digna caritas vestra, eum nec fuga lapsum nec sua ulla malitia a nobis eiectum, sed nostra voluntate destinatum[d]. Et ut certius credatis, Greca elementa, que octogenarium, *quadringentesimum et primum *f. 143.
numerus exprimunt[e], inprimitus adneximus, Π Petri quoque nomine prima littera sumpta in medium adscribere rogavimus, nihilominus etiam parvitatis nostrae nomine prima littera Φ, magnitudinis vestre secunda littera A, istius fratri nomine tercia littera Ω, civitatis[f] quoque nostre quarta littera Ω et indictione quarta; addimus preterea nonagenarium et nonum numerum, id est Φ[g] et Θ[5], et insequenter inpressione sigilli nostri eam confirmavimus et manu propria eam roboravimus et clericis canonicis nostris roborare iussimus.

Actum in anno decimo imperii domni illius[a] serenissimi imperatoris[h], 43. regni eius[6], in Dei nomine feliciter, amen.

16.

In Dei nomine. Sanctissimo ac reverentissimo fratre illo episcopo ille [illius[a]] urbis episcopus in Domino sempiternam salutem. Cognoscat fraternitas seu caritas vestra, quia iste presens presbyter nomine ille in parrochia et in ecclesia nostra sacris litteris *f. 143'.*
edocatus fuit et ab infantia fuit apud nos seu prodecessores nostros, bonum habens testimonium bonamque continentiam et innocentem vitam deducens. Unde placuit illi modo, ut ad aliam ecclesiam se converteret, volens sibi quaerere seniorem, qui se de rebus temporalibus adiuvet, et cui ille secundum ministerium, quod sibi iniunctum est, obsequium praebeat. Unde vestram fraternitatem conpertam facimus, ut, cuicumque

14. d) *lege:* ϙ. e) ill. *c.*

15 = *App.* 12, 2; *Roz.* 648. a) ill. *c.* b) *reliqua om. Bign.* c) *post h. v. c.* 4 *litt. erasae, deinde* ggr (r *punctis appositis del.*), *tunc* 9—10 *litt. erasae c.* d) destinati Im *c.* e) exprimum *c.* f) civ. — Ω *om. Roz.* g) *lege:* ϙ. h) impr̄ *c.*

16 = *App.* 12, 3; *Roz.* 656. a) *deest c.*

1) *Formulae auctor eodem modo ac cod. Par.* 13090, *supra p.* 218, *l.* 37, *pro Graecis literis* AMHN (= 1 + 40 + 8 + 50) *alias eundem numerum efficientes* ϙΘ (= 90 + 9) *ponere voluit.* 2) *Anni Karoli Magni recte computati sunt: a.* 810. *Octob.* 9. — *Decemb.* 25. 3) *Ex tempore et secunda nominis litera infra memorata constat, etiam hic Magnonem nunciatum esse.* 4) *Franco I. episcopus Cenomanensis a.* 794—816; *Gallia christ.* XIV, *col.* 356 *sq.* 5) *Cf. supra n.* 1. 6) *Cf. supra n.* 2.

placuerit eum suscipere, absque ulla ambiguitate hoc faciat, sciens illum et boni esse testimonii et a nobis sibi ab ecclesia, quae nobis ad regenda concessa est, migrandi licentiam accepisse. Et ut ae littere firmiorem obteneant dignitatem, meliusque eis fides adhibeatur, manu nostra ea subter roboravimus.

17.

f. 144. In Christo nomine. Ille episcopus illo episcopo, amico nostro, devotam dirigo salutem. Gratias vobis refferimus de caritate vestra, quam erga fidelem nostrum dignati estis facere, et circa congregationem nostram, quae est in opido sita, quod dicitur illum. Fecisti enim, ut apostolus commendans ait: 'Predica verbum, insta oportune et inoportune, oportune volentibus et inoportune nolentibus'[1]. Qui enim sequitur apostolorum vestigia, luce gaudebit perpetua. Rogo vos humiliter, dirigere nobis per epistolam vestram, quid mihi de nostro liceat caelebrare officium in parrochia vestra et in ecclesiis vestris, quae in nostro sunt beneficio; si predicare liceat, si emendare, si corrigere, si erigere ecclesiis, si confirmare aut baptizare aut penitentiam dare, aut quid nobis concedatis, aut quid prohibeatis, scire nos faciatis citius, petimus. Amicitiam vero vestram
*f. 144'. valde firmam obtamus inter nos consistere. Et obsecro, *ut mihi commendare dignemini quasi firmo amico tuo quodlibet servitium et paratum me habetis in omnibus honestis et iustis mandatis[a] vestris. Bene valeto.

18.

In nomine sanctae Trinitatis. Venerande et almifice gloriosaeque ille ego ille inferior cunctis servis vestris postulo summo a Deo aeternam venire salutem. Hinc rogo vos et ammoneo, ut laus popularis, quae per vulgares spargitur aures, vestram adtingat mentem et crescendo pollulat sapientia vestra apud Deum et homines. Omnis vero populus ac proclamat voce dicens, his vero esse ditatam felicibus donis, quod in perpetuum firmiter permaneat, citam omni bono consilio et claram facie omni conspectui humano, varias scilicet gazas miro ordine beataque mundi regna mirifice disponere, pulcram corpore et in mente quieta, lucidis autem luminibus vestram fieret staturam in aulem dicunt.
*f. 145. Debetis enim semper Deo gratias *agere, ut in vobis haec et his similia crescant per omnia momenta. Vide, ut apostolus ait: 'Quomodo caute ambulaveris, sicut sapientes'[2], et iterum: 'Non solum coram Deo, sed etiam coram hominibus providentes bona'[3], et cetera. Festina itaque, virgo gloriosissima, sanctis studiis te et bonis operibus ornare, ut cum sanctis et beatis virginibus centenum merearis collegere fructum.

ADDITAMENTUM
E CODICE FORMULARUM SENONENSIUM.

f. 22'. 1. Indiculum.

Sanctorum meritis beatificando domno et fratri Importune.
Domne dulcissime
Et frater carissime
Inportune[a]. Quod recepisti,
Tam dura estimasti,

17 = *Bal.* 1; *Roz.* 529. a) a *alterum in loco raso c.*
18 = *Bal.* 2; *Roz.* 806.
1 = *Bal.* 11; *Roz.* 892. (*Num.* LI *c.*) a) *valde abrasum c.*

1) *Pauli ep. ad Tim. II*, 4, 2. 2) *ad Eph.* 5, 15. 3) *ad Rom.* 12, 17; *ad Cor. II*, 8, 21.

Nos iam vicina morte de fame perire,
Quando talem annonam[b] voluisti largire.
Nec ad pretium nec ad donum
Non cupimus tale anonę.
Fecimus inde comentum[c, 1] —
Si Dominus imbolat[2] formentum[d]! —
A foris turpis est crusta;
Ab intus miga[e] nimis est fusca,
Aspera est in palato,
Amara et fetius odoratus.
Mixta vetus apud novella;
Faciunt inde oblata non bella.
Semper habeas gratum[f],
Qui tam larga manu voluisti donatum,
Dum Deus servat tua potestate,
In qua cognovimus tam grande largitatis[g].
Vos vidistis in domo,
Quod de fame nobiscum morimur. Homo,
Satis te presumo salutare[3]
Et rogo, ut pro nobis dignetis orare.
Transmisimus tibi de illo pane;
Probato, si inde potis manducare.
Quamdiu vivimus, plane
Liberat nos *Deus de tale pane! *f. 28.
Congregatio puellare sancta
Refudat tale pasta[4].
Nostra privata stultitia
Ad te in summa amiticia[h].
Obto, te semper valere
Et caritatis tue iuro[i] tenere.

2. Item alium.

Beatificando domno et fratre Frodeberto pape.
Domne Frodeberto, audivimus,
Quod noster fromentus vobis non fuit acceptus.
De vestra gesta volumus intimare,
Ut de vestros pares numquam delectet[a] iogo[b] tale[c] referrere[d].
Illud enim non fuit condignum,
Quod egisti in Segeberto regnum[e]

1. b) annonā *exstitisse videtur, sed* ā *erasum est c.* c) commentum *edd.* d) *sic c.* e) *i. e.* mica. f) *i. e. fortasse* gratias. g) *corrige:* largitate. h) *sic c.* i) *lege:* iura.

2 = *Bal.* 12; *Roz.* 893. *(Num.* LII *c.)* a) *post h. v.* h̄ (haec) *post add. c.* b) *i. e.* iocum talem. c) *post h. v.* h' (hoc) *post add. c.* d) *in exemplari fort.:* referare. e) *in exempl. fort.:* rignum.

1) *Haec vox panem significare videtur; fortasse revocanda est ad Lat. comedere; cf.* 'comer' *Diez, 'WB.' II, b. Boucherie versum interpretatus est: 'Voici les réflexions que nous avons faites à ce sujet'.* 2) *i. q. involare, auferre; imbulare L. Sal. cod.* 1: 2, 7. 9. 15 *sq.;* 5, 2; 6, 1; 27, 3; *embolare Cap. ad L. Sal. (ed. Boretius)* 1, 3. *Cf. Diez, 'WB.' II, c, s. v.* 'embler'. 3) *Versum male intellexit Bouch.; recte interpretatus est Meyer: 'Je prends la liberté de te saluer'.* 4) *Vox Romana, Francogallis 'pâte' = 'Teig'; Diez, 'WB.' I, s. v.*

De Grimaldo maiorem domus,
Quem[f] ei sustulisti sua unica ove[1], sua uxore,
Unde postea in regno numquam habuit honore.
Et cum gentes venientes in Toronica regione
Misisti ipsa in sancta congregatione,
[In[g]] monasterio puellarum,
Qui est constructus in honor[e] ....[g].
Non ibidem lectiones divinis legistis,
Sed ....nis[h] inter vos habuistis.
Oportet satis obse.......
...... conlocutione,
Quem nec est a Deo apta
....................ta
Sic est ab hominibus vestra sapientia
..................[pru]dentiae

Sed qualem faciebatis in[i] .... monasterio puellarum pro pane..... .... [in] monasterio fuisti generatus domn................. perdidisti.
*f. 28'. Indulge ista pauca verba.................. *Inportunus de Parisiaga terra.

3. Parabola.

Domno meo Frodeberto, sine Deo,
Nec sancto nec episcopo
Nec saeculare clerico,
Ubi regnat antiquus
Hominum inimicus.
Qui mihi minime credit,
Facta[a] tua vidit.
Illum tibi necesse desidero,
Quare non amas Deo nec credis Dei Filio.
Semper fecisti malum.
Contra adversarium
Consilio satis te putas sapiente,
Sed credimus, quod mentis.
Vere non times Christo, nec tibi consentit.
Cui amas, per omnia
Eius facis opera.
Nec genetoris tui diligebant Christum,
Quando in monasterio fecerunt temetipsum.
Tuos pater cum domno
Non fecit sancta opera.
Propter[b] domnus digido[2]

2. f) *hic et infra pro* quoniam *seu* quia, *non, ut opinatus est Boucherie, pro* quum. g) *et literae suppletae uncis inclusae et puncta posita significant, quot literae abscissae vel alio modo deletae esse videantur.* h) congressionis *suppl. Boucherie, quod tamen ideo fieri non potest, quia* 5. *vel* 6. *litera, cuius pars superior superest,* l *seu alia eminentior litera fuit. De sensu dubitari non potest.* i) in *habuisse videtur c.*

3 = *Bal.* 13; *Roz.* 894; *Boucherie* 4. *(Num.* LIII *c.)* a) factu tuu *c.* b) *i. e.* Propterea.

1) *Tangunt haec verba parabolen Nathan,* 2. *Reg.* 12. 2) *Verbis* digido (*i. e.* digito) relaxavit *manumissionis forma quaedam alias non memorata significari videtur. De digitorum usu in aliis negotiis sollemnibus exempla ex inferioribus saeculis affert Grimm, 'RA.' p.* 141 *sq.; cf. Ducange, s. v. digitus.*

Relaxavit te vivo,
Docuit et nutri[vit],
Unde se postea penetivit.
Non sequis scriptura
Nec rendis [nisi in]iqua[c].
Memores, Grimaldo
Qualem fecisti damnum[1].
.... um[d] et Deo non oblituit
De bona, que tibi fecit.

Quid inde ....[e]? [M]uliere sua habuisti, conscientia nua[f] nec................. norum peracta, sed contra canonica.................. ea de sancta congregatione aput .... non ex devotione, sed cum gran .... cur nos scimus damnas nimis.................... tollis eis aurum et argentum et honoris .... liberat per has regiones.

Cur te presumis *tantum *f. 28[a].
Dampnare suum thesaurum?
Quod, ut alibi, ubi eum rogas.
Per tua malafacta,
Quod non sunt apta.
Amas puella bella
De qualibet terra
Pro nulla bonitate
Nec sancta caritate.
Bonus numquam eris,
Dum tale via tenes[g]

Per tua cauta[h] longa — satis est, vel non est? Per omnia iube te castrare, ut non pereas per talis, quia fornicatoris Deus iudicabit.

De culpas tuas alias te posso contristare,
Sed tu iubis mihi exinde aliquid remandare.
Ut in quale nobis retenit[i] in tua caritate,
Exeant istas exemplarias
Per multas patrias.
Ipso Domino[k] hoc reliquo,
Se vidis amico,

qui te hoc nuntiat et donet consilium verum. Sed[1] te placit, lege et pliga, in pectore repone; sin autem non vis, in butte[2] include.

4. Item alia.

Incipiunt verba per similitudinem iuncta de fide vacua[a], dolo pleno falsatore.

Agino[b] Salomon per sapientia
Bene scripsit hanc sententia[3],
Ut, ne similis fiat[c] stulto,
Numquam respondes ei in multo[d].

3. c) *ultimae ex literis uncis inclusis linea altera adhuc exstat c.* d) *exstare videtur* ū *c.* e) *versus sententia fuisse videtur: Quomodo ei pro hac re gratiam reddisti?* f) *sic c.;* mea *Roz.* g) *fort.:* teneris. h) *i. e.* cauda. i) *lege:* retineas. k) dōmo *c.* l) *lege:* si.

4 = *Bal.* 14; *Roz.* 895; *Boucherie* 3. a) *lege:* vacuo. b) *fortasse pro* agios. c) *lege:* fias d) mutto *c.*

1) *V. p.* 222, *l.* 2 *et infra l.* 10. 2) *i. e. vas. Diez, 'WB.' I, s. v. 'botte'.* 3) *Cf. Proverb.* 26, 4: Ne respondeas stulto iuxta stultitiam suam.

Et retractavi tam in multum,
Sic respondere iussi stulto,
Ut confundantur[e] stultum[f] grado.
Numquam presumat gloriare.
Respondi, dixi de falsatore,
Nec ei parcas in sermone,
Qui[g] se plantatum ex robore;
Qui[1] non pepercit suo ore,
Vaneloquio susorrone,
Verborum vulnera murone[2];
Qui sui obl[itus] adiutoris
Inmemor est[h] nutritoris,
Calcavit iur[e] et[i] [pudoris[k]],
f. 28a'. Qui fei[l] date et prioris
Alodis[m] sui reparatoris[n]
Sordidas vomit pudoris[o].
Incredulas dicit loquellas et improbas;
Quoinquinat et conscientias
Bonum merito conquesitas.
Mundas, sanctas et antiquas,
Pulchras, firmissimas et pulitas
Meas rumpit amititias.
Verba dicit,
Que numquam vidit;
Ea scribit,
Que animus[p] fecit.
Parcat, qui eum credit!
Et si loquestem[q]
Non stringit furorem,
Latro fraudolentus
Homicidum est reus certus,
Adulter, raptor est manifestus,
Innumerus fecit excessus[r]
Errando vadit quasi caecus,
Fuscare temptat meum decus.
A Deo dispectus et desertus,
Ab inimico est perventus

4. e) n *tertium ex parte erasum c.* f) *Boucherie recte intelligere videtur:* stulti gradus. g) *sic versus vix intelligi potest;* credit *fortasse omissum est.* h) inmemores *c.* i) &, *unde maior pars abscissa c.* k) *ita conieci; linea quaedam eminentior, quam c., ceteris abscissis, congruo loco exhibet, literae* d *convenit.* l) *lege:* fidei. m) ad laudes *('sur les louanges') falso interpretatum esse Boucherie, monuit Meyer.* n) *supple:* immemor *seu* oblitus. o) putores *intelligit Bouch.* p) fecit animus *c.; mutato verborum ordine, versum restituit Bouch.* q) *i. q.* loquacem *Bouch.* r) excelsus *c.*

1) *Boucherie hos versus interpretatus est: 'Dont la bouche n'épargne personne, ce bavard, cette mauvaise langue aux paroles blessantes, ce scélérat qui etc.' Equidem vernacula lingua interpretari malim: 'Der nicht Schonung geübt hat mit seiner Zunge, der Ohrenbläser mit eitelem Geschwätz, der Bandit mit verwundenden Worten.'* 2) Muro *pro* murio, *qua voce, ut monuit Boucherie ad h. l., Gregorius Tur. utitur pro scelerato; Hist. Franc. IX,* 40: congregatis secum furibus, homicidis, adulteris omniumque criminum reis; 41: turba murionum praefatorum. *Cf. Ducange s. h. v.*

Et per lingua et per pectus.
Nolite, domne, nolite, fortis,
Nolite credere tantas sortes[t]!
Per Deum iuro et sacras fontis,
Per Sion et Sinai montis:
Falsator est ille factus,
Excogitator est defamatus.
Deformato[u] vultu est deformatus;
Qualis est animus, talis et status.
Non est homo hic miser talis.
Latrat [vulpis], sed [non[v]] ut canis.
Psallat de trapa[1] ut linguaris dilator
Maior nullis talis falsator.
Grunnit post talone[2],
Buccas inflat in rotore[w],
Crebat[x] et currit in sudore,
Fleummas[y] iactat in pudore[z. 3];
Nullum vero facit pavore,
Qui non habet adiutorem
Super secundum meum tutorem.
Non movit[a] bracco[4] tale baronem[5],
Non ....[b] bracco contra insontem,
Non[c] cessare bracco
Ab exaperto sacco
.... [b]racco
Et salte[d] decrascianto[e. 6]
Non timere falco.
Non perdas* illo loco, *f. 29.
Non vales uno coco[7],
Non simulas[f] tuo patre
Vere nec tua matre.
Non gaudeas de dentes!

4. t) fortes *c.* u) *emendavi, cum cod. versum praebeat haud dubie corruptum:* Deformat vultu et deformata ŝ (sunt). v) 1 *lit.* (n̄ ?) *erasa c.; cf. infra p.* 226, *l.* 12. w) *i. e.* rudore. x) *i. e.* crepat; *al. m. corr.* crebrat *c.* y) *fortasse:* flegmata. z) *i. e.* pudorem; *Bouch.* in putores = cum putore. a) moū *c.* b) invadit *seu quodcumque eiusdem significationis verbum omissum videtur.* c) *quid sibi velint sequentes* 6 *versus, non intelligo.* d) *corruptum videtur.* e) *fortasse pro* decrasciante. f) *i. e.* similas, *ut recte interpretatus est Bouch.*

1) *Haec vox in Lege Sal.* 7. *invenitur pro decipula, laqueus (Mallob. 'falla'; cf. Kern apud Hessels* §. 62*). Cf. Diez, 'WB.' I, s. v. trappa. Quid vero hic innuatur, nescio.* 2) *Talo = talus; Francogall. 'talon (Ferse)'. Cf. Diez, 'WB.' I, s. v. 'tallone'.* 3) *Pudor = existimatio, dignitas; Brissonius, De verborum signif. s. v.* 4) *Vox Germanica: 'braccho' nunc 'Bracke'. Cf. Grimm, 'D. WB.' II, col.* 289. *et Ducange s. v. bracco.* 5) *i. e. vir, vir ingenuus. Cf. Müllenhoff apud Waitz, 'Das alte Recht', p.* 279 *sq.; Diez, 'WB.' I, s. v. 'barone'.* 6) *Hoc verbum fortasse ad Germ. 'croccizan', Anglosax. 'cracetan' = crocitare, 'krächzen', revocari potest. Cf. Grimm, 'D. WB.' V, col.* 1925. 7) *Ducange, cui assentit Meyer, intelligit: cocum, coquum = 'cuisinier'. Boucherie interpretatus est: 'gueux' (cf. Diez, 'WB.' II, c, s. vv. 'gueux' et 'coquin'). Mihi potius* coco *pro* cocco *scriptum esse et gallum significare videtur. Cf. L. Sal.* 7, 6, *ubi duo codices saec. VIII. et IX. (Merkel cod.* 7. 9*)* coccum *et* cocco *exhibent pro* gallum *(Hessels, col.* 42*).*

Deformas tuos parentes.
Ad tua falsatura
Talis decet corona.

5. Indiculum.

Nolite, domnae, nolite, sanctae,
Nolite credere fabulas falsas,
Quia multum habetis falsatores,
Qui vobis proferunt falsos sermones,
Furi atque muronis
Similis aetiam et susuronis,
Et vobis, domne, non[a] erunt protectoris.
Latrat vulpis, sed non ut canis.
Faltus[b] mit semper inanis;
Cauta proferit, iam non fronte;
Cito decadet ante cano[c] forte.
Volat[d] upua[1], et non arundo[e. 2],
Isterco[f] commedit[3] in so[g] frundo,
Humile facit capta dura[4],
Sicut dilatus[h] in falsatura
Falsator. Vadit
Tamquam latro ad aura[5] psallit,
Ut Escotus mentit, semper vadit
Toritus[6] et oc dicit[i],
Que numquam vidit.
Nolite, domne, atque prudentis
Vestras non confrangat mentis,
Et non derelinquere serventes.
Tempus quidem iam transactum[k]
Et hoc feci, quod vobis fuit adaptum,
Iam modo per verba fallacia
Sexum[l] deiactus de vestra gratia.

5 = *Bal.* 15; *Roz.* 896. a) *ead. m. post add. c.* b) *Bouch.:* saltus init s. c) *i. e.* canem fortem. d) ut *fortasse supplendum, et ita post* non. e) arundine *ead. m. corr.* arundo. f) *i. e.* stercus. g) *lege:* suo fronde. h) *i. e.* delatus; *Bouch. mavult* delator *emendare, quod non opus esse videtur.* i) *coni. Bouch.;* occidit *c.* k) transactus *c.* l) Ne sim *coni. Bouch.*

1) *i. e. upupa; Provincialibus 'upa'. Quae avis fortasse iam illo aevo vaniloqua et ignava credebatur. Cf. Konradus de Megenberg, 'Buch d. Natur' ed. Pfeiffer p.* 228 *ex.* 2) *i. e. hirundo; Francogallis olim 'aronde'. Cf. Diez, 'WB.' I, s. v. 'rondine'.* 3) Upupam Graeci appellant, eo quod stercora humana consideret et fetenti pascatur fimo. *Isidori Origg. XII,* 6, 66. *Boucherie minus recte intelligit:* Is stercus commetit *(= 'récolte')* in suo fundo; *melius Meyer: 'Il mange des excréments'.* 4) *Boucherie interpretatus est: 'Chatte méchante, il se fait humble'. Equidem intelligere malim:* dura *(sc. upupa)* capta *(i. e. si capta est)* humile facit. 5) *Dubito utrum* auras, *an* aurem *(ita Boucherie) sit intelligendum.* 6) *Fortasse pro* tortus, *cuius frons obducta est, Ducange s. h. v.*

FORMULAE SALICAE BIGNONIANAE.

In editione Marculfi a Bignonio parata ceteris subiectae leguntur 26 formulae ab ipso editore 'Formulae quaedam variae et incerti auctoris' inscriptae, postea vero Baluzio auctore breviter Bignonianae dictae, quas ille ex codice se sumpsisse dicit, qui olim Petri Danielis, deinde Bongarsii fuisset, tunc vero Caroli Labaei beneficio in manus suas incidisset. Idem nunc exstat codex inter Parisienses Lat. 13686, olim S. Germani a pratis, Lat. 1596, et bibliothecae Coislinianae, 8° min., saec. IX. (Roz. Par. E). Folia sunt 28, sed paginarum, quas annotavi, numeri non nisi inde a fol. 1'. incipiunt. Folio 1. recto fragmentum quoddam de diebus Aegyptiacis exhibente, reliquae omnes codicis paginae formulis implentur[1].

Collectio[2] ista inscribitur: Incipiunt cartas regales sive pagensalis, quod admodum mirum videtur, cum non nisi unam regalis cartae formulam, cap. 1, contineat[3], aliis fortasse quibusdam a codicis nostri scriptore omissis. Hoc quidem suspicari liceat, diplomatis formulam illam, quae dicitur carta de hoste, in codicis Vaticani collectione, quam post istam Johannis Merkel nomine appellatam edimus, inter alias Bignonianas exstantem cum illis ex antiquiore exemplari collectionis nostrae receptam esse.

De origine formularum nihil constat, nisi quod a Francis et Salicis quidem oriundae sunt. Nam cum pleraque capita secundum morem Francorum dictata esse videantur et Francici iuris verba propria in nonnullis legantur (vide 'tinado' = dos, cap. 6; 'leodis' = et corpus occisi et compositio, cap. 8. 9; 'mallum', cap. 6; 'remallatio' cap. 8. 9), capite 6. etiam desponsatio 'per solidum et denarium secundum legem Salicam' memoratur. Quo tempore collectio composita sit, dubitari potest; cum enim cap. 16. tractoriam exhibeat cuidam Romam peregrinanti a maiore domus concessam, quae non nisi ultimis Merowingis regnantibus scribi potuit, alia quaedam inferiora tempora indicant. Capita 7. et 13. referunt de iudiciis legitimis vicario quodam comitis praesidente celebratis, cuius rei ex aevo Merowingorum nulla habemus exempla[4]; caput autem 7. propter scabinos commemoratos non ante Karolum Magnum regem conscriptum esse videtur[5]. Cum vero cap. 1. titulum regalem vix post a. 775.

1) B. m. Knust in schedis nostris monuit, inde a p. 32. alteram manum scripsisse; quod vero nullius fere momenti existimaverim, cum codex certe antiquioris libri apographum praebeat. 2) De qua cf. 'N. Arch.' VI, p. 83 sq. 3) Minus recte monuit Bignonius, regalium cartarum titulum perperam omnino adscriptum esse, oblitus fortasse, se ipsum hoc caput praetermisisse. 4) Cf. Sohm, 'R. u. GV.' I, p. 511, n. 10. 5) Annis 780. et 781. primum scabinorum nomen apud Francos occurrit. Cf. Ficker, 'Forschungen zur Reichs- u. Rechtsgesch. Italiens' III, p. 208; Waitz, 'VG.' II^2, p. 484; Sohm, 'R. u. GV.' I, p. 383. Falso 'N. Arch.' VI, p. 84. etiam advocatum monasterii in iudicio agentem, cap. 7, inter Karolini aevi indicia posuisse videor. Cf. Loening, 'Kirchenrecht' II, p. 534, n. 4.

usitatum: rex Francorum, vir inluster, *praebeat et vel eodem vel superiore anno alia collectio, scilicet Merkeliana illa, ex nostris formulis aucta esse videatur, inter annos 769. et 775. eas conscriptas esse, existimamus. Annum itaque regni 15, quem retinuit cap. 22, ad Pippinum regem, cuius annus 15. currebat inde a Nov. 765. usque ad Nov. 766, referamus oportebit, nisi forte a quodam qui formulas descripsit postea insertus est. Tractoriam vero illam a maiore domus emissam, cap. 16, praesertim cum sola exstet epistola inter ceteras negotiorum privatorum cartas, casu quodam collectioni ium conditae post additam crediderim. Reliquae enim formulae non sine certa ratione undique conscriptae sunt, sed, quamvis non omnes ab eodem auctore ex integro dictatae, tamen ab eodem seu ex veris instrumentis seu ex aliis formularum libris collectae, recensitae et ordinatae esse videntur.*

Primus inter editores codice usus est Lindenbrogius, qui plerasque formulas in collectionem suam recepit. Omnes, excepto capite primo, Bignonius edidit, praeterea aliam, cap. 27, iam antea a Francisco Pithoeo in Glossario ad Legem Salicam, tit. 60, vulgatam subiciens; quae cum neque in ipso codice nunc legatur, neque a Bignonio ex Pithoei opere exscripta videatur, dubitari potest, unde uterque eam sumpserit. Exstabat fortasse in folio quodam codicis nunc deperdito. Bignonium ceteri qui postea formularum collectiones ediderunt secuti sunt, de Rozière vero singulas omnes ipsius codicis ope recensitas collectioni suae inseruit. Codice etiam antea a b. m. Knust in usum operis nostri cum editis collato, nuper nonnullos locos, de quibus dubitari potuit, V. I. Waitz inspexit. Caput 27, codice deficiente, ex editionibus repetivi, maxime Pithoeum secutus, quippe qui pleraque accuratius reddidisse videatur.

Numeri capitum in codice nulli; quos cum ipse secundum codicis ordinem adnotaverim, nostri a Bignonianis hoc modo differunt, ut Bignonii capita 1—26. sint nostra 2—27.

INCIPIUNT CARTAS REGALES SIVE PAGENSALIS.

1. [Carta denariale][1].

Illi rex Francorum, vir iuluster. Et quia fidelis noster nomen illi servo suo nomen illo[a] in nostra presentia, iactante dinario, secundum legem Salicam dimisit ingenuo [et ab omni vinculo servitutis absolvit; precipiens enim, ut, sicut et reliqui mansuari, qui per talem titulum in presentia principum noscuntur esse relaxati ingenui], ita et admodum memoratus ille, qui per nostrum preceptum plenius in Dei nomen confirmatum perennis temporibus cum Dei et nostra gratia valead permanere bene ingenuus adque secuorus.

2. Ingenuitate.

p. 2. Oportet enim unicuique ominem, dum in hac vita vivit, pro anime sue remedium cogitare faciad. Idcirco ego in Dei nomen ille[a], recogitans pro Dei intuitum vel pro anime mee redemptione, ut ab impiorum consorcio eruere mereamur, demitto ergo a die praesenti vernaculo iuris meo nomen illo ingenuo; in ea vero ratione, ut sic[b] ingenuus permanead, tamquam se de bene ingenuus parentibus fuisset natus vel procreatus, pecu-
*p. 3. liare vero, si aliquid habet aut inantea laborare potuerit, in omnibus habeat *concessam adque indultum, et mundoburdo vel defensione ad basilica sancti ill. se habere cognoscat,

1 = *Roz.* 56. *Cf. Cod. Vat. (Form. Sal. Merkel* 40*), unde uncis inclusa supplevi.* a) ill. *c.*
2 = *Bign.* 1; *Roz.* 91. a) ill. *c.* b) sit *c.*

1) *Cf. Marc. I,* 22; *Cart. Sen.* 12.

non ad adfligendum, sed ad defensandum, nisi, ut diximus, bene ingenuus de hunc die valeat resedere. Et si quis vero, quod fieri esse non credo, si fuerit aut ego ipse aut ullus de heredibus aut ulla emissa persona, qui contra hanc ingenuitate ista venire aut eam infrangere temptaverit, fisco discutiente, solidos[c] 30 multa conponat, et quod repetit per nullumque ingenium evindicare non valead, *presens ingenuitas[d] ista et *p. 4. merces nostra firma et stabilis permaneat cum stipulacione subnexa.

Actum est in loco illo[a].

3. Vindiccione de servo.

Domino magnifico fratri illo[a], emptore, ego in Dei nomen ille[a], vinditur. Constat me non inmagenario iure nec nullum coagente imperium, sed propria voluntatis mei arbitrium tibi vendere, quod ita et vendidi tibi a die praesenti, vernaculo iuris meo nomen illo[a], non furo, non fugitivo, non cadivo nec nulloque vitio in se habente; sed in omni corpore scimus eum sanum usque anno et die. Et accepi a tibi in precio pro p. 5. hoc, iuxta quod mihi bene conplacuit vel conventum fuit, solidos tantos[1] tanto; ita ut ab hac die memorato vernaculo superius denominato, quem dato precio de me legibus conparasti, hoc habeas, teneas adque possideas, et quicquid exinde facere volueris, liberum et firmisimum in tua permaneat potestatem ad faciendum. Et si quis vero, quod fieri esse non credo, si fuerit aut ego ipsi aut ullus de heredibus meis, qui contra hanc vindictione *ista venire aud eam infringere taemptaverit, fisco discuciente, solidos *p. 6. 30 multa conponat, et quod repetit nihil evindicet, sed praesens.

4. Vindiccione de terra.

Domino magnifico fratri illo, emptore, ego in Dei nomine ille, vinditur. Constat me non inmagenario iure nec nullo coagente imperium, sed propria voluntatis mei arbitrio tibi vendere, quod ita et vendidi tibi a die praesenti, bunuaria[2] tanta de terra arabile in loco[a] noncupante illo[b], quod est in pago illo[b], quem de parte parentum meorum tam de alote quam et de comparato vel de qualibet atracto ad me legibus p. 7. obvenit, hoc est de uno latus terra illui et de alio latus ill., et de uno vero fronte terra ill., de alio vero fronte pervio publico. Et accipi a tibi in precio taxato pro hoc, iuxta quod mihi bene conplacuit vel conventum fuit, solidos tantos[3] tanto; ita ut ab die memorata terra superius denominata, quem de me legibus comparasti, ipsa hoc abeas, teneas, possideas, vel quicquid exinde facere[c] *volueris, libera in omnibus, *p. 8. Christo propicio, in tua permaneat potestate ad faciendum.

5. Vindiccio de servo ad ecclesia[a].

Breve in vicem vendictione, qualiter vendedit homo alicus nomen illi ad eclesia aliqua nomen illa vernaculo suo nomen illo a die praesente, non furo, non fugitivo, non cadivo nec nulloque[b] vicio in se habente; sed in omni corpore scimus eum sanum usque anno et die, *et sicut superius*[4] *factum est.*

2. c) sol, *ita semper c.* d) inguitas *c.*

3 = *Bign.* 2; *Lind.* 132; *Roz.* 295. a) ill. *c.*

4 = *Bign.* 3; *Lind.* 130; *Roz.* 274. a) co *post add. c.* b) ill. *c.* c) face|volueris *c.*

5 = *Bign.* 4; *Roz.* 296. a) eccl. *c.* b) nulloq̄ *c.*

1) Tantos, *ut in formulis fieri solet, pro numero in carta scribendo positum est,* tanto *autem pro* tantum, *quod vocabulum numeris subiciebatur. Vide exempli gratia 'Chartes de l'abbaye Cluny' I, nr.* 28: valente solidos 40 tantum; *cf. ibidem nr.* 39; *Cart. Sen.* 2. 2) *Bunnarium seu bonnarium est 'modus agri certis limitibus seu bonnis definitus', Ducange s. v.; cf. Guérard, 'Polypt. de l'abbé Irminon' I, p.* 169 *sqq.* 3) *Cf. supra n.* 1. 4) *Cf. supra* 3.

6. Tinado[1] bono.

*p. 9. Dum Dominus ab inicio concessit, in vetere *testamento praecipuit, ut 'relinquat homo patrem et matrem et adherebit sibi uxorem, ut sint duo in carne una'[2], et 'quod Dominus coniungit, homo non separat'[3]. Ego enim in Dei nomine ille, dulcissima coniuge mea illa[a]. Dum et ego tibi per solido et dinario secundum legem Salicam visus fui sponsavi[4], ideo in ipsa amore dulcedinis dabo ergo tibi a die praesente, quod in perpetuo volo esse mansurum, rem pro parcione mea in loco noncupante illo, quod est in pago illo[a], quem de parte parentum meorum ad me legibus obvenit; hoc est in ipsa *p. 10. parcione mansis *ad commanendum, cum casticiis[5] supersitis, terris arabilis et mancipiis, vel quicquid in ipsa parcione est aspectum, tibi dico esse donatum adque firmatum, ut, quando nobis dies felicius nuptiarum insimul nobis Deus coniuncxerit, ista omnia superius conscripta in tua permaneat dominatione ad possedendum. Et si quis vero.

7. Noticia de mancipia.

Cum resedisset ille vigarius inluster[a] vir illo comite in illo mallo publico una *p. 11. cum ipsis scabinos, qui in ipsum mallum resedebat *ad causas audiendas vel recta iudicia terminanda, ibique veniens monachus sancto illo[b] vel illo abbate nomen illi de illo monasterio una cum avocato sancto illo[b] nomen illo, femina aliqua nomen illam interpellabat. Repetebat ea, dum diceret, eo quod cavalis[c. 6] esset sancto illo[b] de curte sua quae dicitur illa, de parte avia sua nomen illa quondam et ipsa illa et de ipso servicio sancto illo[b] neglegens aderat; sed ipsa femina de presente adstare videbatur et nulla- *p. 12. tenus habuit, quod dicere nec opponere nec tradere *raciones, per quem se de ipso servicio sancto illo[b] se abstraere potuisset. Sic ei in praesente fuit iudicatum, ut ipso servicio sancto illo[b], unde negligens aderat, ipso avocato sancto illo[b] rewadiare debet; quod ita et fecit et sibi ad ipso servicio sancto illo ibi se in praesente recredidit. Exinde opportunum fuit ipsos monachos sancto illo vel ipso avocato sancto illo[b] nomen illo, ut[d] tale noticia ante ipsos personas, qui in ipso mallo resedebant, manus eorum *p. 13. roboratas accipere deberent; quod ita et fecit; ut omni tempore *ipse avocatus vel casa sancta illo vel illo abbate[e] vel successores sui ipsa femina superius nominata vel agnacione sua ad opus sancto illo habeat evindicata adque elidiata[f].

Praesentibus his, quorum praesentia actum fuit, facta noticia in loco illo publiciter.

8. Noticia de homicidio.

Dum et per pluribus hominibus ponitur in noticia, qualiter veniens homo alicus nomen illi in contubernium homine alico nomen illo[a] ipsum ibidem adsallisset et ipsum *p. 14. ibidem interfecisset vel occidisset; sed venientes parentes et amici ipsui *homine

6 = *Bign.* 5; *Roz.* 230. a) ill. *c.*

7 = *Bign.* 6; *Roz.* 460. *Cf. Cod. Vat. (Form. Sal. Merkel.* 32*).* a) inlustris vir *Vat.*; *intellige:* inlustris viri illius comitis; *cf. Waitz, 'VG.' II*², *p.* 283, *n.* 4. b) ill. c. c) capalis *Vat.* d) *ex aliqua parte erasum, sed sic scriptum fuisse videtur c.* e) abbt *c.* f) *i. e.* elitigata.

8 = *Bign.* 7; *Roz.* 468. *Cf. Cod. Vat. (Form. Sal. Merkel.* 39*).* a) ill. *c.*

1) *i. q.* tandono, tanodo, *Marc. II,* 15. 16; *cf. supra p.* 85, *n.* 2. 2) *Genes.* 2, 24. 3) *Ev. Matth.* 19, 6; *Ev. Marc.* 10, 9. 4) *Cf. Historiam Francorum epitom. cap.* 18: Legati (Chlodovei) offerentes solidum et denarium, ut mos erat Francorum, eam (*sc.* Chrotechildem) partibus Chlodovei sponsant, *praeterea Form. Sal. Merkel.* 17; *Form. Sal. Lind.* 7. *Schroeder, 'Ehel. Güterrecht' I, p.* 55, *n.* 3; *Sohm, 'Eheschliessung' p.* 32. 5) *i. q. aedificia; cf. Waitz, 'Altdeutsche Hufe' p.* 17; *Bignon ad h. l.; Ducange s. v.; Guérard, 'Irminon' II, p.* 450. 6) Cavalis *idem ac 'cavaticaria' esse videtur. 'Cavaticarius' dicitur, qui censum capitalem, 'cavaticum' dictum, debet. Cf. Waitz, 'Forsch.' I, p.* 540. *Ducange, s. v. cavaticarii; Guérard, 'Irminon' I, p.* 690 *sqq.*

interfecto ante inluster vir illo[a] comite interpellabat ipsum homine, qui eorum parente in contubernium adpsallisset[b] vel interfecisset; sed ipse illi in praesente adstare videbatur et hac causa nullatenus potuit denegare, sed taliter fuit professus, quod istigante inimicum ipsum hominem interfecisset vel occidisset. Tunc taliter ei iudicaverunt, ut ipsa leude vel ipsum homicidium ad ipsos parentes legibus[b] transsolvere deberet; quod ita et fecit. Sed postea in ipso placito ei fuit iudicatum, ut ipsi parentes tale epistola securitate manus eorum vel bonorum hominum firmatas ei fieri vel conscribere debe- p. 15.
rent; quod ita et fecerunt; ut de post hunc die nec ipsi illi nec ullus de heredes eorum nec nullus in causa ipsorum nec nulla opposita persona de praefata morte illui condam nec de ipsum homicidium nec de ipsa leode nulla remalatione nec nullum inpedimentum pontificium non habeant ad faciendum. Qui hoc facere voluerit, ipsos solidos per manibus reddat et ob hoc solidos [tantos[d]] una cum fisco discutiente multa *conponat, *p. 16.
et qui repetit nihil evindicet.

9. Securitate de homicidio.

Cum resedisset inluster vir ille comes in illo mallo publico ad universorum causas audiendas vel recta iudicia terminanda, ibique veniens homo alicus nomen ille[a—b]. Repetebat ei, dum diceret, eo quod ipsi ille[a] homine suo nomen illo[a] quondam ipsi ille[a] bene ingenuus in via malo ordine ipsum adsallisset et ipsum ibidem interfecisset vel occidisset et rauba sua, caballus, aurum et argentum et drapalia, exinde tulisset, vel deportasset, vel leode contra *legem ibi burisset[1]; sed ipsi illi de praesente adstare *p. 17.
videbatur et hac causa nullatenus potuit denegare, sed taliter fuit professus, quod faciente inimicum ipsum hominem occidisset vel interfecisset. Sed taliter in ipso mallo ei iudicaverunt, ut ipsum hominem vel ipsa leode legibus exinde trassolvere deberet; quod ita et fecit. Sed postea apud ipso garafione[2] vel apud ipsos bonos hominibus, qui in ipsum mallum resedebant, [ei[c] fuit iudicatum, ut tale epistola securitate] manus eorum firmatas accipere deberet; quod ita et fecit; ut de post hunc die nec ipsi illi nec nullus de heredibus suis nec nullus in causa ipsorum homine interfecto quondam nec nulla opo- p. 18.
sita persona de praesente die de ipsa morte illui nec de ipsum homicidium nec de ipsa leode contra ipso illo nulla remalacione nec nulla reclamacione nec nullum inpedimentum pontificium non habeat ad faciendum. Et qui hoc facere praesumpserit, duplum tantum, quantum ipsa leodis continet, partibus cui hec facta est, una cum socio fisco coactus multa conponat, et qui repetit.

10. Donacio, quem pater donat filio suo.

Dulcissimo adque amatissimo filio meo illi ego in Dei nomine ille, genitor tuus. p. 19.
Dum et ego tibi dulciter enutrivi, et tu mihi fideliter deservisti, vel tuo servicio vel benevolentia circa parte nostra habemus conperta, ideo in ipsa amore dulcedinis vel tuo servicio conponente dabo ergo tibi a die praesenti, quod in perpetuum volo esse mansurum, hoc est maso[a] ad commanendum cum casticia superposita, terris arabilis et mancipia his nominibus: illis et illis, ut per hanc epistolam donacione vel deliberatione

8. b) *i. e.* adsallisset. c) rewadiare *pro* legibus transsolvere *Vat.* d) *suppl. Bign.*

9 = *Bign.* 8; *Lind.* 125; *Roz.* 469. a) ill. *c.* b) *quaedem omissa videntur; fortasse supplenda sunt:* interpellabat homine aliquo nomen illo. c) ei — securitate *ex praecedenti capite supplevi.*

10 = *Bign.* 9; *Lind.* 52; *Roz.* 170. a) *pro* manso, mansus *et ita post c.*

1) *i. q. 'combussisset', a Latino 'burere' (cf. 'bustum') repetendum videtur. Interpretationes huius verbi, quae leguntur apud Ducange, minus aptae esse videntur. De corpore occisi incenso cf. L. Sal.* 41 *(ed. Hessels, codd.* 7—9*:* 68, 3*; cod.* 10*:* 44, 7*; L. emend.:* 43, 3. 5*).* 2) *Cf. Waitz, 'VG.' I*[3], *p.* 265, *n.* 4.

*p. 20. nostra, manu mea vel bonorum *firmata, ut, quamdiu advivis, tam tu ipse quam hereditas tua contra tuos germanos et germanas quieto ordine vel elidiato valeas possidere vel dominare. Propterea hanc epistola tradicione vel deliberacione nostra, manu mea firmata, tibi exinde[b] fieri vel conscribere rogavi, ut de praesente die de ipso maso vel quicquid ad ipso maso aspicit et ipsa mancipia superius denominata hoc habeas, teneas adque possedeas.

p. 21. 11. Conculcaturia[1], quem abbas faciad ad homine suo.

Ego in Dei nomen, etsi peccator, venerabilis vir ille[a], abbas de monasterio sancto illo[a], qui est in pago illo[a] constructus. Dum et omnibus non est incognitum, qualiter filius noster servo nostro nomen illo quondam femina nostra nomen illa bene ingenua, filia illui condam, contra voluntate parentum ipsius femine sociavit sibi ad coniugium; sed postea ipsi parentes[b] conplacuit nobis, ut tale epistola conculcaturiam[1] manu nostra
*p. 22. vel[c] fratribus nostris firmata ipsa femina *fieri vel firmare rogavimus, ut de ipso servitio, [si[d]] agnatio inter ipsos aparuerit, in servitio publico nunquam sint coinquinati, sed sub integra ingenuitate dies eorum debeant perseverare. Et preco adque subplico ad successores nostros vel a Deo timentes hominibus, ut hec facta nostra iubeant conservare, qualiter ipsi vellent, ut in postmodum eorum facta debeat esse stabilis. Et pro malorum hominum infestacione multa in ipsa epistola conculcaturia[e] fieri vel con-
*p. 23. scribere *rogavimus, ut, si fuerit, quod Deus non permittat, extranea pars, qui hec facta nostra infrangere voluerit, inprimis ira Dei et sancti illius incurrat et ob hoc solidos 100 partibus ipsius, cui haec facta est, coactus multa conponat, et qui repedit[f].

12. Donatio, quem homo donat ad filio suo.

Ego in Dei nomen ille[a]. Constat me in amore domini nostri Iesu Christi, ut veniam delictis meis consequere mereamur, dono[b] donatum[c] ad dulcissimo filio meo nomen
*p. 24. illo[a] petia de terra harabile in loco qui dicitur illo, *quod est in pago illo[a], per loca designata vel circuita; in ea racione, ut de post hunc die iam dicto filiolo meo, cui epistola donatio[d] ista legibus facta fuit, ipsa terra hoc habeat, teneat atque possedeat, vel quicquid exinde facere voluerit, libera in omnibus, Christo propicio, in tuo permaneat potestatem. Et si quis.

13. Noticia de cruce evindicata[2].

Dum et omnibus non est incognitum, qualiter veniens homo alicus nomen ille[a]
*p. 25. ante vigario inluster[b] vir illo comite nomen illo[a] adversus *homine alico nomen illo[a],

10. b) *post h. v.* tibi *repetit c.*

11 = *Bign.* 10; *Lind.* 87; *Roz.* 109. a) ill. *c.* b) consentientes *fortasse supplendum; aliter edd. post* conplacuit *inseruerunt* et *praeter Lind., qui verba* ipsi par. *omisit.* c) a *manu recent. add. c.* d) *suppl. edd.* e) conculca caturia *c.* f) repđ *c.*

12 = *Bign.* 11; *Lind.* 53; *Roz.* 174. a) ill. *c.* b) donasse et *Bign. supplevit ante h. v.* c) que esse volo *Bign. supplevit.* d) donationis *emend. edd.*

13 = *Bign.* 12; *Lind.* 172; *Roz.* 502. *Cf. Cod. Vat. (Form. Sal. Merkel.* 42*).* a) ill. *c.* b) *i. e.* inlustris viri illius comitis; *cf. supra p.* 230, *l.* 14.

1) *De Rozière, 'Recueil' I, p.* 129 *sqq., n. a, recte, ut opinor, vocem* conculcaturiam *a collocare, conculcare, culcare, Francogallis: 'coucher', repetit, optime commemorans verba formulae Sal. Merkel.* 31*:* ut secura esse una cum ipso illo levet atque conculcet: *'Les epistolae conculcationis étaient des permissions de coucher, c'est-à-dire d'habiter avec leurs maris, que devaient obtenir les femmes libres unies à des esclaves, pour que cette cohabitation ne portât point préiudice à leur liberté ou à celle de leurs enfants'; ibid. p.* 131. 2) *De examine crucis cf. Grimm, 'RA.' p.* 926 *sq.; Dahn, 'Gottesurtheile' p.* 37—39; *Rettberg, 'Kirchengeschichte Deutschlands' II, p.* 752.

repedebat ei, dum diceret, eo quot terra sua de suo maso vel de sua potestate malo ordine proprisisset; sed ipsi illi de praesente adstare videbatur et hac causa fortiter denegavit, quod sua terra de suo maso malo ordine numquam proprisisset nec post se numquam retenuerit iniusti. Sed taliter ei fuit iudicatum in ipso placito ante ipso vigario vel ante ipsos pagensis, ut ad crucem ad iudicium Dei pro ipsa terra in noctis 42 in ipsa placita pro hoc deberent adstare; quod ita et fecerunt. *Sed venientes ad *p. 26. ipso placito, sicut eis fuit iudicatum, ante ipso vigario vel ante ipsos pagensis ad ipso iudicio vel ad ipsa cruce visi fuerunt stetisse. Sed ipso[c] ill. omine, qui ipsa terra proprisit, ad ipso iudicio vel ad ipsa cruce eum convincuit; sed ipsi[1] ille[d] in ipso placito ad ipsa cruce visus fuit cadisset. Sed dum hac causa sic fuit inventa, quod ipsi illi, qui ad ipso iudicio vel ad ipsa cruce cadisset, solidos tantos ei transsolvere deberet, quod ita et fecit, et de ipsa terra ipso illo[d] legibus revestire *deberet, quod ita et fecit. *p. 27. Tunc taliter ei iudicaverunt, ut ipsi illi de praesente die ipsa terra contra[e] ipso illo[d] vel heredis suis quam[g] contra quemlibet hominem omneque tempore habeat evindicata adque elidiata, tam ipsi illi quam et posteritas sua de post hunc die praedicta terra quieto ordine valead possidere vel dominare, et ducti et securi exinde valeant resedere.

Facto iudicio in illo loco publiciter.

14. Cautione de clavis[2].

Dum et perpluribus hominibus *est patefactum, qualiter in Dei nomen ille[a], veniens *p. 28. in placita ante quam bonis vel quam pluris bonis hominibus adversus hominem nomen illum[a], repetebat ei, dum diceret, eo quod cellaria vel camara et granica, quicquid in ea habuit reposita, hoc est aurum, argentum, drapalia, arma, vinum, anona vel vitalia sua, per suas claves[3] commendasset ad custodiendum vel ad salvandum, et ipsam rem in naufragium vel in damnum posuit; sed ipsi illi de praesente adstabat et hac *causa *p. 29. nullatenus potuit denegare, sed taliter ei fuit professus, quot ipsam rem superius denominatam per suum neglectum et per suo facinus fuit perduta vel naurata[b. 4]. Tunc taliter ei iudicaverunt, ut ipsam rem ei transsolvere vel emendare deberet; sed ipsi illi nullatenus habuit, unde ipsam rem transsolvere vel emendare deberet. Sed taliter ei fuit iudicatum, ut tale caucione de caput suum, manu sua vel bonorum hominum firmata, ei fieri vel conscribere rogasset; quod ita et fecit: *ut, dum ipsam rem non *p. 30. habui precium, unde transsolvere vel emendare debuissem, ut, quamdiu advivam, in servicio publico, quem mihi iniungitis, vobis deservire debeam, et si neglectens aut tardus de ipso servicio aparoero[c], qualecumque disciplina alios servos tuos inpendis, talem super me potestatem habeas ad faciendum. Et si fuerit aut ego ipsi aut ullus de meis heredes, qui contra hanc cautionem istam venire aut reclamare[d].

15. Concamiaturia inter duos abbatis.

Placuit, auxiliante *Domino, atque convenit inter venerabile[a] vir ill., abbate de *p. 31. monasterio illo, vel congregatione monasterio suo necnon et magnifico vir ill. de com-

13. c) *lege:* ipse ille *(sc. actor)* hominem. d) ill. *c.* e) c̄ontra *c.* f) q̇ *c.*

14 = *Bign.* 13; *Lind.* 175; *Roz.* 463. a) ill. *c.* b) *P. Daniel emendationem* non curata *adscripsit; Lind. melius* naufragata *emendavit.* c) *Daniel corr.* aparuero *c.* d) f̃ *add. c.*

15 = *Bign.* 14; *Lind.* 141; *Roz.* 309. a) venelabile *c.*

1) *sc. reus.* 2) *Cf. infra l.* 23. 3) *De clavibus Romanorum more traditis cf. Dig. XVIII,* 1, 74; *XLI,* 2, 1, 21; *Cod. Iust. IV,* 48, 2. 4) *Ex* naufragata, *i. e. in naufragium posita, hoc verbum contractum esse cum aliis viris doctis existimat de Rozière, 'Recueil' II, p.* 565, *n. a; Ducange s. v. naurata. Cf. verbum Romanicum 'naverare', Francogall. 'navrer' = vulnerare, quod tamen nunc Romanicae linguae periti aliunde repetunt; cf. Diez, 'WB.' I, s. v. et Scheler ibidem 'Anhang' I, s. v.*

mutatione loca eorum, quem inter se facere deberent; quot[c] ita et fecerunt. Per quem accepit venerabilis vir ille abba ad opus monasterio suo in loco nuncupante illo, quod est in pago illo[b], hoc est in ipso loco illo masus ad commanendum, casticiis superpositis, terris arabilis, vel quicquid in ipso loco ad praesens cernitur esse possessio, totum et *p. 32. ad integrum, rem inexquisita, in commutatione vel in *concamio. Simili modo vir magnificus illi accepit ad opus suum alia[d] rem in loco nuncupante illo, quod est in pago illo, hoc est, quod superius diximus, totum et ad integrum, rem inexquisita, in commutacione vel in concamio. Unde duas epistolas pariculas, una tenorum[e] conscriptas, manus eorum vel bonorum hominum firmatas, inter se fieri et firmare rogaverunt, ut unusquisque de post hunc die, quod a pare suo in commutatione vel in concamio accepit, *p. 33. hoc abeat, *teneat adque possedeat, vel quiquid[f].

16. Carta tracturia.

Domnis sanctis et apostolicis hac venerabilibus in Christo patribus, regibus, comitibus, episcopis, abbatibus, sacerdotibus, clericis vel omni populo christiano, qui in Romano vel Longobardorum provintias Deo serviunt, tam in monasteria quam et in civitate, seu per pagos vel per vicos, ego in Dei nomen illi maiorum domus. Cognu- *p. 34. scat magnitudo seu et sanctitas vestra, quod iste frater noster *nomen illi, serviens vester, petiit nobis, ut ad[a] basilica[b] sancto Petro, patrum vestrum, pro suas culpas vel pro nostra stabilitate valeat ambulare ad oratione. Propterea has litteras cum salutatione per ipsum ad vos direximus, ut[c] in amore Deo et sancto Petro ipsum ad ospitium recipiatis, ad benefaciendum vel ad sua consolatione, tam ad ambulando quam et ad *p. 35. intrando, ut per vos salvus hiat et salvus revertit, interim, *sicut vestra est consuetudo bona, vel consolatio vel adiutorium ei inpendere iubeatis, letum die iubeatis habere. Cuius potestas regnat in eternum, ipse vos custodiat in regno suo perpetuo, et salutamus vos omnes salutationes plenissimas.

17. Donatio, quem homo donat ad sua parenta.

Dilectissima atque amabile mihi in Domino consobrina mea nomen illa ego in Dei *p. 36. nomen illi. Dum et pluris est percognitum, eo quod tu partibus meis amabilia *servitia impendere non desinis, pro tua bonitate et pro id quod dictum est[1]: 'Fatiamus bonum ad omnes, maxime autem ad domesticos fidei' vel ad propinquos nostros: igitur dono tibi a die praesente per hanc epistolam donatione, quae in perpetuo sit[a] mansura, et de iure meo in tua dominatione trado atque firmabo, id est masus[a] ad conmanendum in *p. 37. pago illo, in loco qui dicitur illo; et est ipsi masus per loca designata de latus uno et de fronte una terra illui et de alio latus et fronte terra illui tanto; ita ut ab ac die memorata consubrina mea illa, quicquid de ipso maso facere voluerit, absque unicuique repetitione libera in omnibus habeat potestatem ad faciendum.

18. Donatio ad casa Dei.

Prudentem consilium baiolat, qui pro anime sue remedium cogitat; illi Dominum retributorem[a] exinde habere cogitat et de Dei misericordia non dubitat[2]. Idcirco nos in *p. 38. Dei nomen *illi et coniux mea illa. Admonet nos divina pietas et Christi misericordia,

15. c) q̄t *c.* d) aliā *al. m. ant. corr. c.* e) tenoꝝ *c.* f) quiquid̄ *c.*

16 = *Bign.* 15; *Lind.* 34; *Roz.* 673. a) *superscr. eadem manu c.* b) basilica *al. m. ant. corr. c.* c) ut in a *e corr. c.*

17 = *Bign.* 16; *Roz.* 162. a) sis *c.* b) mansus *corr.* masus *c.*

18 = *Bign.* 17; *Roz.* 204. a) retribuere et *c.* *Cf. infra p.* 246 *l.* 5.

1) *Ep. Pauli ad Gal.* 6, 10. 2) *Spectes velim quattuor terminationes consonantes.*

ut aliquid de rebus nostris pro redimendum ultionem nostram peccaminum Domino offerre deberimus, ut in die iudicii misericors Domino vel in aliquantulum de scelera nostra nobis relaxare dignaretur. Donamus conpuncto corde et devoto animo ad basilica illa, qui est in onore sancto illo constructa, in loco illo, hoc est rem nostram in loco noncupante illo, *hoc est in ipsa rem mansis ad commanendum, castitiis superpositis, terris *p. 39. arabilis *et reliqua*[b]; ut de post hunc die ipsi custodes, qui ad ipso sancto loco deservivunt, ipsam rem superius denominatam hoc abeant, teneant atque possedeant, vel quicquid exinde facere voluerint, liberam et firmissimam habeant potestatem ad faciendum. Et si quis[c].

19. Pactum divisionis inter fratres.

Pactum divisiones inter fratres, qui sunt illi et illi, heredes illui et illei quondam, p. 40. qualiter se de alote eorum dividere vel exequare deberent; quod ita et fecerunt. Per quem accepit vir magnificus illi manso illo in loco nuncupante illo, quod est in pago illo, hoc est ipse mansus circumcinctus cum arboribus et casticia[a] superposita, terris arabilis *et cetera*. Simili modo vir magnificus illi accepit ad opus suum alio maso *in *p. 41. loco nuncupante illo, quod est in pago illo, in centena illa, hoc est, quod superius diximus, manso circumcincto cum arboribus et casticia superposita, terris arabilis *et cetera;* vel[b] quicquid pars contra pare suo per equalentia inter se diviserunt, absque ulla repetitione vel reclamatione hoc habeant, teneant, possedeant, vel quicquid exinde facere voluerint, libera in omnibus, Christo propitio, in sua *permaneat potestatem ad *p. 42. fatiendum. Et si quis vero.

20. Vendictio ad monasterio.

Venerabili in Christo patri illo, abba de monasterio illo, qui vocatur sancti illius, quod est in pago illo super fluvium illum constructus, emptore, ego in Dei nomen illi, vinditur. Constat me non inmagenario iure nec nullum coagentis imperium, sed[a] propria voluntatis mee[b] arbitrium vobis vel ad monasterio vestro vindere, *quod ita et *p. 43. vendedi vobis a die presente, rem pro partione mea in loco noncupante illo, quod est infra pago illo, quod de parte parentum meorum ad mae legibus obvenit; hoc est tam mansis, casis, castitiis, mancipiis, ingenuis his nominibus, vel quicquid ibidem presens est mea dominatio, totum et ad integrum de iure meo in dominatione vestra per hanc vindicione tradidi vobis ad possedendum. Et accepi a vobis in precio *taxato, iuxta *p. 44. quod nobis aptificatum vel conventum fuit, solidos probos adque pensantes numero tantos tanto; ita ut ab ac die memorata omnia superius nominata, quem de me legibus conparastis, hoc habeatis, teneatis, possedeatis, tam vos quam et successores vestri, liberum et firmissimum in vestra permaneat potestatem ad faciendum. Et si quis vero.

21. Precaria.

In Christo venerabili patri et domno illo, abbati de monasterio sancto illo, quod est in pago illo super fluvium *illum constructus. Ego in Dei nomen illi precator *p. 45. accessi a vobis, ut rem pro parcione vestra in loco nuncupante illo, quod est in pago illo, quem ego ille ante os dies pro vindictionis titulum, dato precio sancti illi seu vestro[a], monasterio adfirmavi; hoc est in ipsa portione mansus ad conmanendum, castitiis superpositis, terris arabilis, mancipiis, ingenuis his nominibus, viniis, pratis, silvis, pas-

18. b) relq *c.* c) qūs *c.*

19 = *Bign.* 18; *Lind.* 70; *Roz.* 126. a) castigia *ead. m. corr.* casticia *c.* b) *ante h. v. fortasse quaedam omissa sunt.*

20 = *Bign.* 19; *Lind.* 28; *Roz.* 342 §. 1. a) se *ead. m. corr.* sed *c.* b) mee *ead. m. corr.* mei *c.*

21 = *Bign.* 20; *Lind.* 29; *Roz.* 342 §. 2. a) vestro *fortasse repetendum.*

cuis, vel quicquid ibidem aspicit, vobis delegavimus; sed postea taliter vobis supplica-
*p. 46. vimus, *ut ipsam porcionem ad usu beneficio ad excolendum, quamdiu advivo, mihi pre-
stare vel relaxare deberitis; quod ita et fecistis. Propterea hanc precaria manu mea
vel bonorum hominum firmata vobis exinde emisimus, ut annis singulis censo dinarius
tantus ad luminaria sancti ill. et illa decima de omnia fructa, quicquid supra ipsa rem
conlaborare potuerimus, quod evenit festa ipsius sancti illi, pro hoc vobis dare et adim-
*p. 47. plere faciam. Et si negligens *aut tardus de ipso censo ad eo placito apparuero, fidem
exinde vobis legibus faciam et ipsam rem, dum advivo, per vestro beneficio tenere et
usufructuare faciam; in ea vero ratione, ut aliubi ipsas res nec vindere nec donare nec
alienare nec ad alias casas Dei delagare nec in naufragium ponere nec ad proprium
sacire nec heredis meos in alote derelinquere pontifitium non habeam ad faciendum,
*p. 48. nisi post meum discessum, una cum rem inmeliorata *vel superposita, quicquid ibidem
inventum fuerit, absque ullius iudicis contradictione pars monasterio vestro faciamus
revocare dominium. Et si quis vero.

22. Comandatia.

In Christo filii[a] ecclesie illi in Dei nomen illi abbas de monasterio sancti illi
domno[b] illo sancto, quod est in pago illo, una cum consensu fratribus nostris. Dum et
tua fuit petitio, et nostra decrevit voluntas, ut duas partes darem pro partione nostra
in loco noncupante illo, quod est in paga illo, quem tu ipse ante os dies per vindictionis
*p. 49. titulum, dato precio sancto illo, nobis vendedisti[c]; sed postea taliter nobis supplicasti,
ut ipsas portiones duas partes in predicto loco illo ad uso beneficio ad excolendo, quamdiu advivis, tibi ipsa prestare deberimus; quod ita et fecimus. Propterea hanc comandatia manu nostra firmata tibi pro hoc dedimus, ut annis singulis censo tantum et illa
decima de omnia fructa, quicquid super ipsam terram conlaborare potueris, quod evenit
*p. 50. festa sancto illo, pro hoc dare debeas. Et si negligens aut tardus ad eo placito de
ipso censo fueris, fidem exinde pro hoc nobis facias et ipsam rem ad viventum tuum
per nostro beneficio teneas; in ea tamen ratione, ut ipsam rem aliubi nec vindere nec
donare nec alienare nec alias casas Dei delegare nec ad proprium sacire nec heredes
tuos in alote derelinquere nec in naufragium ponere potestatem non habeas ad faciendum,
nisi post tuum discessum, una cum ipsa rem inmeliorata vel superposita, quicquid ibidem
*p. 51. inventum fuerit, *sine ullius[d] iudicis consignatione pars monasterio nostro elidiato ordine
praesentaliter ipsam rem inmelioratam in nostro facias revocare dominium, et hoc com-
mandatacia[e] firma sit.

Facta comandatitia in ipso monasterio sancto illo publititer in anno 15.[f] regni[g].

23. Indiculo precatorio ad episcopo.

Domino sancto et apostolico sede[a] colendo, in Christo venerabile domno et patri
illo, pontifice urbis illa civitate, ego in Dei nomen illi bene cupiens vester. In Domino
*p. 52. vobis dirigimus salutem et precamus sanctitate[b] vestra, *ut pro nos orare dignetis.
Denique cognuscatis, quod isti homo vester nomen illi ad nos confugium fecit et dixit,
quod contra[c] vos culpas habeat commissas. Propterea as litteras cum salutacione ad
vos direximus et precamus vobis, ut vita et inmancatione et disciplina corporale ei concedere iubeatis; alia penitentia, qualem ei volueritis iudicare, in vestram est potestas.
Taliter exinde agite, qualiter ipsi homo secom[d] gaudeat, quod nostra suggessione ad vos
*p. 53. deportasset, et unde nobis reconiungitis[e] vobis remerire cupimus. Quid plura?

22 = *Bign.* 21; *Lind.* 30; *Roz.* 342 §. 3. a) *i. e.* filio. b) d. i. s. *fortasse delenda.* c) disti *abruptum c.* d) illius *c.* e) commandata cia *c.* f) xu *c.;* XII *edd.* g) r̄g *c.*

23 = *Bign.* 22; *Roz.* 734. *Cf. Cod. Vat. (Form. Sal. Merkel.* 49*).* a) sic de *c.* b) m *post add. c.* c) con *c.; emend. Bign.* d) com *eadem m. superscr. c.* e) reconungitis *c.*

24. Indiculo, quem praepositus transmittit ad abbatem[a].

Diligendo ad nos domno et in Christo patri nostro, venerabile illo abbate, ego illi serviens adque praepositus vester. In primis illut precamus sanctitatem vestram, ut in vestra sancta oratione pro me esse non dedignemini. Denique, domne, cognuscatis de isti servicio, ubi nos transmisistis per verbum inluster vir illo comite, sui iuniores non exinde[b] sic fecerunt, quomodo eis fuit demandatum. Propterea as litteras ad vos *direximus *p. 54., ut de ipsa [causa[c]] certioris seatis et inantea, quomodo vobis est utile, sic conpensatis, ut nostram rem non perdamus. Quid plura? Salutamus vobis usque ad gaudium.

25. Indiculo, quem abba transmittit ad homine[a] pagenso.

Dulcissimo nostro et, ut credimus, amico sancto illo in Dei nomen illo illi, etsi peccator, abba. Nos et fratres nostri, servientes vestri, in Domino vobis dirigimus salutis et illud precamus Deo, ut mereas agere in ista vita, que Deo sit beneplacitum. Precamus vobis de illos vestros homuciunculos, *que in vestro ministerio commanent, *p. 55. vel de nostras causas in vicem nostram bonum certamen exinde mittatis, sicut nos de vestra caritate bene confidimus, ut sic exinde perportare faciatis, usque nos insimul coniungimus. Quid plura?

26. Indiculo, quem episcopus transmittit[a] ad abbatem.

Sanctorum meritis beatificando domno adque patri filias[b] Deique cultore et, ut confidimus, vero amico nostro, illo gratia Dei abbate, nos enim in Dei nomen illi, quamvis peccator, donum Dei episcopus, Deus scit, vester in omnibus proprius amicus. Inprimitis salutationem.

---

27. Cautio de infracturis.

Contigit, quod cellarium vel spicarium vestrum infregi et exinde annonam vel aliam raupam in solidos tantos[a] furavi. Dum et vos et advocatus vester exinde ante illum comitem interpellare fecisti[b], et ego hanc causam nullatenus potui denegare, sic ab ipsis racinburgiis[c] fuit[d] iudicatum, ut per wadium meum eam contra vos componere vel[e] satisfacere debeam, hoc[f] est solidos tantos vel —. Sed dum ipsos solidos minime habui, unde transsolvere debeam, sic mihi aptificavit, ut brachium in collum posui et per comam capitis mei coram praesentibus hominibus tradere feci[1], in ea ratione, ut

24 = *Bign.* 23; *Roz.* 717. *Cf. Cod. Vat. (Form. Sal. Merkel.* 50*).* a) abb̄ *c.* b) exde *c.* c) *add. Vat.*

25 = *Bign.* 24; *Roz.* 712. a) ne pagenso *in margine inferiore, loco, ut videtur, rubricae relicto non sufficiente, scripta sunt c.*

26 = *Bign.* 25; *Roz.* 857. a) tit ad abb̄ *in margine inferiore c.* b) *corruptum;* filiique Dei *emendare voluit Roz.*

27 = *Pith. ad L. Sal.* 60; *Bign.* 26; *Roz.* 464. *In codice deest.* a) *Bign.*; tantum *Pith.* b) fecistis *Bign.* c) racimburgiis *Bign.* d) *omittit Pith.* e) atque *Bign.* f) hoc — vel *Bign., qui asteriscum subiiciens post* vel *quaedam omissa esse recte significavit; pro quibus verbis* etc. *scripsit Pith.*

1) *De hac traditionis forma egerunt Korn, De obnoxiatione (Diss. Vratisl. a.* 1863.) *p.* 15 *sq. et Sohm, R. u. GV. I, p.* 550, *n.* 15. 16; *cf. Aimoini Historiam Francorum III.* 4: Chrodinus brachium eius (Gogonis) collo superponens suo signum futurae dominationis dedit. *Quae tamen ex Fredegarii verbis, Hist. epit.* 59: perrexit Chrodinus ad menesterium bracile Gogone in collum tenens, *a scriptore illo saec. XI. male intellectis permutata sunt. Cum vero alia prioris aevi exempla desint, dubito an minus accurate editores formulae* brachium

interim, quod ipsos solidos vestros reddere potuero, et servitium vestrum et opera[g], qualecumque vos vel iuniores vestri iniunxeritis, facere et adimplere debeam. et si exinde negligens vel iactivus apparuero, spondeo me contra vos, ut talem disciplinam supra dorsum meum facere iubeatis, quam super reliquos servos vestros.

27. g) operam qualemcumque *Bign.*

scripserint, ubi codex fortasse bracile, *i. e. cingulum, corrigia, praebuit. Cf. 'Chartes de l'abbaye de Cluny' I, nr.* 30. *a.* 887*:* corrigiam ad collum meum misi et manibus in potestate Alarido — se tradidit *(lege:* me tradidi), *alia exempla collegit Ducange, s. v. corrigia* 2.

FORMULAE SALICAE MERKELIANAE.

Collectio a nomine Iohannis Merkel appellata exstat in codice bibliothecae Vaticanae inter libros Christinae reginae Sueciae nr. 612 (antiquiores numeri bibliothecarii insunt 1373 et 136) 8°. saec. IX. vel X; (Roz. Vat. A). Codex praeter formulas, quas exhibet fol. 1'—34, varia continet, ex quibus commemoro annotationes quasdam de diebus Aegyptiacis formulis subiectas, iudicium aquae frigidae (editum 'Forschungen z. D. G.' XVI, p. 618), excerpta ex Benedicto levita, Herardi archiepiscopi Turonensis capitula a. 858. promulgata (cf. Baluze, Capitularia reg. Franc. I, col. 1283 sqq.), duas formulas Parisienses, fol. 71. Quibus omnibus cum ceteris, quae interposita sunt, eadem manu exaratis duae aliae manus eiusdem aetatis alia quaedam subiecerunt[1].

Formularum collectio, licet continuo calamo in codice nostro, non autographo, sit exarata, compluribus particulis origine et tempore valde diversis constare videtur[2]. *Primitivam partem, ad quam solam spectat inscriptio:* Incipiunt cartae pagensis, *non nisi capitibus 1—30. pagensium cartarum formulas exhibentibus constitisse, existimo, quorum alia sine exemplis nobis cognitis ab auctore dictata, alia ex Marculfi libro II. aut Turonensi collectione hausta sunt. His capitibus optimo inter se ordine digestis postea supplementa, cap. 31—45, sed ne haec quidem omnia eodem tempore scripta, subiecta sunt. De 31. dubitari potest; 32—42. vero a. 774. aut 775. addita esse, apparet ex titulo regali in diplomatum formulis exstante:* gratia Dei rex Francorum et Langobardorum, vir inlustris, *cap.* 40, gr. D. r. Fr. et L. ac patricius Romanorum, v. i., *cap.* 41. *Quae cum ante a. 774. scribi nequivisse satis constet, ob verba* vir inlustris *vix post a. 775. in hanc formam redigi potuerunt*[3]. *Capite vero 40. ex Bignoniana formula 1. mutato, cf. supra p. 228, cum etiam 32. 39. 42. ex eadem collectione sumpta esse videantur (cf. etiam 36. 37. cum Bign. 21. 22), pro certo habemus, haec omnia eodem tempore a quodam, qui, inspecto illo alio formularum libro, hunc recensuerit, suppleta esse*[4].

Non paucis annis post, certe non ante a. 817. cap. 44. additum est, eiusmodi

1) *Descripsit codicem accuratissime Merkel, 'Z. f. Rechtsgeschichte' I, p. 194 sqq. et Bethmann, 'Archiv' XII, p. 298 sq., ubi pro 'sechs Formulae' legendum est 'sechsundsechzig F.' Codex cum non ante a. 858. scribi potuisse ex capitulis Herardi receptis facile intelligatur, scripturam ipsam saeculo IX. tribuendam esse, Merkel existimat. Odonis nomen capiti 44. a quodam, qui tempore Odonis regis occidentalis Franciae scripserit, genuinis formulae verbis* imperatoris augusti *neque deletis neque mutatis interponi potuisse, facile crediderim, nullo vero modo unum ex tribus Ottonibus imperatoribus hic significari existimaverim, praesertim cum codex, quod recte monuit Merkel, non intra illorum fines conscriptus esse videatur.* 2) *'N. Arch.' VI, p. 85 sqq.; cf. Waitz, 'Forschungen z. D. G.' I, p. 535 sqq. et Merkel, 'Z. f. RG.' I, p. 194 sqq.* 3) *Cf. Sickel, 'UL.' p. 259.* 4) *Qui etiam capitis 15. rubro rubrum Bignonianae formulae simillimae adiecit.*

cartam exhibens ingenuitatis, quales praecepit capitulare illius anni; quae ipsa formula, in diversarum regionum codicibus inventa, in curia imperiali fortasse composita [1], in hanc collectionem e carta quadam inter 1. Sept. 820. et 28. Ian. 821. scripta recepta esse videtur, quia cum hoc tempore et indictio 14. et annum imperii 7, quae formula retinet, conveniunt, Odoni postea falso pro Ludovico interposito. Eodem fortasse tempore alia praecedens ingenuitatis formula 43. et subsequens caput 45. addita sunt.

Ab his cartarum formulis secernatur oportet epistolarum collectio, cap. 46—66, quam neque ab eodem auctore, qui ipsum composuit primitivum cartarum corpus, neque ab eo, qui priora subiecit supplementa, additam esse putarim. Nam cum illa condita esse videatur, qua uterentur incolae loci cuiusdam, ubi non episcopi, sed abbatis tantum ecclesia exstitit, haec pluribus prodesse voluit, praebens epistolas, quae ab episcopis, abbatibus, archidiaconis, presbyteris, comitibus, privatis mitterentur. De tempore suspicari possumus, hanc collectionem ante a. 800. compositam esse, cum non imperator, sed saepius rex commemoretur. Quaedam in formulis relata bene cum rebus initio regni Karoli Magni gestis convenire, monuit Waitz, l. l. p. 537 [2].

Qua regione universae hae formulae collectae sint, certius dici nequit; hoc tantum constat, et codicem ipsum in occidentali Francia conscriptum esse, seu in Parisiensi seu in Turonensi provincia, et cartarum collectionem inde oriundam esse, ubi lex Salica praevaluit [3].

Postquam particulam quandam capitis 24. iam a. 1602. Franciscus Pithoeus in Glossario ad L. Sal. 48. ediderat, eodem ut videtur codice quem adhuc habemus usus, sed falso formulam Marculfo tribuens, per saecula haec collectio latuit; sed eodem anno 1861. duae divulgatae sunt editiones, altera ab Iohanne Merkel in 'Z. f. Rechtsgeschichte' I, p. 194 sqq., altera singularum formularum in corpore dicto 'Recueil général' ab Eugenio de Rozière paratae. Quae vero nunc in lucem prodit recensio, ipso codice cum apographo Merkeliano a V. I. Waitz Romae collato, multo correctiorem quam utraque prior praebebit textum, nam cum plerisque in locis de Rozière verba codicis accuratius exhibuerit, nonnulla tamen Merkel rectiora edidit. Merkelianas autem idcirco formulas inscripsi, quia hoc nomine, auctore Waitz, l. l. p. 535, plerumque a viris doctis nostris appellantur [4]. — Numeri quos capitibus praeposui non ubique iidem sunt ac in editione Merkeliana [5]; bis binis formulis in unum caput redactis, capita quae sunt Merkel. 27. et 50. in particulas formularum inter se alienarum resecui, quas scriba codicis satis negligens per errorem composuerat, alterius finem cum priore parte alterius formulae coniungens, iis, quae in exemplari interposita erant, omissis. Cf. cap. 25. 26. et 49. 50.

Appendicis loco subieci e collatione viri Cl. Mau formulas duas Parisienses iam memoratas, quae in hoc eodem codice leguntur.

1) Cf. Sickel, 'UL.' p. 117. 2) Cf. ad cap. 55. 63. Waitz, 'VG.' III, p. 227, n. 1; praeterea cap. 61: rex, qui paganos ad christianitate vocas. 3) Cf. Waitz, 'Forschungen' l. l. 4) Neque enim Merkel primus invenit formulas, exscribens eas Romae a. 1846, neque primus divulgavit; sed, ut omittam Fr. Pithoeum, iam a. 1845. de Rozière easdem exscripserat et eodem anno ac ille iam duobus annis antea impressas edidit. Errat autem de Rozière, 'Recueil' III, 'Avert.' p. IX, n. 1. opinatus, Merkelianam editionem anno demum 1862. ineunte paucis diebus post obitum ipsius editoris in lucem prodiisse, primo fasciculo annalium illorum re vera iam 1861. paucis diebus post mortem Karoli Fr. de Savigny (25. Oct.) edito; cf. 'Z. f. Rechtsgeschichte' I, p. 252. 5) Numeros Merkelianos infra non annotavi, ubi cum nostris congruunt.

INCIPIUNT CARTAE PAGENSIS.

1. Donatio ecclaesiae.

Dum fragilitas humanu generis pertimescat ultimum vitae tempore subitanea transpositio eventura, oportet unumquemque hominem, ut non inveniat inparato, sed de bonis operibus diligenter praecincto[1]. Idcirco ego in Dei nomine vir magnificus ille dono atque in perpetuum donatumque esse volo pro animae nostrae remedio in basilice sancti illius illo monasterio, quem domnus et monachorum pater sanctus ille in ipso loco suo opere manibus construxit, ubi ille abba una cum turma plurima monachorum, servorum Dei, adunata in praesenti die deservire noscuntur, res meas nunccupante in pago illo[a], in centena illa, quem de parte legitima hereditate genetoris mei illius quondam mihi legibus obvenit; hoc est in iam dicta rem tam terris, curtilis, domibus, aedificiis et casticiis suprapositis[b], silvis[c], pratis, pascuis, silvis, aquis aquarumve decursibus, mobile[d] et inmobile, saltis et subiunctis, cultis et incultis, pecuniis, peculiis, praesidiis, cum omni suppellectile. Quicquid ad diem praesentem in ipsas rebus nostras videtur esse possessio vel regit dominatio, hoc ad ipsae basilicam sancti illius pro anime nostrae remedio donavimus atque transfundimus. Et si quis vero, quod fieri esse non credo, si fuero ego ipse aut ullus de heredibus meis hac proheredibus vel quislibet homo aut extranea persona, qui contra hanc donationem, quem nos plenissimam voluntatem coram testibus fieri et firmare rogavimus, venire aut aliqua calumnia vel repetitionem ad eam infrangendam temptare praesumpserit, solidos[e] tantos contra cui litem intulerit, discutiente fisco, multa conponat, et ille qui repetit in nullis modis repetitio sua nullo quoque tempore vindicare non valeat, sed praesens donatio, cui facta est, omni quoque tempore firma et inlibata valeat permanere.

Actum.

2. Item venditio[2].

Cum ab antiquis inclitis nobilltas decet, sicut prisca continet norma, in euangelium quidem Dominus dignatus est promittere, qui propter nomen suum res aut parentes reliquerit, centuplum insuper et vitam aeternam accipiet[3]: igitur ego in Dei nomine fatimur nos donare atque donavimus basilica illius sancti, ubi ille presbiter ad diem praesentem custor esse videtur, rem meam in loco nunccupante illo, in pago illo, in centena illa, quem de parte genetoris mei illius quondam mihi legibus obvenit; et est in iam dicta rem tam terris, domibus *et cetera*. Quicquid ad diem praesentem in ipsa rem superius conscripta nostra videtur esse possessio vel regit dominatio, ad iam dictam basilicam sancti illius plenius roboravimus.

3. Item donatio.

Priscorum patrum sancxit auctoritas, ut unusquisque homo de rebus suis propriis ubicumque voluerit dare aut delegare, per cartarum saerie, Christo praesule, plenius roboretur. Igitur ego in Dei nomine ille. Constat nos vendere[4], atque dedimus basilice sancti illius campo meo in loco nunccupante illo, in pago illo, in centena illa, quem

1 = *Roz.* 194. a) ill. *c.* b) is *e corr. c.* c) filius *corr., ut videtur,* silvis *c.* d) inmobilem *corr.* mobile *c.* e) solid *et sic vel* sol *plerumque c.*

2 = *Roz.* 206.

3 = *Roz.* 205.

1) *Cf. cum hoc prologo Marc. II,* 4. 2; *Form. Arv.* 3; *Tur. Add.* 1. 2) *Aliter ac de Rozière, 'Recueil' I, p.* 246, *n. a, crediderim, hic* venditio *pro* donatio *non nisi per errorem scriptum esse.* 3) *Cf. Ev. Matth.* 19, 29. 4) *Apparet, auctorem hic seu in venditionis formulam lapsum seu venditionis formulam in donationem redigere conatum esse.*

ante hos annos, data mea pecunia, de homine alico illo per vinditionis titulum visus sum conparassem; et est ipse campus per loca designata de uno latus terra illa et de alio latus strata publica, de uno fronte terra sancti illius et de altero fronte ad heredes illius; sicut superius diximus, pro remedium anime meae ipsi basilice donavimus atque transfundimus. Unde post hanc diem praefata basilica vel ei qui custodes habeant, teneant atque possideant, vel quicquid exinde facere decreverint, liberam in omnibus perfruantur arbitrium. Si quis vero, quod fieri esse non credo, *et quod sequitur.*

4. (a) Item donatio.

Form. Tur. 1 b.

Si aliquod de rebus nostris locis sanctorum vel in substantia pauperorum adferimus, hoc nobis procul dubio in aeternam beatitudinem retribuere confidimus.

(b) Item alio modo.

Si facultates mundi nolumus dimissuri[a] erimus, quanto magis praeparare deberimus, ubi divitias aeternales conquirere valeamus. Ego quidem ille de tanta misericordia et pietate Domini confido per hanc epistolam donationis dono [donatum]que[b] in perpetuum esse volo basilicae sancti illius, ubi ipse pretiosus[c] dominus in corpore requiescit, vel omni congregatione ibidem consistentem villa iuris mei nunccupante illa, sitam in pago illa, cum terris, aedificiis, acolabus, mancipiis, libertis, vineis, silvis, pratis, pascuis, aquis aquarumve decursibus, mobilibus et inmobilibus, cum omnibus appendiciis suisque exitus[d], sicut a me praesenti tempore videtur esse possessio[e], totum et ad integrum de iure meo in vestra vel sancti illius iure proprio trado atque transfundo; ea vero ratione, ut, quamdiu in caput advixero, sub usu beneficii vestri absque ullo praeiudicio vel dominatione[f] aliqua praedictas res tenere[g] et usuare[h] debet, et post meum quoque discessum, quicquid in iam dicta villa vel in finibus suis additur[i], adtracta, meliorata repertaque fuerat, et transitus meus ibidem dereliquerit, cum omni suprapposito rectores ipsius basilice agentesque ullius[k] absque expectata traditione in nostram elemosinam vel substantiam monachorum ibidem totum[l] degentibus, Christo protegente, tamquam si ad praesens absque usu nostro eorum fuisset obsecuta possessio, in eorum faciant revocare potestatem vel dominationem, ita ut, qui proinde pro oportunitate monasterii facere decreverint, liberam et firmissimam de omnibus habeant potestatem. Et si fuerit ulla quislibet persona preter istum, qui alterum strumentum exinde ostenderit, aut anteriorem aut posteriorem, quod nos [nec] fecimus nec facere rogavimus, nullum sortiatur[m] effectum, nisi vacuus et inanis permaneat; auctorem vero criminis vel falsarium iudiciaria potestate condempnatur[n]. Et si fuero ego ipse aut ullus de heredibus meis vel quislibet persona, qui contra hanc donationem aliquid refragare vel calumniam generare praesumpserit, contra cui litem intulerit solidos tantos conponat, et haec donatio cum stipulatione subnixa firma et inlibata permaneat.

5. Precaria.

Domino et in Christo venerabili patri illo, abbati ex monasterio illius, vel ejusque cuncta congregatione ibidem consistentem. Ego in Dei nomine ille precatur ad vos[a] accedo, dum iuxta quod mea [fuit[b]] petitio, et[c] vestra et fratrum vestrorum decrevit voluntas, ut illa rem vestram in loco nunccupante illo, in pago illo, in centena illa, quem ante hos annos homo alicus nomine ille[d] pro anime suae remedium, *vel*[e] basilicam sancti illius visus sum delegasse, hoc est in iam dicta rem tam terris, domibus *et cetera,* ut per vestrum beneficium, dum advixero, ad usufructuandum vel[f] ad excolendum mihi relaxare deberitis; quod ita et fecistis. Et spondimus vobis in hanc precaria, censo annis singulis, quod evenit festivitas illius, denarios tantos vobis vel partibus sancti illius dare

4 a = *Merkel* 4.

b = *Merkel* 5; *Roz.* 181. a) dem. *corr.* dim. *c.* b) donatum *supplevi e Tur.* c) p̄tius *c.* d) exitiis *legi potest c.* e) possio *c.;* possessum *Tur.* f) diminutione *rectius Tur.* g) terre *c.* h) usurpare debeam *Tur.* i) additum *Tur.* k) illius absque ullius exp. *Tur.* l) vitam *Tur.* m) sortiatus *c.* n) condempnatus *c.*

5 = *Merkel* 6; *Roz.* 321 §. 1. a) u' *c.* b) *suppl. Roz.* c) a *c.* d) ill. *c.* e) ego ipse *fortasse supplenda.* f) *post h. v.* ex *add., sed del. c.*

studeam; et si de ipso necglegens vel tardus apparuero, fidem vobis exinde faciam vel transsolvam, et ipsa rem, dum advixero, non perdam; et aliubi nec vendere nec condonare[f] nec in naufragium ponere nullum exinde habeam pontificium[g] faciendi, nisi quod legitimus usus pertinet. Et post nostrum quoque discessum cum rem emeliorata vel supraposita absque ulla contrariaetate heredum meorum vel ullius iudicis adsignatione vel contradictione in vestram valeatis recipere dominationem. Sed praesens precaria ista absque ullo quinquennio renovata firma permaneat.

6. Commendatitiae.

In Christo sanctae ecclesiae filio illo ego in Dei nomine venerabilissime illi abba vel eiusque cuncta congregatione ex monasterio illius ibidem consistenti. Sed dum iuxta quod tua fuit petitio, et nostra vel fratrum nostrorum decrevit voluntas, ut illa rem in loco nunccupante illo, in pago illo, in centena illa, quem ante hos annos homo aliquus nomine ille ad basilicam sancti illius visus fuit diligasse, hoc per nostrum beneficium vel fratrum nostrorum, dum advixeris, tibi concedere deberimus; quod ita et fecimus; hoc est in iam dicta rem tam terris, domibus *et cetera*[a], ut per nostrum beneficium tibi ad usumfructuandum vel ad colendum relaxare deberimus; quod ita et fecimus. Et in hanc commendatitiae nobis spondedisti, in censo annis singulis, quod[b] evenit festivitas sancti illius, denarios tantos partibus nostris vel sancti illius dare studeam[c]; et si de ipso censo neglegens vel tardus apparueris, fidem nobis exinde facias et transsolvas, et ipsam rem, dum advixeris[d], non perdas; et aliubi nec vendere nec condonare nec alienare nec in naufragium ponere nullum exinde habeas potestatem faciendi, nisi quod legitimus usus pertinet. Et post nostrum[e] quoque discessum cum rem emeliorata vel supraposita absque ulla contrariaetate heredum tuorum vel ullius iudicis adsignatione vel contradictione in nostra valeamus[f] recipere dominatione. Unde hanc commendatitiae tibi manu propria subter firmavimus et fratribus nostris roborare decrevimus.

7. Praecaria.

Domino mihi semper et in Christo venerabili patri illo, abbati ex monasterio sancti illius, vel cuncta congregatione ibidem consistenti ego in Dei nomine ille. Dum et cognitum est, qualiter ante hos dies rem meam nunccupanti illae in pago illo, in centena illa, quem de parte legitima hereditate genetoris mei illius quondam mihi legibus obvenit, accepta vestra[a] pecunia, vobis vel partibus monasterii vestri sancti illius per venditionis titulum visus sum vendidisse; hoc est in iam dicta rem tam terris, domibus, *et cetera.* Sed dum postea mea fuit petitio, et vestra vel congregatione vestra decrevit voluntas, per vestrum beneficium, dum advixero, vel[b] ad usufructuare vel ad excolendum mihi relaxare deberitis; quod ita et fecistis. Et in vestra precaria spondo, vobis vel partibus sancti illius in censo annis singulis, quod evenit festivitas sancti illius, liberam de cera transsolvam; et si de ipso censo neglegens aut tardus apparuero, fidem vobis vel partibus ipsius ecclesiae faciam vel transsolvam, et suprascriptam rem non perdam; et aliubi nec vendere nec condonare nec alienare nec calumniare nec in naufragium ponere nullum exinde habeam potestatem faciendi, nisi quod legitimus usus pertinet. Et post nostrum quoque discessum cum rem emeliorata vel supraposita absque ulla contrariaetate heredum meorum vel ullius[c] iudicis adsignatione vel contradictione in vestra valeatis recipere potestatem vel dominationem. Et si quis vero, quod fieri esse non credo, si fuero ego ipse aut ullus de heredibus meis ac proheredibus vel quislibet

5. f) condempnare *c.* g) pontificum *c.*

6 = *Merkel* 7; *Roz.* 321 §. 2. a) cet̄ *sic saepius c.* b) *post h. v. quaedam erasa c.* c) *errore pro* studeas *c.* d) advixeras *corr.* advixeris *c.* e) *lege:* tuum. f) voluntate *c.*

7 = *Merkel* 8; *Roz.* 343 §. 1. a) virum *c.* b) *eadem manu post add. c.* c) alius *c.*

homo aut extranea persona, qui contra hanc precariam venire aut agere ad eam infrangendam temptare praesumpserit, discutiente fisco, solidos sexaginta multa conponat, et quod repetit non vindicet, et haec precaria firma et inlibata valeat permanere.

8. Item commendatitiae.

In Christo sanctae ecclesiae filio illo ego in Dei nomine venerabilis vir ille, abba ex monasterio sancti illius, vel cuncta congregatione ibidem consistentes. Dum cognitum est, qualiter ante hos dies vos, accepta pecunia nostra, rem vestram[a] nunccupante illa[b] in pago illo[b], in centena illa[b], per venditionis titulum nobis vel partibus monasterii nostri sancti illius visus es vendidisse; hoc est in iam dicta re tam terris, domibus *et cetera.* Sed dum postea[c] tua fuit petitio, vel congregationi nostrae decrevit voluntas[d], ut, dum advixeris, per nostrum beneficium tibi ad excolendum vel ad usufructuandum relaxare deberimus; quod ita et fecimus. Unde hanc commendatitiae[e] tibi fieri et firmare decrevimus, ut, dum advixeris, usitaliter tenere et usufructuare debeas. Et in nostra precaria nobis spondedisti, in censo annis singulis, quod evenit festivitas sancti illius, libra de cera nobis vel partibus monasterii sancti illius dare studeatis; et si de ipso censo neglegens.

9. Venditio[1].

Domino venerabili et in Christo patri illo[a], abbati de basilica sancti illius, ubi preciosus domnus in corpore requiescit, vel omni congregatione ibidem consistenti, ego enim ille. Constat me vobis vel ad ipsa basilicae vendidisse, et ita vendidi res propriaetatis meae in loco nunccupante illa et illa, sitas in termino illo, portiones meas; hoc est cum terris, domibus, aedificiis, accolabus, mancipiis, libertis, vineis, silvis, pratis, pascuis, aquis aquarumve decursibus, mobilibus et inmobilibus, farinariis, cum appendiciis vel exitis in ipsa pertinentes vel aspicientes, cum cultis et incultis, cum saltis et subiunctis, vel quicquid in praedictis locis nostra est possessio, tam de alode quam de conparato, vel qualibet adtracto ad nos noscitur pervenisse, totum et ad integrum, rem quesita et inquesitam, per hanc venditionem vobis vel ad ipsa basilicae trado adque transfundo; unde accepi a vobis precium et de thesauro ipsius ecclesie, in quo mihi bene conplacuit vel aptificatum fuit, hoc est solidos tantos; quod pretium in manu mea accepi et memorata vobis tradidi, ita ut ab hodierna die, quicquid vos vel successores vestri vel[b] dicte basilicae sancti[c] illius eiusque congregatio exinde elegeris facere, liberam et firmissimam in omnibus habeatis iure proprio. Si vero, si[d] ego ipse aut ullus de heredibus meis vel proheredibus[e] vel quislibet opposita persona, qui contra hanc venditionem, quem ego nullo cogente, sed spontanea voluntate fieri vel firmare rogavit, [aliquam[f] calumniam vel repetitionem ad eam infrangendum temptare presumpserit], tantum et alio tantum, quantum ipse res inmelioratae valuerint[g], conponat et insuper, posito[h] fisco, auro untia una, argenti pondera quinque coactus exsolvat, et sua repetitio vindicare non valeat, sed haec venditio cum stipulatione inserta diuturnum[i] tempus maneat inconvulsa.

8 = *Merkel* 9; *Roz.* 343 §. 2. a) nostram *c.* b) ill. *c.* c) posttea *c.* d) noluntas *c.* e) -ae *alia manu corr.* -am *c.*

9 = *Merkel* 10; *Roz.* 271. a) ill. *c.* b) sci, *eraso* ci, *add. c.;* pars *add. Tur.* c) s. i. *in loco raso c.* d) sie ego *c.* e) quoheredibus *c.* f) *uncis inclusa supplevi e sequenti formula.* g) voluerint *corr. eadem manu* valuerint *c.* h) positum*eadem manu corr.* posito *c.; corruptum videtur, fortasse ex* socio. i) dicturnum *c., corruptum fort. ex* dioturnum.

1) *Cf. cum hac formula simillimam Tur. Add.* 2, *quacum ad idem exemplum composita esse videtur.*

10. Item venditio.

Ille non perdit[a], qui se aptificante ex pretio in conpensu recipit. Igitur ego enim in Dei nomine ille. Non imaginario iure nec ullius cogente imperio, sed plenissima et integra voluntate et meo arbitrium constat me vendere, et ita vendidi viro magnifico villa[b] meam in loco nunccupante illo, in pago illo, in centena illa, quem de parte genitoris mei illius quondam mihi legibus obvenit; hoc est in iam dicta villa tam terris, domibus *et cetera;* et est in pretio taxato valente, in quo mihi bene conplacuit vel aptificatum fuit, solidos tantos. Et quod pretium mihi bene conplacuit vel aptificatum fuit, in praesente de manu emptoris in manu mea accepi, et praedicta villa una cum carta venditionis coram testibus et publicae vendidi atque firmavi, ut post hunc diem memoratus emptor, qui, datum suum pretium, conscripta villa superius nominata de me legibus conparavit, ut ab hac die habeat, teneat atque possideat suisque heredes, aut cui voluerit, ad possidendum derelinquat, vel quicquid exinde facere voluerit, liberam hac firmissimam in omnibus habeant potestate[c] faciendi. Si quis vero, quod fieri esse non credo, si fuero ego ipse aut ullus de heredibus meis hac proheredibus vel quislibet opposita persona, qui contra hanc venditionem, quem ego coram[d] testibus firmum conscribere[e] rogavit, aliquam calumniam vel repetitionem ad eam infrangendum temptare presumpserit, tantum et alio tantum, quantum haec venditio continet, contra cui litem [intulerit], sotio fisco, multa conponat, et ille qui repetit repetitio sua nullo quoque tempore vindicare non possit, sed vinditio, cui facta est, omni tempore firma et stabilis valeat permanere.

11. Item venditio.

Igitur ego itaque ille. Constat me vendere, et ita vendidi illi campum meum in loco nunccupante illo[a], in pago illo[a], in centena illa[a], quem de parte legitima hereditate genetoris mei illius, *vel* genetricis meae illius, quondam mihi legibus obvenit; et est ipse campus per loca designata de uno latere terra illius vel de alio latere et fronte alode illius et illius; et est in pretio taxato valente solidos tantos. Et quod pretium mihi conplacuit vel aptificavit, in praesente de manu emptoris in manu mea accepi et venditionem legitima ad memoratum emptore fieri et firmare rogavi, ut de ab hodierna die memoratus emptor hoc habeat, teneat atque possideat suisque posteris, aut cui voluerit, ad possidendum derelinquat, vel quicquid exinde facere voluerit, liberam in omnibus habeant potestatem faciendi.

12. Venditio.

Ego itaque ille[a]. Constat me vendere, et ita vendidi homine aliquo nomine[b] illo[c] servum iuris mei nomine illum[a], quem ante hos dies de homine aliquo nomine illo[a], data mea pecunia, per venditionis titulum visus sum conparasse; et est in pretio taxato valente solidos tantos. Et quod pretium mihi bene conplacuit vel aptificatum fuit, in praesente de manu emptoris in manu mea accepi et praedicto servo nominato una cum carta venditionis[1] ei publice adfirmavi, ut de ab hac die habeat, teneat atque possedeat suisque heredes, aut cui voluerit, ad possidendum derelinquat, vel quicquid exinde facere decreverit, liberam in omnibus habeat potestatem faciendi. Si quis.

10 = *Merkel* 11; *Roz.* 272. a) per *e corr. c.* b) *post corr.* villam *c.* c) *post corr.* postestatem *c.* d) c. t. *in loco raso eadem manu c.* e) consbere *c.*

11 = *Merkel* 12; *Roz.* 278. a) ill. *c.*

12 = *Merkel* 13; *Roz.* 294. a) ill. *c.* b) *bis scr. c.* c) ille *corr.* illo *c.*

1) *Vide Brunner, 'RG. d. Urkunde' I, p.* 114 *sq.: velim autem conferas etiam supra l.* 9 *sq.*

13. (a) Incipit ingenuitas.

Si aliquis ex servientibus nostris et cui a iugo servitutis absolvimus, mercedem in futurum[a] apud aeternum Retributorem exinde habere confidimus[1].

(b) Item prologus.

Prudentem consilium baiulat, qui pro anime suae remedium cogitat; ille Dominum retributorem exinde cogitat et de Dei misericordia numquam dubitat[2]. Igitur ego enim[a] in Dei nomine ille profiteor, me pro Dei amore, *aut* pro timore, vel in aliquid pro peccatis meis minuandis, ut mihi pius Dominus veniam aeternam[b] dignetur praestare, vernaculo iuris mei nomine illo[c], qui de parte genitoris mei illius quondam mihi legibus obvenit, ingenuum esse dimitto, tamquam si ab ingenuis parentibus fuisset procreatus vel natus. Peculiarem vero, quod habet aut deinceps conlaborare poterit, suum proprium esse cognoscat atque[d] congaudeat et nulli heredum hac proheredum meorum[e] servicium non inpendat nec ulla requisitio malorum hominum habere pertimescat, sed sub integra ingenuitate nostra liber[f] et absolutus permaneat; agat, pergat, portas apertas[g], cives[h] Romani, parte qua ambulare[i] voluerit in quattuor angulis terrae[3] omni tempore vite suae licentiam habeat et faciat de semetipso quicquid voluerit. Si quis vero, quod futurum esse non credo, si fuero ego ipse aut ullus de heredibus meis aut proheredibus vel quislibet homo aut extranea [persona], qui contra hanc ingenuitatem, quem ego coram testibus conscribere rogavi, aliquam calumniam vel repetitionem ad eam infrangendum temptare presumpserit, inprimis ira Dei et sanctis eius incurrat et a liminibus sanctarum ecclesiarum extraneus [habeatur[k]], usque dum se corrigat, et insuper, socio fisco, legem[l] quod[m] vivit multa conponat, et ille qui repetit nihil vindicet, *et quod sequitur in antea.*

14. Item ingenuitas.

Igitur ego enim in Dei nomine ille profiteor, me pro Dei amore, *aut* pro timore, vel aliquid pro peccatis meis minuandis, ut mihi pius Dominus in die tremendi iudicii veniam dignetur prestare: propterea servum iuris mei nomine illum[a], qui de parte genetoris[b] mei nomine illius quondam[c] mihi legibus obvenit, ingenuum dimitto, tamquam si ab ingenuis parentibus fuisset procreatus vel natus. Peculiarem vero, quod habet aut deinceps conlaborare potuerit, suum proprium esse cognoscat atque congaudeat et nullum heredum ac proheredum meorum[d] servitium inpendat, nisi sub integra ingenuitate sua valeat permanere ingenuus atque securus; sed pro infestatione malorum hominum basilica sancti illius habeat defensatricem et pro ipsa defensione ad festivitatem illius candelam unam de cera ad ipsa basilicae transsolvat, non pro ullo servicio requirendo, sed pro sua ingenuitate defensanda atque firmanda[e]. Si quis vero, *quod sequitur in antea*[f].

15. Tandono*[4].

Dum Dominus omnipotens, creator caeli et terrae, permisit iugales consortium copulum sociare et in Sancta Scriptura loquitur: 'Relinquid homo patrem vel matrem suam

*) *Super versum eadem manu scriptum est:* al.[a] Tinado bono.

13 a = *Merkel* 14; *Roz.* 81. a) -ro *corr.* -rum *eadem manu c.*

b = *Merkel* 15; *Roz.* 85. a) *post add. ead. m. c.* b) *in marg. suppl. ead. m. c.* c) ill. *c.* d) autque *corr.* atque *c.* e) eorum *c.* f) liberis *c.*; liberus *Roz.* g) *bis scr. c.* h) civis romanus *al. m. c.* i) ambula *c.* k) *hoc seu* efficiatur *videtur supplendum;* sit *suppl. Roz.* l) secundum *ante h. v. suppl. Roz., quod non opus esse videtur.* m) *lege:* qua.

14 = *Merkel* 16; *Roz.* 96. a) ill. *c.* b) i *e corr. c.* c) quondum *c.* d) eorum *c.* e) firmandā, *sed lineola super* a *erasa, c.* f) ea *c.*

15 = *Merkel* 17; *Roz.* 229. a) *lege:* alias. *Spectant haec verba ad rubrum Form. Sal. Bign.* 6.

1) *Cf. Marc. II,* 34. 2) *Cf. supra p.* 234, *l.* 38 *sq.* 3) *Cf. Ed. Roth.* 224, *LL. IV, p.* 54 *sq.*: De quattuor vias ubi volueris ambulare, liberam habeas potestatem. 4) *Cf. supra p.* 85, *n.* 2.

et[b] adherebit uxori suae, et erunt duae in carne una'[1]: idcirco ego in Dei nomine ille, filius illius, puellam ingenuam nomine illa, filiam illius, per solidum et denarium secundum legem Salicam[2] et antiquam consuetudinem sponsare debere; quod ita et feci. Propterea do ipsa puella nomine illa per hanc tandonæm[c] rem meam in loco nunccupante illo, in pago illo, in centena illa, quem de parte legitima hereditate genetoris mei illius quondam mihi[d] legibus obvenit; hoc est in iam dicta re tam terris, domibus *et cetera*. Hoc per hanc tandonem[e] ipsi puelle dono atque transfundo, ut in die felicissimo nuptiarum, Deo iubente, de quo ad coniugium sibimetipsum copulum sociatus fuero, conscriptam re superius nominatam per hanc tandonem habeat, teneat atque possideat suisque heredibus, aut cui voluerit, ad possidendum derelinquat, vel quicquid exinde facere voluerit, liberam ac firmissimam in omnibus perfruatur potestatem faciendi.

16. Item donatio inter virum et viram[a].

Dum omnis homo in hunc mundum vivere noscitur, quandoquidem mandatus a Domino evenerit, nullus se de morte abstrahere potest. Igitur ego in Dei nomine et coniux mea illa. Adsit nobis animus! Dum pariter, stante coniugium[b], amabiliter vivimus, pertractavimus consilium, ut aliquid de rebus et de facultatibus nostris inter nos interdonare deberimus; quod ita et fecimus. Ideo venientes pariter illo mallo[3] ante illum comitem vel reliquos racineburgis hoc per illas epistolas interdonationes visi fuimus adfirmasse. Dono tibi, dulcissima coniux mea illa, post meum quoque discessum, si mihi suprestis fueris, rem meam in loco nunccupante illo, in pago illo, in centena[c] illa, quem ante hos dies de parte genetoris mei[d] illius quondam mihi legibus obvenit; hoc est in iam dicta rem tam terris, domibus *et cetera*. Hoc per hanc interdonationem, si mihi suprestis fueris, conscripta re superius nominata, absque ulla contrarietate heredum meorum vel ullius contradictione in tuae habeas potestatem ad faciendum vel dominandum. Simili modo et ego illa, dulcissimae iugalis meus ille, dono tibi rem meam in loco nunccupante illo, in pago illo, in centena illa, que ante hos dies de parte genetoris mei illius quondam mihi legibus obvenit; hoc est in iam dicta re tam terris, domibus *et cetera*, quantumcunque in ipsa re superius nominata mea videtur esse possessio. Si mihi suprestis fueris, temporibus vitae tuae hoc habeas in potestatem ad dominandum vel faciendum quod volueris; ut hoc, quod diximus, post amborum nostrorum quoque discessum ad propinquos heredes nostros res revertantur. Et hoc nobis in hanc epistola interdonationis multa intimare rogavimus, ut, si fuerit aliqua pars ex nobis ipsis, qui contra hac parem suum hoc emutare voluerit, aut post nostrum quoque discessum aliquis de rebus nostris hoc refragare presumpserit, solidos tantos contra parem suum, aut contra quem litem intulerit, discutiente fisco, multa conponat, et ille qui repetit in nullisque modis repetitione sua vindicare valeat, sed presens epistola interdonationes firma et inlibata valeat permanere.

17. Libellum dotis.

Quod bonum, faustum, felix prosperumque evenit! De disponsandis maritandisque ordinibus ac Marc. II, 15.
procreationem liberorum[a] causis que fiunt, necesse est, etiam donatio per scripturarum seriem pleneore

15. b) ete *c.* c) tandonæ̃ *c.* d) inibi *c.* e) tandem *c.; emend. Roz.*

16 = *Merkel* 18; *Roz.* 252. a) *Roz.;* uirum *c.* b) cōgium *c.* c) cetena *c.* d) meillius *pro* mei i. *c.*

17 = *Merkel* 19; *Roz.* 223 *bis*. a) *Marc.;* illorum *c.;* filiorum *coniecit Roz.*

1) *Gen. II*, 24; *Ev. Matth.* 19, 5; *Ev. Marc.* 10, 7. 8. *Cf. cum hoc prologo Marc. I*, 12; *Form. Bitur.* 15 *a.* 2) *Cf. Form. Sal. Bign.* 6. *et quae ibi, p.* 230, *n.* 4, *annotavi.* 3) *Cf. Sandhaas, 'Fränk. ehel. Güterrecht' p.* 99.

obtineant firmitatem. Dono[b] igitur ille puellae, nure suo illo, sponsa filio suo illo, ante diem nuptiarum donatumque[c] animo transfert atque transcribit, hoc est in tandono aut libellum dotis rem mea nunccupante illa, sitam in pago illo, in centena illa, quem de parte legitima hereditate genetoris mei illius quondam mihi legibus obvenit; hoc est in iam dicta re tam terris, domibus *et cetera,* condignus ad habitandum in ea, una cum mancipia tanta vel omni integritate ibidem aspicientem, sitam ibi, inter auro et argento et fabricaturas in solidos tantos; hoc est gregis illis et illis. Haec omnia per manu in suprascripta puella, nurae sua illa, sponsa filio suo illo, ante diem nuptiarum debeat pervenisse; et in sua dominatione revocare, vel quicquid exinde facere voluerit, liberam habeat potestatem ad faciendum. Quod si quis vero, qui contra hanc libellum dotis venire aut eam infrangere conaverit, inferat partibus praedictae puellae illa solidos tantos, multa conponat, et quod repetit vindicare non valeat, sed presens libellum dotis firmus et stabilis valeat permanere.

Signum illum, qui hunc libellum dotum conscribere rogavit.

18. Libellum repudii[1].

Dum inter illo et coniugem suam illam non caritas secundum Deum, sed discordia inter eos regnat, et ob hoc ad invicem sibi adversantur et minime possunt se habere: ideo venientes pariter illo mallo ante illum comitem vel reliquis bonis ominibus[a.2], placuit utriusque voluntates, ut se a consortio separare deberent; quod ita et fecerunt. Propterea presentes aepistolas uno tenore conscriptas inter se fieri et firmare decreverunt, ut unusquisque ex ipsis, si ad servitium Dei in monasterio aut copulum[b] sociare voluerit, licentiam habeat faciendi, nulla requisitione ex hoc de parte proximi sui habere pertimescat. Sed si fuerit aliqua pars, qui hoc emutare voluerit, solidos tantos contra parem suum conponere studeant, sed in omnia vel in omnibus securi in eam, quam elegerint hoc tempore, partem permaneant.

Actum.

19. Conpositionalem.

Marc. II, 16. Dulcissima coniux mea illa. Dum omnibus[a] non habetur incognitum, qualiter extra tuum voluntatem vel parentum tuorum in confugium[b] rapto scelere meo coniugio sotiavi; unde et, quod tibi in tandono, si te disponsatam habuissem[c], vel in dotis titulum adfirmare deberem, per[d] hanc conpositionalem tibi donare[e] deberem[d]; quod ita et feci. Ideoque dono tibi loco nunccupante illo, sitam ibi, in pago illo, in centena illa, qui de parte legitima hereditate genetoris mei illius quondam mihi legibus obvenit; hoc est in iam dicta rem tam terris, domibus *et cetera.* Haec omnia superius conscripta a die praesente in tua debeat potestate pervenire ad possidendum vel dominandum; habendi, tenendi, donandi, commutandi[f] vel quicquid exinde elegeris faciendi liberam in omnibus perfruatur[g] arbitrium. Si quis vero.

20. Incipit commutatio.

Marc. II, 23. Inter quos caritas inlibata permanserit, pars parte beneficia oportuna prestantur, quia nihil sibi de rebus propriis [cens]et[a] minuando, quod ex nostra[b] recepit augmentum. Ideoque[3] bone pacis

17. b) Donat *Marc.* c) donantisque *Marc.*

18 = *Merkel* 20; *Roz.* 113. a) operibus *c.* b) *sc.* matrimonii.

19 = *Merkel* 21; *Roz.* 244. a) *in marg. post suppl. c.* b) coniugium *in codicis exemplari scriptum fuisse existimo, quod quasi inutile scriba emendare voluit; in autographo fortasse:* contubernium. c) habuisset *c.* d) per — deberem *omisit Roz., aliis verbis post* titulum *suppletis.* e) donarem *c.* f) commitandi *c.* g) *lege:* perfruaris.

20 = *Merkel* 22; *Roz.* 303. a) et *c.* b) *pro* ex nostra *melius* econtra *Marc.*

1) *Cf. Marc. II,* 30. *et Form. Tur.* 19. 2) *Cf. Sohm, 'Trauung u. Verlobung' p.* 7; *Loening, 'Kirchenrecht' II, p.* 627. 3) *Cum pleraque quae sequuntur valde a Marculfina formula differant, abhinc capitis huius auctorem non ex Marculfo hausisse existimaverim.*

placuit atque convenit inter venerabilem virum illum abbati [et] magnifico virum illum, ut loca aliqua nunccupante illa inter se concamiare vel emutare deberent; quod ita et fecerunt. Dedit igitur ille illi abbati rem suam in loco nunccupante illo, in pago illo, in centena illa, que de parte legitima hereditate genetoris illius quondam ei legibus obvenit; hoc est in iam dicta rem tam terris, domibus *et cetera*. Similiter et in conpensatione huius meriti dedit suprascriptus ille abbas una cum consensu congregationis illius altera rem nunccupante illo, sitam in pago illo, in centena illa, quem ante hos annos homo aliquus nomine illo pro anime suae remedium ad suprascripta sancti ill. visus fuit delegasse; hoc est in iam dicta re domibus *et cetera;* ita ut ab hac die ille loco, quod accepit, habeat, teneat atque possideat suisque heredibus, aut cui voluerit, ad possidendum derelinquat, vel quicquid exinde facere voluerit, liberam in omnibus habeat potestatem faciendi. Similiter et ille abbas aut successores ecclesiae locum, quem accepit, ad opus sanctae ecclesiae habeat, teneat adque possideat, vel quicquid exinde in augmentum sanctae ecclesiae facere decreverit, liberam in omnibus perfruatur arbitrium. Illud vero inter nos convenit, ut, si fuerit aliqua pars ex nobis[c] ipsis aut post nostrum quoque discessum aliquis de heredibus vel successores eorum hoc emutare vel suffragare[d] voluerit, solidos tantos contra quem litem intulerit multa conponat, et hoc quod repetit nihil vindicet, sed presens epistola commutationis, unde inter nos uno tenore[e] sunt conscriptae, firmas permaneat.

21. Pactum inter fratres.

Quicquid enim inter propinquos de alode parentum, non ad iuditiaria potestate coacti, sed spontanea voluntate iuxta[a] debita unusquisque[b] portio peractatur[c], non de rebus detrimentum, sed augmentum potius potest esse censendum; et ideo necesse est, inter se eorum facta scripturarum serias[d] allegare, ut nullus ab aliquibus in posterum valeat refragare. Ideoque inter illum et germanum suum illum de alode genetoris eorum illis bone pacis placuit atque convenit, ut eam inter se, manente caritate, dividere et exsequare deberent; quod ita et fecerunt. Accepit itaque ille villam nunccupante illam, sitam in pago illo, in centena illa; hoc est tam terris, domibus *et cetera*. Similiter et ille accepit contra germanum suum illum altera rem nunccupante illam, hoc est in iam dicta re tam terris, domibus *et cetera*. Aequa lentia inter se visi sunt dividisse et per fisticum[e] omnia parte[f] esse dixisse. Propterea presentes aepistolae uno tenore conscriptae locum pactionis inter se visi sunt scripsisse, ut[g] hoc invicem pars parte beneficia tradidisse, ut nullus deinceps contra parem suum, nisi quod ad presens accepit, de ipso alode genitoris eorum amplius requirendum pontificium habere non debeat. Quod si aliquando aliquis ex ipsis aut post eorum discessum ullius de[h] heredibus eorum hoc emutare voluerint, aut amplius requirere quam accipit aut agere voluerit, inferat pare suo solidos tantos, fisco concutiente, multa conponat, et ille qui repetit nihil vindicet, sed presens aepistolae locum pactionis conscriptae omni tempore firmae et inlibatae permaneant.

Marc. II, 14.

22. Praecaria, quae pater a filiis suis accipit.

Dulcissimis filiis meis illis. Dum et omnibus non habetur incognitum, qualiter ante hos annos rem meam in loco nunccupante illo, in pago illo, in centena illa, quem de parte genetoris mei illius quondam mihi legibus obvenit, sit[a] cum genetrix[b] vestra illa, antequam meum sociasset coniugium, per epistolam tandonis aut per libellum dotis visus sum adfirmasse. Sed dum ipsa genetrix vestra de hac luce discessit, et vos omni alode, iuxta quod et ratio praestitit, in presentia bonorum hominum in vestra recepistis dominationem. Sed dum postea [mea adfuit] petitio, et vestra et[c] filiis meis illis decrevit bona voluntas, ut per vestrum beneficium mihi

Marc. II, 9.

20. c) vobis *c.* d) *rectius* refragare *Marc.* e) tenores conscriptae *c.*

21 = *Merkel* 23; *Roz.* 124 *bis*. a) iusti (= iuste) *Marc.* b) unicuique *Marc.* c) peractatus *c.* d) series *Marc.* e) *i. e.* festucam. f) partitum *Marc.* g) *verba* ut — tradidisse *sine* beneficia *Marc. ante* et per festucam *posuerat.* h) de *e corr. c.*

22 = *Merkel* 24; *Roz.* 336. a) *fortasse:* sic; sit cum *omittit Roz.* b) genetrice *Roz.* c) *apertius Marc.:* ut condecet bonis filiis.

relaxare deberitis; quod ita et fecistis; in ea vero ratione, ut omni tempore vite meae conscriptam rem per vestrum beneficium habebo, tenebo atque possidebo; et post meum quoque discessum cum re emeliorata vel supraposita absque ulla contrarietate heredum meorum vel ullius iudicis adsignatione vel contradictione in vestra valeatis recipere[e] dominationem. Si quis vero.

23. Epistola, per quem soror succedat in portionem cum fratribus.

Marc II, 12. Dulcissima filia mea illa. Dum cognitum est, qualiter secundum legem Salicam[1] in portione paterna cum fratribus tuis[a], filiis meis, minime potes accedere; sed ego perpensans[b] hanc piaetatem[c], sicut moribus aequalis debiti estis filii, ita et a me sitis aequaliter [diligendi] et de omnibus rebus meis post meum quoque discessum equaliter[d] gratuletis. Ideo per hanc aepistolam, dulcissima filia mea illa, contra germanos tuos, filios meos illos, in omni hereditate mea aequalem[e] et legitimum esse constituo heredem, ut de alode paterna, quod morientes relinquerimus, cum filiis meis, germanos tuos, dividere et exaequare facias[f] et in nulla penitus portione minore quam illam[g] non accipias, sed omnia vel ex omnibus inter vos dividere et exaequare debeatis. Si quis vero.

24. Affatimum[2].

Dulcissimis nepotis meis illis ego avus vester[a] ille. Dum et cognitum est, qualiter genitor vester[b], filius meus nomine illo, complente fine naturae, de hac luce discessit, et vos in alode minime accedere poteratis: ideo, pensantes causa consanguinitatis, dabo vobis per hanc affatimum omni pro portione[c] in loco nunccupante illo[d], in pago illo[d], in centena illa; hoc est in iam dicto loco tam terris, domibus *et cetera,* quicquid in iam dicto loco genitor vester filios[e] meos illos et illos dividere et exsequare deberet, vos quoque, nepotes mei, per hanc affatimum post obitus mei dividere [et] exequare faciatis. Illud etiam in hanc affatimum conscribere rogavimus, ut si fuerit aliquis de heredibus meis propinquos, avunculos vestros[f], venire aut de aliis heredibus vel quislibet in eorum causas, nulla calumnia nec repetitione generare non presumat, sed iure firmissimo in omnibus habeatis potestatem faciendi, tenendi, dandi, commutandi, vel quicquid exinde facere elegeritis, liberam in omnibus perfruatur[g] potestas faciendi. Sed si fuerit aliquis de heredibus meis, qui contra hanc affatimum venire aut refragare presumpserit, socio fisco, solidos tantos contra quem litem intulerit suis partibus multa conponat, et ille qui repetit nihil vindicet, sed presens affatimus diuturnum tempore firmus et inviolatus valeat permanere; quam manu propria subter firmavimus et bonis ominibus[h], viris magnificis, roborare decrevimus.

22. e) recipe *c.*

23 = *Merkel* 25; *Roz.* 136 *bis*. a) suis *corr.* tuis *c.* b) perpensas *c.* c) impietate *Marc.* d) *post add. eadem m. c.* e) *bis scriptum c.* f) debias *Marc.* g) ipse (= ipsi) *Marc.*

24 = *Merkel* 26; *Roz.* 134. *Cf. Pithoei Gloss. ad L. Sal.* 48. a) aut *c.;* aut ego ille *Roz.* b) urt *et ita saepius c.* c) pro omni portione *emend. Pith.* d) ill. *c.* e) *legendum fortasse:* cum filiis meis. f) nostros *c., ubi sequens verbum perperam additum esse videtur.* g) *in exemplari codicis fortasse exstabat* perfruatis *pro* perfruamini. h) operibus *c.*

1) *Lex Sal.* 59, 5. *Cf. Waitz, 'VG.' I*³, *p.* 64. 2) *i. e. adoptio, ab* affatimire, adfathomire *(= adoptare in hereditatem), quod verbum proprie significavit vel 'sinu excipere' vel verisimilius: donare,* festuca in sinum ei cui donabatur proiecta *(Gloss. Pith.). Cf. L. Sal.* 46. *Cap.* 1, 8; 7, 10; *L. Rib.* 48. 49; *Form. Sal. Lind.* 13. *et infra* 25. *De origine et notione verbi cf. Wilbrandt in Reyscher et Wilda, 'Z. f. D. Recht' V, p.* 182 *sqq.; Müllenhoff ap. Waitz, 'Das alte Recht' p.* 277 *sq.; Grimm, 'Vorrede' p.* 7; *Kern, 'Glossen' p.* 133. *et ap. Hessels,* §. 224. *De ipsa re vide Beseler, 'Erbverträge' I, p.* 96 *sqq.; de Amira, 'Erbenfolge' p.* 58 *sqq.; Gengler, 'Rechtsdenkmäler' p.* 781.

25. Item affitimum.

Dulcissimo nepote meo ego ille. Dum et mihi senectus adgravat, et necessitates meas procurare non valeo, et cum[a] in necessitatibus meis solatium praehibere[b] non desistis, die et nocte deservire non cessas, ideo in bonitate et respectu servitii tui, quod circa me desudas, dono tibi mansum meum in loco nunccupante illo, in pago illo, in centena illa, et de meo iure in tua transfundo dominatione et potestate, absque consortio fratrum tuorum vel filiis meis, avunculus tuos; quicquid ibidem usque nunc habere videor, totum et ad integrum, a die praesente tibi dono atque transfundo, ita ut ab hac die... Marc. II, 11.

26.

...[ita[a] ut ab hac die] de vestro servicio non discedam, sed, quicquid reliqui servientes vestri faciunt, per vestros aut agentum vestrorum inperio[b] facere spondeo. Quod si non fecero, aut me per quodlibet ingenium[c] de servitio vestro detrahere voluero, vel dominium alterius petere aut rebus suscipere voluero, licentiam me qualemcumque volueris disciplinam inponere aut venundare aut quod vobis placuerit de me facere debeatis. Marc. II, 28.

27. Notitia.

Cum resedisset ille missus, inlustris vir, domni illius regis in mallo illo una cum pluris bonis ominibus racineburgis et industriae[a] personae, quae ibidem aderant, in eorum praesentia ad universorum causas audiendum vel recta iudicia terminanda, ibique veniens homo aliquus nomine ille hominem aliquem nomine illo visus fuit interpellasse. Repetebat adversus eum[b], dum diceret, eo quod rem suam in loco nunccupante illo, in pago illo, in centena illa, quem de parte genetoris sui illius legibus obtingebat conscriptas, ille predictam rem superius nominatam male ordine suprasedebat vel retenebat iniuste; sed ipse ille presens adherat. Interrogatum fuit ipsi illo[c] ab ipsis viris, [quid[d]] contra haec dicere vellebat, per quem sibi de iam dicta re sacibat[1] [vel[d]] inantea sacire vellebat; sed ipse de presente taliter dedit ei in responsis, quod ante hos annos genitor suos nomine illo ex alode conscriptam superius nominatam ei[e] dimisisset. Dum taliter agitur, iudicatum fuit ipsi illo, ut apud duodecim homines suos consimiles in basilica sancti illius hoc coniuraret vel predictam rem sacire deberet; quod et ita fecit. Sed veniens predictus ille ad eum placitum in noctis institutis, ingressus est in basilica illa, manu missa super sacrum et sanctum altare, coram ipsis missis vel racineburgis, quicquid iudicatum fuit vel per suum fisticum habuit aframitum[2], hoc coniuravit vel legibus sacibat. Proinde oportunum fuit ipsi illo, ut tale iudicium[3] sacramentale bonorum hominum vel ipsius missis manus firmitas[f] exinde accipere deberet; quomodo in presente visus est et fecit.

25 = *Merkel* 27; *Roz.* 168. a) tu mihi *Marc.* b) prebere *Marc.*

26 = *Merkel* 27 *(cum capite superiore coniunctum). Cf. supra p.* 240. a) *verba* ita — die *in codice semel tantum scripta hic repetivi, quippe quae in utraque formula scribi debuerint.* b) in p tio *c.* c) ingenuum *c.*

27 = *Merkel* 28; *Roz.* 486. a) *fortasse:* inlustres. b) eam *c.* c) ab *ante* illo *deletum c.* d) *suppl. Roz.* e) *deletum c.* f) *lege:* firmatum.

1) *De verbo 'sacire' hic et infra cf. Brunner, 'RG. d. Urkunde' I, p.* 285. 2) Aframitum = adhramitum. *Cf. ad Cart. Sen.* 10, *p.* 189, *n.* 1. 3) Iudicium sacramentale *et infra* 28. iudicio *hic dicitur notitia et de iudicio et de sacramentis, omni lite finita, victori concessa. Lex Rib.* 59, 7*:* quicumque in causa victor extiterit, semper iudicium conscriptum accipiat aut testes. *Cf. Sohm, 'R. u. GV.' I, p.* 526 *sq.; Brunner, l. l. p.* 241.

28. Noticia.

Cum resedisset inlustris vir ille comis illo mallo una cum pluris bonis ominibus racineburgis, qui ibidem aderant, in eorum presentia, ibique veniens homo aliquis nomine illo hominem aliquem nomine illo visus fuit interpellasse. Repetebat adversus eum, dum diceret, eo quod servus suus de parte genetoris sui illius esse deberet et ipsi servicio male ordine ipsi illo recontendebat iniuste. Interrogatum fuit, quid sibi dicere vellebat, qui ipsi de eo servitio vel litimonio reddebat, an non; sed ipse in presente taliter dedit in responsis, quod nec servitio nec litimonium nec nullum cavaticum[1] nec ullum obsequium ei reddebat, sed ipse erat bene ingenuus sive Salicus. Dum taliter agitur, iudicatum fuit ipsi illo, ut apud 12 homines Salicus infra noctes 40 et duas hoc coniurare deberet; quod ita et fecit. Sed veniens predictus ille ad eum placitum ante ipsum comitem vel reliquos racineburgis ingressus est in basilica sancti illius, manu misa super altare, quicquid iudicatum fuit de hac causa vel [per] suum fisticum abuit aframitum, oc[a] coniuravit vel legibus custodivit, quomodo se contra illum sibi obmalavit[2]. Proinde oportunum fuit ipsi illo, ut alio[b] iudicio bonorum hominum vel ipsius comitis manus firmatas exinde accipere deberet; quod ita et fecit.

29. Item notitia[a].

Notitia, qualiter veniens homo aliquis nomine ille[b] in mallo illo[b] ante illum vicarium vel reliquos bonus homines, qui ibidem aderant, in eorum presentia, ibique veniens homo aliquus nomine ille[b] hominem aliquem nomine illum[b] visus fuit interpellasse. Repetebat adversus eum, dum diceret, eo quod campum suum in loco nunccupante illo, in pago illo[b], in centena illa, male ordine supersedebat vel recontendebat iniuste; sed ipse ille presens aderat. Interrogatum fuit ab ipsis viris, quid contra hoc dicere vellebat, si sic erat veritas, an non; sed ipse ille in presente nullatenus potebat responsum dare, per quem sibi de ipso campo legibus[c] saciret aut inantea sacire deberet; sed ipse in presente professus apparuit. Dum taliter agitur, iudicatum fuit ipso illo, ut secundum legem per wadium suum apud solidos 30 predicto illo[b] de ipso campo legibus revestisset; quod ita et fecit. Proinde oportunum fuit ipsi illo, ut talem notitiam bonorum hominum, ipsius vicarii[d] manus firmatas exinde accipere deberet; quod ita et fecit.

30. Iecta[a] carta[3].

Dum plurimum conpertum est, qualiter veniens homo aliquus nomine ille[b] ante illum vicarium vel reliquis bonis homines racineburgis, qui ibidem aderant, in eorum presentia homine aliquo nomine illo[b] visus fuit interpellasset. Repetebat ad eum, dum diceret, eo quod servum suum nomine illum[b] male ordine recontendebat; sed ipse ille presens aderat. Interrogatum fuit ab ipsis viris, quid sibi de hac causa dicere vellebat, per quem sibi de ipso servo saciret aut inantea sacire vellebat; sed ipse in presente taliter dedit in responsis, quod ante hos annos genitor suus nomine illo ipsum servum eum dimisisset[c], et per hoc de ipso servo ipse sacibat vel inantea sacire vellebat. Dum taliter agitur, iudicatum fuit predicto illo[b], ut apud duodecim homines suos consimiles

28 = *Merkel* 29; *Roz.* 481. a) *ante* oc *quaedam erasa c.* b) *emendandum videtur* tale.

29 = *Merkel* 30; *Roz.* 462. a) notia *c.* b) ill. *c.* c) *post add. eadem manu c.* d) vicarii *corr. ut videtur* vicari in *c.*

30 = *Merkel* 31; *Roz.* 499. a) Tecta *c.* b) ill. *c.* c) dimisset *c.*

1) *Census capitalis. Cf. ad Form. Sal. Bign.* 7. 2) se obmalare (obmallare) = *se defendere in mallo; Lex Sal.* 36, 5. *Cap.* 7, 7; *cf.* 37. 3) *Eiusmodi instrumentum praebet Cart. Sen.* 10, *quae inscribitur:* Noticia de iactivis. *Lindenbrogius capitis sui* 158 (= *Marc. I,* 37) *rubricae addidit verba* charta iectiva, *quae unde sumpserit nescio. Cf. Brunner l. l. p.* 216.

in basilica illius in noctis institutis haec coniurare deberet et pro ipso servo legibus sacire deberet. Sed veniens conscriptus ille ad eum placitum, de mane usque ad vesperam custodivit; sed ipse ille nec ad placitum venit nec misso in pecio[1] suo direxit, qui de hac causa denuntiare debuisset, sed inde neglegens vel iectus apparuit. Proinde oportunum fuit ipsi illo, ut tale iectam cartam suprascripto illo exinde accipere deberet; quod ita et fecit.

---

31. Carta, quomodo possit servus accipere puellam ingenuam[a].

Ego enim in Dei nomine ille profiteor me, dum et omnibus non habetur incognitum, qualiter servus nomine illo puellam ingenuam ad coniugium sociare voluisset; quod ita et fecit: propterea ego[b] ille pro causa piaetatis hanc securitatem ad ipsi puelle fieri et firmare rogavit[c], ut secura esse una cum ipso illo levet atque conculcet[2] et nulla requesitione de hac causa, neque a me neque ab heredibus[d] meis, nec ullo servicio nec obsequium nullo quoque tempore exinde habere non pertimescat, nisi sub integra ingenuitate nostra tamquam ipsa et agnatio sua, si ex ipsis fuerit procreata, valeant permanere ingenui atque securi. Si quis vero, quod fieri esse non credo, si fuero ego ipse aut ullus de heredibus meis hac proheredibus vel quislibet homo aut opposita persona, qui contra hanc securitatem, quam ego coram testibus firmiter conscribere rogavi, aliqua calumnia vel repetitione venire aut agere voluerit, solidos tantos contra quem litem intulerit multa conponat, et ille qui repetit nihil vindicet, sed presens securitas ista carta ipsa vel eiusque agnitio[e] sua firma et stabilis omni quoque tempore valeat permanere.

32. Notitia.

Cum resedisset ille vicarius inlustris vir illius comitis in mallo publico una cum ipsis escabinis, qui ibidem resedebant[a] ad universorum causas audiendas vel[b] recta iudicia terminanda, ibique veniens monachus sancti illius de illo monasterio una cum[c] avocato sancti illius feminam aliquam nomine illa interpellabat. Repetebat ei, dum diceret, eo quod capalis esset sancti illius de villa sua que dicitur illa, de parte avia sua nomine illa quondam, de ipso servicio sancti illius neglegens aderat male ordine; sed ipsa femina presens adesse videbatur et nullatenus habuit, quod dicere vel opponere nec credere[d] rationem, per quem [se] de ipso servicio sancti illius abstrahere potuisset. Et sic ei in presente fuit iudicatum, ut ipso servicio sancti illo, unde neglegens[e] erat, ipsi avocato sancti illo rewadiare debere; quod ita et fecit et si[f] ad[g] ipso servicio sancti illius ipso[h] in presente concredidit. Propterea oportunum fuit ipsiu monacho sancti illius vel ipsi avocato nomine illo[i], ut talem notitiam ante ipsas personas, qui in ipso mallo resedebant, manus eorum roboratas exinde accipere deberet; quod ita et fecit; ut post hunc diem tam ipsa femina quam agnatio sua habeant evindicata atque ad ipsum monasterium eligata[k]. Form. Sal. Bign. 7.

33. Praecaria.

Domino mihi semper et in Christo venerabili patri illo, abbati ex monasterio sancti illius, vel cuncta congregatione ibidem consistentes ego in Dei nomine ille, supplex vester.

31 = *Merkel* 32; *Roz.* 101. a) ingeuu c̄v *c.; fortasse:* ingenuam coniugem. b) ill. *ante* ego *add., sed del. c.* c) *lege:* rogavi. d) h *post add. c.* e) *i. q.* agnatio; *cf. supra p.* 94, *l.* 32. *Intelligenda fortasse:* ipsi vel eius agnationi; *cf. autem supra p.* 188, *l.* 10.

32 = *Merkel* 33; *Roz.* 460 *bis*. a) resede *in loco raso c.* b) vet *c.* c) cu *post corr.* cum *c.* d) tradere *Bign.* e) neglens *c.* f) *i. e.* se; sibi *Bign.* g) *Bign.*; ab *c.* h) in p̄so *add. c.* i) ill. *c.* k) *i. e.* elitigata.

33 = *Merkel* 34; *Roz.* 326.

1) *Etiam alias pro 'parte' dicitur, sed hic sat insolite.* 2) l. a. c. = *habitet, maneat. Cf. Francogall. 'levant et couchant', 'Dictionnaire historique de l'ancien langage François par La Curne de Sainte-Palaye', IV, p.* 307, *nostris 'heben und legen', Grimm, 'D. WB.' IV,* 2, *col.* 730; *de Rozière, 'Recueil' I, p.* 129 *sqq., n. a.; supra p.* 232, *n.* 1.

Dum iuxta quod mea fuit petitio et vestra et congregationis vestrae decrevit voluntas, ut illam rem vestram in loco nunccupante illo, in pago illo, in centena illa, hoc per vestrum beneficium, ut, dum advixero, mihi ad excolendum vel usufructuandum relaxare deberitis; quod ita et fecistis; hoc est in iam dicta re tam terris. Unde et ego tam pro ipso usu de ipsa re vestra dedi vobis ad partem sancti illo alteram rem meam, nunccupante illa, sitam in pago illo, in centena illa, quae de parte legitima[a] hereditate mihi legibus obvenit; hoc est in iam dicta re tam terris, domibus *et cetera;* in ea vero ratione, ut, quamdiu advixero, in utraque parte loca mihi liceat tenere et usufructuare. Et pro hac re precaria vobis emitto et censo spondo annis singulis, quod venit festivitas sancti illius, tantum, quantum inter nos convenit, dare[b] studeam; et si de ipso neglegens aut tardus apparuero, fidem vobis exinde facere vel transsolvere debeo, et ipsas superius nominatas in utraque loca, dum advixero, non perdam; et aliubi nec condonare nec alienare nec concamiare nec in naufragium ponere, nullum exinde habeam[c] pontificium faciendi, nisi quod legitimus usus pertinet. Et post meum quoque discessum cum omnibus rebus emelioratas vel suprapositis absque ullius hominis contradictionis vel heredum meorum pars sancti illo eligata ordine ad se recipere faciant ad dominandum. Unde inter nos convenit, ut duas epistolas de utrasque partes aptificantes, uno tenore conscriptas, adfirmare deberimus; quod ita et fecimus; ut nec ipse ille nec successores sui nec ullus quislibet de parte sancti illo, dum advixero, iam dictas res superius nominatas nulla calumnia nec repetitione facere nec removere faciant. Sed si fuerit ullus quislibet, qui contra parem suum hoc emutare aut[d] aliqua altercatione exinde insurgere presumpserit, solidos tantos contra parem suum multa conponat, et quod repetit, nihil vindicet, sed presens precaria manus conligationes[e] firma permaneat.

34. Precaria.

Domino mihi venerabili et in Christo patri illo[a], abbati ex monasterio sancti illius[a], vel cuncta congregatione ibidem consistentium. Nos quoque, in Dei nomine ille et filius meus ille, supplicantes ad vos accedimus, dum iuxta quod nostra fuit petitio et vestra vel fratrum vestrorum non negavit voluntas, ut illa rem vestra in loco nunccupante illo, in pago illo, in centena illa, hoc per vestrum beneficium, ut, dum advixerimus, nobis ad excolendum vel ad usufructuandum relaxare deberitis; quod ita et fecistis; hoc est in iam dicta rem tam terris, domibus *et cetera.* Unde[b] nos tantum[c] pro ipso usu de ipsa re vestra dedimus vobis ad partem sancti illius alteram rem nostra in loco nunccupante illo, in pago illo, in centena illa, quem de parte legitima hereditate legibus obvenit; hoc est in iam dicta rem tam terris, domibus *et cetera;* in ea vero ratione, ut, quamdiu advixeritis, in utraque loca nobis liceat tenere et usufructuare. Et pro hac re precaria vobis spondimus, censum annis singulis, quod evenit festivitas sancti illius, tantum, quantum inter nos convenit, dare studeamus; et si de ipso censo neglegentes aut tardi apparuerimus, fidem vobis exinde facere vel transsolvere debeamus, et ipsas res superius nominatas in utraque loca non perdamus. Et si aliquis ex nobis ipsis pare suo subprestis fuerit, ei iam dicta precaria remaneat ad dominandum vel ad excolendum; et aliubi nec vendere nec condonare nec concamiare nec in naufragium ponere, nullum exinde habeamus pontificium faciendi, nisi quod legitimus usus pertinet. Et post amborum quoque discessum cum omnibus rebus emelioratis vel suprapositis in utraque loca absque ullius hominum contradictionem vel heredum nostrorum pars sancti illius eligata ordine ad se recipere faciant ad dominandum. Si quis vero, quod fieri esse non credimus, si fuerit unus ex nobis.

33. a) legit *erasum c.* b) *post add. eadem manu c.* c) habere *c.; cf. supra* 5. 7. d) *bis scriptum c.* e) *fortasse:* conligatione *('Handfestung')?*

34 = *Merkel* 35; *Roz.* 329 §. 1. a) ill. *c.* b) *verba* Unde — domibus etcet. *per errorem repetuntur,* nuncpante *pro* nunccup. *scripto c.* c) tanto *corr.* tantum *c.* d) emittimus et *supplendum videtur.*

35. Commendatitiae.

In Christo sanctae ecclesiae filio illo seu et filio suo illo. Qualiter vos precatores ad nos accessistis, dum iuxta quod vestra fuit petitio et nostra vel congregationis nostrae decrevit voluntas, ut illa rem nostra in loco nunccupante illo, in pago illo, in centena illa, que ante hos annos homo aliquis nomine ille per strumenta cartarum ad basilica sancti illo visus fuit dilegasse, hoc, dum advixeritis, per nostram precariam vobis relaxare deberimus; quod ita et fecimus; hoc est in iam dicta rem tam terris *et cetera.* Similiter et vos ipsi tantum pro ipso usu de ipsa re nostra partibus nostris vel monasterii sancti illius[a] alteram rem vestra[b] in loco nunccupante illo, in pago illo, in centena illa, visus fuistis adfirmasse. Proinde hanc commendatitiae vobis[c] fieri et firmare decrevimus, ut, dum advixeris, in utraque loca tam ipsam, quam nos vobis relaxamus, quam et eam, quam pro ipso usu vos amisistis, dum advixeritis, per nostrum beneficium in utraque loca tenere et usufructuare debeatis. Et in nostra precaria nobis spondidistis, in censo annis singulis, quod evenit festivitas sancti illius, tantum, quantum inter nos convenit, dare studeatis; et si de ipso censo neglegentes aut tardi apparueritis, fidem nobis[d] exinde facere vel transsolvere debeatis, et ipsas res in utraque loca, dum advixeritis, non perdatis; et aliubi[e] nec vendere nec condonare nec concamiare nec in naufragium ponere, nullum exinde habeatis pontificium faciendi, nisi quod legitimus usus pertinet. Et post amborum quoque discessum res ipsas emelioratas vel suprapositas absque ulla contrarietate heredum vestrorum vel ullius iudicis adsignatione vel contradictione, utrasque res pars[f] sancti illius ad se recipere faciant ad dominandam. Unde hanc commendatitiae manu propria subter firmavimus et fratribus nostris roborare decrevimus.

36. Item precaria.

Domino mihi semper et in Christo venerabili patri illo, abbati ex monasterio, vel cuncta congregationis ibidem consistentes. Ego in Dei nomine ille precator ad vos accedo, dum iuxta quod fuit mea petitio et vestra vel congregationis vestrae decrevit voluntas, ut illa rem vestra loco nunccupante illo, in pago illo, in centena illa, quem nos ipsi ante hos dies, accepta vestra pecunia, per venditionis titulum visus sum vendidisse vel adfirmasse; sed dum postea mea fuit petitio et vestra decrevit voluntas, ut, dum advixero, per vestrum beneficium mihi concedere deberitis; quod ita et fecistis; in ea vero ratione, ut, dum advixero, tenere et usufructuare debeo. Et spondimus vobis, censum in vestra precaria annis singulis, quod evenit festivitas sancti illius, denarios tantos partibus vestris dare studeam; et si de ipso censo neglegens vel tardus apparuero, fidem vobis exinde faciam vel transsolvam, et ipsam rem, dum advixero, non perdam. Et post meum quoque discessum filius meus ille, si me supertraxerit aut si mihi supraestis fuerit, ipsa precaria sub ipso censo tempore vitae suae succedat ad dominandum vel ad colendum.

37. Item commendatitiae.

In Christo sanctae ecclesiae filio illo ego in Dei nomine venerabilis vir ille abbas vel cuncta congregatio ibi consistens. Qualiter vos precatores ad nos accessistis, ut illa rem nostram, quem vos ipsi ante hos dies, accepta nostra[a] pecunia, per venditionis titulum partibus monasterii nostri sancti illius visus es vindisse vel adfirmasse; hoc est in iam dicta rem tam terris, domibus *et cetera,* hoc per nostrum beneficium tibi concedere deberimus; quod ita et fecimus; in ea vero ratione, ut, dum advixeris, usualiter

35 = *Merkel* 36; *Roz.* 329 §. 2. a) ill. *c.* b) nostra *c.* c) nobis *c.* d) uobis *c.* e) alii ubi *c.* f) *in marg. eadem manu add. c.*

36 = *Merkel* 37; *Roz.* 349 §. 1.

37 = *Merkel* 38; *Roz.* 349 §. 2. a) vestra *c.*

tenere debeatis. Et post tuum quoque discessum filius tuus ille, [si] vobis supertraxerit aut suprestis fuerit, ipsa commendatitie tempore vitae suae sub ipso censo succedat ad dominandum vel ad excolendum. Et in nostra precaria nobis spondedistis, in censo annis singulis, quod evenit festivitas sancti illius, libera[b] de cera transsolvere faciatis; et aliubi nec vendere nec condonare nec concamiare nec in naufragium [ponere], nullum exinde habeatis pontificium faciendi, nisi quod legitimus usus pertinet. Et post amborum quoque discessum res ipsas elitigata ordine ad ipso monasterio sancti illius revestant[c]. Unde hanc commendatitiam manu propria subter firmavimus et fratribus nostris roborare decrevimus.

38. Notitia[a] de homicidio[1].

Cum resedisset inlustris vir ille comis mallo illo[b] una cum pluris bonis hominibus, quae ibidem aderant, in eorum presentia, ibique veniens homo aliquis nomine ille homine aliquo nomine illo[b] visus fuit interpellasset. Repetebat adversus eum, dum diceret, eo quod servum suum nomine illo in via adsalisset et per suam fortiam eum interfecisset; sed ipse ille presens aderat. Interrogatum ei fuit ab ipsis viris, quid contra hoc dicere vellebat, si sic erat veritas, an non; sed ipse in presente hac causa nullatenus potebat denegare, sed sic in presente professus vel probatus apparuit. Dum taliter agitur.

39. Iudicio soluto.

Form. Sal. Bign. 8.

Dum ex[a] pluris hominibus ponitur in notitia, qualiter veniens homo aliquis nomine illo in contubernio illo homine alico nomine illo ibidem adsalisset et ipsum ibidem interfecisset; sed venientes parentes et amici ipsius hominis interfecti ante inlustris vir illo comite interrogabant ipsum hominem, qui eorum parentem adsalisset vel interfecisset; et ipse ille in presente adstare videbatur et hanc causam nullatenus potuit denegare, sed taliter fuit professus, quod instigante inimico ipsum hominem interfecisset. Tunc taliter ei iudicaverunt, ut ipsa leode ad ipsos parentes rewadiare deberet; quod ita et fecit. Sed postea in ipso placito ab ipsis viris racineburgis fuit iudicatum, ut ipsi parentes tale epistola securitatis manus eorum vel bonorum hominum firmata ei exinde facere deberent; quod ita et fecerunt; ut de post hunc diem nec ipse ille nec ullus de heredibus nec nulla extranea persona [de] prefata[c] morte ei quondam nec de ipsa leode nulla remalatione nec nulla repetitione pontificium non habeant ad faciendum. Et qui hoc facere voluerit, solidos per manus reddat et [ob] hoc solidos 100, fisco discutiente, coactus conponat, et quod repetit nihil.

40. Carta denariale.

Form. Sal. Bign. 1.

Ille gratia Dei rex Francorum et Langobardorum, vir inlustris. Et quia fidelis noster nomine ille servo suo nomine illo in nostra presentia, iactante denario, secundum legem Salicam dimisit ingenuum et[a] ab omni vinculo servitutis absolvit; precipiens enim, ut, sicut et reliqui mansuari, qui per talem titulum in presentia principum noscuntur esse relaxati ingenui[a], ita et admodum memorate ille per nostrum preceptum plenius in Dei nomine confirmatum perennis temporibus cum Dei et nostra gratia valeat permanere bene ingenuus atque securus.

41. Carta de hoste[2].

Ille gratia [Dei] rex Francorum et Langobardorum ac patricius[a] Romanorum, vir inlustris, illi comiti aut iunioribus seu successoribusque vestris vel omnibus [missis]

37. b) libera *rec. manu post corr.* libra *c.* c) revertant *Roz., quocum verbo scriptor* revestiant *confudisse videtur.*

38 = *Merkel* 39; *Roz.* 471. a) coo *add. c.* b) ill. *c.*

39 = *Merkel* 40; *cf. Roz.* 468. a) et per *Bign.* b) qui *c.* c) praefatae *corr.* praefata *c.*

40 = *Merkel* 41; *Roz.* 58. a) *verba* et ab — relaxati ingenui *quamquam ex hoc loco in formula Sal. Bign. supplevi, tamen cum in illius autographo adfuisse videantur, hic minoribus literis exprimi curavi.*

41 = *Merkel* 42; *Roz.* 37. a) patricis *c.*

1) *Cf. Form. Sal. Bign.* 9. 2) *Cf. Cart. Sen.* 19.

nostris discurrentibus. Cognoscatis, quia nos pro mercede nostra augmentum tale[b] istius pagensis vester[c] nomine ille concessimus, ut, dum ipse infirmus aut senex vel in decrepita aetate esse vidisse[d], de omnibus hostibus et de omnibus haribanis tempore vite suae ad suum proprium ductus et securus exinde valeat resedere. Propterea vobis omnino rogamus atque praecepimus, ut neque[e] vos neque iuniores vestri nec successores vestri nec missi nostri discurrentes ipsum pro hoc inquietare nec calumniare nec de rebus suis abstrahere nec dubitare praesumatis; nisi, ut diximus, de omnibus hostibus et de omnibus haribannis tempore vitae suae ductus et securus permaneat. Et ut haec auctoritas firmior habeatur, de anulo nostro subter firmavimus.

42. Iudicio evindicato de cruce.

Dum et omnibus non est incognitum, qualiter veniens homo aliquis nomine[a] illo ante illum vecarium adversus hominem aliquem nomine illo, repetebat ei, dum diceret, eo quod terra sua de suo manso vel de sua potestate male ordine proprississet; sed ipse ille in presente adstabat et hanc causam fortiter denegabat, quod sua terra numquam proprississet vel post se numquam retinuisset indebiti. Sed taliter in eo placito ei fuit iudicatum, ut ad crucem ad iudicium Dei pro ipsa terra in noctes 22 in ipso placito pro hoc deberent adstare; quod ita et fecerunt. Sed venientes ad eum placitum in noctes 22, sicut eis fuit iudicatum, ante ipsum vecarium vel ante ipsos pagenses ad ipsum iudicium vel ad ipsam crucem visi fuissent adstare. Sed ipse ille homine suo, qui ipsam terram proprisit, ad ipsum iudicium vel ad ipsam crucem eum[b] convincuit; sed ipse ille ad ipsum iudicium visus fuit cadisse. Sed dum haec causa sic fuit inventa, quod ipse ille ad ipsum iudicium cadisset, solidos tantos ei transsolvere deberet et ipsam terram ei legibus recipere[c] deberet; quod et ita fecit. Propterea oportunum fuit ipso illo, ut tale iudicium evindicato bonorum hominum vel ipsi vecario exinde accipere deberet; quod ita et fecit. Form Sal. Bign. 13.

---

43. Ingenuitate in albis[1].

Sacris fontes bene immolat sacrificium laudis, qui usque in finem debitum perducit actionem. Ego in Dei nomine ille magnificus recogitans pro Dei intuitum, ut dum ego infantulum, vernaculum iuris nostro, nomine illo ingenuo in albis ante sacri fontes in nostris mercedis augendum[a] in luminibus esse precipio; ea tamen[b] ratione, ut sic permaneat ingenuus, quasi de bene ingenuus parentibus fuisset procreatus vel natus, portas apertas, cives Romana, partem quem decreverit ambulare licentiam[c] habeat potestatem.

44. Ingenuitas ad sacerdotem.

Auctoritas ecclesiastica patenter admonet, insuper et maiestas regia canonicae religionis adsensum prebet, ut, quemcumque ad sacros ordines ex familia propria promovere [ecclesia] queque delegerit, in presentia sacerdotum canonicorum simul et nobilium laicorum eius, cuius subiectus est, manumissionis sub libertatis testamento solempniter roboretur. Ego igitur in Dei nomine quendam ecclesiae nostrae famulum nomine ille, sacris ordinibus dignum, ad altaris cornu nobilium in presentia virorum civem Romanum per hoc auctoritatis testamentum statuimus, ita ut ab hodierna die et tempore bene ingenuus atque ab omni servitutis vinculo securus permaneat, tamquam si ab ingenuis fuisset parentibus procreatus vel natus, eam denique pergat partem, quamcumque volens[a] canonice elegerit, habensque portas apertas, Form. Imp. 33.

41. b) tale istius *corruptum videtur e* taliter. c) ut *c., ubi saepius* ūt *pro* vester *legitur.* d) *lege:* videtur. e) atque *c.*

42 = *Merkel* 43; *Roz.* 502 *bis*. a) *verba* n. i. a. *in fine folii scripta in principio alterius repetita sunt c.* b) cum *c.* c) revestire *Bign.*

43 = *Merkel* 44; *Roz.* 78. a) *fortasse:* augmentum. b) tam *c.* c) *fortasse:* liberam; *cf. infra* 45.

44 = *Merkel* 45; *Roz.* 72. a) volūeris c|lens canonice *c.*

1) *Alba dicebatur 'vestis candida, quam induebant recens baptizati'.* In albis positi = *recens baptizati, de quorum manumissione hic agitur. Cf. Ducange s. v.*

ita ut deinceps nec nobis nec successores nostris ulli[b] debeat noxiae conditionis servitium aut aliquid libertinitatis obsequium, sed omnibus diebus vitae suae sub certa plenissimaque ingenuitate sicut alii cives Romani per hoc manumissionis atque ingenuitatis titulum in ipso monasterio sancti illius bene semper ingenuus atque securus existat. Si[c] quis vero peculiarem, quod habet aut abhinc quod adsequi poterit, faciat exinde secundum canonicam auctoritatem libere, quicquid voluerit[d]. Et ut hii[e] testamenti atque ingenuitatis auctoritas inviolabilem inconvulsamque obteneat firmitatem, manu propria subter firmavimus, sacerdotes quoque et canonicos necnon et laicos nobiles presentes similiter et subter firmare rogavimus.

Actum civitate illa, ubi firmata est, anno[f] 7. imperii.... domni ac prestantissimi...[g] augusto, equidem et promotionis nostrae, indictione 14[h].

45.

Marc. II, 13. Domino fratri illo ille. Dominum[a] et peccatis meis facientibus, dum[b] orbatus a filiis et mihi bonitas et infirmitas afficere videbatur, iuxta quod inter nos bone pacis placuit atque convenit, ut[c] in loco filiorum meorum visus sum adobtasse; in ea vero ratione, ut, dum advixero, victum et vestimentum, tam in dorso quam in lectu, seu calciamenta mihi suffecti inpertias et procuras, et omnes res meas, quascumque habere[d] videor, hoc est in conscripta re tam terris, domibus *et cetera*, usque nunc in tua potestate recipere debeas: propterea hanc epistola tradictionalem tibi fieri et firmare decrevimus, ut nec ego ipse nec heredes mei aut quicumque inter nos facta emutare non possit; sed, sicut superius continetur, meas necessitatibus, dum advixero, procurare debeas et omnes res meas ad presens possedere debeas, et post meum quoque discessum in tua potestate permaneant, et quod tibi exinde facere placuerit, licentiam[e] in omnibus habeas potestatem faciendi.

---

46. Indiculum ad abatissam.

Dilectissima nostra Deo consecrata illa abbatissa, quae mundo dispexit et religionem sanctam dilexit et tuam virginitatem castam et pudicam reservabat invulsam, ego ille amicus fidelis et bene cupiens vester[a] in omnibus. Plenissima in Domino ac perennem mittimus salutem et precamur *de talia et talia iustitia vel causa.*

47. Indiculum ad sponsam.

Amabiliter amando et insaciabiliter desiderando dulcissima atque in omnibus amatissima, multum mihi desiderabilem melliflua amica mea illa ego in Dei nomine. Ego mando tibi salutes usque ad gaudium per has apices, quantum cordis nostrae continet plenitudo. Et ipsi salutes inter nubes ambulant, sol et luna eius[a] deducant ad te. Ego quando iaceo, tu mihi es in animo. Et quando dormio, semper de te somnio. Bene habeas in die et noctes suavis transeas et amico tuo semper in mente habeas nec ponas illum in oblivione, quia ego tibi non facio. Tu pensas unum consilium, et ego penso altero, per qualem ingenium implemus desiderium. Qui regnat in celo et providet omnia, tradat te in manibus meis, antequam moriar.

Haec est magna salutatio inter duos iuvenis; alter alterius transmittit et neminem sufficit.

44. b) *lege:* ullum. c) *per errorem* Si quis *pro* Suum *scriptum videtur c.* d) volit *c.* e) *lege:* haec. f) ann VII imprī, *post h. v. c.* 4 *litt. erasae c.* g) Odoni *hic legitur in c., quod a quodam formulam describente male suppletum est.* h) *post hunc numerum quaedam erasa c.*

45 = *Merkel* 46. a) Dum *pro* D. e. *Marc.* b) diu *Marc.* c) *fortasse:* te. d) *post h. v. quaedam erasa c.* e) liberam *Marc.*

46 = *Merkel* 47; *Roz.* 873. a) ūt *c.*

47 = *Merkel* 48; *Roz.* 842. a) *lege:* eos (*pro* eas).

48. Indiculum ad amicum.

Christe, potens conditor caeli et terrae, quae dominator[a] rector omnium rerum, protegat atque custodiat! Domno et amico meo illo in Dei nomine ille, quamvis acsi indignus, fidelissimus amicus et bene cupiens vester[b]. Si presumptio non offendit, salutem obtabilem et almitatem[c] vestram in domino Iesu Christo ad vos destinare presumimus. Notum sit vobis de illa causa, quia sic exinde faciatis, quomodo per vos bona fiducia habeamus. Iterum atque iterum mereamur vos videre in faciem vel audire cum pace.

49. Indiculum ad episcopum.

Domino sancto et apostolico sede colendo, in Christo venerabili domno et venerabili illo pontifici de civitate illa ego in Dei nomine ille bene cupiens vester[a]. In Domino vobis dirigimus salutem. De cetero cognoscat sanctitas vestra, ut pro nos orare dignemini. Denique cognuscatis, quod iste homo vester[a] nomine ille ad nos confugium fecit et dicit, quod contra vos culpas habeat cummissas. Propterea has apices cum salutatione ad vos dirigimus . . . Form. Sal. Bign. 23.

50.

. . . [ad[a] vos dirigimus], ut de ipsa causa certiores sitis, aut ante regem aut ante comitem palatii, quomodo vobis est[b] utile, ut tale misso aut tales litteras accipietis, ut nostram rem [non] perdamus. Salutamus vobis tantum, quantum archana cordis continet plenitudo. Form. Sal. Bign. 24.

51. Indiculum de comite ad vicarium[1].

Dilecto fidele nostro ego ille comis. Cognuscas, quia mandamus tibi de tuo ministerio, quod tibi commandavimus, bonum certamen exinde habeas vel bona providentia. Denique cognoscas, quod domnus rex ille nobis commendavit, ut iustitias vel drictum[a] in nostro ministerio facere debeamus. Propterea has litteras ad te dirigimus, ut in nostro comitatu vel in tuo ministerio pleniter ipsa iustitias, que ante te veniunt, ut sic inquiras et facias, quasi ego ipse, sine ulla alia ratione vel sine inpedimento, et nullum honorem nec nulla blandia propter hoc accipere non facias. Et bene provide, ut nullum neclectum exinde habeas. Taliter exinde certamen age, qualiter gratia nostra vellis habere.

52. Indiculum de episcopum ad archiepiscopum.

Venerabiliter venerando et desiderabiliter desiderando domno et in Christo patri illo archiepiscopo ego in Dei nomine ille episcopus de civitate illa. Quae primis sunt, salutes perennis temporibus vobis in Domino de caelo ministrentur! Notum sit vobis, qualiter pervenit inter nos talis causa[a] de sacerdote. Quod periculum est nostrum, per nos ipsos non volumus emendare, sed quod ante vos[b] veniat. Propterea supplicamus sanctitate vestra, ut vos nos tale consilium donetis, aut in vestra epistola ipsum iudicium mittere iubeatis et nos transmittere iubeatis[c], quod ei deiudicare debeatis. Et Deus scit, quia die noctuque orationes a Domino pro vobis fundimus; ut omnia et in omnibus nobis innotescere non dedignemini. Mereamur vos videre felix felice[d], opitulante Domino, feliciter intueri.

48 = *Merkel* 49; *Roz.* 727. a) *i. e.* dominatur. b) ūt *c.* c) almitem *c.*

49 = *Merkel* 50; *Roz.* 735. a) ūt *et sic saepius c.*

50 = *Merkel* 50; *Roz.* 735. *Cf. supra p.* 240. a) *verba uncis inclusa in cod. semel tantum scripta repetivi, quippe quae in utraque formula legantur.* b) ē tut ille *pro* est utile *c.*

51 = *Roz.* 886. a) dristum *c.*

52 = *Roz.* 530. a) causas *corr.* causa *c.* b) nos *Roz.* c) et nos transmittere *iterum add. c.* d) *i. e.* felicem.

1) *De hac formula cf. Waitz, 'Forsch.' I, p.* 539, *et Sohm, 'R. u. GV.' I, p.* 243 *sqq.*; 411 *sq.*

53. Indiculum ad abbatem.

Venerabili in Christo donum Dei abbati de aula sancti illius vel illo monasterio constructo. Igitur benevolens vester ea, que primitus sunt, in domino Patri et domino Jesu Christo per has parvissimas apices delecte caritate vestra perpetuam obto salutem. De cetero [a] precamus vobis, unde iam dudum precavimus, de illa mancipia vel de illa peculiaria [b], quem in illis et illis locis habuimus. Vos non fuit placabile in ipsa convenientia adstare, sicut parabolatum [1] habuistis, et fecistis de ipsas res, quod vobis placuit; et si vos placuerit, illa mancipia vel illo peculiare perdere non debeo. Vos videte, ut peccatis maximus inde non adcrescat contra ipsa casa Dei vel vestrisque partibus. Considerate illud euvangelium praeceptum, ubi Dominus ait: 'Quid enim prodest homini, si universum mundo lucretur, ut animam suam detrimentum patiatur' [2]. Iterum quid plura? Ad sapientem pauca sufficiunt verba. Taliter exinde agite, quomodo vestra decrevit voluntas. Valete in Domino.

54. Indiculum, que abba transmittit ad archidiaconum.

Dilecto et venerabile in Christo illo archidiacono, Deo amabile et a nobis multum desiderabile, ego in Dei nomine ille gratia Dei abbas. In primis, quae in Christo sunt, amabile salutatione vobis direximus, que ad maximum gaudium et laetitia plena, de cetero quantum archana cordis nostrae continet plenitudo. Ideo innotescimus vobis atque precamus in Dei amore et sancti illo tam [a] nostra de illo presbitero [b] nomine illo, quod ei liceat in ista parochia [c], in basilica nostra et sancti illo, curam liceat decantare et Dei servicio adimplere interim [d], usque nos et domnus episcopus insimul loquimur; et precamus vobis, quem mercedes vestrae inde adcrescat. Et sic exinde agite, quomodo per vos multa bona confidimus. Iterum salutamus vobis. Valete in Christo. Amen.

55. Indiculum ad regem.

Domno tam piissime [quam [a]] religiosissime. Ego ille indignus vocatus episcopus, tamen fidelis vester sum ex omnia debitus. Scilicet cantavimus cum canonicis et presbiteris vestris ibidem deservientibus pro salute vestra missas tantas [b] et psalteria tanta, tamquam de ista proxima hoste venimus; insuper cotidianis diebus unam missam specialem, quod per ordinem presbiteri nostri faciunt exorantes, ut hic valeatis pro merito curricula annorum bene vivere et postea ad aeternam beatitudinem feliciter pervenire. Amen.

56. Indiculum de episcopo ad episcopum.

Venerabiliter venerando et desiderabiliter desiderando domno et in Christo patri illo donum Dei episcopo ego in Dei nomine ille [a] donum Dei illa civitate episcopus. Qui prima [sunt [b]], salutes perennis vobis in Domino de caelo ministrentur. Notum sit vobis, quia pervenit iste frater ad nos nomine illi, petiit nobis, ut licuisset ei per nostrum comiatum [3] in vestra parocchia advenire et vestra benedictione accipere ad onus [c] pres-

53 = *Roz.* 719. a) cero *c.* b) p̄eculiaria *c.*

54 = *Roz.* 553. a) *fortasse:* causa (cā). b) presbiterorum *c.* c) parachia *c.* d) iterim *c.*

55 = *Roz.* 636. a) *suppl. Roz.* b) tas *c.*

56 = *Roz.* 657. a) *corr.* illi *c.* b) *supplendum videtur; cf.* 52. c) *pro* honorem presbyterorum.

1) *parabolare = Francogall. 'parler'; cf. Diez, 'WB.' I, s. v. 'parola'.* 2) *Ev. Matth.* 16, 26. 3) *Comiatus, Italis 'comiato', Francogallis 'congé' = licentia, venia, 'Urlaub'. Cf. Ducange, s. v.; Diez, 'WB.' II, s. v. 'congé'.*

biterum. Sciat sanctitas vestra, quia nos dedimus ei comiatum, ut vos super eum manus inponatis, ad onus[d] sacerdotum benedicatis ad titulum sancti illius, que est constructa in loco qui dicitur illo. Valete, dilectissimi pater.

57. Indiculum ad archidiaconum[a].

Domno et in Christo venerabili illo archidiacono ego ille, acsi indignus peccator, per has apices dirigimus vobis visceralem in Domino. De cetero postulamus vobis, ut illa ecclesia nostra in[b] loco qui dicitur illo non sit viduata, nec illi officius ibi privatus; interimque nos insimul fabulare faciamus et de alia causa, unde nos necessitas est. Quid plura? Precamus vobis vestris et sanctis orationibus.

58. Item alium ad episcopum.

Magnifico preconioquae laudo honorifico in Christo illo episcopo in Dei nomine illi clientulus vester[a], quamvis peccator, aeternam salutem in Domino distinamus. Cognoscat igitur almitas vestra, quod erga cunctis servientis vestris, Deo adiuvante, prosperis aguntur, ac bene adceleratum est de illo servitio, quod nobis[b] iniunctum habuistis, tam de agrorum cultu quam de reliquas causas; ubicumque aut undecumque nobis tribuistis faciendi, Christo presule, adimplere agnovimus *et reliqua*. Valete in Domino, sanctissimi pater.

59. Indiculum ad amicum.

Diligendo et in Christo atque amatissimo amico illo. Idcirco ego in Dei nomine illi amicus et bene cupiens vester primus omnium, que in Domino est, salutamus vobis usque ad maximum gaudium. De cetero cognoscas, quia mando vobis de illa causa, quae apud vos locuti fuimus, quia inde bonum certamen habeas, quomodo per vos bona fiducia habemus. Iterum atque iterum salutamus vobis satis, et mereamur vos videre usque ad maximum gaudium.

60. Indiculum de consortio.

Dilectissimis cumfratribus nostris de cenubio illo in Dei nomine fratres[a] de congregatione sancti illius, illo cenubio. Distinamus vobis salutem perennem in Domino. De cetero cognoscatis, quia unus ex fratribus nostris nomine ille quarto[b] Nonas Iulias de hac luce migravit. Proinde supplicamus vobis, ut missas et psalmodia seu sacris orationis Domini misericordia pro ipsius animae implorare faciatis, sicut inter nos et vos consuetudo est bona.

61. Indiculum supplicatorium ad regem.

Gloriosissimo atque precelso et super omnes reges gratias[a] Deo exaltati domno illo rege. Nos enim in Dei nomine cunctis fratres[b] de monasterio sancti illius[c], quem in honore sancti illo constructus esse videtur, si presumptio nostra a nobis[d] non offendit, salutem in Domino presumimus distinare. Denique, domne, innotuimus[e] clementiae vestrae, qualiter nos, Deus scit, qui cordis rimatur archana, quod pro vobis vel pro domna regina et pro filiis et filiabus vestris vel pro stabilitate regni vestri die noctuque

56. d) *pro* honorem.

57 = *Roz.* 552. a) archidiacon *c.* b) qui dicitur in loco illo *c.*

58 = *Roz.* 715. a) vrt *c.* b) vobis *c.*

59 = *Roz.* 726.

60 = *Roz.* 681. a) fratribus *c.; in exemplari fortasse* frs, *ut infra.* b) ɪv^o^ non iul *c.*

61 = *Roz.* 577. a) *lege:* gratia Dei. b) frs *c.* c) ill. *c.* d) *fortasse:* vobis. e) inno|-innotuimus *c.*

non cessamus in missas et in psalmodia Domini misericordia exorare. Domne, supplicamus misericordiam vestram, quasi omnes nos ad gloriosissimas pedes vestros prostrati iacerimus, ut nos clementia vestra adiuvare dignetur. Quia, ex qua die nos ille[e] beneficiasti et nos de vestro mundeburdo discessimus[1], ex illa die non habuimus nec vestimenta nec calciamenta nec uncto nec sapono nec cibo, sicut antea fuit consuetudo. Releva[f] nos, piissime rex, qui paganos ad christianitate vocas; nos, qui sumus christiani, non dimittere in lapsum cecidere. Memento, gloriose rex, facta bona memoria domno illo regi, qualiter ipse nos per sua confirmatione in sua vel in vestra elemosina perdonavit, quod de ipsa congregatiuncula debuissemus habere rectorem. Domne, de pluribus pauca vobis dicimus, quia sapiente pauca innotuitur[g] maxima.

62. Indiculum ad alios fratres[2].

Sanctis ac venerabilis fratres et, ut confidimus, fiduciales amicos de monasterio illo sanctam vitam[a] degentibus. Nos enim in Dei nomine cuncti fratres, qui in illo monasterio in Dei servicio sumus constituti, multiplicas ac salubris ad Domino presumimus vobis distinare[b] salutes. Conperiat[c] almitas vestra, qualiter nostra consuetudo, ex quo die ipsa cellula fuit edificata, quod de ipsa congregatiuncula ibidem debuissemus habere rectorem, sed et domnus ipse rex per suam confirmationem idem concessit. Sed, instigante inimicum et peccatis nostris facientibus, ipsam legem perdidimus. Sed modo speramus in Dei misericordia et sancti illo, quod domnus rex nobis ipsam legem iubeat restituere, ideoque supplicamus caritate vestra, ut istos dies tres proximos[d] tam in psalmis quam in missas Domini misericordia inploretis, ut clemens et misericors Deus dignetur in corde domno rege illo mittere et domna regina vel procerum suorum et rectores palatii, ut mercedes domno illo non discessi[e], sed multiplicet. Et de qualecumque causa vos nobis iniungitis, quod nos melius possumus, in vestrum servitium parati sumus vicem reddere. Ideo supplicamus et humiliter petimus.

63. Indiculum regalem admonitio.

In Christo nomine. Illo donum Dei [episcopo] urbe[a] illa. Cognoscat[b] sanctitas vestra, quia domnus rex ille nobis dedit sua epistola, et in ipsa epistola habet insertum: 'Ut[3] triduanum ieiunium faciatis pro istum gladium, quae super nos est; tam pro civitate quam pro monasteria virorum feminarumque seu per cunctos vicos generaliter faciatis missa [et] psalmodia. Unusquisque[c] presbiter missa specialiter decantare faciat propter istam tribulationem, et unusquisque clericus, qui psalmus tenet, 60 cantet, et abstineant se adiperiis[4] cibis; et alii homines hoc faciunt, nisi seni et parvuli, qui hoc implere non possunt, et illis tres diebus ad ecclesiam veniunt cum Dei adiutorium. Unusquisque elemosina faciat; consideret unusquisque, quia potens est Dominus, eripere nos de omni tribulatione. Et hoc sciatis, quia in nostrum placitum consideratum habemus ea facere, ut pius Dominus a multis tribulationes nos eripuit'.

61. e) *i. e.* illi. f) *ita scripsit Roz.;* revela *c.* g) innotuit' *c.*

62 = *Roz.* 578. a) *post h. v. quaedam erasa c.* b) re *e corr. in loco raso c.* c) conpariat *c.* d) proxim' *c.* e) *fortasse:* discedat, sed multiplicetur.

63 = *Roz.* 633. a) urbe illa *bis scriptum c.* b) cognoscat *bis scriptum c.* c) unusque *c.*

1) *Cf. Waitz, 'Forsch.' I, p.* 540 *sq.* 2) *De eadem re ac superior epistola regi transmittenda, iisdem etiam verbis ex aliqua parte repetitis, haec ad alium monasterium dirigitur.* 3) *Abhinc repetita esse videntur verba ipsius regalis decreti in placito generali deliberati, quod simillimum est Capitulari episcoporum (a.* 780*?), LL. Capitularia I, p.* 51 *sq.* 4) *i. q. adipalis, ut videtur, (pinguis). Vocem non novit Ducange.*

64. Indiculum de archidiacono ad archidiaconum.

Pio patri, pio domno archidiacono[a] nomen illo, ego quidem in Dei nomine bene cupiens vester nomine ille, quasi indignus peccator, archidiaconus. Quae prima sunt, salutem perennem atque amabilem vobis in Domino distinamus. De cetero cognoscatis, quia pervenit iste frater nomine ille ad nos de vestra[b] parochia, et dixit nobis, eo quod vos[c] de suo sacerdotio et de suo ordinatione scire vultis, si presbiter esse[d], an non, aut pro qua causam exivit de suo pago seu de sua parochia, aut si reprobus est, aut si dignus est. Propterea mandamus vobis, quia nos diligenter hoc inquirere fecimus[e] per confratres nostros seu pagenses, et non invenimus de eius opinione nulla mala nec nulla blasphemia; sed secundum ordinem fuit ordinatus et examinatus in nostra civitate in sabbato illo ad titulum illum, et testimoniaverunt illi et illi. Valete, mi pater in Christo.

65. Indiculum de sacerdote ad sacerdotem.

Sacerdotale culmine prevalendo et a me cum intimo cordis amore —[a] ego in Dei nomine ille, etsi indignus peccator, sacerdos. Quae prima sunt, optamus vobis in Domino aeternam salutem. Notum sit vobis, postquam insimul locum fuimus, pro vobis die noctuque, sicut vos promissimus, preces a Domino pro vobis inploramus. Et precamus almitate vestra, ut vos pro me peccatore operare[b] non dedignemini. Valete in Domino semper.

66. Indiculum ad abbatissa.

Dilecta et venerabilis illa donum Dei abbatissa ego in Dei nomine exiguus servus vester. Illa quae prima sunt, obtamus vobis in Domino salutem sempiternam. Notum sit vobis de ipsas parabolas[1], quod apud vos locuti fuimus, nos inde mutare non volumus. Deus scit, si vestra voluntas est, et vos aliquid de vestro servicio nobis[a] iniungere vultis, gradante animo servire vos cupimus, et inde necglegenti nec[b] tardi appa-ruero[c] non vellimus, sed de bona voluntate in vestro servicio volumus permanere. Et si aliquid nobis vultis mandare de vestro servicio[d], per vestra epistola nobis[a] mandare non sileatis; quia melius est per epistola quam per hominem mandatum, quia inde firmior sumus. Iterum atque iterum salutamus vobis tantum, quantum archana cordis continet plenitudo.

APPENDIX.

FORMULAE PARISISIENSES.

1.

In nomine Regis aeterni. Ego ille Dei concedente clementia Parisiorum humilis episcopus notum fieri volo omnibus sanctae Dei ecclesiae fidelibus, praesentibus et futuris, quia per deprecationem fidelium nostrorum illius[a] et illius[a] quendam[b] molendinum cum octo arripennis[c] ex prato in pago Parisiacensi, in villa quae dicitur illa

64 = *Roz.* 532. a) *e corr. c.* b) nostra *c.* c) nos *c.* d) *lege:* esset; *Roz.:* est. e) *add. Roz.*

65 = *Roz.* 812. a) *quaedam omissa c.; fortasse:* diligendo fratri illo. b) *fortasse:* orare.

66 = *Roz.* 718. a) vobis *c.* b) n. t. a. *bis scripta c.* c) *lege:* apparere. d) *post h. v.* per vestro servicio *erasa c.*

1 = *Roz.* 323. a) ill. *c.* b) trā *add., sed del. c.* c) arripeñ *c.*

1) Parabolas = *verba. Cf. supra p.* 260, *n.* 1.

super fluvium illum, pertinentem ad abbatiam sancti illius, N. videlicet cuidam homini et uxori eius, quae accepturus est, ac uni heredi, qui ex eis fuerit iure procreatus, sub censu solidorum[d] tantorum omni anno missa sancti illius persolvendo concedimus. Eis autem concedimus omnem aqua subteriori vado publico usque ad locum qui vocatur ille. Si autem neglexerint, legaliter emendent, et quod tenent nullo modo perdant.

Actum.

2.

In Christi nomine. Ego ille Parisiorum humilis episcopus huius descriptionis noticiam ore proprio manuque confirmans omnibus sanctae Dei aecclesiae fidelibus enucleare decrevi, qualiter domnus ille, monasterii almi illius abbas, et omnis coenobitarum eiusdem loci senatus necnon et communis consensus nostri cleri coram sancta sinodo nostram inpetrarunt[a] serenitatem, extruere noviter quandam aecclesiam in honore sancti illius in villa quae vocatur illa, ad matrem aecclesiam sancti illius, ob difficultatem longioris[b] viae, quae sua inpeditione christianos videlicet offendit agricolas[c] atque in divinis officiis minus reddit capaces. Qua de re huic peticioni asensum praebentes, tali nos ordine cessisse profitemur, ut semper eadem aecclesia, sicut filia matri et membrum corpori, ita sub capite flectat, quo nullum alium honorem nisi[d] tantummodo divinum[e] officium ab ea usurpet, et non decimam, non baptisterium, non sepulturam. Si salva fide et auctoritate nostri praecepti clericus cuicumque parroechia iure succeditur, praedictam capellam cum omni reditu, et absque sollicitacione alicuius presbiteri, nisi tantum illius, quem ipse elegerit, nostra descriptione roboratus, secure teneat atque possideat.

1. d) sołđ tanī *c.*

2 = *Roz.* 567. a) inpetrar̄ *c.* b) logioris *c.* c) agricalas *corr.* agricolas *c.* d) nis *c.* e) divin̄ *c.*

FORMULAE SALICAE LINDENBROGIANAE.

Lindenbrogii nomine has formulas a prioribus duobus collectionibus itemque Salicis distinguendas duxi, quippe quas vir doctus ille, etsi non omnes, tamen plerasque primus divulgaverit. Codices exstant duo:

1) Cod. Havniensis regius, antiquae collectionis nr. 1943, 4°. *saec. IX, olim Lindenbrogii fuisse videtur; quo continentur leges Salica emendata, Ribuaria, Alamannorum, formulae, capitula. Cf. 'Arch.' VII, p.* 799; *LL. III, p.* 5; *Rockinger in 'Quellen zur Bayerischen u. Deutschen Gesch.' VII, p.* 12 *sqq.; (Roz. Cod. Hafn.). Formulas, quae leguntur fol.* 70—82. *post alias epistolarum formulas tempore Ludovici Pii conscriptas, V. I. G. Waitz alias contulit alias exscripsit.*

2) Cod. Monacensis nr. 4650, *olim Benedictoburanus, saec. IX. Cf. supra p.* 113; *'Arch.' VII, p.* 799; *Rockinger, l. l. p.* 5 *sqq.; (Roz. Cod. Monac. A). Collectionem istam maiori corpori formularum Salzburgi Arnonis archiepiscopi tempore composito insertam exhibet fol.* 1—23'. 32. 33, *quae folia olim continuo inter se secuta sunt*[1]. *Codicem ipse contuli.*

Formulas[2] *e regionibus Francorum Salicorum oriundas esse, e lege Salica saepius laudata satis apparet (cf.* 7. 20. 21*). Francicam originem etiam andelangi et festucae in traditionibus usus percrebro commemoratus (cf.* 1. 2. 6—8. 12. 14. 16. 18*) et verba quaedam Francico iuri propria:* epistolas adfadimas, 13, leudem, 19, iectivus, 21, *nunciant. Etiam* wadriscapis, *quod in pertinentiis bonorum enumeratis saepius occurrit (cf. infra p.* 267, *n.* 2*), vox Francicae originis esse videtur. Quo tempore collectio sit condita, certius non conpertum habemus, nisi quod iam saeculo VIII. exeunte exemplar quoddam in Baioariam translatum esse videtur; quod ideo suspicari licet, quia iam ante a.* 800. *inter cartas Baioariorum formulis nostris similes inveniuntur*[3]. *Saeculo vero IX. ineunte ex eodem exemplari in collectionem Salzburgensem receptae sunt, non quidem genuinae, sed admodum mutatae. Neque enim solum singula verba Francica, utpote Baioaris minus solita et perspicua, aut omissa aut cum aliis permutata sunt (cf.* adfadimas, 13; wadriscapis, 1. 3. 13. 18*); sed etiam quaedam addita inveniuntur, quae consuetudines iam commutatas docent, ut verba* et ipsas res non perdam (perdatis) *capitibus* 3. 4, *ubi de precaria agitur, inserta*[4]. *Quae recensio non ante annum* 800. *facta esse videtur, quia verba capiti* 1. *subiecta imperatorem commemorant.*

Formulae, omnes ad privatorum negotia spectantes, pleraeque cartis exempla praebent, una tantum noticia de rebus in iudicio actis, cap. 21, *addita. E quibus*

1) *Cf. supra p.* 113, *n.* 5. 2) *Cf. quae amplius disserui 'N. Arch.' VI, p.* 44 *sqq.* 3) *Cf. ibidem p.* 46. 4) *Cf. Waitz, 'VG.' II*[2], *p.* 233. *Quae clausula in Merowingici aevi instrumentis non invenitur; nam exemplum, quod affert Loening, 'Kirchenrecht' II, p.* 713, *n.* 1, *cur illi tempori tribuamus, causa nulla exstare videtur. Vide supra p.* 133; *cf.* 132.

omnibus, quamquam non parvi sunt aetimandae, eminet carta illa quae dicitur 'triscabina', cap. 20, *quippe quae sola de reclamatione libertatis ab ingenua servi uxore secundum legem Salicam facta referat.*

Capita, quae ipse Lindenbrogius edidit, certe e codice Havniensi recepit[1], *reliquis usque ad nostrum saeculum in abscondito relictis. Quae cum ceteris omnibus a.* 1858. *e codice Monacensi divulgavit L. Rockinger, l. l. p.* 47 *sqq., et anno sequenti utroque codice usus E. de Rozière, in 'Revue historique de droit français et étranger' V, p.* 17 *sqq.*[2], *iis tamen, quae antea a Lindenbrogio recepta erant, omissis; postea omnia maiori corpori formularum dicto 'Recueil général' inseruit.*

In nova hac recensione praeparanda maxime secutus sum codicem Havniensem, quippe qui genuinam collectionis formam melius retinuisse videatur, vitiis tamen quibusdam apertis e Monacensi correctis[3]. *Quae gravioris momenti esse videntur variae lectiones ex eodem astericis praepositis annotavi, leviores inter ceteras notas criticas. Ordo capitum, numeris tamen non additis, in utroque codice prorsus idem, nisi quod cod.* 2 *post cap.* 16. *tres formulas inseruit. Quas, cum in altero desiderentur et omnino a genuina collectione alienae esse videantur, ibi non inserui, sed in Additamentis* 1—3. *subieci. E quibus cap.* 1. *e Marculfo receptum, cap.* 2. *secundum ipsius collectionis exempla, sed prologo, ut videtur, e Frisingensi quadam carta praeposito, dictatum est, cap.* 3. *praebet donationem factam monasterio cuidam virginum beatis apostolis Petro et Paulo dedicato in reliquis capitibus non memorato, quod omnino fortasse ficticium est, certe non idem esse potuit ac illud, de quo agit cap.* 1. *genuinae collectionis. Add.* 4. *in utroque codice, sed nonnisi in cod.* 1 *continuo post cap.* 21. *legitur, in cod.* 2 *alio loco insertum*[4].

INCIPIUNT[a] CARTE.

1. Donatio ad casa[b] Dei.

Ille bene possidet rebus[c] in seculo[d], qui sibi de terrenis seu de caducis rebus conparat praemia sempiterna. Quapropter ego in Dei nomine ille necnon et coniux mea illa[e], ambo pariter cogitantes de Dei timore vel aeterna bona retributione, propterea donamus, tradimus aliquas res nostras ad monasterium quod dicitur ill., quod dedicatum esse[f] dinoscitur in honore sanctorum[g] apostolorum Petri et Pauli seu ceterorum sanctorum, quorum reliquiae ibidem haberi noscuntur, ubi venerabilis vir ille rector praeesse videtur. Donamus igitur et donatum in[h] perpetuo esse volumus, hoc est in pago illo[i], in[k] loco nuncupante illo, super[l] fluvio illo, id[m] est mansos tantos cum hominibus ibidem cummanentibus[n] vel aspitientibus[o], nominibus[p] his illos vel illas, cum domibus, edificiis[q],

1 = *Lind.* 18; *Rock.* 1; *Roz.* 200. *Cod.* 1. 2. a) Incipit carta 2, *ubi haec verba rubricae formulae* 1. *praeposita sunt.* b) casam 2. c) res 2. d) secula 2. e) ill. 2; *deest* 1. f) 2; ē (est) 1. g) illorum *add.* 2. h) esse in perpetuum v. 2. i) ill. *codd.* k) i. l. 2; *des.* 1. l) 2; sup 1. m) īd m. 1; id est — hominibus *des.* 2, *sed ex signo post* illo *posito conici licet, verba omissa in margine olim suppleta fuisse, nunc autem abscisa esse.* n) commanentibus 2. o) aspicientibus 2. p) hominibus 1; his nominibus ill. cum d. 2. q) ędificiis 2.

1) *Cf. 'N. Arch.' VI, p.* 102. 2) *Cuius editionis numeros cum eis, quae Rockinger praeposuit, congruentes non separatim annotavi.* 3) *Conferas velim rubra capitum* 3. *et* 4, *ubi cod.* 1 *voces 'praestaria' et 'precaria' inter se commutat; quod vero nonnisi per errorem factum esse ideo crediderim, quia eodem modo etiam in libelli* d o t i s *rubro, cap.* 7, repudiis *refert.* 4) *Exstat fol.* 28'. *post Form. Marc. Karol.* 21; *cf. supra p.* 113.

curtiferis, cum wadriscapis[r, *], terris, tam cultis quam et incultis, silvis, campis, pratis[s], pascuis, communiis[t, 1], perviis, aquis aquarumve[u] decursibus, mobile[v] et inmobilibus, praesidiis, peculiis, pecoribus, omnia et ex omnibus, quicquid in ipso loco nostra videtur esse possessio vel dominatio, rem inexquisitam[w], totum et ad integrum, tam de alode quam et de conparato, seu de quolibet adtracto[x] ad nos ibidem noscitur pervenisse, de nostro iurę[y] in iurę[y] et dominatione iam dicti monasterii[z] per hanc cartolam[a] donationis sive per fistucam[b] atque per andelangum ad opus sancti illius a die praesente donamus, tradimus adque[c] perpetualiter in omnibus transfirmamus; in ea vero ratione, ut pars praedicti monasterii ab hac die hoc habeat, teneat adque[c] possedeat[d], vel quicquid exinde facere voluerit, liberam[e] hac[f] firmissimam, Christo propicio, in[g] omnibus habeat potestatem. Et si quis deinceps, quod futurum esse non credimus[h], si nosmetipsi, quod absit, aut ullus quislibet de heredibus[i] aut[k] proheredibus nostris seu ulla quaelibet extranea persona[l] contra hanc donationem[m] venire aut eam calumniare praesumserit, si se exinde non correxerit, a liminibus sanctae Dei eclesiae[n] excommunus et sequestratus appareat, et insuper ante tribunal Christi ac** de causa se iudicaturi cognoscat; cui vero calumniam intulerit, auro uncias tantas, argento libras tantas, coactus exsolvat, et quod repetit nullo[o] modo evindicare praevaleat, sed praesens donatio haec nostris et, nobis rogantibus, bonorum hominum manibus roborata, quorum nomina vel signacula subter tenentur inserta, stipulatione[p] interposita, diuturno[q] tempore maneat inconvulsa.

Actum.***

*) *Cod.* 2*:* puteis vel fontibus cum terris.

**) *Cod.* 2*:* pro hac se ratione[r] iudicari cognoscat.

***) *Cod.* 2*:* Actum illo[s] loco publico, anno illo[s] regnante illo excellentissimo inperatore, vel rege.

2. Item alia [donatio[a]].

Domino inlustri[b] et in Christo patri illo, episcopo[c] de monasterio illo, quod est constructum infra muro[d] illo civitatis, una cum turma[e] plurima canonicorum ibidem

1. r) wadris campis 1. s) pratris pascuis 1; pratis pascuns 2. t) 2; communus 1. u) 2; aquarumvel 1. v) mobilibus 2. w) 2; exquisitam 1. x) quod *add.* 2. y) iure 2. z) monasterio *corr.* monasterii 1. a) cartulam 2. b) festucam 2. c) atque 2. d) possideat 2. e) in omnibus *add.* 2. f) ac 2. g) i. o. *des.* 2. h) credo *corr.* credimus 2. i) meis *add.*, *sed eras.* 2. k) a. p. 2; *des.* 1. l) qui *add.* 2. m) cartulam donationis 2. n) ecclesię 2. o) nollo *corr.* nullo 2. p) 2; stupulatione 1. q) diuturnum tempus m. 2. r) ration̄ 2. s) ill. *c.*

2 = *Rock.* 2*; Roz.* 331 §. 1'. *Cod.* 1. 2. a) 2; *deest* 1. b) 2; et inlustri in 1. c) *deest* 2. d) muros civitatis illius u. 2. e) turba 2.

1) *Communia, quae Festo dicitur compascuus, ager relictus ad pascendum communiter vicinis, Ducange s. v.; alias 'marca, marcha (gemeine Mark, Allmend)'. Cf. Waitz, 'Altdeutsche Hufe' p.* 35*; Grimm, 'RA.' p.* 497 *sqq. Cf. infra* 2—5. 13. 18. 2) *Genuinam vocis huius Germanicae formam referre videntur traditiones Epternacenses ineuntis saec. VIII., Pardessus, Dipl. II,* 474. 476. 481. 483. 485, *ubi abl. sing.* watriscafo *et* watriscapo *scriptum est. Prior pars vocis aquam, quae etiam Frisonibus Saxonibusque 'water, watar, watir', sine dubio significat, altera autem a '-scap, -scaf (-schaft, Beschaffenheit, Gesamtheit') repetenda videtur. Auctor recensionis, quam exhibet cod.* 2, *dubitasse videtur, utrum vox inde, an a 'scaph, scap (Gefäss)', an vero a verbo 'scaphen, scephan' (haurire) sit repetenda, cum unumquodque etymon cum alia quadam ex interpretationibus quas refert convenire videatur:* aquarum decursibus, aquarum oportunitatibus, *infra c.* 13*;* puteis vel fontibus *hoc ipso loco;* aquarum ausibus *(ab haurire, haustibus), infra* 3. 18. *Cf. 'N. Arch.' VI, p.* 45 *sqq.; Waitz, l. l. p.* 36. *et Ducange s. v. Prorsus falso Zöpfl, 'Alterthümer' II, p.* 360 *sq. existimavit non eiusdem originis esse voces* wadris capis *('Wasserflüsse') et* waterscap *('Wasserschaft, Gewässer').*

consistentium, vel ubi preciosus domnus et sanctus ille corpore requiescit, seu ceterorum sanctorum, quorum reliquiae ibidem habere[f] noscuntur. Quam ob rem ego in Dei nomine ille[g], cogitans de Dei timore, vel pro anime[h] meae remedium seu pro aeterna[i] bona retributione, idcirco[k] dono, trado ad ipsum praefatum monasterium omnem rem porcionis meae, id est in pago illo[l], in loco nuncupante illo, super fluvio illo, id est mansos tantos cum domibus, aedificiis[m], cum curteferis, cum wadriscapis[n], terris arabilis[o], silvis, campis, pratis, pascuis, farinariis, communiis, vineis, adiacentiis, appendiciis et mancipiis ibidem cummanentibus[p] vel aspitientibus utriusque sexus[q], rem inexquisitam, totum et ad integrum, quicquid dici vel nominare[r] potest, undecumque ibidem mea videtur esse possessio vel dominatio, omnia et ex omnibus, tam de alode quam [et[s]] de conparato, seu de quolibet adtractum[t] ad me ibidem noscitur pervenisse, ad ipsam[u] iam dictam eclesiam ad opus sancti illius a dię[v] praesente per hanc cartolam[w] donationis sive per[s] fistucam[x] adque per andelangum ad ipsam eclesiam[y] superius nominatam dono, trado atque perpetualiter in omnibus transfirmo dominatione perpetua; ea scilicet ratione, ut, quicquid exinde pars praedictae[z] eclesiae ab hodierna dię[u] facere voluerit, liberam ac firmissimam, [Christo[a] propitio], in omnibus videatur[b] habere potestatem. Et si quis deinceps, quod futurum esse non credo, si ego ipse, quod absit, aut ullus quislibet de heredibus ac proheredibus meis seu quelibet[c] extranea persona[d] contra hanc cartolam[e] donationis* venire aut eam calumniare praesumpserit, si[f] se exinde non correxerit, a liminibus sanctae Dei eclesiae excommunus[g] et divisus[h] appareat, et insuper in dię[i] tremendi iudicii propter hoc rationes deducat; contra quem vero calumniam intulerit auro uncias tantas, argento libras tantas coactus exsolvat, et quod repetit nullo modo evindicare praevaleat, sed praesens haec[k] donatio meis et, me rogantibus, bonorum hominum manibus roborata, quorum nomina vel signacula subter tenentur[l] inserta, stipulatione[m] interposita, diuturno tempore maneat inconvulsa.

Actum.

*) *Cod.* 2 *add.*: malo ordine.

3. Precaria[a] ad casa[b] Dei.

Domino venerabili et in Christo patri illo, episcopo de monasterio illo[c], quod est constructum infra muro[d] illius civitatis, iuxta fluvium illum, una cum turma plurima canonicorum ibidem degentium, ubi preciosus domnus et sanctus ille[c] corpore requiescit, seu ceterorum sanctorum, quorum reliquie[e] ibidem haberi noscuntur. Igitur ego in Dei nomine ille[f], dum non est incognitum, qualiter omnem rem porcionis meae in pago illo, in loco nuncupante illo, super fluvio illo, et in alio loco[g] qui dicitur ille[h], id est mansos tantos cum domibus, aedificiis[i], curtiferis, cum wadriscapis[k,*], terris arabilis[l], silvis, campis, pratis, pascuis, communiis, perviis et mancipiis ibidem comma-

*) *Cod.* 2: aquarum ausibus.

2. f) haberi 2. g) ill. *codd.* h) animę męę remedio 2. i) eterna 2. k) propterea 2. l) ill. *codd.* m) edificiis curtiferis 2. n) 2; wadris campis 1. o) arabilibus 2. p) conmanentibus vel aspicientibus 2. q) sexsus *corr.* sexus 1. r) nominari 2. s) 2; *deest* 1. t) adtracto quod 2. u) ipsum i. dictum monasterium ad o. 2. v) die 2. w) cartulam 2. x) festucam atque 2. y) ecclesiam 2, *et ita semper, nisi aliter annotavi.* z) predicti monasterii ab h. 2. a) 2; *des.* 1. b) habeat potestentem 2. c) quaelibet 2. d) qui *add.* 2. e) cartulam 2. f) si — correxerit *des.* 2. g) excommunicatus 2. h) 2; indivisus 1. i) die 2. k) hec 2. l) 2; tenetur 1. m) stipulatione — inconvulsa *des.* 2.

3 = *Lind.* 19; *Rock.* 3; *Roz.* 331 §. 2. *Cod.* 1. 2. a) 2; Prestaria 1. b) casam 2. c) *deest* 2. d) muros 2. e) reliquiae 2. f) ille *inter* ego *et* in 2. g) quod *pro* l. q. 2. h) ill. 2. i) edificiis *saepius* 2. k) wadris campis 1. l) arabilibus 2.

nentibus vel adspicientibus[m], quantumcumque in ipsis locis mea fuit possessio vel dominatio, vobis ad ipsum iam[n] dictum monasterium superius nominatum ad opus sancti illius tradidi atque transfirmavi[o]; sed postea mea fuit petitio, et vestra non denegavit[p] voluntas, ut ipsam rem, dum diu advixerim, per vestrum beneficium usufructuario mihi prestitissetis[q] ad habere; quod ita et fecistis. Simili etiam[r] modo expetivi a[s] vobis aliquam rem vestram[r] in pago[t] illo, in loco nuncupante illo, super[u] fluvio illo, illam videlicet rem, quam quondam ille homo[v] per vestrum beneficium tenere visus est, ut eam mihi in usum[w] beneficium concedere digneretis[x]. Et pro ipso usu censivi vobis[y] annis singulis denarios, *seu* solidos, tantos[z], ut ipsos[a] ad festivitatem sancti illius, diem[b] illum[c] mensis[d] illius, exsolvere faciam, et si de ipso censo tardus aut neglegens apparuerim, fidem exinde faciam et contra ipsam casam Dei conponere faciam*. Et sic nobis[e] conplacuit atque convenit, ut ipsas res nec vendere nec donare nec[f] alienare nec concambiare[g] nec in nullum[h] naufragium inponere licentiam non habeam, nisi tantum, dum diu advixerim, usitare[i] et emeliorare faciam, et post meum ex hac luce discessum filius meus nomine illo in ipsa precaria vel in ipso censo adstare debeat, et post eius quoque[k] discessum ipsas res cum omni supraposito[l], quidquid ibidem adtractum emelioratumque[m] repertum fuerit, vel transitus eius ibidem dereliquerit, absque ullius[n] contradictione vel iudiciaria consignatione revocare faciatis in vestrum dominium. Et ut hec[o] precaria firmior habeatur, de quinquennio in quinquennium sit renovata[p], quatenus sic semperque permanere[q] valeat in efectum[r], stipulatione interposita, diuturnum tempus maneat inconvulsa.

Actum.

*) *Cod.* 2 *add.*: et ipsas res non perdam.

4. Prestaria[a] de casa Dei.

Ego in Dei nomine ille[b] abbas de monasterio illo[c], quod est constructum in honore sancti illius, dilecto amico nostro nomine[d] illo[c] et uxori suae nomine[e] illa. Dum non est incognitum, qualiter aliquas res vestras in pago illo, in loco nuncupante illo, super fluvio illo[c], hoc est mansos tantos cum domibus, aedificiis, curtiferis, cum wadriscapis[f], terris[g] cultis necnon[h] et incultis, silvis[i], campis, pratis, pascuis, communiis, perviis et mancipiis ibidem commanentibus vel adspicientibus[k] his nominibus[l], vel quantumcumque in ipso loco vestra fuit possessio vel dominatio, nobis ad[m] iam dictum monasterium ad opus sancti illius tradidistis adque[n] transfirmastis; sed postea vestra fuit[o] petitio[p], et nostra non denegavit voluntas, ut ipsas res, dum diu advixeritis[q], usum fructuarium vobis[r] ex eis prestitissemus[s] ad habere; quod ita et fecimus. Et pro ipso usu censistis nobis annis singulis denarios tantos, ut ipsos ad festivitatem sancti illius, die mensis illius, exsolvere faciatis, et[t] si de ipso censo tardi aut neglegentes[u] apparueritis, fidem exinde faciatis et contra ipsam casam Dei conponere debeatis*. Et sic nobis compla-

*) *Cod.* 2 *add.* et ipsas res non perdatis.

3. m) aspicientibus vel q. 2. n) i. d. *des.* 2. o) *corr.* -vit 1. p) de *post add.* 2. q) prestetissetis 2, *ubi* ad *deest.* r) *deest* 2. s) 2; *deest* 1. t) ipso pago 2, *ubi* illo *deest.* u) super fluvio ill. 1; *des.* 2. v) hoomo 2. w) usu beneficii 2. x) dignaret 2. y) vos *al. m. corr.* vobis 2. z) 2; *deest* 1. a) ipsas 2. b) die 2. c) ill. 2; *deest* 1. d) mense ill. 2. e) mihi 2. f) n. a. *des.* 1. g) concampiare 2. h) ullum naufraium ponere 2. i) visitare 1; visitare *radendo corr.* usitare 2. k) 2; *deest* 1. l) 2; supraposita 1. m) 2; emolioratumque 1. n) 2; illius 1. o) haec 2. p) 2; revocata 1. q) *deest* 2. r) 2; affectum 1.

4 = *Lind.* 20; *Rock.* 4; *Roz.* 346. *Cod.* 1. 2. a) P. de 2; Precaria ad c. 1. b) illa 1; ill. 2. c) ill. *codd.* d) nom̄ 1; ṇ̇ 2. e) *deest* 2. f) 2; wadris campis 1. g) tam *add.* 2. h) quam 2. i) s. c. *des.* 2. k) aspicientibus 2. l) hominibus 2. m) ipsum *add.* 2. n) atque 2. o) 2; *deest* 1. p) petio non den. nostra v. 2. q) advixerintis, n *punctis appositis del.* 1. r) 2; *deest* 1. s) prestetissemus 2. t) aut 2. u) 2; neglegente 1.

cuit[v] atque convenit, ut ipsas res nec vendere nec donare nec alienare nec concambiare nec in nullum[w] quodlibet naufragium ponere licentiam non habeatis, nisi tantum, dum diu advixeritis, usitare et emeliorare faciatis, et post vestrum amborum [ex[x] hac luce] discessum ipsas res emelioratas absque ullius[y] contradiccione[z] vel iudiciaria[a] consignatione revocare faciamus in nostrum dominium. Et haec prestaria de quinquennio in quinquennium[b] sit renovata[c], quatenus permanere valeat in effectum, stipulatione[1] interposita, diuturno[d] tempore maneat inconvulsa.

Actum [anno[x] illo].

5. Commutatio inter episcopum et abbatem.

Nihil[a] sibi quispiam cernitur minuendum, unde sibi[b] econtra recepit[c] in aumentum[d. 1]. Idcirco conplacuit adque[e] convenit inter venerabilem virum illum[f], episcopum de civitate illa, necnon et venerabilem virum illum, abbatem de monasterio illo, ut, ubi[g] congruus vel oportunus inter eos evenerit locus, alter alteri de rebus eorum inter se oportunitatem facere deberent; quod ita et fecerunt. Dedit itaque venerabilis vir ille[h] episcopus illo[h] abbate[i] de rebus sancti illius, quas ipse regere videtur, in concambio, id est villa[k] nuncupante illa, in[l] pago illo[m], in loco nuncupante illo[m], super fluvio illo[h], quam venerabilis vir ille[h] ad opus sancti illius visus fuit tradidisse, hoc est mansos tantos cum domibus, aedificiis, curtiferis, cum wadriscapis[n], terris arabilis[o], silvis, campis, pratis, pascuis, vineis, farinariis, vel quicquit[p] in ipso loco sua fuit possessio vel dominatio. Similiter[q] etiam visus est reddere ille abbas illo[r] episcopo in conpensationes titulum ad opus sancti illius de rebus eclesiae suae, quas ipse regere videtur, hoc est in pago illo[h], in loco nuncupante illo[h], super fluvio illo[h.*], quam venerabilis vir ille[h] ad opus sancti illius visus fuit[s] tradidisse, hoc est mansos tantos *et reliqua, sicut superius insertum est.* In ea[t] vero ratione has duas epistolas uno tenore conscriptas inter se fieri vel firmare rogaverunt[u], ut unusquisque, quod a pare[v] suo praesenti[w] tempore accipere visus est, hoc a die praesente habeat, teneat adque[x] possedeat, vel quicquid exinde facere voluerit, liberam in omnibus habeat potestatem. Et si quis de eis aut de successoribus eorum aliquid de hoc concambio[y] contra pare suo inmutare[z] vel refragare temptaverit, dupliciter contra quem repetit conponere cogatur; id est quantum ipse concambius eo tempore emelioratus valuerit[a] coactus exsolvat, et[b] quod repetit nullum obteneat[c] effectum, sed presentes commutationes ab eis vel[d] a fratribus eorum seu ceterorum venerabilium hominum[e] manibus roboratae, quorum nomina vel signacula subter tenentur inserta, firme[f] et stabiles permaneant, cum[g] stipulatione interposita diuturno tempore maneant inconvulsa.

Actum [anno[h] illo].

*) *Codd.* 2 *add.*: id est villa nuncupante ill.

4. v) conplacuit 2. w) ullum naufraigium 2. x) 2; *des.* 1. y) 2; illius 1. z) contradictione 2. a) 2; iudicaria 1. b) quinquennium 2. c) 2; revocata 1. d) diuturnum tempus 2.

5 = *Rock.* 5; *Roz.* 306. *Codd.* 1. 2. a) nilhil 2. b) *deest* 2. c) recipit 2. d) *ead. m. corr.* augmentum 2. e) atque 2. f) ep. ill. 2. g) ubicumque 2. h) ill. *codd.* i) abb 2. k) in villa 2. l) in pago — nunc. illo *des.* 2. m) ill. 1. n) 2; wadris căpis 1. o) arabilibus 2. p) quicquid 2. q) Simi|ter 2, *ubi* etiam *deest.* r) ill. episcopo — sancti illius 1; *des.* 2. s) fuiit *corr.* fuit 1. t) tali 2. u) rogaverunt 2. v) re *add., sed eras.* 2. w) p. t. *des.* 2. x) atque possideat 1. y) *deest* 2. z) inmutare 2. a) valuerit 2. b) insuper *add.* 2. c) obtineat 2. d) vel — eorum *des.* 2. e) 2; *deest* 1. f) 2; firma 1. g) cum — inconvulsa *des.* 2. h) *ita* 2; *des.* 1.

1) *Cf. prologos formularum Marculfi I,* 30; *II,* 23.

6. Traditio, cuicumque[a] tradere voluerit.

Latores legum sanxerunt, ut, qui de iure proprio alicui aliquid[b] tradere voluerit, hoc coram[c] plures testibus per scripturarum seriem firmiter faciat obligari, ut in evum[d] inconvulsum valeat permanere[1]. Idcirco ego in Dei nomine ille[e] venerabili viro illo[f]. Dono siquidem tibi per hanc cartolam[g] tradicionis sive per fistucam[h] atque per andelangum aliquam rem meam in pago illo, in loco nuncupante illo[e] super fluvio illo[e], id[i] sunt mansi[k] tanti cum hominibus ibidem commanentibus vel aspicientibus, cum terris arabilis[l], silvis, campis, pratis, pascuis, vel quicquid in ipso loco mea videtur[m] esse possessio vel dominatio; in ea vero ratione, ut ab hac die hoc[n] habeas, teneas atque possedeas[o], vel quicquid exinde facere volueris, liberam in omnibus habeas potestatem. Et si quis deinceps, quod futurum esse non credo, si ego ipse, quod absit, aut ullus quislibet de heredibus meis[n] seu quaelibet[p] extranea persona, qui[q] contra hanc tradicionem a me sponte factam aliquam* calumniam generare praesumpserit, [ipso[r], cui litem intulerit], exsolvere faciat dupliciter quantum eo tempore ipsas res valere dinoscitur[s], et quod repetit nullo modo evindicare praevaleat, sed magis praesens haec** cartola tam a me quam ab aliis bonorum hominum manibus roborata, [quorum[t] nomina subter tenenter inserta], omni tempore firma et stabilis permaneat, cum stipulatione interposita diuturno tempore maneat inconvulsa.

Actum.

*) *Cod.* 2: temerare aut eam calumniare *pro* aliquam — generare.

**) *Cod.* 2: traditio haec *pro* h. c.

7. Libellum dotis[a].

Dulcissima atque amantissima sponsa mea nomine[b] illa ego in Dei nomine ille. Igitur dum taliter apud pares vel parentibus[c] nostris utrisque[d] partibus conplacuit[e] atque convenit, ut ego tibi solido[e*] et denario secundum legem Salicam sponsare[f] deberem[2]; quod ita[g] et feci. Similiter[h] conplacuit nobis[i] atque convenit, ut de rebus proprietatis meae tibi aliquid in dotis titulum condonare deberem; quod ita et[k] feci. Idcirco per hanc cartolam[l], libellum dotis, sive per fistucam[m] atque per andelangum dono tibi et[n] donatum in perpetuo esse volo, id est in pago illo, in loco nuncupante illo, super fluvio illo[o], hoc est[p] mansos tantos cum hominibus ibidem commanentibus vel aspicientibus his nominibus[q] illos vel illas, cum terris, tam cultis quam et incultis, silvis, campis, pratis, pascuis, aquis aquarumve[r] decursibus, mobile et inmobilibus[s], presidiis, peculiis, pecoribus, vineis, farinariis, vel quicquid in ipso loco mea videtur[t] esse possessio vel dominatio, rem inexquisitam, totum et ad integrum, sicut superius dixi, dono, trado tibi atque transfirmo. Insuper etiam dono tibi in pecoribus, id est inter bovos[u] et waccas, inter porcos[v] et vervices[w] capita tanta; dono siquidem tibi in fabricaturis, id[x] est inter[y]

6 = *Lind.* 152; *Rock.* 6; *Roz.* 159. *Codd.* 1. 2. a) cuilibet homini *pro* cuicumque — voluerit 2. b) 2; aliquis 1. c) quoram pl. 1; coram pluribus 2. d) et *add.* 1. e) ill. *codd.* f) ill. 2; *deest* 1. g) cartulam 2. h) festucam 2. i) hoc est *pro* id s. 2, *ubi* est *ead. m. post add.* k) mansos tantos 2. l) arabilibus 2. m) fuit *pro* v. e. 2. n) *deest* 2. o) possideas 2. p) alia quęlibet persona extranea 2. q) *deest* 2. r) ipso — intulerit 2; *des.* 1. s) dinoscuntur 2. t) quorum — inserta *des.* 1, *supplevi ex* 2, *ubi reliqua desunt.*

7 = *Lind.* 75; *Rock.* 7; *Roz.* 228. *Codd.* 1. 2. a) 2; repudiis 1. b) *deest* 2. c) parentes nostros 2. d) utriusque 1. e) nobis *add.* 2. e*) solid 2. f) desponsare 2. g) et ita feci 2. h) Simiter *corr. eadem manu* Similiter 2. i) *deest* 2. k) visus sum fecisse *pro* et feci 2. l) epistolam 2. m) festucam 2. n) donatumque in perpetuum 2. o) ill. *codd.* p) *deest* 2. q) hominibus 2. r) aquarumvel 1. s) inmobile 2. t) e. v. 2. u) boves 2. v) porccos *radendo corr.* porcos 1. w) verbices 2. x) id est *des.* 2. y) in 2.

1) *Cf. prologum Form. Tur.* 4. 2) *Cf. Form. Sal. Bign.* 6. *et quae ibi annotavi.*

auro vel argento solidos tantos valente[z]; in ea vero ratione, ut hec[a] omnia superius nominata, quandoquidem dies nuptiarum evenerit, et nos Deus insimul coniunxerit, tu, dulcissima sponsa mea nomine[b] illa, ab ipso die hoc[c] habeas, teneas[d] atque possedeas[e], vel quicquid[f] exinde facere volueris, liberam hac[g] firmissimam in omnibus habeas potestate[h]. Et si quis deinceps contra hanc cartolam[i], libellum dotis, quod fiendum esse non credo, venire aut eam temerare praesumpserit, si se exinde non correxerit, illum, qui ab inicio masculum et feminam condidit, contra se ultorem sentiat, et insuper cui litem intulerit[k] auro uncias* tantas, argento libras tantas coactus exsolvat, et quod repetit nullatenus evindicare[l] praevaleat, sed praesens haec epistola tam a[m] me quam ab heredibus[n] meis defensata omni tempore firma et stabilis permaneat, stipulatione interposita[o], diuturno[p] tempore maneat inconvulsa[q].

Actum.

*) *Cod.* 2*:* libras.

8. Vendicio de re[a].

Magnifico in Christo fratri illo[b], emptore, ego, venditor ille[b]. Constat ergo[c] me tibi non imaginario[d] iure, sed propria vel spontanea voluntate tibi vendidisse, et ita vendidi, tradidisse, et ita tradidi, hoc est aliquam rem meam in pago illo, in loco nuncupante illo[b], super fluvio illo[b], id est manso[e] uno, que mihi ex parte genitoris seu[f] genetricis hereditario iure successit, cum omni aedificio suprapposito[g], necnon [et[h]] de terra arabili[i] ad ipso manso aspiciente vel pertinente bunuaria[k. 1] tanta, similiter[l] et de prato bunuaria tanta, vel quicquid ad ipsum[m] mansum pertinere dinoscitur, totum et ad integrum tibi per hanc cartolam[n] vendicionis sive per festucam atque per andelangum dono[o], trado atque perpetualiter in[p] omnibus transfirmo. Unde[q] accipere a te visus sum precium, id est soledos[r] valentes tantos, in quo mihi [bene[s]] conplacuit atque convenit, et[t] pro ipso precio, sicut superius dixi, ipsum mansum tibi coram plures[u] testibus tradidi atque delegavi; in ea vero ratione, ut a die praesente hoc habeas, teneas atque possedeas[v], vel quicquid exinde facere volueris, liberam ac firmissimam, [Christo[w] propitio], in omnibus habeas potestatem. Et si quispiam deinceps, quod futurum esse non credo, si ego ipse, quod absit, aut ullus [quislibet[x]] de heredibus [meis[x]] seu quelibet[y] extranea persona, qui contra hanc cartolam[z] vendicionis venire* aut eam calumniare praesumpserit, cui litem intulerit** auro uncias tantas, argento libras tantas coactus exsolvat, et insuper quod repetit nullum obtineat effectum, sed praesens vendicio ista[a],

*) *Cod.* 2*:* refragare vel calumniare.

**) *Cod.* 2*:* inferre temptaverit auro.

7. z) *hoc verbum ante* sol. *ponit* 2. a) haec 2. b) *deest* 2. c) ipsum *add.* 2. d) 2; teneat 1. e) possideas 2. f) quicquiq 2. g) ac 2. h) potestatem 2. i) cartulam 2. k) inlulerit *corr.* intulerit 2. l) voluerit *add., sed del.* 2. m) ā *saepius pro* á 2. n) heridibus, *ut videtur,* 2. o) subnixa 2. p) diuturnum tempus 2. q) inconvulsum *radendo corr.* inconvulsa 2.

8 = *Lind.* 127*; Rock.* 8*; Roz.* 273. *Codd.* 1. 2. a) rem, m *punctis appositis del.*, cuiuslibet *add.* 2. b) ill. *codd.* c) egomet ipsi (*corr.* ipse) *pro* ergo me tibi 2. d) maginario 2. e) mansum unum, qui mihi 2. f) sivi genitricis 2. g) superposito 2. h) 2; *deest* 1. i) 2; arabilia de ipso 1. k) bunnuuaria 2. l) similiter — tante *des.* 2. m) ipso manso 2. n) cartulam 2. o) *deest* 2. p) in o. *des.* 2. q) Unde ā (*pro* á) tae p. a. v. sum 2. r) solid 2, *ubi* valentes *deest.* s) 2; *deest* 1. t) ut pro ipso 1; et ipso 2. u) pluribus 2. v) possideas 2. w) *ita* 2*; des.* 1. x) 2; *deest* 1. y) ulla quelibet 2. z) cartulam 2. a) haec 2.

1) *Cf. supra p.* 229, *n.* 1.

tam a me quam ab heredibus meis defensata, omni[b] tempore firma et stabilis permaneat, cum stipulatione subnexa[c] diuturno tempore maneat inconvulsa.

Actum [illo[d] loco].

9. Ingenuitas, quam potest servus ad alium servum facere*.

Dominus inquid in euangelio: 'Dimittite et dimittetur[a] vobis'[1]. Ideoque ego in Dei nomine ille[b], quamvis** omnium servorum Dei famulus, tamen una cum permissionem domini mei illius episcopi, *vel* illius abbatis, vernaculo meo nomine illo[b], quem ego, dato precio, ab homine illo visus sum conparasse, per hanc cartolam[c] ingenuitatis ingenuum esse[d] censeo et liberum esse concedo, ita[e] ut a die praesente ingenuus sit et ingenuus permaneat, tamquam si ab ingenuis parentibus fuisset procreatus vel natus; peculiare vero suo[f] seu conlaborato, quod habet vel[g] deinceps elaborare potuerit, sibi habeat concessum adque[h] indultum; mundeburde vero vel defensionem, ubicumque infra potestatem sancti illius sibi elegere[i] voluerit, licentiam habeat elegendi, et nulli heredum hac[k] proheredum meorum reddat libertinitatis obsequium, sed, sicut dixi, semper valeat permanere bene ingenuus[l] adque[h] securus. Et*** si postmodum quispiam contra hanc[m] ingenuitatem venire aut eam calumniare praesumpserit, cui litem intulerit auro uncias tantas, argento libras tantas coactus exsolvat, et quod[n] repetit nullum obtineat effectum, sed praesens ingenuitas [ista[o]] omni tempore[p] firma et stabilis permaneat, [cum[o]] stipulatione subnexa[q] diuturno tempore maneat inconvulsa.

Actum [ill.[o]].

*) *Cod.* 2*:* Ingenuitas, quam potest servus servum suum facere.

**) *Cod.* 2*:* quamvis enim omnium servorum sim infimus, tamen una cum licentia domini mei illius vernaculum meum nomine illo[b], quem ego, dato precio, ab homine aliquo N ill. visus sum conparasse 2.

***) *Cod.* 2: Et si aliquis postmodum, quod futurum esse non credo, hanc ingenuitatem refragare aut eam calumniare temptaverit, cui litem i. 2.

10. Ingenuitas generalis[2].

Qui debitum sibi nexumque servitium[a] relaxat, praemium ex[b] hoc apud Dominum in aeterna[c] beatitudine retribuere confidat[3]. Quapropter ego in Dei nomine ille[d], cogitans de Dei timore vel aeterna[e] bona retributione: propterea[f] vernaculo[g] iurisque mei nomine illo[d] ab omni vinculo servitutis ad praesens absolvo, ita ut [ab[h] hac die] ingenuus sit et ingenuus permaneat, tamquam si ab ingenuis parentibus fuisset procreatus vel natus; peculiare vero[i] suo, quod habere videtur vel deinceps[k] elaborare potuerit, sibi habeat concessum atque indultum; mundeburde [vero[l]] vel defensionem, ubicumque sibi[m] elegere voluerit[n], licentiam habeat elegendi; cive Romana, portas apertas, eat, per-

8. b) omps̄ *corr.* ompr̄ *pro* omni tempore 2. c) subnixa diuturnum tempus 2. d) ill. loco 2; *des.* 1.

9 = *Lind.* 103*; Rock.* 9*; Roz.* 89. *Codd.* 1. 2. a) dimittet̄ 2. b) ill. *codd.* c) cartulam genuitatis 2. d) ęę 2. e) ita ut *des.* 2. f) suum seu conlaboratum 2. g) aut 2. h) atque 2. i) eligere 2. k) ac 2. l) sit *add., sed eras.* 2. m) hant 1. n) repetit quod n. 2. o) 2; *deest* 1. p) omnipr̄ *pro* o. t. 2. q) subnixa diuturnum tempus 2.

10 = *Lind.* 96*; Rock.* 10*; Roz.* 82. *Codd.* 1. 2. a) 2; servum 1. b) exinde *pro* ex hoc 2. c) eterna beatitune retribuerae c. 2, *ubi* beatitune *in marg. post additum est*, retribuerae *e* retributiae *correctum videtur.* d) ill. *codd.* e) eterna 2. f) *deest* 2. g) vernaculum iuris mei N ill. 2. h) ab h. d. 2*; des.* 1. i) vere suo q. 1; vero q. 2. k) postmodum 2. l) 2; *deest* 1. m) *deest* 2. n) 2; potuerit 1.

1) *Ev. Luc.* 6, 37. 2) *Cf. cum hac formula Turon.* 12. 3) *Cf. cum hoc prologo Marc. II,* 32 *et infra* 11.

gat partem quam[o] voluerit ambulare, et nulli heredum* ac proheredum meorum nullo unquam tempore reddat libertinitatis obsequium, sed cuicumque elegere voluerit, ipse et agnitio[p] sua in posterum semper valeant permanere bene ingenui adque[q] securi. Et si quispiam deinceps, quod fiendum esse non credo, hanc ingenuitatem[r] refragare vel calumniare praesumpserit, a consortio catholicorum[s] alienus existat, et insuper quod repetit nullum obtineat effectum, sed praesens ingenuitas, [tam[t] a me quam ab heredibus meis defensata], omni[u] tempore firma et stabilis permaneat, stipulatione subnexa[v] diuturno tempore maneat inconvulsa.

Actum[w].

*) *Cod.* 2: heredum meorum reddat libertitatis obsequium, sed ubicumque sibi elegere v. 2.

11. Ingenuitatem[a] respectabilem[1].

Qui debitum sibi nexumque servicium relaxat[b], premium[c] ex hoc apud[d] Dominum in aeternam[e] beatitudinem retribuere confidimus[f]. Quapropter ego in Dei nomine ille[g] necnon[h] et coniux mea illa, ambo pariter cogitantes de Dei timore vel aeterna[i] bona retributione, ut[k] in aliquantulum pius Dominus de peccatis[l] nostris in die iudicii aliquid nobis minuere dignetur: propterea[m] vernaculo[n] iurisque nostro nomine illo[g] ab omni vinculo servitutis absolvimus[o], ita ut a die praesente ingenuus sit et ingenuus permaneat, tamquam si ab ingenuis parentibus fuisset procreatus vel natus; peculiare vero[p] suo, quid habere videtur aut in posterum elaborare potuerit, sibi habeat concessum atque indultum; mundeburde vero vel defensionem post obitum nostrum aliubi penitus non requiratur[q] nisi ad sancti[r] illius ad defendendum, non ad inclinandum, et annis singulis ad sollemnitatem sancti illius in mercede nostra dinarios[s] tantos exsolvere faciat et, sicut[t] diximus, semper valeat permanere bene ingenuus adque[u] securus[v]. Et si quis contra hanc ingenuitatem venire aut eam infrangere voluerit, si se exinde non correxerit, cui litem intulerit auro uncias tantas, argento libras tantas coactus exsolvat, et quod repetit nullum obteneat effectum, sed praesens ingenuitas ista mercesque nostra omni tempore firma et stabilis permaneat, cum stipulatione subnexa a diuturno tempore maneat inconvulsa.

Actum.

12. Carta, qualiter nepotes[a] cum avunculis suis[b] in loco paterno[c] succedere debeant.

Ego in Dei nomine ille[d] et coniux mea illa dilectissimis nepotibus nostris necnon[e] et neptis nostris illis. Constat vero[f], prout fragilitas[g] humana exposcit, quae, primi parentis culpa exigente[h], mortis debitum cotidie[i] volens nolensque persolvit, quod genitor

10. o) in quam 2. p) agnatio eius in p. 2. q) atque 2. r) 2; ingenuitatemque fragare 1. s) catho|tholicorum 2. t) tam — defensata 2; *des.* 1. u) o. t. *des.* 2. v) subnixa 2. w) *deest* 2.

11 = *Rock.* 11; *Roz.* 95. *Codd.* 1. 2. a) Ingenuitas respectabilis 2. b) relaxant 2. c) precium *corr.* premium 1. d) a Domino 2. e) eterna beatitudine 2. f) confidunt 2. g) ill. *codd.* h) necnon *deest* 2. i) eterna 2. k) 2; eti *pro* ut in 1. l) pecatis 2. m) *deest* 2. n) vernaculum iuris nostri N ill. 2. o) absalvimus 2. p) namque suum, quod h. 2. q) requirat 2. r) *ante h. v. fortasse* potestatem *omissum; cf. p.* 273, *l.* 13; sanctum ill. 2. s) denarios 2. t) iam *add.* 2. u) atque 2. v) *reliqua desunt* 2.

12 = *Lind.* 55; *Rock.* 12; *Roz.* 133. *Codd.* 1. 2. a) 2; *deest* 1. b) suuis *corr.* suis 2. c) 2; paterne succederunt *pro* p. s. d. 1. d) ill. *codd.* e) necnon — nostris *des.* 2. f) igitur 2. g) fragitas *corr. al. m.* fragilitas 2. h) 2; exiente 1. i) cotidię 2.

1) *Cf. infra* 18: Tradicio respectuali, *quae vox idem velle videtur, quam supra* respectabilem. *Utrique formulae commune est obligatio seu conditio quaedam ei, cui fit beneficium, imposita. De Rozière, 'Recueil' I, p.* 120, *n. a;* 147 *n. a. Ducange s. v. respectualis = respectiva.*

vester, filius[k] siquidem noster, nomine[l] ille, de hac luce visus est ante nos discessisse, sed[m] nos Dei omnipotentis providentia reservavit, ut ei superstites fuerimus[n]. Ac[o] igitur de causa conplacuit nobis atque[p] convenit, ut pro[q] ipso proprietatis iurę[r], in quo genitor vester legitime succedere debuit, post nostrum quoque[s] discessum vos equalem[t] partem contra avunculos vestros vel amitas vestras, filiis[u] vel filiabus nostris, sicut[v] pater vester accipere debuerat[w], si nobis in hoc seculo superstes[x] fuisset, ita et[y] vos post obitum[z] nostrum ad integrum accipere[a] debeatis. Propterea per hanc cartolam[b] traditionis sive per fistucam atque per andelangum donamus[c], tradimus vobis, sicut diximus, de[d] omni rem proprietatis nostrae, quicquid ad praesens possidere visi sumus[e.*], id est tam in terris quam in silvis, campis, pratis, pascuis, vineis, mancipiis, peculiis, pecoribus, omnia[f] et ex omnibus, ut ipsam hereditatem, sicut[g] diximus, aequaliter[h] contra heredes[i] vestros, filios [nostros[k]] vel filias nostras, ipsam** videlicet portionem, quam pater vester ille hereditare voluerit, accipere debeatis, ut ab hac die habeatis, teneatis atque possedeatis et inter vos legitime dividere faciatis, vel quicquid exinde facere volueritis, liberam in omnibus habeatis potestatem. Et si quispiam contra hanc cartolam[l] cessionis[m] aliquam calumniam stabilire praesumpserit, vel vobis ipsam portionem per fraudem [aliquam[k]] abstraere[n] malluerit, conponat vobis dupliciter, id[o] est quantum eo tempore ipsa porcio valuerit, et insuper inferat ad partem fisci auro uncias tantas, argento libras tantas, et hoc coactus[p] exsolvat[q], et insuper quod repetit nullatenus evindicet, sed praesens[r] epistola haec omni tempore firma et stabilis permaneat, stipulatione subnexa[s], diuturno tempore maneat inconvulsa.

Actum [illo[t] in loco].

*) *Cod.* 2 *add.:* ipsam videlicet portionem, quam pater vester ille, si adhuc viveret, hereditare debuerat.

**) *Cod.* 2*:* accipiatis ita ab ac die hoc habeatis *pro* ipsam — habeatis.

13. Donatio inter virum et uxorem.

Quandoquidem Deus voluerit[a], inter virum et uxorem pacis vinculum atque concordiam innecti, ut res eorum inter se condonare deberent, sicuti et fecerunt: ideoque conplacuit atque convenit inter[b] venerabilem virum illum et uxorem illius[c] nomine illa, eo quod inter eos agnatio[d] minime esse cerneretur, ut alter alteri de[e] rebus eorum inter se condonare deberent; quod[f] ita et fecerunt. Dedit itaque venerabilis vir ille uxori sue[g] nomine illa de rebus suis, id[h] est in pago illo, in loco nuncupante illo, super fluvio illo, hoc est mansos tantos cum domibus, edificiis, curtiferis, cum wadriscapis[i.*], terris, silvis, campis, pratis, pascuis, itaque[k] mobile et inmobilibus[l], mancipiis** ibidem commanen-

*) *Cod.* 2*:* aquarum decursibus *pro* w. terris.

**) *Cod.* 2*:* cum mancipiis ibidem comma[nentibus] vel respi[ci]entibus, quorum haec sunt nomina *pro* mancipiis — vel illas.

12. k) filius — discessisse 2, *pro quibus* 1 *verborum ordine turbato exhibet:* nomine ille de hac luce filius siquidem noster ante nos visus est discesse. l) nom̄ ill. 2. m) et ut nos Dei omnipotentis providentia ei reservat s. 1; sed Dei o. p. nos ei reservavit s. 2. n) *deest* 2. o) Hac 2. p) a. c. *des.* 2. q) in 2. r) iure 2. s) 2; quodque 1. t) ęqualem 2. u) necnon contra filios nostros vel filias nostras 2. v) s. p. v. 2; *des.* 1. w) debuit 2; et *add.* 1. x) superstis 2. y) 2; et *supra additum hic omittit* 1. z) eius obitum *pro* o. n. 2. a) recipere 2. b) cartulam — festucam 2. c) *deest* 2. d) ex 2. e) 2; summus 1. f) necnon *pro* o. 2. g) s. d. *des.* 2. h) equaliter 2. i) *sic uterque c.; fort.:* coheredes v. *seu* h. nostros. k) 2; *deest* 1. l) cartulam 2. m) 2; censionis 1. n) abstrahere mallUerit 2. o) id est *des.* 2. p) 2; actus 1. q) exsoluuat 2. r) p̄ haec e. *pro* praesens e. h. 2. s) subnixa 2. t) ill. in loco 2; *des.* 1.

13 = *Lind.* 50; *Rock.* 13; *Roz.* 251. *Codd.* 1. 2. a) concessit 2. b) se *add.* 2. c) ipsius 2. d) magnatio *corr.* agnatio 2. e) res *pro* de r. 2. f) quemadmodum *pro* q. i. et 2. g) suae nom̄ ill. 2. h) i. e. *des.* 2. i) wadris campis 1. k) *deest* 2. l) inmobile 2.

tibus vel aspitientibus, his nominibus illos vel illas, cum omni integritate vel soliditate, quicquid ibidem iure hereditario ad se pertinere videtur. Similiter visa est reddere uxor[m] illius nomine illa praefato iugali suo nomine[n] illo de rebus suis in pago illo, in loco nuncupante illo, super fluvio illo, id[o] est mansos tantos cum domibus, aedificiis, curtiferis, cum wadriscapis* terris tam cultis quam[p] incultis, silvis, campis, pratis, pascuis, communiis, totum et ad integrum, omnia[q] et ex omnibus, quicquid ibidem sua fuit possessio vel dominatio. Similiter etiam et omne praesidium vel[r] conlaborato[s] eorum inter** se pars parti visi sunt condonare; in tali vero tenore, ut, quisquis[t] de eis[u] pare suo in hoc seculo superstes[v] fuerit, omnes res, quas dedit et quas accepit, in suo iure vel[w] dominatione recipere debeat, habendi, tenendi, dandi, vendendi, commutandi heredibusque suis ad possidendum relinquendi liberam[x] in omnibus habeaṭ[y] potestatem. Propterea has duas epistolas adfadimas[1]·*** uno tenore conscriptas inter se fieri vel firmare rogaverunt, ut nullus quislibet de heredibus hac[z] proheredibus eorum hanc congruitatem inter eos factam nullo[a] unquam tempore possit inrumpere, sed[b], sicut[c] supra suggerimus[d], absque ullius[e] contradictione omni tempore firma et stabilis permaneat. Quod si aliquis [deinceps[b]] de heredibus hac[z] proheredibus eorum hanc cessionem calumniare praesumpserit, dupliciter quantum eo tempore ipsas[f] portiunculas valuerint ex̂solvere cogatur, et insuper ad partem fisci auro uncias tantas, argento libras tantas coactus exsolvat, et quod repetit nullum obtineat effectum, sed, sicut diximus, haec[g] ępistolae, tam a nobis quam ab aliis[h] bonorum hominum manibus roboratae, omni tempore firmae et stabiles permaneant, stipulatione interposita.

Actum [illo[i] anno].

*) *Cod.* 2*:* aquarum oportunitatibus.

**) *Cod.* 2*:* inter se partiri visi sunt seu condonare.

***) *Cod.* 2 *omittit hanc vocem.*

14. Carta ad nepotes.

Dulcissimis nepotibus meis illis necnon et neptis[a] meis illis ego in Dei nomine ille. Licet* pro servitio vel benivolentia vestra, quae circa me die noctuque exhibuistis, ut de rebus proprietatis meae[b] vobis aliquid condonare deberem; sicuti et feci: ideoque per hanc epistolam cessionis[c] sive per festucam atque per andelangum dono, trado[d] vobis aliquam[e] rem meam in pago illo, in loco[f] qui dicitur illo[g], id est mansos tantos cum aedificiis suprapositis[h], una cum terris, silvis, campis, pratis, pascuis, communiis necnon et[i] mancipiis ibidem commanentibus vel aspitientibus[k], omnia[l] et ex omnibus, quicquid in ipso loco mea videtur esse possessio vel dominatio; in tali vero ratione, ut haec omnia superius nominata a die praesente[m] habeatis, teneatis atque possedeatis, vel quicquid exinde facere[n] volueritis, liberam[o] in omnibus habeatis potestatem. Et si quis[p] deinceps, quod fiendum esse non credo, si ego ipse, quod absit, aut ullus de

*) *Cod.* 2*:* Placuit igitur.

13. m) 2; uxori 1. n) nomen ill. 2. o) i. e. *des.* 2. p) et *add.* 2. q) o. et ex o. *des.* 2. r) atque 2. s) conlaboratum 2. t) *em. Lind.;* quicquid 1; si quis 2. u) is pari s. 2. v) superstis 2. w) propria *add.* 2. x) *deest* 2. y) habeas *corr.* habeat 1. z) ac 2. a) ullu *corr.* ullo 2. b) 2; *deest* 1. c) *deest* 2. d) gessimus 2. e) 2; illius 1. f) ipse res *pro* i. p. 2. g) epałaę istae *pro* h. e. 2. h) abliis *pro* ab a. 2. i) i. a. 2; *des.* 1.

14 = *Lind.* 57; *Rock.* 14; *Roz.* 172. *Codd.* 1. 2. a) 2; nectis 1. b) mee 2. c) 2; censionis 1. d) *deest* 2. e) 2; aliquem 1. f) *al. m. post add.* 2. g) N 2. h) superpositis 2. i) cum 2. k) aspcentibus 2. l) et *pro* o. et ex o. 2. m) hoc *add.* 1. n) faecere 2. o) *h. v. post* omnibus *ponit* 2. p) aliquis 2.

1) *Cf. Form. Sal. Merkel.* 24, *supra p.* 250, *et quae ibi annotavi n.* 2.

heredibus hac proheredibus meis hanc[q] cessionem refragare temptaverit, si se exinde non correxerit, a collegio sanctae Dei aeclesiae[r] alienus existat, et insuper inferat vobis dupliciter, id[s] est quantum eo tempore ipse[t] res valuerint, et quod repetere[u] videtur nullum obtineat effectum, sed praesens hec[v] epistola, tam a me[w] quam[x] ab heredibus meis defensata, omni tempore firma[y] et stabilis permaneat inlibata.

Actum [anno[z] illo].

15. Venditio de servo[a].

Magnifico in[b] Christo fratri illo, emptore[c], igitur* ego in Dei nomine. Constat[d] me tibi vindidisse[e], et ita vindidi, tradidisse, et ita tradidi, hoc est servo[f] iurisque[g] mei nomine illo, non fugitivum, non debilem, sed magis per omnia sanum atque incolomem; unde[h] accipi a te precium taxatum, in quo mihi bene conplacuit atque convenit, id est soledos[i] tantos; in tali vero ratione, ut pro[k] ipso precio ipsum iam dictum servum habeas, teneas atque[l] possedeas, vel quicquid exinde facere volueris, liberam in omnibus habeas potestatem. Et si fuerit aliquis deinceps, si ego ipse aut ullus [quislibet[m]] de heredibus vel quelibet[n] ulla extranea persona, qui contra hanc vendicionem aliquam calumniam repetere conaverit[o], cui litem intulerit auro[p] uncias tantas, argento libras tantas coactus exsolvat, et haec venditio meis et me rogantibus bonorum hominum manibus roborata, quorum nomina vel signacula subter tenentur inserta, firma et stabilis permaneat, stipulatione subnexa[q], [diuturno[r] tempore maneat inconvulsa].

Actum.

*) *Cod.* 2: ego in Dei nomine ill. Notum est igitur *pro* igitur — Constat.

16. Carta conposicionis[a. 1].

Dilectissima[b] atque amatissima coniuge mea nomine illa, ego igitur[c] ille [in[d] Dei nomine] maritus tuus[c]. Licet ergo, ut[e] ego te[f] rapto[g] scelere absque voluntate parentum tuorum te mihi [in[h]] coniugium visus sum sociasse, unde vite[i] periculum incurrere[k] potui, nisi* intervenissent sacerdotes vel reliquae[l] plures inlustres[m] personae, qui nos ad pacis concordiam vel unanimitatem visi sunt revocasse: qua** de rem convenit nobis, ut de rebus proprietatis meae tibi aliquid in donationis causae*** condonare deberem; quod[n] ita et feci. Ideoque per hanc epistolam[o] conpositionis sive per festucam atque per andelangum

*) *Cod.* 2: tamen intercesserunt pro me sacerdotes.

**) *Cod.* 2: Denique convenit.

***) *Cod.* 2: titulum.

14. q) cartulam *add., sed eras.* 2. r) ecclesiae 2. s) i. e. *des.* 2. t) ipsę 2. u) repetit, it *e corr.* 2. v) haec 2. w) mę 2. x) et *add.* 2. y) f. et st. *des.* 2. z) anno ill. 2; *des.* 1.

15 = *Rock.* 18; *Roz.* 292. *Codd.* 1. 2. a) re 2. b) 2; *deest* 1. c) emptori 2. d) Costat 1. e) vendidisse 2, *ubi* et ita — hoc est *desunt.* f) servum 2. g) que *deest* 2. h) pro quo accepi 2. i) sol tal 2. k) *deest* 2. l) a. p. *des.* 2. m) 2; *deest* 1. n) quae *pro* quaelibet ulla 2. o) tonaverit 2. p) in auro — in argento 2. q) interposita 2. r) *uncis inclusa* 2; *des.* 1.

16 = *Lind.* 82; *Rock.* 19; *Roz.* 242. *Codd.* 1. 2. a) conposicioni 1; conpositionalis 2. b) Dilectissimę atque amantissimę coniugi meę nom ill. 2. c) *deest* 2. d) 2; *des.* 1. e) *deest* 2. f) *deest* 2. g) *lege:* raptus. h) 2; *deest* 1. i) vitę 2. k) 2; incurre 1. l) 2; reliquam *fortasse pro* reliqui quam 1. m) 2; inlustre 1. n) quod — feci *des.* 2. o) cartulam 2.

1) *Cf. Marc. II,* 16; *Form. Turon.* 16.

dono tibi et donatum in perpetuo[p] esse volo[q], id[r] est aliquam portiunculam meam in pago illo, in loco nuncupante illo[s], super fluvio illo, hoc est mansos tantos, cum hominibus ibidem commanentibus vel aspicientibus utriusque sexus, cum terris arabilis[t], silvis, campis, pratis, pascuis[u], communiis, perviis, omnia[v] et ex omnibus, quicquid in ipso loco possidere praesenti tempore visus sum, totum et ad integrum tibi per hanc cartolam conposicionis dono[s], trado atque[w] transfirmo. Similiter dono tibi inter auro[x] vel argento, id[y] sunt solidos tantos; in tali vero tenore[z], ut haec omnia superius nominata a die praesente habeas[a] teneas atque, possedeas[b] posterisque nostris ad possidendum relinquas, vel quicquid exinde facere volueris, liberam in omnibus habeas potestatem. Et si aliquis contra hanc epistolam[c] conposicionis venire aut eam irritam[d] facere voluerit, inferat tibi[e] tantum et aliut[f] tantum, id est quantum eo tempore ipsa portiuncula[g] valuerit, et insuper [ad[h]] puplicum[i] fiscum auro[k] uncias tantas, argento libras tantas coactus exsolvat, et quod repetit nullatenus evindicet, sed praesens hec[l] epistola conposicionis omni tempore firma et stabilis permaneat [cum[h]] stipulatione subnexa.

Actum.

17. Tracturia[a] in perigrinatione.

Dominis sanctis et apostolicis sedibus allocatis[b], episcopis *, abbatibus vel abbatissis et omnibus[c] in Christo patribus, ducibus, comitibus, vicariis, centenariis et decanis vel[d] omnibus in Christo credentibus et Deum timentibus ego in Dei nomine ille, acsi indignus[e] peccator, ultimus omnium servorum Dei servus[f], episcopus videlicet, *sive*[g] abbas, de civitate illa, *vel* de monasterio illo, ubi preciosus ille martyr, *seu* confessor, Christi humanitus[h] corpore requiescit, salutem vobis perennem in Domino destinare[i] curavimus. Cognoscatis siquidem, domni[k] et sancti patres seu sorores in Christo, quia[l] innotescimus vobis, eo[m] quod peregrinus iste nomine ille[n], ex genere illo[n], ad nos venit et** nobis innotuit adque consilium quaesivit de hoc videlicet facto, quod instigante adversario[o], peccatis facientibus, proprio[p] filio suo, *vel* fratri suo, *sive* nepote, nomine illo interfecit; et nos pro hac causa secundum[q] consuetudinem vel canonicam institutionem diiudicavimus, ut lege peregrinorum ipse praefatus vir annis septem in peregrinatione ambulare debet[1]. Propterea cognoscatis, sanctissimi patres, has litteras, ut, quandoque[r] ad sanctitatem vestram venerit, melius ei credatis, eo[s] quod nullatenus pro alia causa ambulare[t] dinoscitur, nisi, sicut superius diximus, pro peccatis suis redimendis, et vos eum nullo modo deteneatis[u], nisi tantum, quando ad vos venerit, mansionem ei[v] et[w] focum et[x]

*) *Cod.* 2 *add.:* necnon reliquis in sublimitate positis praesulibus.

**) *Cod.* 2*:* atque consilium quaesivit et nobis innotuit suum aeque flagitium, videlicet quod instigante a.

16. p) perpetuum 2. q) volumus *corr.* volo 2. r) id est *des.* 2. s) *deest* 2. t) arabilibus 2. u) *del.* 1. v) cum *pro* o. et 2. w) atque transfirmo *des.* 2. x) aurum vel argentum 2. y) valente sol. tant. 2. z) 2; tenero 1. a) potestatem *add.* 2. b) possideas 2. c) aepistolam 2. d) calumniare *add.* 1. e) *deest* 2. f) aliud 2. g) mea *add.* 2. h) 2*; deest* 1. i) puplicum 2. k) in auro — in argento 2. l) haec 2.

17 = *Lind.* 33*; Rock.* 20*; Roz.* 667. *Codd.* 1. 2. *Cf. Cod. Par. (Form. Sen. rec.* 11*).* a) Tractaturia in peregrinatione 2. b) collocatis 2. c) 2; hominibus 1. d) seu 2. e) et *add.* 2. f) *deest* 2. g) de civitate ill. vel abbas de monasterio ill. 2. h) humatus 2; umanus *Par.* i) 2. *Par.; deest* 1. k) domini 2. l) quoniam 2. m) eo *deest* 2. n) ill. 2. *Par.; deest* 1. o) et *add.* 2. p) proprium filium suum vel fratrem suum sive nepotem 2. q) *sic Par.;* secundum consuetudinem *des.* 1; consuetudinem vel *des.* 2. r) quandoquae 2. s) et *Par.; deest* 2. t) debet *add., sed eras.* 2. u) detineatis 2. v) ill. 2. w) 2. *Par.; deest* 1. x) *deest Par.*

1) *Cf. Poenit. Egberti c.* 3*, Wasserschleben, 'Bussordnungen der abendländ. Kirche', p.* 234*; Rettberg, 'Kirchengeschichte' II, p.* 739.

panem et[y] aquam largire[z] dignemini, et postea sine detentione liceat ei ad loca[a] sanctorum festinare. Sic exinde agite pro amore Dei et reverentia sancti Petri, sanctissimi[b] patres, ut vobis[c] pius Dominus in illa[d] beata seu inmortali[e] vita remunerare[f] dignetur, qui in ipso peregrino Christo pavistis[g] seu suscepistis, considerantis[h] videlicet quod ipse Dominus dixit: 'Hospes fui, et suscepistis me; et quod huni[i] ex minimis istis fecistis, mihi fecistis'[1]. Quid plura? Ad sapientes semel sufficit[k] loqui. Commendamus nos obnixe[l] in vestris sacris precibus, ut nos[m] meminere dignemini. Valete in Christo feliciter, sanctissimi patres, ut [ad[n]] aeternam* angelorum digni habeamini [mansionem[n] perpetuam].

Facta haec epistola sub die illo.

*) *Cod.* 2*:* aeterna angelorum societate digni habeamini *pro* aeternam — perpetuam.

18. Tradicio respectuali*[2].

Domino fratri illo ego in Dei nomine ille. Dum igitur et[a], peccatis meis facientibus, procreationem[b] filiorum minime habere videor, et mihi[c] paupertas vel infirmitas corporis assidue me obprimere videretur[d]: ideo conplacuit mihi atque convenit, ut[e] in loco filiorum vel filiarum tibi[f] adobtare deberem; quod[g] ita et per hanc epistolam visus sum fecisse. Dono igitur tibi omnes res proprietatis meae, quascumque de[h] parte paterna seu de materna adquisisse videor[i], id est in pago illo, in loco nuncupante illo, [super[k] fluvio illo], hoc est mansos tantos, cum aedificiis suprapositis[l], curtiferis, cum** wadriscapis, terris arabilis, silvis, campis, pratis, pascuis, adiacentiis seu et mancipiis ibidem[m] commanentibus, cum omni suppellectili[n] domus meae, quicquid[o] ibidem praesenti tempore possidere videor, in tuam[p] transfirmo dominationem. Similiter et in alio loco qui[q] dicitur illae[r], in ipso iam[s] dicto pago, id est mansos tantos cum aedificiis suprapositis[l], cum terris, silvis, campis, pratis, pascuis, communiis et mancipiis ibidem[m] commanentibus vel aspitientibus[t], id est quantumcumque in ipso loco mea videtur esse possessio vel dominatio, totum et ad integrum, omnia[u] et ex omnibus, rem inexquisitam, totum et ad integrum per hanc cartolam cessionis sive per festucam adque per andelangum de meo[v] iure in iure et dominatione tua perpetualiter trasfirmo[w]; in ea vero ratione, ut, quamdiu advixero, victum mihi, potum[x] et[y] vestimenta et calciamenta[z] in omnibus sufficienter procurare debeas, ut[a] exinde mihi omnibus diebus vite meae nihil deficiat. Quod si hoc non feceris, ipsas res, quas tibi delegavi, ad integrum perdas. Propterea*** hanc epistolam tibi fieri vel[b] firmare rogavi, ut nullo unquam[c] tempore aliquis de heredibus meis seu[d] proheredibus hanc convenientiam inter nos factam inmutare vel refra-

*) *Cod.* 2 *rubricam praebet:* Si quis in loco filii aliquem adoptare voluerit.

**) *Cod.* 2*:* cum aquarum ausibus, cum terris, silvis.

***) *Cod.* 2*:* Et idcirco tali tenore hanc e.

17. y) *deest* 2. z) largiri 2. a) 2. *Par.;* locum 1. b) 2; sanctisimi 1; sanctissime *Par.* c) nobis 2. d) *deest* 2. e) *sic* 1. *Par.;* in mortali 2. f) remunerari 2. g) suscepistis seu pavististis 2. h) considerantes 2. i) uni 2. k) *Par.;* suffucit *corr.* sufficit 2; suffici 1. l) 1. *Par.;* obnixe 2. m) nostri meminisse 2. n) *supplevi ex Par.*

18 = *Lind.* 58; *Rock.* 21; *Roz.* 118. *Codd.* 1. 2. a) *deest* 2. b) procratiouem 2. c) *deest* 2. d) videtur 2, *ubi* ideo *deest.* e) *corr.* uti in 2. f) te adoptare 2. g) sicut *pro* q. ita et 2. h) *deest* 2. i) visus sum *pro* videor id est 2. k) super fluvio ill. 2*; des.* 1. l) superpositis 2. m) ididem *corr.* ibidem 2. n) 2; subplectibile 1. o) et quicquid 2. p) 2; tuo 1. q) quod 2. r) ill. 2. s) pago iam dicto 2. t) aspitientibus id est *des.* 2. u) omnia — integrum *des.* 2. v) nostro 2. w) adfirmo 2. x) et potum 2. y) *deest* 2. z) 2; caltiamenta 1. a) et ut 2. b) seu 2. c) modo 2. d) vel 2.

1) *Ev. Matth.* 25, 35. 40. 2) *Cf. supra p.* 274, *n.* 1.

gare non[e] possint, sicut[f] superius continetur; ea scilicet ratione, ut, dum diu[e] advixero, meam necessitatem in omnibus procurare[g] debeas, in cibo et potu, in vestimenta[h] seu calciamenta, et post meum [quoque[i]] discessum ipsas[k] res, quas tibi tradidi, in tua dominatione permaneant[l], vel[m] quicquid ibi[n] deinceps facere placuerit, liberam in omnibus habeas potestatem. Et si ullus quislibet, quod fiendum esse non credo, si[o] aliquis de propinquis[p] meis vel quelibet alia persona hoc emutare[q] vel temerare praesumpserit, inferat tibi tantum, quantum ipsas[r] res valuerint, et insuper inferat ad partem fisci auri[s] uncias tantas, argento[t] libras tantas[u] coactus exsolvat, et quod[v] repetit nihil evindicet, sed praesens haec epistola adobtionis[w] omni tempore firma et stabilis permaneat, cum stipulatione subnexa [diuturno[x] tempore perseveret inconvulsa].

Actum.

19. Carta securitatem*.

Dum et a plerisque vel[a] omnibus non habetur incognitum, qualiter homo aliquis[b] nomine illo hominem illius[c] episcopo, *sive* abbatis, nomine illo, instigante diabolo, peccatis[d] facientibus, malo ordine interficit[e], unde[f] vite periculum incurrere debuit[g]. Sed postquam venit hisdem[h] homicida coram ipso pontifice vel coram illo comite seu quam[i] plures magnificis viris, quorum[k] nomina [vel[l] signacula] subter tenentur inserta, percunctati sunt ab eo, utrumque** illo hoc quando diu perpetratum haberet, an non; isdem vero[m] homo, qui ex hoc inquirebatur, praesens aderat[n] et hanc causam nullatenus denegabat[o], sed magis exinde confessus fuit, scilicet quod [ipsum[p]] hominem ipsius episcopi, *vel* illius[q] abbatis, unde inquirebatur, interfectum habuisset. Hac igitur de causa iudicatus[r] est ei ab ipso comite vel[s] ab ipsis scabinis, pagenses[t] scilicet loci illius, ut illam leudem, quod sunt solidos[u] tantos, per suum wadium conponere deberet; quod[v] ita et fecit. Postea vero necesse fuit[w] ipsius[x] hominem, qui ipsam leudem conponere visus est, ut talem epistolam securitatis per manus eorum firmatam ab ipso pontifice vel[y] ab ipso comite seu et ab aliis illius[z] loci pagensibus accipere deberet, ut in[a] postmodum de illo homicidio[b], quod tunc conponere visus est, securus[c] valeat resedere[d], et si postea aliquis exsisterit[e], quaecumque[f] libet persona, qui ipso[g] homine de hoc homicidio[h] remallare voluerit, ipse, fratres*** vel successores ipsius seu agentes eius, qui[i] hanc conpositionem accipere visi[k] sunt, ipsum hominem contra quemlibet defensare debeant[l], et si hoc facere non potuerint, restituere debeant[m] tantum, quantum dedit. Conplacuit[n] itaque tam ipso pontifice[o] quam ipso[p] comite seu aliis quam[q] plures magnifices[r] viris,

*) *Cod.* 2: Carta de homicidio.

**) *Cod.* 2: utrum ill. homo hoc homicidium perpetratum h.

***) *Cod.* 2: mox episcopus *pro* fratres.

18. e) *deest* 2. f) sed sicut 2. g) d. pr. 2. h) vestimentis seu calciamentis 2. i) 2; *deest* 1. k) ipse tibi res 2. l) 2; permaneat 1. m) et 2. n) tibi deinceps ex his facere 2. o) si a. *des.* 2. p) proquinquis 2. q) commutare 2. r) ipse 2. s) in auro 2. t) in argento 2. u) eaque *add.* 2. v) *deest* 2. w) adoptionis 2. x) diuturno — inconvulsa 2; *des.* 1.

19 = *Lind.* 124; *Rock.* 22; *Roz.* 467. *Codd.* 1. 2. a) v. o. *des.* 2. b) quidam ṅ ill. 2. c) ill. episcopi, sive abbatis N ill. 2. d) p. f. *des.* 2. e) interfecit 2. f) et *add.* 2. g) potuit 2. h) isdem 2. i) q. p. *des.* 2. k) *bis scr.* 2. l) v. s. 2; *des.* 1. m) interim *add.* 2. n) 2; adherit 1. o) 2; denegat 1. p) ipsam *corr.* ipsum 2; *deest* 1. q) *deest* 2. r) iudicatum est ei 2. s) vel ab ipsis *des.* 2. t) pagensibus 2, *ubi* scilicet *deest.* u) solidi tanti 2. v) sicuti *pro* quod ita 2. w) ut *add.* 1. x) ipso homini 2. y) atque 2. z) illis locis 2. a) *deest* 2. b) 2; homidicio 1. c) securius 2. d) residere, ut si 2. e) exstiterit 2. f) quoecumque 1; quecumque 2. g) ipso homino 1; ipsum hominem 2. h) aliquid *add.* 2. i) 2 *deest* 1. k) 2; visisi 1. l) fatiant 2. m) cogantur ei tantum 2. n) Denique conplacuitam 2, o) pontifici 2. p) ipsius comiti 2. q) q. pl. *des.* 2. r) magnificis 2.

ut talem securitatem ipso homine[s] fecissent; sicuti et fecerunt; et* si aliquis postmodum ei de hac[t] conpositione[u] remallare voluerit, ipse[v] episcopus vel successores eius seu[w] agentes ipsum hominem de hac causa omnino defensare debeant, aut restituere[x] ei debeant[y] tantum, quantum dedit.

Actum[y].

*) *Cod.* 2: id est, ut *pro* et.

20. Cartam ingenuitatem*.

Ego in Dei nomine ille, cogitans de Dei timore vel aeterna bona retributione, propterea[a] dilecta[b] extranea puella nomine illa. Licet ergo ut[c] te servus meus nomine ille absque voluntate parentum tuorum te[a] ad coniugium[d] visus fuit[e] sociasse, unde vitae periculum[f] incurrere debuit[g], si non[h] quam plures extraneae[i] persone vel etiam inlustres viri hac de causa sepius intervenissent, maxime vero, quia tu infra noctes 40 secundum legem Salicam visa es[k] reclamasse[1], nunc igitur conplacuit nobis atque convenit, ut talem cartolam triscabinam[2] seu ingenuitatem ipso servo nostro[l] fieri vel firmare facerem, ut tu pro ipso servo nostro nomine illo nullo unquam[m] tempore[n] in aliquid[o] servitium inclinare[p] non debeas, sed, et[q] si aliqua agnatio de ipso servo nostro[r] ex te apparuerit, in nullum servitium nec** nobis nec heredibus hac proheredibus nostris nullatenus debeat adservire, sed, sicut diximus, tam[s] tu quam et agnatio tua, quae[t] de ipso servo procreati fuerint, omni tempore ingenui sint et ingenui[u] permaneant, tamquam si ab ingenuis parentibus fuissent procreati vel nati; peculiare vero suo[v] sive conlaboratum, quod praesenti temporae[w] habere videntur vel deinceps habere[x] potuerint, sibi habeant concessum atque indultum; mundeburde[y] vel defensionem, ubicumque[z] elegere voluerint, licentiam habeant elegendi; cive Romana, portas apertas[a], eant pergantque[b] partem quam voluerint[c] ambulare. Et nulli heredum hac[d] proheredum nostrorum tu et[e] agnatio tua, sicut*** diximus, nullum deinceps reddere debeatis libertinitatis obsequium, sed magis haec epistola triscabina, tam a[f] me quam ab heredibus meis defensata, omni tempore firma et stabilis permaneat, [cum[g]] stipulatione subnexa [diotorno[g] tempore perseveret inconvulsa].

Actum.

*) *Cod.* 2: Carta triscabina.

**) *Cod.* 2: nec a me nec ab heredibus meis ac proheredibus ullatenus debeat incedere, sed s. d.

***) *Cod.* 2: sicut dixi, de parte servo meo iam dicto reddatis libertinitatis obsequium, sed permanere semper valeatis bene ingenui atque securi, et haec epistola tr.

19. s) homini 2. t) 2; *deest* 1. u) 2; compositionis 1. v) ipse episcopus 2; ipsam epistolam 1. w) sive 2. x) 2; resistere 1. y) *deest* 2.

20 = *Lind.* 88; *Rock.* 23; *Roz.* 108. *Codd.* 1. 2. a) *deest* 2. b) dilectę extraneę puelle nom̄ ill. 2. c) ut te *des.* 2. d) te *hic add.* 2. e) sum *radendo corr.* sim 2. f) pene *add.* 2. g) potuit 2. h) numquam *pro* non q. 2. i) extranee personę 2. k) ē 1. l) *pro* nostro fieri — servo nostro *nihil nisi* nostro 1; meo — servo meo 2. m) umquam 2. n) 2; *deest* 1. o) aliquod 2. p) inclinari 2, *ubi* non *deest.* q) *deest* 2. r) meo 2. s) 2; tantum *pro* tam tu 1. t) quae — ingenui sint et *des.* 2. u) ingnui 2. v) suum 2. w) tempore 2. x) adquirere 2. y) vero *add.* 2. z) ubucumque 2. a) *deest* 2. b) que *deest* 2. c) noluerint 2. d) hac proh. *des.* 2. e) vel 2. f) a me *al. man. add.* 2. g) *add.* 2; *des.* 1.

1) *Cf. Pardessus, 'Loi salique' p.* 519; *Zöpfl, 'Alterthümer' II, p.* 364 *sq.* 2) *De Rozière, 'Recueil' I, p.* 136, *n. a, intelligit cartulam in praesentia trium scabinorum factam eorumque subscriptionibus roboratam. Zöpfl, l. l. p.* 363 *sq. de eadem interpretatione cogitans, tamen maluit intelligere 'triwescapina (Treuschaftsurkunde)', quod autem parum probabile videtur.*

21. Iudicium[a] seu notitia.

Dum resederet autem comis[b] ille in mallo suo publico ad universorum causas audiendas vel recta iudiciaria* definienda, ibique veniens advocatus illius episcopi aliquem hominem nomine illo interpellabat**, dum diceret, eo quod de caput suum legibus esse servus ipsius eclesiae vel ipsius episcopi, et propter hoc de ipso servitio neglegens atque iectivus adesse videretur, quod genitor suus vel genetrix[c] sua, *aut* avus suus vel[d] avia sua, fecerunt. Sed ipse vir[e] praefatus in praesente adstabat et hanc causam in omnibus denegabat, quod nec ipso[f] episcopo nec ipse eclesiae[g] Dei secundum legem nullum[h] servitium agere[i] deberet, eo quod de parte paterna aut[k] de materna secundum legem ingenuus esse videretur. Sed ipsi scabini, qui tunc ibidem aderant, taliter ei visi fuerunt iudicasse, ut supra noctes 40 cum 12 Francos[l], sex de parte paterna et sex de materna[1], in ecclesia illa iurare debuisset[m], ut de parte paterna aut[n] de materna secundum legem Salicam ingenuus esse videretur[o]. Ipsas vero noctes expletas, venientes utrique[p] ad eclesiam[q] illam, visus est ipse homo esse iectivus, eo quod non potuit ipsum sacramentum explere, sicut ei fuit iudicatum[r], [sed[s] et de ipso servitio, unde inquirebatur, professus est, esse se iectivum atque revictum. Et ipsi scabini, qui hanc causam definierunt[t], taliter ei visi[u] fuerunt iudicasse, ut ipse comis vel[v] missus ipsius episcopi de ipso homine in praesenti revestire debuisset; quod ita et fecit].

*) *Cod.* 2: iuditia terminanda *pro* i. def.

**) *Cod.* 2: interpellavit contestans, quia secundum legem Salicam esset[w] servus ipsius eclesiae vel ipsius episcopi, simulque adfirmabat, qualiter de ipso servitio n.

ADDITAMENTA.

1. Carta inter virum et uxorem.

Marc. II, 7. Quicquid enim inter coniugatos aut propinquos de propriis facultatibus, monente[a] caritate, pro amore dilectionis invicem alicui condonare placuerit, hoc scripturarum necesse est titulis alligare, ne in posterum ab heredibus eorum vel a quocumque possit evelli[b]. Idcirco ego in Dei nomine ille, dum inter me et coniugem meam illam[c] procreatio filiorum minime esse videtur, convenit nobis, ut omnem rem proprietatis nostrae inter nos fructuario ordine condonare deberemus. Propterea dono tibi, o dulcissima coniux mea, si mihi in hoc seculo superstis fueris, omnem rem proprietatis meae, tam de alode quam et de conparato vel de quolibet adtracto, ubicumque aliquid habere videor, et omne, quod pariter in coniugio positi laboravimus, id est tam in terris, quam in silvis, campis, pratis, pascuis, perviis, appenditiis, domibus, accolabus, mancipiis, vineis cum aquarum decursibus, necnon aurum et argentum, vestimenta, pecora, cum omnibus, quae dici vel nominari possunt.

21 = *Lind.* 169; *Rock.* 24; *Roz.* 483. *Codd.* 1. 2. a) *rubrica deest* 2. b) comes 2. c) genitrix 2. d) 2; aut 1. e) p. v. 2. f) ipsi 2. g) ecclesiae 2. h) ullum 2. i) reddere 2. k) seu 2. l) Francis 2. m) debuissent 2. n) aut de materna *des.* 2. o) deberet 2. p) utique 1; uterque 2. q) eccl. 2. r) diiucatum 2. s) *uncis inclusa desunt* 1. t) defienierunt 2. u) *super verba* v. f. iud. *in superiore margine recentior manus scripsit:* Fica || mal date 2. v) *haec verba ita vix intelligi possunt; fortasse:* vel vicarius eius missum i. e. w) *al. m. in loco abraso; post h. v. ca.* 7 *litt. deletae sunt, ut videtur,* et ta . . . (talis?) 2.

1 = *Rock.* 15; *Roz.* 250. *Cod.* 2. a) manente *Marc.* b) convelle *Marc.* c) ill. *c.*

1) *Cf. Form. Sen. rec.* 3. 5. *et quae ibi annotavi p.* 212, *n.* 1.

2. Donacio ad ecclesiam Dei.

Honoranda nobis atque omni preconio laudis est caelebranda ecclesia[a] beatae Mariae semperque virginis, matris domini nostri Iesu Christi, quae sita est infra murum civitatis illius[b], quam venerabilis vir ille[b] regere videtur. Igitur ego in Dei nomine ille[b], cogitans de Dei timore vel aeterna bona retributione, propterea dono a die presente ad ipsam ecclesiam superius nominatam omnem rem proprietatis meae in pago illo[b], in loco nuncupante illo[b], super fluvio illo[b], hoc est mansos tantos cum aedificiis superpositis, simulque cum terris cultis et incultis, pascuis, aquis aquarumve decursibus, mobile et inmobile seu rem inexquisitam, necnon omnia, sicut superius dixi, quantumcunque ibidem mea videtur esse possessio vel dominatio, ad ipsam prefatam ecclesiam per hanc cartolam[c] donationis sive per festucam atque per andelangum ad opus sancti illius[b] a die presente perpetualiter transfirmo; ea scilicet ratione, ut, quicquid[d] exinde rectores ipsius ecclesiae aut defensores illius ab hodierno die facere voluerint, liberam in omnibus, Christo propitio, habeant potestatem. Et si aliquis postmodum, quod futurum esse non credo, si ego ipse, quod absit, aut ullus quislibet de heredibus ac proheredibus meis vel quaelibet alia persona contra hanc donationem aliquam calumniam generare presumpserit, si se exinde non correxerit, a liminibus sanctaę Dei ecclesiae excommunicatus et sequestratus appareat; et insuper inferat[e] partibus supra dictae ecclesiae in auro[f] untias tantas, in argento libras tantas, eaquę coactus exsolvat, et quod repetit nullo modo evindicare prevaleat, sed presens haec donatio meis et me rogantibus venerabilium virorum manibus roborata, quorum nomina vel signacula subter tenentur inserta, omni tempore firma et stabilis permaneat, stipulatione subnixa.

Actum.

3. Donatio ad casam Dei.

Inclitae Deo sacratae illi[a] abbatissae de monasterio illo[a], quod est dedicatum in honore sanctorum apostolorum Petri et Pauli seu ceterorum sanctorum. Ego in Dei nomine ille[a] et coniux mea illa[a], ambo igitur cogitantes de Dei timore vel pro animae nostrae salute, scilicet ut nobis pius Dominus aliquid de pecatis nostris in die iudicii relaxare dignetur: quapropter donamus, tradimus ad monasterium superius nominatum aliquam rem meam in pago illo[a], in loco nuncupante illo[a], super fluvio illo[a], cum terris, silvis, campis, pratis, pascuis, communiis, adiacentiis seu et mancipiis ibidem commanentibus vel aspicientibus, cum[b] ex omnibus, tam de alode quam et de conparato seu de quolibet adtracto, quae ad nos ibidem noscuntur pervenisse, totum et ad integrum, a die presente per hanc cartolam donationis donamus, tradimus de nostro iure in iure et dominatione iam dicti monasterii; ea scilicet ratione, ut[c], quicquid exinde rectores ipsius ecclesiae facere voluerint, liberam in omnibus habeant potestatem. Et si quis, *ut*[d] *supra*.

---

4. Indiculum a fratribus*.

Reverentissimis fratribus nostris[a] in[b] monasterio illo[c] commorantibus nos, siquidem minimi omnium servorum Dei servuli vestri[d] ex congregatione sancti illius[c]. Perennem

*) *Cod.* 2*:* Pro defunctis.

2 = *Rock.* 16*; Roz.* 201. *Cod.* 2 a) ecclesiae *c.* b) ill. *c.* c) *corr.* cartulam *c.* d) quoquid *c.* e) inferar *c.* f) aroro *e corr. c.*

3 = *Rock.* 17*; Roz.* 202. *Cod.* 2. a) ill. *c.* b) *ita etiam supra cap.* 16. *codex pro* omnia et. c) ıt *c.* d) *aut* vide? unđ (unde) *c.*

4 = *Rock.* 44*; Roz.* 685. *Codd.* 1. 2. a) *deest* 2. b) 2; *deest* 1. c) N. 2. d) nostri *corr.* vestri 1.

vobis in Domino salutem. De reliquo vero notum facimus almitati vestrae, quod aliquis frater noster nomine[e] illo ex[f] hac luce die[g.]* quo fecit mensis illius illo visus est emigrasse. Unde petimus benivolentia[h] vestram, ut pro ipso studeatis communi voto[i] ad Deum fundere preces, tam in psalmis quam et in missarum** solempniis, in aliis assiduis orationibus vestris, quatenus eum Amator hominum benignitatis inter sanctos suos*** collocare dignetur partemque habere iubeat cum his, qui ad[k] dextris eius erunt[l], et vocem illam, o quam desiderabilem, audire[m] [intonantis: 'Venite, benedicti patris mei, percipite regnum, quod vobis paratum est ab origine mundi'[1]. Sic exinde agite, qualiter in vos bene confidimus in omnibus].

*) *Cod.* 2*:* discessit die ill. *pro* de quo — emigrasse.

**) *Cod.* 2*:* missis seu et in aliis.

***) *Cod.* 2 *add.:* et electos.

4. e) N *pro* n. illo 2. f) de *corr.* ex 1. g) de 1. h) benevolentiam 2. i) 2; vero 1. k) a 2. l) 2; sustenderunt 1. m) *reliqua des.* 1.

1) *Ev. Matth.* 25, 34.

FORMULAE IMPERIALES
E CURIA LUDOVICI PII.

Sic inscribendam duxi collectionem, quam primus Carpentier edidit, a cuius nomine plerumque appellatur. Exstat in codice P a r i s i e n s i *Lat.* 2718, *antea Colbertino, olim S. Martini Turonensis (Roz. Par. I). Formulae cum capitulari Aquisgranensi a.* 817. *et Chrysostomi commentatione 'de compunctione cordis' notis Tironianis exaratae fol.* 72—134'. *inter alia varia inveniuntur, eo quidem modo, ut, libro iam conscripto, foliis vacuis relictis insertae esse videantur. Hic est ordo: Form.* 1—8. *fol.* 72—73; *Cap. Aquisgr. a.* 820. *(LL. I, p.* 228 *sq.) fol.* 73; *Form.* 9—31. *fol.* 73'—76; *Divisio imperii a.* 817. *(LL. I, p.* 198—200*) fol.* 76. 77; *Form.* 32. 33. *fol.* 78—78'; *Cap. Aquisgr. a.* 817. *(LL. I, p.* 204—209*) fol.* 78'—80; *Form.* 34—37. *fol.* 80. 80'; *Opus quoddam Cypriani fol.* 81—84; *Form.* 38—41. *fol.* 85. 85'; *Opus Cypriani fol.* 86—104'; *Cap. Aquisgr. a.* 817. *(LL. I, p.* 210—219*) fol.* 105—109; *Cap. Aquisgr. a.* 820. *(bis, LL. I, p.* 228*) fol.* 110'; *Cap. legi Sal. add. a.* 819. *(LL. I, p.* 227*) fol.* 111; *Form.* 42—44. *fol.* 111'; *Orationes, Augustini quoddam opus fol.* 112—124'; *Karoli Magni epistola ad Albinum (Alcuinum) data (Sickel, K* 197 = *Reg. Imp. I,* 385*) fol.* 124—125'; *Form.* 45—53. *fol.* 125'—127; *Chrysostomi commentatio fol.* 127—134'; *Form.* 54. 55. *fol.* 134'; *Varia fol.* 135—140. *Cf. Kopp, Palaeographia critica I, p.* 317 *sqq.*

De origine, tempore, indole collectionis accuratissime sagacissimeque disseruit Sickel, 'UL'. §. 44, *p.* 116 *sqq. Unde praecipua hic repeto. Omnes fere formulae ex imperialibus Ludovici Pii praeceptis sumptae sunt, tribus tantum exceptis, form.* 33. 35. 54, *quae tamen tales sunt, ut etiam eae in curia imperiali dictatae esse videantur. Formulae cum ad omnes regiones imperii aequali fere modo pertineant, vix alibi colligi potuerunt, quam in ipsius curiae tabulario. Quod certe inter annos* 828. *et* 840. *factum est, probabiliter autem ante a.* 832. *Fridugisus enim abbas S. Martini Turonensis inde ab anno* 819. *usque ad annum* 832. *officio magistri scriniorum imperialium functus est, quo recedente facile liber in monasterium Turonense transferri potuit.*

Prorsus incertum est, quo consilio formulae sint conscriptae, sive, ut eis uterentur discipuli in rei diplomaticae institutione, sive, quod mihi probabilius videtur, ut ipsi notarii imperiales ad earum exempla diplomata scriberent. Quo autem modo collectae sint, planius apparet. Cum enim neque temporis, quo ipsa diplomata concessa sunt, neque rerum, de quibus scripta sunt, ratione sint ordinatae, existimo, auctorem in ipso tabulario curiae ad scrinia accessisse, ubi exemplaria diplomatum deposita erant, et, loculis singulis perscrutatis, ea, quae usui congrua esse visa sint, in formulas redegisse. Qua cum re illud bene convenire videtur, quod in codice saepius complura exempla ex diplomatibus aut eiusdem ecclesiae seu personae, aut eiusdem regionis, sumptae sese excipiunt, quippe quae in eisdem loculis reservata esse suspicari liceat. Ita capita 18—21. *exhibent diplomata Theodulfo Aurelianensi archiepiscopo, abbati*

Floriacensi et S. Aniani[1], *capita* 22. 23. *alia Nivernensi ecclesiae concessa. Capita* 30. 31. *praecepta Lugdunensibus Iudaeis data referunt, quibus aliud simillimum pro Iudaeo quodam Caesaraugustano, cap.* 52, *non subiectum est. Formulae* 38. 39. *altera ad diploma Alberico actori fisci Tectis dicti, altera ad diploma monasteriorum Stabulensis et Malmundariensis abbati, e quibus alterum in eadem regione ac fiscus ille situm est*[2], *concessum scriptae sunt. Capita denique* 43. *et* 44. *ad personas in Alsatia commanentes pertinent.*

Verba formularum seu ab ipso auctore seu illo dictante ab alio notis excepta esse videntur, ut postea literis rescriberentur, qua de causa codici, quod ad formulas attinet, autographi quasi vis inesse videtur. Notas marginales scriptum *seu* scriptum est *nonnullis formulis adscriptas, cf.* 16. 17. 32—38. 47, *indicare crediderim, capita illa in mundum transscripta esse. Aliter Kopp, l. l. p.* 319, *existimare videtur, verba illa a notario addita esse iis quidem capitibus, ad quorum formas vera diplomata scripsisset; cui assentiri non possum, praesertim cum vix credendum sit, hoc ipso codice utpote inmundo, notis exarato, notarios imperiales usos esse. Neque vero negem, mundum quoddam exemplar ex nostro, antequam Turones translatum est, descriptum, quo uterentur notarii, in tabulario imperiali remansisse.*

Edidit collectionem, ut supra dixi, Carpentier, primus notas Tironianas interpretatus, in libro suo 'Alphabeto Tironiano' dicto, cum tabulis chalcographicis ipsas notas praebentibus adiectis Paris. 1747, *unde paullo post formulas repetivit Bouquet, SS. R. Gall. t. VI, p.* 633—661, *Paris.* 1749. *Deinde Kopp ipsum codicem manibus terens non paucos locos a primo editore minus recte percognitos optime interpretatus est. Cuius emendationibus usus ex revisione a Iulio Tardif facta*[3] *E. de Rozière denuo edidit collectionem, corpori formularum singulas inserens. Cum autem inspectis prioris editionis tabulis dubitare non possem, quin etiam in novissima illa editione non omnia recta atque integra ad fidem codicis exstarent, rogavimus V. Cl. Guillelmum Schmitz, Coloniensem, notarum Tironicarum longe peritissimum, ut ipsum codicem cum editis in usum nostrum conferret. Qui benigne annuens, pretiosissimum librum liberaliter Coloniam transmissum accuratissime perspiciens, innumeris fere locis contextum multo meliorem restituit. Non semel tantum formulas vir doctus ille tractavit, sed cum folia notas exhibentia arte photographica depingi fecisset, codice ipso Parisios remisso, identidem tabulas retractanti contigit multas notas, in quibus antea minus processerat, feliciter enodare*[4]. *Cuius egregio labore nisus, in quo, quantum potui, auxilio fui, cum ea, quae ex solis notarum elementis minus recte enodare potuerat, generi scribendi a notariis imperialis curiae tunc temporis usitato adaptans, tum hiatus seu lacunas e diplomatibus similibus explens, hanc editionem paravi. Formulae* 33, *quae etiam in cod.* Vindobonensi *hist. eccl.* 82, *saec. IX, fol.* 6. *et in cod. S.* Pauli *in Karinthia, olim S. Blasii, canones ecclesiasticos continente, fol.* 188. *leguntur, varias inde lectiones subieci.*

Quantum ad historiae reique diplomaticae cognitionem afferat haec collectio, satis constat; liceat tamen pauca monere adhuc aut incognita, aut quidem neglecta.

Formula 16. *ad Italiam spectat, quod propter duces in ea memoratos monendum est (cf. Sickel, 'Beiträge' V, p.* 72*);* 11. *e Paderbrunnensi,* 18. *e Floriacensi,* 28. *e Lemovicensi*

1) *Cap.* 28. *non ex diplomate Aurelianensi scriptum esse existimo; cf. infra.* 2) *Theux et Stavelot, utrumque in Belgica prov. Lüttich, 'arrond. Verviers'. Cf. Sickel, L* 250 = *Reg. Imp. I,* 815. 3) *Cf. Sickel, 'UL.'* §. 44, *n.* 1. 4) *Pari hoc tempore tabulae istae in lucem prodeunt cum transcriptione editoris in Monumentis tachygraphicis Parisiensis Latini* 2718, *ed. G. Schmitz, Hannoverae* 1882. *Quae Schmitz legit, in notis criticis litera S. significavi. Ubi opus esse videbatur, ea quae antea in ipso codice legerat, literis S* 1. *distinxi a transcriptione e tabulis photographicis facta, S* 2. *Litera D signavi, quae ex diplomatibus allata sunt.*

diplomatibus sumptae esse videntur. In formula 23. diploma Nivernensi ecclesiae concessum nobis traditum esse pro certo habere possumus, quo docemur, Pippini regis tempore civitatem Nivernensem a Waifario duce crematam esse. Formula 38. de lege ad ius fisci in libertorum hereditatem spectante refert, quae adhuc prorsus neglecta communi virorum doctorum opinioni repugnat. Formula 45, initio iam antea a Kopp lecto et divulgato, nunc, paucis tantum quae legi nequiverunt omissis, integra fere exstat; e qua comperimus de Ebbonis archiepiscopi et Hruotfridi comitis, missorum dominicorum, administratione, similiter ac in form. 9. de aliis duobus ex missis anno 825. constitutis refertur. Priores editores cum formula 54. coniunxerunt enumerationem variarum rerum consumptibilium haud dissimilem epistolis quae dicuntur tractoriis, quae in ipso codice capiti illi subiecta est; at vero ipsa nota, quae significat personam, cui res illae praestandae sint, explicari nequivit. Equidem hanc enumerationem, quae formulae non nisi per errorem subici potuit, inde resectam hic inserendam duxi.

Dispensatur[a] . . . . . de[b] simila modium[c] 1 et sem., de[d] polline[e] modios 3, de *f. 134', l. 6.*
farina[e] . . . . pensas 6, de alia farina pensas quattuor[f] . . . ., porcelli[g] 13, agni 3[h], ... 50[i], pulli[k] cinsales 10[l], pasti[m] 4, de lardo[n] bacones 2 et sem., siccamen[o] de porcis, aucae[p] 2, de aceto dimidium sextarium, mellis sextarium unum, sinapis[q] staupum 1, lac modium unum, lias[1] sextarios 6, formaticos 6, herbidi[r] horti braciatum[s, 2] 1, cera libras quattuor[t], saponis[u] sextarios 7, de vino . . . . modium[v] 1 et dimidium, de alio vino modios 8 et sem., de cervisa modios 15, annona ad caballos modios[v] 50, garbas[w] 500, de ligni mensuras 50, fasciculos[x] 500, brinna[3] ad kanes modios 46, animalium[y] 7, paraverdos[z] 70 aut 50, carradas[a] taxatas[b], quod quisquis praecipit[c] . . . . aut 20 aut 10 aut 30.

Reliquum est, ut moneam, capitum numeros non in codice exstare, sed a me additos, formas verborum, quae ex notis non semper accuratius enodari possunt, quam maxime illius aevi modo scribendi accommodatas esse.

Additamentum subieci duas formulas adhuc ineditas e cod. Lugduno-Batavo, *Voss. 92, 8°. saec. IX, quarum altera, ex parte evanida, e diplomate Lotharii imperatoris a. 845. dato scripta est (cf. Form. Imp. 3.), altera non eadem manu exarata exemplum exhibet cartae libertatis, eiusmodi ac cap. 33. et 35. inter ipsas formulas imperiales. Hanc formulam sequuntur eadem manu scriptae epistolarum formulae, partim ex epistolis ad Erifridum Autissiodorensem episcopum directis sumptae, quas seorsum edimus.*

a) Distinximus commutata *falso edd.; post* Disp. *S. antea haesitans legerat* hominibus, *nunc vero* m . . bundis (?). b) đ simiƚ *c.* c) m̄ *c.;* maltrum *et postea* maltros *pro* m̄ *edd.* d) đ poƚƚ m̄ *c.* e) farin *c., ubi sequitur nota, quae legi non potuit.* f) *al. man. superscr.* XLIIII *c.; e sequentibus singulae tantum literae legi potuerunt:* f̄ L . . . . . et l, *superscr. post notam evanidam* XXXV. g) porceƚƚ *c.* h) *corr.* IIII *c.* i) L, *superscr.* cum ovis *c.* k) p. c. *conieci;* pūlcin̄ *c.* l) X *corr.* XII *c.* m) past̄ *c.; cf. Cap. de vill. c. 38, p. 86.* n) larđ bac̄ II et sem *c.* o) sicc *c.; cf. l. l. c. 34.* p) auc̄ *c.; superscr.* anetos III. q) sinap̄ *c.* r) *fortasse* herbulae. s) braciat̄ *c.* t) *superscr.* V *c.* u) sap̄ *c.* v) m̄ *c.* w) garƀ *c.* x) fascicuƚ *c.* y) *haesitans coniecit S.* z) paraverđ *c.* a) carr̄ c. b) *dubitans scripsit S.* c) *ita dubitans notam interpretatus est S., itemque sequentem* abest.

1) *i. q. amurca; hic fortasse nihil nisi oleum significat.* 2) *mensura; fortasse tantum, quantum brachiis complecti potest.* 3) *i. e. furfur; cf. Ducange s. v. bren, brennium; brennagium = tributum vel brennium ipsum pro canum venaticorum pastu. Fortasse* brinna *non solum furfur, sed etiam quod nos dicimus 'Abfall', itaque* brinna animalium *'Fleischabfälle' significavit. Cf. Diez, 'WB.' I, s. v. brenno.*

f. 72, l. 1. ## 1. Karta denarialis et imperialis[1].

Notum sit igitur omnibus fidelibus nostris, praesentibus scilicet et futuris, quia* nos[a] pro mercedis nostre augmento servum nostrum (ancillam[b] nostram) nomine illum (Agradam[c]) in procerum nostrorum praesentia manu propria nostra excutientes a manu eius denarium secundum legem Salicam liberum fecimus et[d] ab omni[e] iugo servitutis absolvimus eiusquae absolutionem per praesentem auctoritatem nostram confirmavimus atque nostris et futuris temporibus firmiter atque inviolabiliter mansuram esse volumus. Praecipientes ergo iubemus, ut, sicut reliqui manumissi (relique[f] manumissae), qui per huiuscemodi titulum absolutionis a** regibus vel imperatoribus a iugo servitutis noscuntur esse relaxati ingenui, ita deinceps memoratus ille (memorata[g] Agrada) per hoc nostrum praeceptum plenius in Dei nomine confirmatum, nullo inquietante, Deo auxiliante, perpetuis temporibus valeat permanere bene ingenuus atque securus. Et ut haec auctoritas absolutionis[h] firmior habeatur et per futura tempora melius conservetur, de[2].

*) quia[3] quidam homo nomine ille in nostra vel procerum nostrorum praesentia veniens, servum suum (ancillam[i] suam) nomine illum (Agradam[k]) manu propria sua excutiens a manu eius denarium secundum *in margine, signo apposito, ad hunc locum c.*

**) in praesentia reg[um] vel imperator[um] *in margine iuxta* imperatoribus *c.*

2. Donatio[a] imperialis[4].

Iustum et equitatis ratione omnino subnixum est, ut regalis atque imperialis potestas illis[b] beneficia potiora largiatur et eos maioribus adficiat honoribus, quorum erga ipsum principem ac regnum eius fidelitas inlibata esse cognoscitur. Proinde noverit omnium fidelium nostrorum, praesentium scilicet et futurorum, sollercia, qualiter nos duobus *fidelibus nostris de Saxonia, illo videlicet et illo comitibus, propter illorum fidele

*l. 5.

1 = *Carp.* 45; *Roz.* 60. a) *bis scr. c.* b) *super* serv. n. *c.* c) Ag *super* illum *c.* d) et — absolvimus *super* eiusque abs. *c., ubi autem* absolv.˙. *scriptum est.* e) *sic suspicanti mihi assentitur S.* f) *super* r. m. *c.* g) *super* per h. n. *c.* h) *bis superscr. o.* i) *super* s. s. *c.* k) *super* manu *c.*

2 = *Carp.* 26; *Roz.* 142. a) *rubrica in marg. c.* b) is *terminatio nunc haud conspicua c.*

1) *Eandem fere formulam legimus in collectione Ludovici Germanici regis tempore composita, Epistolae Alati ed. Rockinger* 7 *(Roz.* 59*), et in diplomate Lotharii I. imperatoris, Beyer, 'MR. UB'. I, p.* 87, *nr.* 81. 2) *Ex vocabulo* de *addito notarius satis cognovit, corroborationis clausulam:* de anulo nostro subter iussimus sigillari, *omissis verbis de subscriptione referentibus, esse subiciendam.* 3) *Verba in margine adiecta, quae equidem asteriscis appositis subieci, aliam cartae denarialis formam praebent, quae scribi debuit, si non ipse imperator sed alius quidam dominus servum suum per denarium manumiserat; quibus verbis positis, etiam pro* fecimus *scribi debuit* fecit *et pro* absolvimus *eodem modo* absolvit. *Posterius autem exemplum non habere videmur, quod ipse dominus denarium de manu servi excutiat eumque ipsum manumittat, postea etiam in alieno servo hoc rege faciente. Cf. L. Sal.* 26, 1; *L. Rib.* 57, 1; *Marc. I,* 22; *Form. Marc. Karol.* 27; *Cart. Sen.* 12. 42; *Form. Sal. Bign.* 1; *Sal. Merkel.* 40. *cum posterioris temporis exemplis: Wartmann, 'UB. d. Abtei St. Gallen' nr.* 519. 748, *II, p.* 133. 350; *Form. Roz.* 61; *Grandidier II, p.* 259; *Mieris, 'Charterboek d. graaven v. Holl.' I, p.* 29; *Stumpf, 'Kaiserurk.', nr.* 632. 699. 966. 2390. 2558. 2641. 3013; *Cod. Udal. nr.* 13; *Lib. Pap., Roth.* 224, *Expos.* §. 2, *LL. IV, p.* 353. *Dubitari potest de manumissione ante Karolum III. facta, Bouquet IX, p.* 360. *Vide de eadem re Roth, 'Feudalität' p.* 290, *et Winogradoff in 'Forschungen z. D. Gesch.' XVI, p.* 601, *n.* 2. 4) *Ex quibusdam verbis Annalium Einhardi, v. infra, cum formula bene convenientibus vix suspicari possimus, ipsum Einhardum eam dictavisse. Cf. Sickel, 'UL.' p.* 161, *n.* 4.

servicium duas villas iuris nostri trans Albiam fluvium in pago illo constitutas, quarum vocabula sunt illa et illa, eiectis inde Sclavis[1], in proprietatem concedimus et de iure nostro in illorum ius ac potestate more solemni transferre decrevimus. Propter hoc hanc nostre auctoritatis praeceptionem eis dare constituimus, per quam praenominatas villas sub integritate iure proprietario eis in proprium concedimus, ita ut ab hac die in futurum iam dicti fideles nostri, ille videlicet et ille, praenominatas villas sub integritate iure proprietario teneant atque possideant, et quidquid de his pro rerum suarum opportunitate facere voluerint, liberam et firmam in omnibus habeant potestatem. Et ut haec nostre auctoritatis donatio atque confirmatio firmior habeatur et tam nostris quam successorum nostrorum temporibus inconvulsam atque inviolabilem obtineat firmitatem, manu propria eidem subscribere et de anulo nostro iussimus sigillari.

3. Praeceptum[a] super commutatione[2].

Si enim ea, quae fideles imperii nostri pro eorum opportunitate inter se commutaverint, nostris confirmamus edictis, imperialem exercemus consuetudinem et hoc in postmodum iure firmissimo mansurum esse volumus. Idcirco noverit omnium fidelium nostrorum, praesentium scilicet et futurorum, sollercia, quia vir venerabilis ille, illius ecclesie episcopus, quae est constructa in honore sancti illius, *aut* ille abbas ex monasterio sancti illius, quod est constructum in pago illo, *aut* vir inluster ille comes, et quidam homo nomine ille ad nostram accedentes clementiam, innotuerunt celsitudini nostre, eo quod pro ambarum parcium opportunitate aliquas res, *aut* mancipia, inter se commutassent. Dedit igitur praedictus[b] *ille episcopus, *aut* abbas *vel* comes *aut* ille *vel* *l. 10. ille, de rebus ecclesie sue sancti illius, *aut* monasterii sui sancti illius, *aut* comes ille ex comitatu suo, *aut* benefitio suo, mansos tantos, qui sunt in pagis illis et illis, in vicariis illis et illis, in villis illis et illis, cum terminis et laterationibus[c] eorum, *sive* mancipia illa his nominibus, ad proprium eius perpetualiter ad habendum. Et econtra in compensatione huius rei dedit praenominatus ille homo ex proprio suo praenominato episcopo, *aut* abbati *vel* comiti *vel* vasallo dominico, quasdam res, *aut* mansos tantos, *sicut superius scriptum est*. Unde et duas commutationes pari tenore conscriptas manibusque bonorum hominum roboratas prae manibus se habere professi sunt; sed pro integra firmitate petierunt celsitudini nostre, ut ipsas commutationes denuo per nostrum mansuetudinis praeceptum plenius confirmare deberemus. Quorum petitionibus denegare noluimus, sed, sicut unicuique fidelium nostrorum iuste et rationabiliter petentium, ita nos concessisse atque confirmasse in omnibus cognoscite. Praecipientes ergo iubemus, ut, quidquid pars iuste et rationabiliter (legaliter[d]) alteri contulit parti, deinceps per hanc nostram auctoritatem iure firmissimo teneat atque possideat, et quidquid exinde facere voluerit, libero in omnibus perfruatur arbitrio faciendi. Et ut haec auctoritas.

3 = *Carp.* 24; *Roz.* 317. a) *rubrica in marg. c., ubi autem vox* praeceptum *nunc legi nequit.* b) *nota certo legi nequit.* c) *in margine iuxta* late *notarum reliquias legit S.:* .... permaneat de iure nostro. d) *superscr. c.*

1) *Recte suspicatus esse videtur de Rozière, 'Recueil' I, p.* 180, *n. a, hanc formulam referendam esse ad res a.* 822. *gestas; Ann. Einhardi, SS. I, p.* 209*:* Saxones interea iussu imperatoris castellum quoddam trans Albiam in loco cui Delbende nomen aedificant, depulsis ex eo Sclavis, qui illum prius occupaverant, praesidiumque Saxonum in eo positum contra incursiones illorum. *Cf. Simson, 'Ludwig d. Fr.' I, p.* 189, *n.* 4*; Mühlbacher in Reg. Imp. I,* 737 *a.* 2) *De usu huius formulae cf. Sickel, 'UL.' p.* 121, 136.

a.814–825?

4. Inmunitas[a] monasterii[1].

Cum petitionibus servorum Dei iustis et rationabilibus divini cultus amore favemus et eas cum Dei adiutorio ad effectum perducimus, non solum in hoc facto[b] regiam consuetudinem exercemus, sed etiam in hoc tam praesentis nobis vitae prosperitatem quam et ad futuram beatitudinem adipiscendam superni muneris *donum nobis a Domino pro hac vicissitudine inpertiri conndimus. Proinde comperiat omnium fidelium nostrorum, tam praesentium quam et futurorum, sollercia, quia vir venerabilis ille, abbas ex monasterio quod vocatur ita, quod est constructum in honore illius sancti in pago illo, super fluvium illum, adiens serenitatem culminis nostri, postulavit nobis, ut iam dictum monasterium, quod in regimine ex nostra largitione habere videtur, sub nostra tuitione atque inmunitatis tuitione[c] reciperemus, ut, remota malorum hominum infestatione, ipse et fratres ibidem degentes Deo liberius famulari et pro nobis et totius imperii a Deo nobis commissi [stabilitate[d]] exorare delectet. Igitur praenominati venerabilis Arnulfi[2] abbatis petitionem nostra exauditione[e] dignam iudicantes, adsensum nos praebuisse et aurem nostre mansuetudinis accommodasse et praenominatum monasterium sub nostra defensione et inmunitatis tuitione recepisse atque hoc nostrum mansuetudinis praeceptum circa ipsum monasterium fieri decrevisse, vestrorum omnium cognoscat industria. Praecipientes ergo iubemus, ut nullus iudex publicus neque quislibet ex iudiciaria potestate in ecclesias aut loca vel agros seu reliquas possessiones praedicti monasterii, quas moderno tempore iuste et rationabiliter possidere videtur in quibuslibet pagis et territoriis, quidquid ibidem propter divinum amorem collatum fuit, quaeque etiam deinceps in iure ipsius sancti loci *voluerit divina pietas augeri, ad causas iudiciario more audiendas atque discuciendas vel freda exigenda aut mansiones vel paratas faciendas seu paravereda aut fideiussores tollendos nec homines ipsius monasterii, tam[f] ingenuos quam et servos, *qui super terram ipsius residere videntur, iniuste distringendos[g] nec ullas redibitiones aut publicas functiones vel illicitas occasiones [requirendas[d]] ullo unquam tempore ingredi audeat, vel ea, quae supra memorata sunt, penitus exactare praesumat. Et quidquid de rebus praefati monasterii fiscus sperare poterat, totum nos pro aeterna remuneratione praedicto monasterio concedimus, ut perennis temporibus in alimonia pauperum et stipendia monachorum ibidem Deo famulantium proficiat in augmentum. Et quandoquidem divina vocatione praedictus abbas vel successores eius de

(*l. 15. — *l. 20. — *f. 72'.)

4 = *Carp.* 18; *Roz.* 19; (*Reg. Imp. I, ad* 784). a) *rubrica in marg. c.* b) *superscr. c.* c) *aut hic aut antea* defensione *scribi debuit pro* tuitione. d) *suppl. Roz.* e) animadversione *Carp.*; administratione *Kopp.* f) *ante* tam *praepropere* qui super *scripta, sed deleta sunt c.* g) *subscripta est terminatio* ere *c.*

1) *Hanc formulam ex immunitate Arnulfo abbati Herensi concessa pro novo monasterio propter incursiones barbarorum in continenti terra, in pago Deas dicto, aedificato ('St. Philibert-de-Grandlieu, dép. Loire inf., arrond. Nantes') scriptam esse suspicor, cum propter verba* super fluvium illum, *supra l.* 9, *ad antiquius illud monasterium in Heri insula situm pertinere non possit. Pro eodem monasterio imperator a.* 819. *praeceptum de aquaeductu faciendo concessit; cf. Sickel, L* 134 = *Reg. Imp. I,* 667. *Carpentier, Alphab. Tiron. p.* 95, *quem secutus est de Rozière, hanc immunitatem Glonnensi monasterio ('St. Florent de Saumur') datam esse, existimavit, minus probabile, ut videtur, cum in alia immunitate Glonnensi iam anno* 824. *ab ipso Ludovico concessa prioris concessionis nulla facta sit mentio; cf. Bouquet VI, p.* 537, *nr.* 123 *(Sickel, L* 208 = *Reg. Imp. I,* 762). 2) *Arnulfus abbas Herensi congregationi praefuit a.* 819, *cui a.* 825. *successit Hilbodus; cf. Sickel, L* 134 = *Reg. Imp. I,* 667; *Annal. Engolismens., SS. XVI, p.* 485. *De Rozière ad h. l. Mabillonium et Carpenterium secutus hunc Arnulfum non discernit ab Glonnensi abbate aequivoco. Cf. Gall. christ. XIV, col.* 623; *Simson, 'Ludwig d. Fr.' I, p.* 142 *sq.* 171.

hac luce migraverint, quamdiu ipsi monachi inter se tales invenire potuerint, qui ipsam congregationem secundum regulam sancti Benedicti regere valeant, per hanc nostram auctoritatem et consensum licentiam habeant eligendi abbates, quatenus ipsos servos Dei, qui ibidem Deo famulantur, pro nobis et coniuge proleque nostra et stabilitate totius imperii nostri a Deo nobis commissi atque conservandi iugiter Domini misericordiam exorare delectet. Propter[h] quod omnino praecipientes iubemus, ut res praescripti monasterii, quas idem praenominatus vir sive largitate decessorum nostrorum, regum videlicet Francorum, sive oblatione ceterorum fidelium praesentialiter obtinet vel deinceps idem monasterium, divina adminiculante gratia, *iuste adipisci poterit, sub nostre inmu- *l. 5.
nitatis tuitione, remota procul omni iudiciaria potestate, ipse et successores sui teneant atque possideant.

5. Praeceptum[a] de his, quibus proprium aut libertas iniuste et per potentes ablata est.

Quia[b] regiam et imperatoriam dignitatem nihil eque ac pietas et misericordia decere cognoscitur, non solum tantum a regibus et imperatoribus sunt contumaces[c] et legibus rebelles comprimendi, quantum miseri et violentiam passi sublevandi. Idcirco notum fieri volumus omnibus fidelibus nostris, praesentibus et futuris, qualiter, cum quidam homines de territorio civitatis illius, de villa, cuius vocabulum est illius, coram nobis questi essent, dicentes, iniuste sibi ab illo comite ereptam fuisse libertatem, et nos hoc ita verum esse, fidelibus missis nostris, illum et illum, inquirentibus et nobis renuntiantibus, comperissemus, iussimus eos a iugo inique servitutis absolvendis pristinam reddere libertatem. Propter quod hanc nostre auctoritatis praeceptionem eisdem dari iussimus, per quam decernimus atque iubemus, ut memorati homines sive propinqui ex latere venientes vel posteritas eorum, qui simili modo iniusta servitute oppressi esse noscuntur, ab hac die in futurum per hanc nostram cessionem liberi permaneant et nullam a quolibet fidelium nostrorum deinceps super statu libertatis sue calumniam patiantur; *sed liceat eis absque ulla iniusta inquietudine cum rebus propriis a nobis *l. 10.
concessis perfrui libertatem. Et ut haec.

6. Praeceptum de rebus abstractis et ..... restitutis[1]. *a. 818. Oct.?*

Si erga loca divinis cultibus mancipata propter amorem Dei eiusque in eisdem locis sibi famulantes beneficia debita largimur, praemium nobis apud Dominum aeterne remunerationis rependi non ambigimus. Idcirco notum fieri volumus omnium fidelium nostrorum, praesentium scilicet et futurorum, sollertiae, quia, dum esset Brittaniae partibus in Dei servitio et nostro vir venerabilis Ingilfridus[2], abbas ex monasterio sancti Iohannis baptistae, quod est situm in suburbio civitatis Andicavinae[a], ubi vir praeclarus Licinius,

4. h) ‡per *c.*; Per *S* 2.

5 = *Carp.* 48; *Roz.* 447. a) *rubrica in marg. c.* b) Qui *c.* c) commendandae *Carp.*; canones *Kopp.*

6 = *Carp.* 14; *Roz.* 570; *(Sickel, L* 387; *Reg. Imp. I,* 657*)*. a) Indicavinae *c.*

1) *Mühlbacher, Reg. Imp. I,* 657, *recte coniecisse videtur, Ludovicum hoc diploma a.* 818. *Andecavis commorantem concessisse, cum ipsi clerici monasterii Andecavini ad eum accessissent. Sed non ante expeditionem in Britannos motam, sed postea, imperatore iam Andecavos reverso, hoc factum esse, ideo existimaverim, quia abbas tunc temporis in Britanniam missus erat, 'in servicio Dei et imperatoris'. Fortasse imperator ei mandaverat, ut monachos in Britannia degentes secundum regulam sancti Benedicti reformaret. Cf. Sickel, L* 127 = *Reg. Imp. I,* 658; *Simson, 'Ludwig d. Fr.' I, p.* 136; *II,* 303. 2) *De Ingilfrido abbate Andecavini monasterii Sancti Iohannis baptistae aliunde non compertum habemus. Cf. Gall. christ. XIV, col.* 599.

eiusdem urbis quondam episcopus, qui ipsum monasterium a fundamento construxit et rebus plurimis ditavit, corpore requiescit, clerici eiusdem monasterii ad nostram accedentes clementiam, innotuerunt celsitudini nostre, quod de rebus, quas idem Licinius praesul eumdem[b] monasterium ditaverat, quaedam res, quas actenus Autulfus[c, 1] quon-
*l. 15. dam comes in beneficium habuit, quae sunt *in villa quae nominatur Massiliacus[2], tempore domni et genitoris nostri Caroli pie recordationis serenissimi imperatoris de praefato monasterio sancti Iohannis baptistae abstractae atque distractae fuissent. Propterea vero postulaverunt praefati clerici iam dicti monasterii, ut in nostra elemosina pro reverentia praescripti Licinii praesulis necnon et pro illorum sanctorum, in quorum honore idem monasterium constructum esse dinoscitur, praenominatas res praescripto monasterio reddere iuberemus. Nos vero superno munere accensi pro remedio anime nostre, ut pius Dominus peccaminum nostrorum maculas tergere et superno munere adscisci dignetur, placuit nobis suprascriptorum clericorum postulationem exaudire et praedictas res superius scripto monasterio reddere atque per hanc nostre auctoritatis praeceptionem confirmare, ut nostris futurisque temporibus in iure et dominatione praenominati monasterii perpetuo consistant. Pro firmitatis namque studio super istius rei factum hanc nostram auctoritatem fieri placuit, per quam decernimus atque obnixe praecipimus, ut nullus quilibet fidelium sanctae Dei ecclesie atque nostrorum praesentibus futurisque temporibus de praescriptis rebus, quas praefatus Autulfus quondam comes
l. 20. in beneficium habuit et nos in nostra elemosina per hanc nostram auctoritatem superius scripto monasterio reddimus, aliquid abstrahere aut ipsi monasterio eiusque rectoribus aliquam calumniam vel etiam inquietudinem contra rationis ordinem inferre praesumat; sed liceat rectoribus atque ministris ipsius coenubii, quidquid de ipsis vel in ipsis rebus pro suorum opportunitate et commoditate facere voluerint, libero in omnibus liceat perfruere arbitrio faciendi. Et [ut[d]] haec[e] nostre confirmationis auctoritas perennis temporibus inviolabilis consistat et ab omnibus fidelibus sancte Dei ecclesie et nostris inviolabiter conservetur.

7. Tractoria[3].

Omnibus episcopis, abbatibus, abbatissis, comitibus, vicariis, centenariis seu reliquis fidelibus nostris. Notum sit vobis, quia istos vasallos nostros illos et illos mittimus ad[a] has partes ad exercitum promovendum et heribannum exactandum. Propter hoc volumus atque iubemus, ut ad stipendia eorum cotidie[b] unicuique illorum dare faciatis panes 20, friscingas[c] duas, porcellum[d] sive agnum[e] unum, pullos[f] duos, ova 10, de potu modium
*l. 25. unum, sal, herbola ortolanas, ligna sufficienter et intra *quadragesimam[g] cotidie formaticos[h] quattuor, legumina[i] sextaria duo, pisces, iuxta quod invenire possunt, et ad caballos eorum de annona cotidie modios quatuor et inter ambos de feno karradam[k], vecturam[4]. Videte, ut nullam inde negligentiam habeatis.

6. b) *de notae interpretatione dubitat S.* c) Autulf̄ *hic et infra c.* d) *suppl. Carp.* e) *post h. v.* auctoritas *nota addita sed deleta esse videtur c.*

7 = *Carp.* 38; *Roz.* 704. a) *fortasse* in *legendum S.* b) *de hoc interpretamento dubitat S.* c) f̄ *c.* d) p̄ *c.* e) ag̅ *c.* f) pul *c.* g) *post hanc notam alia expuncta est c.* h) for̄ *c.* i) *ita dubitans legit S., sed recte, ut videtur; cf. Cap. de villis c.* 44: De quadragesimale — tam de leguminibus quamque et de piscato seu formatico, *LL. Capitul. I, p.* 87. k) kar̄ *c.*

1) *Autulfus a.* 786. *Britannorum rebellionem compresserat, qua de causa fortasse in his ipsis regionibus beneficia a Karolo rege acceperat. Cf. de Rozière, 'Recueil' II, p.* 715, *n. c; S. Abel, 'Karl d. Gr.' I, p.* 432 *sq.* 2) *'Marcillé-la-ville' prope Mayenne; v. de Rozière, l. l. n. d.* 3) *Cf. Capitul. Ludovici imp. a.* 817, *c.* 29. *et eiusdem Cap. a.* 828, *c.* 1, *LL. I, p.* 218 *sq.* 328 *(Reg. Imp. I,* 634. 831*). Vide Waitz, 'VG.' II², p.* 598 *sqq.; IV, p.* 18 *sqq.* 4) *i. q. alias evectio dicitur; cf. Waitz, 'VG.' II²,* 599, *n.* 1.

8. Praeceptum[a] de rebus forfactis et postea restitutis.

f. 73. *a.* 821, *Nov.*?

Nulli praesentium fidelium sanctae Dei ecclesie nostrorumque ambiguum est, qualiter Bernardus, quem Italie domnus et genitor Karolus pie recordationis serenissimus imperator sive nos regem praeposuimus, et aliqui ex sibi subiectis cum ipso Bernardo a fide decurrentes nobis infideles exstiterunt. Pro qua infidelitate iuxta procerum nostrorum seu cunctae nobilitatis Francorum generale iudicium et ille et hi, qui ei consenserunt, dignam subierunt sententiam. Nonnulli in exilium missi, et res eorum, quibus secundum legum sanctionem privati fuerant, fisco nostro sociatae sunt. Nos, Dei misericordia inspirante, inter ceteros Amingum, qui praedicti Bernardi nefando consilio particeps exstitit, non solum in nostram praesentiam advenire fecimus, insuper ei et libertatem ac res proprias, quas iuste et legaliter eo tempore, quo haec res contigit, possidebat, liberalitatis nostre munere per hanc nostram auctoritatem perpetualiter ad habendum reddimus[1]. Proinde has praeceptionis nostre imperiales apices ei firmitatis gratia fieri iussimus, per quas decernimus atque iubemus, ut ipse in libertate sua permaneat et omnes res, quas[b] *eo tempore, quo praenominata res contigit, ex quolibet iusto adtractu[c] iure legitimo possidebat, deinceps teneat atque possideat; ita videlicet, ut, quidquid exinde facere vel iudicare voluerit, libero in omnibus potiatur arbitrio faciendi. Et ut haec. **l.* 5.

---

9. Praeceptum[a] super his, qui iniuste et contra legem ad servicium inclinati[b] et fisco regio addicti et postea libertati donati sunt.

f. 73. *post a.* 825.

Notum sit omnibus fidelibus nostris, tam praesentibus quam et futuris, quia quidam homo nomine Ingilbertus questus est coram missis nostris, Etti videlicet archiepiscopo et Adalberto comite[2], eo quod avia sua nomine Angelia ab Hildulfo actionario ad fiscum nostrum, qui[c] vocatur Romaricus mons[3], iniuste ad servicium inclinata[b] fuisset. Quae res dum ab eisdem missis et ceteris fidelibus nostris diligenter perscrutata et per homines bone fidei veraciter inquisita esset, inventum est, sicut iidem missi nobis renuntiaverunt, ita verum esse. Proinde placuit nobis, ob mercedis nostre augmentum praedictum[d] Engilbertum et propinquis suis, qui hac occasione servituti[e] tenebantur onerati, hoc nostre auctoritatis praeceptum fieri, per quod praecipimus atque iubemus, ut ipse et propinqui sui, qui modo superius dicto servituti addicti sunt, ab hodierno die et tempore et libertatem obtineant et res iuste sibi debitas utantur et nullam deinceps commotionem aut calumniam aut aliquod *impedimentum pro hac causa a parte fisci nostri se habituros penitus pertimescant, sed, sicut superius dictum est, absque alicuius illicita contrarietate et libertatem obtineant et res iuste sibi debitas in suo[f] suorumque heredum dominio possideant, et quidquid ex eis elegerint, faciant. Et ut haec. **l.* 5.

8 = *Carp.* 39; *Roz.* 40; *(Sickel, L* 171; *Reg. Imp. I,* 723*)*. a) *rubrica in marg. c.* b) *nota evanuit c.* c) *sic suspicanti mihi assentitur S.*

9 = *Carp.* 49; *Roz.* 450; *(Sickel, L* 239; *Reg. Imp. I,* 798*)*. a) *rubrica in marg. c.* b) *sic suspicanti mihi assentitur S.* c) quae *c.* d) *i. e.* predicto Engilberto. e) *fortasse* servitute *legendum S.* f) suis *S* 1.

1) *Oct. — Nov. a.* 821. *concilium Theodonis villae celebratum est, ubi nonnulli Bernhardi regis rebellis consortes veniam imperatoris consecuti sunt. Cf. Simson, 'Ludwig d. Fr.' I, p.* 168, *et Mühlbacher, Reg. Imp. I,* 716 *d.* 2) *Hetti Treverensis ecclesiae archiepiscopus et Adalbertus comes missi dominici Treverensis dioeceseos instituti sunt in concilio Aquisgranensi Nov.* 825, *LL. I, p.* 246. *Cf. de Rozière, 'Recueil' II, p.* 546, *n. a—c; Simson, l. l. I, p.* 246 *sq.; Mühlbacher, l. l.* 775. *De Rozière, l. l. n. b, suspicatus est, Adalbertum istum eundem fuisse, qui in diplomate Ludovici a.* 838. *dato, Bouquet, VI, p.* 618, *nr.* 223, *(Sickel, L* 358*), dicitur:* comes et consiliarius noster. 3) *Remiremont.*

a. 817—821. 10. Praeceptum domni Hludowici de rebus, quas dedit dilecto filio suo Hlothario.

Notum sit omnibus fidelibus nostris, tam praesentibus quam et futuris, quia nos dilecto filio nostro Hlothario, caesari et consorti imperii nostri, concedimus ad proprium ex quadam villa nostra, quae sita est in pago Alsacinse, quae dicitur Herinstein[1], mansum dominicatum cum omnibus suprapositis et alios mansos tantum 60 ad eum pertinentibus, cum mancipiis desuper commanentibus et ad eosdem 60 mansos aspicientibus. Has vero res, sicut superius continetur scriptum, cum domibus, aedificiis, mancipiis, terris, pratis, silvis, pascuis, aquis aquarumve decursibus, molendinis, mobile et inmobile, tibi, dilecto filio nostro Hlothario imperatori[a], ad proprium per hanc nostre auctoritatis largitionem tradimus ad possidendum; ita videlicet, ut, quidquid de eisdem rebus
*l. 10. et mancipiis [facere[b]] *vel iudicare volueris, libero in omnibus perfruaris arbitrio faciendi. Et ut hanc[c] largitionem donationis nostre per futura tempora inviolabilem obtineat firmitatem, manu propria.

11. Inmunitas domni Hludowici.

(a) Si enim opportunitatibus ecclesiarum ob divinum amorem, iuxta quod necessitas exposcit, nostris conciliis[a] constituimus[a], hoc nobis ad felicitatem aeterne beatitudinis capessendam penitus pertinere confidimus. Igitur non[b] solum ad —

(b) Si[2] erga loca divinis cultibus mancipata propter amorem Dei eiusque in eisdem locis sibi famulantes beneficia potiora largimur, praemium apud Dominum aeterne remunerationis nobis rependi non diffidimus. Igitur notum esse volumus cunctis fidelibus nostris, praesentibus scilicet et futuris, quia venerabilis vir ille, [episcopus[a]] ecclesie, quae est constructa in honore sanctae Marie semper virginis in loco qui dicitur illo, missa petitione, deprecatus est nos, ut praedictam sedem cum omnibus ad se iuste et legaliter moderno tempore pertinentibus vel aspicientibus sub nostra tuitione et inmunitatis defensione cum rebus et mancipiis constitueremus; quod ita fecisse omnium fidelium nostrorum cognoscat industria. Praecipientes ergo iubemus, ut nullus iudex publicus vel quislibet ex iudiciaria potestate in ecclesias aut loca vel agros seu reliquas possessiones memoratae ecclesie, quas moderno tempore infra ditionem[b] imperii nostri iure possidet, vel quae deinceps in iure ipsius loci voluerit divina pietas augeri, ad causas iudiciario more audiendas vel discutiendas vel freda exigenda aut mansiones vel paratas faciendas aut fideiussores tollendos aut homines ipsius ecclesie contra rationis ordinem
*l. 15. distringendos nec ullas *redibitiones vel illicitas occasiones requirendas ullo unquam tempore ingredi audeat, vel ea, quae supra memorata sunt, penitus exigere praesumat; sed liceat memorato episcopo suisque successoribus res praedictae ecclesie cum omnibus,

10 = *Carp.* 25; *Roz.* 140; *(Sickel, L* 120; *Reg. Imp. I,* 709*).* a) imp̄ *c.* b) *suppl. Carp.* c) *lege:* haec largitio.

11 a = *Schmitz* 10 *in fine.* a) *dubito de hac interpretatione.* b) *pro* non solum ad, *quod per errorem scriptum esse videtur, expectaveris:* notum sit, *seu* notum esse volumus.

b = *Carp.* 8; *Roz.* 17; *(cf. Sickel, L* 178; *Reg. Imp. I,* 728*).* a) *suppl. Roz.* b) dictio *notarius semper pro* ditio *scripsit.*

1) *Nunc civitas Erstein, caput regionis aequivocae Alsatiae inferioris. Bona Lothario ibi a patre hoc donationis praecepto concessa, ipse postea a.* 821. *uxori suae Hermengardae dotis titulo tradidit. Cf. Bouquet, VIII, p.* 386, *nr.* 29 *(Böhmer, Reg. Karol. nr.* 603*).* 2) *Formulam, cum ad verbum fere cum diplomate a.* 822, *Apr.* 2. *Paderbrunnensi ecclesiae concesso, (Wilmans, 'Kaiserurk. d. Provinz Westfalen' I, p.* 16, *nr.* 6. *Regestorum numeros supra annotavi) conveniat, inde sumptam esse suspicor, praesertim cum etiam nomen S. Mariae, cui ecclesia ista dedicata est, retinuerit. Cf. Sickel, 'Beiträge' III, p.* 78.

quae possidet, quieto ordine possidere et nostro fideliter parere imperio. Quidquid vero fiscus exinde sperare poterit, totum nos pro aeterna remuneratione praedictae ecclesie ad stipendia pauperum et luminaria concinnanda concedimus, ut clericis ad supradictam[c] ecclesiam degentibus melius delectet pro nobis, coniuge proleque nostra et totius imperii nostri [stabilitate[d]] Domini misericordiam assidue exorare.

12.

Cum petitionibus sacerdotum iustis et rationabilibus divini cultus amore favemus et eas cum Dei adiutorio ad effectum perducimus, superna nos gratia muniri non diffidimus. Proinde comperiat omnium fidelium nostrorum, tam praesentium quam et futurorum, industria, quia vir venerabilis ille, illius civitatis episcopus, adiens serenitatem culminis nostri, postulavit nos, ut eum et praedictam sedem, quae est constructa in honore sancti Iohannis baptistae, cum omnibus rebus et mancipiis, quae praesenti tempore iuste et legaliter memorata tenet vel possidet ecclesia, sub nostra defensione et inmunitatis tuitione constitueremus. Cuius petitioni pro divini cultus amore et anime nostre remedio adsensum praebuimus et hanc auctoritatem inmunitatis nostre circa ipsam sedem fieri decrevimus, per quam praecipimus atque iubemus, ut nullus iudex publicus vel quislibet ex iudiciaria potestate in ecclesias aut loca vel agros seu reliquas possessiones, quas moderno tempore in *quibuslibet pagis vel territoriis infra ditionem imperii nostri *l. 20. iuste et legaliter memorata tenet et possidet ecclesia, vel quae deinceps ibidem divina pietas augeri voluerit, ad causas iudiciario more audiendas vel discutiendas aut freda exigenda aut mansiones vel paratas faciendas aut fideiussores tollendos aut homines ipsius ecclesie iniuste distringendos nec ullas redibitiones vel illicitas occasiones requirendas nostris et futuris temporibus ingredi audeat, vel ea, quae supra memorata sunt, penitus exigere praesumat; sed liceat memorato praesuli suisque successoribus res praedictae ecclesie quieto ordine possidere et nostro fideliter parere imperio atque pro incolumitate nostra, coniugis ac prolis seu pro totius imperii nostri stabilitate una cum clero et populo sibi subiecto Domini misericordiam adtencius exorare. Et ut haec auctoritas nostris futurisque temporibus, Domino protegente, valeat inconvulsa[a] manere.

13. Praeceptum[a] inmunitatis[1].

Cum petitionibus sacerdotum iustis et rationabilibus divini cultus amore favemus, superna nos gratia muniri non dubitamus. Proinde notum sit omnibus fidelibus sanctae Dei ecclesie nostrisque, praesentibus scilicet et futuris, quia vir venerabilis ille, illius urbis episcopus, dirigens ad nos legationem, misit quandam praeceptionem auctoritatis domni et genitoris nostri Karoli bone memorie piissimi augusti, in qua continebatur insertum, quod ipse et avus noster Pipinus rex et antecessores eorum, reges videlicet Francorum, praedictam sedem una cum rebus et hominibus ad eam aspicientibus propter amorem Dei et reverentiam illius sancti, in cuius honore constat esse constructam, sub plenissima semper defensione et inmunitatis tuitione habuissent. *Pro firmitatis *l. 25. namque studio petiit celsitudini nostre praefatus episcopus, ut paternum seu antecessorum nostrorum morem sequentes huiuscemodi auctoritatis nostre beneficium eidem concederemus vel confirmaremus ecclesie. Cuius petitioni pro divino amore libenter adquievimus et hoc nostre auctoritatis praeceptum circa ipsam sedem fieri decrevimus, per quod iubemus atque praecipimus.

11. c) supra *bis scr. c.* d) *supplevi;* incolumitate *edd.*

12 = *Carp.* 9; *Roz.* 18. a) inconvulso *S* 1; inconvuls *S* 2.

13 = *Carp.* 10; *Roz.* 22. a) *rubricae in marg. scriptae vox prior evanuit c.*

1) *Cf. Sickel, 'Beiträge' III, p.* 78.

a. 814?

14. Praeceptum[a] de libertatibus restitutis.

Omnibus fidelibus nostris, praesentibus scilicet et futuris. Cum hoc omnibus certissimum sit, nihil melius regiam et imperialem decere maiestatem, quam ut miserorum necessitatibus subveniat, idcirco nos in Dei omnipotentis nomine atque adiutorio post decessum domni et genitoris nostri Karoli serenissimi imperatoris, de sua atque nostra elemosina inchoantes, decrevimus[b] cum proceribus ac fidelibus nostris, ut per omnes provincias regni a Deo nobis commissi legatos mitteremus[1], qui omnia pravorum[c] comitum sive iudicum vel etiam missorum a palatio *directorum facta diligenter investigarent et, ubi aliquid iniuste factum invenirent, emendare et ad iustitiam revocare contenderent[d]. Inter quos cum fideles missi nostri ille et ille, qui in pago illo ob eandem rationem directi fuerunt, inter ceteros violenter oppressos invenissent quendam hominem nomine illum ab illo comite quondam iniuste et contra legem in servicium redactum nobisque ordinem ac seriem huiusmodi iniuste et contra legem facti reportassent, placuit nobis, atque ita decernimus, ut eum iterum ad libertatem suam redire permittatur. Quapropter et hoc nostre auctoritatis praeceptum ei concedere ac dare iussimus, per quod et ille ab hac die in futurum a iugo servitutis absolutus sit, et omnes fideles nostri agnoscere valeant, quod nos eum ad pristinam concessimus pervenire libertatem. Praecipientes ergo iubemus, ut nullus comes neque vicarius neque centenarius neque missus noster a palatio directus praedictum hominem aut filios vel propinquos eius, quibus per hanc nostre auctoritatis praeceptionem libertatem concedimus, ab hac die et in futurum de statu ingenuitatis sue inquietare aut calumniam illis facere praesumat; sed liceat ei et filiis ac propinquis eius in suo proprio quiete residere absque ullius iniusta contrarietate. Et ut haec auctoritas.

(*f. 74.)

l. 5.

15. Praeceptum[a], quid sit inmunitas[2].

a. 822. Mart. 24. Omnibus comitibus, vicariis, centenariis sive iunioribus vestris, partibus Provincie, Septimanie et Aquitanie consistentibus. Notum sit vobis, quia vir venerabilis ille abbas suggessit nobis atque indicavit, quod homines vel famuli memorati monasterii per diversa loca consistentes in ministeriis vestris multa praeiudicia et infestationes patiuntur tam a iunioribus vestris quam et ab aliis hominibus et non possunt habere defensionem per praeceptum inmunitatis, quod nos eidem monasterio propter Dei amorem et nostram elemosinam concessimus, eo quod vos sive iuniores vestri dicatis, non plus inmunitatis nomine complecti quam claustra monasterii, cetera omnia, quamvis ad ipsum monasterium pertinentia, extra inmunitatem esse. Propter hoc volumus, ut intelligatis, non solum in claustra monasterii vel ecclesias atque casticia[b] ecclesiarum inmunitatis nomine

14 = *Carp.* 43; *Roz.* 449; *(Reg. Imp. I,* 541*).* a) *rubricae in marg. scriptae vox prima et postrema evanuerunt c.* b) *bis scriptum fuisse videtur c.* c) *fortasse* prava, *ut scripsit Carp., emendandum.* d) *terminatio certa, sed principale signum indistinctum c.*

15 = *Carp.* 19; *Roz.* 25; *(Sickel L* 176; *Reg. Imp. I,* 727*).* a) *rubr. in marg. c.* b) atria *D.*

1) *De legatis a.* 814. *a Ludovico imperatore emissis et de huiuscemodi praeceptis restitutionis vide Theganum, Vita Hludowici, cap.* 13, *SS. II, p.* 593; *Chron. Moiss. ad a.* 815, *SS. I, p.* 311 *sq. Cf. de Rozière, 'Recueil' II, p.* 545, *n. a; Simson, 'Ludwig d. Fr.' I, p.* 26; *Mühlbacher in Reg. Imp. I,* 500 *i. Qui omnes viri docti praeceptum, e quo formula haec recepta sit, recte ad annum* 814. *referre videntur, quamquam e voce* maiestas *supra usurpata posterius tempus suspicari possimus; cf. Sickel, 'UL.' p.* 181. 2) *Formula ex mandato a.* 822, *Mart.* 24, *monasterio Anianensi a Ludovico imperatore concesso (Vaissete, 'Hist. de Languedoc', ed. Dulaurier II b, p.* 139*) sumpta esse videtur. Cf. Sickel, 'Beiträge' V, p.* 23 *sqq. De iis, quae formula refert, disseruerunt praecipue Waitz, 'VG.' IV, p.* 261; *Sickel, l. l.; Heusler, 'Urspr. d. deutsch. Stadtverfassung' p.* 23 *sq.*

pertinere, verum etiam domos ac villas et septa villarum et piscatoria manu facta, vel quidquid fossis vel sepibus aut alio clusarum[c] genere praecingitur, eodem inmunitatis nomine contineri, et quidquid intra huiusmodi munimenta ad [ius[d]] eiusdem monasterii pertinentia a quolibet homine nocendi vel damnum inferendi causa spontanea voluntate committitur, in hoc facto inmunitas fracta iudicatur. Quod vero ad[e] agros et campos ac silvas, quae nulla munitione cinguntur, sicut fieri solet, a quibuslibet hominibus commissum fuerit, quamvis idem ager aut campus vel silva ad ecclesiam praeceptum inmunitatis habentem pertineat, non tamen in hoc *inmunitas fracta iudicanda est; et ideo *l. 10. non sexcentorum solidorum compositione, sed secundum legem, quae in eo loco tenetur, multandus est is, qui scandalum vel damnum in tali loco fecisse fuerit convictus. Praecipimus vobis, ut tam vos ipsi[f] caveatis et observetis quam et iuniores ac ministeriales vestri, ut homines ac famuli memorati monasterii in omnibus locis ad[g] vestra ministeria pertinentibus pacem habeant, et eis liceat cum securitate memorato monasterio deservire tam in privatis quam in publicis et communibus locis, neque ullus vestrum vel iuniorum vestrorum ulterius eos audeat dispoliare et vel in fluminibus vel in plaga maris piscantes vel in aliis locis ad praefatum monasterium pertinentibus diversas utilitates et servicia facientes infestare vel inquietare vel a debito et iniuncto sibi servitio prohibere vel aliquid contra legem et iustitiam facere, quia, si ulterius hoc ad nostras aures fuerit perlatum et verum inventum, temeratorem huius nostri mandati condigna suis factis vindicta coercere decrevimus. Propterea praecipimus atque iubemus, ut taliter exinde agatis, qualiter gratiam nostram vultis habere.

16.

Cum[a. 1] petitionibus servorum Dei iustis et rationabilibus divini cultus amore favemus, superni muneris donum nobis a Domino impertiri credimus. Notum sit igitur omnibus fidelibus sanctae Dei ecclesie et nostris, tam praesentibus quam et futuris, quia adierunt serenitatem nostram monachi ex monasterio illo, quod est *constructum in *l. 15. ducatu illo, in loco qui dicitur illo, cui venerabilis ille abbas praelatus est, obtulerunt obtutibus nostris praeceptum confirmationis domni et genitoris nostri bone memorie Karoli piissimi augusti, in quo invenimus insertum, quod[b] idem genitor noster [per[c]] sue auctoritatis praeceptum confirmasset res eidem monasterio, quas quidam duces, ille videlicet et ille, praefato dederant monasterio, et per eandem auctoritatem easdem res actenus firmiter rectores ipsius monasterii tenuissent vel possedissent. Pro firmitatis namque studio postulaverunt nobis, ob amorem Dei et veneratione sancti illius paternam auctoritatem nostra confirmaremus auctoritate. Quorum petitionibus libenter adnuimus et per hoc nostre auctoritatis praeceptum praefatas res eidem monasterio confirmavimus. Quapropter praecipimus atque iubemus, ut res, quas memorati duces ad iam dictum monasterium dederunt, de quibus auctoritatem genitoris nostri relegimus, sive quas ex

15. c) clausorum *corr.* clusarum *c.* d) *D; deest c.* e) in agro *D.* f) *D;* ipsos *c.* g) in *corr.* ad *c.*

16 = *Carp.* 21; *Roz.* 157. a) *in margine adscriptum est:* Scriptum *c.* b) *plus huic notae quam simplex* quod *inesse existimat S.; fortasse:* eo quod. c) *suppl. S.*

1) *Quia monasterium in ducatu quodam situm esse et duces quidam eidem donationes fecisse dicuntur, necnon quia in notis superscriptis bona in Benevento sita primo loco memorantur, crediderim hanc confirmationem monasterio cuidam Beneventano concessam esse. Non autem de Sancti Vincentii monasterio Volturnensi cogitaverim, cum ipse Josua, qui illi ecclesiae prioribus imperii Ludovici annis praefuit, saepius ad imperatorem in Gallia accessisse videatur, hic autem a solis monachis auctoritas Karoli Magni oblata et confirmatio petita esse dicantur. Cf. Sickel, 'Beiträge' V, p.* 72.

fiscalibus rebus per donationes regum praesenti tempore tam in illo loco (in[d] Benevento) quamque et in illo (Spoleto[e]) necnon et in illo (in[f] Italia) possident rectores ipsius monasterii, per hanc nostram auctoritatem nostris futurisque temporibus quieto ordine teneant atque possideant, et quidquid ex eis pro opportunitate et utilitate eiusdem monasterii facere voluerint, libero in omnibus potiantur arbitrio faciendi, et nullus ex fidelibus nostris aut aliquis ex iudiciaria potestate vel quaelibet alia persona de praedictis rebus ullam calumniam et machinamentum contra ipsum monasterium eiusque rectores facere praesumat; sed liceat per hanc nostram auctoritatem rectoribus ipsius monasterii praefatas res in iure et potestate ipsius monasterii per diuturna tempora inviolabiliter atque
*l. 20. inconvulse *tenere. Et si aliqua contentio de praedictis rebus contra ipsum monasterium orta fuerit, usque in[g] praesentiam nostram res differatur, qualiter coram nobis diligenti examinatione discutiatur et finiatur. Et ut haec auctoritas.

17.

Constat[a. 1] nos, divina dispensante gratia, ceteris mortalibus supereminere, unde oportet, ut, cuius praecellimus munere, eius studeamus modis omnibus voluntati[b] parere; nam et his, quibus nos scimus divinitus praeesse, debemus in quibuslibet necessitatibus prodesse, ut videlicet nostro fideliter parentes obsequio nostram sibi sentiant usquequaque suffragari clementiam. Quapropter noverit sagacitas seu industria omnium fidelium nostrorum, tam praesentium quam et futurorum, eo quod vir venerabilis ille, illius urbis episcopus, obtulit serenitati nostre quandam auctoritatem, quam domnus et genitor noster bone memorie Karolus serenissimus augustus ad petitionem praedecessoris sui, illius episcopi, ecclesie, cui praeest, fieri iussit, in qua continebatur, quod tempore rebellionis, depopulantibus hostibus ignemque submittentibus, quaedam strumenta kartarum de quibusdam villis praefatae ecclesie exusta vel concremata fuerint, et quod antecessorum suorum, regum videlicet Francorum, auctoritates praefatus ille episcopus eidem genitori nostro obtulisset, et idem genitor noster easdem auctoritates sua confirmasset auctoritate, et in eisdem strumentis insertae fuissent res et mancipia, quae a fidelibus sanctae Dei ecclesie eidem collatae fuerant ecclesie, per quas etiam auctoritates non solum praede-
*l. 25. cessores sui, rectores *videlicet ipsius ecclesie, sed etiam ipse in postmodum res et mancipia, quae in eisdem strumentis inserta fuerant, iure ecclesiastico legaliter, quiete et secure tenuerunt vel possederunt. Petiit etiam praefatus venerabilis vir serenitatem nostram, ut pro mercedis nostre augmento et firmitatis studio paternam auctoritatem hac quoque nostra[c] firmaremus auctoritate. Nos itaque, inspecta eadem auctoritate domni et genitoris nostri, libuit nobis eiusdem venerabilis episcopi petitioni adsensum praebere et paternae auctoritati hanc quoque nostram iungere auctoritatem. Praecipimus ergo atque iubemus per praesentem auctoritatem, ut omnes res et mancipia, quae ex liberalitate fidelium eidem collatae fuerunt ecclesie, nostris et futuris temporibus per hanc nostram auctoritatem rectores ipsius ecclesie absque ullius inquietudine vel iniusta interpellatione quiete et secure habere vel possidere valeant. Quod si forte super eisdem rebus ante praefatam exustionem a praelatis ipsius monasterii iure possessis quaestio orta fuerit, ut pro eis in foro disceptari necesse sit, ita per hanc nostram auctoritatem easdem res et mancipia ipsius ecclesie legaliter defendantur, sicuti per eadem strumenta,

16. d) *super* in illo loco *scripta sunt c.* e) *super* illo *c.* f) *super* in illo *c.* g) *ita legere mavult S.:* ad *edd.*

17 = *Carp.* 12; *Roz.* 416. a) *in marg. fragmentum notae:* Scriptum. b) parere voluntati *corr.* v. p. *c.* c) nostram *c.*

1) *Cf. Sickel, 'Neuausfertigung oder Appennis?' in 'Mittheilungen d. Instituts für Oesterr. Geschichtsforschung' I, p.* 246 *sqq.; 'Zeitschr. d. Sav.-Stift. I, Germ. Abth.' p.* 115 *sq.*

si igni absorta non fuissent, legibus defendi potuerant. Haec auctoritas ut nostris futurisque temporibus, Domino protegente, valeat inconvulsa manere, manu propria subter firmavimus et anuli.

18. Praeceptum[a] confirmationis de tributis et aliis rebus, quae reges ad casam Dei deligaverunt[b. 1]. *f. 74. a. 814, Sept.?*

Decet imperialem dignitatem praedecessorum suorum pie facta inviolabiliter conservare et censurae sue auctoritate alacriter confirmare, ut videlicet munus tot principum auctoritatibus collatum vel confirmatum ab his, quibus attributum est, et securius possideatur et firmius teneatur. Notum sit igitur omnibus fidelibus sanctae Dei ecclesie et nostris, tam praesentibus quam et futuris, quia vir venerabilis ille[2], illius ecclesie archiepiscopus et abbas monasterii illius, quod est in honore sancti Petri principis apostolorum in pago illo constructum, obtulit nobis auctoritatem confirmationis domni et genitoris nostri bone memorie Karoli piissimi augusti, in qua invenimus insertum, eo quod ipse et praedecessores eius, reges videlicet Francorum, per eorum auctoritates vallem Reumagensem[3] cum tributo, quod a fisco exigebatur, vel hominibus publicis et tributariis in eadem valle manentibus eidem in integrum concessissent monasterio, et per easdem auctoritates eandem vallem rectores ipsius monasterii actenus firmiter tenuerint. Ob rei tamen firmitatem postulavit nobis praefatus episcopus, ut auctoritatem paternam sive praedecessorum nostrorum regum nostra confirmaremus auctoritate. Cuius petitioni ob amorem Dei et reverentiam ipsius sancti loci libenter adsensum praebuimus et hoc nostre auctoritatis praeceptum circa ipsum monasterium firmitatis gratia fieri decrevimus. Quapropter praecipimus atque iubemus, ut, sicut constat ab eisdem principibus eadem vallis Reumagensis cum hominibus ibidem *commanentibus vel aspicientibus praefato *l. 5. concessa monasterio, ita abhinc nostris futurisque temporibus per hanc nostram auctoritatem permaneat confirmata et sic a rectoribus vel ministris praefati monasterii cum tributo et hominibus commanentibus, publicis videlicet[c], firmiter teneatur atque possideatur, sicut olim a iure fisci possessa vel dominata fuit, et nullus ex fidelibus nostris vel quilibet ex iudiciaria potestate de praefata valle et hominibus ibidem commanentibus vel aspicientibus ullam calumniam aut inquietudinem vel aliquid machinamenti contra ipsum monasterium eiusque rectores facere audeat nec ibidem ad causas audiendas vel iudiciariam potestatem exercendam seu alias quaslibet redibitiones requirendas [ingredi[d] audeat], sed[e] liceat rectoribus ipsius monasterii per hanc nostram auctoritatem memoratam vallem cum hominibus ibidem commanentibus et pertinentibus sine alicuius iudicis

18 = *Carp.* 22; *Roz.* 155; *(Reg. Imp. I, ad* 784*)*. a) P. c. *evanuerunt c.* b) *i. e.* delegaverunt. c) et tributariis *fortasse supplenda.* d) i. a. *suppl. Roz.* e) seu c.

1) *De hac formula et diplomatibus huiuscemodi possessionum confirmationes cum immunitate continentibus vide Sickel, 'Beiträge' V, p.* 67. 2) *Hic etiam aeque ac in sequentibus tribus formulis Theodulfum Aurelianensis ecclesiae praesulem in ipso diplomate nominatum fuisse ideo existimaverim, quia non solum formula nostra continuo illas in codice praecedit, sed etiam sicut in* 20. 21. *is cui datur diploma* archiepiscopus et abbas *nominatur. Cui si praeceptum, quod refert cap.* 20, *pro Aurelianensi monasterio Sancti Aniani concessum est, hoc et forsitan etiam formula* 21. *ad alteram qua praeditus erat abbatiam, Floriacensem scilicet, spectare videntur. Haec enim in diplomate paulo post concesso, Sickel, L* 123 = *Reg. Imp. I,* 653, *S. Petri et S. Benedicti monasterium nominatur, e quibus nominibus formula nostra alterum omisit, alterum retinuit. De Rozière, 'Recueil' I, p.* 200, *n. a, propter vallis Reumagensis possessionem confirmatam de coenobio Reomaensi (Réomé) hic cogitavit, falso existimans monasterium in ipsa valle illa quaeri debere; quod vero formulae verba nequaquam efficiunt. Ipsa diplomata, e quibus scripta sunt capita* 18—21, *fortasse mense Septembri* 814. *concessa sunt. Cf. Reg. Imp. I,* 522 *sqq.* 3) *Locus incertus.*

inquietudine et illicita contrarietate nostris futurisque temporibus firmiter tenere vel possidere. Et hanc auctoritatem, ut pleniorem in Dei nomine obtineat vigorem et [a[d]] fidelibus sanctae Dei ecclesie et nostris cercius et diligencius conservetur, manu propria.

a. 814, Sept.?

19. Auctoritas[a], per quam teloneum conceditur case Dei[1].

Imperialem celsitudinem decet praedecessorum suorum pie facta non solum inviolabiliter conservare, sed etiam censurae sue auctoritate alacriter confirmare, ut videlicet munus tot [principum[b]] auctoritatibus ob amorem Dei collatum vel confirmatum ab his, quibus attributum est, et firmius teneatur et securius possideatur[2]. Idcirco notum sit omnibus fidelibus sanctae Dei ecclesie et nostris, tam praesentibus quam et futuris, quia vir venerabilis ille, illius ecclesie archiepiscopus, detulit auctoritates praedecessorum nostrorum, regum videlicet Francorum, in quibus continebatur, quod medietatem telonei ex pago *l. 10. illo ecclesie *sanctae Crucis[3] per praeceptionis sue auctoritates libentissime concessissent, tam de carris quam de navibus vel de omni conmercio, quod in eodem pago venditur aut emitur, de omnibus videlicet rebus, de quibus fiscus teloneum exigere poterat; per quas etiam auctoritates medietatem ipsius telonei ecclesia[c] sanctae Crucis suique rectores absque alicuius iudiciariae potestatis inquietudine actenus firmiter acceperunt vel tenuerunt. Sed ob rei firmitatem postulavit nobis, ut in amorem Dei et reverentiam ipsius sancti loci eorundem regum auctoritates nostra confirmaremus auctoritate. Cuius petitioni adsensum praebentes, hoc nostre auctoritatis praeceptum firmitatis gratia circa ipsum locum fieri decrevimus, per quod iubemus atque praecipimus, ut nullus fidelium nostrorum, praesentium et futurorum, nec quilibet ex iudiciaria potestate de praefato teloneo, tam de navali quam et de terreno, illam medietatem ab eadem penitus auferre praesumat ecclesia, undecunque videlicet ius fisci teloneum exigere poterat, et nullam contrarietatem aut impedimentum vel calumniam de eadem medietate telonei contra ipsam ecclesiam eiusque rectores ulla[d] facere audeat iudiciaria potestas; sed nostris, Domino miserante, et futuris temporibus, remota totius iudiciariae potestatis inquietudine, eadem medietas telonei in iure et potestate praefatae ecclesie firmiter et indissolubiliter consistat. Et hanc auctoritatem, ut pleniorem in Dei nomine obtineat firmitatem et per diuturna tempora diligencius conservetur, manu propria subter firmavimus.

a. 814, Sept.?

20. Praeceptio[a] de navibus[4].

Omnibus episcopis, abbatibus *et cetera,* vel omnibus rem publicam administrantibus seu ceteris fidelibus sanctae Dei ecclesie et nostris, tam praesentibus quam et futuris, *l. 15. notum sit, quia vir venerabilis ille, illius ecclesie archiepiscopus *et abbas monasterii

18. d) *deest c.*

19 = *Carp.* 3; *Roz.* 36; *(Reg. Imp. I,* 523*).* a) *rubr. in marg. c.* b) *supplevi.* c) ecclesiam *c.* d) ullam *corr.* ulla *c.*

20 = *Carp.* 20; *Roz.* 35; *(Sickel, L* 118; *Reg. Imp. I,* 525*). Cf. diploma Floriacense a.* 818 *(D* 2*); vide infra n.* 4. a) *rubr. in marg. c.*

1) *Haec concessio telonei facta est Theodulfo Aurelianensi archiepiscopo Aurelianensi. Cf. de Rozière, 'Recueil' I, p.* 56, *n. a; Mühlbacher, Reg. Imp. I, l. l.* 2) *Cf. prologum capitis* 18. *et diplomatis, Félibien, 'Hist. de S. Denis' p.* 46, *nr.* 58 *(Sickel, L* 30 = *Reg. Imp.* 533*).* 3) *Ecclesia cathedralis Aurelianensis.* 4) *Cf. ipsum diploma adulteratum Theodulfo archiepiscopo Aurelianensi, abbati S. Aniani, pro hoc monasterio concessum, Cointii Ann. eccles. Francor. VII, p.* 372 *sq. Vide Sickel, 'UR.' p.* 316; *Mühlbacher, Reg. Imp. l. l., ubi etiam de tempore agitur. Eandem fere formam alia nonnulla praecepta exhibent, Sickel, L* 23. 43. 81 = *Reg. Imp. I,* 527. 548. 590 *et alia. Ad literam fere cum formula convenit diploma a.* 818. *Adalgaudo, abbati Floriacensi, Theodulfi successori, concessum (Sickel, L* 123 = *Reg. Imp. I,* 653*), cuius diplomatis partis ineditae varias lectiones adnotavi (D* 2*) ex apographo, quod mecum communicavit V. Cl. Mühlbacher ex schedis nostris.*

illius confessoris, ubi ipse corpore requiescit, quod est constructum in suburbio ipsius civitatis[1], detulit nobis auctoritatem praeceptionis domni et genitoris nostri bone memorie Karoli piissimi augusti, in qua continebatur, quod avus noster Pipinus quondam rex seu idem genitor noster concessissent eidem monasterio teloneum de sex[b] navibus, quae per Ligeris flumen seu cetera flumina propter sal et cetera commercia discurrebant, necnon et de carris et sagmariis in necessaria ipsius monasterii vel congregationis ibidem Deo famulantis deferentibus et de villis vel de omnibus, undecunque fiscus teloneum exigere poterat. Pro firmitatis namque studio postulavit nobis praefatus episcopus, ut, paternum seu praedecessorum nostrorum morem sequentes, huiuscemodi auctoritatis nostre beneficium eidem concederemus vel confirmaremus[c] monasterio. Cuius precibus nobis ob amorem Dei et venerationem sancti illius annuere et hoc praeceptum munificentiae nostre firmitatis gratia circa ipsum monasterium fieri libuit, per quod iubemus atque praecipimus, ut nemo[d] fidelium nostrorum nec quilibet exactor iudiciarie potestatis de carris vel sagmariis seu villis ipsius monasterii vel de quolibet commercio, undecunque videlicet fiscus teloneum exigere potest, ullum teloneum accipere vel exigere praesumat. Naves vero sex[b], quae sive per fluvium[e] Ligeris sive per cetera flumina infra[f] ditionem imperii nostri ob utilitatem et necessitatem ipsius monasterii discurrunt, ad quascunque civitates, castella aut portus vel cetera loca accessum habuerint, nullus ex eis *aut hominibus, qui *l. 20. eas praevident, nullum teloneum[1] aut ripaticum aut portaticum aut pontaticum aut salutaticum aut cespitaticum aut cenaticum aut pastionem[g] aut laudaticum aut trabaticum[h] aut pulveraticum aut ullum occursum vel ullum censum aut ullam redibitionem accipere vel exigere audeat; sed licitum sit absque alicuius illicita contrarietate vel detentione per hanc nostram auctoritatem ipsis[i] navibus et hominibus, qui eas praevidere debent, cum his, quae deferunt, per universum imperium nostrum libere atque secure ire et redire; et si aliquas moras in quolibet loco fecerint aut aliquid mercati fuerint aut vendiderint, nihil ab eis prorsus, ut dictum est, exigatur Haec vero auctoritas.

21. Auctoritas[a], ut omnes, qui de casis Dei beneficia habent, nonas et decimas dent[2].

a. 814, Sept.?

Noverit utilitas fidelium nostrorum, comitum videlicet et vasallorum nostrorum seu et vicariorum centenariorumque vel missorum per imperium a Deo nobis collatum discurrentium, quia vir venerabilis ille, illius ecclesie archiepiscopus et abbas monasterii[b], obtulit obtutibus nostris quandam praeceptionem domni et genitoris nostri bone memorie Karoli piissimi augusti, in qua continebatur ab eo constitutum, ut, quicunque fidelium suorum de episcopatu ecclesie illius aut monasterii illius beneficia habebant, nonas et decimas vel censum[3] eidem ecclesie aut monasterio annis singulis de eisdem beneficiis

20. b) quatuor *D 2.* c) *D 2. abhinc ineditum.* d) nullus *D 2.* e) flumen *DD.* f) *bis scr. c.* g) *sic DD;* pastiva *c.* h) tranaticum *D 2.* i) ipsis *deest,* naves et homines *DD.*

21 = *Carp.* 6; *Roz.* 355; *(Reg. Imp. I, ad* 525*).* a) *rubr. in marg. c., ubi praeterea notarum vestigia, quae legi nequeunt; fortasse:* scriptum? b) illius *suppl. Roz.*

1) *Eadem fere telonea et tributa etiam in aliis huiuscemodi praeceptis enumerata sunt; cf. Sickel, K.* 55. *L* 81. 287 = *Reg. Imp. I,* 195. 590. 861. *De singulis vectigalibus vide Waitz, 'VG.' II*², *p.* 604 *sqq.; IV, p.* 52. *Maxime dubitandum est de cenatico, cf. Waitz, l. l. IV, p.* 52, *n.* 1, *et de pastione, quo nomine saepius census pro porcis pascendis solvendus significatur. Etiam hoc loco, quamquam nonnisi de navium teloneis dici credideris, censum eiusmodi de villis, cf. supra l.* 6, *solvendum inseri potuisse non negaverim, praesertim cum etiam pulveraticum non ad naves istas sex spectare nemo non videat.* 2) *Cf. mandatum simillimum a.* 816, *Ragut, 'Cartulaire de Mâcon' p.* 45 *(Sickel, L* 80 = *Reg. Imp.* 589*), et breviora Sickel, L* 90. 227 = *Reg. I,* 601. 776. *Etiam hoc diploma Theodulfo et pro ecclesia quidem Aurelianensi et monasterio S. Aniani concessum esse apte coniecit de Rozière, 'Recueil' I, p.* 442, *n. a.* 3) *Cf. Cap. Haristall. a.* 779, *c.* 13, *LL. Capitul. I, p.* 50. *Vide Waitz, 'VG.' IV, p.* 164 *sq.*

dare non negligerent et [ad[b]] aedificia ipsius ecclesie restauranda iuxta vires opem ferrent[1]. Postulavit etiam nobis praedictus episcopus aut abbas, ut eandem praeceptionem domni et genitoris nostri nostra confirmaremus auctoritate, quod et nos, libenti animo *l. 25. precibus eius annuentes, fecisse atque confirmasse nostrorum omnium fidelium *sciat prudentia. Praecipientes ergo iubemus, ut omnes, quicunque ex largitione nostra de rebus praefatae ecclesie beneficia habetis, nonas et decimas vel census annis singulis exinde illi episcopo aut abbati et missis seu successoribus suis absque ulla contrarietate et negligentia dare non negligatis, ad domos ipsius ecclesie restaurandas unusquisque pro viribus suis adiutorium ferre non differat, et nullus, qui beneficium de rebus praefatae ecclesie vel monasterii habet, contra hoc iussionis nostre praeceptum facere praesumat, sed in omnibus libenti[c] animo observet, sicut a nobis iussum est, et sicut Dei et nostram gratiam vel ipsum beneficium habere vult. Et ut hoc praeceptum.

a. 814—829. 22. Praeceptum de navibus domni Hludowici[a].

Omnibus episcopis, abbatibus, ducibus, comitibus, vicariis, telonariis, actionariis vel omnibus rem publicam administrantibus seu ceteris fidelibus sanctae Dei ecclesie et nostris, tam praesentibus quam et futuris, notum sit, quia vir venerabilis Ionas, Navernensis[b] ecclesie vocatus episcopus[2], postulavit serenitatem nostram, ut ecclesie, cui praeest, et congregationi ibidem Deo famulanti teloneum de duabus navibus, quae per Ligeris flumen, Elarium[3], Carim, Ledum, Sarta, Medianam vel per cetera flumina infra imperium nostrum propter sal et cetera necessaria ipsius ecclesie discurrebant, in elemosina *f. 75. nostra *concederemus. Cuius precibus ob amorem Dei et reverentiam ipsius sancti loci libenter adquievimus et beneficium, quod[c] nobis postulavit, eidem ecclesie per hanc nostram auctoritatem concessimus. Unde iubemus atque praecipimus, ut hae naves, sive quae [per[d]] fluvium Ligeris vel per cetera supra memorata flumina infra ditionem imperii nostri ob utilitatem et necessitatem praefatae ecclesie eiusque congregationis ibidem deservientis discurrunt, ad quascunque civitates, castella aut portus vel cetera loca accessum habuerint, nemo fidelium nostrorum nec quislibet exactor iudiciarie potestatis necnon et quilibet telonarius de his aut hominibus, qui eas praevident, ullum teloneum aut ripaticum *et cetera.*

23.

Quapropter[4] noverit sagacitas seu industria omnium fidelium nostrorum, tam praesentium quam et futurorum, quia vir venerabilis ille, illius civitatis episcopus, obtulit serenitati nostre quandam auctoritatem, quam domnus et genitor noster bone memorie Karolus serenissimus augustus ecclesie, cui praeest, fieri iussit, in qua continebatur, quod tempore rebellionis ab Vaifario quondam principe Aquitanorum igne submisso eadem civitas cremata fuisset, et omnia strumenta kartarum, quibus praefatae ecclesie a regibus et reginis vel ceteris catholicis viris res et mancipia collatae fuerant, non solum

21. b) *add. diplomata p.* 301, *n.* 2. *laudata.* c) libenti animo *Carp.*; l a c.
22 = *Carp.* 5; *Roz.* 33; *(Sickel L* 259; *Reg. Imp. I,* 832*).* a) hlud *c., ubi rubrica in marg. scripta est.* b) *i. e.* Nivernensis. c) quae *c.* d) *suppl. Carp.*
23 = *Carp.* 11; *Roz.* 415; *(Reg. Imp. I, ad* 538*).*

1) *Waitz, l. l. p.* 167 *sq.* 2) *Cf. Gallia christ. XII, col.* 628 *sq.; cum vero 'vocatus' episcopus hic Jonas dicatur et iam anno* 817. *praedecessor eius mortuus memoretur, hoc praeceptum iam prioribus annis Ludovici imperatoris concessum esse videtur.* 3) *Flumina sunt: Allier, Cher, Loir, Sarthe, Mayenne. Cf. de Rozière, 'Recueil' I, p.* 52, *n. b.* 4) *Cf. supra* 17. *et quae ibi annotavi p.* 298, *n.* 1. *Mühlbacher, Reg. Imp. I,* 538, *dubitans coniecit, formulae aliquam confirmationem subesse Narbonnensi archiepiscopo concessam. Equidem vero ex capite*

in eadem urbe, verum etiam in monasteriis virorum ac puellarum ad eandem sedem pertinentibus *vel aspicientibus igni concremata fuissent, et idem genitor noster mercedis causa sua auctoritate, immo pietate eandem relevasset calamitatem. Pro firmitatis namque studio postulavit nobis praedictus episcopus, ut nostram auctoritatem circa ipsam sedem fieri iuberemus. Cuius precibus libenter annuimus et praesentem auctoritatem nostram firmitatis gratia circa ipsum sanctum locum fieri decrevimus, per quam iubemus atque praecipimus, ut omnes res vel mancipia, quae ante praedictam exustionem rectores praefatae ecclesie iure et legaliter in ditione ipsius tenuerunt vel possederunt ecclesie, sic per hanc nostram auctoritatem firmiter eas teneant atque possideant vel defendant, sicuti per eadem strumenta, si igni absorta non fuissent, ipsas res vel mancipia legibus teneri vel defendi poterant, et nullus quilibet ex fidelibus nostris super eisdem rebus vel mancipiis contra ipsam sedem eiusque rectores aliquam calumniam aut inquietudinem facere aut generare audeat; sed, sicut diximus, per hanc nostram auctoritatem praefatus ille episcopus suique successores nostris futurisque temporibus easdem res et mancipia in iure ipsius ecclesie teneant atque possideant. Et ut haec auctoritas. *l. 5.

24. Praeceptum[a] de navibus. a. 814—815.

Omnibus episcopis, abbatibus *et cetera* notum sit, quia vir venerabilis Adam, abbas ex monasterio Gemetico[1], detulit nobis praeceptum domni et genitoris nostri bone memorie Karoli serenissimi augusti, in quo erat insertum, eo quod ipse et avus noster Pipinus quondam rex seu et praedecessores eorum, reges videlicet Francorum, per eorum auctoritates concessissent eidem monasterio vel monachis ibidem Deo deservientibus omne teloneum, tam de navibus quam et de carris *seu et de ceteris vehiculis necnon et de quolibet alio negotio, undecunque fiscus teloneum exigere poterat[b], et per easdem auctoritates actenus praefatum teloneum rectores ipsius monasterii et monachi ibidem Deo servientes in integrum habuissent concessum. Sed pro firmitatis studio postulavit nobis idem abbas, ut huiuscemodi beneficium circa ipsum monasterium conferre percenseremus[c]. Cuius precibus ob amorem Dei et anime nostre salutem nobis usquequaque parere libuit, et hoc nostre auctoritatis praeceptum eidem monasterio fieri iussimus, per quod iubemus atque praecipimus, ut naves vel carra seu quaelibet alia vehicula ad diversa negotia ipsius monasterii peragenda et necessitates ipsius monasterii sublevandas per universum imperium nostrum libere discurrant, et nullus iudex publicus vel quilibet exactor iudiciarie *l. 10.

24 = *Carp.* 15; *Roz.* 34; *(Sickel, L* 38; *Reg. Imp. I,* 543*)*. a) *rubr. in marg. c.* b) ad integrum eidem concessimus monasterio *add. c.* c) per censeremus *c., ubi post* per *fortasse quaedam omissa sunt.*

superiore etiam hic Nivernense diploma suspicari malim. Nivernensi enim civitati Aquitanis proximae Waifarii exercitus a. 761. *totam fere Burgundiam depopulantes (cf. Fredegarii contin. c.* 125; *Ann. Lauriss. a.* 761, *SS. I, p.* 142*) non pepercisse, cognovimus ex diplomate Karoli Calvi a.* 841. *Herimanno Nivernensi episcopo concesso, Böhmer, n.* 1532, *ubi etiam ipsius diplomatis in formula nostra exscripti mentio fieri videtur:* quia memorata ecclesia *(sc. Nivernensis)* t e m p o r e r e b e l l i o n i s exspoliata fuisset rebus et mancipiis —. Insuper partim casu partim incuria sive i n c e n d i i raptu sive negligentiae incultu (cultu) strumenta cartarum, per quae res vel mancipia eidem sanctae Dei ecclesiae collatae fuerunt, ea t e m p e s t a t e p e r i e r u n t i n e a d e m u r b e. Pro quo nos sancimus, s i c u t a v u s e t g e n i t o r d e c r e v e r u n t, i n s u i s a u c t o r i t a t i b u s, ut per hanc nostram firmitatis gratiam (cartam) i t a d e f e n d i a c t e n e r i res memoratae ecclesiae possent, q u a s i i p s a s t r u m e n t a p r a e s e n t i a l i t e r a d e s s e n t, *Mabillon, De re dipl. p.* 527, *uncis inclusa ex exemplari discrepanti in Gall. christ. XII, Instr. col.* 297. *Quibus cum verbis optime convenit formula.* 1) *Nunc Iumièges, 'dép. Seine inférieure'. Abbas hic nominatus alibi non memoratur; Gallia christ. XI, col.* 190. 954. *De tempore cf. Sickel, ad L* 38, *'UR.' p.* 304, *et Mühlbacher, Reg. Imp. I,* 543.

potestatis aut telonarius de ipsis navibus et de omnibus, quae supra memorata sunt, undecunque videlicet fiscus teloneum exigere potest, ullum teloneum accipere vel exactare praesumat; et ad quascunque civitates, castella aut portus vel cetera loca ipse navesvel homines eas praevidentes vel ceteri negotiatores ipsius monasterii necessitates providentes accessum habuerint, ullum teloneum *et cetera.*

post a. 817? 25. Confirmatio[a] constitutionis alicuius de rebus ecclesie, quas praelatus aut ad luminaria[b] facienda aut ad habitacula[c] commendat[1].

Cum petitionibus sacerdotum *et cetera*[2]. Proinde notum sit omnibus fidelibus sanctae Dei ecclesie et nostris, praesentibus videlicet et futuris, quia vir venerabilis ille, illius urbis episcopus, adiens serenitatem nostram, obtulit nobis quandam constitutionem a se per licentiam domni et genitoris nostri bone memorie Karoli piissimi augusti factam, in qua continebatur, eo quod tempore, quo pastoralem praefatae civitatis suscepit curam, ordinem canonicum prorsus destitutum et aedificia, in quibus episcopi *l. 15. *et canonici iam pridem habitaverant, per inopiam praedecessorum suorum pontificum diruta et paene ad nihilum redacta invenisset, sed, suffragante sibi divina gratia ac domno et genitore nostro opem ferente, et ordini canonico et aedificiis necesariis eidem ad Dei servicium peragendum exornasset locum. Continebatur etiam in eadem constitutione, quod per licentiam eiusdem genitoris nostri canonicis ipsius loci de rebus praefatae ecclesie quasdam dedisset villas necnon et nonas ac decimas de quibusdam villis, quas vasalli nostri de ratione ipsius ecclesie per nostre largitionis beneficium habuerant, e quibus omnibus stipendia, quibus indigebant, sufficienter habentes, postposita totius necessitatis excusatione, et canonicum ordinem religiose custodire et Deo instanter in eodem loco possent deservire. Postulavit etiam nobis, ut haec constitutio, quam propter amorem Dei et elemosinam domni et genitoris nostri ac nostram constituerat, ob firmitatis causam nostra imperiali confirmaretur clementia. Cuius petitioni, quia iusta et ratione plena est, nobis adsensum praebere et eandem constitutionem nostra auctoritate placuit confirmare. Idcirco volumus et per hanc nostram auctoritatem praecipimus, ut ville et nonae ac decime, sicut ab eodem illo episcopo constitutae sunt, ita deinceps nostris et futuris temporibus eisdem canonicis stipendiarie, disponente atque perordinante episcopo, qui praefatae sedis praefuerit, existant, et numerus canonicorum, qui ab eo loco constitutus est, a successoribus quoque semper plene statuatur et conservetur, sed et nullus quilibet[d] ex successoribus eius easdem villas et nonas ac decimas in beneficium alicui dare aut de stipendiis eorum canonicorum penitus auferre praesumat, *l. 20. *sed, sicut in eadem constitutione, sicut ab illo constitutae et a nobis confirmatae sunt, per diuturna tempora inviolabiliter et inconvulse persistere sinat. Si vero alicui successorum eius animo sederit, ut et numerum canonicorum multiplicare et alias res illis superaddere voluerit, in suo iure et potestate, salva discretionis ratione, id faciendi permaneat.

25 = *Carp.* 7; *Roz.* 566. *Cf. diploma infra n.* 1. *allegatum.* a) *rubr. in marg. c.* b) *dubitans scripsit S., editum autem* habitationes *falsum esse affirmans; fortasse:* stipendia? c) *fortasse:* receptacula? *Cf. LL. I, p.* 221. d) *sic D;* quibuslibet *c.*

1) *Huic formulae magna ex parte simillimum est diploma Ludovici pro Autissiodorensi ecclesia, Quantin, 'Cartulaire de l'Yonne' I, p.* 31, *nr.* 16 *(Sickel,* 146 = *Reg. Imp. I,* 684*). Vide Sickel, 'Beiträge' IV, p.* 34; *Mühlbacher, Reg. Imp., l. l. Pariter ac diploma illud (cf. Gesta epp. Autiss. c.* 35, *SS. XIII, p.* 396*) etiam hanc confirmationem ad capitula concilii Aquisgranensis a.* 817. *celebrata revocandam esse existimaverim. Vide Sickel, l. l, p.* 33 *sq.*
2) *Cf. supra cap.* 13.

26. Donatio[a] imperialis de terra fisci ad casam Dei[1]. a. 818–828. 822?

Si liberalitatis nostre munere de beneficiis a Deo nobis collatis locis Deo dicatis aliquid conferimus, id nobis et ad mortalem vitam feliciter transigendam et ad aeternam perpetualiter obtinendam profuturum absque dubio credimus. Idcirco notum sit omnium fidelium nostrorum, tam praesentium quam et futurorum, sollerciae[b], quia postulavit nobis vir venerabilis ille, illius urbis archiepiscopus, ut terram quandam fisci nostri in eadem urbe ad amplificanda et dilatanda claustra canonicorum ecclesie sanctae Marie[2] in nostra concederemus elemosina, de qua actenus census ad nostrum opus solvebatur. Cuius precibus pro mercedis nostre augmento et reverentia ipsius sancti loci nobis adquiescere libuit et praefatam terram eidem ecclesie nostra auctoritate ad Dei servicium liberius peragendum conferre placuit. Terminatur enim praefata terra ab uno latere et fronte terra praefatae ecclesie sanctae Marie, ab altero latere via publica, ab altero etiam fronte terra illius monasterii puellarum. Infra hanc terminationem ad integrum praefatam terram eidem in nostra elemosina concessimus ecclesie. Quapropter volumus atque iubemus, ut per hanc nostram auctoritatem *nostris videlicet et futuris temporibus praedictam *l. 25. terram secundum dimensionem et conlaterationem superius nominatam praedictus Wilibertus archiepiscopus eiusque successores vel congregatio ipsius sancti loci in nostra elemosina concessas habeant, atque iure perpetuo in ditione ipsius ecclesie consistat; ita dumtaxat, ut, quidquid de ipsa vel in ipsa ob utilitatem [et[c]] profectum ipsius ecclesie facere voluerit, libero in omnibus perfruatur arbitrio faciendi. Et ut haec auctoritas.

27. Donatio[a] imperialis[3].

Imperialis celsitudinis moris est, fideliter sibi famulantes donis multiplicibus atque honoribus ingentibus honorare[b] atque sublimare[4]. Proinde nos morem parentum, regum videlicet praedecessorum nostrorum, sequentes, libuit celsitudini nostre fidelem quendam nostrum nomine illo de quibusdam rebus proprietatis nostre honorare[b] atque in eius iuris potestatem liberalitatis nostre gratia conferre; nec inmerito, quippe cum et fidelitatis obsequio et obedientiae devotione hoc apud serenitatem nostram adipisci digne mereatur, qui totis nisibus usquequaque nostro servitio nostrisque iussionibus fideliter parere studet. Unde noverit experientia atque utilitas omnium fidelium nostrorum, tam praesentium quam et futurorum, quia concessimus *eidem fideli nostro illo ad[c] [pro- *f. 75'. prium] e[cclesiam illam], quae est constructa in honore sancti illius confessoris in territorio illo, in loco qui vocatur ille, super fluvium illum, quam iam dudum eius avia nomine illa[d] et avunculus nomine ille domno et genitori nostro Karolo bone memorie piissimo augusto[e] per strumenta kartarum tradiderunt. Hanc itaque cellulam cum omnibus ad se pertinentibus vel aspicientibus vel de ratione eiusdem cellulae infra eundem

26 = *Carp.* 2; *Roz.* 146; *(Sickel,* L 192; *Reg. Imp.* I, 736*). Cf. diplomata n.* 1. *allegata.* a) *rubr. in marg. c.* b) sollercia *c.* c) *DD.; deest c.*

27 = *Carp.* 27; *Roz.* 143; *(Sickel,* L 39; *Reg. Imp.* I, 545*). Cf. diploma n.* 3. *allegatum.* a) *rubr. in marg. c.* b) honore *per errorem c.* c) *S. in codice nunc nihil nisi* ad e *perspici monet, neque vero* in pago illo, *quod scripsit Carpentier, exstare;* proprium *supplevi: pro* ecclesiam *maluerim* cellulam, *sed quae scripsi et cum* e *in codice restanti et cum iis, quae Carp. edidit, conveniunt.* d) illius *c.* e) *S* 1; *nunc in tabula photographica perspici nequit.*

1) *Subest diploma Williberto archiepiscopo Rothomagensi, qui infra nominatur, concessum. Similem formulam exhibent diplomata Sickel,* L 21. 195. 199 = *Reg. Imp.* I, 521. 747. 752*); cf. Sickel, 'UR.' p.* 325. *ad* L 192. 2) *S. Mariae ecclesia cathedralis Rothomagensis.* 3) *Secundum hanc formulam etiam donatio Einhardo concessa scripta est, SS.* XXI, *p.* 359 *(Sickel,* L 44 = *Reg. Imp.* I, 541*).* 4) *Arenga ista saepissime in donationibus imperatoris filiorumque eius singulis hominibus concessis legitur.*

pagum illum seu etiam illum, sed etiam et illum et illum, [quidquid[f]] praesenti tempore nostri[g] iuris atque possessionis in re proprietatis est, totum et ad integrum vel in effectum[h] praedicto fideli nostro Bettoni[1] ad proprium per hanc nostre[i] auctoritatis donationem concessimus; ita videlicet, ut, quidquid ab hodierno die et tempore de praedicta cellula vel de his, quae ad eam pertinent, facere voluerit, libero in omnibus potiatur arbitrio faciendi, quidquid elegerit[k]. Et ut haec auctoritas largitionis nostre per curricula annorum inviolabilem atque inconvulsam obtineat firmitatem et fidelibus nostris, tam praesentibus quam et futuris, seu etiam successoribus nostris fidelibus sanctae Dei ecclesie verius certius[que[l]] credatur, eam manu propria subter firmavimus.

l. 5. 28. Inmunitas[a] imperialis[2].

a. 817. Iul. 16? Si liberalitatis nostre munere locis Deo dicatis quiddam conferimus beneficii et necessitates ecclesiasticas ad petitiones sacerdotum nostro relevamus iuvamine atque imperiali tuemur munimine, id nobis et ad mortalem vitam temporaliter transigendam et ad aeternam feliciter obtinendam profuturum absque dubio credimus. Noverit interea sagacitas seu utilitas omnium fidelium nostrorum, tam praesentium quam et futurorum, quia vir venerabilis ille, illius civitatis episcopus, obtulit obtutibus nostris auctoritatem inmunitatis domni et genitoris nostri bone memorie Karoli piissimi augusti, in qua erat insertum, quod non solum idem genitor noster, verum etiam praedecessores eius, reges videlicet Francorum, praedictam sedem, quae est constructa in honore sancti illius, cui, auctore Deo, ipse episcopus praeest, sub suo munimine et defensione cum cellulis sibi subiectis et rebus vel hominibus ad se pertinentibus vel aspicientibus consistere fecerant[b], et eorum[c] inmunitatum auctoritatibus actenus ab inquietudine iudiciarie potestatis eadem munita atque defensa fuisset ecclesia. Sed pro rei firmitate postulavit praefatus episcopus ille, ut paternum seu praedecessorum nostrorum regum [morem[d]] sequentes huiuscemodi inmunitatis praeceptum ob amorem Dei et reverentiam ipsius sancti loci circa ipsam ecclesiam fieri concederemus. Cuius petitioni libenter adsensum praebuimus et hoc nostre auctoritatis praeceptum erga ipsam ecclesiam inmunitatis atque tuitionis gratia pro divini cultus amore et anime nostre remedio fieri decrevimus, per quod praecipimus atque iubemus, ut nullus iudex publicus vel quislibet ex iudiciaria potestate in ecclesias
*l. 10. aut loca *vel agros seu reliquas possessiones, quas moderno tempore in quibuslibet pagis vel territoriis infra ditionem imperii nostri iuste et legaliter memorata tenet vel possidet ecclesia, vel ea, quae deinceps in iure ipsius ecclesie voluerit divinitas[e] augeri, ad causas iudiciario more audiendas vel freda aut tributa exigenda aut mansiones vel paratas

27. f) quidquid *supplevi;* quae *Roz.* g) nostris *c.* h) *dubitandum videtur de hac lectione; fortasse:* inexquisitum? i) nostram *corr.* nostre *c.* k) delegerit *c.* l) que *deest c.; add. D.*

28 = *Carp.* 4; *Roz.* 21; *(Reg. Imp. I,* 522*). Cf. diploma Lemovicense; v. infra n.* 2. a) *rubr. in marg., ubi praeterea notarum apices quidam, qui legi nequeunt; fortasse:* scriptum? b) *sic c. et D;* fecissent *edd.* c) *D;* earum *c.* d) *D; deest c.; fortasse in margine olim suppleta exstabat nota nunc abscissa, ad quam signum quoddam post* regum *spectare possit.* e) *sic c.; melius:* divina pietas *D.*

1) *De Bettone cf. de Rozière, 'Recueil' I, p.* 182, *n. a.* 2) *Haec formula certe non ex immunitate a Ludovico imperatore Theodulfo Aurelianensi archiepiscopo concessa, Bouquet VI, p.* 499, *nr.* 63 *(Sickel, L* 22 = *Reg. Imp. I,* 522*) sumi potuit, quacum magna ex parte quidem convenit, permulta autem exhibet valde ab ea discrepantia. Multo magis cum immunitate Lemovicensi, Bouquet VI, p.* 502, *nr.* 67 *(Sickel, L* 109 = *Reg. Imp. I,* 638*) convenit, eo modo, ut in opinionem adduci possimus, ex illa formulam scriptam esse. Simillimum est etiam diploma Burdigalense, Bouquet VI, p.* 557, *nr.* 148 *(Sickel, L* 228 = *Reg. Imp. I,* 508*); reliqua, quae enumerat Sickel, 'Beiträge' III, p.* 77 *sq., magis differunt.*

faciendas aut[f] fideiussores tollendos aut homines ipsius ecclesie, tam ingenuos quam et[g] servos, super terram ipsius commanentes, iniuste distringendos nec ullas redibitiones aut illicitas occasiones requirendas nostris nec futuris temporibus ingredi audeat[h] nec ea, quae supra memorata sunt, penitus exigere praesumat; sed liceat memorato praesuli suisque successoribus res praedictae ecclesie cum omnibus sibi subiectis et rebus et hominibus ad se[i] aspicientibus vel pertinentibus sub tuitionis atque inmunitatis nostre defensione, remota totius iudiciarie potestatis inquietudine, quieto ordine possidere et[k] nostro fideliter parere imperio atque pro incolumitate nostra, coniugis ac prolis seu etiam totius imperii a Deo nobis collati et eius clementissima miseratione per immensum conservandi[l] una cum clero et populo sibi subiecto Dei immensam clementiam iugiter exorare delectet. Et quidquid de praefatis rebus ecclesie ius fisci exigere poterat, totum nos in nostra elemosina eidem [concessimus[m]] ecclesie, quatenus clericis Deo ibidem famulantibus pro[n] . . . . . Et ut haec.

29.

(a) Cum[1] locis divino cultui mancipatis ob divine servitutis amorem opem congruam ferimus, et regium *morem decenter implemus et id nobis profuturum ad aeterne remunerationis praemia capessenda veraciter credimus. *a. 817. Iul. 24.* **l. 15.*

(b) Si petitionibus servorum Dei pro quibuslibet ecclesiasticis necessitatibus aures nostras pulsantium libenter adnuimus et divine potentiae in locis Deo dicatis uberius famulandum[a] auxilium porrigimus, id nobis procul dubio[b] et ad mortalem vitam temporaliter deducendam et ad futuram feliciter obtinendam commodum provenire confidimus. *a. 816. Aug. 30.*

Notum igitur esse volumus cunctis fidelibus nostris, episcopis videlicet, abba tibus virisque inlustribus, ducibus, comitibus, domesticis, grafionibus, vicariis, centenariis eorumque iunioribus necnon missis nostris per universum imperium nostrum discurrentibus seu etiam ceteris fidelibus sanctae Dei ecclesie nostrisque, praesentibus scilicet et futuris, quia adiit serenitatem culminis nostri venerabilis vir Fredugisus[c. 2], abbas ex monasterio peculiaris patroni nostri sancti Martini, ubi eiusdem praeclarissimi viri venerabile corpus requiescit, ferens, *aut* gestans[d], manibus inmunitates priscorum regum Francorum necnon avi nostri Pipini quondam regis seu etiam pie recordationis domni et genitoris nostri Karoli serenissimi imperatoris, quibus idem monasterium quiete in

28. f) *duae notae superscriptae, quarum prior* aut *significat, altera legi nequit c.* g) *nota fortasse* suos *significans superscripta est c.* h) *superscriptae alia manu notae, quarum prior* sive *significat, altera legi nequit.* i) *superscriptae sunt notae, quae nunc legi nequeunt c.* k) *verba* et nostro — exorare delectet *in codice infra ante* Et ut haec *per errorem posita sunt.* l) stabilitate, *in editis additum, deest etiam in D.* m) *D; deest c.* n) *sequuntur in c., ut videtur, per errorem scripta:* nobis coniuge proleque nostra atque totius imperii a Deo nobis collati, *pro quibus coniecerim:* (pro)ficiat in augmentum.

29 *a. b = Carp.* 13; *Roz.* 24; *(b = Sickel, L* 97; *Reg. Imp. I,* 609*). Cf. diploma Turonense (D) et Sollemniacense (DS) infra n. 1. laudata.* a) *de terminatione* dum *dubitat S., qui pro* auxilium *mavult* auxilio *legere; quae supra scripsi etiam D exhibet.* b) *sic D;* dubiis *legere mavult S.* c) Freduigisus *c.* d) *ita pro* ferens *DS.*

1) *Cum ipsam formulam cum altera ex duabus arengis ex diplomate monasterio S. Martini Turonensi a.* 816. *concesso, Martene, Ampliss. collect. I, p.* 63, *Regg. cf. supra, ad verba fere scriptam esse appareat, arenga prior et in ipso contextu vox* gestans, *supra l.* 28. *ex Sollemniacensis monasterii immunitate anno sequenti data, quae ad Turonensis illius exemplar scripta est, Baluze, Capitul. II, col.* 1414 *(Sickel, L* 111 = *Reg. Imp. I,* 641*), additae esse videntur. Cf. Sickel, 'UI.' §.* 44, *n.* 4. *p.* 118. 2) *Fridugisus abbas monasterii S. Martini Turonensis a.* 804—834. *Sickel, 'UL.' §.* 33. *p.* 89 *sq.*

Dei servitio degere sanxerunt et omnes res praefati monasterii in universo, Christo largiente, regno, in Austria scilicet, Niustria, Burgundia, Aquitania, Provincia, Italia et in ceteris regni sui partibus consistentes, quae non solum ab orthodoxis *principibus, verum etiam a ceteris fidelibus collatae vel per quoslibet contractus et munimine kartarum in [ius[e]] eiusdem legaliter traditae sunt monasterii, sub inmunitatis sue defensione consistere et ab omni publica functione et iudiciaria[f] exactione inmunem[g] liberumque reddidissent; quod munus eidem monasterio exhibitum, Deo adnuente, inviolabiliter actenus constat esse conservatum. Pro firmitatis namque studio huiuscemodi beneficium erga praefatum venerabile monasterium nostra auctoritate humiliter precibus, quibus valuit, fieri postulavit. Cuius petitioni ob amorem Dei et venerationem beatissimi Martini libenter adsensum praebere nobis usquequaque libuit. Quapropter volumus atque decernimus, ut omnes res eiusdem monasterii cum hominibus sibi subiectis sub nostre defensionis munimine modis omnibus consistant. Praecipientes ergo iubemus atque praecipimus, ut nullus iudex publicus aut quilibet superioris aut inferioris ordinis rei publice procurator ad causas iudiciario more audiendas in ecclesias aut villas seu reliquas possessiones, quas moderno tempore in quibuslibet provinciis aut territoriis imperii nostri iuste et legaliter tenet vel deinceps in iure ipsius monasterii divina pietas voluerit augeri, ingredi praesumat nec freda aut tributa aut mansiones aut paratas aut teloneum aut fideiussores tollere aut homines, tam ingenuos quam servos, super terram ipsius monasterii commanentes, distringere nec ullas publicas functiones aut redibitiones *vel illicitas occasiones requirere, quibus in aliquo idem monasterium sibique subiecti aliquod iniuste patiantur incommodum, nostris futurisque temporibus quisquam tam temerarius existat, qui id faciendi illicitam sibi potestatem attribuere audeat. Quidquid ergo de praefatis eiusdem monasterii rebus in ius fisci cedendum fuit et a decessoribus nostris comperimus collatum, et largitionis nostre munere libenter volumus esse per immensum eidem monasterio concessum, ut id, remoto fisci dominatu, ad luminaria basilicae [beati[e]] Martini concinnanda et ad sustentationem pauperum seu clericorum in eodem loco Domino deservientium sit supplementum. Si quis autem in tantam prorumpere ausus fuerit audaciam, ut[h] huius praecepti nostri violator extiterit, quemadmodum in praeceptione domni et genitoris nostri continetur, non solum in offensam nostram lapsurum, verum etiam sexcentorum solidorum auri ad purum excocti se noverit poena multandum, ex qua duas partes rectores memorati monasterii, tertiam vero ius fisci recipiat. Dignum namque et iustum est, ut tot piorum regum, decessorum nostrorum, nostrique praecepti violator huiuscemodi subeat poenam, ut et se tante temeritatis merito argui cognoscat et ceteris, ne id agere quolibet ausu pertemptent, timorem incutiat, ut nullus *scilicet beneficia regalia[i] locis Deo dicatis veneranter exhibita temerare conetur. Volumus itaque atque censemus, ut, remota totius iudiciarie potestatis inquietudine, quieto ordine memoratus abbas suique successores res praedicti monasterii cum hominibus sibi subiectis vel ad se aspicientibus seu pertinentibus hominibus sub inmunitatis atque protectionis nostre defensione consistant, nostroque fideliter parentes imperio, pro incolumitate nostra scilicet et prolis sive etiam totius imperii a Deo nobis collati eiusque gratissima miseratione perpetuo conservandi una cum clero sibi commisso Dei immensam clementiam iugiter exorent. Si quid vero de praefati monasterii rebus per tepidinem et negligentiam abbatum aut praesumptionem iudicum iniuste abstractum est, id per hanc nostram auctoritatem prorsus restaurandum praecipimus. Et ut haec auctoritas.

29. e) *D; deest c.* f) iudiciarie *c.* g) *rectius* immunes liberasque *D; cum vero DS praebeat* monasterium — immunem liberumque, *corrigere nolui.* h) *D;* aut *c.* i) *superscripta incerta est nota;* vel *antea suspicatus est S.*

30. Praeceptum Iudeorum[1].

f. 76. ante a 825.

Omnibus episcopis, abbatibus, comitibus, gastaldiis, vicariis, centenariis, clusariis seu etiam missis nostris discurrentibus necnon et omnibus fidelibus nostris, praesentibus scilicet et futuris, notum sit, quia istos Hebreos, Domatum[a] rabbi et Samuelem, nepotem eius, sub nostra defensione suscepimus ac retinemus. Quapropter per praesentem auctoritatem nostram decernimus atque iubemus, ut neque vos neque iuniores seu successores vestri memoratos Hebreos de nullis quibuslibet illicitis occasionibus inquietare aut calumniam generare praesumat[b. 2] nec de rebus eorum propriis, unde praesenti tempore legaliter vestiti esse videntur, aliquid abstrahere aut minuere ullo unquam tempore praesumatis; sed neque teloneum aut paravereda aut mansionaticum aut pulveraticum aut cespitaticum aut ripaticum aut portaticum aut pontaticum aut trabaticum aut cenaticum a praedictis Hebreis exigere praesumat. Similiter concessimus eis de rebus eorum propriis commutationes facere et proprium suum cuicunque voluerint vendere, liceatque eis secundum legem eorum vivere et homines christianos ad eorum opera facienda locare, exceptis festis et diebus dominicis[3]. Habeant etiam licentiam mancipia peregrina emere et infra imperium nostrum vendere. Quod si christianus causam vel litem contra eos habuerit, tres idoneos testes christianos *et tres Hebreos similiter idoneos in testimonium suum adhibeat et cum eis causam suam vindicet. Et si illi causam vel litem contra christianum habuerint, christianos testes in testimonium sibi adsumant et cum eis eum convincant. Suggesserunt etiam iidem Iudei celsitudini nostre de quibusdam hominibus, qui contra christianam religionem suadent mancipia Hebreorum sub autentu[c] christiane religionis contemnere dominos suos et baptisari, vel potius persuadent illis, ut baptisentur, ut a servitio dominorum suorum liberentur; quod nequaquam sacri canones constituunt, immo talia perpetrantes districta anathematis sententia feriendos diiudicant[4]; et ideo volumus, ut neque vos ipsi praedictis[d] Hebreis hoc ulterius facere praesumatis neque iuniores vestros ullis facere permittatis certumque teneatis, quia, quicunque hoc perpetraverit, et ad nos delatum fuerit, quod absque sui periculo et rerum suarum damno evadere non poterit. Et hoc vobis notum esse volumus, ut iam, quia suprascriptos

*l 5.

30 = *Carp.* 32; *Roz.* 27 (*Sickel*, *L* 224; *Reg. Imp. I*, 781). a) *potest etiam* Dematum *legi; nota continet* Do (*aut* De) M tum. b) *sic hic et infra l.* 12. c., *quod corrigere in* praesumatis *nolui; cf. n.* 2. c) *l.* obtentu *Carp.* d) *fortasse:* indictis c.

1) *Quas ad res gestas hoc caput cum sequenti sit referendum, optime exposuit Simson, 'Ludwig d. Fr.' I, p.* 393 *sqq.; cf. Stobbe, 'Die Juden in Deutschland während des Mittelalters' p.* 5 *sq.* 197 *sqq. Quae iura et commoda per huiuscemodi praecepta Iudaei acceperint, vide Waitz, 'VG.' IV,* 39; *Brunner, 'Zeugen- u. Inquis. Beweis' p.* 108. *Ad praecepta, e quibus hae duae formulae scriptae sunt, Agobardi verba ad imperatorem directa spectare videntur:* ostendunt (*sc. Iudaei*) praecepta ex nomine vestro aureis sigillis signata, *De insolentia Iudaeorum, c.* 5, *Opera ed. Baluze I, p.* 64, *et alia ista:* quoddam praeceptum Iudaei circumferunt, quod sibi datum ab imperatore gloriantur, in quo continetur, ut mancipia Iudaeorum absque voluntate domini sui nemo baptizet, *Epist. contra praeceptum impium, l. l. p.* 192; *cf. p.* 196. *Neque vero de iisdem vel eiusmodi scriptis intelligenda esse quae dicit, De insol. Iud. c.* 2: dederunt mihi indiculum ex nomine vestro et alterum ei qui pagum Lugdunensem vice comitis regit, *l. l. p.* 60, *recte exposuisse mihi videtur Simson, l. l. p.* 394. *Aliter Sickel, 'UL.' p.* 188. 197.

2) *Ipse formulae dictator hic et infra l.* 12. *verba falso construxisse videtur, ac si supra scriptum esset:* iubemus, ut nemo fidelium nostrorum. *Similiter cap.* 31, *p.* 310, *l.* 12. 14. 15.

3) *Cf. de his et sequentibus praeceptionibus Capitul. miss. Aquisgr. alterum a.* 809, *c.* 13, *LL, Capitul. I, p.* 152.

4) *Quaeritur, num tales canones re vera exstiterint. Agobardus contra contendit hoc repugnare regulae ecclesiasticae, Epist. contra praeceptum impium, l. l. p.* 193; *cf. quae Baluze de hac re annotavit II, Notae p.* 74.

Hebreos sub mundeburdo et defensione nostra suscepimus, quicunque in morte eorum, quamdiu nobis fideles extiterint, consiliaverit, aut aliquem interfecerit, sciat se ad partem palatii nostri decem libras auri persolvere; et nullatenus volumus, ut praedictos Iudeos ad nullum iudicium examinandum[e], id est nec ad ignem nec ad aquam calidam seu etiam ad flagellum, nisi liceat eis[f] secundum illorum legem vivere vel ducere. Et ut haec.

ante a. 825.

31.

l. 10. Omnibus episcopis *et cetera* notum sit, quia hos praesentes Hebreos, David, nunnum[1] Davitis, et Ioseph atque . . . .[a] cum pares eorum, habitantes in Lugduno civitate, sub nostra defensione suscepimus ac retinemus. Quapropter per praesentem auctoritatem nostram decernimus atque iubemus, ut neque vos neque iuniores seu successores vestri memoratos Hebreos de nullis quibuslibet illicitis occasionibus inquietare aut calumniam generare praesumat, nec de rebus eorum propriis, quae ex legitima adquisitione habere visi sunt, vel in quibuslibet locis praesenti tempore legaliter vestiti esse videntur, aliquid abstrahere aut minuare[b] aut aliquam calumniam ullo unquam tempore [generare[c]] audeat; sed neque teloneum aut paravereda aut mansionaticum aut pulveraticum aut cespitaticum aut ripaticum aut rotaticum aut portaticum aut trabaticum aut pontaticum aut herbaticum a praedictis Hebreis exigere praesumant; sed liceat eis sub mundeburdo et defensione nostra quiete vivere et partibus palatii nostri fideliter deservire. Similiter concessimus eis de rebus eorum commutationes facere cum quibuslibet hominibus voluerint, liceatque eis secundum legem eorum vivere et homines christianos ad eorum opera facienda locare, exceptis festis et diebus dominicis. Habeant etiam licentiam mancipia peregrina emere et infra imperium nostrum vendere, et nemo fidelium nostrorum praesumat eorum mancipia peregrina sine eorum consensu ac voluntate baptisare. Quod si christianus causam vel litem contra eos habuerit, tres idoneos testes christianos et tres Hebreos similiter idoneos in testimonium suum adsumat et cum eis causam suam vindicet. Et si causam vel litem contra christianum habuerint, christianos testes in testimonium sibi adhibeant **l. 15.* et cum eis convincant. Nam si aliquis illorum, *christianus aut Iudeus, veritatem occultare voluerit, comes loci illius per verissimam inquisitionem faciat unumquemque illorum secundum legem suam veritatem dicere. Quod si etiam aliquae cause adversum eos de rebus vel mancipia eorum surrexerint vel orte fuerint, que infra patriam absque gravi et iniquo dispendio definite esse nequiverint, usque in praesentiam nostram sint suspensae vel conservatae, qualiter ibi secundum legem finitivam accipiant sententiam. Et hoc omnibus vobis notum esse volumus, ut iam, quia suprascriptos Hebreos sub mundeburdo et defensione nostra suscepimus, quicunque in morte eorum, quamdiu fideles nobis extiterint, consiliaverit, aut aliquem ex illis interfecerit, sciat se ad partem palatii nostri decem libras auri persolvere; et nemo saepe dictis Hebreis flagellis cedere praesumat, nisi probati fuerint secundum legem eorum[2], eos capitula[3], quae a nobis eis

30. e) examinetis *edd., quod vel:* examinentur *etiam notarius fortasse voluit.* f) ei *c.*

31 = *Carp.* 33; *Roz.* 28; *(Sickel, L* 225; *Reg. Imp. I,* 782*).* a) IMP *seu* IPM *notae inest, quae quod nomen significet nescio. Falso* Ammonicum *edd.* b) *sic scribere malui quam cum S.* minorare. c) *supplevi;* facere *Carp.*

1) *Certe hic nunnus non proprie avum nunciat, cum vix credi possit, nepotis nomen cuidam, ut certius significetur, additum esse. Suspicor titulum honoris cuiusdam. David hic nominatus fortasse Lugdunensium Iudaeorum antistes erat, praeceptum autem universae Iudaeorum ibi habitantium communitati concessum esse videtur. Nam* cum *illud cum* pares eorum *esse iungendum, non autem terminationem nominis praecedentis haberi posse, existimo. Cf. quae supra annotavi, p.* 309, *n.* 1. *Nescio, quo iure Gengler, 'Rechtsdenkm.' p.* 740, nunnum *interpretatus sit: 'i. e. prolem'.* 2) *Lex Romana? Vide Loening, 'Kirchenrecht' II, p.* 51 *sq.* 3) *Capitula deperdita eadem, ut videtur, quae memorat Agobardus, De insolentia Iudaeorum, cap.* 2, capitularia sanctionum.

observanda promulgata sunt, violasse atque irrita fecisse, in quibus similiter definitum est, pro quibus culpis flagellis sint coercendi. Hanc vero auctoritatem.

---

32. Praeceptum[a. 1]. *f. 78.*

Omnibus fidelibus sanctae Dei ecclesie et nostris, partibus Romaniae atque Italiae consistentibus, notum sit, quia nos hunc hominem nomine illum, habitatorem illius civitatis, pro suis necessitatibus ad nos venientem, sub sermone tuitionis ac defensionis nostre suscepimus ac retinemus; ideoque praecipimus atque iubemus, ut nullus ex vobis sive ex iunioribus vestris eundem hominem de quibuslibet iniustis atque illicitis occasionibus contra legem et contra iustitiam inquietare aut infestare aut ullam ei propter hoc, quod ad nos venit, calumniam ingerere praesumat; sed liceat illi, sicut ceteris fidelibus nostris et his, qui sub nostra defensione recepti sunt, absque cuiuslibet impedimento una cum rebus et hominibus suis cum honore residere et quieto ordine vivere absque cuiuslibet, sicut ipsi Iudei[2], iniusta contrarietate. Et si aliquis contra hanc nostram iussionem sive assertionem ire temptaverit et memoratum illum contra legis et rationis ordinem et pro eo, quod ad nos venit, perturbare[b] conatus fuerit, noverit, se propter hoc in nostram praesentiam esse venturum et ibi de sua praesumptione atque ausu temerario nobis rationem redditurum et secundum facti sui meritum poenas persoluturum. Quod si alique cause adversus eum vel homines eius, qui per eum legibus sperare[c] videntur, surrexerint vel ortae fuerint, quaecunque[d] infra patriam absque suo gravi et *iniquo dispendio definitae esse nequiverint, usque in praesentiam nostram sint suspense vel conservatae, qualiter ibi secundum aequitatis et rectitudinis ordinem finitivam accipiant sententiam. Et ut haec. **l. 5.*

33. Karta[a] ingenuitatis ecclesie[b] servis[*. 3]. *a. 817*

(a) Auctoritas ecclesiastica patenter admonet[c], insuper et maiestas regia canonice religioni adsensum praebet, ut, quemcunque sacros ad ordines ex familia propria promo-

*) *Cod. S. Pauli:* Concessio ingenuitatis, quando quis procerum servum sui iuris ire ad sacros ordines permiserit. *Sequitur signum invocationis.*

32 = *Carp.* 35; *Roz.* 12; *(Reg. Imp. I, ad* 784*).* a) *in marg. c., ubi praeterea legitur:* Scriptum est. b) *hanc notae interpretationem S. non veram esse iudicat; sed certe cum sensu convenit.* c) *correxi; assentitur S.; edd.:* servire. d) *sic S* 1; quae *edd. et S* 2.

33 = *Carp.* 46 *et pag.* 87; *Roz.* 72. 73. *Cf. codd. Vindob. et S. Pauli (ed. Gerbert, Monumenta veteris liturgiae II, p.* 112*) et edit. Lindenbrog.* 101. a) *in marg.* Scriptum est *c.* b) *corr. ex* ecclesiis *c.;* e. s. *des. cod. Vind.* c) ammonet *codd. Vind. S. Pauli, carta apud Wartmann.*

1) *De hac formula cf. Sickel, 'Beiträge' III, p.* 80 *sq.* 2) *Cf. infra* 37. *et Sickel, l. l.* 3) *Eandem hanc formulam, quam iam supra, Form. Sal. Merkel.* 44, *invenimus, paulo mutatam infra inter Form. extravagantes edimus e codice Merseburgensi, duas formulas Adventii Mettensis episcopi continente, variis Reginonis et Burchardi eandem formulae recensionem exhibentium lectionibus adnotatis (ed. Baluze, Nova Coll.* 43; *Roz.* 72[bis]*). Paulo magis mutatae sunt, et quam e codice incognito edidit Mansi, Concil. ampliss. collect. XVI, p.* 895 *(Roz.* 74*), et quam inter epistolas Einhardi invenimus (Roz.* 75*). Simillima etiam alia carta Einhardi, infra c.* 35, *est, oratione autem prorsus mutata. Aliae duae eiusdem argumenti formulae, supra Form. Senon. rec.* 9. *et infra Add.* 2, *inter se in nonnullis verbis convenientes, a nostra in plerisque discrepant. Cartam secundum hanc formulam scriptam non inveni nisi Sangallensem, Wartmann, 'UB. d. Abtei S.G.' II, p.* 37, *nr.* 417, *alia quadam, quam memorat Sickel, 'UR.' p.* 322 *(Mabillon, Annales II, p.* 742, *nr.* 60*) dictatum prorsus mutatum exhibente. Formulam in ipsa imperiali curia dictatam atque inde in diversas imperii regiones transmissam esse, recte monuit Sickel, l. l.; cf. autem supra, p.* 215, *n.* 5.

vere ecclesia quaeque delegerit, in praesentia sacerdotum, canonicorum simul et nobilium laicorum, eius, cui subiectus est, manumissione sub libertatis testamento solemniter roboretur. Idcirco in[d] Dei nomine ego ille* episcopus illius[e] urbis, *vel*[f] abbas *vel* abbatissa illius venerabilis monasterii, quendam ecclesie nostre famulum nomine illum, sacris ordinibus dignum, ad altaris cornu, nobilium virorum in praesentia, civem Romanum per hoc auctoritatis testamentum statuo, ita ut ab hodierno[g] die et tempore bene ingenuus atque ab omni servitutis vinculo securus permaneat, tamquam si ab ingenuis fuisset[h] parentibus procreatus vel natus. Eam[i] denique pergat partem, quamcunque volens canonice elegerit, habensque portas apertas, ita ut deinceps nec nobis neque successoribus nostris ullum[k] debeat noxie conditionis servicium neque aliquod libertinitatis obsequium, sed omnibus diebus vitae sue sub certa plenissimaque ingenuitate, sicut alii cives Romani, per hunc manumissionis atque ingenuitatis titulum bene semper ingenuus atque securus existat.
*l. 10. Suum vero peculiare, quod habet aut quod abhinc adsequi poterit, *faciat[l] inde[m] secundum canonicam auctoritatem libere, quidquid voluerit. Et ut haec testamenti atque ingenuitatis auctoritas inviolabilem inconvulsamque obtineat firmitatem, manu propria subter[n] firmavi, sacerdotes quoque atque canonicos necnon et laicos nobiles praesentes similiter subter firmare rogavi[o].

Ego ille episcopus civitatis illius manu propria subscripsi.

Actum in civitate illa, in basilica sancti illius, Kalendis illis, anno illo imperii domni ac praestantissimi illius imperatoris, indictione illa.

Actum[1] in monasterio illo, in basilica sancti illius, Kalendis illis, anno illo imperii domni imperatoris illius, indictione illa.

(b) Idcirco[2] ego in Dei nomine humilis ac devota Christi famula, abbatissa venerabilis monasterii illius, quendam ecclesie nostre famulum *et cetera.*

*) *Cod. S. Pauli:* ille abbas sanctae Mariae venerabilis m.

34.

f. 80. l. 9. Notum sit igitur omnibus fidelibus sanctae Dei ecclesie et nostris, praesentibus scilicet ac futuris, quia Haimo[3] comes, fidelis noster, nostram adiens clementiam, innotuit celsitudini nostre, qualiter ab Ercamberto, filio quondam Radonis, et Bettone, eiusdem Radonis propinquo, quos olim secundum legem Salicam ingenuos relaxavimus, quasdam res sitas in pago Aulinge[4] Saxonie, in centenis[a] illis, seu et in Caniucinse[5] in loco nuncupante Dotane-curte, cum mancipiis et omnibus attinentiis pretio sibi emptas

33. d) ego in D. n. *cett. codd. Lind. et carta.* e) illius — monasterii *des. Lind.* f) seu abba sancti illius venerabilis monasterii ill. *cod. Vind.* g) hodierna *cod. S. Pauli.* h) p. f. *Lind.* i) eandemque *pro* Eam denique *cod. S. Pauli.* k) ullam *cod. S. Pauli.* l) fiat *cod. Vind.* m) exinde *cod. S. Pauli.* n) *deest Lind.* o) *reliqua desunt codd. Vind. S. Pauli et Lind.*

34 = *Carp.* 53; *Roz.* 285; *(Sickel, L* 389; *Reg. Imp. I,* 787*).* a) *? cf. infra n.* 4; certis locis *edd.*

1) *Haec pro praecedentibus verbis:* Actum in civ. *etc. in manumissionibus in monasteriis factis inseri debuisse, vix est, quod moneam.* 2) *Alterum eiusdem formulae initium pro carta ab abbatissa facienda praebent haec verba.* 3) *De Rozière cogitavit de Haimone a Karolo Magno a.* 778. *pagi Albigensis comite instituto. Sed nomen tunc creberrimum.* 4) *Pagus adhuc incognitus, nisi nomen corruptum est. Cum, quod cum pagi terminatione* -inge *bene convenit, Schmitz affirmaret* Saxonie (superiore *edd.*) *esse legendum, vix credere potui, sequentes notas recte intellectas esse, centenis in Saxonia adhuc non cognitis. Sed V. I. Waitz monet de 'Otlingua Saxonia', pago Normannico, cogitari posse, vocem autem* Caniucinse *aut e* Constantino *(Cotentin) corrumpi potuisse, aut ad Caen posse revocari.* 5) *Ne de hoc quidem pago habemus compertum; sed nomen potius Galliae regionem quam Germaniae significare videtur. Cf. n.* 4.

habuisset atque ex eis vindicionalem kartam solemni traditione acceptam habuisset; sed ad coercendas, si aliquantum[b] in posterum conferre conaretur, ut in tali re fieri solet, quorundam iniquas intentiones, petiit celsitudinem nostram, ut ipsas emptiones denuo per nostre mansuetudinis praeceptum plenius confirmare deberemus. Cuius petitionem denegare noluimus, quippe cum memoratos Ercambertum et patrem eius illum necnon et propinquum eorum illum non solum libertate donaverimus, verum etiam res in quibuslibet pagis vel territoriis iuste legaliterque sibi adquisitis[c] adquirendisve auctoritatis nostre praecepto eis firmaverimus; sed, sicut unicuique fidelium nostrorum iuste petencium, ita nos illis concessisse atque in omnibus confirmasse cognoscite. Praecipientes ergo iubemus, ut praedictas res et possessiones, secundum dimenciones[d] et conventiones in kartis venditionalibus conscriptas, totum et ad integrum vel ad[e] exquisitum, cum mancipiis, *deinceps per hanc nostram auctoritatem iure firmissimo teneat atque possideat, et quidquid exinde facere voluerit, libero. *l. 15.

35. 819. 821? Mart. 7.

Auctoritas[a. 1] ecclesiastica patenter admonet, insuper et maiestas regia canonicis decretis religiosa consensione concordat, ut, quemcunque sacros ad ordines ex familia propria promovendum ecclesia quaeque delegerit, hunc in praesentia sacerdotum ceterorumque clericorum canonice degentium simulque et nobilium laicorum is, qui tunc temporis eiusdem ecclesie rector fuerit, manumissione solemni a iugo servitutis absolvat eiusque libertatem datam illi coram testibus ingenuitatis karta confirmet. Idcirco ego in Dei nomine Einhardus, abbas venerabilis monasterii Sancti Servacii confessoris Christi, hunc famulum ecclesie nostre nomine Meginfridum, ad sacrum ordinem ab unanimitate venerande congregationis nostre concorditer electum, ad altaris cornu, in praesentia sacerdotum et nobilium virorum per ecclesiastici atque imperialis decreti, sicut superius conscriptum est, auctoritatem, civem Romanum statuo et per huius paginae, quae ob confirmandam eius ingenuitatem a me conscripta est, traditionem a vinculo servitutis absolvo, ita ut ab hodierno die vel tempore bene ingenuus *atque ab omni servitutis vinculo securus permaneat, tamquam si ab ingenuis fuisset parentibus procreatus vel natus. Eam denique pergat partem, quam ei canonice institutionis honor concesserit, habens ad hoc portas apertas, sicut ceteri cives Romani, ita ut deinceps *neque nobis neque successoribus nostris ullum debeat noxiae vel sordide conditionis servicium neque aliquod libertinitatis obsequium, sed omnibus diebus vitae sue sub certa plenissimaque ingenuitate, sicut alii cives Romani, per hunc manumissionis atque ingenuitatis titulum semper bene ingenuus atque securus existat, et de peculiari[b], quod habet aut quod abhinc adsequi potuerit, faciat secundum canonum auctoritatem libere, quidquid voluerit. Et ut haec manumissionis ac libertatis auctoritas inconvulsam atque inviolabilem obtineat firmitatem, manu propria subter firmavi, sacerdotes quoque et clerum ecclesie nostre necnon et laicos nobiles, qui huic absolutioni praesentes fuerunt, similiter subter firmare rogavi. *l. 20. *f. 80'.

Actum Traiecto[2], Nonas[c] Martias, in monasterio Sancti Servasii, anno, Christo propitio, imperii domni [Hludovici[d]] 6, indictione 14[3].

Ego Einhardus abbas manu propria subscribendo firmavi.

34. b) *notae aut corruptae aut nondum certe explicatae esse videntur; fortasse:* aliquando i. p. inferri (inferre *S.* 1) conarentur. *Interpretationem, quam Schmitz p.* 26 *l.* 38 *sqq. proponit, rectam non esse censeo.* c) *lege:* adquisitas adquirendasve. d) *i. e.* dimensiones. e) *fortasse:* inexquisitum.

35 = *Carp.* 47*; Roz.* 76. a) *in marg.* Scriptum est *c.* b) *corr. e* peculiare *c.* c) citra Rhenum *edd. pro* n. M.; *si recte interpretatus est Schmitz, id offendit, quod haec temporis nota inter* Traiecto *et* in monasterio *est inserta.* d) *suppl. Carp.*

1) *Hoc caput formulam* 33. *ab Einhardo, ut videtur, libere retractatam exhibet.* 2) *Maastricht.* 3) *Indictio non convenit cum anno imperii. Aut a.* 819. *aut a.* 821. *data videtur carta.*

a. 825. Aug. —826. Ian. 2.

36. Exemplar[a] praecepti de rebus ecclesiasticis apud imperatorem commutatis.

Cum[1] petitionibus servorum Dei, quas nostris auribus insinuaverint, libenter adnuerimus *et eas cum Dei auxilio ad effectum perduci fecerimus, non solum regiam et imperialem consuetudinem exercemus, verum etiam hoc nobis procul dubio[b] tam ad statum terrestrem corroborandum quam aeterne vitae beatitudinem capessendam profuturum esse confidimus. Idcirco notum fieri volumus omnibus fidelibus sanctae Dei ecclesie et nostris, praesentibus scilicet et futuris, quia vir venerabilis Adalardus[2] abbas petiit celsitudinem nostram, eo quod pro ambarum parcium opportunitate quasdam res apud nos commutare voluisset. Cuius petitioni, quia utilis et rationabilis nobis esse videbatur, libenter adsensum praebuimus et praecepimus Maginario[3] comiti et actori nostro, ut cum missis praedicti venerabilis Adalardi abbatis, adhibitis etiam[c] pluribus hominibus et fiscalinis in eadem vicinia commanentibus, mensuraret easdem res petitas earumque quantitatem et qualitatem hinc et inde diligenter inspiceret et consideraret et inbreviatam ad nostram referret noticiam; quod ita et fecit, simul et nobis retulit, quod ambabus partibus huiuscemodi commutatio utilis et profectuosa esse potuisset; et ideo nostra decrevit voluntas, ut ita fieret. Dedit igitur praedictus vir venerabilis Adalardus abbas de rebus monasterii sui, quod est constructum in honore beatorum apostolorum Petri et Pauli[4] in pago illo, super fluvium illum, quas ipse in regimine habere videbatur, ad ius fisci nostri, id est Audriacam[5] villam, per nostram datam licentiam in pago illo, in loco nuncupante illo, inter mansos et prata et terram arabilem bunuaria[d] 100 et de silva bunuaria[e] triginta. Et econtra dedit praedictus Maginarius actor noster venerati[f] Adalardi abbatis ad partem monasterii sui de rebus praedicti fisci nostri per nostram iussionem in pago illo, in loco nuncupante illo, inter mansos et prata et terram arabilem bunuaria tanta et de silva bunuaria tanta. Unde et super hac commutatione hoc nostre auctoritatis praeceptum fieri iussimus, per quod praecipimus atque iubemus, ut, quidquid pars iuste et rationabiliter alteri contulit parti, deinceps per hanc nostram auctoritatem iure firmissimo teneat atque possideat, et quidquid exinde facere voluerit, libero in omnibus perfruatur arbitrio faciendi. Et ut haec nostre auctoritatis praeceptio —[g], manibus propriis.

a. 828.

37. Praeceptum[a] negotiatorum[6].

Omnibus episcopis, abbatibus, ducibus, comitibus, gastaldiis, vicariis, centenariis, actionariis, clusariis seu missis nostris discurrentibus ceterisque fidelibus nostris, partibus Francie, Burgundie, Provincie, Septimanie, Italie, Tuscie, Retie, Baioarie et Sclaviniae commeantibus, notum sit, quia praesentes fideles nostri illi anno *incarnationis domini Iesu Christi octingentesimo[b] 28, eiusdemque miserante clementia, anno quindecimo imperii nostri, Aquisgrani palatio nostro venientes, se nostris obtutibus praesentaverunt, quos

36 = *Carp.* 23; *Roz.* 299; *(Sickel, L* 238; *Reg. Imp. I,* 797*). Cf. diploma infra n.* 1. *laudatum.* a) *rubr. in marg., superscr.:* Scriptum est *c.* b) *sic D;* dubiis *notam legit S.; cf. supra* 29 *b.* c) *bis scr. c.* d) bunuar̄ *c.* e) bun̄ *hic et post c.* f) *lege:* venerabili Adalardo abbati *cum edd.* g) *spatium vacans c.*

37 = *Carp.* 31; *Roz.* 30; *(Reg. Imp. I,* 825*).* a) *rubr. in marg., superscr.:* Scriptum est *c.* b) octingentesimi *c.*

1) *Ad idem fere exemplar scriptum est diploma Fuldense, Dronke, Cod. diplom. Fuld. nr.* 523. *(Sickel, L* 366*). De tempore cf. Sickel, 'UR.' p.* 332. *ad L* 237. *et 'UL.' p.* 268, *n.* 4. 2) *Adalhardus abbas Corbeiensis obiit a.* 826, *Ian.* 2. 3) *Maginarius comes Senonensis? Vide Simson, 'Ludwig d. Fr.' II, p.* 245; *I, p.* 113, *n.* 9. 4) *Monasterium Corbeiense in pago Ambianensi.* 5) *Orville, 'départ. du Pas-de-Calais, arrond. Arras, canton Pas'.* 6) *De hac formula cf. Waitz, 'VG.' IV, p.* 37 *sq.; Sickel, 'Beiträge' III, p.* 80 *sq. De temporis indiciis insertis ibid. p.* 81, *n.* 1.

nos sub sermone tuitionis nostre libentissime suscepimus et inantea, Domino volente, retinere optamus; ita ut deinceps annis singulis aut[c] post duorum annorum curricula peracta dimidiante[d] mense Maio[1] ad nostrum veniant palatium, atque ad camaram nostram fideliter unusquisque ex suo negotio ac nostro deservire studeat hasque litteras auctoritatis nostre ostendat. Proinde autem per praesentem ordinationem nostram decernimus atque iubemus, ut neque vos neque iuniores seu successores vestri aut missi nostri discurrentes memoratos fideles nostros illos de nullis quibuslibet illicitis occasionibus inquietare aut calumniam generare vel de rebus illorum contra iustitiam aliquid abstrahere aut minuere neque naves eorum quasi pro nostro servitio tollere neque scaram[e] facere neque heribannum aut aliter[f] bannos ab eis requirere vel exactare praesumatis*; sed liceat eis, sicut Iudeis, partibus palatii nostri fideliter deservire, et [si[g]] vehicula[h] infra regna, Christo propitio, nostra pro nostris *suorumque utilitatibus negotiandi gratia *l. 20.
augere voluerint, licentiam habeant, nullamque detentionem neque ad clusas[i. 2] neque in nullo loco eis faciatis aut facientibus consentiatis; teloneum [vero[k]], excepto ad opus nostrum inter[l] Quentovico[3] et Dorestado vel ad Clusas, ubi ad opus nostrum decima exigitur, aliubi eis ne requiratur. Quodsi alique cause adversus eos et homines eorum ortae fuerint, quas infra patriam absque gravi et iniquo dispendio definire nequiverint, usque in praesentiam nostram vel magistri[m] illorum[4], quem super ea et super alios negotiatores praeponimus, fiant suspensae vel reservatae, quatenus secundum iuris ordinem finitivam accipiant sententiam.

*) . . . sed[n] neque trabaticum aut portaticum aut rotaticum. *Haec verba infra formulae subiecta, tribus punctis et ibi et supra post* praesumatis *appositis, hic inseri voluisse videtur notarius; dubito an falso.*

38. Praeceptum[a] imperatorium de rebus suis post perceptam libertatem[5]. *f.* 84'. *a.* 814—825.

Nemini putamus esse incognitum, eorum videlicet, quos aliquam iuris Francorum constat habere noticiam, quod omnes manumissi, qui liberti vocantur, si intestati deces-

37. c) aut post *Carp.; post* plus *Kopp; neutrum probat S.* d) mediante missionum ministro *edd. pro* d. m. M. e) scarum *c.* f) alios *edd.* g) *suppl. Carp.* h) *aliud notae subesse suspicatus est S.* i) Sclusas *pro* ad clusas *edd.* k) *conieci; nota indistincta c., in qua literas* vo *dispexit S.;* reddere *falso edd.* l) in *edd.* m) *conieci pro* missi, *quod ne notae quidem inesse existimat S.* n) *ante* sed *nota indistincta c.*

38 = *Carp.* 52; *Roz.* 121; *(Sickel, L* 392; *Reg. Imp. I,* 790*)*. a) *rubrica in marg., supra quam legitur:* Scriptum est.

1) Medio mense Maio *etiam Fulradus abbas dona sua, ut videtur, annua ad regem transmittere debuit; Karoli epist. ad Fulradum, LL. Capitul. I, p.* 168. *Tempus erat conventus generalis (campus Madius, Magiscampus), ubi dona annua praesentari solebant; cf. Waitz, 'VG.' IV, p.* 91; *III, p.* 471. 2) *Hic aliter ac infra omnino clusas imperii significatas esse, neque vero certum illum locum Sluis nominatum, crediderim. Cf. supra p.* 314, *l.* 33. clusariis. 3) *Quentovicus nunc Wicquinghem ('départ. Pas-de-Calais, arrond. Montreuil')? Cf. de Rozière, 'Recueil I, p.* 46, *n. a. Dorestado nunc Duurstede in Hollandia (prov. Utrecht). Clusas nunc Sluis ibidem (prov. Seeland). Telonea tribus his locis exacta etiam in immunitatibus vectigalium Strazburgensi ecclesiae a Karolo Magno et ipso Ludovico concessis, Wiegand, 'UB. der Stadt Strassburg' I, p.* 10. 18 *(Sickel, K* 55, *L* 287 = *Reg. Imp. I,* 195. 861*) excipiuntur; sine dubio quia 'ad opus regium', ut mox docemur, exigebantur. Cf. Mon. Boica XXXI,* 1, *p.* 100, *Lotharii confirmationem donationis Karoli regis:* decimam, quae ex pice in R. ad opus regis ex teloneo exigebatur. 4) *Magister talis negotiatorum fortasse erat Ernaldus ille, cui cura mansionum mercatorum, et christianorum et Iudaeorum, commissa erat. Capitul. de disciplina palatii c.* 2, *LL. I, p.* 158. 5) *De tempore huius formulae cf. Mühlbacher in Reg. Imp. I,* 790.

serint, non alium quam fiscum nostrum rerum suarum heredem sunt relicturi[1]. Et quoniam ad hoc praecavendum quidam ex his, qui libertate donantur, possessiones suas hominibus naturaliter liberis tradunt, ut, si forte subita morte praeventi nec testamenta facere nec eas taliter ordinare vel disponere potuerint, hi, qui eas suscipiunt, hoc de eis faciant, quod illi voluerunt ac facere rogaverunt, qui eas illorum fidei commiserunt. Sed solet aliquotiens ex quorundam cupiditate cognoscere[b], ut res sue fidei commissas non ad filios defunctorum, sicut ipsi voluerunt, pervenire faciant, sed neque in elemosinam pro salute eorum vel tradant vel erogando distribuant, quin potius sibi velut legitime collatas in proprietatem perfidissima voluntate vindicare non dubitent. Quod timens et ne sibi accidere posset cavere cupiens, fidelis noster Albricus[c. 2] actor, quia et ipse, cum domni et genitoris nostri Karli piissimi [imperatoris[d]] servus esset, munere clementiae
*l. 5. illius *libertatem est consecutus, mansuetudini nostre supplicavit, ut talem nostre auctoritatis confirmationem a nobis accipere mereretur, per quam securus fieri posset, ut res et bona sua, quae post acceptam libertatem iuste atque legaliter adeptus est, ad filios suos ex nostra largitione pervenirent, si subitaneo casu praeventus ea tradere vel disponere non potuisset, et ut sibi necessitas non incumberet, ut vel ipse bona sua incerto aliene fidei committeret vel filios suos per cuiuslibet perfidiam exheredaret[e]. Cuius petitioni propter eius sedulum ac devotum servicium nobis adnuere placuit, ac proinde hoc nostre imperialis auctoritatis praeceptum eidem fideli nostro conscribere ac dare statuimus, per quod decernimus atque iubemus, ut, si memoratus fidelis noster ille vel morte subitanea vel alio quolibet casu ita praeventus fuerit, ut res suas proprias aut tradere aut disponere solemni consuetudine non possit et intestatus divino iuditio vita
*f. 85. decesserit, neque comes neque vicarius *aut centenarius neque ullus iudex aut actor publicus vel quaelibet alia qualicunque dignitate praedita persona res ipsius, quas eo tempore inordinatas atque indispositas reliquerit, aut invadere aut, sicut mos est, quasi ad nostram partem recipiendas occupare praesumat[3]; sed liceat filiis eius, si ei superstites fuerint, easdem res ex nostra concessione recipere ac possidere et de eis facere, quidquid sana voluntate decreverint. Et ut haec auctoritas nostre praeceptionis cercior habeatur ac maiorem sui vigoris obtineat firmitatem, manu propria.

a.814. Oct.1.

39.

Imperialem[4] celsitudinem decet, praedecessorum suorum pia facta non solum inviolabiliter conservare, sed etiam censure auctoritate alacriter confirmare. Idcirco notum sit

38. b) *sic c.; lege cum edd.:* cognosci. c) albric̄ *c.* d) *conieci;* prioribus *S. in cod. legit;* principis *edd.; minime autem cum S. suppleverim* [augusti] prioribus [temporibus]. e) *ante* exheredaret, *in exitu versus superioris, eadem vox expuncta esse videtur c.*

39 = *Carp.* 17; *Roz.* 156; *(Sickel, L* 24; *Reg. Imp. I,* 526*). Cf. ipsum diploma, Martene, Ampliss. coll. II, p.* 23 *sq.; Lünig, 'Reichs-Archiv' XVIII, p.* 181 *sq.; vide infra n.* 4.

1) *Francici iuris esse hic et infra (cf. praesertim l.* 6 *sq.* 17. 26 *sq.) imperator enunciat, libertorum, qui intestati decesserint, etiam si filios superstites reliquerint, hereditatem fisco regio cedere, immo bona, quae post acceptam libertatem iuste et legaliter adepti erant (cf. l.* 14*), quod adhuc iuris Germanici peritos omnino effugisse videtur. Cf. Capit. Aquisgr. (*801—813*) c.* 6*:* De his qui a litterarum conscriptione ingenui fuerint, si sine traditione mortui fuerint, hereditas eorum ad opus nostrum recipiatur; *Cap. legi Rib. add. c.* 9. 10., *LL. Capit. I, p.* 171. 118. *Aliter Lex Rib.* 57, 4; 61, 1. 2) *Albricus actor fisci regalis Tectis nominati (nunc Theux in Belgica prov. Lüttich, 'arrond. Verviers') in dipl. Ludov. a.* 827. *memoratur. Sickel, L* 250 = *Reg. Imp. I,* 815. *Cf. Simson, 'Ludwig d. Fr.' II, p.* 245. 3) *Cf. Capit. Aquisgr. (*801—813*) l. c.:* nec comis nec vicarius illud sibi societ, sed ad opus nostrum revocetur. 4) *Ipsum Ludovici diploma a.* 814, *Oct.* 1, *sed non autographum, exstat. Cf. Reg. l. c. et Sickel, 'UR'. p.* 301. *ad L* 23. *Certiora quaedam codicum verba mecum communicavit V. Cl. Mühlbacher.*

omnium fidelium nostrorum industrie, quia Wirontus abbas ex monasterio [Stablao[a] et] Malmundario necnon et monachi in eisdem cenobiis consistentes detulerunt nobis praeceptum Hilderici regis[1], in quo continebatur, qualiter vir sanctus, Remaclus[b] scilicet nomine, qui nunc eodem in monasterio requiescit, detulisset ei praeceptiones Sigiberti regis, in quo [erat[a]] insertum, qualiter easdem cellulas novo opere construxisset et de sua foreste duodecim [leugas[a]] undique mensuratas, sive quae infra erant, pro divino *l. 5.*
amore concessisset. Sed praedictus pater, magis diligens quiete Domino servire quam tumultuosa saeculi fluctuatione perpeti, deprecatus [est[a]] eundem Hildericum regem, ut sex leugas ei subtraheret propter quietudinem monachorum ibidem consistentium et sex eis[c] per suum praeceptum confirmaret atque undique designari iuberet; sicut et idem rex libenter facere procuravit, id est de monasterio Malmundario usque ad Siccum Campum et de illo loco usque ad illum, *sicut et per ceterorum loca.* Haec omnia per loca denominata atque determinata a praedicto rege necnon et a successoribus eius ad praedictas cellulas eorum relegendo praeceptionem concessum atque confirmatum invenimus; sed pro firmitatis studio petiit praedictus [abbas[a]] et eius congregatio, ut nos denuo per nostrum praeceptum praedictam forestem per loca superius denominata atque descripta eisdem nostra auctoritate concederemus atque confirmaremus monasteriis. Quorum petitionibus libenter adnuimus et, ut deprecati sunt, per hoc nostrum praeceptum confirmavimus. Praecipientes ergo iubemus, ut nullus fidelium nostrorum de praedicta foreste, sicut superius descriptum esse dinoscitur, *nullam inquietudinem aut infestationem **l. 10.*
aut contrarietatem partibus praedictis monasteriis suisque rectoribus facere ullo unquam tempore praesumat; sed liceat monachis in eisdem cellulis Deo famulantibus ad proprias supplendas necessitates ipsam cum omni integritate perpetuis temporibus habere absque alicuius infestatione aut resultione vel diminoratione. Deprecati [sunt[a]] etiam nos de decimis et capellis ab antecessoribus nostris sibi concessis ex quibusdam fiscis nostris, id est de Duria[2], Clodonna — capellas simul cum decimis, ut pro firmitatis studio et anime nostre emolumento donatorum[d] vel praeceptorum nostrorum nostra confirmaremus auctoritate. Quapropter sicut petierunt concessimus et decernimus ac iubemus, ut nemo fidelium nostrorum de decimis et capellis memoratae congregationi aliquid contendere aut abstrahere vel minuare[e] praesumat nec ullam contrarietatem aut infestationem inferre temptet, sed, sicut ab antecessoribus et a nobis de memorata foreste et de iam dictis decimis et cappellis constat esse confirmatum, ita, Domino protegente, per hanc nostram auctoritatem nostris et futuris temporibus maneat inconvulsum.

40. *a. 826—830.*

Omnibus[3] fidelibus sancte Dei ecclesie et nostris, praesentibus scilicet et futuris. *f. 85*
Si aliquid de rebus proprietatis nostre ad loca divino cultui dedicata conferimus, hoc

39. a) *D; deest c.* b) Remachus *c.;* Remaglus *D.* c) *sic c.;* ei *D.* d) d. vel pr. *sine dubio corrupta praebet c.;* domnorum vel praedecessorum *edd.; rectius:* donum praedecessorum *D.* e) minuere *edd. cum D.*

40 = *Carp.* 1; *Roz.* 565; *(Sickel, L* 274; *Reg. Imp. I,* 850*).*

1) *Diploma Childerici II. a.* 667, *Sept.* 6, *DD. I, M.* 29. 2) *Düren, caput regionis aequivocae in praef. Aachen; Klotten, praef. Coblenz, reg. Kochem. Alios multos locos diploma enumerat.* 3) *Ipsum diploma, ex quo formula scripta est, non iam habemus, sed confirmationes eius duas alteram Ludovici Germanici, Mon. Boic. XXVIII,* 1, *nr.* 27, *p.* 41 *sq. (Böhmer* 745*) alteram Arnulfi regis, Mon. Boic. l. l. nr.* 70, *p.* 95 *sq. (Böhmer* 1071*). Quamquam in confirmationibus praeceptum a solo Ludovico imperatore concessum esse dicitur, tamen propter verba* manibus propriis, *infra p.* 318, *l.* 37, *Sickel diploma Ludovici et Lotharii filii fuisse recte existimat; vide 'UL.'* §. 86, *n.* 10, *p.* 270. *Cf. Hirsch, 'Jahrbücher Heinrich II', II, p.* 29, *n.* 4; *Sickel, 'UR.' p.* 337 *sq. ad L* 274; *Mühlbacher in Reg. Imp. l. l.*

procul dubio[a] nobis ad aeterne mercedis augmentum et stabilitatem regni a Deo nobis commissi pertinere confidimus. Idcirco notum fieri volumus omnium vestrum fidelitati, qualiter vir venerabilis Wolfgerius[b. 1], Wirciburgensis ecclesie episcopus, ad nostram veniens praesentiam, indicavit nobis, quod pie recordationis domnus et genitor noster Karlus serenissimus imperator antecessoribus suis, illis et illis[2] episcopis, praecepisset, ut in terra Sclavorum, qui sedent inter Moinum et Radanziam[3] fluvios, qui vocantur Moinwinidi et Radanzwinidi[4], una cum comitibus, qui super eosdem Sclavos constituti erant, procurassent, ut inibi sicut in ceteris christianorum locis ecclesie construerentur, quatenus ille populus noviter ad christianitatem conversus[5] habere potuisset, ubi et baptismum perciperet et praedicationem audiret et ubi inter eos sicut inter ceteros christianos divinum officium celebrari potuisset; et ita a memoratis episcopis et comitibus, qui tunc temporis eidem *populo praepositi fuerant, adserit esse completum et ecclesias quatuordecim ibi fuisse constructas, sed easdem ecclesias minime eo tempore fuisse dotatas, sed, sicut primum constructae fuerunt, sic usque in praesentem diem sine dote remansisse. Idcirco suggessit atque admonuit mansuetudinem nostram, ut ad easdem basilicas dotandas aliquid de rebus proprietatis nostre in eodem pago dare deberemus. Cuius admonitioni atque petitioni, quia salubris esse videbatur, adsensum nobis praebere placuit. Donamus igitur atque concedimus, quod ita donatum atque concessum in perpetuum esse volumus, ad praefatas basilicas, quae, ut diximus, iussu et consilio domni et genitoris nostri Karoli serenissimi imperatoris in terra praedictorum Sclavorum a memoratis episcopis constructae sunt, in eodem pago de proprio nostro ad unamquamque mansos duos cum supersedentibus duobus tributariis, excepto illo manso, super quem primitus unaquaeque earundem ecclesiarum aedificata est; eo videlicet modo, ut, quidquid idem tributarii in censu vel tributo solvere debent, hoc totum ad partem earundem ecclesiarum omni tempore persolvant, et ipse ecclesie cum omnibus rebus ad se pertinentibus sub memorati viri venerabilis illius[c] et successorum eius cura ac providentia sint, ut divinum in eis officium solemniter assidue celebretur, *et populus terre illius iugiter praedicationem habeat et in eis baptismi sacramenta percipiat. Idcirco hanc nostre auctoritatis praeceptionem conscribere iussimus, per quam decernimus atque iubemus, ut nullus comes aut iudex publicus sive actor imperialis vel qualibet potestate praedita persona ab hac die in futurum memorato viro venerabili illo vel successoribus eius pro eisdem ecclesiis vel rebus ad eas nostra liberalitate concessis repetitionem facere aut ullam calumniam ingerere praesumat; sed liceat illis memoratas ecclesias cum omnibus rebus ad eas pertinentibus absque ullius persone et contradictione vel impedimento tenere vel regere et sicut alias ecclesias ad episcopium suum pertinentes secundum canonicam institutionem ordinare atque disponere. Et ut haec auctoritas firmior habeatur et nostris futurisque temporibus ab omnibus melius conservetur, placuit nobis eam et propriis manibus subscribere et anuli impressione sigillare.

41.

Notum fieri volumus omnibus[a] fidelibus nostris, scilicet partibus Romanie Italieque consistentibus, quod quidam homines, quorum nomina sunt illi, illi, in nostram venientes

40. a) *ita cum edd. scripsi;* dubiis *c.* b) Wolsgerius *c.;* Wolfgario *diplomata infra n.* 1 *laudata.* c) illi *S* 1.

41 = *Carp.* 36; *Roz.* 13. a) *edd.;* omnium fidelium nostrorum *c.*

1) *Wolfgerus episcop. Wirzburg. a.* 810—832, *Catalog. episc. Wirzb., SS. XIII, p.* 338. 2) *In diplomate nominati erant Berewelphus, Liudridus, Egilwardus.* 3) *Nunc Rednitz.* 4) *De his Slavis cf. Zeuss, 'Die Deutschen und ihre Nachbarstämme' p.* 647 *sqq.; Rettberg, 'Kirchengeschichte Deutschlands' II, p.* 555; *Hirsch, l. l. p.* 28 *sqq.* 5) *Cf. Rettberg, l. l. et ibidem p.* 324.

praesentiam, petierunt ac deprecati sunt nos, ut eos propter malorum hominum infestationes sub sermonem tuitionis nostre susciperemus; quod libenter fecimus. Propter hoc hanc nostre auctoritatis praeceptionem fieri eisque dare decrevimus, per quam praecipimus atque iubemus, ut nullus vestrum de *eorum rebus propriis aliquid ab eis contra *l. 15. rationis ordinem abstrahere aut eos de qualibet causa iniuste calumniari praesumat; sed liceat eis sub nostra defensione ac tuitione absque cuiuslibet contrarietate in eorum proprio quiete residere. Et si aliquae cause adversus illos exortae fuerint, quae intra patriam sine gravi et iniquo dispendio definiri non possunt, volumus, ut usque in praesentiam nostram sint suspensae et reservatae, quatenus ibi iustam et legalem finitivam accipiant sententiam; et nemo eis ad nos veniendi viam contradicere praesumat.

42.

a. 817—825?

Cum[1] iustum esse constat, ut regalis atque imperialis potestas illis auxilium exhibeat, f. 111. quorum necessitas hoc postulare comprobat[a], tum non minus aequitatis ordo videtur exigere, ut his eadem potentia illius aurem accommodet et eorum petitiones ad effectum perducat, quorum fideli famulatu manifesto[b] devotionis obsequio demonstratur[c]. Igitur notum fieri volumus omnium fidelium nostrorum, praesentium scilicet et futurorum, prudentiae, qualiter, suggerente atque petente Teodoni[2], vasallo dilecti filii nostri Lotharii caesaris, concessimus ei ad proprium quasdam res proprietatis nostre, quae sunt in pago illo, in villa illa[d], de terra arabili tantum et de prato tantum, appertinentes ad ipsos mansos, de silva tantum, ob hoc scilicet, quia ille dedit nobis de rebus suis propriis in pago illo, in villa illa, hoc est mansos tantos, habentem[e] de terra arabili bunuaria tanta et de prato tantum, appertinentes ibi, de silva tantum, necnon et mancipia tanta, quorum nomina sunt illos et illos. Res vero et mancipia superius nominata praedicto homini ad proprium *concessimus, ita videlicet, ut, quidquid de praedictis rebus et mancipiis ab *l. 5. hodierno die et tempore iure proprio facere vel iudicare voluerit, libero in omnibus perfruatur arbitrio faciendi quidquid elegerit. Et ut haec auctoritas largitionis atque confirmationis nostre per curricula annorum inviolabilem obtineat firmitatem, manu propria subter firmavimus et anulo nostro signari [iussimus].

43.

a. 822. Oct. 27.

Omnibus praelatis ecclesiarum sive comitibus aut vasallis nostris vel iunioribus vestris notum sit, quia forestarios nostros, Adonem videlicet et pares suos, qui forestem in Vosago[3] praevident, immunes constituimus a quibusdam publicis functionibus, id est liberos forestarios a bannis et aribannis[a] et conductum ad legationes sive paravereda danda, tantum vero, ut hi, qui soliti sunt, stoffam[4] persolvant et in anno tres ministros

42 = *Carp.* 28; *Roz.* 300; *(Sickel, L* 386; *Reg. Imp. I,* 786*).* *Cf. diplomata Fuldense (autographum mutilum = A, apographum Eberhardi = B) et Gorziense; vide infra n.* 1. a) comprobatur *edd. et dipl. Fuld. B et Gorz.* b) *lege:* manifesta — obsequia, *ut exstat in diplomatibus.* c) *sic pro* demonstrantur *c. et dipl. Fuld. A;* demonstrantur *dipl. Fuld. B et Gorz.* d) *post h. v. Roz. suppl.:* hoc est mansos tantos habentes. e) *lege cum edd.:* habentes.

43 = *Carp.* 30; *Roz.* 26; *(Sickel, L* 186; *Reg. Imp. I,* 739*).* a) e *superscripto corr.* eribannis c.

1) *Cf. cum hac formula diplomata Ludovici Pii, et quod Fuldensi monasterio, Dronke, Cod. dipl. Fuld. nr.* 325, *p.* 158 *sq. (Sickel, L* 114 = *Reg. Imp. I,* 642*) et quod Hartmanno comiti de rebus Gorziae monasterii possidendis, Bouquet VI, p.* 477, *nr.* 29 *(Sickel, L* 54 = *Reg. Imp. I,* 559*) concessit, praesertim cum arenga, quae utrobique eadem fere est. De tempore Mühlbacher, Reg. Imp. I,* 786. 2) *De Teodone incognito cf.* de *Rozière, 'Recueil' I, p.* 356 *sq., n. a.* 3) *Wasgau, Vogesen.* 4) *i. q. 'stuofa', census seu tributum liberorum. Cf. Waitz, 'VG.' II*[2], *p.* 560 *sq. IV, p.* 98 *sq.*

constituant; nisi[b] illi comites aut alii illis quiddam quaesiverint, aut in testimonium dicendum producti fuerint, super hoc nullus comes aut iudiciaria potestas eos de quibuslibet rebus distringere praesumat, excepto[c] criminalibus causis. Servi vero forestarii[1],
*l. 10. tam ecclesiastici quam fiscalini, de eorum[d] mansis stipendiorum, *de quorum beneficio sunt, rigas faciant atque censum sive ceteras functiones, quae ex semetipsis sive de eorum mansis exhibere debent, persolvant et nec paravereda donent nec opera faciant, sed etiam[e] manuopera eorum forestarii nostri praevideant, [et[f] nullus] quilibet de parte seniorum illorum eos pro qualibet re distringat aut iniustam inquietudinem faciat; sed quidquid tam liberi forestarii quam servi, ecclesiastici aut fiscalini, praesumptionis aut inobedientiae errore aut cuilibet nocuerint, magistri forestariorum illorum iustitiam faciant; et si iustitiam facere detraxerint, hoc ad nostram noticiam deducatur, ut nos praesenti secundum legem et iustitiam facere iubeamus, et illi, qui iustitiam [non[g]] facere vel differre temptaverint, dignam [correc]tionem[h] accipiant. Haec vero auctoritas *et cetera.*

Suizgarius ambasciavit, Durandus ad vicem Fredugisi[i] recognovit et subscripsit.

Data 6. Kalendas Novembres, anno, Christo propitio, 9. imperii domni Ludovici, indictione 1; actum Fulcolingas[2].

a. 814—825?

44.

Imperialis[3] celsitudinis moris est, fideliter sibi famulantes donis et honoribus honorare. Proinde notum esse volumus omnibus fidelibus nostris, tam praesentibus quam et
*l. 15. futuris, *quia nos morem parentum nostrorum, regum scilicet Francorum, sequentes, libuit celsitudini nostre, quendam fidelem nostrum nomine Ricbodonem de quibusdam rebus nostre proprietatis, quae sunt in pago Alsacinse et in duabus villis, quae uno vocabulo, id est Frankenheim, [appellantur[a]], honorare et easdem res per hoc nostre largitionis conscriptum eidem Ricbodoni[4] fideli nostro perpetualiter ad proprium concedere; id est in una villa, quae nomine Frankenhaim[5] appellatur, mansos tres et in altera, quae simili modo Frankenhaim nominatur, dimidium mansum cum aedificiis desuper constructis et de terra arabili iornales 100 et de prato, in quo potest colligi de foeno carrada una, et mancipia tria[b], quae ita appellantur. Idcirco namque has descriptas res memorato fideli nostro Ricbodoni, sicut superius diximus, ad proprium concedimus [et[c] de nostro iure in ius ac potes]tatem ipsius more solemni transferimus, ut, quidquid ille de eisdem rebus et villis facere vel disponere decreverit, libero in omnibus perfruatur
*l. 20. [arbitrio[d] faciendi] exinde. *[Et[e] ut haec nostrae largitionis auctoritas] inviolabilem et inconvulsam obtineat firmitatem et a fidelibus nostris verius cerciusque credatur, [manu[f] propria] subter [firmavimus[f]].

43. b) [et] nisi *Roz.* c) exceptis *edd.* d) *dubitat de hac interpretatione S.* e) *sequentia corrupta videntur; fortasse:* pro manuopera eorum forestem nostram praevideant; *cf. Capit. de villis l. c. infra n.* 1. f) *ita fere coniciendum videtur pro nota incerta in marg. c.* g) *suppl. Roz.* h) *priorem vocis partem, quae dispici nequit, e coniectura supplevi.* i) Freduigisi *c.*

44 = *Carp.* 29; *Roz.* 141; *(Sickel, L* 391; *Reg. Imp. I,* 785*).* a) *suppl. Carp.* b) *de hac lectione dubitat S., qui fortasse* ISa *notae inesse existimat.* c) *e diplomatibus similibus supplevi, infra etiam* transferimus *scribens pro* tenere, *cui rei assentitur S.* d) *ita edd.; in c. nunc notae evanidae.* e) *ita supplendum duxi e diplomatibus.* f) *suppl. Carp., qui notas iam certe agnoscere non potuit.*

1) *Cf. Capit. de villis c.* 10*:* Ut maiores nostri et forestarii — vel ceteri ministeriales rega faciant et sogales donent de mansis eorum, pro manuopera vero eorum ministeria bene praevideant, *LL. Capitul. I, p.* 84. 2) *Völklingen super Saar fluvium prope Saarbrücken.* 3) *Eodem dictato saepius usus est Ludovicus imperator in donationibus. Cf. e. g. Rassler, Vindicatio contra Tentzel, App. p.* 33*; Bouquet VI, p.* 574*, nr.* 172*; Wilmans, 'Kaiserurk.' nr.* 12*, p.* 36 *sq. (Sickel, L* 323. 294. 312*). Vide etiam supra cap.* 27. 4) *Ricbodo idem fortasse, qui postea abbas Senonici monasterii; cf. Mühlbacher, Reg. Imp. l. c.; de Rozière, 'Recueil' I, p.* 179*, n. a.* 5) *Hoch-Frankenheim et Klein-Frankenheim. Cf. de Rozière, l. l. n. b.*

45.

post Nov. 825.

Omnibus[1] fidelibus nostris, praesentibus scilicet et futuris, notum sit, quod quidam *f. 125.* homo nomine Enoch innotuit celsitudini nostre, qualiter pater suus nomine Laonoch[a], nullo cogente, sed[b] ut hereditatem fratri suo, quam iuste et legaliter[c] . . . . . professus esset, nostrum se esse servum. Quam causam missos nostros, Ebbonem[d] episcopum et Hruotfridum[e] comitem[2], diligenter inquirere iussimus ac inquisitam nobis renuntiare; qui revertentes retulerunt nobis, per omnia ita verum esse, sicut memoratus ille Enoch [renuntia]verat[f]. Propter huiuscemodi professionem statum [eorum] ingenuitatis, in quo ipse et fratres ac sorores sue nati fuerant, ad servitutis inutilis conditionem [inclinari posse metuens, deprecatus est] nos idem Enoch —[g]. Cuius [exaudientes] precem, ut[h] libertate et rebus ipse et fratres ac sorores sue securius ac firmius potiantur, hoc nostre auctoritatis praeceptum eis fieri decrevimus, per quod decernimus atque iubemus, ut ipse et fratres et sorores sue his nominibus* . . . . Enoch . . . . frater[i], Noeli soror, idem **l. 5.* Laonild, Emenarico, idem Iustina soror, Mildis in [eorum[k]] libertatis statu, quo nati fuerant, omnibus diebus vitae sue [libere[k]] ac secure [permaneant[k]] et rebus suis, quas pater eorum, priusquam se nostrum esse servum profiteretur, eis iuste et legaliter tradiderat[l], firmiter[m] potiantur, et pro eo quod ipse onus[n] servitutis suscepit . . . . nec ipse, scilicet iam dictus, fratres aut sorores eius vel posteritas eorum nostris futurisque temporibus pro hac causa nullam commotionem aut calumniam aut aliquod impedimentum patiantur, sed, ut dictum est, absque [alicuius[k] contrarietate] aut praeiuditio et libertatem obtineant et res suas, quas pater eorum, sicut supra diximus, priusquam se nostrum esse servum profiteretur, eis iuste et legaliter tradiderat, in suo suorumque heredum dominio perpetim [legitimo[o] ordine] ac [firmiter[o]] possideant.

46. Praeceptum[a] super rebus redditis[3].

l. 125 post Sept. 822.

Notum sit omnibus fidelibus nostris, praesentibus scilicet et futuris, qualiter, cum nos generale placitum nostrum in palatio nostro, quod dicitur Attiniacum[4], more solito

45. *Initium transscripsit Kopp, Palaeogr. crit. I, p.* 319. a) *etiam* Lacnoch *vel* Laenoch *legi possit.* b) *haec sequentia valde corrupta videntur; expectaveris fere:* sed propria et spontanea voluntate hereditatem fratri suo iuste et legaliter tradidisset, antequam professus esset. c) *sequuntur complures trium quattuorve verborum notae, quas legere S. non potuit; agnovit tamen literas* da . . . a. d) *hoc notae inesse suspicatus sum; assensus est S.* e) hruotfrid c. f) renuntia *haud ita certo legit S. Sequuntur in codice notae quaedam aliae evanidae aliae inexplicabiles, inter quas non nisi paucas literas agnovit S. Sequentium verborum turbatum, ut videtur, in codice ordinem restituere conatus sum, pro notis aut corruptis aut evanidis ea supplens verba, quae fere res ipsa exigere mihi visa est; S. legit in c.:* e . . . . tus da . . . . nos idem Enoch ·.· Propter huiuscemodi professionem statum(?) . . . . ingenuitatis — inutilis conditionem cuius . . . . . precem, ut libertate *etc.* g) *hic ipsa petitio omissa esse videtur; cf. n.* h. h) ut — potiantur *fortasse in ipsa petitione, quam antea omissam esse conieci, poni debuerunt; cf. infra p.* 324, *l.* 27 *sqq.* i) *in codice haec vix leguntur:* fr Noeli sōr id laonild (laenild *S.*) emenarico *(dubium, fortasse pro* ermenarico?) id Iustina sormildis in . . . . libertatis *etc.*; id (idem) *fortasse pro* item *scriptum est.* k) *ita fere pro notis evanidis suppleri possit.* l) erat *non iam legitur in c.* m) *dubitat de hac lectione S.* n) *ita conieci; assensus est S.* o) *cf. p.* 325, *l.* 4.

46 = *Carp.* 40; *Roz.* 451; *(Sickel, L* 184; *Reg. Imp. I,* 735*)*. a) *rubrica in marg. c.*

1) *Formulam non esse epistolam defensionis Iudaeis concessam, ut opinatus est Sickel, 'UL.'* §. 44, *n.* 1, *p.* 117, *nunc facile apparebit.* 2) *Ebo archiepiscopus Remensis et Hruotfridus comes a.* 825. *missi dominici constituti sunt pro archiepiscopatus Remensis regione, LL. I, p.* 246. *Hruotfridus comes adfuit a.* 814. *synodo Noviomensi, Flodoardi Hist. eccles. Remens. II,* 18, *SS. XIII, p.* 466. *Memoratur etiam in Translat. S. Sebast., Acta SS. O. B. IV,* 1, *p.* 399. 3) *De tempore cf. Sickel, 'UR', p.* 324. *et Mühlbacher, Reg. Imp. I, l. l.* 4) *Attigny a.* 822, *Aug. Sept. Cf. Reg. Imp. I,* 733 *a.* 734; *Simson, 'Ludwig d. Fr.' I, p.* 178 *sqq.*

tenuissemus, quidam homo nomine Odolmarus, advocatus ex monasterio quod vocatur Mageduno[1], in honore sancti illius constructo, ubi et sanctus ille confessor corpore requiescit, interpellavit[b] quendam vasallum nostrum nomine Ragumbernum de quibusdam rebus ad ius monasterii sancti illius pertinentibus, quod inluster vir ille[2] comes in regimine habere videtur, quarum rerum sunt vocabula illa et illa, cum reliquis aiacentiis vel adspicientiis suis, dicens, quod in futurum praedicti vasalli nostri liberi iniuste eas occupassent et contra legem tenerent, adfirmans, se tales testes habere, qui hoc scirent et veraciter adserere potuissent, ab illo tempore, ex quo Hlotarius quondam rex Francorum memorato monasterio solemni traditione easdem res deligavit, semper in eis rectores ipsius monasterii liberam habuissent possessionem, usquequo ille quondam abbas in beneficium filio suo nomine *illo eas dedisset, et sic procedente tempore de manibus rectoris praedicti monasterii tempore domni ac genitoris nostri Karoli piissimi augusti elapsas esse. Sed cum nos [ad[c]] veritatem rei diligencius investigandam fideles nostros, illum abbatem, illum et illum comites, mitteremus, renuntiaverunt nobis, per omnia ita esse, sicut memoratus sancti illius advocatus adserebat. Cumque adhuc actor et defensor dissona voce centenderent, visum est nobis, ut haec contentio certo quodam iuditio esset[d] determinanda. Sed hanc examinationem praedictus Matfridus[3] kartarum ostensione dirimit; nam veniens in praesentiam nostram, ostendit nobis donationem praedicti Hlotarii regis et antiqua praecepta regum Francorum super eas. Cumque haec donatio et illa praecepta regum coram nobis lecta fuissent, advertimus de earundem kartarum inspectione et lectione, res memoratas ad ius et possessionem praedicti monasterii in integrum pertinere, neque Ragumbernum ad fiscum nostrum sibi in beneficium datum easdem res legibus defendere potuisse; et ideo a ducibus et comitibus, qui cum eis in ista examinatione (causa[e]) fuisse leguntur, iudicatum est, ut per wadium suum cum lege et fide facta Matfrido comiti vel eius advocato *easdem res redderet, in utilitatem ac usum memorati monasterii Deoque in eo servientium permansuras. Idcirco, suggerente atque rogante praedicto Matfrido fideli nostro, hanc nostre confirmationis praeceptionem ei vel ad partem monasterii sui fieri iussimus, per quam decernimus atque iubemus, ut nullus fidelium nostrorum de praedictis rebus Sancti Lifardi Matfrido sive successoribus eius ullo unquam tempore inquietudinem facere aut quamlibet calumniam ingerere praesumat; sed liceat ei et successoribus eius quieto ordine eas tenere et possidere, et quidquid pro opportunitate monasterii sui exinde facere voluerit, liberam in omnibus habeat potestatem facere. Et ut haec auctoritas firmior habeatur, manu propria.

inter a. 816. et a. 835.

47. Praeceptum[a] de aqueducto.

Notum sit omnibus fidelibus nostris, praesentibus scilicet et futuris, quod Deusdedit venerabilis abbas innotuit celsitudini nostre, qualiter aquaeductum fecisset in Autisiodoro ad utilitatem monasterii sancti Germani[4] fratrumque in eo habitantium, petiitque nos, ut ei nostre auctoritatis praeceptum fieri iuberemus, ut perpetuis temporibus a quorundam pravorum machinationibus immunis permanere potuisset. Cuius petitioni adsensum praebuimus et hoc nostre auctoritatis praeceptum ei fieri iussimus, per quod praecipimus atque *iubemus, ut ab ipsis fontibus, a quibus praedictus aque-

46. b) alia *manu superscripta est* incipit. c) *suppl. Carp.* d) esse c. e) *eadem manu superscr.* c.

47 = *Carp.* 16; *Roz.* 120; (*Sickel, L* 339; *Reg. Imp. I,* 907). a) *rubrica in marg., infra quam legitur:* Scriptum est.

1) *Monasterium S. Lifardi, 'Meung-sur-Loire, dép. Loiret, arrond. Orléans'.* 2) *sc. Matfridus postea nominatus.* 3) *Comes Aurelianensis. Cf. Simson, 'Ludwig d. Fr.' I, p.* 274 *sqq.*; 288 *sqq.* 4) *Deusdedit abbas S. Germani Autissiodorensis monasterii ('S. Germain d'Auxerre, dép. Yonne') post a.* 816. *et ante a.* 835. *fuit. Cf. Sickel, L* 81 *et* 333; *cum vero Deusdedit in L* 333 *ex longiore quidem tempore, ut videtur, iam mortuus dicatur, formula nostra ante poni debet.*

ductus inchoatus fuit, usque dum incipit ingredi monasterium Sancti Germani, nullus eum prohibere aut aliquo modo violare vel quicquam, quod ei ad id quod factus est impedimento esse possit, facere praesumat; sed, sicut memoratus abbas eundem aqueductum facere disponet, ita sine alicuius impedimento inviolabilis nostris futurisque temporibus permaneat; et si in aliquo loco emendatione opus habuerit, liceat ei absque ullius contradictione eum emendare. Et ut haec iussio nostra firmior habeatur.

48. Praeceptum[a] de mundeburdo.

Notum sit igitur omnibus fidelibus nostris, praesentibus scilicet et futuris, quia quaedam femina nomine Teofrid[b], relicta quondam Anselmi[c], veniens in praesentiam nostram, postulavit serenitatem culminis nostri, ut nos eam in nostra elemosina una cum rebus suis propriis sub nostro mundeburdo et defensione ac tuitione susciperemus. Cuius deprecationem pro mercedis nostre augmento exaudientes, et eam et res suas sub nostro mundeburdo et defensione ac tuitione suscipere *et has nostre auctoritatis litteras fieri et ei dare libuit, per quas cunctis fidelibus nostris praecipimus, ut nullus eam abhinc in futurum, dum advixerit, inquietare aut aliquam contrarietatem facere nec de rebus eius, quas iuste et legaliter moderno tempore habere et possidere videtur, contra iuris et rationis ordinem interpellare vel aliquam inquietudinem facere praesumat; sed liceat ei, sicut diximus, dum advixerit, in rebus suis propriis quiete et secure absque ullius inlicita infestatione[d] aut contrarietate residere. Et ut hae nostre auctoritatis littere verius credantur et diligencius conserventur, de anulo nostro subter eas sigillare praecepimus. *f. 126.

49. Praeceptum[a] de rebus reddendis[b, 1]. a. 814—825.

Notum igitur esse volumus omnium fidelium nostrorum, tam praesentium quam et futurorum, sagacitati, quia quidam vasallus noster nomine Richardus ad nostram accedens clementiam, innotuit celsitudini nostre, dicens, quia, cum Fastrada regina domni et genitoris nostri Karli piissimi augusti[c] de Baioaria hiemandi gratia ad Franconovurd veniret[2], avus suus nomine Hortlaicus[d] casu accidente in praesentia eius ipse interfectus[e], quia prius ipse idem *hominem nomine Ruotmundum interfecerat, et hac occasione omne proprium eius, quod habebat in pago illo et in pago illo et in villis quae innominantur illas et illas, ad publicum revocatum fuisset. Proinde deprecatus est nos fidelis noster Matfridus, ut omne proprium, quod in praedictis pagis et villis avus praedicti, videlicet Richardi, nomine Hortlaicus habuerat et hac occasione ad publicum revocatum fuerat, in nostra elemosina ei reddere iuberemus. Nos vero, Dei misericordia inspirante, deprecationem eius exaudientes, res proprias, quas praedictus avus Richardi[f] nomine Hortlaicus iuste et legaliter eo tempore, quo haec res contigit, possidebat et ad publicum revocatae fuerant, liberalitatis nostre munere per hanc nostram auctoritatem praedicto Richardo perpetualiter ad habendum reddere placuit. Proinde vero hos praeceptionis nostre imperiales apices firmitatis gratia fieri et ei dare iussimus, per quos decernimus atque iubemus, ut praedicto proprium avi sui Ortlaici, quod superius descripta occasione ad publicum revocatum fuerat, iure legitimo teneat atque possideat, et quicquid ex eo facere vel iudicare voluerit, libero in omnibus potiatur arbitrio faciendi. Et ut haec *l. 5. l. 10.

48 = *Carp.* 37; *Roz.* 14; (*Sickel, L* 390; *Reg. Imp. I,* 784). a) *rubrica in marg. c.* b) teofrid *c.* c) anselmi *c.* d) infestate *c.*

49 = *Carp.* 41; *Roz.* 41; (*Sickel, L* 217; *Reg. Imp. I,* 789). a) *rubrica in marg. c.* b) dis *fere evanuit c.* c) uxor *add. edd., quod vix opus esse videtur. Cf. Ducange s. v. regina* 2. d) *edd. falso* Hostlaicus. e) fuisset *add. Roz.* f) Richardus *S* 2.

1) *De tempore cf. Sickel, 'UR.' p.* 329; *Mühlbacher, l. l.* 2) *Hoc a.* 794. *factum esse, suspicatus est Mühlbacher, Reg. Imp. I,* 318 *a.*

auctoritas diuturnis temporibus inviolatam et inconvulsam obtineat firmitatem, anuli nostri inpressione signare praecepimus.

50. Praeceptum[a] de rebus redditis.

Notum sit igitur omnibus fidelibus nostris, tam praesentibus quam et futuris, quia quidam homines, Ermengarius videlicet et germanus eius Ingilardus, questi sunt coram missis nostris, Sicardo[1] scilicet et Teutardo comitibus, eo quod quondam Vultgarius abbas ex monasterio, quod est situm in monte Iovis[2], res iuris eorum sitas in pagis illis et villis, quae invociferantur illas et illas, iniuste et contra legem eis tulisset et ad praedictum monasterium revocasset. Quae causa dum ab eisdem missis diligenter perscrutata et per homines bone fidei veraciter esset inquisita, inventum est, sicut idem missi nostri nobis renuntiaverunt, ita verum esse. Proinde placuit serenitati nostre, ut pro mercedis nostre augmento praedictas res, quas praedictus Vultgarius abbas praenominati monasterii [in[b]] monte Iovis iniuste et contra legem praedictis hominibus abstulerat, eis per hoc nostre auctoritatis praeceptum reddere, per quod praecipimus atque
*l. 15. iubemus, ut nullus comes neque vicarius *neque centenarius neque missus noster a palatio directus neque pars praedicti monasterii eis aut posteritati eorum de praedictis rebus ullam inquietudinem aut contrarietatem facere praesumat; sed liceat eis de eisdem rebus quidquid facere voluerint libero in omnibus perfrui arbitrio faciendi. Et ut haec.

a. 819—840.

51.

Notum sit igitur omnibus fidelibus nostris, praesentibus scilicet et futuris, qualiter quaedam femina nomine illa detulit nobis nostre auctoritatis praeceptum, in quo continebatur, qualiter genealogia eius a quodam homine nomine Germano[3], domni et genitoris nostri Karli serenissimi augusti misso, iniuste in servicium addicta[a] et ad ius fisci regalis qui dicitur Andernacus[4] inclinata[a] fuisset, et qualiter a missis nostris illis et illis per nostram iussionem super hac re inquisitio facta et eis libertas simul et res restitutae fuissent. Sed quia memorata[b] femina illa ac fratres sui[c] nomina in eodem praecepto non continebantur perspicua, ipsa femina in nostro et coniugis nostre servitio perseverabat verna[d]. Ne in posterum aliqua de statu ingenuitatis eorum contra eos
*l. 20. oriri potuisset calumnia, *deprecata est nos, ut aliud sibi fieri nostre auctoritatis iuberemus praeceptum, per quod nostris futurisque temporibus et libertate et rebus securius
*f. 126. et firmius potiretur. Cuius precibus, dilectae coniugis nostre *Hiudit, in cuius assidue praedicta femina perseverabat servitio, suggestione[e] permoti, adsensum praebuimus et hoc nostre auctoritatis praeceptum eidem illa[f] et praenominato germano suo nomine illo fieri iuberemus, per quod praecipimus atque iubemus, ut, sicut genealogiae eorum pristinam libertatem et res, quas iniuste amiserant, restitui iussimus, ita praefata illa et frater eius ille libertatem obtineant et res, quas nunc iuste et legitimo ordine habere videntur vel inantea adquirere potuerint, iure hereditario teneant atque possideant et nullam deinceps conmotionem aut calumniam aut aliquod impedimentum a quoquam

50 = *Carp.* 42; *Roz.* 452; *(Sickel, L 388; Reg. Imp. I, 788).* a) *rubrica in marg. c.* b) *suppl. Carp.*

51 = *Carp.* 50; *Roz.* 448; *(Reg. Imp. I, 791).* a) *sic c., sed fortasse verborum* inclinata *et* addicta *notae inter se commutatae sunt.* b) memorate *c.; notarius fortasse voluit:* memoratae feminae illius ac fratrum suorum. c) nomine *add., sed del. c.* d) *insolite pro* vernacula. e) suggestine *c.* f) *lege:* illi.

1) *Sicardus comes assedit placito Karoli Magni a.* 812, *Tardif, 'Mon. historiques' nr.* 103, *p.* 76 *(Sickel, K* 240 = *Reg. Imp. I,* 455*).* 2) *'Mont Joux', summus Alpium Penninorum mons, ubi hospicium cum monasterio, ut videtur ex formula nostra, coniunctum, fortasse a Karolo M. aedificatum, exstitit. Cf. de Rozière, 'Recueil' II, p.* 551 *sqq., n. b.* 3) *Perperam ab E. de Rozière, l. l. II, p.* 543, *n. a, Germanum hunc cum Germaro misso coniunctum esse, monuit Mühlbacher, Reg. Imp. I, l. c.* 4) *Andernach.*

nec ipse nec posteritas eorum ab hodierno die et tempore pro causa superius conprehensa se habituri penitus[g] pertimescant, sed, ut dictum est, absque alicuius contrarietate aut praeiudicio et libertatem obtineant et res in suo suorumque heredum dominio perpetim legitimo ordine et firmiter possideant suisque posteris habenda derelinquant, et quicquid exinde elegerint, faciant. Et ut haec auctoritas.

52.

Omnibus[1] episcopis, abbatibus, comitibus, vicariis, centenariis seu ceteris ministerialibus nostris notum sit, quia iste Hebreus nomine Abraham, habitans in civitate Cesaraugusta[2], ad nostram veniens praesentiam, in manibus nostris se commendavit, et eum sub sermone tuitionis nostre recepimus ac retinemus. Propterea hanc praesentem auctoritatem nostram ei fieri iussimus, per quam decernimus atque iubemus, ut neque vos neque iuniores seu successores vestri memoratum Iudeum de nullis quibuslibet illicitis occasionibus inquietare aut calumniam generare neque de rebus suis propriis vel negotio suo aliquid abstrahere aut minuare ullo unquam tempore praesumatis et neque teloneum aut paravereda aut mansionaticum aut pulveraticum aut cespitaticum aut portaticum aut salutaticum aut trabaticum exactare; sed liceat illi sub mundeburdo et defensione nostra quiete vivere et partibus palatii nostri fideliter deservire absque alicuius illicita contrarietate. Liceat etiam ei secundum legem suam vivere et homines christianos ad eius opera facienda locare, excepto die dominico et festis diebus. Et si christianus causam vel litem contra eum habuerit, tres idoneos testes christianos et tres Hebreos similiter idoneos in testimonium suum adhibeat et cum eis causam suam vindicet. Et si ille causam vel litem contra christianum habuerit, christianos testes idoneos in testimonium sibi adsumat et cum eis illum convincat. Quod si aliquis illorum, christianus aut Iudeus, veritatem occultare voluerit, comes ipsius civitatis per veram ac iustam inquisitionem faciat unumquemque secundum legem suam veritatem dicere. Liceat etiam ei mancipia peregrina emere et non aliubi nisi infra imperium nostrum vendere. Quod si etiam aliquae cause adversus eum vel homines suos, qui per eum legibus sperare[a] videntur, surrexerint vel orte fuerint, quod absque gravi et iniquo dispendio infra patriam definiri non possint, usque in praesentiam nostram sint suspensae vel conservatae, quatenus ibi secundum legem finitivam accipiant sententiam. Et ut haec auctoritas verius ab omnibus credatur et diligencius conservetur, more nostro eam subscribere[b] et de bulla nostra iussimus sigillare.

53.

post 1. Nov. 823.

Omnibus fidelibus sancte Dei ecclesie et nostris, praesentibus scilicet et futuris. Cum in Dei omnipotentis nomine atque adiutorio anno decimo[a] imperii nostri propter quasdam sancte Dei ecclesie ac regni et populi nostri a Deo nobis commissi utilitates et necessitates ordinandas ac disponendas in Compendio palatio nostro pervenissemus atque hiemandi gratia ibi resideremus[3], veniens quidam homo nomine Lambertus, cognomento Aganus, ex pago qui vocatur Petrocius[4] et ex castro qui appellatur Toringius[5], in nostre celsitudinis praesentiam, exposuit, quod, cum temporibus avi nostri Pippini regis obsides ex eodem pago et castro ab eodem rege propter firmitatis ac pacis studium ab habitatoribus eiusdem loci quaererentur et darentur, inter ceteros et se ipsum in

51. g) *sic edd.;* paenitentiam *c.*

52 = *Carp.* 34; *Roz.* 29; *(Sickel, L* 226; *Reg. Imp. I,* 783*).* a) *correxi;* servire *edd.* b) ere *deest c.; supplevi e form.* 2. *Cf. Sickel, 'UL.' p.* 200.

53 = *Carp.* 44; *Roz.* 446; *(Sickel, L* 206; *Reg. Imp.* 759*).* a) xmo *c.*

1) *Cf. ad hanc formulam supra cap.* 30. 31, *p.* 309 *sq.* 2) *Saragossa.* 3) 1. *Nov. a.* 823. *De conventu Compendiensi vide Reg. Imp. I,* 758 *a; Simson, 'Ludwig d. Fr.' I,* p. 204 *sq.* 4) *Périgord.* 5) *Turenne.*

obsidium ab Ermenrico[1] comite et patre suo nomine Agano datum fuisse[2]. Sed post non multum temporis spatium ceteris obsidibus licentia redeundi adtributa, se ipsum ab illo temporis spatio usque in praesens tempus propter huiusce rei occasionem, amotis rerum suarum facultatibus, ab Immone[3] comite vinculo servitutis esse adstrictum. Cumque huius facti ordinem[b] a praedicto homine nobis expositum cognossemus, placuit nobis, ut eum iterum pro mercedis nostre augmento ad libertatem suam et ad res modo superius conprehenso sibi amotas redire permitteremus. Quapropter et hoc nostre aucto-
*l. 20. ritatis praeceptum ei conscribere ac dare iussimus, *per quod et ille et filii sui, qui hac occasione vinculo servitutis tenebantur adstricti, ab hac die in futurum a iugo servitutis
*f. 127. absoluti[c] sint, et omnes fideles nostri agnoscere valeant, quod nos eos *et ad pristinam[d] libertatem et ad facultates occasione superius conprehensa eis amotas concessimus pervenire. Praecipientes ergo iubemus, ut nullus comes neque vicarius neque centenarius neque missus noster a palatio directus praedictum hominem aut filios eius, quibus per hanc nostre auctoritatis praeceptionem et libertatem et res amotas concedimus, ab hac die in futurum de statu ingenuitatis eorum aut rebus illis[e] a nobis illis redditis inquietare aut illis calumniam facere praesumat; sed liceat eis in eorum proprio absque ullius iniusta contrarietate quiete residere. Et ut haec nostre auctoritatis.

54.

f. 134'. Inter omnes, qui divini vel humani iuris scientiam adsecuti sunt, constat, non solum immutari non debere, verum etiam summa firmitate subnixum manere, quidquid bona fide contractum est; propterea[a] debet interdum confirmari, quod inter partes pro ambarum utilitate commutatum est. Idcirco placuit atque convenit inter illum abbatem et illum comitem de loco illo, quod ita nominatur, ut aliquas res inter se commutare deberent; quod ita et fecerunt. Dedit igitur praedictus vir ille memorato illo in loco ad partem venerabilis monasterii illius de rebus sue proprietatis in pago illo et in villa illa tantum et tantum. Et econtra recepit ab eo de rebus praedicti monasterii in pago illo et in villa illa tantum et tantum; eo videlicet modo, ut, quidquid pars parti contulerit, in perpetuum habeat, teneat atque possideat et pro commodo vel utilitate sua de rebus sibi collatis faciat, quidquid sana voluntate decreverit. Et quia haec commutatio permissione
l. 5. atque licentia domni et gloriosissimi imperatoris facta est, nullo unquam tempore a qualibet parte vel persona dissolvi vel convelli aut in alium statum valeat immutari; sed praesens commutatio tam rationabiliter[b] facta et testium legitimorum manibus atque signaculis roborata perpetuam obtineat firmitatem.

l. 11.

55. Praeceptum[a.4].

Omnibus fidelibus sancte Dei ecclesie atque nostris, partibus Romanie atque Italie consistentibus, notum sit, quia hos[b] homines, Ursum videlicet et Iohannem, habitatores Parme civitatis, quorum[c] propinquos, qui simili modo Ursus et Iohannes nominabantur[d], Piriteus per sua conscriptionis testamenta a vinculo servitutis absolvit et in plenariam libertatem esse constituit, ad nos venientes et easdem absolutionum kartas obtutibus nostris offerentes, non solum eos, sed et propinquos eorum, qui per eadem absolutionum

53. b) o *terminationem nota praebere videtur.* c) insoluti *c.* d) am *deest c.* e) eis *superscr. c.*

54 = *Carp.* 54; *Roz.* 316. a) *sic S* 1; nec *S* 2. b) ter *deest c.*

55 = *Carp.* 51; *Roz.* 15; *(Sickel, L* 193; *Reg. Imp. I,* 724*).* a) *in marg. c.* b) quosdam *superscr. c.* c) *recte monet S., in codice verborum ordinem non esse turbatum, ut editores existimaverunt.* d) *corr. ex* ominabatur *c.*

1) *Comes, ut videtur, Petrocensis tempore Pippini regis.* 2) *Vide Reg. Imp. I,* 101 *p; Oelsner, 'König Pippin' p.* 408, *n.* 4; *Simson, l. l. p.* 144, *n.* 2. *Cf. Form. Bitur.* 11, *supra p.* 173. 3) *Comes Petrocensis. Vide Simson, l. l. p.* 204, *n.* 10 *(p.* 205*).* 4) *Cf. ad hanc formulam Sickel, 'Beiträge' III, p.* 80 *sqq.*

testamenta iuste et legaliter plenam adsecuti sunt libertatem, cum omnibus rebus et hominibus, quas moderno tempore iuste et legaliter habere et possidere dignoscuntur, sub nostro tuitionis atque defensionis mundeburdo suscepimus et inantea, Deo nos protegente, retinere volumus. Ideo praecipimus atque iubemus, ut nullus ex vobis aut ex[e] successoribus vestris vel etiam ex iunioribus vestris *memoratos homines Ursum et Iohan- *l. 15.
nem nec [non] etiam propinquos eorum, qui, sicut superius insertum est, per memorata conscriptionum testamenta iuste et legaliter plenariam adsecuti[f] sunt libertatem, de nullis quibuslibet iniustis et inlicitis occasionibus contra legem et contra iustitiam inquietare atque infestare nec de rebus eorum, quas moderno tempore iusto et legali modo tenere et possidere dignoscuntur vel inantea eis, Domino tribuente, simili modo adquirere potuerint, aliquam diminorationem facere aut eis propter hoc, quod ad nos venerunt, ullam calumniam ingerere praesumat; sed liceat illis, sicut et ceteris fidelibus nostris, qui sub nostra defensione[g] recepti sunt, absque cuiuslibet impedimento una cum omnibus rebus et hominibus suis cum honore et omni salvatione vivere et quieto ordine in libertate, quam, sicut diximus, a memorato Piriteo adepti sunt, absque cuiuslibet contrarietate plenario permanere. Concedimus etiam eis per hanc nostre auctoritatis *praeceptionem, *l. 20.
ut, quidquid de rebus suis et hominibus, quas modo iuste et legaliter retinent et possident vel etiam in futurum eis, Domino volente, simili modo adquirere potuerint, sana mente sanoque consilio facere deliberaverint, liberam et firmam in omnibus habeant potestatem faciendi. Quod si aliquis contra hanc nostre concessionis atque praeceptionis auctoritatem ire temptaverit et memoratos homines vel propinquos eorum, qui, sicut diximus, praefatam adsecuti sunt libertatem, pro eo, quod ad nos venerunt, contra legis et rationis ordinem perturbare[h] convictus fuerit, noverit, se propter hoc ad nostram adventurum esse praesentiam et de sua praesumptione atque ausu temerario nobis rationem esse redditurum et secundum facti sui meritum poenas persoluturum. Quod si alique cause adversus eos aut homines eorum, qui[i] per eos legibus sperare[k] videntur, surrexerint vel exorte fuerint, quae intra patriam iuste et legaliter finite esse nequiverint, volumus, ut usque in nostram aut missorum nostrorum praesentiam sint suspense vel conservate, qualiter ibi iustam et legalem recipiant sententiam[l]. *Et ut haec nostre. *l. 25.

ADDITAMENTUM.

1. a. 845.

In[1] nomine domini nostri Iesu[a] Christi, Dei aeterni, Hlotharius divina ordinante *f.* 1.
providentia imperator augustus. Si enim ea, quae[b] fideles imperii nostri pro eorum[c] oportunitatibus inter se commutaverint, [nostris confirmamus edictis], imperialem exercemus consuetudinem et [hoc] in postmodum iure firmissimo mansurum esse volumus. Idcirco [noverit omnium] fidelium sanctae Dei aecclesiae atque nostrorum, present[ium[d] scilicet et futurorum, industr]ia, quia ille [venerabilis[e]] episcopus, *aut* vassus[f] *aut* abbas, ad nostram accedens mans[uetudinem], retulit[g], quod quandam pro utriusque

55. e) *deest S* 2. f) a. s. *supra lineam scripta c., ubi ordo verborum e correctura sic institutus est.* g) tione *terminatio notae inest c.* h) *S. hac interpretatione reiecta proposuit* punire. i) vel *superscribendo corr.* qui *c.* k) *correxi;* servire *edd.* l) am *deest c.*

1. *Cod. Voss.; verba quae in priore pagina valde abrasa evanuerunt e similibus diplomatibus inter uncos supplevi.* a) I. Chr. D. aet. *nunc quidem legi nequeunt, sed legerat verba ista, ut scheda libro addita docet, Lucianus Müller.* b) q;, *ut videtur, c.* c) *fere evanuit.* d) *nihil nisi* presentia *pro* presentium — industria *c.* e) ven *fortasse in c.* f) vass' *c.* g) reculit *e corr. c.*

1) *Lotharii I. diploma, ex quo scripta est formula, confirmatio commutationis inter archiepiscopum et alium quendam fuisse videtur; cf. p.* 328, *l.* 2 *etc.*

partibus utilitate cum quodam vassallo fecisset [commutationem[h]]. Dedit igitur nostre[i] permissione iam praenominatus archiepiscopus e rebus sui episcopatus in pago illo vel in locis illis[k] ecclesias tantum cum eorum[i] appenditiis pre[fato] illo[k] ad proprium. *f. 1'.* Econtra in recompensatione harum rerum dedit *iam dictus[l] ille[k] prefato illo[k] ex rebus propriis ad partem prenominate aecclesiae sue in locis illis, qui sic nominantur, causam[m] indominicatam cum sibi omnibus pertinentibus. Unde et duas commutationes aequalem habentes tenorem obtutibus nostris detulit; sed pro integra firmitate[n] petiit celsitudine nostram, et[o] eiusdem commutationes denuo per nostre [mansue]tudinis[p] preceptum plenius confirmare dignaremur. Cuius petitionem denegare noluimus. Precipientes ergo iubemus, ut, quicquid pars[q] iuste et rationabiliter alteri contulit parti, deinceps per hanc nostram auctoritatem iure firmissimo teneat adque possideat, et quicquid exinde facere de[creveri]t, [liberam] et firmissimam in omnibus habeat potestatem. Et ut hec nostre [con]firmationis auctoritas firmior habeatur, de[r] anulo nostro eam subter sigillare iussimus.

Signum illius[s] serenissimi regis vel imperatoris augusti.

Ille notarius ad vicem illius[t] agnovit.

Data illo mense, anno, Christo propitio, imperii domno illo piissimi regis vel imperatoris in Frantia [6.[u]] vel in Italia 26, indictionis octavo[1]. Actum illo monasterio in Dei nomine feliciter; amen.

2.

f. 24. Auctoritas[2] ecclesiastica confirmatur, dum nostris quoque temporibus maiorum statuta roborantur. Siquidem novimus, domnum Hludowicum serenissimum imperatorem post decretum augustorum Constantini atque Teodosii salubri institutione sanxisse, illos, qui ad sacros promovendi sunt ordines, quovis servitutis vinculo detineantur, a propriis dominis libertatis[a] munus debere promereri[b], quo eo dignius, immo liberius divinis famularentur cultibus, quo se meminerint ab humano famulatu esse liberos. Quapropter ego in Dei nomine ille[c] episcopus loci[d] illius[c] ac[e] instructione fultus, te famulum meum nomine illum, ex benefitio illius aeclesiae eiusque[f] familia ortum, ante sacri altaris cornu, in conspectu cleri et plebis[g] frequentia, ut digne Deo famulari in ordine ecclesiastico vel diaconatus vel sacerdotii[h] possis, absolvo atque per hanc manumissionis cartam te liberum esse volo civemque Romanum appellari constituo, ita ut ab hodierna die nulli omini[i] coactivum[k] impendas servitium, nisi soli Deo, cui omnia subiecta sunt. Ipse[l] liberam et firmissimam habeas potestatem famulandi diesque tuos et vitam illi dicandi. His quoque subnecti placuit, quod in sacris canonibus decretum esse dinoscitur, ne, si forte, quod absit, accepto proposito deviaveris in aliquo exorbitans, ecclesiasticum statim gradum amittere cogaris[3]. Ut vero hec manumissionis consscriptio stabilis, iugiter in- *f. 24'.* convulsa[l] *permaneat, manu eam propria subter firmavi manibusque canonicorum aeclesiae illius[c] roborandam tradidi.

1. h) *in codice exstare videtur* .... tatem. i) *sic c.* k) ill. *c.* l) dictis *c.* m) casam? n) infirmitate *c.* o) *lege:* ut easdem. p) mansue *extitisse videtur c.* q) pras *c.* r) de a. n. *repetita, sed deleta sunt c.* s) ill. *et sic infra c.* t) regis *ex superiore versu hic per errorem repetit c.* u) *supplevi ex reliquis temporis indiciis.*

2. *Cod. Voss.* a) *corr. e* libertates *c.* b) *fortasse* promerere *c.* c) ill. *c.* d) loco *m.* 2. *corr.* loci; *sequitur in c.* ł. e) *i. e.* hac; *superscr. m.* 2. euo *c.* f) eisque *c.* g) pleƀ *c.* h) ii *abscissum c.* i) i *ultimum abscissum c.* k) vum *non plane legi nequit c.* l) *fortasse* Ipsi *c.* m) a *abscissum c.*

1) *Temporis indicia ad annum* 845. *pertinent; cf. Mühlbacher, 'Datirung der Urk. Lothars, W. SB.' LXXXV, p.* 540 *sq.* 2) *Cf. Form. Sen. recent.* 9; *Form. Imp.* 33, *et quae ibi annotavi.* 3) *Cf. notam ad Form. Sen. rec.* 9, *supra p.* 216, *n.* 1.

FORMULAE ALSATICAE.

1. FORMULAE MORBACENSES.

Codex Sangallensis 550. miscellaneus[1] *duo continet librorum formularum fragmenta saec. IX. scripta, e quibus alterum constans 8 foliis (pagg. 146—161), et scriptura et forma a praecedentibus diversis, collectionem nostram, nisi forte particulam tantum collectionis, exhibet.*

Quarum[2] *formularum neque de patria neque de tempore, quo ortae sint, dubitandum est. Originem enim Morbacensem aperte profitentur capita 4. 5. 10. 11. 12. Cap. 4. epistolam Amiconis (vel Amici) abbatis monasterii illius offert, cap. 5. aliam eiusdem fortasse, certe Morbacensis cuiusdam abbatis, quod ex patronis s. Petro et s. Leodegario commemoratis apparet. Capp. 10—12. epistolas ab eiusdem Amiconis successore Sindberto abbate scriptas exhibent. Caput vero 26. cum de foreste Vosago agat, regionem, in qua Morbacum situm est, indicat. Neque vero alius cuiuscunque loci indicia inveniuntur.*

Si praetermittas cap. 27, collectio abbatibus illis duobus congregationem Morbaci constitutam moderantibus, scilicet inter annos 774. et 791. fere, composita esse videtur. Inchoata fortasse iam Amiconis tempore, continuata et perfecta est tempore Sindberti, quoad capita 1—26, quae posterioris temporis indicia non offerunt.

Exempla sumpta esse videntur ex veris documentis, plerisque epistolis, duabus privatorum negotiorum cartis, capp. 18. 19, uno regali rescripto, cap. 26, quod reliqua documenta antiquitate fortasse superat[3]*. Auctor formulas, ut quaeque fors obtulit exempla, sine certo ordine et ratione conscripsisse videtur.*

Formula 27. haud multo ante medium saeculum IX. addi potuit, epistolam exhibens a Prudentio Trecensi episcopo abbati cuidam missam.

Cum omnia capita ab eodem saeculi IX. scriptore exarata sint, apertum est, codicem nostrum non esse autographum, quod etiam ex permultis verbis valde mutilatis et corruptis constat, quamvis dubitari non possit, quin ipsum etiam autographum summa iam barbarie fuerit infuscatum. Quibus duabus causis efficientibus sensus interdum valde obscuratus, immo fere omnino deletus est[4]*.*

Prudentii epistola, cap. 27, si recte suspicatus est E. Dümmler, eam ad Walahfridum Strabonem, inclytum abbatem Augiensem, directam fuisse[5]*, vix Morbaci addi*

1) *Vide de hoc codice priorem Eugenii de Rozière editionem infra laudatam p. 1 sqq.; Scherrer, 'Verzeichnis der Handschriften der Stiftsbibliothek von St. Gallen' p. 169; cf. Weidmann, 'Gesch. der Bibliothek zu St. Gallen' p. 400.* 2) *Cf. quae de hac collectione breviter monuerunt E. de Rozière in priore sua editione p. 4. et E. Dümmler, 'Das Formelbuch des Bischofs Salomo III', praef. p.* XII *sq., et quae ipse exposui 'N. Archiv' VIII, p. 477 sqq.* 3) *Cf. infra notam ad cap. 26.* 4) *Cf. exempli gratia cap. 16.* 5) *'N. Archiv' VII, p. 402.*

potuit. Quod ab eodem, qui codicem nostrum exaravit, Augiae factum esse, praecipue ex formulis prioris fragmenti, quae sunt Augienses, conici liceat. Fasciculi illi utriusque collectionis, qui nunc in eodem libro continentur, iam pridem inter se colligati ex illis fortasse libris fuerunt, qui a. 926. ab Augiensibus Sancto Gallo pro aliis sibi propter invasionem Ungariorum commendatis redditi sunt[1].

Postquam iam a. 1685. *Mabillonius in Veteribus Analectis IV, p.* 323 *sq. capita* 11. 12. 27. *publici iuris fecerat, omnes fere formulas Morbacenses cum Augiensibus edidit E. de Rozière, 'Formules inédites d'après un manuscrit de la bibliothèque de Saint Gall' in 'Bibliothèque de l'école des chartes', seriei* 3. *tomo IV, p.* 464 *sqq. et separatim Paris.* 1853; *qui easdem postea, codice, ut videtur, iterum inspecto, corpori suo formularum maiori inseruit. Nova haec editio prima est, quae Morbacenses a ceteris formulis separatas offerat codicisque ordinem sequatur. Apographum formularum fecit b. m. Regens ab Arx, quod ipse cum codice huc transmisso contuli. Numeri capitum a me instituti sunt*[2].

---

p. 146. 1. Indiculum ad episcopum.

Domino atque venerabili illo episcopo gratia Dei omnipotentis vocatus abba una cum fratribus in Christo Iesu salutem. De cetero autem innotescimus almitati vestrae, eo quod homo vester nomine ill. ad nos veniebat, dicens, se valde negligenter habuisse factum contra vos et per ipsam negligentiam incurrisse in vestram offensionem. Qua de causa inploramus sanctitatem vestram, ut pro nostra parvitate atque deprecatione excusatus de iam prefato offensione coram vobis aparere valeat. Sic exinde agere dignetis, quatenus de optima benevolentia vestra[a] ineffabili modo[b] confidimus. Optamus, ut in Christo valeatis.

2. Indiculum ad abbatem.

Domino venerabili atque honorabili illi abbati ille donum Dei vocatus sic eternam in Domino salutem. Nostra humilitas sanctitatem tuam deprecatur, ut illam rem, qui apellabatur illa, per isto presente legatum nostro nobis transmittere[a] non dedigne-
*p. 147. mini, videlicet ad rem faciendam, *et cumque perexpletum fuerit, statim ad vos salvam remeare curremus[b]. Valete in Domino semper.

3. Ad [procuratorem[a]].

Cognuscas ill., ut cum iste homo ill. at[b] te venerit, ut facias dare illi et illa et mansionem ei et suis et hominibus. Cave, ne inde neglegens appareas. Vale bene.

4. Ad regem.

Domino gloriosissimo adque excellentissimo Karolo regi Amico[3] peccator[a], vocatus abba, una cum fratribus in cenobio Morbachcinse[b] degentibus in Christo Iesu optat salutem. De cetero autem suggerimus celsitudine vestre, eo quod comis vester nomine ille nos de rebus aliquis expoliavit adque devestivit, videlicet unde nos, Domino protegente, per avio[c] vestro atque genitori vestro et per vos, per vestram pietatem

1 = *S. Gall.* 32; *Roz.* 740. a) *Roz.*; nostra *c.* b) *bis scr. c.*
2 = *S. Gall.* 65; *Roz.* 788. a) transmettere *fort. c.* b) *i. e.* curemus.
3 = *S. Gall.* 1; *Roz.* 705. a) principem *c.* b) *i. e.* ad.
4 = *S. Gall.* 23; *Roz.* 418. a) petat' *c.* b) a *e corr. c.* c) *i. e.* avo.

1) *Cf. Ekkeharti Casus S. Galli, SS. II, p.* 105; *Weidmann l. l. p.* 17. 18. 2) *Numeros prioris editionis Eugenii de Rozière post literas 'S. Gall.', numeros maioris corporis formularum, ut semper, post literas 'Roz.' notavi.* 3) *Amico abbas fuit a.* 774 — *c.* 787. *Vide Rettberg, 'Kirchengeschichte Deutschlands' II, p.* 89; *Gallia christ. XVI, col.* 538.

usque in presens tempus vestiti esse videbamur[d]. Qua ex re subpliciter exoramus sublimitatem vestram, ut exinde taliter pietas vestra iubeat agere, quatenus optima potestas vestra, Domino inspirante, secundum iustitiam ineffabili modo agere consuevit.

5. Indiculum ad regem[1]. p. 148.

Viro gloriosissimo a Deo decorato illo gratia Dei regi Francorum et Langobardorum[a] Romanorumque[b] ill. peccator, vocatus abba[c], una cum congregatione sancti Petri et sancti Leudegarii, oratorum vestrorum, salutem vobis obtamus in Domino perennem. Subplicamus clementia vestra, ut non dedignetis audire necessitatem nostram. Innotisscimus celsitudine vestra de hoc, quod nobis visum[d] habetis ad Dei servitium et mercede vestra providentia habere. Unde et nos infra pago de iustitias nostris consequi minime possimus, vobis celare non ausi sumus. Nam ante hos annos, cum aliqua turbatio fuit inter Alamannus et Alsacenses[2], multi de illa mancipia, qui iurae sancti ill. debentur de parte ill., et de proprio servitio evaserint[e] et modo se aliqui ingenuas esse dicunt, et aliquas nobis contendunt illi comis et alii homines per alios comitatos, dicunt, se ipsos in vestro beneficio habere. Unde subplicamus vobis, ut illi aut cui vobis placet iubeatis commendare, ut nostram iustitiam *consequi valeamus. Nam et ill. episcopus[f. 3] *p. 149. infra valle Recianorum[4] uno locello de suo proprio in sua elemosina ad monasterium nostrum delicavit. Unde modo ille episcopus unam basilicam et unam castelonaem[g] montanico seu et alia conpendia nobis violenter abstulit; et exinde iussionem vestram subplicamus.

6. Indiculum de fratre ad fratrem.

Dilecto atque valde amabili illo in Christo fratri ille exiguus eternam[a] in Domino salutem. De cetero rogamus diligentiam vestram, ut, quando hec epistula ad presentiam caritatis vestrae pervenerit, ut illam causam nobis transmittere non dedignemini. Vale sospis adque incolomis per multa curricula annorum.

7. Pro defuncto fratre.

Domino reverentissimo illo abbati ille abbas in Domino salutem. De cetero innotescimus beatitudine vestre, eo quod frater vester[a] nomine ille ill. Kal. de ac luce migravit. Qua de causa exoramus sanctitatem vestram, ut pro eius anime de psalmis seu missis vigiliisque taliter agatis, quatenus obtime continet consuetudo vestra.

8.

Dilecto mihi fratri nostro illo, preposito sanctae congregationis[a] illi monasterii, p. 150. ego ultimus clientulus et servus vester salutem vobis amabilem presumi mittere in domino nostro Iesu Christo; et preco, quod caritas et amicitia vel iussio sit vestra super me, sicut incoasti[b] et semper egisti, ut ita inantea tua bona dilectio et caritas

4. d) videbam' *c., ubi eadem nota saepius pro* us *et* ur *usurpatur.*

5 = *S. Gall.* 22; *Roz.* 417. a) Langabardorum *eadem m. corr.* Langobardorum *c.* b) an *e corr. c.* c) abb. *c.* d) nisum *Roz.* e) evaserit *c.* f) epis *c.* g) castelonāe *c.*

6 = *S. Gall.* 69, *Roz.* 729. a) etnam *c.*

7 = *S. Gall.* 30; *Roz.* 680. a) ūt *c.*

8 = *S. Gall.* 68; *Roz.* 789. a) congrationis *c.* b) *al. m. corr.* inchoasti *c.*

1) *Auctores Galliae christ., l. l., etiam hanc epistolam ab eodem Amicone scriptam esse, bene coniecerunt. Certe, quod regis titulus testatur, inter a.* 774. *et* 800. *Karolo Magno missa est.* 2) *Haec verba ad rebellionem Theutbaldi a.* 744. *repressam revocanda esse, suspicor. Cf. Mühlbacher, Reg. Imp. I, nr.* 44c. 53*a.* 3) *Episcopus Curiensis? Cf. n.* 4. 4) *Vallem Curiensem in Raetia intelligo.*

permaneat. Et in quantum est sensus aut intellectus, Deo adiuvante, nobiscum corde et sensu, in ea semper ero tecum communis in tua voluntate. Iterum atque iterum salutamus vos usque ad gaudium.

9. Indiculum ad abbatem vel episcopum[a].

Religionis culmine conspicue titulo decorato domino[b] abbati vel episcopo[1] illo ego ille famulus vester in omnibus proprius servus vel omnes in Christo servientes vestri plurimi in Domino almitatem vestram salutare presumimus usque ad gaudium sempiternum. Cognuscatis, piissime pater, quale necessitate; propter hoc vobis deprecamur[c] subpliciter, ut iubeatis consolari[d] de hac necessitate, quia nobis necessarium est. Benignissimi domni, agite taliter, ut vobis permaneat mercis et oratio sempiterna.

10.

p. 151. Viro inlustro illo centerio[a] Sindbertus episcopus[2] in Domino salutem. De cetero cognoscas, quia[b] . . . . . veniebat ad nos, dicens, se in offensionem tuam incurrisse propter aliquas culpas. Qua ex re rogamus[c] te, ut nihil[d] exinde malefacias, sed excusatus tecum permaneat. Age taliter exinde, sicut valde[e] bene de te confido. Valete in Domino.

11. Ad abbatissam[a].

Reverentissime matri familiae ill. Sindbertus donum Dei vocatus[b] episcopus[3] adque abba de monasterio Morbac in Domino eternam salutem. De cetero compereat melliflua caritas vestra, eo quod frater vester nomine ille Kal. ill. de ac luce migravit, ut credimus ad Christum. Qua ex re obnixe obsecramus almitatem vestram, ut pro ipsius anima sic iubemini[c] agere de psalmis seu missis adque vigiliis, seu[d] ingens bonitas vestra consuevit. Obtamus, vos semper bene valere.

12. Indiculum ad episcopum.

Domino reverentissimo ill. episcopo Sinbertus gracia Dei vocatus[a] episcopus atque abba de monasterio Morbac una cum fratribus eternam in Christo Iesu domino nostro salutem. De cetero compereat beatitudo vestra, eo quod frater vester nomine ill. Kal.
*p. 152. illas *de ac luce migravit, ut credimus ad Christum. Qua de causa subplices exoramus sanctitatem vestram, ut pro eius anima de psalmis seu missis vigiliisquę taliter agatis, ut optima continet consuetudo vestra, et ut as apices inantea remeare faciatis, postulamus.

13. Indiculum abbatissae[a] ad abbatem.

Domino Dei famulo et a nobis cum maxima veneratione plurimum diligendo, domino[b] illo abba[c], exigua omnium famula Christi et vestra, in omnibus bene cupiens vestra[d], vel omnes in Christo sorores servientes vestras, plurimum in Domino almitatem

9 = *S. Gall.* 60; *Roz.* 748. a) episcōm c. b) dom̄ abba c. c) *lit.* a *e corr.* c. d) *lit.* o *corr. ex* a c.

10 = *S. Gall.* 33; *Roz.* 742. a) *i. e.* centenario. b) quia tuus *Roz.*; quia . . . uus, *ubi* uus *al. m. add. c.* c) rogam, *compendium* us *evanuisse videtur c.* d) nilhil c. e) *Roz.*; vale bene, b *e corr.*, c.

11 = *Mabillon, Analect. IV*, 323; *Roz.* 678. a) abbatiss c. b) voc̄ c. c) *i. e.* iubeatis. d) *lege:* ceu *vel* sicut.

12 = *Mabillon, Analect. IV*, 324; *S. Gall.* 28; *Roz.* 677. a) voc̄ c.

13 = *S. Gall.* 59; *Roz.* 749. a) abbatissa c. b) dom̄ c. c) *lege:* abbati. d) ur̄ (= vester) c.

1) *Cf. infra n.* 2. 2) *Sindbertus, abbas Murbacensis a. c.* 787—791, *episcopatum etiam obtinuit, ut videtur Augustanum. Cf. Rettberg, l. l. p.* 89. 151; *Gallia christ. XV, col.* 538 *sq.* 3) *Cf. n.* 2.

vestram amabiliter et dulciter salutare presumimus usque ad gaudium sempiternum. Cognoscatis carissimi, quod in istis sanctis diebus omnis congregatio psalterium per omnes dies canent pro vita et stabilitate vestra, ut Dominus eam conservare dignetur annis multis et[e] consolacionem vestram. Et nos pro grande fiducia ad vestros diregimus, deprecamur vobis subliciter, ut iubeatis nobis consolare quantitate de[f] hoc aliquid. Date hanc[f] ad sancto illo, quia exinde grande necessitatem habebimus, amabiliter. Dulcissime domno et pater, annis multis de vestra gaudere mereamur prosperitate et felicitate.

14. Item alium indiculum. p. 153.

Relegionis culmine conspicuę titulo decorato ill. abba ego ultima vernacula[a] vestra plurimum vobis in Domino amabiliter et dulciter salutare presumo usque ad gaudium sempiternum[b]; et deprecor subpliciter, ut iubeatis me infirma in vestris sacris orationibus memorare, quia ego, quamvis debida[c] et fragilis, pro vobis in oratione adsisto. Cognoscatis, piissimi domini, in quam grande paupertate et penuria remansi pro obitum seniores meos, qui me in hunc monasterio vinire fecerunt. Proinde ergo suggestiuncula parvitatis meae ad[d] clemenciam vestram distinare praesumo; deprecor vobis subpliciter, ut mihi consolare dignetis, unde luminaria faciam pro animas eorum, qui me in isto monasterio reciperunt, vel quicquid Dominus inspirare iubeat, quia mihi omnia necessaria sunt. Ego iuxta Deo et sancto illo toto adiutorio et consolacionem pro vos spero, dulcissime domne et pater.

15. Indiculum hominem excusare.

In Christo venerabile ille[a] abba ego ille in omnibus amicus vester. Que in primis sunt, salutamus vobis, et pro vobis, in quantum valemus, in orationem pro vobis sumus et pro vestram caritatem et congregationem, et nos taliter in vos confidimus. Cognoscite, iste homo vester nomine[b] illo ad patrono vestro, *sancto illo, venit et nobis dixit, quod *p. 154.
culpas commiserat. Nos una cum consilio fratres nostros, quorum[c] penitentia videamus, propterea has[d] litteras cognoscatis, ut de illa[e] iam dicta pauperrima mercede habeatis. Salutamus vobis.

16. Item alium.

Domino[a] viro et in Christo vel a nobis cum summa dilectione venerabiliter amplectando, dulcissime fratri nostro ille[b] et ille[b] abbati[c], si non opera vel nostrorum, servus servorum Dei ultimus, Deus scit, et tuus verax in omnibus amicus, in Christo nomine[d] ille[d] episcopus. Presentes fratres nostros et amicus tuus, id sunt illi et illi, qui ibi in circum sunt, qualiter precabat pro te pro illas culpas, que contra illum habet commissas, ut nullam inquietudinem pro id facias, si gratia et amicitia[e] sua vellis habere, in tantum, ut tu ad ipsum revertere facias, et si tantum induratus est cor tuum, ut in monasterium suum habitare non vellis, postea absolvead te de ipsa obedientia, quod ad illum es[f] colligatus, et donet tibi consilium et suas litteras ad alium abbatem aut[g] quemlibet hominem pergas, ut absque peccatum sis, ubi es[h]; denique, ut alium non facias, ut ab ipso isto suo misso illo ad eum venire facias. Salutamus illos[i] fratres vel monachos, *si adples cito isto verba, quod hic invenis scripta. *p. 155.

13. e) ad c. nostram? f) deh ut aliquid de te hanc *c.*; de hoc ut aliquid de te h[abe]am *Roz.*

14 = *S. Gall.* 61; *Roz.* 750. a) *corr. Roz.*; verculana *c.* b) sempiternam *corr.* sempiternum. c) *i. e.* tepida. d) et *c.*

15 = *S. Gall.* 34; *Roz.* 741. a) iꝉꝉe *c.* b) nom. *c.* c) *corruptum videtur; fortasse quaedam verba exciderunt.* d) h *superscr. c.* e) *lege:* illo iam dicto pauperrimo.

16 = *S. Gall.* 37; *Roz.* 563. a) *formula adeo corrupta est, ut aperte intelligi nequeat.* b) *lege:* illi. c) aƀƀa *c.* d) nom̄ iꝉꝉi *c.* e) amitia *c.* f) ē *c.* g) ā q̄libet *c.* h) e *c.* i) iꝉꝉo *c.*

17. Item alium.

Venerabili in Christo fratri seu dulcissimo amico nostro[a] illo et[b] illo donum Dei episcopus, Deus scit, tuus verus amicus. Cognosce, dulcissime, ut tu stare facias aput nostro[c] fasallo illo aput recta racione de illa causa sancto ille, quod ipse dixerit, qualiter vel nos nostro tricto[d] recipiamus. Taliter exinde agite, qualiter nos confidamus de vestra bona caritate.

18. Epistola conculcaturia[a. 1].

In Christo sorore illa[b] ego illa. Quia hominibus non est incognitum, qualiter tu servo meo nomine[c] illo accepisti maritum[d], quod et ita fecisti, et ego tibi de presenti talem epistula emitto conculcaturia, quod nullum periculum exinde non habetis de tuas ingenuitates, nisi sub integra ingenuitate debeas permanere. Si quis vero[e], quod fieri non credo, si ego ipse aut quislibet de heredibus meis, vel quislibet.

19. Item alia.

Ego in Dei nomine ille[a]. Dum non habetur incognitum, qualiter homo servus meus nomine ille feminam ingenuam, cuius vocabulum est illa, in coniugio sociavit, sed illorum fuit petitio, et mea voluntas decrevit, ut eis cartulam[b] conculcationis pro mercede facere deberem; quod et ita faeci. Ideoque talem firmitatem per hanc cartu-
*p. 156. lam[c] facimus adque manu *confirmamus, ut, si, Deo volente, agnatio ex illis procreata fuerit, sub integra ingenuitate omni tempore vite sue permaneat, et nec ipse ego nec heredes mei ullumquam[d] tempore eos in servitio revocaemus, sed pro mercede nostra, sicut diximus, sibi vivent, sibi laborant, seu mundebordo cui voluerint pro defensione elegant.

Facti epistolam conculcationis anno 16. regnante[2].

20. Indiculum [ad] amicum fidelem.

Domino reverentissimo adque carissimo seu ab omnibus ortodoxis amplectando, multiplici scientie variarumque virtutum gracia insigniter decorato[a] illo, qui in omnibus profunda solercia hac summa vigilantia necessaria que animabus et utilia sapienter discernis, ego ille exiguus[b] advena proprio presuli sincerissimam in domino Deo eterno salutem. Age iam, o meus carissime[c] frater, ego te sapientie[d] dapibus impleari cupio, ut te palmitem vitis electe celestis expurget colonus[3], cum divinis fontis imbribus fueris inroratus. Nosque una[e] adque eadem paradysi amoenitas recipere exoptamus[f], ut in regni celestis libertate gaudere cum sanctis in eterna beatitudine, ubi nulla est vere
*p. 157. beatitudinis formidanda[g] corruptio, per caritatem solam[h] Christi Iesu ad ista *venire valeamus. Ante omnia debemus ad istam caritatem contendere, ut post seculum regnare cum Christo possemus sine fine in eterna beatitudine. Propter quod obsecro, ut huius epistole verba firmiter et indubitanter teneas, quia levis et infidelis 'similis est fluctibus maris'[4] et 'erundine omni vento agitato'[5]. Pro hoc suadeo tibi, sivis terrarum spatio divisi simus adque sequestramur intervallo[i] et celi inequali climate dirimemur, pari

17 = *S. Gall.* 26; *Roz.* 426. a) nō *c.* b) *lege:* ego ille. c) nō *c.* d) *i. e.* dricto.

18 = *S. Gall.* 5; *Roz.* 102. a) conculcatura *c.* b) itta *c.*; *voluit fortasse* illae (*pro* illi). c) nom̄ *c.* d) maritam *corr.* maritum *c.* e) ver *c.*

19 = *S. Gall.* 6; *Roz.* 106. a) itte *c.* b) caltulam *c.* c) caltulam *corr.* cartulam *c.* d) ullamquam *c.*

20 = *S. Gall.* 58; *Roz.* 838. a) docorato *c.* b) exiguis *c.* c) e *e corr. c.* d) sapientiē *c.* e) un' (= unus) *c.* f) *emend. Roz.*; exoptus *c.* g) veleamus *add. c.* h) o *e corr. c.* i) *emend. Roz.*; in vallo *c.*

1) *Cf. supra p.* 232, *n.* 1. 2) *Si Karoli Magni annos hic numeratos esse recte suspicamur, a.* 784. *carta data est.* 3) *Cf. Ev. Ioh.* 15, 2. 4) *Cf. Ep. Iacobi* 1, 6. 5) *Cf. Ev. Matth.* 11, 7.

tamen tribulacionum depremimur face. Propter quod diligentissime deprecor vos, uti nos oracionum mutua vicissitudine iugiter muniamur, nos reminiscentes sermonis Domini, que dixit: 'Si consenserint[k] inter vobis duo vel tres super terram, de omni re quecumque petierint fiat illis a patre'[1] et reliqua. Opto, te[l] valere in Christo, cuius iste celestem sophiam satis amplector. Ego ille epigraphus[m] curavi tibi carrexere[n] de 'agiacrafu[o]' adque 'de inclitis viris catholicis'[2] adque 'de relegionis'. Salutamus te obnixe et per portatorem aliqua exeniola[p] tibi mandavimus.

21. Item alium.

Domino mihi in Christo meritisque venerando[a] illo ego ille[b], ac si indignus peccator[c] et exiguus *omnium vestrorum[d], salutem tibi amabile presumsi mittere in Domino. *p. 158. Precor[e] summam Trinitatem inseperabilem, ut[f] te conservet ubique. De cetero rogamus —. Vale in Domino[g], vir virtutum, decus amicorum tuorum, ovans[h] edocatus in Iesu, redemtore omnium.

22. Indiculum ad reginam[a].

Domina gloriosissime adque precellentissime filie illa regina ille servus servorum Dei. Postquam excellentie vestre sollicitudo regia est, ubi gubernacione laudabilis ad augmentum[b] glorie[c] sue vigilanciorem se debet et providam exibere[d], ut, quos consilio regit exterius, perire interius[e] non permittat, ut post huius, quod geritis, temporalis regni fastigiam ad eterna, Deo auctore, gaudia possetis et regna[f] pertingere sempiterna.

23.

Venerabilibus in Christo fratribus nostris in cenubiis degentibus acsi indignus abba[a] exiguus servorum Dei, salutem vobis in Domino distinemus. De cetero agnoscatis, quod frater noster nomine ille Kal. de ac luce migravit. Qua ex re subplices exoramus almitatem vestram, ut[b] de eo faciatis, sicut vestre consuetudo bona est, et istum apicem inantea remeare faciatis.

24.

Amabile adque pre ceteris patribus spiritualibus a nobis dilectus ille abba[a] *ille *p. 159. servus servorum ultimus et vester fidelis in omnibus in Domino. Idcirco, domne adque vir beatissimus pater ille, ille, quamvis ego indignus peccator monachus[b], proprius fedelis et minister[c], salutes[d] in Domino dirigimus. De cetero rogamus.

25. Indiculum ubicumque volueris.

Desiderantissimo patri illi abba cum omni congregacione sancti illius ille bene cupiens vester salutem. Pervenit namque ad nos ille cum literis commendatitiis, quem

20. k) Si c̄senserit et *pro* si c. inter *c.*; sicut senserit: Et *Roz.* l) optata *pro* o. te *c.* m) *i. e.* apographum (*vel* apographos). n) *i. e.* caraxare. o) *i. e.* hagiographo (*pro* -phis). p) exemiola *c.*

21 = *S. Gall.* 67; *Roz.* 860. a) venerande *corr.* -do *c.* b) ill. *c.* c) pecter *c.* d) urm̄ *c.* e) *sic Roz.*; p' (*corr., ut videtur* p̄) censūmā *c.* f) at *c.* g) đ *c.* h) ubique orans *Roz. (ed. 2).*

22 = *S. Gall.* 64; *Roz.* 762. a) regem c. b) agmentum *c.* c) grorie *corr.* glorie *c.* d) et ibere *c.* e) iterius *c.* f) regine, re *post add.*, *c.*

23 = *S. Gall.* 29; *Roz.* 679. a) abb. *c.* b) dē *add. c.*

24 = *S. Gall.* 66; *Roz.* 859. a) abb. *c.* b) monochum *c.* c) mister *c.*; *emend. Roz.* d) saluter *c.*

25 = *S. Gall.* 35; *Roz.* 562.

1) *Ev. Matth.* 18, 19; *cf. ib.* 18, 20. 2) *Fortasse de libro Hieronymi De viris illustribus dicitur.*

nos libenti animo suscepimus ad salvandum et in illum locum constituendo, ubi sine detrimento suam animam salvare potuisset. Sed dictum est mihi, ut tu voluntatem habeas, iterum recipi eum in pace et concordiam. Propterea[a] has litteras ad vos direxi, ut, si tua et illius voluntas sit[b] prumta, sciatis me benivolum erga caritatem vestram et alacri animo cupientem vestram in Domino concordiam optimę[c].

26. Indiculum regale[1].

Illi rex Francorum viris inlustribus, illo duce[a], illo comite. Illut nobis ad eterna retributionem vel stabilitatem regni nostri credimus in Dei nomine[b] pertinere, si petitionibus[c] sacerdotum vel oportunitatem loca sanctorum aut eclesiarum, in quo nostris
*p. 160. fuerint auribus prolati, effecti mancipamus. *Dum ante hos dies paginola aliqua de foreste[d] nostra in Vosaco[e], in loco nuncupante —.

27.

Domino[2] mihi in dominorum Domino desiderabiliter venerando ill., merito sacerdotali paternoque culmine insignito, Prudencius, famulorum Christi humillimus, sempiternam in omnium Salvatore[a] salutem. Quantum, mi fratrum karissimę, litterarum tuae perdesiderabilis mihi germanitatis[b] textus meam diu insaciabiliterque collectam sitim[c] estumque dulcedo recreaverit, quantumque iucundissimae oblectacionis invexerit, fideliter fateri[d] nequit, quippe cum tot tantisque perturbacionum fluctibus penę inrevocabiliter obrutus ne sibilo quidem, ut dicitur, tui quicquam haurirę valuerim, utrum te super[esse[e]] an [ad[f]] Dominum iam redisse contingeret; cum repente, vix tandem a palatinis excubiis, quibus diu inservire coactus fueram, absolutus, latorem quam desiderabilium[g] mihi apicum vestrorum[h] Trecas, cui mę divine graciae, non autem ulla meritorum meorum plenitudo preesse dignata est, offendi. Et audito, quod extinctum metuebam, alterius mei nomine, explosis gaudio superante soporibus, desperacione pocius quam oblivione contractis, respiravi et superne bonitati, que inter adversa et prospera suos servare consuevit, gratulatus, litterarum insaciabili atque multocies iterata recursione inhaerens, illic meum ill., illic germanum unanimem, immo me alterum, quaeritans tan-
*p. 161. dem reperisse *me, plurimum gaudeo; quoniam, qui ipso mihi auditu extinctus putabatur, subito vivens apparuit, et quem abisse autumabam, superesse non ambigo. Agens itaque Autori bonorum omnium grates indefessas, hoc uno inexplebiliter[i] bono afficior, quo te non tam vivere audio[k], quam bene vivere audio[k], audiens gratulor, gratulans desidero, desiderans postulo; et ut ipse convivere[l] merear, tuis quam[m] precibus opto ac meritis, quibus me ab omnibus propositum votumque christianae miliciae infatigabiliter obpugnantibus innutabiliter[n] revelari confido. Age nunc, fratrum dulcissimę, et, duce[o] omnia ordinantis, omnia serenantis[p] gracia, mę meeque deieccioni commissos

25. a) propter et alias *pro* propterea has *c.* b) sic *c.* c) optinere *fortasse.*
26 = *S. Gall.* 15; *Roz.* 153. a) dulce *c.* b) nom̄ *c.* c) petionibus sc̄a dotū *c.* d) forecte *c.* e) voca *corr.* voraco *c.*
27 = *Mabillon, Analect. IV,* 324; *Roz.* 831. a) salvatorem *c.* b) germinitas *c.* c) sitam *corr.* sitim *c.* d) fateor *c.* e) *supplevi;* super[stes] *Roz.* f) *suppl. Mab.* g) desiderabium *c.* h) vestrae *c.* i) inexplebiter, *in fine vocis superscr.* li *c.* k) audeo *c.* l) convinvere *c.* m) quām *c.* piis *suppl. Mab.* n) *ita c.* o) duee *c.* p) setenantis *corr. videtur vel* serenantis *vel* senenantis *c.;*

1) *Rescriptum regale, ex quo haec formula sumpta est, aut Karoli Magni aut, quod propter verba 'Dei gratia' in inscriptione omissa existimare malim, Pippini regis fuit. Agitur de diplomate* (paginola), *quo rex quasdam res in foreste regali Vosago monasterio Murbacensi concessisse videtur.* 2) *Epistolam hanc Prudentii Trecensis episcopi Walahfrido Straboni abbati Augiensi missam esse, suspicatus est Dümmler, 'N. Archiv' VII, p.* 402. *Cf. ib. VIII, p.* 480.

sanctissimae instantissimaeque intercessionis ope fulcire[q] non disinas, quos plurimum iuvent, si xenia propriae adinvencionis, vel ligatae vel solutae, crebro visitans, mittenda imperans, desiderantibus miseris. Bene te semperque in Domino valentem nosque inportunarum clavo subplicacionum ad portum optati litoris revehentem virtus omnipotentis brachii conservare dignetur.

Quot voces oculis langua[r] audituque manuque
Hausisti, totidem letificere bonis.

---

2. FORMULAE ARGENTINENSES.

Formulas tres, quae sequuntur, invenit V. Cl. Hermannus Hagen, Bernas, in codice Bernensi *224, saec. X—XI, fol.* 73 *sqq., et typis exprimi fecit in libello, quem 'Universitatis litterarum Strazburgiensis natalicia sollemniter celebrantibus rectori atque senatui' ipse gratulabundus obtulit (Bernae* 1872*), eas inscribens: Iuris formulae Alsaticae tres. Quo libello, cum accuratissime ad literam textum exhibere videatur, ipsius codicis loco usus sum.*

Formulas[1] *in Alsatia et in regione quidem civitatis Argentinensis scriptas esse, ex capitibus* 2. *et* 3. *satis apparet; quas omnes, ceteris Alamanniae formulis cartisque saec. IX. simillimas, illi aevo adscribendas duxi. Numeri nostri iidem sunt ac in editione priore.*

---

1. Carta libertatis.

In Dei nomine. Notum sit omnibus, tam praesentibus quam et futuro tempore succedentibus, qualiter ego ill. quendam servum meum nomine ill. liberum[a] dimiseram, et ut habeat potestatem pergendi atque manendi, ubicumque voluerit. Si autem quispiam heredum vel successorum meorum hanc cartam libertatis infringere temptaverit et ad servile opus [illum[b]] conpulerit, auri uncias 3, argenti libras 5 in aerarium regis persolvat, et praesens carta firma permaneat, stipulacione subnixa.

Actum publice in loco ill. Sig. ill., qui hanc cartam libertatis fieri rogavit *et cetera.*

2.

In[2] Dei nomine. Ego[a] ill. pro remedio animae meae et parentum meorum servum ill. nomine tradidi ad basilicam sanctae Mariae[3], que est constructa infra civitatem Strazburc, ubi vir venerandus ill. episcopus praeesse videtur; ea videlicet racione, ut annis singulis in festivitate sancti ill. ad praedictam ecclesiam et illis fratribus ibidem Deo famulantibus denarios 2 persolvat ac sub mundeburdio vel defensione ipsius ecclesiae rectorumque eius iugiter consistat, ita ut nemo eum ulterius ad coactum servicium repetere temptet, sed secundum iam dictam condicionem securus permaneat. Si quis vero, quod fieri non credo, ego ipse vel ullus heredum meorum hanc tradicionis cartam[2] infringere voluerit, auri uncias 3, argenti libras 5 in aerarium regale persolvere cogatur, et quod implere cupiat perpetrare non valeat, et praesens carta firma et stabilis permaneat, stipulacione subnixa.

Actum publice *ut supra.*

27. q) filcire *c.* r) *sic c.*
1. a) illum *add., sed eras. c.* b) *hic inserui; cf. n. a.*
2. a) ergo *radendo corr.* ego *c.*

1) *Cf. quae monui 'N. Archiv' VIII, p.* 480. 2) *Haec est traditionis carta, quae quodammodo cartae manumissionis vicem obtinet. Similiter Trad. Wizenburg. ed. Zeuss nr.* 126. 191.
3) *Ecclesia cathedralis Argentinensis.*

3. Carta concambii.

Ordo rationis[a] expostulat, ut mundanarum rerum probabilis commutatio scriptis roboretur, ne postmodum possit ulla varietate turbari. Quam ob rem placuit inter[b] ill. et ill., ut quasdam res pro ambarum partium oportunitate inter se commutare deberent; quod ita et fecerunt. Dedit itaque ill. in pago Alsacense et in ipso comitatu, in villa[c] ill. mansos 2, cum campis, pratis, silvis, pascuis, cultis et incultis, exitibus et reditibus, aquis aquarumque decursibus, per omnia ad integrum possidendum. Econtra vero reddidit idem ill. in eodem comitatu, in villa ill. mansos 2; ea scilicet ratione, ut, quicquid pars alteri contulit parti, iure hereditario succedat et habendi ac commutandi libero[d] in omnibus perfruatur arbitrio. Nullusque hanc cartam concambii irritam facere aut infringere praesumat; quod si[e] praesumpserit, auri uncias 3 et argenti libras 5 coactus ad publicum aerarium persolvat, haec vero carta nihilominus[f] firma stabilisque permaneat, stipulatione subnixa.

Actum publice in loco ill., sub die ill.

3. a) *corr. ex* orationis *c.* b) et *corr.* inter *c.* c) vill. *c.* d) libro *corr.* libero *c.* e) *man.* 2. *add. c.* f) nihilomnus *c.*

FORMULAE AUGIENSES.

Hi sunt codices, qui formulas e monasterio Augia (Reichenau) oriundas exhibent:

1) Codex Augiensis, *nunc Karlsruhensis CXII, saec. IX. Cf. Mone, 'Zeitschrift für Geschichte des Oberrheins' III, p.* 385; *'N. Archiv' VIII, p.* 481. *Exstant formulae in codicis quaternione, qui nunc est ultimus, uno vel pluribus, ut videtur, iam dudum amissis. Etiam huius quaternionis perierunt folia duo media. Formulas ipse exscripsi.*

2) Codex Argentinensis *saec. IX, olim Beati Rhenani Schlettstadensis, tum viri Cl. L. Büchler, a.* 1870. *cum bibliotheca civitatis Argentinae igni consumptus. Cf. 'Archiv' V, p.* 221; *VII, p.* 800; *LL. III, p.* 8; *V, p.* 197; *E. de Rozière, 'Formules inédites publiées d'après un manuscrit de la bibliothèque de Strasbourg' in 'Bibliothèque de l'école des chartes', seriei* 3. *tom. II, p.* 504 *sqq. et separatim Paris.* 1851, *p.* 1 *sqq. Continuit Leges Ribuariorum, Alamannorum et foliis* 52—66. *formulas. Apographum facere curavit b. m. Pertz a.* 1829, *quod ipse codice inspecto correxisse videtur. Vide 'N. Archiv' VIII, p.* 481. *Praeterea ratio habenda est editionis Parisianae supra laudatae, ex alio apographo factae.*

3) Codex Sangallensis 550, *saec. IX. Vide supra p.* 329. *Augienses formulas pagg.* 56—145. *ante Morbacenses continet, quas a Reg. ab Arx exscriptas cum codice contuli. Cf. 'N. Archiv' VIII, p.* 481.

Formulas, quae non eaedem in quoque codice inveniuntur[1], *in tres collectiones distinxi, de quibus singulis separatim disserendum est.*

Collectio A.

Non integra ad nos pervenit haec collectio[2]. *Reliquiae exstant in codice* 1 *(Augiensi), ex quo perierunt folia duo cum capitibus nonnullis post caput* 9, *et post caput nunc* 20. *quaecumque fuerunt.*

*Quaedam capita (*1—5. 11*) in codice* 3 *quoque (Sangallensi) servata sunt. Ipsam collectionem accuratissime exaratam praecedunt alienae tres formulae, inter alia quaedam folio antea vacuo relicto multo minus diligenter scriptae. Quae cum sine dubio post additae sint, sub numeris* 21—23. *eas subieci.*

Exhibet collectio formulas traditionum, precariarum, praestariarum plerasque non integras, sed exordia clausulasque earum, una tantum integra fere inserta. Additamenta autem, capp. 21—23, *exempla praebent epistolarum, quales a congregatione monachorum aut mitti aut accipi solebant.*

Augiae esse compositas formulas nostras, et codex, qui est Augiensis, et ipsa capita 5. *et* 22. *docent, quae alterum donationis 'basilicae S. Mariae et S. Petri' faciendae, alterum epistolae a 'ministro cunctaque congregatione Insolanensi' mittendae exempla offerunt. Accedit, quod post cap.* 23. *addita legitur inscriptio arae S. Mariae dedicatae a Gerolto, comite scilicet illustri, qui abbatiae se saepius fautorem largito-*

1) *Cf. 'N. Archiv' VIII, p.* 481 *sq.* 2) *De qua amplius exposui l. l. p.* 483 *sqq.*

remque exhibuit et in ipsa ecclesia S. Mariae sepultus est[1]. *Inscriptionem, quam praeterea cum aliis monumentis Augiensibus Ioh. Egon (saec. XVII) nobis servavit, hic inserendam duxi*[2].

Hanc quique devoti convenitis ad aulam
Poplitibusque flexis propiatis ad aram,
Cernite conspicuum sacris aedibus altar,
Geroltus quod condidit lamina nitenti,
Virgineo[a] quod condecet alvo[b] pudoris
Subque voto Mariae intulit in aulam.
Hic agni cruor caroque propinatur ex ara,
Cuius tactu huius sacrantur lamina axis.
Huc quicumque cum prece penetratis ad aram[c],
Dicite, rogo: 'Alme, miserere Gerolto'.
Titulo qui tali ornavit[d] virginis templum,
Aetherio fruatur sede felix in aevum!

Temporis indicia formulis omnino fere desunt, nisi quod cap. 14. *in subscriptione cartae anni regis, non imperatoris notantur et dies mensis vetusto more verbis* quod fecit mensis *referuntur. Illud vix inter annos* 800. *et* 840. *fieri potuit, hoc magis saeculum VIII. quam IX. indicat. Exeunte vero, non, ut voluit Mone, ineunte saeculo illo, compositam esse collectionem, ideo persuasum mihi habeo, quia sermo rectius apertiusque procedit, quam quod priori aevo conveniret. Singula quidem a scriptore codicis saec. IX. demum emendata esse, non negaverim.*

*In novo suo libro formularum condendo auctor et Marculfi libro II. et, ut videtur, veris documentis more in Alemannia usitato dictatis usus est. Marculfi duo capita integra recepit (*12. 13. = *Marc. II,* 2. 3*), ex magno autem prologo, Marc. II,* 1, *in particulas dissoluto nonnullas novas formulas (capp.* 6—11*) confecit. Quod contendit Mone, hanc collectionem e libro Wizenburgensi exscriptam esse*[3], *non est probandum*[4].

Ediderunt has formulas Mone, 'Zeitschr. f. G. d. O.' III, 1853, *p.* 385—397, *et E. de Rozière, 'Recueil général', singulas locis suis insertas.*

Collectio B.[5]

Exstat duplex forma, altera in cod. 2 *(Argentinensi), altera in cod.* 3 *(Sangallensi); uterque easdem principales formulas exhibet, aliis vero hic, aliis ille capitibus auctus. Pars antiquissima utrique communis, capp.* 1—12, *exempla praebet cartarum traditionum, precariarum, quae non sine certa ratione collecta, bene inter se apta et colligata esse videntur. Ex ipso genere formularum patet, eas in usum notariorum monasterii collectas esse; neque vero decernere audeo, utrum ex veris documentis conscriptae, an sine certis exemplis compositae sint. Simillimae quidem sunt ceteris eiusmodi documentis Alamannicis.*

Temporis indicia vix certiora, immo eadem fere ac in collectione A habemus: et regis Franchorum, *non imperatoris, commemoratio et mos ille diem scribendi postea exoletus* (die ill. quod facit ipse mensis) *saeculum VIII. indicare videntur, cap.* 1. *Accedit, quod iam a.* 820. *carta quaedam Sangallensis ad capitis* 4. *exemplar scripta est*[6].

Codicis 2 *nonnulla additamenta, capita scilicet* 13—21, *iam paullo post subiecta esse existimaverim, quae, si praetermittas capita* 18—20, *ingenuitatis formulas ex Marculfo*

a) Virgines *Egon.* b) *Egon;* almo podori c. c) *Egon;* arcem c. d) *Egon;* ornant, n *altero deleto, c.*

1) *De quo cf. Simson, 'Karl d. Grosse' II, p.* 189 *sqq.* 2) *Ediderunt Mone l. l. p.* 392, *et iterum ex apographo Egonis in 'Quellensammlung zur Bad. Gesch.' III, p.* 133; *de Rozière, 'Recueil général', nr.* 897. 3) *In editione sua l. l. p.* 386. 4) *Cf. 'N. Archiv' VIII, p.* 484 *sq.* 5) *De hac conferas velim, quae disserui l. l. p.* 488 *sqq.* 6) *Cf. ibid. p.* 490 *sq.*

sumptas, eodem fere, ut ita dicam, stilo ac priora scripta esse videntur. Talia autem exempla sunt, ut priorem collectionem optime expleant. Ex anno 'regis' cap. 21. *notato conici liceat, haec omnia iam ante a.* 800. *subiecta esse. Inter hunc annum et* 840. *capita* 22. 23, *quae tum sequebantur in cod.* 2, *scripta esse videntur, alterum notitiam de iudicio missorum imperialium exhibens, alterum cartam traditionis, qua idem missi commemorantur. Novissimae denique quae fuerunt codicis formulae, capita* 24. 25 *(libelli dotis), integrae exstant in cod.* 3, *cum in cod.* 2 *magna ex parte vetustate deletae fuerint. Quas Ludovici regis Germanici dicti demum tempore additas esse, nota docet, quam cap.* 25. *habet:* anno Ludowici invictissimi regis 3. — indictione 6 *(= a.* 843*).*

In cod. 3 *capita* 1—12. *non primo loco collocata sunt, sed post duo capita ex Marculfo recepta (*26. 27 *= Marc. II,* 7. 8*). Reliqua vero additamenta, capita scilicet* 28—43, *infra subiecta sunt. Capita* 28—33. *prologos traditionum ex collectione A sumptos exhibent, quos capp.* 34—43. *formulae sine ullo ordine conscriptae sequuntur, aliae fictae, ut capp.* 37. 38, *aliae fortasse e veris documentis transscriptae. Cap.* 24. *codex* 3 *post cap.* 41, *cap.* 25. *post* 43. *exhibet, quomodo fit, ut in utroque codice idem cap.* 25. *extremum sit exemplum. Quae vero sequuntur in cod.* 3 *epistolae in modum formularum redactae a praecedentibus negotiorum formulis, inter quas una tantum est epistola, seiungendae sunt.*

Quo tempore additamenta codicis 3 *conscripta sint, haud satis constat; ac ne ex ordine quidem, quo in codice inveniuntur, certi quid colligi potest, cum temporis rationem non sequi videantur. Capita enim* 24. 25, *alterum a.* 843, *alterum certe eodem fere tempore scripta, inter se includunt capita* 42. 43, *e quibus alterum* Indiculum ad regem, *quo rex Francorum 'vir inluster' appellatur, iam saeculo VIII. scriptum esse videtur. Suspicari autem liceat, omnia haec capita* 26—43. *inter saeculum VIII. exiens et saeculum IX. medium addita esse.*

Licet antiquissimam collectionis partem Augiae institutam esse ex ipsis illis 12 *formulis non appareat, utriusque tamen codicis additamenta haud dubie Augiensia hoc factum esse docent: in codice* 2 *capita* 14—16, *quae de precaria quadem donatione monasterio Sanctae Mariae concessa referunt, in codice* 3 *autem prologi illi e collectione A recepti et formulae epistolares, de quibus nunc dicendum est.*

Collectio C.[1]

Cartarum formulas in codice 3 *aliae epistolarum, specie a praecedentibus non distinctae, continuo sequuntur. Efficiunt librum epistolarum abbatiae Augiensis, Erleboldi abbatis (*823—838*) tempore inchoatum, Walahfrido Strabone post illum monasterium regente continuatum, quantumque, extrema parte avulsa, reliquum habemus, perfectum. Cum epistolae fere omnes eiusmodi sint, ut ab abbate, fratribus, congregatione Augiensis monasterii aut mitti aut accipi potuerint, una autem, cap.* 26, *quae certe a congregatione ista ad Gregorium IV. papam missa est, alia, cap.* 11, *Straboni, id est Walahfrido ut videtur abbati, alia denique, cap.* 22, *abbati et fratribus 'Insolanensibus' missa inveniantur, collectio vix aliunde ac ex ipso illo monasterio oriunda esse videtur.*

Quo tempore liber sit compositus, nonnulla docent capita. Epistola 26, *ad Gregorium IV (quod recte monuit Dümmler*[2]*, non, ut voluit E. de Rozière, tertium huius nominis pontificem) directa, inter annos* 827. *et* 844, *epistola autem* 4, *in qua de obsequio* pii augusti, *i. e. imperatoris, scribitur, certe post* 800, *verisimiliter inter a.* 827. *et* 840, *scriptae sunt. Epistola* 8, *Strabonem non iam abbatem commemorans, non post a.* 838, *epistola* 11, *ad eundem, sed abbatem, missa, non ante hunc annum scribi potuit. Accuratius definiri potest aetas epistolarum* 7. *et* 21. *ad monasterium missarum. Illam*

1) *Cf. Dümmler, 'Zu den caroling. Formelsammlungen', 'N. Archiv' VII, p.* 402, *et meam commentationem, ib. VIII, p.* 496. 2) *'N. Archiv' VII, p.* 403,

namque quidam diaconus, res gestas non parvi momenti referens, tunc temporis palatino officio in curia Ludovici Germanici functus, vere anni 833. scripsit, hanc vir nobilis, qui monasterium se adiisse dicit, manente domino imperatore illo novissime apud illam villam non longe a vobis consistentem; *quae verba ad Ludovicum Pium a. 839. mense Aprili in villa regali Bodmann ad lacum Potamicum sita commorantem spectare cum pro certo habere possimus, cumque auctor se ipso illo anno Romam perrectum et inde reversum esse dicat, epistola anno 839. exeunte scripta esse videtur. Paullo post etiam epistolam 7. sequentem scriptam esse, suspicari licet, quia idem ut videtur quadragesimale tempus ibi instans, hic praesens esse commemoratur. Epistolae denique 5. 6, Ludovico regi Germanico, ut existimo, scriptae, ad res a. 832. gestas spectare videntur.*

Quae si recte a nobis statuta sunt[1], *capita in codice temporis ordinem sequi ex hac enumeratione apparebit: epp. 5. 6 (a. 832); epp. 7. 8 (a. 833); ep. 11 (non ante a. 838); ep. 21 (a. 839); ep. 26 (a. 827—844, vel si a Walahfrido abbate, ut videtur, scripta est, a. 838—844).*

Non omnes igitur formulae eodem tempore collectae, sed paullatim ex epistolis, ut quaeque vel scribebantur vel accipiebantur, conscriptae esse videntur. Si vero rursus ex ordine codicis de tempore suspicari licet, epistolam 12, qua partibus Graeciae iter iniunctum, *abbati scilicet Augiensi, 'instare' dicitur, a. 839. scriptam esse existimaverim. Eodem enim anno ex legatione Graecorum ab imperatore Ludovico recepta occasio missorum Constantinopolim dirigendorum facile potuit oriri*[2].

Edidit collectionum B et C formulas iam solus E. de Rozière, eas enim quae exstant cod. 2: 'Formules inédites publiées d'après un manuscrit de la bibliothèque de Strasbourg, Paris 1851'[3], *cf. supra p. 339, ceteras, quas servavit solus cod. 3, in 'Bibliothèque de l'école des chartes' seriei 3. tomo IV, 1853. et separatim*[4], *mixtas quidem Augienses cum Morbacensibus; cf. supra p. 330. Omnes postea singulas locis suis repetivit in corpore formularum dicto 'Recueil général'.*

Nunc formulas denuo editurus, codicum ordinem, quantum fieri potest, sequar. Numeros capitum a me institutos esse moneo.

COLLECTIO A.

1.

112. Dum unusquisque pro modulo quantitatis suae propria largire decreverit, ille bene tribuit, qui, quamvis parum, nihil tamen extra datum dimiserit. Ideoque in Dei nomen.

2.

Ille bene possedit res in seculo, qui sibi de caduca ista conparat premia sempiterna. Quapropter ego in Dei nomen.

3.

Domina sacrosancta basilica sanctae Mariae semper virginis seu sancti Petri

1 = *Mone* 5; *Roz.* 182. *Cod.* 1 (*cf. cod.* 3).
2 = *Mone* 6; *Roz.* 183. *Cod.* 1 (*cf. cod.* 3).
3 = *Mone* 7; *Roz.* 184. *Cod.* 1 (*cf. cod.* 3).

1) *Cf. de his omnibus epistolis 'N. Archiv' VIII, p.* 498 *sqq.* 2) *Cf. Ann. Bertin. a.* 839 *(ed. Waitz, p.* 20*).* 3) *Huius editionis numeros cum literis 'Strasb.' annotabo.* 4) *Hanc editionem literis 'S. Gall.' signabo.*

apostoli ceterorumque sanctorum, quae est constructa in loco nuncupante ill. Dum non est incognitum.

4.

In Dei nomen. Perpetrandum est unicuique, quod euangelica vox admonet, dicens: 'Date elymonsinam, et ecce omnia munda sunt vobis'[1]. Huius ego salutiferi praecepti ammonitione conpunctus, dono donatum.

5.

Ego in Dei nomen ill. Talis mihi decrevit voluntas in animo meo, ut aliquam portionem de rebus meis ad ecclesiam sancti ill. tradere debuissem; quod ita et tradedi.

6.

Hoc namque tota pene sanctarum scripturarum series christianis fidelibus pia exortatione pronuntiat, hoc etiam tonitrualis illa euangelistaris vox, sancto suggerente Spiritu, sua potestate concelebrat, ut faciat in pauperes helimosinam, qui vult tartari evadere supplicia. Unde et Dominus in euangelio dicit: 'Vinde omnia quae habes et da pauperibus, et habebis thesaurum in caelo'. Hac ergo salutifera exortatione confisus, dono a presenti die donatumque[a] ad consolationem pauperum in ill. commorantium, sub patre venerabile ill. regulari norma degentium, in perpetuum esse volo donatum; et hoc est. Marc. II, 1.

7.

Pensanti mihi de *multifaria consolatione christianorum, quantaque pietas et largitio Redemptoris nostri sit, evenit mihi divina inspiratione cogitationis inpulsus, ut per helymosinas pauperum promittantur nobis thesauri regni caelorum, Domino dicente: 'Vinde universa quae habes et da pauperibus, et habebis thesaurum in caelis'. Procuremus igitur id quod Dominus et Salvator noster precipit, et si non quantum debemus, saltim quantum habemus helymosinam faciamus. Nemo itaque dubitet, nemo tardet, quia, si nos facimus ea, quae ille precipit, ipse sine dubio daturus est, quod promisit. Ideoque in Dei nomen ego ill. cedo a[a] die presenti cessumque[b] in perpetuum ad refrigeria servorum Dei volo esse. *f. 112'. Marc. II, 1.

8.

Inter cetera scripturae divine salutifera oracula et vulnerate peccatorum plagis anime remediabilia medicamenta etiam hoc insertum cognovimus: Absconde helymosinam in sinu pauperis et ipsa pro te exorabit ad Dominum. Abscondamus itaque, hac ammonitione conpuncti, helymosinam in corde pauperum, ut eorundem deprecatio proveniat nobis ad remissionem peccatorum. Quapropter ego ill. dono donatiunculam meam ad ecclesiam sancti ill., ubi regularis ordo sub sancta institutione consistentium esse dinoscitur; et hoc est quod dono: in loco, cuius vocabulum est ill., in pago nuncupante ill., iuxta fluvium quod cognominatur ill., ad superius nominatam ecclesiam, ubi vir venerabilis ill. sancto gregi boni[a] piique pastoris exemplo praeirę dinoscitur, ut ibidem ad sustentationem servorum Dei in luminaribusque prefatae ecclesiae perpetua cessione proficiat in augmentis; ea scilicet ratione. Marc. II, 1.

9.

Domini vere atque sedula ostensione potentibus virtutum miraculis Christi remuneratione fulgenti. Marc. II, 1.
Notum sit tam presentibus quam et futuris, qualiter aliquam portionem de alode, qui

4 = *Mone* 8; *Roz.* 185. *Cod.* 1 (*cf. cod.* 3).
5 = *Mone* 9; *Roz.* 186. *Cod.* 1 (*cf. cod* 3).
6 = *Mone* 10; *Roz.* 187. *Cod.* 1. a) donatum quem *c.*
7 = *Mone* 11; *Roz.* 188. *Cod.* 1. a) a *corr. e* d *c.* b) cessum quē *c.*
8 = *Mone* 12; *Roz.* 189. *Cod.* 1. a) i *e corr. c.*
9 = *Mone* 13; *Roz.* 190. *Cod.* 1.

1) *Ev. Luc.* 11, 41.

de paternico seu de maternico mihi evenit, ad oraturium sive cellam in honore sanctae Mariae semper virginis constructam tradidi atque transfundi. . . .[a]

10.

f. 113. Marc. II, 1. . . . reus quidem meritis, flagitiis quoque, sceleribus, praelascivis actibus ac nimia feditate pollutus, vel ordinem vel opere omnium bonorum christianorum longe satis extremus. Et ideo ad diminutionem peccatorum meorum atque ad augmentationem bonorum servis Dei ibidem consistentium iam superius nominatas res dono, ut ab hodierna die habeant, teneant atque possideant.

11.

Marc. II, 1. Multa quidem sunt, quae per paginas sanctarum scripturarum ad peccatorum vulnera sananda posita noscuntur, illam tamen potiorem sententiam arbitror repertam, quae dicit: 'Sicut aqua extinguit ignem, ita helymosina extinguit peccatum'. Quid ergo verius potest credi, quid confidentius, quidve expressius, quam remediabilis illa sententia? Iuste ergo extinguitur, qui peccatorum incendia elymosinis iuxta pollicitationem divinam extinguere [non[a]] festinat. Faciant quippe ceteri ea quae voluerint, agant quae ipsi maluerint, et ideo, quia omnis homo suo sensu ducitur; ego tamen, huius rei exemplum secutus, elegi donare ad oraturium, cuius vocabulum est ill., ubi turma monachorum, Christo propitio, non modica esse videtur, omnes res meas, quae[b] mihi legitimo iure contingere videntur, ut ex eo augmentationem victus et vestitus habeant.

12.

Marc. II, 2. Quantum intellectus sensusque humani potest mente sagaci pensare atque solerte indagatione quid perpendere, nihil amplius valet in huius seculi lucem de gaudia fugitiva lucrare, quam que de rebus suis locis venerabilibus in alimoniis pauperum curetur inpendere, quatinus fragilitate nature, quae omnes generaliter patientur, priusquam subitanea transpositio eveniat, oportet pro salute anime vigilare, ut non inveniat quemquam inparatum, et sine aliquo respectu discedet a seculo; quin potius, dum proprio *f.* 113' libertatis iure subsistat, ex[a] caduces substantiis in aeterna tabernacula vitam quaerat mercare aeternam, ut inter iustorum consortium desiderabilem valeat adipisci locum et retributorem sibi preparet Dominum, ut de fructu indeficiente paradisi mereatur fovere, de huius vivo fonte perfecta fide poscenti nec subtrahetur poculum nec minuetur alveus, sed potius quisque auserit inrigatur dulcidine gelidus, atque[b] suavis ei flagratur odor balsimi paradisi.

13.

Marc. II, 3. Mundi terminum, ruinis crebriscentibus, adpropinquantem indicia certa manifestantur et experimenta aliqua declarare noscuntur, et ad discutiendas torpentes infidelium mentes illa dudum in euangeliis a Domino dicta oracula incumbere noscuntur. Opere prętium arbitror futurorum temporum vicissitudinem preoccupans antecipare et incertum humanis[a] eventum sagaci mentis intuitu providere, quatinus ex hoc inflictis facinorum vulneribus indulta remedia[b] pietas adipisci. Ergo ego in Dei nomen[c] ill. et coniux mea ill. considerantes, quia gravamur sarcina peccatorum, et reminiscentes bonitatem Dei dicentis: 'Date helymosinam[d], et omnia munda fiunt vobis', de tanta igitur miseratione et pietate Domini confisi, idcirco per hanc epistulam donationis donamus donatumque[e] in perpetuum esse volumus atque de iuro[f] nostro in potestatem et dominationem monasterii ill., in honore sancti ill.[g] in pago illo constructum, ubi preest venerabilis ill. abba vel turba plurima monachorum adhunata, tradimus atque transfundimus villas[h] nuncupantes illas, sitas in pago ill., cum terris, domibus, edificiis, acolabus, mancipiis,

9. a) *duo folia excisa c.*

10 = *Mone* 14; *Roz.* 191. *Cod.* 1.

11 = *Mone* 15; *Roz.* 192. *Cod.* 1 (*cf. cod.* 3). a) *om. c.* b) quae mihi *bis scripsit, sed del. c.*

12 = *Mone* 16. *Cod.* 1. a) et *c.* b) *repetivit sed del. c.*

13 = *Mone* 17. *Cod.* 1. a) humane condicionis *Marc.* b) pietatis remedia merear adipisci *Marc.* c) nom̄ *c.* d) h *detersum c.* e) donatumquem *c.* f) *ita c.* g) *post add. c.* h) ullas *al. m. corr.* villas *c.*

vineis, silvis, campis, pratis, aquis aquarumve decursibus, adiunctis adiecentiis, apendiciis, peculium utriusque sexus, movilibus et inmovilibus, sicut a nobis moderno tempore possidetur, vel, si inantea inibi undecumque *aliquid augmentare aut meliorare potuerimus, ad prefato monasterio in alimoniis vel sub *f. 114. stantia monachorum ibidem habitantium, Christo protegente, proficiat; ea scilicet ratione, ut, dum pariter advivimus, antedictas villas sub usu benefitio tantummodo, absque ullo preiudicio vel deminutione aliqua ipsius monasterii, possideamus, nisi tantum si aliquos ex servientibus nostris a iugo servitutis pro commune mercedem relaxare voluerimus. Post obitum vero, quandoquidem Deus voluerit, ambobus nostrorum, absque ullius iudicis vel heredum nostrorum expectata traditione, cum omni re meliorata, quicquid in superscriptas villas, in quibuslibet rebus vel corporibus augmentum vel inventum fuerit de presente, hoc pars antedicto monasterio vel memoratus abbas eiusque successores in Dei nomen perpetualiter recipiant possedendum, tamquam si ad presens absque usu nostro eorum fuisset subsecuta possessio, ita ut, quicquid de predictis villis pro oportunitate ipsius monasterii facere decreverint, liberum in[h] omnibus potiantur arbitrium, presentem vero donationem nec a quoquam curialium vilitatem gestis municipalibus alligare curavimus, et omnino decernimus, ne aliquando in eam ob occasu quisque[i] valeat reperire. Quod si aliquod instrumentum de ipsis villis de nomine nostro in adversitatem predicti monasterii quolibet ordine conprehensum, aut anterior vel posterior praenotatus, qui[k] nos nec fecimus nec facere rogavimus, a quocumque preter istum, quem firmissimum volumus esse quoque tempore, fuerit ostensum, nullum sortiatur affectum, nisi vacuus et inanis appareat; auctorem vero criminis vel falsarium *nec *f. 114'. inultum tunc tempore potiatur[l] iudiciaria[m] habitare potestas. Si quis vero, quod futurum esse non credimus, huic voluntatis nostrae per quoslibet adinventiones aliquis de heredibus nostris aut iudicum seva cupiditas vel qualibet persona obvius vel repetitur[n], a conventu omnium christianorum vel limitibus ecclesiarum extraneus habeatur et Iuda, traditoris Domini nostri Iesu[o] Christi, perfruatur consortium, et insuper etiam inferat partibus ipsius monasterii vel fratrum ibidem consistentium, sociatu quoque in actione possessione[p] sacratissimo fisco, auri libras tantum, argenti pondera tantum, et nec sic quoque quae repetit non[q] valeat vindicare, nihilominus[r] presens donatio, que a nobis pro timore Domini et amore pauperum Christi conscripta est, firma et inlibata omni tempore debeat permanere, stipulatione subnixa.

14.

Si quis vero, quod[a] evenire nullo umquam tempore credo, si ego ipse, quod absit, aut aliquis de heredibus vel proheredibus meis, qui contra hanc traditionem, quam ego spontanea voluntate manuque potestativa fieri decrevi, venire temptaverit aut eam inrumpere conatus fuerit, affectum, quem incoavit, nullatenus valeat perficere, atque pro temeritate sua conferat in aerarium regis argenti libras tant., auri solidos tant., et nihilominus presens carta traditionis omni tempore inconvulsa et intemerata permaneat, cum testibus subordinatis.

Actum in ill. loco publice[b], presentibus his, qui subnotati videntur. Sig.[c] ill., qui hanc cartam fieri et firmare rogavi. Signa[c] aliorum[d] testium. Ego itaque ill. clericus[e] rogitus anno ill. ill. regis, die ill., quod fecit mensis[f] ill. dies tant., scripsi et subscripsi[g].

15.

Quod si ego ipse aut aliquis heredum vel proheredum meorum vel qualiscumque persona istam traditionem presumptiose infrangere *voluerit aut distruere temptaverit, *f. 115. nullo modo valeat conatum affectus sui obtinere, sed presens cartula firma et inviolata perennis temporibus perduret, et insuper ille presumptor, qui eam marrire presumpserat, partibus fisce sit obnoxius tant. lib. auri, tant. pond. argenti, traditio vero presens vigore perenni intemerata perseveret.

13. h) in *post add. c.* i) quisquam *Marc.* k) quod *Marc.* l) paciatur *Marc.* m) iudicare *corr.* iudicicara *c.* n) repetitor extiterit *Marc.* o) ihū *c.* p) *e corr. c.*; tam in actione quam in persecutione s. f. *Marc.* q) *ita etiam Marc. cod. A* 3. r) *ita Marc.*; nihil *c.*

14 = *Mone* 18; *Roz.* 208. *Cod.* 1. a) *post* qđ *aliquid erasum c.* b) publ *c.* c) sig̃ *c.* d) alio teš, *c.* e) cleric̃ *c.* f) menš *c.* g) *in loco raso c.*

15 = *Mone* 19; *Roz.* 209. *Cod.* 1.

Actum ill. publice[a], presentibus quorum hic signacula continentur[b], necnon reliqua multitudine populi. Sig. †, qui hanc cartam facere postulavi.

16.

Si vero ego ipse, quod eventurum fore nullo ingenio fieri posse credo, aut quilibet persona istam confirmationem distruere aliqua occasione nisus fuerit, sciat, se apud Deum deliquisse et insuper fisco regis debitorem exstitisse, id est tant. lib. auri et argenti tant., insuper etiam pro temeritate sua, quam huic sancto loco vel sanctis ibidem manentibus inrogare non pertimuit, ipsis monachis vel agentibus eorum duplum tantum, quantum presens carta continet, ibidem restituat, et nihilominus presens traditio stabili robore suffulta permaneat cum stipulatione subnixa.

Actum ill. publico[a] mallo atque his presentibus, qui huius traditionis manumissores[1] extiterant. Sig.

17.

Quicumque vero, tam heredibus[a] quam proheredibus meis seu quibuslibet personis, aut ego ipse, quod longe a conscientia mea sit, qui hanc traditionis cartam evertere voluerit, non tantum hoc[b] valeat perficere, sed statim initio incoationis suae repulsus, fisco regis tant. solid. auri sit culpabilis, insuper etiam ipsis monachis vel agentibus eorum, quibus tam malignam fraudem inferre conatus est, duplum tantum, quantum repetit, absque ullo preiudicio restituat, praesens vero carta traditionis, quam violare conatus fuerat, tam presentibus quam et futuris temporibus firma et stabilis existat cum stipulatione subnixa.

Acta sunt autem[c] hec ibidem publico[d] mallo coram frequentia populi, inter quos adfuerunt etiam hii, qui subscribuntur. Sig.

18. Precaria.

f. 115'. Quod si ego ipse aut aliquis de successoribus nostris hanc precariam inritam facere decreverit[a], nullatenus valeat perficere, sed absque ullo preiudicio ea, que[b] nos sub testificationis iure statuimus, perennis temporibus valeant inconvulsa pertransire, quatenus delectet ceteris christianis fidelibus res suas ad sustentationem servorum Dei de cetero confidenter aptare. Et ut hec precaria firmior habeatur et per tempora conservetur, manu propria studuimus subtus roborare fratrumque nostrorum tant. testimonia inserere.

Facta precaria ibidem publice[c], presentibus his, qui subscribuntur. Sig. † abbatis[d], qui hanc precariam fieri et firmare decrevit.

19.

Si vero aliquis de successoribus nostris hoc placitum, quod in presenti statuimus, inrumpere temptaverit, nequeat nullo modo perficere quod optat, et insuper ipsi homini, vel quibus haec precaria facta cernitur, tantum solid. sit obnoxius, et nihilominus presens precaria firma et intemerata valeat perdurare.

Actum.

20.

Quod si nosmet ipsi aut quislibet de supervenientibus successoribus nostris hanc precariam distruere voluerit, non valeat obtata perficere, sed sicut[a] moderno tempore facta

15. a) pubł *c.* b) contiñ *c.*
16 = *Mone* 20; *Roz.* 210. *Cod.* 1. a) pub̄ *c.*
17 = *Mone* 21; *Roz.* 211. *Cod.* 1. a) *lege:* de heredibus. b) *supple:* non. c) aū *c.* d) pubł *c.*
18 = *Mone* 22; *Roz.* 333. *Cod.* 1. a) it *e corr. c.* b) eaq: *c.* c) pubł *c.* d) ab̄b̄ *c.*
19 = *Mone* 23; *Roz.* 334. *Cod.* 1.
20 = *Mone* 24; *Roz.* 335. *Cod.* 1. a) sic *c.*

1) *Testes cartam manu firmantes. Cf. Brunner, 'RG. d. Urkunde' I, p.* 230, *n.* 6.

cernitur, sic perenniter tam a nobis quam a supervenientibus successoribus nostris inviolabiliter atque indubitanter conservetur iugi vigore stabilita. Quod ut certius et firmius habeatur et per tempora custodiatur, manu nostra decrevimus roborare.

Actum ipso monasterio publice[b] coram frequentia servorum Dei.

21.

Venerabili in Christo ill. salutem. De cetero cognuscas, quia fratres nostri his *f. 111'.* nominibus huius vitae miseria caruerunt et ad Deum, ut credimus, migraverunt; quapropter eorum memoriam consuetudinariam tam invicem quam generalem missionem per cetera monasteria habere[a] dignemini. Nomina fratrum supervenientium et iam in Christo dormientium.

22.

Venerando summaque laude a nobis colendo ill. dono Dei superinspectori exiguus minister, tamen servientium Deo ultimus alumnus, cunctaque concors congregatio Sanctae Mariae Insolanensis[1] salutem. Multimodis namque beneficiis non prevalemus non solum vicem reconpensationis reddere, sed nec gratiarum actionebus sufficimus inmense benevolentiae vestrae obviare.

23.

Venerando intimisque visceribus[a] precordiis amplectendo ill. obtemperantium vobis ultimus alumnus, fide tamen ac benivolentia summus, una cum fideli congregatiuncula vestra, salutem in Christo. Ceterum conpereat dulciflua paternitas vestra, quia nos diebus ac noctibus pro salute et incolomitate vestra vestrorumque omnium, quantum parvitatis nostrae dignitas sinit, Domini inprecamur, et tanto amplius, quanto adpropinquare cernimus multis tribulationibus diem Domini, quatenus orationum tabula sublevatus, anchora per aeternitatem miserationum Domini fixa, e mediis mundi fluctuum voluminibus ad portum obtati dudum litoris, Christo opitulante, valeas pertingere.

COLLECTIO B.

1. Carta traditionis, quam vir et uxor eius faciunt de amborum rebus, generaliter[a] de omnibus suis, sine aliquo censu.

Dum enim propago humani[b] generis ab exortu creationis[c] suae usque in presens, augmentis succedentibus, crescit, non hoc nisi ex prime[d] condicionis statu accepit, quod semel a Domino diffinitum[e], usque[f] in finem nulla mutabilitate minuitur. Et ideo primus[g] legislator divine auctoritatis Moyses de hac insolubili diffinitione[h] discripsit, dicens[g]: 'Propter hoc reliquid[i] homo patrem et matrem et adherebit uxori suae, et erunt duo in carne una'[2]. Ideoque nos in nomine sanctae Trinitatis, ill. vir et coniux mea illa. Constat, nos legali hoc et indissolubili vinculo divino, ut credimus, nutu coadunatos[k] et res quasdam nobis tam[l] de paternico quam de maternico hereditario iure

20. b) publ̄ c.
21 = *Mone* 1; *Roz.* 684. *Cod.* 1. a) *repetivit sed del. c.*
22 = *Mone* 2; *Roz.* 853. *Cod.* 1.
23 = *Mone* 3; *Roz.* 810. a) visceribus *corr.* viscerum *c.*
1 = *Strasb.* 1; *Roz.* 199. *Codd.* 2. 3. a) g. de omnibus *des.* 2. b) humano 3. c) creacionis sue 3. d) 3; anime *corr.* me 2. e) est *manu prima add.* 2. f) u. i. f. *des.* 2. g) *deest* 2. h) diffinicione 3. i) reliquit 3. k) adunatas 3. l) *deest* 3.

1) *i. e. Augiensis.* 2) *Genes.* 2, 24.

provenisse, necnon et de quodam[m] modo iusto contracto, quas nobis in aeterna beatitudine credimus ambobus proficere, si[n] easdem res[o] pro remedio animarum nostrarum ad loca sanctorum delegare contendimus; quod ita et facere decrevimus. Et ideo manu[o] potestativa tradimus atque transfundimus omnes res nostras[p], quas in presenti habere visi sumus, ad monasterium, quod vocatur ill., ubi ill. abba et pastor sancto[q] gregi preesse videtur, et[r] quod est constructum in honore sancti ill.; et hoc est quod tradimus: in loco nuncupante ill. in pago, cuius vocabulum est ill., omnes res[s], quas ibidem habere visi sumus, id est tam terris quam domibus, aedificiis[t], mancipiis, pratis, pascuis, vineis, silvis, aquis aquarumve decursibus, egressus et regressus, cultis et incultis, mobilibus et immobilibus, peculiis[u] utriusque sexus, peccoribus[v] cum pastoribus, seu quicquid dici aut nominari[w] potest et presens nostra videtur esse possessio, omnia et[r] ex integro tradimus ad supradicta[x] loca sanctorum; ita ut ab hodierna[y] die rectores seu actores[z] prefati monasterii easdem[a] res habeant, teneant atque possideant, vel quicquid[b] exinde facere pro oportunitate[c] ipsius monasterii facere decreverint, libera in omnibus perfruantur[d] potestate faciendi[r]. Si quis vero, quod evenire non credimus, si nos ipsi aut quislibet heredum vel proheredum nostrorum vel qualiscunque persona istam traditionem[e], quam nos pari consensu facere decrevimus, destruere[f] voluerit, nullatenus valeat perficere quod inchoavit, et pro temeritate sua persolvat[g] ad ipsum monasterium aliud tantum, quantum repetit, et insuper sit culpabilis in erarium regis auri tantum, argenti tantum, et nihilhominus haec traditio omni tempore firma et inconvulsa permaneat cum stipulatione[h] subnexa.

Actum in illo loco publice, presentibus quorum hic signacula continentur. Signum ill. Sig.[r] ill., qui pari consensu istam traditionem[e] firmaverunt. Sig. *testium septem vel amplius.* Ego itaque ill. anno ill. ill.[i] regis Franchorum, mense ill., die ill., quod[k] facit ipse mensis, sub comite ill. scripsi et subscripsi, feliciter; amen.

2. Carta traditionis, quam vir et uxor eius faciunt[a] de omnibus rebus suis, et cum censu prosolvendum diebus vite sue [tantum[b]].

Auctoris simul et Redemptoris nostri verba de conexione[c] viri ac mulieris audivimus in euangelio dicentis: 'Quod ergo Deus coniuxit[d], homo non separet'[e. 1]. Ideoque ego ill. et coniux mea illa. Dum non est incognitum, sed omnimodis divulgatum, qualiter nobis hereditario iure, paternico simul et maternico, cum quolibet[f] iusto contracto provenit hereditas, quod nos, ut credimus, per[g] divinam inspirationem conpuncti[h], pro animarum nostrarum redemptione ad loca sanctorum delegare contendimus. Et hoc est quod tradimus: in locis denominatis, *vel* in loco denominato, ill., in pago, cuius vocabulum est ill.[i], omnes res nostras[k], quas in presenti ibidem[l] habere visi sumus, id est casa [cum[m]] curte clausa, cum terris et domibus, aedificiis, mancipiis, pratis, pascuis, silvis, vineis, aquis aquarumve[n] decursibus, seu quicquid[o] dici aut nominari potest, omnia ex integro tradimus atque transfundimus ad monasterium ill., quod est construc-

1. m) 3; quadam 2. n) sed 3. o) *deest* 2. p) meas 3. q) sancti 3. r) *deest* 3. s) meas *add.* 3. t) hedificiis 3. u) peculis 3. v) pecoribus 3. w) nominare 3. x) dicta *deest* 3. y) hodiherna die rectores 3; hodierna rectore 2. z) auctores 3. a) si easdem 3. b) quidquid 3. c) oportunitatem 3. d) 3; perfruatur 2. e) tradicionem 3. f) distruere 3. g) prosolvat 3. h) stibulacione subnixa 3. i) *deest* 3; *lege:* anno illo illius regis. k) quod — ill. *des.* 3.

2 = *Strasb.* 2, §. 1; *Roz.* 347, §. 1. *Codd.* 2. 3. a) fatiunt 3. b) *add.* 3. c) conexi 3. d) 3; coniuxit *corr.* coniunxit 2. e) separat 3. f) qualibet iusto constracto 3. g) divina inspiracione 3. h) conpucti 3. i) *deest* 3. k) meas 3. l) 3; *deest* 2. m) *add.* 3. n) aquarumvę 3. o) quidquic 3.

1) *Ev. Matth.* 19, 6; *Ev. Marc.* 10, 9.

tum in honore sanctorum ill.[p], ubi ill. abba regulariter preesse videtur. In ea videlicet ratione[q], ut, quamdiu simul vixerimus, vel qui de nobis alio superstis fuerit[r], supradictas res[s] sub usu fructuario habeamus censumque annis singulis prosolvamus[t], id est tantum et tantum, et interim de[u] supradictis rebus non habeamus[v] facultatem aut[s] minuendi aut alienandi, nisi quantum ad usum pertinet[w] eas incolendi et in usu habendi, et post obitum nostrum statim sine alicuius contradictione vel aliqua diminutione[x] ad supradicta loca sanctorum res supradicte revertantur perpetualiter possidende[y]. Si quis vero, quod evenire non credo, si nos ipsi aut quislibet[z] persona istam traditionem destruere[a] voluerit, nequeat inchoatum[b] suum nulla occasione[c] perficere, et pro vi, quam[d] locis sanctorum inferre conabatur[e], restituat ibidem duplum, quantum malo[f] ordine abstraere voluit[g], et in re publica prosolvat auri tantum, argenti tantum, et insuper hec[w] traditio perennis temporibus firma valeat perdurare cum testibus subordinatis.

Actum in illo loco publice, presentibus quorum hic signacula subnotantur. Sig.[h] illorum, qui istam traditionem pari consensu firmaverunt.

3. Precaria.

Domino[1] venerabili et in Christo patri[a] ill. abbati monasterii, cuius vocabulum est ill.[b] Dum constat[c], qualiter vos[d] legitimo coniugio[e] primitus conexi[f] ill.[g] et illa, multisque incognitum non sit, ambobus vobis tam de games paternico quam de maternico seu etiam quodam[h] iusto contracto res vobis[i] quasdam hereditario iure provenisse, que site sunt in pago nuncupante, in villa denominata[k] ill.[l], quas vos animo concordi cum terris et[e] domibus, edificiis[m], mancipiis, pratis, pascuis, silvis vel omnibus cultis et incultis, cum universis adiacentiis[n], quas[o] enumerare perlongum est, tradidistis et cartam[p] confirmastis ad loca sanctorum, ubi nos auctore Deo vilicationem fungimur. Sed postea fuit vestra petitio, nostra quoque non rennuit voluntas, ut superius denominatas[q] res nostras[e], vel quas cartula traditionis vestrae plenius conmemorat, vobis sub usu fructuario dies vitae vestrae[r] prestaremus; quod ita et fecimus. In ea ratione[s] videlicet, ut, quamdiu vixeritis, easdem res habeatis censumque annis singulis prosolvatis, id est tantum et tantum, et[t] interim nihil minuendi aut alienandi non habeatis facultatem, sed post obitum vestrum ipse res in omnibus meliorate ad supradictum monasterium revertantur[u] perpetualiter possidende[v]. Nullusque, neque nos nec quilibet successorum nostrorum, hanc precariam, quam nos[w] emisimus, nullatenus valeat destruere[x], sed perennis[y] temporibus stabilis et firma perduret, prout tempus dictaverit, et convenientia in ea discripta finita fuerit. Et ut firmior per tempora conservetur, manu nostra fratrumque[z] nostrorum subtus firmitatem[a] inseruimus.

Sig. ill. abbatis[b], qui hanc precariam fieri iussit[c]. Sig. *fratrum 7 vel amplius.*

2. p) illorum 3. q) racione 3. r) fuerit *corr.* fuerint 2. s) 3; *deest* 2. t) exinde solvamus 3. u) de de 2. v) 3; habemus 2. w) *deest* 3. x) diminucione, *et ita saepius* cio *pro* tio 3. y) 3; possidendi 2. z) quelibet 3. a) distruere 3. b) incoatum 3. c) pro o. 3. d) quem 3. e) 3; conebatur 2. f) mala 3. g) voluerit 3. h) Signum 3.

3 = *Strasb.* 2, §. 2; *Roz.* 347, §. 2. *Codd.* 1. 2. a) patre abbate 3. b) ille 3. c) consisteret 3. d) nos 3. e) *deest* 3. f) connexa 3. g) 3; il. il. 2 *pro* ill. et illa. h) *deest* 2. i) nobis 2. k) denonominata 3. l) illa 3. m) aedificiis 3. n) adiacentis 2. o) qua 3. p) carta 3. q) denominatis 3. r) *sic* 2 *R; nostrae* 2 *P; deest* 3. s) videlicet racione 3. t) et i. *des.* 2. u) revertatur 3. v) possidendi 2. w) vobis misimus 3. x) distruerę 3. y) perhennis *corr.* perennis 2; peromnis 3. z) que *deest* 3. a) firmitate 3. b) abbati 3. c) uussit 2.

1) *Inscriptionem minime cum ipso contextu convenire, cum carta non abbati, sed ab ipso abbate emissa sit, hic et ad cap.* 17. *infra recte monuit de Rozière. Erravit autem in eo, quod scriba perperam* Precaria *pro* Praestaria *scripsisset. Alamanni enim cartas, quas Franci 'praestarias' dicebant, 'precarias', quas autem illi 'precarias', ipsi vel 'traditiones', vel 'donationes, cartas donationis' vel similiter vocare solebant.*

4. Carta traditionis, quam vir facit[a] de rebus suis, et vult, ut uxor eius habeat post se, aut quam uxor facit de rebus suis, et vult, ut vir eius habeat post se.

In[1] Dei nomine. Perpetrandum est unicuique[b], quod sapientia Dei per Salomonem[c] dixit: 'Redemptio anime[d] viri proprie[e] divicie eius'[2], Redemptoris quoque verba, dicentis: 'Date elemosinam, et ecce omnia munda sunt vobis'[3]. Ideoque ego ill., his ammonitionibus conpunctus[f] simul et confisus, dono donatum pro[g] remedio anime meae[g], quod in perpetuum esse volo, et hoc est quod dono: in pago nuncupante ill., in[h] villa, cuius vocabulum est ill., omnem portionem meam, quae ibidem[i] sit, id est tam[b] terris quam domibus, edificiis, mancipiis, pratis, pascuis, silvis, aquis aquarumve decursibus, cum omnibus adiacentiis suis, ad basilicam, quae est constructa in honore sancti ill.[k], ubi ill.[k] servus Dei rector esse videtur. In ea ratione[l] videlicet, ut, quamdiu vixero, easdem res habeam censumque annis singulis solvam, et si uxor mea, [maritus[m] meus], me[n] supervixerit[o], eo quod filiorum procreatio[p] inter nos minima[q] visa est processisse, ipsas res dies vite suae habeat et supradictum censum solvat, et post discessum eius sine aliqua marritione[r] ad supradictum[s] traditionem[t] revertantur perpetualiter. Nullusque[u], neque ego aut quelibet[v] heredum vel proheredum occasio aut qualiscumque persona, praesentem traditionem per nullius ingenii subtilitatem valeat corrumpere, sed perenni vigore stabilis debeat perdurare. Et ut certior[w] habeatur et nullis temporibus superventuris[x] destruatur: si quis eam destruere[y] voluerit, poenam inscriptam in rebus publicis[z] prosolvat[a], id est auri tantum, argenti tantum, et nihilhominus[b] presens cartula cum omnibus in ea continentibus usque in evum inconcussa permaneat cum stipulatione[c] subnixa.

Actum in illo loco[d] publice, presentibus qui subscribuntur vel reliquo populo. Sig. ill., qui istam traditionem fieri et firmare rogavit.

5. Precaria.

Dum enim quisque pro remedio anime[a] suae sua[b] propria ex iustis laboribus largiri[c] decreverit, ex divina inspiratione sibi procul dubio sciat hoc provenisse. Ideoque tu vir ill.[d], [fidelissima[e] coniux illa], conplacuit tibi, ut res tuas, quas in presenti habere visus fuisti in villa, quae vocatur ill., in pago nuncupante ill., traderes[f] ad loca sanctorum ill.[g], ad monasterium, quod nominatur ill., ubi nos auctore Deo praesidemus. Sed postea te postulante, quatenus illas res sub usu fructuario tibi cederemus, non negavimus huic postulacioni[h], sed sicut postulaveras, ita fecimus; id est, ut, quamdiu vixeris, illas res sub usu fructuario habeas censumque[i] annis singulis inde prosolvas; et si

4 = *Strasb.* 3, §. 1; *Roz.* 348, §. 1. *Codd.* 2. 3. a) fecit 3. b) *deest* 3. c) Salamonem 3. d) animę 3. e) propriȩ 3. f) conpuctus 3. g) pro — meae *des.* 3. h) in villa *des.* 2. i) m e ibidem c o n t i g i t *pro* ib. sit 3. k) illius ubi ille 3. l) v. r. 3. m) maritus meus *deest* 2. n) mei 2. o) supervixeris 3. p) procreatione 3; inter nos *des.* 2. q) minime 3. r) marricione 3. s) supradictam 3. t) *ita codd., quod per errorem scriptum sit oportet.* u) Nunlusque 2. v) quilibet 2. w) cercior 3. x) superventuris distruatur 3; subventuris destruatur 2. y) distruere 3, *ubi* voluerit *deest.* z) puplicis 3. a) persolvat 2 *P*, *ubi saepius* pers. *pro* pros. b) nihilominus 3. c) stibulacione 3. d) loco *deest,* puplice 3.

5 = *Strasb.* 3, §. 2; *Roz.* 348, §. 2. *Codd.* 2. 3. a) animȩ 3. b) *deest* 3. c) largire 3. d) ille 3. e) f. c. illa *des.* 2. f) tradens 3. g) illorum 3. h) postulationis 2. i) que *deest* 3.

1) *Eadem formula usus est Hratbertus cancellarius pagi Breisgau in carta traditionis Sangallensi, Wartmann, 'UB. d. Abtei S. Gallen' I, nr.* 257 *(a.* 820*), conscribenda; vide etiam l. c. nr.* 313. *Cf. 'N. Archiv' VIII, p.* 490. 2) *Prov.* 13, 8. 3) *Ev. Luc.* 11, 41.

uxor tua te supervixerit, supradictas res tempus vite[k] suae habeat, similemque censum ex eisdem rebus annuis[l] temporibus reddat; quae statim post istam diffinicionem[m] statutam[n] cum omni integritate, sicut cartula traditionis tuae[o] earundem rerum continet, quam apud nos retinemus, in omnibus meliorate sine alicuius contradictione ad nos successoresque nostros revertantur sub[p] perpetuitate retinende[q]. Nullusque, nec ego[r] nec quislibet successorum nostrorum, hanc precariam ullis temporibus ausu temerario audeat destruere[s], sed, quicquid nostris statutis diffinitum[t] est, inconvulsum valeat perdurare, quatenus reliquos[u] fideles delectet, sine aliquo typo[v] vel occasione contenciosa proprias res ad ecclesiam[w] Dei contradere ad pauperum Christi inopiam sublevandam.

Actum[x] in ipso monasterio coram[y] ipso abbate vel fratribus seu reliquis secularibus fidelibus. Sig. ipsius abbatis, qui istam precariam fieri decrevit.

6. Carta traditionis, quam facit homo, et vult, ut infantes eius habeant post se cum censu.

Ego in Dei nomine ill. Conplacuit mihi in animo meo, ut aliquid de rebus meis pro remedio anime meae condonare deberem; quod ita et feci. Et hoc est[a] quod trado: in pagello[b] denominato ill., in[c] locis, quorum[d] vocabulum est[e] ill. et[f] ill., omnes res meas, quas mihi ibidem pater meus moriens[g] dereliquid, vel[g] quas ibidem contra fratres[h] meos, vel quas ibidem contra coheredem[h] meum ill.[i] mihi partiendo[k] sors legitima contulit, vel quae[l] ego postea quibuslibet iustis laboribus augmentare potui, cum omni integritate, id est curte clausa cum edificiis[m], mancipiis[n] casatis, terris cultis et incultis, pratis[o], silvis, aquis, farinariis[p]; haec, ut[i] prefatus sum, cum omnibus adiacentiis[q] vel adpendiciis trado ad ecclesiam, quae[r] constructa est in honore sancti ill.[s], ad monasterium, quod dicitur ill., ubi ill. abbas[t] gregi Dei regulariter presidere[u] cognoscitur. In ea ratione[v] videlicet, ut, quamdiu mihi[f] vita comitatur in corpore, superius denominatas res in beneficium a vobis accipiam sub usu fructuario debitumque censum singulis[f] annis vobis successoribusque[w] vestris prosolvam, id est tantum; filiusque meus ipsas[x] res habeat diebus vite suae tantummodo et supradictum censum prosolvat[y]. Et si infantes mei me[z] supervixerint, dies vite suae easdem res habeant[e] tantummodo et eundem censum[i] prosolvant. Et si mihi Deus filium[a] de legitima uxore dederit, easdem res habeat[b] diebus[c] vite suae tantummodo; post quorum obitum ipse[d] res in omnibus meliorate redeant partibus vestris, [vobis[e] successoribusque vestris] in perpetuum retinende. Et si mihi filiorum procreatio[f] de legitimo coniugio[g] evenerit, ipsi easdem res post obitum meum retineant[h], et cum supradicte censu prosolvant tempus vite suae; sin autem minime, post obitum meum[h] sine cuiuslibet tergiversatione iure auctoritatis vestrae retinende revertantur ipse[i] res in perpetuum. Si quis vero, quod futurum esse non credo, si ego ipse aut quislibet persona istius traditionis firmitatem corrumpere

5. k) vitę 3. l) annis 3. m) difinucionem 3. n) statuam 2; staturam 3. o) tue 3; cum *add.* 2. p) perpetualiter r. 3. q) retinendi 2. r) ego nec *des.* 2. s) construere 3. t) diffinucione *pro* d. est 3. u) reliquas 3. v) *i. e.* typho; tipo quasi incontenciosa *pro* typo v. o. c. 3. w) eclesias 3. x) Actu 3. y) presente abbate 3.

6 = *Strasb.* 4, §. 1; *Roz.* 350, §. 1. *Codd.* 2. 3. *(Duo exemplaria, quae exhibet cod. 3, distinxi inter se literis 3 a et 3 b).* a) est quod *des.* 3. b) pagellis denominatis 3 *b*. c) in locis *des.* 2. d) 3 *b*; cuius 2. 3 *a*. e) *deest* 3 *b*. f) *deest* 2. g) *deest* 3 *a*. h) fratres — coheredem 3 *a*; *pro quibus nihil nisi* heredum 2, fratrem 3 *b exhibent.* i) *deest* 3. k) parciendo 3. l) que 3. m) hedificiis 3. n) *hic falso insert* pratis, pascuis 3 *a*. o) pratis silvis *des.* 2. p) 3 *a*; faninariis 2; farina 3 *b*. q) suis *add.* 3 *b*. r) que 3. s) illi 3 *b*. t) 2 *R*. 3 *a*; abba 2 *P*; abb. 3 *b*. u) preesse 3 *b*. v) v. r. 3. w) que *deest* 3. x) 3; ipse 2. y) *corr. al. m.* prosolvant 3 *a*. z) *deest* 3 *a; post add.* 3 *b*. a) filios 3 *b*. b) habeant 3. c) dies 3 *b*. d) ipsa 3 *b*. e) vobis — vestris *add.* 3. f) procreacio legitimo 3 *a*; procreacione legitimo 3 *b*. g) coniurio *corr.* coniugio 3 *a*; coniugia 3 *b*. h) retineant — post obitum meum *des.* 3. i) ipse res *des.* 3 *b*.

voluerit, obviante ei ordine veritatis, nullatenus fallatiam[k] suam valeat perficere, et pro ausu[l] temerario prosolvat ad prefatum monasterium duplum tantum, quantum malo ordine cupiditate praeventus abstrahere[m] voluerit, et insuper regie potestati sit culpabilis auri tantum, et nihilhominus[n] presens cartula cum omnibus in se continentibus inviolata permaneat[o] cum testibus subordinatis.

Actum in illo loco publice, presentibus[p] his, qui subnotantur[q], vel reliqua innumera multitudine populi.

7. Precaria[a].

Ego in Dei nomine ill. abba una cum conmissis fratribus nostris. Dum non sit incognitum, qualiter tu ill.[b], exortatione divina suggerente, omnes res tuas, quas in pago[c] denominato, in villa nuncupante, habere[d] videbaris, quas tibi ibidem pater tuus moriens[e] dereliquid, vel quas proprio labore ibidem lucrare potuisti, vel quas ibidem contra fratrem[f] vel[g] contra coheredum[h] tuum ill.[i] iusta tibi portio[k] contulit, cum curte clausa et edificiis ortisque pomiferis, singularibus[l] mancipiis his nominibus[m], ill.[n] casatis, terris, pratis, silvis, cultis et incultis, seu cum omnibus adiacentiis et[o] adpendiciis ad eam pertinentibus, quod enumerare perlongum est, cum omni integritate tradidisti ad monasterium ill., ad basilicam, que constructa noscitur[p] in honore sancti ill., ubi nos auctore Deo pastoralem curam gerimus. Sed postea te postulante, congruum visum est nobis[q], ipsas res tibi cedere sub usu fructuario habendas[r], censumque exinde[s] prosolvere annuis temporibus non neglegas[t], id est tantum; et si tibi Deus filium[u] de legitima uxore dederit, easdem res habeat[v] dies vite suae tantummodo et censum supradictum neglegere non presumat[w]. Similiterque filii[x] tui, quos[y] in praesenti habere visus fuisti[z], faciunt[a] dies vite suae[b]; post quorum[c] obitum omnes res supradicte revertantur ad nos successoresque[d] nostros perpetualiter. Quod si tibi filiorum procreacio[e] minime oborta fuerit, statim post obitum tuum sine alicuius praeiudicaria contentione ad actores[f] seu ad[q] defensores supradicte ecclesiae revertantur in perpetuum. Nec quilibet, aut nos ipsi vel successores nostri, haec statuta[g] valeat ausu temerario inordinanter[h] destruere, sed, prout tempus in presenti precaria poposcerit, inconvulsum[i] valeat perdurare, quam nos cum consensu fratrum nostrorum roborare decrevimus[k].

Actum in illo loco, sub[l] presentia illorum et ceterorum, quos enumerare libitum non est. Sig. ipsius abbatis[m], qui hanc precariam[n] fieri decrevit.

8. Quod omnis posteritas habere[a] debet.

In[1] ea ratione, ut, quamdiu[b] mihi vita comis fuerit, superius denominatas[c] res habere mihi liceat et cum censu singulis annis[d] prosolvere[e], infantesque mei post obi-

6. k) fallaciam 3; suam valeat *desunt* 3 *a*. l) auso 3 *a*. m) abstraere voluit 3. n) nihilominus 3. o) permaneant 3 *a*. p) 3 *b*; *deest* 2. 3 *a*. q) subnotatur 3 *b*.

7 = *Strasb.* 4, §. 2; *Roz.* 350, §. 2. *Codd.* 2. 3. (*Cod.* 3 *bis*; *cf. supra ad cap.* 6). a) *rubrica deest* 3 *a*. b) ille 3 *b*. c) pagis denominatis, in villis nuncupatis 3, *quod* 3 *a superscribendo correxit:* pago denominato, in villo nuncupato. d) tibi habere 3 *b*. e) *deest* 3 *b*. f) fratres tuos 3. g) 3; it 2. h) heredes tuos 3 *a*; heredos tuos 3 *b*. i) *deest* 3 *a*; illos 3 *b*. k) porcione 3. l) singulariis 3 *a*. m) nominatis 3 *a*. n) illis 3 *b*. o) 3; *deest* 2. p) est 3 *b*. q) *deest* 3. r) habeas 3 *a*. s) annis temporibus exinde prosolvere, 3 *a*, *ubi* temporibus *in margine post additum est:* exinde prosolvere annis temporibus 3 *b*. t) 3; neglas 2. u) filios 3 *b*. v) habeant 3 *b*. w) *corr.* presumant 3 *b*. x) filius tuus 3. y) quas 2; quem 3. z) es 3. a) faciat 3. b) sue 3. c) cuius 3. d) et successoreque 3 *a*. e) 3 *b*; procreacione 3 *a*; *deest* 2. f) auctores 3. g) statura 3. h) inordinantur destruhere 2; inordinanter distruere 3. i) inconvulsūs *e corr.* 3 *b*. k) decreverimus 3 *a*. l) sup 3 *b*. m) abbati 3 *a*; abbatis — decrevit *des.* 3 *b*. n) precaria 3 *a*.

8 = *Strasb.* 5; *Roz.* 354. *Codd.* 2. 3. a) habe 3. b) quam 3. c) dominatas 3. d) *deest* 3. e) *corr. videtur* persolvere 3.

1) *Capita* 8—12. *supplemento sunt capiti* 6, *quibus indicatur, quomodo eadem illa formula diversis negotiis adaptari possit.*

tum meum[f] similiter fatiant, omnisque posteritas, quae[g] de ipsis fuerit procreata[h], usque in sempiternum. Quod si evenerit, ut ipse res sine herede remaneant, sine meae[i] posteritatis legitima procreatione, quod plerumque contingit, nullus de heredibus vel proheredibus[k] ceteris se ibidem possit[l] adiungere, sed ubi[m] cum censu prosolvebatur[n], illuc iam redeat in perpetuum. Si quis[o] vero *et*[p] *cetera.*

9. Quod[a] homo per semet ipsum redimere voluerit.

Sub ea videlicet convenientia presentem traditionem statuo[b], si ego[c] ipse infra annos tantos res suprascriptas[d] redimere voluero[e], cum tantis et tantis solidis[f] redimam[g] et in proprietatem meam[h], sicut iam dudum fuerant[i], reducam[k] sine alicuius preiudicio, et interim cum censu suprascripto[l] ipsas res habeam[m]. Si quis vero[n].

10. Quod infantes eius redimere[a] post obitum eius debent.

In ea ratione scilicet, ut res ipsas dies vite meae habeam censumque prosolvam; et si infantes mei post obitum meum easdem res redimere voluerint, habeant licentiam eas redimendi cum tanto et tanto et in proprietatem sui iuris revocandi. Si quis vero *et cetera.*

11. Quod[a] homo tradit contra victum et vestitum.

In ea ratione videlicet, ut ab hodierna[b] die easdem[c] res habeatis sub iure dominii[d] vestri, actores[e] defensoresque prefati monasterii, usque in sempiternum et, quantum ad victum et vestitum[f] pertinet, in alimoniis et tegumentis necessitates meas procuretis dies vitae[g] meae. Si quis vero *et cetera*[h].

12. Quando[a] in ea ratione dat res suas, ut eum liceat conversare in monasterio.

In ea ratione, ut quamdiu voluero[b] ipsas res libere mihi uti[c] cum censu[d] liceat, id est tantum; et si aliquando saeculum[e] relinquere[f] voluero, tunc locum conversationis monachilis vitae[g], sicut regularis edocet industria, inter vos[h] me habere liceat, resque supradicte ad ius domini[i] vestri revertantur in perpetuum. Si quis vero[k].

13. Vendicio.

Ego in Dei nomine filius quondam ill.[a] Dum non est incognitum, qualiter inter me et ill. abbatem monasterii ill., quod est constructum in honore sancti ill., convenit, ut ei seu rectoribus ipsius monasterii aliquam partem de hereditate mea tradidissem;

8. f) $\overset{tu}{\text{m}}$eum 3. g) que 3. h) procreatura 3. i) me 3. k) heredibus 2. l) presumpsit 3. m) ubicumque 3. n) prosolvatur 3. o) Sig:: *(2 litt. erasae) pro* Si quis 3. p) et cetera *des.* 2.

9 = *Strasb.* 6; *Roz.* 362. *Codd.* 2. 3. a) Quomodo *pro* Q. h. 3. b) statuta isti *pro* statuo 3. c) tu *superscr.* 3. d) tas *om.* 3. e) voluer$\overset{is}{\text{o}}$ 3. f) sol 2; solidos 3. g) redim$\overset{as}{\text{o}}$ 3. h) $\overset{tu}{\text{m}}$eam 3. i) fuerat *corr.* fuerant, n *superscripto,* 3. k) reduca$\overset{s}{\text{m}}$ 3. l) suprascriptum 3. m) habea$\overset{as}{\text{m}}$ 3. n) qualis volueris *add.* 3.

10 = *Strasb.* 7; *Roz.* 363. *Codd.* 2. 3 *(sed cod.* 3 *rubricam tantum exhibet, quam continuo textus cap.* 11. *sequitur).* a) redime 3.

11 = *Strasb.* 8; *Roz.* 357. *Cod.* 2. 3. a) *rubrica deest in cod.* 3; *cf. cap.* 10. b) hordierna 2; hodierno 3. c) eusdem 3. d) domini 2. e) auctores 3. f) vestimentum 2. g) vite 3. h) *deest* 3.

12 = *Strasb.* 9; *Roz.* 360. *Codd.* 2. 3. a) *rubrica deest* 3. b) voluer$\overset{is}{\text{o}}$ 3. c) *deest* 3. d) consensu 3. e) seculum 3. f) relinquero voluer$\overset{is}{\text{o}}$ 3. g) vite 3. h) $\overset{u}{\text{v}}$os $\overset{t}{\text{m}}$e 3. i) *ita* 2. 3; *lege:* dominii. k) qualis *add.* 3.

13 = *Strasb.* 10; *Roz.* 282. *Cod.* 2. a) *intellige:* illius ille.

quod ita et vendidi. Et hoc est quod vendidi: in pago nuncupante ill. unum wanc[1], qui ab occidentali parte ipsius rivi, qui in illum lacum[2] defluet, adiacere videtur, et omnem silvam ibidem adherentem usque ad illam viam publicam et usque ad lacum et usque ad sursum in eccha[3], cum omni integritate sua. Et accepi a predicto abbate et ab advocatis seu rectoribus ipsius monasterii precium argenti libram 1 et unum caballum et unum palleum 100 solidos[b] valentem. Et ob hoc presentem cartam venditionis propter firmitatis studium fieri decrevimus, ut neque nos nec quislibet heredum vel successorum nostrorum hanc venditionem valeat evertere aut destruere, sed omni tempore firma debet perdurare cum stipulatione subnixa.

14. Carta[a. 4] donationis, quam facit mulier pro absentibus viris ac filiis eius ad monasterium.

In Dei nomine. Perpetrandum est unicuique, quod euangelica vox ammonet dicens: 'Date elemosinam, et ecce omnia munda sunt vobis'[5]. Ideoque ego ill.[b] cogitavi vitam futuram, aeternam retributionem, trado atque transfundo omnia, quecumque in his duobus villis his nominibus ill. ill. ad monasterium, quod est constructum in honore sanctae Mariae semper virginis, ubi ill. abba[c] preesse videtur, quae mihi ill. filius meus manu potestativa tradidit, quecumque in supradictis villis habere visus fuit, id est tam terris, quam domibus, edificiis, mancipiis, pratis, pascuis, aquis aquarumve decursibus, cultis et incultis, cum omnibus adiacentiis vel adpendiciis et cum omni integritate. Haec omnia ego ad supra denominatum [monasterium[d]] trado atque transfundo pro animabus filiorum meorum ill. ill. et pro anima viri mei ill. et pro salute anime [meae[e]], exceptis mancipiis ill. ill., reliqua omnia ex integro tradidi. In ea videlicet ratione, ut, quamdiu vixero, supradictas res habeam censumque ex eis annis singulis prosolvam, id est 8 solidos; et si filii ill.[f] filii mei me supervixerint, quorum unus dicitur ill., alter ill., tunc ill. habeat hoc, quod in illa villa tradidi, tantum dies vite suae in beneficium et solidos 5 solvat annis singulis ad supradictum monasterium; ill. vero alter hoc teneat, quod in illa villa tradidi, eodem tenore quo frater eius per omnia. Post meum vero et illorum discessum cum omni integritate sine alicuius contradictione ad supradictum monasterium revertantur perpetualiter possidende.

15. Precaria.

Ego in Dei nomine ill. abba[a] monasterii, quod vocatur ill. Dum pluribus notum sit, qualiter tu illa omnia, quecumque in illa villa et in illa ex traditione filii tui ill. habere potuisti, haec sine aliqua diminutione cum omni integritate sua ad monasterium, quod vocatur ill., exceptis mancipiis his nominibus et ill. et ill., reliqua omnia, ut diximus, quecumque dici aut nominari possunt, pro anima viri tui ill. et pro animabus filiorum tuorum ill. et ill. et pro salute animae tuae donasti, ad monasterium tradidisti. Sed postea fuit tua petitio, nostra quoque non negavit voluntas, ut tibi easdem res in beneficium cederemus dies vitae tuae; in ea ratione, ut, quamdiu vixeris, supradictas res habeas et censum ex eis annis singulis solvas, hoc est 4 solidos. Post tuum vero disces-

13. b) c sol *in loco raso.*

14 = *Strasb.* 11, §. 1; *Roz.* 352, §. 1. *Cod.* 2. a) *R;* Carte *P.* b) *intellige:* illa. c) abb. *c.?* (abba *P;* abbas *R*). d) *deest c.* e) *ita fortasse supplendum.* f) *intellige:* illius.

15 = *Strasb.* 11, §. 2; *Roz.* 352, §. 2. *Cod.* 2. a) abba *P;* abbas *R.*

1) *'wanc' seu 'wang' Germ.* = *campus, 'Aue, Feld'. Graff, 'Althochd. Sprachschatz' I, col.* 894; *Grimm, 'Gram.' III, p.* 395. 2) *Lacus Potamicus, ut videtur.* 3) *'ekka, Ecke' Germ.* = *angulus, acumen, cacumen.* 4) *Capita* 14. 15. 16. *ad idem negotium spectare apparet.* 5) *Ev. Luc.* 11, 41.

sum, si te nepotes tui, id est filii [filii[b]] tui, ill. et ill. supervixerint, easdem res habeant dies vitae suae tantum et censum exinde solvant; id est ill. habeat ill. villam et 5 solidos annis singulis ad supradictum monasterium pro censum solvat; [et ill.[c]] ill. villam eodem tenore quo frater eius similiter fatiat. Post illorum vero discessum statim cum omni integritate res supra denominate ad supradictum monasterium revertantur perpetualiter possidende. Nullusque *et cetera.*

16. Precaria filiorum[a].

Ego in Dei nomine ill. abba[b] de monasterio, quod vocatur ill., quod est constructum in honore sanctae Mariae semper virginis. Dum plurimis non est incognitum, te etiam ill. non latet, qualiter avia tua ill. tradidit omnia, quecumque habere visa fuit in ill. locis, exceptis his mancipiis ill. ill., ad supradictum monasterium pro remedio anime viri eius ill. et animabus filiorum eius ill. et ill. et pro salute animae suae. Sed postea eius petitio fuit, nostra quoque non rennuit voluntas, ut post illius[c] discessum[d] in beneficium cederimus, et non negavimus huic postulationi; sed sicut postulavit, ita fecimus. In ea videlicet ratione, ut post illius discessu habeas supradictas res dies vitae tuae tantum et censum solvas annis singulis, hoc est 5 solidos. Post tuum vero transitum antedicte[e] res[f] revertantur perpetualiter possidende.

17. Precaria.

Domino[1] venerabile et in Christo patre abbate monasterii, quod vocatur ill.[1] Dum constet, quod ill. quondam omnia, quecumque [habere visus fuit[a]] in illo loco, tradidit ad monasterium, quod vocatur ill., ad ecclesiam sancti ill., et petivit, ut filii eius usque ad obitum suum post eum haberent ipsas res et cum censu prosolverent, id est tantum et tantum. Nunc postulavit illius filius ill., ut supradicta res infantibus eius cederetur post ipsius ill. obitum dies vite illorum; quod nos ita concessimus. In ea ratione, ut ipse ill. ipsum censum annis singulis istam[b] convenientiam maiorem fatiat, id est tantum et tantum, friskingas tantum, sive escas[2] in anno fiat, sive non fiat, sol. tantum et tantum panes, et hoc ad nativitatem Domini fatiat duci ad ill. curtem nostram, et infantes eius post obitum eius hec omnia fatiant dies vite suae tantum, si ipsas res habere voluerint. Post quorum obitum sine alicuius contradictione supradicte res in omnibus meliorate ad nos successoresque nostros revertantur perpetualiter possidende. Nullus hoc valeat inrumpere, sed, prout tempus dictaverit, inconvulsa valeat perdurare cum stipulatione subnixa.

Actum in ipso monasterio sub presentia fratrum. Sig. ipsius abbatis, qui hanc precariam fieri decrevit. Sig. *fratrum* 7 *vel amplius.*

18. Incipit ingenuitatis diverso modo. Marc. II, 32.

Qui debitum sibi nexum relaxat servitio, mercedem in futurum apud Dominum retribuere confidat. Igitur ego in Dei nomine ill. et coniux mea ill. pro remedio anime nostrae, retribucione aeterna

15. b) *suppl. Roz.* c) *hic lacuna seu spatium vacuum in cod. fuisse videtur;* et ille *suppl. Roz.*
16 = *Strasb.* 11, §. 3; *Roz.* 352, §. 3. *Cod.* 2. a) *scribi debuit:* nepotum. b) abba *P*; abbas *R.* c) ill. *c.* d) m *erasum c.; tibi supplendum.* e) antedicto *c.* f) *hic fortasse supplenda sunt:* ad supradictum monasterium.
17 = *Strasb.* 12; *Roz.* 353. *Cod.* 2. a) *ita supplendum est ex cap.* 16; habebat *suppl. Roz. post* loco. b) *lege:* ista convenientia.
18. *Cod.* 2.

1) *De falsa hac inscriptione cf. quae annotavi supra ad cap.* 3. 2) Esca *hoc loco de glandinibus ad porcos pascendos dicitur, ut saepius in traditionibus Sangallensibus. Cf. ex. gr. Wartmann, 'UB. d. Abtei S. Gallen' I, nr.* 58 *(a.* 770*):* quando esca est, porcum solido valentem 1, et quando non est, arietem bonum.

ill. aut ill. ex familia nostra ill. a presente die ab omni vinculo servitutis absolvimus, ita ut deinceps ingenuus, tamquam ab ingenuis parentibus fuisses procreatus, vitam ducas ingenuam, et nulli herede hac proheredum nostrarum vel cuicumque servitium inpendas, nec libertatis obsequium, nisi soli Deo, cui omnia subiecta sunt, peculiare successumque[a] habe aut laborare potueris; et si tibi necessitas ad tuam ingenuitatem tuendam contingerit, absque ullo preiuditio ingenuitatis tue defensionem ecclesiae aut cuicumque te elegere placuerit licentiam habeas, et vita semper bene et integra deducas ingenuam. Si quis vero, quod futurum esse non credimus, si nos ipsi, quod absit, aut aliquis de heredibus nostris, vel qualibet apposita persona contra hanc ingenuitatem tuam venire aut eam infrangere conaverit, aut te in servitio inclinare voluerit, divina illum ulcio subsequatur, et a limitibus ecclęsiarum vel a communione extraneus efficiatur, et insuper tibi cum cogenti fisco auri libram 1, et quae repetit vindicare non valeat, sed presens ingenuitas omni tempore firma permaneat cum stipulatione subnixa.

Marc. II, 33.

19. Item ingenuitas alio modo post discessum.

Dilecto suo ill., *aut* ill., ill. Pro respectu fidei ac servicii sui[a], quam mihi famularis, pro remissionem peccatorum meorum te ab omni vinculo servitutis absolvo, ea tamen condictione, ut, dum advixero, mihi deservias, post obitum vero meum, si mihi superstis fueris, sis ingenuus, tamquam ab ingenuis parentibus fuisses procreatus, et nulli heredum hac proheredum meorum vel cuicumque servitium inpendas, peculiare concessam[a], quod habeas, laborare potueris. Si quis vero *et cetera.*

Marc. II, 34.

20. Item alio modo adhuc alia.

Si aliquos ex servientibus nostris a iugo servitutis absolvimus, mercedem in futurum nobis ob hoc retribuere confidimus. Igitur ego ill. propter nomen Domini et retributione aeterna te ill. ab omni vinculo servitutis absolvimus, ita ut ab hac die vitam deducas ingenuam, tamquam si ab ingenuis parentibus fuisses procreatus, et nulli heredum ac proheredum meorum vel cuicumque servitio inpendas, nisi sub integra ingenuitatis defensione, cui te ex meis heredibus elegeris, habere debeas, et oblata mea, ubi meum requiescet corpusculum, vel luminariam annis singulis ad ecclesias ill. debeas procurare, peculiare concessum, quod habeas aut laborare potueris, *aut si convenit:* defensionem aecclesiae ill. et vitam semper ducas ingenuam. Si quis vero.

21. Item alia.

Ego in Dei nomine. Conplacuit mihi in animo, ut vernaculum iuris mei nomine ill. ad ecclesiam sancti ill., quod est constructa in villa, quod dicitur ill., in pago nuncupante, cuius vocabulum est ill., ingenuam relaxarem pro remedio animae meae vel pro aeterna retributione; quod ita et feci. In ea videlicet ratione, ut, quamdiu vixeris, ad prefatam aecclesiam in cera tramissa[a] valente sive [in[b] ar]gento vel in alia qualibet pecunia annis singul[is per]solvas, similiterque nati tui, qui ex te nati sunt [vel pro]creati fu[erint], fatiant et in eadem ingenuitate p[erma]neant, quam tibi concessi, perennis temporibu[s; mundi]purdium vero vel defensionem de ipsa ecclesi[a habea]tis. Si quis vero, quod fieri non credo, si ego ipse [aut] ullus heredum meorum vos inquietare vel contra hanc ingenuitatem a me factam venire temptaverit aut eam inrumpere voluerit, in erarium regis multa conponat, id est auri untias 3, argenti pondera 5 coactus exsolvat, et quod repetit per nullius ingenium vindicare non valeat, sed presens epistola ingenuitatis firma et stabilis debet perdurare.

Actum in villa ill. publice, presentibus quorum hic signacula subter continentur. Sig. ill., qui hanc ingenuitatem fieri et firmare rogavit. Sig. *testium* 7[c] *vel amplius.* Anno regnante regis ill., mense ill., sub die ill. *Nomen cancelarii.*

18. a) concesso, quod habes *Marc.*

19. *Cod.* 2. a) *sic c.*

20. *Cod.* 2.

21 = *Strasb.* 13; *Roz.* 68. *Cod.* 2. a) *i. e.* tremissa. b) *uncis inclusa evanuerunt in cod., supplevit Pertz.* c) IIII *c., quod facile pro* III *scribi potuit.*

22. Noticia[1].

Notum sit omnibus, tam presentibus quam et futu[ris[a]], qualiter ill. comis placito habito disvestivit ill. [de pro]prio alode propter crimen incesti[2]; postquam autem [abbas ill.] et ill. comis, missi dominici, in illas partes venissent[b] [ad iussionem[c]] domni imperatoris explendam et iusta iudicia [termi]nanda, reclamavit se predictus ill., quod iniusto iudicio propriis rebus caruisset, et eum predictus c[omis malo] ordine propriis rebus disvestisset. Tunc predicti m[issi ius]serunt, homines ter[d] hoc testimoniare, quod ver[aciter[e] su]pradicta scirent. Tunc ill., sacramento facto [et fide] data, dixerunt, quod legibus hoc[f] factum fuisset. [Tunc[g]] predicti missi iudicaverunt e[h] iussione imperato[ris], quod pro tali incesto non debuisset proprias res perdere. Et reddiderunt ei predictas res pro proprio. Hi sunt[i] autem, qui hoc testificantur.

23.

Nos vero in Dei nomine ill. Dum pluribus [non[a] est incognitum], qualiter inluster vir ill., filius ill. quondam comitis, aliquem hominem nomine ill. cum sororibus suis his nominibus ill.[b] [ad ser]vicium quesivit a parte patres eorum no[mine ill.], consideravimus cum consilio parentum vel [ceterorum[c], qui] presentes fuerunt in mallo publico coram [misso[d] impe]riali, ill. videlicet abbate et ill. iudice, et feci[mus[a] firmi]tatis pactum et dedimus hobam unam in [villa[e], quae] vocatur ill., quam ill. ipse habuit, cum omni in[tegritate[f], una cum] edificio in eadem posito, quatenus ipsa progeni[es[g] supra n]ominata ingenua valeat permanere a parte [patris[h] sui] ill. atque secura. Et cartam securitatis habeo[i] accep[tam[d] et] pactum habeo[i] firmitatis firmitatum, insuper [autem[k]] 30 solid. acceptas, ipsam hobam superius nominatam ipso ill. tradimus atque donamus, ut ab hac die presente habeat, teneat atque possideat, ut, quicquid exinde facere voluerit, liberam in omnibus habeat potestatem faciendi. Si quis vero *et cetera*.

24. Libellum[a] dotis.

Domino et patri ill. ego ill. Dum cognitum est, quod ego[b] fabram[c] tuam, *aut* neptam tuam, pro[d] conventu parentorum[e] nostrorum ex utraque parte[f] accepissem, propterea[g] tibi talem epistolam dotis[h] emitto[i] [et] in has[k] literulas scribere[l] precipio secundum legem Alamannorum, *vel*[m] haberem[n]: nostrum quod esse dinoscitur, hoc est

22 = *Strasb.* 14; *Roz.* 476. *Cod.* 2. a) *uncis inclusa evan. c., supplevit Pertz.* b) convenissent *Roz.* c) ad i. *supplevit Roz.*, ob iusticiam *minus apte Pertz.* d) *lege:* tres. e) ver[e su]pradicta *Pertz;* ver[itatem super] predicta *Roz.* f) non *perperam supplevit Roz.* g) Tamen *supplevit Pertz.* h) eius iussione *c.* i) *ita Roz.;* His autem *Pertz;* Hi s̄ autem *c.?*
23 = *Strasb.* 15; *Roz.* 400. *Cod.* 2. a) *supplevit Roz.* b) ill . . . . vicium *c.*, illa [et illa con]vicium *Pertz;* in suum [ser]vicium *Roz. Cf. Wartmann l. l. II, nr.* 446*:* ad servitium — quesivimus. c) seniorum qui *suppl. Pertz;* eorum qui *suppl. Roz.* d) *suppl. Roz., Pertz.* e) *suppl. Pertz.* f) *suppl. Pertz;* in[strumento et] e. *Roz.* g) progeni[es no]minata *Roz.;* supra *addidi.* h) *supplevi;* fratris sui *Pertz;* inlustris *Roz.* i) hab eo = ab eo *Pertz.* k) [autem L]XXX *Pertz;* [etiam] triginta *Roz.*
24 = *S. Gall.* 7; *Roz.* 235. *Cod.* 2. 3. a) Libellus 3. b) ego *evan.* 2. c) *ita* 3; . . . . m 2; sororam *Roz.;* [filia]m *Pertz. Fortasse legendum est:* fabeam *(= puellam; v. Ducange s. v.).* d) per 3. e) parentorum nostr *evan.* 2. f) partem 3. g) terea tib *evan.* 2. h) *deest* 2. i) emitte in *codd.;* emitte[ndam] in *Roz.; cf. Form. Salom.* 19*:* ego ei talem epistolam dotis committo et in hanc scedulam scribere rogo. k) heas litterulas 3. l) scribere pre *evan.* 2. m) vel haberem *fortasse post* accepissem *inserenda erant.* n) *evan.* 2.

1) *Cf. de hac formula Waitz, 'VG.' IV, p.* 347; *Brunner, 'Zeugen- u. Inquis.-Beweis' p.* 142. 2) *Cf. Lex Alamann.* 39 *(Lantfr.* 38*); Lex Rib.* 69, 2.

curti clausa[o] cum spurima[p. 1] et alias officinas[q. 2], quantum sunt, mancipia[r] tantos, boves aut[s] vaccas tantos, porcos[t] vel berbices[u], quantum[v] sunt, callidarias[w] vel ferramentum, si sunt, campo arativo iuchos[x] tantos, pratas segaturias tantum[y] et carradas[z] tantum, quod supperius diximus, *aut* donavimus[a], dum vivis, sub usu fructuario[b] habeas[c], teneas atque[c] possideas, cum stipulatione[d] subnixa[e]. Post tuum[e] vero discessum ad me, si vivo, aut infantes[f] meos, si Dominus donare voluerit, si sunt, ad illos revertatur[g]; et[h] si illi non sunt, ad meos proximos heredes ipse dotis[i], quam tibi dedi, revertat[k] secundum legem. Si quis vero[l], quod fieri non credimus, si ego ipse aut ullus heredum vel[m] proheredum meorum, qui contra hanc libellum dotis agere[n] aut venire voluerit, partibus fisci[o] multa conponat[p], id est auri tantum, argenti pondera tantum coactus[q] exsolvat, et quod repetit per nullius[r] ingenii[s] evindicare[t] non valeat, sed hec epistola dotis omni tempore firma[u] et[u] stabilis permaneat.

Signum illius, qui hanc[v] dotem[u] donavit[u] atque firmare rogavit.

25. Libellum dotis.

Quia[a] per dispositionem domini nostri Iesu Christi et consensu amicorum nostrorum ego ill. te illam[b], filiam illius, in legitimum coniugium suscepi, idcirco tibi dotem[a] legitimum decrevi[c]. Do manu potestativa in pago nuncupante ill., in villa, que vocatur[d] ill., curtem[d] clausam cum ceteris edificiis, cum terra[e] salice, id est[e] iurnales tantos, pratas[f] ad carradas tantas[g] [et[h]] mancipia nominata tantos et hobas tantas[g], cum[i] agris[i], pratis, silvis, pascuis, aquis aquarumve decursibus[k], ut a die presente habeas, teneas atque possideas[l]. In ea videlicet ratione, ut, quamdiu vixeris, easdem res[i] sub[i] usu fructuario habeas; post obitum vero tuum ipse[m] res in meam revertantur potestatem vel ad meos heredes legitimos[i], si[i] me supervixeris. Si quis vero, quod futurum esse[n] non credo, si ego ipse aut ullus heredum vel proximorum meorum[i] hanc[i] donationem dotis legaliter a me factam infringere[i] voluerit, ad partes fisci multa componat, id[o] est auri libras[o] tantum[p], argenti libras tantum[p], et insuper tibi aliud[q] tantum, quantum repetit, coactus exsolvat[r]. Haec vero donatio firma et stabilis permaneat cum stibulacione subnixa.

Actum in villa illa anno[3] Ludowici invictissimi regis 3, menses illo, die Iovis,

24. o) sa cum *evan.* 2. p) ....ɿa 2. q) officias 2; of|offinas 3. r) a tantos b *evan.* 2; mancipas t. b. 3. s) et, *superscr.* aut 3. t) borcos et *pro* p. vel 3. u) berbi ... 2; birbices 3. v) quantum — diximus aut, *paucis quae adnotabo exceptis, evan.* 2. w) *i. e.* caldarias. x) *correxi;* ilihes 3. y) tant. 3. z) ... radas tantum 2; carradas tantam 3. a) .... vimus 2. b) *ex parte evan.* 2. c) habeas — at *evan.* 2. d) stipulacione 3. e) bnixa — tuum *evan.* 2. f) ntes — Dominus *evan.* 2. g) revertatur *corr.* revertantur 3; reverta ... 2. h) et si illi *evan.* 2. i) tis quam *evan.* 2. k) revertant 3. l) o quod fi *evan.* 2. m) el pro *evan.* 2. n) re aut *evan.* 2. o) fisce 3. p) onat id est *evan.* 2. q) tus exsolvat *evan.* 2. r) que *superscr.* 3. s) ingenius 3. t) re non va *evan.* 2 *(pro* non *Pertz existimavit* nihilhominus *exstitisse).* u) *evan.* 2. v) istam 3.

25 = *S. Gall.* 8; *Roz.* 236. *Codd.* 2. 3. a) Quia — tibi dotem *evan.* 2. b) iła 2. c) 2; decretum 3. d) v. ill. c. *evan.* 2. e) ra salice id est *evan.* 2. f) prata 3. g) tan ... 2; tanter 3. h) *quaedam evan.* 2; et *suppl. Pertz;* et m. n. tantos *des.* 3. i) *evan.* 2. k) decursibu *evan.* 2; *super* de *add.* post 3. l) deas *evan.* 2. m) se res in meam *evan.* 2. n) esse non cred *evan.* 2. o) id — libras *evan.* 2. p) tant̄ 3. q) aliud tantu *evan.* 2. r) exsolvat *non solum 3, sed etiam apographum codicis 2 exhibuit, ubi tamen Pertz, vix codice nisus,* restituat *correxit. Reliqua omnia desunt* 2.

1) *Vocem non habet Ducange. Roz.: 'Peut-être exprime-t-il le lieu, où dans une exploitation agricole on déposait le fumier' (?).* 2) *Officinae saepius inter bonorum pertinentia commemorantur in Tradd. Sangall.; cf. ex. gr. Wartmann l. l. nr.* 12, 25. 67. 69. 99. 3) *Annus* 3. *Ludovici Germanici cum indictione* 6. *convenit anno* 843.

indictione 6, coram comite ill. et frequentia populi, testibus, que subnotati sunt. Sig. illius, qui hanc donationem dotis fieri rogavit. Signa[s] ceterorum testium. Ego itaque ille notavi diem et annum, scripsi et subscripsi, filiciter; amen[t].

---

26. Carta[a] donationes inter viro et femina de eorum rebus. Marc. II, 7.

Quicquid enim inter iugatis de propria facultate, manente caritate, pro amorem dilectionis invicem condonare placuerit, scripturarum necesse est titulus alligare, ne in posterum ab heredibus eorum vel a quocumque possit convelle. Igitur ego in Dei nomine ill. de[b] dulcissima coniux mea ill., dum et inter nos procreacione filiorum minime esse videtur, ideo convenit nobis, ut omne corpore facultatis nostrae invicem usufructuario ordine condonare deberemus; quod ita et fecimus. Proinde dono tibi, dulcissima coniux mea, si mihi in hoc seculo superstis fueris, omne corpore facultatis meae, tam de alode aut de conparatum vel de qualibet adstractu, ubicumque habere videor, et quod pariter in coniugio positi laboravimus, tam terris, villis, domibus cum omni presidio, acolabus, mancipiis, vineis, silvis, campis, pratis, aquis, aquarumve decursibus, aurum et argentum, vestimentum,[c] utriusque sexus, maiorae vel minore; ita ut, dum vixeris, usufructuario ordine valeas possidere vel dominare, excepto quod pro animae remedio ad loca sanctorum condonavimus, ut, inspecta nostra delegatione, in omnibus conservetur; et quantumcumque de alode nostra post meum discessum pro commune mercede ad loca sanctorum legaliter condonare et delegare volueris, hoc licentiam habeas faciendi, et, si[d] specta ipsa deligacione, inconvulsum permaneat. In reliquo vero omnes res ipsas, quantum post tuum discessum in testamentum remanserit, ad nostros legitimos revertantur heredes. Similiter et ego illa dulcissima iugalis ill. Commonet me dulcedo tua in conpensatione rerum tuarum, quod in me visus es contulisse. Si mihi in hoc seculo superstis fueris, dono tibi omne corpore facultatis meę, ubicumque aut undecumque, tam de hereditate parentum, quam de conparatu, vel de quod pariter laboravimus, totum et ad integrum, villabus, domibus *et cetera*, excepto quod pro animae remedium ad loca sanctorum delegavimus, ut, inspecta ipsa instrumenta, in omnibus conservetur; et quicquid de ipsa alode mea post meum discessum pro commune mercede ad loca sanctorum vel ingenuos relaxare volueris, licentiam habeas, et, inspecta ipsa instrumenta, in omnibus conservetur; post tuum quoque discessum, quicquid in testamentum remanserit, ad nostros heredes, qui tunc propinquiores fuerint, revertatur. Si quis vero, quod futurum esse non credimus, aliquid de heredibus nostris, vel quicumque contra interdonacionem, unde inter nos duas epistolas uno denore conscriptas firmavimus, venire aut eam infrangere voluerit, nullatenus valeat vindicare, sed inferat partibus vestris cum cogente fisco auri libras tantum, argentum tantum, presentem vero epistolam in nullo possit convelli, sed firma et inconvulsa permaneat.

27. Item alia sine aliqua minuatione. Marc. II, 8.

Ista a capite alia instar priore usque: dum advixeris, usufructuario ordine debeas possidere; post tuum quoque discessum ad legitimos nostros revertatur heredes, et nullus pontificium quicquam exinde alienandi aut minuendi[a] habere non debeas. Similiter et ego ill., dulcissima iugalis meus ill. Commonet me dulcedo tua in conpensacionem rerum tuarum, quod in me visus contulisse. Si mihi in hoc seculo superstis fueris, omnes res meas, quascumque aut ubicumque possideam, tam terris *et reliquis*, sub usu beneficio debeas possidere, et nullo pontificium quicquam exinde alienandi aut minuendi[a] preter uso tantum non habeas; et post tuum discessum ad legitimos nostros revertatur heredes. Si quis vero[b].

28. Prologus.

Dum unusquisque pro modulo quantitatis sue propria largitate[a] decreverit, ille bene tribuit, qui, quamvis parum, nihil tamen extra datum dimiserit. Ideo in Dei. Coll. A 1.

29. Prologus.

Ille bene possidet, qui sibi deduca[a] ista conparat premia sempiterna. Propterea ego. Coll. A 2.

25. s) sig 2. t) *in cod.* 2 *sequuntur haec:* brs corona tersis brs corona dedic donis sic rogam iram.

26. *Cod.* 3. a) *Hanc formulam, primum inter formulas in codice locum tenentem, praecedit rubrica:* INCIPIUNT CARTAE. b) *lege:* te. c) peculium *omisit c.* d) inspecta *Marc.*

27. *Cod.* 3. a) *corr.* muniendi *c.* b) *sequuntur in cod.* 3 *capita nostra* 1—12.

28 = *S. Gall.* 9. *Cod.* 3. a) largire *Coll. A.*

29 = *S. Gall.* 10. *Cod.* 3. a) de caduca *Coll. A;* in secula *superscr. c.*

30. Prologus.

Coll. A 3. Domino sacra sancta basilica sanctae Marie semper virginis seu sancti Petri apostoli ceterorumque sanctorum, que est constructa in loco nuncupante ill. Dum non est incognitum.

31. Prologus.

Coll. A 4. In Dei nomine. Perpetrandum unicuique, quod euangelica vox ammonet, dicens: 'Date elemosinam, et ecce omnia munda sunt vobis'. Huius ergo salutiferi precepti ammonicione conpunctus, dono donatum.

32. Prologus.

Coll. A 5. Ego in Dei nomine. Talis mihi decrevit voluntas in animo meo, ut aliquam porcionem de rebus ad ecclesiam sancti ill. tradere debuissem; quod ita et tradidi.

33. Prologus.

Coll. A 11. Ego tamen huius rei exemplum elegi donare ad oratorium, cuius vocabulum ill., [ubi] turma monachorum, Christo propicio, non modica esse videtur, omnes res meas, que mihi legitimo iure contingere videntur, ut ex eo augmentationem victus et vestitus habeat.

34. De ingenuitate ad ecclesiam.

Ego in Dei nomine. Tractans pro Dei intuitu vel anime meae remedium, ut servum iuris mei nomine illo ingenuitatem concederem; quod ita feci, et circa sacra altaria illum duci precepi, ut ab hodierno die ingenuus permaneat, tamquam si ab ingenuis parentibus fuisset procreatus: sibi vivat, sibi laborat atque laboratum suum omni tempore possideat; mundburdium vel defensionem ad ipsam eclesiam pertineat, et ibidem annis singulis trimissa valente in cera, aut quicquid potuerit, solvat. Si quis vero, quod fieri esse non credo, si ego ipse aut ullus heredum vel proheredum meorum, qui contra hanc ingenuitatem a me factam venire temptaverint aut eam inrumpere voluerit, sociante fisco multa conponat, id est auri uncias duo, argenti pondera 5 coactus exsolvat, et quod repetit per nullius ingenium evindicare non valeat, sed hec presens epistula ingenuitatis omni tempore firma et stabilis debeat perdurare.

Actum in villa illa puplice[a], presentibus quorum hic signacula continentur. Signum illius, qui hanc[b] cartam fieri rogavit. Sig. *testium 7 vel amplius, tempora regis vel nomen eius, nomen cancellarii cum subscriptione et mense et die, in quo facta fuerit.*

35. Carta traditionis.

In Dei nomine ego ill. Talis mihi decrevit voluntas, ut aliquid de rebus meis illo homini tradidissem; quod ita et tradidi. Die presente de meo iure in tua trado dominacione habendi sive commodandi[a], vendendi, vel quicquid exinde facere pro utilitate tua volueris, liberam atque firmissimam habeas potestatem faciendi. Et[b] ullus est de agentibus nostris aut heredum vel postheredum meorum aut quislibet ulla opposita[c] persona, qui contra hanc tradicionem a me factam agere aut venire aut ullam calumniam generare voluerit, partibus fisce multa conponat, id est auri libras 2, argenti pondera 5 coactus exsolvat, et quod repetit per nulliusque ingeniis evindicare non valeat, sed hec presens epistula omni temporae firma et stabilis permaneet cum stibulacione subnixa.

Actum in villa publice, presentibus quorum hic signacula continentur. Sig.[d], qui hanc cartam fieri rogavit.

30 = *S. Gall.* 11. *Cod.* 3.
31 = *S. Gall.* 12. *Cod.* 3.
32 = *S. Gall.* 13. *Cod.* 3.
33 = *S. Gall.* 14. *Cod.* 3.
34 = *S. Gall.* 2; *Roz.* 67. *Cod.* 3. a) *corr.* publica *c.* b) *post h. v. quaedam erasa c.*
35 = *S. Gall.* 17; *Roz.* 165. *Cod.* 3. a) *lege:* commutandi. b) *supple:* si. c) oppita *c.* d) Sig̃ *c.*

36. Carta denominationis[a] ad ecclesiam de terra aut mancipias aut quislibet.

In Dei nomine. Ego ille, recordatus innumerabilia peccatorum meorum, propterea dono ad ecclesiam illius sancti, dono, quod in perpetuum esse donatum volo, pro remedium animae mee vel eterne retributione, hoc est, quod diximus, a die presente de meo iure ad eclesiam sancti illius et eius rectoris trado in dominacionem, habeant, teneant atque possideant, quicquid exinde facere voluerint, liberam ac firmissimam habeant potestatem faciendi cum stibulacione subnixa. Si quis vero, quod fieri non credo, si ego ipse aut ullus heredum[b] vel proheredum meorum, qui contra hanc donationem a me factam venire presumpserit, sociante fisco, restitutionem multa conponat, id est auri libras 2, argenti pondera 5 coactus exsolvat, et duplum ad ipsam eclesiam restituat, et quod repetit per nullius ingenium evindicare non valeat.

37. Carta post carta[1].

In nomine Dei summi. Dum cognitum est, quod ex facultatibus ex spontanea voluntate pro anime meae salutem ad eclesiam illius tradidi, rogo subtitus[a], ut per[b] vestram consolacionem, abbatem illum et fratres eius, ut ipsas res, dum advivo, mihi precariam[c] prestare iubetis et post meum discessum ad infantes meos, si voluerint, sub usu fructuario. Singulis annis per festivitatem sancti Remedii confessoris, quod in Kalendas Octobris, censum pro eo solvo, hoc est tantum, *vel quantum;* et si de ipso censo, quod diximus, neglegens aparuero in festivitate sancti Remedii anno primo, in secundo vero anno neglegens fuero, reddo duplum; et si in tercio anno de ipso censo per ipsam festivitatem sancti ill. neglegens aparuero, ipsas res, quod per cartam firmitatis[d] ad eclesiam illam dedi, in omnibus admelioratas ibidem revertantur, partibus meis in omnibus conservata. Si quis[e] vero, quod fieri non credo, si ego ipse, abbas aut alius, qui post eum venit, qui contra hanc precariam a me factam infrangere voluerit, solvat in publico, auri uncias 3, argenti pondera 5 coactus exsolvat, et quod iustum repetit non prevaleat evindicare, sed hoc presens precaria ista omni tempore sit conservata.

Sig. abbatis, qui hanc precariam fieri atque firmare rogavit. Sig. preposito *et* decano[f] *et* cancelario[g] *et* camerario *et* portario *et seniorum fratrum inter totos.* Sig. *de ipsa familia ecclesiastica laicorum* 7 *consentientes.* Signa aliorum Alamannorum, ubi ipsa tradicio adesse videntur[h]. Ego enim cancellarius anno vel die mensis, quod fuerat, scripsi et subscripsi.

38. Carta cumcambturia[a].

Dominis fratribus in societate illo[b] et illo. Sic et inter nos conplacuit atque convenit, ut aliquid de rebus nostris in concambio confirmare debuerimus; quod et ita fecimus, *aut quicquid fuerit,* accepimus — *hoc est aut mancipia, aut terra* — a te manci-

36 = *S. Gall.* 16; *Roz.* 207. *Cod.* 3. a) donationis? b) hererum *c.*

37 = *S. Gall.* 20; *Roz.* 351. *Cod.* 3. a) *i. e.* subditus. b) per vestram *Roz.;* puram *c.* c) *lege:* per precariam. d) firmitate *corr.* firmitatis *c.* e) qui *rubricator corr.* quis *c.* f) decario *c.* g) *sic pro* cellario *c.* h) videtur *corr.* videntur *c.*

38 = *S. Gall.* 19; *Roz.* 311. *Cod.* 3. a) *literae 6 posteriores certo legi nequeunt c.* b) *pro* illo et illo *fortasse legendum est:* illa ego ille.

1) *I. e. 'carta praestaria' (Alamannis: 'precaria'), quae ita appellari potuit, quia 'post cartam traditionis' emittebatur. Quamvis in priore formulae parte, immo in toto fere contextu is loqui videatur, qui donationem ecclesiae fecit, tamen ex subscriptionibus et maxime quidem ex subscriptione abbatis* (Sig. abbatis, qui hanc precariam fieri atque firmare rogavit) *apparet, cartam re vera ab abbate emitti, qui donationem recipit et donatori usumfructum rei donatae concedit. Similiter res se habet in carta Sangallensi saec. VIII, Wartmann l. l. I, nr.* 17. *Cf. 'N. Archiv' VIII, p.* 494.

pium hoc nomine ill.; et dedi alium mancipium in concambio isto nomine ill. vocatum; *et si terra fuerit:* dedimus tibi terram istam in concambio tantum[c] et tantum[c] in loco nuncupante, in sito illo, *aut* in pago[d] illo; et accepimus a te aliam terram in loco nuncupante, in sito illo, *aut* in pago ill., tantum[e] et tantum[e]. Quicquid ego tibi dedi, teneas, habeas atque possideas licentiam absque ulla contradicto unde commutare seu pro anima salutem donare, ut nec ego ipse nec ullus heredum meorum tibi hoc contradicere nec minuare possit, quicquid exinde facere volueris, liberam ac firmissimam habeas potestatem faciendi. Si quis vero, quod fieri non credo, si ego ipse aut ullus heredum vel proheredum meorum, qui contra[f] literulas concambitairas[g] a me factas venire presumpserit aut infrangere voluerit, sociante fisco, multum conponat, id est auri tantum, argenti tantum coactus exsolvat.

39. Carta venditionis.

In Dei nomine ego ill. venditor et ille emptor. Constat, me tibi vendidisse[a], quod et ita vendidi, terram, *aut* mancipium, iuris mei, *si mancipius est:* nomine ill., *si terra est:* in loco nuncupante, *ubi est,* in pago illo, *aut* in villa, *aut* in sito illo, terra tantum, *quantum, si mansura est:* cum adpenditiis eius; et accepimus a te precium adtaxatum inter auro et argento et cavallos et boves et alium precium tantum[b] et tantum[c], hoc quod ego, homo ill., a die presente in tua trado dominacione habendi, vindendi sive commodandi[d] seu pro anime salute donandi, vel quicquid exinde facere volueris, in omnibus [liberam[e]] ac firmissimam habeas potestatem facere.

40. Evindicate iudicio[a].

Vir inluster comis ill. [Cum[b]] in pago illo resedissem, in villa illa cum iudicibus et reginburgis et aliis populis multis ad discendum[c] iudicium, ad presentem[d] nostram veniens homo iste nomine ill. [interpellavit[e] hominem nomine ill., quod[e]] ei per malo ordine res suas tulisset. Et nos hanc causam per vicinos eorum diligenter adquisivimus[f] per fideiussores positos et sacramentum iurata; et ipsi dixerunt, nobis innotuisset causam. Et ille alter expressus[g] iudicio non potuit denegare et nullam potuit reddere racionem et per[h] suum wadium ad nostram presentiam eum revestivit. Et cum se recognovisset in omnibus exuatum, definito iudicio, iste alter, qui contra illum habuit racionem, secundum legem Alamannorum vestitu manu in palacio[i] nostro reversus est in propria. Et si[k] illa causa, que ante nos fuit diiudicata et iudicibus nostris vel reginburgis nostris, *vel* iudicibus constitutis, et aliis pagensis plurimis ibidem sistentibus[l], hoc sunt illi et illi, qui hoc inquietant, solvant in publico solidos sexaginta et duplam repetitionem, apud quem habuit racionem, et quod iterum repetit non prevaleat evindicare.

Signa testium 7 ibidem adsistentium, ubi istum iudicium fuit definitum. Sig. comitis[1] ill. et iudicibus, quorum ista continentia definita fuit.

38. c) tanter *c.* d) pagello *pro* pago illo *c.* e) tanī *c.* f) has *vel* istas *in fine paginae fortasse omissum est.* g) *ita pro* concambitarias *c.*

39 = *S. Gall.* 18; *Roz.* 283. *Cod.* 3. a) *corr.* vindedisse *c.* b) tanī *c.* c) tanter *c.* d) *lege:* commutandi. e) *suppl. Roz.*

40 = *S. Gall.* 21; *Roz.* 474. *Cod.* 3. a) *in eodem versu scriba addidit:* iro *(*v *omisso)* inlustro, *per errorem, ut videtur.* b) *suppl. Roz.* c) *lege:* dicendum. d) *lege:* presentiam. e) *haec vel similia supplenda sunt;* [repetebat] ei [dum diceret] *Roz.* f) *pro* inquisivimus. g) expressis *corr.* expressus *c.* h) post *c.* i) placito? k) sic *corr. Roz., perperam, ut videtur, cum per anacoluthon dici possit:* Et si illa causa —, qui hoc inquietant. l) com̄ *c.*

1) *Reginburgiis, iudicibus sedentibus hic 'pagenses sistentes' ('Umstand') opponi videntur. Cf. Waitz, 'VG.' II*[3], 2, *p.* 166.

41. Carta de ingenua femina coniugata a servo.

Ego in Dei nomine ill. et ill.[1] Dum cognitum est, quod servus meus nomine ill. filiam, *aut* parentem, tuam, *aut* neptam *aut* consobrinam tuam, nomine illa accepisset uxorem, propterea ego eam talem epistolam[a] et firmitatem pro hanc copulacionem[b] emitto, ut pro hanc causam ad iugum servitute[c] declinare non debeat, neque ipsa neque geniti eius, qui ex ea nati fuerint, sed habeant licentiam libertatis. Debitum tuum[2], quod tibi debuunt pro id ubi manum[3], reddant[d] secundum placito vel legem. Et si exire voluerint, ut ipsa super nominata femina aut infantes eius, quicquid de eorum laboratum eis legitimum optinet, cum ipso procedant sine ulla contradictione. Si quis vero ullus adest de egentibus[e] nostris, heredum vel proheredum meorum aut quislibet ulla amposita[f] persona, qui contra hanc firmitatem istam venire temptaverit aut eos inservire voluerit, partibus fisce multa conponat, id est auri tantum, argenti tantum coactus exsolvat, et quod repetit evindicare non valeat, sed hec presens epistula omni tempore debeat esse conservata cum stipulacione subnixa.

Actum in villa illa publice, presentibus quorum hic signacula continentur. Sig. *hominis illius, cuius servus fuerit,* qui hanc epistolam fieri rogavit[g].

42. Carta ad ingenuis relaxandum extra ecclesiam.

In Dei nomine ego ill. Talis mihi sumpsit consilium pro Dei amore[a] et anime mee remedium, ut vernaculum iuris mei nomine illo ingenuum relaxare debueram et ab iugo servitutis absolvere pro eo, quod semper circa me fideliter in omnibus deserviret, et propter divinam vocem dicentem: 'Sive servus, sive liber, omnes in Christo unum sumus'[4]. Propterea ego tibi integram ingenuitatem concedam, ut sis ingenuus sicut reliqui ingenui[b], qui sub tale titulum relaxantur: tibi vivas, tibi laboras atque laboratum tuum possideas; portas apertas, cives Romani, vias discendendi partibus quaslibet pergas; mundpurtium[c] vel defensionem, ubi ipse elegere volueras, pertineas; nullum debitum obsequias, sed integro ingenuitate vivas. Si quis vero, quod fieri non credo, si ego ipse aut ullus heredum vel proheredum meorum, qui contra hanc ingenuitatem agere aut infrangere voluerit, inprimitus enim iram Dei et sanctorum eius incurrat et pena inferni experire pertimescat et insuper, sociante fisco, auri libras 3, argenti pondera 5 coactus exsolvat, et haec ingenuita a me facta omni tempore firma et inviolata permaneat cum stipulacione subnixa.

Actum in villa illa, que dicitur ill. Signum [ill.][d], qui hanc ingenuitatem fieri et firmare rogavit, et signa[e] aliorum 7.

43. Indiculum ad regem.

Domino excellentissimo atque procellentissimo[a] viro inlustro illo regi generis Franchorum[b], cui Dominus curam regiminis dilatavit, ego servus vester et omnium fidelium vestrorum. Subiectus peto clementiam vestram, quasi ad pedes vestros iaceam, quando

41 = *S. Gall.* 4; *Roz.* 103. *Cod.* 3. a) *corr.* epistulam *c.* b) *corr. ead. m.* concupulacionem *c.*; *voluit fortasse corrigere:* conculcacionem. c) *corr.* servitutis *c.* d) reddt̄ *c.* e) *i. e.* agentibus. f) *lege:* opposita. g) *sequitur in cod. caput nostrum* 24.

42 = *S. Gall.* 3; *Roz.* 87. *Cod.* 3. a) anime *corr.* amore *c.* b) genui *c.* c) mudpurtium *corr.* mundpurtium *c.* d) Signum̄ *pro* Signum ill. *c.* e) sig̃ *c.*

43 = *S. Gall.* 63; *Roz.* 721. *Cod.* 3. a) excellentissimo, *superscr.* pro *c.* b) frac|chorum *c.*

1) *Paciscentium nomina casu nominativo inscriptionis loco hic scribenda erant. Cf. cap.* 39. 2) *I. e. domini servi, qui cartam emittit, quem iam alter alloquitur.* 3) *Fortasse i. q. patrocinium. Aliter de Rozière, 'Recueil' I, p.* 131, *n. a, qui suspicatus est pro* manum *legendum esse* manent. 4) *Galat.* 3, 28.

istas literolas[c] ad vos venerint, quicquid de necessitate vobis innotuerint, benigno animo eas dignetis audire et secundum vestram misericordiam nobis renunciare. Deus omnipotens, rex omnium regum, faciat regnum vestrum esse incomutatum[d] et omnium fidelium[e] vestrorum in salute suae prosperitatis disponat stabilitatem regni vestri. Amen[f] fiat[g].

COLLECTIO C.

FORMULAE EPISTOLARES AUGIENSES.

1. Indiculum ad abbatum.

p. 106. Reverentissimo domino patrique egregio ill. cunctorum servorum Dei ultimus vesterque iam olim alumnus ill. indignus in roseo Christi sanguine preopto salutem. Reminisci conlibeat almitati vestre iam dudum peticionis meae, quam non solum ore, sed ex corde, sed ipso corpore solo[a] prostrato plenissime vobis ostendi. Nam quod tunc presentialiter egi, nunc iterum, absens corpore, sed presens spiritu, eadem subpliciter per vicarium[b] meum ill. omnimodis repeto, quatenus mihi annuere dignemini, si haec voluntas mea penes vos impleri queat, nec ne. Sed scitote, quia plerisque in locis ab ipsis etiam archimandritis oppido[c] suasus[d] sum, ut, seculo derelicto, saltim nudus sub monachico conversatione degerem apud illos. At ego horum nulli actenus adsensum praebui neque
*p. 107. facturus *sum, Domino mihi sospitatem concedente, quoadusque responsione vestra recrear vel, quod absit, deiciar[e]. Sicio enim valde[f] auditui a vobis veniente, quoniam, ut scriptum est, 'vulneratus caritate vestra ego sum, et ideo amore langueto'[g. 1]. Maria prius peccatrix humiliter ad pedes Iesu accessit, lacrimis rigavit, capillis tersit, osculata vestigia eius[2], propter quod meruit audire Domino dicente: 'Dimissa sunt ei peccata multa, quoniam dilexit multum'[3]. Ideo in hac parte exemplo uti mihi necesse est pocius quam illius Pharisei, qui arroganter ipsum fontem misericordie Dominum reprehendit, dicens: 'Hic, si esset propheta, sciret utique, que et qualis est mulier, que tangit eum, quia peccatrix est'[4]. Nam vos, qui huius mundo exuti et digni estis effecti, ut nardo spicato capud perungueatis Domini, oportunum vobis cogitandum est, ut illud
*p. 108. dictum Domini conservetur a vobis: 'Estote *ergo misericordes, sicut et pater vester misericors est'[5], 'qui solem suum oriri facit super bonos et malos et pluit super iustos et iniustos'[6]. At vos, qui instar astrorum Dei rutilans inluminatis[h] terram, sicut ait Dominus: 'Vos estis lux mundi'[7], considerate, quia non solum in montibus et campis, silvis et pratis amoenibus, sed in palustribus et cloacis radiant locis. Apostolus quoque in inferioribus condescendens Christi membris pariter compaciens dicit: 'In domo divitis non solum aurea et argentea, sed et lignea et fictilia sunt vasa, et aliud quidem vas in contumeliam, aliud in honore'[8]. Ipse quoque alias inseri nos ortatur in bonam olivam, nam, quia oleaster inutilis sum, idcirco inseri cupio in bonam olivam[9]. Omissis iam omnibus arboribus frugistris, adeo vos et adloquar de ulmo et salice, quia, cum ipse
*p. 109. fructum non ferant, portant tamen fructum simul cum vite. *Sed quia queritati estis,

43. c) literoras *c.* d) *Roz.*; incomitatum *c.* e) *bis scripsit c.* f) *coni. Waitz;* eam *c.* g) *sequitur in cod. caput nostrum* 25.

1 = *S. Gall.* 57; *Roz.* 801. *Cod.* 3. a) *post add. c.* b) vitarium *c.* c) oppida *c.* d) *sic corr. Roz.;* sua sursum *c.* e) deitiar *c.* f) *superscr. c.* g) *lege:* langueo. h) inluminantes *c.*

1) *Cf. Cant. cant.* 4, 9. *et* 2, 5; 5, 8. 2) *Cf. Ev. Luc.* 7, 37. 38. 3) *ib.* 7, 47. 4) *ib.* 7, 39. 5) *ib.* 6, 36. 6) *Ev. Matth.* 5, 45. 7) *ib.* 5, 14. 8) 2. *Timoth.* 2, 20. 9) *Cf. Rom.* 11, 17. 24.

multitudinem inopiam sustentari non posse, confido in Deum, quia, [si], ipso[i] vos instigante, receptus fuero a vobis, non ero inplacabilis neque nimium oneri. Non enim paupertatem vel calamitatem perorresco mundi, sed fugere conabor ab eo ac Deum veraciter quero, sicut ait dominus Christus: 'Petite et accipietis, querite et invenietis, pulsate et aperietur vobis. Omnis enim qui petit, accipit, et qui querit, invenit, et pulsanti aperietur'[1]; 'et non dabit illi, eo quod amicus eius sit, propter improbitatem tamen eius surget et dabit ei quicquid necessarium habuerit'[2]. Magnopere cupio in hac parte imitari prophetam, dicentem: 'A finibus terre ad te clamavi, Domine, dum anxiaretur cor meum'[3]. Almitatem vestram, mundo et mihi minimo succurrentem, divina pietas[k] calcetenus custodire dignetur!

2.

Venerabili vereque felici abbati[a] ill. et omnibus fratribus sub regula sancti Benedicti *p.* 110 *a.* secum commorantibus ille exiguus et peccator in Salvatore mundi preopto salutem. Noverit quidem prona benevolentia vestra, quia ego, in quantum vires parvitatis meae suppetunt, in missarum celebracionibus et psalmodiis seu et ceteris supplicacionibus pro vobis divinam deposco clementiam, quatenus vos eadem clementia[b] hic ad meam et ad multorum consolacionem longevis conservet temporibus, novissime ad gaudia paradisi perducat. Vestrum enim fratrum nomina, que sparsim actenus haberem, peto, ut pleniter una cum fratribus abere merear, quia nostrorum fratrum nomina iam multo[c] tempore habuistis; deprecor scilicet et vos omnes patres et abbatem[a], ut commendetis me vestrae sanctae congregacioni et, ut me familiariter habeat, perficite, *maxime in sacris oracio- **p.* 110 *b.* nibus, et quando dies obitus mei vobis notus[d] fuerit, misericordissime de me facere dignemini, sicut Iacobus apostolus ammonet: 'Orate pro invicem, ut salvemini'[4]; quia, sicut optime nostis, omni humane consilio destitutus sum preter vos[e], et tales pro Dei amore aliquid refrigerium et auxilium mihi faciunt. Quicquid enim mihi indigno iniunxeratis, paratus sum ad exequenda, quantum vires divina gratia mihi attribuit, et utinam tam utiliter quam libenter! Nomina fratrum defunctorum libenti animo suscipite et preces consuetudinarias facite et ad vicina monasteria dirigite. Sancta Trinitas vos custodiat in evum!

3.

Sacro[a] viro, studiis sacratissimis intento, illo reverentissimo abbati[b], ill. infimus ministrorum Christi famulus interminabilem in Domino opto *beatitudinem. Multimodas **p.* 110 *c.* graciarum laudes vestrae refero sanctitati pro munere, quod misistis. Magnum etenim quoddam vestra benigna caritas de vilitate meae persone sentire voluit, cui in regna altera munus deferri iussit. Littere siquidem prudencie vestrae in illo Kalende per horam nonam diei ad me pervenerunt, et senior meus in ill. Kal. in istis partibus iter arripiebat. De vasis vero, quae petistis, mox sollicitus fui, cuius generis esse deberent, ferrea, testia an lapidea. Interrogavi namque cuidam artifici nostro, que essent et ubi invenire possent[c]; qui dixit, ea ex petra nigra fieri venis subrubeis intermixtis, que vulgo apud nos lapidee vocantur et ad Sanctum Mauricium[5] inveniuntur; est enim illuc ab eo loco, ubi tunc eramus, iter trium dierum, *et idcirco nullatenus ea adquirere potui. Si vero **p.* 111. significaveritis, que vel quod[d] esse debeant, cum spacium habuero, iussionem vestram[e]

1. i) ipse *c.* k) pietatis *c.*

2 = *S. Gall.* 31; *Roz.* 691. *Cod.* 3. a) abb. *c.* b) *post hanc vocem* vos *repetit c.* c) multa *corr.* multo *c.* d) nobis *corr.* notus *c.* e) *quaedam deesse videntur.*

3 = *S. Gall.* 50; *Roz.* 774. *Cod.* 3. a) acro *c., ubi saepius literae initiales omissae sunt, ut ruro scriberentur.* b) abb. *c.* c) *corr.* potuissent *c.* d) quot *intelligendum videtur.* e) nostram *c.*

1) *Ev. Matth.* 7, 7. 8; *Luc.* 11, 9. 10. 2) *Luc.* 11, 8. 3) *Psalm.* 60, 3. 4) *Ep. Iacobi* 5, 16. 5) *S. Maurice in Wallisia?*

iuxta virium possibilitatem in his atque aliis rebus libentissimo implebo. Opto, vos in Domino diu feliciter valere, sanctissime pater.

4.

Petrus[a. 1] divino fretus auxilio humilis ill. dilecto fratri multimodam in Domino opto[b] salutem. Cum vestra denique, karissime[c], sospitate tam missi presentiam quam vestri dulcissimi intimamur apices, inmensa per omnia iocundantes sumus repleti leticia, insuper quod et vestrum studium ac pium erga puerulum, quem in Domino accepistis, sincero senciamus diligi affectu[d]. Ea igitur, karissime, que[e] a nobis indaganda vestra requirit industria, quod in filosofica doctrina prius, quodve sequens ad eundem[f] inpuendum indolem, manifeste poneremus indiciis; immo dubium non est, vos per omnia *p. 112. *ut sapiens architectus fundamenta prius ponere hac deinde fabricam in altum ex diversis lapidibus attolli. Cum eo[g], qui incrementum dat, mansura[h] hedificacio[i] credimus operari. Vestri igitur arbitrii omnia ordinanda sanctimus[k], quod prius de divinis libris vel postmodum de gentilium fabulis didicenda sint, ut pio magistro ac mellifluo patri. Petimus, ut curam incumbat non modica in tantum, ut[l] puerulus ipse nostrique amoris unicus in bonis documentis sumat incrementum, qualiter Deum agnosci ac timere[m] valeat et eius adsequi mandata concupiscat[n], et ut omnis vestra laudabilis docma in eundem[o] in evum floreat et omnibus manifesta per eum ubique fiat, necnon etiam de geminato talento premium ab eo qui dedit recipiatis[2] et a nobis dignum per omnia obsequium capiatis. Parva igitur munera, karissime, vestre dreximus almi- *p. 113a. tati; rogamus denique, *ut ea qua[p] missa sunt caritate sumantur. Vere quidem plura mitti decrevimus, sed ne itinera[q] ablata fuissent timuimus. Cum itaque nos, ut iussum est, citius obsequium pii augusti[3] properamus, vestram presentiam requiri non omittimus et ea que desunt subpleri in omnibus, ut dignum est, satagemus. De fratre videlicet illo, de quo mandastis, ut alienus de loco isto fieret, usquedum nos hic veniamus, rogamus, ut pene vos maneat; cum, Deo auxiliante, venti fuerimus, et istum auferamus[r] et exceptorem nobiscum deducimus. In omnibus, ut per vos fidimus, agitis. Vale, vir Dei, vale et memento mei!

5.

Gloriosissimo[a] et nobis valde karissimo ac summo honore nominando ill. glorioso regi[4] fidelis famulus vester ille fidelem et devotissimum servicium. Confidendes in vestram nobilissimam prudentiam, destinavimus ad vestram clementiam has litteras, ob- *p. 113b. secrantes, ut erga filium illum[b] *pro nostro amore sic agatis, sicuti in vos confidimus, videlicet, ut res sponse[5] sue absque alicuius subtractione habere liceat, quousque ipse

4 = *S. Gall.* 53; *Roz.* 792. *Cod.* 3. a) etrus *c.* b) *post superscr. c.* c) kme *hic et infra c.* d) *anacoluthon; pro* sincero s. d. affectu *scribi debuisset:* sentiamus affectum. e) q: *c.* f) eundum inpuedum (*lege:* inbuendum) *c.* g) ea *corr.* eo *c.* h) mensura *c.* i) *corr.* hedificia *c.* k) *i. e.* sancimus; scanctimus *c* l) *superscr. c.* m) timens *corr.* timere *c.* n) concupiscas *c.* o) *lege:* eodem. p) que *c.* q) *lege:* in itinere. r) *corr.* auferimus *c.*

5 = *S. Gall.* 24; *Roz.* 422. *Cod.* 3. a) loriosissimo *c.* b) iłu *c.*

1) *Petrus optimas quidam aevi Ludovici Pii. Quem Italicum fuisse, ex eo suspicari liceat, quod scribit, se in itinere ad* obsequium pii augusti, *i. e. imperatoris, Augiam venturum. Minime vero de Petro Augiensi abbate saec. VIII. cogitandum esse, ut voluit E. de Rozière, ex imperatore commemorato satis apparet.* 2) *Cf. Ev. Matth.* 25, 14 *sqq.* 3) *Ludovici Pii, ut videtur.* 4) *Hic et in cap. 6, ubi de eadem re agitur, Ludovicus Germanicus intelligendus esse videtur. Cf. 'N. Archiv' VIII, p.* 501. 5) *Nisi sponsa hic pro uxore dicitur, res quae narratur notabilis esse videtur, cum sponsus suo iure res sponsae suae vindicet.*

de hac expedicione[1] a nobis absolutus ad vestram presentiam venire possit. Vos enim scitis, ad quantum necessitatem pergimus. Ideo tam ipsum quamque et omnes fideles nostros dimittere non utile iudicamus. Mox autem inde reversus fuerit, eum ad vos dirigimus. Ideo humiliter obsecramus, ut interim ipsas res quiete teneat et post, quicquid lex dictaverit, in vestra praesentia facere studebit. Optamus, vos in Domino semper bene valere.

6.

Clementissimo[a. 2] ac serenissimo regi ill., plurimo augustice dignitatis stemate comptissimo, ill. sancte ill. eclesie humilis antestis cunctorumque famulorum Dei famulus presentis ac future beatitudinis salutem in Christo Iesu cernuus. Elegantissime[b] vestrae perspicue sublimitatis atque excellentissime noverit claritudo sophye, quod mei cuius- p. 113 c. dam parasiti, ill.[c] videlicet, filius ill. nomine[d] puellam quendam, vocabulo scilicet illam, legaliter suscepit in sponsam. Cuius[e] itaque res aliquantulas regni vestri sitas in dicione quidam auferre nituntur iniuste. Quocirca vestre augustissimae serenitatis subpliciter flagito clementiam, ut ob amore beati Christi sancti ill., cuius vestre saluti iugiter imploro suffragium, in predictis rebus adquirendis prefato ill. vestrum ferre dignemini presidium. Universorum igitur Dominus, cuius omnes[f] regnant protegente nomine regis[g], vestrum continuo regnum iuvamine sublimare vestrisque planctis[h] cunctos naviter dignetur inimicus subicere!

7. Indiculum ad abbatem[a. 3].

Ille exiguus levita illo salutem. Cum amicos caritate visitamus, debitum mansure p. 114. mercedis implemus; cum autem de eorum[b] sospitate perquiremus, promissionum nostrarum effectus curamus; cum illorum bona videre et audire desideremus[c], participes maxime caritatis incunctanter efficitur[d]. Si autem, quod absit, sinistre oppinionis de amicorum societate fama percrebuerit[e], secundum apostolum: 'Quis infirmatur, et ego non infirmor? qui scandalizatur, et ego non uror?'[4] Qua pro causa hoc totum scribere commodum duximus, quatenus, quantum ad dominorum vel amicorum vestrorum causam exspectant[f], in futuro maximam adibeatis cautelam, ne forte, quod Deus non paciatur, electio domni imperatoris in vestra causa frustretur. *Misimus etiam vasallum nostrum *p. 115. illum amicabilem caritatemque precamur, ut benigne suscipiatis[g] et erga illum, ubicumque indiguerit, agatis et locum, ubi nostri caballi esse infra vestram potestatem vel quicquid habere debeant, demonstretis, quatenus in via nos[h] de his certum reddere

6 = *S. Gall.* 25; *Roz.* 421. *Cod.* 3. a) lementissimus *c.* b) et legantissime *c.* c) *intellige:* illius. d) ne *c.* e) uius *c.* f) oms̄ *c.* g) *i. e.* reges. h) *i. e.* planctibus.
7 = *S. Gall.* 55; *Roz.* 699. *Cod.* 3. a) apbatem *c.* b) deorum *pro* de eorum *c.* c) *corr.* desideramus *c.* d) *lege:* efficimur. e) percrebuer̄ *c.* f) *lege:* spectat. g) sustipiatis *c.* h) hos *c.*

1) *Cogitavi de Ludovici imperatoris expeditione Aquitanica contra Pippinum regem a.* 832. *Cuius belli ipse Ludovicus rex, paulo ante rebellis a patre in ditionem redactus, non particeps fuit. Cf. 'N. Archiv' l. l.* 2) *Cf. p.* 366, *n.* 4. *et supra n.* 1. 3) *Epistolam a quodam diacono, capellano regis Ludovici Germanici, ad abbatem Augiensem a.* 833. *mense Februario exeunte vel Martio ineunte missam esse, pro certo habere possumus. De anno viri docti dubitaverunt; sed ea quae de rebus publicis referuntur cum vix ad alium annum possint revocari, tum ad nullum alium, quo sicut a.* 833. *quadragesima post diem demum* 16. *Kal. Mart. coepisset; quod eo anno, quo epistola scripta est, accidisse verba docent:* rex missos suos patri suo illo *(cf. p.* 368, *n.* 3*)* Kalendarum Marciarum direxit, tria capitula rogans: — tertio absolveret illum, quatenus liceret ei, instanti quadragesima pro communi salute decertaretur. *Cf. Dümmler, 'Ostfränk. Reich' I, p.* 127, *n.* 57; *Simson, 'Ludw. d. Fr.' II, p.* 198, *n.* 3; *Dümmler, 'N. Archiv' VII, p.* 403; *qua de re ipse exposui 'N. Archiv' VIII, p.* 498 *sqq.* 4) 2. *Cor.* 11, 29.

valeat et efficere apud mansionarios domni imperatoris, qui in villa, quem Domo vocant[1], propter iniunctum nobis officium mansionem congruam presenti nostri homini tribuat, qualiter, cum ad nos venerit, non nos pro hoc sollicitum reddat. Cum enim hec omnia vestra caritas impleverit, remittito, queso, nobis presentem nostrum missum, intimantes, quicquid exinde vestra bonitas fecerit. De novis causis nihil ad presens mandare pos-
*p. 116. simus[i], nisi quia Elia extra palacium et mihi de eius servicio usquequaque *iniunctum est, et ill. dudum vester comes[k] recepit suum alode. Videtur mihi eius recuperacione instans; adhuc tamen est comendatus Attoni[l, 2] comiti. Et *quoniam rex missos suos patri suo illo[3] Kalendarum Marciarum direxit, tria capitula rogans: primo, ut liceret ei hominis, quos hinc adduxit, secum abere[m] et ipsis infra nostrum regnum suis[n] proprietatibus, quousque simul cum fratre veniens eos domni imperatoris[o] obtutibus presentaret[p]; secundo, ut terminos sibi a domno imperatore concessos nec idem imperator vel etiam exercitus eius insidiando invaderet usque ad memoratum fratris et sui ad patrem adventum; tertio absolveret illum, quatenus liceret ei, instanti quadragesima[q] pro communi salute decertaretur. Unde responsum. Nos autem, si eorum relatum
*p. 117. conperimus, vestre caritati significare curavimus[r], ut et vos pro communi caritate *et debita fide Domini misericordiam indefesse implorari faciatis, quatenus dominis[s] rerum, si fieri ullo modo potest, concordiam et eclesie sue sanctae unitatem misericorditer largire dignetur. Deus te custodiat semper, amantissime[t] frater et pater, in omnibus memoremus.

8. Ad[a] abbatem.

Ille suo[b] illo aeternam —[c]. Posco fraternum pectus vestrum, uti nostri nostrorumque in presenti quadragesima vestris oracionibus coniungendo instantius memoriam faciatis, vel uti et nos pro vobis et pro omnibus vestris agere cupimus cum omnibus nostris. Et quia nostenus venire distulistis, remandate, quando iterum mansio, bis iam vobis parata, tercio paranda sit; equanimemque virum queris, qui una die id precipis, quod die altero interdicis. Namque, si tam rabula apes, ut tu[d] is, fuissem, aculeum
*p. 118. quandoque vel avolando sensisses. Ceterum obnixe deposcimus, ut, si ulla *facultas assit, pro semine porri nos adiuvetis, quia in tota Francia nec ad conparandum aliquid huiusmodi adinvenimus[e]. Ad ultimum ceu Straboni strionico[f, 4] gratias refero pro munusculo suo, quo solent stolidi[5] in domo vagari. Optime vale in eucharia Dei.

7. i) *corr.* possumus *c.* k) come *c.* l) *emend. Dümmler;* attoniti *c.* m) abare *c.* n) *lege:* suas proprietates. o) *corr.* imperatores *c.* p) temperaret *ead. m. corr.* presentaret *c.* q) XLa *c.* r) *i. e.* curabimus. s) domini *c.* t) ammantissime *c.*
8 = *S. Gall.* 48; *Roz.* 790. *Cod.* 3. a) Ad a. Ille *in marg. post add. c.* b) sua illo *corr.* suo ille *c.* c) in Christo salutem *fortasse omissa sunt.* d) tuis *c.; lege:* tu es. e) aud invenimus *c.* f) *i. e.* histrionico.

1) *Haud satis probabilis opinio Eugenii de Rozière mihi videtur, qui de 'Domo d'Ossola' cogitavit, quia villam hic memoratam in via, quae in Italiam fert, quaeramus non oportet. De qualibet potius ex permultis Alamanniae villis 'Domus' vel 'Husen' nominatis cogitaverim. Cf. Oesterley, Geogr.-hist. Wörterb.' p.* 263. 2) *Idem fortasse Hatto comes, de quo referunt Einhardi epistolae nr.* 25. 41. *(ed. Jaffé); notitia a.* 838. *ap. Dronke, Cod. dipl. Fuld. nr.* 513; *Nithardi Hist. III,* 7. *Cf. Simson in 'Forsch. z. D. Gesch.' X, p.* 330, *n.* 2, *et 'Ludwig d. Fr.' I, p.* 196, *n.* 4. 3) illo *pro numero Kalendarum in ipsa epistola exstante ab auctore formulae insertum est. Rem haud multo post d.* 14. *Febr. accidisse patet.* 4) *Vox hic iocose pro poëta usurpata esse videtur ('Spielmann'); cf. Diefenbach, Glossarium p.* 556*:* striones = 'spileman'. 5) Stolidi *hic de pueris ('Klosterschüler') dici videtur propter simplicitatem puerilem, sicut vox Germanica: 'tumb'.*

9. Indiculum ad abbatem[a].

Venerabili viro et omni caritatis amore diligendo illo Dei annuente gratia abbati[a] ill. dono et misericordia Dei largiente abbas[a] perennem in Deo patre salutem. Cognoscat fraternitas vestra in Christo oracionis nostri studium die noctuque pro vobis indesinenter actum, petentes, ut et huius vite ita feliciter in Domino peragatis cursum, quatenus valeatis aeterne[b] venire felicitatis premium. Deinde ammonentes, ut nostri memores esse dignemini in Christo, et librum 'de civitate Dei'[1], obnixe flagitamus, prestet nobis caritas pectoris nostri[c], per nuncium et portatorem istorum apicum pervenire *p. 119.* faciat iussio vestra. Et hoc vulgare proverbium secundum huius rusticitatis linguam accipias et scias:

Sit salus atque decus tecum pietate paterna,
Sit tibi pacificum tempus et omne bonum!

10.

Carissimo preceptori, domno illo abbati, ill. abbas[a] una cum fratribus eternam in Christo salutem. Gracias denique referi[mus[b]] paternitati vestrae, quod non solum divino, verum et corporali solamine nos sedulo sublevatis et pro asumendo amminiculo indeficiendo permaneatis, sicuti nuperrime fecistis, ill. medicum[2] nobis transmisistis, qui tanto studio et affectu infirmitatibus nostris conpassus est, ut obtime sentiremus, quod a vestra benevolentia nobis destinatus est. Quapropter, ut sciatis, qualem apud nos optinuit gratiam, petimus, ut nostra ex parte primo fratribus, dein et ipsi inmensas gratias referetis pro communi[c] *labore et salute. *p. 120.* Ceterum, mi domine pater, si vestrae mentis sit aliqua vicinitate ire ad videndum domnum conseniorem nostrum, ne transmeatis nos, quia tam ego quam omnes fratres nostri valde cupimus uti vel ad unum momentum conloquio vestro. Et ne Phobi[3] adventum impediat! Bahchus apud nos hoc anno obiit cum Cerere; tantum facilis palma restat. Vel ad hoc venite, ut discatis, qualiter eam obtime domitare valeatis. Sancta et inconcussa caritas conservet vos nostri memorando semper! Amen[d].

11.

Ill.[a] exiguus illo Straboni[b] suo salutem. Frater ille, remeans a vobis, auctore[c] Deo ad nos usque inlesus pervenit et munera que misistis valde nobis grata[d] adtulit. Sed inpetrato ex parte, pro quo venerat, negocio, et non potui illum amplius tenere, quia festinabat ante hiemem proprium intrare solum *et[e] ea que deferet vobis monstrare. *p. 121.* Sed quia non potui vobis, que volueram et que vestris dignum duxeram[f] presentanda conspectibus, mittere, cum citius manibus nostris ea Dominus commodaverit vestri, ut potero, per illum memorabor. Ceterum nolens memoratum fratrem vacuum ad vos reverti, missi[g] per illum vobis tapete unum obtemum, cuius sessione pociora vos melius delectet expectare. Et salutate omnes fratres nostros, monachos videlicet cenobii vestri, et, ut mei in illorum sacris oracionibus et sacrificiorum oblacionibus[h] memores esse dignentur, precibus quibus valetis admonete. Licet enim aliqui propinquorum meorum inter eos conversati illis devotissimi extiterint, non minus procul dubio in eorum utilitatibus, auctore Deo vita comite, profuturus, *si voluerint, pro viribus *p. 122.*

9 = *S. Gall.* 38; *Roz.* 778. *Cod.* 3. a) abb. *c.* b) aęterne *c.* c) vestri *Roz*
10 = *S. Gall* 49; *Roz.* 784. *Cod.* 3. a) abb. *c.* b) referi id *c.* c) commini *c.* d) am̄ *c.*
11 = *S. Gall.* 47; *Roz.* 773. *Cod.* 3. a) Uit *c.*; Vir ille *Roz.* b) Strabi *c.* c) auctorem *c.* d) grā *c.* e) ex *c.* f) dextram *c.*; *corr. Roz.* g) *i. e.* misi. h) oblacionis *corr.* -ibus *c.*

1) *S. Augustini.* 2) *Medicus fortasse idem Augiensis, de quo infra cap.* 22. *agitur.* 3) Φοίβη, *Luna?*

spondemus. Cetera, que his licet literis[i] non mandamus, fratri nostri vobis dicenda in ore posuimus. Vale, amicorum meorum dulcissime et omnes, qui tecum sunt, plurimum in Domino, et cum locum citius inveneris, cristallum pietas[k] maioris[l], quam modo miseras, et cornua bicina[m] mittere nobis, ut et nos tibi, si volueris, quae nostra regio abundat indesinenter mittamus.

12.

Reverentissimo ac vere beatissimo patri, quem gratia sedulo caritatis amplector, ill. insigni abbatum[a] abbati, ill., licet inmeritus[b], episcopus presentia futuraque[c] perenniter gaudia optat. Quia literis significare studuistis, totis vos ardere precordiis, ut vinculo caritatis nostrae vestrae adnecteretur dilectioni, maxima interius exteriusque
*p. 123. leticia exilaratus utique sum et, ut sator rerum id fieri permittat, *totis exopto gemitibus. Eulogie namque, quas destinare vestra decrevit sanctitas, magne atque adeo gratissime fuerunt, que etiam, si modice forent, a nobis[d] pro magnis[d], quia a vobis directe, utique susciperentur. Sed quod deinceps prepare[e] vos plurima velle[f], si familiaritate perfrui nobis licet, et nostra scedula personuit. Vestra me adeo concussit. Quis ego sum, qui talibus tantisque patribus parvitatis mee[g] denegarem familiaritatem? cum pocius vestre caritatis indigeam solacium, quorum precibus me sublevari denique non ambigo. De beneficio, nam que per nuncium nuper missum nos promisisse asseritis, profecto nihil mandavimus; sed puer, iuvenili adhuc sensu depressus, talia non iussus promisit, que ex nostro non suscepit imperio. Precibus sanctissimis vestris me inmanitate sceleris languidum committere, fidens de vestra caritate, presumo[h]; meas namque
p. 124. pro vobis, licet viles, ad Dominum fundere procul dubio cernuo abhinc poplite non cessabo. Munuscula vestrae, licet modica, dirigimus dignitati, que vestra sublimitas[i] pro magno suscipere non recuset. Nisi enim vobis iniunctum partibus Graeciae[k] instaret iter[1], maiora utique destinarentur. Mittimus namque banriles 4 olei, ad calciamenta conficienda hyrcinas pelles sex, libras argenti tres. Faciat vos rerum sator rectis presentem transigere gressibus vitam et futuram cum sanctis eternaliter perfrui. Bene in Christo valete.

13.

Familiari nostro domno ill.[a] ill. vester eternam in Christo [salutem]. Suscepta epistola vestra nuper nobis transmissa, in apertis gavisi sumus, in topicis vero acumen ingenii laudavimus, obtantes communi conloquio hec exponi quandoque. Interim cum Dei amminiculo sospitatem[b] nostram dinoscite vestramque nobis demum intimate;
p. 125. dies est enim obtabilis, quo vestri vestrorumque salutem audire meremur. Dum flagitamus largam benivolentiam vestram, ut, si ullo modo fieri valeat, cum gerulo presentis pittacioli Matheum vitrearium nobis transmittatis, quatenus ad basilicam sancti Viti martyris[c] summe fenestre exemplar ostentet infantulis[d] nostris; statimque post ebdomade unius cursum remeare poterit. Super fraterculo autem nostro ill. obnixe deposcimus, ut liceat eum beato ill. commendari, destinare[e] cum altero infantulo, que[f] eum in suis

11. i) luteris *c.* k) vestra dignetur *fortasse supplenda.* l) *lege:* maius. m) *i. e.* bucina.

12 = *S. Gall.* 46; *Roz.* 772. *Cod.* 3. a) ab̄b̄u ab̄b̄i *c.* b) inmeritis *corr.* inmeritus *c.* c) *bis scr. c.* d) vobis pro magni sunt *c.* e) preparare? f) vellem? g) me denegare *c.* h) presummo *c.* i) sublimitatis *c.* k) *emendavi;* gratia instauret iter *c.*

13 = *S. Gall.* 42; *Roz.* 786. *Cod.* 3. a) *intellige:* illi ille. b) sospitate *c.* c) martyr *c.* d) infantulus *c.* e) dedestinare *c.; fortasse:* et destinare; *sed etiam sic verba minus aperta sunt.* f) *i. e.* qui.

1) *Consilium legationis, quae hic abbati, ut videtur Walahfrido Augiensi, iniuncta fuisse dicitur, capi potuit a.* 839, *quo anno Ludovicus Pius legatos Graeci imperatoris receperat. Cf. Simson, 'Ludwig d. Fr.' II, p.* 210 *sq.*

procuret; et quando qualiterve transmitti debeat, remandate. De mellis vero opulentia, qua[g] vos adiuvari poposcitis, scitote, nos gratias[h] rara quam vos plura extendere velle. Mittite nuncium vestrum, qui 10 siclas mellis perferat vobis. Bene valete, semper memores nostri!

14. Indiculum[a] ad abbatem. p. 126.

Mella geris tecum firmato glutine[b] septa,
Dulcia, que dederis quis cupis, ast mihi non.

Probatissimo ac divini cultus ingenio adprime decenter decorato ill. insignissimo abbati[c] ill., quamquam inmeritus, episcopus, quas lingua explicare non sufficit, salutes obtat. Cum enim assiduis vestris accumuler eulogiis[d], dignas nequeo[e] de tante caritatis[f] ardore rependere grates. Sed quia debitas persolvere deficio, iam quas habes in ara cordis, sensus perquirens repererit, omni aviditate rependere cupio. Nunc vero de presentibus, que nuper direxistis, muneribus inmensas copiosasque gratias reffero, que me ita ad vestrum provocaverunt servitium, ut nulli, excepto seniore, me amplius quam vobis delectet servire, et si aliquid nostre parvitati vestra *sagacitas iniungere decreverit, devotum in omnibus, favente Domino, reperiet. Equum namque, quem dudum iam direxistis, licet sit bonus, ad opus tamen quod optavimus non adeo utilis habet. Quapropter dignitatem petimus vestram, ut omni industria optimum deinceps invenire studeatis, ut ad opus quod eligi sit aptius et nobis quandoque ad equitandum utilitatem possit prestare. Per gerulum[g] itaque scedule huius, quicquid de ac causa vestra invenerit voluntas, remandare curate. Vestris sacratissime[h] denique committo precibus, quas pro vobis, licet peccatis obstantibus[i] inutiles, ad mundi Regnatorem me fundere absque difficultate scitote. Valeat sanctissima vestra religio per innumeros annos! *p. 127.

15. Abbati[a].

Patri et domino abbati[b] ill. carissimo ill. humilis non adhuc monachus[c] eterne felicitatis imploret salutem. Quod actenus paternitati vestrae minime scripsi et quod circa me ageretur *evidentius non significavi, difficultates[d] et non voluntatis[e] causa extitit. Si enim oportunitas sineret, obtarem creberrime vobis conloqui, et hoc posse daretur, difficultatem longi itineris perpeti. Siquidem valde doleo, quod cum monacho vestro, quem ad illum episcopum misistis, nec loqui neque ab illo[f] sciscitari desiderabilem sospitatis vestrae prosperitatem valui. Scitis enim, quia post obitum bone beateque[g] memorie domini et patris nostri venerabilis ill. abbatis[a] minime ad vos, quemadmodum volui, mittere potui, ut eius memoriam in vestris sacris oracionibus iure ac pie recordare dignaremini; unde[h] modo, licet sero, vestre benignitati tres argenti libras mitto, ut, his susceptis, refectionem, prout potestis, fratribus preparetis et quod defuerit ex nostro vos, ut subpliciter peto, adimpleatis[i] ex vestro. Ut *vere ipse confisus est, et nos obtime confidimus, memoriam sui crebro habere dignentur, fratres vice sua et nostra exortari deprecarique dignemini. Ille etiam nobilis vasallus illius, qui ei ceteris amabilior extitit, vos valde salutat et precatur[k] ipse una mecum, licet habeatis eum incognitum, — tamen et habetis et habebitis semper devotum —, ut nihilominus sui dignemini habere memoriam. Ego equidem ill. paratus sum vobis in his, que apud nos melius *p. 128. *p. 129.

13. g) qa (quia) *c.* h) grās *c.*; *fortasse legendum*: nos gratis rara quamvis plura expendere velle.

14 = *S. Gall.* 45; *Roz.* 769. *Cod.* 3. a) Indicu ad abb. *c.* b) *corr.* gluttine *c.* c) ill. abb. quamquam *c.* d) eo longus *c.* e) neque eo *c.* f) caritates *corr.* -tis *c.* g) regulum *c.*, *quod corr. Roz.* h) *fortasse:* sacratissimis me. i) obstrantibus *c.*

15 = *S. Gall.* 56; *Roz.* 777. *Cod.* 3. a) abb. *c.* b) abb et *c.* c) monā *c.* d) *lege:* difficultatis. e) voluntates *corr.* -tis *c.* f) ilo *c.* g) beatoque *c.* h) undo *corr.* unde *c.* i) adimpleamini *ead. m. corr.* -eatis *c.* k) precator *c.*

inveniuntur, venerabiliter atque amicabiliter obediens obsequi, ita tamen, ut abbas[l] prepotens pauperis non obliviscatur. Vos namque ea, que in divinis cultis apta sunt, penes vos et in regionem vestram habetis, ex quibus nobis solacium prebere potestis, ut sacris lineis induti, quando, licet indigni, ad sacrosanctum altare accedimus, memo-
*p. 130. riam[m] vestri habentes, sicut[n] et vos[o] nostri, propensius oracioni *incumbamus, pro salubritate vestra Domini misericordiam exorantes. Est etiam aliud valde precipuum, quod [si[p]] nostre parvitati, sicut promittere dignati estis, inpendere studueritis, maximam et eternam vobis apud Deum proinde adquiretis mercedem, scilicet, ut libros domni ill.[1], quos in Eptaticum[q] et in Machabeorum gesta conposuit, nobis transscriptos mittatis. Et si quilibet penes nos fuerint, quibus indieatis[r], nos vobis similiter transscriptos, si tamen ita vultis, devotissime mittemus. Deus omnipotens vos incolomem pro nobis orantem et nos pro vobis feliciter conservare dignetur!

16.

Venerabili in Christo patri ill. cunctisque vestro regimini subiectis fratribus nos fratres de ill. loco sancti illi obtamus salutem. Omnium quippe causarum accedentium, que variis contingere solent eventibus, oportet[a], ut nos utrimque mutuis consolemur
*p. 131. affectionibus, ac *ideo plus de vobis possumus impetrare, sicut et vos de nobis[b]; unde evenire solet, ut hi, qui in aliqua parte et nostris offenderint, respectum ad vos habeant, sicut presens frater ad nos, ille, qui tam diu pro suis peccatis, sicut ipse fatetur, sui loci commoditate visus est carere; qua ex causa pater ipsius fratris lacrimabiliter pietatem sancti illi nostramque intercessionem ad vos postulavit, quatenus apud [vos[c]] congrue reconciliaretur. De qua re subpliciter postulamus, ut illum dignamini suscipire[d] vestroque magnifico gregi[e] restituere errantem diu ovem non dubitetis; qui licet multa vobis contraria gesserit, non tamen credimus a vestra dignitate reiciendum, sed pro nostro amore benigna caritate suscipiendum. Pro illi facite, sicut in vos obtime confidimus. Valete[f], dulcissimi[g] patris et fratres in Domino[h]! Amen.

17. Ad abbatem.

Ille exiguus ill. abbati[a] et amicorum meorum karissimo copiosa in Christo salus[b].
*p. 132. Recepi vestre dulcedinis *litterulas, quas presens lator detulerat, et intellexi queque continebant[c]. Sed mittam vobis, cum citius potero, ill. communem fidelem, per quem conditionem emtionis pelliciarum et alia que voluero remandabo. Gratulor enim modo certus de tua sospitate, quam actenus ignorans multo tedio, sicut pro unanimo amico, adfectus sum. Queso tamen tuam dulcedinem, caritatem, ut frequentius scriptis et missis mutuo nos visitemur, et non seiungant longa terrarum spatia, quos Christi nectit amor. Et rogo te, ut istoriam Dictis[2] — *nomen*[d] — de bello Gregorum et Troianorum,

15. l) abb. *c.* m) memoriam *corr.* memomoriam *c.* n) *e corr. c.* o) nos *corr.* vos *c.* p) *suppl. Roz.* q) *i. e.* Heptateuchum. r) *i. e.* indigeatis.
16 = *S. Gall.* 36; *Roz.* 561. *Cod.* 3. a) utportet *c.* b) vobis *c.* c) *suppl. Roz.* d) suscipite *corr.* suscipire *c.* e) regi *corr.* gregi *c.* f) vał *c.* g) dulcissime *corr.* -mi *c.* h) domini *c.*
17 = *S. Gall.* 39; *Roz.* 779. a) abb. *c.* b) sał *c.* c) *e corr. c.* d) nom̄ *c., quod explicandi causa formularius inseruisse videtur.*

1) *Hrabani, ut monet E. Dümmler. Scripsit commentarios et in Pentateuchum, libros Iosuae et Iudicum et in libros Machabaeorum. Cf. Fabricii Biblioth. Lat. s. v. Rabanus.* 2) *Nomen auctoris ('Dictys') esse, quod effugit editorem, monuit Dümmler, 'N. Archiv' VII, p.* 403. *Vel ipsum codicem qui hic petitur, vel apographum eius habemus fortasse in cod. Sangall.* 205 *(saec. IX), qui iam inter libros a Grimoaldo abbate bibliothecae monasterii donatos numeratur. Cf. Weidmann, 'Gesch. d. Bibliothek zu St. Gallen' p.* 399*:* Historiam Dictis et Daretis in 1 scd. *Ad codicem Augiensem fortasse revocanda sunt verba Reginberti:* In libro 43. continentur — liber, in quo habetur excidium Troiae civitatis. *Neugart, Episc. Constant. II, p.* 551.

quam penes te novimus, transscribi iubeas et per memoratum et communem fidelem, cum ad vos misero, nobis remittatis, quia nusquam illam inter nostros invenire possimus. Vale in Domino, dulcissime frater, mei[e] semper per te tuosque benigne memor, et diligentem te dilige[f], et Deus pacis te custodiat ubique!

18.

Ille superne largitatis munere humilis antistes ill. fratri karissimo multimodeque cultu sophie simul et decore sanctitatis abbati[a] comptissimo presentis ac futuram *p. 133.*
copiam felicitatis in Domino. Multifariis igitur pro vestrae conspicue devocionis beneficiis plurimas nos sepius referre gratias oportet. Verumtamen vestrae copiosissime commodum putavimus intimare benivolentie, quod fratrem vestrum nimis flagrantem desiderio nobiscum retinere nequivimus; vestra plurimum frui desiderabat presentia. Quocirca vestram subpliciter gratissimam poscimus fraternitatem, ut ab amore Dei eiusque confessoris Ambrosii vestra summa cum gratia ad nos eum[b] quantocius remittere dignemini, quatenus quod deest operi bene cepto perficiatur ab ipso. Nos igitur semper et ubique sumus vestrae dumtaxat amantissime caritati congruem nempe vicissitudinem reddere, si quid vestre benignitati largissime placuerit nobis iniungere. Valete, nostri semper memor in oracione, o dignissime frater!

19.

Ille sanctae ille eclesiae humilis antistes[a] probatissimo ac prestantissimo *viro **p. 134.*
ill. abbati[b] cunctisque fratribus Domino vobiscum militantibus presentis futureque felicitatis salutem. Sanctitatis vestre epistolam relegentes, admodum fuimus gavisi, quia textus ipsius vestram nobis[c] ostendit sospitatem atque benivolentiam. Quod vero significastis de pellibus, antea omnino fuit intimandum, eo quod multo carius tempore hiemis quam estatis emantur. Attamen transmisimus modo vestrae largissime caritati viginti et quinque pelles, plura largituri, si Deus vitam locumque nobis concesserit. Denique precamur, ut fratrem ill. mox quo facultas adriserit nobis, sicut polliciti estis, admittite[d] ne differatis. Valete fratres omnes nostram in vicem salutando, et, ut nostri inter precum suarum vota meminerint, humiliter exposco.

20.

Viro egregio atque prudenti ill. reverentissimo ill. in Domino salutem. Obsecro caritatem vestram, ut illum puerum, nepotem *illi episcopi[a], ad studium discendi acrius **p. 135.*
incitetis. Poterat namque illum alibi ad erudiendum, ubicumque vellet, dirigere, sed meo maximo ortatu vestris eum disciplinis tradidit inbuendum. Quapropter peto, ut deinceps, adhibito studio, nostram etiam sibi apud vos sentiat prodesse peticionem, et ubicumque peragitis, vobiscum eum ire permittite. Mercedem vero vestri laboris, quanta esse in presenti potest, ego rependam. Noveritis etiam, quia illum[b] hominem ipsius pueri apud illum episcopum excusatum habeo; ideoque peto, ut ipsum, cui molestus extitit, in vestram venire faciatis presentiam, [ad[c]] concordiam eos reducite; verumtamen reatus sui penitenciam gerat, iuxta quod vobis visum fuerit.

17. e) mi *c., quod correxit Roz.* f) diligere *c.*
18 = *S. Gall.* 51; *Roz.* 787. *Cod.* 3. a) abb. *c.* b) enim *c.*
19 = *S. Gall.* **44**; *Roz.* 771. *Cod.* 3. a) contistes *c.* b) abb. *c.* c) vobis *c.* d) *lege:* admittere.
20 = *S. Gall.* 52; *Roz.* 791. *Cod.* 3. a) eps (episcopus) *c.* b) ille *c.* c) *suppl. Roz.*

21.

Carissimo[1] abbati[a] ill.,[b] omnibus suis sincellites[c. 2] ill. mansuram in Salvatore salutem. Non vos latere suspicor, quod, manente domino imperatore[d] ill. novissime apud illam villam, non longe a vobis consistentem, provocante[e] vestre religionis fama, vestrum mihi[f] libuit adire coenobium; illucque perveni et, visa benignissima vestra
*p. 136. sanctitate, *placuit, ut me, quamvis sceleribus squalidum, vestri vestrorumque conmendarem[g] oracionibus; quod et vos et vestri, sicut caritatis pleni, benignissimo suscepistis affectu. Pro qua munera, quia vobis condignam remuneracionem reddidere[h] nequeo, maximas tamen devotasque grates, quantum quivero, referre non differam. Et nunc vobis lego 30 solidos argenti, flagitoque pronus et summissus posco et aclinis postulo, ut in vestra solertissima permaneat oracione illa eius[i] memoria nostri, et ego quantum potero incontaminatam vobiscum observabo amicitiam. Et ni[k] leudes nostri et equi fierent fessi ob nimitatem itineris, quod nos hoc anno Romam eundo[l] Romaque redeundo peregimus, nullo modo omitterem[m] vobiscum colloqui pacemque cum meis patribus, qui sub vestra paternitate degunt, mutuam habere. De quorum salubritate et salubri prosperitate et de vestra, queso, rescribas, ni grave fuerit[n] calamum tinguere tinctumque in vitulino campo ovinoque trahere. Ereniseona[3] vobiscum!

*p. 137. Premia perpetui sumpturi *maxima regni
Est[o], qui vita suum[p] Deum colite[q].
Me, precor, et vestris precibus mandate Tonanti,
Vobiscum ut partem, regna poli capiam.

Kere, kyri agapite[4].

22.

Domino venerabili ill. abbati[a] et fratribus Insulanensibus[5] ill. Dei dono abbas[a] salutem. Sciat inmensa paternitas vestra, quod ubique in vestro solacio confido, veluti daret hoc sedulo in actu, tam divinis quam forasticis[6] rebus. Misi autem[b] libros vestros ad proprium sinum applicandos, pro quibus gratias inmensas refero caritati vestrae, veluti[c] et pro omni benivolentia erga me inpensa. Posco, ut, si ullo modo fieri valeat, post festivitatem sancti ill. iubeatis illum medicum ad me venire, quia adiutorio eius indigeo. Sed et domno ill. gratias referte pro fraterculo meo ill.[d], quia, ut a referentibus audivi, bene procurat eum[e] scolastico pedagogio amicaliter docendo. Bene valete, memores mei.

21 = *S. Gall.* 54; *Roz.* 766. *Cod.* 3. a) abb. *c.* b) *supple:* cum. c) *i. e.* syncellitis; *cf. infra n.* 2. d) impr̄ *c.* e) provocantem *c.* f) nihil *c.* g) conmendare *c.* h) *lege:* reddere. i) *fortasse delendum.* k) in *c.* l) eı ındo *c.* m) omittere *c.* n) fuerint *c.* o) estis? *Versum corruptum emendare nequeo.* p) suis Dominum *Roz.* q) colitis?

22 = *S. Gall.* 40; *Roz.* 783. *Cod.* 3. a) abb. *c.* b) aū *c.* c) ł titi *c.* d) *post add. c.* e) aū *c.*; cum *Roz.*

1) *Cum epistolam a nobili quodam curiali imperatoris abbati et fratribus Augiensibus scriptam esse pro certo habere possimus, verba:* manente domino imperatore ill. novissime apud illam villam non longe a vobis consistentem *vix aliter ac de Ludovico Pio mense Aprili a.* 839. *in villa regali Bodoma (Bodmann) residente intelligenda sunt. Qua re efficitur, epistolam a.* 839. *datam, ex eis vero, quae epistolae auctor de itinere suo Romano eodem anno perfecto refert, hoc nonnisi exeunte illo anno factum esse. Haesitans conieci, Adalhardum fortasse senescalcum, quo 'ambasciante' imperator tunc temporis quasdam res monasterio donavit, epistolam scripsisse. Cf. 'N. Archiv' VIII, p.* 502. 2) *Aliter ac supra p.* 56, *n.* 4. *existimavi, hic fratres abbatis, ad quem epistola dirigitur, intelligendi esse videntur.* 3) *I. e.* εἰρήνη εἰς αἰῶνα. 4) *I. e.* χαῖρε, κύριε ἀγαπητέ. 5) *I. e. Augiensibus.* 6) *I. e. exterioribus, forensibus, mundanis.*

23.

Domino vere venerabili patrique karissimo ill. abbati[a] ill. exiguus et peccator eternam in Domino[b] optat salutem. Diu multumque huius mundi notissimis perturbationibus agitatus, vicem debitam *vestris beneficiis per condignas graciarum acciones rependere *p. 138. mutuis distuli, quoniam et ipse angustie, quibus tunc tenebar[c], cum vestris adprime solaciis sublevarer, hactenus me premebant, et necessitas paupertatis pocius placare inimicos quam amicos cogebat sedare[d]. Nunc vero, Domino tandem laboribus nostris aliquid prestante levamen[e], nolui diucius, ne ingratus viderer, debitum salutacionis me munus obmittere, quo intellegeret prudentia[f] vestra dilectionis, ardorem in nostri cordis arula sopitum pocius quam extinctum. Igitur dignamini me tam fidelem vobis reputare, quam vestra meruit sanctitudo; quicquid in me virium[g] est, non dubitetis, vestris me velle mancipare serviciis. Misi vestre karissime paternitati parvas eulogias[h], id est manumtergium[i] et pectinem, non quo hec digna vestris conspectibus iudicarem, sed quo conprobarem, melius esse parvo quam nullo pignore[k] dilectionem mutuam demonstrare. Bene vos in Domino semper opto valere et nostri in oracionibus sacris *p. 139. memores esse, talem me reputare, qualem me vobis debitorem fecistis, quia talis vobiscum qualem amicissimum amicissimo[l] esse oportet.

24.

Dulcissimo in Christo patri ill. archiepiscopo ill. non merito abbas[a] summam in Domino[b] salutem optat. Misse per illum peripateticum[c] littere vestrae prius fundamenta quedam in nobis gaudio nostri de sanitatis vestrae indicio conceptorum[d] letetur, sed per illum fidelem vestrum, nostrum autem amicum, viva[e] voce — *enorgie*[f] *quedam similitudo* — eorundem fabricam gaudiorum non mediocriter erexit. Pro vestris enim prosperis non minus quam nostris hilarescimus et vobis eque et nobis adversa timemus. Misimus, ut iussistis, scutarium et cervise confectorem, cetera que potuerimus ad servicium vestrum per[g] missum nostrum cum illo directuri. Ad subitum enim nequivimus ea que imperastis invenire, quia incommoditas[h] temporis mali, que et vobis non nihil officit, nobis obsistit in plurimis. p. 140.

Ergo[i] salutetur vestro Prudentius[1] ore,
 Antistes, nostrae pars preciosa animae.
Felices ille, quibus est hec gratia, plebes,
 Ut tantos habeant lucis in arce duces.
State simul fortes, pugnate viriliter, ut dum
 Regnetis semper, quos alitis, gregibus[k]!
Esto mei memores! Sum vestri, debeo vobis
 Et voveo totum, quicquid amore[l] queo.

Bene valete.

23 = *S. Gall.* 43; *Roz.* 775 *Cod.* 3. a) abb. *c.* b) đ *c.* c) tenebat *c.* d) redere *corr.* redare *(vel fortasse* sedare*) c.* e) levam *c.* f) prudentiam vestre *c.* g) vinum *c.*; vivum *Roz.* h) egias *c.*; *corr. Roz.* i) manūtgiū *c.* k) pignorē *c.* l) amico *corr.* amicissimo *c.*

24 = *S. Gall.* 41; *Roz.* 785. *Cod.* 3. a) abb. *c.* b) đ *c.* c) penpateticum *c.* d) *c. l. corrupta esse videntur.* e) vivam *c.* f) enorgio *corr.* enorgie *c.*; *i. e.* enargiae *(= figurae). Verba:* e. q. s. *a formulario addita esse videntur, ut tropum sequentem demonstrarent.* g) pro *c.* h) incommodatis *c.* i) erg *c.* k) *post hunc versum distichon deesse videtur.* l) *pro* amore queo. Bene valete. *exstant:* amoreq: ob ut *c.*

1) *Prudentium episcopum Trecensem hic memoratum esse, monuit Dümmler, 'N. Archiv' VII, p.* 402.

25.

Memorabili atque excellentissimo viro, mitissimo, placida bonitate necnon honestate et morum dignitate cum omni mansuetudine repleto et Christi famulatu insaciabili ill. ill., inequali conparacione bonitatum vestrarum iuvenili etate florens, tamen fidelis et bene devotus vester perpetualiter existit, salutem optabilem et perseverantem mandat in Domino[a]. Epistola reverentie dignitatisve vestrae usque ad vilitatem[b] persone mee pervenit. Quam tota[c] nisu perlegens, in imo cordis recludi, volens eam sepius iterando
p. 141. in tenuem locum memorie meae recondere, quia dulcedinem mellis in fauces meas portavit[1], magistrali compositione suffulta et maxime[d] piissima ammonicione mentem parvitatis confortavit et exemplo senili iuventutem meam edificavit. Quapropter cognoscat sagacissima prudentia vestra, me non parva angustia coartari[e], quia, in quibus verbis eidem dulcedini occurram, non invenio et, ut sponsionem convenientem sibi congruo sermone perfungar[f], ita dumtaxat, ut opacam[g] benignitatem vestram humillima laude amplectar et plenitudini opusculi mei honestissime et oportune metam inponam, ut favore paternitatis vestre commoda et inreprehensibilis donetur. De cetero cognovit almitas vestra[h], me in presentia vilissimis vestibus indueri et nil pargamenis uti, nisi
*p. 142. mihi excellentia vestra consueta ope subveniat atque *a parte largissima manu his, in quibus inops et pauper videor, frequentari congruo tempore et frui congratuler. Et, ut ita dicam, domnus vero noster iuventutem meam despicit et illam castigare contempnit, necnon mores abhominabitur et me ceu quotdam inmundicie respuit et adiutorem se mihi labenti porrigere differt; sed iam summo[i] gradus dignitatis in me vult habere hac stultos sensus diucius proicit; querit a me, quod non habeo, et quod desiderat, adhuc non subsistit, antequam mihi Deus annuerit, et[k], aliorum exemplariis instructus, vir perfectus et placabilis efficiar. Idcirco obnixe peto, ut citissime huc veniatis, et serenissimus[l] vester vultus appareat, qui iam terribilis et odibilis mihi videbatur, moderno quippe, destructa lege veteri, oblitis omnibus, carus et serenus iudicatur. Et hoc pro certo scitote, quod in vobis maxime confidens et de his omnibus iudicem elegi,
*p. 143. et vestro eruditissimo[m] iudicio *me confirmari apud dominum[n] studete.

Altithronus [Dominus[o]], qui regnat in arce[p] polorum,
Det vobis requiem, vitam donetque perennem,
Ast faciat magnum vos scandere limen Olimphi;
Livida[q] mortiferaque procul tunc tartara pellat!
Grandis enim vobis mercesque futura manebit
In coelis[r], quoniam magnam meruistis in arvis.
Semper enim rectum exercente[s] vocaberis insons.
Omnipotens Deus, indigno concedito servo,
Dona mihi, quod posco quidem, qui es conditor orbis:
Augi[t] salutiferamque supradicto sanitatem.
Nec illum tangit[u] Christo duce morbus iniquus,
Dumque caduca manet vita, dum flatus anelet[v]
Aeternam concede domum, qui regnas ubique!

25 = *S. Gall.* 62; *Roz.* 795. *Cod.* 3. a) đ *c.* b) uitlitatem persone me *c.* c) *lege:* toto. d) maxima *c.* e) angusta coortari *c.* f) perfungat *c.* g) opacem *corr.* opacam *c.* h) vestrę *c.* i) somnus *corr.* summo *c.* k) *fortasse* ut. l) serenissimis *c.* m) erutissimo *c.* n) dm̄n *c.* o) *suppl. Dümmler.* p) arte *c.* q) livido *c.* r) oleis *c.* s) *i. e. fort.:* exercens; exercendo *coni. Dümmler.* t) *i. e.* Auge. u) *lege:* tangat. v) *i. e.* anhelat.

1) *Cf. Psalm.* 118, 103.

26.

Summo[1] Romanae ecclesie pontifici et sanctissimo excellentissime[a] sedis custodi, egregio pape ill., humillima et devotissima fidelium oratorum[b] congregacio ab Insula, que ab incolis Alamannie[c] Augia vocitatur, prosperum in Deo optat provectum et vitam perpetuam. Nisi quia inextinguibilis vere caritatis nos ardor sepius inflammat, necnon totius eclesie orthodoxorum *suasio accendit, nullatenus, pater, nec scriptis ausi fuisse- *p. 144.
mus nec dictis per aliquem, quamvis inlustrissimum, tante quod et tali indicare nobilitati; ideo propter[d] tantam, immo et tam probatissimam[e] rumoris laudem ausi sumus et missum et scripta beatitudine vestre dirigere. Locus etiam iste, pater venerande, quem nomine prediximus, principatum[2] per has partes terre obtinet, sancte Marie semper virgini Petroque principi apostolorum consecratus, regularis vite normam ducencium partem non minimam conglomerat, quorum spiritalis doctrine cumulus totum quoque vicinatum circumquaque nostrum doctrinis longissimis pascit. Igitur Hereno[f] ab Alpibus Eois[3] occidentem versus nimio currentem fragore, eundem loci habitum per mare undisonum[g] circumluens, insulam omni ornatu novorum *edificiorum comptam mediam *p. 145.
reddit. Fons autem praedictus inmensum[h], coepta via percurrens, mare quod dicitur Orcarium[4] inluit. Inde sanctissime et beatissime virginis Marie, matris Domini, clarescente sanctitate, necnon superne domus clavigeri[k], videlicet Petri pastoris eclesiae, iubare inlucescente, audacia nobis talis increverit, ut nos tanti et in tantum infirmi tam benignissime nobilitati scripta vel[l] missum dirigere decreverimus. Quippe imitantem[m] sanctissimi omonimi vestri Gregorii celestium rudimentorum[n] exempla sacra, cuius vicem admodum iure iteratis, insuper dierum longitudine Coephin[o] Christi discipulorum probatissima virtutum beatitudinem[p] sequentem, ob id etiam divine vos pietate devotissima committimus prece, ut dies[q] adhuc in posterum[r] vestros ob edificacionem et unitatem commissi divinitus[s] populi quadruplicent et vitam perenni —[t].

26 = *S. Gall.* 27; *Roz.* 752. *Cod.* 3. a) excellentissimo *c.* b) oratorium *c.* c) Alamanne *c.* d) p̄ (= post) *corr.* p̄ *c.; corrector fortasse* pp̄ *voluit.* e) probatissima *c.* f) *legendum fortasse:* Rhenus ab Alpibus Eois occidentem versus nimio currens fragore *reliqua.* g) *emend. Dümmler;* unaisonum *c.* h) inuisum *c.* i) copta *corr.* coepta *c.* k) claugeri *c.* l) *ead. m. add. in marg. c.* m) *corr. ut videtur ex* irritantem. n) *emend. Roz.;* rumentorum *c.* o) *i. e.* Cephan. p) beatitudine *legendum videtur.* q) *emend. Roz.;* die *c.* r) postorum *corr.* posterum *c.* s) divinitate *corr.* divinitus *c.* t) *finis folii et totius codicis fragmenti.*

1) *Epistolae ab congregatione Augiensi ad Gregorium IV. (a.* 827—844*) papam missae auctorem fuisse Walahfridum, coniecit E. Dümmler. Cf. supra p.* 341. 2) *Vox hoc loco nihil aliud nisi 'primum locum' efficere videtur.* 3) *Similiter Walahfridum in Visione S. Wettini Augiae situm perscripsisse, monuit E. de Rozière ad hunc locum.* 4) *Interpretatio fortasse Latina nominis 'Bodensee', falsa quadam etymologia freta. Cf. 'N. Archiv' VIII, p.* 504 *sq.*

FORMULAE SANGALLENSES.

1. FORMULAE SANGALLENSES MISCELLANEAE.

Neque paucae neque parvi momenti sunt formulae a celeberrimo Sancti Galli monasterio oriundae; quas omnes edimus digestas in duo corpora, prius formulis singulatim traditis et minoribus collectionibus constans, alterum maiorem illam collectionem nunc plerumque a Salomonis III, episcopi Constantiensis et abbatis Sancti Galli, nomine appellatam cum nonnullis additamentis comprehendens.

Prius illud corpus, de quo solo nunc dicendum est, collegi ex his codicibus:

1) Codex Sangallensis 125, extrema pagina exhibet caput nostrum 1, manu saeculi VIII. exeuntis vel IX. ineuntis exaratum. Apographum in schedis nostris erat.

2) Codex Rhenaugiensis 131, nunc in archivo Turicensi, saec. X. Cf. Zurlauben in 'Histoire de l'académie royale' XXXVI, p. 176; 'Archiv' VII, p. 800; Fr. de Wyss, 'Alamannische Formeln und Briefe' in 'Mittheilungen der antiquar. Gesellschaft in Zürich' VII, fasc. 2, p. 19 sqq.; E. Dümmler, 'Formelbuch des Bischof Salomo III. von Konstanz' praef. p. XXVIII sq. Specimina scripturae offert Fr. de Wyss l. l. post p. 58. inserta. Prima ex tribus codicis partibus continet pagg. 1—12. capita nostra 2—8, pagg. 23—40. capita 9—17. Formulas exscripsit V. I. Waitz.

3) Codex Colmariensis archivi (ladula 12, nr. 4) saec. X. Cf. Bonvalot, 'Nouvelles formules Alsatiques' in 'Revue historique de droit français et étranger' IX, p. 420 sqq.; 'N. Archiv' VIII, p. 505. 547. Exhibet praeter formulas 16. 17. maioris collectionis capita nostra 6. et 18. Editis, quippe quae sufficere viderentur, usus sum.

4) Codex Vaticanus Christ. reg. Suec. 469 (olim Sangallensis) saec. IX. Cf. Dümmler, 'N. Archiv' IV, p. 274 sq. In marginibus foliorum 1. 1'. 19. 19'. 20. 20'. capita nostra 19—23. et fol. 18'. Roz. 604. (Benedictio ferri) adscripta leguntur. Contulit formulas cum codice V. Cl. Mau.

De singulis huius collectionis membris breviter disserendum est.

Caput 1 (Cod. 1), ineditum adhuc, cum 'ducem' commemoret, non post a. 751. conscriptum esse videtur[1].

Capita 2—17 (Cod. 2; cf. cod. 3) uno quidem codice conscripta, neque vero uno tempore atque consilio composita sunt[2]. De loco, unde oriundae sint formulae, dubitari non potest. Neque enim solum inter cartas Sangallenses simillimae, immo iisdem fere verbis conceptae inveniuntur, sed etiam ipsae formulae certa nonnulla indicia praebent, e quibus apertissima haec sunt. Cap. 3. praestariae ab abbate mona-

1) Cf. 'N. Archiv' VIII, p. 553. 2) Cf. quae de his formulis exposui, l. l. p. 543 sqq.

sterii Sancti G. *emittendae exemplum praebet. Cap.* 10. *subscriptum est:* Ego itaque S. m[onachus] S. G[alli] scripsi. *Cap.* 11. *de commutatione rerum* Sancti Galli *agitur et* B[ernhardus] *abbas commemoratur.*

Artius iungenda sunt priora quinque capita, 2—6, quae exempla negotiorum privatorum, et laicorum et ecclesiae, praebent. Saepius nomina ficticia pro N. *vel* ill. *inveniuntur, ut cap.* 2*:* Pennum comitem, *cap.* 4*:* Eumelus et Epitides, *cap.* 5*:* Otolf, Undolf, in loco qui dicitur Lamis, — comitis Pindari, centurionis Zoteri — Logil, *cap.* 6*:* Demoleus — servum nomine Daren — ancillam, cui nomen est Pirgo. *Praesertim capita* 4—6. *uno, ut ita dicam, stylo scripta esse videntur. Temporis nota sola cap.* 2. *exstat, quae cum annum* 883. *indicet, tunc formulas dictatas esse existimo.*

Capita 7. 8. *aliunde recepta rem valde alienam afferunt, epistolae scilicet episcopalis, quae dicitur formata, exemplum et regulam formatarum Attici. Subiectum est regulae illi alphabetum Graecum cum numeris, quos literae quaeque exprimunt. Sequitur epistola Hieronymi de alphabeto Hebraeorum. Quae omnia in usum scholarum conscripta esse videntur.*

Reliquas formulas monachus Sangallensis, qui cap. 10, *cancellarii munere fungens, nomen suum litera S. notavit, addidisse videtur. Cum ea capita, quae temporis notas exhibent, temporis quoque inter se rationem sequantur, suspicari liceat, auctorem ipsum, quandocumque documentum scripsisset, formulam eius collectioni suae inseruisse. Anni et dies hi indicantur:* 24. *Oct.* 885, *cap.* 10*;* 31. *Ian.* 887, *capp.* 14. 15*;* 15. *Febr.* 888, *cap.* 17*; quibuscum id bene convenit, quod cap.* 11. *Bernhardus abbas (Dec.* 883 — *Iul.* 890*) commemoratur. Quae vero cap.* 9. *leguntur:* missi imperatoris domini A., *si genuina essent, non ante Arnulfum imperatorem consecratum (a.* 896*) scribi potuissent. Sed scriba, qui Arnulfi tempore formulas descripsit, facile adduci potuit, ut* A. *pro* K. *poneret.*

Notarios monasterii formulis nostris usos esse, probabile est; quam ad rem conferas velim cum prologo capitis 2. *cartas ap. Wartmann II, nr.* 665 *(a.* 888*) et nr.* 690 *(a.* 893*), cum capite* 11. *cartas ibidem nr.* 713 *(a.* 897*) et praecipue nr.* 732 *(a.*904*)*[1]. *Anno* 887. *capitis* 6. *apographum factum esse videtur, ad quod formula in codice* 3 *scripta est*[2]. *Integras edidit formulas Fr. de Wyss, l. l. (a.* 1850*) p.* 26—37, *capitibus* 6. 7. 8. 17. *iam anno* 1779. *a Gerberto in Monum. veteris liturgiae Alamannicae II, p.* 113 *sq. vulgatis. Omnes recepit E. de Rozière in 'Recueil général'.*

Caput 18 *(Cod.* 3*) temporis notam offert: diem* 9. *Iul.* 887. *Quamvis formula 'cartam dotalem' exhibeat, cum tamen eodem codice cum aliis tribus formulis e Sangallensibus libris sumptis coniuncta exhibeatur, et scriptor se monachum esse profiteatur, inter Sangallenses sine dubio habenda est. Edidit Bonvalot l. l., repetivit E. de Rozière.*

Capitum 19—23 *(Cod.* 4*) auctorem fuisse Isonem, illustrem Sangallensis scholae magistrum, viri docti adhuc plerique existimaverunt, sola Goldasti coniectura fulti haud dubie falsa*[3]. *Cum in marginibus codicis carmina Walahfridi exhibentis, post medium saeculum IX. exarati, hae formulae inveniantur, saepius autem (capp.* 20. 21. 23*) imperator commemoretur, pro certo habere possumus, eas non ante Karolum III. imperatorem factum (a.* 881*) conscribi potuisse. Iso igitur auctor esse non potest, quippe qui iam anno* 872. *vita excesserit. Atque ne alias quidem formulas composuisse videtur, certe non traditur.*

Exempla non ficta, sed e documentis Sangallensibus ex parte multo antiquioribus cripta sunt. Caput enim 21. *e carta a.* 837 *(Wartmann I, nr.* 367*) a Theotharto, qui non paucas cartas Sangallenses scripsit, concepta sumptum est, caput* 20, *ut videtur, e carta a.* 850—851 *(Wartmann II, nr.* 410*) ab Albriho scripta. Paucis tantum*

1) *Cf. 'N. Archiv' VIII, p.* 546. 2) *Vide infra notam ad cap.* 6. 3) *Cf. 'N. Archiv' VIII, p.* 547 *sqq.*

formulae a cartis illis differunt. Capiti 20, cartae commutationis, subiecta est clausula: ita dumtaxat, si imperatoris clementiae complacuerit, *quae ne in una quidem ex tot Sangallensibus cartis commutationum ante a. 897. invenitur; cap. 21. in subscriptione soli imperatoris anni commemorantur, cum carta et imperatoris Ludovici et filii, Ludovici regis, annos exhibeat. Cum capita 20. et 21. iam inter formulas quas dicunt Salomonis*[1] *inveniantur, suspicari licet, formulas has quinque inter annos* 881. *et* 887. *conscriptas esse.*

Editae sunt ex ipso codice primum a Goldasto, Centuriae chartarum insertae, Rerum Alamann. scriptt. II, 1 *(Francof.* 1606*), p.* 25 *sqq. nr.* 9. 16. 25. 34. 66. *Inde Baluzius eas Novae collectioni subiecit, quacum saepius (a Canciani, Walter et Migne) repetitae sunt. Ex ipso codice denuo eas edidit E. de Rozière in 'Recueil général'.*

---

1. Reclamatio ad regem vel ad ducem.

Ad conspectum magni et gloriosissimi piissimique domini illius regis, *vel* ducis, festinanter magnam conpulsi necessitatem pervenimus, implorantes humiliter gloriosam atque misericordem pietatem vestram, ut clamor illorum, commanentium in loco illo, audire vel intellegi iubeas, et ut pateant aures clementiae tuae ad audiendas voces servorum tuorum. Cernimus nos denique, domine, obpressos undique modo nimium vel adtritos esse — *hic nominetur que fuerit.* Unde precamur gloriosam atque preclaram [pietatem[a] vestram] miserere nobis et recogitare dignimini, qualiter nos, famuli vestri, servitium regis, *vel* ducis, implere possimus. Igitur, clemens domine, si nobis piis illis atque minimis non creditis, denique post haec ad cognitionem reducimus pietati vestrae, misericordissime domine, qualem iniuriam nos passi sumus iuniores et pauperes — *causa*[b]. Oramus et pro hoc . . . . .[c] piissime ad aures sanctis et inclitis vestris, ut taliter prohibeatis amplius facere.

---

2. Carta traditionis de diversis causis.

In[2] Christi nomine. Ego ille, divinae credulus voci[3], qua dantibus dicitur dari, insuper praesenti diffidens instabilitati, pro remedio animae meae parentumque meorum trado ad monasterium sancti ill., ubi modo vir venerabilis ill. abba praeesse dinoscitur, *vel* trado ad loca sanctorum martyrum ill. et ill., quae sita sunt sub sola potestate et tutela piissimi imperatoris Caroli[a], *vel* trado ad ecclesiam sanctae Mariae, Dei genitricis, quam ill. dominus[b] episcopus praesenti tempore regere videtur, quicquid proprietatis hodierna die visus sum habere in pago ill., in loco qui dicitur ill., tam domibus quam ceteris aedificiis, agris, pratis, silvis, pascuis, viis, aquis aquarumque decursibus, cultis et incultis, mobilibus et inmobilibus, mancipiis aeque et iumentis, pecoribus maioribus et minoribus, omnia videlicet ex integro ad prefatum locum tradita atque delegata esse volo; ea dumtaxat ratione, ut ego —. *Vel* trado ad monasterium ill. unam hobam et dimidiam de terra arativa in loco qui dicitur ill., de terra vero silvatica duas hobas, ad fenum autem in pratis 12 iuchos, casadam unam sepe circumcinctam cum una domo et uno granario vel scuria; ea videlicet ratione, ut ego easdem res ad me recipiens

1. *Cod.* 1. a) p. v. *supplevi; una vel duae voces abscisae, e quibus prioris litera prima* p *fuisse videtur.* b) c͠a *c.* c) demtam . . *c.*; clementiam?

2 = *Wyss* 1; *Roz.* 365, §. 1. *Cod.* 2. a) Carł *c.* b) *vocis tantum vestigia* d . . . nus *supersunt c.*

1) *De quarum tempore cf. infra.* 2) *Cf. cum prologo huius formulae Wartmann II, nr.* 665. 690. 3) *Ev. Luc.* 6, 38.

tempus vitae meae sub censu 6 denariorum possideam, et, si quando voluero, redimendi licentiam habeam cum solidis 12. Si autem ego non[c] redimero, filius meus ill. vel filius fratris mei ill. vel filius sororis meae ill. sub censu unius solidi, sub redemptione vero 5 librarum res praefatas possideat, *vel* sub eodem censu et sub eadem redemptione possideat. Si vero a nulla supradictarum persona res praedictae fuerint redempte, tunc post obitum illorum ad monasterium redeant prefatum sine ullius contradictione perpetualiter possidendae. Si[1] quis vero, quod fieri non credo, ego aut ulla alia persona hanc cartam traditionis infringere aut irritam facere temptaverit, quod cepit non obtineat, et ad erarium publicum auri uncias 3 et argenti pondera[d] 5 coactus persolvat, et nihilhominus haec carta traditionis firma stabilisque permaneat, stipulatione subnexa.

Actum in loco qui dicitur ill. publice, praesentibus quorum hic signa continentur. Sig. ill., qui hanc cartam traditionis fieri rogavit. *Hic pone nomina testium.* Ego itaque rogatus scripsi et subscripsi[e]. Notavi diem quintam feriam, annum Karoli[2] in Alamannia septimum, in Italia quartum, imperatoriae[3] vero potestatis et apostolice benedictionis tertium[4], Pennum comitem.

3. Carta precaria.

Christi favente clementia ill. abba monasterii Sancti G. una cum consensu fratrum et cum manu advocati nostri ill. Complacuit nobis, ut res, quas nobis ill. tradidit, per hanc precariam ei repraestaremus; quod ita et fecimus. Ipse enim tradidit nobis quicquid proprietatis hodierna die visus est habere in loco *et cetera iuxta priorem cartam usque:* si quis vero. *Hoc praetermitte usque:*

Actum in loco, qui dicitur ill. Signum ill. abba et advocati eius ill., qui hanc precariam perpetraverunt. Signum et aliorum testium, qui ibidem praesentes fuerunt, ill. ill. Ego itaque ill. *ut prius.*

Personas hic muta. Illic: volo, *hic:* voluit; *illic:* ego ad me recip.[a], *hic:* ipse ad se recip.[a], *et alia, ut illic supra lineam notata sunt*[5].

4. Carta concambii.

Quicquid[6] inter diversas[a] partes, necessitate exigente, sanis ac firmis consiliis fuerit definitum, propter futuram discordiam et iurgia devitanda necessarium est scripto commendare memoriae. Inde notum sit omnibus, tam praesentibus quam futuris, quod ego Eumelus et Epitides quoddam concambium inter nos agere decrevimus; quod ita et fecimus. Ipse enim tradidit mihi in pago Turgovense, in loco qui dicitur Pota[7] 20 iuchos de terra arativa et ad fenum in pratis 3 iuchos, insuper unam silvam ad pastum porcorum, suae singularis ac propriae potestatis. Et ego econtra dedi ei res sibi congruas in pago Alsacensi, in loco qui dicitur Kermere[7], hoc est unam vineam ad 10 carradas vini et partem meam in eadem basilica et 10 iuchos de terra arativa. Haec vero pro supradictis a praefato Epitide mihi contraditis[b] ego ipsi in perpetuum possidendam contradidi. Nullus autem ex mea vel illius parte hanc cartam concambii

2. c) N *c.* d) pondere *corr.* pondera *c.* e) si *literae lineamentis inclusae c.*
3 = *Wyss* 2; *Roz.* 365, §. 2. *Cod.* 2. a) recipit *c.; lege:* recipiens; *cf. p.* 380, *l.* 39.
4 = *Wyss* 3; *Roz.* 314. *Cod.* 2. a) diueruas *c.* b) contradictis *c.*

1) *Eadem clausula poenalis invenitur Wartmann l. l. nr.* 690. 2) *Karoli III. imperatoris.* 3) *Cf. eadem verba infra Coll. Sangall. Add.* 2 *et Wartmann l. l. nr.* 712. 4) *Temporis notae in annum* 883 *(Febr.-Aug.) conveniunt.* 5) *Notas scriptor codicis nostri omisit. Nonnullae exstant Form. Aug. B,* 8—12 *(Cod.* 3*) supra p.* 353. *Cf. 'N. Archiv' VIII, p.* 544. 6) *Similes prologi in cartis Sangallensibus saepe inveniuntur; cf. ex gr. Wartmann l. l. nr.* 405. 410. 427. 563. 635. 7) *Haec locorum nomina vel ficticia vel nunc quidem incognita esse videntur.*

irritam facere aut eam infringere praesumat. Quod si quis praesumpserit, auri uncias 3 et argenti pondera 5 coactus ad publicum aerarium persolvat, haec vero carta nihilhominus firma stabilisque permaneat, stipulatione subnexa.

Actum in loco *ut prius et reliqua.*

Istam cartam ille, qui loquitur haec, det alii habendam, hoc est Epitide. Aliam autem cartam similiter Epitides ex sua persona faciat et donet Eumelo habendam.

5. Carta reconciliationis.

Notum sit omnibus, tam praesentibus quam futuris, quod quidam homo nomine Otolf ab alio potentiori sepius interpellatus est in publico mallo, cui nomen est Undolf, eo quod idem Undolf partem quaesisset in silva, quam Otolf hereditario iure in sua tenuit potestate. Quod cum sepius fieret, contigit utrorumque consensu, ut praefatus Otolf ad destruendam tantam discordiam Undolfo causa reconciliacionis 5 daret iuchos in loco qui dicitur Chobola[1]; quos etiam praefatus Undolf suscepit; ea ratione, ut nullam deinceps de praedicta silva questionem sive mallationem illi facere liceret nec in suam ultra potestatem de hoc aliquid redigere temptaret; eo quod praefatus ill. dono reconciliationis supra memorato omnem illi ad hoc aditum damnaret. Si quis vero hanc cartam reconciliationis infringere —.

Actum in loco qui dicitur Lamis, in praesentia comitis Pindari vel centurionis Zoteri ceterique populi[a], quorum haec sunt nomina: ill. ill. Ego itaque Logil.

In hac silvae questione sume exemplum ad omnia, quanta qualiaque volueris.

6. Carta ingenuitatis.

In Christi nomine. Ego Demoleus, cogitans vocem apostoli, qua omnes, sive liberos sive servos, in Christo unum esse[2] testatus est, credensque dimittentibus a Domino sua dimitti peccata mercisque futurae pro aliorum remissione restitui praemia, quendam servum de propria familia mea nomine Daren ac quandam in praesenti meae proprietatis[a] ancillam, cui nomen est Pirgo, dimitto liberos, ut ex hac die cum omni procreatione sua, acsi de ingenuis parentibus nati fuissent, quicquid voluerint faciendi potestatem atque licentiam habeant; sibi vigilent, sibi dormiant, sibi laborent, ad se fructus laborum suorum percipiant ac veluti cives Romani omni servili iugo soluti intrandi et exeundi et ubicumque voluerint pergendi habeant potestatem. Quod si ego aud[b] ullus de heredibus meis vel alia aliqua persona huic[c] cartae ingenuitatis contraire paesumpserit* *et cetera.*

*) *Cod.* 3 *pro* et cetera — aequa *exhibet:* et eam infrangere voluerit, irrita sit eius machinatio, et ad aerarium regis auri untias 3 et argenti pondera 5 persolvat, et nihilhominus haec karta ingenuitatis firma et stabilis permaneat.

Actum in loco qui dicitur N., praesentibus, quorum hic signa continentur. Signum N., qui hanc cartam ingenuitatis patravit. N. N. N. N. Ego itaque N. scripsi et subscripsi. Notavi diem 5. feriam, 3. Kalendas Iulii, annum Ottonis regis 24.[3] sub Luitfredo comite.

5 = *Wyss* 4; *Roz.* 398. *Cod.* 2. a) popoli *corr.* populi *c.*

6 = *Gerbert, Mon. Lit. II, p.* 113; *Wyss* 5; *Bonvalot* 1; *Roz.* 88. *Codd.* 2. 3. a) propietas 2. b) aut 3. c) huc 3.

1) *Kobel? Cf. Wartmann II, p.* 478. 2) *Cf. Galat.* 3, 28. 3) *Verba:* Ottonis regis 24. *a scriptore codicis* 3 *pro Karoli III. regis nomine et anno inserta esse, persuasum mihi habeo, praesertim cum feriarum et Kalendarum numeri cum eodem anno* 887. *conveniant, quem alia eiusdem codicis formula, infra cap.* 18, *apte exhibet.*

Actum in loco qui dicitur . . . Signum Demolei, qui hanc cartam ingenuitatis patravit. Signum ill. Ego itaque.

Huic exemplari vel unum vel unam vel quantos volueris aequa.

7. In Dei nomine. Incipit aepistola, quae formata dicitur sive commendatitia.

Carta commendatitia.

Reverentissimo atque religiosissimo et a nobis cum summa veneratione nuncupando ill. episcopo ego ill. extremus sub pontificali officio Deo famulantium perpetuam in domino Iesu opto salutem, glossa Patris, Filii, Agio pneumati. ΠΥΑΠΑΜΑΙ . DXCV. Presens frater noster ill. petiit ab extremitate nostra licentiam ad vestram almitatem proficiscendi atque vobiscum sive cum vestris habitandi. Cui et nos benivola mente et fraterno affectu non solum ei copiam ad vos veniendi non negavimus, verum etiam, ut a vobis sive a vestris gratifice suscipiatur, exposcimus. Et si vobis placuerit, ut aut in gradu[a], quem modo tenet[a], sacris altaribus ministret, aut ad altiorem gradum promoveatur, nostro sive nostrorum testimonio suscepto, id ei facere liceat; quippe qui nihil in eo tale novcrimus, quo id faciendi ei licentia denegetur. Bene namque in aeclesia, in qua actenus fuit educatus, bene conversatus, hoc nobis de se sive de sua vita ostendit[b], ut, in quantum humana fragilitas scire potest, administratione sacrorum[c] ministeriorum non sit indignus. Nos itaque, ut homines divini sensus inscii et archanorum ignari, praebemus de fratre quale scimus testimonium. Deus est enim, quem occulta non fallunt et qui omnium secreta rimatur iuxta illud: 'Homo videt in facie, Deus autem in corde'[1]. Has ergo litterulas ideo illi petere et nobis facere libuit, ut ille non solum pro profugo aut abiecto non habeatur, verum etiam nostrae humanitatis et caritatis commendatione a vestra fraternitate libentissime suscipiatur. AMHN. XCVIIII. Salus aeterna, quae Christus est, et in hoc presenti tempore vobis longevam salutem et in futuro cum sanctis et electis sempiternam largiri dignetur. DCXCIIII.

8. Qualiter debeat epistola formata fieri exemplar[2].

Greca elementa litterarum numeros etiam exprimere, nullus, qui vel tenuiter Graeci sermonis notitiam habet, ignorat. Ne igitur in faciendis epistolis canonicis, quas mos Latinus formatas vocat, aliqua fraus falsitatis temere agi presumeretur, hoc a patribus 308[a] Nicaea constitutis saluberrime inventum est et constitutum, ut formatae epistolae hanc calculationis seu supputationis habeant rationem, id est, ut assumantur in supputationem prima Greca elementa Patris et Filii et Spiritus sancti, hoc est ΠΥΑ, quae elementa octogenarium, quadringentesimum et primum significant numeros, Petri quoque apostoli prima littera, id est Π, qua numerus octuaginta significat, eius qui scribit epistolam prima littera, eius cui scribitur secunda, accipientis tertia littera, civitatis quoque de qua scribitur quarta et indictionis, quaecunque est id temporis, id est, si decem, X, si undecima, XI, si duodecima, XII, qui fuerit numerus assumatur, atque ita his omnibus litteris Grecis, quae, ut diximus, numeros exprimunt, in unum ductis, unam, quaecumque collecta fuerit, summam epistola teneat. Hanc qui suscipit omni cum cautela requirat expressam. Addat praeterea separatim in epistola etiam nonagenarium et nonum numeros, qui secundum Greca elementa significant: Amen[b].

9. In noticia.

Notum sit omnibus scire volentibus, quod ad destruendam diutissimorum iurgiorum litem factus est conventus procerum vel mediocrium inter locum sancto illo vel illo sacratum, nomine illo vel illo nuncupatum, et reliquos eorundem locorum pagenses pro quadam silva vel potius saltu latissimo longissimoque, utrum et caeteri cives in eodem lignorum materiarumque caesuram pastumque vel saginam animalium habere per suam auctoritatem, an ex

7 = *Gerbert l. l. II, p.* 113; *Wyss* 6; *cf. Coll. Sangall.* 22. *et Roz.* 649. *Cod.* 2. a) gradu — tenet, *hic omissa, infra inter* sacrorum *et* ministeriorum *insert c.* b) ostendat *corr.* ostendit *c.* c) *post hoc verbum* gradu — tenet *insert c.*

8 = *Gerbert l. l. II, p.* 114; *Wyss* 7; *cf. Coll. Sangall.* 23. *et Roz.* 643. *Cod.* 2. a) *pro* 318. b) *sequitur in cod. alphabetum Graecum cum numeris Latinis.*

9 = *Wyss* 9; *Roz.* 401. *Cod.* 2.

1) 1. *Reg.* 16, 7. 2) *Cf. Form. Senon. rec.* 13; *supra p.* 218, *n.* 2.

eiusdem loci dominis precario deberent. Tunc iussu missorum imperatoris domini A.[1], sacramento prius in sanctorum reliquiis peracto, decem primores de comitatu N. et alii septem[a] de comitatu N. sexque[b] alii de comitatu N., qui viciniores esse videbantur, diviserunt eundem saltum hoc modo, ut de fluviolo[c] qui dicitur N. sursum versus et alio qui dicitur N. et tertio qui nominatur N. sursum versus ad cellam sancti illius proprie pertinere deberent, et nullus in eisdem locis aliquem usum habeat, nisi ex permisso rectorum eiusdem sancti loci. Deorsum versus autem supradictorum fluviolorum omnes illi pagenses similiter sicut familia sancti ill. usum habeant caedendi ligna et materies saginamque porcorum vel pastum peccorum; eo tamen pacto, ut forestarius sancti ipsius eos admoneat et conveniat, ne inmoderate ruendo arbores glandiferas et sibi nocui et sancto loco inveniantur infesti. Quod si non obaudierint, provisor eiusdem loci comitem aut vicarium eius cum reliquis proceribus in testimonium adhibeat, ut ipsorum auctoritate[d] ad iustitiam distringantur. Si vero neque illis consenserint[e], ad imperatoris iudicium venire compellantur. Et hoc iuramentum vel divisionem peregerunt coram legatis imperatoris N. et N. et comite pagi illius nomine N. — *scribe quot volueris per nominativum casum* — testificatique sunt, quod haec lex temporibus Hludowici imperatoris inter illum eiusdem loci dominum et reliquos esset pagenses.

10. In noticia.

Sciant qui voluerint, immo qui opus habuerint, quod quedam loca ill.[a] quondam comite, quorum nomina sunt N., a possessoribus, aut potius invasoribus eorum, qui vocantur N., per malum requisita sunt. Qui dum pertinacissime obstitissent et se nulla ratione ea se reddituros illi[2] firmarent, perducta est causa in notitiam missorum principalium. Qui, convocatis undique civibus, iuramento praemisso et fide data, compulerunt eos, ut, omni simulatione vel generis propinquitate seu personarum acceptione postposita, veritatem ita proferrent, sicut in conspectu ipsius imperatoris facere deberent. Tunc ille et ille de villa N. et ille et ille de vico N. testificati sunt, quod supradicta loca, quae ille a supradictis hominibus repeteret, ab antiquis temporibus in potestate progenitorum eius fuissent et ab ipsis in beneficium supradictis hominibus concederentur, quod ob incuriam et alias occupationes oblivioni traderetur. Cumque hoc antedicti invasores negare voluissent nec omnino potuissent, coacti sunt a iudicibus denominato heredi possessiones ipsas cum omnibus ad eas pertinentibus ex integro restituere. Qui victi atque confusi coeperunt eius misericordiam implorare, ne eos penitus earundem rerum redderet extraneos, sed iuxta voluntatem suam quae vellet iuri suo subigeret, quae autem, dictante clementia, decerneret, illis concedere dignaretur. Faventibus autem eis et his, qui ad concilium venerant, recepit ex[b] eisdem locis in potestatem suam villam illam et illam; reliqua vero, quorum nominata sunt N., illis et successoribus eorum in aevum possidenda concessit, ita ut nec ipsi nec successores eorum ab ipso vel a successoribus eius aliquam pro hoc ultra inquietudinem patiantur.

Actum in loco qui dicitur. *Scribe quam plures volueris*[c] *et subscribe:* Ego itaque S. monachus[d] S. G.[3] scripsi[e]. Notavi diem dominicum[f] 9. Kal. Nov., annum 4. imperatoris[g] domni K.[4], sub comite[h] —

9. a) VII *c.* b) VIque *c.* c) fluvio loqui *c.* d) auttoritate *corr.* auctoritate *c.* e) consenserit *c.*

10 = *Wyss* 10; *Roz.* 475. *Cod.* 2. a) *lege:* illius quondam comitis. b) et *c.* c) vol. et subs *c.* d) m. *c.* e) scrips *c.* f) dom̄i *c.* g) imp. *c.* h) com̄i *c.*

1) Arnulfi *significare videtur, sed a scriptore codicis pro* K (Karoli) *falso insertum existimo. Cf. supra praef. p.* 379. 2) *Heredi scilicet comitis.* 3) *Sancti Galli.* 4) *Karoli III. anni imperii, ut saepius apud S. Gallum, ab anno* 882. *computantur, ut temporis notae nostrae conveniant in d.* 24. *Oct.* 885.

11. Carta concampii.

Quando[1] commutationes vel concambia rerum fiunt, necesse est eas propter futura iurgia, quae temporibus futuris, *vel*[a] venturis, possunt oboriri, praecavenda scripturae vinculo praemunire. Dedi itaque ego N. ad cellam sancti ill. villam eidem loco vicinam nomine illo, ea conditione, ut rectores eiusdem loci eandem cum omnibus ad eam pertinentibus eo iure vel lege possideant, sicut ego et progenitores mei eam per succedentium temporum curricula potestative possedimus, id est domibus, pomariis, exitibus et introitibus, viis, aquis aquarumque decursibus, aut clausuris, molinis vel pilis, agris, pratis, silvis communibus aut propriis pascuisque in omnem partem vergentibus mancipiisque, iumentis et peccoribus vel cunctis utensilibus. Et accepi ab eiusdem loci praeposito ex praecepto domini sui B.[2] abbatis monasterii Sancti Galli unam villam ab eodem loco valde remotam N., sed mihi oportunam, eo pacto, ut, qualem potestatem ill. et ill., filius eius, in eodem loco habuerunt et Sancto Gallo contradiderunt, talem et ego ibi et omnes successores mei cum omnibus ad eum ubicumque et quomodocumque coherentibus in saeculum possidere debeamus: ita ut nec ego monachos Sancti Galli res meas, quasi meliores, ulterius repetam, nec illi me pro suis, quasi latioribus, sed tamen vilioribus, exagitare dignentur, sed, sicut nunc utrisque complacuit, ita in evum permaneat.

12. Carta dotis.

Mortalium propagine per temporum curricula decedente et succedente, complacuit mihi, ut filiam meam N. in coniugium darem N. viro clarissimo, et ille eam iustis legibus utatur, nec eam obprimat servitute famularum, sed ut carnem suam nutriat et foveat. Detque ei dotis nomine ad dies vitae suae villam N. cum omnibus ad eam pertinentibus et insuper 30 masculos totidemque feminas cavallumque ambulatorem cum essedo argento et auro parato, in armento equarum capita 12 cum admissario et pastu, in vaccaricia capita 12 cum tauro et armentario, in ovili ovium capita 60 cum cane et opilione, de capris capita 100 cum caprario et cane, de grege porcorum capita 90 cum subulco; ut haec omnia diebus vitae suae possideat, sive filii nascantur ex eis an non, nisi ei forte placuerit, ut eandem possessionem peccunia digna propinquis mariti sui remittat. *Adhibe testes, qui praesentes fuerint*[3].

13. Carta dotis.

Complacuit mihi N., ut tibi, sponse meae N., dotis nomine potestativa manu contraderem villam unam vel hobas 3, diebus vite tuae possidendas *et reliqua*.

14.

In Dei nomine. Ego ill., cogitans instabilitatem praesentium rerum et desiderans adipisci praemium futurorum, trado ad monasterium sancti ill., ubi modo venerabilem[a] ill. abba[b] praeesse dinoscitur, quicquid proprietatis hodierna die habere visus sum in illo loco vel illo ex legitima et paterna hereditate mea, excepta adquisitione mea, tam

11 = *Wyss* 11; *Roz.* 313. *Cod.* 2. a) v. v. *in margine, eadem manu c.*
12 = *Wyss* 12; *Roz.* 240. *Cod.* 2.
13 = *Wyss* 13; *Roz.* 237. *Cod.* 2.
14 = *Wyss* 14; *Roz.* 330, §. 1. *Cod.* 2. a) *lege:* venerabilis. b) abb. *c.*

1) *Conferas velim cum hac formula cartas Sangallenses ap. Wartmann II, nr.* 713. *et praesertim nr.* 732; *cf. 'N. Archiv' VIII, p.* 546. 2) *Bernhardi (a.* 883—890*).* 3) *Quamvis subscriptionum formulae desint, tamen huiusmodi cartam non ab ipso sponsae patre, qui suo nomine in contextu loqui videtur, sed illi potius a sponso emittendam fuisse apparet.*

domibus quam caeteris hedificiis, agris, pratis, campis, silvis, viis, aquis aquarumque decursibus, cultis et incultis, et quicquid dici vel nominari potest, omnia ex integro tradita atque delegata esse volo ad praedictum monasterium; ea videlicet ratione, ut ego et coniux mea ill. easdem res ad nos recipientes tempus vitae nostrae possideamus et insuper unam hobam ex rebus ipsius monasterii in supradicta villa in beneficium suscipiamus, similiter tempus vitae nostrae, mee scilicet et coniugis meae, a nobis sub usufructuario possidendam. Post obitum vero meum et post obitum coniugis meae ill. utreque res ad monasterium sancti ill. redeant, sine ullius contradictione perpetualiter possidendae. Si quis vero, quod fieri non credo, aut ego ipse aut ulla alia obposita persona contra hanc cartam traditionis ire temptaverit, irrita sit eius machinatio et ad aerrarium regis auri uncias 3 et argenti pondera 5 coactus persolvat, et nihilominus haec traditio firma et stabilis permaneat cum stipulatione subnexa.

Actum in ill. loco et ill. publice, praesentibus his, quorum signacula continentur. Signum ill., qui hanc traditionem fieri rogavit. *Hic scribe testes laicorum.* Ego itaque ill. scripsi et subscripsi[c]. Notavi diem ill. 2. Kal. Febr., annum K.[1] imperatoris[d] 6[2], Adalbertum comitem[3].

15. Carta precaria.

Christi igitur favente clementia ill. abba[a] monasterium[b] sancti ill. Convenit itaque nos una cum consensu fratrum et vocati nostri ill., ut[c] res, quas ill. nobis tradidit, ei iterum per hanc precariam repraestaremus; quod et fecimus. Tradidit itaque nobis praefatus ill., quicquid proprietatis hodierna die visus est habere in illo loco vel ill. ex legitima et paterna hereditate sua, excepta adquisitione sua, tam domibus quam ceteris haedificiis, agris, pratis, campis, silvis, viis, aquis aquarumque decursibus, cultis et incultis, et quicquid dici aut nominari potest, omnia ex integro tradita atque delegata esse voluit ad praedictum monasterium; ea videlicet ratione, ut ipse ill. et coniux sua ill. easdem res ad se recipientes tempus vitae suae possideant, et insuper unam hobam ex rebus monasterii in supradicta villa idem ill. in beneficium suscipiant, similiter tempus vitae suae et suae coniugis ab ipsis sub usufructuario possidendam. Post obitum vero ill. et post obitum suae coniugis ill. utreque res ad monasterium sancti ill. redeant, sine ullius contradictione perpetualiter possidende.

Actum in ill. et ill. publice, praesentibus his, quorum hic signacula continentur. Sig. ill. abbatis et advocati ill., qui hanc precariam fieri decreverunt. Sig. ill. decani. Sig. ill. praepositi. Sig. ill. sacratarii. Sig. ill. cellarii. Sig. portarii[d]. Signa et aliorum testium, qui ibi praesentes fuerunt. *Hic scribe illos testes, quos in priori carta habes scriptos, et primum pone illum, qui traditionem fecit, postmodum*[e] *advocatum*[f]. Ego itaque ill. scripsi et subscripsi[g]. Notavi diem Martis[4] 2. Kal. Febr., annum K. imperatoris 6, Adalbertum comitem[4].

14. c) *inter* subscrip *et* si *quaedam lineamenta c.* d) imp. *c.*

15 = *Wyss* 15; *Roz.* 330, §. 2. *Cod.* 2. a) abb. *c.* b) *lege:* monasterii. c) u *c.* d) porportarii *c.* e) postmodom *corr.* postmodum *c.* f) advocatur *c.* g) *inter* subscrip *et* si *quaedam lineamenta c.*

1) *Karoli III.* 2) *D.* 31. *Ian.* 887. *Recte. dies Martis denunciatur in sequenti formula, quae huic traditioni praestariam (Alamannis: precariam) eodem anno et die datam addit.* 3) *De Adalberto comite Thurgaviensi c. a.* 854—890. *cf. Dümmler, 'Ostfränk. Reich' II, p.* 566, *n.* 52. 4) *Cf. notas praecedentes.*

16. Carta dotis.

Dicente sacra scriptura: 'A Domino praeparabitur viro uxor'[1], et iterum: 'Crescite et multiplicamini, et firmabo pactum meum vobiscum'[2], complacuit mihi N., ut peterem a nobili et religioso viro nomine ill. filiam eius, ita vel ita nuncupatam, mihi desponsandam et quondam in coniugium assumendam. Quod cum ille cum consensu proximorum amicorumque suorum mihi concederet, dedi eidem sponsae meae futureque uxori dotis nomine curtem sepe cinctam in pago qui dicitur ita, in villa vocata ita vel ita, et in eadem marcha de arvea terra iuchos 100, de pratis iuchos totidem, *vel* perticas 80 in longum, 20 in latum, de silva proprii mei iuris iuchos 150, communem pascuam communesque silvarum usus, introitum et exitum, aquas aquarumque decursus, molinum optimum et clausuram structure gurgitis ad illud, mancipia 60, cavallum cum essedo et alium pedisseque eius, in armento capita 20 cum tauro, in equaritia capita 30 cum emissario, in ovili capita 120, in grege caprarum capita 80 cum canibus acerrimis, in grege porcorum capita 90, anseres et anetas atque pullos sufficienter, pavones 12, columbas et omnia utensilia[a] sufficienter. Haec omnia eo pacto ipsi sponsae meae contrado, ut, si eam in coniugium utrorumque vita comite accepero, haec omnia cum caeteris rebus meis mecum pariter cum caeteris rebus meis in illis et in illis locis habeat et possideat et augmentare studeat. Si autem ego quocumque casu praereptus fuero, sive filii ex nobis nascantur aut non, supradictas res in illa villa N. et in omni marcha illius absque contradictione ullius proximorum aut vicinorum meorum diebus vitae suae possideat et inde pro me annuam memoriam in anniversario die depositionis meae faciat, nisi forte ex consensu et digno pretio accepto easdem res cognatis meis redimendas concedere velit. Huius rei testes ex mea parte istos adhibeo: patrem meum N., fratres meos N., avunculos et avunculorum filios hos N., patruos et patrueles meos istos[b] N.; ex eius parte: patrem illius N., *caetera ut supra*, et alios testes N.

Ego itaque[c].

17. Formata epistola[3].

Π. et Υ. et A. adiuvante clementia, C.[a] vestigia fidei beatissimi Π. principis apostolorum prosequens, licet indignus, tamen praesul ecclesiae C.[a] ordinatus, reverentissimo et consacerdoti nostro A. indeficientem in salvandorum omnium Salvatore salutem. Praesens frater noster nomine L. petiit ab extremitate nostra — *hinc iuxta prius exemplar usque:* libentissime[4] suscipiatur. Salus aeterna, quae Christus est, et in hoc praesenti tempore vobis longevam salutem et in futuro cum sanctis et electis sempiternam largiri dignetur. AMEN.

Data 15. Kal. Mar. indictione VI, sub anno primo Arnulfi regis Francorum[5]. Mille XC VII.

---

16 = *Wyss* 16; *Roz.* 239. *Cod.* 2. a) utensia *c.* b) istes *corr.* istos *c.* c) *post hanc formulam tota fere columna vacua remanet.*

17 = *Gerbert, Mon. liturg. II, p.* 114; *Wyss* 17; *Roz.* 650. *Cod.* 2. a) *Wyss:* Christi.

1) *Cf. Gen.* 24, 44. 2) *Levit.* 26, 9; *cf. Gen.* 1, 22. 28. 3) *Haec formata epistola a Salomone II.* (C = Σ) *ecclesiae Constantiensis* (C) *episcopo emissa esse videtur. Quod si recte suspicamur, in summa* 1097 *epistolae subiecta contineri debent literae* ΠΥΑΠ = 561, *prima litera 'eius, qui scribit epistolam'*, Σ = 200, *quarta litera 'civitatis, de qua scribitur'*, Σ = 200, AMHN = 99, *numerus indictionis* VI; *quae efficiunt:* 1066, *ita ut supersit pro secunda litera 'eius, cui scribitur', et tertia 'accipientis'* 31, *qui numerus ex aliis duabus Graecis literis nisi* A *et* Λ *componi non potest. Iisdem literis Latine* A *et* L *supra pro accipiente et eo, cui scribitur, positis, suspicari licet, scriptorem formatae non primas nominum literas epistolae inseruisse sed eas, quas regula formatarum postulat.* 4) *Cf. supra cap.* 7, *p.* 383, *l.* 20. 5) *Datum convenit cum die* 15. *Febr.* 888.

18.

Ego N., cum filia N. de loco N. nomine N. in coniugium accipere, parentibus et cognatis nostris consentientibus, decrevissem, dedi ei dotis nomine in loco N., hoc est in villa N., inter sylvas et agros ac prata aestimationem duarum hobarum, curtem saepe conclusam, domum unius librae argentum pretio valentem, granarium et scuriam 11 solidorum, boves duos 4 saigarum et alios duos dimidii solidi, cavallum cum phaleris, quatuor mancipia, duos videlicet ac duas feminas, 30 capita de pecoribus, introitum et exitum, aquas aquarumque decursibus, usum lignorum vel materiae, pascuarium in communi marcha, sicut mihi et progenitoribus meis competit; ut haec omnia, seu me vivente, seu defuncto, omnibus diebus vitae suae possideat et filii nostri post nos usque in saeculum. Si quis vero, quod tamen fieri omnino diffido, huic kartae legitime patratae contrarius esse praesumpserit, ad cameram regis auri uncias 2 et argenti libras totidem coactus persolvat, et haec dotalis karta nihilominus firma permaneat cum stipulatione subnexa.

Actum in loco N. publice, praesentibus quorum hic signacula continentur. Signum illorum, qui hanc placitaverunt: Signum N. *Hic scribe nomina testium.* Ego itaque N. indignus monachus scripsi, subscripsi. Notavi diem dominicum 7. Idus Iulii, annum 6. imperii piissimi K.[1] caesaris, secundi filii Hludovici celeberrimi regis Germaniae[2], Adelberto comite constituto[3].

---

f. 1.

19. Carta dotis.

Dulcissima coniux mea atque amantissima nomine ill., ego in Dei nomine N. Sumpsit mihi consilium atque conplacuit, ut ego te mihi in coniugium accepissem; quod ita et feci. Propterea dono tibi dotem, sicut nostris utriusque complacuit amicis tibi donare, in pago[a], in illo loco, in villa nuncupata, id est rectam curtem cum sepe circumcinctam.

20. Carta concambii.

f. 1'. Omne[4] namque, quod inter partes diversas bonis moribus sanisque consiliis fuerit diffinitum, necesse est propter iurgia futura subicienda succedentibus temporibus conscriptionis vinculo conligare. Sic itaque complacuit atque convenit inter ill. abbatem cum ad[a] cenobii sancti ill. vocato[a] suo, *seu inter alios seculares:* inter illum et illum, ut simillimas firmitates parique tenore conscriptas cambii sui emitterent; quas et emiserunt. Ipsum autem cambium in easdem firmitatis emissiones nominatim visum est nobis inserendum. Dedit[b] namque memoratus abbas, *seu allius,* cum manu advocati sui iam dicto homini illo in villa nuncupata iuchos[c] et de pratis ad carradas[c] ad ius pertinens sancti illius, et accepit ab illo in villa nuncupata iuchos[c] et de pratis ad carradas[c]; ea dumtaxat ratione, ut pars utraque accepte ius cambicionis deinceps inconvulsum et inviolabile perennibus temporibus absque ullius inquietudine vel repeticione possideat. Sicque pari diffinitione sanxerunt, ut, si pars quaelibet exin calumniam ingerere, hoc est, si aut memoratus abbas seu successores ipsius, sive iam dictus ill. vel illius heredes aliquam repiticionem moliri temptaverint, sit tunc pars parti tantum culpabilis, quantum repetere praesumpserit, et in aerarium regis auri untias

18 = *Bonvalot* 4; *Roz. III, Add. p.* 329. *Cod.* 3.

19 = *Goldast* 9; *Bal.* 49; *Roz.* 233. *Cod.* 4. a) ill. *hic et saepius omittit c.*

20 = *Gold.* 16; *Bal.* 48; *Roz.* 312. *Cod.* 4. a) *ita c. pro* cenobii s. ill. cum advocato. b) Deinde *c.* c) tantum *seu signum quoddam, ut in carta scribenda hic numerus inseratur, deest c.*

1) *Karoli III.* 2) *Datum convenit cum die* 9. *Iulii a.* 887. 3) *Cf. supra cap. p.* 386, *n.* 3. 4) *Formula ad exemplum cartae a.* 851, *Wartmann II, nr.* 410, *scripta esse videtur.*

tres cogatur inpendere, sed nichilominus praesens emissio cambii huius perpetim sui vigoris obtineat firmitatem; ita dumtaxat, si imperatoris clementiae complacuerit.

Actum in illo loco, praesentibus istis. Sig. ill. abbatis et advocati sui ill. Sig. ill. decani. Sig. praepositi. Sig. cellarii. Sig custoris. Sig. portarii[d]. Sig. camerarii. Sig. hospitarii[e]. Signa aliorum testium. Ego itaque inmerens diaconus anno ill. imperatoris scripsi[f] et subscripsi[g]. Notavi diem ill., ill. data[h], sub ill. comite. Amen.

21. Carta pactionis. f. 19'.

Dum[1] constet plurimis, quod a quodam homine nomine ill. advocatus cenobii sancti ill. pro rebus, quas ille in illo loco sitas ad partem iam dicti monasterii contradidit, frequenter pro eisdem rebus interpellatus est. Qua ex re utrimque complacuit atque convenit, ut devitanda[a] deinceps causa contentionis praefatae res, pro quibus nos et advocatum nostrum interpellat, ad nos pleniter, id est ad potestatem monasterii, redeant perpetim possidendae, accipiatque a parte eiusdem monasterii aliquod territorium in confinio villae ill. nomine nuncupata, hoc est totidem iuchos; sub tali conventione, ut etiam deinceps neutra[b] ullam inquietudinem seu repeticionem moliatur. Quod si inchoatum fuerit, sit tunc pars alteri tantum culpabilis, quantum expetit, et quod malo ingenio repetit evindicare non valeat, sed praesens conventionis cartula perennem obtineat vigorem, stipulatione subnexa.

Actum in illo loco publice. Sig. ill. abbatis et advocati sui ill., qui hanc conventionis cartam perpetraverunt. Sig. decani[c], custoris, praepositi[d], cellarii, portarii, camerarii, hospitarii[d]. Signa aliorum testium. Ego itaque ill. rogatus scripsi[e]. Notavi diem ill., in ill. data, anno ill. ill. imperatoris, sub ill. comite.

22. Carta tradicionis.

Ego in Dei nomine illa cum manu advocati mei *nomine ill. trado ad monasterium sancti ill. mancipia totidem, quorum haec sunt nomina, sed extra hos unum servum empticium nomine ill.; in ea videlicet ratione, ut ea habeam tempus vitae meae censumque annis singulis solvam, id est tantum, et si redimere voluero, cum tanto redimam. Illum vero supra nominatum servum nomine ill. in eundem censum habeam tempus vitae meae, et si redimere voluero, cum tanto pretio redimam. Post obitum vero meum, si ante non redimero, omnia ad iam dictum monasterium redeant perpetim possidenda. Si quis vero contra hanc cartulam traditionis venire atque irrumpere temptaverit, illa multa componat, sicut in lege Alamannorum continetur[2]. *f. 20.

Actum in illo loco publice *etc.*

23. Precaria. f. 20'.

Christi enim favente clementia ill. abbas monasterii ill. sancti. Convenit nos una cum [con]sensu fratrum nostrorum, ut illa mancipia, quae nobis ill. de illo loco tradidit, ei iterum per prestarium represtaremus, quorum haec sunt nomina: ill. et eius sobolem his nominibus[a], sed extra hos unum servum empticium; in ea videlicet

20. d) port̄ *c.* e) hospitał *c.* f) spripsi *c.* g) *literae* si *lineamentis circumductae sunt c.* h) dat̄ *c.*

21 = *Gold.* 25; *Bal.* 47; *Roz.* 397. *Cod.* 4. a) *lege:* devitandae. b) *supple:* pars. c) dec̄ *c.* p̄poš. ceŧt. d) por̄. cam̄. hosp̄ *c.* e) *inter* scrip *et* si *quaedam lineamenta c.*

22 = *Gold.* 34; *Bal.* 45; *Roz.* 361, §. 1. *Cod.* 4.

23 = *Gold.* 66; *Bal.* 46; *Roz.* 361, §. 2. *Cod.* 4. a) nominiminibus *c.*

1) *Formula scripta est ex carta a.* 837, *Wartmann I, nr.* 367. 2) *Certa multae pecunia, lege Alamannorum non instituta, in ipsa potius carta constitui debuit. Cf. R. Loening, 'Der Vertragsbruch nach Deutschem Recht' p.* 592 *sq.*

ratione, ut ea habeat tempus vitae suae censumque annis singulis inde solvat, et si redimere voluerit, cum illo pretio redimat. Illum vero supra nominatum servum N. in eundem censum habeat tempus vitae suae, et si[b] redimere voluerit, cum illo pretio redimat. Post obitum vero eius omnia ad supradictum monasterium redeant perpetim possidenda, si ante non redimerit[c].

Actum in ipso monasterio publice, praesentibus istis, quorum hic signacula continentur. Sig. decani[d], praepositi, cellarii[e], sacratarii, portarii, hospitarii, camerarii[e]. Signa aliorum testium. Ego itaque ill. scripsi et subscripsi[f]. Notavi diem ill., ill. data[g], anno ill. ill. imperatoris, sub ill. comite.

---

2. COLLECTIO SANGALLENSIS SALOMONIS III. TEMPORE CONSCRIPTA.

Non pauci codices formulas huius collectionis exhibent, integras tamen duo tantum, literis A 1. 2 a nobis signati. Qui tanta inter se propinquitate coniuncti sunt, ut etiam in vitiis plerisque conveniant; neque vero alter ex altero, sed ambo ex tertio quodam descripti esse videntur.

A 1) Codex Vindobonensis bibliothecae palat. 1609 *(theol.* 732*) saec. X. Cf. Dümmler, 'Das Formelbuch des Bischof Salomo III. von Constanz' praef. p. XXIII sq. et 'N. Archiv' IV, p.* 553. *Exhibet fol.* 17'—53. *formulas* 1—47, *versibus subiectis, quos edidit Dümmler, 'Formelbuch' inter appendices B* 1—3. *et ex codice A* 2. *'St. Gallische Denkmale aus der Karoling. Zeit' in 'Mittheil. der antiquar. Gesellschaft in Zürich' XII,* 6, *p.* 225 *sq. (= capita nostra* 48—50*). Capitis* 43. *aliqua pars, uno folio exciso, deest. Praecedunt collectionem duae illae epistolae, quas Dümmler, 'Formelbuch', inter appendices A* 1. 2. *edidit. Descripsit formulas in usum huius editionis V. Cl. W. Wattenbach a.* 1848.

A 1) Codex Monacensis Lat.* 15819 *(olim Capit. Salzburg.* 19*) saec. XII. in extrema parte continet caput* 28. *et epistolas ap. Dümmler A* 1. 2, *quae sine dubio ex codice A* 1 *descripta sunt. Cf. 'N. Archiv' VIII, p.* 505. *Codicem huc transmissum evolvi.*

A 2) Codex Monacensis Lat. 19413 *(olim Tegernsee.* 1413, *antiquior numerus* 1016*). Liber ex duabus partibus inter se diversis colligatus est, quarum altera, formulas continens, saec. X. exeunte scripta est. Cf. Dümmler, 'Formelbuch' praef. p. XXVI, et 'N. Archiv' IV, p.* 553; *Rockinger, 'Drei Formelsammlungen' in 'Quellen und Erörterungen zur Bair. und Deutschen Gesch.' VII, p.* 29 *sqq. Exhibet codex fol.* 67—109. *formulas* 1—47. *et versus subiectos eosdem ac cod. A* 1, *quibus ante caput nostrum* 50. *inserta est formula Addit.* 6. *Praecedunt etiam eaedem duae epistolae ac in cod. A* 1. *Codice huc transmisso, formulas contuli.*

A 3) Codex archivi Colmariensis ladula 12, *nr.* 4. *saec. X; cf. supra p.* 378. *Duo tantum capita* 16. 17 *praebet, quae cum nonnisi in codicibus A* 1. 2 *inveniantur, de codice hic refero. Editis usus sum.*

Ex eodem archetypo ac codex deperditus ille, ex quo A 1. 2 *descripti sunt, oriundus est, sed neque integram exhibet collectionem neque inmutatam*

23. b) sedimere *pro* se red. *c.* c) redimiret *corr.* redimirit *c.* d) decc̄ *c.* e) Ceff. Sacrā. Por̄. hospī. cam̄. *c.* f) *literae* si *lineamentis exornatae et a praecedentibus separatae sunt c.* g) dat̄ *c.*

B) Codex *Rhenaugiensis* 131, *nunc archivi Turicensis, saec. X; cf. supra p.* 378. *Haec collectio p.* 42. *incipit eodem folio verso, quo recto alia, quam supra edidimus, alia manu exarata, terminatur. Exstant capita* 1—4. *integra,* 5. 8. *mutila,* 9. 10. 24. *integra,* 25. 38—47. *mutila. Capita* 11—23. *omissa sunt, reliqua quae desiderantur aut foliis excisis perierunt, aut vetustate deleta sunt. Inter capita* 42. *et* 43. *legitur fragmentum formulae, ab ipso opere fortasse non alienae, Addit.* 1. *Descripsit formulas V. I. Waitz.*

Non ex eadem recensione sed ex antiquiore, ut videtur, oriundus est

C) Codex *Parisiensis* *Lat.* 10757 *(Suppl. Lat.* 1007, *olim Rosniensis nr.* 2410*) saec. X, folia* 16 *in* 4°. *Cf. Dümmler, 'Formelbuch' praef. p.* XXIX *sqq. Praecedunt ipsam collectionem Additamenta nostra* 4. 5. 2. 3, *ubi inter* 5. *et* 2. *insertum est cap.* 31. *libri Walahfridi Strabonis de exordiis et incrementis rerum ecclesiasticarum (= Form. Als.* 3*). Ipsius collectionis exstant formulae* 1—5, *quas continuo, nullis quidem foliis excisis, sequuntur capita* 24—39. *integra et* 40, *cuius finis cum reliquis capitibus, extrema codicis parte avulsa, deest.*

Primum edidit formulas nostras Claudius Le Pelletier, non integras quidem, e solo codice C in libro, qui inscribitur: Codex canonum veteris ecclesiae Romanae a Francisco Pithoeo ad veteres manuscriptos codices restitutus et notis illustratus. Accedunt formulae antiquae Alsaticae. Ex bibliotheca Claudii Le Pelletier (Paris. 1687*) p.* 433—448. *Haec editio haud satis accurat eparata saepius repetita est, in his scilicet libris: I. G. Eccardi Leges Francorum Salicae et Ripuariorum. Accedunt formulae veteres Alsaticae (Francof. et Lipsiae* 1720*) p.* 232—246, *quae editio notis nonnullis instructa est. = Canciani, Barbarorum leges antiquae II. (Venet.* 1783*) p.* 401—414. — *Walter, Corpus iuris Germanici, Berolini* 1824, *III. p.* 523—546. *Migne, Patrologia Latina LXXXVII, col.* 875—892.

Excerpta e codice A 1, *admodum locupletia, annotationibus intermixtis, Mich. Denis inseruit catalogo suo: Codices manuscripti theol. bibliothecae palatinae Vindobonensis Latini, I, c (Vindob.* 1795*) col.* 2980—3013.

Ex codice B edidit formulas F. v. Wyss, 'Alamannische Formeln und Briefe', l. l. p. 38 *sqq.*

Integras omnes primum edidit E. Dümmler, 'Das Formelbuch etc. Berlin 1856*', quae editio egregie ad fidem potissimum codicis A* 1, *reliquis quoque adhibitis, parata locupletissimoque commentario instructa est. E codice A* 2 *paulo post edidit eandem collectionem L. v. Rockinger, 'Drei Formelsammlungen etc. München* 1858*', l. l. p.* 187 —256. *Postea E. de Rozière omnes corpori formularum, dicto 'Recueil général', inseruit.*

Disseruerunt de his formulis praecipue: Ioh. G. Eccardus l. l. praef. c. VI; Zurlauben, 'Observations sur le recueil, qui a pour titre formulae Alsaticae' in 'Histoire de l'académie royale des inscriptions' XXXVI, Paris. 1775, *p.* 176—207; *M. Denis l. l.; Seidensticker, Commentatio de Marculfinis similibusque formulis I, p.* 5 *sq.; Stälin, 'Wirtembergische Geschichte' I, p.* 237 *sq.; Dümmler l. l. praef. et in annotationibus passim; Rockinger l. l. p.* 29—42; *Stobbe, 'Geschichte der Deutschen Rechtsquellen' I, p.* 255 *sqq.; Heidemann, 'Salomo III. von Constanz vor Antritt des Bisthums im Iahre* 890*', in 'Forschungen z. D. G.' VII, p.* 425 *sqq.; Dammert, 'Salomos III. von Constanz Formelbuch und Ekkehards IV. casus St. Galli' etc., in 'Forschungen z. D. G.' VIII, p.* 327 *sqq. Cf. etiam quae ipse exposui 'N. Archiv' VIII, p.* 506 *sqq.*

Quatuor collectionis partes discerni possunt et indole et origine inter se diversae. Capita enim 1—5. *diplomatum regalium,* 6—21. *cartarum ad negotia privata seu forensia spectantium formulas, capita* 22. 23. *formatam epistolam cum regula formatarum, capita* 24—47. *epistolarum formulas exhibent.*

Capita 1—5. non ex veris diplomatibus scripta, sed ficta et inutilia sunt[1]. Auctor, quamvis eiusmodi documenta cognovisse, quaedam fortasse ante oculos habuisse videatur, tamen nescivit, qua certa lege atque norma tabulae regales scribi oporteret. Temporibus Karoli III. imperatoris conscripta esse haec capita, manifesto apparet. Nomen Karoli vel K. regis invenimus cap. 5. in omnibus codicibus, cap. 4 in codicibus B et C. Cap. 2. solo quidem codice C rex K. nominatur, ceteris literas Ludovicum significantes praebentibus, sed in subscriptione verba serenissimi augusti ad Karolum III. imperatorem spectare crediderim. Cap. 1, quamvis in contextu auctor de Ludovico Germanico cogitasse videatur, tamen in subscriptione et 'annos imperii' et 'annos incarnationis' annotavit, quod ante Karolum III. in Karolinorum diplomatibus non occurrit. Etiam cap. 3, ubi N. imperator augustus privilegium concessisse fingitur, auctor de Karolo cogitasse videtur. Ex imperio et imperatore saepius commemorato colligi potest, formulas non ante a. 881. scriptas esse. Annus imperii quintus cap. 1. annotatus, si ad Karolum referendus est, cum anno 885. vel 886. convenit. Ad annum autem 887. spectare possint verba cap. 5: Actum in Rotwila curte regali, cum imperator tunc temporis in villa illa commoratus sit. Cui coniecturae etiam hoc contrarium esse vix crediderim, quod Karolus rex, non imperator appellatur, cui rei auctor minime curam impendisse videtur. Karolus enim quamdiu rex erat, curtem illam in ditione non habuit. Quae cum ita sint, formulas c. a. 885—887. conscriptas esse putaverim. Quamvis certum locum non profiteantur, tamen auctorem Sangallensem eas scripsisse ex reliquis collectionis partibus conicere licet, quod verba quaedam, quibus cum aliis documentis Sangallensibus concinunt, comprobare videntur[2].

Capita 7—21. privatorum seu forensium documentorum formulas exhibent[3], ex quibus cap. 10. notitiam de terminis inter fiscum regalem et communem pagensium marcam in concione definitis continet, capita 13. 14. 17. 18. negotia inter laicos acta, reliqua autem talia referunt, quae ad coenobium quoddam monachorum spectant. In capitibus quidem 6. 7. 15. auctor non solum ad monasterium, sed etiam ad episcopalem ecclesiam respectum habuisse videtur; sed cum verba, quae formulas ad episcopalium etiam ecclesiarum usum accommodare videntur, minus arcte cum ceteris cohaereant neque satis cum eis concordent, facile intelligitur, auctorem haec omnia ad exempla monasterialium, non episcopalium documentorum composuisse. De Sangallensi origine dubitari non potest, cum non solum cap. 8. et 11. Sanctus Gallus, cap. 6. Grimaldus abbas nominetur, sed etiam ipsae formulae cum veris monasterii illius cartis optime, ad verba saepius, conveniant. Conferantur ex. gr. Wartmann II, nr. 568. cum cap. 7, Wartmann nr. 492. cum cap. 9, Wartmann nr. 572. cum cap. 15; exordia ap. Wartmann nr. 538. 681. 617, 593. cum exordiis capitum 6. 8. 11. 21. Quaedam autem capita ex alia Sangallensi collectione recepta sunt, capp. 19. 20; cf. supra Form. Sang. misc. 20. 21. Non obstat, quod monasterium in formulis interdum S. Mariae nominatur; quod non nisi exempli gratia factum esse, evidentissime apparet ex capite 7, quod, licet sanctam Mariam pro sanctum Gallum praebeat, tamen Grimaldi abbatis nomen retinet.

Certa tempora complures formulae exhibent: cap. 6. annum 870, cap. 10. annum 871, cap. 7. annos 841—872, cap. 21. annum 879, quibus effici videtur, hanc partem collectionis c. a. 870. institutam, postea auctam esse. Capita vero 19. 20. cum non ante Karolum III. imperium adeptum (a. 881) addita esse possint, caput quoque 21.

1) Cf. 'N. Archiv' VIII, p. 509. 2) Cf. cum capite 3. diplomata Karoli III. monasterio S. Galli concessa, Wartmann II, nr. 604. 627: secundum regulam S. Benedicti bene regere; cum capite 5. infra caput 10. sine dubio Sangallense: nisi forte precario. Vide 'N. Archiv' VIII, p. 511. Litera L., quae pro nomine monasterii, literae R. M., quae pro nominibus episcopi et ecclesiae cap. 3. leguntur, certe ficticiae sunt. 3) Cf. 'N. Archiv' VIII, p. 529 sqq.

non antea additum, temporis autem notam ex vero documento, ad quod formula magna ex parte scripta videtur, receptam esse existimo.

Capita 22. 23. quamvis aliunde sint oriunda, tamen in alia quoque Sangallensi collectione inveniuntur [1]. Cf. Form. Sang. misc. 7. 8.

Reliqua pars collectionis, capita 24—50, epistolae cum versibus subiectis, plurimas affert difficultates [2]. Licet pleraque exempla ex epistolis sumpta sint, quae in episcopali curia scriptae vel receptae esse videntur, quaedam monachi Sangallensis familiares epistolas ad fratres duos iuvenes, antea discipulos eius, referunt. Quaeritur, quomodo illae cum his cohaereant. E. Dümmler exposuit, fratres illos fuisse Waldonem, postea Frisingensem episcopum, et Salomonem III, postea episcopum Constantiensem et abbatem Sancti Galli, quorum matris consobrinus erat Salomo II. Constantiensis. Igitur cum praeter monachi epistolas omnes fere aut ad Salomonem II. eiusque dioecesim aut ad Liutbertum Magontinum archiepiscopum spectare videantur [3], capite autem 24. doceamur, Waldonem e schola Sancti Galli egressum, antequam anno 878 (vel 879) ad alium episcopum mitteretur, aliquod tempus cum Salomone II. habitasse, et ex capite 43. intelligamus, fratres post eorum a monasterio discessum cum eodem episcopo apud Liutbertum commoratos esse, suspicari licet, ipsos illos, tunc discendi causa in negotiis episcopalibus versatos, formulas epistolarum, quascumque adipisci potuissent, collegisse, et cum literis a magistro eo tempore datis, capitibus 28. 41. 43, conscripsisse. Hoc modo capita 24—43. congesta esse existimo. Quo tempore hoc factum sit, ex indiciis haud incertis colligere possumus. Epistolam cap. 43. paulo post fratrum e monasterio discessum, ut videtur primum, scriptam esse, patet; verbis autem: Sabbato autem sancto egre vestram absentiam sustinui, efficitur, eos ante pascham monasterium reliquisse, epistolam vero haud multo post ipsos dies festos scriptam esse. Anno autem 877. hoc accidisse, ideo existimo, quia tunc epistolarum collectio a fratribus inchoata esse videtur. Vere ipsius anni certe capita 34. 35. 37. 38. scripta sunt, eodem, ut videtur, anno etiam caput 30. Caput 42. epistolam a Liutberto ad Hadrianum II. papam missam continet, quae, quamvis certe post a. 872. scribi nequiverit, tamen annum incarnationis 877. exhibet; ex qua re conicere licet, eam hoc anno in formulam redactam esse. Cum autem vix ab alio ac ipso archiepiscopo impetrari posset, hoc eodem tempore factum esse crediderim, quo fratres, ut epistola cap. 43. narrat, cum Salomone II. apud Liutbertum commorati sunt. Quaedam capita anno 878. scripta esse videntur: 26. 39. 40; reliqua etiam omnia colligi potuerunt, antequam Waldo cum epistola, quam exhibet cap. 24, anno 878. exeunte vel 879. ineunte ad Witgarium, ut videtur, episcopum Augustanum, profectus est.

Capita vero 44—47. postea addita esse existimo. Epistolae enim, quae capp. 44. 46. 47. exstant, a magistro Sangallensi ad fratres missae sunt, cum illi iam in curia regali inter capellanos palatii essent. Cap. 44. epistolam gratulatoriam ad Waldonem presbyterum ordinatum, quod c. a. 883. factum esse videtur, datam exhibet. Cap. 46. de itinere Italico instanti scribitur, quod ad expeditionem aliquam Karoli III. referri potest. Cap. 47. verba: Meum cucullum sancto Martyno non impedit, nec vester habitus Petro, fratrum habitum esse capellanorum, aperte profitentur, cum sanctum Martinum capellae regalis patronum fuisse constet. Neque vero facile adduci possim, ut credam, ipsos fratres haec capita addidisse, quippe qui tunc in tabulario palatii versati, in summis imperii negotiis occupati, magistri vero nimium immemores, profecto non solas fere illius epistolas collectioni suae subiecissent. Ipsum

1) Cf. 'N. Archiv' VIII, p. 508. 2) Cf. ib. p. 512 sqq. 3) Dubitari potest de cap. 27, epistola a Ludovico iuniore ad Ludovicum, filium Karoli Calvi, missa; quam a Liutberto Ludovici iunioris archicancellario dictatam esse, coniecit E. Dümmler. Dubito, an ficticia sit.

potius magistrum collectioni epistolarum a discipulis institutae suas addidisse crediderim. Quam coniecturam ad certum fere redigunt et versus formulis in codicibus A 1 et 2 subiecti, capp. 48—50, et epistolae illae duae, quae ibidem praemissae sunt (Dümmler, 'Formelbuch' App. A 1. 2); haec enim omnia fere, paucis fortasse versibus exceptis, ab eodem monacho Sangallensi scripta et alia ad solum Salomonem, alia ad ambos, ut videtur, fratres missa sunt.

De versibus dubitari potest, an primitus ad ipsam collectionem pertinuerint. Certe quidem eodem fere tempore ac epistolae collectionis scripti sunt. Idem est animus, eaedem adhortationes, eaedem vituperationes in versibus ac in epistolis. Aliter autem res in epistolis A 1. *et* 2. *se habet, quae ad solum Salomonem aetate iam maturiorem datae sunt. Certe non ante a.* 884, *quo anno Salomo diaconus ordinatus est*[1], *scribi potuerunt, cum ille 'mox sacerdos futurus' dicatur, Dümmler l. l. p.* 68, *l.* 26; *p.* 70, *l.* 26, *et iam sedem episcopalem Constantiensem appetere videatur, quod verba l. l. p.* 72 *sq. testantur:* Commendo epistolas Hieronimi —. Sed unam illam aetati, progenitoribus et proximis, immo indoli et ministerio tuo congruentissimam commendo epistolam ad Nepotianum, cognatum Heliodori episcopi, qui futurus post avunculum suum sperabatur episcopus et subita morte praereptus est, ut et secundum talem institutionem[a], quali eum instruxit, vivere studeas et non post matris tuae consobrinum anhelare ad episcopium, sed timere et praeparare te satagas ad conspectum Dei. *Contra haec haud magni est momenti, quod magister Salomonem 'iuvenculum' et 'puerulum' nominat (p.* 68, *l.* 28; *p.* 72, *l.* 13*) et de tempore, ubi episcopatu dignus futurus sit, Vergilii verbis utitur:* Eheu, 'sed mihi tum quam molliter ossa quiescent'[2] *(p.* 74*). Ad officium cancellarii imperialis, quo Salomonem a.* 885. *functum esse scimus*[3], *haec verba spectare crediderim:* Quod si propter — saecularium rerum occupationem vel etiam palatii assiduitatem et militiae laborem tibi aspirare non suppetit aut vacare *(p.* 67*). Itaque cum haec epistola certe non ante annum* 884, *verisimiliter autem a.* 885. *scriberetur, in ipsam vero collectionem, licet apta fuisset, non reciperetur, tunc temporis collectionem epistolarum iam completam fuisse existimo, praesertim cum nihil contineat, quod ad posteriora tempora referendum esse videatur.*

Omnes illas ad fratres epistolas, et prosaicas et poeticas, a Notkero, vulgo Balbulo dicto, scriptas esse, E. Dümmler optimis rationibus nisus coniecit, cuius opinionem equidem secutus et quaedam ab aliis viris doctis contraria scripta refutare conatus sum[4]. *Eundem autem Notkerum non solum epistolares formulas auxisse et recensuisse, sed etiam universam nostram collectionem instituisse suspicor. Satis constat, doctissimum illum monachum non solum magistri scholae, sed etiam notarii munere in monasterio functum esse. Nonnullae cartae ab eo scriptae in scriniis Sancti Galli servatae sunt, in quibus una est, quae notabiliter cum quibusdam formulis privatarum cartarum concordat: Wartmann II, nr.* 572 *(a.* 873*). Quae cum eundem fere ac formula cap.* 15. *prologum alias non cognitum praebeat et cum ea et re et verbis non modice conveniat, tum in notis temporum aeque ac formula cap.* 6. *Ludovicum Germanicum, tunc temporis iam senem, plus quam* 30 *annis post mortem senioris Ludovici imperatoris 'iuniorem' appellat. Quod cum inter cartas sine dubio autographas post mortem Ludovici Pii emissas praeterea in una tantum, quae a.* 872. *scripta est, Wartmann l. l. nr.* 568, *inveniatur, quae ad verbum fere ad aliam collectionis nostrae*

a) constitutionem *cod. A* 2.

1) *Ann. Weing.* 885. *Cf. Dümmler l. l. p.* 105. 2) *Vergil. Ecl. X,* 33. 3) *Cf. Mühlbacher, 'Die Urkunden Karls III.' in 'SB. d. Wien. Akad.' XCII, p.* 364. 4) *'N. Archiv' VIII, p.* 514 *sqq.*

formulam, cap. 7, scripta est, vix dubitari potest, quin idem Notkerus illas privatarum cartarum formulas conscripserit.

Quae cum ita sint, facere non possum, quin existimem, eundem etiam diplomatum formulas scripsisse et postea omnes has partes, diversis temporibus compositas, inter se coniunxisse vel fortasse coniungi fecisse. Nam ut credam, Salomonem III, de quo cogitavit E. Dümmler, hoc fecisse vel fieri iussisse, adduci non possum praecipue propter diplomatum formulas prorsus inutiles, quas Salomo, vir in secularibus negotiis versatus atque cancellarii munere functus, vix admisisset.

Epistolaribus capitibus primum diplomatum formulas adscriptas esse, e codice Parisiensi C effici videtur, quippe qui capita 6—23, quamvis nulla desint folia, non exhibeat. Postea vero et formulis cartarum privatarum, quas Notkerus iam antea in usum notariorum composuisse videtur, et capitibus 22. 23. additis, liber confectus est aptus ad usum scholarum vel, ut ait Marculfus, ad exercenda initia puerorum. *Quod temporibus Salomonis abbatiam simul cum episcopatu Constantiensi regentis factum esse, ideo praecipue existimo, quia non solum formulae, ut ita dicam, monasteriales cum episcopalibus coniunctae sunt, sed etiam formulis cartarum, non nisi ad abbatiae usum aptis, verba illa inferta sunt, quibus episcopali ecclesiae aptarentur.*

In hac nova editione potissimum codices A 1. 2, qui soli integram exhibent collectionem, secutus sum, ex ceteris tamen ea recepi, quae genuina esse et maxime quidem quae consensu codicum B et C probari videbantur. Numeros capitum codices non praebent .

---

1. Concessio regalis[2].

In nomine sanctae et individuae Trinitatis[a]. Hludowicus[b] rex Germaniae. Si erga[c] loca ab anterioribus nostris divino cultui mancipata et servos Dei in eisdem commanentes liberalitas nostra aliquid beneficiorum contulerit, mercedem nobis ob[d] hoc a Deo credimus rependendam et prolem nostram post nos feliciter regnaturam. Et idcirco[e] omnes fideles nostri et filiorum nostrorum, presentes scilicet et futuri, cognoscant, quod venerabilis vir N. ill.[f] aecclesiae praesul precibus quibus ausus est serenitati nostrae[g] suggessit, quia canonici et familia ipsius ecclesiae[h], sed[i] et alii clerici et cunctus populus eiusdem dioceseos nimium solliciti essent et suspecti, quisnam illis aut cuius gentis post se episcopus ordinaretur, timentes videlicet, ne, si ignotus ignotis vel etiam alterius linguae diversorumque morum superponeretur, eis nequaquam convenire potuisset. Cuius suggestioni[k] assensum nostrae[l] pietatis accommodantes et christianae plebis utilitati[m] prospicientes[n], per auctoritatem nostrae potestatis eidem ecclesiae hoc pacto in eodem clero vel etiam in ipsa parroechia ius eligendi[o] sibi episcopum in elemosinam[p] nostram concessimus; id est, si inter ipsos canonicos ingenui et nobiles homines divinae[q] auctoritatis eloquiis et sinodalium[r] decretorum constitutis instructi et bonis moribus adornati fuerint[s] inventi, per consensum sacrorum ordinum et natu maiorum nobiliumque laico-

1 = *Als.* 6; *Wyss* 19; *Dümmler* 1; *Roz.* 520. *Codd. A* 1. 2. *B. C.* a) trinatis *C.* b) *ita B; H. vel* Hl. *cett.* c) *ita B;* ergo *cett.* d) ab *A* 1. e) hidcirco *A* 1. f) *intellige* illius. g) *deest C.* h) aecclesiae *B.* i) set *C.* k) sugestioni *B.* l) p̄ nostrae *A* 1. m) utilitatem *B.* n) prospientes *C.* o) sibi eligendi *C.* p) *ita B. C;* aelemosynam *A* 1; elemosynam *A* 2. q) divine *B.* r) synodalium *A* 2. *C.* s) inventi fuerint *B.*

1) *Numeri nostri cum iis quos Rockinger instituit conveniunt, nisi aliter annotavi.* 2) *Prorsus aliter ac haec formula vera privilegia, quibus libera episcopi electio concedebatur, dictari solebant. Vide Dümmler, 'Formelbuch des Bischofs Salomo' p.* 87 *sq.; cf. Mühlbacher, 'Die Urkunden Karls III.' l. l. p.* 451 *sq.; E. de Rozière, 'Recueil' II, p.* 625 *sqq.; supra praef. p.* 392 *et 'N. Archiv' VIII, p.* 509 *sq.*

rum qui dignus ex eis electus fuerit, ad nostrae serenitatis deducatur aspectum, ut per nostram comprobationem clericis et monachis et omni populo acceptus et honorabilis habeatur[u]. Quod si inter eos talis inveniri nequiverit, sunt Dei gratia monasteria in eadem diocesi nobilibus et eruditis viris referta[v]; inde dignum et industrium[w] ecclesiae Dei rectorem[x] invenientes, nostro conspectui perducant eligendum, ut, per nos archiepiscopo commendatus, officii[y] sui auctoritatem per nostram obtineat[z] potestatem. Si hoc noluerint[a], de tota parroechia unum quemlibet clericum, natalibus et doctrina pollentem, cum consensu populi eligentes, nobis[b] videndum et comprobandum[c] praesentantes, petitionem suam apud[d] clementiam nostram se[e] obtinere confidant. Si vero, quod absit[f], personam servili iugo notabilem vel publicis exactionibus[g] debitam aut etiam vitiis[h] suis consentaneam vel ipsi sine populo eligere vel nobis absque idoneis parroechiae testibus assignare praesumpserint, liceat nobis potestate regia uti et iuxta scientiam nobis divinitus concessam ecclesiae Dei[i] dignum constituere[k] sacerdotem, qui et ecclesiam[l] canonice[m] sciat[n] regere et ad nostrum[o] obsequium per aetatis[p] et industriae[q] commoditatem sufficiat occurrere; quod etiam ceteri, de[r] quibus supra diximus[r], si pervenerint[s] ad episcopium[t], sibi noverint subeundum. Ut autem haec concessio nostra firmitatis suae diuturnum obtinere possit vigorem, placuit nobis eam propria manu roborare[u] et anuli nostri impressione[v] munire.

Signum[w] Hludowici[x] serenissimi regis in orientali Francia.

Data[y] Kal. Mai. anno imperii eius 5.

Actum Regino[1] curte[z] publica in regione Baioariorum[a], anno ab incarnatione[b] Domini *qualicumque*, indictione *quavis*.

2. Alia[a. 2].

In nomine Dei et domini nostri Iesu Christi. K.[b] divina favente clementia rex. Quicquid ad loca sancta impendiorum conferre curaverimus[c], Deum nobis pro hoc remuneratorem promereri confidimus. Et ideo fideles nostros scire volumus, quod ill. venerabilis episcopus ecclesiae[d] ill.[e] per familiares celsitudinis nostrae pietatem nostram flagitare confisus est, ut pro elemosina[f] nostra et augustissimorum progenitorum nostrorum quendam fiscum regalium possessionum qui N. dicitur ad eandem ecclesiam vel ad clerum sustentandum[g] vel peregrinos suscipiendos concedere dignaremur[h], per eosdem intercessores affabilitati nostrae conquestus, ipsius ecclesiae reculas[i] valde tenuissimas esse, de quibus et nostrae sublimitatis obsequio et suo ministerio satisfacere nequiret. Rationabili igitur eius petitioni assensum nostrae largitatis[k] accommodantes, concessimus ad ipsum titulum pastoralem curtem[l] seu fiscum iuris propriae[m] regalis in illo et illo[n] loco, tanta nostrae[o] potestatis auctoritate, ut, sicut usque nunc eaedem[p]

1. t) honerabilis *A* 1. u) abeatur *B.* v) refecta *B.* w) instructum *B.* x) rectorectorem *C.* y) offitii *C.* z) p. o. *B*; optineat p. *C.* a) noluerit *A* 1. b) nobisque *B.* c) conprobandum *A* 2. d) aput *B.* e) sę *B.* f) apsit *C.* g) exaccionibus *B.* h) viciis *B. C.* i) *B. C; deest A* 1. 2. k) construere *B.* l) eclesiam *B.* m) canonicę *A* 2. n) regere sciat *B*; sciad *corr.* sciat *C.* o) nostram obsequelam vel o. *C.* p) etatis *C.* q) industrie *B.* r) de — diximus *des. C.* s) perveniant *C.* t) aepiscopium *B.* u) laborare *A* 1. v) inpressione *C.* w) *post hanc vocem cod. A* 2 *exhibet loco monogrammatis spatium vacuum, in margine:* monographi; Signum *deest B.* x) *ita B;* Hl. *A* 1. 2; K. *C.* y) Dato *A* 1. z) *ita B;* curtę *C*; curta A 1. 2. a) *C;* Baiowariorum *cett.* b) incarnacione *B.*

2 = *Als.* 7; *Wyss* 20; *Dümmler* 2; *Roz.* 149. *Codd. A* 1. 2. *B. C.* a) *rubrica deest A* 1. 2. b) *ita C;* H. *A* 1. 2; Hl. *B.* c) curavimus *B.* d) aeclesiae *B.* e) illius *B.* f) elemosyna *C.* g) sustendum vel peregrinos vel ad peregrinos *C.* h) dignaremus *B.* i) regulas *B.* k) lalgitatis *A* 1. l) *B. C;* curtam *A* 1. 2. m) *ita A* 1. *C;* proprie *A* 2. *B.* n) in illo *B.* o) nostre *A* 2. p) eadem *B.*

1) *Regensburg.* 2) *Cf. Dümmler l. l. p.* 89; *E. de Rozière, 'Recueil' I, p.* 180 *sqq.; supra praef. p.* 392. *et 'N. Archiv' l. l.*

possessiones ad nos tantum et nostros ministeriales aspectabant, ita ex hoc ad episcopum loci ipsius et ad eos tantum, quibus ille curam earundem rerum commiserit, pertinere debeant, et nullus dux vel[q] comes nec quilibet superioris aut inferioris ordinis iudex sive missus in eodem loco nec in omnibus ad eum pertinentibus vel mansiones sibi[r] parare vel[s] invadere aut pastum iumentis suis aut suorum diripere aut inde veredos aut veredarios exigere aut ibi concilium congregare aut aliquid ex eisdem locis suo iuri vindicare absque tunc temporis episcopi consensu praesumere audeat usque ad nostram praesentem[t] audientiam et diiudicationem. Et[u] si quisquam de vicinis ex sua hereditatula[v] ad eundem[w] sanctum locum aliquid[x] tradiderit, hoc ipsum eidem inmunitatis tuitioni[y] subiaceat. Et ut haec largitatis nostrae constitutio[z] firmum apud[a] posteros suae[b] perfectionis tenorem obtinere valeat, manu propria insignire[c] eam voluimus[d] et nostrae[e] imaginis anulo consignari praecepimus.

Signum[f] K.[g] serenissimi augusti, rectoris Francorum, Suevorum[h], Baioariorum, Turingorum, Saxonum domitorisque barbarum[i] nationum.

Ego* N. ad vicem N.[k] archicapellani recognovi[l].

Data Kal. Aug. anno *et* indictione[m] *ut supra*[n].

*) *Codd. A* 1. 2*:* Ego[o] Waldo[1] ad vicem G. archicapellani recognovi[o].

3. Alia[a. 2].

In nomine Patris[b] et Filii et Spiritus sancti.[b] N.[c] divina largiente clementia[d] imperator augustus. Notum sit omnibus fidelibus nostris, quia[e] vir reverentissimus N. abba coenobii, quod[f] dicitur N.[g] et est constructum in honore sancti N. martyris, detulit nobis quoddam gloriorissimi genitoris nostri Hl.[h] imperatoris praeceptum, in quo continebatur[i], qualiter idem monasterium ab antiquis temporibus a regibus potestatem ac privilegium haberet, ut ipsi fratres inter se abbatem eligerent et nulli hominum nisi[k] regibus subiecti esse deberent, praeter in eo solum[l] episcopo suo deferrent, quod ad ecclesiasticam disciplinam pertinet, videlicet ordinationem accipiendi et, si qua forte contra canonicam auctoritatem commissa fuerint, corrigendi; donec quibusdam machinationibus, immo surreptionibus[m] apud avum nostrum N.[3] R. M. episcopus ipsi ecclesiae idem monasterium subiugaret, deinde in eodem praecepto domini[n] et patris nostri

2. q) aut *C.* r) ibi pararę *B.* s) aut *C.* t) praesentiem *A* 2. u) Et quisquis de v. *C.* v) hereditacula *B;* haereditatula *C.* w) *B. C;* eum *A* 1. 2. x) *deest C.* y) tutioni *C.* z) constitio *C.* a) aput *B;* a *C.* b) sue perfeccionis *B.* c) eam insignire eam *C.* d) volumus *B.* e) nostro *C.* f) *post hanc vocem loco monogrammatis spatium vacuum exhibet A* 2. g) *ita C;* H. *A* 1. 2*;* Hl. *B.* h) Sueviorum *C.* i) *ita codd.* k) *deest B.* l) recogno feci *C.* m) ind *A* 1; indič *A* 2*;* indict *B;* inde *C.* n) supa *C.* o) Ego — recognovi *alia manus antiqua post add. A* 1.

3 = *Als.* 8*; Wyss* 21*; Dümmler* 3*; Roz.* 576. *Codd. A* 1. 2. *B. C.* a) *rubrica deest A* 1. 2. b) p. et f. et s. s. *(sic!) A* 2*;* ac trinae sempiternae maiestatis *pro* Patris — S. sancti *B.* c) *deest B.* d) clemencia *B.* e) quod *B.* f) qui *C.* g) *C;* L. *A* 1. 2. *B.* h) *B. C;* H. *A* 1. 2. i) detinebatur *C.* k) nisi regibus *des. C.* l) quod *add. B.* m) supreptionibus aput *B.* n) domni *C.*

1) *Waldonis et G[rimaldi] nomina e diplomate fortasse Sangallensi Wartmann II, nr.* 479, *inserta sunt; cf. Dümmler l. l.* 2) *Cf. Dümmler l. l. p.* 89 *sq.; E. de Rozière, 'Recueil' II, p.* 737 *sq.; supra praef. p.* 392. *et 'N. Archiv' VIII, p.* 510. 512. *Formula omnino ficticia est, neque de certis personis locisque auctor cogitasse videtur.* 3) *Literas* N. *pro nomine regis,* R. *pro nomine episcopi et* M. *pro nomine episcopatus positas esse existimo. Aliter Fr. de Wyss, 'Alamann. Formeln' p.* 40, *n.* 9, M. *episcopi nomen,* R. *vocem* reverentissimum *significare suspicatus est; E. de Rozière vero l. l. p.* 738, *n. a, intelligere voluit:* N. R[everendae] M[emoriae] episcopus.

sanctae recordationis piissimi H. continebatur[p], qualiter ipse per suae potestatis auctoritatem eidem monasterio firmius privilegium concessisset, quam prius habere dinoscebatur[q]. Cuius constitutionem nostra etiam auctoritate renovare ab eiusdem[r] abbatis intercessoribus implorati[s], praecipimus[t] atque constituimus, ut idem sacer locus, nostrae immunitatis tuitioni subiectus, a ceterorum hominum dominatione in perpetuum sit absolutus, et nullus episcopus, nullus comes nec eorum missus in eiusdem monasterii possessionibus absque petitione[u] vel consensu abbatis ipsius concilium congregare vel mansiones sibi parare vel ad ipsum monasterium, si quando eum rationalis[v] causa sive[w] necessitas itineris pertraxerit, cum multitudine hominum vel exercitu venire praesumat, sed modeste et decenter, sicut sancta[x] loca decet adire. Nec ullus superioris aut inferioris ordinis iudex[y] aliquid de eiusdem[z] coenobii possessionibus, quas modo legaliter obtinet vel postea conquisierit[a] vel acceperit, suo iuri sine publico[b] mallo vindicare audeat, nec inde aliquid vi[c] auferre aut homines eiusdem[d] loci, servos aut ingenuos, ad iniustum[e] aliquod concilium vel necessitatem distringere aut freda vel parafreda exigere seu[f] titulos nostros vel suos aut cuiuslibet in omnibus eius locis imponere presumat absque nostra, si tamen ita res postulaverit, iussione. Et quandocumque abba[g], qui nunc est[h], vel eius successores divina vocatione ex hoc mundo decesserint, quamdiu[i] tales inter eos inventi fuerint, qui ipsum monasterium secundum regulam sancti Benedicti bene[k] regere et ad nostrae serenitatis obsequium sint idonei, cum Dei voluntate et nostra auctoritate, unanimo et salubri consensu eligant sibi abbatem, quem nullus propter aliquam causam despicere[l] vel abicere debeat. Et sic[m] aliqui de primis, alii de mediis, quidam[n] etiam de extremis ad nostram praesentiam ipsum electum adducant, ut, per eos ceterorum omnium voluntates addiscens, eum illis abbatem praeficiam[o], sub cuius spiritali[p] regimine unanimes habitantes in domo, statum[q] regni nostri et pacem totius[r] ecclesiae semper impetrare precibus devotis insistant; hoc procul dubio scientes, quia, si querulosi[s] aut contradictores inventi fuerint, aliquem de capellanis aut episcopis seu[t] vasallis meis talem eis superimponam, qui aut eorum contumaciam[u] edomet, aut, si etiam sic corrigi noluerint, quod absit, ex meo[v] illos praecepto ad exemplum cunctorum in* omnem ventum dispergat[w]. *Reliqua ut supra.*

*) *Cod. B:* in virga ferrea regendo tamquam vas figuli confringat *pro* in omnem v. dispergat.

4. Alia[a, 1].

Karolus[b] divina ordinante clementia rex. Quia sicut regni patrum nostrorum successores[c] ita etiam religionis eorum heredes esse cupimus, ideo quendam locum, in quo ex multo iam tempore plurime[d] sanctorum reliquiae continebantur et laudes Dei a religiosis hominibus celebrabantur[e], nostra auctoritate[f] monasterium, immo coenobium[g]

3. p) continebantur *C.* q) *B. C;* dinoscebantur *A* 1. 2. r) eisdem *C.* s) inplorati *C.* t) praecepimus *B.* u) peticione *B.* v) racionalis *A* 2. w) sibi *A* 1. x) *B. C;* decet sancta loca *A* 1; loca decet sancta *A* 2. y) *ita B. C;* dux vel iudex *A* 1. 2. z) eisdem *C.* a) conquesierit *C.* b) publico *B*, *ubi* mallo *deest.* c) *deest C.* d) dem *deest C.* e) iustum *C.* f) aut titulos nostros seu suos *C.* g) abbas *C.* h) *B. C; deest A* 1. 2. i) quandiu *C.* k) *deest B.* l) *B. C;* dispicere *A* 1. 2. m) si *C.* n) qui dum *A* 1. o) praefitiam *B.* p) spirituali *C.* q) statim *B.* r) tocius *B.* s) querelosi *C.* t) seu vasallis meis *des. B.* u) contumatiam *B. C.* v) *B. C;* me *A* 1. 2. w) dispergam vel dispergat *C.*

4 = *Als.* 9; *Wyss* 22; *Dümmler* 4; *Roz.* 568. *Codd. A* 1. 2. *B. C.* a) *rubrica deest A* 2. b) *B;* K. *C;* H. *B* 1. 2. c) *B. C;* successoris *A* 1. 2. d) plurimae *C.* e) *B. C;* celebantur *corr.* celebrantur *A* 1; celebrantur *A* 2. f) autoritate *C.* g) cenobium *C.*

1) *Cf. Dümmler l. l. p.* 90; *E. de Rozière l. l. II, p.* 711; *'N. Archiv' VIII, p.* 509 *sqq.*

esse[h] decernimus et abbatem eidem[i] loco venerabilem virum N. praefecimus[k], ut secundum regulam sancti Benedicti eum debeat ordinare, nobiles et religiosos homines illic congregando, orationibus, lectionibus[l], operi manuum regulariter insistendo, congrua monachis[m] habitacula construendo, res eiusdem ecclesiae contra manifestos et occultos adversariores[n] per nostrum et fidelium[o] nostrorum favorem defensando, ut servi Dei, qui ibidem congregantur, victus et vestitus abundantia potientes, die noctuque Dei laudibus et precibus pro nobis et pro omni populo christiano ex tempore in tempus insistere sufficiant[p], et nullus in regno nostro, qui gratia nostra uti desiderat, eis aliquam inquietudinem aut oppressionem[q] aut direptionem[r] inferre praesumat, et sint immunes ab omnium hominum potestate nisi nostra et episcopi, in cuius parroechia[s] siti[t] sunt, cui tantum canonice[u], non autem serviliter se obtemperare debere noverint. Quae[v] constitutio, ut per generationum successiones inlibata perduret, propria manu eam communire et anuli nostri impressione libuit roborare[w].

Actum in castro[x] *et rel.*

5. Alia[a. 1].

Karolus[b] ex Dei constitutione et antiquorum regum propagatione rex Alemanniae[c]. Scire volo omnes in regno nostro degentes, quia cunctis iuste et pie vivere cupientibus paternum affectum exhibere[d] desidero. Et idcirco cuidam N. vassallo, fidelis nostri N. petitionibus[e] annuentes, concedimus ei in proprietatem quendam locum proprii iuris nostri, ad quem pertinent hobae numero, quia ipsa possessio paternae ipsius hereditati contigua est. Et ut haec constitutio firma permaneat, placuit nobis hoc conscriptum nostrae auctoritatis[f] ei facere, ut per generationum successiones ipse et posteritas eius easdem res quasi hereditario iure possideant, et nullus ministerialis vel procurator rei publicae[g] eidem homini de ipsis rebus aliquam molestiam[h] per qualemcumque machinationem audeat inferre, ne populus noster per malivorum[i] hominum occulta et nobis incognita molimina abhorrescat a nobis. Pro qua supradicta possessione accepimus nos[k] ab eodem homine in loco qui dicitur ill. vel ill., qui est iuxta villam regiam quae dicitur N.[l], hobas N., ut eadem possessio solis regibus hereditario iure[m] subiecta sit in perpetuum, et nullus de pagensibus ibi aliquid commune habeat, nisi forte precario. Et ne fortassis eidem homini timor aliquis vel suspitio rerum suarum perdendi remaneat, placuit nobis hanc conscriptionem per nos roborare et bulla nostra sigillare iubere[n].

Actum in Rotwila[2] curte[o] regali.

Signum K. clementissimi regis.

Data die ill.

Ego itaque S. ad vicem V. archicappellani recognovi.

4. h) essę *B.* i) *B. C;* eodem *A* 1. 2. k) praefitimus *B;* praeficimus *C.* l) leccionibus *B.* m) *deest B.* n) *ita codd.* o) filium *C.* p) suffitiant *B.* q) opressionem *C.* r) direptione *C.* s) *A* 2. *B;* parrochia *A* 1; paroechia *C.* t) *B;* sita *C;* isti *A* 1. 2. u) *C;* canonicę *A* 2. *B;* canonicae *A* 1. v) Que *B. C.* w) laborare *C.* x) castrum TRL *pro* castro et rel. *C.*

5 = *Als.* 10; *Wyss* 23; *Dümmler* 5; *Roz.* 301. *Codd. A* 1. 2. *B (initium tantum exhibet). C.* a) *rubrica deest B. C.* b) *B;* K. *C; deest A.* c) Alamanniae *A* 2; Alamannie *B.* d) exibere *B. C.* e) *reliqua desunt B.* f) autoritatis *C.* g) publice *C.* h) molestia *C.* i) *ita codd. pro* malivolorum. k) *deest C.* l) *ita C; deest A* 1. 2. m) iurae *A* 1. n) debere *C.* o) *C;* curta *A* 1. 2.

1) *Cf. Dümmler l. l. p.* 90 *sq.; E. de Rozière l. l. I, p.* 358 *sq.; 'N. Archiv' VIII, p.* 510. 512. 2) *Rottweil.*

6. Carta, quam quis pro se vel filio suo seu etiam filia facere debet ad monasteria vel ad titulos episcopales[1].

(a) Ego N., cogitans pro remedio animae meae necnon euangelica et apostolica perfectione, omnem proprietatem meam, quam vel ex parentum successione vel etiam mea adquisitione in illo et in illo loco dinoscor habere, trado ad monasterium Sanctae[a] M.[2], quod constructum est ibi[b], *vel* ad titulum Basiliensem[3] *vel quemque,* ubi venerabilis abba N. praeesse videtur, *vel* cui vir summae religionis et doctrinae N. episcopus regimine spiritali praefectus esse videtur; ea tamen conditione, ut ego eandem proprietatem ad me recipiens, quamdiu voluero, sub censu 4 denariorum ipsam possideam. Et quandocumque me delectaverit, omnia in usus monasterii, *vel* episcopii, concedens, ego iuxta disciplinam regularem, *vel* canonicam, in congregationem fratrum, *vel* sororum, suscipiar, nulla mihi potestate de prioribus facultatibus remanente.

(b) *Vel*[4] *ita:* Ego ill. trado 6 hobas, *vel* duas, *vel* illam basilicam, ad monasterium Sancti Petri[5], *vel* ad ecclesiam Ambianensem, ubi abba, episcopus, regulariter, *vel* canonicę, dinoscitur praeesse, ut filius, *vel* filia mea, N. ibi in congregationem fratrum, *vel* sororum, iuxta consuetudinem ipsius vitae suscipiatur. Et si talis meriti et disciplinae probatus (-a)[c] fuerit, ut dignus, *vel*[d] -a, sit societati[e] fratrum, *vel* sororum, incorporari, tunc supradicta possessio ad praefatum locum absque ullius contradictione cum omnibus ad eum pertinentibus revocetur in aevum possidenda. Si autem ipse puer, *vel* ipsa puella, ibidem suscipi non merentur, tunc eandem traditionem mihi potestativa manu vindicem. Quod si congregationi fratrum, *vel* sororum, fuerit adunatus, et supradicta possessio in usus monasterii, *vel* episcopii, fuerit redacta, et ipse filius meus, culpis suis exigentibus, de monasterio, *vel* episcopio, propelli meruerit, non eum res ipsae prosequantur, sed in potestate rectorum eiusdem sancti loci retineantur, et ille apostata, *vel* illa apostatrix, reliquarum etiam possessionum mearum penitus reddantur extorres, ut vel sic, necessitate vel penuria coactus, ad locum suum cum congrua satisfactione redire conentur. Si quis igitur contra huius traditionis cartam venire et eam irritam facere voluerit, perversae[f] machinationis suae non optineat effectum et ad aerarium regis auri uncias 3, argenti libras 5 coactus persolvat, atque haec carta nihilominus firma et stabilis permaneat cum affirmatione subnexa.

Actum in ipso monasterio, *vel* in ipso pastorali titulo, praesentibus quorum hic signa continentur. Sig. N., qui hanc traditionem patravit, et aliorum testium, quorum haec sunt vocabula. *Scribe minimum* 5 *et inde usque ad* 30, *vel quotum volueris numerum.* Ego itaque ill. vice ill. scripsi et subscripsi. Notavi diem 5. feriam, 3.[g] Kal. Apr., annum 31. regni H. iunioris[6], sub ill. comite *vel quoque.*

6 a. b. = *Dümmler* 6. 7; *Roz.* 359, §. 1. 2. *Codd. A* 1. 2. a) s̄ m *codd. pro* s. M. b) ubi *A* 2. c) probatūs *A* 2; probitas *A* 1. d) vel a sit *A* 2; vel absit, *voce* digna *superscripta A* 1. e) sotietati *A* 1; societate *A* 2. f) perverse *A* 2. g) IIII *codd.; corr. Dümmler.*

1) *Cf. Dümmler l. l. p.* 91 *sq.; 'N. Archiv' VIII, p.* 529 *sqq.* 2) *Cf. infra notam ad cap.* 7. 3) *Exempli tantum causa haec ecclesia nominatur.* 4) *Cf. Dümmler l. l. p.* 92 *sq.; E. de Rozière l. l. I, p.* 446. 448; *'N. Archiv' l. l.* 5) *Auctor de Augiensi monasterio cogitasse videtur, quod tamen sicut ecclesiam Ambianensem exempli tantum gratia nominavit.* 6) *Notae temporum conveniunt in diem* 30. *Mart.* 870. *Ludovicus Germanicus hic cognomine 'iunior' appellatur, id quod, quamvis ineptum esset tunc temporis, etiam in quibusdam veris documentis Sangallensibus factum est, Wartmann II, nr.* 568. 572. 595 *(a.* 872—876*). Cf. supra p.* 394. *et 'N Archiv' VIII, p.* 534.

7. Precaria[1].

Christi largiente clementia ill. [abba[a]] monasterii Sanctae Mariae[2], *vel* ill. episcopus, praesul ecclesiae Constantiensis. Complacuit[b] mihi cum consensu fratrum mihi subiectorum et manu advocati mei ill.[c], *vel cuiuscumque*, res, quas nobis N. in illo et in illo loco contradidit, ei per hanc precariam represtare; ea conditione, ut ipse eandem traditionem ad se recipiens, quamdiu voluerit, sub censu 4 denariorum possideat, et, quandocumque eum delectaverit, omnia in usus monasterii, *vel* episcopii, concedens, ipse iuxta disciplinam regularem, *vel* canonicam, in congregationem fratrum, *vel* sororum, suscipiatur, nulla ei potestate de prioribus facultatibus remanente.

Actum in eodem monasterio, *vel* episcopio, praesentibus quorum hic signacula continentur. Sig. Grimaldi abbatis[3] et advocati eius N. Sig. decani, custodis ecclesiae. *Nomen*[d] praepositi, hospitarii[e], cellerarii, camerarii[e] et aliorum testium. *Scribe* 5 *et deinde quantoscumque.* Ego itaque *ut supra.*

Carta pro filiis praecariam non desiderat, sed tantum repetitionem, si ita contigerit.

8. Item karta illius, qui, in bellum profecturus vel ubicumque, matrem cum uxore, cum filio vel filia parvula reliquerit, et hereditatem suam omnibus cognatis suis acclinem et redemtibilem[a] ad monasterium delegaverit[4].

Ego N., incertitudinem huius vitae[b] perpendens, trado ad monasterium Sancti Galli, quicquid proprietatis in[c] Durgewe in illis et in illis N. locis habeo, cui sacratissimo loco reverentissimus[d] abba N. praeesse dinoscitur. Ea tamen ratione res supradictas trado, ut, si, Deo miserante, sanus in patriam fuero regressus, quamdiu voluero, sub censu unius denarii possideam, redemptione mihi sub 4 denariis, quandocumque voluero, concessa. Quod si ego illic interfectus vel defunctus fuero, tunc mater mea tertiam partem earundem rerum usque ad[e] diem exitus sui possideat et censum inde ad praefatum monasterium 2 denarios persolvat. Reliquas autem duas partes quondam uxor mea cum parvulo filio, *vel* filia mea, dies vitae suae possideant et tantidem census ad ipsum monasterium reddant. Et si matri meae superstites facti fuerint, et ipsam portionem ad se recipiant et 4 denarios ad monasterium reddant. Quod si idem orphanus meus ad virilem pervenerit aetatem et legitimam duxerit uxorem, — Quod si eadem orphana mea ad nubilem pervenerit aetatem et legitimo viro nupserit, licentiam habeat uno solido redimendi. Si autem ille ante obierit, fratres mei eo pacto easdem possessiones redimere debeant, si ipso orphano meo, dum adhuc viveret[f], omnem humanitatem et dilectionem exhibuerunt[g]; et uterque eorum una libra argenti redimant. Porro si alter eorum ita eum odio[h] habuerit, ut publice[i] possit[k] deprehendi, tunc alter duabus libris solus redimat, prevaricatori illi nulla[l] secum in eisdem rebus communione concessa.

7 = *Dümmler* 8; *Roz.* 359, §. 3. *Codd. A* 1. 2. a) *deest in codd.* b) Conplacuit *A* 2. c) ill. vel cuiuscumque *expuncta sunt A* 1. d) nom̄ *A* 2. e) hosp. cell. cam. *codd.*

8 = *Wyss* 24; *Dümmler* 9; *Roz.* 367, §. 1. *Codd. A* 1. 2. *B posteriorem tantum partem exhibet.* a) redemptibilem *post corr. A* 2. b) vite *A* 2. c) in D. *expuncta sunt A* 1. d) reverentimus *A* 2. e) adiem *pro* ad d. *A* 1. f) *hoc verbo incipit B.* g) exibuerunt *B.* h) hodio *B.* i) publicę *A* 1. 2. k) *add.* 2. *m. A* 1. l) nullu *corr.* nulla *A* 2.

1) *Cf. Dümmler l. l. p.* 93; *'N. Archiv' VIII, p.* 532. 534. *Eandem formam exhibet carta Hartmuoti abbatis a.* 872, *Wartmann II, nr.* 568. 2) *Sanctae Mariae nomen, saeculo VIII. et IX. ineunte in cartis Sangallensibus iuxta nomen Sancti Galli insertum, hic et capp.* 6. 11. *exempli tantum gratia scriptum est. Cf. 'N. Archiv' l. l.* 529 *sq.* 3) *Grimaldus monasterio Sancti Galli praefuit a.* 841—872. 4) *Cf. Dümmler l. l. p.* 93 *sq.*

Denique, si ambo exosum eum habuerunt et deprimere conati sunt, tunc neutri eorum, utpote inreligiosis et impiis, eum hereditandi facultas ulla concedatur; sed filius patrui[m] mei intra sex[n] annos duarum librarum pretio[o] redimendi licentiam[p] a rectoribus monasterii suscipiat[q]. Si vero nec ille in praescripti temporis spatio[r] redimerit, tunc filii sororis meae N. cum supradicta pecunia infra alios sex[s] annos redimere licentiam habeant. Tandem igitur, si nec illi redimerint[t], suprascripta[u] loca ad praedictum coenobium revertantur cum omnibus ad ipsas pertinentibus, id est mancipiis[v], iumentis, pecoribus[w], volucribus, aedificiis, curtilibus et hobis possessis, agris, pratis, silvis, marchis, aquis aquarumque decursibus[x], nemoribus propriis et usibus[y] saltuum communium et omnibus omnino[z], sicut eis ego uti solitus eram. Si quis igitur contra *et reliqua ut supra.*

9. Precaria[1].

Christi favente clementia[a] ill. abba[b] monasterii *cuiuscumque.* Conplacuit mihi cum consensu fratrum et manu advocati mei N., res, quas nobis ill.[c] tradidit, ei iterum[d] per hanc precariam represtare. Tradidit autem ille ad monasterium N., quicquid proprietatis in[e] Durgewe in illis et in illis locis habuit; ea tamen ratione, ut, si, Deo miserante, sanus in patriam fuerit regressus, quamdiu voluerit, easdem res sub censu unius denarii possideat, redemptione sibi concessa[f] sub 4 denariis[g], quandocumque voluerit. Quod si ille — *est* Romam pergens, vel dominum suum*[h], *vel vadens in exercitum in Gallis vel Francia*[i] *vel Norico contra hostes* — illic defunctus vel interfectus fuerit, tunc mater eius tertiam[k] partem earundem rerum usque ad diem exitus sui possideat et censum inde ad praefatum monasterium 2 den. persolvat. Reliquas autem duas partes quondam uxor illius cum parvulo[l] suo, *vel* filia eius, dies vitae[m] suae possideant et tantidem census ad ipsum monasterium reddant. Et si matri ipsius superstites facti fuerint, et ipsam portionem[n] ad se recipiant et 4 denarios[o] ad monasterium reddant. Quod si idem orphanus eius ad virilem pervenerit aetatem[p] et legitime duxerit uxorem, — *vel ita:* Quod si eadem orphana eius ad nubilem pervenerit aetatem[p] et legitimo[q] viro nupserit, licentiam[r] habeat sub uno solido redimendi. Si autem ille, *vel* illa, ante obierit, fratres ipsius — *scribe*[s] *nomen delegatoris* — eo pacto easdem possessiones redimere debeant, si ipsi orphano eius, dum adhuc viveret, omnem humanitatem et dilectionem[t] exhibuerunt[u]; et uterque eorum una libra argenti redimant. Porro, si alter eorum ita eum odio[v] habuerit, ut publice possit deprehendi, tunc alter cum duabus libris solus redimat, praevaricatori illi nulla secum in eisdem rebus communione concessa[w]. Denique, si ambo exosum eum habuerunt et deprimere conati sunt, tunc neutri eorum, utpote inreligiosis et impiis, eum hereditandi[x] facultas ulla concedatur; sed filius patrui illius N. intra 6 annos cum duarum librarum pretio[y] redimendi licen-

*) *Cod. B:* domi vel in exercitu *pro* est R. — illic.

8. m) patruus *eadem manus corr.* patrui *A* 2. n) *B;* VI *A* 1. 2. o) precio *B.* p) licenciam *B.* q) sustipiat *B.* r) spacio *B.* s) *B;* VII *A* 1. 2. t) *m.* 2. *correxit* redemerint *A* 1. u) scripta *deest B.* v) mantipiis *B.* w) peccoribus *B.* x) *B;* discursibus *A* 1. 2. y) *B;* usus *A* 1. 2. z) *B;* sicut eis omnino ego *A* 1. 2.

9 = *Wyss* 25; *Dümmler* 10; *Roz.* 367, §. 2. *Codd. A* 1. 2. *B.* a) clemencia *B.* b) abb *codd.* c) ille *A* 1. 2. d) *B;* iterum per *des. A* 1. 2. e) in D. *expuncta sunt A* 1. f) *B; deest A* 1. 2. g) denariorum *B.* h) *supple:* visitans. i) *A* 2*;* Frantia *A* 1. k) terciam *B.* l) parvalo *B.* m) vite sue *B.* n) porcionem *B.* o) den. *B; deest A* 1. 2. p) etatem *B.* q) ligitimo *A* 1. r) licenciam *B.* s) scribere *B.* t) dileccionem *B.* u) exibuerunt *B.* v) hodio *B.* w) *reliqua ex cod. B, pro quibus* et reliqua ut supra *exhibent A* 1. 2. x) heredi *c.* y) precio *c.*

1) *Cf. Dümmler l. l. p.* 94 *sq.*

tiam a rectoribus monasterii suscipiat. Si vero nec ille in prescripti temporis spatio[z] redimerit, tunc filii sororis ipsius N. cum supradicta[a] pecunia infra alios 6 annos redimere licentiam[b] habeant. Tandem igitur, si nec illi redimerint, suprascripta loca ad predictum coenobium revertantur cum omnibus ad ipsa pertinentibus, id est mancipiis[c], iumentis, pecoribus[d], volucribus, aedificiis, curtilibus et hobis possessis, agris, pratis, silvis, marchis, aquis aquarumque decursibus, nemoribus propriis et usu[e] saltuum communium et omnibus omnino, sicut eis ille uti solitus erat.

Actum in supradicto monasterio, praesentibus quorum hic signa continentur. Sig. ill. abbatis[f] et advocati eius et ceterorum testium. *Scribe* 7 *vel plus.*

10. Notitia[a] divisionis possessionum regalium[b] vel popularium, episcopalium[c] vel monasterialium[1].

Notum sit omnibus, tam praesentibus quam futuris, quod propter diuturnissimas lites reprimendas et perpetuam pacem conservandam factus est conventus principum[d] et vulgarium in illo et in illo loco ad[e] dividendam marcham inter fiscum regis et populares[f] possessiones in illo et[g] in illo pago, et habuerunt[h] primi de utraque parte, et regis videlicet missi et seniores eius servi, et nobiliores[i] popularium et natu provectiores. Et secundum iusiurandum, quod utrique antea in reliquiis sanctorum commiserunt, diuturnissima retractione[k] et ventilatissimis hinc[l] inde sermocinationibus[m] iuxta memoriam et paternam relationem, prout iustissime[n] poterant, deliberaverunt, ut immunitas[o] regis a villa ad villam, a vico ad vicum, a monte ad montem, a colle ad collem, a flumine N.[p] ad flumen N. — *singula per se* — sine ullius communione esse deberet[q], nisi forte precario cuilibet ibi et servitute pro merito usus necessaria[r] concederentur[2]. Si autem quis sine permissione praefecti vel procuratoris regis[3] aut venationem[s] ibi exercere vel ligna aut materiem[t] cedere convictus fuerit, iuxta decretum senatorum provintiae[u] componat. Et idem sequestri constituerunt[v] iuxta leges priorum, ut a supradictis locis usque ad stagnum illud aut illud et montes illos et illos, qui in aliorum quorumque[w] pagensium confinio sunt, omnia omnibus essent communia in lignis cedendis et sagina porcorum et[x] pastu pecorum, nisi forsitan[y] aliquis civium[4] eorundem vel manu[z] consitum vel semine inspersum aut etiam in suo agro sua[a] permissione concretum et ad ultimum a patre suo sibi nemus inmune vel aliquam silviculam[b] relictam habeat propriam vel cum suis coheredibus communem. Hi sunt ergo divisores, qui supradicta loca diremerunt[c]: N.; et[d] hi sunt testes, qui de utrisque partibus in supradicta divisione praesentes affuerunt et eam iustissimam comprobaverunt: N.[e]

9. z) spacio *c.* a) supra ditta *c.* b) licenciam *c.* c) mantipiis *c.* d) peccoribus *c.* e) uisu *c.* f) abb. *c.*

10 = *Wyss* 26; *Dümmler* 11; *Roz.* 402. *Codd. A* 1. 2. *B.* a) Noticia *B.* b) regularium *B, ubi* vel *deest.* c) aepiscopalium *B.* d) procerum, *super quod eadem, ut videtur, manus scripsit:* principum *B.* e) loco — illo *addit* 2. *m. A* 1. f) popul.... *A* 1. g) vel *pro* et in *B.* h) affuerunt *emend. Dümmler.* i) eius *add. A* 1. 2. k) retraccione *B.* l) et *add. B.* m) sermoticnationibus *B.* n) iustissimę *A* 1. o) inminutas *A* 2. p) *B; deest A* 1. 2. q) deberent *B.* r) necessa *B.* s) venacionem *B.* t) materiam caedere *B.* u) provinciae *B.* v) constituerint *B.* w) *sic codd.* x) *deest B.* y) si *add. A* 1. 2. z) *add.* 2. *m. A* 1. a) suo *A* 1. 2. b) silvicolam *A* 2. c) dirimerunt *B.* d) *B;* illos et *A* 1. 2. e) N. *deest B.*

1) *Cf. Dümmler l. l. p.* 95 *sq.* 2) *Cf. supra c.* 5; *Form. Sangall. misc.* 9; *Inama-Sternegg, 'D. Wirthschaftsgeschichte' I, p.* 270. 3) *Cf. Waitz, 'VG.' IV, p.* 122. 4) *Vox pagenses eiusdem marcae participes significat; eodem modo Form. Sang. misc.* 9; *Wartmann II, nr.* 483.

Actum est[f] hoc in eodem loco. Ego itaque N. scripsi et subscripsi. Notavi diem 5. feriam, 4. Kal. Apr., annum 32.[g] regni H. regis Germanici[h. 1], sub illo comite.

11.

Haec carta sibi respondentem non quaerit. C a r t a c o n c a m b i i *est, quae utrisque similiter scribenda est, nisi tantum hoc modo personis in superscriptione mutatis:* quod inter monasterium Sancti Galli et illum hominem factum est, *et ille habeat scriptum:* quod inter me et illud monasterium[2].

Ego ille, providens paupertati meae, ut res meas aliquatenus in unum colligerem nec penuria deficerem, dedi possessiones meas in mutuum ad monasterium Sanctae[a] M., quae[b] sitae sunt in illis et in illis locis, ut ego de ipso monasterio in locis mihi oportunioribus tantundem reciperem, vel plus vel minus iuxta aestimationem qualitatis eorundem locorum, et omnia mea iuxta potestatem et usum mihi consuetum ad supradictum monasterium confestim revertantur, ea dumtaxat[c], quae in suprascriptis tantum locis sita noscuntur; et ego ac posteri mei supradicta loca, quae suscepimus a monasterio, tanta potestate utendi et mutuum dandi, quin et vendendi, sicut rectores ipsius monasterii habuerunt, in perpetuum habere debeamus. Nec mihi nec rectoribus eiusdem monasterii ius aut potestas remaneat alterutrum cogendi, ut hoc negotium commutetur, nisi forte utrisque ita placuerit, et sana mente ad antiquos dominos utraque possessio revertatur.

Actum in eodem monasterio, praesentibus[d] quorum hic signa continentur. Sig. N. abbatis[e] et advocati eius ill., inter quos haec mutationis karta confecta est. Signa[f] ceterorum testium, qui ibidem praesentes affuerunt, quorum nomina sunt haec. *Scribe nomina eorum per nominativum casum, quia obliqui aut nimium ex sua proprietate decidunt aut Latine declinationi non congruunt.* Ego itaque N. *ut supra.*

12. C a r t a d o t a l i s.

Ego N., cum filiam N. desponsarem, dedi eidem 7 hobas vel mansus ad curtem suam et 100 alias[a] possessas, et inter omnia mancipia intra curtem et in hobis 120, domum ad inhabitandum[b], horreum fenile, domum familiae, caulas pecorum, armenta equarum atque vaccarum cum pastoribus et admissario et tauro, ovile caprarumque gregem cum pastoribus et canibus, gregem quoque porcorum cum subulco, cavallos etiam ad essedam illi[3] et pedissequis eius necnon ductoribus earum. Haec omnia eo pacto ipsi trado, ut, si quis, quae multa fiunt, in adversum me rapiat casus, omnia haec vice ac potestate et donatione et gratia mea possideat, ita ut nulli coheredum meorum subici vel servire debeat, nisi tantum ipsa voluntarie[c] id elegerit, et ipsi apud illam hoc promeruerint. Quod si etiam quisquam illorum possessiones suas curtare et praecidere voluerit, primo iracundiam Dei incurrat, et a rectoribus provintiae[d] ei componere cogatur, et insuper in dominium[4] pro pace et iure legum violato, quae[e] constituta sunt[5].

Actum in illo et in illo loco, praesentibus *et rel. ut supra.*

10. f) autem *add.* *A* 1. 2. g) *B;* XXII *A* 1. 2. h) *ita etiam B.*
11 = *Dümmler.* 12; *Roz.* 315. *Codd. A* 1. 2. a) s̄ *codd.* b) quȩ site *A* 2. c) duntaxat *A* 2. d) p̄ *A* 2. e) abb. *codd.* f) Sig *codd.*
12 = *Dümmler* 13; *Rock.* 14; *Roz.* 238. *Codd. A* 1. 2 *(in A 2 formula inter cap.* 14. *et* 15. *per errorem scriptoris posita est; sed in margine additum est:* hic precaria*).* a) alias alias *codd.;* hobas alias *emend. Rock.* b) inabitandum *A* 1. c) voluntariȩ *A* 2. d) provinciȩ *A* 2. e) que *A* 2.

1) *Notae temporis conveniunt in diem* 29. *Mart. a.* 871; *cf. 'N. Archiv' VIII, p.* 533. 2) *Cf. Dümmler l. l. p.* 96. 3) *Sc. sponsae.* 4) *I. e. dominicum, aerarium publicum.* 5) *Cf. supra p.* 389, *n.* 2.

13. Carta, quae inter cives[1] aut patrem et filium conscribitur[2].

Ego N., providens inbecillitatem filii mei N., qui ultimus natus est, ne a prioribus suis, alterius uxoris filiis, comprimatur, trado illi hereditatem meam in illis et in illis locis, ut, quandocumque me dies ultimus absumpserit, statim absque ullius contradictione eandem hereditatem ad se recipiat, vel, si adhuc minoris aetatis est, patruus eius vel avunculus aut aliquis amicorum vel proximorum illius easdem res interea propter timorem vel amorem Dei procurent, donec ad iuvenilem pervenerit aetatem. Et ut[a] hoc firmius constet, volo, ut ipse filius meus uno balteo ex auro et lapidibus pretiosis[b] effecto vel uno cavallo 60 solidos valente easdem possessiones a me comparet, qui[c] sit in testimonium inter me et ipsum et reliquos fratres ipsius, ut nequaquam exhereditare eum praevaleant. Si quis autem contradictor[d] *et rel.*

14. Precaria ad suprascriptam cartam.

Complacuit mihi N., ut res, quas ego a patre meo N. comparavi, diebus vitae suae per hanc precariam represtarem. Tradidit autem mihi idem pater meus hereditatem suam in locis illis et in illis, ut, quandocumque eum dies ultimus absumpserit, statim absque ullius contradictione eandem hereditatem ad me recipiam, vel patruus aut avunculus meus interea procuret, donec ad iuvenilem aetatem pervenero. Et ut hoc firmius consistat, do eidem patri meo unum[a] balteum ex auro et lapidibus preciosis effecto[b] vel unum cavallum 60 solidos valente[c] *vel quantulumcumque pretii*[d], quod sit in testimonium inter me et ipsum et reliquos fratres meos, ut nequaquam exhereditare[e] me praevaleant.

Actum in illo loco *et rel.*

15. Carta de eo, si quis hereditatem alicubi tradiderit et ibidem sibi victum conciliat et vestimentum[3].

Ego N., prospiciens senectuti meae et ei, quae solita est eam sequi, penuriam[a], trado ad illum locum, *vel cuiquolibet*[b] *potenti viro,* quicquid possessionum vel hereditario iure vel emptiva acquisitione dinoscor habere; ea scilicet ratione, ut idem vir, *vel* episcopus *seu* rectores eiusdem loci, statim inpraesentiarum easdem res ad se recipiant et me pariter in curam et providentiam suam suscipiant et usque ad diem obitus mei omnibus annis duo vestimenta linea et totidem[c] lanea et annonam sufficientem[d] in pane et cervisa et leguminibus et lacte, diebus autem festis in carne semper mihi non tardent exhibere. Tertio quoque anno sagum mihi provideant et wantes et calciamenta et fasciolas[e] crurales et saponem et balneas, infirmis maxime necessarias, et stramenta, prout opus habuero, iugiter mihi faciant exhiberi; quia nec filio meo nec alicui cognatorum meorum omnia mea, sed illis tantum dimisi. Quod si aliquid supradictorum mihi subtraxerint, res meas mihi restituant, ita dumtaxat, si a me interpellati et humi-

13 = *Dümmler* 14; *Rock.* 12; *Roz.* 338, §. 1. *Codd. A* 1. 2. a) ad *A* 1. b) praetiosis *A* 2. c) *lege:* quod; *cf. infra l.* 19. d) contradict̄ *codd.*; *cf. ex. gr. Wartmann II, nr.* 548. 549: Si quis vero huic (huius) cartę contradictor emerserit.

14 = *Dümmler* 15; *Rock.* 13; *Roz.* 338, §. 2. *Codd. A* 1. 2. a) unum — vel *eadem vel certe coaeva manus in margine supplevit A* 2. b) *ita A* 1; effectu, *ut videtur, corr.* effecto *A* 2; *lege:* effectum. c) *ita codd.* d) precii *A* 2. e) exhereditate mea p. *A* 1; exhereditate me p. *A* 2.

15 = *Dümmler* 16; *Roz.* 356. *Codd. A* 1. 2. a) *lege:* penuriae. b) *lege:* cuilibet. c) *A* 2; todidem *A* 1. d) sufficient̄ *A* 2. e) fusciolas *codd.*

1) *Hoc loco vox pagenses laicos significat. Cf. supra c.* 10. 2) *De hac et sequenti formula cf. Dümmler l. l.* 96 *sq.* 3) *Cf. Wartmann II, nr.* 572, *a.* 873; *Dümmler l. l.* 97 *sq.*

liter inplorati mitius et humanius me tractare contempserint; si autem, ut reor, benignius me voluerint habere, tunc potestativa manu absque ullius coheredum aut cognatorum meorum contradictione rectores[f] eiusdem loci omnia mea perpetuo sibi vindicent possidenda.

Precaria iam nota est.

16. Carta[a] libertatis[1].

Ego N., cogitans, qualiter ad obsolutionem[b] peccatorum meorum pervenire potuerim, et illud tempus recolens, quando servus liber erit a domino suo[c], decrevi, ut mancipia mea numero[d] 50[e] libera dimitterem[f], quorum nomina sunt haec: ill.[g] ill. Haec autem omnia ea conditione libertati condono[h], ut absque ullius, etiam filii[i] mei, contradictione sibi vivant et Deo, sibi laborent[k], pergant quo eis libuerit, serviant quibus[l] voluerint[m], liberi, quasi de ingenuis et nobilissimis Alamannis[n] sint geniti. Et ut hoc firmius possit consistere, et alicubi municipatum[2] habeant et tutelam, volo, ut singula de capite suo et[o] omnis progenies eorum 2 denarios[p] ad monasterium sancti[q] ill. in quocumque pretio die dominico[r] pentecostes persolvant, nisi tantum, legitimo[s] eos incommodo prepediente, statuto die id non potuerint implere.

Actum in[t] loco *et*[u] *rel.*

17. Carta[a] libertatis.

Notum sit omnibus huius pagi cultoribus, quod ego ill.[b] de loco qui dicitur N., cogitans de[c] remedio animae meae vel[d] parentum meorum[e] ac propinquorum, unum de famulis meis nomine[f] ill. in Christi amore, qui nos a dominatu satanae[g] liberavit, ab inportuno servitutis iugo[h] humanae cum consensu amicorum et cognatorum meorum liberare disposui; ita ut[i] divinis ipse mancipatus servitiis omni[k] vitae suae tempore pro me atque meis secura ac libera mente orare non cesset, et per singulos sacrae promotionis gradus ascendens, vicinius et familiarius pro nobis misericordi[l] Domino supplicare prevaleat. Et ut[m] haec[n] voluntatis meae actio firmior et perpetuo fixa munimine permaneat, in conspectu idoneorum testium hanc firmare decrevi.

Actum in[o] loco qui dicitur sic publice[p], presentibus istis, quorum hic nomina continentur. Sig. *et deinceps.*

18. Carta dotis[3].

Notum sit omnibus presentibus et futuris, qualiter ego ill. cum consensu utraque ex parte parentum nostrorum accepi neptam tuam in coniugium N. ill. Et propterea,

15. f) rectoris *A* 2.

16 = *Dümmler* 17; *Roz.* 94; *Bonvalot* 2. *Codd. A* 1. 2. 3. a) *rubrica deest A* 3. b) *ita A* 1. 2; absolutionem *A* 3. c) cui *A* 3. d) num *A* 2. e) c *A* 3. f) dimittere *A* 3. g) N. N. *pro* ill. ill. *A* 3. h) *A* 3; condo *A* 1. 2. i) haeredis *pro* filii mei *A* 3. k) laborant *A* 3. l) cui *A* 3. m) haereant cui placuerit *add. A* 3. n) Alamannivis *pro* Alamannis sint *A* 3. o) et — eorum *des. A* 3. p) denaria *A* 2. q) s. ill. *A* 2; S. N. *A* 3. r) dom̄ *A* 1. 2. s) legitime *A* 3. t) in loco *des. A* 3. u) ut supra *pro* et rel. *A* 3.

17 = *Dümmler* 18; *Roz.* 77; *Bonvalot* 3. *Codd. A* 1. 2. 3. a) *rubrica deest A* 3. b) N. *A* 3. c) *A* 3; *deest A* 1. 2. d) et *A* 3. e) ac propinquorum meorum *A* 3. f) nom̄ ill. *A* 1. 2; nomine N. *A* 3. g) satane *A* 1. h) h. i. *A* 3. i) *A* 3; *deest A* 1. 2. k) omnium suorum peccatorum *pro* o. v. s. t. *A* 3. l) misericordiae *A* 3. m) *deest A* 2. n) hac *A* 3. o) et reliqua ut supra *pro* in loco — deinceps *A* 3. p) publicę *A* 1.

18 = *Dümmler* 19; *Roz.* 234. *Codd. A* 1. 2.

1) *Cf. de hac et sequenti formula Dümmler l. l. p.* 98 *sq.* 2) *I. e. mundeburdum, defensionem. Alios locos, ubi eadem vox occurrit, affert Waitz, 'VG.' VI, p.* 450, *n.* 2. 3) *Cf. Dümmler l. l. p.* 99 *sq.*

sicut placuit inter nos, ego ei talem epistolam dotis committo et in hanc scedulam scribere rogo, ut, quicquid in isto placito diffinivimus, maxima firmitate iuxta Alamannorum constitutione permaneat. Et hoc est, quod illi ad hanc dotem dare volo *et cetera*, et hobam cum omnibus appenditiis suis, terris, pratis, pascuis, silvis, aquis aquarumve decursibus, mobilibus et inmobilibus, seu quicquid dici aut nominari potest, omnia in integrum habeas, teneas atque possideas. Post tuum vero discessum ad me, si vivo, aut infantes meos haec dos revertatur. Si quis vero, quod fieri non credo, aut ego ipse, quod absit, vel ullus heredum meorum seu[a] postheredum meorum, qui contra hanc epistolam dotis a me factam agere aut venire temptaverit, partibus fisce multa conponat, id est auri untias 3, argenti pondera 5 coactus exsolvat, et quod repetit evindicare non valeat, sed hec[b] presens epistola dotis firma et stabilis permaneat.

19. Carta concambii. Form.Sang. misc. 20.

Omne namque, quod inter partes diversas bonis moribus sanisque consiliis fuerit diffinitum, necesse est propter futura iurgia subicienda succedentibus temporibus conscriptionis vinculo conligare. Sic itaque conplacuit atque convenit inter ill. abbatem[a] cum[b] ad coenobii sancti ill. vocato[b] suo, *seu inter alios seculares*, videlicet[c] inter illum et illum, ut simillimas firmitates parique tenore conscriptas cambii sui emitterent[d]. Ipsum autem cambium in easdem firmitatis emissiones nominatim visum est nobis inserendum. Dedit namque memoratus abba, *seu alius*, cum manu advocati sui iam dicto homini illo in villa nuncupata iuchos et de pratis[e] ad carradas[f], ad ius pertinens sancti illi, et accepit ab illo in villa nuncupata iuchos et de pratis carradas[f]; ea dumtaxat ratione, ut pars utraque acceptae ius cambitionis deinceps inconvulsum et inviolabile perennibus temporibus absque ullius inquietudine vel repetitione possideat. Sicque pari diffinitione sanxerunt, ut, si qua pars vel quelibet[g] exin calumniam ingerere, hoc est aut memoratus abba seu ipsius successores sive iam dictus ill. vel illius heredes aliquam repetitionem moliri temptaverint, sit tunc pars parti tantum culpabilis, quantum repetere presumpserit, et in aerarium regis auri uncias 2[h] cogati[i] inpendere, sed nihilominus presens emissio cambii perpetim sui vigoris obtineat firmitatem; ita procul dubio, si imperatoris clementiae conplacuerit.

Actum in loco *et cetera*.

20. Carta pactionis. Form.Sang. misc. 21.

Dum constet plurimis, quod a quodam homine ill. advocatus cenobii sancti ill. pro[a] rebus, quas ille in illo loco sitas ad partem iam dicti monasterii contradidit, frequenter pro eisdem rebus interpellatus est[b]. Qua[c] ex re utrique conplacuit atque convenit, ut devitanda deinceps causa contentionis prefatae[d] res, pro quibus nos et advocatum nostrum interpellat[b], ad nos pleniter, id est ad potestatem monasterii, redeant[e] perpetualiter possidenda, accipiatque a parte monasterii[e] eiusdem aliquod territorium in confinio villae supra nuncupate[f], hoc est totidem iuchos; sub tali conventione, ut etiam deinceps neutra pars ullam inquietudinem seu repetitionem moliatur. Quod si inchoatum fuerit, sit tunc pars alteri tantum culpabilis, quantum expetit, et quod malo ingenio repetit evindicare non valeat, sed presens conventionis cartula perennem obtineat vigorem, stipulatione subnexa[g].

Actum in loco publice[h] *et cetera*.

21. Carta traditionis[1].

In Dei nomine. Ego ill.[a] trado ad coenobium sancti ill. pro remedio animae meae parentumque meorum unam hobam in loco illo sitam, in qua ille servus habitat,

18. a) seu postheredum *in margine suppl. A* 2. b) hęc *A* 2.

19 = *Dümmler* 20. *Codd. A* 1. 2. a) abb. *codd.* b) cum — vocato suo *ita ordine turbato pro* coenobii sancti ill. cum advocato suo *non solum in codd. A* 1. 2 *leguntur, sed etiam in ipsa formula Sang. misc.* 20. c) *deest in form. Sang. misc.* 20. d) *hic quaedam verba omissa sunt.* e) patris *A* 1. f) carrađ *codd.* g) quęlibet *A* 2. h) tres *form. Sangall. misc.* 20. i) *ita codd.*

20 = *Dümmler* 21. *Codd. A* 1. 2. a) reprobus *pro* pro rebus *A* 1. b) est — interpellat *add.* 2. *m. A* 1. c) Quia *A* 1. d) prefate *A* 2. e) redeant — monasterii *des. A* 1. f) nuncupate *A* 2. g) subnexi *A* 1. h) publicę *A* 1.

21 = *Dümmler* 22; *Roz.* 364. *Codd. A* 1. 2. a) *ita codd.; ille falso edd.; cf. infra:* maritus meus,

1) *Cf. Dümmler l. l. p.* 101 *sq.*

cum omnibus appenditiis suis, quicquid ad illam hobam excoli debet, aedificiis, mancipiis, pascuis, silvis, aquis aquarumque decursibus, mobilibus et immobilibus, et quicquid dici vel nominari potest, quod ad illam pertinere videtur, absque aliis mancipiis his nominibus. Cetera ad illam hobam pertinentia omnia ex integro ad supradictum monasterium trado; ea videlicet ratione, ut ego ill. et maritus meus N. eandem rem ad nos recipiamus et annis singulis inde censum [b] solvamus, id est tantum, et si redimere voluerimus, cum tanto pretio id faciamus. Si autem maritus meus me supervixerit, censum illum solvat. Si autem ille alius heres nos supervixerit, tunc ille eandem rem habeat et censum inde solvat, id est 10 siclas de cervisa, 20 panes, unam friskingam [c] saiga valentem. Similiter et eius [d] heres faciat. Si autem ille aut heres illius redimere voluerint, cum tercia [e] parte weregeldi redimat ipse vel heres eius. Si autem ipsi non redimerint, tunc post obitum nostrum ad ipsum monasterium revertantur perpetim possidendae. Si quis vero, quod fieri non credo, aut ego ipse [f] seu ulla opposita persona contra hanc traditionem venire et eam impedire voluerit, auri uncias 3 et argenti pondera 5 in fisco regis coactus persolvat, et nihilominus haec traditio firma et stabilis permaneat.

Actum in loco publice [g], presentibus istis. Sig. N. ipsius monasterii abbatis [1] et advocati eius, qui hanc traditionem fieri decreverunt. Sig. decani. Sig. portarii. Sig. sacratarii. Sig. prepositi. Sig. camerarii. Sig. cellenerarii [h]. Sig. hospitarii. Signa et aliorum testium. Ego itaque, inperitus et humillimus Dei acolitus, scripsi et subscripsi hanc traditionis firmitatem et constantiam, ut, si quis hanc cartulam traditionis impedientis affectu legerit, priusquam finem kartule [i] legendo incurrat, oculis privatus appareat [2]. Notavi diem dominicum [k] Kal. Mart., tercio [l] anno regnante K. iuniore [3], sub Adalperto [m] comite.

Precaria iam cognita est.

---

22. In Dei nomine. Incipit epistola, quae formata dicitur sive commendaticia.

Reverentissimo atque gloriosissimo et ab omnibus cum summa veneratione nuncupando ill. episcopo ego ill., extremus sub pontificali officio Deo famulantium perpetuam [a] in domino Iesu opto salutem ΠΥΑ . ΠΑ . ΑΑΑΙ . DLXXV. Presens frater noster ille petiit ab extremitate nostra licentiam ad vestram almitatem proficiscendi atque vobiscum sive cum vestris habitandi. Cui et nos benivola mente et fraterno affectu non solum ei copiam ad vos veniendi non negavimus, verum etiam, ut a vobis [b] sive a vestris gratifice suscipiatur exposcimus. Et si vobis placuerit, ut aut in gradu, quem modo tenet, sacris altaribus ministret, aut ad altiorem gradum promoveatur, nostro sive nostrorum testimonio suscepto, id ei facere liceat; quippe qui nihil in eo tale noverimus, quod id faciendi ei licentia denegetur. Bene namque in ecclesia, in qua actenus [c] fuit educatus, bene conversatus, hoc nobis de se sive de sua vita ostendit, ut, in quantum humana fragilitas humana scire potest, administratione sacrorum ministeriorum non sit indignus. Nos itaque, ut homines divini sensus inscii et archanorum ignari, praebemus de fratre quale scimus testimonium; Deus est enim, quem occulta non fallunt, et qui omnium secreta rimatur, iuxta illud: 'Homo videt in facie, Deus autem in corde'. Has ergo litterulas ideo illi petere et nobis facere libuit, ut ille non solum pro profugo aut abiecto non habeatur, verum etiam et nostrae humani-

21. b) cessum *A* 1. c) frisk. *codd.* d) heres eius *A* 2. e) tertia *A* 2. f) *ita pro* ipsa *codd.* g) *A* 2; publicae *A* 1. h) celleneari *corr.* cellenerarii *A* 2. i) kartulę *A* 2. k) dom̄ K Mar̄ *codd.* l) tertio *A* 2. m) Adalberto *A* 2.

22 = *Dümmler* 23. *Codd. A* 1. 2. *Cf. Form. Sang. misc.* 7. a) perpetuum *A* 1. b) nobis *A* 1. 2. c) hactenus *A* 2.

1) *Haec et sequentia non cum ipso cartae contextu congruere videntur, cum hic abbas cum advocato suo traditionis cartam emisisse dicantur, ex ipsis autem contextus verbis appareat, traditionem potius a quadam muliere monasterio factam esse. Confusa esse videtur forma traditionis cum forma praestariae, quae apud Alamannos precaria dicebatur.* 2) *De huiusmodi maledictionibus in cartarum subscriptionibus non usitatis cf. 'N. Archiv' VIII, p.* 535. 3) *Karoli III. Notae temporis conveniunt in diem* 1. *Mart. a.* 879.

tatis et caritatis commendatione a vestra fraternitate libentissime suscipiatur. AMHN. XCVIIII. Salus aeterna, quae Christus est, et in hoc praesenti tempore vobis longevam salutem et in futuro cum sanctis et electis sempiternam largiri dignetur. Amen. DCXCIIII.

23. Qualiter debeat epistola formata fieri, exemplar.

Greca elementa litterarum numeros etiam exprimere nullus, qui vel tenuiter Greci sermonis noticiam[a] habet, ignorat. Ne igitur in faciendis epistolis canonicis, quas mos[b] Latinus formatas vocat, aliqua fraus falsitatis temere agi presumeretur, hoc a patribus 308[c] Nicea[d] constitutis saluberrime inventum est et constitutum, ut formate epistolae hanc calculationis seu supputationis habeant rationem; id est: adsumantur in supputationem prima Greca elementa Patris et Filii et Spiritus sancti, hoc est ΠΥΑ, quae elementa octogenarium, quadringentesimum et primum significant[e] numeros, Petri quoque apostoli prima litera, id est Π, qui numerus octuaginta significat, eius qui scribit epistolam prima littera, cui scribitur secunda littera, accipientis tertia littera, civitatis quoque de qua scribitur quarta, et indictionis, quaecumque est id temporis, id est qui fuerit numerus adsumatur. Atque ita his omnibus litteris Grecis, quae, ut diximus, numeros exprimunt, in unum ductis, unam quamque collecta fuerit summa epistola tenet. Hanc qui suscipit omni cum cautela requirat expressam, addat praeterea separatim in epistola etiam nonagenarium et nonum numeros, qui secundum elementa significant: AMHN.

24. Epistola commendaticia[a. 1].

Summae[b] sanctitatis, scientiae, pietatis et ordinis culmine sublimato domino Υ[c] dignitatis episcopalis infimus N.[d] pastor[e] ecclesiae C.[f] salutis et prosperitatis augmentum[g] et futurae vitae gaudium sempiternum. Iste iuvenculus, sectator fidei beati[h] Π. α.[i], id est confessor aequalitatis[k] et coeternitatis[l] Π. et Υ. et Α., nomine A, MCCCLXII[m], ex multo iam praecedente tempore pusillitatem nostram inquietare[n] non cessat, ut ad vestrae dominationis dulcedinem eum dirigere[o] debeam, quatenus[p] apud[q] vestram sapientiam aliquid e[r] multis ediscere possit, quo ad ministerium, cui deputatus est, quantulumcumque proficiens[s], vitam suam in ordine[t] sacerdotali seu levitico transigere usquequaque non existat indignus. Opinio quippe omnimodarum virtutum in vobis redolentium[u] more flagrantissimorum aromatum[v] ita omnium animos oblectare dinoscitur, ut nec proximi ob desiderii nimietatem[w] ea satiari, nec longinqui propter odoris magnitudinem ea possint privari[x]. Quapropter et ego huius pueri voluntatem divinitus existimans inspiratam, simul et eius perpendens indolitiam[y] necnon et tantum in tali aetate ingenium, insuper et infantiam in optimis[z] studiis tritam, nefas putavi eius bono desiderio abnuere et non ad vestram clementiam aliquid[a] pro eius commendatione scribere[e]; quod etiam

23 = *Dümmler* 24. *Codd. A* 1. 2. *Cf. Form. Sang. misc.* 8. a) notitiam *A* 2. b) nos *A* 1. 2. c) cccɿviii. *A* 2. d) *A* 2; Nicei *A* 1. e) significat *A* 1; signif. *A* 2.

24 = *Als.* 11; *Wyss* 27; *Dümmler* 25; *Roz.* 660. *Codd. A* 1. 2. *B. C.* a) commendatitia *B.* b) Summę *A* 2; Summe *A* 1. *C.* c) *C;* V *A* 1. 2; N *B.* d) *deest A* 1. 2. e) *deest B.* f) C *(fortasse* = Σ*) A* 1. 2; N *B.* g) aucmentum *C.* h) *deest C.* i) *i. e.* apostoli. k) equalitatis *B.* l) coęternitatis *A* 2. m) *numerus deest B.* n) inquietate *corr.* inquietare *B.* o) diregere *corr.* dirigere *B.* p) *B. C;* quatinus *A* 1. 2. q) aput *B.* r) sê *pro* e *A* 1. s) profitiens *B.* t) hordine *B.* u) redolentium more redolentium aromatum vel flagrantissimorum ita *C.* v) aromatom *corr.* -um *B.* w) nimietate ea saciari *B.* x) pruari *B.* y) indolem nęcnon *B.* z) obtimis *B.* a) aliquod *B.*

1) *Epistola inter diem* 1. *Sept. a.* 878. *et eundem diem a.* 879. *a Salomone II. episcopo Constantiensi data est Witgario, ut videtur, Augustano episcopo. Annus colligitur ex indictione* 12. *infra adnotata, quae semel tantum convenit cum Salomonis II. tempore. Cf. Dümmler l. l. p.* 103 *sqq. Neque vero, quod adhuc viri docti existimaverunt, Salomo iuvenis, postea III. eius nominis episcopus, sed potius Waldo frater eius hac epistola commendatur, quod praecipue ex computatione literarum Graecarum colligi potest. Cf. 'N. Archiv' VIII, p.* 518 *sq., et infra n.* 2.

2) *Numerus effici videtur his elementis:* ΠΥΑΠ + Σ (= *litera* 1. *nominis* Salomo) + Υ (= *litera* 2. *nominis* Witgarius, W = *Graece:* ΥΥ) + Α (= *litera* 3. *nominis* Waldo) + Σ (= *litera* 4. *vocis* Constantia), *i. e.:* 561 + 200 + 400 + 1 + 200 = 1362.

me[b] non rogatum oportuisset facere, presertim cum, dominationem[c] vestram me et omnes ad me pertinentes indulgentius[d] semper habuisse, certissimo experimento proba-verim[e]. Nunc ergo puerum istum, viscera mea, filium consobrinae meae, solam et maximam[f] curam meam, commendo quibus estis plenissimi visceribus misericordiae vestrae, ut vestram[g] vitam et vos 'primis miretur ab annis'[1], mansuetudinem vigore[h] decoratam, doctrinam operibus commendatam, austeritatem dulcedine temperatam, taciturnitatem modestam, locutionem[i] utilem vel necessariam, victus et somni parcitatem, mediocritatem vestitus, ieiuniorum et orationum per dies et noctes instantiam[k], largitionem elemosinarum[l], susceptionem[m] hospitum, solamen lugentium, peregrinis et egentibus[n], plebibus et clero, monachis et virginibus, viduis et orphanis, comitibus et regibus, servis et liberis, coniugibus et continentibus[k], mediocribus[o] et maximis, Iudaeis et gentilibus[p] vos unum omnia perdiscat effectum. Quod si aliquid apud[q] vos, ubi omnes proficiunt[r], doctrinae morumque profectus[s], Deo largiente[t], ceperit[u], debitorem vobis[v] de eo[w] Christum facitis[x], qui eum talem educaveritis, ut non solum sibi, sed et aliis possit utilitati[y] fieri. Priorem autem eius vitam vestrae sapientiae absque fuco manifestare curamus. A sanctae[z] recordationis avunculo meo Salomone[a] episcopo[2] detonsus in clericum, mox apud[b] monasterium Sancti Galli cuidam religiosissimo omnique vigore et industria plenissimo viro[3] commendatus, sub artissima disciplina et custodia literarum[c] studiis monasterialibusque rudimentis[d] insistens, vitam suam, ut credo, spero et confido, adiutus gratia Dei, hactenus servavit inlesam. Iuxta sententiam[e] vero sapientissimi Salomonis futurae[f] illius viae[g] ignari[4], 'commendamus eum Deo[h] et verbo gratiae[i] eius, qui potens est aedificare[k] illum et dare hereditatem in[l] sanctificatis omnibus'[5], ut sub vestra custodela[m] semen doctrinae Christi in eo coalescat[n], antequam inimicus ei zizania superinspergat, quod, heu prodolor, cotidie[o] in omni loco dormientibus agricolis agere persistit infestus[6]. Vos autem ad custodiam[p] gregis sui, ad correctionem[q] totius Germaniae, ad consolationem omnis ecclesiae vigiliis, orationibus omnique diligentia[r] insistentem[s] sancta Trinitas diu conservare et ad perpetuam remunerationem perducere[t] dignetur. I. XL. VIII. L.

Scripta est[u] epistola haec anno presenti, indictione[v] XII. MCCCCLXIIII[w].

25. Item alia brevior[a. 7].

N. sanctae[b] N. ecclesiae pastor dilectissimo et[c] sanctissimo[c] fratri et consacerdoti N.[c], Florentino episcopo, in domino Salvatore[d] salutem. Caritas vestra scire dignetur,

24. b) mę *A* 2. c) dominacionem *B.* d) indulgencius *B.* e) proverim *B.* f) *deest B.* g) vitam vestram *B.* h) vigorem *A* 1. 2. i) locucionem *A* 1. k) et *add. B.* l) elemosynarum *A* 1. 2. m) suscepcionem *B.* n) gentibus *B;* egenis vel egentibus *C.* o) mediorimis et m. *C.* p) gentibus *B.* q) aput *B.* r) profitiunt *C.* s) proprofectus *B.* t) largente *A* 1. u) *B. C;* coeperit *A* 1; cęperit *A* 2. v) Christum vobis de eo f. *C.* w) æo *B.* x) fatitis *B.* y) utilitatis *C.* z) sancte recordacionis *B.* a) ill. vel ill. *pro* S. *B;* S. *C.* b) ad *B.* c) litterarum *C.* d) insistens rudimentis *C.* e) sentenciam *B;* illud *pro* sent. vero *C.* f) future *A* 2. *B.* g) vitae *B.* h) Deo et *B. C; des. A* 1. 2. i) graciae *A* 1. k) edificare *B.* l) in *evan. B;* in sanctificationibus *pro* in s. o. *A* 1. 2. *C.* m) custodelela *A* 1. n) cales . . cat *B.* o) cotidię *A* 2; cotidiae *C.* p) custodia grecis *A* 1. q) correccionem *B.* r) diligencia *B.* s) insistentes *B.* t) p. d. *desunt B.* u) autem *add. A* 1. 2. v) indilectione *A* 1. w) *ita codd. pro* MCCCCLXXIII.

25 = *Als.* 12; *Wyss* 28; *Dümmler* 26; *Roz.* 661. *Codd. A* 1. 2. *B (initium tantum exhibet). C.* a) previor *A* 2. b) sancti *B.* c) *deest B.* d) *deest C.*

1) *Verg. Aen. VIII,* 517. 2) *Salomo I. Constantiensis episcopus* † 871. 3) *Fortasse Iso. Postea Waldo cum Salomone fratre a Notkero doctus atque eruditus esse videtur. Cf. Dümmler l. l. p.* 106 *sq.* 115. *et 'St. Gallische Denkmale' p.* 262; *Heidemann in 'Forschungen z. D. G.' VII, p.* 438 *sq.* 4) *Cf. Prov.* 30, 18. 19. 5) *Acta apost.* 20, 32. 6) *Cf. Ev. Matth.* 13, 25. 7) *Epistola missa esse videtur ab eodem Salomone episcopo ad Andream tunc temporis Florentinum episcopum. Cf. Dümmler l. l. p.* 115 *sq. et quae annotavi 'N. Archiv' VIII, p.* 527, *n.* 1.

quod praesens[e] frater noster, mediocribus apud nos natalibus ortus, optimis autem moribus et sacris literis[f] adprime institutus, a quodam cognato suo in vestram diocesim venire persuasus, postulavit a pusillitate nostra, ut pro se aliquid ad dulcedinem vestram scribere curaremus. Cuius petitioni annuentes et paupertati consulentes, commendamus eum sanctati vestrae, ut apud vos vitam suam in diaconii gradu ducere debeat, usquequo, eius conversatione vobis et vestris agnita et probata, ad sacerdotii gradum in elemosynam vestram promoveri mereatur. Vitam eius priorem, Deo teste, sine fuco vobis intimamus[g]. Amator erat ieiuniorum et vigiliarum et idcirco castitatis perpetuus custos, assiduus ecclesiarum[h] visitator et minister, iuxta modulum suum pauperum susceptor et servitor et caritatis in Deum et proximum indefessus exsecutor. Valete[i].

26. Item alia pro episcopo ordinando[1].

Domino et patri P. Visoncensis[a] ecclesiae pontifici Salomo[b] indignus episcopus ecclesiae C. a Deo Π. et Υ. et A. per intercessionem beati Π.[c] α. gratiae, misericordiae[d] et pacis habundantiam. Sublimitas vestra scire dignetur, quia dominus[e] noster K.[2] rex, comperto recessu fratris nostri N. Losaniensis episcopi, cuidam clerico suo eandem sedem tradere decrevit. Pro quo mihi precepit, ut ex ministerio meo et consensu fratrum nostrorum ad sanctitatem vestram iuxta canonum decreta scriberemus. Quod Dei gratia oportune[f] contigit; nam quando nobis eadem domni regis epistola presentata est, numerosam synodam[g] collectam habuimus. Quibus cum ipsam breviculam[h] legi fecissemus, maximo sunt omnes gaudio repleti, quod tanti apud illum sumus habiti, ut ex nobis aliquos summo sacerdotio non existimaret indignos. Commendamus ergo hunc fratrem nostrum nomine A religiositati vestrae, nihil extra dicentes, quam quod verum de[i] eo comperimus et scimus. Undique nobiliter genitus, moraliter enutritus[k], liberaliter instructus, in omni vita sua sine querela[l] conversatus, ab anterioribus meis archipresbyteratus[m] ministerio suscepto, cum omni diligentia plebem sibi commissam regere curavit. Cunctorum vitiorum osorem et omnium virtutum eum novimus amatorem. Pauperum et peregrinorum in eo susceptionem et omnibus hospitalitatem adeo cuncti scire et laudare consueverunt[n], ut hanc ipsam dignitatem, quam nunc suscepturus est, non per aliquam ambitionem vel machinationem sive etiam subintroductam aut subimmissam personam, sed per solum hospitalitatis bonum, Deo benignitati eius vicem reddente, meruerit. Nam cum quodam in tempore dominus[o] noster K.[2], adhuc iuvenculus, per flagrantissimum aestum ad nocturnam mansionem sibi preparatam festinaret, et propter angustiam temporum per totam diem non habens quo diverteret, iuxta possessionem eiusdem presbyteri[p] itineris rectitudine perveniens, devotissime ab eo susceptus et regaliter honoratus est. Cui decedens promisit, quia, si aliquando sibi facultas suppeteret[q], hoc ei prandium recompensaret. Nunc ergo ei, quem Deus, ut credimus, elegit, officii[r] vestri munus impendere dignamini. Dulcissimam paternitatem vestram et ecclesiam[s] sanctitati vestrae commissam et omnes suffraganeos vestros cum gregibus suae curae

25. e) *reliqua des. B.* f) litteris *C.* g) intimavimus *C.* h) ecclęsiarum *A* 2. i) Vał *codd.*
26 = *Als.* 13; *Dümmler* 27; *Roz.* 519. *Codd. A* 1. 2. *C.* a) Visocensis *C.* b) S̈ *A* 1. 2; C *(= Σ?) C.* c) n *A* 1. 2. d) et m. pacisque *C.* e) domnus *C.* f) *C;* opurtune *A* 1*;* oportunę *A* 2. g) *ita codd.* h) brevicolam *C.* i) de eo *desunt C.* k) *C;* nutritus *A. B.* l) quęrela *A* 2. m) archiprespiteratus *C.* n) consuerunt *C.* o) *C*; domnus *A* 1. 2. p) prespiteri *C.* q) subpeteret *C.* r) offitii *C.* s) ecclęsiam *A* 2.

1) *Zurlauben, 'Observations' p.* 193, *Dümmler l. l. p.* 115 *sq. et 'Ostfränk. Reich' II, p.* 129, *E. de Rozière, 'Recueil' II, p.* 622 *sqq., hanc epistolam post mortem Hartmanni episcopi Lausonensis ad Theodericum Vesontiensem archiepiscopum missam esse, recte iudicaverunt, quamvis neque litera* P *neque numerus, ut in epistola formata infra subiectus, cum nomine archiepiscopi illius convenire videantur. Data est a Salomone II. episcopo Constantiensi; cf. Dümmler, l. l.* 2) *Karolus III.*

commendatis ad laudem et gloriam nominis sui[t] diu Deus omnipotens conservare dignetur. AMHN[u].

Scripta est autem epistola[v] anno[w] presenti, indictione XII. MCLXXIIII.[1]

27. De rege ad regem[2].

Dilectissimo fratri et unanimo amico, gloriosissimo Galliarum, Aquitaniae et Hispaniae regi Hludowico[a] cognominis[b] vester[c] Hl. rex Francorum. Gratia vobis et pax atque[d] victoria de caelo[e] subministrentur! Obsecro, frater karissime, sanguis et ossa mea, pars animae meae, nomen meum, ut, postpositis vel potius explosis et adnullatis simultatibus et inimicitiis, quas inter patrem vestrum et nostrum cupidi et perversissimi homines seminare gaudebant, christiano et cognato amore nos invicem diligere, et alter alteri domi militiaeque fidi et pacati[f] esse curemus, ne quisquam tertius[g] nos duos nisi unum se invenire tripudiet, et ita fit, ut nec nostri de nostra dissensione et minoratione glorias et dignitates aucupentur, nec adversarii vel extranei de regni nostri defectu vel casu glorientur. Ut autem foedus inter nos condictum[h. 3] firmiter[i] permaneat, mittimus vobis pro arrabone cavallum, viribus et velocitate, non statura et carnibus probabilem, et sellam, qualem nos insidere solemus, ut nos fortitudine et utilitate, non luxu et inanitate delectari noveritis. Mittimus etiam cortinam praestantissimam, qua in palatio vestro tempore consilii pro signo dilectionis nostrae suspensa, omnia maledicorum seminaria contabescant, dum et meam apud vos devotionem hoc munere et vestram erga nos affectionem ipsa viderint et extimuerint ostentatione. Et ut de vitae vestrae diuturnitate nos sollicitos esse noveritis, dirigimus vobis aromata et unguenta et pigmenta medicabilia, quorum odore, delibutione et sapore delectati, diu vivere et nos diligere firmiter et iure debeatis. Ad[k] regimen *et rel.*

28. Epistola[a. 4].

Uterinis[b] fratribus adoptulus frater in Salvatore mundi salutem. Rem miraculo dignam, immo portentuosam mihi praecipitis, ut balbus, edentulus et ideo blesus, vel, ut verius dicam, semiblaterator, surdastris vobis, vel potius insensatis, cantare seu ludere sive lamentari debeam. Quod contra possibilitatem et conscientiam meam incipio, quia vobis quicquam denegare nequeo. Vos autem et mihi et vobis in hoc consulite, ut ad invidiam nostram hoc nemini propaletis. Quicquid ab anterioribus nostris accepimus,

26. t) dui *pro* sui diu *C.* u) Amen *C.* v) epā *C.* w) haec *add. A.* 1. 2.

27 = *Als.* 14; *Dümmler* 28; *Roz.* 695. *Codd. A* 1. 2. *C.* a) *C;* Hlud. *A* 1. 2. b) cognominus *A* 2. c) vestri *C.* d) adque *C.* e) coelo subministretur *C.* f) paccati *C.* g) tercius *C.* h) conditum *C.* i) permaneat firmum *C.* k) *haec verba pro rubrica capitis sequentis exhibet C.*

28 = *Als.* 15; *Dümmler* 29; *Roz.* 800. *Codd. A* 1. 2. *C.* a) *deest C.* b) U *littera deest C.*

1) *Numerus falsus sit oportet, si re vera epistola a Salomone Constantiensi ad Theodericum missa est, quia componi debuit e numeris* ΠΥΑΠ + Σ + Ε + Σ + ΑΜΗΝ + ΧΙΙ = 561 + 200 + 5 + 200 + 99 + 12, *qui efficiunt* 1077. *Cui numero talis addendus est, qui una litera Graeca exprimatur; fortasse* 100 = Ρ, *ut bene suspicatus est Rockinger ad h. l. n.* 4, *pro* MCLXXIIII *legendum esse* MCLXXVII. *Quamvis litera Graeca* Ρ *cum tertia litera Ieronymi, successoris Hartmanni conveniat, tamen de eo vix cogitandum est. Cf. Dümmler, 'Formelbuch' l. l.* 2) *Epistolam mittit Ludovicus iunior, Ludovici Germanici filius, rex orientalis Franciae ad Ludovicum Balbum filium Karoli Calvi haud multo post Kalendas Nov.* 878. *Dümmler, 'Formelbuch' p.* 118 *sqq. et 'Ostfränk. Reich' II, p.* 97 *sq.; E. de Rozière, 'Recueil' II, p.* 965 *sq.* 3) *Dicitur de conventione Furonis celebrata Kal. Nov. a.* 878; *Ann. Bertin. a.* 878, *ed. Waitz p.* 145; *LL. I, p.* 515. *Cf. Dümmler, 'Ostfränk. Reich' l. l.* 4) *Epistola data esse videtur a Notkero ad discipulos eius, Waldonem Salomonemque fratres. Cf. Dümmler, 'Formelbuch' p.* 120 *sqq.; 'N. Archiv' VIII, p.* 515 *sq.*

absque ulla retractatione[c] vel discussione suscipere et subire debemus, quia, ut Cassianus ait, 'qui a discussione incipit discere, numquam[d] ad perfectum perveniet'[e. 1]. Sed quia ita se habet[f] humanum ingenium, ut iuxta pessimum et execrabile primorum terrigenarum exemplum omnia cupiat[g] experimento probare, non obediendo[h] servare, quantum scientia suppetit, conabor vobis aperire, quam[i] necessario et clericis tonsura et monachis sint indicta cuculla. Et quidem de tonsura, quae clero et coenobiis et cunctis altaris ministris, cismarinis dumtaxat, est communis, hoc nobis sufficere debet, quod patres nostri Petrum apostolum ob recordationem et imitationem[k] spineae coronae, quae Domino ab inludentibus est imposita[l], summum sibi capitis denudare et infra ad similitudinem coronae capillos sibi relinquere tradiderunt, et exinde cunctos, qui ad sacerdotium pertingere cuperent, eo modo non solum rebus suis, sed etiam sibi ipsis se abnegare debere. Et quid[m] hoc vobis[n] magnum? cum in Veteri Lege[o] praeter summum pontificem et eius tantum filios omnes levitae non solum capillos, sed et omnes pilos corporis sint radere praecepti[2]. Donec Ezechihel[p] propheta summusque sacerdos, in portentum populi concidendi, cremandi et dispergendi, capillos et barbam radere et ex eis partem[q] concidere, partem cremare partemque in omnem ventum iussus est dispergere[3]. Qui hoc[r] etiam in mandato accepit, ut sacerdotes capita non raderent, sed tonderent[4], quia in altero aliquid, licet[s] miserae[t], delectationis, in altero nihil est nisi profundae humilitatis. Quod apparet in his qui tondentur ad palum[5]. Quamvis beatissimus papa Gregorius in explanatione eiusdem sententiae non ita videatur intellexisse, sed ita solummodo tonderi, ut non impedirentur oculi[6]. Quod si ita est, quid fiet de mandato legis? quae dicit: 'Non attondetis[u] vos in rotundum'[7], et causa additur: 'quia sancti estis Domino'[8]. Quod quem intellectum iuxta hystoriam[v] habeat, non est[s] litteris commendandum, ne contra consuetudinem nostratium aliquid sentire videamur. Sed forte de sacerdotibus in Ezechihele ita potest intelligi iussum, ut supra oculos se tantum tonderent, sicut adhuc Greci faciunt[w] sacerdotes, cum monachi vel iuxta Anastasium totum caput[x] usque ad barbas radant bis vel semel in anno, vel iuxta primos eiusdem professionis viros, Heliam[y] scilicet prophetam, Iohannem baptistam, Paulum solitarium, Antonium eundem anachoretam[z] ecclesiarumque[a] doctorem et ipsorum episcoporum magistrum, naturali tegmine delectati, pro gratiarum actione Creatori capillis et barba vestiri non graventur; quorum etiam Antonius hoc dicit, quia, quicquid naturae quasi meliorandae[b] decorandaeque[c] subtraitur, hoc et ad turpitudinem ipsius et ad iniuriam Creatoris redundat[9]. Huc accedit, quod novaculae conparandae[d], temperandae, ipsumque caput ad nimiam in frigore et calore miseriam et calumniam decalvandum sit, ipsaeque[e] horae[f], quibus haec praeparantur et aguntur, pereant. Nisi diligenter[g]

28. c) retractione *A* 2. d) obis *add.* *A* 2. e) *A* 2. *C;* perveniret *A* 1. f) humanum habet *C.* g) cupiunt *C.* h) oboediendo *A* 2. i) *C;* qua *A* 1. 2. k) immitationem *C.* l) inposita *C.* m) quidem *C.* n) nobis *C.* o) t e s t i m o n i o v e l lege *C.* p) Ezechiel *C.* q) partem cremare partemque concidere et partem in omnem ventum dispergere iussus est *C.* r) etiam hoc *C.* s) *deest* *C.* t) misere *C.* u) attendetis *A* 1. v) historiam *C.* w) fatiunt *C.* x) capud *C.* y) Heliam prophętam *C, ubi* scilicet *deest.* z) anachorętam *C.* a) *A* 2. *C;* ecclęsiarumque *A* 1. b) meliorande *A* 2. *C;* quasi *deest* *C.* c) decorandeque subtroitur *C.* d) comparandae temperande *A* 2. e) ipseque *A* 2. f) orae *A* 1. 2. g) dilienter *A* 1.

1) *Cassiani Coll.* 18, 3*:* Numquam rationem veritatis intrabit, quisquis a discussione coeperit erudiri. 2) *Cf. Num.* 8, 7. 3) *Cf. Ezech.* 5, 1 *sqq.* 4) *Cf. ib.* 44, 20. 5) *I. e. 'Schandpfahl'. Cf. Cap. a.* 818. 819, *c.* 16, *LL. Capitularia I, p.* 284*:* nudus ad palum vapulet et caput eius tondeatur. 6) *Vide Gregorii M. Regul. past. II,* 7*; Regist. I,* 24. *VII,* 5 *(Jaffe, Reg. Pont. ed.* 2. 1092. 1451*).* 7) *Levit.* 19, 27*; cf. ib.* 21, 5. 8) *Cf. ib.* 21, 6. 9) *Cf. Vit. S. Antonii auct. Athanasio in versione Evagrii c.* 20*:* Sufficit nobis naturalis ornatus; ne deturpes, homo, quod tibi largitio divina concessit. Opera Dei inmutare velle polluere est. *Opp. Athan. I (ed. Maur. Paris.* 1698*), p.* 812.

noveritis et observetis, cur[h] hoc genus tonsurae, immo rasurae in his sit provinciis[i] usurpatum, vel potius pro lege susceptum, licet Paulus et Stephanus in sua regula verticem monachos iterato non radere, sed tondere praecipiant[1]. Porro quam necessario vel tonsura sive rasura eadem sit instituta, ex sequentibus liquido perpendite. Licet quidam Petrum vel Paulum[k] non attonsos[l] vel derasos, sed naturaliter priorem recalvastrum asseverare soleant, sequentem in frontispicio calvum. Quod si ita est, quis tam superbus esse[m] debet christianus, ut non libenter pro Christi nomine contumeliam subeat, qua primos apostolos insignitos esse non diffidit? Quin potius hinc discat in alia vita honorem inquirere, cum Deum amicos suos in hac vita capillorum didicerit honore privare. Si autem Petrus non naturaliter calvus, sed rasorio creditur decalvatus, ut contumeliae crucis Christi participaretur, merito quaeritur, cur sibi coronam tollendo comam, non torquem imponendo facere voluerit. Ad quod facilis responsio patet. Primum quia, si iuxta Dominum spinea sacerdotibus imponeretur corona, non semper ea possent uti, et praecipue dormientes; si autem viminea vel fraxinea vel cuiuslibet flexibilis ligni seu certe cuiuscumque[n] texturae vel metalli, quis nostri[o] similium eam pro loco vel tempore vel vilem non abiceret, vel pretiosam[p] sibi imponeret? Et quid[q] esset, quod nos a laicis dispararet[r]? Quod si dixeritis, quia vestes: quid est, in quo indumenta vestra a laicorum differant vestimentis? nisi quia[s] interdum podere[t] linea, quasi summi sacerdotes ad altare processuri, soletis indui, vel purpureis vestibus, quasi tribunal ascensuri, consuetis ornari. Sed quam facile haec indumenta reicitis et laica induitis! Propter quod calvaria est maxime necessaria, quia hanc celerius capillis obducere non poteritis. Cur autem rasio potius quam tonsio, et ipsa frequens a modernis sit episcopis instituta, hoc videtur in causa, ut videatur et diligatur ipsa corona, quae huius temporis sacerdotibus est concessa, cum in Veteri Testamento totum caput levitarum sit calvaria deturpatum. Quod vero eadem rasura sepius est indicta, non ideo fit, ut nos imperfecti putamus, ut pro comarum specie[u] hac ornemur innovatione, sed quia, si rarius fieret, et capilli aliquantum excrescerent, non sine aliquo scrupulo exoletis absciderentur[v], vel potius in cincinnos nutrirentur, et plures praevaricatores, immo desertores spiritalis[w] militiae invenirentur. Et haec quidem in commune de clericis et[x] monachis, licet ipsi inter se maiore[y] flagrent odio quam clerici et laici. Spetialiter[z] autem de monachis dicendum est[a], quia nimium indecens[b] est et incongruum, ut, qui ita vestitus est, aliquid saeculare[c] desideret; quia, quicquid saeculares[d] homines diligunt, cucullis indignum iudicant et contrarium. Nec inmerito, quia, qui vestem abrenuntiationis, quam in baptismo suscepit, iugiter portare consuevit, mundo se mortuum continuae meminisse debebit. Debilitato ore qualitercumque cantavimus, ludum in heiulatum vertere debemus[e], quia clerici et monachi habitu, quo mundo se renuntiare promittunt, mundi curis et negotiis, immo inlecebris[f] omni modo se implicare contendunt. Lamentationis[g] ignarus, mitto te ad libros Hieronimi ad Sabinianum diaconum[h. 2] et Iohannis[i] Crisostomi ad Stelechium[k] monachum[3].

28. h) cor *A* 1. i) provintiis *C.* k) palum *A* 1. l) adtonsos *C.* m) debet esse *C.* n) cuiusqumque *C.* o) nostrum *pro* n. s. *C.* p) preciosam *C.* q) *C;* quod *A* 1. 2. r) disperaret *A* 1. s) quod *C.* t) pedere *C.* u) *C;* speciae *A* 1. 2. v) abscidentur *A* 2. w) spiritualis *C.* x) de *C.* y) maiori *C.* z) specialiter *C, ubi* autem *deest.* a) *deest C.* b) *C;* est indecens est et *A* 1. 2. c) seculare *A* 2. *C.* d) seculares *C.* e) habemus *C.* f) illecebris *C.* g) lamentionis *C.* h) diac̄ *A* 2; diaconem *C.* i) *ita C;* Ioh. Crisostomum *A* 1; Ioh. Chrisostomum *A* 2. k) *C;* Steleuchium *A* 1. 2.

1) *Regula SS. Pauli et Stephani c.* 29, *Holstenius, Codex regularum p.* 50. 2) *Exstat inter epistolas nr.* 147. *editionis Veronensis, Opp. S. Hieronymi ed. Villarsi tom. I, p.* 1084. 3) *Indicatur liber secundus de compunctione, qui missus est ad Stelechium, Ioannis Chrysostomi Opera omnia ed. B. de Montfaucon (ed.* 2) *I, p.* 172 *sqq.*

29. Epistola[a] ad regem[1].

Domino praecellentissimo et regi gloriosissimo N. indignus episcopus et fidelis famulus vester N. Clementissima dominatio vestra scire dignetur, quia, quod ego tantillus homuntio[b] ad conspectum serenitatis vestrae iuxta praeceptum dominationis vestrae non veni, maxima infirmitate detentus, iussionem vestram implere non potui. Nunc autem suppliciter obsecro, ut in hoc misericordiam vestram super me recognoscere possim, si per hunc legatum pusillitati meae remandare[c] dignamini, quando, cum gratia Dei sanitate recuperata, ad servitium vestrum properare debeam[d]. Quia post timorem Conditoris mei tota intentio mea in hoc laborare desiderat[e], ut serenitatem vestram circa me serenam invenire merear. Sicut autem in diebus istis nihil exterioris operis exercere vel negotii[f] saecularis aut ecclesiastici procurare potui, ita tota ad Deum mente conversus, pro incolomitate[g] vestra et coniugis et filiorum ac pro statu regni vestri Dei misericordiam implorare non cessavi. Parva xeniola, sed peregrina seu transmarina, quae modo ad vestrum[h] obsequium pietatem divinam mihi credo direxisse, augustae dominationi vestrae curavi destinare: palliolum[2] coloris prasini et aliud polimitum[i], spatulas palmarum cum suis fructibus, cynamomi, calangani[3], cariofili[k], masticis et piperis fasciculum, Caricas ficorum[l], malogranata, pectinem[m] elefantinum, vermiculos[4], cicadas, aves psitacos, merulam albam et longissimam spinam de pisce marino. Serenissimam celsitudinem vestram ad munimen ecclesiae suae omnipotentis Dei misericordia diu conservare dignetur. AMHN[n].

30. Epistola[a] ad archiepiscopum[5].

Summum gradum in ecclesia summa sanctitate promerito patri et provisori meo N. humilis suffraganeus et fidus obsecrator vester ac devotus servitor N. ill. ecclesiae pastor indignus. Scrutatorem cordium testem invoco in animam meam, quam invitus et coactus aliquid sinistri, et quod placiditatem vestram turbare valeat, auribus dulcedinis vestrae aliquando ingerere praesumo. Sed quia melius est, ut errata populi nos incusemus et damnare studeamus, quam ab ipsis pro nostra neglegentia[b] circa illos iure forsitan laceremur, notum sit religiositati vestrae, quia quosdam coniuges, quos iniuste et contra christianae disciplinae regulam coniunctos audimus, ad nos evocari fecimus et, prout cleri iudicium[c] et ipsa iustitia dictavit, separari praecepimus. Qui, ut erant nobiles, de principibus populi multos sibi complices adunantes, tyrannico more contra ecclesiasticam normam iurata bella susceperunt. Sed nos, vigore iustitiae contumaciae illorum opposito, nequaquam iniustitiae cedendum putavimus. At illi, in maiorem insaniam versi, propter meae personae vilitatem officii nostri auctoritatem pro nihilo reputantes, ad vestram celsitudinem appellaverunt. Vos autem, ad quem nos omnes

29 = *Als.* 16; *Dümmler* 30; *Roz.* 758. *Codd. A* 1. 2. *C.* a) *rubrica deest C.* b) homuncio *A* 2. c) *deest C.* d) debam *A* 1. e) d e b e a t v e l desiderat *C.* f) *C;* negotiis *A* 1. 2. g) incolamitate *A* 1. h) obsequium vestrum *C.* i) polimetum *C; i. e.* polymitum. k) cariofoli *corr.* cariofili *A* 2. l) *C;* ficarum *A* 1. 2. m) pectinen *C.* n) AMEN *A* 2; *deest C.*

30 = *Als.* 17; *Dümmler* 31; *Roz.* 533. *Codd. A* 1. 2. *C.* a) *rubrica deest C.* b) negligentia *C.* c) iuditium *C.*

1) *Epistolam ad Ludovicum regem Germanicum missam esse, ex filiis regis memoratis, idque ante diem* 31. *Ian.* 876, *quo obiit Hemma regina, factum esse, ex regina commemorata collegit Dümmler l. l. p.* 122 *sq. Praeterea supicari licet, Salomonem II, haud multo postquam sedem Constantiensem occupaverat, epistolam scripsisse, praesertim cum genus dicendi vix differat ab eo, quo in aliis epistolis usus est. Cf. 'N. Archiv' VIII, p.* 526 *sq.* 2) *De his rebus cf. quae annotavit Dümmler l. l.* 3) *Galanga, 'Galgant'.* 4) *Cocci.* 5) *De hac epistola cf. Dümmler l. l. p.* 126 *sq. Scripta esse videtur a Salomone II. ad Liutbertum archiepiscopum Magontinum; cf. 'N. Archiv' VIII, p.* 525.

spectare debemus, nolite inaniloquio eorum credere, quia notitiam civium suorum[d], inter quos degunt, evitantes, ad ignota loca se transferre satagunt, ut ibi mendacia[e] sua tutare praevaleant. Porro ego in fide mea omnia vobis vera narrabo. Cum[1] diocesim[f] meam circuirem, deveni ad locum, ubi memorati homines habitabant, et ibi didici[g] a maioribus natu[h] vici illius[2], quia idem coniuges ita sibimet consanguinitate iuncti essent, ut de uno parente in quinta, de altero in quarta generatione mutuam ducerent propagationem[3]. Quod, inquisitione facta et fide cum iuramento data[4], ita verum esse didici, ut omnes a minimo usque ad maximum id ita se habere proclamarent. Quod si haec facultas improbis[i] hominibus inhibita non fuerit, ut episcopi sui praeceptum contemnere non audeant, sicut minores mihi; ita maiores quique vobis facere incipient, et periclitabitur apud domnum apostolicum nostrum ministerium. Communibus[k] ergo viribus communes hostes Christi debellare studeamus. De cetero, domine pater, de gratia vestra super me subiectionem meam certiorare dignamini. Religiositatem vestram ad regimen ecclesiae suae[d] Mediator Dei et hominum roborare dignetur.

31. Ad[a] presbyterum epistola[5].

Providentia divina N. ecclesiae ill. episcopus N. archipresbytero pagi ill.[b] salutem. Notum sit dilectioni tuae, quia domini nostri reges, quando nuperrime in unum congregati sunt[6], inter multa, quae pie ac salubriter observanda constituerunt, hoc etiam decreverunt, ut pro multis necessitatibus triduanum ieiunium pariter observare deberemus. Quod hoc modo fieri debebit: 14. Kal. et 13. Kal. et 12. Kal. Iun., pura confessione et pace praemissa, ieiunent omnes usque ad nonam, qui prae infirmitate vel infantia aut senio possunt[c] abstinere, et unanimes contrito et humili corde veniant ad ecclesiam, sequantur crucem cum laetania, totus populus 'Kyri eleison' clamantes, cinere aspersi et ciliciis induti, qui illa possunt invenire. Ceteri, quicumque habent, laneis vestibus induantur ad corpus. Pauperibus et non habentibus ipsa sua penuria pro afflictione sufficit. Discalciati[d] omnes missam in commune auscultent cum metu et reverentia. Presbyteri singulis illis diebus missam cantent; ceteri clerici et omnes, qui noverint[e], viri ac feminae[f], 50 psalmos impleant, obsecrantes Conditoris nostri clementiam, ut ab invisibilium hostium insidiis et gentilium[g] incursionibus eccle-

30. d) *C; deest A* 1. 2. e) mendatia *C.* f) diocesim *C.* g) dididi *C.* h) *deest C.* i) inprobis *C.* k) Commonibus *A* 2.

31 = *Als.* 18; *Dümmler* 32; *Roz.* 634. *Codd. A* 1. 2. *C.* a) *haec rubrica, quae non cum ipsa epistola concordat, deest C.* b) ıł *A* 2. c) possint *corr.* possunt *A* 2. d) *C;* disculceati *A* 1. 2. e) *C;* noverunt *A* 1. 2. f) femine *C.* g) gentibus variis et gentilium *C.*

1) *De iudiciis synodalibus, quale hic memoratur, cf. Regino, De synodalibus causis II, c.* 2 *sqq.; Dove, 'Die fränk. Sendgerichte' in 'Zeitschrift f. Kirchenrecht' IV, p.* 16 *sqq.; V, p.* 1 *sqq.; Richter-Dove, 'Kirchenrecht' (ed. 8), §.* 173, *p.* 598 *sqq.* 2) *Dove, l. l. IV, p.* 28 *sq.* 3) *Concil. Magont. a.* 813, *c.* 54. *et a.* 847, *c.* 30*:* Contradicimus quoque, ut quarta generatione nullus amplius coniugio copuletur; ubi autem post interdictum factum fuerit, separetur. *Mansi, Concil. ampliss. collect. XIV, col.* 75. 911; *cf. Concil. Worm. a.* 868, *c.* 32. *Cf. Dümmler l. l.; Rettberg, 'Kirchengesch.' II, p.* 758 *sqq.; Richter-Dove l. l. §.* 271; *E. Loening, 'Gesch. d. Deutsch. Kirchenrechts' II, p.* 548 *sqq.* 4) *Regino, l. l. II, c.* 232. 233. 5) *Cf. Dümmler l. l. p.* 127 *sq.* 6) *Ad quem conventum haec verba spectent, prorsus incertum est. De conventu Retiensi Nov. a.* 876. *inter filios Ludovici Germanici habito hic dici, vix probabile est, praesertim cum primus ex diebus, ad quos ieiunia indicantur, anno sequenti* 877. *dies dominicus fuerit. Anno quidem* 878. *tres illi dies ad ieiunia idonei fuisse videntur (feria* 2—4. *post octavam pentecostes), sed de conventu aliquo regum haud multo ante hoc tempus celebrato nihil compertum habemus. De conventu Francofurtensi Mai.* 878. *dubitans cogitavit Dümmler, l. l. p.* 128.

siam suam defensare[h] et ipsam pace sua, quae omnem sensum exsuperat[i. 1], interius custodire dignetur, ne in[k] sua viscera ipsa consurgere et semet lacerare conetur; diversas pestes et morbos ab hominibus et iumentis auferat, aeris temperiem tribuat, terram foecundet[l], fruges ad maturitatem perducat, fructus arborum multiplicet, ut, exterioribus necessariis affluentes, cum fide recta, spe firma et caritate sincera Deum diligere et illius mandatis inherere[m] possimus, et his subsidiis utentes in via, ad[n] aeterna praemia pervenire mereamur in patria. Pane sicco omnes alantur et crudis oleribus[o] et sale atque[p] pomis, et qui opus habent, infusis vescantur oleribus, uno vasculo de pura cervisa[q] refocilentur, cunctis omnino a carne[r] et pinguedine et omni, quod ex lacte conficitur, abstinentibus[s]. Pisces et ova praeter infirmitatem nemo praesumat, similiter vinum et omne, quod melle[t] dulcoratum est. Et unusquisque, in quantum poterit, quod sibi subtrahit, indigenti praebere non differat; quia ieiunio innocens adquiritur vita, oratione religiosus animus enutritur[u], elemosyna misericordia, quae requiritur, invenitur. Et[v] quod (-ae) nuper in ministerio tuo semicorrectum (-a)[w] dereliqui, sicut a te digrediens strenuitati tuae commendavi, omnia ad certum finem, prout poteris, perducere curato. Vale[x].

32. Item epistola.

Ill. episcopus sanctissimae congregationi in honore sancti N. coadunatae salutem. Dilectio vestra noverit, quod sancta synodus apud urbem N. collecta, finitis quaestionibus[a], quae ex diversis causis emerserunt, saluberrime decreverunt[b], ut omnes ecclesiarum clerici et monachorum catervae commune[c] ieiunium et orationes tribus exsequerentur[d] diebus, hoc est 4. et 3. et[e] 2. Non. Iul. presbyteri tres missas, ceteri clerici psalterium decantarent, circa nonam horam crucem sequerentur, alimentis vero consuete uterentur. Cetero populo propter aestum atque opera forinseca hoc non indixerunt. Valete[f].

33. Epistola[a] ad episcopum de Strazpurc[1].

Dilectissimo patri et omni laude colendo N. ecclesiae Argentarinae, *vel*[b] Argentariensis, pontifici N. humilis oppidi Constantiensis episcopus. Paternitas vestra scire dignetur, quod dominus[c] noster rex K.[2] ad coenobium Luxoviense[3] parvitatem meam dirigere voluit. Unde peto largitatem vestram, ut in vico vestrae potestatis Ruvacha[4] mihi mansionem et necessaria cuncta subministrari, me vero sequentibus hospitia et aliquas impensas exhiberi[d] praecipiatis, procul dubio scientes, quia, quodcumque pusillitati meae demandare[e] dignamini, absque omni recrastinatione perficere curabo. Et si quando iuxta nos alicubi deveneritis, scitote, quia ad vestrum obsequium cum omni festinatione occurrere[f] studebo. Sanctitatem vestram et gregem vobis commissum continuis orationibus Domino commendamus; id ipsum autem ut pro ecclesia fidei nostrae commissa et nostra fragilitate facere dignemini, suppliciter imploramus. Valete[g].

31. h) devensare *C.* i) exuperat *C.* k) *deest A* 1. l) fęcundet *A* 1. 2; fecundet *C.* m) inhęrere *A* 2. n) *C;* ut ad *A* 1. 2. o) *C;* holeribus *A* 1. 2. p) adque *C.* q) *C;* cervisa *corr.* cervisia *A* 2; cervisia *A* 1. r) carue *A* 1. s) *deest C.* t) mello *C.* u) *C;* nutritur *A* 1. 2. v) Quod *superscr.* ae *A* 1; qđ *superscr.* ę *A* 2; Et quod *C.* w) a *superscr. A* 1. 2; *deest C.* x) *C; deest A* 1. 2.

32 = *Als.* 19; *Dümmler* 33; *Roz.* 635. *Codd. A* 1. 2. *C.* a) questionibus que *C.* b) *ita codd.* c) communae *A* 1. d) exsequenter *A* 1. e) et 2. *desunt in C, quae tamen Lepelletier in ed. supplevit.* f) Vał *A* 1. 2; vale *C.*

33 = *Als.* 20; *Dümmler* 34; *Roz.* 706. *Codd. A* 1. 2. *C.* a) *rubricam exhibet C:* Ad episcopum epistola. Aliter episcopo de Strazbrug. b) vel A. *desunt A* 1; *add. A* 2 *in margine, C supra lineam.* c) domnus *C.* d) exiberi *C.* e) dæmandare *A* 2. f) occurere *C.* g) Vał *C; deest A* 1. 2.

1) *Epistola inter a.* 876. *et a.* 881. *a Salomone II. ad Regenhardum episcopum Argentinensem (a.* 875—888*) missa esse videtur. Cf. Dümmler l. l. p.* 129 *sqq.; de Rozière, 'Recueil' II, p.* 986 *sq. nn.* 2) *Karolus III.* 3) *Luxeuil.* 4) *Ruffach in Alsatia superiore.*

34. Ad[a] vicarium epistola[1].

Ill. N. gratia[b] Dei episcopus N. vicedomino et fideli suo salutem. Strenuitas tua sciat, quia G. Nemidonensis episcopus, *alias*[c] episcopus de Spira, Romam profecturus unam mansionem petiit a me in[d] Pollingen[e, 2] in[f] 3. Id. Mai., hoc est secunda[g] die sequentis ebdomadae[h, 3]. Ideoque omni cura provide, ne quicquam tunc ibidem necessariorum ei defuerit, sed omnia sufficienter illi subministres: id est maldra 4 de pane, de cervisa carradam 1, id[i] est 30 situlas, de vino situlas 6[k], friskingas ovinas 4, porcum 1, de lardo dimidium tergum, agnellum 1, porcellum 1, anserem[l] 1, anetas[m] 2, pullos 4, et ipsi aliquem piscem, si potueris; ligna ad focum et vasa ad ministerium, plumatia[n] et capitalia ad lectum; de avena trita et ventilata ad pastum cavallorum maldra 3, et foenum[o] in pratis vel in agris, singulis cavallis vassallorum[p] et servorum illius unum manipulum. Et si prae nimia occupatione et gravi damno aliarum rerum poteris, per te ipsum illi servire curato ita, ut[q] ad gratiam fiat quod facimus et, si quando ad eius loca nos devenire necessitas coegerit, ita eum benefactis anticipatum habemus, ut iure se nobis vicem debere noverit. Vale.

35. Epistola[a] ad procuratorem[4].

N.[b], vicedominus[c] N. episcopi, N. procuratori in Pollingen[d]. Unus episcopus debet ad Pollingen[e] super 12 noctes advenire, et ideo praepara illi ministerium. Vide, ubi optimum granum habeas et para 6 maldra de farina lota et unum modium de simila. Tolle de 12 censariis singulas oves[f, 5] et da illis cotidie sal et ventilamina vel commixtum[g] migma, ut tunc bonae[h] sint. Tolle de[i] illo servo porcum, quem hoc anno reddere debet, et da illi cotidie sufficienter de sigala[k] vel hordeo et inebria[l] illum de mixtura furfurum seu farinae, et fac unum agnellum tota matris ubera sugere, similiter et porcellum, et unam aucam et duas anetas a ceteris separa et da illis cotidie habundanter, et 6 gallinas vel[m] pullos commixta hordeacia farina pasce, et sume de servis, quibus volueris, duas frehtas[n, 6] de cervisa, et sume 6 siclos de vino in cellario episcopi

34 = *Als.* 21; *Dümmler* 35; *Roz.* 707. *Codd. A* 1. 2. *C.* a) *rubrica deest C.* b) D. g. *A* 1. c) *verba:* alias episcopus de Spira *in margine C;* ał episcopus de Spira *post* profecturus *exhibent A* 1. 2. d) in P. *des. C.* e) Polling *A* 1; Pollinḡ *A* 2. f) ııı *pro* in *A* 1. g) secuda *A* 1. h) ebdomade C. i) id est *des. C.* k) ııı *C, quod facile scribi potuit pro* uı. l) *C;* anserem ı aucam ı *A* 1. 2. m) annetas *C.* n) *C;* plumitia *A* 1. 2. o) fenum *C.* p) vasallorum *C.*

35 = *Als.* 22; *Dümmler* 36; *Roz.* 708. *Codd. A* 1. 2. *C.* a) *rubrica deest C.* b) *deest C.* c) vice domnus *A* 2. d) Połł *A* 1. 2; Pollinḡ *C.* e) Połł *codd.* f) ovas *C.* g) commistum *C.* h) bone *C.* i) unum porcum de illo servo, quem *C.* k) sigila *C.* l) inhebria *A* 1. m) *C; deest A* 1. 2. n) fretas *C.*

1) *Epistola Salomonis II. ad vicedominum de hospitio Gebehardo episcopo Spirensi (a.* 847 —888*) exhibendo a.* 877. *scripta videtur esse, quo anno dies* 13. *Mai. in feriam secundam cecidit. Cf. Dümmler l. l. p.* 131 *sq.; de Rozière, 'Recueil' II, p.* 988 *sq, nn. In incerto relinquendum esse existimat E. de Rozière, utrum litera G. Gebehardus an Gotedancus episcopus significetur. Si Gotedancum intelligis, epistola a.* 883. *scripta sit oportet; quod multo minus cum propinquarum formularum tempore conveniret.* 2) *Bohlingen in praefectura Radolfszell.* 3) *Cum his verbis non congruit, quod in sequenti epistola scribitur, episcopum* super 12 noctes *adventurum.* 4) *Epistola de eadem re ac praecedens scripta est. Vicedominus iussum episcopi exsequens mandat procuratori villae, ut singula quae opus sint praeparet. Cf. Dümmler l. l. p.* 132 *sq.* 5) *Numerum ovium non cum eo convenire, quem episcopus mandaverat, monet Dümmler. Cf. etiam supra n.* 3. 6) *Vox Germ.: 'freht' hic nequaquam aliter ac semper intelligenda est; significat meritum, debitum, id quod servus ecclesiae vel domino suo debet. Cum autem servus quisque ecclesiae secundum legem Alamannorum* 15 *siclas cervisiae praestare deberet, vicedominum de servis* duas frehtas de cervisa *sumere oportebat, ut* 30 *siclas sive situlas, ut episcopus mandaverat, praepararet.*

ad Constantiam, et praecipe quatuor servis, ut in[o] una ebdomada diebus, quos in dominicum[p. 1] debent, ligna fagina vel cetera optima cotidie adducant[q], et ova congrega: ut, quando ego venero, omnia parata inveniam, si cutem et capillos habere volueris[r]. Vale[s].

36. Item[a] alia epistola[2].

N.[b] episcopus procuratori suo N. Accipe epistolam istam et commenda[c] illam[d] alicui tributariorum nostrorum, qui cavallum habet, et praecipe illi, ut nec die nec nocte requiescat[e], donec eam ad Têingon[f. 3] illi maiori deferat. Quod si nullus eorum tibi oboedierit[g], tu ipse eam illuc defer, et praecipe illi, ut diem cum nocte continuando Hereberto[h] eam perferat, et hanc breviculam[i] apertam illi signatae[4] coallige[k], ut tu et socius tuus et ipse Herebertus[h] noverit, quia per cuiuscumque vestrum neglectum contigerit, ut ipsa epistola Regenhardo[h. 5] episcopo ante istam dominicam[l] non veniat[m], omnibus meis et gratia mea privabitur. Si autem tibi, Hereberte[h], venerit, expecta me in loco et para mihi hospitium, quia in sequenti[n] ebdomada[o] ad te in illum locum propitia Divinitate venire debebo, inde ad Stratoburgam perrecturus; et strenuem missum dirige, qui ipsam epistolam Regenhardo[h] sub omni celeritate repraesentet. Ceteris etiam conpresbiteris tuis de meo adventu indica, quia spero, quod Augiensis abba[6] et comes Oadalrih[p. 7] mecum veniant, ut aliquid illis impendere queam[q]. Vale[r].

37. Item[a] epistola[*. 8].

L.[b] sanctae Magontiacensis[c] ecclesiae praesul fratri et consacerdoti Sal.[d] in Salvatore mundi salutes. Dilectio tua novit, quod a recordatione iuventutis tuae, ut reor, numquam in nostra diocęsi[e] episcoporum concilium est habitum; et idcirco puto, quin potius metuo, quod in ecclesiis nostrae pusillitati commissis multa grandia et insanabilia, tum propter suimet enormitatem, tum etiam propter incuriae vel occupationis nostrae diuturnitatem adeo concreverint, ut aut vix aut certe nequaquam sine magna auctoritate et[f] vigore corrigi valeant. Quapropter, ut dicta canonum praecipere nosti, ut non dicam,

*) *Codd. A* 1. 2. *post rubricam exhibent:* Isti epistole res congruas[g] redde.

35. o) *deest C.* p) domicum *C.* q) *C;* ducant *A* 1. 2. r) *C;* volueritis *A* 1. 2. s) *C; deest A* 1. 2.

36 = *Als.* 23; *Dümmler* 37; *Roz.* 709. *Codd. A* 1. 2. *C.* a) *rubrica deest C.* b) N *deest C.* c) *C;* commende A 1. 2. d) illa alicubi *C.* e) quiescat *C.* f) Teingon illo *C.* g) obedierit *C.* h) N. *C.* i) praeviculam *A* 2; brevicolam *C.* k) *ita A* 1. 2; coagillę *C.* l) domicam *C.* m) veniet *corr.* veniat *A* 2. n) sequent *A* 2. o) ebdommada *C.* p) Oadalrihc *A* 2; N. *C.* q) valeam *C.* r) *C; deest A* 1. 2.

37 = *Als.* 24; *Dümmler* 38; *Roz.* 526. *Codd. A* 1. 2. *C.* a) *rubrica deest C.* b) *deest C.* c) Mogontiacensis *C.* d) N. *C.* e) diocesi *C.* f) aut *C.* g) cong̅ *codd.*

Cf. Leg. Alam. XXII, 1*:* Servi enim ecclesiae tributa sua legitime reddant, quindecim siclas de cervisa *etc. Aliter Dümmler l. l.; cf. Waitz, 'VG.' II*³, 1, *p.* 225 *sq.* 1) *I. q.* opus dominicum. 2) *Epistola sine dubio a Salomone II. emissa est. Cf. Dümmler l. l. p.* 133; *de Rozière l. l. p.* 991 *sq.* 3) *Fortasse Thengen in magno ducatu Badensi, in praefectura Engen.* 4) *De epistola signata, i. e. sigillo clausa, quae apertae opponitur, cf. Sickel, 'UL.' p.* 402, *n.* 10. *et Ducange s. v. aperire. Vide Form. Salzb.* 39*:* indiculum sigillatum. 5) *Episcopus Argentinensis; v. supra p.* 417, *n.* 1. 6) *Ruotho a.* 871—888. *Cf. Dümmler l. l.* 7) *Tertius huius nominis comes de Linzgau et Argengau (a.* 858—885*). Cf. Dümmler l. l. p.* 134. 8) *Epistolam misit Liutbertus archiepiscopus (a.* 863—889*) ad Salomonem II. vere anni* 877, *ut ex responso effici videtur. De hac synodo provinciali Moguntina, ad quam archiepiscopus invitat, aliunde compertum non habemus. Cf. Dümmler l. l. p.* 135 *sqq.; de Rozière l. l. p.* 646 *sqq. nn.; 'N. Archiv' VIII, p.* 525 *sq.*

quod ad omnia meus semper fuisti, 2. Nonas Apr. ad urbem[h] Magontiam venire ne praetermittas[i], ita paratus, ut, quamdiucumque[k] causarum necessitas exposcit, ibi manere pro habundantia[l] sumptuum possis. Et quicumque aliquid gravioris negotii, quod supra vires tuas existimes[m], vel nunc vel antecessorum tuorum temporibus habuerunt, aut tecum pariter venire aut seorsum tibi occurrere[n] in loco memorato praecipe, ut ibi omnis eorum controversia finiatur. Vale.

38. Responsio[a. 1].

Domino et in Christo patri ill. archiepiscopo N. indignus ecclesiae N. excubitor. Sanitate dulcedinis vestrae comperta, omni gaudio repletus sum. Ad praecepta vestra, non solum ea, quibus pro auctoritate regiminis[b] vestri obtemperare[c] subiectionem[d] meam convenit[d], sed et omnia, quamvis gravia et difficilia[e], me semper[f] esse paratissimum, utinam ita experimento[e] probaveritis, sicut ego, memor scilicet beneficiorum et educationis vestrae[2], libentissime vobis ostendere desidero. Obsecro vero, ne aures[g] sapientissimi magisterii vestri forsitan offendat[h], si, pietate vestra confisus, unam[i] apologiam, immo[h] querimoniam[k] vobis insinuare vel potius implorare praesumo. Sollertissima vestra novit industria, quam[l] diu episcopium mihi commissum[m] ab infirmis et senio defessis hominibus retentum est, adeo ut iam nonus annus pene sit exactus, ex quo nullus eorum ipsam parroechiam circuire potuerit, et ego, secundo iam anno illam retinens[3], ob perturbationem rei publicae causarumque varietates et domini mei regis servitium[n] nisi tantum dimidiam pertransire non[o] potui. Et licet in illis partibus, quas adhuc visitavi, non satis multa prava invenerim, metuo, ne in illis, quas modo adire debeo, plurima distorta et incorrigibilia insipientiam[p] meam deprehendere contingat. Quae[q] tamen cum gratia Dei et adiutorio prudentium[r] virorum aliquantulum eventilare et discutere[s] necessarium puto, antequam ad notitiam dignitatis[t] vestrae et tantae[u] synodi tam multa haec[v] et tam gravia ita incorrecta vel indiscussa perveniant, ne in mei peccatoris[w] ministerio plus facinorum et[x] flagitiorum reperiatur[y] quam in cunctis suffraganeorum vestrorum parroechiis. Ideoque supplico mansuetissimae[z] religiositati vestrae[a], ut, si vestrae[a] benignitati placuerit, per hunc missum vilitati meae remandare dignemini, si me ab hac profectione[b] excusatum habere velitis[c], donec aliquid eorum, quae[d] minus adhuc correcta sunt, ad normam iustitiae[e] dirigere queam. Nihil tamen in voluntate mea ponens, vestrae sanctitatis iussis impigrum me exhibere[f] studebo. Valete[g].

37. h) uerbem mag̅ *A* 1; urbem magnā *A* 2; urbem mogontiam *C.* i) *C;* praeteromittas *A* 1. 2. k) quandiucunque *C.* l) abundantia *C.* m) existimas *C.* n) occurre *C.*

38 = *Als.* 25; *Wyss* 29; *Dümmler* 39; *Roz.* 527. *Codd. A* 1. 2. *B. C.* a) *rubr. deest C; prior pars formulae omnino deest B.* b) *hac voce incipit cod. B, ubi* vestri *deest.* c) obtempere *A* 1. 2. d) nem — con *perierunt B.* e) *ex parte periit B.* f) esse semper *C.* g) auris *corr.* aures *A* 2. h) *prope versum* offendat — immo *in margine A* 2 *exhibet vocem* excusatio. i) vestram (urām *pro* unam) *B.* k) querimonium *C.* l) quandiu *C.* m) conmissum *A* 2. n) servicium *B.* o) *deest C.* p) insipienciam *B.* q) Que *C.* r) prudent *periit B.* s) cutere *periit B.* t) nitatis *periit B;* vestram vel dignitatis vestrae *C.* u) tante *B.* v) hec *B.* w) pecatoris *B.* x) et flagitiorum *des. B.* y) repperiatur *C.* z) mansuetissime *B. C.* a) vestre *B.* b) profeccione *B.* c) velititis *B.* d) que *C.* e) iusticię *B.* f) exibere *B. C.* g) *C; deest A* 1. 2.

1) *Cf. Dümmler l. l.* 2) *Ibidem p.* 137. 3) *Haec verba tempus, quo epistola scripta sit, indicant. Dümmler l. l. p.* 136. *in incerto relinquit, utrum de anno* 877. *an* 878. *sit cogitandum. Cum autem ex epistola* 29. *effici videatur, Salomonem II. iam ante obitum reginae Hemmae, Ian.* 876, *episcopatum adeptum esse, annum* 877. *cum secundo anno episcopatus eius convenire existimo. Cf. supra p.* 415, *n.* 1.

39. Item[a] epistola[1].

Dilectissimo et religiosissimo consacerdoti et firmissimo amico N. episcopo ill. Brixiensis ecclesiae pastor. Obsecro fidelitatem vestram, ut veraciter[b] mihi et diligenter demandare dignemini, quomodo se summa rerum habeat, quam pacati inter se domini nostri reges sint, id est filii Hludowici[c], qualemque pacem ad consobrinum suum filium Karoli[d] conservent, quia nos, habitatores[e] Italiae vel potius inquilini[f] seu, quod potissimum veritas ipsa testatur, praeda nunc horum, nunc illorum, aegre[g] nimis exspectamus, donec inter se concorditer adinveniant, cuinam provinciam[h] istam concedere velint; et illi, prout oportet, singulariter subiciamur[i], ceteris etiam, in quibus possumus, laeti serviamus. De sospitate sanctitatis vestrae certum me reddere velitis et vestris Romam pergentibus seu reliquis pro sua necessitate Italiam petentibus intimate, ut ad me divertant, et in vestro honore eis aliqua impendam subsidia. Et de statu sanitatis vestrae laetificabor[k], et vos de mea, ut credo. In vestra fide iocundabo[l] et pigmenta ac medicamenta, quae[m] vobis congrua puto, vestrae dilectioni dirigere curabo. Munuscula, quae[m] modo fuerunt ad manus, vestrae dignitati direximus, hoc est palliolum dium[n] caedrinum[2] et aliud coccineum, tertium saphirini[o] coloris, facitergulas duas, duos ramos palmarum virides et partem amigdalarum, timiama novum. Quod si oportunum vobis est, obsecro, ut unum admissarium generosissimum, celeritate et forma, quin et animo praestantissimum et acrem mihi, fideli vestro, dirigatis, simul quodcumque volueritis grandioris pretii[p] mihi iniungentes, utpote[q] ad vestram voluntatem paratissimo. Valete[r]

40. Rescriptio[a. 3].

Nobilitatis et religionis summique sacerdotii dignitate sublimato N. ill. ecclesiae pontifici N. ill. ecclesiae indignus episcopus. Comperta sanitate dulcedinis vestrae, multum in Domino gavisus sum, sed et gaudeo et gaudebo. De perturbatione vero Italiae, tum propter vestram et ecclesiarum Christi inquietudinem et vastationem, tum etiam propter nostra detrimenta nimium contristamur, quia pauperrima et arida provincia[b] nostra quid[c] amplius habitura est, matre divitiarum suarum direpta? Sed de[d] Dei misericordia confidimus, hanc tempestatem in brevi serenandam. Nam, sicut demandastis mihi, ut de reipublicae[e] statu vobis certi aliquid significarem, et qualem pacem tres fratres domini[f] nostri, filii Hludovici[g], ad invicem conservarent, et utrum nepotem vel consobrinum, immo compatruelem suum[h], filium K.[4], in societatem[i] suam ascivissent: notum facio[k] dilectioni vestrae, quia tres illi fratres ita se mutua caritate complectuntur, ut summam Trinitatem mediam inter illos diversari credamus; adeo omnia, quae[l] ad illos seu pri-

39 = *Als.* 26; *Wyss* 30; *Dümmler* 40; *Roz.* 701. *Codd. A* 1. 2. *B. C.* a) *rubr. deest C.* b) veratiter *B, ubi* mihi *deest.* c) Hl. *B;* Hluduvici *C.* d) K. *C.* e) habitatore *B.* f) *reliqua desunt B.* g) egre *C.* h) provintiam *C.* i) subiciar *A* 1. k) letificabor *A* 1. l) iocunda *pro* fide iocundabo *C.* m) que *C.* n) *ita A* 1. 2*;* dium cedrinum *C.* o) safirini *corr.* saphirini *C.* p) precii *C.* q) ut pute *C.* r) Vał *A* 1. 2*; deest C.*

40 = *Als.* 27; *Wyss* 31; *Dümmler* 41; *Roz.* 702. *Codd. A* 1. 2. *B. C.* a) RESCRIPT *A* 2*; deest C; pars prior omnino deest B.* b) provintia *C.* c) qđ *A* 1. d) *deest C.* e) rp statu *A* 1. 2; regni pace et statu *C.* f) filii nostri domini *C.* g) *C;* Hl. *A* 1. 2. h) filium suum K. *A* 2. i) *C;* sotietatem suam asscivissent *A* 1. 2. k) fatio *C.* l) *hac voce incipit B.*

1) *Epistola ab Antonio Brixiensi episcopo (c. a.* 875—879*) ad Salomonem II. anno* 878. *ineunte missa esse videtur. Cf. Dümmler l. l. p.* 138 *sqq. et 'Ostfr. Reich' II, p.* 71 *sq.; de Rozière l. l. p.* 975 *sq., nn.* 2) diacedrinum, *quod pro* dium caedrinum *scribi debuit, e Graecorum voce* διακίτρινος, *i. e. citrini coloris intensioris, corruptum esse videtur. Cf. Ducange s. v. diacedrinus; Dümmler, 'Formelbuch' p.* 140. 3) *Haec rescriptio Salomonis II. ineunte aestate a.* 878. *data est. Cf. Dümmler ll. ll. et de Rozière l. l. p.* 977 *sqq, nn.* 4) *Karoli Calvi.*

vato seu publice pertinere videntur, humanas res et vota supergrediuntur, et unusquisque eorum, si fieri[m] potest, plus alios quam se ipsum diligit[n]. Et domnus quidem Karolus[o. 1] cum fratre Hl.[2] regnum[p] Hludowici[q. 3] iunioris, id est Galliam Lugdunensem[r] et Treverim cum omni Mosellana[s] regione, necnon Agrippinensem provinciam et Burgundioniam inter se dividendas acceperunt[4]. Italiam[t] vero et Tusciam[u] et omnem[v] Campaniam domno Karol.[w. 5] regendas commiserunt; qui etiam modo, iam[p] sanitate indepta[x], quantotius vos per Dei gratiam visitabit et omnem adversarium et praedonem de vestra provintia fugabit. Ineffabiles vestrae liberalitati[y] gratias de magnis et exquisitis muneribus, quae[z] mihi dirigere curastis! De cavallo, quem me expostulastis, scitote, quia prestantissimum vobis mitto

'Illorum de gente, patri quos dedala Circe
Supposita[a] de matre nothos furata creavit'[6].

Quod ne fabulosum existimetis[b], aerius ei color innatus hoc verum esse comprobat. Qui pernicitate Cillarum[c. 7], animositate Rhebum[8], mirabili singularitate Bucephalum antecellat et generosissimos pullos faciat[d]; qui procul odoretur[e] bellum et gaudeat ad vocem tubae[f], et cum sanguineam pugnam viderit, dicat 'vah'; qui montes[g] oppositos laetus[h] et alacris exsuperet[i] et fluvios rapaces innatet et latissimos lacus transvadet,

'Belgica[k] vel molli melius ferat esseda collo'[9].

Et humano sensu cognoscat, quomodo sub quolibet homine se gerere debeat[l], hoc est sub iuvenibus et indisciplinatis transversus et supinus, sub senioribus vero et gravibus humilis et rectus incedere norit. Debetis autem eum[p] farre pascere, non siliquis fabarum et lupinorum seu frondibus cerrarum et quercuum. Debetis eum[m] puro amne vel liquido fonte potare, non putentibus[n] aquis, ut vos eas[o] nomine dicitis. Si haec ei facitis, omnia quae dixi et ampliora in eo invenietis. Si vero haec neglegitis et curam illi subtrahitis[p], immunis ero a mendatio[q], qui vobis bonum eum direxi et, qualiter habere deberetis, instruxi. Vos autem vobis ipsis aut ministris vestris de eius vilitate[s], non mihi fideli vestro succensete. Quod tamen opto[r], ne eveniat. Ad correctionem[t] ecclesiae suae et omnium bonorum consolationem[u] diu vos Christus conservare et[u] ad caelestia regna perducere[v] dignetur!

De filio K.[10] regis quod requisistis, qualiter fidem et amicitiam[w] ad dominos nostros conservet, et quomodo se illi ad ipsum exhibeant[x], adhuc[y] nihil certi de hoc vestrae industriae[z] possumus indicare, nisi hoc tantum, quod omnes simul et singuli per legatos suos eum fraterne[a] salutare et omnia[b] de se pacifica demandare consueverunt, et ille officiose ea suscipere et pacata omnia de sua parte eis solet remandare. Hoc unum pro certo scimus, quia, quamdiu domnum Karlomannum[c] spirare noverit, Italiam non ingredietur. Iterum iterumque valete[d].

40. m) posset vel potest fieri *C.* n) vel diligeret *add. C.* o) *B;* K. *C;* Carolus *A* 1. 2. p) *deest C.* q) Hl. *B.* r) Lugd. *A* 1. 2*;* Lucd. *B.* s) Molesana *B;* sellana *C.* t) Italia *C.* u) Tustiam *B.* v) omniam *A* 1. 2. w) *B;* K. *cett.* x) indēpta *B;* indulta vel indepta *C.* y) libertati *B. C.* z) que *C.* a) subposita *C.* b) existimatis *B.* c) ullarum *B.* d) fatiat *C.* e) oderetur *B.* f) tube *B.* g) monte *periit B.* h) letus *B.* i) exuperet *B. C.* k) *versus deest B;* Bellica *C.* l) habeat *C.* m) autem puro *C;* eum ppuro *B.* n) potentibus *B.* o) ea *B.* p) subtraitis *B.* q) mendacio *B.* r) vili| *abhinc deficit C.* s) obto *B.* t) correccionem aecclesiae *B.* u) consolacionem diu nos Chr. *B.* v) et — perducere *des. B.* w) amiciciam *B.* x) exibeant *B.* y) et *add. B.* z) industrie *B.* a) fraternę *A* 2*;* frater . . . . . tare *B.* b) omnes *B.* c) K. *B.* d) vaƚ *B.*

1) *Karolus III.* 2) *Ludovico iuniore.* 3) *Hlotharii potius.* 4) *Mense Mai.* 878. *Ann. Fuld.* 878, *SS. I, p.* 392. 5) *Karolomanno.* 6) *Vergil. Aen. VII,* 282 *sq.* 7) *Georg. III,* 90. 8) *Aen. X,* 861. *Cf. etiam cum sequentibus verbis Vergilii locos: Aen. VII,* 399; *Georg. III,* 213. 142. 270. *Vide Dümmler, 'Formelbuch' p.* 145 *sq.* 9) *Georg. III,* 204. 10) *Karoli Calvi; cf. supra p.* 421, *l.* 5.

41. Amicus[1] amico.

Legimus in propheta[2], quia, cum Nabuchodonosor rex inter captivitatem Iuda[a] pueros elegantes vidisset et ingeniosos, praeceperit, ut, eruditi tribus annis, postea starent in conspectu regis. Factumque est ita. Et post triennium inventa est in eis sapientia et intellectus super omnes sapientes Babylonis[b]. Gentiles populi ad praedicationem apostolorum, alii post tres annos, alii post biennium, alii post unius anni spatium vel dimidii[c] in gratia et doctrina Christi perfecti sunt inventi. Quid[d] referam, quod Deus ille magister, cuius non solum verba, sed et facta doctrina sunt, non amplius cum discipulis suis quam tribus annis et dimidio, vel potius[e] iuxta alios duobus et semisse visibiliter conversari et eos per sui praesentiam[f] informare et instruere voluit[g]? Utique, nisi sciret, in tanto spatio[h] quemlibet ad perfectum doctrinae et institutionis morum pertingere posse, non eos tam cito quasi minus eruditos reliquisset et orphanos, licet[i] eis alium paraclytum[k] miserit, qui eos in omnem duceret[l] veritatem[3]. Quorsum rationes[m] praemissas spectare conicitis vel videtis? nisi quia indignor seu potius doleo, quod tanto tempore lacte, vel potius solido cibo nutriti, iterum egeatis instrui, quae sint elementa, et qualiter ea coniuncta syllabam[n], syllabae vero conexae[o] dictionem[p], dictiones vero ordinate compositae intelligibilem perficiant orationem[q]: cum et discendi diuturnitate et aetatis maturitate ad hoc pervenisse debueritis, ut de difficillimis grammaticae[r] artis quaestionibus disputare, de dialecticae[s] tendiculis astuto et celeri pede elabi, de invectionibus[t] rhethoricae victores exire[u], de regionum situ quaerere[v], de cursu planetarum vario scitari, de stellarum effectibus admirari, de invisibilibus et supercaelestibus[w] aliquid novi iugiter audire pro ludo et iocunditate nimia duceretis, de legis et prophetarum obscuris enigmatibus quiddam cotidie[x] vel solvendum vel etiam ceteris ignotum proponeretis, ut, si nos ea sciremus, pariter[y] ea[y] sciretis et vos, si autem nesciremus, ad potioris[z] scientiae personam referremus[a], si vero et illa propter humanarum rerum imperfectionem ad eam, quam proponeremus, quaestionem[y] minus idonea solvendam repperiretur[b], non esset vobis indignum, ut cum magistris ecclesiarum aliquid haberetis incognitum. Tandem increpiti, vel potius commoniti[c], socordiam et pigritiam[d] discutite et ad interrogandum nos vel respondendum nobis totis vos viribus praeparate! Alioquin nihil vobis ulterius scribere vel ceterorum subsidiorum impendere curabo, donec vos ad scribendum provocare potuero. Nescitis, quam facile non semel iam, sed sepius de manibus nostris, ruptis circa vos caritatis meae vinculis, evadere soleatis? Idcirco timens, ne ita[e] iam in continenti a nobis recedatis, ut ultra ad nos redire nolitis, aut certe, requirentes[f] nos, propter incertitudinem umbratilis huius vitae invenire nequeatis, obsecro, ut per caritatem, quae olim inter nos, ut credo, coaluit, studiis literarum[g] curam adhibere[h] satagatis, ut coram propinquis vestris laicis ad sacerdotium[i] promoveri et coram regibus et cuncta populorum frequentia Deo ministrare mereamini,

41 = *Wyss* 32; *Dümmler* 42; *Roz.* 798. *Codd. A* 1. 2. *B.* a) *superscr. B.* b) Babilonis *B.* c) dimidium *A* 1. 2. d) quod *B.* e) pocius *saepius B.* f) presenciam *B.* g) volvitur *B.* h) spacio *B.* i) licet — ali *perierunt B.* k) paraclitum *B.* l) induceret *B.* m) raciones *B.* n) *B;* syllaba *A* 1. 2. o) conexe *B.* p) diccionem dicciones *B*; indictionem d. *A* 1. 2. q) oracionem *B.* r) grammatice *B.* s) dialectice *B.* t) inveccionibus rhetorice *B.* u) exirę *A* 2. v) querere *B.* w) supercelestibus *B.* x) cottidie *B.* y) *deest B.* z) obcioris *B.* a) referemus *A* 1. b) reperitur *B.* c) co . . . . . *B.* d) pigricia *B.* e) italiam *pro* ita iam *B.* f) requirente *B.* g) litterarum *B.* h) adibere *B.* i) sacerdocium *B.*

1) *Rubrica minime concordat cum ipsa epistola, ut videtur, monachi Sangallensis ad discipulos suos, Waldonem et Salomonem fratres. Cf. Dümmler, 'Formelbuch', p.* 146 *sq.; 'N. Archiv' VIII, p.* 515. 523. 2) *Vide Daniel.* 1, 4. 5. 20. 3) *Cf. Ev. Ioh.* 15, 26; 16, 13.

ad cuius servitium ab ipsis incunabulis a parentibus vestris deputati fuistis. Non decet, ut rusticanorum sordidula et laboriosa assumatis opera, qui iocundissima et blandissima Christi subistis onera portanda[k. 1]. Turpe est, ut, qui spiritales Deo filios gignere sufficitis, de carnis propagine cogitetis. Indignum et iniuriosum valde est, ut de excubiis aulae summi Regis ad[l] familiaris rei procurationem divertatis[m], praesertim cum non murilegulorum[n. 2] more in foculari[o], sed in castris caelestis[p] Imperatoris sitis educati, a quibus quisquis vos deficere viderit, ut desertores prioris fidei perhorrescit et quasi sal infatuatum[3] ad omnia inutiles iudicabit. Quod ne contingat, continuis precibus exoramus. Valete[q].

42. Epistola ad papam Romanum[4].

Domino Adriano sedis apostolicae praesuli infimus servorum Dei servus L.[a] ecclesiae Magontiacensis[b] episcopus, *vel* Magontinae. Religiosissima dominatio vestra scire dignetur, quod, si quando, iustitia dictante, criminibus publicis, et quae[c] neglecta magnam vitiis possunt aedificationem[d] conferre, aliquantulum resistere et eis cum adiutorio coepiscoporum nostrorum finem vel modum inponere[e] conamur, potentiores[f] quilibet, parvitatem nostram spernentes, quasi fera bestia vitam nostram lacerare et omni auctoritate indignam, ut merito possunt, garrire consueverunt[g], adicientes[h] insuper et comminantes, apud vos de nobis se vindicaturos et de gradu episcopali[i] deposituros. Nobis autem, misericordissima Dei gratia custodiente nos, pro minimo est, ab humano die[k] iudicari. Sed quia servum Dei non oportet[l] litigari, immo quia Dominus dicit: 'Qui ecclesiam audire[n] contempnit, pro ethnico habendum'[5], verbosationis[m] eorum revincere non invenientes, secundum potestatem nostram, quam dedit nobis Dominus, in aedificationem et[o] non in destructionem[p], segregamus eos de coetu[q] fidelium, ne lapides, in quibus lepra perseverans est, si eruti non fuerint, totam faciant domum destrui et in loco mundo iactari. Spetialiter[r] tamen sanctitati vestrae de illis duobus viris significamus, quam praesumptores sint et praevaricatores, quos horno dominationem vestram adisse et vestra auctoritate licentiam accepisse non uxores, sed meretrices suas habendi, certa[s] relatione comperimus. Siquidem feminas ipsas beatissimae[t] memoriae S. Constantiensis episcopus[6] sua manu ad propositum[u] virginitatis consecravit et ipse eis velamina benedixit, et eo praesente regularem vitam professae[v] sunt, et tanto tempore in monasterio positas omnis Germania novit. Viros ergo tales indemnatos relinquere fas et iura sinebant? Audacter dicimus, sed non praesumptorie[w], quod virum illum, quem decessor vester, vir apostolici vigoris, iuxta nomen suum victor populorum, beatissimus Nicolaus[7], non pecuniae cupiditate, sed omnimoda eius inlectus rationabilitate, post nostram legationem absolvit, evidentissime[x] ultio[y] divina perculerit, adeo ut filiam eius, quam de eadem muliere susceperat, subitanea mors et inopinata praeveniret, et

41. k) portenda *B.* l) ad familia *perierunt B.* m) devertatis *A* 1. n) muri regulorum *B.* o) fucolari *B.* p) celestis *B.* q) Vał *codd.*

42 = *Wyss* 33; *Dümmler* 43; *Roz.* 534. *Codd. A* 1. 2. *B.* a) ill. *B.* b) Magonciacensis *B.* c) quia *B.* d) aedificacionem *B.* e) imponere *B.* f) potenciores *B.* g) consueverant *B.* h) aditientes *A* 2. *B.* i) æpiscopali *A* 2. k) diȩ *B.* l) d e c e t *B.* m) *sic codd.* n) udire *A* 1. o) et non in *perierunt B.* p) destructione *B.* q) cetu *B.* r) Specialiter *A* 2. s) certi *B.* t) beatissime *B.* u) p̄positum *B.* v) professe *B.* w) *B*; praesumptorię *A* 1. 2. x) evidentissimae *A* 2. y) ulcio *B.*

1) *Cf. Ev. Matth.* 11, 30. 2) *I. q. catuli felis; cf. Ducange s. v. murilegus.* 3) *Cf. Ev. Matth.* 5, 13; *Marc.* 9, 50; *Luc.* 14, 34. 4) *Epistola Liutberti archiepiscopi Moguntini ad Hadrianum II. a.* 871, *ut videtur, missa. Cf. Wyss l. l. p.* 24; *Dümmler l. l. p.* 147. *et infra p.* 425, *n.* 2. 5) *Cf. Ev. Matth.* 18, 17. 6) *Salomo I.* † 871. 7) *Nicolaus I. papa a.* 858—867.

eadem ipsius coniunx, ab illo concilio multimodis infirmitatibus confecta, postera die[z] fuerit extincta. Quod[a] si omnibus pravis hac incommodissima commoditate conceditur[b] uti, omnes monachi, omnes sanctimoniales, quotienscumque[c] carnis titillatione stimulantur, propositum suum habent relinquere et ad laicam vitam reverti. Quae[d] consuetudo ne temporibus vestri regiminis insolescere[e] possit, flagitamus dominationem vestram, ut epistolam vestra[f] auctoritate vigentem pusillitati nostrae dirigere dignemini, quae iteratam[g] ipsorum contineat obligationem, donec nobis congrua satisfactione[h] reatum suum visi fuerint emendasse et coram ipsis, quibus decernentibus[i] eos obligavimus, etiam absolvere debeamus. De illis etiam factionibus[k], quae[l], Wicbertum cognomento Superbum et filium Chuonradi iunioris[1] secutae[m], maximam in ecclesia ruinam fecerunt, notum sit vobis, quia eos excommunicavimus, donec poeniteri de miserabili illa coeperint[n] strage. Hoc siquidem provincialibus nostris est solitum, ut, quotienscumque bellum contra paganos illis fuerit indictum, quidam Romam pergere, quidam dominos suos in aliis regionibus invisere, alii morbos etiam gestiant simulare, et in se mutua cede bachantes armaque sequentes impia, gentilis etiam viri testimonio[2] pabula ignis aeterni non vereantur fieri. Sanctissimam dominationem vestram diu valere, iugibus et devotissimis implorare[o] non cessamus orationibus.

Scripta est autem haec epistola pridie Kal. Mai., anno ab incarnatione Domini 877[3], indictione 4. Missum vos perquirite, quando a nobis abierit, ne qua fraus subripere possit. Valete[p].

43. Epistola ad[a] duos quosque[4].

Dilectissimis fratribus ill. ill. fidissimus amicus indeficientes in Salvatore mundi salutes. Postquam a vobis[b] recedentibus ad carcerem meum regressus sum, tanta mestitudine[c] extabui, ut, licet acerrime conarer, dolorem tamen cordis nequaquam dissimulare potuerim; et abii amarus in indignatione spiritus mei, mihimet iratus et rigidus, quod post dilectionem apostolorum et martyrum amicitiamque confessorum et virginum, familiaritatem patriarcharum et prophetarum et ipsius Domini quondam meditationem continuam, in quo omnes sancti fidelibus eius ubique praesentes assistunt, temporales et locales amicos habere didicerim, quamquam vos in Christo, ipso teste, diligam. Tandem vero merore[d] sopito, tota ad Dominum mente conversus, ipsius misericordiam implorare nocte ac die non cessavi, ut, quod ipse in vobis seminare dignatus est, subsequente gratia sua, ad congruam maturitatem perducat. Sabbato autem sancto, cum omnia insignia viderem, quae peregrino mundi, domestico Gallo suo, Dominus concessit, egre vestram absentiam sustinui, quia oculis et mentibus vestris experimento intimare non potui, quam gloriosum sit servire Deo, quam vile sit regnare in saeculo. Sed tamen in hoc non mediocriter exhilaratus sum, quia cum archiepiscopo Magontino et consobrino matris vestrae, successore maioris avunculi vestri Salomonis, pontifice Salo-

42. z) diȩ *B.* a) Quod si om *perierunt B.* b) *pars superior periit B.* c) quociens-cumque *B.* d) Que *A* 2. *B.* e) infolescere *A* 1. f) vestram *A* 1. g) iterata *B.* h) satisfaccione *B.* i) decentibus *B.* k) faccionibus *B.* l) quae Witbertum *A* 2; qui Wipertum *B* m) secute *B.* n) ceperint *B.* o) *reliqua desunt B.* p) Val *codd.*

43 = *Wyss* 35; *Dümmler* 44; *Roz.* 799. *Codd. A* 1. 2; *cod. B postremam tantum partem exhibet.* a) *A* 2; ad uos *A* 1. b) nobis *corr.* vobis *A* 1. c) mestudine *codd.* d) *emend. Dümmler;* memore *codd.*

1) *Neque de re neque de personis aliunde compertum habemus. Cf. Dümmler l. l. p.* 148; *de Rozière l. l. p.* 665, *n. a.* 2) *Vergil. Aen. VI,* 612 *sq.* 3) *Ipsa epistola anno* 871, *quem indicat indictionis numerus, scripta, anno* 877, *in formulas recepta esse videtur.* 4) *Monachus Sangallensis hanc epistolam ad discipulos suos, Waldonem et Salomonem, tunc cum episcopo Salomone II. apud Liutbertum archiepiscopum commorantes, misisse videtur. Cf. Dümmler l. l. p.* 149 *sqq.; Heidemann in 'Forsch. z. D. G.' VII, p.* 443 *sq.; 'N. Archiv' VIII, p.* 522 *sqq.*

moni, vos esse recolui. In quorum uno, licet summa dignitate praedito, summam humilitatem et mansuetudinem, in altero, id est propinquo vestro, sicut magna dioçęsis eius requirit, vigorem et auctoritatem apostolicam discere potueritis. Sed quia pueritiam vestram minus advertisse magnitudinem illius ministerii metuo, debeo vestrae[d] dulcedini de hoc aperire quod sentio. In caena Domini, quod tamen in hac provintia oblivioni traditum est, debet omnis episcopus maioribus flagitiis et criminibus involutos, qui quarta feria in capite quadragesimae se recluserunt et paenitentiam[e] publicam subierunt, cum Dei gratia indulgentiae munere[f] sublevare et eos participes altaris facere. Oportet illum chrisma consecrare, quo omnis[g] natura irae filii[1] Christo incorporentur, qui, de Spiritu sancto conceptus, praeventus est in benedictionibus dulcedinis. Die passionis Domini necesse est illum et ystoriam passionis illius et mysteria populo praedicare, item commendare Deo omnem ecclesiam, supplicare pro cunctis ordinibus ecclesiasticis[h], obviare contrariis universis, orare pro caticuminis, implorare pro Iudaeis, deprecari pro gentilibus; die vero sabbati baptisterium consecrare et apostolicum illud ministerium assumere, quo per impositionem manus datur spiritus veritatis, et sobrium expectare atque pervigilem horam resurrectionis dominicae; in qua, sacramentis nostrae redemptionis acceptis, paulolum somno gustato, ita mox ad ecclesiam[i] et mente comptus procedat et corpore, ut iure[k] ministerii sui strenuus exsecutor, gregis sibi commissi bonus pastor ante oculos summi Patris familias appareat. Mecum reputans, quia haec, ut estis ingeniosi, sedulo didiceretis, laetus aliquid absentiam vestram portavi[l]; sed rursus valde turbatus sum, quia difficiliora quaeque legis et prophetarum, quae mihi Dei gratia nota sunt, vobis omnimodo incognita esse recordatus sum, reputans, ne domnus episcopus et mihi et magistro meo et, quod prae omnibus meae[m] sollicitudini gravissimum est, vobis domnus episcopus indignaretur. Quia igitur et pondus officii sacerdotalis et vestram imperitiam ex parte didicistis, obsecro dilectissimam vilitati[n] meae indoliciam celsitudinis vestrae, ut, si ad altaris ministerium ascendere desideratis, ad domum patris quondam et nunc fratris vestri nequaquam declinetis; sed statim ad monasterium revertemini, si me volueritis socium habere. Alioquin hereditatem vestram visitate et illam cum fratribus vestris dividite, agricolamini, domos aedificate, venationes exercete. Quod si Sanctum Gallum et me visitare dignati fueritis, experimento comprobatis, quia nunc vobis servire iocundissimum prae ceteris habeo. Quod si brachia uxoris fratris vestri vos conplexa fuerint, scitote, ut estis formosuli, aliquid vobis dulce de illa et illi de vobis orietur, sed tamen utrumque uno sepulcro clausum prae omnibus gratum audiret[o]. Computate ergo, qui episcopalibus et monasticis sumptibus et in Italia et in Alemania nutriti estis ad regimen ecclesiae Dei, o vos, o sacerdotale genus, quanto dedecore et quanto periculo praesentis et aeternae vitae[p] ad domus proprias non iam mariti, sed concubitores ancillarum, vel potius adulteri cognatorum vestrorum velitis redire[q]. Titulum pastoralem frequentate, curtam regis ne abhorrete, oratoria parietina omnimodis vitate, ne, dum ibi remedium inquiritis, aeternae mortis periculum incurratis; ad episcopiorum perceptionem dignos vos preparare studete, ne, si indigni quique et negligentes vestra, id est vobis a Deo preordinata loca praeoccupaverint[r], tot animarum perditionis rei fiatis, quot vestra industria Deo lucrificare potueritis, et recolite prae omnibus, ut Deo propinquantes non iram illius provocare, sed misericordiam reconciliare et vobis ipsis et vestrae curae conmissis idonei sitis. Si essetis numero decem, omnia sufficienter haberetis, duo apud Veronam, duo ad Brixiam, duo apud Constantiam, duo iuxta

43. d) vestre *A* 2. e) poenitentiam *A* 2. f) munerę *A* 2. g) *lege:* omnes. h) aecclesiasticis *A* 2. i) çcclęsiam *A* 2. k) *A* 2; iurae *A* 1. l) *post hoc verbum folium excidit in cod. A* 1. m) me *A* 2. n) vilitati meae *in marg. add. A* 2. o) audirem? *Dümmler.* p) qui *add. A.* 2. q) redere *A* 2. r) praeoccupaverit *A* 2.

1) *Cf. Ephes.* 2, 3.

Sanctum Gallum, duo de hereditate vestra. Ne queramini de paupertate et ideo scolam fugiatis, licet vacuus venter subtilem sensum gignere soleat. Stultus ego, qui tantum scripturae ingratis ingerere non lassor! Sed tamen mihi propter dilectionem vestri magis adhuc ignavus quam importunus videor, qui labores meos potissimum vobis impendere iocundissimum duco. Quod si cucullum meum vos non abhorrere metuerim, ubicumque vos invenire studerem. Videtis tamen, velitis nolitis, in domno episcopo cucullum cotidie. Ad Dei servitium dignis moribus vos praeparare satagite[s]. Superbiam perhorrete, quia inmundus est ante Deum omnis, qui exaltat cor suum. Humilitati studete, quia humilibus dat Deus gratiam. Parcitatem in omnibus conservate, quia omnes labores et exilium, quod patimur, ex appetitu gulae venerunt. Inmunditiam[t] respuite, quia corpora vestra templum sunt Spiritus sancti[1]. Avaritiam abhominamini, quae est idolatria. Crescat vobiscum misericordia, ut misericordiam a Deo invenire mereamini. Vanam gloriam calcate, ut Deo et hominibus gratissimi semper[u] existere queatis. Commendo sanctitati[v] vestrae peccatricem animam meam, ut per intercessionem sanctae genitricis[w] Dei apud omnipotentis Patris misericordiam[x] veniam peccatis meis inplorare[y] curetis; quia credo, innocentes[z] et peccatorum nescii Deum placare possitis et impetrare ab eo, quodcumque rectum postulaveritis. Ego vero plus pro vobis quam pro me ipso semper orationibus[a] incumbo. 'Pax Dei, quae exsuperat[b] omnem sensum, custodiat corda vestra et intellegentias vestras in Christo Iesu, domino nostro'[2]. O si vos videre[c] merear!

44. De[a] 7 sacerdotii nominibus[3].

Dilectissimo filio ill. ill. salutem. Quando te in habitu subdiaconi conspexi, ita de tua et vestis illius deformitate contristatus sum, ut multo te libentius inter abiectissimos laicos quam inter[b] prestantissimos clericos videre voluissem. Nunc autem, quia te vidi in habitu sacerdotali, ita iocundatus sum, ut tu mihi prae omnibus episcopis praeter unum illum nostrum esse videaris solus sacerdotio[c] dignissimus. Sint alii hostiarii, alii acoliti[d], exorcistae alii, lectores[e] alii, alii subdiaconi, alii diaconi: tu sacerdotio[f] dignus, te decet honor pontificatus[g], hic habitus est tuus. Et quia te summo sacerdotio[c] vincirier[h] adopto[i] et ita fieri procul dubio credo, causas[k] et nomina sacerdotalis officii caritatem tuam latere nequaquam volui. Presbyter est nomen Grecum[l] et interpretatur senior, ut iuvenilia desideria fugias; episcopus speculator, ut et te ipsum caute agere et reliquis id ipsum scias insinuare. Item iuxta Augustinum episcopus provisor dicitur[4], ut et carnalia et spiritalia subiectis tibi scias providere. Antistes dicitur, quia secundum Heliam omnis vita illius ante Deum et Deo dignissima vel certe ita perfecta esse debet, ut, si quando ira Dei saevire[m] coeperit in populum suum, antistes irae Dei iuxta Moysen et Aaron atque Finees[5] instantia precum et humilitatis et zeli ferventissimi sufficiat obviare. Praesul dicitur, quia vel solo praeest aut salo; perpende igitur, quia Deus, qui solus[n] caelum[o] regit, terram et mare sacerdotibus regenda

43. s) *inde ab hoc verbo pergit cod. A* 1. t) inmundicitiam *A* 2, *ubi* ti *expuncta sunt.* u) *hac voce incipit B.* v) s. v. *perierunt B.* w) genetricis *A* 2. x) mariam *B.* y) implorare *A* 2 z) *A* 2*;* inmetuentes *A* 1, *ubi* metuent *manu* 2. *subaequali in loco laeso scriptum est.* a) oracionibus *B.* b) exuperat *B.* c) vadere *B.*

44 = *Wyss* 36*; Dümmler* 45*; Roz.* 797. *Codd. A* 1. 2. *B.* a) Epistola *rubr. B.* b) *B;* in *A* 1. 2 c) sacerdocio *B.* d) accoliti *B.* e) l. a. *perierunt B.* f) *periit B.* g) ficatus *periit B.* h) vincier *B.* i) adobto *B.* k) *B;* causa *A* 1. 2. l) Graecum *B.* m) sevire ceperit *B.* n) solum *B.* o) *deest B.*

1) 1. *Cor.* 6, 19. 2) *Philipp.* 4, 7. 3) *Epistola ad Waldonem presbyterum ordinatum a monacho Sangallensi, antea praeceptore eius, gratulabundo data esse videtur c. a.* 883—884. *Cf. Dümmler l. l. p.* 153 *sq.; 'N. Archiv' VIII, p.* 520 *sq.* 4) *Cf. S. Augustini Enarr. in psalm.* 126, *c.* 3*; Serm.* 94*; De civ. Dei XIX,* 19. 5) *Vide Num.* 25, 11.

commisit. Pontifex ideo nuncupatur[p], quia magna est huius saeculi colluvio, quia diversae[q] tortitudines, quia de limo[r] omnes procreati ad regna caelorum[s] non aliter[t] nisi per pontem conscendere poterimus[u], quem pontifex iuxta nomen suum[v] infirmis et inbecillibus[w] construere debet, illius videlicet imitator effectus, qui, vita permanens et veritas, viam nobis[x] se ad caelum[y] facere dignatus est[1]. Sacerdos vocatur, quia sacramenta conficere et plebibus dare consuevit; summus autem sacerdos, quia ipse alios etiam sacerdotes consecrat; papa vero, quia[z] ecclesiam Christi contra versutias[a] et inmunditiam diaboli defendere et sponso caelesti[b] inmaculatam custodire[c] satagit; quod nomen uno Latino exprimi non potest, sensus tamen ille est, quod virgines nutriat. Haec 7 nomina sacerdotii discat ille puerulus noster[2], qui forma et nomine et vigore mentis atque omni gratiositate veterem illum Salomonem[3] nobis refert episcopum, ut officii dignitatem, ad quod, Spiritu[d] sancto nutriente, provehendus[e] creditur, dignis moribus exsequatur[f]. Vale[g].

45. Ad[a] episcopum[4].

Domino ill. episcopo infimus famulus vester ill.[b] Audito, quia celsitudo vestra meae pusillitati fuerit indignata, valde consternatus sum; quoniam[c], quid ero, qui omni solatio[d] destitutus sum, si vestra carebo gratia? Tamen, si patienter audire dignamini, pro certo comperitis, quia in nullo alio adversus dulcissimam dominationem vestram aliquid deliqui, nisi tantum, quod, de[e] conspectu vestro recedere passus, ad domum fratris mei diverti[5]. Nam inde vel[f] ad episcopium vel ad[g] monasterium[6] prius reverti, rerum natura et aeris intemperie[h] prohibente, vobis ipsis testibus, minime potui; nisi forte diversa temperies aurarum cis et ultra lacum[7] praeter solitum versaretur. Si ergo aliquid de mea vita curatis, de vestra gratia me certiorare[i] dignamini. Alioquin, si domnus abbas et reliqui rectores monasterii[k] indignationem vestram circa me compererint[l], alii libenter, alii facile[m] manum suam ab auxilio meo retrahent[n], et omni[o] adiutorio privatus, ad agricolandum domum meam misellulus visitare cogor. Ne ergo, quaeso, ne tantam iracundiam circa me pupillum habere velitis, ne multas illas elemosynas, quas mihi ob amorem[p] Christi fecistis, tam facile perdatis! In hoc ergo[e] me pro vobis a Deo exaudiri probo, si vos mihi placatos invenire mereor, lumen oculorum meorum, viscera misericordiae, pater orphanorum, refugium pauperum.

46. Epistola[8].

Carissimis filiis iuxta nomen suum potestas[9] et pax adimpleatur. Recolite,

44. p) vocatur *B.* q) diverse *A* 2. *B.* r) mo o. procrea *perierunt B.* s) celorum *B.* t) ter *periit B.* u) *periit B.* v) suum infi *perierunt B.* w) inbecilibus *A* 2. x) se nobis *B.* y) coelum *B.* z) quo *B.* a) versucias et immundiciam *B.* b) celesti *B.* c) s. c. *B.* d) sancto spiritu *B.* e) provehendis c. dignus *B.* f) exequatur *B.* g) *deest A* 1; Val *A* 2. *B.*

45 = *Wyss* 37; *Dümmler* 46; *Roz.* 802. *Codd. A* 1. 2. *B.* a) *rubrica et verba:* Domino ill. episcopo *desunt B.* b) ill. — quia *perierunt B.* c) quod *B.* d) s. s. distitutus *A* 1. 2; solacio d. *B.* e) *deest B.* f) *deest C.* g) *B; deest A* 1. 2. h) intemperiae *A* 1; intemperię *A* 2. i) c . . estiorare *B.* k) erii indignationem *perierunt B* l) compererint alii *perierunt B.* m) le m. suam *perierunt B.* n) re . . . ent *B.* o) *periit B.* p) amore *A* 1.

46 = *Wyss* 38; *Dümmler* 47; *Roz.* 796. *Codd. A* 1. 2. *B.*

1) *Cf. Ev. Ioh.* 14, 6. 2) *De Salomone Waldonis fratre dicitur.* 3) *Salomonem I. scilicet.* 4) *Epistola deprecatoria ab alterutro ex fratribus saepius memoratis ad Salomonem II. de retardata sua domum ex itinere reditione missa. Cf. Dümmler l. l. p.* 154 *sq.; 'N. Archiv' VIII, p.* 522 *sq.* 5) *Cf. supra p.* 426, *l.* 26 *sqq.* 6) *De episcopatu Constantiensi et monasterio Sangallensi hic dici apparet.* 7) *Lacum sc. Potamicum.* 8) *Hanc et sequentem epistolam monachi Sangallensis ad Waldonem et Salomonem fratres iam in curia imperatoris commorantes missas esse, pro certo haberi potest. Cf. Dümmler l. l. p.* 155 *sqq.; 'N. Archiv' VIII, p.* 523 *sq.* 9) *Voce* potestas *nomen Waldonis, ex Germanica voce 'walt',*

carissimi mei, quia ab ipsis incunabulis[a], immo a maternis ventribus vel[b], ut potius quod verum est fatear, ab ipsa conceptione miserationes[c] Dei vos susceperunt, quae et[d] in progenitoribus vestris incarnationem[e] vestram praevenisse[f] noscuntur[g]. Nam quod[h] vos pro nihilo ducitis, quanti[i] ceteris aestimaretur, quod sine deformitate[k] membrorum et cum omni venustate concepti[l], sapientes animas estis sortiti, quod sumptuosis victibus educati, quod omnibus amabiles et honorandi infantiam[m] et pueritiam transcendentes, adolescentiae[n] principia gratiosissimi captare videmini. Quid putatis, o viscera mea, quid putare potestis, qualia beneficia clementissimus Conditor noster sibi devotis et obsequentibus providebit, qui talia nescientibus adhuc[o] praerogare dignatus est et ingratis? Haec vobiscum agite, haec sedula cogitatione[p] versate, et turpe sit vobis, ut ignavia vacetis, quin potius, omni studio cunctimodis artibus operam dantes, multos coetaneorum vestrorum excellere festinate! Et[q] primum, quod maxime opus habet professio[r] vestra, quia literarum studiis ab infantia fuistis occupati, obsecro, ut prosas[s] orationes et strophas versuum congruas absque[t] retractatione et dilatione[t] texere curetis; quia, ut iam nunc advertere possumus, ita in posterum nos alloqui et salutare debemus, quando nos Alpium[1] iuga, profunda vallium, rapidissimorum[u] cursus amnium, lacuum procellae et nivalia frigora ab invicem separare coeperint, cum modo iuxta et in uno pene loco positi nos alterutrum libere videre non permittimur[v], colloqui vero prohibemur[w] omnino. Valete[x].

47. Epistola[2].

Primoribus dilectissimis, iuvenibus iocundissimis[a] pauper et languidus ille. Sicut vobis[b] absentibus promisi, ita praesentibus exhibere[c] desideravi, ut nunc vestrae celsitudini meae vilitatis devotionem[d] ex animo impenderem[e]. Sed quia vos, ut tunc[f] etiam ex parte signavi[g], monachorum odio sine causa flagrare conspicio, non sine dolore, non dispectionis[h] nostrae, sed defectionis vestrae, vobis intimare praesumo[k], quia mihi videtur non ob aliud eos vos[l] odio dignos ducere, nisi propter aliquam prosperitatem[m] illorum. Quae si magna vobis videtur, accedite[n] et arripite illam; si vero impar, ut est, vestrae[o] dignitati probatur[p], sinite nos iuxta conditionem nostram vivere! Nos vobis omnimodam gloriam non invidemus, quin[q] potius ad conprehendendam eam strenuitati vestrae curamus adminiculari. Inter omnia[r] curate, ne emuli vestri, si qui sunt illi, et adversarii mei de nobis euangelicum[s] illud frequentare incipiant: 'Omnis plantatio, quam non plantavit pater meus caelestis, eradicabitur'[t. 3]! Deus testis est, quia

46. a) *B;* cunabulis *A* 1. 2. b) *B;* velud p. *A* 1. 2. c) m. Dei *perierunt B.* d) et in p. *perierunt B.* e) incarnacionem *B.* f) praeven *periit B.* g) noscantur *B.* h) quod v. pro *perierunt B.* i) ti c. aesti *perierunt B.* k) difformitate *B.* l) *B*; concæpti *A* 1; concępti *A* 2. m) instantiam et puericitiam *B.* n) adolescentie *B.* o) ad hoc prorogare *B.* p) cogitacione *B.* q) et — quod *perierunt B.* r) *inter hoc verbum et* obsecro *in B nihil nisi litterae* . . . [studi]is ab . . . *supersunt.* s) sas o. et s ver *perierunt B.* t) ab . . . ne . . . litati . ne *B.* u) ripidissimorum *A* 1; rupidissimorum *radendo corr.* ripidissimorum *A* 2; rapdissimorum *B.* v) *B;* pertimur *A* 1. 2. w) prohibemeur A 1. x) Vał *codd.*

47 = *Wyss* 39; *Dümmler* 48; *Roz.* 804. *Codd. A* 1. 2. *B.* a) *B;* dilectissimis *A* 1. 2. b) *B;* a uobis *A* 1. 2. c) exibere *B.* d) devocionem *B.* e) impendere *B.* f) nunc *B.* g) *ita codd.* h) dispeccionis *B.* i) defeccionis *B.* k) praesumo — videtur *perierunt B.* l) os — nisi *perierunt B.* m) eritatem — magna *perierunt B.* n) accedite — Si *perierunt B.* o) vestre *B.* p) conprobatur *B.* q) quia *B.* r) autem *add. B.* s) euuangelium *B.* t) eradicetur *B.*

quae idem significat, ductum, voce pax *nomen Salomonis, quod vocem Hebraicam continet pacem significantem, indicantur. Cf. Dümmler l. l. p.* 155. 1) *Suspicatus sum ex sequentibus verbis, epistolam scriptam esse a.* 881. *mense Octob., cum imperator Italiam reversurus in Potamico palatio (Bodman) commoraretur. Cf. 'N. Archiv', p.* 524. 2) *Cf. supra p.* 428, *n.* 8. 3) *Ev. Matth.* 15, 13.

adiutor illius in adiuvandis vobis esse cupio, ut ad eius ministerium digne proficere mereamini. Meum cucullum Martino[u] non impedit[v], nec vester habitus Petro, quia in utraque professione sunt imitatores utriusque. Tamen hoc, quousque potuero, nullis apud me[w] convitiis vel iniuriis efficere poteritis, ut vicem discoliae[x] vestrae retribuam, sed ingratos vos et aversos sequens ad gratiam[y] et officiositatem meam revocare studebo et sic etiam contemnentes expectare pro beneficio ducam. Rescribite, quaeso, et si dignamini fidem meam contristatam, denuntiate duritiam vestram. Sed haec recte patior, quia Creatori domino et Redemptori meo non digna caritate nec congrua obsequor humilitate. Valete[z].

Defecit dilectio vestra, defecit et kartula nostra.

48. Versus de quinque sensibus[1].

Antistes Domini, cur sunt tibi fribola[a] cordi,
Ut manibus sanctis tangere spurca velis?
Non tendas oculos celebs ad turpia claros,
Astra quibus caeli sunt speculanda tibi.
Oscula non figas, mammas nec lambere suescas,
Non dicas lubricum ore canente Deum.
Auribus et magnis latis intendito dictis,
Mandatum latum disce dedisse Deum!
Naribus aeternas iam nunc si concipis auras,
Aeternus summo comes eris Domino.

His decem chordis si auditum praebueris, quinque sensus exteriores inlibatos custodies. Si tamen interiora cordis Deo regenda commiseris, et dignus eris, ut te omnes populi praedicent, non turpissimae mulieres infament. Quarum si unam prae ceteris amaveris, ab omnibus derideris; si omnes dilexeris, unius animum offendis. Esto vir! Fracta verba, gressum languidum, pictos oculos, pallidam cutem, ora investia ut mortifera venena devita, tu orator, tu pontifex, tu caecorum lumen, tu Christi membrum, tu, in cuius barbam unguentum spiritale est descensurum ad consecrandum te in summum sacerdotium! Aliud tibi non scribo, argento superatus aut auro, et quod mihi est gravius, nec indignatione tua perterritus.

(a) Versus[2].

Talia dictat amor; verus respondet amator.
Ingratus taceat; gratus in alta canat.

(b) Versus.

Sospitat incolumis nostratis portio mentis,
An moribunda mali sit fera causa mihi.

(c) Versus.

Peior amate, meus quondam dilectus amicus,
Cur, rogo, non loqueris, ut prius aut melius?
Praeterito versus dederas prosamque loquelam[a],
Hoc anno nulla verba iugare cupis.

47. u) Martyno *A* 1. v) impendit *B.* w) *B; deest A* 1. 2. x) discolie vestre *B.* y) *reliqua desunt B.* z) *ita A* 2; Vat *A* 1.
48 = *Dümmler B* 1. *Codd. A* 1. 2. a) *i. e.* frivola; fribla *A* 1.
48a = *Dümmler B* 1 *(2) et 'Denkmale' p.* 225. *Codd. A* 1. 2.
48b—d = *Dümmler, 'Denkmale' p.* 225 *sq. Codd. A* 1. 2. a) loquaelam *A* 2.

1) *Adhortatio, ut videtur, monachi Sangallensis ad Waldonem iam presbyterum, non iam episcopum ordinatum, missa. Cf. supra cap.* 44. 2) *Versus minores, quippe qui pro epistolis haberi non possint, minoribus literis expressos singulis capitibus subieci.*

(d) Versus[1].

Avia perlustrans indignas quaerito causas,
Pervia qui gradiens summas nanciscerer arces,
Atria caelorum lutulenta muto platea,
Ararum speciem fugiens discursor hararum.
Hoc tamen idcirco, quia vos educere quaero
De casulis ad basilicas, de stramine ad aras.

49. Versus[2].

Tardius invento citius defraudor[a] amico,
Si tamen hoc ultra nomine dignus eris.
Fictio tecta diu tandem deprenditur astu,
Nam cuiusque rei corda revelat amor.
Laetus abis igitur caros visere propinquos,
Carior illa tibi nonna putatur ibi[3].
Unanimis potius frater reminiscere fratris,
Si potes, ergo redi! angor timore tui.
Si non sponte venis, huc invitus retraheris,
Et mercede carent vota coacta nimis.
Ni remeare velis, non obstat ripa furentis
Rheni vel Potami[4] litus acerba fremens.
Non Hilerae[5] fremitus revocat neque saltus inhorrens:
Persequar et temet fune ligabo, fugax.
Pervigil excubitor, superans noctemque diemque,
Te docui, potus[b] immemor atque cibi.
Omnia deposui tibimet parendo petenti;
At nunc spernor ego, alter amatur[c] homo.
Sin magis ille senex, odiis agitatus iniquis,
Divisit socios, corde furente, locis,
Tum merore pari lugens et corde dolenti
Te sequor et lacrimis strata rigabo tua.
Sed quocumque loci casu quocumque viabis,
Implens cuncta Deus te comitetur ope.
Haec monimenta mei describito corde tenaci,
Rumine continuo quae revoluta legas!

(a) Versus[6].

O species cari cur non ades alma magistri?
O quid fecisti? cur nobis nota fuisti?
O cur rara venis? cur nos tardissime cernis?
Iam petimus, venias, doctrinam sepius addas,
Ut tibi centiplices Dominus velit addere grates.
Te revocant pennae, cupiunt membrana videre!

49 = *Dümmler B* 2. *et 'Denkmale' p.* 226. *Codd. A* 1. 2. a) defrudor *A* 1; defrudor *alio atramento corr.* defraudor *A* 2. b) *emend. Linker;* potius *codd.* c) amator *corr.* amatur *A* 2.
49a = *Dümmler, 'Denkmale' p.* 226 *sq. Codd. A* 1. 2.

1) *Versus a monacho ad fratres Waldonem et Salomonem missi esse videntur.* 2) *Dümmler, 'Formelbuch' p.* 161, *suspicatus est, hos versus a Notkero ad Salomonem missos esse.* 3) *Dümmler l. l. de re ab Ekkeharto, Cas. S. Galli, SS. II, p.* 91, *narrata cogitat.* 4) *Lacus Potamicus.* 5) *Iller fluvius.* 6) *Hos versus ad magistrum potius quam ab eo missos esse patet.*

(b) Versus.

Ex phisicis quiddam vobis volo ponere coram,
Quo tandem firmum docti noscatis amicum.
Quando per alborem corvorum germina sordent,
Hos sibi dissimiles vitant curare parentes.
Quos ubi plumarum coepit vestire nigredo,
Ceu natos proprios norunt pascuntque foventque.
Vos[a] ferrugineum[b] scio fastidire capillum,
Lilia sive rosas spreto captare[c] hiacincto.
Non aquilam pullum scitis dimittere suetam,
Ni solis oculos radiis infigat acutos?
Anseris at pullos sequitur gallina per undas.
Sic infirmus ego fortes trans[d] equora quaero,
Sed nisi gallinam corvumve aquilamve imitari
Iam nunc suescatis, iam nunc, iam vivite vobis!

50. Versus ad iuvenem[1].

Egregio iuveni Salomoni fidus amicus
Prospera cuncta modo, regna beata dehinc.
Musa diu latuit, speluncis clausa profundis,
Et requiem petiit, ocia longa terens.
Hanc puer impatiens, quem nos vocitamus Amorem,
Excitat atque urget, increpat, inde tonat:
'Quid tu tarda iaces et nigra stertis in umbra,
Cum tibi thesauri eximii veniant'?
Mox illa evigilans convitia plurima somno
Dixerat atque hilaris haec tibi dicta canit:
'Luce magis dilecte mihi, contempne laborem,
Quem pro me pateris! Angeris atque nimis
Expolias alios et me ditare labores[a].
Nil tibi conservas, optima nostra facis.
Muneribus vestris dives incedo decenter,
Audeat ut nullus se similare mihi.
Pellicium pulchrum, villosum, vellere molli,
Direxit pietas maxima vel bonitas.
Divitias omnes superat, cunctas quoque gazas,
Quas dederant comites, quasque dedere pares.
Aurea sordescunt, argentea dona nigrescunt,
Quae capiunt oculos condita per loculos:
Hoc decus ad memet comitatur nocte dieque
Amplectens servat, protegit atque fovet.
Est tactu blandum, calidum nullique secundum,
Frigora depellens, noxia longe fugans;
Ceu clipeus firmus defendit et omnia munit,
Omnia membra simul ornat honore suo.

49 b. a) Quos *A* 1. b) furrugineum *codd.* c) capitare *A* 1. d) tranequora *codd.*

50 = *Dümmler B* 3. *et 'Denkmale' p.* 227 *sq. Codd. A* 1. 2. a) *ita codd.*

1) *Epistolae auctorem Notkerum suspicatus est E. Dümmler l. l. p.* 162. *Data esse videtur ad Salomonem, antequam presbyter ordinatus est.*

Pellibus ex variis speciem presentat eandem
Candidulam, nitidam, flore colore parem.
Nil fuscum monstrat, nil fulvum reddere novit,
Hic specialis honor regibus esse solet.
Est nive candidius, pluma quoque mollius omni,
Vestibus utilius, serica texta spuens,
Tale quod anxius optavi votisque rogavi,
Quod Deus ad vestrum miserat hinc animum.
Quot lanis igitur candet pilisque redundat,
Tot caeli cives te supra astra ferant!
Amen.

(a) Versiculi.

Quot caelum retinet stellas, quot terra lapillos,
Quot saltus ramos, folia aut quot pontus harenas,
Quot pluviae stillas, quot fundunt nubila guttas,
Quot fluvius pisces, vel sunt quot in orbe volucres,
Quot flores prati, vel quot sunt gramina campi:
Tot tibi prestantes det Virtus trina salutes!

50a = *Dümmler, 'Denkmale' p.* 228. *Codd. A* 1. 2.

ADDITAMENTA
E CODICIBUS COLLECTIONIS SANGALLENSIS.

1.

. . . . . non[1] fuit accessus, ibique nunc usque aegre f[erunt[a] incur]sionis et de- p. 94.
praedacionis erumnam. Tales et tam vehementer oppressos relevare et consolari sanctitas vestra deberet, non super mala praedicta excommunicacionis molestiam irrogare. Semper etenim illa[b] sacratissima sedes perfugium extitit miserorum et patientes iniusta materno affectu ac solita pietate adiuvit. Quod utinam vestris temporibus esse non desinat! Providete igitur, huic vulneri adhibere remedium, et amicos, quos in partibus istis plures et fidos habetis, ne offendatis, cavete! Non est enim dubium, quod, nisi facti huius flamma fuerit consopita, quod ea diversarum parcium episcopos sollititabit atque succendet; quippe cum maior pars eorum etiam episcoporum, qui in praefata sinodo fuerunt, ad excommunicationem non sponte proruperint, sed Widonis instinctu et violentia sunt ad eandem compulsi. De talibus quid a sanctis santcitum sit patribus, omnibus constat esse notissimum. Sixtus namque Romane urbis episcopus refert: 'Nemo pontificum aliquem suis rebus exspoliatum aut a sede pulsum excommunicare

1 = *Wyss* 34; *Roz.* 535. *Cod. B (inter capp.* 42. *et* 43*).* a) *lacuna c.* b) s. i. *signis appositis corr.* i. s. *c.*

1) *Fragmentum epistolae pontificalis Nicolai I. seu Hadriani II, ut videtur, ad metropolitam quendam de episcopo quodam Antonio a synodo provinciali iniuste excommunicato datae. Cogitavi de Antonio episcopo Brixiensi, ad quem etiam capp.* 39. 40. *ipsius collectionis spectant.*

aut diiudicare praesumat, quia non est privilegium, quo expoliari[c] possit iam nudatus'[d, 1]. Zeferinus quoque praefate urbis antistes hoc inquid: 'Praeceptum est in antiquis statutis, episcopos eiectos atque suis rebus exspoliatos ecclesias proprias recipere et primo sua [omnia[e]] eis reddi, et ita demum, si quis iuste [eos[f]] accusare voluerit[g], aequo periculo facere, nec prius eos respondere debere, quam omnia sua eis et ecclesiis eorum legibus integerrime restituantur'[2]. Felix etiam papa in eundem modum iubet universa restitui et respondendi inducias usque in mensem septimum praebet[3]. Cum ab his et aliis hec similia multa constat esse statuta, et iam dictus Antonius ne accusatus in aliquo fuerit et quae supra sunt conprehensa perpessus, mirum, quomodo in eum temeraria est promulgata sentencia. Decernendum igitur et statuendum de hoc est, ne huiuscemodi fama latius evagetur quietosque conturbet; fieri enim potest, nisi fuerit cito comprehensa, ut per hanc occasionem excommunicationem episcopi plurimi parvi pendant. Hec omnia propter nimiam fidelitatem et amorem, quem ergo vos habemus, exsequimur, quia nolumus vestro tempore illa fieri, que vobis esse obprobrio possunt, aut unde Romana vilescat ecclesia, quae omnium ecclesiarum semper extitit caput et ex qua equitatis et iustitiae norma ab inicio hucusque processit. Verum tamen nos inducias 70 dierum, intra quas prefatus episcopus apostolicam iussus est petere sedem, parvas admodum estimamus, quia multa scrutantes tam breves. . . . .

2. Concessio regalis[a. 4].

In nomine sanctae et individuae Trinitatis. K.[5] divina favente gratia imperator. Notum sit omnibus sanctae Dei ecclesiae fidelibus nostrisque, praesentibus scilicet et futuris, qualiter fideles nostri ille et ille tradiderunt duo mancipia sua propria N. ad monasterium novum puellarum in Brixia per manus advocati eiusdem monasterii N. et concambiaverunt inde quendam servum N., ut eum ob mercedis nostrae augmentum liberum dimitteremus[6]. Nos vero manu[b] propria nostra excutientes de manu supradicti N. denarium [*vel*[c] nummum, *vel* argentum, *vel* aureum, *vel* dragmam, *vel* sestertium, *vel* minam[c]] secundum legem Salicam eum liberum dimisimus et ab omni iugo servitutis absolvimus, eiusque absolutionem per praesentem auctoritatem nostram confirmavimus adque nostris et futuris temporibus firmiter atque inviolabiliter mansuram esse volumus. Praecipientes ergo praecipimus, ut, sicut reliqui manumissi, qui per huiusmodi titulum absolutionis[d] a regibus vel imperatoribus Francorum noscuntur esse ingenui relaxati, ita deinceps memoratus N. per hoc nostrae auctoritatis praeceptum, nullo inquietante, sed Deo auxiliante, perpetuis temporibus debeat permanere ingenuus adque securus. Et ut haec auctoritas absolutionis[e] nostrae incorruptivam obtineat firmitatem, anuli nostri impressione subsigillari eam iussimus.

Data 8. Kal. Iulii, anno 5. domini K. post mortem patris sui Hludvici, in Francia, Alamannia, secundo regni eius in Burgundia, imperatoriae vero dignitatis et apostolicae benedictionis primo[7].

Ego N. notarius vel exceptor ad vicem N. archi[com]mentariensis[f] recognosci[g] feci.

1. c) expoliare *c.* d) nudatur *c.* e) *periit c.* f) *deest c.* g) voluerint *c.*
2 = *Als.* 4; *Dümmler C* 4; *Roz.* 61. *Cod. C.* a) ragalis *c.* b) manu' *c.* c) *verba* vel — minam *a scriptore codicis nostri fortasse inserta sunt.* d) absoluti *c.* e) absolut̄ *c.* f) com *suppl. Eccard.* g) recogno. *c.*

1) *Decretales Pseudo-Isidorianae ed. Hinschius p.* 109 *(Jaffé, Reg. Pontif. ed.* 2. 32*).* 2) *Decret. Pseudo-Isid. p.* 133 *(Jaffé l. l.* 81*).* 3) *Cf. Decret. Pseudo-Isid. p.* 201 *(Jaffé l. l.* 143*).* 4) *Formula tempore Karoli III, cui adaptata est, ex diplomate Ludovici Germanici a.* 866, *Wartmann II, nr.* 519, *descripta est. Cf. 'N. Archiv' VIII, p.* 541 *sq.* 5) *Karolus III.* 6) *Cf. E. Loening, 'Kirchenrecht' II, p.* 229, *n.* 4; *Sohm in editione legis Ribuariae, LL. V, p.* 243 *sq.* 7) *D.* 24. *Iun.* 881. *Verba* imperatoriae — benedictionis *in veris regalibus cartis non occurrunt. Cf. autem Form. Sangall. misc.* 2. *et Wartmann II, nr.* 712.

3. Item alia[1].

In nomine domini et salvatoris nostri Iesu Christi. K.[2] divina ordinante providentia triumphator et imperator augustus. Omnibus comitibus partibus Alemanniae seu successoribus atque iunioribus vestris vel omnibus fidelibus nostris notum sit, quia placuit nobis, pro remedio animae nostrae et aeternae retributionis fructu monasterio, *vel* episcopio, N. illi et illi, quod situm est in pago N., ubi ille et ille venerabilis abbas, *vel* episcopus, praeest, et congregationi ipsius monasterii quendam censum de supter scriptis mansis, qui partibus comitum exire solebant, salva tamen functione, quae tam ex tributo seu vectigalibus vel alia qualibet re partibus palatii nostri venire debet, per hanc nostram auctoritatem concedere. Et propterea has nostrae praeceptionis litteras praedicto monasterio eiusque congregationi fieri iussimus; per quas omnibus vobis praecipimus, ut de mansis denominatis, hoc est[3] in comitia N., in Durgewe, in centuria illa, in loco qui dicitur N., iuxta villam nostram N., de hoba illa et illa, in eodem pago, in centuria N., in loco qui et ipse N. nuncupatur, qui est iuxta N. baptismalem ecclesiam, de manso illo et illo, et in eadem comicia, in parte horientali[a], in centuria N., in loco qui equę N. vocatur, et est iuxta Constantiensem ecclesiam, de manso illo et illo nullum tributum aut vectigal aut opera aut araturas aut alias quaslibet functiones exigere aut exactare praesumatis, set, sicut in nostra elemosyna concessimus, ita perpetuo maneat. *Reliqua ut supra.*

---

4. Carta traditionis[4].

Ego illa cum manu advocati illius trado ad monasterium S. N., cui nunc S.[5] episcopus abbatis iure praesidet, quicquid hereditatis in Argune[a. 6] in [australi parte Aquilonis-] Argune possideo, hoc est in illo et illo loco; ea conditione, ut ego inde duos denarios singulis annis vitae meae ad ipsum monasterium persolvam, et filius meus ille vel eius legitima procreati[b] easdem res intra sex annos post obitum meum 10 libris in argento[c] et auro puro a supradicto monasterio redimant. Quod si pactum, quod cum eis placitus sum, confirmaverint et impleverint, potest eadem redemptio, etiam me vivente, si ita mihi et amicis meis complacuerit, fieri. Quod si in aliquo pactioni mee contrarii fuerint, ego de rebus meis ordinandis potestatem habeam. Sic autem haec omnia trado, ut cuncta vel filio meo illi et eius procreationi vel monasterio profeniant[d] in agris, pratis, silvis, aquis aquarumque decursibus et omnibus aedificiis ac mancipiis adque universa supellectili, nisi tantum, quod mancipia, quae iugiter in domo mea consistunt et mihi specialiter serviunt, extra hanc traditionem relinquere decrevi, donec mihi Deus insinuare dignatus fuerit, quid de his secundum suam voluntatem et utilitatem meam facere debeam. Si quis vero contra hanc cartam potestativa manu peractam venire aut eam irrumpere conatus fuerit, ad fiscum regis auri untias 3, argenti libras 8 coactus persolvat, et haec carta nihilominus firma et stabilis permaneat.

Haec traditio primum placita et facta est in illa feria 4, 7. Kal. Octobris[7], coram N. seniore comite et subscriptis proceribus ac plebeiis, adque roborata est in

3 = *Als.* 5; *Dümmler C* 5; *Roz.* 150. *Cod. C.* a) hȯri *c.*
4 = *Als.* 1; *Dümmler G* 1; *Roz.* 366, §. 1. *Cod. C.* a) in arḡ. in argune *c.; emendavi ex cap.* 5, *p.* 436, *l.* 8 *sq.* b) *ita c.; cf. p.* 436, *l.* 11. c) argt̄ *c.* d) *sic c.*

1) *Formula tempore Karoli III, cui adaptata est, ex diplomate Ludovici Pii a.* 816, *Wartmann I, nr.* 226, *descripta est. Cf. 'N. Archiv' VIII, p.* 542. 2) *Karolus III.* 3) *Sequentia usque ad* nullum tributum *etc. a formulae scriptore ficta sunt.* 4) *Haec et sequens formula, e veris cartis, ut videtur, sumptae, ad traditionem spectant a femina quadam R. a.* 894. *S. Gallo factam.* 5) *Salomo III.* 6) *'Langen-Argen, Würtemb. Oberamt Tetnang'?* 7) *D.* 25. *Sept.* 894.

ill. 5. die Kalendarum earundem, feria 6.[1] coram illo comite iuniore et multitudine procerum ac popularium, quorum hic pauci admodum sunt adnotati. Sig. N. et advocati eius N., qui hanc traditionem fieri iusserunt, *vel* decreverunt. Ego itaque N. notavi supradictos dies, annum N.[2] regis piissimi 7, Oud.[3] comitem.

5.

Complacuit[4] mihi S. episcopo et abbati monasterii S. G., ut res, quas nobis N. tradidit, cum [con]sensu fratrum et manu advocati nostri N. hoc ei repraestaremus. Tradidit autem nobis eadem N. quicquid hereditatis in Argune in australi parte Aquilonis-Argunae possedit, id est in illo et illo loco; ea conditione, ut ipsa inde duos denarios singulis annis vitae suae ad ipsum S. G. monasterium persolvat, et filius illius N. vel eius legitima procreati, easdem[a] res intra sex annos post obitum ipsius R. 10 libris in argento et auro puro a supradicto monasterio redimant. Quod si pactum, quod cum eis idem N. et procreatione eius placita est, confirmaverint et impleverint, potest eadem redemptio, etiam ipsa vivente, si ita ipsi N. et amicis eius complacuerit, fieri. Quod si in aliquo pactioni ipsius contrarii fuerint, ipsa de rebus suis ordinandis[b] potestatem habeat. Sic autem haec cuncta tradidit, ut omnia vel filio ipsius N. et eius procreationi vel praedicto monasterio [proveniant[c]] in agris, pratis, silvis, aquis aquarumque decursibus et omnibus aedificiis ac mancipiis adque universa supellectili, nisi tantum, quod mancipia, que iugiter in domo illius consistunt et ipsi specialiter serviunt, extra hanc traditionem relinquere decrevit, donec Deus illi insinuare dignatus fuerit, quid de his[d] secundum voluntatem ipsius et utilitatem suam facere debeat.

Haec conditio primum placita et facta est in N. feria 4, 7. Kal. Octobris, coram N. seniore comite et subscriptis proceribus ac plebeiis, adque roborata est in N. 5. die Kalendarum earundem, feria 6. coram N. comite iuniore et multitudine procerum ac popularium, quorum hic pauci admodum sunt adnotati. Signum S. episcopi et abbatis et advocati eius N., qui hanc precariam fieri decreverunt. Sig. decani[e], sacratarii[f], praepositi, portarii[g], hospitarii, cellarii, camerarii[g]. Signa et aliorum testium, qui ibi praesentes[h] fuerunt. Sig. ill. et ill. Ego itaque N. notavi dies suprascriptos, annum, N. comitem. *Finit carta precaria.*

---

6. Epistola ad seniorem.

Summa nobilitate et sapientia summam dignitatem et gloriam consecuto domino ill. infimus celsitudinis vestrae servorum ill. — *Continuae*[5] *orationis indiculum.* — Dulcissimam dominationem vestram scire desidero, quod absentiam iocundissimi vultus vestri satis egre sustineo. Primo quidem, quia desum servitio vestro et disciplina vestra, quam nulli secundam puto, vel ad tempus careo. Deinde, sicut est humanae consuetudinis, ut absentia quaeque vel penitus oblivioni tradantur vel rarius ad memoriam revocentur, timeo, ne vilitas mea vestre sublimitati ita sit obsoleta, ut, si quando, largiente divina gratia, ad servitium vestrum venire potuero, aut minus agnoscar aut

5 = *Als.* 2; *Dümmler C* 2; *Roz.* 366, §. 2. *Cod. C.* a) eadem *c.* b) ornandis *c.* c) *suppl. Roz.* d) is *corr.* his *c.* e) dec. *c.* f) sacr. *c.* g) port. hospit. cellar. camer. *c.* h) p̄sentens *c.*
6 = *Dümmler p.* 162 *sq.*; *Rockinger p.* 34, *n.* 36; *Roz.* 839. *Cod. A* 2 *(inter capp.* 49 *b et* 50*).*

1) 27. *Sept. eiusdem anni.* 2) *Sc. Arnulfi.* 8) *Udalricus IV. comes pagorum Argengau et Linzgau. Cf. Stälin, 'WG.' I, p.* 282. 328. 4) *Cf. notas ad praecedentem formulam.* 5) *Oratio continua versibus reliquarum epistolarum opponitur. Annotavit haec verba fortasse scriptor codicis.*

minime assumar aut certe susceptus neglectui ducar, pro eo quod tam diu a vobis corpore, non animo coercear, licet in omnibus, quaecumque egero vel temptavero sive conitor, ad vestrum proficere studeo famulatum. In hoc autem dominationem vestram non omnimodis a me aversam experiri merear, si benedictione et aliqua admonitione seu quocumque precepto vestro non ducar indignus, eruditor insipientium, magister infantium, lumen eorum qui in tenebris sunt, pater orphanorum[1]. Christus ubique tibi tutor fautorque! Valeto, Idithun, id est 'transiliens eos'[2].

1) *Cf. supra p.* 428, *l.* 30. 2) *S. Augustini Enarr. in psalm.* 38, 1, *qui haec verba interpretatur:* Quosdam enim inhaerentes humo, curvatos in terram, ea, quae ima sunt, cogitantes, in rebus transeuntibus spem ponentes, transilivit iste, qui vocatur 'transiliens eos'; *cf. l. c.* 61, 1; 76, 1. *et Isidor. Origg. VII,* 8, 28, *qui recepit verba allegata. Ad quam interpretationem spectare videtur auctor epistolae, eum, ad quem scribit,* Idithun *appellans. Cf. Lamberti Ann.* 1070, *SS. V, p.* 179, *l.* 1.

FORMULAE SALZBURGENSES.

Codex Monacensis Lat. 4650, *olim Benedictoburanus, saec. IX. post formulas Salicas Lindenbrogianas et Marculfinas Karolini aevi alias continet formulas integrasque epistolas. Nonnullis epistolis ex hoc codice iam a Bernhardo Pez, Thesaur. rerum anecdot. II,* 1, *col.* 3 *sqq., vulgatis, reliquas omnes primus L. Rockinger cum ceteris eiusdem codicis edidit: 'Salzburgisches Formelbuch aus des Erzbischofes Arno Zeit', in 'Quellen u. Erört. z. bair. u. deutsch. Gesch.' VII* (1858), *p.* 127 *sqq. Cf. supra pp.* 265. 113; *'N. Archiv' VI, p.* 41 *sqq.*

Omnia fere capita exempla epistolarum praebent, duabus tantum cartarum formulis, capp. 4. *et* 5, *insertis. Inter exempla, quae, sine certa ratione electa et sine ordine fere conscripta, magis materiam collectionis quam ipsam formularum collectionem efficere videntur, non paucae exstant Alcuini epistolae earumque particulae. Is qui haec conscripsit praecipue, quod monuit Sickel, 'Alcuinstudien' ('SB. d. Wien. Akad.' LXXIX. p.* 488, *n.* 1; *p.* 546 *sqq.) codice Vindobonensi palat.* 808, *olim Salzburgensi, in Monumentis Alcuinianis*[1] *litera Z signato, usus esse videtur, e quo descripta sunt et capita Rock.* 118—126. *et capita nostra* 33—36. 40. 42. 43. *Praeterea etiam ex alio codice olim Salzburgensi, nunc Vindobonensi palat.* 795, *epistolae duae, altera Alcuini, altera Angilberti, sumptae esse videntur, capp.* 1. *et* 52; *inter capita* 43. *autem et* 44. *excerpta exstant epistolae Alcuini* 209, *quae in solo codice Vindobonensi* 966, *a Th. Sickel itidem Salzburgensibus adnumerato, servata est, Rock.* 99; *cf. Sickel l. l. p.* 535. *Quod iam ex his, quae diximus, perspicitur, collectionem scilicet codicis Benedictoburani Salzburgi institutam esse, idem testantur etiam traditiones ad ecclesiam sanctorum Petri et Hruotperti factae, quas in formulas redactas capita* 4. *et* 5. *exhibent. In ipsa quidem curia archiepiscopi exempla nostra collecta esse crediderim; ibi enim traditiones illae, ibi etiam collectiones epistolarum Alcuini, inter quas una est, quae solis fere epistolis ad Arnonem archiepiscopum datis constat (Sickel: Z'), ibi denique et epistola, quam Arno ad Leonem III. papam misisse videtur, cap.* 60, *et aliae epistolae seu ad archiepiscopum datae, capp.* 52. 62, *seu ab eo emissae, capp.* 37—39, *praesto esse potuerunt*

A reliqua collectione secernenda et in editione nostra omittenda duxi octo capita codicis nostri postrema, Rock. 118—126, *quippe quae principium fere integrum peculiaris cuiusdam collectionis epistolarum Alcuini (Sickel: Z') efficiant, ut ex tabula comparationis apparebit:*

Rock. (numeri sequuntur ordinem codicis)	118.	119.	120.	121.	122.	123.	124.	125.	126.
= *Coll. Z'.*	11.	7.	8.	2.	3.	4.	5.	6.	1.
= *Ep. Alc.*	222.	64.	109.	101.	133.	102.	104.	113.	107.

Capite 126. *in extrema parte quaternionis nunc ultimi medio sermone abrupto, suspicari licet, eandem collectionem Z' in reliqua codicis parte nunc amissa olim*

1) *Bibliotheca rerum Germ. VI, cuius editionis numeros epistolarum allegavi.*

continuatam fuisse. Omnia vero, quae ante haec capita in formulis ex codice Z descripta sunt, non ad Z', sed ad Z'' pertinent[1]. *Cum autem Z'', ut Th. Sickel, acriter codicem Z perscrutatus, invenit, primitus peculiari quodam volumine constiterit, quocum postea demum pars prior Z' coniuncta sit, vix dubitandum videtur, quin priores illae formulae eo tempore ex Z'' descriptae sint, quo volumen illud per se exstabat, priore codicis parte Z' nondum adiecta.*

Itaque cum Th. Sickel et omnes codicis Z partes primis saeculi IX. annis exaratas esse ex scriptura collegerit, l. l p. 492, *et Z' circa a.* 802. *compositum esse demonstraverit, l. l. p.* 490, *ipsis primis saeculi IX. annis formulae nostrae conscriptae esse videntur, eae quidem certe, quae ex Z'' sumptae sunt; sed etiam ceteras eodem fere tempore collectas esse, nulla causa obstante, crediderim. Quamvis pleraque capita ex documentis haud ita multo ante id tempus editis conscripta esse videantur, cap.* 54. *tamen ex sancti Augustini epistola sumptum est, aliis fortasse ex aliis fontibus antiquioris aevi haustis.*

Codex Benedictoburanus nunc solus collectionem nostram exhibet. Ex alio autem Frobenius Forster caput 60. *edidisse videtur; de quo codice monet, Opp. Alcuini II, p.* 448, *n. a: 'Integram, quamvis admodum corruptam (sc. formulam illam) hic descripsimus ex cod. ms. Salisburgensi praestantissimo saec. IX. exarato, in quo variae aliae epistolarum formulae formulis Marculfi similes continentur luce publica dignae'. Cum eadem fere etiam de codice Benedictoburano dici potuerint, isque caput* 60. *cum iisdem plerisque vitiis exhibeat atque editio Frobenii, suspicari liceat, codicem Salzburgensem illum aliud exemplar eiusdem collectionis continuisse. Neque vero Benedictoburanus ex eo descriptus esse videtur.*

Post L. Rockinger etiam E. de Rozière formulas nostras cum ceteris eiusdem codicis edidit et separatim secundum ordinem codicis: 'Formules inédites publiées d'après deux manuscrits de Munich et de Copenhague' in 'Revue hist. de droit français et étranger' V (1859), *p.* 35 *sqq.*[2], *et singulas postea in 'Recueil général'.*

Ad novam hanc editionem ipso codice denuo usus sum. Omisi praeter capita illa octo (Rock. 118 *sqq.) etiam capitis Rock.* 60. *maiorem partem (cf. infra cap.* 6), *caput Rock.* 75. *fere integrum (cf. infra cap.* 20) *et integrum caput Rock.* 99, *quippe quae maxime a formularum collectione abhorrere viderentur; ea vero, quae ex Alcuinianis aliorumque epistolis recepta sunt, minoribus literis exprimi feci, praeter ea, quae, ut caput* 60, *non nisi in ipsa formula nobis servata sunt. Numeri a me sunt instituti.*

---

1. Tractura.

Omnibus venerabilibus viris et diversarum potestatibus dignitatum et sanctae caritatis filiis humilis sanctae catholicae et orthodoxae ecclesiae vernula, episcopus scilicet, *sive* abbas *aut* comis, sempiternae benedictionis in domino Salvatore salutem. Scimus[a] itaque, vestrae bonitatis pietatem pro Christi amore et futurae gloriae retributione peregrinos et hospites, et maxime eos, qui pro ecclesiastica necessitate vel pro salute animarum suarum sacra sanctorum apostolorum limina visitare Alcuini ep. 304. *f.* 63'.

1 = *Rock.* 55. a) Sumus *c.*

1) *Th. Sickel etiam Alcuini epistolam nr.* 126, *quae ad Z' pertinet, in collectione nostra redigenda adhibitam esse existimat, l. l. p.* 547; *cf. p.* 488, *n.* 1. *Re vera quidem elocutio quaedam eadem fere in cap.* 7. *atque in ep.* 126. *occurrit. Eodem modo cap.* 7. *aliam sententiam, quae etiam in ep. Alc.* 83. *occurrit et cap.* 6. *salutationem eandem atque ep. Alc.* 137. *exhibent. Sed neque hic neque illic formularum auctorem ipsas illas epistolas exscripsisse credamus oportet.* 2) *Eos numeros editionis illius, qui non cum iis, quos Rockinger instituit, conveniunt, literis 'Mun.' praepositis, annotavi.*

solent, benigne suscipere. Qui hos susceperit[b] in domo sua, Christus eum suscepturus erit in gloria sua, quia in talibus Christus receptus[c] erit, ut ipsa Veritas in euangelio ait: 'Hospes fui et suscepistis me'[1]. Tamen pro portitoribus cartule huius, o patres optimi et fratres sanctissimi et filii dilectissimi, vestram summopere deprecor caritatem, ut benigne eos suscipiatis, in quocumque negotio vel necessitate illi opus habeant. Habetis Deum remuneratorem meque debitorem[d] secundum oportunitatem temporis, ut vestrae voluntati satisfatiam in Christo. Orantem pro nobis incolomitatem[e] vestram divina tueatur gratia, reverentissimi in Christo patres!

2.

Omnibus[a] venerabilibus viris et fratribus, episcopis, abbatibus[b], abbatissis, duci-
*f. 64. bus, comitibus, vicariis, centenariis, *castaldiis et omnibus credentibus et Deum timentibus, in partibus Italiae atque Romaniae per monasteria et urbibus atque vicis et villis in Dei nomine permanentibus, N. ego, quamvis indignus, non electione meritorum, sed divina disponente gratia illius sanctae ecclesiae episcopus, *vel* abbas, *sive* provisor, in misterio sacre redemptionis exorantes presentis vite salutem, aeternae glorie coronam. Commendamus nos humiliter in sacris orationibus vestris, ut nostri memoriam coram Deo humiliter agere dignemini. Vestra namque recordatio, veluti oportet, seduli inter nos habetur. Denique notum [facimus[c]] omnibus vobis, quia isto fideli nostro una cum benedictione atque permissione, ita sicut petiit, licentiam dedimus orationis causa Romam pergere et [ad[d]] limina beatorum apostolorum Petri et Pauli pro venia peccatorum suorum preces fundere[e]. Proinde in amore domini nostri Iesu Christi et pro reverentia sancto-
*f. 64'. rum apostolorum, quo devotissime tendit, ei licentiam per terminos atque fines *vestros libere viam habere permittere, humiliter rogamus, et in quantum oportunitas vestra fuerit, hospitium vel alia bona vestra ei largiri[f] dignemini. Habetis[g] Dominum remuneratorem, qui dixit: 'Hospes fui, et suscepistis me; et quod uni ex minimis meis fecistis, mihi fecistis'[2]. Valete in Domino, sanctissimi fratres.

3.

Domino eximio meritoque honorabili pio pastori et sanctae sedis presuli N. humilis servulus vester una cum ceteris sanctae congregationis ill. seu cum totius fidelissimis assiduisque oratoribus sub canonica consistentibus cura ineffabilem in domino Iesu Christo et sine fine salutem. Uberes agimus Deo grates, quod adventum eximietatis vestrae litteris prevenire dignati estis, et ante contuitum misistis conloquium, ut vestro prius[a] affectu quam aspectu frueremur, et diu desideratam noticiam epistolari solatio[b] quodam modo gustantes, exspectaremus avidius et ardentius, quod iocundius gratiusque
*f. 65. caperemus. Sospites ubique vos conservet, orantibus nobis, celsitrhonus[c] *cosmi polique Creator!

4.

Ille igitur utitur bene de istis transitoriis et caducis rebus, [qui[a]] sibi studuerit invenire premia sempiterna. Quapropter ego in Dei nomine et coniux[b] mea nomine[c] ill., ambo pariter cogitantes de Dei timore vel pro aeterna bona remuneratione, donamus Deo et sancto Petro atque sancto Hrodperto ad monasterium ill., ubi ill. sanctus corpore

1. b) *al. manu corr.* susceperint *c.* c) recepturus *c.*; *ita etiam duo codices ep. Alcuin.* d) debitorum *corr.* debitorem *c.* e) *literae* ta *eadem manu in marg. suppl. c.*

2 = *Rock.* 56; *Roz.* 674. a) Oomnibus *c.* b) abb̄; abb̄ss *c.* c) *suppl. Roz.* d) *suppl. edd.* e) fund *cum signo supplementi in margine additi, sed abscisi, ut videtur, c.* f) largire *corr.* largiri *c.* g) habe *c.*

3 = *Rock.* 57; *Roz.* 822. a) pio *c.* b) solatiae *c.* c) *sic c.*

4 = *Rock.* 58; *Roz.* 217. a) *suppl. edd.* b) conix *c.* c) nom̄ *c.*

1) *Ev. Matth.* 25, 35. 2) *Ibid.* 25, 35. 40.

requiescit et ubi ad presens ill.[d] episcopus rector ipsius sedis preesse videtur, aliquas res nostras in pago illo, in loco nuncupante ill., super fluvio ill. cum omni supraposito, id est domibus, aedifitiis, curtiferis, cum wadriscapis, terris arabilibus, silvis, campis, pratis, pascuis, mobile et inmobile, presidiis, peculibus, pecoribus, omnia et ex omnibus, quicquid[e] *dici vel nominari potest, quod ad supradictum locum ad nos pertinere videtur, *f. 65'. sive[f] in mancipiis, quorum nomina sunt, seu in manentibus[1], quorum hic nomina subter tenentur inserta, ea ratione tradimus ad supradictum monasterium post amborum ex hac luce discessum, ita ut agentes et rectores supradictae sanctae Dei ecclesiae easdem res habeant, teneant atque possideant, vel quicquid exinde facere voluerint, liberam ac firmissimam Christo propitio in omnibus habeant potestatem.

Isti sunt testes per aurem tracti[2], qui ipsam traditionem viderunt et confirmare debent, quorum hic nomina subter tenentur inserta.

Actum in mallo publico sub die mensis ill.

5.

Quia pro[a] aeternae beatitudinis memoria necesse est unicuique de istis transitoriis et caducis *rebus aeternae beatitudinis gaudia querere, ideoque ego in Dei nomine ill., *f. 66. cogitans pro remedio animae meae, dono, trado atque in perpetuum stabile fieri decerno omnem rem proprietatis meae[b], quicquid de paterna vel materna portione mihi contingit, ad monasterium Deo et sancto Petro in pago ill., in loco nuncupante illo[c], totum quod proprium mihi viso esse fuit; eo tenore, ut defensores ipsius supra nominatae ecclesiae post meum ex hac luce discessum ipsas res habeant, teneant atque possideant, vel quicquid exinde facere voluerint, liberam ac firmissimam sine ullius hominis inpedimentum [vel[d]] contradictionem Christo propitio in omnibus habeant potestatem.

Isti sunt testes, *ut supra*.

6.

Domino[a] insigni et desiderabili in Christo patri N., pio pastori et sanctae sedis praesuli, benivolus alumnus humillimusque discipulus N., quasi pronus prostratus in presentia vestra, enixe humiliterque petens benedictionis vestrae gratiam. *Salve, pater *f. 66'. sancte, simul cum fidelium tuorum salute. Nos psalmorum cum carmine precamur hoc[b] assidue missarum eque iugibus oblationum ac precibus, ut salus vobis animae sanitas fiat et corporis. Ego indignus servulus vester per vestram sanctitatem optimam habeo confidentiam, quoniam a primeva iuventutis flore semper mihi familiares fuistis. *Cetera metrum.*

Spiritus[3] paraclitus omni veritatis doctrina et perfecte caritatis scientia vestra resplendeat[c] pectora, reverentissime presul. Augeatur vobis salus vitaque perennis[d]!

7. Incipiunt indicolorum salutes. f. 68.

Domino prestantissimo et insigni, karissimo patri, predito ill. episcopo ill. omnium servorum Dei famulus vesterque, ut ita dixerim, mansuetus, id est quasi manu vestra

4. d) illis *c.* e) quicquiq *c.* f) si vero *Roz.*
5 = *Rock.* 59; *Roz.* 218. a) paternae *c.* b) mę *c.* c) *supple:* constructum. d) *suppl. Rock.*
6 = *Rock.* 60; *Roz.* 883. a) *rubrica* Ad amicum coetaneum *minus apta in c. praemissa est.* b) ħ *c.* c) respendeat *c.* d) *quae in c. sequuntur omisi, cum ad formulam pertinere non viderentur.*
7 = *Rock.* 61; *Roz.* 854.

1) *Cf. Waitz, 'VG' II*[3], 1, *p.* 224, *n.* 2, *et Guérard, 'Polyptique de l'abbé Irminon'* 22, 1. *et App.* 8, *II, p.* 227. 343. 2) *Cf. Lex Baiuvar. XVII,* 3. 6; *LL. III, p.* 326 *sq.; Grimm, 'RA.' p.* 143. 3) *Cf. Alcuini ep.* 137: Spiritus paraclitus omni veritatis doctrina et perfectae caritatis scientia vestra impleat pectora.

nutritus, servulus tantillus aeternae perennitatis in domino Jesu Christo orat et optat *f. 68'. salutem. *Solent[1] plerumque de fonte caritatis etiam fluere verba salutationis[a]. Nunc vestra melliflua epistola, omni procul dubio auro obrizo dilectior, ad memoriam reducit, quanta bona quantaque humilitate de vobis, magistro et pedagogo meo, amatori nostro[b], quem etiam nunc intercessorem nostrum[c], ubicumque est, nullatenus dubito[d].

8. Item alia[a].

Domino sancto et venerabili patri ill. ill. una cum ceteris famulis ac fidelibus vestris die noctuque oratoribus in sancta religione[b] degentibus in dilectione Dei patris et asparsione sanguinis Iesu Christi sanctique Spiritus amore salutem[2]. Notum ergo sit vobis, venerabilis pater, quod omne, quae commendastis, et qualiter fieri iussistis, peracta a nobis, et vobis bene placita fieri, Deo opitulante[c], credimus. Incolomem venerabilem intimare dignemini vestram[d].

f. 69.

9.

Domino sancto et omnium sanctae Dei aecclesiae filiorum prestantissimo presuli atque reverentissimo patri apostolico, a Deo et hominibus honorato ill.[a] ill. vilis valvicola[b, 3], fidelis tamen ex intimo corde serviens et in omnibus bene cupiens vester, aeternae coram Deo gloriae veraciter salutem. Denique, quasi proni prostrati ante sacra vestigia vestra, humiliter nos commendamus sacris orationibus vestris, supplititer deprecantes, quatinus nostri coram Deo et sanctis eius et apud beatos apostolos memoriam vel semel habere dignemini. Nos vero una cum omnibus nobis a Deo subiectis, non solum cum ecclesiasticis viris, sed et cum alia plebe sancta Dei, pro vestra vita aeterna et salute et pro longeva bona vestra prosperitate in hoc seculo divinam clementiam iugiter inploramus. Dei omnipotentis maxima clementia nobis largire dignetur, longevis *f. 69'. temporibus ad utilitatem sanctae Dei ecclesiae desiderantissima[c] nobis *prosperitate vestra, *vel*[d] *etiam* ad augmentum christiani populi bonam et beatam prosperitatem vestram semper audire; quod nostrum est deprecare. Vestram tamen magnam clementiam et carissimam paternitatem humiliter deprecamur, quatinus sacrosanctis litteris vestris desiderantissimam nobis sospitatem vestram nobis sepius letificare certos facere dignetur reverentia vestra, quam nobis divina pietas in omni bono proficientem et crescentem multis annis concedere dignetur.

10.

Dilectissimo et indissolubili caritatis nodo amplexabili, divina procurante gratia summo pontifici ill. ill. inmeritus presul incontaminatam perennis gloriam[a] ac salutem. Nos enim semper vestri recordamur in precibus nostris rogamusque vos, ut memores sitis nostri in precibus vestris.

7. a) salutationes *c.* b) vestro *c.* c) vestrum *c.* d) *quaedam deesse videntur c.*

8 = *Rock.* 62; *Roz.* 716. a) al. *c.* b) relegione *corr.* religione *c.* c) tu *eadem manus in margine supplevit.* d) *finis folii, post quod quaedam excidisse videntur.*

9 = *Rock.* 63; *Roz.* 809. a) illi *pro* ill. ill. *c.* b) uualvicola *c.* c) *lege:* desiderantissimam prosperitatem vestram. d) vel etiam *iam inter* ecclesiae *et* desiderantissima *in c. scripta huc transposuit Rock.*

10 = *Rock.* 64; *Roz.* 855. a) groriam *c.*

1) *Cf. Alcuini ep.* 83: Solent itaque de fonte caritatis saepius verba fluere salutationis *et cum sequentibus verbis ep.* 126. 2) *Cf. cap.* 26. 3) *I. e. qui valvam colit, custodit, quod pro humilitate dici videtur. Vocem in lexicis non inveni. Cf. infra cap.* 28.

11.

Divinis muneribus ditato omniumque virtutum genere nobilissimo seu cum summo cordis *gaudio nominando ill. patri ill. supplex vester in Domino salutem perspicuam. *f. 70. Sincerrima sunt namque inter absentes comercia litterarum, ut, qui se mutuis conloquiis non valent confortari, invicem saltim per epistolae stilum vicissim se intueantur, et quod locorum separat longarum divisio, iungat unanimitas inscribendi. Ceterum commendans me, quippe sacris ac Deo dignis, precibus vestris, simulque notum fatiens, teste Deo existente, id ipsum a parvitate nostra pro vestra sospitate indesinenter perfici.

12.

Acceptis[a] igitur a bonitatis vestrae sacratissimis syllabis mellifluo calamo salubriter promptis gratulanterque[b] perlectis, mens nimirum referta[c] mea eructuans inquit: 'Quam dulcia faucibus meis eloquia tua, Domine!'[1] Pro his namque muneribus[d] seu diversorum scematum pulcherrima largitate etiam et pro salubri textu epistolae ultra omnem seculi decus *magnificas infilatus[e] vestri rependimus grates, postolantes prorsus enixe *f. 70'. sanctissimam caritatem vestram, ut nostri nostrorumque memores in sacratissimis precibus vestris apud Deum sedulo esse dignemini.

13.

Domino reverentissimo, viro apostolico, sanctae Dei ecclesiae presuli, immo totius huius provinciae gubernatori, vestrae dilectionis unicus filius in domino Christo salutem. Ut optime novit sagax prudentia vestra, aestas transiit, cauma[2] recessit, autumnus advenit, hiemps propinquat, holera tabescunt, frondes[a] flacescunt, abeuntibus ciconiis, irundines ire disponunt, herba iumentorum deficit. Idcirco necessitas conpellit nobis exire, paupertasque urguet me[b], defitiente herba, ut dictum est, pabulo iumentorum eundo et redeundo emere. Ergo mandate nobis *per missum sive per epistolam seu, *f. 71. quod fari[c] veneraemur, ipsi propius aliquantulum vel aliubi, quatinus laetos oculos, laetam fatiem vultumque angelicum vestrum quivissem videre. Sin autem, ut prelibatum est, voluntatem vestram innotescite, quam non solum equitando, verum etiam nudis pedibus currendo inplere in omnibus fideliter parati sumus. Nec promptiorem quempiam nobis invenire potestis nec fideliorem in omnibus. Igitur his vestra, non nostra fiat voluntas. Valeat sublimitas vestra omnisque familia identidem. Ut valeatis, oro et semper opto.

14.

Indissolubili vinculo, individuae sincerrimaeque caritatis alis amplectendo ill. ill. humilis terrigena in dulcedine vere caritatis salutem.

15.

Reverentissimo pontifici amabilique in Christo fratri ill. christicolarum Domini servulus, *quamvis non electione meritorum, tamen divina annuente gratia sanctae Dei *f. 71'. ecclesiae vernula, in rosifluo Christi sanguine et in mysterio sacrae redemptionis salutem

11 = *Rock.* 65; *Roz.* 820.

12 = *Rock.* 66; *Roz.* 829. a) *rubrica minus apta in cod. exstat:* De amicitia. b) gratulenterque *ead. m. corr.* gratulanter *c.* c) refert *c.*; *corr. Rock.* d) seu muneribus *c.*; *corr. Rock.* e) *ita c.*; *corruptum videtur.*

13 = *Rock.* 67; *Roz.* 713. a) fronde *c.* b) *ita Roz.*; ne *c.* c) fieri *corrigendum videtur*; fari veremur *emend. Rock.*

14 = *Rock.* 68; *Roz.* 862.

15 = *Rock.* 69; *Roz.* 824.

1) *Psalm.* 118, 103. 2) *I. e. aestus. Cf. Ducange s. v. et Iob* 30, 30.

deposcimus et gloriam. Dilectionis vestrae mellifluas litteras, caritate conscriptas, fide sigillatas [1], omni procul dubio thesauro gratiores, grata suscepi dextera et loeto legebam animo, intellegens in eis, vestram paternitatem velle aliquam nostri memoriam habere. Unde uberimas inpendimus grates, quoniam nomen vestrum apud confratres et consuffraganeos nostros radicitus cordis scriptum firmiter retinetur. Simili enim modo de nobis agere reverentiam vestram petimus.

16.

Summe venerationis sublimato ill. pastori ill., quamvis exiguus et vilis, tamen *f. 40. devotus serviens vester. Conlatum vobis honorem dignitatis *a Domino longeva prosperitate manere, iugitur [a] exopto, quatinus, velut alto capite bene valente, in corpore inferiora membra rite, Deo donante, utilius regantur. Nunc vero humiliter, quasi prostratus pedibus vestris, commendo me gratiae vestrae atque piis orationibus vestris, quatinus mei misericorditer memorare dignemini.

17.

Sereno atque per cuncta venerando ill., licet indignus, vester tamen per omnia fidelis, perpetuam in domino Iesu Christo salutem. Conloquium his diebus nobis habentibus synodale apud sedem nostram, vestri fecimus eodem modo quo et nostri mentionem. Unde suppliciter imploramus, ut tam nos quam nostros orando protegi curetis, quatinus, transacto tempore huius vitae, ad aeternam convolemus. Hunc indi- *f. 40'. culum dreximus [et [a]] vestrae sanctitati mittimus, ut nosse valeatis *nostram sospitatem. Vos vestram iugitur [b] nos scire ut fatiatis, rogamus.

18.

Reverentissimo religiosissimoque [a] patri et venerando per omnia lucidoque pie caritatis magistro, licet indignus divina clementia episcopus, fidelis tamen orator et benivolus serviens vester, perpetuae prosperitatis in Christo salutem. Denique humili voce nostram commendamus parvitatem, ut nostri memoriam coram Deo iugiter habeatis, sicut et pro vestra dulcissima sospitate et ipsi agere curamus.

19.

Laureato et omni [a] laude precellenti rumoris ill., valde nobis amabili viro atque venerabili presbytero, ill. nutu Dei humilis episcopus presentis atque futurae felicitatis mandat in Christo salutem et fidelissimum intimat servitium. Inprimitus nos vestris *f. 41. deificis commendamus oraculis, suppliciter orantes, ut nostri semper memor *in precibus vestris apud Deum fieri dignemini. Hoc ipsum nos pro vobis fideliter operari studemus. De cetero magnas gratias vobis referimus pro omnibus bonis, quibus antecessori et patri nostro, ill. episcopo, deinde post illum nobis inmerito semper largiter et abundanter ministrastis. Omnes libros, quos ill. episcopo et patrono nostro tradidistis, deinde nobis innumera dona librorum paterno more inpendistis, illos omnes ad servitium Dei de vestra gratia nunc proprio iure possidemus. Pro quibus omnibus dignam mercedem, Deo vitam nostram gubernante, vobis satagimus.

16 = *Rock.* 70; *Roz.* 808. a) *sic pro* iugiter *c.*
17 = *Rock.* 71; *Roz.* 807. a) *suppl. Rock.* b) *sic pro* iugiter *c.*
18 = *Rock.* 72; *Roz.* 817. a) religiosismoque *c.*
19 = *Rock.* 73; *Roz.* 776. a) bus *in marg. suppl. c.*

1) *Cf. Alcvini en* 64 222

20.

Domino egregio et nimia veneratione praeferendo[a] ill. prae ceteris mihi peculiarissimo sacerdoti servorum Dei suppremus vesterque humillimus servulus ill. in mysterio nostrae redemptionis salutem aeternam. *In[1] inchoatione operis nostri, quo ad vos *f. 41'. stilus humilitatis nostrae quaeque perscripserit, et re debita seu more interveniente primitus vestra pro nobis ad Deum flagittatur oratio.

Ill. superne[b], sagax, sapiens, venerande magister,
Esse tibi stabilem opto salutis opem.
Ecclesiae sublime decus lumenque coruscum,
Ingentis meriti pontificalis apex,
Quicquid ab ore pio profers, preclare sacerdos,
Actibus eximiis, auctor amande, colis.
Ut breviusque loquar, praestas sic omnibus omne,
Unde pius cunctis cerneris esse pater.
Terrigenae vatis clemens miserere patrone,
Altithronusque tuas audiat, opto, preces.
Sis, vivas, vigeas multos feliciter annos
Subtus et astra super perpete flore vale![c]

Hoc[2] opus in melius restaurans archisacerdos *f. 42'.
Ill. donet cui mercedem Deus almus.

21.

Sancto patri in Christo ill. ego indignus ill., tamen devotus servulus vester, in Domino salutem. Quasi provolutus pedibus vestris, ad vestram me pietatis gratiam humiliter[a] commendo.

22.

Amabili in Christo fratri et dilecto sacerdoti ultimus omnium servorum perpetuae pacis et caritatis opto salutem. De cetero commendo me gratiae tuae, ut mei memorare digneris. Sive ad Deum precibus tuis, sive ad presens seculum pio iuvamine tuo, ubicumque prevaleas.

23.

Excellentissimo atque reverentissimo patri meritoque sublimato ac divino[a] nutu preordinato *ill. sanctissimo archiepiscopo ill. una cum devotissimo collegio monachorum *f. 43. ex cenobio videlicet ill. piissimi confessoris perennem in Domino[b] salutem.

24.

Summe venerationis et maxime omnis[a] honoris magistro ill. sacerdos, salutem optans et flagitans vobis in Christo perpaetuam. Continuis diebus memoria vestra continetur

20 = *Rock.* 74. 75; *Roz.* 813. 884. a) prẹfendo *c.* b) superna *corr.* superne *c.* c) *sententias quae sequuntur (Rock.* 75; *Roz.* 884*), neque inter se neque cum his versibus satis cohaerentes, fortasse ex ipso opere, de quo supra dicitur, excerptas, omisi praeter versus duos, quos subieci.*
21 = *Rock.* 76; *Roz.* 863. a) humiter *c.*
22 = *Rock.* 77; *Roz.* 864.
23 = *Rock.* 78; *Roz.* 856. a) divono *corr.* divino *c.* b) đ *c.*
24 = *Rock.* 79; *Roz.* 840. a) omni *c.*

1) *Si recte haec cum inscriptione et salutatione praecedenti coniuncta sunt, formula ex epistola dedicatoria sumpta esse videtur.* 2) *Fortasse inscriptio libri. Cf. similem 'N. Archiv' IV, p.* 135.

in precibus nostris. Ut[b] de caritatis studio in vestris habeamur orationibus[c], precamur. Delectat nempe mentem nostram desiderantissimam fatiem vestram videre, et[d] tanto dulcissime visionis vestrae insudat ardore, ut pre magnitudine amoris vim patiatur doloris. Nos vero, o pater et dilecte magister, neminem amori vestri preponimus in saeculo.

25.

*f. 43'. Summe dilectionis vinculo inherendo et insolubili amoris anchora *amplectendo, desiderantissimo fratri exiguus et indignus tanti oneris nuncupatus sacerdos in Christi nomine salutem perennem et coronam rosifluam omnibusque ornatam virtutibus exopto.

26.

Domino sancto ac venerabili atque desiderabili patri ill. ill. una cum ceteris famulis ac fidelibus die noctuque oratoribus in ill.[a] congregatione degentibus in dilectione Dei patris et asparsione[b] sanguinis Iesu Christi sanctique Spiritus amore salutem[1].

27.

Glorioso verissimae religionis et in culmine maximi honoris sublimato, magistro dilecto ill. dono Dei episcopus in Domino salutem perpetuam.

28.

Sancto et venerando et in sacrae religionis culmine prudentissimo nobisque karissimo magistro ill. humilis ecclesiae Dei valvicola[a] salutem vobis in Domino perpetuam. *f. 44. Continuis nos nempe diebus atque momentis precibus in nostris *aliosque monendo vestri recordamur. Precamur, ut in vestris orationibus nostri memorare dignemini.

29.

Beatissimo necnon et amantissimo domino, pio dulcique magistro et venerabili Christi dispensatori, ill. egregio sacerdoti ill. vilis et exiguus, benivolus tamen et fidelis subiectus vester, prono in terram vultu sempiternam humiliter pacem et salutem in Christo gloriae.

30.

Venerabili Dei servo nobisque cum nimio[a] amore nominando ill. patri humilis in Christo filius vester. Almitati vestrae et cunctis sacro vestro regimine subditis in Deo patre et in domino Iesu Christo presentis vitae salutem et aeternae gloriae optamus beatitudinem. Omnia erga nostram parvitatem prospera esse noscuntur. Prospera et felicia Deus et dominus noster Iesus Christus hic et in aeternum per suam piissimam *f. 44'. misericordiam *vobis concedere dignetur. Commendamus nos sacris ac Deo dignis precibus vestris.

31.

Domino beatissimo et sanctorum meritis venerando, optabili mihi semper patrono ill. magistro[a] ill. benivolus ac humilis vester serviens in Domino dominorum optat plenitudinem gaudiorum.

24. b) ut de *e corr. c.* c) oratiotionibus *c.* d) *ita Roz;* ut *c.*
25 = *Rock.* 80; *Roz.* 865.
26 = *Rock.* 81; *Roz.* 866. a) ħ congr̄. *c.* b) asparsiōn *c.*
27 = *Rock.* 82; *Roz.* 867.
28 = *Rock.* 83; *Roz.* 818. a) vavicola *c.*
29 = *Rock.* 84; *Roz.* 868.
30 = *Rock.* 85; *Roz.* 828. a) summo *Roz.*
31 = *Rock.* 86; *Roz.* 869. a) mag̃. *c.*

1) *Cf. supra cap.* 8.

32.

Dominis venerabilibus patribusque dilectis sanctisque morum ornamentis clarissimis, videlicet omni dilectae familiae beati ill., canonicis ac monachis, ill. episcopus[a], *vel* abbas[b], in domino Iesu Christo perennem salutem. Commendamus nos humiliter pie orationi vestrae, ut pro nobis apud Deum existatis[c] intercessores, quatinus, contempto desiderio terreno, ad aeternam convolemus sedem.

33.

Dulcissime dilectionis fratri et amico karissimo ill., tamen vilis exiguusque tuus per Alc. ep. 293. omnia fidelis ac devotus germanus. 'Amico antiquo novus non est similis'[1]. Amicus, qui fortunam sequitur *et tempus observat, qui iuxta loci qualitatem mutatur, numquam verus fuit. O si mihi *f. 45. vox ferrea esset, et omnes pili verterentur in linguam, ut vel[a] sic ad aures tui cordis verba dilectionis meae pervenire valuissent, vel in tuo pectore spiritus esset prophetiae, ut perspicere cordis mei archana potuisses! Crederes utique, quam[b] suavissimo sapore tui amoris pectus meum impleretur[b]. Sed nunc quod valeo faciam: hos parvos apices magnae indices[b] tibi caritatis dirigo, ut per hos intellegas, quod vix intellegi potest. Sicut[c] flamma potest videri, tangi autem non potest, ita caritas in litteris cerni potest, sed vix in animo scribentis sentiri valet. Quasi scintillae de igne asparguntur, ita dilectio litterarum offitio volat; sed plurimi sunt, in quorum corde extinguuntur. Ideo gratius lucescit, ubi vel aliqua eius flammula ardescit. Quia in te, frater karissime, *veram inveni caritatem, ideo me nulla terrenarum *f. 45'. spatia prohibent[d], secundum oportunitatem portantis, cupiens[e] te in Christo perenniter frui, cuius amor nostra utinam impleat corda, ut per eius dilectionem nobis inviolabilis permaneat caritas veraque fraternitas[f]. Mei, humiliter obsecro, ut memoriam habeas inter sacra missarum solemnia et aliis orationibus, ut divina clementia veniam mihi peccatorum et coronam tibi meritorum prestare dignetur. Divina[2] te in omni bono florere fatiat pietas, fili et frater karissime!

34.

Semper pietatis vestrae religionem, ex quo scire potui, amavi, magnamque in vestram unanimitatis Alc. ep. 27. fraternitatem habens fidutiam, et modo, licet corpore procul positus, animo tamen inter vos semper adsistens; quia latitudo caritatis nulla dividitur longinquitate, nullis clauditur terminis, sed, quanto magis ardet in pectoris antro, eo latius flamma suavissimi ardoris spargere adsuescit: sicut fons[3] paradisum f. 46. inrigans quadrivido tramitę latum diffunditur in orbem, sic fons caritatis, pectus, virtutum floribus pululans, in quattuor amoris rivos dirivatur. — Obsecro, ut pietas vestra placide perlegat, quod caritas ib. p. 201. nostra devote conscripsit, optans, vos presentem habere prosperitatem et futuram accipere beatitudinem. Meae quoque parvitatis ut memores sitis in sanctis orationibus vestris, vestram almitatem obtestor. Et[a] familiaritatem, quam perdonastis mihi, inviolabili fide custodite.

35.

Probatissimo amico ill. Nimium longe videtur tempus, quod tuae dilectionis fatiem non vidi, Alc. ep. 211. verba non audivi. Et quantum ex presentia tui gaudebat animus, tantum in absentia contristatur. Quid fatiat mens, nisi lugeat, dum[a] paucos habet amicos, pro dolor, *sed illi pene semper absentes? Tamen *f. 46'. quod valeo fatiam, memorans ante Deum, tibi prospera semper illius concedere clementia deprecans, cuius dilectioni[b] pectus tuum impleatur. Hae sunt enim verae divitiae, quae numquam decipiunt habentem, nec in ipsa morte ammittuntur, sed plus habundant, dum[c] cernitur quod amatur. Inter temporalia aeternaque interest, quod temporale aliquid plus diligitur antequam habeatur, vilescit cum advenerit: aeternum autem diligitur, adeptum quam desideratum. Ideo plus amemus aeterna quam temporalia, ut in aeternitate beatę et feliciter vivere mereamur. [Vale[d], valete.]

32 = *Rock.* 87; *Roz.* 816. a) ep̄. *c.* b) abb. *c.* c) existis *c.* d) convalemus *corr.* convolemus *c.*

33 = *Rock.* 88. a) velut *c.* b) *ita c.* c) sic *c.* d) prohibet *c.* e) in *add. c.* f) *magna pars epistolae omissa est c.*

34 = *Rock.* 89. a) ut *c.*

35 = *Rock.* 90. a) dies *c.*, *quod etiam codd. Z. R. ep. Alc. exhibent.* b) *c. et cod. Z. ep. Alc. pro* dilectione. c) decernitur *pro* d. c. *c. et codd. Z. R. ep. Alc.* d) V. v. *alia manus add. c.*

1) *Lib. Eccl.* 9, 14. 2) *Similiter Alcuini ep.* 45. *i. f.; cf. Alc. ep.* 90. 3) *Cf. Gen.* 2, 6. 10.

36.

Alc. ep. 215. *f. 47.

Dilecto[a] patri ill. Caritatis dulcedinem litterarum offitia implere non possunt, tamen aliquid lumen illius ostendere nititur. Si[b] digito presens homo ostenditur, ita litteris absentis caritas demonstratur[c]. Fateor, mentis mei dilectionis tuae tedet *absentiam, essetque[d] aliquod[e] amoris refrigerium, si vel tui cordis affectum per alterius[f] os audirem, vel cum litteras legerem, quam ardentius cuperem intellegere. Non disiungit seculum, quos Christi caritas coniunxit. Et veniat per eum dies optata videndi, qui omnes dies creavit ad videndum. Multa tecum habuissem conferre, si tuae conlationis familiaritate uti valuissem. Veniet tempus, cum vult ille, qui omnia disponit, te cum omni caritatis dulcedine cernere.

37.

*f. 47'.

Glorioso ac per omnia diligibili inclito viro ill. ill., quamvis indignus, tamen divina disponente[a] gratia metropolita, in domino[b] Iesu Christo aeternam optat salutem. Ammonemus ac petimus fraternitatem vestram, ut, si vobis aliquo modo commodum sit, ad nos venire non dedignemini, quia vobiscum multa habemus tractare utilia, sicut credimus, Deo donante, utrisque profutura. Ideo nolite tardare, *quia hic in loco expectamus, donec vestram videamus amabilem vultum[c] faciem. Videte, ut aliter non faciatis.

38.

Desiderabili et modis omnibus venerabili viro ill. comiti ill. humilis archiepiscopus, bene cupiens vestrae prosperitatis, aeternam in Domino optat beatitudinem. Solito enim more petimus et ammonemus, ut de nostris[a] rebus in illis partibus ita fideliter agatis, sicut in vos bonam habemus confidentiam. Illum medicum Iudaicum, *vel* Sclavianiscum, N., sicut nuper in illo loco vos rogavimus, quando simul loquebamur, et ill. episcopus, vester fidelis, vos postulavit antea, petimus, ut cum presente portitore istius epistolae eum nobis ambobus transmittatis. Nos vero vestrum servitium, undecumque nobis precipiatis, parati sumus implere.

39.

*f. 48.

Ill.[1] gratia Christi donante archiepiscopus ill. ministeriale[a] nostro salutem. Volumus igitur atque precipimus tibi, *ut istum indiculum sigillatum[2], quem ad te dirigamus, ut statim, ut ad te veniet, tu ipse ill. fideli nostro perducas, et de nostra persona dic ei verba salutatoria ac fidele servitium, et roga, ut ita perfitiat, sicut in nostro scriptum est indiculo, ita ut in eum confidimus. Et quicquid exinde nobis demandaverit, tu ipse nostris auribus stude promulgare, an[b] ill. nostro vasso sive alio fideli hoc intima, ut ipse nobis indicare valeat missaticum tuum. Vide, ut aliter non fiet, sed festina hoc perficere sine mora[c].

40. Ad initium scedule.

Alc. ep. 282.

Solet caritas litteris appellare, quos oculis cernere non valet, quia apices cartarum amoris magnitudinem exprimere conantur, ut oculis legatur in sillabis, quod videri non potest in mentibus.

41. In fine scedule[a].

Omnipotens[3] Deus beatitudinem vestram ad exaltationem[a] sanctae Dei ecclesiae longeva prosperitate custodire dignetur, domine pater.

36 = *Rock.* 91. a) Dil̄ *c.* b) *ita etiam plerique codd. ep. Alc.* c) *quaedam omissa sunt c.* d) esset quae *c.* e) *ita c.* f) altius *c. et ep. Alc. cod. Z.*

37 = *Rock.* 92; *Roz.* 711. a) disponante *c.* b) đ *c.* c) vultū *c.*

38 = *Rock.* 93; *Roz.* 781. a) stris *videri nequit c.*

39 = *Rock.* 94; *Roz.* 710. a) *i. e.* ministeriali. b) *ita c.* c) more *c.*

40 = *Rock.* 95.

41 = *Rock.* 96; *Roz.* 875. a) exultationem *c.*

1) *Cf. cum hac epistola Coll. Sangall.* 36. 2) *Cf. l. l. p.* 419, *l.* 9. 3) *Similes conclusiones saepius occurrunt, cf. e. gr. Alc. epp.* 72. 85. 142; *Ep. Carol.* 10 *(ed. Jaffé).*

42. In fine.

Alc. ep. 27. (p. 201.)

Dextera Dei omnipotentis *ab omni hoste visibili vos protegat ubique et in omni bono florere fatiat, fratres karissimi. *f. 48'.

43. Ad initium.

Semper pietatis vestrae religionem, ex quo scire potui, amavi, magnamque in vestrae unanimitatis [orationibus] habens fidutiam, et licet corpore procul positus, animo tamen inter vos semper adsistens, *domini Dei nostri Iesu Christi deprecans tota mentis alacritate clementissimam pietatem, quatinus vestram beatitudinem longeva custodiat prosperitate in augmentum suae sanctae ecclesiae, ut per vestram doctrinam verbum vitae aeternae crescat et currat, et multiplicetur numerus populi christiani in laudem et gloriam Salvatoris nostri[a]. Alc. ep. 27. *Alc. ep. 28.

44. In fine.

f. 49.

Dei et proximi caritas in nobis omnibus iugiter crescat, quae nos omnes pariter ad regnum caelorum perducat.

45. In fine.

Omnipotens itaquę Deus in vobis gratiam suam quam coepit perfitiat atque vitam vestram et hic per multorum annorum curricula extendat et post longa tempora *in caelestis vos patriae congregatione suscipiat. *f. 49'

46.

Omnipotenti Deo gratias agite et tanto ei vos debitores esse cognoscite, quanto inlesi ab huius morbi cogitatione, eo custodiente, mansistis.

47.

Sancta itaque Trinitas orantes pro nobis sua vos protectione custodiat vobisque in amore suo dona adhuc multipliciora concedat.

48.

Omnipotens Deus gratia Dei vos caelesti custodiat, et salva domini nostri pietate[a], piissime domine, tranquillitate, pro parvulorum dominorum nutrimento vitam vestram longius extendat.

49.

Omnipotens autem Deus sua vos protectione custodiat honoremque perceptum vos in moribus servare concedat.

50.

O quam bona est caritas! quae absentia per imaginem, praesentia semet ipsis exhibet per amorem, divisa unit, confusa ordinat, inaequalia sociat, inperfecta consumat[a], quam recte praedicator egregius vinculum perfectionis[1] vocat, quia virtutes quidem cetere perfectionem generant, sed tamen *eas caritas etiam ligat, ut ab amantis mente dissolvi iam nequeant. Scripta dulcissime et cordis ulnis omnibus amplectendę vestrae *f. 50.

42 = *Rock.* 97.

43 = *Rock.* 98; *Roz.* 870. a) *Sequuntur in codice:* Interrogatio. Quid sit inter substantiam, essentiam et subsistentiam *etc. quae excerpta sunt ex ep. Alc.* 209.

44 = *Rock.* 100 (1); *Mun.* 100; *Roz.* 876.

45 = *Rock.* 100 (2); *Mun.* 101; *Roz.* 877.

46 = *Rock.* 100 (3); *Mun.* 102; *Roz.* 878.

47 = *Rock.* 100 (4); *Mun.* 103; *Roz.* 879.

48 = *Rock.* 100 (5); *Mun.* 104; *Roz.* 880. a) *fortasse* pietatis *emendandum.*

49 = *Rock.* 100 (6); *Mun.* 105; *Roz.* 881.

50 = *Rock.* 101; *Mun.* 106. 107; *Roz.* 885. 835. a) continuat *Roz.*

1) *Coloss.* 3, 14.

beatitudinis tristis accepi, letus relegi. Quis enim in hac terra non lugeat, qui in ea vivit et cotidię habet merorem in quantalibet tristitia? Sed divina pietas, quae suos consuevit misericorditer famulos continere, ita benigniter hic subventione resplenduit, ut cuntorum debilium inopia[a] iugitatis eius sit consolatione[b] sublevata. Pro qua re lacrimabili omnes prece deposcimus, ut omnipotens Deus, [qui[c]] ad hoc corda conpunxit, in amoris sui constantia dominorum[1] servet imperium et victorias eorum in cunctis[d] gentibus auxilio suae maiestatis extendat.

51.

Domno insigni karissimoque patri, fidelissimo sacerdoti nobisque cum nimio amore vel honore nominando N. Dei digno antestiti benivolus alumnus humillimusque discipulus N. In Deo Patre *et domino nostro Iesu Christo optamus vobis et cunctis sanctae Dei ecclesiae filiis vestroque sanctae regimine subditis praesentis vitae salutem et aeternae gloriae coronam. Serenitatis vestrae precibus nos humiliter commendamus. De cetero prospera nobis, karissime pater, per misericordiam Dei et per intercessiones sanctorum, vestraque oratione iuvante, scitote. Vestra namque prosperitas de die in diem melius ac melius fiat, divinam iugiter imploramus clementiam. Acceptior Deo vivas, domine insignis et merito suscipiendo pater.

*f. 50'.

52.

Ep. Angilberti (Carol. 15. ed. Jaffé).

Domino eximio meritoque honorabili N. sancto Dei pontifici exiguus servulus vester, tamen iuxta virium possibilitatem devotus orator ac bene cupiens. In Deo patre et domino Iesu Christo optamus vestrae paternitati sempiternam salutem. Gratiarum actiones vestrae almitati devota mente persolvimus pro omni bonitate, quae erga nostram parvitatem *vestra sanctitas incessanter inpendere dignatur, maxime pro sacris orationibus vestris, quas pro nobis Domino fundere, ut confidimus, non dedignamini. Mellifluos[a] apices vestros et omni honore dignissimos cum summa alacritate suscepimus. Quos perlectos, ex parte [nos[b] laetificaverunt et ex parte] tristes reddiderunt[c], eo quod, eis indicantibus, vestrum intelleximus laborem de infirmitate corporis vestri. Sed quid melius, nisi secundum apostolum libenter gloriari in infirmitatibus nostris?[2]. 'Quem nunc enim diligit Dominus, corripit; et quasi pater in filio conplacet sibi'[3]. Non oblitus ero vestri, reverentissime pater, nec de vestro profectu, in quantum, Domino miserante, valeo, omnibus diebus vitae meae. Nec obliviscaris mei, fidelissime adiutor, tempus in omne tui. Sit Deus adiutor noster in aeternum.

*f. 51.

53.

Domino dilectissimo et honorabili fratri N. ille presbyter ecclesiae catholicae in Domino salutem. *Priusquam ad rem veniam, de qua tuae benivolentiae scribere volui, tituli huius epistolae, ne vel te vel alium quempiam moveat, rationem breviter reddam. 'Domino' scripsi, quia scriptum est: 'Vos in libertatem vocati estis, fratres; tantum, ne in occasionem libertatem carnis detis, sed per caritatem servite invicem'[4]. Cum ergo[a] vel hoc ipso offitio litterarum per caritatem tibi serviam, non absurde te dominum voco propter unum et verum Dominum nostrum, qui nobis ista precepit. 'Dilectissimo' autem quod scripsi, novit Deus, quod non solum te[b] diligam, sed ita diligam, ut me ipsum, quandoquidem mihi bene sum conscius, bona me tibi optare, que mihi. 'Honorabilem' igitur ex ea regula te libenter appello, qua novi, te esse

*f. 51'.

50. a) inopiam *c.* b) consolationē *c.* c) *suppl. edd.* d) cuctis *c.*

51 = *Rock.* 102; *Mun.* 108; *Roz.* 827.

52 = *Rock.* 103; *Mun.* 109. a) mellifluas *corr.* -os *c.* b) nos — parte *des. c.* c) redderunt *c.*

53 = *Rock.* 104; *Mun.* 110; *Roz.* 882. a) erga *c.* b) non *add. c.*

1) *Karoli Magni, ut videtur, et filiorum.* 2) *Cf.* 2. *Cor.* 12, 9. 3) *Prov.* 3, 12. 4) *Galat.* 5, 13.

hominem, et novi, hominem ad imaginem et similitudinem factum[1] et in honorem positum ipso ordine et iure naturae, si tamen intellegendo, quae intellegenda sunt, *servat [*f. 52.] honorem suum. Nam ita scriptum est: 'Homo in honore positus non intellexit, conparatus est iumentis insensatis et similis factus est illis'[2]. Cur ergo te honorabilem, in quantum homo es, non appellem, cum presertim de tua salute atque correctione, quamdiu in hac vita es, desperare non audeam? 'Fratrem' vero ut vocem, non te latet nobis preceptum esse divinitus, ut etiam eis, qui negant, se esse fratres nostros, dicamus: 'Fratres nostri estis!' Deus et[c] dominus tibi mentem pacatam inspirare dignetur, domine dilectissime frater.

54.

Augustinus[a] episcopus, servus Christi servorumque Christi famulus, religiosae famulae[b] Dei [Ep. S. Augustini 130.] Probae in Domino dominorum salutem. *Et petisse te et promisisse me recolens, ut de orando Deo ad [*Cap. 1.] te aliquid scriberem, ubi, tribuente ipso, quem oramus, tempusque facultasque concessa est, oportuit, ut debitum meum iam iamque persolverem et pio studio tuo in Christi *caritate servirem. [*f. 52'.] Quam autem lactificaverit me ipsa petitio tua, in qua cognovi, quantam rei tantae curam geras, verbis explicare non possum. Quod enim maius oportuit esse negotium viduitatis tuae, quam persistere in oratione nocte ac die secundum apostoli[3] predicationem? *A familia Christi oratum est pro Petro, oratum est pro [*Cap. 31.] Paulo. Et nos in eius familia esse gaudemus et inconparabiliter plus quam Petrus et Paulus orationum fraternarum auxiliis indigemus. Orate certatim cum[c] cordis sanctoque certamine! Non enim adversus alterutrum certetis[d], sed versus diabolum, sanctis omnibus inimicum, in ieiuniis et vigiliis et omni castigatione corporis, qua plurimum adiuvatur oratio. Faciet queque vestrum quod poterit. Quod altera minus potest, ea quae prepotest fatiat, si in altera diligit. *Proinde quae minus valet, non impediat [*f. 53.] plus valentem; et quae plus valet, non urgeat minus valentem. Conscientiam quippe vestram Deo debetis, 'nemini autem nostrum aliquid debeatis, nisi ut invicem diligatis'[4]. Exaudiat te Dominus[c], 'qui potens est facere super quam petimus et intellegimus'[5].

55.

Domino dilectissimo et desiderantissimo fratri et conpresbytero ill. ill. ultimus servorum Christi famulus in Deo patre et Christo Iesu domino nostro exorans presentis vitae salutem et aeternae gloriae felicitatem. Litterae tuae impleverunt grandi dolore cor nostrum, quibus petisti, ut prolixo opere aliqua responderem de miserabilibus huius mundi eventibus, cum talibus malis magis prolixi debeantur libri. Totus quippe mundus tantis adfligitur cladibus[a], ut pene pars nulla terrarum sit, ubi non talia, qualia scripsisti, cognitantur *atque plangantur. Vides etiam, quam humiliter et veraciter[b] [*f. 53'] sapiant, qui pro suis peccatis se flagellari a Domino confitentur. Unde scriptum est: 'Quem enim diligit Dominus corripit, flagellat autem filium, quem recipit'[6]; unde et apostolus: 'Si enim nosmet ipsis iudicaremur, a Domino non iudicaremur; cum iudicamur autem a Domino, corripimur, ne cum mundo damnemur'[7]. Haec fideliter lege, fideliter praedica et, quantum potest, cave et cavendum doce. Et ne adversus Deum in his temptationibus et tribulationibus murmuretur, multo uberius vos Dominus consolabitur, si scripturas eius intentissime legeritis[c]. Valete.

56.

Domino sancto sanctorumque meritis venerabiliter glorificando et a nobis cum tota fide et caritate amabiliter amplectendo simulque diligendo ill. summo sacerdoti

53. c) *post add. c.*
54 = *Rock.* 105; *Mun.* 111; *Roz.* 805. a) Augs̄ *c.* b) familię *corr.* famulę *c.* c) concordi *Aug.* d) c̄ertis *c.*
55 = *Rock.* 106; *Mun.* 112; *Roz.* 836. a) caribus *c.* b) varaciter *c.* c) *ita Roz.*; geritis *c.*
56 = *Rock.* 107; *Mun.* 113; *Roz.* 768.

1) *Cf. Gen.* 1, 27. 2) *Psalm.* 48, 13. 21. 3) *Cf.* 1. *Tim.* 5, 5. 4) *Rom.* 13, 8. 5) *Ephes.* 3, 20. 6) *Hebr.* 12, 6. 7) 1. *Cor.* 11, 31 *sq.*

*f. 54. Christi ill. *exiguus omnium servorum Dei, vester vero fidelis et devotus serviens, in Deo patre omnipotenti presentis felicitatis et future beatitudinis[a] necnon et gloriam perpetuam optamus. Recordare dignetur pia almitas vestra, quod in presenti nostra locutione aliquas reliquias sanctorum nobis pollicere dignati estis. Enimvero humiliter depraecamur magnam ac piam prudentiam vestram, ut per presentem nostrum gerulum eas nobis mittere dignemini, ut Deus glorificetur in illis, et vita nostra profitiat cum illis, et merces vestra in aeterna gloria adcrescat pro illis. Valeat et vigeat magna caritas vestra multis feliciter in hoc seculo annis, et in futuro in caelestibus sedibus inter angelorum cetibus in gloria perpetua vos Iesus Christus collocare dignetur, et coronam aeternae vitae percipere mereamini.

f. 54'.

57. Item, ubicumque volueris.

Dilecto et venerabili et per omnia diligendo amico meo ill. ego ill. fidelis vester, quantum mihi vires suppetunt, salutem vobis perpetuam necnon et gloriam opto. De cetero rogamus bonitatem vestram, ut isto homini nomine ill. iustitiam suam, quam querit in vestro ministerio, pleniter eum habere fatiatis, ita ut in vos confidimus de omnibus bonis.

58. Alia.

Karissimo et amabili viro ill. ego ill. per has apices gloriae dignitatis vestrae sempiternam ac gloriosam opto salutem. Recordetur[1] bonitas vestra de causa, quam mihi promisistis, ut, sicut largiter promisistis, ita fideliter implere procuretis. Nos vero econtra in servitio vestro secundum vires nostras feliciter, undecumque iubetis, permanere cupimus. Bene valete.

59. Alia.

*f. 55. Almifico et glorioso et per omnia colendo viro *ill. ego ill. in Christi nomine devotus vester cum totis visceribus serviens in domino Iesu Christo perpetuam atque rosifluam deposcimus salutem et gloriam. Recurret ad memoriam gloriae dignitatis vestrae, quod nobis bonitas promisit vestra[a] presenti[b] fabulatione[c] medicum unum praestare, nostros[d] egrotos ac infirmos medicinali arte curare. Propterea humiliter deprecamur largam clementiam vestram, ut nobis per presentem missum nostrum eum dirigatis usque ad nos, hac de causa sollicitandi. Nos autem vestrum condignum servitium impendere, undecumque nobis iubere dignetis, parati sumus, sicut dignum est tali viro Deique servo fidelique amico facere. Valete nunc et semper feliciter et in aeternum cum angelorum laudibus choris.

60. Ad papam[2].

*f. 55'. Eximio et orthodoxo, a Deo coronato, magno *viro, gemma[a] sacerdotum, ill.[b] summo presuli, sede summa aureaque Romana cum gloria et omni honestate feliciter regente, ille vilissimus omnium servorum Dei servus. Inmarcescibilis gloriae vestrae coronae beatitudinis salutem et gloriam deposcimus humiliterque, quasi coram sanctissimis pedibus vestris humo[c] prostratus, gloriam et gratiam vestram optamus et servitium sanctissimum

56. a) baeatitudinis *c.; supplendum fortasse:* praemia.
57 = *Rock.* 108; *Mun.* 114; *Roz.* 430.
58 = *Rock.* 109; *Mun.* 115; *Roz.* 730.
59 = *Rock.* 110; *Mun.* 116; *Roz.* 782. a) nostrę *c.* b) *post h. v. litera* s *erasa videtur c.* c) fabulationem *corr.* fabulatione *c.* d) *ante* nostros 2 *litt. erasae* (ad?) *c.*
60 = *Rock.* 111; *Mun.* 117. *Ed. ex alio codice Salzburg. Frobenius.* a) gemmae *Frob.* b) Leoni *pro* ill. s. *Frob.* c) humano *Frob.*

1) *Cf. eadem fere verba in ep. Einhardi* 69 *(ed. Jaffé).* 2) *Epistola ad Leonem III. papam, ut videtur, ab Arnone missa est.*

vestrum obnixe prece deposcimus, quia, in quantum nobis vires electus Dei filius largire[d] dignatus est, in vestro cupimus permanere servitio, sicut dignum et iustum est tali viro[e] angelico Deique servo. Nos enim humillimi servuli vestri habemus dispositum, orationis causa, Domino adiuvante, Romam pergere et pia oscula[f] eius ostia[g] salutare et ad sanctissimum Petri[h] sepulchrum calidis[i] buccis oscula[k] in *pavimento figere et veniam delictorum preteritorum[l] indulgentiam rogare. Nunc vero scit[m] sancta[l] almitas vestra, quia propter longitudinem terrae nostrae et impedimentum paganorum, undique[n] nostri pericula inminente[n], huc[o] ita, ut dispositum habemus, die proconsule[1] habuimus[o], occurrere minime valuimus, sicut nobis magna necessitas fragilitatis nostrae expetit. Propterea vestram sanctam postulamus clementiam, ut pro nobis in eius beatissimam confessionem veniam rogare delictis[p], ut per vestram intercessionem a vincula[q] nostra constricta delicta[q] absolutionem aliquantulum nobis pius Dominus largiri[r] dignetur. Nos autem digni non sumus vestrum in aliquibus exercere servitium. Scimus, a Deo et sancto Petro vobis retributionem et in hoc seculo et in futuro mercedem et gloriam adipisci. Alma Trinitas et inseparabilis[s] Unitas custodiat domnum Leonem summum sacerdotem *nunc et semper et in aeternum, feliciter cum Dei gloria! *f. 80. *f. 80'.

61. Alia.

Orthodoxo et a Deo magnifice honorabiliter sublimato et in sede apostolica honorifice functo ill. electo sacerdoti Christi domini nostri ill., etenim vilis sacerdos et ipse, individue caritatis vestram dulcissimam atque optatissimam fraternitatem salutem deposcimus aeternam. Vestra magna etenim alma caritas sepe nobis valde utilia et necessaria intimare immo non piget, et litterae vestrae simul cum gerulis optimis gaudia[a] et letitia ex parte vestra discurrentibus nobis nuntiare non cessant. Nunc litterae vestrae magnam molestiam et dolorem cordi nostro fecerunt dilectissimo[b] nostro filio communi ill. Eius enim infirmitas nos valde contristavit, sed vestra visitatio consolavit. Statim, ut hoc audivimus, gerulum nostrum ad ill. visitandum direximus, ut conperiat, utrum vivere *in hoc seculo valeat, an ad Christum in aeterna gloria festinare una cum angelis Dei optat. Nos illuc dispositum habemus ire, si missus noster nobis cito occurrere[c] festinat. Et si ei levius evenerit, inde magnum gaudium habemus. Sin autem, Domino vocante, ierit ad patres nostros, preces post illum dirigimus. Et si sic in infirmitate fatigat, ad eius presentiam occurrere non tardamus. *f. 81.

62. Ad archiepiscopum.

Beatissimo et nutu divino honorabiliter atque honorifice in cathedra episcopali sacerdotii dignitati functo ill. episcopo ill., quamvis indignus, tamen, annuente divina gratia, abba vocitatus, vester ex totis precordiis fidelis ac devotus famulus, per hanc seriem litterarum nostrarum in Deo patre inmarcescibilem atque in rosifluo odore optamus perennem salutem. Conperiat alma prudentia vestra, quia legati nobis venerunt ex partibus ill. provintiae, directi ab ill. rege eorum, ferentes nobis papilionem, mire f. 81'.

60. d) *deest Frob.* e) vero *Frob.* f) *ita c. et Frob.* g) ostias *Frob.* h) Petrum *pro* P. s. *Frob.* i) *ita Frob.;* callidis *c.* k) *Frob.;* osculum *pro* o. in *c.* l) *deest Frob.* m) *Frob.;* sic̄ *c.* n) undique — inminente *des. Frob.* o) huc — habuimus *quamvis in c. aeque ac ap. Frob. exstent, corrupta esse videntur.* p) *ita c. et Frob.*; velitis *corr. Rock.* q) vinculis nostrorum delictorum *Frob.* r) largire *al. atram. corr.* largiri *c.* s) *corr.* inseperabilis *c.*

61 = *Rock.* 112; *Mun.* 118; *Roz.* 834. a) gaudia et letitia (*lege:* letitiam) *post* discurrentibus *poni debuerunt.* b) de dilectissimo *videtur corrigendum.* c) occurre *c.*

62 = *Rock.* 113; *Mun.* 119; *Roz.* 767.

1) *Occurrunt haec verba inter notas temporum cartarum Baioaricarum. Cf. Brunner, 'RG. d. Urkunde' I, p.* 252, *n.* 2.

pulchritudinis opere contextam, ita ut ferme 30 capere valet viros, et alia[a] magna eulogia, obnixe nos deprecantes, libenti animo hae dona suscipere; quod ita et fecimus. Proinde, quasi coram conspectu vultuque vestro angelico prostratus, beatitudinem atque largam clementiam vestram optamus, ut nobis ex vestris magnis muneribus mittere dignemini, ut aliquid eos rependere valeamus, eo quod nobis tam largiter obtulerunt. Aurum, si valetis, aut pallium mittite, quia in suis provintiis valde hoc pretiosum esse videtur. Nos autem de ceteris bonis nostris, quas nobis Redemptor et Conditor noster contulit, libenter rependere vestrum cupimus per omnia fideliter, undecumque iniungitis, servitium, sicut dignum est tam dilecto patri et[b] adiutori fideli nostro.

63. Ad monialem sanctam.

*f. 82. Clarissimae virgini, electae Dei et amicae sanctorum ac consolatrici pauperum et peregrinorum ill. sponsa Christi ill. humillimus servus servorum Dei monachus, vester fidelis in parvitate[a] orationum nostrarum orator, in rosarum niveoque candore speciem pulchritudinis vestrae felicem optamus salutem. Agnitum sit gloriae dignitatis vestrae, virgo Dei electa, quia, necessitate cogente, has litteras deprecatorias usque ad vestram direximus presentiam, humiliterque postulamus, ut, si est unde, vel si fieri possibilitas aut oportunitas fuerit, ut nobis vestra larga bonitas unam camisam ob amorem nominis vestri nostrumque corpusculum induere destinare dignemini. Habetis Dominum remuneratorem, qui dixit: 'Nudus fui, et vestivistis me'[1], et: 'Quod uni ex minimis meis fecistis, mihi fecistis'[2], nosque fideles vestri oratores habetis. In quantum parvitas nostra Domini
*f. 82'. misericordiam implorare *pro vita et sanitate vestra valet, omne studium habere cupimus, sicut iustum est, tam gloriosae femine angelorumque filiae orationibus fulciri. Vale, virgo gloriosa, nunc et semper in aeterna feliciter secula.

64. Ad comitem.

Fideliter ac salubriter cum omni veneratione diligendo ill. comiti[a] ill. in Dei itaque nomine vester bene cupiens individuae caritatis atque inviolabiliter dirigimus perennem salutem. De cetero notum sit bonitati vestrae, quia quidam[b] homines, peccatis exigentibus, usque ad nostram devenerunt presentiam, rogantes nos, bonitatem apud vestram pro eorum reatum intercedere. Rogamus humiliter prudentiam vestram, ut pro his exigentibus culpis indulgentiam mereantur apud vestram suscipere clementiam, quia nostrum est secundum apostolicam auctoritatem[3] pro delinquentibus veniam inpetrare, ut disci-
*f. 83. plinam *et membra eorum ob amorem aeternae vitae concedatis, et usque ad legitimam emendationem[4] de pretio taxato pervenire valeant secundum iussionem vestram, et ut post emendationem in conspectu vestro adstare et servitium inpendere, sicut antea fecerunt, et in gratia vestra fideliter permanere valeant. Obnixa prece deposcimus, ut nostro rogatui annuere atque consentire faciatis, quia ipse Dominus dixit: 'Qui vos audit, me audit'[5], et iterum: 'Dimittite et dimittetur vobis'[6] a Christo domino, qui vivit et regnat in gloria sua, ubi vos felices in conspectu eius apparere valeatis.

65. Ad abbatem.

Glorioso atque spiritu sapientiae repleto ill. abbati . . . .[a] etenim ill. vesterque fidelis discipulus in domino[b] Iesu regi regum felicem deposcimus salutem. Gratias

62. a) al. *c.* b) et adiut *in loco raso c.*
63 = *Rock.* 114; *Mun.* 120; *Roz.* 251. a) parvitatum *c.; corr. Rock.*
64 = *Rock.* 115; *Mun.* 121; *Roz.* 733. a) com. *c.* b) quidem *c.*
65 = *Rock.* 116; *Mun.* 122; *Roz.* 794. a) darus *c.; fortasse:* clericus. b) đ *c.*

1) *Ev. Matth.* 25, 36. 2) *Ibid.* 25, 40. 3) *Cf. Numer.* 15, 28. *Apud apostolos haec verba haud leguntur.* 4) *Cf. Ep. Einharti* 43. 44. *(ed. Jaffé); Coll. Patav.* 2; *Waitz, 'VG.' IV, p.* 428. 5) *Ev. Luc.* 10, 16. 6) *Ev. Matth.* 6, 14; *Marc.* 11, 25.

siquidem inmensas tripudiantes manibus vobis cotidię agimus, eo quod vestra magna clementia [nos] tam solerter cum omni studio ac benivolentia secus pedibus vestris *f. 83'.* aluistis, docuistis et usque nunc, Domino donante, ad perfectum deduxistis. Quod vobis Redemptor et retributor humani generis plenam atque perfectam mercedem in hoc seculo retribuere dignetur et in futuro gloriam una cum sanctis angelis concedat aeternam. Nos enim, quamvis humillimi et nimis tepidi atque insipientes, pro vestro statu et vita longeva Dominum rogare in orationibus, quantum prevalemus, studium habere satagimus una cum ceteris subditis[c] nostris, quia per vestram doctrinam inluminati et glorificati et exaltati et iocundati sumus. Vos enim estis lux totius huius provintiae, quia multis diebus in ignorantiae sanctarum scripturarum cecitati obvoluti fuimus, usque lux vestrae sanctae sapientiae nos inluminavit. In vobis sermo divinus impletus est, quia 'qui erudiunt multos, fulgebunt sicut stellas *aeternitatis'[1] in regno Dei et Christi, ubi **f. 84.* vos gloriosi et splendidi sicut gemma lucidissima apparere debetis et ab ipso Domino audire: 'Euge, serve bone et fidelis, intra in gaudium domini tui'[2], et ibi decantaveritis[d] una cum sanctis angelis: 'Beati qui habitant in domo tua, Domine, in secula seculorum laudabunt te'[3]. Humiliter optamus, ut de vestra sancta sospitate atque vita per scripturis vestris sanctissimis nos certiores reddatis, ut de vobis omni tempore letitiam agere valeamus. Valete.

66. Ad capellanum.

Honorando[4] atque sublimato ill. magistro atque precipue[a] capellano domni imperatoris ill., quamvis indignus, tamen gratia Dei episcopus, vester devotus ac fidelis orator. Per hanc scedam parvitatis nostrae vestrae coronae beatitudinis millenas optamus salutes. Enimvero deposcimus magnam clementiam vestram, ut misericordia vestra super[b] nos *veniat, sicut bonitas vestra nobis pollicere dignata est. Nepotem nostrum **f. 84'.* ill., quem de sacro palatio a vobis directum suscepimus, et mandatum vestrum libenter audivimus et implere in omnibus secundum possibilitatem nostram cupimus, eumque remisimus ad vestram clementiam. Oramus, ut caritas vestra illum suscipiat et in conspectu domini nostri praesentari fatiat, et, in quantum praevaletis, ei adiutorium apud dominationem vestram inpendere dignemini, ita ut de vobis confidimus, et ut ei beneficium, quod quidam homo N. usque nunc tenuit, per vestram intercessionem apud dominum imperatorem impetretis ad laudem et gloriam vestram et mercedem aeternam et ad servitium domini sui. Nos autem condignum vobis rependere cupimus servitium, sicut oportet et iustum est tam praeclaro magistro et adiutori nostro.

65. c) subtis *c.* d) decantaveris *ead. m. corr.* -itis *c.*
66 = *Rock.* 117; *Mun.* 123; *Roz.* 744. a) *ita etiam ep. Einharti* 69. b) super *post add. c.*

1) *Dan.* 12, 3. 2) *Ev. Matth.* 25, 21. 3) *Psalm.* 83, 5. 4) *Eadem fere inscriptio occurrit ep. Einharti* 69 *(ed. Jaffé); cf. supra cap.* 58.

COLLECTIO PATAVIENSIS.

Parvam hanc collectionem exhibet codex M o n a c e n s i s *Lat.* 19410 *(Tegerns.* 1410, *Cimel.* 17*) saec. IX, de quo cf. L. Rockinger in 'Münch. gelehrt. Anz.' XXIV, col.* 465 *sqq. et in editione p.* 21 *sq.; Catalogus codicum Latinorum bibl. reg. Monac. II, p.* 242*; Müllenhoff et Scherer, 'Denkmäler'*[2] *p.* 528*; E. Dümmler in 'Z. f. Oesterr. Gymnasien' a.* 1864*, p.* 359 *sq. et in 'N. Archiv' IV, p.* 574*. Codicem diversissima scripta continentem ad puerorum institutionem conscriptum esse videri, recte monuit L. Rockinger, qui tamen ex interrogationibus quibusdam in principio codicis exstantibus, fortasse e Hrabani libro de universo excerptis, minus apte suspicatus est, librum seu Fuldae seu Augiae (Reichenau) compositum esse. Evidentius E. Dümmler, 'Z. f. Oesterr. Gymn.' l. l. originem Pataviensem demonstravit, et epistola Hartwigi episcopi, ut videtur Pataviensis a.* 838—864*, quam codex exhibet, et altari sancti Stephani, patroni ecclesiae cathedralis civitatis illius, in formula* 2. *commemorato, fultus. Quod in margine paginae* 48. *a manu eiusdem fere aetatis ac reliqua scriptura additum legitur:* mitec zol, *fortasse spectat ad teloneum villae Mittich (Mitich, Mithic), quae in Baioaria inferiore sita ad dioecesin Pataviensem pertinet (cf. Oesterley, 'Hist.-geogr. WB.' p.* 451*), itaque optime cum illa opinione convenit.*

Capita 1. 2. *in ipsa curia episcopali conscripta esse videntur; epistolas praebent, quarum altera, de reo, qui supplex ad altare sancti Stephani confugerit, agens, aeque ac prima ab episcopo data esse videtur. 'Magistri' regis, cap.* 2. *commemorati, ad id tempus spectare videntur, quo Ludovicus rex adhuc puer regno Baioariae praeerat. De capitum* 3—7*, formularum diplomatum, origine dubitari potest, quippe quae ne unum quidem diploma ad solius ecclesiae episcopalis utilitatem datum praebeant. Cap.* 3. *rex senem hominem a heribanno eximit, cap.* 4. *pagensibus quibusdam bona parentum antea in publicum addicta restituit, cap.* 5. *commutationem inter episcopum et alium quendam virum, petente quidem episcopo, confirmat, cap.* 6. *'venerabili et fideli' viro monasterium ab illo fundatum confirmat propriisque rebus locupletat, capite denique* 7. *servum per denarium manumittit. Quae omnia regali magis quam episcopali curiae convenire patet.*

Cum capiti 3. *formula subscriptionis Ludovici Germanici cum ipso regis nomine subiecta sit, et caput* 6. *diploma Ludovici regis, qui se filium imperatoris Ludovici esse profitetur, praebeat, reliqua autem non repugnare videantur, omnes has diplomatum formulas ad Ludovicum Germanicum spectare eiusque tempore collectas esse, existimo. Quas ad veras illius regis cartas, quibuscum satis conveniunt, paucis fortasse verbis mutatis, scriptas esse crediderim. Non obstat, quod quaedam capita, scilicet* 5. *et* 7*, iam antiquiores formulas repetere videntur, cum filios Ludovici Pii praedecessorum formulis saepius usos esse satis constet; cf. Sickel, 'UL.' §.* 45*, p.* 123 *sq. Caput vero* 4. *formulam temporis Ludovici Pii exhibere, quod existimavit Sickel l. l. §.* 59*, p.* 177*, non possum adduci, ut credam, cum id diploma imperatoris, quod solum cum formula quodammodo convenit, suspectae fidei habeatur. Cf. Sickel,*

'UR.' L 34. cum annotatione p. 302 sq. et Mühlbacher in Reg. Imp. I, nr. 537[1]. *Certe quidem ante a. 842. capita haec colligi non potuerunt, cum cap. 3. annum 10. regni Ludovici praebeat.*

E. Dümmler, 'Z. f. Oesterr. Gymn.' l. l., suspicatus est, scripta quaedam alia in codice nostro servata ex monasteriis Augiensi et Sangallensi ab episcopo Ermenrico, Hartwigi successore, Pataviam allata esse. Eundem Ermenricum etiam diplomatum formulas in curia regali collectas illic comportasse, suspicari liceat, quippe qui antea aliquod tempus in capella regis commoratus esse videatur. Cf. Dümmler, 'S. Gallische Denkmale' p. 248 sq. Inscriptio Epistolae Alati, *quam in tegumento codicis manus multo recentior addidit, ad errorem fortasse revocanda est, minime autem de origine formularum certi quid referre videtur.*

*Invenit formulas L. Rockinger easque vulgavit: 'Epistolae Alati' in 'Quellen u. Erörter. z. Bayer. u. Deutsch. Gesch.' VII (*1858*), p.* 21 *sqq.,* 171 *sqq.; ad cuius apographum etiam E. de Rozière in 'Revue hist. de droit français et étr.' IV (*1858*), p.* 74—84, *editionem nonnullis locis correctiorem paravit, unde postea in corpore formularum, dicto 'Recueil général', singulas repetivit. Codice huc transmisso, denuo formulas contuli. Numeros capitum, quos editores instituerunt, servavi.*

1.

Desiderabili domino perque[a] magnifico et amantissimo magistro, episcopo, acsi vilis et indignus vocatus episcopus, devotus tamen et fidelis orator, perpetem in Christo pacem et salutem. Oportet nos commendare vilitatem nostram vestrae piissime sanctitati, quatenus, oratione vestra suffulti, facilius ad gaudia veniamus sempiterna. Nos etiam iuxta parvitatem nostram cum eis, qui nostro sunt regimini oboedientes, pro veneranda almitate vestra iugiter orare non cessamus, orantes Christum dominum nostrum[b], vos gaudia possidere paradysi et cum celicolis regnare sine fine. Vale cum Domino dominorum, domine mi, memor mei ad omne bonum. *p. 41.*

2.

Inclito et amabili domino comiti ego perennem in Domino salutem. Peto bonitatem vestram, ut memores sitis mei tam in facie regis quam magistrorum[2] eiusque fidelium, et bene de me loqui, sicut promisistis mihi et in vestra confido ubique caritate, mihique vestrum servitium iniungere dignemini. Venit ad nos homo noster N. et narravit, quod homines vestri N. domum eius infringerent et boves furto nocturno furarent. Ideo misimus eum ad vos cum indiculo nostro ac petimus, ut pleniter iustitiam ei fieri iubeatis, sicut vultis, ut et nos de vestro homine faciamus. Quidam homo vester N. ante altare sancti Stefani venit et ibi querebat auxilium, eo quod occiderit[a] alium hominem vestrum necessitate conpulsus, sicut iste nobis referebat ex ordine, petivitque, ut sibi wergeltum eius conponere licuisset[3]. Ideo precamur, ut, quia auxilium ab isto loco quesierat, misericordia vestra ab eo non recedat, et delicta peremendet. *p. 42.*

3.

Ill.[a. 4] comiti[b] et successoribus tuis atque iunioribus vestris[c] seu missis dominicis per tempora *discurrentibus. Notum sit, quia nos pro mercedis nostrae augmentum **p. 43.*

1 = *Roz.* 811. a) [sem]perque *corr. Roz.* b) *supplenda fortasse:* ut concedat.
2 = *Roz.* 429. a) occiderat *corr.* -rit *c.*
3 = *Roz.* 39. a) *al. m. post in marg. suppl. c.* b) com̄ *c.* c) nostris *c.*

1) *Fortasse formulae huius ope diploma illud, quod ex eadem Pataviensi dioecesi provenit, fictum est.* 2) *De magistris regis dici videtur. Cf. Waitz, 'VG.' III,*² *p.* 537. 3) *Cf. supra p.* 454, *n.* 4. 4) *Cf. Cart. Senon.* 19, *supra p.* 193.

concessimus cuidam homini seni N., ut ab hodierno die et tempore, quamdiu in hoc mortali seculo advixerit, licentiam habeat domi quiete et secure residere et [ob] nullam expeditionem nec redebitionem, cuiquam homini debeat, opprimi, sed neque ullo umquam tempore in hostem pergat. Propterea has litteras[c] nostras ei fieri iussimus, per quas decernimus atque iubemus, ut nullus ex vobis[d], neque iuniores nec successores vestri[e] neque missi per tempora discurrentes, memoratum ill. umquam ullam inquietudinem faciat aut facientibus consentiat. Sed neque heribannum aut alios bannos, qui pro hostilibus exigere[f] solet, nullo umquam tempore ab eo exigere aut exactare faciatis, neque diebus vite sue eum in hostem ire conpellatis; sed, sicut nos ob amorem Dei et
*p. 44. mercedis nostrae augmentum ei perdonavimus, *ita deinceps in Dei nomine licentiam habeat absque alicuius contrarietate[g] aut inpedimento domi quiete et pacifice residere et filium suum in hostem dirigere[1], quatenus melius illi delectet pro nobis proleque nostra diebus vite sue Domini misericordiam adtentius exorare. Et ut hanc[h] auctoritatem atque concessionem nostram a nobis factam per diuturna tempora a fidelibus sancte Dei eclesie et nostris verius[i] credatur et diligentius[k] conservetur, de anulo nostro subter eam iussimus sigillari[l].

Data ill. die, anno[m] Christo propititio[n] 10. regni domni Hludowici[o] regis[2] in orientali Frantia, indictione[p] N.

Actum ill. loco, in Dei nomine feliciter.

4.

Si[3] petitionibus fidelium nostrorum iusta petentium[a] aurem serenitatis nostre[b] libenter accommodamus, et regium morem exercemus, eosque procul dubio devotiores in nostro[c] habimus obsequio. Quapropter comperiat omnium fidelium nostrorum, pre-
*p. 45. sentium videlicet et futurorum, industria, *quia nos, petente cuidam videlicet familiari[4] nostro, concessimus ad proprium quasdam res in pago ill., in comitatu[d] ill., in villa ill. vocabulo hominibus ipsius comitatus, quorum nomina [sunt ill.], inter campos et silvas et pratas, aquis aquarumve decursibus, vel quicquid ab eisdem suprascriptis[e] locis pertinet, et tant.; quae omnia in fiscum dominicum tempore ill. redacta fuerant et quibusdam causis[f] parentum predictorum hominum in dominium domni et genitoris nostri pervenerant. Unde hos[g] serenitatis nostrae apices illi fieri iussimus per nostrae largitatis munificentiam, puia tam longo tempore in nostra[h] potestate fuit, ob elemosinam genitoris videlicet et nostram in ius et potestatem eorundem[i] hominum perveniat, ita videlicet, ut, quicquid ab hodierno [die[k]] vel tempore ordinare, facere atque disponere voluerint, libero in Dei nomine perfruantur arbitrio faciendi[l], quicquid eligerint. Et ut hec serenitatis nostre auctoritas futuris temporibus[m] inconvulsam obteneat firmitatem et certius veriusque credatur, anuli nostri impressione subter eam iussimus sigillari[n].

3. c) lit̄ *c.* d) nobis *corr.* vobis *c.* e) nr̄ (noster) *c.* f) *lege:* exigi solent. g) contrariete *c.* h) *lege:* haec auctoritas *etc.* i) veribus *c.* k) diligentibus *c.* l) singillari *c.* m) ann̄ *c.* n) pp *c.* o) hlud̄ *c.* p) indic. *c.*

4 = *Roz.* 144. a) penitium *corr.* petentium *c.* b) vestre *c.* c) vestro *c.* d) com̄ *c.* e) suprascritis licis *c.* f) ex proprio *suppl. Roz.* g) his *c.* h) nostre *c.* i) earundem *c.* k) *suppl. edd.* l) fa|endi *c.* m) tempori *c.* n) sigulari *c.*

1) *Cf. Form. Andec.* 37, *supra p.* 16; *Waitz, 'VG.' II*³, 2, *p.* 212; *IV, p.* 493. 2) *Ludovici Germanici a. regni* 10. = *a. Chr.* 842—843. 3) *Simile admodum initium exhibet diploma suspectae fidei Ludovici Pii, Sickel, 'UR.'* L 34; *Reg. Imp. I,* 537. *Cf. Sickel, 'UL.' p.* 124. 177. *Similia etiam in diplomatibus Ludovici Germanici exstant exordia. Cf. ex. gr. Wartmann II, nr.* 453. 477. 4) *Familiarium mentio in diplomatibus haud dubie genuinis non fit ante Ludovicum Germanicum et Lotharium imperatorem. Cf. Sickel, 'UL.' p.* 177; *Waitz, 'VG.' III*², *p.* 539, *n.* 1.

5.

Si[1] enim ea, quae fideles regni nostri pro eorum oportunitatibus inter se commutaverint, *p. 46.* nostris confirmamus edictis, regiam exerceamus consuetudinem, et hoc in postmodum iure firmissimo mansurum esse volumus. Idcirco noverit omnium fidelium nostrorum, presentium scilicet et futurorum, industria, quia vir venerabilis illius eclesie episcopus innotuit excellentie nostrae, qualiter ille cum quodam viro — *nomen*[a] — pro communi utilitate et compendio de quibusdam rebus commutationem fecisset, datis scilicet a parte[b] eclesie suae eidem viro — *nomen*[a] — ad suum proprium ad habendum in vico et genealogia[2] quae dicuntur, ubi rivolus[c] ill. intrat in ill. flumen, curtiles[d] 2 et aforis a terra arabili iurnales tant. et de pratis ad carradas[e] tantum et molendinum[f] 1. Et econtra in conpensatione harum rerum dedit memoratus vir ex suo proprio prefato episcopo ad partem episcopi[g] in pago ill., in villa[h] vocabulo ill. prope fluvium ill. curtilem 1, et aforis de terra iurnales tant. et de pratis ad carradas[e] tant., lucos 2, molendina[i] 2. Unde duas conmutationes pari tenore conscribtas se pre *manibus habere **p. 47.* professus est, postulans celsitudinem nostram, ut ipsam conmutationem per nostrum[k] preceptum plenius confirmaremus; quod ita et fecisse omnium fidelium nostrorum cognoscat magnitudo. Precipientes[l] ergo iubemus, ut, quicquid pars iuste et rationabiliter alteri contulit parti, deinceps per hanc nostram auctoritatem iure firmissimo teneat atque possideat, vel quicquid exinde ob utilitatem et conmoditatem sui facere vel iudicare voluerit, libero in Dei nomine perfruatur arbitrio faciendi, quicquid elegerit. Et ut hec auctoritas pleniorem in Dei nomine obteneat firmitatem, de anulo nostro subter iussimus sigillari[m].

6.

Si[3] petitionibus fidelium nostrorum iuste et rationabiliter petentium aures serenitatis nostrae accommodamus, et regium morem decenter implemus, eosque procul dubio fideliores ac devotiores in nostro efficimus servitio. Quapropter comperiat omnium fidelium sancte Dei eclesie nostrorumque, presentium scilicet et futurorum, industria, qualiter vir venerabilis fidelisque noster[a] N. ill. per optimates nostros ill. nostram deprecatus est clementiam, ut per nostrum preceptum *confirmare dignaremur quoddam **p. 48.* monasterio, quod ipse novo opere in honorem domini Dei et salvatoris nostri Iesu[b] Christi sanctique ill. in pago ill., in marcha ill., in loco ill. construxit Deoque consecrari rogavit. Cuius petitioni, quia iuste et rationabiliter ortatus est, adsensum prebere libuit. Ideoque sancimus atque constituimus, ut isdem locus perpetualiter in Dei servitio, Domino annuante, consistat, et liceat ibi cenobium canonicorum fieri et per nostrae auctoritatis iussionem vitam ducere, nullo inquietante, Deo auxiliante, perpetuo quietam. Et ut idem locus deinceps firmior[c] futuris temporibus habeatur, placuit celsitudini nostrae, ut quasdam res proprietatis nostre illo loco sancto conferre disposuissemus; quod ita et fecimus; videlicet in pago ill. villam[d] iuris nostri vocabulo ill. cum omnibus ad se pertinentibus, habentem plus minusve mansos tant. et arripennes tant., et de

5 = *Roz.* 318. a) nom̄ *c.* b) apte *pro* a parte *c.* c) rivolis *c.* d) curtilē *c.* e) carrađ *c.* f) mołin *c.* g) epm̄ *c.* h) villo *c.* i) mołen *c.* k) vestrum *ead. m. corr.* nostrum *c.* l) precientes *c.* m) singulari *c.*

6 = *Roz.* 569. a) vester *c.* b) in *pro* ih̄ *c.* c) fimior *c.* d) *in margine legitur:* m i t e c z o l. *c.*

1) *Cf. diploma Ludovici Germ. ap. Wartmann II, nr.* 479; *Sickel, 'UL.' p.* 124. 2) *I. e. territorium genealogiae, 'Geschlechtsgemarkung' (Inama-Sternegg); cf. Lex Alam. LXXXVII (LL. III, p.* 76*). Vide Inama-Sternegg, 'Grundherrschaften' p.* 7; *Waitz, 'VG.' I*³, *p.* 83, *n.* 3. 3) *Cf. cum prologo diplomata Ludovici Germ. ex. gr. Wartmann II,* 477: *Mon. Boica XXVIII,* 1, *p.* 57, *n.* 34.

forestem ad ipsam villam pertinentem, ubi saginari possint porci tant., cum mancipiis utriusque sexus numero, atque in pago prefato ill., iuxta illud monasterium, in marcha *p. 49. inter terram cultam et incultam[e] iurnales tant., duosque puerulos N. ill. *Has itaque res cum omnibus ad se pertinentibus, mancipiis, aedifficiis, terris cultis et incultis, vineis[f], silvis, campis, pratis, pascuis, aquis aquarumve decursibus, molendinis, adiacentiis, perviis[g], exitibus et regressibus, quesitum et ad inquirendum, totum et integrum, vel quicquid nostri iuris atque possessionis in re propriaetatis est, domino Deo et salvatori[h] nostro Iesu Christo sanctoque ill. in elimosina domni et genitoris[i] nostri Hludowici[k] prestantissimi[l] augusti[1] nostraque solemni more tradimus atque confirmamus; eo videlicet modo, ut abhinc[m] in futurum ad stipendia eorum, qui illic Domino famulari[n] noscuntur, perpetualiter deserviant, et nullus de successoribus nostris illas res inde abstrahere vel minuere valeat, nec heredes eorum, qui illas res previdere debent, ullam ex istis habere licentiam, nisi, ut prefati fuimus, eorum inopia refocilietur, qui illic Domino deserviunt. Alienandi vero vel abstrahendi aut in alios usus devertendi vel in aliquam divisionem inter eos ex isto faciendi nullam volumus habere licentiam, sed, ut *p. 50. diximus, in elimosinam et genitoris nostri nostramque quiete eis *liceat illud possidere atque gubernare, quatenos illos servos Dei melius delectet pro nobis proleque nostra regnoque nostro Domini misericordiam adtentius exorare. Et ut hec auctoritas spontanee nostrae traditionis certior habeatur et a fidelibus sancte eclesie verius credatur atque diligentius conservetur, manu propria nostra subter eam firmavimus et anuli nostri inpressione adsignari iussimus.

Signum[o] domni Gludowici[p. 2], gloriosissimo regi.

7.

Form.imp.1. Notum sit igitur omnibus fidelibus sancte Dei eclesie[a] ac nostris, presentibus scilicet et futuris, quia nos pro mercedis nostrae augmentum servum nostrum in procerum nostrorum presentia manu propria nostra excutientes a manu eius denarium secundum legem Saligam librum dimisimus et ab omni iugo servitutis[b] absolvimus, eius quoque absolutionem per presentem auctoritatem[c] nostram confirmavimus atque nostris et futuris temporibus firmiter atque inviolabiliter mansuram esse volumus. Precipientes ergo iubemus, ut, sicut reliqui manumissi, qui per huiusmodi titulum absolutionis a parentibus regibus, imperatoribus, Francorum, noscuntur esse relaxati ingenui, *p. 51. *ita deinceps memoratus ill. per hoc nostrum preceptum plenius in Dei nomine confirmatum, nullo inquietante, sed Deo auxiliante perpetuis[d] temporibus valeat permanere bene ingenuus atque securus. Et ut hec auctoritas absolutionis nostrae firmior habeatur et [per] futura tempora verius credatur et diligentius conservetur, de anulo nostro subter eam iussimus sigillari.

6. e) inoccultam *c.* f) vineiis *c.* g) puns *c.* h) salvatoris *c.* i) genito| *c.* k) hlud̄ *c.* l) praestanti sunt aūg *c.* m) ad hinc *c.* n) Domino *hic repetit c.* o) Signā *c.* p) Glud̄ *c.*

7 = *Roz.* 59. a) ectanris *pro* e. ac n. *c.* b) servitis *c.* c) auctoritem *c.* d) per potius *c.*

1) *Ludovici Pii.* 2) *Ludovici Germanici.*

FORMULARUM CODICIS S. EMMERAMI FRAGMENTA.

Fragmenta codicis saec. IX. elegantissime scripti quae supersunt docent, valde dolendum esse, quod reliqua eius pars multo maior periit. Quattuor folia in bibliotheca regia Monacensi servantur, de quibus nuper disserui, 'N. Archiv' VIII, p. 601 sqq. Postea felici quodam casu V. Cl. W. Wattenbach repperit in Glossario Baioarico, ed. A. Schmeller, II² (a. 1872), col. 329, formulam quandam allegatam (Cart. Senon. 42), exstantem in membrana quadam, inserta collectaneis a Bernhardo Stark relictis, quae servantur in bibliotheca Societatis historicae Baioariae superioris (Monacensis), tomo quidem VIII, fol. 532. Qua re benevole mecum communicata, virum Cl. L. Rockinger, praesidem societatis illius, rogavi, ut tomum huc transmittendum curaret; quod benigne perfecit. Insunt autem fol. 529 sqq. novem folia, alia integra, alia mutila, quae ad eundem codicem ac regiae bibliothecae fragmenta pertinere, iam B. Stark agnovit, ut ex schedis manu scriptis, quas membranis addidit, apparet[1]. *Idem testatur, fragmenta se ex bibliotheca monasterii S. Emmerami Regensburgensis adeptum esse, cuius verba hic inserantur: 'Diese Handschrift besteht aus 9 mehr oder weniger zugeschnittenen Blättern, welche ich ehedem in dem nunmehr aufgehobenen Stift zu St. Emmeram aus gebundenen Büchern des XVI. Jahrhunderts herausgenommen habe' (fol. 659')*[2].

Tredecim ergo habemus folia, quae ad quinque quaterniones, quos literis A—E distinguo, pertinuisse videntur. Quaternionis A folia quattuor (1—4), bina inter se iuncta, supersunt, quae, si ad locos, quos in quaternione occupaverunt, spectamus, numeris II. IV. V. VII. significanda esse videntur. Ad quaternionem B duo folia (5. 6) pertinent inter se iuncta, quae quos habuerint locos dici non potest, praeter quod non fuerint media IV. et V. Quaternionis C unum tantum folium (7), quaternionis D duo (8. 9) inter se iuncta, media IV. V, supersunt, quaternionis denique E quattuor folia (10—13), et quidem I. III. VI. VIII. Haec quattuor regiae bibliothecae sunt, reliqua

1) *Verba ap. Schmeller l. c.: 'Nach dem Ausleihbuch der k. Bibliothek C b m C. 96 a wurden 4 Blätter mit derlei Formeln am 1. Januar 1825. an Bernh. Stark verliehen, sind aber am 4. März 1829 zurückgegeben', sine dubio de fragmentis codicis huius intelligenda sunt.* 2) *Iam Frobenius abbas, Mon. Boic. XIV, p. 350, narrat, se a. 1751. necrologium monasterii 'ex foliis quibusdam per libros alios, quorum compacturae servire debebant, dispersis' descripsisse, quod monet B. Stark, qui ipse, ut eadem testantur collectanea, non pauca folia, eodem modo a bibliopega usurpata, ex libris impressis S. Emmerami nactus est. Formularum codex cum plerisque aliis dissectus est fortasse a quodam Laurentio Schwarzmayr, quem forcipe in libros antiquos saevisse, memorant verba a B. Stark ex catalogo S. Emmerami allegata: 'Laurentius Schwarzmayr hat dem Closter weit über tausend Gulden pergimennen alten Bücher in der Liberey, Chor und Sakristey zerschnitten'.*

Bernhardi Stark. Omnia eadem manu sunt scripta, eodem modo in omnibus lemmata et exordia capitum flavo et rubro colore ornata sunt; singulae paginae 20 *exhibent versus et folia integra in longo* 17—19, *in lato* 12—13 *centim. habent. Glossae nonnullae Theotiscae superscriptae in hoc solo formularum codice repertae sunt.*

Ad tres minimum collectiones diversas, vel fortasse ad tres potius libros magni unius corporis formularum haec fragmenta pertinent. Collectioni I. adnumero folia 1—6, *quae novem capitum reliquias exhibent. Duorum capitum numeri servati sunt, scilicet* 37. *et* 40, *e quibus etiam praecedentium capitum antiquos numeros* 36. *et* 39. *cognovimus. Sed cum reliquorum numeri antiqui ignoti essent, omnia capita novis numeris* 1—9. *significare malui, ita ut antiqui* 36. 37. 39. 40. *respondeant novis* 3. 4. 5. 6. *Quaternionis B fragmenta cum capitibus* 7—9. *ideo post A posui, quia cap.* 7. *etiam in alia collectione eam formulam sequitur, quae cap.* 6. *exstat; capita enim* 6 *(num. ant.* 40*) et* 7. = *Cart. Senon.* 41. 42.

Collectio II, cuius reliquiae foliis 7—12. *exstant, eadem fere est, quam Formulas Salicas Lindenbrogianas nominavi et supra (p.* 265 *sqq.) ex aliis duobus codicibus edidi. Capita, quae numeris signata sunt, tot exhibuit codex S. Emmerami, quot codex* 2 *(Monacensis, olim Benedictoburanus) habet, verba autem saepius cum meliore textu codicis* 1 *(Havniensis) conveniunt. Aeque ac in codice* 2 *hic quoque tria capita, quae codici* 1 *desunt, ante caput* 15 *(editionis) inserta sunt, sed non eadem omnia. Quae sit ratio inter ordinem codicis S. Emmerami et codicum* 1. 2 *et editionis, tabula demonstret, in qua unci capita in fragmentis non servata includunt.*

Cod. Emm. Cap.	[1—7.]	8. 9.	[10—14].	15.	16.	17.	[18. 19].	20—24.
= *Cod.* 2*:*	1—7.	8. 9.	10—14.	16.	17.	*deest.*	18. 19.	20—24.
= *Cod.* 1*:*	1—7.	8. 9.	10—14.	*deest.*	*deest.*	*deest.*	15. 16.	17—21.
= *Form. Sal. Lind. (ed.):*	1—7.	8. 9.	10—14.	*Add.* 2.	*Add.* 3.	*deest.*	15. 16.	17—21.

Cod. Emm. cap. 17, *adhuc ineditum, rubrum et prologum formulae Sal. Lind.* 6. *habet. Cum in editione iam dicta paranda fragmentis uti non possem, reliquias integras ex ordine codicis nunc edendas duxi; ea vero, quae iam supra edita sunt, minoribus literis exprimi feci.*

Collectionis III. nihil superest nisi pars quaedam indicis capitulorum, exhibens capitula 11—39*; e quibus capp.* 11—22. *conveniunt cum capitibus* 3—10. 12. 19. *formularum, quas nominavi Marculfinas aevi Karolini*[1]*; cf. supra p.* 113 *sqq. Cap. autem* 23. *cum Form. Sal. Lind. Add.* 4. *convenit.*

1) *Ex alio exemplare collectionis illius tres formulas edidit auctor libri, qui inscribitur: 'Gekrönte Wahrheit, wann, wie etc. ist Arnolf, der Sohn Luipolts, zum Hertzogthum Bayern gekommen, von P. G. R. O. S. B. et C. B'. Francof. et Lips.* 1766, 4°, *in appendice p.* 87 *sq., formulas scilicet Marculf. Karol.* 12. 13. 14, *quas auctor dicit se ex archivo cathedralis cuiusdam ecclesiae Baioariae sumpsisse (l. l. p.* 69*: 'einige im VIII. (?) Jahrhundert unter den Carolingern geschriebenen Formula, die ich aus einem Archiv eines Bayrischen Hochstiffts am Ende dieser Abhandlung beilegen werde'). Hae sunt variae lectiones maioris momenti. Cap.* 12. *rubr.:* Epistola, quam clerus vel cives ad regem mittere possunt — ex hac luce visus est discessisse — virum illustrem illum aut venerabilem illum cathedre *pro* virum inlustrem N. cathedrae — in quo pariter est et *pro* in quo paret esse — una cum sensu *pro* una cum consensu. Valete *add. in fine. Cap.* 13. *rubr.:* Epistola regalis ad quemlibet episcopum metropolitanum pro alterius successore. — alendo *pro* colendo — seculo locum *(ut cod.* 2*)* — De cuius successores — satagite *pro* agite. *Cap.* 14. *rubr.:* Epistola regalis de cuiuslibet pontifice in loco altaris *(lege:* alterius*)* subrogando. — debeant *pro* debeantur — ipsum officium gubernandum — quatenus ecclesia *pro* quatenus dum aecclesia — commissas terrena eregere *pro* commissa strenue regere — scelerum mole *pro* sceleribus. Valete *add. in fine.* — *Hoc exemplar medium, ut ita dicam, locum inter textum edi-*

Corpus illud formularum, cuius membra disiecta ita ordinare conatus sum, in monasterio S. Emmerami compositum esse, ipse codex testari videtur[1]. *Ibi autem non solum collectiones formularum aliunde allatas conscriptas esse, sed etiam capita quaedam collectionis I. et III, etsi non in ipso monasterio, tamen in Baioaria oriunda esse existimo. Certiora quidem indicia, si excipias cap.* 3. *collectionis I, desunt. Illud autem refert de iudicio, quod habuerint 'missi domni imperatoris ex permisso domni Hludoici regis', quod ad id temporis referendum esse videtur, quo Ludovicus Germanicus regno Baioariae, patre adhuc vivente, rex praeerat, inter annos igitur* 817. *et* 840. *Qua cum re optime conveniunt capitula* 31. 33. 34. *collectionis III, e quibus* 31. *et* 33. *'missos domni imperatoris' commemorant,* 34. *autem 'mansionarium domni regis'.*

Monendum est, lacunas minores a me expletas esse, supplementis inter uncos positis.

I.

1.

. . . . . coloni[a. 2] sancti illius esse debe[rent et ma]lo ordine de ipso colon[atico sibi] *f.* 1. abstrahebant vel negl[egentes exin]de aderant. Interroga[tum fuit ab ip]sis hominibus, quid cont[ra haec] respondere vellebant [aut] dicere. Sed ipse ille et [ille in presen]te adstabant, sic nulla[tenus potue]runt dicere nec trad[ere rationem], pro quid de ipso colonat[ico] sibi abstrahere potuiss[ent, et in] presente ante ipso vica[rio vel reliquis] viris pro colonos sancti ill[ius sibi re]crediderunt vel reco[gnoverunt]. Sic ab ipsis viris fuit iud[icatum, ut ip]se ille in causa illo ip[so] . . . colonos sancti illius . . . . .

2.

[V]eniens homo aliquis [nomine illo] in illa civitate, in mal[lo publico] ante illo *f.* 1'. vicario [vel q]uam pluris bonis ho[minibus, q]ui ibidem aderant, [homine a]liquo nomen[a] illo ibidem [interpella]vit et dixit, quod ma[lo ordine] de servitium suum se [abstraheb]at. Interrogatum fuit . . . [ratio]nem, pro quid de servi[tio illius] se abstrahere voluis[set. Sed ip]se nullatenus dene[gare potu]it vel tradere ratio[nem, pro quid] de servitium suum se [abstraher]e potuisset. Sed ipse [in prese]nte ad servitium suum . . . . . . isit[b] et de manu ipsius[3]. . . . .

3.

[Cum[4] resedissent viri inlustres illi] missi domni imperatoris[a] . . . . . excellentis- *f.* 2. simi regis in i[lla civi]tate ex permisso[b] ipsius domni Hludoici ad iustitias inquir[endas][c] vel r[ecta] iudicia dirimenda una [cum illo] comite ibi resedentem; [ibique] veniens advocatus sancti illius nomen illo in causa ipsiu[s sancti] vel ipsius pontificis, illu[m hominem] interpellavit, dum [diceret], eo quod mancipia aliqu[a sancti] illius vel ipsius pontific[is his no]minibus post se malo or[dine re]teneret et indebite. Qui ip[se in pre]sente adstetit, taliter [dedit] in responsis, quod ipsa m[ancipia] malo ordine non possed[isset,

1. a) Veniens advocatus sancti illius interpellavit homines aliquos, dum diceret, quod *vel similia supplenda sunt.*

2. a) nom. *c.* b) *de supplemento dubito; expectaveris:* se recognovit. *Fortasse:* [se reprom]isit? mis:

3. a) genitoris *fortasse supplendum est.* b) expresso *al. atram. corr.* expre:so *c.* c) inquir| *superscriptum c.*

tionis et eum, ad quem index cod. Emm. pertinet, tenuisse videtur. Ordo enim capitum idem est ac in editione nostra, rubricae autem cap. 12. *verba ab editis abhorrent et cum capitulo indicis conveniunt. Codex ipse periisse videtur.* 1) *Inter traditiones monasterii illius, quae exstant ap. B. Pez, Thesaur. I,* 3, *col.* 81 *sqq., non inveni, quae cum formulis convenirent.* 2) *Cf. similem formulam Cart. Senon.* 20, *supra p.* 194. 3) *Cf. Form. Senon. rec.* 4, *supra p.* 213, *l.* 15. 4) *Cf. supra l.* 5 *sqq.*

sed] ipsas evindicatas habui[sset in] palatio ipsius domni reg[is Hlu]doici ante comitem *f. 2'.* palatii[d] *[illum[e]] contra illo episcopo et tale [cartam] evindicatam exinde [accepis]set, qualiter ipsa man[cipia in] ipso palatio evindicas[set. Exh]inc iudicatum ei fuit, [ut ips]am cartam evindicatam, [quam propt]er ipsa mancipia super [ipso illo[e]] conquisisset, super noctes [tanta]s ipsam cartam aframis[set; quo]d ita et de presente per [festuc]a sua visus est fecisse[1]. Qui [vero ad[e]] ipsum placitum veniens, [nec car]tam[e] evindicatam repres[entav]it, nec tale iudicium, per [quod i]psa mancipia habere po[tuisset]; sed exinde iactivus ap[paruit]. Tunc iudicaverunt [tam] supra dicti ipsi missi [domini]ci quam et *f. 3.* reliqui sca[bini], id sunt ille et ille, *vel reliqui quam plures persone, ut, dum nec cartam evindicatam representavit nec tale iudicium, per quod ipsa mancipia habere potuisset, ut de presente per wadio suo una cum lege et fide facta ipso advocato sancti illius vel ipsius pontificis de presente redidisset; quod ita et fecit. Propterea pro firmitatis studium, vel omnes altercationes postpositas, ipsi missi dominici talem notitiam ex hoc fieri rogaverunt[2], ut inantea casa sancti illius vel ipsius pontificis vel successores sui de ipsa mancipia nullam calumniam nec repetitionem nullo umquam tempore nec ipse ille nec heredes sui, seu quislibet ulla opposita persona, generare non possit, sed *f. 3'.* supra *dicta mancipia habeat evindicatas evis temporibus, et sit in postmodum inter ipsius soppita vel definita causatio.

4. Tradituria ad domo Dei de manso et vinea.

Veniens ille in pago illo, in villa quae dicitur illa, ad illo manso et vinea ad ipso manso pertinente, quem ante hos dies ille in vicem suam ipso homine per suum andelangum vel suum wadium visus fuit tradidit[a]. Sed ipse ille advocatus illius his nominibus illos et illos presbiteris necnon illos et illos in vicem ipsius archidiacono ipso manso, quem coniacet in illa villa, super illa noda[3], seu illa vinea ad ipso manso pertinente. Etiam et in[b] ipso loco . . . . .

5.

f. 4. . . . . . [ex]cepto, quod pro animae meae remedium vel loca sepulture condonavimus; ut, inexpectata traditione[a], in omnibus conservetur, et quantumcumque de alode nostrum post meum discessum pro commune mercede ad loca sanctorum legaliter condonare et ligare[b], stipulatione subnexa.

Actum illo.

6. Cessio ad pauperes.

Cart. Senon. 41. Christianis fidelibus pia exhortatio nos pronuntiat, hoc etiam illa tonitrualis euvangelistarum vox sancto suggerendo Spiritu sua potestate concelebrat, ut faciat unusquisque in pauperes aelymosina, qui *f. 4'.* vult evadere supplicia et Dominus . . . . . *christiani, quanta sit pietas et largitudo Redemptoris, ut per aelymosinas in pauperes promittuntur nobis thesauri caelestes. Procuremus igitur, sicut dominus et Salvator noster precipit, in quantum possumus, aelymosinas faciamus, quia, si fecerimus quod Dominus precepit, ille sine dubio facturus est quod promisit. Ait enim scriptura: 'Abscondite aelymosinam in *cf. Marc. II, 1.* sinu pauperis, et ipsa orat pro vobis ad Dominum', quia: 'Sicut aqua extinguit ignem, ita aelymosina extinguit peccatum', abscondamus aelymosinam in sinu pauperis. Igitur ego in Dei nomine ille . . . . .

7. [Hereditoria].

Cart. Senon. 42. *f. 5.* [Dulcissima filia mea illa ille. Dum non est incognitum], *sed per populum devulgatum et pate-

3. d) pat *c.* e) *ultimae inter uncos positae literae vestigium superest c.*
4. *Numerum* XXXVII. *praebet c.* a) *lege:* tradidisse. b) in *al. atram. superscr. c.*
5. a) tradi *in loco raso c.* b) *i. e.* legare.
6. *Numerum* XL. *praebet c.*

1) *Cf. Brunner, 'Schwurger.', p.* 64, *n.* 2. 3. 2) *A missis igitur tabula emissa est. Cf. Brunner, 'RG. d. Urk.' I, p.* 240 *sqq.* 3) *Ducange s. v. noda: 'Locus pascuus et aquis inriguus'.*

factum, qualiter ego in ancilla mea nomen illa tibi ingeneravi* et postea ante illo domno rege, iactante denario, secundum lege Salica tibi ingenua dimisi, et tu minime in hereditate mea sociare potebas, propterea ego hanc cartolam herediturіam in te fieri et adfirmare rogavi, ut, si Dominus noster iusserit, quod mihi in hunc seculo subprestis apparueris, de omnes res meas, tam de alode parentum ..... vineis, olcis[a], campis, pratis, pascuis, aquis aquarumve decursibus, in quacumque pagis aut territuriis *f. 5'.* seu agris vel omnes[b] locis ubicumque habere videor, etiam peculium, presidium utriusque generis sexus, auro, argento, drapalia, mobile et inmobilibus, quicquid dici aut nominare potest, quantumcumque de meo proprio moriens derelinquero, in omnes res meas in hereditate apud germanos tuos, filios meos, aut .....

*) *Glossa superscripta:* kesrita[1].

8.

..... seu[2] et in alio loco sub* op ......[a] illius una pecia de man[so ad] *f. 6.* orto faciendum vel ad [aedifi]candum per nostrum ben[eficium] in aelymosina nostra a di[e presen]te habere debeatis; ita ut [annis] singulis festivitate s[ancti illius] censum denarios tant[os nobis] desolvere faciatis. Et [neque nos] ipsi nec nullus de succe[ssoribus] nostris nec quislibet ull[a oppo]sita persona nuncup[atas terr]as de ipsis canonicis a[bstrahe]re nec minuare non .....

*) *Glossa superscripta:* in[b] kemahidu.

9. [N]otitia de homine quesito. *f. 6'.*

[Cum r]esedisset vir inlus[ter i]lle comis in illa civitate, [in mallo] publico una cum rachi[nbur]gis vel reliquis quamplures [bonis ho]minibus, qui ibidem ad[erant, a]d universorum causas au[diendu]m vel recta iudicia in Dei [nomine] terminandum; ibique [veniens] homo aliquis nomen ille [homine] aliquo nomen illo ibidem [interpel]lavit et dixit, eo quod ge[netrix su]a illa ancilla adavio [suo] adaviane sua nomen[a] illa ... fuisset .. et .....

II.

8. *f. 7.*

..... loco publico die illo, anno illo. Form. Sal. Lind. 8?

9. Ingenuitas, quam potest servus ad suum servum facere. ib. 9.

Dominus inquid in euangelio: 'Dimittite et dimittetur vobis'. Ideoque ego in Dei nomine ille quamvis enim omnium servorum Dei sim infimus, tamen una cum licentia domini mei illius episcopi, *vel* illius abbatis, vernaculo meo nomen[a] illo, quem ego, dato pretio, ab homine aliquo nomine illo visus sum conparasse, per hanc cartolam ingenuitatis ingenuum esse censeo et liberum esse concedo; a die presente ingenuus sit et ingenuus permaneat, tamquam si ab ingenuis [parentibus fuisset procreatus vel natus; peculiae vero] *sive conlaboratum, quod habet aut deinceps elaborare potuerit, sibi habeat con- **f. 7'.* cessum* atque indultum**; mundeburde vero vel defensionem, ubicumque infra potestatem sancti illius sibi elegere voluerit, licentiam habeat elegendi, et nulli heredum ac proheredum meorum reddat libertinitatis obsequium, sed, sicut dixi, semper valeat permanere bene ingenuus atque securus. Et si aliquis postmodum, quod futurum esse non credo, hanc ingenuitatem refragare aut eam calumniare temptaverit, cui litem intulerit auro uncias tantas, argento libras tantas coactus exsolvat, et quod repetit nullum obtineat [effectum] .....

*) *Glossa superscripta:* ferkepan.

**) *Glossa superscripta:* ferlazzan.

I, 7. a) *sic c.* b) om̄s *c.*
8. a) *literae* i *vel* u *vestigium superesse videtur c;* sub op[us sancti] illius? b) i *c.*
9. a) nom̄ *c.*
II, 9. a) nom̄ *c.*

1) *Cf. Schmeller, 'Bair. WB.' II*[2], *col.* 329. 2) *Fragmentum cartae praestariae, ut videtur, ab episcopo — nam de successoribus, non de heredibus dicitur — canonicis datae.*

f. 8. 15.

Form. Sal. Lind. Add. 2. . . . . . heredibus ac proheredibus meis vel quaelibet alia persona, qui contra hanc donationem aliquam calumniam generare presumpserit, si se exinde non correxerit, a liminibus sanctae Dei ecclesiae excommunus et sequestratus appareat; et insuper inferat partibus supra dicte ecclesiae auro uncias tantas, argento libras tantas, coactus exsolvat, et quod repetit nullo modo evindicare prevaleat, sed presens haec donatio meis et me rogantibus venerabilium virorum manibus roborata, quorum nomina vel signacula subter tenentur inserta, omni tempore firma permaneat.

ib. Add. 3. 16. Donatio ad ecclesiam.

*f. 8'. Inclita et Deo sacrata illa abbatissa *de monasterio illo, quod est dedicatum in honore sanctorum apostolorum Petri et Pauli seu ceterorum sanctorum. Igitur ego in Dei nomine ille et coniux mea illa, ambo considerantes de Dei timore vel pro animae nostrae salute, scilicet ut nobis pius Dominus aliquid de peccatis nostris in die iudicii relaxare dignetur: quapropter donamus, tradimus ad monasterium superius nominatum, hoc est aliquam rem nostram in pago illo, in loco nuncupante illo, super fluvio illo, id sunt terris, silvis, campis, pratis, pascuis, communiis, adiacentiis, appendiciis seu et mancipiis ibidem commanentibus vel aspicientibus, omnia et ex omnibus, tam de alode quam de comparato *seu de quolibet [adtracto, quae] ad nos ibidem noscitur [pervenisse], totum et ad integrum a [die presente] per hanc cartolam donat[ionis] per fistucam atque per ande[langum do]namus, tradimus de nostro [iure in] iure et dominatione i[am dicti] monasterii; ea scilice[t ratione], ut, quicquid exinde ab[ba]tes ipsius ecclesiae face[re volue]rint, in omnibus exinde [habeant] potestatem; Et si qui[s].

*f. 9.

Form. Sal. Lind. 6. 17. Traditio cuilibet homini.

Latores legum sancx[erunt], ut, qui de iure proprio [alicui] sanctorum aliquid condon[are vo]luerit, hoc coram plure[s testibus] per scripturarum seriem fir[miter fa]ciat obligari, quatenu[s in evum *inconv]ulsum valeat perducere[a]. [Quapropt]er ego in Dei nomine ille [dono, trad]o ad monasterium sancti illius, [quod dicit]ur illo, hoc est aliqua [mancipia] his nominibus illos [et illos], quae mihi de parte ge[nitoris se]u genetricis iure he[reditari]o successisse videntur. [Dono igit]ur et donatumque in per[petuum esse] volo, scilicet ipsa iam [dicta] mancipia de meo iure [in iure e]t dominatione iam dic[ti monas]terii; in tali vero teno[re, ut ta]m haec quam et agnatio [eorum a]d prefatum monasterium [a die prese]nte deservire debeant [et mu]ndeburde vel defensio[ne ibid]em se haberi cognoscant. [Et quicq]uid exinde pars predicti [monast]erii ab ac die facere vo[luerit] . . . . .

*f. 9'.

ib. 17. 20.

f. 10. . . . . . adversario, peccatis [facientibus pro]prio filio suo, *vel* fra[tri suo *sive* ne]pote, nomine illo in[terfecit; et nos] pro ac causa secund[um consuetudi]nem vel canonicam [institutionem] diiudicavimus, ut in [lege peregri]norum ipse prefatus v[ir annis septem] in peregrinatione [ambulare de]beret. Propterea [cognoscatis], sanctissime patres, has [litteras, ut, quan]do ad sanctitatem vestram [venerit, me]lius ei credatis, eo [quod nullate]nus pro alia causa [ambulare di]noscitur, nisi, sicut [superius diximus], pro peccatis suis redim[endis et vos eum] nullo modo teneat[is, nisi tantum], quando ad vos ven[erit, mansionem] ei et focum, panem [et aquam lar]gire dignemini, et [postea sine de]tentione liceat ei [ad loca sanctorum festinare. *Si]c exinde agite pro [amore Dei et re]verentia sancti Petri, [sanctissimi patres], ut vobis pius Dominus [in illa beata s]eu in mortali vita re[munerare di]gnetur, quia in ipso [peregrino Christu]m pavistis seu susce[pistis, conside]rantes videlicet, quod [ipse Dominus dixit]: 'Hospes fui, et susce[pistis me; et qu]od uni ex minimis [istis fecistis, m]ihi fecistis'. Quid plu[ra? Ad sapie]ntes sufficit semel lo[qui. Commen]damus nos obnixe in [vestris sacris pre]cibus, ut nobis memi[nere dignemi]ni. Valete in Christo feli[citer, sanctissimi] patres, ut aeternam [angelorum socie]tatem[a] digni habeami[ni.

*f. 10'.

Facta h]aec epistola sub die illo.

ib. 18. 21. [Epistul]a adoptivo filio.

*f. 11. [Domino fra]tri illo ego in Dei no[mine ille]. Dum igitur et pecca[tis . . . . . *ex]inde mihi om[nibus diebus vi]tae meae nihil [deficiat. Quod] si haec non feceris, ip[sas res, quas tibi] delegavi*,

*) *Glossa superscripta:* salta.

17. a) *lege:* perdurare.

20. a) tam c.

ad integru[m perdas. Prop]ter hoc hanc epistula[m tibi fieri vel] firmare rogavi, ut [nullo umquam] tempore aliquis de h[eredibus meis] seu proheredibus m[eis hanc con]venientiam* inter [nos factam in]mutare vel refrag[are non possint], sed sicut superius c[ontinetur]; ea scilicet ratione, [ut, dum ad]vixero, meam neces[sitatem in om]nibus debeas procur[are, in cibo et] potum, in vestimen[ta seu calcia]menta, et post meu[m discessum] ipsas res, quas tibi [tradidi . . . . . *habeas p]otestatem. Et [si ullus *f. 11'.
quislibe]t, quod fiendum [esse non credo], si aliquis de pro[pinquis meis v]el quaelibet alia per[sona hoc emut]are vel temerare [presumpserit, in]ferat tibi tantum, [quan]tum[a] res valuerint, [et insuper infe]rat ad partem fisci [auri] uncias tantas, argen[to libras tantas] coactus exsolvat, [et quod repetit] nihil evindicet, sed [presens hae]c epistola adoptio[nis omni temp]ore firma et stabilis [permaneat, cum] stipulatione subnexa [diuturnum t]empus maneat incon[vulsa].

*) *Glossa superscripta:* kezumft.

[22. Carta] de homicidium. ib. 19.

[Dum et a pl]erisque vel omnibus . . . . .

23. ib. 20.

. . . . . sibi elegere voluerint, licentiam habeant elegendi; cive Romana, portas apertas, eant, f. 12.
pergant, partem quam voluerint ambulare. Et nulli heredum ac proheredum meorum tu vel agnatio tua, sicut diximus, nullum deinceps reddere debeatis libertinitatis obsequium, sed magis haec epistola triscabina, tam a me quam ab heredibus meis defensata, omni tempore firma et stabilis permaneat, stipulatione subnexa.

Actum illo.

24. Iudicio evindicato. ib. 21.

Dum resederet autem comis ille in mallo publico ad universorum causas audiendas vel recta . . . . .
[interpel]labat, dum diceret, eo quod de caput suum legibus esset servus ipsius ecclesiae vel ipsius epi- f. 12'.
scopi, et propter hoc de ipso servitio neglegens atque iactivus adesse videretur, quod genitor suus vel genitrix sua, *aut* avus suus vel avia sua, fecerunt. Sed ipse prefatus vir in presente adstabat et hanc causam in omnibus denegabat, quod nec ipsa ecclesia Dei secundum legem nullum servitium agere deberet, eo quod de parte paterna aut de materna secundum legem ingenuus esse videretur. Sed ipsi scabini, qui tunc ibidem aderant, taliter ei visi fuerunt iudicasse, ut supra noctes . . . . .

III. f. 13.

. . . .

11. Epistula deprecatoria. Form. Marc. Karol. 3.
12. Indiculum inter duos comites. 4.
13. Rescriptum ad eundem comitem. 5.
14. Indiculum cuiuslibet pontifici[a] ad alium pontificem. 6.
15. Item rescriptum ad eundem episcopum. 7.
16. Indiculum ad quemlibet episcopum sive abbatem pro commendatione alterna. 8.
17. Indiculum ad quemlibet seniorem. 9.
18. Ad quemlibet[a] abbatissam. 10.
19. Epistula, quam clerus vel cives ad regem mittere possunt. 12.
20. Relatio pagensium ad regem directa. 19.
21. Indiculum ad quemlibet comitem palatii. 21.
22. Epistula tractatoria, quam rex missis suis facere iubet, quando eos in aliquam legationem mittit. 20.
23. Pro[1] cuiuslibet defuncti. Form. Lind. Add. 4.

II, 21. a) *lacuna solis literis* quan *expleri nequit; fortasse* [quantum] tum.
III. a) *ita c.*

1) *In cod. Monac. Lat.* 4650 *post* 21. *inserta est haec formula. Cf. supra p.* 266, *l.* 23. 45; *p.* 113, *l.* 20.

24. Indiculum et litteras commendatitias.

25. Episcopus ad abbatessam[b] orationes petendi.

f. 13'. 26. Episcopus ad comitissam se excusandi.

27. Episcopus ad archiepiscopum causas nuntiandi.

28. Archiepiscopus ad suum suffraganeum episcopum propter peccatum a proposito suo factum.

29. Archiepiscopus ad alium episcopum interrogandi consilium.

30. Episcopus ad suum abbatem.

31. Missi domni imperatoris ad quemlibet vicarium.

32. Episcopus ad comitem, ut aliquas res foras[1] bannum mittat.

33. Item missi domni imperatoris ad quemlibet vicarium.

34. Episcopus ad mansionarium[2] domni regis.

35. Episcopus ad abbatem.

36. Clericus ad alium clericum.

37. Episcopus ad archiepiscopum, ut suum canon iubeat corrigere.

38. Salutatio inter duos episcopos.

39. Episcopus ad suum amicum consolandum.

III. b) *corr.* abbatissam *c.*

1) *Cf.* infra bannum mittere, *Waitz, 'VG.' IV*[1], *p.* 441. 2) *De mansionario regis cf. l. l. III*[2], *p.* 507.

COLLECTIO FLAVINIACENSIS.

Magnam formularum collectionem continet codex *Parisiensis* *Lat.* 2123, *saec. IX. in fol., olim Colbert.* 1655, *Regius* 4240, 7. *Fol.* 1. *inscripta sunt:* Iac. Aug. Thuani *et* P. Pithou, *itemque fol.* 156′ *(pag. ult. codicis):* P. Pithou *et* Pithou[1]. *Exstant in codice post alia ecclesiastica scripta fol.* 29—52*:* Ordo episcoporum Romae, *libri scilicet qui dicitur pontificalis epitome, vitas pontificum usque ad Cononem (*† 687*) et catalogum inde usque ad mortem Hadriani I (a.* 795*) complectens*[2]*; fol.* 52′—55′*:* Recapitulacio de nomina regionum cum provinciis suis; *fol.* 55′ *sqq.:* Canones S. Gregorii papae; *fol.* 64′*:* Decreta maiorum; *fol.* 65′—104′*:* Canones Grecorum et Latinorum, *i. e. canonum collectio, quae dicitur Herovalliana; fol.* 105*: Computatio aetatum usque ad mortem Karoli M. imperatoris; fol.* 105′—153′*: Formulae (ordine fasciculorum a bibliopega turbato, folia* 143—146. *post fol.* 150. *ponenda sunt); fol.* 154—156*:* De ponderibus et mensuris. *Cf. Maassen, Bibliotheca iuris canonici manuscripta I,* 2, *p.* 213 *sqq.; Duchesne, 'Etude sur le liber pont.' p.* 56*; Waitz, 'N. Arch.' IX, p.* 459. *Ex hoc codice formulas nonnullas edidit Baluzius in 'Nova Collectione'.*

Simillimum, quod formulas attinet, codicem Lindenbrogius habuisse videtur. Neque enim solum non pauca verba cum nostro solo codice convenientia edidit, quamvis ipso illo non usus esse videatur, sed etiam inter ea capita, quae in indice quidem codicis nostri enumerata, in ipsa autem collectione omissa sunt, unum (ap. Lind. nr. 171*) praebet sub eadem rubricae forma, quam index ille aliter ac ceteri codices exhibet. Lindenbrogii ille codex idem fuisse videtur, quem postea e bibliotheca Gudiana Fabricius se accepisse monet, Bibl. mediae et infimae Latinitatis l. XXV, s. v. Marculphus, nunc autem deperditum dolemus. Cf. de hoc codice 'N. Archiv' VI, p.* 102 *sqq.*

Formularum collectioni in capita 117 *divisae praefatio Marculfi, sed pro Landerici nomine Aeglidulfi cuiusdam incogniti inserto, atque capitum index praemittuntur. Ipsa collectio non est integra servata, cum, quod iam monui, index nonnulla referat capita, quae in ipso textu per neglegentiam scriptoris omissa sunt. Numeri tamen indicis cum numeris ipsius collectionis concordant. Saepius uno capite complures formulae comprehensae sunt. Materiae, e qua constituta est collectio, partem multo maiorem opus Marculfi cum Supplemento et Turonensis collectio praebuerunt. Nonnullae autem novae atque huic collectioni propriae insertae sunt formulae et praeterea capita quaedam, epistolarum exempla praebentia, ex antiquis scriptoribus ecclesiasticis descripta.*

1) *Fol.* 65′. *in fine quaternionis in margine inferiore leguntur manu coaeva adnotata:* episcoporum XXXII *(quae sunt verba ultima folii repetita)* Hatulfus; *fol.* 75. *inf. marg. eadem manu:* Hathulfus. Walefredus. nonam. *Sunt fortasse nomina scribarum, qui codicis describendi laborem inter se diviserunt. Verba, quae fol.* 91. *inf. marg. eadem manu scripta sunt:* Walefredus me fecit, *indicare videntur, etiam codicem ipsum a Walefredo exaratum esse.* 2) *Postea suppleta sunt manu saec. XI. nomina pontificum inde a Leone III. usque ad Iohannem IX.*

Inter nova illa capita tria inveniuntur, quae ad monasterium S. Praeiecti Flaviniacense (dioeceseos Augustodunensis), in ducatu Burgundiae situm, spectant, ibique conscripta esse videntur. Cap. scilicet 8. *ad verbum fere ex testamento, quo Wideradus, abbas et fundator monasterii, id ipsum heredem suum instituit, Pardessus, Diplom. II, n.* 514, *et cap.* 43. *eodem modo ex alia carta, de fundatione, donatione atque libertate illius monasterii ab eodem Widerado data, l. l. n.* 587, *conscripta sunt. Cap. autem* 44. *ad praecedens respicit, partim verbis eius utitur et eodem modo ac illud Burgundiae facit mentionem. Vix dubitandum est, quin in ipso monasterio Flaviniacensi non solum capita illa ceteris formulis addita sint, sed etiam collectio ibidem eam formam acceperit, quam codex noster praebet, vel potius ille, ex quo descriptus est, praebuit. Id vero in incerto relinquendum est, quanta operis pars ibi, quanta iam antea alibi sit confecta. Equidem crediderim, novum quoddam formularum corpus, ex Marculfinis et Turonensibus formulis et novis paucis in loco inutilium substitutis iam antea compositum, Flaviniacum allatum ibique et domesticis formulis ex archivio monasterii sumptis, et exemplis illis ex Historia tripartita, Eusebio et Actis S. Silvestri haustis (capp.* 1—5. 117, l. m.*) auctum esse. Neque enim haec ab eodem, qui nova illa pro omissis Marculfi et Turonensibus formulis substituit, addita esse, ideo praecipue existimo, quia, cum illa auctorem bene intelligentem et rei haud ignarum demonstrent, haec aut a quodam rei fere imperito ex veris cartis in formulas redacta, aut mendose aliunde descripta, aut denique, quod crediderim de cap.* 44, *inutiliter ficta esse videntur. Cum illius corporis auctor sinceras tantummodo formulas, a nominibus aliisque verarum cartarum notis propriis solutas, praeberet atque etiam ex formula, quam ex Marc. Suppl. recepit, cap.* 48, *nomina civitatum reiceret, hic non omnia eiusmodi delevit; cf. cap.* 8*:* 15. Kal.; *cap.* 43*:* Gallearum pontificum, regnum Burgundiae; *cap.* 44: rege Burgundie. *Cum ille praeterea nova capita non nisi pro aliis substituta insereret, hic caput* 44. *addidit, quamvis utilius eiusdem negotii exemplum iam cap.* 41. *exstaret.*

Nova illa formularum Marculfi et Turonensium redactio cum certe post Merowingos reges depositos et, ut e capite 69. *effici videtur, ipso Pippino rege regnante, facta sit, post hoc demum tempus Flaviniacenses formulae additae esse videntur, quamvis capita* 8. *et* 43. *ex veris documentis iam annis* 719. *et* 721. *editis scriptae sint*[1]. *Quod vero antehac existimavi, 'N. Archiv' VI, p.* 68, *cap.* 43. *propter 'regnum Burgundiae' et cap.* 44. *propter 'regem Burgundiae' commemoratum non ante a.* 879. *scribi potuisse, nunc omnino refutandum est. Carta enim Wideradi a.* 719. *data, id quod tunc me effugerat, itidem 'regnum Burgundiae' exhibet; auctor autem capitis* 44, *sicut alia capitis* 43. *dicta paullo mutata repetit, solum orationis variandae causa verba* domnum rege Burgundie *ex verbis capitis* 43*:* glorioso domno, quem Deus regnum Burgundiae gubernare permiserit, *haud feliciter composuit. Sed ipsa regis Burgundiae commemoratio repugnat, quominus cap.* 44. *post a.* 879. *scriptum esse existimemus: si quidem, quod vix dubitandum est, etiam hoc caput Flaviniaci oriundum est. Caput enim* 43. *praeter donationem etiam constitutionem quandam a fundatore monasterii 'cum consensu Galliarum episcoporum' ad instar privilegiorum factam continet, ad quam defendendam rex invocatur:* Preco igitur glorioso domno, quem temporibus modernis et futuris successoribus Deus regnum Burgundiae gubernare permiserit, et — adiurare presumo, ut presentem paginam — vel iam dicto cenubiolo meo — iubeat defensare. *Ad haec verba spectat, quod cap.* 44. *scribitur:* pro totius defensionis studio

1) *Id enim instrumentum, quod plerumque falso, ut existimo, alterum Wideradi testamentum nominatur et ab editoribus ad a.* 746. *ponitur, iam a.* 719, *d.* 27. *Mai. datum est. Quae res e temporis notis emendatione vix egentibus apparet. Testamentum autem a.* 721. *quendam illius instrumenti locum allegat verbis:* inspecto illo instrumento, quod antea ad S. Praeiectum — fecimus. *De fide alterius exemplaris d. a.* 722, *Bordier, 'Chartes Mérov.' p.* 55, *dubito.*

[fundator] per sua epistula ad precelentissimum domnum rege Burgundie ipsi monasterium aspicere decrevit. *Quae si post a.* 879. *scripta essent, non nisi de rege alterutrius regni Burgundici tunc conditi intelligi possent; quod vero ideo fieri non potest, quia Flaviniacum ad neutrum ex regnis duobus, sed ad ducatum potius Burgundiae pertinuisse constet. Accedit, quod haud verisimile est, quendam saec. IX. exeunte formulam confirmationis episcopalis scripsisse ad cartam iam saec. VIII. ineunte datam; accedit praeterea, quod genus dicendi, oratio valde mendosa atque rustica magis saec. VIII. quam IX. ex. demonstrare videntur. Alia quoque, quae codex exhibet, aut ad saec. VIII. ex. aut ad IX. in. spectant: collectio enim canonum Herovalliana saec. VIII. confecta esse videtur (cf. Maassen, 'Gesch. d. Quellen u. Lit. d. can. Rechts' I, p.* 833, *et p.* 828, *ubi codex saec. IX. ineuntis enumeratur); catalogus pontificum anno* 795. *finit; computatio, quae formulas antecedit, usque ad mortem Karoli M. perducta est. Posterioris autem temporis indicia neque in formulis, neque in ceteris codicis scriptis ulla inveniuntur. Quae cum ita sint, collectionem formularum iam saeculo VIII. compositam esse propius vero esse videtur, quam ut saeculo demum IX. hoc factum sit.*

Appendicem, quae sine capitum numeris subiecta est, non integram habemus, sed folio foliisve excisis initio mutilam. De cuius aetate certius compertum non habemus. De patria autem monet R. Schroeder, 'Fränk. Formelsammlungen' in 'Z. d. Sav.-Stift.' IV, 'Germ. Abth.', p. 86 *sq., capita* 3. 4. *propter 'conditas' memoratas non quidem in Burgundia oriunda, sed caput* 4. *ibidem auctum esse.*

Quamvis pauca tantum contineat collectio, quae sint propria atque, ut ita dicam, originaria, tamen in editione paranda curavi, uti forma illius integra aperte cognosci possit, monumenti scilicet literarii quoad historiam formularum non exigui. Eorum, quae iam aliis locis corpus nostrum formularum exhibet, capitum exordia tantum et exitus praebemus. Praeterea, quae ex aliis collectionibus nobis servatis sumpta sunt, aeque ac capita ex scriptoribus ecclesiasticis descripta minoribus literis exprimi feci. Appendicis capitum numeri a me instituti sunt. Subieci formulam, quam Lindenbrogius ex suo collectionis huius codice edidisse videtur, App. 6, *cui simillima est App.* 2.

INCIPIT PREFACIO LIBRI HUIUS. Praef.Marc.

Domino sancto, — — — papa Aeglidulfo Marculfus — — — scripta reperiantur.

INCIPIUNT CAPITULA.

1. Epistula Helenae ad Constantinum imperatorem.
2. Epistula Constantini ad Helenam matrem.
3. Epistula Costantini imperatoris ad Atanasium episcopum.
4. Epistula Iuli episcopi ad Alexandrinus.
5. De episcopo elegendo Valentinianus imperator ad episcopos.
6. Donatio[a] ad ecclesia post discessum.
7. Item donatio ad die presente ad ecclesiam.
8. Ad testamentum faciendum.
9. Mandatum.
10. Gesta.
11. Cessio.
12. Vindicio.
13. Oblegatio.
14. Precaria[b].
15. Vinditio infra emunitate.
16. Vinditio de servo.

a) donato *c.* b) ꝑgaria *corr.* p̄caria *c.*

17. Vinditio, qualiter homo liber semet ipsum venundetur.
18. Epistula colleccionis.
19. Ingenuitas.
20. Caucio pro debito.
21. Donatio in sponsa facta.
22. Traditio.
23. Carta in puella facta ab eo, qui ipsam invitam traxerit.
24. Donatio inter virum et uxorem.
25. Item alio modo.
26. Libellum repudii.
27. Mandatum, qualiter maritus negotium uxoris prosequatur.
28. Carta, qualiter pater filium vel avus nepotem de rebus suis meliorare potest.
29. Epistula, qualiter nepotes in loco filiorum instituantur ab avo.
30. Epistula, qualiter extraneis in loco filiis adobtetur.
31. Epistula, qualiter pupilli recipiantur.
32. Pactum inter parentes.
33. Commutatio.
34. Confirmatio regis in eo, qui ab ostibus est depraedatus vel ab igne crematus.
35. Item appennem.
36. Edicio legibus comprehensa.
37. Relatio cum iudicio.
38. Brevem sacramenti.
39. Si quando masculos et femina raptum consenserint, et intra quinquenium litigetur.
40. Iudicium evindicatum.
41. Qualiter episcopus privilegium condatur.
42. Petitio monachorum.
43. Qui monasterium in proprio edificat, qualiter cartam faciat.
44. Qualiter privilegium condatur.
45. Cessio regis de hoc privilegium.
46. Emunitate regia.
47. Confirmatio de emunitate.
48. Privilegium de omni negotio.
49. Preceptum de episcopato.
50. Indiculum regis ad episcopum, ut alium benedicat.
51. Consensu civium.
52. Carta de episcopato.
53. Carta de ducatu vel patriciatu, comitato.
54. Indiculum ad alium regem.
55. Rescriptum ad regem.
56. Tracturia legatariorum.
57. Preceptum interdonaciones.
58. Preceptum de lesioverbo per manu regis.
59. Prologo de cessionibus regalis.
60. Cessio regis ad loco sancto.
61. Confirmatio.
62. Item confirmatio ad vires secularibus.
63. De regis antruscione.
64. Preceptum de clericatu.
65. De divisionibus, [ubi] misus[a] est regis.
66. De causis alterius receptas.
67. Denariale preceptum.
68. Carta de causa suspensa.
69. Carta de mundeburde regis et principis.
70. Prologo de iudicio regis, ubi duo causantur.
71. Indiculum communitarium[a] ad episcopum.

a) *ita c.*

72. Indiculum ad episcopum pro alium distrigendum.
73. Carta audienciale.
74. Indiculum ad laicum.
75. Commutatio cum rege.
76. Confirmatio regis de omni facultate.
77. Securitas in eum, qui per iussum regis aliquem persequerit.
78. Preceptum, cui ab ostibus vel alio modo fuerunt strumenta incensa.
79. Relatio pagensium ad regem.
80. Confirmatio de omni corpore facultatis monasterii.
81. Ut causas auctorum adsumendis suorum aliquem liciat.
82. Iudicium evindicatum.
83. Carta paricula.
84. Ut pro nativitate regis filii ingenui relaxentur.
85. Ut leodisamio promittantur.
86. Carta de magna[a] rem, qui vult exsinodotio construere.
87. Prologi de donationibus ecclesiae.
88. Precaria.
89. Prestaria de rebus ecclesiae ab episcopo.
90. Si aliquis rem alterius quam excolit ad proprietatem vult retinere et non potuerit, et eam postea precaverit.
91. Abnoxiationis a patre in[b] filiis.
92. Carta, qui filio aut nepote suo de aliquid meliorare voluerit.
93. Carta, ut filia cum fratribus in paterno succedat alode.
94. Pactum inter parentes.
95. Libellum dotis.
96. Securitas pro omicidio facto, si se pacificaverint.
97. Prologo de vindicione.
98. Cauciones diverso modo.
99. Evacuaturia.
100. Qui se in servitio alterius abnoxiat.
101. Mandatum.
102. Carta de agnacione.
103. Ingenuitates diverso modo factas.
104. Cessio in servo vel gasindo.
105. Si quis in presentia regis auctor fuerit.
106. Indiculum episcopi ad maiorem domus.
107. Item ad propinquos.
108. Indiculum ad alium, cum episcopus in resurreccione Domini eologias dirigat.
109. Rescriptio ab episcopo in die.
110. Quomodo post natale Domini episcopus ad regem sive alio episcopo visitatio dirigatur.
111. Literas commendadicias ad episcopo noto.
112. Item ad abbate[c] noto.
113. Supplicaturio pro eo, qui in monasterio conversare desiderat.
114. Indiculum generale ad omnes pro eo, qui ad Romam pergit.
115. Indiculum commendadicio ad laicos.
116. Indiculo ad palatinos cognitos.
117. Indiculos diversos modos factos.

---

1. Epistula Elene ad Costantinum[a, 1].

Domino semper augusto filio Constantino pax et victoria de celo ministrentur, mater Helena semper augusta. Veritatem sapientis animum non recusat, nec fides recta aliquam patitur quamcumque

Acta S. Silvestri.

a) magarem *c.* b) inī *c.* c) abbt *c.*
1. a) *ita c.*

1) *Capita* 1. *et* 2. *epistolas exhibent fictas, quae leguntur in Actis S. Silvestri. Textus hic*

iacturam. Benevolentiae divine reputare debere, quod meruisti simulacrorum figmenta deserere. Pietati autem tuaę ideo sanitas reddita probatur et reditur, que idolorum culture primus inter augustus finem dederis et probaveris, hos deos nec dici debere nec credi. Huic errore finem danti abstulit Deus morbi periculum et vitam de celis et medicinam adtribuit. Hunc ergo dum ceperis colere, obtinebis Daviticum clementer imperium et Salomonis sapientissimum et pacificum regnum, eruntque tecum prophetae, cum quibus Deus loquitur, et omnia, que poposceris, impetrabis[b]. Vale, domine auguste, fili carissime, et prosperis ad vota successibus polle.

2. Ad[1] hec rescripta sunt haec:

Acta S. Silvestri. Dominae[a] semper auguste matri Helene filius Constantinus augustus. Qui moderatur secula et disponit totius mundi suffragia, quibus alimur et sustentamur et sumus, per se quidem spiramenta vivificat, sed per pectora principum[b] suis iura seculum dictat. Quanto igitur excelsiorem locum tenemus inter homines, tanto omnium patemus aspectibus. Omnium itaque mortalium oculi, omnium iudicium, omnium vota nostrum velle, nostrum nolle considerant; et ideo, domina semper augusta, perfectum debet esse quod volumus, et iniquum atque iniustum omne quod nolumus, et hoc in actibus forte nostris intendat. *Post pauca:* Cesset ergo in hanc definicione nostra presumptio, ita ut sacerdotum Iudaice secte[c] et christiana religionis in unum conveniant et, nobis presentibus, mutua sensum suorum altercacione agentes, a veritatem nos faciant indaginem pervenire. Sic fit, ut et sacris voluminibus tam sibi invicem quam etiam nobis veritatem ostendant, ad cuius legis cultum una nobiscum omne saeculum relaxemus. Vale, domina mater semper augusta, et cum filiis meis ad vota crescentibus polle!

3. Epistola Constantii ad Atanasium episcopum.

Hist. tripart. IV, 26. Constantius victor augustus Athanasio episcopo. Plurimum te circumferri et[a] fluctuari ferocibus maris undis, nostre mansuetudinis clementia[b] non permisit, patria quippe terra nudatum et privatum propriis rebus errantemque per loca invia bestiarum indefecta nostra pietas non dispexit. Ideoque igitur[c] diu distuli scribere voluntatis meae propositum, sperans, sponte te ad nos fore venturum et laboris satisfaccionem a nobis exigere. Verumtamen, quoniam forte timor impedivit voluntatis tuae propositum, litteras largitate plenissimas ad tuam beatitudinem distinavimus, ut sine metu nostris aspectibus velociter tuam presentiam prebere festines, quatenus desiderio tuo potius[d] experiaris, nostra clementia in propria restitutus. Haec etenim causa et dominum meum fratremque Constantem victorem augustum per te rogavi, ut tibi potestatem ad nos tribuat veniendi, quatenus, ambobus nobis annuentibus restitutus
* ib. IV, 27. in patria, habeas maximum gratiae nostrae pignus. *Et que desideras posis adepisci.

4. Iulius episcopus Romanus omni plebi Alexandriae scripsit:

ib. IV, 29. Iulius[2] episcopus[a] presbyteris et diaconibus et plebi abitantibus Alexandria, dilectis fratribus in Domino salutem. Congaudeo vobis et ego, dilectissimi fratres, quoniam fructum vestre fidei ante oculos iam vidistis; hoc etenim[b] vestre[c] gestum quelibet inspiciet in fratre et quoepiscopo nostro Atanasio, quem[d] propter puritatem suae vite et vestras orationes restituit vobis[e] Deus. Ex hoc itaque creditur, puras et caritate plenas orationes vestras ascendisse semper ad Deum. Memores enim estis promissionum celestium atque dileccionis, quam ex doctrina predicti fratris mei Atanasii didicistis et ad integrum cognovistis secundum insitam vobis fidem, quam percepistis; quoniam non usque ad finem his[f] a vobis posset[g] abduci, cuius orationis in sanctissimis animabus vestris tanquam presentis semper habuistis. Ergo non plurimis mihi verbis opus est vobis scribere. Quecumque enim vobis a me potuerunt dici, haec iam fides vestra precessit, et divina gracia communis orationis nostre vota complevit. Congaudeo siquidem vobis; iterum enim dico: congaudeo, quoniam inexpugnatas animas in fide servastis. Sed etiam ipsi

1. b) imperabis *c.*
2. a) domina *c.* b) principium *c.* c) recte *c.*
3. a) ut *c.* b) clementiae *c.* c) tibi *edd.* d) potitus *ed.*
4. a) $\overline{\text{eps}}$ *bis c.* b) exenim *c.* c) vere *edd.* d) quae *c.* e) nobis *c.* f) *i. e.* is. g) posse *c.*

Latinus ad verbum fere convenit cum eo, quem edidit Mombritius, Vitae sanctorum II, (Mediol. 1479*) s. v. Silvester. Graecum textum edidit Cambefis, Illustrium Christi martyrum lecti triumphi p.* 288 *sqq.* 1) *Cf. p.* 473 *n.* 1. 2) *Cf. Jaffé, Reg. pontif. ed.* 2. 188.

fratre meo Athanasio non minus congaudeo, quia, licet multam[h] sit passus tristiciam, neque una hora vestri desiderii et caritatis oblitus est, nam[i], licet corpore ad tempus sit a vobis abstractus, tamen spiritu semper vobiscum degere videbatur. Et ego quidem, karissimi fratres, omnem temptationem contra eum surgentem reor sine gloria non fuisse. Nam et vestra et eius fides cognita est universis et conprobata. Si enim non tanta et talia provenissent, quis enim crederit, quia aut vos tale iudicium tantamque caritatem circa talem exibuissetis episcopum, aut ille potuisset tantis circumdare virtutibus, per quas spem[k] —.

5. De ordinando episcopo. Valentinianus imperator ad episcopos ait:[1]

Hist. tripart. VII, 8.

Nostis aperti, eruditi quippe divinis eloquiis, qualem oportet esse pontificem, et quia non decet, eum verbo solum, sed etiam conversatione[a] gubernare subiectos et totius semet ipsum imitatorem[b] virtutis ostendere testemque doctrina, conversacionem bonam habere. Talem itaque in pontificale constituite sedem, cui et nos, qui et gubernamus imperium, sincere nostra capita summitamus et eius munita, dum tamquam homines deliquerimus necessario, veluti curantis medicamenta suscipiamus. Supra[c] nos est enim talis eleccio, vos enim, gratia divina potiti et illo splendore fulgentes, melius poteritis elegere.

6. (a) Donatio ad aeclesiae.

Form. Tur. 1 a.

Mundi terminum adpropinquantem — — — munda fiunt vobis.

(b) Item alio prologo.

ib. 1 b.

Si aliquid de rebus nostris — — — stibulatione subnexa. Actum in illo loco.

7. Item de donatione a die presente.

Domino[a] sacrasancta basilica sancti illi, monasterio, *vel alio loco*, ill. constructa, ubi venerabilis vir ille abbas, *vel* episcopus *aut* presbyter, cum suis clericis, *vel* monachis, preesse videntur[a], ego ill., cogitans Dei amore vel aeterna retribucione, ideoque cedo ad die presente ad supradicta basilica et monachis ibi consistentes cessumque in perpetuum esse volo porciones meas in loco nuncupantes ill., sitas in pago[b] ill., que mihi tam de alode quam de conparato vel de quacumquelibet adtracto advenit[c] vel advenire potest legibus in supra memorata loca, tam terris, domibus, edificiis, mancipiis, libertis, acolabus, merita accolanorum, vineis, silvis, pratis, pascuis, campis cultis et incultis, aquis aquarumve decursibus, movilibus et inmovilibus, cum omnis adgecenciis et adpenditiis vel colonicis ad se pertinentibus, cum omni integritate vel superposito, quicquid dici aut nominare potest, in supra memoratus pagos, vel ubique de supradictas porcionibus tenere visus sum, totum et ad integrum, ad die presente ad iam memorato monastirio vel ad ipsos monachos[d] ibi consistentibus perpetualiter trado adque transfundo, de meo iure in vestra trado dominatione ad possedendum, ut, quicquid exinde facere voluerint, liberam hac firmissimam in omnibus habeant potestatem a die presenti faciendi. Si quis vero, quod fieri non credo, in futurum, si ego ipse aut ulus[e] de heredibus meis aut ulla emissa vel opposita persona vel quislibit, qui contra hanc cessionem, quam ego bona voluntate fieri et adfirmare rogavi, venire, agere aut resultare vel per quacumque modis repedire aut infrangere conaverit, nec[f] hoc valeat vindicare quod repetit, et[g] insuper partibus supra memorato monasterio vel monachis ibidem consistentibus duplum tantum, quantum ipsas res eo tempore emelioratas valuerint, con-

4. h) multa *c.* i) non *c.* k) *reliqua pars epistolae deest c.*
5. a) conversationem *c.* b) immitatione *c.* c) Super vos *edd.*
7 = *Bal.* 27; *Lind.* 17; *Roz.* 203. a) Domino — videntur *desunt Lind.* b) pagago *c.* c) advenenit *c.* d) h *post add. c.* e) *saepe* l *pro* ll *c.* f) nec nec ho *pro* nec hoc *c.* g) *post add. c.*

1) *Non est epistola, sed oratio, quam Theodoretus Valentinianum II. in electione S. Ambrosii habuisse narrat.*

ponat, et insuper sotio fisco multa auri libra coactus exsolvat, et haec cessio omni tempore firma permaneat, stibulatione subnexa.

Actum loco ill.

8. Ad testamentum faciendum[1].

Marc. II, 17. Regnante in perpetuum domino nostro Iesu Christo, anno ill. ill. regi, sub die 15.[a] Kal. ill., feria ill., indicione[b] ill. Ego ille, filius illius, sana mente integroque[c] consilio, metuens casus umane fragilitatis, testamentum meum condedi, quem ille[d] scribendo commisi, ut, quomodo[e] dies legitimus post transitum meum advenerit, recognitis sigillis, inciso lino, ut legis decrevit auctoritas, per inlustrum virum ill., quem in hac pagina testamenti nostro[f] ligatario institui, gestis rei publici municipalibus titulis eius prosecutionibus ab ipsis muniatur, et in archivis basilice sancti illius conservandum decrevi, ut, quicquid unicuique de rebus meis propriis abere decrevi, singulariter in hoc testamentum meum inserere curavi. In reliquo vero, qualiscumque aut quecumque epistulas aut testamenti vel conscriptionis[g] de nomini meo, manus meas firmatas, ostensas fuerint et ante hoc testamentum prenotatas, quas hic non commemoravero, excepto de ingenuitatis, quas pro anima mea remedio fecimus aut adhuc facere volumus, vacuas permaneant, et quod unicuique [per] hoc testamentum dedero dareque iussero, id ut fatiat, detur, prestetur, impleatur, te, Omnipotens, testem commito. Quapropter, dum non abetur incognitum, qualiter, dispensante Deo, ad abendum vel possedendum loca sanctorum illorum de rebus meis propriis diligavi in perpetuum ad possidendum, dedi quoque ad basilica illa porciones mea atque [loca] denominata, id sunt ill., quicquid in ipsa loca superius nominata habere videor, totum et ad integrum ad basilicas superius nominatas proficiat in augmentum. Illas vero cessiones, quas ad libertos nostros ill. ad eorum ingenuitates confirmandas fecimus[2], id sunt ill. et ill., quando ipsos pro anime nostre remedium ingenuus dimisimus, ut, dum advivunt, hoc teneant et post eorum descessum cum omni superpositum ad iam dicta ecclesia sancti ill., ubi eis patrocinio et deffensione constituimus, revertere faciant. Volumus enim, ut ingenuus quos fecimus aut inantea fecerimus, quanticumque in ipsa loca manent, quod ad sancta ecclesia ill. diligavimus, inspecta eorum libertates, super ipsas terras pro ingenuos conmanent et aliubi conmanendi nullam habeant potestatem, set ad ipsa loca[h] sancta debeant sperare, et nulus de ipsis lidemonio ad nostros eredes nulatenus reddant; et de hoc, quod aliquibus eis per cartas dedimus, nulatenus aliubi vindere nec alienare abeant licentiam. Similiter donavimus donatumque in perpetuum esse volumus ad monasterium illum, ubi venerabilis abba ill. preesse videtur, villas illas in pago illo cum omnis adiecentiis vel adpendiciis eorum, quantumcumque ibidem tenere vel possidere videmur, per qualibet adtracto ad nos pervenit aut legibus pervenire debit, totum et ad integrum cum omni superposito a die presente in[i] honore sancti ill. vel abbati[k] ill. tradimus ad possedendum, cum domibus, edificiis, mancipiis, acolabus, libertis, tam ibidem oriundus[l] quam aliunde translatis vel ibidem commanentibus, vineis, silvis, campis, terris cultis et incultis, pratis, pascuis, aquis aquarumve decursibus, cum exsu[m. 3] et regresso, omne genus pecodum, tam maiore [quam minore], movilibus et inmovilibus,

8 = *Lind.* 72; *Bal.* 28; *Roz.* 128. a) XII *c.*; XII. *edd.* b) *i. e.* indictione. c) integque *c.* d) *i. e.* illi. e) commodo *c.*; quando *test. Wideradi et Lind.* f) *lege:* nostri. g) conscricptionis *c.* h) sancta loca sancta *c.* i) inoh::onore *e corr. c.* k) abb. *c.* l) *lege:* oriundis. m) exso *test. Wid.*

1) *Formula composita est ex Wideradi abbatis Flaviniacensis testamento de d.* 15. *Kal. Febr. a.* 721, *Pardessus, Diplomata II, nr.* 514, *p.* 323, *quod ex aliqua parte ad Marculfi formulam II,* 17, *supra p.* 86, *scriptum est. Formula autem in nonnullis locis melius cum ipsis Marculfi verbis convenit quam testamentum.* 2) *Cf. Waitz, 'VG.' II*[3], 1, *p.* 234 *(n.* 5*).* 236 *(n.* 3*); Roth, 'Feudalität' p.* 297. 3) *I. q.* exitus. *Simillime* cum exseo et regresso, *'Chartes de l'abbaye de Cluny' I, nr.* 103; *alias formas vocis ib. ex. gr. nr.* 8. 12. 16. 18. *Cf. R. Schroeder, in 'Zeitschr. d. Sav.-Stift.' IV, 'Germ. Abth.' p.* 93 *sq.*

omnem rem inexquisita, tam aurum quam argento vel reliquas fabricaturas, tam ministeria ecclesie vel strumenta cartarum, libros vel vestimenta ecclesie vel omni presidio, quod mihi legibus vivens possidere videor et mihi redibetur, et quicquid dici aut nominare potest, totum et ad integrum ad iam dicto monasterio sancti ill. proficiat ad augmentum, inspectu illud strumentum, quod antea ad iam dicto monasterio fecimus. Praeter ista omnia reservamus in Falcidia heredibus nostris villas illas in pago ill., in ea racione, ut facta mea in omnibus studeant conservare adque defendere. Quod si hoc facere neglexerint, quicquid eis deputavimus perdant et de omni corpore facultatis meae penitus redantur extranei. Et si aliquid comparavero aut ex parentibus meis mihi obvenerit vel atraxero, vel per qualibet ingenio ad nos pervenerit, quod in isto testamento supra non commemoravimus, post nostrum discessum casa sancti ill. per rectores suos recipiat, perpetualiter ad possidendum. Per presentem testamentum basilica sancti ill. heredem meam instituo[n]; et quicquid unicuique deputavi, fidei tui committo[o]; quia hoc, quod tibi deputavi, mallo te habere quam me, te magis quam ceteris heredibus ac proheredibus meis. Si quis vero, quod futurum esse non credo, si aliquis heredum ac proheredum meorum vel quislibet oposita persona presentem testamentum meum infrangere conaverit vel temtare presumserit, inprimis, usque dum veram emendacionem proinde corrigatur, Deo et sanctis suis habiat contrarius et a liminibus ecclesiarum efficiatur extraneus, et insuper inferat ei cui polsaverit una cum socio fisco auro lib., coactus exsolvat, et nihilominus presens pagina firma permaniat, quam manu mea[p] propria subter firmavi et bonorum hominum signis vel allegacionibus roborandum decrevi, stipulacione.

Actum loco illo.

9. Incipit mandatum. Form. Tur. 2. et Marc. II, 38.

Magnifico fratri illo — — — roborandum decrevi.

10. Gesta. Marc. II, 37. 38. et Form. Tur 3.

Anno illo regnante rege — — — maneat inconvulsa.

11. Cessio. Form. Tur. 4.

Latorum legum auctoritas — — — maneat inconvulsa.

12. Vindicio. 5.

Magnifico fratri illo — — —. Et si fuerit ego ipsi, ullus de heredibus meis.

13. Oblegatio. 6.

Domino venerabile illo — — — firmas permaneant.

14. Precaria. 7.

Domino venerabile illo — — — inviolata permaneat. Facta loco.

15. Item vinditio. 8.

Magnifico fratre illo — — —. Et si fuerit aut ego ipse *et reliqua*.

16. Vinditio de servo. 9.

Magnifico fratri illo — — —. Et si fuerit aut ego aut ullus de heredibus meis *et reliqua*.

17. Vinditio, qualiter homo liber semet ipso venundetur. 10.

Domino semper meo — — — firmare rogavi, venire aut agere *et reliqua, sicut superius*.

8. n) *sequuntur in test. Wid.:* eique praesentem codicillum commendo *etc.* Te igitur, domna et sancta mater mea ecclesia sancti Praeiecti, heredem instituo. o) *omissa sunt haec:* Te quoque heredem meam in Deum et regis potestatem commendo, ut contra omnes inquietudines sua te post Deum fortitudo defendat. p) nea *c.*

9. 10. *Edidi inter Form. Turon. Addit.* 4. 5, *supra p.* 160 *sq.*

Form. Tur. 11. 18. Epistola colleccionis.

Nos quoque in Dei nom. matricularii — — — roborandum decrevimus.

12. 19. Ingenuitas.

Qui debitum sibi nexum — — —. Si quis vero — ex eredibus *et reliqua.*

13. 20. Cautio pro debito.

Magnifico fratri illo — — — partibus tuis sum rediturus.

14. 21. Donatio ad sponsa facta.

Lex et consuetudo exposcit — — —. Si quis vero — contra hanc *et reliqua.*

15. 22. Traditio.

Dum multorum habetur percognitum — — — firma permaneat.

16. 23. Carta in puellam factam ab eo, qui ipsam invitam traxerit.

'Viventibus patribus inter filios familias' — — —. Et si fuerit aut ego *et reliqua.*

17. 24. Donatio inter virum et uxorem, tamen gestibus sit alegata.

Quicquid enim inter coniugatos — — — donationis *sequitur textus supradictus.*

18. 25. Item alio modo.

Igitur ego ill. dulcissima coniux — — — si fuerit ulus de heredibus nostris *et reliqua.*

19. 26. Libellum repudii.

'Certis rebus et probatis causis' — — — valeant residere.

20. 27. Mandatum, qualiter maritus negotium uxoris prosequatur.

Dum et umana prodidit humanitas — — — roborandum decrevi.

21. 28. Carta, qualiter pater filium vel avus nepotem de rebus suis meliorare potest.

'Quicquid pater unumquemque' — — — ita ut quicquid. *Finit.*

22. 29. Epistola, qualiter nepotes in loco filiorum institua[ntur] ab avo.

Quicquid filiis vel nepotibus — — — potestatem. Si quis.

23. 30. Epistola, qualiter extraneus in loco filii adoptetur.

Ego enim ille. Dum — — — potestatem faciendi. Si quis vero *et reliqua.*

24. 31. Epistola, qualiter pupilli recipiantur.

Lex Romana constringit — — — exigere debeat.

25. 32. Pactum inter parentes.

Caritatis studium et dilectionis — — — firma permaneat.

26. 33. Commutatio.

Inter quos caritas inlibata — — — maneant inconvulsas.

27. 34. Confirmatio regis in eo, qui ab hostibus est depredatus vel ab igne concrematus.

Alibi require sub hera 78.

Merito largitatem regis munere sublevantur — — — roborare decrevimus.

28. 35. Item apennem.

Consuetudo uius loci — — — locorum sit proferenda. Actum ibidem.

29. 36. Editio legis conpreensa.

Lex Romana pro umilitate — — — amissione conpenset.

37. Relatio cum iudicio. Form. Tur. 30.

Auctoritate legis preceptum est — — — valeat residere.

38. Brevem sacramenti. 31.

Brevem sacramenti, qualiter — — — subter firmaverunt.

39. Si quando masculus et femina raptum consenserunt, et infra quinquenium litigetur. 32.

Notitia, sub corum presentia — — — conprobati apparuerunt.

40. Iudicium evindicatum. 33.

Ille rex, vir inluster, illo comite. Veniens — — — non recuset.

41. Qualiter privilegium condatur episcopo. Marc. I, 1.

Domino sancto et in Christo — — — decrevimus roborare. Actum — anno illo.

42. Peticio monachorum[1].

Domino venerabili in Christo patre illo abbate de monasterio illo, qui est constructus in onore sancti illi, simul cum felici congregatione vestra, quam Dominus de diversis provinciis ad peregrinandum propter nomen suum sub iugo miliciae servitutis Christi atque alam proteccionis dulcedinis Dei regulariter vobis quoadunavit. Igitur audivimus, quod dominus noster Iesus Christus per euangelium suum adnunciat, dicens: 'Nisi quis renunciaverit omnia que possidet, non potest esse meus discipulus'[2], et alibi: 'Qui relinquerit patrem aut matrem, fratres aut sorores, domus aut agros et cetera propter nomen meum, centuplum accipiet, vitam aeternam possidebit'[3]. Petivimus ergo beatitudinem caritatis [vestrae], ut nos in ordine congregacionis vestrae digni[a] sitis recipere, ut ibidem diebus vitae nostrae[b] sub regula beati Benedicti vivere et conversare deberemus, quatenus suave iugum Christi et honus eius levi[4] senciamus. Igitur nostra fuit peticio et vestra decrevit voluntas, id ipsum implere; quod ita fecistis. Habrenunciamus ergo omnes voluntates nostras pravas, ut Dei sola voluntas fiat in nobis, et omnibus[c] rebus, que possidemus, sicut euangelica et regularis tradicio edocit. Nihil rebus terrenis ab ac die possessurus nos spondimus, nisi quantum a patre monasterii[d] donante aut permitente alimenta aut tegumenta corporis acciperimus. Obedientia vobis, in quantum vires nostre subpetunt et Dominus dederit nobis adiutorium, conservare promittimus. Stabilitatem conversationis nostre in congregacionem vestram, teste Domino, devotos animos cum observationem regule usque in finem profitemur servare, nisi tantum, quia ignoramus futura, si fortase[e] causa utilitatis anime accedat, ut per vestrum comiatum discedamus, aut etiam illud nec[f] contra voluntates vestras[g], quod apsit, separemur a principibus vel a barbaris, et ipsum si fuerit factum, in quantum possumus, semper ad ipsam congregationem revertere faciamus et sub sancto ordine perseverimus. In reliquum vero per nullum ingenium de predicta congregacione vestra vel iugo sanctae regule seu de potestate oboedentiae vestrae nullam habeamus licenciam abstrahendi aut contradicendi. Quod si, instigante antiquo oste, hoc facere temptaverimus, in nullis modis hoc valeamus vindicare, sed, ubicumque vos aut missus vester nos

40. *Hanc formulam loco Turon.* 33. *sub eadem rubrica inserta inter Form. Turon. Addit.* 6. *edidi, supra p.* 161.

42 = *Bal.* 33; *Roz.* 556. *Cf. simillimam formulam codicis Rhenaugiensis ap. Gerbert, Iter Alemann. p.* 283. a) *i. e.* dignemini. b) vestrae *c.* c) om̄ *c.* d) monasterio *corr.* monasterii *c.* e) *ita c.* f) si *cod. Rhen.* g) nostras *cod. Rhen.*

1) *Cf. Loening, 'Kirchenrecht' II, p.* 401; *Rettberg, 'Kircheng. Deutschl.' II, p.* 690 *sq.* 2) *Ev. Luc.* 14, 26. 3) *Ev. Matth.* 19, 29. 4) *Cf. ib.* 11, 30.

invenerit, etiam nobis nolentibus, in ipsa vestra sancta congregacione, Deo auxiliante, per vobismet ipsis faciatis revocare et secundum regulam ibidem nos diiudicare. Diebus vitae nostrae sub divina regula et regimen vestrum perseveremus, qualiter in die iudicii ante tribunal aeterni Iudicis, ipso adiuvante, salvos nos representare possetis. Et quicumque contra hanc peticionem, quam nos bona voluntate scribere rogavimus vel subter firmavimus, per quemlibet modo agere aut infrangere voluerit, inprimis sciat se a Deo damnandum, quem inritat, et insuper secundum canonicam institutionem a communionem omnium fratrum sit extraneus, usquequo de hanc causa ad veram emendationem perveniat. Manus nostrae subscripcionis ad honorem domni et patronis nostri sancti ill. hanc peticionem volumus roborare.

43. Qui monasterio in proprio edificat, qualiter cartam faciat[1].

Antiqua legum auctoritas et principum decreta sanxerunt, ut unusquisque, dum manet in corpore, de propria quam possedit facultatem voluntatem suam literis inserat, ut perenis temporibus inviolata permaneat. Quapropter, dum non habetur incognitum, qualiter ego ill. una cum consensu[a] Gallearum pontificum[b. 2] in[c] re mea propria, quam ex successione parentum meorum mihi obvenit, monasterium in honore sancti illi edificavi in loco nuncupante ill., in pago illo, in fine illa, et constituimus ibi abbatem nomine illo, qui ibidem sancto[d] ordine, Deo auxiliante, gubernare faciat et suis[e] monachis ibi constituat, et[f] per eius ordinatione ipse sanctus ordo perpetualiter sit institutus et conservatus. Propterea donamus et donatumque in perpetuum esse volumus ad iam nominato monasterio sancti ill. vel ad abbate ill. ipsum locum, hubi ipse monasterius est constructus, cum omnis adgecenciis et adpendiciis suis et locella seu colonicis in villas illas, in pago illo. Ista omnia, que superius memoravimus, cum omnibus adgecenciis vel adpendiciis eorum, quantumcumque ibidem tenere vel possidere videmur per qualibet adtracto, totum et ad integrum, cum omni superpositum, ad die presenti in honore sancti illius pro remedium anime meae vel aeterna salute dedimus, cum domibus, edificiis, mancipiis, acolabus, libertis, vineis, silvis, campis, pratis, pascuis, aquis aquarumve decursibus, strumenta cartarum, libris vel vestimenta seu et ministeria aecclesiae[g. 3], movilibus et inmovilibus, omni rem inexquesitam, quicquid dici aut nominare potest, totum et ad integrum ad supra scripto monasterio vel iam dicto abbati[h] cum monachis suis perpetualiter, protegente Domino, tradimus ad possidendum. Dum omnis[i] presolis[i] et nobilis personis, comprovincialibus nostris, cognitum est, quod ego ille in mea re propria iam nominatum monasterium edificavi, vel cenubiolo sancto ibi constitui propter Deum, vel quicquid exinde facere volo presenti tempore, in omnibus mihi maneat libera potestas, propterea per presentem[k] paginam cum consensu supra memoratus pontificis constituo, ut nullus episcopus ulius civitatis aut archidiaconus vel quilibet ex clero aut actores aecclesiae nullum ibidem presumant exercere dominatum, non ad mansionaticos aut repastos exigendo, non ad ministeria discribendo, non ad abatem mittendum. Cum vero necesse fuerit, crisma petire, tabulas aut altaria consecrare, sacris[l] ordinibus benedici, abbas vel monachi ibidem consistentes a quocumque de sanctis episcopis sibi elegerint, qui hoc agere debeat, licencia sit eis expetire et illi

43 = *Bal.* 37; *Roz.* 572. *Cartae infra n.* 1. *allegatae varias quasdam lectiones litera W. adnotavi.* a) vel voluntate *add. W.* b) *ita W.;* pontificem *c.* c) *bis scr. c.* d) secundum ordinem *W.* e) suos monachos ibi instituat *W. pro* s. m. const. f) ut *W.* g) acclesiae *c.* h) ab̄b̄ *c.* i) *lege:* omnibus presulibus et nobilibus. k) p̄sen .. tēpore *corr.* p̄sentem *c.* l) sacros ordines benedicere *W.*

1) *Formula ad verba fere ex carta Wideradi abbatis, data d.* 27. *Mai. a.* 719, *Pard. II, n.* 587, *p.* 399 *sqq., sumpta est. De tempore cf. supra p.* 470, *n.* 1. 2) *Cf. Loening l. l. p.* 370. 379. 3) *Cf. supra cap.* 8, *p.* 477, *l.* 1.

hoc benedicere vel consecrare. Si vero, caritate exigente, pontifex quilibet ab abbate loci illius ibi fuerit invitatus, simpliciter que ei a fratribus offeruntur accipiat, nulla exenia vel munuscula amplius eis quirat, neque de omnes rebus ipsius monasterii nullam habeat potestatem[m]. Cum vero abbas ipsius loci acceperit transitum, quemcumque de semet ipsis monachi ibidem habitantes secundum regulam sancti Benedicti meliorem invenerint, ipsum abatem ibidem constituant. Quod si ipse[n] de se ipsis talem non invenerint, cum communi consilio illi sanciores monachi aliunde regulare abbate, qui eos sub[o] regula sancti Benedicti regat, elegendum in eorum maneat potestatem. Quod vero Deus avertat, ne ibi sanctus ordo tepiscat et ipse abbas hoc emendare non prevalet aut negleget, potestas maneatur ipsis monachis, ubicumque in propriis[p] monasteriis reccius et sanccius secundum regulam sancti Benedicti invenerint[1], expetere et per eorum salubri consilium ipsum sanctum ordinem regulariter emendare. Quod[q] si pontifex vel aliquis ex aecclesiasticis ministeriis[r] quislibet[s] vel aliqua emissa persona contra ipso abbati vel eius congregatione de supra scriptos ordines vel benediccionibus vel de rebus meis[s] propriis monasterii, per qualecumque strumento aut quocumque modo ad ipsa casa fuit vel inantea fuerit deligatum, additum, commutatum vel concessum[t], vel quid ad ipso monasterio vel ad eorum homines pertenit, aliquid caluminare aut inquietare vel per qualibet ingenio minuare temptaverit[s] a[u] glorioso domno, quem tunc[v] Deus regnum Borgundiae gubernare permiserit, hoc protenus emendetur[u]. Preco igitur glorioso domno, quem temporibus modernis et futuris successoribus[w] Deus regnum Burgundiae gubernare permiserit, et per Dei tremendum iuditium adiurare presumo, ut presentem paginam vel facta mea vel iam dicto cenubiolo meo sua fortitudo contra omne adversitate pro mercede sua post Deum iubeat defensare atque soledum in omnes custodire, ut nulatenus ab infestacione malorum hominum possit erumpi, set dilectet ibidem abatem vel sacerdotibus seu monachis ibidem consistentibus pro vita ipsius et filiorum eius vel exercitu et omni populo catholiquo quieto ordine Dominum supplicare. Si quis vero.

44. Qualiter privilegio condatur.

Dominis apostolicis presentibus temporibus et futuris, quicumque sub fide catolica pastorali sectantur officia, ille episcopus Christi umilis. Oportunum est etiam, ut Deum timentes propter ventura futuraque iudicia diligentibus Deum bonum[a] operare, quatenus, qui pontifex vocatur in populo, timentibus Deum succurrat affectus, ut, qui seculum calcant et Christo servire desiderant, per consensu pastoris quiete ab omnis[b] infestationes[c] vivant. Quapropter, dum non habetur incognitum, qualiter monasterio in pago ill. qui dicitur illi, quem inluster vir ill. in alode proprio construxit et pro totius defensionis studio per sua epistula ad precelentissimum domnum rege Burgundie ipsi monasterium aspicere decrevit, ut comunis mercis illius pro fundamento et regale clementia pro defensionis auxilio crescat apud Deum, et nobis iam dicto domno glorioso regi illi oportunum est petire, ut privilegium monachis ibidem habitantibus deberimus largire, ob hoc maxime, quia solet contingere, ut, morientibus religiosis[d] episcopis, pastoralem locum suscipiant seculares, et rebus, que pauperibus fuerunt condonatae, maius[e] per gasindus quam per sacerdotes dispergatur[e], et, ecclesiastica vita neclecta, conlata bonorum magis per venatores et canis et, quod est gravius, per meretrices expendantur,

43. m) *hic sequuntur in W.:* Quod si pontifex — minuare tentaverit; *cf. n.* q. n) *i. e.* ipsi, ibidem *W.* o) secundum *W.* p) *ita fortasse pro* propinquis; proximis *W.* q) *haec in W. iam supra leguntur; cf. supra n.* m. r) ministris *W.* s) *deest W.* t) conversum *corr.* concessum *c.* u) *haec verba ex test. Wid., Pard. II, nr.* 514, *sumpta sunt.* v) tō *pro* tē *c.* w) succedentibus *W.*
44 = *Bal.* 38; *Roz.* 573. a) bonam *c.* b) oms̄ *c.* c) *corr.* infestationibus *c.* d) religioosis *c.* e) *ita c.*

1) *E. Loening, l. l. p.* 379, *haec perperam de abbatis electione intelligere videtur.*

vel, relegionis norma distructa, levitate laicorum secularia iniuste consentiantur, et per eorum iniqua consilia monacorum vita conturbare presumant: propterea ergo ab ac parte, semper Christo propitio directore dirigentes[f], comuni voluntate ille episcopus et ceteri consensimus, ut in eis privilegium claro animo confirmamus. Statuentes ergo iubemus sub testimonium sanctae Trinitatis et precium sanguinis Christi coram Deo et angelis atque archangelis, ut de predicto monasterio ill., vel quicquid ibidem tam regi[g] munere quam privatorum vel quibuslibet rebus atque corporibus est conlatum, aut inantea conlatum fuerit, ut nullam exinde episcopus civitatis illius habeat potestatem, neque archidiaconus illius vel ministri et actores aecclesiae aut quislibet ex clero in rebus predicti monasterii nullam presumat habere principatum in nullam omnino rem, quod dici aut nominare potest, non pro pasto exactandum, non pro mansionaticos requirendum, non pro totius omnino[h] rei repetendo, non pro abbatem constituendo, non pro ministeria discribendo, non pro altaria aut tabulas consecrando, non pro sacris ordines dedicando illius civitatis episcopus nullum ibidem presumat habere accessum, nisi[i] fortasse per comuni consensu abbas vel ipsa congregatio eum caritatis gracia pro sancte vite meritis credederit evocandum. Et si fortasse ab eis fuerit evocatum, non hoc in consuetudine vertat, nec munera exinde requirat, sed simpliciter que a fratribus sibi fuerint oblata, et expleta[k] caritatis officio, ad propria, sicut de reliqua regis domo, cum pace discedat; quia dignum est, ut, quod rex uius saeculi cum suis proceribus pro comune salute voluit esse constructum, sub integro privilegium sit in perpetuum a calumniandi occasionibus conservatum. Confirmamus igitur iure perpetuę, ut, cum abbas ipsius cenubii de hac vita migraverit, quemcumque sibi monachi ibidem habitantes secundum Deum elegerint, absque ulo arbitrio civitatis ipsius antestitis ipsi sibi monachi pastorem instituant, qui eorum sacro ordinem instanter adtendat. Cum vero fuerit oportunum, ad aecclesiam dedicare aut sacros ordines benedici vel tabulas consecrare quemcumque de relegiosis episcopis abbas ipse vel monachi sibi voluerint invocare, in eorum maneat potestate. Et nec, quod absit[l], ibi sanctus ordo tepiscat, et abbas monasterii hoc per se hemendare neglexerit, aut etiam ipse cum monachis statuta regularia servare contempserint, etiam si vis[m] pauci videantur de monachis, quorum relegio in Christo proficiat, potestas illis maneat, quemcumque sibi elegerint de proximis monasteriis, quem rectius et sanctius invenerint secundum regulam sancti Benedicti, expetere, ut eorum salubri consilium studeant sanctum hordinem revocare. Statuimus etiam, mulierum accessus intra portas monasterii nullatenus fiat. Si quis itaque constitutionem presentem pro quocumque conludio mutare conaverit, reos omnipotenti Deo effectos a pace christianorum omnium abeatur extraneus et indesolubile anatimatus[n] vinculo vulneris[o] sortem damnationis Iude proditoris incurrat. Quo previlegium, ut in perpetuum tempore conservetur, stibulatione subnixa, manu propria.

Marc. I, 2. 45. Cessio regis de hoc privilegium.

Ille rex viris apostolicis — — — studuimus peragrari.

3. 46. Emunitas regia.

Maximum regni nostri augere — — — roborare decrevimus.

4. 47. Confirmatio de emunitate.

Principali quidem clementia — — — decrevimus roborare.

Marc. Suppl. 1. 48. Privilegium de omni negotium.

Ille rex Francorum viris — — — decrevimus roborare.

44. f) dirigente? g) regis? h) omnio *c.* i) si *c.* k) *lege:* expleto. l) apsit *corr.* absit *c.* m) vix? n) *lege:* anathematis. o) *ita c.*

48. *Hunc formulae textum edidi inter Marc. Addit.* 3, *supra p.* 111.

49. Preceptum de episcopato. Marc. I, 5.

Ille rex viro apostolico — — — debeat deprecare.

50. Indiculum regis ad episcopum, ut alium benedicat. 6.

Domino sancto sedis apostolicae — — — decrevimus roborare.

51. Consensu civium. 7.

Sugerendo piissimo ac precelentissimo — — — decrevimus roborare.

52. Carta de episcopatu. Marc. Suppl. 6.

Dum iuxta apostoli dictum — — — exorare debeatis.

53. Carta de ducatu vel patriciatu aut comitatu. Marc. I, 8.

Prespicue regalis in hoc perfecta — — — erariis inferatur.

54. Indiculum ad alium regem, cum ligatio dirigitur et verbis suggerit, commendaticium. 9.

Domino glorioso atque precelentissimo — — — literis honorentur.

55. Rescriptum ad regem. 10.

Domino gloriosisimo atque precelentissimo — — — debeant enarrare.

56. Tracturia legatariorum vel minima facienda istius instar. 11.

Ille rex omnibus agentibus — — — obtatis habere.

57. Preceptum interdonationes. 12.

Dum Dominus omnipotens, creator — — — decrevimus roborare.

58. Preceptum de lesio verbo per manu regis. 13.

Quicquid enim in presentia nostra — — — decrevimus roborare.

59. Prologi de cessionibus regis. 14 a. b.

(a) Merito largitatis nostre — — — famulantur offitio.

(b) *Item alio:* Praespicuae — — — consultissime muneratur.

60. Cessio regis ad loco sancto. 15.

Cognuscat magnitudo seu utilitas — — — decrevimus roborare.

61. Confirmatio. 16.

Quem divina pietas sublimatur — — — habeat potestatem *et cetera.*

[62. Item confirmatio ad vires secularibus.] 17.

[63. De regis antruscione.] 18.

64. Preceptum de clericatu. 19.

Si eis, qui se ad honus clericatu — — — atentius exorare.

65. De divisione, ubi misus et regis. 20.

Dum et divisio et exequatio — — — habeat potestatem.

[66. De causis alterius receptas.] 21.

67. De dinariali preceptum. 22.

Et quia apostolicus, *vel* inluster — — — melius conservetur *et cetera.*

68. Carta de causa suspensa. 23.

Cognuscat magnitudo seu utilitas — — — veritatem percipiat.

62. 63. 66. *desunt in cod., rubricas ex indice inserui.*

Marc. I, 24. 69. Carta de mundeburde regis et principis.

Ille rex vir inluster — — —. Datum die illo, anno illo, loco illo.

25. 70. Prologo de iudicio regis, ubi duo causantur.

Require in hera 83.

Cui Dominus regendi curam — — — interpellavit, dum dicerit.

26. 71. Indiculum communitarium ad episcopum.

Domino sancto et apostolico — — — dandum responsum.

27. 72. Indiculum ad episcopum pro alium distringendum.

Domino sancto et apostolico — — — studeatis dirigere presentiam.

28. 73. Carta audientale.

Ille rex, viro inlustrem — — — dirigere faciatis presentiam.

29. 74. Indiculum ad laico.

Ille rex, viro inlustre — — — dare responsum.

30. 75. Commutatio cum rege.

Ill. rex illo rege — — — haec preceptio *et cetera.*

31. 76. Confirmatio regis de omni facultatae.

Merito regalis clementia — — — derelinquere. Et ut auctoritas.

32. 77. Securitas in eum, qui per iussum regis aliquem persequerit.

Qui regiam obtemperant iussionem — — —. Et ut preceptio firmior sit.

33. 78. Preceptum, quorum ab ostibus vel alio modo fuerint strumenta incensa.

Ad regale necesse est revelentur — — — roborare decrevimus.

34. 79. Relatione pagensium ad rege directa.

Suggerendo piissimo atque precelentissimo — — — pacientibus subvenire.

35. 80. Confirmatio de omni corpore facultatis monasterii.

Ille rex patricio atque omnibus agentibus — — — decrevimus roborare.

36. [81. Ut causas auctorum adsumendis suorum aliquem liceat.]

37. [82. Iudicium evindicatum.]

38. [83. Carta paricula.]

39. [84. Ut pro nativitate regis filii ingenui relaxentur.]

40. [85. Ut leodisamio promittantur.]

Marc. II, 1. 86. Carta de magna re, qui vult exsinodocio construere.

Domino vere sancti atque sedula — — — esse moriturum. Stibulacione subnexa.

3. 87. Prologo de donatione aeclesie.

Adpropinquantem mundi finem ruinis — — —. Ergo ego in Dei nomen.

5. 88. Precaria.

Domino sancto et apostolico — — —; ea scilicet ratione *et reliqua, sicut in hira* [87].

39. *Item alia:* Domino sancto et apostolico — — —. Si quis vero *et reliqua.*

69. *Hanc formulam, in collectione nostra loco Marc. I,* 24. *sub eadem rubrica insertam, edidi inter Marc. Addit.* 2, *p.* 111.

81—85. *desunt in cod., rubricas ex indice inserui.*

89. Prestaria de re ecclesiae ab episcopo facta. Marc. II, 40.

In Christo filio, *aut, si talis fuerit* — — — aecclesie revocare debeamus.

[90. Si aliquis rem alterius, quam excolit ad proprietatem vult retinere et non potuerit, et eam postea precaverit.] 41.

91. Carta obnoxiationis a patre in filiis facta. 9.

Dulcissimis filiis meis illis ego — — — stibulatione subnixa. Actum ibi.

92. Carta, qui filio aut nepote de aliquid meliorare voluerit. 11.

Dulcissimo filio vel nepote — — — loco noncupante illo *et reliqua.*

93. Ut filia cum fratribus succedat alode. 12.

Dulcissima filia mea illa ego. — — — Si quis vero.

94. Pactum inter parentes. 14.

Quicquid enim inter propinquos — — —. Accepit itaque ille *itemque cetera.*

[95. Libellum dotis.] 15.

Quod bonum, felix prosperumque — — — liberorum causis.

96. Securitas pro homicidio facto. 18.

Domino fratri illo ego — — — firma permaneat *et reliqua.*

[97. Prologo de vindicione.] 19 [—22?].

98. Cauciones diverso modo factas. 25.

(a) Domino illo ille. Dum ad mea — — — teneatis obnoxium.

(b) *Item alia:* Spondeo me — — — a vobis recipiam. 26.

(c) *Item alia:* Ideoque iuste mihi aptificavit — — — solidus vestros reddero *et reliqua.* 27.

[99. Evacuaturia.] 35.

100. Qui se in servitio alterius obnoxiat. 28.

Domino mihi proprio illo — — —. Facta obnoxiatione tunc sub die illo.

101. Mandatum. 31.

Domino fratre illo ill. Preco — — —. Factum mandatum die illo.

102. Carta de agnacione. 29.

Ille ille femine. Omnibus non habetur — — — esse non credimus *et reliqua.*

103. Ingenuitates diverso modo. 32.

Ego in Dei nomen ille pro remedium — — —. Si quis vero.

Alia post discessum: Dilecto suo illo ille. Pro respectu — — — potueras *et cetaera.* 33.

Item alia: Si aliquis ex servientibus — — —. Si quis vero. 34.

104. Cessio servo vel gasindo. 36.

Iustissimis nostris sublevatur muneribus — — — aut eredes tui emuniter debeatis possedere.

[105. Si quis in presentia regis auctor fuerit.] Marc. Suppl. 2.

90. *deest in cod.; rubricam ex indice inserui.*

95. *Formulae exordium per errorem capiti* 92. *praemissum est; suo loco caput* 95. *omnino deest; rubricam ex indice inserui.*

97. *deest in cod.; rubricam ex indice inserui. Fortasse capita Marc. I,* 19—22. *sub hac rubrica in ipsa collectione iuncta erant.*

99. *deest in cod.; rubricam ex indice inserui.*

105. *deest in cod.; rubricam ex indice inserui. Ex alio collectionis nostrae codice Lindenbrogius (*171*) textum edidisse videtur.*

Marc. Suppl. 3. [106. Indiculum episcopi ad maiorem domus.]

4. [107. Item ad propinquos.]

Marc. II, 42. [108. Indiculum ad alium, cum episcopus in resurreccione Domini eologias dirigat.]

43. [109. Rescriptio ab episcopo in die.]

44. [110. Quomodo post natale Domini episcopus ad regem sive alio episcopo visitatio dirigatur.]

46. 111. Commendadiciis literis ad episcopo noto.

Domino reverentissimo illo papa ille — — — aeternis, domine, sempiternis.

47. 112. Ad abatem noto commendadiciis literis.

Domino beatissimo et meritis — — — beatissime pater.

48. 113. Supplicaturio pro eo, qui in monasterio conversare desiderat.

Domino sancto Deique cultore — — — venerabilis in Christo.

49. 114. Indiculum generale.

Domno nostro ortodoxo Romane sedis — — — visus fuerit erogare.

50. 115. Indiculum commendadicium ad viros inlustros laicos.

Domino inlustrem et per cuncta — — — consolari iubeatis.

51. 116. Indiculum ad homines potentes.

Domino inlustro et per cuncta — — — custodire dignetur.

117. (a) Indiculum[a] generale ad omnes.

Domino magnifico sapienciaque degoratum et donum Dei regali gratia sublimatum ill. ille ultimus servorum Dei servus, acsi vilis vel[b] infimus, vocatus episcopus. Salutem vobis multimoda una cum confratres nostros, oratores vestros, qui ad limina sanctorum illorum die noctuque pro vobis obsecundare nuscuntur, dirigere presumimus. De ceterum cognuscat industria vestra, precamus atque subplicamus vobis de ista causa, unde iste presens serviens vester, misus noster, innotuerit, ei in suum placitum esse dignetis. Agat almitas vestra, ita ut consuetudo vestra bona erat [et] erga nos frequenter operata est.

(b) Item alio.

Domino procerumque inlustrem obtimate ill. regale gratia sublimatum et a nobis cum magna veneratione atque reverentia nominandum in Dei nomen ill. ultimus servorum Dei servus. Salutem vobis in Domino tam multimoda distinare presumimus una cum omni congregatione fratrum nostrum, quam archana cordis nostri contenit plenitudo. Memorare dignemini, qualiter vos nobiscum ante hos dies confabolare dignastis, et in oratione, quamvis nos indigni, commendare dignastis. Precamus atque suplicamus clementiae vestre, ut ad necessitatem fratrem[a] nostrum, oratores vestros, aliquid de elimosina vestra consolare iubeatis, et quicquid exinde vestra clementia erga nos disponit agere, per vestro venerabile scripto nobis dignetis facere cerciores. Et undecumque nobis iniungitis aut iniunctum habetis, de orationibus vel de alio servitio, parati sumus vestris partibus vestrorumque omnium servientium fidelis reservire.

106—110. *desunt in cod.; rubricas ex indice inserui.*
117, a = *Bal.* 17; *Roz.* 723. a) Indic̄ *c.* b) ił *c.*
b = *Bal.* 18; *Roz.* 747. a) *lege:* fratrum nostrorum, oratorum vestrorum.

117. (c) Item alio[a].

Sanctissimo ac sanctis caeremoniis observantem, aeque fonte spirantiae exsuperantem domno[b] patre et multorum gregem Christique vice agente ill. pontifice ultimus omnium servorumque Dei servus ill. Ad clementiam pietatis vestre has apices distinare presumpsimus, non nostri fretu[c] obsequium, sed vestra magnitudine culminis pietate; ideoque, quasi a presens ianua[d] deosculantes, sugestiuncula nostra vobis[e], propter quod mancipia beati patroni vestri, de monasterio nostro fuga lapsu[f], in vestro dominio prelapsi sunt advenisse. Ideo subplicamus clemenciae vestre, ut, quomodo iste missus noster nomen[g] ill. haec nostra sugestiuncula vobis detullerit, sicut vestra in omnibus bona erga [nos[h]] est consuetudo, inter nos seu erga omnes[i] nostra iusticia inquirere iubeatis, qualiter congregatio nostra, obsecrantes Deo oratores vestros, melius Dei misericordia pro vobis dilectit inplorare.

(d) Item alio.

Domino sancto ac sanctis ceremoniis observantem, domno illo et in Christo patre ego ill. Salutem vobis in Domino una cum omni congregatione fratrum nostrum plenissimam dirigere presumimus, tam vobis quam scilicet congregationem vestram, quam Dominus sub norme sanctae regulae ad protegendum in manu misit. Subplicamus caritatem et fraternitatem vestram, ut inter nos seu monachis nostris orationes peculiares esse debeant, quia, quamvis in spatia terrarum distit[a] corporalis nostra conversatio, sed, ut bene nostis, non separat spatia terrarum, quos sotiat caritas vera, quia, si unus in oriente et alius in occidente consistat, ambo pariter orando Domino in caritate glutinantur. Supplicamus etiam —.

(e).

Domino inclito fidelique Deo atque regale gracia sublimatum sumaque a nobis veneratione et amore colendo inlustrem virum illum obtimate ill. Maximam salutem et inviolabilem cupio et vobis presumimus distinare. De caeterum compereat industria vestra, eo quod *et cetera*[a]. Gaudeat floreatque per tempora nobilitas vestra et quandoque terrena linquitis celestibus mereatis agminibus glomerare.

(f).

Domino et in Christo patri, apostolico sede colendo domno illo ill. proprius vernaculus[a] vester[b]. Salutem vobis[c] in Domino multimoda distinare presumimus. Cognuscat, domne, sanctitas vestra, quod serviens vester nomen[d] illo ad nos venit et dixit, se neglegencia contra vos habere, pro qua gracia vestra non habeat. Propterea supplicamus, quasi ad praesens genua vestra deosculantes, ut ipse apud vos excusatus sit, et eum per nostram precationem recipere et consilium ei facere ordinetis. Agat, domne, sanctitas vestra, sicut spe erga nos facere consuistis. Sanem et incolomem vos cicius merear videre.

(g).

Domino almifico, excellenciae degore ornato ac beatissimo meritisque venerando, amabiliter diligendo, sanctitatis culmine conspicuum[a] ac nobilitatis titulum degorato,

117, c = *Bal.* 19; *Roz.* 425. a) al̶ *c.* b) dōne *corr.* dōno *c.* c) *lege:* freti obsequio. d) *i. e.* genua. e) mittimus *suppl. Roz.* f) *lege:* lapsi. g) nom̄ *c.* h) *suppl. Bal.* i) om̄ *c.*

d = *Bal.* 20; *Roz.* 814. a) *i. e.* distet.

e = *Bal.* 21; *Roz.* 847. a) *ita Roz.*; aetera *c.*

f = *Bal.* 22; *Roz.* 736. a) vernaculis *c.* b) vestris *corr.* vester *c.* c) *post add. c.* d) nom̄ *c.*

g = *Bal.* 23; *Roz.* 823. a) *lege:* conspicuo.

piissimo, *sive* sacra eloquia, *seu* precepta Dei plenissimo, sanctorum meritis quoequando et palma triumphationis atque sanctitatis gratiae ornato, inclito preclaroque, [quem] Deus omnipotens faciat in sancta relegione permanere, venerabile[b] in Christo et a nobis
Marc. II, 47. cum summa reverencia nominando illo episcopo ego ill. in Domino perpetuam mitto salutem. Multimoda nobis benevolentia vestra generare comperite gaudia, quotiens nobis aditus[c] dederit oportunus[d], ut ad indagandam[e] suspitatem vestram nostras dirigere apices debeamus, quia nihil melius, nisi ut invicem mutuam caritatem orando in invicem alterutrum spiritalia pabulum subministrare non cessemus. Ilarem[f] et gaudentem citius vos cernere mereamus.

117. (h).

Summaque veneratione nobilissimi generis, seu industriam[a], *vel* sagacitatis, culminisque sublimitatis ineffabile[b] a nobis scelentiae[c] vestrae, domine inlustrissime, cum summa a nobis reverentia nominando illo ill. exiguus. Tam multiplices vobis salutis dirigere cupimus *et reliqua,* obsecrantes piissimo Domino, ut vos una cum culminis sublimitatis vestre longa per tempora trina conservet Deitas, et, quandoque terrena linquetis, suffragantibus sanctis, angelorum mereatis cetibus glomerare, precelentissime et inclite domne.

(i).

Domino venerabile inlustrique, sagacissimum, sed inlustriorem sanctitate et gratia Dei polentem et sacerdotale apice sublimatum domno ill. ill. alumnus vester. Salutem in Domino vobis presumsimus distinare. Supplicamus, domne, gratia vestre, ut nos pro mercede vestra in omnibus[a] instruere faciatis et iuxta vestra bonam consuetudine, quod semper nos pie ut[b] dulciter gubernare dignastis[c], ita et nunc agi non dedignemini, ut ad cumulum mercedis vestre perveniat, et si ita agitis, maxima dona fratribus nostris dirigetis iuxta solita bonitatis vestra. Iterum atque iterum, quasi ad presens ante genua vestra prostrati, precamur, ut cepta gubernatione vestra nos disserere[d] numquam patiatur.

(k).

Reverentissimo confratri meo illo ill. in Domino salutem. Cum enim longitudo terrae caritati illorum non queat evelli, quos Christi conectit amor, desiderans desideravi literolas parvitatis meae fraternitatem tuam dirigere, ut saltim, quod presens loquellam conspectui tui loqui non valet, vel as apices tibi enarrent. Cupio valde, quem recordor absentem, ut cum quo mente sum, cum quo etiam corpore sim presenti. Divinitas te servet per multos annos, parens et cultus Dei aeterni, quam colimus Iesu Christi.

(l) Dionisius episcopus ad Romanos[1].

Euseb. Hist. eccl. Rufino int. IV, 23. A principio namque moris est vobis, omnes fratres variis iuvare beneficiis multisque aecclesiis, que sunt[a] per diversa terrarum spatia[b], cuncta quibus indigent distinare, singulorum quoque necessitates in omnibus consolari, sed et per metalla fratribus relegatis que usus poscit prebere. Haec ab inicio Romanae aecclesiae facere moris fuit, a patribus sibi huiuscemodi institucione dimissa et semper integra custodita.

117, g. b) *i. e.* venerabili. c) adiutus *c.* d) *i. e.* oportunos. e) ingadandam *c.* f) *i. e.* hilarem.
h = *Bal.* 24; *Roz.* 848. a) *lege:* industriae. b) *i. e.* ineffabili. c) *i. e.* excellentiae.
i = *Bal.* 25; *Roz.* 793. a) om̄ *c.* b) *ita c.* c) dignetis *corr.* dignastis *c.* d) *i. e.* deserere.
k = *Bal.* 26; *Roz.* 826.
l. a) semper *pro* sunt per *c.* b) cuncta spatia *c.*

1) *Epistola Dionysii Corinthii episcopi.*

117. (m) Item ad imperatorem[1].

Quod numquam, inquid, factum est, persecutionem patitur genus piorum, effugantur undique, novis decretis per omnem Asiam promulgatis. Impudentes namque homines et calumniosi, qui rapere aliena desiderant, occasione accepta imperialium[a] preceptorum, more predonum die noctuque grassantur et diripiunt innocentes. Et siquidem te iubente hec faciunt, bonum credamus, quicquid iuste[b] imperatore iubente commititur. Euseb. Hist. eccl. Rufino int. IV, 26.

ADDITAMENTA COLLECTIONIS FLAVINIACENSIS.

1.

. . . . . mansus[2] et peculiare[a] seu merita eorum, praeter tantum illa et illa loca, *f.* 151. ad legitimis heredes servo. In reliquo vero ego iam dictus ill., quantum superius est inseritum vel conprehensum, omnia et in omnibus, quicquid dici et nominare potest, ad suprascripto monasterio eiusque congregatione in alimento seu in stipendia seu substancia pauperum ad die presente dono, cedo, trado, ligo adque transfundo, ut, quicquid de omnia super memorata pars ipsius monasterii eiusque rectores facere elegerint, liberam et firmissimam in omnibus abeant potestatem libero arbitrio. Licit[3] vero in cessionibus minime est necesse pena inserere, sed tamen pro rei totius firmitatis mihi conplacuit intimare: si fuerit, quia nec fieri credo, aut ego ipse, quod absit, aut aliquis de eredibus aut proeredibus meis, vel quislibet potens aut inferior vel emissa persona, qui contra presente epistola donacione, quam ego plena et devota voluntate fieri et adfirmare rogavi, venire aut eam[b] infrangere temptaverit, aut aliqua calumnia aut repeticione vel refragacione insurgere aut opponere conatus[c] fuerit aut presumpserit, inprimis tantum, quantum ipsas res eo tempore melioratas valuerunt, contra cui pulsatur seu partibus iam dicte monasterii conponere et satisfacere adimpleatur, insuper una cum socio fisco aurum tantum coactus absolvat, et sua repetitio nullumquam tempore non obteneat effectum, et haec donatio omni quam tempore inlibata permaneat, stibulatione subnixa.

Actum in loco ill.

2.

Notitia locum traditionis, qualiter vel quibus presentibus, qui subter firmaverunt, hubi veniens homo alicus nomen[a] ill. vocatus monachus ad [res] illas, quod ill. ante hos annos per sua epistola donatione ad monasterio ill., quod est in honore sancti illius, hubi ill. abba una cum congregacione monachorum preesse videntur, [confirmaverat[b]], iam dictus ill. in villa ill. qui vocatur ill. et ad presens fuit et per unamquemque villas *f.* 151. et loca per singulas per portas et per ostia de ipsas villas vel[c] de illas casas dominicatas iam prefatus ill. ad misso de ipso monasterio vel[d] ipsius iam dicte abbatis[e] ill. nomen[a] ill. omnium[f], quantum in illa epistola donatione est insertum vel conpreensum,

117, m. a) in periculum *c.* b) *lege:* iusto.
1 = *Bal.* 29; *Roz.* 196. a) peculare *c.* b) tam *c.* c) coactus *corr.* conatus *c.*
2 = *Bal.* 30; *Roz.* 256. a) nom̄ *c.* b) *hoc vel simile quid supplendum videtur.* c) *eadem manu suppl. c.* d) *deletum alio atramento c.* e) ab̄b̄ *c.* f) *lege:* omnia.

1) *Ex libro Melitonis ad M. Aurelium Antoninum Verum misso.* 2) *Hoc caput non testamenti, ut existimavit Baluzius, fragmentum, sed potius 'donationis a die praesente', ad instar formularum Marc. II,* 4. *et Turon. Add.* 1. *exhibet. Ad eandem hanc donationem spectant capp.* 2. 3. 4. 3) *Cf. Marc. II,* 4; *Form. Turon. Add.* 1; *Andec.* 41; *Bitur.* 15; *R. Loening, 'Vertragsbruch' I, p.* 599.

in omnibus tradidit et consignavit et eum de ipsas res in omnibus vestivit et pillo et fistuca se exinde in omnibus esse[g] exitum dixit et fecit.

His presentibus actum fuit.

3. Precaria[a].

Domino venerabile in Christo patre, domno ill. abbate[b] de monasterio ill. vel[c] omni congregatione monachorum in monasterio ill., quod est in[d] honorem sanctorum ill.[d], ibidem Deo deservientibus[e] ego enim illi. Dum non habetur incognitum, sed inter plures cognuscitur, quod ego res meas, iuris[f] proprietatis meae, quod sunt in pago ill. et ill.[g], in conditas et[h] fines illas, vilas et loca noncupantes ill. et ill., cum omni merito vel[i] termino suo, cum omni integritate seu[h] appenditiis vel edificiis[k] et superpositis[l], servus[m] et ancillas, acolabus[n], libertis, libertas, cum omni peculiares[o] eorum et merita, ad iam dicto monasterio a die presente per mea epistola confirmavi; et vos omnia[p] supra memorata, vel quantum in[q] ipsa epistola commemorat, per mea tradicione ad partem iam dicti monasterii in vestro iure vel[i] potestate recepistis. Sed dum postea mea fuit petitio [vel[r]] supplicatio, et vestra prestetit bona voluntas, ut ipsas res, quamdiu advixero, per vestrum prestitum beneficium vel[s] ipsius vestri monasterii ea[s] tantummodo usufructuario hordine habere[t] vel[c] possidere faciam[t],
f. 152. eo[u] videlicet modo, ut nihil[v] exinde minuandi aut distraendi aut alienandi non habeam potestatem transferre[w] quicquam. Quod si fuerit, quod absit, aut ego ipse aut aliquis de heredibus meis vel quislibet, qui[x] aliqua contrarietate aut diminutione seu calumnia orta fuerit [aut surrexerit aut adesse conatus fuerit[y]], inprimis ipsas [res[r]] amittat, et pars[z] monasterii vestri eas ad integrum recipiat, insuper et alias tantas res ipsius[a] partibus monasterii componere et adimplere faciat. Et censistis[b] me, annis singulis pro ipsis rebus festa[c] sancti ill. argento, *vel quelibet*[d], solvere faciam, et si de ipso censu ad eum placitum negligens fuero, taliter[e] spondeo, ut ipsum in duplum solvam. Et[f] dum hec omnia supra memorata inlibata servavero, nec vos nec iuniores aut successores vestri de ipsis rebus nula[g] diminuacione nec[h] contrarietate, si spacium[i] vite mihi[k] Dominus prolongare dignaverit, facere non[e] presumatis. Post meum quoque discessum[l] ipsas res cum omni aditum[m], melioratum vel omne suprapositum, cum omnis rebus atque corporibus, opibus atque presidiis, absque ulius iudicis[n] aut eredum meorum expectata consignacione aut traditione vos aut agentes[o] vestri vel[e] pars[e] iam dicti monasterii vestri in eorum faciant revocari vel recipere dominatione [vel[p] potestatem], sicut eorum continet epistola, perpetualiter faciendi[q] quod elegerint[r].

4. Prestaria[a].

In Dei nomen[b] ill. abba[c] et omnis[d] congregatio fratrum nostrorum, *aut* monachorum, in monasterio ill. Deo deservientibus in Christo filio ill. Dum tua fuit petitio vel

2. g) se *c.*

3 = *Lind.* 25; *Roz.* 341. a) PĿe *add. c.*; Precaria de ipsa villa dum vivit. *Lind.* b) abbt *c.* c) *ita Lind.*; ill. *c.* d) in pago ill. in h. s. i. constructo *Lind.* e) deservienti *Lind.* f) ac *add. Lind.* g) illis *pro* ill. in *Lind.* h) vel *Lind.* i) *Lind.*; illo *c.* k) adiacentiis *Lind.* l) suprapositis *Lind.* m) seu servos *Lind.* n) accolas, libertos *Lind.* o) peculiari et merito eorum *Lind.* p) om̃ *c.* q) *deest Lind.* r) *add. Lind.* s) vel — ea *des. Lind.* t) habeam vel possideam *pro* habere — faciam *Lind.* u) *deest c.* v) quicquam *Lind.* w) tr. quicquam *des. L.* x) in *add. L.* y) aut — fuerit *des. c.*, *add. Lind.* z) abbas *Lind.* a) partibus ipsius *Lind.* b) quia censistis me *Lind.*; centismo *pro* c. me *c.* c) in festo *Lind.* d) q;libet *c.* e) *deest Lind.* f) At *Lind.* g) ullam diminutionem *Lind.* h) vel *Lind.* i) spaciu *c.* k) D. mihi *Lind.* l) omnes *add. Lind.* m) addita melioratione *pro* a. m. *Lind.* n) iudiciis *c.* o) egentes *c.* p) v. p. *des. c.*, *add. Lind.* q) faciendo *corr.* faciendi *c.*; faciendo *Lind.* r) egerint *Lind.*

4 = *Lind.* 26; *Roz.* 320. a) Sequitur praestaria. *Lind.* b) nom̃ *c.* c) abb̃ *c.* d) om̃ *c.*

supplicatio, et nostra non[e] denegavit voluntas, ut prestitum beneficium de res nostras tibi facere debemus, quod ita fecimus, quod sunt in pago ill., in condita ill., in loco qui vocatur sic, que tu, *aut* ille per epistulam donationis ad die presente ad iam dicto monasterio nostro illi confirmavit, id est manso cum casa vel[f] terras vel quantum in[g] *f.* 152'. ipsa epistola continere videtur, ut, quamdiu advixeris, *aut* ad[h] annos[i] 5 *aut* 10 *aut* 15[i], ipsas res habere, usualiter abere vel[k] posidere, excollere debeas et[l] nihil exinde minuandi * vel alienandi licenciam non habeas quicquam. Quod si feceris aut aliam[m] contrario vel iniquo[n] ingenio aut contrarietate, aut tu ipse aut quislibet[o] homo, de ipsis rebus adesse aut adstare conatus fuerit, inprimis ipsas res amittas, *vel* perdas, et alias tantas vel talis partibus iam dicti monasterii componere[p] facias. Et censivimus te[q], annis singulis pro ipsis rebus festa[r] sancti illi cera, *aut* argentum, tantum partibus ipsius monasterii solvere facias, et si de ipso censo negligens fueris, ipsum duplum reddas, et hec precaria[s] nostra usque ad eum placitum permaneat, stibulatione subnixa.

Actum ibi[t].

*) minuendi aut alienandi vel detrahendi aut in peius vertendi non habeas potestatem neque transferendi *Lind. pro* minuandi — habeas.

5. Indiculum[a] pro monacho, qui fugerit de monasterio.

Domino ill. ill., suggerentes sanctitati vestre, certi de vobis, quia veritatem [1] animosa pietatis[b] non recusat, nec fides recta aliquando patitur quamcumque iactura. De cetero cognuscatis, quod noster frater ill., qui in monasterio nobiscum fuit notritus tonsuratusque est, obedienciam choram Deo et sanctis eius hac stabilitatem promisit atque in nostra clericatus officio ipse ordinatus est, hoc ipsum oblitus, discessit a nobis et rediit post Satanan, sicut reverti solet canis ad vomitum suum, et suis[c] lota in volutabro luti [2], et nunc honorem seculi diligens, diviciis ac terrenis rebus sectans, vobiscum degens. Vos tamen scitis, quicquid sacrum divina lumina verbis, eloquio sensuque docent, quod 'nemo mittit[d] manum in aratro, aspiciens retro, aptus est regno Dei' [3], nec vobis latet, quid sacre canones de hac re commendent, vel regula atque tractatores sancti exposuerunt. Haec enim vos cuncta relegentes, memoriter retinetis, quod animo sicienti[e] *f.* 153. bibistis: nam sancta synodus Nicena ordinat, ut, si quis in monasterio nutritus usque ad sumum studium fuerit et postmodum discesserit, nisi revertatur, disertores crimen damnetur; et iterum: si quis susceperit monacum alienum ambo excommunicandi sunt [4]. Canones vero Calcidonensis ita precipiunt, ut[c] monacus in oratione et ieiunio permaneat in loquo, in quo renunciavit seculo, deserentem vero excommunicatum esse, decreverunt [5]. Canones autem Agatensis ita pronunciant: 'Monacum, nisi per[f] abbatis[g] sui permissum ad alterum monasterium migrantem, nullus tenere presumat' [6]. Canones vero Agustidunensis ita statuunt: 'ut nullus monacum alterius absque permisso abbatis sui presumat retenere' [7]. Regula namque sancti Benedicti, quam ipse promisit in omnibus

4. e) decrevit *pro* n. d. *Lind.* f) alias *add. Lind.* g) *deest Lind.* h) *ita Lind.;* atque *c.* i) an̄ ūā xāxu *c.* k) et possidere vel excolere *Lind.* l) at *Lind.* m) ialiam *corr.* aliam *c.;* in alio *Lind.* n) *ita Lind.;* quo *c.* o) aliquislibet *c.* p) et solvere *add. Lind.* q) de *Lind.* r) in festo *Lind.* s) prestaria *Lind.* t) Et reliqua *add. Lind.*

5 = *Bal.* 36; *Roz.* 560. a) Indict *c.* b) *lege:* pietas. c) *i. e.* sus. d) *lege:* mittens. e) *i. e.* sitienti *c.* f) pro *corr.* per *c.* g) abbati *c.*

1) *Verba* veritatem — iactura *ex cap.* 1. *ipsius collectionis scripta sunt. Cf. supra p.* 473, *l.* 50. 2) 2. *Petr.* 2, 22. 3) *Ev. Luc.* 9, 62. 4) *Canones conc. Nic.* 12. *et* 16. *similia quidem praecepta, sed neque re neque verbis satis cum hisce congruentia exhibere, recte monuit E. de Rozière ad h. l.* 5) *Concil. Chalced. c.* 4 *(Versio Dionys.), Mansi, Concil. ampl. coll. VII, col.* 374. 6) *Concil. Agath. c.* 27, *Mansi l. l. VIII, col.* 329. 7) *Concil. Augustod. S. Leodeg. c.* 10, *Mansi l. l. XI, col.* 123.

custodire, ita edisserat[h]: 'Sciens se legem regulae constitutum, quod ei ex illa die [non[i] liceat egredi de monasterio[i]] nec collum excutere desub iugo regule'[1], et paulo post: 'Nec ex illa die proprii corporis potestatem se habiturum sciat'[2]. Quid multa replicem? Vos sensibus doctis utimini, nec mihi plurimis verbis opus est vobis scribere; quecumque enim a me potuerunt dici, haec iam divina gratia vobis contullit. Oportit namque, ut doctrinam iungatur vita fidelis. Agnusci gravius non observanda nocebit. Vos autem secundum datam a Deo vobis sapienciam facite eum ad locum, unde excedit, reverti, et agat penitentiam, scientes autem, quoniam, qui converti fecerit peccatorem ab erore vie suae, salvabit animam eius a morte et operit multitudinem peccatorum. Nec vobis decet, hominem perverso ambulantem secundum desideria cordis sui auxilium prestare, ut magis ac magis eat in interitum, sed 'auferte malum ex vobis'[3], quia 'qui tangit pice, quoinquinabitur ab ea'[4], et ne abscondere potest homo ignem in sino suo, ut vestimenta illius non ardeant, aut ambulare super prunas, ut non combu-
f. 153'. rentur plante eius: sic qui consenserit iniquitatem, non erit mundus. Isti, qui excommunicatus est, vos nolite ei communicari, ne bonorum vestrorum premia amitatis, sed cum sanctis patribus, qui huiuscemodi hominem excommunicaverunt, partem habere mereatis. Et ubicumque fuerit, abati suo auctoritate canonum revocetur. Canon[k] Calcidonensis: 'Non liceat clericum conscribi simul duabus ecclesiis, et in qua ordinatus est, et ad quam profugit, quasi ad potiorem, ob inanis gloriae cupiditate; hoc autem facientes revocare debere ad haecclesiam, in qua primitus ordinati sunt, et ibi tantummodo ministrari. Eos vero, qui ausi fuerunt ex his, que sunt prohibita, perpetrare, a proprio gradu recedant'[5]. Et ne quis clericus, qui, derelictam ecclesiam suam, nulla causa existente probabile, vagatur[l], per alias ecclesias suscipiatur in communionem, canon Aurelianensis: 'Ministri, in quibuscumque locis ordinati fuerint, pervagati, hubicumque inventi fuerint, cum auxilio episcopi tamquam fugaces sub custodia revocentur, et reum se ille abba[m] futurum esse cognuscat, qui huiusmodi personis non regulari animadversionem distrinxerit, vel qui monacum suscepit alienum'[6].

6.

Notitia[7] loco traditionis, qualiter vel quibus praesentibus ante eos, qui subter firmaverunt, ibique veniens homo aliquis nomine ill. illas res vel villas ill., quas ipse ante hos dies per suam epistolam donationis ad monasterium illud in honorem sanctorum ill. constructum, ubi dominus ill. abba praeesse videtur, a die praesente ad integrum concessit et confirmavit, iam nominatus[a] ill. per portas et per ostia et dictam donationem ad missum de supradicto monasterio vel dicti abbatis nomen[b] ill. visus fuit per omnia et in omnibus, quantum illa epistola commemorat et insertum est, consignavit[c], tradidit et vestivit, et per durpilum et festucam sibi foras exitum, alienum vel spoliatum in omnibus esse dixit, et omnia wirpivit.

His praesentibus, actum fuit ibi *et reliqua.*

5. h) *i. e.* edisserit. i) *ex regula suppl. edd.* k) cañ *c.* l) vagantur *c.* m) abb̄ *c.*

6 = *Lind.* 155; *Pithou, Gloss. ad L. Sal.* 48; *Roz.* 256 bis. *Ex Lind. repetivi.* a) *emendavi;* nomina *Lind., verba* iam — ill. *uncis includens.* b) nom. *Lind.* c) *lege:* signavisse *etc.;* et *add. Pith.*

1) *Regula S. Bened. c.* 58, *Holstenius, Cod. regul. II, p.* 34. 2) *Ibid.* 3) 1. *Cor.* 5, 13. 4) *Lib. eccles.* 13, 1. 5) *Concil. Chalced. c.* 10 *(Versio Dionys.), Mansi l. l. VII, col.* 376. 6) *Concil. Aurelian. I, c.* 19, *Mansi l. l. VIII, col.* 354, *ubi tamen verba* Ministri — ordinati *non leguntur.* 7) *Cf. supra Add.* 2. *p.* 489.

FORMULAE COLLECTIONIS SANCTI DIONYSII.

Codex Parisiensis Lat. 2777, *(olim Colbert.* 5034; *Reg.* 3989, 3. 3*) in* 4° *compositus est ex duabus partibus, et scriptura et membranarum forma inter se diversis. Pars altera, una manu saec. IX. exarata*[1], *exhibet exempla epistolarum et privilegiorum, quorum pleraque in formulas redacta sunt. Supersunt capita capitumque fragmenta* 25, *quae numeris* 1—25. *distinxi. Duo folia exciderunt, alterum post fol.* 59, *alterum post fol.* 60. *Cf. de codice 'Nouveau traité de diplom.' III, p.* 344 *sqq. cum tabula* 53, *specimina scripturae praebente (III,* 3; *IV); 'Archiv' VII, p.* 43; *Maassen, Bibliotheca I,* 2, *p.* 218—220; *H. Grauert, 'Die Konstant. Schenkung' in 'Histor. Jahrb.'* 1882, *p.* 11 *sqq.*

Collectionem in monasterio S. Dionysii in pago Parisiaco conscriptam esse, ex compluribus capitibus apparet, quae epistolas et privilegia ad abbates S. Dionysii Fulradum, Maginarium, Fardulfum data praebent, capp. scilicet 4. 5. 6. 7. 8. 12. 13. 14. 19, *et ex cap.* 16, *quod epistolam abbatis illius monasterii exhibet.*

Quaedam vero capita ceteris antiquiora Turonis oriunda sunt. Caput enim 2. *Adeodati papae privilegium (a.* 672—676*) et cap.* 9. *aliud Ibbonis episcopi (a.* 720*), utrumque monasterio S. Martini Turonensis concessum, exhibent. Epistolam cap.* 1. *ab eodem Chrodeberto episcopo Turonensi, quem privilegium Adeodati commemorat, neque vero a Parisiensi eiusdem nominis, ut existimavit H. Grauert l. l. p.* 12, *scriptam esse crediderim. Etiam caput* 3, *formulam privilegii pontificalis fictam continens, ideo Turonis scriptum esse existimo, quia auctor privilegio Ibbonis usus esse videtur.*

His capitibus Turonensibus cetera exempla postea apud S. Dionysium addita sunt; quod quo tempore factum sit, quaeritur. Si excipias cap. 11, *Constantini donationem, capita* 1—15. *nihil continent, quod ad tempora anno* 795. *recentiora referendum sit. Praeter ea capita, de quibus iam diximus, huic parti insunt tabulae Zachariae, Stephani II, Hadriani I. pontificum, aliae genuinae, aliae viris doctis suspectae, quibus subiecta est epistola a Cathvulfo c. a.* 775. *ad Karolum regem data. Fulradum et Maginarium abbates S. Dionysii complura capita commemorant. Capita autem reliqua, Fardulfo, Maginarii successore, abbatiam regente (c. a.* 793—806*), addita esse existimo, cum non pauca ad eum eiusque tempus spectare videantur. Cap.* 19. *epistolam a Theodulfo episcopo Aurelianensi ad Fardulfum missam praebet, cap.* 18. *aliam, ut suspicor, a.* 798. *ab eodem abbate ad Pippinum Italiae regem datam, cap.* 17. *epistolam a.* 800, *ut videtur, scriptam, cap.* 22. *literas commendatitias exhibet, quas ad eundem regem a Theodulfo, iam dicto Fardulfi amico, missas crediderim. Caput autem* 24. *post a.* 800. *scriptum sit oportet, cum imperatoris faciat mentionem. In incerto hic relinquenda*

1) *Perperam auctores Galliae christ. XIV, instr.* 3, *n.* 1, *contendunt, codicem esse saec. XI. Sed etiam id, quod dicunt Benedictini in 'Nouveau traité de dipl.' III, p.* 345, *codicem ante a.* 840. *scriptum esse, probari nequit. Cf. H. Grauert, 'Histor. Jahrb.'* 1882, *p.* 12.

est quaestio de aetate Constantinianae donationis, cap. 11. *Quod ostendere conatus est H. Grauert, post annum demum* 840. *eam fictam esse, ex ceteris codicis capitibus colligi nequit. Ibi autem, ubi nunc exstat, ideo inserta esse videtur, quia etiam in capite sequenti, cap.* 12, *Constantini cuiusdam imperatoris nomen legitur.*

Formulas plerasque primum edidit Steph. Baluzius in Miscellaneorum libro sexto, Paris. 1713, *p.* 552 *sqq., minus apte Arvernensibus eas subiciens* [1], *quibuscum repetitae sunt ap. Canciani, Leges barbarorum III, p.* 466 *sqq., et Walter, Corpus iur. Germ. III, p.* 488 *sqq. Denuo codice usus E. de Rozière eas in 'Recueil général' edidit, duas recipiens, quas Baluzius omiserat. Codicem liberaliter huc transmissum ipse contuli. Ex quo cum appareret, omnia alterius codicis partis capita quasi in unum librum formularum conscripta esse, integram fere collectionem recipere malui, exceptis tantummodo capitibus* 4—8. *et* 10—15, *quippe quae neque in formulas redacta essent, neque in prioribus formularum editionibus legerentur. Quorum tamen inscriptiones, initia et conclusiones, argumentis in annotationibus subiectis, inserui, ut indoles et forma totius collectionis perspicerentur. Capitum numeros codex non exhibet.*

1.

f. 43. Opinione relegionis dulciter nominande[a] et caritatis vinculo ambiende[b] ill.[c] matrifamilias Chrodebertus ill.[d] peccator salutem in Domino perhennem[e]. Litteris tuis parvitatem meam postulasti[f], ut sententiam canonum perquirerem[g] de iudicio mulieris, que, postquam[h] consecrata[i] et professa castitatem[k] Deo fuerat conservare, adulterium perpetraverat, quamquam[l] in sancta synodo[m] Nicena, Calcedonense[n] et Ephisina[o] vel Constantinopolitana super hac re[p] capitulum non invenimus, que quattuor synodos[q] tantum terrarum venerabiliter recipit[r] et concredit, adtamen in Aurilianense[s] synodo de hac re invenimus prefinitum iudicium[2], quod tibi distinavimus, et ex ipsa auctoritate iudicium conservandum predicte[t] mulieris direximus. Sub qua sententia consilium dedimus ex divinarum scripturarum fonte flumina sententiarum viva vel stipites[u] immobilium columnarum, quorum unda[v] bibens et amplexu se tenens non timeat iterum labi in ruinam[w] neque disperare[x] pro[y] preterito lapsu possit de venia. Sed predicta teneat consilia. Memoretur[z] euangelicae mulieris illius peccatricis Mariae Magdalenae, quae[a] septem vitiis repleta fuerat, de qua Dominus septem daemonia eiecit[3], quae Domini pedes lacrimis lavit, crinibus tersit[b], labris fortiter inpressis exardescenti[c] amore osculata est et ungento[d] pretioso unxit[4]; de qua Dominus dixit: 'Remittuntur ei peccata multa, quoniam dilexit multum'[5]. Et ipsa est, quae[a] semper Dominum postsequuta[e] usque ad crucifixionem[f] et sepulturam, et ipsa prima post resurrectionem antequam[g] nullus apostolorum[h] et antequam[g] mater Domini, gloriosissima Maria semper virgo, et angelos[i] et[k] Dominum meruit videre[l. 6]. Ipsa est soror Martae et Lazari, quem[m] Dominus quatri-

1. *Cod.* 1 = *Paris. Lat.* 2777; 2 = *Lugd. Batav.* 114. *Cf. supra p.* 174, *l.* 40 *sqq.* a) nominando 2. b) abiende 1; abluendo 2. c) ill. m. Chrodebertus *des.* 2. d) ille 2. e) perennem 2. f) postolasti 2. g) perquirerae 2. h) posquam 1; post 2. i) consegratam et professam 2. k) 2; castitate 1. l) quamque 2. m) sidono 2. n) Calcidonense 2. o) Efesena 2. p) rae 2. q) sidonos 2. r) recepit 2. s) Aurelianense sinodo 2. t) predicti mulieri 2. u) 2; stipes inmobilum 1. v) 2; unde 1. w) ruina 2. x) iterarae 2. y) pro preterito 2; properito 1. z) Memoret 2. a) quem 2. b) tergit 2. c) exardenti amorae 2. d) unguento 2. e) postsecuta 2. f) crucifixorem 2. g) anteque 2. h) apostolus 2. i) angelus 2. k) ad *add., sed del.* 2. l) viderae, *et saepius* ae *pro* e *in fine vocis* 2. m) 2; quam 1.

1) *Cf. 'N. Archiv' VI, p.* 95. 2) *Ad can.* 19. *Conc. Aurel. III. haec spectare videntur.* 3) *Cf. Ev. Luc.* 8, 2. 4) *Cf. ib.* 7, 38; *Ioh.* 11, 2; 12, 3. 5) *Cf. Ev. Luc.* 7, 47. 6) *Cf. Ev. Ioh.* 19, 25; 20, 1 *sqq.* 12. 14; *Marc.* 16, 9.

duanum mortuum suscitavit[1]. Et redemptor noster pro peccatoribus et adulteris in hunc mundum se venisse dixit, non pro iustis[2]. Et ipsa Veritas dicit, quod[m] non sit opus sanis[n] medicus, sed[o] egrotis[3]. Paulus apostolus, persecutor christianorum et homicida, sancti Stephani interfector, noster et omnium gentium factus est preceptor[4]. Quid dicam de Matheo telonario[5] et postea euangelista? quid de Zacheo, qui de arbore sicomorum[p], iam inluminatus corde, pro parva statura corporis sui Dominum videre cupiebat[6]? quid de publicano illo in euangelio scripto[q], qui pectus suum percuciebat, dicens: 'Non sum dignus levare oculos meos ad celos[r]. Esto mihi, Domine, propicius peccatori', et descendit iustificatus magis quam Phariseus ille[s], qui iactabat merita sua et stando orabat[7]? Quid adhuc augendam consolationem dominus et[q] Redemptor noster in euangelio dicit similitudinem gloriosam piissimi pastoris perfecisse[t], qui, nonaginta et[u] novem oves in montibus derelictis, errantem unam pastor clementissimus cum multo labore lustrando squalida loca perquisivit et invenit et in humeris[v] suis inposuit et ad gregem salvam reduxit, ut et numerus[w] perfectum centenarium[x] impleret[8] et[y] perfecti gregis dominus esset· et nos miseros peccatores, errantes[z] per fragilitatem corporis, iustis et innocentibus adgregaret, et dixit, plus se gaudere super uno peccatore penitentiam agentem, *quam super[a] nonaginta novem iustos non indigentes[b] penitentiam[9]. *f. 43'. Sed[c] futuri temporis cautela[d], largiente Christi gratia, adhibeatur, ut[e] culpa non iteretur[f], que multis fletibus diebus et noctibus, publice et occulte, ieiuniis[g], orationibus, gemitibus, suspiriis, laboribus, oboedientia[h] et taciturnitate, humilitate et caritate[i] preterita deleatur[k]. Non[l] sunt querenda aut numeranda annorum tempora ad agendam penitentiam, sed fortitudo cuiuslibet temporis vel momenti conpunctionis, timoris sui de peccato et amoris Dei ex toto cordis desiderio. Ad hec[m] verba confirmanda testis est excellentissimus[n] propheta, qui spiritu Dei plenus dicit: 'Peccator in quacumque die[o], in quacumque[p] hora conversus fuerit et ingemuerit, omnia peccata sua oblivione traduntur'[10]. Et latro ille[q], qui iuxta Dominum crucifixus fuerat, subita confessione confessus et fide plenus credidit*), non annos[r] aut menses aut dies egit in penitentia[s], quem velox mors arripuit, et iuxta verbum Domini in paradiso ante Petrum apostolum introiit[t. 11]. Et populus[u] Ninive[v] civitatis, triduano ieiunio, fletu, cinere, cilicio, planctu[w] et gemitu, concinnante[x], de voragine submersionis suae et iram[y] Dei meruit evadere[12]. Et David rex et propheta spiritu Dei plenus pro homicidii[z] et adulterii facinore[a], Natan propheta arguente, de solio regni non erubuit coram omni multitudine faciem suam dare in pulverem[b] et pariter erupit in vocem amarissime[c] penitentiae dicens: 'Peccavi, Domine,

*) *Cod.* 2 *add.:* hominem, quem videbat crucifixum, Dei omnipotentis filium Deum vivum et verum.

1. m) que 2. n) sanis 2. o) sed egrotis *des.* 2. p) siccomorum 2. q) *fere evanuit* 1. r) caelus 2. s) illi 2. t) isse *evan.* 1. u) *deest* 2. v) umeris 2. w) 2; innumerus 1; *lege:* numerum. x) centenarum, *ut videtur,* 2. y) ut 2. z) 2; errantem 1. a) 2; supra 1. b) 2; digentes 1. c) Si 2. d) cautilla 2. e) 2; in 1. f) iteret 2. g) geiuniis 2. h) obaedientia 2. i) 2; caritatem 1. k) deleantur 1; debeatur 2. l) et non 2. m) haec 2. n) excelentissimus 2. o) aut *add.* 2. p) quacumquet hora 1; quacumque ora 2. q) 2; illa 1. r) anno 2. s) penitentiam quem 1; penitencia que 2. t) introivit 2. u) papulus 2. v) Ninivete 2. w) plancto 2. x) conannente 2. y) irae 2. z) homicidiis 2. a) facinerae 2. b) 2; pulvere 1. c) amantissime penitentiam 1; amatissime penitenciae 2.

1) *Cf. Ev. Ioh.* 11, 1 *sqq.* 2) *Cf. Ev. Matth.* 9, 13; *Marc.* 2, 17; 1. *Tim.* 1, 15. 3) *Cf. Ev. Matth.* 9, 12. 4) *Cf. Acta apost.* 22, 20 *sq.* 5) *Cf. Ev. Matth.* 9, 9; *Marc.* 2, 14; *Luc.* 5, 27. 6) *Cf. Ev. Luc.* 19, 2 *sqq.* 7) *Cf. ib.* 18, 10 *sqq.* 8) *Cf. Ev. Luc.* 15, 4 *sqq.*; *Matth.* 18, 12 *sqq.* 9) *Cf. Ev. Luc.* 15, 7. 10) *Cf. Ezech.* 33, 12. 13. 11) *Cf. Ev. Luc.* 23, 39 *sqq.* 12) *Cf. Ion.* 3, 4 *sqq.*

peccavi'; et Dominus per prophetam dixit ei: 'Remissum est peccatum tuum'[1]. Ecce, quantum valet humilitas, quantum optinet[d] caritas, quia, etsi sunt dura peccata nostra, apostolo dicente, velut stipula, fenum et[e] ligna, si[f] abundaverimus igni amoris Dei, possumus citius exurere[g] onera peccati[2]. Et in eorum locis super fundamentum fidei, qui[h] est Christus[i. 3], edificemus aurum, argentum et lapides pretiosos[k], ut[l] possimus in ornamento[m] regis aeterni, Redemptoris nostri, inter vivos lapides[n. 4] conputari; ut dicat apostolus nobis: 'Fuistis[o] aliquando tenebre[p], nunc autem lux in Domino'[5]; et iterum: 'Ubi abundavit peccatum, superhabundavit et gratia'[6]. Sic tamen, ut[q] eundem apostolum Paulum in omnibus audiamus et sua consilia, quia spiritum Dei habet, integre[r] custodiamus. Dicit ipse in epistola ad Romanos: 'Sicut[s] enim exhibuistis[t] membra vestra servire inmundicie[u] et iniquitati ad iniquitatem, ita nunc exhibete[v] membra vestra servire iustitie[w] in sanctificationem'[7]. Verbi gracia, qui vigilias multas dedit occultas et noxias[x] in luxuria, multiplicet corpus suum eodem modo excitari, de somno levare et in angulos ecclesie[y] vel monasterii occulte in orationibus fatigare adque[z] adfligere, ut dolores, quos memorat, quantos[a] et quales sustenuit pro amore carnali, secundum Pauli apostoli mandatum eosdem sustenead[b] pro amore spiritali[c], ut non minus sit corpus vigiliis sanctis[d] languidum, quam[e] fuit in flagitiis, diversis ad- *f. 44. inventionibus *detortis membrorum nixibus[f], inhoneste depressum et ob hoc male defessum[g]. Hec est integra restitutio sanctitatis et operatio summe salutis, ut amore summo Dei et novi amor vetus pellatur[h] peccati, et moriatur amore vetere peccator, et renovetur homo noster, et destruatur corpus peccati, ut ultra non serviamus peccato. Qui enim mortuus huic mundo et crucifixus cum Christo, iustificatus est a peccato. Si ergo moribus renovati et a peccato iustificati, salvi facti erimus ab ira per ipsum, ut iam non regnet peccatum in nostro mortale corpore, sed regnum adveniat Salvatoris per gratiam suam; quam idem Paulus apostolus invocabit cum gemitu dicens: 'Infelix ego homo! Quis me liberabit de corpore mortis huius? Gratia Dei per Iesum Christum, dominum nostrum'[8], cui est onor et gloria et imperium, maiestas et potestas in unitate Spiritus sancti per infinita secula seculorum!

Peccator indignus Chrodobertus, servus servorum Dei episcopus, subscripsi.

Gratias multas ago de linea inconsutili, bene texta, longa et larga et mihi multum amabiliter acceptam et corpori meo tamquam sciendo congrue[i] preparata.

2.

Dilectissimis[9] fratribus, universis episcopis in Galliae partibus, Adeodatus. Aequitatis nos ammonet norma, quam aprime custodire precepimur[a], ut canonica sanctorum patrum consulta, presertim a beatissimis apostolice sedis presulibus, predecessoribus scilicet nostris, qui auctoritatem, successione ac vice sacratissimi apostolorum principis Petri per diligentem sollertiam nancti sunt, quemadmodum statuta repperimus inte-

1. d) obtinet 2. e) *deest* 2. f) 2; *deest* 1. g) exurire *e corr.* 2. h) que 2. i) xps 2; sps 1. k) preti *evan.* 1. l) 2; et possemus 1. m) ornamentum 2. n) lapidem 2. o) fuit 2. p) tenebrae 2. q) et 2. r) . . . egre 1; integrae 2. s) Sic 2. t) exibuistis 2. u) inmundiciae 2. v) exibere 2. w) iusticiae 2. x) obnoxias in luxoria 2. y) ecclesiae 2. z) *deest* 2. a) quanto 2. b) sustineat 2. c) spirituali 2. d) 2; *deest* 1. e) que 2. f) noxibus 2. g) *reliqua desunt* 2. h) pellator 1. i) congratiae (congrāe) 1.

2. *Cf. Jaffé, Reg. Pont. ed.* 2. 2105. *(Quasdam varias lectiones editionis Pardessus, Diplom. II, nr.* 374, *annotavi).* a) precipimus, ut canonica s. c.

1) 2. *Reg.* 12, 13. 2) 1. *Cor.* 3, 12. 3) *Ib.* 11 *sq.* 4) *Cf.* 1. *Petr.* 2, 5. 5) *Cf. Eph.* 5, 8. 6) *Rom.* 5, 20. 7) *Ib.* 6, 19. 8) *Ib.* 7, 24. 25. 9) *Formula ad privilegium Adeodati papae (a.* 672—676*) monasterio S. Martini Turonensis concessum, cf. Reg. Pont. Rom. l. c., scripta est.*

merata atque inlibata custodia conservemus. Sed et queque fratribus nostris, ecclesiarum episcopis, pedissequa dumtaxat imitatione, consultum ac salubriter fuerit ordinatum, utpote[b] functi apostolicae principia, licet impares ministerio, firmanda simili ratione decernimus. Qua ex re, dum ill.[c] religiosus presbyter et abbas monasterii Sancti illius[d], in quo et venerabilis corpus eius est situm, visendas ex desiderio veniens apostolicas confessiones et atria, nostris se representaret[e] obtutibus commendationemque fratri[f] nostri illi[g], illius[h] ecclesie presuli, obtulisset, sublici voci precatus est, ut privilegium apostolica auctoritate subnixum ob munitionem venerabilis monasterii, quam[i] beate recordationis confessor Christi ill.[d] et presul illius[h] ecclesie in Galliganis partibus ad conversorum salutem sui sanctissimi corporis consecratione decoravit, cui nunc preesse se perhibens scriptis ostenderat, ei concedere deberemus. Parumper[k] autem ambigimus, idcirco quod mos atque traditio sanctae[l] nostrae ecclesie plus non suppetat, a regimine episcopalis providentia[m] religiosa loca secernere. Verum ubi et predicti fratris nostri illi[n], illius ecclesie presulis, monachicam libertatem, hoc est liberam dispensandi licentiam, scripto concessam, religiositatem[o] *eius exemplaria proferente, comperimus, in *f. 44'. cuius volumine et aliorum, per Gallicanam videlicet provintiam constitutorum, antistitum ad id consensum prebentium subscriptiones subter adnixas inspeximus, nullatenus iam exsorte[p] rationis ac canonice regule tantorum episcoporum consonam sententiam fore, perpendimus. Propterea et nos, erga quod idem fratres nostri, reverentissimi presules, conferre providerunt, simili censura ex auctoritate profecto apostolorum principis, cui clavis ligandi atque solvendi Conditor ac Redemptor omnium tribuit, idemtidem[q] firmari concessimus, ut, apostolica fulti [auctoritate[r]], per privilegii seriem nullas gravidines a quolibet episcoporum sub pretextu discussionis religiosus abbas vel monachi ibidem degentes sustineant, neque rursus, ospitando[s] sibi apud eos licentiam vindicantes, dispendia his atque insolentias angariarum inponant, neque per occasionem regularis discipline rimandi atque servande quaslibet inportent iniurias. Sed liberam licentiam similiter[t] habere statuimus, salva profecto monachicarum regularum custodia, religiosum abbatem, quicumque pro tempore preerit prefato venerabili monasterio, id procurante, ut, erga quod prisce traditionis eius articulus continet, et ipse conservare nitatur et quiqui sub eius reguntur dispensatione solerter custodire commoneat districteque conpellat. Reverentissimus vero episcopus, in cuius parochiam memoratum venerabilem monasterium vel res eius ac possessiones constiterint, faciende[u] tantum ordinationis ac promonitionis[v] sacerdotum atque levitarum vel confitiendi chrismatis sit tantum concessa licentia. Dispositionem autem venerabilis loci gerere ac conversationem monachicam exquirere religioso abbati eiusque preposito, vel quiqui[w] probatissimi in eodem monasterio fuerint, quod etiam prefati presules consona sententia definierunt, decernimus. Quisquis igitur quolibet tempore, quod nullatenus credimus, huius decretum privilegii, quod, auctoritate apostolica subnixi, consentiendo firmavimus, in totum vel in partem temerare temptaverit sueque presumptionis audatiam digna[x] emendatione minus correxerit, in perpetuum percellendum vel anathematizandum se[y] noverit, non solum tantorum sentencia sacerdotum, sed etiam equissimo apostolice condempnationis aculeo, quoniam violare pertinaciter nisus est, quod salubriter conservare debuerat. Et ita quoque huius previlegii sanctio firmata ac rata indiminute persistat atque permaneat, erga[z] quod et precellentissimi totius[a] Galliae reges, ut scripta conperimus, ad repre-

2. b) ut pute *c.* c) Aegiricus *Pard.* d) Martini *Pard.* e) *Pard.;* representare *c.* f) *lege:* fratris illius — presulis. g) Crotperti *Pard.* h) Turonensis *Pard.* i) quod *Pard.* k) paramper *c.* l) *Pard.;* sanctis *c.* m) *lege:* providentiae. n) ifi illius e. *c.;* Crotperti Turonensis e. *Pard.* o) *lege:* religiositate. p) exortem *Pard.* q) *sic c.* r) *deest c.; add. Pard.* s) *lege:* hospitandi. t) *ita exemplar capiti* 9. *insertum;* liberam *c.; deest Pard.* u) faciente *c.* v) *ita pro* promotionis *c.: cf. infra p.* 502, *l.* 29. w) *ita Pard.;* quicquid *c.* x) dignemendatione *c.* y) sonuerit *pro* se noverit *c.* z) *Pard.;* ergo *c.* a) tot *evan. c.*

mendas laicorum infestationes edicto premunire idem venerabile monasterium regale pietate dignati sunt. Bene valete, dilectissimi fratres.

3.

Dilectissimis[1] fratribus, coepiscopis per Gallearum provintiis constitutis, Iohannis, *f. 45. servus servorum Dei. Quamquam *prisce sacratissime regule decreta nos doceant, quae[a] oportet perenniter custodire et patrum sanctorum consueta indiminute servare, adtamen et nos quoque super hec regulariter vota supplicum christianorum et maxime orthodoxa fide fulgentium in omnibus debemus[b] effectui mancipare, quatenus eorum pia devotio apostolicis inviolata permaneat[c] institutis. Quoniam igitur Chlodoveus rex, excellentissimus filius noster, princeps Francorum, pia et religiosa devotione perspicuus[d], suis nos scriptis postulasse dinoscitur et apostolicae sedis, caput omnium ecclesiarum, privilegium monasterio beate genetricis et semper virginis Mariae, *vel* sanctae Columbe atque sanctae Agathe *seu aliorum sanctorum martyrum,* in loco qui nuncupatur ill., super pago ill., quod viri magnifici ill., pia devotione dediti, nutu et aspiratione divina construxisse noscuntur; in quo decreverunt, ut puellae, Dei sacre virgines[e], in sanctis studiis et venerabilibus diuturnis meditationibus assiduis vitam piam atque contemplativam sub retrusione exercere videantur. Pro qua re subplici expetierunt deprecatu, ut privilegium apostolicae sedis nostre in eodem monasterio concedere deberimus. Quod salubriter annuentes, maxime domesticis fidei et spe certa salubre futurorum bonorum fulgentibus hoc privilegium perenni auctoritate servandum libenter indulsimus pro divino intuitu. Nec enim nova postulantium vel indulgentium[f] auctoritas privilegii largiendi, dum profectu cuncti et plerique precessoris nostri, per preterita[g] tempora apostolice sedis presules, non solum sup ditione nostra constitutis, sed etiam in ceteris regionibus possitis[h], postulata semper indulgenda sanxerunt, presertim in regione Francorum, dum profectu cuncta usque ad fines terre et oceani[i] maris terminum sup[k] beati Petri principis apostolorum ditione consistant; unde oportet, omnes omnino medullitus ac totis viribus, modis omnibus oboedire, quae per beati Petri auctoritate apostolice sedis postulata dinoscitur, indulgere. Ergo antedictorum virorum et presertim interventu excellentissimi filii nostri, predicti regis, super hoc privilegium suis scriptis enixius expetiti, postulata concessimus, intercedentibus omnibus episcopis, et contestatione evidentissima decernimus, tam vicinis quam procul a predicto monasterio constitutis: nihil audeant[l] usurpare, nihil auferre, nihil contigere[m], cogente prave ambitionis ardorem, que sub tenorem huius privilegii et norma decernit, ut videlicet episcopus, quem mater spiritalis paterque monasterii vestri [vel[n]] cuncta congregatio voluerit, ad celebranda[o] missarum solemnia in[p] consecratione[q] abbatissae vel etiam reliquarum iuniorum sacrate Deo, etiam tabularum altaribus, in quibus misse debeant celebrari, habeat facundiam[r] in eodem[s] monasterio ingrediendi. Ad officium scilicet sacerdotalis ministerii[t] tales secum ipse pontifex introducat, qualis vita et religio sancta commendat. Quo peracto officio, *f. 45'. nihil *contingens nihilque ambiens per concupiscentie stimulum vel rapine pravitatis

3 = *Jaffé, Reg. Pont. ed.* 2. 2044. *(Editionis Pardessus, Diplom. II, nr.* 298, *varias quasdam lectiones annotavi).* a) . . e *c.* b) debent *c.* c) permaneant institutus *c.* d) prospicuus *c.* e) virgis *corr.* virges *c.* f) est *add. Pard.* g) perperit *pro* per preterita *c.* h) *i. e.* positis. i) oceā *c.* k) subeati *corr. ead. m.* sup beati *c.* l) audeat *c.* m) contingere *Pard.* n) *deest c.; add. Pard.* o) celebrandum *corr.* celebranda *c.* p) *evan. c.* q) congregationem abbatis sue *pro* c. a. *c.* r) fa-undiam *(sic) c.;* facondiam *Pard.* s) loco *add., sed del. c.* t) monasterii *corr.* ministerii *c.*

1) *Non ex vero privilegio Iohannis papae (a.* 640—642*) sumptam, sed fictitiam potius hanc formulam esse, satis constat. Cf. Jaffé, Reg. Pont. l. c.; Pardessus, Diplon II, p.* 65, *n.* 1*; H. Grauert, 'Hist. Jahrb.'* 1883, *p.* 83 *sq.*

ingenia, sed gratis per omnia agens, ad propria mox regredi non moretur, nec convivium intra claustra monasterii eidem nullatenus preparetur, nihil sic[u] dictus usurpans de rebus monasterii, non de sacris altaribus indumentis, non de ornamentis neque sacris voluminibus, nec[v] quicquam maius vel exiguum sed nec concupescere[w] adtemptet; quia, si privata concupescere satis est noxium, quanto magis sacra auferre, aut desideret iure suae mancipare, Deo est inimicus[x]. Unde bene, cum[y] iustum virum describeret, propheta ait: 'Qui excutit manus suas ab[z] omni munere'[1]. Neque enim dicit: 'Qui excutit manus de[a] munere', sed adiuxit[b]: 'ab omni'. Tunc ab omni munere manus excutit, quando in divinis rebus, non solum nullam pecuniam, sed etiam humanam gratiam non requiret. Interdicentes etiam episcopo, in cuius parochia est predictum monasterium constitutum, ut nihil contra tenorem[c] presentis decreti, pia postulatione indulti, quicquam adtemptet, vel eius successores presumant prohibita contingere, nec in minimo hanc normam violare, sed plenius et in omnibus per singula conservare. Chrysma igitur, vel quicquid ad sacra ministeria pertinet, si a matre, patre monasterii fuerit postulatum, aut benedictiones tradere Dei famularum, a quo provideret vel elegerit, spiritali sanctoque Deo sacerdoti modis omnibus annuendum. Et, ut superius dictum est et sepe dicendum, nullam potestatem habere convenit episcopo in eodem monasterio sub retrusione sanctae viventibus et theoricam vitam coenobialis regulae militantibus[d] a beatissimis patronibus[e] nostris, quibus non fuit dignus mundus, edicta continent, id est: Antoni, Pachomii[f], haut procul a nostris temporibus Benedicti abbatis istius[g] Rome huius urbis. Illud precipue statuendum[h] decrevimus conservandum, neque in rebus ipsius monasterii, tam in villis quam in locis ubique, vel in ordinandis personis ad regimine Dei famularum admittendis, non de alio monasterio nec de secularibus feminis inibi introducendis, excepto quem cuncta congregatio elegerit post mortem matris monasterii, ut deberet[i] institui et ordinari. Super haec scilicet neque vicedominus neque archidiaconus nec quamlibet[k] persona in eodem monastereo habere se potestatem aut extendere ditionem vel quicquam inmutare vel agere nullatenus[l] presumat. Cognoscentes, quia sub apostolicae[m] sede, id est beati Petri apostoli, ex predicti regi[n] consensu et prefatorum virorum postulatione dinoscimur presentis privilegii indulta concedere. Rogetus vero episcopus ipsius civitatis a matre, a patre monasterii vel cuncta congregatione, suam exibeat presentiam, non aut[o] petitus nec conductus ad secreta monasterii accedere[p] non presumat, nec ibidem contra regula institutionem intra claustra eidem pontifici convivium preparetur, nec quietam monacharum vitam, que[q] solitariam propter Deum studia[r] peragere decreverunt, frequens sacerdotum insolentia atque in- *f. 46.* gressu puerilium casu introeuntium perturbare videatur, qualiter, pie et sancte viventes et diuturnas meditationibus in Dei laudibus conversantes, pro excellentissimi regis Francorum stabilitate et fundatorum pia devotione assidue Dominum deprecare non cessent. Si autem, quod non optamus, monachae[s] in eodem monasterio constitute taepide in Dei amore aut instituta[t] patrum, ab abbatissa, id est mater monasterii[u], corrigantur. Et si in grave facinore inventae fuerint, in secretiore cellula retrudantur, quoadusque culpas suas Deo satisfaciant in gemitu et luctu ac lamentatione. Si autem et ipsa abbatissa in torpore neglegentiae [contra[v]] instituta patrum fuerit, quod absit, reprehensa et in ali-

3. u) sic̄ *c.* v) ne *c.* w) conpescere *c.* x) inimicum *Pard.* y) *ita Pard.;* coniustum *c.* z) ab omni *in loco raso c.* a) ab *Pard.* b) *i. e.* adiunxit. c) te non re *c.* d) sicut *fortasse supplendum.* e) patrinibus nostris, qui nobis non fuit d. *c.* f) et *add. Pard.* g) ipsius *Pard.* h) staendum *c.* i) *Pard.;* debent *c.* k) quālibet *c.;* quaelibet *Pard.* l) ullatenus *Pard.* m) apostolica *Pard.* n) *i. e.* regis. o) *i. q.* nisi. p) accere *c.* q) *lege:* quam. r) *deest Pard.* s) manachae *c.* t) institutis *Pard.* u) monasteria *c.* v) *deest c.; add. Pard.*

1) *Esaias* 33, 15.

quam vel sinistram partem inclinatam, a sede apostolica, sub cuius ditione consistit, statuimus corrigenda; nec enim cuidam episcopo damus licentiam sub obtentu reprehensionis aliqua[w] in monasterio predicto suam extendere ditionem aut potestatem, sed eius capite, id est apostolicae sedis, esse precipimus. Si certe zelo Dei instinctu pietatis innitetur, suis epistolis debebit suggerere, ut, quid pontifici Romane ecclesiae apostolice sedis placuerit, iuxta suam prudentiam ac discretionem prevideat disponendum; quo facto, tunc inreprehensibiliores videantur exsistere, cum ad caput eorum, id est apostolicam sedem, videntur que vera conspexerint nuntiare, et non semet ipsos in earum[x] lesionem vel machinationem quicquam inmergere nec insidiose callideque in aliquo calumniam inrogare. Quod si quidam episcopus, tam de presentibus quam futuris[y], per ingenii articulum aut avaritiae pre cupiditatis instigationem quicquam de prohibitis presumpserit adtemptandum vel contra superius decreta quoquo modo obviandum, aut quacumque persona, sive strinna[z] sive exigua, decreverit resultandum, primum quidem sui ordinis gradu et dignitate privabitur, et[a] ex[b] beati Petri apostoli auctoritate, qui ligandi solvendique in celo et in terra meruit habere potestatem, sit a participatione corporis et sanguinis domini nostri Iesu Christi defraudendus et alienus atque anathematis vinculum sortiatur, vindicte Dei ire et temeratoris presenti decreti, si quis violare presumpserit aut infrangere, in districto examine cum diabulo et angelis eius paenis multiplicibus debeat subiacere in aeterna damnatione. Superna gratia vos sospites custodiat in sua pace.

4.

Stephanus[1] episcopus, servus servorum Dei, Fulrado religioso presbytero et abbati nostro dilecto. Cura nobis atque sollicitudo est summa — — — incessanter depreces.

5.

16'. Stephanus[2] episcopus, servus servorum Dei, Fulrado religioso presbytero et abbate venerabili monasterii sancti Christi martyris Dyonisii et per eum in eodem venerabili monasterio[a] in perpetuum. Cura nobis atque sollicitudo est nimia — — — possident bonitatem. Bene valete.

6.

Hadrianus[3] episcopus, servus servorum Dei, dilectissimis Fulrado archipresbytero seu Maginario abbati. Si extraneis ignotisque — — — nihilominus revertatur.

Scriptum per manu Theodori — — — indictione quinta.

7.

47. Stephanus[4] episcopus, servus servorum Dei, Fulrado amabili presbytero, *et item*[a] *alie uni persone.* Petentium desideriis — — — nihilominus revertantur. Bene valete.

3. w) aliquae *Pard.* x) eorum *Pard.* y) futurus *corr.* futuris *c.* z) *ita c. et Pard. pro* strenua. a) Ex *c.* b) a *Pard.*

4 = *Jaffé, Reg. Pont. ed.* 2. 2330.

5 = *Jaffé, Reg. Pont. ed.* 2. 2332. a) monasterii *c.*

6 = *Jaffé, Reg. Pont. ed.* 2. 2435.

7 = *Jaffé, Reg. Pont. ed.* 2. 2333. a) italie *pro* it alie *c.*

1) *Stephanus II. papa c. a.* 757. *Fulrado abbati S. Dionysii* ornatum apostolici vestimenti *concedit. De fide tabulae cf. Jaffé, Reg. Pont. l. c., et H. Grauert, 'Hist. Jahrb.'* 1883, *p.* 587 *sqq.* 2) *Idem papa eidem abbati a.* 757. *concedit* sex constituere diaconos, qui stolam dalmaticae decoris induantur, ut sic sacrum peragant omni tempore ministerium. 3) *Hadrianus I. papa a.* 781. *eidem Fulrado et Maginario abbati S. Dionysii concedit* hospitale intus venerabile basilica domini et fauctoris nostri beati principis apostolorum Petri. 4) *Tabula de eadem re a Stephano II. a.* 757. *Fulrado data.*

8.

Hadrianus[1] episcopus, servus servorum Dei, dilectissimo filio Fulrado abbati, presbytero venerabili monasterii Sancti Dyonisii et per eum in eodem venerabili monasterio in perpetuum. Cum summe apostolice dignitatis apex — — — consequi mereatur. Bene vale. *f. 47'.*

9. *f. 48.*

Conditor[2] rerum omnium, Deus invisibilis, qui[a] per prophetarum linguas genus erudivit humanum, qui aegregium per prophetam precipit nobis Isaiam[3], si Deum querebamus et scire illius volebamus vias, debitores nostros repetere non debemus omnes, et 'solveremus fasciculos depremementes et omne onus, quod adgravabat, disrumperemus' et rel. quod subsequuntur, si custodiebamus, 'tunc' repromisit, omnibus nostrorum criminum ponderibus deiectis atque delictorum nexibus resolutis expulsisque peccatorum tenebris, 'erumpere, quasi mane lumen nostrum', ad contuendum scilicet[c] spiritalibus oculis, sequuti est Creatorem, quod et 'sanitas nostra citius oriatur, et antehibat[d] fatiem nostram iustitia, et gloria Domini inmarcescibiles colligat nos. Tunc invocemus, et Dominus exaudiat, clamemus, et dicat voce celitus: Ecce adsum'. Cui abysso Veteris Testamenti[e] consonat vel invocat atque confirmat in voce[f] catharactarum tuarum[g] Novum ipsius Redemptoris voce: 'Dimittite et dimittetur vobis'[4], et iterum: 'Quecumque vultis, ut vobis faciant homines, et vos eadem[h] facite illis'[5], et: 'Diligis proximum tuum sicut te ipsum'[6]. Hoc ergo mandatum sufficit nobis in totum, in quo legem integram veterem et novam et universos prophetas pendere et implere, Scriptura firmavit[7]. Et de contemplativa vita 'partem optimam', quam Dominus Mariam elegisse laudavit[8], sufficere credimus testimonio ipsius. Quamvis et actualis vita habet cum Retributore bonorum operum mercedem suam, tamen preposuit satagente Marthae circa plurima se contemplantem[i] Mariam. His ergo tantis atque talibus testimoniis exercitatus anima[k], decrevi ego in Dei nomen[l] ill., etsi, quamlibet peccator, illius urbis gratia Dei vocor episcopus, privilegium concedere atque libertatem congregatione monasterii basilicae beatissimi et post apostolus Gallearum clarissimi confessori[m] illi, ubi ipse in corpore requiescit, condonare, in quo venerabilis vir ille[n] abba preesse videtur, quod iam dudum a precessore nostro illo[o], illius urbis quondam episcopo, christianissima devotione ad ipsam sanctam basilicam vel congregationem ibidem consistentem fuit concessum, vel etiam per auctoritatem sedis apostolicae papae urbis Rome ex consensu ipsius illi[p] hoc privilegium ad instar ex ipsa *devotione[q] apostolica fuit confirmatum. Nec inmerito, reor, **f. 48'.*
eisdem ita viventibus piae atque catholicae hoc supervenire privilegium poterit, qui indesinenter diae noctuque patrono[r] famulantes, placere piissimo Christo contendunt, omni honestate ac moderatione morum[s] corpora cohercentes, redigunt servituti, atque

8 = *Jaffé, Reg. Pont. ed.* 2. 2443.

9. *Cf. infra n.* 2. a) *deest Pard.* b) erga *Pard.* c) et *add. c.* d) *lege:* anteibit; anteat *Pard.* e) testamento *corr.* testamenti *c.* f) vochatharactarum *c.* g) nostrarum *Pard.* h) ean dem *c.* i) contemplante *c.* k) animo *Pard.* l) nom̄ *c.* m) c. Martini *Pard.;* confessoribus illi *c.* n) Guntramnus *Pard.* o) Chrotpercthо Turonensis *Pard.* p) Chrotpercthi *Pard.* q) dictione *Pard.* r) nostro *add. Pard.* s) murum *c.*

1) *Hadrianus I. papa Fulrado abbati privilegium concedit pro ecclesiis in* Valle Tellina, quem domnus Carolus rex Francorum et Langobardorum ac patricius Romanorum atque Hildegarda regina Sancto Dyonisii concesserunt *(a.* 774—784*).* 2) *Formula sumpta est ex privilegio ab Ibbone episcopo Turonensi a.* 720. *monasterio S. Martini concesso, Pardessus, Diplom. II, nr.* 512. 3) *Esaias* 58, 5 *sqq.* 4) *Ev. Luc.* 6, 37. 5) *Ev. Matth.* 7, 12. 6) *Ev. Matth.* 22, 39. 40*; Marc.* 12, 31*; Rom.* 13, 9. 10*; Gal.* 5, 14*; Iacob.* 2, 8. 7) *Ib. et Ev. Matth.* 7, 12. 8) *Cf. Ev. Luc.* 10, 41. 42.

suis libertatem monachis dare, cuius honorem fiscus totum dedit urbi et census, libereque vivere nomenque instituit heredis. Cuius prefulgente et[t] miraculis coruscante a regibus singulariter emunitatem urbs nostra tota promeruit, prestante piissimo[u] Dagoberto quondam rege, integram emunitatem suscepit, dignum arbitror munus ab eodem inpetratum eidem [vel[v]] in suo viventibus patrocinio trementibus ulnis proferre. Prelatis[w] ergo fratribus et abbati iura servantibus patrum cedemus cessosque volumus ecclesiae censos, servitutes, opera, mansiones, pastos, munera, freda fysco, episcopo, iudicibus, missis et archidiacono et omnes consuetudines seculares amputamus seu[x] resecamus, et quicquid nobis vel eisdem servire dareve solebant et quidem possident, vel adhuc, largiente Domino, a christianis ominibus[y] conlatum fuerit, sibi semper vindicent, habeant[z] atque perpetuo iure tempore nostro vel successorum nostrorum defendant, eisque proficiat perenni firmitate. Nec nobis nec nostro cuiquam successore quicquam aliud dent, nisi iusta[a] postulationem fratrum vel statuta sanctorum patrum, quam honores inposite manus, gradum benedictionis subsequentium[b], altaris, chrismatis et olei[c] sancti, et hoc ipsum absque ullo premio secundum Sanctas Scripturas accipiant[d]. Et si abbas ab ac luce discesserit, per electionem memorate congregationis monasterii, quorum vita perfecta creditur, sicut regula sancti Benedicti edocet, in eorum consensu solidetur. Sicut et auctoritas papae urbis Romae Adeodati continet[1]: 'Per privilegii seriem nullas gravidines a quolibet episcoporum sub[e] pretextu discussionis religiosus abbas vel monachi ibidem degentes susteneant, neque rursus, hospitandi sibi apud eos licentiam vindicantes, dispendia his atque insolentias[f] angariarum inponant, nec per hoc[g] occasionem regularis discipline rimande atque servandae quaslibet inportent iniurias. Sed liberam licentiam similiter habere statuimus, salva profectu[h] monachicarum[i] regularum[k] custodia religiosum abbatem, quicum[que] pro tempore preerit prefato venerabili monasterio, id procurante, ut, erga[l] quod priscae traditionis eius articulis continet, conservare nitatur[m] et quique sub eius reguntur dispensatione solerter custodire commoneat[n] districteque conpellat. Reverentissimus vero episcopus, in cuius parochia memorato venerabile monasterium vel res eius ac possessiones constiterint, faciende tantum ordinationis ac
*f. 49. promonitionis[o] sacerdotum atque levitarum vel conficiendi chrismatis *sit tantum concessa licentia. Dispositionem autem venerabilis loci gerere ac conversationem monachicam exquirere religioso abbati eiusque preposito, vel quique[p] probatissimi in eodem monasterio fuerint, quod etiam prefati presules consona sententia definierunt, decernimus. Quisquis igitur quolibet tempore, quod nullatenus credimus, huius decretum privilegii, quod auctoritate apostolica subnixi consentiendo[q] firmavimus, in totum vel in partem temerare temptaverit suaeque presumptionis audatiam digna emendatione minus correxerit, in perpetuum percellendum[r] vel[s] anathematizandum se noverit, non solum tantorum sententia sacerdotum, sed etiam equissimo apostolice condempnationis aculeo, quoniam violare[t] pertinaciter nisus est, quod salubriter conservare debuerat. Et ita quoque huius privilegii sanctio firma ac rata indiminute persistat atque permaneat, erga quod et precellentissimi totius Gallie reges, ut scripta conperimus, ad repremendas laicorum infestationes edicto premunire[u] idem[v] venerabile monasterium regale pietati

9. t) a *Pard.* u) piissimeo *c.* v) *add. Pard.* w) praefatis *Pard.* x) s. r. *infra post* dareve *insert c.* y) omnibus *corr.* ominibus *c.;* hominibus *Pard.* z) habeat *c.* a) *i. e.* iuxta. b) subsequentum *c.* c) *Pard.;* oleo *c.* d) accipiat *c.* e) supertextu *c.* f) insolentia *c.* g) *ita c. et Pard., sed delendum videtur; corruptum fortasse ex* hoccasionem. h) *i. e.* profecto; profecta *Pard.* i) monachi quorum *c.* k) *ita cap.* 2; regularē *c.;* regularis *Pard.* l) ergo *c.* m) nitantur *c.* n) commoneant *c.* o) *ita etiam cap.* 2. *(p.* 497, *l.* 33.*) pro* promotionis. p) *ita Pard.;* quicquid *cap.* 2; q (= qui) *c.* q) con | consentiendo *c.* r) *ita cap.* 2. *et Pard.;* p̄cellendum *c.* s) v. a. *des. Pard.* t) violere *c.* u) premunere *c.* v) id est *(sic) c.*

1) *Cf. supra cap.* 2, *p.* 497, *l.* 22.

dignati sunt'. Ita et nos, inspirante Domino, plena devotione deinceps in id ipsum venerabilem illum abbatem suam[que] congregationem vel prefati monasterii sancti illius antistites volumus confirmare, ut, inspecta ipsi[w] privilegia, tam' decessoris[x] nostri illi quam Adeodate papae urbis Romae, seu confirmationes gloriosorum regum, ut nostro tempore vel successorum nostrorum omnimodis inviolabiliter conservetur et in nulla qualibet parte, sicut a nobis decretum est, corrumpatur. Rogamus et coniuramus successores nostros secundum sancti Pauli exemplum[1] per nomen domini nostri Iesu Christi, ut id ipsum sentiatis omnes, nobiscum conservantes Domini mandatum, quod dicitur: 'Gratis enim accepistis, et gratis date'[2], et illud propheticum testimonium: 'Beatus, qui excutit manus suas ab omni munere'[3]. Id est[y], nec per obsequium indebitum serviendo[z], nec per linguam laudando, nec per manum plena muneribus donum Spiritus sancti corrumpatur; sed illa potius intuentur[a] munera inmortalia, quae sunt caeli[b] condita; de quibus dicitur[4], 'quod oculus non videt, nec aures audivit, nec in cor hominis ascendit, quae preparavit Deus[c] diligentibus se' et custodientibus legem suam. Abbas vero qui elegendus[d] est, non eum nativitas aut divitiae vel ingeniositas preferat, sed, quem sanctitas, mores et gravitas vel pietas adornaverint, anteponent[e]. In nullis quoque modis, quos prediximus, iuxta coniuratione dissentiatis nobis predictis successores, si non Martinus consortio, si non Christus suo nos excludat regno. Vos[f] quoque, venerandos mihi Gallearum presules et Belgicae, Aquitaniae *metropolitanos *f. 49'.
et omnes confratres et coepiscopos, supplex exoro, ut huic[g] paginulae pro socio vestro, patrono nostro, sancto illo, adsensum tribuatis animo ex pleno, manibus vestris infra subscribentes, roborem detis perpetuum, ut[h] aeterna vobis premia hoc privilegium per orationem quibus datur perveniat et nobis.

Gratia Dei ille, etsi peccator, episcopus, hoc privilegium integra voluntate et devotione monasterii Sancti illius, hubi ipsi monachi secundum regulam sancti Benedicti conservare videntur, subscripsi.

10.

Zacharias[5] episcopus, servus servorum Dei, omnibus sacerdotibus, presbyteris Francorum. Egregius apostolus docet — — — Dei servi sunt permoti. Bene valete.

11.

In[6] nomine sanctae et individue Trinitatis, Patris — — — imperator Caesar Fla- f. 50.
vius Constantinus — — — Silvestrio urbis Romae episcopo et pape — — —.

Flavio Constantino augusto quater et Galligano viris clarissimis consulibus.

12.

Staephanus[7] episcopus, servus servorum Dei, Fulrado Deo amabili arcipresbytero f. 53'.
et abbati venerabilium diversorum monasteriorum — — —. Quoniam semper sunt concedenda — — — existere temerator[a]. Bene valete.

9. w) ipsa *Pard.* x) decessores *Pard.*; desuccessoris *c.* y) ut *add. Pard.* z) servando *c.* a) intueantur *Pard.* b) coelis *Pard.* c) *deest Pard.* d) quilendus *pro* qui elegendus *c.* e) anteponant *Pard.* f) *Pard.*; Usquequo *pro* V. q. *c.* g) hic *c.* h) ad *add. Pard.*

10 = *Jaffé, Reg. Pont. ed.* 2. 2290.

11. *Ed. ex hoc codice H. Grauert, 'Hist. Jahrb.'* 1882, *p.* 15 *sqq.*

12 = *Jaffé, Reg. Pont. ed.* 2. 2331. a) temerato *c.*

1) *Cf. Rom.* 12, 16; *Phil.* 2, 2. 2) *Ev. Matth.* 10, 8. 3) *Esaias* 33, 15. 4) 1. *Cor.* 2, 9. 5) *Zacharias papa commendat monachos, quos Optatus abbas monasterii S. Benedicti (Casinensis) et Carolomannus monachus, germanus Pippini,* excellentissimus reges maiori domos, *mittunt et propter Pippinum et Grifonem fratres reconciliandos et propter reliquias sancti Benedicti recuperandas.* 6) *Constantini donatio.* 7) *Stephanus II. papa a.* 757. *Fulrado et successoribus eius privilegium concedit.*

Quarto Kal. Marcias imperante domno piissimo augusto Constantino a Deo coronato magno imperatore — — — indictione decima.

13.

f. 54'. Adrianus[1] episcopus, servus servorum Dei, Maginario religioso abbati venerabili monasterii Sancti Christi martyris Dyonisii sito Parisiaco. Cum summe apostolice dignitatis apex — — — consequi mereatur.

Scriptum per manum Christophori — — — indictione nona.

f. 55. 14.

Quanta[2] beati Petri apostolorum principis — — — et hic in futuro mereatur.

f. 56'. 15. Incipit epistula ad domino Carolo rege[3].

Domino regi piissimo, gratia Dei celsissimo Carlo vere carissimo, regno Christi rectissimo, ultimus namque Cathvulfus, tamen vester servulus — — —. Domine mi rex — — — intellige diligenter.

f. 58. 16. Litteris commendatitiis.

Notum sit omnibus in Christo Iesu religiosa vita degentibus, ego[a] quod ill. abbati[b] Sancti Dy[onisii sanctis]sime congregationis abba, fratris nostri de[b] illi petitionibus satisfatiens, qui m[onachicae] vite consortio apud nos coniunctus esse videbatur, quoniam[c], mores vel habitum... ferre non valentes, ad salubriora loca et sibi convenientia ei additum adeun[di[d] con]cessimus; eo dumtaxat modo, ut ille nobiscum, absens corpore, tamen spiritu presens, [in[d]] sanctis orationibus coniunctus esse debeat, et fratrum nostrorum assidua ora[tio[d]] Dominum pro eo cotidie interpellet. Nos enim et cuncti fratres nostri valde eum[e] reti[nere[d]] maluimus; sed viri[f] eum eius minime ferre valentes, con-
*f. 58'. siderantes[g]........, *paterno affectu commoti, ad ea que sui sunt corporis convenientia loca, ut diximus, adeundi concessimus. Idcirco nostrae humilitatis apices ei conscripsimus atque subterfirmavimus, ut, quia apud nos aliquod temporis spacium conversare videbatur, securus et adiutus in Domino et defensus ab omni iurgio per easdem litteras, ubique in Domino securam vitam degere valeat, supplicantes omnes, ad quos eum Dominus direxerit, pro nostrae parvitatis memoria ipsum clementer suscipere dignetis.

17.

Carus[4] carissimo, dilectus dilectissimo, filius in Christo patri ill., ill. humilis ill. abbati in Domino sempiternam salutem. Duo enim simul nostro versantur in animo,

13 = *Jaffé, Reg. Pont. ed.* 2. 2454.

14 = *Jaffé, Reg. Pont. ed.* 2. 2491.

15 = *Jaffé, Mon. Carol. p.* 338 *sqq.*

16 = *Bal. min.* 9; *Roz.* 662. a) *emendaverim:* quod ego. b) *fortasse delendum.* c) qm̄ *c.*; quum *Roz.* d) *suppl. Roz.* e) eum reti *quod legit Roz., equidem certo legere nequeo.* f) *lege:* vires. g) *ita lego in c.*; consul . . . *Bal.*; consuluimus *Roz.*

17 = *Duchesne, Hist. Franc. SS. II, p.* 665; *Teulet, Opp. Einh. II, p.* 150; *Roz.* 765. *(Capp.* 17. *et* 18. *verba uncis inclusa, nisi aliter annotavi, ex ed. Duch. recepta sunt, nunc autem in cod. non leguntur).*

1) *Hadrianus I. a.* 786. *privilegia S. Dionysii confirmat. De dubia tabulae fide cf. Jaffé, Reg. Pont. l. c.* 2) *Hadriani papae epistola ad Maginarium, ut videtur, abbatem de privilegiis S. Dionysii conservandis. Cf. Jaffé, Reg. Pont. l. c., et H. Grauert, 'Histor. Jahrb.'* 1883, *p.* 69. 588 *sqq.* 3) *Epistola c. a.* 775. *scripta est.* 4) *Suspicor hanc epistolam scriptam esse a.* 810. *inter d.* 28. *Iul. et* 15. *Aug. ab abbate quodam pergente ad conventum eo anno mense Augusto Magontiae habitum. Solius enim huius anni mense Augusto Magontiae conventus a Karolo M. celebratus est. Cf. Simson, 'Karl d. Gr.' II, p.* 217 *sq.*; *Reg. Imp. I,* 349 b.

admiratio videlicet et tristitia: Quare? Quia, postquam a vestra dilectione corpore, non mente, separati sumus, neque per missum neque per mellifluos apices vestros de desiderabili prospiritate vestra, quam, Deo teste, semper audire et videre desideramus, certi effici meruimus. Notum igitur sit sapientiae vestrae, quoniam 5. Kal. Augustas[a] saumas nostras partibus palacii dirigere[b] dispositum habemus et postea propter opus eclesie tres dies stare, easque festinanter deinde, Domino auxiliante, sequi volumus, ea videlicet ratione, ut 18. Kal. Septembr. ad Magantiam esse possimus[c]. Nam si vobis placuerit, sicut dispositum habetis, ut per nos veniatis, tunc secundum voluntatem vestram iter nostrum disponere[d]. habemus. Nulla enim causa est, exceptis his que per nullum ingenium inmutare possumus, que voluntatem vestram, in quantum Christo auspice valemus, de his dimittere faciat. Fuimus namque ad locellum vestrum, in loco qui dicitur ill., ipsum man[sum con]sideravimus ibique nostrum repastum ex nostro adducere precepimus et una cum nostris vestrisque [fideli]bus in amore vestro illic letati sumus. Inde navigio pisces capiendo ad villam....... pervenimus. Tassilo vero, ut speramus, fidelis vester, de his, que ab eo quesivimus, [prude]nter[e] nobis in omnibus responsum dedit, et putamus, si eum probaveritis et secundum [scien]tiam vel doctrinam vestram aliquod servicium ei iniunxeritis, quod vobis exinde placere [curab]it[f]. Precamur denique, ut illo preposito vestro precipiatis, ut de illo manso, [quod] vestra caritas nobis beneficiavit, bonum certamen secundum promissionem vestram [face]re[g] studeat, qualiter nobis vobisque exinde mercis[h] adcrescat. De plumbo [autem] et materiamine similiter demandate, qualiter navigio iuxta voluntatem [vestram de] Sancto[i] illo usque ad locum, ubi Signa[1] confluit in mare, nos ita adducere [possimus], quatenus dominum meum sanctum illum, amatorem vestrum, una cum[k] omnibus sanctis, *quorum *f. 59.* reliquias in monasterio habemus, intercessores exinde habeatis. Deus omnipotens evis[l] temporibus in presenti seculo vos sanum et incolomem custodiat et in futuro cum sanctis angelis letabundum efficiat. Amen.

18.

Domino clementissimo et a Deo electo et sublimato Pippino[2] regi quam[a] magnificentissimo ill. humilis servulus et clientulus vester oratorque per omnia sedulus. Per hanc epistolam vestram magnitudinem in Domino dominorum opto et mitto sempiternam salutem. Gratias itaque ago omnipotenti Deo: summa cum prosperitate in servitio domini mei perveni, receptusque ab eo solita benignitate, illius in presentia gratiosus consisto. Multa namque ab eodem piissimo regi melliflua verba de vestris partibus inquisitus fui; sed in cunctis exquisitionibus, quibusque libenter audire merui, talibus Omnipotens mihi ministravit responsis, que[b] animum illius velud suavissima melodia ad sacri iocunditatis gaudio inrigarunt. Et ideo ineffabilis illius clementia erga excellentiam vestram, sicut dignum est, optimam habet voluntatem, quam[c] vero, omnia que dicta sunt, ille servulus vester viva voce vobis potest narrare. Fuerunt quidam[d] ex pares, quos et amicos habere putabam, pectore venenoso currentes, antequam venissem, meam conati sunt accusare miseriam; sed ille[e], qui cunctorum novit occulta, misertus

17. a) $\overline{\text{ags}}$ *c.* b) diriger *abrasum c.* c) possumus *corr.* possimus *c.* d) d. h. *in loco raso c.* e) [festinan]ter *Roz.* f) [studuer]it *Roz.* g) [habe]re *Roz.* h) *sequitur spatium unius vocis c.* i) : co *c.*; loco *Roz.* k) cō *c.* l) eius *Duch.*; ex his *Roz.*

18 = *Duchesne l. c. p.* 664; *Teulet l. c. p.* 152; *Roz.* 698. a) *ita Duch.*; que *c.* b) q *c.*: quod *Roz.* c) quoniam *Duch.*; per *post* vero *suppl. Roz.* d) quodam *c.*; quo[n]dam *Roz.* e) ill. *c.*

1) *Sequana? Cf. E. de Rozière II, p.* 1034, *n. a.* 2) *Pippinus rex Italiae, ut videtur, filius Karoli M. Aliter E. de Rozière II, p.* 969, *n. a. Suspicor, hanc epistolam a Fardulfo abbate datam esse, postquam ex legatione Romana a.* 798. *in Franciam reversus est. Regem, apud quem nunc commoratur cuique de Pippino, quem in itinere visitasse videtur, narrat, Karolum M. esse, existimo.*

est famulo suo, eorumque machinamenta magis iuvare ceperunt, quam aliquod dolum [inur]erent[f]. Cuncta vero, que latenter mentiendo ad aures preclaras nisi sunt accusare[g], p[resentibus][h] cunctis principibus idem ipse clementissimus rex mihi famulo suo dignatus est clementer narrare; quod et haec omnia prefatus ill. vestris in auribus prudentius potest referre. Habere autem illum unum ex veris amicis et fidelem servulum non dubitetis, quia, in quantum mens illius prevaluit, de profectui vestro et gloria coram domino nostro viriliter certare studuit. Ill. noster, quem ut anima mea in vestra diligebam amore, non erubuit in nece mea suas examinare sagittas et saltim de parte mea in regis presentia verba non vera iactare. Sed ille, qui iniqui Achitofelis ad nihilum redegit consilium[1], voluit et eius subito conterere nequitiam, et gratiam domini mei potius, ut dignus inessem, mihi benignus concessit. Habeo enim ego servulus vester dispositum, ut missum me[um] quam citius, cum potuero, in vestro dirigam servitio. Sed[i] nunc de presente pro benedictionis causa per ill[um] dirigo vobis munuscula parva, non tamen parvo voluntatis affectu, id est cusinos 2. P[recor, ut[k]] eos vultu serenissimo respicere dignetis. Commendo me omnesque res sancti ill. ac nostras et cunc[tis pa]rentibus nostris, servulis vestris, sub defensione alarum vestrarum multis feliciter annis. Queso devoti[ssime] serenitati vestrae, ut[l] confestim, cum hunc recensetum habueritis indicolum, igni ad devorand[um] trademini.

19.

In[2] Dei nomine. Domno et fratri et in Christo filio carissimo ill., viro venerabili et abbatum s[anctissimo][a], indignus episcopus in Domino sempiternam salutem. Plures mihi, carissime, transierunt dies, ex quo vo[lui] in [con]spectu tuae caritatis meas litterulas sive eulogiolas mittere; sed te .... Sancti illius venisse, non nisi modo cognovi. *f. 59'. Venisse ergo te et bene valere[b] ...., *et pro incolomitate et prosperitate tua, in quantum valeo, Domini misericordiam deprecor; quippe quum[c] non solum ego, sed pene omnis Europa et, ut ita dixerim, generaliter omnis eclesia ab Oriente usque ad Hoccidentem[d] tali cons[ensu dilectionis[e]] teneatur, ut pro te Domini misericordiam inploret, quippe qui fidem tuam observando et innocentiam custodiendo omnibus profuisti. Sicut enim non sunt condigne passiones huius temporis ad futuram gloriam, que revelabitur in nobis, ita nec condigna benevolentiae officia erga te quilibet nostrum exhibere potest, quum[f] videlicet multo maius sit[g] emolumentum tui beneficii, quod erga dominum nostrum et nos omnes fecisti[3], quam, si qua sint, obsequia, que tibi a nobis inpenduntur. Deus enim, qui per Mardocheum famulum suum Israheliticae plebis interitui medicinam[4] et nobis per te contulit, ipse et te et nos ita huius vite curricula concedat peragere, ut illam perveniamus vitam, cui nullus est finis. De cetero exposco et ultra quam valeo quaeso, ut me congregationis sancti ill. martyris, que vobis a Deo ad regendum concessa est, orationibus [commendetis[h]], sicuti et nos congraegationum a Deo nobis ad regendum concessarum orationibus vos commen-

18. f) [par]erent *Roz.* g) miserium *add., sed del. c.* h) coram *Duch.* i) s; *c.; scilicet Roz.* k) *suppl. Roz.* l) *evanuit c.*

19 = *Bal. min.* 10; *Roz.* 832. a) s:n ..... *c.;* a .... *Roz.* b) et *add. Roz.; quod mihi in c. non exstare videtur.* c) quū *c.;* qui *Roz.* d) *ita c.;* hoc occid. *Roz.* e) *ita forte supplendum existimo.* f) quū *c.* g) *ita c.;* stet *Roz.* h) *suppl. Roz.; quaedam verba abrasa c.*

1) 2. *Reg.* 17, 1 *sqq.* 2) *Ex versibus subiectis, quos Sirmondus ex alio codice inter opera Theodulfi cum inscriptione:* Ad Fardulfum abbatem *edidit (Poëtae Latini I, p.* 524*), E. Dümmler, 'N. Archiv' VII, p.* 401, *recte coniecit, ipsam quoque epistolam a Theodulfo Aurelianensi episcopo ad Fardulfum datam esse.* 3) *Haec et sequentia ad coniurationem Pippini Gibbosi a Fardulfo detectam spectare, crediderim. Cf. Simson, 'Karl d. Gr.' II, p.* 45. 4) *Cf. Esth.* 5 *sqq.*

davimus, ut mutuis nos orationibus, quasi quibusdam spiritalibus brachiis et, ut ita dixerim, spiritalibus armis adiuvantes, et antiqui ostis insidias sive machinamenta dolosa evadere et ad regem nostrum Christum inculpabiles venire, ipso auxiliante, valeamus. Merear te sospis sospitem, felix felicem, incol[omis inco]lomem cernere, mi carissime, et de incolomitate tua semper audire. Pax tibi a Deo!

Sumito que misi laetus munuscula parva,
  Dulcis amice, mihi dulcis et apte nimis.
Quae sint parva licet, magna haec dilectio mittit,
  Que non conpensat res, sed amoris opus.
Sit tibi vita salus, sint et felicia cuncta,
  Et tibi de celis rex Deus addat opem,
Et sic te clemens ducat per prospera mundi,
  Ut pes inoffenso tramite celsa petat;
Et qui in hac vita dignum con[ces]sit honorem,
  Hic tibi post obitum det super astra locum!

20.

.... meritis[a] magnopere venerando et a nobis cum omni studio ardentique fervore [in] vinculo caritatis amabiliter amplectendo divina inspiratione protegente abbati [ego] inutilis ac vilissimus famulorum Dei famulus perennem per hanc epistolam in domino Iesu [sa]lutem. Conperiat igitur devotissima caritas vestra, quia, auxiliante Domino [et[b] apostolorum principe Petro[b]] intercedente, per diversos terrarum fines inmensaque nos ac subditi nostri . . . . .

21.

. . . . . in quo supplicamus excellentie sanctitatis vestrae, [ut monachos] his nomi- *f.* 60.
nibus illis et ill. cum colligis eorum ex praefato cenobio, qui per nostrum premisso una cum benedictione venerabili viro ill., eorum abbate, vel fratrum ob amorem celestis patriae ad sedem apostolicam pro absolvendis peccatorum suorum vinculis sunt distinati, quamvis durum et asperum iter, fidem in Domino habentes, incursu vel inpedimento diabolice non pertimescentes, sicut diximus, ad limina beatissimorum Petri et Pauli seu ceterorum reliquie, quorum cineribus in Italia esse prenoscuntur, cum summa reverentia et devotione properare videntur; ideo supplicantes rogamus, ut, ubi et ubi, tam civitatibus, castris, vicis, villis, monasteriis, vestra devenerint presentia, pro [nomine] domini nostri Iesu Christi largire iubeatis alimonia vel que eis necessarium vel oportunum fuerit, pro ipso qui dixit: 'Qui vos recipit, me recipit; et qui recipit prophetam in nomine prophetae, mercedem prophetae accipiet; et quicumque porrexerit calicem aque frigidae in nomine meo, amen dico vobis: non perdet mercedem suam'[1], et 'Quam[diu] fecistis uni ex minimis meis istis, mihi fecistis'[2]. Valere vos optamus, Patri et filio salvatorique Christo una cum sancto Spiritu multis annorum curriculis.

22.

Excellentissimo[3] atque piissimo ill. rege ill. gratia Dei episcopus de illo oppido una cum coenobio, sub quo egregius confessor ill., patronus vester, in corpore requiescit.

20 = *Bal. min.* 11; *Roz.* 861. a) *vox prima evanuit;* tum *vel* num *superest;* [Virtu]tum *Bal.;* Illi *perperam Roz.* b) *quaedam evanerunt c.;* et — Petro *Bal.*

21 = *Bal. min.* 12; *Roz.* 671 *in notis. Cf. Form. Bitur. App.* 9, *supra p.* 180.

22 = *Bal. min.* 13; *Roz.* 676.

1) *Ev. Matth.* 10, 40—42. 2) *Ib.* 25, 40. 3) *Hanc epistolam ab eodem Theodulfo, qui etiam cap.* 19. *scripsisse videtur, et datam et subscriptam esse, existimaverim, quem et episcopi et abbatis vices egisse constat, perinde atque de epistolae auctore suspicandum est. Quod autem*

Obnixi supplicamus [cul]men regiminis vestri, ut hos in Christo fratres nostros, illos monachos de prefati congregationi sancti, [qui[a]] apud nos ipsi probabiles[b] videntur, [quando[a]] una cum collegis eorum vestris se cum litterolis exiguitatis nostrae[c] obtutibus presentaverint, benigne recipi christianitas vestra iubeat, et vestro adiutorio f[ult]i, iter arduum, quam pro reverentia beati Petri principis apostolorum arripuerunt, usque ad limina ipsius quieti perficiant; unde vobis ipse sanctus apud Deum intercessor adsistat et in futurum mercedem vobis augeat. Et humili prece vobis deposcimus, ut, quod hore propria postulaverint, [sereni]tas vestra benigne recipiat, et ad effectum perducere bonitas vestra iubeat, ut, si Christo pro[pitio a]d nos reversi fuerint, pro vobis et statu regni vestri indesinenter orare delectentur........ [d] te corpore et spiritu ille Samarita, id est salvator et custus, de quo in psalm[o: 'Non] dormitabit neque dormiet qui custodit Israel' [1]; Uthel [2], qui interpretatur vigel, ad te qu........, ut possis dicere: 'Ego dormivi, et cor meum vigilat' [3]. Valere in Domino vos[e] optamus....., sublimissime[f] regis atque optantissime. Salutat vos affatim omnis[g] [congregat]io sancti illius nobiscum.

Ille, quamvis peccator, archiepiscopus, fidens de bonitate Christi [et serenit]atis vestrae, libens subscripsi.

23.

Summa veneratione diligendo et nobis in amore Christi amabiliter preferendo et in gremio ecclesiae sano ac devoto gratuituque animo commendando atque ex totis viribus cum summo caritatis vinculo amplectendo[a] domno spiritalique patre ill. sancta religione sedulo cuncti quidem fratres beatorum martyrum ill. et suis cum sanctis sociis, proprii servuli et amatores oratoresque vestri. Pre omnibus salutemus vobis in domino Iesu Christo salutatione amabili. *De cetero, piissime pater, multas vobis agimus laudes et gratias de vestra melluflua scedula pulcherrimaque munera, quae modo vestra sanctitas nostra infima parvitate dignata fuit munerare. Propterea vestra conperiat almitas, quia nos in uno positi, relectas vestras litteras, continuo, ut eas audivimus, gratulati licet de benedictione, sed multum turbati de vestra tribulatione. Quid ergo de vobis agimus? quid facimus? quid loquimur? Dolemus, gemitum habemus, anxii sumus, consilium querimus statimque in commune consensu decrevimus[b], sicut nos divina docet lectio, ubi ait: 'Orate cuncti pro invicem, ut omnes salvemini' [4]. Nos autem repente, sicut mos est solitum, loricam induti fidei, sumptis salutis galeam, cum umilitatis spiritu arma orationum sumsimus, ut certi Christi milites, in agonia puriter muniti, undique firmiter simul omnes venimus, ordinata acie, belligerare coepimus. Iesu Christo domino pro vobis preces fundimus, in missis specialibus, in psalmodiae, in canticis spiritalibus, in sacris orationibus, in quantum nostra valens est parvitas, pio affectu viriliter certavimus, et optamus facere, [ut] vos Dei pietas per multa quidem lustra annorumque curricula in pace sanctae Dei ecclesie incolomem[c] custodiat et post vitam eternam istius[d] in gloriam conlocet. Peracta omnia namque hec, ad divina[e] veniamus eloquia, de qua haurire possemus[f] consolatione optima. Audiamus primum prophetam sanctissimum,

*f. 60'.

22. a) *deest c.; suppl. Roz.* b) s *om. c.; suppl. Roz.* c) :rae *c.* d) *ultima literarum evanidarum* r, *ut videtur, fuit.* e) *superscr. c.* f) sublimissimissime *c.* g) omnes *corr.* omnis *c.*
23 = *Bal. min.* 14; *Roz.* 837. a) amplectendomno *pro* a. d. *c.* b) deorevimus *c.* c) incolom̄ *c.* d) istitius *c.* e) divinā *c.* f) possumus *corr.* possemus *c.*

infra archiepiscopus, in initio vero episcopus nominatur, ideo fieri potuit, quia Theodulfus, a. 801. *pallio accepto, archiepiscopalem quidem honorem, sed personalem tantummodo habuit. Cf. Mühlbacher, Reg. Imp. I,* 525, *et Form. Imp.* 18, *supra p.* 299. *Rex, ad quem mittitur epistola, idem Pippinus, ad quem cap.* 18. *scriptum est, esse videtur, praesertim cum homines Romam peregrinantes ei commendentur.* 1) *Psalm.* 120, 4. 2) *Unde haec vox sumpta sit, nescio. V. Cl. S. Löwenfeld coniecit:* Uriel. 3) *Cant. cant.* 5, 2. 4) *Iacob.* 5, 16.

virum prudentissimum, psalmigraphum humilem, cytharizantem per citharam [pre]cepta melliflua. Sic nobis alloquitur: 'Mihi autem', ait, 'adherere Domino bonum est, in omnibus spem meam ubique bonete[g] in Domino'[1], et rursum: 'Iacta tuum cogitatum semper in Domino, et ipse te enutriet dulciter'[2]. Idem ipse inquit: 'Bonum est, suave est mihi, Domine, quod humiliasti me'[3]; de quo sequitur: 'Bonum mihi lex oris tui super multa milia argenti et auri'[4]. Scriptum legimus, quia[h] presens paupertas futuris divitiis conpensanda sit. In cantico dicitur Annae: 'Dominus pauperem facit et valde ditat, humiliat pro peccatis, sed statim sublevat per misericordiam'[5]. Unde iterum psalmista cohortat nos per omnia, dicens: 'Dominus me reget, et mihi nihil deerit, et conlocavit me in loco pascue, super refectionis aquas me locavit'[6]. Hec auscultans aegregius praedicator apostolus tuba mirabilis nostris intonat ...... [aur]ibus, mittit se in medio, pulchra conectit eloquia, de qua proloquens dicit: 'Om[ne don]um optimum et omne donum perfectum descendit a Patre luminum'[7]. Dicit iterum: 'Omnes qui volunt pie vivere in Christo Iesu, persecutionem patiuntur'[8]. Adhuc subditur: 'Cum enim ho[mo noster ex]terior affligitur, tunc ille qui intus est perfectae renovatur, quia, dum infirmamus corpore, potentes sumus spiritu'[9]. Salvator Cristus dominus de semetipso ait: 'Spiritus quidem prumptus est,. caro autem infirma'[10]. [Et bon]ae memoriae dicit Gregorius: 'Tunc homo perfectus est, cum plenus fuerit caritate; et unde animus saepius cogitat, inde mens frequenter meditat'[11]. Oramus atque optamus vobis per omnia, ut Deus pacis et caritatis sanctificet vos in omnibus, et integer spiritus vester *et reliqua*'[i].

24.

. . . . . [im]minutum[12]. Id ipsum autem, quod optimum habemus, secundum *f.* 61.
quod facultas suppetit, vobiscum libentissime [im]pertiemus. Haec idcirco per singula studuimus scribere, quia epistola superius dicta per scriptum vobis [in]notescere iussit de singulis. Ea vero, que subsequens exposcit sermo, nostrae competunt necessitudini. Liquet[13] namque, quod sagax efficatia vestra astutiam precellit omnium hanc legationem agentium, ut superius dictum declarat affectum. Et ideo quia pre cunctis excellentius subtiliusque eandem legationem a vobis ordinari scimus, de vestra inviolabile caritate freti, consilium expetimus, quomodo ipsam agere debeamus, ut, sicut eam penes vos habetis depositam, qualiter episcopos vel ca[no]nicos aut monachos vel quibus capitulis ab eis debeamus requirere, per ordinem cuncta celerius ad nos recurrens ostendat epistola. Illam quoque paginam, que coram domino imperatore et nobis omnibus lecta est, cum universis generaliter data fuit licentia eundi palatio, pariter cum prepetita[a] epistola nobis mittite. Et non solum ea, que nominatim expressimus, sed prebete cuncta, que huic negotio scitis esse congrua. Ita namque in omnibus erga nos agat vestra inmarcescibilis[b] caritas, sicuti per vos nostra confidat simplicitas. Hoc etenim almitati vestrae notum fieri volumus, quia, domino nostro glorioso augusto iubente, die 19. mensis presentis, que eveniet 13. Kal. Iul., ab o[mnibus suf]fraganiis nostris, Deo opitulante, episcopale munus, libet indignus, suscepturus su[m. Cum e]go me huic honeri minus aptum et adhuc episcopalibus officiis non[c] ut oportet esse inbutum, termino

23. g) *ita c.* h) q (qui) *c.* i) quod ipse prst *add. c.;* quod ipse praestet! *Roz.*
24 = *Bal. min.* 15; *Roz.* 700. a) prapetita *c.* b) -les *corr.* -lis *c.* c) novit *pro* non ut *c.*

1) *Psalm.* 72, 28. 2) *Psalm.* 54, 23. 3) *Psalm.* 118, 71. 4) *Ib.* 72. 5) 1. *Reg.* 2, 7. 6) *Psalm.* 22, 1. 2. 7) *Iacob.* 1, 17. 8) 2. *Tim.* 3, 12. 9) 2. *Cor.* 4, 16; 12, 10. 10) *Ev. Matth.* 26, 41. 11) *Haec verba ap. S. Gregorium M. non inveni.* 12) *Epistola fortasse ad Fardulfum, anno* 802. *missi munere functum, data est. Cf. LL. Capitul. I, p.* 100. 13) *Cf. ad haec Waitz, 'VG.' III*², *p.* 464.

statuto differre volui; sed quia, iussione imperiale urguente, non valeo, idcirco vestram sanctitatem rogo et intentissima praece efflagito, ut, licet omni tempore, maxime usque predictam diem pro nobis cum omnibus vestris Domini misericordiam exhorare dignemini, ut inpetratu vestro a gravidine meorum[d] delictorum merear leviari, et, adnitentibus orationibus, dignetur mihi dominus Iesus Christus intellectum sensumque prebere, qualiter ad dignitatem tanti honoris, quamvis inmeritus, valeam conpetenter accedere.

25.

Carolus[1] gratia Dei rex Francorum et Langobardorum ac patricius Romanorum dilecta[a] nobis et valde amabili coniuge nostrae ill.[2] regine. Salutem amabilem tibi in Domino per hos apices mittere studuimus et per te dulcissimis filiabus nostris vel ceteris fidelibus nostris tecum morantibus. Scientem tibi facimus, quia, gratias Deo, sani et salvi sumus. Missus quidem dilecti filii nostri ill.[3] nomine ill. nobis nuntiavit de eius sanitate ac domni apostolici vel de salvatione[b] confinium nostrorum illis partibus positis. Unde valde laeteficati extitimus. Et insuper retullit nobis, qualiter illa scara[4] nostra, que[c] prius de Italia iussimus pergere partibus Avariae in ill. confinia
*f. 61'. resedendum, perrexerunt infra fines ipsorum *decimo Kal. Septembr. et inierunt pugnam cum eis, et dedit eis Deus omnipotens pro sua misericordia victoriam, et multitudinem de ipsis Avaris interfecerunt, in tantum, ut dicunt, quod in multis diebus maior stragis de ipsis Avaris factum non fuit. Et expoliaverunt ipsum walum et sederunt ibidem ipsa nocte vel in crastina usque hora diei tertia. Et acceptis expoliis, reversi sunt in pace et centum quinquaginta de[d] ipsis Avaris vivos conprehenderunt, quos reservaverunt, ut nostra fiat iussio, qualiter exinde agere debeant. Fideles Dei ac nostri, qui hoc egerunt, fuerunt ille episcopus, ill. dux, ill. et ill. comites. Ill. dux de Histria, ut dictum est nobis, quod ibidem benefecit ill. cum suis hominibus; vassi vero nostri fuerunt illi. Nos autem, Domino adiuvante, tribus diebus letania fecimus, id est Non. Septembr. quod fuit Lunis die incipientes et Martis et Mercoris, Dei misericordiam deprecantes, ut nobis pacem et sanitatem atque victoriam et prosperum iter tribuere dignetur, et ut in sua misericordia et pietate nobis adiutor et consiliator atque defensor in omnibus angustiis nostris exsistat. Et a vino et carne ordinaverunt sacerdotes nostri, qui propter infirm[itatem[e] au]t senectudinem aut iuventudinem abstinere potebant, ut abstinuisset; [et qui re]demere voluisset, quod vinum[f] licentiam habuisset bibendi ipsis tribus diebus, ditiores[g] et potentiores homines hunaquaque[h] die solidum hunum dedissent, minus potentes iuxta possibilitatem ipsorum; et qui amplius dare non potebat et vinum bibere volebat, saltim vel unum dinarium donasset. Aelimosina vero unusquisque secundum propriam atque bonam voluntatem[i] vel iuxta possibilitatem fecisset. Et sacerdos unusquisque missam specialem fecissent, nisi infirmitas[k] inpedisset. Et clerici, qui psalmos sciebant, unusquisque quinquaginta cantasset, et interim quod ipsas letanias faciebant, discaltiati ambulassent. Sic consideraverunt sacerdotes nostri, et nos omnes ita aptificavimus [et[l]], Domino adiuvante, complevimus. Unde volumus, ut tu cum ill. et ill. vel

24. d) eorum *c.*

25 = *Sirmondi Concilia Gall. II, p.* 158; *Jaffé, Mon. Carol. p.* 349 *sqq. Reliquas editiones ex Sirm. repetitas enumerat Mühlbacher, Reg. Imp. I,* 306. a) *ita c.* b) salvationē *c.* c) q: *c.* d) diipsas *pro* de i. *c.* e) *lacuna c.* f) um *certo legi nequit c.* g) .... ores *c.* h) *ita c.* i) tem *legi nequit c.* k) infirmitates *ead. m. corr.* infirmitas *c.* l) *legi nequit c.*

1) *De hac Karoli Magni epistola post d.* 7. *Sept. a.* 791. *data cf. Jaffé in notis et Simson, Karl d. Gr.' II, p.* 21 *sqq.* 2) *Fastradae (Jaffé).* 3) *Pippini regis Italiae (*781—810*) (Jaffé).* 4) *I. e. exercitus. Cf. Waitz, 'VG.' IV, p.* 515.

ceteris fidelibus nostris considerare debeas, qualiter ipsas letanias ibidem factas fiant. Tu autem, iuxta quod tua infirmitas permittit, in tuo committimus arbitrio. Et mirum nobis fuit, quia vestrum missum nec epistolam postquam de Ragenisburg[m] ad nos non venit. Unde volumus, ut sepius nobis de tua sanitate vel de aliud, quod placuerit, significari debeas, iterumque salutamus tibi multum in Domino.

25. m) rg *legi nequit; post h. v. quaedam omissa esse videntur in c.*

FORMULAE CODICIS LAUDUNENSIS.

Codex Parisiensis Lat. 11379, antea Suppl. Lat. 334, olim Laudunensis, saec. IX, praeter epistolas Einharti alia quaedam scripta continet, in foliis vacuis relictis postea addita vel etiam cum novis foliis inserta, e quibus formulas 17 collegi et huc inserendas duxi. Insunt codici haec: fol. 2. particula tabulae redituum; fol. 2'. caput nostrum 16; fol. 3—15. epistolae Einharti, quae fol. 15. medio verbis DEO GRATIAS AMHN terminantur. In reliqua eiusdem paginae parte postea scripta sunt capp. 11—13. Sequuntur fol. 15'—16.' capp. 1—5; fol. 17. epistola ad Hermengardam imperatricem (Duchesne, Hist. Franc. SS. II, p. 710); fol. 18. versus; fol. 18'—19'. formulae capp. 6—8; fol. 20. duae Einharti epistolae; fol. 21—23. Predicatio; fol. 24. versus; fol. 24'. formulae cap. 9. pars prior; fol. 27, quod a bibliopega loco folii 25. huc inseri debuit, capitis 9. pars reliqua et cap. 10; fol. 16. Aeneidos principalium; fol. 26'. et 28. capp. 14. et 15. Proprium fasciculum ab ipso codice primitus alienum folia 25. et 29—36. effecisse videntur, quae exhibent inde a fol. 25'. epistolam Hincmari Remensis archiepiscopi ad clerum et populum ecclesiae Laudunensis de ordinatione Hedenulfi missam (Migne, Patrol. Latin. CXXVI, col. 270 sqq.). Fol. 25. in pagina recta, primitus vacua relicta, postea cap. 17. additum est. Descripserunt codicem b. m. G. H. Pertz, qui eum a. 1827. Lauduni repererat, 'Archiv' VII, p. 861 sqq.; Teulet, Einhardi opera I, p. LXXIII sqq.; Jaffé, Bibliotheca rerum Germ. IV, p. 438.

Nescio, num recte existimaverint viri docti[2], hoc exemplar epistolarum Einharti in monasterio S. Bavonis Gandensi scriptum et inde medio saeculo IX. a monachis propter Nortmannorum incursiones fugientibus Laudunum allatum esse. Certe quidem codex inde a saeculo IX. ex. Lauduni servatus est, quod et fasciculus ille Hincmari epistolam exhibens et formata cap. 16. ad Didonem episcopum missa testantur. Sed etiam reliquas plerasque formulas Lauduni additas esse existimo. Dubitari potest de capitibus 1—5, quae scripturae formam exhibent ei similem, qua ipsae Einharti epistolae exaratae sunt. Capite 2. Immo episcopus Noviomensis (a. 840 — c. a. 860) commemoratur, recentioris autem temporis indicia desunt. Itaque, si re vera codex usque ad medium fere saeculum IX. apud S. Bavonem remansit, ibi etiam capita 1—5. in codicem inserta esse crediderim. A quorum scriptura ceterarum formularum scriptura valde differt. At ne hae quidem omnes eadem manu exaratae sunt, sed quinque manus discernendas esse existimo, quarum prima capp. 6 – 10, secunda capp. 14. et 15, tertia cap. 11—13, quarta cap. 16, quinta cap. 17. scripsisse videntur. Cap. 15. non

1) Recentioribus foliorum numeris atramento scriptis usus sum. Antiquior modus numerandi folia, quae nunc sunt 1. et 2, praetermisit. Itaque numeri antiquiores 1. 2. sqq. = num. recent. 3. 4. sqq. 2) Cf. Teulet l. l. I, p. LXXI; Jaffé, l. l.

ante a. 865. *et cap.* 16. *non ante a.* 892. *inseri potuerunt; omnia autem haec capita post medium IX. saeculum ideoque Lauduni conscripta esse, iam ex litterarum formis apparere videtur.*

Exhibent capp. 1—3. *et* 5. *epistolas varias,* 4. 6—10. *brevia mortuorum,* 11—13. *exempla aliorum brevium, quibus, sicut capp.* 7–9. *postulatur, de tempore, quo brevia illa mortuorum recepta sint, rescribitur; cap.* 14. *continet formulam manumissionis servi ad sacros ordines promovendi, capp.* 15—17. *epistolas formatas. Exempla pleraque non ficta, sed ex veris tabulis sumpta sunt. Nonnulla ad epistolas Lauduni aliunde receptas scripta esse videntur. Ita capp.* 6. 7. 9. *epistolas ab ecclesiis Remensibus missas, cap.* 10. *aliam ab ecclesia cathedrali Autissiodorensi missam, capp.* 15. *et* 16. *formatas episcoporum Iohannis Cameracensis et Heidilonis Noviomensis praebent.*

Formulas plerasque edidit E. de Rozière in 'Recueil général', alias Teulet in Einhardi operum tomo II (Paris. 1843*). Codice in usum nostrum huc nuper liberaliter transmisso ipse usus sum, praeterea autem ad capita* 1—5. *et* 14. *edenda praesto fuit apographum, quod fecit b. m. G. H. Pertz a.* 1827. *Quod ideo magni momenti fuit, quia ille vir doctus nonnulla verba tunc temporis legere potuit, quae postea, cum codex denuo conglutinaretur et nitido involucro indueretur, cumque locis maxime laceratis pellucentia membrana agglutinarentur, aut deleta aut operta quidem sunt.*

Numeros capitum institui, ordinem codicis secutus. Capita vero 11—13, *licet in codice praecederent, post capp.* 1—10. *posui, cum supplemento esse viderentur capitibus* 6—10. *Capita* 16. *et* 17, *quae postremo addita esse videntur, ad calcem posui.*

1.

Dilectissimo, venerando, amabilissimo[a], diligendo magistro meo ill. humilis, vestrae *f.* 15'. tamen sanctitatis in omnibus fidelis, mellifluam patre salutem. Gratias Omnipotenti agitur, exoro, quatenus huius miserabilis vitae prospera, aeterna dignetur vobis caelestia gaudia. Ceterum noverit desiderabilis multumque amabilis paternitas beatitudinis vestre, quia[b] —.

2.

Domino[1] meo gloriosissimo ill. ill. ultimus omnium servorum Dei servus, tamen *f.* 16. fidelis vester, inviolabiles ac incessabiles orationes fidelesque[a] simul mandat servitium. Noverit nobilitatis vestrae prudentia de hoc, quod mihi et ill. iussistis ad Immoni[2] loqui, ill. mecum ibidem non fuit, quia ire non potuit propter suam passionem. Sed ill. omnia mecum in Villa nova episcopo intimavimus, et quicquid nos ad[b] illo episcopo in responsum accepimus, quando ill.[c] istum vobis detulerit indiculum, omnia per ordinem responsionis suae presentiae vestrae redderit rationem. Super hoc sciat nobilitas vestra, ut ego postea solus ad episcopo in causam confessio[nis] de conloquio atque de prandio, quod in Pettingahem[3] habere debuissetis, interrogavi, cur hoc ita dimisisset, vel ceterorum[b]

1. *Initium exstat ap. Teulet, Einhardi opera II, p.* 143, *n.* 1. a) amabilis *bis scr. c.* b) *reliquam capitis partem omisi, cum pleraque ita essent mutila et corrupta, ut intelligi non possent, pauca autem aperta nullius fere momenti esse viderentur.*

2 = *Teulet, Einhardi epist. App. I,* 1 *(Einhardi opera II, p.* 143 *sq.).* a) *lege:* fideleque. b) *ita c.* c) ill *exstitisse videtur, sed literae* ll *abscisae sunt c.*

1) *Epistola ad nobilem quendam dominum missa est a sacerdote quodam. Cf. p.* 514, *l.* 2. 2) *Immo, ut videtur, episcopus Noviomensis (a.* 840 — *c. a.* 860*). Cf. Dümmler. 'Ostfränk. Reich I, p.* 438, *n.* 34. 3) *Hodie Peteghem prope Audenaarden, ut monet Teulet.*

rerum varietatibus verba, veluti mihi mandastis, [prout] possibilitatis meae insipientiae sufficiebat, retuli. Respondens vero ilico episcopus [dixit]: 'Certe quicquid episcopus sacerdoti confiteri debet, absque dubio omnia tibi confitebor, [quia de te] credo et in te non dubito'. Tunc quoque iureiurando cum omni .... confessionis cepit dicere, quod nullatenus communi conloquio .... ret; nisi quod sciret maximam calamitatem vestram pro actibus Nord[mannorum . . . at]que paupertatis modulum vel omnium bonorum erumnositatis defe ...... edis indigentiam. Idcirco ibique se venire dimisit. Et statim sub .... et filius meus tunc advenissem. Numquid aliquid mihi de rebus .... paupertatem suam dare deberet; quod valde sibi gravari deberet, quia antea m ...... um su ... scis, quia ego, quando in vinculis tenebatur, aliquam sibi .... con .... super cum sacramento vehementer adfirmabat, quod ipse ne ..... [haud] aliter nisi firmiter atque sincerissimae in omnibus fidel ...., et si exinde aliquid de vobis aliter audisset aut inter .... Simili modo promisit, se, si potuisset, Domino cooperante, ... vestro considerare vellet, ut de omni itinere securi fuissetis .... recuperationem ex debitibus locis sanctorum ceterorumque bo .... paupertate vel incommoditate, necnon et loca sanctorum fie .... et dixit, quod restaurari vel emendare numquam eas valu[isset] . . . pl ... re ....., nisi Dei et senioris vel multorum bonorum hominum adfuisset [suffragat]io. Sed haec ..... petiit, sibi Deum omnipotentem ita adiuvari, ut vobis ex corde puro et sincera anima [et] ex totis viribus, absque dolo et simulatione ita fidelis amicus esse, sicut scir[e suum] et [po]tentia sua in omnibus suppetisset. De thesauris ecclesiasticis nostris cur ita ...... inquireret, non interrogavi, quia ad curtem ivit et ad[d] Hammatico vel[d] ad Martianas[1] non venit. Cur ita fuisset, ill. vobis hoc exponere potest. Omnes breves episcopus de missatica sua hic dimisit et dixit, quod nulla ratio ex ea regi indicari noluisset, antequam per omnia adimpleta teneret[2]. Ill. quoque, obsecro, ad Camaracum dirigatis, quia valde utilis esse potest, et aurum cum maxime aut denarios 14 aut 15 aut 16[e] aut per totum dimitt[ite, propter] quae vel scribere vel renuntiare mihi dignemini.

3.

f. 16'. Carissimo fratri ill. ill. in Christo salutem. Misi benignitati vestrae solidos 5, de quibus precor ut mihi cucullum spissum dignemini comparare. Quod si pretium defuerit, et non ex hoc argento, quod misi, illud emere potueritis, ex vestro addite, quod necesse fuerit, et ego aut reddam aut servitium multo maius impendam. Sic inde agite, ut in vos confido, et videte, ne sine ipso in hoc mercato remaneam. Valete in Domino.

4.

Confratribus ubique degentibus fratres ex monasterio Sancti ill. salutem. Flebili lamentatione scribentes, acceleramus vestrae compatienti dilectioni notum facere obitum prepositi simulque patris nostri ill., quod est 12. Kal. Iun.; cuius piissimam paternitatem solitam recolentes, obsecramus, ut pio affectu[a] in adiutorium eius animae precibus Domini misericordiam sedule imploretis. Valete in Domino.

5.

Karissimo et pre omnibus dilectissimo, cuius[a] nomen vos scitis, quem nominare

2. d) ad hammaticoł *c.; Adham matricolarius *emend. Teulet; aut fortasse* Hammati col[oniam] *intelligendum?* e) X: *c.*

3 = *Roz.* 753; *Teulet, Einh. ep. App. I,* 2.

4 = *Roz.* 682; *Teulet, Einh. ep. App. I,* 3. a) affecto *corr.* affectu *c.*

5. a) cui *c.*

1) *Marchiennes.* 2) *Cf. Waitz, 'VG.' III*², *p.* 465.

necesse non est, eo quod certus est, a quibus mittitur, vel ad quem mittatur, minime ignoras, in Domino semper salutem et fidele servitium et presentibus valere optamus succesibus. Ceterum plurima fidelitatis verba et dilectionis conferentiam remandare [deb]uimus, nisi que a te nobis inlata sunt. Scias, te a nobis prae ce[teris c]aris esse carissimo, ac prae ceteris, qui sunt consanguinitate nobis connexi et decore virili sexus ornati, singulariter[b] dile[ctionis] anulo in corde nostro esse signatum. Ac proinde, cum id facultat[ibus nost]ris attendere et alloqui valeamur, ad minister[ia... ma]gna ardore desiderii refrigerabimus. Interim Domin[um exoramus, ut] incolomem te et ab universis tueatur inimicis. C.... tate neque stulticiam meam neque sapientiam vobis abs... solvi, set in omnibus me vobis manifestavi, ut, sicuti cupio et vos mihi concessistis, in vobis fidutiam habere per omnia possim, etsi credo. Desidero enim faciem[c] vestram multum videre. Ego enim in eodem statu sum, sicuti fui, permaneo et permanebo, ne umquam contra vos in aliquo mutari potero neque volo. Sanum et incolomem mereamur vos cito videre.

6.

Honorabiliter venerandis ac venerabiliter honorandis patribus ac fratribus sororibus- *f. 18'.* que, Deo sub sacrae institutionis norma degentibus, humilis grex canonicorum almae Dei genitricis Mariae Remensis eclesiae instantis aevi gaudium et aeternae felicitatis bravium. Quoniam omnium Creator rerum protoplasto Adae solam ob inoboedientiae noxa denuntiasse legitur in sui vultus sudore panem comesturo[1], non magnopere nobis stupendum existit, dum sepe innumeris afficimur malis, qui, in erumna huius corruptibilis ac labilis aevi positi, non solum in exequendis illius mandatis negligentes sumus, sed etiam inmenso peccatorum pondere gravamur. Verum quia ..... enda idem pater pius ingentia pietatis suae ad...... menta medicaminis, per copiam scilicet aelemosinarum . . [ardo]rem quoque lacrimarum atque assiduitatem orationum, oportet nos iuxta preceptum beati Iacobi apostoli orare pro invicem[2], quatinus et hic, quandiu substiterimus, ab hostium visibilium et invisibilium infestationibus protegi et in futuro pariter cum [celesti]bus de gloria aeternae retributionis mereamur [gra]tulari. Intimamus itaque benignissimae caritati [vestrae obit]um quorumdam fratrum nostrorum illorum, Gerberti et Waltarii[a] [... dia]coni, quorum unus 5. Id. Iulii, alter 18. Kal. hominem ex[uit]; pro quorum animarum absolutione dignemini, quesu[mus, Domini] clementiam exorare. Et ne lator huius diplomatis colludio alicuius astutiae nobis illudere queat, nomina priorum vestrorum, ut moris est, huic scedulae asscribi precipite, atque ut ad nos absque famis iniuria remeare valeat, opem liberalitatis vestrae ei impertiri satagite.

7.

Catholicae fidei ac religionis titulo perspicuis patribus sororibusque, usquam locorum in sacro contubernio sociatis, humiles ac devoti coenobitae beati presulis Christi Remigii prosperum huius vitae successum et perpetuae felicitatis in Christo tripudium. Meritam supernae districtionis vindictam mole peccaminum diutius experti, adeo fluctibus calamitosae *tempestatis obvolvimur, ut solo Divinitatis respectu ipsum lucis excursum *f. 19.* moras causemur innectere, et licet innumeris inter Schillam et Charibdim iactati naufragiis, utpote persecutionum undis huc illucque tumentibus, talia conqueri cogamur. Illud tamen nobis paene exitiabiliter atterit, quod tot patrum funeribus insistimus, ut

5. b) singularitater *c.* c) faciam *c.*

6 = *Roz.* 687. a) uualt:r:: *c.*

7 = *Roz.* 688.

1) *Cf. Genes.* 3, 19. 2) *Cf. Iacob.* 5, 16.

ex eorum casu totius loci nostri interitum imminere pavemus. Cuius rei intuitu commonemur, ut fraternae caritatis solatium mutuo exquiramus, quo et defunctorum animae requiem obtineant, et illi, quos adhuc vitae labor excruciat, evadendi aditum invenire prevaleant. Denuntiamus itaque dilectioni vestrae lamentabilem cuiusdam patris nostri decessum nomine ill., nostrae generalitatis publicę privatimque perutilis praelati, quem et sacerdotio et morum privilegio honorabilem tanto securius vestris precibus allegamus, quanto reverentius vixisse recolimus. Quem, domni patres fratresque sanctissimi, committimus vestrarum precum assiduitatibus, ut, quanto nobis eius absens resolutio propensiorem intulit cordis merorem, tanto vestri vestrorumque efficacia meritorum exhilaret de suorum obtenta divinitus remissione scelerum. Item etiam petimus pro quibusdam nostrae congregationis fratribus ill. Ne vero, uti assolet, nos geruli mendosa fraus deludat, rogamus diem Kalendarum, quo vos adierit, primorumque loci vestri nomina subnotare, eidemque[a] cursori, ut alacrius iter carpat, diarium largire. Valeat vestra generalitas, felicibus in Domino successibus pollens.

8.

Sanctissimis patribus et fratribus, circumquaque Deo sub sacrae institutionis norma devote famulantibus, humilis congregatio coenobio beatorum apostolorum Petri et Pauli
*f. 19'. debitae dilectionis obsequium et utriusque vitae pacis *ac salutis augmentum. Primi in posteros terrigenae acerbae sortes decurrere sententia ex superfluo, meritis singulorum exigentibus, multimoda inundantium[a] malorum obviare cernuntur incommoda, et iuxta veritatis oraculum imminens terris rerum pressura, tabescentis mundi terminum instare, iam aperte demonstrat. Unde iam maxima ex parte detrita corporeae mortis semita, nos, in quos fines seculorum devenerunt, lento quidem[b] successu, ad occasum tamen cotidie properantes, propositam prae oculis mortem pavescimus, et, velut in fictilibus positi, nihil solidum de nobis pensare audemus. Verum spe in Auctorem erigimur, et mutuis fraternae caritatis orationibus, quibus, apostolo commendante, alterutrum salvari monemur[1], freti, quantum fas est, carnis iacturam postponimus, atque per momentaneos defectus ad quietum aeternitatis statum, Christi spondente clementia, pervenire nos posse confidimus. Quocirca vestrae non absque merore precordiali intimamus caritati duorum fratrum nostrorum obitum, ill. videlicet diaconi, qui decessit Kal. ill., illum quoque humanis exemptum rebus 2. Kal. ill. Pro quorum animarum refrigerio solitas ad preces convolare more solito petimus et exaudibiles Christi compellere aures, quo, si quid in carne contraxerunt contagiis, vestrae amabilitatis sudore deponant et ad spetiem Conditoris contemplandam liberius valeant pervenire. Nihilominus autem et pro aliis fratribus nostris ex hac luce subtractis Domino supplicare precamur, quorum ista sunt nomina ill. Et ut melius geruli nos incautos fortasse, ut asolet, versutia [non] fallat, Kalendarum diem, quo vos adierit, et primorum loci vocabula non pigeat annotari, et ut libere ceptum iter exequatur, opem eidem ferre memento.

9.

f. 24'. Genuina fraternitatis nexilitate amplexendis omnique reverentia attollendis, devotis patribus, fratribus ac sororibus, sub sacre institutionis titulo catervatim strenue Deo militantibus, humillima contio coenobitarum insignis confessoris Christi Remigii, Francorum primi apostolici, instantis vitae tripudium caelestisque patrie exoptabile in Salvatore mundi participium. Conditione ac conventione conditi hominis et conditoris Dei

7. a) idemque *c.*
8 = *Roz.* 689. a) inim: dantium *corr.* inundantium *c.* b) licet *superscr. al. atram. c.*
9 = *Roz.* 690 *(ubi pars prior capitis deest).*

1) *Iacob.* 5, 16.

exigente, pro fracto cyrographi pacto necesse est cunctis[a] mortalibus mortis exactori, immo boni Creatoris, debitum corporis persolvere. Ideoque . . . . . nunc, ut meremur, unum tantum ac singulare . . . . at per Christi tropeum, ut, dum vivimus, iam profutura[b] vitae . . . . beate resurrectionis collegium poscentes . . . . . . tolemur, praestolantes infatigabiliter postulemus . . . . pro[c] nostris prioribus obeuntibus flagitamus, ut, cum [quibus tam di]u viximus, Deo opitulante, cum eisdem pariter re[surgentes] iterum beatius vivere valeamus. De eorum nu[merosi]tate ac multimoda utilitate est unus nostrorum ill. . . . . [qu]em, et sacerdotii et morum privilegio honorabilem, [tanto secur]ius vestris precibus allegamus, quanto reverentius . . . . . da eum vixisse recolimus. Qui cum imbecillitate [iam di]utina fatigaretur, vitaque illi praesens longo senio . . . . [l]aberetur, crebro ad supernam patriam mente anhelabat, [desiderans] iuxta apostolum[1] dissolvi nexu corporeo et esse cum Christo. [Cum in] tali desiderio niteretur et in hac sententia devotionis [confid]entius persisteret omnemque spem in rerum omnium Opifice [constan]tius poneret, tandem, subito adversa corporis valetudine correptus, deposita 5. Kal. ill. sarcina corporalis labis, *levior[d] volavit ad caelum, aggregatus, ut vere credimus, cum *f. 27. Christo sanctorum agminibus; quem intelligimus potius migrare quam mori, mutare amicos, non derelinquere. Verum medentes dolori, replicamus nostri temporis calamitates, ut non tam plangendus sit, qui ac luce caruerit, quam gratulandum ei, quod de tantis malis evaserit. Praeterea intimamus vestrae paternitati dormitionem cuiusdam aetate patris, collegio vero fratris, nomine ill., infula sacerdotalis honoris decorati et a seculo conversi, denuntiantes hunc 12. Kal. ill. inrecusabili mortis necessitate praeventum, labentis huius aevi miseriis f[uisse] subtractum. Pro quo unanimiter vestram exposcimus [beatitu]dinem, ut hoc, quod de eo pie optamus, vestris f. . . . . tia operari dignetur eumque inter eos, qui Christum ca[rum ha]buere, quin potius sua omnia derelinqu[entes] . . . . . . mentis aviditate secuti sunt, centuplicat . . . . [remu]nerari dignetur. Aeque autem et aliorum fratrum nostrorum . . . . nuper defunctorum, pro quibus orandum sit, huic r . . . . placuit ill. . . . . . Ne vero, ut assolet, nos ger[ulus] . . . . . sagatiter deludat, rogamus diem Kalend[arum, quo vos ad]ierit, primorumque vestri loci nomina subn[otare eidemque[e]] cursori, ut alacrius iter arreptum carpat, [opem[f] ferre].

10.

Sanctissimis patribus sincera dilectione ven[erandis] . . . . . . diligendis fratribus, quocumque locorum Deo pie [famulantibus], humilis contio domni ac beatissimi Germa[ni Autissiodo]rensis[a], optatam in Deo et seculo pacem et prosperit[atem] . . . . ordine simili et pari[b] religione Christo militan[tes] . . . . . . aequum est, ut mutuis foveantur praesidiis, et quod [unusquisque[a]] vult fratri impendere, non deneget, quatinus, quod sing[uli] per se obtinere non valent, multorum precibus assequantur, ut sic invicem dilectionis et precum suffragia conferentes, post huius procellosi maris discrimina valida ad optatum caeli portum prospero tractu pervenire queamus. Tunc enim vere legis praecepta implebimus, si Deum cum amore et timore colentes, etiam proximis solatia orationis impendere non neglexerimus. Proinde de praecedentium patrum more admonitis sanctissimam vestram per litteras adimus religiositatem, innotescentes obitum cuiusdam fratri nostri, et Deo, ut credimus, satis amabili, nomine [ill.] 5 Kalendas ill., seculo moriens, Christo vivere coepit. . . . . . . eius animae absolutione Domini clementiam exorare. . . . . ., ut vestris sanctis precibus adiutus, si quid terrene. . . . . . . contraxit, propitio Domini expietur.

---

9. a) cuntis *c.* b) fura *c.* c) per *c.* d) *ab hac voce incipit Roz.* e) idemque *ex cap.* 7. *suppl. Roz.* f) diarium largire *suppl. ex cap.* 7. *Roz., sed literarum* op *vestigia supersunt in c.*
10 = *Roz.* 686. a) *suppl. Roz.* b) *emend. Roz.;* patri *c.*

1) *Cf. Philip.* 1, 23.

11.

f. 15. 10. Kal. Sept. venit lator apicum vestrorum in monasterio[a] ...., ubi praeest domnus ill. episcopus, ill. decanus, ill. praepo[situs], ... ill. thesaurarius, ill. receptor pauperu[m] ..... [fraternita]tem vestram pro fratribus nostris nuper defunctis [ill. Domini misericor]diam exoretis, et ad contigua loca innote[scere. ....

12.

10. Kal. April. venit gerulus apicum vestrorum ...., [ubi] egregius pontifex ill. pastorali fung[itur officio] ...... illi praeposituræ, ill. dapsilis largito[r. Precamur vene-r]abil[em] paternitatem atque fraternitatem vestram .... Bernardo decano, ill. thesaurario [Domini misericordi]am exoretis, et ad contigua loca innot[escere.....

13.

11. Kal. Junias adiit baiulus litterar[um vestrarum] ...., ubi venerandus ill. pontificatus ger[it officium], ill. custodiam eclesiae, ill. archidiaconatum, ... ill. hospitalitatis custodiam. Precamur [pro fratribus nostris hoc] anno ab hac labili luce sublatis, Ber[nardo .... sacer]dote atque decano, et pro aliis tam canonicis ....bus ill., ut misericordiam Domini imploretis.

14.

f. 26'. Auctoritas[1] ecclesiastica patenter admonet, insuper et regia [maiesta]s canonicae religioni assensum praebet, ut, quemcumque ex familia propria vel ecclesiastica ad sacros ordines [promovere] voluerit, in praesentia sacerdotum ac mona[chorum], canonicorum nobiliumque virorum civem Romanum [sub testa]mento libertatis manus missione firmiter roboretur. Ideoque ego in Dei nomine ill. gratia Dei abbas ex monasterio eximii praesulis illius quendam vernaculum nomine ill. de ipsa sancti ill. familia exortum, ut credimus, sacris ordinibus dignum, ad cornu sacri altaris promovere volumus, atque ob hoc e vinculo totius noxiae servitutis ad praesens absolvimus et pleniter ingenuum esse
**f.* 28. censemus, ita ut ab hodierno *die ingenuus sit et ingenuus permaneat, tamquam si de parentibus bene nobilibus fuisset procreatus vel natus. Peculiare quidem suum sive collaboratum cum omnibus facultatibus suis absque ullius senioris retractatione sibi habeat concessum atque indultum; civis Romanus, habens portas apertas, eam denique pergat partem, quamcumque delegerit, ubi Christo domino canonice religione perpetua servire possit. Et ut haec auctoritas[a] omni tempore firma et stabilis atque inconvulsa permaneat, manu propria eam subter firmavimus, atque fideles nostros, sacerdotes videlicet ac monachos pariterque canonicos[b], seu nobiles viros similiter firmare decrevimus.

Actum ill. monasterio, [in[c] basilica] sancti ill., sub die Kalendarum ill., anno ill., regnante[d] anno ill. rege[d] ill., sub praesentia horum testium, quorum [nomina vel] signacula subter tenentur inserta.

Ego in Dei nomine ill. abbas hoc testamentum ingenuitatis fieri iussi et manu propria subter firmavi. Ego in Christi nomine ille abbas recognovi et similiter subter firmavi.

11 = *Roz* 692. a) mont *c.*
12 = *Roz.* 693.
13 = *Roz.* 694.
14 = *Roz.* 75. a) auc *bis scr. c.* b) cannicos *c.* c) *suppl. Roz.* d) *ita Pertz; Roz.* regnante [Christo propitio] rege.

1) *Auctor cartae, ex qua hoc caput sumptum esse videtur, Formulam Imperialem* 33, *supra p.* 311, *imitatus est; cum autem imitatio libera esset et soluta, minoribus literis non usus sum.*

15.

In[1] nomine $\overset{\text{LXXX.}}{\Pi}$ $\overset{\text{CCCC.}}{\Upsilon}$ $\overset{\text{I.}}{\mathrm{A}}$ $\overset{\text{LXXX.}}{\Pi}$ $\overset{\text{X.}}{\mathrm{I}}$ $\overset{\text{LXXX.}}{\Pi}$ $\overset{\text{CC.}}{\mathrm{C}}$ $\overset{\text{I.}}{\mathrm{A}}$. Indictione [XIII.] ill.[a] $\overset{\text{I.}}{\mathrm{A}}$ $\overset{\text{XL.}}{\mathrm{M}}$ $\overset{\text{VIII.}}{\mathrm{H}}$ $\overset{\text{L.}}{\mathrm{N}}$.

Omnibus sanctae matris ecclesiae fidelibus, pio sollicitudinis studio filiorum ipsius curam gerentibus, Iohannes Camaracensis[b] sanctae matris ecclesiae episcoporum extimus in occiduae prosperitatis tripudium. Permaximo scelerum pondere praegravati, non solum paganorum, verum etiam pseudochristianorum creberrimis atterimur infestationibus, quocirca gregem, divina nostrae sollicitudini providentia commissum, intra proprietatis septa pastoralis nequid[c] regere vigilantia. E quibus praesens sacerdos Ursio vocabulo, a beatae recordationis praedecessore [nostr]o domno Teuderico apud matrem ecclesiam nostram per omnes gradus *canonice promotus religioseque, dum licuit, conversatus, suppliciter efflagitavit, litteras Grecorum elementis inpraevaricabilibus sanctissimi Niceni concilii decretis roboratas nostra pastorali indulgentia sibi largiri, quibus munitus dimitti et, quocumque sibi aptum reperisset locum, posset canonice recipi ac ministerium divinitus sibi concessum peragere. Nos igitur huiusmodi petitionem suscipientes, nostrae etiam atque ipsius miseriae condolentes omnique carentem dolo cognoscentes, migrandi facultatem liberalissime indulsimus, eminentiam vestram, ad quos pervenerit, obnixe exposcentes, ut, in sacrosancto vestrae paternitatis gremio eum suscipientes, ministerii sui officium infra vestram diocesim celebrare sinatis. Ut vero hi nostrae parvitatis apices verius credantur, Grecorum elementa cum suis supputationibus inseruimus, Patris videlicet primam $\overset{\text{LXXX}}{\Pi}$, Filii quoque primam[d] $\overset{\text{CCCC}}{\Upsilon}$, sancti Spiritus $\overset{\text{I}}{\mathrm{A}}$, Petri etiam apostolorum principis primam $\overset{\text{LXXX}}{\Pi}$, nostri quin etiam nominis primam $\overset{\text{X}}{\mathrm{I}}$, et quoniam ignoramus, cuius pontificis diocesim nominatim adire debeat aut valeat, pro speciali littera nominis episcopi, que hoc loco deberet esse secunda, generalis ibidem nominis secundam ponimus, quae est $\overset{\text{LXXX}}{\Pi}$, quae similiter significat octoginta. Istius ipsius[e] fratris tertiam $\overset{\text{CC}}{\mathrm{C}}$, quartam nihilhominus urbis nostrae litteram $\overset{\text{I}}{\mathrm{A}}$, cum indictione instantis anni XIII. subnectentes $\overset{\text{I.}}{\mathrm{A}}$ $\overset{\text{XL.}}{\mathrm{M}}$ $\overset{\text{VIII.}}{\mathrm{H}}$ $\overset{\text{L.}}{\mathrm{N}}$. Ideo vero haec innexa sunt, ne forte beatitudinis vestrae pura quae est in Christo simplicitas aliquo fraudis obnubiletur[f] accessu, et ut profecto sciatis, hunc fratrem neque fuga lapsum nec alicuius criminis nevo fuscatum, sed instan[te] Nrotmannorum[g] feritate nolenter propulsum. Valeat sanctitas vestra, superno propitiante Christi clementia munita praesidio. *f. 28'.

Summa numerorum epistolae DCCCCLXIIII.

16.

In[2] nomine Patris Π et Filii Υ et Spiritus sancti Α. Heidilo Noviomagensium episcopus Didoni inclito et venerabili coepiscopo aeterna in Domino felicitatem. Comperiat dilectio vestra, quod Arnegisus presbyter, frater ac filius noster, petiit, ut per meam licentiam et a me formatam epistolam secundum auctoritatem canonicam, sicut inter dantem accipientemque fieri oportet, vestre dicione subici valeret. Misimus ergo vobis hanc epistolam canonica institutione formatam, ut cognoscatis iustam atque fol. 2'.

15 = *Sirm. Format.* 4 *(Concil. Gall. II, p.* 668*). Quaedam, quae ap. Sirm. exstant, nunc autem in codice legi nequeunt, uncis non inclusi, ubi de lectione non dubitavi.* a) *ita, ut videtur, c.* b) Cameracensis *c.; cf. l.* 25. c) *i. e.* nequit. d) secundam *c.* e) insuper *Sirm.* f) obnubilet *c.* g) *ita c.*

16 = *Sirm. Format.* 7 *(Concil. Gall. II, p.* 670*).*

1) *Iohannes, epistolae huius auctor, a.* 866—879. *episcopatum Cameracensem tenuisse fertur. Indictio vero cum annis* 865. *et* 880. *convenit.* 2) *Epistola ab Heidilone Noviomensi episcopo (a.* 880—902*) ad Didonem Laudunensem (c. a.* 882—893*) data, ut ex indictione liquet, a.* 892.

canonicam eum a me accepisse licentiam. Tria siquidem Greca elementa prius inserta octogenarium et quadringentesimum et primum continent numerum. Ex nomine qu[idem Petr]i apostoli prima littera, id est Π, similiter ut prius, octoginta exprimit. Ex nostrae parvitatis nomine similiter prima littera, id est E, quinto congruit numero. Vestrae quoque sanctitatis secunda nominis littera, id est I, procul dubio denarium format numerum. Praefati presbyteri ex ipsius nomine, id est N, numerum ostendit quinquagesimum. Denique ex nostrae civitatis nomine quarta, id est I, denarium, ut supra, format numerum. Sed et vestrae civitatis quinta littera ipsius nominis, id est Υ, quadringentesimum approbat numerum. Etiam nunc indictio XI. Addidimus insuper nonagenarium nonum numerum, qui secundum Greca elementa significant AMHN. Summa vero totius numeri in unum ducti est MCXLVI. Haec autem omnia requirenda sunt diligenter et cum omni cautela.

Data 7. Kal. Octobris.

---

f. 25.

17. Sacrae pontificalis.

Sacri pontificatus honore sublimato ill. sanctae civitatis episcopo ill. sanctae ill. praesul praesentis aeterneque militiae palmam in Christo. Audivimus et certa relatione didicimus, vos hoc sacratissimo tempore, quo dominus noster Iesus Christus pro salute nostra homo fieri dignatus est, quod a sanctis patribus est constitutum, vos sacros ordines esse celebraturum. De quo valde gavisi sumus. Qua de re deprecamur sacram fraternitatem vestram, ut hunc praesentem clericum nomine ill., nostra parroechia natum et eruditum, secundum sue parvitatis modulum a diaconatus officium ad titulum sancti ill. ordinetis, quo ibi Deo digne ministrare valeat, et nos vobis fideli . . . . . . valeamus.

17 = *Roz.* 658.

FORMULARUM EPISTOLARIUM COLLECTIONES MINORES.

I.

E CODICE PARISIENSI LAT. 528.

Codex hic saec. IX. (olim S. Martialis 445, *Regius* 4321*)* 4[o] *fol.* 101. *exhibet parvam hanc collectionem* 6 *formularum. Longobardum eas scripsisse, testantur dux et gastaldio cap.* 2. *commemorati. Cum codex non pauca contineat carmina Pauli Casinensis (cf. 'Archiv' X, p.* 247, *n.* 2. *et 'N. Archiv' IV, p.* 104 *sqq.), suspicari fortasse liceat, eum formularum etiam auctorem esse. Cap.* 7, *quod seorsum in codice exstat, ex epistola sumptum est, quam fortasse Paulus ille ab Arichi fratre, captivo in Galliam abducto, accepit. Paulus potuit dicere, 'se ad arcem artis poeticae conscendere', et 'vir omonimus' Arichem ducem significare possit. Edidit capp.* 1—7. *H. Omont in 'Bibliothèque de l'école des chartes' XLII, a.* 1881, *p.* 502 *sq., et cap.* 7. *E. Dümmler, 'N. Archiv' IV, p.* 104. *Edita repetivi.*

1.

Precellentissimo regalique solio sublimato illi christianissimo regi ille exiguus omnium Christi servorum orator vester in Domino aeternam salutem.

2.

Inlustrissimo ac gloriosissimo et a nobis summa cum reverentia recolendo domno illi eximio duci ille vilissimus omnium servus Christi servorum in Domino salutem. Per presentes apices vestrae gloriae humiliter suggerere presumimus, obsecrantes, ut ad hanc nostram humillimam petitiunculam pias aures accomodare digneris, quoniam multa violentia patimur a gastaldio vestro illo. *His expletis:* Deum celi petimus, qui te nobis incolomem conservare dignetur.

3.

Viro glorioso et a nobis summo cum studio caritatis recolendo illi ille ultimus omnium Christi servorum salutem in Domino. Per presentem epistolam vestrae innotescimus caritati, eo quod valde nos molestare videtur missus vester[a] ille et opprimet homines[b]. *His expletis:* Optamus, te bene valere in Domino.

4.

Reverentissimo ac venerabili et a nobis summa cum reverentia recolendo domno illi episcopo ille ultimus omnium Christi servorum aeternam in Domino salutem. Per

3. a) sitūr *c., ubi praecedit spatium* 4 *literarum.* b) hom. *c.*

presentes apices vestrae[a] innotescimus almitati de causa illa. De cetero Deus omnium, qui te nobis conservare dignetur incolomem, piissimum pastorem.

5.

Domino mihique reverentissimo ac summo studio amoris recolendo abbati illi ille, unus ex pusillis ovibus creditis, optabilem salutem in Domino. Per presentes syllabas humiliter obsecrare presumo, ut pias aures ad nostram petitiunculam inclinare digneris.

6.

Dilectissimo domno mihique amabili fratri illi ille proprius sodalis tuus salutem in Domino. Cognoscas, carissime, quia nobis —.

7.

f. 121. Illi germano carissimo, pariter mihi consanguinitate corporis animoque coniuncto, ille exiguus. Cognita tua, germane dulcissime, sospitate, valde gavisus sum, sed illud me amplius laetificavit, quod te ad arcem[a] artis poeticae conscendere dixisti. De viro sane illo meo, ut narras, omonimo, licet tu de eo bona loquaris, alii tamen mihi de ipso diversa dixerunt. Tamen ob tuae postulationis intentum obsecrabo pro te proque illo beatissimum martyrem Dyonisium.

II.

COLLECTIO CODICIS HAVNIENSIS 1943.

Haec 10 *exempla epistolarum, quae in codice, de quo conferas velim supra p.* 243, *praecedunt formulas Salicas Lindenbrogianas, ab eodem auctore omnia composita esse videntur. Ordinata sunt ratione personarum, ad quas epistolae mittuntur. De tempore praecipue capite* 4. *docemur, quod epistolam ad Paschalem papam (a.* 817—824*) missam refert; quocum convenit, quod duae aliae epistolae, capp.* 1. 2, *ad 'imperatorem' datae sunt. Numeros, quos codex non habet, instituit E. de Rozière, qui primus edidit formulas: 'Formules inédites publiées d'après deux manuscrits de Munich et de Copenhague' in 'Revue hist. de droit franç. et étr.' V, (*1858*) p.* 62 *sqq., deinde in 'Recueil général'. V. I. Waitz capita in usum operis huius ex codice exscripsit.*

INCIPIUNT EPISTOLE.

1.

Almifico adque excellentissimo domino meo ill., a Deo coronato magno et pacifico imperatore, ego ill. humilissimus servulus vester. Quasi coram sacris pedibus vestris prostratus, gratiam et misericordiam vestram super nos placabilem et pacificam semper esse obtamus. Vestram praeclaram[a] dominationem nosse volumus, qui[b], gratia operante Dei et vestra misericordia concedente, sani et salvi sumus et in vestro servitio adque voluntate die noctuque, quantum novimus et intelligimus, fideliter et firmiter permanere cupimus, sicut dignum et iustum est servo facere domino suo. Valeat gloriosissimus dominus meus multis feliciter in seculo annis, et in futuro in angelorum choro coronam aeternae gloriae percipere beatissimam mereamur. Amen.

I, 4. a) vestras *c.*
7 = *Dümmler, 'N. Archiv' IV, p.* 104. a) artem *c;* apicem *coniecit Dümmler.*
II, 1 = *Roz.* 754. a) placaram *c.* b) *lege:* quod.

2.

Beatissimo et gloriosimo domino meo illo, christianissimo viro a Deo et angelis eius electo adque in imperio sublimato, ego ill. servulus vester ubique devotus adque fidelis in omnibus obediens. Excellenciam vestram adque aelimosinam quam piam obtamus. Commendamus magne misericordiae vestrae super nos semper adventare, ut vestra sit merces et laus apud Deum et homines, et nos in servitio vestro persistere valeamus secundum praeceptum et voluntatem vestram. Quod ita parati sumus, quantum Dei gratia nos intellectum dederit, cum omni fortitudine iussionem vestram implere cupientes. Omnipotens Deus ad profectum suae sanctae eclesiae et ad exaltationem christiani nominis populi vos conservare dignetur per multa annorum feliciter tempora. Amen.

3. Ad regina sive qualibet[a] femina.

Carissimae aelectae Dei illa amica sanctorum et socia angelorum ac consolatrix pauperum et peregrinorum ego ill. fidelissimus serviens vester secundum intellegentiam parvitatis nostrae. Nos enim devotissime ad gratiam vestram fideliter commendamus, adiuvante nos misericordia Dei. Nosse volumus prosperitatem vestram, et omnes, qui nobiscum sunt fideles servientes vestri, obtamus clementiam vestram, ut nostri memoriam semper habeatis apud domnum imperatorem, ut per vestram ammonicionem eius misericordia super nos respicere dignetur ad consolationem nostram et servitium fideliter peragendum semper vestrum. Valeat domine meae genetrix gloriosa nunc et semper et in aeterna feliciter Dei gloria cum sanctis angelis perpetualiter.

4. Ad apostolicum.

Domino eximio et per omnia diligendo magno viro, a Deo electo Pascuali summo praesuli, ego ill. servulus. Inmarciscibilis coronae beatudinis vestrae salutem obtamus, nosque precamur sacrae clementiae vestrae, ut nostri memores esse dignemini inter sacra sollemnia vestra adque in confessione sancti Petri apostoli, ut per vestram intercessionem perficere valeamus ad profectum sanctae Dei eclesiae et ad servitium domni nostri imperatoris pervenire adque ad consolationem nostram et profectum et eos[a], qui nobis subditi sunt per misericordiam Dei et domni nostri imperatoris. Reliquias sanctae benivolentiae vestrae precamus sanctorum nobis transmittere, ut Deus glorificetur in illis, et vita nostra proficiat cum illis, et merces vestra in aeterna gloria adcrescat pro illis. Valeat magna caritas vestra cum gratia et gloria Dei hic et in futuro, beatissime papę.

5. Ad episcopum.

Eximio et ortodoxo viro a Deo coronato ill. episcopo ego ill. in domino Iesu Christo sempiternam obto salutem. Precamur sanctitatem vestram, ut nostri memoriam indesinenter habeatis. Nos autem, in quantum praevalemus, vobis servitium adimplere cupimus. De ceteras vero rationes, quae inter nos tunc consideravimus, solliciti sitis, et absque ulla tarditate valeat proficere. Vivas feliciter et floreas in opere et verbo Dei, venerabilis sacerdos.

6. Ad abbatem.

Fratri benivolo et magistro carissimo ill. abbate ego ill. Per hanc scedolam salutem aeternam vobis obtamus. Meminere dignemini de causa, quam iam olim vobis ore proprio indicavimus et postea per epistolam vobis innotuimus; unde adhuc nihil ad pro-

2 = *Roz.* 755.
3 = *Roz.* 761. a) qualiter *c.*
4 = *Roz.* 753. a) *lege:* eorum.
5 = *Roz.* 724.
6 = *Roz.* 725.

fectum pervenit. Precamur, ut cito proficiscere dignemini et de sacras orationes vestras nostri memores sitis. Bene valeto.

7. Ad fratrem vel amicum.

Glorioso et venerabiliter desiderando domino meo, germano carissimo illo, ego ill. In fide et caritate et tota dilectione vestram dulcissimam fraternitatem salutem, vitam, pacem et gloriam obtamus in Domino sempiternam. Gratias agimus Deo omnipotenti de sancta adque desiderantissima sospitate vestra, quam per dulcissimis scriptis vestris audire meruimus; unde valde leti per omnia sumus et esse cupimus, quamdiu Dei misericordia sospitatem vestram nobis concedere dignabitur. Sciat magna dilectio vestra, frater carissime, adiuvante Dei gratia, omnia nobis prospera adque circa confinia nostra esse pacifica. In vestro vero servitio omni tempore prumti sumus, sicut dignum est tam dulcissimo germani[a]. Obtamus, ut omni tempore litterae vestrae nobis veniant, ut scire valeamus sanitatem vestram, quam valde desideramus longuam[a] et felicem esse. Divina vos praeveniat gratia, et subsequatur ubique clemencia et in omni opere bono florere vos faciat, frater carissime.

8. Ad sororem.

Karissime itaque desiderantissime sorori meae ill. ego ill. in domino Iesu Christo sempiternam salutem. Almitatem vestram intimamus, qui[a] adiuvante Dei gratia, postquam a vobis speravimus, omnia nobis prospera et salutifera fuerunt. Sed mirum est nobis valde, quod nec missum vestrum nec litteras vestras postea suscepimus; unde valde solliciti sumus, quid ita sit. Tamen rogamus, ut scire valeamus de sanitate vestra et de omnibus amicis, et quicquid boni valetis ad genetricem nostram aut ab aliis amicis vestris, semper nostri memorare dignemini in bono. Obto, te coram oculis Dei beatam esse et in omni bono proficere coram Deo et hominibus.

9. Ad amicum fidelem.

Laudabiliter cum omni dileccione et amore nominando fideli amico ill. ego ill. inmarcissibilis gloriae salutem. Pro confidentia enim magna, quam in vobis habemus secundum fidei promissionem vestram, litteras nostras ad vestram destinavimus praesentiam, ut ita nostri memores sitis, sicut perdonare dignati estis, et sicut in vestram confidimus promissionem, et aput dominationem vestram vel ubicumque valetis. De nobis vero servitium fidelem habere debetis, si nobis vita concessa fuerit. Bene sit vobis, nostrique semper sitis memor.

10. Item ad amicum.

Magnifico[a] viro et honorifice diligendo illo amico fideli ill. aeternam salutem. Notum sit vobis, quia missum nostrum direximus partibus palatii, ut in vestra bonitate eum suscipiatis et causam eius audiatis et in praesentiam domni nostri illum adducatis, ut legationem suam ibidem cito referre valeat et ad nos cum omni festinatione reverti. De aliis quoque causis, unde indiguerit, bonitas vestra adiutorium illis inde inpendat. Sic inde agite, ut in vestram fidi sumus bonitatem. Bene valeto.

7 = *Roz.* 830. a) *ita c.*
8 = *Roz.* 841. a) *lege:* quod.
9 = *Roz.* 821.
10 = *Roz.* 728. a) magnifio *c.*

III.

INDICULARIUS THIATHILDIS.

Codici Rhenaugiensi 131 (cf. supra p. 378. et 391) fasciculus quatuor foliis constans insertus est, qui 'indicularii', id est libri indiculorum seu epistolarum[1]*, Thiathildis abbatissae capita 1—6. manu saec. IX—X. exarata exhibet. Nomina personarum, quamvis quidam ea, quasi inutilia in libro formularum, eradere conatus sit, tamen pleraque aut plane legi aut ex certis vestigiis agnosci possunt. Epistolas omnes ab ipsa Thiathilde datas esse, pro certo habemus, ipso nomine in capp. 1—4. servato. Ex capp. 1. et 3. efficitur, eam, de qua aliunde nihil compertum habemus, coenobio S. Romarici, id est Romarici montis (Remiremont) praefuisse. Idem, ut videtur, coenobium capp. 4. et 5. a sancto Petro appellatur.*

Tempus, quo formulae conscriptae sint, satis apertum est. Capita enim 1. et 2. epistolas ad Ludovicum imperatorem, 3. ad Iudith imperatricem et 4. ad Adalhardum datas exhibent, unde patet, ea certe quidem inter annos 819. et 840. conscripta esse. Quaeritur, quis sit Adalhardus cap. 4. intelligendus. De comite palatii huius nominis, qui a. 823. in Italiam missus est, cf. Simson, 'Ludwig d. Fr.' I, p. 234, cogitavit E. de Rozière. Equidem potius senescalcum illum potentissimum intelligo, cuius consilio imperatorem inde ab a. 831. circiter maxime motum esse, satis constat; cf. Simson l. l. II, p. 241 sq. Qua de causa collectionem ultimis demum decem annis Ludovici imperatoris ascribendam existimo. Primus edidit has formulas Fr. de Wyss, 'Alamann. Formeln u. Briefe' in 'Mittheil. der Antiquar. Gesell. in Zürich' VII, p. 54 sqq., unde repetivit eas E. de Rozière in 'Recueil général'. Conferas velim, quae monuerunt Fr. de Wyss l. l. p. 23. et Stälin, 'WG.' I, p. 238. Cum codice huc transmisso edita contuli.

INCIPIT INDECOLARIUS[a] DOMNE THIATHILDE. p. 57.

1. Ad domnum imperatorem.

Domino Ludwico divina ordinante providentia imperatori semper augusto Theuthildis ancilla vestra omnesque ipsi in Deo subiecte cenobii Sancti Romarici sorores perpetuam orant gloriam. Imperialis sollicitudo devotionis ac profunde discrecio gubernationis cum equa erga omnes lance pensetur cunctumque pacatissime regnum moderetur, *sic ardua queque dispensat, ut tamen humillima eius censura iudicii non careant. *p. 58. Quod in nobis ancillulis vestris[b] conpertum tenemus, quibus prae ceteris latissimos viscerum vestrorum sinus blanditer apertos conspicimus priscamque, nullis operum nostrorum praecedentibus meritis, misericordiam culminis vestri inlibatissime erga nos, famulas vestras, vigere ab initio probamus eademque semper sese robustius profusuram non diffidimus. Qua de re maximas graciarum actiones rependere vestre *clementie *p. 59. sumopere cupimus, set pondere immensa[c] regie dignitatis benignitatis presse[d], quamlibet aliquid huiusmodi cogitare vel tenuiter queamus, nulla procul dubio racione, ut competit, effari valemus; set quidem[e] saltim, si non, ut dignum est, tamen vel iubilantes aliquid innuimus. Scire igitur obtamus vestram inianter excellentiam, quod, quasi reconpensantes ineffabilibus[f] clementie vestre muneribus, huius volvente anni circulo prae-

1 = *Wyss* 40; *Roz.* 756. a) C *radendo corr. e* Q *c.* b) suisuris, *super* ur *linea videtur erasa c.* c) *lege:* immenso; ꝛ̄ (rum?) *post add. c.* d) p̄sse (*i. e.* pressae) *c.* e) quid? *c.* f) -ebus *corr.* -ibus *c.*

1) *Aliter Fr. de Wyss: 'Indiculus, wovon indecolarius nur erweiterte Form'. Vox 'indicularius' ab 'indiculo' derivata est, ut 'formularius' a 'formula'.*

* p. 60. sentique hoc in tempore pro vestra incolomitate *dignissimeque regine ac dulcissime diu servande regie prolis cecinimus psalteria mille, missas 800 cum oblationibus ac letaniis creberrimis: quatenus dominus Iesus interiores exterioresque hostium catervas conterat sub pedibus vestris necnon et prospero hic cursu succiduisque temporibus regni, quod geritis, diademate mitissime coronando[g] ad nostram omnium pacem brachio potencie corroboret et in futuro inter choros sanctorum constituendo eterne corona retribu[tionis][h] vos letabundae super ethera beatificet. Amen.

2.

p. 61. Domino gloriosissimo, summe nobilitatis sapientieque diademate redimito regnique gubernacula strenue regenti, Ludowico imperatori semper augusto Thiathildis omnesque relique ancillule vestre in Domino omnium praesentem perpetemque orant gloriam. Generosa pietas regiaque dignitas, cum in regni monarchia generaliter pollere videatur, ibi permaxime fulgere probatur, ubi specialius viscera clemencie sue diffundere cognoscitur. Quod in nobis maxime, ancillulis vestris, exibitum magnopere tenetur, quas
* p. 62. peculiarius suas alere dignatur; unde et nunc consuetum *misericordie morem sequendo[a] inpraesenciarum actitavit, dum per legatos culminis suis[b] ita nobis famulas suas sibi complacuit. Quam ob rem inmensas —.

3. Domina Iudit.

Divina annuente gracia gloriosissime domine Iudit imperatrici, prosapie nobilissime progenite sancteque religionis defensatrici semper auguste, Teathildis[a] omnesque relique[b] famule Sancti Romarici confessoris cenobio degentes, monasterio siquidem vestro, in Salvatore omnium praesentem mansuramque[c] efflagitant vestre celsitudinis indefective
* p. 63. manere gloriam. Denique[d], quasi vestris sacris vestigiis provolute, *praesumimus auribus clemencie vestre necessitudinis nostre causas humiliter innotescere, ut in illis rebus, qui nobis adiacent in territorio Kabillonense, iubeat pietas vestra, ut nullus de mansionariis vestris ibi praesumat dari mansiones, quia valde nobis necesse est, ut mercimonia nostra hactenus ibi exerceantur. Obtamus, vos incolomem[e] mente et corpore vigere et florere, praevio apostolo Petro, cuius vice oviculas Christi pabulis uberrimis fovetis atque defenditis; trihumfato, iuvante Christo, oste, ad eiusdem eterni regis thalamon[f] perducta, regnum fine karens possideatis in evum. Amin.

4.

p. 64. Eximio viro adque per omnia magnifico, summis palacii dignitatibus sublimato, necnon sapiencie faleramentis adornato, domino Adalardo[a] Teathildis humillima ancilla ancillarum Christi et vestra in omnibus bene cupiens, quamvis meritis indigna, vocata abbatissa[b], omnisque congregacio Sancti Petri mihi vinculo karitatis conexa, praesentis sospitatis et future beatitudinis toto cordis atnisu oramus et optamus a Deo eterno nancisci salutem. Gracias vobis imensas referimus, quasi vestris sacris vestigiis provolute, de magna benivolencia et sollicitudine vestra, quam circa nos abuistis, et fidentes
* p. 65. sumus, quod et abetis. *Nos vero, in quantum fragilitatis humana non obsistit, non obmittimus pro vobis pium exorare Iesum Christum, ut vos in oc praesenti seculo absolvere dignetur ab omnibus vinculis delectorum[c] et in futuro adgregare dignetur in

1. g) coranando *corr.* coronando *c.* h) retribu|vos *c.*

2 = *Wyss* 41; *Roz.* 757. a) sequendo in sequendo praesenciarum *c.* b) sui ita nos *f.?*

3 = *Wyss* 42; *Roz.* 760. a) *ita Wyss; sed in c. literae* ea *certo legi nequeunt.* b) reliqe *et ita saepius* qe *pro* que *c.* c) *verbis* perpetemque orant *deletis superscriptum est* mansuramque *c.* d) Dem *c.*; Tandem *emend. Roz.* e) incolomen *c.* f) thalamō *c.*

4 = *Wyss* 43; *Roz.* 763. a) *licet scriptura valde erasa sit, tamen sic vel fortasse* Adelardo *scriptum esse cerni potest.* b) abbs *c.* c) *i. e.* delictorum.

consorcio iustorum[d]. Nunc igitur, fidens de vestra dileccione, necnon etiam, si ausa sum dicere, de consanguinitatis propinquitate, praesumo vobis subplicare, ut magis ac magis per omnia et in omnibus et ubique, si fieri potest, adiutores et tutores, in quantum vobis fas est, esse dignemini. Concedat vobis Dominus post excursum labentis seculi uihus[e] ad etherea regna feliciter pervenire. Amen. Pax Christi cum spiritu vestro!

5.

Venerabili viro inclito et omni sagacitate diligendo domino . . . .[a] *p. 66.* alumna vestra, humillima[b] omnium in Christo famulantium, una cum norma Sancti Petri in salvatore omnium domino Iesu Christo optamus perpetem consequi salutem. Denique conpereat alma dileccio vestra, quia in omnibus cupimus abere coagulum karitatis vestre et fideliter fideles inpendere orationes, quamdiu una ex nobis superest, qui[c] in hoc cenobio degimus, sicuti egimus ex illa die, quo meruimus vestrum pium et penignissimum affectum circa nos experiri, in quantum tenuitas *nostra admittit, et fidele servitium **p. 67.* impendere, si vobis inperare placu[erit[d]]. Ceterum, quamvis nullis praecedentibus meritis, adtamen fidens de vestra karitate, quam mihi benegnissimo affectu et conloquio in illis paucis diebus, quibus nobiscum deguistis, exibere dignati estis, subplico piam magnanimitatem vestram, ut per epistolam vestram certam me faciatis, qualiter domni piissimi imperatoris semper augusti seu inclite adque magnificentissime domne imperatricis sit voluntas . . . .[e] servientes *Sancti Petri, qui nobis ex ministerio sibi tradito debent stipendia reddere, **p. 68.* et qualiter agere debeam in omnibus et ubique. Propter Deum obsecro: notum facite mihi quamtotius[f], ne temere, quod absit, aliquid agam contra illorum almam voluntatem, quia dilectissimus in Christo frater . . . .[g], quamvis multa bona mihi polliceat et, quantum fas est, faciat, adtamen non me certam reddit nec ille nec ullus omo alius.

6.

Inclitis, venerabilibus, cuncte nobilitatis decoratis, praecipue in sancte religionis *p. 69.* studio ac fervore caritatis pollentibus, dilectissime matri ill. cuntisque[a] sororibus nostris vestro sub felici regimine, abenis regularibus[b] inbutis, degentibus, extima confamularum[c] famula omnesque sorores nobis[d] vinculo caritatis adnexe, praesentis aevi prosperitatem in Deo eternamque gloriam nancisci capessendam. Denique inmensas omnipotenti Deo, a[e] quo homnis procedit sapiencia, grates rependimus, qui praesentia vestra ad nos usque *p. 70.* perduxit, quod nutu divino credimus actum. Qui Christum exemplis credimus, multum proficimus non solum verbis, sed et operibus, que cum ad memoria[a] reducuntur, quasi confricate ad studium bone operacionis incalescimus. Ceterum, si vestrae fuisset gratum sanctitati, usque ad ultimum vite nostrae terminum vestram praesenciam ovantes frueremur. Et quia divino iudicio humana consilia contraire minime queunt, gratulabunde adquiescimus, eo quod corpore discessistis, que spiritu sedule nobiscum manetis. *Placuit **p. 71.* quippe dileccioni vestre per vestros sacros apices nostris intimare auribus de vestro quidem reditu; unde tripudiantes exultavimus et iucundamur in Deo, ut ait apostolus:

4. d) *ita c.;* virtorum *perperam edd.* e) *i. e.* huius.

5 = *Wyss* 44; *Roz.* 764. a) *c.* 20 *literae in c. erasae, quarum prima* n, *ultima* s *fuisse videntur.* b) h *superscr. c.* c) *lege:* quae; *verba* qui in hoc *in c. recte hoc loco exstantia edd. perperam post* affectum *ponunt.* d) *suppl. Roz.* e) *duo fere versus (= c.* 60 *litt.) in c. erasi, in quibus vox prima fortasse* quibus *erat, vox ultima, ut videtur,* servientes, *ut supra edimus. In principio versus alterius fortasse* monast *legi potest* f) *i. e.* quantocius. g) *maior pars versus erasa c., ubi post* frater *fortasse cerni possunt:* pro . . . infr . . . . oms.

6 = *Wyss* 45; *Roz.* 833. a) *ita c.* b) *e corr. c.* c) qfamularum *c.* d) mihi *superscr.* nob *c.* e) a quo *bis scr., sed del. c.*

'Gaudere cum gaudentibus'[1] et cetera. Verum, quia nos non nostris ditastis meritis vestris munificenciis, sed vestra solita caritate bene . . . . .[f] Dei recompensatio, quia nos minime valemus, eterna in futuro recompenset praemia. De memoriaque animi pro transitu carissimi vestri Hilduini consolamini, iuxta auctoritatem divinarum scripturarum; ait enim apostolus[g] . . . . .

IV.

E CODICE PARISIENSI LAT. 13090.

Codici huic miscellaneo, olim S. Germani 980, *addita sunt folia duo,* 92. *et* 93, *in quibus capita* 1. *et* 4. *et regulam formatarum, quae dicitur Attici, manu saec. X. exarata, b. m. I. Heller noster a.* 1879. *reperit et cum editis contulit. Capita vero* 2. *et* 3, *quae E. de Rozière, 'Recueil général' III, p.* 236, *ibidem exstare monuit, ille nondum reperit, casu fortasse quodam interea perdita. Haec ex illius editione, sola quae exstat, repetivi. Cap.* 1. *epistolam a Magulfo abbate Gorziae monasterii prope Mettensem civitatem siti, honorem suum deposituro, ad Ludovicum Pium imperatorem datam exhibere videtur. Cum Magulfus abbas in diplomate in hoc capite laudato d.* 18. *Mart.* 815. *commemoratus sit (cf. nr.* 3*), post hoc tempus epistola scripta esse videtur. Cap.* 4. *formulam praebet, ad quam etiam epistola Riculfi archiepiscopi Moguntini inter a.* 803. *et* 813. *scripta est. Cf. p.* 530, *n.* 3.

1.

In Dei nomine. Omni celsitudinę adque sanctitate decorato adque sublimato domno ill. regi Francorum et imperium Romanorum gubernanti atque regenti[2] ill. peccator[a] episcopus servus vester adque abbas[3] et omnis congregatio monachorum regiminis mei. Si audatia non obstitiset, obtabilem perpetuamque salutem ad regendum populum sanctum Dei vobis[b] dirigere presumpsisemus. Nunc autem, quia audatia defendit, precamur piissime sanctitati vestre, ut secundum eleccionem, que a fratribus nostris et in privilegio domni Chrodegangi[c. 4] per licentiam et comeatum avi[d] vestri domni Pipini quondam regis, viri gloriosissimi, et postea per licentiam et confirmationem, sicut in ipso privilegio continet, patris vestri domno Karolo regis adque imperatoris[5], ipso consentiente adque adfirmante, electionem nostram[e] de abbati, cuius nomen ill. nuncupatur[f]. Actenus, domne, aliquid potui considerare et monachis, mihi qui commissi[g] sunt, secundum regulam sancti Benedicti ordinare potui; nunc autem tantum adgravatus sum de infirmitatę mea, hoc est de passione hydropitie atque cardeace, ut ultra de ipsa gubernatione secundum regulam nulla facere possum, tantum graviter in ipsis detentus sum.

III, 6. f) 1—2 *voces evan. c.* g) *vox una evan. c.;* voluit, *quod addunt edd., non legi.*
IV, 1 = *Roz. Add. p.* 344. a) peccat̃ *c.* b) ub̃ *c.* c) chrodgi *c.* d) auuestri *c.* e) vestram *corr.* nostram *c.* f) *quaedam omissa videntur c.* g) com̄issis secundum *c.*

1) *Rom.* 12, 15. 2) *Ludovico sc. Pio imperatori. Waitz, 'VG.' III*², *p.* 240, *n.* 2, *minus recte epistolam ad Karolum M. datam esse existimavit.* 3) *E privilegio Chrodegangi commemorato colligi potest, hanc epistolam datam esse a Gorziensi quodam abbate, quem Magulfum fuisse existimo. Is enim aeque ac hoc loco etiam in diplomate Ludovici imperatoris a.* 815, *d.* 23. *Mart., Reg. Imp. I,* 559, *episcopus et abbas nominatur.* 4) *D.* 23. *Mai.* 757, *Labbe, Concil. VI. (Paris.* 1671*), col.* 1698. (una cum comeatu et voluntate Pippini regis). *Cf. Reg. Imp. I,* 83 *a.* 5) *D. a.* 772—774; *Reg. Imp. I,* 151.

Quapropter, sicut in homnibus[h] ecclesiis sanctis in parte Eoropa vestra mercis evigilat, ita suplices precamur omnes pariter, ut in ista cella nostra vestra misericordia evigilat de electionę a nobis facta, quatenus et pro vobis et pro domna regina seu et infantibus vestris laeto animo exorare possint apud Deum, patrem domini nostri Iesu Christi, ut vobis tribuat secundum voluntatem populum vobis cummissum et ecclesias sanctas Dei regere et gubernare, qualiter post transitum uius vite de misericordia et gubernatione vestra cum sanctis omnibus mereatis sine fine regnum etęrnum possidere feliciter.

2.

Viro profecto Dei famulo, illi summo glorioso abbati electo, ille omnium minimus et indignissimus servorum Dei servus, Deus scit, secundum possibilitatem meam bene cupiens tuus, in domino Iesu Christo multimodas opto salutem. Cognoscat benivolentia tua, quia, Domino adiuvante, omnis mecum bona est sanitas, et oro Dei clementiam, ut cito tua adcrescat honor, et ipse Omnipotens longevis temporibus ad omnium amicorum consolationem hoc per suam confirmet misericordiam .... quod, Deus scit, iam ab annis 25 preteritis nunquam de sanitatem corporis vel aliunde ad tantam vel talem me esse cognovi suavitatem. Sed de longinquis, qui mihi fuerunt cogniti ex parte, parva me evenit visitatio, Deo propitio viventem mecum sanitatem. Scio, quod me post finem, credo, si mihi suprestis fuerint, facere debeant adiutorium; sicut omnibus hic ad istum caducum probatos habeo seculum, ita ad illam beatam requiem me adiuvandos credo esse mansuros. Gratias tuam perfectam ago benivolentiam, quod illum tuum mihi, sicut dixi, appellare iussisti fidelem, per quem agnovi, eo quod tua bona est sanitas, et Deo auxiliante inantea melius ac melius credo, ut sanitas vel honor proficere debeat. Sicut iam dixi, oro, ut firma per Dei maneat misericordia. Quid magis dicam? Salus et sanitas semper tecum et cum omnibus amicis! Amen. Bene valae.

3.

Magnopere venerando et a nobis plurimum diligendo illi familiari et bene cupienti nostro ille servorum Christi famulus adque peccator episcopus in Domino omnium et in caritate perfecta salutem. De reliquo[a] namque, carissime, postquam litteras tuas accepi, non parvum gaudium in animo meo generarunt, eo quod inspiratio divina tantam tibi gratiam contulit, ut non que sunt mundi, sed que sunt coelestia concupiscis; unde multum benedico Dominum, cuius te gratia talem fecit esse, ut, cum esses secularibus curis implicatus, nunc, fidei fervore succensus, illa laudabi[li]ter incipis meditari, quibus non voluptas carnem dampnabiliter nutriat, sed cognita veritas animum spiritaliter paschat, ut, cum solitus esses secularium eloquiorum curis impendere, nunc divinis eloquiis impendis affectum, illut namque volens magis adprehendere, non unde tumida gloria queritur, sed unde vite perhennitas comparatur, et unde familiae lugent, angeli in celestibus gratulantur, si comam capitis pro divino intuitu deposueris. Sed etiam non solum anima erit perhenniter salva, sed etiam vos, capilli capitis, in Dei retributione henumerati[1]. Evasisti, auxiliante Deo, pericula mundi, evasisti sepissime insidias hominum inimicorum, qui carnaliter contra te cum scutis et lanceis simulque et spiculis carnalibus dimicarunt; nunc vero non erit tibi cura pugnandi contra visibiles ostes vel contra carnalia arma, sed contra aereos ostes, qui non cessant invisibiliter pugnare, et contra spiritalibus nequiciis in celestibus luptamen[b] habere .... corpus iugulare, set anima et vitam .... et vide dilectissimi .... cepisti complere .....

1. h) hominibus *corr.* homnibus *c.*

2 = *Roz. Add. p.* 367.

3 = *Roz. Add. p.* 363. a) relinquo *c.* b) *ita c. pro* luctamen.

1) *Cf. Ev. Luc.* 12, 7.

desume tibi sumptus, per quos valeas ..... celestia regna conscendere. Idcirco caritas, humilitas, patiencia, obediencia, per has virtutes anime adque spiritalia arma valeas demonium insidias evitare et fiducialiter cum propheta dicere: 'Quis dabit mihi pennas sicut columbe, et volabo et requiescam'[1]. His ita dictis, exortor et sepissime exortari te cupio, agere quod agis, operare quod operaris. Non cessat pes tuus, non cessat manus tua, veniet [dies remune]rationis, quando dicetur tibi: 'Venite benedicti et accipe coronam, que tibi a Domino repromissum est'[2]. Rogo insuper, ut memor sis mei, quia ego non obliviscar tui. Vale valeasque perhenniter, amicissime mihi.

4.

Ille[3] misericordia Dei illius civitatis episcopus in Deo patri et domino Iesu Christo et presentis vitae felicitatem et future etiam optamus beatitudinem. Notum sit almitati vestre, quia ille clericus ac fidelis filius noster cum omni humilitate a nobis petiit, ut ei[a] visitationis seu devotionis[b] gratia tam relegionem vestram quamque et loca sancta vobis a Deo gubernandum commissa visitare licuisset; ea scilicet conditione, ut, si propter causas quasdam, a nonnullus[c] occultandas, vobis autem .....

V.

E CODICE PARISIENSI LAT. 4841.

Codici quinque insunt epistolares formulae, fol. 55. 56. 57. *Cum genus scribendi in omnibus idem sit, ab uno eas auctore compositas esse existimo. De tempore ex verbis capitis* 5*:* in sacro palatio magistrum *et* apud gloriosissimum domnum imperatorem, *efficitur, post a.* 800. *ista capita scripta esse. In eodem codice leguntur versus:* Eugenius de sancto Dionysio. Gallia grata tibi laudes iam maxumas offert *etc., qui originem Gallicam indicare videntur. Formulas divulgavit E. de Rozière in 'Recueil général' tom. III. inter Additamenta, unde capp.* 1—4. *repetivi; cap.* 5. *ad apographum, quod b. m. Knust fecit, edidi. Numeros capitum codex non exhibet.*

1.

Inlustrissimo praeclarissimoque ac dilectissimum mihi illi ego ille in domino Deo sempiterna semper obto vobis salutem et presentis prosperitatis et future beatitudinis. Valeat, opto, tua, mi dilectissime frater, semper[a] dilectio, quatenus more[b] imiteris bonorum profectumque tue capias anime et non multorum errore[c] sequaris, felicia regia, qua Christus ibit et omnes precepit ire, vadas, ut videlicet iram longe a te amoveas atque cupiditate mundi istius, non insedet superbia, que est inicium omnium peccatorum, et carnis concupiscentias, que detrahit in profundum inferni. Similiter et omnem vanitatem levitatemque et mentis et corpore longe a te facito, quia, dum qui ista a se longe abuerint, Dei proprius[d] aderit. Timorem vero Domini semper in mente stude portare abeo[e] et fidem rectam; et opus bonum, prout praevales secundum qualitatem, ut studeas adimplere, admoneo. Sed et seniori tuo fidelem servitium certamenque, prout potueris, abeas, deprecor, quia, qui fideliter voluntate obtemperat seniori suo, voluntate quoque inplet Dei, qui precepit per apostolum Iacobum: 'Subiecti estote omni humane

IV, 4 = *Roz. Add. p.* 361. a) et *c.* b) devotins *c.* c) *ita c.*
V, 1 = *Roz. Add. p.* 364. a) sem *c.* b) *i. e.* morem. c) *i. e.* errorem. d) propius? e) abe = habe?

1) *Psalm.* 54, 7. 2) *Cf. Iacob.* 1, 12. 3) *Cf. infra Form. extravag. II,* 13.

creature propter Deum'[1]. Tu ipse cognoscere potes, si ista necessaria sunt, non solum tibi, sed et omni homini; et quod necessarium est ad salutem anime hominis, nullus debet respuere, set cum omni desiderio accipere et facere. Valeatis valenter in Domino, virtutis ope repleti et divina aucdi[e].

2.

Sublimis opibus sapientiae ditatus et fortitudinis rovore unquam circumdatus ille in Domino sempiternam semper ubique obto salutem. — Valeat almitas vestra in Domino, semper obtans oransque sum.

3.

Laudabilis sanctitatis viro adque summae reverentiae patri, domno et magistro meo illi ego ille exiguus famulus vester. Almitatem vestram, quam unicam dilectionem excolo, cupirem etiam condignis affatibus venerari et in repensione gratiarum devotus ablatos[a] cum omni humilitatis subiectione existere; sed quia ad hec idoneus[b] esse non possum, utpote impar persona et multum inferioris scientiae homo, superest mihi, ut pro felicissimo statu sanctitatis vestrae subplex exorator existam et prosperitatis vestrae devotissimus exobtator; quod me et facere et velle puro corde profiteor. De cetero sanctam paternitatem vestram exposco, ut, cum in odorem suavitatis precum vestrarum thimiama in ara cordis offertis, nostri memorari non dedignemini, quatenus supernus Largitor, vestris exoratus precibus, innumera mihi donet pecamina vitae, atque cum vobis premia largiatur proprio laboris intuitu, mihi saltim pro infandis actibus pena, que debetur, concedatur. Deus omnipotens almitatem vestram longe ob edificationem aecclesie vestre et multorum solatia vitae protelare dignetur atque post excursum labentis vitae cum multorum operum fructu ad aeternae gloriae trihumpho perducat, ut, cum quibus hic mente et conversatione fuistis semper, cum eis aeternaliter gaudere regnareque mereamini. Amen.

4.

Domino inclito sanctoque patri et merito et nomine illi ego ille exiguissimus alumnus omniumque vestrum cliens. In hac missus regione iussis obtemperans vestris, litterolas parvitatis meae vobis destino, quibus vestre sanctae paternitati salutationis officium dirigere non presumpsi, humiliter tamen superni Rectoris efflagito pietatem, qui almitatis vestre custus et rector est, ut virtutem ferens spiritalis sub clementi det operis finem et largiatur accionis perfectionem, qui dedit et eidem incoactionis[a], ut hic per ancipitis vergentisque mundi cursu celerrimo rotati, quo cuncta transeunt ac preterfluunt ex eo quod est in eo quod non est, opitulatione[b] prevens, celibem imperavit peragere vitam, ut[c] actius mensuram perpeciusque inrorata nube celesti, expurgata ab omni fece terrena, benignus contempletur celestia, quo post exuta sarcina corruptionis ascendere queat ad regnum Filii dilectionis, et unitus agminibus supernorum civium repausatio hac recreatio possideat, palmamque cum Christi tenere celicolis merearis beate perennitatis. De cetero me in sancta adque amabile Deo oratione vestra comendare non desino, quatenus supernus Moderator mihi subfragium inpertire dignetur, ut, intra stadium currens agonesque decertans cursum, victoriamque det, ut, quod meis meritis adsequi non valeo, fultus solatio precum vestrarum, adipisci merear cum operis

1. e) *i. e.* aucti.
2 = *Roz. Add. p.* 368.
3 = *Roz. Add. p.* 365. a) ad latus? b) idoneas *c.*
4 = *Roz. Add. p.* 366. a) *lege:* inchoationes. b) *lege:* opitulationem prebens. c) *sequentia valde corrupta esse videntur.*

1) 1. *Petr.* 2, 13.

finem, remissionum[d] omnium delictorum, atque etiam, ut hec, que undique obstrepunt temptamenta vitiorum, vigili perspicacia previdere possim, inter[ventu] vestro obtinere merear, cum cordis asecuta puritate intuens, in preceptis Domini non confundar, oratio vestra mihi impetrari hec[e] custodiri prevaleat, tribuente superno Largitore. Dominus omnipotens sanctitate vestra in eternum conservare dignetur, ut hic longinco tutela divine gubernationis susceptam amabilibus consotiari choris celestibus mereamini, Regem[f] regum in visione perfruamini aeternae felicitatis. Amen.

5.

Reverentissimo atque sanctissimo patri, domno et magistro meo ill. ego ill., quamquam indignus, divina tamen dispensatione illius ecclesiae civitatis episcopus. Excellentiae et magnitudinis vestrae salutationis officium dirigere non praesumo; sed tamen divina clementia exposcere non desisto, ut gratiae sue protectione in presenti vita multimoda prosperitate fultum[a] conservare dignetur et post excursum vite presentis ad regnum aeternae beatitudinis inlesum perducere faciat. Nullo modo ambigendum est, sanctissime pater, quin vos divina praescientia ante saecula futurum in sacro palatio magistrum prelegerit, ut supernus Moderator, qui congruis temporibus plebis sue oportuna administrat solatia, vos nostri aevi[b] plebis Dei dignum rectorem sublimi in loco constitutum donaret, quatenus ut fidelis dispensator et prudens intercessionibus, exortationibus et consiliis vestris erogetis necessaria Christi domesticis, hac pro hoc, quicquid digna sacerdotes Dei in hoc regno aut incipiunt aut perficiunt, rectorum mercis vobis in perpetuum manet, quia unusquisque, quod per semet ipsum perficere non valet, vestra opitulatione subfragia et apud gloriosissimum domnum imperatorem benigne interventu adepta, efficatia obtinere adque implere prevaleant. Queso itaque almitatem vestram, ut mihi famulo vestro liberalitatis vestrae gratiam impertire non dedignemini, quatenus, fretus de pietate vestra, me tutum conferam vobis atque[c], quicquid mea pusillitas vestre magnitudinis suggerere cupierit, constantur dirigere adque exposcere vestre sublimitati, quam nihil hesitans veluti cuncta pro manibus abeam, que a me poscenda sunt vobis.

ADDITAMENTUM.

Subieci formulam adhuc ineditam, quam ex codice Guelferbytano 'inter Augusteos 9. 8' saec. IX. descripsi. Exstat cum alia formula, quam alio loco edendam duxi, fol. 99'.

Sincerrime dilectionis honorabiliter venerando illo egregio pontifici[a] humilis[b] familia sancti illius ecclęsie episcopus, vester benivolus horator hac fidelis serviens, in Christo Iesu perennem pacis salutem. Rogamus bonitatem vestram, ut, quicquid auditum habeatis de seniore nostro, domno rege[c], et in quibus partibus suum iter fuisset, nobis innotescere dignemini, et quando figeri debeat adventus illius in illa[d] civitate; quia nos ibidem missum nostrum dirigere[e] volumus.

4. d) remissionem? e) *lege:* ac. f) *lege:* Regis.
5 = *Roz. Add. p.* 362. a) faltum *corr.* fultum *c.* b) acvi *c.* c) aut *Roz.*
Add. a) pontifi *c.* b) umilis *corr.* humilis *c.* c) i *superscr. c.* d) ittu *c.* e) *superscr. c.*

FORMULAE EXTRAVAGANTES.

Sub hoc nomine formulas nonnullas singulatim traditas colligendas et operi nostro, numeris continuis appositis, inserendas duxi. De codicibus seu aliis fontibus, de tempore, patria, indole, quae explorata mihi sunt, singulis capitibus breviter praemisi. Capita in duas digessi partes.

I.

FORMULAE NEGOTIORUM CIVILIUM.

Cap. 1. *ex Monum. Boic. XIV (Monac. a.* 1784*) recepi, ubi editum est e codice 'bibliothecae illustrissimi capituli metropolitanae ecclesiae Salisburg. saec. VIII. et ex parte IX, signato:* Liber traditionum'. *Codex, qui nunc periisse videtur, complexus esse dicitur, l. l. p.* 349, *'varias formulas maxima ex parte ab iis, quas Bignonus collegit, diversas, unde Cl. D. P. Romanus Zirngibel nuper aliquam declamationem depromsit'*[1]. *Ex qua collectione l. l. tria exstant capita:* 1. *'Epistola funebris' ab Adalperto quodam abbate ad Virgilium episcopum Salzburgensem data;* 2. *Arnonis, successoris illius, epistola quaedam commendatitia;* 3. *'Formula libelli supplicis (abbatis cuiusdam Baioarici) ad Ludovicum Pium imperatorem'. Pro certo igitur habemus, formulas Salzburgi non ante a.* 814. *collectas esse, quae fortasse eaedem sunt ac hae, de quibus Frobenius Forster refert; cf. supra p.* 439, *l.* 16 *sqq. Capita* 1. *et* 2, *veras epistolas, omisi.*

1.

X. Christianissimo et glorioso domino nostro Luduwigo augusto, a Deo coronato magno et pacifico imperatori. Ego enim ille per gratiam vestram et misericordiam abba vocatus una cum omni congregatione nostra humiliterque, quasi coram sanctissimis pedibus vestris prostratus, gratiam et misericordiam vestram implorantes, ut magna et preclara misericordia vestra, quae per omnia regna vestra refulget, super nos venire dignetur. Vestra alta et gloriosa elymosina antecessorem meum, servum vestrum fidelem, sicut ceteris aecclesiis Dei provincia[a] vestra perdonastis una cum scriptura vestra, ut, quicquid a nobilibus viris temporibus Tassilonis traditum fuit, ut ibi in vestra elymosina permaneret. Proinde, domine sancte et pater pie, notum sit clementiae vestrae, quia quidam homo nomine illo valde nos opprimit, et nimis iniuste illa casa Dei distrahit et dispoliat, unde nos et cartas et testimonia, nobiles viros, habemus. Vestram magnam pietatem deprecantes, ut in vestra elymosina, sicut illa casa Dei cessistis, ut ita inantea permanere valeat ad augmentum sanctae Dei ecclesiae et ad mercedem et gratiam vestram aeternam coram Deo. Alma Trinitas et inseparalilis Unitas custodiat domnum nostrum multis feliciter annis in Christo Iesu domino nostro! Amen.

1 = *Mon. Boic. XIV, p.* 351, *nr.* 3. a) *lege:* provinciae nostrae.

1) *Fortasse epistola Clementis ad Tassilonem in 'Neue hist. Abh. d. baier. Ak.' I, p.* 246.

Cap. 2. *edidit Lindenbrogius ex quodam codice incognito.*

2. Epistola regi mittenda pro libertate servi sui impetranda.

Domino invictissimo atque glorioso regi ill.[a] sancta Lingonensis ecclesia praesentem perpetuamque incessanter felicitatem devotissimis exorat precibus. Ad notitiam celsitudinis vestrae perferre nos ecclesiastica provocat necessitas de promotione servi vestri nomine ill., ex loco iuris vestri nuncupato ill., de ministerio ill.[b], *vel* de beneficio ill.[b], cuius gratia eruditus, et inter nostrae parvitatis studia scientia, vita ac moribus pro modulo qualitatis quantitatisve instructus, iam munus clementiae vestrae dandum nobisque significandum eius de libertate expectantes, ad gradus ecclesiasticos eum promovere vestrae largitatis munificentia parati sumus mox, ut statutam de eo vestram canonicamve dignitatis senserimus licentiam. Deus coeli et terrae universaeque conditionis ad tutelam vos semper protegat christianam, ita ut hoc aevo vestro superexaltatam in omnibus sanctae matris ecclesiae sentiat causam.

3—7. *FORMULAE IUDICIALES SECUNDUM LEGEM ROMANAM.*

Capita 3. *et* 4. *tradita sunt in codicibus legis Romanae Visigothorum. Utrumque caput exhibent:* 1. *Cod. Parisiensis Lat.* 4406, *saec. X, fol.* 57. 58. *Cf. Haenel, Lex Rom. Visig. p.* LIII. *Contulit b. m. Knust.* 2. *Codicis Paris. Lat.* 4410. *folium praepositum, quod, priorem capitis* 3. *partem exhibens, iungendum est cum folio* 68. *codicis Paris. Lat.* 4406, *ubi reliqua capitis* 3. *pars et cap.* 4. *leguntur; saec. X. Cf. Haenel, l. l. p.* LIII. *et* LXIV. *Contulit b. m. Heller.* 3. *Cod. Lugdunensis Bat. Q.* 47, *saec. X, fol.* 2 *sq. Cf. Haenel l. l. p.* LXII. *Praeses bibliothecae, V. Cl. De Rieu, lectiones codicis benigne nobiscum communicavit. Solum caput* 3. *exhibent:* 4. *Cod. Berolinensis Lat.* 270, *saec. IX, fol.* 13. *Cf. Haenel l. l. p.* LIV. 5. *Iterum cod. Paris. Lat.* 4406, *fol.* 54, *saec. X. Cf. Haenel l. l. p.* LII. *Contulit b. m. Knust.* 6. *Cod. cathedr. eccl. Eporediensis, saec. IX—X. Cf. Haenel, l. l. p.* LII. *Codicis lectiones praesto non erant. — Formulae ex antiquo iuris Romani usu traditae esse videntur; sed cap.* 4. *Francico certe aevo rescriptum atque retractatum est; cuius capitis exemplum multo magis genuinum exstat inter formulas Turonenses (cap.* 29*). — Divulgavit eas Wenck ex schedis Gustavi Haenel in Hauboldi Opusculis academicis III, p.* 910 *sqq. et solum cap.* 3. *postea ipse Haenel in appendice Legis Romanae Visigoth. p.* 454. *Utrumque caput repetivit E. de Rozière in 'Recueil général'.*

3. De[a] trina conventione[1].

(a) *Sceda*[b] *de literis*[c] *commoneturiis, qualiter*[d]*, contra quoscumque interpellatum fuerit, debent trina conventione ad audientiam evocari*[e]*. Sed et hii, ad*[f] *quos litteras*[g] *processerint, qui eos*[h] *commoneant, si venire*[i] *distulerint, suis relationibus, ut de eorum absentia vel contumatia*[k] *probationi*[l] *nihil deesse possit, omnia sunt per singula iudi-*

2 = *Lind.* 100; *Roz.* 70. a) *ita Lind.; Baluzius hic et infra perperam terminationes addidit.* b) illo *Bal.; potius* illius *intelligendum videtur.*

3 = *Haubold l. l. p.* 910; *Haenel l. l.; Roz.* 438. *Codd.* 1—6. a) Item *praemittitur* 4. 5. b) Scędam 4; Scđ 5. c) litteris commonetoriis 2; litteris c. 3; litteris communitoriis 4. 5. d) cum *add.* 4. 5. e) vocari 5. f) a 4. 5. g) literas processerunt 3. h) eas commoveat se v. 3. i) venerint *pro* v. d. 2; venire distullerint 3. k) commoneat si venire distulerint *pro* contumatia *ex verbis praecedentibus repetit* 2; contumacia 5. l) probatione 2; probationis 3.

1) *De 'trina conventione' vide L. Rom. Vis. Nov. Valent. III.* 12. *Interpr.:* si quis pulsatus in iudicio adesse noluerit, post trinam conventionem sciat se contumacis sententiam subiturum; *ib. Paul. V,* 5, 6. *cum Interpr. Cf. Bethmann-Hollweg, 'Civilprozess' IV, p.* 200 *sq.*

cibus rescripturi. Et[m] *post haec edictus*[n] *infrascriptus in foro illius, qui admonetur*[o] *et venire contempserit, debit*[p] *aspendi.*

Ille [1], oblatis prȩcibus, nobis[q] detulit[r] in querella[s], ab illo rem sibi debitam[t] indebite retineri[u]; ideoque, datis ad te[v] litteris praesentibus, indicamus[w], ut memorato[x], salva civilitate[y], eatenus[z] admonere procuris[a], ut die[b] statuta ad audientiam nostram se venturum sub idonei[c] fideiussoris[d] cautione promittat, petitoris[e] partibus in omnibus responsurus, quatenus[f] iurgio, quod[g] inter altercantes vertitur[h], cum iustitia[i] terminus[k] inponatur[l].

(b) *Scedam edicti*[m], *que post*[n] *trinam conventionem*[o] *appendi*[p] *in foro illius, qui commonetur*[q] *et*[r] *ad audientiam*[s] *venire distulerit, omnino*[t] *debet*[u], *hoc est, sicut praesentis*[v] *scede*[w] *forma declarat*[x] *et in lege sic*[y] *continetur, 'unum pro omnibus'* [2]; *ita ut*[z] *in eo, qui pro contumace*[a] *damnandus est, legum severitas in omnibus debeat custodiri*[b].

Bene[c] pia principum providentia, dum humano generi consulit, constituit[d], ut, quotiens[e] inproborum calliditas[f] ita diversis tergiversationibus dilatat, ut litigiis[g] terminus[h] non possit inponi[i], et que[k] male[l] pervaserant[m], dum prava[n] cupiditate cupiunt retenere[o], procurando latebras student[p], ut[q] petitores[r] lapso[s. 3] temporum[t] causae[u] incurrant, ita ut, qui merito res suas recipere poterant[v], callidorum adinventionibus[w] iniuste amittant[x], quod[y] eis legibus debebatur[4]. Ideoque, quia ille secundum normam[z] iuris[a] ac legum ad audientiam per admonitionem[b] nostram trinis[c] est litteris evocatus[5] et, faciente contumatia[d], iudiciis adesse[e] dispexit, adeo per huius edicti[f] inclamatione eum[g] adhuc ad[h] audientiam venire conpellimus, ita ut, si[i] inter[k] viginti et septem dies ad iudicium nostrum venire contempserit, nos adversum se[l] secundum legis in contumaces[m] ferre[n] sententiam[o], recognoscat[p].

3. m) *deest* 4. 5. n) edictis 3; editus 1. 2; dictus 4. 5. o) amonitur 4; amonetur 5. p) 2. 3; debita spendii *corr.* debita stipendii 1; debet apendi 4. 5. q) 4. 5; nostris 1. 2. 3. r) detullit 3. s) querilla 3; quȩrela 2. t) debita 2; debita indebita 3. u) retinere 3. v) *deest* 5. w) iudicamus 3. x) 1. 2; memoratus 3; memoratum 4; memoratam, *ut videtur, e corr.* 5. y) uuitate 3. z) eatinus 4. a) |ut monere procuris 3; procurris 2; procures 4. 5. b) diȩ 4. c) idomei 3. d) fideiussores 4. 5. e) petitoribus 3; petitores 4. 5. f) quatinus 4. g) quo 4. 5. h) vertatur 4. 5. i) iusticia 5. k) teminum 2; teminu 3; terminos 4. 5. l) inpunatur 3. m) edic 3; enim de trina conventione *pro* edicti — conventionem 4. 5. n) postrinam *pro* post trinam 3. o) 2. 3; conventione 1. p) adpendi 4. q) conmonetur 4. 5. r) et *deest* 5. s) audiendam 5. t) omni 3. u) debebit 4. 5. v) 4. 5; praesentes *corr.* -tis 2; praesentes 3; praesens 1. w) scedȩ 4. x) dederat 3. y) sicontinetur 1. 2. z) 4. 5; *deest* 1. 2. 3. a) 2. 4; contumacem 1. 3. 5. b) custodire 2. 3. c) Benificia 4, Beneficia 5 *pro* Bene pia. d) constituat 4. 5. e) quoties 2. f) callididas 3. g) 2. 4; litigii 1; letigiis 3. 5. h) terminum 2. 3; terminos 4. 5. i) inpuni 4. 5. k) quȩ 2. 4. l) malȩ 4. m) perseverant 3; provaserant 5. n) pracupit. ita *pro* pr. c. 3; prȩ c. 4; p̄ c. 5. o) retineri 2; retinere 3; tenere 4. 5. p) 4. 5; studeant 1. 2. 3. q) *deest* 3. r) petitore 3. 5. s) lapsu 2. t) tempore 3. u) causȩ 1. 2. 4; cause 5; causo 3. v) potuerant 3. w) adinventiones 3. x) amittat 2; amitat 3. y) 4. 5; quod de his *pro* quod eis 1. 2. 3. z) mormam 3. a) 5; iuris hac 4; iuri sacri 1. 3; iuri sacri *corr.* iuris sacri 2. b) ammonitionem 2. c) ternis 3. d) incontumatia 3. e) 4. 5; esse dispexerit 1. 2. 3. f) ȩdicti 4. g) cum 4. 5. h) *deest* 3; in 5. i) si 4. 5; *deest* 1. 2. 3. k) inte *corr.* inter 4; inte 5. l) *deest* 2. m) contumacis *corr.* -ces 2; contumacȩ 4; contumacem 5. n) fere 3. o) sententia 4. 5. p) regnoscat 3.

1) *Mandatum, ut videtur datum officiali iudicis, ut reum ad audientiam evocet.* 2) *Edictum peremptorium 'unum pro omnibus' in antiquo iure Romano non post trinam conventionem, sed loco eiusdem datur. Cf. Paul. l. l.; Ulpian. in Dig. V,* 1, 68 *sqq. et Hermogen. ib. XLII,* 1, 53; *Cod. Iust. VII,* 43, 8. 9. 3) *De 'lapsu caussae' cf. Bethmann-Hollweg, l. l. III, p.* 237, *(n.* 19*).* 4) *Desiderantur verba, quae periodum concludant. Arrenga ista fortasse ad Nov. Valent. III.* 34 *(L. R. Vis. Nov. Val. III.* 12*), qua de contumacia agitur, spectat.* 5) *Cf. Dig. XLII,* 1, 53: ternisve litteris evocatus; *L. Rom. Vis. Paul. l. l. Interpr.; Brissonius, De verborum signif. s. v. evocare.*

4. Scriptione de [sumptibus[a]] litis et expensis[b].

Form. Tur. 29.

Igitur ego in Dei nomen ille. Dum non est incognitum, qualiter homo nomine ill.[c] in rationes[d] publicas ante inlustro[e] viro illo vel reliquos viros, que[f] subter tenentur inserti, in civitate, *vel* mallo *vel* vico, adsteti[g] de aliqua[h] locella in pagos[i] illos, quibus mihi per legitima successione sunt debita, et tu[k] praesente[l] tempore male[m] ordine possedere[n] videris, unde apud me in responsum introire noluisti, nisi, sicut lex edocet, tibi inscriptione de sumptis[o] vel litis expensis[p] superius memoratis[q], quibus[r] pro necessitatibus tuis, me conpellente, visus es expendisse, secundum legis ordinem transactis litis tempore[s], partibus tuis cogatur restitui. Et pro rei totius[t] firmitatis hanc editionem[u] manu propria subter firmavi.

Interpretatio: 'Tam civile negotio[v] quam criminalem accusationem[w], professio[x] manu accusatoris conscripta procedat'[1].

Interpretatio: Editio legibus conprehensa[y]. Lex Romana pro utilitate[z] humani generis exposcit, ut, 'si quando cuiuscumque iniusta[a] appellatio comprobatur[b], sumptus[c], quos post appellationis adversarium suum accusator[d] contulit sustinere, non in simplum[e] ei, sed in quadruplum ei[2] reformare cogetur'.

Etiam cap. 5. *in codicibus legi Romanae subiectum legitur. Hi sunt codices:* 1. *Cod. Vaticanus Christ.* 1048, *saec. X, fol.* 224. *Contulit V. Cl. Mau.* 2. *Cod. Parisiensis Lat.* 4409, *saec. X, fol.* 120. *Editione, quam b. m. Pertz ad hunc codicem paravit, 'Archiv' VII, p.* 743, *usus sum.* 3. *Cod. Bernensis bibl. publ.* 263, *saec. IX, cuius codicis verbum quoddam ab E. de Rozière annotatum repetivi. Cf. de his codicibus Haenel, l. l. p. LXXI sq., qui, cum omnes textum haud modice eodem fere modo adulteratum praebeant, ex eodem exemplari descripti esse videntur. Qua de causa textus admodum correctior et apertior edi nequivit. Formula, ad antiquiora fortasse tempora revocanda, in eam, qua nunc exstat, formam non ante Francicum aevum redigi potuit. Ex serie regum Francorum, usque ad mortem Pippini regis perducta, quae in codicibus formulam sequitur, conici potest, hoc Karolo Magno regnante factum esse. Ediderunt eam Baluzius in Nova Collectione, Pertz, 'Archiv' l. l. et E. de Rozière.*

5. Incipit edictio[a].

Cum in presentia inluster[b] vir ille illo mallavit, sed illi[c] petiit, ut scriberet quod petivit iuritica[d. 3]. Imperatores sancserunt decreta, ut[e] nullus a iuditio suscipere precurrit, antequam sollempnia patefecerit[4], ut his qui fidem datis ut nec obiecti sunt pre omaticis[f] dictionis lex poena succurrit edictio[g]. In quam ob rem peticio in conspectu

4 = *Haubold l. l. p.* 911; *Roz.* 440 *bis*. *Codd.* 1. 2. 3. a) *deest codd.* b) expensas 3. c) 2; illius 1. 3. d) oratione 3. e) illustrem viro illo *corr.* ill. virum illum 1; inlust̄ v. i. 3. f) quae 2. 3. g) ansteti *corr.* antesteti 2. h) aliquis locellis 2; aliqua locellas 3. i) pago illius 1; pagos illius 2; pago illos 3. k) 2. 3; tum 1. l) pręsenti 2. m) mali 2. n) possidere 2. 3. o) sumptus 3; *hoc loco redactor formulae errore adductus quaedam omisit; cf. ipsam form. Turon.* p) et expensis 2. q) memoratus 3. r) *lege:* quas. s) temporum 3. t) tocius 3. u) edictionem 3. v) negotium 3. w) 2. 3; accusatione 1. x) professi *codd.* y) conpręhensa 2. z) utilitatem 2. a) iniusticia 3. b) probatur 3. c) sumptos 3. d) 2; accusatus 1; accusatae 3. e) simblum 2. 3.

5 = *Bal.* 16; *'Archiv' VII, p.* 743; *Roz.* 439. a) Cdictio 1. b) inlustri viri 2. c) *manu* 2. *superscr.* et 1. d) *ita* 3; in ritica *corr. manu* 2. in retica 1; inritica 2. e) in *manu* 2. *corr.* ut 1. f) *vox emendatione eget.* g) ędictio 2.

1) *Lex Rom. Vis. C. Th. IX,* 1, 4. *Interpr.* 2) *Verba* ei reformare, *cum accuratius cum lege Romana quam cum Turonensi formula, ad quam haec scripta est, conveniant, ex ipsa lege recepta esse videntur. Cf. L. Rom. Vis. Paul. V,* 39, 1. *Interpr.* 3) *Iuridica =solemnia. Cf. ex. gr. L. Rom. Vis. C. Th. III,* 13, 4. *Interpr.* 4) *Cf. ib. IX,* 1, 4: Non prius quemquam sinceritas tua ad tuae sedis examen iubebit adduci, quam solennibus satisfecerit.

magnitudinis vestri, ut homo nomen illi est[h] illas post se mali ordine preoccupasse[i] dinoscitur, ut hoc vestra prudentia integrum et legalis sententia debeant definire; ea vero scilicet ratione[k], ut, si[l] in constitutum placitum res illas mihi iustissime debitas adprobare non potuero, ut lex mundana Teodosiano corpore arbitratus discernit, me impleturum esse polliceor[m], data edictione. De inscriptionibus accusatoribus[n] recrescant Teodosiano nono, in ira prima[1]: 'Tam civile negotium[o] quam criminalem actio professio manu accusatore conscripta precidat. Nisi inscriptione[p] celebrata, prius a iudice non audiatur'.

Cap. 6. Brissonius in Formularum lib. V. recepit ex cap. 9. Opusculi III. Odoranni Senonensis, quod nunc cum aliis opusculi partibus, depromptis ex canonibus et lege Romana Visig., editum ex cod. V a t i c a n o *Christ.* 577. *exstat in A. Maii Spicileg. Rom. tom. IX. et inde repetitum ap. Duru, 'Bibl. hist. de L'Yonne' II. De codice Vat. cf. Duru l. l. p.* 440 *sqq.*

6. Qualiter accusatio vel inscriptio fieri debeat.

De[a] accusationibus vel inscriptionibus constitutum est ab imperatoribus Theodosio et Constantino, Arcadio et Honorio vel ceteris contra improbos accusatores, ut falsis criminibus eos accusare non delectant[b]. Igitur ego ille adversum te in rationibus publicis adsisto, si[c] iniuste interpellavero et victus exinde apparuero, eadem poena, quam in te vindicare pulsavi, me constringo atque conscribo partibus tuis esse damnandum atque subiturum[2]. Et pro rei totius firmitate manu propria firmo et bonorum virorum iudicio roborandum trado.

Cap. 7. ex editione Lindenbrogii repetivi.

7. Formula citationis[3].

Quoniam imperialibus sanctionibus cautum est, ut absentes, contra quos actiones exercere cupiunt, in iudicio copiam sui facere edictis citentur, idcirco ego iudex has admonitorias tibi delego, quatenus in iudicio praesentiam tui facias intentionemque actoris suscipias eique oppositiones legum atque exceptiones obiicias.

Cap. 8, formulam 'securitatis', manu VIII—IX. saec. exaratam, e codice G u e l f e r b y t a n o, *olim Weissenburgensi* 97, *descripsi. Scriptura ita evanuit, ut haud sine summa difficultate legere eam potuerim; sed etiam ea, quae aperta sunt, verba textum a librario valde depravatum esse demonstrant. Formula quibusdam locis mirum in modum cum Cart. Senon.* 11. *et* 51. *convenit. Adhuc inedita est. Cf. Haenel, L. Rom. Vis. p. LXXXI sq., et Holder, 'Lex Salica nach den Handschriften von Tours' etc. Lipsiae* 1879, *p.* 80 *sq.*

8.

In Dei nomen. In omnibus mo[dis inve]teretur [en]im descordia inter illi et illi.

5. h) res *emend. Bal.* i) preoccupasset 1. k) ratio *manu* 2. *corr.* ratione 1; ratio 2. l) se *manu* 2. *corr.* si 1. m) pollicior *manu* 2. *corr.* polliceor 1. n) *fortasse:* et accusationibus *emendandum est. Cf. L. Rom. Vis. C. Th. IX,* 1, *tit.* o) *ita L. Rom. Vis.; pro* negotium quam *exhibent codd.* nequam 1; neque 2. p) in se raepititione *e corr.* 1; in se repetitione 2.

6 = *Brissonius V, c.* 188; *Mai. l. l. p.* 66; *Duru l. l. p.* 405. 441; *Roz.* 441. a) et de *Briss.* b) debeant *Briss.* c) te *add. Briss.*

7 = *Lind.* 116; *Roz.* 437.

1) *Ib. IX,* 1, 4. 6. *Interpr.* 2) *Cf. ib. IX,* 1, 8. 3) *Cf. supra cap.* 3. *Hoc autem exemplum ad recentiora tempora revocandum esse crediderim.*

Venerit in villa illa, in loco que dicitur illi, ipsus[a], dum diceret, et illi repetebant et adversus ipsus illis et dum diceret, quod germano suo nomen illi occississet vel interficisset mali o[rdine. Dum] sic inter se alius modis intenderunt, sic inter[venientes] boni ominibus inter medio in ambus partis abtificaverunt, ad[b] pa[cem] et concordia fuissent[c] revocati. Et ipsi conveni[ebant], ut pro labores redimendas emendas[d], .calibus[e] ris illi rewadiavit solidus de leodem tantus repeterit. Anc securitatem . . . . illi fiere et firmare[f] rogavi . . ., ut nullumquam tempore de[g] tam dicto germano suo nulla calomnia nec ulla repeticione nec ego ipse nec ullus de coheredibus[h] meis vel quislibet ulla opossita pers[ona n]ec quelibet agere nec[i] repetere nec regenerare non presumamus[k]; quod si otemtaverimus[l], [infer]amus . . . ad[m] suo consocio fisco auri uncias duas ad esse[n] multandum, coactus exsolvat, et presens securitas[o] firma et stabilis permaneat s[tipula]cione subnexa[p].

Actus.

9—15. *LIBELLI DOTIS.*

Capp. 9. *et* 10. *exhibet cod. Lugdunensis Bat. Voss.* 15, 8°. *Cf. 'Archiv' VIII, p.* 574. *Cap.* 9, *manu saec. X. exaratum, exstat fol.* 206, *cap.* 10, *alia eiusdem aevi manu exaratum, fol.* 210'. *Cap.* 9. *pagus Aurelianensis nominatur, cap.* 10. *Floriacensis pagus, quem nomen a villa Floriaco prope Aurelianum, ubi monasterium S. Benedicti constitutum erat, duxisse crediderim, quamquam aliunde de hoc pago nihil compertum habeo. Pippinus, quo regnante cap.* 10. *scriptum esse dicitur, unus ex Aquitaniae regibus nominis huius videtur fuisse (I. a.* 814—838*; II. a.* 838—844*). Monendum est, in utraque formula ipsam dotis cartam 'osculum' dici. Cf. supra p.* 163, *n.* 5. *Formulas, adhuc ineditas, a b. m. L. Bethmann. descriptas, cum codice contuli.*

9.

Universitatis cunctipotens Creator, ex cuius bonitate potestativa ea quae sunt substantialiter esse ceperunt, de limo terrae homini[a] facto[b] et in faciem eius spiraculo[c] vitae inspirato[1], solitario, ne sine adiutorio sui similis appareret, de eius latere dormiendo costa assumpta, subsidium prebuit. Adiutorium enim factum est modo[d], scilicet ut intentio dilectionis a binario numero[b] principium sumeret. De hac copulatione doctor gentium, apostolus Paulus, confirmanda atque inseparabiliter tenenda dixit[2]: 'Viri, diligite uxores vestras, sicut et Christus ecclesiam dilexit' in confirmatione pacis. Patenter[e] subostenditur: 'Vir non habet potestatem sui corporis, sed et mulier; similiter et mulier non habet potestatem sui corporis, sed vir'[3]. Et de reddendo debito minime tacuit: 'Vir', inquiens, 'uxori debitum reddat, similiter et uxor viro'[4]. His igitur ammonitionibus, et ut divino precepto oboedirem, quia Omnicreans dixit: 'Crescite et multiplicamini et replete terram'[5], quam ob rem ego in Dei nomine N., cuius pater meus nomine N. et mater mea nomine N., ut multis habeatur percognitum, aliquam feminam nomine N., cuius pater fuit nomine N. et mater nomine N., mihi una per consensum

8. a) ips:s *c.* b) ađ *c.* c) suissen *c.* d) ee::das *c.* e) *ita, ut videtur, c.* f) fir|firmare *c.* g) de t. d. *certo legi nequeunt c.* h) co *certo legi nequit c.* i) ne *c.* k) p̄sumāmus *c.* l) *lege:* attemptaverimus. m) ad suo (adversario?) *certo legi nequeunt c.* n) ēē *exstare videtur c.* o) *bis scr. c.; quod etiam Cart. Senon.* 51. *factum est; cf. supra p.* 207, *l.* 29. 36. p) sūnexactus *pro* s. A. *c.*

9. a) hominem *corr.* homini *c.* b) o *e corr. c.* c) um *corr.* o *c.* d) m̊ *c.* e) patent subostendit *c.*

1) *Cf. Gen.* 2, 7 *sqq.* 2) *Ephes.* 5, 25. 3) 1. *Cor.* 7, 4. 4) 1. *Cor.* 7, 3. 5) *Gen.* 1, 28.

parentum nostrorum et amicorum eam legibus sponsare decerno, et ad diem nuptiarum, Domino iubente, pervenire delibero. Et coedo ei, osculum intercedente[1], anulo circumdata[f] restringente, in die nuptiarum aliquid de rebus propriis; quae sunt ita. In pago Aurelianensi, in vicaria Pervei, dono tibi de terra, vineis, pratis, de silvis, de aquis, alodum de Sociaco[2], de integro medietatem. Et in loco alio, in villa quae dicitur Brono, coedo de terra, de vineis, de silva, de integro medietatem, et in alio loco de pratis Carbosanias de integro medietatem, et in alio loco qui dicitur Castello alodem meum de integro medietatem. Haec omnia superius conscripta, sponsa mea iam dicta, per hunc[g] osculum a die presente tibi trado, transfero atque transfundo, ut facias exinde, quicquid volueris, nemine contradicente. Si autem fuerit, aut ego ipse aut ullus de heredibus meis aut ulla emissa persona, qui contra hunc[g] osculum aliquid agere aut inquietare voluerit, libras 500 de auro mundissimo coactus exsolvat, et vox sua nihil ei proficiat.

Signum Borchardi, qui istum osculum fieri iussit et nobilium virorum astipulatione firmare rogavit.

Signum Theodatus.	Signum Bodo.	Signum.	Signum.
Signum Iohannes[h].	Signum Rainus.	Signum.	Signum.
Signum Ioscelinus.	Signum Tescelinus.	Signum.	Signum.

10.

Latores legis edicunt, et antiqua consuetudo edocet, ut prius arras coniugis, postmodo, osculo intercedente, personarum qualitate concedatur, sicut in Theodosiano codice 'de sponsalibus et ante nuptias donationibus'[3] auctoritas narrat, videlicet ut, quicumque vir ad sponsam suam de rebus propriis ante dies nuptiarum aliquid concedere vel conferre voluerit, per seriem scripturae hoc alligare[4] permittat, *vel*[a] curet. Idcirco etiam in Dei nomine ego Barius, qui filius fui Arbini[b], et mater mea Ramigis, ut multorum noticiae habeatur percognitum, aliquam puellam nomine N., quae fuit filia Marini, et mater sua Urielia[c], una per consensum parentum nostrorum et amicorum eam legibus sponsare et Christo propitio ad legitimum matrimonium vel coniugium sociare cupio. Propterea placuit mihi, ante diem nuptiarum a die presente aliquid de rebus meis propriis ei concedere[d] debere, decernente bona voluntate, pro amore vel dilectione ipsius puellae per hunc titulum huius osculi intercedentis[1]. Quod ita placuit mihi facere, dilecta sponsa mea nomine N. In pago Floriacensi, in vicaria Reinense, in villa quae dicitur Noriont[e], alodem meum, hoc[f] sunt, terras, silvas adiacentes, quantumcumque in ipsa villa visus sum habere vel possidere, de mea parte, divisa cum fratribus meis, de integro medietatem tibi concedo, ut facias, quicquid volueris, nemine contradicente. Si quis vero, si ego ipse aut ullus de heredibus meis vel proheredibus, aut aliqua persona fuerit, qui contra hunc[g] osculum aliquid agere aut inquietare voluerit, componat solidos 100 argenti et 500 auri libras, coactus exsolvat, et vox sua nihil proficiat. Manu mea propria subter firmavi, et bonorum virorum testimonio corroborandam decrevi.

Signum[h] illius, qui hoc[f] fieri rogavit, in mense Iulio, regnante Pipino rege.
Signum. Signum. Signum. Signum. Signum[i].

---

9. f) *ita c.* g) hē *c.* h) Ioħ *c.*
10. a) vel curet *superscr. c.* b) io *corr.* ii *c.* c) *ita, ut videtur, c.* d) conceđ *c.* e) *ita vel fortasse* Noriona *c.* f) ħ *c.* g) hē *c.* h) S̈ *pro* Signum *hic et infra praebet c.* i) *sequitur in c. ornamentum quoddam.*

1) *Cf. L. Rom. Vis. C. Th. III*, 5, 5. 2) *'Sougy, dép. Loiret, arr. Orléans'.* 3) *L. Rom. Vis. C. Th. III*, 5, *tit.* 4) *Cf. ib. III*, 5, 1. *Interpr.*

Cap. 11. edidit E. de Rozière ex codice Vaticano Christ. 596, saec. XI, fol. 30'. Praeter hanc formulam alia ibi scripta est eadem fortasse manu, qua hoc caput correctum est, infra II, 10. Quae cum epistolam ad Gislevertum quendam episcopum, ut videtur Carnotensem (a. 856—880), missam contineat, etiam cap. 11. haud procul ab episcopatu illius oriundum esse crediderim. Contulit V. Cl. Mau.

11.

In nomine sanctae et unicae Trinitatis atque individuae[a], sempiternae maiestatis, feliciter. Auctoritas christianae religionis atque praecedentium patrum traditiones necnon et mundialium legum iura patenter edocent, insuper etiam sanctarum scripturarum Novi ac Veteris Testamenti preconia multifariis assertionibus nos, qui huius mundanae rei[b] conversationibus quaerimus perfrui, de coniunctione matrimonialis conubii admonent et, quam bonum sit legitime nubere, liquentissime insinuant. Dominus quoque[c] et conditor rerum omnium in Scriptura Sacra subdendo manifestat: 'Relinquet homo patrem et matrem et adherebit uxori suae, et erunt duo in carne una'[1]; et in alio loco dicit: 'Quod Deus coniunxit, homo non separet'[2]. Igitur ego in Dei nomine ille, talium auctorum testimoniorum exemplis roboratus, praecedentium canonicorum patrum vitam cupiens imitari, ex consensu et voluntate virorum nobilium, parentum quondam nostrorum, quendam puellam nomine ill. secundum legis consuetudinem visus sum sponsasse, atque solo posteritatis amore, auxiliante Domino, humano coniugio eam sociare dispono. Igitur propter nomen et monumentum honoris sui dono dilectissime michi sponsate per hoc dotis testamentum de rebus proprietatis meae in pago illo, in vicaria illa, in villa illa, mansum indominicatum unum cum domo condigna ad habitandum, cum casis et ceteris aedificiis sive clausuris, cum perviis et wadiscampis[d], cum vinea aripennos tantos. Hos etenim mansus superius adnotatos cum tectis, aedificiis sive clausuris, cum perviis et wadiscampis[d], terris, vineis, silvis, mobilibus et inmobilibus, cultum et incultum, totum et ad integrum, rem inexquisita, quantumcumque superius denominavimus, tibi dilectissime michi sponsate per hoc testamentum dotis virorum nobilium manibus roboratum trado[e], per quod deinceps de his omnibus iure firmiter plenissimam per omnia possis tenere potestatem dandi, vendendi, commutandi et faciendi exinde libere, quicquid elegeris. Si quis vero, quod minime credo, si[f] contigerit, quod ego ipse aut ullus de heredibus ac proheredibus meis[g] aut certe quaelibet subrogata persona, qui contra hanc[h] dotis titulum aliquam controversiam machinare voluerit aut eam infringere temptaverit, ei cui litem intulerit auri libras quinque coactus persolvat, et eius repetitio inanis et vacua permaneat, praesensque dotis testamentum inviolabilem atque inconvulsam omni tempore obteneat[i] firmitatem cum stipulatione subnixa.

Ego ille, qui hanc[k] dotis testamentum fieri et adfirmare[l] rogavit.

Cap. 12, formulam Salicam, b. m. Knust ex codice Escurialensi L. III. 8, saec. X—XI, olim Silvanectensi, descripsit. Cf. de codice Knust in 'Archiv' VIII, p. 818; Ewald in 'N. Archiv' VI, p. 253 sq. Formula adhuc inedita est.

12.

In exordio creationis humane volens Deus hominem, quem ad imaginem suam condiderat, mundo imperare eiusque propaginem in terra multiplicare, decrevit e[a]

11 = *Roz.* 225. a) et *suppl. Roz.* b) *add. manu* 2. *c.* c) *ita manu* 2*;* quidem *manu* 1. *c.* d) *lege:* wadriscapis. e) *ita manu* 2.*;* traderem *manu* 1. *c.* f) si *post* quod *add. manu* 2. *c.* g) *add. manu* 2. *c.* h) hunc *manu* 2. *c.* i) obtineat *manu* 2. *c.* k) hoc *manu* 2. *c.* l) affirmare *manu* 2. *c.*
12. a) ē c.

1) *Gen.* 2, 24*; Ev. Matth.* 19, 5*; Ev. Marc.* 10, 7. 8. 2) *Ev. Matth.* 19, 6*; Ev. Marc.* 10, 9.

consilio[b] suo homini, quem solum fecerat, adiutorium praeberi simile sibi. Creavit igitur ei de costa uxorem, quam ei coniugali vinculo sociavit benedixitque, eis dicens: 'Crescite et multiplicamini et replete terram'[1]. Et scriptum est: 'Propterea relinquet homo patrem et matrem et adherebit uxori suae, et erunt duo in carne una'[2]. Sed et angelum de caelo ad corroborandam nuptiarum copulam ad Tobin venisse legimus[3]. Dominus quoque noster Iesus Christus nuptias, quas in mundi origine concesserat, dignatus est sua sanctificare praesentia, honorans eas initio signorum suorum coram discipulis suis, aquam in vinum vertens et convivantium corda laetificans[4]. His igitur ac[c] aliis Novi ac Veteris Testamenti exemplis invitatus, ego ill. desponsavi secundum legem Salicam per 13 aureos nummos[5] sponsam carissimam et dilectissimam mihi nomine ill. cum consensu parentum ac propinquorum utriusque partis, placuitque mihi de rebus propriis honorare eam in titulo dotis perpetualis. Idcirco ego ill., o sponsa mea clarissima atque amantissima ill., dono tibi ac trado ad abendum in pago ill., in villa quae dicitur ill., mansum dominicatum cum casticiis supra positis et ecclesia et molendinis, terra vero culta et inculta, pratis, silvis, aquis aquarumve decursibus, exitibus et ingressibus. Aspiciunt ad ipsum mansum mansi tant. cum mancipiis utriusque sexus ibidem pertinentibus. Haec omnia superius comprehensa dono atque trado tibi, o dilectissima atque amantissima sponsa mea ill., totum ad integrum, rem [in]exquisitam, quicquid ibi mea videtur esse possessio; in ea[d] ratione, ut ab hodierno die totum superius comprehensum habeas, teneas atque possideas, vel quicquid exinde facere volueris, liberam ac firmissimam in omnibus Christo propitio habeas potestatem faciendi. Si quis vero, quod minime fieri credo, contra hunc libellum dotis insurgere aut quasi destruens temptare praesumpserit, illum, qui feminam masculo coniunxit et terram repleri voluit, ultorem sentiat, et auri libras 100 coactus exsolvat, argenteum 1000[e], et quod repetit non evincet, sed praesens hic libellus dotis firmus et stabilis [in]convulsusque per cuncta saeculorum tempora permaneat cum stipulatione supposita.

Capp. 13. *et* 14. *leguntur in codice Lugdunensi Bat. Voss.* 70 *fol., duabus manibus saeculi X. ex. exarata. Formulas adhuc ineditas descripsit b. m. Bethmann.*

13.

Summus et ineffabilis pater, cuius super essentia ipsas[a] etiam athomos et inane principalitate naturae percurrit, quae frivola veterum philosophorum dogmata, quasi duo principiorum eterna principia semper fuisse, disputant, per insitam sibi, quamvis non temporaliter, totius boni formam, per coeternam videlicet ac consubstantialem sapientiam, bis quinis spiritualium catervarum ordinibus ad laudem et gloriam nominis sui conditis, caelicae sublimitatis splendifluum prestitit habitaculum. Illi vero subtilissimae naturae angelici chori secundum beneplacitum Creatoris sui, aliis alii dispositi ministeriis et honorum decorati donariis, hoc tamen universaliter in suae potestati arbitrio leguntur habuisse, ut vel per innate bonitatis ac debitae devotionis obsequium perpetua felicitate gauderent, vel eam per contemptum inrecuperabiliter amitterent. Quam utrumlibet eligendi libertatem non illis ideo fons bonorum omnium creditur contulisse, ut eorum aliquos perditum iri cuperet propter arrogantiae delictum, sed ut haberet, quos merito muneraret propter liberae et non coactae servitutis studium. Verum chorus ille, qui ob

12. b) noc silio suo *superscribendo corr.* consilio suo *c.* c) at *c.* d) *quaedam erasa,* ea *superscr. c.* e) .Ī. *c.*
13. a) *ita c.*

1) *Gen.* 1, 28. 2) *Gen.* 2, 24; *Ev. Matth.* 19, 5; *Ev. Marc.* 10, 7. 8. 3) *Tob.* 9, 7 *sqq.* 4) *Ev. Ioh.* 2, 1 *sqq.* 5) *Cf. supra p.* 230, *n.* 4.

claritatem, quam ex divina munificentia creando susceperat, nomen accepit Luciferi, dum sui Conditoris excellentiam respicere maiestatemque revereri non meminit, sese mirans intumuit. Nec mora, luculento habitu viduatus, in voraginem baratri omni turpitudine defuscatus corruit. Tunc caetera celicorum[b] agmina discrimine ac ruina scelestorum perculsa, dum similem casum timuerunt incurrere, de bivio libertatis imperfectum et simplicem bonitatis habitum sic leguntur evasisse, ut nequaquam amplius affeccio peccandi posset eos attingere. Ea igitur causa genus humanum sumpsisse perhibetur originem, ut obediendo proficisceretur ad gloriam, quam superbus amiserat ob inremediabilem culpam. Cuius generis propaginem non sic intelligitur amplificari voluisse bonus omnis creaturae Dispositor, ut licenter quibuslibet viri mulieribus abuterentur, sed inter marem ac feminam fides servaretur coniugii, cum protoplasto non plures, sed unam desponsaverit; cum per eundem sanctum adhuc et sapientem dixerit: 'Relinquet homo patrem suum et matrem et adherebit uxori suae, et erunt duo in carne una'[1]. Qui ergo uni viro virginem unam despondit quique duos in carne una constituit, subtiliter interventionem tercii vel terciae propter duorum discidium arguens interdicit. Verum istud tantis Nove Legis et Vetustae nititur assertionibus, ut nostris argumentis firmari non indigeat. Quod vero legale conubium religio sit, non delictum, dominus Iesus Christus liquido patefecit, qui, nuptiarum convivio dignatus interesse cum suis discipulis, signorum illas primordiis decoravit[2]. Unde ego . . .[c] videlicet, miles Dei, sanctorum patrum emulari cupiens instituta, te scilicet . . .[c] propter amorem generandae prolis et conservandae regulae coniugalis in matrimonium volo ducere, et de meis possessionibus honorare, ut, ex more patratis nuptiarum copulis, haec ex mea legione teneas sub nomine dotis.

Reddas ipsa diu sponso, qui talia fecit,
Servitium suplex et sub amore fidem.

AMIN. Benedictus Deus!

14. Item altera.

Divina fretus auctoritate, qua de primi parentis costa mulierem formavit, et euangelicae robore suffultus sententiae dicentis: 'Propter hoc relinquet homo patrem suum et matrem suam et adherebit uxori suae, et erunt duo in carne una'[3], et precessorum meorum legali institutione admodum roboratus, consensu propinquorum seu amicorum nostrorum ego miles Gauscelinus te, o amantissima sponsa mea nomine Ascelina, in matrimonium volo procreandorum amore filiorum ducere et de meis possessionibus pro posse cupio honorare. — — —[a] Quid plura? Et nos, Deo dante, indivisi et nostra similiter, eodem Deo annuente, firma et stabilita individuaque vita nostra comite permanebunt, isdem auctoribus, quos supra memoravimus. Fiat!

Cap. 15. exhibet cod. Bruxellensis 1979. q., saec. XII ex.; in ultimis quatuor foliis continet aliquot epistolas, e quibus conici potest, codicem in monasterio quodam Franciae septentrionalis scriptum esse. Aliam formulam, quam idem continet codex, infra edimus. Utramque adhuc ineditam descripsit b. m. Bethmann.

15.

Multiplices sacrarum scripturarum asserciones necnon peritorum doctorum pagine exquisite satis patenter edocent, quia omnium conditor atque arbiter Deus ad sue laudis

13. b) *ita c.* c) *spatium vacans c.*
14. a) *trium versuum spatium vacuum relictum c.*

1) *Gen.* 2, 24; *Ev. Matth.* 19, 5; *Ev. Marc.* 10, 7. 8. 2) *Ev. Ioh.* 2, 1 *sqq. Cf. supra p.* 541, *l.* 5 *sqq.* 3) *Cf. supra n.* 1.

magnificentiam angelicam creaverit dignitatem. Verum quidam ex collegio ob superbiae pestem irreparabili lapsu a celi sede prostrati sunt. Ne autem deserta foret eorum beata statio, idem Deus, formata tocius mundi machina, hominem ex limae materia ad suae claritatis imaginem fecit. Ipso quoque ad suae voluntatis nutum soporato costaque ex eius latere adempta, mulierem ei figuravit. Deinde eos sua benedictione corroborans, infit: 'Crescite et multiplicamini'[1], et subiunxit: 'Relinquet homo patrem et matrem et adherebit uxori suae, et erunt duo in carne una'[2]. Novissime autem Dominus in carne veniens, nuptias presentia sui corporis non recusans adire, latices in vina convertens, suis sanctis eas miraculis illustravit[3]. Sed et apostolus bonum coniugale ad fornicationem tollendam commendans, inter cetera dixit: 'Unusquisque habeat propter fornicationem'[4]. Pulcherrime itaque usus inolevit, ut, quicunque uxorem ducere disponit, eam in fide et legitimo consensu et spe sobolis, non autem gratia libidinis exercende ducat, et ei de rebus, quae sibi adiacent, legitime osculum[5] faciat, et non in abditis, sicut gentes, qui Deum ignorant, sed adhibitis secum ex utraque parte amicis, nuptias publice celebrandas constituat. His igitur auctoritatibus commonitus, ego N. te, amatissimam sponsam meam N., non sine legitimo meorum atque parentum tuorum assensu in uxorem habere dispono, et de rebus meis secundum ritum antecessorum nostrorum tibi osculum[5] constituo, dans tibi ista et ista.

16—20. *FORMULAE MANUMISSIONUM.*

Cap. 16. *ex Mansi, Coll. ampl. concil. tomo XVI, editum ex codice Burcher., recepi.*

16. Manumissio, sine qua ex familia nemo propria ad sacros ordines promovere valet.

Auctoritas ecclesiastica patenter admonet, insuper et maiestas canonicae religioni assensum praebet, ut, quemcumque ad sacros ordines ex familia propria promovere ecclesia quaeque delegerit, in praesentia sacerdotum, canonicorum simul et nobilium laicorum, et cui subiectus est, manumissione sub libertatis testamento solemniter roboretur[a]. Idcirco, in Dei nomine, quemdam ecclesiae nostrae famulum, nomine talem, sacris dignum ordinibus, ecclesiasticis eruditum disciplinis, ad altaris cornu, palam insignibus viris, civem Romanum statuo per hoc sacrae auctoritatis testamentum; ita ut ab hodierno die et tempore bene et inconvulse ingenuus atque ab omni prorsus vinculo permaneat securus, tamquam si ab ingenuis procreatus fuisset parentibus vel natus. Idemque pergat, quamcumque volens elegerit canonice partem, portas habens apertas, intrandi, exeundi, iuxta regulam obnoxe roboratam, ita ut deinceps nec nobis ullum[b] nec successoribus nostris noxialis debeat conditionis servitium, neque aliquid libertinitatis obsequium cuiquam impendat, sed ob amorem honoremque domini nostri Iesu Christi, ad cuius militiam electus est, absolutus atque velut civis Romanus a cunctae catena servitutis ereptus, sub integra plenaque ingenuitate consistens, securus cunctis diebus vitae suae permaneat, quatenus per hanc absolutionem securius liberiusque atque honestius divinae potentiae, cui mancipatur, Domino adiuvante, famulari valeat, et per hunc manumissionis atque ingenuitatis titulum bene semper ingenuus atque inconvulse securus ab omni servitutis occasione noxialis[c] existat. Suum vero peculiare, quod nunc habet, aut ex hoc adipisci valuerit, liberam disponendi, cum voluerit, habeat potestatem agatque inde secundum canonicam auctoritatem libere, qualiter ei libuerit. Ut autem pro reverendis cultibus venerabiliter solemniterque absolutio celebrata atque ingenuitatis auctoritas inviolabilem obtineat firmi-

Form. Imp. 33.

16 = *Mansi XVI, p.* 895; *Roz.* 74. a) *reliqua minoribus litteris exprimenda non curavi, cum pleraque prorsus mutata esse viderentur.* b) *ita Roz.;* illum *Mansi.* c) noxilialis *edd.*

1) *Gen.* 1, 28. 2) *Cf. supra p.* 542, *n.* 1. 3) *Cf. supra p.* 542, *n.* 2. 4) 1. *Cor.* 7, 2. 5) *Cf. L. Rom. Vis. C. Th. III,* 5, 5.

tatem, manu propria subter firmavimus, sacerdotes quoquae et institutionis canonicae clericos, necnon et inclitos praesentes laicos roborandam subter firmare cum stipulatione subnixa rogavimus.

Cap. 17. *ex codice bibliothecae cathedralis Merseburgensis* 100, *f.* 2, *et ex Reginonis De synodalibus causis (ed. Wasserschleben) libro I. denuo edidi. Formulam ex codice Merseb. descripsit V. I. G. Waitz. Ex eodem codice eam edidisse videtur Baluzius in Nova collectione.*

17. Exemplar libertatis.

Form. Imp. 33. Auctoritas ecclesiastica patenter ammonet[a], insuper et maiestas regia canonicae religioni assensum praebet, ut, quemcumque ad sacros ordines ex familia propria promovere ecclesia quaeque delegerit, in praesentia sacerdotum, canonicorum simul et nobilium laicorum, eius, cui subiectus est, subscriptione vel manumissione sub libertatis testamento sollempniter roboretur. Idcirco ego Adventius[b. 1] annuente Christo sanctae Mettensis[c] ecclesiae episcopus[d] quendam ecclesiae nostrae famulum nomine illum, sacris ordinibus oblatum, ad altaris cornu nobilium virorum in praesentia per hoc auctoritatis testamentum statuo, ita ut ab hodierno die et tempore bene ingenuus atque ab omni servitutis vinculo securus permaneat, tamquam si ab ingenuis fuisset[e] parentibus procreatus vel natus. Eandemque pergat partem, quamcumque volens canonice elegerit, ita ut deinceps nec nobis neque successoribus nostris ullum debeat noxiae conditionis servitium, sed omnibus diebus vitae suae sub certa plenissimaque ingenuitate, sicut alii cives Romani, per hunc manumissionis atque ingenuitatis titulum bene semper ingenuus atque securus existat. Suum vero peculiare, quod habet aut quod abhinc[f] assequi poterit, faciat inde secundum canonicam auctoritatem libere, quicquid voluerit. Et ut haec ingenuitatis pagina inviolabilem optineat firmitatem, manu propria illam roboravimus.

Cap. 18. *ex Reginonis libro I. recepi.*

18. Exemplar libertatis de proprio servo.

Qui debitum sibi nexum atque competens relaxat servitium, praemium in futuro apud Dominum sibi provenire non dubitet. Quapropter ego in Dei nomine ille pro remedio animae meae vel aeterna retributione in ecclesia sancti Petri, *vel* illius sancti, sub praesentia episcopi vel sacerdotum ibi consistentium ac nobilium laicorum, ante cornu altaris istius ecclesiae, absolvo servum meum illum per hanc cartam absolutionis et ingenuitatis ab omni vinculo servitutis, ita ut ab hac die et deinceps ingenuus sit et ingenuus permaneat, tanquam si ab ingenuis parentibus fuisset natus vel procreatus, eam pergat partem, quam maluerit vel quam ei auctoritas canonica permittit, et sicut alii cives Romani vitam ducat ingenuam. Nulli autem heredum meorum ac proheredum nec cuicumque alii personae quicquam debeat servitutis vel libertinitatis obsequium, nisi soli Deo, cui omnia subiecta sunt, vel pro cuius amore ipsum devotus ad eius servitium obtuli. Peculiare vero suum, quod ei Dominus dederit et deinceps, Deo auxiliante, laborare potuerit, concessum in perpetuum habeat, ut inde faciat quidquid illi placuerit secundum ecclesiasticas sanctiones. Si quis vero, quod futurum esse non credo, si ego ipse aut aliquis ex heredibus meis vel quaelibet opposita persona, contra hanc ingenuitatis cartam venire temptaverit aut eam quolibet modo infringere voluerit, inprimitus iram Dei incurrat, et a liminibus sanctae Dei ecclesiae extraneus efficiatur, et insuper cui litem intulit sexaginta solidos persolvat, et quod repetit evindicare non valeat, sed

17 = *Regino I, c.* 413; *Bal.* 43; *Roz.* 72 *bis*. a) admonet *Regino.* b) in Dei nomine episcopus *vel* abbas, vel quilibet alius *pro* Adventius *Regino.* c) illius *Regino.* d) rector *Regino.* e) p. f. *Regino.* f) vel deinceps *add. Regino.*
18 = *Regino I, c.* 414; *Cod. Udalr. ed. Eccard.* 6, *col.* 19; *Roz.* 66.

1) *Adventius episcopus Mettensis a.* 855—875.

praesens ingenuitas mea vel aliorum bonorum hominum manibus roborata, cum adstipulatione subnixa, omni tempore maneat inconvulsa.

Debent autem suprascriptae ingenuitatis cartae non solum nomen illius, qui has fieri rogat, sed etiam nomina sacerdotum et nobilium laicorum, qui ibi adfuerunt, in ordine digesta, cum signis propria manu impressis, continere; nam sine horum adstipulatione pagina, auctoritate testium nudata, pro nihilo deputatur. Oportet etiam, ut locum, diem, annum et consulem, indictionem in fine vel in margine adnotatam habeat in hunc modum: Actum illa civitate, in domo sancti Petri, Kalendis illis, anno dominicae incarnationis illo, regnante illo rege, et praesidente in cathedra supradictae civitatis episcopo illo, *vel* in monasterio illo, indictione illa, in Dei nomine feliciter. Amen. *Ait enim Romana auctoritas: 'Quaecumque leges sine die et consule fuerint prolatae, non valeant'* [1].

Cap. 19. *exstat fol.* 127. *codicis Monacensis nr.* 19413, *olim Tegerns.* 413. *Cf. supra p.* 390. *Formula, manu saec. X. exarata, fortasse in ipso monasterio Tegernsee formulis Sangallensibus subiecta est. Ediderunt Rockinger, 'Drei Formelsammlungen' in praefatione n.* 39, *et E. de Rozière in 'Recueil général'. Editum cum codice contuli.*

19.

In nomine sanctae et individue Trinitatis. Si quis ex servientibus sibi aliqua mancipia ad sanctorum loca tradiderit, mercedem ob hoc in futuro ei provenire, veraciter crediderit. Quapropter ego in Dei nomine N. servum [a] iuris mei N. ad sanctum [b] trado et ab omni iugo servitutis absolvo; ea videlicet ratione, ut per singulos annos in meam elymosinam in festivitate superius nominati martyris denarios 2 persolvat, sicque ingenuus sit, tam ipse [quam [c]] et omnis procreatio ex eo oritura, sicut et alia mancipia, quae per talem titulum relaxati sunt; mundeburdum [d] vel defensionem a prelibatae basilicae rectoribus habere se [e] cognoscat. Si quis ergo, quod fieri non credo, ego ipse, quod absit, aut ullus [f] de heredibus vel coheredibus meis contra hanc ingenuitatis [g] kartulam venire aut eam infringere temptaverit, partibus memoratae basilicae auri uncias, argenti pondera persolvere cogatur, tamenque quod repetit evindicare non valeat, sed presens hec kartula omni tempore firma stabilisque permaneat.

Actum publice in supra dicta basilica, coram frequentia testium subsignatorum.

Cap. 20, *formulam Coloniensem exhibens, exstat in cod. Vindobonensi* 751, *saec. X, olim theol.* 259, *fol.* 166'. *Cf. Jaffé, Bibl. rerum Germ. IV, p.* 11. *Formulae praemissa sunt haec:* Anno dominicae incarnationis 871 (*lege:* 870), indiccione 3, 15. Kal. Feb. Willibertus ad episcopum consecratus. Eodem anno, mense Iulio, 7. Idus Iul. fulminis (fulm *c.*) ictus Coloniae (Col. *c.*) prima feria. *Propter monogramma Lotharii in margine adiectum E. de Rozière suspicatus est, indicium temporis in fine formulae sumptum esse ex anno* 1. *imperii Lotharii I (a.* 841). *Quod vero minus probabile esse existimo, praesertim cum ad initium formulae etiam Ludovici Pii monogramma in margine exaratum sit. Equidem magis annum* 814, *quam annum* 841. *intelligendum esse crediderim. Formulam descripsit ex codice b. m. G. H. Pertz, cuius apographo usus sum. Antehac edita est ab E. de Rozière in 'Recueil général'.*

20.

Dilectissimo mihi, in Christo scilicet, ego itaque in Dei nomine. Dum inspirante

19 = *Rock. l. l. p.* 35; *Roz.* 69. a) s. *c.* b) scm̄ *c.* c) *suppl. Rock.*; ọ *c.* d) mundeburđ *c.* e) *ita Roz.*; recognoscat *pro* se c. *c.* f) ullius *c.* g) h *add. c.*
20 = *Roz.* 97.

1) *L. Rom. Vis. C. Th. I,* 1, 1. *Interpr.*

divina misericordia mihi conplacuit, ut pro Dei timoris intuitu vel mercedis animae meae seu et pro aeterna retributione te a iugo servitutis de servitio publico ingenuum relaxare deberem; quod ita per hanc epistolam absolucionis a die praesenti visus sum fecisse. Ea vero ratione, ut nulli nulliorum[a] quicquam debeas servitutis praeter tantum unam tremisatam[b] de cera in luminaribus ad ecclesiam beati Petri apostolorum principis, quae constructa infra muros Colonie civitatis publice, ubi vir venerabilis N. gratia Domini favente archiepiscopus praeesse videtur, annis singulis ad natale Domini sive in pasca dare atque transollvere debeas vel facias, et sis sub defensione vel mundeburde ipsius ecclesiae, et sub ala pontificis, qui tunc temporis ibidem praeesse videtur, securus, annuente Domino, cum integra ingenuitate valeas permanere bene ingenuus atque securus. Peculiare vero, si habueris aut deinceps elaborare potueris, tibi habeas, teneas atque possideas tuisque posteris Christo propitio ad possidendum derelinquas. Si quis vero, quod futurum esse non credo, si ego ipse, quod absit, aut ullus de heredibus ac proheredibus meis seu qualibet ulla opposita vel extranea persona, qui contra hanc ingenuitatem venire conaverit aut eam infrangere vel emutare voluerit, inprimitus iram iusti Iudices[a] incurrat, et insuper habeat sanctum Petrum, cuius lucernam extinguere nititur, inquisitorem, et inferat etiam ad partem praedictae ecclesiae auri libras 2, argenti pondua 5, coactus exsolvat, et quod repetit evindicare non valeat, set ista praesens ingenuitas omni tempore firma stabilisque permaneat, cum stipulatione subnixa.

Actum publice[c] . . . sub die Kal. Marcii anno imperii domni et gloriosissimi regis . . . primo, in Dei nomine feliciter.

Signum, qui hanc ingenuitate fieri et firmare cognovi.

21—26. *TRADITIONES, PRECARIAE.*

Cap. 21. *a b. m. G. H. Pertz ex eodem codice* V i n d o b o n e n s i *ac cap.* 20. *descriptum est. Formula ex carta, tempore Ludovici Pii Coloniae scripta, sumpta esse videtur. Adhuc inedita est.*

21.

Omnia, quae ad sanctas Dei ecclesias conferimus de iuris nostris propriis pro animae nostrae remedium, hoc nobis procul[a] dubio in eterna beatitudine retribuere confidimus. Nos in Dei nomine N. Dum et omnibus non[b] habetur incognitum, qualiter ante aliquos dies quondam parens noster N. omnes res propriae iuris suae, quantumcumque genitoris[c] vel genitrice sue nomine N. ei in legitima hereditate obvenit, nobis tradidit atque delegavit, ut easdem res pro remedium animae eorum ad ecclesiam beati Petri apostolorum principis coram pio principe ac gloriosissimo imperatore N. et filiorum eius, cunctorum ipsius fidelium, non imaginario iure nec in ulli cogentis imperio, sed propria et spontanea voluntate donamus seu et tradimus ad iam fatam ecclesiam in pago N., in villa illa.

Cap. 22. *exstat inter traditiones Frisingenses, quas Cozroh collegit, in codice* M o n a c e n s i *archivi regalis regni Baioarici; edidit Meichelbeck in Hist. Frising. I,* 2. *H. Brunner, 'RG. d. Urk.' I, p.* 248, *n.* 1, *recte monuit, id ex libro quodam formularum sumptum esse. Quod, cum quaedam formulae verba, quae a scriba epistolae omittenda erant, reliqua essent, scilicet rubrica et 'illam' post 'ecclesiam', praetermittere nolui. Epistola a.* 769. *data est. V. Cl. H. Grauert editum benigne cum codice contulit.*

20. a) *ita c.* b) tremissatim *Roz.* c) *hic pro nomine loci et mox pro nomine regis spatium vacuum relictum praebet c.*

21. a) proculbio *pro* p. d. *c.* b) notum *c.* c) denitoris *c.*

22. Cessio[a] vel donatio ad loca sancta.

Dum dominus Iesus Christus numerare precem[b] coelestia, iuxta lectione: 'Perit mundus et ea, quae in mundo sunt, illud vero, quod in ecclesiis aut pauperibus rogatur[c], numquam periit, sed in memoria aeterna pro iustitia reputatur': igitur ego enim in Dei nomine Vurmhart, cogitans pro remedium anime meae vel pro aeterna retributione, propterea conplacuit mihi animus, dono a die praesente donatumque in perpetuum esse volo ad ecclesiam illam, ad Rota in honore sanctae Mariae constructa, ubi Dominicus presbyter praesente tempore sacerdus praeesse videbatur, hoc est in villa ipsa de omni rem mea tertiam partem de alode, de qualibet adtracti[d] mihi legibus obvenit, omnia, quod in illa die habeat, aut mansos aut mancipias, campis, terris cultis et incultis, pascuis et omnibus pratis, silvis, aquis, aquarum decursibus, sicut superius diximus. Propterea donationem hanc fieri rogavimus, ut pars ipsius ibique successoribus de super scripta ab illo die faciant, quae voluerint, id est tenendi, dominandi, commutandi suisque successoribus relinquendi, vel quicquid exinde eleget faciendi, liberam et firmissimam in omnibus habeant potestatem. Igitur enim ego et coniux mea, si nobis filius ortus fuerit et vitam ducat, Deo iubente, conplacuit nos, ut habeat potestatem duas partes et mater mea de hereditate mea, hoc est mansus, vir et femina et mancipii cum omnibus facultatibus suis; sed tamen infans ad vitam non venit, aut, si transierit, post discessum quoque eius ipsa hereditas revertatur ad ecclesiam in honore sanctae Mariae. Si quis de heredibus meis aut quislibet opposita persona donationem venire temptaverit aut frangere voluerit, inprimis iram Dei incurrat omnipotentis et a liminibus[e] sanctae Mariae vel communionem sanctorum separatur, et quod repetit evindicare non valet, sed praesens donatio haec omni tempore firma permaneat, stipulatione subnexa.

Sub die, consule, quod est 18. Kal. Februarias, regnante domno duce Tassilone anno 21.

Signum manum testes Atti et Adalcoz et Odalmunt. Ego Isanhart presbyter, servus servorum Dei, in nomine Dei. Ego Dominicus presbyter hanc epistulam scripsi et subscripsi. Amen.

Cap. 23. *recepi ex Pithoei Glossario ad legem Salicam, tit.* 61.

23. Notitia traditionis.

Qualiter veniens ill. die illo in villa illa, ante bonos homines per hostium et axatoria, *seu* terram vel herbam, homini illi nomine ill. et coniugi suae ill. rem illam visus fuit tradidisse, non in fraude, sed in publico, et per meam fistucam de iam dicta re illa exitum fecisse*

*) *Ex alia formula Pithoeus subiecit:* Et alibi: per terram et per herbam seu per hostium visus fuit tradidisse.

Cap. 24. *b. m. L. Bethmann ex eodem codice Bruxellensi* 1979. *descripsit, ac cap.* 15. *Formula, in Francia septentrionali, ut videtur, scripta, adhuc inedita est.*

24.

Quoniam et demonis instinctu et Omnipotentis[a] consensu miserabiliter decidimus, in hanc idcirco lacrimarum et miserabili valle deiecti, inter ceteros humane nature defectus passione oblivionis incurrimus. Nuperrime enim et noviter acta vix revocare valemus, nedum longe preterita dudumque remota memoriter teneremus. Verum omni-

22 = *Meichelb. l. l. nr.* 18, *p.* 35. a) *alia rubrica:* Traditio Vurmharti *praecedit in c.* b) precepit c) *lege:* erogatur. d) a. m. *bis scr. c.* e) limitibus *c.*

23 = *Roz.* 289.

24. a) $o\overline{ms}$ *c.*

potentis Dei benignitas, que nobis, ut quecumque opus est, misericorditer consulit, tandem imperitiae nostrae benignum et admirabile remedium contulit, ut videlicet pactiones, quas cum aliquibus facimus, litteris et memorie mandaremus; quatinus, quod perire poterat in memoria, vivaci conservaretur in littera. Pulcherrime itaque consuetudinis usus inolevit, qui etiam pactionibus scriptis legitimos testes et idoneos subscribendos edocuit, quatinus, si quis discordiae et perditionis filius adversus pactiones aliquid impudenter machinari conabitur, carta in medium prolata, ex eo[rum], qui subscripti fuerint, testimonio qui ex adverso fuerit turpiter convincatur. Notum itaque sit omnibus fidelibus sanctae Dei ecclesiae curam gerentibus, tam futuris quam presentibus, quia domnus G. mihi quendam furnum et quoddam molendinum ad censum concessit; ea siquidem ratione, ut annis singulis in festo sanctae Crucis, mense Septenbri, 10 solidos ei inde darem, nichil amplius a me requiratur, quam prescriptum est.

Cuius rei testes sunt isti et isti. Val.

Capp. 25. *et* 26. *adhuc inedita ex codice bibliothecae Görres nr.* 85, *tunc Confluentino, saec. X. descripsit V. I. G. Waitz. Formulas in monasterio S. Maximini Trevirensis saec. X. in., tempore Gisleberti ducis, ut efficere videntur notae temporis capitis* 26, *scriptas esse existimo. Licet aevo Karolino paullo sint recentiores, tamen non omittendas esse existimavi. Cum capite* 25. *conferas velim cartam precariam a.* 926. *ap. Beyer, 'Mittelrhein. UB.' I, nr.* 165, *p.* 229.

25. Karta precaria.

In nomine domini nostri Iesu Christi. Cognitum sit omnibus fidelibus, tam praesentibus quam futuris, qualiter ego ill. quandam precariam inpetravi erga domnum N., quod et mihi concessit cum consensu omnium fratrum in cenobio Sancti Maximini Deo serviencium. Et hoc est, quod ego tradidi ad eodem monasterium in pago ill., in villa denominata ill., quicquid ibi habere visus sum, tam de domibus quam aliis edificiis, silvis, pratis, pascuis, aquis aquarumve decursis, cultis et incultis, mobilibus et inmobilibus, seu quicquid[a] dici aut nominari potest, cum mancipiis inscriptis Nm.[b]. Et[c] ego accepi ab[d] eo et a fratribus in pago N., in villa N., quicquid ibidem habere visi sunt, tam terris quam domibus aliisque aedificiis, silvis, pratis, pascuis, aquis aquarumque decursibus, cultis et incultis, mobilibus et inmobilibus, vel quicquid dici seu nuncupari valet, cum mancipiis denominatis Nm.[b]; ea videlicet conveniencia, ut, si ipsa mulier, quam ego in coniugium[e], et infans ex nobis procreatus[f] fuerit, tunc ipsi post meum obtineant obitum, et si ita non evenerit, quod unicuique omini incognitum est, tunc meus frater N. habeat; et si ille ante discesserit de argastide[g] huius mundi, tunc revertatur ad meum fratrem N.; et post illius discessum eaedem res penitus firmiterque constent ad supradictum monasterium ad commune servicium, provendam omnium fratrum sine ullius contradictione. Si[h] quis vero, quod fieri non credo, contra hanc convenienciam insurgere temtaverit, primitus iram Domini sanctique Maximini omniumque sanctorum incurrat, et[i] postmodum in fiscum regis 400 ℔ auri et argenti pondera mille coactus persolvat, conatusque omni confusione circumvallatus ammittat[k].

Actum illic coram multitudine populi, testibusque subter notatis N., anno incarnacione Domini, indiction. Ego itaque ill. rogatus in vicem cancellarii notavi diem et annum[l], scripsi et subscripsi fideliter in Domino.

26. Karta traditoria cum censu.

Unicuique, eciam christiano, necessarium est, ut cum propriis rebus aliquod aeterni-

25. a) quiquid *c.* b) *i. e.* nomina. c) E ego *pro* Et ego *c.* d) ad ab *c.* e) *supple:* habeo. f) procretus *c.* g) *lege:* ergastulo. h) S *c.* i) e *c.* k) *super* a *additum est* o *c.* l) anū *c.*

tatis praemium antea adquirat, quam communi morte dissolvatur. Hac ergo ammonicione conpunctus, ego N. humilis[a] tractavi in animo salubri consilio, pro remedio animae meae ac parentum meorum tradere servum meae proprietatis nomine N. ad altare sancti Maximini, confesoris[b] Christi; ea videlicet racione, ut a presenti die omnibus annis persolvat constitutum censum ad eundem altare in festivitate sancti Maximini, id est tot.; sibi vivat, sibi laboret, mundiburdium querat, ubicumque illi placuerit, ut in omnibus rebus liberrima utatur[c] potestate sine ullius contradictione. Si quis vero, quod fieri non credo, aut ego ipse aut ullus coeredum meorum vel ulla opposita persona, hanc convenienciam[d] irrupere[b] conaverit, primitus iram Dei incurrat, deinde in fiscum regis auri uncias 20, argenti pondera 40 persolvat[e].

Actum in eodem monasterio corram[b] multitudine populi, testibus inscriptis. Ann. incarnacionis Domini, tempore Gis[leberti], indictiones, Kal., dies. Ego —.

II.

FORMULAE ECCLESIASTICAE.

1—9. *FORMULAE AD PROMOTIONES EPISCOPORUM SPECTANTES.*

Cap. 1, quod allocutionem missorum a Ludovico Pio imperatore ad electionem episcopi delegatorum exhibet, primus vulgavit sine indicio fontis, e quo hauserit, Sirmondus, Concil. Gall. II, p. 644, post eum denuo edidit idem caput Baluzius, Capitul. regum Franc. II, col. 601, 'ex codice S. Michaelis ad Mosam'. Codex, quo etiam Sirmondus usus esse ducitur, nunc perditus videtur. E. de Rozière ex editis hoc caput repetivit in 'Recueil général'. Decreta pontificum et canones Conciliorum secundum collectionem Dionysio-Hadrianam (Codex canonum vetus ecclesiae Romanae, Paris. 1687*) allegantur. Licet dubitari possit, num hoc caput iure inter formulas receptum sit, tamen id omittere nolui, tum quia documentum haud parvi momenti est, tum quia vim formulae, fortasse in ipsa imperiali curia compositae, ei non prorsus abnegaverim. Edita repetivi.*

1.

Adnuntiamus[1] vobis, dilectissimi fratres, quatenus, divina inspiratione admonitus, dominus clementissimus et imperator christianissimus Hludowicus unamquamque rem, quae vitio aliquo depravata fuerat, ad suum ius et ad rectitudinis tenorem nititur revocare. Et maxime de his, quae ad Dei ecclesias pertinent, curam gerit, ut suos omni modo habeant honores, et ut rectores earum apti sint ea providere, quae eis commissa sunt. Notum sit omnibus suis fidelibus, qui in ista parochia consistunt, ideo nos huc missos fuisse, ut concessam ab eo potestatem inter vos eligendi sacerdotem adnuntiaremus; quia multum ei vestra fatigatio abhorret, quod tam diu absque pastore et rectore erratis. Quam ob rem imperialis clementia atque prudentia talem virum a Deo electum et omnibus probatum eligere sanxit, qui ad utilitatem omnium in sancta Dei ecclesia proficiat; et universa vestrae sanctitati enumerare iussit, quibus virtutibus et moribus

I, **26**. a) N. *add. c.* b) *ita c.* c) utatus *c.* d) con *c.* e) persolu:uat *c.*

II, **1** = *Sirm. Form. prom.* 6; *Bal. Form. prom.* 6; *Roz.* 521. *Rubricas praebent Sirm.:* Adlocutio visitatoris episcopi ad clerum et plebem; *Bal.:* Adlocutio missorum imperatoris Ludovici Pii ad clerum et plebem electionis causa congregatam.

1) *Cf. LL. Capitul. I, p.* 275 *sqq.; Simson, 'Ludwig d. Fr.' I, p.* 97.

ornatus quibusque vitiis et reprehensionibus innotabilis existere debeat, qui ad talem honorem desiderat pervenire. Cuius optime beatus Paulus apostolus vitam moresque discutiens, in epistola, quam scripsit ad Timotheum, dicit enim: 'Si quis episcopatum desiderat', usque 'ne incidat in laqueum diaboli'[1]. Item ad Titum de eadem re scribens, ait: 'Huius rei gratia reliqui te Cretae', usque 'et contradicentes resistere'[2]. Adportetur liber, et praesentibus vobis istae sententiae legantur. Volumus, ut etiam canones coram vobis legantur, in quibus praecepta nostrae vitae continentur, ut in illis potius discamus, quales ad tale ministerium promoveri conveniant. Ideo revera et sententias apostoli et capitula canonum legi praecipimus, ne quis ignorationis causa se possit tueri, si de electione fuerit iure correptus. De canone apostolorum cap. 17. et 18. et 30. et 37.[3] legatur. Item de canone Antiocheni [concilii] cap. 19[4]. Item de canone Laodicensium cap. 12. et cap. 13[5]. Item de canone Chalcedonensi cap. 2. et cap. 4[6]. Item de canone Sardicensis concilii cap. 2. et cap. 5[7]. Item de canone Africani concilii cap. 17[8]. Item de canone Hipponensis concilii cap. 17. et cap. 57[9]. Item de decretis papae Siricii cap. 8. et cap. 9. et 14[10]. Item in decretis Zosimi cap. 3[11]. Item in decretis Innocentii cap. 1[a][12]. Item in decretis Gelasii cap. 24[13]. Item in decretis Celestini cap. 18. et 20[14]. Item in decretis Leonis papae cap. 33. et cap. 35. et cap. 49[15].

Meminisse vos decet, o Dei sacerdotes, propositi et ordinationis vestrae, qui gubernacula tenetis animarum et positi estis columnae in ecclesia Dei ad sustentandos infirmos, ad confortandos imbecilles, ad consolandos pusillanimes. Vobis cura pauperum commissa est, vestro ore corpus Christi conficitur, per impositionem manuum vestrarum a laqueis diaboli homines liberantur. Cavete, ne ab adversario decipiamini, ut concessa potestas eligendi in maius vos ponat periculum. Bene nostis, fratres, quod periculum vobis dicimus: id est, ne quis per adulationem aut per timorem aut per praemium aut per aliquam talem amicitiam, quam nonnulli inter se homines dando et remunerando habere solent; sed is, qui dignus et omnibus amabilis et moribus bonis et sanctae conversationis existens, ad istam sanctam et venerabilem sedem pontifex eligatur. Mementote, quemadmodum de imperitis vel falsis pastoribus Salvator loquitur, dicens: 'Quod si caecus caecum duxerit, nonne ambo in foveam cadent'?[16]. Non dominum eligite, sed sacerdotem; non tyrannum, sed episcopum; non qui praeesse, sed prodesse velit; non eum, cui dominari magis quam consulere subditis placet. Huc usque sacerdotibus loquimur, de quibus Dominus dicit: 'Sancti estote, quoniam ego sanctus sum'[17]. Nunc ad caeteros clericos veniamus, qui cum humilitate et patientia expectant, donec ad altiorem promoveantur gradum, qui benedictionem iam sibi datam bonis operibus adornent et nullis vitiis subiaceant. Vos etiam, fratres, ammonemus, ut in hac electione unanimes sitis vestrisque prioribus obedientes, pari devotione communique consilio utilitatem vestram considerantes, nihil praeter illorum conscientiam facientes, una voce pariter unum Deum suppliciter deprecamini, ut, qui, nullis meritis facientibus, potestatem vobis eligendi tribuit, sibi placibilem et vobis utilem gubernatorem inter vos

1. a) C.* *Sirm.; numerum in contextu omisit, sed in margine adiecit* I. *Bal.*

1) 1. *Timoth.* 3, 1—7. *Hic et infra E. de Rozière perperam locos e Sacra Scriptura supplevit. Si in ipsam allocutionem universa sententiarum allegatarum verba recepta fuissent, postea dici non potuit:* Adportetur liber, et praesentibus vobis istae sententiae legantur. 2) *Tit.* 1, 5—9. 3) *Cod. canon. p.* 11 *sqq.* 4) *l. c. p.* 69. 5) *l. c. p.* 76. 6) *l. c. p.* 99. *Cap.* 2. *autem editionis ad hanc rem non pertinet.* 7) *l. c. p.* 119 *sq. De cap.* 2. *dubito, num recte allatum sit.* 8) *l. c. p.* 146. 9) *Canones non exstant in editione.* 10) *l. c. p.* 189 *sqq.* 11) *l. c. p.* 214 *sq.* 12) *Numerus perperam scriptus. Sed etiam alia capita Innocentii ad hanc rem spectantia collectio non exhibet.* 13) *l. c. p.* 269. 14) *l. c. p.* 226 *sq.* 15) *l. c. p.* 242. 246. 16) *Ev. Luc.* 6, 39. 17) *Levit.* 11, 44.

manifestet. Adtendite, ne tam praeclarum ac deificum munus ab illis deludatur, qui magis sua considerant commoda quam aliorum. His enim nullus in hac electione locus detur, qui sanctum rectumque consilium vestrum perniciosis argumentationibus disturbare pertemptant; sed iuxta canonum instituta plurimorum ac meliorum praevaleant et roborentur sententiae. Vos ergo, virgines viduaeque, admonemus, quae vitam vestram soli Deo dicastis, ut ab illo cumulum mercedis alii centesimum, alii sexagesimum reciperetis, ut simul cum his, quibus supra diximus, una mente Deum deprecemini, ut talem vobis sacerdotem dare dignetur, qui gregem sibi commissum ab omni periculo defendere valeat et velit. Non praetermittimus vos, nobiles et fideles laicos, qui licitis connubiis adstricti et ad generandas proles legitimis coniugibus estis copulati, ut una voce, communi consilio Deum omnipotentem pariter invocetis, ut non de aliena ecclesia sacerdotem vobis mittat, sed de ipsa familia, si dignus in ea aliquis fuerit inventus, dare dignetur. Saepe enim inter eum, qui de aliena ecclesia fuerit pontifex factus, et inter gregem sibi commissum scandala et contentiones oriuntur, et peccatis facientibus, fit lupus, qui debebat esse pastor. Et semper inter eos, ut ait apostolus, 'foris pugnae, intus sunt timores' [1]. Absit, ut inter vos talis eligatur, qui postea de pravis actibus incriminari [aut] condemnari possit. 'Nolite errare', inquit apostolus, 'Deus non irridetur' [2]. Si forte aliquis per vestrum praemium aut per aliquam malitiosam artem hanc sedem subripere conaverit, et hoc vobis malum consentientibus, ut in illum electio veniat, hoc nequaquam consentiemus vobis, sed domno imperatori adnuntiemus, et ille sine ullo periculo et cum licentia canonum, undecunque et cuicunque clerico voluerit, dare potuerit; et tunc merito auferetur a vobis potestas eligendi, quia Deo offendistis et vosmet abominationem exhibuistis. Id noverit vestra tantummodo astutia in hac re esse sequendum, quod nec praeceptis apostolicis contrarium nec decretis sanctorum inveniatur adversum.

Hactenus singulariter unumquemque per gradum et propositum suum admonuimus. Nunc generaliter ad omnes sermo noster dirigitur, quia non solum hi, qui primores, sed etiam minimi, qui in ista parochia sunt, istius modi rebus omnino indigent. Magnopere studendum est, dilectissimi fratres, Deum suppliciter deprecari, ut talem inter vos ad suum servitium aptum et vobis profectuosum per suam magnam clementiam manifestare dignetur. Ideoque ammonemus, ut triduana ieiunia ab omnibus in ista parochia commorantibus fieri iubeantur, et ut elemosynae, quantumcunque dare potuerit, in suo maneat arbitrio. Simulque omnes una voce unaque mente omnipotentem Deum deprecamur, ut talis Dei famulus Deoque dignus et bonis hominibus acceptus ad illam venerabilem sedem pontifex eligatur, qui postmodum nullo vitio, nulla reprehensione arguatur; sed sit bonis moribus ornatus et sancta conversatione suffultus sacrisque litteris imbutus, ut idoneus minister esse possit ad perficiendum ea, quae ei commissa fuerint. Quisquis abutitur ministerio, non sibi tantummodo nocet, sed etiam illis, quibus ad instar speculi in altiori et eminentiori loco positus, cuius vita et actiones cunctis sub illius regimine constitutis exemplar esse debeat. Quod si eius opera, qui caeteris praepositus est, doctrinam destruunt, cunctis ad dispectionem suo exemplo semet ipsum praebet. Ideoque eadem vestigia reciprocis sermonibus iteramus, ut melius intelligatis, quanto studio atque prudentia ea debetis providere, quae diutius et stabiliter debent permanere. Nobis quoque huius electionis tantum observatio credita est, ne per ignorationem aut ambitionem delinquere sinamus. Ideoque mandamus vobis ex verbo domini imperatoris et per illam fidem, quam Deo et domno imperatori Hludowico iureiurando conservare promisistis, ut ne in illo terribili examine, in quo omnes ante tribunal iudicis consistere debemus, in gravissimam damnationis sententiam incidatis, unde ultra nulla-

1) 2. *Cor.* 7, 5. 2) *Galat.* 6, 7.

tenus evadere valeatis, sed aeterna damnatione excusabilem lugitis[b] in perpetuo poenam, ut eum, quem meliorem et doctiorem et bonis moribus ornatiorem in ista congregatione conversari noveritis, nobis eum celare non dedignemini. Non enim parva res est, quam superius diximus. Eam animis infigite vestris, ut diutius ventilata ad puritatem huius rei et ad unanimitatem corda vestra convertat. Numquid tam obdurati animo estis, ut nostra monita surda aure pertranseant, aut lapideum cor et ex silice nati, corum nostra non emolliat oratio? Quis infelicium de tali non terreatur supplicio? Quis miserorum, qui talibus dictis non vereatur? Audiant hi et timeant, qui fautores fieri volunt iniquorum, psalmistam dicentem: 'Si videbas furem, currebas cum eo, et cum adulteris portionem tuam ponebas'[1]. Et etiam nihilominus delinquunt, qui pravis actibus consentiunt, quam in perversa agunt. Non eos solummodo esse reos, apostolus testatur, 'qui mala faciunt, sed qui consentiunt facientibus'[2]. Timemus ergo vestram offendere dilectionem, quod tam duriter loquimur; sed confidimus in Deo, quia idcirco nobis indignari non vultis, quia perversa consilia vel acta testamur; sed quicunque irasci mavult, suam magis indicare conscientiam poterit, quam nostram depravare sententiam. Ideoque prius vitium accusamus, quam oriatur, ut penitus deleatur, et ne nocivum vel pestiferum genus ambitionis detrimentum in vobis creat, aut quod ulla ambiguitas sermonum vel diversitas voluntatum a vero rectitudinis tramite vosmet deviare posset.

Cap. 2. praebent: 1. Cod. Bruxellensis 1814, saec. X, olim Stabulensis, versus finem; 2. Cod. Monacensis Lat. 3917, saec. XII, olim eccl. cath. August. 217. Ediderunt Cordesius inter Opuscula Hincmari, Baluzius, E. de Rozière, ll. ll. Hanc novam editionem ad apographum ex codice 1 a b. m. L. Bethmann factum, editionem Eugenii de Rozière, codicem 2 secuti, et Cordesii editionem instruxi.

2. (a) Decretum, quod clerus et populus firmare debet de electo episcopo.

Dominis patribus illis, venerabilibus scilicet episcopis dioceseos metropolis[a], clerus, ordo et plebs, huic sanctae ecclesiae[b] specialiter obsequentes. Vestrae paternitati est cognitum, quantum temporis est, ex quo, accidentibus variis eventibus, haec sancta ecclesia metropolis nostra[c] sit viduata pastore ac destituta rectore; quod non solum ad nostrum, verum et[d] ad vestrum ac omnis huius[d] dioceseos detrimentum pertinere dinoscitur, cum totius provinciae[e] sollicitudo[f] metropolitano constet esse commissa[g]. Propterea eligimus huius dioceseos, illius[h] aecclesiae presbiterum nomine ill., nobis sufficientissime cognitum, natalibus et moribus nobilem, apostolica et ecclesiastica disciplina imbutum, fide catholicum, natura prudentem, docibilem, pacientem, moribus temperatum, vita castum, sobrium, humilem, affabilem, misericordem, litteratum, in lege Domini[i] instructum, in Scripturarum sensibus cautum, in dogmatibus ecclesiasticis exercitatum, et secundum Scripturarum tramitem traditionemque orthodoxorum et canonum ac decretorum sedis apostolicae praesulum constitutiones sano sensu ecclesiasticas regulas intellegentem[k] sanoque sermone docentem atque[c] servantem[l], 'amplectentem eum, qui secundum doctrinam est, fidelem sermonem'[3] et cum modestia corripientem eos, qui resistunt, et[m] qui sanae doctrinae adversantur, eis resistere et redarguere praevalentem, hospitalem, modestum, 'suae domui bene praepositum, non neophitum, habentem testimonium

1. b) *i. e.* luitis.

2 = *Cord. l. l. p.* 616; *Bal. Form. prom. ad calcem; Roz.* 512. a) metropolitanae 2. b) accl. *saepius pro* eccl. 1. c) nostro 2. d) *deest* 2. e) 2; providentiae 1. f) sollicitudinem 2. g) commissam 2. h) huius 2. i) Dei 2. k) intelligentem 2. l) ac 2. m) si *add.* 2.

1) *Psalm.* 49, 18. 2) *Rom.* 1, 32. 3) *Tit.* 1, 9.

bonum'[1], in gradibus singulis secundum traditionem aecclesiasticam ministrantem, ad omne opus bonum et ad[n] satisfactionem omni poscenti rationem de ea, quae in illo est, spe[o] paratum. Quem vobis quantotius[p] petimus ordinari pontificem, quatenus, auctore Domino, regulariter nobis praeesse valeat et prodesse, et nos sub eius regimine salubriter Domino militare possimus, quia integritas praesidentium salus est subditorum, et ubi est incolomitas[q] oboedientiae, ibi sana[r] est forma doctrinae. Ut autem omnium nostrorum[s] vota in hanc electionem convenire noscatis, huic decreto canonico promptissima voluntate singuli manibus propriis roborantes[t] subscripsimus[u].

(b) *Item*[a] *subscriptio episcoporum in electione episcopi*[a].

Ill. ill. ecclesiae archiepiscopus in electionem domini N.[b] ecclesiae ill. episcopi subscripsi.

Isti in ordinationem illius ecclesiae episcopi, ipso consentiente ordinati[c], consenserunt, quod praesens inscriptio manifestat.

Cap. 3. *exstat in codice* P a r i s i e n s i *Lat.* 8903, *olim Suppl. Fr.* 145, *fol.* 166; *divulgavit E. de Rozière l. l. III. inter Additamenta. Formula scripta est ex epistola a clero et populo Laudunensis ecclesiae a.* 876. *ad Hincmarum Remensem archiepiscopum missa, Baluzius, Capitul. II, col.* 605. *Editum repitivi.*

3.

Domino reverentissimo et sanctissimo Hincmaro archiepiscopo ceterisque vestre dioceseos sanctis patribus et episcopis clerici illius ecclesie cum totius parrochiae plebibus sibi coniunctis praesentem et aeternam in domino Iesu Christo salutem et pacem. Canonicis et apostolicis institutionibus statutum esse recolimus, ut, quotiens quaelibet civitas ministerio pontificalis dignitatis caruerit proprioque pastore vacaverit, cum decreto electionis, singulorum petentium manibus roborato, metropolitanum adire pontificem debeant ac de substituendo in loco eius qui decessit pastore petitione supplici commonere, quatinus et civitas sollicitudine pastorali destituta proprio recuperetur pontifice, et qui ordinandus est, gratiosius possit accedere, quia, cui debet ab omnibus obediri, utique debet et ab omnibus eligi, ne civitas non optatum episcopum aut contempnat aut oderit, et fiat minus religiosa quam convenit, cui non licuit habere, quem voluit; hi vero, qui eum ordinaturi sunt, in quem videbunt[a] omnium vota propensius concordare, promptius liberiusque illi manus imponere possint. Quapropter cum decreto nostre electionis, manibus singulorum nostrorum roborato, ad paternitatem vestram accedentes, illum ecclesie nostre filium et in ecclesia nostra, suffragantibus stipendiorum meritis, ad onus usque illuc promotum, vita et moribus ac sancta conversatione idoneum adprobatum, quem per licentiam vestram, favente christianissimo imperatore illo, pari consensu ac concordi devotione atque unanima voluntate elegimus, per manus vestras ac ceterorum vestre dioceseos sanctorum episcoporum consecrari nobisque et ecclesie nostre doctorem atque pontificem institui imploramus, precamur ac petimus. Eligimus autem eum nobis fore pastorem, quem apostolice forme, qua episcopum ornatum beatus Paulus esse debere[b] demonstrat, congruere[c] et sacris non obviare canonibus, Christi

2. (a) n) *deest* 2. o) 2; se 1. p) quantocyus 2. q) incolumitas obedientia 2. r) sanae 2. s) nostrum 2. t) laborantes 2. u) *reliqua des.* 1.

(b) a) *rubrica deest Cord.* b) *ita Cord.*; nostri 2. c) *ita Cord.*; ordinari 2.

3 = *Roz. Add. p.* 340. a) viderint *Bal.* b) oportere *Bal.* c) *ita Bal.*; congruis c.

1) 1. *Timoth.* 3, 4. 6. 7.

gracia ei cooperante, confidimus. Oramus, sanctam paternitatem vestram nunc et semper bene in Christo valere[d].

Actum illa data, illo in loco, anno incarnationis dominice illo, regnante illo.

Cap. 4. *ex codice quodam incognito edidit Cordesius l. l., unde repetiverunt Baluzius et E. de Rozière ll. ll.*

4. Aliud decretum cleri et plebis.

Universalis ecclesiae sacrosanctis patribus praecipueque illius diocesis praesulibus ecclesia illa, unanimitas scilicet totius cleri et plebis, submissae devotionis obsequium in Domino. Ad aures vestrae beatitudinis pervenisse iam novimus excessum piissimi patris et pastoris nostri illius, et qualiter ecclesia sibi credita praestantissimo pastore sit viduata, plurimis terrarum finibus manifestum esse comperimus. Et ideo lacrimabiliter preces unanimis supplicationis vestrae paternitati mittimus, ut nobis in substituendo pastore, morem patrum et praedecessorum beatorum pontificum imitantes, paternum nobis ferre auxilium . . . . humiliter poscentibus pio . . . . moribus et scientia . . . . decoratum comperimus illum gloriosis . . . . decubantem eiusque servitiis immorantem, nobis expetivimus . . . . postulavimus habendum, et per Dei misericordiam quaesivimus [benedi]cendum[a]. Et quoniam, divina miserante clementia, in eiusdem postulationis devotione benevolum atque concordem praenominatum nostrae unanimitati effecit regem, iuxta hoc quod scriptura testatur dicendo: 'Cor regis in manu Dei est, quocumque voluerit vertet illud'[1], totius ecclesiae, cleri scilicet plebisque, in eiusdem praeclarissimi viri electione par est devotio, unus idemque assensus, in nullo dissimilis adclamatio; sed, sicut nobis est unus Deus, una fides unumque baptisma, ita et nobis omnibus in supradicti electione pontificalisque ordinis consecratione atque substitutione unum est per omnia velle, et nullum extraneum appetere, quin totius ecclesiae voce praesenti decreto concorditer et consonanter conclamando virum memoratum, non simplici, sed multiplici sermone cordis et corporis devotione nobis pastorem eligere eumque idoneum, quantum nostrae fragilitati nosse conceditur, tanto pontificio esse, sicut voce fatemur, ita etiam omnium nostrorum subscriptionibus devotissime roboramus, et communi adnotationis decreto, Dei misericordia praeduce, diuturnitate temporum nobis pastorem habendum eligimus et optamus, more quoque canonico sub gestorum serie confirmamus.

Capp. 5. *et* 6. *exstant in codice Parisiensi Lat.* 12052, *olim S. Germ. Lat.* 287, *saec. X, fol.* 14'—15'. *Ediderunt Menardus, Notae ad librum sacramentorum S. Gregorii n.* 758 *(ed. Bened. III, col.* 509*); Morinus, Commentarius de sacris ordinationibus, Paris.* 1655, *p.* 304 *sq.; E. de Rozière l. l.; praeterea solum cap.* 5. *ediderunt Ruinartus, Opp. Greg. Tur. col.* 1356*; Baluzius l. l. B. m. Heller in usum nostrum edita cum codice contulit.*

5. Electio[a], quomodo a clero et a populo eligitur episcopus in propria sede cum[b] consensu regis archipraesulisque omnique populo.

Domino sanctorumque[c] meritis coequando patri[d] patrum, domno N. presuli

3. d) placere *Bal.*

4 = *Cord. p.* 618; *Bal. Form. prom. ad calcem; Roz.* 514. a) *suppl. Roz.*

5 = *Menard. l. l.; Bal. Form. prom.* 11; *Roz.* 513. *De ceteris edd. cf. supra.* a) *Bal. rubricam praebet:* Epistola cleri et plebis ecclesiae vacantis ad metropolitanum, ut electum ab ipsis episcopum consecrare dignetur. b) com *corr.* cum *c.* c) Francorumque *c.* d) pari *c.*

1) *Proverb.* 21, 1.

summo cunctus clerus omnisque populus sanctae illius ecclesiae multimodam in Domino obtamus salutem. Igitur quoties aliqua pleps vestrae dictioni subdita a proprio fuerit viduata pastore, non aliunde nisi a vobis est implorandum auxilium, quem ad hoc divina praeordinavit maiestas, ut non solum vestros specialiter pascatis filios, sed etiam rectores non habentibus et spiritali pabulo indigentibus pastores tribuetis. Quapropter ad vestrae sanctitatis paternitatem fiducialiter nostras fundimus preces, poscentes videlicet, ut hunc illum summe honestatis humilem vestrum famulum nobis pontificem ordinare indigemini[e]. Cuius conversationem et mores, in quantum cognovimus, laudamus, et ad tam dignum opus idoneum testificamus; et quamdiu ad benedictionem episcopali inmunes sumus, eius doctrina et exemplo roborati, ad viam salutis, Domino miserante, quasi perdita ovis[f] et inventa, redituros nos credimus. Quod decretum nostris manibus roboratum illi ecclesiae vestrae vobis dirigere statuimus.

Anno incarnationis Domini et episcopatus vestri et regi illi anno[g] illorum, indictione tale, datarum tale.

6. Promissio.

In nomine altithroni Conditoris, regis aeterni, ego N. humilis Christi famulus, licet indignus, ad episcopalem illius ecclesiae sedem electus ad regendam eam Deoque servatam, suppliciter confiteor cum omnipotentis Dei auxilio, et quantam voluerit mihi gratiam superna sapientia revelare et vitam commodare in hoc seculo, quod ego sanctae Salvatoris mundi [ecclesiae[a]] ill. et venerando patri archiepiscopo illi eiusque successoribus, quem superna praevidet gratia et nobis praedestinat in patrem, devota et fideli mente semper deservire et oboedire desidero stabilemque me esse permanentem sine aliqua dissimulatione et deceptatione omnibus diebus, quamdiu spiritus est in naribus meis et vita comis fuerit, numquam ad dexteram neque ad sinistram ab illa sede illius ecclesiae, quae caput est, [declinabo[b]], sed sine aliquo scrupulo diabolicae fraudis et humili devotioni et sincera mente illo praefato patri illi et successoribus eius, quem divina gratia ad illam sanctam sedem praedestinavit episcopum, deservire et oboedire omnibus viribus meis Deo omnipotenti confiteor. Et illam sanctam apostolicam fidem, quam patres nostri digne servaverunt, cum omni humilitate et oboedientia divina simul et humana, sicut praedecessores mei ipsa sede sancta ecclesiae Christi subiuncti sunt, semper servare me velle, humiliter per omnia fateor, et quod illi hic et ibi iuste plebi Dei praedicaverunt et custodiendo impleverunt, hoc praedicare et observare non cesso, favente et volente pio domino et salvatori nostro Iesu Christo.

Cap. 7. vulgavit Sirmondus ex codice Floriacensis monasterii; repetiverunt Baluzius et E. de Rozière ll. ll. Editum repetivi.

7. Professio generalis ordinandi archiepiscopi.

Ego huius sedis ordinandus archiepiscopus et sacro ministerio vestro, sancti patres, praedicationis officium suscepturus, confiteor sanctam atque ineffabilem Trinitatem, Patrem et Filium et Spiritum sanctum, unum Deum naturaliter esse, unius substantiae, unius naturae, unius maiestatis atque virtutis. Dominum quoque nostrum Iesum Christum de Deo patre ante tempora genitum eumdemque sub tempore de Spiritu sancto conceptum et de Maria virgine natum credo, qui passus est pro redemptione humani generis, ad inferna descendit, indeque victor resurgens et in caelos ascendens, venturus est in fine saeculi, ut reddat singulis, prout gesserunt in corpore positi, sive bonum sive malum. Praeterea constitutiones quatuor principalium conciliorum, Nicaeni, Con-

5. e) *ita pro* dignemini *c.* f) onus *c.* g) an̄n *c.*
6 = *Menardus l. l. col.* 510; *Roz. Add. p.* 341. a) *supplendum videtur.* b) *suppl. edd.*
7 = *Sirm. Form. prom.* 13; *Bal. Form. prom.* 15; *Roz.* 524.

stantinopolitani, Ephesini et Chalcedonensis, canones quoque synodorum et decreta, quae orthodoxa fides suscipit et complectitur, me suscipere, tenere et praedicare velle, confiteor. Haereses vero et scismata, quae catholica ecclesia anathematizat, et quicquid sanae fidei adversatur, condemno, respuo, anathematizo. Beato vero Petro et vicario eius debitam subiectionem et obedientiam, suffraganeis vero nostris adiutorium me exhibiturum, profiteor. Et huic professioni meae coram Deo et angelis sub testimonio quoque praesentis ecclesiae subscribo.

Cap. 8. *edidit ex codice quodam incognito Cordesius l. l., unde repetiverunt Baluzius et E. de Rozière ll. ll. Formulam eandem fere exhibet Liber diurnus, ed. E. de Rozière nr.* 107, *ubi tamen verba:* Ob quam rem *et reliqua desunt. Cf. E. de Rozière, 'Recueil général' II, p.* 637, *n. a.*

8. Epistola vocatoria.

Dilectissimis[1] fratribus et filiis, presbyteris, diaconis, honoratis, clericis et possessoribus vel cunctae plebi ill. ecclesiae, simulque vocato episcopo ill., M. auxiliante Domino metropolitanus sanctae sedis apostolicae ill. Dilectionem vestram salubriter alloquimur. Quia praedictum talem a vobis electum episcopum, virum venerabilem, tali ecclesiae ordinare compellimur, laudemus et honoremus Iesum Christum, ut, qui vobis hanc electionis devotionem dedit, nobis quoque perficiendi tribuat facultatem. Iam fatum virum religiosa violentia tenete et ad sanctam sedem nostram illam perducere festinate, qui forte magis dignior erit, si se occultare voluerit. Ob[2] quam rem hanc direximus admonitionem, quemadmodum optime placuit sanctae synodo, episcopum sine vocatoria suscipi non debere, ne obscuritas dubiae ordinationis incurrat[a].

Cap. 9. *exhibet codex Monacensis Lat.* 3917, *saec. XII, post cap.* 2, *supra p.* 552; *ex quo codice edidit E. de Rozière in 'Recueil général'. Eandem formulam ex ordine Romano inseruerunt Garnerius et E. de Rozière editionibus Libri diurni (ed. Roz. nr.* 123*). Editum repetivi.*

9. Formata episcopo danda.

Dilectissimis fratribus et filiis, presbiteris, diaconibus, honoratis, clericis et possessoribus vel cunctae plebi illius ecclesiae N. auxiliante Domino archiepiscopus sanctae sedis catholicae illius. Electionem vestram Deo acceptissimam comprobantes, virum venerabilem N. in primo ordine vobis consecravimus sacerdotem. Ideoque dilectionem vestram solliciti commonemus, ut praedictum tali veneratione colatis, qua eum vobis voluistis consecrari pontificem. Quam ob rem talem missum sedis nostrae direximus, ut optime placuit sanctae synodo, episcopum sine formata suscipi non debere, ne obscura aut dubia nota ordinationis incurrat.

Ego N. recognovi. Isti N. in ordinatione illius ecclesiae episcopi conscripserunt. Ego N. illius ecclesiae episcopus subscripsi.

Cap. 10. *exhibet codex Vaticanus Christ.* 596, *cf. supra p.* 540. *Edidit E. de Rozière l. l.; quod editum in usum nostrum cum codice contulit V. Cl. Mau. Haec*

8 = *Cord. p.* 619; *Bal. Form. prom. ad calcem; Roz.* 522. a) *quae sequuntur ap. Cord. non ad hanc formulam spectare videntur.*

9 = *Roz.* 525.

1) *Cf. infra l.* 28. 2) *Cf. infra l.* 33.

formula non eadem manu, qua alia in codice praecedens, scripta videtur, sed manu eius, qui illam correxit. De tempore cf. infra n. 1.

10.

Episcopo reverentissimo Gisleverto[1] L. abbas et grex sibi commissus praesentis aevi et futuri salutem. Vestrae celsitudini hos dirigimus apices, quibus ecclesiam nostram, quae est in villa illa, huic diacono nomine illo nos dedisse intimamus. Qua de re volumus atque honeste precamur, quatenus diaconus[a] iam dictam ecclesiam per vestrae auctoritatis potestatem teneat et reget[b], et ut valeat ad huius honoris conscendere gradum, vestro nutu ac ministerio adimpleatur. Valete.

11—27. *REGULA FORMATARUM ATTICI ET EPISTOLAE SECUNDUM EAM SCRIPTAE.*

Cap. 11, *regulam formatarum, quae dicitur Attici, exhibens, legitur in non paucis codicibus. Sunt quidem:* 1. *Cod. Varsoviensis (olim Keller); cf. supra p.* 131; 2. *Cod. Bernensis* 442; 3. *Cod. Parisiensis Lat.* 4627; *cf. supra p.* 182 *sqq.* 213; 4. *Cod. Parisiensis Lat.* 13090; *cf. supra p.* 528; 5. *Cod. Parisiensis Lat.* 2400, *saec. XI, fol.* 182; 6. *Cod. Vaticanus Christ.* 1127, *fol.* 165; 7. *Cod. Vindobonensis* 823 *(olim theol.* 742*) saec. X, fol.* 45; 8. *Cod. Vaticanus Christ.* 1424, *fol.* 94'; 9. *Cod. Monacensis Lat.* 3860, *saec. X, fol.* 188; 10. *Codd. Formularum Sangallensium: a) Form. Sangall. misc.* 2, *b) Collectionis Sang. Salom. A* 1. 2 *(ubi soli codd. A* 1. 2 *allegantur* = *10*); cf. supra p.* 378. 390; 11. *Cod. Vaticanus Christ.* 423. 12. *Exstat etiam hoc caput in libro I. Reginonis De synod. causis et praeterea in plerisque collectionibus canonum et decretorum. Cf. Maassen, 'Gesch. d. Quell. u. Litt. des canon. Rechts' I, p.* 399 *sqq.* 402. *Codicibus* 1. 3 *ipse usus sum, de codicibus* 10 *cf. supra l. l., codices* 4. 5 *in usum nostrum contulit b. m. Heller; Reginonis lectiones ex editione a F. Wasserschleben parata recepi, reliquorum codicum ex editione Eugenii de Rozière.*

11.

Greca elementa litterarum numeros etiam exprimere nullus, qui vel tenuiter Greci sermonis notitiam habet, ignorat. Ne igitur in faciendis epistolis canonicis, quas mos[a] Latinus formatas appellat[b], aliqua fraus falsitatis[c] temere presumeretur, hoc a patribus 318 Nicea[d] constitutis[e] saluberrime inventum est et constitutum, ut formatae epistolae hanc calculationis seu supputationis habeant rationem, id est, ut[f] adsumantur in supputationem prima Greca elementa Patris et Filii et Spiritus sancti, hoc est Π Υ Α, quae[g] elementa octogenarium, quadringentesimum[h] et primum significant numeros[i];

10 = *Roz.* 552. a) *superscr.:* id est diaconum *c.* b) *superscribendo corr.* regat *c.*

11 = *Sirm. Format. in pr.; Lind.* 184; *Roz.* 643; *Regino, De synod. caus. I, c.* 449; *Cod. Udalr. ed. Eccard.* 4, *col.* 17. *Cf. supra Form. Senon. rec.* 13, *p.* 218; *Form. Sangall. misc.* 8, *p.* 383; *Coll. Sangall.* 23, *p.* 409. *Rubricam praebent:* Epistola formata Attici episcopi Constantinopolitani 1. 2; Incipit regula (regola) formatarum 4. 5; Incipiunt formata epistolarum 7; Formata episcoporum 8; Qualiter debeat epistola formata fieri exemplar 10; Nicena (Nicenàs 11) synodus hunc ordinem inter episcopos in faciendis epistolis conservandum esse instituit 11. 12; De modo conficiendarum epistolarum formatarum, quem Nicaena synodus inter episcopos in faciendis epistolis conservandum esse instituit. Atticus episcopus, qualiter formata epistola fiat. *Sirm.* a) Latinus sermo 8. b) vocat 3. 4. 8. 10. c) falsitas 4. d) Niceam 1. e) congregatis 1. 5. 6. 8. f) *deest* 5. 6. 8. *10. g) que *alii codd.;* qui 11. h) quadragentesimum 3; quadragesimum 11. i) *ita* 4. 5. 10; numerus 3; numerum 1. 11.

1) *Gislebertus Carnotensis episcopus c. a.* 856—880.

Petri quoque apostoli prima littera, id[k] est Π, qui numerus[l] octoginta[m] significat; eius[n] qui scribit[o] epistolam[p] prima littera[q], cui scribitur secunda[r], accipientis[s] tertia[t], civitatis quoque de qua scribitur quarta[u], et indictionis, quaecumque est[v] id[w] temporis, idem[x] qui fuerit[y] numerus adsumatur; atque ita[z] his omnibus litteris Grecis, quae, ut diximus, numeros exprimunt, in unum ductis, unam[a], quaecumque collecta[b] fuerit[c], summam epistola teneat. Hanc[d] qui suscipit omni[e] cum cautela requirat expresse[f]. Addat praeterea separatim in epistola etiam nonagenarium et nonum[g] numeros[h], qui secundum Greca elementa significant[i] AMHN[k. *].

*) *Regino (12) et* 11. *addunt haec:*

Tres igitur praedictae Graecae litterae, id est Π Υ Α et prima littera ex nomine Petri[l], id est Π, DLX et I efficiunt numeros. Π enim, quae[m] est[n] prima in nomine summi Patris, LXXX numerat; Υ vero, quae est[n] prima in nomine Filii, CCCC numerat; Α vero, quae est[n] prima in[o] nomine Spiritus sancti, unum indicat; si addas Π, quae in nomine sancti Petri est prima, id[p] est LXXX, reperies[q] DLXI. AMHN vero, quod in fine praedictae epistolae scriptum est, XCIX indicat[r]; A enim unum, M XL, H VIII, N L numerant[s], qui[t] XCIX efficiunt numeros. Si vero[u] summam totam simul iungas, DCLX epistola numeros tenet[v].

Sed propter minus scientes ponenda videntur elementa ipsa Graeca cum numeris propriis[w].

I.	II.	III.	IV.	V.	VI.	VII.	VIII.	IX.
A.	B.	Γ.	Δ.	E.	ς.	Z.	H.	Θ.
X.	XX.	XXX.	XL.	L.	LX.	LXX.	LXXX.	XC.
I.	K.	Λ.	M.	N.	Ξ.	O.	Π.	Ϙ.
C.	CC.	CCC.	CCCC.	D.	DC.	DCC.	DCCC.	DCCCC.
P.	Σ (C).	T.	Υ.	Φ.	X.	Ψ.	Ω (ω).	∍ (↑).

Cap. 12. *edidit E. de Rozière e codice* *Vaticano* *Christ.* 711; *editum repetivi.*

12.

Qui formatam epistolam facere vult, hanc subscriptionem faciat, in qua contineantur Patris et Filii et Spiritus sancti nomina: Π Υ Α Π — Π Υ Α *octogenarium quadragesimum*[a] *et primum numerum,* Π *octogenarium — addatque primam litteram episcopi mittentis, addat et secundam episcopi ad quem mittitur, terciamque fratris pro quo mittitur, etiam quartam civitatis de qua mittitur, addat insuper indictionem eiusdem anni, addat et augmentum* AMHN, *quod exprimit XCIX. Postea salutem preponat, ratioque talis sequatur:*

11. k) id est *des.* 1; id est — prima littera *des.* 8. l) numeros *corr.* numerus 4; numeros 6. 12. m) octogenarium 1. n) quoque *add.* 1. o) scripsit 1; scribi 4; scribitur 5. p) episcopi 1. 5. 6. q) A *add.* 1. r) littera *add.* 3. 4. 5. 6. *10; P *add.* 1. s) *sequentia corrupta sunt in* 5. t) littera *add.* 3. 4. 5. 6. 10; K *add.* 1. u) Ω *add.* 1; *ubi* et *deest.* v) id (id est *vel* idem) 4. w) *deest* 1; idem 3; illius 12. x) id est 5. 6. 10; idem qui fuerit *des.* 12. y) fuerint 5. z) *deest* 5. 6. a) unam quaeque *pro* u. q. 1. b) *deest* 5. 6. c) *deest* 11. d) Hanc — expresse *des.* 12. e) omnia *pro* o. cum 1; cum *deest* 3. f) expraessum 1; expressam 8. 10. g) novem 11. h) numerum 1; numerus 3. i) significantur 5. k) *deest* 1. 3; ΠΥΑΠϘΘ 4; id est adnotare felix in Christo Iesu domino nostro *add.* 5. l) beati *add.* 11. m) *deest* 11. n) prima est 11. o) praedicto *add.* 11. p) quae numerat *pro* id est 11. q) quingentos sex et unum, ut praediximus, repportes numerum *pro* r. DLXI 11. r) significat numeros 11. s) numerat 11. t) numeri simul collecti, id est I et XL et VIII et L. *add.* 11. u) *ita* 11; sive *pro* si vero 12. v) *reliqua des.* 11. w) *Tabulam numerorum Graecorum etiam in* 5 *et* 10 *(Cod. Rhenaug.; v. supra p.* 383) *et, ut videtur, in plerisque collectionibus canonum et decretorum regulae subiectam, hic etiam inserendam duxi, sed nominibus litterarum omissis et iis, quae corrigenda erant, correctis.*

12 = *Roz.* 644. a) quadragentesimum *emend. Roz.*

Hanc itaque scedulam, quam vulgo formatam nuncupant, Grecis apicibus secundum providam 318 patrum auctoritatem, in Nycena synodo congregatorum, insignitam vestrae magnificentiae dirigere curavimus, admodum supplicantes, ut a nobis plena indulta licentia, in quocumque vestrae diocesis loco oportunitas Domino militandi contigerit, per hanc tytuli cautionem, remoto totius dubietatis scrupulo, a vestra magnifica pietate suscipi mereatur. Dirigimus enim eum vobis virum, nostrae sanctae matris aecclesiae in Christo filium morumque probitate ac vitae merito et sanae fidei disciplina multorumque adsertionibus apud nos non mediocriter adprobatum. Inseruimus ergo praescriptorum numeros elementorum, id qualecumque significantes.

Cap. 13. *ex codice quodam Morbacensi ediderunt Martène et Durand, Thesaurus I, p.* 17; *recepit Jaffé in Bibliothecam rerum Germ. III (Mon. Mogunt.) p.* 318. *Epistola a.* 806. *emissa est; v. infra n.* 1—3. *Cf. Form. epist. IV,* 4. *Editum repetivi.*

13.

Riculfus misericordia Dei Maguntiae civitatis archiepiscopus [a. 1] Bernario fratri ac Wormacensis civitatis episcopo [2] in Deo patre et domino Iesu Christo et praesentis vitae felicitatem et futurae etiam optamus beatitudinem. Notum sit almitati vestrae, quia Gerbertus clericus ac fidelis filius noster cum omni humilitate a nobis petiit, ut ei visitationis ac devotionis gratia tam religionem vestram quamque et loca sacra, vobis a Deo ad gubernandum commissa, visitare licuisset; ea scilicet conditione, ut, si propter causas quasdam, a nonnullis occultandas, vobis autem manifestandas, utrisque vobis videretur, ut ad salutem animae suae vobiscum maneret ac vestrae vestrorumque se sollicitudini committeret, ita facere licuisset; sin autem, absque ulla noxia vagatione interposita ad nos remearet. Unde ei hanc epistolam, ecclesiastico more numeris ac supputationibus congruis astipulatam, fieri iussimus, ut scire valeat Deo digna fraternitas vestra, eum nec fuga lapsum nec fraude profectum, sed nostra spontanea voluntate ad vos fuisse destinatum. Ī CLXXX [a. 3]. Valete in Domino. XCVIIII.

Capp. 14. 15. 16. *ex codice Vindobonensi Lat.* 823 *(olim theol.* 742*) saec. X, fol.* 45. *et* 46, *descripsit Th. Sickel, ex cuius apographo E. de Rozière ea inter Additamenta edidit. Subiecta sunt in codice regulae formatarum, cap.* 11. *Formulae Arelate inter annos* 811. *et* 814. *ab uno, ut videtur, auctore conscriptae sunt. Cf. infra n.* 4. 5.

14.

Sanctissimo ac reverentissimo fratri Nebridio archiepiscopo [4] Iohannes sanctae Arelatensis ecclesiae archiepiscopus [5] aeternam in Domino salutem. DCXIV. Hic frater

13 = *Jaffé, Epist. Mogunt.* 3. a) Ī DXXX *edd.; qui numerus, cum nullo modo cum nominibus in epistolam insertis convenire possit, corrigendus est. Certe quidem* d (D) *perperam scriptum vel lectum est pro* cl.

14 = *Roz. Add. p.* 359.

1) *A.* 786—813. 2) *A.* 803—823. 3) *Ex numero* 1180, *si recte ita emendavi, efficitur indictio* 14 (ΠΥΑΠ+Ρ+Ε+Ρ+Υ+*Ind.* 14 = 561+100+5+100+400+14 = 1180). *Indictio* 14. *autem inter annos* 803—813, *quo tempore epistola scripta sit oportet, cum anno* 806. *convenit.* 4) *Nebridius (Nifridius) archiepiscopus Narbonnensis a.* 799 — *post a.* 822. 5) *A.* 811—819; *inter quos annos formatam emissam esse liquet. Hoc autem post a.* 814. *(Ind.* 7*) fieri non potuisse, ideo crediderim, quia maior indictio quam* 7. *in numero* 614. *contineri non potest. Cognita enim elementa, quae in eo continentur, efficiunt* 606 (ΠΥΑΠ+Ι+Ε+Λ=561+10+5+30), *ut pro duobus incognitis numeris, sc. tertia litera accipientis et numero indictionis,* 8 *tantum restent, neuterque eorum* 7. *transgredi possit.*

et conpresbiter noster nomine ille, monastice conversationis amore succensus, humiliter nobis suggessit, ut in monasterio illo ad vestrae sanctitatis curam pertinente sibi liceret reliquum vitae suae tempus sub sanctae regulae districtione transegere, hoc sibi cordi esse asserens, ut, quantulumcumque ei ex divina iussione mortalis vitae superfuerit, hoc sub regulari disciplina et sub alterius imperio, non in proprii arbitrii libertate, consumat. Cuius voluntati, quam divinitus illi credimus inspiratam, refragari nos non debere iudicavimus, sed potius morem illi gerere et petitionem eius ad effectum perducere censuimus. Propter quod et has nostrae parvitatis litteras dimissorias atque commendadicias secundum canonicam sanctionem tuae sanctitati deferendas ei dedimus, ex quibus indubitanter posses advertere, illum non fugitivum neque desertorem officii sui esse, sed nostro consensu atque permissu ad sanctae conversationis habitum sub tuae beatitudinis regimine suscipiendum a nobis esse profectum. XCIX. Bene valentem et pro nobis orantem beatitudinis vestrae coronam divina misericordia semper et ubique tueatur atque custodiat.

15.

Frater iste nomine ille a nobis, *vel* a bonae memoriae praecessore nostro illo episcopo, ad presbiteratus, *vel* diaconatus, gradum ordinatus, cum propter propinquos suos visitandos, qui in vestra parrochia sunt constituti, ubi et ipse, ut asserit, natus et in infantia fuit educatus, proficisci voluisset et hanc sibi a nobis licentiam dari flagitasset, nos, memores illius canonici praecepti, quo nullus clericorum, in qua non est ordinatus ecclesia, sine licentia ministrare permittitur, has nostrae parvitatis litteras canonico more scriptas ei dedimus, per quas et illum vestrae caritati commendaremus, et ex quibus advertere possetis, eum non fugitivum neque officii sui desertorem, sed nobis carissimum nostroque permissu propter superius expositas necessitates a nobis esse profectum. Cui rogamus ut in ecclesia vestra ministrandi et officium suum agendi copia non denegetur, quamdiu apud vos esse et in parrochia vestra consistere voluerit; velle autem non amplius debet, nisi quantum ad hoc et temporis spatium humilitatis nostrae moderatione conceditur. Bene valete et pro —.

16.

Frater iste nomine ille, qui in ecclesia, *vel* parrochia, nostra nutritus et educatus est, in qua etiam non solum comam capitis sui deposuit, sed etiam in hostiarii, lectoris, *vel etiam alterius ordinis*, officio per aliquot annos devotissime ministravit, cum ei propter illam vel illam causam ad tuam parrochiam demigrandi inevitabilis necessitas incumberet, et nos ad hoc sibi dare licentiam obnixe deprecaretur, considerata non solum voluntate, sed etiam necessitate eius, et annuentes rationibus eius, quo desiderabat eum ire permisimus. Ne tamen canonica constitutio, quam nos in tali negotio negligere fas non est, aut per incuriam aut [per] oblivionem a nobis pretermissa videretur, dimissorias vel etiam commendaticias nostrae parvitatis litteras canonico more conscriptas ei dedimus. *Cetera sicut supra.*

Cap. 17. *recepi ex Grandidier, 'Hist. de l'église de Strasb.' II. Epistola, ut colligitur ex tempore episcoporum et indictione, a.* 832. *emissa est. Nominibus mutatis hanc formatam recepit Gratianus, c.* 2. *Dist. LXXIII.*

17.

Π Υ Α Π. Sanctissimo in Christo fratri summaque dulcedine amplectendo Bernalto

15 = *Roz. Add. p.* 359 *sqq.*
16 = *Roz. Add. p.* 360.
17 = *Grandidier l. l. p. cc, nr.* 107.

Argentariensis civitatis episcopo[1] Wolfeo Constantiensis ecclesiae praesul[2] perpetuae beatitudinis optat in Christo salutem. Υ Ε Ν Σ. De caetero noverit sancta fraternitas vestra, quod iste clericus nomine Anno, nostra in paraecia instructus ac detonsus, parvitatem nostram rogavit, quatenus illi commendatitias litteras conscriberemus, quibus vestrae celsitudini commendatus, sub tuitione vestri regiminis degere possit. Cuius voluntati consentientes, secundum canonicam auctoritatem litteras ei dimissorias dedimus, per quas et ipsi concedimus, ut sub vestro magisterio, divinae servituti insistens, suae deserviat utilitati, et vobis licentiam tribuimus, ut, si dignum eum iudicaveritis, ad sacros ordines promoveatis. Commendatum ergo eum curae vestrae suscipite et nostris ex partibus absolutum in vestrarum ovium numero custodite. Quas litteras, ut vigore veritatis firmatae indubitanter a vobis suscipiantur, litteris Graecis, ut canonica docet auctoritas, confirmare sategimus. Sancta Trinitas vestram beatitudinem ad regimen sanctae suae ecclesiae perpetualiter bene valere concedat. Indictione decima.

Continet hec formata epistola summam numeri MCCCXXV[3].

Cap. 18. *exstat in codice Parisiensi Lat.* 4280 B, *saec. X (Colbert.* 5084; *Reg.* 4336. 5*), fol.* 73. *Ex literis Graecis et tempore suspicor, formatam ab Aldrico episcopo Cenomannico (a.* 832—856*) emissam esse. Vulgavit hoc caput E. de Rozière inter Additamenta. Editum in usum nostrum cum codice contulit b. m. Ioh. Heller.*

18.

Π Υ Α [Π Α] Ι Ο Ω Θ. Excellentiae procaeritatis cum summa reverentia nominando et mihi ineffabili dilectione colendo illi episcopo humilis nutu Dei illius civitatis episcopus praesentis prosperitatis et aeternae felicitatis in domino Salvatore optat[a] salutem. Denique noscat celsitudo vestra, quia iste clericus nomine illo petiit a nobis epistolam canonicam, quam mos Latinus formatam apellat, propter congruum eius videlicet locum, ut in parrochia vestra officium sacerdotalem fungi quivisset; sicuti et concessimus ei. Et[a] ut absque aliqua fraude falsitatis a me factam cognoscatis, praemisi enim prima Graeca elementa Patris et Filii et Spiritus sancti Π Υ Α, quae octogenarium et quadrigentesimum[b] et primum significat numerum; Π[c] Petri quoque prima littera, quae indicat numero octogenario; me videlicet indigni prima littera, id est Α, quae promit primo numero; vestri autem venerabili secunda littera Ι, quae expromit[d] numero decimo[e]; presbyteri vero tertiam, id est Ο, quae septuagesimo figurat[f] numero; civitatis etiam nostrae littera quarta, haec est Ω, quae pandit numero octingentesimo; indictioni, quae nunc agitur, nona Θ, quae aperit idem numerum; addidi praeterea separatim in epistolam nonagenarium et nonum numerum, quae secundum Graeca elementa significant XCVIIII, ΑΜΗΝ; anni ab incarnationis Christi DCCCXLVII[g][4]. Summa autem litterarum numerus est $\overline{\text{II}}$[h].CCC.XCVII[5].

Data Kal. illas, anno illo regnante domno nostro illo rege. Sigillum enim nostrum super expressimus.

---

18 = *Roz. Add. p.* 357 *sq.* a) *superscr. paullo nigriore atramento, sed eadem, ut videtur, manu c.* b) quadrigentesinum *c.* c) *in loco raso c.* d) exprimit? e) decim *c.* f) fugura *c.; emend. Roz.* g) DCCCLXVII *c.; emend. Roz.* h) II *c.*

1) *A.* 822—840. 2) *A.* 811—839. 3) *Haec summa efficitur, si numeris Graecis epistolae insertis praeter indictionem (*10*) etiam* ΑΜΗΝ *(*99*) addimus.* 4) *Numerum recte emendatum esse ab E. de Rozière, probat summa infra inserta; cf. n.* 5. *Annum* 847. *tamen non cum* 9. *sed cum* 10. *indictione convenire, monendum est.* 5) *Quod raro fit, etiam anni incarnationis Domini additi sunt.* ΠΥΑΠ+Α+Ι+Ο+Ω+Θ+ΑΜΗΝ+847=2397.

Cap. 19. vulgavit Sirmondus, Concil. Gall. II, p. 669. Ex indictione liquet, formatam aut a. 868. aut, quod propter ea, quae de Ebbone dicuntur, probabilius videtur, a. 853. emissam esse.

19.

Π Υ Α. Reverentissimo et sanctissimo patri Weniloni Rotomagensi archiepiscopo[1] Liutadus Vinciensis episcopus[2] aeternam in Domino salutem. Optarem valde, si nobis spatia terrarum sinerent, fraternum et amicissimum vobiscum habere conloquium atque de nostris communibus opportunitatibus tractare. Sed quia id prolixitas itineris denegare videtur, vestram sanctitatem humiliter exoro, ut mei memoriam coram sancto altari habere dignemini vestraeque me commendare ecclesiae, quoniam vestram caritatem iam in gremio ecclesiae nostrae recepimus et pro vobis quotidianis precibus Deum exoramus. Ceterum comperiat sanctitas vestra, quemdam fratrem nostrum et filium ecclesiae nostrae nomine Vulfadum[3] subdiaconum, me petente traditum mihi per litteras, quas ecclesiastica consuetudo formatas appellat, a venerabili Ebbone quondam Remensi archiepiscopo. Et quia impendentibus quibusdam causis, postquam mihi traditus erat, in propria remansit ecclesia, me suggerente, ordinavit eum idem Ebbo in gradu diaconatus. Nunc autem, quia scitis, eum propter causas necessarias in partibus vestris morari, sicut mihi commendatus erat, vobis eum committo vestraeque custodiae et providentiae delego et, ut ad maiores gradus eum provehatis, suppliciter exoro. Credimus enim, quoniam et sapientia et mores ad hoc eum dignum indicant. Commendamus igitur vestrae beatitudini ecclesiaeque vestrae praefatum fratrem nostrum Vulfadum et de profectu eius petimus vos laetari in aeternum. Ac sicut mos ecclesiasticus est et inventum ac constitutum a 318 in Nicaena synodo episcopis, formatam epistolam facientes, ut in nomine sanctae et individuae Trinitatis nostrum opus largitionis et dimissionis huius nostri dilecti fratris roboratum fructuosius et utilius fieret, in supputatione calculationis assumpsimus prima elementa Graeca Patris et Filii et Spiritus sancti Π Υ Α, quae octogenarium et quadringentesimum et primum significant [numerum], nostram quoque, qui scribimus, primam litteram Λ vestramque, cuius beatitudini scribimus, secundam Υ, accipientis fratris tertiam Λ, civitatis nostrae, de qua scribitur, quartam Σ, indictione I, canonicum ordinem tenentes, huic nostrae epistolae affigimus, atque Graecarum litterarum numeros in summam collectos epistolam tenere facimus, id est: LXXX . CCCC . I . XXX . CCCC . XXX . CC . I, ut per omnia rata et legitima nostrae dimissoriae auctoritas procederet. Separatim autem, ut epistolam clauderemus, nonagenarium et nonum numerum Graecis elementis etiam signavimus et omnino firmamus: ϘΘ.

Cap. 20, formula formatae Mettensis, exstat in codice Merseburgensi saec. X. cum formula manumissionis, supra I, 17, p. 544. Aeque ac illa etiam hoc caput ex tabula Adventii episcopi Mettensis scriptum est. Edidit Baluzius in Nova collectione, repetivit E. de Rozière. Ut ipso codice uterer, opus esse mihi non videbatur. — Subieci alia duo exempla, quae ad eandem formulam scripta sunt, alterum veram, ut videtur, epistolam a. 888. a Ruotperto, eiusdem ecclesiae episcopo, emissam exhibens, alterum a Reginone a. 906. secundum Mettensem formatam, ut opinor, compositum. Utrumque ex editis recepi.

19 = *Sirm. Format.* 5.

1) *Wenilo sed. a.* 856, *mortuus est c. a.* 869. *Epistola probare videtur, eum iam a.* 853. *episcopatui praefuisse.* 2) *C. a.* 835—868. 3) *Vulfadus hic, ab Ebbone ordinatus, postea, ut videtur, abbas Resbacensis et archiepiscopus Bituricensis, de cuius ordinatione diuturna illa erat controversia. Cf. Dümmler, 'Ostfränk. Reich' I, p.* 365. 588. 670.

20.

Reverentissimo* almifluaeque religionis cultu sincerissimo sanctae illius sedis archiepiscopo, *vel* episcopo, Adventius[1] reverendae Mettensis ecclesiae ac plebis ipsius humilis famulus in Christo pastorum principe mansuram cum gaudio prosperitatis et perpetuitatis gloriam. Decreta sanctorum 318 patrum Nicaea constitutorum saluberrima servantes, Deo dignam piamque fraternitatem vestram canonice aggredimur et sub nomine formatae epistolae reverenter vestram sanctitatem adimus, vobis videlicet intimando, quia praesenti presbytero, *vel* diacono *seu* subdiacono, nomine illo has dimissorias dedimus litteras, quem in nostra diocesi ecclesiastice educatum de ordine clericatus ad illum proveximus gradum, ut his canonicis munitus apicibus, cum nostra licentia ei in vestra parrochia sub defensione ac regimine vestrae carae dilectionis degere liceat, et ut eum, si morum probitas et doctrinae dignitas suppetit, ad ecclesiasticos ordines promoveatis fideliter annuimus, et in sinu sanctae matris ecclesiae canonice fovendum ac regendum committimus. Hanc ergo epistolam Graecis litteris hinc inde munire decrevimus et anulo ecclesiae nostrae bullare censuimus. Christus, pastorum princeps, fraternitatem vestram ad custodiam sui gregis diu nobis conservet incolumen. Amen.

*) (a)

LXXX	CCCC	I	LXXX	C	CCCC	V	CCC	I	XL	VIII	L
Π	Υ	Α	Π	Ρ	Υ	Ε	Τ.	Α	Μ	Η	Ν.

DCCCC	D	LX	V	
ϒ	Φ	Ξ	Ε.	INDICTION̄. VI.

Ī CCCC LXV[2].

Reverentissimo cultuque almifluae religionis sincerissimo Williberto sanctae Agripinae sedis episcopo[3] Ruotbertus[4] reverendae Mettensis — — — piamque paternitatem vestram — — — praesenti cuidam diacono nostro Stephano has — — — in nostra diocesi canonice educatum de ordine clericatus ad diaconatus proveximus — — — dignitas suppetit, ad presbyteratus ordinem promoveatis, fideliter annuimus, illumque in sinu matris — — — regendum vobis committimus — — — gregis diu conservare dignetur.

(In[a] fine epistolae repetuntur omnes litterae et numeri, qui supra ante salutationem positi sunt).

(b) Exemplar epistolae formatae.

In nomine Π Patris et Υ Filii et Α Spiritus sancti. Ratbodus[5] sanctae Trevericae ecclesiae ac plebis ipsius humilis servus Rotperto[6] reverendae sanctae Mettensis ecclesiae antistiti in Christo pastorum principe — — — Niceae — — — praesenti presbytero nostro nomine Gislemaro has dimissorias — — — ad presbyteratus proveximus — — — degere liceat, illumque in sinu sanctae matris — — — pastorum princeps, interventu beati Petri, cui specialiter ovile dominicum commissum est — — — regendum vobis committimus — — — incolumem. Amen. ΠΥΑΠΡΟCΥΘ. AMHN. Summa horum MDXXXIX. Data Treveris, Idibus Octobris anno dominicae incarnationis 906, indictione nona.

Cap. 21. vulgavit Sirmondus, Concil. Gall. II, p. 671. Ex annis episcoporum et indictione apparet, epistolam a. 897. scriptam esse. Monendum est, aliam quandam

20 = *Bal.* 42; *Roz.* 653.

20 *a = *Pez, Thes. anecd. VI, col.* 86, *nr.* 18. a) *haec in ed. subiecta sunt.*

b = *Regino, De synod. caus. I, c.* 450; *Sirm. Format.* 9.

1) *Episcopus Mettensis a.* 858—875. 2) *Numerus indictionis non additus est.* 3) *A.* 870—890. 4) *Mettensis episcopus a.* 883—916. 5) *Archiepiscopus Trevirensis a.* 883—915. 6) *Cf. supra n.* 4.

epistolam formatam Heidilonis, quam supra inter Form. cod. Laud. 16, *p.* 519, *edidi, ab hac valde differre. Editum repetivi.*

21.

In nomine Patris Π et Filii Υ et Spiritus sancti Α. Heidilo superna eiusdem Patris et Filii et Spiritus sancti favente clementia Noviomensium humilis episcopus[1] sancto et venerabili ac carissimo nobis Rodulfo sanctae Laudunensis ecclesiae episcopo[2] geminam in Christo pacem exoptat et gloriam. Vestrae intueatur magnitudinis experientia, hunc praesentem clericum nomine Rotgerum a nobis per singulos ecclesiastici honoris gradus ad onus diaconii fore promotum. Isdemque frater ob sui commodam facultatem a nostra saluberrime et iuste expetiit mediocritate licentiam ad vos eundi et in vestra parrochia commorandi ac penitus discedendi. Nos itaque petitioni eius, quam non subdolam, sed veram agnovimus, libenter assensum praebuimus et effectum iustum et congruum minime denegavimus. Quocirca totis viribus conquiniscentes, celsitudinem vestram humiliter obsecramus, ut eum vestra paterna sollicitudo dignanter excipiat, et ut pius et prudens pastor ac pater in gremio vestrae dilectionis accipite. Vita vero et moribus hactenus inter nostros probum laudabilemque sciatis; scientiae denique capax, ministerii sibi commissi, quantum autumamus, officium scire dinoscitur. Nos etiam more canonico hanc ei formatam epistolam, secundum decreta Nicaeni concilii Graecis caracteribus insignitam, vobis deferendam concessimus, per quam ipsum vestrae tuitioni committimus et a nostra parrochia penitus sequestramus. In qua quidem post Aeolica superius elementa in supputatione Patris et Filii et Spiritus sancti assumpta Petri quoque primum elementum Π, ut nos, corde fidem sanctae Trinitatis habentes, confiteamur ore ad salutem per eiusdem principis apostolorum doctrinam rationabili ordine subnexuimus. Et ne aliqua fraus falsitatis in ea locum obtinere praevaleat, nominis nostri, qui scribimus, primam litteram H, cui scribitur secundam O, vestri tandem, qui accipitis tertiam Δ, civitatis nostrae insuper addentes quartam I, cum indictione V. Huius igitur calculationis summam in unum pariter comprehensam ita diligentius adnotare studuimus: Π LXXX. Υ CCCC. Α I. Π LXXX. Η VIII. Ο LXX. Δ IV. Ι X. Addidimus praeterea nonagenarium et nonum numerum, qui secundum Graeca elementa sacratissimum domini nostri Iesu Christi significat iuramentum: Ϙ XC. Θ IX. Optamus, felicitatem vestram valere hic et in aevum.

Cap. 22. *ex Reginonis collectione recepi. In hac idem annus* 906. *ac in alia Reginonis formata, supra cap.* 20**(b), legitur. Recepta est, nominibus et numeris mutatis, a Burchardo Wormatiensi episcopo, Decret. II, c.* 227, *et ab Ivone, Decret. VI, c.* 435, *et a Gratiano c.* 1. *Dist. LXXIII. Legitur etiam in Codice Udalrici ed. Eccard.* 5, *col.* 18, *nominibus quidem cum* N. *vel* ill. *commutatis, sed certe ex Burchardo sumpta.*

22. Item alia epistola.

Π Υ Α Π Δ Α Ρ Δ Θ[a]. Reverentissimo et sanctissimo Ratbodo[3] sanctae Treverensis ecclesiae archiepiscopo Dado[4] Wirdunensis ecclesiae devotus gregis Christi famulus in Domino vero rege summae felicitatis beatitudinem. Cum sancta catholica ecclesia prompta sit sequi documenta euangelica, quae dicunt: 'Qui recipit prophetam in nomine prophetae,

21 = *Sirm. Format.* 8.

22 = *Regino, De synod. caus. I, c.* 451; *Sirm. Form.* 10; *Roz.* 646. a) *Regino literas Graecas per errorem ad calcem capitis praecedentis posuit.*

1) *A.* 880—902. 2) *C. a.* 894—921. *Cf. Gall. christ. IX, col.* 519 *sq.* 3) *Cf. supra p.* 563, *n.* 5. 4) *Virdunensis episcopus a.* 881—923.

mercedem prophetae accipiet, et qui recipit iustum'[1] etc., et apostolus iubeat hospitalitatem sectari et necessitatibus sanctorum virorum communicare[2], tamen [propter[b] eos] qui cauteriatam habent suam conscientiam, dicentes se esse simplices, cum sint astutia diabolica repleti, et pro opere pietatis dicunt se de loco ad locum transire, cum sint, sua malitia faciente, fugitivi, et dicunt, se esse ministerio sacro insertos, cum non sint, statutum est a sanctis patribus, neminem clericum alienum et ignotum recipi ab aliquo episcopo et inthronizari in sua ecclesia, nisi habeat a proprio episcopo epistolam, quae in canonibus nominatur formata. Ideo notum facimus paternitati vestrae, quod praesens frater noster, harum literarum portitor, nomine Adruinus, non pro sua nequitia expulsus est a nobis; sed, postulantibus fratribus nostris, eo quod ex familia nostra fuit, fecimus ei libertatem receptam a cornu altaris canonice et ordinavimus eum ad gradum presbyterii. Cui etiam has dimissorias sive commendatitias literas fecimus, et eum ad vestram dilectam fraternitatem dirigimus, ut in vestra parrochia sub vestro sacro regimine et defensione consistere valeat. Ego, inquam, in nomine Π Patris et Υ Filii et Α Spiritus sancti et in unitate sanctae ecclesiae, in qua Petro datum est ius ligandi atque solvendi, absolvo, Dado humilis episcopus, presbyterum Adruinum de civitate Wirdunensi, indictione IX, et licentiam do vobis, Ratbode venerabilis archiepiscope, inthronizandi eum, in quacunque ecclesia vultis vestrae parrochiae. Dilectam paternitatem vestram virtutum floribus insignitam omnipotens Deus conservare dignetur. ΑΜΗΝ. Π Υ Α Π Δ Α Ρ Δ Θ. DCCLXXVIII.

Data 5. Id. Maiis, anno dominicae incarnationis 906, indictione 9.

Cap. 23. *duo exhibent codices:* 1. *Cod. Parisiensis Lat.* 2400 *et* 2. *Cod. Vaticanus Christ.* 1127; *cf. supra p.* 557, *l.* 15 *sq. In utroque codice praecedit Regula formatarum cap.* 11; *cf. supra l. l. Ex codice* 2 *formulam edidit E. de Rozière; codicem* 1 *b. m. Ioh. Heller in usum nostrum contulit.*

23. Incipit epistola[a].

In nomine Π et Υ et Α. Omni nobilitate pollenti[b] illius urbis venerabili antistiti ill. illius[c] civitatis episcopus ill.[d] in Domino salutem. Magnitudinis vestrae cognoscat solertia, quia presens diaconus nomine ill. facultatem ad vos veniendi et in vestra parroechia commorandi a nobis expetiit. Nos autem eius petitionem, quam non subdolam agnoscimus, prebemus ei[e] assensum non denegamus. Ideo autem has litterulas[f], quas mos Latinus formatas nominat, vestrae magnitudini mittere decrevimus, ut non fuga lapsus aut abiectus putetur, sed ut fidelis famulus a patre dimissus canonice credatur. Enimvero, ut a nobis certius editas agnoscatis, Greca elementa[g] superius conprehensa, a patribus trecentis[h] decem et octo Nicea congregatis instituta, quae octogenarium quadringentesimum et primum significant numeros[d], inserere curavimus. Petri quoque apostoli primam litteram Π addere satagimus; nostrae vero exiguitatis primam litteram istiusque fratris nomine secundo et vestrae sanctitatis terciam ac civitatis vestrae quartam et indictionis presentis anni, quae est ill.[i], adnotare studuimus; addidimus preterea et ΑΜΗΝ, quod nonagenarium et nonum numeros ostendit.

---

22. b) p. e. *add. Burch.*

23 = *Roz.* 654. a) eiusdem *add.* 2. b) pollenti illo 2. c) civitatis illius 2. d) *deest* 2. e) et adsensum 2. f) literulas 2. g) helementa 2. h) III^{tis} XVIII 1; trecentorum decem et octo 2. i) . . . . . *Roz.*

1) *Ev. Matth.* 10, 41. 2) *Rom.* 12, 13.

Cap. 24. exstat in codice Bernensi 442, fol. 37, post cap. 11; cf. supra p. 557. Epistolam episcopi Petrogoricensis, ut videtur, c. a. 863. fortasse scriptam esse, ex eis, quae de Normannis dicuntur, suspicor. Edidit E. de Rozière; editum repetivi.

24. Item alia formata.

Dominorum egregio ac sophistica facundia glorioso spiritalique docmate admode florato venerandissimorum praesulum illo episcopo, inclito patri, ille Patriacensis aecclesie indignus episcopus optat in Salvatore pacem praesentem ac perpetuitatis gloriam. Quia[a] iuri ecclesiastico convenit, ut rectores sanctae Dei aecclesiae aeterna caritate se diligentes primo ab invicem subleventur auxilio, aequum esse cernitur, ut, quicquid oportunitate utili in tali conditione censuerint, ratum esse videatur. Idcirco ad vos direximus hos apices, ut sciat sanctitas vestra, hunc sacerdotem nomine illo nec fuga lapsum, nec fraude profectum, sed nostra spontanea voluntate ad vos directum pro persecutione Nortmannorum, que nobis intolerabilis inminet, ut liceat ei vestrae in diocesi sacrum ministerium caelebrare sacrisque altaribus insistere, ut saltim per hoc mereatur necessaria victui impetrare, quia nobis vix vivus potuit[b] evadere. Mitto etiam vobis, pater beatissime, Grecorum elementa secundum suae linguae idioma numeris ac supputationibus adnotata. Optans et gestiens, vos vitare scandalo institutis aecclesiasticis contrario, et Deum deprecans, quatinus aecclesia vobis a Deo commissa in bonis omnibus semper fulgeat absque macula et alicuius inmunditiae eruga, precor dulcedinis vestrae magnitudinem, ut praesenti sacerdoti, horum apicum latori, ad parroechiam vestram specialiter pertinenti, misericordiam vestrae piaetatis impendere dignemini, quia eius bonum testimonium perhibere audeo in titulo religionis et in castimoniae officiis. Dominus Iesus, verus princeps pontificum, ipse vos suae sponsae ita feliciter praeesse faciat, ut in caeleste Hierusalem vobis eam restituat, cum qua vos in aeternum ante thronum suae maiestatis tribua iubeat.

Cap. 25, licet iam in duabus collectionibus Sangallensibus supra exstet, tamen hic ea forma, quam genuinam existimo, repetendum esse duxi. Praeter codices formularum Sangallensium exhibet hoc caput etiam codex Monacensis Lat. 3860, fol. 189, post cap. 11; cf. supra p. 557. Primus vulgavit formulam F. Pithoeus in libro, qui inscribitur: 'Imp. Iustiniani Novellae constitutiones per Iulianum translatae (Paris. 1576) in Glossario. Repetivit eam Baluzius in Nova collectione et alii saepius; cf. infra.

25. In Dei nomine. Incipit aepistola, quae formata dicitur sive commendatitia.

Reverentissimo atque religiosissimo et a nobis cum summa veneratione nuncupando ill. episcopo ego ill. extremus sub pontificali officio Deo famulantium perpetuam in domino Iesu opto salutem Π Υ Α Π Α Α Α Λ Ι[a] . DXCV[b]. Presens frater noster ill. petiit ab extremitate nostra licentiam ad vestram almitatem proficiscendi atque vobiscum sive cum vestris habitandi. Cui et nos benivola mente et fraterno affectu non solum ei copiam ad vos veniendi non negavimus, verum etiam, ut a vobis sive a vestris gratifice suscipiatur, exposcimus. Et si vobis placuerit, ut aut in gradu, quem modo tenet, sacris altaribus ministret, aut ad altiorem gradum promoveatur, nostro sive nostrorum testimonio suscepto, id ei facere liceat; quippe qui nihil in eo tale noverimus, quo id faciendi ei licentia denegetur. Bene namque in ecclesia, in qua actenus fuit educatus,

24 = *Roz.* 655. a) Qua *c.* b) potui *c.*

25 = *Pithoeus, l. l. s. v. 'commendatoriae' (ad Nov. VI, 3, p. 253); Bal.* 39; *Gerbert, Mon. liturg Alam. II, p.* 113; *Wyss* 6; *Dümmler, Form. Salom.* 23; *Rockinger, Form. Salom.* 22; *Roz.* 649. *et supra Form. Sangall. misc.* 7, *p.* 383; *Coll. Sangall.* 22, *p.* 408. a) TYATAAAΛI *Bal.* b) DLXXV *Pith.*

bene conversatus, hoc nobis de se sive de sua vita ostendit, ut, in quantum humana fragilitas scire potest, administratione sacrorum ministeriorum non sit indignus. Nos itaque, ut homines divini sensus inscii et archanorum ignari, praebemus de fratre quale scimus testimonium. Deus est enim, quem occulta non fallunt et qui omnium secreta rimatur iuxta illud: 'Homo videt in facie, Deus autem in corde'[1]. Has ergo litterulas ideo illi petere et nobis facere libuit, ut ille non solum pro profugo aut abiecto non habeatur, verum etiam nostrae humanitatis et caritatis commendatione a vestra fraternitate libentissime suscipiatur. AMHN. XCVIIII[c]. Salus aeterna, quae Christus est, et in hoc presenti tempore vobis longevam salutem et in futuro cum sanctis et electis sempiternam largiri dignetur. Amen. DCXCIIII.

Cap. 26. *ex Baluzii Nova collectione recepi.*

26. Item alia.

In nomine Patris Π et Filii Υ et Spiritus sancti A. Ille episcopus venerabilibus praesulibus illis, carissimis nobis patribus et confratribus, pacem omnem et salutem sempiternam. Audientes, praesentem ecclesiae nostrae filium illum, in eadem quoque natum, nutritum atque eruditum et usque in presbyterii dignitatem a nostro praecessore provectum, vobis vestraeque ecclesiae necessarium esse et utilem, mutua caritate et fraterna compassione destinamus eum vestrae paternitati, ut in omnibus, sicut ex vestris uno, illo quoque utamini in Christo, hoc scientes, quia nullius malae famae apud nos usque nunc fuit, vita honestus, moribus simplex. Scientia quidem non extollitur a nobis, quia nec potest, Homerica, sed, ut ita dicamus, ut in pluribus non civilibus, sed exterioribus, vulgo egonica[2]. Et quia non divisa, sed unica est ecclesia Christi, non multiformis sed concors, inter nos etiam quaedam familiaritas prae aliis familiaritatibus animata, decet omnino, ut et vos utamini nostris ut vestris, et nos vestris ut nostris. Haec omnia invicem agamus in Christo Iesu domino nostro. Et ut hae nostrae humilitatis litterae de praefato fratre vestrae caritati missae non fictae sed fixae, non ventosae sed firmae comperiri valeant, Graecos apices, quos ecclesiasticus mos in huiusmodi rebus agendis decrevit, constituit et obtinuit, subter addere cum numeris ad se pertinentibus curiose decrevimus, hoc est primos, quos iam superius posuimus, Patris Π, Filii Υ, Spiritus sancti A, qui exprimunt numerum octogenarium quadringentesimum et primum; Petri quoque apostolorum principis primam Π, qui habet numerum, ut iam dictum est, octogenarium; nostri quoque nominis primam, vestri secundam, accipientis tertiam, nostrae quoque civitatis, de qua scribitur, quartam, et vestrae, ad quam scribitur, quintam, indictionis quoque praesentis anni numerum, et summam utriusque numeri. Addidimus praeterea seorsum in conclusione epistolae universa praefata, claudentes nonagenarium et nonum numerum, qui secundum Graeca elementa significat [AMHN]. Orate pro nobis, orantibus pro vobis. Amen.

Cap. 27. *ex codice* V*indobonensi Lat.* 471, *saec. XI, olim iur. civ.* 210, *descripsit A. Boretius, quod ex eius apographo E. de Rozière edidit. De codice leges Langobardorum continente cf. LL. IV, p. LX. Dubitans hanc formulam recepi, cum suspicarer, eam, a Rodoaldo Aquileiensi patriarcha fortasse emissam, aevum Karolinum transgredi. Editum repetivi.*

25. c) XCVIII *Bal.*
26 = *Bal.* 40; *Roz.* 651.

1) 1. *Reg.* 16, 7. 2) *Vox ap. Ducange sine interpretatione ex hac formula recepta est.*

27.

In nomine Patris et Filii et Spiritus sancti ΠΥΑΠ.ΡΛΣΙ. Ro. sanctae illius ecclesiae divina gratia humilis previsor praesentem et aeternam felicitatem in Christo domino I. venerabili episcopo sacre religionis honore conspicuo et tribus partibus mellifluae philosophiae praedito. Apostolicae voci oboedientes, quae praecipit: 'Caritas fraternitatis maneat in vobis'[1], vestris obsequi petitionibus non abnuimus et fraternae necessitati subvenire dignum ducimus; tunc enim vere Deum diligere comprobamur, si ab amore proximi cessare minime inveniamur. Unde fraternitatis vestrae preces curavimus non iritas habere, quae nos postulant, quemdam ex nostris subdiaconibus nomine C. ad vestrae aecclesiae serviendum concedere; quem iuxta petitionem vestram, quia vestrae dilectioni necessarium esse dicitis, vobiscum habitare concedimus vestroque regimini subesse permittimus, ita ut omnem potestatem, quam in eo usque nunc aecclesia nostra detinebat, vestra deinceps possideat. Hanc denique nostrae concessionis paginam, ne falsitatis nebula obtenebretur, nomine Patris et Filii et Spiritus sancti Grecis elementis presignato illustravimus, que ad rem clarius demonstrandam cum suis numeris iterum subnotamus, Π LXXX. Υ CCCC. Α I; his autem, ut aecclesiastica norma iubet, nominis apostolorum principis primum elementum cum suo numero studuimus subnectere, Π LXXX; in sequentibus quoque nostri nominis primum, Ρ C; vestri vero secundum Λ XXX; fratris de quo scribitur tertium, Σ CC; civitatis etiam nostrae quartum, I X. Preterea huic epistolae, quam sancti canones formatam appellant, idonea conclusio cum numeris suis additur, qua divini figura iurisiurandi evidenter exprimit, AMHN. XCIX. Quorum omnium in unum collectio cum indictione presentis anni MVIIII efficit.

28—33. *PETITIONES ET PROMISSIONES MONACHORUM.*

Capp. 28—30. *exstant in codice Rhenaugiensi saec. IX. nunc in archivio Turicensi asservato, qui continet Confraternitates Augienses, capp.* 30—32. *in codice Bambergensi P I,* 13 *(antea* 23*) saec. XI—XII. Cap.* 30. *itaque in utroque codice exstat. De codice Rhenaug. cf. Gerberti Iter Alamannicum p.* 280 *sqq. et praecipue M. G. Libri confraternitatum ed. P. Piper p.* 147 *sq., ubi etiam p.* 328 *sqq. capp.* 28—30. *edita sunt; de codice Bamberg. cf. 'Archiv' VII, p.* 814 *sq., ubi capp.* 30—32. *edita sunt. Omnia primus vulgavit Baluzius in Nova collectione, qui vero cap.* 28. *ex codice Parisiensi Lat.* 2123. *sumpsit, ex quo etiam a nobis iam in Collectione Flaviniacensi* 42, *supra p.* 479, *editum est, cap.* 32. *autem ex codice Parisiensi Lat.* 4761, *nunc deficiente; cf. E. de Rozière, 'Recueil' III, p.* 344[2]. *Formulae* 28—30. *a.* 826. *in librum confraternitatum Augiensium insertae sunt. Walto autem, cui inscriptum est cap.* 30. *in codice Rhenaug., abbas Augiensis (a.* 784—806*) esse videtur. Codex Bamberg. capita* 30—32. *capitulari monastico a.* 817. *promulgato (LL. Capitul. I, p.* 344*) subiecta praebet, continuis capitum numeris* 76—78. *praepositis, qua re etiam capita* 31. *et* 32. *saec. IX. scripta esse existimo. Editis usus sum.*

28.

Domino[3] venerabili et in Christo patri ill. abbati simul cum felici vestra congregatione, quam Dominus de diversis provinciis ad peregrinandum propter nomen suum sub iugo militiae atque servitutis alaque protectionis secundum euangelium Christi regulariter vobiscum coadunavit. Audivimus, quod dominus Iesus Christus per euangelium suum

27 = *Roz. Add. p.* 356.
28 = *Gerbert. l. l. p.* 283; *Roz.* 556*bis*; *M. G. Confratt. p.* 328 *sq. Cod. Rhen.*

1) *Hebr.* 13, 1. 2) *Maiorem codicis partem in bibliotheca comitis Ashburnham, Barrois nr.* 146. *et* 73, *exstare, Delisle ostendit, sed de formula non constat.* 3) *Ad hoc caput et sequentia cf. E. Loening, 'Kirchenrecht' II, p.* 401; *Rettberg, 'KG. Deutschlands' II, p.* 690 *sq.*

annuntiat dicens: 'Nisi quis renuntiaverit omnibus quae possidet, non potest meus esse discipulus'[1]; et alibi: 'Qui reliquerit patrem aut matrem aut fratres aut sorores, domus aut agros et caetera propter nomen meum, centuplum accipiet et vitam aeternam possidebit'[2]. Petimus ergo beatitudinem caritatis vestrae, ut nos in ordinem congregationis vestrae dignemini recipere, ut ibidem diebus vitae nostrae sub regula beati Benedicti vivere et conversare debeamus. Abrenuntiamus igitur omnibus voluntatibus nostris propriis et omnibus rebus quas possidemus, sicut euangelica et regularis docet industria. Nihil de rebus terrenis ab hac die possessuros nos spopondimus, nisi quantum, patre monasterii donante aut permittente, alimenta vel tegimenta corporis acceperimus. Oboedientiam vobis, in quantum vires nostrae suppetunt et Dominus dederit nobis adiutorium, conservare promittimus. Stabilitatem conversationis nostrae in congregatione vestra, teste Domino, devoto animo cum observatione regulae usque in finem profitemur observare, nisi quis tantum, quod ignoramus futura, forsitan oboedientiae causa utilitatis animae accedat, aut etiam illud, si contra voluntates nostras, quod absit, separemur a barbaris; et ipsum si fuerit, in quantum possumus, semper ad ipsam congregationem revertere faciamus et sub sancto ordine perseveremus. In reliquo vero per nullum ingenium a predicta congregatione vestra vel iugo sanctae regulae seu de potestate oboedientiae vestrae nullam habeamus licentiam nos abstrahere aut contradicere. Quod si, instigante antiquo hoste aut voluntate nostra propria, hoc facere temptaverimus, in nullis modis hoc valeamus vindicare; sed, ubicunque nos missus vester aut aliquis ex congregatione vestra invenerit, etiam nos nolentes in ipsam congregationem vestram per vosmet ipsos, Deo auxiliante, faciatis revocare et secundum regulam ibidem diiudicare, ut diebus vitae nostrae sub sancta regula et regimine vestro perseveremus, qualiter in die iuditii ante tribunal aeterni Iudicis, ipso adiuvante, salvos nos representare possitis. Et quicunque contra hanc petitionem, quam nos bona voluntate scribere rogavimus et subter firmavimus, per quemlibet modum agere aut infringere voluerit, solidos centum partibus vestris componat, et non vindicet quod repetit, et insuper, usque quo de hac causa ad veram emendationem veniat, a Deo se damnandum sciat, quem irridere conatus est. *Finit.*

29.

Ego ille, domne abba ill., oboedientiam vobis secundum regulam sancti Benedicti, iuxta quod in ista petitione continet, quam super istud altare posui, coram Deo et sanctis eius, in quantum mihi ipse Deus dederit adiutorium, Deo et vobis promitto custodire, et in quo possum, ipso auxiliante, conservo *.

*) *In codice sequuntur haec:*

Deus omnipotens, qui cunctis legitime et regulariter viventibus premia promisisti, custodire et gubernare dignare eos, quorum hic nomina subterscripta sunt monachorum Sanctae Mariae, ut incolumes ante tribunal Christi pervenire mereantur una cum electo viro ill. abbate, ut[a] Deus omnipotens, qui pacis auctor est, qui solus potest facere unanimes habitare in domo, aptet nos omnes ad faciendam voluntatem suam, faciens in nobis quod placeat sibi per Iesum Christum dominum nostrum una cum religiosissimo patre nostro, et huius adhortationis semen in nostro corde per gratiam Spiritus sancti plantet et foveat et ad maturam bonorum operum perfectionem perducat, simul cum illustrissimo nobis patre nostro ill. et nobis remissionem peccatorum donans, in aeternam requiem cum sua pace recipiat. Amen.

29 = *Bal.* 34; *Gerb. l. l. p.* 284; *Roz.* 557. *et Add. p.* 345; *M. G. Confratt. p.* 329. *Cod. Rhen. Bal. rubricam praebet:* Ipsa promissio. a) aut *vel* vel *legendum videtur.*

1) *Cf. Ev. Luc.* 14, 26. 2) *Ev. Matth.* 19, 29.

30.

Ego[a] ill. promitto stabilitatem meam et conversionem[b] morum et oboedientiam secundum regulam sancti Benedicti coram Deo et sanctis eius[c].

31. Petitio[a] novitiorum.

Ego ille, initio conversationis meae diligenter attendens, considero, quod petitionibus meis primum non facilis concessus est introitus, sed diu[b] mihi pulsanti vix hospitii locus est misericorditer attributus, in quo per paucos dies demoratus, novitiorum sum domum progressus, in qua mihi dura et aspera primum a seniore sunt praedicata, et stabilitatis meae promissio expetita, et ter in anno lecta atque tradita regula cum ammonitione dicentis: 'Ecce lex, sub qua militare vis; si potes observare, ingredere; si non potes, liber discede'[1]. Hoc ergo videns ordinatissimum atque morosum mihi spatium attributum, dubitationis aditu praetermisso, ut me iam vestro corpori sociare dignemini, humiliter deposco. Ego tamen huius regulae instituta, Domino adiuvante, servare promitto et propter vitae aeternae praemium coram Deo et angelis eius[c] humiliter militaturum subicio; ita ut ex hac die non liceat mihi collum desub iugo excutere regulae[2], quia sub annuali optione aut excusare licuit aut suscipere. Et ut haec professionis meae petitio a vobis firmiter teneatur, ad nomen sanctorum, quorum hic reliquiae continentur, et praesentis abbatis conscriptam trado in perpetuum habendam et manu mea roboratam super altare pono, in hoc monasterio perenniter reservandam.

32. Traditio infantum[a].

Dum legaliter sancitum antiquitus teneatur et cautum cum oblationibus Domino parentes suos tradere filios in templo Domini fideliter[b] servituros, procul dubio hoc de nostris filiis faciendum nobis salubriter praebetur exemplum. Aequum etenim iudico Creatori nostro de nobis reddere fructum. Idcirco hunc filium nostrum nomine illum, cum oblatione in manu atque petitione, altaris palla manu eius involuta, ad nomen sanctorum, quorum hic reliquiae continentur, et abbate praesente tradam[c] coram testibus regulariter permansurum; ita ut ab hac die non liceat illi collum desub iugo regulae excutere[2], sed magis eiusdem regulae fideliter se cognoscat instituta servare et Domino[d] gratanti animo militare. Et ut haec nostra traditio inconvulsa permaneat, promitto cum iureiurando coram Deo et angelis eius, quia nunquam per me, nunquam per suspectam personam, nec quolibet modo per rerum mearum facultates aliquando de monasterio egrediendi tribuam occasionem. Et ut haec petitio firma permaneat, manu mea eam subter firmavi.

Isti sunt testes.

Cap. 33. *ex Baluzii Nova collectione recepi.*

33. Exemplar promissionis, sicut solebant antiqui monachi regulam promittere.

In nomine Domini. Promitto me ego ille in sacro monasterio beati martyris, *sive*

30 = *Bal.* 32. *ad calcem; Gerbert l. l. p.* 285; *'Archiv' VII, p.* 814; *Roz.* 555, §. 2; *M. G. Confratt. p.* 330. *Codd. Rhen. et Bamb.* a) Waltoni *praemittit cod. Rhen.* b) conversationem *cod. Bamb.* c) suis *cod. Bamb.*

31 = *Bal.* 32; *'Archiv' VII, p.* 815; *Roz.* 555, §. 1. *Cod. Bamb.* a) *Bal. rubricam praebet:* Promissio stabilitatis in monasterio. b) *ita Bal.*; dum *c.* c) *ita Bal.*; et *c.*

32 = *Bal.* 31; *'Archiv' VII, p.* 815; *Roz.* 559. *Codd. Bamb. et Paris. Lat.* 4761. a) *Bal. rubricam praebet:* Qualiter parentes filios suos offerant in monasteriis. b) feliciter *Bal.* c) trado *Bal.* d) cum caeteris *add. Bal.*

33 = *Bal.* 35; *Roz.* 558.

1) *Cf. Regul. S. Bened. c.* 58, *Holstenius, Cod. Regul. II, p.* 34. 2) *Cf. Reg. S. Bened. ibid.*

confessoris, illius, secundum instituta beati Benedicti, coram Deo et sanctis angelis eius, praesente etiam abbate nostro illo, omnibus diebus meis in hoc sancto monasterio amodo et deinceps perseveraturum et in omni obedientia, quodcunque mihi praeceptum fuerit, obediturum.

Ego ille hanc promissionem a me factam manu propria coram testibus scripsi et roboravi.

---

34. 35. *BREVIA MORTUORUM.*

Cap. 34. *recepi ex epistolis S. Bonifatii, ed. Jaffé, Bibliotheca rer. Germ. III (Monum. Mogunt.), p.* 315.

34. Precatorium memorandi fratrum defunctorum.

Sanctis et venerabilibus fratribus illi preposito omnibusque sibi in Christo subiectis fratres ex monasterio illo in Christo salutem. Dereximus itaque fratrum nostrorum nuper defunctorum nomina, ut eorum in vestris sanctis orationibus solito more memoriam habeatis, et ad cetera deinceps monasteria eadem nomina scripta dirigatis, sicut et nos facimus, quoties de vobis sive de ceteris monasteriis defunctorum fratrum nomina veniunt. Hoc est . . . *reliqua*[a].

Cap. 35. *adhuc ineditum in codice Guelferbytano inter Augusteos* 9. 8, *saec. IX, exstat ultimo folio* 99'. *Praecedit alia formula, quam supra p.* 532. *edidi.*

35.

Reverentissimis in Christo fratribus illo monasterio Deo famulantibus devoti fratres vestri de alio monasterio, cuius vocabulum est ita et ita, in Deo patre salutem. Scitote igitur, quod quidam frater presbyter, *aud* monachus *vel* fidelis laicus, anc flevilem finivit vitam, die quo mensis illius, ut pro refrigerio hanimae illius enixe divinam inploratis clementiam, quatenus penam evadat perpetuam et ad requiem deputatur aetęrnam, et ut hec notitia inter vos iuxta consuetudinem sine mora perveniat.

34 = *Ep. Bonif. ed. Jaffé, nr.* 151. a) rl̄ *c.*

FORMULAE VISIGOTHICAE.

In 'España sagrada' tom. XXXVIII, Append. 40, p. 366, ex schedis Ambrosii de Morales impressa est descriptio codicis antiqui Ovetensis saec. XII, olim episcopi Pelagii ('Códice Ovetense de Don Pelayo'), in qua legimus p. 367. de formularum collectione haec: 'Fórmulas para instrumentos Góticos como donaciones, cartas de dote, cartas de libertad, y una de una ereccion de una iglesia, y algunas de estas hay en verso non muy malo'. Codex ipse amissus esse videtur, tamen ea quae continuit non perierunt. Nam b. m. H. Knust a. 1840. mense Septembri in bibliotheca Madritensi integrum codicis Ovetensis apographum invenit, codicem scilicet saec. XVI—XVII. F 58. signatum, itaque cum aliis scriptis etiam Formulas Visigothicas in lucem revocavit. Quae quidem, tunc ab eo exscriptae, in scriniis nostris huc usque servatae sunt, sed earum notitiam ex schedis et literis illius viri docti, paullo post praematura morte arrepti, b. m. G. H. Pertz, 'Archiv' VII, p. 175. 784 sq. publici iuris fecit.

Editionem autem occupavit E. de Rozière, instruens eam ad aliud, quod ipse fecit, apographum: 'Formules Wisigothiques inédites publiées d'après un manuscrit de la bibliothèque de Madrid', Paris. 1854. Unde formulae repetitae sunt in his libris: O. Biedenweg, Commentatio ad formulas Visigothicas novissime repertas. Dissert. inaug. iurid. Berolin. 1856; Marichalar et Manrique, 'Historia de la legislacion et recitaciones del derecho civil de España' II (1861), p. 37—86.

De codice Madritensi, qui formulas fol. 75—90. exhibet, conferas velim 'Archiv' ll. ll., E. de Rozière in praefatione ed. cit. p. XVII sqq., Marichalar et Manrique[1] l. l. p. 37 sqq., P. Ewald in 'N. Archiv' VI, p. 303 sqq. Quod E. de Rozière p. XXIII, Marichalar et Manrique p. 37. et Helfferich in libro mox allegando p. 57, n. 59. iudicant, Ambrosium de Morales (a. 1572) codicem ex Ovetensi describendum curasse, satis probabile mihi videtur; P. Ewald vero codicem saec. XVII. scriptum esse iudicavit.

Praeter editores supra memoratos de collectione disseruerunt praecipue hi: A. Helfferich, 'Entstehung u. Geschichte des Westgothen-Rechts' (1858) p. 57 sqq.; O. Stobbe, 'Gesch. d. Deutschen Rechtsquellen' I (1860), p. 244 sqq.; M. A. de Bethmann-Hollweg, 'Civilprozess' IV (1868), p. 212 sqq.; quaedam F. Dahn, 'Könige der Germanen' VI (1871) et 'Westgothische Studien' (1874) sparsim exposuit.

Redeamus ad codicem Ovetensem amissum. Continuit varia documenta ad historiam et antiquitates Hispaniae pertinentia, a Pelagio episcopo Ovetensi (a. 1101—1129) aut scripta aut collecta. Cuius codicis complura quidem exemplaria saec. XVI. et XVII. viris doctis cognita erant, quae ex parte fortasse etiam nunc supersunt; sed solum Madritense illud integram Pelagii collectionem praebet, reliqua formulas non continuisse videntur[2].

1) *Hos auctores ipso codice usos esse, ex monito praemisso et annotationibus satis apparet, formulas tamen ipsas, quod mireris, non ex codice, sed ad verbum ex editione Parisiana repetiverunt.* 2) *Cf. E. de Rozière l. l. p. XXII sq.*

Licet non omnia, quae a Pelagio colligebantur, genuina sint antiquitatis monumenta, tamen non dubitandum est de fide et antiquitate formularum collectionis, quae in regno Visigothorum condita ex codice quodam antiquiore in Pelagii congeriem recepta esse videtur. Aliter vero Marichalar et Manrique p. 40 *sq. opinati sunt, capita pleraque genuina quidem Gothici aevi instrumenta exhibere, sed sive ab ipso episcopo illo, sive ab eis, quibus rem mandaverat, saec. XII. demum collecta et in formulas esse redacta. Dubitant enim de auctoritate capitum* 14. *et* 15, *ideo maxime, quia in eis 'donatio propter nuptias' seu 'sponsalicia largitas' dotis nomine appellatur et perperam ad leges Iuliam et Papiam Poppaeam revocatur. Quasi in cartis saec. VII. in regno Gothorum scriptis integri iuris Romani antiqui scientia quaerenda sit! Re vera collectioni nulla inest formula, quae non Gothico aevo scripta esse videatur. Nonnullae ipsum illud tempus indicant, quibuscum reliquae cum in universa ratione dicendi, tum in clausulis solemnibus et, ut ita dicam, diplomaticis adeo conveniunt, ut omnes videantur eodem fere tempore conscriptae esse. Cap.* 9. *regalis cartae formulam offert, in qua rex pro 'Gotorum gente et regno' orat et se 'pro Gotorum salute' egisse dicit; cap.* 20. *praebet cartam hexametris scriptam, anno quarto Sisibuti regis (a.* 615—616*) datam, qua dos et donum matutinale, 'morgingeba' dictum, 'ut ordinis Getici vetusti est' sponsae cuidam 'Getici de stirpe senatus' constituuntur. Non opus est omnia enumerari, quae ad Visigothorum leges spectant, praesertim cum in notis infra subiectis singula adnotaverim. Quis autem crederet, hominem saec. XII. plus quam* 45 *tabulas Gothici aevi negotiorum plerasque privatorum, quales raro in archivis servari solebant, non solum collegisse, sed etiam nominibus deletis in formulas redegisse?*

Collectio non integra exstat. Desunt quaedam non solum in initio et fine, sed etiam inter capita 6. *et* 7, 10. *et* 11, 34. *et* 35. *Quae non per neglegentiam eius, qui Madritensem codicem exaravit, omissa esse crediderim, sed iam Ovetensem ita mutilatum fuisse. Tamen formulas haud sine ratione et ordine conscriptas esse cognoscimus; eae enim, quae ad eandem vel similem rem pertinent, iuxta positae sunt. Praebent enim capp.* 1—6. *ingenuitates,* 7—10. *dotationes et fundationes ecclesiarum,* 11—13. *venditiones varias,* 14—20. *libellos dotis,* 21—26. *testamenta, mortis causa donationes, similia,* 27. 28. *commutationes,* 29—31. *donationes,* 36. 37. *precarias,* 39. 40. *tabulas ad rem iudiciariam pertinentes,* 41—43. *mandata,* 45. 46. *petitiones monachorum. Post caput* 31. *exstant cap.* 32. *obnoxiatio (*obiurgatio *in codice dicta),* 33. *divisio hereditatis,* 34. *emancipatio, quae apte hoc loco inserta esse videntur. Caput vero* 35. *libelli accusatorii fragmentum iuxta capp.* 39. *et* 40, *et cap.* 43. *'placitum' de pecunia commodata iuxta cautionem, cap.* 38, *poni debuerunt. Quae in codice lacero et mutilo, qualem Ovetensem fuisse suspicamur, facile locis suis moveri potuerunt.*

Ex his quae continent formulae facile conicitur, ipsas eo consilio compositas esse, ut notariis eorumve discipulis exempla talium praecipue instrumentorum, quae in negotiis civilibus et forensibus frequentius scribenda erant, praeberent. Capite autem 25. *gesta apud acta municipalia Cordubae civitatis habita exhibente, nullo vero alio loco memorato, notarium quendam Cordubensem, tempore Sisibuti regis, ut mox demonstrabitur, viventem, collectionem instituisse putaverim* [1].

Diligentius nunc quaerendum est, quo tempore condita sit collectio. Caput 20. *disertis verbis testatur, collectionem non ante annum* 615. *conscriptam esse. Neque*

1) *Cordubae formulas conscriptas esse, quod non ex re esse videtur, suspicati sunt Rudorff, 'Röm. Rechtsgeschichte' I, p.* 327, *n.* 5, *et Stobbe, Gesch. d. D. Rechtsq.' I, p.* 245. *Dubitare videtur Helfferich, l. l. p.* 65, *n.* 79. *Nescio autem, qua ratione ille nisus p.* 57. *de formulario dicat: 'vermuthlich aus der Umgebung Sisebuts'.*

vero assentior Adolpho Helfferich, qui l. l. p. 65. coniecit, hoc eo ipso anno factum esse, in formula illa hexametris scripta magis artificium auctoris collectionis, quam verum quoddam instrumentum legi suspicatus. Mihi quidem vera carta subesse videtur, ideo maxime, quia vox 'ille' pro veris nominibus inserta non cum metro convenit. Tamen ante legem Romanam a Chindaswintho rege (a. 641—652) abolitam formulas collectas esse, in qua re plerique viri docti consenserunt, maxime ex lege illa capitibus 1. 13. 32. 35. allegata evinci videtur. Accedit, quod cap. 20, quo dimidia pars proprietatis in dotem datur, cum idem Chindaswinthus a. 645. decimam tantum dari permittat, post hanc legem latam vix in collectionem recipi potuisse videtur. Nihil autem inest, quod non ante priores regis illius annos scribi potuisset, nisi forte caput 40. propter legem Visigothorum secundum librum, titulum, aeram allegatam ad recentiora tempora revocandum existimes, virorum doctorum opinionem sequens, qui legem illam non ante Reccesswinthum regem in libros, titulos, aeras digestam esse iudicant[1]*. Quae res tamen incertior est, quam ut ea innitar. Immo potius e Sisibuti nomine in cap. 20. — aliter ac in ceteris omnibus nominibus factum est — non deleto coniciendum mihi videtur, collectionem non post regis huius mortem, ergo inter a. 615. et 620. conditam esse.*

Neque etiam multo ante capita pleraque, sicut nunc exstant, verbis concepta esse puto. Fides enim catholica praedicatur; cf. cap. 1*:* a grege catholica, *cap.* 6*:* catholica fides, *cap.* 7*:* catholicae religionis, *cap.* 10*:* catholica mens, *cap.* 39*:* per Deum patrem omnipotentem et Iesum Christum filium eius sanctumque Spiritum, qui est una et consubstantialis maiestas; *quae ante Reccaredum regem ad fidem illam conversum scripta esse vix possunt. Etiam universam dicendi rationem, pompam verborum, qua praecipue prologi nonnulli tument, adeo ut vix intelligi possint, cum priorum temporum documentis minus convenire putarim.*

Quod ad ius attinet, utrumque et Germanicum et Romanum in formulis invenimus, neque vero in plerisque merum, aut hoc aut illud, sed, ut recte monuit R. Sohm[2]*, mixtum et iam in unum fere coalitum. Cum in aliis negotiis, tum in iis, quae literis perficiebantur, Gothos et Romanos re vera iam antequam Chindaswinthus, Romana lege penitus abolita, utrisque unum ius statuit, eodem iure usos esse, satis probabile mihi videtur. Nam cum constet, Visigothos, sicut alios Germanorum populos Romanum imperium ingressos, non solum tabularum in negotiis usum, sed etiam ipsa nonnulla negotia a Romanis recepisse, non dubito, quin eodem modo ac ceteri populi etiam formulas Romanorum acceperint. Itaque omnes fere nostrae collectionis formulae ad antiquiores in provinciis a Visigothis occupatis olim usitatas scriptae sunt, quae paullatim mutatae, aliae ad novum iuris Romani usum, aliae ad antiquum ius Visigothorum, aliae denique ad ius illud novum ex Romano et Visigothico mixtum accommodatae sunt; unde iuris Romani clausulae et verba etiam in iis capitibus inveniuntur, quae non nisi Germanorum legibus condita esse videntur. Quaedam autem ex interpretatione legis Romanae, quae dicitur Visigothorum, recepta sunt, sicut locus ille cap. 13. allegatus. Minime vero id concedendum est, quod Helfferich l. l. p. 60 sq. contendit: auctorem formularum, si non ceteris Iustiniani iuris libris, tamen Digestis usum esse. Omnia enim, quae non nisi ex Digestis sumi potuisse existimavit, potius ex viva illa antiqui iuris traditione sunt recepta. Non Iustiniani iuris esse, quod libertus ingenui nomine appellatur, demonstravit Eichhorn, 'Deutsche Staats- u. Rechtsgesch.' I, §. 157, n. d. Praecipue autem Helfferich et verbis stipulationis Aquilianae 'habeatis, teneatis, possideatis' capp. 6. 11. 15. 20. 21. nititur, quae 'haud dubie Iustiniana' ex l. 18. Dig. XLVI, 4. sumpta esse dicit, et clausula codicillorum in testa-*

1) *Cf. Dahn, 'Westg. Stud.' p. 41; Schmeltzer in 'Z. d. Sav.-Stift.' II, 'Germ. Abth.' p. 125 sqq.*
2) *'Fränk. u. Röm. Recht', in 'Z. d. Sav.-Stift.' I, 'Germ. Abth.' p. 15, n. 12.*

mentis 21 (et 22), quam aliunde recipi potuisse negat quam ex l. 3. Dig. XXIX, 1. Constat tamen inter omnes, neque Aquilianam stipulationem, cuius formulam fragmentum illud Digestorum ex Florentino iurisconsulto saeculi III. refert, ab Iustiniano primum esse institutam, neque clausulam codicillorum, quam cum ipsius Ulpiani verba in Digestis repetita, tum nonnulla testamenta, quae in annotatione nostra capiti 21. subiecta allegantur, inde a saeculo III. in diversis imperii provinciis in usu fuisse testantur. Neque, ut alia levissima argumenta, quae Helfferich affert, omittam, verba capitis 11, quae ad edictum Aedilicium spectant, ad ius Iustinianum revocari possunt, quia iam in servorum emptionibus inde a saeculo II. leguntur[1].

Ex iis capitibus, quae non solum forma sed re ipsa ad Romanum ius pertinent, quaedam quidem, ut testamenta capp. 21. et 22, gesta apud acta habita cap. 25, libellum accusatorium cap. 35, soli Romanorum usui destinata esse existimo, plerisque autem, ut manumissionibus capp. 2—5, servi venditione cap. 11, cautione cap. 38, mandatis 41—43, et Romanos et Gothos uti potuisse opinor. Minime autem ex singulis verbis clausulisve iuris Romani efficitur, formulas, in quibus leguntur, Romanis tantum reservatas fuisse, praesertim cum etiam cap. 20, quo nemo nisi Gothus nobilis uti potuit, 'lex Aquilia' memoretur. Communes etiam utrique populo ceteras dotis formulas, cap. 14—19, fuisse crediderim, licet magis Gothorum quam Romanorum iure nitantur. Antiquam enim dotem Romanam in iis provinciis, quas Germani occupaverant, mox abolitam esse, ideo maxime existimo, quia non solum haec Visigothica, sed etiam reliquae formularum collectiones, quae aliorum negotiorum iuris Romani non pauca exempla exhibent, ex. gr. Andecavensis, Turonensis, ne unam quidem dotem Romanam praebent, sed Germanicas tantummodo, quae saepius cum donationibus ante nuptias Romanis confunduntur. Quin etiam obnoxiationem illam cap. 32, qua ingenuus statum suum libertatis alteri vendit, quamvis Romano iuri repugnare videatur, cum tamen a formulae auctore ad legis Romanae sententiam referatur, non ad Germanos tantum spectare liquet.

Visigothorum et re et forma peculiaria maxime capita 39. et 40. esse videntur. Cap. 39, 'conditiones sacramentorum', cum aliis eiusmodi conditionum exemplis, aliis in Hispania, aliis in Septimania saec. IX. scriptis[2]*, in nonnullis verbis adeo convenit, ut haec omnia ad eandem antiquiorem formulam revocanda esse existimem.*

De hac nova editione paucis absolvam. Apographum supra memoratum, quod b. m. Knust fecit, maxime secutus sum; ubi tamen editio prior lectiones haud dubie meliores praebuit, in textum eas recepi, alias infra annotavi. Licet codex Madritensis saec. XVI. vel XVII. demum exaratus sit, tamen formulas ad literas fere inde repetendas duxi, cum ille ex antiquiore satis accurate descriptus esse videatur. Nam ex antiquo Visigothorum more scribendi cum alia tum literam b *saepius pro* v *usurpatam servavit. Pauca tantum correxi; praecipue restitui* ss *pro* s, tt *pro* t, ff *pro* f, *ubi singulas literas pro geminatis ex recentiore Hispanorum modo scribendi subrepsisse existimo. Capitum numeros codex non praebet. Nostri cum prioribus editionibus conveniunt.*

---

1. [Cartula libertatis.]

.....posterum[3] denique, ne inquietudo in vos aliqua incumbat, aut contra hoc factum nostrum irrita adversitas impugnet, tali maluimus iudicio presenti tramiti poena[a] subiungere: Sit ille Deo reus, sit a sancta communione alienus, sit a consortio iustorum extraneus, sit a grege catholico segregatus; atque dum ille tremendae examinationis

1. a) *lege:* poenam.

1) *Cf. Bruns, Fontes iuris Romani, p.* 205 *sq.* 2) *Cf. quae infra ad cap.* 39. *annotavi.* 3) *Pars posterior formulae manumissionis.*

iudiciique[b] dies illuxerit, inter impiorum cruciamenta sortis Iudae damna substineat, inter crepitantibus flammis aeternis conflagretur incendiis sitque erga hominibus manendo obnoxius, illa parti vestrae suppleat, quae de maculanda ingenuitate legalis sonat sententia[1], hunc vero factum nostrum nequaquam disrumpere valeat. In quam rem, vi doloque secluso, praesens praesentibus stipulatus sum et spospondi[c], supter manu mea subscripsi et testibus a me rogitis[2] pro firmitate tradidi roborandam, Aquiliam quippe commemorans legem, qui omnium scripturarum suo vigore iugiter corroborat actos[3].

Facta cartula libertatis in civitate illa sub die Calendis[d] ill., anno ill. ill. regnante[e], era ill.

Ego ill. hanc cartulam libertatis in praedictorum personas a mea voluntate collatam relegi, cognovi et subscripsi[f]. Sunt dies et annos et era, quae supra[4].

Ille, rogitus a domino et fratre illo, in hanc cartulam libertatis ab ipso factam testamentum suprascriptum[g], die, anno et era, qua supra.

2. Alia.

Ill. ill. liberto nostro salutem. Incertum vitae tempus, quo mortali ducimur; nulli cognitus[a] est dies, quia nec initium nascendi novimus, dum in hac vita venimus, nec finem scire possumus[b], dum a seculo presenti transimus. Haec res nos excitat, ut aliquem beneficium ante Deum invenire mereamur. Quam ob rem ingenuum te civemque Romanum esse constituo atque decerno, ut ab hodierna die, ubi ubi manendi, vivendi laremque fovendi[5] volueris, liberam in Dei nominis habeas potestatem. Nam et, ut haec libertas plenissimam habeat firmitatem, do et dono tibi hoc et illud cunctoque peculio[6].

3. Alia.

Cum humanis sensibus omnia, quae ex bona voluntate proveniunt, Dei arbitrio probantur infundi, id maxime divinae adhortationis[a] esse dignoscitur, cum ad faborem libertatis animus provocatur. Hac itaque contemplatione permoti, quicquid in vobis nubilum contulerat origo nascendi, ad splendorem ingenuitatis[7], habita munificentia[b], institui roborare. Proinde ex hac die ad instar civium Romanorum ingenuum te civemque Romanum esse constituo atque decerno; ea tamen conditione serbata, ut, quousque advixero, ut ingenuus in patrocinio mihi persistas et ut idoneus[8] semper adhereas[9]. Post obitum vero meum, nullius reservato obsequio, ubi ubi manendi[c] —.

1. b) iuditii dies *Roz.* c) spopondi subter *Roz.* d) *ita Roz.;* Calendi *Knust.* e) regnan[tis] *Roz.;* regnans *Knust.* f) suprascripsi *Roz.* g) *lege:* suprascripsi *vel* subscripsi.

2. a) cognoscimus *pro* c. est *Roz.* b) posumus *et ita saepius* s *pro* ss *c.*

3. a) exhortationis *Roz.* b) magnificentia *Roz.* c) *supplenda sunt:* vivendi laremque fovendi *etc.; cf. supra cap.* 2.

1) *Vide L. Rom. Vis. C. Th. IV,* 8, 1. *Interpr.; cf. Biedenweg n.* 3. 2) *De testibus rogatis cf. Dahn, 'Westg. Stud.' p.* 73 *sq.* 3) *Cf. cap.* 6. 7. 20; *Form. Andec.* 37; *Bitur.* 2; *Wartmann, 'UB. d. Abtei S. Gallen' I, nr.* 8 *(cf. nr.* 9*); II, nr.* 401; *Biedenweg n.* 6; *Bluhme, 'Die Bekräftigungsformeln der Rechtsgeschäfte', in 'Jahrb. d. gem. D. Rechts' III, p.* 207 *sqq.; R. Loening, 'Vertragsbruch' I, p.* 536 *sq.* 4) *Verba:* die et anno, quo supra, *vel similia in Gothorum instrumentis posterioris aetatis saepius leguntur; cf. ex. gr. Marca, Marca Hispanica, Append. nr.* 38, *col.* 804; 39, *col.* 805; *nr.* 41, *col.* 811. 5) *Cf. Verg. Georg. IV,* 43; *Cod. Theod. VI,* 2, 11. 15 *(ed. Haenel); Cod. Iust. I,* 3, 48, 2. 6) *Cf. infra capp.* 5. 6. 21; *L. Vis. V,* 7. 14; *Dahn, 'Könige' VI, p.* 182, *n.* 9. 10; *supra p.* 476, *n.* 2. 7) *Cf. testamentum Dadilae ap. Vaissete, 'Histoire gén. de Languedoc' ed. nov. II, 'Preuves' nr.* 24, *col.* 81*:* in splendore ingenuitatis manere. 8) *Libertus idoneus opponitur liberto inferiori L. Vis. VI,* 1, 5. 9) *'Adhaerere' eadem significatione L. Vis. XII,* 2, 14.

4. Alia.

Fidelium famulorum servitia immaculata mentis obedientia ministranda condigna merito libertatis beneficia consequuntur. Haec enim nunquam sunt naefanda commercia, quandoquidem fideliter servientibus provocamur recompensare dignissima praemia. Et ideo, inoffensibilem[a] servitiorum vestrorum sedulitatem pensantes nobisque ante Deum sortem beatitudinis acquirere cupientes, mercedis intuitu compellimur, debitum vobis relaxare servitium et splendidum idoneumque conferre libertatis statum. Quapropter ingenuum te civemque Romanum esse constituo atque decerno, ut, abstersa a vobis omne[b] originali macula ac fece servili, perfectu gradu fervendo[c], nullius reservato obsequio, in splendidissimo hominum coetu atque in aulam ingenuitatis plerumque vos esse congaudete; ita ut ab hac die, ubi ubi[d] —.

5. Alia.

Ill. dilectis meis ill. libertis salutem. Quia semper sunt apud Deum quaerenda animae remedia et salutifero consilio bonorum est operum devotio celebranda, qui et peccato[a] exiliet et augeat merito[b], et ideo servitii[c] conditio est praemio muneranda, ut ad aeternam perveniat libertatem. Pro qua re vestrae devotionis contemplatus servitia, ingenuos civesque Romanos vos esse decerno; et ideo relaxato omni peculio, quod habere visi estis, in vestro maneat iure; et donamus vobis de propria facultate nostra propter confirmandam ingenuitatem vestram[1] in loco ill. hoc et illud, quod nobis ex munificentia gloriosi domini nostri illius[2] in iure advenit; ita tamen, ut, quousque advixero, ut ingenui obsequium mihi prestare debeatis; post obitum vero meum, ubi ubi larem vobere[d] volueritis, liberam habeatis potestatem. Quod etiam iuratione[3] confirmamus per divini nominis maiestatem et regnum gloriosissimi domini nostri ill. regis, quia mihi numquam licebit, contra hunc mercedis mee factum venire, neque a quacumque infrangi umquam persona. Quod si forte, quod fieri non credo, contra hanc libertatem aut ego aut quicumque venire temptaverit, primitus iuditium Dei incurrat et a sacrosancto altario efficiatur extraneus, et sicut Datam[e] et Abiron vivus in infernum descendat[4] et cum Iudam Scarioth participium sumat, et insuper inferat vobis auri libras tantas, et nec sic quoque hanc libertatem inrumpere permittatur. In quam rem[f] —.

6. Alia.

Ill. in Christi nomine episcopus[a] ill. liberto nunc salutem. Quoniam quisquis ille[b] meretur suam in Domino percipere palmam, tunc demum a Divinitate ingeruntur desiderii lucra, ut deprecanti sibi quae quaerit inveniat, et alii mobeantur corda famulati officiositatem dignam impertire salutem, ut divinitus[c] compungat[d] fortuitu accedente[e] corda, quo et annis senibus vires augescant, et intra clausuram cordis obstrusae ianuae separentur. Et quoniam divina praecepta sanxerunt, ut plenissime fidelitatis statum, abstersa obscuritate, apti luminis faecundissime lumen conscendas; proinde ut ab angulo sanctae ecclesiae ill., qui nos cathedram apostolicae doctrinae, imperante domino Iesu Christo, propitius elegit conscendere, omni voto integritatis hoc maluimus hordinare, ut

4. a) inofensibilem *Roz.* b) omni *Roz.* c) pergendo *Roz.; fruendo coni. Knust.* d) *supplenda sunt:* manendi *etc.; cf. supra capp.* 2. 3.

5. a) peccata *Roz.* b) merita *Roz.* c) *ita Roz.;* servitiis *c.* d) *i. e.* fovere; vovere *Roz.* e) Datan *Roz.* f) *supplenda sunt:* vi doloque secluso *etc.; cf. supra cap.* 1.

6. a) epīs *c.* b) illic? c) diu divinitus *Roz.* d) *ita Roz.;* compugnat *Knust.* e) accendente *Roz.*

1) *Cf. supra p.* 576, *n.* 6. 2) *Regis scilicet.* 3) *De iurationibus huiusmodi instrumentis Visigothorum insertis vide Bluhme l. l. p.* 219; *cf. L. Rom. Vis. C. Th. II,* 9, 1.; *infra capp.* 5. 8. 11. 15. *alia.* 4) *Cf. Num.* 16, 33.

exutos vos ab omni fece conditionis, in splendidae ingenuitatis florentissimo cursu vos cognoscatis fuisse ingressos[f], nec unquam a successoribus nostris, quos catholica fides venerabilis eligere et conservare iuvebit antistes, humilitatis nostrae praemia, quae prona largitate vobis noscimur contulisse, inrumpere conabuntur, quibus repromissa misericordia suis caelitus reservat temporibus. Ergo estote ab hac die liberi, estote ingenui civesque Romani et, genetale[g] nube detersa, ad splendidiora pervenite misteria, quae divina faciente misericordia vobis probantur fuisse indulta, quibus opto, ut tam fratribus quam filiis in auribus grata perpatescant. Et ut vobis aula ingenuitatis fortissime roboretur, necessarium nobis est, ut muneris prosequente largitate huius paginae textus in omnibus suppleatur[1]. Pro qua re donamus vobis ex previlegio[h] sanctae ecclesiae ill., cui Deo auctore deservimus, hoc et illud cunctoque peculio vel peculiare vestro, sive quod nunc habere videmini, seu quod in diebus vitae nostrae profligaveritis, omnia, ut diximus, vobis concedimus; quod per huius confectae libertatis paginam habeatis, teneatis, possideatis, iure vestro in perpetuum vindicetis ac defendatis, vel quicquid ex hac re vobis tradita voluntas fuerit, faciendi perpetim habeatis potestatem, sacramenti fide interposita per hoc et illud, quia hoc firmum perpetuumque mansurum esse, quod prona largitate vobis constat fuisse concessum, nec quispiam[i] contra factum meum venire conabit. Si quis vero, quod fieri non reor, ex adverso consurgens contra huius epistolae materiem venire conaverit, sacrilegii crimine teneatur obnoxius, et nec sic huius paginae valeat fundamenta disrumpere. Cui rei, vim doloque secluso, praesens praesentibus vobis stipulatus sum et spospondi[k], atque Aquilianae legis innodatione subinterfixa, qui omnium scripturarum solet adicere plenissimam firmitatem[2].

Quam cartulam manu mea subscripsi.

7. [Cartula oblationis.]

. . . . . et[3] unitas indivisa et regnum gloriosissimi domini mei ill. regi gentique suae salutem, quia hoc, quod prona et propria voluntate sinceraque devotione obtulimus, omni stabilitate esse mansurum et neque a me neque ab heredebus[a] vel proheredebus meis neque ex transverso in lite veniente persona hoc aliquatenus esse solvendum. Si quis sane, quod fieri non reor, contra hanc nostrae oblationis cartulam venire conaverit, stante huius cartulae firmitate[b], aliud[c] tantum, quantum obtulimus ecclesiae vestrae, ex suo proprio gloriae vestrae vel ad cultores vestros persolvat et iuditium Iudae Scariotis sumat, ut in eius condemnatione communem habeat participium ac in adventum Domini sit anathema maranatha[4] vel in hoc seculo exors ab omni coetu catholicae religionis, Gyezi lepra percuciatur[5], qui nostrae oblationis cartulam sacrilega mente inervare voluerit. Haec transgressor, divina ulciscente severitate, suscipiat, nulla tamen ratione huius nostrae oblationis formam inervare valeat. In quam cartulam praesens praesentibus stipulatus sum et spospondi, et quia literas ignoro, rogavi et dominum et fratrem ill., qui pro me suscriptor accessit, ego vero manu mea signum feci et testibus a me rogitis, bene natis viris, pro firmitate tradidi roborandam, Aquilianam quippe commemorans legem, qui omnium scripturarum plenissimam tribuet firmitatem[1].

Facta cartula oblationis sub die Calendis, in loco ill., anno ill. regnante[d] ill., era ill.

6. f) ingresos *c.* g) *ita Roz.;* generale *legit Knust.* h) privilegio *Roz.* i) *ita Roz.;* quisquam *Knust.* k) spopondi *Roz.*

7. *Manus recentior addidit rubricam:* Formula. Oblatio ecclesiae vel monasterio facta. a) herederis vel proherederis *Roz.* b) firmitatem *Roz.* c) alliud *c.* d) regnant[e] *Roz.;* regnavit *Knust.*

1) *Cf. supra p.* 576, *n.* 6. 2) *Cf. supra p.* 576, *n.* 3. 3) *Prior pars formulae deest. 'Incipit ab iurationis clausulae novissimis verbis', Biedenweg n.* 30. *Cf. supra cap.* 5. 4) *I. e. 'in adventu'. Cf. Ducange s. v. anathema.* 5) *Cf.* 4. *Reg.* 5, 27.

Ill., rogitus a domino et fratre ill., quia ipse literas ignorat, pro eum scriptor accessi et[e] hanc oblationem ab eius voluntate factam pro confirmationem suae personae subscripsi; ipse vero subter manu sua signum fecit, sub die, anno et era, qua supra.

Signum ill., qui hanc oblationis cartulam cum[f] rebus conlatis sancto martiri ill. spontanea voluntate contulit.

8. Alia[a].

Dominis sanctis atque gloriosissimis et post Deum nobis fortissimis[b] patronis, venerandis illis martiribus, quorum reliquiae in basilica, qui in loco illo fundata est, requiescunt, ill. et ill. peccatores, servi vestri. Piaculorum nostrorum cupientes expiare flagitia et peccatorum nostrorum oneris praegravationem orationum vestrarum desiderantes adiutorio sublevari, parba pro magnis offerimus munuscula. Nullius[c] quidem in hoc seculo hominum vos indigere censum, scimus, quia iam per sanctificationem Dominus noster suo in regno propitio dictatos[d] munere cumulavit. Ergo pro luminaria ecclesiae vestrae atque stipendia pauperum, vel qui in aula beatitudinis vestrae quotidianis diebus deservire videntur, donamus gloriae vestrae in territorio ill. loco ill. ad integrum, sicut a nobis nunc usque noscitur fuisse possessum, cum mancipiis nominibus designatis, id est ill. et ill. cum uxore et filiis, similiter aedificiis, vineis, silvis, pratis, pascuis, paludibus, aquis aquarumque ductibus vel omni iure loci ipsius[e], ut diximus, gloriae vestrae deservientes pro luminaria ecclesiae vestrae atque stipendia pauperum vel substancia sua, absque episcopali impedimento[1], post iure gloriae vestrae perpetuo tempore debeant vindicare. Et nec vendere nec donare nec modicum aliquis alienare praesumat, sed integrum, ut nostrae[f] oblationis continet forma, perpetuo tempore cultores ecclesiae vestrae post vestro vindicent iure. Quod si quispiam ex cultores basilicae vestrae ex hoc, quod prona voluntate et sincera devotione obtulimus, per tepiditate naufragaverit, aut per quolibet contractu vel modicum a iure sanctae ecclesiae vestrae alienare presumpserit, nullatenus valeat, sed ubi hoc successor eius primum esse repererit, ut legis est exinde sententia, nullius expectato[g] iudicio, sine alicuius controversia in iure sancto vestro faciat revocare. Quod etiam iuratione[h] —.

9. Alia, quam facit rex, qui ecclesiam aedificans monasterium facere voluerit.

Domino glorioso ac triumphatori beatissimo ill. martiri ill. rex. Si beneficiis divinitus nostra compensetur oblatio, parvi penditur quod offerimus, qui, quod sumus, quod vivimus, quod veri capaces quodque regno praediti et rerum domini sumus, caelesti largitate percepimus; sed quoniam omnis oblatio pro fidei quantitate et sinceritate pensatur, non putamus esse menima[a], que magna fides Deo consecrat. Superno enim nobis dono praestitum congaudemus ecclesiam tuam, gloriose martir ill., novis fundamentis novisque culminibus sublimasse. Hac dum sit nostra erga omnibus sanctis familiaris oblatio, omniumque martirum patrocinia sedulis officiositatibus[b] expectamus, voto tamen consilioque[c] cęssimus[d] evidenti[e] parientia et clarioribus factis vestrum, beatis-

7. e) *ita Roz.;* ut *Knust.* f) *ita Roz.; omisit Knust.*

8. a) Alia formula *Roz., qui etiam huic rubricae adiectam esse dicit glossam marginalem:* Oblatio ecclesiae vel monasterio facta. b) felicissimis *Roz.* c) *ita Roz.;* Nullis *Knust.* d) *i. e.* ditatos. e) [haec] *suppl. Roz.* f) nostra *Roz.* g) spectato *Roz.* h) *supplenda sunt:* confirmamus *etc.; cf. supra cap.* 5.

9. a) *ita Roz.;* semina quem *Knust.* b) oficiositatibus *Roz.; ita saepius* f *pro* ff *c.* c) *ita Roz.;* consilio quae *Knust.* d) censuimus *Roz.* e) cui denti *legit Knust.*

1) *Verba* absque episcopali impedimento *nihil aliud significare mihi videntur nisi 'remoto iure episcopi', neque vero, quod maluit intelligere Biedenweg n.* 36, *'salvo iure episcopi'.*

sime martir, implorare favorem. Ergo, ut nobis et apud Deum et apud vestram dignationem sors beatitudinis commodetur, congregationem monachorum in eundem locum, quo sacrosancti vestri corporis thesauri conquiescunt, esse decrevimus, quibus iugiter Deo vestraeque memoriae condigne servientibus, vel[f] iuxta patrum more, qui monachis normam vitae posuerunt, conversantibus, sit votum nostrum consumata mercede firmissimum et perpetuitate temporum propagatum. Offerimus ergo gloriae vestrae de patrimoniis nostris pro reparationem eiusdem ecclesiae, pro luminaribus iugiter accendendis, pro adolendis odoribus sacris et sacrificiis Deo placabilibus immolandis, pro victu regularium vel vestitu eorum monachorum, qui in vestro monasterio morabuntur, pro susceptione peregrinorum et sustentationibus pauperum, possessionem cui vocabulum est ill. cum mancipiis, terris et vineis omnique iure eius atque adiunctionibus ad memoratum locum pertinentibus, et loco ill. et ill. Quarum possessionum ius semper et usus pro nostrae perpetuitatis[1] mercedem nostrisque abluendis delictis[g] vestro sit nomine dedicatus, nihil exinde quolibet sacerdote ad ius ecclesiasticum commutante nihilque abbate in quamlibet personam quolibet contractu transferentem; sed quod offerimus ea sola ministeria suppleant et officia, quae superius manent taxata. Hoc divino testimonio per etates succiduas futuros praemonemus abbates, nec votum hoc nostrum sua qualibet tepida conversatione dissolvant; quod si a rectitudine regulari vel abbates vel congregatio ipsa declinare tentaverint, sacerdotali censura[h] correpti, ad normam regularem ducantur. Obtestamur etiam eos, quibus post faelicissimis temporibus nostris regnum dabitur, per aeterni Regis imperium — sic Deus Gotorum gentem et regnum usque in finem seculi conservare dignetur! —, ut de nostris oblationibus cunctis, quibus Deo placere studuimus, nihil auferre, nihil emutilare praesumant, dum nos evidentius constet pro nostram et pro Gotorum salutem talibus Deo placere voluisse muneribus. Si quas autem deinceps auctoritates devotio nostra glorioso vestro conscripserit nomini, huius auctoritatis vigore constabunt. Suscipe hoc munus, gloriose martir ill., meritisque tuis divinis vultibus offerre.

10. Alia[a].

Dum catholica mens providum animae remedium concupiscat, et sinceritas cordis erga Deum prompta faciat manere cordis arcana, totis simul viribus defixam devotionem testatur, quod humanus animus in Dei amore flagretur[b]. Sed dum rerum omnium Creator et conditor munere, quo ipse tribuit, muneratur, fidem[c] potius ac fidele munus intuite[c] placatur. Offerre quippe liceat peccatori[d] pro emundatione[e] criminum, pro amissa culpa facinorum, pro amputandis moribus, quo propriis[f] imprimimur delictorum, ut commissa, te interveniente, gloriose martir ill., nostra a nobis procul dubio possunt abstergi piacula. Et quia in illo cumulo adcrescet nostrae intentionis votus, ut hoc, quod sancta vestra cella exiguum habere videtur, largire satis optimum pensaremus —.

11. [Venditio.]

.... [a] annorum[2] circiter tot, nomen[b] ill., qui nobis ex comparato ab ill. iure

9. f) *ita emend. Knust;* ut *c.;* et *Roz.* g) delicti *Roz.* h) *ita Roz.;* sensura *Knust.*
10. a) regis ecclesiam fundantis aut ditantis *post add. c.* b) fragletur *c.* c) *intelligendum videtur:* fidei p. ac fidelis muneris intuitu. d) *ita Roz.;* peccator *Knust.* e) *ita c.* f) propius *Roz.*
11. *Prior formulae pars deest. In margine al. man. add.:* Servi venditio. a) *Supplenda videntur haec vel similia:* Distrahere me tuae caritati profiteor et distraxi servum iuris mei; *cf. capp.* 12. *et* 13. b) numeri *Roz.*

1) *'Perpetuitatis cognomen imperatores Romani acceperant, quos Visigothorum reges imitabantur', Biedenweg n.* 40. 2) *Cf. emptionem puellae servae d. a.* 139 *p. Chr.:* annorum circiter plus minus sex, *C. I. L. III, p.* 937 *(Bruns, Fontes iuris Rom. p.* 206*). In formulis Francicis aetas servi venditi non legitur.*

noscitur advenisse. Definito igitur et accepto a vobis omne praetium, quod in placitum venit nostrum, id est auri solidi numeri tot, quos a te datos et a me acceptos per omnia manet certissimum, nihil penitus de eodem praetio apud te remansisse polliceor[1]. Et tradidi tibi supra memoratum servum, non causarium[2], non fugitivum, non vexaticium[3] neque aliquod vitio in se habentem nec cuiuslibet alterius dominio pertinentem; quem ex hac die habeas, teneas et possideas, iure tuo in perpetuum vindices ac defendas, vel quicquid de supra fati servi personam facere volueris, liberam in omnibus habeas potestatem. Quod etiam iuratione confirmo.

12. Alia[a].

Distrahentium definitio, licet fidei vinculis adligetur[4], tamen solidius est, ut scripturae firmitas emittatur, ut nec distractoris per metas temporum quolibet ingenio dissimulando subripiat, quae tacendo firmaverat, nec partium comparantis ulla adversitas calumniantis eveniat. Ideoque distrahere me tuae caritati[c] profiteor et distraxi hoc et illud.

13. Alia[a].

Licet 'in contractibus empti et venditi[b], quae bona voluntate definiuntur, venditionis instrumenta superflue requirantur'[5], tamen ad securitatem comparatoris adiungitur, si definitio ipsa scripturae soliditate firmatur. Ac per hoc distrahere me vestrae dominationi profiteor et distraxi hoc et illud.

14. Promissio dotis.

Dominae individuae sponsae meae ill. ego[a] ill. Expectandum tandem divino iudicio nostroque cessit arbitrio, quae diu agenda erant, deliberatione provida pensaremus. Bonis enim auspiciis divina voluntas adsurgat, et prosperum iter aggredi propria magestas[6] impellit, nec si natale[b] quod nostro evenire coniugio. Itaque consentienti parentum tuorum animo teque prebenti[c] consensum, intercedentibus nobilibus atque bene natis viris, te mihi in coniugium copularem, necesse mihi fuit donationem manentem et legibus iure confectam in personam tuam. Sponsalitia largitate donare[7] me tibi ad diem votorum promitto hoc et illud, quod ex lege Papeam Popeam et ex legem Iuliam, quae de maritandis ordinibus[8] lata est —.

15. Dote puellae[9].

Dulcissimae coniugi[a] meae ill. ill. Donationis semperque futurae coniunctionis

12. a) venditio *in margine post add. c.* b) charitati *et ita semper* ch *pro* c *in* caritas, carus *etc. c.*
13. a) venditio *in margine post add. c.* b) vendi *c.*
14. a) et *c.* b) *vocabulum corruptum vel quaedam omissa esse videntur.* c) *ita Roz.*; probenti *Knust.*
15. a) coniugae *Roz.*

1) *Eandem fere clausulam praebent venditiones Visigothicae saec. IX. et recentiores ap. Marca, Marca Hispanica, Append. nr.* 18, *col.* 781 *(d. a.* 845*):* nihilque de ipso pretio apud te emptore non remansit; *ib. ex. gr. nr.* 43. 48. 62. 67. *et nr.* 72, *col.* 1147 *(d. a.* 1068*)*; *Vaissete, 'Histoire gén. de Languedoc' ed. nov. II, 'Preuves' nr.* 156, *col.* 319; *nr.* 163, *col.* 337. 2) *Biedenweg n.* 45, *p.* 31 *sq., dubitat, utrum haec vox secundum Aedilitii edicti verba 'noxa solutum' an sontico morbo laborantem significet. Mihi quidem morbosus significari videtur.* 3) *Haec vox 'erronem' indicare videtur. Cf. Biedenweg l. l., qui potius 'inergumenum seu furore vitiove animi captum' intelligit.* 4) *Cf. n.* 5. 5) *L. Rom. Vis. Paul. II,* 18, 10. *Interpr.*; *cf. L. Vis. V,* 4, 3. *Vide Biedenweg n.* 46; *Dahn, 'Westg. Stud.' p.* 102. 6) *Ex hac voce viri docti, Biedenweg n.* 47, *Dahn, 'Könige' VI, p.* 522, *collegerunt, hanc promissionem dotis a rege datam esse. De qua re dubito, praesertim cum minime constet, reges Visigothorum hoc titulo usos esse.* 7) *Cf.* donationem sponsalitiae largitatis, *L. Rom. Vis. C. Th. III,* 5, 2. *Interpr.* 8) *Cf. supra p.* 85, *n.* 1. 9) *Rubrica non concordat cum ipsa formula, quae cartam 'coniugi' datam exhibet.*

causa fieri, legum solemnitas et Iulia[1] decrevit auctoritas; ideoque, patrocinante Deo, parentum tuorum tuusque consensus accessit, ut petitam te mihi in coniugem copularem. Ideoque donare me tibi censui et dono ill. et ill., quod exinde habendi, tenendi et possidendi nostrisque posteris derelinquas, liberam in Dei nomine habeas potestatem. Quod etiam iuratione[b] —.

16. Alia.

Cum in principio Dominus noster cuncta generaliter ordinasset, disposito perfectoque omnium elementorum opere[a], hominem suae imaginis similem plasmare dignatus; inde dilectio coniugum, inde dulce gratia liberorum. Ob hac re oportunum est, ut, quicquid prona voluntas depromet, in titulis saltim perfecte ostendatur immeritis, quatenus et antiqua consuetudo conscribatur in cartis; et quidquid[b] benigna voluntate offertur, gratanter suscipi amplectique delectet gratia coniugis[c], quia nihil in coniuge dando quis efficitur pauper aut exul a rebus redditur suis, dum sponte illud nititur offerre, quod sua dignissima potest fama coniungi. Ob hoc donare me indulgentiae tuae profiteor et dono hoc et illud.

17. Alia.

Festa solemnitas intercedat, quippe gratia liberalitatis augetur, et mihi dulce coniugium est, cuius vinculum donationis titulo ampliatur, optare quod maximum est, donare quod proprium est. Etsi, concinente[a] animo parentum et continuo Deo propitio, ventura mihi sis in coniugio, et propter gratiam procreandorum filiorum virgini ante nuptias sponsalicia largitate[2] polliceor, et dono hoc et illud, quod ex hac die, si Deus praeceperit, natis tuisque posteris derelinquas.

18. Alia.

Nuptiarum solemnium festa petitio, quae fautore Deo semper[a] simplici voto quaerenti conceditur, tunc magnum sui obtinet complementum, dum communium electione parentum perficitur. Sed in quantum maritandis ordinibus erit comparanda mercatio[3], divinis solius[b] est constituta praeceptis; in qua plasmator omnium Deus, dum glutinando humani corporis formas sed[c] imaginem ex eius materiem haerentem ossibus carnem similem huic adiutorium formare concessit. Quapropter donare me indulgentiae tuae profiteor et dono hoc et illud.

19. Alia.

Regulam antiquae constitutionis, quae est de ordinatione matrimonii legibus constituta, evidentius observantes, quod pro dignitate natalium[4] communium elegimus in Dei nomine faciendum, ut condignis atque consuetis vos cumulemur praemiis. Quam ob rem donare me indulgentiae tuae profiteor et dono —.

15. b) *supplenda sunt:* confirmo *etc.; cf. capp.* 5. 11.
16. a) opus *Roz.* b) quicquid *Roz.* c) coniugisque nihil *Roz.*
17. a) concinenter *c.*
18. a) sunt *Roz.* b) Iuliis *coni. Knust; fortasse* divi Iulii *pro* d. s. *legenda sunt.* c) *ita c.;* sui *coni. Knust;* sed imaginem *hic omisit et post* carnem *inseruit Roz.*

1) *Cf. supra p.* 85, *n.* 1. 2) *Cf. supra p.* 581, *n.* 7. 3) *Cf. L. Vis. III,* 1, 2*:* si pater de filiae nuptiis definierit et de pretio convenerit; *Isidor. Origg. V,* 24*:* antiquus nuptiarum erat ritus, quod se maritus et uxor invicem emebant. *Vide Biedenweg n.* 57*; R. Schroeder, 'Gesch. d. ehel. Güterrechts' I, p.* 71*; Dahn, 'Westg. Stud.' p.* 116. 4) *Cf. L. Vis. III,* 1, 5*; Dig. XXIII,* 3, 69, 5*:* dos pro modo facultatium et dignitate natalium recte — constitui potest; *L. Rom. Vis. Nov. Mart.* 4. *Interpr.:* sine ulla dignitate natalium.

20.

Insigni[1] merito et Geticae de stirpe senatus
Illius sponsae nimis dilectae ille.
Praemia nubentum ratio praescribere cartis
Provocat, et magnis laudem praeferre puellis,
Optima quantum certe sinit doctrina pudoris,
Aut amor exigit et placidus in corde reponit.
Est datus antiqui facilis hic corde parentis,
Temporibus quem cuncti haberent pro lege futuris,
Cum dudum caelsi dominus et rector Olimpi
Formasset immensa hominum pietate priorem,
Protinus auxilium latere de sacro virili
Dextera faemineum telluris fecit in orbem.
Maxima crescendo transcurrit pectoris[a] etas[a].
Dilubio, labaret quo cunctum crimina mundum,
Noe salbare voluit cum prole beatum,
Qui potuit reparare[b] genus ex coniuge priscum.
Innumera crevit hominum postinde caterba,
Oppida qui habitant[c], vicos et moenia[d] cuncta.
Abraham quippe Deum cupiens cum Sarra supernum
Cernere promeruit seque offerendo ministrum[2].
Cuius Isaac dispensandi de semine voto
Exortus geminam genuitque ex coniuge plebem.
Iacob bis septenos famulabit[e] in annos,
Ut Rachel acciperet pulcherrime corpora pacte.
Idem semper summo[f] venerandus honore
Gentibus indixit grata[g] connubia cunctis.
Praeteritis muniti patribus vestigia nostris
Insequimur laeti thalamos et foedera usa.
Querimus aethereis cerbices subdere iussis
Dispares et[h] sexus membra efficiamur in unum,
Eximior cum sit de toto gratia munus,
Et magnos non aurum animos, sed vota decorent,
Praecedant nostris titulis et praemia portent,
Qua superant omne prȩtiosum dona metallum.
Pascimur ecce tui tantum dulcedine amoris,
Ut, si immensa tuae contradam munera formae,
Nihil nobis melius quam nostri gratia vultus.
Nullis enim quisquam[i] rebus efficitur exul[3],

20. a) *ita Roz.;* pe:oris etis *Knust; fortasse:* temporis etas? b) *ita Roz.;* separare *c.* c) inhabitant *Roz.* d) maenia *Knust;* mȩnia *c.?* e) famulavit *Knust.* f) summus *Roz.* g) gratae *Roz.* h) ut *Roz.* i) quisque *Roz.*

1) *Cf. de hac formula dotis Biedenweg n.* 60 *sqq.; Helfferich, 'Westg. R.' p.* 57 *sq.* 255, *n.* 64*; Schroeder, 'Gesch. d. ehel. Güterrechts' I, p.* 106 *sqq.; Dahn, 'Westg. Stud.' p.* 117 *sq. Dubito, an perperam suspicatus sit Helfferich, l. l. p.* 65, *formulam ludi causa ab auctore collectionis compositam esse. Equidem crediderim ex vero instrumento eam scriptam esse, praesertim propter versum secundum et extremo proximum, qui, vocibus* illius, ille, illi *loco verorum nominum insertis, veri versus esse desierunt.* 2) *Cf. Genes.* 18, 1 *sqq.* 3) *Cf. eadem fere verba supra cap.* 16.

Vel aliquod dando reponet in coniuge pauper,
Si coniux proprium diligat servare maritum.
Unde praecare meis studui per carmina verbis,
Ut, quia nostrorum placuit haec causa parenti,
Laeta, peto, teneas in votis pectora nostris,
Quod tua dulcedo poscit[k], quod grata voluntas,
Quod amor egregius, quod ..... nostra meretur.
Optima namque tibi dona sum offerre paratus
Et dare, quod retinet praesentis forma libelli.
Ecce decem inprimis pueros totidemque puellas
Tradimus atque decem virorum[l] corpora equorum,
Pari mulos[m] numero[1] damus inter caetera et arma,
Ordinis ut Getici est et morgingeba[n] vetusti.
Rusticos impendam famulos per nostra manentes
Rura tibi, terris, vineis et praedia, olivis,
Omnibus in rebus, silvis ac pascua, lymphis,
Immobiles res seu mobiles, tam omne pecusque,
Argentum, aes, byssum, vas fictile et aurum,
Quicquid intra vel extra nunc corpore cuncto
Nos in iure [constat[o]] titulis ex multis habere,
Amplius aut[p] Christi dederit quod gratia nobis.
Ordine diverso per nostrae tempora vitae
Te dominam in mediis[2] cunctisque per omnia rebus
Constituo donoque tibi vel confero, virgo,
Singula quippe supra vultu conscripta iucundo
Adpraehendas, habeas, teneas, post multa relinquas
Secula posteris in iure, carissima, nostris,
Aut inde facere vestra[q] quodcumque voluntas
Elegerit, directa tibi est vel certa potestas.
Aeternum[r] tamen ut habeat haec[s] carta vigorem,
Ecce sacramentum malui conectere magnum:
Siderea praecelsa Dei virtute tonantis
Principis ac domini Sisebuti gloria nostri,
Meque meum numquam hunc penitus disrumpere factum[t]
Nec nostris aditum manebit haeredibus ullum.
Dehinc qui possit minimam contingere[u] partem,
Nisus aut exteterit nostra convellere dona,

20. k) possit *c.* l) *ita c.;* vivorum *Roz.* m) mulus *Roz.* n) mosgingeba *c.* o) *suppl. Knust.* p) *omisit Roz.* q) vestram *Roz.* r) Eternum *Roz.* s) hac *Roz.* t) *ita Knust (cf. capp.* 1. 5. 6. *alia);* pactum *Roz.* u) contigere *Roz.*

1) *Easdem fere res paullo post Chindaswinthus rex lege a.* 645. *lata ipsi doti superaddi concessit, antiquiorem morem secutus, ut formula haec testatur. L. Vis. III,* 1, 5*:* insuper decem pueros decemque puellas et caballos 20; *cf. cartam dotis (data aera* 925 = *a.* 887*), quam ex parte Helfferich, l. l. p.* 255, *n.* 64, *vulgavit ex libro bibliothecae academiae Madritensis, qui inscribitur: 'Tumbo viejo del monasterio de Sobrado', tom. I, fol.* 5*:* Donamus atque concedimus dulcidini tue in dotis titulum decem pueros; iste sunt: Fromarigus *etc.;* similiter puellas decem; iste sunt: Teodesinda *etc.;* caballos 20 at (aut?) mula —. 2) *Aliter Chindaswinthus l. l.:* non amplius unusquisque — dotis titulo conferat vel conscribat, quam quod decimam partem rerum suarum esse constiterit; *cf. cartam cit. n.* 1. *l. l.:* de omni re mea decimam portionem.

Bis auri mille vestrae nummos[u] iste parti
Inferat, et huius valeat conscriptio cartae,
Cui[v] omne scripturae malum de mente dolorem
Expolietantis[v] quos[w] texui probare mores,
Omnia promittens[x] spondi involuta manere.
Unde meum[y] subter libens nomenque notavi
Et testes speravi alios subscribere dignos.
Post certe Aquiliam memini contexere legem,
Qui cunctos rerum iugiter corroborat actos[1].
Carta manet, mensis illius conscripta Calendis,
Ter nostri voluto domini faeliciter anno
Gloriosi merito Sisebuti tempore regis[2].
Ecce manu propria, tribui qua dona illi,
Subscripsi, ut longa maneat ac firma per aevo.

21. Testamentum[3].

Ill. sana mente sanoque consilio[4], lectulo quidem infirmitate detentus, evitans causalem mortis eventum, hanc voluntatis meae epistolam fieri elegi, quam ad ius praetorium et urbanum[5] valere decerno. Quod si ad ius praetorium et urbanum supra[a] valere non potuerit, ab intestato vice codicillorum[b] aevo[c] eam valere volo et iubeo[6], quam etiam tibi, fili ill., scribendam mandavi, ita ut post transitum meum die legitimo[7] hanc voluntatis meae epistolam apud curiae ordinem gestis publicis facias adcorporare[8].

20. u) *dubitans emendavi;* num ista *Knust;* nunc ista *Roz.* v) *versus adeo corrupti sunt, ut eis mederi non audeam.* w) quis texui *(vel fort.:* tenui*) Knust;* quos texui *Roz.* x) promitens *Roz.; saepius* t *pro* tt *c.* y) meam *Roz.*

21. a) *deest Roz.* b) codicilorum *c.* c) *coniectura* meorum *pro* aevo eam *(Bied.) non opus esse videtur.*

1) *Cf. supra p.* 556, *n.* 3. 2) *Anno igitur quarto regis, i. e. a.* 615—616 *(Aug.).* 3) *Quamquam capp.* 21. *et* 22. *non vera testamenta iuris Romani, cum heredis institutio desit, sed potius mortis causa donationes exhibent, tamen testamentorum formulas quam maxime servant; cf. notas seqq.* 4) *Haec verba vel illa:* sana mente integroque consilio *in plerisque testamentis occurrunt; cf. ex. gr. testamenta in n.* 6. *allegata et Marc. II,* 17; *Coll. Flav.* 8. 5) *'Ius urbanum' hic nihil aliud ac 'ius civile' significare, satis patet, neque vero video, hoc ex Isidori Origg. V,* 24 *effici, quod existimavit Helfferich, 'Westg. R.' p.* 59, *n.* 63; *cf. Biedenweg n.* 68. 6) *Haec eadem fere clausula, quae etiam cap.* 22. *legitur, iam in antiquis Romanorum testamentis usitata est. Cf. Ulpian. in Dig. XXIX,* 1, 1, 3: plerique pagani solent, cum testamenti faciunt perscripturam, adicere, velle hoc etiam vice codicillorum valere; *Gregorii Nazianzeni testamentum d. a.* 389: Ταύτην μοῦ τὴν διαθήκην κυρίαν καὶ βεβαίαν εἶναι βούλομαι —. εἰ δὲ καὶ ὡς διαθήκη μὴ ἰσχήσειεν, ὡς βούλησιν αὐτὴν εἰ οὖν κωδίκελλον αὐτὴν ἰσχύειν βούλομαι, *ap. Spangenberg, Tabulae negotiorum n.* 11, *p.* 76; *Fl. Constantii testamentum d. a.* 474: quod testamentum meum, si quo casu vel civili vel praetorio vel alia qualibet iuris ratione valere non potuerit, etiam ab intestato vice codicellorum meorum valere illud volo; *Colonici test. d. a.* 480: quod si quo casu iure civili aut praetorio hoc testamentum meum valere non potuerit *etc. et alia testamenta, quae cum his exstant in protocollo Ravennatico saec. VI. ap. Marini, 'I papiri diplom.' nr.* 74, *p.* 110 *sqq.; Spangenberg, Tabulae negotiorum p.* 95 *sqq. Eandem clausulam testamenta Romana in Francorum regno conscripta continent; cf. Aredii et Pelagiae test. d. a.* 571, *Pardessus I, nr.* 180, *p.* 137; *Remigii episcopi Argentin. test. d. a.* 778, *'Strassburg. UB.' I, nr.* 16, *p.* 11. *Alia exempla ap. Savigny, 'G. d. R. R.' II, p.* 108 *sqq., collecta sunt. Vide supra p.* 574 *sq.* 7) *Cf. infra cap.* 25: die tertio; *L. Rom. Vis. Paul. IV,* 6, 3: intra quinque dies vel triduum. 8) *Cf. infra cap.* 25; *L. Rom. Vis. Paul. IV,* 6, 1; *Savigny, 'G. d. R. R.' I, p.* 109.

Et ideo, cum e rebus humanis abscessero obitumve[d] naturae reddidero, tunc ad ecclesiam domini mei ill. martiris, ubi corpusculum meum sepeliendum mandavi, volo pertinere locum illum ad integrum, cum mancipiis rusticis et urbanis, terris, vineis, aedificiis, silvis, aquis aquarumque ductibus, hortis, pascuis, paludibus omnique iure loci ipsius, quod situm est in territorio[e] ill. Ill. et ill. liberos esse volo, quorum pro confirmanda ingenuitate[1] donare eis[f] elegi et dono hoc et illud. Ea tamen interposita conditione, ut, quousque me Deus omnipotens vivere permiserit[g], hoc quod ecclesiabus contuli, vel quod unicuique concessi, sive mancipia, quae[h] libera esse constitui, a me universa possideantur; post diem vero obitus mei omnes secundum huius voluntatis meae tenorem addendi, habendi, tenendi reddidero. Tunc dulcissimis filiis meis ill. et ill. volo esse concessum hoc et illud, quod sibi aequaliter dividentes, addendi, habendi[i] —.

22. Alia.

Sana mente sanoque consilio, desiderium meum in omnibus implere cupiens, dum me[a] Dominus divinitatis integra mentis sanitate[b] conspicio, et humanae conditionis fragilitatem per omnia metuens[2], ne forte, subitanea morte supręventus[c], desideria, [quae[d]] cordi meo sunt alligata, implere non valeam, testamentum meum condidi, scribendum dictavi; quem etiam testamentum meum[e] volo ut valeat iure civili[f] vel praetorio. Quod si iure civili[f] vel praetorio valere distulerit, ad vicem codicillorum[g] vel fideicommissum etiam ab intestato eum decerno valere. Itaque cum e rebus humanis abscessero et debitum naturae reddidero, tunc dulcissimae coniugis meae atque filiis meis volo esse concessum hoc et illud —.

23.

Dulcissimae coniugi meae ill. ill. Dum in coniugio positi fuissemus, et filii nobis non essent, ex communi consensu pariter pertractantes, ne nos repentina mors subriperet, et paupertas nostra inordinata remaneret, salubri consilio elegimus, ut invicem nobis cartas voluntatis conscribere deberemus, ut unusquisque nostrum, qui alio supervixerit, assem[3] paupertatis nostrae securus debeat possidere. Ideoque do et dono dominamque te[a] in cuncta constituo in omnibus corporibus mobilibus et immobilibus seu semimobilibus, vel quod nunc possidere dignoscor, seu quicquid in vita mea augmentare[b] potuero, ad integrum tuo iuri defendas; ea tamen ratione servata, ut, si Dominus nobis filios nasci praeceperit, post transitum discessumque meum successorio gradu ipsi nobis sint haeredes; certe si, impedientibus peccatis nostris, filii nobis defuerint, assem integrum[c] paupertatis meae post transitum meum, sicut supra decrevi, habeas, teneas et possideas, iure tuo in perpetuum vindices ac defendas, vel quicquid de omnem paupertatem iuri meo debitam facere volueris, liberam in Dei nomine habeas potestatem. Quod etiam iuratione confirmo.

21. d) *ita pro* debitumve *etiam infra cap.* 26. e) loco illo et illos *Roz. pro* territorio ill. Ill. et ill. f) et *Roz.* g) permisserit *Roz.* h) qua *Roz.* i) tenendi, possidendi *etc.* liberam habeant potestatem *supplenda videntur.*

22. a) mae *Roz.* b) sanitatae *Roz.;* donasse *supplendum? Knust.* c) preventus *Roz.* d) *suppl. Knust et Roz.* e) meo *Roz.* f) civilium *pro* civili vel *Knust et Roz.; sed fortasse* civili ū *exstat in c.* g) codicilorum *c.*

23. *In margine alia manu post add.:* Donatio inter virum et uxorem *c.* a) *deest Roz.* b) aumentare *Roz.* c) integram *Knust.*

1) *Cf. locos supra p.* 576, *n.* 6. *citatos, praecipue Coll. Flav.* 8 *(testamentum Wideradi):* cessiones, quas ad libertos nostros ill. ad eorum ingenuitates confirmandas fecimus, *supra p.* 476. 2) *Cf. ex. gr.:* cogitans humanae conditionis casus, *Colonici testamentum;* cogitans casus fragilitatis humanae, *Aureliani test., ap. Marini l. l. et Spangenberg l. l.;* metuentes casus humanae fragilitatis, *Marc. II,* 17*; Aredii et Pelagiae test. l. l.* 3) *I. e. universam hereditatem.*

24. Aliud ius liberorum[a. 1].

Egregia conubiis dilectionis augetur cupido egregiisque moribus, pariterque decreta sancimus, quas Auctor omnipotens in eos censeat conservare. Quin etiam, scilicet quoniam indoles habemus, ob hoc saluberrime pepigisse comperimur, ut, si quispiam nostrum prius ab hac luce discesserit, utrum tu an ego, haereditatem omnemque nostram, quam dono Dei fruere videmur, qui superstis[b] ex nobis fuerit, possidenda congaudeat, quatenus exinde qui de nobis superadvixerit[c], quicquid facere voluerit, liberam praesole[d] Domino fruatur in omnibus ac firmissimam potestatem. Quod etiam iuratione confirmamus: prae[e] divini nominis maiestatem futurumque resurrectionis tremendi iudicii diem atque regnum gloriosissimi domini nostri ill. regi gentique suae salutem, quia hoc, quod propria et prona voluntate conscripsimus, omni stabilitate permaneat, et neque a nos neque a quemquam haeredum nostrorum aut ex transverso in lite veniente persona hoc aliquatenus possit infringi. Nam si quis, sane quod fieri non reor, aliquis contra hunc factum meum venire conaverit, tot libras auri fisci iuribus[f] profuturas cogatur exolvere, et confusus recedat atque cum Iudam Scarioth habeat participium, et nec sic quoque huic paginae valeat fundamenta disrumpere. Cui rei, vi doloque secluso, praesens praesentibus stipulatus et spondi et supter manu mea subscripsi et testibus a me rogitis[g] pro[h] firmitate tradidi roborandam.

Facta epistola voluntatis.

25. Gesta[2].

Era ill., anno illo regno gloriosissimi domini nostri ill. regis, sub die Calendis ill., acta habita Patricia Corduba[3] apud illum[a] et illum[a] principales[4], illum[a] curatorem[5], illos magistros[b. 6]. Ille dixit: 'Ante hos dies bonae memoriae domnissimus ill. suam condidit voluntatem, per quam ecclesiabus sanctarum Dei aliqua concessit atque vernulos suos absolvit. Et quia mihi de presenti[c] commissit, ut post transitum suum apud gravitatem vestram eam adpublicarem et gestis publicis adcorporarem[7], proinde quia[d] die isto die tertia[8], quod ab hac luce fata migravit, spero honorificentiam vestram, ut eam vobis ingrabanter[e] recensere mandetis'. SSSSS. DDDDD.[f. 9]: 'Voluntas domnis-

24. a) libero *c.* b) superstes *Roz.* c) superatvixerit *Roz.* d) prae sole *c.; prae* solo *Roz.* e) prę *c.;* pro *Roz.* f) uiribus *c.* g) rogatis *Knust.* h) per *Roz.*

25. *In codice formula cum praecedente coniuncta est.* a) ittm *c.* b) *ita legit Knust;* magistratos *Roz.* c) pressenti *Roz.* d) quia a *fortasse legendum.* e) *i. e.* ingravanter. f) S̃S̃S̃S̃S̃. D̃D̃D̃D̃D̃ *hic et infra c.; pro quibus siglis Roz. edidit:* illi dixerunt; *Marich. et Manr. veram lectionem ex codice annotaverunt p.* 71, *textum tamen ex editione repetentes. Cf. n.* 9.

1) *Cf. Form. Andec.* 41. *rubr.:* Incipit ius liberorum, *et p.* 18, *n.* 1. 2) *Haec gestorum forma admodum ab aliis gestorum municipalium exemplis, quae habemus, differt. Cf. Marini, 'I papiri diplom.' (Spangenbergii numeros inter uncos apposui) nr.* 74 (14. 15). 79 (20). 80 (21). 82 (27). 84 (28). 88. 88*A* (33). 94 (39). 107 (40). 113 (48). 115 (50)*; Form. Andec.* 1*; Arvern.* 2*; Marc. II,* 37. 38*; Form. Turon.* 3*; Bitur.* 6. 15*; Cart. Senon.* 39. 40. *app.* 1 *b. c; Beyer, 'Mittelrhein. UB.' I, n.* 42. *Praeter ea, quae Biedenweg p.* 57 *sq. ad hoc caput monuit, cf. Helfferich, 'Westg. R.' p.* 66. 119 *sqq.; Bethmann-Hollweg, 'Civilprozess' IV, p.* 223*; Dahn, 'Könige' VI, p.* 307 *sqq. De gestis municipalibus vide Savigny, 'G. d. R. R.' I, p.* 107 *sqq.* 3) *Plin. Hist. nat. III,* 10*:* Corduba colonia Patricia cognomine, *quod cognomen etiam non paucae praebent inscriptiones; cf. C. I. L. II, p.* 306*; Isidor. Pac. Chron. c.* 36*: ('España sagrada' VIII, p.* 291*)* Cordobae in sede dudum Patricia. 4) *In Hispania duumviros 'principales' appellatos esse, docet Isidorus, Origg. IX,* 4, 25*:* Principales magistratus et duumvirales curialium officiorum ordines sunt. Principales dicti primi sint magistratibus. *Cf. Savigny, l. l. I, p.* 96. 5) *Curator etiam in curia Andecavensi adest; cf. Form. Andec.* 1. *et Beyer l. l. n.* 42, *p.* 49. 6) *Cum his magistris conferendus est 'magister' curiae Andecavensis, Form. Andec.* 1. *per errorem scribae fortasse 'magister militum' dictus.* 7) *Cf. supra cap.* 21. 8) *Ib. n.* 7. 9) SSSSS. =

simi ill., quam filius et frater noster ille offert, recensendam suscipiatur et legatur, ut agnita possit in acta migrare'. Ex officio curiae est accepta et lecta. Cumque lecta fuisset, SSSSS. ad illum[g] DDDDD.: 'Ecce voluntas domnissimi illius, quem nobis protulistis relegendam, lecta est et sensibus nostris patefacta; quae iuxta liberalitatis eius arbitrium plenissimam in[h] se continet firmitatem. Quid nunc fieri desideras, edicito'. Ille dixit: 'Rogo gravitatem vestram, ut[i] haec, quae acta vel gesta sunt, publicis haereant monumentis'. SSSSS. DDDDD.: 'Quae acta vel gesta sunt, huic corpori contineantur inserta'. Ille dixit: 'Actorum[k] peto potestatem'. SSSSS. DDDDD.: 'Describe, ill., ex pp.[l. 1]'.

Gesta apud nobis habita subscripsit ill., magister ill. conscripsit.

26. Aliud testamentum[2].

Ill. sanus sana mente integroque consilio, metuens humanae fragilitatis casus, ne me mors repentina subripiat, testamentum meum fieri elegi de rerum mearum proprietate[a], et dum de rebus humanis discessero obitumve[b] naturae reddidero —.

27. Cartula commutationis.

Domino et fratri ill. ill. Licet, largiente lege, commutationis ordo vinditionis[a] obtineat[b] vires, tamen oportunum est, hoc pro futuris temporibus per scripturae conscribere tramitem[3], ut et pro conservanda memoria eius pateat series, et ea que sponte conveniunt, nullius manente obstaculo, pereniter sumant vigorem. Ac per hoc bona electione alterutrum convenit, ut tibi hoc et illud iuris mei causa commutationis dare deberem; quod et dedisse me manifestum est. Pro quod igitur e contrario titulo commutationis a vobis accepimus hoc et illud. Quas igitur res superius memoratas, a nobis utraque voluntate in singulorum iure translatas, habendi, tenendi et possidendi faciendique unicuique nostrorum de re sibi tradita, quod voluerimus, libera in Dei nomine nobis per omnia maneat potestas. Quod etiam iuratione firmamus.

28. Alia.

Domno honorabili fratri ill. ill. Quod partium utrorumque communis est voluntas, licet mutuo debeat servari consensu, sed ad posteritatis memoriam reservandam adicitur testimonium literarum[4]. Ideoque nostrae placuit atque convenit voluntati, ut hoc et illud nobis in commutatione dare deberemus; quod et factum est. Quas igitur res[a] —.

25. g) illm *c.* h) *ita Knust;* iure *pro* in se *Roz.* i) *deest Roz.* k) auctorum *c.; emend. Biedenweg.* l) p̄p̄ *c.;* praescriptis *Roz. Cum de interpretatione dubitandum esset, ipsa sigla repetere malui. Cf. infra n.* 1.

26. a) proprietatem, ut dum *Roz.* b) *cf. supra cap.* 21, *n. d.*

27. a) venditionis *Roz.* b) optineat *Roz.*

28. a) *supplenda sunt:* memoratas a nobis *etc.; cf. cap.* 27.

'suprascripti'. Marichalar et Manrique minus apte aut 'senatores' aut 'sedentes' aut 'stantes' significari existimaverunt. DDDDD. = *'dixerunt', ut recte interpretatus est E. de Rozière. Quinae autem literae demonstrant, curiam ex quinque personis constare. Ergo praeter duos principales* (illum et illum) *et curatorem duo 'magistri' aderant.* 1) *Fortasse* = *'propositis'. Cf. Notarum laterc. ed. Mommsen:* PP. proposita *(Keil, Gramm. Lat. IV, p.* 326*).* 2) *Cf. capp.* 21. 22. *Eundem fere prologum praebet carta ap. Vaissete, 'Histoire de Languedoc' ed. nov. II, 'Preuves' nr.* 23, *col.* 78 *(d. a.* 813*).* 3) *Vide L. Vis. V,* 4, 1 *(Antiqua):* Commutatio, si non fuerit per vim et metum extorta, talem qualem emptio habeat firmitatem, *et ib.* 3 *(Antiqua):* si scriptura facta non fuerit et datum pretium praesentibus testibus comprobetur, plenum habeat emptio robur. *Cf. etiam cartam ap. Vaissete l. l. nr.* 65, *col.* 148*:* epistole commutationis tanta firmitate subsistunt, quanta legum racio emptionis vinditionis forma testantur. 4) *Cf. n.* 3.

29. Donatio filio vel filiae.

Dulcissimo mihi atque carissimo filio ill. ill. Cum prona[a] voluntas propensiorem exigat largitatem, tunc profundior[b] animi probatur affectus, quando indissolubili caritatis vinculo, munificencia praeeunte, conscribitur, et votiva oblatio nulla intercedente discensione[c] penitus revocatur, sed requiret potius locum, ubi et arbitrii votum et repensationis probet officium. Quapropter donare me tuae dulcedini profiteor et dono hoc et illud, quod ex hac die habendi, tenendi et possidendi faciendique exinde, quod volueritis, liberam in Dei [nomine[d]] habeatis potestatem. Quod etiam iuratione[e] —.

30. Donatio in quamcumque personam.

Domino et fratri ill. ill. Magnus[1] donationis est titulus, in quo nemo potest actum largitatis inrumpere; et ideo quod prona largitate offertur, libenter semper debet amplecti, ut et donatori pro largitate[a] vigor crescat amoris, et bene parienti votum gratia cumulet muneris. Ob hoc donare me tuae fraternitati profiteor et do hoc et illud.

31.

Sanctissimo domino et in Christo patri ill. ill. In quantum tuae sanctitatis beneficia erga nos nostrisque utilitatibus apparet copiosa, nec munerum potest retributio coaequari, nec nostri meritis vicissitudo complecti. Ob hac re oportunum duximus, pro tantum beneficii meritum haec parva beatitudini vestrae conferre munuscula, id est illud et illud; quod almitas reverentissima vestra ex hodierna die per huius donationis nostrae vigorem addendi, habendi, tenendi et possidendi faciendique ex hoc, quod vestra elegerit voluntas, libera in omnibus Christo auspice vobis maneat potestas. Quod etiam iuratione confirmo.

32. Cartula obiurgationis[a. 2].

Domino semper[b] meo ill. ill. Licet sanctione legum sit constitutum[3], tamen nullus pro sua voluntate suum statum deteriorat; sed quotiens prae legitimam quis suam portando personam necessitate vel miseria aliqua laborare videtur, sua causa constringitur de suum statum[c], qualem vult ferre iudicium, utrum meliorandi an deteriorandi liberam habeat potestatem[4]. Ideoque proprie[d] mecum deliberavi, ut statum meum venundandum proposui; quod etiam vestra dominatio haec[e] audiens, et per mea supplicatione vester accrevit adsensus, et datos a tua dominatione solidi numero[f] tot propter hoc et illud me accepisse, manifestum est. Et ideo memoratum statum meum ex hodierna die habeas, teneas et possideas, iure dominioque tuo in perpetuum vindices ac defendas, vel quicquid in meam vel de meam personam facere volueris, directa tibi erit per omnia vel certa potestas. Quod etiam iuratione[g] —.

29. a) pronas *Roz.* b) profudior *c.* c) *i. e.* dissensione. d) *suppl. Knust et Roz.* e) *supplendum:* confirmo.

30. a) largitat *c.*

32. a) *emendandum fortasse:* obiugationis *vel* obligationis. b) semperque *Roz.* c) estatum *Roz.* d) propiae *Roz.* e) hoc *Roz.* f) N. *c.; deest Roz.* g) *supplendum:* confirmo.

1) *Eundem fere prologum praebent cartae Anianenses, Vaissete 'Histoire de Languedoc' ed. nov. II, 'Preuves' nr.* 19 *(d. c. a.* 810*).* 25. 78. *saepius.* 2) *Cf. Form. Andec.* 2. 3. 19. 25*; Arvern.* 5*; Marc. II,* 28*; Form. Turon.* 10*; Cart. Senon.* 4*; 'Chartes de l'abbaye de Cluny' I, nr.* 30, *p.* 28. *Vide Biedenweg n.* 84*; Dahn, 'Könige' VI, p.* 189, *n.* 6. 3) *L. Rom. Vis. Paul. II,* 19, 1*:* Homo liber, qui statum suum in potestate habet, et peiorare et meliorem facere potest. *Haec etiam in carta Cluniacensi n.* 1. *citata allegantur.* 4) *Cf. Paul. l. l. Epit. Guelferb.:* statum suum in potestatem et meliorandi et deteriorandi.

33. Cartula pactionis.

Licet inter pacificas mentes difinitio sola constet verborum, tamen pro memoria temporum testimonium adicitur literarum, quia nullatenus longi temporis spatium in ambiguitate transmittere poterit, quod velit[a] nuper factum lectionis recursio[b] ad memoriam redducit[1]. Igitur dum inter nobis de paupertatula patris, *vel* matris, iugis intentio verteretur, convenientibus animis, contigit in[c] portione illius hoc et illud, et in portione illius[d] hoc et illud, quod ex hac die unicuique nostrorum quod contigit securus, Deo nitente, possideat, nec ulterius cuiuspiam aliquam ex nobis molestiam alterna inferat controversia, sed quidquid unusquisque nostrum de sibi debitam portionem facere voluerit, habeat in omnibus liberam potestatem. Quod si forte aliquis ex nobis hunc divisionis nostrae factum disparare[e] conabitur[f], sibi debitam portionem ante litis ingressum amittat, illorum iure pertinendam, qui huius voluntatis decreta servaverit. In quam rem, vi doloque secluso, stipulatione adnixa[g], subter manus nostras robore firmavimus et testibus pari voluntate pro firmitate subscribendum[h] tradidimus.

Factum divisionis libellum.

34. Cartula mancipationis.

Dulcissimo filio meo ill. ill. Prisca consuetudo et legum decreta sanxerunt, ut patres filios in potestate habentes tempore, quo perfectos in eos esse praespexerint annos, postulata[a] a patribus absolutione, percipiant, quod tamen patres ipsi, si voluerint, concedant. Unde ambiguum non est, quod obedientiae vestrae sagacitas nostrum compellet[b] animum, ut te a nostro dominio corpore relaxare debeamus. Unde paternae potestatis intuitu[c] decernimus, ad instar personae nostrae tuum gaudeas pervenisse statum. Oblatos[d] autem a[e] te quinque[2] nummus distractionis atque mancipationis causa me suscepisse agnosco[f] et melioratum autem te gaudeo. Unde, quicquid te malui, volui, contuli et habere decrevi, totum tibi per hanc mancipationis meae cartulam confirmo, hanc[g] roboro et concedo: per Patrem et Filium et Spiritum sanctum, qui est Trinitas inseparabilis et una maiestas, per regnum gloriosissimi domini nostri ill. regi[h] gentique suae salutem vel omnium sacerdotum coronas[i].

35.

..... quia rem[3] iuris mei debitam, quam ille suo vitio[a] extra discussionem iudicantis violentius usurpatione de meo dominio abstulit, nullos in eodem loco profligat labores, certe nec quicquam inibi augmentat, dum interim, manente iustitia, per legum statuta appetendo iuditiariam potestatem inter partes de veritate silentium imponatur; quod si, transcens[b] hanc coniurationem nostram, hoc quod in iure nostro pertinet in aliquod augmentaverit, sciat, se per iustitia, dum nostro dominio hoc ipsum probaverimus, debere secundum legum instituta[4] de invasione vel singulis annis frugum col-

33. a) *fortasse:* vel et. b) recurso *Roz.* c) in portione — in portione illius *omisit Roz.* d) illis *c.* e) dispare *c.* f) conaberit *Roz.* g) adnixor *Roz.* h) suscribendum *Roz.*

34. a) postula *c.; emend. Roz.* b) compelet *Roz.* c) intuito *Roz.* d) oblatio *Roz.* e) ante *pro* a te *Roz.* f) cognosco *Roz.* g) *fortasse legendum:* hac (= ac). h) regis *Knust.* i) *fortasse* quia *ex initio capitis* 35. *hic subiciendum est.*

35. *Formula in codice cum praecedenti coniuncta est.* a) *ita Roz.;* ritui *Knust.* b) transcendens?; transiens *Roz.*

1) *L. Vis. X,* 1, 2 *(Antiqua):* Divisionem factam inter fratres, etiam si sine scriptura inter eos convenerit, permanere iubemus. 2) *Si recte legit E. de Rozière* ante quinque, *cogitari possit de quinque emancipationis testibus; cf. L. Rom. Vis. Gai.* 6, 3. 3) *Hoc caput partem ulteriorem libelli accusatorii secundum legem Romanam scripti exhibere, existimo. Aliter E. de Rozière p.* 25, *n.* 1. 4) *E. de Rozière recte quidem ib. n.* 2. *monuit, ultima formulae verba*

lectione ac sumptus per litis expensas nobis satisfacere et hoc, quod inibi profligavit, amittere.

Factum libellum —.

36. Praecaria[1].

Domino semper meo ill. ill. Dum de die in diem egestatem paterer et huc illuc percurrerem, ubi mihi pro compendio laborarem, et minime invenirem, tunc ad dominationis vestrae pietatem cucurri, sugerens, ut mihi iure praecario in locum vestrum quod vocatur ill. ad excolendum terras dare iuveres; quod et vestra annuens dominatio petitioni meae effectum tribuit et terras in praefatum locum, ut mea fuit postulatio, ad[2] modios tot, ut dixi, iure praecario dare dignavit. Proinde per huius praecariae meae textum spondeo, nullo unquam tempore pro easdem terras aliquam contrarietatem aut praeiuditium parti vestrae afferre, sed in omnibus pro utilitatibus vestris adsurgere et responsum ad defendendum me promitto afferre. Decimas vero praestatione vel exenia, ut colonis est consuetudo, annua inlatione me promitto persolvere. Quod si, immemor huius praecariae meae[a] tenorem de cuncta, quae supra promissi, vel modicum nisus fuero infrangere, iuratus dico per divina omnia et regnum gloriosissimi domini nostri ill. regis, quia liberam habeas potestatem de supra dictas terras foris expellere et iure vestro, ut debentur, iterum applicare. In qua praecaria praesens praesenti stipulatus sum et spondi[b], supter manu mea signum feci et testibus a me rogitis[c] pro firmitate tradidi roborandam.

Factum —.

37. Alia precaria[3].

In Christo fratri ill. ill. Certum est enim, nos in loco iuris vestri, cui vocabulum est illud, in territorio illo sito, praecario iure terras[a] pro excolendum ad modios tot a vobis pro nostro compendio expetisse; quod et fraternitas vestra petitionibus nostris annuere elegit. Et ideo spondeo, me[b] annis singulis secundum priscam consuetudinem de fruges aridas et liquidas[4] atque universa animalia vel pomaria seu in omni re, quod in eodem loco augmentaverimus, decimas vobis annis singulis persolvere. Quod si minime fecero et huius praecariae meae textum abscessero, iuratus dico[c] —.

38. Cautione[5].

Domino et fratri ill. ill. Profiteor, me per hanc cautionem meam cabere, et cabeo tibi, domine et frater ill., propter auri solidi numerus tot, quos pro necessitate mea, imperante tibi Domino, praestare iussisti. Quos solidos, si Deo dictum placuerit, tibi ad diem Calendas ill. istius anni proximi futuras cum gratiarum actione me spondeo esse redditurum, et in beneficio solidorum ipsorum daturum me tibi spondeo hoc et illud.

36. a) me *c.; emend. Roz.* b) spopondi *Roz.* c) rogatis *Knust.*
37. a) taerras *Roz.* b) ut *add. Roz.; add. sed del. Knust.* c) *supplenda sunt:* per divina omnia *etc.; cf. cap.* 36.

spectare ad L. Vis. VIII, 1, 5*; sed de eadem re agitur etiam L. Rom. Vis. C. Th. IV,* 16, 1. *Interpr., unde certe quidem verba* sumptus per (et) litis expensas *allegantur.* 1) *Cf. Dahn, 'Könige' VI, p.* 126 *sqq.* 2) *Verba* ad modios tot *hic et infra cap.* 37. *F. Dahn, l. l. p.* 127, *n.* 3, *de quantitate census intelligit; sed verba illa potius ad quantitatem fructuum ex terra precario accepta provenientium spectant itaque ipsam terrae quantitatem significant. Cf.* campo (campello) ferente modius tantus, *Form. Andec.* 8. 40. 54*;* unam vineam ad 10 carradas vini, *Form. Sangall misc.* 4*;* de pratis ad carradas tant. *ib.* 20, *Coll. Patav.* 5. *et saepius.* 3) *Cf. Dahn, l. l. p.*128, *n.* 1. 4) *Cf. L. Rom. Vis. C. Th. II,* 33, 1*:* fruges humidas vel arentes, *et ib. Interpr.* (*= L. Vis. V,* 6, 9*):* fruges humidas, id est vinum et oleum. 5) *Cf. Brunner, 'Z. f. Handelsrecht' XXII, p.* 101 *sqq.*

Qui[a] si minime fecero et diem huius meae cautionis excessero, iuratus dico per hoc et illud, quia liceat tibi cautionem meam cui tu ipse volueris tradere, et adibito[b] mihi excutere, supradicta pecunia una cum beneficio suo dupplicata cogar exolvere. In qua cautione praesens praesentibus stipulatus sum et spopondi.

39. Conditiones sacramentorum[1].

Conditiones[2] sacramentorum, ad quas ex ordinatione ill. iudicum iurare debeant: 'Iuramus primum per Deum patrem omnipotentem et Iesum Christum filium eius sanctumque Spiritum, qui est una et consubstantialis maiestas[3]. Iuramus per sedes et benedictiones Domini. Iuramus per Cherubim et Seraphim et omnia Dei secreta misteria. Iuramus per signum sanctae ac venerandae crucis, quod ipsius fuit patibulum. Iuramus per tremendum atque terribilem futuri iuditii diem et resurrectionem domini nostri Iesu Christi. Iuramus per omnia sacra corpora gloriosasque martirum coronas omnesque virtutes caelorum vel haec sancta quatuor euangelia et sacrosancto altario domini nostri ill. martiris, ubi has conditiones superpositas nostris continemus manibus[4]. Iuramus per dextram[a] Domini, qua sanctos coronat et impios a iustis separat eosque mittit in camino ignis inextinguibilis, 'ubi erit fletus et stridor dentium'[5]. Iuramus per cardines caeli et fabricam mundi, quae ipse virtute verboque fundavit. Iuramus per sacra misteria et sancta sacrificia. Iuramus per omnes caelestes virtutes et cuncta eius mirabilia. Iuramus per sanctam communionem, quae periuranti in damnatione maneat perpetua: quia nos iusta[b] iurare et nihil falsum dicere, sed nos scimus, inter ill. et ill. hoc et illud in tempore illo actum fuisse. Quod si in falsum tantam Divinitatis maiestatem ac deitatem taxare aut invocare ausi fuerimus, maledicti efficiamur in aeternum; mors pro vita nobis eximetur[c] et lutus[d] in consolatione assiduus descendat[e] igne rumphea

38. a) *lege:* Quod. b) ad libito mihi executare *legit Roz. pro* adibito (= adhibito *aut* a debito?) mihi excutere.

39. a) dexteram *Roz.* b) iuste *Roz.* c) ex:imetur *c.*; *fortasse*: extimetur (= aestimetur)? d) luctus sine c. *coni. Waitz.* e) descendet *Roz.*

1) *'Conditiones' Visigothis appellabantur, cum concepta iurisiurandi verba, in iudiciis, ut videtur, ab iudicibus constituta, tum scriptum, quod ea continebat et in minoribus causis a testibus roboratum partibus, causa finita, loco iudicii conscripti tradi solebat. L. Vis. II,* 1, 24*:* Si de rebus modicis mota fuerit actio, solae conditiones, ad quas iuratur, apud eum, qui victor extiterit, pro ordine iudicii habeantur. De quibus tamen conditionibus et ille, qui victus est, ab eisdem testibus roboratum exemplar habebit; *cf. ib. II,* 4, 5*:* per conditionis seriem iurare, *et II,* 4, 3*:* conditionibus editis iurare non differat. *Cf. praecipue Brunner, 'Zeugen- und Inquisitions-Beweis' p.* 36, *et praeterea Biedenweg n.* 102*; Bethmann-Hollweg, 'Civilprozess' IV, p.* 214*; Sohm, 'Fränk. Recht u. Röm. Recht' p.* 15, *n.* 11. *Isidorus, Origg. V,* 24, 29, *de etymologia vocis perperam exposuit. Alia exempla conditionum huiusmodi tabulae nonnullae saec. IX. et in marca Hispanica et in Septimania scriptae exhibent, quae exstant ap. Vaissete, 'Histoire de Languedoc', ed. nov. II, 'Preuves', nr.* 45, *col.* 118*; nr.* 57, *col.* 134*; nr.* 85, *col.* 185*; nr.* 150, *col.* 306*; nr.* 183, *col.* 370, *et ap. Marca, Marca Hispanica, Append. nr.* 35, *col.* 798*; nr.* 39. 40. 41, *col.* 804 *sqq. Haec omnia ad eandem fere formulam scripta sunt, quacum ista in quibusdam verbis convenit; cf. notas seqq.* 2) *Iisdem verbis:* Conditiones sacramentorum, ad quas ex ordinatione *(sequuntur nomina iudicum) etiam exempla supra n.* 1. *laudata incipiunt.* 3) *Cf. eadem exempla:* Iurati dicimus (iuramus) per Deum patrem omnipotentem et per Iesum Christum filium eius et per Spiritum sanctum, qui est in Trinitate unus et verus Deus. 4) *Eadem fere verba praebent exempla illa:* super cuius *(sc. sancti)* sacrosanctum altare has conditiones manibus nostris continemus vel iurando contangimus. 5) *Ev. Luc.* 13, 28.

caelestis ad perditionem nostram; oculi nostri non erigantur ad caelum; lingua nostra muta efficiatur; omnis interiora viscera nostra obduretur[f] et arescat, atque in breves dies spiritus diaboli periurantem arripiat, ut omnes periuri metuant, et sinceri[g] de tam celeri Domini vindicta congaudeant. Et quemadmodum descendit ira Dei super Sodomam et Gomorram, ita super nos, extuantibus flammis, eruat[h] mala ac lepra Gyesi, vivosque terra obsorbeat, quemadmodum obsorbuit Datan et Abiron viros sceleratissimos, ut videntes omnes supernae irae Dei iuditium talibus hominibus terreantur exemplo.

Latae[1] conditiones sub die ill., anno ill., era ill.

Ill., vicem agens illustrissimi viri comitis ill., has conditiones ex nostra praeceptione latas supscripsit[i].

Ill. has conditiones nostra coram praesentia latas subscripsi.

40. Diiudicatio[2].

Tunc enim veritas ex consequenti ratione colligitur, cum in examinatione partes litigantium veniunt. Ergo cum inter illum et illum arbitres sedissemus, vicissim se multis iurgiis impugnare coeperunt; cumque diutissime contendendo et se mutuo iureiurando[a] crebris conviciis lacessirent, legis autoritate illis praecepimus, ut, remota iurgiorum controversia, propria[b] in conspectu nostro propalarentur[c] negocia. Tandem ille contra illum asseruit, dicens: 'Rem illam, quae[d] iure patris mei[e] debitam mansit, cur eam in tuo servitio habeas, edicito'. Econtra ille ait: 'Rem[f] istam, quam a nobis reposcere conaris, per ill. et ill. capitulo nobis collata sunt, et per tot annos nominata res iure patris mei ill. et nostro servitio mansit. Sed si, iuxta[g] quod asseris, res illa esse patris tui ill. iure fuisse debita affirmas, convincere te oportet'. Tunc ille petitor secundum ill. responsum se talem probationem manifestus est habere. Quam etiam in nostro iuditio proferens, id est illum et illum, iuxta legum decreta sagaci intentione eos segregatim percontari decrevimus. Quorum dum testimonium liquide discutere conaremur, invenimus, illum et illum servos esse illius, et consanguineos fratres eorum in servitio originali esse ill.[h]; et ill. et ill. de ea, quae testificare conabantur, bifarios eos testificare deprehendimus; ill. dixit sic, et alius dixit, hoc et illud se scire. Proinde nec mora obsistit, et ille in nostro conspectu sententias legis[3] libri ill. protulit, legem illam, qui est sub titulo illo, era illa, ubi dicit hoc et illud. His expletis sermonibus, ille

39. f) obdurentur *Roz.* g) sinceres *Roz.* h) eviat *Knust.* i) subscripsit *Roz.*
40. a) iniurando *Roz.* b) proprio *c.* c) propalatentur *c.* d) quam *Roz.* e) maei *Roz.* f) Cur *Roz.* g) iusta *Roz.* h) illius; et illum et illum *recte interpretatus est Roz.*

1) *Verbis:* Latae conditiones *etiam in ceteris illis exemplis eschatocollon ducitur.* 2) *Formula praebet exemplum iudiciorum conscriptorum, de quibus cf. L. Vis. II,* 1, 24*:* Si de facultatibus vel de rebus maximis aut etiam dignis negotium agitur, iudex — duo iudicia de re discussa conscribat, quae simili textu et subscriptione roborata litigantium partes accipiant. *Cf. supra cap.* 39. *De hac formula cf. Biedenweg, n.* 103*; Helfferich, 'Westg. R.' p.* 66*; Bethmann-Hollweg, 'Civilprozess' IV, p.* 213. *Monuit Sohm, l. l. p.* 15, *n.* 12, *contra Helfferich, hoc caput modum procedendi non iuris Romani, sed iuris Visigothorum potius exhibere; qui tamen ex usu Romanorum non pauca receperunt. Cf. quae ex inferioris aetatis documentis de Visigothorum modo procedendi exposuit Brunner, l. l. p.* 34 *sqq.* 3) *Legem Visigothorum hic allegari existimo; eodem enim modo lex Gothorum in instrumentis saec. IX. allegatur secundum librum, titulum, aeram, subiectis verbis:* ubi dicit; *cf. Vaissete, 'Hist. de Languedoc' nov. ed. II, 'Preuves' nr.* 139, *col.* 287*; nr.* 161, *col.* 335*) et Marca Hisp. App. nr.* 39—41, *col.* 804 *sqq. Helfferich, l. l. p.* 64, *minus apte monet, in formula perperam praeter librum, titulum,* l e g e m *etiam aeram enumerari; nam vox* illam *post* legem *non pro numero posita est; cf. L. Vis. (ed. Madrit.) II,* 3, 4*:* illius legis —, quae continetur in libro 6, titulo primo, era secunda; *ib. VI,*2, 5*:* legis illius —, quae in hoc libro sexto sub titulo secundo, era prima statuit.

petitor contra illum asseruit, dicens hoc et illud. Tunc ill. hoc, quod ill. petitor[i] sermone professus est, per idoneum testem firmari expetit. Ad haec ille petitor adiecit, praeter se et illum nullam tertiam personam interfuisse. Sed tunc ill. suo sermone professus est hoc et illud. Cumque illi[k. 1] imperatum a nobis fuisset, ut, iuxta quod locutus est, pro rem illam et illam sacramentum redderet[l], ipse illud iuramentum reddere non ausavit[m]. Tunc nos decrevimus hoc et illud. Quam rem ad singula decernentes in hanc iudicii paginam inseruimus, quatenus futuris temporibus iustitiam habens congaudeat, et calumniantis adversa vox spe facta conticescat.

Facta iudicii pagina in civitate illa, sub die Calendis illis, anno illo regno illo, era illa.

Ille hanc iudicii[n] paginam nostro in iuditio latam subscripsit.

Ill., rogitus[o] a domino et fratre ill., in hunc iudicium ab ipso et nostra[p] coram praesentia latam subscripsit.

41. Iniuncto[2].

Domino mihi individuo fratri ill. ill. Rogo atque iniungo tuae fraternitati, ut ad vicem personae meae peragere iubeas et intentio, quae inter me et illum per hoc et illud vertitur, in praesentia iudicum secundum ordinem legum negotium meum prosequi procures; ita ut, quicquid de lege et iustitia egeris, ratum me in omnibus esse polliceor[a]. In quo iniuncto praesens praesentibus[b] stipulatus sum et spopondi, subter manu mea subscripsi et testibus, bene natis viris a me rogitis[c], tradidi roborandum.

Facto iniuncto sub die —.

42. Alio iniuncto[3].

Spero[4] iniungoque tuae caritati propter apicem[a] personae meae, ut fratrem nostrum ill. pulsare debeas propter auri solidi[b] numero[c] tot, quos nos ei praestitimus; unde et placitum[5] ipsius apud nos tenemus, ut solidos ipsos iuxta placiti sui tenorem perpetua intentione recipere debeas. Quod si contempserit et saepe dictos solidos vobis restituere[d] distulerit, eum in praesentia iudicis compellere facias, et secundum legis tramitem vobis per iudicis imperium seu iudicium satisfacere debeat. Quicquid egeris[e] —.

43. Alio iniuncto.

Domino et in Christo fratri ill. ill. Iniungo tuae caritati, ut ad vicem personae meae, dum te Deus in locum illum cum salute perduxerit, servum iuris mei nomine ill., qui de servitio meo se subtraxit, perquirere debeas et, dum eum inveneris conscriptum, meo dominio[a] revocare studeas. Quicquid egeris gesserisve[b] —.

44. Placito.

Imperante tibi Domino, praecibus meis advenire dignatus es, ut mihi quinque solidos propter mea necessaria praestares. Pro quos solidos servum iuris mei nomine

40. i) petito *Roz.* k) ille *Roz.* l) reddere *Roz.* m) ausit *Knust.* n) iudici *c.* o) rogatus *Knust.* p) nostro *c.*

41. a) policeor *c.* b) praesenti *Roz.* c) rogatis *Knust.*

42. a) *vocem ex* ad vicem *corruptam et verborum ordinem turbatum crediderim; cf. autem Brunner l. l. (infra n. 3).* b) solide *Roz.* c) num. *c.* d) [non] restituerit *Roz. pro* r. distulerit. e) ratum me in omnibus esse polliceor *hic et ad calcem c.* 43. *supplenda sunt ex c.* 41.

43. a) domin(i)o *Knust.* b) *cf. supra cap.* 42. *n. e.*

1) *Reo, ut existimavit Bethmann-Hollweg l. l.* 2) *Iniunctum idem est, quod 'mandatum'. Cum hoc capite cf. Marc. II,* 31. 3) *Cf. de hac formula Brunner, 'Z. f. Handelsrecht' XXII, p.* 102 *sq.* 4) *Eundem huius vocis usum praebet Form. Turon.* 3; *cf. Form. Bitur.* 6. *et supra p.* 585, *l.* 7; *p.* 587, *l.* 27. 5) *Cf. 'cautionem', quam cap.* 38. *exhibet, et 'placitum', cap.* 44.

ill. ad universo servitio impendendo tibi seponere elegi; ea interposita conditione, ut, dum mihi Dominus dederit, unde solidos ipsos tibi cum gratiarum actione[a] restituam, tunc supradictum servum [de] tuo dominio in meo faciam reverti servitio. In quo placito, stipulatione subnixa, subter manu mea signum feci et testibus a me rogitis tradidi roborandum.

Facto —.

45. Placitum.

Sanctissimo domino meo ill. episcopo ill. servus vester. Suggessio parvitatis nostrae sancto pontificatui vestro deprecavit auditus, ut me in cellam monasterii sancti domini[a] mei illius martiris cenobialem agendo vitam perpetuo tempore permanendum praeciperes. Unde et beatitudo vestra intuitu[b] mercedis, petitionem meam placidissimo suscipiens animo, in eundem sacratissimum locum ut habitarem, vestra gloriosa perpatuit voluntas. Unde mihi placuit hunc spontanea voluntate emittere placitum, per cuius texti formam sincerissima promitto devotione, me diebus omnibus, quibus in hac potuero durare vita, praedictae sanctae ecclesiae dignis Deo ministrando officiis totamque animi mei voluntatem in summo caritatis atque humilitatis splendore ministrare, et ita, patrocinante divina misericordia, per omni gratiae faborem, remota omni discordia, seu diversarum famulationes nefandarum operum aemulationes transire animis meis temptandi[c] erit facultas, sed, ut dixi, suprafatae cellae vestrae omnibus diebus vitae meae ministrare servitium. Quod si, immutata voluntate, ab ea que promitto declinare tentavero et ad alia loca transire ausus fuero, iuratim dico per aeternitatem supernae Potentiae[d] suumque terribilem futuri iuditii diem, quia liberum habeat vestra potestas vestrique successores, incautam meam persequi voluntatem et ad ius revocare sanctae censurae decus. Si quis vero ex aliis personis in domum suam me recipere aut retinere voluerit, et adubi cognoverit monitionem vestram et minime me consignare vobis intenderit, sed e contrario continere vel defendere nituerit, communicatio illius irrita sit, a diabulo aeterna damnatione confusus, sententia anathematorum puniatur et cum Iudam Scarioth aeterno iuditio concrematur; nec ulli hominum religiosorum seu laicorum me apud se audeat retinere; quod si fecerit, supra scripta divina damnatione incurrat, et me apud se retinere non valeat. In quo placito, stipulatione subnixa, manu mea subscripsi et testibus a me rogitis pro firmitate tradidi roborandum.

Factum placitum —.

46.

Si, quantum divinitus animae conceditur salutis praepositum, tantum fragilitate humana operare valeret, quierat[a] non solum praesentis vitae salutifera habere remedia, sed aeterna sine difficultate sibi acquirere lucra. Ob hoc nostris ex debotionibus[b] totisque affectibus in illis nos obsecramus locis adherere, ubi ad dicta pestifera impedimenta —.

44. a) actionem *Roz.*

45. a) dm̄n̄i *c.* b) intuitum *Roz.* c) templandi *Roz.; sententia plane intelligi nequit.* d) *omisit Roz.*

46. a) *i. e.* quiverat; qui erat *c.* b) *Roz.;* denotionibus *Knust.*

ADDENDUM.

FORMULARUM PITHOEI FRAGMENTA.

Cum fortuitu viderem in 'Glossario mediae et infimae Latinitatis' et in ea quidem parte, quam ipse Carolus Du Fresne, dominus Du Cange, composuit, quasdam 'formulas veteres manuscriptas Pithoei', quae alibi non sunt servatae, allegatas, operae pretium esse putavi, primam glossarii editionem perspicere, ut omnes formularum illarum reliquias colligerem. Infra exstant, quae inveni; quae, licet pauca sint, tamen testantur, optimum quoddam iuris Germanici monumentum periisse; nam fore ut ipse codex, de cuius fatis post Cangium (a. 1678*) nihil habemus compertum, reperiatur, minima spes superest.*

Codex ille Pithoei (nescimus, utrum Francisci, an Petri) formularum collectionem maximam fortasse omnium, quas cognovimus, certe quidem quod cartarum quae dicuntur privatorum attinet exempla, continuit. Quindecim enim capitum numeris inter 23. *et* 108. *signatorum habemus fragmenta, quae omnia ex cartis privatorum sumpta sunt, uno tantummodo exstante fragmento epistolae, quae cum sola sine numero allegetur, ad ipsam collectionem eam primitus non pertinuisse, sed postea in codice subiectam esse, crediderim. Exempla ratione negotiorum, ad quae spectant, ordinata fuisse videntur. Duobus capitibus desponsationem per solidum et denarium secundum legem Salicam memorantibus, dubitari non potest, quin formulae in iis regionibus conscriptae sint, ubi iuris Salici usus praevaluit; qua cum re optime vox 'wadiscapo', quae cap.* 57. *occurrit, convenit*[1]. *Sed sicut haec ad aquilonarem magis Galliae partem, vox 'olca', cap.* 36. *ad meridionalem potius spectare videtur*[2]. *Monendum etiam est, verbum 'condirigere' ('condirgere'), quod exstat cap.* 38, *in solis formulis Senonensibus (cf. infra indicem verborum s. h. v.) saepius legi. Aeque ac patria etiam aetas formularum haud satis certa est; sed respicienti mihi rationem scribendi minus cum regulis artis grammaticae congruentem magis saeculo VIII. quam IX. videntur scriptae esse. Utinam fragmenta, quasi e latebris extracta, haud inutilia iudicentur!*

1) *Cf. R. Schroeder, 'Ueber die Fränk. Formelsammlungen', in 'Zeitschr. d. Sav.-Stift.' IV, 'Germ. Abth.' p.* 95 *sqq. et supra p.* 267, *n.* 2. 2) *Vide locos ap. Ducange s. v.*

Ex cap. 23, carta precaria vel praestaria.

Et quod vobis ex hoc legitime redditus[a] terrae debetur, sicut reliqui accolani[b] nostri[c] reddunt.

Ex cap. 25, carta precaria vel praestaria, ut videtur.

Hoc est ad illa villae bunnaria tanta, manso cum superposito, de vinea arpennos tantos.

Ex cap. 28, carta precaria.

In festivitate sancti illius in luminaribus ipsius loci solidos tantos vobis et actoribus vestris dare et transolvere faciam.

Ex cap. 30, carta praestaria.

In festivitate sancti illius [in[a] luminaribus ipsius] loci triante uno dare [et] transsolvere facias.

Cap. 35. s. v. 'bonnarium' citatur.

Ex cap. 36, carta praestaria.

Concedimus tibi olca in villa nostra illa, quam illa femina quondam tenuit, et dum requisimus[a], quod absa esset et sema, concessimus tibi, qui subiungit ab uno fronte.

Ex cap. 38, 'carta interdonationis inter virum et uxorem'[1].

Tibi ipsa portione ad excolendum et condirigendum . . . . . Et quod pariter in coniugium positi laboravimus, condonare et delegare, ingenuus[a] relaxare valeas.

Ex cap. 46, carta, 'ut filia cum fratribus in paterna succedat alode'[2].

Dulcissima filia mea illa. Diuturna, sed inter nos impia consuetudo tenetur, ut de terra paterna sorores cum fratribus portionem non habeant. Ideoque per hanc epistolam aequalentiae te, dulcissima filia mea *etc.* — qui contra hanc epistolam aequalitatis ordine venire tentaverit.

Ex cap. 55, libello dotis.

Placuit[3] atque convenit, ut ego tibi de solido et denario secundum legem Salicam sponsare deberem; quod ita [et[a]] feci. Ego ille sponsus tuus, dum taliter placuit atque convenit apud parentes nostros communes, ab utrasque partes aptisantes[b], ut tibi de solido et denario secundum legem Salicam sponsare deberem.

Ex cap. 57, libello dotis, ut videtur.

Super ipso magno[a] posita seu et wadiscapo[b] et inter terra et prato et silva bunnaria tanta et mancipia tanta his nominibus ill. et ill., boves duas[c], vacca una cum vitulo, inter porcos et verveces capita tanta, et scapio[4] de intus casa valentes solidos tantos.

23. *Ducange s. v. 'accolae'.* a) redditur *Ducange.* b) accolavi *Ducange.* c) *aut hic* vestri *aut supra* nobis *legendum videtur.*

25. *Ducange s. v. 'bonnarium'.*

28. *Ducange s. v. 'transsolvere'.*

30. *Ducange s. v. 'transsolvere'.* a) *uncis inclusa ex cap.* 28. *supplevi.*

36. *Ducange s. vv. 'olca' et 'semus'.* a) *ita Ducange.*

38. *Ducange s. vv. 'condirigere' et 'delegare'.* a) *i. e.* ingenuos.

46. *Ducange s. v. 'aequalentia'.*

55. *Ducange s. v. 'solidus'.* a) *supplevi pro — ap. Ducange.* b) *ita pro* aptificantes *Ducange.*

57. *Ducange s. v. 'waterscapum'.* a) *fortasse:* manso? b) *i. e.* wadriscapo. c) *ita Ducange.*

1) *Cf. Marc. II,* 7. 2) *Cf. Marc. II,* 12, *quacum formula haec in plerisque verbis convenit.* 3) *Cum periodo prima cf. Form. Sal. Lind.* 7. 4) *Haec vox vasa significare videtur Cf. 'scapium' in lexicis Latinis.*

Ex cap. 60, *libello dotis.*

Eo quod ante hos dies filiolam nomine illa per solido et denario et in[a] arras habui desponsata. *Infra:* Convenit, ut ipse ille ipso solido et denario de ipsas arras ante plures bonis hominibus et pro ipso exenio, scilicet tant.

Cap. 67, *s. v. 'bonnarium' citatur.*

Cap. 75. Cautio de infracturis[1].

Contigit, quod cellarium vel spicarium vestrum infregi et exinde annonam vel aliam raupam in solidos tantum furavi. Dum et vos et advocatus vester exinde ante illum comitem interpellare fecisti, et ego hanc causam nullatenus potui denegare, sic ab ipsis racinburgiis [fuit] iudicatum, ut per wadium meum eam contra vos, hoc[a] est, componere vel satisfacere debeam *etc.* Sed dum ipsos solidos *minime habui, unde transsolvere debeam, sic mihi aptificavit, ut[b] brachium in collum posui et per comam capitis mei coram praesentibus hominibus tradere feci, in ea ratione*, ut interim, quod ipsos solidos vestros reddere potuero, et servitium vestrum et opera, qualecumque vos vel iuniores vestri iniunxeritis, facere et adimplere debeam, et si exinde negligens vel iactivus apparuero, spondeo me contra vos, ut talem disciplinam supra dorsum meum facere iubeatis, quam super reliquos servos vestros.

Ex cap. 77, *cautione de statu*[2].

Propterea cautionem de stado[a.3] meo tibi emitto.

Ex cap. 96, *venditione terrae, ut videtur.*

Cum — adiacentiis, appenditiis et omni merito et termino suo ibidem aspiciente.

Ex cap. 101, *venditione vineae.*

Unde accepimus a vobis pro ipsa vinea, sicut inter nos bene complacuit atque aptificavit, hoc est in argento et in alio[a] merito solidos tantos.

Ex. cap. 108, *fundatione ecclesiae vel traditione.*

In ea ratione, ut vos vel ipsi presbyteri, qui ipsa ecclesia custodire videntur, annis singulis ad missa sancti, quae est in mense illo, dilectione nobis et pasto soniare debeat, una cum homines[a] tanos una die et nocte pascere faciat.

Sine capitis numero, ex epistola episcopi.

Amore Christi mihi devinctae illae abbatissae ill. peccator[a] illius[b]. Ausi non fuimus presbyterales dare, duabus obstantibus causis, nec nam indiculum iuxta canones pontificis sui manu cum testimonio boni operis retroactae vitae detulit subscriptum, nec testes habuit coram, qui dignum pro eodem ad sacerdotium subiendum praeberent testimonium.

60. *Ducange s. v. 'solidus'.* a) enarras *pro* in a. *Ducange.*

75. *Ducange s. vv. 'transsolvere' et 'capilli'. Quae inter asteriscos exstant ap. Ducange leguntur; reliqua ex Fr. Pithoei Glossario ad Legem Salicam (ad tit. 60) repetivi, ubi integra ex eodem codice, ut videtur, edita est formula. Vide infra n.* 1. a) hoc est solidos tantos vel *post* debeam *praebet Bignon.* b) in *Ducange.*

77. *Ducange s. v. 'stadum'.* a) *i. e.* statu.

96. *Ducange s. v. 'meritum'.*

101. *Ducange s. v. 'meritum'.* a) *fortasse pro* alio merito *legendum est* amacto, *quae vox eodem modo in Cartis Senonicis, form.* 2. *et aliis (cf. p.* 186, *n.* 1*) usurpatur.*

108. *Ducange s. vv. 'caritas' et 'soniare'.* a) t. h. *s. v. 'soniare'.*

s. n. Ducange s. v. 'presbyterales'. a) pec. *Ducange.* b) *fortasse supplenda:* civitatis episcopus.

1) *Cf. Form. Sal. Bignon.* 27. 2) *Cf. Form. Andec.* 18*:* caucione — pro statum suum; *ib.* 38*; Marc. II,* 27. 3) *Perperam Ducange: 'i. e. de iuri stando'.*

ORDINES
IUDICIORUM DEI.

Ordines, exorcismi et benedictiones iudiciorum Dei[1], quos infra edidimus, traduntur plerumque in libris ritualibus, benedictionalibus, missalibus, raro in codicibus iuris civilis[2]. Quos ideo maxime ecclesiasticis illis libris tam frequenter insertos esse crediderim, quia non solum laicales, sed etiam synodales iudices probationes eiusmodi adhibere solebant[3]. Neque enim omnium generum iudiciorum Dei ordines nobis traditi sunt, sed eorum tantum, quae ab ecclesia recepta et probata, christianae religionis ritu ornata erant. Summa quidem canonica auctoritate iudicia Dei aperte non sunt sancita, sed potius a quibusdam pontificibus Romanis inde a saeculo IX. quasi superstitiosa oppugnata et interdicta. Tamen legum, conciliorum et auctorum non paucis testimoniis et ipsorum ordinum ecclesiasticorum multitudine satis constat, usum probationum illarum in omnibus fere occidentalium christianorum terris ipsius ecclesiae auspiciis per saecula viguisse.

Iudiciorum genera quae in ordinibus inveniuntur haec sunt:

Iudicium aquae frigidae. Reus aut in foveam[4] aqua repletam (iudicium 'aquae stantis'[5]) aut in aquam fluentem[6] inmergitur. Ab aqua receptus et postea sanus extractus innocens iudicatur; nocentem autem reum ab aqua non recipi, sed super eam natare existimaverunt. Pro ipso reo non solum alius homo ('vicarius') in aquam mitti potuit[7], sed etiam tabula, in qua nomen rei scriptum erat[8]. Hoc iudicium ab Eugenio II. pontifice Romano, consentiente Ludovico Pio imperatore, institutum esse traditur[9]. Cuius rei testimoniis num fides prorsus abneganda sit, dubito. Minime vero constare videtur, quod viri docti opinati sunt[10], ipsum illum ordinem, qui incipit verbis: 'Cum homines vis mittere'[11], ab Eugenio dictatum et in Franciam missum esse.

Iudicium aquae ferventis. Reus manum in aquam ferventem mittere debuit; quam si sanam eduxit, innocens habebatur, si adustam, nocens.

Iudicium caldarii pendentis. Ex caldario (urceolo), in quo aqua ad manus inmissionem bulliebat, super ignem pendenti alius etiam probationis modus ductus

1) De iudiciis Dei, quae etiam ordalia dicuntur, multi viri docti disseruerunt. Cf. praecipue: F. Dahn, 'Studien z. Gesch. d. german. Gottesurteile' (separ. et 'Bausteine' II, p. 1 sqq.); Wilda, ap. Ersch et Gruber, 'Encyklopädie' sect. 3, tom. IV, p. 453—490; Hildenbrand, 'Purgatio canonica und vulgaris'; Pfalz, 'Die german. Ordalien'; Grimm, 'RA.' p. 908 sqq.; Rettberg, 'Kirchengesch. Deutschl.' II, p. 749 sqq.; Waitz, 'VG.' I[3], p. 446 sq. IV[2], p. 428 sq. VIII, p. 83 sqq. 2) Si excipias codices quosdam miscellaneos, non nisi in codd. Paris. Lat. 4627. et 4409 (cf. infra A 2. 29. 30). 3) Cf. Richter-Dove, 'Kirchenrecht' (ed. 8) §. 226. p. 835. 4) Cf. iudicium Anglicanum infra in Appendice (Roz. 583): Lacus autem aquae duodecim pedes mensuratos habeat in profunditate, viginti vero circumquaque in latitudine, et usque ad summum aqua impleatur. In tertia vero parte foveae etc. 5) V. infra A 22 rubr. et ordines illos, ubi opponitur 'iudicio aquae frigidae' aliud 'iudicium aquae fluentis'. Cf. n. 6. 6) Cf. ex. gr. B IV, 3. VIII, 2. IX, 3. et tabulam III. 7) Cf. A 21. 25. B I, 2. VI, 1. IX, 3. XIII, 1. XV, 3. 8) Nomen in qualicumque materia scriptum. Cf. B VIII, 2. XIII, 1. XV, 3. 9) Cf. A 14—19. 10) Jaffé, Reg. Pontif. (ed. 2) nr. 2565; Simson, 'Ludwig d. Fr.' I, p. 280, n. 1. 11) Cf. A 17 sqq.

est. Caldarius enim si, adiuratione dicta, rotabatur, culpam rei, si tranquillus pendebat, innocentiam indicare credebatur. Quae probatio aut ante ipsam manus inmissionem quasi praeiudicandi causa facta esse videtur[1], aut sola et definitiva[2].

Iudicium ferri. Hoc ita fieri solebat, ut reus aut ferrum ignitum manu per certum spatium portare aut vomeres ignitos pedibus calcare deberet, et si sanus evasit, innocens, si adustus est, nocens haberetur[3]. Ordines iudiciorum aquae ferventis et ferri igniti non solum in codicibus coniuncti leguntur, sed etiam idem ordo interdum ad utrumque iudicium accommodatus exstat[4].

Iudicium panis et casei. Reus, qui, solemniter adiuratus, certum panis ordeacei sicci et casei vervicini vel caprini aridi pensum exorcizatum comedere potuit, innocens ducebatur. Nocentis autem fauces a Deo vel angelis eius constringi credebantur, ut cibus recipi non posset[5].

Iudicium panis pendentis. In similitudinem iudicii caldarii pendentis etiam cum pane suspenso actum esse, nonnulli ordines testantur[6]. Quae probatio fortasse primitus eodem modo cum iudicio panis et casei coniuncta erat ac probatio caldarii pendentis cum iudicio aquae ferventis[7].

Iudicium libri (psalterii). Psalterium etiam similiter ac caldarius et panis suspensum rotatione culpam rei indicare credebatur[8].

Ad iudicium sortis 'examen in mensuris', quod in codice Montispessulano traditur, revocandum esse existimo[9]. De probatione quadam in Iudaeis facienda conferas, quae idem codex refert[10].

Ediderunt iudicia Dei: Lindenbrogius, Codex legum antiquarum, Francof. 1613, post formulas p. 1299 sqq.; Baluzius, Capitularia regum Francorum II, Paris. 1677, post formulas col. 639 sqq.; Martene, De antiquis ecclesiae ritibus, III, Rotomagi 1702, p. 456—494 (lib. III, c. 7); L. Rockinger ex codicibus Monacensis bibliothecae regiae in 'Quellen u. Erörterungen z. Bayer. u. Deutsch. Gesch.' VII, p. 322 sqq.; E. de Rozière in 'Recueil général des formules' II, nr. 581—625. Singula edita singulis locis allegasse sufficiat.

Haec nova editio eo potissimum consilio instituta est, ut ea colligerentur, quae iam vulgata alia aliis locis exstarent. Etiam E. de Rozière in egregio formularum corpore non omnia exhibuit; exempli causa iudiciorum Dei collectionem a Martenio editam omnino praetermisit. Addita sunt et quae nondum vulgata in scriniis nostris servata sunt, et quaedam maioris momenti, quae e codicibus huc transmissis ipse exscripsi.

Aevo, cuius monumenta recipienda essent, certos terminos constituere nolui, cum pleraque iudicia Dei ad certa tempora revocari nequirent. Quae extra fines regni Francorum vel Karoli Magni imperii oriunda esse videbantur, ex hac nostra collectione excludenda duxi. Tamen Dunstani et alios quosdam ordines, qui inde a saeculo XI. ex Anglicanis ecclesiis in Galliam septemtrionalem translati ibique conservati sunt, in Appendice subieci, cum quia iam in prioribus formularum editionibus leguntur, tum quia in eis, quorum ritus a Francorum reliquorumque Germanorum more haud ita abhorruisse videtur, de singulis rebus distinctius quam in nostris expositum est. Exemplum affero. In ordinibus Anglicanis accurate describitur, quo modo reus in aquam frigidam mittendus ligari debeat: connectantur insimul manus repressi sub flexis poplitibus ad modum hominis in 'campum artum' intrantis. Qua de re Francorum ordines omnino

1) Cf. infra A 5. et B V, 1. in fine. 2) Cf. A 4. 3) Cf. ex. gr. A 2 a. 10. B IV, 4. VIII, 4. 5. X, 2. 5. 4) Cf. ex. gr. A 1. 2. 3. B XI, 2. XII, 2. XV, 2. XVI, 1. 5) Cf. ex. gr. A 26. 27. 29 sqq.; praecipue A 32. 6) Cf. A 26. 27. 28. B XVII, 6. 7) Cf. A 27 c. 8) Cf. A 33. B XII, 5. 9) Cf. B I, 4. 10) B I, 7.

fere tacent; pictura vero codicis Lambacensis (cf. tab. III) testatur, etiam in extremis Germaniae regionibus eodem fere modo actum esse[1].

Omnia, quae in ipsa collectione edenda erant, in duas partes digessi, sub littera A comprehendens singula iudicia Dei, aut singillatim in codicibus aut eodem modo in pluribus tradita; sub B autem collectiones iudiciorum edidi. Ut superfluae repetitiones, quantum fieri posset, devitarentur, pleraque capita, quae saepius occurrunt, ad calcem alphabetice ordinata sub numeris 1—26. *cum singulorum codicum variis lectionibus edidi, quo lectorem, ipsis capitibus in textu omissis, remittere possem*[2]. *Missam quoque iudicii, quae in plurimis ordinibus legitur, eodem modo editam addidi, reliquis missis suo loco insertis*[3]. *Denique quosdam psalmorum versus, qui in ipsa editione non nisi primis verbis afferuntur, subieci, ea forma servata, qua quisque in codicibus exstat.*

Capitum numeros et litteras ipse institui. Asteriscus ante codicis numerum indicat, aut non omnes eius lectiones editori praesto fuisse, aut, si in notis indicata sunt quae absint, formulam in codice non integram exstare. In missa tamen et in psalmis, quae verba in fine singulorum versuum codices omittant, annotare supervacuum iudicavi. Qui codices in usus nostros exscripserit, ubique indicavi; alibi editis usus sum.

1) *Accuratius quidem cum tabula illa ea conveniunt, quae in lege Germano-Polonica saec. XIII. leguntur:* 'zo sal man den schuldiget man nedir zezen, zo daz man in dy hende vor den schenebeynen zusamne, unde stosen eyn holz zwischen dy kniekele unde dy arme' *etc., Volckmann, 'Das älteste geschriebene polnische Rechtsdenkmal' c.* 17. *Cf. etiam B XVII,* 4: baculo, qui inserendus est inter brachia pueri, *et quae affert Grimm, 'RA.' p.* 924 *sq.*
2) *Huc spectant numeri Arabici uncis inclusi, qui vel in margine adiecti vel in ipsa pagina post verba 'ad calcem' leguntur.* 3) *Cf. A* 21. 23. 33. *B IV,* 2. *XI,* 3.

A.

ORDINES, BENEDICTIONES, EXORCISMI AD SINGULAS PROBATIONES SPECTANTES.

1—13. *IUDICIA AQUAE FERVENTIS, CALDARII PENDENTIS, FERRI.*

1.

Utrumque caput praebent codices hi: 1) *Cod. Sangall.* 397, *saec. IX. fol.* 18 *sq.; edidit Goldast, Rerum Alam. SS. II, p.* 178 *sq.* 2) *Cod. Mettens. D* 7, *in folio praeposito saec. IX, ubi* a *post* b *legitur. Membranae parte quadam abscissa, omnium fere linearum extrema pars deest; descripsit V. I. G. Waitz. Cap.* 1 a *exstat etiam in A* 12; *B I,* 6. *VI,* 2. *XIV,* 2. *XVIII,* 4. *Cf. A* 2 b *et ad calcem* (8).

(a) Benedictio[a] ferri ad iudicium faciendum[a]. Benedic, Domine[b], per invocationem sanctissimi nominis tui ad manifestandum verum iudicium tuum[c] hoc genus metalli, ut[d], omni daemonum falsitate procul remota, veritas veri iudicii tui fidelibus tuis manifesta[e] fiat. Per dominum nostrum Iesum Christum, filium tuum, qui venturus est iudicare vivos et mortuos et seculum per ignem. Amen[e].

(b) Benedictio[a] aquae ad iudicium faciendum[a]. Omnipotens, sempiterne Deus, iudex iustus et fortis, qui es auctor pacis[b], iudicans aequitatem et rectum iudicium tuum, tu hanc aquam[c] igne ferventem[d] sanctifica, qui tres pueros de accensa fornace salvasti. Praesta, quaesumus[e], piissime[f], si quis innocens de hoc furto, *vel* stupro, *seu* nostrae inquisitionis causa, inmunis[g] atque indebitor in hanc[h] aquam manum[i] miserit, sicut Susannam de falso crimine[k] liberasti, ita et ipse salvam et inlaesam manum[l] educat. Ita, Deus omnipotens, si quis[m] culpabilis[n], ingravante diabolo corde indurato, per aliqua maleficia aut per herbas[o] contegere peccata sua voluerit, tua iustissima hoc veritas in eius corpore[p] declaret et manifestet, atque[q] tua dextera hoc evacuare dignetur[q], ut[r] anima per poenitentiam[r] sanetur. Per tuum unigenitum filium, Deum et dominum nostrum Iesum Christum[s], qui tecum vivit et regnat per omnia secula seculorum. Amen[s].

1 a. a) *rubr.* Ben. 2. b) Deus omnipotens *add.* 2. c) *verba* ad manifestandum — tuum *post* metalli *leguntur* 2. d) ut o. daemonum *abscissa des.* 2. e) manifesta — Amen *des.* 2.

b. a) *rubr.* Benedictio aquae vel ferri ad iudiciu . . . . . 2. b) pac . . . . . | et rectum 2. c) vel ferrum *add.* 2. d) ferve . . . . . | pueros 2. e) qs 2; quaeso 1. f) clementissi . . . . | de hoc 2. g) inm . . . . . | in hanc 2. h) *deest* 1. i) suam *add.* 2. k) crimi . . . . . | ita 2. l) eam adducat *pro* m. e. 2. m) quo 2. n) cu . . . . . | vante 2. o) h . . s . . . . . | contegere voluerit 2. p) corpor . . . . . | manifestet 2. q) *ita* 2; atque — dignetur *des.* 1. r) u . en . . . . . | tiam 2. s) Christum — Amen *des.* 2.

2.

Istae duae consecrationes, ferri et aquae ferventis, inter se coniunctae sine aliis iudiciorum Dei capitibus in tribus codicibus antiquissimis leguntur, quos signavi A 1. 2. *B* 1. *Ex his solis caput* 2a *quidem hoc loco edidi, quamquam haud raro in codicibus occurrit; cf. ad calcem* (13). *In capite vero* 2b *edendo haud ab re duxi etiam aliorum codicum plerisque variis lectionibus uti. Hi sunt codices:*

A 1) *Cod. Monacensis Lat.* 14508 *(olim S. Emmerami F.* 11*) saec. IX, fol.* 146. 147*; descripsit b. m. G. H. Pertz.* 2) *Cod. Guelferbytanus inter Augusteos* 67, 5. 8°, *saec. IX. in., ubi capita ista subiecta sunt Annalibus Guelferbytanis dictis, SS. I. p.* 22—44*; descripserunt et idem et b. m. L. Bethmann.* 3) *Cod. Monac. Lat.* 10077 *(= B VI).* 4) *Cod. Monac. Lat.* 21587 *(= B IX).* 5) *Cod. Bamberg. Ed. V,* 1 *(= B IV); cf. infra A* 5, *cod.* 1 *(quaedam verba suppleta sunt ex cod. Beccensi, infra A* 5, *cod.* 3*).* 6) *Cod. Monac. Lat.* 9563 *(= B XIV).* 7) *Cod. Paris. Lat.* 4627 *(cf. supra pp.* 34. 182*) saec. IX, fol.* 133. *8) *Cod. Paris.* 10753 *(Suppl. Lat.* 215*; olim Corbion.) saec. X (cf. 'Archiv' VII, p.* 729*) fol.* 91, *fragm.; descripsit b. m. H. Knust.* 9) *Cod. Monac. Lat.* 14510 *(olim S. Emmer. F.* 13*) saec. IX, fol.* 74. 10) *Cod. S. Floriani* 467 *(= B XV).*

B 1) *Cod. Monac. Lat.* 3851 *(olim August.* 151*) saec. IX—X, fol.* 73*b.* 2) *Cod. Rhenaug. (= B X).* 3) *Cod. Monac. Lat.* 100 *(= B XII).* 4) *Cod. Paris. S. Germ.* 288 *(= B II).*

Ex iis codicibus, quibus infra in ipsis collectionibus edendis usus sum, hoc loco omnes varias lectiones afferre non opus esse visum est; quod praecipue de cod. B 3, *ubi caput* 2b *ad iudicium ferri et de cod. B* 4, *ubi idem ad iudicium aquae frigidae adaptatum exstat, monendum est.*

Cap. 2b *simillimum est capiti* 1b. *Cf. etiam* 3a. *Ediderunt utrumque caput ex codice incerto Lindenbrogius, Exorcism.* 1, 3, *et Baluzius, Exorcism.* 2. *in fine, ex cod. A* 1 *L. Rockinger p.* 324 *sq.; solum* 2b *ex cod. A* 9 *idem vir doctus p.* 323, *et ex codice A* 7 *Baluzius, Exorcism.* 9, *et E. de Rozière nr.* 612.

(a) Consecratio[a] ferri. Deus, iudex iustus, qui auctor pacis es et iudicas aequitatem, te suppliciter rogamus, ut hoc ferrum ordinatum ad iustam examinationem cuiuslibet dubietatis faciendam benedicere et sanctificare digneris: ita[b] ut[c], si innocens de prenominata causa, unde purgatio querenda est, hoc[d] ignitum in manus acceperit[e], inlesus appareat; et si culpabilis atque reus, iustissima sit ad hoc virtus tua in eo cum veritate[f] declarandum; quatinus[g] iustitiae non dominetur iniquitas, sed subdatur falsitas veritati. Per Dominum.

(b) Benedictio[a] aquac ferventis ad examinandum iudicium[a]. Deus, iudex iustus[b], fortis et patiens, qui[c] es

(b) Benedictio[a] aquae ferventis. Deus[b], iudex iustus, fortis et paciens, qui[c] auctor es pacis et iudicas aequitatem,

2 a. *Codd. A* 1. 2. *B* 1. *Cf. cod. Essens. ad calcem* (13). a) *ita A* 1. 2*; falsam rubricam* Benedictio aquae frigidae *habet B* 1. b) *deest B* 1. c) *deest A* 2. d) ignitum hoc *B* 1. e) ac iustima aciperit *B* 1. f) virtute *A* 2. g) quatenus *A* 2.

b. *Codd. A* 1—10. a) 1. *et* 3, *sed in* 3 faciendum *pro* exam.; Consecratio aque callide *pro* Benedictio — iudicium 2; Benedictio aquae ferventis 6; Incipit exorcysorum ad caldaria sive ad aqua 7; Benedictio super aquam ferventem 9. b) iuste 9. c) qui auctor es 7; qui — iustitiae *des.* 9.

b. *Codd. B* 1—4. a) *rubricam praebet* 1. b) In nomine sanctae Trinitatis *praemittit* 1. c) quia 1.

auctor pacis et amator[d] iustitiae, qui iudicas aequitatem, iudica[e], Domine[f], quod iustum est, quia[g] recta iudicia tua sunt. Qui respicis super[h] terram et facis eam tremere, tu[i], Deus[k] omnipotens, qui per adventum[l] filii tui, domini nostri Iesu Christi, hunc[m] mundum salvasti et per eius[n] passionem genus humanum redemisti, tu hanc aquam per[o] ignem[o] ferventem[o*] sanctifica[p]. Qui[q] tres pueros, id[r] est Sidrac, Misac et Abdenago, iussione[s] regis Babylonis missos in caminum[t] ignis accensaque[u] fornace, salvasti[v] et inlesos per angelum tuum eduxisti, tu[w], clementissime[x], presta, ut, si[y] quis innocens[z] in hanc aquam[a] ferventem manum[b] mittat[c], sicut tres pueros supradictos de[d] camino ignis eripuisti[e] et[f] Susannam[g] de falso[h] crimine liberasti, ita*, Domine[i], manum[k] illius[l] salvam[m]

tu iudica, quod iustum est, Domine[d], et rectum iudicium tuum. Qui respicis super[e] terram et facis eam tremere, tu Deus omnipotens, qui per adventum filii tui, domini nostri Iesu Christi, mundum salvasti et per[f] sanctissimam eius passionem genus humanum redemisti, tu hanc[g] aquam igne ferventem sanctifica. Qui[h] tres pueros, id[i] est Sidrac, Misac et Abdenago, iubente Nabuchodonosor[k] in camino ignis accensa[l] fornace, salvasti et[m] inlesos per angelum tuum eduxisti, tu clemens et[n] sanctissime Dominator, presta, si innocens de hoc furto[o] in hanc igne[p] aquam ferventem manum[q] miserit, sicut tres pueros supradictos de[r] camino ignis[s] et Susannam de falso crimine liberasti, ita, Domine[t], manum illius salvam[u] et inlesam ex hac aqua educas. Si vero culpabilis, et[v] ingravante[w]

*) *Codd. A* 7. 8: ita et qui[n] innocens de hanc[o] supradictum[p] furtum in hanc[o] aqua[q]

2 b. d) amator iustitiae qui *des.* 7. e) iudica quod rectum est, Domine, rectum iudicium tuum *pro* iudica — sunt 7; iudica rectum iudicium tuum *pro* iudica — sunt 9. f) omnipotens *add. Lind.* g) quia — sunt *des.* 6. 10. h) *deest* 3—6. in 9. i) et tu 5. k) Domine 2. l) unigenitum filium tuum *etc.* 7. m) *deest* 2. 3. 5. 7. 9. n) sanctissimam *add.* 4. 5. o) igne 4. 6. 10. o*) fervens 6; fervente 10. p) sanctificare iussisti 9. q) Et qui 4; Sicut 9. r) id est *des.* 2. 3. 4. 6. 9. 10. s) iussu regis Babiloniorum Nabuchodonosor missos 6; iusso regis Babylonis Nabogodonosor in camino ignis missus 7; iussu regis Babylonis Nabuchodonosor missos 9. 10. t) camino 2. 7. 9. u) accensamque fornacem 6; accensi 2; accensa 4. 5; accenso 7; ardentis *pro* a. f. 9. v) salvasti et *des.* 6. 10. w) clementissime Domine, oro, si innocens est homo iste de hoc furto, quae ei reputat, si ille *pro* tu clem. — innocens 8. x) Domine clementissime, qui semper dominaris 6. 10; *ita etiam* 7, *ubi* clem. *deest;* Dominator *add.* 4. y) sicut *pro* si quis 7. z) innocens de hoc furto vel stupro innocens 4; innocens de hanc furtum 7. a) per ignem *add.* 5. 7. b) suam *add.* 4. c) inmittit 3; miserit 7. 9. d) de — eripuisti *des.* 9. e) *deest* 7. f) et sicut 6. 10. g) Susanna 7; *verbis:* et inlesam educas, quia tres pueros supradictus Susanna *incipit fragmentum* 8. h) falsa crimina 7; falsum cr. 8. i) *deest* 9. k) iste de aqua manum 9. l) suam 4. 9. m) sanam 3. 4; custodias et *add.* 5. n) eum Domine quia 8. o) anc, *et infra* oc *pro* hoc 8. p) *deest* 8. q) aquam 8, *ubi* per ig. ferv. *des.*

2 b. d) Domine — tuum *des.* 3. e) *deest* 3. f) *deest* 1. g) sanctifica hanc aquam igne ferventem 2. h) et qui 3. i) id est *des.* 2. 3. 4. k) rege N. 2. 3. 4. l) ardentis 4. m) inlesos et 2. 3. n) sanctissimeque *pro* et s. 3; et *deest* 2. o) facto *pro* furto 3; vel de hoc stupro *add.* 2. p) aq. ig. 2. q) manum suam 2. r) in 2. s) solvisti *add.* 2. 3. t) *deest* 2. 3. u) de hac aqua igne ferventem salvum et inlesum *pro* manum — aqua 2. v) sit et 3; et *deest* 2. 4. w) ingravatum 1.

ex[r] hac aqua et inlesam perducas[s,*]. Et si quis culpabilis, vel[u] incrassante[v] diabolo[w] cor induratum[x], presumpserit** manum[y] inmittere[z], tua iustissima[a] pietas[b] hoc declarare[c] dignetur, ut[d] in eius[a] corpore tua virtus[e] manifestetur[f], et[g] anima illius[h] per[i] poenitentiam et[k] confessionem salvetur. Et[l] si per[m] aliqua[n] maleficia aut[o] per herbas[p] diabolica[q] arte infectas peccata[r] sua contueri voluerit, tua[s] dextera hoc evacuare[t] dignetur. Per[u] unigenitum[v] dominum nostrum Iesum Christum, filium tuum, qui tecum vivit[w].

diabulo[x] cor[y] induratum, presumpserit manum[z] inmittere, tua iustissima pietas[a] hoc[b] declarare dignetur, ut[c] in eius[d] corpore tua[e] virtus manifestetur et[f] anima illius[g] per poenitentiam et[h] confessionem salvetur[i]. Et[k] si[l] culpabilis per aliqua maleficia aut[m] per herbas peccata sua contueri[n] voluerit, tua dextera hoc evacuare dignetur[o]. Per[p] unigenitum[q] dominum nostrum Iesum Christum, filium tuum, qui tecum vivit[r].

per igne fervente manum miserit[x], salva[y] et inlesam educat, ita, Deus[z] omnipotens, si *pro* ita, Domine — perducas. Et si.

*) *Codd. A* 4. 5*:* reducas. Si quis vero de prenominata et sibi imputata causa culpabilis atque reus, instigante diabolo vel[a] corde indurato, presumpserit.

**) *Cod. A* 9*:* per suum peccatum vel forte per alicum maleficum aut herbas diabolicas peccatum quod fecit confitere noluerit, dextera tua manifestare et declinare dignetur. Per dominum nostrum Iesum Christum, qui venturus est iudicare vivos et mortuos et seculum per ignem.

2 b. r) ex hac aqua *des.* 2—5. s) producas 6. 10; perducat 9. t) At si *Lind.;* si autem culp. 9; ut si culp. 10; si culp. est 6; si culp. fuerat 8. u) et 6. 8; ad 7; *deest* 9. v) ingrasante 7; incrasante 8. w) et *add.* 6. 10. x) habens *add.* 3; indurante 6; obduratum 8. 9; ingravante 10. y) in hanc aquam igne ferventem manum 4. z) mittere 2. 6. 7. 8. 10. a) *deest* 8. b) veritas 4. 7. 8. c) declaratur *pro* decl. dign. 7; declaretur 8. d) ut in eius corpore *des.* 7. e) virtute 2. 7; tua virtus *des.* 8. f) manifesta 7. g) *deest* 7. h) *deest* 7. 8. i) pro poenitentiae 7. k) et confessionem *des.* 2. 3. 7. 8. l) Et — dignetur *des.* 1. 2. 3. 5; Si quis culpabilis 7; Ita, Domine omnipotens, si culpabilis 8. m) pro aliquo maleficio aut pro herbas 7. n) alia maleficio 8. o) ut 8. p) erbam 8. q) diabolicas 7. 8, *ubi* a. inf. *des.* r) peccatum tegere voluerit 7; peccatum suum vel furtum vel adulterium 8, *ubi* cont. voluerit *des.* s) micabilis *(lege:* mirabilis*)* tua 8. t) evacuere 7. u) Per *et reliqua des.* 2; Per 1. 3. 10, Per eundem 6, *ubi reliqua des.;* Per unigenitum filium tuum, d. n. I. Chr. 8. v) ipsum 7. w) semper vivit et regnat, Deus in unitate Spiritu sancti per omnia secula seculorum. Amen 7; vivit et regnat Deus in secula seculorum. Amen 8. x) misserat 8. y) salvam 8. z) Domine 8. a) *deest* 5.

2 b. x) diabolo 2. 3. 4. y) et cor 4. z) in hanc aquam igne ferventem manum suam mittere 2. a) veritas 2. 3. 4. b) hoc declaret 2; declaret 3; declaret hoc huic in corpore suo 4. c) et 2. 3. d) huius 2. 3. e) tuam veritatem manifesta 2. 3; tua veritate manifesta 4. f) ut 2. 3. g) *deest* 2. h) et conf. *des.* 2. 3. 4. i) sanetur 3. k) Et si — dignetur *des.* 1. l) si quis 4. m) atque 4. n) tueri 3. o) atque deficere faciat *add.* 3. p) *reliqua des.* 1. q) unicum 2. r) *deest* 2*;* una cum sancto Spiritu vivit et regnat Deus 3; vivit et 4.

3.

Duae benedictiones, quarum utraque et ad ferrum et ad aquam ferventem spectat, continentur in codice Vindobonensi 1888 *(olim theol.* 682*) saec. X—XI. Benedictio prior eadem fere est ac illa, quae* 2b *exstat, altera similis est aliis; cf. infra* 5h *et ad calcem* (23). *Edidit Gerbertus, Monum. vet. liturg. Alemann. II, p.* 118; *cf. E. de Rozière nr.* 597.

(12) (a) Benedictio ignis et ferri sive aquae. Deus, iudex iustus, fortis et patiens, qui auctor pacis es et iudicas aequitatem, respice ad deprecationem nostram — — — Redemtorem tocius orbis, qui venturus est iudicare.

(b) Alia. Omnipotens, sempiterne Deus, qui es scrutator[a] occultorum cordium, te supplices exoramus, ut, si homo hic culpabilis est de rebus prefatis et, diabolo ingruente cor eius, presumpserit in hanc aquam igne ferventem, *sive* ferrum ignitum, manum suam mittere, tua iustissima veritas declaret, et in huius opere tuam veritatem manifesta, ut per manifestam poenitentiam in corpore anima eius salvetur in extrema examinatione. Quod si per herbas aut per aliqua maleficia hoc peccatum tegere celareque voluerit, tuam sanctam dexteram evacuare dignetur. Per unigenitum dominum nostrum Iesum Christum, qui venturus est iudicare vivos et mortuos.

4.

Codex Sangall. 682, *saec. IX. in., quem V. Cl. Br. Krusch ex tabula chronologica, quae in primis codicis foliis legitur, a.* 816. *scriptum esse collegit, praebet p.* 245 *sq. hanc adiurationem caldarii (urceoli), quae cum* 5o *comparanda est. Cum iudicio panis et casei, quod in codice sequitur, hoc caput non iungendum mihi visum est.*

In nomine domini nostri Iesu Christi.

Ad ortiolum[a]. Deus, qui es invisibilis salvator mundi, depraecamus te atque supplicamus, ut in nomine Filii tui unigeniti dignaris[b] nobis demonstrare causam istam, ut, si peccavit homo ille de rem illam illius, aut si sapit aut si consentiens fuit aut conscius exinde, appareat virtus tua, Domine, suppliciter exoramus, omnipotens Deus, per cuius nomen maiestas tua per hanc aquam manifestetur, qui[c] est in orciolo ista[d], ut eat, ambulet ortiolus isto[e] in gyro, qui fecisti caelum et terram, omnipotens Pater, qui per filium tuum Iesum Christum claudos ambulare fecisti, leprosos mundasti et de terra Lazarum quatriduanum resuscitasti. Salvator mundi, qui in cruce pependisti[f] et de sepulchro resurrexisti, da nobis, ut res illa manifestetur nobis. Amen.

5.

Ordo iste iudicii aquae ferventis exstat in his codicibus: 1) *cod.* Bamberg. *(= B IV);* 2) *cod.* Eichstet. *(= B VII);* 3) *libro pontificali* Beccensis *monasterii saec. XII—XIII. Quodammodo immutatus legitur etiam in alio codice Bambergensi; cf. B V,* 1. *Ex* 3 *edidit ordinem Martene, De antiq. eccl. ritibus III, p.* 483.

(26) (a) Romani propter thesaurum sancti Petri et invidiam — — —.

(20) (b) Inquisitus si fuerit aliquis — — —.

(c) Videte fratres — — —.

3. a) servator *c.*

4. a) *i. e.* urceolum. b) dignas *c.* c) *lege:* quae. d) *lege:* isto. e) *lege:* iste. f) pependisti *superscr.* de *(corr.* pependedisti?*) c.*

5 a—e. *Codd.* 1. 2. 3.

(d) Deinde vertens se ad sceleratum — — —.

(e) Deinde signet locum in atrio ecclesiae, ubi ignis fieri possit ad caldariam suspendendam, in qua aqua bulliens efficiatur, ita tamen, ut prius locus ille aqua benedicta aspergatur, necnon et aqua, quae in caldaria est, propter illusiones demoniacas. Et[a] his peractis, imponat introitum: Iustus es, Domine, et rectum iudicium tuum — — —. Missa iudicii

(f) Post celebrationem missae pergat sacerdos cum plebe, euangelio et sancta cruce ac turibulo et sanctorum reliquiis precedentibus, cum[a] lętania et 7 psalmis poenitentialibus ad benedicendam aquam ita[b]:

(g) Deus[a], iudex iustus, fortis et patiens, qui es auctor[b] pacis et amator iusticiae et iudicas aequitatem, respice[c] ad deprecationem nostram et dirige iudicium nostrum, quia iustus es, et recta iudicia tua sunt, qui respicis terram et facis eam tremere. Et tu Deus* — — — per poenitentiam salvetur. Per eundem. A 2b.

(h) Omnipotens[a], sempiterne Deus, qui es scrutator[b] occultorum cordium, te supplices exoramus, ut[c], si homo hic[d] culpabilis est de rebus prefatis vel, incrassante diabolo cor induratum habens, presumpserit in hanc aquam igne ferventem manum inmittere[e], tua iustissima veritas hoc declarare dignetur, et in eius corpore virtus tua manifestetur, ut anima illius per poenitentiam et confessionem salvetur. Et si per aliqua maleficia aut per herbas diabolica arte infectas peccata sua contueri voluerit, tua dextera hoc evacuare dignetur. Per[f] unigenitum filium tuum, dominum nostrum Iesum Christum, qui tecum. cf. A 3b et (23).

(i) Benedico te, creatura aquae, per ignem ferventem in nomine Patris et Filii — — —. (10)

(k) Omnipotens[a], sempiterne[b] Deus, te[b] suppliciter deprecamur[c] — — —. (22)

(l) Omnipotens, sempiterne[a] Deus, qui tua iudicia incommutabili dispositione — — —. (25)

(m) Postea vero fumo myrrae odoretur et fumetur[a] caldaria sive urceolus tam subtus quam et in circuitu, et dicatur ista[b] oratio:

(n) Deus[a], qui maxima queque sacramenta — — —. (15)

(o) Tunc[b] lavetur manus[c] de sapone[d], et fiat adiuratio urceoli sive caldariae ante inmissionem[e] manus: Adiuro te, urceole, per Patrem et Filium et Spiritum sanctum, et per sanctam resurrectionem, et per tremendum iudicium Dei, et per 4 euangelistas, si iste culpabilis est de illa causa, sive in facto, sive in consensu, aquae se contremulent, et tu, urceole, te contornes. Per.

Hic mittat manum in aquam, et postea sigilletur.

*) *Cod.* 3. *exhibet:* — aquam igne ferventem sanctifica, sicut tres pueros, Sydrac — *et inde ab* eduxisti *usque in finem:* et Susannam de falso crimine liberasti, tu clementissime Dominator, presta, ut, si quis innocens de hoc crimine in hanc aquam ferventem manum suam mittat, sanam et illaesam reducat. Per te Salvatorem totius orbis, qui venturus es.

5 **d. e.** *Codd.* 1. 2. 3. a) *deest* 1.
f. *Codd.* 1. 2. a) *ita* 2; cum 7 ps. pęnit. et lętania ad 1. b) *ipsa letania sequitur in* 1.
g. *Codd.* 1. *2. 3. a) Oratio *praemittit* 1. b) amator pacis et iusticiae 1. c) respice — nostram et *des.* 1.
h. *Codd.* 1. *2. 3. a) Oratio *praemittit* 1; Alia *praemittit* 2. b) salvator 3. c) *deest* 1. d) iste 3. e) mittere 3. f) *reliqua des.* 3.
i. *Codd.* 1. *2. *3. *Rubr.* Alia 2. 4; igne 9.
k. *Codd.* 1. *2. *3. a) Alia *praemittunt* 1. 2. b) *deest* 1. c) rogamus 3.
l. *Codd.* 1. 2. 3. a) *deest* 1.
m. *Codd.* 1. 2. 3. *Cf. B IX,* 2. *X,* 4. a) infumetur 2. b) ista o. *des.* 2.
n. o. *Codd.* 1. *2. *3. a) Alia *praemittit* 1. b) *ita* 2. 3; Postea 1. c) examinandi *add.* 3. d) *ita* 2. 3; sabone 1. e) missionem 3.

6.

Exstant exorcismi isti 1) *in cod. Paris. Lat.* 2374, *saec. X—XI; descripsit b. m. H. Knust;* 2) *in cod. Monac. Lat.* 22040 *(= B XVI);* 3) *in editione Lindenbrogii (Exorcism.* 1, 1*) et eodem fere modo apud Baluzium (= A 8);* 4) *in cod. monasterii S. Nicolai Andecavensis (= A 7);* 5) *in cod. Lucemburg.* 50 *(= B XVII). E. de Rozière edidit ex codice* 1 *cap.* 6 d *in nr.* 612 *bis*, *capitum* 6 a. b *lectiones ex eodem codice ad nr.* 607.

(a) Exorcismus[a] aquae calidae, ad[b] faciendum iudicium. Exorcizo te, creatura aquae, in nomine Dei patris omnipotentis et in nomine Iesu Christi filii eius, domini nostri[c], ut fias aqua exorcizata ad effugandam omnem potestatem inimici et omnia[d] fantasmata diaboli; ut, si hic homo[e] ill.[f], manum[g] in te missurus[h], innocens est[i], unde culpatur[k], pietas Dei omnipotentis liberet eum[l]. Et si[m] culpabilis est, unde[n] culpatur, se faciente vel consentiente, et[o] in te manum mittere ausus[p] fuerit, eiusdem Dei[q] omnipotentis virtus super[r] eum[s] hoc declarare dignetur, ut omnis homo timeat[t], contremiscat nomen sanctum glorie domini[u] nostri Iesu Christi, qui tecum vivit et regnat.

(b) Benedictio[a] aquae. Oremus. Domine Iesu Christe, qui es iudex iustus, fortis et patiens et multum misericors, per quem facta sunt omnia, Deus deorum et Dominus dominantium, qui propter nos homines[b] et propter nostram salutem de sinu patris descendisti, et ex virgine Maria carnem assumere dignatus es, et per[c] passionem tuam mundum in[d] cruce redemisti, et ad inferos descendisti, et diabolum in tenebris[e] exterioribus colligasti, et omnes iustos, qui originali peccato ibidem tenebantur[f], magna potentia[g] exinde liberasti: tu, Domine, quaesumus, mittere digneris Spiritum[h] sanctum tuum ex summa celi arce[h] super hanc creaturam aquae, quae ab igne fervescere atque calescere videtur, qui[i] rectum per[k] eam iudicium super hunc hominem ill. comprobet ac manifestet. Te, domine Deus, supplices[l] deprecamur, qui in[m] Chana Galileae signo[n] admirabili tua[o] virtute ex aqua vinum fecisti, et tres pueros, Sidrac, Misac et Abdenago, de camino ignis ardentis illesos eduxisti, et Susannam de falso crimine liberasti, ceco nato oculos aperuisti, Lazarum[p] quatriduanum a monumento suscitasti, et Petro mergenti manum porrexisti, ne respicias peccata nostra in hac oratione, sed tuum verum et sanctum iudicium coram omnibus[q] in hoc manifestare digneris, ut, si hic homo[r] pro hac reputationis causa, fornicatione[s], *vel* furto[t], *vel* homicidio, *aut* adulterio[u], *aut pro*

6 a. *Codd.* 1—5. a) Exorcismus — iudicium *des.* 5; Benedictio 3; Benedictio vel e. *Bal.* 4. b) in qua manus ad iudicium mittitur 2. *Bal.* 4. c) et in virtute Spiritus sancti *add.* 4. 5. d) omne fantasma satanae 2; omne phantasma diaboli 3. 4. e) aut hec mulier *add.* 5. f) ill. 1; *deest* 2—5. g) qui manum suam 3; manum suam 2. 4. 5. h) est *add.* 2. 3; vel missura *add.* 5. i) *deest* 2. 3; extiterit de hac culpa unde *Bal.* k) reputatur 2. 3. 5. l) vel eam *add.* 5. m) quod absit *add.* 2—5. n) unde culp. — consentiente *des.* 2—5. o) presumptuose *add.* 2. 3; praesumptuosus *add.* 4; presumptione *add.* 5. p) vel ausa *add.* 5. q) *deest* 3. r) super eum *des.* 2. s) vel eam *add.* 5. t) et contr. 3. 4; et tremiscat 2. u) *codd.* 2—5. *alia varia addunt.*

b. *Codd.* 1—5. a) B. aq. Oremus *des.* 3; aq. O. *des.* 2. 4. 5; Oratio *Bal.* 5; Alia 4. b) homines — salutem *des.* 2. c) passione tua 4; tuam *deest* 2. d) in cruce *des.* 2. e) tenebras exteriores 2. f) detinebantur 2—5. g) tua *add. Bal.* h) sanctam virtutem tuam caelestem *pro* Sp. s. — arce 4. i) quae per eum rectum iudicium super hominem istum comprobet 2; quae rectum per eam iudicium super hunc hominem nom. ill. (hominem nobis 4) comprobet 3. 4; ut rectum iudicium per eam super h. h. nomine illo c. *Bal.*; qui per eam rectum iudicium super hunc hominem nom. illi comprobet 5. k) super 1. l) suppliciter 5. m) *miracula alio ordine enumerantur* 4. n) s. a. *des.* 2. o) tuae virtutis 4. p) et ceco — Lazarumque 2. q) hominibus 3; omnibus hominibus 4. r) vel haec mulier *add.* 5. s) fornicatione vel *des.* 2. 3. 5; forn. — culpa *des.* 4. t) videlicet *add.* 3. 5; furti vel homicidii vel adulterii *pro* furto — adulterio 2. u) vel maleficii *add* 2; vel luxuria *add.* 3. 5.

qualibet culpa[v], modo ad[w] praesens manum suam in hanc aquam igne ferventem miserit et culpabilis ex hac causa[w] non est, hoc ei praestare digneris, ut nulla lesio vel malicia[x] in eadem[y] manu appareat, per quam sine culpa calumpniam incurrat[z], qui venturus es iudicare vivos et mortuos et seculum per ignem.

(c) Iterum[a] te, Deus[b] omnipotens, nos indigni et peccatores famuli tui suppliciter[c] exoramus[d], ut sanctum, verum[e] et rectum iudicium tuum nobis in hoc etiam[a] manifestare digneris, quatinus[f] hic homo[g] ex hac reputatus[h] causa, si per aliquod maleficium, diabolo instigante, aut cupiditate vel[i] superbia[k], culpabilis est in facto[l] vel consensu, et hoc comprobationis[m] iudicium subvertere aut[n] violare volens[o], malo confisus[p] ingenio, manum suam in hanc aquam praesumptuose[q] mittere ausus[r] fuerit, tua pietas taliter[s] hoc declarare[t] dignetur, ut in eius manu dinosci queat, quod iniuste egit, ut ipse[u] deinceps per veram confessionem, poenitentiam agens, ad emendationem perveniat, et iudicium tuum sanctum et verum in[v] omnibus declaretur gentibus[w].

(d) Deus iusticiae, Deus iudex iustus, fortis et patiens et pax, qui iudicas equi- cf. A 2 b.
tatem, tu iudica quod iustum est, Domine, de ista causa, et rectum iudicium tuum iudicasti, qui regnas super terram et facis eam tremere; tu Deus omnipotens, qui per adventum filii tui, domini nostri Iesu Christi, mundum salvasti et per passionem genus humanum redemisti, tu hanc aquam igne ferventem benedicere digneris, et sicut tres pueros, Sidrac, Misac et Abdenago, de camino ignis, succensa fornace, salvasti et illesos per angelum tuum eduxisti, ita, clementissime Dominator, si innocens est iste homo ill. de ista causa[a], per quam iudicium tuum intrat, et manum suam in hanc aquam igne ferventem miserit, vel si culpabilis est, appareat; et si innocens est, salvum et illesum libera eum. Praesta hoc, omnipotens et misericors Deus, ut de hac ista causa, quod iustum est, sit in tua misericordia et in tua pietate ipsam declarari iubeas. Per eundem[b].

7.

Ex codice monasterii S. Nicolai Andecavensis has benedictiones edidit Martene, De antiq. eccl. ritibus III, p. 492 *sqq.*

(a) Benedictio ignis ad iudicium aquae callidae. Domine sancte, Pater omnipotens, aeterne Deus, quaesumus, ut hunc ignem, quem in nomine tuo et filii tui Dei ac domini nostri Iesu Christi et Spiritus sancti benedicimus et sanctificamus, benedicere et sanctificare digneris, qui vivis et regnas.

(b) Benedictio vel exorcismus aquae callidae, in quam manus ad iudicium mittitur. Exorcizo te, creatura aquae — — — gloriae domini Dei nostri, A 6 a.
qui in Trinitate perfecta vivit et regnat unus Deus per infinita saecula saeculorum. Amen.

(c) Alia. Domine Iesu Christe, qui es iudex iustus, fortis et patiens et multum A 6 b.
misericors — — — appareat, per quam sine culpa calumniam incurrat, qui vivis et regnas cum Deo in unitate.

6 b. v) causa culpae 3. w) *deest* 5. x) *ita* 1. 5; macula 2. 3; molestia 4. y) eandem manum 1. z) *codd.* 4. 5. *alia varia subiciunt; reliqua des.* 2. 3.
c. *Codd.* 2—5. a) *deest* 4. b) domine Deus omnipotens pater 4. c) supplices 4. d) oramus 3. e) et verum ac r. 2. f) quatenus 3. 4. 5. g) aut hec mulier *add.* 5. h) reputationis *Bal.;* reputatus vel reputata 5. i) aut 4. k) incitante *add. Bal.* l) factu 3; facto vel in *Bal.* m) *deest* 2. n) vel 3. o) voluerit 2; vult 5. p) vel confisa *add.* 5. q) praesumptione 5. r) vel ausa *add.* 5. s) *deest* 4; hoc *deest* 5. t) declarescere 2. u) et ipse 3. 4; ipse vel ipsa 5. v) *ita* 3. 4. 5; declaretur in gentibus 2; in omnibus gentibus declaretur *Bal.* w) *diversa subiciunt codices.*
d. *Cod.* 1, *ubi haec post* b *leguntur.* a) .N. *add. c.* b) *reliqua abscissa sunt.*

A 6 c. (d) Sequitur oratio. Te, domine Deus, omnipotens pater, nos indigni — — — declaretur gentibus. Per virtutem domini nostri Iesu Christi, qui venturus est iudicare vivos et mortuos et saeculum per ignem. Per.

(e) Alia. Deprecor te, illuminator Domine omnium rerum, scrutator cordium et renum et intellector cogitationum, qui corda et occulta abditaque et secreta cogitationum et renes omnium nosti et vides, ut ostendere digneris in palam omnia dubia et incertas res, de quibus dubitamus, ut veritatem et iustitiam possimus advertere et inter mendacium et veritatem discernere, tua providentia donante, sicut audivimus Heliam dicentem[1]: 'Deus Abraham, Deus Isaac, Deus Iacob, Deus omnium sanctorum, qui occulta cordis absconditaque cogitationis secreta et renes omnium vides et nosti, quia tu es Deus Israel', et Daniel confirmante[2]: 'Sit nomen Domini benedictum a saeculo et usque in saeculum — — — et lux cum eo est'. Tibi[3], domine Deus patrum nostrorum, confitemur teque laudamus atque benedicimus precamurque, ut veritatem istius rei manifestes nobis, sicut fecisti inter mulieres apud Salomonem et inter falsos iudices et Susannam apud Danielem et apud apostolos in eligendo apostolum: ita manifestare nobis digneris verum per tuam potentiam et fortissimum nomen tuum sanctum, quia tu es benedictus in saecula saeculorum.

(f) Sequitur oratio. Deus, iudex iustus, fortis et patiens, qui es auxiliator verax et iudicas aequitatem, tu iudica quod iustum est; iustus enim es, Domine, et rectum iudicium tuum, qui respicis super terram et facis eam tremere. Tu, Deus omnipotens, clemens adesto, qui per adventum filii tui, domini nostri Iesu Christi, mundum salvasti et per passionem eius et lignum sanctae crucis genus humanum redemisti, tu hanc aquam ferventem sanctifica, et qui tres pueros, id est Sidrach, Misach et Abdenago, iussu regis Babylonici Nabuchodonosor in caminum ignis missos, per angelos tuos sanctos eduxisti, tu, sanctissime Pater, omnipotens dominator omnium regum, iudica quod iustum est et nobis indignis servis tuis per bonitatem tuam manifesta. Per eundem.

Ps. Deus, iudicium tuum regi da[4]. Ps. Si vere utique[5]. Ps. Deus ultionum[6]. Ps. Beati immaculati in via[7]. Et letania, quamdiu iurat homo.

(g) Benedictio[a] ferri calidissimi ad iudicium. Deus, cuius[b] notitiam nulla unquam secreta effugiunt[c], fidei nostrae tua bonitate responde[d], et praesta, ut, quisquis purgandi se gratia hoc ignitum tulerit ferrum, potentiae tuae iudicio[e] vel absolvatur innocens vel obnoxius detegatur. Per[f].

Item ut supra: Deprecor te, illuminator Domine, totam. Deus, iudex iustus, totam; et psalmos et letania, sicut supra.

8.

Ordinem istum iudicii aquae ferventis ex codice quodam incognito edidit Baluzius, Exorcism. 1, *unde eum repetivit E. de Rozière, nr.* 607, *codicis Parisiensis Lat.* 2374 *(cf. A* 6*) lectionibus subiectis. Monendum est, ordinem ad exemplum ordinis iudicii aquae frigidae, infra A* 17 *sqq., compositum esse.*

7 g. *Cf. B XVIII,* 4 d *et cod. Floriac. s. XII (Martene, l. l. III, p.* 384*).* a) Benedictio ferri igniti, quod caussa iudicii portatur *pro* Ben. — iudicium *cod. Flor.* b) cui *B XVIII.* c) fugiunt *B XVIII. et cod. Flor.* d) resplende *B XVIII.* e) indicio *ed.* f) *reliqua des. in B XVIII. et cod. Flor.*

1) *Cf.* 3. *Reg.* 18, 36. 2) *Dan.* 2, 20—22. 3) *Cf. ib.* 2, 23. 4) *Psalm.* 71, 1. 5) *Psalm.* 57, 2. 6) *Psalm.* 93, 1. 7) *Psalm.* 118, 1.

INCIPIT BENEDICTIO VEL EXORCISMUS AQUAE CALIDAE[a], IN QUA MANUS AD IUDICIUM MITTITUR.

(a) Cum homines vis mittere ad comprobationem iudicii aquae calidae, primum fac eos intrare cum omni humilitate in ecclesia, et prostratis in oratione, dicat sacerdos has orationes:

Prima oratio. Auxiliare, Domine, quaerentibus misericordiam tuam et da veniam confitentibus. Parce supplicibus, ut, qui nostris meritis flagellamur, tua miseratione salvemur. Per.

Secunda oratio. Quaesumus, omnipotens Deus, afflicti populi lacrimas respice et iram tuae indignationis averte, ut, qui reatum nostrae infirmitatis agnoscimus, tua consolatione liberemur. Per.

Tertia oratio. Deus, qui conspicis omni nos virtute destitui, interius exteriusque custodi, ut et ab omnibus adversitatibus muniamur in corpore et a pravis cogitationibus mundemur in mente. Per.

His orationibus completis, surgat pariter et coram hominibus illis cantet presbyter missam et faciat eos ad ipsam missam offerre. Cum autem ad communionem venerint, antequam communicent, interroget eos sacerdos cum adiuratione et dicat:

(b) Adiuro vos, homines, per Patrem et Filium et Spiritum sanctum, et per vestram christianitatem, quam suscepistis, et per unigenitum Dei filium, quem Redemptorem creditis, et per sanctam Trinitatem, et per sanctum euangelium, et per reliquias, quae in ista sancta ecclesia sunt reconditae, ut non praesumatis ullo modo ad istam sanctam communionem accedere nec sumendo communicare, si hoc vel illud fecistis, aut consensistis, aut aliquam veritatem inde scitis, seu qui hoc egit, nostis.

(c) Si autem tacuerint et nullam inde professionem dixerint, accedat sacerdos ad altare et communicet more solito, postea vero communicet illos. Cum autem communicant ante altare, dicat sacerdos: Corpus hoc et sanguis domini nostri Iesu Christi sit vobis ad comprobationem hodie.

(d) Expleta missa, descendat sacerdos ad locum destinatum, ubi ipsum examen peragatur. Deferat secum librum euangeliorum et crucem et canat modicam letaniam; et cum compleverit ipsam letaniam, exorcizet et benedicat aquam ipsam, antequam fervescat, ita dicendo:

(e) Exorcizo te, creatura aquae — — — contremiscat nomen sanctum gloriae A 6 a.
Domini nostri, qui vivit et regnat Deus per omnia secula.

(f) Oratio. Domine Iesu Christe, qui es iudex iustus, fortis et patiens et multum A 6 b.
misericors — — — appareat, per quam sine culpa calumniam incurrat.

(g) Iterum te, Deus omnipotens, nos indigni — — — gentibus declaretur. Per A 6 c.
te, Redemptor mundi, qui venturus es iudicare vivos et mortuos et seculum per ignem. Amen.

(h) Item alius exorcismus. Te autem, creatura aquae, adiuro te per Deum vivum, per Deum sanctum, qui te in principio separavit ab arida, adiuro te per Deum vivum, qui te de fonte paradisi manavit et in quatuor fluminibus exire iussit et totam terram rigare praecepit, adiuro te per eum, qui te in Cana Galilaeae sua potentia convertit in vinum, qui super te suis sanctis pedibus ambulavit, qui tibi nomen imposuit Siloha[1], adiuro te per Deum, qui in te Nahaman Syrum sua lepra mundavit[2], dicens:

8. a) seu frigidae *add. ed.*

1) *Cf. Ev. Ioh.* 9, 7. 2) *Cf.* 4. *Reg.* 5, 10—14.

Aqua sancta, aqua benedicta, aqua, quae lavas sordes et mundas peccata, adiuro te per Deum vivum, ut te mundam exhibeas nec in te aliqua phantasma retineas, sed efficiaris fons exorcitatus ad effugandum et evacuandum et comprobandum omne mendacium et investigandam et comprobandam omnem veritatem: ut iste, qui in te manum miserit, si veritatem et iustitiam habuerit, nullam laesionem in te accipiat; et si mendacium habet, appareat manus eius igne combusta, ut cognoscant omnes homines virtutem domini nostri Iesu Christi, qui venturus est cum Spiritu sancto iudicare vivos et mortuos et seculum per ignem. Amen.

(i) Post haec exuat eum vestimentis suis et induat eum, *vel* eos, vestimentis mundis de ecclesia, id est indumento de exorcista aut de diacono, et faciat eos, *vel* eum, osculari euangelium et crucem Christi et aspergat super eos de aqua ipsa; et ipsi, qui intraturi sunt ad Dei examen, det illis omnibus bibere de ipsa aqua benedicta. Cum autem dederit, unicuique dicat: Hanc aquam dedi tibi, *vel* vobis, ad probationem hodie. Deinde imponantur ligna subter caldaria, et dicat sacerdos has orationes, quando ipsa aqua calescere coeperit:

cf. A 2 b. (k) In nomine sanctae Trinitatis. Deus, iudex iustus, fortis et patiens, qui es auctor et creator clemens et misericors et iudicas aequitatem, tu iudica, qui iussisti rectum iudicium facere et respicis super terram et facis eam tremere. Tu, Deus omnipotens, qui per adventum unigeniti filii tui, domini nostri Iesu Christi, mundum redemisti, qui per eius passionem genus humanum subvenisti et salvasti, tu hanc aquam ferventem sanctifica. Qui tres pueros, id est Sidrach, Misach et Abdenago, sub rege Babylonis Nabuchodonosor in camino ignis, accensa fornace, salvasti et inlaesos per angelum tuum eduxisti, tu, clementissime Dominator, praesta, ut, si quis innocens ab huiusmodi culpa, *seu* causa, *sive* reputatione homicidii, adulterii, latrocinii fuerit, et in hanc aquam manum miserit, salvam et inlaesam inde educas. Qui tres pueros supradictos et Susannam de falso crimine liberasti, ita, Domine omnipotens, si culpabilis fuerit et, incrassante diabolo cor obduratum, manum in huius tui elementi ferventis creaturam miserit, tua veritas hoc declaret, ut in corpore manifestetur, et anima per poenitentiam salvetur. Et si ex hoc scelere culpabilis fuerit, et per aliquod maleficium aut per herbas aut per diabolicas incantationes hanc peccati sui culpam occultare voluerit, vel tuam iustitiam contaminare vel violare se posse crediderit, magnifica tua dextera hoc malum evacuet et omnem rei veritatem demonstret. Per te, clementissime Pater, qui vivis et regnas in Trinitate perfecta. Per omnia.

(l) Alia. Oremus. Deus, qui beatam Susannam de falso crimine liberasti, Deus, qui beatam Theclam de spectaculis liberasti, Deus, qui sanctum Danielem de lacu leonum liberasti et tres pueros de camino ignis ardentis eripuisti, tu libera innocentes et consigna factores. Per Dominum nostrum.

(m) Et qui manum mittit in aquam ad ipsum examen, dicat orationem dominicam et signet se signaculo crucis, et festine deponatur ipsa aqua fervens desuper iuxta ignem, et iudex perpendat ipsam lapidem illigatam ad mensuram ill. infra ipsam aquam more solito; et sic inde extrahat eam in nomine Domini ipse, qui intrat ad examen iudicii. Postea cum magna diligentia sic fiat involuta manus sub sigillo iudicis signata usque in die tertio, quo visa sit viris idoneis et aestimata.

9.

Brevis ista benedictio ferri exstat in his antiquissimis codicibus: 1) *cod. Vindobonensi Lat.* 1815 *(theol.* 149*) olim Augiensi, saec. IX. fol.* 149*;* 2) *non integra* *in cod.* Vaticano *Christ.* 469, *olim Sangallensi, saec. IX; cf. supra p.* 378. *Edidit ex cod.* 1 *Gerbertus in Monum. vet. liturg. Alemanniae II, p.* 117. *Pars prior etiam in alio codice Sangallensi antiquissimo legitur; cf. A* 1 a.

(a) Benedictio[a] ferri iudicialis. Benedic, Domine, per invocationem sanctissimi nominis tui ad manifestandum iudicium tuum hoc genus metalli, ut, omni daemonum falsitate procul remota, veritas veri iudicii tui fidelibus tuis manifesta fiat. Per dominum.

(b) Benedictio Dei patris et Filii et Spiritus sancti descendat super hoc ferrum ad discernendum iudicium Dei. Amen.

10.

Ordo iudicii ferri exstat in codice miscellaneo Paris. *Lat.* 13091 *(res. S. Germ.* 981*) in tribus foliis saec. XII. scriptis, quae ex antiquo monasterio Corbeiensi oriunda videntur. Manu saec. XVII. adscriptum legitur, ordinem 'in observationibus ad Bull. a.* 1654.' *editum esse. De qua editione aliunde compertum non habeo. Denuo edidit E. de Rozière in Additamentis, 'Recueil' III, p.* 348 *sqq. B. m. Ioh. Heller codicem cum edito contulit.*

INCIPIT IUDICIUM FERRI.

(a) Inprimis cantet presbiter prescriptam missam. Post hoc faciat ignem accendi benedicatque aquam et aspergat super ignem et super astantes et ubi iudicium agendum, et sequatur hec oratio super ignem:

(b) Domine Deus, pater omnipotens, lumen indeficiens, exaudi nos — — — mereamur. Per Dominum. (16)

(c) Postea agatur letania. Kyrrieleyson, Christe eleyson, ter. Christe, audi nos. Salvator mundi, adiuva nos. Sancta Maria, [ora] pro illo. Sancta Dei genitrix, ora pro illo. Sancta virgo virginum, ora pro illo. Sancte Michael — — —. Propitius esto, exaudi eum, Domine. Ab isto periculo, si culpabilis non est iste homo, libera eum, Domine. Ab insidiis diaboli libera. Ab omnibus maleficiis et magicis artibus libera eum, Domine. A cunctis erroribus libera. — — — Peccatores te rogamus, audi. Pro huius negotii examinatione te rogamus, audi. Pro huius negotii qualitate te rogamus, audi nos. Ut iusticiae non dominetur iniquitas, te rogamus, audi. Ut subdatur falsitas veritati, te rogamus, audi. Fili Dei, te rogamus, audi, ter. Agnus Dei — — —. Kyrrieleyson, ter. — — — Pater noster. Et ne nos.

(d) Exurge, Domine —. Domine Deus virtutum —. Fiat misericordia —. Ostende —. Non intres in iudicium —. Domine, ne memineris —. Propitius esto peccatis nostris et illius propter nomen tuum, Domine. Ne quando dicant —. Domine, exaudi orationem meam, et clamor. Dominus vobiscum!

(e) Tunc accedat presbiter ad ignem et benedicat vomeres, dicens: Oratio. Deus, iudex iustus, qui auctor es pacis et iudicas equitatem, te suppliciter (13) deprecamur, ut hos vomeres, *sive* hoc ferrum, ordinatum — — — veritati. Per te, Christe Iesu.

(f) Benedic, Domine, sancte Pater, per invocationem sanctissimi nominis tui et cf. (8). per adventum Filii tui, domini nostri Iesu Christi, atque per donum sancti Spiritus paracliti ad manifestandum verum iudicium tuum hos vomeres, *sive* hoc genus metalli *vel* ferri, ut sit a te sacrificatum et a nobis sanctificatum, ut omnis falsitas procul

9. a) Benedictio ferri ad iudicium faciendum 2.

remota, veritas iudicii tui fidelibus tuis fiat manifesta. Per eundem dominum nostrum Iesum Christum, filium tuum, qui tecum vivit et regnat in unitate.

(22) (g) Omnipotens Deus, suppliciter te exoramus pro huius negotii examinatione — — — digneris. Per Christum, dominum nostrum.

(h) Benedictio Dei patris et Filii et Spiritus sancti descendat super hos vomeres, *sive* super hoc ferrum, ad discernendum verum Dei iudicium. Amen.

(i) Tunc pro ipso, cui crimen imputatur, cantetur psalmus: Domine, exaudi orationem meam, auribus percipe obsecrationem meam. Pater noster. Et ne nos. Salvum fac servum tuum, Deus meus, sperantem in te. Mitte ei —. Nichil proficiat inimicus —. Esto ei, Domine, turris —. Domine, exaudi orationem meam, et clamor meus ad te veniat. Dominus vobiscum!

(k) Oratio. Exaudi, quaesumus, Domine, supplicum preces et confitentium tibi parce peccatis, ut pariter nobis indulgentiam tribuas benignus et pacem.

(l) Tunc illi, qui discutiendi sunt, catecizentur[a] his verbis: Adiuro
(4) te, homo, per Deum patrem omnipotentem, qui creavit celum et terram — — — virtus domini nostri Iesu Christi ad rectum iudicium hodie in te declaretur, qui vivit et regnat.

cf. B III, 2. (m) Tunc ille, qui discutiendus est, dicat: Ecce ego pro illa discussione et securitate, quam hodie ad iudicium verum facere debeo, magis credo in Deum patrem omnipotentem, quod ipse potens est in hac re, pro qua criminatus sum modo, et iusticiam et veritatem in me ostendere[b], quam in diabolo et in maleficiis credere aut iusticiam et veritatem Dei irritare.

(n) Tunc faciat sacramentum et portet ferrum usque ad locum designatum. Quo peracto, sigillet decanus manum eius, et postea usque ad comprobationem iudicii in omni cibo et potu suo salem et aquam benedictam admiscere bonum est.

11.

In libro sacramentorum monasterii Stabulensis, nunc cod. Bruxellensi 1814, saec. X. med., inter medias missas exstant duae benedictiones ferri, non interpositae, sed integram missalis partem efficientes. Sequitur benedictio aquae frigidae, quam invenies ad calcem (17). Exscripsit b. m. L. Bethmann.

(8) (a) Benedictio ferri. Benedic, Domine, sancte pater, per invocationem sanctissimi tui nominis hoc genus metalli, et per adventum — — — manifesta fiat. Per e[a].

(13) (b) Alia. Deus, iudex iustus, qui auctor es [pacis] et iudicas aequitatem — — — subdatur falsitas veritati. Per dominum nostrum.

12.

Benedictionale ecclesiae Atrebatensis, nunc Bononiae asservatum, saec. XII, inter alia praebet has duas benedictiones ferri. Exscripsit b. m. L. Bethmann.

A I a. (a) Benedictio ferri. Benedic, Domine, per invocationem — — — manifestata fiat. Per dominum nostrum Iesum Christum, filium tuum, iudicem verum ac redemptorem animorum nostrorum, qui tecum vivit et regnat in unitate Spiritus sancti Deus per omnia secula seculorum.

10. a) *ita pro* exorcizentur *c.* b) ostende *c.*
11. a) *i. e.* eundem.

(b) Item consecratio ferri. Deus, iudex iustus, quia auctor[a] pacis es et iudicas equitatem, te suppliciter rogamus, ut hoc ferrum, ordinatum ad iusticiae examinationem cuiuslibetdubietatis faciendam, benedicere et sanctificare digneris, ita ut, si innocens de prenominata causa, unde purgatio querenda est, in hoc ignitum et tua benedictione sanctificatum ferrum manus, *vel* pedes, immiserit, illesus appareat tua benignissima miseratione; si autem culpabilis atque reus extiterit, qui iustus Deus es et omnia iuste et recte iudicas, si per herbas vel quecumque temptamina sive molimina peccata sua contueri contra veritatis tuae examen voluerit, iustissime, misericors domine Deus, manifesta, ut ad hoc virtus tua in eo cum veritate declaretur, quatinus iusticiae tuae non dominetur iniquitas, sed subdatur falsitas veritati, et ut caeteri videntes ab incredulitate sua liberentur. Per unigenitum Filium tuum, dominum nostrum, iudicem verum ac redemptorem animarum nostrarum, qui tecum vivit. cf. (13).

13.

Codex Paris. Lat. 4278 *(olim Colbert.* 1559, *Reg.* 4240*a) saec. IX—X, inter alias benedictiones ecclesiasticas continet hoc caput, quod exscripsit b. m. H. Knust.*

Benedictio ferri ad iuditium. Deus, qui dubietatem iudicialis discretione discernere iussisti, tua benedictione hoc ferrum consecrare non dedigneris, ut, omni falsitate deleta, quisquis hoc rata fide portaverit[a] etiam inustus flammas ignium vitare valeat. Per dominum.

14—25. *IUDICIA AQUAE FRIGIDAE.*

14.

Codex Sangall. 679, *saec. X, exhibet fol.* 1. *iudicium aquae frigidae. Cum praefatione a conferantur infra* 15 a. 16 a. 17 g. 18 g. 19 h *et ad calcem* (26). *Descripsit b. m. H. Knust. Cap.* 14 b *eandem fere adiurationem praebet ac* 15 b; *cf.* 16 b.

(a) Istum iudicium creavit omnipotens Deus, quia verus est, et quia domnus Eugenius papa constituit eum, et domnus imperator Ludovicus voluit illum observare, et transmisit ei istum diluculum[a], ut eum observaret. Istum faciant episcopi, abbates et comites, et est constitutus in omnem regionem nostram, ut omines non licet periurare supra sancta sanctorum, sed invocationem Domini et iudicium ad aquam frigida.

(b) Adiuro te, homo, per Patrem et Filium et Spiritum sanctum, per diem tremendum iudicii et per quatuor euangelista, per 24[b] seniores, qui die cotidie Deum conlaudant, per 12 prophetas et 144[c] milia, qui pro [Christi] nomine passi sunt, per totos martyres et per plures confessores et illum pabtismum, que sacerdos super te generavit, et in hoc tibi supra[d] dico, cum sanctis tibi invoco, quod, si tu, homo ill., de hac furtum ill. habuisti, aut consencius exinde fuisti[e], cor incrassatum, cor induratum, de hunc furtum ill. si culpabile est, cor tuum in[f] sinu evanescat, non suscipiat eum aqua. Propter hoc tu, Domine, fac signum talem, ut omnes cognoscant, si culpabilis est exinde aut non, angnoscant, quia tu es benedictus Deus in secula seculorum. Amen. cf. (3).

(c) Alia. Domine Deus omnipotens, qui pabtismum fieri iusit et remisionem peccatorum omnibus in pabtismo concessit: ille Deus per misericordiam suam rectum

12. a) victor *c.*
13. a) iportaverit *c.*
14. a) indiculum? b) XXIIII orum *c.* c) CXLIIII orum *c.* d) supm *c.* e) defuisti *c.* f) insinuanescat *c.*

iudicium infra aqua discernet: videlicet, si culpabilis sis, tunc aqua, que in pabtismo te suscepit, nunc[g] non recipiat; si autem innocens es, tunc aqua, que in baptismo te suscepit, nunc recipiat. Per Deum, qui venturus est et secundum ignem.

15.

Ex 'antiquissimo rituali' edidit hoc caput Muratorius in Antiqq. Ital. III, col. 615; *repetivit E. de Rozière, nr.* 594.

BENEDICTIO AQUAE FRIGIDAE AD FURTUM.

cf. A 14. (a) Istum[a] iudicium homines[b], quia verum est, quod domnus papa Eugenius constituit ad faciendum, ut nullum liceat periurare super sancta sanctorum. Istum[a] faciant episcopi, abbates et comites et vassi dominici, et est constitutum in omnem regionem Romanorum.

(b) Adiuro te, homo, per Patrem et Filium et Spiritum sanctum, per diem tremendum, per viginti quatuor seniores, qui cotidie laudant Deum, per centum quadraginta quatuor milia, qui Christi martyres sunt, et per omnes sanctas virgines et per beatam virginem Mariam, quae Christum portare meruit, et per illum baptismum, quem sacerdos super te regeneravit; in hoc tibi supra dico, cum sanctis tibi invocor, ut, [si] tu, ille[c], de hoc furto aut consensisti, aut baiulasti, aut consentaneus fuisti, cor incrassatum aut induratum, si culpabilis es, non suscipiat eum hodie aqua. Pro hoc, Domine, fac signum tale, ut omnes cognoscant, quia tu es Deus benedictus in secula seculorum. Amen.

16.

Ex codice monasterii S. Mariani apud Autissiodorum edidit hoc caput Mabillonius, Vett. anall. I, p. 51 *(ed.* 2. *p.* 162*).*

cf. A 14. (a) Hoc iudicium atque examinationem misit domnus apostolicus in Franciam, ut non violarentur sacra altaria sanctorum, sed per hanc adiurationem et iudicium aquae frigidae possit patescere veritas.

(b) Adiuro te, homo, per Patrem et Filium et Spiritum sanctum —.

17.

Ordo iste iudicii aquae frigidae exstat in duobus foliis codicis Parisiensis, olim res. S. Germ. 95, *saec. X. ex., quae ex codice S. Remigii Remensis videntur sumpta esse. Edidit ordinem ex iisdem foliis ('Remigianis membranis pervetustis saec. IX. exaratis') Mabillonius, Vett. anall. I, p.* 47 *(ed.* 2. *p.* 161*); inde eum repetivit E. de Rozière, nr.* 592. *Descripsit b. m. L. Bethmann. Eandem fere ordinis formam infra praebent capp.* 18. 19. 20; *quae forma etiam in non paucis ordinum collectionibus invenitur.*

(a) Cum homines vis mittere ad probationem, ita facere debes. Accipe illos, quos voluntatem habes mittere in aqua, duc eos in aecclesia, et coram omnibus illis cantet presbiter missam et faciat eos ad ipsam missam offerre. Cum autem ad communionem venerint, antequam communicent, interroget eos sacerdos, cum coniuratione ita dicens:

(5) (b) Adiuro vos, homines, per Patrem — — —.

(c) Si autem omnes tacuerint, et nullus hoc dixerit, accedat sacerdos

14. g) nun *c.*

15. a) iustum *ed.* b) *corrigendum videtur:* [creavit] omnipotens. c) (ille) *ed.*

ad altare et communicet eos. Postea vero dicat ad illos, quos communicat: Corpus hic et sanguis domini nostri Iesu Christi sit vobis ad probationem hodie.

(d) Expleta missa, faciat aquam benedictam, et accipiat sacerdos ipsam aquam, ibitque ad illum locum, ubi homines probabuntur. Cum autem venerint ad ipsum locum, det illis bibere de aqua benedicta, dicens ad unumquemque: Hec aqua fiat tibi ad probationem. Postea vero coniuret aquam, ubi illos mittit. Post coniurationem aquae exuat illos vestimentis eorum, et faciat eos per singulos osculare sanctum euangelium et crucem Christi. Et postea super unumquemque aspergat de aqua benedicta et proiciat singulos in aqua. Haec omnia facere debes ieiunus, neque illi ante manducent, qui ipsos mittunt in aqua.

(e) Coniuratio hominis. Adiuro te, homo N., per invocationem domini nostri cf. (3). Iesu Christi et per iudicium aquae frigidae. Adiuro te per Patrem et Filium et Spiritum sanctum, et per Trinitatem inseparabilem, et per dominum nostrum Iesum Christum, et per omnes angelos et archangelos, et per diem tremendi iudicii, et per 4 euangelistas, Matheum, Marcum, Lucam et Iohannem, et per 12 apostolos et per 12 prophetas, et per omnes sanctos Dei, et per principatus et potestates, per dominationes et virtutes, et per thronos Cherubin atque Seraphin, et per tres pueros, Sydrac, Misach et Abdenago, et per 144 milia, qui pro Christi nomine passi sunt, et per illum baptismum, quem sacerdos te regeneravit, ut, si de hoc furto scisti, aut vidisti, aut baiulasti, aut in domum tuam recepisti, aut consentiens aut consentaneus exinde fuisti, aut si habes cor incrassatum vel induratum, evanescat cor tuum, et non suscipiat te aqua, neque ullum maleficium contra hoc prevaleat, sed manifestetur. Propterea obnixe te deprecamur, domine Iesu Christe, fac signum tale, ut, si culpabilis est hic homo, nullatenus recipiatur ab aqua. Hoc autem, domine Iesu Christe, fac ad laudem et gloriam, per invocationem nominis tui, ut omnes cognoscant, quia tu es dominus noster, qui cum Patre et Spiritu sancto vivis et regnas et in secula seculorum. Amen.

(f) Oratio ad aquam benedictam. Suppliciter te, domine Iesu Christe, deprecamur, tale presentialiter facere dignare signum, ut, si iste quod ei obicitur est in aliquo culpabilis, non suscipiat eum haec aqua, sed evanescat ipse, et nullatenus modo intro recipiat. Hoc autem, domine Iesu Christe, fac ad laudem et gloriam ad invocationem nominis tui, ut omnes cognoscant, quia tu es Deus verus, et preter te non est alius, qui vivis et regnas cum Deo patre in unitate Spiritus sancti per infinita secula seculorum. Amen.

(g) Hoc autem iudicium creavit omnipotens Deus, et verum est, et cf. A 14. per domnum Eugenium apostolicum inventum est, ut omnes episcopi, abbates, comites seu omnes christiani per universum orbem eum observare studeant, quia a multis probatum est et verum inventum est. Ideo enim ab illis inventum est et institutum, ut nulli liceat super sanctum altare manum ponere neque super reliquias vel sanctorum corpora iurare.

18.

Integer exstat ordo iste in 1) *codice Vaticano Christ. reg.* 612, *saec. IX; cf. supra p.* 239. *Partem priorem praebet* 2) *codex Paris. Lat.* 12235, *saec. X; descripsit b. m. H. Knust. Quasdam lectiones* 3) *codicis Coloniensis ecclesiae LXXXVIII (cf. B XVII,* 4) *adieci. Edidit ex codice* 1 *G. Waitz in 'Forschungen z. D. Gesch.' XVI, p.* 619.

IUDICIUM[a] AQUAE FRIGIDAE.

cf. A 17. (a) Cum homines[b] vis mittere in aquae[c] frigidae ad probationem, ita[d] facere debes. Accipe illos homines, quos voluntatem habes mittere in aqua, et duc eos in ecclesia, et[e] coram omnibus illis cantet[f] presbiter missam, et[e] fac eos ad ipsam[g] missam offerre. Cum autem ad communionem venerint[h], antequam communicent, interroget[i] eos sacerdos, coniurationem[k] ita dicat:

(5) (b) Adiuro vos, homines, per Patrem — — —.

(c) Si autem omnes tacuerint, et nullus hoc dixerit, accedat sacerdos ad altare et communicet. Postea communicet eos, quos[l] vult in[m] aquam mittere. Cum autem communicant[n], dicat sacerdos per singulos: Corpus hic et sanguinis domini nostri Iesu Christi sit tibi ad comprobationem[o] hodie.

(d) Expleta missa, faciat[a] sacerdos aquam benedictam[a], et accipiat[b] aquam benedictam, vadat[c] ad illum locum, ubi[d] homines[e] probabuntur[f]. Cum[g] autem venerint ad ipsum locum, det omnibus illis bibere de aqua benedicta. Cum autem dederit, dicat ad unumquemque: Haec aqua[h] fiat tibi ad probationem. Postea vero[i] coniuret aquam, ubi[k] illos mittit. Post coniurationem aquae exuat[l] illis vestimentis eorum et faciat eos[m] per singulos osculare[n] sanctum euangelium et crucem Christi[o]. Et[i] post[p] haec de ipsa aqua benedicta aspergat[q] super unumquemque hominem[r] et proiciat[s] eos statim per[t] singulos in aqua[u]. Haec autem omnia[v] facere[w] debeat ieiunus, neque[x] illi antea[y] comedant[z], qui[a] ipsos mittunt[b] in aqua.

(1) (e) Coniuratio aque. Adiuro te, aqua, in nomine Dei patris omnipotentis, qui te in principio cuncta creavit et[a] te iussit — — — per infinita secula seculorum. Amen.

(3) (f) Coniuratio hominis. Adiuro te, homo ille, per invocationem domini nostri Iesu Christi et per iudicium — — — benedictus, qui vivis et [regnas in secula seculorum. Amen.]

(g) Hoc iudicium creavit omnipotens Deus, quia verum est, et beatus papa Eugenius et domnus Hludovicus imperator, illi constituerunt, ut istud faciant omnes homines, episcopi, abbati, comiti in omnem regionem. Et probatum est apud nos, et certum et verum est utique id. Hoc autem inventum est, ut non licet periurare in sancta sanctorum.

19.

Edidit hunc ordinem ex codice incognito Lindenbrogius, Exorcism. 1, 2, *unde eum repetiverunt Baluzius, Exorcism.* 2, *et E. de Rozière, nr.* 591.

18 a—c. *Codd.* 1. 2. a) Iudicium ad aqua facienda 2. b) autem vis hominem miteret 2. c) aqua frigida 2. d) ita f. d. *des.* 2. e) *deest* 2. f) 2; canet 1. g) 2; illam 1. h) venerunt 2. i) interrogat 1. k) coniurationem istam et d. 2. l) qui 1; qd 2. m) ad 2. n) communicat 2. o) probationem 2.

d. *Codd.* 1. 2 *et inde a verbis* Postea vero 3. a) fiad ipse sacerdos aqua benedicta 2. b) acc. a. bened. *des.* 2. c) vadit 1; pergat 2. d) hubi 2. e) 2; omnes 1. f) mittere debes 2. g) de omnibus illis bibere debent *pro* Cum — bibere 2. h) aquam 2. i) *deest* 2. k) ut ubi illum m. 1; ubi illos mittet 2. l) exuet illis vestes eorum 2; e. illos v. e. 3. m) illos 3; per singulos *des.* 2; per *deest* 3. n) osculari 2; sanctum *deest* 3. o) Domini 2. p) postea 2; haec *deest* 3. q) aspergit 1. r) *deest* 2. 3. s) proiciet 2. t) *deest* 3. u) aqua 1. v) hominia 2. w) f. debes ieiunos 2; facturi sunt ieiuni 3. x) que illi antea *des.* 2. y) ante 3. z) commedunt neque illi 2; comedent cibum 3. a) qui i. m. in aquam *post* illi *leguntur* 3. b) mittant 1.

e—g. *Cod.* 1. *Capitis* 18 e *initium sine rubrica exstat* 2; *solam rubricam praebet* 3. a) et remisit 2, *ubi reliqua desunt.*

IUDICIUM AQUAE FRIGIDAE.

(a) Cum homines vis mittere ad iudicium aquae frigidae ob com- cf. A 18.
probationem, ita facere debes. Accipe illos homines, quos vis mittere in aquam, et deduc eos in ecclesiam, et coram omnibus illis cantet presbyter missam, et fac eos ad ipsam missam offerre. Cum autem ad communionem venerint, antequam communicent, interroget eos sacerdos cum adiuratione et dicat:

(b) Adiuro vos, homines, per Patrem — — —. (5)

(c) Si autem omnes tacuerint, et nullus confessus fuerit, accedat sacerdos ad altare et communicet, separatis illis, qui examinandi sunt. Postea vero communicent illi, quos vult in aquam mittere. Cum autem communicant, dicat sacerdos ante altare: Corpus hoc et sanguis domini nostri Iesu Christi sit tibi ad probationem hodie, ad laudem et gloriam nominis sui et ad ecclesiae suae utilitatem.

(d) Expleta missa, faciat sacerdos aquam benedictam, et deferat eam ad locum examinis, ubi homines probantur. Cum autem venerit ad ipsum locum, letaniam faciens, omnibus pro eadem causa Dominum deprecantibus, det examinandis bibere de aqua illa benedicta. Cum autem dederit, unicuique dicat: Haec aqua Domini fiat tibi ad probationem hodie per dominum nostrum Iesum Christum, qui est verus iudex et iustus. Deinde coniuret aquam, ubi mittendi sunt. Post coniurationem autem aquae exuat illos vestimentis suis et faciat illos per singulos osculari sanctum euangelium et crucem Christi. Et post haec de ipsa aqua benedicta aspergat super unumquemque hominem et proiciat eos statim per singulos in aquam. Haec autem omnia facere debet ieiunus, neque illi antea comedant, qui ipsos mittant in aqua.

(e) Coniuratio aquae. Adiuro te, aqua, in nomine Dei patris omnipotentis, qui te in principio creavit quique te segregavit ab aquis superioribus et iussit te servire humanis necessitatibus. Adiuro te etiam per invisibile et ineffabile nomen Christi Iesu, filii Dei vivi omnipotentis, sub cuius pedibus te calcabilem praebuisti, qui etiam in te baptizari dignatus est et suo baptismate consecravit. Adiuro etiam te per Spiritum sanctum, qui super Dominum in te baptizatum descendit, qui te invisibili sanctificatione sacratam ad animarum purgationem inenarrabile constituit sacramentum, per quam olim et populus Israeliticus siccis pedibus transivit, et ex aqua ferrum, quod casu ceciderat, Heliseus divina virtute contra naturam natans in suo manubrio redire fecit: ut nullo modo suscipias hunc hominem, si in aliquo culpabilis est ex hoc, quod illi obicitur, scilicet aut opere aut consensu seu conscientia vel quolibet ingenio, sed per virtutem domini Iesu Christi reice ex te et fac illum natare super te, quatenus cognoscant fideles Christi, nullum maleficium, nullum praestigium divinae virtuti posse resistere, quod non detectum fiat et omnibus manifestum. Adiuro etiam te per virtutem eiusdem domini nostri Iesu Christi, ut ad laudem illius, cui omnis creatura servit, et cui caelestis exercitus famulatur, clamans: 'Sanctus, sanctus, sanctus dominus, Deus exercituum', ut nobis adiurantibus et eius misericordiam obsecrantibus obedias, qui regnat et dominatur per infinita secula seculorum. Amen.

(f) Hominis coniuratio. Adiuro te, homo, et contestor per Patrem et Filium et Spiritum sanctum, et per sanctam et individuam Trinitatem, et per omnes angelos et archangelos, et per omnes principatus et potestates, dominationes quoque et virtutes, et per Dei sedilia, Cherubin et Seraphin, et per diem tremendum iudicii Dei, necnon et viginti quatuor seniores, qui quotidie laudant Deum, et per quatuor euangelistas, et per sanctos quoque apostolos, martyres et confessores, necnon et per sanctam genetricem

Dei Mariam omnesque virgines, et per cunctum populum sanctum Dei, vel per sanctum baptismum, in quo renatus es: si hoc malum fecisti, ex quo culparis, vel assensum praebuisti, aut baiulasti, aut in domum tuam recepisti, aut inde conscius aut consentaneus extitisti, coram omnibus dicito. Quod si, diabolo suadente, celare disposueris, et culpabilis exinde es, evanescat cor tuum incrassatum et induratum, et non suscipiat te aqua incredulum et seductum, ut dicat populus, quia Deus noster iudex est, cuius potestas in secula seculorum. Amen.

cf. supra d. (g) Post coniurationem aquae exuat illos vestimentis illorum et osculari sanctum euangelium et sanctam crucem faciat, et sanctificatis omnibus, aqua benedicta cum timore et reverentia, fidus de eius clementia, proiciat in aquam.

(h) Hoc iudicium autem, petente domno Hludovico imperatore, constituit beatus Eugenius, praecipiens, ut omnes episcopi, comites, abbates omnisque populus christianus, qui infra eius imperium est, hoc iudicio defendant innocentes et examinent nocentes, ne periuri super reliquias sanctorum perdant suas animas, in malum consentientes.

20.

Ex antiphonario capituli Mediolanensis, 'quod olim spectabat ad canonicam Vallis Travaliae', saec. XII. edidit hunc ordinem Muratorius, Antiqq. Ital. III, col. 613. *Repetivit inde E. de Rozière, nr.* 593. *In eodem codice legebatur:* Benedictio panis et casei ad inveniendum, qui furatus est; *cf. Murator. l. l. col.* 619.

ORDO AD FACIENDUM IUDICIUM AD AQUAM FRIGIDAM.

(a) Hoc est verum iudicium ad hominem, qui debet exire in aquam
(26) frigidam. Quando Romani propter invidentiam — — —.

(b) Cum homines vis dimittere in aquam frigidam ad probationem, ita debes facere. Accipe illos homines, quos vis mittere in aquam, et duc eos ad ecclesiam coram omnibus, et cantet presbyter missam et facit illos ad ipsam missam offerre. Cum autem ad communionem venerint, antequam communicent, interroget eos sacerdos coniuratione ista et dicat:

(5) (c) Adiuro vos, homines, per Patrem — — — scitis, qualiter hoc egerint.

(d) Si autem homines tacuerint, et nemo ullum sermonem dixerit, tunc accedat sacerdos ad altare et communicet ex illis, quemcumque vult mittere in aquam. Cum communicant, dicat sacerdos ad unumquemque per singulos: Hoc corpus et sanguis domini nostri Iesu Christi sit tibi acceptum ad probationem hodie.

(e) Expleta missa, faciet ipse sacerdos aquam benedictam et accipiat ipsam aquam, et vadant ad locum, ubi homines probati debeant esse. Cum autem venerit ad iam praedictum locum, praebeat illis omnibus de ipsa supra benedicta aqua bibere. Ut autem dederit, dicat ad unumquemque: Haec est aqua benedicta; sit tibi ad comprobationem fidei. Postea vero coniuret sacerdos aquam, ubi illos mittere debet.

(1) (f) Adiuro et benedico te, aqua, in nomine Dei patris omnipotentis — — —.

(g) Item post coniurationem aquae apprehendat ipsos homines, qui ad iudicium debent intrare, exuat illos vestimentis eorum et faciat osculari singulos sanctum euangelium et crucem Christi. Post haec ista coniuratio fiat per unumquemque:

(h) Adiuro, homo, per invocationem domini nostri Iesu Christi et per iudicium (3)
aquae frigidae — — — neque ullum maleficium contra praevaleat. Per.

(i) Oratio. Propterea obnixe te deprecamur, domine Iesu Christe, tale signum ib. in fine.
fac, ut, si — — — in secula seculorum. Amen.

(k) Deinde accipiat modo presbyter de ipsa aqua benedicta, quam prius fecerit, aspergat super unumquemque et statim illos proiciat in aquam.

21.

Ex libro pontificali Cadurcensi *saec. IX—X. edidit hunc ordinem Martene, De antiq. eccl. ritibus III, p.* 461.

AD FACIENDUM IUDICIUM.

(a) Quicumque iudicium aquae frigidae vult facere, iudicium accipiant homines, qui suspectionem habent de ipso latrocinio aut de ipsa falsitate eorum, advocati autem illorum, infantes, qui mittendi sunt in aquam, cum diligentia custodiant. Item non sit in eis ulla phantasia diaboli, illorumque corpus diligenter lavent, non solum caput, sed etiam pedes. Postea ieiunent illi, qui mittendi sunt in aqua, 40 diebus. Ad ecclesiam autem cum venerint, induat se sacerdos, sicut mos est, sacris vestimentis ad missam canendum et dicat letaniam et capitula his verbis:

(b) Exurge, Domine, adiuva nos. Esto nobis, Domine. Non nobis, Domine. Et clamaverunt ad Dominum [1]. Ostende nobis, Domine. Tu, Domine, servabis nos [2]. Memento nostri, Domine [3]. Deinde psalmum: Domine [4], quid multiplicati sunt. Dominus regit me [5]. Miserere mei, Deus, secundum magnam [6]. Deus misereatur. Inclina, Domine [7]. Domine, exaudi orationem, auribus.

(c) Oratio. Exaudi, Domine, gemitum populi supplicantis, ut, qui de meritorum qualitate diffidimus, non iudicium [a], sed misericordiam consequi mereamur. Per.

(d) Postea dicat sacerdos ad illos homines, ad quos habet suspectum de ipsa causa, adiurationem istam: Adiuro te, homo, per Spiritum sanctum, et individuam Trinitatem, et per tremendam iudicii diem, et per prophetas sanctos, seu et per omnes sanctos apostolos, et per 24 seniores, qui quotidie Dominum laudant, et per 144 millia innocentes, qui pro Christi nomine passi sunt, et per omnes sanctos martyres, seu per omnes sanctos confessores atque omnes sanctas virgines, et per illum baptismum, ex quo fuistis regenerati, et per istas reliquias, quae in ista ecclesia sunt, et per sanctam Mariam, matrem Domini, seu et per omnia agmina caelestium virtutum. In omnibus te exorcizo atque coniuro, si de hac causa, qua appellatus es — et nominet sacerdos illam causam — [b] quod non praesumas hodie in ecclesia ista missam audire, nec tu, nec advocatus tuus, qui pro te exire debet ad iudicium. Et non presumas hodie in ista ecclesia sanctum euangelium osculari, nec corpus Domini praesumas nec tu nec ille, qui per te in aqua missus fuerit, accipere, nec aqua benedicta super vos non expectetis aspergere, si de hac causa confessus non fueris.

(e) Tunc incipiat sacerdos antiphonam: Salus populi. Oratio. Omnipotens, sempiterne Deus, qui superbis resistis et gratiam praestas humilibus, tribue,

21. a) iudicum *ed.* b) *supple:* culpabilis es.

1) *Psalm.* 106, 6. 2) *Psalm.* 11, 7. 3) *Psalm.* 105, 4. 4) *Psalm.* 3, 2. 5) *Psalm.* 22, 1. 6) *Psalm.* 50, 1. 7) *Psalm.* 85, 1.

quaesumus, ut non indignationem tuam provocemus elati, sed propitiationis tuae dona capiamus subiecti. Per. Epistola. Gratia Domini nostri[1]. Respons. Protector noster. Versus. Domine, Deus virtutum. Euangelium secundum Matthaeum. In illo tempore dixit Iesus discipulis suis: 'Simile[2] factum est regnum caelorum homini, qui seminavit bonum semen in agro suo etc. usque triticum autem congregate in horreum meum'. Deinde osculentur ipsi homines euangelium et offerant oblata iustitiae Domini. Ab omni reatu nos, Domine, sancta quae tractamus absolvant et eadem muniant a totius pravitatis incursu. Per. Praefatio. Salva nos ex ore leonis, qui circuit quaerens, de unitate ecclesiae tuae quem devoret. Sed tu, Leo de tribu Iuda, contere contraria tua virtute nequitiam et corda purifica. Per Christum. Communio. Illumina faciem[3]. Ad complendum. Praesta, quaesumus, omnipotens, sempiterne Deus, ut, semper rationabilia meditantes, quae tibi sunt placita et dictis exequamur et factis. Per Christum.

(f) Postea conveniunt homines, in quos habent suspectum de ipsa causa, et dicat sacerdos: Adiuro vos omnes, qui ad hoc venistis, per Patrem et Filium et Spiritum sanctum, et per illum baptismum, quem vos accepistis, et per unigenitum Dei Filium, et per sanctam et individuam Trinitatem, et per illam crucem, ubi Dominus crucifixus est, et per quatuor euangelistas, et per relliquias sanctorum, quae sunt in hac ecclesia, ut non praesumatis ullo modo communicare neque accedere ad sanctum altare, si de hac ratione, quod vobis interrogamus, aliquid scitis, aut consentientes estis, aut exinde ullo modo mali meriti estis.

(g) Postea vero communicet sacerdos et dicat: Corpus et sanguis domini et redemptoris nostri Iesu Christi sit tibi ad probationem hodie. Tunc donet illi bibere aquam benedictam et dicat: Accipe haustum aquae benedictae, ut fiat tibi ad probationem hodie. Tunc procedunt cum ipso homines, et consacret eos, et osculentur sanctum euangelium et crucem Christi et descendunt ad aquam frigidam, ubi iudicium debent facere, una cum letania. Et de aqua benedicta aspergat super ipsos et super illa aqua, ubi eos mittere cupit, accipiatque thuribulum, et incensentur desuper ipsa aqua. Non sit currens nec foetens nec tenebrosa, sed suavis et clarissima. Cum autem venerint ad aquam, levent manus et oculos ad caelum et dicant: Domine Iesu Christe, fac signum tale, ut cognoscant omnes, quia tu es benedictus in saecula saeculorum. Amen.

(h) Adiuratio aquae. Adiuro te, aqua frigida, per Patrem et Filium et Spiritum sanctum, et per omnes angelos et archangelos, et per thronos et dominationes, et per principatus et potestates, et per omnes virtutes caelorum, et per Cherubim et Seraphim, et per sanctam Mariam, matrem Domini, et per 4 euangelistas, Matthaeum et Marcum, Lucam et Iohannem, et per 12 apostolos, et per 12 prophetas, et per omnes sanctos martyres, et per omnes sanctos confessores atque virgines Dei, et per illum baptismum, quem in te constituit facere. Si culpabiles sunt homines isti, cui[a] nomina interpretaverunt de hoc sanctuario, *aut* de hereditate hominum *vel* de homicidio *sive* de furto *vel* adulterio, *sive de quacumque causa huic contrapellati fuerint,* aut illorum advocati, non eos suscipias, sed eos Dominus desuper natare faciat. Oro, domine Iesu Christe, ut non sit ulla fantasia nec ulla ars diabolica, qui eos liberare possit, sed tua misericordia eos in . . . . tradat. Domine Iesu Christe, appareat virtus et magna misericordia tua super aquam istam, si culpabiles sunt homines illi, per quos homines

21 h. a) quos N. N. interpellaverunt?

1) *Rom.* 16, 20. 24. *et saepius in epistolis Novi Testamenti.* 2) *Ev. Matth.* 13, 24—30. 3) *Psalm.* 118, 135.

illi missi fuerint, non eos recipiat aqua ista. Et si culpabiles non sunt, domine Iesu Christe, fac eos subtus aquae istae intrare.

(i) Alia. Deus, qui famulo tuo Moisi in monte Sinai apparuisti et filios Israel de terra Aegypti eduxisti et eos siccis pedibus mare transire fecisti, et qui tres pueros de camino ignis liberasti et Susannam de falso crimine, Danielem de lacu leonum et socrum Petri febricitantem, libera homines innocentes istos, si digni sunt, et trade malefactores in pala[a]. Amen.

(k) Adiuratio. Adiuro te, aqua frigida, in nomine Patris omnipotentis, qui in principio omnia creavit et te iussit ministrare humanis necessitatibus, qui te iussit segregare ab aquis superioribus. Adiuro te etiam per immortalem nomen Christi filii Dei omnipotentis, sub cuius omnipotentis pedibus mare, elementum aquarum, se calcabilem praebuerat, etiam baptizari in aquarum elementum voluit. Adiuro te etiam per Spiritum sanctum, qui super Dominum, Iohanne baptizante, in Iordanis alveo descendit. Adiuro te per individuam sanctam Trinitatem, cuius voluntate aquarum elementum divisum est, et populus Israel sicco vestigio pertransivit. Adiuro te etiam per invocationem, qua Elias ferrum, quod de manubrio exierat, eo adiurante, super aquam natare fecit: adiuro te, ut nullo modo suscipias hominem istum, si culpabilis est, aut ille, per cuius[b] missus fuerit, quod illi obicitur[c], scilicet aut per opera aut per sensum aut per scientiam aut per ullum ingenium, sed fac eum natare super aqua, ut nulla eorum maleficia atque praestigium contra te praevalere possit, ut hodie manifestare valeat. Adiuro te per nomen Christi et praecipio tibi, ut nobis per nomen eius obedias, cui omnis creatura servit, quem Cherubim et Seraphim collaudant, dicentes: 'Sanctus, sanctus, sanctus dominus Deus Sabbahot, Deus exercituum', qui regnat et dominatur per infinita saecula saeculorum. Amen.

(l) Alia. Adiuro te, homo, per Patrem et Filium et Spiritum sanctum, unum Deum omnipotentem, invisibilem, in Trinitate manentem, et per omnes angelos et archangelos, et per omnes sanctos Dei, et per diem iudicii tremendi, et per 24 seniores, qui quotidie Dominum collaudant, et per 4 euangelistas, et per omnes martyres et confessores, et per omnia secreta caelestia. Adiuro te per tres pueros, Sydrac, Misac et Abdenago, et per 144 millia, qui empti sunt de terra, et per cunctum populum sanctum Dei, et per illum baptismum, quod sacer[dos] super te regeneravit, te adiuro, homo, aut tu aut ille, qui per te in aqua missus fuerit, si de hac causa, qua contrapellatus es, si sciens fuisti aut videns aut baiulans aut in domo tua recipiens aut consentiens, aut si habes cor incrassatum aut induratum, vel si culpabilis es, evanescat cor tuum, et non te recipiat aqua ista nec ullum hominem per te, nec ullum maleficium tuum contra hoc praevaleat. Te deprecamur, domine Iesu Christe, fac ad laudem et gloriam et invocationem nominis tui, ut omnes cognoscant, quia tu es Deus noster benedictus in saecula saeculorum. Amen.

22.

In codice missali monasterii Essensis *saec. X. nunc in bibliotheca Dusseldorpensi asservato exstant fol.* 307—309. *haec, quae edita sunt in 'Archiv f. d. Gesch. d. Niederrheins' VI, p.* 80 *sqq.*

BENEDICTIO AQUAE FRIGIDAE, STANTIS VEL FLUENTIS.

(a) Adiuro te, aqua, in nomine Dei patris omnipotentis, qui te in principio — — — (1)
qui etiam regnat et dominatur per infinita secula seculorum. Amen.

(b) Aeterne Deus, omnipotens, qui etiam baptismum sanctum in aqua fieri ius- (18)

21 i. k. a) palam *corrigendum videtur.* b) *lege:* quem. c) ob rem *ed.*

sisti et per lavachrum — — — et mundus et innocens de imo huius aquae abstrahatur. Per dominum nostrum.

(c) Deus, innocentium misericors et protector, iustus nocentium iudicator, quia misericorditer iustus et iuste misericors iudicas aequitatem, et rectum iudicium tuum, qui iudex iustus es, fortis et patiens, non irasceris per singulos dies[1], ad hoc peccata delinquentium ilico puniens, ut hac misericordissima pacientia tua ad penitentiam adducantur, ad hoc[a] penitere nolentes invitos plerumque ad[b] confessionem perducens, ne thesaurizantes sibi iram in die iudicii secundum cor suum inpenitens aeternos cruciatus incurrant. Tu, qui in gemino examine in primordio rerum mundum per aquam plectens noxios perdidisti et innoxios reservasti et in fine mundi iudicaturus es vivos et mortuos, dum uniuscuiusque opus quale sit ignis probabit, tu, Deus omnipotens, adesto tuae dispositionis sacramento et humilitatis nostrae officio, adesto adstantium fidei et discuciende persone saluti et huic elemento ad examinandam praesentis negocii veritatem virtutem tue benedictionis[c] infunde. Tribue per aeterni verbi tui imperium et sancti Spiritus sanctificationem simulque per nostrae invocationis officium, ut, si quidem examinanda persona in obiecta sibi causa inculpabilis innoxia permanet, quatinus nec propria transacte vite peccata nec alterius incredulitas nec aliqua diaboli aut per se aut per sua membra insidiantis fallatia suae innocentiae obsistat, sed tua, Domine, omnipotentia ad tuae maiestatis ostensionem et innocentis evasionem, ad omnium generaliter fidem corroborandam huius rei veritatem declarare et manifestare dignetur, quod si, et suae salutis neglector et tui iudicii contemptor, obiecti sibi criminis conscius et reus tumido et indurato corde post benedictionem nostri ministerii officio huic elemento a te sanctificato accedere temerarius praesumpserit, tua, Domine, iudiciaria sententia presumptorem denotet et omnia diaboli machinamenta enervet, non maleficorum incantacio, non magorum inlusio et fantasia, neque[d] virtus herbarum neque alterius creaturae vis potenciam tuam, Domine, omnipotenciam et rectissimum iudicium infamet, sed evidenti iudicio praesumpseris crimen in aqua declarare, quatinus in hac vita peccati sui recipiens ultionem ab aeternis gehennae poenis eruatur. Presta, aeterne et omnipotens Pater, presta, unigenite Iesu Christe, presta, amborum Spiritus alme, qui in trinitate Deitatis venturus es iudicare vivos et mortuos et seculum per ignem. Amen.

AD IUDICIUM FACIENDUM.

cf. A 17. (d) Cum hominem vis mittere in aquam frigidam ad probationem, ita facere debes. Accipe illos homines, quos vis mittere in aquam et duc eos in ecclesiam, et coram omnibus cantetur missa, et fac eos ad ipsam offerre. Cum autem ad communicationem venerit, antequam communicent, interroget eos sacerdos cum coniuratione ita et dicat:

(5) (e) Adiuro te, homo, per Patrem — — — quis hoc egerit. Per dominum.

(f) Si autem tacuerit et nihil de hoc confessus fuerit, accedat sacerdos ad altare et communicet eos, quos vult in aquam mittere, ita dicens: Corpus et sanguinis domini nostri Iesu Christi sit tibi ad probationem hodie.

(g) Expleta missa, faciat aquam benedictam et evadat ad locum, ubi homines probabunt. Aspergens eos, dicat ad unumquemque: Haec aqua fiat tibi ad probationem.

(h) Exorcismus aque. Adiuro te, aqua, in nomine Dei patris omnipotentis, qui te in principio creavit. Require retro[2]. Finit exorcismus aquae.

22 c. a) hos *c.* b) a confessione *c.* c) s *deest c.* d) ne qua *ed.*

1) *Psalm.* 7, 12. 2) *Cf. supra* a.

(i) Post coniurationem aquae exuatis illos vestimentis eorum, et faciat per singulos osculari euangelium et crucem Domini; et post haec desuper benedicta aqua aspergat unumquemque.

(k) Adiuro te etiam per invocationem domini nostri Iesu Christi, et per iudicium aquae frigidae, et per omnes angelos et archangelos, et per 12 apostolos, et per 4 euangelistas, et per 24 seniores, qui cotidie laudant [Deum], et per omnes sanctos martires et confessores et virgines Dei, et per Mariam, matrem domini nostri Iesu Christi, et per omnia agmina celorum, et per tres pueros, Sidrac, Misac et Abdenago, et per 144 milia innocentum puerorum, et per omnem populum sanctum Dei, et per sanctum baptismum, quo te regeneravit sacerdos, et per diem tremendum iudicii te adiuro: si de hoc furto conscius aut in consilio fuisti, aut audisti, aut vidisti, vel in domo recepisti, aut si habes cor tuum incrassatum aut induratum et culpabilis[a] es de hac re, evanescat cor tuum, et non suscipiat te aqua, neque ullum maleficium possit contra haec prevalere, sed ut per gratiam et laudem Dei manifestetur. Propter quae humili prece supplices exoramus te, domine Iesu Christe, iustus iudex, fac misericordiae tuae super nos apparere signum, ut si culpabilis est homo iste, nullatenus tua sancta visione[b] recipi possit ab ista aqua. Hoc autem, domine Christe, fac ad laudem et gloriam tuam per invocationem nominis tui, ut omnes cognoscant, quia tu es, Domine, Deus noster, qui vivis et regnas Deus per inmortalia secula seculorum. Amen.

23.

Ex 'rituali ecclesiae Suessionensis tempore Nivelonis episcopi[1] exarato' hunc ordinem edidit Martene l. l. III, p. 485.

INCIPIT OFFICIUM AD IUDICIUM AQUAE.

(a) Iustus es, Domine, et rectum iudicium tuum; fac cum servo tuo secundum misericordiam tuam. Psalmus. Beati immaculati. Collecta. Absolve, quaesumus, Domine, tuorum delicta famulorum, ut a peccatorum suorum nexibus, quae pro sua fragilitate contraxerunt, tua benignitate liberentur et in hoc iudicio, prout meruerunt, tua iustitia preveniente, ad veritatis censuram pervenire mereantur. Per. Lectio ad Ephesios. Fratres[2], renovamini spiritu mentis vestrae etc. usque necessitate patienti. Respons. Propitius esto, Domine, peccatis nostris. Ne quando dicant gentes: 'Ubi est Deus eorum'? Versus. Adiuva nos — libera nos. Alleluia. Deus[3], iudex iustus, fortis et patiens, numquid irascetur per singulos dies? Secundum Marcum. In illo tempore cum[4] egressus esset Iesus, in via procurrens, quidam genu flexo etc. usque veni et sequere me. Offertorium. Immittit[5] angelum Dominus in circuitu timentium eum, et eripiet eos. Gustate et videte, quoniam suavis est Dominus. Secreta. Hostiam[6] tibi, Domine etc.

(b) Presbytero communicato, adiuretur homo sic: Adiuro te, homo, per sanctam Trinitatem, Patrem et Filium et Spiritum sanctum, et per tuam christianitatem, quam suscepisti, et per sanctum euangelium, et per sanctas reliquias, quae in ista ecclesia sunt, ut non presumas ullo modo communicare neque accedere ad altare, si hoc fecisti, aut consensisti, aut scisti, quis hoc fecerit. cf. (5).

(c) Tunc communicet homo: Corpus et sanguis domini nostri Iesu Christi sit tibi hodie ad probationem. Communio. Iustus Dominus et iustitiam dilexit, aequitatem

22 k. a) inculpabilis *ed.* b) iussione?

1) *Nivelo I, a.* 1176—1207, *II, a.* 1252—1262. *Gall. christ. IX, col.* 362 *sqq.* 370. 2) *Ephes.* 4, 23. 3) *Psalm.* 7, 12. 4) *Ev. Marc.* 10, 17—23. 5) *Psalm.* 33, 8. 9. 6) *Cf. Psalm.* 115, 8.

vidit vultus eius. Postcommunio. Per hoc sacrum corpus etc. Deinde aspergatur homo aqua benedicta: Haec aqua benedicta sit tibi hodie ad comprobationem.

(d) Deus[1], in adiutorium meum intende, Domine, ad adiuvandum me festina. Gloria Patri. In[2] te, Domine, speravi usque redemisti me. Domine, Deus veritatis. Et ibi finitur cum Gloria. Deus, iudicium tuum regi da. Inclina, Domine —.

(e) Letania a cardinalibus dicenda. Kyrie eleison etc.

cf. (1). (f) Coniuratio aquae. Coniuro te, aqua, etc.; desinit in haec verba: Sanctus, sanctus Dominus exercituum, qui etiam regnat et dominatur per infinita saecula saeculorum. Amen.

cf. (3). (g) Coniuratio hominis. Adiuro te, o homo, etc.; desinit in haec verba: ut cognoscant, quia tu es Deus noster benedictus, qui vivis et regnas.

24.

Fragmentum iudicii aquae frigidae descripsit W. Wattenbach ex apparatu palaeographico Ulrici F. de Kopp. Exstat in duobus foliis saec. XII. exaratum.

B IV, 2. (a) [Adiuro te, homo, per sanctam Trinitatem — — — archangelos], principatus et potestates, per thronos et dominationes — — — tu es Deus noster benedictus in secula seculorum. Amen.

B IV, 3. (b) Oratio. Deus pater, fiat voluntas tua super nos, et super orationem nostram. Ad te levamus corda — — — quesumus te, Domine, ut nos benedicere et sanctificare digneris et nobis manifestare ea, quae querimus et abscondita sunt nobis, ut cognoscamus virtutem in nobis. Qui vivis et. Iustus es, Domine, et rectum iudicium tuum. Euangelium: In[3] principio erat verbum.

(c) Benedictio Dei patris omnipotentis et Filii et Spiritus sancti descendat super hanc aquam ad discernendum verum Dei iudicium. Amen.

25.

Fragmentum istud ordinis aquae frigidae ex parte theotisce conscripti legitur in codice Trevirensi bibliothecae civitatis 744. 1917 *(olim monasterii S. Matthiae in suburbio civitatis illius) saec. XII. Edidit Mone, 'Zeitschrift f. d. Gesch. d. Oberrheins' I, p.* 42 *sq. Ex ipso codice huc transmisso, quem V. Cl. W. Scherer mecum inspexit, descriptum emendatius edidi.*

Ea die, qua acusati pro aliquo crimine sunt examinandi, primo haec

Missa iudicii. missa dicenda est: Iustus es, Domine — — —.

Expleta missa, itur ad aquam, ubi examinandi sunt accusati. Et aqua benedicta et accusatis adiuratis, simul et accusator et accusatus statuuntur iuxta eandem aquam contra orientem, uterque tenens baculum in manu, qui dicitur 'sunnestab', sacerdote haec verba inchoante et accusatore[a] eadem repetente:

Cůnrad, oder svi so du heizzest, ich spriche dir zu umbe min ros, daz mir verstolen wart. Ich zihe dich, daz du daz stalist, unde bite dich durch Got unde durch[b] dez recht, daz du mir[c] wider gebest. Unde zihest du mich dar ubere, daz ich minen mutwillen an dich vordere, da bůte ich tir umbe minen voreit.

Respondeat accusatus: Den voreit den wil ich verchisen durch Got, daz er mir deste gnadiger si zu diseme mineme rechte, et addat haec verba: Also mich der Rudolf hie gagenwartic stat ane gesprochen hat umbe sin ros, daz ich ime daz stale,

25. a) to *e corr. c.* b) ch *corr. videtur ex* ez *c.* c) daz *supplendum.*

1) *Psalm.* 69, 1. 2) *Psalm.* 30, 2—6. 3) *Ev. Ioh.* 1, 1.

des nehan ich niwet getan, unde bute ime dar ein recht lougen zi siner gagenwarte ze disme gesegenoten wage, ob er ez geloben unde gelouben wil.

Respondeat[d] accusator: Ich gelobe unde geloube unde sezze in dine hant mir also ze leistenne, also du mir hie gewettet hast.

Postea puer, qui vice accusati mittendus est in aquam, consignatus cum euangelio: 'In principio erat verbum', simul cum accusato statuatur. Et sacerdos dicat haec verba: Disen cristanen mennescen den lih ich dir, daz er dich vurwese zu disme Gotes rechte, also du selbe soltist.

Also[1] tun ouch ich unde aische ein phant.

Postea accusatus simul cum vicario suo statuatur, et dextro pede vicarii super dextrum[e] | . . . . .

26—32. *IUDICIA PANIS ET CASEI, ET PANIS PENDENTIS.*

26.

Codex Sangallensis 682. 8°, *saec. IX. in. (cf. supra A 4) exhibet huius ordinis valde corrupti initium* a *p.* 231, *reliqua* b—e *p.* 246—251. *Quae autem inter* Madio *et* Benedictio *leguntur in codice (cf. infra n. e) per errorem videntur illuc transposita esse. Cum* e *conferenda sunt A* 27 c. 28. 33 e. *B XVII,* 6.

(a) Pensa[a] inter pane et caseum 2 sol., quot sunt 9 denarii. Ipsae panis[b] ordeacius[c] esse atquae bisus[d, 2], caseus birbicinus factus in Madio[e, 3].

(b) Benedictio panis et[f] casei; qui furtum facit. Sanctus, sanctus, sanctus Deus, qui es invisibilis salvator mundi, Deus, omnium rerum creaturarum conditor, Deus, spiritalium remunerator, scrutans corda et renes, Deus, deprecamus te, exaudi verba deprecationis meae, ut qui hunc[g] furtum commisit, quem querimus, panes et caseum istae per gula et lingua vel fauces non possit transire, sed sint constricti et obligati per verbum virtutis tuae.

Pater noster, qui es in caelis.

(c) Exorcizo te, inmunde spiritus, qui hominem suadis et constrictas, ut furtum faciat[h], draco anticus, serpens nociva[i], per virtutem sanctae crucis, et per Deum omnipotentem, per Iesum Christum Nazarenum, filium Dei, quem Iudaei crucifixerunt, agnum[k] inmaculatum, de Altissimo procreatum et per sanctum Spiritum natum ex Maria virgine, quem Gabrihel archangelus adnuntiavit venturum et Iohannis proclamat: 'Ecce agnus Dei, ecce qui tollit peccata mundi[4]', ut eius nomine nullo modo dimittat communicare panem istum vel caseum, sed constricti lingua, gula vel fauces sint conligati.

Pater noster, qui es in caelis.

(d) Adiuro te, homo ill., per Patrem et Filium et Spiritum sanctum, per 4 euangelistas, et per 12 apostolorum, et per 24 seniores, qui adorant agnum[5], et per illum Redemptorem nostrum, qui pro peccatis nostris suspensus fuit in cruce, ut, quaecumque in isto furto fuerit alligatus, aut[l] sapit, aut conscius est, aut consentiens fuit, sit hoc declaratum atque demonstratum.

---

25. d) Resp̄ *c.* e) pedem accusati posito *suppleverim. Reliqua desunt, pagina finita.*

26. a) *his verbis rubro exaratis in cod. praemissa sunt eodem modo scripta:* Omelia sancti Aug. episcopi, *quae cum iis, quae post* Madio *leguntur, iungenda sunt; cf. n. e.* b) pius *c.* c) ordinatius *c.* d) lisus *(vel* bsus*) c.* e) *Sequitur in cod. homilia:* Fratres carissimi ad memoriam vestram reducimus *usque* qui habet aures audiendi audiat *(p.* 245*); tunc benedictio:* Ad ortiolum *(supra A 4). In autographo autem eadem ac in hac editione continuo subiecta fuisse videntur.* f) qui caseum *c.* g) humane *c.* h) facias *c.* i) notiva *c.* k) annum *c.* l) ut *c.*

1) *Verba accusatoris, ut videtur.* 2) *Panis bisus* = *'pain bis'. Vide Ducange, s. v.* 3) *Caseus Maiensis etiam infra* 27 k. 4) *Ev. Ioh.* 1, 29. 5) *Cf. Apocal.* 5, 8.

(e) Item alia. Domine Iesu Christe, qui caelum et terram tribuisti, mare et omnia, quae in eis sunt, habere virtutis tuae super hunc famulum tuum panem istam, quam[m] dextera tua, Domine: si homo istae a terram[n] istam culpabilis sit[o], turnae pane ista. Deus Abraham, Deus Isaac, Deus Iacob, Deus, qui tribus Israel monuisti et Susannam de falso crimine liberasti, tres pueros a camino ignis ardentis, Sedrac, Misac et Abdenago, si ille homo istam[p] terram istam culpabilis sit[o], turnae pane istae. Agius, agius, agius. Sanctus, sanctus, sanctus. Kyrieleison, Kyrieleison, Kyrieleison. Christeleison, Christeleison, Christeleison.

Pro uno solido 100 psalmos[q] aut[r] 2 missas[s].
Pro una untia 150 psalmos[v] aut 3 missas[s].
Pro 6 untias 7[t] psalteria[u] et 6 missas[s].
Pro una libra 12 psalteria[u] et 12 missas.
Finit enim.

27.

Ex 'codicibus vetustis S. Sergii Andegavensis' edidit haec capita Martene, De antiq. eccl. ritibus III, p. 480 *sqq. Cum* c *conferas A* 26 e. 33 e, *cum* d—g *simillima quae exstant infra B XVII,* 1 a—d, *cum* h *denique A* 30 b. 31 a.

EXACTUM SUPER PANEM HORDEACEUM DE ALIQUA RE PERDITA.

(a) Missa de inventione sanctae crucis. Deus, qui ecclesiam tuam et nova semper prole renascentium foecundas et resipiscentium a peccatis atque ad te revertentium reparatione restauras, auge super nos, famulos tuos, Spiritus sancti tui dona propitius et ipse in nostro ministerio quod tuae virtutis est operare. Per — in unitate eiusdem.

(b) Alia. Adesto, Domine, supplicationibus nostris et me, qui etiam misericordia tua primus indigeo, clementer exaudi, et quem non electione merita, sed dono gratiae tuae constituisti huius operis ministrum, da mihi fiduciam tui muneris exequendi et ipse in nostro ministerio quod tuae pietatis est operare. Per.

(c) Exorcismus panis vel casei. Domine Iesu Christe, appareat hic magna virtus tua et magna misericordia tua super hunc panem, quem confirmasti dextera tua, ut, quoties de illo acceperit homo iste, si veritas est, quod culpabilis sit de hac re, unde reus putatur, aut facto aut consensu, tornet se panis iste in giro; et si veritas non est, non se tornet panis. Deus Abraham, Deus Isaac, Deus Iacob, Deus, qui Susannam de falso crimine liberasti, Loth de Sodomis, tres pueros de camino ignis ardentis. Agios, agios. Exaudi, Christe, famulum tuum.

(d) Alia. Domine Deus omnipotens, agios, agios, agios, domine sancte Pater, qui es invisibilis aeterne Deus, rerum omnium creator, Deus sanctus, mortalium et immortalium ordinator, qui cunctas res et arcana perspicis et cuncta noscis, scrutans corda et renes, Deus, deprecor te, exaudi verba deprecationis meae, ut, qui hoc furtum admisit, panis vel caseus iste nec fauces eius nec guttur transire possit.

(e) Domine, qui liberasti Moysen et Aaron de terra Aegypti, David de manu Saulis regis, Ionam de ventre ceti, Petrum de fluctibus, Paulum de vinculis, Theclam de tormentis, Susannam de falso crimine, tres pueros de camino ignis ardentis, Danielem de lacu leonum, paraliticum de grabato, Lazarum de monumento, ostende, Domine,

26. m) confirmasti *add.* **A** 27 c, formasti A 33 e. n) atrā *c; corrigendum videtur:* at (= ad) rem. o) siturnae *pro* sit turnae *c.* p) *lege:* iste ad rem istam. q) psał *c.* r) iacit *c.* s) miss̄. *c.* t) VII *c., corrigendum videtur* VI. u) psałt. *c.*

tuam misericordiam, ut, qui hoc furtum admisit, panis vel caseus iste fauces nec guttur eius transire non possit.

(f) Alia. Exorcizo te, maledicte et immundissime draco, basilisce, serpens noxie, per verbum veritatis, per Deum omnipotentem, per agnum immaculatum, de Altissimis procreatum, de Spiritu sancto conceptum, de Maria virgine natum, quem Gabriel annuntiavit venturum, quem cum vidisset Iohannes voce magna clamavit, dicens: 'Hic est filius Dei vivi' [1]: ut nullam habeas[a] potestatem in pane vel caseo isto, sed qui hoc furtum admisit, tremens manducans et tremebundus evomat quod accepit, te iubente, Domine sancte pater.

(g) Omnipotens, aeterne Deus, qui caelum plasmasti, terram fundasti, mare luminibus[b] firmasti et omnes caelos fabricasti et magna luminaria, solem et lunam, splendere et lucere iuxta disciplinam ordinasti, fac, Domine, signum tale, ut omnis mundus et omnis terra intelligat, quia tu es Deus, qui facis mirabilia magna solus. Domine Iesu Christe, fili Dei vivi, qui res tales furatus est, aut qui in hoc conscius esse videtur, ut, gula et lingua et faucibus suis constrictis et obligatis, panem vel caseum istum non possit manducare. Per Patrem et Filium et Spiritum sanctum, per tremendum diem iudicii, per 4 euangelia, per 12 apostolos, per 12 prophetas, per 24 seniores, qui quotidie te laudant et adorant, per illum Redemptorem, qui propter nostra peccata manus suas in sanctam crucem expandere dignatus est: qui istud furtum furatus est, nec panem nec caseum istum possit manducare, nisi, inflato ore cum spuma et lacrimis, fiat constrictus, praestante eodem domino nostro Iesu Christo, cui est honor et gloria in saecula saeculorum.

(h) Alia. Domine Deus omnipotens, agios, agios, agios, astans in caelis et in terris, sanctum et admirabile nomen tuum invocamus. Domine dominantium, Deus caelorum, Deus iustorum, Deus prophetarum, Deus apostolorum, Deus martyrum, Deus confessorum, Deus virginum, Deus omnium iustorum, invocamus te, ut, quicunque furtum istud admisit, apponatur ei creatura panis vel formatici, ut antea revomat, quam pertranseat, quia tu es Deus, et non est alius praeter te, faciens mirabilia secundum magnam misericordiam tuam. Separetur ab eo spiritus diaboli, qui conscius est, qui innocens est manducet, qui culpabilis est tremat, tremescat tanquam arbor tremulus, et requiem non habeat, usque dum confiteatur, te iubente, sancte Pater, qui liberasti Noe de undis diluvii, Danielem de lacu leonum, Petrum de fluctibus, Paulum de carcere, Ionam de ventre ceti, sicut fecisti Pharaonem regem Aegypti mergi, sicut ille mare siccum non pertransivit, sic nec pertranseat gulam eius, donec confiteatur. Deus omnipotens, iudica causam istam.

(i) Hoc debet scribi in circuitu formatici, antequam incipiatur missa, et antequam cultro incidatur, et debet integer esse: 'Convertetur[2] dolor eius in caput eius, et in verticem eius iniquitas eius descendet'.

(k) Et* dabis ei tunc panem et formaticum pondus 9 denariorum. Panis sit ordeaceus absque fermento, formaticus Maiensis de ovibus.... Quamdiu cantatur missa, sint ante altare qui de furto accusantur et

*) Et dabis ei inter panem et formaticum pensante denarios 9. Panis debet esse ordeaceus absque fermento, et formaticus vervicinus Maiensis. *(Haec verba, nota 'In alio codice' adiecta, in editione ante* Hoc debet scribi *etc. leguntur).*

27. a) habeat *ed.* b) *ita saepius hoc loco pro* liminibus *codd.;* fluminibus *ed.*

1) *Potius 'Ecce agnus Dei', Ev. Ioh.* 1, 29, *qui locus confunditur saepius cum alio, ubi dicit Petrus: 'Tu es Christus, filius Dei vivi', Ev. Matth.* 16, 16. *Uterque allegatur B XVII,* 1.
2) *Psalm.* 7, 16.

unus homo iuxta illos aut plures, qui eos praevideant, ne aliquem dolum invicem loquantur. Cum vero ventum fuerit ad communionem, primus communicet se sacerdos corpore Christi et postea benedicat panem et caseum iuste pensata, ut supra diximus, et statim communicet eos. Ipseque sacerdos et custos ipsos bene videat, qualiter unusquisque transglutiat. Postquam autem omnes transglutierint, arcentur omnes anguli gulae eorum, ne quid remanserit. Et sic post haec dicat post-communionem missae.

28.

In codice ecclesiae Coloniensis CXXIII (Darmst. 2122), saec. X, exstat hoc iudicium panis. Ed. Jaffé-Wattenbach, Ecclesiae metrop. Colon. codices manuscr. p. 52.

In Christi nomine. Domine Deus omnipotens, qui fecisti caelum et terram, mare et omnia, quae in eis sunt. Si culpabilis est homo ill. de causa ista, aut si sapit, aut involavit [a], aut partem recepit, si culpabilis est, iget [b] panis iste; si culpabilis non est, non iget [b]. Deus angelorum, Deus archangelorum, Deus prophetarum, Deus patriarcharum, Deus apostolorum, Deus martirum, Deus confessorum, Deus virginum, Deus omniumque sanctorum tuorum, Deus Michael, Deus Gabriel, Deus Raphael, Deus Oriel, Deus Tobiel, Deus Raguel, Deus Salathiel, Deus Abraham, Deus Isaac, Deus Iacob, Deus Moisi, Deus Aaron, Deus, qui liberasti tres pueros de camino ignis ardentis, Sidrac, Misac et Abdenago [c], Susannam . . . . .

29.

Exstat hic ordo in codice Parisiensi Lat. 4627, saec. IX (cf. supra p. 34 sq. 182) fol. 145 sq. Ediderunt Baluzius, Exorcism. 7. et E. de Rozière, nr. 619. Textum admodum corruptum conferas cum A 27 d sqq. 32 b sqq.

IN CHRISTI NOMINE INCIPIUNT COLLECTAS AD MALIS FURTIS REPREMENDIS.

(a) Agius, agius, agius. Sanctae pater, qui es invisibilis omnium [a] rerum conditor, spiritalium munerator [b], qui cunctorum es conditor et archana conspicis, cuncta cognoscis, qui scrutans [c] corda et renes, Deus, deprecor te, et exaudi verba deprecationis meae, ut, qui hunc furtum illum admisit, panis vel casi iste transire faucis nec guttur illius non possit. Amen.

(b) Domine, qui liberasti Moysen de terra Aegipti, David de manu Saul regis, Ionam de ventre coeti, Petrum de fluctibus, Paulum de vinculis, Teclam de bestiis, Susanna de falsis criminibus, tres pueros de camino ignis ardentes, Daniel de lacum leonis, paraliticum de grabatto, Lazarum de monumento, ostende mihi, qui hunc furtum illum admisit, ut panes vel casius iste faucis nec gutture illius transire non possit. Amen.

(c) Exorcizo te, maledicte, inmundissime draco, basilice [d], serpens innoxia [e], per verbum veritatis et signum claritatis, per Deum omnipotentem et Iesum Christum Nazarenum, agnum inmaculatum, de Altissimis procreatum, de Spiritu sancto conceptum, ex Maria virgine [natum], quem Gabrihel archangelus adnuntiavit venturum, qui cum vidisset Iohannes [f] voce magna clamavit, dicens: 'Hic est filius Dei vivi' [1], nullum modo hic dimittas communicare; neque presumat panem nec casium istum manducare, qui

28. a) inviolavit *c.* b) *ita c.; lege:* giret. c) Abdegago *c.*

29. a) hominum *c.* b) munerator *c.* c) *ita c.; lege:* scrutaris. d) *lege:* basilisce. e) *lege:* noxie. f) Ioh. *c.*

1) *Cf. supra p.* 631, *n.* 1.

hunc furtum illum admisit. Qui crimen nesciens est manducet, et qui crimen sciens est statim tremebundus evomat. Amen.

(d) Suggero tibi, domine Deus omnipotens, aeternae Deus, qui caelos camerasti, terra fundasti, mare liminibus firmasti et ipsum caelum fabricasti, qui magna mirabilia[g], sol et luna, super iustos [et iniustos] splendere et lucere fecisti, doctrinam[h] ordinasti, fac, Domine, signum talem, ut omnis mundus et omnis terra intellegant, quia tu es Deus, qui facis mirabilia solus, domine Iesu Christe, filii Dei vivi: et qui res illas furavit, et qui ex hoc consentaneus videtur, ut gula et lingua faucis suae sint constricte et legate. Amen. Et panem nec casium istum non possit manducare. Amen.

(e) Coniuro tibi, homo, per Patrem et Filium et Spiritum sanctum, per diem tremendi iudicii et quattuor euvangelia, et per 12 apostolos, per 16 prophetas, per 24 seniores, qui cotidie in laudem Domini sunt, per illo Redemptore, qui pro nostra peccata manus in sancta cruce suspendere dignatus est, ut, si[i] hunc furtum mixtus es, aut fecisti, aut consentisti, aut fraudolanter baiolasti, taliter sit tibi baiulandum, de manu Domini, de sua sancta gloria et virtutem, ut panem et casium istum numquam possis manducare, nisi, inflatas bucas, cum spuma et gemitu et lacrimis et doloribus faucis tuae sint constrictae et oblegate. Amen.

(f) Ista collecta desuper caput hominis coniura: Domine Deus omnipotens, agius, agius, agius, adstans in caelis et in terris, Domine, sanctum et admirabilem nomen tuum invocamus, nomen tuum deprecamus, Domine. Domine dominantium, nomen tuum invocamus. Deus caelorum, Deus iustorum, Deus prophetarum, Deus apostolorum, Deus martyrum, Deus virginum, Deus omniumque sanctorum, te invocamus, ut, quicumque furtum illum fecit, aut consenserit, adponatur ei creature panis et formaticus, aut[k] in terra vomat, quam pertranseat; quia tu es Deus, et non est alius preter te. Fac secundum magna misericordia tua, separetur ab eo spiritus diaboli: qui conscius est evomat, et qui innocens est manducet, et qui culpabilis est tremat, tremescat, tamquam arbor tremulet et requiem non habeat[l], donec confiteatur, te iubente, Pater sanctae.

30.

Codex Paris. Lat. 4409, *saec. IX (cf. supra p.* 131*) praebet fol.* 35[b] *hunc ordinem. Exscripsit b. m. H. Knust. Ediderunt Baluzius, Exorcism.* 8, *et E. de Rozière, nr.* 618. *Conferenda sunt capita simillima A* 31 a. 27 h.

INCIPIT PROBATIO A CUNCTIS FURTIS PROBANDIS.

(a) Antequam[a] incipias, canitur missa de sancta Trinitate. Antiphona[a]. Benedicta sit sancta Trinitas.

(b) Domne Iesu Christe, agie, agie, agie, astas in caelis, in omnibus locis dominaris, vides et regis, iudicas et disponis, sanctum et admirabile nomen tuum invocamus. Domine dominantium, spiritus Dei, Deus Abraham, Deus Isaac, Deus Iacob, Deus caelorum, Deus iustorum, Deus prophetarum[b], Deus apostolorum, Deus martyrum, Deus omnium sanctorum, te invocamus, ut, quicumque de isto furto culpabilis est, aponatur ei panis et caseus, ut, te iubente, constringantur fauces illius et guttur eius claudatur, ut qui istud furtum commisit antea revomat, quam pertranseat, ut sciat, quod tu es Deus, et non est alius praeter te. Fac secundum magnam misericordiam tuam, ut ab eo spiritus diaboli separetur, et probatus convictus sit: qui culpabilis est tremat et tremescat tamquam folia arboris tremuli, per constringentes angelos tuos, per sanctum

29. g) *ita c. pro* luminaria. h) iuxta disciplinam o. *A* 27. i) si *infra post* baiulandum *legitur in c.* k) *lege:* antea. l) habent *c.*

30. a) Antequam — Antiphona *ex editis recepi, in apographo desunt.* b) propiriator *c.*

Michahelem et sanctum Raphahelem tremens appareat et requiem non habeat, donec confiteatur furtum istud. Agie, agie, agie, te iubente, liberatus est Danihel de lacu leonum, Petrus de fluctibus, Paulus de carceribus, Ionas de ventre ceti, Susanna de falso crimine; tu, manifesta furtum istud, sicut manifestasti Pharaonem regem in mare; sicut ille non pertransivit mare, sic non pertranseat gula eius, qui hoc furtum admisit, creatura panis et casei. Adsit angelus sanctus Michahel et sanctus Gabrihel et sanctus Raphahel, constringant guttur illius, et claudatur, et victus appareat. Christe Iesu, presta quod petimus; Trinitas inseparabilis, manifesta; omnipotens Deus, qui vivis et regnas per omnia secula seculorum. Amen.

Pesante denarios 9.

31.

Ordo iste exstat in codice Paris. Lat. 5594, *saec. X. Exscripserunt b. m. G. H. Pertz et H. Knust. Edidit E. de Rozière, nr.* 618 *bis*. *Cum* a *cf. A* 30 b.

(a) Benedictio panis ordeacei vel casei ad iudicium faciendum. Domine Deus Iesu Christe, ayos, ayos, ayos, qui semper adstas in caelis et in omnibus locis dominaris, vides et regis et disponis[a], sanctum et admirabile nomen tuum invocamus. Domine dominantium, spiritus Dei, Deus caelorum, Deus angelorum, Deus archangelorum, Deus Abraham, Deus Isaac, Deus Iacob, Deus iustorum, Deus prophetarum, Deus apostolorum, Deus martyrum, Deus confessorum, Deus virginum, Deus omnium sanctorum, te invocamus et deprecamur, ut, quicumque de illo furto, de quo inquirimus, aliquid admisit, vel fraude fraudavit, vel furatus est, adponatur ei creatura panis, et te iubente, fauces illius constringantur, et guttur eius claudatur, quatinus eam ante revomet, quam pertranseat, ut sciat, quia tu es Deus, et non est alius praeter te Dominus. Fac secundum magnam misericordiam tuam, ut ab eo spiritus diaboli separetur, et probetur convictus: qui de hoc furto culpabilis est tremat et tremiscat tamquam folia arboris tremuli et, constringentibus angelis tuis, sancto Michaele et sancto Raphaele, tremebundus appareat et requiem non habeat, donec confiteatur furtum ipsum. Ayos, ayos, ayos, te iubente, Pater sancte, qui liberasti Danihelem de lacu leonum, Petrum de fluctibus maris, Paulum de carcere, Ionam de ventre ceti, manifesta, Domine, furtum ipsum, sicut manifestasti Pharaonem regem in mare, et sicut ille non pertransivit mare, sic non pertranseat gulam eius, qui furtum admisit, hanc creaturam panis vel casei; sed, angelis tuis, sancto Michaele et sancto Gabrihele et sancto Raphaele, constringentibus, guttur eius claudatur, et convictus appareat. Christe Iesu, praesta quod petimus; Trinitas inseparabilis, manifesta; Omnipotens, qui vivis.

(b) Oratio. Domine Deus omnipotens, qui fecisti caelum et terram, mare et omnia, quae in eis sunt, oremus, domine Iesu Christe, qui manus in cruce pro nostra redemptione posuisti, ante cuius oculos omnia munda et aperta sunt: si culpabilis est iste homo, adhereat faucibus eius panis iste vel caseus; et si culpabilis non est, dividat hunc. Deus Abraham, Deus Isaac, Deus Iacob, Deus, qui Susannam de falso crimine liberasti, innocentem deduc, Domine, in via tua et in veritate tua.

(c) Postea dabis ei quod pansat sol. 3 aut den. 9, et iurabunt omnes testes de furto illo super sanctos, et postea dices ei, cui committitur crimen: In nomine Patris et Filii et Spiritus sancti, amen: accipe hec secundum verba tua.

32.

Ordinem istum maiorem iudicii panis et casei edidi ex tribus codicibus, qui sunt hi: 1) *Cod. Duacensis* 96, *saec. XII; descripsit b. m. L. Bethmann.* 2) *Cod. Eich-*

31. a) dm̄ *add. c.*

stet. (= B VII, 3). 3) *Cod. Bamberg. (= B IV, 5). Cf. etiam B XV, 4. Nondum integer editus esse videtur.*

(a) Exorcismum[a] et benedictionem panis et casei ad securitatem iuditii faciendam et ad[b] inveniendum furtum isto modo debes facere. Panis ordeaceus[c] esse[d] debet siccus, et caseus caprinus aridus; et antequam dividantur[e], scribe 'Pater noster' in utroque, et postea sic debes benedicere. Primum illae res, quae furatae sunt, ibidem in uno breviculo scriptae esse debent, et illorum nomina similiter, qui de furto insimulantur; et illis audientibus, super unam mensulam ante sanctum altare panem et caseum ita exorcizare[f] et benedicere debes:

(b) Domine[a] sancte, Pater omnipotens, aeterne Deus, qui es invisibilis omnium rerum creator spiritaliumque[b] remunerator, qui et archana prospicis et cuncta cognoscis, qui[c] scrutaris corda et renes, deprecor[d] te, ut exaudias verba deprecationis meae, ut, qui hoc furtum commisit, panem vel caseum hunc fauces eius glutire non permittas. Qui[e] venturus est.

(c) Alia[f]. Deus, qui liberasti Moysen et[g] Aaron de terra Egypti, David de manu Saul regis, Ionam de ventre caeti, Petrum de vinculis, Paulum de fluctibus, Susannam de falso crimine, tres pueros de camino ignis ardentis, Danielem de lacu leonum, paraliticum de grabbato[h], Lazarum de monumento: ostende misericordiam tuam, ut, qui hoc furtum commisit, panem vel caseum istum in eius fauces intrare non permittas. Qui[i] venturus est iudicare.

(d) Coniuratio[k]. Exorcizo te, maledicte diabole[l], immundissime draco[m], basilisce, serpens noxie, per verbum veritatis et signum claritatis Iesu Christi, per Deum omnipotentem et per Iesum Nazarenum, agnum immaculatum, ab Altissimo genitum[n] et de Spiritu sancto conceptum, ex Maria virgine natum[o], quem Gabriel archangelus[p] annuntiavit venturum, quem Iohannes videns[q] exclamavit, dicens: 'Ecce[r] agnus Dei, qui tollit peccata mundi', ut nullo modo tu presumas communicare sancto. Et tu, domine Iesu Christe, non permittas, panem vel caseum hunc istum[s] hominem manducare, qui istud crimen[t] commisit. Et si criminis nescius est, salubriter manducet; et si de eo conscius est[u], tremebundus evomat illud, propter nomen tuum sanctum. Qui vivis[v] et regnas.

(e) Oratio[w]. Deprecor te, Domine sancte, Pater omnipotens, aeterne Deus, qui caelum formasti et terram fundasti, mare limitibus terminasti, solem et lunam in splendore[x] lucere fecisti, ut intelligant astantes, quia tu es Deus[y], qui facis mirabilia. Et te dominum[z] Iesum Christum[z] humili prece deposco, ut, qui furtum istud commisit, vel qui consentaneus est, gula eius vel lingua[a] seu fauces suae sic fiant constrictae et obligatae, ut panem vel caseum istum non prevaleat manducare. Per te, Salvator mundi[b], qui vivis.

(f) Oratio[c]. In caelis gloriosus es, Deus, et ubique admirabile est[d] nomen tuum. Deprecor te, qui es rex regum et dominus dominantium, Deus iustorum, Deus

32 a. *Codd.* 1. 2. 3. a) Exorcismus et benedictio 2; Exorcismus — furtum *des.* 3. b) *deest* 2. c) hordeaceus 2; ordeatius 3. d) esse debet siccus *des.* 1. e) dividatur 2. f) benedic *pro* exorcizare — debes 2.

b — k. *Codd.* 1. *2. 3. a) *praecedit rubr.:* Oremus. Oratio 1; Benedictio panis et casei 3. b) *ita* 3; rerum *add.* 1. c) *ita* 3; cuncta *add.* 1. d) te deprecor 3. e) *ita* 1; Per *pro* Qui v. est 3. f) *ita* 2. 3; oratio *add.* 1. g) et Aaron 3; *des.* 1. h) grabatto 3. i) Qui — iudicare *des.* 3. k) Alia 2; Exorcismus 3. l) et *add.* 1. m) dracho 1. n) procreatum 3. o) 3; *deest* 1. p) angelus 3. q) *ita* 3; exclamavit dicens *pro* v. e. 1. r) 3; Hic est filius *pro* Ecce agnus 1. s) isti homini 3. t) furtum 3. u) factus *add.* 3. v) venturus es iudicare 3. w) Alia 2. 3. x) splendorem 3. y) 3; *deest* 1. z) dominum I C 1; Deum Iesum 3. a) eius *add.* 3. b) mundi q. vivis *des.* 3. c) Alia 2. 3. d) *deest* 3.

apostolorum, Deus martirum, Deus omnium sanctorum, ut, qui furtum istud commisit, apponatur ei in nomine tuo creatura[e] panis vel casei ad[f] comprobationem, et fauces eius claudantur, cum[g] acceperit, non transglutiat; quia tu es Deus, et non est[h] alius preter te. Hoc fac propter te et propter misericordiam tuam, ut separetur a diabolo et per poenitentiam salvetur; et statim ut acceperit, tremebundus appareat contremescatque[i] tanquam arbor tremula et requiem non habeat, usque quo confiteatur tibi, Salvator mundi, Deus[h].

(19) (g) Exorcismus panis et casei. Exorcizo te, creatura panis et casei, per Deum patrem omnipotentem — — — detque gloriam Deo, qui venturus est[k] iudicare.

(11) (h) Oratio[l]. Deus angelorum, Deus[m] archangelorum, Deus[n] patriarcharum, Deus prophetarum — — —.

(i) Post[o] hec aspergas[p] eum aqua benedicta, et dices ad eum: Haec aqua fiat tibi hodie ad comprobationem. Postea dones ei[q] inter panem et caseum denarios novem ad pensam; et primum inpone manum super caput eius, et coniura eum ita:

(k) Coniuro te, homo N.[h], per Patrem et Filium et Spiritum sanctum, et per diem tremendi iuditii, per 4 euangelistas, et[r] per 12 apostolos, per prophetas, per 24 seniores, qui[s] cotidie laudando Deum adorant[s], per Redemptorem nostrum, qui pro nostris peccatis manus suas in sancta cruce expandere dignatus est, et per illud baptismum[t], quo te sacerdos regeneravit: ut, si de hoc furto noxius es[u], aut fecisti, aut scisti, aut consensisti, aut inde peccatum habes, coniuro te per nomen sanctum[v] Domini, ut panem vel caseum istum numquam possis manducare[w], sed, inflatis buccis, cum spuma et gemitu et lacrimis et dolore fauces tuae siccae efficiantur et obligent te, antequam confitearis peccata tua domino nostro Iesu Christo, qui venturus est[h].

(l) Alia[a] oratio. Deus omnipotens, qui iudicas quod iustum est, iudica et manifesta causam istam in nomine domini nostri Iesu Christi, qui venturus est iudicare vi[vos][b].

IUDICIUM LIBRI (PSALTERII).

33.

Hic ordo, ex parte lingua vetere Franco-Gallorum (idiomate regionis Fiscanensis) conscriptus, legitur in cod. Paris. 2403, *saec. XII. in., fol.* 163. *Ediderunt L. Delisle in 'Bibliothèque de l'école des chartes'* (1857) *XVIII, p.* 255 *sq., et ex nova recensione W. Foerster et E. Koschwitz, 'Altfranzös. Uebungsbuch' I, col.* 161 *sq. Eadem res agitur B XIV,* 4; *cf. supra p.* 602. *Ad textum Latinum* d *emendandum cf. praecipue A* 27 c.

(a) Chi certe[a] cose deit enquerre, ses iunies deit faire e ses elemosinas e ne deit estre[b] e missa et matinas deit orer e ses septem psalmes e sa letania e ses oratiuns et aqua benedicta.

(b) Antiphona. Nos autem gloriari. Psalmus. Deus misereatur[1]. Oratio.

32 f—k. e) 3; creatum 1. f) ad *deest* 1; ad comprobationem *des.* 3. g) seu celerius ut 3. h) *deest* 3. i) cum tremescatq[e] 1; tremiscatque 3. k) est iud. *des.* 3. l) *deest* 3; Benedictio panis et casei 2. m) et 3. n) D. patr. *des.* 3. o) *ita* 1. 2; Postea 3. p) 2. 3; asperges 1. q) 2. 3; *deest* 1. r) et — apostolos *des.* 3. s) qui — adorant *des.* 3. t) baptisma 3. u) sis 3. v) sancti 3. w) comedere 3.

l. *Cod.* 1. *2. a) Sequitur 2. b) iu . . 1.

33. a) *fortasse:* ceste. b) *quaedam verba deesse videntur.*

1) *Psalm.* 66, 1.

Deus, qui in preclara. Epistola. Fratres, confido in vobis[1]. Alleluia. Nos autem. Alleluia. Dulce lignum. Euangelium. Erat homo ex phariseis[2]. Offertorium. Protege, Domine. Secreta. Sacrifitium, Domine. Agnus Dei. Agnus Dei.

(c) Ore preiuns devine misericordie e[c] ma damne sancta Maria e ma damne sainte Cruiz et ma damne sancta Elena et toz sainz et totes saintes et toz les fedelz damine Deu, qui trinus est in[d] numero et unus est in nomine[e], que il tot preient damine Deu, que il declarast et il demonstrast ceste cose, que nuls uem ne puscet estre encolpet, si cil non chi dreit i ad. Ore deit lon prendre une rotele et ensansunt[f] en un fust et metre le mance ensz el livre[g] e lier bien, que nen chidet, et puis prendre le[h] livre par la rotele a duos deenz et ius prendre[i].

(d) Domine Iesu Christe, fili Dei vivi, quia tu mundas manus posuisti in cruce et nos omnes tuo[k] pretioso sanguine redemisti, appareat veritas[l] tua super librum istum, qui[m] in dexteram formasti et benedixisti in substantia hominum et ad continendam, si[n] veritas est, qui culpabilis sit ille homo aliquid qui tenetur[o] nom. ill., si ille furtum fecerit, aut consenserit, tornet librum istum, et si ille furtum non fecerit nec consenserit, non tornet.

Domine Deus — — —[p].

33. c) om²a damne *c.* d) inumero *pro* in n. *c.* e) homine *c.* f) *corruptum.* g) liua *c.* h) lever *pro* le livre *c.* i) pendre *legendum videtur.* k) tua *c.* l) virtus *melius legitur A* 27. m) *fortasse:* quem dextera; *cf. A* 27. n) siverita *pro* si v. *c.; cf. A* 27. o) te² *c.* p) *Inter sequentia haec leguntur in codice:* Missa de natali Domini deit odir chi campist. — Missa de la resurrection, missam de sancta Trinitate, missa de sancto Stephano deit lun dire por le campiun, quant il entret el camp. Ps. Quicumque vult.

1) *Cf. Galat.* 5, 10. 2) *Ev. Ioh.* 3, 1.

B.

COLLECTIONES IUDICIORUM DEI.

I.

Codex Montispessulanus 306, *saec. IX, continet fol.* 3′ *sqq. ordines iudiciorum* 1) *aquae ferventis et ferri (fragmentum),* 2) *aquae frigidae (fragmentum),* 3) *panis et casei,* 4) *'examinis in mensuris'. Post alias benedictiones ad rem iudicialem non spectantes subiectae sunt benedictiones aquae frigidae et ferri, quas, licet postea additae sint, tamen sub numeris* 5. *et* 6. *subiciendas duxi. Exscripsit V. I. G. Waitz. Ea quoque, quae de sacramento purgatorio Iudaeorum in codice Montispessulano* 360, *saec. XI, exstant (cf. LL. Capitul. I, p.* 259*), subieci, quoniam de iudicio Dei agere videntur. Capp.* 1—4. *edidit E. de Rozière, nr.* 596. 590. 622. 625.

1. INCIPIT ORDO AD IUDICIUM[a] FACIENDUM.

(a) In primis sacerdos designet locum[b] in atrio aecclesiae, ubi ignis fieri possit ad caldaria suspendendum vel ad ferrum ignitum. Ita tamen, ut superius locus ille aqua benedicta aspergatur, necnon et aqua, quam in caldaria fieri debeat.

Miss. iud. a—1. (b) Deinde missam cantare secundum ordinem. Introitum. Antiphona[c]. Iustus es, Domine — — — non dominetur[d] . . . . .

2.

(1) (a) . . . . . homine, si in aliquo ex hoc est culpabilis, cuius iste vicharius est, quod illi obicitur, scilicet aut[a] per opera aut[a] per consensum aut[a] per consçientiam aut[a] per ullum ingenium; sed fac eum natare super te — — — 'Sanctus, sanctus, sanctus Dominus Sabaoht', qui etiam regnat et dominatur per infinita secula seculorum. Amen.

(9) (b) Benedictio aque frigide. Benedico te, creatura aque, — — — iudicare vivos et mortuos et seculum per ignem.

(c) Post benedictionem aque qui mittendus est in aquam exuatur, et post hec de ipsa sacerdos aspergatur super unumquemque, et dato iuramento, vel ipse criminosus aut eius vicarius mittatur in aquam. Haec omnia facere debent ieiuni, neque illi prius comedant, qui eum in aquam mittant. Interim ab omnibus circumstantibus Pater noster cantetur, et a clericis: Laudate Dominum de celis[1], cum precibus sanctis.

1. a) iudiciu faciendu *c.* b) in atrio locum in atrio *c.* c) ā *c.* d) 2 *folia excidisse videntur in c.*
2. a) au *c.*

1) *Psalm.* 148, 1.

(d) Oratio. Domine sancte, Pater omnipotens, aeterne Deus, qui misisti Filium tuum in mundum et ostendisti creaturae creatorem, qui precioso sanguine suo genus humanum redemit, quique discipulis dixit: 'Quecumque in nomine meo pecieritis, dabitur vobis'[1], per ipsum salvatorem nostrum Iesum Christum te, summe Pater cum Spiritu sancto, petimus, ut veritatem, quam querimus, in hoc iudicio manifestare digneris, ut, si homines isti, quorum nomina supra scripta sunt, hoc, de quo hic querimus, latrocinium fecerunt, aut consenserunt, aqua, quae in baptismo eos suscepit, nunc vicarium eorum non recipiat, si autem non fecerunt neque consenserunt, vicharium[b] eorum libenter suscipiat. In nomine Patris et Filii et Spiritus sancti praecipio tibi, aqua, ut obediens sis nostro inperio. Per sanctam et individuam Trinitatem.

3. AD IUDICIUM FACIENDUM CUM PANE ET CASEO. INCIPIT.

(a) Primum laetania celebretur. Pater noster et Credo in Deum, psalmis quoque: Benedixisti, Domine[2]. Confitebor tibi, Domine[a. 3]. Voce mea ad Dominum[4], bis[b]. Domine, exaudi orationem[5].

(b) Oratio cum benedicite. Domine Deus omnipotens, qui liberasti Abraham cf. B VIII, 6 e.
de Ur Caldeorum et tres pueros de camino ignis regis Babiloniorum, Sidrac, Misac et Abdenago, et qui in crucis patibulo pro redemptione humani generis ascendisti, et[c] inferos descendisti, et electos tuos tecum reduxisti, inpios vero in claustris tarthareis dimisisti, indica causam istam secundum iudicium iustitiae tuae. Qui vivis.

(c) Domine Iesu Christe, qui es panis vivus de caelo descendens, qui ex 5 panibus cf. ib. b.
5 milia hominum saciasti, ut inde proditori pro reatus sui probatione panem intinctum porrexisti, tu hanc creaturam panis et casei benedicere dignare ad investigandas fraudes et versutias inimici, ut, quem ipse per furta seducendo cęlaverat, veritas tua manifestare dignetur, ita ut, perceptum caseum, eum plane deglutire non valeat, constricto gutture et gula tua iussione, sed statim cum vomitu redeat, ut iusto iudicio divine maiestatis superatus[d], suae temeritatis obstinatiam confusam et ad nichilum senciat esse redactam. Per Deum.

4.

(a) Quidam[6] fideles pro vilibus causis iudicii faciunt examen in mensuris. Ad hoc etiam rite peragendum devota intentione opus habent divinum invocare praesidium. In primis oratio dominica et cimbolum cum letania decantent, deinde psalmos: Exaudi, Deus, orationem meam, cum deprecor[7]. Levavi[8]. Ad te levavi[9]. Domine, exaudi. Euvangelium legatur secundum Lucam: Estote ergo misericordes usque remittetur vobis[10].

(b) Deus omnipotens Sabaoth, qui celorum contines thronos et abyssos intueris[a], Domine, rex regum, qui omnem creaturam in[b] mensura spirituali et pondere divino disposuisti, qui furtum arcam prope Hiericho per sortis iuditia Iosue revelasti[11]; qui Iezechieli prophete limen angelorum calamo mensurantem per latitudinem, longitutidem, sublimitatem, profunditatem[12], qui verbum apostoli concordantem demonstrasti, exaudi nos propicius per gratiam sancti Spiritus et per sanctae crucis virtutem et sanctae Dei

2. b) vicarium *corr.* vicharium *c.*
3. a) đ (Deus) *c.* b) II *c.* c) *lege:* ad. d) seperatus *corr.* superatus *c.*
4. a) intuens *corr.* intueris *c.* b) n *superscriptum c.*

1) *Cf. Ev. Ioh.* 15, 16. 2) *Psalm.* 84. 3) *Plures psalmi ita incipiunt:* 9. 110. 137. 4) *Psalm.* 76. 5) *Psalm.* 142. 6) *Hoc 'examen in mensuris' ad iudicium sortis spectare videtur. Quod ideo fortasse ita appellari potuit, quia calamus extractus mensurabatur, utrum longior an brevior esset.* 7) *Psalm.* 63. 8) *Psalm.* 120. 9) *Psalm.* 122. 10) *Ev. Luc.* 6, 36—38. 11) *Cf. Ios.* 7, 14 *sqq.* 12) *Cf. Ezech.* 40, 3 *sqq.*

genitricis virginisque Mariae et omnium sanctorum tuorum intercessionem, quicquid in hac quesituri sumus mensura, verissimi examinis tui probatione declara. Per dominum in unitate eiusdem Spiritus sancti Deus[c].

5.

Benedictio aquae ad iudicium faciendum.

cf. (21). Omnipotens Deus, qui baptismum fieri iussit et hominibus remissionem peccatorum in eo concessit, ille rectum iudicium in ista aqua discernat: si culpabilis sis[a], de hac re, aqua, que in baptismo te suscepit, nunc non[b] te recipiat; si autem innocens sis, aqua, que in baptismo te suscepit, nunc recipiat. In nomine domini nostri Iesu Christi, qui cum Patre.

6.

Benedictio ferri iudicialis.

A 1 a. Benedic, Domine, per invocationem sanctissimi nominis tui ad manifestandum verum iudicium tuum genus metalli, ut omni demonum falsitate[a] procul remota, veritas veri iudicii tui fidelibus tuis manifesta fiat. Per Deum*.

---

*) (7). *In cod. Montisp.* 360. *folio ultimo leguntur haec:*

E decretis Karoli imperatoris. Si Iudeus contra Iudeum aliquod negocium habuerit, per legem suam se defendat. Si vero contra christianum, christianus, si necesse fuerit, cum idoneis testibus super sanctorum pignora per sacramentum aut cum ferro ignito se exoniet. Iudeo vero circulus ex rubo in collo imponatur, et stanti genua vinciantur, eique virga ex rubo quinque habens cubitos manuales aculeis plena, dum sacramenti finem fecerit, inter coxas acerrime pertrahatur; et taliter se exoniet, si sanus evaserit.

II.

Codex Paris. Lat. 11589 (?), *olim St. Germani* 288, *fol., saec. X, continens librum sacramentorum Gregorii papae, praebet in primis foliis calendarium et martyrologium, quibus subiecta est collectio iudiciorum Dei, complectens* 1) *coniurationem ad iudicium ferri pertinentem,* 2) *ordinem iudicii aquae frigidae,* 3) *coniurationem ad iudicium panis et casei pertinentem. Exscripsit b. m. L. Bethmann.*

1. ORATIO DICENDA SUPER EXAMINATIONIS FERRUM VEL HOMINEM EXAMINANDUM.

Deus omnipotens, iustus iudex, qui iudicas orbem terre in iustitia[a] et populos in veritate tua, cuius omnia iudicia vera et iusta sunt, respice propicius super hunc[b] famulum tuum illum, quem pro obiecto et reputato sibi crimine ad hoc candens ferrum tuo iusto iuditio examinandum mittimus, et si ex nominato atque iterum nominando scelere reus est atque culpabilis, tu misericors miserator et iustus dominus, qui furtum Achar[1] et transgressionem Ionathae[2] sorte demonstrasti, nobis fidelibus tuis per excustionem[c] huius igniti ferri demonstrare ac declarare digneris. Nullum, Domine,

I, 4. c) *lege:* Deum. *Sequuntur:* Quid agendum sit contra tempestates *etc.*
5. a) sit *c.* b) num *c.*
6. a) falcitate *c.*
II, 1. a) iustia *c.* b) hūnc *et ita mox* tuūm, quēm, reūs *c.* c) *i. e.* exustionem, *ut videtur.*

1) *Vide Ios.* 7, 14 *sqq.* 2) *Vide* 1. *Reg.* 14, 41 *sq.*

contra tuam omnipotentiam iustumque iuditium prevaleat prestigium, nulla machinamenta immundorum spirituum, nulla sacrilegum nociva commenta, nulla invocacio[d] maice[e] artis, nihil prorsus, quod humane saluti nocet et fidei contrarium est. Tu enim, Domine, dixisti: 'Habete fidem Dei! Et si habueritis fidem et dixeritis monti, ut transferatur, statim fiet'[1]. Auge in nobis, Domine, fidem tuam, et omnem diffidentiam et infidelitatem procul a nobis depelle, quia tu fidutiam impetrandi, que poscimus, donasti, dicens: 'Amen, dico vobis, quicquid orantes petitis, credite, quia[f] accipietis'[1]. Credimus, te omnipotentem esse, nihilque esse, quod tuae possit resistere voluntati. Et cum in voluntate tua et dispositione universa sint posita, nihil tamen vis, nisi quod bonum, iustum et equum est. Credimus etiam, te non solum omnia presentia et preterita nosse, verum etiam futura tuam penetrare presenciam. Inde, quod ignoramus et ex quibus dubii et incerti sumus, a te, qui es scientiarum dominus, qui omnia nosti, antequam fiant, demonstranda et nobis publicanda devota mente requirimus. 'Non nobis, Domine, non nobis, sed nomini tuo da gloriam, ne quando dicant aut in cordibus suis infideles cogitent: Ubi[g] est Deus christianorum?[2]'. Similiter tuam pietatem oramus, Domine, ut, si de obiecto crimine innoxius est et immunis, sicut liberasti Iosep a fraterno odio et invidia, et eripuisti Susannam a falsa criminis suspitione, et tres pueros in camino ignis ardentis inlesos conservasti, ita inlesum[h] et incolumem eum ab ardore huius igniti ferri custodire digneris. Apperiad[i], domine Iesu Christe, in utroque virtus tua invicta; appareat omnipotencia tua, ut recognoscant omnes, non solum fideles, sed etiam infideles, quia tu es ille, cui Pater omne iuditium dedit, qui venturus est iudicare vivos et mortuos et seculum per ignem. Amen.

2. CONIURACIO AQUA FRIGIDA AD IUDICIUM.

(a) Cum hominem vis ponere ad aquam frigidam ad probacionem, ita facere debes. Accipe illos homines, quos voluntatem habes mittere in aquam, et duc eos in ecclesia, et coram hominibus canet illis presbiter missa, et facias eos in ipsa missa offerre. Et antequam communicat eos sacerdos, interroget eos coniuratio ista et dicat:

(b) Adiuro vos, homines, per Patrem — — —. (5)

(c) Si autem illi homines tacuerint, et nullus hoc fecerit, accedat sacerdos ad altare et communicet illos; et postea communicet eum infantem, quem vult mittere in aqua, et dicat: Corpus hic et sanguinis Domini nostri Iesu Christi sit tibi ad probacionem hodie.

(d) Expleta missa, faciat ipse sacerdos aqua benedicta, et vadat ad locum, ubi homines probantur. Cum autem ad ipsum locum venerint, det illis homines bibere de aqua benedicta, et dicat: Haec aqua Domini benedicta fiat tibi ad probacionem. Postea vero coniurat aquam, ubi illos mittat.

(e) Post coniurationem aquae[a] exuat illos vestimentis illorum, et faciat illos per singulos osculare euangelium et reliquias et crucem Domini et lignum Domini, si adest. Postea aspergat aqua benedicta unumquemque, et proiciat eos statim per singulos in aqua. Haec autem omnia facere debes ieiunus[b], quia per ieiunium vincatur diabolum. Et illi homines antea[c] non comedunt[d], qui ipsos homines debent mitere[d] in aqua.

(f) Coniuracio aquae. Exorcizo te, creatura aquae, in nomini[a] Dei patris

1. d) invocio *c.* e) *i. e.* magicae. f) qui c. g) ub *c.* h) inlesūm et i. eūm *c.* i) *ita* c.
2 e. a) aliter *c.* b) ieiunos *c.* c) ante eū *c.* d) *ita* c.
f. *Cf. B XIV*, 1 i. a) *ita* c.

1) *Cf. Ev. Marc.* 11, 22 *sq.* 2) *Cf. Psalm.* 113, 9. 10.

omnipotentis et in nomine Iesu Christi filii eius, domini nostri, ut fias aqua exorcizata ad effugandum[b] omnem potestatem inimici et ipsum inimicum eradicare et explantare cum angelis suis apostaticis. Per virtutem.

(1) (g) Alia. Adiuro te, aqua, in nomine Dei patris omnipotentis, qui te in principio creavit — — —.

(3) (h) Alia. Adiuro te, homo ill., per invocacionem — — — regeneravit sacerdos, te adiuro: ut[a], si de hac furtum scisti[b], aut vidisti, aut[c] consentiens fuisti, aut si culpabilis fuisti[c], invanescat cor tuum, et non recipiat te aqua, ne[d] ullum maleficium tuum contra hunc prevalere manifestetur. Propter hoc obnexa[e] te deprecavi ego, domine Iesu Christe, fac signum talem: si culpabilis est homo, nullatenus suscipiatur ab aquam. Haec autem, domine Iesu Christe, [fac ad[f]] laudem et gloriam invocacionem nominis tui, ut omnes cognoscant, quia tu es dominus Deus noster, qui cum Patre et Spiritu.

A 2 b(col. 2). (i) Alia. Deus[1], iudex iustus, fortis et paciens, qui auctor pacis es et iudicas equitatem, tu iudica quod iustum est, Domine, et rectum iudicium tuum. Qui respicis — — — tu hanc aquam frigidam sanctifica — — — presta, si est innocens[g] iste de hac[h] furto culpabilis, invanescat cor eius, et non recipiat eum aqua; et si culpabilis non est, recipiat eum aqua. Itaque omnipotens Deus, si quis est culpabilis, ingravante diabolo, cor induratum presumpserit, et nos eum in aquam mittimus, tua iustissima veritas declarat hoc, huic in corpore suo tua veritate manifesta — — — per herbas peccata sua contempnere[i] voluerit, tua dextera evacuare dirigetur[k]. Per unigenitum filium tuum, dominum nostrum Iesum Christum, qui tecum vivit et.

3. BENEDICCIO AD PANEM ET CASEUM AD IUDICIUM DEI DEMONSTRANDUM.

(a) Te igitur, clementissime Pater, per Iesum Christum filium tuum, dominum nostrum, supplices te rogamus et petimus, ut inhaereas[a] linguis et gutoris a famulis et famulas ill., qui hunc furtum fecerunt, aut consenserunt, neque manducent neque transglucient creatura tua, panem et casseum istum, ut sciant, quia[b] tu es dominus Deus, et non est alius preter te. Summe Deus, qui in celis moraris, qui habes oportunitatem et maiestatem cum iustis[c] angelis tuis, emitte[d], Domine, angelum tuum Gabrięl, quia[e] et is inęreat minimet[f] guturibus, neque transmanducent neque transglucient creatura tua, panem et casseum istum. Invoco sanctas patriarchas, Abel, Noe, Enoc, Abraam, Isaac, Iacob; invoco sanctos angelos et duodecim prophetas et duodecim milia legiones angelorum et archangelorum, Cherubin et Seraphin; invoco quatuor euangelistas, qui celos sustinent, Matheum, Marcum, Lucam et Iohannem; invoco quatuor flumina, qui cucurrunt in paradisso, Geon, Fison, Tygris et Eufrates, et Moysen et Aaron, qui[g] mare Rubrum transierunt, et Eliam et Heliseum[2], ut ligatis linguis et guturis a famulis et famulabus tuis et famulas ill., qui hunc furtum fecerunt, ut nec manducent neque transglucient creatura tua, panem et caseum istum, quia virtus tua adiuravit[h] et infirmavit, ut incipiet alius a rapine concinnavit cerna prae temporalis neque candore[h].

2 f. b) effugandam *XIV.*

h. i. a) q' si hunc furtum fecisti *in marg. alia manus coaeva corr.* b) sisti *c.* c) *pro* aut — fuisti *alia manus coaeva in margine scripsit:* aut baiulasti, aut in domum tuam recepisti, aut conscius vel consentaneus exinde fuisti, aut si habes cor incrassatum aut induratum, aut culpabilis ex hac re es, quae tibi obicitur. d) *pro* ne — manifestetur *alia manus coaeva in margine scripsit:* neque ullum maleficium contra hanc probationem prevaleat, sed manifestetur veritas. e) *i. e.* obnixe. f) et *c.* g) *ita c.* h) *sic c.* i) *corruptum e* contueri. k) *corruptum e* dignetur.

3. *Cf. B XVIII,* 2. a) inlesis *c.* b) ą *c.* c) lustris *c.* d) haec mite *c.* e) quiaetis *c*; qui ora haereat *XVIII.* f) *ita c.; fortasse:* linguis et. g) qui — transierunt *in cod. post* Heliseum *leguntur.* h) *quid sibi velint verba usque* candore, *procul dubio partim valde corrupta, nescio.*

1) *Haec ad exemplum benedictionis aquae ferventis scripta est.* 2) *Cf.* 4. *Reg.* 2, 8.

(b) Agius, agius, agius in exelsis, agius in adventum Salvatoris, domini nostri Iesu Christi, et voluptatibus[i] caeli, reptile terre, mare et omnia que in eis sunt, qui custodent veritatem in seculum et faciunt iudicium et iusticiam super famulos et famulas, ut tremulet tamquam arbor ficus reus, non habeat ubi requiescat.

(c) Deus Abraham, Deus Isaac, Deus Iacob, Deus dominus fortis[k], Deus angelorum, Deus archangelorum, Deus prophetarum, Deus martyrum, Deus confessorum, Deus virginum, deprecamus te, ut appareat super eum malificus, qui de hunc furtum pertulit, aut commissit, aut consensit, si de hunc creaturam panis et casseum hunc gustaverit, tremulet tamquam arbor tremulus reus, non habeat ubi requiescat, fauces illius cludentur, ut sciant, quia tu es Deus, et non est alius preter te, qui es benedictus in secula. Sabahot. Sabahot. Abrahaam. Osiam[l]. Osia. Ogla. vigila hanc peccaba. capadum. amarthabarbam. Noli eum permittere comedere, prohibere, ne[m] commedat qui reus est. Per dominum nostrum Iesum Christum.

III.

Capita 1. *et* 2, *quae ordines iudicii aquae frigidae et iudicii aquae vel ferri ferventis continent, servaverunt hi codices:* 1) *cod. Vindobonensis* 827 *(theol.* 511*) saec. X—XI;* 2) *cod. Werthinensis, saec. XI;* 3) *liber pontificalis ecclesiae Noviomensis, saec. XIII. Subiecta sunt in cod.* 2 *duo iudicia panis et casei, capp.* 3. 4, *quae ex parte etiam in codicibus* 4) *Lambacensi (= B XIII,* 3*) et* 5) *S. Floriani (= B XV,* 4*) leguntur. Ediderunt ex cod.* 1 *Gerbertus, Monum. vet. liturgiae Alemann. II, p.* 119 *sqq., ex cod.* 2 *Eckhart, Commentar. de rebus Franciae orient. II* (1729) *col.* 923 *sqq., et Strodtmann, in 'Hannoverische Gelehrte Anzeigen'* 1752, *col.* 930 *sqq.; ex cod.* 3 *Martene, De ant. eccl. ritibus III, p.* 486 *sqq. E. de Rozière, qui cap.* 2. *etiam in cod. Vatican. Christ.* 441, *fol.* 77, *exstare notavit, denuo edidit capp.* 1. 2. 4. *sub nr.* 588. 597. 621, *cap.* 3. *in Addit., III, p.* 355.

1. IUDICIUM[a] AQUAE FRIGIDAE.

(a) Cum vis hominem in aquam mittere ad comprobationem, ista[b] debes facere. Accipe illos homines, quos in voluntate habes mittere in aquam, et duc eos in ecclesiam, et coram omnibus cantet presbiter missam. Cum autem ad communionem[c] venerint, antequam communicent[d], interroget eos sacerdos adiuratione[e] ista, dicens:

(b) Adiuro vos, homines, per Patrem — — —. (5)

(c) Si autem[b] omnes tacuerint, et nullus hoc dixerit, accedat ad altare sacerdos et communicet illos, quos vult in aquam mittere. Cum autem communicant[f], dicat sacerdos[g] per singulos: Corpus et sanguis domini nostri Iesu Christi sit tibi hodie ad[h] comprobationem.

(d) Haec[i] est celebratio missae ad iudicium sive[k] aquae sive ferri: Iustus es, Domine — — —. Missa iud.

(e) Expleta missa, faciat sacerdos aquam benedictam et vadat ad locum[l], ubi homines probantur. Et[m] cum probati sunt, det omnibus

II, 3. i) *lege:* volatilibus. k) huic *add. c.; fortasse:* iustus. l) *sequentia verba sensu carent.* m) nec *c.*

III, 1 a—i. *Codd.* 1. 2. 3. a) Incipit iud. 2. b) *deest* 2. c) 2. 3; communicationem 1. d) communicet 3. e) adiurationem istam dicat 3; et coniurationem istam dicat 2. f) communicabit 3. g) *deest* 3. h) in 1. i) Missa ad iudicium. Antiphona *pro* Haec — ferri 2. k) aquae vel ferri 3. l) illum locum 3. m) Cum autem pervenerint illuc *pro* Et — sunt 3.

bibere de[n] aqua benedicta, et cum dederit, dicat ad unumquemque eorum: Haec aqua fiat tibi hodie ad comprobationem.

Postea vero[o] convertat se sacerdos ad aquam, ubi illum[p] mittit, et coniurat[q] his verbis sequentibus, imprimis dicendo[r]: Deus, in adiutorium meum intende[s], ter[t] cum Gloria. Kyrie eleison. Christe eleison ter, et letaniam[u]. Et nominibus sanctorum in[v] eadem recitatis, dicat[w] hos versus: Pro huius negotii qualitate te rogamus, audi[x] nos. Versus[y]. Ut[z] iustitiae non dominetur iniquitas, sed subdatur falsitas veritati, te rogamus, audi nos, ter[a].

Qua finita, cantet presbyter: Pater noster. Credo in Deum, et[b] dicat: Dominus vobiscum!

(1) (f) Adiuro te, aqua, in nomine Dei patris omnipotentis, qui te in principio creavit — — —.

(15) (g) Alia. Deus, qui maxima quaeque sacramenta — — —.

(21) (h) Alia. Omnipotens[c] Deus, qui baptismum — — —.

(17) (i) Alia. Domine Deus omnipotens, qui aquarum substantiam — — —.

(18) (k) Alia[a]. Domine Deus omnipotens, qui baptismum — — — fortis; ita ut, si innocens sit iste homo de praenominata causa, aqua, que in baptismo eum suscepit, nunc in se recipiat, et mundus et innocens de imo profundo abstrahatur huius aquae. Per.

(l) Post coniurationem[a] autem[b] et benedictionem aquae[c] exuat illos vestimentis eorum et faciat illos per singulos osculari sanctum[d] euangelium et crucem Christi, et post haec de ipsa aqua benedicta aspergat super[b] unumquemque, coniurans[e] eum his verbis:

(3) (m) Adiuro te, N., per invocationem — — —.

(n) Post[a] aquae benedictionem dicat[b] hos versus: Exurgat[c. 1] Deus, et dissipentur inimici eius, et fugiant qui oderunt eum a facie eius. Sicut deficit fumus, deficiant. Sicut fluit cera a facie ignis, sic pereant peccatores[d] a facie Dei, ter[e] cum Gloria.

(o) Tunc statim proiciet[a] eos in aquam. Haec omnia debent ieiuni facere; neque illi antea comedent[b], qui ipsos mittunt in aquam.

2.

(20) (a) Inquisitus aliquis de furto[a] — — —.

(b) Videte, fratres[b], christianae religionis officium — — —.

(c) Deinde vertat se ad sceleratum — — —.

(d) Deinde signet locum — — — illusiones diabolicas.

(e) Et his dictis, accedat ad altare et imponat[a] missae officium, quod[b] retro requirendum[c] est in frigidae aquae iudicio. Post[d] celebra-

1 e—i. n) aquam benedictam 2. o) *deest* 2. p) illam 1. q) coniuret 2. r) vero dicendum est 3. s) Domine, ad adiuvandum me festina *add.* 3. t) ter *post* Kyrie eleison 3. u) letania cum nom. 2. v) in eadem *des.* 3. w) et inter haec agenda subinferantur hi versus 2. x) ter 3, *ubi* audi nos *des.* y) *deest* 2. 3. z) et 3. a) *deest* 2. b) et — vobiscum *des.* 2. c) sempiterne *add.* 2.

k. *Codd.* 1. 2. a) *deest* 1.

l. m. *Codd.* 1. 2. 3. a) consecrationem 2 *(ed. Str.).* b) *deest* 2. c) huius aquae 2 *(ed. Str.).* d) *deest* 1. e) coniuratus 1.

n. *Codd.* 1. 2. 3 *(ubi ante* m *legitur).* a) Post — versus *des.* 3. b) sequuntur hi v. 2. c) Exurgant domini 2. d) *deest* 1. e) ter c. Gl. *des.* 2.

o. *Codd.* 1. 2. 3. a) proicies 3. b) comedunt 1; cibum *add.* 3.

2 a. b. *Codd.* 1. 2. 3. a) furtu 1. b) carissimi *add.* 2.

c—i. *Codd.* 2. 3. a) imponit 3. b) quae 3. c) requirenda 3. d) eius *add.* 3.

1) *Psalm.* 67, 1—3.

tionem missae pergat sacerdos cum plebe ad locum examinis aquae calidae vel[e] ferri, et inprimis ignem ad aquam vel[f] ferrum benedicat[g] sic:

(f)* Domine Deus noster, Pater omnipotens, lumen — — — pervenire mereamur. (16)
Per. Et[h] mittat ferrum in ignem.

(g) Deinde incipiat letaniam pleniter, et in letania dicat hos versus: Pro huius negotii qualitate te rogamus, audi nos. Ut[i] iustitiae non dominetur iniquitas, sed subdatur semper falsitas veritati, te rogamus, audi nos[i]. Ut rectum iudicium ostendere digneris, te rogamus, audi nos[k].

(h) Qua finita, cantet: Pater noster, et preces istas: Exurge, Domine —. Fiat misericordia —. Ne[l] intres —. Mitte ei[m] —. Propitius esto —. Domine Deus virtutum —. Ostende nobis —. Salvum fac servum —. Domine, ne memineris —. Domine, exaudi orationem et clamor meus.

(i) Benedictio[n] ferri in igne. Benedic, Domine sancte Pater, per invoca- (8)
tionem — — —. Per[o] eundem[o].

(k) Alia. Omnipotens Deus, te suppliciter rogamus — — —. (22)

(l) Item[a] alia, sive ad ferrum, sive ad aquam calidam. Deus, iudex (12)
iustus, fortis et patiens, qui auctor es pacis et iudicas — — — educat. Per[b] te Salvatorem mundi, qui venturus es.

(m) Alia[c]. Omnipotens, sempiterne Deus, qui es scrutator — — — dignetur. (23)
Per unigenitum[d] tuum, Dominum.

(n) Postea designatum loci spatium, sive ad vomeres ponendos, sive ad ferrum portandum, aqua benedicta aspergatur, et ferro de igne sumpto[e] ac[f] iuxta consuetudinis modum ligno superposito, dicatur haec oratio super[g] ferrum: Deus, iudex iustus, qui auctor pacis es — — —. (13)

(o) Tunc qui discutiendus est exorcizetur his verbis: Adiuro te per (4)
Deum omnipotentem, qui fecit caelum — — — et virtus Domini nostri[h] in te declaretur[i]. Qui vivit.

(p) Responsio[k]. Quod[l] ego pro illa discussione et securitate, quam hodie ad calidum ferrum, *sive* ad calidam[m] aquam, facere debeo, magis credo in Deum omnipotentem, quod ipse potens est pro hac re, pro qua criminatus sum, iustitiam et veritatem in me ostendere, quam in diabolum et eius magicas artes credam, illam iustitiam et veritatem irritare.

(q) His dictis, ipse criminosus divinum super se publice deprecetur[n] testimonium, et statim peragatur iudicium. Quo peracto, membra, quae igni applicata fuerunt[o], sigillentur de cera benedicta. Tunc post iudicium refectionem de aqua benedicta sumant, et postea usque ad comprobationem iudicii omni[p] cibo et potu suo salem et aquam benedictam admiscere bonum est.

---

3. IUDICIUM PANIS ET CASEI.

(a) Ex pane ordeaceo[a] pensas 12 denarios, ex caseo similiter, acci-

2 e—i. e) sive 3. f) seu ad 3. g) benedic 3. h) Tunc m. 3; Et inmittat 2 *(ed. Str.)*. i) Ut — nos *des.* 2. k) *abhinc usque* Benedictio ferri *etc. ordinem codicis* 3 *secutus sum.* l) Non 3. m) eis 3. n) Oratio *pro* B. f. in ig. 3. o) *deest* 2 *(ed. Str.)*; Dominum nostrum in unitate eiusdem Spiritus sancti *add.* 2 *(ed. Eckh.)*.

k. *Cod.* 2.

l—q. *Codd.* 2. 3. a) Alia *pro* Item — calidam 3. b) Per eundem *pro* Per — es 3. c) *deest* 3. d) eumdem *pro* u. t. D. 3. e) 3; consumpto 2. f) et 3. g) super f. *des.* 3. h) Iesu Christi *add.* 3. i) clarificetur 2 *(ed. Eckh.)*; glorificetur 2 *(ed. Str.)*. k) Tunc dicat ipse criminosus haec verba 3. l) Quid 3. m) aquam calidam 3. n) imprecetur 3. o) fuerint 3. p) in omni 3.

3 a. *Cod.* 2. a) ordinario pensans *ed. Str.*

piatque presbyter in lintheo et mittat super altare in dexteram partem, et incipiat missam superius scriptam[1], et antequam dicat: Per quem haec omnia, Domine, semper bona creas, dicat has orationes:

(b) Sanctus, sanctus, sanctus, qui es invisibilis, omnipotens, aeterne[a] Deus, omnium[b] conditor et creator cunctorumque actuum iustus remunerator, qui archana prospicis et cuncta cognoscis[c], scrutans corda et renes, te deprecor, Domine, exaudi verba deprecationis meae, ut, quicumque furtum illud admisit, panis et caseus iste fauces aut guttur illius[d] transire non possit. Per[e].

(c) Deus[a], humilium refugium et iustus omnium in te sperantium conservator atque protector, adesto supplicationibus nostris, quas tibi intima cordis devotione humiliter[b] deprecando profundimus, supplicantes, ut hanc creaturam panis et casei tua benedictione sanctifices, ut[c] armata virtute caelesti ad claudendum stringendumque atque[d] ad suffocandum guttur[e] et fauces cuiuscumque[f] istius criminis rei sumat effectum, ut vel sic invitus et coactus agnoscat et poeniteat confiteaturque peccatum suum. Per[g] virtutem domini nostri Iesu Christi.

(d) Benedic, Domine, hanc creaturam panis et casei in nomine Dei patris et Filii et Spiritus sancti, ut per virtutem caelestis sanctificationis sumat effectum ad expellenda[a] et destruenda omnia machinamenta saluti hominum inimica atque ex astucia diaboli inventa. Adesto ergo invocationibus nostris, omnipotens Deus, et praesta, ut, cuicumque[b] iste panis et[c] caseus in tuo nomine benedictus, si huius criminis reus est[d], apponatur, accipiat et non transglutiat; sed palleat, tremiscat, et coangustetur spiritus eius, atque nullam requiem habeat, donec confiteatur, ut separetur[e] a diabolo et per poenitentiam salvetur ad laudem[f] et gloriam[g] nominis tui, qui vivis[h] Deus per omnia secula.

4. ITEM IUDICIUM PANIS ET CASEI.

(a) Agyos, agyos, agyos, Pater omnipotens, aeterne Deus, qui per Filium tuum unigenitum, dominum nostrum, creatorem omnium, creasti quae sunt in caelo et in terra et quae sunt in mari, visibilia et invisibilia, qui omnia arcana prospicis et mystica universa cognoscis, cui nota sunt omnium hominum corda, domine Deus, qui per Moysen famulum tuum liberasti filios Israel de terra Aegypti eosque mare Rubrum siccis pedibus pertransire fecisti, qui eripuisti David servum tuum de manu Saul regis et tres pueros de camino ignis ardentis, Danielem de lacu leonum, Ionam de ventre ceti, Susannam de falso crimine, Petrum de fluctibus, Paulum de vinculis, Teclam de bestiis, te supplices deprecamur, misericors Deus, ut in virtute sancti Spiritus tui nunc ostendas per misericordiam tuam eos, qui haec furta admiserunt, quae hic scripta sunt, vel qui exinde conscii sunt, ut panis vel caseus iste ad hanc purgationem in tuo sanctissimo nomine sit consecratus, ita ut nullo modo hoc deglutire valeant, antequam confiteantur, tua hoc immensa pietas faciat. Per.

(b) Exorcizo te, immunde spiritus, draco maledicte, per Deum omnipotentem patrem et Filium et Spiritum sanctum, per verbum et virtutem domini nostri Iesu

3 b. *Cod.* 2. 4. 5. a) *deest* 4. b) omnium conditor *des.* 2 *(ed. Str.)*; rerum *add.* 5, *ubi* conditor et *des.* c) ignoscis 4. d) eius 5. e) *deest* 5.

c. *Codd.* 2. 5. a) *pro* Deus *praebet* 5 sed, *qua voce haec continuo praecedentibus annectuntur.* b) fundimus deprecantes *pro* humiliter — supplicantes 5. c) et ut 5. d) suffocandumque *pro* atque ad s. 5. e) eius *add.* 5. f) cuiusque 5. g) *reliqua des.* 5.

d. *Codd.* 2. 4. 5. a) pellenda 5. b) quęcunque 5. c) aut 5. d) *deest* 5. e) seperetur 4. f) laudem et *des.* 5. g) sancti *add.* 4. h) et r[egnas] *add.* 4, *ubi reliqua des.*; et *add.* 5, *ubi reliqua des.*

1) *Cf. supra p.* 643.

Christi, per agnum immaculatum, de Spiritu sancto conceptum et ex Maria virgine natum, quem Gabrihel archangelus nunciavit nasciturum, quem Iohannes praedicabat venturum eumque videns clamavit, dicens: 'Hic est filius Dei vivi', per ipsum supplices rogamus Patrem omnipotentem, aeternum Deum, ut, qui haec furta, suadente diabolo, commiserint, panem vel caseum istum ad hanc purgationem consecratum trementes evomant, et qui inde innocentes sunt, securi manducent. Per eundem dominum nostrum Iesum Christum, qui cum Patre.

(c) Domine Deus Iesu Christe, agyos, agyos, agyos, qui habitas in caelis et in omnibus locis ac per omnia dominaris, qui cuncta vides, regis et iudicas omniaque disponis, sanctissimum et potentissimum nomen tuum invocamus humiliter. Dominator Domine, Deus angelorum, Deus patriarcharum, Deus prophetarum, Deus apostolorum, Deus martyrum, Deus confessorum, Deus virginum, Deus quoque omnium sanctorum et iustorum hominum, tribue nobis per misericordiam tuam, ut, quicumque haec furta hic praenominata commiserit, quibus hanc creaturam panis et casei ad hanc purgationem in tuo sancto nomine consecramus, haec, te iubente, constringat fauces illorum, et guttur eorum claudatur, et hoc antea revomant, quam transeat ora eorum, quia tu es Deus, et non est alius praeter te, sed timeant et tremiscant tamquam arbor tremula. Fac per misericordiam tuam, Salvator mundi, ut ab eis spiritus malignus, indurans corda eorum, separetur, et manifestentur qui inde culpabilis sint, et innocentes securi permaneant. Per te, Iesu Christe, qui cum Patre et Spiritu sancto unus et verus ac solus Deus vivis et regnas in secula seculorum. Amen.

(d) Coniuratio. Coniuro te, homo, per Patrem et Filium et Spiritum sanctum, et per tremendum iudicium[a], et per 4 euangelistas, et per 12 apostolos et per prophetas et per 24 seniores, qui cottidie Deum adorant, per Redemptorem nostrum, qui pro peccatis nostris manus suas in sancta cruce suspendere dignatus est, coniuro te per nomen Domini, ut panem vel caseum istum numquam possis manducare; nisi, inflatis[b] buccis, cum spuma et gemitu et dolore et lacrimis fauces tuae siccae efficiantur et obligatae, antequam confitearis peccata tua.

IV.

Iudiciorum Dei ordines isti quinque exstant in codice Bambergensi Ed. V. 1, saec. XI, efficientes ibi capita 36—40. partis tertiae maioris collectionis ordinum benedictionumque diversarum; de qua cf. G. Waitz, 'Die Formeln der Deutschen Königs- und Röm. Kaiser-Krönung' p. 5 sqq. Edidit iudiciorum ordines ex parte G. Waitz, 'Forsch. z. D. Gesch.' XVI, p. 621 sq. Codice huc transmisso ipse usus sum. Similis collectio, infra V, in alio codice Bambergensi traditur.

1. IUDICIUM AQUAE CALIDAE.

(a—e) Romani propter thesaurum — — — propter illusiones demoniacas. His peractis, imponat introitum: Iustus es, Domine — — —. A 5 a–e. Miss. iud.

(f) Post celebrationem missae — — — ad benedicendam aquam ita: A 5 f.
Kyrieleyson. Christeleyson. Kyrieleyson. Christe, audi nos. Sancta Maria, ora pro nobis. Sancte Michael, ora[a]. — — — In die iudicii libera nos, Domine. — — — Pro huius negocii qualitate, misericordiae et veritatis auxilium supplicantes, te rogamus. Ut hanc aquam ad discernendum verum iudicium huius rei benedicere digneris, te [rogamus]. Ut iusticiae non dominetur iniquitas, te rogamus. Ut pro nostris iniquitatibus et peccatis istius rei veritatem latere non permittas, te rogamus. Ut sub-

III, 4 d. *Codd.* 2. 4. 5. a) diem iudicii 5. b) flatis 2 *(ed. Str.)*. 4.

IV, 1. a) *ex reliquis litaniae verbis ea tantumodo repeto, quae ad ipsum iudicium spectant.*

datur falsitas veritati, te rogamus. — — — Agne Dei, qui tollis peccata mundi —. Christe, audi nos. Kyrieleyson. Pater noster.

A 5 g—o. (g—o) Oratio. Deus, iudex iustus, fortis et paciens — — — aquae se contremulent et tu, urceole, te contornes. Per.

Hic mittat manum in aquam, et postea sigilletur.

2. IUDICIUM AQUAE FRIGIDAE.

Qualiter perpetretur iudicium secundum Romanorum institutum[1].

(a) Cum hominem vis in aquam mittere ad probationem, ista debes facere. Accipe quos volueris mittere in aquam et deduc eos in ecclesiam, et presbiter cantet missam et faciat eos ad ipsam offerre.

Antiphona. Iustus es, Domine, et rectum iudicium tuum. Graduale. In Deo speravit cor meum[2]. Alleluia. In te, Domine, speravi[3]. Offertorium. Sperant in te omnes. Communio. Intellege clamorem meum[4].

(5) (b) Ante autem quam communicent, coniuret eos, dicens: Adiuro vos, homines — — —.

(c) Si autem tacuerint, accedat sacerdos ad altare et communicet eos. Cum autem communicaverit, dicat per singulos: Corpus et sanguis domini nostri Iesu Christi sit tibi hodie ad comprobationem.

(d) Expleta missa, faciat aquam benedictam, et vadat ad illum locum, ubi homines sunt probandi. Cum autem venerit ad locum, det omnibus illis bibere de aqua benedicta, et cum dederit, dicit: Haec aqua fiat tibi hodie ad comprobationem.

(e) Deinde fiat lętania. Finita lętania, dicit: Kyrieleyson. Christeeleyson. Pater noster. Postea coniuret sacerdos aquam, ubi illos inmittat, dicens:
(1) Adiuro te, aqua, in nomine Patris omnipotentis, qui te in principio creavit — — —.

(f) Benedictio aquae. Omnipotens, sempiterne Deus, adesto invocationibus nostris et in hanc aquam, ad[a] hunc hominem purificandum[a] preparatam, virtutem[b] tuae benedictionis infunde, ut salubritas per tui nominis invocationem expetita[c], sit ab[d] omni inpugnatione antiqui hostis defensa. Per.

cf. (18). (g) Alia. Domine Deus omnipotens, qui baptismum in aqua fieri iussisti.

(3) (h) Coniuratio hominis. Adiuro te, homo, per sanctam Trinitatem, Patrem et Filium et Spiritum sanctum, et per invocationem domini nostri Iesu Christi, et per iudicium aquae frigidae, et per omnes angelos et archangelos, principatus et potestates, per thronos, dominationes, per virtutes, per Cherubyn, per Seraphyn, per 12 apostolos, per 4 euangelistas, Matheum, Marcum, Lucam, Iohannem, et per 12 prophetas, et per 24 seniores. Adiuro te per sanctam Mariam, matrem domini nostri Iesu Christi, et per tres pueros, Sidrac, Misac et Abdenago, et per 144 milia, qui pro Christi nomine passi sunt, per martyres, confessores, virgines, et per omnes sanctos Dei, et per diem tremendi iudicii, et per illud baptismum, quo te regeneravit sacerdos: si de hoc furto[a], *aut* de illa re, quae tibi obicitur, quod fecisti, aut vidisti — — — in secula seculorum. Amen.

(i) Alia. Omnipotens et misericors Deus, mundi conditor, in quo sunt vera iudicia, qui cuncta iudicas et abscondita cuncta nosti, tibi, rex regum, supplices fundimus preces, ut per unigenitum tuum, Dominum nostrum, qui in Iordane flumine nostram

2 f. *Cf. B X*, 4. *XVI*, 2. a) huic purificationi *pro* ad — purif. *XVI.* b) virtutę *X.* c) expedita *XVI.* d) et ab *XVI.*

h. *Cf. A* 24. a) de h. furto *des. A* 24.

1) *Cf. supra A* 14 *sqq.* 2) *Cf. Psalm.* 27, 7. 3) *Psalm.* 70, 1. 4) *Psalm.* 5, 1.

innovare dignatus est naturam et, discipulis suis mergentibus, ventis et mare imperavit et Petro dexteram porrexit, hanc aquam frigidam benedicere et sanctificare digneris, ut, si quis innocens de hoc furto, *vel* maleficio *vel* stupro, in hanc aquam intraverit, propicio filio tuo, domino nostro Iesu Christo, illesus existat. Itemque, si culpabilis est de iam supradicta re et, diabolo incrassante, cor induratum habuerit, vel per aliquo maleficio peccatum suum celare voluerit, largissima dextera filii tui, domini nostri Iesu Christi, in eius corpore declarare dignetur. Qui tecum vivit.

(k) Alia. Domine Deus omnipotens, qui in aquarum substantiam archanis. cf. (17).

(l) Postquam haec fuerint expleta, exuat illos vestimentis eorum et faciat singulos osculari sanctum euangelium et crucem Christi. Et post haec de aqua benedicta spargat super unumquemque ac deinde proiciat eos in aquam. Haec omnia debent ieiuni facere, tam illi, qui eos mittunt in aquam, quam qui mittuntur.

3. IUDICIUM AQUAE FLUENTIS.

(a) Deus pater, fiat voluntas tua super nos et super orationem nostram et super cf. A 24 b.
inquisitionem nostram. Ad te levamus corda nostra et oculos nostros, sancta Trinitas et inseparabilis Unitas. Te quesumus, omnipotens Deus, adesto nobis inmeritis per tuam magnam clementiam atque ineffabilem misericordiam tuam. Propter bonitatem tuam et propter nomen tuum sanctum nos docere digneris tuam facere voluntatem. Suppliciter etiam quesumus, Domine, ut nos protegere digneris dextera tua ab insidiis hominum et demonum et ab omni falsitate et fraude. Insuper humiliter quesumus te, Domine, benedicere et sanctificare digneris nos et nobis manifestare ea, quae querimus et quae abscondita sunt nobis, ut cognoscamus virtutem tuam operantem in nobis. Qui vivis.

(b) Alia. Domine Deus omnipotens, qui baptismum — — —. (18)

(c) Alia. Domine Deus omnipotens, qui aquarum substanciam — — —. (17)

4. IUDICIUM FERRI FERVENTIS.

(a) Benedictio ferri iudicialis[a]. Pone ferrum secus altare, usque dum missa in[b] eo celebretur, et sic benedicas: Benedic, Domine, per potentiae (7)
tuae virtutem — — —.

(b) Benedictio ignis ad calefaciendum ferrum. Domine Deus noster, (16)
Pater omnipotens, lumen — — —.

(c) Primum fiat lętania et oratio dominica; qua finita, dicatur oratio[c]: Deus, plasmator hominum — — —. B IX, 11.

(d) Alia. Deus, iudex iustus, qui auctor es omnium rerum et iudicas aequi- (13)
tatem — — —.

(e) Alia. Deus omnipotens, Deus Abraham, Deus Isaac — — — divinae (14)
maiestatis tuae. Per.

(f) Benedic, Domine, sancte Pater, per invocationem — — — manifesta fiat. (8)
Per eundem.

(g) Coniuratio hominis. Adiuro te, homo N., per Deum omnipotentem, qui (4)
fecit caelum — — — virtus domini nostri Iesu Christi in te declaretur. Per.

(h) Benedictio Dei patris et Filii et Spiritus sancti descendat super hoc ferrum ad discernendum verum iudicium Dei.

4 a. c. d. e. *Cf. B VII*, 1. a) medicinalis *VII*. b) in eo *des. VII*. c) Oratio ante iudicium dicenda *VII*. d) Benedictio ferri ferventis *VII*.

5. IUDICIUM PANIS ET CASEI.

A 32 a—k. Isto modo debes facere. Panis ordeatius esse debet siccus, et caseus caprinus — — — antequam confitearis peccata domino nostro Iesu Christo, qui venturus.

V.

Ex breviario Eberhardi Bambergensis ecclesiae cantoris[1], *saec. XII—XIII (olim in bibliotheca Friderici Wunder, canonici Bamberg.) fol.* 76—82. *edidit H. Gengler in 'Anzeiger f. Kunde d. D. Vorzeit' I* (1855), *col.* 15 *sq.* 38 *sqq.* 69 *sqq.* 87 *sq. ordinem istum iudiciorum* 1) *aquae ferventis,* 2) *aquae frigidae,* 3) *aquae fluentis,* 4) *ferri. Ordo priori illi Bambergensi simillimus est, nonnullis tamen verbis mutatis et iudicio panis et casei omnino omisso.*

INCIPIT ORDO AD FACIENDUM IUDICIUM SIVE PER AQUAM FERVENTEM SIVE FRIGIDAM SIVE PER FERRUM.

cf. (20). Cum aliquis infamatus fuerit pro furto, adulterio, fornicatione, veneficio vel pro quocunque maleficio, et ipse interrogatus negaverit, sic discutiendus erit.

1. IUDICIUM PER AQUAM FERVENTEM.

(a) Pergat sacerdos ad ecclesiam cum exactoribus cause atque cum eo, qui discutiendus erit. Atque expectantibus ceteris in atrio ecclesie, sacerdos ingrediatur et induat se vestibus sacris, excepta casula, et accipiens euangelium cum crismario atque reliquiis sanctorum atque calice, procedat ad hostium ecclesie et ad omnem plebem astantem taliter dicat:

(b) Videte, fratres — — —.

(c) Deinde ipsum, qui discutiendus est, sic alloquatur: Precipio tibi, N., coram omnibus astantibus per Patrem et Filium et Spiritum sanctum, per tremendum diem iudicii, per ministerium baptismatis, per venerationem omnium sanctorum, ut, si de hac re prenominata culpabilis es, aut fecisti, aut consenssisti, aut factores eiusdem culpe sciens[a] vidisti, ecclesiam non introeas, christiane societati non admiscearis, si reatum nolueris confiteri admissum, antequam iudicio examineris in publico.

(d) Deinde designet locum in atrio ecclesie, ubi fiat ignis ad calefaciendam aquam, *vel* ferrum, et primum aspergat locum ipsum aqua benedicta necnon caldarium, si suspendendum est, cum aqua, ipsam aquam aspergat propter illusiones diabolicas.

(e) Deinde cum ceteris intrans ecclesiam, hoc modo celebratur

Missa iud. missa — — —.

Post celebrationem misse pergat sacerdos cum plebe ad locum iudicii, euangelium in brachio sinistro, cruce et thuribulo cum reliquiis sanctorum precedentibus, et ipse cantet interea septem psalmos penitentiales cum letania — — —.

V, 1. a) ciens *ed.*

1) *Codex inscribitur:* Incipit breviarium de ordine divini officii secundum consuetudinem Bambergensis ecclesie matricis ab Eberhardo sacerdote eiusdem ecclesie cantore diligenter compilatum, cuius memoria in benedictione sit. *Cf. de codice et de ipso Eberhardo quae exposuit Gengler l. l.*

(f) Super aquam ferventem. Deus, iudex iustus, fortis et paciens — — —. cf. A 2 b.

(g) Omnipotens, sempiterne Deus, qui es scrutator occultorum, te supplices exoramus, ut, si homo hic culpabilis est de re sibi imputata et prenominata atque incrassante diabolo — — — herbas diabolica arte confectas — — — evacuare dignetur. A 5 h.

(h) Benedictio aque ferventis. Benedico — — —. cf. (10).

(i) Orationes. Omnipotens, sempiterne Deus, suppliciter te deprecamur — — —. cf. (22).

(k) Omnipotens, sempiterne Deus, qui tua iudicia incommutabili dispositione — — —. cf. (25)

(l) Postea fumetur[b] odore mirre tam ipse, qui discutiendus est, quam caldarium sive urceolus, in quo est aqua ebulliens; et sic dicatur ista oratio:

(m) Deus, qui maxima queque sacramenta[c] — — —. (15)

(n) Tunc lavetur manus immittenda cum sapone et consideretur diligenter[d], si sana sit; et antequam immittatur, dicat sacerdos:

Adiuro te, urceole, *sive* caldarium, per Patrem — — — aque iste contremulent, et tu, urceole, *sive* caldarium, te contornes[e]. A 5 o.

(o) Post hec inmittat manum discutiendus, et statim sigilletur. Post iudicium vero refectionem sumat de aqua benedicta. Usque ad comprobationem iudicii in omni cibo et potu salem et aquam benedictam admiscere bonum est.

2. IUDICIUM AQUAE FRIGIDE.

(a) Hominem per aquam frigidam discutiendum adiuret, sicut supra; et si negaverit, celebret missam, ut supra; et antequam communicet, dicat: Adiuro te, homo, per Patrem — — — ad altare accedere, si tu hoc fecisti, quod tibi inputatum est, aut consensisti, aut scis, quis egerit, antequam illud manifestes. (5)

(b) Si autem adhuc negaverit, sacerdos accedat et communicet, ita dicendo: Corpus et sanguis domini nostri Iesu Christi sit tibi hodie ad comprobationem.

(c) Missa celebrata, vadant ad locum iudicii, precedente cruce et thuribulo et reliquiis sanctorum, euangelio quoque precedente aut sacerdote illud portante. Et det sacerdos aquam benedictam discutiendo et sic dicat: Hec aqua fiat hodie tibi ad comprobationem.

(d) Veniens autem ad locum examinationis cum psalmis et letania, exorcizet aquam his verbis: Adiuro te, aqua, in nomine Dei patris, qui te in principio creavit, — — — ut nullo modo suscipias hunc hominem vel vicarium eius, si in aliquo ex hoc culpabilis est, quod illi obicitur — — —. (1)

(e) Omnipotens, sempiterne Deus, adesto invocationibus nostris — — —. cf. B IV, 2 f.

(f) Domine Deus omnipotens, qui baptismum in aqua fieri iussisti — — —[a]. cf. (18).

(g) Domine Deus omnipotens, qui aquarum substantia archanis tuis subter esse iussisti — — —. cf. (17).

(h) Tunc sic adiuretur homo ille, cui culpa obicitur: Adiuro te, homo, — — — ut, si de hac re, que tibi prenominata est, reus sis, sive in furte[b] sive in consilio vel aliquo modo, ad hoc iudicium ulla diaboli persuasione accedas presumptuosus, et aqua te vel vicarium tuum non suscipiat, sed hoc signo crucis Christi tua malicia appareat, et virtus et veritas omnipotentis Dei manifestetur. Propterea obnixe te deprecamur, domine Iesu Christi, fac signum tale, ut, si culpabilis est hic homo de re, pro cf. (3).

1. b) sumetur *c.* c) secramenta *ed.* d) dilienter *c.* e) contorres *c.*

2. a) *Gengler hoc loco quandam orationem omisit, fortasse istam:* Omnipotens et misericors Deus, *supra B IV,* 2 i. b) *corruptum videtur ex* facto.

qua discutitur, nullatenus ipse aut vicarius eius ab aqua suscipiatur. Hoc autem fac ad laudem et gloriam nominis tui, Domine, ut omnes cognoscant, quia tu es Deus noster benedictus in secula seculorum. Amen.

(i) His dictis, ipse criminosus divinum super se inprecetur testimonium et statim exuatur vestimentis suis et, osculato euangelio et cruce, mittatur in aquam. Hi autem, qui mittunt eum in aquam, ieiuni debent esse, sicut et ipse.

3. INCIPIT BENEDICTIO AQUE FLUENTIS AD FACIENDUM IUDICIUM.

cf. B IV, 3. (a) Cetera omnia modo suprascripto aguntur, oratio vero ista dicatur: Deus pater, fiat voluntas tua super nos et super orationem nostram et super inquisitionem nostram; ad te quippe levamus corda nostra et oculos nostros, sancta Trinitas et insuperabilis[a] Unitas. Adesto nobis, quesumus, licet inmeritis, propter tuam magnam clementiam atque inefabilem bonitatem tuam et propter nomen sanctum tuum, atque docere nos digneris voluntatem tuam. Suppliciter etiam quesumus, Domine, ut nos protegere digneris sancta dextera tua ab insidiis hominum et demonum atque ab omni falsitate et fraude, atque benedicas atque sanctifices hanc aquam, licet fluentem, ad discernendum iustum iudicium tuum, ut manifestentur nobis ea, que querimus, que abscondita sunt nobis. Qui vivis et regnas.

cf. supra 2 f. (b) Alia. Domine Deus omnipotens, qui babtismum in aqua fieri iussisti, ut supra.

cf. ib. g. (c) Alia. Domine Deus omnipotens, qui aquarum substantiam archanis tuis subter esse iussisti, ut supra.

In omnibus, que ad examinationem pertinere noscuntur, ordo supradictus teneatur.

4. INCIPIT IUDICIUM PER FERRUM.

(a) Pone ferrum secus altare, donec missa celebretur ordine suprascripto. De communicando sicut superius agito. Missa vero finita, ferrum sic benedicito:
(7) Benedic, Domine, per potentie tue virtutem — — —.

(b) Deinde pergens ad locum examinationis, ordine sepe dicto ignem,
cf. (16). in quo ferrum calefiat, ita benedicito: Domine Deus, Pater omnipotens, lumen indeficiens et conditor omnium luminum, qui illuminas omnem hominem, venientem in mundum, illumina sensus et corda nostra ad cognoscendam veritatem tuam et benedic hunc ignem per invocationem divini nominis tui, ferrum per hunc calefactum, iustum nobis de re, quam querimus, patefiat iudicium.

(c) Psalmis cum letania suprascripta decantatis, denuo sequantur
cf. (22). orationes ad benedicendum ferrum. Omnipotens, sempiterne Deus, te suppliciter rogamus — — —.

B IX, 11. (d) Deus, plasmator[a] hominum atque tocius bonitatis — — — iusticie.

cf. (14). (e) Deus omnipotens, Deus Abraham, Deus Isaac, Deus Iacob — — —.

cf. (13). (f) Deus, iudex iustus, qui es auctor omnium rerum et iudicas equitatem — — —.

(g) Ferro adhuc in igne posito, detur aqua benedicta ad bibendum ei, qui discutiendus est, additis verbis suprascriptis, ad hanc rem[b].
cf. (4). Deinde ipse exorcizetur his verbis: Adiuro te, homo, — — —.

B III, 2 p. (h) Tunc ille, qui discutiendus est, iuret dicens: Quod ego pro illa discussione et securitate, quam hodie ad calidum ferrum facere debeo — — —.

3. a) *corruptum ex* inseparabilis.

4. a) psalmator *c., ubi in margine correctum est:* salvator. b) ? *add. ed.*

(i) His ita peractis, superponatur ferrum, sicut mos est, ad portandum, et dicatur hec oratio: Benedic Domine, sancte Pater, per invocationem cf. (8). sanctissimi nominis tui — — —.

(k) Benedictio Dei patris atque Filii atque Spiritus sancti descendat super hoc ferrum.

Post hec examinandus portet ferrum spacio solito, et statim[c] sigilletur manus eius usque in diem tercium. De cibo vero et potu, quo interim utatur, ratio superscripta teneatur.

VI.

Capita ista tria ad iudicia aquae frigidae, ferri et aquae ferventis pertinentia exhibet 1) *codex Monac. Lat.* 10077, *saec. XI—XII (olim Palat. Mannheim.* 77*). Capiti* 1 a—c. e—g *addidi lectiones* 2) *codicis Eichstet. (= B VII,* 4*). Cum cap.* 2. *cf. supra A* 9. *Ediderunt L. Rockinger p.* 356 *sqq. et E. de Rozière, nr.* 585. 604. 609. *ad codicem* 1, *de quo cf. Rockinger p.* 330 *sq.*

1.

(a) Cum hominem[a] vis mittere in aquam frigidam ad probationem, ita facere debes. Accipe illos homines, quos voluntatem habes mittere in aquam, et duc eos in ecclesiam. Et coram omnibus illis cantet presbyter missam[b], et fac eos ad ipsam offerre. Cum autem ad communionem venerint, antequam communicent, interroget eos sacerdos cum coniuratione ita et[c] dicat:

(b) Adiuro vos, homines, — — —. (5)

(c) Si autem omnes tacuerint, et nullus hoc[a] confessus fuerit, accedat sacerdos ad altare et communicet. Postea vero communicet illos[a], quos vult in aquam mittere, et dicat per singulos: Corpus et sanguis domini nostri Iesu Christi sit tibi ad probationem hodie.

(d) Expleta missa, faciat aquam benedictam, et vadat cum ea ad locum, ubi homines probabuntur. Et aspergens eos, dicat ad unumquemque eorum: Haec aqua fiat tibi ad probationem hodie.

(e) Postea vero coniuret aquam, ubi illos inmittit. Et haec est[a] coniuratio aquae: Adiuro te, aqua, in nomine Patris omnipotentis, qui te in principio creavit, — — — ut nullo modo suscipias hunc hominem[b] illum, si in aliquo est culpabilis, quod ei obicitur; — et* si alius inmittatur[c], quam ille, cui culpa obicitur, dicas: si in aliquo ex hoc est culpabilis ille, pro quo iste in te ad probationem inmittendus est — scilicet aut per opera aut per consensum vel per scientiam aut per ullum ingenium; sed fac eum supernatare super te; et nulla possit contra esse causa — — —. (1)

*) *Ante haec verba in cod.* 2 *leguntur haec, ut videtur, minus recte inserta:* Item adiuratio hominis, cui culpa obicitur. Adiuro te, homo, —.

V, 4. c) stantim *ed.*
VI, 1 a. *Codd.* 1. 2. a) homines 2. b) sicut mos est *add.* 2. c) dicens 2.
b. *Codd.* 1. *2.
c. *Codd.* 1. 2. a) *deest* 2.
e. *Codd.* 1. *2. a) 2; *deest* 1. b) *deinde, ubi de probandis agitur, formis numeri singularis etiam pluralis formas plerumque add.* 1. c) inmittitur 2.

(3) (f) Tunc coniuret homines, qui mittendi sunt in aquam: Adiuro te[a] etiam, homo N., per invocationem — — — per illud baptismum, quo te regeneravit sacerdos: si de hoc furto fecisti, vel audisti, aut baiulasti, aut in domum recepisti, aut consensisti, aut conscius exinde fuisti, ut confitearis; aut, si culpabilis es, et habes cor incrassatum aut induratum, evanescat cor tuum, et non suscipiat te aqua. Neque ullum maleficium possit contra hoc prevalere, sed manifestetur. Propter hoc obnixe precamur te, domine Iesu Christe, fac signum tale, ut, si culpabilis est homo iste, nullatenus recipiatur ab aqua. — Isto[b] modo dicas ad eos, qui pro aliis inmittuntur: si de hoc furto ille, pro quo in aquam mittendus es, sciebat, aut audiebat, aut baiulabat, aut in domum recipiebat, aut consensit, aut conscius exinde fuit, nullo modo ut suscipiaris ab aqua. — Hoc autem, domine Iesu Christe, fac ad laudem et gloriam tuam, per invocationem nominis tui, ut omnes cognoscant, quia tu es dominus Deus Iesus Christus, qui cum Patre et Spiritu sancto vivis et regnas.

(g) Post coniurationem autem[a] faciat illos per[b] singulos osculari euangelium et crucem Christi. Et postea aspergat unumquemque aqua benedicta et proiciat eos statim per singulos in aquam. Haec autem omnia facere debes ieiunus, neque illi comedant, qui ipsos in aquam mittunt.

2. BENEDICTIO FERRI AD FACIENDUM IUDICIUM.

A 1 a. (a) Benedic, Domine, per invocationem sanctissimi nominis tui — — — manifesta fiat. Per.

(25) (b) Alia. Omnipotens, sempiterne Deus, qui tua iudicia incommutabili dispositione iustus — — —.

(c) Alia. Benedictio Dei patris et Filii et Spiritus sancti descendat super hoc ferrum ad discernendum iudicium. Per.

3. BENEDICTIO AQUE FERVENTIS AD FACIENDUM IUDICIUM.

A 2 b. (a) Deus, iudex iustus, fortis et patiens — — —.

(10) (b) Alia. Benedico te, creatura aquae, per ignem ferventem — — —.

(22) (c) Alia. Omnipotens Deus, te suppliciter rogamus pro huius negotii examinatione — — —.

VII.

Codex Eichstetensis ecclesiae cathedralis, saec. XII, continet in libro pontificali Gundechari a. 1071. *vel* 1072. *scripto fol.* 152—155. *ordines iudiciorum ferri, aquae ferventis, panis et casei, aquae frigidae. Cf. 'Archiv' IX, p.* 562. 569; *SS. VII, p.* 239. *Iudicia ferri, aquae ferventis et panis et casei eadem sunt, quae exhibet codex Bambergensis (supra IV). Iudicii aquae frigidae maxima pars convenit cum VI,* 1. *Codicem inspexit b. m. L. Bethmann, benedictiones vero haud integras exscripsit.*

1. BENEDICTIO FERRI IUDICIALIS[a].

B IV, 4 a. c. d. e. (a—d) Pone ferrum secus altare — — —.

2. DE IUDICIO AQUAE FERVENTIS, QUOMODO INVENTUM SIT.

A 5 a—o. (a—e) Romani propter thesaurum sancti Petri — — — imponat introitum: Iustus es, Domine — — —

VI, 1 f. *Codd.* 1. *2. a) *ita* 1, *ubi autem formae numeri pluralis superscriptae sunt;* vos homines N. 2. b) autem *add.* 2
g. *Codd.* 1. 2. a) exuat eos vestimentis suis et *add.* 2. b) p. s. *des.* 2.
VII, 1. a) medicinalis *c.*

(f) Post celebrationem missae pergat sacerdos — — —.

(g—o) Deus, iudex iustus — — — aquae se contremulent, et tu, urceole, te contornes. Per eundem dominum nostrum Iesum Christum, qui sex hydrias aquae convertit in vinum, quique venturus est iudicare.

3. EXORCISMUS ET BENEDICTIO PANIS ET CASEI.

(a—l) Ad securitatem iudicii faciendam et inveniendum furtum A 32.
isto modo debes facere. Panis hordeaceus esse debet — — —.

4. BENEDICTIO AQUAE FRIGIDAE AD FACIENDUM IUDICIUM.

(a—c) Cum vis homines mittere in aquam frigidam — — —. B VI, 1a—c

(d) Expleta missa, vadat ad locum, ubi homines probantur, precedente euangelio et sancta cruce et turibulo cum gerula, et faciat aquam benedictam, dicens: Dominus vobiscum — — —. Tunc aspergens eos, dicat ad unumquemque: Haec aqua fiat tibi ad probationem.

(e) Postea vero coniuret aquam, ubi illos immittat; et haec est B VI, 1e.
coniuratio: Adiuro te, aqua, — — —.

(f) Tunc coniuret homines, qui mittendi sunt in aquam: Adiuro vos, ib f.
homines N., — — —.

(g) Post coniurationem autem exuat eos vestimentis suis et faciat ib. g.
illos osculari euangelium — — —.

VIII.

Ordinem istum iudiciorum 1) *aquae frigidae (stantis),* 2) *aquae (frigidae) fluentis,* 3) *aquae ferventis,* 4) *ferri,* 5) *vomerum,* 6) *panis et casei tradunt* 1) *codex Halberstadensis ecclesiae (bibl. gymnas. nr.* 150*), saec. XIII, fol.* 79 *sqq. et* 2) *codex Parisiensis, olim S. Victoris n. B. r.* 11. *Ediderunt eum ex cod.* 2 *Martene, De antiq. eccl. ritibus III, p.* 468 *sqq.; ex cod.* 1 *G. de Buchwald in 'Mittheilungen d. Instituts f. oesterr. Geschichtsforsch.' V, p.* 308 *sqq.; quo codice huc transmisso ipse usus sum.*

1. IUDICIUM PROBATIONIS IN FRIGIDA AQUA.

(a) Romani propter thesaurum sancti Petri et invidiam — — —. (26)

(b) Cum homines vis mittere in aquam ad probationem, ista[a] facere debes. Accipe[b] illos, quos in voluntate habes mittere in aquam, et[b] duc eos in ecclesiam, et coram omnibus cantet presbiter missam:
Iustus es, Domine — — —. Missa iud.

(c) Cum autem ad communionem venerint[c], antequam communicent[d], interroget eos sacerdos[e] et coniurationem istam dicat: Adiuro (5)
vos[f], homines, — — —.

(d) Si[g] autem omnes tacuerint, et nullus hoc[h] dixerit, accedat sacerdos ad[i] altare et communicet; postea vero communicet illos, quos vult in[i*] aquam mittere. Cum[k] autem communicant, dicat sacerdos per singulos: Corpus et sanguis domini nostri Iesu Christi sit tibi ad[l] conprobationem hodie veri iudicii.

VIII, 1. *Rubr. deest* 1. a—f. *Codd.* 1. 2. a) ista f. d. *des.* 2. b) Accipe — et *des.* 1. c) venerit 2. d) communicet 2. e) de re inquirenda *add.* 2. f) te homo 2. g) Sin 1. h) illorum confiteri vult accedat 2. i) ad altare *des.* 2. i*) tamquam m. 1. k) dicendo *pro* Cum — singulos 2. l) hodie ad probationem veri iudicii Dei 2.

(e) Expleta missa, faciat[m] sacerdos aquam benedictam[n] et vadat ad locum, ubi homines probantur*, et det omnibus illis bibere de aqua benedicta, dicens unicuique: Haec aqua fiat tibi hodie ad conprobationem[o] veri iudicii. Tunc[p] cantentur 7 psalmi et: Afferte Domino[1], et ymnum trium puerorum[2] et letania; et in ultimis adiungatur: Ut rectum iudicium in ista aqua discernere digneris, te rogamus, audi nos[p].

*) *Cod.* 2: probandi sunt. Cum autem venerit ad locum, aspergat illum cum aqua et det eis bibere de ipsa aqua et dicat ad unumquemque: Haec *etc.*

(f) Postea vero coniuret sacerdos[n] aquam, ubi illum[q] inmittere
(1) vult, his[r] verbis: Adiuro[s] te, aqua — — —.
(21) (g) Benedictio aquae. Omnipotens Deus, qui baptismum — — —.
(15) (h) Item[a] alia. Deus, qui maxima queque[a] sacramenta — — —.

(i) Post coniurationem autem aque exuat illum vestimentis eius et faciat eum per singulos osculari euvangelium sanctum et crucem Christi. Et post hec de ipsa aqua benedicta aspergat super unumquemque eorum his verbis*:

*) *Cod.* 2 *inserit:* Alia. Deus, qui ad salutem humani generis maxima quaeque sacramenta etc. Require in quotidiana benedictione.
Tunc coniuret hominem, qui immittendus est in aquam:

(3) (k) Adiuro vos[a], N., per invocationem — — —.

(l) Item coniuratio hominis. Adiuro te, homo, per Patrem et Filium et Spiritum sanctum, et per sanctam Mariam, matrem domini nostri Iesu Christi, et per angelos et archangelos, thronos et dominationes, principatus et potestates, Cherubin et Seraphin, et per omnes virtutes caelestes, et per 24 seniores, per[b] 12 apostolos, per[b] 4 euvangelistas, et per omnes patriarchas et prophetas et[b] martyres et confessores et[b] virgines, et per omnes sanctos Dei, et per baptismum, quo regeneratus[c] es: si[d] huius criminis, *vel* furti, quod tibi intenditur, reus sis[d], ut Deo nobisque confitearis nec[e] tentes Deum nec contemnas[e], cui omnia patent occulta. Si autem inde culpabilis sis, aut in actu[f] aut in conscientia aut in ulla re, et indurato corde hoc iudicium volueris subire, interdico tibi per nomen domini nostri Iesu Christi et per merita omnium sanctorum suorum, ut haec aqua te non suscipiat, neque ullum maleficium ad inpediendam veri cognitionem in hoc iudicio prevaleat. Per.*

*) *In cod.* 2 *sequitur:* Alia. Deus, qui maxima — — — *(cf. supra* **h***).*

(m) Tunc roget sacerdos pro manifestatione veritatis Christi inplorare clementiam, dicens: Rogamus te, domine Iesu Christe, per tuam magnam clementiam tale in hoc iudicio signum[a] efficere[b], ut, si huius rei hic homo culpabilis est, nullatenus recipiatur[c] ab aqua. Hoc autem, Domine[d], fac ad laudem et

e–f. m) faciet 1; benedicat 2. n) *deest* 2. o) probationem veri iudicii Dei 2. p) Tunc — audi nos *des.* 2. q) illos 2. r) dicens *pro* his v. 2. s) Exorcismus aquae, Exorcizo te 2.
g. *Cod.* 1.
h. *Codd.* 1. 2 *(infra post* l*).* a) *deest* 2.
i. *Cod.* 1.
k. l. *Codd.* *1 *(verba* et 24 seniores *in* k *et reliqua usque* virtutes caelestes *in* l *omissa sunt).* 2. a) te homo *pro* vos N. 2. b) et per 1. c) generatus 1. d) si — sis *des.* 1. e) nec — contemnas *des.* 1. f) aut in consensu *add.* 1.
m. *Codd.* 1. 2. a) 2; signa 1. b) ostendere vel e. 2. c) 2; recipiat 1. d) Iesu Christe *add.* 1.

1) *Psalm.* 28. 2) *Dan.* 3, 52 *sqq.*

gloriam nominis tui, ut cognoscant omnes gentes, quia vie tue sunt misericordia et veritas, et tu, Omnipotens, dominaris in secula seculorum. Amen.

Tunc* mittatur in aquam.

*) *Cod.* 2: Post haec exuant illos vestimentis eorum, et faciat illos singulos osculari sanctum euangelium et crucem Christi. Et post haec de aqua ipsa benedicta aspergat super unumquemque eorum, et proiciantur statim in aquam. Haec autem omnia facere debent ieiuni; neque illi antea comedant cibum, qui ipsos mittunt in aquam.

2. BENEDICTIO AQUE FLUENTIS AD IUDICIUM.

(a) Quod[a] supra dictum est[1] in celebratione missarum* fieri debet. Cum autem ad locum pervenerint, ubi probandi sunt quibus intenditur, aspergat sacerdos locum aqua benedicta et consignet undique signo crucis et cantet 7 penitentiae psalmos et letaniam cum versibus istis: Pro[b] huiusmodi negocii qualitate te rogamus, audi nos. Ut rectum iudicium in ista aqua discernere digneris, te rogamus, audi nos. Ut iusticie non dominetur iniquitas, sed subdatur falsitas veritati, te rogamus, audi nos. Fili[c] Dei, te rogamus, audi nos[c]. Qua finita, dicat presbiter: Pater noster et: Credo in Deum, cum precibus istis: Peccavimus cum patribus —. Domine, non secundum —. Domine, ne memineris —. Adiuva nos —. Propicius esto —. Non nobis —. Exurge —. Domine[d], exaudi — et clamor meus —. Domine Deus virtutum — ostende[d].

*) *Cod.* 1 *pro reliquis verbis hoc loco non nisi* et in psalmorum *praebet; sed verba inde a* Pro huiusmodi *infra in cap.* 5 *supplet.*

(b) Exorcismus aque[a]. Adiuro te, creatura aque, in nomine sancte et individue Trinitatis — — — fieri comprobatos. Per eum, qui venturus. (2)

(c) Item[b] alia. Deus omnipotens, pater domini[b] nostri Iesu Christi, cui omnia patent et nichil latet absconditum, visibilium quoque et invisibilium cognitor, qui solus cogitationum[b] archana rimaris et scrutaris renes et corda, quem omnes creaturae pariter contremiscunt et laudant, qui furta et dolos et mendatia[c] humano generi ab initio seculi[d] prohibuisti: presta per invocationem nominis tui huic creature aque tantam tuae[e] benedictionis virtutem, ut, sicuti eam in baptismatis sacramento ad diluendas sordes criminum in te credentium consecrasti, ita ad detegenda huius facti crimina per te sumat potentiam, tribuasque per tue maiestatis clementiam, ut, quisquis hic illate sibi reatum culpe[f], aliquam fretus machinationem diabolicam aut fraudis calliditatem superbiamque[g], erubescendo sive timendo celare voluerit ac profiteri contempserit, eius inprobitas hoc modo detegatur, scilicet, ne nomen eius in qualicumque materia conscriptum in hanc aquam, sancte Trinitatis nomine sanctificatam, valeat inmergi[h], donec vera confessione purgatus, tu, Deus omnipotens, magnificeris in omnibus. Per. (cf. B XIV, 10.)

(d) Alia. Deus, iudex iustus, fortis et paciens, qui culpas delinquentium per vere confessionis fructum penitenti dimittis, tu hanc aquam in nomine sancte Trinitatis sanctificare digneris, ut fiat hec unda tua virtute detegens crimina furti et figmenta[i]

2. *Rubr. Codd.* 1. 2. **a.** *Codd.* *1. 2. a) ut *add.* 2. b) Post 1, *ubi quaedam ex sequentibus, folii parte abscissa, desunt.* c) Fili — nos *om.* 1. d) Domine — ostendit *om.* 1.

b—e. *Codd.* 1. 2. a) ad furtum et ad alias res investigandas *add.* 2. b) *deest* 2. c) fallacia 2. d) fieri *add.* 2. e) *deest* 1. f) per *add.* 1. g) superbiamne 1. h) 1; emergi 2. i) ficmenta 1.

1) *Cf. supra p.* 656.

mendatii, que hic in presenti recitantur: N. et quicumque huius criminis fraudem commisit, nomenque eius in hanc aquam, in qualicumque materia scriptum, missum[k] fuerit, quamdiu de commisso scelere denegat verum confiteri, sancte Trinitatis nomine sibi[l] sentiat interdictum, ne possit inmergi, ut cognoscatur ab omnibus, quia tu Deus es[m] verax, et iudicia tua vera permanent in eternum, et gloriosum ubique[k] nomen tuum est omnibus invocantibus te in[k] veritate[k]. At qui securus illate culpe consistit, sine dilatione nomen eius ab aqua ista consecrata iussione divina recipiatur inmersum. In nomine domini nostri Iesu Christi, qui venturus.

(e) Tunc adiuretur et inquiratur homo, sicut supra dictum est, et dicatur hec oratio: Domine Deus omnipotens, qui baptismum — — — innocens ex profundo huius aque abstrahatur.

Tunc pro[n] eo oretur, et sic in aquam proiciatur.

3. IUDICIUM PROBATIONIS, QUOD IN CALIDA AQUA FIERI SOLET.

(20) (a) Inquisitus autem aliquis de furto — — —.

(b) Videte, fratres[a], christiane religionis officium — — —.

(c) Deinde vertens se ad sceleratum — — —.

(d) Deinde signet locum in atrio ecclesie — — — propter illusiones diabolicas. Et his actis, regrediens ad altare, inponat introitum: Iustus es, Domine. Require* retro[1].

*) *Pro verbis* Require retro *cod.* 2 *exhibet:* Psal. Beati immaculati. Oratio. Omnipotens, sempiterne Deus, qui dedisti famulis tuis *etc.* Lectionem et euangelium, secretam et postcommunionem quaere in iudicio aquae frigidae.

(e) Communicet autem sacerdos accusatum sub testificatione post[b] celebrationem missae et[c] tunc pergat cum plebe ad benedicendum ferventem aquam[c], ita ut 7 penitentiales psalmos cum[d] letania primum
(12) decantet et postea subinferat: Deus, iudex iustus, fortis et paciens, qui es auctor pacis et iudicas equitatem, respice — — —.

(f) Alia[e]. Omnipotens, sempiterne Deus, qui es scrutator occultorum cordium, te supplices exoramus, ut, si hic homo culpabilis est de rebus prefatis et, diabolo ingravante cor[f] eius, presumpserit in hanc aquam igne[g] ferventem manum suam mittere, tua[h] iustissima veritas declaret, et in hoc opere, quesumus, ita tuam veritatem declara, ut per manifestatam adustionem corporis poenitentiam sumat sui erroris, et dum erubuerit corpore, anima[i] eius salvetur in extrema examinatione. Quod si per crisma bibitum aut per unctionem eius aut per herbas aut per aliqua maleficia hoc peccatum tegere celarique voluerit, tua[e] dextera sancta evacuare dignetur. Per unigenitum dominum nostrum Iesum[k] Christum, qui venturus[k].

(g) Deus, qui maxima queque sacramenta in aquarum. Require in iudicio aque[l] frigide[2].

Post hec oretur pro eo a[m] circumstantibus, et adiuratus, ne obduretur, statim mittat in[n] aquam manum.

2 d. e. k) *deest* 2. l) sentiat sibi 2. m) verax es 2. n) oretur pro eo ab omnibus et 2.

3. *Codd.* 1. 2. a) carissimi *add.* 2. b) p. c. *des.* 2. c) et — aquam *des.* 2. d) primum decantet cum letania 2. e) *deest* 1. f) corpus 2. g) ignem 1. h) sua 1. i) anime 1. k) Iesum — venturus 2; qui es 1. l) frigidae aquae 2. m) ab omnibus c. 2. n) manum in aquam 2.

1) *V. supra p.* 655. 2) *V. supra* 1 b, *p.* 656.

4. IUDICIUM PROBATIONIS IN FERRO IGNITO.

(a) Quod secundum predictum ordinem aque[a] ferventis fieri debet, et in celebratione missarum et in[a] communione corporis[b] et sanguinis Domini et in decantatione 7 psalmorum et coniuratione accusati.

(b) Consecratio ferri novi. Deus, iudex iustus, qui auctor — — —. (13)

(c) Alia. Deus[c] omnipotens, Deus Abraham, Deus Isaac — — —. (14)

(d) Item benedictio ferri, que[a] secundum supradictum modum agenda est[a]. Omnipotens, sempiterne Deus, clementissime dominator occultorumque omnium verissimus scrutator, qui per adventum unigeniti tui, domini nostri Iesu Christi, mundum salvasti et per passionem crucis genus[b] humanum redemisti, qui es iustus[c] iudex et fortis, auctor pacis et amator caritatis, qui tres pueros, Sydrac, Mysaac et Abdenago, iussu regis Nabugodonosor in fornacem Babilonis accensam[d] missos, salvasti eosque per angelum tuum sanctum ex ea illesos[e] eduxisti et Susannam de falso crimine liberasti, respicere dignare ad orationem et deprecationem nostram[f] et dirige iudicium nostrum, quoniam tu solus iustus iudex es et verax, et omnia iudicia tua vera[g], omnes vie tue misericordia et veritas, ferrumque hoc ignitum ad[h] detegendam prenominatam rem vel[h] ad detegenda furta prenominata sanctifica, et presta, ut, quisquis innocens de crimine prefato hoc ignitum ferrum manu portaverit, sanam et illesam et sine macula eam educat. Si vero culpabilis est et, incrassante diabolo cor eius, reatum suum per crisma bibitum aut in aliqua parte corporis seu vestimentorum appositum, sive per herbas et incantationes aut per aliquod prestigium[i] benedictum tegere[k] voluerit et hoc ferrum ignitum[l] portaverit, tua hoc, domine, quesumus[m], Deus omnipotens, iustissima veritas in eius manu vel corpore declarare dignetur, ut per manifestatam adustionem corporis penitentiam sui sumat erroris, eiusque anima salvetur remedio tue pietatis. Per dominum nostrum Iesum[n] Christum, filium tuum, redemptorem et salvatorem nostrum, qui venturus est iudicare vivos[n].

(e) Alia benedictio ferri[a]. Benedic, Domine, per potentiae — — — glorificetur. Per[b] dominum nostrum Iesum Christum, filium tuum[b], qui venturus. (7)

Tunc, ut supra dictum est, accusatus adiuretur et, dum oratum fuerit pro eo, si presumpserit, expurget se.

5. BENEDICTIO VOMERUM[a].

(a) Que secundum supradictum agenda est modum[b]. Require[c] in coniuratione ferri[1].

(b) Deinde haec oratio[c]: Omnipotens, sempiterne Deus, clementissime supra 4 d. dominator — — — et veritas, vomeresque[d] hos ignitos ad[e] detegenda furta, *vel*[e] ad detegendum homicidium, *vel* adulterium[f], prenominatum, sanctifica, et praesta, ut, quisquis innocens de crimine prefato hos vomeres ignitos suis[g] pedibus calcaverit, sanus et illesus et sine macula discedat[h]. Si vero — — — hos vomeres benedictos calcare

4. *Codd.* 1. 2. **a. b. c.** a) *deest* 1. b) corporis — decantatione *des.* 2. c) Qs̄ 1.
d. *Cf. infra cap.* 5. a) que — est *des.* 2. b) genu *hic et infra* 1. c) iudex iustus 2. d) accenssam 1. e) illesum 1. f) servorum tuorum 2 *et infra* 1 *in cap.* 5, *ubi* et depr. *des.* g) et *add.* 1 *in cap.* 5; recta 2. h) ad — vel *des.* 2. i) maleficium *pro* pr. ben. 2. k) t. vol. et *des.* 1. l) sanctificatum 2. m) *deest* 2. n) Iesum — vivos *des.* 1.
e. a) Item alia *pro* A. b. f. 2. b) Per — tuum *des.* 1; *reliqua des.* 2.
5. *Codd.* *1 *(folii quadam parte abscissa, nonnulla desunt).* 2. a) ad detegendum homicidium vel adulterium *add.* 2. b) modum ag. est 2. c) Req. — oratio *des.* 1. d) vomerosque his igonitos 1; et hos vomeres i. 2. e) ad — vel *des.* 2. f) *ita* 2; ad detegendum 1. g) s. p. *des.* 2. h) *ita* 2; educat 1.

1) *Cf. supra* 4 a.

presumpserit, tua hoc, domine[i] Deus omnipotens, iustissima veritas in eius pedibus vel corpore declarare dignetur — — —.

(c) Alia[k]. Benedic, Domine, per potentie tue [virtutem[l] hoc g]enus metalli[l]. Require ante*.

*) *Cod.* 2. *add.:* Tunc, ut supradictum est.

6. IUDICIUM[a] PROBATIONIS IN PANE ET CASEO.

(a) Quod in celebratione missarum et decantatione 7 psalmorum et communicatione corporis et sanguinis Domini et aspersione benedicte[b] aque et[c] adiuratione[c] hominis secundum predictum modum fieri debet.

cf. B I, 3c. (b) Benedictio panis et casei. Domine Iesu Christe, qui es panis vivus de celo descendens, qui ex quinque panibus quinque milia hominum saciasti, tu hanc creaturam panis et casei benedicere digneris ad investigandas fraudes et versucias inimici, ut, quae ipse per furta seducendo celaverat, veritas tua manifestare dignetur, ut perceptum panem et caseum deglutire non valeat, constricto gutture[d] ex tua iussione; sed statim cum vomitu redeant, ut, iusto iudicio divine maiestatis tue superatus, sue temeritatis obstinatiam confusam et[e] ad nichilum sentiat[f] esse redactam. Qui venturus est.

(c) Item benedictio. Domine Iesu Christe, ayos, ayos, ayos, qui regnas in celis et dominaris in omnibus locis, iudicans regna et disponens omnia[g] secundum voluntatem tuam, tuum nomen suppliciter invocamus. Deus Abraham, Deus Isaac, Deus Iacob, Deus omnium prophetarum et patriarcharum, Deus apostolorum, Deus martyrum, Deus confessorum, Deus virginum, Deus iustorum omnium et Dominus dominantium, quia tu es Deus solus, et non est preter te Dominus[h], ut facias nobiscum secundum misericordiam tuam magnam et separes ab isto homine, in quo suspicio furti in presenti recitata habetur, diabolicum spiritum et dolositatem fraudulentam[i], benedicasque[k] hunc panem et caseum divina tua benedictione, ita ut per omnes apostolos tuos et per omnes archangelos tuos, Michaelem, Gabrielem, Raphaelem, fauces illius et guttura constringantur, et, quicquid ex predicto pane et caseo ore perceperit, antequam ventris hospicia tangat, cum sanguineo vomitu illud reiciat[l] sicque tuo sancto iudicio convictus et superatus gemat[m] et tremescat requiemque non habeat, donec confiteatur admissum hoc, te iubente, qui venturus.

(d) Item[n] alia. Obsecro te, sancte Pater, omnipotens, eterne Deus, qui celum terramque fundasti, mare liminibus[o] firmasti et magna luminaria, solem et lunam, super iustos et iniustos fulgere fecisti, fac, Domine, signum tale, ut omnis mundus, omnis terra intelligat, quia tu es Deus, qui facis mirabilia magna solus, ut, qui iam[p] res dictas furatus est et in[q] his consentiens esse videtur, gula[r] et lingua et fauces eius[s] ita fiat[t] constricta et obligata, ut panem vel caseum istum non[e] possit[u] manducare. Per dominum[v].

cf B I, 3b. (e) Item benedictio[w]. Sanctus, sanctus, sanctus, Deus[x] omnipotens, qui liberasti Abraham de Ur[y] Caldeorum et tres pueros de camino ignis regis Babiloniorum, Sydrac, Misac et Abdenago, et qui in[e] crucis[z] patibulum pro redemptione humani generis ascendisti[z] et electos tuos reduxisti[a] tecum, impios vero in claustris tartareis

5. i) qs *add.* 1. k) *deest* 2. l) virtutem — metalli *des.* 2; *uncis inclusa abscissa des.* 1.

6. *Codd.* 1 *(in initio quaedam desunt abscissa).* 2. a) . . . . . T CASEO 1. b) aquae benedictae 2. c) *abscissa des.* 1. d) et gula *add.* 2, *ubi* ex *deest.* e) *deest* 1. f) sentiant 1. g) sec. v. t. omnia 2. h) domine 1. i) fraudulentiam *corr.* fraudulentam 1. k) que *deest* 2. l) regiciat 1. m) tremat et tremiscat 2. n) *deest* 2. o) luminibus formasti 2. p) res iam dictas furati sunt 2. q) qui in his consentientes esse videntur, gulae et linguae 2. r) gulâ et linguâ et faucês 1. s) eorum 2. t) fiant constrictae et obligatae 2. u) possint 2. v) *deest* 2. w) alia 2. x) domine Deus 2. y) ur *corr.* hur 1. z) *supple:* ad inferos descendisti. a) tecum eduxisti 2.

dimisisti, iudica causam istam secundum iudicium iusticie tue, manifestando nobis hoc crimen, qui tuum secundum nostram fidem querimus munimen et examen. Qui venturus.

(f) Alia[b]: Coniuro te, homo, per Patrem et Filium et Spiritum sanctum et per omnes sanctos Dei, qui illi placuerunt ab inicio mundi usque in hodiernum diem, et[c] per tremendum diem[c] iudicii, si de hoc furto aut crimine, quod tibi intenditur, culpabilis sis in actu[d] vel in consilio aut in conscientia, ut panem istum[e] vel caseum non possis manducare, nisi, inflato[f] ore, cum spuma et gemitu et dolore et lacrymis et faucibus tuis constrictis et obligatis hunc cibum emittas imperante Domino nostro Iesu Christo, qui venturus[g].

IX.

Iudiciorum 1) *ferri,* 2) *aquae ferventis,* 3) *aquae frigidae ordines istos praebet codex* Monacensis *Lat.* 21587, *olim S. Stephani Frisingensis monasterii, saec. XI, fol.* 159'—168. *Cf. Rockinger, p.* 332; *specimen scripturae ib. p.* 409. *Ediderunt L. Rockinger, p.* 374 *sqq.; E. de Rozière, nr.* 602. 608. 586.

1. INCIPIT ORDO, QUANDO ALIQUA DISCUSSIO PER FERRUM CALIDUM EST FACIENDA.

(a) Inprimis qui discutiendus est in se delinquentibus peccata dimittat, ut sua ei dimittantur. Deinde faciat puram confessionem peccatorum suorum Deo et sacerdotibus eius; et veram poenitentiam pro qualitate delicti accipiat, ut eo modo crimen aut furtum, de quo discutiendus est, in publicum procedat. Postea dicantur super poenitentem 7 poenitentiales psalmi cum oratione dominica. Deinde preces: Domine, non secundum. Ne simul tradas nos cum peccatoribus[1]. Domine, ne memineris —. Adiuva nos —. Esto nobis, Domine —. Domine, exaudi orationem meam.

(b) Sequitur oratio. Precor, Domine, clementiam tuae maiestatis et nominis, ut huic famulo tuo, peccata et facinora sua confitenti, veniam dare et preteritorum criminum errata relaxare digneris, qui humeris tuis ovem perditam reduxisti ad caulas, qui vivis.

(c) Tunc pergant ad locum, ubi discussio facienda est, ibique laetaniam faciant. Qua finita, cantent et preces: Pater noster. Exurge, Domine —. Fiat misericordia —. Ne intres —. Propitius esto —. Domine Deus virtutum —. Domine, exaudi orationem meam, et clamor —.

(d) Postea benedicatur eadem domus his orationibus: Adesto, Domine, supplicationibus nostris et hanc domum serenis oculis tuae pietatis illustra. Descendat super habitantes in ea gratiae tuae larga benedictio, ut in his manufactis cum salubritate manentes ipsi tuum semper sint habitaculum. Per.

(e) Alia. Exaudi nos, Domine sancte, Pater omnipotens, aeterne Deus, et mittere dignare sanctum angelum tuum de caelis, qui custodiat, foveat, protegat, visitet et defendat omnes habitantes in hoc habitaculo. Per.

6. b) Coniuratio hominis 2. c) et — diem *des.* 1. d) actualis *pro* a. vel 1. e) et caseum istum. 2. f) in| . . . . . 1, *ubi, folio exciso, reliqua des.: sed manu saec. XIV. addita sunt haec:* Ista sunt vera iudicia Domini et examinata, et licita possunt fieri in nomine domini nostri Iesu Christi. g) Sancte Nicolae, iam nostra vota suscipe et apud Deum sis nobis in adiutorium *add.* 2.

1) *Cf. Psalm.* 27, 3.

(16) (f) Item benedictio ignis. Domine Deus, Pater omnipotens, lumen — — —.

(7) (g) Benedictio ferri iudicialis. Benedic, Domine, per potentiae — — —.

(13) (h) Alia. Deus, iudex iustus, qui auctor pacis es — — —.

(8) (i) Alia. Benedic, Domine, sancte Pater, per invocationem sanctissimi nominis tui — — — manifesta fiat. Per eundem.

(14) (k) Item alia. Deus omnipotens, Deus Abraham, Deus Isaac — — — veritatis tuae verissimae.

(l) Oratio ante iudicium dicenda. Deus, plasmator hominum et totius bonitatis auctor, respice super nos famulos tuos, ad te toto corde clamantes, et presta propitius per interventum[a] unici[b] filii tui, domini nostri Iesu Christi, ut in hoc examinationis iudicio non prevaleant aliqua falsitatis iacula inimici, sed manifestetur per te veritas[c], et declaretur rectitudo iusticiae. Per eundem.

(4) (m) Tunc qui discutiendus est exorcizetur his verbis: Adiuro te per Deum omnipotentem — — —.

(n) Deinde, si aliqua infidelitatis suspitio in eo habeatur, iuret in
B III, 2 p. altari aut in cruce vel in euangelio sive capsa his verbis dicens: Quod ego pro illa discussione et securitate, quam hodie ad calidum ferrum facere debeo — — —.

(o) Sequitur benedictio ferri. Benedictio Dei patris et Filii et Spiritus sancti descendat super hoc ferrum ad discernendum verum Dei iudicium.

Deinde, sicut mos est, iuret et ferrum certo spacio portet.

2. BENEDICTIO AQUAE FERVENTIS.

A 2 b. (a) Deus, iudex iustus, fortis et paciens — — — hoc evacuare dignetur. Per unigenitum dominum nostrum Iesum Christum, filium tuum, qui tecum vivit.

(10) (b) Alia. Benedico te, creatura aquae, per ignem fervens — — —.

(22) (c) Item alia. Omnipotens Deus, te suppliciter rogamus pro huius negotii examinatione, quam — — —. Per dominum nostrum.

(25) (d) Item alia. Omnipotens, sempiterne Deus, qui tua iudicia incommutabili dispositione — — —.

Postea vero fumo myrrae odoretur, et fumetur caldaria tam subtus quam et in circuitu, et sic omne furtum probabitur.

3. BENEDICTIO AQUAE FRIGIDAE.

(17) (a) Domine Deus omnipotens, qui aquarum substantiam — — —.

(b) Alia. Domine Deus Iesu Christe, qui sanctum Brictium de falsa stupri proditione per tuam ineffabilem liberasti auctoritatem, et sic calidissimam ignium creaturam convertisti in frigidam, ut inexusto, cunctis videntibus, ignis portaretur peplo[1], quin et Susannam de iniusta pessimorum senum delatione per Danihelem, electum tuum et paulo ante tenerrimum puerulum, mirabiliter redemisti, et qui omne nefas malignorum tam ab humanis occultatum obtutibus quam omnium declaratum visionibus per tuum in fas convertis dominium: da nobis, clementissime Pater, ut nulla antiqui hostis fraus tuam possit impedire iusticiam et corda circumstantium in dubitatione infidelitatis subvertere; sed hodierna die in hac frigidae aquae creatura tuae inaestimabilis cognoscere

1 l. *Cf. B IV*, 4. *X*, 1. a) adventum *IV*. b) unigeniti *X*. c) veritatis *X*.

1) *Cf. Greg. Tur. Hist. Franc. II*, 1; *quod caput, Brictii episcopi historiam continens, saepius in codicibus sub nomine vitae sancti Brictii inveniri monet Arndt, SS. rer. Merov. I, p.* 59, *n.* 1.

valeamus magnitudinem virtutis, et istius rei veracissima antiquae consuetudinis examinatione invenire veritatem. Per eum, qui tecum vivit.

(c) Alia. Domine Deus omnipotens, qui baptismum in aqua — — —. (18)

(d) Alia. Adiuro te, aqua, — — — super aquam natare fecit: ut nullo modo B VI, 1 e. suscipias hominem hunc, si in aliquo est culpabilis ille, pro quo iste in te ad probationem mittendus est, scilicet aut per opera aut per consensum vel per conscientiam aut per ullum ingenium; fac eum super te natare — — —.

(e) Item alia. Omnipotens, sempiterne Deus, qui per Iesum Christum filium (24) tuum — — —.

(f) Alia. Omnipotens, sempiterne Deus, adesto invocationibus nostris, et in hanc cf. B IV, 2 f. aquam frigidam virtutem tuae benedictionis infunde, ut per tui nominis invocationem benedicta sit et ab omni impugnatione antiqui hostis defensa. Per dominum.

(g) Sequitur adiuratio hominis. Adiuro te, homo N., per invocationem B VI, 1 f. domini nostri Iesu Christi ac iudicium aquae frigidae — — — et per illud baptismum, quo te regeneravit sacerdos: si de hoc furto quid fecisti, aut conscius exinde fuisti, ut confitearis, aut si culpabilis es et habes cor incrassatum aut induratum, evanescat cor tuum, et non suscipiat te aqua. Nec ullum maleficium tuum possit contra hoc prevalere, sed manifestetur. Propter hoc obnixe precamur te, domine Iesu Christe, fac signum tale, ut, si culpabilis est homo iste, nullatenus recipiatur ab aqua, — si de hoc furto ille, pro quo tu remittendus es, sciebat, aut consensit, aut conscius inde fuit, nullo modo tu suscipiaris ab aqua —. Hoc autem, domine Iesu Christe — — — vivis et regnas.

(h) Post coniurationem autem faciat illos — — —. ib. 1 g.

X.

Codex ***Rhenaugiensis*** 123 *(olim* 139*) saec. XI—XII, nunc in archivo Turicensi servatus, continet collectionem benedictionum et exorcismorum variorum, quorum pleraque capita ad iudicia Dei spectant. Haec enim sunt:* 1) *missa iudicii (p.* 1—16*) initio mutila;* 2) *iudicium ferri (p.* 6—11*);* 3) *aquae ferventis (p.* 11—14*);* 4) *aquae frigidae (p.* 14—21*);* 5) *vomerum (p.* 21—23*);* 6) *panis et casei (p.* 29—34, *qua pagina codex, reliquis foliis abscissis, terminatur). Exscripsit codicem V. I. G. Waitz. Ediderunt Gerbertus, Monum. vet. lit. Alem. II, p.* 121 *sqq.; E. de Rozière, nr.* 598. 608. 589. 606. 620*; H. Runge, 'Adiurationen, Exorcismen' etc. in 'Mittheil. d. antiquar. Ges. in Zürich' XII,* 5, *p.* 177 *sqq., ubi codex, tabula scripturae adiecta, fusius describitur. Monendum est, in hoc codice plerumque, ubi de reo agitur, etiam generis feminini et pluralis numeri formas superscriptas esse.*

1.

(a) [Iustus es, Domine — — — Euangelium secundum Marcum[1] — — — Missa iud. dimittat vobis] peccata vestra; quod si vos non dimiseritis, nec Pater vester, qui in caelis est, dimittet vobis peccata vestra. Offertorium. De profundis —. Secreta. Ab omni reatu —. Communio. Amen, dico vobis —. Ad complendum. Conspirantes —. Alia. Ostende nobis —.

(b) Coniuratio. Adiuro vos, homines, per Patrem — — —. (5)

(c) Hic incipiunt 7 psalmi penitentie et sequens letania: Kyrieleison — — —. Pro huius negotii qualitate te rogamus, audi nos. Ut iusticiae non

1) *Ev. Marc.* 11, 25. 26.

dominetur iniquitas, sed subdatur falsitas veritati, te rogamus. Ut iustum iudicium discernere digneris, te rogamus. Fili Dei —. Agnus Dei — — —. Kyrieleison. Pater noster.

Psalmi[a]. Iustus es, Domine —. Ostende nobis —. Fiat misericordia —. Converte nos —. Miserere —. Non nobis —. Domine, exaudi —. Deus misereatur —. Domine Deus virtutum —. Dominus vobiscum. Et cum spiritu tuo!

2. BENEDICTIO FERRI IUDICIALIS[a].

(7) (a) Oratio. Benedic, Domine, per potentiae tuae virtutem hoc genus metalli — — —.

B IX, 1 l. (b) Oratio ante iuditium facienda. Deus, plasmator hominum — — —.

(14) (c) Benedictio ferri ferventis ad iuditium Dei. Deus omnipotens, Deus Abraham, Deus Isaac — — —.

(13) (d) Alia. Deus, iudex iustus, qui auctor pacis es — — —.

(e) Benedictio Dei patris et Filii et Spiritus sancti descendat super hoc ferrum ad discernendum verum Dei iuditium.

3.

A 2 b. (a) Oratio aquae igne ferventis ad Dei iuditium faciendum. Deus, iudex iustus, fortis et paciens, qui auctor es pacis — — —.

(10) (b) Alia. Benedico te, creatura aque, per ignem ferventis — — —.

(22) (c) Alia. Omnipotens Deus, te supplititer deprecamur pro huius negotii examinatione — — —.

(25) (d) Alia. Oremus. Omnipotens, sempiterne Deus, qui tua iudicia incommutabili dispositione — — —.

Postea vero fumo myrre odoretur, et fumetur caldaria tam subtus quam et in circuitu, et sic omne furtum probabitur.

4. BENEDICTIO AQUAE FRIGIDE AD IUDITIUM DEI.

B III, 2 f. (a) Omnipotens, sempiterne Deus, adesto invocationibus nostris — — —.

(b) Adiuratio. Adiuro te, homo, per Patrem et Filium et Spiritum sanctum, per diem tremendi iuditii et per 4 euvangelistas et per 24 seniores, qui indefessa voce Dominum laudant et numquam concessant[a]. Adiuro te per 12 apostolos et per 144 milia innocentium, qui pro Christo passi sunt, per victoriam martirum et per invocationem sacri baptismatis tui, ut, si tu de hac re culpabilis sis, sive in facto aut aliquo modo, indurato corde a diaboli suggestione, ad hoc iuditium non praesumptuosus accedas, et aqua te non suscipiat, et hoc signo crucis Christi tua malitia apareat, et virtus omnipotentis Dei manifestetur. Per eundem.

(18) (c) Benedictio eiusdem aquae. Domine Deus omnipotens, qui baptismum — — —.

cf. (1). (d) Adiuratio. Adiuro te, aqua, in nomine Patris omnipotentis, qui te in principio creavit et te iussit ministrare humanis necessitatibus, qui te iussit segregari ab aquis superioribus. Adiuro te etiam per ineffabile nomen Iesu Christi, filii Dei omnipotentis, sub cuius pedibus ambulanti in mari te calcabilem praebuisti, qui in te etiam baptizari voluit. Adiuro te etiam per Spiritum sanctum, qui super Deum baptizatum ascendit. Adiuro te per nomen sanctae et individuae Trinitatis, cuius voluntate aquarum elementum divisum est, et populus Israel per illud siccis pedibus transiit, ad[b] cuius

1. a) Ps. *hoc loco deest in cod., sed infra ante* Deus misereatur *exstat.*
2. a) iudiacialis *c.*
4. a) *lege:* cessant. b) *bis posuit per errorem c.*

invocationem Helyas ferrum, quod de manubrio exierat, super aquam natare fecit, ut nullo modo suscipias hominem hunc N., si[c] in aliquo est culpabilis, quod eis obicitur. Per.

(e) Tercia adiuratio. Si in aliquo est culpabilis ille, pro quo iste ad pro- cf. ib.
bationem mittendus est, scilicet aut per opera aut per consensum aut per scientiam aut per ullum ingenium, fac eum super te natare, et nulla possit a te causa esse aliquo modo facta aut per ullum perstrigium[d], quo illud non possit manifestari. Adiuro autem te per nomen Christi et praecipio tibi, ut nobis obedias, per nomen eius, cui omnis creatura servit, quem Cherubin et Seraphin conlaudant[e], dicentes: 'Sanctus, sanctus, sanctus dominus Deus exercituum'[f], qui etiam regnat et dominatur per infinita secula seculorum. Amen.

(f) Quarta adiuratio. Deus, qui maxima quaeque sacramenta in aquarum (15)
substantia — — —.

(g) Quinta adiuratio. Adiuro te, homo N., per invocationem domini nostri Iesu Christi ac iudicium aquae frigidae. Adiuro te per Patrem et Filium et Spiritum sanctum, et per Trinitatem inseparabilem, et per omnes[g]. . . . .

(h) [Initium sancti euangelii secundum Iohannem: In[1] principio — — — ver]bum caro factum est et habitavit in nobis, et vidimus gloriam eius, gloriam quasi unigeniti a Patre, plenum gratia et veritate.

5. IUDITIUM AD VOMERES.

Domine Deus omnipotens, qui creasti caelum et terram, mare et omnia, quae in eis sunt, qui hominem ad imaginem tuam formasti, qui filium tuum unigenitum, dominum nostrum Iesum, cooperante Spiritu sancto, in uterum intemerate virginis misisti, quia ex illa eum carnem humanam sumere voluisti, per illius dilectissimi filii tui, domini nostri Iesu Christi nomen atque per merita sanctae Dei genetricis Mariae te invocamus tuamque maiestatem supplices exoramus, ut in hoc examinationis iuditio evanescere iubeas omnes versutias diabolicae fraudis calliditatisque, sive incantationes hominum sive mulierum, necnon et valitudines herbarum, ut omnibus circumstantibus appareat, quia tu es iustus et iusticiam diligis, et non est, qui resistat magestati tuae. Ideoque, dominator Domine caelorum et terrae, creator aquarum, rex universae creaturae tuae, in tuo sancto nomine atque virtute benedicimus hos vomeres ad discernendum iuditium verum, ut ita, si iste homo innocens sit de huius rei inquestione, quam inter nos ventilamus et tractamus, qui nudis pedibus super eos ambulaverit, tu Deus omnipotens, sicut liberasti tres pueros de camino ignis ardentis et Susannam de falso crimine et Danielem de lacu leonum, sic innocentes pedes tua potenti virtute salvos[a] et illesos conservare digneris. Si autem iste homo culpabilis sit de praenominata re et, suadente diabolo, tuam potentiam ausus temptare fuerit et super eos ambulaverit, tu, qui iustus es et iudex, fac manifestam in eius pedibus apparere ustionem, tibi ad honorem et laudem [et] gloriam, nobis autem, servis tuis, ad constanciam et confidentiam nominis tui, perfidis autem et obcecatis ad confusionem et penitentiam peccatorum suorum, ut inviti cognoscant, quod sponte noluerunt[b]: te esse iudicem vivorum atque mortuorum, viventem atque regnantem in secula seculorum. Amen[c].

6.

(a) Oratio ad iuditium panis et casei. Ayos, ayos, ayos, sanctę Pater, qui es invisibilis, aeternę Deus, omnium rerum creator, qui archana prospicis et cuncta

4. c) ut si *c.* d) *ita c. pro* prestigium. e) conladant *c.* f) exertituum *c.* g) *desunt in cod. duo folia, quibus reliqua eiusdem iudicii pars usque ad lectionem evangelii exstabat.*

5. a) falsos *c.* b) uoluerunt *c.* c) *sequuntur in codice orationes et benedictiones, quae non ad iudicia Dei pertinent.*

1) *Ev. Ioh.* 1, 1—14.

cognoscis, qui scrutans[a] corda renesque, Deus. Deus, qui liberasti Moysen et Aaron de terra Aegipti, David [de[b] manu] Saul regis, Ionam de ventre cęti, Petrum de fluctibus, Paulum de vinculis, Teclam de bestiis, Susannam de falso crimine, tres pueros de camino ignis ardentis, Danielem de lacu leonum, paraliticum de grabbato, Lazarum de monumento, ostende nunc nobis misericordiam tuam, ut, qui haec furta, quae hic subnotantur, admiserunt, panis vel caseus iste fauces nec guttura eorum transire possint. Per.

(b) Exorcismus eiusdem. Exorcizo te, maledictę et immundissime draco et serpens noxius, per verbum veritatis, per Dominum omnipotentem et Iesum Christum Nazarenum, agnum immaculatum, de Altissimis missum, de Spiritu sancto conceptum, ex Maria virgine natum, quem Gabriel angelus annuntiavit venturum, quem cum vidisset Iohannes, clamavit voce magna, dicens: 'Hic est filius Dei vivi', et nullo modo dimittas[c] communicare pane vel caseo isto eos, qui haec furta, quae litteris annotavimus, admiserunt; et [qui] de hoc crimine nescii sunt manducent, et qui conscii esse videntur statim tremebundi evoment. Per.

(c) Alia. Suggero tibi, Pater omnipotens, aeternę Deus, qui caelum terramque fundasti, mare limitibus formasti et ipsum caelum fabricasti et magna luminaria, videlicet solem et lunam, super iustos et iniustos fulgere iussisti, fac, Domine, signum tale, ut omnis mundus omnisque terra intellegat, quia tu es Deus, qui facis mirabilia magna solus; domine Iesu Christi, fili Dei vivi, ut, qui res iam dictas, quae continentur subscriptae[d], et qui ex his conscii et conscientes esse videntur, ut gulae et lingue vel fauces eorum ita fiant constricte et obligate, ut panem vel caseum istum non possint manducare. Per.

(d) Adiuratio virorum. Hic dividatur panis et caseus, unicuique sumentium untia dimidia panis. Similiter et casei.

(6) Admoneo vos, fratres, in nomine domini nostri Iesu Christi Nazareni — — —.

(e) Quando in os sumentis mittitur, dicatur haec adiuratio: Coniuro te, o homo, per Patrem et Filium et Spiritum sanctum, per tremendum iuditii diem, per 4 euvangelistas, per 12 apostolos, 16 prophetas, per 24 seniores, qui cottidie cum laudibus Deum adorant, per illum Redemptorem, qui pro nostris peccatis in sancta cruce [suspendi[b]] dignatus est: si de hoc furto, unde[e] modo[f] ratio agitur, culpabilis es vel mixtus, aut fecisti, aut scisti, aut baiolasti, aut consensisti, hoc tibi ordinatum sit de manu Dei, ut panem vel caseum istum non possis manducare, nisi cum flato ore, cum spuma et gemitu[g] et dolore et lacrimis et faucibus tuis constrictis et obligatis. Per eundem.

(11) (f) Prima . . . . ista coniuratio: Deus angelorum et archangelorum, Deus prophetarum — — —.

(19) (g) Item exorcismus. Exorcizo te, creatura panis et casei, — — — qui de his, quae in hoc brevi[culo][h] . . . . .

XI.

Codex S. Blasii Brunsvicensis saec. XI—XII, nunc in archivo ducali Guelferbytano servatus, continet ista tria iudicia: 1) aquae frigidae, et stantis et fluentis, 2) aquae ferventis vel ferri, 3) panis et casei. Edidit G. de Buchwald in 'Mittheil. d. Instituts f. oesterr. Geschichtsforsch.' II, p. 290 sqq. (de codice cf. ibid. p. 287 sq.).

X, 6. a) *ita c.; lege:* scrutaris. b) *supplevi ex XI,* 3. c) diuinitas *c.* d) *supple:* furati sunt. e) inde *c.* f) moderatio *c.* g) gememitii *c.* h) *hic terminatur cod.*

1. IUDICIUM AQUAE FRIGIDAE.

(a) Cum vis homines in aquam mittere ad comprobationem, ista debes facere. Accipe illos homines, quos in voluntate habes mittere in aquam, et duc eos ad aecclesiam. Et coram omnibus cantet presbiter missam et faciat eos ad missam offerre. Cum autem ad communionem venerit, antequam conmunicet, interroget eos sacerdos et dicat coniurationem istam:

(b) Adiuro vos per Patrem — — —. (5)

(c) Si omnes tacuerunt, et nullus eorum confessus fuerit, accedat sacerdos ad altare et conmunicet illos, quos vult in aquam mittere, dicendo per singulos: Corpus et sanguis domini nostri Iesu Christi sit tibi hodie ad conprobationem veri iudicii.

(d) Hec est celebratio missae ad iudicium aquae: Iustus es, Domine — — —. Missa iud.

(e) Expleta missa, faciat sacerdos aquam benedictam et vadat ad illum locum, ubi homines sunt probandi, et det omnibus bibere de aqua benedicta. Cum autem dederit, dicat ad unumquemque eorum: Haec aqua fiat tibi ad conprobationem hodie veri iudicii. Haec autem omnia debent ieiuni facere utrique, et qui mittunt et qui mittuntur.

(f) Tunc sacerdos iudicium aquae frigidae benedicat, ita incipiendo: Deus, in adiutorium meum intende; Domine, ad adiuvandum me festina[1]. Gloria Patri cum psalmo: Benedicite[2], ac deinde: Laudate Dominum in sanctis eius[3]. Postea cantet hanc lętaniam —.

(g) Postea convertat se sacerdos ad aquam et coniuret eam his verbis: Adiuro te, aqua, in nomine Dei patris omnipotentis, qui te in principio creavit — — —. (1)

(h) Oratio. Deus, misericordiae dator et iudiciorum omnium discretor, quem occulta non latent, respice propicius super hanc creaturam aquae frigidae et benedicere eam dignare ad discernendum verum iudicium tuum. Memento, quaesumus, Domine, mirabilium tuorum, quae per aquas tua potentia credimus facta, et sicut filios Israhel innocentiae merito de profundis aquarum securos eduxisti malignosque Aegiptios, culpa exigente, aquarum gurgitibus perdendos submersisti, ita per hanc aquam reos nominatae fraudis et furti conscios iusto iudicio tuo cognoscere mereamur.

(i) Alia. Deus, qui maxima quaeque sacramenta in aquarum substantia — — —. (15)

(k) Benedictio fluentis aquae ad iudicium. Domine Deus, qui baptismum in aqua fieri iussisti — — —. (18)

(l) Tunc det omnibus illis bibere de ipsa aqua, dicens ad unumquemque: Haec aqua fiat tibi ad conprobationem hodie. Post haec exuat eos, et faciat illos per singulos osculari sanctum euangelium et crucem Christi, et de ipsa aqua benedicta aspergat unumquemque, coniurans his verbis:

(m) Adiuro te, N., per invocationem domini — — — regnas in secula. (3)

Et statim proiciat eos in aquam.

2.

(a—d) Inquisitus aliquis — — — illusiones demoniacas. cf. (20).

(e) Postea accedat ad altare et imponat missae officium, quae retro requirenda est in frigidae aquae iudicio[4].

1) *Psalm.* 69, 1. 2) *Ib.* 102, 22. 3) *Psalm.* 150, 1. 4) *Supra* 1 d.

(f) Post celebrationem missae pergat sacerdos cum plebe ad locum examinis aquae calidae sive ferri, et inprimis ignem ad aquam seu vome-
(16) res benedicat sic: Oremus. Domine Deus noster, Pater omnipotens, lumen — — —. Tunc mitte ferrum seu vomeres in ignem.

(g) Deinde incipiat lętaniam pleniter et in lętania dicat: Pro huius negotii qualitate te rogamus, audi nos. Ut iusticiae non dominetur iniquitas, sed subdatur falsitas veritati, te rogamus, audi nos. Qua finita, cantetur: Pater noster, et preces: Domine Deus virtutum —. Fiat misericordia —. Non intres —. Salvum fac —. Mitte ei —. Domine, ne memineris —. Exurge —. Domine, exaudi —.

(8) (h) Benedictio ferri ad iudicium. [Benedic], Domine sancte, Pater omnipotens, per invocationem sanctissimi nominis — — —.

cf. (22). (i) Alia. Omnipotens, te suppliciter rogamus — — —.

(k) Postea designatum loci spacium, sive ad vomeres ponendos, sive ad ferrum portandum, aqua benedicta aspergatur, et ferro de igne sumpto, et iuxta consuetudinis modum ligno superposito, dicatur haec oratio
cf. (13). super ferrum: Oremus. Deus, iudex iustus, qui auctor pacis est — — —.

cf. A 2 b. (l) Item alia super aquam calidam sive super vomeres. Oremus. Deus, iudex iustus, fortis et paciens, qui es auctor pacis — — — tu hanc aquam per ignem ferventem, *vel* vomeres ignitos, sanctifica; — — — ut, si hic homo, *vel* haec mulier, innocens in hanc aquam ferventem manum miserit, *vel* super hos vomeres ambulaverit — — — presumpserit manum inmittere, *vel* super hos vomeres ignitos ambulare, invictissima veritas declaret — — —.

cf. (25). (m) Alia. Omnipotens, sempiterne Deus, qui tua iudicia — — —.

(n) Sic levat sacerdos manus ad caelum cum omnibus simul adstantibus faciatque signum crucis, ut omnes cognoscant rei veritatem, tribus vicibus et dicat: Ayos, ayos, ayos, sanctus Deus, sanctus fortis, sanctus inmortalis. Deus, iudex iustus et rectus, ostende nobis nunc rectum iudicium tuum. Amen.

(o) Oremus. Deus, iustus iudex et paciens, qui auctor es pacis et iudicas aequitatem, respice ad deprecationem nostram et dirige iudicium nostrum, qui iustus es, et rectum iudicium tuum. Per Dominum.

3.

(a) Cum vis facere iudicium cum pane et caseo, induat se sacerdos vestimentis sacerdotalibus et accedat ad altare, more solito missarum sollempnia celebraturus cum hiis orationibus: Iustus es, Domine —. Psalmus. Beati inmaculati —. Oratio. Sancti nominis —. Lectio. Erat vir in Babylone[1] —. Graduale. Exurge, Domine, fer opem[2] —. Versus. Deus, auribus nostris[3] —. Euangelium. Perrexit Iesus[4] —. Offertorium. De profundis —. Secreta. Oblato nos, Domine —. Communio. Iustus Dominus[5] —. Ad conplendam. Sumptis muneribus —.

(b) Finita missarum sollempnitate, adportetur caseus et panis ordaceus, et inscribatur in eo oratio dominica, et presentetur ante altare in patena argentea. Res enim, quae furatae sunt, inscribantur in breviculo uno, simul et nomina eorum, quibus furta imputantur. Et dicantur exorcismi isti ab eodem sacerdote in suprascriptis vestimentis induto super caseum et panem illum, ipsis hoc audientibus et videntibus.

cf. (11). (c) Oratio. Deus angelorum et archangelorum — — —.

1) *Dan.* 13, 1. 2) *Cf. Psalm.* 43, 28. 3) *Ib.* 43, 1. 4) *Cf. Ev. Ioh.* 8, 1. 5) *Psalm.* 144, 17.

(d) Exorcismus. Exorcizo te, creatura panis et casei, per Dominum omnipotentem. Adiuro te per sanctos angelos eius, ut, si qui ex his — — — detque gloriam Deo, qui vivit. (19)

(e) Oratio. Ayos, ayos, ayos, sancte Pater omnipotens, qui es invisibilis, aeterne B X, 6 a. Deus, omnium rerum creator, qui archana prospicis et cuncta cognoscis, qui scrutas cor et probas renes. Deus, qui liberasti Moysen — — — ostende nobis misericordiam tuam, ut, qui haec furta admiserint, panis vel caseus iste fauces nec guttura illorum transire possint. Qui cum Patre —.

(f) Alia. Suggero tibi, domine Deus, Pater omnipotens, qui caelum terramque fundasti, mare luminibus firmasti et magna luminaria, solem videlicet et lunam, super iustos et iniustos fulgere iussisti, fac, Domine, signum tale, ut [omnis mundus] omnisque terra intelligat, quia tu es Deus, qui facis mirabilia magna solus, ut, qui res iam dictas, quae hic continentur subscriptae, furati sunt, et qui ex his consensi sunt et consentientes esse videntur, ut gulae et fauces eorum ita fiant constrictae et obligatae, ut panem vel caseum istum non possint manducare. Per Dominum —.

(g) Ad hominem: Coniuro te, homo, *vel* vos, homines, per Patrem — — — B X, 6 e. suspendi dignatus est, si de hoc furto inquisito, unde agitur, culpabilis es, *vel* culpabilis estis, vel noxius, *vel* noxii, aut fecisti, *aut* fecistis, aut baiulasti, *aut* baiulastis, aut consensisti, *aut* consensistis, hoc tibi, *vel* vobis, ordinatum sit de manu Dei, ut panem vel caseum istum non possis, *vel* possitis, manducare, nisi inflammato ore, cum spuma et gemitu et dolore et lacrimis et faucibus tuis, *vel* vestris, constrictis et obligatis. Amen.

XII.

Codex Monacensis Lat. 100, *saec. XII, exhibet fol.* 82—92: 1) *iudicium aquae frigidae initio mutilum et* 2) *iudicium aquae ferventis vel ferri; fol.* 131'. 132: 3) *iudicium panis et casei et fol.* 132 *sq.*: 4) *iudicium psalterii. Edita sunt a L. Rockinger p.* 341 *sqq. (de codice cf. ib. p.* 328 *sq. et p.* 409, *ubi specimen scripturae exstat), unde ea repetivit E. de Rozière, nr.* 587. 599. 616. 624. *Propter sanctum Chrisanthum et Dariam in cap.* 4. *memoratos, quorum reliquiae in Münstereifel servabantur*[1], *ordo fortasse ibidem oriundus est.*

1.

(a) [Cum vis homines in aquam mittere ad comprobationem — — — per singulos]: Corpus et sanguis domini nostri Iesu Christi sit tibi hodie ad conprobationem.

Missa iudicii. Antiphona. Iustus es, Domine — — —. Missa iud.

(b) Expleta missa, faciat sacerdos aquam benedictam et vadat ad illum locum, ubi homines probantur. Cum autem venerint ad locum, ubi homines probabuntur, det omnibus illis bibere de aqua benedicta. Et nunc dicet: Deus, in adiutorium meum intende, ter: Gloria Patri.

(c) Postea cantatur lętania. — — — Ut verum et rectum iudicium per hoc ignitum ferrum nobis hodie manifestare digneris, te rogamus, audi nos. Ut rectum et verum iudicium in hac frigida ac fluenti aqua nobis hodie manifestare digneris, te rogamus, audi nos. Ut falsitas subdatur veritati, te rogamus, audi nos. Ut tuam pietatem et iusticiam in hoc iudicio manifestare digneris, te rogamus, audi nos. Preces. Non intres in iudicium cum servo tuo — — —.

1) *Wattenbach, 'D. GQ.'* I^5, *p.* 243.

(21) (d) Omnipotens, sempiterne Deus, qui baptismum — — — conpellatur. Per te, Salvator mundi, quem idem Iohannes digito agnum Dei demonstravit, qui vivis et regnas cum Deo patre in unitate Spiritus sancti Deus per omnia secula seculorum. Amen.

(15) (e) Alia. Deus, qui maxima queque sacramenta in aquarum substantia — — —.

(1) (f) Coniuratio aquae. Adiuro te, aqua, in nomine Dei patris omnipotentis, qui te in principio creavit — — —.

(g) Post coniurationem autem aquae exuat illos vestimentis eorum, et faciat per singulos osculari sanctum euangelium et crucem Christi. Et post haec de ipsa aqua benedicta aspergat super unumquemque eorum.

(3) (h) Adiuro te, N., per invocationem domini nostri Iesu Christi et per iudicium aquae frigidae. Adiuro te — — —.

(i) Isti psalmi canendi sunt: Afferte Domino[1]. Benedicite[2]. Laudate Dominum de celis[3]. Et euangelium: In[4] principio erat verbum, et verbum erat apud Deum, et Deus erat verbum —.

(k) Benedictio Dei patris et Filii et Spiritus sancti descendat super aquam frigidam ad discernendum verum iudicium Dei. Amen.

2. ITEM IUDICIUM AQUE VEL FERRI IGNE FERVENTIS.

(20) (a) Inquisitus aliquis de furtu, luxuria — — —.

(b) Videte, fratres, christianae religionis officium — — —.

(c) Deinde vertens se ad sceleratum — — —.

(d) Deinde signet locum in atrio — — — propter illusiones demo-
cf. Missa iud. niacas. Et his dictis et factis, imponat introitum: Iustus es, Domine —. Beati immaculati —.

A 2 b. (e) Deus, iudex iustus, fortis et paciens, qui auctor es pacis et iudicas aequitatem, — — — presta, ut, si innocens de hoc facto in hoc ferrum calidum manum miserit, sicut tres pueros supradictos de camino ignis solvisti et Susannam de falso crimine liberasti, ita de hoc ferro calido salva et illesa perducat; si vero culpabilis sit et, ingravante diabolo corde indurato, presumpserit tangere hoc ferrum calidum manu sua, tua iustissima veritas declaret, et in huius corpore tuam veritatem manifesta, ut anima illius per penitentiam sanetur. Et si culpabilis per aliqua maleficia aut per herbas peccata sua tueri voluerit, dextera tua hoc evacuare dignetur atque deficere faciat.

(23) (f) Alia. Omnipotens, sempiterne Deus, qui es scrutator — — —. Per unigenitum dominum nostrum Iesum Christum, qui venturus est iudicare vivos et mortuos.

A 1 a. (g) Alia. Benedic, Domine, per invocationem sanctissimi nominis tui — — — manifestata fiat.

(h) Deinde legitur euangelium. Inicium sancti euangelii secundum Iohannem: In[4] principio erat verbum — — — plenum gracia et veritate.

(i) Benedictio Dei patris et Filii et Spiritus sancti descendat super hoc ferrum ad discernendum verum iudicium Dei.

3. INCIPIT IUDITIUM, QUOD CUM CASEO AGITUR.

(a) Sanctus Deus, sanctus fortis, sanctus et inmortalis. Agyos o Theos, agyos yskiros, agyos athanathos. Eleyson imas. Agyos, agyos, agyos. Sancte Pater omnipotens, eterne Deus, omnium rerum visibilium cunctorumque spiritualium conditor, qui respicis archana et cuncta cognoscis, qui scrutaris corda hominum et regnas, Deus,

1) *Psalm.* 28. 2) *Psalm.* 102, 22. 3) *Psalm.* 148. 4) *Ev. Ioh.* 1, 1 *sqq.*

deprecor te, exaudi verba meae precis, ut, quicunque furtum istud conmisit et fecit sive consensit, panis et caseus iste guttur suum transire non possit.

(b) Alia. Omnipotens, sempiterne Deus, qui caelum camerasti et terram fundasti et mare liminibus firmasti et sua queque disciplina ordinasti, fac, Domine, signum tale, ut homines isti intelligant, quia tu es Deus, et non est alius preter te, qui vivis.

(c) Alia. Domine Iesu Christe, qui liberasti Moysen et Aaron de terra Egypti et filios Israel de Rubro mari, Petrum de fluctibus, Paulum de vinculis, Teclam de spectaculo bestiarum, Susannam de falsis criminibus, Danielem de lacu leonum, Adam de tenebris, Abraham de Ur Chaldeorum, Loth de Sodomis, tres pueros, Sidrac, Misac et Abdenago, de camino ignis, concede, ut, quicunque furtum istud fecit, ut panis et caseus iste fauces eius et guttur transire non possit. Qui cum Patre et Spiritu sancto —.

(d) Exorcismus. Exorzizo te, inmundissime draco, serpens antique, aquiliana[a] nox, per verbum veritatis et signum claritatis, per dominum nostrum Iesum, agnum immaculatum, de Altissimo procreatum, de Spiritu sancto conceptum, de Maria virgine natum, quem Gabriel archangelus nuntiavit esse venturum, quem Iohannes videns clamavit: 'Hic est filius Dei vivus ac verus', ut nullo modo dimittas hunc panem et caseum istum manducare, quicunque fecit furtum istud vel consensit vel consilium dedit: strangula guttur eius et preclude, nec tamen ad mortem, adiuratus per eum, qui venturus est iudicare vivos et mortuos.

(e) Et istas orationes per tres vices repetas, et antequam orationes istas dicas, in ipso pane debes orationem dominicam scribere, et de illo pane pensare debes denarios decem, et de caseo similiter. Et panem et caseum insimul debes ponere in os suum et facere duas cruces de tremulo et unam ponere sub pedem eius dextrum, et aliam crucem sacerdos manu sua super caput eius teneat[1], et furtum illud scriptum in tabula super caput illius iacere. Et quando ipsum panem in os eius mittis, debes coniurationem subscriptam dicere:

(f) Coniuro te, homo, per Patrem et Filium et Spiritum sanctum, et per 24 seniores, qui cottidie laudes coram Deo personant, et per 12 patriarchas, per 12 prophetas, et per 12 apostolos et euangelistas, per martyres, per confessores, per virgines, et per omnes sanctos, et per Redemptorem nostrum, dominum nostrum Iesum Christum, qui pro nostra salute et peccatis manus suas cruci affigi passus est; ut, si de hoc furto consentiens fuisti, aut novisti, aut aliquam culpam exinde habuisti, panis et caseus iste fauces et guttur tuum transire non possit, sed tremas sicut folia tremuli. Amen. Et requiem non habeas, homo, donec illum evomas cum sanguine, si de furto prenominato aliquid conmisisti. Per eum, qui vivit.

(g) Alia. Domine Iesu Christe, qui ostendisti ossa patris nostri Ioseph, da, ut, quicunque furtum istud conmisit, fauces eius et guttur sic retineantur constricti et obligati, ut panem et caseum istum non possint manducare et degluttire; nisi cum gemitu et dolore et spuma et lacrimis reddat coram Deo vivo et vero, et culpabilis appareat, et tremat ut folium tremuli, quod a vento concutitur. Qui cum Patre.

4. AD FACIENDUM IUDITIUM CUM PSALTERIO[2].

(a) Fiat lignum unum cum capitello, quod mittatur in psalterio super versiculum illum: 'Iustus es, Domine, et rectum iudicium tuum', et clauso

3 d. a) *i. e.* aquilina.

1) *Hunc locum allegavit iam Iuretus ex 'codicibus monasteriorum' in Observatt. in epistolas Ivonis, ad ep.* 74, *p.* 645 *(ed. Paris.* 1610*). Cf. etiam infra XVII,* 1 b, *p.* 688. 2) *Cf. supra A* 33.

psalterio, fortiter stringatur, capitello extra prominente[1]. Aliud quoque lignum aptetur perforatum, in quo capitellum prioris mittatur, ita quod in eo pendeat psalterium et volvi possit. Teneant autem duo lignum, psalterio in medio pendente; et statuatur is, de quo suspitio est, ante eos. Et dicat unus ex illis, qui tenet psalterium, ad alterum ter hoc modo: Hic habet hanc rem. Alter respondeat ter: Non habet. Deinde dicat presbyter: Hoc nobis manifestare dignetur, cuius iuditio celestia et terrestria reguntur. Iustus es, Domine, et rectum iuditium tuum. Averte mala inimicis meis et in veritate tua disperde illos[a. 2].

(b) Oratio. Omnipotens, sempiterne Deus, qui cuncta ex nichilo creasti et qui hominem de limo terrae formasti, te supplices deprecamur per intercessionem sanctissime Dei genitricis Marie, et per intercessionem sancti Crisanti et Darie, et per intercessionem sancti Brandani[3] confessoris tui et omnium sanctorum tuorum, ut experimentum fatias nobis de hac re, de qua incerti sumus, ut, si hic homo inculpabilis est, liber iste, quem manibus gestamus, rectum cursum solis teneat; si vero culpabilis est, liber iste retrocedat. Per virtutem domini nostri Iesu Christi, qui cum Patre et Spiritu sancto vivit et regnat Deus per —.

In principio erat verbum.

Per istos sermones sancti euangelii Filii sui[b] indulgeat nobis Dominus universa delicta nostra.

Actiones nostras, quesumus, Domine —.

Iustus es, Domine, et rectum iuditium tuum.

XIII.

Codex Lambacensis 73, saec. XII, egregiis picturis ornatus, e quibus duas, iudicia aquae frigidae et ferri exhibentes, tabula nostra III. praebet. Cf. de hoc codice Rockinger p. 327. In textu exstant fol. 64—76'. inter alias cuiuscunque modi benedictiones ecclesiasticas ordines isti iudicii aquae frigidae, ferri et panis et casei. Codicem benivole huc transmissum ipse exscripsi. Formae generis feminini et pluralis numeri plerumque adscriptae sunt, ubi rei fit mentio.

1. INCIPIT ORDO AD FACIENDUM IUDICIUM IN AQUA FRIGIDA*.

*) *Sequitur pictura, fol. 64'; cf. tabul. III.*

(a) In[4] omni loco dominationis eius benedic, anima mea, Domino. Deus[5], in adiutorium meum intende; Domine, ad adiuvandum me festina. Et hoc ter.

(b) Letanya. Kyrieleison. Christeleison —. Christe, audi nos, bis[a]. — — —.

Pro huius negocii qualitate te rogamus, audi nos. Ut iusticie non dominetur iniquitas, sed subdatur falsitas veritati, te rogamus, audi nos. Ut rectum iudicium

XII, 4. a) *sequuntur in cod. orationes quaedam* Pater noster *et* Credo in Deum. b) tui *c.*

XIII, 1 b. a) *inter letaniae preces, quae non ad ipsum iudicium spectant, haec est:* Ab incursione alienorum libera nos, Domine.

1) *In margine ad rem explicandam psalterium delineatum est, adscriptis verbis:* et ita circuit. *Cf. Rockinger p.* 352. 2) *Psalm.* 53, 7. 3) *Sanctum Brandanum ideo in hoc iudicio invocari existimo, quia de libro quodam eius mirabilia narrabantur; cf. C. Schröder, 'Sanct Brandan' p.* VII *sq.* 4) *Psalm.* 102, 22. 5) *Psalm.* 69, 1.

CODEX LAMBACENSIS 73.

fol. 64'.

In omni loco dnationis ei. benedic ani
ma mea dno. Ds in adiutoriu meu
intende. Dne ad adiuuandu me festi

fol. 72.

Benedictio ferri & in igne.

FORM. TAB. III.

hodie in ista aqua ostendere digneris, te rogamus, audi nos. Ut nos exaudire digneris, te rogamus, audi nos. Fili Dei, te rogamus, audi nos. Agne Dei — — —. Kyrieleison —. Pater noster. Vivet[1] anima mea et laudabit te; et iudicia tua adiuvabunt me. Erravi sicut ovis, quae periit; quere servum tuum. Credo in Deum. Domine Deus[b] noster.

Exurgat[2] Deus — — — pereant peccatores a facie Dei. Et iusti epulentur et B III, 1 n.
exultent in conspectu Dei et delectentur in leticia. Gloria Patri.

Psalmus[c]. Mirabilia testimonia[3]. Iustus es, Domine. Benedicite omnia opera[4]. Laudate Dominum in sanctis[5]. Kyrieleison —. Pater noster. Et ne nos.

Preces. Exurge —. Ostende —. Fiat misericordia —. Ne intres —. Domine, ne memineris —. Propicius —. Domine, exaudi —. Domine, Deus virtutum —. Dominus vobiscum!

(c) Oratio. Oremus. Omnipotens, sempiterne Deus, qui baptismum — — —. (21)

(d) Coniuratio. Adiuro te, aqua, in nomine Dei patris, qui te in principio (1)
creavit — — — natare fecit, ut nullo modo suscipias hunc hominem aut vicarium eius, si in aliquo ex hoc est culpabilis, quod illi obicitur — — —.

(e) Coniuratio. Adiuro te, creatura aquae, in nomine sanctae et individuae (2)
Trinitatis — — — iudicio se conprobandos. Per.

(f) Alia. Deus, qui maxima queque sacramenta — — —. (15)

(g) Alia. Omnipotens, sempiterne Deus, qui per Iesum Christum — — —. (24)

(h) Alia. Domine Deus omnipotens, qui aquarum substantiam — — —. (17)

(i) Alia oratio. Benedic, Domine, per invocationem sancti tui nominis hunc cf. B XIV, 2 b.
locum ad manifestandum verum iudicium tuum, et omni demonum falsitate procul remota, veritas veri iudicii tui fidelibus tuis manifesta fiat. Per.

(k) Coniuratio. Adiuro te, homo, per Patrem — — — aut scias, quis (5)
hoc fecerit.

Increatus Pater, increatus Filius, increatus Spiritus sanctus. Inmensus Pater, inmensus Filius, inmensus Spiritus sanctus. Aeternus Pater, aeternus Filius, aeternus Spiritus sanctus.

(l) Initium sancti euangelii secundum Iohannem: In[6] principio erat verbum — — — plenum gratia et veritate.

(m) Benedictio Dei patris et Filii et Spiritus sancti descendat et maneat super hanc aquam ad discernendum verum iudicium Dei.

2. BENEDICTIO FERRI IN IGNE*.

*) *Sequitur pictura altera, fol. 72; cf. tabul. III.*

(a) Benedic, Domine, per potentiae tuae virtutem — — —. (7)

(b) Subinfertur letanya. Ut rectum iudicium ostendere digneris, te roga- cf. supra 1 b.
mus, audi nos.

Preces. Exurge —. Fiat misericordia —. Ne intres —. Ostende —. Salvum fac —. Mitte —. Domine, ne memineris —. Propicius —.

(c) Oratio. Benedic, Domine, sancte Pater, per invocationem sanctissimi nominis (8)
tui — — —.

1 b. b) dn̄s (= dominus) *c.* c) p̃ *vel* p[s] (= psalmus) *singulis versibus rubro additur.*

1) *Psalm.* 118, 175 *sq.* 2) *Psalm.* 67, 1—3. 3) *Psalm.* 118, 129. 4) *Psalm.* 102, 22. 5) *Psalm.* 150, 1. 6) *Ev. Ioh.* 1, 1—14.

(25) (d) Alia. Omnipotens, sempiterne Deus, qui tua iudicia incommutabili dispositione — — —.

(22) (e) Alia. Omnipotens, sempiterne Deus, te suppliciter rogamus — — —.

(13) (f) Alia. Deus, iudex iustus, qui auctor pacis es et iudicas aequitatem — — —, ut, si innocens sit homo iste, *vel* mulier ista, de prenominata causa, unde purgatio querenda est, hoc ferrum ignitum cum in manum acceperit, vel vicarius eius, illesus appareat; et si culpabilis — — —.

cf. B XIV, 2 i. (g) Alia. Adesto, quesumus, omnipotens Deus, in huius examinationis actione. Suppliciter deprecamur, iustus iudex, quatenus non humano, sed tuo sancto consilio et aequo iudicio istud examen fiat dirimatum, iusticiae veritatisque termino finiatur, et subdatur falsitas veritati. Per.

(12) (h) Alia. Deus, iudex iustus, fortis et patiens, qui auctor es pacis et iudicas aequitatem, respice ad deprecationem nostram et dirige iudicium tuum — — — tu hunc ignem ferventem sanctifica — — —, ita, clementissime Pater, oramus et petimus, ut, quisquis innocens de crimine prenotato in hoc ferrum manum miserit, sanam et illesam eam educat. Per te, Salvatorem et redemptorem totius mundi, qui venturus es iudicare vivos et mortuos.

(i) Benedictio. Benedictio Dei patris et Filii et Spiritus sancti descendat et maneat super hoc ferrum ad discernendum verum iudicium Dei.

(4) (k) Coniuratio. Adiuro te, N., per Deum omnipotentem, qui fecit caelum et terram — — —.

B III, 2 p. (l) Aliter. Quod ego pro illa discussione et securitate — — —.

His dictis, ipse criminosus divinum super se inprecetur testimonium, et statim peragatur iudicium.

3. IUDICIUM PANIS ET CASEI.

B III, 3 b. (a) Sanctus, sanctus, sanctus, qui es invisibilis, omnipotens Deus, omnium creator et conditor, cunctorumque actuum — — —.

ib. 3 d. (b) Benedic, Domine, hanc creaturam panis et casei — — —.

ib. 4 d. (c) Coniuratio. Coniuro te, homo, per Patrem — — —.

XIV.

Codex Monacensis Lat. 9563, *olim monasterii Altahensis superioris* 63, *saec. XII, exhibet fol.* 83′—92′. *tres istos iudiciorum ordines, scilicet aquae frigidae, ferri et aquae ferventis. Cf. Rockinger p.* 331; *specimen scripturae ib. p.* 409. *Editi exstant ib. p.* 361 *sqq. et ap. E. de Rozière, nr.* 581. 603. 611. *Interdum pluralis numeri formae, ubi de reo dicitur, adiectae sunt.*

1. INCIPIT IUDICIUM AQUE FRIGIDE.

(a) Inprimis preparet se sacerdos ad missam. Et antequam ad altare accedat, sumens sanctum euangelium et reliquias sanctorum, veniat ante
(20) ecclesiam et alloquatur astantes hoc modo: Videte, fratres, christiane religionis officium — — —.

(b) Deinde vertat se ad culpatos, dicat tam eis quam reliquis: Interdico tam tibi quam ceteris omnibus, o homo, per Patrem et Filium et Spiritum sanctum, et per tremendum diem iudicii, per misterium baptismatis, per venerationem omnium sanctorum, ut, si de hac re culpabilis es, aut fecisti, aut scisti, aut baiulasti, aut consensisti, ut ecclesiam non introeas et christiane societati non miscearis, nisi volueris confiteri admissa, antequam iudicio examineris publico.

(c) His dictis, incipiat missam de iudicio. Et cum venerint ad communicandum qui culpantur, dicat ad eos sacerdos hanc coniurationem:

Adiuro vos, homines, per Patrem — — — si hoc fecistis, aut consensistis, aut (5) consilium dedistis, quod vobis inponitur.

Et sic det eis corpus et sanguinem Domini, dicens: Corpus et sanguis domini nostri Iesu Christi sit tibi hodie ad conprobationem.

(d) Finita missa, qui discutiendi sunt in se delinquentibus peccata remittere moneantur. Et sic pergant ad locum, ubi discussio agenda est, cum eucharistia et reliquiis, cruce et aqua benedicta; et conspergatur locus ille. Et det sacerdos aquam benedictam ad bibendum examinandis, dicens: Hec aqua fiat tibi hodie ad conprobationem. Amen.

(e) Deinde veniant ad aquam et benedicant hoc modo:

In[1] omni loco dominationis eius benedic, anima mea, Domino. Deus, in adiutorium meum intende; Domine, ad adiuvandum me festina, ter. Gloria Patri.

(f) Sequitur letania.

Pro huius negocii qualitate te rogamus, audi nos. Ut iusticie non dominetur iniquitas, sed subdatur falsitas veritati, te rogamus, audi nos. Hi versus ter repetendi sunt. Pater noster. Credo in Deum.

Ostende —. Non intres —. Non nobis —. Fiat misericordia —. Domine, non secundum —. Domine, ne memineris —. Adiuva nos —. Exsurge —. Domine, Deus virtutum —. Domine, exaudi —.

Exsurgat Deus — — — et delectentur in leticia. Gloria patri, ter. B XIII, 1 b.

Mirabilia[2] testimonia tua. — — — Iustus es, Domine. Gloria Patri. Benedicite omnia opera. Laudate Dominum in sanctis eius. Gloria Patri.

Increatus Pater. Inmensus Pater. Eternus Pater. Hec est fides catholica. Gloria Patri, ter. Confiteantur[3] tibi, Domine, omnia opera tua, et sancti tui benedicant tibi. Iustus es, Domine, et rectum iudicium tuum. Domine, exaudi —. Dominus vobiscum!

(g) Oratio ad Spiritum sanctum. Domine[a], sancte Spiritus, cum simus quidem peccati inmanitate detenti, sed in tuo nomine specialiter aggregati, veni ad nos; adesto nobis[b]; dignare illabi cordibus nostris; doce nos, quid agamus; quo gradiamur, ostende; quid[c] efficiamus, operare; esto salus et suggestor et effector iudiciorum nostrorum, qui solus cum Deo[d] patre et eius Filio nomen possides gloriosum. Non nos patiaris perturbatores esse iusticiae, qui summe diligis equitatem, ut ad[e] sinistrum nos non ignorantia trahat, non favor inflectat[f], non adeptio muneris vel persone consideratio corrumpat; sed iunge nos tibi efficaciter solius tue gracie[g] dono, ut simus in te unum, et in nullo deviemus a vero, quatinus in tuo nomine collecti sic in cunctis teneamus cum moderamine pietatis iusticiam, ut et hic a te in nullo dissenciat sententia nostra, et in futuro pro bene gestis consequamur premia sempiterna. Per Christum.

Hoc ordine incipientur et alia iudicia, sive ferri, sive ferventis aque, usque huc.

(h) Coniuracio frigide aquae. Adiuro te, aqua, in nomine Dei patris omni- (1) potentis, qui te in principio creavit — — — ut nullomodo suscipias hos, *vel* hunc

XIV, 1 g. *Codd.* 1 *(Mon.* 9563*).* 2 *(S. Florian.; cf. B XV, 1).* a) Deus *add.* 2. b) et *add.* 2. c) quod 2. d) *deest* 2. e) in 2. f) inflectet 2. g) glorię 2.

1) *Cf. supra B XIII,* 1 a. 2) *Cf. B XIII,* 1 b. 3) *Psalm.* 144, 10.

hominem vel vicarium eius, si in aliquo ex hoc est culpabilis, quod illi obicitur, scilicet aut per opera aut per consensum aut per consilium aut per ullum ingenium; sed fac eum natare super te. Et nulla possit esse prestigatio contra te aut alicuius ficti causa, qua illud non possit manifestari. Adiurata autem — — —.

B II, 2 f. (i) Exorcizo te, creatura aque, in nomine — — —. Per virtutem eiusdem domini nostri Iesu Christi, qui venturus est iudicare vivos et mortuos et seculum per ignem.

(21) (k) Omnipotens, sempiterne Deus, qui baptismum — — —.

(15) (l) Deus, qui maxima queque sacramenta in aquarum substancia condidisti — — — in te credentibus veri cognicio manifesta. Per.

(24) (m) Omnipotens, sempiterne Deus, qui per Iesum Christum, filium tuum — — —. Per eundem Christum.

(17) (n) Domine Deus omnipotens, qui aquarum substantiam archanis tuis — — —.

cf. B VIII, 2 c. (o) Deus omnipotens, pater domini nostri Iesu Christi, cui omnia patent et nichil latet absconditum, visibilium et invisibilium cognitor, qui solus cogitationum occulta[a] rimaris, scrutans renes et corda, quem omnes contremiscunt creature pariter et laudant, qui furta, dolos et mendacium humano generi ab inicio seculi prohibuisti: per[b] invocationem sanctissimi nominis tui huic creature aque virtutem tue benedictionis infunde, ut, sicut delere crimen recepit de te, ita tua benedictione deleantur in ea omnium[c] maleficiorum fantasmata, et sicut eam baptismatis tui sacramento ad diluendas sordes criminum in te credentium consecrasti, ita huius manifestandi[d] rei recipiat potenciam; ut, quicunque propter reatum culpe, aliqua fretus machinatione vel fascinatione sive fraudis callididate aut per[e] superbiam seductus inimici, celare voluerit hoc[f] conmissum, aut profiteri contempserit, aut erubescendo sive timendo negaverit, per tue maiestatis potentiam, qui hoc[f] conmissum fecerit[g] vel perpetraverit[g] vel consiliatus fuerit, in hanc aquam, sancte Trinitatis nomine sanctificatam, non valeat mergi[h], donec vera professione predicti facinoris securus existat. Per[i] Dominum.

(p) Deinde legatur euangelium super caput eius, qui mittendus est in aquam, et signetur tam ipse quam aqua. Inicium sancti euangelii secundum Iohannem: In[1] principio erat verbum — — — plenum gracia et veritate.

Per istos sanctos sermones sancti euangelii domini nostri Iesu Christi benedicere et sanctificare, Domine, digneris hanc aquam ad discernendum in ea verum iudicium.

(9) (q) Benedico te, creatura aque, in nomine Dei patris, ex quo cuncta procedunt — — —.

(r) Benedictio Dei patris et Filii et Spiritus sancti descendat super hanc aquam ad discernendum verum in ea iudicium. Amen.

Deinde, dato iuramento, inmergatur cum versu: Iustus es, Domine, et rectum iudicium tuum.

2. INCIPIT IUDICIUM[a] FERRI FERVENTIS.

(a) Inprimis preparet se sacerdos et agat, sicut supra dictum est ad iudicium aque frigide. Et antequam missam incipiat, signet locum in

1 o. *Cod.* 1 *(Mon.* 9563*)*; 2 *(S. Florian. cf. B XV,* 3*)*. a) archana 2. b) praesta per invocationem — — — aquae tantam virtutem benedictionis *pro* per invocationem — — — aquae virtutem tue benedictionis infunde 2. c) omnes fantasmatum maleficiae 2. d) manifestandae 2. e) superbia 2. f) furtum *pro* hoc commissum 2. g) *ita* 2; fecit vel perpètravit 1. h) inmergi 2. i) Per D. *des.* 2.
2. a) (aque vel) *add. ed.*

1) *Ev. Ioh.* 1, 1—14.

ecclesia vel in atrio ecclesie, ubi ignis fiat ad suspendendum caldarium, in quo aqua bulliat, vel ad vomeres ponendos, vel ubi ferrum candeat. Et locus aspergatur aqua benedicta.

(b) Benedictio loci. Benedic, Domine, per invocationem sancti nominis tui hunc locum ad manifestandum verum iudicium tuum, ut, omni demonum falsitate procul remota, veritas veri iudicii tuis fidelibus manifesta sit. Per. cf. B XIII, 1 i.

Deinde incipiatur missa, et agatur suprascripto modo ad conmunionem. Et incipiatur benedictio sicut ad iudicium aque frigide usque post collectam: Domine, sancte Spiritus[1].

(c) Benedictio ignis. Domine Deus noster, Pater omnipotens, qui es lumen, quique per ignem Moysi in rubo apparuisti et populum Israel de Egiptiaca caligine, celesti lumine precedente, eduxisti[a] atque corda apostolorum igne sancti Spiritus inflammasti, tu benedic hoc lumen, ut, quicquid per calorem eius flagraverit, diabolici tepore careat incitamenti. Per.

(d) Benedictio ferri, antequam in ignem mittatur. Benedic, Domine, per potentie — — —. (7)

(e) Benedictio amborum. Omnipotens, sempiterne Deus, qui tua iudicia — — —. (25)

(f) Omnipotens, sempiterne Deus, te suppliciter rogamus — — —. (22)

(g) Omnipotens, sempiterne Deus, qui es scrutator — — — manum suam, *vel* pedem suum, in hoc ignitum ferrum mittere presumpserit, — — —. (23)

(h) Deus, iudex iustus, qui auctor pacis es — — — hoc ferrum ignitum, cum in manum acceperit, *vel* cum pedem in eo posuerit, illesus — — —. (13)

(i) Adesto, quesumus, omnipotens, in huius examinationis actione, pro qua suppliciter te deprecamur, iuste iudex, quatinus non humano, sed tuo sancto consilio ex equo iudicio istud examen fiat determinatum, ut iusticie et veritatis termino finiatur, et subdatur falsitas veritati. Per. cf. B XIII, 2 g. XV, 1 o.

(k) Post hec qui discutiendus est sic exorcizetur: Adiuro te, N., per Deum omnipotentem, qui fecit celum et terram — — —, ut, suadente diabolo, hoc ferrum hodie in manum accipere non presumas, *vel* in hos vomeres calcare non presumas — — — et tibi ad securitatem hoc ferrum in manum accipere, *vel* hos vomeres calcare; et liberet — — —. (4)

3. IUDICIUM FERVENTIS AQUE.

(a) Inprimis signetur locus, et benedicatur ignis, et agatur missa sicut ad ferrum.

Hec benedictio ad benedictionem ferri vel vomerum coniungi potest, si volueris.

(b) Deus, iudex iustus, fortis et patiens, qui es auctor pacis et amator iusticie, qui iudicas equitatem, iudica, Domine, quod iustum est. Qui respicis — — — tu, Domine clementissime, qui semper dominaris, presta, ut, si quis innocens in hanc aquam ferventem manum mittat, *vel* in hoc ferrum fervens mittat pedem, sicut tres pueros supradictos de camino ignis eripuisti, et sicut Susannam de falso crimine liberasti, ita, Domine, manum (*vel* pedem[a]) illius salvam (salvum) ex hac aqua (ex hoc ferro) et illesam (illesum) producas; et si culpabilis est et, incrassante diabolo et A 2 b.

2 c. *Cf. B XV,* 1 g. a) liberasti *XV,* 1 *pro* eduxisti *post* caligine *legitur.*

3. a) *verba uncis inclusa suprascr. c.*

1) *Cf. supra* 1 g.

cor indurante, presumpserit manum, *vel* pedem, mittere, tua iustissima pietas hoc declarare dignetur, ut — — —.

(10) (c) Benedico te, creatura aque, *vel* ferri[1], per ignem ferventis — — —.

(d) Postea legatur hoc euangelium: In[2] principio erat verbum, et verbum erat apud Deum, et Deus erat verbum —.

(e) Et cum hac benedictione concluditur: Benedictio Dei patris omnipotentis et Filii et Spiritus sancti descendat super hanc aquam ferventem ad discernendum in ea verum iudicium Dei. Amen.

XV.

Codex S. Floriani XI. 467, saec. XII, continet fol. 128 sqq. ordines iudiciorum 1) ferri, 2) aquae ferventis, 3) aquae frigidae, 4) panis et casei. De codice cf. Czerny, 'Die Handschriften der Stiftsbibliothek St. Florian' p. 167. E. Mühlbacher edidit ea capita, quae maioris momenti esse visa sunt, in 'Mittheil. d. Instituts f. oesterr. Geschichtsforsch.' II, p. 290, n. 2; 292, n. 2; 293, n. 1. Nunc autem vir doctus ille benigne ad me transmisit integrum ordinum apographum, quo in editione usus sum.

1. IUDICIUM IGNIS FERVENTIS.

cf. B XIV, 1. (a) In primo pergat sacerdos in ecclesiam et induat se vestimentis sacris et casula, ferens sanctum euangelium et patrocinia sanctorum, et veniat ad furem vel cuique crimini implicitum, et stans in atrio ecclesiae dicat: [Videte, fratres — — —].

(b) Item dicat: Benedic, Domine, per invocationem sancti nominis tui hunc locum ad manifestandum vȩrum iudicium tuum, ut, omni daemonum falsitate procul remota, vȩritas veri iudicii tui manifesta clarescat. Per.

Missa iud. (c) Et his dictis et factis, incipiat introitum ad missam: Iustus es, Domine — — — diabolicae illusionis incursu. Per.

(d) Cum autem ad communionem venerit, dicat sacerdos ad hominem
(5) sceleratum hanc coniurationem: Adiuro vos, homines, per Patrem — — —.

Deinde sacerdos, dans ei corpus et sanguinem Domini, dicens: Corpus et sanguis domini nostri Iesu Christi sit tibi hodie ad comprobationem. Amen.

Communio. Amen, dico vobis. Complenda. Conspirantes — — — veritati. Per.

(e) Finita missa, qui discutiendus est in se delinquentibus peccata dimittat. Deinde pergant ad locum, in quo discussio agenda est, et data sibi aqua benedicta, dicat sacerdos haec verba: Haec aqua fiat tibi hodie ad conprobationem.

(f) Post haec sacerdos dicat hanc orationem super ignem: Domine sancte, Pater omnipotens, aeterne Deus, benedic hunc ignem, quem nos in nomine tuo et filii tui, Dei ac domini nostri Iesu Christi, et Spiritus sancti benedicimus et sanctificamus. Per eundem.

B XIV, 2 c. (g) Oratio. Domine Deus noster, Pater omnipotens, qui es lumen — — — careat incitamenti.

(7) (h) Benedictio ferri, antequam mittatur in ignem. Benedic, Domine, per potentiae tuae virtutem — — — glorificetur. Per.

1) *Verba* vel ferri, *perperam inserta, cum reliquis benedictionis verbis minime conveniunt.*
2) *Ev. Ioh.* 1, 1 *sq.*

(i) Secuntur 7 psalmi et lętania, et infra lętaniam dicantur hii versus: Ut iustum hodie iudicium nobis manifestare digneris. Ut iusticiae non dominetur. Pro huius negotii qualitate. Qua finita, dicatur[a]: Pater noster. Vivit[1] anima. Erravi, sicut. Credo —. Psalmus. Afferte Domino[2]. Psalmus. Exurgat Deus, tres versus cum Gloria Patri. Psalmus. Mirabilia tua. Increatus Pater, inmensus Pater, eternus [Pater[b]]. Gloria Patri.

(k) Omnipotens, sempiterne Deus, qui tua iudicia — — — declara. Per. (25)

(l) Omnipotens, sempiterne Deus, te suppliciter rogamus — — — evacuare (22)
digneris. Per.

(m) Alia. Omnipotens, sempiterne Deus, qui es scrutator occultorum — — — (23)
evacuare dignetur. Per.

(n) Deus, iudex iustus, qui auctor pacis es — — — falsitas veritati. Per. (13)

(o) Alia. Adesto, quesumus, omnipotens Deus, in huius examinationis actione. cf. B XIV, 2 i.
Suppliciter deprecamur, iustus iudex, quatinus non humano, sed tuo sancto consilio et aequo iudicio illud examen fiat derimatum, iusticiae et vęritatis termino finiatur, et subdatur falsitas vęritati. Per.

(p) Alia. Domine Deus, sancte Spiritus, cum simus quidem peccati inmanitate B XIV, 1 g.
detenti — — — premia sempiterna. Per.

(q) Tunc qui discutiendus est exorzizetur sic: Adiuro te, N., per Deum (4)
omnipotentem, qui fecit caelum et terram — — — in te declaretur. Per eundem.

(r) Inicium sancti euangelii secundum Iohannem: In principio erat verbum usque in finem.

(s) Benedictio Dei patris et Filii et Spiritus sancti descendat et maniat super hoc ignitum ferrum ad discernendum in eo vęrum et rectum iudicium Dei. Amen.

2. IUDICIUM AQUE[a] IGNE FERVENTIS.

(a) Cum inquisitus fuerit aliquis — — — stans in atrio aecclesiae, (20)
dicat:

(b) Videte, fratres, christiane religionis officium — — —.

(c) Deinde vertens se ad sceleratum, dicat — — —.

(d) Deinde signet locum in atrio ecclesie — — — propter illusiones demoniacas.

(e) Oratio. Benedic, Domine, per invocationem sancti nominis tui hunc locum ad manifestandum vęrum iudicium tuum, ut, omni daemonum falsitate procul[b] remota, veritas iudicii tui fidelibus manifesta fiat. Per.

(f) Missa. Iustus es, Domine. Require in iudicio igniti ferri[c, 3]. Cum autem ad communicandum venerit, dicat sacerdos hanc coniurationem: Adiuro te, homo, per Patrem et Filium. Quere in iudicio priori[4]. Cum communicet eum, dicat: Corpus et sanguis domini nostri Iesu Christi sit tibi hodie ad conprobationem. Haec aqua fiat tibi hodie ad conprobationem. Deinde aqua benedicta[d] —.

(g) Post missam super ignem oratio. Domine sancte, Pater omnipotens, aeterne Deus, benedic hunc ignem, quem nos in nomine tui[e] et filii tui, Dei ac domini nostri Iesu Christi, et Spiritus sancti benedicimus et sanctificamus.

XV, 1. a) dr̄ c. b) ℣ (= versus) c.
2. a) VEL FERRI *add. c.* b) remota procul remota *c.* c) ferrei *c.* d) aspergat eum *fortasse supplenda.* e) *ita c.*

1) *Cf. supra B XIII,* 1 b. 2) *Psalm.* 28. 3) *V. supra* 1 c. 4) *V. ib.* d.

(h) Secuntur septem psalmi cum letania, quam invenies in sequenti
supra 1 i. iudicio aquae fluentis[1]. Pater noster — — —. Gloria Patri. Psalmus. Mirabilia[2] testimonia usque iustus es. Ps. Benedicite. Ps. Laudate Dominum in sanctis. Versus. Increatus —. Tertio repetantur cum Gloria Patri. Versus[e]. Domine, non secundum —. Exurge —. Domine, Deus virtutum —. Fiat misericordia —. Ostende —. Non intres —. Propicius esto —. Non nobis —. Ab[3] occultis nostris munda nos, Domine, et ab alienis. Adiuva nos —. Domine, exaudi orationem et clamor. Dominus vobiscum!

(i) Oratio. Domine, sancte Spiritus, cum simus quidem. Quere in iudicio igniti ferri[4].

A 2 a. (k) Oratio. Deus iudex, iustus et fortis et patiens, qui es auctor pacis — — — evacuare dignetur. Per.

(10) (l) Benedico te, creatura aquae, per ignem ferventis in nomine Patris et Filii — — —.

(m) Aliae. Omnipotens, sempiterne Deus, qui tua iudicia incom[mutabili]. Omnipotens, sempiterne Deus, te suppliciter rogamus pro huius. Omnipotens, sempiterne Deus, qui es scrutator occultorum. Adesto, quesumus, omnipotens Deus, in huius examinat[ionis] a[ctione]. Has quatuor orationes invenies post ordinem in priori iudicio igniti ferri[5].

(n) Item. Omnipotens, sempiterne Deus, adesto supplicationibus nostris et in hanc aquam ferventem, huic purificandae[f] rei preparatam, virtutem tuae benedictionis infunde, ut salubris per invocationem tui nominis benedicta sit et ab omni inpugnatione antiqui hostis defensa. Per.

(24) (o) Alia. Omnipotens, sempiterne Deus, qui per Iesum Christum filium tuum omnia — — — consecrasti, ita hanc ferventem aquam consecrare digneris, ut virtute et fortitudine decernat vęra a falsis, iusta ab iniustis, aequa ab iniquis, divina a diabolicis, ut per eam revelentur noxii, et conserventur innoxii. Per.

(p) Initium sancti euangelii. In principio erat verbum.

(q) Alia benedictio. Benedictio Dei patris et Filii et Spiritus sancti descendat super hoc ignitum ad discernendum in ea vęrum iudicium Dei.

3. IUDICIUM AQUAE FRIGIDAE.

(a) In[6] omni loco dominationis Christi benedic, anima mea. Benedicam Domino in omni tempore. Deus, in adiutorium meum intende; Domine, adiuva. Gloria Patri et Filio et Spiritui[a] sancto.

(b) Letania. Kirieleison. Christe eleison. Christe, audi nos, Salvator mundi. Sancta virgo virginum, sancta Dei genetrix, ora. Sancta Maria, ora. Sancte Michael — — —[b].

Pro huius negotii qualitate te rogamus, audi nos. Ut iusticiae non dominetur iniquitas, sed subdatur falsitas veritati, te rogamus, audi nos. Ut iustum hodie iudicium nobis in hac aqua manifestare digneris, te rogamus, audi nos. — — — Agnus
supra 2 h. Dei —. Kyrieleison. Christe eleison. Kyrieleison. Pater noster. — — — Tertio repetantur cum Gloria Patri.

2. e) ℣ (versus) *etiam ante reliquos singulos psalmorum versus scriptum est in c.* f) *ita c.*
3. a) sps *pro* s. s. *c.* b) *inter sanctos invocatur etiam sanctus Florianus cum aliis, qui in illis regionibus praecipue venerantur.*

1) *V. infra* 3 b. 2) *Cf. supra B XIII,* 1. 3) *Psalm.* 18, 12. 4) *V. supra* 1 p. 5) *V. supra* 1 k. l. m. n. 6) *Cf. supra B XIII,* 1 a. *XIV,* 1 a.

(c) Oratio. Domine Deus, sancte Spiritus, cum simus quidem peccati inmanitate[c]. Quere superius in iudicio igniti ferri[1].

(d) Adiuratio aque. Adiuro te, aqua, in nomine Dei patris omnipotentis, qui (1)
te creavit — — — natare fecit, ut nullo modo suscipias hunc hominem vel vicarium eius, si in aliquo in hoc culpabilis est, quod illi obicitur — — — per infinita secula seculorum. Amen.

(e) Alia. Adiuro te, creatura aquae, in nomine sanctae et individuae Trinitatis (2)
— — — cognoscant, vero examinationis iudicio se conprobandos. Per eum, qui venturus.

(f) Alia. Omnipotens Deus, qui baptismum fieri iussisti et hominibus — — —. (21)

(g) Aque. Deus, qui maxima quaeque sacramenta in aquarum substantia — — —. (15)

(h) Alia. Omnipotens, sempiterne Deus, qui per Iesum Christum filium tuum (24)
omnia — — —.

(i) Alia. Deus omnipotens, pater domini nostri Iesu Christi — — — securus B XIV, 10.
existat.

(k) Alia. Domine Deus omnipotens, qui aquarum substantiam — — —. (17)

(l) Omnipotens, sempiterne Deus, adesto invocationibus nostris et in hanc aquam huic rei p[urificandae]. Alia. Omnipotens Deus, te suppliciter rogamus pro huius negotii examinatione. Quere in consecratione igniti ferri[2]. Euangelium. In principio. Benedico te, creatura aquae, in nomine. Item quaere in consecratione priori[3].

(m) Alia. Benedictio Dei patris et Filii et Spiritus sancti descendat et maneat super hanc fluentem aquam ad discernendum in ea vęrum iudicium Dei. Amen.

(n) Super hominem. Adiuro te, N., per invocationem domini nostri Iesu Christi (3)
et per iudicium aquae frigidae — — — quia tu es Deus benedictus in secula. Amen.

4. BENEDICTIO PANIS ET CASEI AD EXAMINATIONEM FURTI.

(a) Isto[4] modo debes facere. Panis ordaceus debet esse, et antequam illum dividas, 'Pater noster' in illo scribe; et pensare debes de illo pane dimidiam untiam et de caseo similiter, et postea benedic. Et illae res, quae furatae sunt, scriptae esse debent in breviculo et illorum nomina; et illis audientibus, ante altare super scutum benedicatur[a].

(b) Deus angelorum, Deus archangelorum, Deus patriarcharum, Deus prophe- (11)
tarum et apostolorum — — — iudicia tua, quia tu es Deus benedictus in secula.

(c) Alia. Domine Deus, Iesu Christe, agye, agye, agye, qui in caelis dominaris et in omnibus locis vides et regis, iudicas et disponis, sanctum et iustum et admirabile nomen tuum invocamus. Domine dominantium, Deus Abraham, Deus Ysaac, Deus Iacob, Deus caelorum, Deus iustorum, Deus prophetarum, Deus apostolorum, Deus martyrum, Deus confessorum, Deus virginum, Deus omnium sanctorum, te invocamus, ut, quicunque de isto furto culpabilis sit, et apponatur ei panis et caseus, te iubente, constringantur fauces eius, et guttur illius claudatur, ut, qui istud furtum commisit ante revomat[b], quam pertranseat guttur eius, ut sciat, quia tu es Deus, et non est alius preter te. Fac secundum magnam misericordiam tuam, ut ab eo spiritus diaboli separetur, et probetur: si culpabilis sit, contremiscat tanquam folia arboris tremuli per constringentes angelos tuos, Michahelem et Gabrielem et Raphaelem, et requiem non habeat, donec confiteatur furtum istud. Te Daniel solutus est iubente de lacu leonum, Petrus de

3. c) p *add. c.*
4. a) bened' *c.* b) remmat *c.*

1) *V. supra* 1 p. 2) *V. supra* 2 n. 1 l. 3) *V. supra* 2 l. 4) *Cf. supra A* 32.

fluctibus maris, Paulus de carceribus, Ionas de ventre cęti. Tu manifesta furtum istud per columnam ignis, ut, sicut ille non pertransivit mare, sic non pertranseat gulam eius, qui hoc furtum commisit, creatura panis et casei. Christe Iesu, presta quod petimus; Trinitas inseparabilis, manifesta; omnipotens Deus, qui vivis et regnas in secula seculorum.

B III, 3 b. c. (d) Sanctus, sanctus, sanctus, qui es invisibilis — — — transire non possit, sed humilium refugium et iustus — — — peccatum suum. Per.

ib. d. (e) Alia. Benedic, Domine, hanc creaturam panis et casei in nomine Dei — — — nominis tui, qui vivis et.

ib. 4 d. (f) Alia. Coniuro te, homo, per Patrem et Filium — — —.

(g) Alia. Ayos, ayos, ayos. Sanctus, sanctus, sanctus, Deus fortis et inmortalis, qui manes in caelis et in omnibus locis dominaris, qui vivis et regnas et iudicas et disponis omnia, Domine, sanctum et terribile nomen tuum invocamus, te, aeterne Pater, discerne furtum istud, quod quaerimus. Si iste homo furatus est, aut scit, aut sapit, qui fecit, tremat et pavescat et tremebundus in conspectu tuo appareat, et panis iste vel caseus per gulam et fauces ipsius per virtutem sanctae crucis non transeat; sed revomet. Amen.

XVI.

Codex Monacensis Lat. 22040, *olim monasterii S. Benedicti in Wessobrunn* 40, *saec. XII, exhibet fol.* 106—130. *iudicia* 1) *ferri et aquae ferventis,* 2) *aquae frigidae,* 3) *panis et casei. Edidit capita* 1. *et* 2. *ex hoc codice et alio S. Petri Salzburgensis B. Pez in Thesauri tomo II, col.* 635 *sqq.; ex solo codice Monacensi L. Rockinger p.* 384 *sqq. (de codice cf. ib. p.* 333; *specimen scripturae p.* 409) *et E. de Rozière, nr.* 595. 610. 584. 614. 615. *Dubito, num in foliis tribus, quae in cap.* 3. *exciderunt, aliud iudicium panis et casei inceperit. Idem potius caput usque in fol.* 130. *continuatum esse existimo.*

INCIPIT ORDO IUDICII AD FRIGIDAM AQUAM ET AD CALDARIUM ET AD FERRUM ET AD VOMERES.

1.

(20) (a) Inquisitus aliquis de furto vel adulterio — — —.

(b) Videte, fratres, christianae religionis officium — — —.

(c) Deinde vertens se ad sceleratum, tam ipsi quam plebi dicit: Interdico — — —.

(d) Deinde locum signet in atrio aecclesiae, ubi ignis fieri possit ad caldarium suspendendum, vel ad ferrum fervidum preparandum, vel ad vomeres. Prius tamen locus ille et aqua, quae in caldario est, vel ferrum vel vomer aqua benedicta aspergatur propter illusiones diabolicas. Deinde is, qui discutiendus est, intret aecclesiam et inprimis omnibus, qui in se deliquerint, peccata dimittat, ut sua ei dimittantur. Tunc faciat puram confessionem Deo et sacerdotibus et veram pro qualitate delictorum penitentiam accipiat. Tunc dicantur super eum orationes poenitentiales in capite ieiunii querendae.

(e) Deinde, si aliqua infidelitatis suspitio in eo habeatur, iuret in cf. B III, 2 p. altari vel in cruce vel in euangelio sive in capsa his verbis: Quod pro illa discussione et securitate, quam hodie ad calidum ferrum, *sive* ad frigidam aquam *vel* ad ferventem aquam, facere debeo, magis credo in Deum patrem omnipotentem, quod ipse potens est pro hac re, pro qua criminatus sum, iusticiam et veritatem in me ostendere, quam in diabolum et eius magicas artes credam, illam iusticiam et veritatem irritare.

(f) His factis, cantetur missa. Antiphona. Iustus es, Domine — — —. Missa iud.
Cum autem ad conmunionem venerint, antequam conmunicent, interroget eos sacerdos per istam coniurationem, dicens:

(g) Adiuro vos, homines N., per Patrem et Filium et Spiritum sanctum, et per vestram christianitatem, quam accepistis in baptismo, et per sanctum euangelium, et per reliquias sanctorum, quae hic habentur, ut non presumatis ullo modo conmunicare neque accedere ad altare, si haec fecistis, aut consensistis, aut scistis, quis hoc fecerit.

(h) Si autem omnes tacuerint, accedat sacerdos ad altare, et conmunicet eos, quos vult in aquam mittere. Cum autem conmunicantur, dicat sacerdos per singulos: Corpus et sanguis domini nostri Iesu Christi sint vobis ad conprobationem.

(i) Deinde peragatur missa. Conmunio: Amen — — —. Ad conplendam: Conspirantes — veritati. Per.

(k) Post missam pergat sacerdos cum plebe ad locum, ubi probatio fieri debet cum textu euangeliorum et reliquiis sanctorum. Et dicatur oratio: Domine Deus, Pater omnipotens, lux indeficiens, exaudi nos. Qui es conditor omnium, benedic, Domine, hoc lumen a te sanctificatum et benedictum. Qui illuminasti mundum et Moysen, famulum tuum, tu, quaesumus, illumina corda et sensus nostros ad cognoscendum verum iudicium tuum, Salvator mundi.

(l) Postea benedicatur eadem domus hac oratione. Exaudi nos, B IX, 1 e.
Domine sancte — — — in hoc habitaculo. Per.

Hic ponatur ferrum in ignem.

(m) Sequitur lytania. Veni, sancte Spiritus. Kyrie, Christe, Kyrie. Pater noster. Emitte. Oratio sancti Spiritus[1]. Deus in adiutorium meum. Gloria Patri. — — — Ut hanc frigidam aquam ad discernendum rectum iudicium tua sancta dextera benedicere et consecrare digneris. Ut in hac aqua rectum iudicium nobis ostendere digneris, te rogamus. Ut hoc calidum ferrum, ad discernendum rectum iudicium ordinatum, tua sancta dextera benedicere et consecrare digneris, te rogamus. Ut non dominetur iustitiae iniquitas, sed subdatur falsitas veritati, te rogamus. Pro huius negotii, quod inter nos ventilamus, qualitate te rogamus. Ut nobis miseris misereri digneris. Christe, audi nos. Pater noster. Credo. Miserere nostri, Domine. Fiat misericordia tua.

(n) Deinde cantentur psalmi. Domine[2], Dominus noster usque in finem cum Gloria. Exaudi[3], Domine, iustitiam usque in finem cum Gloria. Exurgat[4] Deus[a] usque in laetitia. Benedicite[5] usque in finem cum Gloria. Laudate[6] Dominum in sanctis usque in finem. Trium puerorum[7] et Gloria. Amen.

Preces. Exurge, Domine. Domine Deus virtutum. Fiat misericordia tua. Ostende nobis, Domine. Ne intres in iudicium. Domine, ne memineris. Propitius esto peccatoribus. Domine, exaudi.

(o) Oratio. Omnipotens, sempiterne Deus, qui tua iudicia — — —. (25)

(p) Benedictio ferri vel vomerum. Deus, iudex iustus, qui auctor pacis es (13)
et iudicas equitatem, te supplices deprecamur, ut hoc ferrum, *vel* hos vomeres, ordinatum — — — veritati. Per te, Christe.

1. a) *sequentia, in codice turbata, in ordinem redegi.*

1) *Fortasse ea, quae supra exstat B XIV,* 1 g. 2) *Psalm.* 8. 3) *Psalm.* 16. 4) *Cf. supra B XIII,* 1. 5) *Psalm.* 102, 22. 6) *Psalm.* 150. 7) *Cf. Dan.* 3, 52 *sqq.*

(8) (q) Alia. Benedic, Domine, sancte Pater, per invocationem sanctissimi nominis tui — — —.

(14) (r) Alia. Deus omnipotens, Deus Abraham, Deus Ysaac, Deus Iacob — — —.

(s) Postea legatur euangelium. In[1] principio erat verbum, et verbum erat apud Deum, et Deus erat verbum —. Per istos sermones sancti euangelii Filii sui indulgeat nobis Dominus universa delicta nostra.

(t) Sequitur benedictio. Benedictio Dei patris et Filii et Spiritus sancti descendere dignetur super hoc calidum ferrum ad discernendum rectum iudicium Dei. Amen.

(u) Tunc pro ipso, cui, *vel* quibus, crimen imputatur, cantetur psalmus: Domine, exaudi orationem meam; auribus percipe —. Preces. Salvum fac —. Mitte ei —. Nichil proficiat —.

cf. (4). (v) Tunc exorcizetur his verbis: Adiuro te, o homo, per Patrem omnipotentem, qui creavit caelum et terram, mare et omnia, quae in eis sunt, et per Iesum Christum, filium eius, qui pro nobis natus est et passus, et per Spiritum sanctum, qui igne divino super apostolos venit, atque per sanctam Mariam, Dei genitricem, et per omnes angelorum choros, et per apostolos, et per martyres et confessores ac virgines, atque per omnes sanctos et electos Dei: si te culpabilem de prenominato imputatoque crimine scias, hoc ferrum in manum tuam non presumas accipere; si autem tam temerarius sis, ut eodem crimine pollutus presumas accipere, per virtutem domini nostri Iesu Christi victus et confusus hodie abscedas. Si vero securus et innocens sis, per nomen Domini et per triumphum sanctae crucis ad rectum iudicium damus tibi licentiam, ut accedas cum fiducia ad suscipiendum hoc ferrum. Et liberet te Deus, iustus iudex, sicut liberavit tres pueros de camino ignis et Susannam de falso crimine, quatinus sanus et securus appareas, et virtus Domini in te declaretur.

(w) Post hoc levetur ferrum de igne et ponatur in loco, ubi accipiendum est, ponatque sacerdos super ferrum granum veri incensi et dicat ter: Sancte Laurenti, ora pro nobis, ut nulla falsitas dominetur hic.

Postea, solito iuramento facto, portetur.

(12) (x) Benedictio aquae ferventis. Deus, iudex iustus, fortis et patiens, qui auctor es pacis et iudicas aequitatem — — —; ita, clementissime Pater, oramus et petimus, ut, si iste homo, *vel* haec mulier, innocens sit de re prenominata, sibimet modo obiecta, et in hanc aquam igne ferventem manum miserit, sanam et illesam eam educat; si autem culpabilis est homo iste et, incrassante diabolo, cor induratum habuerit et per maleficium peccata sua tegere voluerit et manum suam in hanc ferventem aquam miserit, iustissima veritas tua, domine Deus omnipotens, in corpore suo declaretur, ut animam per poenitentiam salvare digneris.

A 6. (y) Exorcismus aquae calidae, in quam manus ad iudicium mittitur. Exorcizo te, creatura aquae, in nomine Dei patris omnipotentis — — —.

ib. (z) Benedictio. Domine Iesu Christe, qui es iudex iustus, fortis et patiens et multum misericors — — — per quam sine culpa calumniam incurrat.

ib. (aa) Iterum te, Deus omnipotens, nos indigni et peccatores — — — declaretur in gentibus, et glorificent nomen sanctum tuum, quod est gloriosum in secula seculorum. Amen.

2. INCIPIT ORDO AD CONSECRANDAM FRIGIDAM AQUAM.

(a) Cum hominem mittere vis in aquam ad conprobationem, ita debes facere. Accipe illos homines, et duc eos in aecclesiam. Et cantet coram

1) *Ev. Ioh.* 1, 1 *sqq. Cf. supra XII,* 4. *p.* 672, *l.* 18 *sqq.*

omnibus presbyter missam. Et eos, quos reos esse putas, fac ibi offerre sacrificium. Cum autem ad conmunionem venerint, antequam conmunicent, interroget eos sacerdos per istam coniurationem, dicens:

(b) Adiuro vos, homines, per Patrem — — —. cf. (5).

(c) Si autem omnes tacuerint, accedat sacerdos ad altare et conmunicet eos, quos vult in aquam mittere. Cum autem conmunicentur, dicat sacerdos per singulos: Corpus et sanguis domini nostri Iesu Christi sit vobis ad conprobationem.

(d) Expleta missa, cantet lętaniam et faciat aquam benedictam et vadat ad illum locum, ubi iudicium debet fieri. Et cum illuc pervenerit, det omnibus bibere ex aqua benedicta. Cum vero dederit, dicat ad unumquemque: Haec aqua fiat tibi hodie ad conprobationem.

(e) Deinde intrent ad consecrationem aquae frigidae ita: Deus in adiutorium meum cum Gloria. Sequitur deinde Pater noster et Credo.

Deinde cantentur: Psalmus. Exurgat[1] Deus usque in laetitia. Psalmus. In[2] exitu Israel. Benedicite. Psalmus. Laudate Dominum in sanctis. Canticum trium puerorum. Psalmus. Exurge, Domine.

Deinde preces. Fiat misericordia tua. Ostende nobis, Domine. Propitius esto peccatis. Domine, exaudi orationem meam.

(f) Consecratio aquae. Domine Deus omnipotens, qui aquarum substantiam — — —. (17)

(g) Alia. Benedico te, creatura aquae, in nomine Patris — — — iudicare vivos et mortuos. (9)

(h) Alia. Omnipotens, sempiterne Deus, te suppliciter rogamus — — —. (22)

(i) Alia. Omnipotens, sempiterne Deus, qui per Iesum Christum, filium tuum, omnia visibilia et invisibilia creasti — — —. Per eundem. (23)

(k) Alia. Omnipotens, sempiterne Deus, adesto invocationibus nostris — — —. B IV, 2 f.

(l) Alia. Domine Deus omnipotens, qui baptismum — — —. (18)

(m) Alia super hominem dicenda. Deus omnipotens, qui baptismum in aqua fieri iussit et remissionem peccatorum hominibus in baptismo concessit, ille per misericordiam suam rectum iudicium in ista aqua discernat: videlicet, si culpabilis sis de ista causa, aqua, quae in baptismo te suscepit, nunc non recipiat; si autem innocens es, aqua, quae in baptismo te suscepit, nunc recipiat. Per Christum dominum. cf. (21).

(n) Postea exorcizet aquam ita: Adiuro te, aqua, in nomine Patris omnipotentis, qui te in principio creavit, qui etiam — — —. (1)

(o) Super hominem, *vel* homines. Adiuro te per invocationem domini nostri Iesu Christi et per iudicium aquae frigidae. Adiuro te per Patrem et Filium et Spiritum sanctum, et per incarnationem domini nostri Iesu Christi, et per omnes angelos et archangelos, et per omnes sanctos et electos Dei, et per diem tremendi iudicii, et per 24 seniores, qui cottidie Deum laudant, et per 4 euangelia Christi, et per 12 apostolos et prophetas, et per omnes sanctos martyres Christi, et per sanctos sacerdotes et confessores, et per omnes sanctos monachos et heremitas, et per omnes sanctas virgines et coniugatas, et per principatus et potestates et dominationes et virtutes, per thronos Cherubin et Seraphin, et per omnia secreta caelestia, et per tres pueros, qui cottidie Deum laudant, Sidrach, Misach et Abdenago, et per 144 milia martyrum innocentum, qui pro Christo passi sunt, et per matrem domini nostri Iesu Christi, semper virginem cf. (3).

1) *Cf. supra* 1 n. 2) *Psalm.* 113.

Mariam, et per cunctum populum sanctum Dei, et per illud baptismum, in quo regeneratus es, te adiuro; ut, si de hac re culpabilis es facto vel consensu aut conscientia vel alio quolibet modo, evanescat cor tuum, et non suscipiat te aqua ista, neque ullo maleficio ad irritandum Dei iudicium prevalere possis. Propterea obnixe te, Domine, deprecamur, fac signum tale, ut, si culpabilis sit hic homo, nullatenus suscipiatur puer iste ab aqua. Hoc autem, domine Iesu Christe, fac ad laudem et gloriam et ad invocationem nominis tui, ut omnes agnoscant, quia tu es Deus benedictus in secula seculorum. Amen.

cf. supra 1s. (p) Postea legatur euangelium: In principio erat verbum —, cum benedictione: Per istos sermones sancti euangelii domini nostri Iesu Christi sit haec aqua benedicta ad manifestandum rectum iudicium Dei.

(q) Benedictio Dei patris et Filii et Spiritus sancti et gratia domini nostri Iesu Christi descendere dignetur super hanc aquam ad discernendum rectum iudicium Dei.

Postea, facto iuramento solito, ligetur et ponatur in aquam.

3. INCIPIT ORDO AD CONSECRANDUM PANEM ET CASEUM HOC MODO.

(a) Panis[1] hordeacius sit, qui benedici debet. Quo benedicto et caseo similiter, antequam illos dividas, scribere debes in brevi 'Pater noster'; et pensare debes de illo pane dimidiam unciam, et de caseo similiter. Et illae res, quae furtim ablatae sunt, in eadem brevi scriptae esse debent, et nomina illorum, quibus furta imputantur, similiter. Et tunc infra scriptas benedictiones supra panem et caseum dicere debes.

Dominus vobiscum!

(11) (b) Deus angelorum et archangelorum, Deus prophetarum et patriarcharum — — —.

(c) Domine sancte, Pater omnipotens, aeterne Deus, omnium rerum creator, qui es invisibilis spiritualium ordinator, qui cunctorum es conditor et arcana conspicis et omnia cognoscis, scrutans corda ac renes, te deprecamur, ut exaudias verba deprecationis nostrae, et benedicere et sanctificare digneris panem vel caseum istum ad furtum inveniendum, vel alias res, quae cum tuo examine et iudicio querendae sunt. Et presta per invocationem sancti nominis tui, ut, si aliquis culpabilis et reus de prenominato furto, *vel* causa, fallente diabolo, superba mente ac tumido corde cum caseo isto vel pane benedicto se excusare voluerit et in os suum acceperit, presta, quesumus, ut eius fauces vel guttur pertransire non possint, sed statim tremebundus evomat, ut tua iustissima virtus manifestetur, et anima eius per poenitentiam salvetur. Qui venturus es iudicare vivos et mortuos.

(d) Deus, iudex iustus et auctor pacis et iusticiae, qui liberasti Moysen et Aaron de terra Egypti et David de manu Saul regis et Ionam de ventre cęti, Petrum de fluctibus maris ac Paulum de vinculis, Teclam de[a]. . . . .

(19) (e) [Exorcizo te, creatura panis et casei, — — — si quis ex his sumere vo]luerit, salubris efficiaris esca ad sumendum — — — detque gloriam Deo viventi, qui venit.

(6) (f) Exorcismus super hominem. Admoneo vos, fratres, in nomine domini nostri Iesu Christi Nazareni — — — benedictus Deus in secula seculorum. Amen.

(g) Post[2] haec sume duas cruces de tremulo, et cum illum panem et caseum mittis in os eius, pone unam crucem subter pedem dextrum, et sacerdos manum super eum teneat cum alia cruce et breviculo et dicat hanc orationem: Adiuro te, N., per Patrem et Filium et Spiritum sanctum, et per

3. a) *desunt* 3 *folia codicis.*

1) *Cf. supra A* 32. *et B XV,* 4. 2) *Cf. B XII,* 3 e. *XVII,* 1 h.

12 apostolos, et per 12 prophetas, et per 24 seniores, et per novem ordines angelorum; ut, si hoc furtum fecisti, vel consensisti, panem istum et caseum non transgluttias, sed, spumato ore, coram me reddas et reus appareas et requiem ante non habeas, quam confitearis et des illi gloriam, qui vivit et regnat Deus in secula seculorum. Amen.

XVII.

Codex Lucemburgensis 50, *saec. XIV, continet ordines iudiciorum* 1) *panis et casei,* 2) *ferri,* 3) *aquae ferventis et* 4) *aquae frigidae. Alia manu paullo recentiore addita sunt separatim et* 5) *alterum iudicium panis et casei et* 6) *iudicium panis suspensi. Exscripsit V. I. G. Waitz. Ad capitis* 4. *priorem partem lectiones codicis Coloniensis ecclesiae LXXVIII, olim* 116 *(Darmst.* 2089*), annotavi ex editione ap. Jaffé-Wattenbach, Ecclesiae metropol. Coloniensis codices p.* 125*; quem codicem numero* 2 *a Lucemb.* (1) *distinxi. Pleraque capita et ad virum et ad mulierem examinandos spectant.*

1. IUDICIUM PANIS ET CASEI.

(a) Inprimis fac letaniam, deinde benedic panem vel caseum hiis verbis: Domine Deus omnipotens, agye, agye, agye, qui in celo consistis, et sanctum ac venerabile est nomen tuum. Deus sancte pater, invisibilis et eternus Deus, omnium rerum creator, Deus, sancte celorum ornator, qui cunctas res et archana prospicis et cuncta scis, qui scrutaris corda et renes, Deus, deprecor te, exaudi verba mea et deprecationem meam, ut, qui hoc furtum, *vel* hanc luxuriam, *vel* incestum, admisit, panis aut caseus iste ne fauces nec guttur eius transire possit. cf. A 27 d.

(b) Domine, qui liberasti Moysen — — — ostende, Domine, nunc tuam misericordiam, ut, qui hoc furtum ill. admisit, nec panis nec caseus iste fauces aut guttur eius transire possit. ib. e.

(c) Exorcizo te, maledicte et immundissime draco, serpens noxie, per verbum veritatis, per Deum omnipotentem et per Iesum, agnum immaculatum, de Altissimo progenitum, de Spiritu sancto conceptum, de Maria virgine natum, quem Gabriel nunciavit venturum, quem cum vidisset Iohannes, voce magna clamavit, dicens: 'Ecce agnus Dei', et Petrus: 'Tu es filius Dei', ut nullus noxius pro hoc furto communicet de isto pane vel caseo, qui hoc furtum ill. ammisit, sed tremat manducans et ex eius sanctitate tremebundus evomat quod accepit, te iubente. ib. f.

(d) Domine sancte, Pater omnipotens, eterne Deus, qui celum plasmasti, terram fundasti, mare arenis firmasti et omnes celos fabricasti et magna illuminatione ornasti, fac, Domine, signum tale, ut omnis mundus et omnis terra intelligat, quia tu es Deus, qui facis mirabilia magna solus. Domine Iesu Christe, fili Dei vivi. Et qui res istas furatus[a] est *vel etc.,* aut qui harum conscius, *vel* conscia, esse videtur, gula et lingua[b] vel fauces eius angantur, ita constricta et obligata, ut panem vel caseum istum non possit manducare. Per tremendum Patrem tuum et te Filium eius et Spiritum sanctum, per tremendum diem iudicii, per 4 euvangelistas, per 12 apostolos, per 12 prophetas, per 24 seniores, qui cottidie tibi laudes dicunt, te Redemptorem, qui pro nostris peccatis manus in sancta cruce expandere dignatus es, exoramus, ut, qui, *vel* que, istum furtum, *vel etc.,* vel consensit, vel fecit, vel furatus fuit, ut omnes homines te adorandum sciant, presta hoc de manu tua, Domine, et de tua sancta gloria et virtute, ut nec panem nec caseum istum possit manducare, sed, inflato ore, cum spuma et lacrimis sanguineum factum reiciat, fiantque sic constricti, ut confiteantur. Presta hoc, qui in Trinitate perfecta vivis et regnas in secula seculorum. Amen. ib. g.

1. a) ta *superscr. c.* b) ligua *c.*

(11) (e) Alia benedictio. Deus angelorum, Deus archangelorum — — —.

(19) (f) Exorzismus panis et casei. Exorzizo te, creaturam panis et casei, — — — detque gloriam Deo, qui venturus est iudicare vivos et mortuos et seculum per ignem.

(16) (g) Ammonicio ad circumstantes. Ammoneo vos, fratres, in nomine Iesu Christi Nazareni — — —, ut, qui de hoc furto consentiens fuit, *vel:* ut, si actum luxurie cum N. fecit, iudicium Dei patefecit *vel* faciat, qui iudicat equitatem in omni tempore, qui est benedictus in secula seculorum. Amen.

(h) Post hec debes ista facere. Panis ordeaceus debet esse. Et antequam illum dividas, 'Pater noster' in illo pane scribe, et pensare debes de illo pane mediam unciam, et de caseo similiter; et postea debes benedicere. Et illas res, que furate sunt, ibidem in uno breviculo scripte debent esse, et illorum nomina similiter. Et illis videntibus et audientibus, super unum scutum ante sanctum altare benedicere debes. Et[1] postea debes habere duas cruces de tremula. Et cum illum panem et caseum mittis in os eius, debet habere unam crucem subtus pedem dextrum. Et sacerdos manum suam super eum cum alia cruce teneat et breviculum similiter, et[b] cum comedit, dicat sacerdos coniurationem hanc:

(i) Adiuro te per Patrem et Filium et Spiritum sanctum et per 12 apostolos et per 15 prophetas et per 24 seniores et per 9 ordines angelorum, ut, si de hoc furtu consenciens fuisti, quod super caput iacet, panem istum et caseum non transglutias, sed spumato ore contra me reddas, et reus appareas, et requiem antea non habeas, sed sicud folium tremule, ita eas per virtutem domini nostri Iesu Christi, qui vivit et regnat cum Deo patre in unitate Spiritus sancti, Deus per omnia secula seculorum. Amen.

2. BENEDICTIO FERRI IGNITI AD IUDICIUM.

(8) (a) Benedic, Domine, per invocationem — — —. Per dominum nostrum.

(14) (b) Alia benedictio. Deus omnipotens, Deus Abraham — — —.

3. IUDICIUM AQUE FERVENTIS.

A 2 b. (a) Deus, iudex iustus, fortis et patiens, qui cultor et misericors es et iudicas equitatem, iudica, quod iustum est, et rectum iudicium tuum; qui respicis terram et facis eam tremere. Tu Deus omnipotens, qui per adventum filii tui, domini nostri Iesu Christi, mundum salvasti et per passionem eius genus humanum redemisti, tu hanc aquam per ignem ferventem sanctifica. Qui tres pueros, id est Sydrac, Mysach et Abdenago, iussu regis Babilonis Nabochodonosor missi in caminum ignis, accensa fornace, salvasti, tu clementissime atque sanctissime Dominator, presta, ut, si hic homo, *vel* hec mulier, innocens de hoc furto est, *aut* de hac luxuria, et in hanc aquam ferventem manum miserit, sicud tres pueros supradictos de camino ignis et Susannam de falso crimine liberasti, ita, si innocens hic homo, *vel* hec mulier, de hoc furto, *vel* incesto, et in hanc aquam ferventem manum miserit, sanam et illesam educat. Itaque, domine Deus omnipotens, si culpabilis est et, grassante dyabolo, cor eius induratum fuerit, manumque suam in hanc aquam ferventem miserit, iustissime Pater, fiat veritas tua declarata in corpore suo. Et si culpabilis de hac causa est et [per] aliqua maleficia aut per herbas peccatum suum tegere voluerit, tua dextera evacuare dignetur. Prestante domino nostro Iesu Christo, qui tecum vivit et regnat.

A 6. (b) Exorzismus aque ferventis. Exorzizo te, creatura aqua, — — —.

1. b) ut c.

1) *Cf. B XII,* 2 e. *XVI,* 3 g.

(c) Oratio. Domine Iesu Christe, qui es iudex iustus, fortis et patiens et multum ib.
misericors, — — — per eam rectum iudicium super hominem hunc, *vel* super mulierem hanc, nomen illi comprobet ac manifestet, qui cum Patre et eodem Spiritu sancto vivis etc.

(d) Alia. Te[a], domine Deus, suppliciter deprecamur, qui in Chana Galilee ib.
— — —. Per dominum.

(e) Alia. Iterum te, Deus omnipotens, nos indigni et peccatores — — — decla- ib.
retur gentibus. Per te, Redemptor mundi, qui vivis et regnas per immortalia secula seculorum. Amen.

4. IUDICIUM AQUE FRIGIDE.

(a) Cum hominem vis mittere in aquam frigidam[a] ad comprobationem, ista facere debes. Accipe illos homines, qui mittendi sunt in aquam, et duc eos in ecclesiam. Et coram omnibus cantet presbiter missam; et fac eos ad ipsam stare et offerre. Cum autem ad communionem venerint, antequam communicet[b], interroget eos sacerdos et coniurationem istam dicat aperte[a]:

(b) Adiuro vos, homines[a], per Patrem — — —. (5)

(c) Si autem omnes tacuerint, et nullus ei responsum dederit, accedat sacerdos ad altare et communicet eos, quos in aquam mittere vult. Cum communicet[b] eos, dicat per singulos: Corpus et sanguis[c] domini nostri Iesu Christi sit tibi ad comprobationem.

(d) Expletis hiis[e], faciat sacerdos aquam benedictam et vadat ad illum locum, ubi homines probabuntur[f]. Et cum venerit ad locum, det omnibus illis bibere de aqua benedicta. Cum dederit, dicat ad unumquemque eorum: Hec aqua fiat tibi hodie ad comprobationem. Post hec dicat: Dominus vobiscum. Et cum spiritu tuo! In principio erat verbum etc., id est euvangelium Iohannis, extra dicat. Post hoc benedicat aquam hiis verbis.

(e) Oratio. Domine Deus omnipotens, qui baptismum in aqua fieri iussisti — — —. (18)

(f) In baculo, qui inserendus est inter brachia pueri[1], scribe: 'Ecce crucem Domini, fugite partes adverse. Vicit[2] leo de tribu Iuda, radix David, ad faciendum iudicium rectum ✝. Et sanctus Iohannes baptista benedicat aquam istam. Amen'. Scribetur etiam in eo supradictum euvangelium: 'In principio' et suprascripta benedictio: 'Domine Deus'.

(g) Post hec coniuret sacerdos aquam hiis verbis:

Adiuro te, aqua, in nomine Dei patris omnipotentis, qui te in principio creavit (1)
— — — natare fecit, adiuro te, ut nullo modo suscipias hunc hominem, *vel* hanc mulierem, si aliquo ex hoc est culpabilis, quod illi obicitur, scilicet aut per opera aut per consensum aut per conscientiam aut per ullum ingenium. Fac ergo super te natare puerum, et nulla possit contra te causa facta aut nullum prestigium, quod illud possit non manifestare. Adiuramus te atque precipimus tibi, ut per nomen eius nobis obedias, cui — — —.

(h) Alia oratio. Deus, qui maxima queque sacramenta — — —. (15)

(i) Coniuratio alia. Adiuro te, homo, per invocationem domini nostri Iesu Christi et per hoc electum iudicium aque frigide. Adiuro te per Patrem et Filium et

3. a) De c.

4 a—d. *Codd.* 1. 2. **e—k.** *Cod.* 1. a) *deest* 2. b) communicent 2. c) saguis 1. d) 2; communicat eos dicit 1. e) officiis 2. f) *reliqua in cod.* 2 *aliter ac in* 1 *cum A* 18 *concordant.*

1) *Cf. supra p.* 603. *et tab. III.* 2) *Apocal.* 5, 5.

Spiritum sanctum, et per Trinitatem in maiestate humanitatis[g] inseperabilem, et per Mariam, matrem domini nostri Iesu Christi, et per omnes angelos, archangelos, thronos, dominationes, principatus, potestates, virtutes, Cherubin et Seraphin, et per 24 seniores, qui cottidie Deum laudant, et per 4 euvangelistas, et per 144 milia, qui pro Christi nomine passi sunt, per patriarchas et prophetas, et per tres pueros, Sidrach, Misach et Abdenago, per Iohannem baptistam, per apostolos, per martyres, per confessores, per virgines, et per omnes sanctos, et per cunctum populum Dei, et per baptismum, quo te sacerdos regeneravit, te adiuro, ill., ut, si hic homo N. hac luxuria, *vel* hoc homicidio, pollutus est, *aut* hoc furtum scierit ac fecit, aut vidit, aut baiulavit, aut in domum suam recepit, aut consentiens exinde fuit, et si habet cor incassatum[h] vel induratum, si culpabilis inde est, evanescat cor eius. Te N. autem non suscipiat hec aqua, neque ullum maleficium contra hoc prevaleat. Rogamus ergo te, Domine, obnixe, domine Iesu Christe, fac signum tale, ut, si culpabilis est hic homo N., nullatenus recipiatur iste puer N. ab hac aqua. Hoc fiat, domine Iesu Christe, ad laudem et gloriam et invocationem nominis tui, ut cognoscant omnes homines, quia tu es benedictus in secula. Qui vivis etc..

(k) Post coniurationem exuat illum vestimentis et faciat osculari euvangelium et crucem Christi et spergat super eum aquam benedictam et proiciat eum in aquam.

5. ITEM ALIO ORDINE IUDICIUM PANIS ET CASEI.

(a) Ex pane ordeaceo inlevato accipiat presbiter pensante denariis duodecim et de caseo similiter et mittat super altare ad dexteram partem iuxta corpus Domini, quando missam celebret, antequam dicat: Per quem omnia, Domine, semper bona creas, dicat has orationes:

Sanctus, sanctus, sanctus, qui es invisibilis[a], omnipotens, eterne Deus, omnium rerum corporalium et spiritualium actuum remunerator, cunctorum genitor es et archana prospicis, cuncta cognoscis atque scrutaris corda et renes, Deus, deprecor te, exaudi verba deprecationis mee, ut, quicumque furtum illud amisit, panis et caseus iste fauces et guttur illius transire non possit. Per.

(b) Oratio secunda. Domine Iesu Christe, qui liberasti Moysen et Aaron de terra Egipti et filios Israel de Rubro maris, Petrum de vinculis, Paulum de fluctibus, Teclam de bestiis, Susannam de falso crimine, tres pueros de camino ignis ardentis, Danielem de lacu leonum, paraliticum de grabato, Lazarum de monumento, Loth de Sodomis, ostende nobis, Domine, misericordiam tuam, ut panis et caseus iste fauces et guttur illius transire non possit.

(c) Coniuratio. Exorzizo te, immundissime draco, basilisce, per Dominum omnipotentem, per Iesum Christum Nazarenum, de Altissimis descendentem, de Spiritu sancto conceptum, quem Gabriel archangelus nuntiavit virgini Marie, quem Iohannes videns exclamavit: 'Ecce agnus Dei', ut nullo modo permittas communicare, neque presumat panem et caseum istum manducare aut deglutire, quicumque furtum illud admiserit.

(d) Oratio tertia. Deprecor, omnipotens Pater, eterne Deus, qui celum camerasti, terram fundasti, mare limitibus clusisti, soli et lune splendorem dedisti, fac, Domine, signum tale, ut omnis mundus vel omnis terra intelligat, quia tu es Deus, qui facis mirabilia solus. Qui vivis.

(e) Oratio quarta. Domine Deus, qui ostendisti ossa patris nostri Ioseph, fac signum tale, ut, qui res illas furatus est, aut consensit furto, illi gula et lingua[b] aut

4. g) unitatis? h) *ita pro* incrassatum *c.*
5. a) invsibilis *c.* b) ligwa *c.*

fauces eius sint infirme tabefacte, ut panem et caseum istum non possit manducare, sed inflata[c] bucca et spuma et gemitu doloris et cum lacrimis reiciat illum.

(f) Coniuratio hominum. Coniuro te, N., per Patrem et Filium et per Spiritum sanctum, et per diem tremendum[d] iudicii, et per 12 prophetas, et per 12 apostolos, et per 24 seniores, qui cottidie laudant Deum et adorant, et per tuum Redemptorem, qui propter nostra peccata manus suas sanctas misit in crucem et suspendi dignatus est, ut, si tu de hoc furtu mixtus es, aut fecisti, aut conscisti[e], aut consentaneus es factus in aliquo, panem et caseum istum non possis manducare. Per eundem dominum nostrum Iesum Christum, filium tuum, qui tecum vivit et regnat in virtute eiusdem Spiritus sancti, Deus, per omnia secula seculorum. Amen.

6. IUDICIUM PANIS ORDEACEI.

(a) In primis preparet se sacerdos cum dyacono, et presbiter faciat aquam benedictam, et dyaconus preparet farinam ordeaceam, quam et ipse pistret cum benedicta aqua et coquat, cantantibus ambobus interim septem penitentiales psalmos cum letania et precibus istis: Non nobis —. Iustus es —. Iudica[1], Domine, nocentes me, expugna inpugnantes me, apprehende arma et scutum et exurge in adiutorium michi. Exurge, Domine, adiuva nos —. Et psalmum istum: Levavi[2] oculos meos, qui habitas in celis, usque ad finem.

(b) Oratio. Deus, qui in monte Calvarie lignum sancte crucis ostendisti et per Iudam deprehensus est, qui per Iudam tradidit filium suum, demonstra nobis per hoc iudicium panis ordeacei, quidquid in nomine tuo querimus. Per eundem.

(c) Cocto autem pane, accipiat presbiter et ponat retro altare et celebrat missam, que illo die fuerit. Finita missa, faciat crucem in medio panis et in medietate crucis mittat fusum et in summitate fusi vertiginem, et reponat presbiter apud se, quamdiu panis inputribilis sit. Cum vero aliquis accusatur in crimine furti vel fornicationis vel homicidii et venerit coram sacerdote, accipiat sacerdos benedictum panem et det duobus fidelibus viris, ut per vertiginem pendet inter duos illos iudices, et dicat hanc coniurationem. Et si ille culpabilis est, turnatur; si inculpabilis, non movetur quicquam.

(d) Coniuratio panis ordeacei. Adiuro te, panis ordeacee, per Deum patrem omnipotentem et per Iesum Christum, filium eius, et per Spiritum sanctum, si hic homo, *vel* hec mulier, de illo furto aut consensit, aut fecit, aut partem accepit, adiuro te, panis ordeacee, per angelos et per archangelos et omnes virtutes celorum, et per Michaelem prepositum paradisi, et per Cherubin et Seraphin, et per 144 milia, et per milia milium angelorum, et per 12 prophetas et 12 patriarchas et 12 apostolos et omnes discipulos Domini et omnes martires, confessores atque virgines: si consensit, aut fecit, aut partem habuit, turna te in gyro, panis ordeacee, et si culpabilis non est, nequaquam movearis. Adiuro te, panis ordeacee, per matrem Domini, et per Ozee prophetam et Ionam prophetam, qui Ninive prophetavit, et per Lazarum, quem Deus suscitavit de monumento, et per cecum, quem Dominus illuminavit, et per omnes monachos et omnes canonicos et omnes laicos, et per omnes feminas, et per omnes habitantes, qui in celo sunt et in terra habitant, in secula seculorum. Amen.

5. c) eum flata *c.* d) tremetem *c.* e) consisti *c.*

1) *Psalm.* 34, 1. 2) *Psalm.* 122.

XVIII.

Ex 'antiquissimo rituali manuscripto' (olim D. Caelestini Lorefice, monachi Benedictini) edidit Muratorius, Antiq. Ital. III, col. 616 *sqq., ista quattuor iudicia, scilicet* 1) *aquae frigidae,* 2) *panis et casei,* 3) *aquae ferventis,* 4) *ferri. Repetivit E. de Rozière, nr.* 594. 623. 613. 605.

1. INCIPIT IUDICIUM, QUOD FECIT BEATUS EUGENIUS CUM DOMNO PAPA LEONE ET DOMINO KAROLO MAGNO IMPERATORE.

(26) (a) Romani propter thesaurum sancti Petri et invidiam — — —.

(b) Ista[a] facere debes. Cum hominem vis mittere in aquam ad probacionem, tunc accipe illos homines, quos in voluntate habes mittere in et aqua, duc eos ad ecclesiam. Et coram omnibus canat[b] missam et faciat eos ad ipsam missam offerre. Cum autem ad communionem venerint, antequam communicent, interroget eos sacerdos et coniurationem istam dicet:

cf. (5). (c) Coniuratio hominis. Adiuro vos, homines, per Patrem — — —.

(d) Si autem omnes tacuerint, et nullus hoc dixerit, accedat sacerdos ad altare et communicet eos, quos vult mittere in aqua. Cum autem communicat, dicat sacerdos per singulos: Corpus et sanguis domini nostri Iesu Christi sit tibi hodie ad probationem. Postea vero coniuret sacerdos aquam, ubi homines mittendi sunt.

cf. (1). (e) Coniuratio aquae. Adiuro te, aqua, in nomine Dei patris omnipotentis — — —.

(f) Post coniurationem autem aquae exuat illos vestimentis eorum et faciat illos osculari sanctum euangelium et crucem Christi. Post haec de ipsa aqua benedicta aspergat presbyter super unumquemque et proiciat eos statim in aqua per singulos. Haec autem omnia facere debent ieiunando, neque illi comedant cibos, neque qui pro ipsis mittuntur in aqua.

cf. (3). (g) Coniuratio hominis. Adiuro vos, homines ill., per invocationem domini nostri Iesu Christi — — —.

2. BENEDICTIO PANIS ET CASEI.

(a) Agios, agios, agios, sancte Pater, qui es invisibilis, aeterne Deus, omnium rerum creator, Deus, spiritalium orator, qui cunctorum conditor es et arcana conspicis, qui scrutaris corda et renes, Deus, deprecor te, exaudi verba deprecationis meae, ut, qui hoc furtum admiserit, panis vel caseus iste fauces et guttura eorum transire non possit. Amen.

(b) Alia benedictio. Domine, qui liberasti Moisen et Aaron a dextra Aegypti, Davit de manu Goliae, Ionam de ventre ceti, Petrum de fluctibus, Paulum de vinculis, Theclam de bestiis, Susannam de falso crimine, tres pueros de camino ignis ardentis, Danielem de lacu leonum, paraliticum de grabato, Lazarum de monumento, ostende misericordiam tuam, ut, qui hoc furtum commiserunt, panis vel caseus iste fauces vel guttura eorum transire non possit. Per.

cf. B II, 3 a. (c) Coniuratio panis et casei. Te igitur, clementissime Pater, per Iesum Christum, filium tuum, Dominum nostrum, supplices rogamus et petimus, ut inhaereas linguas gutturibus istorum hominum, qui hoc furtum fecerunt, vel commiserunt, aut numquam manducent neque glutiant creaturam tuam panem et caseum istum, ut sciant,

1. a) Istam *ed.* b) canant *ed.*

quia tu es, et non est alius Deus praeter te. Summe Deus, qui in caelis moraris, qui habes ob Trinitatem et maiestatem tuam iustos angelos tuos, emitte, Domine, angelum tuum Gabrielem, qui ora haereat gutturibus eorum, qui hoc furtum fecerunt, ut nec manducent nec glutiant creaturam tuam, panem et caseum istum. Abraam, Isaac et Iacob, hos patriarchas invoco cum 12 milibus angelorum et archangelorum; invoco 4 euangelistas, Marcum, Mathaeum, Lucam et Iohannem; invoco Moisen et Aaron, qui mare diviserunt, ut ligent linguas gutturibus istorum hominum, qui hoc furtum fecerunt, aut consenserunt. Si hanc creaturam tuam panem et caseum gustaverint, tremulent sicut arbor tremulus et requiem non habeant, nec requiescant in faucibus eorum creaturam panis et casei, ut sciant omnes, quia tu es Deus, et non est alius praeter te. Per.

(d) Coniuratio hominis. Coniuro te, homo, per Patrem et Filium et Spiritum sanctum, et per tremendum iudicii diem, per 4 euangelistas, per 12 apostolos, et per 16 prophetas, et per 24 seniores, qui cotidie in laudem Dei adorant, per illum Redemptorem, qui pro nostris peccatis manus suas sanctas in cruce suspendere dignatus est, si in hoc furtum mixtus es, aut fecisti, aut baiulasti, taliter tibi ordinetur de manu Domini vel de tanta sua sancta gloria et virtute, ut panem et caseum istum non possis manducare, nisi inflato ore cum spuma et gemitu et dolore et lacrimis, faucibusque tuis sis constrictus. Per eum, qui venturus est iudicare vivos et mortuos et seculum per ignem.

3. BENEDICTIO SUPER AQUAM FERVENTEM.

(a) Deus, iudex iustus, fortis et patiens, qui auctor es pacis et iudicas aequitatem — — —. cf. A 2 b.

(b) Alia benedictio. Benedico te, creatura aquae igne ferventis, in nomine Patris, ex quo — — —. (9)

4. BENEDICTIO FERRI AD IUDICIUM FACIENDUM.

(a) In primis benedicatur ignis: Domine sancte, Pater omnipotens, aeterne Deus, in nomine tuo et filii tui, Dei et domini nostri Iesu Christi, et Spiritus sancti benedicimus et sanctificamus ignem hunc. Adiuva nos, qui vivis et regnas per —.

Sequuntur letaniae. Postea legitur euangelium: In illo tempore ductus est Iesus in desertum[1].

(b) Alia benedictio. Deus, qui tribus pueris mitigasti flammam ignium, concede propitius, ut nos famulos tuos non exurat flamma vitiorum. Per.

(c) Alia benedictio. Deus, quem omnia opera benedicunt, quem caeli glorificant, quaesumus te, orantes, ut, sicut tres pueros de camino ignis incendio non solum illaesos, sed etiam in tuis laudibus conclamantes liberasti, ita et nos a peccatorum nexibus absolutos a devoragine ignis eripias, ut, dum te dominum Deum patrem benedictione laudamus, criminum flammas operumque carnis incendia superantes, sacrificium tibi debitum fieri mereamur. Per Dominum.

(d) Alia. Deus, cuius[a] noticiam nulla[b] umquam secreta fugiunt — — —. A 7 g.

(e) Alia. Benedic, Domine, per invocationem sanctissimi nominis tui — — — (8)
manifesta fiat. Per.

4 d. a) cui *ed.* b) nullam *ed.*

1) *Ev. Matth.* 4, 1.

SINGULA CAPITA, QUAE SAEPIUS OCCURRUNT, SUPRA OMISSA.

(1).

Adiuro te, aqua, in nomine Dei patris omnipotentis, qui te in principio creavit[a] et[b] te iussit ministrare[c] humanis necessitatibus, qui[d] etiam te iussit[e] segregari ab aquis superioribus. Adiuro te etiam per ineffabile[f] nomen Christi[g] Iesu[h], filii Dei omnipotentis, sub cuius pedibus[i] mare[k], elementum[l] aquarum, se calcabile prebuit[m], qui etiam in[n] aquarum elemento[o] baptizari voluit. Adiuro[p] te etiam per Spiritum sanctum, qui[q] super Dominum baptizatum[r] descendit. Adiuro te per nomen[s] sanctae et individuae Trinitatis, cuius[t] voluntate aquarum[u] elementum divisum[v] est, et[w] populus[x] Israheliticus[y] per[z] illud siccis[a] vestigiis[b] transivit[c]; ad cuius etiam[d] invocationem[e] Heliseus[f][1] ferrum, quod de manubrio[g] exierat[h], super aquam[i] natare fecit, ut nullo modo suscipias[k] hunc hominem N.[l], si in aliquo ex hoc est[m] culpabilis, quod illi[n] obicitur[o], scilicet aut per[p] opera[q], aut per consensum, aut per conscientiam[r], aut per ullum ingenium; sed fac eum natare[s] super[t] te, et[u] nulla possit esse[v] contra[w] te causa aliqua[x] facta[y] aut ulla[z] prestigatio, quae[a] illud[b] possit non[c] manifestare[d]. Adiurata[e]

(1). 1 = *B IV*, 2. 2 = *A* 18. 3 = *B II*, 2. 4 = *B XVI*, 2. 5 = *B VI*, 1. 6 = *B VIII*, 1. *cod.* 1. 7 = *B VIII*, 1. *cod.* 2. 8 = *B XVII*, 4. 9 = *A* 20. 10 = *B XIV*, 1. 11 = *B XIII*, 1. 12 = *B XII*, 1. 13 = *B III*, 1. *cod.* 1. 14 = *B III*, 1. *cod.* 2. 15 = *B III*, 1. *cod.* 3. *16 = *B I*, 2. 17 = *A* 22. 18 = *B XV*, 3. 19 = *B V*, 2. a) cuncta creavit 2; verbo creavit 6. b) et — necessitatibus *des.* 4. c) ministrari 3. 8. d) et qui te 19. e) segregavit *pro* iussit s. 18. f) *deest* 19; ineffabilem potentiam *pro* i. n. 4. g) domini nostri I. Chr. 9. 15. h) *deest* 6. 8. i) *deest* 3. k) mare et elementum 3 *et Ordo Dunstani;* te calcabilem prebuisti *pro* mare — prebuit 4; ambulanti in mari te calcabilem prebuisti 5. l) elemento 9; el. aque 19; el. aq. *des.* 18; elementum aquarum divisum est 11, *ubi* se calcabile — voluntate aquarum elementum *des.* m) prebuerunt 2. 3. n) in te baptizari 4. 5. 11. o) elementa 2; elimenta 3. p) Adiuro te — descendit *des.* 2. 19; et per *pro* Adiuro — nomen 10. 12—15. 18. q) et *pro* qui — Adiuro te 6. 7. 17; qui — Trinitatis *des.* 9. r) baptizandum 1; baptizato 3. s) individuam Trinitatem 4. 6. 7. 8. 10. 12—15. 17. 18. t) cui 3. u) mare divisum est 9. v) divisit 3. w) ut 19; et populus — transivit *des.* 7. x) per populum 2. y) Israel, Israhel 2—6. 8. 9. 11. 18. z) super illum 2; super illud 6. 8. 11—15. 18; *des.* 9. 17; siccis per eos vestigiis 3. a) *deest* 5. b) pedibus 2. 6. 15. c) statim transivit 8 *et Ordo Dunst.;* transiret 19. d) vestigii *add.* 1. 2. 9. 17; voluntatem vestigii *add.* 7. e) invocationes 1; vocem 18. f) *ita* 10. 11. 18. 19 *et Ordo Dunst.;* Elias, Helias *rell.* g) mare rubro 2. h) exciderat 6. 10. 11. 12. 18; ceciderat 13. 14. 15. i) te 1. 19; aquas 9. k) suscipies 2. l) nomine illi 2; illo 3; illum 5; *deest* 4. 12—15. 19. m) culpabilis sit 4. n) ill. 3; ei 2. 5. o) obiciatur 2; subicitur 11. p) in opere aut consensu aut conscientia aut ullo ingenio 4. q) opus 3; operam 6, *ubi* aut — conscientiam *des.;* aut per consilium *add.* 7. 10. r) concientiam 19; scientiam 2. 5. 7. 9. 13. 14. 15. 17. s) supernatare 3. 5. t) supro *pro* s. te 3. u) ut in nullo possit 3; et non possit 6; ut nulla possit 9. v) *deest* 7. 8. w) contra te *des.* 9; te *deest* 1. x) *deest* 4. 14. 19; aliquo modo 5; alicuius 11. y) ficta 1. 18; ficti 10; *deest* 9. z) nulla 13—15; ullum prestigium 4; nullum prestigium 8. a) quod 4. 15; qua 10; quam 13. 14; quin illud possis manifestare 18; per quam possit illud, de quo queritur, non manifestari 19. b) illi 3; illos, illum 9; non possit hec m. 6. c) non m. *corr.* occultare 3; occultare *pro* n. m. 4 *et Ordo Dunst.* d) manifestari 10. 11. 14. 19. e) Adiuro te 3. 9; Adiuro autem te 5; Adiuramus te atque 8; Adiurantes autem te 19.

1) 4. *Reg.* 6, 5 *sqq.*

autem per[f] nomen Christi[g] precipimus tibi, ut nobis[h] per nomen eius obedias, cui omnis creatura servit[i], quem Cherubin et Seraphin laudant[k], dicentes[l]: 'Sanctus, sanctus, sanctus dominus[m] Deus[n] exercituum', qui etiam regnat[o] et dominatur per infinita secula[p] seculorum[q]. Amen.

(2).

Adiuro te, creatura aquae, in nomine sanctae et individuae Trinitatis, unius Dei omnipotentis, qui est et qui erat et qui venturus est, qui te creavit et[a] verbo separavit ab arida, qui per te contagia primi[b] seculi diluit et iustum Noe liberare dignatus est, qui per te iter[c] populo suo prebuit ac[d] sitienti postea potum de petra produxit, qui sine delicto suo per te delicta nostra delevit, qui te in vinum sua potentia convertit et te cum sanguine[e] nostrae redemptionis de latere suo produxit et credentibus in se poculum vitae miscuit[f], ut nullius[g] hominis nomen in aliqua scriptum materia suscipias[g] inmersum[h], qui prefati sceleris culpabilis existit[i], donec inde quod verum est[k] publica voce declaret, et eum in[l] te suscipiendo depromas, qui predicti facinoris invenitur[m] immunis. Et fiat[n] omnis[o] fraus vel ludificatio inimici Divinitatis supernae superata virtute, ut, qui per te gaudent[p] esse[q] renatos, cognoscant, se[r] iusto examinationis iudicio fieri comprobatos. Per.

(3).

Adiuro te, N., per invocationem domini nostri Iesu Christi et per iudicium aquae frigidae. Adiuro te per Patrem et[a] Filium et Spiritum sanctum, et[b] per Trinitatem[c] inseparabilem, et[d] per dominum nostrum Iesum Christum, et per omnes angelos[e] et archangelos, et per[f] omnes[g] sanctos[h] Dei, et per diem tremendum[i] iudicii[k], et per 24 seniores[l], qui cottidie Deum laudant[m, 1], et per 4 euangelistas, Matheum[m*], Marcum, Lucam et Iohannem, et[n] per 12 apostolos, et per 12[o] prophetas, et[p] per omnes sanctos Dei, per[q] martyres[r] et confessores atque virgines, et per principatus et potestates, et per[s] dominationes et virtutes, et[t] per thronos[u] Cherubin et[v] Seraphin, et per omnia secreta[w] caelestia te[x] adiuro; et[y] per tres pueros, qui[z] cottidie Deum[a] laudant, Sydrac,

(1). f) aqua 6, *ubi* per — nobis *des.*; per — Christi *des.* 7. g) eius 18; Dei 19. h) *deest* 6. 7. 11. 13. 15. 16. i) deservit 12. k) conlaudant 3. 5; conlaudare 2. l) dicentia 4. m) *deest* 3. 13. 15. n) *deest* 14; Sabaoth *pro* D. ex. 16; *cf. A* 21 k. o) regnat et *des.* 9. p) *deest* 1. q) *deest* 8.

(2). 1 = *B VIII*, 2. *cod.* 2. 2 = *B VIII*, 2. *cod.* 1. 3 = *B XIII*, 1. 4 = *B XV*, 3. a) te *add.* 1; qui te *add.* 2. b) prima diluit seculi 3; primi *deest*, diluit seculi 4. c) populo suo iter 2. 3; iter siccum p. 4, *ubi* suo *deest.* d) et 3. e) suo *add.* 3. f) miscuerat 3. 4. g) illius hominis nomen non suscipias 3. 4, *ubi* in aliqua scriptum materia *desunt.* h) vel vicarium eius *add.* 4. i) extitit 2. k) sit 2. 3. l) suscipiendo in te 3. 4; in te *des.* 2. m) invenit 2; inveniatur 4. n) fiat *post* supernae *legitur* 3. 4. o) quaecumque 3. 4. p) se gaudent 2. q) esse *deest* 2. 3. 4. r) in isto examinationis iudicio se conprobandos *pro* se — conprobatos 3 *et* 4, *ubi tamen* vero *pro* in isto *legitur.*

(3). 1 = *B XII*, 1. 2 = *A* 18. 3 = *B VI*, 1. 4 = *B II*, 2. 5 = *B VIII*, 1. 6 = *B XV*, 3. 7 = *B III*, 1. *cod.* 1. 8 = *B III*, 1. *cod.* 2. 9 = *B III*, 1. *cod.* 3 *(in priore parte nonnulla omissa sunt).* 10 = *A* 20. 11 = *B IV*, 2. *12 = *A* 24. a) et per Filium et per Sp. 5. b) et per *des.* 4; per *deest* 5. c) sanctam Tr. 2. d) et — Christum *des.* 3. 9. e) ang. — omnes *des.* 1; sanctos angelos et arch. 8. f) per *deest, et ita saepius* 4. g) nomen *pro* o. s. 10. h) et electos *add.* 5. i) tremendi 2. 4. 6. k) Dei *add.* 1. 9. l) Dei *add.* 2. 6. m) collaudant 3. m*) Matheum — Iohannem *des.* 1. 2. 6. 7. 8. n) et — apostolos *des.* 3. o) *deest* 2. p) et — sanctos Dei *des.* 5. 7. 8. q) *deest, et ita saepius* 3. r) martires et per sanctas virgines Dei atque confessores *pro* mart. — virgines et 4. s) thronos et *add.* 2. t) et per thronos *des.* 2; et super thronos 6. u) et *add.* 3; per *add.* 4. 6. v) quoque et 4; atque 3. w) celestia agmina sanctorum *pro* s. cael. 3. 4. x) adiuro te 3. 4; *des.* 5. y) etiam 3; *deest* 6. 9. z) qui — laudant *des.* 2. 9. a) ante Dominum assistunt *pro* D. 1. 3. 4.

1) *Cf. Apocal.* 5, 8.

Misac et Abdenago, et per 144 milia[b], qui[c] pro Christi[d] nomine passi[e] sunt, et per Mariam[f], matrem domini nostri Iesu Christi, et per cunctum[g] populum[h] sanctum[i] Dei, et per illud[k] baptismum, quod[l] sacerdos[m] super[n] te regeneravit, te adiuro[o], ut[p], si tu de[q] hoc furtu[r] scis[s], aut vidisti[t], aut baiolasti[u], aut in domum tuam recepisti, aut consentiens vel[v] consentaneus exinde fuisti, aut si habes cor incrassatum vel[w] induratum, aut si culpabilis inde es, evanescat cor tuum, et non suscipiat te aqua, nec[x] ullum maleficium[y] contra[z] hoc prevaleat. Propterea[a] obnixe te[b] deprecamur, domine Iesu Christe, fac signum tale, ut, si culpabilis est hic homo, nullatenus recipiatur ab aqua. Hoc autem, domine Iesu Christe, fac ad laudem et gloriam tuam[c], per invocationem nominis tui, ut omnes cognoscant[d], quia tu es Deus[e] benedictus, qui vivis et regnas in[f] secula seculorum[g]. Amen.

(4).

Adiuro te[a] per Deum[b] omnipotentem, qui fecit[c] caelum et terram, mare et omnia, quae in eis sunt, et per Iesum Christum, filium eius, qui pro nobis natus et[d] passus est, et per[e] Spiritum sanctum[f], atque per[g] sanctam Mariam[h], Dei genetricem, et per omnes sanctos[i] angelos, apostolos[k], martyres[l], confessores et[m] virgines[n]: si te culpabilem et[o] reum de prenominato[p] et tibi imputato crimine scias[q], ut[r], suadente diabolo, hoc ferrum hodie[s] in[t] manum[u] accipere non presumas. Si[v] vero[w] tam[x] temerarius sis[y], ut eodem crimine pollutus accipere presumas[v], per virtutem domini nostri Iesu Christi et[z] per signum[a] sanctae[b] crucis victus et confusus abscedas[c]. Si autem[d] in[e] temet ipso securus[f] et innocens sis[g] de[h] hoc[i] crimine[k], per nomen domini nostri Iesu Christi et per[l] signum huius[m] sanctae crucis[n] licentiam[o] et[p] fiduciam habeas accedere et tibi[q] ad securitatem hoc ferrum in manum[r] accipere[s]; et

(3). b) innocentum *add.* 3; innocentes *add.* 4. c) *deest* 6. d) Christo *pro* Chr. nom. 1. 6. 7. 8. 9. e) pęnas potenter passos *pro* p. s. 6. f) sanctam M. m. 5—9. g) *deest* 3. 4; sanctum cunctum populum Dei 6. h) polum 4. i) *deest* 3. 5. 7. k) illum 2. 4. l) quem 4; quo te regeneravit sacerdos 3. 5. m) Dei *add.* 6. n) super *deest* 10. o) te adiuro *des.* 3. 5. p) ut, si tu de prenominata causa culpabilis cor incrassatum vel induratum habes, ut si 1; si de hoc furto *etc.* 3 *(vide B VI, 1); cf.* 4. 11. q) in 5. r) furto 3 *et alii; deest* 2. s) scisti 2. 5. 10; fecisti 3. t) audisti 3. 10. u) baiulasti 2 *et alii.* v) aut 2. 6. 7. 8; vel consentaneus *des.* 11. 12. w) et cor 2. x) neque 2 *et alii.* y) tuum *add.* 11. 12. z) possit contra hoc prevalere, sed manifestetur 3. 4. 11; possit c. h. prevalere 12. a) Proinde 5; Propterea — ab aqua *des.* 6. 7. 8. 9. b) rogo te *pro* te depr. 5. c) tuam per invocationem 3; *des.* 1. 6. 11. 12; tuam *deest* 7; invocationem 2. 4; et ad invocationem 5. 7. 8. 9. d) agnoscant 7. e) *deest* 7; noster *add.* 2. f) per omnia 7. 8. g) *deest* 6.

(4). 1 = *B IX,* 1. 2 = *A* 10. 3 = *B XVI,* 1. 4 = *B IV,* 4. 5 = *B XIV,* 2. 6 = *B XV,* 1. 7 = *B XIII,* 2. 8 = *B III,* 2. *cod.* 2. 9 = *B III,* 2. *cod.* 3. a) homo *add.* 2; o homo *add.* 3; homo N. *add.* 4; N. *add.* 5. 6. 7. 9. b) Deum patrem 2; Patrem 3. c) creavit 2. 3. d) est et passus 2. 3. 7. 8. 9. e) *deest* 8. f) qui in igne divino super apostolos venit 2 *et, omisso* in, 3. g) *deest* 4. 5. h) *deest* 5. 6. i) angelos et archangelos 8; angelorum choros *pro* s. a. 2. 3. k) per a. 2; et per a. 3; et a. 4. 9; et patriarchas a. 5. l) et m. 8; et per m. ac c. 9. m) *deest* 2. 4. 9. n) atque per omnes sanctos et electos Dei *add.* 3; et *add.* 9. o) et reum *des.* 2. 3. p) prenotato imputatoque tibi crimine 2; prenominato imputatoque cr. 3; prenominata et tibi imputata causa 4; prenominato crimine 7. q) scis 2. r) aut 9. s) *deest* 3. 9. t) accipe in manum sive in hanc aquam mittere non pr. 9. u) manus 1; manu tua 2; manum tuam 3. v) Si — presumas *des.* 4—7; ne per 4. 7; sed per 5. 6. w) autem 2. 3. x) *deest* 8. y) es 2. z) et — crucis *des.* 3. 8. 9. a) triumphum 2. b) huius s. 1. c) hodie abscedas 3; discedas 4. d) vero 3. e) in temet ipso *des.* 2. 3. f) sec. et *des.* 7. g) de hoc cr. sis 1. 8. 9; es 2. 3. 4; innocens es 2. h) de hoc crimine *des.* 2. 3. i) obiecto 2. k) aut de hac re, quae in hoc iudicio exigitur a te *add.* 4. l) *deest* 4. 7; per triumphum *pro* per signum 2. 3. m) *deest* 6. n) ac rectum iudicium *add.* 3. o) damus tibi licentiam, ut accedas cum fiducia ad suscipiendum hoc ferrum *pro* licentiam — accipere 2. 3. p) et fidutiam *des.* 5. 6. 7. q) ita 9. r) manus accipe sive in hanc aquam manum mittere *pro* m. acc. 9. s) liberare 8.

liberet te Dominus[t], iudex iustus, sicut tres[u] pueros de incendio ignis eripuit et Susannam de falso crimine liberavit[w]; quatinus salvus[x] et securus appareas, et virtus Domini nostri[z] in te declaretur[a].

(5).

Adiuro vos[a], homines, per Patrem et Filium et Spiritum sanctum[b], et per[c] vestram[c] christianitatem, quam[d] suscepistis[e], et[f] per unigenitum filium Dei[g], et[h] per sanctam Trinitatem, et per sanctum euangelium, et per istas[i] reliquias[k], quae[l] in ista[m] sunt[n] ecclesia, ut non[o] praesumatis ullo[p] modo communicare neque accedere[q] ad altare[r], si vos[s] hoc fecistis[t], aut consensistis[u], aut[v] scitis[w], quis[x] hoc[y] egerit[z].

(6).

Admoneo vos, fratres, in nomine domini[a] nostri Iesu Christi Nazareni, ut, si quis ex[b] vobis istas res[c] furatus est[d], aut aliquo[e] modo pollutus[f] est, procedat in medium et profiteatur coram[g] sancto altari[h] et satisfaciat quod[i] deliquit; sin[k] autem noluerit, set[l] arrogantia tumidus[m] introierit iudicium, sentiat[n], magnum[o] iudicem Iesum[p.1] esse super se[q], qui quondam cupidum de spoliis victum interemit. Stringat[r] et fauces eius[s] Heliseus propheta, qui in[t] Iezi furtum deprehendit[2]; gladius Petri apostoli astet[u], qui[v] trucidavit animam Ananiae et Saphirae verberans[3]. Ideo admoneo[w], ut detis gloriam Deo et confiteamini[x] illi[y], ne introeatis[z] in temptationem. Adiuro te, immanissime[a] draco, serpens antique, per verbum veritatis et signum claritatis domini[b] nostri Iesu Christi, agni immaculati, de Altissimis[c] procreati[d], ut[e] nulla tua[f] arte impediatur[g],

(4). t) Deus 2. 3. 5. 6. 9; *deest* 8. u) liberavit tres pueros de camino ignis *pro* tres — eripuit 3. v) incendia 8, *pro* i. ign. 9. w) *deest* 3. x) sanus 3; salvus sis 8; salus 9. y) et sec. app. *des.* 8. 9. z) *deest* 3; Iesu Christi *add.* 4. 7. 9; Iesu Christi ad rectum iudicium hodie *add.* 2. a) clarificetur 8.

(5). 1 = *A* 17. 2 = *B VI,* 1. 3 = *B IV,* 2. 4 = *A* 18. *cod.* 1. 5 = *A* 18. *cod.* 2. 6 = *A* 19. 7 = *A* 20. 8 = *B II,* 2. 9 = *B III,* 1. *cod.* 1. 10 = *B III,* 1. *cod.* 2. 11 = *B III,* 1. *cod.* 3. 12 = *B XI,* 1. 13 = *B XIV,* 1. 14 = *B XIII,* 1. 15 = *B XVII,* 4. *cod.* 1. 16 = *B XVII,* 4. *cod.* 2. 17 = *A* 22. 18 = *B XV,* 1. *19 = *B X,* 1. 20 = *B VIII,* 1. *cod.* 1. 21 = *B VIII,* 1. *cod.* 2. 22 = *B V,* 1. a) te (vos) *et ita semper numeri pluralis formas superscriptas praebent* 14. 17. 19. 20; te, homo, *etc.* 21. 22. b) et per sanctam Trinitatem et per invocationem unigeniti filii *add.* 9. 10. 11; *eadem et* Dei *add.* 12. 13. 14. 18; *eadem et* sui *add.* 20. c) per tuam 21. 22; per veram 7. 11; per *deest* 14; vestram *deest* 17. d) vos *add.* 7. e) suscepistis in baptismo 14; in baptismo accepistis 12. f) et — Dei *des.* 9—14. 18. 20. 21. g) *deest* 3. 4. 15. 16. h) et per sanctam Trinitatem *des.* 8—14. 18. 20. 21. i) sanctas 5; illas sanctas 6; istas *deest* 13. 18. 21. k) sanctorum *add.* 14. l) qui 4. m) *deest* 12; hac ecclesia sancta sunt 7. n) ecclesia sunt 2 *et plerique ceteri;* continentur eccl. 13. 18. o) nullo modo pres. com. 15. 16. p) nulo 5. q) accedatis 8. r) hoc sanctum altare 7. s) *deest* 13. 18. t) te (vos) fecisse scias (-tis) 14. u) consentis 5, *ubi reliqua desunt;* consentistis 8, *ubi* aut sc. *desunt;* consentistis 9. v) aut consilium dedisti *pro* aut scitis *etc.* 13; vel si nosti quis 17. w) scistis 4. 12; scias (-tis) 14. x) quid 4. 8. 21; qui 6; qualiter 7. y) *deest* 15. 18. z) fecerit 2. 9—12. 14. 15. 16; fecerint 18; egerint 7.

(6). 1 = *B X,* 6. 2 = *B XVI,* 3. 3 = *B XVII,* 1. a) d. n. *des.* 3. b) istas ex vobis 1. c) quae in isto breviculo tenentur inscriptae, furto tulit 2. d) vel etc. *add.* 3. e) ullo 2. f) per hoc pollutus 2. g) illud coram 2. 3. h) altare 3. i) q. d. *des.* 1. k) si autem 2. l) sed 2. 3. m) timidus 1; tumida 2; tumidum 3. n) sciat 2. 3. o) magni iudicis Iesu esse 2. p) esse Iesum 1. q) eum 2. 3. r) Stringet 3. s) *deest* 2. 3. t) *ita* 2. 3; m *pro* in I. 1. u) astabit 3. v) qui tr. *des.* 1. w) vos *add.* 3. x) confitemini 2. y) nomen eius 3. z) intretis 2. a) imanissime 1. b) dominum nostrum Iesum Christum, agnum immaculatum 2. 3. c) altissimo 2. d) creatum 2; procreatum 3. e) et 1. f) *deest* 2. 3. g) impedias 2; inpediente 3.

1) *Gerbertus in editione monet, Iosuam intelligendum esse. Cf. Ios.* 7, 11—25. 2) *Cf.* 4. *Reg.* 5, 20 *sqq.* 3) *Cf. Act. apost.* 5, 1 *sqq.*

set[h] iudicium rectum Dei[i] existat, et[k] qui de hoc furto consentiens fuerit, iudicium Dei spumato ore et strangulato guture patefaciat, qui iudicat[l] aequitatem in omni tempore, qui est[l] benedictus in secula seculorum. Amen.

(7).

Benedic, Domine, per potentiae tuae virtutem hoc genus metalli, ut in[a] eo propter nomen sanctum tuum, omni daemonum[b] falsitate procul remota, omnique fascinatione[c] et fallatia infidelium sublata, verissimi iudicii tui fidelibus tuis veritas patefiat[d], quatinus laudabile et gloriosum nomen tuum in sancta ecclesia tua[e] semper glorificetur. Per[f].

(8).

Benedic[a], Domine, sancte Pater[b], per invocationem sanctissimi nominis[c] tui et per adventum filii tui, domini nostri Iesu Christi, atque per[d] donum Spiritus[e] paraclyti[f] hoc genus metalli[g], ut sit[h] sanctificatum et[k] consecratum ad manifestandum[l] verum iudicium tuum, ut, omni daemonum falsitate procul remota, veritas veri iudicii tui fidelibus tuis manifesta fiat.

(9).

Benedico te, creatura aquae[a], in nomine Patris[b], ex quo cuncta procedunt, et Filii, per quem facta[c] sunt omnia, et Spiritus[d] sancti, in quo sanctificantur[e] universa. Adiuro[f] te per eum, qui de[g] quatuor fluminibus totam terram rigari[h] praecepit[i] et te de petra produxit teque[k] in vinum mutavit, etiam[l] in te baptizatus est, ut nullae insidiae diaboli nec maleficia hominis inimici te a veritate iudicii separare possint, sed noxium[m] manifestes et innocentes[n] purifices. Per eum, cui[o] nulla latent occulta[p], et qui misit te per diluvium[q] super universum orbem, ut peccatores deleres, et[r] adhuc venturus est iudicare vivos et[s] mortuos et seculum per ignem. [Amen[t]].

(10).

Benedico te, creatura aquae, per ignem ferventem[a], in nomine Patris[b] et Filii et Spiritus sancti, ex quo cuncta procedunt; et[c] adiuro te per eum, qui te[d] ex quattuor[e]

(6). h) quin 2; *deest* 3. i) *deest* 2. k) et qui hoc furtum fecit vel consentiens fuit iudicium Dei sit super eum *pro* et — patefaciat 2; ut qui de hoc furto consentiens fuit, vel, ut, si actum luxurie cum N. fecit, iudicium Dei patefecit vel faciat *pro* et — patefaciat 3. l) *deest* 1.

(7). 1 = *B X*, 2. 2 = *B IV*, 4. 3 = *B IX*, 1. 4 = *B XIV*, 2. 5 = *B XIII*, 2. 6 = *B XV*, 1. 7 = *B VIII*, 4. *cod.* 1. 8 = *B VIII*, 4. *cod.* 2. a) in eo *des.* 7. 8. b) daemonum — omnique *des.* 7. 8. c) facinatione 7, *ubi* et *deest;* factione 8. d) patescat 7. 8. e) *deest* 6. f) *deest* 8.

(8). 1 = *B IX*, 1. 2 = *A* 11. 3 = *B XI*, 2. 4 = *B IV*, 4. 5 = *B XVI*, 1. 6 = *B XIII*, 2. 7 = *B III*, 2. *cod.* 2. 8 = *B III*, 2. *cod.* 3. a) *deest* 3. b) omnipotens *add.* 3. c) tui nominis hoc genus metalli et per adv. 2, *ubi* hoc genus metalli *infra des.* d) *deest* 7. e) sancti *add.* 4. 5. 6. f) paracliti, ut sit 2. g) *verba:* ad manifestandum verum iudicium tuum *hoc loco leguntur, infra desunt in cod.* 5; *et hic et infra extant* 6. 7. 8. h) sive hanc creaturam aquae *add.* 8. i) a te *add.* 5. k) et a nobis 5. l) *deest* 4.

(9). 1 = *B I*, 2. 2 = *B XIV*, 1. 3 = *B XVI*, 2. 4 = *B XVIII*, 3. a) igni ferventis *add.* 4. b) Dei patris 2. c) omnia facta sunt 2. 3. d) Spiritu 1. e) universa sociantur 2. 4; universa sanctiuntur 3. f) et adiuro 2. 3. 4. g) te ex 2. 3. 4. h) rigare 2. 3. 4. i) praecepit — petra *des.* 4. k) et te 2. 3; nam et te 4. l) et 2. 3. m) punias noxium *pro* n. manif. 2. 3. 4. n) purifices innocentem 2; illesum purifices innocentem 3. 4. o) quem 3. p) oculta 1. q) diluvium super *des.* 3. r) qui *add.* 3. s) et — ignem *des.* 3. t) *add.* 2.

(10). 1 = *A* 5 *(B IV,* 1*)*. 2 = *B X*, 3. 3 = *B IX*, 2. 4 = *B XIV*, 2. 5 = *B VI*, 3. 6 = *B XV*, 2. a) ferventis 2. 4. 6; fervens 3. b) Dei patris 1. 4. c) *deest* 2. d) *deest* 4. e) fl. quat. 2. 3. 4.

fluminibus totam[f] terram rigare praecepit et te[g] de petra produxit et[h] te in vinum convertit[i], ut nullae insidiae diaboli neque malicia[k] hominis[l] te a veritate iudicii separare possint[m], sed punias noxium et illaesum[n] purifices innocentem. Per eum, quem[o] nulla latent occulta, et qui misit te per diluvium super universum orbem, ut peccatores deleres[p], et adhuc venturus est[q] iudicare vivos et mortuos et seculum per ignem. [Amen[s]].

(11).

Deus angelorum, Deus[a] archangelorum, Deus[b] patriarcharum, Deus prophetarum pariter[c] et apostolorum, Deus[d] martirum, Deus confessorum, Deus[d] virginum, Deus[e] pater domini nostri Iesu Christi[e], qui in mundi exordio hominem ad imaginem[f] et similitudinem tuam propria voluntate formasti[g] preceptumque[h] dedisti, ut[i] vetitum non tangeret pomum, quo[k] transgresso, prevaricationis[l] tam[m] diu poenas luit[n], quousque inmensa[o] tua divinitas in homine assumpto[p] tulit e vinculo servum restituitque genus humanum per[q] tuam clementiam regno[r], inclina, Domine[s], aurem tuam ad preces[t] humilitatis nostrae et ostende nobis[u] misericordiam tuam, ut, qui contra preceptum tuum et adversus instituta legalia, euangelica[v] et apostolica furtum[w] perpetrare non metuunt[x], virtutem tuam in[y] hanc[z] creaturam panis et casei sentiant[a] advenisse; ut, si quis de[b] his, quorum nomina hic tenentur inscripta[c], de his rebus, quae[d] in hoc breviculo tenentur[e], aliquid[f] furatus est[g], aut consentiens fuit[h], aut quolibet modo commixtus[i], et[k] in[l] hac presentia[m] reddere aut confiteri noluerit, coram omnibus[n] panis et casei istius partes[o] transglutire non possit, sed spumato[p] ore et[q] sanguinolento, faucibus[r] constrictis[s], appareat[c] victus[t]. Et qui innocens est[u], illesus[v] cum graciarum actione sumat et laetus abscedat; quia[w] tu[x] es, Domine, iustus iudex, et[y] aequitatem vidit[z] vultus tuus[a]. Scrutans[b] ergo[c] tu renes et corda et[d] solus sciens[e] cogitationes hominum[f], ne perdas iustum cum impio, sed aequitatem misericordiae[g] tuae[h] in illis[i]

(10). f) *deest* 4. g) *deest* 1. 2. h) nam et 5. i) mutavit 5. k) maleficia 5. l) inimici *add.* 5. m) possit 4. n) *ita* 3—5; inlesum et innocentem purifices 1; illesum purifices et innocentem 2. o) cui 5. p) perderes 5. q) es 2. r) per ignem *des.* 1; ignem *deest* 6. s) *deest* 1. 2. 5. 6.

(11). 1 = *A* 32. *cod.* 1. 2 = *A* 32. *cod.* 3. 3 = *B X*, 6. 4 = *B XVII*, 1. 5 = *B XVI*, 3. 6 = *B XV*, 4. a) et 5. b) Deus patriarcharum *des.* 2; Deus prophetarum et patriarcharum, Deus apostolorum 3. 5; Deus patriarcharum et prophetarum, Deus apostolorum 4. c) *deest* 6. d) et 3. 4. 5. e) Deus omnium bene viventium *pro* Deus — Christi 5. f) imaginem et *des.* 3; et similitudinem *des.* 6. g) creasti et vetuisti, ut non tangeret p. 1. h) ei *add.* 3—6. i) ne vetitum *pro* ut vetitum non 4; ut vetitum ne 6. k) qua transgressione 3. 5; qui transgressione 4. l) *deest* 4. m) multos luit annos *pro* tam diu p. luit 3; multos luit poenas per annos 4. 5. 6. n) *deest* 1. o) propitiaque *add.* 3—6. p) assumpta 5. q) per tuam clem. *des.* 2; perpetua clementia 3. r) rogo 1; in regno 5; regnis 6. s) Domine, aurem tuam *des.* 3; Domine *deest* 2. 4. 5. 6. t) precem 3. 4. u) in nobis 3. 5. v) et euvangelica et per apostolica 3. w) hoc vel etc. *add.* 4. x) metuerunt 1; metuit 4. y) per 3. z) hac creatura 2. 6; hac creaturam 4. a) sentiat 4. b) de his *des.* 1. c) inserta sive 3. 4. 5. d) *deest* 4. e) continentur 4. 5; inserta *add.* 2. 6. f) aliquod 3. 5. g) vel etc. *add.* 4. h) fuerat 2. 6; est 5. i) conmaculatus 5. k) aut 3; *deest* 4. 5. l) si reddere in presenti vel confiteri 3. 4. 5. m) aut *add.* 6. n) hominibus 1. o) partes datas 4. 5; partem datam 3. p) spumato saguine mixto *pro* sp. — sanguinolento 4. q) ac sputo sanguine mixto 3; ac sputo et sanguine mixtis 5. r) faucibusque 3. 6. s) contractis 2. t) convinctus a. 3; convictus a. 4. u) et illesus est 3. v) illesus *ante* sumat *legitur* 4, *deest* 5. w) qui 5. x) tu, Domine, iudex es iustus et verus 3, tu, Domine, iudex iustus es 4, iustus iudex tu es, domine Deus 5, tu, Domine, es iudex iustus *pro* tu — iudex 6. y) et equitate vultus tui *pro* et aeq. v. v. tuus 4; *des.* 3. 5. z) videt 6. a) eius 1. b) scrutaris 1. 4. c) tu ergo 2; et *pro* ergo tu 4; *des.* 3. 5. 6. d) et *del.*, tu *add.* 3; et qui solus nosti *pro* et s. sciens 5. e) scis 4. f) hominis 1. g) potentie 4. h) *deest* 5. i) ill. 4.

ostende, ut, quomodo[k] in aqua benedictionis[l] pudicitiam[m] et stuprum discrevisti[n. 1] quondam[o], ita quoque nostris[p] temporibus in hac tua[q] creatura operare miracula, ut discant[r] omnes fines terrae[s] iudicia tua, qui[t] es benedictus[u] in secula seculorum[v]. Amen.

(12).

Deus, iudex iustus, fortis et patiens, qui auctor es pacis et iudicas aequitatem, respice ad deprecationem nostram et dirige iudicium nostrum[a], qui[b] iustus es et rectum iudicium tuum. Qui respicis terram et facis eam tremere, et qui per[c] adventum unigeniti[d] tui, domini nostri Iesu Christi, seu passionem[e] mundum salvasti genusque humanum redemisti[f], tu[g] hanc[h] aquam ferventem[i] sanctifica et, sicut tres pueros, Sydrac et Misac et Abdenago, iussu[k] regis Babylonici[l] in fornacem succensam missos[m], salvasti angelumque tuum mittens[n] illesos exinde eduxisti et Susannam de falso testimonio eripuisti, ita, clementissime Dominator[o], oramus et petimus, ut[p], quisquis innocens de hoc[q] crimine prenominato[r] in[s] hanc aquam manum miserit, sanam et illesam eam[t] educat. Per[u] te Salvatorem et[v] Redemptorem totius[w] orbis, qui venturus es iudicare[x].

(13).

Deus, iudex iustus, qui auctor pacis[a] es et iudicas aequitatem, te suppliciter[b] rogamus[c], ut hoc[d] ferrum, ordinatum[e] ad iustam examinationem cuiuslibet dubietatis[f] faciendam, benedicere et[g] sanctificare digneris[h], ita ut, si[i] innocens[k] de prenominata[l] causa, unde purgatio[m] querenda est, hoc[n] ferrum[o] ignitum in[p] manum acceperit, *vel*[q]

(11). k) sicut iam decrevisti typum benedictionis et maledictionis *pro* quomodo — discrevisti 5. l) et maledictionis *add.* 3. 4. m) pudicitiam et typum 3, pudicicie typum *pro* p. et stuprum 4. n) decrevisti 2. 3. 5. 6, *post* quondam 4. o) veteri quondam in lege 3 *(literis* vet *deletis).* 4; in lege veteri 5, *ubi* quondam *deest.* p) nunc *add.* 4. q) nota (nunc?) tua creatura 3; creatura tua nunc 5; rata creatura 6. r) *deest* 3. s) timerent *add.* 3; timere *add.* 5 *et post* tua 4. t) qui tu es 3; quia tu es 6. u) Deus benedictus 3. 6. v) s. Amen *des.* 6.

(12). 1 = *B VIII,* 3. *cod.* 1. 2 = *B VIII,* 3. *cod.* 2. 3 = *B III,* 2. *cod.* 2. 4 = *B III,* 2. *cod.* 3. 5 = *A* 3. 6 = *B XIII,* 2. 7 = *B XVI,* 1. *Cf. A* 2 b. a) tuum 6. b) quia 1. 5. c) *deest* 1. d) unigeniti tui *des.* 3. 4. 6. e) passione 1; per passionem eius 6; per passionem 7. f) liberasti 3. 4. g) hoc ferrum fervens vel *add.* 4. h) hunc ignem ferventem sanct. 6. i) igne ferventem 3. 4. 7; vel ferrum igni ferventem 5. k) iussu r. B. *des.* 6. l) Babylonii 3. 4; Babiloniae civitatis 5. m) *hic* inlaesos (inlesos) *add., sed infra deest* 3—7. n) immittens 2. o) Pater 6. p) *abhinc discrepat* 7. q) *deest* 3. 4. 6. r) hoc ferrum in manu portaverit sive *add.* 4. s) suam manum in aquam miserit 3; in hoc ferrum manum m. 6. t) *deest* 3; eam se habere sentiat *pro* eam educat 4. u) Et per 1; Per eundem 4, *ubi reliqua desunt.* v) et Red. *des.* 1. 3. w) mundi *pro* tot. orb. 3; totius mundi 6. x) iudicare *deest* 2. 3; vivos et mortuos *add.* 6.

(13). 1 = *B X,* 2. 2. *Cod. Essens. (nunc biblioth. Dusseldorp.), saec. X, fol.* 224 *(ed. Lacomblet, 'Archiv f. d. G. d. Niederrheins', VI, p.* 76). 3. *Cod. Bruxell. (cf. A* 11*).* 4 = *B III,* 2. *cod.* 2. 5 = *B III,* 2. *cod.* 3. 6 = *B IV,* 4. 7 = *B IX,* 1. 8 = *B XIV,* 2. 9 = *B XV,* 1. 10 = *B XIII,* 2. 11 = *B XVI,* 1. 12 = *A* 10. 13 = *B VIII,* 4. *cod.* 1. 14 = *B VIII,* 4. *cod.* 2. *Cf. A* 2 a. a) es omnium rerum *pro* pacis es 6. b) supplices 8. 9. 11. c) oramus 4; exoramus 8. 9; deprecamur 11. 12. d) hos vomeres sive hoc ferrum 12. e) sive hanc aquam ordinatam 5; ignitum 8. 9; vel hos vomeres *add.* 11. f) dubietatem 13. g) et consecrare *pro* et s. 11; et s. *des.* 12. h) ita digneris, ut 11. 12. i) hic homo *add.* 3. 4. 5. 7. 11. 12; iste homo *add.* 6. k) sit *add.* 3; sit homo iste *add.* 8. 9. 10; est *add.* 11. 12. l) prenotata 12; et sibi imputata *add.* 3—6. 11. m) nunc probatio 11; vel examinatio *add.* 5. n) cum hoc 11. 12; in manu illud supserit 13; in manum illud acceperit 14. o) ignitum ferrum 2—7. 11. 12. p) in manum *des.* 12; cum in manum acceperit 8. 9. 10. q) vel pedes immiserit *des.* 2. 4. 5. 9. 13. 14; vel cum pedem in eo posuerit *pro* vel p. im. 10.

1) *Cf. Num.* 5, 21 *sqq.*

pedes immiserit, illesus appareat, et si culpabilis[r] sit atque[s] reus, iustissima sit ad hoc virtus tua in eo[t] cum[u] veritate declarandum[v], quatinus[w] iusticiae non dominetur iniquitas, sed subdatur[x] falsitas veritati. Per.

(14).

Deus omnipotens, Deus Abraham, Deus Isaac, Deus Iacob, Deus omnium bene viventium, Deus origo et manifestatio omnis iusticiae, qui es[a] solus iustus iudex, fortis et patiens, dignare exaudire nos, famulos tuos, orantes ad te pro benedictione huius ferri. Unde rogamus te, Domine, iudicem universorum, ut mittere digneris sanctam et veram benedictionem tuam super hoc ferrum, ut sit refrigerium illud portantibus et habentibus iusticiam et credentibus[b] in tuam iusticiam et[b] fortitudinem, et[c] sit ignis ardens iniquis et facientibus[d] iniqua et credentibus[e] in iniusticiam[f] suam et iniustam[g] pompam diabolicam. Converte, Domine, incredulitatem iniustorum per virtutem et[h] benedictionem tuam et per invocationem sanctae[i] Trinitatis, Patris et Filii et Spiritus sancti, et mitte in hoc ferrum vim[k] virtutis[l] tuae ac veritatis, ut[m] in eo semper per misericordiam et[n] virtutem tuam verissima[o] iusticia, quae tibi soli cognita est, fidelibus tuis ad emendationem iniquorum manifestissime declaretur, de quacumque questione ratio fuerit agitata[p], et nullam potestatem habeat diabolica virtus veritatem tuam aut occultare aut depravare, sed sit servis tuis[q] in munimentum[r] fidei ad credulitatem divinae maiestatis tuae et[s] ad certificationem manifestissimae misericordiae[t] ac[u] veritatis tuae verissimae. Per[v].

(15).

Deus, qui maxima quaeque[a] sacramenta[b] in[c] aquarum substantia condidisti, adesto[d] propicius[e] invocationibus nostris et elemento huic, multimodis[f] purificationibus preparato, virtutem tuae benedictionis infunde, ut creatura[g], misteriis[h] tuis serviens, ad diabolicas et humanas fallatias[i] detegendas et ad eorum[k] figmenta[l] et[m] argumenta dissolvenda atque[n] ad[o] multiformes[p] eorum[k] artes destruendas divinae gratiae sumat effectum. Discedant hinc[q] omnes[r] insidiae latentis inimici, quatinus veritas[s] de his, quae[t] a nobis, divini sensus et alieni[u] cordis ignaris, requiruntur[v], tuo iudicio, expetita[w]

(13). r) culpabilis atque reus sit 2. 7; reus atque culpabilis est 11. 12. s) aut 1; atque reus *des.* 13. t) eoque veritas hoc declaret, quatinus 6. u) veritatem declarandam 5; cum veritate declaranda 11. 12. v) hoc decl. 3. 7. w) ut 8. x) semper *add.* 2. 4. 9.

(14). 1 = *B IX,* 1. 2 = *B IV,* 4. 3 = *B XVI,* 1. 4 = *B X,* 2. 5 = *B VIII,* 4. *cod.* 1. 6 = *B VIII,* 4. *cod.* 2. 7 = *B XVII,* 2. a) est 4. b) cred. — et *des.* 3. 7. c) ut 3. d) in fac. 2. e) confidentibus 2. f) iusticiam 5; iniusticia sua et iniusta pompa diabolica 2. g) in iniustam 1; *deest* 5. h) per *add.* 4. i) *deest* 3. k) *deest* 7; iam 5. l) virtutis et veritatis tue 7. m) et 3; ut eo 5. 7. n) tuam et virtutem v. 5; et veritatem 4. 6; virtutis tue 7. o) veracissimam 5; veracissima 6; veracissimam iusticiam 7. p) cognita, ut nulla potestate habeat 7. q) vel ancillis declaratio veritatis *add.* 7. r) monimentum 3. s) et — verissimae *des.* 2. t) misericordissime 7. u) ac verissimae tuae veritatis 4. 5; ac verissimae veritatis tuae 6. 7. v) *deest* 1. 3. 6. 7.

(15). 1 = *B X,* 4. 2 = *B III,* 1. *cod.* 1. 3 = *B III,* 1. *cod.* 2. 4 = *B III,* 1. *cod.* 3. 5 = *B XIII,* 1. 6 = *B XV,* 3. 7 = *B XIV,* 1. 8 = *A* 5. *cod.* 1. 9 = *B XII,* 1. 10 = *B XVII,* 4. 11 = *B VIII,* 1. *cod.* 1. 12 = *B VIII,* 1. *cod.* 2. 13 = *B V,* 1. *Cf. infra p.* 722. a) *des.* 12. b) sacramenta — misteriis tuis *des.* 2. c) in — condidisti *des.* 8. d) Domine *add.* 8. e) *deest* 3. 5. 10. f) multimodis — praeparato *des.* 8. g) creaturam 11; tua *add.* 3. 5. 6. 7. 13. h) *ita* 1. 3. 4. 6—9. 13; misterii tui 10. 12; ministerii tui tibi 11; ministeriis tuis 5. i) fraudes 2; falsitates 3. k) earum 8. 10. 13. l) multiplicia figmenta 8. 10. 12. 13; argumenta et figmenta 1. m) *deest* 2. n) atque — destruendas *des.* 9. o) *deest* 7. 12. p) multivomes 1. q) *deest* 7. 8. 10. 13; hic 9. r) *deest* 6. s) tua *add.* 10. t) qui 4. u) aligeni 11; alterius 8. 10. 12; alteriusque *pro* et a. 13. v) requiritur *ante* divini 12. w) experita 11; expedita 13.

per invocationem tui sancti[x] nominis, patefacta clarescat[y]. Et[z] ne, unde requirimus, innocens iniuste[a] dampnetur, neque[b] nocens a[c] te, qui lux vera es, cuique[d] non sunt obscurae tenebrae, et[e] qui inluminas tenebras nostras[f], quaerentibus veritatem inpune[g] possit deludere[h]. Te, quem occulta non transeunt[i], ostendente[k] et[l] virtute[m] tua, qui occultorum[n] es cognitor, declarante[o], fiat[p] hinc[q] nobis in[r] te credentibus veri[s] cognitio manifesta[t]. Per[u].

(16).

Domine Deus noster[a], Pater omnipotens, lumen indeficiens, exaudi nos, quia[b] tu es conditor omnium luminum. Benedic, Domine, hoc lumen, quod a te sanctificatum atque[c] benedictum est[d], qui illuminasti omnem mundum[e], ut ab eo lumine accendamur claritatis[f] tuae, et[g] sicut igne illuminasti[h] Moysen, ita illumina[i] corda nostra et sensus nostros, ut ad vitam aeternam pervenire mereamur. Per.

(17).

Domine[a] Deus omnipotens, qui aquarum substantiam archanis[b] tuis subteresse iussisti[c] nobisque, Spiritu sancto[d] cooperante, per eam ablutionem[e] omnium[f] peccatorum[g] dedisti, tu praesta per opera iusticiae tuae, ut haec aqua per virtutem sanctae Trinitatis[h], quamvis fluens, tamen sit sanctificata et omnium errorum[i] et[k] fantasmatum[l] adinventiones expellat detque iustis et innocentibus de praenominata causa, pro[m] qua discutiendi sunt, securitatem, reis quidem[n] culparum manifestationem[o], ut uterque[p] in ea probatione, qua inventus est[q], iste[r] per probationem[s] iustitiae, ille[t] per correptionem[u] obdurationis[v], laudent nomen sanctum tuum in ea claritate, qua permanes in secula seculorum[w]. Amen.

(18).

Domine Deus omnipotens, qui baptismum in aqua fieri[a] iussisti et per lavacrum regenerationis[b] humano[c] generi remissionem[d] peccatorum donare dignatus es, sanctifica, quesumus[e], hanc[f] aquam et iustum in ea discerne[g] iudicium, qui[h] solus es iustus[i] iudex

(**15**). x) *deest* 11. y) clarescant 11. z) Atque ne unum requirimus 13. a) iniuste — nocens *des.* 5; iniuste *deest* 12. b) neque nocens *des. hoc loco, sed infra ante* quaerentibus *leguntur* 8; neque nos *pro* neque n. 10; neque nocens e t r e u s querentibus 13, *ubi* a te — tenebras nostras *des.* c) occultetur a te 5. 6; occultetur sed a te 7. d) et cui 10. e) et *deest* 8; qui *deest* 7. 10. 12. f) *deest* 11. 12. g) ne impune possit 7; impii non possint 9. 10. h) te latere 9; illudere 8. 13. i) latent nec tr. 13. k) offendente 13. l) et *deest* 11; et — declarante *des.* 8. 13. m) virtutem tuam 2. n) secretorum 2. 3. 7. 9—12. o) *deest* 7. 11. p) fiant 4. q) hic 10. 13. r) a 5; et in 9; in te cr. *des.* 10. s) iudicio *add.* 12. t) manifestata 11. u) *deest* 2; Per dominum nostrum Iesum 11.

(16). 1 = *B III*, 2. *cod.* 2. 2 = *B III*, 2. *cod.* 3. 3 = *B IV*, 4. 4 = *B IX*, 1. 5 = *B XVI*, 1. 6 = *A* 10. a) *deest* 4. b) qui es *pro* quia tu es 6. c) et 2; atque benedictum *des.* 5. d) sit 6. e) hominem 3. f) igne claritatis 2; et inluminemur igne claritatis 3. 6. g) *deest* 6. h) luminasti 2. i) illustra 4.

(**17**). 1 = *A* 11. 2 = *B IV*, 3. 3 = *B III*, 1. *cod.* 1. 4 = *B III*, 1. *cod.* 2. 5 = *B III*, 1. *cod.* 3. 6 = *B IX*, 3. 7 = *B XIV*, 1. 8 = *B XIII*, 1. 9 = *B XV*, 3. 10 = *B XVI*, 2. a) *deest* 3. b) creaturis 1. c) voluisti 7. d) tuo 2. e) absolutionem 2; abolitionem 3. 4. 6. 7; *deest* 5. 8. 9. f) omniumque 4. g) remissionem *add.* 3. 4. 5. 8. 9. h) Patris et Filii et Spiritus sancti *add.* 10. i) errorum et *des.* 3. 4. 5. 7. 8. 9. k) atque 2. 10. l) phant. 2. 5. 6. m) de 2. n) *deest* 2; autem 7. o) manifestatione 3. 10. p) usque 4. q) estis et *pro* est iste 5. r) ille 7. 8. 9. s) probitatem 2. 5. 7. t) iste 5. 8. 9. u) correctionem 1. 6. 8. v) ut *add.* 4. w) *deest* 1. 2. 6.

(18). 1 = *B IV*, 3. 2 = *B X*, 4. 3 = *B XVI*, 2. 4 = *B IX*, 3. 5 = *B VIII*, 2. *cod.* 1. 6 = *B VIII*, 2. *cod.* 2. 7 = *B XI*, 1. 8 = *B XVII*, 4. 9 = *B III*, 1. *cod.* 1. 10 = *B III*, 1. *cod.* 2. *Cf.* 11 = *A* 22. a) esse 4; fieri iusisti 5. b) *deest* 3. c) humani generis 5. d) omnium *add.* 9. 10. e) *deest* 5. 11; domine *add.* 3. 5. 6. 8. f) f l u e n t e m *add.* 4—10. g) discernendum 2; cerne 10. h) qui — fortis *des.* 11. i) *deest* 9; iudex iustus 5.

et fortis[k], ut[l], si[m] reus sit[n] homo iste de[o] prenominata re, aqua, quae in baptismo eum suscepit[p], nunc non[q] recipiat; si[r] autem inculpabilis sit[s] et innocens de eadem re, aqua, quae in baptismo eum accepit[u], nunc in[v] se recipiat, et si[w] mundus et innocens sit[x] inde[y], sanus[z] de profundo[a] huius aquae abstrahatur. Per[b].

(19).

Exorcizo te, creatura panis et casei, per Deum[a] patrem[b] omnipotentem et[c] per[d] Iesum Christum, filium eius[e], dominum nostrum, et Spiritum sanctum, procedentem a Patre et Filio, unum Deum in Trinitate, iudicem vivorum et[f] mortuorum. Adiuro te per sanctos angelos[g] eius et[h] omnem miliciam caelestem[i], ut, si quis[k] ex his sumere voluerit[l] te, qui de his, quae in isto[m] breviculo[n] continentur[o], contaminatus[p] non est[q], salubris et[r] levis ei[q] efficiaris esca ad sumendum; si quis vero pertinax ausu[s] temerario, commaculatus[t] de his, quae hic tenentur[u] inserta, ore sacrilego te edere conatus[v] fuerit, fauces vel[w] guttur illius transire non possis[x], sed strangulatus sentiat, Deum[y], quem nulla latent[z], in[a] sua creatura miracula operari[b], ut[c] confusus proferat et reiciat, quod sponte[d] nolebat, detque gloriam Deo[e].

(20).

(a) Inquisitus[a] aliquis de furto, luxuria[b], adulterio[c] vel[d] qualicumque re alia, et nolens[e] confiteri magistro[f], seniori vel[g] misso[h] senioris, ista erit ratio. Pergens[i] sacerdos ad[k] ecclesiam induat se vestimentis sacris[l], excepta casula, ferens in[m] laeva sanctum euangelium cum chrismario[n] et patrociniis sanctorum calicemque[o] cum[p] patena, exspectante

(18). k) *deest* 7. l) ita ut 3. 6. 8. 10. 11; ita et 5. m) *abhinc alia praebent* 9. 10. n) est 6. 8. o) propter nomen tuum, Domine *pro* de pren. re 5. 6. 8. p) accepit 4. 7. 8. 11. q) in se non 10. r) Sin 5. s) et innocens sit 2—5. 7. 11; et innocens est 8; aut innocens sit 6. t) de eadem re *des.* 2—7. 11; inde *add.* 2. 4. 7. 11. u) suscepit 2. 4—8. 11. v) eum *pro* in se 6. w) *deest* 3—8. 11. x) *deest* 3. 4. 7. 11; ex profundo *pro* sit inde sanus de prof. 5. 6. 8. y) *deest* 7. 11. z) *deest* 3. 4. 7. 11. a) imo profundo 3. 4; imo 11. b) *deest* 6; Per Dominum 8.

(19). 1 = *A* 32. *cod.* 1. 2 = *A* 32. *cod.* 3. 3 = *B X*, 6. 4 = *B XVI*, 3. 5 = *B XI*, 3. 6 = *B XVII*, 1. *(Deest in cod.* 4. *pars prior, in cod.* 3. *pars posterior).* a) Dominum 5. b) *deest* 3. c) et per — mortuorum *des.* 5. d) *deest* 6. e) unicum *add.* 2. f) ac 3; atque 6. g) apostolos 2. h) et — caelestem *des.* 5. i) caeli 3. 6. k) qui 1. 4. l) *ita* 3; te voluerit 6; voluerit qui 1. 2, *ubi* te *deest;* voluerint et qui 5; *verbo* [vol]uerit *incipit* 4, *ubi tamen* qui de his — contaminatus non est *desunt.* m) hoc 3. 5. 6. n) brevi . . . . *reliqua des.* 3. o) pro hac reputationis causa *add.* 6. p) contaminantur 5. q) *deest* 5. r) ei et leta *pro* et l. ei 6. s) et temerarius *pro* ausu t. 4. t) de his, quae hic inserta tenentur, pollutus *pro* com. — inserta 4. u) continentur 2. v) conaverit 6. w) et 4. 5. 6. x) *ita* 2; possit 1; valeas 4. 5. 6. y) Dominum 5. z) secreta *add.* 5. 6. a) et sua creatura que vult operatur miracula in se confidentibus servis prodidisse, ut confusus 6. b) operatum esse 3. c) *ita* 4. 6; sed confusus 5; aut confessus 2; ut confessus 6. d) sponte veniat 2; temerare (temerarie?) accipiebat *pro* sp. n. 3. e) *varia quaedam verba subiciunt codices.*

(20). 1 = *B III*, 2. *cod.* 2. 2 = *B III*, 2. *cod.* 3. 3 = *B III*, 2. *cod.* 1. 4 = *B VIII*, 3. *cod.* 1. 5 = *B VIII*, 3. *cod.* 2. 6 = *A* 5. *cod.* 2. 7 = *A* 5. *cod.* 1. 8 = *A* 5 *cod.* 3. 9 = *B XI*, 2. 10 = *B XII*, 2. 11 = *B XVI*, 1. 12 = *B XIV*, 1. 13 = *B XV*, 2.

a. *Codd.* 1—10. 13. a) autem *add.* 4. 5; igitur si fuerit *add.* 6. 8; si fuerit *add.* 7; Cum inquisitus fuerit 13. b) vel luxuria 1. 3; luxuria *deest* 2. 4. 5. c) vel adulterio 4; aut ad. 5. d) in *add.* 4; de *add.* 5. e) volens 2; noluerit 6. 13; noluit 7. 8. f) domino suo vel misso domini, hoc modo purgetur. Pergens 4. 5; magistro — senioris *des.* 13. g) vel misso senioris *des.* 7. h) aliis *pro* m. s. 3. i) Pergat 9. 10; Exiens 2. k) in 13. l) suis sacris 5. m) in l. *des.* 4. n) crismario 2. 4. 5; crismate 6. 13. o) caliceque et patena 6. 7. 8; calicemque et patenam 4. 9. 10; c. et patinam 5. p) cum — qualicumque *des.* 3.

plebe[q] cum fure vel qualicumque[r] crimine inplicato[s] in[t] atrio ecclesiae, et dicat adstanti[u] plebi in[v] ostio ecclesiae:

(b) Videte, fratres[a], christianae religionis officium. Ecce lex, in qua est spes[b] et remissio[c] peccatorum, hic chrismatis[d] unctio, hic corporis et sanguinis Domini consecratio. Videte, ne tantae beatitudinis hereditate et consortio privemini, inplicantes vos[e] sceleri alieno[f]; quia scriptum est: 'Non solum qui faciant, sed etiam qui consentiunt facientibus, digni[g] sunt morte'[1].

(c) Deinde vertens[a] se ad sceleratum[b], dicat[c] tam ei quam plebi: Interdico tam tibi quam[d] omnibus adstantibus[e], o homo, per Patrem et Filium et Spiritum sanctum, per tremendum diem iudicii, per[f] mysterium[g] baptismatis, per[h] venerationem omnium sanctorum, ut[i], si de hac re culpabilis es, aut[k] fecisti, aut[l] scisti, aut baiulasti, aut consensisti, aut[m] propter[n] actam culpam praenominatam[o] sciens factoribus[p] iuvisti, ecclesiam[q] non introeas, christianae[r] societati non miscearis, si reatum nolueris[s] confiteri admissum[t], antequam[u] iudicio[v] examineris publico.

(d) Deinde signet[a] locum in atrio ecclesiae, ubi[b] ignis fieri possit[c] ad caldarium[d] suspendendum, in quo[e] aqua bulliens efficiatur[f], vel[g] ferrum ignitum, ita tamen, ut prius locus ille aqua[h] benedicta aspergatur, necnon[i] et[k] aquae[l], quae in caldario[m] sunt[l], propter illusiones diabolicas[n].

(21).

Omnipotens[a] Deus, qui baptismum in[b] aqua fieri iussisti et hominibus remissionem peccatorum in[c] eo concessisti, tu, iudex iuste[d], rectum[e] iudicium in ista aqua discerne, ita ut, si culpabilis sit[f] iste homo de[g] praenominata causa, aqua, quae[h] in baptismo eum[i] suscepit, nunc non recipiat[k]; si autem innocens[l] sit[m], nunc[n] recipiat[o]. Nullumque[p] maleficium tui examinis veritatem in isto iudicio praevaleat immutare, sed

(20). q) eum plebe 2. 6. 7. 8. 13; fure cum plebe 4. r) cuicumque crimini 2. 9. 10. 13; cuiuscumque criminis 4. 5; quocumque crimine 6. 7. 8. s) implicito 1. 2. 3. 8. 13. t) et stans in atrio ecclesiae dicat 13. u) coram adstanti (astanti, astante, adstante) plebe 2. 4. 5. 8; coram astantibus (adst.) 6. 7. v) in o. eccl. *des.* 4. 5.

b. *Codd.* 1—13. a) carissimi *add.* 1. 5. b) charitas 8. c) omnium *add.* 4—8. d) crismatis 4. 6. 12. 13. e) *deest* 1. 9. 12. f) aligeno 4. g) dam(p)nabuntur 4—8.

c. *Codd.* 1. 2. 4. 5. *6. 7—11. 13. a) vertat 1; veniens *pro* v. se 6. b) criminosum 8. c) dicens 1; dic 2; et dicat 7. d) et *add.* 4—8. 10. 11. e) *deest* 4. f) et per 5. 11. g) misterium 4. 10; ministerium 7. 8. 11. h) et per 2. 11. i) *ita* 7. 8. 10. 11; ut si culp. es 5; ut si fecisti *des.* 1. 2. k) aut fecisti *des.* 13. l) aut scisti *des.* 8. 10. m) aut — iuvisti *des.* 13. n) *ita* 7. 8. 10; post actam 4. 5; propter eam 1; perpetratam 2. o) denominatam 4. 5. 7. 8; de prenominata causa 10. p) factores 4. 5. 7. 8. q) ut in eccl. 4. 5. 13; ut eccl. 7. 8. 10. r) christiani 13. s) volueris 2. 4. 13. t) ad missam 7. u) antequam — publico *des.* 8. v) ex. publ. iud. 3. 4.

d. *Codd.* 1. 2. 4—10. 13. a) signetur locus 8. b) ut 8. c) debet 13. d) *ita* 1. 13; caldariam suspendendum 2. 9. 10; caldariam suspendendam 4—8. e) qua 4—8. f) conficiatur 4. g) aut 4. 5. 10. 13; vel ferrum ignitum *des.* 6. 7. 8. h) aqua benedicta *des.* 13. i) *deest* 13. k) *deest* 4. l) aqua — est 4—8. 13. m) caldaria 5—8. n) demoniacas 13.

(21). 1 = *B III*, 1. *cod.* 1. 2 = *B III*, 1. *cod.* 2. 3 = *B III*, 1. *cod.* 3. 4 = *B XIV*, 1. 5 = *B XV*, 3. 6 = *B XIII*, 1. 7 = *B XII*, 1. 8 = *B VIII*, 1. *cod.* 1. *Cf. A* 14. *B I*, 5. a) sempiterne *add.* 2. 4. 6. 7. b) in aqua *des.* 5. 6. c) in eo *des.* 4. d) iustus 1. 2. e) iustum 3. f) est 4. g) *deest* 8. h) eum *add.* 4. i) *deest* 3. 4. k) suscipiat 3. l) inculpabilis 1. 2. m) te Deo miserante *add.* 4. 5; aqua, quae eum in baptismo (in b. eum) suscepit *add.* 3. 7. 8. n) modo 8. o) in se recipiat 1; suscipiat 8; eum aqua suscipiat 4. 5. 6; vel vicarium eius *add.* 7. p) que *deest* 6.

1) *Rom.* 1, 32.

contra cunctas[q] demoniacas illusiones, obstantibus sancti Iohannis[r] baptistae[s] meritis, ad dignos fructus penitentiae qui culpabilis est[t] compellatur. Per* te[u], Salvator.

*) *Codd.* 6. 8*:* Per te, Salvator[v] mundi, quem idem Iohannes digito agnum Dei demonstravit, qui vivis[w] et regnas[x] cum Deo patre in unitate Spiritus sancti Deus[y] per omnia secula seculorum. Amen.

(22).

Omnipotens[a] Deus, te[b] suppliciter rogamus[c] pro huius negotii[d] examinatione, quam modo hic[e] inter nos ventilamus[f], ut iusticiae non dominetur iniquitas, sed subdatur[g] falsitas veritati. Et[h] si aliquis hanc praesentem[d] examinationem per aliquod[i] maleficium aut per herbas terrae[k] tegere[l] et impedire voluerit, tua sancta[m] dextera, iustissime Iudex[n], evacuare digneris. Per[o].

(23).

Omnipotens, sempiterne Deus, qui es scrutator occultorum[a] cordium, te supplices exoramus, ut, si homo hic[b] culpabilis est[c] de rebus praefatis et, diabolo ingravante cor[d] eius, praesumpserit[e] in[f] aquam igne ferventem[g] manum suam mittere, tua iustissima veritas declarare[h] dignetur in corpore, ut per poenitentiam anima eius salvetur in extremo examine. Si vero in aliqua diabolicae deceptionis versutia confidens reatum suum dissimulare[i] celareque[k] voluerit, tua sancta dextera omnem illam calliditatem daemonis evacuare dignetur. Per.

(24).

Omnipotens, sempiterne Deus, qui per Iesum Christum, filium tuum, omnia visibilia et invisibilia creasti et in virtute Spiritus sancti tui[a] firmasti[b], respice, piissime[c], ad preces humilitatis nostrae, ut, sicut in primordio creaturarum aquam ab arida separasti, et in effusione diluvii iterum[c] terram a sordibus mundasti[d], et populum tuum per mare Rubrum ab Egiptiis liberasti, et eis de petra sicientibus[e] in solitudine aquam produxisti, qui ab[f] inicio signorum dilecti filii tui, unici[g] domini nostri Iesu Christi[h], aquam in vinum vertere[i] dignatus es, et in[k] membris eius in Iordanicis[l]

(21). q) *deest* 6; dęmoniacas cunctas 5; dem. *deest* 8. r) *deest* 5. s) tui *add.* 5. 6. t) sit 5. u) te S. 2. 3. 7. v) Salvatorem 8, *ubi* te *deest.* w) vivit 8. x) regnat 8. y) *deest* 8.

(22). 1 = *B IX*, 2. 2 = *B VI*, 3. 3 = *B X*, 3. 4 = *A* 5. *cod.* 1. 5 = *B XIV*, 2. 6 = *B XIII*, 2. 7 = *B XVI*, 2. 8 = *B III*, 2. *cod.* 2. 9 = *B XV*, 1. 10 = *A* 10. *11 = *A* 5. *cod.* 2. *12 = *A* 5. *cod.* 3. *13 = *B XI*, 2. a) sempiterne *add.* 5. 6. 7. 11. 12*;* Deus *deest* 13. b) *deest* 4; suppl. te 10. c) deprecamur 3. 4; exoramus 10. d) *deest* 9. e) *deest* 5. 6. 7. 9. f) habemus 10. g) semper *add.* 5. 9. h) ut 4; ut si quis 10. i) aliquid 9; aliqua maleficia 7. k) *deest* 5—10. l) tergere 3; tegere et *des.* 4; tangere vel imp. 7. m) sanctissima 10. n) *deest* 8. o) Per *deest* 3; Dominum nostrum *add.* 1; Christum dominum nostrum *add.* 10.

(23). 1 = *B III*, 2. *cod.* 2. 2 = *B III*, 2. *cod.* 3. 3 = *B XIV*, 2. 4 = *B XII*, 2. 5 = *B XV*, 1. a) oculorum et cordium 1; occultor cordium 2. b) iste 4. 5; *deest* 2. c) sit 3. 4. 5. d) eius cor 1. e) manum suam vel pedem suum in hoc ignitum ferrum mittere presumpserit 4; manum suam in hoc ferrum ignitum mittere presumpserit 5. f) hoc ferrum portare sive hanc aquam tangere tua iust. v. 2. g) sive ferrum ignitum *add.* 3. h) det poenitentiam in corpore, ut anima 2; det poenam in corpore, ut anima 4. 5. i) *deest* 2. k) que *deest* 2; et cęlare 4. 5.

(24). 1 = *B XIV*, 1. 2 = *B IX*, 3. 3 = *B XIII*, 1. 4 = *B XVI*, 2. 5 = *B XV*, 2. 6 = *B XV*, 3. a) tu 5. b) formasti 2. 5. 6. c) *deest* 4. d) *deest* 3 e) in solitudine sitientibus 2. 3. 5. 6. f) *deest* 2. 3. 5; initio *corr.* in initio 3; in initio 6. g) unici — Christi *des.* 5. h) in Chana Galileae *add.* 2. 5. i) convertere 2. 3. k) *deest* 5. l) Iordaneis 3.

fluctibus omnibus* aquis[m] baptisma consecrasti, ita hanc aquam[n] consecrare digneris, Domine[o], ut in[o] tua[o] virtute et fortitudine discernat[p] vera a falsis, equa[q] ab iniquis, diabolica a divinis[r], et[s] per[t] eam revelentur rei et conserventur innoxii. Per eundem[u] Christum.

*) *Cod.* 4: omnibus gentibus aquas baptismatis consecrare, ita digneris, Domine, nunc eam talem facere in tua virtute et fortitudine, ut discernat *etc.*

(25).

Omnipotens, sempiterne[a] Deus, qui tua iudicia incommutabili dispositione, iustus ubique iudex, discernis[b], tu clemens, in hoc tuo[c] iudicio ad invocationem sancti tui nominis, quod a te intentio fidelium implorat[d], tua iustissima examinatione[e] declara. Per.

(26).

Romani*[1] propter thesaurum sancti Petri et invidiam simul tulerunt Leoni papae oculos et linguam olim; at ille evasit[a] vix de[b] manibus eorum et venit ad imperatorem Karolum, ut[c] eum adiuvaret[d] de suis inimicis. Tunc[e] imperator reduxit[f] eum Romam[g] et restituit eum in locum suum, et thesaurum supradictum non[h] potuit invenire aliter[i] nisi per istud[k] iudicium. Quod iudicium[l] fecerunt[m] beatus Eugenius et Leo et supradictus[n] imperator Karolus[o], ut episcopi et abbates et[p] comites[q] firmiter teneant et credant, quia[r] probatum habuerunt sancti[s] viri illi, qui[t] invenerunt.

*) *Codd.* 7. 8: Quando Romani propter invidiam[u] tulerunt domno[v] Leoni papae oculos et linguam propter thesaurum sancti Petri, tunc venit ad imperatorem *etc.*

(24). m) gentibus aquas baptimatis consecrasti 5. n) frigidam *add.* 2. 3. 6; ferventem a. 5. o) *deest* 5. p) decernat 5. q) equa ab in. *des.* 6. r) divina a diabolicis 4. s) ut 2. 4. t) per ea 2; in ea 4. u) eundem Chr. *des.* 2. 3. 6; Chr. *deest* 4.

(25). 1 = *B IX*, 2. 2 = *B VI*, 2. 3 = *B X*, 3. 4 = *A* 5. *cod.* 1. 5 = *B XIV*, 2. 6 = *B XIII*, 2. 7 = *B XVI*, 1. 8 = *B XV*, 1. *9 = *A* 5. *cod.* 2. *10 = *A* 5. *cod.* 3. *11 = *B XI*, 2. a) *deest* 4. b) decernis 7. c) *deest* 3. d) deplorat 7. e) examinatio declaret 2.

(26). 1 = *B VIII*, 1. *cod.* 1. 2 = *B VIII*, 1. *cod.* 2. 3 = *B XVIII*, 1. 4 = *A* 5. *cod.* 2. 5 = *A* 5. *cod.* 1. 6 = *A* 5. *cod.* 3. 7. *Cod. S. Laurentii prope Leodium, ap. Ducange s. v. Aquae frigidae iudicium.* 8 = *A* 20. a) vix evasit 1. 2. b) e *pro* de 4. 5. 6. c) ut — inimicis *des.* 5. d) defenderet 1; adiuvaret eum et eriperet 2. e) et tunc 1. 3. f) duxit 8. g) Romam — locum suum *des.* 2; Romae 3, *ubi* et — locum suum *des.* h) aliter non potuerunt acquirere nisi 2. i) *deest* 7. 8. k) iustum 3; illud 6; iudicium istud 1. l) *deest* 3. m) fecit 3; fecere 8. n) *deest* 2. 3. 7; imp. suprad. 4. 5. 6. o) *deest* 5. 7. 8. p) seu 3; et comites *des.* 6. q) ceteri fideles *pro* comites 4. r) quia illud probatum 2; quod probatum 8; quia — invenerunt *des.* 4. s) illi sancti viri 2. 7. 8; illi sancti 3. t) qui inv. *des.* 2; quos invenerunt 3; quia illud invenerunt 7; quod invenerunt 8. u) invidentiam 8. v) domino 7.

1) *Conferas velim prologum libri iuris Frisionum, qui dicitur 'Rüstringer Sendrecht', ap. K. de Richthofen, 'Fries. Rechtsquellen', p.* 127*:* 'Hirr is escrivin alsa den riucht, sa us God selva sette anti kinig Kerl ur ief. Tha thet was thet Rumera, tha unriuchta liode pavs Leo utbrecon sina twa skena agon' *etc.*

MISSA IUDICII.

(a) Antiphona. Iustus[1] es, Domine, et rectum iudicium tuum*.

*) 1 *add.:* Fac[2] cum servo tuo secundum misericordiam tuam.

(b) Psalmus[a]. Beati[3] immaculati in via, qui[b] ambulant in lege Domini.

(c) Oratio[a]*. Da, quesumus, omnipotens Deus, sic[b] nos tuam gratiam promereri, ut nostros corrigamus excessus, sic confitentibus[c] relaxare delictum[d], ut coerceamus in suis pravitatibus obstinatos. Per[e] **.

*) *Pro hac oratione* 9 *praebet hanc:* Absolve, quesumus, Domine, delicta famuli tui, ut a peccatorum suorum nexibus, quae pro sua fragilitate contraxit, tua benignitate liberetur et in hoc iudicio, prout meruit, tua iustitia praeveniente, adversitatis censuram invenire mereamur. Per Dominum.

**) 6. 7 *add.:* Oratio[f]. Praesta, quaesumus, omnipotens Deus, ut semper rationabilia meditantes, que tibi sunt placita, et dictis exequamur et factis. Per.

(d) Lectio Isaiae[a] prophetae. In diebus illis locutus est Esaia[b] propheta, dicens: 'Querite[4] Dominum[c], dum inveniri potest. Invocate[d] eum, dum prope est. Derelinquat impius viam suam, et vir iniquus cogitationes suas, et revertatur ad Dominum, et miserebitur eius[e], et[f] ad Deum[g] nostrum, quoniam est multus ad ignoscendum'[h]*.

*) 6. *7 *add.:* 'Non[5] enim cogitationes mee cogitationes vestre, neque vie mee vie vestre, dicit Dominus. Quia, sicut exaltentur celi a terra, sicut exaltate sunt vie mee a viis vestris, et cogitationes mee a cogitationibus vestris; et quomodo descendit ymber et nix de celo et illuc ultra non revertitur, sed inebriat terram et infundit eam et germinare eam facit et dat semen serenti et panem commedenti, sic erit verbum, quod egreditur de ore meo: non revertetur ad me vacuum, sed faciet, quecumque volui, et prosperabitur in his, ad quem misi illud, ait Dominus omnipotens'.

(e) Graduale[a]. Custodi[6] me, Domine, ut pupillam[b] oculi; sub umbra alarum tuarum protege me.

(f) Versus[a]. De[7] vultu tuo iudicium meum prodeat; oculi tui videant equitatem. Alleluia*.

*) 1. *8. *9 *add.:* Domine[8], exaudi orationem meam, et clamor meus ad te veniat.
*2. 7. *12 *add.:* Versus. Iudex iustus.
3. 4. *11 *add.:* Versus. De profundis.

1 = *B XI*, 1. 2 = *B I*, 1. 3 = *B III*, 1. *cod.* 2. 4 = *B III*, 1. *cod.* 3. 5 = *B IX*, 1. 6 = *B VIII*, 1. *cod.* 1. 7 = *B VII*, 1. *cod.* 2. 8 = *B IV*, 1. 9 = *A* 5. *cod.* 3. 10 = *B X*, 1. 11 = *B XIV*, 1. 12 = *B XV*, 1. 13 = *B III*, 1. *cod.* 1. 14 = *A* 25.

Rubricam praebent 1. 3. a. 1. 2. 3. *4. *6—14.

b. 1. *3. 6. *7. *9. *11. *12. *13. a) Versus 6. b) qui — Domini *add.* 6.

c. 1—4. 6. 7. 11. 12. 13. *14. a) *deest* 2; Collecta 4. b) *deest* 4. c) fatentibus 6. 7. d) peccata 11. e) đ (Deum) *add.* 2; Dominum *add.* 4. 6. 12. f) Alia 7.

d. 1—4. 6. *7. 8. *9. 11. 12. 13. *14. a) Esaye 6. 14; proph. *deest* 4. b) Aesaias 2; Isaias 3. 4. 8; Ysaias 6; Esaias 7. 14. c) Deum 11. d) et invocate 4. e) ei 3. f) et — nostrum *des.* 1. g) Dominum 3. 4. h) dicit Dominus omnipotens *add.* 12.

e. 1. *2—4. *6—12. *14. a) Oratio 3; ℟ *vel* Responsorium 4. 6. 9. b) pupilum 2.

f. 1. *2. *3. *4. *7. *8. *9. *11. *12. *14. a) *deest* 2; Versus — equitatem *des.* 8. 11. 14, *ubi solum vox* Alleluia *exstat.*

1) *Psalm.* 118, 137. 2) *Psalm.* 118, 124. 3) *Psalm.* 118, 1. 4) *Esai.* 55, 6. 7. 5) *Ib.* 8—11. 6) *Psalm.* 16, 8. 7) *Psalm.* 16, 2. 8) *Psalm.* 101, 2.

(g) Secundum[a] Iohannem[1]. In illo tempore respiciens[b] Iesus discipulos[c] suos, ait[d] illis: 'Habete[e] fidem Dei. Amen[f], dico vobis, quia[g], quicumque dixerit huic monti: "Tollere et mittere in mare", et non hesitaverit in corde suo, sed crediderit, quia quodcumque[h] dixerit fiat, fiet ei[i]. Propterea dico[k] vobis, omnia, quaecumque orantes petitis, credite[l], quia accipietis, et venient[m] vobis'*.

*) 3. 4. *5. *7. 11 *add.:* 'Et cum stabitis ad orandum[n], dimittite, si quid habetis adversus aliquem, ut et Pater vester, qui in caelis est, dimittat vobis peccata[o] vestra[p]. Amen'[q].

(h) Offertorium. De[2] profundis clamavi ad te, Domine. Domine, exaudi orationem meam.

(i) Secreta[a]. Ab* omni reatu nos, Domine, sancta, quae tractamus, absolvant et eadem[b] nos muniant a totius pravitatis[c] et diabolicae illusionis incursu. Per[d].

*) *Pro* Ab — Per *praebet* 9: Intercessio, quesumus, Domine, sanctorum misericordiae tuae munera nostra commendet, ut, quam merita nostra non valent, eorum deprecationibus indulgentiam valeant obtinere. Per.

(k) Communio. Amen[3], dico vobis, quicquid orantes petitis, credite, quia accipietis, et fiet vobis.

(l) Ad[a]* complendam. Conspirantes[b] contra tuae plenitudinis firmamentum, Domine, dexterae tuae virtute prosterne, ut[c] iusticiae non dominetur iniquitas, sed subdatur[d] falsitas veritati. Per**.

*) *Pro* Ad compl. — Per *praebet* 9: Postcommunio. Perceptis, domine Deus noster, sacris muneribus, te suppliciter deprecamur, ut huius participatio sacramenti et a propriis reatibus indesinenter expediat et in hoc famulo tuo veritatis sententiam declaret.

**) 3. 4. 5 *add.:* Alia. Ostende nobis, Domine, misericordiam tuam ad examinandum rectum iudicium, ut per adventum Spiritus sancti omnis falsitas diabolicae artis procul remota[e] existat. Per.

g. 1—4. *5. 6. *7. 8. *9. *10. 11. 12. *14. a) Secundum Marcum 6. 8. 9. 10; S. Mattheum 11; Eu. S. Matthaei 12; Sequentia s. euang. secundum Iohannem 7; Euangelium secundum Lucam 14. b) dixit Iesus discipulis suis *pro* respiciens — illis 6. c) in discipulos 3. 7; discipulorum suos 11; d. s. *des.* 12. d) dixit eis *pro* ait illis 7. e) Habete f. Dei *des.* 2. f) Amen, amen 1. 14. g) *deest* 6. h) quidcumque 3. i) et ei 4. k) dico vobis *des.* 2. l) creditis 6. m) veniet 1. 6; evenient 9. n) orationem 3. o) *litteris* cata *incipit* 5. p) quod si vos non dimi[seritis], nec Pater vester, qui in coelis est, dim[ittet vo]bis peccata vestra *add.* 5. *7. q) *deest* 3. 5. 11.

h. 1. 2. *3. *4—9. *11. 12. *14.

i. 1—4. *5. 6. 7. 11. 12. a) Secretum 6; Secr. 14; Comp. 11. b) eadem nos muniant *des.* 1. c) severitatis 2. d) dominum *add.* 4.

k. 1. *2—9. *11. 12. *14.

l. 1. *2. 3—7. *10. 11. 12. a) Postcommunio *pro* Ad compl. 7; Postcomm. 14; Complendum 6. b) Domine *hic add., post om.* 3. 4. 5. 11. 14. c) ut per huius sacramenti mysterium *add.* 11. d) semper *add.* 3. 4. 5. 11. e) ota — Per *evanuerunt* 5.

1) *Potius Ev. Marc.* 11, 22 *sqq.* 2) *Psalm.* 129, 1. 2. 3) *Ev. Marc.* 11, 23. 24.

PSALMORUM VERSUS.

Adiuva nos, Deus salutaris noster, et propter honorem nominis tui, Domine, libera nos *(Psalm.* 78, 9*)*.

Converte nos, Deus, et averte iram tuam a nobis *(Psalm.* 84, 5*)*.

Deus, in adiutorium meum intende, ad adiuvandum me festina *(Psalm.* 69, 1*)*.

Deus, iudicium tuum regi da *(Psalm.* 71, 1*)*.

Deus misereatur nostri *(Psalm.* 66, 1*)*.

Domine Deus virtutum, converte nos et ostende nobis faciem *(Psalm.* 79, 8*)*.

Domine, exaudi orationem meam; auribus percipe obsecrationem meam *(Psalm.* 142, 1*)*.

Domine, exaudi orationem meam, et clamor meus ad te veniat *(Psalm.* 101, 2*)*.

Domine, ne memineris iniquitatum nostrarum antiquarum. Cito anticipent nos misericordiae tuae, quia pauperes facti sumus nimis *(Psalm.* 78, 8*)*.

Domine, non secundum peccata nostra facias nobis, neque secundum iniquitates *(Psalm.* 102, 10*)*.

Esto nobis (ei), Domine, turris fortitudinis a facie inimici *(Psalm.* 60, 3*)*.

Exurge, Domine, adiuva nos, et libera nos propter nomen tuum *(Psalm.* 43, 27*)*.

Fiat misericordia tua, Domine, super nos, quemadmodum *(Psalm.* 32, 22*)*.

Iustus es, Domine, et rectum iudicium tuum *(Psalm.* 118, 137*)*.

Miserere nostri, Domine, miserere nostri *(Psalm.* 122, 3*)*.

Mitte ei, Domine, auxilium de sancto, et de Syon tuere eum *(Psalm.* 19, 2*)*.

Ne (Non) intres in iudicium cum servo tuo, quia non iustificabitur *(Psalm.* 142, 2*)*.

Ne quando dicant gentes: 'Ubi est Deus eorum?' *(Psalm.* 113, 10*)*.

Ne simul tradas nos cum peccatoribus *(Psalm.* 27, 3*)*.

Nihil proficiat inimicus in eo, et filius iniquitatis non apponat nocere ei *(Psalm.* 88, 22*)*.

Non nobis, non nobis, sed nomini tuo da gloriam *(Psalm.* 113, 9*)*.

Ostende nobis (ei), Domine, misericordiam tuam et salutare tuum *(Psalm.* 84, 8*)*.

Peccavimus cum patribus nostris, iniuste egimus, iniquitatem fecimus *(Psalm.* 105, 6*)*.

Propitius esto peccatis nostris propter nomen tuum *(Psalm.* 78, 9*)*.

Salvum fac servum tuum, domine Deus; speravi *(Psalm.* 85, 2*)*.

APPENDIX.

I.

Ordinem istum, qui dicitur Dunstani, exhibentem iudicia aquae frigidae, ferri vel aquae ferventis, panis et casei, quattuor codices praebent integrum: 1) *Codex Parisiensis Lat.* 943, *saec. X. Originem fortasse epistola ex ecclesia Sciréburnensi missa, quae exstat fol.* 170 (*'Archiv' VII, p.* 1016; *Roz.* 670), *demonstrat. De codice cf. 'Archiv' l. c. p.* 1015 *sq.* 2) *Codex Rotomagensis A* 362. 221, *fol., saec. XI. in.; olim 'pontificale ecclesiae Canaletensis', quod postea in monasterium Gemeticum venisse, b. m. L. Bethmann, qui codicem exscripsit, adnotavit. Subiecta sunt:* Excerptio de canonibus catholicorum patrum ad remedium animarum domni Ecgberhti archiepiscopi Eburacae civitatis, *et formula excommunicationis, incipiens:* Divinitatis suffragio Canaletensis monasterii episcopus omnibus *etc.* 3) *Codices, ex quibus Fr. Pithoeus ordinem Glossario ad libros capitularium*[1] *inseruit (ex 'ordine Dunstani Dorobernensis ecclesiae archiepiscopi'*[2]*). Editum repetiverunt Lindenbrogius, Exorcism.* 2; *Baluzius, Exorcism.* 3. 4. 5. 4) *Codex Roffensis, originis Cantuariensis, tempore Ernulfi episcopi Roffensis*[3] *scriptus, ex quo ediderunt ordinem Ed. Brown, Appendix ad fasciculum rerum expetendarum et fugiendarum, Londini* 1690, *p.* 903 *sqq., Tho. Hearnius, Textus Roffensis, Oxonii* 1720, *p.* 19 *sqq. Repetivit R. Schmid, 'Gesetze der Angelsachsen' p.* 416 *sqq. De codice cf. ib. p. XXIII. et F. Liebermann in 'Zeitschr. d. Sav.-Stift.' V, 'Germ. Abth.' p.* 204. *Solum iudicii ferri ordinem, cap.* 2, *praebet* 5) *codex Duacensis; cf. infra IV.*

1. INCIPIT EXORCISMUS AQUAE AD IUDICIUM DEI DEMONSTRANDUM.

(a) Peractis coram sacerdote trium dierum ieiuniis, cum homines vis mittere ad iudicium aquae frigidae ob comprobationem, ita facere debes. Accipe illos homines[a], quos vis mittere in aquam, et duc eos in ecclesiam; et coram omnibus illis cantet presbiter missam et[a] faciat[b] eos ad ipsam missam offerre.

(b) Cum autem ad communionem venerint, antequam communicet[c], interroget eos[d] sacerdos cum adiuratione et dicat: Adiuro vos[e] N.[f] per Patrem et Filium et Spiritum sanctum, et per vestram christianitatem, quam suscepistis, et per unigenitum Dei Filium, et per sanctam Trinitatem, et per sanctum euangelium, et per istas sanctas reliquias, quae in ista ecclesia sunt, et per illud baptismum, quo vos sacerdos regeneravit, ut non presumatis ullo modo communicare[g] neque accedere[h] ad altare, si hoc fecistis, aut consensistis, aut scitis, quis hoc egerit.

(c) Si autem tacuerint et nulli hoc dixerint, accedat sacerdos ad

I a—c. *Codd.* 1—4. a) *deest* 2. b) faciet 4. c) communicent 2. d) s. eos 4. e) vel te *add.* 4, *ubi semper, cum de reis agitur, formae singularis numeri aut eodem modo insertae leguntur, aut superscriptae, ut mox:* vestram (tuam *superscr.*). f) nōn 2. g) cummunicare 2. h) ad altare accedere 4.

1) *Baluzius, Capitul. t. II., repetivit Glossarium; editionem principem ad manus non habui.* 2) *Dunstanus archiep. Cantuariensis mortuus est a.* 988. 3) *Ernulfus mortuus est a.* 1124.

altare et communicet. Postea vero communicet illos, quos vult in aquam[i] mittere. Cum[k] autem communicaverint, dicat sacerdos ante altare[l]: Corpus hoc et sanguis domini nostri Iesu Christi sit vobis[m] ad probationem hodie[k].

(d) Incipit[a] missa iudicii[1]. Antiphona. Iustus es, Domine, et[b] rectum iudicium tuum. Fac cum servo tuo secundum misericordiam tuam.

Psalmus[c]. Beati inmaculati in[d] via.

(e) Oratio. Absolve, quaesumus, Domine, tuorum[e] delicta famulorum, ut a peccatorum suorum nexibus, quae pro sua fragilitate contraxerunt[f], tua benignitate liberentur et in hoc iudicio, prout meruerunt, tua iustitia praeveniente, ad[g] veritatis censuram pervenire mereantur. Per dominum nostrum[h].

(f) Lectio libri Levitici. In diebus illis locutus est Dominus ad Moysen, dicens: 'Ego[2] sum dominus Deus vester. Non facietis[i] furtum. Non mentiemini[k], nec decipiat unusquisque proximum suum. Non periures in nomine meo nec polluas[l] nomen Dei tui. Ego Dominus. Non facias calumniam proximo tuo nec vi opprimas eum. Non moretur opus mercennarii tui apud te usque mane. Non maledices[m] surdo nec coram caeco ponas offendiculum, sed timebis dominum Deum tuum, quia ego sum Dominus'[n].

(g) Item[a] alia lectio epistolae beati Pauli apostoli ad Ephesios[b]. Fratres[3], renovamini spiritu mentis vestrae et induite novum hominem, qui secundum Deum creatus est in iustitia et sanctitate veritatis. Propter quod deponentes mendacium, loquimini veritatem unusquisque cum proximo suo, quoniam sumus invicem membra. Irascimini et nolite peccare. Sol non occidat super iracundiam vestram. Nolite locum dare diabolo. Qui furabatur, iam non furetur; magis autem laboret operando manibus suis quod bonum est, ut habeat, unde tribuat necessitatem patienti.

(h) Graduale[a]. Propitius[4] esto, Domine, peccatis nostris. Ne[5] quando dicant gentes: 'Ubi est Deus eorum?'

(i) Versus. Adiuva[4] nos, Deus salutaris noster, et propter honorem nominis tui, Domine, libera nos.

(k) Alleluia[b]. Deus[6], iudex iustus, fortis et patiens, numquid irascetur per singulos dies?

(l) Lectio[a] sancti euangelii secundum Marcum. In illo[b] tempore, cum[7] egressus esset Iesus[c] in via, procurrens quidam genu flexo ante eum rogabat[d] eum, dicens: 'Magister bone, quid faciam, ut vitam aeternam percipiam?' Iesus autem dixit ei: 'Quid me dicis bonum? Nemo bonus nisi solus Deus. Precepta nosti?' Ille dixit: 'Quae?'[e]. 'Non occidas; non adulteres[f]; non fureris; non falsum testimonium dicas; non fraudem feceris[g]; honora patrem tuum et matrem tuam'. At ille respondens ait: 'Magister,

c. i) aqua 2. k) Cum—hodie *des.* 4. l) per singulos *add.* 3. m) tibi 3.

d. e. f. *Codd.* 1. *2. 3. 4. *5 *(= App. II, 2, cod. 1).* 6 *(= ib. cod. 2).* a) Incipit — Antiphona *des.* 5. 6. b) et — tuam *des.* 6. c) *deest* 4. d) in via *des.* 1. 3. 5. 6; Gloria *add.* 5. e) delicta famuli tui 5. 6. f) contraxit, *et ita mox:* meruit, mereatur 5. 6. g) adversitatis censuram 5. 6. h) *deest* 4; Iesum Christum filium tuum *add.* 3. i) 4. 5. 6; faciatis 1. 3. k) 4. 6; mentiamini 1. 3. l) pulluas 1. m) 4; maledicas 1. 3. 6. n) dicit Dominus omnipotens *add.* 3.

g. *Codd.* 1. *2. 3. 4. a) Alia ad Ephesios 4. b) Effesios 2.

h. i. k. *Codd.* 1. *2. 3. 4. 5. *6. a) R. 4. b) V. (= versus) *add.* 5. 6.

l. *Codd.* 1. *2. 3. 4. *5. 6. a) *ita* 5; Sequentia 1. 6; Sequitur sanctum euangelium 3; Lectio—Marcum *des.* 2; Lectio s. eu. *des.* 4. b) illis diebus *pro* illo t. 4. c) dominus Iesus 6. d) dixit ei 5. 6. e) Ait *add.* 4; Dixit ei Iesus *add.* 6. f) adultereris 4. g) facias 6.

1) *Cf. supra p.* 627, *l.* 24 *sqq.* 2) *Levit.* 19, 10 — 14. 3) *Ephes.* 4, 23 — 28. 4) *Psalm.* 78, 9. 5) *Psalm.* 113, 10. 6) *Psalm.* 7, 12. 7) *Ev. Marc.* 10, 17—21.

haec omnia custodivi a iuventute mea'. Iesus autem, intuitus eum, dilexit eum et dixit ei: 'Unum tibi deest. Vade, quaecumque[h] habes vende et da pauperibus, et habebis thesaurum[i] in coelo; et veni, sequere me'.

(m) Offertorium[a] Inmittit[b.1] angelum[c] Dominus in circuitu timentium eum[d], et eripiet eos. Gustate et videte, quoniam suavis est Dominus. Et[e] hic offerant.

(n) Secreta. Intercessio sanctorum tuorum misericordiae[a] tuae, Domine, munera nostra conciliet[b], ut[c], quam merita nostra non valent, eorum deprecatio[d] indulgentiam valeat optinere. Per dominum[e].

(o) Praefatio. Vere[f] dignum, aeterne[g] Deus, qui non solum peccata dimittis, sed ipsos etiam iustificas peccatores, et reis non tantum poenas relaxas, sed dona largiris et praemia; cuius nos pietatem supplices exoramus, ut famulos[h] tuos illos[i] non de praeteritis iudices reatibus, sed huius culpae veritatem spectantibus[k] insinuas[l], quatinus et in hoc populus tuus praeconia nominis tui efferat et te vitae presentis et perpetuae auctorem agnoscat. Per Christum[m], dominum nostrum.

(p) Benedictio[n] ad iudicium. Deus, de quo scriptum est, quia[o] iustus es, et rectum iudicium tuum, fac cum his[p] servis tuis secundum misericordiam tuam, ut non de pristinis iudicentur reatibus, sed in hoc, prout meruerunt, tua benedictione praeveniente, veritatis subsequantur iudicium. Amen. Et qui iustus es et amator iustitiae, et a cuius vultu videtur aequitas, fac in conspectu populi tui, ut nullis malorum praestigiis veritatis tuae fuscentur examina. Amen. Petitiones nostras[q] placatus intende[r] et culparum omnium praeteritarum eis[s] veniam clementer attribue[t]; et si culpabiles[u] sunt, tua larga benedictio non eis ad suffragium, sed huius culpae[v] ad insinuandam veritatem proficiat. Amen. Quod ipse[w] praestare[x] dignetur[y], cuius[z] regnum.

(q) Hic communicent post[a] sacerdotem, et dicat sacerdos: Corpus hoc et sanguis[b] domini nostri Iesu Christi sit vobis ad probationem hodie.

(r) Antiphona[a] post communionem. Iustus Dominus et iustitiam[b] dilexit, aequitatem[c] vidit vultus eius.

(s) Post[d] communionem. Perceptis, domine Deus noster, sacris muneribus, suppliciter[e] deprecamur, ut huius participatio sacramenti et a propriis nos reatibus indesinenter expediat et in famulis[f] tuis veritatis sententiam declaret. Per dominum[g].

(t) Expleta missa, faciat ipse sacerdos aquam benedictam, et pergat ad locum, ubi homines probentur[a]. Cum autem venerit ad ipsum

l. h) omnia quaecumque habes et 6. i) indeficientem *add.* 5. 6.

m. *Codd.* 1. *2. 3. 4. 5. *6. a) *rubrica:* Secreta, *quae infra omissa est* 6. b) immittet 5. c) angelus Domini 6, *ubi reliqua desunt.* d) *deest* 5. e) Et *deest* 4; Et h. off. *des.* 5.

n. o. p. *Codd.* 1. *2. 3—6. a) D. mis. tuae 5. 6. b) commendet 5. 6. c) et quam 4; ut quia 5. d) deprecationibus 5. 6. e) *deest* 5. 6. f) *ita* 2. 6; V. d. *des.* 1. 3—5. g) O aeterne 4. h) famulum N. tuum non 5; famulum tuum non 6. i) N. 4. k) expectantibus 5. l) insinues 5. 6. m) *ita* 3. 5. 6; d. n. *des.* 1. 4. n) Benedictiones 2. 4; *rubrica deest* 5. 6. o) et *add.* 5. 6. p) hoc servo tuo — iudicetur *etc. per numerum singularem* 5. 6. q) Domine *add.* 5. 6. r) intendes 6. s) huic 5. 6. t) tribue 5. 6. u) culpabilis est de hoc furto 5. 6. v) nobis *add.* 5. 6. w) *reliqua des.* 4. x) *reliqua des.* 6. y) *reliqua des.* 2, *ubi* Amen *additur.* z) qui cum Patre et Spiritu vivit et regnat per omnia saecula saeculorum. Amen 6.

q. *Codd.* 1. *2. 3. 4. a) 2. 4; pro 1; per 3. b) sanguinis 1.

r. s. *Codd.* 1. *2. 3—6. a) Communio *pro* A. p. c. 4. 5. 6. b) iustitias 5. 6. c) aequ. — eius *des.* 6. d) Ad c. 1; Postcommunio 4. e) te suppliciter 5. 6. f) hoc famulo tuo 5; famulo tuo 6. g) P. d. *des.* 5. 6.

t. *Codd.* 1—4. a) probantur 2.

1) *Psalm.* 33, 7. 8.

locum, det illis omnibus bibere de aqua[b.*]. Postea vero coniuret aquam, ubi culpabiles mittat.

*) *Codd.* 3. *add.:* cum autem dederit, dicat ad unumquemque hominem: Haec aqua fiat tibi ad probationem.

(u) Incipit adiuratio aquae. Deus, qui per aquarum substantiam iudicia tua exercens diluvii inundatione milia populorum interemisti et Noe iustum cum suis salvandum censuisti; Deus, qui in mari Rubro cuneos Egyptiorum involvisti et agmina Israhelitica inperterrita abire iussisti, virtutem tuae benedictionis his aquis infundere et novum ac mirabile signum in eis ostendere digneris, ut innocentes a crimine furti, *vel* homicidii *vel* adulterii *aut alterius naevi,* cuius examinationem agimus, more aquae in se recipiant et in profundum pertrahant, conscios autem huius criminis a se repellant atque reiciant, nec patiantur recipere corpus, quod ab onere bonitatis evacuatum ventus iniquitatis allevavit et in hanc constituit; sed, quod caret pondere virtutis, careat pondere propriae substantiae in aquis. Per dominum[a].

(v) Item[b] alia. Adiuro te, creatura aquae, in nomine Dei patris omnipotentis, qui te in principio creavit et iussit ministrare humanis necessitatibus, qui etiam iussit segregari[c] te ab aquis superioribus. Adiuro etiam[d] te per ineffabile nomen Iesu Christi, filii Dei vivi, sub cuius pedibus mare et elementum divisum se calcabile[e] prebuit, qui etiam baptizari se in aquarum elemento voluit. Adiuro etiam te per Spiritum sanctum, qui super Dominum baptizatum descendit. Adiuro te per nomen sanctum et individuae Divinitatis, cuius voluntate aquarum elementum divisum est, et populus Israel siccis pedibus statim transivit, ad cuius etiam invocationem Heliseus ferrum, quod de manubrio exierat, super aquam natare fecerat, ut nullo modo suscipias hos homines illos[f], si in aliquo sunt culpabiles de hoc quod illis obicitur, scilicet aut per opera aut per consensum vel per conscientiam seu per ullum ingenium, sed fac eos super te natare. Et nulla possit esse contra te causa facta aut ullum prestigium inimici, quod illud possit occultare. Adiurata autem per nomen Christi, praecipimus tibi, ut nobis per nomen eius obedias, cui omnis creatura servit, quem Cherubin et[g] Seraphin conlaudant, dicentes: 'Sanctus, sanctus, sanctus dominus Deus exercituum', qui etiam regnat et dominatur per infinita secula seculorum. Amen[h].

(w) Alia[i]. Adiuro te, creatura aquae, per Deum patrem et Filium et Spiritum sanctum, et per tremendum diem iudicii, et per duodecim apostolos, et per septuaginta duos discipulos, et per duodecim prophetas, et per viginti quatuor seniores, qui assidue Dominum[k] laudant, et per centum quadraginta quatuor milia, quae sequuntur[l] Agnum, et per omnia agmina sanctorum angelorum, archangelorum, thronorum, dominationum, principatuum, potestatum, virtutum, Cherubin atque Seraphin, et per omnia milia sanctorum martyrum, virginum et confessorum. Adiuro te per sanguinem domini nostri Iesu Christi, et per quatuor euangelia, et per quatuor euangelistas, necnon et per septuaginta duos libros Veteris ac Novi Testamenti, et per omnes scriptores sanctos ac doctores eorum. Adiuro te per sanctam ecclesiam catholicam, et per communionem sanctorum, et per resurrectionem eorum, ut fias aqua exorcizata, adiurata et obfirmata adversus inimicum hominis diabolum, et adversus hominem, qui ab eo seductus furtum hoc, *vel* homicidium *aut* adulterium, unde ratio agitur, perpetravit, ut nullatenus eum in te submergi[m] aut in profundum trahi permittas, sed a te repellas atque reicias, nec patiaris

t. b) aque 2.

u. v. w. *Codd.* 1. *2. 3. 4. a) *deest* 1; Christum dominum nostrum 3. b) 2. 4; Alia 1; Alia adiuratio 3. c) separari 4. d) te etiam 4. e) calcabilem 4. f) N. 4. g) et S. 3. 4; *des.* 1. h) *deest* 1. 3. i) Item alia 2. k) Deum 4. l) secuntur 1. m) summersum 4.

recipere corpus, quod ab onere bonitatis inane est factum; sed, quod caret pondere virtutis, careat pondere propriae substanciae in te. Innocentes vero a praedicto crimine more aquae in te recipias et in profundum innocuos pertrahas. Per dominum nostrum[p].

(x) Post[a] has autem coniurationes aque exuantur homines, qui mittendi sunt in aquam, propriis vestimentis, et osculentur singuli[b] euangelium et[c] crucem Christi, et aqua benedicta[c] super omnes aspergatur, et qui adsint omnes ieiunent, et sic proiciantur singuli in aquam. Et[d] si submersi fuerint, inculpabiles reputentur; si supernataverint, rei esse iudicentur.

2. INCIPIT ADIURATIO FERRI VEL AQUAE FERVENTIS[a].

(a) In simplo unum pondus, in triplo tria ferrum aequiperet[b] pondera. Et in illa adiuratione non adsint[c], ut prediximus, nisi ieiuni. Et, dictis letaniis, sic sacerdos in loco, ubi ferrum accenditur vel aqua infervescatur, adiurationem initiando inchoet:

(b) Deus, qui, per ignem signa magna ostendens, Abraham[a] puerum tuum de incendio Chaldeorum, quibusdam pereuntibus, eruisti; Deus, qui rubum ardere ante conspectum Moysi[b] et minime conburi[c] permisisti; Deus, qui ab[d] incendio fornacis, Chaldaicis[e] plerisque succensis, tres pueros tuos inlaesos eduxisti; Deus, qui incendio ignis populum Sodomae et[f] Gomorrae involvens, Loth famulum tuum cum suis saluti[g] donasti; Deus, qui in adventu sancti[h] Spiritus tui[i] inlustratione ignis fideles tuos ab infidelibus decrevisti[k], ostende nobis in hoc parvitatis[l] nostrae examine virtutem eiusdem sancti Spiritus, et per huius[m] ignis fervorem discerne[n] fideles et infideles, ut a[o] tactu eius furti[p], *vel* homicidii *vel* adulterii[p], cuius inquisitio agitur, conscii exhorrescant, et manus eorum, *vel* pedes, comburantur aliquatenus; inmunes vero ab eiusmodi crimine liberentur penitus et inlesi permaneant. Per dominum[q] nostrum.

(c) Alia[a]. Deus, iudex iustus, fortis, auctor et amator pacis, patiens et multum misericors, qui iudicas quod iustum est, et rectum iudicium tuum; qui respicis super terram et facis eam tremere, tu, Deus omnipotens, qui per adventum filii[b] tui domini nostri Iesu Christi mundum salvasti et per eius passionem genus humanum redemisti, hanc aquam ferventem, *vel* hoc ferrum fervens, sanctifica. Qui tres pueros, Sidrac[c], Misac et Abdenago, iussu regis Babiloniae in camino ignis, accensa fornace, salvasti et inlesos per angelum sanctum tuum eduxisti, tu, clementissime Pater, dominator omnipotens, presta, ut, si quis innocens de[d] furto hoc, *vel* homicidio *aut* adulterio *seu* maleficio[d], in hoc ferrum fervens, *vel* in hanc aquam ferventem, miserit manum suam, salva, te prestante Domino nostro, permaneat; et sicut tres pueros supradictos de camino ignis ardentis liberasti et Susannam de falso crimine eripuisti, sic manum innocentis, omnipotens Deus, ab omni lesionis insanie salvare dignare; et si quis culpabilis vel

1 w. p) *deest* 4; qui tecum *add.* 2.

x. *Codd.* 1—4. a) Per 2. b) *deest* 2. 4. c) *superscripta sunt:* ⁊ rod cristes ⁊ water gebletsod 2. d) Et — iudicentur 3. 4; *des.* 1. 2.

2. *Rubr.* **a.** *Codd.* 1—4. *Cum cod.* 2 *in plerisque convenire videtur codex Duacensis (infra IV).* a) AD IUDICIUM *add.* 2. 4. b) aequiparet 4, *ubi superscriptum est:* gelice. c) assint 4.

b. *Codd.* 1—4. 5 *(infra III).* a) Habraham 1. b) Moysis 5. c) *ita* 1. d) de 5. e) Caldaicis 1; Chaldaici 4. f) et G. *des.* 5. g) salute 5. h) Spiritus sancti 2. i) *deest* 3. k) discrevisti 2. l) pravitatis 2. m) i. h. 5. n) discernere 3. o) attactum, *in margine* attactu *pro* a tactu 4. p) furti — adulterii *in margine* 4, *ubi in textu* rei *legitur;* furti — adulterii *des.* 5. q) d. n. *des.* 2. 4.

c—f. *Codd.* 1—4. a) Item alia oratio 2. b) filii tui *des.* 2. c) Sidrach 2. d) de furto — maleficio *in margine* 4, *ubi in textu leguntur:* de hoc cuius inquisitio agitur.

noxius et tumido corde induratoque pectore vel superba mente reus de[e] hoc furto, *vel* homicidio *aut* adulterio *seu* maleficio[e], manum miserit in hoc ferrum, *vel* aquam ferventem, tu, Deus omnipotens, iustissima pietate et[f] rectissimo iudicio illud declarare et manifestare digneris, ut anima eius per penitentiam salvetur; et si ille nocens vel culpabilis sit et per aliquod maleficium vel per herbas aut per causas diabolicas induraverit et peccatum, quod fecit, confiteri noluerit, tua dextera, quesumus, Domine, hoc declarare dignetur. Per dominum[g].

(d) Item[h] tertia. Deus, innocentiae restitutor et amator, qui auctor pacis es et iudicas equitatem, te subnixis rogamus precibus, ut hoc ferrum ignitum ordinatum, *vel*[i] hanc aquam ordinatam[k], ad iustitiam et examinationem cuiuslibet dubietatis benedicere et sanctificare digneris; ita ut, si innocens de hoc furto[l], *vel* homicidio *vel* adulterio *vel* maleficio, unde purgatio querenda est, in hoc ignitum et tua benedictione sanctificatum ferrum, *vel*[m] in hanc aquam fervidam[n] et tua benedictione sanctificatam, manus, *vel* pedes, inmiserit, tua benignissima miseratione inlesus appareat; si autem culpabilis atque reus contempserit et quasi temptator iudicium tuum adierit, aut per herbas vel quaecunque temptamenta sive molimina maleficiosa peccata sua contueri et defendere, inflatus per afflatorem malitiae, contra veritatis tuae examen voluerit, iustissime et misericordissime domine Deus, ad hoc virtus tua, quae omnia superat, in eo cum veritate, quae[o] permanet[p] in seculum seculi[q], declaretur, quatinus iustitiae tuae non dominetur iniquitas, sed veritati subdatur falsitas, et ut caeteri hoc videntes ab incredulitate sua, te miserante, liberentur. Qui vivis et[r] regnas.

(e) His peractis, aqua benedicta cunctis adstantibus detur ad degustandum et aspergatur per totam domum. Et ferrum proferatur, quod a culpato coram omnibus accipiatur et per mensuram novem pedum portetur. Manus sigilletur, sub sigillo servetur et post tres noctes aperiatur. Et si mundus est, Deo gratuletur; si autem insanies crudescens in vestigio ferri inveniatur, culpabilis et inmundus reputetur.

(f) In aqua fervente accipiat homo lapidem, qui per funem suspendatur, in simpla probatione per mensuram palme, in tripla autem unius ulne. Manus vero sigilletur et aperiatur, ut supra diximus in consecratione ferri.

3. INCIPIT EXORCISMUS PANIS ORDEACII[a] VEL[b] CASEI* AD[c] PROBATIONEM VERI.

*) Quorum appensio est[d] unius unciae[e] *add.* 2. 3. 4.

(a) Primitus faciat sacerdos laetanias, et omnes, qui intus sint, cum eo ieiuni sint, et sic incipiat:

Conservator et creator humani generis, dator gratiae spiritalis[f], largitor aeternae salutis, tu emitte Spiritum tuum super hanc creaturam panis vel casei cum tremore[g] et timore magnitudinis brachii tui adversus eum, qui cum superbia et contumacia ac zelo iniquo venit et vult subvertere iustitiam et conculcare iudicium. Fac eum, Domine, in visceribus angustari, eiusque guttur conclude, ut panem vel caseum istum in tuo nomine sanctificatum devorare non possit hic qui iniuste iuravit ac negavit illud[h] furtum, *vel*

c—f. e) de hoc furto — maleficio *in marg.* 4, *ubi in textu leguntur:* cuius inquisitio agitur. f) ac 2. g) *deest* 2. 4. h) Item alia oratio 2; Idem tertia 3. i) vel h. a. ordinatam *des.* 2. k) ferventem 4. l) de hoc furto — maleficio *in marg.* 4, *ubi in textu leguntur:* cuius inquisitio agitur et. m) vel — sanctificatam *des.* 2. n) ignitam 4, *ubi* et tua b. sanctificatam *desunt.* o) qua 1. p) permaneat 3. q) saecula saeculorum 4. r) et regnas *des.* 1. 3.

3. *Codd.* 1. *2. 3. 4. a) hordeacei 3. 4. b) et 2. 4. c) ad probationem veri *des.* 2. 3. 4. d) *deest* 4. e) nuciae 2. f) spiritualis 4. g) timore et tremore 4. h) illud — maleficium *in marg.* 4, *ubi in textu legitur:* hoc.

adulterium *seu* maleficium[h], quod querebatur, et iusiurandum pro nihilo habuit et nomen tuum nominavit, ubi rectum non erat. Te quaesumus, ut non ei permittas illud abscondere, quia iustus es, Domine, et rectum iudicium tuum, qui custodis veritatem in seculum, faciens iudicium iniuriam patientibus, et custodis pupillum ac viduam suscipis et viam malignorum exterminabis. Ideo ostende nobis, Domine, misericordiam tuam, ut humiles ac mansueti ac recti propter veritatem gaudeant, superbi autem et iniqui ac cupidi contristentur et humilientur, usque dum confiteantur magno et sancto nomini tuo, et cognoscant caeteri, quia nomen tibi Dominus, et tu solus altissimus[i] super omnem terram, et servi tui in te glorientur et laudent nomen tuum in secula seculorum. Amen[k].

(a) Item[k] alia. Domine Iesu Christe, qui regnas in caelis et in terris et mirabilis es in omnibus operibus tuis, Dominator dominantium, Deus angelorum, Deus patriarcharum, prophetarum, apostolorum, martyrum, confessorum, virginum et omnium electorum, praesta, quaesumus, per sanctum ac mirabile nomen tuum, ut, qui reus est huius[l] furti, *vel* homicidii *aut* adulterii *seu* maleficii[l], de quo[m] hic requiritur, vel in facto vel in conscientia, ad adpositam ei pro ostensione veritatis creaturam panis sanctificati vel casei faux eius claudatur, guttur eius stranguletur, et in nomine tuo ante illud reiciatur quam devoretur; sed et spiritus diabolicus, cui nulla est communio cum tua superna veritate, in hoc negotio ad subvertendum iudicium pravis prestigiorum suorum molitionibus nil prevaleat; sed, qui reus et conscius est rei praefatae, ad hoc pabulum sanctificati panis vel casei, et presertim per dominici corporis et sanguinis communionem, quam accepit, tremat et tremendo palleat, et nutabundus in omnibus membris appareat, innoxius vero et inscius sobrie ad salubritatem sui cum omni facilitate hanc partem panis vel casei in nomine tuo signatam manducando deglutiat, ut cognoscant omnes, quia tu es iustus iudex, qui salvos facis sperantes in te, et non est alius preter te, qui vivis et regnas Deus[n] per omnia secula seculorum[o].

(c) Alia[p]. Deus, cuius scientia senariam circumscriptionem, angelicis et humanis elongatam sensibus, sola interius penetrat et exterius concludit, quem nulla coelestium vel terrestrium aut infernorum vota fallere possunt, quanto magis cor unius[q] hominis culpabile[q], respice ad preces nostrae humilitatis, quibus famulatum sacri indidisti ordinis, et praesta, non nostris exigentibus meritis, sed tuorum omnium suffragantibus sanctorum precibus, ut[r], quod in hac culpa humanos latet oculos et sermonum humanae procacitatis obtegitur defensionibus, tua coelesti et superna moderatione sine ullo reveletur obstricamine[s], et, sicut solus verus es, veritatis in hōc sententiam elucidare digneris; quatinus innocens[t] sine ulla difficultate hoc pabulum probationis deglutiat[u], obnoxius autem, obtrepidante mentis statu et totius conpagine corporis vacillante, quod in tuo sancto nomine consecratur[v] et benedicitur, nullatenus devorandi valetudinem percipiat, sed coram omnibus in valitudine confusus, quod praesumptione inmerita suscepit, cum irrisione proiciat. Per dominum nostrum[w] Iesum Christum, filium[x].

II.

Ordo iste iudicii aquae frigidae traditur tribus codicibus, qui sunt hi: 1) *Codex Sancti Ebrulphi Uticensis nunc Alencionensis* 14, *saec. XI—XII (cf. 'N. Archiv' VI, p.* 118*), unde ordinem ediderunt Martene, De antiquis ecclesiae ritibus III, p.* 465 *sqq.;*

3. h) illud — maleficium *in margine* 4, *ubi in textu legitur:* hoc. i) super omnem terram altissimus 4. k) *ita* 2. 3. 4; *deest* 1. l) huius furti — maleficii *in marg.* 4, *quae ibi in ipso textu desunt.* m) hoc, cuius inquisitio agitur *pro* quo hic requiritur 4. n) Deus — seculorum *des.* 4. o) Amen *add.* 3. p) Item alia 2; Tertia oratio 4. q) hominis unius capabile 4. r) sed 4. s) obtricamine 4. t) innocentes 3. u) diglutiat 1; deglutiant, obnoxii *et sic semper numero plurali* 3. v) consecretur 3. w) nostrum I. Chr. *des.* 1. x) *add.* 2.

Carpenterius in Glossario Cangii s. v. Aqua; E. de Rozière, nr. 583. 2) *Codex Duacensis* 96, *saec. XII (cf. infra IV).* 3) *Liber pontificalis Beccensis monasterii, saec. XII—XIII (cf. supra p.* 608, *l.* 35), *ubi vero pars prior deest. Ex hoc codice edidit Martene, l. l. p.* 482 *sqq.*

INCIPIT ORDO AD IUDICIUM[a] FACIENDUM.

(a) Si aliquis de furto reprehensus fuerit ipseque hoc fecisse se negaverit[b], die Martis ad vesperas[c] causa purgandi sese perducatur ad ecclesiam, laneis indutus[d] vestibus et nudis incedens pedibus, ibique, in ecclesia videlicet, usque ad diem sabbati, cum legalibus custodibus commoretur, triduanum faciens ieiunium, in pane videlicet azymo[e] puri ordei et aqua et sale et cressone aquatico. Mensura autem ordei sit quotidie[f] talis, qualem apprehendere potuerint[g] duae manus insimul iunctae, et quantum pugillus capere poterit de cressone, et quantum salis ad hoc sufficiat[h]. In his autem tribus diebus matutinas[i] et missam cum horis ad dies pertinentibus audiat, et exquiratur, ne aliquod[k] maleficium super se habeat.

Die vero sabbati missam sic sacerdos incipiat:

(b) Iustus es, Domine — — —. App. I, 1 d.

(c) Oratio. Absolve, quaesumus, Domine — — —. ib. e.

(d) Lectio libri Levitici: In diebus illis — — — ego sum Dominus. ib. f.

(e) Graduale. Propitius esto, Domine — — —. ib. h.

(f) Versus. Adiuva nos, Deus — — —. ib. i.

(g) Alleluia. Versus. Deus, iudex iustus — — —. ib. k.

(h) Lectio[l] sancti euangelii secundum Marcum: In illo tempore — — —. ib. l.

(i) Offertorium[m]. Immittet[n] angelum Dominus — — —. ib. m.

(k) Secreta. Intercessio sanctorum tuorum — — —. ib. n.

(l) Praefatio. Aeterne[o] Deus, qui non solum — — —. ib. o.

(m) Post orationem dominicam, antequam dicatur: 'Pax Domini', dicat sacerdos hanc orationem super eum, qui aquae iuditio probandus est: Deus, de quo scriptum est, quia et iustus es, et rectum iudicium tuum, fac cum servo tuo — — — ib. p.

(n) Adiuratio ante perceptionem corporis dominici: Adiuro te N. per Patrem et Filium et Spiritum sanctum, et per[p] christianitatem, quam in baptismo suscepisti[p], et per sanctam Trinitatem, et per sanctum euangelium[r], et per sanctas reliquias, quae in hac ecclesia vel in[s] toto mundo continentur, et per illud sanctum baptismum, quo sacerdos te regeneravit, ut nullo modo presumas hoc sacrosanctum corpus Domini[p] accipere, neque ausus sis ad hoc sanctum altare accedere, si hoc furtum fecisti, aut consensisti, aut scis, qui hoc egerit[t].

(o) Si autem tacuerit et nulli hoc dixerit, vertat se sacerdos ad altare et sumat sacrificium in semet ipso. Postea vero[u] communicet eum, qui aquae iudicio probandus est, ita dicens: Corpus Domini nostri hoc et sanguis Christi sit tibi ad probationem hodie. Sententiam declaret.

II. *Rubr.* a — s. *Codd.* 1. 2. a) aquae *add.* 2. b) denegaverit 2. c) vesperos 2. d) *deest* 2. e) azimo 2. f) talis cotidie 2. g) poterint 2. h) sufficiet 2. i) matutinos 2. k) aliquid 2. l) Sequentia secundum M. 2. m) *deest* 2. n) Inmittit angelus Domini 2. o) Vere dignum, aeterne 2. p) *deest* 2. q) et per unigenitum Dei filium *add.* 2. r) ewangelium 2. s) per totum mundum 2. t) egeris 2. u) autem 2.

ib. r. (p) Communio. Iustus Dominus et iustitias — — —.

ib. s. (q) Post communionem. Perceptis, domine Deus — — —.

(r) Ita missa expleta, homo predictus in ecclesia exuatur, non solum laneis vestibus, verum etiam femoralibus, et accingatur circa renes novo panno lineo, ne pudenda eius videantur, cooperiaturque ad horam sive tempus pallio vel cappa[v] propter frigus; et sic ad lacum aquae cum processione et letania deducatur, donec dicatur: Agnus Dei, usque[w] miserere nobis.

(s) Lacus autem aquae 12 pedes mensuratos habeat in profunditate, 20 vero circumquaque in latitudine[x], et usque ad summum aqua impleatur. In tertia vero parte foveae fustes fortissimi cum cleta fortissima ponantur desuper, ad sustinendum videlicet sacerdotem aquam benedicentem et iudices desuper assistentes et hominem intraturum in aquam[y], cum duobus vel tribus hominibus eum ibidem demittentibus.

(t) Incipit[a] benedictio aquae[b]. Deus, iudex iustus, fortis, auctor et amator pacis, patiens et multum misericors, qui iudicas quod iustum est, et rectum iudicium tuum; qui respicis terram et facis eam tremere; tu Deus omnipotens, qui per adventum filii tui domini nostri Iesu Christi mundum salvasti, per eius passionem genus humanum redemisti, hanc aquam benedicere et sanctificare dignare et presta, clementissime Pater, dominator omnipotens, ut, si quis innocens de hoc furto in[c] hanc aquam corpus suum[c] applicare voluerit, confestim ab ista aqua, in tuo nomine atque virtute sanctificata, suscipiatur, et salvus, te[d] prestante Domino nostro, permaneat. Et sicut filios Israel eductos de Aegypto in transitu Rubri maris salvasti et Susannam de falso crimine liberasti, sic corpus innocentis, omnipotens Deus, ab omni laesione insaniae salvare dignare. Quod[e] si aliquis culpabilis vel noxius de hoc furto[f], corde tumido induratoque pectore vel superba mente, reus de hoc furto, in hanc aquam corpus suum apponere voluerit, tu, Deus omnipotens, tua pietate et rectissimo iudicio tuo declarare et manifestare digneris, et iube, ut ab hac aqua non excipiatur[g], sed videntibus famulis tuis reiciatur, ut anima eius per poenitentiam salvetur. Et si ille nocens vel reus per aliquod maleficium vel per herbas seu per[h] causas diabolicas cor suum induraverit, et peccatum, quod fecit, confiteri noluerit[i], tua dextera, quaesumus, Domine, declarare dignetur. Per[k].

(u) Alia[l] oratio: Deus, innocentiae restitutor et amator, qui auctor pacis es et iudicas aequitatem, humilibus te rogamus precibus, ut hanc[m] aquam, ordinatam ad iustitiam et examinationem cuiuscumque dubietatis, benedicere et sanctificare atque superna virtute tua perlustrare digneris; ita ut, si innocens de hoc furto, unde purgatio quaerenda est, in hanc aquam tua benedictione sanctificatam corpus suum immittere voluerit, tua benignissima miseratione confestim ab ista excipiatur[n] aqua et postmodum illaesus appareat. Si autem culpabilis aut reus contempserit et quasi temptator iudicium tuum adierit[o], aut per herbas vel quaecumque temptamenta seu molimina maleficiosa peccata sua confiteri noluerit, sed defendere[p], inflatus per afflatorem[q] malitiae, contra examen veritatis tuae, iustissime et misericordissime domine[r] Deus: ad[s] hoc virtus tua, quae omnia superat, cum veritate, quae permanet in seculum seculi, declaretur[t], ut reus de hoc furto ab ista aqua tua virtute reiciatur, quatenus iustitiae tuae non dominetur iniquitas,

p—s. v) *ita* 2; coppa 1. w) qui tollis peccata mundi 2. x) altitudine 2. y) aqua 2.
t—v. *Codd.* 1. 2. 3. a) *deest* 3. b) ad faciendum iudicium 3. c) in — suum *des.* 3. d) *deest* 3. e) Et si 2. 3. f) forte 3. g) suscipiatur 3. h) *deest* 3. i) *deest* 2. k) eundem *add.* 3. l) A. o. *des.* 3. m) aquam hanc 2. n) recipiatur 3. o) audierit 3. p) deffendere 3. q) *ita* 2; afflictorem 1. 3. r) *deest* 3. s) ab 3. t) declaratur 2.

sed veritati subdatur[v] falsitas; et ut ceteri hoc videntes ab incredulitate sua, te miserante, liberentur. Qui[w] vivis et regnas Deus per omnia[w].

(v) Postea iurent sacramenta, et accusans et defensor, quasi duellum ingressuri iurant; et connectantur[x] insimul manus reprehensi[y] sub flexis poplitibus, ad modum hominis in campum[z] artum[1] intrantis. Deinde vero corda quadam[a], quae eum tenere queat[b], circa lumbos alligetur; atque in corda ad longitudinem[c] longioris capilli fiat nodus; et sic in aquam suaviter, ne aqua[d] commoveat se, demittatur. Si vero usque ad nodum demersus fuerit, extrahatur ceu salvus; sin autem, quasi[e] reus a videntibus aestimetur[f].

III.

Ediderunt hunc ordinem Lindenbrogius, Exorcism. 3; *Baluzius, Exorcism.* 6; *E. de Rozière, nr.* 601. *Editum repetivi.*

INCIPIT ORDO IUDICII, QUO REI AUT INNOXII PROBANTUR FERRO CANDENTI.

(a) Post accusationem legitime factam et triduum in ieiuniis et oratione consumptum, sacerdos, vestibus sacris praeter casulam indutus, ferrum ante altare positum forcipe accipiat et, hymnum trium puerorum videlicet: Benedicite omnia opera, decantans, ad ignem deferat et dicat hanc orationem super locum, ubi fiet ignis ad faciendum iudicium:

(b) Benedic, domine Deus, locum istum, ut sit nobis in eo sanctitas, castitas, virtus et victoria et sanctimonia, humilitas, bonitas, lenitas et plenitudo legis et obedientia Deo patri et Filio et Spiritui sancto. Haec benedictio sit super hunc locum et super omnes inhabitantes in eo.

(c) Benedictio super ignem. Domine Deus, Pater omnipotens, lumen indeficiens, exaudi nos, quia tu es conditor omnium luminum. Benedic, Domine, hoc lumen, quod a te sanctificatum est, qui illuminasti omnem hominem vel mundum, ut ab eo lumine accendamur igne claritatis tuae. Et sicut igne illuminasti Moysen, ita nunc illumina corda nostra et sensus nostros, ut ad vitam aeternam mereamur pervenire. Per Christum, dominum etc.

(d) Qua finita, dicat: Pater noster etc. Salvum[2] fac servum etc. Mitte[2] ei auxilium, Deus etc. De[3] Sion tuere eum etc. Domine[4], exaudi etc. Dominus vobiscum!

(e) Oratio. Benedic, Domine, sancte Pater, omnipotens Deus, per invocationem sanctissimi nominis tui et per adventum Filii tui atque per donum Spiritus paracleti ad manifestandum verum iudicium tuum hoc genus metalli, ut sit sanctificatum, ut, omni daemonum falsitate procul remota, veritas veri iudicii tui fidelibus tuis manifesta fiat. Per eundem dominum etc.

(f) Post hoc ferrum in ignem mittatur et aspergatur aqua benedicta; et dum calescit, missam celebret. Cum vero sacerdos eucharistiam

2. u. v. v) subdetur 3. w) *ita* 3; Qui vivis 3; Per 1; Explicit exorcismus *add.* 3. x) conectantur 2. y) *ita* 2. 3; repressi 1. z) artum campum 2. a) quedam 2. b) circa lumbos queat 3. c) *ita* 2. 3; largitudinem 1. d) *ita* 2. 3; aquam commoveat 1, *ubi* se *deest.* e) reus adiudicetur *pro* quasi — aestimetur 3. f) estimetur 2.

1) *Cf. Ducange s. v. Campus: Campus arctus, ludi genus, 'champ estroit'.* 2) *Psalm.* 85, 2. 3) *Psalm.* 19, 2. 4) *Psalm.* 101, 2; 142, 1.

sumpserit, hominem probandum, sicut infra scriptum est, adiuret atque communicare faciat.

(g) Officium missae. Iustus es, Domine, et rectum iudicium tuum etc.

cf. supra I, 1 e. (h) Oratio. Absolve, quaesumus, Domine, tui delicta famuli, ut a peccatorum suorum nexibus, quae pro sua fragilitate contraxit, tua benignitate liberetur, et in hoc iudicio, quoad meruit, iustitia tua praeveniente ad veritatis censuram pervenire mereatur. Per Christum, dominum etc.

cf. ib. l. (i) In illo tempore, cum egressus esset Iesus, in via praecurrens quidam, genu flexo ante eum, rogabat eum, dicens: 'Magister bone, quid faciam, ut vitam aeternam percipiam?' Iesus autem dixit ei: 'Quid me dicis bonum etc.'

(k) Deinde Secreta etc. Antequam vero communicet, interroget eum sacerdos cum adiuratione sic: Adiuro te per Patrem et Filium et Spiritum sanctum et veram christianitatem, quam suscepisti, et per sanctas reliquias, quae in ista ecclesia sunt, et per baptismum, quo te sacerdos regeneravit, ut non praesumas ullo modo communicare neque accedere ad altare, si hoc fecisti, aut consensisti etc.

Hic communicet sacerdos illos et dicat: Corpus hoc et sanguis Domini nostri Iesu Christi sit tibi ad probationem hodie.

cf. ib. s. (l) Oratio. Perceptis, domine Deus noster, sacris muneribus, supplices deprecamur, ut huius participatio sacramenti a propriis nos reatibus expediat, et in famulo tuo veritatis sententiam declaret etc.

Deinde: Kirieleison et letania et psalmi et tum:

(m) Oremus. Deus, qui per ignem signa magna ostendens, Abraham — — —, ut a tactu eius, cuius inquisitio agitur, conscius exhorrescat, et manus eius comburatur, innocens vero penitus illaesus permaneat etc.

(n) Deus, cuius notitiam nulla unquam secreta effugiunt, fidei nostrae tua bonitate responde et praesta, ut, quisquis purgandi se gratia hoc ignitum tulerit ferrum, vel absolvatur innocens, vel rei noxius detegatur.

(o) Deinde sacerdos super ferrum aquam benedictam spargat et dicat: Benedictio Dei patris et Filii et Spiritus sancti descendat super hoc ferrum ad discernendum rectum iudicium Dei.

(p) Et mox accusatus ad novem pedum mensuram ferrum perferat. Huius denique manus sub sigillo triduum tegatur; et si insanies[a] crudescens in vestigio ferri reperiatur, culpabilis ducatur; sin autem munda extiterit, laus Deo referatur.

IV.

Codex Duacensis 96. 8°, saec. XII, exhibet praeter ordines aquae frigidae et ferri vel aquae ferventis, quos iam supra edidimus (App. II et I, 2), ordinem iudicii panis et casei, qui ipse quoque iam supra exstat (= A 32), missa tamen ordini inserta nondum edita est. B. m. L. Bethmann, qui codicem exscripsit, monuit, in initio libri manu saec. XVIII. exarata haec legi: 'pontificale hoc ad usum eccl. Anglicarum nos a. s. Thoma Cantuariensi accepisse, traditione constanti habemus'.

COMPROBATIO AD IUDITIUM FACIENDUM DE FURTO INVENIENDO.

Missa de sancta Maria. Rorate celi desuper[1]. Epistola. Omnipotens,

p. a) sanies *ed.*

1) *Esai.* 45, 8.

sempiterne Deus, qui terrenis. Egredietur virga[1]. Graduale. Tollite portas[2]. Versus. Quis ascendet?[3]. Missus est angelus[4]. Offertorium. Ave Maria, gratia plena[5]. Intercessio, quesumus, Domine. Communio. Ecce virgo concipiet[6]. Post[a] communionem. Caelesti munere saciati.

Coniuratio panis et casei. Exorcismum et benedictionem panis et A 32. casei — — —.

V.

EX LIBRO IURIS POLONICI DIUTISCA LINGUA CONSCRIPTO.

Codex bibliothecae civitatis Elbingensis Q 84, *antea Friderici Neumann Elbingensis, saec. XIV. ex. vel XV. in., exhibet pag.* 120 *sqq. antiquissimum iuris Polonici monumentum, librum saec. XIII. in usum iudicum seu officialium ordinis Theutonicorum, ut existimatur, conscriptum. Ediderunt Edwin Volckmann, 'Das älteste geschriebene polnische Rechtsdenkmal', Elbing.* 1869 *(Progr. gymn.) et Helcel, 'Starodawne Prawa Polskiego Pomniki' II* (1870), *p.* 1—33. *Cf. H. Brunner in 'Krit. Vierteljahrsschrift für Gesetzgebung und Rechtswissenschaft' XII* (1870), *p.* 120—121. *Capita* 16. 17. *editionis Volckmanni (=* 24. 25. *ap. Helcel), ubi de iudiciis ferri et aquae frigidae agitur, hic subicienda duxi.*

Cap. 16.

Wenne der richter synem manne, der beclaget ist unde nicht geczuge habin mag, gebutet zcu vechten, unde ienir spricht, her enmoge nicht vechten, unde bewyset zine ummacht eczwo mete, zo mus her daz ysen tragen. Daz zete ist czweierleie. Der eine ist, daz man leget ysen, icliches[a] von dem andern einen schrit, nicht zcu weit, sunder daz in der man gemeniclich geschriten mag; zo sal geczychent zin eyn schrit vor den[b] irsten ysene, do von sal her schreten uf iz ysen, zo daz her dry schrete uf dem ysene irge. Dy ysen sullen gemacht zyn alz dy zole eines mannes von der versen bis mitten an den vůs. Burnet sich der man, her ist vorwundin. Trit er uf dy ysen nicht, unde trit her sam eyn tryt unrecht, her ist vorwundin. Man sal ym abir den brant mit wachze bewirken bis an den dritten tag, unde den man mit vlyse behaldin, zo[c] mag man kysen, ab her gebrant zy, adir nicht. Den man, der dy ysen zus treten sal, musen czwene man wol vuren unde leren, wy dicke her wil, uf dem czele, do her tretin zal, daz her is[d] wol kunne zcu zyner rechten czit unde nicht entvele. Hy bevor pflogen czwene gegenwerte[e] prister den man zcu leyten, wen her daz ysen trat. Des ist nu vorpflogen, unde leiten czwene andir man yn, wer zy syn. Der andir zete ist, daz man ein ysen enpor leget mit iclichim orte uf einen stein adir uf eyn ysen, daz der man do undir gegrifin[f] moge unde daz ysen of geboren, daz her tragen [sal] dry schrete. Wirft her is e nedir, her ist vorwunden, dez man im scholt hot gegebin. Daz zelbe ist her ouch, ab her sich burnet. Dy hand sal man im bewirken, als hy vor gesprochen ist. Dy selbe ysen beide, dy irsten unde daz leste[g], sal man glunde machin unde sal ze eyn prister zenyn mit zeine, der hy noch geschrebin ist. Wen der prister kumt an dy stat, do man daz ysen glunde machin sal, zo sal her stat unde dy ysen besprengen mit dem geweiten wasser zcu vortriben dy troknisse der tuvile. Hy bevor pflag man

a) P̊c̄o *in cod. supra ante* Intercessio *legi videtur.*

1) *Esai.* 11, 1. 2) *Psalm.* 23, 7. 9. 3) *Psalm.* 23, 3. 4) *Luc.* 1, 26. 5) *Ib.* 28. 6) *Esai.* 7, 14.

V, 16. a) iczliches *H.* b) dem *H.* c) zo sal mag *c.* d) ist *c.* e) gegenwete *c.* f) geg'fin *c.* g) beste *c.*

eine messe zcu singen, dy hy zcu gesaczt was. Des ist nu vorpflogen, doch sal her sprechen dy zebin salmen unde dis gebete:

cf. (12). 'Deus iudex, iustus et paciens, qui auctor es pacis — — — redemisti, tu hoc ferrum igne fervens benedicere dignare, et sicut tres pueros — — —, ut quisquis innocens de crimine sibi obiecto in hoc ferrum manum miserit et ipsum portaverit, sanam et illesam eam educat. Per te Salvatorem et Redemptorem totius orbis, qui cum Patre et Spiritu sancto'.

cf. (23). 'Omnipotens, sempiterne Deus, qui es scrutator occultorum cordium, te supplices exoramus, ut, si homo hic culpabilis est de rebus sibi obiectis et, dyabolo ingravante cor eius, presumpserit in ferrum ignitum manum suam mittere, tua iustissima veritas declarare dignetur, ut in eius corpore virtus tua declaretur, ut anima illius per penitenciam et confessionem salvetur. Si vero in aliqua decepcionis dyabolice versucia confidens reatum suum dissimulare celareque noluerit, tua sancta dextra[h] omnem calliditatem demonis evacuare dignetur'.

'Benedicere dignare, domine sancte, Pater omnipotens, eterne Deus, hoc ferrum ad discernendum in eo verum iudicium tuum. Per'.

Wenne dis gerichte getan ist, unde dem manne mit gewyten[i] wachze dy hende beworcht sin, zo ist gut, daz der man allir irste nuczt gewyet wasser, unde dornoch, biz daz gerichte ende nymt, ist gut, das her zcu aller syner spyse gewiet zalcz unde gewiet wasser menge unde do mete nuczcze.

Cap. 17.

Wenne ouch eyn man beclaget wirt, unde im der richter gebutet zcu entworten, unde ienir spricht, her zy unschuldig, zo vroget in der richter, ab her gezcuge habe. Spricht denne ienir, her moge ir nicht gehaben, unde wil denne der richter adir[a] sache deszelben tages abe komen, zo irteilet her, das man in uf iz wasser lose. Zo sal der priester daz wasser allererst zeynen mit disme zeyne:

B XII, 1. 'Adiuro te, aqua, in nomine Dei patris omnipotentis — — — qui etiam regnat per infinita secula seculorum. Amen'.

(21) 'Omnipotens, sempiterne Deus, qui baptismum — — — si culpabilis sit iste homo de causa quae ei obicitur, aqua, que in baptismo — — —. Per te Salvatorem mundi, quem idem Iohannes digito agnum Dei demonstravit, qui vivis et regnas'.

(15) 'Deus, qui maxima queque sacramenta[b] — — — virtute tua, qui secretorum es conditor, declarante, fiat nobis hinc in te credentibus veri cognicio manifesta. Per'.

Dornoch besprengit der prister daz wasser mit dem weywasser, zo sal[c] man den schuldiget man nedir zeczen, zo daz man in dy hende vor den schenebeynen zcusamne, unde stosen eyn holcz czwischen dy kniekele unde dy arme, zo daz her sich mit henden noch mit vusen nicht bewaldigen moge. Zo sal man im eyn czeychen[d] machin obir daz houbt[e], do by man merke, ab der man zinke adir swimme. Ouch sal man im ein zeil umbe den buch binden, do mete man wedir czy, wenne her zincke. Ist abir daz her nicht enzincket unde obir dem wasser swebet, zo ist[f] vorwunden der sache, do her umbe beschuldiget waz. Doch zy wissentlich, daz dy richter[g] daz wassergerichte ungerne teilen umbe houbtzache. Dem prister, der daz wasser zeynet, lonet man mit eyenem halben lote, adir waz andirs gewillekoret ist zcu gebene; daz zelbe tut man dem, der ysen zeynet.

V, 16. h) dextraque *c.* i) gewytem *H.*

V, 17. a) *corruptum videtur;* diser? b) *has varias lectiones textus praebet:* — misteriis tuis tibi serviens — petita per invocacionem tui nominis —. c) zal *H.* d) czeychin *H.* e) houbpt *H.* f) her *supplendum videtur.* g) *ita H.;* vechter *V.*

ADDENDA.

AD FORMULAS SENONENSES RECENITORES.

Codex Parisiensis Lat. 4627, *saec. IX, qui etiam ceteras formulas Senonenses, supra p.* 182 *sqq., continet, folio ultimo duas alias notis Tironianis exaratas praebet, adhuc incognitas, quas, priore editionis nostrae parte iam absoluta, V. Cl. W. Schmitz ex photogrammate maxima ex parte transcripsit. Nonnullae interpretationes a me quoque vel correctae vel additae sunt, aliae quaedam a V. Cl. O. Lehmann Dresdensi; cum tamen notae quaedam difficiles sint intellectu, etiam nunc non omnia satis certo leguntur. Ipsarum notarum tabulam mox in annalibus nostris proponemus. De tempore formularum, quas hic sub numeris* 19. 20. *subiciendas duximus, id tantum dici potest, eas ad aevum Karolinum pertinere.*

19. Praestaria.

Ille sancte Senonice ecclesie archiepiscopus. Convenimus[a] una cum consensu canonicorum meorum, ut ad aliquo[b] serviente sancti illius nomine illo quemdam mansum, quem[c] . . . . habuit ad pr . . . endum[d] . . . ad cavalicandum vel ad p . . . redum[e] solvendi[f] . . . . illo, in villa cui vocabulum est illa, ita et ipse[f] ad idem servitium concedere debuerimus; quod ita et fecimus; ea vero ratione, ut supra dictum mansum tam ipse quam et posteri eius, sicut ipse[g] . . . . .[h], ita et . . . . . .[h], et post hanc diem ipsum mansum iure hereditatis teneant. Et si de ipso servitio tardi haud[i] negligentes appareant, ad reddendum secundum legem[k] . . . . ., et ipsum mansum pro hoc non per[dant]. Et rogamus atque supplicamus successoribus nostris, ut omni[l] . . . . ., ut illorum facta stabilis[m] perdurare valeat[n], ita et nostra in ac parte conservare studeant. Quam epistolam manu propria subterscripsi et canonicorum nostrorum adroborandum decrevi. *Explicit.*

19. a) *ita notatum videtur; fortasse pro* convenit. b) *non nisi* al *certo legitur.* c) *Sequitur nota evanida, fortasse* ille, *et alia, quae* hereditate *exprimere possit.* d) promovendum v[ecturam]? *Notae alterius pars prior tantum conspicitur; notae inesse possit* exercitum. e) parafredum *conieci; reiecit S.* f) *vel* solvendum; *notam sequentem S. dubitans interpretatus est:* in pago; *notae inesse videntur* IoNo *vel* IoMo. g) *i. e.* ipsi. h) promeruit ita et promereant *vel* proservit ita et proserviant *conieci; reiecit S.* i) *i. e.* aut. k) *nota, quae sequitur, certo intelligi nequit; fortasse* em . . . *continet.* l) *expectaveris fere:* unquam tempore; *notam interpretari non possumus.* m) *lege:* stabiliter. n) *ita notatum est; intelligendum videtur:* velint.

20. Incipit [alia[a]] praestaria.

Igitur ego in Dei nomine ille sancte vestre ecclesie archiepiscopus. Convenimus[b] una cum consensu et voluntate fratrum nostrorum vel ille[c] cella sancti illius ex nostro dono rectorum, ut cuidam homine serviente nostro illum nomine quendam ariam infra civitate illa de ratione sancti illius, quae[d] . . . . in illo loco, ad censum concedere debuerimus; quod ita et fecimus; ea vero ratione, ut annis singulis ad festivitate sancti illius tantum ipsius[e] rectoris solvere studeat, et ipsam ariam diebus[f] vite sue ad suprascriptum censum tenere et usare faciat. Et si de ipso censo tardus haud negligens appareat, fidem exinde faciat et ipsam fidem factam secundum legem solvat, et ipsam ariam pro hoc non perdat. Sed post eius discessum cum omni re emeliorata vel superposito rector eius cellae ad suam faciat revocare potestatem vel dominatione. Et rogamus successoribus nostris *et r[eliqua] usque* in ac parte conservata appareat.

Ille eiusdem cellae rector consensit.

AD FORMULARUM AUGIENSIUM COLLECTIONEM B.

Codici miscellaneo S. Pauli (non signato) inserti sunt duo quaterniones, fol. 41*—*50*, in quibus formulae* 20 *manu saec. IX. exaratae leguntur, fol.* 44 *sqq. Sunt quidem collectionis Augiensis B (supra p.* 347 *sqq.) pars antiquissima et principalis, aucta quibusdam aliis capitibus, quorum tria ceteri, quos habemus, codices non praebent. Singularum formularum, quae numeris non sunt digestae, hic est ordo:* 1—12. *= capp.* 1—12. *editionis nostrae;* 13. 14. 15. *= capp.* 18. 19. 20. *editionis;* 16 *= cap.* 34. *et* 17. *= cap.* 42. *editionis. Reliquae tres* 18. 19. 20, *huc usque ineditae, nunc collectioni sub numeris* 44. 45. 46. *adiiciuntur. Quae additamenta eodem fere tempore, quo alia supra edita scripta esse, testatur cap.* 44, *annum, ut videtur,* 845. *exhibens (cf. supra p.* 341*).*

V. Cl. Aug. de Jaksch, Klagenfurtensis, qui codicem nuper invenit, nobisque, V. Cl. de Sickel interveniente, accuratam eius notitiam dedit, haec aliaque benevole exscripsit. Quo duce etiam ad capita 34. *et* 42, *quae supra ex uno tantummodo codice edita sunt, varias lectiones praecipuas hic subiciendas duxi*, aliis aliorum capitum, quippe quae levissimae viderentur, nunc omissis.*

*) *Cap.* 34*:* — ut servo iuris mei — circa sacrosancto altario ill. duci precepi, ut ab hodierna die — possideat; mundburtium vel defensorem ad ipsam ecclesiam pertineat — tramissa valente in cera aut in quo potuerit, solvat — fieri non credo — heredum vel postheredum meorum contra — temptaverit — voluerit — nullo ingenio evindicare valeat — epistola ingenuitas — stabilis permaneat. Actum in villa ill. publica — continentur. Sig., cui cartam fieri rogāv. — die, in qua facta fuerat. — *Cap.* 42*:* Carta ingenuos relaxandos extra ecclesiam. — Tale mihi sumpsi consilium — relaxare deberem — sub tali titulo — portis apertis cive Romana vias discendendi partibus quibuslibet pergas; mundburdium — eligere volueris — integra ingenuitate — heredum vel postheredum meorum contra — agere voluerit, socianti fisco — haec ingenuitas — permaneat. Actum in ill. loco. Sig. ill., qui.

20. a) *suppl. Lehm.* b) *ut supra; legendum videtur* convenit. c) *lege:* illius cellae. d) *notae sequentes eerto legi nequeunt;* habetur ex . . . tum (?) *S.* e) *lege:* ipsi rectori, *vel* [partibus] ipsius rectoris. f) *ita nota, ex parte operta, legenda videtur.*

44. Carta traditionis.

In Dei nomine. Faciendum est unicuique sicut Dominus in euangelio dicit: 'Date elemosinam, et ecce omnia munda sunt vobis'. Hoc ego cogitans, decrevi pro remedio animae meae quasdam res meas tradere ad monasterium, quod dicitur ill., quod constructum est in honore sancte Mariae, Dei genetricis, et aliorum sanctorum, et ubi ill. abba grege Dei praeesse dinoscitur. Et hoc quod trado situm est in pago ill. et in villa illa; et hoc est quod trado. In ea videlicet ratione, ut tempus vite sue[a] illa depossideam[b] et annos singulos inde censum solvam, id est solidum 1; et post meum obitum redeat ad supra dictum monasterium. Si quis vero, quod ego non credo, hanc traditionem infrangere voluerit, primum iram Dei et sanctorum eius incurrat, et in fiscum regis multa conponat, id est auri 3 uncias, argenti pondera 5, insuper et quod repetat omni[no] non perficere possit[c].

Sig. illius, qui hanc traditionem manu potestativa feci. Signa aliorum 7.

Actum in pago ill. et in villa coram comite et coram testibus praeordinatis et coram frequentia populi anno regnante ill. rege 13. in orientali plaga[1], mense ill.

Ego itaque cancellarius rogatus scripsi et subscripsi.

45. Precaria.

In Dei nomine. Notum est omnibus, qualiter tu ill. tradidisti res tuas ad monasterium, quod dicitur ill., quod constructum est in honore sancti illi, et ego ill. abba modernis temporibus praeesse manifestum est. Et hoc quod tradidisti situm est in pago ill. et in villa illa. In ea silicet[a] ratione, ut hoc tibi in beneficium concederemus; quod et fecimus, ut annos singulos inde censum solvas, et post tuum obitum redeat ad supra dictum monasterium.

Sig. ill. abba, qui hanc precariam fieri rogavit. Sig. decani et praepositi.

46. Libellum dotis.

In Dei nomine. Notum est omnibus, tam praesentibus quam futuris, quod ego ill. filiam ill. nomine ill. iuxta legem Alamannorum iure dotis nomine eam vocavi. Et hoc est, quod eam dotavi: 4 mancipia, 48 iurnales, silva bunuaria 10, boves 6 et vacas 5, de pecudibus mixtum 20, ut hoc iuxta legem teneat atque possideat.

Sig. ill., qui hanc dotem manu potestativa feci.

AD FORMULAS EXTRAVAGANTES. I.

27.

Fragmentum 'formulae veteris', ut videtur praestariam praebentis, exhibet Glossarium mediae et infimae Latinitatis (Ducange) s. v. 'consuetudo'.

Ita ut ab hac die ipso campo et vinea cum grato ipsius monasterii habeas, teneas atque possideas, et, quicquid ex eo, sicut mos est aliis ingenuis super terram consuetudinariam faciendi, facere volueris, liberam in omnibus habeas facultatem.

44. a) mee *legendum videtur.* b) *i. e.* possideam. c) posssit *c.*
45. a) *ita c.*

1) *Annus, ut videtur,* 845, *qui est* 13. *Ludovici Germ. regis in Francia orientali, quae hic 'orientalis plaga' appellari videtur.*

ADDENDA ET CORRIGENDA.

P. 2, l. 29 sq. Annus 3. Theuderici III. est a. 678. Cf. Br. Krusch in 'Forsch. z. D. Gesch.' XXII, p. 487. — ib. l. 33 sqq. Formularum Andecavensium tempus, quod exposui 'N. Arch.' XI, p. 315 sqq., ad incertum revocandum esse existimo. Childeberti enim I. annum 4. quominus in c. 1. et 34. intelligamus, obstare videntur et leges et instituta Francorum, quas formulae iam penitus inolitas demonstrant, et alia quaedam inferioris aetatis indicia ('manso, mansello' c. 25. 37; '(die), quod fecit minsus' c. 1. 14. 15). Childebertus II. per aliquos annos quidem, ut exposui, etiam Andecavis imperasse videtur, neque vero anno 4. regni sui. Annos autem post Guntramni regis mortem separatim numeratos esse, nullo modo concesserim. Qua de re formulas 1—57, quas non post annum 678. collectas esse constat, anno 4. regni Childeberti III (i. e. a. 698) ex alio codice exscriptas et tunc demum annum illum duobus capitibus insertum esse, existimo. — p. 4 sqq. Ad nonnulla capita Formularum Andecavensium cf. quae disseruerunt E. Loening, 'G. d. D. Kirchenrechts' II, p. 717 sqq., et H. Brunner, in 'Z. d. Sav.-Stift.' V, 'Germ. Abth.' p. 69 sqq. — p. 6. Ad n. 4. cf. Brunner l. l. p. 72, n. 2. — p. 11, l. 34. inter verba facias et aut poenae stipulationis clausulam excidisse, coniecit Brunner, in 'Z. f. Handelsrecht' XXII, p. 100, n. 2; p. 67, n. 3. Cf. Form. Andec. 38. 60. — p. 15. Nota 1. delenda est. — p. 21, n. 4. adde: Loening, 'G. d. D. Kirchenrechts' II, p. 243 sqq. — p. 26. 27. De formularum Arvernensium aetate iterum disserui 'N. Arch.' XI, p. 334 sqq.; quas saeculo VIII. potius adtribuerim. 'Hostilitatem Francorum' c. 1. ad expeditiones Pippini regis in fines Aquitanorum a. 760. 761. factas (Fred. cont. c. 125. 129) refero, cum nonnulla saeculo VI. repugnare videantur, ut puta verba 'castro Claremunte' c. 1; 'alode' c. 2 a. 3. 4. 6; 'in pago Arvernico' et 'manso' c. 6. et lex Romana inepte allegata c. 3. — p. 34, l. 20. Cf. quae fusius exposui 'N. Arch.' XI, p. 338 sqq. — p. 56, n. 1. adde: et praecipue Loening, 'G. d. D. Kirchenrechts' II, p. 160 sqq. — p. 107, l. 15. et n. 1: Suggione est: Soyon. Cf. Deloye apud de Rozière, 'Recueil' III, p. 316 sqq. — p. 137, n. 1: Cf. Lex Rom. Vis. Cod. Th. IV, 18, 2. Interpr. — p. 158, l. 33. Nota b delenda est. — p. 172, l. 20. sive — sive] adde notam: i. e. sibi — sibi. Cf. de Rozière, 'Recueil' I, p. 86, n. 3. 4. — p. 176, l. 47. lege: formulam. — p. 184, l. 1 sqq. Cum nunc quidem constet, capitulare ad quod spectat Form. Sen. rec. 9. anno demum 818. ex. vel 819. in. editum esse (cf. 'Götting. gel. Anz.' 1882 p. 1419 sqq. et LL. Capit. I, p. 266), formula ista ab ipso Magnone archiepiscopo († 818) addi non potuit. Collectionem fortasse ab illo institutam successor complevit. — p. 188, l. 45. lege: axatoria pro anatoria. — p. 199, n. 1. adde: Miracula S. Germani ep. Autiss. I, 15: In pago quoque Vastinensi in vicinia Gaiaci monasterii. — p. 230, l. 43. lege: Form. Sal. Merk. 15. — p. 290, l. 37. lege: in loco Deas dicto. — p. 293, l. 3. lege[1]: genitor noster Karolus; l. 44. dele: Nov. — p. 296, l. 15. lege: conscribere pro concedere; l. 20: concessimus pro concedimus; l. 22: quietae pro quiete. — p. 300, l. 13. lege: quam et de navibus; l. 39. dele: 'Aurelianensi' post 'archiepiscopo'. — p. 301, l. 37. lege: pastinem pro pastiva. — p. 304, l. 1. telonarius] adde notam: telonariis c.; l. 31. lege: quoque eius semper; l. 35. tempora] adde notam: temporum c. — p. 306, l. 26. lege: censeremus pro concederemus. — p. 307, l. 8. lege: coniugis quoque ac. — p. 311, l. 7. lege: atque pro ac. — p. 312, l. 27. Notum] adde notam: in margine Scriptum est c.; ib. post ecclesie non et, sed ac legendum; ib. l. 32. pro attinentiis scribe: adiacentiis. — p. 315, l. 19. lege: negotiatores nostros. — p. 318, l. 38. lege: anuli nostri. — p. 321, l. 13. lege: ac fratres pro et fratres. — p. 322, l. 6: pro adspicientiis fortasse aspicientibus. — p. 323, l. 26. revocatae] adde notam: revocatum fuerat c. — p. 325, l. 24. lege: verissimam et iustissimam. — p. 326, l. 2. lege: multi temporis; l. 3. 7. 11. 14. pro amotis, amotas fortasse amissis, amissas legendum. — p. 379, l. 46. lege: scripta pro cripta. — p. 454, l. 43. lege: Roz. 751. — p. 458, l. 31. lege: quia pro puia. — p. 514, l. 54. lege: Roz. 780. — p. 557, l. 35. lege: Roz. 554. — p. 590, l. 37. lege: 'lege: velut' pro 'fortasse: vel et'. — p. 602, l. 21. lege: 'alius eiusdem bibliothecae' pro 'idem'. — p. 605. Cap. A 2 primum edidit Aventinus, Ann. Boi. (Ingolst. 1554) p. 418 (= ed. Lind.). — p. 610 sq. et p. 620 sqq. Capita A 6 a—c et A 19 primum vulgata sunt a Fr. Iureto, qui iterum eadem in Observv. in epp. Ivonis (Par. 1610) p. 638. edens monet, se dudum ea in codice S. Benedicti Divionensi reperisse et typis evulgavisse; quod quo loco factum sit, nescio. Repetivit M. Goldast, 'Imperatorum — statuta' etc. III (1610) p. 254 sq. — p. 620: Capita A 18 e. f. g. edidit Fr. Iuretus ex codice Pithoei l. l. p. 643. — p. 710, l. 5. saec. X.] adde: Edidit E. de Rozière, nr. 582. 600. 617. — Tab. I lege: bibl. publ. 114 pro Voss 86.

1) Cf. ad emendationes sequentes usque p. 326: Schmitz, Monumenta tachygraphica II, p. VII.

INDEX NOMINUM.

Maior numerus paginam, post n. notam, minor quinas lineas indicat.

A.

M.

N.

O.

Optatus abb. S. Benedicti Casin. 503, n. 5.

Orcarium: mare, quod dicitur O., *lacus Podamicus* 377, 15.

Oriens 487, 20. 506, 25.

Ortlaicus, Hortlaicus, avus Richardi, 323, 25—35.

Otolf 382, 5. 10.

Otto: Ottonis regis *pro* Karoli regis 382, 35; *cf. ib.* n. 3.

Oadalrih (III) comes de Argengau et Linzgau 419, 15.

Oud[alricus] (IV) comes de Argengau et Linzgau 436, 1.

P.

P. Visoncensis ecclesiae pontifex 411, 10.

Pachomius: edicta Pachomii 499, 20.

Paderbrunnensis (?) eccl. S. Mariae 294, 20.

Papea, lex P. Popea 581, 25.

Parisiacensis pagus 263, 35; Parisiaga terra 222, 15; situs Parisiacus 504, 5; Parisiorum ep. 263, 30. 264, 5; ep.: Importunus, Landericus.

Parma civitas 326, 35; habitatores: Iohannes, Ursus.

Pascualis (I) pont. Rom. 523, 15.

Patami (Potami, lacus Podamici) litus 431, 20.

Patavia: altare S. Stefani 457, 35. — Pataviensis formulae 456 *sqq.*

Patriacensis ecclesia (?) 566, 5.

Patricia Corduba 587, 20.

Paulus apost. 414, 5; S. Paulus *v.* S. Petrus.

Paulus solitarius 413, 25; Pauli et Stephani regula 414, 1.

Paulus Casinensis 521, 5. 10.

Pectava urbs, *Poitiers* 178, 25; monast.: S. Crucis.

Pennus comes, *fict.* 381, 15.

Pervei vicaria in pago Aurelianensi 539, 1.

Petrocius pagus, *Périgord* 325, 35.

S. Petrus apostolus 413, 5. 414, 5. 10. 430, 1. 498, 25. 500, 10. 558, 1. *saepius;* beati Petri vicarius 556, 1. 5; successione ac vice sacratissimi apostolorum principis Petri 496, 35; sepulchrum S. Petri 181, 25. 453, 5; beati Petri ditio 498, 25; thesaurus S. Petri 706, 10.

S. Petri eccl. Colon. 546, 5. 30. 35.

S. Petri monast., (S. Petri et S. Benedicti monast. Floriac.?) 299, 10.

S. Petri congregatio *(Remiremont?)* 527, 5. 20. 25.

S. Petri eccl., domus 544, 25. 545, 5.

S. Petri congregatio 181, 10.

S. Petri monast. 441, 15.

S. Petri et S. Leudegarii monast. Morbac. 331, 5.

Petri et Pauli apostolorum limina 104, 20. 440, 15.

SS. Petri et Pauli monast. Corbeiense 314, 15.

SS. Petri et Pauli monast. 266, 25. 30. 283, 25.

SS. Petri et Hrodperti monast Salzburg. 440, 40.

Petrus (optimas) 366, 1.

Pettingahem, *Peteghem* 513, 35.

Phobi, Φοίβη? 369, 20.

Pindarus comes, *fict.* 382, 15.

Pipinus, Pippinus, maior domus 503, 45; *cf.* 111, n. 1; rex 295, 35. 301, 1. 303, 15. 307, 25. 325, 15. 528, 25; *cf.* 111, n. 1. 182, 20. 25. 228, 1.

Pippinus rex Italiae, filius Karoli M., 505, 25. 510, n. 3.

Pipinus rex Aquitaniae 539, 40; *cf.* 367, n. 1.

Pirgo ancilla 382, 25.

Piriteus 326, 35. 327, 15.

Pollingen, *Bohlingen* 418, 1. 15.

Popea, lex Papea P. 581, 25.

Pota locus in pago Turgovense 381, 30.

S. Praeiecti eccl. *(Flavigny)* 470, 45. 477, 40.

Proba 451, 10.

Provincia 308, 1. 314, 30.

Prudencius, Prudentius ep. Trecensis 336, 10. 375, 25.

Q.

Quentovicus, *Wicquinghem* 315, 35.

R.

R. 436, 10; R. M. episcopus 397, 25.

Radanzia fl., *Rednitz* 318, 5.

Radanzwinidi 318, 5.

Rado 312, 25. 30; filius: Ercambertus.

Ragenisburg, *Regensburg* 511, 1; *cf.* Regino.

Ragumbernus vasallus 322, 1. 5. 20.

Rainus 539, 15.

Ramigis, mater Barii, 539, 25.

Ratbodus archiep. Trever. 563, 30. 564, 35. 565, 15.

Reciani, vallis Recianorum, *v.* Retia.

Regenhardus ep. Argent. 419, 10. 15; *cf.* 417, n. 1.

Regino curtis publica, *Regensburg* 396, 20; *cf.* Ragenisburg.

Reinensis vicaria, in pago Floriacensi 539, 30.

S. Remaclus (Remachus) 317, 1.

S. Remedius 361, 15. 20; *v.* Remigius.

Remensis S. Mariae ecclesia 515, 20; coenob.: S. Remigii; archiep.: Ebbo, Hincmarus.

S. Remigii coenobium Remense 515, 35. 516, 40.

Retia (Rhaetia) 314, 30; episcopus in valle Recianorum 331, 15.

Reumagensis vallis 299, 10—20.

Rhebus 422, 10.

Rhenus, Herenus 313, 45. 377, 10. 431, 20.

Ricbodo 320, 20. 25.

Richardus vasallus 323, 20. 30. 35.

Riculfus archiep. Magunt. 559, 10.

Ro. 'sanctae illius ecclesiae provisor' (Rodoaldus Aquilei. patriarcha?) 568, 1; *cf.* 567, 40.

Rodulfus ep. Laudun. 564, 5.

Roma 499, 20; Romam pergere 70, 40. 421, 10. 425, 10. 440, 15. 453, 1. 5. 25; Romam ire, proficisci 374, 10. 418, 1; urbis Romae papa 501, 30. 502, 15. 503, 1; urbis Romae episc. 503, 30; Romana ecclesia 377, 1. 434, 10. 500, 5; Romanae urbis episcopus 433, 30; Romanae sedis papa 104, 15; summa aureaque Romana sedes 452, 35; abbas: Benedictus; pontifices: Adeodatus, Anastasius, Celestinus, Eugenius, Felix, Gelasius, Gregorius, Hadrianus, Iohannes, Iulius, Leo, Nicolaus, Pascualis, Silvestrius, Sixtus, Stephanus, Zacharias, Zeferinus, Zosimus; Romana auctoritas 545, 10; Romane legis auctoritas 86, 10. 165, 1; lex Romana 17, 30. 20, 20. 23, 15. 24, 30. 30, 10. 143, 15. 146, 10. 147, 10. 148, 10. 149, 5. 152, 1. 154, 25. 172, 20. 209, 20. 210, 5. 536, 10; *cf.* 144, 15. — Romani 48, 1. 68, 20. 70, 1. 97, 15. 202, 10. 234, 15. 488, 30. 706, 10. 20; patricius Romanorum 256, 35. 331, 5. 501, 40. 510, 5; imperium Romanorum 528, 20; regio Romanorum 618, 10. — cives Romani (liberti) 30, 15. 30. 141, 25. 172, 25. 246, 10. 258, 1. 312, 10. 313, 30. 363, 20. 382, 25. 544, 15. 30. 576, 25. 577, 15. 578, 5; civis Romanus 312, 5. 313, 25. 328, 30. 518, 20. 25. 543, 25. 576, 15. 25. 577, 5; civis Romana 30, 15. 30. 216, 5. 257, 30. 273, 35. 281, 20. 467, 15. 724, 35; civitas Romana 210, 10. 15.

Romania: in partibus Romaniae atque Italiae 311, 1. 318, 40. 326, 35. 440, 10.

Romaricus-mons fiscus, *Remiremont* 293, 20. — S. Romarici cenobium 525, 25. 526, 20; *cf.* S. Petri.

Rota, *Roth?* 547, 5; ecclesia: S. Mariae.

Rotgerus clericus 564, 5.

Rotomagus, *Rouen:* urbs 305, 5. 10; ecclesia: S. Mariae; archiep.: Wenilo, Willibertus.

Rotpertus *v.* Ruodbertus.

Rotwila curtis regalis, *Rottweil* 399, 30.

Rudolf, *fict.* 628, 40.

S. Hrotpertus: monast. S. Petri et S. Hrotperti Salzburg. 440, 40.

Ruodbertus, Rotpertus ep. Mett. 563, 20. 30.

Wasconicum (Wasconia): partibus Wasconici 16, 30.

Wastinensis pagus, *le Gâtinois* 199, 20.

Wenilo archiep. Rotomag. 562, 5.

Wicbertus (Witbertus, Wipertus), cognomento Superbus 425, 5.

Wideradus abb. Flavin. 476, n. 1. 480, n. 1.

Wido 433, 30.

Willibertus archiep. Rotomag. 305, 5. 15.

Willibertus ep. Colon. 545, 35. 563, 20.

Wirciburgensis ecclesia 318, 1; ep.: Wolfgerius.

Wirdun- *v.* Virdun-.

Wirontus abb. ex monast. Stablao et Malmundario 317, 1. 15.

Witgarius ep. August. 393, 35. 409, n. 1. 2.

Wolfeo ep. Constant. 561, 1.

Wolfgerius ep. Wirciburg. 318, 1.

Wormacensis civitas 559, 15; ep. Bernarius.

Z.

Zacharias pont. Rom. 503, 25.

Zeferinus pont. Rom., *Zephyrinus* 434, 5.

Zeziae *pro* Giezi 73, 15.

Zosimus pont. Rom. 550, 15.

Zoter centurio, *fict.* 382, 15.

INDEX RERUM ET VERBORUM.

A.

abbas, abba, abbate *etc.* 7, 5. 13, 5. 20, 30. 39, 5. 20. 40, 20. 41, 10. 42, 10. 53, 5. 58, 10. 65, 5. 15. 66, 10. *etc.*; a. de aula sancti illius 260, 1; a. de basilica 79, 1. 160, 1. 180, 20. 244, 15; a. coenobii, ecclesiae, congregationis 397, 20. 466, 15. 504, 15. *etc.*; a. de monasterio, monasterii 211, 25. 214, 25. 232, 5. 264, 10. 299. 300, 30. *etc.*; abbatem elegere 39, 5. 40, 1. 291, 1. 397, 20. 398, 20. 529, 5; regularem abbatem elegere 481, 5; abbas elegendus 503, 15; electio de abbati 528, 25; abbatem constituere 480, 15. 481, 5. 482, 10; abbatem coenobio praeficere 398, 20. 399, 1; abbatem promovere 40, 1; (monast.), cui ill. a. praelatus est 297, 25; monast., cui episcopus abbatis iure praesidet 435, 20; abbatis ingressus 66, 1; ante ill. abbate 8, 1. 13, 25. 14, 1. 21, 5; visum fuit ipsius abbati, ab ipso abbate 8, 5. 13, 30; episcopus cum suis abbatibus 162, 10; abba vester (episcopi) 59, 20. 60, 1; episcopus ad suum abbatem 468, 5.

abbatia 264, 1.

abbatissa, abbadissa, abbatessa 20, 25. 66, 10. 118, 20. 127, 15. 178, 25. 179, 15. 20. 199, 15. 200, 5. 201, 1. 217, 1. 258, 20. 263, 20. 278, 15. 283, 25. 332, 15. 468, 1; inluster a. 198, 35. 199. 200, 30; a., id est mater monasterii 499, 35; a. de monasterio ill. 178, 25. 200, 30. 283, 25; a. monasterii ill. 312, 1. 20; consecratio abbatissae 498, 35; a. a sede apostolica corrigenda 499, 40—500.

abere = *habere* 4, 25. *saepius.*

abicis = *apices* 202, 10.

abiecencia: iunctis et abiecenciis 16, 30. 20, 30; abiecentiis *saepius pro* adiacentiis *scribitur ex. gr.* 137, 40.

abiectire, obiectire 67, 5. 10. 155, 10. 35.

ablegare *v.* allegare.

abnoxiare, abnoxiatio = *obnoxiare, obnoxiatio* 69, 40. 45. 81, 35. 45.

abrenuntiare voluntatibus propriis, rebus 569, 5.

absa: olca absa et sema 597, 15.

abscedere precariae textum 591, 25.

absentia vel contumacia 534, 35.

absolutio, obsolutio = *manumissio* 313, 35; a. solemniter celebrata 543, 40; absolutionem per auctoritatem firmare, confirmare 57, 5. 190, 1. 288, 5. 434, 25; auctoritas absolutionis 288, 10. 460, 30; carta absolutionis, kartae absolutionum 326, 35. 544, 25; epistola absolucionis 546, 1; testamenta absolutionum 326, 40; titulus absolutionis 288, 5. 10. 435, 30. 460, 25 = *carta absolutionis* 30, 20. 543, 35; = *emancipatio*, postulata a patribus absolutione 590, 15.

absolvere, obsolvere: de hac expeditione a nobis absolutus 367, 1; a. (captivum) 368, 10; ductus et absolutus *v.* ductus. — a. (ab excommunicatione) 424, 35. 425, 5; a. de obedientia (monachum) 333, 35. – locus, nostrae (imperatoris) tuitionis immunitati subiectus, a ceterorum hominum dominatione absolutus 398, 5; = *manumittere* 30, 25. 543, 35; a. servum, famulum, vernaculum a vinculo servitutis *etc.* 95, 10. 25. 96, 1. 5. 106, 15. 141, 20. 216, 5. 228, 30. 273, 30. 274, 15. 288, 5. 296, 15. 313, 15. 25. 326, 5. 35. 328, 25. 363, 20. 434, 25. 518, 25. 545, 20; a. per cartam absolutionis et ingenuitatis 544, 25; a. per epistolam voluntatis 587, 20. 25; a. per conscriptionis testamenta 326, 35; a. per huius paginae traditionem 313, 25; a. ante altaris cornu *v.* altar; ingenuus et absolutus 30, 5. 172, 20; liber et absolutus 246, 10.

absorta = *absorpta:* strumenta igni a. 299, 1. 303, 10.

abstollere 42, 5; abstultum 590, 30; *v.* auferre.

abstrahere aliquem de rebus suis 197, 20. 257, 5. — se abstrahere de colonatico 194, 5. 463, 15; se a. de servitio 93, 15. 230, 20. 463, 25.

accedere, accidere: a. ad (curiam) 176, 10. 209, 15. 30; a. contra aliquem (in iudicio) 4, 10. 25. 148, 10; a. ad iudicium (Dei) 651, 40; iudex vel vicini paginsi testimoniaverunt, quod ad hoc videndum accesserant 202, 20. 206, 1; *cf.* accessio; = *succedere:* a. in alode 82, 1. 250, 15; a. in portione paterna 250, 5.

accessio: locale accessione 15, 1; iudex veniens ad locum accessionis 153, 1; = *successio:* ex haccessione parentum 202, 20.

accessum habere ad civitates *etc.* 301, 15. 302, 25. 304, 1.

accinctus iudiciaria potestate 201, 1.

accipere pretium, pecuniam; conpositionem a. 280, 30; a. contra germanum suum 249, 25; maritum a. 24, 25. 94, 1. 334, 5; uxorem a. 264, 1; a. puellam 253, 5; a. in coniugium 387, 15. 388, 20. 406, 30; iectam cartam a. 253, 5; vindicionalem cartam solemni traditione a. 313, 1; manu (= *cartam*) sua firmata a. deberunt 12, 35; manus eorum firmatas a. deberet 231, 25; epistolam securitatis per manus eorum firmatam a. 280, 25; iudicio evindicato exinde a. deberet 213, 15; a. notitiam 10, 15. 155, 1. 158, 1. 230, 25. 252, 25; notitiam instar relationis a. 153, 15; (voluntas) ex officio curiae est accepta et lecta 588, 1; a. sententiam 197, 25. 310, 30. 311, 20. 315, 20. 319, 10. 325, 30.

accola, acola, accolla: accolabus 7, 10. 18, 15. 30. 20, 30. 51, 20. 52, 20. 62, 10. 64, 5. 75, 5. 77, 5. 78, 30. 79, 20. 82, 1. 25. 86, 1. 89, 15. 135, 25. 137, 15. 138, 5. 143, 1. 20. 144, 5. 20. 145, 10. 147, 1. 149, 15. 150, 1. 151, 1. 156, 15. 204, 10. 244, 20. 282, 30. 475, 25. 476, 35. 490, 10; manso, ubi accolla commanet 198, 1.

accolani 100, 20. 475, 25. 597, 1.

accusare 154, 15; servus alienus accusandus 152, 20; falsis criminibus a. 537, 15; de furto a. 631, 40; ad aures praeclaras a. 506, 1; iurent accusans et defensor 719, 1; (episcopus) accusatus 434, 5; accusatus 628, 20—629, 10. 658, 20. 659. 720, 30.

accusatio vel inscriptio 537, 10. 15; a. criminalis 536, 10; de homicidio a. 152, 15; a. iniusta conprobata 152, 10; a. legitime facta 719, 15.

accusator 152, 1. 628, 30; improbi accusatores 537, 15; professio manu accusatoris conscripta procedat 536, 10. 537, 5.

acnacio *v.* agnatio.

acolitus = *acoluthus* 408, 20. 427, 25.

acquisitio emptiva 405, 25; *cf.* adqu-.

acta: apud acta prosequere 4, 5; acta habita apud illum et illum principales *etc.* 587, 20; actorum peto potestatem 588, 5; (epistola) agnita possit in acta migrare 588, 1; quae acta vel gesta sunt 588, 5; *cf.* agere.

actio, accio: actiones exercere contra absentes 537, 20; criminalis actio 537, 5; accio comitiae, ducatus aut patriciatus in pago illo 47, 15; quicquid de ipsa accione in fisci dicionibus speratur 48, 5; acciones domesticorum 68, 15; tam in actione, quam in prosecutione 76, 10.

actionarius 293, 20; telonariis, actionariis vel omnibus rem publicam administrantibus 302, 10.

actor, actores: actor et defensor 322, 15; intentionem actoris suscipere 537, 25; actor (imperialis) 314, 10. 20. 316, 10; actor publicus 316, 20; actores ecclesiae 77, 10. 216, 5. 480, 35. 482, 5. 597, 5; actores et defensores ecclesiae, monasterii 352, 25. 353, 15; rectores seu actores monasterii 348, 10; actores (privatorum) 169, 20.

actum *v.* agere.

actus: corroborare actos (scripturarum) 576, 5; 585, 5; actum largitatis inrumpere 589, 10; de pravis actibus incriminari, condemnari 551, 15.

adavius, adavia = *atavius, atavia* 465, 20.

adcausare 21, 20.

adcelerare 261, 10.

adchramire, adcharmire, adramire, addramire, adframire, aframire 211, 30. 212, 30; sacramentum a. 161, 30. 211, 10. 212, 5; testimonia a. 212, 25; cartam a. 464, 5; homine aframitum habere 189, 10; per fistucam adframire 161, 25. 212, 5. 251, 30. 252, 10. 464, 5.

adclamatio 554, 20.

adcorporare epistolam gestis publicis 585, 20. 587, 25.

addetus, additus *v.* aditus.

addicere: servituti addicti 293, 30; quem servilis conditio addictum tenuit 216, 1; genealogia eius — in servicium addicta 324, 20; fisco regio addicti 293, 20.

addramire *v.* adchramire.

adesse: presens aderat 251, 20. 252, 20. 35. *etc.*; qui cum eo (iudice) aderant 8, 20. 25. *etc.*; scabini qui aderant 282, 10; ad placitum suum adesse 9, 15. 20. 10, 10; negligens et iectivus a. 213. 282, 5; negligens aderat 230, 20. 253, 25. 463, 15; servus de capud suum aderat 212, 15. 214, 15.

adfadimas: duas epistolas adfadimas uno tenore conscriptas 276, 10; *v.* affatimus.

adfigere (epistolam) in foro publico 151, 20.

adfiliaciones 162, 5.

adfirmare: epistolas, cartas *etc.*, manu, manibus a. 14, 20. 20, 15. 22, 25. 23. *etc.*; triduum apensionis, quod custodivi, mihi adfirmare deberitis 171, 15; appennem adfirmare 15, 15. 30. 35. 151, 15; editionem adfirmare 152, 10; alegare atque adfirmare epistolam *etc.* (in curia) 175, 30. 35. 176, 15. 20. 203, 1. 5; = *tradere, donare* 200, 5. 255, 10. *saepius*; per cartam cessionis a. 188, 25; per epistolam tandonis a. 249, 40; per venditionis titulum a. 235, 35. 255, 25. 40; meliorem libertatem in servos adfirmare 172, 25.

adframire *v.* adchramire.

adgredi: causas adgredi vel repellere 216, 20.

adhibere testes 385, 30. 387, 20; testes in testimonium suum a. 309, 15. 325, 25; comitem et vicarium eius cum reliquis proceribus in testimonium adhibent 384, 10; adhibitis secum ex utraque parte amicis nuptias publice celebrare 543, 10. — adibito (?) 592, 1.

adherere 595, 35; idoneus (mihi) semper adhereas 576, 30; adhesere (?) 209, 5.

adiacentiae, adiecentiae, adgecenciae, aiacentiae *passim, ex gr.* adiacentiis, adiecentiis 31, 20. 160, 5; adiecentiis, appendiciis 52, 20. 75, 10. 77, 1. 89, 15. 476, 30; adiacentiis et appendiciis 268, 5. 351, 20. 352, 15. 598, 20; adiecenciis vel appendiciis suis 156, 10. 480, 20; cum omni supraposito suisque adiecentiis 143, 1. 144, 5. 147, 1; cum omnibus appenditiis suisque adiecenciis 135, 25. 137, 15. 144, 25. 150, 1; adiacentiis vel aspicientibus 216, 25; aiacentiis vel adspicientiis 322, 5.

adiacere: iustitias nostras, quae in vestro ministerio adiacent 115, 1; (res) nobis adiacent in territorio K. 526, 25; de rebus, quae sibi adiacent 543, 10.

adibito *v.* adhibere.

adiecciones superdiccionesvae 88, 1.

adiecentiae *v.* adiacentiae.

adinvenire 421, 5.

adinventio 73, 10. 76, 5.

aditus, additus, addetus 72, 20. 382, 15. 584, 35. — aditum = *additum* 490, 25.

adiperius = *adipeus:* abstineant se adiperiis cibis 262, 30.

adiudicatus morte 93, 10.

adiunctiones 580, 10.

adiutorium 148, 1. 234, 20. 302, 5. 374, 25. 524, 35. 556, 5; defensio vel adiutorium 171, 20.

adiuvare 158, 20. 219, 35.

adlegare *v.* allegare.

adliticare = *adlitigare* 4, 25; *cf.* 4, 10.

admallare 4, 10. 25. 21, 20. 22, 30. 56, 35. 40. 159, 5. 216, 25; *v.* omallare.

administrare: rem publicam administrantes 300, 30. 302, 15.

admittere, ammittere, amittere = *committere* 62, 20. 580, 30; a. furtum 630, 35. 631, 1. 5. 25. 634, 20. *saepius*; a. luxuriam, incestum 687, 15.

admonere: qui admonetur et venire contempserit 535, 1.

admonitionem dirigere 556, 20; indiculum regalem admonitio 262, 25.

admonitoriae: ego iudex has admonitorias tibi delego 537, 25.

adnectere: poenam adnecti (licet non sit neccesse) 19, 5. 77, 10. 175, 25; nomina subter tenuntur adnexa 172, 15. 214, 10; subscriptiones subter adnixsa 497, 15; stipulatione adnixa 175, 30. 176, 25.

adnotare locum, diem, annum *etc.* in fine et in margine 545, 5.

adnotationis decretum 554, 30.

adnumeracio precii 89, 10.

adoptare, adobtare in loco filiorum (filiarum, filii) 69, 10. 83, 20. 25. 134, 10. 147, 20. 148, 1. 279, 15. 30.

adoptio: epistola adoptionis, adoptationis 148, 5. 30. 280, 5; adoptio gestis alligata 148, 10.

adoptivus filius 466, 45.

adoptulus frater 412, 25.

adpendicia, appendicia 52, 20. *saepius*; *v.* adiacentia.

adprehendere manum vel arma iudicis 153, 10.

adprobare 537, 1. 553, 35.

adpsallisset *pro* adsallisset 231, 1; *v.* adsalire.

adpublicare 587, 25.

adquaerere = *adquirere* 87, 1.

adquirere 324, 35; res de parte paterna, materna adquirere 279, 15; quod stante coniugio adquaesivimus 87, 1; = *inquirere:* causam per vicinos diligenter adquisivimus 362, 25.

adquisitio 310, 10. 385, 35. 386, 20. 400, 5.

adramire *v.* adchramire.

adsalire, adsallire aliquem 153, 5. 10. 20. 154, 5. 155, 10; a. aliquem in via 60, 15. 67, 1. 231, 15. 256, 10; a. aliquem in contubernium (-nio) 230, 30. 231, 1.

adserere, adserire mandatum 29, 20. 25; *cf. ibid.* n. 2.

adservire 281, 15.

adsignare, assignare: a. (electum episc. regi) 396, 10; anuli inpressione a. 460, 20.

adsignatio: absque ullius iudicis adsignatione vel contradictione 243, 5. 20. 40. 250, 1. 265, 20.

adspicientiae: aiacentiis vel adspicientiis 322, 5; *v.* aspicere.

adstare in praesente, de praesente 230, 20. 231, 1. 20. 233, 1. 20. 282, 5; resedere vel adstare 214, 10; in rationes publicas a. 152, 5; debuissent adstare causantes 67, 5; de rebus adesse aut adstare 491, 5; ad crucem ad iudicium Dei adstare 233, 5. 257, 10. 15; adstare ad rapinam faciendam 154, 5.

adstipulatio, astipulatio 539, 10. 545, 5; cum adstipulatione subnixa 545, 1.

adstrictus vinculo servitutis 326, 1. 5; licitis connubiis adstricti 551, 10.

adsumere causas auctorum suorum 38, 25. 66, 10. 20. 25; atsubta (= *adsumpta*) sua vice 29, 25.

adsurgere pro utilitatibus vestris me promitto 591, 10.

adtaxatum precium 362, 15.

adtemptare 172, 35. 189, 25. 207, 25; otemtare 538, 10.

adtendere, attendere 23, 15; placitum suum a. 9, 1. 10. 20. 10, 5. 23, 5. — sacro ordinem instanter adtendat 482, 20.

adtrahere, atrahere 28, 5. 78, 10. 150, 20. 156, 20. 269, 15. 477, 10; adtractum, de adtracto, de qualibet adtractu *etc.* (*quod plerumque opponitur 'alodi'*) 31, 20. 65, 20. 78, 25. 79, 20. 82, 25. 91, 10. 15. 143, 1. 160, 20. 164, 10. 175, 10. 207, 5. 208, 15. 229, 25. 244, 25. 267, 5. 268, 10. 293, 15. 475, 25. 476, 30. 480, 25. 547, 5.

adulter 224, 30.

adulterium 610, 30. 614, 25. 624, 40. 650, 10. 659, 35. 682, 25. 703, 15. 713 — 716; adulterium perpetrare 494, 20.

adumbrare 65, 15.

adunatio = *congregatio*: a. sancti illius 122, 10.

advena 334, 25.

adversa valetudo 517, 15.

adversarius, adversarii 28, 25. 152, 1. 162, 10. 422, 5; adversariores 399, 5.

advivere 17, 35. 23, 25. 25, 5. 50, 15. 20. 69, 5. 75, 10. *saepius*; in caput advivere 138, 25. 156, 15. 158, 20. 242, 20.

advocare 14, 15.

advocatus, avocatus: pontifex aut abba vel abbatissa seo advocatus eius 66, 25; ipse (pontifex, abba, abbatissa) vel advocatus suus 66, 20; advocatus sancti illius, monasterii, coenobii, episcopi, abbatis *vel similiter* 200, 10. 211, 10. 20. 25. 212, 20. 25. 213, 10 — 20. 230, 15 — 25. (a. episcopi) 282, 1. 322, 1 — 25. 354, 5. 381, 15. 386, 30. 35. 388, 30. 389, 1 — 10. 20. 401, 10. 403, 5. 404, 20. 408, 15. 434, 20. 435, 20. 436, 1. 5. 25. 463, 30. 464, 10. 20; comiti vel eius advocato 322, 25; vos et advocatus vester ante ill. comitem interpellare fecisti 237, 25. 598, 5; ego illa cum manu advocati mei trado 389, 25; advocatum, mandato legaliter dato atque solemniter confirmato, instruere 216, 20; = *vicarius accusati* *in iudicio Dei* 623, 10. 35. 624, 40; *v.* infans, puer, vicarius.

ae *pro* e: aedicere 171, 1; aedocere 163, 25; aedulium 101, 15; aelemosina; aemitto *etc.*

aedificare super fisco, super sua proprietatem monasterium 41, 15; ecclesia a novo aedificata 217, 25; mansus, super quem eccl. aedificata est 318, 20.

aedificia, edificia, hedificia 16, 30. 18, 15. 30. 20, 30. 31, 20. 51, 20. 52, 20. *et passim*; aedificia ecclesiae restaurare 302, 1; ordini canonico et aedificiis necessariis eidem 304, 15.

aequa lance, equa lance, equo lante, equalis lanciae, aequalantia, equalentia: equalis lanciae devidere 17, 1; equo lante dividere 83, 15; equa lance pensetur 525, 25; aequa lantia, equa lentia (aequalantia? equalentia?) dividere 84, 15. 197, 30. 198, 5. 204, 15. 205, 25; per equalentia dividere 235, 15; equalentia vel pactum 197, 30; epistola aequalentiae 597, 20.

aequalantia *v.* aequa lance.

aequalis: aequales preceptiones 68, 5; duas commutationes aequalem habentes tenorem 328, 5; heres aequalis 83, 15; aequalem partem contra avunculos vel amitas accipere 275, 1.

aequalitatis (= *aequalentiae*) epistola 597, 20.

aequaliter dividere 83, 20. 586, 10.

aequitas, equitas: aequitatis ordo 64, 1. 65, 20. 66, 15, 25. 151, 1. 319, 10; equitatis norma 434, 15.

aera *v.* era.

aeramen 198, 5. 203, 35.

aeramentum, aerem entum, eramentum 15, 25. 144, 25. 175, 20; *cf.* eramenaria.

aerarium, aerrarium, erarium: nostris (*regis*) aerariis inferatur 48, 5; aerarium regis 337, 20. 345, 30. 348, 20. 356, 35. 382, 30. 386, 10. 388, 40. 400, 25; aerarium regale 337, 35; aerarium publicum 338, 10. 381, 4. 382, 1.

aereus, hereus: ostensolia, tam aereis, quam ferreis 196, 10; vasa herea 14, 30.

aerius color 422, 10.

aes 584, 15.

aestimatio: inter sylvas et agros et prata aestimationem duarum hobarum 388, 1; iuxta aestimationem qualitatis eorundem locorum 404, 10.

aetas: minoris aetatis esse 405, 5; ad iuvenilem pervenire aetatem 405, 5. 15; aetas perfecta 148, 25. 149, 5; virilis, nubilis aetas 401, 20. 402, 25.

aevis temporibus *ex. gr.* 146, 15.

aevum *ex. gr.* 384, 35.

affatimus, affatimum 250, 15 — 30; affitimum 251, 1; *v.* adfadimas.

affectus *ex. gr.* 369, 15. 399, 15; = *effectus* 65, 30. 345, 30. 40. *etc.*

affirmatio: cum affirmatione subnexa 400, 30.

affitimum *v.* affatimus.

aforis: curtiles et aforis a terra arabili iurnales tant. 459, 10; *cf.* foras.

aframire *v.* adchramire.

agentes *v.* agere.

ager, agri, acri: in ipso pago, in agro illo 203, 35; agri 18, 15. 42, 20. 380, 30. 386, 1. 20. 402, 5. 403, 1. 418, 10. *saepius*; agri culti et inculti 18, 30.

agere, regere pagum 48, 1; curas publicas agere 28, 20; curam publicam agentes 107, 15. 111, 25; vicem magistratus agere 170, 20; vicem comitis a. 593, 5; legationem a. 509, 25; agentes 93, 5. 15. 100, 20. 360, 30. 363, 10; agentes (regis) 41, 5. 65, 1. 111, 5. 201, 25; agentes (ecclesiae, sancti, episcopi *etc.*) 11, 25. 25, 10. 43, 20. 77, 40. 78, 10. 79, 1. 99, 10. 136, 1. 139, 15. 191, 10. 280, 25. 281, 1. 441, 5. 490, 30; per iudicio illo agente 8, 30; ante illo agente 8, 20. 9, 10. 20. 13, 15; visum fuit ipsi agente 8, 25; monachis vel agentibus eorum 346, 5. 15. — agere contra aliquem 6, 25. 19, 20; causam agere 149, 10; causa acta vel perpetrata 15, 5. 161, 20. 214, 30. 35; actum vel perpetratum 154, 20. — Actum 21, 15. 76, 15. 77, 25. 81, 20. 82, 20. 83, 10. 84, 25. 89, 25. 91, 1. 25. 92, 10. 94, 15. *passim*; Actum illa data 554, 1; Hactum, quod fecit menses ille dies tantus 161, 35; Actum in mallo publico 346, 10. 441, 10; Acta sunt ibidem in publico mallo 346, 20; Actum ill. loco publico 267, 20; Actum in civitate ill., in basilica 312, 15; Actum illa civitate, in domo sancti Petri 545, 5; Actum Regino curte publica 396, 20; Actum in Rotwila curte regali 399, 30; Actum in castro 399, 10; Actum in villa 363, 30. *saepius*; Actum illo monasterio 328, 15. *saepius*; Actum in monasterio ill., in basilica s. ill. 312, 20. 518, 30; Actum in ipso pastorali titulo 400, 30; Actum publice 337, 25. 35. 345, 35. 346, 1. 348, 20. 349, 10. 352, 5. 381, 10. 386, 10. 30. 388, 15. 389, 20. 30. 406, 25. 408, 15; Actum (in) monasterio publice 347, 1. 390, 5; Actum publice in basilica 545, 30; Actum in villa ill. publice, publica 356, 40. 360, 25. 40. 363, 15. 724, 35; Actum in villa illa coram comite ill. et frequentia populi 358, 25 — 359, 1; Actum in presentia comitis P. vel centurionis Z. ceterique populi 382, 15.

agiacrafu = *hagiographo* 335, 5.

agnasticum = *epistola* 179, 25.

agnatio, agnacio, agnicio, agnitio = *liberi, posteritas* 8. 5 (?). 20, 10. 23, 30. 25, 20. 69, 30. 93, 20. 94, 1. 187, 3.

188, 5. 230, 25. 232, 10. 253, 10. 20. 274, 1. 275, 30. 281, 15. 20. 334, 15. 466, 25; = *carta de agnatione* 188, 10; *cf.* carta, epistola. — de agnatione aut de conparato 8, 5.

agnoscere cartam (veram et legitimam esse) 214, 15; ill. notarius ad vicem ill. agnovit 328, 15; (epistola voluntatis) agnita possit in acta migrare 588, 1.

agones 531, 40.

agonia 508, 30.

agrarium: nulla functione aut reditus terrae vel pascuario aut agrario 97, 5.

agrest. (?) 170, 20.

agust- *v.* august-.

albae: ingenuitas in albis 257, 20; *cf. ib.* 25.

alegare, alegatio *v.* allegare, allegatio.

alienare 78, 5. 80, 15. 20. 81, 10. 160, 25. 199, 25. 200, 5. 236, 10. 25. 243, 20. 35. 254, 10. 269, 10. 270, 1. 349, 5. 25. 460, 10. 476, 30. 490, 15. 491, 5. 579, 20. 25.

alimenta 417, 20. 479, 25. 489, 10. 569, 5.

alimonia 72, 1. 74, 10. 75, 10. 156, 5. 180, 30. 181, 20. 290, 30. 353, 15. 507, 30.

aliud, alium tantum, quantum 88, 15. 348, 15. 358, 25.

allegare, adlegare, alegare, oblegare, ablegare, adligare, alligare: a. gestis municipalibus 4, 15. 5, 20. 19, 5. 28, 25. 29, 20. 75, 25—76, 1. 97, 25. 98, 5. 136, 20. 137, 1. 146, 15. 170, 1. 30. 175, 30. 176, 20. 209, 5. 20. 30. 345, 10; gestis, gestibus a. 134, 5. 144, 15. 148, 10. 190, 15. 203, 1. 5; a. adque adfirmare apud honoratis civitatis 175, 35; a. adque adfirmare nostris *(curialium)* subscriptionibus 176, 15; scribturarum titulis allegari 79, 15. 144, 15; scripturarum serie (series, per seriem) alligare 84, 10. 149, 5. 163, 25. 175, 1. 539, 20; = *legare* 111, 1.

allegatio, adlegacio, alegatio, elegatio: alegatione gestorum roborare 29, 15. 170, 25. 176, 5. 209, 10; (paginam) bonorum hominum signis vel allegacionibus roborare 477, 20.

alligare = *adligare:* in isto furto alligatus 629, 35; = *adlegare, v.* allegare.

alloquium: propositionis vel responsionis alloquia 58, 20; *cf.* 37, 10; paginale alloquium 108, 20.

aloarius: apud tris aloarius 192, 5; tris aloariae iuraverunt 194, 25; *cf.* 192, n. 3.

alode, alodae, alote, allote, alodo, aloto *(abl. acc.)*; alodem, alodum *(acc.)*; alodis *(gen.)* 4, 10. 25. 18, 10. 25. 29, 5. 30, 5. 25. 31, 20. 50, 10. 56, 5. 63, 20. 64, 1. 69, 10. 77, 1. 78, 20. 79, 20. 25. 80, 5. 81, 1. 5. 15. 82, 1. 5. 25. 83, 10. 15. 84, 5. 10. 20. 95, 1. 134, 30. 143, 1. 147, 10. 15. 157, 25—35. 160, 20. 164, 5. 175, 10. 197, 30. 204, 10. 205, 15. 20. 207, 1. 208, 15. 229, 25. 235, 10, 236, 10. 25. 244, 25. 250, 15. 251, 25. 267, 1. 268, 10. 283, 30. 343, 35. 368, 5. 475, 25. 481, 30. 539, 5. 30. 547, 5; alodis sui reparator 224, 10; ille comes recepit suum alode 368, 5; alode paterna = *terra paterna* 83, 10.

alpes 377, 10. 429, 15.

altare, altar, altario, altaro: altare benedicere, consecrare 39, 20. 480, 35. 482, 10; altaris benedictio 502, 10; super altare iuratus dixit 8, 15; super altario iurati dixerunt 212, 25; super altario in proximo mallo coniurare 214, 1; iuret in altari 662, 15. 682, 40; positis manibus super altario, iuratus dixit 157, 20; posita manu sua super altario, iuratus (-a) dixit 192, 1. 194, 15. 195, 1; super altare manum ponere, iurare 619, 40; manu missa super altare coniuravit 251, 30. 252, 10; iuramus per — sacrosancto altario, ubi has conditiones superpositas nostris continemus manibus 592, 10; violare sacra altaria 618, 20; petitionem super altare ponere 569, 30. 570, 15; ante cornum, cornu altaris *(manumissio)* 30, 10. 141, 20. 172, 10. 216, 1. 328, 25. 544, 25; ad altaris cornu *(manumissio)* 312, 5. 313, 20. 518, 20. 543, 25; circa altaria *(ducitur manumittendus)* 360, 15. 724, 13; — filium cum oblatione in manu atque petitione altaris palla manu eius involuta tradere 570, 25; tradere servum ad altare 549, 1; in altario offertum 40, 10; offertio in altario inlata 42, 5; Deo sacrificium super altare offerre 215, 20; ante altare auxilium querere 457, 35.

altercare in praesentia reges 81, 1; iurgium, quod inter altercantes vertitur 535, 5.

altercatio 20, 10. 29, 5. 43, 15. 254, 20. 464, 10.

amactum 186, 10. 20. 187, 5. 204, 30. 206, 15.

amandolae 49, 15.

amanuensis, manuensis 4, 15. 20. 28, 15. 137, 1. 10. 161, 10.

ambasciare 320, 15.

ambastia: in ambastiis 169, 20.

ambire 494, 15.

ambitio 411, 25.

ambulare 172, 20. 217, 10. 15. 234, 15. 246, 10. 257, 30. 278, 25. 510, 35; pro nostris *(regis)* utilitatibus a. 57, 15; *cf.* 49, 15; sollemniter sibi a. 153, 5. 10. 154, 5; in exilio a. 173, 30; a. super prunas 492, 10; a. super vomeres 665, 30. 35. 668, 20; a. contra cartam (*i. q.* venire contra c.) 31, 10; ambulet ortiolus in gyro 608, 25.

ambulator cavallus 385, 20.

amici: a., pares et a. nostri *(regis)* 111, 5. 197, 15. 201, 25; a. sui, qui cum ipso pergent, qui ad proprias eorum resederint 57, 15; gasindi, a. 57, 15. 58, 5. 63, 5; parentes, a. 163, 30. 230, 30—231. 539, 1. 25; a., proximi 387, 5. 405, 5; a. et propinqui 542, 30; a. et cognati 406, 20; consensus amicorum 142, 25. 143, 15. 163, 30. 358, 15. 387, 5. 406, 20. 539, 1. 25. 542, 30; adhibitis ex utraque parte amicis, nuptias publice celebrare 543, 10; mediantes amicis 93, 25; convenientibus amicis 590, 5. — amicus et bene cupiens vester 198, 15. 202, 5. 258, 20. 261, 20.

amigdalae 421, 15.

amissio facultatum 152, 20.

amitae 275, 5.

amittere = *perdere* 91, 20. 150, 10. 255, 10. 491, 5. 535, 15. 590, 10. 591, 1; libertatem et res a. 324, 35. 326, 5. 10; facultates a. 326, 1; gradum a. 216, 15. 328, 35; = *committere* 62, 20. 580, 30; *v.* admittere.

anachoreta 413, 25.

anatalia: per hostium et anatalia tradere 210, 25; *v.* anaticula, axatoria.

anathema (anatimatus = *anathematis*) 40, 20. 73, 10. 15. 77, 15. 309, 20. 482, 35. 500, 15. 595, 25; anathema maranatha 578, 30.

anathematizare 497, 40. 502, 35. 556, 1.

anaticula: per ostio vel anaticula de ipsa casa tradere 188, 25.

ancilla 20, 5. 10. 69, 20. 90, 20. *saepius;* ancillam liberare, liberam facere, dimittere 30, 5. 288. 1. 382, 5; in ancilla mea tibi (= te) generavi, ingeneravi 204, 5. 465, 1; ancilla Dei 179, 25. 199, 1. 20. 200, 30; ancilla vestra, tua, *humilitatis terminus* 87, 20. 174, 10. 25. 205, 10. 525, 25. 526, 10. *saepius.*

andelangus 207, 5. 267, 5. 268, 10. 271, 5. 25. 272, 20. 275, 5. 276, 30. 277, 25. 279, 25. 283, 10. 464, 20.

andrusticio *v.* antrustio.

angaria 497, 25. 502, 10; carrarum angaria 72, 15.

anguli terrae quattuor 246, 15.

anima: pro animabus aliquid ad loca sanctorum dare 50, 15; tradidit pro anima (salute anime) viri eius et animabus filiorum 354, 20. 35. 355, 10; pro animae remedium, remedio, conpendio 11, 5. 35. 30, 25. 44, 1. 76, 20. *etc.* — ingenuis animis *falso pro* ingenuis annis 94, 35.

animalia 12, 10. 287, 20; sagina animalium 383, 40; de animalia decimas persolvere 591, 25.

animus donantis 85, 5; gratante animo 64, 5.

annona, anona: annonam sufficientem in pane et cervisa et leguminibus et lacte, diebus festis in carne exhibere 405, 30; anona vel vitalia reposita 233, 20; annonam vel aliam raupam furare 237, 25. 598, 5; annona ad caballos 287, 20. 292, 35.

annualis optio 570, 15.

annulus *v.* anulus.

annus, anni: (servus) annorum circiter tot 580, 35; (servus) omni corpore sanus usque anno et die 229, 10. 35; ad annos 5 aut 10 aut 15 res habere *(precaria)* 491, 5 (*cf.* quinquennium); anni adimpleti 142, 15; anni impleti 163, 10; anni transacti 186, 30; de annis respondere, per annis rem sacire 66, 25; res per diversorum annorum curricula possessa 139, 20; per tot annos res iure patris mei ill. et nostro servitio mansit 593, 20; 30 anni 8, 15. 157, 5. 10. 20. 169, 30; triginta et uno anno semper exinde fui vestitus 194, 20; perfecti anni 590, 10. — diem, annum et consulem adnotare 545, 5; anno ill. regnante ill. rege, regni ill. regis *vel similiter* 2, 20. 25. 4, 1. 16, 1. 39, 25. 94, 25. 100, 25. 151, 25. 170, 20. 176, 1. 202, 30. 209, 5. 210, 1. 5. 214, 35. 218, 1. 219. 236, 30. 334, 20. 345, 35. 348, 20. 356, 40. 358, 20. 382, 35. 387, 35. 388, 15. 400, 35. 404, 1. 458, 15. 518, 30. 546, 20. 561, 35. 576, 5. 578, 40. 579, 1. 587, 20; anno illo sub illo principe 172, 10; anno imperii, imperatoris *vel similiter* 176, 1. 218, 1. 219, 5. 25. 312, 15. 20. 313, 40. 314, 35. 320, 15. 325, 30. 328, 15. 384, 35. 386, 15. 35. 388, 15. 389, 1. 5. 20. 390, 5. 396, 20. 546, 20; anno ab incarnatione, incarnationis Domini *vel similiter* 314, 35. 396, 20. 425, 15. 545, 30. 548, 40. 549, 10. 554, 1. 555, 10. 561, 35. 563, 35. 565, 20.

annuus: censum annuis temporibus reddat 351, 1; annuam memoriam facere 387, 20; exenia annua inlatione persolvere 591, 10.

anteriorem strumentum presentare 136, 20.

antestis *v.* antistes.

antiqua consuetudo 20, 20. 163, 25. 164, 1. 539, 20; mos antiqua 165, 1; loca ab antiquis temporibus in potestate progenitorum eius fuissent 384, 25.

antistes, antestis 116, 35. 117, 15. 375, 30. 427, 30. 35. 450, 10. 497, 15. 578, 1; urbis antistes 45, 25. 46, 15. 107, 5. 111, 30. 434, 1. 565, 25; civitatis antestis 482, 20; ecclesiae antestis 563, 30; monasterii sancti antistites 503, 1. — antestis (?) 9, 25.

antrustio; (de) antrustione, antruscione, andrusticione, anstrutione, anstrustione; antrustionorum, antruscionorum, andrustianorum: de regis antrustione 35, 5. 55, 1; inter numero antrustionorum conputetur 55, 5.

anulus, annolus, anolus: annolus valentus soledus tantus 5, 10; anolus de soledus tantus 23, 25; coedo ei, osculum intercedente, anulo circumdata restringente, in die nuptiarum 539, 1; = *sigillum* 111, 20. 193, 15. 197, 25. 201, 20. 257, 5. 318, 35. 319, 25. 323, 20. 324, 1. 396, 15. 399, 10. 434, 35. 458, 15. 459, 20. 460, 20. 30. 415. 5; nostrae imaginis anulo 397, 10; anulo ecclesiae bullare 563, 15.

apendi *v.* appendere, appennis.

apensio: triduum apensio 171, 15; *v.* appendere, appennis.

apex, apices, abices, appices = *literae, elementa:* Graeci apices 559, 1. 567, 25; = *literae, epistola, carta* 48, 20 101, 15. 102, 20. 45. 105, 10. *etc.*; istum apicem 335, 25; lator apicum 336, 20. 518, 1. 566, 20; portator apicum 369, 5; gerulus apicum 518, 5.

apostolicus = *pontificalis:* apostolicus vir = *episcopus* 14, 25. 41, 5. 43, 10. 44, 10. *etc.*; a. dominus 59, 15; apostolicus 91, 5; sedes apostolica, urbs a. *etc.* 46, 1. 59, 5. 72, 20; *de pontifice Romano praecipue dicitur* 104, 15. 453, 15. 510, 10; domnus apostolicus = *papa* 416, 10; apostolica benedictio (imperatoris) 381, 10. 434, 35.

apostolorum canones 550, 1; limina apostolorum (Petri et Pauli) = *ecclesia Romana* 104, 20. 180, 25. 439, 40. 440, 15. — apostolus Gallearum Martinus confessor 501, 4.

apographum: epigraphus curavi tibi carrexere 335, 5.

appellare ad archiepiscopum 415, 30.

appellatio iniusta 152, 1.

appendiciae, adpenditiae *passim, ex. gr.* 138, 5. 145, 10. 354, 15. 408, 1. 466, 10. 475, 30; *v.* adiacentiae.

appendiensi (= *appendiciis?)* 20, 30.

appendere, appendi, apendi, aspendi, habendi: edictus in foro illius — debit aspendi, apendi 535, 1; sceda edicti, que appendi in foro illius debet 535, 5; contestatiuncula seu plancturia per triduum partibus foris publicis, ad hostio sancto illo, in mercato publico apensa, habendi 28, 10. 20; *cf.* adfigere, apensio, appennis, suspendere.

appennis, apennis, apenne, appenno, adpennis, adpendi, appannem 14, 10. 20. 15, 15. 134, 15. 151, 5; carthola, qui vocatur appennis 15, 15; relatum, que dicitur apennis 202, 10; cartola relationis, que dicitur apennis 202, 15. 20; appenne prosequaere et adfirmare 15, 30; noticia ad appenno firmare 15, 20; cum noticia pagensium appennem adfirmare 151, 15; *v.* apensio, appendere, relatio, relatum.

appertinentes ad ipsos mansos 319, 15. 20.

apposita persona = *opposita p.* 356, 5.

aptificare, abtificare 14, 1. 22, 10. 93, 1. 160, 10. 235, 30. 237, 30. 244, 25. 245, 1. 5. 25. 35. 254, 15. 510, 35. 538, 1. 598, 10. 20.

aptisare = *aptificare* 597, 25.

aptum: ratum et aptum 190, 15; *v.* ratum.

apud, aput: apud acta 4, 5; apud honoratis civitate 175, 35; gesta, acta habita apud *etc.* 176, 1. 588, 10; acta habita apud ill. et ill. principales *etc.* 587, 20; apud ordinem curiae 585, 20; apud ipso garafione vel apud ipsos bonis hominibus ei fuit iudicatum 231, 20; stare facias aput nostro fasallo illo aput recta racione 334, 1; apud me (= *mecum)* in rationes introieris 152, 10; in hereditate apud (= *cum)* germanos succedere 204, 15; aput homine litis intencione habuit 12, 35; litem habere aput aliquem 6, 30. 7, 1; iurare, coniurare apud homines (= *cum consacramentalibus)* 8, 10. 15. 25. 12, 15. 22, 10. 20. 153, 10. 20. 157, 15. 212, 5. 213, 35. 214. 1. 252, 10; apud (regis) signaculo mannire 196, 20. 25.

aqua: aquis aquarumve decursibus 5, 5. 7, 10. 16, 30. 18, 15. 20, 30. *passim;* aquarum ausus 268, 35. 279, 35; aquarum opportunitates 276, 20; concedimus *(ad molendinum)* omnem aqua subteriori vado publico 264, 1; panem et aquam largire 217, 15. 279, 1; putentes aquae 422, 20. — aquae ferventis (calidae, callidae) iudicium (examen, benedictio, exorcismus *etc.*) 604—614. 638. 644. 647. 649. 650. 654. 658. 662. 664. 667 *sq.* 670. 677 *sq.* 679 *sq.* 682—684. 688 *sq.* 693. 714 *sq.*; aqua fervida 715, 10; ad aquam calidam examinari 310, 1. — aquae frigidae iudicium (benedictio, coniuratio *etc.*) 617—629. 638. 640. 641. 643. 648 —653. 655 *sqq.* 657 *sq.* 662. 664 *sq.* 667. 669 *sq.* 672 *sq.* 674—676. 680 *sq.* 684—686. 689 *sq.* 692. 706, 30. 711 —714. 717—719. 722; adiuro te — per iudicium aquae frigidae 695, 20. *saepius;* adiuro te — per hoc electum iudicium aquae frigidae 689, 40; benedictio aquae frigidae, stantis vel fluentis 625, 40; iudicium aquae fluentis 649, 10; benedictio aquae fluentis 652, 5. 657, 5. 667, 30; sanctifices aquam, licet fluentem 652, 15; aqua, quamvis fluens, tamen sit sanctificata 702, 15.

aquaeductus 322, 30—323, 5.

Aquilia, Aquiliana lex 17, 5. 169, 25. 576, 5. 578, 20. 35. 40. 585, 5. — Aquiliana stipulatio 145, 5.

arabilis terra 217, 40. 230, 5. 231, 35. 232, 25. 234, 1. 235, 5—15. 272, 20. 314, 20. 25. 319, 15. 20. 320, 25. 459, 10.

arativa terra (*opp.* terra silvatica) 380, 35. 381, 30. 35; campo arativo 358, 1.

araturae: opera aut araturas 435, 15.

arbitres 593, 10.

arbores: per ramos de arbores (tradere) 164, 25; arbores glandiferae 384, 5.

arche- *v.* archi-.

archicapellanus 397, 15. 399, 35.

archi[com]mentariensis 434, 35.

archidiaconatus 518, 10.

archidiaconus, archediaconus, arcidiaconus 40, 5. 42, 5. 170, 15. 179, 15. 201, 10. 260, 10. 15. 261, 1. 5. 263, 1. 464, 20. 480, 35. 482, 5. 499, 25; a. loci illius 201, 1.

archiepiscopus 119, 15. 162, 15. 176, 35. 177, 45. 215, 25. 218, 15. 20. 219, 5. 259, 25. 30. 293, 20. 299, 10. 300, 10. 30. 301, 30. 305, 5. 15. 328, 1. 375, 15. 396, 5. 415, 20. 420, 5. 425, 35. 445, 30. 448, 25. 453, 30. 468, 1. 5. 15. 508, 15. 546, 5. 553, 10. 15. 555, 20. 556, 25. 559, 10. 30. 562, 5. 10. 563, 1. 564, 40. 565, 15. 723, 10. 724, 1.

archimandritae 364, 15.

archimentariensis *v.* archi[com]mentariensis.

archipraesul = *archiepiscopus* 554, 40.

archipresbyter, archepresbeter, arcipresbyter 503, 35; ad archepresbeterum instituendum 170, 10; archipresbyter pagi ill. 416, 15.

archipresbyteratus ministerium 411, 20.

archepresbeteriae curam agere 170, 15.

archisacerdos 445, 15.

architectus 366, 10.

archivum; arcipibus, harcipibus, arcibo, archivis: gesta in arcipibus publicis servetur 98, 20; auctoritas, quae in arcibo ecclesiae episcopii servatur 215, 25; (testamentum) in archivis basilice conservandum 476, 10.

area, aria 90, 10. 169, 15. 724, 5. 10; area infra civitate 69, 20. 90, 1. 135, 1. 158, 5. 724, 1; area infra muros civitatis 90, 1; area intra muros 169, 10; casa cum ipsa area 158, 5.

argastide = *ergastulo?* 548, 20.

argentum 7, 30. 10, 20. 11, 15. 25. 13, 5. 14, 30. 15, 25. 17, 5. *et passim;* argenti pondo, ponda, pondua, pondus, pondera 19, 5. 21, 1. 76, 10. 77, 20. 84, 25. 170, 10. 356, 35. 358, 10. *etc.;* argenti libra, libras, l. de, in argento 92, 10. 275, 15. 276, 15. 346, 5. 358, 25. 370, 20. 371, 30. 401, 30. 35. 402, 5. 435, 15. 436, 10. 541, 20. *saepius;* argento uncias tantas 10, 20. 25, 30; argentum soledos tantos 156, 25. 160, 35; inter aurum et argentum 85, 5. 86, 5. 278, 5; aurum, argentum 50, 10; aurum, argentum, vestimenta vel reliquas species 170, 5; tam aurum quam argento vel reliquas fabricaturas 477, 1; de fabricaturio, auro, argento 196, 10; aurum et argentum, vestimenta 282, 30; aurum, argentum, drapalia 203, 35; 204, 15; auri et argenti utensilia 175, 20.

aria *v.* area.

aribannus, arribannus *v.* haribannus.

aripennus, aripennos, arpennos, aripennes, arpennes, aripenne, arripennis, *mensura terrae, vineae* 140, 1. 203, 30. 206, 20. 217, 40. 263, 15. 459, 35. 540, 20. 597, 5.

arma 192, 1. 233, 20; una cum arma sua coniurare 55, 5; arma iudicis adprehendere 153, 10; arma dare *(in dote),* ut ordinis Getici est 584, 10.

armentum, armenta 85, 10. 86, 5. 175, 15. 385, 25. 387, 10. 404, 25.

armentarius 385, 25.

armesario = *admissario* 175, 15.

aromata 412, 20.

arrabo 412, 15.

arrae: arrarum coniugiae 163, 25; arras coniugis 539, 20; per solido et denario et in arras desponsata 598, 1; solido et denario de ipsas arras *ib.*

ars, artes 429, 10; ars grammatica 423, 15; ars poetica 522, 10; ars medicinalis 452, 25; artes magicae 641, 1. 645, 30. 683, 1; ars diabolica 624, 40. 651, 1.

articulus 497, 25. 500, 10. 502, 25.

artifex 365, 35.

arvea terra 387, 5.

as: assem integram paupertatis nostrae = *integram hereditatem* 586, 25. 30.

aspicere 89, 15. 139, 1. 10. 15. 160, 5. 236, 1. 598, 20; aspicientes 216, 25. 294, 5. 25. 295, 35. 299, 20. 25. 305, 35. 307, 5. 308, 35; aspicere in casam 24, 5, ad mansum, maso 31, 25. 232, 5. 272, 20. 541, 15; per sua epistula ad domnum rege(m) monasterium aspicere decrevit 481, 35; aspicere ad fisco 54, 15; ibidem *(ad basilicam)* aspicere deberent (villae) 217, 35; monasteriis ad eandem sedem pertinentibus vel aspicientibus 303, 1.

assensus: in electione *(episcopi)* unus idemque assensus 554, 20; sponsam non sine legitimo parentum assensu in uxorem habere 543, 15; *cf.* consensus.

assertio 311, 10.

atractum *v.* adtractum.

atrium ecclesiae 609, 1. 638, 10. 650, 15. 677, 1. 679, 25. 30. 682, 30. 704, 1; atria ecclesiarum 296, 30; apostolicae confessiones et atria 497, 5.

atsubta = *adsumpta* 29, 20.

attendere *v.* adtendere.

attinentiae 312, 30.

auca 287, 15. 418, 20.

auctor, autor: autore legitimo 21, 10; autore presentare 23, 10; auctor esse emptori 108, 1. 5; in presencia regis auctores esse emptori 107, 20; adsumere causas (in vice) auctorum suorum 38, 25. 66, 10. 20. 25; instituo dominum procuratoremve et auctorem 146, 15; auctor criminis 76, 5. 136, 10.

auctoricium: in autericio presentare 21, 10; *cf.* auctor.

auctoritas, autoritas: auctoritas apostolica 426, 1. 497, 5. 20. 35. 502, 30; a. papae 502, 15; a. sedis apostolicae 501, 30; auctoritas *(episcopi)* 557, 5; a. officii *(episcopi)* 396, 5. 415, 30. — a. (principum, regis, imperatoris) = *praeceptum, diploma* 42, 10. 44, 1. 10. 20. 45, 1. 10. 51, 5. 52, 1. 15. 53. 1. 10. 54, 10. 20. 57, 5. 62, 15. 64, 1. 10. 65, 15. 20. 107, 20. 112, 5. 124, 40. 151, 5. 190, 1. 201, 5. 215, 25. 257, 5. 288—328 *passim.* 398, 1. 399, 20. 434, 25. 30. 458, 15. 35. 459, 20. 460, 15. 543, 40. 544, 25. 580, 25; per auctoritatem tenere, defendere *etc.* 297, 30. 298, 1. 40. 299, 15. 303, 5. 15; 314, 25. 328, 10; ex auctoritate regali iustitias definire 122, 20.

audientia = *a. iudicis:* ad audientiam evocari 534, 30. 535, 15; ad audientiam venire conpellere 535, 20; ad audientiam se venturum, sub idonei fideiussoris cautione promittat 535, 5; = *a. regis:* usque ad nostram audientiam et diiudicationem 397, 5.

audientiale, audienciale, audientale: carta a. 38, 15. 60, 5.

audire: a iudicibus audiri 152, 20; a iudice non audiatur 537, 5; causas audire 42, 20. 43, 10. 44, 15. 196, 20. 201, 1. 15. 202, 15. 213, 10. 25. 230, 15. 231, 15. 251, 15. 253, 20. 282, 1. 290, 20. 294, 30. 295, 20. 299, 30. 306, 30. 308, 15. 465, 20; sacramentum audierunt 22, 25.

auditores 9, 1. 156, 40.

augas = *aucas* 49, 10.

auguriale, augurialium 75, 45.

augustica dignitas 367, 5.

augustus, agustus, -a 174, 5. 215, 25. 218, 1. 258, 5. 295, 30. 297, 25. 298, 20. 299, 10. 301, 1. 30. 302, 30. 303, 15. 304, 10. 305, 30. 322, 10. 323, 25. 324, 20. 327, 30. 328, 10. 20. 366, 20. 397, 10. 20. 435, 1. 460, 5. 474, 5. 25. 503, 30. 504, 1. 509, 35. 533, 20; agustissimus 173, 1; augustissimus 396, 25; vestra augustissima serenitas 367, 10; semper augustus 525, 25. 526, 10. 527, 15; Iudit imperatrix semper augusta 526, 15; Helena semper augusta 473, 45. 50. 474, 5. 15.

aula regis 168, 5; abba de aula sancti illius vel illo monasterio 260, 1; aula ingenuitatis 577, 10. 578, 5; aula beatitudinis 579, 15.

aureus: inaures aureas 5, 10; sede summa aureaque Romana 452, 35; aurei nummi, aureus 434, 25. 541, 10.

aurialium 75, 45.

auris, aures: a. *(regis, imperatoris)* 49, 1. 173, 15. 174, 5. 178, 5. 314, 1. *saepius;* ad aures praeclaras accusare 506, 1; dominicis auribus intueantur 162, 10; publicis auribus innotescere 162, 1. 171, 10; testes per aurem tracti 441, 10; *cf. ib.* 20.

aurum 10, 30. 12, 25. 14, 30. 15, 25. 50, 10. *et passim;* auri uncia, unciae *ex. gr.* 31, 10. 92, 5. 267, 15. 268, 20. 275, 15. 276, 15. 337, 20. 356, 35. 361, 25. 545, 25; auri libra, librae *ex. gr.* 11, 15.

19, 5. 21, 1. 73, 20. 77, 20. 346, 5. 476, 1. 541, 20. 548, 35; auri soledi, solidi 90, 5. 15. 20; 172, 35; 345, 30; 346, 15. 581, 1. 594, 20; sexcentorum solidorum auri ad purum excocti 308, 30; libras 500 de auro mundissimo 539, 10; aurum purum 435, 25. 436, 10; aurum obrizum 442, 1; scuta auro micancia 177, 20; codices auro gemmisque ornati 177, 25; *cf.* argentum.

ausavit = *ausus est* 594, 5.

austiliter = *hostiliter* 16, 30.

ausu temerario 327, 20. 351, 5. 352, 1. 25.

autentus = *obtentus* 309, 20.

avia 230, 15. 293, 20. 355, 10.

avunculus, abunculus 9, 5. 82, 1. 5. 20. 147, 10. 15. 250, 20. 251, 1. 274, 30. 275, 5. 387, 20. 405, 5. 15. 410, 15; maior avunculus 425, 35.

avus 69, 10. 81, 25. 134, 10. 147, 5. 213, 25. 214, 1. 250, 15. 282, 5. 295, 35. 301, 1. 303, 15. 397, 25.

axatoria: per hostium et axatoria tradere 547, 30.

azymus panis 717, 10.

B.

bachare 425, 15.

bacones de lardo 287, 15.

baculus, qui dicitur 'sunnestab' 628, 35; baculus, qui inserendus est inter brachia pueri 689, 25.

baiolare, baiulare: officia sancta b. 39, 20; consilium b. 234, 35; baiolare de furto, crimine 619, 20. 622, 1. 625, 30. 633, 10. 654, 1. 5. 666, 30. 669, 15. 674, 40. 690, 5. 693, 15. 696, 1. 704, 10.

baiulus litterarum 518, 10.

balneae infirmis maxime necessariae 405, 30.

balteus ex auro et lapidibus pretiosis effectus 405, 5. 15.

bannire 68, 20.

bannus: proximo mallo post banno resiso 212, 10; res foras bannum mittere 468, 10; de omnibus bannis conservatus 193, 10; (immunes) a bannis 319, 30; bannos exigere, requirere, exactare 315, 10. 458, 5; *cf.* haribannus.

banriles olei 370, 25.

baptismalis ecclesia 435, 10.

baptismus 217, 30; baptismum, baptismi sacramenta percipere 318, 5. 25; baptismum nomina posuimus 208, 10; vestem in baptismo suscipere 414, 30.

baptisterium consecrare 426, 10; baptisterium = *baptismus:* decimam, baptisterium, sepulturam (usurpare) 264, 15.

baptizare, baptisare 220, 10; b. mancipia Hebreorum 309, 20. 310, 20.

barbari 479, 30. 569, 10; barbarae nationes 397, 10.

baro 225, 20. 25.

basilica, baselica, basileca 8, 10. 25. 30. 9, 10. 20. 30. 10, 10. 12, 15. *et passim;* abba de basilica 79, 1. 160, 1 180, 20. 244, 15; custodes basilicae 242, 5; cultores basilicae 579, 20; rector, rectores basilicae 350, 10. 545, 20. 25; in archivis basilice 476, 10; decimas dare ad basilicam 217, 30; basilicam habere defensatricem 246, 30; in basilica coniurare 17, 15. 157, 5. 251, 25. 253, 1; *cf.* ingredi in basilicam 251, 25. 252, 10; in basilica, ubi reliqua sacramenta percurrunt, coniurare 212, 5. 10; in basilica, ubi plurima sacramenta precurrere videntur, iurare 194, 15; in ipso mallo, in basilica sancto illo iurare 211, 15; Actum publice in basilica 545, 30; hospitale intus basilica 500, 45; basilicae in terra Sclavorum constructae 318, 15. 20.

beatae memoriae, recordationis 424, 25. 519, 5.

bellum 372, 35; karta illius, qui in bellum profecturus est 401, 15; bellum contra paganos indictum 425, 10; iurata bella 415, 30.

bene: bene cupiens vester (tuus) 111, 5. 116, 25. 197, 1. 198, 15. 202, 5. 236, 35. 258, 20. 261, 20. 263, 1. 332, 30. 335, 30. 442, 15. 450, 20. 454, 25. 526, 30. 529, 10. 25 (*cf.* amicus); bene fidem habentes 13, 30; bene Francos Salicos 214, 1; bene ingenuus, -a, -i 55, 15. 56, 1. 106, 15. 20. 172, 1. 20. 185, 25. 190, 5. 208, 5. 209, 15. 213, 35. 228, 30. 40. 229, 1. 231, 15. 232, 10. 257, 25. 273, 15. 274, 1. 20. 312, 5. 10. 313, 25. 30. 543, 25—40; bene ingenuus sive Salicus 252, 5; bene liberi homines 218, 25; bene meritus, bene mereti, benemeriti 50, 20. 87, 5. 15. 25. 204, 25. 210, 5; bene nati viri 581, 25; bene nobiles parentes 518, 25; bene bene viventes 172, 25.

benedicere episcopum 37, 20. 46, 5. 10. 20; b. sacros ordines 480, 40; 482, 25; b. ad onus sacerdotum 261, 1; b. altare 39, 20; b. velamina 424, 30; b. aquam, ferrum, panem et caseum *etc.* (ad iudicium Dei) 604 *sqq. passim.*

benedictio, benediccio 72, 20. 180, 25. 260, 35. 499, 15. 502, 10. 507, 25; apostolica benedictio (imperatoris) 381, 10. 434, 35; a benedictione episcopali immunis 555, 5; simplex et subria benediccio 40, 15; aqua benedictionis 700, 1; benedictio ferri, aquae, panis et casei *etc.* (ad iudicium Dei) 604 *sqq. passim.*

benefactores 66, 20.

beneficiare 262, 1. 505, 15; usufructuario ordine b. 160, 20. 25.

beneficium, beneficius 31, 15. 43, 5. 10. 44, 10. 20. 45, 5. *etc.; in enumeratione pertinentium:* reliquis quibuscumque beneficiis *vel similiter* 61, 10. 64, 5. 65, 20. 79, 1. 83, 1. 86, 1. 97, 1. 151, 1. 45; legis beneficium = *compositio* 21, 10. 68, 5; beneficium = *'Zinsen'* 591, 35. 592, 1; = *commodatum, 'Darlehn':* beneficium facere argento 10, 20. 21, 15; solidos ad b. accipere 96, 15; argentum, solidos ad b. praestare 92, 10. 15. 93, 1; ad prestetum, pristetum b. accipere 11, 25. 30. 17, 5. 25, 30; ad pr. b. praestare 186, 20. 191, 30. 195, 25. 206, 15. 20; *de usufructu, precaria, 'Landleihe, Lehen' dicitur:* beneficium facere de re 7, 10. 142, 10; prestitum b. de res (= rebus) facere alicui 491, 1; res per alicuius prestitum b. habere 490, 15; sub usu, uso beneficio possidere, tenere *etc.* 51, 10. 75, 15. 78, 25. 80, 20. 199, 25; sub vestro pretexto beneficio tenere et usurpare 138, 25. 139, 10; ad usum beneficii tenere et excolere 81, 5; ad usu beneficio ad excolendum prestare 236, 1. 20; per alicuius beneficium rem habere, excolere *etc.* 81, 10. 100, 5. 191, 30. 236, 5. 25. 250, 1. 255, 10. 269, 5. 465, 10; per suum b. alicui rem relaxare, praestare, concedere 242, 40. 243, 10. 15. 30. 244, 10. 249, 40. 254, 1. 25. 269, 1; nonas ac decimas de villis, quas vasalli nostri *(imp.)* de ratione ecclesie per nostre largitionis beneficium habuerant 304, 15. 20; rem ad beneficium usufructuario ordine excolendum tenere 78, 1; ad beneficium excolere 99, 1. 100, 1; in beneficium, in beneficio dare 190, 30. 304, 30. 322, 10. 20; in beneficium (con)cedere 354, 35. 355, 10. 384, 25. 725, 20; in usum beneficii concedere 269, 5; in beneficium accipere, suscipere 351, 25. 386, 5. 25; res in beneficium, in beneficio habere 292, 1. 20. 354, 25; mancipia in (regis) beneficio habere 331, 15; quae in nostrum *(regis)* benefitium tenuerat 124, 20; de ecclesiis vestris, quae in nostro sunt beneficio 220, 10; = *res in b. datae* 370, 15; b. habere 301, 25, 30. 302, 5. 10; b. tenere, apud imperatorem impetrare 455, 30; nonas et decimas vel censum de beneficiis dare 301, 30. 35. 302, 5; de quorum beneficio sunt 320, 1; famulus ex beneficio illius aecclesiae ortus 328, 25; dedit comes ex comitatu suo aut benefitio suo 289, 20; de ministerio ill. vel de beneficio ill. 534, 5.

benemeriti *v.* bene.

bicina = *bucina:* cornua bicina 370, 1.

bifarios eos testificare deprehendimus 593, 25.

bisus: panis bisus 629, 15.

blada *de vinearum fructibus dicitur* 11, 30.

blandia accipere (propter iustitias faciendas) 259, 25.

blasphemia 263, 10.

bona *v.* bonus.

bonarium, bonnarium *v.* bunnuarium.

bonus, -a, -um: quod bonum, felix, faustum *etc.* 85,5. 196,1; bona 148,15. 316,10.15; 344,5; boni, *sc. homines,* manu bonorum firmata 19,15. 232,1; bonum certamen 237,15. 259,20. 261,20. 505,15; bona fide contractum 326,20; res per homines bone fidei veraciter inquisita 293,25. 324,10. — boni homines (omines) 6,25. 7,1. 9,5. 14.15. 17,20. 19,20. 20,1. 21,5. 24,25. 63,20. 81,1. 85,20. 93,25. 98,15. 100,20. 111,15. 138,1. 141—145. 150,20. 153,1. 154,25. 156,35. 164,40. 188,1.5.15. 189,1.10. 191,35. 194,1. 15. 30. 195,1. 207,15. 20. 231,5. 20. 233,20. 25. 234,5. 236,1. 248,15. 250,30. 251,30. 252,15. 25. 256,10. 257,20. 271,15. 276,20. 289,25. 463,20. 477,20. 514,15. 538,1. 545,1. 547,30; defensione vel muudeburde ecclesiarum aut bonorum hominum eligere 188,5; cum rachinburgis vel reliquis bonis hominibus 465,20; boni homines racineburgi 251,15. 252,1. 30. — bonas et straneas personas 15,1. 5; boni viri 136,25. 146,20. 149,1. 152,15. 154,1. 5. 159,10. 163,20. 164,20. 537,20. 539,35; bonae memoriae 172,15. 210,5. 262,5. 295,30. 297,25. 298,20. 299,10. 301-306. 560,15. 587,20; bonae pacis 61,20. 83,25. 248,25; bonum testimonium 219,30. 220,1; tinado bono 230,1. 246,35; bona voluntas, volumtas *etc.* 19,10. 21,1. 23,30. 25,15. 475,35. 480,5. 490,15. 539,30. 569,25. 581,15.

borcos = *porcos* 358,30.

boves 5,10. 17,30. *etc.*; paria de boves ad laborandum 175,15; boves 2 saigarum et alios dimidii solidi 388,5; boves furare 457,30.

bracco = *canis, 'Bracke'* 225,20.

brachium in collum ponere 237,30. 598,10.

braciatum 287,15.

bracile, bracilo 5,5. 23,25.

bravium 515,15.

breve; breves, brevis *nom. acc. plur.* = *epistola, 'Brief'* 28,5. 157,40; omnes breves episcopus de missatica sua hic dimisit 514,20; breve in vicem vendictione (-nis) 229,30; breve sacramenti 9,30. 134,20. 30. 154,1; breve sacramentorum 157,15. 35; breve = *scedula in iudicio panis et casei adhibita* 686,15. 20.

brevicula 411,15 *(regis)*; brevicula aperta, signata 419,5; breviculum = *scedula in iudicio panis et casei adhibita* 635,5. 666,35. 668,40. 688,10.15. 697,40. 699,15. 703,10.

brinna ad kanes 287,20.

bulla = *sigillum* 325,30. 399,30.

bullare: epistolam anulo ecclesiae bullare 563,15.

bunnarium, bunnaria, bunuaria, bonarium, bonnarium = *modus agri certis limitibus definitus, 'bonnier'* 229,20. 272,20. 314,20.25. 319,20. 597,5.30. 725,25; *cf.* 597,10. 598,5.

burgus: casa posita infra civitatem vel burgum illum 158,5.

burire (= *comburere?*): leode contra legem burisset 231,20.

butte 223,35.

byssus 584,15.

C. K.

caballus, cavallus 85,10. 86,1. 175,15. 196,10. 231,15. 354,5. 362,15. 412,15. 422,5; uno cavallo 60 sol. valente 405,5. 10; caballus cum sambuca et omni stratura sua 5,10; cavallus cum essedo, ad essedam 387,10. 404,30; cavallus cum phaleris 388,5; caballo in tascega subducere 211,1; caballo furare 10,1; caballorum pastus 72,15. 418,10; victus ad caballos 49,15; annona ad caballos 287,20. 292,35; cavalli vassallorum et servorum 418,10; tributarius, qui cavallum habet 419,5.

caballicare, cavalicare: mansum habere ad cavalicandum 723,15.

cabere *v.* cavere.

cadere ad iudicium, ad erucem 233,10. 257,15.

cadivus = *caducus* 90,20. 229,10. 35.

caedere, cedere ligna, materiem 384,5. 403,20. 25; *cf.* caesura; flagellis cedere 310,35.

caeras *v.* cera.

caesar 319,15. 388,15; caesar et consors imperii 294,1.

caesura lignorum materiarumque 383,40.

calamus 443,10; calamum tinguere tinctumque in vitulino campo ovinoque trahere 374,15.

calanganum 415,15.

calcare vomeres 659,35. 677,25. 30; calcanda (= *componenda*) causatio 156,35.

calciamentum 83,25. 262,5. 279,30. 280,1. 405,30; hyrcinas pelles ad calciamenta conficienda 370,20.

caldarius, caldarium, caldaria 609,1. 5. 638,10.15. 651,10.15. 662,25. 664,20. 677,1. 682,25. 30. 704,15; caldaria sive urceolus 651,5; callidarias vel ferramentum 358,1.

calomnia, calumnia, calumpnia 17,20. 20,1. 63,5. 10. *etc.*; nullam super statu libertatis sue calumniam patiantur 291,25.

calumniare 158,1. 243,35. 257,5. 481,15. 482,20.

calumniator 148,10.

camara, camera 233,20; camera regis 388,10; ad camaram nostram *(imperatoris)* unusquisque ex suo negotio ac nostro deservire studeat 315,1.

cambicio: ius cambicionis 388,35.

cambium 388,30. 389,1.

camerarius 361,25. 389,5. 20. 401,10. 408,15. 436,25.

camisa 454,15.

campello 7,20. 11,15.

campus, campo, campi 7,10. 15. 20. 11,20. 23,20. 25,1. 31,25. 51,20. *etc.*; campum supersedere malo ordine 252,20; vinditio de campo 90,10; campo cum silva 17,35; campo arativo 358,1. — in campum artum intrare 719,5.

cancellarius, cancelarius 356,40. 360,25. 361,25. 30. 725,15; in vicem cancellarii 548,40.

candela de cera *(ad basilicam pro defensione data)* 246,30.

canis, canes: canes acerrimi 387,10; conlata bonorum *(ecclesiae)* per venatores et canis et meretrices expensa 481,40; brinna ad kanes 287,20.

canon = *Sacra Scriptura:* canon(em) corrigere 468,15; = *statuta ecclesiastica* 309,20. 328,30. 411,15. 419,25. 491,25. 492,15. 494,15. 550,5. 551,1. 20. 552,35. 553,40. 556,1. 565,5. 568,20. 598,30; canones apostolorum, Africani, Antiocheni, Hipponensis concilii, canon Laodicensium 550,10; canones Agatenses 491,30; c. Augustidunenses 491,35; canon Aurelianensis 492,20; canon Chalcidonensis 491,30. 492,15. 550,10.

canonicus: canonicae apices 563,10; canonica auctoritas 40,20. 173,30. *etc.*; canonicae constitutiones 216,15; epistola canonica (formata) 218,5. 557,25. 561,20; canonica, chanonica institutio 41,20. 109,15. 179,5. 217,10. 313,25. 318,35. 480,5. 544,1. 553,20; canonicum iudicium 216,15; ordo canonicus 304,10. 15. 20. 562,30. 563,5; canonica regula 497,15; canonica religio 311,20. 518,15. 560,5; in canonicas ordinare 127,15; canonici 260,25. 267,25. 268,30. 304. 312,1. 15. 328,35. 395,25. 35. 447,1. 465,15. 509,30. 515,20. 518,15. 20. 723,15. 20; claustra canonicorum 305,5; cenobium canonicorum 459,30; aedificia, in quibus canonici et episcopi habitaverunt 304,10; canonice, non autem serviliter obtemperare 399,10; regulariter vel canonicę 400,10; pergat partem, quamcumque volens canonice elegerit 312,5. 543,30; canonice promotus 519,10.

capalis *v.* cavalis.

capella = *brevior capa:* super capella domni Martini, ubi reliqua sacramenta percurrunt, coniurare 68,1; = *aedes sacra* 178,35; super altario in capella, que est in curte fisci, ubi reliqua sacramenta percurrunt, iurare

212, 25 — 213; capellae cum decimis 317, 25. 30; capella cum omni reditu 264, 20. 25.

cappellanus 455, 15; capellani 398, 25; precipue capellano domni imperatoris 455, 20.

capilli: capillorum honore privari 414,5; si cutem et capillos habere volueris 419,1.

capitalia ad lectum, '*Kopfkissen*' 418, 10.

capitalis obiectio 152, 20.

capitellum 671, 40. 672, 1.

capitulum, capitola 37, 15. 69, 1. 133, 25. 135, 10. 471, 30. 494, 20; capitola epistolae 33, 1; per ill. et ill. capitulo nobis collata 593, 20; capitula canonum 550, 5; tria capitula rogans 368, 5; quibus capitulis ab eis debeamus *(sc. missi)* requirere 509, 30; capitula, quae a nobis *(Ludovico Pio)* eis *(Hebreis)* observanda promulgata sunt 310, 35 — 311; capitula violare, irrita facere *ib.*; letania et capitula 623, 15.

cappa 718, 5.

caprinus caseus 635, 5. 650, 1.

capsa *(reliquiarum)*: iurare in capsa 662, 15. 682, 40.

capsade (?) 16, 10.

captivorum reversio 173, 15.

captores 15, 20.

capulatio, capulatura = *vulnus* 153, 5. 10. 35.

caput, capud: lurica capitis 127, 25; furtum scriptum in tabula super caput iacere 671, 25; poena capitis 152, 20; caput inclinatur ad servicio 25, 20; capitis ingenuitas 25, 20; de caput suum bene ingenuus 55, 15 — 56; obnoxiatio de capud ingenuitatis 187, 5; de capud suum colonitium redebere 212, 1. 213, 30. 214, 5; de capite suo 2 denarios persolvere 406, 10; servus de caput suum aderat 212, 15. 214, 15; de caput suum legibus esse servus 282, 1; in caput = *personaliter* 146, 1; in caput advivere 138, 25. 156, 15. 158, 20. 242, 20. — Romana ecclesia, caput ecclesiarum, episcoporum 434, 10—15. 498, 10. 500, 1. 5. — caput = *initium: c. (cartae)* 80, 15; caput quadragesimae 426, 5. — capita pecudum 196, 10. 271, 35. 385, 25. 387, 25. 388, 5. 597, 30.

caracteres Graeci 564, 15.

caraxare, carrexere = *scribere* 335, 5.

caraxatura 88, 1.

cardinales 628, 5.

cariofilum, cariofolum 49, 10. 415, 15.

caritas inlibata 91, 5. 149, 25. 187, 15; humanitas et caritas 567, 5.

carmina nova decernere 39, 10. 41, 20; verborum carmina 101, 15.

carra 49, 15. 303, 25; teloneum de carris 107, 5. 10. 300, 10. 301, 5. 303, 20; carrarum angaria 72, 15.

carralis, carrallis evectio 107, 15. 112, 1.

carrada: vinea ad 10 carradas vini 381, 35; de cervisa carrada, i. e. 30 situlas 418, 5; de feno karrada 292, 35; prato, in quo potest colligi de foeno c. una 320, 25; prata ad carradas tant. 358, 1. 15. 388, 35. 459, 10.

carropera 97, 5.

carta, karta, cartula, cartola 18, 25. 19, 5. 22, 1. 25, 10. 28, 1. 10 62, 1. 69, 10. 82, 20. 83, 10. 134, 5. 10. 135, 5. 143, 25. 146, 20. 169, 20. 204, 20. 209, 30. 241, 35. 253, 5. 15. 266, 20. 274, 30. 276, 25. 337, 25. 345, 35. 40. 346, 1. 5. 349, 20. 360, 25. 40. 363, 1. 381, 5. 20. 35. 382, 5. 386, 30. 388, 10. 400, 1. 10. 401, 15. 405, 1. 10. 20. 408, 20. 435, 35. 472, 25. 480, 10. 545, 25. 578, 20. 25. 35. 583, 1. 584, 30. 585, 1. 10; c. absolutionis 326, 35. 544, 25; c. agnationem (-nis) 187, 30; c. de agnatione 69, 30. 93, 20; carthola, qui vocatur appennis 15, 15; carta audientiale 38, 25. 60, 5; de causas suspensas 38, 10. 57, 10; c. cessionis; c. commendaticia 383, 5; c. concambii; c. cumcambturia 361, 30; cartula conculcationis 334, 15; c. conmutationis; c. conposicionis; c. conventionis 389, 15. 20; c. denarialis, c. denominationis (donationis?) 361, 1; c. donationis; c. dotalis; c. dotis; c. de ducatu, patriciatu, comitatu 37, 25. 47, 10; c. de episcopatu 108, 1; c. evindicata 464, 1—10; c. firmitatis 361, 20; cartola hereditoria 204, 5. 20; c. de homicidio; c. iecta; c. imperialis 288, 1; c. ingenuitatis; c. ad ingenuis relaxandum, ingenuos relaxandos 363, 15. 724, 35; c. de ingenua femina coniugata a servo 363, 1; c. interdonationis inter virum et feminam, uxorem 69, 5. 79, 10. 282, 20; c. libertatis; c. mancipationis 590, 10. 25; c. mandati 97, 20; c. manumissionis 328, 25; c. mundboralis 174, 10; c. de mundeburde; karta mutationis 404, 20; c. ad nepotes 276, 25; cartula obiurgationis (obligat., obiugat.?) 589, 20; c. oblationis 578, 20 — 579, 5; c. obnoxiationis; c. pactionis; cartae pagensis, paginsis 37, 5. 39, 1. 69, 1. 70, 20. 241, 1; c. pagensalis 228, 1; c. paricla; c. patrociniale 31, 5; c. post carta 361, 10; c. precaria; c. re conciliationis 382, 5. 15; c. redemptionale 204, 30; cartae regales 37, 1. 39, 1. 228, 25; c. relatione (-nis), que dicitur apennis 202, 15. 20; c. sacramentale 211, 25; c. de sanguinolento 21, 20; c. securitatis; cartas Senicas 185, 20; carta tracturia 234, 10; c. traditionis; karta traditoria 548, 40; c. triscabina 281, 10. 25; c. venditionis, vinditionis, venditione; karta vindicionalis 313, 1. 10; carta voluntatis 586, 25. — vindicionalis carta solemni traditione accepta 313, 1; cartulam conferre 576, 10. 579, 1. 5; cartam dare, donare 382, 5; per cartolam, cartam, dare, tradere, donare *etc.* 267, 5. 268, 10. 271, 5. 25. 272, 20. 275, 5. 278, 1. 5. 279, 25. 283, 10. 30. 466, 15. 476, 30; *cf.* 255, 5 305, 30; per cartam absolutionis servum absolvere 544, 25; munimen kartarum 308, 1; instrumenta, strumenta cartarum *v.* instrumenta; destitucio cartarum 162, 1 (*cf.* instrumenta); per cartas terras post se dicere vinditum 15, 1; contra cartam ambulare, aliquid dicere 31, 10. 214, 15; cartam agnoscere, veram et legitimam recognoscere 214, 15; carta in medio prolata, ex eorum qui subscripti fuerint testimonio convincatur 548, 5; examinationem kartarum ostensione dirimere 322, 15. — carta = *litterae, ex. gr.* 448, 35; portitores cartule 440, 1. — kartula = *membrana* 430, 5.

casa 7, 10. 14, 30. 16, 1. 10. 20. 17, 30. 24, 1. 5. 25, 1. 31, 20. 135, 1. 158, 5. 10. 175, 15. 188, 25. 202, 15. 203, 30. 205, 35. 491, 1. 540, 20. 597, 30; casae dominicatae 489, 35; casa cum curte circumcincta 5, 5; casa cum curte vel omni circumcincto 23, 20; casa (cum) curte clausa 348, 35; casa cum ipso vilare 16, 10; membro de casa 17, 30; casam infregisset, casa efracta 15, 25. 17, 15; tradere per ostio (vel anaticula) de ipsa casa 188, 20. 25. 200, 15. 489, 35; = *monasterium* 481, 15; casa sancta 160, 15. 230, 20. 235, 25; casa sancti ill. 211, 15. 20. 464, 10. 477, 10; casa Dei 190, 20—30. 191, 10. 15. 25. 198, 30. 199, 20. 200, 30. 202, 35. 203, 5. 211—214. 234, 35. 236, 10. 25. 266—269. 283, 20. 299, 5. 301, 25. 305, 1. 533, 30.

casada sepe circumcincta 380, 35.

casata mancipia 351, 20. 352, 10.

caseus 49, 15; panis et casei iudicium *v.* panis; caseus birbicinus factus in Maio 629, 15; *cf.* formaticus.

castaldius *v.* gastaldius.

castellum 181, 20. 216, 25. 301, 15. 302, 25.

castelo = *castellio:* castelonaem montanico 331, 15.

casticia = *aedificia:* casticia superposita 230, 5. 231, 35. 234, 1. 235. 241, 10. 296, 30. 541, 10; casticia (?) ecclesiarum 296, 30.

castitatem conservare profiteri 494, 15.

castrum 28, 10. 15. 211, 25. 212, 5. 325, 35. 40. 399, 10. 507, 30; castra caelestis Imperatoris 424, 5.

casula 650, 20. 678, 15. 703, 20. 719, 15.

casus mortis 72, 25. — nominativus casus 384, 15.

cathedra 47, 10. 109, 10. 453, 30. 545, 5. 577, 35.

catholicus, -a, -um: catolicus, catholiquus, chatolicus 302, 35. 335, 5. 439, 35. 552, 30. 575, 45. 580, 25; catholica ecclesia 21, 1. 88, 5. 172, 15. 450, 30. 564, 40; catholicae ecclesiae filius, filia *(rex, maior domus, regina)*

102, 1. 108, 10. 675, 25; catholica religio 578, 30; fides catholica 173, 10. 481, 25. 515, 35. 578, 1; archiep. sanctae sedis catholicae 556, 25. 30; populus catholiquus 481, 25; catholice 501, 30.

caticumini = *catechumeni* 426, 10.

cauma = *aestus* 443, 20.

cautela, cautella 520, 10. 558, 5. *saepius;* (aliam epistolam) pro cautela apud se retineat 151, 20.

caucio *v.* cautio.

causa = *res, praecipue de qua in iudicio agitur* 5, 20. 25. 6, 25. 8, 35. 12, 20. 13, 30. 19, 15. 25. 20, 1. 22, 10. 15. 25. 29, 5. 31, 5. 43, 20. 72, 20. *saepius;* iustitia vel causa 258, 25; causae viles 639, 25; causas meas, tam in pago quam in palatio 159, 5; causa pro alode in palatio habere 95, 1; causam vel litem habere contra aliquem 309, 15. 310, 20. 325, 20; si causae adversus eum, eos, surrexerint *etc.* 58, 15. 197, 25. 310, 25. 30. 311, 15. 315, 15. 319, 5. 325, 25. 327, 25; nulla manente causa 60, 15. 67, 1; causas adgredi vel repellere, prosequi et defendere 216, 20; per ligatarios apud rege causa placitare 178, 30; causam admallare, obmallare, mallare 22, 35. 56, 20. 95, 1; causas exercere 146, 10. 165, 5; causam agere 149, 10; exactores causae 650, 15; prosequire (prosequere) causas suas, p. causas ad vicem alterius 22, 35. 56, 15. 20. 58, 10. 95, 1. 159, 5. 165, 5. 10. 190, 10. 15; causas alterius recipere, in vicem alterius suscipere 38, 10. 56, 10. 15. 95, 1; causas (monasterii) sub mundeburde recipere 111, 10; causas auctorum suorum adsumere 38, 25. 66, 10. 20. 25; venire in causa alicuius 212, 10. 463, 30; *cf.* 207, 20. 231, 5. 20. 250, 25; mandatum de omnes causas 29, 20; *cf.* 165, 5; (mandatum) de causis commendatis 134, 35. 135, 1. 159, 1; de omnes causas meas vel facultates dominos et procuratores vos instituo 29, 5; te in omnibus rebus vel causis meis instituo dominum procuratoremve 146, 10. 15; de causa contrapellari 624, 40. 625, 20; de causa responsum dare 121, 10; causam denegare 233, 1. 282, 5; causam nullatenus (minime) denegare 189, 20. 207, 20. 213, 10. 15. 214, 30. 233, 25. 256, 15. 280, 15; causas audire *(de iudicibus dicitur)* 42, 20. 43, 10. 44, 15. 196, 20. 201, 1. 15. 202, 15. 213, 5. 10. 25. 214, 10. 230, 15. 231, 15. 251, 15. 253, 20. 282, 1. 465, 20. 524, 35; causas iudiciario more audire (atque discutere) 290, 20. 294, 30. 295, 20. 299, 30. 306, 30. 308, 15; causam inquirere 116, 15. 197, 5. 211, 15. 321, 5. 324, 10; causam adquirere *eadem significatione* 362, 25; causam recognoscere 213, 1; causam perscrutare 324, 5; causam sic (taliter) actam vel perpetratam esse cognoscere 15, 5. 161, 30. 214, 30. 35; *cf.* 189, 20; causas suspendere, reservare, conservare (usque in praesentiam regis) 38, 1. 57, 10. 111, 20. 311, 20. 315, 15. 325, 25. 327, 25; causam definire, finire 111, 15. 20. 152, 10. 197, 25. 211, 15. 213, 15. 282, 15. 310, 25. 30. 311, 15. 20. 315, 15. 319, 5. 325, 25. 327, 25; causam invenire 211, 15. 213, 15. 233, 10; causas iuditio terminare 59, 1; causam, pro causa diiudicare 278, 25. 362, 30; de causa, in causa iudicare 194, 20. 213, 15. 252, 10. 280, 20; causas et leges disponere 167, 30; lapso temporum causae incurrere 535, 15; causam suam vindicare 309, 15. 310, 25. 325, 20; causam legibus emendare 60, 1. 10; pro causa fideiussores dare 67, 10; causam, de causa coniurare, iurare 154, 10. 157, 25. 212, 5. 10; de causa sacramentum redebere 194, 20. 25. 195, 5; de quaslibet causas freta exigere 43, 20. 52, 20. 53, 25. 54, 15. — de grande causa ecclesiae donationem facere 74, 5; causam ad integrum concedere 116, 5; causam transmittere 331, 20; carta traditionis de diversis causis 380, 25; revestire de causa 174, 20. — novae causae *('Neuigkeiten')* 368, 5. — causa (casa?) indominicata 328, 5.

causatio = *litigium, lis* 4, 10. 20. 152, 10. 172, 30. 175, 15; calcanda causatio 156, 35; subita (sopita) causatio 161, 35. 211, 25. 213, 20. 214, 35; soppita vel definita causatio 464, 15; causationes et lites definire 216, 30.

causari = *litigare* 38, 10. 58, 15. 67, 5. 162, 10.

causarius: servum non causarium, non fugitivum 581, 1.

causella = *causa parva* 28, 25.

cautio, caucio: sub idoneo fideiussoris cautione promittere 535, 5; = *carta cautionis* 10, 25. 11, 25. 14, 30. 15, 25. 17, 5. 25, 35. 69, 25. 92, 10—25. 93, 1. 5. 96, 15. 20. 134, 1. 142, 10. 163, 10—20. 186, 20. 25. 195, 30. 35. 202, 25. 206, 25. 233, 35. 591, 30. 592, 1; titulus cautionis 92, 35; tytuli cautio 559, 5; epistula cautione 195, 25; caucione de caput suum fieri rogare 233, 25; cautione de clavis 233, 15; cautio pro debito 134, 1; caucio de homine 17, 5; cautio de infracturis 237, 20. 598, 5; caucio de vinea 11, 25. 206, 15; cautionem pro statum suum inmittere (= emittere) 10, 20; cautionem de stado emittere 598, 15; cautionem emittere 96, 15; cautionem recipere 11, 30. 17, 10. 25, 30. 92, 25. 93, 5; cautionem meam per manibus recipiam 186, 30. 206, 25; rebus meis una cum cautione mea (de) manibus tuis, vestris, recipiam 142, 15. 163, 15; cautionem dare ad exagendum 11, 35. 17, 15. 25, 35; cautionem dare exigendam 92, 15; liceat tibi cautionem meam cui tu ipse volueris tradere 592, 1; evacuaturia de cautione 70, 1. — caucione (= causacione?) 15, 35.

cavalicare *v.* caballicare.

cavalis, capalis 230, 15. 253, 25.

cavaticum 252, 5.

cavere: cabere per cautionem 591, 30.

cedere, cidere, coedere = *concedere, dare, donare* 5, 1. 16, 10. 15. 17, 30. 31, 20. 76, 25. 110, 10. 195. *et saepius;* coedo ei, osculum intercedente 539, 1; peculiare cessum 185, 25. 30. 188, 1; res sub usu fructuario cedere 350, 30. 352, 15; in beneficium cedere 354, 35. 355, 10; res infantibus eius cederetur 355, 20; *cf.* cessio; = *accidere, evenire:* dum sic cessit veraciis (veracius?) 15, 30; si luctuosa hereditas cesserit 148, 15; cedere super aliquem = *aggredi aliquem* 207, 15.

cedere *v.* caedere.

celebrare, caelebrare = *rite perficere,* prosecutio (persecutio) celebrata 170, 1. 175, 40. 176, 25. 209, 5; inscriptionem celebrare 152, 15. 20. 537, 5; divisionem vel exequationem de alode celebrare 56, 5; solemniter absolutio celebrata 543, 40; nuptias publice celebrare 543, 10. 15; officium celebrare 220, 10. 318, 10. 25. 519, 15; missam celebrare 651, 25. *saepius;* sacros ordines celebraturus 520, 15.

cella 344, 1. 384, 1. 385, 1. 529, 1. 580, 35. 595, 5. 15. 724, 1—10; cellula, cellola 42, 5. 70, 25. 71, 20—72. 262, 15. 305, 30. 35. 306, 1. 20. 317, 5. 10. 20. 499, 40.

cellarium, cellaria 233, 20. 237, 25. 598, 5; vinum in cellario episcopi 418, 25.

cellarius, cellerarius, cellenerarius 386, 30. 389, 5. 20. 399, 5. 401, 10. 408, 15. 436, 25.

cellula *v.* cella.

celsitudo vestra, nostra, *titulus regis* 44, 20. 48, 10. 20. 53, 25. 5; vestra, *titulus maioris domus* 108, 15.

cenaticus 301, 20.

cenobium, cenubium; cenobiolo *v.* coenobium.

censalis: cinsales pulli 287, 15.

censarii 418, 20.

censere, censire 139, 10. 155, 20. 160, 30. 269, 5. 30. 35. 490. 20. 491, 10. 582, 1; in poleptico publico censitus 56, 1.

censura regalis 66, 10; censura iudicii 525, 30; sacerdotalis censura 580, 15.

census, censo, cinso 7, 10. 191, 30. 236. 242—244. 254—256. 264, 1. 269, 15. 301. 302, 5. 320, 5. 347—355. 361, 15. 381, 1. 389, 25. 390, 1. 408, 5. 465, 10. 502, 1. 548, 10. 40. 549. 724, 5. 725, 20; censum debite subiectionis solvere 102, 5; de qua (terra) census ad nostrum *(imperatoris)* opus solvebatur 305, 5; censum de mansis, qui partibus comitum exire solebant 435, 5; quicquid tributarii in censu vel tributo solvere debent 318, 20; census 1 denarii 401, 20. 402, 15; c. 2 denariorum 401, 25. 402, 20; c. 4 den. 401, 5; c. 6 den. 381, 1; c. 1 solidi *ib.;* c. 4 sol. 354, 35; c. 5 sol. 355, 15; c. 8 sol. 354, 20; censum, id est 10 siclas de cervisa, 20 panes, 1 friskingam saiga valentem 408, 5. 10; de censu neglegens (atque tardus) 160, 35. 243. 254, 10. 25, 255, 15. 30. 269, 10. 35. 361, 15. 20. 490, 20. 491, 10. 724, 5; censum neglegere 352, 20; fidem exinde (de censu) facere et (trans)solvere 243. 724, 5.

centena 235,15. 241—245. 247—252. 254. 255. 312, 30.

centenarius 111, 5. 197, 15. 200, 25. 201, 25. 217, 1. 278, 15. 292, 25. 296, 15. 25. 301, 30. 307, 20. 309, 1 (*cf.* 310, 5). 314, 30. 316, 20. 324, 15. 325, 5. 326, 10. 440, 10.

centuria 435, 10. 15.

centurio 382, 15.

cera: *in censu data:* cera aut argentum solvere 491, 10; libera de cera 243, 35. 244, 10. 15. 256, 1; cera libras 4 287, 15; cera tremissa valente 356, 30. 360, 20. 724, 30; unam tremisatam de cera 546, 5; candela de cera 246, 30; caerae, cerae = *tabulae ceratae* 32, 35; membra, quae igni applicata fuerunt, sigillentur de cera benedicta 645, 35.

cerei librales 49, 15.

cernuus 367, 10. 370, 20.

certamen = *cura, accuratio* 178, 35. 237, 15. 259, 20. 25. 261, 20. 505, 15. 530, 25; *v.* bonum certamen.

cervisa 49, 10. 287, 15. 20. 405, 30. 408, 5. 417, 5. 418, 25; cervise confector 375, 25.

cespes, cispes: per cispitae de illa terra (tradere) 164, 25; per herba et cespite tradere 200, 15.

cespitaticus, cispitatico, cispatico 107, 15. 112, 1. 301, 20. 309, 10. 310, 15. 325, 15.

cessio = *donatio* 5, 15. 14, 30. 15, 25. 16, 15. 17, 25. 18, 1. 23. 24, 30. 30, 25. 31, 15. 54, 5. 62, 5. 63, 20. 64, 1. 20. 69, 5. 76, 15. 77, 10. 83, 5. 85, 20. 86, 20. 97, 10. 20. 133, 20. 135, 10. 137, 10. 20. 138, 1. 144, 1. 159, 10. 25. 175. 190, 20. 191, 1. 10. 195, 10. 20. 202, 20. 203, 10. 204, 1. 217, 25. 475, 35. 476, 1; epistola cessionis 21, 1. 25, 1. 77, 15. 78, 1. 81, 1. 98, 1. 15. 176, 10. 276, 30. 277, 1; carta cessionis 188, 25. 202, 35. 203, 5. 275, 15; cessiones regales, regis 38, 1. 52, 5. 53, 1. 123, 25. 124, 10; cartolam cessionis aut ad casa Dei aut ad femina adfirmare 202, 35. 203, 5; cessio vel donatio ad loca sancta 547, 1; cessiones, quas ad libertos ad eorum ingenuitates confirmandas fecimus 476, 20; cessio ad pauperes 464, 30; in cessionibus poenam adnecti non necesse *vel similiter* 77, 10. 159, 30. 175, 25. 489, 15; cessio = *concessio:* c. regis de privilegio 37, 20. 41, 5; = *confirmatio libertatis* 291, 25.

cetus = *coetus:* omnis cetus urbis 179, 20.

chirographum: cyrographi pactum 517, 1.

chrisma, crisma, chrysma 39, 25. 426, 5. 480, 35. 497, 30. 499, 10. 502, 10. 25. 703, 50. 704, 1. *saepius;* crisma bibitum 658, 30. 659, 25.

chrismarium, crismarium 650, 20. 703, 20. 50.

christianitas: rex, qui paganos ad christianitatem vocas 262, 5; populus nuper ad chr. conversus 318, 5.

christianus: testes christiani 309, 15. 310, 20. 25. 325, 20; homines christianos ad (Hebreorum) opera facienda locare 309, 10. 15. 310, 20. 325, 15; christiana religio 309, 20; chr. disciplina 415, 25; christiani nominis apex *(rex)* 173, 1; christianus, -i 21, 25. 76, 10. 172, 35. 309, 15. 310, 20. 25. 318, 5. 10. 325, 15. 20. 482, 35. 640, 15; christianissimus rex, imperator 521, 15. 533, 20. 549, 25. 553, 35.

cicadae 415, 15.

ciconiae 446, 20.

cidere *v.* cedere.

cimino, cymino, cumino = *cuminum* 49, 10.

cinamo, cynamomum = *cinnamum* 49, 10. 415, 15.

cingere: agros, campos, silvas, quae nulla munitione cinguntur 297, 5; curtis sepe cincta 387, 5.

cinsalis, cinso *v.* censalis, census.

circa se habere 25, 30; vicini circa manentes 13, 20. 14, 15. 15, 30.

circuire diocęsim, parroechiam 416, 1. 420, 20; loca designata vel circuita 232, 25.

circulus ex rubo 640, 20.

circum: qui ibi in circum sunt 333, 30.

circumcinctus: curtis circumcincta 5, 5. 388, 25; mansus circumcinctus 235, 10. 15; circumcinctum 17, 30. 23, 20. 24, 1.

cisp- *v.* cesp-.

citare edictis 537, 25.

citationis formula 537, 20.

civilis: civile negotium 536, 10. 537, 5; testamentum valeat iure civili vel praetorio 586, 15; civiles *(opp.:* exteriores) 567, 20.

civilitas: salva civilitate 535, 1.

civis, cives 14, 25. 15, 15. 119, 10. 151, 10; = *pagenses* 383, 40. 384, 20. 405, 1. 416, 1; consensus civium (pro episcopatum) 37, 25. 47, 1; epistola, quam clerus vel cives ad regem mittere possunt 467, 35; cum consensu civium nostrorum *(episcopi, congregationis)* 171, 25. 181, 10; rectores civium 14, 25; defensor et curiales civium 98, 20; civis Romanus *v.* Roma *in indice nominum.* — cives (= civitas?) Romana 30, 15.

civitas, civetas 4. 8—10. 12—15. 21—23. 29, 15. 30, 5. 40, 5. 20. 68, 20. 77, 10. 97, 15. 98, 1. 109, 5. 10. 136, 20. 25. 146, 15. 147, 25. 151. 152, 5. 156, 5. 158, 5. 160, 1. 162, 25. 169–172. 175, 35. 176, 10. 20. 180, 30. 181, 20. 201, 35. 202, 35. 203, 5. 209. 212, 10. 234, 15. 236, 35. 262, 25. 301, 15. 302, 25. 304, 1. 10. 310, 5. 312, 15. 337, 25. 463, 30. 520, 5. 532, 35. 536, 1. 553, 20. 558, 1. 576, 5. 594, 5; civitas publica 546, 5; civitates vel pagi 107, 15. 112, 1; congregare pagenses locis congruis per civitates 68, 20; civitas cremata 302, 35; forum publicum in civitate 151, 20; murus, muri civitatis 90, 1. 283, 1; *cf.* area infra civitatem; suburbium civitatis 291, 35. 301, 1; territorium civitatis 291, 15; infra civitatem quam et a foris in ipso pago 191, 25. 203, 30; civitatis archiepiscopus 559, 10; pontifex civitatis 77, 15. 162, 5; civitatis antistes 482, 20; episcopus civitatis, de civitate 44, 10. 217, 5. 219, 5. 259, 30. 260, 30. 270, 10. 278, 20. 295, 5. 302, 30. 306, 15. 312, 15. 480, 35. 482, 5. 10. 499, 30. 520, 15. 532, 10. 559, 15. 561, 1; cathedra civitatis 545, 5; comes civitatis 325, 20; in illa civitate in mallo publico 211, 10. 212, 15. 214, 10. 463. 20. 465, 20; defensor civitatis 171, 15; defensor et curia civitatis 202, 30. 203, 1. 5. 209, 1. 30; honorati civitatis 175, 35. 176, 5. 20; primates civitatis 148, 15; magnifici viri civitatis 171, 10; clerus et paginses, plebes, civitatis 109, 5. 10; habitator civitatis 311, 1. 326, 35; civitas *(= ius civium)* Romana 210, 10. 15. — 'De civitate Dei' 369, 5.

clades 451, 30; clades, qui crassatur in populo 66, 20.

clamor aut vociferatio, *'Gerüft'* 154, 20.

clarissimus: vir cl. 385, 20. 503, 30.

clausa curtis 352, 10. 20. 358, 1. 15.

claustra monasterii 296, 30. 499, 1; convivium intra cl. 499, 1. 30; cl. canonicorum 305, 5.

clausura 540, 20; *clausura aquae:* molinum et clausuram structure gurgitis ad illud 387, 10; clausuris, molinis 385, 5.

clavis: cellaria, camara, granica et in ea reposita per claves commendare 233, 20; cautio de clavibus 233, 15.

clementia, clementia regalis 53, 15. 63, 15. *saepius;* principalis cl. 41, 5. 44, 5; regni nostri 44, 10. 53, 20. 56, 15. 60, 5. 107, 25. 150, 15. 200, 30; cl. vestra *(regis)* 41, 5. 15. 48, 15. *etc.;* cl. vestra *(comitis palatii)* 122, 15.

clericatus: preceptum de clericatu 38,5.; 55, 10; onus clericatus 55, 10. 15 ordo clericatus 563, 20; clericatus officium 491, 20.

clericus, clerici 30, 10. 59, 20. 60, 1. 72, 1. 127, 15. *etc.*; clericorum gradus 72, 25; clerici monasterii 292, 1. 5; clericum conscribere ecclesiae 492, 15; clerici ad ecclesiam degentes 295, 1; clericus, qui vagatur 492, 20; clericum alienum recipere 565, 5. — clerum = *clericorum?* 109, 5.

clerus 109, 10. 15. 119, 15. 167, 40. 179, 1. 308, 40. 313, 35. 395, 35. 396, 30. 413, 5. 462, 40. 480, 35; clerus et populus 216, 1. 295, 25. 307, 5. 10. 552, 20. 555, 1; clerus et plebes, plebs, 109, 15. 410, 10. 552, 25. 554, 5; cleri iudicium 415, 30.

clientulus: cl. vester 261, 10. 331, 30. 505, 25.

clima celi 334, 35.

clusae 315, 10. 15 (?); fossis vel sepibus vel alio clusarum (clausarum) genere praecingitur 297, 1 (35).

clusarii 309, 1 (*cf.* 310, 5). 314, 30.

coactivum servitium 328, 30.

coagens = *cogens:* nullum coagentis imperium 186, 5. 229, 10. 20. 235, 20.

cobicularii *v.* cubicularii.

coccineum palliolum 421, 10.

coco 225, 25.

codex, codices, cotecis, coticis, quoddicis: codices pulcheros, auro gemisque, metallorum generibus ornatos 177, 25. 30; codex Theodosianus 163, 25. 539, 20; codices publici 4, 5. 29, 15. 97, 15. 20. 136, 30. 137, 1. 5. 170, 25. 176, 5. 202, 30. 209, 10.

codicilli 585, 15. 586, 15.

coenobialis, cenobialis vita 499, 15. 595, 5.

coenobitae 515, 30. 516, 40; coenobitarum senatus 264, 10.

coenobium, cenobium, caenobium, cenubium 104, 15. 180, 15. 25. 181, 5. 261, 25. 317, 1. 330, 30. 335, 20. 369, 35. 374, 5 402, 5. 403, 1. 407, 40. 413, 5. 417, 25. 445, 30. 459, 30. 507, 25. 40. 516, 15. 525—527; monasterium, immo coenobium 398, 35; abba coenobii 397, 20; rectores coenubii 292, 20; ministri coenubii 292, 20. — cenobiolo 480, 15.

coepiscopus 424, 10. 498, 1. 503, 20. 519, 30.

coeres *v.* coheres.

cogere 244, 35. 546, 35 (*cf.* coagens); cogenti fisco 77, 20. 79, 10. 80, 10. 83, 5. 89, 5; coactus exsolvat, componat *etc. passim, ex. gr.* 11, 1. 23, 25. 84, 10. 231, 30. 538, 10; coacti sunt a iudicibus heredi possessiones restituere 384, 25; coactum servicium 337, 30.

cogive = *coniux, coniuge* 10, 15. 12, 20. 14, 10. 16, 25. 20, 25.

cognati 401, 15. 405, 30. 406, 1. 20; cognato amore diligere 412, 5.

cognitores: visores et cognitores 153, 20. 154, 10.

cognominis 412, 5.

cognoscere veraciter 205, 35; relegi, cognovi et subscripsi 576, 10.

coherere 385, 15.

coheres, coeres 172, 30 (quoheredibus). 175, 25. 351, 15. 352, 10. 403, 30. 404, 30 406, 1. 538, 5. 549, 5.

coiugium = *coniugium* 20, 10. 25, 15.

coiuves = *coniux* 28, 1. 30, 25.

colaphus: colaphi, colapi, colappus, colebus, collebus 6, 30. 7, 1 153, 5. 154, 5. 192, 1. 5.

colere = *excolere* 243, 15; succedat ad dominandum vel ad colendum 255, 35. 256, 1.

coll- *v.* conl-

collaboratum *v.* conlaborare.

collectio, colleccio: epistola collectionis *(infantis)* 134, 1. 141, 5; frugum collectio 590, 35.

colligere, collegere: fructus terrae c. 142, 15. 163, 10; contestatiunculam ac plancturiam collegere vel adfirmare 28, 10.

collum: colla diccione submittere 173, 15; brachium in collum posui 237, 30. 598, 10; circulus ex rubo in collo imponatur 640, 20.

colona *v.* colonus.

colonaticum, *'servitium, quod colonus domino debet', Ducange:* de colonatico se abstrahere 194, 5. 463, 15.

colonia (?) 514, 20.

colonica = *colonia* 61, 5. 72, 5. 475, 30. 480, 20.

colonitium = *colonaticum:* colonitio redebere 212, 1. 213, 10. 30. 35. 214, 1. 5; colonitio effugere 213, 30; ad colonitium se recognovit 213, 15; ad colonitium evindicatum habere aliquem 213, 20.

colonus, colona 194, 5. 10. 211—214. 463, 15; colonus evindicatus 211, 5. 20. 213, 20; iuditium evindicato de colono 213, 5; pro colono se recredere et recognoscere 194, 10. 211, 15. 20. 463, 15. 20; servus, quem colonus comparat 214, 5; exenia, ut colonis est consuetudo, annua inlatione persolvere 591, 10.

coma: per comam capitis tradere 237, 30. 598, 1; comam capitis deponere 55, 15. 110, 10. 529, 35. 560, 30; c. c. tunsorari 56, 1; coronam tollendo comam facere 414, 10.

comandatitia *v.* commendaticia.

comeatus, comiatus 260, 35. 261, 1. 479, 30. 528, 25.

comentum 221, 5.

comes, comis, comus, comites, commites, comi 9, 1. 14, 25. 15, 10. 22, 5. 29, 10. 41, 5. 60, 5. 68, 10. 15. 104, 15. 107, 1. 25. 111, 5. 25. 115, 1. 116, 10. 20. 25. 121, 10. 125, 1. 151, 45. 155, 5. 180, 20. 189, 10. 191, 35. 193, 1. 10. 194, 1. 10. 200, 25. 201, 25. 202, 15. 20. 211 — 214. 216, 30. 217, 1. 230, 10. 231, 1. 15. 232, 30. 234, 10. 237, 1. 5. 25. 247, 15. 248, 15. 251, 15. 252, 1. 10. 15. 256, 10. 40. 259, 15. 278, 15. 280, 15 — 25. 282, 1. 15. 288, 20. 289, 20. 291, 15. 292. 293, 20. 296. 301, 25. 302, 10. 307, 20. 309, 1 (*cf.* 310, 5). 310, 25. 312, 25. 314. 316, 20. 318, 10. 25. 319, 30. 320, 1. 321, 5. 322. 324, 5. 15. 325, 5. 326. 330, 35. 331, 10. 336, 5. 348, 25. 357. 359, 1. 362, 20. 35. 368, 5. 381, 15. 382, 15. 35. 384. 386, 15. 35. 388, 15. 389, 5. 20. 390, 5. 397, 1. 398, 5. 404, 1. 408, 20. 410, 10. 419, 15. 435. 436. 439, 25. 440, 10. 448, 15. 454, 20 25. 457, 40. 463, 30. 465, 20. 467, 30. 468, 1. 10. 510, 20. 593, 5. 598, 5. 617. 618, 10. 619, 35. 620, 30. 622, 10. 706, 15; comes pagi illius 384, 10; in pago illo, ubi ille comis esse videtur 213, 5; comes ipsius civitatis 325, 20; senior comes 435, 35. 436, 20; ill. comes recepit suum alode 368, 5; comites super Sclavos constituti 318, 5; duobus fidelibus de Saxonia, comitibus 288, 20. — comes palatii (palacii, palati, palate, comitibus palatiis) 59, 1. 67, 10. 68, 1. 122, 10. 165, 5. 196, 30. 216, 30. 464, 1.

comitatus 37, 20. 47, 10. 40. 259, 20. 331, 10. 338, 5. 384, 1. 458, 25; in pago A. et in ipso comitatu 338, 5; in pago illo, in comitatu ill. 458, 25; dedit comes ille ex comitatu suo aut benefitio suo 289, 20.

comitia, comicia: accio comitiae in pago illo 47, 15.; in comitia N. in Durgewe, in eadem comicia 435, 10. 15.

comitissa 468, 1.

comm-, conm-.

conmandare = *commendare.*

commanere, conmanere 7, 25. 19, 10. 24, 35. 25, 30. 28, 1. 153, 1. 171, 15. 237, 10. 314, 10; mansus, masus ad commanendum 230, 5. 231, 35. 234, 1. 30. 235, 35; manso, ubi accola commanet 198, 1; homines ibidem commanentes vel aspicientes (pertinentes) 299, 20. 30; conmanentes (tam ingenuos, quam servos) super terras ecclesiae 43, 20. 307, 1; 308, 15. 20; conmanere super terra (alterius) sub integra ingenuitate 94, 5. 10; super ipsas terras pro ingenuos commanent 476, 25; liberti commanentes 476, 35; homines commanentes publici 299, 25; mancipiis ibidem (desuper) commanentis (-ibus) 208, 10. 294, 5.

commendare, comendare, conmandare = *'empfehlen, anbefehlen, anvertrauen'* 28, 5. 10. 103, 1. 15. 104, 5.

109,10. 148,15. 180,1. 220,15. 304,5. 331, 15. 370, 35. 381, 30. 396, 5. 410, 15. 411, 5. 20. 412, 1. 417, 15. 419, 5. 442, 5. 444, 30. 445, 20. 25. 523, 10; ministerium commandare 259, 20; rex nobis *(comiti)* commendavit, ut iustitias vel drictum facere debeamus 259, 20; commendatus est Attoni comiti 368, 5; bona commendare sub officio tutoris 148, 15; (res) conmandatas post se habere 13, 25; raubam alicui conmandare 13, 30; reposita in cellaria, camara, granica per claves commendare ad custodiendum 233, 20; causas commendare 134, 35. 135, 1. 159, 1; causas commendare per fistucam 56, 15; se plenius comendare ad (regem) 111, 10; se (in) alterius potestate commendare 135, 1. 30; se in mundeburdum tradere vel commendare 158, 15; in manibus (imperatoris) se commendare 325, 5.

commendaticius, conmendadicius, conmendatius, comandatia *etc.*: comendatitius, indiculum conmendatium 37, 25. 48, 5. 10. 105, 5; indiculum commendaturio 70,15; carta commendatitia 383, 5; epistola commendatitia 383, 1. 408, 25. 409, 15 (*cf.* 410, 30. 411, 10). 566, 30; litterae commendaticiae 70, 15. 102, 20. 103, 10. 117, 35. 118, 20. 179, 1. 5. 180, 20. 218, 10. 25. 219, 15. 335, 30. 468, 1. 504, 15. 560,5. 35. 561,1. 565,10. — comandatia, comandatitia, commendatitia = *praestaria* 236. 243, 5. 244, 1. 10. 255. 256, 1. 5.

commendatio, comendatio 117, 35. 567, 5; nostram *(regis)* commendatione expetivit abire 197, 20.

commendaturio *v.* commendaticius.

conmercium, commertius: teloneum de omni commercio, quod in eodem pago venditur aut emitur 300, 10; suus commertius vindere 201, 35. — commercia litterarum 443, 1.

committere, conmittere = *tradere, commendare* 109, 15. 170, 15. 352, 5. 397, 1. 411, 25. 420, 15. 422, 5; res, bona fidei alicuius committere 316, 5. 15; = *mandare* 587, 25; per mandatum c. 146, 10. 165, 1; te testem committo, te ad defensandum committo 86, 25; = *emittere:* ei epistolam dotis committo 407, 1; = *'begehen'* 297, 5. 629, 20. 658, 1. *saepius;* culpas c. 236, 40. 333, 25. 35.

commodare (*pro* commutare?) 360, 20. 362, 15.

conmodolare = *mutare (Ducange: commodare)* 25, 25.

commoneri per indecolum 59, 15. 61, 1; qui commonetur et ad audientiam venire distulerit 535, 5.

commoneturiae literae 534, 30; indecolum communiturium 59, 5.

communio 401, 35. 402, 30; sine ullius communione, nisi forte precario 403, 20.

communis 47, 1. 187, 15. 459, 5. 548, 35. 582, 20. 30; loca privata, publica, communia 297, 10; pascuarium in communi marcha 388, 5; communis pascua 387, 5; communes silvarum usus 387, 5. 10; silvae communes aut propriae 385, 5; nemoribus propriis et usibus saltuum communium 402, 5. 403, 5; omnibus communia in lignis cedendis *etc.* 403, 25; nullus de pagensibus ibi aliquid commune habeat, nisi forte precario 399, 25 (*cf.* communio); communia = *conpascua* 267, 1. 268, 5. 35. 269, 25. 276, 5. 30. 278, 5. 279. 20.

communitorium *v.* commoneturium.

communus(?) 101, 10.

commutare 7, 15. 30. 16, 35. 25, 5. 30, 15. 61, 5. 91, 25. 149, 25. 169, 10. 187, 5. 248, 30. 250, 25. 289, 20. 326, 20. 338, 1. 5. 362, 5. 481, 15. 540, 25. 580, 10; res ecclesiasticae apud imperatorem commutatae 314, 1; negotium commutare 404, 15.

commutatio 72, 20. 233, 35 — 234, 10. 309, 10. 310, 15. 314, 15. 326, 30. 459, 5; facere commutationem cum quodam vasallo 328, 1; commutatio permissione atque licentia imperatoris facta 326, 25. 30; probabilis commutatio scriptis roboretur 338, 1; commutationis titulus 42, 5. 62, 5 63, 20, 64, 1. 20. 588, 20; carta commutationis 169, 10. 588, 15. 25; epistola commutationis 249, 15; preceptum super commutatione 289, 10. 314, 25; commutatio = *carta commutationis* 14, 15. 30. 15, 25. 61, 15. 134, 15. 149, 25. 150, 20. 162, 5. 187, 15. 30. 202, 25. 248, 35. 270, 5. 30. 289, 25. 459, 10; preceptum ad modum commutationis 61, 15; commutatio cum rege 38, 15. 61, 5; c. inter duas ecclesias 134, 35; duae commutationes uno tenore conscriptae 150, 10. 289, 25. 328, 5. 459, 10; *cf.* 249, 15; conmutationes necesse est scripturae vinculo praemunire 385, 1; commutationes confirmare per preceptum 289, 30. 328, 5. 459, 15; *cf.* concambium.

comp *v.* conp-.

comus *v.* comes.

conbursas = *conbustas* 162, 5.

concambiare, concamiare 81, 10. 214, 25. 254, 10. 40. 255, 15. 256, 5. 269, 10. 270, 1. 434, 20.

concambium, concamio, concambius, concamius, concampium = *commutatio* 7, 15. 61, 15. 69, 20. 25. 91, 5. 25. 234, 5. 10. 270, 25. 30. 338, 1. 362, 1. 382, 30. 385, 1; carta concambii 338, 1. 10. 381, 25. 35. 385, 1. 388, 25; carta concambii utrisque similiter scribenda est 404, 1. 5.

concambturia [1]: carta cumcambturia 361, 30; literulas concambtairas 362, 5.

1) *Wartmann, 'UB. d. Abtei S. Gallen' I, nr. 112:* concambituria.

concapulare 15, 30.

concedere, concidere 17, 30. 24, 15. 43, 5. *saepius, ex. gr.:* concessum atque indultum 201, 1. 20; concessum, 'ferkepan' 465, 35; concedere peculiare 94, 5; sub censu, ad censum c. 264, 1. 548, 10. 724, 5; in beneficium c. 384, 25; in proprietatem, ad proprium c. 294, 1. — concessum = *consensus* 37, 40.

concessio *(regalis)* 311, 25. 316, 25. 327, 20. 395—399. 434, 15. 435, 1. 458, 15. 568, 10; c. regis de (ad) privilegio 37, 40. 41, 30; *cf.* cessio.

concilium 419, 20. 519, 10. 550, 10. 555, 40 — 556, 1; = *contio saecularis* 384, 30. 397, 5. 398, 5. 10; nostris *(imp.)* conciliis constituimus 294, 15.

conclusio epistolae 567, 35.

conclusus: curtis sepe conclusa 388, 1. 5.

concopulacio (copulacio *corr.* c.) = *conculcatio* 363, 1.

concordia, cumcordia: pacis c. 12, 35. 20, 10. 88, 20. 277, 25; ad pacem et concordiam revocare 538, 1.

concordiare 17, 20.

concredere se ad servitium 253, 30.

conculcare: secura cum eo levet et conculcet 253, 10.

conculcationis epistola, carta 334, 15. 20.

conculcaturia 232, 5; epistola c. 232, 10. 15. 334, 5. 10.

condemnare, condempnare 100, 25. 111, 15. 136, 10. 197, 20. 551, 15.

condere testamentum 30, 15. 69, 15. 86, 5. 10. 172, 25. 586, 15; privilegium condere 37, 15. 98, 15.

condicio, condiccio *v.* conditio.

condignus 175, 20. 196, 10; condignum servitium impendere 452, 30; domus condigna ad habitandum, manendum 85, 5. 86, 1. 540, 20.

condirigere, condirgere = *uti, frui, procurare* 190, 20. 25. 191, 10. 20. 206, 20. 597, 15.

condita 13, 20. 135, 20. 137, 15. 138, 5. 15. 20. 139, 10. 156, 10. 159, 25. 160, 5. 25. 490, 5. 491, 1.

conditio, condicio, condiccio 39, 1. 175, 1. 337, 30. 586, 5. 595, 1; cartulae condicionem obliti 169, 20; conditio emtionis 372, 30; furtis condicio 8, 25. 35. 19, 15; pignoris condicio 11, 30; conditiones sacramentorum 592, 5. 10. 593, 5. 10; = *praestaria* 434, 20; = *conditio status:* servilis conditio 216, 5; servitutis inutilis conditio 321, 5; noxie, noxialis conditionis servitium 312, 10. 313, 30. 543, 30; ab omni fece conditionis 578, 1; = *negotium (cf. Ducange s. v. 4.)* 57, 1. 20. 66, 5.

condonare 79, 15. 25. 81, 5. 99, 5. 144, 15. 164, 5. 243. 254 — 256. 273, 25. 30. 276, 5. 15. 25. 277, 25. 597, 15; c. per manum regis 50, 5. 15. 51, 1.

conducere: venditio de terra conducta *('Erbpacht')* 6, 10.

conductus ad legationes 319, 30.

confabolare = *colloqui* 486, 30.

confector cervise 375, 25.

conferre 30, 10. 80, 1. 20. 85, 20. 87, 10. 15. *saepius;* c. per epistolam 81, 10; quidquid pars (iuste et rationabiliter) contulit parti 314, 25. 326, 25. 338, 5. 459, 15; conlata 19, 5. 21, 25; conlata bonorum 481, 40; mandatum in te conlatum 216, 30.

confessio 453, 10. 497, 5. 523, 25.

confinium, confinia 389, 15. 403, 25. 510, 15. 524, 10.

confirmare 44, 20. 25. 45, 10. 54, 1. 5. 20. 62, 5. 65, 10. 186, 5. 201, 5. 288, 5. 289, 10. 299, 5. 25. 300, 5. 304, 25. 316, 30. 434, 25. 459, 25; plenius confirmatus possideat 121, 20. 122, 35; testes, qui traditionem viderunt et confirmare debent 441, 10; donationem per strumenta confirmare 136, 20. 137, 1; libertatem datam ingenuitatis karta confirmare 313, 20. 25; ingenuitatem confirmare 476, 20. 577, 15. 586, 5; per epistulam, cartam, titulum alicui aliquid confirmare = *donare* 142, 25. 144, 1. 164, 25. 490, 10. 491, 1. 492, 30; confirmare = *firmare, roborare (sc. cartam)* 7, 15; c. inscriptionem 152, 10; descriptionis noticiam ore proprio manuque confirmare 264, 5; inpressione sigilli confirmare 219, 1. 20; mandatum solemniter confirmare 216, 20; sub gestorum serie confirmare 554, 30; iuratione confirmare 577, 20. 581, 5. 586, 35. 587, 5. 589, 5. 20. 30. — confirmare, baptizare *etc.* 220, 10.

confirmatio: pro confirmatione subscripsi 579, 1; praeceptum confirmationis 297, 25. 299, 1; confirmatio regis, regale 38, 5. 20. 44, 15. 53, 15. 62, 1. 123, 35. 124, 15. 126, 25. 134, 15. 201, 5. 262, 5. 15. 503, 1. 528, 25; c. regis vel principis 134, 15. 150, 10; c. de emunitatem 37, 20. 44, 5; c. ad secularibus viris 54, 10; c. de omni corpore facultatis monasterii 65, 1; confirmationem distruere 346, 5.

confiteri: confessus fuit hominem interfecisse 280, 20.

confugere 116, 5. 117, 10.

confugium facere 22, 30. 202, 5. 206, 30. 236, 35.

congenio = *ingenio* 25, 10.

congregatio (monasterii, monachorum, canonicorum, fratrum, puellarum) 7, 5. 20, 20. 35. 39. 40, 1. 10. 42, 10. 20. 66, 1. 115, 35. 127, 10. 135, 20. 139, 5. 156, 5. 160, 1. 181, 10. 220, 5. 221, 25. 222, 5. 233, 35. 242—244. *etc.*

congruitas = *convenientia (donatio inter virum et uxorem)* 276, 10.

coniugale consortium 94, 20.

coniugati 79, 10. 144, 15; ingenua femina coniugata a servo 363, 1.

coniuge *v.* coniux.

coniugia *(coniux?)* 163, 25. 207, 20.

coniugium, coiugium 20, 10. 581, 20. 582, 20; ad coniugium se coniungere 20, 5; ad coniugium, in coniugio (coniugium) copulare 25, 15. 581, 25; coniugio (-um), in coniugium (-o), ad coniugium sociare 81, 1. 85, 15. 20. 93, 25. 144, 1. 154, 20. 164, 1. 175, 5. 187, 30. 35. 196, 5. 208, 5. 253, 5. 277, 25. 281, 10. 334, 15, 539, 25. 540, 15; ad coniugium copulum sociatus 247, 5; in coniugium accipere, suscipere, adsumere 358, 15. 387, 5. 15. 38, 1. 20. 406, 30; filiam in coniugium dare 385, 20; coniugio conexi 349, 15; in coniugium positi 79, 20. 586, 20. 597, 15; stante coniugio 20, 10. 25, 20. 87, 1. 247, 15; manente coniugio 144, 15. 199, 5; legitimum coniugium 349, 15. 358, 15. 539, 25. 551, 10; coniugii vinculum donationis titulo ampliatur 582, 15.

coniunctio: non inceste vel inlicitae c. fiat 174, 35; c. matrimonialis conubii 540, 10; donationes futurae coniunctionis causa 581, 30.

coniurare 9, 20. 10, 1. 17, 20. 22, 10. 68, 5. 20. 157, 10; trustem et fidelitatem coniurare 55, 5; coniurare fidelitatem et leudesamio 68, 20; coniurare in palatio super capella domni Martini 68, 1; in basilica coniurare 13, 30. 17, 15. 157, 5. 212, 5. 10. 251, 25. 253, 1; in ecclesia c. 153, 20; in mallo super altario c. 214, 1; in placito c. 214, 5; veniens una cum arma sua coniurasse visus est 55, 5; adprehensam manum vel arma iudicis dextratus vel coniuratus dixit 153, 10; sua manu septima coniurare 68, 1; apud 12 homines c. 8, 10. 22, 10. 153, 10. 212, 5. 10. 213, 35 — 214, 1. 251, 25. 252, 35 — 253, 1; apud homines 36 c. 153, 20; apud homines tantos c. 157, 5; c. cum hominis suis 9, 20; *cf.* iurare, sacramentum.

coniuratio 590, 30; = *adiuratio* 618, 35. 619, 10. *etc.*

coniuva = *coniux* 31, 15; coniuves, *eadem significatione* 94, 40.

coniux, coniuge (*v.* cogive, coiuves, coniugia, coniuva, coniuves) 7, 25. 18, 20. 25, 15. 76, 20, 77, 25. 79, 15. 20. 85—87. 94, 15. 95, 10. 98, 25. 144, 1. 20. 145. 5. 25. 207, 20. 230, 1. 234, 40. 277, 20. 283, 25. 291, 1. 324, 25. 30. 347, 30. 386. 415, 10. 25. 510, 5. 547, 15. 551, 10. 581, 30. 582, 1; arras coniugis 539, 20 (*cf.* arrarum coniugiae 163, 25); nullus in coniuge dando a rebus suis exul redditur (efficitur) 582, 10. 584, 1.

conlaborare, collaborare 236, 5. 20. 246, 25. 276, 5. 281, 20. 518, 25.

conlateratio 305, 15.

conlatio regia 65, 15.

conlaudantes 192, 5. 194, 25.

conligare conscriptionis vinculo 388, 25.

conligatio manus = *'Handfestung'* 254, 20.

conloquium 513, 35; conloquium synodale 444, 15.

connubium, conubium 583, 25; c. legale 542, 15.

conp-, comp-.

conparare, comparare 20, 30. 65, 10. 103, 5. 107, 10. 156, 20. 158, 5. 186, 5. 212, 15. 20. 245, 10. 273, 5. 405, 10. 477, 5; legibus conparare 229, 15. 30. 235, 30; predia vel mancipia sui nominis titulo comparare 216, 15; per venditionis titulum conparare 242, 1. 245, 35; partes comparantis 581, 10; comparatum: de comparato, conparado, conparatu (*opp.* de alode) 79, 20. 83, 15. 143, 1. 160, 20. 164, 10. 207, 1. 208, 15. 229, 25. 244, 25. 267, 5. 268, 10. 283, 30. 475, 25; tam de hereditate parentum quam de comparatum 80, 1; de agnacione aut de conparato 8, 5; ex comparato 580, 35.

comparator = *emptor* 581, 15.

conpascere 8, 10. 25. 12, 20.

compatruelis 421, 30.

conpendium 53, 15. 91, 20; c. vitae 10, 30; intro domo conpendia 202, 15; basilicam, castelonaem et alia conpendia 331, 5; conpendium animarum 44, 5; c. mercedis 43, 1. 101, 25; conpendia regalia 52, 5.

complices 415, 30.

conponere 5, 35. 6, 10. 25. 7, 5. 35. 13, 10. 16, 15. 20. 17, 1. 25. 19. *etc.;* c. in dominium pro pace et iure legum violato 404, 35; per wadium c. 237, 25. 280, 20. 598, 10; leudem, homicidium c. 280, 20. 25; wergeltum c. 457, 35.

conposcio, conposcialis, conposcionalis, conposionalis *v.* conpositio, conpositionalis.

conpositio, compositio, conposcio 280, 30; integra c. 19, 25. 156, 25; de compositione remallare 281, 1; 600 solidorum c. 297, 5; epistola magistrali compositione suffulta 376, 5; epistola, carta, cartola conpositionis 277, 20. 25. 278, 1—10.

conpositionalis, conposcionalis = *epistola conpositionis* 14, 15. 30. 15, 25. 248, 25. 30; epistola conposialis, conposionalis 85, 20. 144, 1.

conprehendere = *continere, scriptum c., ex. gr.:* editio legibus conprehensa 152, 1; modo superius conprehenso 326, 5.

conprobare 89, 10. 152, 10. 153, 5. 155, 5. 156, 25; testibus c. 137, 10; electionem (episcopi) comprobare 556, 30.

comprobatio 720, 40; comprobationis iudicium 611, 5; comprobatio iudicii

645, 35. 651, 15; comprobatio (episcopi electi) 396, 1.

comprovinciales, cumprovintiales 46, 20. 480, 30.

consanguinei fratres 593, 25.

consanguinitas 82, 1. 147, 10. 250, 15. 416, 5.

conscensa = *incensa* 15, 30.

conscribere cartam, epistolam *etc.* 5, 15. 7, 25. 16, 5. 20. 29, 20. 31, 5. *et saepius;* rem ex alode conscriptam dimittere 251, 25; (servum) invenire conscriptum 594, 30; me constringo atque conscribo 537, 15; clericum conscribere ecclesiae 492, 15; conscriptum largitatis, auctoritatis 320, 20. 399, 20; facto conscripto rerum inventarum 148, 15.

conscriptio 328, 35. 388, 25. 399, 30. 476, 10; conscriptionis testamenta 326, 35. 327, 5; conscriptio cartae 585, 1.

consecrare pontificem, episcopum 46, 20. 430, 25. 553, 35. 556, 30; feminas ad propositum virginitatis consecrare 424, 25; tabulas, altaria c. 480, 35. 482, 10. 25; chrisma c. 426, 5; baptisterium c. 426, 10.

consecratio abbatissae vel reliquarum iuniorum 498, 35; consecratio pontificalis ordinis 554, 25.

consenior = *senior communis* 369, 20.

consensare 217, 30.

consensio 47, 20. 217, 35.

consensus regis 499, 25; c. regis archipraesulisque 554, 40; c. pontificum, antistitum 480, 10. 35. 497, 15; *cf.* 501, 30; c. cleri, civium, laicorum, populi *(in electione episcopi)* 37, 25. 47, 1. 109, 10. 119, 15. 395, 35. 396, 5. 554, 40; (rex) cum consensu procerum 68, 15; (iudex provintiae) cum consensu primatibus civitatis 148, 15; (episcopus) cum consensu fratrum (civiumque) 171, 25. 411, 15; congregatio s. Petri cum consensu civium 181, 10; abbas cum consensu congregationis *(in commutatione)* 249, 5; (episcopus, abbas) cum consensu fratrum *etc. (in praestaria)* 100, 1. 155, 20. 236, 15, 352, 25. 386, 15. 389, 35. 401, 1. 402, 10. 723, 10. 724, 1; consensus parentum, proximorum, amicorum *etc. (in desponsatione, nuptiis)* 142, 20. 143, 15. 163, 30. 358, 15. 387, 5. 406, 30. 538, 35. 539, 25. 540, 15. 541, 5. 542, 30. 582, 1; *cf.* 581, 20; uxorem ducere legitimo consensu 543, 10; c. amicorum et cognatorum *(in manumissione)* 406, 20; consensus patris *(in adoptione)* 147, 25.

consentire: consentienti parentum animo 581, 20; de familia laicorum 7 consentientes 361, 30; rector cellae consensit 724, 10.

conservare facta 232, 15. 477, 5. 482, 20. 723, 20; causae usque in praesentiam regis suspensae et conservatae 310, 30. 311, 20. 325, 25. 327, 25; conservatus de hostis, bannis, arribannus 193, 10.

consignare 23, 10. 29, 25. 149, 15. 188, 25. 210, 25. 490, 1. 492, 35. 595, 25; anulo consignare 397, 10.

consignatio, consignitio: c. iudicis 136, 5. 138, 25. 139, 15. 156, 20. 160, 30. 236, 30; iudicis vel eredum consignatio aut traditio 490, 30; iudiciaria consignatio 269, 15. 270, 1.

consilium: (rex) cum consilio fidelium 62, 20, seniorum fidelium 63, 1, pontificum procerumque 109, 10; (cortina) in palatio tempore consilii suspensa 412, 15; consilium donare, facere 333, 35. 487, 35; c. baiolare 234, 35; cum consilio parentum 357, 15; sana mente integroque (sanoque) consilio 18, 5. 86, 10. 327, 15. 476, 5. 585, 15. 586, 10. 588, 10.

consimiles: apud 12 homines consimiles suos coniurare 251, 25. 252, 35.

consobrinus, -a 234, 25. 35. 363, 1. 421, 5. 425, 35; consubrina 16, 25.

consocius fiscus 538, 10. — consotium = *consortium?* 29, 5.

consolare 158, 20. 486, 35.

consolatio vel adiutorium 234, 20.

consors 56, 5. 146, 20; c. imperii 294, 1.

consortium, consorcium: c. fratrum, heredum 30, 25. 83, 1. 147, 1. 195, 15; consortium (coniugale) 50, 1. 94, 20. 25. 246, 35; = *'Totenbund'* 261, 25.

conspectus 178, 5. 216, 1. 328, 35. 406, 25. 454, 30. 455, 25. 593, 15. 25; c. regis, imperatoris 384, 20. 396, 5. 415, 1.

constat me vendidisse (et ita vendidi), constat me accepisse *etc.* 6, 10. 7, 30. 11, 15. 25. *et saepius.*

constituere *ex. gr.* 162, 20. 301, 30. 404, 35; comites c. 318, 5; ministros c. 319, 30—320; sacerdotem c. 396, 10; abbatem c. 480, 15. 482, 10; iudices constituti 362, 30; osculum constituere 543, 15; te heredem constituo 83, 15; te dominam constituo 584, 20; *cf.* instituere.

constitutio 41, 1. 304, 10—25. 397, 10. 398, 1. 482, 30. 582, 30; c. Constantine legis 172, 15. 210, 5; c. pontificum 39, 10. 41, 20; canonicae constitutiones 216, 15. 555, 40 — 556; c. canonum ac decretorum 552, 35; Alamannorum constitutio 407, 1.

constringere 60, 1. 10. 109, 15. 147, 10. 148, 10; se inscriptione c. 152, 20; me constringo atque conscribo 537, 15.

constris = *custrix* 199, 20.

consubrina = *consobrina.*

consuetudinaria terra 725, 35.

consuetudo 4, 1. 16, 25. 20, 20. 21, 30. 28, 15. 48, 1. 5. 83, 10. 142, 20. 163, 25. 164, 1. 171, 10. 15. 186, 5. 192, 5. 208, 1. 210, 10. 216, 20. 217, 10. 247, 1. 278, 25. 413, 20. 425, 5. 539, 20. 590, 15. 591, 25; diuturna sed impia c. 83, 10. 597, 20; c. pagi 23, 15. 24, 30; c. loci 37, 15. 151, 5; c. regia 200, 25. 316, 20. *saepius;* c. Romanorum 70, 1. 97, 15; censos *etc.* et omnes consuetudines seculares 502, 5; in consuetudinem vertere aliquid 482, 15.

consuffraganei 444, 1.

consules 28, 10. 503, 30; sub die, consule 547, 20; sine die et consule 545, 10; *cf.* proconsul.

contendere res 153, 20. 193, 5; dissona voce c. 322, 15.

contentio 152, 25. 298, 10. 322, 15. 352, 25. 389, 10; in sua orta contentione interfectus 153, 15. 154, 5.

contestare 282, 20.

contestatiuncula, contestaciuncula 28.

continet = *continetur* 164, 25. 528, 25. 569, 30.

contio = *congregatio* 516, 40. 517, 30.

contornare: tu, urceole, te contornes 609, 25. 648, 1. 655, 1.

contractum = *acquisitum* 18, 15. 348, 1. 30. 349, 15; quidquid bona fide contractum est 326, 20.

contractus 86, 20. 308, 1. 579, 25. 580, 15; empti, venditi contractus 89, 10. 581, 15; *confundi videtur cum voce superiore:* ex contractu, ex meum contractum 202, 20. 204, 10. 205, 20.

contradere 351, 5. 381, 35. 385, 10. 30. 387, 15. 389, 10. 401, 5.

contradicere 31, 10. 153, 40. 163, 20. 164, 35. 201, 35. 362, 5. 539, 10. 35; res suas alicui c. 153, 5; hereditatem alicui c. 157, 1. 20; viam c. 319, 10.

contradictio, contradiccio 172, 5. 236, 10. 243. 247, 20. 250, 1. 255, 20. 276, 15. 349, 5. 354, 25. 355, 25. 362, 5. 363, 5. 381, 5. 368, 5. 30. 387, 20. 400, 15. 405, 1. 15. 406, 1.

contradictor 405, 10.

contrapellare = *accusare* 624, 40. 625, 30.

contrarietas 78, 30. 81, 15. 99, 10. 108, 10. 243. 247, 20. 250. 296, 20. 300, 1. 325, 15. 326, 15. 591, 10.

controversia 65, 20. 420, 5. 579, 5. 590, 5. 593, 15.

contubernium ancillarum Dei 179, 25; adsallire aliquem in contubernium 230, 30. 231, 1; *v.* coturno.

contulitio, contullicio, contulacio 14, 15. 30. 145, 15. 20; epistola contulitionis 145, 5.

contumacia 534, 35. 535, 15.

contumax, contumaces 100, 25. 291, 15. 535, 10. 20.

conubium *v.* connubium.

convellere 40, 20. 41, 20. 51, 5. 73, 5. 79, 15. 80, 15. 144, 15. 326, 30. 584, 35.

conveuentia, convenientia: convententia 14, 5. 30. 20, 15. 25, 25. 84, 1. 134, 35. 158, 20. 25; convenientis *pro* conveneutiis 15, 25; convenientia 279, 30.

349, 30. 353, 5. 355, 25. 548, 30. 35. 549,5; convenientia, 'kezumft' 467, 1.

convenire: convenientibus partibus 169, 10; c. amicis 590, 5; convenit 6, 25. 30—7, 1. 12, 35. 15, 15. 16, 30. *saepius;* placuit atque convenit 24, 1. 91, 35. *saepius;* = *citare:* eos admoneat et conveniat 384, 5.

conventio 313, 10; carta conventionis 389, 1. 15. 20; = *citatio:* trina conventio 534, 30. 535, 5.

conventus 136, 25. 161, 5; c. procerum vel mediocrium 383, 40; c. principum (procerum) et vulgarium 403, 10; = *conventio:* pro conventu parentorum 357, 25.

conversare = *vivere, degere:* pariter c. *(in coniugio)* 94, 20. 145, 25; conversare, conversari in monasterio 70, 40; sub religionis norma conversari 200, 30. *etc.*

conversatio = *vita* 73, 1. 411, 5; = *vita religiosa, monachilis* 199, 5. 353, 20. 497, 30. 502, 30. 560, 1. 569, 10. 580, 15; sanctae conversationis habitus 560, 10. 20.

conversionem *(= vitam monachilem)* promittere 570, 1.

convincere 89, 20. 155, 5. 327, 20. 593, 20. 634, 25. 30. *saepius;* cum testibus c. aliquem 309, 20. 310, 25; testimonio convincatur 548, 5; ad iudicio vel ad cruce aliquem convincere 233, 5. 257, 15

convivium 72, 10. 499, 1. 30.

convocare vicinos 15, 30; c. cives 384, 20.

convulsor 73, 10.

copula, copola, cupola: c. matrimonii 94, 20; c. consorcii 50, 1; nuptiarum copulae 542, 20; *v.* copulum.

copulare, copolare: c. ad coniugium, in coniugio, in coniugem *etc.* 25, 15. 551, 10. 581, 25. 582, 1; c. matrimonium 143, 25. 206, 10.

copulatio *v.* concopulacio.

copulum = *copula matrimonii* 246, 35. 247, 5. 248, 1.

cornu altaris *v.* altare; cornua bicina 370, 1.

corona = *tonsura* 413, 10. 414, 10. 590, 25.

coronare regni diademate 526, 5; a Deo coronatus *(imperator)* 504, 1. 522, 30. 533, 20; a Deo coronatus *(episcopus)* 523, 30.

corporalis disciplina 93, 5.

corpus 590, 20; in rebus aut in corporibus 75, 20. 482, 5; *cf.* 586, 25; = *universitas bonorum* 584, 15; corpus facultatis 18, 10. 25. 38, 20. 65, 1. 5. *saepius;* = *liber:* acta vel gesta corpori inserta 588, 5; corpus Theodosianum 141, 15. 537, 1.

correctionem accipere 320, 10.

corrigere, corregere 40, 20. 220, 10. 397, 25. *saepius;* se corrigere 246, 20. 267, 10. 268, 15. 272, 5. 274, 20. 277, 1. 283, 15.

corroborare 539, 35. 585, 5.

cortina 412, 15.

cortis *v.* curtis.

corumpiam (?) 162, 1.

costo 49, 10.

coturno = *contubernio* 85, 15.

crimen, crimina 424, 10. 426, 5. 491, 30. 580, 30. 616, 5. 628, 30. 633, 1. *saepius;* c. homicidii 152, 20. 713, 5. 10; c. sacrilegii 578, 15; c. furti 656, 25. *saepius;* auctor criminis vel falsarius 76, 5. 136, 10; falsis criminibus accusare 537, 15.

criminalis causa 320, 1; c. accusatio 536, 10; c. actio 537, 5.

criminatus pro aliqua re 616, 20. 645, 30. 682, 45.

criminosus 638, 25. 645, 30. 652, 1. 674, 20.

crisma, crismarium *v.* chris-.

cristallum 370, 1.

crux: ad crucem ad iudicium Dei adstare, stare 233, 5. 257, 10. 15; ad crucem cadere 233, 10; noticia de cruce evindicata 232, 30; iudicio evindicato de cruce 257, 10; iurare in cruce 662, 15. 682, 40; cruces de tremulo 671, 20. 25. 686, 40. 688, 10. 15.

cubicularii, cobicularii 59, 1.

culpa 31, 1. 153. 154. 206, 30. 234, 15. 311, 1. 400, 25. 611, 1. *saepius;* in sua culpa interfectus, ferrobatudo 153, 25; per suas culpas interfectus 153, 15. 154, 10; culpas committere, amittere 236, 40. 333, 25—35. 580, 30.

culpabilis 17, 20. 55, 10. 116, 5. 346, 15. 348, 20. 352, 1. 388, 40. 389, 15. 610, 10. 617, 5. 35. *saepius.*

culpari 675, 1; culpatus 674, 40. 715, 20.

cultus: agri culti et inculti 18, 20. 30; terrae cultae et incultae 351, 20. *saepius;* cultis et incultis 241, 10. *saepius.*

cultores pagi 406, 15; c. ecclesiae, basilicae 579, 25.

cumcambturia *v.* concambturia.

cupola *v.* copula.

cura 73, 5. 20. 108, 25. 170, 15. 304, 10. 352, 15. 440, 25. 548, 5; = *munus curatoris* 29, 1; in (sub) cura et providentia alicuius 318, 25. 405, 25; curas publicas adsidue agere 28, 20; curam publicam agere 107, 5. 111, 25; de parte publica curam habendi positi 162, 10. — in basilica curam decantare 260, 15. 20. — c. *pro* curia 29, 15.

curator 4, 5. 587, 20.

curia 4, 15. 5, 20. 28, 20. 29, 20; c. civitatis 97, 15. 202, 30. 203, 1. 5; curia publica (civitatis) 4, 1. 21, 20. 29, 15. 136, 20. 137, 1. 146, 15. 147, 25—148. 151, 10. 169, 30. 171, 10. 176, 5. 209, 1. 10. 20. 30; ordo curiae 28, 15. 29, 20. 137, 1. 5. 170, 20. 25—171, 5. 176, 5—15. 209, 10. 585, 20; ex officio curiae 588, 1.

curialis, curiales 29, 25. 97, 15. 20. 98, 10. 170, 20. 202, 30. 203, 1; curiales civium 98, 20; curialis provinciae 14, 25; tres curiales 176, 5; vilitas (laudabilitas?) curialium 75, 25. 45. 50. 345, 10.

cursor 516, 10. 517, 20.

curta = *curtis* 396, 45. 399, 45; c. regis 426, 35.

curtare 404, 35.

curtiferum, curteferum: (cum) curtiferis 175, 15. 267, 1. 268, 5. 35. 269, 25. 270, 15. 275, 30. 276, 1. 279, 15. 441, 1.

curtilis 241, 10. 402, 5. 403, 5. 459, 5.

curtis, cortis 23, 20. 201. 1. 15. 230, 15. 312, 30. 355, 25. 387, 5. 404, 25; ad curtem ire 514, 20; curtis fisci 213, 1; c. seu fiscus iuris regalis 396, 30; curtis publica, regalis 396, 20. 399, 30; curtis circumcincta 5, 5. 23, 20; c. sepe (circum)cincta 387, 5. 388, 20. 25; c. clausa 348, 35. 351, 20. 352, 10; c. saepe conclusa 388, 1. 5. *V.* curta.

cusinus 506, 10.

custodela 410, 20.

custodia: in custodia traditus 31, 1.

custodire placitum 9, 5. 15. 25. 10, 10. 23, 10. 67, 5. 10. 154, 1. 155, 10. 15. 161, 25. 189, 15. 196, 25. 30. 253, 1; contestaciunculam seu plancturiam appendere vel custodire 28, 10; triduum apensionis c. 171, 15; fidem c. 109, 15; aframitum c. 252, 10; paginam c. 481, 20; ecclesiam c. 598, 25.

custor (ecclesiae) 20, 25. 110, 10. 191, 25. 241, 25. 389, 1. 20. 399, 5.

custos 632, 1; custodes legales 717, 5 custos (ecclesiae) 109, 5. 235, 5. 242, 5 401, 10.

custrix = *abbatissa* 199, 1. 20.

cynamomum *v.* cinamo.

cyrograph- *v.* chirograph-.

D.

dactalus, dactolas, dactiles 49, 15.

dalmatica 500, 45.

damnari poena 537, 15; pro contumace d. 535, 10; iniuste d. 702, 1; aditum damnaret (?) 382, 15.

damnietas 63, 10. 15. 89. 1.

damnum 309, 25; rem in d. ponere 233, 20.

dare per affatimum 250, 15; dare per cartam 476, 30; dare litteras 535, 1; data edictione 537, 5; data (epistola *etc.*) 19, 10. 320, 15. 328, 15. 387, 35. 389, 5. 20. 390, 5. 396, 20. 397, 15. 399, 35. 520, 10. 554, 1. 561, 35. 565, 20; datarum tale 555, 10; datum 210, 1. 213, 20. 214; cautionem dare ad exagendam; dare homines tantus *(coniuratores)* 13, 30.

darus (?) 454, 40.

debere 82, 10. 92, 20. 152, 5. 157, 5. 172, 20. 293, 30. 331, 10. 537, 1. 590, 30. 593, 20. 597, 1; debitum 142, 15. 186, 30. 195, 30. 35. 206, 20. 363, 5; d. in duplum reddere ad 10 annos 163, 15; cautio pro debito 134, 1; a dibito (?) 592, 1; debitum (censum) 351, 25. 363, 5. debitum servitium 297, 15. 577, 5; debitum sibi nexum, servitium relaxare 95, 10. 140, 20. 273, 25. 274, 10. 544, 25; debitum obsequias 363, 25. — debuerit = *docuerit?* 196, 30.

debitor 186, 25. 346, 5.

decanus 217, 1. 361, 25. 386, 30. 389, 1. 20. 390, 5. 401, 10. 408, 15. 436, 25. 518, 1—15. 616, 20.

decatas = *dicatas* 104, 15.

decernere nova carmina 39, 10. 41, 20; principum iura decreta 29, 1; decernere *de iudicibus dicitur* 594, 5; d. iudicium 22, 10. 157, 5. 214, 15; d. cum proceribus *de rege dicitur* 67, 10. 296, 5.

decessores 66, 1. 291, 5. 308. 20. 30. 424, 30. 503, 1.

decima, decimae 217, 30. 236, 5. 20. 264, 15. 301, 25. 35. 302, 5. 304, 15. 25. 30. 317, 25. 30. 591, 10. 25; ad opus (imperatoris) decima exigitur 315, 15.

decimare servientes ecclesiae 171, 25.

decimo *(ex divisione hereditatis)* 56, 10.

declinatio Latina 404, 20.

decrascianto (?) 225, 25.

decretum, decreta, decretus: d. *(regis)* 43, 1; decreta principum 137, 25. 480, 10; d. *(imperatorum)* 328, 20. 536, 30; ecclesiasticum atque imperiale decretum 313, 20; decreta canonica 313, 15; d. papae 550, 10. 15; decretum privilegii *(pontificalis)* 499, 10. 502, 30; *cf.* 497, 35; d. senatorum provintiae 403, 20; legum decreta 590, 15. 593, 20; decretum cleri et populi de electo episcopo 552, 20. 554. 555, 10; d. electionis 553, 20. 30.

decursus aquarum *v.* aqua.

dedicare 217, 25. 266, 25. 283, 25. 482, 10. 25. 580, 10.

dedominatio 190, 25. 195, 15. 196, 5. 199, 5.

defendere 146, 20. 274, 20. 322, 20. 504, 25. 591, 10; vindicare atque defendere 502, 10. 581, 5. 586, 30; per strumenta defendi 298, 40. 303, 10; per auctoritatem d. 298, 40. 303, 5; causas prosequi et defendere 216, 20.

defensare 86, 25. 89, 5. 20. 156, 35. 172, 5. 186, 15. 204, 1. 40. 205, 10. 207, 25. 210, 10. 229, 1. 246, 30. 272, 10. 273, 1. 280, 30. 281, 1. 399, 5. 481, 20; per strumenta defensari 73, 25; defensare et munburire 174, 20; ratum et defensatum 165, 10.

defensatrix (basilica) 246, 30.

defensio, deffensio 11, 10. 12, 1. 30, 20. 30. 95, 15. 96, 10. 172, 1. 185, 30. 228, 40. 246, 30. 274, 20. 334, 20. 337, 30. 356, 35. 360, 15. 363, 25. 476, 25. 481, 35. 506, 15. 545, 20. 546, 5. 724, 30; defensionem eligere 95, 15. 142, 1. 188, 5. 273, 30. 281, 20; d. e. infra potestatem sancti 273, 10; defensio vel adiutorium 171, 20; subtrahere se de potestate vel defensione 158, 20; defensio ingenuitatis 96, 10; d. rerum 73, 20; d. maiores domi 58, 5; d. *(regis, imperatoris)* 111, 10. 15. 294, 25. 295, 10. 35. 296, 25. 306, 20. 307, 5. 308. 310. 311, 5. 10. 319, 5. 323, 10. 325, 15. 327, 1. 10.

defensor viduis et pupillis 48, 5; defensorem manifestare 174, 10; defensores ecclesiae 283, 10; actores, defensores ecclesiae, monasterii 352, 25. 353, 15; actor et defensor 322, 15; iurent et accusans et defensor 719, 1; defensor (civitatis) 4, 5. 28, 20. 29. 97. 98. 136. 137, 1. 5. 148, 25. 151, 10. 169, 30. 170. 171. 176. 202, 30. 203, 1. 5. 209.

definire, defenire, diffinire 193, 5. 407, 1; d. causas 58, 15. 111, 20. 152, 10; d. iustitias 122, 20; definita causatio 464, 15; definito iudicio 362, 25; definire pretium 581, 1; contractus definiuntur 581, 15; ratum et definitum 95, 5. 98, 5. 203, 1; ratam vel diffinitam 146, 15.

definicio, difinitio, diffinitio 21, 5. 149, 5. 20. 154, 20. 169, 10. 351, 1. 388, 35. 581, 10. 15. 590, 1.

deinvenire 31, 10.

deiudicare *v.* diiudicare.

delectatio = *dilatatio* 197, 10. 198, 25.

delegare, deligare, dilegare, diligare, dilecare, delicare, delagare 5, 5. 19, 1. 20, 20. 25. 1. 44, 10. *saepius;* delegavi, 'salta' 466, 50; d. per (in)strumenta 66, 15. 200, 15. 255, 5. 481, 15; d. per cessione 191, 10; mando et delego 216, 25; officium delegatum 216, 30; admonitorias delegare 537, 25.

delegatio, deligatio, diligacio 42, 10. 15. 50, 20. 79, 25.

delegator 402, 25.

deliberacio: epistola tradicione vel deliberacione 231, 1.

delictum 457, 35. 661, 20.

demandatum 237, 5.

demittere *v.* dimittere.

denarialis, dinarialis: preceptum denariale 38, 10. 57, 1; carta denariale (-lis) 190, 1. 228, 25. 256, 30. 288, 1.

denarius, dinarius 242, 40. 243, 15. *saepius;* 2 denarios in quocumque pretio 406, 10; census denariorum, denarios censere *etc. ex. gr.* 242, 40. 243, 15. 269, 5. 35; servum per denarium ingenuum relaxare 124, 30; iactante denario ingenuum dimittere 57, 5. 190, 1. 204, 5. 228, 25. 465, 1; excutere denarium de (a) manu 288, 1. 434, 25; sponsare per solidum et denarium, solido et denario 230, 5. 247, 1. 271, 25. 597, 25. 598, 1; *pondus* 631, 35. 40. 634, 10. 40. 690, 20.

denegare 8, 5. 25. 13, 25. *saepius; v.* causam denegare.

denominare: de quinque denominatus tres 68, 1; loca denominantes = *loca denominata* 208, 10.

denominatio: carta denominationis 361, 1.

denunciare, denonciare 15, 10. 21, 10; denunciare = *sonia d.* 253, 1.

denunciatio: denonciacio puplica 14, 25.

deponere 28, 25. 169, 20; deponere = *disponere* 509, 30.

depossidere = *possidere* 725, 5.

depotare *v.* deputare.

deprecatoria epistola 115, 35; d. scedola 119, 15; litterae deprecatoriae 454, 15.

deputare, depotare 87, 20. 477, 5. 10.

derelinquere posteris, filiis, heredibus *etc. ex. gr.* 16, 35. 23, 30. 143, 5. 151, 5. 15. 245. 247, 10. 582, 1. 20; alode, quicquid moriens derelinquero 147, 15.

descriptio 264, 25; noticia descriptionis 264, 5.

deservire *ex gr.* 96, 1. 579, 15; in suum servitium d. 212, 20; in servicio publico deservire 233, 30; partibus palatii d. 310, 15. 315, 10. 325, 15; ad camaram d. 315, 1.

designari 317, 10; loca designata 232, 25. 234, 30. 242, 1. 245, 25.

desponsare, disponsare 85, 5. 15. 20. 387, 5. 404, 25; per solido et denario 598, 1; d. per 13 aureos nummos 541, 5. 10; *cf.* sponsare.

desuccessores 66, 30.

deteriorare statum 589, 25.

detonsus clericus 401, 15. 561, 1.

dev- *v.* div-.

devoluta possessio 42, 15.

dextratus vel coniuratus dixit 153, 10.

dextros tantos, *mensura terrae* 187, 20.

diaconatus 328, 25. 520, 20. *etc.*

diaconium 411, 5. 564, 5.

diaconus et amanuensis 4, 15. 20; d. adque professor 176, 1; ego d. scripsi et subscripsi 289, 1.

diarium largire 516, 10.

dicere de linguas *v.* diliguas; partitum esse dixisse 84, 20; se exitum dicere *v.* exitum. — dicere = *digere* 12, 10.

dicio *v.* ditio.

dictare 32, 35. 37, 5. 586, 15; dictati 4, 1; dictatu 32, 30.

dictio = *ditio* 423, 15.

dies legitimus post transitum 86, 10. 476, 5. 585, 20; dies placitus 92, 15; dies statutus 406, 15; 40 dies 154, 1; inducias 70 dierum 434, 15; annus et dies 229, 10. 35; dies nuptiarum *v.* nuptiae; dies votorum, *idem* 581, 25; diem notare, adnotare 389, 5. 20. 390, 5. 545, 5; die proconsule 453, 5; a die praesente 16. 61, 15. 83, 1. 87, 20. *saepius;* ab hodierna die 158, 10. 140, 5. 15. *saepius, ex. gr.* cessio a die presente 69, 5. 76, 15. 159; ingenuitas a die presente 95, 5; diebus, dies vitae 155, 25. 279, 30. 312, 10. 313, 30. 349, 25. 350, 15. 351, 25. 30. 353, 10. 388, 10. 401, 20. 402, 20. 724, 5; dies dominicus 309, 15. 310, 20. 325, 15. 406, 15; dies Lunis, Martis, Mercoris 510, 25; dies Iovis 358, 25.

differre res usque in presentiam imperatoris 298, 10; iustitiam differre 320, 10.

diffin-, difin- *v.* defin-.

digere, dicere *(cf. p.* 8, *n.* 4*)* 8, 35. 12, 10. 15.

digido relaxare 222, 40—223.

digni testes 585, 5; digni sitis = *dignemini* 479, 20.

dignitas iudiciaria 47, 15; summae palatii dignitates 526, 30; qualicumque dignitate praedita persona 316, 20; dignitas natalium 582, 30.

diiudicare, deiudicare 259, 30. 362, 30. 433, 35. 480, 1. 569, 20.

diiudicatio 397, 5. 593, 20.

dilatare 363, 35.

dilectio: humanitas et d. 401, 30. 402, 30; dilectione et pasto soniare 598, 25.

diligare *v.* delegare.

diliguas dirigere: *corrupta,* de linguas dixerunt, direxerunt 192, 5. 194, 25. 195, 5.

diluculum (?) 617, 25.

dimensio, dimencio 305, 15. 313, 10.

dimidiante mense Maio 315, 1.

dimissoriae litterae 560, 5. 35. 561, 5. 35. 565, 10.

dimittere, demittere *v.* ingenuum, liberum d.; rem ex alode conscriptam d. 251, 25; se iectivum dimisit 161, 30.

dinar- *v.* denar-.

diocesis, diocęsis, diocisis 219, 10. 395, 30. 396, 1. 411, 1. 419, 20. 426, 1. 519, 15. 20. 552—554. 566, 10; diocęsim circuire 416, 1.

diploma 515, 30.

directum, derectum, drictum, trictum = *'droit'* 57, 1. 174, 5. 192, 1. 259, 20. 334, 5.

direptio 121, 15.

dirigere: aliquem in persona sua, ad specie sua, ad vicem suam dirigere 9, 5. 15. 25; *v.* diliguas.

diripere, disripere res 153, 10.

discalciati 416, 25. 510, 35.

discedere de potestate 148, 1; d. de servitio 93, 15; d. de mundeburdo 262, 1.

disceptari 298, 40.

disceptatio 88, 1.

disciplina 93, 20. 187, 5. 233, 30. 454, 30; d. corporalis 93, 5. 236, 40; d. super dorsum 238, 1. 598, 15.

discordia 94, 20. 145, 20.

discurrentes geruli 453, 20; *cf.* missi discurrentes.

discussio 497, 20. 502, 15. 590, 30. 645, 25. 652, 45. 661, 15. *saepius.*

discutere: fisco discutiente 229, 1. 15. 231, 10; (causas) discutere 290, 20. 294, 30. 295, 20. 298, 10. 420, 20; testimonium d. 593, 25; discutiendus *(sc. iudicio Dei)* 616, 10. 15. 645, 25. 650, 15. 25. *saepius.*

dismanuare 193, 15. 197, 20.

dispendium 42, 10. 58, 15. 64, 20. 111, 20. 151, 10. 162, 5. 197, 25. 310, 30. 311, 15. 315, 15. 319, 5. 325, 25. 497, 25. 502, 20.

disponsare *v.* desponsare.

distractio = *venditio* 590, 20.

distractor = *venditor* 581, 10.

distrahere = *vendere* 186, 5. 581, 10. 15; per vinditionis titulum d. 107, 25. 138, 20. 155, 20.

distringere 38, 15. 44, 15. 45, 5. 59, 15. 67, 10. 155, 15. 196, 45. 290, 25. 294, 30. 295, 20. 307, 1. 320, 1. 5. 384, 10. 398, 10. 492, 25.

disvestire *v.* divestire.

ditare 292, 1. 580, 40.

ditio, dicio, dictio 294, 40. 303, 5. 305, 15. 498—500. 519, 35. 555, 1; diciones *(regis)* 63, 1; fisci diciones, ditio 48, 5. 52, 20. 56, 10. 120, 15; ditio imperii 294, 25. 295, 15. 301, 15. 302, 20. 306, 30; d. regni 367, 10.

dium caedrinum *(= diacedrinum)* palliolum 421, 15.

divestire, devestire, disvestire 330, 35. 357, 1. 5.

dividere 56, 5. 83, 15. 20. 84, 15. 87, 20. 149, 5. 10. 205, 25. 235, 10. 15. 250, 20. 275, 10. 539, 30. 586, 10; per affatimum d. 250, 20; regnum d. 422, 5; marcham d. 403, 10; saltum d. 384, 1; post me divisi 194, 20.

divisio 24, 10. 235, 5. 10. 590, 10. 15. 403, 5. 30. 460, 15; divisionem celebrare 56, 5; divisio, ubi regis accesserit missus 38, 5. 56, 1.

divisores 403, 30.

documenta 89, 10.

dolitia 30, 15.

dolus: vi doloque secluso 576, 5. 578, 20. 587, 15. 590, 10.

domesticus, domestici 59, 1. 68, 15. 70, 20. 106. 197, 15. 201, 25. 307, 20; Gallus domesticus Domini 425, 30.

dominare, domenare 15, 25. 43, 15. 62, 15. 79, 25. 99, 10. 200, 5. 247, 20. 254—256. 299, 25.

dominatio 5, 10. 31, 20. 65, 20. 72, 5. 79, 1. 241, 15. 30; = *res dominatae* 235, 25; = *titulus compellatorius* 95, 1. 100, 20. 105, 10. 410, 1. *etc.*

dominatus 308, 25. 480, 35.

dominicatus: mansus dominicatus 294, 5. 541, 10; casa dominicata 489, 35.

dominicum (opus) 419, 1.

dominicus = *regalis* 70, 20. 106, 35. 107, 25. 162, 10; fiscus dominicus 458, 25; familia dominica 106, 10; *v.* missi dominici; vasallus dominicus 289, 25; vassi dominici 618, 10.

dominium 236, 10. 30. 269, 15. 270, 5. 293, 35. 321, 20. 458, 25. 487, 5. 581, 5. 589, 30. 590. 594, 30. 595, 1; d. alterius expetire 93, 15; ius dominii 353, 15. 25; = *aerarium publicum* 404, 35.

dominus, domenus, domnus domina 22, 1. 176, 30. 273, 5. 20. 402, 15. 425, 10. 455, 30, 703, 45; te dominam constituo 584, 20. 586, 25; dominum et procuratorem instituere 29, 5. 146, 15; dominus proprius 92, 10 (?). 93, 10. 100, 15. 328, 20; res vestra et domini illius 7, 10; domini parvuli 449, 25; domnus, dominus, *titulus, ex gr.* domino fratre 89, 10. 93, 1; domne et iogalis meus 87, 20; domnus rex 94, 25. 106, 10. 127, 15. 262; domna regina 181, 5. 262, 20; domnus apostolicus 104, 15. 416, 10; domnus episcopus 260, 20; *ecclesiae et monasteria eodem titulo appellantur* 70, 25. 190, 20. 191, 5. 198, 30. 199, 20. 342, 35. 475, 20; dominus, domnus = *rex, imperator* 16, 30. 28, 25. 29, 10. 65, 15. 66, 10. 219, 5. 25. 422, 30. 450, 5. 481, 15. 506, 10; domini rerum 368, 15. 579, 30; domnus = *sanctus* 77, 20. 78, 15. 99, 15. 108, 15. 20.

domnicillus = *filius regis* 106, 10.

domnissimus 587, 20. 25. 588, 1.

domus: domum infringere 457, 30; domum spoliare 152, 25; domus concremata 162, 5. 202, 15; d. ad manendum, (in)habitandum 85, 5. 86, 1. 404, 25; d. familiae 404, 25; d. infra urbe 162, 5; d. unius librae argentum pretio valens 388, 5; furtum in domum suam recipere 619, 20. 623, 30. *saepius;* regis domus 482, 15; d. ecclesiae 30, 5. 302, 15; ad domo Dei 190, 20. 191, 25. 464, 15; in domo s. Petri 545, 5.

donare 7, 30. 30, 15. 70, 5. 75, 5. *saepius;* animus donantis 85, 5; in dotis titulum donare 271, 25; dotem d. 358, 10. 388, 20; sponsalitia largitate d. 581, 25; per tandonem d. 247, 5; ante dies nuptiarum d. 143, 15; d. per cartolam sive per festucam atque per andelangum 271, 5. 25; per conpositionalem d. 248, 30; *cf.* tradere; libertate donare 215, 25. 293, 20. 313, 5. 316, 1; paravereda d. 320, 5.

donatio, donacio 14, 30. 15, 25. 70, 1.

76, 1. 85, 1. 86, 20. 97, 15. 20. 136. 137. 143, 10. 150, 20. 202, 20. 206, 1. 277, 25. 404, 30. 489, 20. 492, 30. 589; epistola donationis 72, 1. 75, 5. 79, 5. 98, 1. 15. 135, 20. 144, 20. 30—145. 169, 30. 199, 25. 231, 35. 232, 25. 234, 30. 489, 20—35. 491, 1; carta, cartola donationis 164, 25. 267, 5. 268, 10. 283, 10. 354, 10; donationes duas epistolas uno tenore conscriptas 145, 1; donationis titulus 62, 5. 63, 20. 64, 1. 20. 582, 15. 589, 10; donationem gestis allegare 75, 25. 134, 5. 144, 15. 170, 30; mandatum vel donationem 170, 30. 171, 1; donationem per strumenta confirmare 136, 20. 137, 1; donatio imperialis 288, 5. 294, 10. 305, 1. 20; d. regis 298, 1. 322, 15. 20; d. ad ecclesiam, ecclesiae 69, 1. 5. 74, 5. 78, 15. 133, 25. 134, 25. 135, 10. 156, 1. 241, 1. 35. 242, 5. 283, 1. 466, 5. 471, 35, 475, 20; d. ad casa(m) Dei 198—200. 234, 35. 266, 25. 267, 25. 283, 20; d. ad monasterium 354, 10. 489—491; d. ad loca sancta 547, 1; d. ad filios, filiae 208, 1 231, 30. 232, 20. 589, 1; d. ad parenta 234, 25; ante nuptias d. 163, 25. 164, 25. 30. 539, 20; d. futurae coniunctionis causa 581, 30; d. osculus intercedentis factus 164, 15; d. in sponsa facta 134, 1. 142, 20. 163, 20; d. dotis 358, 20. 25. 359, 1; d. inter virum et uxorem 134, 5. 144, 15. 247, 10. 275, 25. 586, 40.

donatiuncula 343, 30.

donator 144, 20.

donum: dona domno rege in placito instituto transmittere 178, 30; donum reconciliationis 382, 15; cellae ex nostro dono rector 724, 1; dono habile 101, 25.

dos, dotis 4, 15. 5, 20. 14, 15. 30. 15, 20. 16, 1. 358. 385, 20. 30. 387, 5. 388, 1. 20. 407, 1. 542, 20. 581. 582. 725, 25. 30; dotem legitimum 358, 15; donatio dotis 358, 20. 25. 359, 1; libellus, libellum dotis 16, 1. 5. 69, 15. 81, 1. 85, 10. 142, 25. 143, 5. 196, 1. 20. 208, 5. 209, 15. 247, 35. 248. 271, 20. 25. 272, 5. 357, 25. 358, 5. 10. 541, 20. 25. 725, 25; *cf.* 597, 25. 30. 598, 1; carta, cartola dotis 202, 35. 203, 5. 385, 15. 30. 387, 1. 388, 20. 406. 30; epistola dotis 357, 25. 358, 10. 407, 1—10; dotis testamentum 540, 20 — 35; dotis titulus 85, 5. 20. 142, 25. 143, 5. 248, 25. 271, 25. 540, 30. 541, 10; promissio dotis 581, 15; ecclesiae sine dote 318, 10.

dotalis carta 388, 10. 404, 25.

dotare ecclesias, basilicas 318, 10. 15.

dragma 464, 25.

drapalia, dratpalia 175, 15. 198, 5. 203, 35. 204, 5. 231, 15. 233, 20.

drappus 50, 10. 82, 10. 84, 15. 86, 5.

drictum *v.* directum.

dubitare 257, 5.

ducatus 37, 25. 47, 10. 15. 297, 25.

ducere: vivere vel ducere 310, 5.

ductus = *eductus* [1]: de hac causa ductus resedeat 68, 5; d. atque securus 13, 35. 156, 30. 170, 10. 214, 5. 233, 15. 257, 1. 5; d. et absolutus 63, 10. 89, 1. 96, 20.

duellum ingressuri iurant 719, 1.

duplare, dupplare 5, 15. 6, 20. 11, 25. 12, 30.

dupliciter conponere, exsolvere *etc.* 270, 25. 271, 10. 275, 15. 276, 15. 277, 1. 592, 1.

duplus: dupla pecunia 20, 15. 89, 20. 90, 10; dupla repetitio 362, 30; in duplum reddere 17, 10. 25, 35. 142, 15; duplum 89, 5. 92, 15. 142, 15. 186, 15. 25. 331, 30. 346, 5. 15. 349, 10. 352, 1. 361, 10. 475, 40. 490, 25. 491, 10.

durpilus: per durpilum et festucam sibi foras exitum esse dixit et omnia wirpivit 492, 35.

dux; duces 59, 1. 104, 15. 111, 5. 180, 20. 200, 25. 201, 25. 217, 1. 278, 15. 297, 30. 35. 307, 20. 314, 30. 322, 20. 336, 5. 380, 10. 20. 397, 1. 398, 35. 440, 5. 510, 20. 521, 20. 547, 20.

E.

eccha 354, 1.

ecclesia, aecclesia, eclesia 14, 15. *et passim;* eclesie unitas 368, 15; ecclesia metropolis 552, 25; mater e. 30, 5. 179, 1. 264, 10. 519, 1 — 10. 559, 5. 563, 10; e. episcopii 215, 15; e. senior loci 22, 10; e. baptismalis 435, 10; e. paginsis 191, 5; rector, actor, defensor ecclesiae; partem meam in eadem ecclesia 381, 35; homines ecclesiae 44, 15; familia ecclesiae 216, 1; servus ecclesiae 171, 30. 172, 1. 282, 20; ecclesiae famulus 312, 1. 20. 313, 20; manomittere in ecclesia 210, 5; ingenuum relaxare ad ecclesiam 356, 30; *v.* terra, res ecclesiae.

ecclesiasticus: ecclesiastici ordines 426, 10. 563, 10; e. officiales 72, 10; e. viri 442, 20; familia ecclesiastica 518, 15; ius ecclesiasticum 298, 30. 566, 5. 580, 10; res ecclesiasticae apud imperatorem commutatae 314, 1.

edere gesta 137, 10; edatur 98, 20.

edicere, aedicere 108, 1. 189, 20. 194, 5. 588, 5. 593, 15.

edictio = *editio* 536, 25. 30. 537, 5.

edictus 535, 1. 15; sceda edicti 535, 5; edictis citari 537, 25; edictum unum pro omnibus 535, 5. 10; edictis confirmare 289, 10. 459, 1; edicto premunire monasterium 498, 1. 502, 40.

editio 134, 20. 152, 1. 10. 15; *cf.* edictio.

edonio *v.* idoneus.

efracta casa 15, 25.

1) *Cf. LL. Capitul. I, p.* 9, *l* 2: se aeducat, *l.* 13: si se non eduxerit.

eglogiae *v.* eulogiae.

egonica (?) scientia 567, 20.

egressus 169, 15. 348, 5.

elaborare 95, 15. 96, 1. 10. 546, 10.

electio episcopi 550—556; electio abbatis 502, 15. 528, 25. 529, 1; *cf.* elegere.

elefantinus pecten 415, 15.

elementa 423, 15; *v.* Greca elementa *in indice nominum.*

eligere, elegere: e. episcopum 119, 1. 395, 35. 396, 5. 10. 471, 35. 549—556; potestatem eligendi (episcopum) tribuere, auferre 550, 35. 551, 20; abbatem elegere 39, 5. 40, 1. 291, 1. 397, 20. 398, 20. 482, 20. 503, 15. 529, 5; electum iudicium aque frigide 689, 40.

elitigatus, elidicatus, elidiatus, eligatus 157, 10. 15. 35. 161, 35. 206, 20. 214, 35. 230, 25. 233, 15. 253, 30; elitigata ordine, elidiato o. 232, 1. 236, 30. 254, 15. 40. 256, 5.

emendare, inmendare 8, 10. 30. 12, 20. 13, 30. 14, 10. 22, 15. 60, 1. 10. 61, 1. 157, 15. 196, 30. 211, 5. 233, 25. 30. 264, 5. 296, 5. 425, 5.

emendatio 454, 30. 477, 15. 480, 5; emundatio 580, 30.

emere 30, 15. 141, 15. 300, 1. 312, 30. 325, 25. 514. 30; *v.* empt-.

emissarius = *admissarius* 387, 10.

emissio cambii 389, 1; e. firmitatis 388, 30.

emittere, aemittere, inmittere: aemitto tibi casa 16, 1; emitto vobis statum meum medietatem 17, 10; epistolam 155, 20. 156, 30. 334, 10. 357, 25. 358, 10; e. epistolam et firmitatem 363, 1—5; e. firmitatem 388, 30. 581, 10; e. securitatem 170, 5; e. cautionem 10, 20. 96, 15. 598, 15; e. manus 10, 20; e. placitum 595, 10; e. precariam 78, 5. 100, 20. 155, 20. 199, 30. 236, 1. 254, 5. 35. 349, 30.

emolumentum, emolentum, emulentum 75, 35.

empti vindetique contractus 89, 10; contractus empti et venditi 581, 15.

empticius servus 389, 25. 35.

emptio, emtio 313, 1. 372, 30.

emptiva acquisitio 405, 25.

emptor, emtor, emitor 6, 15. 12, 25. 107, 20. 25. 186, 5. 229, 5. 20. 235, 20. 245. 272, 15. 277, 5. 362, 10.

emundatio *v.* emendatio.

emunitas 37, 20. 42, 20. 43, 5. 15. 44, 5. 10. 25. 52, 20. 53, 20. 54, 5. 15. 72, 15. 126, 5. 133, 40. 200, 20. 502, 1.

emuniter possidere 97, 10.

eologiae *v.* eulogiae.

episcopalis: episcopali privilegio 118, 10; absque episcopali impedimento 579, 20; cathedra episcopalis 453, 30; tituli episcopales 400, 1.

episcopatus 37, 20. 25. 45, 15. 47, 1. 108, 1. 301, 30. 328, 1. 555, 10.

episcopium 215, 25. 318, 35. 396, 15. 400. 401, 5. 420, 15. 426, 35. 428, 20. 435, 5.

episcopus 14, 25. 30, 10. 38, 15. 39, 5. 15. 20. 41, 1. 10. *etc.*; *v.* civitatis, urbis episcopus; oppidi e. 417, 25; e. de monasterio 267, 25. 268, 25; *cf.* 332, 15. 20. 435, 20; e. metropolitanus 37, 20; episcopi metropolis 180, 15; suffraganeus e. 468, 5; vocatus e. 179, 1. 216, 25. 260, 25. 302, 15. 332, 15. 25. 457, 20. 486, 20; *v.* elegere episcopum; episcopum benedicere 37, 20; ad episcopum consecratus 545, 35; episcopum ordinare 119, 25. 411, 10. 475, 5. 555, 35; ordinatio episcopi 556, 35; religiosi episcopi 481, 35. 482, 25; episcopus rebus expoliatus 433, 35. 434, 1; episcopi eiecti 434, 1.

epistola, epistula, aepistola: e. regalis 119, 15. 120, 20. 462, 45; e. (regis) 120, 5. 262, 25. 411, 15; e. tractoria 121, 30; e. ad regem 119, 1. 462, 40. 467, 35. 534, 1; e. vocatoria 556, 10; e. deprecatoria 115, 35; epistolae canonicae *v.* commendatitia, formata; epistolae titulus 450, 30; e. capitola 33, 1; e. textus 209, 5. 373, 20. 443, 10; conclusio e. 567, 35; portitor e. 448, 20; epistola = *carta* 6, 25. 16, 5. 10. 15. 19, 20. 25. 20, 15; epistolam presentare 15, 15; e. offerre, proferre 588, 1; ostendere e. 176, 10; epistola absolutionis 546, 1; epistolas adfadimas 276, 10; epistola adoptionis 148, 5. 30. 280, 5; e. aequalentiae 597, 20; aepistola agnationem 187, 30; e. cautione 195, 25; e. collectionis, commutationis, conculcationis, conculcaturia, conpositionis, conpositionalis; e. contulitionis 145, 5; donationis, dotis e.; e. evacuaturia 96, 15. 20. 195, 30; e. firmitatis 147, 15; e. hereditoria 205, 20; e. ingenuitatis; e. interdonationis 247; e. manumissionis 98, 20; e. obnoxiationis 81, 10. 15; e. locum pactionis 198, 10. 249, 35; epistolas pariculas 234, 5; epistola locum precariae facta 100, 10; e. prestaturia, prestaria 100, 5; e. securitatis; e. tandonis 249, 40; e. testamenti 98, 1. 15; e. traditione vel deliberacione 232, 1: e. tradictionalis 258, 15; e. triscabina; e. vindicione 6, 5; e. voluntatis; e., qualiter nepotes in loco filiorum instituuntur 147, 5; e., qualiter pupilli recipiantur 134, 10. 148, 10; e., per quem soror succedat cum fratribus 250, 5; e. abbatis vel rectoris ecclesiae (=*praestaria*) 134, 25. 155, 15; per epistolam conferre 81, 10; per e. delegare 100, 1; per e. donare 271, 25; *cf.* tradere; per e. absolvere, ingenuum relaxare 68, 15. 106, 5. 15; per e. adoptare 279, 15; per e. evincare 81, 5.

equalentia, equalis lanciae, equo lante *v.* aequalentia, aequa lance.

equaritia 387, 10.

era, ira, hera, hira: era = *numerus annorum aerae Hispanicae* 576, 5. 10. 578, 40. 579, 1. 587, 20. 594, 10; = *numerus capitis* 478, 35. 484, 1. 35. 537, 5. 593, 25.

eramenaria 175, 20; eramentum *v.* aeramentum.

erarium *v.* aerarium.

eres, ered- *v.* her-.

esca 355, 25. 703, 10.

escasso (?) 175, 15.

esceno 6, 1.

esp- *v.* sp-.

esseda, essedum 385, 20. 387, 10. 404, 30. 422, 15.

est- *v.* st-.

etunio *v.* idoneus.

eucharia 368, 30.

eulogiae, eologiae, eoglogiae, eglogiae 70, 10. 101, 5. 102, 5—15. 108, 15. 25. 370, 10. 371, 5. 375, 10. 454, 1; eulogiolae 506, 20; = *confessiones, eloquia?*: in turmentas fui et eologias feci 6, 1.

evacuaturia, -toria, evacuaria, vacuaturia 10, 15—25. 14, 15. 30. 15, 25. 70, 1. 93, 5. 96, 15. 20. 135, 1. 5. 158, 25. 195, 25—35.

evaginato gladio 153, 5. 10.

evectio, eveccio 49, 5; e. navalis, carralis 107, 15. 112, 1.

evidentale iudicium 38, 25. 67, 1.

evindicare *ex. gr.* 25, 10. 213. 20. 229, 5. 231, 10. 275, 15; hereditas elitigata et evindicata 157, 10. 15. *et similiter saepius;* alode per epistolam evindicare 81, 5; mancipia e. 464, 1. 15; pro colono e. 211, 20; per iuditium e. 213, 1. 5; notitia de alode evindicato 134, 30. 157, 25; n. de cruce evindicata 232, 30; n. de terra evindicata 214, 20; n. de colono evindicato 211, 5. 213, 20; iudicium evindicatum 134, 25. 155, 5. 161, 25. 213, 5. 15. 257, 10. 20. 467, 20; evindicate iudicio 362, 20; carta evindicata 464, 1—10; iudicium evindicatum (*pro* i. evidentale) 38, 25. 45. 67, 20.

evinditale *pro* evidentale 67, 20.

evocari 415, 25. 482, 15; trinis litteris, trina conventione e. 534, 30. 535, 15.

exactio, exaccio, exacio, exactatio 72, 10. 73, 20. 308, 5. 396, 10.

exactor iudiciariae potestatis 301, 10. 302, 25. 303, 30; exactores causae 650, 15.

exagere cautionem 11, 35. 17, 15. 25, 35; *v.* exigere.

examen 122, 15; = *iudicium Dei* 613, 30. 614, 10. 35. *etc.;* examen in mensuris 639, 25.

examinari: (presbyter) secundum ordinem ordinatus et examinatus 263, 10; (*sc. iudicio Dei*) 621, 10. 15. *saepius;* ad iudicium examinari ad aquam, ad ignem seu ad flagellum 310, 1.

examinatio 58, 20. 298, 10. 322, 15. 20. 593, 10; = *iudicium Dei* 615, 25. 618, 20. *saepius.*

exaractare = *exarare* 176, 30.

excausare *v.* excusare.

exceptiones 537, 25.

exceptor 366, 25. 434, 35.

excolere (*sc. rem, terram*) 19, 1. 408, 1; *plerumque de beneficio usurpatur* 70, 30. 78. 81, 5. 10. 99, 1. 100. 148, 1. 20. 236, 1. 20. 242, 40. 243, 30. 244, 10. 254. 491, 5. 591, 5. 20. 597, 15.

excommunicare 425, 10. 491, 30. 492, 10. 15.

excommunicatio 433, 25—35. 434, 10.

excorticare 12, 15.

excubiae palatinae 336, 20.

excusare, excausare 12, 20. 13, 20. 14, 5. 22, 30. 35; e. sacramento 10, 10; genitor pro filio e. debet 8, 25.

excusatio necessitatis 304, 20.

excutere denarium 288, 1. 434, 25; adibito (?) excutere 592, 1.

exemplar 39, 1. 223, 30. 383, 1. 544, 5. 20. 570, 35.

exenia 481, 1. 591, 10. 598, 1.

exenis (?) 164, 5. 30.

exercitus 63, 15. 20. 150, 15. 368, 10. 398, 5. 402, 15. 35. 481, 25.

exheredare, exhereditare 316, 15. 405, 10. 20.

exheredes 86, 20.

exhibere 201, 5. 15.

exhibitiones 178, 10.

exigere 72, 20; cautionem e. 92, 15; per epistolam omnia sua exigere 149, 5; exigere freta, telonea, bannos.

exilium 173, 30. 293, 5.

exire in aquam, ad iudicium 622, 20. 623, 35.

exitum (se) facere 188, 15. 198, 5. 210, 25. 547, 30; exitum se dicere 190, 1. 200, 20. 492, 35; exuatum se recognoscere 362, 25.

exitus 242, 15; exitibus et regressibus 460, 5. 541, 15; exitus et introitus 385, 5. 387, 10. 388, 5; *cf.* cum exsu (= *exitu?*) et ingressu (regresso) 147, 35. 476, 35.

exoniare se 640, 20.

exorcismus 611, 25. 613, 1. *etc.*

exorcista 614, 10.

exorcizo 610, 5. 611, 30. 613, 30. *etc.*

expeditio 367, 1. 458, 1.

expensae *v.* sumptus.

expolia 510, 20.

expoliare 330, 35. 510, 15.

expurgare se 659, 30.

exquisitum (?) 313, 10; rem exquisitam 541, 15.

exsinodocius, exsinodotio, senodotio, exedochio = *xenodochium* 70, 20. 72, 20.

exsu *v.* exitus.

exuatum *v.* exitum.

F.

fabram (?) 357, 25.
fabrica 366, 10. 375, 20.
fabricatura, fabricaturium 14, 30. 17, 30. 50, 10. 82, 10. 84, 15. 85, 5. 86, 5. 143, 5. 196, 10. 271, 35. 477, 1.
fabulare 261, 5.
fabulatio 452, 25.
facere: quod fecit mensis, dies 4, 1. 9, 20. 30. 23, 5. 156, 40. 161, 35. 172, 10. 176, 1. 210, 1. 284, 1. 345, 35. 348, 20. 25.
facitergulae 421, 15.
facolae, faculae 49, 15.
factiones 425, 5.
factum 576, 1. 577, 20. 578, 15. 584, 30. 587, 10. 590, 10.
facultas 349, 1. 25. 368, 25. 411, 35. *saepius;* f. migrandi 319, 15; = *res, bona* 16, 30. 29, 5. *passim; cf.* corpus facultatis; facultatum amissio 152, 20; *cf.* 326, 1—10.
facundia = *facultas* 498, 35.
Falcidia: reservare in F. heredibus 477, 5.
falco 225, 25.
falsarius 76, 5. 136, 10.
falsator dilatus in falsatura 226, 15. 20.
familia 95, 10. 215, 25. 216, 1. 311, 25. 313, 15. 328, 25. 361, 30. 382, 25. 384, 5. 395, 25. 404, 25. 518, 15. 20. 565, 10; f. dominica 106, 10.
familiaris *(regis)* 458, 20.
famulatus 328, 25.
famulus 210, 5. 296, 25. 297, 10. 312, 1. 20. 313, 20. 328, 25. 406, 20; famuli rustici 584, 10; servitus famularum 385, 20.
farinarii 52, 20. 77, 5. 159, 25. 270, 15. 271, 30. 351, 20.
fas et iura 424, 30.
fasallo *v.* vasallus.
fasciolae crurales 405, 30.
fei date = *fidei datae?* 224, 10.
femina sexus 29, 1.
fenestra 370, 35.
ferbatudo, forbatudo, ferrobattudo, ferro batudo 153, 15. 191, 35. 192, 5.
feria 381, 10. 545, 35.
fermortuus 212, 5. 213, 35. 214, 1.
ferramentum, ferrementum 175, 20. 358, 1.
ferre: latae conditiones 593, 5. 10; iudicii pagina lata 594, 10.
ferrea vasa 365, 35.
ferrugineus 432, 5.
ferrum iudiciale 615, 1. 640, 10. 649, 25. 654, 35. 662, 35; iudicium, benedictio, consecratio ferri *etc.*; ferrum ignitum, calidum, fervens 604—608. 612, 30. 615 - 617. 638, 10. 640, 30. 645—650. 652. 654, 15. 35. 659. 664, 5. 668, 1—10. 670, 15. 673, 30. 676, 35. 678. 682—684. 688, 20. 693, 25. 714. 715. 719—722.
festuca, fistuca, fisticum 51, 10. 56, 15. 84, 20. 88, 25. 161, 25. 188, 15. 198, 5. 200, 20. 212, 5. 249, 25. 251, 30. 252, 10. 267, 5. 268, 10. 271, 5. 25. 272, 20. 275, 5. 276, 30. 277, 25. 279, 25. 283, 10. 464, 5. 466, 15. 490, 1. 492, 35. 547, 30.
fictile vas 584, 15.
ficus 415, 15.
fideicommissum 586, 15.
fideiussores tollere 43, 20. 44, 15. 45, 5. 60, 10. 201, 5. 15. 290, 20. 294, 30. 295, 20. 307, 1; f. dare 67, 5. 10. 155, 10. 15; f. ponere 60, 5. 35. 193, 5. 362, 25. 535, 5; fideiussorem (fidiosorem) obligare 155, 1.
fidelis *passim, ex. gr.* 116, 25. 118, 15. 220, 5. 137, 15; vasso sive alio fideli 448, 30; fideles *(regis)* 51, 10. 15. 54, 10. 20. 55, 5. 56, 10. 314, 35. 315, 5; fideles seniores 63, 1; cum consilio fidelium 62, 20. 63, 1; iuxta votum fidelium 68, 10; *cf.* 161, 30; fideles domnorum 66, 10; f. imperii 289, 10. 327, 30; f. regni 459, 1.
fidelitas 204, 30. 305, 25; f. erga principem et regnum eius 288, 20; *(regi)* fidelitatem coniurare, promittere 55, 5. 68, 20.
fides = *'Treue'*: fidem *(regi)* polliceri inlesam 55, 5; fidem, quam imperatori iureiurando conservare promisistis 551, 45; f. conservare inlesam 62, 1; f. inlibatam erga regimen conservare 109, 15; res, bona sua alterius fidei committere 316, 5. 15; = *'Vertrauen, Glauben'*: bene fidem habentes 13, 30; h. bone fidei 293, 25. 324, 10; bona fide contractum 326, 20; = *'Sicherheit'*: fides rei facti conprobetur 89, 10; fidem facere 160, 35. 236, 5. 25. 243. 254, 10. 35. 255, 15. 30. 269, 10. 35. 322, 25. 464, 10; fidem dare 357, 5. 384, 20. 416, 5. 536, 30.
filius, filia: filii familias 143, 25; patres filios in potestate habentes 590, 15; pro filio suo excusare 8, 25; legitimi filii 145, 15. 209, 5; naturales filii 208, 1. 5. 209, 15; filius adoptivus 466, 45; filius patrui 402, 1. 35; filius fratris 381, 1; filius, filii sororis 381, 1. 402, 1, 5, 403, 1; filium meliorare 134, 10. 146, 20; filii regis nativitas 68, 10. 106, 5. — filia cum fratribus succedat 69, 10. 83, 10. 135, 5; *cf.* 597, 20.
firmare *ex. gr.* manum firmare 10, 20. 12, 35; noticia ad appenno f. 15, 20; (donatio) scripturarum sollemnitate firmetur 142, 20; manu epistolam f. 17, 25. 87, 5. 10; manu propria subter f. 136, 25; signantes firmamus 169, 20; anulo subter firmare 257, 5; iuratione f. 588, 25; gestis f. 29, 20. 98, 10. 209.
firmitas 363, 10; pactum firmitatis 357, 15. 20; carta firmitatis 361, 20; epistola firmitatis 147, 15; firmitatem emittere 363, 1. 388, 30. 581, 10; firmitatis emissiones 388, 30; = ***subscriptio*** stipulatio firmitatis 172, 35; subtus firmitatem inseruimus 349, 30.
fiscalini 314, 10; servi forestarii f. 320, 1. 5.
fiscalis villa 106, 10; fiscales res 298, 1.
fiscus 5, 35. 6, 10. 25. 7, 35. 13, 10. 17, 1. 19, 15. 25. 20, 5. 21, 1. 23, 25. 31, 10. 42, 15. 20. 43, 20. 45, 10. *et passim;* fiscum heredem relinquere 316, 1; = *villa fiscalis* 293, 20. 314, 20. 317, 25. 324, 20. 396, 25. 30; capella in curte fisci 213, 1; fiscus in beneficium datus 322, 20; super fiscum monasterium aedificare 41, 15.
fistuca, fistica *v.* festuca.
flagellum: examinari ad f. 310, 5. 35.
focus: focum largire 217, 15. 279, 1.
foras, a foris 191, 25. 203, 30. 468, 10. 492, 35. 591, 15.
forasticae res 374, 25.
foraticus 201, 30.
forbatudo *v.* ferbatudo.
forcia *v.* fortia.
forestarius 384, 5; forestarii liberi 319, 30. 320, 5; f. servi, ecclesiastici aut fiscalini 320, 1. 5; magistri forestariorum 320, 10.
forestis 317, 5. 20. 30. 460, 1; f. in Vosago 319, 30. 336, 10.
forfactae res 293, 1.
forinseca opera 417, 20.
forma 31, 1. 535, 10. 578, 35. 579, 20. 584, 5. 595, 10.
formata, epistola f. 162, 20. 218, 5. 383, 1. 387, 20. 408, 25. 409, 1. 519, 35. 556—568.
formaticus, *'fromage'* 287, 15. 292, 30. 631, 25. 35. 633, 20; f. Maiensis 631, 40; *cf.* caseus, panis et casei iudicium.
formula, formola, furmola 39, 1. 25. 537, 20. 578, 40. 579, 40.
fornicatio 610, 30. 691, 25.
fortia, forcia 59, 20. 60, 10. 174, 5. 194, 20. 256, 10.
forum 4, 1. 535, 1. 5; in foro disceptari 298, 40; forum publicum 15, 15. 28, 20. 151, 10. 20.
fossa: fossis vel sepibus praecingitur 297, 1.
fossadare = *fodire:* per terram alterius f. 13, 15. 20.
fossado = *fossatum* 13, 15.
fracta inmunitas 297, 5.
fragilitas corporis mentisque 29, 1.
fraus: tradere non (in) fraude (fraudo), sed in publico 189, 5. 547, 30.
fredus, fretus, fretos, freta, freda, frida 42, 20. 43, 10. 20. 44, 15. 45, 5. 52, 20. 53, 25. 54, 15. 201, 1. 15. 290, 20.

294, 30. 295, 20. 306, 30. 308, 15; freda vel parafreda exigere 398, 10.

frehta: frehtas duas de cervisa 418, 25.

friskinga 292, 30. 355, 25. 408, 5. 418, 5.

frodanno: in f. et ferbatudo 192, 5.

fructuarius: fructuario ordine 99, 30; *v.* usus fructuarius,

fructus, fructa 142, 15. 163, 10. 206. 236, 5. 20; fructus laborum 382, 25.

fruges: de f. aridas et liquidas decimas persolvere 591, 25; de frugum collectione 590, 35.

fugitivus: servus non fugitivus 90, 20. 140, 10. 229, 10. 35. 277, 10. 581, 1; pedes fugitivos 67, 15. 20. 68, 5.

functio; functiones, funcciones 72, 10. 15. 97, 5. 290, 25. 308, 5. 20. 319, 30. 320, 5. 435, 5. 15.

fundus 6, 10. 12, 25. 17, 30. 23, 25.

fur, furo 90, 20. 140, 10. 226, 5. 229, 10. 30. 704, 1.

furare, furari 5, 25. 10, 1. 457, 30. 631, 10. 15. 633, 5. 634, 20. 635, 5. 660, 35. 668, 40. 681, 25. 690. 691, 5. 697, 10. 699, 15.

furmola *v.* formula.

furnus 548, 10.

furtis, furte =*furtum* 8, 20. 35. 15, 1. 20. 30. 19, 15. 211, 5.

furtum 6, 1. 15, 30. 211, 1. 617—619. 624, 40. 629, 20. 35. 630—637. 642. 643, 5. 646. 650. 654—663. 666, 30. 667, 30. 669—671. 681. 682, 25. 686—688. 690, 5. 692. 693. 697, 40. 703, 15. 713—717. 720, 40; furtum nocturnum 457, 30.

G.

garafio *v.* grafio.

garba 287, 20.

gariofilo 49, 35. 40.

garo 49, 10.

gasindus; gasindi 57, 15. 58, 5. 63, 1. 5. 70, 1. 96, 20. 135, 5. 481, 40.

gastaldius, castaldius 309, 1 (*cf.* 310, 5). 314, 30. 440, 10. 521, 20.

genealogia eius in servicium addicta 324, 20. 30; in vico et genealogia, quae dicuntur 459, 5.

generale iudicium 293, 5; generale placitum 321, 25.

generaliter 509, 30. 551, 25.

generationum successiones 399, 10. 20; generatio quarta, quinta 416, 5.

gens 395, 30; g. Gotorum 580, 20; regi gentique suae 587, 10; gentes 173, 10; = *homines* 222, 1.

gentilis: servus natione gentilis 22, 30; gentilium incursiones 416, 25.

genua inpingere 207, 20.

genus 217, 5. 278, 20. 384, 20; nobilitas generis 119, 10; rex generis Franchorum 363, 35.

gerulus 103, 1. 370, 35. 371, 20. 452, 5. 453, 20. 516, 10. 35. 517, 25. 518, 5.

gesta, iesta 4—5, 20. 28, 20—29, 30. 70, 5. 97, 15—98, 20. 133, 25. 35. 134, 5. 136, 25—137, 10 25. 144, 15. 148, 10. 161, 5. 170, 20—171, 5. 176, 1—15. 190, 15. 202, 25—203, 5. 208, 1—209, 25. 587, 20—588, 10; gesta iuxta consuetudinem Romanorum 70, 1. 97, 15; gesta municipalia 4, 15. 5, 20. 19, 5. 28, 25. 29, 20. 75, 25. 76, 1. 97, 25. 98, 5. 136, 20. 137, 1. 146, 15. 170, 30. 175, 1. 30. 176, 20. 209. 345, 10; gesta rei publicae 86, 15. 476, 5; gesta publica 98, 5. 10. 585 20. 25; gesta tradere 98, 15. 20. 137, 10. 171, 5. 15. 209, 25; gesta edere 137, 10; more canonico sub gestorum serie confimare 554, 30. — scribantur gesta 37, 10.

girus, gyrus 158, 5; ambulare, se tornare in gyro 608, 25. 630, 30. 691, 35.

gladius evaginatus 153, 5. 10.

gradum amittere 216, 15. 328, 35; de gradu episcopali deponere 424, 15; a gradu recedere 492, 20; ordinis gradu privari 500, 1.

grafia = *comitatus* 199, 5. 214, 25.

grafio, garafio = *comes* 231, 20. 307, 20.

grammatica ars 423, 15.

granarium 380, 35. 388, 5.

granica 233, 20.

granomastice 49, 10.

gratia *ex. gr.* 172, 5. 259, 25; gratia privari 419, 10; gratia Dei episcopus 99, 20. 171, 20; g. D. abbas 237, 20. 260, 15; g. D. rex 119, 15. 25. 120, 20. 30. 121, 1. 30. 124, 35. 125, 1. 201, 25. 256, 30. 504, 10; gratia (*regis, imperatoris*) 49, 20. 51, 1. 15. 66, 5., 121, 5. 193, 5. 15. 228, 30. 297, 20. 302, 10. 399, 5. 506, 10 523, 10. 533, 20; g. regalis 486, 20. 487, 20; = *donum:* patronatus, libertinitatis gratia 204, 35. 210, 10.

gravidines 497, 20. 502, 15.

gubernare res suas 29, 1; possidere et g. 460, 15.

gubernator provinciae 443, 15.

H.

habile (?) 101, 15.

habitacula 304, 5. 399, 1.

haribannus, aribannus, arribannus, heribannus 193, 10. 257, 1. 5. 292, 30. 315, 10. 319, 30. 458, 5.

harcipibus *v.* archivum.

herba: herbas maleficias temporare, bibere dare 195, 1. 5; herbae 617, 5. 626, 25. 642, 15. 651, 1. 658, 30. 659, 20. 40. 665, 25. 688, 40. 705, 10. 715, 5. 15; tradere per herbam (vel terram, h. et cespitem) 188, 15. 25. 200, 15. 210, 25. 547, 35.

herbaticus 310, 15.

hereditare 275, 10. 20. 402, 1. 35.

hereditario iure 174, 5. 276, 1. 324, 35. 338, 5. 347, 35. 348, 30. 349, 15. 382, 10. 399, 20. 25. 405, 25.

hereditas, haereditas, ereditas *passim, ex. gr.* 83, 15; legitima h. paterna 385, 35; h. paterna, materna 149, 10; luctuosa h. 148, 15. 199, 10; h. pupilli 148, 20; in legitima totius hereditatis instituere hereditate 209, 20; *cf.* 208, 1; hereditatem meam habituti (*i. e. habetote*) 86, 20; succedere in hereditate 135, 5; de h. hominum 624, 40; hereditatem alicui auferre, contradicere 121, 1. 157, 1. 20; h. repetere 157, 1; h. habere elitigatam atque evindicatam 157, 10. 15; h. possidere 587, 5; pactum de hereditate 84, 15; hereditate vobis (*regi*) tradere volebam 174, 15; possessio ipsius hereditati contigua 399, 20; = *heredes* 232, 1.

hereditatula 397, 5.

hereditoria, heredetoria, eredetoria, erederuria 204, 5. 20. 205, 30. 209, 5. 405, 25. 464, 30; cartola h. 204, 5. 20; epistola h. 205, 20. 30.

heres, eres; heredes, eredes 5, 15. 12, 1. 25. 15, 10. 17, 1. 18, 20. 25, 20. *etc.*; heredes legitimi 18, 20. 79, 30. 80, 15. 25. 83, 15; heres iure procreatus 264, 1; heredes propinqui 19, 1. 25, 5. 50, 20. 247, 30. 250, 20; h. propinquiores 25, 20. 80, 10; heredes meos vos esse volo, reliqui vero heredis exheredis sint 86, 20; heredem instituo 477, 10; te aequalem et legitimum esse constituo heredem 83, 15; in suo suorumque heredum dominio 321, 20; consorcium heredum 30, 25; nomen instituit heredis 502, 1; quartam (porcionem) legitimis heredibus reservare 18, 20. 19, 1 144, 25; reservare in Falcidia heredibus 477, 5; ad legitimis heredes servo 489, 10; fiscum heredem relinquere 316, 1.

hoba 357, 15. 380, 35. 385, 30. 386, 5. 25. 388, 1. 399, 20. 400, 10. 407, 1. 408, 1; h., in qua servus habitat 407, 40; hobae ad curtem 404, 25; hobae possessae 402, 5. 403, 5. 404, 25.

homallare 56, 40. 66, 45; *v.* omallare.

homicida 280, 15.

homicidium, omicidium 152, 15. 20. 156, 30, 224, 30. 231, 5. 10. 280, 25. 610, 30. 614, 25. 659, 35. 690, 5. 691, 25. 713—716; iudicius de homicidio 22, 5; securitas de (pro) homicidio 69, 15. 88, 15. 134, 30. 156, 25. 231, 10; carta de h. 280, 30. 467, 10; noticia de h. 230, 30.

homo; homines *ex. gr.* 42, 20. 44, 15. 56, 20. 59, 20. 111. 116, 5. 117, 10. 197, 20. 269, 5. 311, 15. 330, 30. 384, 25. 455, 30. 598, 25; homo sancti ill. 12, 35; coniurare cum hominibus suis 9, 20; homines vassos nostros 200, 25; homo serviens 724, 1; homines ac famuli 297, 10; h. publici et tributarii 299, 15. 25; homines, tam ingenuos

I.

159, 5. 202, 20. 206, 1. 296, 5. 299, 30. 300, 15. 308, 40. 316, 20. 362, 20. 35. 384, 25. 534, 35. 537, 5. 25. 592, 5. 594, 15. 25. 614, 40. 718, 10; iudicum, iudicis consignatio 136, 5. 138, 25. 139, 15. 156, 20. 160, 30. 236, 30. 490, 30; iudicis adsignatio vel contradictio 234. 236, 10. 250, 1. 255, 20; iudicis traditio 52, 20. 78, 10. 25. 490, 30; iudicis interpellatio 169, 25. 186, 25; iudex publicus 15, 30. 43, 10. 44, 15. 201, 1. 15. 290, 15. 294, 25. 295, 15. 303, 30. 306, 25. 308, 10. 318, 30; iudex provintiae 148, 15; iudices constituti 362, 20; manum vel arma iudicis adprehendere 153, 10. — duo iudices *(qui in iudicio Dei panem pendentem tenent)* 691, 30.

iudicare 10, 5. 22, 25. 68, 1. 153, 20. 154, 10. 161, 30. 194, 10. 20. 196, 30. 207, 20. 212, 5. 213, 15. 35. 214, 30. 231–233. 237, 25. 251, 25. 30. 252. 282. 322, 20. 357, 5. 463, 20. 464, 1. 5. 590, 30. 598, 10.

iudiciale ferrum *v.* ferrum.

iudiciaria potestas 29, 10. 42, 15. 43, 15. 45, 1. 76, 5. 84, 5. 89, 1. 136, 10. 186, 5. 201, 1. 30. 216, 5. 290, 15. 291, 10. 294, 25. 295, 15. 298—303. 306—308. 320, 1. 590, 30; iudiciaria consignatio 269, 15. 270, 1; i. dignitas 47, 15; i. exactio 308, 5; iudiciario more causas audire 290, 20. 294, 30. 295, 20. 306, 30. 308, 15; iudiciaria sententia 626, 20.

iudicium, iudicius: iudicium = *contio iudicii* 152, 10. 362, 25. 535, 15. 20. 537, 25. 593, 20; imperatoris i. 384, 10; = *sententia, 'Urteil'*, 8, 30. 9, 1. 10, 1. 22, 10. 154, 1. 5. 25. 157, 5. 165, 5. 174, 5. 213, 1. 214, 15. 20. 362, 20. 25. 415, 30. 463, 30; causas iudicio terminare 59, 1. 322, 15; iudicia terminare 196, 20. 202, 15. 213, 10. 25. 214, 10. 230, 15. 231, 15. 251, 15. 282, 1. 357, 5. 465, 20; *cf.* 259, 30. 494, 15. 20; procerum seu cunctae nobilitatis Francorum generale iudicium 293, 5; iudicium, iudicius = *sententia scripta, notitia iudicii* 8. 12, 10. 13, 15. 25. 14. 15, 25. 22. 28, 5 (iudicibus). 38, 10. 58, 15. 134, 20. 30. 152, 25. 156, 40. 157, 15. 35. 40. 162, 30. 202, 25. 233, 15. 251, 30. 252, 15. 256, 15. 282, 1. 464, 5. 10; iudicii pagina 594, 5. 10; *v.* evindicatum iudicium; = *'Gottesurteil'* 233, 5. 10. 257, 15. 310, 1. 603, 10. 15. *etc.;* iudicium Dei 233, 5. 257, 15. 615, 5. 616, 5. *etc.;* comprobatio iudicii 645, 35. 651, 15; iudicium aquae calidae, ferventis, frigidae, fluentis; i. ferri; iudicii examen in mensuris 639, 25; iudicium panis et casei; i. panis ordeacei 691, 10; i. cum psalterio 671, 40; sortis iudicia 639, 35.

iugalis, iogalis, iocalis 4, 5. 20. 18, 5. 24, 20. 25. 50, 10. 80, 1. 20. 87, 20. 25. 144, 30. 145, 10. 146, 10. 165, 1. 199, 5. 246, 35.

iuncta: iunctis (et subiunctis) 5, 5. 16, 30. 18, 15. 20, 30. 25, 1.

iuniores = *agentes officialium, praecipue comitum, ex. gr.* 43, 15. 45, 1. 58, 10. 107, 15. 112, 5. 170, 10. 307, 20; i. abbatis 490, 25; consecratio abbatissae vel reliquarum iuniorum 498, 35.

iuramentum 384, 10. 20. 416, 5. 594, 5. 638, 25. 676, 35. 684, 25. 686, 10.

iurare 154, 10. 157, 25. 161, 25. 30. 192, 1. 5. 194, 15. 25. 195, 1. 5. 211, 15. 225, 1. 362, 25. 592. 612, 25. 652, 40. 719, 1; iuratus dixit 8, 15. 30. 9, 30. 22, 20. 154, 5. 157, 20. 25. 192, 1. 194, 15. 195, 1. 213, 1. 591, 15. 25. 592, 1; iurare super altare *etc.*, *v. cf.* altare; iurare super sanctos 634, 40. aput homenis 12 iurare 22, 20; cum 12 Francos i. 282, 10; iuratum mandatum 4, 31. 23, 1; iurata bella 415, 30.

iuratione (con)firmare 577, 20. 579, 25. 581, 5. 582, 5. 586, 35. 587, 5. 588, 25. 589, 5. 20. 30.

iuratores 161, 25. 30.

iurgium 58, 20. 383, 35. 504, 25. 535, 5. 593, 15.

iuritica (?) 536, 30.

iurnales, iornales 320, 25. 358, 15. 459, 10.

ius et lex (leges) 385, 5. 535, 5; fas et iura 424, 30; ex iure 31, 5; iuris ratio 89, 10; iuris et rationis ordo 323, 15; sui iuris esse 142, 20; *cf.* 30, 30. 76, 20. 172, 20; ius cambicionis 388, 35; i. civile 586, 15; divini vel humani iuris scientia 326, 15; ius dominii 353, 15. 25; i. ecclesiasticum 298, 30. 566, 5. 580, 10; i. Francorum 315, 25; i. hereditarium; i. legum 404, 35; i. liberorum 18, 15. 587, 1; i. praecarium 591; i. praetorium 175, 1. 585, 15. 586, 15; i. proprietarium, proprietatis 54, 25. 97, 5. 135, 25. 137, 20. 148, 5. 150, 5. 208, 15. 275, 1. 289, 1; ius urbanum 585, 15; salvo iure ill. 5, 10. 83, 30. 140, 5. 158, 10.

iusiurandum 403, 15. 514, 1. 593, 15. 716, 1; promittere (cum) iureiurando 551, 45. 570, 25.

iustitia, iusticia 20, 20. 58, 20. 151, 5. 162, 10. 315, 5. 331, 1. 420, 25. 424, 10. 535, 5. 590, 30. 35. 594, 5. 675, 35; ad iustitiam revocare 296, 5; equitatis et iustitiae normae 434, 15; lex et (aut) iustitia 111, 20. 154, 20. 174, 20. 194, 20. 297, 15. 320, 10; (nullam) iustitiam consequere 59, 10. 20. 60, 10. 20. 197, 5. 198, 25. 205, 5. 331, 10. 15; *cf.* 452, 10; ad suam pervenire i. 197, 10. 198, 25; ad iustitiam distringi 384, 10; iustitiam facere 121, 1. 259, 20. 320, 10. 457, 30; i. recipere 205, 10; i. reddere 57, 20; iustitia = *causa* 115, 1. 5. 116, 15. 122, 15. 20. 258, 25. 259, 20. 487, 10.

iuvenilis aetas 405, 5. 15.

K *v.* **C.**

L.

labor 86, 15. 350, 25. 352, 10; labores redimere 538, 5; labores profligare 590, 30.

laborare 11, 40. 25, 20. 65, 5. 79, 20. 80, 1. 87, 25. 94, 5. 172, 1. 188, 1. 288, 40. 544, 35. 597, 15; laboratum 360, 15. 363, 5. 20; sibi laborare 172, 1. 360, 15. 363, 20. 382, 25. 406, 10. 549, 5.

laesowerpisse *v.* lesowerpo.

laici: viri inlustres laici 70, 15. 105, 5. *etc.;* *v.* nobiles; sig. de familia ecclesiastica laicorum 361, 30; testes laicorum 386, 10; laicorum subscriptio vel manumissio 544, 10.

lancea 177, 20; *cf.* aequa lance.

lapidea vasa 365, 40.

lapsus causae: de lapso temporum causae incurrere 535, 15.

larem fovere 576, 20. 577, 20.

largitas 578, 5; l. sponsalitia 581, 25. 582, 20; tam pro sponsaliciae quam pro largitate 5, 5; largitas *(regis)* 42, 15. 51, 15. 52, 5. 53, 1. *etc.;* l. regum Francorum 291, 5; largitatis munificentia 458, 30. 534, 10; largitas regis aut privatorum 43, 15.

largitio *(imperatoris)* 290, 10. 302, 5. 308, 25. 316, 10. 320, 20; (decimas) de ratione ecclesiae per (imperatoris) largitionis beneficium habuerant 304, 20.

largitor 518, 5.

laterationes 289, 20.

latores legum 137, 10. 25. 163, 25. 271, 1. 477, 25. 539, 20; latores praesentes *(litterarum)* 103, 15. 105, 10. 372, 25; lator apicum 336, 20. 518, 1. 566, 20; l. diplomatis 515, 30.

latrocinium 614, 25. 623, 1. 639, 5.

latrones 48, 5. 151, 10.

latrunculus, latruncolus 14, 20. 15, 20.

latus: quem ex nostro latere direximus 68, 20; propinqui ex latere venientes 291, 20.

laudabilis: vir l. defensor 4, 5. 28, 20. 29, 15. 97, 15. 98, 10. 170, 10. 176, 1. 202, 30. 209, 10; laudabiles curiales 97, 15. 202, 30.

laudabilitas vestra *(sc. curiae)* 137, 5. 170, 30. 176, 10. 20. 209, 15; laudabilitas curialium 75, 50.

laudabiliter adlegatum 175, 1.

laudaticus 301, 20.

lectaria, lectario 5, 5. 196, 10.

lectio kartarum 322, 25.

lectus vestitus, lecto vestito 5, 5. 17, 30. 23, 20. 175, 15; vestitum, vestimentum, tam in dorso quam in lecto 83, 25.

legale responsum 61, 1; legalis sententia 537, 1. 576, 1; legale conubium 542, 15; legales custodes 717, 5.

legaliter emendare 264, 5; l. suscipere in sponsam 367, 10.

lui, lue = *illius*, *illi:* lui 52, 1. 10. 56, 5. 20. 65, 15. 74, 1. 90, 15. 91, 5. 15. 187, 20. 25. 189, 20. 206, 20; lue 188, 15. 189, 5. 194, 10. 20. 196, 30. 207, 15. 20.

lumina: in luminibus esse (?) 257, 25.

luminaria ad sepulchra 87, 5; *cf.* 96, 10; mansi ad luminariam previdendum 217, 35.

lurica capitis 127, 25.

luxuria 610, 50. 670, 15. 687, 15. 688, 5. 690, 5. 698, 30. 703, 15.

lymphae 584, 15.

M.

magister in sacro palatio 532, 15; *cf.* 455, 20. 457, 25; magistri forestariorum 320, 10; magister, quem super negotiatores nostros *(imperatoris)* praeposuimus 315, 15. — magister militum 4, 5; *cf.* 587, 20. 588, 10.

magistratus 170, 20. 587, 30.

magnificentia vestra *(comitis palatii)* 122, 10.

magnificus 4, 5. 8, 1. 12, 20. 13, 20. 17, 5. 21, 15. 22, 35. 48, 20. *etc.*; magnifici rei publici viri 14, 25; magnifici viri civitatis 170, 10; magnificentissimus 105, 5. 15. 197, 1.

magnitudo vestra 5, 20. 52, 10. 53, 5. 57, 10. *etc.*

magni: magnorum 7, 15. 23, 1.

maiestas regia 311, 20. 313, 15. 518, 15; magestas *(non regis, ut videtur)* 581, 20.

maior domus 58, 5. 59, 1. 64, 15. 68, 35. 108, 10. 15. 222, 1 (*cf.* 223, 5). 234, 15. 503, 45.

maior: maiores natu vici 416, 5; maior avunculus 425, 35; = *villicus* 21, 10 (?). 419, 5.

mala- *v.* malla-.

malafacta 223, 15.

maldra 418, 5—15.

male facere 6, 25. 19, 20. 332, 10; male vindedisse 89, 20.

malefactores 48, 5.

maleficias herbas temporare, bibere dare 195, 1. 5.

maleficium 611, 5. *et saepius;* per maleficio interficere 9, 5; infamatus pro veneficio vel pro quocunque maleficio 650, 10. 15.

malicia 174, 5. 205, 10. 218, 25. 219, 15. 611, 1. 699, 1.

mallare, malare 19, 20. 56, 15. 95, 1. 194, 20. 195, 1. 536, 25.

mallatio, malacio 231, 25; questionem sive mallationem facere 382, 10.

mallus: in mallo, mallo publico 189, 10. 191, 35. 194, 15. 211, 10. 25. 212, 15. 213, 25. 214, 10. 230, 10. 15. 25. 231, 15—25. 247, 15. 248, 15. 251, 15. 252, 1. 15. 256, 10. 282, 1. 346, 10. 15. 357, 15. 398, 10. 441, 10. 463, 20. 465, 20; in ipso mallo super altario, in proximo mallo, quem ipse comes ibidem tenit, coniurare 214, 1; per mallos, vicos, castella *etc.* 216, 25; in civitate vel mallo vel vico 536, 1.

malogranata 415, 15.

malo ordine *v.* ordo.

mancipare 374, 10. 499, 5.

mancipatio 590, 20; cartula mancipationis 590, 15. 25.

mancipium; mancipia 7, 10. 16, 30. 17, 30. *et passim* (mancipias 196, 10, mancipius 362, 10); res vel mancipia 138, 25. 148, 20. *et saepius;* mancipia vel peculiaria 260, 5; mancipia originaria 6, 5; m. originalia 187, 5; m. obnoxia 5, 30. 7, 30. 10, 35. 11, 1; m. rustica et urbana 586, 1; mancipia peregrina emere et infra imperium vendere 309, 15. 310, 20. 325, 25; dicunt se ipsos *(mancipia)* in vestro *(regis)* beneficio habere 331, 15; m. Hebreorum 309, 20. 310, 30; m. fuga lapsu 487, 5; m., quae iugiter in domo meo, illius, consistunt et mihi, ipsi, specialiter serviunt 435, 30. 436, 15; m. intra curtem et in hobis 404, 25; m. casata 351, 20. 352, 10; mansi cum mancipiis 541, 15; mancipiis desuper commanentibus et ad eosdem mansos aspicientibus 294, 5; sive in mancipiis seu in manentibus 441, 5; mancipia libera dimittere, esse constituere 406, 5. 586, 5.

mandare 216, 25. 259, 15; m. ex verbo imperatoris 551, 45.

mandatum, mandatus 4. 21, 15. 20. 22. 29. 69, 30. 95, 15. 97, 25. 98. 133, 25. 35. 136, 15. 20. 146, 10. 159, 10. 160, 35. 165, 1. 169, 30. 170, 25. 30. 175, 35. 176, 5. 10. 190, 5. 15. 202, 35. 203, 1. 10. 206. 209, 1. 30. 216, 20. 30; mandato pagina 4, 5; carta mandati 97, 20; mandatum legeteme, solemniter conscriptum 171, 1; m. solemniter, sollempne roboratum, confirmatum 175, 35. 176, 5. 209, 15. 216, 20; adserere mandatum 29, 25; m. (gestis) alligare 146, 15. 176, 15; iuratum m. 4, 30. 23, 1; m. ad gesta 70, 5. 98, 25; m. de omnes causas 29, 20; m. de causis commendatis 134, 35; m., qualiter maritus negotium uxoris prosequatur 134, 10. 146, 5. 165, 1; mandato legaliter dato, advocatum instruere 216, 20; mandatum transactum 207, 10; per m. tradere 207, 5; = *praeceptum imperatoris* 297, 15.

mane: maturius mane 15, 20; a mane usque ad vesperum placitum custodire 9, 5.

manere 30, 15. 172, 20. 337, 20. 476, 25. 576, 15. 30; in re alterius m. 169, 20; debitum, pro id ubi manum (manent?) 363, 5. — sive in mancipiis seu in manentibus 441, 5.

mannire apud (regis) signaculo 196, 25.

mansello = *mansus parvus* 16, 30. 97, 1.

mansio: mansionem, mansiones facere, parare, tollere *etc.* 43, 20. 44, 15. 45, 5. 201, 5. 15. 290, 20. 294, 30. 295, 20. 306, 30. 308, 15. 330, 30. 368, 1. 25. 397, 1. 398, 5. 411, 30. 417, 30. 418, 1. 502, 5. 526, 20.

mansionarius domni regis 468, 10; mansionarii domni imperatoris 368, 1; mansionarii (imperatricis) 526, 25.

mansionaticus 309, 10. 310, 15. 325, 15. 480, 35. 482, 10.

mansuarii, mansoarii 57, 5. 190, 5. 228, 30.

mansura = *mansus?* 362, 15.

mansus, manso 12, 25. 31, 20. 25. 97, 1. 159, 25. 160, 5. 188. 198, 1. 199, 10. 203, 35. 204, 10. 205, 20. 207, 1. 208, 10. 210, 25. 230, 5. 235. 251, 1. 272, 15. 266—279. 283, 5. 289, 20. 294, 5. 314, 20. 318, 20. 319, 20. 320, 5. 25. 338, 15. 459, 35. 464, 15. 20. 489, 10. 491, 1. 505, 10. 15. 547, 10. 15. 597, 5. 30. 723, 15. 20; censum de mansis, qui partibus comitum exire solebant 435, 5; mansus, super quem ecclesia aedificata est 318, 20; mansi ad luminariam previdendam, vel unde presbyter vivere debeat 217, 35; mansi stipendiorum 320, 1; mansum habere ad cavalicandum 723, 15; mansum dominicatum et alios mansos ad eum pertinentes 294, 5; mansum dominicatum, aspiciunt ad ipsum mansum mansi tant. 541, 10. 15; mansum indominicatum 540, 20; mansus ad curtem 404, 25; mansus circumcinctus 235, 10. 15; *v.* masus.

manuensis *v.* amanuensis.

manumissi, -ae 288, 5. 434, 30. 460, 25; manumissi, qui liberti vocantur, si intestati decesserint 315, 25.

manumissio 216, 1. 10. 312, 10. 313. 328, 25. 35. 543, 20. 35; = *manufirmatio:* subscriptio vel manumissio 544, 10. *cf.* 312, 1; manus missio 518, 20.

manumissores = *testes firmantes:* m. epistole 98, 20; traditionis m. 346, 10.

manumittere 172, 15. 210, 5. 10.

manuopera 320, 5.

manus: per manibus tradere 74, 1. 188, 15. *et saepius*; hominem, servum, colonum per manibus tradere, reddere 189, 5. 194, 10. 211, 20. 213, 1. 15. 214, 20; *cf.* 463, 20. 25; manus potestativa 345, 30. 348, 1. 354, 15. 358, 15. 385, 30. 400, 20. 406, 1. 435, 35. 725, 10. 30; vestitu manu 362, 30; manus conligationes 254, 20; noticiam ore manuque confirmare 264, 5; manu, manibus roborare, subter firmare *etc. passim, ex. gr.* 15, 1. 63, 20. 163, 20; lesewerpo per manum regis 38, 1. 51, 5; per manum (regis) condonare *etc.* 50, 5. 15. 51, 1; in manu (regis) trustem et fidelitatem coniurare 55, 5; in manibus (imperatoris) se commendare 325, 5; adprehensam manum iudicis coniurare 153, 10; cum manu advocati 381, 15. 388, 30. 389, 25. 401, 1. 402, 10. 434, 20.

435, 20. 436, 5; manum mittere, ponere super altare *v.* altare; manus = *carta* 12, 35. 17, 20. 20, 10; manum emittere 10, 20; *cf.* 231, 25. 252, 15.

manutergium 375, 10.

maratio *v.* marritio.

marcare *v.* mercare.

marcha 387, 5. 15. 402, 5. 403, 5. 459, 30. 460, 1; m. communis 388, 5. 403, 10.

maritare: de maritandis ordinibus 85, 1. 582, 25.

maritus 24, 25. 87, 20. 94, 1. 134, 10. 144, 15. 145, 20. 146, 5. 10. 165, 1. 277, 20. 334, 5. 350, 10. 408, 5.

marrire = *impedire* 345, 40.

marritio, marricio, maratio = *impedimentum* 193, 5. 350, 15.

marterarius 21, 25.

mastix 415, 15.

masus, maso = *mansus* 231, 35. 232, 5. 233, 1. 234. 235, 15.

mater: mater familias 494, 15; portio matris 147, 20; mater tertiam partem possideat 401, 25. 402, 20; mater (spiritalis) monasterii 498, 30. 499.

materia, materies 383, 40. 384, 5. 388, 5. 403, 20. — epistole materies 578, 15.

materiamen, matriamen 158, 5. 505, 20.

matricola 21, 20; fratres, qui ad matricola sancti illius resedire videmur 21, 25.

matricularii Sancti Martini 141, 5.

matrimonium 94, 20. 143, 25. 164, 1. 206, 10. 539, 25. 542, 20. 30. 582, 30. — matrimoniale conubium 540, 10.

mediantes, meduantis, metuantes = *mediantibus:* m. bonis hominibus 7, 1. 17, 20. 93, 25. 45.

medicabilia pigmenta 412, 20.

medicamenta 421, 10.

medicinalis ars 452, 25.

medicus 369, 15. 374, 25. 452, 25; m. Iudaicus vel Sclavianiscus 448, 20.

mediocris: mediocres 383, 35. 410, 10; natales mediocres 411, 1.

medium: inter medio in ambus partis 538, 1.

mel 49, 10. 287, 5. 371, 1. 417, 10.

meliorare *ex. gr.:* res meliorata 23, 30; servus melioratus 91, 1; statum meliorare 589, 25; = *donare, ditare* 16, 25. 69, 10. 82, 20. 134, 10. 146, 20.

membranae 431, 40.

membrum: membro de casa 17, 30; habet casa membra tanta 158, 5. 30.

memoria annua 387, 20.

menare = *minare* 12, 10. 15.

menata 12, 15.

menisteria *v.* minist-.

mens: sana mente 404, 15; *cf.* consilium.

mensura 187, 20. 25. 206, 20; examen in mensuris 639, 25 30.

mensurare 314, 10; leugas undique mensuratas 317, 5.

mercare, marcare 107, 10. 110, 10. 111, 30. 301, 25.

mercatus = *forum:* in mercado 189, 1; mercada 201, 35; in mercato puplico 28, 15.

mercimonia 526, 25.

meretrices 424, 25 481, 40.

meritum = *proventus* 20, 30. 52, 15. 61, 5. 77, 1. 89, 15. 139, 10. 208, 15. 490, 10. 598, 20; peculiare seu merita 489, 10; merita accolanorum 204, 10. 475, 25; *cf.* 490, 10; = *pretium:* mancipium eiusdem meriti 141, 15; in argento et alio merito 598, 20.

metropolis 180, 15. 552, 25.

metropolita 448, 10.

metropolitanus (episcopus, pontifex) 37, 20. 127, 10. 179, 30. 462, 45. 503, 15. 552, 30. 553, 20. 556, 15.

merula alba 415, 15.

migrare in acta 588, 1.

miles: magister militum 4, 5; miles 542, 30; miles Dei *(laicus)* 542, 15.

militare: militans extranea, stranea, persona 17, 1. 20, 15.

mina 434, 25.

ministerialis 160, 10. 297, 10. 325, 5. 397, 1. 399, 20. 448, 25.

ministerium, menisterium = *officium, circuitus officii, comitum, vicariorum etc.* 115, 1. 193, 1. 237, 10. 259, 15. 20. 296, 25. 297, 10. 452, 15. 534, 5. — servientes ex ministerio sibi tradito debent stipendia reddere 527, 20; = *officium ecclesiasticum* 179, 5. 219, 35. 396, 30. 411, 15. 20. 420, 25. 426, 1. *etc.*; ministeria discribere 480, 35. 482, 10; = *officium divinum* 49, 5. 499, 10; = *vasa sacra* 477, 1. 480, 25; = *mensa, 'Tafel'* 418, 15; vasa ad ministerium 418, 5.

minor aetas 405, 5.

minustre (?) 15, 1.

missatica = *officium missi:* breves de missatica —, ratio ex ea regi indicari 514, 20; missaticum = *'Botschaft'* 448, 30.

missus, misus = *nuncius, legatus, baiulus* 108, 30. 111, 35. 115, 5. 116, 25. 202, 10. 302, 5. 333, 40. 366, 5. 368, 1. 396, 5. 419, 15. 420, 25. 425, 15. 479, 35. 486, 20. 505, 1. 506, 10. 511, 1. 521, 25. 524, 20. 35. 532, 35. 556, 30. 569, 20. 703, 45; missi discurrentes *(episcopi)* 107, 10. 111, 30; = *mandatarius, advocatus* 143, 15. 164, 30. 188, 20. 200, 15. 20. 282, 15. 489, 35. 492, 30; m. in persona alterius (instructus) 9, 5. 59, 15. 107, 25; m. in vicem alterius 189, 15. 196, 25. 30; = *legatus regis, imperatoris* 56, 5. 68, 20. 121, 30. 35. 174. 201, 30. 214, 25. 251. 291, 20. 293, 20. 25. 296, 5. 10. 321, 5. 324. 327, 25. 357, 1—15. 368, 5. 403, 15. 510, 10. 549, 35; m. de (a) palatio (directus) 56, 5. 296, 5. 15. 324, 15. 326, 10; missi discurrentes 111, 5. 165, 5. 193, 10. 197, 15. 200, 25. 201, 25. 257, 1. 5. 309, 1. 314, 30. 315, 5; missi per imperium discurrentes 301, 30. 307, 20; missi per tempora (?) discurrentes 457, 40. 458, 5; missi dominici 213, 15. 214, 30. 216, 30. 357, 1. 464, 5. 10; missi principales 384, 20; missi domni imperatoris 384, 1. 463, 30. 468, 10; divisio, ubi regis accesserit missus 38, 5. 56, 1.

ministri coenubii *etc.* 292, 20. 299, 25. 482, 5; (forestarii) ministros constituant 319, 20.

mithio, mittio, mitigo = *et responsum in iudicio et districtus, unde dominus responsum debet*[1] 57, 15. 20. 58, 5. 10. 15. 207, 20.

modius 49, 5—15. 287. 292, 30. 35. 418, 15; campo ferente modios tant. 7, 15. 20. 11, 15. 17, 35. 23, 20.

moenia habitare 583, 15.

molendinum 263, 35. 294, 5. 459, 10. 460, 5. 541, 10. 548, 10.

molinum 385, 5. 387, 10.

momenta (*pro* monumenta) 137, 5.

monachae, monichae 200, 30. 499, 35.

monachica libertas 497, 10; m. regula, conversatio 497, 25. 30. 502, 20. 30.

monachilis vita 353, 20. 25.

monachus, monacus; monachi 20, 20. 36, 30. 40. *etc.;* monachi de semet ipsis abatem constituant 481, 1. 5; *cf.* 291, 1; monachorum pater 241, 5; sanciores m. 481, 5; monachum alienum suscipere 491, 30. 492, 25; libertatem monachis dare 502, 1.

monarchia regni 526, 10.

monasterium, monasterius, monastirium *etc.* 20, 35. 65. *et passim;* m. de conlatione (regum) constructus 65, 5; monasterium super fisco, super sua proprietatem aedificare 41, 10. 15; m. in proprio (alode) edificare 472, 25. 480. 481, 30; m., immo coenobium 398, 35; per preceptum (regis) confirmare monasterio 459, 25; preceptum regis pro monasterio igne cremato 122, 20; inmunitas monasterii 290, 1; monasterium ad regem aspicere decrevit 481, 35; m. in regimine habere ex largitione (imperatoris) 290, 10; monasterii secreta 40, 10. 499, 30; claustra monasterii 296, 30. 499, 1; cella monasterii 595, 5; conversare in monasterio 70, 40. 104, 1. 353, 20; de monasterio egredi, ingredi 70, 15; monasteria virorum feminarumque 262, 30; m. virorum ac puellarum 303, 1; m. puellarum 222, 5. 15. 305, 10. 434, 20; praelati monasterii 298, 40; rectores monasterii; actores defensoresque m. 353, 15; ob necessaria m. fratres illuc distinati 103, 15; ne-

1) *Cf. Brunner, 'Mithio und Sperantes' p.* 4 *sq.* 17 *sq.* 29.

gotiatores m. necessitates providentes 304, 1; negotia m. 303, 30.

monastica conversatio 560, 1.

monialis 454, 10.

monicipalis *v.* municipalis.

monographi = μονογραφή, *monogramma* 496, 40.

monumenta (momenta) publica = *acta* 137, 5. 588, 5.

morgingeba 584, 10.

mors: m. subitanea 316, 20; casus mortis 72, 25; periculum mortis morte adiudicatus 93, 10; sententia mortis 154, 25; = *occisio* 22, 10. 25. 89, 1. 153, 25. 154, 1. 156, 25. 189, 25. 207, 20. 231, 5. 25. 310, 1. 30.

mortuus per colappus 192, 5; mortuus iacet 153, 15.

movita 153, 15. 20. 154, 10.

munburire 174, 20.

mundboralis carta *(regalis)* 174, 10.

mundeburdum, mundoburdum, mundeburde, mundeburdio, mundiburdium, mundburdium, mundpurtium 172, 1. 185, 20. 188, 5. 228, 40. 273, 10. 30. 274, 20. 281, 20. 334, 20. 337, 30. 356, 35. 360, 15. 363, 25. 545, 20. 546, 5. 549, 5. 724, 30. 35; se in alterius m. tradere vel commendare 158, 15. — *regis, imperatoris* 111, 10. 15. 174, 15. 310. 323, 5. 10. 325, 15. 327, 1; nos *(congregationem monasterii)* beneficiasti et nos de vestro mundeburdo discessimus 262, 1; carta de mundeburde regis et principis 58, 1. 111, 1; m. maiores domus 58, 5. 10.

multa 77, 45. 229, 1. 20. 231, 30. 232, 20. 254, 20. 356, 35. 358, 10. 25. 360, 20. 35. 361, 10. 362, 10. 363, 10. 407, 10. 476, 1; m. legis 7, 25. 11, 15; multam inserere, conscribere, intimare 24, 5. 232, 15. 247, 30.

multare: multandus 297, 5. 308, 30; esse multandum, multando 186 *sqq.* 538, 10.

munia = *munera, ex. gr.* 102, 10. 103, 1.

municepis 97, 15.

municipalis, monicipalis *v.* gesta municipalia, tituli municipales.

municipatus = *mundeburdum* 406, 10.

munificentia (regum, principum) 64, 20. 86, 15. 458, 30. 534, 10. 577, 20.

munimen 306, 10. 20. 308, 1. 10.

munimenta *(saepes, fossa)* 297, 1.

munitio *eadem significatione* 297, 5.

munus (regis, regium) 40, 5. 42, 1. 43, 10. 50, 10. 51, 15. 52, 5. 62, 1. 63, 20. 64, 1. 25. 150, 15. 20. 299, 5; m. privatorum 40, 5. 65, 15. 482, 5; adeptio muneris 675, 35; = *dona, redditus* 502, 5; libertinitatis munus 216, 5.

murilegüli 424, 5.

muro 226, 5.

murus, muri civitatis 20, 25. 267, 25. 268, 30. 283, 1. 546, 5; *cf.* area infra muros civ.

mutationis carta 404, 20.

mutuum dare 404, 15.

myrra, mirra 609, 25. 651, 5. 662, 25. 664, 20.

N.

nafragium *v.* naufragium.

natales, natale 396, 5. 411, 1. 552, 30. 581, 20. 582, 30.

natas (?) pessimas 187, 1.

natio, nacio 22, 30. 43, 20. 47, 10. 68, 20; nationes 45, 5. 48, 1. 397, 10.

nativitas 503, 15; nativitas regis, regis filii, domnicilli 38, 25. 68, 10. 70, 20. 106, 5. 10.

naturalis potestas patris 148, 1; *v.* filii, infantes naturales.

naufragare 579, 25.

naufragium 14, 10. 15, 25. 162, 1; in n. ponere 160, 25. 233, 20. 236, 10. 25. 243. 254-256. 269, 10. 270, 1.

naurata = *naufragata* 233, 25.

navalis, navallis evectio 107, 15. 112, 1; teloneum navale 300, 20.

naves 300—304; praeceptio, praeceptum de navibus 300, 30. 302, 10. 303, 15; naves pro (imperatoris) servitio tollere 315, 5.

navigium 505, 10.

necessitas: necessitate conpulsus plagare, occidere *('Notwehr')* 153, 15. 457, 35; necessitatis excusatio 304, 20.

nectis *v.* nepta.

neglectus 233, 25.

neglegere placitum 67, 10. 189, 15. 196, 30.

neglegentia, negligencia, necgligencia, neclientia 5, 25. 30. 6, 1. 31, 1. 150, 15. 171, 10. 487, 30.

negotiare 315, 10; homo negotians 189, 1.

negotiatores 304, 1; praeceptum negotiatorum 314, 30; magister, super negotiatores (imperatoris) positus 315, 15.

negotiens, negociens = *negotiator* 22, 30. 189, 5.

negotium, negocium, negutium 369, 30. 509, 35; negocio principale 14, 25. 15, 10; = *causa* 29, 5. 593, 15. 615, 25; civile n. 536, 10. 537, 5; negotia in pago, in palatio 37, 10; negotium uxoris prosequi 134, 10. 146, 5. 10. 165, 1; *cf.* 88, 10; = *commercium, merces* 201, 30. 35. 303, 25. 30. 325, 10; ex suo *(negotiatoris)* negotio ac nostro *(imperatoris)* ad camaram deservire 315, 1; privilegium de omni negotium 111, 25.

nepotes 355, 1; n. in loco filiorum instituere 69, 10. 81, 25. 134, 10. 147, 5; *cf.* 250, 15. 20. 274, 30 *sqq.*; nepotem, nepote meliorare aliquid 69, 10. 82, 20. 134, 10. 146, 20; *cf.* 16, 15; carta ad nepotes 276, 25.

nepta 274, 30. 276, 25. 357, 25. 363, 1. 406, 30; nectis *pro* neptis 276, 40.

nexum 95, 10. 141, 20. 273, 25. 274, 10. 544, 25.

nobilis, nobiles 312, 5. 415, 30. 480, 30. 518, 20. 30. 533, 25. 539, 10. 540, 15. 25; ingenui et nobiles 395, 35; nobiles atque bene nati 581, 20; bene nobiles 518, 25; nobiles laici 312, 1. 15. 313, 15. 35. 395, 35. 544, 25. 551, 5; nobilis vassallus 371, 35; nobiliores popularium 403, 15; nubiliora = *nobiliora?* 175, 20; nobiliter genitus 411, 20.

nobilitas 105, 5. 137, 10. 526, 5; n. generis 119, 10; nobilitatis ordo 46, 1. 109, 10; nobilitatis titulus 487, 40; nobilitas Francorum 293, 5.

notitia, noticia: n. iuris Francorum 315, 25; in notitiam *(regis, imp.)* deferre, referre *etc.* 53, 20. 314, 15. 320, 10; causa in notitiam missorum perducta 384, 20; = *quodvis scriptum* 571, 20 *(breve mortuorum)*; n. descriptionis 264, 5; = *instrumentum negotii contestandi causa scriptum* 9, 5. 10, 5. 15. 14, 15. 30. 15, 25. 20—23. 28, 30. 154, 15. 155, 1. 157, 30. 158, 1. 188, 20. 189, 1. 10. 191, 35. 194. 200, 10. 210—214. 230, 30. 35. 251, 15. 252. 253, 20. 282, 1. 357, 1. 464, 10; n. de homicidio 256, 10; n. de homine forbatudo 191, 35; n. de terra, alode 134, 30. 157, 25. 214, 20; n. de servo, colono *etc.* 189, 1. 194, 1. 211, 5. 212, 10. 213, 20. 214, 5. 230, 10. 465, 15; n. de cruce evindicata 232, 30; n. sacramenti, sacramentale 8, 15. 30. 22, 15. 194, 10; n. de iactivis 189, 10; n. ad appenno firmare 15, 20; n. relacionis *etc.* 14, 20. 15, 35. 153, 15; n. pagensium 151, 15; n. traditionis *etc.* 210, 25. 489, 30. 492, 25. 547, 30; n. divisionis 403, 5; in noticia 383, 35. 384, 15.

noctes: 40 noctes 281, 10. 282, 10; 42 noctes 192, 5.

noda 464, 20.

nomen inponere 141, 10. 208, 10; nomina scribere per nominativum casum 404, 20; n. in praecepta non conspicua 324, 25; nomen *(accusati)* in qualicumque materia conscriptum *(in iudicio aquae)* 657, 35. 658, 1. 5. 695, 10.

nonae et decimae 301, 25. 304.

nonciare *v.* nunciare.

nonna 431, 10.

nore *v.* nurus.

notabilis: persona servili iugo n. 396, 10.

notare: notavi diem *etc.* 359, 1. 381, 10. 382, 25. *etc.*; supra lineam notata 381, 25.

notarius 86, 10. 328, 15. 434, 35; unus ex notarius, natarius *(= notariis)* 29, 25. 176, 10.

novitiorum petitio 570, 1; n. domus 570, 5.

nubere 401, 30. 402, 25. 540, 10. 583, 1; nuptum tradere 82, 10.

nubilis aetas 401, 30. 402, 25.

nubtiis *v.* nuptiae.

nummus 434, 25. 585, 1. 590, 20.

nunciare, nuntiare, nonciare *v.* sonia.

nuncius 370, 15.

nunnus (?) Davitis 310, 5.

nuptiae, nubtiae 142, 20. 143, 20. 147, 15. 180, 20. 542, 20. 582, 20; nuptias publice celebrare 543, 10; de secundis nubtiis 135, 10; de ante nuptias donationibus 163, 25. 539, 20; dies nuptiarum 143, 5. 175, 10. 20. 272, 1. 539, 1; ante die, diem, dies nuptiarum 85. 142, 25. 143, 15. 163, 25. 164, 1. 25. 175, 10. 20. 539, 20. 25; dies felicissimus nuptiarum 5, 5. 17, 35. 23, 15. 247, 5; dies felicius nuptiarum 230, 10.

nuptialis dies felicissimus 196, 10. 15.

nurus, nura, nora 85, 5. 10.

O.

obedientia: obedientiam promittere 479, 25. 491, 20. 569, 10; absolvere de obedientia 333, 35. — o. non requiratur *(a liberto)* 30, 15. 30.

obiectio periculosa vel capitalis 152, 20.

obiectire *v.* abiectire.

obiurgatio 179, 5; cartula obiurgationis (?) 589, 20.

oblata 96, 10. 221, 5.

oblatio 127, 35. 291, 5. 570, 20. 25. 578, 20. 40. 579. 580, 20. 589, 1.

oblegare, obligare 16, 35. 138, 20. 155, 1. 160, 20. 271, 1; statum in servicium o. 5, 30; oblegatum, oblecatus = *allegatum* 19, 5. 23, 1. 190, 15.

oblegatio, oblegacio 14, 30. 133, 30. 138, 15. 139, 1. 5.

obmallare, obmalare 56, 20. 252, 10; *cf.* omallare.

obnoxatio *v.* obnoxiatio.

obnoxiare 81, 10. 15; o. statum ingenuitatis, se in servicium 69, 25. 93, 10. 15. 140, 20.

obnoxiatio, obnoxatio 81, 20. 93, 20. 187, 1—10. 202, 25. 211, 1; o. de capud ingenuitatis 187, 5; carta obnoxiationis a patre in filiis facta 69, 10. 80, 25; epistola obnoxiationis 81, 10. 15.

obnoxius 20, 15. 92, 15. 578, 15; mancipia obnoxia.

obpignorare 142, 10. 163, 10. 206, 20.

obrizum aurum 442, 1.

obsequela = *obsequium* 396, 40.

obsequire (?): nullum debitum obsequias 363, 25.

obsequium 11, 10. 12, 1. 87, 5. 142, 1. 158, 20. 204, 35. 40. 252, 5. 253, 10. 576, 30. 577, 5; o. indebitum 503, 10; ut ingenui o. prestare debeatis 577, 20; libertatis o. 356, 1; libertinitatis o.; patrocinatus o. 172, 20; patronatus o. 188, 1. 210, 15; servitutis o. 544, 30; obsequium *(regis, imperatoris)* 298, 15. 305, 25. 366, 20. 396, 10. 30. 415, 10. 458, 20.

obsides 325, 40. 326, 1.

obsol- *v.* absol-.

obsolve (?) 15, 10.

obtimas *v.* optimas.

occansio, *occasio* 72, 20.

occasiones illicitae 290, 25. 294, 30. 295, 20. 307, 1. 308, 5. 20. 310, 10. 311, 5. 315, 5. 325, 10. 327, 5.

occasum, occasu 151, 10 162, 1.

occidere 22, 10 (occessisset). 20. 207, 15. 20. 230, 30. 231. 538, 1 (occississet); hominem necessitate conpulsus occiderit 457, 35.

occursum exigere 301, 20.

offerre filios in monasteriis 570, 45; oblatus sacris ordinibus 544, 10; (servum) offerre 142, 1.

offertum, offertio in altario 40, 10. 42, 5.

officiales ecclesiastici, publici 72, 10; o. omnium iuditium 165, 5.

officinae, officiae 358, 1. 30.

officium 368, 1; o. legationis 48, 15. 49, 1; o., ut lites definire debeant 216, 30; o. tutoris 148, 15; ex officio curiae accepta 588, 1; = *officium ecclesiasticum* 108, 25. 162, 20. 217, 35. *etc.*; = *officium divinum, missa* 39, 20. 220, 10. 261, 5 (officius). *etc.*; divinum officium 264, 10. 15. 318, 10; officium ad iudicium aquae 627, 20; peracto officio, ad propria regredi 498, 35.

ofoffinas = *officinas* 358, 30.

olca 597, 15; *cf.* 205, 40. 465, 5.

olica = *oliveta:* olicis 198, 1. 5. 203, 35. 204, 10. 205, 25; *cf.* olcis 205, 40. 465, 5.

oliva *eadem significatione:* olivis 584, 15.

omallare, homallare 56, 15. 66, 25; *cf.* admallare, mallare, obmallare.

onus (honus) patronati 30, 15. 30.

oportunitas: cum omni oportunitate 72, 10; sub op[portunitate?] illius ('in kemahidu') 465, 10. 15.

oppidum, opidum, oppedum 72, 30. 203, 30. 216, 25. 220, 5. 417, 25. 507, 40. 583, 15.

opponere 59, 15. 60, 5. 61, 1. 230, 20; o. aliquid contra iudicium, brevem 157, 40.

oppositiones legum atque exceptiones 537, 25.

optimas, obtimas; optimates 59, 1. 120, 5. 459, 25. 486, 25.

optio annualis 570, 15.

opus; opera: aliquid ad opus suum, ecclesiae, monasterii, sancti habere, accipere *etc.* 115, 5. 230, 25. 234, 1. 5. 235, 15. 249, 10. 267—270. 283, 10; *cf.* 505, 5; ad opus *(imperatoris)* 174, 25; census de terra ad opus revocare *(imp.)* solutus 305, 5; decima, teloneum ad opus *(imp.)* exigitur 315, 15. — novo opere construere 317, 5. 459, 30. — opus servile 337, 20; opus, opera iniungere, facere, exigere 17, 10. 186, 25. 195, 30. 238, 1. 309, 10. 310, 20. 320, 5. 325, 15. 417, 20. 435, 15. 598, 10.

oracula, oracola 44, 10. 46, 5. 54, 1. 201, 20.

oraturium, oratorium 70, 25. 71, 20. 72. 344, 1. 15; oratoria parietina 426, 35.

orbatus a filiis 83, 20. 147, 20.

orbe, *urbe* 28, 1.

orciolus, ortiolus, *urceolus* 608, 20. 25.

ordinare = *iubere* 63, 1; = *consecrare, instituere clericos* 40, 1. 127, 15. *etc.*; o. episcopum 119, 25. 162, 15. 20.

ordinatio = *praeceptum regis, imperatoris* 60, 10. 63. 67, 5. 315, 5; o. dominica 70, 20. 106, 35; o. regis 106, 5. 10. 155, 10; = *consecratio, institutio clericorum* 162, 15. 170, 15. 179, 5. 263, 5. *etc.*; o. episcopi 553, 10. *etc.*

ordinatores 40, 5. 42, 5.

ordo: o. civium Romanorum 30, 30; o. curiae; nobilitatis o.; superioris aut inferioris ordinis rei publice procurator, iudex 308, 10. 397, 1. 398, 10; ordo congregacionis 479, 20. 569, 1; sanctus o. 480, 15. 481, 5. 10. 482, 25. 30; o. canonicus 304, 10. 15. 562, 30; clerus, ordo et plebs 552, 25; o. sacer, sacri ordines 218, 20. 219, 10. 311, 25. 312, 1. 313, 15. 328, 20. *etc.*; = *modus:* ingenuili ordine 158, 20; fructurario, usufructuario ordine *v.* usufruct-; malo ordine 13, 20. 21, 10. 152—155. 157. 189, 20. 193, 5. 194, 5. 196, 25. 197, 25. 198, 25. 212, 15. 213, 30. 214, 30. 231, 15. 233, 1. 251, 20. 252. 253, 25. 268, 25. 280, 15. 349, 10. 352, 1. 357, 5. 362, 20. 463. 537, 1; volontario ordine 51, 15; austiliter ordine 16, 30; perpetualiter ordine 16, 35; = *formula, ritus agendi, ex. gr.:* ordo ad faciendum iudicium ad aquam frigidam 622, 20; o. aque ferventis 659, 1.

orfanulus *v.* orphanus.

originalis: mancipia originalia 187, 5; servitium originale 593, 25; originalis macula 577, 5.

originaria mancipia *v.* mancipia.

ornatus domue suae *(domus regis), regina* 173, 1; ornatus procerum palatii regalis, *maior domus* 108, 10.

orphanus, orphana, orfanulus 148, 15. 401, 30. 402, 25.

orthodoxus, ortodoxus: *rex* 173, 10; orthodoxi principes 308, 1; traditio orthodoxorum 552, 35.

ortus, *hortus:* orti pomiferi 352, 10; ad orto faciendum 465, 10.

os: descriptionis noticiam ore proprio manuque confirmare 264, 5.

osculum, osculus = *donatio ante nuptias, 'osculo interveniente':* o. intercedens 163, 25. 164, 1—15. 539, 1. 20. 30; osculum facere, constituere 543, 10. 15; = *carta eiusmodi donationis* 539, 5. 10. 35; *cf.* osculum pacis 175, 5.

ospitium *v.* hospitium.

ostendere instrumentum, epistolas *etc.* 76, 5. 87, 10. 97, 25. 214, 15. 242, 25.

ostensio kartarum 322, 15.

ostensolia = *utensilia* 196, 10.

ostis *v.* hostis.

ostium, hostium; ostiae: ostia fracta 14, 15. 30; ostias concapolatas 15, 30; ad hostio sancto illo (appendere contestatiunculam) 28, 10; hostium ecclesiae 650, 20; hostia eccl. observare 141, 5; tradere per ostium 164, 25. 188, 25. 200, 15. 210, 25. 547, 30.

otemtare, *adtemptare* 538, 10.

P.

pacalia *v.* pagalia.

pacificare, se p. 69, 15. 88, 15.

pactio, paccio, pacio, peccio 84, 25. 149. 435, 25. 436, 15. 548, 1. 5; epistola locum pactionis 84, 20. 198, 10. 249, 35; carta, cartula pactionis 389, 5. 590, 1; paccio divisionis 24, 10.

pactum 14, 15. 30; p. inter parentes 69, 15. 84, 5. 134, 15. 149, 5; equalentia vel p. 197, 30; p. inter fratres 235, 5. 10. 249, 20; p., quod cum eis placitus sum 435. 25. 436, 10; cyrographi p. 517, 1; firmitatis p. 357, 15. 20.

paedagogium *v.* pedag.

paedera *(patriae?)* 22, 30.

pagalia, pacalia 88, 20.

pagani 262, 5. 519, 5; bellum contra paganos indictum 425, 10; impedimentum paganorum 453, 5.

pagellus 351, 15.

pagensalis = *pagensis* 228, 25.

pagensis, paginsis, paginsus 60, 5. 64, 15. 67, 1. 68, 20. 155, 5. 205, 35. 233, 5. 237, 10. 257, 1. 263, 5. 280, 15—25. 383, 40. 384, 5. 15. 399, 25. 403, 25; congregare pagenses 68, 20; clerus et pagenses civitatis 109, 5. 10; vicini paginsi 202, 20. 206, 1; scabini, pagenses scilicet loci illius 280, 20; relatio pagensium 38, 20. 64, 15. 121, 10. 122, 30; notitia pagensium 151, 15; cartae pagenses 37, 5. 39, 1. 69, 1. 70, 20; *cf.* cartae pagensalis 228, 25; casa sancto illo paginse 188, 20; ecclesia paginsis 191, 5.

pagina, pagena 4, 5. 32, 30. 39, 15. 477, 20. 480, 35. 481, 20. 578, 5. 20. 587, 15; concessionis p. 568, 10; ingenuitatis p. 544, 20; p. ob confirmandam ingenuitatem conscripta 313, 25; iudicii p. 594, 5. 10; libertatis p. 578, 10; mandato *(i. e. mandati)* p. 4, 5; p. testamenti 86, 15. 88, 1—15; per paginae traditionem a vinculo servitutis absolvere 313, 25; pagina, que coram d. imperatore et omnibus lecta est, cum universis generaliter data fuit licentia eundi palatio 509, 30; = *epistola* 101, 15. 115, 10. — paginola, paginula 17, 1. 336, 10. 503, 20.

paginale alloquium 108, 15. 20.

pagus, pacus, paga 7, 25. 18, 10. 20, 25. 30. 22, 35. 28, 1. 31, 20. 39, 5. 41, 10. 47, 15. 48, 1. 50—53. 61, 5. 75, 5. 77, 1. 30. 86, 1. 25. 87, 1. 89, 10. 99, 25. 107, 25. 135—139. 142, 10. 144, 20. 145, 10. 148—150. 152, 5. 156, 10. 159—269 *passim.* 279, 20. 289—328 *passim.* 343, 30. 348—358 *passim.* 362. 380 *sq.* 387 *sq.* 403, 15. 406, 15. 435, 5. 10. 441, 1. 459 *sq.* 464, 20. 475—477. 480, 15. 20. 490 *sq.* 498, 10. 539—541. 546, 35. 548, 20. 25. 725; civitates vel pagi 107, 15. 112, 1; infra civitatem et a foris (foras) in ipso pago 191, 25. 203, 30; in pagis aut (vel et) terreturiis (territoriis) 190, 10. 204, 10. 205, 20. 207, 5. 290, 20. 295, 15. 306, 30. 313, 5; in pago illo, in grafia illa 214, 25; in pago, in comitatu 338, 5. 458, 25; comes pagi illius 384, 10; *cf.* 213, 5; consuetudo pagi 23, 15. 24, 30; tam in pago quam in palatio 4, 10. 20. 22, 20. 40. 37, 1. 56, 15. 58. 10. 159, 5. 190, 10; causas, quas in pago absque eius grave (a. suo iniquo) dispendio defenitas non fuerint 58, 15. 111, 20; infra pago de iustitias nostris consequi minime possimus 331, 10; iustitias, quae infra pagum definire per nos non valemus 122, 15; archipresbyter pagi ill. 416, 15; pagus seu parochia 263, 5.

palatini 70, 20. 40. 105, 15; palatinae excubiae 336, 20.

palatium, palacium 50, 5. 51, 10. 55, 5. 59, 1. 67, 5. 68, 1. 95, 1. 107, 25. 161, 25. 196, 20. 210, 1. 216, 25, 314, 35. 315, 1. 321, 25. 325, 35. 368, 5. 394, 25. 412, 15. 464, 1. 509, 30; tam in pago quam in palatio *v.* pagus; sacrum palatium 455, 25; in sacro palatio magister 532, 15; proceres regalis palatii 108, 10; rectores palatii 262, 20; summae palacii dignitates 526, 30; comes palatii; missus de palatio, a palatio directus 56, 5. 296, 5. 15. 324, 15. 326, 10; partibus palatii deservire 310, 15. 315, 10. 325, 15; functio, quae ex tributis seu vectigalibus partibus palatii venire debet 435, 5; ad partem palatii 10 libras auri persolvere 310, 1. 35; missum dirigere partibus palatii 524, 35; saumas partibus palacii dirigere 505, 5. — palacio *pro* placito 362, 30.

palatius comes: ante comitibus palatiis 165, 5.

palius *v.* pallium.

pallium, palleum 454, 5. 718, 5; cum palius *(palliis)* stauracius 175, 20; caballum et palleum 100 solidos valentem 354, 5. palliolum 415, 15.

palmarum spatulae, rami 415, 15. 421, 15.

palus: tonderi ad palum 413, 15.

panis, panes 292, 30. 355, 25. 417, 5; pane nitido, nidido 49, 5; pane sequente *ibid.*; panis bisus 629, 15; p. azymus 717, 10; p. inlevatus 690, 20; p. absque fermento 631, 40; p. hordeaceus, ordeaceus 629—636. 639. *etc.*; iudicium, benedictio, exorcismus *etc.* panis et casei 629—636. 639. 642. 645—647. 650, 1. 655, 5. 660 *sq.* 665, 40. 666. 668, 30—669, 20. 670, 40. 671. 674, 25. 681, 20—682, 15. 686, 15. 687 *sq.* 690 *sq.* 703, 5. 715, 30—716, 35. 720, 35. 721, 5; 'Pater noster' in pane scribere 681, 25. 688, 5; iudicium panis ordeacii (pendentis) 630, 1—10. 15—30. 632, 10. 15. 691, 10—40; turnae, pane 630, 1. 5; tornet se panis in giro 630, 30; turna te in gyro, panis 691, 35.

pansare *v.* pensare.

papa = *episcopus* 36, 30. 40. 101, 10. 102, 20. 179, 20. 180, 5. 10. 198, 15. 221, 30. 471, 30; = *episcopus Romanus* 104, 15. 377, 1. 413, 15. 424, 10. 434, 5. 452, 30. 501, 30. 503, 1. 523, 20. 550, 15. 617, 25. 618, 5. 620, 25. 706, 10. 20.

papilio mire pulchritudinis opere contexta, ita ut ferme 30 capere valet viros 453, 35—454.

par; pares 221, 35. 310, 5. 319, 30. 432, 35; pares et parentes 271, 20; pares suos, qui eum secuti fuerunt 62, 20; pares (aut) gasindi 63, 1. 5; pares *(regis)* 111, 5. 197, 15; *cf.* quidam ex pares 505, 35; = *coniux* 78, 1. 87, 15. 99, 1. 100, 5; *cf.* 254, 35; = *altera pars contrahens* 7, 20. 25. 24. 50, 15. 84, 20. 25. 92, 5. 94, 25. 146, 1. 158, 25. 187, 15. 30. 254, 20. 270, 25. 276, 5; pars (contra) pare suo *etc.* 187, 15. 30. 198, 5. 234, 10. 235, 15. 247, 30.

parabola 222, 15. 263, 20.

parabolare 260, 5.

parafreda = *paraveredi* 398, 10.

parasitus *(episcopi)* 367, 10.

paratae: paratas, paradas tollere, facere, requirere 43, 20. 44, 15. 45, 5. 201, 5. 15. 290, 20. 294, 30. 295, 20. 306, 30. 308, 15.

paraveredi, paraveridi, paraverida, paravereda 49, 5. 72, 15. 287, 20. 290, 20. 309, 10. 310, 15. 319, 30. 320, 5. 325, 15. *cf.* parafreda.

parciaricia = *colonia partiaria* 14, 1.

parenta = *parens fem.* 234, 25.

parentes *ex. gr.* 157, 5. 10. 357, 15; p. ingenui 11, 5. 12, 1. *et saepius*; ex alode parentum; parentes propinqui 51, 1; proximiores p. de parte genitore, genitricae 212, 5; p. de patre, de matre 213, 35; apud parentes coniurare *ibid.*; compositio pro parente 156, 25; leude vel homicidium ad parentes transsolvere 231, 5; rewadiare leode ad parentes 256, 20; parentes et amici homine interfecto — interpellabant 230, 30—231; cum parentum voluntate, consensu *etc.* sponsare, desponsare *etc.* 5, 1. 85, 15. 142, 20. 143, 15. 163, 30. 175, 1. 357, 25. 539, 25. 543, 15. 581, 20. 582; *cf.* 597, 25; absque voluntate parentum, sine diffinitione parentum feminam rapere, in coniugium sociare *etc.* 85, 15. 93, 25. 144, 1. 154, 20. 277, 20. 281, 10; pactum inter parentes; parentes (*regis*) 44, 5. 54, 15. *etc.*

pargamena 376, 15.

paricla, paricula, parigla: carta p. 38, 25. 67, 15; duas epistolas pariculas una tenorum conscriptas 234, 5.

parientia 579, 35.

parietina oratoria 426, 35.

paritis (= *parietes*) preforatas 15, 30.

parochia, parocia, parrochia, parroechia, paraecia 14, 15. 40, 5. 162, 20. 218, 20. 219, 10. 30. 220, 10. 260. 263, 5. 264, 15. 395, 35. 396, 5. 10. 399, 10. 420, 25. 497, 30. 499, 10. 502, 25. 520, 20. 549, 30. 551, 25. 30. 553, 20, 560. 561, 1. 563—566; parroechiam circuire 420, 20.

parrochianus 218, 20. 219, 10.

pars; partes: duas partes 236, 15. 547, 15; tres partes 18, 25. 175, 5. 10; tertia pars; ullus de parte tua, qui tecum commorantur 156, 30; ad partem ecclesiae possidere, recipere *etc.* 53, 25. 78, 1. 314, 20. *etc.*; *partes contrahentes vel litigantes ex. gr.* 61, 15. 593, 10; neutra pars iectita non appareat 68, 5; inter partes silentium imponatur 590, 30.

partio, parcio, *portio* 127, 20. 230, 5. 10. 235, 25. 35. 236, 15.

partire: inter se partiri seu condonare 276, 15; per festuca omnia partitum esse dixisse 84, 20.

parva res 69, 5. 78, 15.

parvuli 262, 30; tutores parvulorum 148, 10.

pascere = *nutrire* 21, 25. 158, 15. 598, 25.

pascua 5, 5. 7, 10. 16, 30. *etc.*; p. communis 387, 5; pascuis in omnem partem vergentibus 385, 5.

pascuarium 97, 5. 388, 5.

pasta 221, 25.

pastio 301, 20.

pastiva 301, 35; *cf.* 726.

pastor = *episcopus* 47, 5. 415, 20. 444, 5. 481, 30. 555, 1.

pastoralis = *episcopalis:* pastorale presidium 45, 15; p. officium 108, 25. 518, 5; pastoralis sollicitudo 119, 10; p. cura 108, 25. 304, 10. 352, 15; titulus pastoralis 396, 30. 400, 30. 426, 35.

pastus, pasto (*hominum*) 21, 30. 598, 25; p. (*animalium*) 383, 40. 384, 5. 385, 25. 403, 25; silva ad pastum porcorum 381, 30; pastus caballorum 72, 15. 418, 10; pastum iumentis suis aut suorum diripere 397, 5; pro pasto exactare 482, 10.

pater *ex. gr.* 134, 10. 141, 15. 143, 25. 146, 20. 147, 10. 357, 15. 20. 387, 20; patres filios in potestate habentes 590, 15; patris potestas 148, 1; carta obnoxiationis a patre in filiis facta 80, 25; carta, quae inter patrem et filium conscribitur 405, 1; consensus patris (*ad adoptionem filii*) 147, 25.

— pater monasterii 499, 10. 30. 569, 5; spiritalis pater 508, 20.

paternus: paterna alodis, terra 69, 10. 83, 10. 15. 597, 20; paterna hereditas 149, 10; in loco paterno succedere 274, 30; (parentes) de parte paterna 282, 10; iuxta memoriam et paternam relationem deliberaverunt 403, 15.

patrare cartam 382, 35. 383, 1; p. traditionem 400, 30.

patria 401, 20. 402, 15; salus patriae 40, 15. 43, 1; = *pagus* 223, 30; causae, quae infra patriam absque gravi et iniquo dispendio definitae esse nequeunt 310, 25. 30. 311, 15, 20. 315, 15. 319, 5. 325, 25. 327, 25.

patriciatus 37, 25. 47, 15.

patricius, patritius; patricii 59, 1. 65, 1. 104, 15. 107, 1. 111, 25; patricius Romanorum 256, 35. 501, 40. 510, 5; Patricia Corduba *v. indicem nominum.*

patrimonia *(regis)* 580, 5.

patrocinale carta, cartola 31, 5.

patrocinatus obsequium 172, 20.

patrocinium 142, 1. 204, 35. 476, 25. 502, 5; ingenuus in patrocinio 576, 30; patrocinia sanctorum = *reliquiae* 22, 20. 703, 20.

patronatus, patronatum: onus patronati 30, 15. 30; patronatus obsequium 188, 1. 210, 15; patronatus gratia 204, 35.

patronus: ingenuitas sub patronum 134, 25. 156, 1.

patrueles 387, 20.

patruus 148, 15. 149, 1. 387, 20. 405, 5. 15.

pauperes 71—73. 87, 5. 25. 105, 5. 110, 25. 343, 15; p. Dei 73, 10. 105, 10; p. Christi 76, 15; cessio ad p. 464, 30; alimonia pauperum; cura pauperum 109, 15; substantia p. 78, 15. 135, 15; stipendia seu substantia p. 489, 10; sustentatio p. 72, 1. 308, 25. 580, 10; receptor pauperum 518, 1.

paupertas 83, 25. 279, 10; = *parva fortuna* 5, 1. 586. 25—35.

paupertaticola 17, 30; paupertatula 590, 5.

pavones 387, 10.

pax et concordia 538, 1; pacis concordia 12, 35. 20, 10. 88, 20. 277, 25; bone pacis 61, 15. 20. 83, 25. 84, 10. 248, 35; expers pacis (ecclesiae) 88, 10; a pace christianorum extraneus 482, 35; osculum pacis 175, 5.

peccio *v.* pactio.

pecium *v.* petia.

pecten 375, 10. 415, 15.

peculiare, *peculium* 6, 5. 11, 40. 12, 20. 20, 10. 25, 20. 94, 5. 95, 15. 96, 1. 10. 172, 1. 175, 15. 185, 25. 188, 1. 204, 35. 228, 40. 246, 25. 260, 5. 273, 10. 30. 274, 15. 281, 20. 312, 10. 313, 30. 489, 10. 490, 10. 518, 25. 543, 40. 544, 35. 546, 10; peculio vel peculiare 578, 10.

peculium 576, 20. 577, 15. 578, 10; = *pecus* 75, 10. 77, 5. 79, 20. 83, 25. 198, 5. 203, 35. 204, 15. 348, 10.

pecunia 14, 15. 15, 25. 20, 30. 66, 15. 72, 20. 107, 25. 155, 20. 158, 5. 242, 1. 244, 5. 245, 35. 356, 30; dupla pecunia 20, 15. 89, 20. 90, 10; pecunia una cum beneficio dupplicata exolvere 592, 1.

pedagogium scolasticum 374, 30.

pedes, *mensura* 90, 5.

pedissequae 387, 10. 404, 30.

pelles 370, 25. 373, 20. 25.

pellicium 432, 30.

pennae 431, 40.

pensa, *pondus* 287, 15.

pensare, pesare, pansare 629, 15. 632, 1. 634, 40; solidi probi atque pensantes 90, 20. 235, 30; pesante 634, 10.

peragrari, peregrare, perarari = *scribere* 43, 5.

perceptio *(regis)* = *praeceptio* 53, 20. 200, 30. 201, 20. 202, 1.

percontari, percunctari 280, 5; (testes) segregatim p. 593, 25.

percurare, *procurare* 28, 25.

percurrere: ubi reliqua sacramenta percurrunt 68, 1. 213, 1.

perdictio, *perditio* 28, 15.

perduta, *perdita* 233, 25.

peregrini 217, 5. 10. 278, 20. 25. 396, 30. 410, 5. 411, 25. 439, 35. 523, 10. 580, 10; peregrinus = *extraneus:* mancipia peregrina 309, 15. 310, 20. 325, 25; xeniola peregrina 415, 10.

peregrinatio 217, 10. 278, 15.

perfecta aetas 148, 25.

pergere: Romam p. 70, 40. 402, 15. 421, 10. 425, 10. 453, 1.

perhibere 65, 15. 497, 10.

periculosa obiectio 152, 20.

periculum: sui p. 309, 25; vitae p. 85, 20. 88, 20. 93, 25. 144, 1. 154, 25. 211, 1. 277, 25. 281, 10; p. mortis 6, 1. 93, 10. 141, 5.

peripateticus = *baiulus* 375, 20.

periurare 593, 1. 617, 25. 620, 30.

periuri 593, 1. 622, 15.

permissum, permissus: ex nostro *(regis)* permisso 53, 1. 10. 54, 5. 55, 1; ex permissu *(imperatoris)* 215, 25; (missi resident) ex permisso domni Hludovici 463, 30; ex permisso apostolico lui (*commutatio*) 91, 5.

perpetrare cartam 389, 1; actum vel perpetratum 154, 20; *v.* causa sic acta vel perpetrata.

perscrutari 122, 15. 324, 5.

persecutio *v.* prosecutio.

persequere *v.* prosequi.

persona: personarum qualitas 163, 25. 539, 20; bonae et straneae personae 15, 1. 5; militans extranea, stranea, persona 17,1. 20,15; strinna p. 500,10; personarum acceptio, consideratio 384,20. 675,35; legitimam suam portare personam 589, 25; missum in persona sua (instructum dirigere) 9, 5. 59, 15. 107,25; ad vicem personae meae 595,15. 30 (*cf.* 20); cartam ex sua persona facere 382,5; personas mutare 381,25. 404, 1.

perstrigium, *praestigium* 665, 5.

pertica 387, 5.

pertinere: pertinentia 296, 30. 385, 5. 20. 402, 5. 403, 1. 460, 5; ad hobam pertinentia 408, 1; aspicere vel pertinere 139. 160, 5. 305, 35. 308, 35.

perturbare aliquem pro eo quod ad nos *(imperatorem)* venit 311, 15. 327, 20.

pervadere 21, 10. 122, 25. 194, 20. 535, 10.

pervia 460, 5. 540, 20; pervio publico 229, 25.

pesante *v.* pensare.

pestacias, pestitio 49, 15.

pestes 417, 1.

petia, pecia, pecium = *pars, particula* 232, 25. 465, 10; nec in pecio suo (= *ex parte sua?*) direxit 253, 1.

petitio missa 66, 10. 193, 1. 294, 20; petitio monachorum 472, 25. 479, 10; p. novitiorum 570, 1; professionis petitio 570, 15; petitionem super altare ponere 569, 30.

petitor = *actor* 535, 5. 15. 593, 20. 594, 1.

phalerae 388, 5.

philosophia 568, 5.

phisici 432, 1.

pigmenta 412, 20. 421, 10.

pignus 11, 30; loco pignoris emitto vobis statum meum medietatem 17, 10; pignora = *reliquiae* 68, 20. 640, 15.

piissimus augustus 174, 5. 295, 30. 297, 25. 299, 10. 301, 1. 30. 305, 30. 322, 10; piissimus imperator 380, 30; piissimus rex 173, 1. 505, 30.

pila: molinis vel pilis 385, 5.

pillus: pillo et fistuca se exitum facere et dicere 490, 1.

piper 49, 10. 415, 15.

piscatoria manu facta 297, 1.

pisces 292, 35. 418, 5.

pittaciolum 370, 35.

placare *v.* plagare.

placere: traditio, conditio placita et facta est 435, 35. 436, 20; pactum, quod cum eis placitus sum 435, 25. 436, 10; bene placita 442, 10; dies placitus *v.* placitum.

placitare 178, 30.

placitum = *quod placet:* in suum placitum esse 486, 25; in placitum venit nostrum (= *placuit nobis*) 581, 1. — placitus, placitum, placetum, placito *etc.* = *et dies statutus, et ipsa contio die statuto habita* 9. 10, 5. 10. 17, 10. 23, 10. 67, 5. 10. 68, 5. 155, 1. 157, 10. 161, 25. 163, 15. 168, 30. 186, 25. 189, 10. 196, 25. 30. 214, 5. 231, 5. 233. 236, 5. 25. 251, 25. 252, 10. 253, 1. 357, 1. 407, 1. 464, 5. 490, 20. 537, 1; placitum adtendere 10, 10. 23, 5; p. adimplere 155, 10; p. custodire; p. neglegere 67, 10. 189, 15. 196, 30; dies placitus prefinitus 92, 15; dona domno rege in placito instituto transmittere 178, 30; placitum *(regis)* 262, 35; generale placitum 321, 25. — placitum = *pactum, contractus* 346, 30 *(precaria)*. 363, 5; = *cautio* 594, 25. 30. 595.

plaga orientalis 725, 15.

plagare, placare = *ferire* 153, 15. 20.

plancturia 28, 1. 10—20.

plebeii 435, 35. 436, 20.

plumatia et capitalia 418, 10.

plumbum 505, 20.

poderis linea 414, 15.

poena 308, 30. 536, 30. 537, 15; poenas persolvere 311, 15. 327, 25; poena capitis 152, 20; poena statuta 149, 10; poenam inscriptam prosolvere 350, 20; poenam adnectere, inserere 19, 5. 77, 10. 159, 30. 175, 25. 489, 15; *cf.* 148, 5. poenam subiungere 575, 40.

poetica ars 522, 10.

pollen 287, 10.

polepticum, puleticum, *polypticum:* in poleptico publico censitus 56, 1.

polimitus, *polymitus:* palliolum polimitum 415, 15.

polsare, *pulsare* 477, 15.

pomaria 385, 5.

pomiferi orti 352, 10.

pompa diaboli 701, 10.

pondo, ponda, pondua, pondera: argenti, argento p. *ex. gr.* 11, 15. 19, 5. 21, 1. 76, 10. 77, 20. 84, 25. 356, 35.

pontaticus 107, 15. 301, 15. 309, 10. 310, 15.

pontenaticus 112, 1.

pontifex = *episcopus* 15, 10. 30, 10. 39, 10. 40, 10. 20. 41, 20. *etc.*; p. civitatis 77, 10. 162, 5. *etc.*; p. urbis 236, 35; p. Romane ecclesiae 377, 1. 500, 5; summus p. 377, 1. 442, 30; metropolitanus p. 179, 30; proprius p. 216, 15; pontificem eligere 550, 25. 30. 551, 35; p. consecrare 46, 20. 556, 30; coram pontifice vel coram illo comite 280, 15 (*cf.* 25); pontifex seo advocatus eius 66, 25; veniens advocatus in causa pontificis 463, 30; constitutio pontificum 39, 10. 41, 20; institutio pontificum 66, 1; (rex) cum consilio et voluntate pontificum procerumque 109, 10; consensus pontificum 480, 10. 35; remota pontificum potestate 72, 10; culmina sacerdotum, regum et pontificum 173, 25.

pontificalis dignitas 45, 20. 109, 15; pontificalis ordo 554, 25; pontificale officium 566, 35; p. culmen 102, 20; pontificalis apex 445, 10; cathedra p. 109, 10; sacrae pontificalis (?) 520, 10.

pontificium, pontifitium, pontefitium = *pontificatus* 554, 30; = *facultas* 78, 5. 80, 15. 20. 81, 10. 84, 20. 100, 5. 25. 191, 15. 199, 25, 200, 5. 231, 10. 30. 236, 10. 254, 10. 40. 255, 15. 256. 5.

popularis: possessiones populares 403, 5 —15; populare regimen ecclesiae 47, 5; nobiliores popularium 403, 15; proceres ac populares 436, 1. 20. 25.

populus 66, 20. 348, 20. 359, 1. 362, 20. 382, 15. 399, 20. 549, 10; omnis populus (= *populos)* tam Franci, Romani *etc.* secundum lege et consuetudine eorum regere 48, 1. 5; regni et populi utilitates et necessitates ordinare et disponere 325, 35; populus noviter ad christianitatem conversus 318, 5; episcopi et comites, populo praepositi 318, 10; principes populi 415, 30; primatus populi 46, 15; populus terrae illius 318, 25; = *plebs (eccles.) ex. gr.* 21, 25. 396, 5. 10; clerus et populus 216, 1. 295, 25. 307, 10. 552, 20.

porcus, quem servus hoc anno reddere debet 418, 20.

portae apertae 30, 15. 30. 172, 25. 246, 10. 257, 30. 273, 35. 281, 20. 312, 5. 313, 30. 363, 20. 467, 15. 518, 25. 543, 30. 724, 35; portis conquasatis 14, 15.

portarius 361, 25. 386, 30. 389, 1. 20. 390, 5. 408, 15. 436, 25.

portaticus 301, 15. 309, 10. 310, 15. 315, 20. 325, 15.

portator, portitor = *baiulus* 104, 15. 106, 1. 117, 1. 335, 5. 369, 5. 440, 1. 448, 20. 565, 5.

portio, porcio 4, 10. 25. 18, 10. 20. 52, 1. 56, 10. 72, 5. 78, 20. 83. 84, 10. 107, 25. 108, 5. 147, 20. 149, 10. 15. 199, 5. 15. 200, 15. 203, 35. 236, 1. 244, 20. 250, 5. 15. 268, 5. 30. 275, 10 — 20. 343, 5. 35. 350, 5. 352, 10. 401, 25. 402, 25. 475, 25. 30. 476, 15. 590, 5. 10. 597, 15. 20; quarta porcio 18, 20. 19, 1.

portiuncula 276, 15. 278, 1. 10.

portus 107, 10. 201, 35. 301, 15. 302, 25. 304, 1.

possessio: p. non rumpatur 28, 5; p. preiuditium generare non debeat 99, 15. 191, 15; nostri iuris atque possessionis 460, 5; = *res possessa, ex. gr.* 20, 30. 77, 5. 30. 144, 5. 399, 25; iuxta possessionem presbyteri itineris rectitudine perveniens 411, 30; possessio, cui vocabulum est ill. 580, 10; possessiones curtare et praecidere 404, 35; possessiones populares 403, 5 —15; p. regales, episcopales, monasteriales 403, 5.

possessores 556, 10. 25.

possidere: iure p. 294, 25; res per diversorum annorum curricula possessa 139, 20.

post se habere 8, 25. 35. 10, 1. 13, 25. 19, 15; post se dicere vinditum 15, 1; post se retenere 59, 10. 60, 10. 20.

67, 15. 92, 20. 157. 190, 15. 196, 25. 197, 15. 198, 25. 214, 30. 233, 1. 463, 35; post se recipere 67, 20. 68,5; post se preoccupare 537, 1; post iure alicuius vindicare 579, 20.

posteris derelinquere 16, 35. 582, 20; posteris relinquere *ex. gr.* 52, 1. 53, 1. 61, 15. 546, 10. 584, 25.

posteritas 54, 25. 94, 10. 97, 5. 172, 20. 233, 15. 324, 15. 325, 1. 352, 30. 353, 1.

postheredes 360, 30. 724, 30. 35.

potebat, *poterat* 252, 20.

potens vir 405, 25; potentes 291, 10; potentes palatini 70, 20. 105, 15; potentiores 382, 5. 424, 15.

potentia (regalis) 319, 10.

potestas: p. patris 148, 1; patres filios in potestate habentes 590, 15; se in alterius potestate commendare 135,1.30. 158, 15; venire in potestate, discedere de p 148, 1; subtrahere de alicuius potestate 158, 20; auferre de alicuius potestate 100, 5; revocare in potestatem *ex. gr.* 97, 5; suo iure et potestate 76, 20; *cf.* 304, 35; directa vel certa potestas 584, 25. 589, 30; illicita p. 308, 20; p. eligendi (episcopum) 549, 35. 550, 35. 551, 20; p., ut abbatem eligerent 397, 20; actorum potestas 588, 5; defensionem infra potestatem sancti eligere 273, 10; potestate pontificum, ecclesiasticorum officialium vel publicorum remota 72, 10; immunes ab omnium hominum potestate, nisi nostra *(regis)* et episcopi 399, 10; qualibet potestate praedita persona 318, 30; potestates diversarum dignitatum 439, 35; potestatibus ac primatis 73, 1; potestas principalis 23, 15; p. regalis 24, 30. 58, 1; p. regia 109, 5. 352, 1. 396, 10; p. imperatoria 381, 10. 434, 35; *v.* iudiciaria potestas.

potestativus: potestativa manus *v.* manus. — potestative 385, 5.

potiones malae 195, 5.

praeceptio = *praeceptum regis* 41, 15. 53, 25. 54, 15. 25. 58, 15. 61, 20. 63, 1. 10. 65, 15. 66, 5. 289, 1. 295, 30. 301, 30. 302, 1. 317, 1. 10. 322, 25. 327, 20; praeceptiones regales 37, 1; preceptio principe 44, 15; aequales preceptiones 68, 5; precepcio de lesewerpo 51, 5; p. de navibus 300, 30.

praeceptum, precepto 169, 25. 264, 15. 385, 10. 420, 5; p. (regis, regalis, imperatoris) 43, 1. 50, 20. 51, 15. 54—56. 58, 10. 61—65. 107—109. 112, 1. 121—125. 151, 1. 190, 5. 228, 30. 289, 30. 291, 10. 293—297. 303, 15. 306, 25. 308, 25. 30. 311, 1. 314—317. 322—324. 326, 35. 328, 5. 397, 20. 25. 415, 1. 434, 30. 459, 15. 25; praeceptum imperatorium 315, 20; imperialia praecepta 489, 1; preceptum dominicum *(— regale)* 107, 25; p. de aqueducto 322, 30; p. de clericatum 38, 5. 55, 10; p. confirmationis 297, 25. 299, 1; p. a modum commutationis 61, 15; p. super commutatione 289, 10; p. denariale; p. de servo per denarium ingenuum relaxato 124, 30; p. de episcopatum 37, 20. 45, 15; p. inmunitatis 295, 30. 296, 30. 297, 5. 306, 25; p., quid sit inmunitas 296, 20; p., quorum ab hostibus — fuerint instrumenta incensa 63, 15; p. interdonationis 38, 1. 50, 1; p. Iudaeorum 309, 1; p. de lesaeumwerpo 38, 1; p. pro monasterio igne cremato 122, 20; p. de mundeburdo 323, 5; p. de navibus 302, 10. 303, 15; p. negotiatorum 314, 30; p. de rebus abstractis et restitutis 291, 25; p. de rebus ecclesiasticis apud imperatorem commutatis 314, 1; p. de rebus forfactis et postea restitutis 293, 1; p. de (super) rebus redditis (reddendis) 321, 20. 323, 20. 324, 1; p. de venditione 125, 1.

praeda 173, 15.

praedecessores *ex. gr.* 66, 30. 299, 15. 303, 20.

praedia, predia 216, 15. 584, 15.

praedicare 220, 10.

praedicatio 45, 20. 109, 15. 318, 10. 25.

praefectus vel procurator regis 403, 20.

praeiudiciaria contentio 352, 25.

praeiudicium, praeiuditium: absque preiudicio 75, 15. 78, 5. 25. 81, 5. 99, 5. 100, 5. 20. 155, 25. 321, 20. 325, 1. 346, 25; sine preiudicio 353, 5; absque vestrum preiudicium et domni illius 7, 10; absque p. sancti illius, cuius terra esse videtur 7, 20. 11, 20. 18, 1. 25, 5; absque preiudicio (de statu) ingenuitatis 94, 10. 95, 15; preiudicium preparare, inferre *etc.* 139, 20. 25. 169, 20. 591, 10; praeiudicia pati 296, 25; possessio preiudicium generare non debeat 99, 15. 191, 15.

praelatus; praelati 215, 25. 297, 25. 298, 40. 304, 5. 319, 30. 516, 5.

praemium 39, 20. 550, 20. 551, 15; praemia *(dos)* 582, 30. 583, 1.

praenotare: instrumentus vel anterius vel posterius prenotatus 76, 1; epistolae ante testamentum prenotatae 87, 10. 476, 10.

praepositura 518, 5.

praepositus 237, 1. 331, 30. 361, 25. 385, 10. 386, 30. 389, 1. 20. 390, 5. 401, 10. 408, 15. 436, 25. 497, 35. 502, 30. 505, 15. 514, 35. 571, 10; per iudicio illo preposito 10, 10; ante illo preposito 12, 10; *cf.* propositus.

praesens pagina 480, 35; praesentes *(sc. litterae)* 106, 1.

praesentare: p. autorem 23, 10; p. in autericio 21, 10; p. epistolam, strumenta 15, 5. 136, 10. 411, 15; (homines) imperatoris obtutibus p. 368, 10; se *(imperatoris)* obtutibus p. 314, 35; presentare homines, testimonia 10, 10. 212, 20. 25.

praesentia *(regis, imperatoris)* 51, 5. 55 – 61. 67, 5. 81, 1. 107, 20. 108, 5. 155, 10. 228, 25. 288, 10. 15. 293, 10. 298, 10. 310, 30. 311, 15. 20. 319, 1. 5. 322, 15. 323, 5. 325, 25. 327, 20. 367, 1. 5. 398, 20. 505, 30. 506, 5; p. dominorum 28, 25. 29, 10; p. domini 524, 35; p. (regis) vel procerum 51, 10. 67, 1. 15. 155, 5. 288, 10; p. (regis) aut missorum 327, 25; p. regis aut principis loci 151, 20; p. principum 57, 5. 190, 5. 228, 30; p. procerum 288, 1; interfectus in praesentia (regine) 323, 25; presentia iudicis 154, 1. 594, 25; p. (comitis) 362, 20. 382, 15; p. inluster vir (inlustris viri) 536, 25; p. sacerdotum 140, 20.

praesentialiter, presentaliter 60, 1. 90. 214, 20.

praesidium, presiduos, presidiae 15, 25. 50, 20. 79, 20. 82—84. 198, 5. 203, 35. 204, 15. 276, 5. 477, 1; presidiae domus 50, 10.

praesignare 568, 15.

praestare: solidos p. 206, 15. 20. 594, 20. 35; solidos ad beneficium p. 93, 1. 195, 25; (terram) p. 99, 5; res ad usandum vel condirgendum p. 191, 10; ad usu beneficio ad excolendum p. 236, 1. 20; pristetum beneficium *v.* beneficium.

praestaria 70, 5. 99, 20. 100, 5. 40. 191, 20. 200, 1. 268, 45. 269, 20. 389, 35. 490, 30. 491, 40. 723, 10. 724, 1; p. de quinquennio in quinquennium renovata 270, 5.

praestatio 591, 10.

praestaturia epistola, *praestaria* 100, 5.

praestigatio 676, 1. 694, 15. 40.

praestigium 621, 35. 625, 20. *etc.*

praesul = *episcopus* 292, 1. 5. 295, 20. 307, 1. 334, 25. 387, 25. 427, 35. *etc.*; presol 480, 30; Gallearum presules 503, 15; presul archiep. 176, 35. 177, 45; apostolicae sedis p. 424, 10. 496, 35. 498, 20. 552, 35; summus p. 452, 35. 523, 15. 554, 40—555.

praetextus, praetextum 72, 10. 138, 25. 139, 10; = *defensio*, sub pretexto basilicae, sancti tenere 156, 15. 160, 25.

praetorium, praeturium ius 175, 1. 585, 15. 586, 15.

praevasores, *pervasores* 169, 25.

pras (?) 12, 35.

prasinus color 415, 15.

pratella 97, 1.

pratum, prado, prata, prada, pratae 5, 5. 7, 10. 16, 30. 17, 35. 18, 15. 30. 23, 20. 69, 20. *etc.*; pratae segaturiae 358, 1; de pratis Carbosanias 539, 5.

precare rem alterius 70, 5. 100, 15.

precaria, praecaria, pregaria, precaturia 69, 5. 70, 5. 77, 25. 78, 15. 133, 30. 139, 5. 20. 169, 15. 20. 191. 199. 235, 35. 236, 1. 242, 30. 35. 243. 244, 1. 253, 35. 254, 20. 255. 256, 1. 268, 25. 269, 15. 490, 1. 491, 10. 548, 20. 591; *cf.* 597; p., quam pater a filiis suis accipit

Q.

novata 243, 5; infra quinquennium litigari, convinci 134, 20. 154, 15. 155,5.

quoddicis pubplicas, publicus, *codices publicos* 29, 15. 202, 30.

quoequalis, *coaequalis:* duo appennis quoequales 15, 15.

quoheredes, *coheredes* 172, 30.

quondam, condam *nominibus mortuorum additur* = *'weiland':* ille, illa quondam 154, 5. 200, 30. 201, 20. 230, 15. 231, 15. 241, 10. 30. 243, 30. *etc.*

R.

rabacis *v.* rapaces.

rabbi 308, 1.

rachinburgi, rachimburgi, racimburgi, racinburgii, racineburgi, reginburgi, raciniburdi 22, 5. 211, 15. 213, 15. 214, 10. 237, 25. 247, 15. 251, 15. 25. 252, 1. 10. 30. 362, 20. 30. 465, 20. 598, 10.

ramus: per ramos de arbores (tradere) 164, 25.

rapere feminam volentem, sine diffinitione parentum, sine eius clamore 154, 20.

rapina 152, 25. 154, 5.

raptor = *raptor feminarum* 224, 30.

raptum *pro* ratum: raptum et aptum 203, 5. 207, 5.

raptus, rapto, raptum = *raptus feminarum* 12, 35; quando masculus et femina pariter raptum consenserint 134, 20. 154, 15; rapto scelere = *raptus scelere* 85, 15. 20. 93, 25. 144, 1. 277, 20; securetas de rapto 19, 25.

rasorium 414, 10.

rasura 414, 1.

ratio, racio: dedit illi ad racione illo (= *illius)* campo, campello 7, 15. 20; cellulam vel de ratione eiusdem cellulae (quicquid *etc.*) 305, 30. 35; aria infra civitate de ratione sancti illius 724, 1. 5; area, posita infra civitatem, in ratione illius 158, 5; = *'Rechenschaft':* rationem deducere 170, 5; reddere rationem 311, 15. 327, 20. 25. 513, 35; ratio (ex missatica) regi indicari noluisset 514, 20; rationes deducere ante tribunal Christi 77, 20. 79, 5. 10. 99, 15. *etc.;* dicere, tradere, reddere rationes, rationem *(in iudicio)* 211, 15. 214, 30. 230, 20. 362, 25. 463, 15. 25; = *iudicium, quaestio:* esse in racione 9, 10. 20. 23, 5. 156, 25. 157, 35. 174, 10. 15; adstare in rationes publicas 152, 5; assistere in rationibus publicis 537, 15; in raciones introire 152, 10; venire in rationis ante (regem) 196, 25; habere rationem apud, contra aliquem 362, 25. 30; stare aput recta racione de illa causa 334, 1; furtum, unde ratio agitur 666, 30.

rationalis causa 398, 5.

rationare = *disceptare* 95, 5. 155, 10. 165, 10.

ratum habere, ratum esse 4, 25. 21, 20. 22, 35. 23, 1. 29, 10. 95, 5. 98, 5. 136, 20. 146, 15. 159, 5. 165, 10. 170, 1. 175, 40. 190, 15. 203, 5. 207, 5. 216, 30. 594, 15 (*cf. ib.* 25. 30); *cf.* raptum.

rauba, raupa 13, 30. 60, 20. 67, 1. 15. 20. 68, 5. 207, 20. 231, 15. 237, 25. 598, 5.

reatus 454, 25. 657, 30. 659, 25. 676, 20.

rebelles 291, 15.

rebellio, revellum: tempore rebellionis 298, 20. 302, 35; faciente revello 62, 20; pro tale revello in vita ipsius eos ordinaveramus insequere 62, 25.

recensere cartas, epistolam *etc.* 42, 1. 62, 5. 63, 25. 150, 20. 170, 30. 171, 1. 176, 10. 506, 15. 588, 1.

recipere causas 38, 10. 56, 10. 15; recipere pupillos 134, 10. 148, 10.

recisturium 170, 5.

recitare, recidare mandatum, litteras *etc.* 29, 25. 97, 25. 98, 10. 117, 15. 137, 1. 5. 143, 35. 171, 1. 176, 10. 178, 5. 203, 1.

recitatio 98, 10.

reclamare 233, 35. 281, 10. 357, 5.

reclamatio 231, 25. 235, 15; r. ad regem vel ad ducem 380, 10.

recludere se 426, 5.

recognoscere 17, 20; causam r. 213, 1; cartam veram et legitimam recognoscere 214, 15; recognitis sigillis 86, 10. 476, 5; in omnibus se recognovit, quod hominem contra legem calumniabat 158, 1; se recognoscere in omnibus exuatum 362, 25; se r. ad ipsa casa Dei 214, 5; se r. pro colono, ad colonitium 194, 10. 211, 15. 20. 213, 15. 463, 20; = *cartam, diploma recognoscere* 397, 15. 399, 35. 434, 35. 518, 35. 556, 35; recognoscere et subscribere 111, 25. 320, 10.

reconciliatio 382, 10; carta reconciliationis 382, 5. 15.

recontendere 252.

recrastinatio 417, 30.

recredere: pro colono se r. 194, 10. 211, 15. 20. 463, 20; ad servicio se r. 230, 20.

recrescere (?) 537, 5.

rector: serenissimus augustus, rector Francorum *etc.* 397, 10; rectores palatii 262, 20; rectores provintiae 404, 35; rectores civium 14, 25 (*cf.* 170, 20); rector, rectores ecclesiae, basilicae, monasterii *etc.* 20, 35. 134, 25. 45. 139, 5. 155, 15. 156, 10. 20. 159, 20. 30. 160, 20. 190, 25. 191, 20. 199. 211, 20. 262, 5. 15. 266, 30. 283, 10. 35. 292, 20. 297, 30. 298. 299. 300, 15. 25. 303, 5. 308, 30. 313, 15. 317, 20. 322, 10. 348, 10. 350, 10. 354. 361, 5. 384, 5. 385, 5. 396, 1. 5. 400, 20. 402—406. 441, 1. 5. 477, 10. 489, 10. 532, 15. 544, 40. 545, 25. 549, 30. 566, 5. 724; rector, qui est custor ecclesiae 191, 25; abbas vel reliqui rectores monasterii 428, 20.

rectus: recta curtis 388, 20.

reculae ecclesiae 396, 30.

recuperacio 368, 5.

reddere 148, 25; res, terram reddere 214, 30. 292, 10. 20. 357, 10; praeceptum de (super) rebus redditis, reddendis 321, 20. 323, 20. 324, 1; per manibus hominem reddere 213, 15; = *solvere, praestare* 25, 30. 35. 92, 20. 25. 93, 1. 5. 96, 15. 100, 20. 139, 15. 163, 15. 187, 5. 598, 10; servicium, obsequium *etc.*, reddere 8, 20. 252, 5. 281, 25. 418, 20.

redditus, reditus: r. terre 94, 10. 97, 5. 597, 1; capella cum omni reditu 264, 20. 25.

redebere, reddebere, redibere = *debere* 4, 10. 25. 18, 30. 56, 10. 477, 1; servicium r. 8, 1. 5. 20; obsequium 11, 10 (*cf.* tradebere). 12, 1; colonitium redebere 212, 1. 213, 10. 30. 35. 214, 1. 5; nec aliud (non) redebeo, nisi isto edonio sacramento 8, 35. 10, 5. 22, 25. 194, 20. 195, 5; mithio redebere 57, 15. 20. 58, 5. 10.

redemptibilis: hereditatem cognatis suis acclinem et redemptibilem ad monasterium delegare 401, 15.

redemptio 381, 1. 401, 20. 402, 15. 435, 25. 436, 10; redemtio vitae 154, 25.

redemptionalis: cartola redemptionale 204, 30; redemptionale *eadem significatione* 204, 25. 205, 1.

redemturia 31, 1.

redibutio, reddibucio, redibitio; redibitiones 44, 15. 45, 5. 107, 10. 15. 111, 35. 112, 5. 290, 25. 294, 30. 295, 20. 299, 30. 301, 20. 307, 1. 308, 20. 458, 1.

redimere, redemere 353, 5. 10. 381, 1. 5. 387, 20. 389, 25. 30. 390, 1. 5. 401—403. 435, 25. 436, 10; (res) cum tercia parte weregeldi redimere 408, 10; aliquem redimere, se redimere 31, 1. 5; se r. de servitio 204, 30; iam morte adiudicatum de pecunia sua redimere 93, 10; pro labores redimendas (?) 538, 5.

referendarii, refrendarii 59, 1.

referre *(de missorum relatione ad regem dicitur)* 321, 5. 524, 35.

reformare = *restituere* 536, 10.

refragare 44, 1. 84, 10. 88, 5. 156, 35. *etc.*

refragatio, refrecacio *ex. gr.* 17, 1. 19, 5. 51, 1. 89, 1. 144, 10. 201, 10. 489, 20.

refrigerium 343, 25. 365, 25. 448, 1.

regalis 47, 5. 174, 10. 15; aerarium regale 337, 35; auctoritas regalis; cartae regales 39, 1. 228, 25; censura regalis 66, 10; cessiones regales 38, 1. 52, 5; clementia regalis; concessio regalis 395 *sqq.* 434, 15; confirmatio r. 123, 35. 124, 15. 126, 25; regalia conpendia 52, 5; curtis regalis 399, 30; epistola r. 119, 15. 120, 20. 462, 40. 45; fiscus r. 324, 20. 396, 25; r. gratia 486, 20. 25. 487, 20; honor r. 178, 40; indiculum regale 201, 25; infolae regales 173, 10; ius regale 396, 30; palatium r. 108, 10; plenitudo regalis 174, 20; possessiones regales 403, 5; potestas regalis 58, 1; praeceptiones regales 37, 1; preceptum regale 121—125; regimen r. 173, 10; regalis sanctio 39, 10. 41, 20; regale solium 521, 15; regalis sublimitas 44, 1; regalis *(amanuensis? notarius?)* 28, 15; regaliter 119, 20.

regere: imperium regere 528, 20; regendi cura 58, 20; regere pagum, populos *(de comite dicitur)* 48, 1. 5; omnes iure fisci regentes 180, 20. 181, 10; *de episcopis et abbatibus dicitur, ex. gr.* 270, 15 20. 283, 1. 318, 30. 380, 30.

regimen 48, 1. 5. 162, 10; r. regale 173, 10; fidem erga regimen custodire 109, 15; cura regiminis 363, 35; in regimine habere 205, 5. 290, 10. 322, 5; regimen populare ecclesiae 47, 5; r. episcopalis providentia(e) 497, 10; spiritale r. 398, 20. 400, 5.

regina 70, 10. 101, 1. 5. 173, 1. 20. 181, 5. 261, 35. 262, 20. 302, 35. 323, 25. 501, 45. 510, 5. 523, 10. 526, 1. 529, 1; regina domni Karli piissimi augusti 323, 25.

regio: civitate regione *(= civitatis regio?)* 15, 30; *cf.* 23, 5; de regionum situ quaerere 423, 20; Toronica regio 222, 1; r. Mosellana 422, 1; r. Francorum 498, 20; r. Baioariorum 396, 20; r. Romanorum 618, 10.

regius: regia conlatio 65, 15; r. dignitas 525, 35. 526, 10; r. emunitas 43, 5; fiscus regius 293, 20; regia ius io 62, 20; maiestas r. 311, 20. 313, 15. 518, 15; munus regium 40, 5. 50, 10. 62, 5. 10. 150, 20; *cf.* 482, 5; regia potestas 109, 5. 352, 1. 396, 10. 526, 1; r. sollicitudo 45, 15. 335, 15; villa r. 399, 25.

regnare 86, 10. 94, 25. 97, 15. 106, 20. *etc.*; in regno nostro illo glorioso filio nostro illo regnare precipimus 68, 15. 20; anno ill. regnante rege 39, 25. 106, 25. *saepius*; regnante illo inperatore vel rege 267, 20.

regnum 2, 25. 41, 20. 45, 1. 62—66. 68, 15. 107, 10. 15. 111, 30. 112, 1. 201, 30. 222, 1. 308, 1. 315, 10. 368, 10. 399, 5. 15. 412, 10. 580, 20; regna 365, 35. 533, 25; regnum Francorum 39, 10; Segeberto regnum 221, 35; r. Borgundiae 481, 15. 20; r. Gotorum 580, 20; regnum gubernare 525, 25; regnum dividere 422, 1. 5; de regno nostro se transtulit 62, 20; sublimari ad regnum 53, 15; regnum sublimare 367, 15; regni diadema 526, 5; regni monarchia 526, 10; regni successores 398, 30; pro statu regni (regno) Dei (Domini) misericordiam exorare 415, 10. 460, 15; statum regni impetrare precibus 398, 20. 25; pro statu regni orare 508, 5; regni stabilitas 46, 20. 200, 25. 318, 1. 336, 5. 364, 1; regni monimentum 43, 5; clementia regni; regni gubernacula 173, 10. 526, 5; res regni vestri sitas in dicione 367, 10; regni provinciae 296, 5; fideles regni 459, 1; fidelitas erga principem et regnum eius 288, 20; regni utilitates ordinare et disponere 325, 35; exordium regni 173, 15; annus regni; (iurare) per regnum ill. regis 577, 20. 578, 25. 587, 10. 590, 25. 591, 15.

regressus 348, 5. 460, 5. 476, 35.

regula, regola 40, 1. 15. 20. 414, 1. 479, 35. 480, 1. 491, 25. 30. 569, 10. 20; *v.* S. Benedicti regula *in indice nominum*; secundum regulam diiudicare 480, 1. 569, 20; regulam promittere 570, 35; observatio regulae 479, 30. 569, 10; ter in anno lecta et tradita regula 570, 5.

regularis 343, 15. 353, 25. 482, 25. 527, 25. 580, 5. 15; regularis vita 424, 30; r. disciplina 497, 25. 502, 20. 560, 5; r. ordo 343, 30; r. abbas 481, 5.

regulariter, regolariter 46, 15. 349, 1. 351, 20. 400, 10. 479, 15. 481, 10. 553, 1. 568, 40. 570, 25.

relatio, relacio 120, 35. 424, 25. 534, 35; paterna relatio 403, 15; *(de amissione instrumentorum)* 14, 20. 15, 1. 63, 20. 64, 5. 150, 20; relatio pagensium ad regem directa 38, 20. 64, 15. 121, 10. 122, 30; noticia relacionis 14, 20. 15, 35; cartola relatione, que dicitur apennis 202, 15. 20; *(de homine forbattuto)* relatio cum iudicio 134, 20. 152, 25; notitia instar relationis 153, 15; relationem de morte per iudicium accipere 154, 1.

relatum 368, 15; *(de amissione instrumentorum)* 151, 25. 35; incipiunt relati 162, 1; relatum, que dicitur apennis 202, 10.

relaxare: debitum sibi relaxare servitium 577, 5; qui debitum sibi nexum relaxat servitium 95, 10. 141, 20; qui debitum sibi nexumque servitium relaxat 273, 25. 274, 10; qui debitum sibi nexum atque competens relaxat servitium 544, 25; = *manumittere:* relaxare ingenuum *v.* ingenuus; r. a iugo servitutis *ex. gr.* 75, 15; digido relaxare 222, 40—223; (filium) a dominio corpore r. 590, 20; *de coniugibus divertentibus dicitur:* ad vicem se relaxare 24, 25; =*concedere:* per precariam relaxare 255, 5; prestare vel r. 236, 1; per beneficium ad usufructuandum, excolendum r. 242—244. 249, 40—250. 254, 1. 25. 30; relaxato peculio 577, 15. 578, 10.

relegere 4, 15. 157, 35. 176, 10. 201, 5. 297, 35. 317, 10; relegi, cognovi et subscripsi 576, 10.

religio, relegio 311, 25. 442, 5. 482, 30. 518, 15. 578, 30. — relegionis *(pro* relegationis) 18, 20.

religiosi 30, 10. 595, 25; religiosus abbas 497, 35. 502, 30.

relinquere: moriens r. 50, 20. *etc.*; posteris r.; heredibus r. 276, 10; filiis r. 164, 15; r. cui lex est 164, 15; res inordinatae atque indispositae relictae 316, 20. 25. — relicta = *vidua* 323, 5.

reliquiae 266, 30. 268, 1. 30. 384, 1. 505, 20. 507, 30. 570, 15. 579, 5. 609, 5. 613, 20. 619, 40. 622, 15. *etc.*; reliquias sanctorum nobis polliceri dignati estis 452, 1; reliquias s. nobis transmittere (precamus) 523, 25.

remallare de homicidio, de conpositione 280, 25. 281, 1.

remallatio: nulla remalacio nec nulla reclamacio 231, 25; de ipsa leode remalationem facere 231, 10.

remanere: nihil de praetio apud te remansisse polliceor 581, 1.

remutare 17, 1.

renovare precariam 78, 10. 81, 20. 99, 10. 100, 25. 139, 25. 169, 15. 20. 191, 20. 199, 35—200. 243, 5. 269, 25; renovare praestariam 270, 5; constitutionem nova auctoritate renovare 398, 1.

renuntiare, renunciare, *de missis regi vel imperatori renuntiantibus dicitur* 291, 20. 293, 25. 321, 5. 322, 10. 324, 10. — seculo renunciare 491, 30.

reparatio ecclesiae 580, 5.

reparator alodis 224, 10.

repastus 505, 10; mansionaticos aut repastos exigere 480, 35.

repellare, repellere: r. in causa 21, 5; causas r. 216, 20.

repetere, repedere 5, 35. 6, 10. 20. 7, 5. 35. *etc.* 189, 10. 20. 194, 1. 207, 15. 20. 211, 10. 212, 1. 213, 10. 25. 214, 25. 230, 15. 231, 15. 233, 1. 20. 251, 20. 252, 1. 30. 538, 1; nec ego monachos res meas repetam 385, 15.

repetitio, repeticio 5, 15. 17, 20. 20, 1. 25, 20. 63, 5. 10. 81, 15. 108, 10. 138—140. *etc.*

repetitor 73, 10. 76, 5. 148, 10.

reportare = *referre* 296, 10.

repraestare 436, 5; r. res per precariam 381, 15. 386, 20. 401, 5. 402, 15. 405, 10; per prestariam r. 389, 35.

reprehensio 500, 1.

reprobus 5, 25. 170, 15.

repromittere: se repromisit (?) 463, 25.

repudiare 145, 20; (filios naturales) de hereditate (patris) r. 208, 15.

repudium: libellum repudii 69, 30. 94, 15. 134, 5. 145, 20. 146, 5. 248, 10. — repudiis *perperam pro* dotis 271, 40.

reputare, repotare = *accusare, repetere* 8, 30. 10, 1. 19, 20. 22, 20. 610, 35. 611, 5; de reputatis condicionibus 57, 1. 20.

reputatio 610, 30.

requirere 44, 15. 84, 20. 25. 107, 20. 112, 5. 127, 15. 315, 15. *etc.*

requisitio, requesitio 94, 25. 146, 1. 246, 10. 253, 10.

res: res magna 38, 10. 58, 15. 69, 1. 70, 20. 135, 5; res propriae; res et causae 165, 5; res aut (vel) corpora 293, 1. 482, 5; res forfactae et postea restitutae 293, 1; *plerumque inmobilia, ex. gr.* 7, 10. 11, 30 97, 10. 98, 25. 156, 10; rem alterius excolere 100, 15; res ecclesiae 70, 5. 99, 20; res ecclesiasticae apud imperatorem commutatae 314, 1; res abstractae et restitutae 291, 25; res redditae, reddendae 214, 30. 292, 10. 20. 321, 20. 323, 20. 324, 1; praeceptum de rebus post acceptam libertatem 315, 20; = *mobilia* 92, 10; covenentia de terris et rebus 134, 35; = *causa iudicialis* 298, 10. — res publica 14, 25; gesta rei publicae 86, 15. 476, 5; rem publicam administrantes 300,30. 302,15; rei publicae procurator 308, 10. 15. 399, 20; rei publicae status 421, 25; in re publica, rebus publicis prosolvere 349, 10. 350, 20. — rerum statue (status?) 45, 15.

rescribere, rescribire de prosecutione celebrata 170, 1. 175, 40. 176, 25. 209, 5. 30. 35; rescripta sunt 474, 5; rescriptum *v.* rescriptio.

rescriptio, rescripto, rescriptum, rescribtu, rescribtum 48, 20. 70,10. 101, 10. 102,10. 108, 30. 117, 15. 120, 25. 176, 1. 20. 421, 20. 467, 30.

reseratis oraculis 46, 5.

reservare: quartam (portionem heredibus) r. 18, 20. 19, 1. 144, 25; in Falcidia heredibus r. 477, 5; usum r. 86, 25; causas in (regis) praesentiam, usque ante (regem) r. 58, 15. 111, 20. 197, 25. 315,15. 319,5; iustitias industriae vestrae *(comitis palatii)* reservandas 122, 20.

reservire 486, 35.

residere, resedere, residire: r. cum honore 311, 10; r. sub ingenuitate nomen 8, 15; r. in integra ingenuitate 11, 10; super terram (monasterii) residere 290, 25; r. ad proprium *v.* proprius, quietus; (in) curia publica resedere in foro 4, 1; residere *in iudicio* 14, 25. 59, 1. 5. 211, 10. 212, 15. 213, 5. 230. 231, 15. 25. 251, 15. 252, 1. 253, 20. 256, 10. 282,1. 362, 20. 463, 30. 465, 20; resedere vel adstare 214, 10; = *situm esse:* viniola residit in terraturium sancti illius 6, 10.

resisus: post banno resiso 212, 10.

respectabilis, respectualis: ingenuitas respectabilis 274, 10; tradicio respectuali 279, 10.

respondere *in iudicio* 463, 15; per instrumenta aut de annis respondere 66, 25; respondendi induciae 434, 5.

responsio 420,5; proposicionis vel responsionis eloquia (alloquia) 37, 10. 58, 20.

responsum *in iudicio* 593, 20; in responsum introire nolle 152, 5; responsum dare, in responsum, responsis, responso dare 12, 15. 21, 10. 22,10. 59,15. 61, 1. 121, 10. 157, 1. 174, 15. 212, 1. 252. 463, 35. 505, 10; responsum ad defendendum promitto afferre 591, 10.

restaurare monasterium, ecclesiae aedificia *etc.* 115, 15. 302, 1. 5. 308, 45; opus in melius restaurare 445, 15.

restituere 280, 30. 281, 1. 291, 25. 293, 1. 296, 1. 384, 30; sumptus, expensas r. 152, 1. 15; in propria restitutus 474, 25.

resultare 6, 15. 25. 7, 1. 20. 11, 10. 13, 1. 16, 15. 20. 17, 20. 19,25. 20,1. 24, 20. *etc.*

retinere, retenere: post se r. *v.* post; epistolam secum, apud se retinere 149, 1. 151, 20.

retractare 224, 1.

retractatio, retractio 403, 15. 518, 25.

retributiones 201, 5. 15.

retrusio 498, 15. 499, 15.

reus 224, 30. 492, 25. 617, 5. 626, 20. 630, 30. 643, 1. 646, 20. 701, 1. 702, 25.

revellare, *revellere* 100, 15.

revello *v.* rebellio.

reverti: vestitu manu in placito (palatio c.) reversus est in propria 362, 30; ad servitium sibi reversus fuit 213, 1.

revestire 21, 10. 59, 10. 121, 5. 174, 20. 214, 30. 233, 10. 252, 25. 282, 15. 362, 25.

revincere 424, 20; revictus 282, 15.

revocare 100, 20. 324, 5. 579, 25; ad publicum r. 323; sub fisci titulum r. 62, 25; r. in servitio 31, 10. 334, 20; r. in potestatem *etc.* 97, 5. 139, 1. 20. *etc.*; r. in propinquietatem (?) 28, 20. 25.

rewadiare 230, 20. 538, 5; r. leode ad parentes 256, 20.

rex 2, 20. 25. 4, 1. 16, 1. 39, 25. 41, 5. 43, 1. 44, 5. 10. 45 *sqq. et passim;* christianissimus rex 521, 15; seniore nostro, domno rege 532, 35; rex, princeps Francorum 498, 5. 10; gratia Dei rex *v.* gratia; rex vir inluster *v.* inluster; tempora regis vel nomen eius 360, 25; adventus regis in civitate 532, 35; aerarium regis 348, 20. 356, 35; antrustio regis 38, 5. 55, 1; auctoritas regis; aula regis 168, 5; camera regis 388, 10; cartae regum 62, 1; cessio regis (de privilegio) 37, 20. 41, 5. 123, 25; confirmatio regis 38, 5. 20. 44, 5. 134, 15. 150, 10. 201, 5. 503, 1; consensus regis 499, 25; curta regis 426, 35; domesticus regis 106, 10. domus regis 482, 15; donationes regum 298, 1. 322, 15; regis emunitas 37, 20; epistola regis 119, 25. 121, 10. 411, 15; exercitus regis 63, 15. 20. 150, 15; filius regis 70, 20. 106, 5; *cf.* 68, 20; fiscus regis 346, 5. 15. 403, 10. 408, 15. 435, 35; specialis honor regibus 433, 1; indiculum regis 37, 20. 46, 10. 121, 1; inmunitas regis 307, 25. 403, 15. 20; interventus regis 496, 25; iudicium regis 38, 10. 58, 15; iussio regis 213, 5; iussum regis 43, 15; licentia et commeatus regis 528, 25; mansionarius regis 468, 10; manus regis 38, 1. 51, 5; regis missus 38, 5. 56, 1. 214, 25. 403, 15; mundeburdis regis 38, 10. 58, 1. 111, 1; munificentia regum 64, 20; munus regis; nativitas regis 38, 25. 68, 10; ordinatio regis 106, 5. 10; palatium regis 464, 1; praeceptiones regis 317, 1; preceptum regis 37, 20. 122, 20. 124, 30. 317, 1; praefectus vel procurator regis 403, 20; praesentia regis 107, 20; salus regis 40, 15; seniores servi regis 403, 15; servitium regis 380, 20; signum regis 396, 15. 399, 30. 460, 20; regis tractatoria 121, 35; villae regis 70, 20. 106, 5. 10; voluntas regis 38, 5; — ille rex illo comite 107, 25; de rege ad regem 412, 1; indecolum ad alium regem 48, 5; rescriptio ad regem 48, 20; epistola, indiculum ad regem regi mittenda *etc.* 37, 20. 119. 1. 260, 20. 261, 30. 330, 30. 331, 1. 415, 1. 462. 40. 467, 35. 504, 10. 534, 1; reclamatio ad regem 380, 10; relatio pagensium ad regem; carta dinariale ante rege(m) 190, 1; commutatio cum rege 38, 15. 61, 5; ratio(nem) regi ex (missatica) indicare 514, 20; licentiam cum rege loqui non habere 174, 1; causam contra regem amittere 62, 20; a regibus urbs emunitatem promeruit 502, 1; legati directi ab ill. rege 453, 35; leudesamio regi promittere 68, 15; ad domnum regem monasterium aspicere decrevit 481, 35; possessio solis regibus subiecta 399, 25; (fratres) nulli nisi regibus subiecti 397, 20. 25; a regibus relaxati 288, 5—15. 434, 30. 460, 25. — *imperator rex dicitur ex. gr.* 215, 20. 546, 20.

rhetor: rethores 37, 5. 10.

rhetorica 423, 20.

riga 97, 5; rigas facere 320, 5.

ripaticus 301, 15. 302, 25. 309, 10. 310, 15.

roborare = *firmare:* ad basilicam roborare (= *donare)* 241, 30; commutatio scriptis roboretur 338, 1; per cartarum saerie roborari 241, 35; gestorum allegatione roborare 29, 5. 170, 25. 176, 5. 209, 10; subscriptionibus roborare 559, 30; noticiam, cartam *etc.* manibus roborare 9, 10. 15, 1. 15. 29, 25. 41, 1. 44. 47, 10. *etc.*

roboratio = *firmatio* 169, 10.

rodoticus *v.* rotaticus.

rogare: cartam *etc.* fieri, scribere, conscribere, firmare, subscribere, rogavi, rogavit *etc. passim, ex. gr.* 5, 35. 6, 5. 15. 7, 25. 35. 76, 1. 87, 20. 141, 1. 159, 10. 176, 20. 186, 20. 25. 216, 15. 20. 217, 35; missi dominici noticiam ex hoc fieri rogaverunt 464, 10; ego rogatus, rogitus scripsi (et subscripsi) 345, 35. 381, 10. 389, 20. 390, 5; ego cancellarius rogatus scripsi et subscripsi 725, 15; rogitus scriptor accessi 579, 1. *etc.;* testes rogiti 576, 5. 578, 35. 587, 15. 591, 15. 20. 595, 1. 30.

rotaticus, rodoticus, rotatico 107, 15. 112, 1. 201, 30. 310, 15. 315, 20.

rusticus: rustici famuli 584, 10; rustica mancipia 586, 1.

S.

sacco 225, 25.

sacer 101, 10. 372, 1. 406, 20.

499, 1. 518, 20. 520, 10. 15. 522, 30. 526, 20. 35. 618, 20. *etc.*; sacre virgines 498, 15; volumina sacra 40, 10; sacras fontis 225, 1; ordines sacri; sagri imperatores 174, 30; sacrae litterae *(regis)* 48, 15; sacrum palatium 455, 25. 532, 15.

sacerdos; sacerdotes *ex. gr.* 41, 5. 65, 5. 261, 1. 497, 30. 502, 25. 691, 25; intervenientes sacerdotes 85, 20. 88, 20. 144, 1. 277, 25; sub presentia, in conspectu sacerdotum *(manumissio)* 141, 20. 216, 1; Greci sacerdotes 413, 25; per omnium sacerdotum coronas 590, 25; = *episcopus* 396, 10. 499, 30. 549, 35; summus sacerdos 414, 15. 451, 40. 452, 35. 453, 15. — sacerdotes Iudaice secte 474, 15.

sacerdotalis: officium sacerdotale 426, 20. 427, 25; officium sacerdotalis ministerii 498, 35; ordo sacerdotalis seu leviticus 409, 25.

sacerdotium 263, 5. 328, 25. 411, 5. 413, 10. 423, 35. 427, 20. 25. 428, 10. 517, 5; dignum ad sacerdotium subiendum praebere testimonium 598, 30; summum sacerdotium 421, 20. 430, 25.

sacire 66, 25. 70, 5. 100, 15. 236, 10. 25. 251, 20—30. 252, 25. 35. 253, 1.

sacramentalis = *breve sacramenti* 9, 30; notitia sacramentale 194, 10; carta sacramentale 211, 25; iudicium sacramentale 251, 30.

sacramentum; sacramenta 10, 5. 22, 25. 161, 25. 211, 15. 282, 15. 357, 5. 362, 25. 384, 1. 514, 10. 578, 15. 584, 30. 594, 5. 616, 20. 719, 1; sacramentum idoneum, edoneum *etc.* 8, 35. 10, 5. 22, 25. 154, 10. 157, 25. 194, 25. 195, 5; s. iudicatum 22, 25. 282, 15; s. adchramire, aframire, adramire 161, 30. 211, 10. 212, 5; excusare sacramento 10, 10; per sacramentum se exoniare 640, 15. 20; sacramentum excipere 154, 10; sacramento menime recipere voluit 10, 10; de ipso sacramento iectivus 211, 15; *cf.* 282, 10. 15; ubi sacramenta percurrunt, precurrunt, soluta sunt 68, 1. 194, 15. 212, 5. 10. 213, 1; breve sacramenti, sacramentorum 9, 30. 134, 20. 30. 154, 1. 157, 15. 35; noticia sacramenti 8, 15. 30. 22, 15; conditiones sacramentorum 592, 5. — sacramenta perficere et plebibus dare 428, 5; sacramentum baptismi 318, 25.

sacrare, sagrare 179, 5. 10; Deo sacrata (abbatissa) 66, 10. 108, 20. 109, 1. 198, 35. 200, 30. 283, 25; sacratissimus locus *(monasterium)* 401, 20; sacratissimus fiscus 73, 20. 76, 10. 170, 10. 175, 30.

sacratarius 386, 30. 390, 5. 408, 15. 436, 25.

sacrificium = *donatio ad ecclesiam data* 77, 10. 190, 20. 30. 191, 10. 30. 215, 20. 369, 35; = *eucharistia* 717, 40.

sacrilegium 578, 15.

sacrosanctus: sacrosancta ecclesia, basilica 140, 20. 156, 5. 159, 20; sacrosancto altario 192, 1. 194, 15. 195, 1; sacrosanctae litterae 442, 25.

saecularis, secularis 388, 25. 414, 30; pastoralem locum suscipiant seculares 481, 35. 40; seculares viri 54, 10; secularis clericus 222, 20; seculares consuetudines 502, 5.

saeculum: seculum relinquere 353, 20; seculo renunciare 491, 30.

saepes, sepes, sevis 297, 1. 387, 5. 388, 1. 5; sevis *(saepibus)* incisis 15, 30.

saepta: septa finium 40, 10; s. villarum 297, 1.

sagina 383, 40. 384, 5. 403, 25.

saginari 460, 1.

sagmarii, saumarii 112, 1. 301, 5.

sagum 405, 30.

saiga 388, 5.

sal 49, 15. 292, 30. 301, 5. 302, 20.

salica terra 358, 15.

saltus: silva vel potius saltus 383, 40; saltus communes 402, 5. 403, 5.

salus: pro salute (regis) exorare 40, 15. 66, 15; salus patriae 40, 15. 43, 1; communis salus 482, 20; regi gentique suae salutem 578, 25; Gotorum salus 580, 20. — *salutatio in epistola:* indicolorum salutes 441, 35; postea salutem ponat 558, 30.

salutaticus, salutatico 107, 15. 112, 1. 301, 15. 325, 15.

salutatio *ex. gr.* 46, 15. 468, 15. 563, 25.

salvatio 327, 10; s. confinium 510, 10.

sambuca 5, 10.

samio (?) 68, 40.

sancire, sanccire: sancxit, sancxerunt, sancserunt, sanctitum, sanxum 29, 1. 42, 1. 66, 45. 137, 10. 25. 172, 15. 210, 5. 241, 35. 308, 1. 328, 20. 388, 35. 480, 10. 536, 30. 570, 20.

sanctimoniales 425, 1.

sanctio, sanccio 497, 40. 502, 35. 544, 35; regalis sanctio 39, 10. 41, 20; imperiales sanctiones 537, 20; legum sanctio 293, 5. 589, 20.

sanctitas vestra, *titulus, ex. gr. papae* 424, 25, *episcopi* 60, 1. 101, 5. 102, 5. 15, *abbatis* 104, 5.

sanctuarium; sanctuaria 123, 25. 624, 40.

sanctus: loca sanctorum, loca sancta 48, 25. 65, 10. *etc.;* sanciores monachi 161, 5; emunitate sanctorum 200, 20; sancta sanctorum 617, 30. 620, 30; sanctissimus imperator 215, 5.

sanguinolentus: carta de sanguinolento 21, 20; infantulo sanguinolento 21, 25. 141, 5.

sanguis: infantem a sanguine emere 141, 15.

sanus: sanus de profundo abstrahatur 703, 1; (servus) sanus 90, 20. 229, 10. 35. 277, 10; sano corpore 140, 10. 185, 20; sana mens 404, 15; sana voluntas 326, 25; *v.* consilium.

saphirinus color 421, 15.

sapo, sapono 262, 5. 287, 15. 405, 30. 602, 25. 651, 10.

satisfacere 13, 20. 67, 15. 155, 15. 211, 5. 237, 25. 400, 25. 425, 5. 489, 20. 594, 25. 598, 10.

satisfactio pro duplum 186, 25.

saulsadire *v.* solsadire.

saumarii *v.* sagmarii.

scabini 230, 15. 280, 20. 282, 10. 15. 464, 5.

scapio 597, 30.

scara = *exercitus* 510, 15. — scaram facere = *'nuncium seu litteras deferre'* 315, 5. 10.

sceda 455, 20. 534, 30. 535, 5. 10. — scedola, scedula 37, 1. 15. 70, 20. 119, 15. 371, 20. 407, 1. 448, 30. 35. 508, 20. 515, 30. 523, 40. 559, 1.

sceleratores 14, 20.

sceleratus 609, 1. 664, 30. *etc.*

scelus; scelera 48, 5. 93, 10. 154, 5. *etc.;* infra quinquennium ab hoc scelere convicti 155, 5; *v.* raptus.

scemata 443, 10.

scolasticum paedagogium 374, 30.

scribere: scripsi et subscripsi 345, 35. 348, 25. 359, 1. 381, 10. 382, 35. 386, 15. 35. 389, 20. 390, 5. 400, 30. *etc.;* scribere rogare *ex. gr.* 87, 20. 217, 35. 248, 10. 480, 5. 569, 25; scripto commendare memoriae 381, 25. 30; commutatio scriptis roboretur 338, 1; scripta 372, 30. 377, 20.

scriptio: scripciones 21, 5; scriptione de sumptibus litis et expensis 536, 1.

scriptor 579, 1.

scriptura, scribtura; scripturae 29, 20. 32, 30. 149, 5. 10. 186, 5. 202, 25. 576, 5. 578, 20. 40. 581, 10. 585, 1. 588, 15; scripturarum traditio 164, 20; perdonare una cum scriptura 533, 25; commutationes sive concambia rerum necesse est scripturae vinculo praemunire 385, 1; definitio scripturae soliditate firmatur 581, 15; voluntas scriptura conprobata 137, 10; voluntatem scriptura profiteri 137, 25; scripturarum series 84, 10. 85, 1. 123, 1. 149, 5. 163, 25. 175, 1. 271, 1; series scripturae 539, 20; *cf.* 588, 15; scripturarum tituli 79, 15. 144, 15; scripturarum solemnitas 142, 20.

scuria 380, 35. 388, 5.

scutarius 375, 25.

scutum: scuta auro micancia 177, 20; = *patena* 688, 10.

secretum: in publico, non in secreto 30, 5; monasterii secreta 40, 10. 499, 30.

secul- *v.* saecul-.

securitas, securetas 635, 1. 652, 45. 655, 5. 696, 20. 702, 15; epistola, carta securitatis 89, 1. 5. 156, 30. 231, 5. 280, 10. 25. 357, 20; securitas *eadem significatione* 6, 20. 25. 7, 1. 5. 12—15. 17, 15. 19. 20, 1. 5. 156, 35. 170, 5. 10. 189, 15. 206, 5. 207. 253, 10. 15. 281, 1.

538, 5. 10; s. de rapto 19, 25; s. de homicidio *v.* homicidium; s. *(regis)* 38, 20. 62, 15.

securus 22, 15. 57, 10. 159, 1. 253, 10. 280, 25. 543, 40; secure 264, 25; *cf.* ductus, quietus.

secus agere 40, 20. 74, 1.

sedes = *sedes episcopalis* 179, 30. 294, 20. 295, 10. 40. 303, 1. 304, 30. *etc.*; sedes apostolica 59, 15. 65, 10. 15. 77, 25. *etc.*; Romana sedes apostolica 104, 15; *cf.* 424, 10. 498, 10. 20. 501, 5; sedes summa aureaque Romana 452, 35.

sediciosi 14, 20.

segaturius: pratae segaturiae 358, 1.

segill- *v.* sigill-.

sella, qualem nos *(sc. rex)* insidere solemus 412, 15.

semena (?) 19, 1.

semiblaterator 412, 25.

semimobilis: corpora mobilia, inmobilia, semimobilia 586, 25.

semus: olca sema et absa 597, 15.

senatores provintiae 403, 25.

senatus 583, 1; s. coenobitarum 264, 10.

senectudo 510, 30.

senectus 82, 20. 190, 10.

senex 257, 1.

senior: seniores fratres 361, 25; regis seniores servi 403, 15; = *dominus* 15, 5. 15. 118, 5. 171, 25. 179, 10. 320, 5. 333, 15. 365, 35. 436, 30. 514, 15. 518, 25. 530, 35. 532, 35. 570, 5; seniores, quoscumque iudices esse constiterit 73, 1; confiteri seniori vel misso senioris 703, 15; sibi quaerere seniorem, qui se de rebus temporabilibus adiuvet 219, 30; nulli, excepto seniore, amplius delectet servire 371, 10; qui fideliter obtemperat seniori suo, voluntate(m) implet Dei 530, 35; senior communis 47, 1; basilica domni illius senioris 13, 20; ecclesia seniores, seniore loci *(= eccl. senioris loci? eccl. senior loci?)* 22, 10. 20.

senium 416, 20.

senodocio *v.* exsinodocius.

sententia 58, 20. 141, 10. 293, 5. 309, 20. 327, 25. 434, 10. 497, 15. 40. 502, 35. 535, 20. 595, 25. 717, 40; plurimorum ac meliorum praevaleant sententiae 551, 1. 5; legalis sententia 537, 1; iudiciaria sententia *(Dei)* 626, 20; finitiva sententia 111, 20. 197, 25. 310, 30. 311, 20. 315, 20. 319, 5. 10. 325, 30; sententia mortis 154, 25. — sententia *(legis)* 152, 15; legis s. 576, 1. 579, 25. 593, 25.

senus = *senex:* senos esse videtur 193, 10; seni et parvuli 262, 30.

separare, seperare: se a consortio coniugali s. 94, 20. 145, 25.

sepes, septa *v.* saep-.

seponere 595, 1.

sepulchrum: luminaria ad sepulchra 87, 5.

sequens: panis sequens *(= panis secundus, minoris qualitatis)* 49, 5. — vaccas cum sequentes *(vitulis)* 5, 10. 17, 35. 23, 25. 175, 15.

sequestrare 94, 25. 564, 20.

sequestri 403, 25.

serenissimus 174, 5. 215, 25. 218, 1. 219, 25. 292, 5. 293, 1. *etc.*

serenitas nostra, vestra, *titulus regis, imperatoris, ex. gr.* 46, 5. 48, 10. 50, 5. 55, 15. 119, 15. 302, 30. 458, 35.

sericus: serica texta 433, 5.

series 296, 10; = *scriptura* 41, 15. 42, 10. *etc.*; cartarum series 241, 35; gestorum series 554, 30; privilegii series 497, 20. 502, 15; scripturarum series *v.* scriptura.

sermo 174, 1. 594, 1; expletis sermonibus *(sc. partium in iudicio)* 593, 25; = *defensio, mundeburdum regis, imperatoris* 32, 30. 58, 5. 10. 66, 5. 311, 5. 315, 1. 319, 1. 325, 10.

sermocinationes 403, 15.

servicissima 205, 5.

servicium *v.* servitium.

servilis: s. conditio 216, 1. 5; servile iugum 382, 25. 396, 10; fece servili 577, 5; servile opus 337, 20. — canonice, non autem serviliter obtemperare 399, 10.

servire *ex. gr.* 16, 25. 404, 30. 406, 10; per obsequium indebitum servire 503, 10; servire et promereri 158, 20; servientes, homines servientes = *servi* 42, 20. 43, 20. 45, 5. 68, 15. 70, 20. 75, 15. 93, 5. 96, 5. 106, 10. 246, 1. 545, 15. 724, 1; servientes sancti ill. 205, 5. 10. 527, 20. 723, 15; servientes ecclesiae decimare 171, 25; serviens vester, servientes vestri, *terminus humilitatis* 118, 20. 121. 205, 35. *etc.*

servitium, servicium 8. 24, 15. 25, 1. 30, 15. 30. 31. 93, 5. 95, 25. 140, 20. 141, 1. 172, 5. 212, 20. 230, 15. 20. 238, 1. 253, 10. 25. 261, 10. 281, 15. 282, 5. 324, 25. 357, 15. 598, 10. 723, 15. 20; coactum s. 337, 30; coactivum s. 328, 30; debitum s. 95, 10. 141, 20. 273, 25. 274, 10. 297, 15. 544, 25 577, 5; *cf.* relaxare; s. publicum 232, 10. 233, 30. 546, 1; s. originale 593, 25; s. iniungere; s. redebere 8. 11, 10. 20, 1. 252, 5; s. debere 172, 20. 312, 10. 313, 30; s. reddere 8, 20; s. inpendere, impendere 16, 10. 95, 10. 96. 185, 30. 188, 1. 204, 35. 216, 5. 246, 10. 30. 328, 30. 454, 30; ingenuili ordine s. inpendere 158, 20; (servum) ad universo servitio impendendo tibi seponere elegi 595, 1; inclinare in, ad s.; in s. addici 324, 20; in s. redactus 296, 10; statum in s. implecare, oblegare 5, 25. 30. 10. 30; se, statum, in s. alterius obnoxiare 69, 25. 93, 10. 140, 20; redemere de servitio 204, 30; discedere de servitio 11, 35. 93, 15; de servitio se abstrahere, subtrahere 93, 15. 230, 20. 463, 25. 594, 30; de servitio evadere 331, 10; servitio effugere 212, 15; servicio recontendere 252; in servitio revocare 31, 10. 324, 20; ad servitium reverti 213, 1; ad servicio se recredidit 230, 20; se ad servicio concredidit 253, 30; ad servitium se repromisit (?) 463, 25; de servitio iectivus 282, 5; de s. professus est esse se iectivum atque revictum 282, 15; rewadiare servicio (= um) 230, 20; ad servitium recipere aliquem 214, 20. — *servitium imperatoris, regis* 291, 35. 415, 5. 455, 30. 505, 30. 506, 10. 554, 15; ad s. imperatoris venire 523, 25; s. regis vel ducis implere 380, 20; s. *(in palatio)* 368, 5; ad s. (senioris) venire 436, 35; seniori fidelem servitium habere 530, 35; naves pro servitio (imperatoris) tollere 315, 5; utilitates et servicia facere 297, 15. — commune s. 548, 35; in tuo *(mariti)* servitio pariter laboravimus 87, 25; (res) in servitio habere 593, 15. 20. — servicium = *ministerium, 'service'* ? 13, 25.

servitudo = *servitus:* a iucum *(i. e. iugo)* servitudinis absolvere 11, 35.

servitus 291, 20. 293, 25. 30. 321, 15. 385, 20. 403, 20; ab humana servitute liberatus 216, 10; securus ab omni servitutis occasione 543, 40; quicquam servitutis (obsequium, gratia debere) 142, 1. 210, 10. 544, 30. 546, 1; censos, servitutes, opera 502, 5; ad iugum servitutis declinare 363, 5; a iugo servitutis relaxare, absolvere 57, 5. 75, 15. 96, 5. 216, 5. 228, 30. 246, 1. 288, 5. 291, 20. 296, 10. 313, 15. 326, 5. 10. 363, 20. 434, 25. 545, 20. 546, 1; a iugo s. liberare 30, 5. 10. 172, 15. 406, 20; servitutis vinculo adstringi, detineri 326, 1. 5. 328, 20; a vinculo servitutis absolvere *etc.* 95, 10. 25. 96, 5. 106, 15. 141, 20. 273, 30. 274, 15. 313, 25. 326, 35. 518, 25. 544, 25. 30; ab omni vinculo servitutis securus 312, 5. 313, 25. — servitius *(pro* servitus?) 30, 30.

servus; servi *passim;* 20, 5. 10. 31, 10. 59, 20. 69, 20. 90, 20. 93, 15. 25. 140, 10. 20. 152, 20. 172, 15. 195, 15. 212. 213, 1. 5. 214, 15. 252, 5. 311, 25. 419, 1. 522, 35. 534, 1. 544, 20. 581, 1; cavalli vassallorum et servorum 418, 10; servus aut gasindus 70, 1. 96, 20. 135, 5; servus ecclesiae 171, 30. 172, 1. 282, 5. 307, 1. 311, 20; s. monasterii, sancti ill. 212. 308, 15; imperatoris servus 316, 10; servi forestarii, ecclesiastici aut fiscalini 320, 1. 5; hoba, in qua servus habitat 407, 40; vendere servum; venditio de servo; venditio servi; servo comparare 189, 5; servus empticius 389, 25. 35; notitia de servo 189, 1. 212, 10. 214, 5; servum tradere 337, 25. 549, 1; servus melioratus 91, 1; disciplina servos inpendere 233, 30; disciplina super servos 238, 1. 598, 15; servum absolvere (obsolvere), relaxare, dimittere *etc.* 30, 25. 57, 1. 124, 30. 140, 20. 172, 1. 25. 185, 25, 190, 1.

228, 25. 252. 35. 337, 20. 382, 25. 544, 25; concambiavimus servum, ut eum liberum dimitteremus 434, 20; ingenuitas, quam potest servus servum facere 273, 1; servum recontendere 252, 30; sibi de ipso servo sacire 252,35; servo fugitivos pedes 67,15.20. 68,1; servus carta vera et legitima recognovit 214,15; se servum profiteri 321; servus, *qui ingenuam duxit uxorem* 25,15. 69, 30. 93, 20. 94, 1. 187, 30. 253, 5. 281, 10. 334, 5. 15. 363,1; servo per fortiam tulisset 59, 20; servum alterius in via adsalire et per fortiam interficere 256, 10; servus alienus accusandus 152, 20; servi *(testes)* 593, 25; (servum) invenire conscriptum 594, 30. — servus, servulus vester *etc.*, *terminus humilitatis, ex. gr.* 47, 1. 64. 117, 1. 118, 20. 443, 35. — servorum Dei servus, servus servorum Dei, *episcoporum titulus, ex. gr.* 115, 10. 35. 118, 35. 127, 10. 173, 1. 180, 15. 181, 5. 496, 25; servorum Dei servus episcopus sive abbas 278, 20.

sestertius 434, 25.

sevis *v.* saepes.

sextarius 287, 15.

sexus: femina sexus 29, 1.

siccamen de porcis 287, 15.

sicla, siclus: siclas mellis 371, 1; siclos de vino 418, 25.

sigillare, segelare 111, 20. 193, 15. 197, 25. 201, 20. 289, 10. 318, 35. 323, 20. 325, 30. 328, 10. 399, 30. 458, 15. 35. 459, 20. 460, 30; indiculum sigillatum 448, 25; litterae sigillatae 444, 1. — manum, membra sigillare *(post iudicium aquae calidae et ferri)* 609, 30. 616, 20. 645, 35. 648, 5. 651. 15. 653, 5. 715, 25. 30.

sigillum, segillum: recognitis sigillis 86, 10. 476, 5; inpressione sigilli confirmare 219, 1. 20; sigillum nostrum super expressimus 561, 35; manus sub sigillo servetur, tegatur 715, 25. 30. 720, 30.

signaculum; signacula, senacula 21, 5. 22, 5. 28, 15. 20. 47, 1. 64, 15. 201, 20. 209, 25. 280, 15. 326, 30. 346, 1. 348, 20. 349, 10. 356, 40. 360, 25. 40. 363, 15. 386, 10. 30. 388, 15. 401, 10. 518, 35; apud (regis) signacula mannire 196, 25.

signare 98, 15. 169, 20. 203, 10. 319, 25. 324, 1. 515, 5; breviculam apertam illi signatae coallige 419, 5.

signum; signa, sig. 111, 20. 337, 25. 345, 35. 346. 348, 20. 349, 35. 355, 30. 359, 1. 360. *etc.;* manu mea signum feci 578, 35. 591, 15. 595, 1. 30; nomina cum signis propria manu impressis 545, 1. 5; signum manum 547, 25; bonorum hominum signis vel allegacionibus roborare 477, 20. — signa in extremo digito portare 178, 40.

silentium inter partes imponatur 590, 30.

silva; silvae 5, 5. 16, 30. 17, 35. 18, 15. 30. *etc.* 115, 5. 314, 20. 319, 20. 354, 1. 382, 10. 20. 584, 15. 725, 25; silvae communes aut propriae 385, 5; communes silvarum usus 387, 10. — silvola 97, 1.

simila 287, 10. 418, 20.

simmelus, *similes* 22, 10.

simplicitas 56, 15. 146, 10. 165, 5.

simulatio 384, 20.

sinapis 287, 15.

sincellites, *syncellitae* 374, 1.

siniscalci 59, 1.

sinod- *v.* synod-.

sinodochium, *xenodochium* 135, 5.

sistentes: iudicibus constitutis et aliis pagensis ibidem sistentibus 362, 30.

situla 418, 5.

situs, situm: in sito ill. 362, 1. 15; sito Parisiaco 504, 5.

sociare: sociante fisco, sociatu fisco 17, 1. 19, 5. 73, 15. 76, 10. *etc.; cf.* coniugium.

socius 146, 1; socio fisco *ex. gr.* 250, 25. 477, 15.

sodalis 522, 5.

sodis, sodes, *sutis* 5, 10. 17, 35. 23, 25. 175, 15. 196, 10.

solatium, solacium 82, 20. 103, 20. 141, 10. 148, 1.

soledus *v.* solidus.

solemnis: manumissio solemnis 313, 15; solemni consuetudine res suas tradere et disponere 316, 20; solemni more tradere 460, 5; s. m. transferre 289, 1. 320, 30; solemnis traditio 313, 1. 322, 5; nuptiae solemnes 582, 20. — solemniter, sollemniter: s. sibi ambulare 153, 5. 10. 154, 5; s. tradere et transfundere 175, 25; s. absolutio celebrata 543, 40; s. conscribere 171, 1.

solemnitas, sollemnitas 29, 20. 142, 20. 582, 1; omne solemnitas, per quem res suas domenavit 15, 25.

solidus, soledus 5. 6. 7. 10, 30. 11, 20. 25. 12, 25. 13, 5. *etc.;* solidi probi atque pensantes 90, 20. 235, 30; reddere treantis per singulos solidos, ipsos solidos 92, 20. 25; solidos cum gratiarum actione restituere 595, 1; boves dimidii solidi 388, 5; quinque solidos praestare 594, 35; vobis lego 30 sol. argenti 374, 10; balteo ex auro et uno cavallo 60 sol. valente 405, 5. 15; 100 sol. 175, 20. 569, 25; 600 solidorum compositio 297, 5; censire soledos tant. 160, 30. 269, 5. 35; census 1 solidi 381, 1; *cf.* 725, 5; censum, id est 4 sol., 5 sol. 354, 25. 35. 355, 15; (censum), id est 8 sol. 354, 20; solvant in publico sol. 60, qui hoc *(iudicium)* inquietant 362, 30; per solidum et denarium sponsare *v.* sponsare; auri solidi 90. 172, 35. 581, 1. 591, 30. 594, 20; anolus. bracilo. vimento de soledus 23, 25; rauba in solidos tant. 60, 20. 67, 1; solidus tantus in pagalia dare 88, 20; inter auro et argento, id sunt solidos tant. 278, 5; valens solidos tantos 138, 10. 140. 186, 10. 20. *etc.* — quod pansat sol. 3 aut den. 9, 634, 40.

solitarii 40, 15.

solium regale 521, 15.

solsadia 9, 10; noticia solsadii 9, 1. 10. 20.

solsadire, solsatire, sulsatire, saulsadire 9, 15. 25. 10, 10. 23, 10. 67, 5. 10. 155, 10.

sonia, sunnia: sonia nonciare, nuntiare 9. 67, 5. 25. 155, 10. 161, 30. 189, 15. 196, 25. 30.

soniare 25, 5. 598, 25.

sonipes 177, 35.

soppita, *sopita* 464, 15; *cf.* causatio.

soror; sorores 83, 10. 108, 30. 250, 5. 597, 20; cenobii sorores 525, 25.

sors legitima 351, 15; sortis iudicia 639, 35.

species 14, 30. 40, 10. 62, 10. 170, 5; ad specie *(= ad vicem)* sua, mea 9, 15. 16, 30.

speculator *i. e. episcopus* 427, 30.

sperare: quicquid exinde fiscus poterat sperare 42, 20. 43, 20. 45, 10. 107, 15. 112, 5. 295, 1; quicquid de rebus monasterii fiscus sperare poterat 290, 25; quicquid de ipsa accione in fisci dicionibus speratur 48, 5; quicquid ibidem a me speratur 163, 10; quodcumque muneris causa de monasterio audeat sperare 40, 5; *= rogare, mandare:* per mandatum ad me speravit 136, 30; *cf.* 170, 25; ad loca sancta sperare 476, 25; spero iniungoque 594, 20; spero honorificentiam vestram, ut *etc.* 587, 25; testes speravi subscribere dignos 585, 5; *= 'dingen', appellare, disceptare?:* per aliquem sperare 58, 10. 197, 20. 311, 15. 325, 25. 327, 25.

spicarius 237, 25. 598, 5.

spico 49, 10.

spoliare 152, 25; per durpilum et festucam sibi foras exitum, alienum vel spoliatum in omnibus esse dixit 492, 35.

spondere, espondere: spondeo, spondio, spondo, spondimus, espondit, spondidi, spondedi, spospondi *etc.* 7, 10. 23, 10. 31, 5. 92. 93, 15. 100, 20. 169, 20. 25. 186. 25. 238, 1. 242, 40. 243, 15. 35. 254—256. 490, 25. 585, 5. 591, 25. 598, 15; stipulari et spondere 169, 25. 576, 5. 578, 20. 591, 15. 592, 1. 594, 15.

spondiis (?) 28, 5.

sponsa, esponsa 5, 1. 5. 16, 1. 5. 17, 25. 23, 20. 85, 5. 143, 20, 25. 163, 25. 164, 5. 30. 175. 176, 10. 196, 5. 15. 248, 5. 258, 25. 271, 20. 366, 30. 367, 10. 385, 30. 387, 5. 15. 539. 541, 10. 15. 543, 15. 581, 20; donatio in sponsa facta 134, 1. 142, 20; traditio de sponsa 143, 35; epistola (cessionis) in sponsam 176, 10. 20. — sponsa Dei 178, 20; sp. Christi 202, 1. 454, 10.

sponsalia 135, 10. 163, 25. 539, 20.

sponsalicia, sponsalitia: tam pro sponsaliciae quam pro largitate 5, 1; sponsalitia largitas 581, 25. 582, 20.

sponsare, spunsare, esponsare 5, 1. 142, 25. 143, 15. 271, 25. 539, 1; legibus sponsare 143, 15. 164, 1. 25; solido et denario secundum legem Salicam sponsare 230, 5. 247, 1. 271, 25. 597, 25; *cf.* 598, 1; secundum lege Romana sponsata 17, 30; sponsata 175, 1. 540, 20. 25.

sponsus 142, 20. 597, 25.

spontaneus: spontanea voluntas 51, 10. 77, 15. 79, 5. 141, 1. 142, 20. 186, 5. 244, 35. 272, 15. 579, 5; spontanea traditio 460, 15.

spurima 358, 1.

stabilitas: pro stabilitate regni, regis orare *etc., ex.gr.* 46, 20. 200, 25. 261, 35. 499, 35; pro nostra *(maioris domus)* stabilitate ambulare ad oratione 234, 15; pro stabilitate seniorum 171, 25; stabilitas conversationis 569, 10; stabilitatem promittere 491, 20. 570, 1; promissio stabilitatis 570, 5. 40.

stare apud aliquem *(in iudicio)* 334, 1.

statue *v.* status.

status, estatus, statum, stado; stati: status regni 398, 20. 415, 10. 508, 5; st. rei publicae 421, 25; st. ecclesiae 119, 5; st. terrestris 314, 5; rerum statue (status?) 45, 15; status = *status personae* 10, 30. 12, 30. 30, 15. 31, 1. 5, 589, 30. 590, 20; status ingenuitatis 93, 15. 94, 10. 106, 20. 140, 20. 296, 20. 321, 5. 324, 25. 326, 15; status libertatis 291, 25. 321, 15. 577, 5; integer status 5, 25. 30. 6, 5. 10, 15. 30; statum meliorare, deteriorare 589, 25; in loco pignoris emitto vobis statum meum medietatem 17, 10; integrum statum in servicium inplecare, oblegare 5, 25. 30. 10, 30; statum obnoxiare 93, 15. 140, 20; statum ad servitutis condicionem (inclinare) 321, 5; statum suum vendere, venumdare 12, 20. 589, 25; vindicione de integrum statum 10, 15; cautionem pro (de) statu (stado) emittere 10, 20. 598, 15.

statuta 351, 5. 352, 25. 434, 1. 5. 482, 25. 590, 30.

staupum: sinapis staupum 287, 15.

stauracius: palius stauracius *(i. e. palliis stauraciis)* 175, 20.

stellarum effectus 423, 20.

stemma: augustice dignitatis stemate 367, 5.

stibul- *v.* stipul .

stilus 445, 5.

stipendia: ad stipendia eorum *(vassallorum, missorum)* dare faciatis 292, 30; servientes, qui ex ministerio sibi tradito debent stipendia reddere 527, 20; mansi stipendiorum 320, 1; stipendia canonicorum 304, 20. 30; stipendia monachorum 110, 25. 290, 30; *cf.* 460, 10; stipendia pauperum 110, 25. 489, 10.

stipendiarie: ville et nonae ac decime canonicis stipendiarie existant 304, 25. 30.

stipulari, stibulari: praesens praesenti, praesentibus, stipulatus sum 578, 20. 35. 587, 15. 591, 15. 592, 1. 594, 15; stipulans stipulati simus 169, 25; stibulant stibulatur (*lege:* stipulans stipulatus) 31, 10.

stipulatio, stipolatio, stibulacio 170, 1. 186, 20; stipulatio Aquiliana 145, 5; stipulatione adnixa 175, 30. 176. 25. 590, 10; cum stipulatione firmitatis connexa 172, 35; cum stipulatione inserta 156, 40. 244, 35; (cum) stipulatione interposita 267, 15. 268, 25. 269, 20. 270, 5. 30. 271, 15. 272, 10. 276, 20. 277, 35; (cum) stipulatione (stibulacione) subnixa (subnexa, sunnexa) 13, 10. 24, 20. 74, 5. 76, 15. 77, 20. 79, 10. 80 *sqq. et passim, ex. gr.* 91, 1. 25. 106, 20. 169, 30. 175, 40. 186, 1. 208, 20. 229, 5. 280, 10. 272—275. 277, 15. 278, 10. 280, 10. 337, 25. 35. 338, 10. 346, 10. 15. 354, 5. 361, 1. 386, 10. 464, 30. 476, 1. 477, 20. 482, 35. 491, 10. 540, 35. 544, 1. 546, 15. 595, 1. 30; cum stipulatione supposita 541, 25.

stoffa: stoffam persolvere 319, 30.

stola 500, 40.

stolidi 368, 30.

strages, stragis 425, 10. 510, 15.

stramenta 405, 30.

straneus, stranius, *extraneus:* bonas et straneas personas 15, 1. 5; militans stranea persona 20, 15; *cf.* 17, 1.

strata publica 242, 1.

stratura 5, 10.

strenuitas, strenuetas, strinuetas 47, 15. 52, 10. 105, 20. 417, 15. 429, 30.

strenuus, strenuis, strinnus: strenuem missum dirigere 419, 10; persona sive strinna sive exigua 500, 10.

strinna *v.* strenuus.

strionicus 368, 30.

strumenta, stromentae *v.* instrumentum.

studium 373, 30.

stuprum 662, 30.

subdiaconus; subdiaconi 180, 20. 427, 20. 25. 562, 10. 563, 5. 568, 5.

subita, *sopita, v.* causatio.

subiungere 7, 20. 11, 15. 30. 90, 5. 15. 92, 1. 187, 20. 25. 203, 30. 597, 15; iunctis et subiunctis 5, 5. 18, 15. 25, 1.

sublectum (?) 15, 5.

sublimare: (quem) ordo nobilitatis sublimat 46, 5. 109, 10; nobilitatis prosapiae sublimatus 105, 5; regali gratia s. 486, 20. 25. 487, 20; in culmine maximi honoris sublimatus 446, 15; sublimatus ill. magister 455, 20; ponteficale culmine s. 102, 20. *et similiter saepius.*

sublimitas: sublimitatis culmen 488, 10.

subnectere 216, 15. 328, 30; cum adstipulatione subnixa 545, 1; cum affirmatione subnexa 400, 30; *cf.* stipulatio.

subnixa *i. e. subnexa, v.* subnectere.

subnotare 345, 35. 349, 10. 359, 1. 516, 10.

subolus, *soboles* 18, 10.

subordinare: cum testibus subordinatis 349, 10. 352, 5.

subpellectile *v.* supellex.

subrestis *v.* superstes.

subroborare 28, 15.

subrogare 118, 10. 119, 10. 540, 30.

subscribere *ex. gr.* 88. 1. 98, 20. 111, 25. 137, 5. 10. 203, 10. 210, 5. 320, 10. 346, 20. 435, 35. 436, 20. 508, 15. 576, 10. 587, 15; scripsi et subscripsi *v.* scribere; subscribere rogare *v.* rogare.

subscriptio; subscriptiones, suscripciones 22, 5. 28, 15. 43, 5. 44, 5. 47, 1. 53, 15. 64, 15. 88, 1. 176, 15. 209, 20. 360, 25. 553, 15. 554, 30; subscriptiones subter adnixas 497, 15.

subscriptor: pro me suscriptor accessit 578, 35.

subsequi: ad presens subsecuta possessio 75, 20; traditio subsequatur 164, 20.

subsigillare 434, 35

subsignare: testes subsignati 545, 30.

substantia 31, 1. 110, 25. 579, 20; s. monasterii 40, 5; s. monachorum 75, 10. 136, 5; s. pauperum 78, 15. 135, 15.

substantialis victus 72, 1.

substentatio, *sustentatio* 72, 1.

subtrahere: de alicuius potestate vel defensione (se) subtrahere 158, 20; de servitio se subtrahere 594, 30.

suburbium civitatis 291, 35. 301, 1.

succedere, succidere 18, 25. 69, 10. 83, 10. 147, 10. 15. 250, 5. 274, 30; per legem s. 147, 10; legitime s. 275, 1; iure hereditario s. 338, 5. 466, 25; ex testamento s. 174, 25; succedat ad dominandum vel ad (ex)colendum 255, 35. 256, 1. — clericus, cuicumque parroechia iure succeditur 264, 15.

successio: ex successione parentum 62, 10. 87, 25. 208, 15. 400, 1; successio legitima 72, 10. 152, 5; ex legitima successione parentum 89, 10.

suffraganei 411, 35. 415, 20. 420, 25. 509, 35. 556, 5; suffraganeus episcopus 468, 5.

suffusum = *stramentum* 49, 15.

sumptus 152, 1. 420, 1; sumptus et (vel) expensae 152, 10. 15; sumptus vel litis expensae 536, 5. 591, 1; sumptus litis et expensis 536, 1; *cf.* inscriptio, scriptio.

sunnia *v.* sonia.

suntelites (?) 56, 10.

supellex: supellectile, suppellectile, sub

pellectile, suppellectilem 50,15. 435,30. 436,15; s. domus 82,5. 83,25. 84,15. 279,25; s. monasterii 122,25.

super: venire super aliquem 153. 192,1; quod feci, super me feci 192,5.

superadvivere 587,5.

superare *pro* sperare 170,25.

superdictiones, superdicciones 88,5.

superinspector = *archiepiscopus?* 347,10.

superpositus, suprapositus: superpositum, superposita *etc.* 20,30. 136—139. 145,15. 155,25. 160,30 199,10. 203,30. 208,10. 234—236. 243. 250,1. 254. 269,15. 294,5. 441,1. 475,30. 476,20,35. 480,25. 490,10.25. 597,5.30. 724,10; omne aedificium suprapositum 272,15; casticia superposita 231,35. 234,1. 235; *cf.* 230,5.

supersallicio 6,30.

superscriptio 404,5.

supersedere, suprasedere 251,20. 252,20; mansos duos cum duobus supersedentibus tributariis 318,20.

superstes, superstis, subrestis, suprestis, superestitus *etc.*, *ex. gr.* 18,25. 50,15. 79,20. 80,1. 247,20.25. 587,5.

supertrahere: filius, si me (vobis) supertraxerit 255,35. 256,1.

suppell- *v.* supell-.

supplex = *precator:* ego s. vester 253,35.

supplicatorium: supplicaturio, supplecaturio 70,15. 104,1; indiculum supplicatorium ad regem 261,30.

supplicium 152,20.

supponere: cum stipulatione supposita 541,25.

supra- *v.* super-.

suscipere: rebus (= *res*) s. 93,15; causas alterius s. 95,1; publica mo(nu)menta suscipiant 137,5; suscipiatur et legatur 588,1.

suspectus: suspecta persona 570,30.

suspendere: appennem in foro publico s. 15,15. — *transl.:* causas s. 38,10. 57,10. 111,20. 197,25. 310,30. 311,20. 319,5. 325,25. 327,25; causae in suspenso resedere (debeant) 57,15.20.

susuro, susorro 224,5. 226,10.

syllabae 423,15; = *epistola* 522,5.

synoda *v.* synodus.

synodalis, sinodalis: conloquium synodale 444,15; sinodalia decreta 395,35.

synodus, sinodus 264,10. 417,15. 420,20. 433,30. 491,25. 494,20. 556; numerosam synodam collectam habuimus 411,15.

T.

tabula, tabola: instructio tabolarum aliorumque documentorum 89,10; tabolas subscribere 210,5; furtum scriptum in tabula 671,25. — tabulas (aut altaria) consecrare 480,35. 482,10.25; tabularum altaribus 498,35.

tacere: taciturum exinde se spopondit 158,1.

tala = *rapina* 15,20.

talo 225,10.

tanodo, tinado, tandono, tanodono, (*corrupta:* tañ dono, tanto dono, tanto domo) = *libellus dotis:* in tandono, per, tandonem 85,5. 20. 246,35. 247,1. 5. 40. 248,25; epistola tandonis 249,40; tinado bono 230,1. 246,35.

tapete 369,35.

tascega *v.* taxaca.

taxaca (*corrupta:* taxata, taxato), tascega = *furtum:* (caballo) in taxata habere 10,1.5; caballo in tascega subducere 211,1.

taxare: pretium taxatum *v.* pretium; carradas taxatas (?) 287,20. — taxato, taxata = taxaca.

tecta, ticta 31,20. 540,20.

tegimenta corporis 569,5

telonarii, tolenarii, tollonarii 107,1. 111,25. 302,10.20. 304,1.

teloneum, telloneus, telloneo, teloneos, toloneus, tolloneo 107,10.15. 111,30. 112,1. 300—304. 309,10. 310,15. 325,10; teloneum de omni conmercio, quod in eodem pago venditur aut emitur 300,10; de teloneo navali et de terreno 300,20; teloneum ad opus nostrum (*imp.*), ubi ad opus nostrum decima exigitur 315,10.15; medietas telonei, de teloneo 300.

temerator mandati (*imperatoris*) 297,15.

tempus: lapsus temporum 535,15; tempus vitae 191. 255,35. 256,1. 351,1. 389,25. 390,1. 725,5.

tenere, *de beneficio seu usufructu dicitur ex. gr.* 54,15. 61,10. 81,5. 124,20. 138,25. 139,10. 199,25. 236,5. 597,15; *de proprietate dicitur ex. gr.* 107,25.

tenor 354,25. 355,1. 466,25. 498,30. 499,10. 586,10. 591,15; duae (epistolae) uno tenore (conscriptae) 7,25. 20,10. 80,10. 84,20. 91,20. 92,5. 94,20. 139,5. 145,1.15. 146,1. 148,25. 150,10. 151,20. 158,25. 187,30. 234,5. 248,15. 249,15. 254,15. 270,20. 276,10; commutationes, firmitates pari tenore conscriptae 289,25. 388,30. 459,10; duae commutationes aequalem habentes tenorem 328,5.

tensare (?) 211,15.

tepido = *tepor:* per tepidinem abbatum 308,40.

terminare: t. portionem 56,10. 84,10; t. causas *etc.* 59,1. 214,10. 216,30 230,15. 231,15. 465,20.

terminatio 187,20.25. 206,20. 305,10.

terminus: infra terminum sancti illius 140,1; in termino illo 244,20; infra termino villa nostra 97,1; (villa) cum omni merito et termino suo 52,15. 77,1. 89,15. 490,10. 598,20; mansos cum terminis et laterationibus eorum 289,20; termini 368,10; *temporaliter:* termino statuto diferre 509,40—510; litis terminus 152,25.

terra 151,45. 222,15. 318,5.25; quattuor anguli terrae 246,15; terrae *ex. gr.* 7,10. 591,5.20; redditus terrae; terram prosolvere 25,5; terra aut vinea 91,25; tradituria de terra 200,10; terra arabilis *v.* arabilis; t. arativa 380,35. 381,30.35; t. conducta 6,10; t. consuetudinaria 725,35; t. culta et inculta 460,1; t. evindicata 214,20; terra salice 358,15; t. silvatica 380,35; per terram vel (et per) herbam tradere 188,15.25. 547,30.35; (per) cispite de illa terra (tradere) 164,25; super terra ecclesiae 12,25; super terram, terras ecclesiae, monasterii, alterius, conmanere 43,20. 94,5.10. 290,25. 476,25; absque preiuditio sancti, cuius terra esse videtur 7,20. 11,20. 18,1. 25,5; salvi iure sancti ill., cuius terre esse videtur 5,10; salvo iure ipsius terrae 158,10.

territorium, terraturium, terratorium, terreturium: t. in confinio villae 389,10; in territorio illo 72,5. 90,15. 305,30. 579,15. 586,5. 591,20; in territorio K. 526,25; terraturium sancti ill. 6,10. 7,20. 11,15.30. 17,30. 23,25; terraturium vir inluster illo 16,30; territorium civitatis 291,15; in pagis vel (aut, et) territoriis 190,10. 204,10. 205,20. 207,5. 290,20. 295,15. 306,30. 313,5; in provinciis aut territoriis 308,15.

tertia, tercia pars 25,5.20. 87,1.25. 401,25. 402,20. 547,5; tertiam (partem) ius fisci recipiat 308,30.

testamentarius tutor 148,15.

testamentum 70,1. 86—88. 97,15.20. 98,10. 476. 477. 585,15. 586,15. 588,10; pagina testamenti 86,15. 88. 476,5; epistola testamenti 98,1.15; testamentum facere 185,30. 188,1.5. 210,15. 316,1. 471,35. 476,1; condere testamentum 30,15. 69,15. 86,5.10. 172,25; ex testamentum succidere valeant 172,25; = *carta:* t. ingenuitatis, libertatis *etc.* 312. 326,35. 327,1.5. 518,20.35. 543,25; t. dotis 540,20.30.35. — testamentum suprascriptum (?) 576,10

testari 15,10. 210,5.

testificari 357,10. 384,15.25; bifarios eos testificare 593,25.

testificatio 149,1. 150,20.

testimoniare 202,20. 206,1. 212,25. 263,10; ter testimoniare 357,5; comes palati(i) testimoniavit 67,10. 68,1.

testimonium 179,10. 216,1. 309,15.

transsolvere 231, 5. 20. 233, 25. 30. 237, 30. *etc.*; transsolsisse = *transsolvisse* 88, 25.

transvulsum per manu regis 51, 5. 10.

trapa 225, 10.

treanto, treantis *v.* triens.

tremulus *cf.* crux.

triantes *v.* triens.

tribulatio 262, 30. 35.

tribunal 414, 20.

tributarii 299, 15. 318, 20; tributarius qui cavallum habet 419, 5.

tributum 299. 306, 30. 308, 15. 318, 20. 435, 5. 15.

triduum: (per) t. placitum custodire 9, 15. 25. 67, 5. 196, 25. 30; contestatiunculam per t. appendere vel custodire 28, 10; t. appensionis custodire 171, 15; per t. seu amplius requirere 141, 5.

triens: treanto, treantis, triantes 21, 30. 92, 20.

triscabina carta, epistola 281, 10. 25. 467, 15.

trustis: trustem coniurare 55, 5.

tucio *v.* tuitio.

tuitio, tuicio, tucio = *defensio regalis* 58, 1. 5. 290, 10. 15. 291, 5. 294, 25. 295, 10. 35. 306, 25. 307. 5. 311, 5. 315, 1. 319, 1. 5. 323, 10. 325, 10; tuitioni subiacere subiectus 397, 10. 398, 1. 5; = *defensio episcopalis* 561, 5. 564, 15.

tulisse, tullisse; tultum: tulisse (= *abstulisse*) terram, res, servum, raubam *etc.* 59, 20. 60, 10. 20. 155, 10. 174, 5. 231, 15. 324, 5. 362, 35; tultis fideiussoribus 60, 10.

tumulus: versus super tumulum describendos 178, 15.

tunsorari, tunsurare *v.* tonsurari.

turbae 28, 10; turba (= *turma*) monachorum, canonicorum 41, 15. 267, 25. 268, 30.

turbatio 331, 10.

turmentas *v.* tormenta.

turnare, tornare 630. 637, 15. 691, 30. 35.

tutela 380, 30. 406, 10.

tutor: tutor parvulorum 148, 10; officium tutoris 148, 15; tutor testamentarius 148, 15.

tyrannicus: tyrannico more 415, 30.

U.

ucci, hucci: ad uccos currere 153, 5.

uncia, untia: u. (in) argento, argenti, auri 7, 30. 10, 20. 17, 5. 21, 15. 20. 25, 30. 31, 10. 92, 5. *etc.*; appensio unius unciae 715, 30,

unctum, uncto 262, 5.

undisonum (?) mare 377, 15.

unguenta 412, 20.

upua, *upupa* 226, 15.

urbs 46, 1. 20. 109, 10. 15. 159, 20. 162, 5. 178, 25. 179. 262, 25. 303, 1. 305, 5. 420, 1. 440, 10. 502, 1. 519, 25; urbs (Roma) 434, 1. 501, 30. *etc*; urbis antistes 45, 25. 107, 5. 111, 30; urbis episcopus 43, 10. 47, 5. 53, 20. 66, 10. 72, 20. 219, 25. 295, 30. 298, 15. 20. 304, 10. 312, 1. 501, 30; pontifex urbis 236, 35; archiepiscopus ex urbe 218, 15. 20. 219, 5; urbis archiep. 305, 5. — orbe Avernis 28, 1.

urbanus: mancipia urbana 586, 1; ius urbanum = *ius civile* 585, 15.

urceolus, orciolus, ortiolus 608, 20. 25. 609, 25. 30. 648, 1. 651. 655, 1.

usare = *uti* 191. 199, 25. 35. 724, 5; usuare 242, 20.

usentilia *v.* utensilia.

usitaliter tenere, *usualiter t.* 244, 10.

usitare 269, 10. 270, 1.

usualiter tenere, habere 155, 25. 156, 15. 200, 5. 491, 5.

usufructuare 236, 5. 242 — 244. 254. 255, 10. 30.

usufructuarius: usufructuario ordine(possidere *etc.*) 50, 20. 52, 1. 78, 1. 79, 15. 25. 80, 15. 99, 10. 138, 20. 139, 10. 145, 10. 160, 20. 25. 490, 15; usufructuario (*suppl.*: ordine) 269, 1; *cf.* usus fructuarius.

usurpare 42, 15. 138, 25. 139, 10. 156, 15. 163, 15. 499, 1.

usurpatio 590, 30.

usus, husus 42, 15. 75, 20. 78, 10. 80, 20. 81. 99, 5. 100, 1. 136, 5. 255, 5. 10. 269, 5. 30. 322, 25. 349, 5. 400, 10. 401, 5. 404, 10. 580, 10; usum reservare 86, 25; rem ecclesiae ad usum habere 70, 5. 98, 25; nisi quod legitimus usus pertinet 243, 15. 40. 254—256; nisi quantum ad usum pertinet 349, 5; usus in alterius manus transferre 138, 25; usus beneficius, usus beneficii: sub uso b. (possidere excolere *etc*,) 51, 10. 75, 15. 78, 25. 80, 20. 81, 5. 236, 20. 269, 5; usus fructuarius 18, 1. 349—352. 358, 20. 361, 15. 386, 5. 25; usus fructus *v.* ususfructus; usus lignorum 388, 5; communes silvarum usus 387, 5. 10. — usus (= *utensilia*?) 175, 20.

ususfructus: ad usufructu possidere 87, 20.

utensilia, utinsilia, usentilia 15, 25. 86, 1. 175, 20. 203, 35. 385, 10. 387, 15.

uti 353, 20. 404, 15.

utilitas, udilitas; utilitates 62, 10. 301, 15. 315, 10. 322, 25. 35; utilitates et servicia facere 297, 15; pro utilitate vestra (*domini fundi*) adsurgere promitto 591, 10; communis utilitas 459, 5; pro udilitate ecclesiae residere 14, 25; regni et populi utilitates et necessitates ordinare 325, 35; pro (regis) utilitate ambulare 57, 10; in utilitate domnorum austiliter ordine 16, 30. — utilitas vestra, *titulus compellatorius officialium* 47, 15. 53, 5. 57, 10. *etc.*

uxor 144, 15. 145, 20. 187, 35. 196, 5. 208, 5. 264, 1. 275, 25. 347, 25. 348, 25. 350, 1. 363, 1. 401, 20. 402, 20. 405, 1. 543, 10. 15; legitima uxor 351, 25. 352, 20. 401, 30. 402, 25; donatio inter virum et uxorem 134, 5. 144, 15. 282, 20; uxoris negotium prosequi 134, 10. 146, 5. 10. 165, 1.

V.

vacuaturia = *evacuaturia* 10. 14, 5. 30. 15, 25.

vacuus: vacuus, vacua, et inanis permaneat instrumentus, epistola *etc.* 10, 20. 25. 76, 5. 87, 15. 96, 20. 136, 10. 195, 30 (?). 540, 30; *cf.* 476, 15.

vadum: vado publico 264, 1.

vagari: clericus, qui vagatur 492, 20.

valvicola 442, 15. 446, 15.

vas; vasa: v. ad ministerium 418, 5; vasa herea 14, 30; vas fictile 584, 15; vasa ferrea, testia lapidea — vasa ex petra nigra venis subrubeis intermixtis, quae vulgo lapidee vocantur 365, 35. 40.

vasculum 417, 5.

vassallus, vasallus, vassalus, fasallus; vassali *etc.* 334, 1. 367, 25. 418, 10; nobilis vasallus 371, 35; (*regis*) 292, 30. 319, 15. 30. 322, 1. 5. 323. 328, 1. 398, 25. 399, 15; vasallus dominicus 289, 25.

vassus, vassi 87, 25. 197, 5. 198, 25. 448, 30; (*regis*) 200, 25. 205, 5. 327, 35. 510, 20; vassi dominici 618, 10.

vectigal 435, 5. 15.

vectura = *evectio* 292, 35. 723, 25 (?).

vehicula 303, 20. 25. 315, 10.

velamina benedicere 424, 30.

venatio 403, 20.

venatores 481, 40.

vendere, vindere 6, 10. 7, 30. 11, 15. 12, 20. 13, 5. 15, 1. 25, 5. 30, 15. 81, 10. 89. 90. 108, 1. 138, 1. 25. 139, 10. 160. 186 — 188. 201, 35. 229. 235, 25. 277, 5. 300, 10. 301, 25. 309, 10. 354, 1. 362, 10. 540, 25; vendere campum 90, 10. 140, 1. 245, 20; mancipia nisi infra imperium v. 309, 15. 310, 20. 325, 25; v. res proprietatis 244, 20; v. servum 140, 10. 245, 30. 35; v. vernaculo 229, 30. 35; v. villam 245, 1; v. vinea(m) 140, 1; se ipsum v. 5, 25. 7, 25. 12, 20; estatus suos v. 12, 20; male vindedisse 89, 20; v. coram testibus et publice 245, 10; auctoris esse emptori de ea que vindedit 107, 20; empti venditi contractus 89, 10. 581, 15.

vendict- *v.* vendit-.

vendicta *v.* vindicta.

venditae, *exactio:* nullo teloneo nec nullas vinditas exhactare 201, 30. 35.

venditio, vinditio, vendictio, vindictio, vindiccio 5—7. 11—15. 86, 20. 89. 108. 125, 1. 133, 30. 138, 1. 10. 140. 150, 20. 158, 10. 160. 186. 188, 15. 202, 20. 206, 1. 229. 235, 20. 25. 241, 25. 244. 245. 272, 30. 277, 15. 353, 25. 354, 5. 580, 35. 581. 588, 15; *cf.* 598, 20; v. de area 69, 20. 90, 1. 135, 1. 158, 5; v. de campo 69, 20. 90, 1; v. de casa 135, 1. 158, 5; v. proprietate 13, 1; v. de re 186, 1. 272, 10; v. de servo (aut ancilla) 69, 20. 90, 20. 133, 35. 140, 10. 229, 5. 30; servi venditio 580, 40; v. de terra conducta 6, 10; v. de terra 229, 20; v. de villa 89, 5; v. de semet ipso 133, 35. 140. 20; *cf.* 6, 1. 7, 25; v. de integrum statum suum 10, 15; v. infra emunitate 133, 40; breve in vicem vendictione 229, 30; carta, cartula venditionis 125, 10. 210, 25. 245, 10. 35. 272, 20. 30. 354, 5. 362, 10; epistolo vindicione 6, 5; venditionis instrumenta 581, 15; venditionis titulus 62—64. 107, 25. 138, 20. 155, 20. 188, 10. 235, 35. 236, 15. 242—245. 255, 25. 40; tradituria de venditione 188, 20; praeceptum regale de venditione 125, 1.

venditionalis, vindicionalis: karta v. 313, 1. 10.

venditor, vinditor, vinditur 66, 20. 186, 5. 229, 5. 20. 235, 20. 272, 15. 362, 10.

veneficium 650, 10.

venerabilis, v. vir 4, 15. 14, 25. 21, 5. *etc.*; v. v. defensor 136, 25. 30. 137, 1. 5; v. v. (amanuensis) 137, 10; venerabili viro comiti 448, 15; v. v. et uxor illius 275, 25.

venire: venire contra (cartam) 6, 15. 12, 30. 16, 15. 21, 1. *etc.*; (violenter) v. super aliquem 153.

venumdare, venundare, venondare 13, 5. 21, 10. 93, 20. 133, 35. 140, 20. 589, 25.

verbosationes 424, 20.

verbum: mandare ex verbo imperatoris 551, 45; verba inchoare, repetere 628, 35.

verculana *v.* vernacula.

veredarii 397, 5.

veredi, veridi, viredi, viridi 49, 5. 397, 5.

veritas 29, 10. 153, 5. 157, 30. 193, 5. 213, 30. 252, 20. 256, 15. 310, 25. 322, 10. 325, 20; veritatem recipere, percipere 57, 1. 20; veritatem dicere 310, 25. 325, 25; veritatem proferrent, sicut in conspectu imperatoris facere deberent 384, 20.

vermiculi, *coccum* 415, 15.

verna = *ancilla* 324, 25.

vernaculum, vernaculus, vernacula = *servus, ancilla* 7, 30. 228, 35. 229. 246, 5. 257, 25. 273. 274, 15. 333, 10. 356, 25. 363, 15. 487, 30. 518, 20. — verculana 333, 40.

vernula; vernuli, *eadem significatione* 439, 35. 443, 35; vernulos suos absolvere 587, 20. 25.

vestimentum 14, 30. 15, 25. 17, 30. 23, 30. 50, 10. 143, 5. 20. 158, 20. 170, 5. 262, 1. 282, 30; v. tam in dorso, quam in lecto 83, 25; vestimenta ecclesiae 477, 1. 480, 25; *cf.* victus.

vestire 158, 15. 187, 1; lectus vestitus 5, 5. 17, 30. 23, 20. 175, 15; vestitu manu reverti in propria 362, 30; vestire *(de possessione)* 157, 20. 194, 20. 309, 5. 310, 10. 331, 1. 490, 1. 492, 35.

vestis: vestes purpureae 414, 15; vestus muliebrum 175, 20.

vestitus, vestito, *v.* victus.

vexaticius 581, 1.

via; viae 385, 5. 386, 1. 20; via publica 6, 30. 354, 1; in via adsallire 60, 15. 67, 1. 155, 5. 231, 15. 256, 10; viam contradicere 319, 10; per fines libere viam habere 440, 20.

vicaria, vigaria 175, 5. 10. 289, 20. 539, 1. 30. 540, 20.

vicarius, vigarius, vecarius, 111, 5. 197, 15. 200, 25. 201. 25. 211, 20. 213, 1. 214, 20 (*cf.* 463, 20. 25). 216, 25. 217, 1. 230, 10. 232, 30. 233, 5. 252, 15. 25. 257, 10. 20. 259, 15. 278, 15. 292, 25. 296, 15. 25. 301, 30. 302, 10. 307, 30. 309, 1 (*cf.* 310, 5). 314, 30. 316, 20. 324—326. 364, 10. 384, 10. 418, 1. 440, 10. 463, 15. 20. 468, 10. — vicarius, vicharius *(in iudicio Dei)* 629, 10. 638, 20. 25. 639, 5. 651, 30. 652, 1. 673, 15. 674, 5. 676, 1. 681, 1. 695, 35. 704, 50.

vicem, vice: ad vicem, in vicem alicuius 4, 20. 25. 6, 25. 8, 15. 9, 25. *etc.*; adsubta (adsumpta) mea vice 29, 10; ad, in vicem suam dirigere 9, 25. 189, 15. 196, 25. 30; causas ad vicem alterius prosequere 22, 35. 159, 5. 190, 10; causas in vicem alicuius recipere, suscipere 56, 15. 95, 1; causas adsumere in vice auctorum suorum 66, 20. 25; vicem magistratus agere 170, 20; vicem comitis agere 593, 5. — ad vicem *(= invicem)* se relaxare 24, 25.

vicedominus 418, 1, 15. 499, 25.

vicinatus 377, 10.

vicini 202, 25. 362, 25. 387, 20. 397, 5. 498, 30; vicini paginsi 202, 20. 206, 1; vicini circamanentes 13—15. 22, 10. — viciniores 384, 1.

victus: v. (et) vestitus 72, 1. 344, 15. 353, 15. 399, 5. 580, 5; v. et vestimentum 83, 25. 279, 25. 30. 405, 20; victus ad caballos 49, 15.

vicus 31, 20. 68, 20. 165, 5. 170, 15. 180, 30. 181, 20. 216, 25. 262, 30. 403, 20. 417, 30. 459, 5. 507, 30. 536, 1. 583, 15; maiores natu vici 416, 5.

vigar- *v.* vicar-.

vigel 508, 10.

vigilantia 47, 15.

vilitas: curialium v. 75, 25. 345, 10.

villa 6, 15. 11, 15. 30. 12, 25. 15, 25. 17, 30. 28, 1. *etc.*, *ex. gr.* 81, 10. 89, 5. 107, 25. 108, 5. 139, 10. 162, 5. 175, 5. 10. 245, 1. 289, 20. 304, 25. 30. 368, 1. 385, 10. 539, 5. 597, 5. 725, 5. 20; villae regis 68, 15. 106, 5; villa regia 399, 25; v. fiscalis 106, 10; v. publica 724, 35; septa villarum 297, 1; fundus villa(e) 6, 10. 15. 17, 30. 23, 25; villa cum omni termino suo 52, 15; forestis ad villam pertinens 460, 1; teloneum de villis exigere 301, 5. 10.

villare, vilare 16, 10. 17, 30. 217, 30.

villicatio: vilicationem fungi 349, 20.

vind- *v.* vend-.

vindicare, vendicare, vindecare 6. 7, 5. 35. *etc.*; causam v. 309, 15. 310, 25. 325, 20; aliquid suo iuri v. 397, 5. 398, 10; post iure alicuius v. 579, 20; iure suo v. et defendere 578, 10. 581, 5. 586, 30. 589, 30; *cf.* 502, 10; proprietatem v. 316, 5; manu potestativa v. 400, 20. 406, 1; poenam in aliquem vindicare 537 15.

vindicta, vendicta: vindicta liberare 30, 5. 172, 15. 210, 5; = *poena* 297, 15.

vinea, vinia 5, 5. 6, 15. 11, 30. 14, 1. 16, 30. *etc.*, *ex. gr.* 91, 25. 140, 1. 203, 30. 206, 20. 217, 40. 348, 5. 35. 464, 15. 580, 10. 597, 5. 598, 20. 725, 35; vinea ad 10 carradas vini 381, 35; caucio de vinea 11, 25. 206, 15. viniola 6, 10. 12, 25.

vinum 49, 10. 233, 20. 287, 15. 20. 381, 35. 418, 5. 25; v. melle dulcoratum 417, 10; suos vinus vindere 201, 35.

vir = *maritus* 69, 15. 134, 5. 144, 15. 165, 5. *etc.*; vira 196, 1. 247, 10.

virilis aetas 401, 30. 402, 25.

vis: vi doloque secluso 587, 15. 590, 10.

visitare 173, 5. 180, 10. 420, 20; scriptis et missis nos visitemur 372, 30.

visitatio 70, 10. 102, 1. 453, 25. 529, 15.

visores: (testes) visores et cognitores 153, 20. 154, 10.

vita: in vita insequere 63, 1; vitam perdere 195, 1. 5; v. obtinere 85, 25. 144, 1; vita(m) concedere 236, 40; redemtio vitae 154, 25; *v.* dies, periculum, tempus vitae.

vitalia 233, 20.

vitis: per vite(m), vitis tradere 164, 25. 210, 25.

viventum (?) 236, 25.

vocari: vocatus abba 117, 35. 330, 15. 30. 331, 5. 533, 20; vocatus episcopus *v.* episcopus; vocata abbatissa 526, 30. 35; vocatus monachus 489, 30; illius urbis gratia Dei vocor episcopus 501, 25.

vocatoria 556, 20; epistola v. 556, 10.

vocatus, *advocatus* 386, 15. 388, 30.

vociferatio 154, 20; *v.* clamor.

vocitatus: abba v. 453, 30.

volumen = *carta, instrumentum* 69, 15. 86, 5. 497, 15; = *liber:* volumina sacra 40, 10. 499, 1.

voluntarius: (ingenua), si voluntaria servo accipit maritum, v. servum secuta 93, 25. 94, 1; voluntario ordine 51, 15.

voluntas, volontas, volumtas *etc.* 73,5. 10. 76,5; sola v. aut scriptura aut testibus conprobata 137,10; voluntatem suam gestibus aut testibus aut scriptura profiteri 137, 25; huius voluntatis decreta 590, 15; voluntas defuncti 88,10; = *testamentum:* suam condere voluntatem 587, 20; carta, epistola voluntatis 585,15.20. 586,25. 587,20; voluntatis tenor 586,10.

vomeres, vomeres igniti *(ad iudicium Dei adhibiti)* 615,35.40. 616,5. 645,20. 659, 30. 35. 665. 668. 677. 682,25. 30. 683,40. 700,40; *cf.* 721.

vota = *nuptiae* 584,5; dies votorum 581,25.

votivus: votiva oblatio 589,1.

vulgaris: vulgares aures 220,20; vulgares 403,10.

W.

wadium, wadius, wadeus 88,20. 154,25. 207,5. 237,25. 252,25. 280,20. 322,20. 362,25. 464,10.20. 598,10.

wadriscapum = *aquae, aquarum fons, puteus:* (cum) wadriscapis, wadriscampis, wadiscapo, wadiscampis 267—270. 275,30. 276,5. 279,15.20. 441,1. 540,20.25. 597,30.

walum = *munitio* 510,15.

wantes, *wanti*, *('gants')* 405,30.

weregeldum, wiregildo, wirgildo, wer geltum, widregilde 55,10. 408,10 457,35.

werpire, wirpire = *iactare ('werfen')*, *tradere* 88,25. 492,35.

wir- *v.* wer-.

X.

xenia, xeniola 337,1. 415,10; *cf.* exenia.

GLOSSARIUM LINGUARUM VERNACULARUM.

(Verba sine numeris inserta in superiore indice inveniuntur).

adchramire.
adfadimas.
aloarius.
alode.
andelangus.
bannus, bannire.
banriles.
baro.
beclagen = *accusare* 722,20.
brinna.
butte.
cose = *causa* 636,35. 637,5.
digere.
diliguas.
dreit = *directum* 637,5.
durpilus.
eccha.
ferbatudo.
ferkepan = *concessum* 465,40.
ferlazzan = *indultum* 465,40.
fredus.
frehta.
friskinga.
frodanno.
garafio.
gasindus.
gastaldius.
geczuge = *testis* 721,15. 722,20.
geloben unde gelouben 629,1.
gerichte = *iudicium* 722,15.
grafia, grafio.
haribannus.
hoba.
homallare.
houbtzache = *causa maior* 722,40.
irteilen, teilen = *iudicare* 722,25.40.
kemahidu: in k. 465,15.
kesrita (?) = *ingeneravi* 465,10.
kezumft = *convenientia* 467,10.
leodis, leodesamio.
lesewerpo.
livre, *liber in iudicio Dei adhibitus* 637,10.
lougen: ein recht lougen = *legitima negatio* 629,1.
lui, lei.
mallus, mallare.
mannire.
marcha.
marrire, marritio.
mithio.
morgingeba.
mundeburd-, mundbor-, munbur-.
noda.
olca.
petia.
phant = *pignus* 629,5.
rachineburgi.
rauba.
recht: Gotes recht = *iudicium Dei* 629,5; *cf.* 628,35.
richter 721,15. 722,20.
riga.
rod Cristes = *crux Christi* 714,35.
ros: min ros, das mir verstolen wart 628,35; *cf.* 40.
sache = *causa* 722,25.
sacire.
saiga.
salta = *delegavi* 466,50.
scabini.
scara.
scuria.
siniscalci.
solsadia, solsatire.
sonia, sunnia.
soniare.
sprechen: ane sprechen, zu sprechen = *interpellare* 628,35.40.
stelen = *furari* 628,40.
stoffa.
sunnestab *(baculus excusationis?)* 628,35.
tala.
tanodo, tinado.
tascega, taxaca.
teilen *v.* irteilen.
tinado *v.* tanodo.
triscabina.
troknisse = *figmenta* 721,40.
vechten = *pugnare* 721,15.
verchisen = *renuntiare* 628,40.
voreit = *iuramentum calumniae* 628,40.
vorwinden = *convincere* 721,25. 722,40.
vurwesen = *procurare* 629,5.
wadium.
wadriscapum.
wage: gesegenote wage = *aqua benedicta* 629,1.
wanc 354,1.
wantes.
wassergerichte = *iudicium aquae* 722,40.
water gebletsod = *aqua benedicta* 714,35.
weregeldum.
werpire.
wetten 629,1.
zeine, zeyne = *benedictio* 721,35. 722,25.
zenyn, zeynen = *benedicere* 721,35. 722,25.40.

Hannoverae. Typis Culemannorum.

PARTI PRIORI INSUNT:

Tabulae: I ad p. 34. 35; II ad p. 1.

ADDENDA ET CORRIGENDA.

p. 11, *l.* 34. *inter verba* facias *et* aut *poenae stipulationis clausulam excidisse coniecit Brunner in 'Zeitschrift f. Handelsrecht' XXII, p.* 100, *n.* 2; *p.* 67, *n.* 3. *Cf. Form. Andec.* 38. 60.

p. 21. *notae* 4. *adde: Loening, 'Gesch. d. Deutschen Kirchenrechts' II, p.* 243 *sqq.*

p. 56. *notae* 1. *adde: praecipue Loening, 'Gesch. d. Deutschen Kirchenrechts' II, p.* 160 *sqq.*

p. 107, *l.* 15. *et n.* 1: *Suggione est: Soyon. Cf. Deloye apud de Rozière, 'Recueil' III, p.* 316 *sqq.*

p. 172, *l.* 20: sive — sive *corrupta ex* sibi — sibi. *Cf. de Rozière, 'Recueil' I, p.* 86, *n.* 3. 4.

p. 199. *notae* 1. *adde: Miracula S. Germani episcopi Autiss. I,* 15: In pago quoque Vastinensi in vicinia Gaiaci monasterii.

p. 293, *l.* 44. *dele: Nov.*

Tab. I. lege: bibl. publ. 114. *pro* Voss. 86.

Hannoverae. Typis Culemannorum.

MONVMENTA
GERMANIAE
HISTORICA

INDE AB ANNO CHRISTI QVINGENTESIMO
VSQVE AD ANNVM MILLESIMVM
ET QVINGENTESIMUM

EDIDIT

SOCIETAS APERIENDIS FONTIBVS
RERVM GERMANICARVM MEDII AEVI.

LEGVM SECTIO V. FORMVLAE.

HANNOVERAE
IMPENSIS BIBLIOPOLII HAHNIANI.
MDCCCLXXXVI.

Made in the USA
Middletown, DE
03 January 2023